LEI DE REGISTROS PÚBLICOS COMENTADA

O GEN | Grupo Editorial Nacional – maior plataforma editorial brasileira no segmento científico, técnico e profissional – publica conteúdos nas áreas de concursos, ciências jurídicas, humanas, exatas, da saúde e sociais aplicadas, além de prover serviços direcionados à educação continuada.

As editoras que integram o GEN, das mais respeitadas no mercado editorial, construíram catálogos inigualáveis, com obras decisivas para a formação acadêmica e o aperfeiçoamento de várias gerações de profissionais e estudantes, tendo se tornado sinônimo de qualidade e seriedade.

A missão do GEN e dos núcleos de conteúdo que o compõem é prover a melhor informação científica e distribuí-la de maneira flexível e conveniente, a preços justos, gerando benefícios e servindo a autores, docentes, livreiros, funcionários, colaboradores e acionistas.

Nosso comportamento ético incondicional e nossa responsabilidade social e ambiental são reforçados pela natureza educacional de nossa atividade e dão sustentabilidade ao crescimento contínuo e à rentabilidade do grupo.

ALBERTO GENTIL DE ALMEIDA PEDROSO
(COORDENADOR)

ANA PAULA PERONDI LOPES ALMADA
ANDREIA RUZZANTE GAGLIARDI
BIANCA DE MELO CRUZ RIZATO
CALEB MATHEUS RIBEIRO DE MIRANDA
CASSIA PROENÇA DAHLKE
CELSO MAZITELI NETO
GUSTAVO RENATO FISCARELLI

IVAN JACOPETTI DO LAGO
KARINE MARIA FAMER ROCHA BOSELLI
MARCELO ANTONIO MAZITELI DE OLIVEIRA
MOACYR PETROCELLI DE ÁVILA RIBEIRO
RAQUEL BORGES ALVES TOSCANO
RENATA DE OLIVEIRA BASSETTO RUIZ

LEI DE REGISTROS PÚBLICOS COMENTADA

2ª edição
revista, atualizada e ampliada

■ Os autores deste livro e a editora empenharam seus melhores esforços para assegurar que as informações e os procedimentos apresentados no texto estejam em acordo com os padrões aceitos à época da publicação, e todos os dados foram atualizados pelos autores até a data de fechamento do livro. Entretanto, tendo em conta a evolução das ciências, as atualizações legislativas, as mudanças regulamentares governamentais e o constante fluxo de novas informações sobre os temas que constam do livro, recomendamos enfaticamente que os leitores consultem sempre outras fontes fidedignas, de modo a se certificarem de que as informações contidas no texto estão corretas e de que não houve alterações nas recomendações ou na legislação regulamentadora.

■ Fechamento desta edição: *06.03.2025*

■ Os Autores e a editora se empenharam para citar adequadamente e dar o devido crédito a todos os detentores de direitos autorais de qualquer material utilizado neste livro, dispondo-se a possíveis acertos posteriores caso, inadvertida e involuntariamente, a identificação de algum deles tenha sido omitida.

■ **Atendimento ao cliente: (11) 5080-0751 | faleconosco@grupogen.com.br**

■ Direitos exclusivos para a língua portuguesa
 Copyright © 2025 by
 Editora Forense Ltda.
 Uma editora integrante do GEN | Grupo Editorial Nacional
 Travessa do Ouvidor, 11 – Térreo e 6º andar
 Rio de Janeiro – RJ – 20040-040
 www.grupogen.com.br

■ Reservados todos os direitos. É proibida a duplicação ou reprodução deste volume, no todo ou em parte, em quaisquer formas ou por quaisquer meios (eletrônico, mecânico, gravação, fotocópia, distribuição pela Internet ou outros), sem permissão, por escrito, da Editora Forense Ltda.

■ Capa: Daniel Kanai

■ **CIP-BRASIL. CATALOGAÇÃO NA PUBLICAÇÃO**
 SINDICATO NACIONAL DOS EDITORES DE LIVROS, RJ

L534

Lei de registros públicos comentada / coordenação Alberto Gentil de Almeida Pedroso. - [2. ed]. - Rio de Janeiro : Forense, 2025.
 1.040 p. ; 24 cm.

Inclui índice
ISBN 978-85-3099-718-2

1. Brasil. [Registros públicos (1973)]. 2. Brasil [Lei 14.382 (2023)]. 3. Registros públicos - Brasil. I. Pedroso, Alberto Gentil de Almeida.

25-96698.0   CDU: 347(81)

Meri Gleice Rodrigues de Souza - Bibliotecária - CRB-7/6439

SOBRE OS AUTORES

Coordenador

Alberto Gentil de Almeida Pedroso

- Especialista, Mestre e Doutor em Direito. Pós-doutorando em Direito pela USP. Menção Honrosa acadêmica no CONPEDI XXII. Professor da Escola Paulista da Magistratura (EPM) nos cursos de pós-graduação em Direito Civil, Direito Processual Civil e Registros Públicos. Professor de Direito Notarial e Registral. Juiz de Direito do Tribunal de Justiça do Estado de São Paulo. Juiz Assessor da Corregedoria-Geral da Justiça nos biênios 2012-2013 (gestão do Des. José Renato Nalini), 2014-2015 (Des. Hamilton Akel), 2016-2017 (Des. Manoel Pereira Calças) e 2020-2021 (Des. Ricardo Anafe). Juiz de Direito Titular da 8ª Vara Cível da Comarca de Santo André/SP. Autor de diversas obras jurídicas especializadas em Registros Públicos.

Autores

Ana Paula Perondi Lopes Almada

- Oficial Substituta do 1º Oficial de Registro de Imóveis e anexos de São José dos Campos/SP. Oficial Substituta no Registro de Imóveis e Anexos de Porto Ferreira/SP (2001-2003), graduada em Direito pela Faculdade de Direito Laudo de Camargo da Universidade de Ribeirão Preto. Especialista em Direito Registral e Notarial pela PUC Minas. Especialista em Direito Notarial e Registral pela Escola Paulista da Magistratura (EPM) – Tribunal de Justiça do Estado de São Paulo. Coautora das obras Registros públicos e Registros públicos na prática.

Andreia Ruzzante Gagliardi

- Registradora Civil de Pessoas Naturais em São Paulo/SP. Master em Direito Internacional Privado – Dundee University. Mestranda em direito civil pela USP. Professora e autora de artigos e livros na área de registros públicos.

Bianca de Melo Cruz Rizato

- Oficial do 2º Registro de Títulos e Documentos e Civil de Pessoas Jurídicas de Campinas. Bacharelado em Direito pela Universidade de São Paulo (USP/SP). Curso de Extensão em Direito Notarial e Registral pela Pontifícia Universidade Católica de São Paulo (PUC/SP). Pós-Graduação em Direito Notarial e Registral Imobiliário pela Escola Paulista da Magistratura (EPM).

Caleb Matheus Ribeiro de Miranda

- Oficial do Registro de Imóveis, Títulos e Documentos e Civil de Pessoas Jurídicas de São Vicente/SP. Mestre em Direito da Saúde. Especialista em Direito Civil e Direito Notarial e Registral. Bacharel em Direito. Membro da Comissão de Pensamento Registral Imobiliário do IRIB.

Cassia Proença Dahlke

- Oficial de Registro Civil no Estado de São Paulo, Graduada e Mestre em Direito pela Universidade de Santa Cruz do Sul (UNISC), Mestre em Ciência em Administração de Empresas pela Must University, Florida, Estados Unidos, Pós-graduada em Direito Constitucional, Direito do Trabalho e Direito Notarial e Registral. Professora de Direito Notarial e Registral.

Celso Maziteli Neto

- Juiz do Tribunal de Justiça do Estado de São Paulo, Mestre em Direito Comparado pela Cumberland School of Law/EUA e Doutorando pela University of Indiana – Maurer School of Law/EUA.

Gustavo Renato Fiscarelli

- Bacharel em Direito pela Universidade de Araraquara (UNIARA). Especialista em Direito Civil e Processual Civil pelo Instituto Nacional de Pós-Graduação – INPG. Oficial de Registro Civil das Pessoas Naturais e de Interdições e Tutelas de Cotia, Estado de São Paulo, e Presidente da Associação Nacional dos Registradores de Pessoas Naturais (ARPEN BRASIL).

Ivan Jacopetti do Lago

- Bacharel, mestre e doutor em Direito Civil pela Faculdade de Direito da USP. Pós-graduado pelo Centro de Estudos Notariais e Registrais (CeNOR) da Universidade de Coimbra e pela Universidade Autónoma de Madri (Cadri 2015). 4º Oficial de Registro de Imóveis de SP. Coordenador Editorial do IRIB. Diretor Acadêmico da ARISP.

Karine Maria Famer Rocha Boselli

- Oficial de Registro Civil de Pessoas Naturais do 18º Subdistrito-Ipiranga da Capital do Estado de São Paulo. Doutoranda em Direito Internacional Privado pela Faculdade de Direito da Universidade de São Paulo (ingresso em 2020). Mestre em Direito Internacional pela Universidade de São Paulo (2003). Especialista em Direito Notarial e Registral pela Pontifícia Universidade Católica de São Paulo (2011). Bacharel em Direito pela Universidade de São Paulo (1996). Curso de Postgrado en Derecho Comunitario da Universidad de Salamanca (2000). Membro das Diretorias Executivas da ArpenSP, ArpenBR e SinoregSP.

Marcelo Antonio Maziteli de Oliveira

- Bacharel em Direito pela Universidade Presbiteriana Mackenzie. Especialista em Direito Notarial e Registral pela Universidade do Sul de Santa Catarina (UNISUL-SC). Oficial de Registro Civil das Pessoas Naturais e Tabelião de notas do município de Barrinha-SP.

Moacyr Petrocelli de Ávila Ribeiro

- Registrador imobiliário. Atualmente, exerce a delegação do Oficial de Registro de Imóveis, Títulos e Documentos, Civil de Pessoas Jurídicas e Civil das Pessoas Naturais e de Interdições e Tutelas da Comarca de Pedreira/SP. Professor convidado em diversos cursos de graduação e pós-graduação em Direito Registral e em Direito e Negócios Imobiliários. Pesquisador da Escola Nacional de Notários e Registradores (Ennor) e da Faculdade de Direito da USP em Direito Notarial e Registral. Membro do Conselho Deliberativo e da Comissão de Enunciados da Associação dos Registradores Imobiliários de São Paulo (Arisp). Correspondente do Banco Mundial ("The World Bank") sobre o registro de propriedades no Brasil.

Raquel Borges Alves Toscano

- Oficial de Registro Civil das Pessoas Naturais e Tabeliã de Notas do Distrito de Aldeia, Comarca de Barueri-SP. Ex-Oficial de Registro Civil, Pessoa Jurídica, Títulos e Documentos e Registro de Imóveis, da Comarca de Chavantes-SP. Ex-Tabeliã de Protesto da Comarca de Ibiporã-PR. Especialização em Direito Notarial e Registral pela Escola Superior da Magistratura e pela FADISP. Mestre em Ciências Jurídico-Forenses pela Universidade de Coimbra, Portugal.

Renata de Oliveira Bassetto Ruiz

- Doutoranda em Direito pela Universidade Autônoma de Lisboa. Mestre em Direito. Especialização em Direito Notarial e Registral pela Escola Paulista de Magistratura (EPM). Especialização em Direito Registral Imobiliário PUC/MG. Registradora Civil das Pessoas Naturais em São Paulo. Professora Universitária.

PREFÁCIO

O ato de apresentar uma obra tão completa como a *Lei de Registros Públicos Comentada* é de emoção e alegria imensurável para mim, não apenas pela honra de coordenar este trabalho magnífico e atuar ao lado de grandes nomes do extrajudicial, mas também pela responsabilidade de ser fiel a cada detalhe que torna a obra um conjunto único e inigualável de conteúdo jurídico indispensável a todo interessado pelos registros públicos.

O trabalho executado carinhosamente por cada um dos autores foi contagiante! Desde a idealização do projeto até sua entrega final, muitos foram os desafios vivenciados e vencidos – alterações legislativas recentes e profundas, provimentos desafiadores de reflexão inédita. Nada passou de maneira desapercebida pela equipe de autores e pelos membros da Editora.

O modelo jurídico registral apresentado aos operadores do direito em 31 de dezembro de 1973 – nomeado como Lei nº 6.015 – completa 50 anos em 2023. Ainda que a preservação dos pilares fundamentais tenha sido mantida ao longo deste meio século de vida da Lei de Registros Públicos, muitas reformas profundas (até no próprio alicerce do sistema) aconteceram – vide a sociedade e suas formas de mutação dinâmica, o indivíduo em seus contornos únicos se tornou mais complexo (nome, mudanças de nome e sexo, novas conformações individuais, dados identificativos etc.), a família atingiu novos níveis de compartilhamento de amor e felicidade, a preservação de documentos e os registros dos principais atos da pessoa humana e jurídica ganharam contornos diferentes, exigindo dos Registros Públicos atualizações e acompanhamento quase em tempo real, a propriedade tradicionalmente idealizada não passou imune às revoluções de interesse social. Anseios de uso e fruição, garantia e disposição do bem imóvel foram atingidos por reformas legislativas e até provimentos nacionais oriundos de um órgão novo (CNJ, fruto de EC 41/2003) de maneira sensível; é de rigor destacar, nesse turbilhão de novidades, que a função social da propriedade trouxe inúmeras formas de utilização compartilhada para o tradicionalmente conhecido bem imóvel.

Lei de Registros Públicos Comentada é uma obra ímpar, singular, com um time estrelado de autores, competentes e apaixonados pela matéria. O trabalho proporciona uma análise doutrinária e jurisprudencial artigo por artigo, de maneira cirúrgica, exata naquilo que se espera e profunda naquilo que se precisa.

Aproveito especialmente este momento, que deveria ser mais formal e solene, para agradecer a cada um dos autores e colaboradores, bem como seus respectivos familiares, pois nada somos ou fazemos sozinhos, e o tempo de abdicação de todos (autores e família) merece minhas homenagens. Faço isso também deixando meus sinceros agradecimentos e amor eterno aos meus filhos Lucas e Beatriz, meus maiores e melhores motivos de vida. Obrigado, filhos! O papai ama vocês.

São Paulo, 4 de abril de 2023.

Alberto Gentil de Almeida Pedroso
Juiz de Direito e Coordenador da Obra

SUMÁRIO

TÍTULO I – Das Disposições Gerais

Arts. 1º a 14 – *Marcelo Antonio Maziteli de Oliveira* 1

Arts. 15 a 27 – *Celso Maziteli Neto* 27

Art. 28 – *Alberto Gentil de Almeida Pedroso* 45

TÍTULO II – Do Registro Civil das Pessoas Naturais

Arts. 29 a 66 – *Cassia Proença Dahlke* 51

Arts. 67 a 76 – *Andreia Ruzzante Gagliardi* 102

Arts. 77 a 88 – *Karine Maria Famer Rocha Boselli (com a colaboração de Milena Guerreiro)* 140

Arts. 89 a 96 – *Gustavo Renato Fiscarelli* 160

Arts. 97 a 113 – *Raquel Borges Alves Toscano* 176

TÍTULO III – Do Registro Civil de Pessoas Jurídicas

Arts. 114 a 126 – *Bianca de Melo Cruz Rizato* 199

TÍTULO IV – Do Registro de Títulos e Documentos

Arts. 127 a 166 – *Bianca de Melo Cruz Rizato* 209

TÍTULO V – Do Registro de Imóveis

Art. 167, *caput* – *Celso Maziteli Neto e Ivan Jacopetti do Lago* 235

Art. 167, I

1 e 2 – *Ivan Jacopetti do Lago* 237

3 – *Caleb Matheus Ribeiro de Miranda* 249

4 a 11 – *Ivan Jacopetti do Lago* 253

12 a 16 – *Moacyr Petrocelli de Ávila Ribeiro* 272

17 a 29 – *Caleb Matheus Ribeiro de Miranda* 302

30 a 34 – *Ivan Jacopetti do Lago* 330

35 a 48 – *Moacyr Petrocelli de Ávila Ribeiro* 347

Art. 167, II

1 – *Moacyr Petrocelli de Ávila Ribeiro* 459

2 a 16 – *Caleb Matheus Ribeiro de Miranda* 463

17 – *Celso Maziteli Neto* 481

18 a 23 – *Caleb Matheus Ribeiro de Miranda* 483

24 a 31 – *Moacyr Petrocelli de Ávila Ribeiro* 492

32 – *Caleb Matheus Ribeiro de Miranda* 506

33 a 38 – *Moacyr Petrocelli de Ávila Ribeiro* 508

Parágrafo único – *Moacyr Petrocelli de Ávilla Ribeiro* 526

Arts. 168 a 171 – *Celso Maziteli Neto* 532

Arts. 172 a 181 – *Moacyr Petrocelli de Ávila Ribeiro* 541

Arts. 182 a 216 – *Ivan Jacopetti do Lago* 651

Arts. 216-A a 226 – *Moacyr Petrocelli de Ávila Ribeiro* 717

Arts. 227 a 235-A – *Ana Paula Perondi Lopes Almada* 842

Arts. 236 a 276 – *Caleb Matheus Ribeiro de Miranda* 890

Arts. 277 a 288 – *Renata de Oliveira Bassetto Ruiz* 986

Art. 288-A – *Caleb Matheus Ribeiro de Miranda* 1003

TÍTULO VI – Das Disposições Finais e Transitórias

Arts. 289 a 299 – *Caleb Matheus Ribeiro de Miranda* 1005

ÍNDICE SISTEMÁTICO

Lei 6.015, de 31 de dezembro de 1973

TÍTULO I
DAS DISPOSIÇÕES GERAIS

Capítulo I – Das Atribuições (arts. 1º e 2º) 1

Capítulo II – Da Escrituração (arts. 3º a 7º-A) 9

Capítulo III – Da Ordem do Serviço (arts. 8º a 15) 16

Capítulo IV – Da Publicidade (arts. 16 a 21) 28

Capítulo V – Da Conservação (arts. 22 a 27) 39

Capítulo VI – Da Responsabilidade (art. 28) 45

TÍTULO II
DO REGISTRO CIVIL DAS PESSOAS NATURAIS

Capítulo I – Disposições Gerais (arts. 29 a 32) 51

Capítulo II – Da Escrituração e Ordem de Serviço (arts. 33 a 45) 62

Capítulo III – Das Penalidades (arts. 46 a 49) 72

Capítulo IV – Do Nascimento (arts. 50 a 66) 78

Capítulo V – Da Habilitação para o Casamento (arts. 67 a 69) 102

Capítulo VI – Do Casamento (arts. 70 e 70-A) 116

Capítulo VII – Do Registro do Casamento Religioso para Efeitos Civis (arts. 71 a 75) 128

Capítulo VIII – Do Casamento em Iminente Risco de Vida (art. 76) 135

Capítulo IX – Do Óbito (arts. 77 a 88) 140

Capítulo X – Da Emancipação, Interdição e Ausência (arts. 89 a 94-A) 160

Capítulo XI – Da Legitimação Adotiva (arts. 95 e 96) 174

Capítulo XII – Da Averbação (arts. 97 a 105) 176

Capítulo XIII – Das Anotações (arts. 106 a 108) 188

Capítulo XIV – Das Retificações, Restaurações e Suprimentos (arts. 109 a 113) 191

TÍTULO III
DO REGISTRO CIVIL DE PESSOAS JURÍDICAS

Capítulo I – Da Escrituração (arts. 114 a 119) 199

Capítulo II – Da Pessoa Jurídica (arts. 120 e 121) 202

Capítulo III – Do Registro de Jornais, Oficinas Impressoras, Empresas de Radiodifusão e Agências de Notícias (arts. 122 a 126) 205

TÍTULO IV
DO REGISTRO DE TÍTULOS E DOCUMENTOS

Capítulo I – Das Atribuições (arts. 127 a 131) 209

Capítulo II – Da Escrituração (arts. 132 a 141) 219

Capítulo III – Da Transcrição e da Averbação (arts. 142 a 145) 224

Capítulo IV – Da Ordem do Serviço (arts. 146 a 163) 225

Capítulo V – Do Cancelamento (arts. 164 a 166) 233

TÍTULO V
DO REGISTRO DE IMÓVEIS

Capítulo I – Das Atribuições (arts. 167 a 171) 235

Capítulo II – Da Escrituração (arts. 172 a 181) 541

Capítulo III – Do Processo do Registro (arts. 182 a 216-B) 651

Capítulo IV – Das Pessoas (arts. 217 a 220) 766

Capítulo V – Dos Títulos (arts. 221 a 226) 801

Capítulo VI – Da Matrícula (arts. 227 a 235-A) 842

Capítulo VII – Do Registro (arts. 236 a 245) 890

Capítulo VIII – Da Averbação e do Cancelamento (arts. 246 a 259) 920

Capítulo IX – Do Bem de Família (arts. 260 a 265) 967

Capítulo X – Da Remição do Imóvel Hipotecado (arts. 266 a 276) 977

Capítulo XI – Do Registro Torrens (arts. 277 a 288) 986

Capítulo XII – Do Registro da Regularização Fundiária Urbana (art. 288-A) 1003

TÍTULO VI
DAS DISPOSIÇÕES FINAIS E TRANSITÓRIAS

Arts. 289 a 299 1005

LEI DE REGISTROS PÚBLICOS

LEI 6.015, DE 31 DE DEZEMBRO DE 1973
Dispõe sobre os registros públicos e dá outras providências.

O PRESIDENTE DA REPÚBLICA:
Faço saber que o Congresso Nacional decreta e eu sanciono a seguinte Lei:

TÍTULO I
DAS DISPOSIÇÕES GERAIS

CAPÍTULO I
DAS ATRIBUIÇÕES

Art. 1º Os serviços concernentes aos Registros Públicos, estabelecidos pela legislação civil para autenticidade, segurança e eficácia dos atos jurídicos, ficam sujeitos ao regime estabelecido nesta Lei.

§ 1º Os Registros referidos neste artigo são os seguintes:

I – o registro civil de pessoas naturais;

II – o registro civil de pessoas jurídicas;

III – o registro de títulos e documentos;

IV – o registro de imóveis;

§ 2º Os demais registros reger-se-ão por leis próprias.

§ 3º Os registros serão escriturados, publicizados e conservados em meio eletrônico, nos termos estabelecidos pela Corregedoria Nacional de Justiça do Conselho Nacional de Justiça, em especial quanto aos (Redação dada pela Lei nº 14.382, de 2022)

I – padrões tecnológicos de escrituração, indexação, publicidade, segurança, redundância e conservação; e (Incluído pela Lei nº 14.382, de 2022)

II – prazos de implantação nos registros públicos de que trata este artigo. (Incluído pela Lei nº 14.382, de 2022)

§ 4º É vedado às serventias dos registros públicos recusar a recepção, a conservação ou o registro de documentos em forma eletrônica produzidos nos termos estabelecidos pela Corregedoria Nacional de Justiça do Conselho Nacional de Justiça (Incluído pela Lei nº 14.382, de 2022)

MARCELO ANTONIO MAZITELI DE OLIVEIRA

Referências Normativas

Lei 8.935/1994, art. 1º.
Lei 9.492/1997, art. 2º.
Lei 14.382/2022, art. 1º.
Provimento 149/2023, do Conselho Nacional de Justiça.

Comentários

A Lei 6.015/1973 (Lei de Registros Públicos) ingressou no ordenamento jurídico brasileiro em substituição às disposições anteriores atinentes aos registros públicos, especialmente aquelas contidas nos Decretos 4.857/1939 e 1.000/1969, que dispunham sobre a execução dos registros públicos previstos no Código Civil de 1916.

A Lei de Registros Públicos experimentou ao longo destes seus 50 anos alterações e acréscimos legislativos no conteúdo dos seus quase 300 artigos de lei, que buscaram acompanhar evoluções da sociedade brasileira, como, por exemplo, a adoção do divórcio como forma de extinção do casamento, maior gama de hipóteses para as retificações administrativas dos registros civis das pessoas naturais e também dos registros imobiliários, as regularizações imobiliárias de áreas de interesse social, dentre tantos outros exemplos.

Muitas outras mudanças ainda virão ao longo dos anos, pelo menos até que um dia talvez se entenda pela necessidade da edição de uma nova Lei de Registros Públicos, tal qual ocorreu após o longo processo que culminou com a entrada em vigor do Código Civil atual.

A referida lei atualmente talvez esteja passando por um verdadeiro ápice evolutivo. Isso porque a Lei 14.382/2022 tornou o registro eletrônico a regra do sistema ao determinar que os atos serão escriturados, publicizados e conservados em meio eletrônico. Antes dessa lei, o registro eletrônico era previsto apenas de forma pontual e específica em determinados temas, especialmente mediante regulamentos administrativos estaduais, como no caso da pioneira Central Estadual do Registro Civil no Estado de São Paulo ou nas normativas editadas por meio de provimentos do Conselho Nacional de Justiça na sua típica atuação de regulação da função notarial e registral.

A Lei 14.382/2022, que institui no ordenamento o Sistema Eletrônico de Registros Públicos (SERP), visa à implantação do registro público eletrônico dos atos e negócios jurídicos, com a devida interconexão de todas as serventias de registros públicos. Muitas questões ainda advirão por conta da recente alteração como normativas das Corregedorias Estaduais e fixação de emolumentos.

Referida lei, com âmbito nas relações jurídicas que envolvam os oficiais de registros públicos e os usuários dos mesmos serviços, tem como objetivos elencados em seu art. 3º a viabilização do registro público eletrônico, visando à interconexão entre as serventias, com a devida interoperabilidade das bases de dados, tanto entre as serventias, quanto entre as serventias e o SERP.

De acordo com os comandos legislativos, objetiva ainda possibilitar o atendimento remoto aos usuários, com a prestação dos serviços almejados, tais como recepção e envio de documentos, obtenção de certidões e informações, visualização de atos, entre outros, e ainda possibilitar o intercâmbio de documentos e informações entre as serventias dos registros públicos e os entes públicos, usuários em geral (inclusive instituições financeiras, autorizadas pelo Banco Central e Tabeliães), armazenamento de documentos eletrônicos para suporte dos atos registrais, divulgação de índices e indicadores estatísticos, consultas de indisponibilidades, gravames, restrições, débitos, garantias, entre outros, e demais serviços a serem estabelecidos pelo Conselho Nacional de Justiça.

Diante da premente necessidade de regulamentação do tema, o Conselho Nacional de Justiça editou o Provimento 139, de 1º de fevereiro de 2023, com o escopo de estabelecer os parâmetros normativos acerca dos registros eletrônicos. Referido provimento veio a ser revogado em razão da edição do Provimento 149, de 30 de agosto de 2023, que instituiu o Código Nacional de Normas da Corregedoria Nacional de Justiça do Conselho Nacional de Justiça e promoveu a compilação de todos os provimentos referentes à atividade notarial e registral, inclusive o referido Provimento 139, cujo texto foi integralmente repetido a partir do art. 211.

Conforme apontado na exposição de motivos do Código Nacional de Normas "*o objetivo é eliminar a dispersão normativa atual, que, além de dificultar consultas pelos usuários, é potencialmente nociva à segurança jurídica, seja pela falta de sistematicidade, seja por dificultar a identificação de revogações tácitas, de uma norma por outra*"[1]. Em apertada síntese, os arts. 211 e seguintes regulamentam o SERP, com destaque para a integração tecnológica e a adesão obrigatória por parte dos oficiais, responsáveis interinos ou interventores das Serventias e estabelece, ainda, princípios norteadores, a instituição do Operador Nacional do Sistema de Registros Públicos (ONSERP), do Operador Nacional do Registro Civil de Pessoas Naturais (ON-RCPN) e do Operador Nacional do Registro de Títulos e Documentos e Civil de Pessoas Jurídicas (ON-RTDPJ). Por fim, prevê para a implementação e custeio os seus respectivos fundos, a saber: Fundo para a Implementação e Custeio do Sistema Eletrônico de Registros Públicos (FIC-ONSERP), Fundo para a Implementação e Custeio do Sistema Eletrônico do Registro Civil de Pessoas Naturais (FIC-RCPN) e Fundo para a Implementação e Custeio do Sistema Eletrônico do Registro de Títulos e Documentos e Civil de Pessoas Jurídicas (FIC-RTDPJ).

Aqui cabe destacar a justificável omissão que se verificava originalmente do texto do provimento 139 acerca do serviço registral imobiliário, tendo em vista não ter havido a necessidade de instituição do seu respectivo operador e do seu fundo de custeio, na medida em que, antes mesmo da edição do provimento 139 (posteriormente inserido dentro do provimento 149), no tocante ao registro imobiliário, o tema já havia sido regulamentado, seja através do Provimento 47/2015, do Conselho Nacional de Justiça, que cuidou do Sistema de Registro Eletrônico de Imóveis (SREI)), seja por meio da implementação do Operador Nacional do Registro de Imóveis (ONR), em decorrência da Lei 13.465/2017 e do Provimento 89/2019, do Conselho Nacional de Justiça,[2] ou seja, ainda com a edição do Provimento 115/2021, do Conselho Nacional de Justiça (o qual instituiu receita do fundo para implementação e custeio do SREI).

Assim, voltando à análise específica da normatização do sistema eletrônico dos registros públicos, extrai-se que o SERP reger-se-á pelos "*princípios que disciplinam a administração pública em geral e os serviços notariais e registrais, em especial, os princípios da legalidade, integridade, impessoalidade, moralidade, razoabilidade, finalidade, motivação, interesse público, eficiência, segurança, adequação, regularidade, continuidade, atualidade, generalidade, publicidade, autenticidade e cortesia na prestação dos serviços*".[3]

Para a devida implantação, manutenção e funcionamento do SERP, prevê a constituição do ONSERP, sob a forma de uma pessoa jurídica de direito privado sem fins lucrativos, conforme incisos I (associações) e III (fundações) do art. 44 do Código Civil Brasileiro.

São parte integrante do ONSERP o ONR (precursor da sistemática eletrônica registral e previamente criado, como já apontado antes), além dos demais operadores instituídos originalmente por ocasião do Provimento 139/2023. O ONSERP terá foro e sede em Brasília-DF e a sua gestão ficará a cargo de um Comitê Executivo, composta pelos presidentes dos operadores nacionais de registros públicos, sob orientação e fiscalização da Corregedoria Nacional de Justiça, no desempenho de suas atribuições, tais como implantação, coordenação, funções operacionais, opinativa para edição de instruções técnicas, formulação de indicadores, dentre outras.

No desempenho de suas funções, o ONSERP deve observar o cumprimento de todo o arcabouço correlato (leis, regulamentos, normas internas e externas), convênios e contratos, notadamente editados pelo Conselho Nacional de Justiça, bem como as normas que regem segredo de justiça, sigilo profissional, bancário e fiscal, autonomia do registrador e independência no exercício de suas funções e as normas gerais e específicas aplicáveis à proteção de dados pessoais, nos termos da Lei Geral de Proteção de Dados (LGPD) (Lei 13.709/2018) e o Provimento 149/2023 do Conselho Nacional de Justiça.

É determinada ainda a criação, dentro de sua estrutura, de um Comitê de Normas Técnicas (CNT/SERP), com escopo de elaborar instruções técnicas de normatização, a serem homologadas pelo

---

[1] Provimento 149/2023, do Conselho Nacional de Justiça.

[2] Estatuto do Operador Nacional do Sistema de Registro Eletrônico de Imóveis (ONR). Disponível em: https://www.registrodeimoveis.org.br/onr. Acesso em: 23 mar. 2023.

[3] Provimento 149/2023, do Conselho Nacional de Justiça, art. 211, § 1º.

Art. 1º | LEI DE REGISTROS PÚBLICOS COMENTADA

Conselho Nacional de Justiça, visando à segura operação do sistema, interoperabilidade de dados e documentos, longevidade dos documentos eletrônicos.

Além disso, prevê a adaptação eletrônica dos requisitos jurídico-formais implicados nos serviços, buscando, desse modo, garantir os escopos fundamentais dos registros públicos de autenticidade e segurança no que se refere às operações realizadas por meio de sua sistemática, inclusive esclarecendo as diretrizes técnicas para uso de assinaturas eletrônicas perante os registros públicos.

Especificamente tratando da relação da "ponta" do sistema, ou seja, das Serventias Extrajudiciais, determina que as unidades do serviço de Registro Civil das Pessoas Naturais e de Registro de Títulos e Documentos e Civil das Pessoas Jurídicas são partes integrantes do SERP, sendo vinculadas aos seus respectivos operadores (ON-RCPN e ao ON-RTDPJ), cujas propostas de estatuto devem ser homologadas pelo Conselho Nacional de Justiça e que serão formuladas pelas atuais entidades representativas de classe, por meio de Assembleia Geral a ser por elas convocadas, abarcando filiados e não filiados (nos mesmos termos do que já foi verificado no tocante aos serviços registrais imobiliários).

Cabe ainda destacar o papel de Agente Regulador que o Conselho Nacional de Justiça irá desempenhar sobre o ONSERP, o ON-RCPN e o ON-RTDPJ mediante futura regulamentação, tal qual foi realizado no tocante ao ONR por meio do Provimento 109/2020.

Sobre os recursos financeiros do SERP, há previsão de que os mesmos advirão do Fundo para Implementação e Custeio do Sistema Eletrônico dos Registros Públicos (FIC-ONSERP), previsto na Lei 14.382/2022 e cuja subvenção será suportada, de forma indireta, por intermédio dos responsáveis pelas Serventias (oficiais, interinos ou interventores), por meio de percentuais a serem repassados das rendas do FIC-RCPN, FICRTDPJ e também do FIC/SREI (de normatização pretérita mas que está incorporado ao SERP), em valores a serem definidos em processo administrativo instaurado pela Corregedoria Nacional de Justiça, após estudos sobre volume de arrecadação dos emolumentos brutos e estimativas de valores necessários para implantar, sustentar e garantir a evolução do SERP.

Sobre as rendas do ON-RCPN e do ON-RTDPJ, prevê que advirão dos fundos de cada especialidade (ON-RCPN e do ON-RTDPJ), a serem subvencionados pelos oficiais, responsáveis interinos, ou interventores (nos mesmos moldes verificados na experiência do ONR e do SREI), de valores recebidos em atos de liberalidade (como doações e legados), rendas oriundas de prestação de serviços facultativos, da alienação ou locação de seus bens e de rendas eventuais. Ainda dispõe que, a exemplo das cotas do FIC-ONSERP, as cotas de subvenção serão estabelecidas em processo administrativo sob a égide do Conselho Nacional de Justiça, a serem recolhidas até o último dia útil de cada mês, com base nos emolumentos percebidos no mês imediatamente anterior.

Em complemento a tais regras, os fundos do serviço de Registro Civil das Pessoas Naturais (FIC--RCPN), de Registro de Títulos e Documentos e Civil das Pessoas Jurídicas (FICRTDPJ) e o Fundo para a Implementação e Custeio do Sistema Eletrônico dos Registros Públicos (FIC-ONSERP) foram instituídos através do Provimento 159, de 18 de dezembro de 2023 e passaram a ter arrecadação a partir da competência do mês de janeiro do ano de 2024.

No tocante ao FIC-RCPN foi prevista a sua mantença através da participação de cada serviço de registro civil das pessoas naturais, com uma cota fixada em 1,5% (um e meio por cento) da receita percebida pelos atos praticados pela Serventia, incluindo todos os emolumentos recebidos, inclusive valores recebidos por serviços autorizados mediante convênios, credenciamento e matrícula com órgãos e entidades governamentais e privadas a serem praticados pelo oficial do registro civil das pessoas naturais, inclusive os decorrentes de Ofício da Cidadania e valores referentes à complementação de renda ou ressarcimento de atos gratuitos.

De outro lado, a respeito do FIC-RTDPJ, foi prevista a cota de participação de cada uma das serventias, calculado em 1,2% (um inteiro e dois décimos por cento) da receita percebida pelos atos praticados pelo serviço de registro de títulos e documentos e civil das pessoas jurídicas, referente a todos os emolumentos recebidos, inclusive outros serviços incorporados ou autorizados e valores recebidos a título de complementação de renda ou ressarcimento de atos gratuitos.

No que se refere ao FIC-ONSERP, *"constituem receita do FIC-ONSERP os valores repassados pelos FICs dos demais operadores (ONR, ON-RCPN e ON-RTDPJ) de forma proporcional à capacidade contributiva de cada um, de acordo com o percentual correspondente ao total arrecadado entre todos os operadores, no semestre anterior*"[4]. Sobre o FIC/SREI cabe destacar que a sua receita já havia sido instituída através do Provimento 115 de 24 de março de 2021, sendo *"a cota de participação corresponde a 0,8% (oito décimos por cento) dos emolumentos brutos percebidos pelos atos praticados no serviço do registro de imóveis da respectiva serventia*"[5].

Há ainda previsão de vedação expressa, seja por parte dos operadores, seja por parte dos tabeliães e registradores, de qualquer cobrança dos usuários de valores, a qualquer título e sob qualquer pretexto, pela prestação de serviços eletrônicos, sob pena de configurar infrações previstas na Lei de Notários e Registradores (Lei 8.935/1994).

Determina ainda a observância por parte dos operadores (ONSERP, ONR, ON-RCPN e o ON-RTDPJ) das disposições estatutárias e das orientações gerais editadas pela Corregedoria Nacional de Justiça para composição de receitas e execução de despesas, explicitando também a necessidade de prestação de contas anuais (e sempre que solicitado pelo Conselho Nacional de Justiça, na função de Agente Regulador). Tais contas serão prestadas tanto para os órgãos internos, quanto para o Agente Regulador (inclusive com a elaboração de parecer de auditor independente).

Nessa esteira, ainda contempla a elaboração de relatórios semestrais de gestão, sem prejuízo de demais deveres do provimento e de atos próprios dos seus órgãos, além da aplicação dos arts. 37 e 38 da Lei dos Notários e Registradores (Lei 8.935/1994), ou seja, a previsão da fiscalização por parte do Poder Judiciário e do Ministério Público locais nos moldes tradicionalmente conhecidos.

Especificamente sobre o ONR, o provimento explicita que seja mantida a organização e a governança na forma que já havia sido previamente estabelecida (ou seja, Lei 13.465/2017 e provimentos já editados sobre a sistemática registral eletrônica).

Sobre a já existente Central Nacional dos Cartórios de Protesto (CENPROT), determina o uso de Interface de Programação de Aplicação (API), seja para viabilizar as consultas da CENPROT diretamente na SERP, seja para o intercâmbio de documentos eletrônicos e de informações entre as serventias.

O conteúdo original do revogado provimento 139 previa o prazo de 90 (noventa) dias a partir da sua publicação (o que ocorreu no dia 02/02/2023) para que as entidades representativas de caráter nacional convocassem as assembleias para a constituição do ON-RCPN e do ON-RTDPJ. Tais operadores, no prazo de 15 dias de suas composições, por intermédio dos membros que integrariam o Comitê Executivo de Gestão do ONSERP, deveriam apresentar proposta de estatuto para homologação. Após sua homologação, o Comitê Executivo de Gestão realizaria a constituição jurídica do ONSERP. Tais prazos foram cumpridos e o ONSERP foi efetivamente constituído como uma entidade civil sem fins lucrativos sob a forma de uma pessoa jurídica de Direito Privado com sede e foro no Distrito Federal, sendo o seu Comitê Executivo de Gestão composto pelos presidentes dos operadores nacionais de registros públicos. Portanto, em linhas gerais, o assunto é ordem do dia no tocante aos registros públicos, e, nos próximos meses e anos, muitas inovações serão verificadas e a experiência prática determinará os rumos do registro eletrônico.

A despeito de todas as inovações que advirão nos próximos anos decorrentes da verdadeira revolução trazida pelo SERP, em uma nova perspectiva de registro público digital (inicialmente híbrido, mas que em muito poderá migrar para uma digitalização até mesmo plena, diga-se de passagem), ditos serviços concernentes aos registros públicos, estabelecidos pelo regime da Lei de Registros Públicos, ainda terão o mesmo escopo.

Em outras palavras: ainda que outrora fosse a base física aquela que servia satisfatoriamente à sociedade, num novo momento volta-se para o meio digital, mas ainda assim terá como o escopo precípuo a busca da garantia da autenticidade, segurança e eficácia dos atos jurídicos, ditames estes repetidos no art. 1º da Lei de Notários e Registradores (Lei 8.935/1994), com acréscimo da menção expressa à publicidade (*"serviços notariais e de registro são os de organização técnica e administrativa destinados a garantir a publicidade, autenticidade, segurança e eficácia dos atos jurídicos"*).

A autenticidade consiste na confirmação feita pelo registrador do documento apresentado ou de declaração que lhe é prestada, de modo a criar uma presunção relativa destes, muito embora, como

---

[4]   Provimento 159/2023, do Conselho Nacional de Justiça, art. 7º.

[5]   Provimento 115/2021, do Conselho Nacional de Justiça, art. 3º, § 2º.

bem recordado pelo mestre e paradigma das linhas registrais, *"não dá autenticidade ao negócio causal ou ao fato jurídico de que se origina. Só o próprio registro tem autenticidade"*.[6]

A sistemática registral e todo o seu ordenamento são garantidores de segurança aos atos que lhe são atribuídos. Isso porque são dotados de organização técnica e administrativa, e, portanto, aptos a gerar a grande confiança que a sociedade dele espera, e, por expresso comando legal exercidos por profissionais do direito dotados de fé pública.

Em decorrência da autenticidade e da segurança que o sistema registral é dotado, chancelados pela fé pública, decorre a eficácia, garantindo, assim, os efeitos que se pretenda por meio daquele documento ou ato registral. Tais elementos formam o alicerce de todo o sistema registral brasileiro.

Dentro do conjunto propriamente dito, há na lei a delimitação dos serviços ali previstos: o registro civil das pessoas naturais, o registro civil das pessoas jurídicas, o registro de títulos e documentos e o registro de imóveis.

O registro civil das pessoas naturais pode ser considerado o serviço inaugural da temática, não só por estar contido no primeiro inciso do art. 1º, mas também por ser especialidade que invariavelmente engloba todos os cidadãos, na medida em que ao longo da vida, mesmo que alguns deles não comprem um imóvel ou protestem um cheque, todos terão o seu nascimento e falecimento ali assentados. Além dos assentos de nascimento e de óbito, compete ao oficial de registro civil das pessoas naturais a lavratura dos assentos de casamento, conversões de união estável, emancipações, interdições, ausência, morte presumida, nacionalidade, tutela e curatela e todas as anotações a averbações correlatas com os registros constantes do seu acervo. Tem o seu conteúdo delimitado no Título II entre os arts. 29 a 113.

O registro civil das pessoas jurídicas cuida por seu turno do registro de constituição das pessoas jurídicas elencadas no art. 44 do Código Civil e todas as posteriores alterações ao longo de sua existência, à exceção das sociedades empresárias e as cooperativas, cujo registro é feito perante as Juntas Comerciais do respectivo estado da federação. É ainda competência do registro civil das pessoas jurídicas o registro de jornais, oficinas impressoras, empresas de radiodifusão e agências de notícias. Sua normativa está contida no Título III entre os arts. 114 a 126.

O registro de títulos e documentos é a especialidade que cuida da transcrição dos documentos que a lei preveja expressamente sua necessidade e competência, além de quaisquer outros para efeito de conservação de seu conteúdo. Está contemplado no Título IV, abrangido pelos arts. 127 a 166.

Por fim, o registro de imóveis cuida essencialmente de atos correlatos aos imóveis de determinada circunscrição, ou que, por opção legislativa, guardem pertinência temática, ali devendo ser assentados. São praticados por meio de atos de registro *stricto sensu* ou de averbação, ambos previstos no art. 167. É disciplinado no Título V, por meio dos arts. 167 a 295.

 Jurisprudência

"Expediente – Atualização e Alteração das Normas de Serviço da Corregedoria Geral da Justiça – Propostas da ARPEN/SP – Acolhimento parcial do pleito – Minuta de Provimento. (...) A certidão em formato eletrônico é válida para todos os fins e propósitos, sendo possível consulta da verificação quanto à autenticidade no www.registrocivil.org.br. A medida em nada afasta a possibilidade de materialização do documento nos exatos termos das Normas de Serviço, mas possibilita dinamismo, sem embaraço à segurança jurídica, na utilização do documento" (TJSP, Processo 38.353/2020, Corregedoria-Geral da Justiça, j. 12/01/2021).

Art. 2º Os registros indicados no § 1º do artigo anterior ficam a cargo dos serventuários privativos nomeados de acordo com o estabelecido na Lei de Organização Administrativa e Judiciária do Distrito Federal e dos Territórios e nas Resoluções sobre a Divisão e Organização Judiciária dos Estados, e serão feitos:

---

[6] CENEVIVA, Walter. *Lei de registros públicos comentada.* 16. ed. São Paulo: Saraiva, 2005. p. 5.

I – o do item I, nos ofícios privativos, ou nos cartórios de registro de nascimentos, casamentos e óbitos;

II – os dos itens II e III, nos ofícios privativos, ou nos cartórios de registro de títulos e documentos;

III – os do item IV, nos ofícios privativos, ou nos cartórios de registro de imóveis.

 Referências Normativas

Lei 8.935/1994, art. 14.
Resolução 81/2009, do Conselho Nacional de Justiça.

 Comentários

O art. 2º deve ser interpretado com as devidas cautelas, pois o seu *caput*, embora recepcionado pela Constituição Federal, foi revogado tacitamente pela Lei dos Notários e Registradores (Lei 8.935/1994), que tratou das regras infraconstitucionais para ingresso na atividade notarial e registral.

O art. 236 da Constituição Federal determinou a dependência para ingresso na atividade notarial de concurso público de provas e títulos e o seu posterior exercício em caráter privado, por delegação do Poder Público.

Muito embora no *caput* a atividade seja tratada como uma delegação concedida por parte do Poder Público não há a especificação por meio de qual de seus Poderes a mesma se daria. Contudo, o § 1º atribui ao Poder Judiciário a fiscalização da atividade, o que aliás historicamente sempre foi a praxe. E isso porque, diante das peculiaridades da atividade notarial e registral, sempre houve natural aproximação da estrutura do Poder Judiciário, com sua atuação normativa, correcional e sancionatória. Em face desse comando constitucional, atualmente é assim que prevalece o entendimento: cabe ao Poder Judiciário a atribuição da regulação da atividade notarial e registral como um todo.[7]

Os outrora serventuários privativos nomeados nos dizeres da Lei de Registros Públicos foram mais bem definidos nos dizeres da Lei 8.935/1994, titulando-os como o notário, ou tabelião, e oficial de registro, ou registrador, os quais, ainda pelos dizeres da lei, são tratados (com devida justiça) como profissionais do direito, dotados de fé pública, a quem é delegado o exercício da atividade notarial e de registro.

A sistemática para ingresso na atividade notarial e registral tem como ponto fundamental o § 3º do art. 236 da Constituição Federal, segundo o qual o ingresso depende de concurso público de provas e títulos, estabelecendo, ainda, que não pode qualquer serventia ficar vaga, sem abertura de concurso de provimento ou de remoção, por mais de seis meses.

Sobre o concurso de remoção, cabe destacar que o plenário do Supremo Tribunal Federal, por ocasião do julgamento da Ação Declaratória de Constitucionalidade número 14, julgou inconstitucional o artigo 16 da Lei 8.935/1994, com a redação dada pela Lei 10.506/2002, que previa a possibilidade de concurso de remoção na atividade notarial e registral apenas por meio de títulos[8].

Conforme o magistério de Luís Paulo Aliende Ribeiro, *"a função pública notarial de registro é, por imperativo constitucional, exercida por meio de descentralização administrativa por colaboração: o Poder Público conserva a titularidade do serviço e transfere sua execução a particulares (pessoas físicas com qualificação específica e que foram aprovadas em concurso público de provas e títulos) em unidades (ou feixes de competência) definidas, pela Administração, em função das necessidades dos usuários e da adequação do serviço, mediante critérios relativos ao número de atos praticados, receita, aspectos populacionais e conformidade com a organização judiciária de cada Estado da Federação. Não há mais*

---

[7] RIBEIRO, Luís Paulo Aliende. *Regulação da função pública notarial e de registro.* São Paulo: Saraiva, 2009. p. 184.
[8] Disponível em: https://portal.stf.jus.br/noticias/verNoticiaDetalhe.asp?idConteudo=513539&ori=1.

que se falar em cartórios como unidades da estrutura administrativa do Estado, nem cargos a serem providos, tampouco quadros, classes ou carreira".[9]

Em nível infraconstitucional, a Lei dos Notários e Registradores (Lei 8.935/1994), em seus arts. 14 e seguintes, prevê as regras básicas para ingresso na atividade.

Atualmente, no desempenho da função de fiscalização da atividade, com poderes para editar atos normativos, o Conselho Nacional de Justiça editou a Resolução 81, que dispõe sobre os concursos públicos de provas e títulos, para a outorga das Delegações de Notas e de Registro, e minuta de edital.

E, dentre outros motivos expostos para editar o tal provimento, o Conselho Nacional de Justiça aponta a necessidade da edição de regras gerais mínimas para os referidos concursos, pois não há Lei Complementar Federal que tenha delegado a estados ou ao Distrito Federal poderes para legislar sobre ingresso, por provimento ou remoção, no serviço de notas ou de registro, nos termos do que é previsto no art. 22, XXV e parágrafo único, da Constituição Federal.

E, ainda, também o faz porque há necessidade de um regramento mínimo sobre os referidos concursos, ante a ausência de uniformização entre os estados da Federação, o que acaba por motivar diversos procedimentos administrativos junto ao CNJ, bem como medidas judiciais junto ao STF e STJ, que acabam por ocasionar atraso no provimento das delegações, indo contra a celeridade exigida constitucionalmente no art. 236.

A estruturação dessa fiscalização por parte do Poder Judiciário fica, em âmbito nacional, a cargo do Conselho Nacional de Justiça, em uma atuação reguladora, dentro de suas atribuições previstas no art. 103-B da Constituição Federal e em âmbito estadual os Tribunais de Justiça do Estados, por meio das Corregedorias-Gerais de Justiça.

Sobre o tema dos encarregados pelas Serventias Extrajudiciais, cabe ainda destacar que, após o julgamento pelo Supremo Tribunal Federal da ADIn 1.183, em caso de vacância de serventia que estava devidamente provida, os substitutos que haviam sido nomeados pelos respectivos titulares somente poderão exercer a titularidade de forma interina pelo prazo máximo de 6 meses, devendo o respectivo Tribunal de Justiça promover concurso público para o seu devido provimento.

Diante disso o Provimento 176, de 23 de julho de 2024, alterou o Código Nacional de Normas da Corregedoria Nacional de Justiça do Conselho Nacional de Justiça estabelecendo a partir do artigo 66 as regras gerais aplicáveis às serventias vagas, prevendo que o juiz competente nomeie o substituto mais antigo pelo prazo máximo e improrrogável de 6 meses, após o qual, em linhas gerais, será nomeado interinamente o titular de outra serventia do mesmo município ou de município contíguo que detenha ao menos uma das especialidades do serviço vago.

 Jurisprudência

"**Procedimento de controle administrativo. Permuta entre pai e filha. Serventias de entrâncias diversas. Fundamentada em razões de cunho particular. Inobservância dos princípios do art. 37 da Constituição Federal. Ausência de interesse público. Nulidade.** – A permuta objeto do presente PCA, realizada entre pai e filha, apresenta, precipuamente, a ausência de interesse público em sua realização, vez que está pautada em vantagens particulares. – O deferimento ocorrido equivale à promoção da serventuária (...) para ofício de entrância superior, desrespeitando assim a previsão do artigo 37, II, da Constituição Federal, que dispõe que a investidura em cargo ou emprego público depende de aprovação prévia em concurso de provas ou provas e títulos. – No caso em destaque há o nítido desrespeito aos princípios basilares da administração pública com destaque à impessoalidade e a moralidade. A hipótese aqui verificada foi a de aprovação de pessoa jovem para uma serventia de baixa renda, que, por meio de permuta, e sem que tenha concorrido para tanto, obtém a titularidade de serventia bastante rentável. Serventia esta titularizada por pessoa mais idosa, e que é genitor daquela. – O Plenário do STF, por ocasião do julgamento de duas ADIs propostas pelo Procurador-Geral da República (ADI 3248) e pela Associação dos Magistrados Brasileiros (ADI 3253), declarou, por unanimidade, a inconstitucionalidade de dispositivo da Lei paranaense nº 14.351/04, que havia inserido artigo no Código de Divisão e Organização Judiciária do Estado do Paraná permitindo que notários e registradores sejam removidos para serventia diversa mediante a

---

[9] RIBEIRO, Luís Paulo Aliende. *Regulação da função pública notarial e de registro*. São Paulo: Saraiva, 2009. p. 56-57.

simples aprovação do Conselho da Magistratura. – Julgo procedente o pedido para anular o ato de permuta objeto do presente procedimento, e determinar ao Tribunal de Justiça do Estado do Paraná que proceda ao retorno dos serventuários (...) às serventias que titularizavam antes da permuta aqui anulada" (CNJ – PCA – Procedimento de Controle Administrativo – 0005531-82.2009.2.00.0000 – Rel. Jefferson Luis Kravchychyn – 130ª Sessão Ordinária – j. 05/07/2011).

"Serviço notarial e de registro – Inadmissível outorga de delegação de notas à preposta-escrevente de serventia extrajudicial, fora do imperativo constitucional e legal do concurso público, por provas e títulos (artigo 236, § 3º, da Constituição da República e artigo 39, § 2º, da Lei 8.935/94) – Manifestação contrária à pretensão" (TJSP, Processo 262/2007, Corregedoria-Geral da Justiça, j. 18/04/2007).

CAPÍTULO II
DA ESCRITURAÇÃO

Art. 3º A escrituração será feita em livros encadernados, que obedecerão aos modelos anexos a esta Lei, sujeitos à correição da autoridade judiciária competente.

§ 1º Os livros podem ter 0,22 m até 0,40 m de largura e de 0,33 m até 0,55 m de altura, cabendo ao oficial a escolha, dentro dessas dimensões, de acordo com a conveniência do serviço.

§ 2º Para facilidade do serviço podem os livros ser escriturados mecanicamente, em folhas soltas, obedecidos os modelos aprovados pela autoridade judiciária competente.

Referências Normativas

Lei 6.015/1973, art. 24.
Lei 8.935/1994, art. 4º, art. 30, I.
Provimento 149/2023, do Conselho Nacional de Justiça.

Comentários

Reflexo da sua época, a Lei de Registros Públicos previa o abandono dos grandes e antigos livros escriturados manualmente, possibilitando assim a adoção das folhas soltas menores, num primeiro momento datilografadas e que posteriormente passaram a ser impressas por processo mecânico informatizado, com a adoção dos computadores no dia a dia das serventias.

Repetindo a tradição registral, submete os livros, de acordo com os padrões previstos na lei, à correição da autoridade judiciária competente, bem como, com a devida aprovação a adoção de livros escriturados mecanicamente em folhas soltas.

A adoção de folhas soltas permite, seja numa matrícula imobiliária, seja num registro de nascimento, que se possa datilografar ou imprimir conteúdo posterior, como o registro de uma venda numa matrícula, ou, a anotação de um casamento num assento de nascimento, ao passo que o livro físico manuscrito e encadernado impunha a escrituração manual. Assim, a adoção das folhas soltas encontra-se em consonância com o dever do notário e registrados em manter em ordem os livros de sua serventia, de acordo com o que determina o art. 30 da Lei dos Notários e Registradores.

De resto, é de se supor que num futuro breve talvez possa ser até abandonada a escrituração física dos livros, diante da determinação contida no art. 1º já comentado (os registros serão escriturados, publicizados e conservados em meio eletrônico).

O suporte digital de um assento de nascimento, por exemplo, apenas encontraria resistência ao abandono do meio físico hoje em razão da assinatura do declarante do assento lavrado, tendo em vista que as assinaturas das pessoas físicas em meio digital ainda exigem o percurso de um longo caminho no que concerne à sua ampla difusão e popularização. De resto, o assento digital, sendo a regra do sistema, poderia ter na via impressa do assento apenas mais uma cópia de segurança, pois o registro propriamente dito é aquele que está escriturado e armazenado em meio eletrônico.

Jurisprudência

"**Assento de nascimento – Restauração. Livro – Folha danificada.** Trata-se de pedido de providências objetivando a autorização para a restauração de assento de nascimento constante em folha parcialmente destruída de livro da Serventia Extrajudicial (...) Informa o Sr. Oficial que, ao receber pedido de certidão de nascimento em Inteiro Teor (...) notou que a respectiva folha encontrava-se rasgada, faltando, dessa forma, algumas informações registrárias. Diz o Sr. Titular que entrou em contato com o Sr. Interessado e o questionou se possuía sua certidão de nascimento. Afirmativa a resposta, o Sr. Oficial solicitou o envio de cópia da supramencionada certidão, para que esta servisse de base para o restauro do assento destruído. Instado a esclarecer quanto ao ocorrido, o Sr. Oficial informou que, provavelmente, o último manuseio do assento ora em análise deu-se em meados do ano de 1994, haja vista que há anotações na página anterior ao referido registro, indicando tal data. Ademais, comunicou que assumiu a delegação somente em fevereiro de 2010 e desde então tem trabalhado com o intuito de recuperar e conservar o acervo. Nesta ordem de ideias, e diante dos fatos brevemente narrados, considerando-se a existência da certidão do nascimento ocorrido e, portanto, a segurança quanto ao ato lavrado, autorizo a restauração do assento de nascimento de (...) No mais, considerando que o extravio de documentos se deu em época anterior à investidura do Sr. Titular, consoante indicado nos autos, não há que se cogitar de instauração de procedimento administrativo, não se vislumbrando, aqui, responsabilidade funcional a ser investigada. Entretanto, consigno ao Sr. Oficial que se mantenha diligente quanto à verificação da existência de outras situações semelhantes anteriores ao seu ingresso, adotando as providências necessárias para a regularização. Por fim, com o fito de efetuar a restauração completa da folha parcialmente destruída, verifique o Sr. Registrador acerca do conteúdo de fls. 26-frente. Acaso haja outro registro danificado, deverá o Sr. Oficial iniciar procedimento específico para reunir informações destinadas à restauração daquele ou daqueles atos, no prazo de quinze dias, perante esta Corregedoria Permanente, informando a situação nestes autos" (TJSP, Processo 1057940-38.2016.8.26.0100, 2ª Vara de Registros Públicos de São Paulo, Rel. Marcelo Benacchio, j. 13/09/2016).

"Normas de Serviço da Corregedoria-Geral da Justiça – Desmaterialização do Livro Registro Diário de Receitas e Despesas – Impossibilidade – Ausência de previsão normativa – Necessidade de regulamentação expressa quanto à escrituração de livros de forma eletrônica – Inviabilidade por ora" (TJSP, Processo 70.279/2014, Corregedoria-Geral da Justiça, Rel. Elliot Akel, j. 21/07/2014).

Art. 4º Os livros de escrituração serão abertos, numerados, autenticados e encerrados pelo oficial do registro, podendo ser utilizado, para tal fim, processo mecânico de autenticação previamente aprovado pela autoridade judiciária competente.

Parágrafo único. Os livros notariais, nos modelos existentes, em folhas fixas ou soltas, serão também abertos, numerados, autenticados e encerrados pelo tabelião, que determinará a respectiva quantidade a ser utilizada, de acordo com a necessidade do serviço. *(Incluído pela Lei nº 9.955, de 2000)*

Referências Normativas

Lei 8.935/1994, art. 52.
Normas de Serviço da Corregedoria-Geral da Justiça do Estado de São Paulo, Tomo II, Capítulo XIII, item 37.1.

Comentários

Conforme disposto no artigo em comento, todos os livros de escrituração devem conter um termo de abertura e um termo de encerramento lavrados pelo Oficial. Além disso, tais livros devem ser autenticados e numerados pelo Oficial responsável. Curiosa a disposição do parágrafo único, que foi acrescida pela Lei 9.955/2000, que tratou expressamente dos livros notariais, os quais serão também abertos, numerados, autenticados e encerrados pelo tabelião, que determinará a respectiva quantidade a ser utilizada, de acordo com a necessidade do serviço.

Muito embora se pudesse questionar o porquê dessa disposição acerca de notários ser aqui acrescida, percebe-se que o referido parágrafo encontra correlação com o art. 52 da Lei de Notários e Registradores,[10] tendo em vista que há diversos estados da Federação que atribuíram aos registros civis competências notariais. E isso se deve em razão de sua imensa capilaridade, pois estão presentes em todos os municípios e distritos.

Tendo em vista a escrituração, a publicidade e a conservação em meio eletrônico como a atual e inafastável regra do sistema, a interpretação do artigo deve se adequar, cabendo às futuras normatizações dos Tribunais Estaduais e o Conselho Nacional de Justiça esclarecerem os meios pelos quais os livros digitais serão abertos, numerados, autenticados e encerrados pelos futuros "e-registradores".

Sobre os livros ainda cabe destacar que o Provimento 177, de 15 de agosto de 2024, alterou o Provimento 149, de 30 de agosto de 2023, que instituiu o Código Nacional de Normas da Corregedoria Nacional de Justiça, regulamentando o procedimento de restauração e suprimento de registro civil diretamente nos cartórios de registro civil das pessoas naturais, a saber: *"§ 1º Para efeito desta Seção, considera-se: I – atos do registro civil: registros, averbações e anotações; II – restauração: procedimento previsto para regularização de casos em que, por conta de extravio ou danificação total ou parcial de folhas do livro do registro civil das pessoas naturais, tenham-se tornado inviáveis a leitura do ato e a respectiva emissão de certidão; III – suprimento: procedimento previsto para suprir: a) dados que não foram inseridos no ato do registro civil quando de sua lavratura, apesar de obrigatórios ou recomendáveis (suprimento parcial do ato); b) ato cuja lavratura no livro competente não se consumou, apesar de ter sido objeto de certidão entregue a terceiros (suprimento total do ato)"*[11].

Sobre a restauração administrativa, é possível o seu processamento, independentemente de autorização do juiz corregedor competente quando constatado o extravio ou danificação total ou parcial da folha do livro, desde que haja prova documental suficiente e inequívoca para a sua restauração, ressalvados os casos em que se tratar de assentos de óbito.

Por outro lado, no caso de suprimento administrativo, há possibilidade de realização, independentemente de autorização do juiz corregedor competente, quando haja prova documental suficiente para realizar o suprimento total ou parcial, aplicando-se as regras acerca da restauração no que couber.

 Jurisprudência

"Sentença – Processo Administrativo – Análise de condutas irregulares apuradas em Correição Geral Ordinária – Divergências e irregularidades nos livros destinados à prática dos atos – Livros abertos sem numeração correta ou acima do limite permitido – Irregularidades nos livros destinados aos atos de alienação de veículos – Falha na comunicação aos órgãos competentes – Ausência de comunicação à Corregedoria sobre o extravio de selos – Tabelião que não tomou as medidas necessárias para a apuração dos fatos – Configuração das práticas irregulares – Infringência ao art. 31, I, II e V, da Lei Federal nº 8.935/94 – Aplicação da pena de multa – Procedência" (TJSP, Processo 1063595-20.2018.8.26.0100, 2ª Vara de Registros Públicos de São Paulo, j. 05/04/2019).

Art. 5º Considerando a quantidade dos registros o juiz poderá autorizar a diminuição do número de páginas dos livros respectivos, até a terça parte do consignado nesta Lei.

 Referências Normativas

Lei 6.015/1973, arts. 33, 116, 132 e 173.
Normas de Serviço da Corregedoria-Geral da Justiça do Estado de São Paulo, Tomo II, Capítulo XIII, item 37.2.

---

[10] Art. 52. Nas unidades federativas onde já existia lei estadual específica, em vigor na data de publicação desta lei, são competentes para a lavratura de instrumentos traslatícios de direitos reais, procurações, reconhecimento de firmas e autenticação de cópia reprográfica os serviços de Registro Civil das Pessoas Naturais.

[11] Provimento 149/2023, do Conselho Nacional de Justiça, art. 205-A.

Comentários

O art. 5º prevê a possibilidade da diminuição da quantidade de páginas dos livros (não seu aumento), até a terça parte. Para entender esse dispositivo, há que se pensar novamente no momento histórico. Na década de 1970, a população brasileira já havia substancialmente migrado do ambiente rural e era na sua maioria urbana, em constante crescimento. Se décadas antes os genitores compareciam num serviço registral civil e pacientemente aguardavam o oficial transcrever à pena um assento de nascimento, a nova realidade impunha dinâmica maior e a lavratura simultânea de diversos registros, o que um único livro manuscrito de folhas encadernadas não possibilitava, por óbvio.

Aliás, isso ocasionava no passado uma prática registral reprovável e informal, mas que traz até hoje implicações nos balcões de ofícios de registro civil pelo Brasil afora. O oficial, diante do número de registros a serem assentados, de pronto datilografava a certidão de nascimento e apenas posteriormente transcrevia o conteúdo no assento do livro. Isso ocasionava uma enorme insegurança, pois não são poucos os casos na prática registral em que os registrados, ao retornarem à serventia para obtenção de uma segunda via do seu assento de nascimento, tomavam ciência de que ele não havia sido transcrito para o livro por esquecimento. Muito comum também era a situação em que dois assentos haviam tomado o mesmo número de ordem. Enfim, práticas informais e não autorizadas, motivadas pela adoção de um livro único escriturado manualmente. Diante da adoção da atual sistemática eletrônica, tais situações não ocorrem mais.

Ademais, um livro de registros, tendo em vista as peculiaridades locais, poderia ficar por anos a fio aberto e manipulado diariamente, o que sobremaneira diminuiria sua conservação, impondo gastos com conservação e restauração, pondo em risco a segurança dos registros ali contidos, na medida em que os livros de registros não são estáticos. Um livro de registro civil do início do século passado pode ser retirado diariamente da prateleira para anotações e averbações necessárias. Desse modo, a dinâmica impôs a adoção de melhores práticas naquele momento histórico. Do mesmo modo, o SERP vem a registrar o atual momento histórico atestando a migração do ambiente físico para um sistema híbrido físico/virtual.

A imposição do número de folhas de um livro tem óbvia relação com meio físico a que lhe era imposto. Assim como os outros artigos inaugurais da Lei de Registros Públicos, cabe uma reflexão também no art. 5º. Talvez, a tradição arraigada ainda imponha a escrituração dos livros digitais com as mesmas numerações já conhecidas, muito embora, pensando em uma futura migração total para o ambiente virtual, o tamanho físico do livro não seja mais uma barreira para aquele número de folhas predeterminado e limitante. O tempo dirá como rumaremos daqui para frente.

Jurisprudência

"Reclamação disciplinar. Pedido de localização de registros. Interina – Diligências. Serventia com acervo transmitido sob condições inadequadas de conservação. Não localização de registros pretendidos pelo reclamante atestada pela responsável interina e pelo juiz corregedor. Ausência de indícios de falta ou de irregularidades imputáveis à interina. arquivamento. 1. Apesar da possibilidade de os registros pretendidos pelo requerente terem sido lavrados na Comarca de (...) ou nalgum dos Distritos daquela Comarca, no mundo dos fatos, após minuciosas e reiteradas diligências, tais registros não foram localizados e não há outros livros locais ondem possam ser procurados. 2. Caso concreto circunstanciado pela impossibilidade de a serventia extrajudicial prestar atendimento ao pedido vestibular para exibição de registros que não lhe estão sob guarda. 3. Reclamação Disciplinar arquivada pela inexistência de indícios de infração disciplinar imputável à responsável interina, a quem o acervo de serventia foi transmitido sob condições inadequadas de conservação. 4. Recurso administrativo improvido" (CNJ – RA – Recurso Administrativo em RD – Reclamação Disciplinar – 0003810-46.2019.2.00.0000 – Rel. Maria Thereza de Assis Moura, j. 10/09/2021).

Art. 6º Findando-se um livro, o imediato tomará o número seguinte, acrescido à respectiva letra, salvo no registro de imóveis, em que o número será conservado, com a adição sucessiva de letras, na ordem alfabética simples, e, depois, repetidas em combinação com a primeira, com a segunda, e assim indefinidamente. Exemplos: 2-A a 2-Z; 2-AA a 2-AZ; 2-BA a 2-BZ, etc.

Referências Normativas

Lei 8.935/1994, art.30, inciso I.

Comentários

Diante do comando do art. 6º, temos os livros registrais como regra tomando numeração crescente ao infinito, acrescido à respectiva letra.

Seguindo a ordem estrutural da Lei de Registros Públicos, temos no registro civil das pessoas naturais, de acordo com o art. 33, os livros "A" (de registro de nascimento), "B" (de registro de casamento), "B Auxiliar" (de registro de casamento Religioso para Efeitos Civis), "C" (de registro de óbitos), "C Auxiliar" (de registro de natimortos), "D" (de registro de proclama) e "E" (para inscrição dos demais atos relativos ao estado civil). Este último livro é privativo do 1º Subdistrito de cada Sede de Comarca. Assim, por exemplo, no registro civil das pessoas naturais há o Livro A, repositório dos assentos de nascimento, cujo livro inaugural será o A-1, sucedido pelo livro A-2, A-3, A-4 e assim por diante.

A mesma dinâmica aplica-se ao registro de títulos e documentos e ao registro civil das pessoas jurídicas.

Já em relação ao registro de imóveis, conforme exceção expressa do artigo em comento, há a manutenção do número do livro, com acréscimo de letras na ordem alfabética simples, e depois repetidas em cominação com a primeira. Assim, de acordo com o art. 173, temos, por exemplo, o livro 02, de Registro Geral, que terá sua numeração inaugurada pelo livro 2-A e que terá sequência até o livro 2-Z. Finda essa primeira sequência, teremos outra do livro 2-AA ao livro 2-AZ e assim por diante.

Jurisprudência

"Trata-se de pedido de providências instaurado a partir de representação encaminhada pela E. Corregedoria-Geral da Justiça, do interesse do Senhor (...), em face do Registro Civil das Pessoas Naturais (...) noticiando suposta falha da serventia em relação à emissão de certidões de casamento de sua genitora. As referidas certidões encontram-se acostadas às fls. 03/05. (...) Por fim, no que tange à numeração dos livros, que não segue uma ordem cronológica contínua, posto que o primeiro casamento, de 1972, encontra-se lavrado no livro B-171, e o segundo enlace, de 1984, tem registro no livro B-12, noticiou o Senhor Titular que, quando do advento da Lei de Registros Públicos, em 1973, o Oficial à época decidiu por reiniciar a numeração dos tomos da unidade, tornando as numerações a iniciarem-se do '01' novamente" (TJSP, Pedido de Providências 0035095-87.2020.8.26.0100, 2ª Vara de Registros Públicos de São Paulo, Rel. Marcelo Benacchio, j. 11/11/2020).

> **Art. 7º** Os números de ordem dos registros não serão interrompidos no fim de cada livro, mas continuarão, indefinidamente, nos seguintes da mesma espécie.

Referências Normativas

Lei 6.015/1973, art. 297.

Comentários

Em complemento ao art. 6º, fica estabelecido que o número de ordem dos registros não é interrompido ao final de cada livro, continuando de modo indefinido nos seguintes. Assim, tomando o mesmo exemplo do registro civil das pessoas naturais no livro A-1, inaugural dos assentos de nascimento, o seu primeiro registro será o registro de nascimento número 1. Se o último assento de nascimento lavrado no livro A-1 for o de número 299, o primeiro assento de nascimento do livro A-2 será o assento de nascimento número 300 e assim será adiante e de modo infinito.

Cabe destacar que a Lei de Registros Públicos entrou em vigor em 1º de janeiro de 1976, data em que o art. 297 expressamente determinou a lavratura de termo de encerramento dos livros que estivessem em curso, remetendo-se cópia ao juiz a que estivessem subordinados.

Contudo, nesse mesmo artigo, em seu parágrafo único, previu que os livros antigos poderiam ser aproveitados até o seu esgotamento, desde que judicialmente autorizado e adaptado aos novos modelos, iniciando-se, todavia, uma nova numeração.

Diante disso, a despeito do ordenamento em vigor determinar a numeração ao infinito, verifica-se a convivência de duas numerações, quais sejam: aquela existente anterior à vigência da Lei de Registros Públicos, que perdurou até os registros lavrados no dia 31 de dezembro de 1975, e uma nova, que começou em contagem iniciada pelo registro de número 1, a partir da vigência da lei atual em 1º de janeiro de 1976.

 Jurisprudência

"Sentença – Pedido de Providências – Alegação de falhas no atendimento prestado pela Serventia Extrajudicial – Informação pela Requerente de que foi constatado erro na numeração de termo de Assento de Nascimento e a Unidade se negou a assumir o equívoco e de proceder a correção – Esclarecimento pelo Registrador de que de fato há inconsistências na numeração dos termos de livros antigos, bem como de que a aludida incorreção ocorreu muito antes da sua investidura à titularidade da Serventia – Retificação devidamente realizada conforme documentação apresentada no feito – Ausência de conduta irregular – Arquivamento do feito – Ciência ao Titular – Improcedência" (TJSP, Pedido de Providências 0049956-78.2020.8.26.0100, 2ª Vara de Registros Públicos de São Paulo, Rel. Marcelo Benacchio, j. 06/05/2021).

> **Art. 7º-A** O disposto nos arts. 3º, 4º, 5º, 6º e 7º não se aplica à escrituração por meio eletrônico de que trata o § 3º do art. 1º desta Lei. (Incluído pela Lei nº 14.382, de 2022)

 Referências Normativas

Lei 14.382/22.
Provimento 149/2023, do Conselho Nacional de Justiça.

 Comentários

A inovação legislativa contida no art. 7º-A é uma decorrência lógica da nova sistemática de registros eletrônicos, na medida em que há evidente inaplicabilidade das regras de escrituração tradicionais aos registros eletrônicos. Em tal sistemática não há que se falar em tamanho de livros físicos encadernados, com possibilidade de redução de folhas, por exemplo, mas sim de *layouts* estabelecidos, meios e tipos de arquivos eletrônicos para a devida escrituração e armazenamento, dependendo inevitavelmente de regulamentação por parte do Conselho Nacional de Justiça e das Corregedorias locais, conforme o escopo contido no art. 3º, para a devida viabilização do registro público eletrônico, interconexão entre as serventias e a almejada interoperabilidade das bases de dados, tanto entre as serventias, quanto entre as serventias e o SERP.

Outra questão será a definição das bases pelas quais dar-se-ão as assinaturas, tanto das partes envolvidas no registro, bem como do oficial a cargo deste. Hoje, a matéria é regulada pela Lei 14.063/2020, mais especificamente em seu art. 4º, que subdivide as assinaturas eletrônicas em simples, avançada e qualificada. Hoje, nas Centrais já existentes e no cotidiano das Serventias, a forma adotada é a das assinaturas qualificadas, isto é, aquelas no âmbito da Estrutura de Chaves Públicas Brasileira ICP-Brasil.

Por outro lado, a plataforma E-notariado do Colégio Notarial do Brasil, originalmente prevista no Provimento número 100 do Conselho Nacional de Justiça (revogado pelo Provimento 149/2023, que compilou as normativas dos provimentos anteriores, inclusive do Provimento 100 e instituiu o Código de Nacional de Normas), possibilitou-se a lavratura dos atos notariais eletrônicos e estabeleceu como premissa a assinatura do Tabelião de Notas de forma qualificada, ou seja, por meio de certificado digital expedido no âmbito da Estrutura de Chaves Públicas Brasileira – ICP-Brasil e, no tocante às partes dos atos, caso não possuam assinatura qualificada, a possibilidade de uma aceitação das partes do ato de uma assinatura avançada, mediante a emissão dos chamados certificados digitais notarizados, a serem expedidos pelas Serventias Notariais e instalados nos aparelhos celulares das partes.

Interessante notar que, em uma interpretação literal do dispositivo, pode se concluir que os registros passariam a ser escriturados indefinidamente, sem sofrer limitação em divisão por livros abertos e encerrados ao limite de suas folhas (o que, por óbvio, também poria por terra os termos de abertura e encerramento assinado pelos oficiais).

As inafastáveis regulamentações vindouras irão determinar como se encaminhará a prática registral.

 Jurisprudência

"**Sociedade – constituição – certidão de inteiro teor – JUCESP. Conferência de bens – integralização de capital. Documento eletrônico – assinatura eletrônica. ICP-Brasil. ITBI – isenção – imunidade tributária. Exigências.** (...) Trata-se de dúvida suscitada pelo Oficial do (...) Registro de Imóveis da Capital a requerimento de (...) diante de negativa de registro de instrumento particular de ato constitutivo de sociedade unipessoal devidamente registrado na JUCESP, por meio do qual se contrata a integralização do capital social mediante conferência de bens imóveis, dentre eles o da matrícula n. 51.763 daquela serventia. A recusa ocorreu porque o título e os documentos eletrônicos apresentados não atendem aos requisitos da Infraestrutura de Chaves Públicas Brasileira (ICP-Brasil), havendo documento sem assinatura (...) Quanto ao uso de assinaturas eletrônicas em interações com entes públicos, a matéria é regida pela Lei n. 14.063/2020, cujo artigo 4º classifica as assinaturas eletrônicas em três categorias: simples, avançada e qualificada. A assinatura eletrônica qualificada, definida no inciso III, do artigo 4º, da lei em questão, se restringe àquela que utiliza certificado digital nos termos do § 1º, do artigo 10, da MP n. 2.200-2/2001, ou seja, aquela produzida com a utilização de processo de certificação disponibilizado pela ICP-Brasil. Para os atos de transferência e de registro de bens imóveis, a mesma lei impõe a utilização de assinatura eletrônica qualificada, ressalvado o registro de atos perante as juntas comerciais (destaques nossos): 'Artigo 5º No âmbito de suas competências, ato do titular do Poder ou do órgão constitucionalmente autônomo de cada ente federativo estabelecerá o nível mínimo exigido para a assinatura eletrônica em documentos e em interações com o ente público. § 1º O ato de que trata o *caput* deste artigo observará o seguinte: I – a assinatura eletrônica simples poderá ser admitida nas interações com ente público de menor impacto e que não envolvam informações protegidas por grau de sigilo; II – a assinatura eletrônica avançada poderá ser admitida, inclusive: a) nas hipóteses de que trata o inciso I deste parágrafo; b) (VETADO); c) no registro de atos perante as juntas comerciais; III – a assinatura eletrônica qualificada será admitida em qualquer interação eletrônica com ente público, independentemente de cadastramento prévio, inclusive nas hipóteses mencionadas nos incisos I e II deste parágrafo. § 2º É obrigatório o uso de assinatura eletrônica qualificada: I – nos atos assinados por chefes de Poder, por Ministros de Estado ou por titulares de Poder ou de órgão constitucionalmente autônomo de ente federativo; II – (VETADO); III – nas emissões de notas fiscais eletrônicas, com exceção daquelas cujos emitentes sejam pessoas físicas ou Microempreendedores Individuais (MEIs), situações em que o uso torna-se facultativo; IV – nos atos de transferência e de registro de bens imóveis, ressalvado o disposto na alínea 'c' do inciso II do § 1º deste artigo; (...) § 4º O ente público informará em seu site os requisitos e os mecanismos estabelecidos internamente para reconhecimento de assinatura eletrônica avançada. § 5º No caso de conflito entre normas vigentes ou de conflito entre normas editadas por entes distintos, prevalecerá o uso de assinaturas eletrônicas qualificadas'. Por sua vez, no âmbito da Corregedoria-Geral da Justiça do Estado de São Paulo, a matéria vem tratada nos itens 366 e 366.5 do Cap. XX das Normas de Serviço: '366. Os documentos eletrônicos apresentados aos serviços de registro de imóveis deverão atender aos requisitos da Infraestrutura de Chaves Públicas Brasileira (ICP-Brasil) e à arquitetura e-PING (Padrões de Interoperabilidade de Governo Eletrônico) e serão gerados, preferencialmente, no padrão XML (*Extensible Markup Language*), padrão primário de intercâmbio de dados com usuários públicos ou privados e PDF/A (*Portable Document Format/Archive*), ou outros padrões atuais compatíveis com a Central de Registro de Imóveis e autorizados pela Corregedoria-Geral da Justiça de São Paulo. (...) 366.5. A recepção de instrumentos públicos ou particulares, em meio eletrônico, quando não enviados sob a forma de documentos estruturados segundo prevista nestas Normas, somente será admitida para o documento digital nativo (não decorrente de digitalização) que contenha a assinatura digital de todos os contratantes'. Nesse contexto, se a parte suscitada levasse a registro somente o instrumento particular no qual os contratantes apuseram assinaturas eletrônicas, então estaria correta a exigência pela assinatura de todos os contratantes no documento digital nativo, ressaltando-se que não é admitida a recepção de documento decorrente de digitalização. Todavia, a digitalização dos documentos que tramitaram pela JUCESP foi feita por aquele órgão para instruir a certidão que posteriormente emitiu e que foi apresentada a registro. Note-se que carimbo de recebimento do requerimento, fl.07, e as marcas de furo deixadas pelos grampos em todo expediente confirmam tal procedimento. Em outros termos, o instrumento particular digitalizado integra a certidão apresentada ao Registro de Imóveis, que é um documento digital nativo, assinado apenas pela Secretária-Geral da JUCESP (...) (fls.06/24). A questão da regularidade das assinaturas pela plataforma (...) somente diz respeito ao procedimento de registro que tramitou perante a junta comercial. Outrossim, a autenticidade da certidão apresentada, de dezenove páginas (fls.06/24), pode ser confirmada no portal mediante o código de autenticação n. 164403021 anotado no rodapé do documento, onde também se encontra a informação de que a JUCESP garante a autenticidade do registro e da Certidão de Inteiro Teor quando visualizados diretamente no seu portal eletrônico. Embora a assinatura do arquivo não esteja em conformidade com a ICP-Brasil, sua recepção é ressalvada pelo item 366.5, Cap. XX, das NSCGJ. Com efeito, o artigo 108 do Código Civil é bastante claro ao prever que, não dispondo a lei em contrário, a escritura pública é essencial à validade dos negócios jurídicos que visem à constituição, transferência, modificação ou renúncia de direitos reais sobre imóveis de valor superior a trinta vezes o maior salário mínimo vigente no país. O registro público de empresas mercantis e atividades afins, como se sabe, é regido pela Lei nº 8.934/94, que, em seu artigo 64, trouxe exceção à regra citada acima, com a seguinte redação, dada pela Lei nº 14.195/21: 'Art. 64. A certidão dos atos de constituição e de alteração de empresários individuais e de sociedades mercantis, fornecida pelas juntas comerciais em que foram arquivados, será o documento hábil para a transferência, por transcrição no registro público competente, dos bens com que o subscritor tiver contribuído para a formação ou para o aumento do capital'. Tratando-se de norma especial, prevalece sobre a geral, notadamente porque a previsão de hipótese excepcional é autorizada expressamente pelo Código Civil, como visto. Portanto, a certidão apresentada é título hábil para o registro pretendido, de modo que a exigência relativa à regularização da assinatura eletrônica deve ser afastada. (...) Fica, portanto, mantida a exigência pela correção da certidão de isenção do ITBI junto à municipalidade, que pode ser suprida pelo respectivo recolhimento. Diante do exposto, JULGO PARCIALMENTE PROCEDENTE a dúvida suscitada pelo Oficial (...) Registro de Imóveis da Capital para afastar apenas a exigência de regularização da assinatura eletrônica da certidão de inteiro teor emitida pela JUCESP" (TJSP, Processo 1112167-65.2022.8.26.0100, 1ª Vara de Registros Públicos de São Paulo, MM Juíza de Direito Luciana Carone Nucci Eugênio Mahuad, j. 21/11/2022).

CAPÍTULO III
DA ORDEM DO SERVIÇO

Art. 8º O serviço começará e terminará às mesmas horas em todos os dias úteis.

Parágrafo único. O registro civil de pessoas naturais funcionará todos os dias, sem exceção.

Referências Normativas

Lei 8.935/1994, art. 4º.

Comentários

O art. 8º da Lei de Registros Públicos foi revogado tacitamente pela Lei 8.935/1994 (Lei dos Notários e Registradores), que em seu art. 4º cuidou da mesma matéria de modo integral. Ali está disposta a prestação do serviço, com atendimento ao público de, no mínimo, seis horas diárias, que se dará de modo eficiente e adequado, sendo executada em dias e horários estabelecidos pelo juízo competente, que deve para tanto observar as peculiaridades locais.

Determina, ainda, que será necessariamente em local de fácil acesso ao público e garantidor de segurança para o arquivo dos livros e documentos.

Quanto aos serviços especificamente, faz menção expressa ao registro civil das pessoas naturais, ao dizer que este também será prestado aos sábados, domingos e feriados pelo sistema de plantão.

Verifica-se, portanto, que o artigo da Lei dos Notários e Registradores pormenoriza o que a Lei de Registros Públicos previa de modo genérico, dando assim balizas gerais e limites mais claros à atuação das Corregedorias Permanentes de cada Serventia.

Jurisprudência

"**Processo administrativo disciplinar – Oficial de registro civil das pessoas naturais e tabelião de notas – Inobservância do horário de funcionamento da serventia – Gerenciamento falho – Culpa por omissão do titular da delegação – Irregularidade na guarda e conservação dos livros da serventia – Ilícito administrativo configurado por afetar a segurança jurídica dos registros públicos – Falta administrativa – Aplicação do princípio da proporcionalidade – Modificação da pena de perda da delegação para suspensão – Parcial provimento do recurso**. (...) O MM Juiz Corregedor permanente entendeu por caracterizadas várias faltas funcionais atribuídas ao Oficial de (...) e, em procedimento disciplinar, aplicou a pena de perda de delegação. Fundamentou sua decisão na inobservância do horário de funcionamento da Serventia, ausência do Titular ou prepostos na data da Correição (...) O fechamento da Serventia na data da correição foi justificada pelos atestados médicos juntados, referentes à internação do Titular, sendo que o único preposto, que é o filho dele, ausentou-se para prestar socorro ao pai. Todavia, como reconhecido em seu interrogatório, era comum o fechamento da sede da Serventia alguns dias da semana, em razão do fraco movimento, com a inobservância do horário fixado para o atendimento ao público. Além disso, o titular reside fora do Município. As normas jurídicas incidentes não determinam que o Titular da Delegação tenha residência na Comarca, entretanto, há expressa determinação acerca da impossibilidade de transferência do gerenciamento da unidade ou que este se dê à distância. Emerge a seguinte questão: seria possível ao Titular da Delegação a realização das finalidades públicas do serviço delegado sem que estivesse diariamente à frente da unidade? Evidentemente, a resposta é negativa. Ainda que seja possível o afastamento ordinário por períodos curtos, não é cabível continuada ausência por ferir a natureza jurídica do aspecto pessoal da delegação, e muito menos o fechamento da sede. Os documentos e depoimentos trazidos aos autos são suficientes à demonstração da imputação de desrespeito ao horário de funcionamento da Serventia e ausência reiterada do Oficial (...) Diante disso, houve infração disciplinar, ao menos neste ponto, ficando caracterizado ilícito administrativo praticado pelo processado, com repercussão negativa no meio social (...)" (TJSP, Processo 150.070/2011, Corregedoria-Geral da Justiça, j. 06/06/2012).

Art. 9º Será nulo o registro lavrado fora das horas regulamentares ou em dias em que não houver expediente, sendo civil e criminalmente responsável o oficial que der causa à nulidade.

§ 1º Serão contados em dias e horas úteis os prazos estabelecidos para a vigência da prenotação, para os pagamentos de emolumentos e para a prática de atos pelos oficiais dos registros de imóveis, de títulos e documentos e civil de pessoas jurídicas, incluída a emissão de certidões, exceto nos casos previstos em lei e naqueles contados em meses e anos. *(incluído pela Lei 14.382, de 2022)*

§ 2º Para fins do disposto no § 1º deste artigo, consideram-se: *(incluído pela Lei 14.382, de 2022)*

I – dias úteis: aqueles em que houver expediente; e *(incluído pela Lei 14.382, de 2022)*

II – horas úteis: as horas regulamentares do expediente. *(incluído pela Lei 14.382, de 2022)*

§ 3º A contagem dos prazos nos registros públicos observará os critérios estabelecidos na legislação processual civil. *(incluído pela Lei 14.382, de 2022)*

Referências Normativas

Código Civil (Lei 10.406/2022), art. 104.
Código de Processo Civil, arts. 219 e 224.
Lei 14.382/2022, art. 11.
Provimento 004/2023, da Corregedoria-Geral da Justiça do Estado de São Paulo.

Comentários

O art. 9º foi um dos artigos que sofreu profunda alteração por ocasião da Lei 14.382/2022. Antes da alteração referida, cingia-se o artigo a afirmar a nulidade dos registros lavrados fora das horas regulamentares ou em dias em que não houvesse expediente, responsabilizando-se civil e criminalmente o oficial que desse causa à nulidade.

Em conjugação com os arts. 104 e 166, ambos do Código Civil não há maiores questionamentos em deduzir que atos praticados nestes termos (fora das horas regulamentares ou em dias sem expediente) são nulos de pleno direito.

A grande inovação no art. 9º foram os parágrafos acrescidos que pormenorizaram as regras acerca da contagem dos prazos dentro da sistemática registral.

Pela redação do art. 9º, há a adoção da contagem dos prazos em dias e horas úteis, os prazos referentes a prenotação, pagamentos dos emolumentos e prática dos atos referentes ao registro de imóveis, títulos e documentos e civil de pessoas jurídicas, inclusive a emissão de certidões.

Como exceção a essa regra geral, apenas ficam excetuados outros que sejam previstos em lei e também os prazos que sejam contados em meses e anos.

Ainda delineando de forma mais clara o tema, determina que são dias úteis todos aqueles em que houver expediente e as horas úteis são aquelas em que há regulamentar expediente.

Por fim, prevê que a contagem dos prazos nos registros públicos observará os critérios estabelecidos na legislação processual civil.

Desse modo, segundo o art. 219 do Código de Processo Civil, os prazos são computados em dias úteis, contados excluindo-se o dia do começo e incluindo-se o dia do vencimento, sendo que, nos termos do art. 224 do mesmo diploma legal, se recair em dia no qual o expediente for encerrado antes ou iniciado depois da hora normal ou ainda caso haja indisponibilidade da comunicação eletrônica, deve-se protrair a contagem para o primeiro dia útil seguinte.

Em consonância com o entendimento perfilado pela ARPEN-Brasil em orientação emitida aos registros civis de todo o país, *"não se pode olvidar que tais regras deverão ser aplicadas aos prazos procedimentais no Registro Civil das Pessoas Naturais. No tocante ao prazo de eficácia do Certificado de Habilitação (90 dias), por se tratar de prazo de direito material, vigoram as regras de contagem do vigente Código Civil (Art. 132, CC)"*.[12]

Jurisprudência

> "Consulta. Serventias extrajudiciais do estado do Ceará. Horário de funcionamento. Necessidade de agendamento para prática de atos. Prazo para conclusão de serviços. Caráter geral e abrangente das normas da corregedoria nacional de justiça. Temas cuja regulamentação compete às corregedorias locais. Autonomia administrativa dos tribunais. Consulta respondida. 1. Cuida-se de consulta formulada pela Corregedoria-Geral de Justiça do Estado do Ceará acerca do retorno das serventias extrajudiciais daquele estado às suas rotinas normais de funcionamento e do fim de prazos prorrogados por provimentos da Corregedoria Nacional de Justiça. 2. As orientações voltadas para a adoção de medidas preventivas para a redução dos riscos de contaminação com o coronavírus

---

[12] ARPEN BRASIL, Associação Nacional dos Registradores das Pessoas Naturais. Considerações acerca da Lei nº 14.382/2022. Disponível em: https://infographya.com/files/Cartilha_Arpen_BR_(1).pdf. Acesso em: 25 mar. 2023.

editadas pela CN são dotadas de caráter normativo geral e abrangente e deixaram a cargo dos órgãos correcionais locais a normatização relativa às especificidades de cada Estado ou região. Inteligência dos Provimentos CN n. 91/2020 e seguintes e, ainda, da Recomendação CN n. 45/2020 3. Questões referentes a horário de funcionamento das serventias extrajudiciais, necessidade ou não de agendamento para a prática de atos nessas serventias e prazo para a conclusão dos serviços oferecidos pelas serventias extrajudiciais do Estado do Ceará são temas cuja regulamentação compete à Corregedoria local. 4. Compete às Corregedorias locais, no exercício da sua autonomia administrativa garantida pelo art. 96, inciso I, alínea *b* da CF, editar normas específicas de organização do serviço extrajudicial. 5. Consulta respondida da seguinte forma: as questões relativas a horário de funcionamento das serventias extrajudiciais, necessidade ou não de agendamento para a prática de atos nessas serventias e prazo para a conclusão dos serviços oferecidos pelas serventias extrajudiciais durante a pandemia de coronavírus são temas cuja regulamentação compete às Corregedoria locais, ostentando as normas da Corregedoria Nacional de Justiça acerca do tema caráter apenas geral e abrangente" (CNJ, Consulta 0008804-49.2021.2.00.0000, Rel. Richard Pae Kim, j. 09/09/2022).

"**Procedimento administrativo disciplinar** – Tabelião de Notas – Decisão em que imposta pena de multa – Extravio de escritura pública que posteriormente foi localizada em outra serventia extrajudicial – Prova suficiente de que as folhas do livro foram entregues no escritório do outorgante da procuração, sem vigilância e acompanhamento pelo escrevente responsável, para a escritura ser assinada e posteriormente devolvida ao Tabelião de Notas por malote – Violação de dever inerente à prestação do serviço de tabelião de notas – Ausência de adequada supervisão da prestação do serviço público – Culpa do tabelião – Escrituras públicas, sem valor declarado, assinadas pelos representantes da empresa que é parte dos negócios jurídicos, fora das dependências do Tabelião, sem indicação desse fato e sem cobrança dos emolumentos correspondentes à prática do ato em diligência. Conhecimento e anuência pelo tabelião – Alegação de erro na interpretação da abrangência do conceito de lavratura de escritura pública que não afasta a responsabilidade disciplinar. Escrituras públicas assinadas fora da sede do tabelionato, sem indicação do fato – Prática que favoreceu cliente mensalista – Faltas disciplinares caracterizadas – Pena de multa com valor adequado à gravidade dos fatos, ao porte da delegação e à receita de emolumentos –Recurso não provido" (TJSP, Recurso Administrativo 0072995-12.2017.8.26.0100, Corregedoria-Geral da Justiça, Rel. Geraldo Francisco Pinheiro Franco, j. 14/05/2019).

> **Art. 10.** Todos os títulos, apresentados no horário regulamentar e que não forem registrados até a hora do encerramento do serviço, aguardarão o dia seguinte, no qual serão registrados, preferencialmente, aos apresentados nesse dia.
> **Parágrafo único.** O registro civil de pessoas naturais não poderá, entretanto, ser adiado.

 Referências Normativas

Lei 8.935/1994, art. 4º.
Provimento 149/2023, do Conselho Nacional de Justiça.

 **Comentários**

Da leitura do artigo em comento percebe-se que nem todos os títulos apresentados até a hora do encerramento serão registrados no mesmo dia. Assim, por exemplo, uma escritura de compra e venda poderá ingressar no protocolo se apresentada dentro do horário de atendimento, ganhando a devida prioridade do sistema, muito embora possa ser registrada posteriormente, dentro do prazo previsto na lei registral.

Contudo, quanto ao registro civil das pessoas naturais, reitera o art. 4º da Lei dos Notários e Registradores o funcionamento aos sábados, domingos e feriados pelo sistema de plantão, sendo assim prestado de forma ininterrupta visando atender ao comando aqui contido de que não pode ser adiado.

Diante da imposição do funcionamento ininterrupto do registro civil e do comando contido no art. 77 de Lei de Registros Públicos (vedação do sepultamento sem a certidão do oficial de registro do lugar do falecimento ou do lugar de residência do *de cujus*, quando o falecimento ocorrer em local diverso do seu domicílio) é que as Corregedorias Estaduais regulamentam, por meio de Provimentos e Códigos de Normas locais, a existência de sistema de plantões e colheita das declarações para lavratura dos assentos de óbitos por meio de convênios com o sistema funerário local, cumprindo esse objetivo de prestação contínua e ininterrupta.

Do mesmo modo, no tocante ao assento de nascimento, o Provimento 149 do Conselho Nacional de Justiça (artigos 445 e seguintes) regulamenta o sistema de interligação entre as unidades de saúde aos Oficiais de Registro Civil das Pessoas Naturais por meio da assinatura de convênios que serão pormenorizados nos seus artigos próprios. Deste modo, é possível que os pais já saiam do estabelecimento hospitalar munidos da certidão de nascimento de seu filho.

Aqui há um duplo objetivo: além da prestação contínua e ininterrupta, visa claramente erradicar os índices de sub-registro no país. Embora ainda seja uma realidade existente, ano após ano vem apresentando resultados positivos que indicam a queda dessa realidade indesejada.

 Jurisprudência

"**Registro civil das pessoas naturais – Expediente – Horário.** Portaria do MM. Juiz Corregedor Permanente que disciplina o horário de expediente nos dias úteis e autoriza o funcionamento aos sábados somente para a realização de casamento – Obrigatoriedade, contudo, de funcionamento aos sábados, das 09:00 às 12:00 horas, também para a prática dos demais atos do serviço de registro civil das pessoas naturais – Proposta de revogação da Portaria (...), editada pelo MM. Juiz Corregedor Permanente do Oficial de Registro Civil das Pessoas e Tabelião de Notas do Município de (...), para que outra seja editada em conformidade com o subitem 31.2 do Capítulo XVII da Normas de Serviço da Corregedoria-Geral da Justiça (...) a liberdade de fixação do horário de funcionamento dos Oficiais de Registro Civil das Pessoas Naturais conforme as necessidades e costumes dos locais, prevista no artigo 4º da Lei nº 8.935/94, deve ser exercida dentro dos limites contidos nas normas que regulamentam o exercício da atividade registrária e que não comportam, neste aspecto, alteração por meio de portaria em que regulamentada sua incidência. *In casu*, incide como regra geral, sem possibilidade de alteração pelo MM. Juiz Corregedor Permanente, a obrigatoriedade de prestação dos serviços de registro civil das pessoas naturais aos sábados, domingos e feriados, em regime de plantão, como previsto no artigo 4º, parágrafo 1º, da Lei nº 8.935/94, e, ainda, a obrigatoriedade de funcionamento para prestação desses serviços também aos sábados, das 09:00 às 12:00 horas, em conformidade com o item 31, e seus subitens, do Capítulo XVII das Normas de Serviço da Corregedoria-Geral da Justiça (...) Portanto, diante da consulta formulada, a sugestão que se apresenta é no sentido de comunicar ao MM. Juiz Corregedor Permanente que o serviço de registro civil das pessoas naturais deve ser desenvolvido aos sábados, das 09:00 às 12:00 horas, de forma plena no que tange a essa especialidade, sem a restrição ao atendimento prevista na Portaria (...) Ante o exposto, o parecer que, respeitosamente, submeto à apreciação de Vossa Excelência é no sentido de revogar Portaria (...) da Corregedoria Permanente do Oficial de Registro Civil das Pessoas Naturais e Tabelião de Notas do Município de (...) oficiando-se ao MM. Juiz Corregedor Permanente" (TJSP, Processo 2006/1741, Corregedoria-Geral da Justiça, Rel. Ruy Pereira Camilo, j. 30/03/2009).

> **Art. 11.** Os oficiais adotarão o melhor regime interno de modo a assegurar às partes a ordem de precedência na apresentação dos seus títulos, estabelecendo-se, sempre, o número de ordem geral.

 Referências Normativas

Lei 6.015/1973, art. 186.

 Comentários

Dentro da autonomia e organização administrativa que o Oficial de Registro possui no desempenho de sua atividade, deve assegurar às partes a ordem da precedência na apresentação de seus títulos.

O protocolo geral é a garantia que as partes possuem no momento em que levarem os seus títulos a registro. O princípio da prioridade registral é um dos mais caros do sistema registral, dele decorrendo a garantia de preferência ao título que primeiro for apresentado e que eventualmente for contraditório com outro que tomar lugar subsequente na fila para análise.

Conforme bem assevera Walter Ceneviva *"precedência deve ser interpretada gramaticalmente: é a qualidade do que está antes do outro. O registro precedente, em qualquer de suas formalidades, gera presunção a favor das partes ou dos direitos que menciona. Daí a importância atribuída pelas normas gerais à precedência, justificando pessoal e atenta fiscalização dos serventuários".*[13]

 Jurisprudência

"Recurso Administrativo – Registro de Imóveis – Pedido de providências – Prenotação de título – Vencimento do prazo de trinta dias de seu lançamento no Livro Protocolo – Impossibilidade de prorrogação dos efeitos da prenotação fora das hipóteses legais – Princípio da prioridade – Recurso não provido, com determinação. (...) De seu turno, dispõem os arts. 11 e 12 da mesma lei que: Art. 11. Os oficiais adotarão o melhor regime interno de modo a assegurar às partes a ordem de precedência na apresentação dos seus títulos, estabelecendo-se, sempre, o número de ordem geral. Art. 12. Nenhuma exigência fiscal, ou dúvida, obstará a apresentação de um título e o seu lançamento do Protocolo com o respectivo número de ordem, nos casos em que da precedência decorra prioridade de direitos para o apresentante. Parágrafo único. Independem de apontamento no Protocolo os títulos apresentados apenas para exame e cálculo dos respectivos emolumentos. Daí por que é possível concluir que todos os títulos apresentados devem ser obrigatoriamente lançados no Livro de Protocolo e que a ordem de apresentação, mediante atribuição de um número, deve ser rigorosamente respeitada. A finalidade é dar publicidade à situação jurídica que possibilita a atribuição dos efeitos que o ordenamento jurídico lhes concede, gerando direitos que irão repercutir na transmissão ou oneração dos imóveis. Ainda lembrando os ensinamentos de Afrânio de Carvalho, cumpre ressaltar que 'a sua caracterização é originariamente registral, pois se funda na ordem cronológica de apresentação e prenotação dos títulos no protocolo, sendo irrelevante a ordem cronológica de sua feitura ou instrumentalização, vale dizer, a sequência da data dos títulos. A ordem de apresentação, comprovada pela numeração sucessiva do protocolo, firma, pois, a posição registral do título relativamente a qualquer outro que já esteja ou venha apresentar-se no registro. Se essa posição lhe assegura prioridade, correlatamente lhe assegurará a inscrição, contanto que o resultado final do exame da legalidade lhe seja favorável' (ob. cit., pp. 182/183). (...)" (TJSP, Processo 002102-32.2016.8.26.0223, Corregedoria-Geral da Justiça, j. 10/07/2018).

> **Art. 12.** Nenhuma exigência fiscal, ou dúvida, obstará a apresentação de um título e o seu lançamento do Protocolo com o respectivo número de ordem, nos casos em que da precedência decorra prioridade de direitos para o apresentante.
>
> **Parágrafo único.** Independem de apontamento no Protocolo os títulos apresentados apenas para exame e cálculo dos respectivos emolumentos.

 Referências Normativas

Lei 6.015/1973, art. 188.

 Comentários

Excetuada a hipótese de o título ser apresentado para mero exame e cálculo, caso em que não haverá apontamento no Protocolo e não lhe será conferida a prioridade registral, os títulos apresentados

---

[13] CENEVIVA, Walter. *Lei de registros públicos comentada.* 16. ed. São Paulo: Saraiva, 2005. p. 28.

devem ter a ordem de preferência devidamente respeitada, nos termos do que já foi disposto no artigo antecedente.

E, diante da absoluta observância da prioridade que rege a apresentação dos títulos, cuida o art. 12 de prever que eventuais exigências fiscais ou dúvida obstem a apresentação dele para lançamento no protocolo.

Assim, por exemplo, suponha que uma escritura de compra e venda seja apresentada para registro e, numa análise superficial no balcão, o conferente de pronto verifique que o título não está acompanhado da guia do imposto de transmissão de bens imóveis (ITBI) e, ainda, que o vendedor consta na matrícula do imóvel como solteiro e no título apresentado ele ostente o estado civil "casado".

O atendente até poderá alertar tais circunstâncias e a parte desde logo informar que irá providenciar os documentos faltantes para apresentar novamente o título em outra oportunidade futura. Contudo, caso o apresentante, ainda assim, deseje que o título seja lançado no protocolo, não será permitida a recusa fundada em tais motivos, devendo ele ser devidamente protocolizado para análise. Nesse caso, nos termos do art. 188 da Lei de Registros Públicos, posteriormente deverá ser emitida a nota devolutiva, exigindo-se a apresentação da guia do imposto de transmissão e a certidão de casamento para a devida averbação na matrícula da alteração do estado civil do vendedor do imóvel em cumprimento à obrigatoriedade em verificar o atendimento das obrigações tributárias e em respeito ao princípio da continuidade subjetiva registral.

 Jurisprudência

"**Escritura de venda e compra – Conflito na transmissão dominial do imóvel ante a existência de duas prenotações – Observância ao princípio da prioridade – Dúvida improcedente.** 'Registro escritura de venda e compra conflito na transmissão dominial do imóvel ante a existência de duas prenotações observância ao princípio da prioridade dúvida improcedente'. A dúvida é improcedente. Conforme se verifica dos presentes autos, recaem duas prenotações sobre o mesmo imóvel, ou seja, uma realizada em 11.09.2014 (sob nº 715.414) e outra em 12.09.2014 (sob nº 715.606). Em que pese o zelo do Oficial Registrador, a pretensão do suscitado tem como base o princípio da prioridade, que rege os atos registrários. Esse princípio tem a finalidade de evitar conflitos de títulos contraditórios, que são aqueles incompatíveis entre si ou reciprocamente excludentes, referentes ao mesmo imóvel, sendo que a prioridade se apura no protocolo do Registro de Imóveis, de acordo com a ordem de seu ingresso. De acordo com a lição de Afrânio de Carvalho: 'O princípio da prioridade significa que, num concurso de direitos reais sobre um imóvel, estes não ocupam todos o mesmo posto, mas se graduam ou classificam por uma relação de precedência fundada na ordem cronológica do seu aparecimento: *prior tempore polior jure*. Conforme o tempo em que surgirem, os direitos tomam posição no registro, prevalecendo os anteriormente estabelecidos sobre os que vierem depois'. (Registro de Imóveis, 4ª ed., Editora Forense, 1998, p. 181). Neste contexto, Afrânio de Carvalho na mesma obra acima mencionada sobre o princípio da prioridade pondera que: 'A sua caracterização é originariamente registral, pois se funda na ordem cronológica de apresentação e prenotação dos títulos no protocolo, sendo irrelevante a ordem cronológica de sua feitura ou instrumentalização, vale dizer, a sequência da data dos títulos. A ordem de apresentação, comprovada pela numeração sucessiva do protocolo, firma, pois a posição registral do título relativamente a qualquer outro que já esteja ou venha a apresentar-se no registro. Se essa posição lhe assegurar prioridade, correlatamente lhe assegurará a inscrição, contando que o resultado final do exame da legalidade lhe seja favorável'. (p. 182 e 183). Outrossim, conforme prescrevem os artigos 11 e 12 da Lei de Registros Públicos respectivamente: 'Os oficiais adotarão o melhor regime interno de modo a assegurar às partes a ordem de precedência na apresentação dos seus títulos, estabelecendo-se, sempre, o número de ordem geral'. 'Nenhuma exigência fiscal ou dúvida, obstará a apresentação de um título e o seu lançamento do Protocolo com o respectivo número de ordem, nos casos em que da precedência decorra prioridade de direitos para o apresentante'. Assim, tem-se que obedecendo a ordem de apresentação do título, o suscitado tem garantido o seu direito de obter o registro do instrumento de compra e venda, caracterizando preferência sobre os demais que ulteriormente forem apresentados. Assim também dispõem as Normas de Serviço da Corregedoria-Geral da Justiça, capítulo XX, itens 110.1 e 110.2: '110.1 Quando se tratar de ordem de indisponibilidade que tenha por objeto título determinado, que já esteja tramitando no registro imobiliário para fim de registro, sua prenotação ficará prorrogada, até que seja solucionada a pendência, cumprindo seja anotada a ocorrência na respectiva prenotação, no local próprio do Livro 1 – Protocolo. 110.2 Na hipótese descrita no subitem 110.1, também permanecerão suspensas as prenotações dos demais títulos representativos de direitos reais conflitantes relativos ao mesmo imóvel que forem posteriormente protocolados, passando-se à qualificação, observadas a ordem de prioridade decorrente da anterioridade do protocolo, assim que apreciada definitivamente a matéria na esfera jurisdicional" (TJSP, Processo 1106142-17.2014, 1ª Vara de Registros Públicos de São Paulo, j. 09/01/2015).

> **Art. 13.** Salvo as anotações e as averbações obrigatórias, os atos do registro serão praticados:
> I – por ordem judicial;
> II – a requerimento verbal ou escrito dos interessados;
> III – a requerimento do Ministério Público, quando a lei autorizar.
> § 1º O reconhecimento de firma nas comunicações ao registro civil pode ser exigido pelo respectivo oficial.
> § 2º A emancipação concedida por sentença judicial será anotada às expensas do interessado.

 Referências Normativas

Lei 6.015/1973, arts. 89, 107.

 Comentários

O art. 13 contém a consagração de um dos princípios gerais do direito notarial e registral de nosso sistema, qual seja, o princípio da instância ou da rogação, segundo o qual não é defeso ao registrador atuar de ofício.

Desse modo, o artigo em comento prevê que, excetuadas as anotações e averbações obrigatórias, os atos serão praticados apenas por ordem judicial, a requerimento verbal ou escrito dos interessados e a requerimento do Ministério Público, quando a lei autorizar.

Assim, por exemplo, como exceção ao art. 13 e ao princípio da instância, o art. 107 da Lei de Registros Públicos determina que o óbito deverá ser anotado, com as remissões recíprocas, nos assentos de casamento e nascimento do falecido. Portanto, o oficial que registrar o assento de óbito deverá, no prazo de cinco dias (nos termos do art. 106), de ofício anotá-lo no assento de nascimento e no assento de casamento (se for o caso) ou enviar comunicação ao respectivo oficial, dando notícia do óbito, casos estes assentos não sejam pertencentes ao seu acervo.

A previsão do § 1º acerca do reconhecimento de firmas nas comunicações do registro civil encontra-se em franco desuso tendo em vista que raríssimas são as comunicações que ainda são expedidas em meio físico. Com o advento da Central de Informações do Registro Civil (CRC-Nacional), hoje as comunicações entre as serventias se dão por meio desta. No caso de informações e comunicações judiciais, entende-se que não há necessidade de exigir reconhecimento de firma do juiz que as expediu, bastando que o funcionário do ofício de justiça certifique-lhe a autenticidade.

O § 2º dispõe sobre a hipótese de emancipação concedida judicialmente. A redação do artigo não possui o devido rigor técnico, pois diz que a emancipação será "anotada", quando o correto é falar em "registro", pois é um assento próprio de emancipação, que, após a sua lavratura, daí sim, é anotado no assento de nascimento do emancipado. Portanto, quando o parágrafo em comento trata da anotação às expensas do interessado, quer referir sobre o registro.

A emancipação é concedida judicialmente quando não há consenso entre os pais ou no caso de o jovem maior de 16 anos estar sob tutela. Nesses casos, após o procedimento judicial, poderá o juiz concedê-la, sendo expedido o mandado ou a própria sentença servindo como tal (desde que expressamente assim consignado) a serem apresentados para registro no Livro E do 1º Subdistrito da Sede da Comarca do domicílio do emancipado.

O registro da emancipação, que possui natureza constitutiva, irá conferir a devida publicidade ao ato e possibilitará que surta efeitos perante terceiros. Após o registro da emancipação, o oficial responsável deverá comunicar o oficial detentor do registro de nascimento (caso não seja ele) para que ali seja anotada a emancipação, nos termos do art. 106 da Lei de Registros Públicos.

 Jurisprudência

"Registro de imóveis – Instituição de bem de família – Princípio de instância – Aspecto material – Correlação entre pretensão registrária (extraída da apresentação contextualizada do título), qualificação e inscrição predial – Imperfeição da escritura pública – Falta de indicação da entidade de família beneficiada – Elemento essencial do ato notarial – Suprimento por declaração complementar, expressa em instrumento particular – Inadmissibilidade – Falta de comparecimento e anuência daquele que o instituidor afirma manter união informal, figurante necessário – *Unitas actus* desrespeitada – Registro inadmissível – Apelação não provida. (...) De plano, observe-se a necessária correlação, em sede de bem de família voluntário, entre a rogação, a qualificação registrária e o eventual registro delas decorrente: aspecto material do princípio de instância (...) embora sem rigidez formal, nosso sistema registral imobiliário acolhe o princípio de rogação ou de instância (art. 13, II, da Lei nº 6.015/73) e recepciona a petição de registro *stricto sensu* na mera apresentação do título para o registro: '... o fato é que apenas *ut pluribus* a recepção dos títulos se confunde com a instância de seu registro. É que o direito normativo vigente reclama, para a averbação, requerimento do interessado, com firma reconhecida (par.ún., ao art. 246, da Lei 6015, de 31.12.1973), mas, quanto ao registro *stricto sensu*, basta a apresentação do título, contanto que não se excepcione a intenção registral' (RICARDO DIP, Sobre a qualificação registral. In *Registro de Imóveis (vários estudos)*. Porto Alegre: IRIB-safE, 2005, p. 195). Se a 'apresentação do título subentende ou implica o requerimento de inscrição' (AFRÂNIO DE CARVALHO, *Registro de Imóveis*, 4ª ed. Rio de Janeiro: Forense, 1997, p. 270), é no contexto desta apresentação que se deve extrair a pretensão de registro. Em outras palavras, porque 'é necessário apresentar o documento em que se fundamente o direito que se pretende publicar' (MOUTEIRA GUERREIRO, Noções de Registro Predial, 2ª ed. Coimbra: Coimbra Editora, 1994, p. 128) e porque, em nosso sistema, tal como no sistema espanhol, a apresentação do título, em si, é 'circunstância que exterioriza a petição' (ANGEL CRISTÓBAL MONTES, *Direito Imobiliário Registral*. Porto Alegre: IRIB-safE, 2005, p. 277), sabe-se qual é a rogação de registro (e, dela, o direito que busca ver publicado) no exame conjugado de todos os documentos apresentados para o registro, atento não só ao principal (título), mas também ao acessório (de função complementar). 'A apresentação do título subentende ou implica o requerimento de inscrição' Cf. Afrânio de Carvalho, *Registro de Imóveis*, 4ª ed., Rio de Janeiro, Forense, 1977, p. 270. 'Sabe-se qual é a rogação de registro (e, dela, o direito que busca ver publicado) no exame conjugado de todos os documentos apresentados para o registro, atento não só ao principal (título), mas também ao acessório (de função complementar)'" (Apelação 990.10.027.101-6, Conselho Superior da Magistratura, Rel. Luis Ganzerla, j. 14/09/2010).

Art. 14. Os oficiais do registro, pelos atos que praticarem em decorrência do disposto nesta Lei, terão direito, a título de remuneração, aos emolumentos fixados nos Regimentos de Custas do Distrito Federal, dos Estados e dos Territórios, os quais serão pagos pelo interessado que os requerer. *(Redação dada pela Lei nº 14.382, de 2022)*

Parágrafo único. O valor correspondente às custas de escrituras, certidões, buscas, averbações, registros de qualquer natureza, emolumentos e despesas legais constará, obrigatoriamente, do próprio documento, independentemente da expedição do recibo, quando solicitado. *(Incluído pela Lei nº 6.724, 1979)*

 Referências Normativas

Lei 10.169/2000, art. 6º.
Código Tributário Nacional, art. 3º.

Comentários

A Lei 14.382/2022 alterou a redação original do *caput* deste artigo, excluindo dele a expressa exigência do pagamento dos emolumentos no ato de requerimento ou no da apresentação do título.

O parágrafo único visa garantir a devida publicidade acerca do que foi cobrado do interessado. Desse modo, independentemente do recibo a ser fornecido, determina que constem do próprio documento os valores referentes às custas cobradas.

Em disposição semelhante, o art. 6º da Lei 10.169/2000, que fixa as regras gerais para a cobrança de emolumentos, prevê que seja dado recibo dos emolumentos sem prejuízo da indicação dos valores à margem do documento entregue, em consonância com a tabela vigente ao tempo da prática do ato.

Os emolumentos notariais e registrais são devidos em contraprestação paga em moeda corrente nacional pelos usuários dos serviços prestados de forma direta aos titulares das serventias, pela prática dos atos praticados, amoldando-se no conceito de tributo trazido no art. 3º do Código Tributário Nacional[14]. Majoritariamente, a doutrina e a jurisprudência classificam-no, dentre as espécies tributárias, como sendo uma taxa.

Assim sendo, *"como se trata de um tributo, apenas pode ser criado ou aumentado por lei, observados os princípios da anterioridade e da noventena. Pela mesma razão, não pode o notário ou registrador cobrar valor inferior ou superior daquele previsto em lei, tampouco 'abrir mão' da cobrança, uma vez que apenas a lei pode conceder isenção ou postergar o momento do recolhimento do tributo"*.[15]

Jurisprudência

"Registro de Imóveis. Recurso Administrativo. Cobrança de emolumentos pelo serviço de expedição de certidões. Natureza de taxa. Tributo estadual. Impossibilidade de lei federal instituir isenção, sob pena de afronta ao princípio federativo. Recurso improvido. (..) Trata-se de recurso interposto pela União Federal contra a decisão de fls. 28/30 deixou de acolher pedido da recorrente, no sentido de que fosse reconhecido seu direito de isenção ao pagamento dos emolumentos devidos ao cartório de registro de imóveis pela expedição de certidões. Sustenta a recorrente que a fixação dos emolumentos deve obedecer às normas gerais previstas em lei federal. Afirma que o decreto-lei 1.537/77, o qual estabelece isenção da União de pagamento de emolumentos às serventias extrajudiciais, foi recepcionado pela Constituição Federal e não foi derrogado pela Lei 10.169/00, nem pela lei estadual de nº 11.331/02. Diz, ainda, que o serviço público de registro e notas é prestado por meio de delegação à iniciativa privada, não ostentando os emolumentos natureza de taxa, mas de preço público, não tratando a lei tecnicamente de isenção, não havendo por isso ofensa ao princípio federativo (...) A recorrente reclama contra ato do Oficial de Registro de Imóveis (...), consistente em cobrar a parcela dos emolumentos cobrados pela expedição de certidão destinada a remunerar os serviços da serventia extrajudicial. Baseia-se no decreto-lei 1.537/77, que prevê que a União é isenta do pagamento das custas e emolumentos devidos aos cartórios de Registro de Imóveis. Razão não lhe assiste, porém. A remuneração dos serviços notariais e de registro tem natureza de taxa. Nesse sentido há muito tempo é o entendimento pacífico do Supremo Tribunal Federal. Merece a transcrição da seguinte decisão daquele colendo Tribunal, proferida em ação direta de inconstitucionalidade de nº 1.444, em que foi requerente o Conselho Federal da Ordem dos Advogados do Brasil, e que bem considerou a matéria: 'Se discussões podem existir a respeito da natureza de outros serviços prestados pelo Estado, surgindo dúvidas sobre se são serviços públicos ou atividades econômicas enquadráveis num regime de exploração de cunho mais acentuadamente privado, isso não ocorre em relação à prestação jurisdicionais e às atividades do foro extrajudicial. De plano, e por óbvio, afasta-se o seu enquadramento dentre os preços privados: estão vinculados a serviço público; são fixadas unilateralmente pelo Poder Público, independentemente da vontade dos particulares. Também não podem ser enquadrados dentre os chamados preços públicos, que são caracterizáveis como remuneração de serviços prestados pelo Es-

---

[14] FREITAS, Matheus. *Regime tributário dos notários e registradores*. In: EL DEBS, Martha (coord.). 2. ed. Salvador: JusPodivm, 2020. p. 177.

[15] LOUREIRO, Luiz Guilherme. *Registros públicos*: teoria e prática. Rio de Janeiro: Forense: São Paulo: Método, 2010. p. 12-13.

tado, mas serviços que não são, por assim dizer, típicos do Estado. Considera-se, a propósito, o escólio de Gilberto de Ulhôa Canto, que traça diferença entre preços públicos e taxas: o que contribui para caracterizar um serviço prestado como sendo remunerável por taxa é a natureza da atividade de que se trate, sob o prisma da sua inerência às funções do Estado; comprovada essa inerência, a compulsoriedade do pagamento da respectiva contrapartida será consequência, e não característica diferencial, do mesmo modo que a configuração de um serviço como remunerável por preço público será determinada pelo seu não enquadramento entre as atividades intrinsecamente vinculadas às funções do Estado, sendo a opcionalidade do pagamento um efeito dessa natureza, e não o fator de sua qualificação'. E, após transcrever os artigos 77 e 79 do Código Tributário Nacional, acrescenta: 'A simples leitura de tais dispositivos já esclarece que não poderia ser outro o caráter das custas, que não o de taxas vinculadas a um determinado serviço público: 1) de utilização efetiva, isto é, quando o contribuinte recorre de fato à prestação jurisdicional, registrária ou notarial; 2) específica, porque essa prestação pode ser vislumbrada como uma unidade; e 3) divisível, eis que a prestação individualiza-se frente aos jurisdicionados. A reforçar essa qualificação registre-se que tais custas são fixadas unilateralmente pelo Poder Público e que não há uma relação contratual entre o Estado e o cidadão a justificar sua cobrança. Não se pode falar, por outro lado, em pagamento voluntário se o particular, sempre que necessita de serviço, depende do pagamento de custas para obtê-lo (ressalvadas as hipóteses de isenção nos casos de carência de recurso do jurisdicionado)'. Também nesse sentido, entre outras, existe a decisão exarada na Adin 1.378-ES: 'A Jurisprudência do Supremo Tribunal Federal firmou orientação no sentido de que as custas judiciais e os emolumentos concernentes aos serviços notariais e registrais possuem natureza tributária, qualificando-se como taxas remuneratórias de serviços públicos, sujeitando-se, em consequência, quer no que concerne à sua instituição e majoração, quer no que se refere à sua exigibilidade, ao regime jurídico constitucional pertinente a essa especial modalidade de tributo vinculado, notadamente aos princípios fundamentais que proclamam, dentre outras, as garantias essenciais da reserva de competência impositiva da legalidade, da isonomia e da anterioridade'. Tratando-se de taxa, o valor cobrado deve estar diretamente relacionado com o custo do serviço prestado. Tal pressuposto vem estampado na lei federal nº 10.169/00, a qual fixou as regras gerais para cobrança de emolumentos, e que estabelece em seu artigo 1º que 'o valor fixado para os emolumentos deverá corresponder ao efetivo custo e à adequação e suficiente remuneração dos serviços prestados'. E sendo assim, deve ser aplicado aos casos de sua exigibilidade o princípio da isonomia, pelo qual um usuário não pode pagar pelo serviço prestado a outrem, sendo vedado qualquer forma de compensação entre contribuintes. De outra parte, as imunidades concedidas aos entes públicos referem-se somente aos impostos, não abrangendo as taxas. O artigo 1º do Decreto-lei 1.537/77 não foi recepcionado pela Constituição Federal de 1988, uma vez que afronta diretamente o princípio federativo, ao instituir isenção sobre tributo estadual. A União somente pode estabelecer regras gerais sobre os emolumentos devidos a título de prestação de serviço público, o que foi feito pela Lei 10.169/00, mas jamais está autorizada a decretar isenções sobre tributo estadual. Nesse sentido: "À União, ao Estado-membro e ao Distrito Federal é conferida competência para legislar concorrentemente sobre custas dos serviços forenses, restringindo-se a competência da União, no âmbito dessa legislação concorrente, ao estabelecimento de normas gerais, certo que, inexistindo tais normas gerais, os Estados exercerão a competência legislativa plena, para atender a suas peculiaridades". (Adin 1624/MG, 08.05.03). A lei estadual de nº 11.331/02 estabeleceu isenção à União apenas quanto ao pagamento das parcelas dos emolumentos destinados ao Estado, à Carteira de Previdência das Serventias não Oficializadas da Justiça do Estado, ao custeio dos atos gratuitos de registro civil e ao Fundo Especial de Despesa do Tribunal de Justiça, mas não a isentou quanto ao pagamento da remuneração dos serviços das serventias extrajudiciais prestados. Como foi decidido na Adin nº 2.301-2, RS, citando a lição de Roque Antonio Carraza: 'as leis isentivas não devem se ocupar de hipóteses estranhas à regra matriz do tributo, somente podendo alcançar fatos que, em princípio, estão dentro do campo tributário da pessoa política que as edita. Só se pode isentar o que se pode tributar. Quando não há incidência possível (porque a Constituição não a admite), não há espaço para a isenção'. Ensina Cretella Junior que a 'isenção é feita, na respectiva esfera, por lei estadual, lei municipal ou lei distrital; na área da União, por lei federal. Cada pessoa política tem competência para instituir isenção de tributo, em sua própria área. O contrário seria invasão indébita ou usurpação de competência de uma pessoa política na área de outra' (*Comentários à Constituição Brasileira de 1988*, vol. VII/3587, 1993, Forense Universitária). Portanto, o parecer que me permito, respeitosamente, submeter ao elevado exame de Vossa Excelência é no sentido de ser negado provimento ao recurso, para manter a decisão proferida pelo MM. Juiz de Direito Corregedor Permanente do Oficial de Registro de Imóveis (...) que indeferiu a pretensão da apelante" (TJSP, Processo 382/2004, Corregedoria-Geral da Justiça, j. 25/06/2004).

"Direito constitucional e tributário. Custas e emolumentos: serventias judiciais e extrajudiciais. Ação direta de inconstitucionalidade. Resolução nº 7/95 do Tribunal de Justiça do Estado do Paraná: ato normativo. Medida cautelar. 1. A Ação Direta de Inconstitucionalidade, como proposta, pode ser examinada, ainda que impugnando apenas a última Resolução do Tribunal de Justiça do Paraná, que é a de nº 07/95, pois o ataque se faz em face da Constituição Federal de 1988. 2. A Resolução regula as custas e emolumentos nas serventias judiciais e extrajudiciais, que são tributos, mais precisamente taxas, e que só podem ser regulados por Lei formal, excetuada, apenas, a correção monetária dos valores, que não é o de que aqui se trata. 3. A relevância jurídica dos fundamentos da ação (plausibilidade jurídica) ('*fumus boni iuris*') está evidenciada, sobretudo diante dos precedentes do S.T.F., que só admitem Lei a respeito da matéria, não outra espécie de ato normativo. 4. Presente, também, o requisito do '*periculum in mora*', pois, durante o curso do processo, os que têm de pagar custas e emolumentos, nas serventias judiciais e extrajudiciais do Paraná, terão de fazê-lo no montante fixado na Resolução impugnada, quando só estariam sujeitos ao previsto em Lei. 5. Medida cautelar deferida, para suspensão, 'ex nunc', da eficácia da Resolução impugnada, até o julgamento final da ação. 6. Plenário. Decisão unânime" (STF, ADI 1444/PR MC, Rel. Sydney Sanches, Tribunal Pleno, j. 26/02/1997).

> **Art. 15.** Quando o interessado no registro for o oficial encarregado de fazê-lo, ou algum parente seu, em grau que determine impedimento, o ato incumbe ao substituto legal do oficial.

CELSO MAZITELI NETO

Referências Normativas

Código de Processo Civil (Lei 13.105/2015), art. 144, V.
Lei 8.935/1994, art. 27.

Comentários

A Lei 6.015/1973, desde sua promulgação, ao estabelecer a necessidade de substituição do oficial de registro por seu suplente legal no caso em que ele tiver interesse na lavratura do ato, sempre se referiu somente à situação de impedimento, sendo silente quanto à eventual suspeição do agente público, o que evidencia a aplicação apenas do óbice presumido à hipótese. Portanto, para que se possa estabelecer o preciso limite da norma constante do art. 15 da Lei 6.015, é mister fixar-se a diferença entre as duas causas de prevenção da imparcialidade do juiz no processo civil, as quais se aplicam, por extensão legal, a todos os demais sujeitos e auxiliares da Justiça e, em decorrência do artigo de lei em análise, também aos registradores, em sua tarefa administrativa de perfazimento e custódia da informação que lhe é confiada.

Os casos de suspeição, previstos no Código de Processo Civil (art. 145), advêm de situações nas quais a pretensa parcialidade do agente possui componente subjetivo e real, como no caso de vínculo de amizade entre ele e a parte no processo judicial, ou quando houve por ele adiantamento de mérito no curso da demanda. Tais situações demandam prova para emergirem no mundo jurídico. Já o impedimento, empecilho muito mais poderoso e absoluto à atuação da parte interessada, não permite qualquer divagação acerca da aplicação do obstáculo ao mister de seu sujeito, que se presume completamente inabilitado para o exercício de sua função, naquele caso.

Dentre os vários casos de impedimento (art. 144), o de relevância analógica para a função do registrador decorre da relação de parentesco dele, até o terceiro grau em linha reta ou colateral, com o interessado pelo registro. Também se aplica o impedimento do registrador para a lavratura do ato em sendo nele interessado o seu cônjuge ou companheiro. Essas regras foram reproduzidas e direcionadas especificamente aos registradores e notários pelo art. 27 da Lei 8.935/1994.

O substituto legal, nesses casos, é aquele com assento na própria serventia onde o registrador impedido atua, não sendo o caso de se estender a competência de outro ofício de registro para a lavratura do ato.

Jurisprudência

"A Lei n. 6.015, de 31 de dezembro de 1973, que dispõe sobre os registros públicos e dá outras providências, prevê em seu art. 15 que 'quando o interessado no registro for o oficial encarregado de fazê-lo ou algum parente seu, em grau que determine impedimento, o ato incumbe ao substituto legal do oficial. Imperiosa, por conseguinte, a observância do disposto no art. 8º, parágrafo único, do Código de Normas do Foro Extrajudicial da Corregedoria-Geral de Justiça do TJPR, *in verbis*: Art. 8º Havendo impedimento ou suspeição do titular, o ato poderá ser lavrado ou registrado pelo substituto da própria serventia. Parágrafo único. Na hipótese de incorrer o substituto no mesmo impedimento ou suspeição, o Juiz Diretor do Fórum designará outro oficial *ad hoc*, preferencialmente entre os titulares de serviço da mesma natureza na comarca. Tendo em vista o previsto na parte final do referido dispositivo legal, o pedido comporta parcial acolhimento, considerando que a designação deve ocorrer preferencialmente entre os titulares de serviço da mesma natureza na Comarca'" (TJPR – Pedido de Providências – 0000730-98.2022.8.16.0040 – Comarca de Altônia – Juíza Lorany Serafim Morelato – *DJ* de 26/09/2022).

CAPÍTULO IV
DA PUBLICIDADE

Art. 16. Os oficiais e os encarregados das repartições em que se façam os registros são obrigados:

1º) a lavrar certidão do que lhes for requerido;

2º) a fornecer às partes as informações solicitadas.

Referências Normativas

Constituição Federal, art. 236.
Lei 8.935/1994, arts. 1º, 5º.
Provimento 149/2023 do Conselho Nacional de Justiça, art. 198.
Provimento 182/2024 do Conselho Nacional de Justiça.

Comentários

Este artigo estabelece as obrigações dos Registradores de informar o público e de fornecer certidões quando tal lhe for requerido com relação aos dados sob sua guarda ("informações de registro").[16] Todavia, a redação dessa norma encontra-se desatualizada, sendo alheia ao atual regime jurídico inaugurado pela Constituição Federal de 1988. Com o fim das serventias não oficializadas, o termo "encarregado de repartição" caiu em desuso, pois não há mais responsáveis por serviço de registro público ainda vinculado ao regime próprio do funcionalismo.

Atualmente, o titular da delegação do serviço de registro é apenas seu oficial. Na regulamentação do art. 236 da Carta, constante na Lei 8.935/1994, há, em seu art. 5º, as atuais nomenclaturas de todos os oficiais de registro.

---

[16] JACOMINO, Sérgio. *Registro eletrônico: a nova fronteira do Registro Imobiliário. Parecer sobre o anteprojeto de regulamentação encaminhado pelo Ministério da Justiça, Sugestões colhidas na reunião de Diretoria do Instituto de Registro Imobiliário do Brasil*, p. 12. Disponível em: https://folivm.files.wordpress.com/2011/04/registro--eletrc3b4nico-parecer-irib.pdf. Acesso em: 26 mar. 2023.

A origem dessas especificações decorre do tratamento anteriormente estabelecido pelo Decreto 4.857/1939, que, em seu art. 2º, elencava, como agora o faz a regulamentação constitucional do serviço de registro público, as modalidades desses profissionais, que se descreviam como titulares privados, e vitalícios, a serem nomeados conforme a lei em vigor na unidade da federação respectiva. Ou seja, o oficial é claramente, sob o regramento atual, o delegado da função pública.

Quanto às atividades de entrega de informação, os oficiais de registro são obrigados a prestar certidão do que constar em seus livros, desde que pagas as respectivas custas. Essa obrigação decorre do princípio geral registral de total publicidade e ampla acessibilidade da informação registrada, que também se desdobra no art. 17 da Lei 6.015, a seguir analisado. É certo que essa ampla acessibilidade esbarra no eventual sigilo dos dados constantes dos registros, erigido por normas de exceção, situações nas quais as atividades a que se refere o art. 16 da Lei 6.015/1973 se condicionam à ordem judicial, permitindo-as. Tais casos são, *verbi gratia*: a) a natureza legítima ou ilegítima da filiação (art. 227, § 6º, da CF); b) a mudança de nome em razão de colocação de seu titular em programa de proteção a testemunhas (art. 57, § 7º, LRP); c) o anterior nome e sexo de pessoa que obteve a averbação em seu assento de nascimento, regra de sigilo que vem sendo estabelecida jurisprudencialmente.

O princípio da publicidade, quando afeto aos registros públicos, não obstante, se subdivide em dois. O primeiro é sua expressão material, o segundo sua relevância formal, sendo o mote dessa dicotomia as finalidades da instituição do sistema registral. Sob o aspecto formal, o princípio da publicidade resguarda o potencial de cognoscibilidade do conteúdo do registro e a acessibilidade ampla dessa informação. Quanto à sua projeção material, a publicidade registral é afeta à capacidade da informação registrada em produzir efeitos jurídicos. A acessibilidade da informação registrada não esgota o princípio da publicidade na esfera registral, o qual se desdobra também sobre os efeitos jurídicos que a informação registrada deve ter. Tais efeitos são, por exemplo: a constituição de direitos oponíveis *erga omnes*; o estabelecimento de presunção relativa da boa-fé de terceiros acerca da certeza da informação registrada ("princípio da legitimação"); impossibilitar a alegação de não conhecimento da informação registrada ("cognoscibilidade legal") etc.

Todavia, a forma de expressão das duas subdivisões sempre acontece quando da expedição de certidões pelo oficial encarregado da custódia das informações registrais, continentes dos dados que se pretende sejam alçados ao conhecimento do público. Dessa forma, não há como não se ter a publicidade material como consequência da publicidade formal.

Especialmente no serviço de registro de imóveis, essa publicização indireta da informação registrada é a tônica. Como a informação registrada, nessa modalidade do registro público, é mantida para fazer prova do negócio jurídico registrado e para proporcionar que seus efeitos operem além das partes da relação jurídica, dotando o ato registrado de oponibilidade *erga omnes*, é imperativo que o espelho do que é registrado seja reduzido por escrito, inclusive para proporcionar sua efetiva utilização em Juízo. Demais, como a informação registrada, como visto, no registro imobiliário, não é acessível a partir da mera consulta informal dos livros registrais (com exceção das hipóteses previstas do art. 24 da Lei 6.766/1979 e do art. 32, § 4º, da Lei 4.591/1964), as certidões emitidas pelo oficial de registro são o veículo da publicidade material da qual é dotada essa atividade estatal.

Essas certidões, por materializarem não apenas o princípio da publicidade no registro imobiliário, mas inclusive a fé-pública registral, fazendo prova *juris tantum* do que certificado, devem reproduzir a inteireza do conteúdo da informação alocada no registro. É vedada, nesse diapasão, inclusive, a expedição de nova certidão de inteiro teor ou de parte do registro do imóvel (transcrição, inscrição, matrícula e averbação) tendo como única fonte de consulta certidão anterior, expedida por unidade do serviço extrajudicial.[17]

Quanto às certidões a serem emitidas pelo oficial de registro civil, essas devem observar a forma e as restrições constantes do Provimento 182/2024 do CNJ.[18]

---

[17] Provimento Corregedoria Nacional de Justiça – CNJ 149/2023. Disponível em: https://atos.cnj.jus.br/atos/detalhar/5243. Acesso em: 21 jan. 2025

[18] Disponível em: https://atos.cnj.jus.br/atos/detalhar/2525. Acesso em: 21 jan. 2025.

Jurisprudência

"Não se diga que a falta de publicidade direta poderia importar alguma diminuição à publicidade registral ou algum risco à transparência dos serviços, pois os oficiais de registro têm fé pública – quer naquilo que certificam, quer naquilo que informam –, e, para verificação da regularidade (inclusive do que publicam com fé pública), estão sujeitos à fiscalização do Poder Judiciário, que se realiza de ofício ou por provação de qualquer interessado... Deste modo, impõe-se concluir que, não se admitindo a sistemática de 'consulta visual de alguma das matrículas de imóveis' em Serventia Predial, uma vez que o sistema de publicidade registrária é, em regra, indireto, por certidão. Distinção entre publicidade direta e indireta, observando que aquela, antes prevista no Decreto no 4.857/39 (art. 19), não é acolhida pela Lei nº 6.015/73 (art. 16), que, em regra, segue o sistema da publicidade indireta (via certidões e informações, que não se confundem com exibição direta de livros ou fichas) – Consulta prejudicada" (TJSP, Protocolado 42.249/2005, Corregedoria-Geral da Justiça do Estado de São Paulo, com parecer em 26/01/2006).

Art. 17. Qualquer pessoa pode requerer certidão do registro sem informar ao oficial ou ao funcionário o motivo ou interesse do pedido.

§ 1º O acesso ou o envio de informações aos registros públicos, quando realizados por meio da internet, deverão ser assinados com o uso de assinatura avançada ou qualificada de que trata o art. 4º da Lei nº 14.063, de 23 de setembro de 2020, nos termos estabelecidos pela Corregedoria Nacional de Justiça do Conselho Nacional de Justiça. (Incluído pela Lei 14.382, de 2022)

§ 2º Ato da Corregedoria Nacional de Justiça do Conselho Nacional de Justiça poderá estabelecer hipóteses de uso de assinatura avançada em atos que envolvam imóveis. (Incluído pela Lei 14.382, de 2022)

 Referências Normativas

Constituição Federal, arts. 5º, XXXIV, *a* e *b*, e 37, *caput*.
Lei 9.051/1995, arts. 1º, 2º.
Lei 13.709/2018, arts. 6º, 18 e 23, § 4º.

 Comentários

O direito de petição é cláusula pétrea de nossa Constituição. Seu âmbito constitucional alcança, expressamente, a "defesa de direitos" ou quando visar ao peticionário contrariar, com a certidão a ser expedida pela administração ou com seu requerimento de providências pelo Poder Público, "ilegalidade ou abuso de poder". Portanto, está sob sua égide tanto a obtenção de informação sobre a pessoa, sua situação legal e seus bens, quanto o direito de provocação das instituições competentes para a realização de ações contra atos ilícitos, hipóteses que, às vezes, podem ser interconectadas. Este último "direito de representação" era expresso na anterior Constituição revogada,[19] sendo a Carta atual silente a seu respeito. Todavia, é reconhecido na ordem vigente que este configura desdobramento natural do inespecífico "direito de petição".[20]

O sujeito desse direito é genericamente indicado como a "pessoa", no expresso vernáculo da Constituição, o que impõe interpretação de que ele alcança tanto a natural quanto a fictícia, eis que se seus

---

[19] Constituição de 1967: Art. 153, § 30. É assegurado a qualquer pessoa o direito de representação e de petição aos Poderes Públicos, em defesa de direito ou contra abusos de autoridade.
[20] BARBOSA SOBRINHO, Osório Silva. *Direito constitucional de petição, exercício da cidadania*. Brasília: ESMPU, 2016. p. 83.

lindes abarcassem apenas o indivíduo, tal restrição seria literal na cláusula constitucional. É direito autoexecutável pelo cidadão, que prescinde de ação para exercê-lo, podendo provocar diretamente a administração para a satisfação da pretensão nele baseada.

Com relação aos registros públicos, em particular, releva a faculdade concedida pelo artigo ao peticionário de requerer acesso à informação registrada independentemente de motivação ou comprovação de interesse. Trata-se de regra que revela o grau de importância que a publicidade registral adquiriu em nossa democracia. Aos dados que estão custodiados pelo poder público deve ser dada a mais ampla transparência e usabilidade pelo cidadão.

Assim, não pode o registrador negar acesso aos dados sob sua guarda por fundamento de falta de interesse do requerente ou de motivação para tanto, pois a Lei expressamente dispensa que a certidão respectiva a ser emitida pelo Registrador tenha vínculo lógico com tais requisitos.

Diversa é a situação perante a administração direta e autarquias, pois, como a regulamentação legal nessas instâncias expressamente impõe que o "interessado", ao peticionar perante os órgãos públicos, indique os "fins e razões do pedido".

Inobstante, leciona Celso de Mello que, além de ausência de sigilo sobre a informação e a aptidão do ato (administrativo ou judicial) a ser certificável, a demonstração de legítimo interesse (individual ou coletivo) pelo peticionante é outro pressuposto do exercício do *right of petition*.[21]

Todavia, com relação às repartições públicas, a garantia constitucional dispensa o pagamento de taxas pelo requerente de certidões, sendo certo que quanto aos registros públicos delegados, a cobrança de taxas e emolumentos é devida, a princípio. Portanto, a ausência de motivação e interesse é a facilitação entregue ao peticionário pela Lei de Registros Públicos, enquanto a gratuidade é o desimpedimento constitucional ao exercício do direito de petição perante as repartições públicas.

Preparando a Lei de Registros Públicos à inevitável e sistemática digitalização da informação custodiada, inovação ao exercício do direito de petição perante os órgãos de registro adveio com os parágrafos do seu art. 17, acrescidos pela 14.382/2022. Assim, se efetuado o pedido de certidão pela via digital, necessária será a assinatura eletrônica qualificada ou avançada tanto do peticionário quanto do representante legal do serviço de registro, afastando-se a possibilidade de utilização de mera assinatura eletrônica simples, na qual não é necessária a validação do signatário por meio de uma identificação digital.

A assinatura avançada é aquela autenticada por meio biométrico ou pela aplicação de um *Personal Identification Number* (PIN), enquanto a assinatura qualificada se dá com o uso do certificado digital do signatário. A regra atual indica que caberá ao Conselho Nacional de Justiça, por intermédio de sua Corregedoria-Geral, o estabelecimento das respectivas hipóteses. De forma aparentemente redundante, o § 2º dispõe que o CNJ poderá impor o uso de assinatura qualificada em casos que envolvam imóveis, o que já tinha sido autorizado pelo § 1º, anteriormente inaugurado como parágrafo único, pela antiga Lei 11.977/2009, não tendo atentado o legislador a essa tautologia.

Deve, não obstante, a publicidade registral ser também interpretada à luz da Lei Geral de Proteção de Dados, promulgada em 2018 (Lei 13.709/2018). Essa legislação estabeleceu princípios que devem nortear o acesso público a dados pessoais, criando uma série de regulamentações principiológicas (art. 6º) e de proteções diretas a abranger tais informações (art. 18). Sua aplicação, não obstante, é expressamente prevista aos serviços públicos notariais e de registro (art. 23, § 4º).

Todavia, princípios podem ser conflitantes e, quando tal se dá, ao reverso da solução encontrada nas antinomias normativas, onde uma conduta prevista em uma regra é contrária à conduta prevista em outra de igual hierarquia, há uma valoração de peso relativo de cada um dos princípios em oposição, não a exclusão da aplicação de um deles, quando se dá com os choques entre regras concretas.

Forçoso convir que alguns dos princípios previstos na LGPD podem vir ao encontro da publicidade registral. Nesses casos, a solução é de ponderação, não de exclusão, dando-se a cada uma destas regras gerais o valor relativo da força vinculante entre os valores nelas previstos.

Portanto, não é certo que a LGPD revogou sumariamente o princípio da publicidade registral. Assim o é porque a guarda pública de dados, inclusive pessoais, pelo Poder Público tem por fundamento vários fins de amplo interesse público. Exemplo desse interesse, talvez o de maior relevância princi-

---

[21] MELLO FILHO, José Celso de. *Constituição Federal anotada*. 2. ed. São Paulo: Saraiva, 1985. p. 488.

piológica, é o de controle da administração pública, possibilitado pelos princípios que a norteiam e estão elencados no *caput* do art. 37 da Constituição Federal.

A jurisprudência dirá o limite para a autodeterminação informacional em cotejo com o princípio Constitucional da publicidade. Todavia, certo é que este último, inclusive em sua projeção registral, se mostra relevante barreira à total permissão ao particular de impedir acesso a dados, mesmo pessoais, pelo público em geral, mormente quando estes sejam objeto de registro público regrado pela Lei 6.015/1973.

 Jurisprudência

"Registro de Imóveis – Expedição de certidões de matrículas – Pedido para que o Oficial se abstenha de expedir como forma de coibir fraudes – Indeferimento em primeiro grau – Inovação do pedido em segundo grau – Impossibilidade – Decisão recorrida proferida nos termos dos arts. 16 e 17, da Lei nº 6.015/73 – Recurso não conhecido. Indeferido o pedido às fls. 24/25, a recorrente agora pretende que o Oficial de Registro de imóveis, sempre que solicitada certidão das matrículas em questão, identifique o requerente e informe à autoridade policial. Embora a recorrente esteja buscando uma solução para as fraudes das quais aduz ser vítima, não se pode, por isso, suprimir instância... E, no caso em exame, as razões jurídicas explicitadas na r. decisão recorrida são bastantes para embasar o indeferimento do pedido inicial, haja vista que os arts. 16 e 17, da Lei no 6.015/73, evidenciam a obrigação de o Oficial expedir certidão a qualquer pessoa mesmo quando não indicados os motivos ou interesses" (TJSP, Processo 2013/00157623, Corregedoria-Geral da Justiça, j. 27/01/2014).

Art. 18. Ressalvado o disposto nos arts. 45, 57, § 7º, e 95, parágrafo único, a certidão será lavrada independentemente de despacho judicial, devendo mencionar o livro de registro ou o documento arquivado no cartório. *(Redação dada pela Lei nº 9.807, 1999)*

 Referências Normativas

Código Civil (Lei 10.406/2002), arts. 1.609, 1.618 a 1.622.
Constituição Federal, art. 227, § 6º.
Lei 6.015/1973, arts. 57, § 7º, 95, parágrafo único.
Normas de Serviço da Corregedoria-Geral da Justiça do Estado de São Paulo, Tomo II, Capítulo XVII, item 47.8.

 Comentários

O art. 18 da Lei 6.015/1973 estabelece três situações: (a) a regra da independência funcional do Oficial de Registro com relação à lavratura das certidões referentes às informações que são mantidas em seus arquivos; (b) as exceções a essa regra, referidas no artigo, as quais consubstanciam situações nas quais a lavratura das certidões deve ser precedida de autorização judicial; e (c) a necessidade de referir-se, na certidão, o *locus* na qual se encontra a informação extraída e publicizada.

Destarte, em não havendo norma que imponha essa condição, a emissão de certidões, é mister exclusivo e independente do próprio Oficial Registrador, que deve exercê-lo sem a prévia autorização de nenhuma autoridade, administrativa ou judicial. Todavia, nos casos expressos em lei, esta regra dá lugar à necessidade de obtenção condicional de autorização judicial para que se emita certidão referente a informações específicas, dotadas, assim, de sigilo, obstativo da imediata publicidade de seu conteúdo.

Exemplos desses casos são: o registro civil de filho havido fora do casamento (art. 45 da Lei 6.015/1973), desde que reconhecido em uma das conformidades do art. 1.609 do Código Civil vigente e observado o art. 227, § 6º, da CF no registro, ou seja, sem menção à natureza da filiação; a averbação de alteração judicial de nome em razão da colaboração da testemunha na investigação de crime (art. 57,

§ 7º, da Lei 6.015/1973); e o registro da sentença que concede a legitimação adotiva (art. 95, parágrafo único, 6.015/1973), que apenas pode ter a respectiva certidão emitida mediante autorização judicial. Contudo, no que tange ao registro civil, no âmbito da jurisdição de São Paulo, em razão do quanto constante nas Normas de Serviço da Corregedoria-Geral da Justiça, quando é o próprio interessado o peticionante da certidão, seus representantes legais ou mandatários com poderes especiais, as restrições são minimizadas, havendo, nessas hipóteses, necessidade de autorização do Juiz Corregedor Permanente apenas para o caso de testemunha que teve seu nome alterado. Apenas nesta última situação a exceção é absoluta, pois mesmo o próprio interessado deve solicitar autorização judicial para, somente então, obter a certidão quanto às informações de registro.

 Jurisprudência

"**Registro de Imóveis**. Recepção e arquivamento, pelo Oficial de Registro de Imóveis, de ofício expedido pelo Ministério Público com notícia da instauração de procedimento ou ação que versa sobre irregularidade no parcelamento do solo. Inclusão dessa informação nas certidões imobiliárias referentes aos registros correspondentes. Possibilidade. Medida que não se confunde com ato de averbação, nem impede a prática de atos de registro ou averbação nos registros atingidos. – A resposta à consulta formulada é positiva e encontra amparo em precedentes da 1ª Vara de Registros Públicos da Comarca da Capital (Processos 240/93 e 1.468/94) e desta Egrégia Corregedoria-Geral da Justiça (Processo CG 1.994/95), no sentido de que a todos interessa a publicidade da informação de que houvera sido proposta ação civil pública ou recebida denúncia criminal pertinentes a irregular parcelamento do solo, razão pela qual se mostra correto o recebimento e arquivamento, pelo oficial registrador, de ofício encaminhado pelo Ministério Público noticiando tais fatos e, como consequência, a inclusão dessa circunstância nas certidões expedidas. Essa medida viabiliza, sem ofensa às normas regentes dos registros públicos, assegurar a necessária publicidade às informações constantes do registro, encontrando amparo nas disposições do art. 18 da Lei 6.015/1973 e no item 136, do Capítulo XX, do Tomo II das Normas de Serviço da Corregedoria-Geral da Justiça. É importante deixar claro que a providência mencionada não se confunde com a efetivação de ato de averbação, motivo pelo qual não subsiste o óbice apresentado, no caso em estudo, fundado na falta de previsão legal no rol do art. 167, II, da Lei dos Registros Públicos. (...)" (TJSP, Protocolado CG-8.505/2000, Corregedoria-Geral da Justiça, Piracicaba, Juízo de Direito da 1ª Vara Cível, *DOE* 28/07/2000).

Art. 19. A certidão será lavrada em inteiro teor, em resumo, ou em relatório, conforme quesitos, e devidamente autenticada pelo oficial ou seus substitutos legais, não podendo ser retardada por mais de cinco dias.

§ 1º A certidão de inteiro teor será extraída por meio reprográfico ou eletrônico. *(Redação dada pela Lei 14.382, de 2022)*

§ 2º As certidões do registro civil das pessoas naturais mencionarão a data em que foi lavrado o assento. *(Redação dada pela Lei nº 14.382, 2022)*

§ 3º Nas certidões de registro civil, não se mencionará a circunstância de ser legítima, ou não, a filiação, salvo a requerimento do próprio interessado, ou em virtude de determinação judicial.

§ 4º As certidões de nascimento mencionarão a data em que foi feito o assento, a data, por extenso, do nascimento e, ainda, expressamente, a naturalidade. *(Redação dada pela Lei nº 13.484, de 2017)*

§ 5º As certidões extraídas dos registros públicos deverão, observado o disposto no § 1º deste artigo, ser fornecidas eletronicamente, com uso de tecnologia que permita a sua impressão pelo usuário e a identificação segura de sua autenticidade, conforme critérios estabelecidos pela Corregedoria Nacional de Justiça do Conselho Nacional de Justiça, dispensada a materialização das certidões pelo oficial de registro. *(Redação dada pela Lei nº 14.382, de 2022)*

§ 6º O interessado poderá solicitar a qualquer serventia certidões eletrônicas relativas a atos registrados em outra serventia, por meio do Sistema Eletrônico dos Registros Públicos (Serp), nos termos estabelecidos pela Corregedoria Nacional de Justiça do Conselho Nacional de Justiça. (Incluído pela Lei nº 14.382, de 2022)

§ 7º A certidão impressa nos termos do § 5º e a certidão eletrônica lavrada nos termos do § 6º deste artigo terão validade e fé pública. (Incluído pela Lei nº 14.382, de 2022)

§ 8º Os registros públicos de que trata esta Lei disponibilizarão, por meio do Serp, a visualização eletrônica dos atos neles transcritos, praticados, registrados ou averbados, na forma e nos prazos estabelecidos pela Corregedoria Nacional de Justiça do Conselho Nacional de Justiça. (Incluído pela Lei nº 14.382, de 2022)

§ 9º A certidão da situação jurídica atualizada do imóvel compreende as informações vigentes de sua descrição, número de contribuinte, proprietário, direitos, ônus e restrições, judiciais e administrativas, incidentes sobre o imóvel e o respectivo titular, além das demais informações necessárias à comprovação da propriedade e à transmissão e à constituição de outros direitos reais. (Incluído pela Lei nº 14.382, de 2022)

§ 10. As certidões do registro de imóveis, inclusive aquelas de que trata o § 6º deste artigo, serão emitidas nos seguintes prazos máximos, contados a partir do pagamento dos emolumentos: (Incluído pela Lei nº 14.382, de 2022)

I – 4 (quatro) horas, para a certidão de inteiro teor da matrícula ou do livro auxiliar, em meio eletrônico, requerida no horário de expediente, desde que fornecido pelo usuário o respectivo número; (Incluído pela Lei nº 14.382, de 2022)

II – 1 (um) dia, para a certidão da situação jurídica atualizada do imóvel; e (Incluído pela Lei nº 14.382, de 2022)

III – 5 (cinco) dias, para a certidão de transcrições e para os demais casos. (Incluído pela Lei nº 14.382, de 2022)

§ 11. No âmbito do registro de imóveis, a certidão de inteiro teor da matrícula conterá a reprodução de todo seu conteúdo e será suficiente para fins de comprovação de propriedade, direitos, ônus reais e restrições sobre o imóvel, independentemente de certificação específica pelo oficial. (Incluído pela Lei nº 14.382, de 2022)

§ 12. Na localidade em que haja dificuldade de comunicação eletrônica, a Corregedoria-Geral da Justiça Estadual poderá autorizar, de modo excepcional e com expressa comunicação ao público, a aplicação de prazos maiores para emissão das certidões do registro de imóveis de que trata o § 10 deste artigo. (Incluído pela Lei nº 14.382, de 2022)

Referências Normativas

Constituição Federal, art. 227, § 6º.
Lei 6.766/1979, art. 24.
Lei 14.382/2022, art. 11.

Comentários

Antes da edição da Lei 6.015/1973, quando vigia, no âmbito dos registros públicos, o Decreto 4.857/1939, conforme permissivo constante em seu art. 19, havia a publicidade direta, efetivada mediante a exibição dos livros do cartório ao consultante.[22]

Todavia, uma das mais fundamentais alterações promovidas pela ordem jurídica estabelecida pela Lei 6.015/1973, quando de sua promulgação, na questão da publicidade registral, foi a primazia

---

[22] Art. 19. Os oficiais, bem como as repartições encarregadas dos registros serão obrigados: 1) a passar certidões requeridas; 2) a mostrar às partes, sem prejuízo da regularidade do serviço, os livros de registro, dando-lhes, com urbanidade, os esclarecimentos verbais que pedirem.

da publicidade indireta, reforma estabelecida exatamente pelo art. 19 em análise, que encerrou a anterior autorização normativa para a consulta das informações registrais em mera vista concedida informalmente, ao consultante, pelo oficial registrador, na sede do cartório.

Destarte, no regime inaugurado pela Lei 6.015/1973, a regra era a publicidade indireta, que se perfaz pela prestação da informação pela via escrita e formal, mormente a partir da emissão de certidões, sendo a publicidade direta, decorrente do acesso imediato do consultante aos livros e documentos do cartório, mesmo que em mera vista informal, realizada na própria unidade de registro, a exceção. Essas exceções decorreriam de previsão em *lex specialis*, a afastar a regra deste art. 19. Exemplo de uma delas é o permissivo do art. 24 da Lei 6.766/1979, que contempla o direito de vista, do interessado, independentemente de pagamento de qualquer custa ou emolumento, dos autos tanto do processo de loteamento quanto dos respectivos contratos, que estejam porventura depositados no serviço de registro imobiliário.

Assim, contudo, ante à reforma que estabeleceu a digitalização progressiva e integral dos registros públicos, também foram afetadas as certidões e a forma de sua emissão. Portanto, nada mais natural que a lei regrasse o meio e a forma de emissão das certidões que incorporam a publicidade indireta, garantidora da fé-pública registral, o que ela de fato fez, como se verá abaixo.

Por outro lado, ao que parece, revigorou-se com a Lei 14.382/2022 a possibilidade de exercício da publicidade direta, pela visualização, desta vez não mais no cartório, por intermédio de vista informal dos livros da unidade, mas pelo acesso remoto e digital aos dados registrados, conforme regulamentação a ser dada pela Corregedoria Nacional da Justiça (art. 11, acrescentando a nova disposição do art. 17, § 8º, da Lei de Registros Públicos). Portanto, o exercício desse direito à publicidade direta não foi regulamentado especificamente pela Lei, mas teve suas nuances alçadas ao poder regulamentar da administração. Ao contrário da vista informal, vedada genericamente pela Lei 6.015/1973, esta nova possibilidade de publicidade direta se tratará de um ato apto a ser identificado a partir do registro do efetivo contato com os dados registrados e, portanto, passível de maior controle e notoriedade.

As certidões são emitidas em inteiro teor, que visam transpor a seu destinatário a reprodução mais completa possível da informação registral; em resumo (ou breve relato), que visam reeditar meramente informações essenciais dos dados registrais; ou em relatório, conforme quesitos, as quais respondem articuladamente às indagações específicas, com menção à existência de determinados dados ou sua inexistência, no acervo informacional custodiado pelo Estado.

Quanto à forma da emissão das certidões, caracterizadoras da publicidade indireta, o novo § 1º, inscrito no art. 19 da Lei 6.015/1973 pela reforma do art. 11 da Lei 14.382/2022, eliminou a possibilidade de emissão de certidões pelo meio datilográfico, restringindo tal atividade à forma reprográfica ou eletrônica, o que por certo é muito facilitado diante do arquivamento digital dos dados que se certificam. A forma reprográfica foi mantida, portanto. Contudo, ao que parece, esse meio cairá em desuso com a completa digitalização dos acervos registrais, já determinada pela Lei 14.382/2022. Assim, força é convir que a expedição de certidão pela via reprográfica terá utilidade para as informações ainda não digitalizadas e enquanto elas ainda não o são.

Houve, também, mudanças quanto ao conteúdo informacional das certidões a serem emitidas com base nos registros civis das pessoas naturais, com a imposição da necessidade de menção à data da lavratura do assento e, com especificidade para os assentos de nascimento, da menção, por escrito, da data do nascimento do cidadão e sua naturalidade.

A objeção a que conste, da certidão, a natureza da filiação (se legítima ou ilegítima), salvo requerimento do interessado ou decisão judicial em contrário, foi posteriormente reforçado na Carta Magna, sendo, portanto, preceito constitucional (art. 227, § 6º).

Todavia, o que se mostra a inovação mais disruptiva da reforma produzida pela Lei 14.382/2022 neste artigo é o poder concedido ao próprio usuário, conforme o atual § 5º, para imprimir, sem necessidade de sua presença na unidade de registro, a certidão pretendida, que, nesse caso, terá a mesma fé pública e validade probante da emitida diretamente pelo cartório (§ 7º). A Corregedoria Nacional de Justiça do Conselho Nacional de Justiça deverá estabelecer critérios de identificação da autenticidade das certidões emitidas nessa forma. Certidões com abrangência nacional poderão ser, por intermédio do SERP, requeridas na forma acima descrita em qualquer unidade registral (§ 6º), o que reforça a intercambialidade do sistema. Os prazos para essas emissões, contados do pagamento dos emolumentos, são fixados na Lei (§ 10) e estabelecidos em patamar bem mais exíguos, em diapasão com o espírito de praticidade da reforma, além de em consonância com a maior e mais eficiente utilização da tecnologia para a implementação da publicidade registral.

Outra relevante marca dessa novel Lei é o reforço ao princípio da fé pública registral. É ratificada a colocação da matrícula como unidade fundamental de individualização do bem de raiz e indicador da informação pertinente a interesses imobiliários. Esse destaque ao indicador real é depreendido, por exemplo, com a regra que dá à certidão do inteiro teor da matrícula, a ser expedida pelo registrador, força suficiente para comprovar a dimensão do direito real registrado, bem como a existência de todos os ônus e gravames a impregnar o imóvel, conforme a nova redação dada pela norma em questão à regra já antes contida na Lei 6.015/1973 (§§ 9º e 11). Assim, a nova legislação é também poderosa confirmadora e fortalecedora da fé pública registral.

Jurisprudência

"**Registro de imóveis** – Sobre os 'registros' (matrículas, registros *stricto sensu*, averbações, prenotações, indicações reais e indicações pessoais), os oficiais de registro de imóveis (a) são obrigados a lavrar certidão do que lhes for requerido (Lei nº 6.015, de 31 de dezembro de 1973, art. 16, nº 1º), (b) a qualquer pessoa que o requeira (art. 17, *caput*), (c) independentemente de provisão (art. 18, 1ª parte), e (d) em inteiro teor, ou em resumo, ou em relatório, conforme quesitos (art. 19, *caput*). Nesse contexto, como se sabe, a praxe do foro extrajudicial não tem nenhuma dificuldade em fazer lavrar a certidão de inteiro teor mediante a mera cópia da íntegra do assento, seja mediante meio reprográfico (art. 19, § 1º), seja mediante a produção de um documento eletrônico (arts. 1º, § 3º, e 17, parágrafo único). Todavia, essa reprodução gráfica da íntegra do assento, em qualquer das modalidades apontadas (ou por reprografia, ou por meio eletrônico), conquanto seja a solução usual, não é essencial para caracterizar-se a certidão de inteiro teor, que pode ser extraída de outras maneiras (cf., *e. g.*, o 'meio datilográfico' ainda referido no art. 19, § 1º, da Lei de Registros Públicos), contanto que, evidentemente, acabe por dar a conhecer todo o teor da inscrição... Dada essa premissa (*i. e.*, 'inteiro teor' e 'cópia' são coisas distintas, quando se cuida de uma certidão), pode-se solucionar, então, o problema posto. Se alguém pede certidão de inteiro teor dos autos de processo extrajudicial de usucapião, o oficial de registro de imóveis está obrigado a dá-la, é certo. Ao registrador, entretanto, caberá decidir qual modo será adotado: o 'inteiro teor' será dado a conhecer ou mediante a descrição, em forma narrativa, dos atos e termos do processo (como se faz, hoje, no judicial), ou mediante a entrega de reprodução integral dos autos" (TJSP, Processo 2020/00010698, Corregedoria-Geral da Justiça, j. 24/06/2021).

Art. 20. No caso de recusa ou retardamento na expedição da certidão, o interessado poderá reclamar à autoridade competente, que aplicará, se for o caso, a pena disciplinar cabível.

Parágrafo único. Para a verificação do retardamento, o oficial, logo que receber alguma petição, fornecerá à parte uma nota de entrega devidamente autenticada.

Referências Normativas

Lei 8.935/1994, arts. 31, I e V, e 32, II.
Lei 6.015/1973, art. 19.
Normas de Serviço da Corregedoria-Geral da Justiça do Estado de São Paulo, Capítulo XVII, item 24.

Comentários

A expedição de certidão não pode ser negada pelo notário ou registrador sem que por ele seja oposta recusa legítima, sob pena de lhe ser instaurado procedimento disciplinar, nos termos do quanto disposto no art. 20 da Lei 6.015/1973. Essa obrigatoriedade da expedição da certidão é também decorrência do princípio da publicidade, ubíquo no direito notarial e registral.

Assim o é porque os documentos públicos, lavrados em notas, e as informações registradas em serviços públicos de registro devem ser acessíveis a qualquer do povo, prescindindo-se, como visto no referente aos registros públicos, constante do art. 17 da Lei 6.015/1973, de justificativa para esse requerimento. Também como já esmiuçado aqui, a publicidade da informação de registro, no mais das vezes, exerce-se pela expedição da respectiva certidão.

Portanto, o art. 20, *caput*, da Lei 6.015/1973 acresce ao quanto antes já estabelecido nos arts. 16 e 17 da mesma lei, com os quais aquele se inter-relaciona.

Não obstante, o antigo prazo para a expedição da certidão, quando formal e corretamente requerida perante o Tabelião ou Registrador é de até cinco dias úteis da data do pedido.

Explicava Ceneviva, ao analisar o prazo para expedição de certidões, que: "O adjetivo úteis não está no texto, mas este será muitas vezes inaplicável, sem o acréscimo, nos serviços de imóveis e de títulos e documentos que não abrem aos sábados, domingos e feriados".[23]

Portanto, se em até cinco dias úteis, corridos ou intercalados com datas não comerciais, não houver o atendimento do requerimento, assiste à parte o direito a provocar a autoridade dotada do poder disciplinar competente a instauração da respectiva apuração. E para que se meça o atendimento ou não do prazo concedido ao agente público na legislação, o parágrafo único do art. 20, por si próprio, fixa o ato apropriado para o desatino do interstício. Trata-se da emissão da nota de entrega, correlacionada ao requerimento apresentado, cuja data serve como termo inicial do lapso para expedição da certidão.

Por fim, com a vigência da Lei 14.382/2022, os prazos, com relação às certidões imobiliárias, foram mitigados para sua expedição, sendo que a mais marcante modificação trazida é sua contagem em horas, não mais em dias úteis, para a expedição da certidão eletrônica, de inteiro teor, da matrícula ou do livro auxiliar. Trata-se do mandamento inserido no § 10º do artigo anterior, pela nova legislação. Quanto à certidão da situação jurídica do imóvel, o prazo foi fixado em um dia. Já com referência às certidões de transcrições, e casos residuais, o inciso III do referido parágrafo redunda o prazo do *caput*. O desatino desses prazos, constantes do art. 19 da Lei 6.015/1973, analisado, se dá com o pagamento dos emolumentos.

Jurisprudência

"Processo administrativo disciplinar contra oficial de registro de imóveis – Entrega de certidão (Dentro do limite legal de cinco dias – Não comprovação da intenção de deliberadamente protelar a entrega do documento – Ausência de prova de falta de urbanidade – Recurso provido para absolver o recorrente – Estabelecem as Normas: 137. A certidão solicitada durante o horário de expediente, com indicação do número da matrícula ou do registro no Livro 3, de Registro Auxiliar, será emitida e disponibilizada dentro de, no máximo, duas horas úteis, ou até o encerramento do expediente, prevalecendo o menor período de espera. 137.1. Para as demais solicitações, o prazo para emissão e disponibilização das certidões não poderá exceder cinco (5) dias. O documento de fls. 07 dos autos apensados comprova que o usuário pediu a certidão, com indicação do número de matrícula, dentro do horário de expediente da serventia, às 15h35 do dia 19.08.2013 (sexta-feira). Incidiria o item 137. A certidão só foi disponibilizada na tarde do dia 26.08.2013, uma segunda-feira. Contudo, o prazo legal para a entrega é de cinco dias, conforme o art. 19 da Lei 6.015/1973. O oficial teria desrespeitado o prazo das normas, mas não o prazo legal. Entendemos, salvo melhor juízo, que o item 137 das normas não poderia ter previsto prazo menor, mais rigoroso, que o prazo concedido pela lei. O conflito impõe a prevalência da lei sobre a norma infralegal que lhe contradiz. Com relação à deliberada intenção do oficial de prejudicar o usuário, tal dolo haveria de ter sido provado nos autos. Respeitado o entendimento do MM. Juiz prolator da decisão recorrida, acreditamos que não há nos autos elementos suficientes a comprovar o dolo, salvo as palavras do próprio usuário" (TJSP, Processo 2014/00002429, Corregedoria-Geral da Justiça, j. 31/01/2014).

Art. 21. Sempre que houver qualquer alteração posterior ao ato cuja certidão é pedida, deve o Oficial mencioná-la, obrigatoriamente, não obstante as especificações do pedido, sob pena de responsabilidade civil e penal, ressalvado o disposto nos artigos 45 e 95.

---

[23] CENEVIVA, *Lei dos registros públicos comentada*. São Paulo: Saraiva, 19. ed. 2009. p. 47.

> **Parágrafo único.** A alteração a que se refere este artigo deverá ser anotada na própria certidão, contendo a inscrição de que "a presente certidão envolve elementos de averbação à margem do termo".

Referências Normativas

Lei 6.015/1973, arts. 230, 167, I e II.
Normas de Serviço da Corregedoria-Geral da Justiça do Estado de São Paulo, Capítulo XVII, item 47.11.1.

Comentários

De acordo com o regramento trazido aos registros públicos pela Lei 6.015/1973, especialmente no que se refere ao registro de imóveis, a certidão tirada pelo oficial deve conter a descrição do bem, a indicação de seu proprietário e, em existindo, referência ao registro anterior ao atual. A certidão referente ao registro civil, sem prejuízo, deve conter um espelho de determinado ato da vida civil, como nascimento ou casamento, por exemplo.

Não obstante, impõe o art. 21 da Lei 6.015/1973 que, em havendo alteração posterior ao ato referente à certidão requerida pelo interessado, deve o Oficial mencioná-la, obrigatoriamente.

Aqui, cabe diferenciar os diversos atos de registro *latu sensu* praticados nas serventias. No registro de imóveis, são atos de registro *stricto sensu* aqueles elencados (não passíveis de extensão por analogia) no art. 167, I, da Lei 6.015/1973, enquanto os atos de averbação estão sugeridos (o rol não é *numerus clausus*) no inciso II.

O registro civil é responsável também por atos de registro e de averbação. Contudo, nessa modalidade de registro público, também existe o ato de anotação, que, da mesma maneira que a averbação, modifica o conteúdo de um registro. Todavia, a averbação é precedida da provocação pela interessada, o que não é a regra da anotação.

As averbações devem ser feitas à margem direita do assento. Exemplos de averbações são as interdições e as declarações de ausência, além do nascimento de filho de brasileiro e do casamento, quando tais fatos ocorreram no exterior.

Já as anotações, ao contrário das averbações, são feitas de ofício, pelo registrador e configuram um registro subsequente ao anterior, atualizando o espelho da vida civil do cidadão nacional.

São atos de registros, em qualquer modalidade de acervo público, aqueles que importem em criação, translação ou extinção de direitos, enquanto os atos averbáveis se remetem às alterações a direitos já registrados.

Portanto, uma escritura de venda e compra registra-se, enquanto o perfazimento de benfeitoria em um terreno averba-se. Quanto ao registro civil, por exemplo, averba-se a alteração de prenome (art. 56, § 2º). Percebe-se, além do mais, que alguns atos registráveis para determinado ato, são averbáveis ou anotáveis em outros registros. Assim o é o casamento, que se registra no livro apropriado, mas se anota no assento de nascimento. Averbações são sempre feitas na margem esquerda do respectivo livro destes ofícios (art. 98). Já nas matrículas, tanto os registros quanto as averbações são feitos de forma sequencial, na ficha de matrícula, indicando-se a natureza do ato pelas referências "R" ou "Av", seguidas do respectivo número de ordem (art. 232).

O art. 230 da Lei 6.015/1973 dispõe que "Se na certidão constar ônus, o oficial fará a matrícula, e, logo em seguida ao registro, averbará a existência do ônus, sua natureza e valor, certificando o fato no título que devolver à parte, o que o correrá, também, quando o ônus estiver lançado no próprio cartório". Desse modo, o registro de qualquer oneração sobre o imóvel, como uma hipoteca ou uma penhora, deverá sempre constar da matrícula e assim da própria certidão, que é um espelho desta.

Contudo, a maior especificidade trazida pelo artigo em comento é o fato de que, em existindo a averbação de ato no registro cuja certidão se requer seja expedida, deverá o oficial de registro constá-la, respondendo civil e penalmente, em sobrevindo repercussão nestas esferas, por sua omissão.

Todavia, essa obrigação e as responsabilidades correlatas não alcançam as situações em que os arts. 45 (a referência à filiação legítima não existe mais em razão do art. 227, § 6º, da Constituição Federal) e 95, parágrafo único, da Lei 6.015/1973 barram (natureza da filiação – reconhecimento de paternidade e adoção, salvo mediante autorização judicial). No âmbito da Justiça de São Paulo, o item 47.11.1 das Normas de Serviço do Extrajudicial, sem embargo,[24] restringe a menção de alteração posterior da informação registrada em situações lá especificadas, que se referem a questões de adoção, proteção de testemunha, alteração de prenome ou de sexo do sujeito da informação alterada.

 Jurisprudência

"**Registro civil das pessoas naturais** – Assento de nascimento – Averbação de sentença declaratória de paternidade – Certidão de assento indiretamente afetado, expedida com menção genérica à existência de averbação (Lei nº 6.015/73, art. 21, parágrafo único) – Inadmissibilidade – Aplicação do art. 6º, *caput*, da Lei nº 8.560/92 – Proposta de acréscimo de subitem específico nas Normas de Serviço da Corregedoria-Geral da Justiça. O requerente J obteve tutela declaratória de paternidade nos autos 5987/04 da 2ª Vara de Família e Sucessões da Comarca de Ribeirão Preto (fls. 14-20) e por essa razão se expediu mandado para averbação, no assento de nascimento de seu filho R, a fim de retificar os nomes e incluir o do avô paterno (fls. 7). O oficial de registro fez constar da certidão, no espaço para observações, a cláusula genérica do art. 21, parágrafo único, da Lei nº 6.015/73 ('A presente certidão envolve elementos de averbação à margem do assento' – fls. 4). Porém, a fórmula legal deve ser mencionada na certidão apenas quando não excepcionada a 'regra de publicidade da averbação, como deflui do art. 21, *caput*, da Lei nº 6.015/73. Uma das exceções é a alteração posterior do assento por reconhecimento de paternidade (Lei nº 8.560/92, art. 6º, *caput*). Nesses casos, a publicidade da averbação, mediante certidão de inteiro teor, depende de determinação judicial (NSCGJ, Cap. XVII, subitem 47.3). Mas, como não se tratava de certidão do assento de nascimento da pessoa cuja paternidade foi reconhecida, é forçoso concluir que o oficial não se afastou do critério de legalidade estrita que permeia a atividade registrária. De qualquer forma, o sigilo sobre a existência de averbação oriunda de reconhecimento de paternidade deve se estender à certidão do assento de nascimento do descendente. Por isso, ressalvado o melhor juízo de Vossa Excelência, parece conveniente e oportuno inserir nas Normas de Serviço da Corregedoria-Geral da Justiça regra específica, a fim de que o oficial de registro não faça referência à existência de averbação também quando lavrar certidão de assentos indiretamente afetados (registros de nascimento de descendente ou cônjuge) e não apenas na certidão de nascimento da pessoa cuja paternidade é declarada. Pelo exposto, o parecer que respeitosamente submeto à elevada apreciação de Vossa Excelência é no sentido de ratificar a decisão do Corregedor Permanente e acrescentar o subitem 47.5 à Seção III, Capítulo XVII, das Normas de Serviço da Corregedoria-Geral da Justiça, em conformidade com a minuta de provimento que segue (...)" (TJSP, Processo 2010/126178, Corregedoria-Geral da Justiça, j. 04/04/2011).

CAPÍTULO V
DA CONSERVAÇÃO

Art. 22. Os livros de registro, bem como as fichas que os substituam, somente sairão do respectivo cartório mediante autorização judicial.

 Referências Normativas

Lei 8.935/1994, arts. 30 e 46.
Lei 6.015/1973, arts. 23 e 24.

---

[24] A alteração decorrente de legitimação, legitimação adotiva, proteção à testemunha, adoção, reconhecimento de paternidade e alteração de nome e/ou de sexo de pessoa transgênero deverá ser incluída na própria certidão, mas neste caso proibido o uso da inscrição de que "a presente certidão envolve elementos de averbação à margem do termo", e, igualmente, proibida a menção sobre a origem do ato.

Comentários

Como corolário da necessidade de se estabelecer segurança jurídica, é dever dos oficiais de registro manter em ordem os livros de sua unidade, o que se manifesta nos mandamentos legais de guarda desses em locais seguros (art. 30, I, da Lei 8.935/1994; art. 24 da Lei 6.015/1973). Desse dever, dois empecilhos ao livre trânsito dos livros e fichas registrais exsurgem, a saber, a deslocação destes para além dos limites da serventia, salvo se autorizado pela autoridade judicial competente; a consulta informal *ictu oculi* das informações que nestes documentos se encontram (art. 16 da Lei 6.015/1973, *a contrario sensu*). Essas situações teriam o condão de expor os livros e as fichas registrais a potenciais danos ou perda, acarretando graves prejuízos ao resguardo da informação registrada.

Todavia, essa regra parece se encaminhar para forte desuso, diante das alterações recentemente trazidas pela Lei 14.382/2022. No novel § 3º, item (i), desta norma se estabelece a necessidade da escrituração eletrônica da informação registrada, o que abarca tanto a recepção quanto a conservação dela, nos termos a serem estabelecidos pela Corregedoria do Conselho Nacional de Justiça. Força é convir, então, que essa norma, a despeito de forte e útil regra de cautela, garantidora da segurança jurídica com relação ao conteúdo dos registros públicos, deve ter seu vigor mitigado conforme os dados custodiados pelo poder público migrem integralmente em sua geração e conservação para o computador.

 Jurisprudência

"Preceitos legais devem ser observados, notadamente no caso em espécie, quando os livros estão sob a guarda de Registrador Público, onde estão registrados atos de terceiros que têm o direito á preservação do sigilo. O art. 22 da lei 6.015, de 31/12/1973 – Lei dos Registros Públicos é enfático: 'Os livros de registro, bem como as fichas que os substituam, somente sairão do respectivo cartório mediante autorização judicial'. O disposto neste dispositivo legal abrange o grupo dos que impõem ao serviço de registro a maior segurança. E, dentre as funções de extrema importância dos serventuários é conservar seus livros em ordem, aptos ao fácil exame a à pronta certificação do que neles se contém. Decorrente dessa função sobremaneira relevante é que o manuseio de livros e fichas fora da sede do cartório, pelo simples fato de sua deslocação, não é aconselhável, vez que o extravio de uma única ficha pode ter repercussão de extrema gravidade... Assim, deve ser entendido que somente em casos excepcionais, para diligências judiciais e extrajudiciais, é concebível a autorização de que trata o art. 22. (...)" (TJCE, Processo 8500923-24.2011.8.06.0026, Corregedoria-Geral da Justiça, parecer de 03/12/2012).

> **Art. 23.** Todas as diligências judiciais e extrajudiciais que exigirem a apresentação de qualquer livro, ficha substitutiva de livro ou documento, efetuar-se-ão no próprio cartório.

 Referências Normativas

Código de Processo Civil (Lei 13.105/2015), arts. 481 a 484.
Lei 8.935/1994, art. 46.

 Comentários

O conteúdo do art. 23 da Lei 6.015/1973 foi posteriormente reproduzido no art. 46 da Lei 8.935/1994, com acréscimo da regra de que eventuais perícias a terem por objeto os livros de registro devem ser realizadas na própria serventia, em ocasião a ser previamente agendada e referendada pelo Juiz Corregedor Permanente.

Da mesma maneira que a regra decorrente do artigo anterior, a que é contida no art. 23 da Lei 6.015/1973 também deve ser analisada sob a ótica da perda gradativa de vigor. Com a inevitável digitalização dos acervos, ditada pela Lei 14.382/2022, a tendência óbvia é que as medidas extrajudiciais e judiciais (como, respectivamente, as correições anuais efetuadas pelos Corregedores Permanentes ou a inspeção a que dão conta os arts. 481 a 484 do Código de Processo Civil) sejam feitas remotamente, ante ao mais prático e direto acesso pelo usuário aos registros públicos pela via da internet.

Contudo, diante da redação da norma, ao reverso de ter havido revogação desse artigo, há perda de sua aplicabilidade, pela míngua de fatos que serão alcançados por sua autoridade. É que a regra dita que as diligências deverão ser feitas no cartório quando "exigirem a apresentação de qualquer livro". Ora, se o conteúdo dos livros passará cada vez mais para a via eletrônica, até que nada mais reste em papel, é certo que em um futuro muito próximo não haverá mais qualquer ato que demande a apresentação dos livros pelo oficial registrador.

Assim, a Lei 14.382/2022 não revogou nem expressa nem tacitamente o art. 23 da Lei 6.015/1973. Na realidade, haverá, com a integral digitalização dos acervos, perda de sua eficácia, a despeito de sua vigência formal. No caso, a Lei, a despeito de vigência e integrante do ordenamento jurídico, não terá mais, com a inexistência de livros físicos, condições fáticas de atuar, porque seus elementos normativos não mais são adequados à produção de efeitos concretos, tratando-se de situação de ineficácia semântica da norma.[25]

 Jurisprudência

"Ademais, a autorização preceituada no art. 22 da Lei 6.015/73 para ser deferida deve ser analisada em absoluta sintonia com a regra do art. 23 do mesmo diploma legal, que assim dispõe: 'Todas as diligências judiciais e extrajudiciais que exigirem a apresentação de qualquer livro, ficha substitutiva de livro ou documento, efetuar-se-ão no próprio cartório'. A par do comando legal acima transportado, a Lei 8.935, de 18 de novembro de 1994, que dispõe sobre os serviços notariais e de registro, a conhecida Lei dos Cartórios, é também enfática sobre o assunto: 'Art. 46. Os livros, fichas, documentos, papéis, microfilmes e sistemas de computação deverão permanecer sempre sob a guarda e responsabilidade do titular do serviço notarial ou de registro, que zelará por sua ordem, segurança e conservação.' Assim, deve ser entendido que somente em casos excepcionais, para diligências judiciais e extrajudiciais, é concebível a autorização de que trata o art. 22. (...)" (TJCE, Processo 8500923-24.2011.8.06.0026, Corregedoria-Geral da Justiça, parecer 03/12/2012).

Art. 24. Os oficiais devem manter, em segurança, permanentemente, os livros e documentos e respondem pela sua ordem e conservação.

 Referências Normativas

Lei 14.382/2022, art. 3º, I e § 1º.
Lei 6.766/1979, art. 38, § 1º.

 Comentários

As diversas unidades de registro instaladas no país, que integram o todo consistente no sistema registral, possuem funções específicas. São elas: o Registro de Imóveis, de Títulos e Documentos, Civil de Pessoas Jurídicas (sociedades civis) e o Civil de Pessoas Naturais.

Com a criação do SERP, aqui já analisado, haverá intercâmbio informacional entre todos esses entes, componentes de uma integralidade orgânica, que é enfim a recipiente de informações a serem armazenadas sob custódia do poder público. O usuário e os registradores serão interligados pelo SERP, conceitualmente o grande facilitador da comunicação entre esses atores. O art. 3º da Lei 14.382/2022, criadora do SERP, estabelece, não obstante, dentre seus objetivos, exatamente esta função de aglutina-

---

[25] Veja: FERRAZ JÚNIOR, Tercio Sampaio. *Introdução ao estudo do direito*: técnica, decisão, dominação. São Paulo: Atlas, 1991. p. 181.

dor das unidades registrais dentro de uma mesma entidade, com funcionalidade que abrange todo o sistema. Além disso, é também desiderato da inovação trazida pelo SERP a digitalização do registro de atos e negócios jurídicos (art. 3º, inciso I e § 1º).

Sendo assim, a primeira tarefa do SERP é a de efetivamente reunir as unidades registrais e submeter o amálgama resultante dessa aglutinação em uma completude sistêmica. Portanto, é questão a ser ainda dirimida se mitiga-se, em razão dessa outorga de funções, tanto novas (centralização e interconexão informacional) quanto antigas (custódia dos acervos) dos registradores, para o novo administrador conceitual do sistema, o primeiro dever estabelecido no artigo em análise, ou seja, o de custódia dos livros registrais. A indagação em aberto é se o SERP será uma entidade a ter apenas um espelho digital dos acervos, que continuariam sob o poder-dever de custódia dos registradores ou notários, ou se este organismo terá também a posse destes dados.

Não obstante, o artigo também se estende para o dever de ordem e conservação permanente dos demais documentos do cartório que não seus livros efetivos de registro, reservatório de verdadeira informação registral, cujo acesso é de ser proporcionado pelo SERP. Alguns desses documentos, sem embargo, são essenciais para que se propicie a devida segurança jurídica que se espera seja possibilitada pela atividade do Estado. Exemplos de tais títulos, ensejadores de efeitos jurídicos, são as cópias das notas de devolução do registro imobiliário, bem como as guias dos depósitos previstos no art. 38, § 1º, da Lei 6.766/1979.

Dessa forma, força é convir que inquestionavelmente remanesce com os oficiais de registro o dever de guarda e conservação desses documentos inespecíficos da atividade registral, não alcançados pela acessibilidade e interconectividade do SERP.

 Jurisprudência

"1. A conservação permanente dos livros e documentos que compõem o acervo da Serventia confere segurança e constitui uma das atribuições decorrentes da delegação do serviço público. 2. Cada um dos documentos elencados possui finalidade específica, devendo o responsável pela Serventia mantê-los arquivados pelo tempo e em acordo com suas respectivas determinações legais. No que se refere à conservação dos livros e papéis, o artigo 24 da Lei nº 6.015/73 determina que os oficiais devem manter, permanentemente, os livros e documentos, respondendo por sua ordem e conservação, e o artigo 26 da mesma lei estabelece que: 'Os livros e papéis pertencentes ao arquivo do cartório ali permanecerão indefinidamente'. A conservação permanente dos livros e documentos que compõem o acervo público não pode ser vista somente como causa de encargos financeiros desnecessários para o registrador, mas, ao contrário, deve ser considerada como procedimento que confere segurança e que constitui uma das atribuições decorrentes da delegação do serviço público" (TJSP, Protocolado CG-16.389/2004, Corregedoria-Geral da Justiça, Sorocaba, Juízo de Direito da 2ª Vara Cível, Rel. José Marcelo Tossi Silva, j. 16/05/2005).

> **Art. 25.** Os papéis referentes ao serviço do registro serão arquivados em cartório mediante a utilização de processos racionais que facilitem as buscas, facultada a utilização de microfilmagem e de outros meios de reprodução autorizados em lei.

 Referências Normativas

Lei 11.977/2009, art. 37.
Lei 14.382/2022, art. 3º.

 Comentários

A aplicabilidade e eficácia deste artigo deve ser interpretada diante do que a recentemente promulgada Lei 14.382/2022 estabeleceu, ao criar o Sistema Eletrônico de Registros Públicos (SERP),[26] que possui

---

[26] **Art. 3º** O Serp tem o objetivo de viabilizar: **II** – a interconexão das serventias dos registros públicos;

como um de seus desideratos fundamentais a integração da prestação dos serviços de registro civil, títulos e documentos e imobiliário. Essa integração se dará também a partir do intercâmbio de documentos, originados ou transladados para a forma eletrônica, e de informação entre os serviços registrais.[27]

Destarte, o SERP pretende, ao determinar a interoperabilidade dos registros, permitir buscas centralizadas, capazes de alcançar todo o território nacional, a partir de consulta efetuada em um único ponto centralizado. Crê-se, assim, que a eficácia desse artigo é necessária até que o SERP esteja plenamente operacional, pois, dali então, ele próprio será o organismo centralizador a facilitar buscas de informação no sistema registral, com abrangência por todas as unidades registrais, em todo o território nacional.

Outrossim, a efetividade do SERP também pressupõe a digitalização dos novos documentos a gerarem informação a ser integrada no sistema, além da transformação do que ainda esteja em formato físico para a configuração eletrônica. Destarte, com vistas a conciliar esse artigo com o restante da legislação vigente na área registral, mormente a Lei 14.382/2022, é mister que se desconsidere a referência à microfilmagem de documentos, que certamente caiu em desuso e, em termos legais, se mostra ineficaz, interpretando-se a menção residual a "outros meios de reprodução" como capaz de abarcar a forma eletrônica da custódia de informação pelo sistema registral como um todo.

Jurisprudência

"(...) Por sua evidência, desnecessário tecer considerações acerca da excelência na utilização das novas tecnologias da informação na área dos registros públicos para o aumento da segurança e eficiência do serviço público delegado. Os últimos anos têm sido profícuos nesse sentido como pode ser observado das várias regulamentações realizadas pelas E. Corregedorias Gerais da Justiça dos Estados e a E. Corregedoria Nacional da Justiça. Há determinação legislativa a respeito, consoante dispõe o artigo 37 da Lei nº 11.977/09: 'Os serviços de registros públicos de que trata a Lei nº 6.015, de 31 de dezembro de 1973, observados os prazos e condições previstas em regulamento, instituirão sistema de registro eletrônico (...)'" (TJSP, Processo 2017/00187347, Corregedoria-Geral da Justiça, j. 21/08/2018).

Art. 26. Os livros e papéis pertencentes ao arquivo do cartório ali permanecerão indefinidamente.

Referências Normativas

Lei 6.015/1973, arts. 1º, § 3º, e 3º a 7º.
Lei 14.382/2022, art. 3º.

Comentários

A redação do artigo é de significação dúbia e ainda antes da vigência da Lei 14.382/2022 dava margem à duas aplicações: (a) imposição da obrigação da manutenção dos livros e, mais recentemente, das mídias e dos aparelhos de informática continente das informações registrais dentro do ofício de registro, com vistas à facilitação de pesquisas e perfazimento de certidões; (b) necessidade de manutenção das informações registrais na unidade de registro de origem se acaso advier a situação descrita no art. 27 da Lei 6.015/1973, situação que daria ao texto em questão evidente efeito redundante diante do que consta do parágrafo único do mesmo art. 27.

Contudo, com a programática determinação de integral digitalização dos acervos e a inauguração de um ponto único de pesquisa, concebido no SERP, e alocado fora dos cartórios, a primeira interpretação, se efetivamente um dia foi a *mens legis* da regra, perdeu consistência, pois não é mais a partir do ofício de registro que se efetuam as pesquisas acerca de dados registrados, mas sim pelo

---

[27] **Art. 3º** O Serp tem o objetivo de viabilizar: **III** – a interoperabilidade das bases de dados entre as serventias dos registros públicos e entre as serventias dos registros públicos e o Serp... **VII** – o intercâmbio de documentos eletrônicos e de informações entre as serventias dos registros públicos;

ponto único e centralizado criado pela nova legislação, a ter como base informacional os acervos de todos as unidades de registro existentes no país.

Assim, diante da mudança na forma da escrituração dos livros do cartório, que será paulatina e definitivamente efetuada na forma digital e não mais como previsto nos arts. 3º a 7º da Lei 6.015/1973, ou seja, em livros encadernados, parece que a aplicação da regra apenas vige no que tange à conservação de *backups* eletrônicos da serventia, que deverão, em caso de seu desmembramento, manterem-se conservados na unidade de origem e à disposição da administração tanto dela quanto da unidade desmembrada, eis que, por se tratar de informação de propriedade do Estado, não podem ter sua utilização restrita a apenas uma delas.

Reforça essa convicção a regra constante do art. 7-A da Lei de Registros Públicos, que obsta a aplicação das orientações de escrituração previstas nos artigos indicados ao registro eletrônico (art. 1º, § 3º).

 Jurisprudência

"(...) O acervo da unidade de serviço público delegado de registro civil é da titularidade do Estado, o qual permanece em poder e na responsabilidade do Titular da Delegação. Essas conclusões decorrem do disposto nos artigos 22, 24, 25 e 26 da Lei de Registros Públicos, conforme segue: 'Art. 22. Os livros de registro, bem como as fichas que os substituam, somente sairão do respectivo cartório mediante autorização judicial. Art. 24. Os oficiais devem manter em segurança, permanentemente, os livros e documentos e respondem pela sua ordem e conservação. Art. 25. Os papéis referentes ao serviço do registro serão arquivados em cartório mediante a utilização de processos racionais que facilitem as buscas, facultada a utilização de microfilmagem e de outros meios de reprodução autorizados em lei. Art. 26. Os livros e papéis pertencentes ao arquivo do cartório ali permanecerão indefinidamente.' Nessa ordem de ideias, as Centrais Eletrônicas, aparentemente, somente podem possuir índices da localização dos registros, justamente, para integração das informações registrais em âmbito nacional. Assim não fosse, seria possível duplicação parcial ou total do acervo registral existente nas delegações a partir das informações remetidas à central eletrônica. (...)" (TJSP, Processo 2017/00187347, Corregedoria-Geral da Justiça, j. 21/08/2018).

Art. 27. Quando a lei criar novo cartório, e enquanto este não for instalado, os registros continuarão a ser feitos no cartório que sofreu o desmembramento, não sendo necessário repeti-los no novo ofício.

Parágrafo único. O arquivo do antigo cartório continuará a pertencer-lhe.

 Referências Normativas

Lei 6.015/1973, art. 170.
Lei 8.935/1994, art. 29, I.

 Comentários

Com o advento do desmembramento territorial da unidade de registro, o cartório que anteriormente englobava competência plena em determinada circunscrição biparte-se e exsurge então a questão acerca da atribuição dos escritórios resultantes para efetuação dos atos registrais. Essas situações são comuns e podem se dar, nos casos de ofícios de registro de imóveis, por exemplo, com a elevação de foro distrital à comarca, o que imediatamente acarreta a necessidade de criação de novo ofício de registro imobiliário, ou com a criação de novo cartório, dentro da mesma circunscrição, a englobar matrículas antes afetas ao cartório originário.

Casos de desmembramento de cartórios de registro civil, por exemplo, não dependem da elevação de determinada localidade à condição de comarca, mas não prescindem de estudo hábil a demonstrar o potencial de aprimoramento da prestação do serviço público à população, além da viabilidade econômica tanto da unidade a ser desmembrada, quanto da anterior, após o desmembramento de sua competência.

Assim, mais do que norma a estabelecer obrigações aos registradores, a regra do art. 27 da Lei 6.015/1973 mostra-se mais como um rumo interpretativo para a competência dos registros quando do advento desta, também situação prevista no art. 170 da Lei. Nos casos de desmembramento, os registros continuarão a ser feitos na unidade originária até que efetivamente se instale a unidade desmembrada.

Não haveria como ser diferente sob a perspectiva do usuário, pois a existência meramente jurídica, não acompanhada de existência de fato, não permitiria que este procurasse a unidade desmembrada ainda não criada. Todavia, com sua instalação, quer dizer o art. 27 que os registros efetuados na unidade originária desde a criação da nova unidade até sua instalação continuarão a ser afetos àquela.

Jurisprudência

"(...) A efetiva instalação de novas unidades, contudo, deve balizar-se em fatores objetivos, dentre os quais, de suma importância, encontra-se a viabilidade econômica que consiste na possibilidade de originar renda suficiente para que possa o delegado suportar as despesas com a prestação do serviço público, em que se incluem aquelas relativas à instalação física da unidade, aquisição de equipamentos e materiais, conservação de arquivos e livros, contratação e remuneração de prepostos, bem como possa obter, com o que sobejar, o suficiente para sua própria subsistência. Importa, além disso, verificar se a instalação das novas unidades permitirá a subsistência, também com viabilidade econômica, daquela já em funcionamento. Necessário, também, viabilizar o exercício do direito de opção previsto pelo artigo 29, inciso I, da Lei Federal nº 8.935/94, pelo delegado que, por desmembramento ou desdobramento, tenha sua base territorial desfalcada, na forma do parecer normativo aprovado nos autos do Protocolado CG nº 8.670/99, que disciplina a matéria no âmbito administrativo. Assim, as opções são possíveis somente quando satisfeitos os seguintes pressupostos: a) exercida por titular de delegação que efetivamente sofre desfalque na sua base territorial; b) feita para a delegação, que criada em razão do desdobramento ou destinatária da parcela de território desmembrado, esteja recebendo a parcela de atribuições perdida pelo delegado optante. (...)" (TJSP, Processo 2010/00038796, Corregedoria-Geral da Justiça, j. 13/12/2019).

CAPÍTULO VI
DA RESPONSABILIDADE

Art. 28. Além dos casos expressamente consignados, os oficiais são civilmente responsáveis por todos os prejuízos que, pessoalmente, ou pelos prepostos ou substitutos que indicarem, causarem, por culpa ou dolo, aos interessados no registro.

ALBERTO GENTIL DE ALMEIDA PEDROSO

Referências Normativas

Lei 8.935/1994, art. 22.
Código de Processo Civil (Lei 13.105/2015), art. 53, III, *f*.

Comentários

A responsabilidade civil do notário e do registrador sempre foi tema de grande debate jurídico no tocante à imposição da responsabilização objetiva[28] ou subjetiva[29] em decorrência da prática de ato típico.

---

[28] MEIRELLES, Hely Lopes. *Direito administrativo brasileiro*. 29. ed. São Paulo: Malheiros, 2004. p. 222; VENOSA, Sílvio. *Responsabilidade civil*. 14. ed. São Paulo: Atlas, 2014. p. 302 e ss.

[29] DIP, Ricardo. *Conceito e natureza da responsabilidade disciplinar dos registradores públicos*. São Paulo: Quartier Latin, 2017; CAVALIERI FILHO, Sérgio. *Programa de responsabilidade civil*. 11. ed. São Paulo: Atlas, 2014. p. 307.

No âmbito jurisprudencial, discute-se também a aplicação do microssistema da Lei 8.935/1994 ou o Código de Defesa do Consumidor aos notários e registradores. O Superior Tribunal de Justiça possui julgados para ambos os lados: (1) pela aplicação do CDC – REsp 1163652/PE, 2ª Turma, Min. Herman Benjamin, j. 01/06/2010; (2) pela não aplicação do CDC, mas da Lei 8.935/1994 – REsp 625.144/SP, 3ª Turma, Min. Nancy Andrighi, j. 14/03/2006.

Em que pesem os debates referidos, após 2016, com a edição da Lei 13.286, o art. 22 da Lei 8.935/1994 – **norma posterior aplicável ao tema da responsabilidade, em detrimento do próprio art. 28 da Lei de Registros Públicos, conforme dispõe o art. 2º, § 1º, da Lei de Introdução às Normas do Direito Brasileiro** – passou a dispor categoricamente que o notário e o registrador respondem subjetivamente pelos atos típicos praticados: *Os notários e oficiais de registro são civilmente responsáveis por todos os prejuízos que causarem a terceiros, por culpa ou dolo, pessoalmente, pelos substitutos que designarem ou escreventes que autorizarem, assegurado o direito de regresso.*

A escolha legislativa é clara e aponta para um contexto de responsabilização dos notários e registradores por ato típico apenas quando houver a comprovação dos 4 (quatro) pressupostos da responsabilidade civil – conduta, elemento subjetivo (dolo ou culpa), nexo causal e dano.

Vale salientar que a Lei 13.286/2016 ainda promoveu mais uma alteração no art. 22 da Lei 8.935/1994, incluindo um parágrafo único que trata de prazo prescricional específico para pretensão de reparação civil – três anos, contados da data da lavratura do ato registral ou notarial.

A previsão expressa de prazo prescricional para reparação civil contra a prática de ato do notário e registrador é bem-vinda, pois dispensa celeumas interpretativas quanto ao melhor enquadramento dentre as hipóteses catalogadas no Código Civil. Entretanto, a fixação do marco inicial de contagem do lapso prescricional não seguiu a orientação jurisdicional já firmada: "(...) *o início do prazo prescricional, com base na teoria da actio nata, não se dá necessariamente quando da ocorrência da lesão, mas sim quando o titular do direito subjetivo violado obtém plena ciência da ofensa e de sua extensão* (...)" (STJ, AgInt no AREsp 1.236.957/RJ, 3ª Turma, Min. Moura Ribeiro, j. 24/09/2018).

Em arremate, é indispensável mencionar que, em 27 de fevereiro de 2019, o Plenário do Supremo Tribunal Federal reafirmou jurisprudência da Corte segundo a qual o Estado tem responsabilidade civil objetiva para reparar danos causados a terceiros por tabeliães e oficiais de registro no exercício de suas funções cartoriais. Por maioria de votos, o colegiado negou provimento ao RE 842.846, com repercussão geral reconhecida, e assentou ainda que o Estado deve ajuizar ação de regresso contra o responsável pelo dano, nos casos de dolo ou culpa, sob pena de improbidade administrativa.

 Jurisprudência

1. **Ação indenizatória. Responsabilidade. Princípio da *actio nata*.**

"Agravo interno no agravo em recurso especial. Ação de indenização por danos morais. Negativa de prestação jurisdicional e fundamentação deficiente. Não ocorrência. **Responsabilidade objetiva da notária, antes da vigência da Lei nº 13.286/2016. Acórdão em consonância com a jurisprudência desta corte. Súmula 83/STJ. Prescrição. Início do prazo. Princípio da *actio nata*. Trânsito em julgado da ação anulatória. Agravo interno desprovido.** 1. A alegada ofensa aos arts. 489 e 1.022 do CPC/2015 não se sustenta, uma vez que o Tribunal de origem examinou, de forma fundamentada, todas as questões submetidas à apreciação judicial na medida necessária para o deslinde da controvérsia, ainda que tenha decidido em sentido contrário à pretensão da recorrente. O mero inconformismo da parte com o julgamento contrário à sua pretensão não caracteriza falta de prestação jurisdicional. 2. A jurisprudência desta Corte firmou-se no sentido de que era objetiva a responsabilidade dos notários e oficiais de registro por danos causados a terceiros, conforme disposto no art. 22 da Lei n. 8.935/1994, antes da nova redação implementada pela Lei n. 13.286/2016. 3. A pretensão indenizatória da parte recorrida dependia do reconhecimento judicial do vício no registro, o que ocorreu em 2016. Portanto, não há como reconhecer a prescrição, tendo em vista que o ajuizamento da ação ocorreu em 2017. 4. Agravo interno a que se nega provimento" (STJ, AgInt no AREsp 2.023.744/SP, Rel. Min. Marco Aurélio Bellizze, 3ª Turma, j. 06/06/2022, *DJe* de 08/06/2022).

2. Lei 13.286/2016. Marco legislativo e jurisprudencial de adoção da responsabilidade civil subjetivo para atos de notários e registradores.

"Processual civil e administrativo. Agravo interno no agravo em recurso especial. Responsabilidade objetiva dos notários, antes da vigência da Lei nº 13.286/2016. Julgados do STJ. Agravo interno não provido. 1. Conforme se extrai do acórdão recorrido, cuida-se de ação de indenização por danos materiais e morais, proposta em face do Estado de Minas Gerais e do ora agravante, tabelião responsável pelo 1º Serviço Notarial de São Sebastião do Paraíso, ao argumento de que houve atuação negligente do notário quando da lavratura de procuração falsa que causou ulterior anulação judicial de escritura pública de compra e venda de imóvel. 2. No caso em apreço, a lavratura da procuração ocorreu em 2012, antes, portanto, da alteração promovida pela Lei n. 13.286/2016 na redação do artigo 22 da Lei n. 8.935/94 que passou a prever a responsabilidade subjetiva dos notários e registradores por danos causados a terceiros. 3. A teor da jurisprudência desta Corte Superior, antes da nova redação implementada pela Lei n. 13.286/2016, era objetiva a responsabilidade dos notários e oficiais de registro por danos causados a terceiros, conforme disposto na redação original do art. 22 da Lei n. 8.935/1994. No mesmo sentido: AgInt no REsp no 1.590.117/SC, relator Ministro Sérgio Kukina, Primeira Turma, *DJe* de 9/10/2018; e AgInt no AREsp n. 2.023.744/SP, relator Ministro Marco Aurélio Bellizze, 3ª Turma, *DJe* de 8/6/2022. 4. Agravo interno não provido" (STJ, AgInt no AREsp 1.924.855/MG, Rel. Min. Mauro Campbell Marques, 2ª Turma, j. 15/12/2022, *DJe* de 19/12/2022).

Art. 28 (...)

Parágrafo único. A responsabilidade civil independe da criminal pelos delitos que cometerem.

Referências Normativas

Lei 8.935/1994, art. 24.
Código Penal, art. 327.

Comentários

A responsabilidade criminal está estabelecida no art. 24 da Lei 8.935/1994: "A responsabilidade criminal será individualizada, aplicando-se, no que couber, a legislação relativa aos crimes contra a administração pública".

Os registradores e notários são pessoas físicas sem vinculação com a estrutura do funcionalismo público, mas que atuam profissionalmente em colaboração com o Estado ao exercerem a atividade notarial e registral por delegação do Poder Público.

Assim, o delegatário titular da época do evento danoso responderá pelos atos praticados com dolo ou culpa, não havendo responsabilização objetiva – mas equiparado, na forma do art. 327 do Código Penal, com os funcionários públicos na esfera criminal.

Jurisprudência

1. Peculato continuado. Desvio e apropriação de taxa. Decreto condenatório

"Apelação criminal – Peculato continuado – Ré que, na qualidade de oficial e tabeliã do registro civil e tabelionato de notas de Biritiba Mirim, desviou e se apropriou, em proveito próprio, de forma continuada, de quantia referente a taxas cobradas pela prestação de serviços públicos notariais e de registro civil devidas à carteira da previdência das serventias não oficializadas da justiça do estado de São Paulo (IPESP), de que tinha a posse, em razão do cargo. 2. Recurso ministerial visando à condenação da ré nos exatos termos da denúncia. 3. Preliminar defensiva alçada em contrarrazões de apelação sustentando a impossibilidade de conhecimento do recurso acusatório por falta de impugnação dos fundamentos da r. sentença condenatória – Improcedência – Juízo de culpa integralmente devolvido ao segundo grau de jurisdição no recurso interposto pela acusação – Preliminar rejeitada. 4. Reconhecida a extinção da punibilidade de parte dos crimes narrados na denúncia em razão da prescrição da pretensão punitiva com base na pena máxima em abstrato – Ré maior de 70 (setenta) anos de idade à época da sentença – Redução do prazo prescricional pela metade, nos moldes do art. 115 do Código Penal. 5. Mérito – Procedência do pedido condenatório – Ré que se apropriou e desviou indevidamente verba que deveria ser destinada ao IPESP – Reconhecido o dolo na conduta da ré – Impossibilidade de acolhimento da excludente de culpabilidade fulcrado na inexigibilidade de conduta diversa – Ré que optou pela prática dos crimes narrados na denúncia a fim de manter empregados parentes que trabalhavam na serventia – Condenação decretada. 6. Reconhecida a extinção da punibilidade de parte dos crimes narrados na denúncia pela prescrição da pretensão punitiva, rejeitada a preliminar defensiva e parcial provimento ao recurso ministerial" (TJSP, Apelação 0006960-68.2014.8.26.0361, 4ª Câmara de Direito Criminal, Des. Euvaldo Chaib, j. 26/03/2019).

2. Interpretação equivocada de norma tributária. Ausência de dolo. Absolvição

"Recurso especial. Excesso de exação (art. 316, § 1º, do Código Penal). Pedido de absolvição. Violação ao art. 619 do Código de Processo Penal. Não ocorrência. Revaloração de provas. Possibilidade. Elementos probatórios constantes do acórdão recorrido. Legislação estadual de regência de custas e emolumentos que comprovadamente provocava dificuldade exegética em sua aplicação. Conduta do réu resultante de equívoco na interpretação e aplicação de norma tributária. Depoimentos testemunhais que atestam a higidez da atuação do réu como titular de cartório. Ausência de comprovação do elemento subjetivo. Atipicidade da conduta. Recurso provido. 1. Não ocorre violação ao art. 619 do Código de Processo Penal, no caso, porquanto exaurido integralmente pelo Tribunal *a quo* o exame das alegações defensivas acerca da tipicidade da conduta praticada pelo réu, fundamentando adequadamente os motivos pelos quais entendeu que a condenação pelo crime de excesso de exação seria de rigor, sendo dispensáveis quaisquer outros pronunciamentos supletivos. Precedentes. 2. A despeito da vedação ao reexame de provas em recurso especial, em atenção ao que prescreve a Súmula n. 7 desta Corte, admite-se a revaloração dos elementos fático-probatórios delineados no acórdão. 3. No caso, concluíram as instâncias ordinárias que o recorrente, registrador titular do Ofício de Registro de Imóveis de Itapema/SC, teria cometido o crime de excesso de exação, durante os meses de maio a junho do ano de 2012, por ter cobrado, em cinco registros de imóveis, emolumentos que sabia indevidos – num total de R$ 3.969,00 (três mil, novecentos e sessenta e nove reais) –, ao aplicar procedimento diverso do estabelecido na Lei Complementar Estadual n. 219/2001/SC, quando em um dos lados negociais existiam duas ou mais pessoas. 4. O tipo penal ora em estudo, art. 316, § 1º, do Código Penal, pune o excesso na cobrança pontual de tributos (exação), seja por não ser devido o tributo, ou por valor acima do correto, ou, ainda, por meio vexatório ou gravoso, ou sem autorização legal. Ademais, o elemento subjetivo do crime é o dolo, consistente na vontade do agente de exigir tributo ou contribuição que sabe ou deveria saber indevido, ou, ainda, de empregar meio vexatório ou gravoso na cobrança de tributo ou contribuição devidos. 5. E, consoante a melhor doutrina, 'se a dúvida é escusável diante da complexidade de determinada lei tributária, não se configura o delito' (PRADO, Luiz Regis. *Curso de direito penal brasileiro*: parte geral e parte especial. Luiz Regis Prado, Érika Mendes de Carvalho, Gisele Mendes de Carvalho. 14. ed. rev, atual. e ampl. São Paulo: Editora Revista dos Tribunais, 2015, pp. 1.342/1.343, grifei). 6. Outrossim, ressalta-se que 'tampouco existe crime quando o agente encontra-se em erro, equivocando-se na interpretação e aplicação das normas tributárias que instituem e regulam a obrigação de pagar' (BITENCOURT, Cezar Roberto. *Tratado de direito penal econômico*. São Paulo: Saraiva, 2016, p. 730, grifei). 7. Ainda, importante destacar que, 'utilizando uma técnica legislativa reservada a poucos crimes, o art. 316, § 1º, exige, além dos normais requisitos do dolo com relação aos elementos de fato, 'o saber' que a exação é indevida. Logo, o agente deverá ter ciência plena de que se trata de imposto, taxa ou emolumento não devido' (CUNHA, Rogério Sanches. *Manual de direito penal*: parte especial. 12. ed. rev, atual. e ampl. Salvador: Editora JusPODIVM, 2020, pp. 872/873, grifei). 8. Nesse palmilhar, a relevância típica da conduta prevista no art. 316, § 1º, do Código Penal depende da constatação de que o agente atuou com consciência e vontade de exigir tributo acerca do qual tinha ou deveria ter ciência de ser indevido. Deve o titular da ação penal pública, portanto, demonstrar que o sujeito ativo moveu-se para exigir o pagamento do tributo que sabia ou deveria saber indevido. Na dúvida, o dolo não pode ser presumido, pois isso significaria atribuir responsabilidade penal objetiva ao registrador que interprete equivocadamente a legislação tributária. 9. Na espécie, os depoimentos testemunhais de assessores correicionais, de registradores de imóveis, de funcionários do cartório e de profissionais do mercado imobiliário usuários do Cartório de Registro de Imóveis de Itapema/SC, constantes do acórdão recorrido, evidenciam que o texto da legislação de regência de custas e emolumentos à época do fatos, qual seja, a Lei Estadual Complementar n. 219/2001, provocava dificuldade exegética, dando margem a interpretações diversas, tanto nos cartórios do Estado, quanto dentro da própria Corregedoria, composta por especialistas na aplicação da norma em referência. Desse modo, a tese defensiva de que 'a obscuridade da lei não permitia precisar a exata forma de cobrança dos emolumentos cartorários no caso especificado pela denúncia' revela-se coerente com a prova dos autos. 10. Ademais, a maioria dos depoimentos testemunhais revela a atuação hígida do réu ante a titularidade do Cartório de Registro de Imóveis de Itapema/SC, a reforçar que não se prestaria a sofrer uma imputação criminal para angariar R$ 3.969,00 (três mil, novecentos e sessenta e nove reais), valor que teria sido cobrado a maior em 5 registros de imóveis. Com efeito, dos 9 testemunhos relatados no acórdão recorrido, apenas 2 são contrários à tese defensiva; 4 corroboram a premissa de obscuridade na norma relativa à cobrança dos emolumentos, a dar margem a interpretações diversas; e 6 assentam a justeza e correção do réu na condução dos serviços notariais, sendo um deles, inclusive, de um dos assessores da Corregedoria. Mister destacar, outrossim, que, a partir da aplicação do mesmo método interpretativo, o réu praticou cobranças tanto acima quanto abaixo do valor de tributo devido. 11. Desse modo, repisa-se, os elementos probatórios delineados pela Corte de origem evidenciam que, embora o réu possa ter cobrado de forma errônea os emolumentos, o fez por mero erro de interpretação da legislação tributária no tocante ao método de cálculo do tributo, e não como resultado de conduta criminosa. Temerária, portanto, a condenação do réu à pena de 4 anos de reclusão e à gravosa perda do cargo público. 12. Outrossim, oportuno relembrar que, no RHC n. 44.492/SC, interposto nesta Corte (relatora Ministra Laurita Vaz, relator para acórdão Ministro Moura Ribeiro, Quinta turma, *Dje* 19/11/2014), a defesa pretendeu o trancamento desta ação ainda em sua fase inicial. A em. Ministra Laurita Vaz, relatora do feito, abraçou a tese defensiva assentando que 'não basta a ocorrência de eventual cobrança indevida de emolumentos, no caso, em valores maiores do que os presumidamente devidos, para a configuração do crime de excesso de exação previsto no § 1º do art. 316 do Código Penal, o que pode ocorrer, por exemplo, por mera interpretação equivocada da norma de regência ou pela ausência desta, a ensejar diferentes entendimentos ou mesmo sérias dúvidas de como deve ser cobrado tal ou qual serviço cartorial. É mister que haja o vínculo subjetivo (dolo) animando a conduta do agente.' E arrematou que 'a iniciativa de acionar o aparato Estatal para persecução criminal de titular de cartório, para punir suposta má-cobrança de emolumentos, em um contexto em que se constatam fundadas dúvidas, e ainda sem a indicação clara do dolo do agente, se apresenta, *concessa venia*, absolutamente desproporcional e desarrazoada, infligindo inaceitável constrangimento ilegal ao acusado.' A em. relatora ficou vencida, decidindo a Turma, por maioria, pelo prosseguimento da ação penal em desfile, desfecho esse que desconsiderou que, em observância ao princípio da intervenção mínima, o Direito Penal deve manter-se subsidiário e fragmentário, e somente deve ser aplicado quando estritamente necessário ao combate a comportamentos indesejados. 13. Outrossim, na lição de Guilherme de Souza Nucci, o elemento subjetivo do crime 'é o dolo, nas modalidades direta ('que sabe') e indireta ('que deveria saber'). Não há elemento subjetivo específico, nem se pune a forma culposa.' (NUCCI, Guilherme de Souza. *Código penal comentado*. 21. ed. rev, atual. e ampl. Rio de Janeiro: Editora Forense, 2021, p. 1.253, grifei). 14. Portanto, não havendo previsão para a punição do crime em tela na modalidade culposa e não demonstrado o dolo do agente de exigir tributo que sabia ou deveria saber indevido, é inviável a perfeita subsunção de sua conduta ao delito previsto no § 1º do art. 316 do Código Penal, sendo a absolvição de rigor. Precedentes. 15. Recurso especial provido para, nos termos do art. 386, III, do Código de Processo Penal, absolver GUILHERME TORQUATO do crime do § 1º do art. 316 do Código Penal, objeto de apuração na Ação Penal n. 0010371-76.2012.8.24.0125, por atipicidade da conduta" (STJ, REsp 1.943.262/SC, Rel. Min. Antonio Saldanha Palheiro, 6ª Turma, j. 05/10/2021, *DJe* de 08/10/2021).

TÍTULO II
DO REGISTRO CIVIL DAS PESSOAS NATURAIS

CAPÍTULO I
DISPOSIÇÕES GERAIS

Art. 29. Serão registrados no Registro Civil de Pessoas Naturais:

I – os nascimentos;

II – os casamentos;

III – os óbitos;

IV – as emancipações;

V – as interdições;

VI – as sentenças declaratórias de ausência;

VII – as opções de nacionalidade;

VIII – as sentenças que deferirem a legitimação adotiva.

§ 1º Serão averbados:

a) as sentenças que decidirem a nulidade ou anulação do casamento, o desquite e o restabelecimento da sociedade conjugal;

b) as sentenças que julgarem ilegítimos os filhos concebidos na constância do casamento e as que declararem a filiação legítima;

c) os casamentos de que resultar a legitimação de filhos havidos ou concebidos anteriormente;

d) os atos judiciais ou extrajudiciais de reconhecimento de filhos ilegítimos;

e) as escrituras de adoção e os atos que a dissolverem;

f) as alterações ou abreviaturas de nomes.

§ 2º É competente para a inscrição da opção de nacionalidade o cartório da residência do optante, ou de seus pais. Se forem residentes no estrangeiro, far-se-á o registro no Distrito Federal.

§ 3º Os ofícios do registro civil das pessoas naturais são considerados ofícios da cidadania e estão autorizados a prestar outros serviços remunerados, na forma prevista em convênio, em credenciamento ou em matrícula com órgãos públicos e entidades interessadas. *(Incluído pela Lei nº 13.484, 2017)*

§ 4º O convênio referido no § 3º deste artigo independe de homologação e será firmado pela entidade de classe dos registradores civis de pessoas naturais de mesma abrangência territorial do órgão ou da entidade interessada. *(Incluído pela Lei nº 13.484, 2017)*

§ 5º (VETADO) *(Incluído pela Lei nº 14.382, 2022)*

§ 6º Os ofícios de registro civil das pessoas naturais poderão, ainda, emitir certificado de vida, de estado civil e de domicílio, físico e eletrônico, da pessoa natural, e deverá ser realizada comunicação imediata e eletrônica da prova de vida para a instituição interessada, se for o caso, a partir da celebração de convênio. *(Incluído pela Lei nº 14.711, de 2023)*

CASSIA PROENÇA DAHLKE

Referências Normativas

Código Civil (Lei 10.406/2002), arts. 9º e 10.
Estatuto do Índio (Lei 6.001/1973), arts. 12 e 13.

Resolução conjunta 3/2012 do Conselho Nacional de Justiça e do Conselho Nacional do Ministério Público.
Lei 13.484/2017, art. 1º.
Decreto 7.231/2010.

 **Comentários**

1. A relevância do Registro Civil das Pessoas Naturais

Ao longo destas cinco décadas da Lei de Registros Públicos (LRP), o Registro Civil das Pessoas Naturais converteu-se em uma estrutura capaz de instrumentalizar o acesso a direitos fundamentais que, anteriormente, só podiam ser concretizados mediante demandas ao Judiciário. O Registro Civil das Pessoas Naturais é a especialidade que está mais conectada com o Princípio da Dignidade da Pessoa Humana e com a Cidadania.

Em uma retrospectiva histórica, observa-se um reconhecimento crescente do papel dos serviços extrajudiciais com a desjudicialização, também chamada pela doutrina de compartilhamento da justiça, beneficiando não só o Judiciário, mas também toda a sociedade. Em razão disso, entende-se que as serventias extrajudiciais integram o sistema de justiça, mais especificamente integram o sistema brasileiro de justiça multiportas.

Feitas tais considerações, revela-se fundamental elencar, ainda que exemplificativamente no que diz respeito ao Registro Civil de Pessoas Naturais, as retificações do art. 110 da Lei 6.015/1973 com a redação dada pela Lei 13.484/2017; a desjudicialização do registro de nascimento fora do prazo legal; o reconhecimento da paternidade ou maternidade socioafetiva,; a alteração do prenome e do gênero diretamente no registro civil; e mais recente, as alterações do prenome e sobrenome dos arts. 56 e 57 da Lei 6.015/1973, com a redação dada pela Lei 14.382/2022 e conforme regulamentação disposta no Código Nacional de Normas do Foro Extrajudicial, da Corregedoria Nacional de Justiça do Conselho Nacional de Justiça (CNN, Provimento 149/2023).

O registro civil das pessoas naturais tem como foco o registro e proteção das pessoas, conferindo publicidade de fatos e negócios jurídicos inerentes à pessoa física, desde o seu nascimento até sua morte, tendo em vista que tais fatos e atos repercutem não apenas na esfera do indivíduo, mas também interessam a toda a sociedade.

Assim, é importante destacar que a atuação do Registro Civil no Brasil se presta à perfeição a demandas de caráter social. Além disso, as serventias de Registro Civil são uma das faces mais onipresentes da estrutura social brasileira, estando presente em mais de cinco mil municípios brasileiros, muitas vezes em localidades onde o poder estatal é omisso ou até está ausente de fato.

2. Atos de registro

Os atos registráveis nos livros do Registro Civil estão enumerados no *caput* do art. 29, correspondente ao art. 9º do Código Civil de 2002, que são: os nascimentos no livro A; os casamentos no livro B e, B auxiliar para registro de casamento religioso para efeitos civis; os óbitos no livro C e, C auxiliar para registro de natimortos. Há também o registro da conversão da união estável em casamento que será realizado no livro B nos termos do § 4º do art. 70-A, inserido pela Lei 14.382/2022.

Cada ato é registrado por meio de um termo lavrado pelo Oficial ou escrevente que será assinado por estes e pelo declarante do registro. Esses termos ou assentos ficarão arquivados na serventia e a partir destes poderão ser expedidas certidões. A primeira via de certidão é entregue para a parte no ato de registro. E as demais, chamadas segundas vias, poderão ser solicitadas quando necessárias, na forma da legislação.

O Decreto 7.231/2010, que regulamenta o art. 29, incisos I, II e III desta Lei, trouxe a padronização dos modelos de certidões e a inserção de matrícula padronizada e unificada nacionalmente, que identifique o código nacional da serventia (CNS), o código do acervo, tipo de serviço prestado, ano do registro, tipo do livro, número do livro, número da folha, número do termo e dígito verificador. Atualmente, os modelos únicos de certidão de nascimento, de casamento e de óbito a serem adotados pelos ofícios de registro civil das pessoas naturais, em todo o país, ficam instituídos na forma dos Anexos do Código Nacional de Normas do Foro Extrajudicial, da Corregedoria Nacional de Justiça do Conselho Nacional de Justiça (CNN, Provimento 149/2023).

Ainda, neste mesmo Código Nacional de Normas (CNN, Provimento 149/2023), restou determinado que o CPF será obrigatoriamente incluído nas certidões de nascimento, casamento e óbito. A emissão de CPF ao recém-nascido é possibilitada diante do convênio que a Arpen-Brasil fez com a Receita federal do Brasil (RFB) e a inscrição é disponibilizada pela plataforma da Central de Informações do Registro Civil (CRC-Nacional). Assim, se o sistema para a emissão do CPF estiver indisponível, o registro não será obstado, devendo o oficial averbar, sem ônus, o número do CPF quando do restabelecimento do sistema.

Os demais atos relativos ao estado civil que serão registrados no livro E, o qual pertencerá apenas ao Registro Civil das Pessoas Naturais da Sede ou do 1º Subdistrito da Comarca, são as emancipações por outorga dos pais mediante escritura pública ou por decisão judicial, se o menor tiver 16 anos completos (art. 5º, parágrafo único, I, do CC de 2002), não sendo registradas as hipóteses de emancipação legal (art. 5º, parágrafo. único, II, III, IV e V, do CC de 2002); outras hipóteses de decisões judiciais, tais como as interdições ou tomada de decisão apoiada (art. 1.783-A, do CC de 2002), as sentenças declaratórias de ausência, as opções de nacionalidade e as sentenças que deferirem a legitimação adotiva.

É necessário esclarecer que a legitimação adotiva estava prevista no art. 6º da Lei 4.655/1965, posteriormente revogada pela Lei 6.697/1979, que instituiu o Código de Menores, também revogado pelo ECA (Lei 8.069/1990). Dessa forma, o art. 47 do ECA estabelece que o vínculo da adoção constitui-se por sentença judicial, que será inscrita no registro civil mediante mandado do qual não se fornecerá certidão. Contudo, a adoção poderá ser objeto de REGISTRO ou de AVERBAÇÃO no livro de nascimento. Pelo ECA, a adoção de menor e bilateral será um novo registro, com cancelamento do anterior, o qual também poderá ter a competência para registro no Município de residência do adotante (art. 47 e seus §§) e, se for adoção unilateral ou se for maior, será averbação à margem do assento, sem cancelamento do registro original (art. 10, II do CC/2002, Enunc. 273 da IV Jornada de Direito Civil e Enunc. 12 da I Jornada de Direito Notarial e Registral). Também será averbação quando tratar-se de adoção por escritura pública realizada nos termos do art. 375 do Código Civil de 1916, sendo que após a instituição do ECA não é mais admitida em nosso ordenamento jurídico a adoção por ato extrajudicial, sendo indispensável a atuação jurisdicional, inclusive para a adoção de maiores de dezoito anos (vide Enunc. 272 da IV Jornada de Direito Civil).

Por sua vez, é possível também a transcrição no Livro E do Oficial de Registro Civil das Pessoas Naturais, do assento de nascimento de registrado estrangeiro que foi adotado por brasileiro (vide Enunc. 5 da I Jornada de Direito Notarial e Registral).

As uniões estáveis são um fato social relevante, desse modo nos termos do Código Nacional de Normas (CNN, Provimento 149/2023), é FACULTATIVO o registro das sentenças declaratórias de reconhecimento, dissolução e extinção, das escrituras públicas de contrato e distrato, bem como dos termos declaratórios formalizados perante o oficial de registro civil envolvendo união estável, esta última hipótese incluída pela Lei 14.382/2022 (art. 94-A) e serão feitos no Livro E, pelo Oficial do Registro Civil das Pessoas Naturais da Sede, ou onde houver, no 1º Subdistrito da Comarca em que os companheiros têm ou tiveram seu último domicílio.

3. O Registro Civil das Pessoas Naturais passa a ser considerado Ofícios da Cidadania

Cronologicamente, embora as raízes desse processo possam ser encontradas a partir da promulgação da Constituição Federal de 1988, que reconheceu em seu texto o princípio da dignidade da pessoa humana, conclamando a sociedade civil a participar no processo de concretização dos direitos fundamentais, merece destaque a promulgação da Lei 13.484, de 26 de setembro de 2017, que, ao dar nova redação à Lei dos Registros Públicos (Lei 6.015, de 31 de dezembro de 1973), ampliou a competência dos Cartórios de Registro Civil com o intuito de otimizar à população o acesso a serviços essenciais para o pleno exercício de sua cidadania, que até então só eram possíveis em diversos e distintos órgãos da arquitetura estatal. Muito propriamente, esta normativa ensejou a designação dos Cartórios de Registro Civil como Ofícios da Cidadania.

O amplo horizonte que se desvela pela criação dos Ofícios da Cidadania não restringe as atribuições das serventias de registro civil àquelas já traçadas pelos estatutos legais. Cabe, inclusive, ressaltar que a própria Lei 13.484 já prevê que novos serviços a serem prestados por elas podem ser acrescentados mediante convênio entre o poder estatal e entidades registrais, tendo em vista o compromisso nacional de ampliação do acesso do cidadão brasileiro à documentação civil básica, mediante colaboração e articulação dos entes públicos e o aproveitamento da capilaridade do serviço de registro civil das pessoas naturais em cada município do Brasil para atendimento à população nos termos do Código Nacional de Normas (CNN, Provimento 149/2023).

De fato, entidades como a Associação Nacional dos Registradores de Pessoas Naturais (Arpen-Brasil) ou a Associação dos Notários e Registradores do Brasil (ANOREG) vêm firmando parcerias e buscando novos horizontes com essa finalidade, além de ampliar o horizonte tecnológico sob o qual tais ações podem ser estendidas aos cidadãos.

Em 25 de julho de 2019, publicou-se no *Diário Oficial da União* a celebração de um convênio, assinado pela Associação Nacional dos Registradores de Pessoas Naturais (Arpen-Brasil) e pela Receita Federal do Brasil (RFB), para prática cartorial de vários serviços vinculados ao CPF, inscrição no registro de nascimento, alteração de dados cadastrais, emissão de 2ª via de comprovante de inscrição, emissão de comprovante de situação cadastral, recuperação do número de inscrição de pessoa física e recepção de solicitação de Procuração da Receita Federal.

Em outubro de 2021, a Associação Nacional dos Registradores de Pessoas Naturais (Arpen-Brasil) firmou um Acordo de Cooperação Técnica juntamente com o INSS que permitirá ao cidadão solicitar, no ato do registro de nascimento de seu filho, o auxílio-maternidade e, no ato de registro de óbito, a pensão por morte ao beneficiário.

4. A emissão de certificado de vida, de estado civil e de domicílio

Buscando dar continuidade ao processo de ampliação dos serviços ao cidadão, a Lei 14.711/2023 inseriu o novo parágrafo 6º no artigo em comento, possibilitando aos ofícios de registro civil das pessoas naturais, ainda, emitir certificado de vida, de estado civil e de domicílio da pessoa natural, em formato físico ou eletrônico, devendo ser realizada comunicação imediata e eletrônica da prova de vida para a instituição interessada, se for o caso, a partir da celebração de convênio.

Primeiramente convém esclarecer que o legislador optou em utilizar a expressão certificado em vez de certidão. Embora as expressões possam parecer sinônimas, etimologicamente – a origem da palavra certificado - vem do particípio de certificar e do latim *certificare*, o que significa asseverar, ou seja, declarar algo com segurança.

Para algumas instituições como o Instituto Nacional do Seguro Social (INSS) e bancos a prova de vida é exigida com certa regularidade, ao menos anualmente, com o objetivo de manutenção de benefícios previdenciários e concessão de empréstimos. Em regra, o cidadão comparecia à agência onde recebia o benefício, munido de seu documento de identificação (documento oficial com foto) para provar que estava vivo. Atualmente, especialmente após a pandemia da Covid, foi possibilitado o procedimento da prova de vida digital pelo reconhecimento facial, sem comparecimento na agência, o que pode ser realizado pelo próprio aplicativo do INSS. Ainda, a maioria das instituições utilizam a tecnologia de biometria nos terminais de autoatendimento.

Também não podemos esquecer que o INSS utiliza-se de dados via interoperabilidade das bases governamentais para comprovação de vida do beneficiário, bem como todo o registro de óbito realizado no registro civil das pessoas naturais competente é informado pelo registrador ao Sistema Nacional de Informações de Registro Civil – Sirc. Lembrando que o Sirc é uma base de governo que tem por finalidade captar, processar, arquivar e disponibilizar dados relativos a registros de nascimento, casamento, óbito e natimorto, produzidos pelos cartórios de registro civil das pessoas naturais.

No tocante ao certificado de estado civil ou declaração de estado civil ou declaração de solteiro, este documento é exigido por algumas autoridades estrangeiras ou consulados para casamento de brasileiros no exterior. O objetivo deste documento é informar o estado civil de uma pessoa e garantir que, de acordo com a legislação brasileira, não há nenhum impedimento para que a mesma contraia matrimônio. Em outras palavras, o documento certifica que alguém é solteiro(a), divorciado(a) ou viúvo(a).

No Brasil, a certidão de nascimento comprova o estado civil de solteiro, por exemplo. Já para divorciados ou viúvos, a certidão de casamento, com a averbação do divórcio ou anotação do óbito de um dos contraentes servem para comprovar a situação de divorciado ou viúvo. Para casamento de estrangeiro no Brasil, conforme item 56 das Normas Extrajudiciais da Corregedoria do Estado de São Paulo, a pessoa nacional de outro país ou apátrida poderá fazer a prova da idade, estado civil e filiação por documento de identidade válido, atestado consular ou certidão de nascimento, desde que legalizada por autoridade consular brasileira ou apostilada por autoridade estrangeira competente, traduzida por tradutor público juramentado e registrada por Oficial de Registro de Títulos e Documentos, e prova de estado civil e filiação por declaração de testemunhas ou atestado consular.

Contudo, determinadas autoridades estrangeiras exigem, ainda, esta declaração de estado civil para brasileiro que deseja realizar um casamento perante uma autoridade estrangeira.

E quanto a prova de domicílio, o registrador civil poderá exigir documentos que comprovem tal situação, tal como contrato de locação, contas de energia, água, telefone, etc, para que com segurança possa certificar o domicílio da pessoa natural.

Por fim, para que seja realizada a comunicação imediata e eletrônica destes atos para a instituição diretamente interessada faz-se necessária a celebração de convênios.

 Jurisprudência

"Constitucional. Processo legislativo. Organização dos serviços auxiliares do Poder Judiciário. MP 776. Conversão na Lei 13.484/2017. Art. 29, §§ 3º e 4º, da Lei de Registros Públicos. Provimento 66/2018 da Corregedoria Nacional de Justiça. Autorização para celebração de convênios por entidades de classe dos oficiais do registro civil das pessoas naturais. Controle prévio pelas corregedorias dos tribunais de justiça. Inconstitucionalidade parcial. 1. O acréscimo dos parágrafos 3º e 4º ao art. 29 da Lei de Registros Públicos, por emenda à MP 776, não se qualifica como contrabando legislativo, na medida em que há correlação temática com o objeto da proposição original. 2. É válida a atribuição aos Ofícios de Registro Civil das Pessoas Naturais de prestação de outros serviços remunerados, conexos aos seus serviços típicos, mediante convênio devidamente homologado pelo Poder Judiciário local, em credenciamento ou em matrícula com órgãos públicos e entidades interessadas, podendo o referido convênio ser firmado pela entidade de classe dos Registradores Civis das Pessoas Naturais de mesma abrangência territorial do órgão da entidade interessada. 3. O exercício de serviços remunerados pelos Ofícios de Registro Civil das Pessoas Naturais, mediante celebração de convênios, depende de prévia homologação pelo Poder Judiciário, conforme o art. 96, II, alínea 'b', e art. 236, § 1º, da CF. 4. Medida cautelar parcialmente confirmada e Ação Direta julgada parcialmente procedente para conferir interpretação conforme ao § 3º do art. 29, declarar nulidade parcial com redução de texto da expressão 'independe de homologação', constante do § 4º do referido art. 29 da Lei 6.015/1973, na redação dada pela Lei 13.484/2017, e declarar a constitucionalidade do Provimento 66/2018 da Corregedoria Nacional do Conselho Nacional de Justiça" (STF, ADI nº 5.855, Tribunal Pleno, Rel. Min. Alexandre de Moraes, j. 10/04/2019).

Art. 30. Não serão cobrados emolumentos pelo registro civil de nascimento e pelo assento de óbito, bem como pela primeira certidão respectiva. *(Redação dada pela Lei nº 9.534, de 1997)*

§ 1º Os reconhecidamente pobres estão isentos de pagamento de emolumentos pelas demais certidões extraídas pelo cartório de registro civil. *(Redação dada pela Lei nº 9.534, de 1997)*

§ 2º O estado de pobreza será comprovado por declaração do próprio interessado ou a rogo, tratando-se de analfabeto, neste caso, acompanhada da assinatura de duas testemunhas. *(Redação dada pela Lei nº 9.534, de 1997)*

§ 3º A falsidade da declaração ensejará a responsabilidade civil e criminal do interessado. *(Incluído pela Lei nº 9.534, de 1997)*

§ 3º-A. Comprovado o descumprimento, pelos oficiais de Cartórios de Registro Civil, do disposto no *caput* deste artigo, aplicar-se-ão as penalidades previstas nos arts. 32 e 33 da Lei nº 8.935, de 18 de novembro de 1994. *(Incluído pela Lei nº 9.812, de 1999)*

§ 3º-B. Esgotadas as penalidades a que se refere o parágrafo anterior e verificando-se novo descumprimento, aplicar-se-á o disposto no art. 39 da Lei nº 8.935, de 18 de novembro de 1994. *(Incluído pela Lei nº 9.812, de 1999)*

§ 3º-C. Os cartórios de registros públicos deverão afixar, em local de grande visibilidade, que permita fácil leitura e acesso ao público, quadros contendo tabelas atualizadas das custas e emolumentos, além de informações claras sobre a gratuidade prevista no *caput* deste artigo. *(Incluído pela Lei nº 11.802, de 2008)*

§ 4º É proibida a inserção nas certidões de que trata o § 1º deste artigo de expressões que indiquem condição de pobreza ou semelhantes. *(Incluído pela Lei nº 11.789, de 2008)*

§ 5º *(VETADO) (Incluído pela Lei nº 9.534, de 1997)*

§ 6º *(VETADO) (Incluído pela Lei nº 9.534, de 1997)*

§ 7º *(VETADO) (Incluído pela Lei nº 9.534, de 1997)*

§ 8º *(VETADO) (Incluído pela Lei nº 9.534, de 1997)*

§ 9º *(VETADO) (Incluído pela Lei nº 14.382, de 2022)*

 Referências Normativas

Constituição Federal de 1988, art. 5º, LXXVI.
Lei 8.935/1994, art. 45.
Lei 9.534/1997, art. 1º.
Lei 11.789/2008, art. 1º.

 Comentários

1. A gratuidade do registro civil

A Constituição Federal ainda restringe a competência para legislar em matéria de registros públicos à União (art. 22, XXV). Para além dessa regulação formal, a vigente Constituição também traçou a linha de aproximação entre o Registro Civil e o acesso à cidadania, quando incorporou a possibilidade de gratuidade do registro civil aos pobres, direito fundamental cuja previsão era ausente nas anteriores Constituições brasileiras.[1]

Tendo em vista a relevância do registro civil de nascimento no contexto social e no direito internacional, o texto constitucional de 1988, em seu art. 5º, LXXVI, garantiu aos reconhecidamente pobres, na forma da lei, a sua gratuidade, bem como a respectiva primeira via desses assentos, por se tratar de atos necessários ao exercício da cidadania.[2] A Lei 9.534/1997 estendeu a todos, e não apenas aos reconhecidamente pobres, a gratuidade pelo registro civil de nascimento e o assento de óbito, bem como a primeira certidão respectiva (gratuidade universal). Esse tema foi levado ao Supremo Tribunal Federal, que, por maioria, julgou improcedente a ADI 1800 e confirmou a constitucionalidade das normas que preveem a gratuidade do registro civil e da certidão de óbito para cidadãos, requerida na ADC 5, julgando esta procedente. Em complemento, a Lei 11.789/2008 vedou a inserção, nessas certidões, de expressões que indiquem condição de pobreza ou semelhantes.

No que diz respeito, portanto, a habilitação para o casamento, o que não se confunde com a celebração (art. 226, § 1º, da CF), bem como a primeira certidão respectiva, pois estas não estão abarcadas pela gratuidade constitucional, a gratuidade somente será deferida para as pessoas cuja pobreza for declarada, sob as penas da lei (art. 1.512, parágrafo único, do Código Civil). Tanto é que, por ser exceção ao sistema de gratuidades, foi aprovado na I Jornada de Direito Notarial e Registral o enunciado 9, que dispõe que em caso de suspeita ou dúvida acerca da declaração de pobreza para fins de habilitação de casamento, o Oficial de Registro Civil das Pessoas Naturais poderá solicitar documentos comprobatórios acerca da hipossuficiência. Verifica-se, assim, que a declaração de pobreza não possui presunção absoluta, e que o Oficial deverá, em caso de suspeita ou dúvida, além de solicitar docu-

---

[1] PANCIONI, André Luiz. *Gratuidade do registro de nascimento aos pobres*: direito fundamental e forma de inclusão social. 2017. 144 f. Dissertação (Mestrado) – Curso de Direito, Núcleo de Pós-graduação do Centro Universitário de Bauru, Centro Universitário de Bauru, Bauru, 2017.

[2] GENTIL, Alberto. *Registros públicos*. São Paulo: Método, 2020.

mentos que comprovem a alegada hipossuficiência, informar expressamente aos interessados quais as consequências, no âmbito civil e penal (art. 299, do Código Penal) e encaminhar ao Juiz Corregedor Permanente, ou outro que seja competente, a depender das normas de organização e divisão judiciária.
A legislação deve beneficiar aos que de fato não possuem condições financeiras de arcar com a taxa referente a habilitação de casamento prevista na tabela de emolumentos de cada Estado. Deverão os Oficiais de Registro Civil velar pela correta aplicação da lei e estar atentos quanto à real necessidade da gratuidade para habilitação de casamento. Da mesma forma, comprovado o descumprimento pelos Oficiais do disposto no *caput* do art. 30 desta Lei, a qual confere a gratuidade universal ao registro civil de nascimento e óbito, bem como a primeira certidão respectiva, caso em que não demanda qualquer aferição em relação a hipossuficiência, serão aplicadas as penalidades da Lei 8.935/1994. Ressalta-se que quando esta Lei refere ao descumprimento do disposto no *caput* deste artigo ela está a assegurar a concessão da gratuidade quanto ao registro civil de nascimento e óbito, bem como a primeira certidão respectiva, critério este totalmente objetivo, que se descumprido pelo Oficial deverá ensejar a aplicação das penalidades, o que não ocorre no indeferimento da concessão de gratuidade para habilitação de casamento.
Convém salientar que a a expressão "estado de pobreza" reproduzida no § 2º desta Lei, assim como em outros diplomas legislativos, em face da natureza subjetiva, acaba por propiciar diferentes interpretações no âmbito do extrajudicial e do próprio Poder Judiciário. Contudo, alguns critérios para a análise da concessão da gratuidade da habilitação do casamento poderão ser utilizados por Oficiais, como ciência de festas, viagem de lua de mel, contratação de fotógrafo profissional, formalização de um pacto antenupcial ou procuração pública, verificação de se houve ou haverá custos com a cerimônia religiosa, renda do casal, profissão, lugar onde moram, existência de bens móveis e imóveis e atos que ostentem riqueza nas redes sociais. Esses são apenas alguns exemplos, não havendo norma jurídica que fixe um teto de renda para conferir gratuidade ao usuário, competindo ao serviço extrajudicial o exame caso a caso.
Por fim, tendo em vista os emolumentos serem a contraprestação pelos serviços prestados e estão regulamentados por leis estaduais, os cartórios de registros públicos deverão afixar, em local de grande visibilidade, que permita fácil leitura e acesso ao público, quadros contendo tabelas atualizadas das custas e emolumentos, além de informações claras sobre a gratuidade.

Jurisprudência

> "Constitucional. Atividade notarial. Natureza. Lei 9.534/97. Registros públicos. Atos relacionados ao exercício da cidadania. Gratuidade. Princípio da proporcionalidade. Violação não observada. Precedentes. Improcedência da ação. I – A atividade desenvolvida pelos titulares das serventias de notas e registros, embora seja análoga à atividade empresarial, sujeita-se a um regime de direito público. II – Não ofende o princípio da proporcionalidade lei que isenta os 'reconhecidamente pobres' do pagamento dos emolumentos devidos pela expedição de registro civil de nascimento e de óbito, bem como a primeira certidão respectiva. III – Precedentes. IV – Ação julgada improcedente" (STF, ADI 1800/DF, Tribunal Pleno, Rel. Min. Nelson Jobim, j. 11/06/2007, *DOU* de 28/09/2007).

Art. 31. Os fatos concernentes ao registro civil, que se derem a bordo dos navios de guerra e mercantes, em viagem, e no Exército, em campanha, serão imediatamente registrados e comunicados em tempo oportuno, por cópia autêntica, aos respectivos Ministérios, a fim de que, através do Ministério da Justiça, sejam ordenados os assentamentos, notas ou averbações nos livros competentes das circunscrições a que se referirem.

Referências Normativas

Decreto 9.886/1888, art. 63.

Art. 32 | LEI DE REGISTROS PÚBLICOS COMENTADA

📖 Comentários

1. Nascimentos e óbitos a bordo de navios brasileiros

Entre os meios de transportes, o mais antigo é o marítimo e é utilizado desde a Antiguidade. No Brasil Colonial, as ligações entre as capitanias se faziam por mar em longas viagens. O Decreto 9.886, de 1888, em seu art. 63 já previa que 'os assentos de nascimento no mar, a bordo de navios brasileiros, serão lavrados (logo que o facto se realize) do modo estabelecido no art. 117 do Regulamento Consular de 24 de Maio de 1872, e nelles se observarão todas as disposições do presente Regulamento, que lhes forem relativas e puderem ser observadas'.

Como se vê, o artigo em comento possuía previsão em legislações anteriores, ao tempo em que a ocorrência de nascimentos e óbitos a bordo de navios era comum, justificando, portanto, a regulação desses fatos concernentes ao Registro Civil de Pessoas Naturais. Por uma questão metodológica, este artigo deverá ser lido conjuntamente com os arts. 51, 64 e 65 desta Lei.

De toda sorte, extrai-se da redação do próprio artigo que tais fatos deverão ocorrer a bordo de navios brasileiros de guerra ou mercantes e, em viagem, pois se o navio estiver atracado, o registro de tais fatos seguirá o procedimento normal previsto nesta Lei.

Vale mencionar que os navios, quanto ao fim a que se destinam, podem ser classificados como de guerra e mercantes. O navio de guerra tem como função contribuir com a defesa da pátria e pertencem à Marinha do Brasil, enquanto o navio mercante é um navio de comércio.

Portanto, os assentos de nascimento em navio brasileiro mercante ou de guerra serão lavrados, logo que o fato se verificar, pelo modo estabelecido na legislação de marinha, devendo, porém, observar-se as disposições da presente Lei (artigo 64). Nesse caso, no primeiro porto a que se chegar, o comandante depositará imediatamente, na capitania do porto, ou em sua falta, na estação fiscal, ou ainda, no consulado, em se tratando de porto estrangeiro, duas cópias autenticadas dos assentos referidos no artigo anterior, uma das quais será remetida, por intermédio do Ministério da Justiça, ao oficial do registro, para o registro, no lugar de residência dos pais ou, se não for possível descobri-lo, no 1º Ofício do Distrito Federal. Uma terceira cópia será entregue pelo comandante ao interessado que, após conferência na capitania do porto, por ela poderá, também, promover o registro no cartório competente (art. 65, *caput*).

Procedimento diverso será adotado se o nascimento ocorrer a bordo de navio estrangeiro ou de quaisquer aeronaves, seja brasileira ou estrangeira, no caso em que poderão ser dados a registro pelos pais brasileiros no cartório ou consulado do local do desembarque (parágrafo único do art. 65 desta Lei).

Contudo, a Lei põe a salvo os nascimentos ocorridos a bordo que não forem registrados nos termos do art. 64, devendo estes serem declarados dentro de cinco (5) dias, a contar da chegada do navio ou aeronave ao local do destino, no respectivo cartório ou consulado (art. 51 desta Lei).

Cabe lembrar que o navio é extensão do território de um Estado, o que significa que mesmo que ele se encontre no território de outro Estado, as pessoas que se encontram a bordo estão sujeitas às leis do país cuja bandeira o navio arvora. Da mesma forma, nascimentos, mortes e casamentos a bordo são, portanto, considerados como se tivessem ocorrido no país que concedeu a nacionalidade ao navio, mesmo que este esteja atracado.

Seguindo a mesma linha de raciocínio, procedimento semelhante também é estendido para os fatos ocorridos em campanha, no Exército, que serão imediatamente registrados e comunicados em tempo oportuno, por cópia autêntica, ao respectivo Ministério. Pode ser tomado assento de nascimento de filho de militar ou assemelhado em livro criado pela administração militar mediante declaração feita pelo interessado ou remetido pelo comandante da unidade, quando em campanha (art. 66 desta Lei).

Art. 32. Os assentos de nascimento, óbito e de casamento de brasileiros em país estrangeiro serão considerados autênticos, nos termos da lei do lugar em que forem feitos, legalizadas as certidões pelos cônsules ou, quando por estes tomados, nos termos do regulamento consular.

§ 1º Os assentos de que trata este artigo serão, porém, transladados nos cartórios de 1º Ofício do domicílio do registrado ou no 1º Ofício do Distrito Federal, em falta de domicílio conhecido, quando tiverem de produzir efeito no País, ou, antes, por meio de segunda via que os cônsules serão obrigados a remeter por intermédio do Ministério das Relações Exteriores.

§ 2º O filho de brasileiro ou brasileira, nascido no estrangeiro, e cujos pais não estejam ali a serviço do Brasil, desde que registrado em consulado brasileiro ou não registrado, venha a residir no território nacional antes de atingir a maioridade, poderá requerer, no juízo de seu domicílio, se registre, no livro "E" do 1º Ofício do Registro Civil, o termo de nascimento.

§ 3º Do termo e das respectivas certidões do nascimento registrado na forma do parágrafo antecedente constará que só valerão como prova de nacionalidade brasileira, até quatro (4) anos depois de atingida a maioridade.

§ 4º Dentro do prazo de quatro anos, depois de atingida a maioridade pelo interessado referido no § 2º deverá ele manifestar a sua opção pela nacionalidade brasileira perante o juízo federal. Deferido o pedido, proceder-se-á ao registro no livro "E" do Cartório do 1º Ofício do domicílio do optante.

§ 5º Não se verificando a hipótese prevista no parágrafo anterior, o oficial cancelará, de ofício, o registro provisório efetuado na forma do § 2º.

 Referências Normativas

Resolução 155/2012, do Conselho Nacional de Justiça.
Lei de Introdução às Normas do Direito Brasileiro (Decreto-lei 4.657/1942), art. 18.

 **Comentários**

1. Filhos de brasileiro ou brasileira nascidos no estrangeiro

Segundo uma estimativa em 2020 do Ministério das Relações Exteriores, cerca de quatro milhões de brasileiros residem no exterior e utilizam os consulados para o exercício de seus direitos. E, de acordo com o disposto no art. 18 da Lei de Introdução às Normas do Direito Brasileiro (LINDB), no Decreto-lei 4.657/1942, alterado pela Lei 13.376/2010, no qual dispõe que: "tratando-se de brasileiros, são competentes as autoridades consulares brasileiras para lhes celebrar o casamento e os mais atos de Registro Civil e de tabelionato, inclusive o registro de nascimento e de óbito dos filhos de brasileiro ou brasileira nascido no país da sede do Consulado".

Os atos de Registro Civil tais como o nascimento, casamento e óbito de brasileiros ocorridos no exterior poderão ser lavrados por autoridade estrangeira competente ou por autoridade consular brasileira, onde esta existir. Os assentos de que trata este artigo serão trasladados no Livro "E" do 1º Ofício de Registro Civil de Pessoas Naturais da Comarca do domicílio do interessado ou do 1º Ofício de Registro Civil de Pessoas Naturais do Distrito Federal, sem a necessidade de autorização judicial, conforme procedimento disposto na Resolução 155/2012 do CNJ.

Caso os assentos de nascimento, casamento e óbito de brasileiros sejam **lavrados por autoridade estrangeira competente**, que não tenham sido previamente registrados em repartição consular brasileira, somente poderão ser trasladados no Brasil se estiverem legalizados por autoridade consular brasileira que tenha jurisdição sobre o local em que foram emitidas ou se devidamente apostilados, se aquele país for signatário da Convenção de Haia (apostila de Haia). Ainda, deverão estar traduzidos por tradutor público juramentado, inscrito em junta comercial brasileira. Nesse caso, mesmo que o assento lavrado por autoridade estrangeira seja considerado documento estrangeiro, a Resolução 155 do CNJ é silente sobre a necessidade de registro no Registro de Títulos e Documentos, conforme disposto no art. 129 da Lei 6.015/1973 e o Enunciado 39 da Arpen-SP dispõe a orientação de que "as certidões expedidas por autoridades estrangeiras não precisam ser registradas em Registro de Títulos e Documentos para serem transcritas no Livro E do Registro Civil das Pessoas Naturais". Nessas transcrições de nascimento deverão constar, ainda, do assento e da respectiva certidão a seguinte observação: "Nos termos do artigo 12, inciso I, alínea *c, in fine*, da Constituição Federal, a confirmação da nacionalidade brasileira depende de residência no Brasil e de opção, depois de atingida a maioridade, em qualquer tempo, pela nacionalidade brasileira, perante a Justiça Federal". Nestes casos, a nacionalidade brasileira dependerá de opção do registrado, que terá seu trâmite perante a Justiça Federal e, após, será registrada no Livro E.

Se o assento ocorrer **perante autoridade consular brasileira**, o reconhecimento, no Brasil, da assinatura da autoridade consular brasileira no documento será dispensado, conforme previsto no art. 1º, § 1º, do Decreto 8.742. Ainda, deverá constar da transcrição do nascimento no referido assento e da respectiva certidão do traslado a seguinte observação: "Brasileiro nato, conforme os termos da alínea c do inciso I do art. 12, in limine, da Constituição Federal". Sendo assim, nesses casos o registrado será brasileiro nato e não dependerá de opção de nacionalidade.

Os §§ 2º, 3º e 4º do artigo em comento deverão ser interpretados em conformidade com o art. 12, I, c, da Constituição da República, com a redação dada pela Emenda Constitucional 54/2007, que dispõe serem brasileiros natos "os nascidos no estrangeiro de pai brasileiro ou de mãe brasileira, desde que sejam registrados em repartição brasileira competente ou venham a residir na República Federativa do Brasil e optem, em qualquer tempo, depois de atingida a maioridade, pela nacionalidade brasileira".

Com efeito, a opção pela nacionalidade brasileira somente será necessária se o registro de nascimento não ocorrer perante autoridade consular brasileira, e o registrando vier residir no país podendo ser requerida a qualquer tempo, depois de atingida a maioridade, estando revogado o prazo decadencial de quatro anos.

Por força da redação atual da alínea c do inciso I do art. 12 da Constituição Federal e do art. 95 do Ato das Disposições Constitucionais Transitórias (Emenda Constitucional 54, de 20 de setembro de 2007), o oficial de registro civil deverá, de ofício ou a requerimento do interessado/procurador, sem a necessidade de autorização judicial, efetuar averbação em traslado de assento consular de nascimento, cujo registro em repartição consular brasileira tenha sido lavrado entre 7 de junho de 1994 e 21 de setembro de 2007, em que se declara que o registrado é: "Brasileiro nato de acordo com o disposto no art. 12, inciso I, alínea 'c', in limine, e do art. 95 dos ADCTs da Constituição Federal". A averbação também deverá tornar sem efeito eventuais informações que indiquem a necessidade de residência no Brasil e a opção pela nacionalidade brasileira perante a Justiça Federal, ou ainda expressões que indiquem tratar-se de um registro provisório, que não mais deverão constar na respectiva certidão.

Por fim, os registros de nascimento de nascidos no território nacional em que ambos os genitores sejam estrangeiros e em que pelo menos um deles esteja a serviço de seu país no Brasil deverão ser efetuados no Livro "E" do 1º Ofício do Registro Civil da Comarca, devendo constar do assento e da respectiva certidão a seguinte observação: "O registrando não possui a nacionalidade brasileira, conforme do art. 12, inciso I, alínea a, in fine, da Constituição Federal."

O traslado de assento de nascimento ocorrido em país estrangeiro poderá ser requerido a qualquer tempo. E a omissão no assento de nascimento ocorrido em país estrangeiro de dados previstos no art. 54 da Lei 6.015/1973 não obstará o traslado, podendo os dados faltantes ser inseridos posteriormente por averbação, mediante a apresentação de documentação comprobatória, sem a necessidade de autorização judicial.

Jurisprudência

"Cuida-se de pedido de providências encaminhado pela E. Corregedoria-Geral da Justiça, do interesse do Setor de Passaportes do Consulado-Geral do Brasil em Toronto, Canadá, que questiona acerca da aplicação do disposto no artigo 12, parágrafo único, da Resolução CNJ 155. [...] A resposta ao questionamento posto pela representação consular advém da análise em conjunto do regramento de regência da matéria: nacionalidade nata, originária ou primária. A nacionalidade originária é estabelecida, basicamente, por dois critérios, chamados ius soli e ius sanguinis. O critério denominado ius soli, direito de solo ou direito do solo, considera o território como fonte de definição da nacionalidade de uma pessoa. Assim, aquele nascido em determinado lugar terá determinada nacionalidade. Por outro lado, o ius sanguinis, ou direito de sangue, define a ascendência, ou seja: filiação, como critério para a conferência da nacionalidade. Nesse sentido, todo filho de um nacional, será também nacional daquele país, independentemente do local onde tenha nascido. O ordenamento jurídico pátrio estabelece um sistema misto, combinando ambos os parâmetros, ius soli e ius sanguinis, e somando alguns requisitos, para a atribuição da nacionalidade brasileira primária aos seus cidadãos, retratado pelo artigo 12, I, da Constituição Federal. *In verbis*: Art. 12. São brasileiros: I – natos: a) os nascidos na República Federativa do Brasil, ainda que de pais estrangeiros, desde que estes não estejam a serviço de seu país; b) os nascidos no estrangeiro, de pai brasileiro ou mãe brasileira, desde que qualquer deles esteja a serviço da República Federativa do Brasil; c) os nascidos no estrangeiro de pai brasileiro ou de mãe brasileira, desde que sejam registrados em repartição brasileira competente ou venham a residir na República Federativa do Brasil e optem, em qualquer tempo, depois de atingida a maioridade, pela nacionalidade brasileira; (Redação dada pela Emenda Constitucional nº 54, de 2007). Desse modo, de nosso interesse no presente caso, a alínea *c* refere o critério da filiação complementado pelo (i) registro competente ou (ii) residência e opção. Ressalte-se que a alínea *c* invoca duas diferentes situações. A primeira parte de sua redação aponta que a nacionalidade originária é atribuída a "os nascidos no estrangeiro de pai brasileiro ou de mãe brasileira, desde que sejam registrados em repartição brasileira competente (*ius sanguinis* + registro EC no 54/07)" (MORAES, Alexandre de. *Direito Constitucional* 32. ed. rev. e atual. até a EC nº 91, de 18 de fevereiro de 2016 São Paulo: Atlas, 2016. p. 370). A segunda parte da alínea, que não se confunde com a situação exibida no primeiro trecho, traz ocorrência diversa: a nacionalidade nata é atribuída a 'os nascidos no estrangeiro, de pai brasileiro ou de mãe brasileira, desde que venham a residir na República Federativa do Brasil e optem, em qualquer tempo, depois de atingida a maioridade (EC nº 54/07), pela nacionalidade brasileira (*ius sanguinis* + critério residencial + opção confirmativa)'. (idem, P. 370/371). Para o completo entendimento da situação retratada no artigo 12, I, *c*, e sua solução prática, necessário se faz o entendimento das alterações legislativas que sofreu tal hipótese de aquisição de nacionalidade originária. Na redação original da Constituição da República, antes da edição da Emenda Constitucional de Revisão nº 03 de 1994, eram considerados brasileiros natos todos aqueles nascidos no exterior, de pai ou mãe brasileiros, que fossem registrados em repartição consular ou viessem a fixar residência em território nacional antes da maioridade e, após, fizessem a devida opção. Ocorreu que, após o advento da alteração legislativa trazida pela ECR nº 03 de 1994, a hipótese trouxe somente a residência em território nacional para a constituição da nacionalidade, extinguindo-se a possibilidade do registro em instituição consular para a aquisição originária. A alínea *c* passou a figurar com a seguinte redação: 'os nascidos no estrangeiro, de pai brasileiro ou mãe brasileira, desde que venham a residir na República Federativa do Brasil e optem, em qualquer tempo, pela nacionalidade brasileira'. Nesse sentido, apontam Mendes e Branco (2021): Suprimiu-se, aparentemente sem razão plausível, a possibilidade, anteriormente oferecida, de o filho de brasileiro nascido no exterior obter a nacionalidade brasileira com o mero registro na repartição consular competente.Tal situação foi novamente alterada com a EC nº 54 de 2007, que se voltou ao entendimento anterior de que bastaria o registro em entidade consular para a constituição da nacionalidade nata ou, noutro turno, não tendo havido o registro consular, manteve a exigência de fixação de residência e opção. (Mendes, Gilmar Ferreira, e Branco, Paulo Gustavo Gonet, 2021, Cap. 6, item 2.2). Por fim, a questão foi novamente alterada com a Emenda Constitucional nº 54 de 2007, que se voltou ao entendimento anterior de que a nacionalidade primária também poderia ser adquirida com o registro em entidade consular (além da segunda parte da alínea: pela residência). Leciona Alexandre de Moraes (2016) quanto às mencionadas alterações efetivadas na Carta Magna: A EC nº 54/07 trouxe novamente a mesma redação do texto original do art. 12, I, *c*, da Constituição Federal, possibilitando a aquisição da nacionalidade originária aos nascidos no estrangeiro, de pai brasileiro ou mãe brasileira, desde que sejam registrados em repartição brasileira competente. Assim, voltou a ser adotado o critério do *ius sanguinis* somado a um requisito específico (registro), qual seja, a necessidade de registro em repartição brasileira competente (Embaixada ou Consulado), independentemente de qualquer outro procedimento subsequente, além do registro, para confirmar a nacionalidade. O assento de nascimento lavrado no exterior por agente consular possui a mesma eficácia jurídica daqueles formalizados no Brasil por oficiais do registro civil das pessoas naturais, não havendo necessidade de qualquer opção, nesta hipótese (RDA 116/230). (2016, P. 377). Para regularização da situação legal dos nascidos fora do país, a EC nº 54 também fez inserir o artigo 95 no Ato das Disposições Constitucionais Transitórias, para oferecer a igualdade aos nascidos no estrangeiro, de pai ou mãe brasileiros, cujos direitos de nacionalidade restaram nublados nesse período entre a instituição da ECR nº 3, de 1994, e a nova disposição dada ao artigo, pela EC nº 54, de 2007. Assim dispõe o artigo 95 do ADCT: Art. 95. Os nascidos no estrangeiro entre 7 de junho de 1994 e a data da promulgação desta Emenda Constitucional, filhos de pai brasileiro ou mãe brasileira, poderão ser registrados em repartição diplomática ou consular brasileira competente ou em ofício de registro, se vierem a residir na República Federativa do Brasil. (Incluído pela Emenda Constitucional nº 54, de 2007). Sem a providência adotada pelo ADCT haveria uma lacuna de direitos entre aqueles nascidos no período de 1994 e até a nova redação de 2007, que teriam de firmar residência em território pátrio para a aquisição de nacionalidade, não bastando seu registro em repartição consular. À luz de tais alterações legislativas e à vista do artigo 95 da ADCT, restou consignado nas Normas de Serviço da E. Corregedoria-Geral da Justiça o seguinte procedimento, a ser adotado por Oficiais de Registro Civil das Pessoas Naturais: 159. Por força da redação atual da alínea c, do inciso I, do art. 2º [12*] da Constituição Federal e do art. 95 do Ato das Disposições Constitucionais Transitórias (Emenda Constitucional nº 54, de 20 de setembro de 2007), o Oficial de Registro Civil das Pessoas Naturais deverá, de ofício ou a requerimento do interessado e, ou, procurador, sem a necessidade de autorização judicial, efetuar averbação em traslado de assento consular de nascimento, cujo registro em repartição consular brasileira tenha sido lavrado entre 7 de junho de 1994 e 21 de setembro de 2007, em que se declara que o registrado é: Brasileiro nato de acordo com o disposto no art. 12, inciso I, alínea *c, in limine*, e do art. 95 dos ADCTs da Constituição Federal. 159.1. A averbação também deverá tornar sem efeito eventuais informações que indiquem a necessidade de residência no Brasil e a opção pela nacionalidade brasileira perante a Justiça Federal, ou ainda expressões que indiquem tratar-se de um registro provisório, que não mais deverão constar na respectiva certidão. Então, o que o artigo 95 do ADCT visa a oferecer é a igualdade de direitos que restaram nublados nesse período entre a instituição da ECR nº 3, de 1994, e a nova disposição dada ao artigo, pela EC nº 54, de 2007. De todo o narrado, compreende-se que por força da atual redação do artigo 12 da Constituição da República, o nascido no exterior, de pai ou mãe brasileiro, registrado em entidade consular, já é brasileiro nato, sem qualquer restrição, não sendo questão de opção ou residência, razão pela qual a mera averbação e/ou retificação da transcrição não tem o condão de impactar direito estrangeiro, que estaria limitado, se o caso, desde o registro efetuado na repartição diplomática. É por isso que se fazem desnecessárias as exigências impostas pela Registradora, no sentido de garantir a vontade do registrado de expressar sua nacionalidade, porque os indivíduos já são brasileiros natos, não se subvertendo o requerimento de averbação em espécie de opção pela nacionalidade e que portanto não tem impacto em direito estrangeiro. Destaco que, mesmo sem o requerimento, ao mero pedido de expedição de certidão de transcrição de nascimento, nesses casos ora analisados, a averbação ou retificação deve ser efetuada de ofício, por todas as razões e argumentos já apostos. Por conseguinte, pese embora compreensível o entendimento esposado pela i. Registradora e as medidas de cautela adotadas, os requerimentos não devem ser submetidos a tais exigências de confirmação da vontade pedido presencial, assinatura digital ou procuração com firma reconhecida, mantendo-se os exatos termos dos dispostos nos regramentos ora analisados, no sentido de que basta simples pedido pelo registrado, interessado ou procurador, uma vez que a averbação pode e deve ser realizada de ofício, à luz de mero pedido de expedição de certidão. Consigno à d. Oficial que a presente argumentação não impacta as outras cautelas devidas em razão da Lei Geral de Proteção de Dados e outras questões envolvendo o sigilo dos registros públicos civis de caráter pessoal, bem como não impacta as suas medidas concernentes à correta identificação do requerente ou seus procurados, sendo medida de cautela cabível, caso a caso, exigências para a confirmação da identidade dos interessados. Noutro turno, à vista dos esclarecimentos prestados pela i. Oficial, não verifico a existência de falha na prestação do serviço ou ilícito funcional em sua atuação, que foi pautada pela cautela e pela conferência de segurança jurídica a seus atos e aos usuários. [...]" (TJSP, Processo 0043069-44.2021.8.26.0100, Pedido de Providências, 2ª Vara de Registros Públicos, *DJe* de 17/11/2021).

CAPÍTULO II
DA ESCRITURAÇÃO E ORDEM DE SERVIÇO

Art. 33. Haverá, em cada cartório, os seguintes livros: (*"Caput do artigo com redação dada pela Lei nº 14.382, de 27/6/2022)*

I – "A" – de registro de nascimento;

II – "B" – de registro de casamento;

III – "B Auxiliar" – de registro de casamento religioso para efeitos civis;

IV – "C" – de registro de óbitos;

V – "C Auxiliar" – de registro de natimortos;

VI – "D" – de registro de proclama.

Parágrafo único. No Cartório do 1º Ofício ou da 1ª subdivisão judiciária haverá, em cada comarca, outro livro para inscrição dos demais atos relativos ao estado civil, designado sob a letra E. *(Incluído pela Lei nº 14.382, 2022)*

Referências Normativas

Lei 8.935/1994, art. 30, I.
Provimento 50/2015, do Conselho Nacional de Justiça.

Comentários

1. Os livros e classificadores do Registro Civil de Pessoas Naturais

Os principais atos da vida de uma pessoa são realizados em cartórios de registro civil. Os registros de nascimentos, casamentos e óbitos são atribuições mais comuns do registro civil, e cada ato será registrado em livro próprio. São livros obrigatórios em todas as serventias o livro "A" de registro de nascimento; "B" de registro de casamento e conversão de união estável em casamento; "B Auxiliar" de registro de casamento religioso para efeitos civis; "C" de registro de óbitos; "C Auxiliar" de registro de natimortos; e o livro "D" de registro de proclamas. O *caput* desse artigo, antes da alteração pela Lei 14.382/2022, previa que todos os livros deveriam conter 300 (trezentas) folhas cada um.

O livro "E" é privativo da sede da Comarca ou do 1º Subdistrito de cada Comarca. Com a nova redação dada pela Lei 14.382/2022, foi suprimida a possibilidade de desdobramento pela natureza dos atos que nele devam ser registrados, bem como a disposição de que deveriam conter 150 (cento e cinquenta) folhas.

Aos Oficiais de Registro Civil das Pessoas Naturais ficará facultada a manutenção de livro de transporte de anotações e averbações, com as respectivas remissões aos assentos, em continuidade. As averbações e retificações serão feitas no próprio registro e, quando não houver espaço, faculta-se a utilização de Livro de Transporte para essas anotações e averbações. Se for utilizado livro de transporte ou se o registro for transportado para o livro corrente, deve-se manter o mesmo número de ordem do registro original, mantendo também o mesmo número de matrícula, em virtude da unicidade e imutabilidade do número de matrícula.

Os Oficiais do Registro Civil das Pessoas Naturais adotarão, ainda, para melhor organização do serviço, classificadores para arquivo de vários documentos que serviram de base para a realização dos registros. A exemplo das Normas de Serviço para as serventias extrajudiciais do Estado de São Paulo, serão arquivados em classificadores: (a) comunicações recebidas e cópias das comunicações expedidas em meio físico, inclusive aquelas referentes ao óbito, união estável, casamento, separação, restabelecimento do casamento, divórcios, anulação, nulidade, interdição, emancipação, ausência, morte presumida; (b) petições de registro tardio e procedimentos administrativos, inclusive reconhecimento de paternidade socioafetivo (CNN, Provimento 149/2023) e alteração de prenome e/ou sexo de pessoa transgênero (CNN, Provimento 149/2023); (c) arquivamento de mandados e outros documentos que devam ser cumpridos; (d) atestados e declarações de óbito (DO); (e) arquivamento de procurações; (f) declarações de nascidos vivos (DN), expedidas pelas maternidades ou estabelecimentos hospitalares; (g) declarações de nascidos fora de maternidades ou estabelecimentos hospitalares; (h) arquivamento das segundas vias dos demonstrativos de atos gratuitos encaminhados à entidade gestora, para compensação dos atos praticados na forma da lei; (i) notas devolutivas; (j) comunicações ao Ministério Público das crianças nascidas fora da maternidade; (k) requerimentos de expedição das certidões em inteiro teor; (l) editais de proclamas recebidos de outra serventia; (m) declarações de pobreza; (n) ofícios recebidos e expedidos; (o) declaração negativa de indicação de suposto pai; (p) mapas estatísticos.

Ao contrário dos livros que deverão permanecer indefinidamente na serventia, sendo dever e responsabilidade do Oficial a respectiva guarda e conservação, os classificadores com arquivo de documentos poderão ser descartados em prazos e condições definidas pelas normas de serviço de cada Estado e pelo Provimento nº 50/2015 do CNJ, o qual dispõe sobre a conservação de documentos nos cartórios extrajudiciais por meio de Tabela de Temporalidade de Documentos.

Por fim, nos termos do item 82 das Normas de Serviço da Corregedoria-Geral da Justiça do Estado de São Paulo, Tomo II, Capítulo XIII, os notários e registradores devem também formar e manter atualizados arquivos de segurança (*backups*), de todos os livros, observando-se a Lei 12.682/2012 para digitalização e armazenamento dos documentos. Os documentos que não forem nativamente eletrônicos deverão ser digitalizados por meio de captura de imagem a partir dos documentos originais. Ainda, deverão existir ao menos duas cópias de segurança, sendo uma de armazenamento interno na serventia (em disco rígido removível, microfilme ou servidor RAID), e outra externa em serviço de STORAGE no modelo NUVEM (PaaS - Platform As A Service), com SLA (acordo de nível de serviço) que garanta *backup* dos dados armazenados. Os serviços de *datacenter* e de *storage* devem ser contratados com pessoa jurídica regularmente constituída no Brasil.

> **Art. 34.** O oficial juntará, a cada um dos livros, índice alfabético dos assentos lavrados pelos nomes das pessoas a quem se referirem.
> **Parágrafo único.** O índice alfabético poderá, a critério do oficial, ser organizado pelo sistema de fichas, desde que preencham estas os requisitos de segurança, comodidade e pronta busca.

Referências Normativas

Código Nacional de Normas (CNN, Provimento 149/2023).

Comentários

1. Os índices eletrônicos

Atualmente, as normas de serviço de alguns Estados, a exemplo do estado de São Paulo, estipulam que a critério do Oficial, os índices poderão ser organizados pelo sistema de fichas ou exclusivamente por meio eletrônico.

Constarão dos índices os nomes de todos os integrantes dos assentos. Nos de casamento, os nomes dos contraentes e também o nome eventualmente adotado em virtude do matrimônio. Haverá, ainda, um índice para os registros de nascimentos lavrados após o decurso do prazo legal nos termos do art. 46 da Lei 6.015/1973, dispensando-se tal exigência se já integrados ao índice eletrônico geral. E, também, um índice que permita a localização do registro tanto pelo nome original quanto pelo nome alterado da pessoa transgênero, observado o sigilo legal sob pena de responsabilidade administrativa, civil e penal do Oficial do Registro Civil.

Os índices têm como principal função a busca de pronto pelos registros. Assim, os índices eletrônicos possuem maior possibilidade de filtros de pesquisa, como busca pelo nome, CPF, nome de genitores, data de registro e outros, agilizando a localização destes na serventia.

O Conselho Nacional de Justiça (CNJ) publicou o Provimento nº 38, posteriormente revogado pelo Provimento nº 46, que instituiu a Central Nacional de Informações do Registro Civil (CRC Nacional), possibilitando o intercâmbio de documentos, a prestação de serviços em meio eletrônico, a localização de registros em todo o território nacional por meio de um índice eletrônico. A Central é constituída por Sistema de Banco de Dados Eletrônico e é alimentada pelos Oficiais de Registro Civil das Pessoas Naturais com os atos de registro de sua competência. Os assentos continuam pertencendo a cada serventia, mas poderão ser localizados por qualquer Registro Civil ou órgãos públicos por meio do banco de dados da CRC.

Ainda, por intermédio das centrais eletrônicas notariais e registrais, cujos dados são compartilhados com o Poder Judiciário, a exemplo da Central de Informações do Registro Civil (CRC) que, por intermédio da CRC-Jud, permite que magistrados e integrantes de órgãos públicos conveniados realizem buscas de registros de nascimentos, casamentos e óbitos, e que solicitem certidões eletrônicas diretamente nos módulos da Central.

Por fim, o índice eletrônico da CRC possibilita a localização de registros em todo o território nacional e vai ao encontro da Lei 14.382/2022, possibilitando a interoperabilidade das bases de dados entre as serventias dos registros públicos e outros órgãos e perfeitamente adequada à Lei Geral de Proteção de Dados.

> **Art. 35.** A escrituração será feita seguidamente, em ordem cronológica de declarações, sem abreviaturas, nem algarismos; no fim de cada assento e antes da subscrição e das assinaturas, serão ressalvadas as emendas, entrelinhas ou outras circunstâncias que puderem ocasionar dúvidas. Entre um assento e outro, será traçada uma linha de intervalo, tendo cada um o seu número de ordem.

 Referências Normativas

Lei 6.015/1973, arts. 38 a 41.

 Comentários

1. A escrituração dos assentos do Registro Civil

A escrituração é realizada por meio das declarações prestadas ao Oficial de Registro Civil ou escrevente, e, também, pela transposição de informações de alguns documentos necessários, como, por exemplo, da Declaração Nascido Vivo (DNV) na declaração de nascimento e da Declaração de Óbito (DO) para o óbito.

O artigo em comento foi redigido ao tempo em que as escriturações dos assentos eram redigidas a mão ou com auxílio de máquina de escrever, bem antes de se pensar nas formas atuais de digitação por meio de computadores e até mesmo a escrituração totalmente eletrônica.

Em regra, ao fim de cada assento, que após lido e achado conforme (art. 38 desta Lei), constarão as assinaturas do declarante e do Oficial ou escrevente. Em razão disso, o artigo dispõe que serão ressalvadas as emendas, entrelinhas ou outras circunstâncias que puderem ocasionar dúvidas antes da subscrição e das assinaturas. Por uma questão metodológica, esse artigo deverá ser lido conjuntamente com os arts. 39, 40 e 41 desta Lei, de modo que seja necessário fazer adição ou emenda, estas serão feitas antes da assinatura ou ainda em seguida, mas antes de outro assento, sendo a ressalva novamente por todos assinada (art. 39).

Para a segurança dos registros e para evitar qualquer adulteração deles, fora da retificação feita no próprio ato, qualquer outra só poderá ser efetuada nos termos dos arts. 109 a 112 desta Lei (art. 40). Caso não sejam obedecidas as regras dos arts. 39 e 40, reputar-se-ão inexistentes e sem efeitos jurídicos quaisquer emendas ou alterações posteriores, não ressalvadas ou não lançadas na forma indicada (art. 41).

> **Art. 36.** Os livros de registro serão divididos em três partes, sendo na da esquerda lançado o número de ordem e na central o assento, ficando na da direita espaço para as notas, averbações e retificações.

 Referências Normativas

Normas de Serviço da Corregedoria-Geral da Justiça do Estado de São Paulo, Tomo II, Capítulo XVII, item 16.1.

 Comentários

1. A forma de escrituração dos assentos

O artigo em comento foi redigido ao tempo em que as escriturações dos assentos eram redigidas a mão ou com auxílio de máquina de escrever, bem antes de se pensar nas formas atuais de digitação por meio de computadores e até mesmo a escrituração totalmente eletrônica.

Atualmente, as normas de serviço de alguns Estados, a exemplo do estado de São Paulo (Capítulo XVII, item 16.1), estipulam que, a critério do Oficial, para a facilidade do serviço, podem os livros ser escriturados em folha do tipo A4, destinando-se a frente e o verso de cada folha para um único assento. Se for adotada essa forma de escrituração, as anotações, averbações e retificações serão realizadas após o registro, e não à direita, podendo ser utilizada a frente e o verso de cada folha. Nesse sentido é o Enunciado 1 da Arpen/SP: O oficial que optar por escriturar o livro nos moldes do item 16.1 deverá assim proceder em todo o livro e não será necessário dividir o livro em colunas. Fundamento: Lei 6.015/1973, art. 3º, § 2º (parte final), item 16.1 das Normas vigentes e a supressão do antigo item 18 das Normas revogadas, bem como a finalidade da norma, que é a otimização do serviço e redução do dispêndio de papel, não fazendo sentido manter no verso uma coluna que não será preenchida jamais. Aconselha-se a constar no termo de abertura do livro os seguintes dizeres "O presente livro é escriturado mecanicamente, em folhas soltas, sem colunas, destinando-se a frente e o verso de cada folha para um único assento, conforme modelo aprovado pela Corregedoria-Geral da Justiça de São Paulo, item 16.1, Capítulo XVII, Normas de Serviço Extrajudicial, nos termos da parte final do § 2º do art. 3º da Lei 6.015/73".

Todos os registros, independentemente da forma adotada, possuirão um número de ordem ou número do termo, que seguirá indefinidamente para cada tipo de registro realizado na serventia. Assim, por exemplo, o Livro A-1 de nascimento iniciará o termo 01, que seguirá a ordem no Livro A-2, A-3, e assim por diante. O número de ordem possibilita saber quantos termos de nascimentos, casamentos e óbitos foram realizados em uma serventia e também compõe a matrícula do registro.

> **Art. 37.** As partes, ou seus procuradores, bem como as testemunhas, assinarão os assentos, inserindo-se neles as declarações feitas de acordo com a lei ou ordenadas por sentença. As procurações serão arquivadas, declarando-se no termo a data, o livro, a folha e o ofício em que foram lavradas, quando constarem de instrumento público.
>
> § 1º Se os declarantes, ou as testemunhas não puderem, por qualquer circunstância assinar, far-se-á declaração no assento, assinando a rogo outra pessoa e tomando-se a impressão dactiloscópica da que não assinar, à margem do assento.
>
> § 2º As custas com o arquivamento das procurações ficarão a cargo dos interessados.

 Referências Normativas

Lei 6.015/1973, arts. 52 e 79.
Lei 8.560/1992.
Código Nacional de Normas (CNN, Provimento 149/2023).

 Comentários

1. Os sujeitos dos assentos

As partes ou interessados são pessoas legitimadas para os atos de registros e são também denominados declarantes. No caso do registro de nascimento, os declarantes estão elencados no art. 52 desta Lei. No registro de óbito estão elencados no art. 79 desta Lei. E nos casos de casamento serão os nubentes.

Na maioria dos atos no registro civil as partes poderão ser representadas por procuradores, à exceção de alguns procedimentos que exigem a presença da parte interessada perante o Oficial do Registro Civil ou preposto, como, por exemplo, o procedimento de alteração de nome e gênero, a paternidade ou maternidade socioafetiva, e as alterações de nome e sobrenome dos arts. 56 e 57 desta Lei, nos termos do Código Nacional de Normas (CNN, Provimento 149/2023).

No registro de nascimento, os genitores comparecem, pessoalmente, ou por intermédio de procurador com poderes específicos. Nessas hipóteses, a manifestação da vontade por declaração, procuração ou anuência será feita por instrumento público ou particular, reconhecida a firma do signatário. Quando se tratar de réu preso, terá validade a declaração, procuração ou anuência, em que a assinatura tenha sido abonada pelo diretor do presídio ou autoridade policial competente.

Poderá ser efetuado o registro de reconhecimento espontâneo do filho pelo relativamente incapaz sem assistência de seus pais, tutor, curador ou apoiador. Contudo, o reconhecimento da paternidade por absolutamente incapaz somente poderá ser efetivado por decisão judicial. Neste último, é encaminhada a indicação do suposto pai nos termos da Lei 8.560/1992, que diante de decisão judicial será averbada a paternidade do menor absolutamente incapaz. Sendo a genitora absolutamente incapaz, o registro será feito mediante a apresentação da Declaração de Nascido Vivo (DN).

A petição, pela qual os interessados requerem a habilitação para o casamento, pode ser assinada por procurador representado por instrumento público ou particular com firma reconhecida, ou a rogo com 2 (duas) testemunhas, caso analfabetos os contraentes. Contudo, em caso de requerimento de conversão de união estável por mandato, a procuração deverá ser pública.

Assim, quando as partes se fizerem representar por procuração, deverá constar dos termos a circunstância de as partes serem representadas por procurador, declarando-se a data, o livro, a folha e a Unidade de Serviço em que a procuração foi lavrada, quando se tratar de instrumento público. As procurações ficarão arquivadas na serventia.

Art. 38. Antes da assinatura dos assentos, serão estes lidos às partes e às testemunhas, do que se fará menção.

 Referências Normativas

Código Civil (Lei 10.406/2002), art. 107.
Código de Processo Civil (Lei 13.105/2015), art. 188.

 Comentários

1. Formalidade dos assentos

A regra geral dos atos e negócios jurídicos na esfera civil, individual, privada ou particular, num primeiro momento, possui a forma livre. Apenas quando a Lei expressamente a prever é que a forma estará vinculada e deverá obedecer aquilo que ela preveja. Nesse sentido preceitua o art. 107 do Código Civil: *"A validade da declaração de vontade não dependerá de forma especial, senão quando a lei expressamente a exigir".*

No mesmo sentido é o art. 188, do CPC, o qual consagra o princípio da instrumentalidade das formas, preceituando que *"os atos e os termos processuais independem de forma determinada, salvo quando a lei expressamente a exigir, considerando-se válidos os que, realizados de outro modo, lhe preencham a finalidade essencial".*

Em razão disso, o artigo em comento prevê formalidade especial, sendo obrigatória a leitura às partes e às testemunhas dos termos antes de sua assinatura e será mencionada esta formalidade no termo, por exemplo: "Lido e achado conforme pela partes e testemunhas abaixo assinadas".

Ocorre que não se pode perder de vista o princípio da instrumentalidade das formas e da intenção do autor da prática do ato, resultando o abrandamento das formalidades legais, ainda que de ordem cogente, quando o ato atingir sua finalidade e também for respeitada a vontade do titular dos direitos envolvidos. Assim já decidiu a jurisprudência, inclusive em atos mais solenes como, por exemplo, o testamento.

 Jurisprudência

"Recurso especial. Testamento particular. Validade. Abrandamento do rigor formal. Reconhecimento pelas instâncias de origem da manifestação livre de vontade do testador e de sua capacidade mental. Reapreciação probatória. Inadmissibilidade. Súmula 7/STJ. I – A reapreciação das provas que nortearam o acórdão hostilizado é vedada nesta Corte, à luz do enunciado 7 da Súmula do Superior Tribunal de Justiça. II – Não há falar em nulidade do ato de disposição de última vontade (testamento particular), apontando-se preterição de formalidade essencial (leitura do testamento perante as três testemunhas), quando as provas dos autos confirmam, de forma inequívoca, que o documento foi firmado pelo próprio testador, por livre e espontânea vontade, e por três testemunhas idôneas, não pairando qualquer dúvida quanto à capacidade mental do *de cujus*, no momento do ato. O rigor formal deve ceder ante a necessidade de se atender à finalidade do ato, regularmente praticado pelo testador. Recurso especial não conhecido, com ressalva quanto à terminologia" (STJ, 3ª Turma, REsp 828616/MG, Rel. Ministro Castro Filho, j. 05/09/2006, *DJ* 23/10/2006, p. 313).

Art. 39. Tendo havido omissão ou erro de modo que seja necessário fazer adição ou emenda, estas serão feitas antes da assinatura ou ainda em seguida, mas antes de outro assento, sendo a ressalva novamente por todos assinada.

Referências Normativas

Lei 6.015/1973, arts. 35 e 38.

Comentários

Em complemento ao art. 35 desta Lei, o presente artigo trata a forma de correção de erros ou omissões que porventura ocorrerem no decorrer da escrituração de cada assento e antes da subscrição e das assinaturas das partes. Assim, constatando-se omissões ou erros ainda na presença das partes, respectivas adições ou emendas serão feitas antes das assinaturas, ou caso já tenham assinado, logo em seguida, sendo a ressalva novamente assinada por todos.

O artigo em comento foi redigido ao tempo em que as escriturações dos assentos eram redigidas a mão ou com auxílio de máquina de escrever, bem antes de se pensar nas formas atuais de digitação por meio de computadores e até mesmo a escrituração totalmente eletrônica.

Atualmente, no momento da leitura do termo às partes (art. 38), é realizada a conferência das informações e dados do assento, que, estando corretos, serão assinados pelas partes e subscritos pelo Oficial ou preposto autorizado.

Art. 40. Fora da retificação feita no ato, qualquer outra só poderá ser efetuada nos termos dos arts. 109 a 112 desta Lei. *(Redação dada pela Lei nº 12.100, de 2009)*

Referências Normativas

Lei 6.015/1973, arts. 109 a 112.

Comentários

Para segurança das informações constantes nos registros e para evitar qualquer adulteração deles, fora da retificação feita no próprio ato nos termos dos arts. 35 e 39, qualquer outra só poderá ser efetuada nos termos dos arts. 109 a 112 desta Lei.

O procedimento previsto no art. 109 refere-se à retificação judicial, necessitando provimento judicial, com ampla defesa e atendimento ao contraditório, a fim de produzir decisão nos termos do devido processo legal, cujo título hábil a averbar trata-se de mandado.

O procedimento previsto no art. 110 refere-se às hipóteses de retificação extrajudicial, a serem processadas, administrativamente, na própria serventia, por requerimento da parte ou de ofício, pelo oficial.

Art. 41. Reputam-se inexistentes e sem efeitos jurídicos quaisquer emendas ou alterações posteriores, não ressalvadas ou não lançadas na forma indicada nos arts. 39 e 40.

Referências Normativas

Lei 6.015/1973, arts. 109 a 112.

Comentários

Para segurança das informações constantes nos registros e para evitar qualquer adulteração deles, fora da retificação feita no próprio ato nos termos dos arts. 35 e 39, qualquer outra só poderá ser efetuada nos termos dos arts. 109 a 112 desta Lei.

Dessa forma, o presente artigo reputa inexistente e sem efeitos jurídicos quaisquer emendas, entrelinhas ou alterações posteriores que não obedeçam à regra disposta nesta Lei.

Art. 42. A testemunha para os assentos de registro deve satisfazer às condições exigidas pela lei civil, sendo admitido o parente, em qualquer grau, do registrando.

Parágrafo único. Quando a testemunha não for conhecida do oficial do registro, deverá apresentar documento hábil da sua identidade, do qual se fará, no assento, expressa menção.

Referências Normativas

Código Civil (Lei 10.406/2002), art. 228.
Código Nacional de Normas (CNN, Provimento 149/2023).

Comentários

1. As testemunhas para os atos de Registro Civil

O artigo em comento é uma exceção ao art. 228 do Código Civil, pois estabelece regra especial para os assentos de registro admitindo-se o parente, em qualquer grau, do registrando. Atualmente dispensa-se a presença de testemunhas para os registros de nascimento e óbito, permanecendo apenas a exigência para a habilitação e celebração do casamento nos termos dos arts. 1.525, III, e 1.534 do Código Civil de 2002, em que exige declaração de duas testemunhas maiores, parentes ou não, que atestem conhecê-los e afirmem não existir impedimento que os iniba de casar. Ainda, a lei civil exige quatro testemunhas na hipótese de o casamento ocorrer em edifício particular e se algum dos contraentes não souber ou não puder escrever.

No registro tardio de nascimento, nos termos do art. 481 do Código Nacional de Normas (CNN, Provimento 149/2023), admitem-se como testemunhas, além das demais pessoas habilitadas, os parentes em qualquer grau do registrando, bem como a parteira tradicional ou profissional da saúde que assistiu o parto. Duas testemunhas serão entrevistadas pelo Oficial de Registro, ou preposto expressamente autorizado e devidamente qualificadas (nome completo, data de nascimento, nacionalidade, estado civil, profissão, residência, números de documento de identidade e, se houver, número de inscrição no CPF), sob responsabilidade civil e criminal, sobre a identidade do registrando, bem como do conhecimento de quaisquer dos outros fatos relatados pelo mesmo. Contudo, sendo o registrando menor de 12 (doze) anos de idade, ficará dispensado o requerimento escrito e o comparecimento das testemunhas mencionadas neste provimento se for apresentado pelo declarante a Declaração de Nascido Vivo (DNV) instituída pela Lei 12.662, de 5 de junho de 2012, devidamente preenchida por profissional da saúde ou parteira tradicional (art. 7º).

Em procedimento de reconhecimento da paternidade ou da maternidade socioafetiva, nos termos do § 2º do art. 506 do Código Nacional de Normas (CNN, Provimento 149/2023), as testemunhas servirão apenas como um dos meios de prova em direito admitidos para demonstrar a afetividade entre pai e filho socioafetivos, não sendo obrigatória a presença destas.

> **Art. 43.** Os livros de proclamas serão escriturados cronologicamente com o resumo do que constar dos editais expedidos pelo próprio cartório, ou recebidos de outros, todos assinados pelo oficial.
> **Parágrafo único.** As despesas de publicação do edital serão pagas pelo interessado.

 Referências Normativas

Código Civil (Lei 10.406/2002), art. 1.521.
Lei 6.015/1973, art. 67.

 Comentários

1. O livro de proclamas e sua escrituração eletrônica

O livro de proclamas (livro D) é realizado por meio do registro de um resumo do edital de proclamas, mas com este não se confunde. Em algumas normativas estaduais, a exemplo das Normas de Serviço da Corregedoria-Geral da Justiça do Estado de São Paulo, Tomo II, Capítulo XVII, item 8, autorizam o registro de proclamas, ou Livro de proclamas, seja realizado em suporte físico ou meio eletrônico a critério do Oficial. A escrituração eletrônica do Livro D dispensa a impressão do livro físico e a assinatura do oficial é realizada por meio da assinatura digital.

O edital de proclamas confere publicidade ao processo de habilitação do casamento e é um ato necessário para dar a possibilidade de oposição de impedimentos nos termos do art. 1.521 do Código Civil. Para o edital de proclamas, diferentemente do livro de proclamas, não é exigida a assinatura do oficial.

Assim, diante do requerimento e da apresentação dos documentos pelos interessados ao registrador civil de residência de um dos nubentes, se estiver em ordem a documentação, o oficial de registro dará publicidade, em meio eletrônico, à habilitação, o que ocorre por meio do edital de proclamas. A Lei 14.382/2022 alterou a redação do § 1º do art. 67 da Lei 6.015/1973, e revogou expressamente os §§ 2º, 3º e 4º deste mesmo artigo. A anterior redação do § 1º previa a afixação do edital de proclamas em lugar ostensivo do cartório e a publicação na imprensa local e o § 4º previa, ainda, a publicação em ambos os cartórios quando os nubentes residam em localidades distintas, exigências estas que deixaram de existir pelo fato de a publicação se dar, atualmente, em meio eletrônico.

Convém esclarecer que a publicação do edital de proclamas em meio eletrônico já era utilizada pelos cartórios de registro civil por meio da plataforma denominada *e-Proclamas* (site: proclamas.org.br), de titularidade da ARPEN, também utilizado para fins de estruturação eletrônica do Livro D do Registro Civil dentro da CRC.

De fato, com a alteração legislativa pode-se afirmar que houve a migração do edital de proclamas em formato físico para o formato eletrônico, acompanhando assim toda a evolução pretendida para o sistema eletrônico de registros públicos, o SERP.

A publicação do edital de proclamas é uma exigência legal para formalização do procedimento de habilitação de casamento não envolvendo ato tipicamente atinente à atividade registral, portanto, tais despesas não são consideradas emolumentos e serão pagas pelo interessado, não estando compreendidas na isenção concedida àqueles que se declararem pobres, ainda que o casamento seja gratuito.

> **Art. 44.** O registro do edital de casamento conterá todas as indicações quanto à época de publicação e aos documentos apresentados, abrangendo também o edital remetido por outro oficial processante.

Referências Normativas

Código Nacional de Normas (CNN, Provimento 149/2023).

 Comentários

1. A publicidade do edital de Proclamas e a Lei Geral de Proteção de Dados

O Código Nacional de Normas (CNN, Provimento 149/2023) estabelece medidas a serem adotadas pelas serventias extrajudiciais em âmbito nacional para o processo de adequação à Lei Geral de Proteção de Dados Pessoais e em seu art. 122 dispõe que o edital de proclamas conterá tão somente o nome, o estado civil, a filiação, a cidade e circunscrição do domicílio dos noivos, a fim de evitar a publicação de dados desnecessários dos nubentes. Ainda, nos editais publicados, não há necessidade de constar a data e assinatura do Oficial que os tenha expedido por ausência de disposição legal nesse sentido.

> **Art. 45.** A certidão relativa ao nascimento de filho legitimado por subsequente matrimônio deverá ser fornecida sem o teor da declaração ou averbação a esse respeito, como se fosse legítimo; na certidão de casamento também será omitida a referência àquele filho, salvo havendo, em qualquer dos casos, determinação judicial, deferida em favor de quem demonstre legítimo interesse em obtê-la.

 Referências Normativas

Constituição Federal de 1988, art. 227, § 6º.
Lei 8.560/1992, art. 5º.
Código Nacional de Normas (CNN, Provimento 149/2023).

 Comentários

1. Filiação legítima ou ilegítima

Na gênese da questão está o conceito de filiação do ponto de vista legal. Por muito tempo, os ditames legais seguiam o conceito do Código Civil de 1916, que compreendia a filiação como legítima ou ilegítima, sendo ilegítimos todos os nascidos de relações extraconjugais.

Portanto, a fruição de direitos dos filhos tidos como ilegítimos, sendo estes todo e qualquer nascido de uma relação não reconhecida como casamento, estariam condicionados ao reconhecimento formal por parte de seus pais, ou seja, o filho seria legitimado por subsequente matrimônio de seus pais, o que seria averbado no registro de nascimento da criança, também fazendo menção do filho legitimado no registro de casamento.

A Constituição de 1988, em seu art. 227, § 6º, pôs um fim na distinção entre filhos legítimos, aqueles originados apenas do casamento, e dos filhos ilegítimos. É possível afirmar que o próprio conceito legal de família se reconstrói a partir da Carta de 1988.

 Jurisprudência

> "(...) Compulsando os autos, verifica-se que, aos 13 de dezembro de 1943, foi lavrado assento de nascimento, do qual constou a filiação paterna ilegítima, em razão de seus pais não serem casados. Sendo assim, a parte interessada solicita a retificação da sua certidão, para exclusão da menção referente à ilegitimidade de filiação, e posterior expedição de certidão de inteiro teor. Pois bem, como é cediço, em homenagem ao princípio da verdade registral, a certidão em inteiro teor tem o propósito de certificar o conteúdo integral do assento solicitado. Ademais, conforme ponderado pelo i. Representante do Ministério Público, o registro é retrato fidedigno do momento em que foi

lavrado, nos termos da legislação vigente, aplicando-se aos Registros Públicos o princípio do *tempus regit actum*. Dessa forma, não é possível a sua retificação. De outro norte, dispõe o art. 227, § 6º, da Constituição da República que 'os filhos, havidos ou não da relação do casamento, ou por adoção, terão os mesmos direitos e qualificações, proibidas quaisquer designações discriminatórias relativas à filiação'. Como se vê, a Constituição adotou o princípio da igualdade de direito entre os filhos, proibindo qualquer tipo de distinção ou tratamento discriminatório. Nessa esteira, prevê o art. 5º da Lei 8.560/92 que 'no registro de nascimento não se fará qualquer referência à natureza da filiação, à sua ordem em relação a outros irmãos do mesmo prenome, exceto gêmeos, ao lugar e cartório do casamento dos pais e ao estado civil destes'. Como ensina Luiz Guilherme Loureiro, 'a preocupação do legislador é evitar que conste do registro do nascimento, e respectiva certidão, qualquer elemento ou dado que permita inferir a existência de filiação extramatrimonial ou não biológica, evitando discriminações odiosas e violação à vida privada da pessoa cujo nascimento é registrado' (*Registros Públicos* – Teoria e Prática, 8ª Edição, Editora Juspodvm, p. 192). Com base nessas premissas, entendo que, no caso sob análise, existem três princípios em colisão, quais sejam, da verdade registrária, do *tempus regit actum* e da igualdade de direito entre os filhos. Como se sabe, não há direito ou princípio fundamental absoluto, devendo-se, no caso concreto, balancear os valores em colisão (princípio da ponderação ou da cedência recíproca). À luz dos ensinamentos de Jairo Gilberto Schäfer e Nairane Decarli, 'o princípio da proporcionalidade permite que o magistrado; diante da colisão de direitos fundamentais, decida de modo que se maximize a proteção constitucional, impedindo o excesso na atividade restritiva aos direitos fundamentais. O objetivo não é anular um ou outro princípio constitucional, mas encontrar a solução que mantenha os respectivos núcleos essenciais'. (A colisão dos direitos à honra, à intimidade, à vida privada e à imagem *versus* a liberdade de expressão. Prisma Jurídico, São Paulo, v. 6, 2007). Sendo assim, pese embora à época do registro vigorasse a legislação permissiva de distinção entre filhos legitimos e ilegítimos, certo é que o atual ordenamento jurídico, inaugurado com a promulgação da Constituição Cidadã, não recepcionou tal tratamento discriminatório. Nesse sentido, já decidiu o Supremo Tribunal Federal: 'A família, à luz dos preceitos constitucionais introduzidos pela Carta de 1988, apartou-se definitivamente da vetusta distinção entre filhos legítimos, legitimados e ilegítimos que informava o sistema do Código Civil de 1916, cujo paradigma em matéria de filiação, por adotar presunção baseada na centralidade do casamento, desconsiderava tanto o critério biológico quanto o afetivo. (...) A Constituição de 1988, em caráter meramente exemplificativo, reconhece como legítimos modelos de família independentes do casamento, como a união estável (art. 226, § 3º) e a comunidade formada por qualquer dos pais e seus descendentes, cognominada 'família monoparental' (art. 226, § 4º), além de enfatizar que espécies de filiação dissociadas do matrimônio entre os pais merecem equivalente tutela diante da lei, sendo vedada discriminação e, portanto, qualquer tipo de hierarquia entre elas (art. 227, § 6º)'. (RE 898060/SC, Rel. Min. Luiz Fux, *DJe* de 24/08/2017). Dessa feita, de rigor o acolhimento da pretensão da interessada, para que em sua certidão de inteiro teor seja suprimida a informação referente à ilegitimidade de sua filiação. Frise-se, contudo, que não se está a deferir a retificação do registro de nascimento para exclusão da informação, o que, de fato, não se mostra possível; mas, apenas, que tal dado não se replique em qualquer certidão referente ao assento da parte interessada, seja na de inteiro teor, seja na forma resumida. Contudo, visando resguardar o princípio da verdade registrária, deverá constar na certidão que dados foram omitidos por ordem judicial. Ante o exposto, acolho os motivos geradores da dúvida suscitada pela Oficial Interina do Registro Civil das Pessoas Naturais, a fim de que seja deferida, em parte, a pretensão da parte interessada, suprimindo-se a informação quanto à ilegitimidade de filiação nas certidões a serem expedidas pela Serventia Extrajudicial com base em seu registro de nascimento. Por outro lado, quando da expedição das referidas certidões, no campo atinente às observações, a Sra. Oficial Interina deverá fazer constar, de forma genérica, que informações foram suprimidas por determinação judicial" (TJSP – Processo 1091764-80.2019.8.26.0100, Pedido de Providências, *DJe* de 09/10/2019).

CAPÍTULO III
DAS PENALIDADES

Art. 46. As declarações de nascimento feitas após o decurso do prazo legal serão registradas no lugar de residência do interessado. *(Redação dada pela Lei nº 11.790, de 2008)*

§ 1º O requerimento de registro será assinado por 2 (duas) testemunhas, sob as penas da lei. *(Redação dada pela Lei nº 11.790, de 2008)*

§ 2º *(Revogado pela Lei nº 10.215, 2001)*

§ 3º O oficial do Registro Civil, se suspeitar da falsidade da declaração, poderá exigir prova suficiente. *(Redação dada pela Lei nº 11.790, de 2008)*

§ 4º Persistindo a suspeita, o oficial encaminhará os autos ao juízo competente. *(Redação dada pela Lei nº 11.790, de 2008)*

§ 5º Se o juiz não fixar prazo menor, o oficial deverá lavrar o assento dentro em cinco dias, sob pena de pagar multa correspondente a um salário-mínimo da região.

§ 6º Os órgãos do Poder Executivo e do Poder Judiciário detentores de bases biométricas poderão franquear ao oficial de registro civil de pessoas naturais acesso às bases para fins de conferência por ocasião do registro tardio de nascimento. *(Incluído pela Lei nº 14.382, de 2022)*

Referências Normativas

Lei 11.790/2008, art. 1º.
Lei 14.382/2022, art. 9º.
Código Nacional de Normas (CNN, Provimento 149/2023).

Comentários

1. O registro de nascimento fora do prazo legal

Em 2008, foi promulgada a Lei 11.790, alterando o art. 46 da Lei 6.015/1973 para permitir o registro da declaração de nascimento fora do prazo legal diretamente nas serventias extrajudiciais do lugar de residência do interessado, deixando a avaliação de sua necessidade para o Oficial Registrador, que pode aceitar requerimento com duas testemunhas, com o objetivo de evitar o sub-registro de nascimento.

Convém esclarecer que na hipótese do registro da declaração de nascimento feita fora do prazo deverá ser observada a competência para registro no local de residência do interessado, caso em que se o registrando for menor a competência será do Registro Civil de residência dos pais, ou, se aquele for maior, será local de residência do próprio registrando. Não tendo o interessado moradia ou residência fixa, será considerado competente o Oficial de Registro Civil das Pessoas Naturais do local onde se encontrar.

Posteriormente, as disposições da referida lei foram complementadas pelo Código Nacional de Normas (CNN, Provimento 149/2023), no sentido de que as declarações de nascimento feitas após o decurso do prazo previsto no art. 50 da Lei 6.015/1973 serão registradas nos termos deste provimento (art. 480). Cabe ressaltar que o procedimento de registro tardio previsto neste Provimento não se aplica para a lavratura de assento de nascimento de indígena no Registro Civil das Pessoas Naturais, regulamentada pela Resolução Conjunta nº 03, de 19 de abril de 2012, do Conselho Nacional de Justiça e do Conselho Nacional do Ministério Público, e não afasta a aplicação do previsto no art. 102 da Lei 8.069/1990.

Conforme o provimento, altera-se o procedimento se o registrando for menor ou maior de 12 anos. Se a declaração de nascimento se referir a pessoa que já tenha completado doze anos de idade, as duas testemunhas deverão assinar o requerimento na presença do Oficial, ou de preposto expressamente autorizado, que examinará seus documentos pessoais e certificará a autenticidade de suas firmas, entrevistando-as, assim como entrevistará o registrando e, sendo o caso, seu representante legal.

Sendo o registrando menor de 12 (doze) anos de idade, ficará dispensado o requerimento escrito e o comparecimento das testemunhas mencionadas neste provimento se for apresentada pelo declarante a Declaração de Nascido Vivo (DNV) instituída pela Lei 12.662, de 5 de junho de 2012, devidamente preenchida por profissional da saúde ou parteira tradicional. Caso o registro de nascimento seja de criança com menos de 3 (três) anos de idade, nascida de parto sem assistência de profissional da saúde ou parteira tradicional, a Declaração de Nascido Vivo será preenchida pelo Oficial de Registro Civil que lavrar o assento de nascimento e será assinada também pelo declarante, o qual se declarará ciente de que o ato será comunicado ao Ministério Público. Neste caso, o Oficial, nos cinco dias após o registro do nascimento ocorrido fora de maternidade ou estabelecimento hospitalar, fornecerá ao Ministério Público da Comarca os dados da criança, dos pais e o endereço onde ocorreu o nascimento.

Ainda, o referido provimento também trata do registro de nascimento quando o registrando for pessoa incapaz internada em hospital psiquiátrico, hospital de custódia e tratamento psiquiátrico (HCTP), instituição de longa permanência (ILPI), hospital de retaguarda ou instituições afins, podendo o Ministério Público requerer o registro diretamente ao Oficial de Registro Civil competente. O Ministério Público também poderá solicitar o registro tardio de nascimento atuando como assistente, ou substituto, em favor de pessoa tutelada pelo Estatuto do Idoso, ou em favor de incapaz submetido à interdição provisória ou definitiva, sendo omisso o Curador.

Por fim, em qualquer caso, se o Oficial suspeitar da falsidade da declaração, poderá exigir provas suficientes. A suspeita poderá ser relativa à identidade do registrando, à sua nacionalidade, à sua idade, à veracidade da declaração de residência, ao fato de ser realmente conhecido pelas testemunhas, à identidade ou sinceridade destas, à existência de registro de nascimento já lavrado, ou a quaisquer outros aspectos concernentes à pretensão formulada ou à pessoa do interessado. Persistindo a suspeita, o Oficial encaminhará os autos ao Juiz Corregedor Permanente, ou ao Juiz competente na forma da organização local. Sendo infundada a dúvida, o Juiz ordenará a realização do registro; caso contrário, exigirá justificação ou outra prova idônea, sem prejuízo de ordenar, conforme o caso, as providências penais cabíveis.

O Oficial fornecerá, ainda, ao Ministério Público, ao Instituto Nacional do Seguro Social – INSS e à Autoridade Policial informações sobre os documentos apresentados para o registro e sobre os dados de qualificação das testemunhas, quando for solicitado em decorrência da suspeita de fraude ou de duplicidade de registros, sem prejuízo de fornecimento de certidão nos demais casos previstos em lei.

Muita cautela deverá ter o Oficial para evitar a duplicidade de assentos de nascimento para a mesma pessoa, decorrente do registro tardio, sendo cancelado o assento de nascimento lavrado em segundo lugar, com transposição, para o assento anterior, das anotações e averbações que não forem incompatíveis. Contudo, o cancelamento do registro tardio por duplicidade de assentos poderá ser promovido de ofício pelo Juiz Corregedor, assim considerado aquele definido na órbita estadual e do Distrito Federal como competente para a fiscalização judiciária dos atos notariais e de registro, ou a requerimento do Ministério Público ou de qualquer interessado, dando-se ciência ao atingido. Havendo cancelamento de registro tardio por duplicidade de assentos de nascimento, será promovida a retificação de eventuais outros assentos do registro civil das pessoas naturais abertos com fundamento no registro cancelado, para que passem a identificar corretamente a pessoa a que se referem.

2. O acesso às bases biométricas para identificação no registro civil

O § 6º do presente artigo foi inserido pela recente Lei 14.382, de 26 de junho de 2022, como modelo de cooperação entre órgãos do Poder Executivo e do Poder Judiciário, detentores de bases biométricas, e o Registro Civil de Pessoas Naturais para conferir maior segurança para o registro tardio de nascimento. O cadastro biométrico já utilizado por vários órgãos públicos e privados na identificação de pessoas por meio de impressões digitais é um mecanismo mais seguro para prevenção de fraudes ou de duplicidade de registros. A segurança dos dados biométricos já foi atestada pelas instituições financeiras, pelo Tribunal Superior Eleitoral nas eleições e para emissão de passaportes.

Da mesma forma, o art. 9º da Lei 14.382 dispõe sobre o acesso a base de dados de identificação para a verificação da identidade dos usuários dos registros públicos, as bases de dados de identificação civil, inclusive de identificação biométrica, dos institutos de identificação civil, das bases cadastrais da União, inclusive do Cadastro de Pessoas Físicas da Secretaria Especial da Receita Federal do Brasil do Ministério da Economia e da Justiça Eleitoral, poderão ser acessadas, a critério dos responsáveis pelas referidas bases de dados, desde que previamente pactuado, por tabeliães e oficiais dos registros públicos, observado o disposto nas Leis 13.709, de 14 de agosto de 2018 (Lei Geral de Proteção de Dados Pessoais), e 13.444, de 11 de maio de 2017.

Jurisprudência

"(...) Cuida-se de expediente instaurado a partir de representação SMA/MP do Ministério Público do Estado de São Paulo, solicitando providências acerca de possível falso assento de nascimento, realizado em 31 de janeiro de 1990, uma vez que quando da lavratura de referido assento já havia sido registrado na Coreia do Sul. É dos autos que o expediente em tela teve origem na 4ª Promotoria de Justiça Criminal da Capital, com peças extraídas do Inquérito Policial e que, segundo consta foi preso em flagrante por falsidade ideológica quando da tentativa de emissão de passaporte, oportunidade em que o sistema da Polícia Federal emitiu alerta notificando que suas digitais coincidiam com as de Fulano de Tal, nascido na Coreia do Sul. E, de referido Inquérito Policial consta que teria confessado ao Delegado da Polícia Federal ter nascido na Coreia do Sul (fls. 26/27). Em laudo de perícia papiloscópica realizado pelo Instituto Nacional de Identificação da Polícia Federal concluiu-se que as impressões digitais apresentam pontos característicos e morfologia de linhas correspondentes às de, arquivadas no instituto sob o Registro Nacional de Estrangeiro e dados conforme Sistema Nacional de Estrangeiros SINCRE e Sistema de Consulta de Estrangeiros CGPI (fls. 62/68). Nos esclarecimentos prestados, a Sra. Oficial do Registro Civil das Pessoas Naturais aduziu que o registro de nascimento foi lavrado na serventia aos 31 de janeiro de 1990, e que nele constou que o nascimento ocorreu aos 21 de novembro de 1981, nesta Capital. Disse, ainda, que não consta do referido registro se o nascimento ocorreu em estabelecimento de saúde ou no domicílio dos genitores e que não há documentos arquivados relativos ao assento em tela (fl. 15). O interessado, por seu turno, foi ouvido em juízo à fl. 283. Esclareceu que nasceu em domicílio, em São Paulo; que os pais são coreanos e ingressaram ilegalmente no país; que seu registro foi feito de forma tardia e que não possui registro na Coreia; Pois bem. A partir da instrução probatória carreada ao feito, restou demonstrada a inveracidade dos dados que originaram a lavratura do assento de nascimento. Em que pese a negativa do interessado, certo é que robustas são as provas que demonstram ter ele nascido na Coreia do Sul. A comprovação de coincidentes impressões digitais; a identidade de filiação de ambos (fls. 71 e 232); a posse de Registro Nacional de Estrangeiro (fl. 283), bem como a confissão acerca do local de nascimento ao Delegado da Polícia Federal (fls. 26/27) autorizam a formação de convencimento no sentido da irregularidade da lavratura do assento de nascimento em comento. Nestes moldes, considerando a falsidade do registro de nascimento, que, em verdade, chama-se, a hipótese é de cancelamento do referido assento de nascimento realizado em 31 de janeiro de 1990. Ademais, considerando que à época dos fatos, outro era o responsável pela Delegação, resta esvaziada a aplicação de qualquer sanção de cunho disciplinar/administrativo" (TJSP – Processo 1051087-76.2017.8.26.0100, Pedido de Providências, *DJe* de 24/07/2019).

Art. 47. Se o oficial do registro civil recusar fazer ou retardar qualquer registro, averbação ou anotação, bem como o fornecimento de certidão, as partes prejudicadas poderão queixar-se à autoridade judiciária, a qual, ouvindo o acusado, decidirá dentro de cinco dias.

§ 1º Se for injusta a recusa ou injustificada a demora, o juiz que tomar conhecimento do fato poderá impor ao oficial multa de um a dez salários-mínimos da região, ordenando que, no prazo improrrogável de vinte e quatro horas, seja feito o registro, a averbação, a anotação ou fornecida certidão, sob pena de prisão de cinco a vinte dias.

§ 2º Os pedidos de certidão feitos por via postal, telegráfica ou bancária serão obrigatoriamente atendidos pelo oficial do registro civil, satisfeitos os emolumentos devidos, sob as penas previstas no parágrafo anterior.

 Referências Normativas

Lei 8.935/1994, arts. 4º e 30.

 Comentários

1. Deveres dos Oficiais Registradores
Os serviços notariais e de registro serão prestados, de modo eficiente e adequado sendo deveres dos notários e dos oficiais de registro atender as partes com eficiência, urbanidade e presteza, bem como observar os prazos legais fixados para a prática dos atos do seu ofício.

O art. 9º, § 1º, desta lei, com a nova redação dada pela Lei 14.382/2022, dispõe que serão contados em dias e horas úteis os prazos estabelecidos para a vigência da prenotação, para os pagamentos de emolumentos e para a prática de atos pelos oficiais dos registros de imóveis, de títulos e documentos e civil de pessoas jurídicas, incluída a emissão de certidões, exceto nos casos previstos em lei e naqueles contados em meses e anos. Ainda que a Lei tenha sido omissa quanto à forma de contagem dos prazos do Registro Civil, pelo princípio da eficiência estende-se que tal dispositivo também é aplicável.

Contudo, os oficiais de Registro gozam de independência jurídica no exercício de suas funções e o controle de legalidade ou qualificação jurídica prévia é a análise dos títulos que se lhe são apresentados com o fim de determinar se mencionados meios cumprem os requisitos legais necessários para a prática do assento correspondente.

Quando, por qualquer motivo, o Registro Civil das Pessoas Naturais não puder efetuar o registro, averbação, anotação ou fornecer certidões, o Oficial deverá certificar a recusa no próprio requerimento ou dará nota explicativa para que o interessado possa, conhecendo os motivos, levá-los ao conhecimento do Juiz Corregedor Permanente. Se o requerente não se conformar com a recusa, deverá ser suscitada dúvida, cumprindo o Oficial o disposto no art. 198 desta Lei.

Atualmente, os pedidos de certidão poderão ser realizados pelos usuários em qualquer Registro Civil do Brasil que estão interligados pela central CRC-Nacional, por e-mail da serventia, no site oficial do Registro Civil www.registrocivil.org.br por meio do portal que é o canal oficial da ARPEN Brasil (Associação dos Registradores de Pessoas Naturais) destinado ao cidadão para solicitar 2ª via de certidões, entre muitos outros serviços.

As certidões fornecidas pelos cartórios geralmente são do tipo "breve relatório", com todas as informações obrigatórias para comprovação de um registro. Mas alguns órgãos solicitam para situações específicas, como, por exemplo, os consulados para o requerimento de cidadania, a apresentação de uma certidão do tipo "inteiro teor", que é a cópia fiel do texto redigido no assento registrado em cartório. O site do Registro Civil ainda não emite ou solicita certidões de inteiro teor. Neste caso, é necessário comparecer ao cartório em que o registro está localizado e solicitar diretamente no balcão de atendimento.

Art. 48. Os juízes farão correição e fiscalização nos livros de registro, conforme as normas da Organização Judiciária.

Referências Normativas

Constituição Federal de 1988, art. 236.
Lei 8.935/1994, art. 37.

Comentários

1. A fiscalização pelo Poder Judiciário

Nos termos do art. 236, § 1º, da Constituição Federal, "os serviços notariais e de registro são exercidos em caráter privado, por delegação do Poder Público" e a "Lei regulará as atividades, disciplinará a responsabilidade civil e criminal dos notários, dos oficiais de registro e de seus prepostos, e definirá a fiscalização de seus atos pelo Poder Judiciário". Cuida-se, portanto, de atividades estatais cujo exercício privado jaz sob a exclusiva fiscalização do Poder Judiciário.

Os notários e registradores estão sujeitos à fiscalização pelo Conselho Nacional de Justiça e pelos Tribunais de Justiça (Corregedoria-Geral de Justiça) na forma do art. 103-B, § 4º, III, da CF, com redação dada pela Emenda Constitucional nº 103, de 2019: "receber e conhecer das reclamações contra membros ou órgãos do Poder Judiciário, inclusive contra seus serviços auxiliares, serventias e órgãos prestadores de serviços notariais e de registro que atuem por delegação do poder público ou oficializados, sem prejuízo da competência disciplinar e correicional dos tribunais, podendo avocar processos disciplinares em curso, determinar a remoção ou a disponibilidade e aplicar outras sanções administrativas, assegurada ampla defesa".

Dessa forma, compete aos Estados-membros, no exercício de sua autonomia administrativa e no desempenho do papel fiscalizador do Poder Judiciário local, inspecionar, ordenar, normatizar e disciplinar a prestação dos serviços notariais e de registro, inclusive com a estipulação de deveres dirigidos aos agentes delegados, relacionados à prestação efetiva e adequada do serviço, com qualidade à população (Lei 8.935/1994, art. 37).

Assim, a função correcional consiste na fiscalização dos serviços notariais e de registro, sendo exercida, em todo o Estado, pelo Corregedor-Geral da Justiça, e, nos limites de suas atribuições com o auxílio dos Juízes de Direito com atribuição extrajudicial, conforme organização judiciária estadual.

Convém salientar que a fiscalização estatal não compromete o exercício da atividade do notário e do registrador como profissionais do direito e de atuar com independência no exercício de suas atribuições (Lei 8.935/1994, art. 28). A finalidade da fiscalização é de zelar para que os serviços notariais e de registro sejam prestados com rapidez, qualidade satisfatória e de modo eficiente à coletividade (Lei 8.935/1994, art. 38).

As normas de organização judiciária de cada estado regularão o exercício da função correcional que deverá ser permanente no que diz respeito a fiscalização rotineira das atividades inerentes ao cargo, que ocorre regularmente por meio de relatórios gerados por sistema (correição *online*).

Ainda, as correições serão ordinárias, as quais deverão ocorrer anualmente em todos os serviços notariais e de registro, e extraordinária, a qual consiste em uma fiscalização excepcional que poderá ocorrer a qualquer tempo. Quanto à forma, as correições poderão ser realizadas de forma virtual ou presencial.

Segundo Alberto Gentil de Almeida Pedroso,[3] a função correcional, ainda que exercida permanentemente pelo Poder Judiciário, pode ser classificada em duas espécies:

a. Função correcional DIRETA (ou típica) – é aquela em que o Juiz Corregedor Permanente (Corregedor-Geral ou mesmo o Corregedor Nacional) atua com o propósito precípuo, direto, de fiscalizar a atividade extrajudicial por meio de ato formal destinado à verificação da regularidade dos serviços. São hipóteses de função correcional direta: **inspeção** (arts. 48 e seguintes do Regimento Interno do CNJ), **correição ordinária** (ato de fiscalização anual, previamente noticiado com a publicação de edital, que incidirá sobre todos os serviços notariais e de registro sujeitos ao poder correcional, lavrando-se o correspondente termo no livro próprio), **correição extraordinária** (consiste na fiscalização excepcional, realizável a qualquer momento e sem prévio edital, podendo ser geral ou parcial, conforme abranja todos os serviços notariais e de registro da comarca, ou apenas alguns, lavrando-se o correspondente termo no livro próprio), **visita correcional** (consiste na fiscalização, dispensada a publicação de edital, direcionada à verificação da regularidade de funcionamento da unidade, à verificação de saneamento de irregularidades constatadas em correições ou ao exame de algum aspecto da regularidade ou da continuidade dos serviços e atos praticados, lavrando-se o correspondente termo no livro próprio), assim como **qualquer outra figura tipificada em lei com regulamentação interna dos tribunais com o propósito específico de fiscalização**, "para a observância da continuidade, celeridade, qualidade, eficiência, regularidade e urbanidade na prestação dos serviços notariais e de registro, assegurados o acesso direto ao notário ou registrador pelo usuário e o atendimento específico das pessoas consideradas por lei vulneráveis ou hipossuficientes" (item 2, Cap. XIII, das NSCGJ/SP).

b. Função correcional INDIRETA (ou atípica) – é aquela em que o objeto central de análise no expediente administrativo não é o exercício da atividade fiscalizatória propriamente dita, tratando-se de tema indiretamente examinado pela autoridade correcional. No procedimento da dúvida imobiliária, o interessado (ou qualquer legitimado) não inicia o expediente com o objetivo inaugural (em tese) de promoção de uma ação fiscalizatória contra o delegatário do

---

[3]   GENTIL, Alberto. *Registros públicos*. 3. ed. São Paulo: Método, 2022.

serviço extrajudicial (contra a sua forma de atuação, atendimento, observância dos deveres do art. 30 da Lei 8.935/1994 etc.); pretende o interessado o afastamento de uma exigência para o registro de um título (dispensa de um documento, interpretação diversa da lei, das normas ou provimento). Todavia, o Juiz Corregedor Permanente da análise do reclamo formulado pode entender pertinente a extração de cópias para instauração de um processo administrativo ou sindicância para apuração de fatos decorrentes de sua percepção fiscalizatório-correcional. De igual modo, pode o magistrado com atribuição correcional, diante de um pedido de providência, reclamação, representação, consulta ou qualquer outra figura administrativa que almeje precipuamente objeto diverso da ação fiscalizatória, examinar a atuação do delegatário e orientá-lo, corrigi-lo ou até determinar a instauração de expediente próprio para exame de faltas administrativas (o que não pode ocorrer dentro de expediente aleatório, não próprio, sob pena de afronta ao direito de defesa e contraditório).

Art. 49. Os oficiais do registro civil remeterão à Fundação Instituto Brasileiro de Geografia e Estatística, dentro dos primeiros oito dias dos meses de janeiro, abril, julho e outubro de cada ano, um mapa dos nascimentos, casamentos e óbitos ocorridos no trimestre anterior.

§ 1º A Fundação Instituto Brasileiro de Geografia e Estatística fornecerá mapas para a execução do disposto neste artigo, podendo requisitar aos oficiais do registro que façam as correções que forem necessárias.

§ 2º Os oficiais que, no prazo legal, não remeterem os mapas, incorrerão na multa de um a cinco salários-mínimos da região, que será cobrada como dívida ativa da União, sem prejuízo da ação penal que no caso couber.

§ 3º No mapa de que trata o *caput* deverá ser informado o número da identificação da Declaração de Nascido Vivo. *(Redação dada pela Lei nº 12.662, de 2012)*

§ 4º Os mapas dos nascimentos deverão ser remetidos aos órgãos públicos interessados no cruzamento das informações do registro civil e da Declaração de Nascido Vivo conforme o regulamento, com o objetivo de integrar a informação e promover a busca ativa de nascimentos. *(Incluído pela Lei nº 12.662, de 2012)*

§ 5º Os mapas previstos no *caput* e no § 4º deverão ser remetidos por meio digital quando o registrador detenha capacidade de transmissão de dados. *(Incluído pela Lei nº 12.662, de 2012)*

📖 Comentários

1. Informações aos órgãos públicos

Além do atendimento direto ao cidadão, os Registros Civis proporcionam a diversos órgãos públicos informações relevantes para produção estatística, gerenciamento de dados e otimização de vários sistemas de órgãos públicos como IBGE, Seade, INSS, Justiça Eleitoral, Ministério da Justiça, Ministério da Defesa, Secretaria Estadual da Fazenda e Institutos de Identificação (ARPEN, 2020).

O Instituto Brasileiro de Geografia e Estatística (IBGE) mensura esses dados, com base no estudo demográfico populacional e nas informações enviadas pelos registradores.

CAPÍTULO IV
DO NASCIMENTO

Art. 50. Todo nascimento que ocorrer no território nacional deverá ser dado a registro, no lugar em que tiver ocorrido o parto ou no lugar da residência dos pais, dentro do prazo de quinze dias, que será ampliado em até três meses para os lugares distantes mais de trinta quilômetros da sede do cartório. *(Redação dada pela Lei nº 9.053, de 1995)*

§ 1º Quando for diverso o lugar da residência dos pais, observar-se-á a ordem contida nos itens 1º e 2º do art. 52. *(Incluído pela Lei nº 9.053, de 1995)*

§ 2º Os índios, enquanto não integrados, não estão obrigados a inscrição do nascimento. Este poderá ser feito em livro próprio do órgão federal de assistência aos índios. *(Renumerado do § 1º, pela Lei nº 9.053, de 1995)*

§ 3º Os menores de vinte e um anos e maiores de dezoito anos poderão, pessoalmente e isentos de multa, requerer o registro de seu nascimento. *(Renumerado do § 2º, pela Lei nº 9.053, de 1995)*

§ 4º É facultado aos nascidos anteriormente à obrigatoriedade do registro civil requerer, isentos de multa, a inscrição de seu nascimento. *(Renumerado do § 3º, pela Lei nº 9.053, de 1995)*

§ 5º Aos brasileiros nascidos no estrangeiro se aplicará o disposto neste artigo, ressalvadas as prescrições legais relativas aos consulados. *(Renumerado do § 4º, pela Lei nº 9.053, de 1995)*

Referências Normativas

Estatuto do Índio (Lei 6.001/1973), arts. 12 e 13.
Lei 12.662/2012.
Código Nacional de Normas (CNN, Provimento 149/2023).

Comentários

1. Competência e prazo para o Registro de Nascimento

Quanto ao registro de nascimento, o Pacto Internacional dos Direitos Civis e Políticos da Organização das Nações Unidas, estabeleceu em seu art. 24, que toda criança tem o direito de ser registrada imediatamente após seu nascimento, recebendo um nome e uma nacionalidade. Do mesmo modo, a Convenção dos Direitos da Criança, aprovada em 20 de novembro de 1989, pela Resolução 44/25 da Assembleia-Geral das Nações Unidas, com vigência internacional a partir de 02 de setembro de 1990 e adotada pelo Brasil em 21 de novembro de 1990, pelo Decreto 99.710, estabelece em seus arts. 7º e 8º o direito do registro de nascimento, nacionalidade e identidade, bem como estabelece o dever dos estados signatários em proporcionar os meios para que estes direitos sejam efetivamente alcançados.
Assim, apesar de o registro de nascimento ser um direito universal, e ainda com as diversas campanhas de combate ao sub-registro de nascimento, muitos brasileiros ainda não foram registrados e estão à margem da sociedade sem conseguir exercer sua cidadania.
A competência para o registro de nascimento está atrelada ao princípio da territorialidade, segundo o qual todo nascimento que ocorrer no território nacional deverá ser dado a registro, no lugar em que tiver ocorrido o parto ou no lugar da residência dos pais. Entretanto, o registro praticado fora dos limites da competência, em face a falta funcional, não deverá ser considerado nulo, sujeitando-se os Oficiais responsáveis às penas legais.
Tendo em vista essa importância do registro civil de nascimento, a lei impõe a obrigatoriedade do registro dentro do prazo de 15 dias, a partir do parto, o qual poderá ser prorrogado em caso de falta ou impedimento dos pais (art. 52, item 2º) por mais 45 dias, sendo o total, neste caso, de 60 dias. Ainda, será ampliado em até três meses quando o local do nascimento for distante mais de 30 quilômetros da sede do cartório, sendo que atualmente, com a capilaridade do registro civil em todos os municípios e até em muitos distritos do Brasil, bem como o fato de a maior parte dos nascimentos ocorrer em estabelecimentos hospitalares, esta regra praticamente não é mais aplicável. Fora desses prazos, o registro de nascimento seguirá o disposto no art. 46 desta Lei.
Com a Lei 12.662/2012, a Declaração de Nascido Vivo (DNV) passou a ter validade em todo o território nacional até que seja lavrado o assento do registro do nascimento e passou a ser emitida para todos os nascimentos com vida ocorridos no país e válida exclusivamente para fins de elaboração de políticas públicas e lavratura do assento de nascimento. Contudo, a DNV não substitui ou dispensa, em qualquer hipótese, o registro civil de nascimento, obrigatório e gratuito, nos termos da Lei. Caso ocorram nascimentos frutos de partos sem assistência de profissionais da saúde ou

parteiras tradicionais, a DNV será emitida pelos Oficiais de Registro Civil que lavrarem o registro de nascimento, sempre que haja demanda das Secretarias Estaduais ou Municipais de Saúde para que realizem tais emissões.

No tocante aos indígenas, o assento de nascimento de indígena não integrado no Registro Civil das Pessoas Naturais é facultativo. Ainda, observa-se a sensibilidade da norma quando dispõe que deve ser lançado, a pedido do apresentante, o nome indígena do registrando, de sua livre escolha, não sendo caso de aplicação do art. 55, parágrafo único da Lei 6.015/1973.

Ainda, no caso de registro de indígena, a etnia do registrando pode ser lançada como sobrenome, a pedido do interessado, bem como a aldeia de origem do indígena e a de seus pais poderão constar como informação a respeito das respectivas naturalidades, juntamente com o município de nascimento. Nos casos em que haja alterações de nome no decorrer da vida em razão da cultura ou do costume indígena, haverá também a possibilidade de tais alterações serem averbadas à margem do registro na forma do art. 57 da Lei 6.015/1973.

Art. 51. Os nascimentos ocorridos a bordo, quando não registrados nos termos do art. 64, deverão ser declarados dentro de cinco dias, a contar da chegada do navio ou aeronave ao local do destino, no respectivo cartório ou consulado.

Referências Normativas

Lei 6.015/1973, arts. 31, 64 e 65.

Comentários

Como se vê, o artigo em comento possuía previsão em legislações anteriores, ao tempo em que a ocorrência de nascimentos e óbitos a bordo de navios eram comuns, justificando, portanto, a regulação desses fatos concernentes ao Registro Civil de Pessoas Naturais. Por uma questão metodológica, este artigo deverá ser lido conjuntamente com os arts. 31, 64 e 65 desta Lei.

Art. 52. São obrigados a fazer declaração de nascimento:

1º) o pai ou a mãe, isoladamente ou em conjunto, observado o disposto no § 2º do art. 54; *(Redação dada pela Lei nº 13.112, de 2015)*

2º) no caso de falta ou de impedimento de um dos indicados no item 1º, outro indicado, que terá o prazo para declaração prorrogado por 45 (quarenta e cinco) dias; *(Redação dada pela Lei nº 13.112, de 2015)*

3º) no impedimento de ambos, o parente mais próximo, sendo maior achando-se presente;

4º) em falta ou impedimento do parente referido no número anterior, os administradores de hospitais ou os médicos e parteiras, que tiverem assistido o parto;

5º) pessoa idônea da casa em que ocorrer, sendo fora da residência da mãe;

6º) finalmente, as pessoas (VETADO) encarregadas da guarda do menor.

§ 1º Quando o oficial tiver motivo para duvidar da declaração, poderá ir à casa do recém-nascido verificar a sua existência, ou exigir a atestação do médico ou parteira que tiver assistido o parto, ou o testemunho de duas pessoas que não forem os pais e tiverem visto o recém-nascido.

§ 2º Tratando-se de registro fora do prazo legal o oficial, em caso de dúvida, poderá requerer ao juiz as providências que forem cabíveis para esclarecimento do fato.

§ 3º O oficial de registro civil comunicará o registro de nascimento ao Ministério da Economia e ao INSS pelo Sistema Nacional de Informações de Registro Civil (Sirc) ou por outro meio que venha a substituí-lo. *(Incluído pela Lei nº 13.846, de 2019)*

Referências Normativas

Lei 13.846/2019.
Normas de Serviço da Corregedoria-Geral da Justiça do Estado de São Paulo.

Comentários

1. Declarantes do registro de nascimento

A obrigação de fazer a declaração de nascimento é conjunta do pai e da mãe, os quais poderão realizar a declaração isoladamente, observados os prazos legais. Em alguns estados, a exemplo de São Paulo, a normativa estadual considera que havendo a apresentação da Declaração de Nascido Vivo (DNV), a obrigação de declarar o nascimento poderá ser feita por qualquer dos legitimados indicados nesse artigo.

Os declarantes que não portarem documento de identificação deverão ser identificados na forma do art. 215, § 5º, do Código Civil, participando do ato duas testemunhas que os conheçam e atestem as suas identidades.

Considera-se documento de identidade a identificação civil nacional (ICN), instituída pela Lei 13.444, de 11 de maio de 2017, a carteira de identidade expedida pelos órgãos de identificação civil dos estados, a Carteira Nacional de Habilitação instituída pela Lei 9.503/1997, inclusive em formato digital, passaporte expedido pela autoridade competente e carteira de exercício profissional emitida pelos Órgãos criados por Lei Federal, nos termos da Lei 6.206/1975.

Consideram-se documento de identidade da pessoa nacional de outro país ou apátrida, desde que contenham fotografia, o passaporte; o *laissez-passer*; a autorização de retorno; o salvoconduto; a carteira de identidade de marítimo; a carteira de matrícula consular; o documento de identidade civil ou documento estrangeiro equivalente, quando admitidos em tratado de que o Brasil seja parte; o certificado de membro de tripulação de transporte aéreo; a carteira de Registro Nacional do Estrangeiro (RNE), expedido pela Polícia Federal, que passou a ser denominado Registro Nacional Migratório (RNM); a carteira de Registro Nacional Migratório (RNM), inclusive em formato eletrônico. Considera-se, ainda, documento de identidade da pessoa solicitante de refúgio, de asilo, de registro nacional migratório, de reconhecimento de apatridia ou de acolhimento humanitário o documento comprobatório de que solicitou à autoridade competente, desde que contenha foto.

> **Art. 53.** No caso de ter a criança nascido morta ou no de ter morrido na ocasião do parto, será, não obstante, feito o assento com os elementos que couberem e com remissão ao do óbito.
>
> § 1º No caso de ter a criança nascido morta, será o registro feito no livro "C Auxiliar", com os elementos que couberem.
>
> § 2º No caso de a criança morrer na ocasião do parto, tendo, entretanto, respirado, serão feitos os dois assentos, o de nascimento e o de óbito, com os elementos cabíveis e com remissões recíprocas.

Referências Normativas

Código Nacional de Normas (CNN, Provimento 149/2023).
Recomendação 50/2022, da Corregedoria Nacional de Justiça.

Comentários

1. Registro do natimorto e da criança que morreu na ocasião do parto

O artigo em comento prevê duas espécies de registro. A primeira parte do artigo refere-se ao natimorto, ou seja, aquela criança que "nasceu morta", considerado o feto que foi expulso do útero sem vida. A segunda parte é a da criança que nasceu, respirou mas morreu na ocasião do parto. Para o primeiro caso, do natimorto, o seu registro é lavrado em livro especial, denominado Livro C Auxiliar, com os elementos do óbito que ao caso couberem, sendo emitido pelo médico a declaração de óbito.

Para o segundo caso, se a criança morrer na ocasião do parto, tendo nascido (constatado pela respiração e outros sinais vitais pelo médico), serão feitos dois registros: um de nascimento no Livro A, e outro de óbito no Livro C, com as remissões e anotações recíprocas, sendo emitidas pelo médico a declaração de nascido vivo e a declaração de óbito.

Quanto à verificação do nascimento com vida ou sem vida, no Brasil entende-se que há nascimento com vida quando a criança respira, pela exatidão científica dessa evidência como sinal vital. A respiração é verificada pela docimasia pulmonar hidrostática de Galeno, atualmente a medicina dispõe de técnicas mais modernas e eficazes para tal constatação.

Assim, se a criança respirou, aplica-se o § 2º do art. 53. Se não respirou, aplica-se o § 1º do mesmo artigo.

No caso de natimorto, para estabelecimento da filiação, aplicam-se as regras do nascimento. Caso não haja presunção de paternidade decorrente do casamento ou da união estável, dependerá de declaração do pai no ato do registro no Livro C Auxiliar para se estabelecer a paternidade.

Quanto ao nome, o princípio da dignidade da pessoa humana permite que no assento do natimorto seja atribuído o nome ao feto pelos pais ou declarante, que não poderá ser idêntico ao nome de outro filho. Nesse sentido é o Enunciado 3 da Arpen/SP: A atribuição de nome ao natimorto é facultativa, mas, uma vez registrado o nome, não será possível registrar outro filho como o mesmo prenome, devendo ser usado então duplo prenome ou nome completo diverso.

Conforme a Recomendação 50/2022 da Corregedoria Nacional de Justiça, recomenda-se aos registradores civis que promovam o registro de nascimento e de natimorto, independentemente da apresentação dos números de inscrição no CPF dos respectivos pais (biológicos ou socioafetivos), ofertando prioridade à erradicação do sub-registro. Ainda, nas situações em que os pais do registrando não estejam previamente cadastrados na base de dados da Receita Federal do Brasil, os oficiais de registro providenciem o assento de nascimento ou o registro de óbito exclusivamente à vista dos elementos essenciais descritos nos números 1 a 11 do art. 54 da Lei 6.015/1973, com observância do regramento constante do Código Nacional de Normas (CNN, Provimento 149/2023). Considerou-se que a Lei 13.846/2019, de cunho previdenciário, alterou a Lei 8.212/1991, mas não alterou a Lei 6.015/1973 no que tange aos requisitos para lavratura do assento de nascimento ou para registro de criança nascida morta.

Art. 54. O assento do nascimento deverá conter:

1º) o dia, mês, ano e lugar do nascimento e a hora certa, sendo possível determiná-la, ou aproximada;

2º) o sexo do registrando;

3º) o fato de ser gêmeo, quando assim tiver acontecido;

4º) o nome e o prenome, que forem postos à criança;

5º) a declaração de que nasceu morta, ou morreu no ato ou logo depois do parto;

6º) a ordem de filiação de outros irmãos do mesmo prenome que existirem ou tiverem existido;

7º) os nomes e prenomes, a naturalidade, a profissão dos pais, o lugar e cartório onde se casaram, a idade da genitora, do registrando em anos completos, na ocasião do parto, e o domicílio ou a residência do casal.

8º) os nomes e prenomes dos avós paternos e maternos;

9º) os nomes e prenomes, a profissão e a residência das duas testemunhas do assento, quando se tratar de parto ocorrido sem assistência médica em residência ou fora de unidade hospitalar ou casa de saúde; *(Redação dada pela Lei nº 13.484, de 2017)*

10) o número de identificação da Declaração de Nascido Vivo, com controle do dígito verificador, exceto na hipótese de registro tardio previsto no art. 46 desta Lei; e *(Redação dada pela Lei nº 13.484, de 2017)*

11) a naturalidade do registrando. *(Incluído pela Lei nº 13.484, de 2017)*

§ 1º Não constituem motivo para recusa, devolução ou solicitação de retificação da Declaração de Nascido Vivo por parte do Registrador Civil das Pessoas Naturais:

I – equívocos ou divergências que não comprometam a identificação da mãe; *(Incluído pela Lei nº 12.662, de 2012)*

II – omissão do nome do recém-nascido ou do nome do pai; *(Incluído pela Lei nº 12.662, de 2012)*

III – divergência parcial ou total entre o nome do recém-nascido constante da declaração e o escolhido em manifestação perante o registrador no momento do registro de nascimento, prevalecendo este último; *(Incluído pela Lei nº 12.662, de 2012)*

IV – divergência parcial ou total entre o nome do pai constante da declaração e o verificado pelo registrador nos termos da legislação civil, prevalecendo este último; *(Incluído pela Lei nº 12.662, de 2012)*

V – demais equívocos, omissões ou divergências que não comprometam informações relevantes para o registro de nascimento. *(Incluído pela Lei nº 12.662, de 2012)*

§ 2º O nome do pai constante da Declaração de Nascido Vivo não constitui prova ou presunção da paternidade, somente podendo ser lançado no registro de nascimento quando verificado nos termos da legislação civil vigente. *(Incluído pela Lei nº 12.662, de 2012)*

§ 3º Nos nascimentos frutos de partos sem assistência de profissionais da saúde ou parteiras tradicionais, a Declaração de Nascido Vivo será emitida pelos Oficiais de Registro Civil que lavrarem o registro de nascimento, sempre que haja demanda das Secretarias Estaduais ou Municipais de Saúde para que realizem tais emissões. *(Incluído pela Lei nº 12.662, de 2012)*

§ 4º A naturalidade poderá ser do Município em que ocorreu o nascimento ou do Município de residência da mãe do registrando na data do nascimento, desde que localizado em território nacional, e a opção caberá ao declarante no ato de registro do nascimento. *(Incluído pela Lei nº 13.484, de 2017)*

§ 5º O oficial de registro civil de pessoas naturais do Município poderá, mediante convênio e desde que não prejudique o regular funcionamento da serventia, instalar unidade interligada em estabelecimento público ou privado de saúde para recepção e remessa de dados, lavratura do registro de nascimento e emissão da respectiva certidão. *(Incluído pela Lei nº 14.382, de 2022)*

Referências Normativas

Lei 8.560/1992.
Lei 12.662/2012.
Lei 13.484/2017.
Lei 13.709/2018.
Código Nacional de Normas (CNN, Provimento 149/2023).

Comentários

1. Elementos do registro de nascimento e certidões

A Lei 12.662/2012 assegurou a validade nacional da DNV, já implantada pelo Ministério da Saúde desde 1990 para o registro de dados no Sistema de Informações sobre Nascidos Vivos (Sinasc), dispondo que esta terá validade em todo o território nacional até que seja lavrado o assento do registro do nascimento. Entretanto, a DNV não substitui ou dispensa, em qualquer hipótese, o registro civil de nascimento, obrigatório e gratuito.

A DNV será emitida para todos os nascimentos com vida ocorridos no país e será válida exclusivamente para fins de elaboração de políticas públicas e lavratura do assento de nascimento, posto que dela será extraída grande parte das informações, tais como: nome e prenome da criança; dia, mês, ano, hora ou hora aproximada e município de nascimento; sexo da criança; informação sobre gestação múltipla, quando for o caso; nome e prenome, naturalidade, profissão, endereço de residência da mãe e sua idade na ocasião do parto; nome e prenome do pai, sendo este último facultativo, uma vez que o nome do pai constante da DNV não constitui prova ou presunção da paternidade, somente podendo ser lançado no registro de nascimento quando verificado nos termos da legislação civil vigente. Os elementos que não constarem na DNV serão informados pelo declarante.

Quanto ao sexo do registrando **(item 2),** o Código Nacional de Normas (CNN, Provimento 149/2023) dispõe sobre o assento de nascimento no Registro Civil das Pessoas Naturais nos casos em que o campo sexo da Declaração de Nascido Vivo (DNV) ou na Declaração de Óbito (DO) fetal tenha sido preenchido "ignorado". Assim, haverá três opções à pessoa responsável pelo preenchimento: "masculino", "feminino" e "ignorado".

Em razão disso, verificado pelo oficial ou preposto que na DNV o campo sexo foi preenchido "ignorado", o assento de nascimento será lavrado registrando-se o sexo como "ignorado". Ainda, o oficial recomendará ao declarante a escolha de prenome comum aos dois sexos, ou seja, um prenome neutro. Recusada a sugestão, o registro deve ser feito com o prenome indicado pelo declarante.

Posteriormente ao registro, a designação de sexo será feita por opção, a ser realizada a qualquer tempo e averbada no registro civil de pessoas naturais, independentemente de autorização judicial ou de comprovação de realização de cirurgia de designação sexual ou de tratamento hormonal, ou de apresentação de laudo médico ou psicológico. Será facultada a mudança do prenome juntamente com a opção pela designação de sexo. Averbada a opção, nenhuma observação sobre sexo ou nome constantes inicialmente do assento, sobre a opção ou sobre sua averbação constarão nas certidões do registro. Somente por solicitação da pessoa registrada ou por determinação judicial poderá ser expedida certidão sobre inteiro teor do conteúdo registral.

Quanto à cor do registrando **(item 2)**, a Lei 13.709/2018, em seu art. 5º, inciso II, dispõe ser dado pessoal sensível o dado pessoal sobre **origem racial ou étnica**, convicção religiosa, opinião política, filiação a sindicato ou a organização de caráter religioso, filosófico ou político, dado referente à saúde ou à vida sexual, dado genético ou biométrico, quando vinculado a uma pessoa natural. A raça é definida por uma ancestralidade comum, a divisão de um passado histórico e o lugar ocupado na sociedade. A etnia é definida como genealogia, costumes e tradições compartilhadas, seja real ou afirmada. Portanto, as raças seriam distinguidas pelas características fenotípicas, como cor da pele, do cabelo e dos olhos. Assim, o elemento cor do registrando será considerado um dado sensível que deverá receber o tratamento adequado conferido pela Lei Geral de Proteção de Dados Pessoais (LGPD).

Em razão disso, o Código Nacional de Normas (CNN, Provimento 149/2023), o qual estabelece medidas a serem adotadas pelas serventias extrajudiciais em âmbito nacional para o processo de adequação à Lei Geral de Proteção de Dados Pessoais, dispõe que nas certidões de breve relato deverão constar somente as informações previstas no Provimento 149/2023, sendo que qualquer outra informação solicitada pela parte constante do registro ou anotações e averbações posteriores somente poderá ser fornecida por meio de certidão por quesitos ou por inteiro teor, de acordo com as disposições previstas no Provimento. O modelo de certidão de nascimento breve relatório não possui campo para publicização do elemento cor. Assim, somente por requerimento de certidão em inteiro teor e, de acordo com as regras de requerimento e autorização para expedição desta, será obtida a informação do elemento cor do registro de nascimento.

Ressalta-se que o elemento cor está presente no modelo de certidão de óbito, no formato breve relatório do Provimento 149/2023, entretanto, o próprio provimento estabelece que não é necessário requerimento ou autorização judicial para emissão de certidão de óbito em nenhuma de suas modalidades, aqui incluídas as em inteiro teor, pois as restrições relativas aos dados sensíveis elencados pelo inciso II do art. 5º da Lei 13.709/2018 não se aplicam ao caso de pessoa falecida. Contudo, para a expedição de certidões de nascimento e de casamento, após o falecimento do titular do dado sensível, poderão ser fornecidas aos parentes em linha reta, independentemente de autorização judicial.

O fato de ser gêmeo, quando assim tiver acontecido (**item 3**), deverá seguir o disposto no art. 63 desta Lei. O registrador civil ou preposto deverá ficar atento ao Bloco V da DNV o qual refere a gestação e parto, mais especificamente ao campo 35, que tem como título "tipo de gravidez". Cada alternativa se refere ao número de conceptos ("única" para um, "dupla" para gêmeos, "tripla ou mais" para trigêmeos ou mais). No caso de gestações múltiplas, deverá ser emitida uma DNV para cada recém-nascido vivo, identificada como 1º gemelar, 2º gemelar, 3º gemelar. Contudo, a gestação gemelar não significa que necessariamente nasceram duas crianças. Esse fato deverá ser confirmado pelo declarante.

Quanto ao nome e o prenome que forem postos à criança (**item 4**), a omissão, divergência parcial ou total entre o nome do recém-nascido constante da DNV e o escolhido em manifestação perante o registrador no momento do registro de nascimento, prevalecerá este último. Quanto ao nome e o prenome postos à criança, deverá ser observado o art. 55 desta Lei.

Em relação à ordem de filiação de outros irmãos (**item 6**) e ao lugar e cartório onde se casaram os pais (**item 7**), a Lei 8.560, de 29 de dezembro de 1992 em seu art. 5º, dispõe que no registro de nascimento não se fará qualquer referência à natureza da filiação, à sua ordem em relação a outros irmãos do mesmo prenome, exceto gêmeos, ao lugar e cartório do casamento dos pais e ao estado civil destes. Assim, não deverá constar, em qualquer caso, o estado civil dos pais e a natureza da filiação, bem como o lugar e cartório do casamento, restando proibida, também, a referência à presente lei.

Quanto à naturalidade do registrando (**item 11**), esta poderá ser do município em que ocorreu o nascimento ou do município de residência da mãe ou do pai do registrando na data do nascimento, desde que localizado em território nacional, e a opção caberá ao declarante no ato de registro do nascimento. Tal opção foi possibilitada pela Lei 13.484, de 26/9/2017. Ainda que na lei conste expressamente o município de residência da mãe, esta deverá ser interpretada como município de residência da mãe ou do pai do registrando na data do nascimento, à luz do princípio da igualdade entre homens e mulheres no que diz respeito ao poder familiar. Assim, a naturalidade da criança não estará apenas vinculada ao seu lugar de nascimento, elemento este que também estará presente no registro de nascimento (**item 1**). Se o lugar de nascimento e a residência dos pais forem municípios diversos, e a opção de naturalidade se der pelo local de residência, constará no campo naturalidade o município de residência escolhido e o campo lugar de nascimento o município em que ocorreu o nascimento. Para os nascimentos ocorridos antes da vigência da Lei 13.484/2017, a naturalidade será o lugar de nascimento exclusivamente.

Ainda, o número do CPF do recém-nascido é obrigatório por força do Código Nacional de Normas (CNN, Provimento 149/2023), posto que todas as certidões de nascimento, casamento e óbito deverão ser expedidas com o número de CPF. A inscrição do CPF da criança será gerada conjuntamente com o ato do registro de nascimento, possibilitada pelo convênio da Arpen com a Receita Federal do Brasil e disponibilizada pela plataforma da CRC. Entretanto, havendo a indisponibilidade do serviço no momento do registro, este não poderá ser obstado e será averbado posteriormente, na margem do assento.

Por fim, equívocos, omissões ou divergências que não comprometam informações relevantes para o registro de nascimento ou a identificação da mãe, não constituem motivo para recusa, devolução ou solicitação de retificação da DNV por parte do Registrador Civil das Pessoas Naturais. Assim, eventual divergência entre o endereço de residência da genitora constante na DNV e o declarado no momento do registro poderá ser sanada mediante apresentação de comprovante de residência ou declaração a ser arquivada em conjunto com a DNV.

Assim, o artigo em comento servirá como roteiro para a lavratura de assento de nascimento, restando arquivada, em classificador próprio e específico, a segunda via da respectiva DNV (folha amarela), expedida pela maternidade ou estabelecimento hospitalar, de onde foram extraídos ou conferidos os dados do nascimento.

2. As Unidades Interligadas

O § 5º do presente artigo foi introduzido pela Lei 14.382/2022 e trata das Unidades Interligadas do Registro Civil das Pessoas Naturais. Referida proposta não representa novidade no âmbito registral, vez que o modelo de registro de nascimento realizado em maternidade por meio da recepção e remessa de dados já é regulamentado pelo Código Nacional de Normas (CNN, Provimento 149/2023).

Entretanto, o legislador, aparentemente, buscou dar contornos legais à matéria, diante de algumas distorções que vinham sendo observadas na prática.

O primeiro aspecto relevante diz respeito ao caráter facultativo da implantação da Unidade Interligada pelo Oficial de Registro Civil das Pessoas Naturais.

É cediço que a Unidade Interligada representa meio eficaz no combate ao sub-registro de nascimento no Brasil, responsável, em grande parte, pela queda abrupta dos índices de crianças não registradas em nosso país.

No entanto, a instalação de Unidade Interligada não pode sacrificar o regular funcionamento do serviço prestado na sede do Oficial de Registro Civil interligado. Isto porque, as condições financeiras do registrador civil são limitadas, especialmente nas pequenas cidades, e a obrigatoriedade de instalação de Unidade Interligada pode representar ônus insuportável ao registrador, em prejuízo de todos os demais serviços prestados pela unidade.

Ademais, o legislador confirma o convênio como instrumento hábil para formalização da instalação da Unidade Interligada, o que reforça seu caráter consensual, além de possibilitar sua instalação tanto em estabelecimento público como privado que realizam partos.

> **Art. 55.** Toda pessoa tem direito ao nome, nele compreendidos o prenome e o sobrenome, observado que ao prenome serão acrescidos os sobrenomes dos genitores ou de seus ascendentes, em qualquer ordem e, na hipótese de acréscimo de sobrenome de ascendente que não conste das certidões apresentadas, deverão ser apresentadas as certidões necessárias para comprovar a linha ascendente. *(Redação dada pela Lei nº 14.382, de 2022)*
>
> § 1º O oficial de registro civil não registrará prenomes suscetíveis de expor ao ridículo os seus portadores, observado que, quando os genitores não se conformarem com a recusa do oficial, este submeterá por escrito o caso à decisão do juiz competente, independentemente da cobrança de quaisquer emolumentos. *(Incluído pela Lei nº 14.382, de 2022)*
>
> § 2º Quando o declarante não indicar o nome completo, o oficial de registro lançará adiante do prenome escolhido ao menos um sobrenome de cada um dos genitores, na ordem que julgar mais conveniente para evitar homonímias. *(Incluído pela Lei nº 14.382, de 2022)*
>
> § 3º O oficial de registro orientará os pais acerca da conveniência de acrescer sobrenomes, a fim de se evitar prejuízos à pessoa em razão da homonímia. *(Incluído pela Lei nº 14.382, de 2022)*
>
> § 4º Em até 15 (quinze) dias após o registro, qualquer dos genitores poderá apresentar, perante o registro civil onde foi lavrado o assento de nascimento, oposição fundamentada ao prenome e sobrenomes indicados pelo declarante, observado que, se houver manifestação consensual dos genitores, será realizado o procedimento de retificação administrativa do registro, mas, se não houver consenso, a oposição será encaminhada ao juiz competente para decisão. *(Incluído pela Lei nº 14.382, de 2022)*

Referências Normativas

Código Civil (Lei 10.406/2002), art. 16.

Comentários

1. O direito ao nome e a sua composição

A Convenção sobre os Direitos da Criança, ratificada pelo Brasil em setembro de 1990, em seu art. 7º dispõe que a criança será registrada imediatamente após seu nascimento e terá direito, desde o momento em que nasce, a um nome, a uma nacionalidade e, na medida do possível, a conhecer seus pais e a ser cuidada por eles.

No plano internacional, relevante para o histórico do Registro Civil no Brasil é o fato de que, em 1992, o Brasil ratificou o Pacto de São José da Costa Rica (Convenção Americana Sobre Direitos Humanos, 1969), cujo art. 18 estabelece que toda pessoa tem direito a um prenome e aos nomes de seus pais ou de um destes, inclusive mediante nomes fictícios, quando necessários. Com efeito, o nome é um direito conferido a toda pessoa humana.

O Código Civil, no Capítulo dos Direitos da Personalidade, preceitua no art. 16 que toda pessoa tem direito ao nome, nele compreendidos o prenome e o sobrenome. Assim, o nome é considerado pela melhor doutrina o elemento identificador da personalidade.

Partindo-se dessa premissa, seguindo as palavras de Maria Celina Bodin de Moraes,[4] "reconhecer um direito ao nome significa, em primeiro lugar, considerá-lo um elemento da personalidade individual. Nessa medida, o nome não serve apenas para designar a pessoa humana, mas também, e principalmente, para proteger a esfera privada e o interesse da identidade do indivíduo, direito da sua personalidade".

Quanto à sua composição, o **prenome** poderá ser simples ou composto. O **sobrenome** também é conhecido como **nome de família ou patronímico**. Este último determina a origem ou a procedência familiar de uma pessoa e também pode ser simples ou composto.

Os Oficiais de Registro Civil poderão orientar os pais acerca da conveniência de acrescer mais de um sobrenome ao prenome dos filhos, a fim de se evitar prejuízos à pessoa em razão da homonímia. Ressalta-se que na legislação brasileira não há limitação para a quantidade de sobrenomes.

Por costume, muitas vezes se coloca um primeiro sobrenome da família da mãe e, o segundo, da família do pai. Mas a lei não determina que isso seja feito dessa forma. A escolha dos sobrenomes ou nomes de família é bastante livre, podendo ser, de um lado só, ou usar sobrenomes de outros ascendentes, mesmo que os pais não assinem. Ainda, não há uma preferência do sobrenome paterno ao final.

O *caput* deste artigo, com nova redação dada pela Lei 14.382/2022, confere maior liberdade na escolha dos sobrenomes de família, inclusive possibilitando o acréscimo de sobrenome de ascendente que não tenha sido transmitido aos ascendentes imediatos, desde que sejam apresentadas as certidões necessárias para comprovar a linha ascendente. Essa hipótese é uma forma de homenagem e resgate dos sobrenomes dos ascendentes (avós, bisavós etc.) que por algum motivo não foram transmitidos. A atual redação vai de encontro com a jurisprudência que muitas vezes indeferia o pedido de retificação do registro civil sob o fundamento de ofensa ao princípio da continuidade da cadeia registral.

Ainda, poderá ocorrer a intercalação dos nomes. Poderão ser adotados sobrenomes do pai, da mãe ou de ambos, em qualquer ordem, permitida, assim, intercalação.

Quanto ao registro de nascimento de indígena, a etnia do registrando pode ser lançada como sobrenome, a pedido do interessado.

Outro componente do nome civil bastante comum é o denominado **agnome**, que nada mais é do que uma designação do grau de parentesco. O agnome é elemento acrescentado ao nome para distinguir pessoas da mesma família que tenham idênticos nomes e sobrenomes. Consoante entendimento de Leonardo Brandelli,[5] o *agnome* "é comumente usado entre nós, como forma de perpetuar o nome de algum parente que tenha de certa maneira alguma significação especial, acrescentando-se o *agnome* para distinguir as pessoas e ao mesmo tempo estabelecer o parentesco entre elas. É o que ocorre, por exemplo, com o *agnome* Filho, Neto e Sobrinho». É possível, ainda, a adoção do *agnome* em numeral romano no nome do registrando, a exemplo de "III" (terceiro).

Há jurisprudência no sentido de que o agnome tem como única função diferenciar pessoas da mesma família com nome idêntico, e não pode ser usado como nome, quando este não for o caso. Assim, caberia recusa por parte do oficial de Registro Civil em registrar recém-nascido que não teria nome idêntico ao do genitor, com acréscimo do agnome Filho ou Júnior.

As **partículas de ligação** (*de*, *dos*, *da* etc.) não estão regulamentadas pela lei. A jurisprudência entende que o uso das partículas de ligação na composição do nome é livre. Em razão disso, as partículas de ligação, por não representarem elemento essencial ao sobrenome, podem ser suprimidas ou adicionadas, sem o condão de descaracterizá-lo. Nesse sentido é o Enunciado 49 da Arpen/SP: As

---

[4]   MORAES, Maria Celina Bodin de. Sobre o nome da pessoa humana. *Revista da EMERJ*, v. 3, n. 12, 2000. p. 52.

[5]   BRANDELLI, Leonardo. *Nome civil da pessoa natural*. São Paulo: Saraiva, 2012. p. 98.

partículas de ligação no sobrenome, tais como "de" ou "e", estejam no singular ou no plural, no gênero masculino ou no feminino, não são elementos essenciais do sobrenome, logo podem ser suprimidas ou acrescidas por ocasião das escolhas ou alterações de nome permitidas pela lei.

Partindo-se dessa premissa, a supressão ou inclusão das partículas de ligação deve ser requerida no cartório de registro civil no momento da lavratura do assento, seja no registro de nascimento do filho, no momento do reconhecimento da filiação ou por ocasião do casamento.

Por fim, o hipocorístico é uma forma de se criar um prenome com partes de outro nome, por exemplo, com diminutivo ou até mesmo com redução do prenome. Ex.: Terezinha e Carol.

2. Limitação do direito ao nome

No ato do registro de nascimento, em regra o prenome da criança pode ser de livre escolha dos pais. Contudo, a Lei de Registros Públicos, **no § 1º do art. 55**, possibilita aos oficiais do registro civil não registrar prenomes suscetíveis de expor ao ridículo os seus portadores, sendo tal recusa amparada pelo princípio da dignidade da pessoa humana. Nesse ponto merece uma reflexão quanto à possibilidade de limitação do direito ao nome e qual a abrangência desta limitação. O que seriam considerados prenomes suscetíveis de expor ao ridículo? Seria possível vedar a escolha de prenome ao maior de 18 anos idade por este motivo?

Em resposta ao primeiro questionamento, pode-se afirmar que existem prenomes considerados estranhos ou excêntricos que já foram registrados em Cartórios de Registro Civil no Brasil, mas que não foram recusados por exposição ao ridículo ou situação vexatória ou humilhante. Essa é uma análise subjetiva por parte do oficial, pois no Brasil não há uma lista de nomes proibidos e autorizados como é o caso de Alemanha, Portugal e Japão. Em Portugal, por exemplo, os nomes próprios devem ser portugueses, de entre os constantes da onomástica nacional ou adaptados, gráfica e foneticamente, à língua portuguesa, não devendo suscitar dúvidas sobre o sexo do registrando (Decreto-Lei 131/1995).

No Brasil, o Registrador Civil terá uma margem muito pequena para a recusa do nome, pois, levando-se em conta que o país foi colonizado por diversas etnias, este deverá levar em conta o significado do nome, que pode ter origem indígena ou estrangeira.

Em resposta a segunda pergunta, nos termos do § 1º deste artigo, quando os genitores não se conformarem com a recusa do oficial, este submeterá por escrito o caso, independentemente da cobrança de quaisquer emolumentos, à decisão do juiz competente. Assim, quando a Lei refere a não conformidade dos genitores, a aplicação desta limitação ao prenome só se justifica se o registrando for menor. A tutela jurídica do Estado na proteção ao nome, aqui representado pelo Oficial de Registro Civil, não poderá se sobrepor aos contornos da autonomia da vontade da pessoa maior e capaz.

Na hipótese de a pessoa registrada ter atingido a maioridade civil, haverá recusa do oficial somente se este suspeitar de fraude, falsidade, má-fé, vício de vontade ou simulação quanto à real intenção da pessoa requerente nos termos do § 4º do art. 56 desta Lei.

3. Retificação administrativa em até 15 (quinze) dias após o registro

Sabe-se que a escolha do nome da criança inicia-se em momento anterior à solenidade do registro de nascimento desta, talvez desde a descoberta da gravidez já ocorra um processo de escolha do nome pelos pais. Dar nome ao filho é típico ato de exercício do poder familiar. Portanto, o consenso prévio dos genitores é imprescindível, e caso ocorra a inobservância do nome acordado, ensejará fundamento para retificação judicial.

Contudo, a Lei de Registros Públicos, no § 4º do art. 55, possibilita em até 15 (quinze) dias após o registro, qualquer dos genitores apresentar, perante o registro civil onde foi lavrado o assento de nascimento, oposição fundamentada ao prenome e sobrenomes indicados pelo declarante, observado que, se houver manifestação consensual dos genitores, será realizado o procedimento de retificação administrativa do registro, mas, se não houver consenso, a oposição será encaminhada ao juiz competente para decisão.

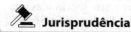
Jurisprudência

"Civil. Processual civil. Direito de família. Direito ao nome. Elemento estruturante dos direitos da personalidade e da dignidade da pessoa humana. Modificação do nome delineada em hipóteses restritivas e em caráter excepcional. Flexibilização jurisprudencial das regras. Atribuição de nome ao filho. Exercício do poder familiar que pressupõe bilateralidade e consensualidade. Inadmissão da autotutela. Ato do pai que, desrespeitando consenso dos genitores, acresce unilateralmente prenome à criança por ocasião do registro. Violação dos deveres de lealdade e boa-fé. Ato ilícito. Exercício abusivo do poder familiar. Motivação suficiente para exclusão do prenome indevidamente acrescido. Ausência de comprovação da má-fé, intuito de vingança ou propósito de atingir à genitora. Irrelevância. Conduta censurável em si mesma. 1– Ação proposta em 31/08/2017. Recurso especial interposto em 24/09/2019 e atribuído à Relatora em 19/08/2020. 2 – O propósito recursal é definir se é admissível a exclusão de prenome da criança na hipótese em que o pai informou, perante o cartório de registro civil, nome diferente daquele que havia sido consensualmente escolhido pelos genitores. 3 – O direito ao nome é um dos elementos estruturantes dos direitos da personalidade e da dignidade da pessoa humana, pois diz respeito à própria identidade pessoal do indivíduo, não apenas em relação a si, como também em ambiente familiar e perante a sociedade. 4 – Conquanto a modificação do nome civil seja qualificada como excepcional e as hipóteses em que se admite a alteração sejam restritivas, esta Corte tem reiteradamente flexibilizado essas regras, permitindo-se a modificação se não houver risco à segurança jurídica e a terceiros. 5 – Nomear o filho é típico ato de exercício do poder familiar, que pressupõe bilateralidade, salvo na falta ou impedimento de um dos pais, e consensualidade, ressalvada a possibilidade de o juiz solucionar eventual desacordo entre eles, inadmitindo-se, na hipótese, a autotutela. 6 – O ato do pai que, conscientemente, desrespeita o consenso prévio entre os genitores sobre o nome a ser de dado ao filho, acrescendo prenome de forma unilateral por ocasião do registro civil, além de violar os deveres de lealdade e de boa-fé, configura ato ilícito e exercício abusivo do poder familiar, sendo motivação bastante para autorizar a exclusão do prenome indevidamente atribuído à criança que completará 04 anos em 26/05/2021 e que é fruto de um namoro que se rompeu logo após o seu nascimento. 7 – É irrelevante apurar se o acréscimo unilateralmente promovido pelo genitor por ocasião do registro civil da criança ocorreu por má-fé, com intuito de vingança ou com o propósito de, pela prole, atingir à genitora, circunstâncias que, se porventura verificadas, apenas servirão para qualificar negativamente a referida conduta. 8 – Recurso especial conhecido e provido" (STJ, REsp n. 1.905.614/SP, Rel. Ministra Nancy Andrighi, 3ª Turma, j. 04/05/2021, *DJe* de 06/05/2021).

"(...) A questão posta nos autos refere-se à possibilidade de adoção do agnome 'III' (terceiro em numeral romano) no nome do registrando. À luz do artigo 55 da Lei de Registros Públicos, 'os oficiais do registro civil não registrarão prenomes suscetíveis de expor ao ridículo os seus portadores. Quando os pais não se conformarem com a recusa do oficial, este submeterá por escrito o caso, independente da cobrança de quaisquer emolumentos, à decisão do Juiz competente'. De fato, da leitura de referido dispositivo legal, infere-se que, consoante sustentado pelo I. Promotor de Justiça, a avaliação do registrador cinge-se à suposta exposição ao ridículo em razão de prenome e não de patronímicos ou partículas que integrem o nome. Ainda que assim não fosse, o agnome em questão não expõe o portador ao ridículo, porquanto o termo não discrepa do senso comum e tampouco configura potencial perspectiva de criar a indesejável situação de expor o portador a situações constrangedoras. Consoante entendimento de Leonardo Brandelli, in Nome Civil da Pessoa Natural, ed. Saraiva, 2012, o agnome 'é comumente usado entre nós, como forma de perpetuar o nome de algum parente que tenha de certa maneira alguma significação especial, acrescentando-se o agnome para distinguir as pessoas e ao mesmo tempo estabelecer o parentesco entre elas. É o que ocorre, por exemplo, com o agnome Filho, Neto e Sobrinho' (p. 98). No ponto, oportuno frisar o já decidido em situação análoga pela E. Corregedoria-Geral de Justiça no julgamento do processo nº 84538/88: 'Possível, portanto, a utilização de numerais, no nome da pessoa natural, conforme o caso em exame, não se verificando, no exame da Lei 6.015/73, nos seus arts. 50 a 66, qualquer restrição a isso, não se podendo concluir pela aplicação do art. 55, parágrafo único, tanto por não se cuidar de prenome, como por não ser de se considerar como ridículo o uso do agnome já citado. E de se notar, aliás, inexistir na Lei de Registros Públicos qualquer ressalva acerca da possibilidade de utilização dos demais agnomes já mencionados, expressamente, o que não impede, todavia, sua corrente aplicação. Por que distinguir na hipótese em exame? Salvo melhor juízo, nada autoriza conclusão diversa dessa. Antiga e conhecida a orientação no sentido de que o que não é proibido, presume-se permitido (...)" (TJSP – Processo 1015199-75.2019.8.26.0100, Pedido de Providências, *DJe* de 01/03/2019).

Art. 56. A pessoa registrada poderá, após ter atingido a maioridade civil, requerer pessoalmente e imotivadamente a alteração de seu prenome, independentemente de decisão judicial, e a alteração será averbada e publicada em meio eletrônico. *(Redação dada pela Lei nº 14.382, de 2022)*

§ 1º A alteração imotivada de prenome poderá ser feita na via extrajudicial apenas 1 (uma) vez, e sua desconstituição dependerá de sentença judicial. *(Incluído pela Lei nº 14.382, de 2022)*

§ 2º A averbação de alteração de prenome conterá, obrigatoriamente, o prenome anterior, os números de documento de identidade, de inscrição no Cadastro de Pessoas Físicas (CPF) da Secretaria Especial da Receita Federal do Brasil, de passaporte e de título de eleitor do registrado, dados esses que deverão constar expressamente de todas as certidões solicitadas. *(Incluído pela Lei nº 14.382, de 2022)*

§ 3º Finalizado o procedimento de alteração no assento, o ofício de registro civil de pessoas naturais no qual se processou a alteração, a expensas do requerente, comunicará o ato oficialmente aos órgãos expedidores do documento de identidade, do CPF e do passaporte, bem como ao Tribunal Superior Eleitoral, preferencialmente por meio eletrônico. *(Incluído pela Lei nº 14.382, de 2022)*

§ 4º Se suspeitar de fraude, falsidade, má-fé, vício de vontade ou simulação quanto à real intenção da pessoa requerente, o oficial de registro civil fundamentadamente recusará a retificação. *(Incluído pela Lei nº 14.382, de 2022)*

 Referências Normativas

Lei 14.382/2022.
Código Nacional de Normas (CNN, Provimento 149/2023).

 Comentários

1. A desjudicialização da alteração do prenome

O primeiro avanço para o processo de desjudicialização da alteração de prenome se deve ao julgamento pelo Supremo Tribunal Federal na ADI 4.275/DF, com a possibilidade de os transgêneros promoverem a alteração de nome e sexo diretamente no Registro Civil de Pessoas Naturais, conforme será mais bem abordado no art. 58 desta Lei.

O **princípio da imutabilidade do nome** nunca foi absoluto no sistema jurídico brasileiro. O nome civil, conforme as regras dos arts. 56 e 57 da Lei de Registros Públicos, mesmo antes da alteração trazida pela Lei nº 14.382, de 27 de junho de 2022, era passível de alteração nas seguintes hipóteses legais: (a) no primeiro ano após atingida a maioridade, desde que não prejudicasse os apelidos de família; ou (b) ultrapassado esse prazo, por justo motivo, mediante apreciação judicial e após ouvido o Ministério Público. Assim, a antiga limitação ao prazo decadencial de um ano após atingida a maioridade acabava por arrastar a maioria dos casos de alteração de prenome ao Judiciário, ao qual caberia verificar o "justo motivo".

O nome civil é o atributo da personalidade que confere a cada pessoa (natural ou jurídica) o direito à individualização. Cumpre duas funções essenciais: a de permitir a individualização das pessoas e a de evitar confusão com outra, os denominados homônimos. Contudo, quando passamos do âmbito dos direitos da personalidade para o patamar constitucional da tutela da dignidade humana, devemos ter em vista que a proteção deve se dar de forma integrada, o que certamente deixa de lado a dicotomia direito público e privado, situando-se, na verdade, acima dela, pois a dignidade da pessoa humana é o valor fonte do nosso ordenamento jurídico.

Partindo-se desse novo viés de interpretação constitucional, o Poder Judiciário passou a flexibilizar o princípio da imutabilidade do prenome, quando entendia estar presente um "justo motivo", analisando cada caso em concreto.

Diante das novas regras em relação à alteração do prenome, trazidas pela Lei 14.382, de 27 de junho de 2022, houve uma inversão de paradigma. Em razão disso, pode-se afirmar que o direito fundamental ao nome, assim como outros direitos fundamentais, deu um novo passo e o Registro Civil das Pessoas Naturais, mais uma vez será instrumento de sua concretização.

Assim, a pessoa registrada poderá, após ter atingido a maioridade civil e a qualquer tempo, requerer pessoalmente e imotivadamente a alteração de seu prenome, diretamente no Registro Civil das Pessoas Naturais, independentemente de decisão judicial. A lei possibilita que esse procedimento de alteração de prenome poderá ser feita na via extrajudicial apenas 1 (uma) vez, e sua desconstituição dependerá de sentença judicial. Ainda, estipula que a alteração será averbada e publicada em meio eletrônico, verificando-se assim a publicização dessa alteração, diferente do que ocorre com a alteração de prenome da pessoa transgênero abarcada pelo sigilo.

Como medida a preservar a segurança jurídica das relações, a lei determina que a averbação desta alteração de prenome conterá, obrigatoriamente, o prenome anterior, os números de documento de identidade, de inscrição no Cadastro de Pessoas Físicas (CPF) da Secretaria Especial da Receita Federal do Brasil, de passaporte e de título de eleitor do registrado, dados esses que deverão constar expressamente de todas as certidões solicitadas.

Finalizado o procedimento de alteração no assento, o ofício de registro civil de pessoas naturais no qual se processou a alteração, a expensas do requerente, comunicará o ato oficialmente aos órgãos expedidores do documento de identidade, do CPF e do passaporte, bem como ao Tribunal Superior Eleitoral, preferencialmente por meio eletrônico.

Ainda, o Código Nacional de Normas (CNN, Provimento 149/2023), estabelece regras para o envio, ao Tribunal Superior Eleitoral, da comunicação de alteração de prenome prevista no art. 56, § 3º, desta, com a redação dada pela Lei 14.382/2022. Assim, os cartórios de registro civil das pessoas naturais, ao realizarem a comunicação ao Tribunal Superior Eleitoral (TSE), deverão: I – prestar as informações suficientes para individualizar a pessoa requerente (nome anterior, nome atualizado, nome dos pais, data de nascimento, documento de identidade e CPF), em documento cuja autenticidade possa ser verificada; e II – informar à pessoa interessada que a retificação do seu prenome no Cadastro Eleitoral deverá ser por ela requerida à Justiça Eleitoral, mediante operação de revisão, o que é indispensável para possibilitar que certidões eleitorais e o caderno de votação contemplem o nome atual. Bem como a comunicação deverá ser encaminhada ao TSE, preferencialmente, via Malote Digital.

Em razão do avanço tecnológico e diante da necessidade de compartilhamento de informações do Registro Civil com outros órgãos públicos, foi criado na CRC um módulo para o procedimento de alteração de prenome. Assim, é possível que a pessoa registrada compareça em qualquer Registro Civil do Brasil, e mediante a sua identidade verificada e comprovada, solicite o encaminhamento de seu requerimento para alteração de prenome, que será enviado ao Registro Civil competente, pela CRC. Após procedida a alteração do prenome no assento de nascimento, via CRC, é oficialmente comunicado aos órgãos expedidores do documento de identidade, do CPF e do passaporte, bem como ao Tribunal Superior Eleitoral, eletronicamente.

Por fim, se houver suspeita de fraude, falsidade, má-fé, vício de vontade ou simulação quanto à real intenção da pessoa requerente, o oficial de registro civil fundamentadamente recusará a retificação.

 Jurisprudência

"Cuida-se de pedido de providências encaminhado pelo Senhor Oficial do Registro Civil das Pessoas Naturais. Consta dos autos que o Senhor Registrador obstou o pedido deduzido pelo interessado para a alteração de seu prenome, de M. H. para 'S. Q.', com fulcro no artigo 56 da Lei de Registros Públicos. O Senhor Titular indeferiu o pedido no tocante a inclusão de 'Q.' como parte do prenome do registrado, uma vez que o termo se trata de patronímico familiar de origem italiana, conforme facilmente verificável em pesquisas na internet e na CRC. Adicionalmente, aponta o Titular que, mesmo que o interessado quisesse a inclusão do patronímico nos termos do artigo 57 da Lei 6.015/1973, o pleito não poderia ser atendido, uma vez que o sobrenome não se encontra na linha ascendente do registrado. Pois bem. Evidencia-se que assiste razão ao Senhor Oficial. Inviável o acréscimo do patronímico 'Q.' como prenome, com fulcro no artigo 56 da Lei de Registros Públicos. Igualmente inviável

Art. 57 | LEI DE REGISTROS PÚBLICOS COMENTADA

o acréscimo do termo como sobrenome não lastreado em ascendência comprovada. Os artigos 56 e 57 da Lei de Registros Públicos, após a alteração dada pela Lei nº 14.382/2022, são claros ao referir as hipóteses em que a mudança de prenome e patronímico são possíveis: Art. 56. pessoa registrada poderá, após ter atingido a maioridade civil, requerer pessoalmente e imotivadamente a alteração de seu prenome, independentemente de decisão judicial, e a alteração será averbada e publicada em meio eletrônico. (Redação dada pela Lei nº 14.382, de 2022) § 1º A alteração imotivada de prenome poderá ser feita na via extrajudicial apenas 1 (uma) vez, e sua desconstituição dependerá de sentença judicial. (Incluído pela Lei nº 14.382, de 2022) § 2º A averbação de alteração de prenome conterá, obrigatoriamente, o prenome anterior, os números de documento de identidade, de inscrição no Cadastro de Pessoas Físicas (CPF) da Secretaria Especial da Receita Federal do Brasil, de passaporte e de título de eleitor do registrado, dados esses que deverão constar expressamente de todas as certidões solicitadas. (Incluído pela Lei nº 14.382, de 2022) § 3º Finalizado o procedimento de alteração no assento, o ofício de registro civil de pessoas naturais no qual se processou a alteração, a expensas do requerente, comunicará o ato oficialmente aos órgãos expedidores do documento de identidade, do CPF e do passaporte, bem como ao Tribunal Superior Eleitoral, preferencialmente por meio eletrônico. (Incluído pela Lei nº 14.382, de 2022) § 4º Se suspeitar de fraude, falsidade, má-fé, vício de vontade ou simulação quanto à real intenção da pessoa requerente, o oficial de registro civil fundamentadamente recusará a retificação. Art. 57. A alteração posterior de sobrenomes poderá ser requerida pessoalmente perante o oficial de registro civil, com a apresentação de certidões e de documentos necessários, e será averbada nos assentos de nascimento e casamento, independentemente de autorização judicial, a fim de: (Redação dada pela Lei nº 14.382, de 2022) I – inclusão de sobrenomes familiares; (Incluído pela Lei nº 14.382, de 2022) II – inclusão ou exclusão de sobrenome do cônjuge, na constância do casamento; (Incluído pela Lei nº 14.382, de 2022) III – exclusão de sobrenome do ex-cônjuge, após a dissolução da sociedade conjugal, por qualquer de suas causas; (Incluído pela Lei nº 14.382, de 2022) IV – inclusão e exclusão de sobrenomes em razão de alteração das relações de filiação, inclusive para os descendentes, cônjuge ou companheiro da pessoa que teve seu estado alterado. Quanto ao tema, referem Boselli, Ribeiro e Mróz (in: Gentil. Alberto. Registros Públicos ? 2ª ed. Rio de Janeiro: Forense; MÉTODO, 2021. P. 183): Por sua vez, o nome é composto de elementos essenciais e outros facultativos. O essencial é o prenome, que pode ser simples ou composto, e o patronímico ou sobrenome, conectado à origem familiar do indivíduo (...). Com relação ao sobrenome, a regra é que podem ser adotados os sobrenomes do pai, da mãe ou de ambos e em qualquer ordem, inclusive o dos avós, desde que as partes comprovem através de documentação a existência de tais apelidos de família. Nesse aspecto, dentro do já narrado, destaco que há clara diferenciação entre prenome e sobrenome, que exercem função legal de caráter não só individual, mas de interesse do Estado, na identificação de seus cidadãos. Daí porque a inclusão de patronímico familiar como prenome não é possível, bem como que a inclusão de sobrenome não lastreado em ascendência comprovada, também não o é. Por fim, vale dizer que o pedido deve ser analisado como um todo, haja vista a manifestação da vontade da parte, que não pode ser dividida ou particionada, e modo que não se faz possível o deferimento parcial do pedido, somente no tocante ao nome 'S'. Se o caso, o Senhor Interessado deverá renovar sua declaração de vontade ao Senhor Titular, sem necessidade da intervenção desta Corregedoria Permanente. Por conseguinte, e nos termos da manifestação ministerial retro, indefiro o pedido de alteração do prenome, nos termos em que requerida. À míngua de outra providência administrativa a ser adotada, determino o arquivamento dos autos" (TJSP – Processo 1131448-07.2022.8.26.0100, Pedido de Providências, 2ª Vara de Registros Públicos, *Dje* de 12/12/2022).

Art. 57. A alteração posterior de sobrenomes poderá ser requerida pessoalmente perante o oficial de registro civil, com a apresentação de certidões e de documentos necessários, e será averbada nos assentos de nascimento e casamento, independentemente de autorização judicial, a fim de: *(Redação dada pela Lei nº 14.382, de 2022)*

I – inclusão de sobrenomes familiares; *(Incluído pela Lei nº 14.382, de 2022)*

II – inclusão ou exclusão de sobrenome do cônjuge, na constância do casamento; *(Incluído pela Lei nº 14.382, de 2022)*

III – exclusão de sobrenome do ex-cônjuge, após a dissolução da sociedade conjugal, por qualquer de suas causas; *(Incluído pela Lei nº 14.382, de 2022)*

IV - inclusão e exclusão de sobrenomes em razão de alteração das relações de filiação, inclusive para os descendentes, cônjuge ou companheiro da pessoa que teve seu estado alterado. *(Incluído pela Lei nº 14.382, de 2022)*

§ 1º Poderá, também, ser averbado, nos mesmos termos, o nome abreviado, usado como firma comercial registrada ou em qualquer atividade profissional.

§ 2º Os conviventes em união estável devidamente registrada no registro civil de pessoas naturais poderão requerer a inclusão de sobrenome de seu companheiro, a qualquer tempo, bem como alterar seus sobrenomes nas mesmas hipóteses previstas para as pessoas casadas. *(Redação dada pela Lei nº 14.382, de 27/6/2022)*

§ 3º *(Revogado) (Redação dada pela Lei nº 14.382, de 2022)*

§ 3º-A O retorno ao nome de solteiro ou de solteira do companheiro ou da companheira será realizado por meio da averbação da extinção de união estável em seu registro. *(Incluído pela Lei nº 14.382, de 2022)*

§ 4º *(Revogado) (Redação dada pela Lei nº 14.382, de 2022)*

§ 5º *(Revogado) (Redação dada pela Lei nº 14.382, de 2022)*

§ 6º *(Revogado) (Redação dada pela Lei nº 14.382, de 2022)*

§ 7º Quando a alteração de nome for concedida em razão de fundada coação ou ameaça decorrente de colaboração com a apuração de crime, o juiz competente determinará que haja a averbação no registro de origem de menção da existência de sentença concessiva da alteração, sem a averbação do nome alterado, que somente poderá ser procedida mediante determinação posterior, que levará em consideração a cessação da coação ou ameaça que deu causa à alteração. *(Incluído pela Lei nº 9.807, de 13/7/1999)*

§ 8º O enteado ou a enteada, se houver motivo justificável, poderá requerer ao oficial de registro civil que, nos registros de nascimento e de casamento, seja averbado o nome de família de seu padrasto ou de sua madrasta, desde que haja expressa concordância destes, sem prejuízo de seus sobrenomes de família. *(Redação dada pela Lei nº 14.382, de 2022)*

Referências Normativas

Lei 14.382/2022.

Comentários

1. A ampliação das hipóteses de alteração de sobrenome no extrajudicial

O **sobrenome** também é conhecido como **nome de família**. É aquele que determina a origem ou a procedência familiar de uma pessoa e pode ser simples ou composto.

Com a nova redação dada pela Lei 14.382, de 27/06/2022, ampliaram-se significativamente as hipóteses de alteração de sobrenome, diretamente no registro civil das Pessoas Naturais, antes deferidas apenas judicialmente. A tutela jurídica relativa ao nome balizada pelo direito à identidade pessoal, especialmente porque o nome representa a própria identidade individual e o projeto de vida familiar, escolha na qual o Poder Judiciário deve se imiscuir apenas se houver insegurança jurídica ou se houver intenção de burla à verdade pessoal e social.

Assim, da mesma forma que o prenome, a alteração posterior de sobrenomes poderá ser requerida pessoalmente perante o oficial de registro civil, com a apresentação de certidões e de documentos necessários, e será averbada nos assentos de nascimento e casamento, independentemente de autorização judicial.

Entretanto, diverso do previsto para a alteração do prenome, a lei não limita esse procedimento de alteração de sobrenome aos que tiverem atingido a maioridade civil, possibilitando a inclusão de sobrenomes familiares aos menores (inciso I), desde que devidamente assistidos ou representados por ambos os pais.

Da mesma forma, não há previsão de que esse procedimento poderá ser feito na via extrajudicial apenas 1 (uma) vez, e sua desconstituição dependerá de sentença judicial. Ainda, não dispõe sobre a possibilidade de recusa se houver suspeita de fraude, falsidade, má-fé, vício de vontade ou simulação quanto à real intenção da pessoa requerente.

Com efeito, houve considerável ampliação das hipóteses de alteração de sobrenome no extrajudicial, contudo, tais hipóteses estão previstas no artigo em comento. No inciso I está prevista a possibilidade apenas de inclusão de sobrenomes familiares. A exclusão de sobrenomes referida no inciso IV decorrerá apenas em razão de alteração das relações de filiação, e poderá ser estendida aos descendentes, cônjuge ou companheiro da pessoa que teve seu estado de filiação alterado.

No mesmo sentido, o inciso II possibilita a inclusão ou exclusão de sobrenome do cônjuge, na constância do casamento. Se for após a dissolução da sociedade conjugal, por qualquer de suas causas, somente será possível a exclusão de sobrenome do ex-cônjuge nos termos do inciso III. Aos conviventes em união estável, desde que devidamente registrada no registro civil de pessoas naturais, também é possível alterar seus sobrenomes nas mesmas hipóteses previstas para as pessoas casadas.

Por fim, o § 8º do artigo em comento, com a nova redação dada pela Lei 14.382, desjudicializa o procedimento de averbação do nome de família do padrasto ou madrasta, ao enteado ou a enteada, se houver motivo justificável, desde que haja expressa concordância destes, sem prejuízo de seus sobrenomes de família.

Jurisprudência

"(...) Cuida-se de pedido de providências formulado por A. C. P. L. e M. L. P. L. em face Senhora Oficial do Registro Civil das Pessoas Naturais. Consta dos autos que a Senhora Registradora obstou o pedido deduzido pelas interessadas para a exclusão do patronímico paterno de seus assentos de nascimento. A seu turno, compreendem as interessadas que a novel redação do artigo 57 da Lei 6.015/1976 permitiria a alteração pretendida, motivo pelo qual se insurgem diante da negativa pela Registradora. Pois bem. Evidencia-se que assiste razão à Senhora Oficial, no que tange à impossibilidade de exclusão do patronímico paterno nesta via administrativa, posto que não há previsão legal para a retirada do sobrenome, na hipótese em tela. O art. 57 da Lei de Registros Públicos, após a alteração dada pela Lei nº 14.382/2022, é claro ao referir as hipóteses em que a mudança do patronímico é possível: Art. 57. A alteração posterior de sobrenomes poderá ser requerida pessoalmente perante o oficial de registro civil, com a apresentação de certidões e de documentos necessários, e será averbada nos assentos de nascimento e casamento, independentemente de autorização judicial, a fim de: (Redação dada pela Lei nº 14.382, de 2022) I – inclusão de sobrenomes familiares; (Incluído pela Lei nº 14.382, de 2022) II – inclusão ou exclusão de sobrenome do cônjuge, na constância do casamento; (Incluído pela Lei nº 14.382, de 2022) III – exclusão de sobrenome do ex-cônjuge, após a dissolução da sociedade conjugal, por qualquer de suas causas; (Incluído pela Lei nº 14.382, de 2022) IV – inclusão e exclusão de sobrenomes em razão de alteração das relações de filiação, inclusive para os descendentes, cônjuge ou companheiro da pessoa que teve seu estado alterado. A exclusão do patronímico familiar, dos genitores, não se inclui nas situações que permitem a alteração na via extrajudicial, de modo que o óbice imposto pela Senhora Titular está correto. Como se vê da documentação juntada, não há nada que indique a eventual alteração das relações de filiação entre as requerentes e o genitor. Destaco que a alteração das relações de filiação não se dá por mera liberalidade das partes, se cuidando, ao revés, de situações jurídicas específicas, tramitadas nas vias judiciais próprias, que ensejam tais mudanças. Bem assim, vale dizer que a pretensão retificatória, conforme bem destacado pela Senhora Oficial, não comporta acolhimento na via processual eleita. Por conseguinte, e nos termos da manifestação ministerial retro, indefiro o pedido, no que tange à exclusão do patronímico, nesta via administrativa, devendo as requerentes, se o caso, buscarem a alteração pela via jurisdicional própria. À míngua de outra providência administrativa a ser adotada, determino o arquivamento dos autos". (...) (TJSP – Processo 0036676-69.2022.8.26.0100, Pedido de Providências, *Dje* de 11/11/2022).

Art. 58. O prenome será definitivo, admitindo-se, todavia, a sua substituição por apelidos públicos notórios. *(Redação dada pela Lei nº 9.708, de 1998)*

Parágrafo único. A substituição do prenome será ainda admitida em razão de fundada coação ou ameaça decorrente da colaboração com a apuração de crime, por determinação, em sentença, de juiz competente, ouvido o Ministério Público. *(Redação dada pela Lei nº 9.807, de 1999)*

Referências Normativas

Código Nacional de Normas (CNN, Provimento 149/2023)..

Comentários

1. Alteração de prenome e sexo no Registro civil

O Supremo Tribunal Federal afirmou no julgamento da Ação Direita de Inconstitucionalidade (ADI) 4.275/DF a necessidade de uma interpretação conforme a Constituição e ao Pacto de São José da Costa Rica, mediante a cláusula de abertura do art. 5º, § 2º, da CRFB – do art. 58 da Lei 6.015/1973 (Lei dos Registros Públicos) o qual apresenta a seguinte redação: *O prenome será definitivo, admitindo-se, todavia, a sua substituição por apelidos públicos notórios, de modo a reconhecer aos transgêneros, que assim o desejarem, independentemente da cirurgia de transgenitalização, ou da realização de tratamentos hormonais ou patologizantes, o direito à substituição de prenome e sexo diretamente no registro civil.*

Para o deslinde do julgamento, o Supremo Tribunal Federal partiu das seguintes premissas. Primeira: o direito à igualdade sem discriminações abrange a identidade ou expressão de gênero; Segunda: a identidade de gênero é manifestação da própria personalidade da pessoa humana e, como tal, cabe ao Estado apenas o papel de reconhecê-la, nunca de constituí-la; Terceira: a pessoa não deve provar o que é e o Estado não deve condicionar a expressão da identidade a qualquer tipo de modelo, ainda que meramente procedimental.

Foram assentados vários fundamentos de base constitucional tais como: A identidade de gênero é um direito fundamental que decorre do princípio da dignidade humana (art. 1º, III, da CRFB), da vedação de discriminações odiosas (art. 3º, IV), da igualdade e da liberdade (art. 5º, *caput*), do direito à intimidade, à vida privada, à honra e à imagem (art. 5º, X, da CRFB); e de base convencional (art. 5º, § 2º, da CRFB): o direito ao nome (art. 18 do Pacto de São José da Costa Rica); o direito ao reconhecimento da personalidade jurídica (art. 3 do Pacto); o direito à liberdade pessoal (art. 7.1 do Pacto); e o direito à honra e à dignidade (art. 11.2 do Pacto), bem como a Opinião Consultiva 24/2017 da Corte Interamericana de Direitos Humanos, que trata da identidade de gênero, igualdade e não discriminação e define as obrigações dos Estados-Parte no que se refere à alteração do nome e à identidade de gênero.

Ainda, no que diz respeito à adequação da terminologia, o julgamento utilizou o termo "transgênero", que é o indivíduo que possui características físicas sexuais distintas das características psíquicas e não se identifica com o seu gênero biológico. O transgênero se difere do transexual porque o primeiro quer poder se expressar e ser reconhecido como sendo do sexo oposto, mas não tem necessidade de modificar sua anatomia, enquanto o transexual quer poder se expressar e ser reconhecido como sendo do sexo oposto e deseja modificar sua anatomia.

A partir da decisão da Corte, o Conselho Nacional de Justiça editou o Provimento 73, de 28 de junho de 2018, dispondo sobre a averbação da alteração do prenome e do gênero nos assentos de nascimento e casamento de pessoa transgênero no Registro Civil das Pessoas Naturais.

O referido provimento definiu que qualquer pessoa maior de 18 anos habilitada à prática de todos os atos da vida civil poderá requerer ao ofício do registro civil das pessoas naturais a alteração e a averbação do prenome e do gênero, a fim de adequá-los à identidade autopercebida, não sendo necessária a presença de um advogado.

A averbação do prenome, do gênero ou de ambos poderá ser realizada diretamente no ofício do RCPN onde o assento foi lavrado ou o pedido poderá ser formulado em ofício do RCPN diverso do que lavrou o assento, nesse caso, deverá o registrador encaminhar o procedimento ao oficial competente, às expensas da pessoa requerente, para a averbação pela Central de Informações do Registro Civil (CRC). Com o provimento, portanto, as demandas das pessoas transgêneras passaram a ser atendidas por qualquer cartório de registro civil.

É importante esclarecer que a análise e o deferimento do procedimento caberão ao oficial competente, ou seja, aquele em que foi lavrado o registro de nascimento. O RCPN diverso do assento apenas deverá identificar a pessoa requerente mediante coleta, em termo próprio, conforme modelo constante do anexo do provimento, de sua qualificação e assinatura, além de conferir os documentos pessoais originais. O provimento exige que o requerimento seja assinado pela pessoa requerente na presença do registrador do RCPN, em razão disso, não é aceito o requerimento por procuração.

A pessoa requerente deverá declarar a inexistência de processo judicial que tenha por objeto a alteração pretendida e a opção pela via administrativa na hipótese de tramitação anterior de processo judicial cujo objeto tenha sido a alteração pretendida será condicionada à comprovação de arquivamento do feito judicial. Ainda, a alteração referida poderá ser desconstituída na via administrativa, mediante autorização do juiz corregedor permanente, ou na via judicial.

A documentação necessária para a alteração ainda é extensa: Certidão de nascimento atualizada; Certidão de casamento atualizada, se for o caso; Cópia do RG; Cópia da identificação civil nacional (ICN), se for o caso; Cópia do passaporte brasileiro, se for o caso; Cópia do CPF; Cópia do título de eleitor; Cópia de carteira de identidade social, se for o caso; Comprovante de endereço; Certidão do distribuidor cível (estadual/federal); Certidão do distribuidor criminal (estadual/federal); Certidão de execução criminal (estadual/federal); Certidão dos tabelionatos de protestos; Certidão da Justiça Eleitoral; Certidão da Justiça do Trabalho; Certidão da Justiça Militar, se for o caso. Contudo, as ações em andamento ou débitos pendentes não impedem a averbação da alteração pretendida, que deverá ser comunicada aos juízos e órgãos competentes pelo ofício do RCPN onde o requerimento foi formalizado.

A alteração de que trata o presente provimento tem natureza sigilosa, razão pela qual a informação a seu respeito não pode constar das certidões dos assentos, salvo por solicitação da pessoa requerente ou por determinação judicial, hipóteses em que a certidão deverá dispor sobre todo o conteúdo registral.

Finalizado o procedimento de alteração no assento, o ofício do RCPN no qual se processou a alteração, às expensas da pessoa requerente, comunicará o ato oficialmente aos órgãos expedidores do RG, ICN, CPF e passaporte, bem como ao Tribunal Regional Eleitoral (TRE). Essas comunicações atualmente são realizadas pela plataforma da CRC.

Por fim, a pessoa requerente deverá providenciar a alteração nos demais registros que digam respeito, direta ou indiretamente, a sua identificação e nos documentos pessoais. E a subsequente averbação da alteração do prenome e do gênero no registro de nascimento dos descendentes da pessoa requerente dependerá da anuência deles quando relativamente capazes ou maiores, bem como da de ambos os pais. E a subsequente averbação da alteração do prenome e do gênero no registro de casamento dependerá da anuência do cônjuge. Havendo discordância dos pais ou do cônjuge quanto à averbação mencionada, o consentimento deverá ser suprido judicialmente.

Jurisprudência

"**Ação direta de inconstitucionalidade. Direito constitucional e registral. Pessoa transgênero. Alteração do prenome e do sexo no registro civil. Possibilidade. Direito ao nome, ao reconhecimento da personalidade jurídica, à liberdade pessoal, à honra e à dignidade. Inexigibilidade de cirurgia de transgenitalização ou da realização de tratamentos hormonais ou patologizantes**. 1. O direito à igualdade sem discriminações abrange a identidade ou expressão de gênero. 2. A identidade de gênero é manifestação da própria personalidade da pessoa humana e, como tal, cabe ao Estado apenas o papel de reconhecê-la, nunca de constituí-la. 3. A pessoa transgênero que comprove sua identidade de gênero dissonante daquela que lhe foi designada ao nascer por autoidentificação firmada em declaração escrita desta sua vontade dispõe do direito fundamental subjetivo à alteração do prenome e da classificação de gênero no registro civil pela via administrativa ou judicial, independentemente de procedimento cirúrgico e laudos de terceiros, por se tratar de tema relativo ao direito fundamental ao livre desenvolvimento da personalidade. 4. Ação direta julgada procedente" (STF, ADI 4.275, Tribunal Pleno, Rel. Min. Marco Aurélio, j. 01/03/2018, *DJe* 07/03/2019).

"Trata-se de expediente instaurado a partir de comunicação formulada pela Oficial de Registro Civil e Tabeliã do 22º Subdistrito – Tucuruvi, por meio da qual informa que, diante da formulação do requerimento por meio de procurador e ante a vasta quantidade de apontamentos judiciais em nome do requerente (conforme certidões), deixou de proceder à retificação do nome e gênero consoante pleiteado. A D. Representante do Ministério Público manifestou-se, conclusivamente, às fls. 72/73. É o breve relatório. Passo a deliberar. No que tange aos apontamentos judiciais em nome do requerente, a documentação de fls. 77/88 esclarece a questão, tratando-se, pois, de homônimos. Ultrapassado este ponto, respeitado o entendimento ministerial, a segunda questão em tela, apresenta, a nosso ver, óbice intransponível. Com efeito, a alteração do prenome e do gênero de pessoa transgênero no Registro Civil das Pessoas Naturais é procedimento relativo a direito personalíssimo, que deve ser resguardado pelas formalidades legais, especialmente no que diz respeito à necessidade da presença física da pessoa para a realização do ato. Não por outro motivo, o Provimento nº 73 de 2018 do CNJ, em seu artigo 4º, *caput* e parágrafo § 3º aduz, *in verbis*: Art. 4º O procedimento será realizado com base na autonomia da pessoa requerente, que deverá declarar, perante o registrador do RCPN, a vontade de proceder à adequação da identidade mediante a averbação do prenome, do gênero ou de ambos. § 3º O requerimento será assinado pela pessoa requerente na presença do registrador do RCPN, indicando a alteração pretendida. (g.n.) De fato, não há nos Provimentos 73/2018 do CNJ e 16/2018 da CGJ vedação expressa acerca da possibilidade das alterações pretendidas serem efetivadas por meio de procurador. Contudo, de seu conteúdo se infere a necessidade do Registrador que recebe o pedido obrigatoriamente entrevistar a pessoa transexual, a qual não poderá, assim, ser representada para o ato, ainda que por meio de procuração pública" (...) (TJSP – Processo 1009760-83.2019.8.26.0100, Pedido de Providências, *Dje* de 04/04/2019).

"Retificação de nome, de sexo, ou de ambos – Prov. 73/2018 da Corregedoria Nacional da Justiça e Prov. 16/2018 da CGJ – Emolumentos – Natureza tributária – Isenção não prevista em lei, do que decorre a impossibilidade de sua fixação por norma administrativa. Requerimento formulado pela Promotoria de Justiça de Direitos Humanos do MPSP visando a alteração do Prov. CG nº 16/2018 para que passe a prever a gratuidade da retificação de prenome e gênero de pessoa transgênero promovida por Oficial de RCPN, ou, alternativamente, a possibilidade de concessão de gratuidade mediante comprovação de hipossuficiência econômica. O Parecer mencionou a direção traçada pela Corte Interamericana no sentido de que a retificação deve tender à gratuidade, na medida do possível. Conforme a legislação brasileira, a gratuidade da retificação depende da natureza do procedimento adotado e da capacidade econômica da pessoa a que o registro se refere. A CRFB assegura, no inciso LXXIV do art. 5º, a prestação de assistência jurídica integral e gratuita aos que comprovarem insuficiência de recursos. (...) Por sua vez, o inciso IX do § 1º do art. 98 do CPC estende a gratuidade (...). Destarte, a extensão da gratuidade aos emolumentos depende de prévia concessão judicial e somente atinge os atos de registro, averbação e anotação necessários à efetivação da decisão judicial, ou à continuidade do processo judicial em que o benefício foi concedido. Os emolumentos são a forma de remuneração dos serviços extrajudiciais de notas e de registro que são prestados por particulares que se responsabilizam, integralmente, pelo gerenciamento administrativo e financeiro e, portanto, pelo custeio das despesas decorrentes do exercício da atividade delegada pelo Poder Público (art. 21, da Lei 8.935/94). Conforme orientação adotada pelo STF, os emolumentos têm natureza tributária. Diante disso, não se pode conceder isenção dos emolumentos além das hipóteses previstas em lei, ou em desconformidade com a isonomia entre os contribuintes. Apesar da relevância da solicitação formulada, não há previsão legal de gratuidade da retificação do registro civil de pessoa natural decorrente da alteração do nome, do sexo, ou de ambos promovida por pessoa transgênero. A retificação do registro de nascimento para alteração do nome e/ou sexo não equivale ao registro civil do nascimento (o qual constitui gratuidade universal – art. 5º, CRFB e art. 30, § 1º, LRP). O registro civil de nascimento posteriormente alterado não equivale a novo registro, ainda que a retificação diga respeito a elemento essencial para a identificação da pessoa a que o assento se refere e vise garantir o exercício de direitos considerados fundamentais. Por esses motivos, não é possível instituir gratuidade por norma administrativa, para a retificação de registro civil de nascimento que não goza desse benefício em decorrência de lei. Essa conclusão se aplica às retificações dos demais assentos do RCPN que decorram da alteração do nome, do sexo, ou de ambos, incluídos os de casamento, óbito e os realizados no Livro E" (TJSP, Parecer 421/2020-E, Corregedoria-Geral da Justiça, j. 20/09/2020).

Art. 59. Quando se tratar de filho ilegítimo, não será declarado o nome do pai sem que este expressamente o autorize e compareça, por si ou por procurador especial, para, reconhecendo-o, assinar, ou não sabendo ou não podendo, mandar assinar a seu rogo o respectivo assento com duas testemunhas.

 Referências Normativas

Constituição Federal de 1988, art. 227, § 6º.
Lei 8.560/1992, art. 5º.

 Comentários

1. Filhos ilegítimos

Na gênese da questão está o conceito de filiação do ponto de vista legal. Por muito tempo, os ditames legais seguiam o conceito do Código Civil de 1916, que compreendia a filiação como legítima ou ilegítima, sendo ilegítimos todos os nascidos de relações extraconjugais.

A Constituição de 1988, em seu art. 227, § 6º, pôs um fim na distinção entre filhos legítimos, aqueles originados apenas do casamento, e dos filhos ilegítimos. É possível afirmar que o próprio conceito legal de família se reconstrói a partir da Carta de 1988, não havendo mais aplicabilidade do artigo em comento.

Art. 60. O registro conterá o nome do pai ou da mãe, ainda que ilegítimos, quando qualquer deles for o declarante.

 Referências Normativas

Constituição Federal de 1988, art. 227, § 6º.
Lei 8.560/1992, art. 5º.

 Comentários

1. Filhos ilegítimos

Na gênese da questão está o conceito de filiação do ponto de vista legal. Por muito tempo, os ditames legais seguiam o conceito do Código Civil de 1916, que compreendia a filiação como legítima ou ilegítima, sendo ilegítimos todos os nascidos de relações extraconjugais.

A Constituição de 1988, em seu art. 227, § 6º, pôs um fim na distinção entre filhos legítimos, aqueles originados apenas do casamento, e dos filhos ilegítimos. É possível afirmar que o próprio conceito legal de família se reconstrói a partir da Carta de 1988.

Art. 61. Tratando-se de exposto, o registro será feito de acordo com as declarações que os estabelecimentos de caridade, as autoridades ou os particulares comunicarem ao oficial competente, nos prazos mencionados no artigo 51, a partir do achado ou entrega, sob a pena do artigo 46, apresentando ao oficial, salvo motivo de força maior comprovada, o exposto e os objetos a que se refere o parágrafo único deste artigo.

Parágrafo único. Declarar-se-á o dia, mês e ano, lugar em que foi exposto, a hora em que foi encontrado e a sua idade aparente. Neste caso, o envoltório, roupas e quaisquer outros objetos e sinais que trouxer a criança e que possam a todo o tempo fazê-la reconhecer, serão numerados, alistados e fechados em caixa lacrada e selada, com o seguinte rótulo: "Pertence ao exposto tal, assento de fls. ... do livro ..." e remetidos imediatamente, com uma guia em duplicata, ao juiz, para serem recolhidos a lugar seguro. Recebida e arquivada a duplicata com o competente recibo do depósito, far-se-á à margem do assento a correspondente anotação.

Referências Normativas

Código de Mello Mattos (Decreto 17.943-A/1927).

Comentários

1. Registro de nascimento de exposto

O Código de Mello Mattos (CMM) considerava que estariam em situação irregular aqueles menores de idade (18 anos) que estivessem expostos (arts. 14 e ss, CMM); abandonados (art. 26, CMM); e aqueles apesar de até terem família, fossem infratores (delinquentes). Trata-se de conceitos distintos, sendo a exposição uma espécie do abandono, este conceito mais geral.

Seriam expostos, nos termos do CMM: "Art. 14. São considerados expostos os infantes até sete anos de idade, encontrados em estado de abandono, onde quer que seja". Geralmente essas crianças eram entregues à adoção nas "rodas dos expostos".

O estado de abandono era algo mais abrangente do que a simples exposição infanto-juvenil. Tanto é que foi tratado em artigo distinto e, além do mais, abrangeu situações de abandono não somente físico, mas também moral e social para os padrões da época.

Nesse caso do exposto, o registro do nascimento será realizado com as declarações que os estabelecimentos de caridade, as autoridades ou os particulares prestarem e, se possível, na presença do exposto e com seus pertences. Os prazos são os mesmos do art. 51 desta Lei, e, caso ultrapassado o prazo, seguirá os termos do art. 46.

Art. 62. O registro do nascimento do menor abandonado, sob jurisdição do Juiz de Menores, poderá fazer-se por iniciativa deste, à vista dos elementos de que dispuser e com observância, no que for aplicável, do que preceitua o artigo anterior.

Referências Normativas

Estatuto da Criança e do Adolescente (Lei 8.069/1990 – ECA).

Comentários

1. Registro do menor abandonado

Nesse caso e para o cumprimento da decisão judicial, deverá ser expedido mandado com dados específicos, visto que o oficial do cartório necessita de uma ordem judicial para proceder o registro que será em caráter excepcional, refugindo ao procedimento regular.

Ainda, cabe esclarecer que o Conselho Tutelar, por expressa disposição legal, poderá requisitar certidões de nascimento e de óbito de criança ou adolescente, quando necessário (art. 136, VIII, do ECA). Todavia, não poderá declarar ou mandar lavrar assento de nascimento ou óbito. Havendo necessidade de inscrição no Registro Civil, o Conselho Tutelar deverá encaminhar o caso à autoridade judiciária competente (art. 136, V, do ECA).

Art. 63 | LEI DE REGISTROS PÚBLICOS COMENTADA

Art. 63. No caso de gêmeos, será declarada no assento especial de cada um a ordem de nascimento. Os gêmeos que tiverem o prenome igual deverão ser inscritos com duplo prenome ou nome completo diverso, de modo que possam distinguir-se.

Parágrafo único. Também serão obrigados a duplo prenome, ou a nome completo diverso, os irmãos a que se pretender dar o mesmo prenome.

Comentários

1. Registro de gêmeos

Em relação aos registros de nascimento dos gemelares, é necessário fazerem-se na sequência, vinculando-os, pois um gêmeo terá a referência do outro em seu registro. Constará no registro de cada um que é gêmeo, o nome do outro, bem como a respectiva matrícula. Da mesma forma, nas certidões de nascimento sempre constará no campo próprio a referência de que se trata de um registro de gêmeo, pois essa informação dará maior segurança às relações, demonstrando que existem duas ou mais pessoas com a mesma data, local de nascimento e mesma filiação.

Quanto aos nomes, os gêmeos deverão possuir nomes diferentes, preservando a individualização de cada um e evitando a homonímia. Caso os pais queiram os prenomes iguais, deverão adotar nomes compostos, de forma que o nome inteiro sempre fique diferente um do outro, inclusive com relação a outros irmãos não gêmeos.

O registrador civil ou preposto deverá ficar atento ao Bloco V da DNV, o qual refere a gestação e parto, mais especificamente ao campo 35, que tem como título "tipo de gravidez". Cada alternativa se refere ao número de conceptos ("única" para um, "dupla" para gêmeos, "tripla ou mais" para trigêmeos ou mais). No caso de gestações múltiplas, deverá ser emitida uma DNV para cada recém-nascido vivo, identificada como 1º gemelar, 2º gemelar, 3º gemelar. Contudo, a gestação gemelar não significa que necessariamente nasceram duas crianças. Esse fato deverá ser confirmado pelo declarante.

Se ambos nascerem com vida, serão feitos dois registros de nascimentos nos termos desse artigo. Se nascer um com vida e o outro ter respirado e morrido na ocasião do parto, serão feitos dois registros de nascimento e, na sequência, o registro de óbito. Se nascer um com vida e a outra criança tiver nascido morta (natimorto), será realizado um registro de nascimento e outro registro de natimorto no Livro C-auxiliar. Neste último caso, considerando que não houve nascimento com vida, não há que se falar em personalidade jurídica, condição para que se possa falar em gêmeo e, ainda que conste na DNV gestação gemelar o registro não mencionará o fato de ser gêmeo.

Art. 64. Os assentos de nascimentos em navio brasileiro mercante ou de guerra serão lavrados, logo que o fato se verificar, pelo modo estabelecido na legislação de marinha, devendo, porém, observar-se as disposições da presente Lei.

Referências Normativas

Lei 6.015/1973, arts. 31, 51 e 65.

Comentários

O artigo em comento possuía previsão em legislações anteriores, ao tempo em que a ocorrência de nascimentos e óbitos a bordo de navios era comum, justificando, portanto, a regulação desses fatos concernentes ao Registro Civil de Pessoas Naturais. Por uma questão metodológica, esse artigo deverá ser lido conjuntamente com os arts. 31, 51, e 65 desta Lei.

Art. 65. No primeiro porto a que se chegar, o comandante depositará imediatamente, na capitania do porto, ou em sua falta, na estação fiscal, ou ainda, no consulado, em se tratando de porto estrangeiro, duas cópias autenticadas dos assentos referidos no artigo anterior, uma das quais será remetida, por intermédio do Ministério da Justiça, ao oficial do registro, para o registro, no lugar de residência dos pais ou, se não for possível descobri-lo, no 1º Ofício do Distrito Federal. Uma terceira cópia será entregue pelo comandante ao interessado que, após conferência na capitania do porto, por ela poderá, também, promover o registro no cartório competente.

Parágrafo único. Os nascimentos ocorridos a bordo de quaisquer aeronaves, ou de navio estrangeiro, poderão ser dados a registro pelos pais brasileiros no cartório ou consulado do local do desembarque.

Referências Normativas

Lei 6.015/1973, arts. 31, 51 e 64.

Comentários

Como se vê, o artigo em comento possuía previsão em legislações anteriores, ao tempo em que a ocorrência de nascimentos e óbitos a bordo de navios era comuns, justificando, portanto, a regulação destes fatos concernentes ao Registro Civil de Pessoas Naturais. Por uma questão metodológica, este artigo deverá ser lido conjuntamente com os arts. 31, 51, e 64 desta Lei.

Art. 66. Pode ser tomado assento de nascimento de filho de militar ou assemelhado em livro criado pela administração militar mediante declaração feita pelo interessado ou remetida pelo comandante de unidade, quando em campanha. Esse assento será publicado em boletim da unidade e, logo que possível, trasladado por cópia autenticada, *ex officio* ou a requerimento do interessado, para o Cartório de Registro Civil a que competir ou para o do 1º Ofício do Distrito Federal, quando não puder ser conhecida a residência do pai.

Parágrafo único. A providência de que trata este artigo será extensiva ao assento de nascimento de filho de civil, quando, em conseqüência de operações de guerra, não funcionarem os cartórios locais.

Referências Normativas

Lei 6.015/1973, arts. 31, 51 e 64.

Comentários

O artigo em comento possibilita que seja lavrado assento de nascimento de filho de militar ou assemelhado em livro próprio criado pela administração militar. O parágrafo único amplia tal possibilidade para assento de nascimento de filho de civil, quando, em consequência de operações de guerra, não funcionarem os cartórios locais. Esses registros, assim que possível, serão encaminhados ao Cartório de Registro Civil competente e serão trasladados por cópia autenticada. Por uma questão metodológica, esse artigo deverá ser lido conjuntamente com os arts. 31, 51, e 64 desta Lei.

CAPÍTULO V
DA HABILITAÇÃO PARA O CASAMENTO

Art. 67. Na habilitação para o casamento, os interessados, apresentando os documentos exigidos pela lei civil, requererão ao oficial do registro do distrito de residência de um dos nubentes, que lhes expeça certidão de que se acham habilitados para se casarem.

§ 1º Se estiver em ordem a documentação, o oficial de registro dará publicidade, em meio eletrônico, à habilitação e extrairá, no prazo de até 5 (cinco) dias, o certificado de habilitação, podendo os nubentes contrair matrimônio perante qualquer serventia de registro civil de pessoas naturais, de sua livre escolha, observado o prazo de eficácia do art. 1.532 da Lei nº 10.406, de 10 de janeiro de 2002 (Código Civil). *(Redação dada pela Lei nº 14.382, de 2022)*

§ 2º *(Revogado) (Redação dada pela Lei nº 14.382, de 2022)*

§ 3º *(Revogado) (Redação dada pela Lei nº 14.382, de 2022)*

§ 4º *(Revogado) (Redação dada pela Lei nº 14.382, de 2022)*

§ 4º-A A identificação das partes e a apresentação dos documentos exigidos pela lei civil para fins de habilitação poderão ser realizadas eletronicamente mediante recepção e comprovação da autoria e da integridade dos documentos. *(Incluído pela Lei nº 14.382, de 2022)*

§ 5º Se houver impedimento ou arguição de causa suspensiva, o oficial de registro dará ciência do fato aos nubentes, para que indiquem, em 24 (vinte e quatro) horas, prova que pretendam produzir, e remeterá os autos a juízo, e, produzidas as provas pelo oponente e pelos nubentes, no prazo de 3 (três) dias, com ciência do Ministério Público, e ouvidos os interessados e o órgão do Ministério Público em 5 (cinco) dias, decidirá o juiz em igual prazo. *(Redação dada pela Lei nº 14.382, de 2022)*

§ 6º Quando a celebração do casamento ocorrer perante oficial de registro civil de pessoas naturais diverso daquele da habilitação, deverá ser comunicado o oficial de registro em que foi realizada a habilitação, por meio eletrônico, para a devida anotação no procedimento de habilitação. *(Redação dada pela Lei nº 14.382, de 2022)*

§ 7º Expedido o certificado de habilitação, celebrar-se-á o casamento, no dia, hora e lugar solicitados pelos nubentes e designados pelo oficial de registro. *(Incluído pela Lei nº 14.382, de 2022)*

§ 8º A celebração do casamento poderá ser realizada, a requerimento dos nubentes, em meio eletrônico, por sistema de videoconferência em que se possa verificar a livre manifestação da vontade dos contraentes. *(Incluído pela Lei nº 14.382, de 2022)*

ANDREIA RUZZANTE GAGLIARDI

Referências Normativas

Constituição Federal, art. 226.
Código Civil (Lei 10.406/2002), arts. 1.511 a 1.542, em especial: arts. 1.511 a 1.532.
Resolução 175/2013 do Conselho Nacional de Justiça.
Provimento 149/2023 do Conselho Nacional de Justiça: arts. 120 e 122.

Comentários

1. Visão Geral

O casamento encontra-se normatizado pelo Código Civil, a partir do art. 1.511, no que tange às normas substanciais, enquanto as regras procedimentais são reguladas pela Lei de Registros Públicos e, subsidiariamente, pelas normativas das corregedorias estaduais. Assim, o estudioso dos registros públicos deve pesquisar o tema considerando os diversos diplomas legais pertinentes.

De início, importa destacar que a Lei 14.382/2022 trouxe alterações muito relevantes nos artigos que tratam do casamento. Por ser lei posterior e especial, o diploma derrogou tacitamente alguns artigos do Código Civil que com ele se mostram incompatíveis. Há que se considerar, como guia hermenêutico, que a Lei 14.382/2022 teve por objetivo a simplificação de procedimentos e a redução de prazos, tudo a atender a sociedade brasileira contemporânea. Esse foi o impulso determinante da lei, como expressamente consignado nos documentos e debates produzidos durante a tramitação da MP 1.085/2021 perante o Congresso Nacional. Essa mesma finalidade inspirou as alterações levadas à cabo nos artigos que tratam o casamento. Assim, qualquer interpretação que proponha a ampliação de prazos vai de encontro ao que buscou o legislador em atenção às demandas sociais.

Feitas tais considerações, pode-se afirmar que o casamento, em regra, se desenvolve em três etapas: (1) habilitação; (2) celebração; (3) registro. Assim, o procedimento de habilitação é a primeira dessas fases, exceto na hipótese do casamento religioso com efeitos civis sem prévia habilitação e nos casamentos em iminente risco de vida e nuncupativo, que serão adiante analisados. Trata-se de procedimento administrativo que se desenvolve perante o Registro Civil das Pessoas Naturais cuja finalidade primária é garantir a validade e higidez do casamento que venha a ser celebrado. Para esse mister, deverão ser verificados os seguintes aspectos: (a) capacidade núbil dos contraentes; (b) ausência de impedimentos (art. 1.521 do CC); (c) ausência de causas suspensivas (art. 1.523 do CC).[6]

Além dessa finalidade essencial, no curso do processo de habilitação os noivos deverão decidir acerca do regime de bens, bem como sobre eventual mudança de seus nomes. Para tanto, cumpre ao Oficial o dever de bem informá-los sobre as opções facultadas por lei. O Código Civil é expresso ao impor o dever de orientação quanto ao regime de bens e quanto aos fatos que possam ocasionar a invalidade do casamento: *Art. 1.528. É dever do oficial do registro esclarecer os nubentes a respeito dos fatos que podem ocasionar a invalidade do casamento, bem como sobre os diversos regimes de bens.*

Sobreleva destacar que durante o procedimento de habilitação para o casamento, a atividade exercida pelo Oficial de Registro não se restringe àquilo que a doutrina registral e notarial costuma descrever como função típica registral. Nesse sentido, é correto afirmar a natureza eclética da atividade do registrador civil que, em muitos atos de sua atribuição realiza condutas geralmente associadas à função notarial. O casamento é o exemplo clássico e primeiro, seguido de inúmeros outros. Assim, o Registrador Civil: (a) identifica e reconhece as partes postulantes ao casamento e as testemunhas apresentadas; (b) verifica se essas pessoas possuem capacidade de manifestação de vontade, a fim de evitar nulidades ou anulabilidades; (c) verifica se a vontade é livremente manifestada, isenta de pressões externas; (d) orienta sobre as opções legais quanto ao regime de bens e alteração de nome; (e) elucida sobre as causas impeditivas ou suspensivas ao casamento; (f) tem o poder de sobrestar a celebração, nos termos do art. 1.538 do CC. Enfim, trata-se de atribuição que extrapola em muito a atividade de qualificação documental geralmente associada aos registros públicos. Não está em causa apenas a segurança jurídica estática decorrente do registro. O registrador civil confere segurança jurídica dinâmica.

Nesse sentido, e em reconhecimento à qualidade dos Oficiais de Registro Civil, profissionais do Direito, aprovados em concurso público, a Lei 14.382/2022 alterou profundamente as regras relativas à atuação do Ministério Público e do Juiz de Direito no âmbito da habilitação para o casamento. A redação original do § 1° do art. 67 exigia abertura de vistas ao MP em todos os procedimentos de habilitação, e remessa ao Juízo na hipótese de qualquer impugnação por parte do *Parquet* (§ 2º). Com a mudança introduzida no texto do § 1º e revogação expressa do § 2º, não se exige mais a abertura de vista generalizada ao Ministério Público.[7] A remessa será feita apenas na forma do § 5º,

---

[6] Nesse sentido: "*A habilitação para o casamento consiste em um procedimento administrativo, que se processa perante os Oficiais de Registro Civil das Pessoas Naturais, com o qual se objetiva verificar a capacidade dos nubentes para o casamento, a ausência de impedimentos e de causas suspensivas, assim como conferir publicidade acerca do ato a ser realizado. Por meio deste procedimento, verificam-se, ainda, a legalidade e validade do casamento pretendido, a regularidade da escolha do nome e a regularidade do regime de bens escolhido*". GENTIL, Alberto. *Registros públicos*. São Paulo: Método. Edição do Kindle, p. 199.

[7] ALVES, Jones Figueirêdo. Novo regime jurídico do nome civil e outros avanços do direito registral. Disponível em: https://www.conjur.com.br/2022-jul-11/processo-familiar-regime-juridico-nome-civil-outros-avancos-direito-registral. Publicado em 11.07.2022. Acesso em: 27 dez. 2022.

Art. 67 | LEI DE REGISTROS PÚBLICOS COMENTADA

quando houver oposição de impedimento ou arguição de causa suspensiva, o que se verá analisado adiante. Assim, atualmente, todo o procedimento de habilitação tramita perante o Registrador Civil e, apenas excepcionalmente, exige-se a participação do MP e do Juiz. Releva notar que o art. 1.526 do Código Civil, que exige vistas ao MP, não foi expressamente revogado. Contudo, pelos motivos já expostos anteriormente, considera-se que houve derrogação parcial da norma, mantendo-se o dever de envio apenas em situações específicas.

Por fim, destaca-se que o procedimento de habilitação para o casamento é idêntico para casais heteroafetivos ou homoafetivos, conforme determina a Resolução 175/2013 do Conselho Nacional de Justiça, editada com fulcro nas decisões proferidas pelo STF na ADI 4277-DF e pelo STJ no REsp 1.183.378/RS. Deve cuidar o oficial, nesses casos, para a adequação dos requerimentos e formulários emitidos pela serventia, para que respeitem o gênero de cada um dos nubentes.

Vale sublinhar, ainda, que os transgêneros cujo registro de nascimento tenha sido adequado ao seu gênero autopercebido devem ser tratados em conformidade com sua identidade de gênero e dos dados constantes da certidão de nascimento atualizada após a averbação de mudança de nome e gênero. Na hipótese de ainda não terem realizado a adequação de seu assento de nascimento, o Registrador Civil deve orientar para que façam em primeiro lugar a mudança do assento de nascimento, posto que deverá observar os dados constantes daquele assento nos autos de habilitação para o casamento.

2. Competência para a habilitação

É competente para realizar o procedimento de habilitação para o casamento a serventia de residência dos nubentes. Destaca-se: **a lei adota o critério de residência, e não de domicílio.** Caso os nubentes residam em endereços distintos, poderá existir competência concorrente de duas serventias, quando então os noivos poderão escolher livremente entre as duas para habilitar-se. Vale colacionar lição doutrinária diferenciadora de domicílio e residência, da lavra de Amaral:[8]

> Distingue-se o domicílio da residência e da habitação, ou morada. Aquele é um conceito jurídico, estas são situações de fato. Além disso, a residência é figura intermediária entre o domicílio e habitação. O domicílio pressupõe dois elementos: um, objetivo – a residência; outro, subjetivo – o ânimo definitivo. A residência é apenas o local onde a pessoa mora com intenção de permanecer; a habitação é uma residência transitória. Se, todavia, a pessoa tiver várias residências onde alternadamente viva, ou vários centros de ocupação habitual, qualquer daqueles ou destes poderá ser considerado seu domicílio (CC, art. 71). O direito brasileiro admite, assim, pluralidade de domicílios.

Esclareça-se que o art. 12 da Lei 8.935/1994 dispõe que os oficiais de registro civil das pessoas naturais somente podem praticar os atos relativos à sua circunscrição geográfica. Essa circunscrição corresponde aos limites territoriais para o qual o titular recebeu sua delegação, e sua definição se dá segundo as leis de organização judiciária ou administrativa de cada Estado. Para a habilitação ao casamento, o critério de fixação de competência se dá pela residência dos noivos no momento do início do procedimento.

Desde já, vale registrar que a Lei 14.382/2022 em nada inovou quanto à competência para a habilitação para o casamento. Igualmente, manteve-se a previsão legal de que, uma vez habilitado para o casamento, o casal pode realizar a celebração em qualquer local do país. Essa é a previsão expressa na atual redação do § 6º do artigo em comento, mas que também encontrava guarida no texto anterior, conforme a dicção do § 6º, em sua redação prévia: *"Quando o casamento se der em circunscrição diferente daquela de habilitação, o oficial do registro comunicará ao da habilitação esse fato, com os elementos necessários às anotações nos respectivos autos".*

Para que não reste dúvida: a habilitação de casamento deverá ser realizada perante o Registro Civil competente, conforme fixado pela residência de qualquer um dos nubentes. A cerimônia civil, por sua vez, poderá ser realizada por qualquer Registrador Civil do país.

---

8   AMARAL, Francisco. *Direito civil*: introdução. 10. ed. São Paulo: Saraiva, 2018. p. 416-417. Edição do Kindle.

3. Prazos

Nesse ponto, a Lei 14.382/2022 trouxe importantes inovações para o procedimento de habilitação ao casamento. Na sistemática anterior, iniciado o procedimento de habilitação, o Oficial deveria fazer afixar os editais de proclamas na sede da serventia pelo prazo de quinze dias, conforme a redação do § 3º do art. 67, expressamente revogado. A habilitação para o casamento somente poderia ser certificada após decorrido o lapso temporal, desde que não houvesse qualquer oposição de impedimento.

Importa analisar o art. 1.527 do Código Civil, que assim dispõe: *Estando em ordem a documentação, o oficial extrairá o edital, que se afixará durante quinze dias nas circunscrições do Registro Civil de ambos os nubentes, e, obrigatoriamente, se publicará na imprensa local, se houver.* Veja-se, portanto, que o prazo de 15 dias, extirpado da Lei de Registros Públicos, também tem previsão em dispositivo do CC que não foi expressamente revogado.

À primeira vista, poder-se-ia afirmar que a Lei 14.382/2022 não revogou tacitamente o art. 1.527 do CC e que, portanto, subsistiria o prazo de 15 dias ali previsto. Contudo, é preciso interpretar o sistema de forma harmônica, e há que se considerar a regra trazida pelo art. 67, § 1º: *Se estiver em ordem a documentação, o oficial de registro dará publicidade, em meio eletrônico, à habilitação e* **extrairá, no prazo de até 5 (cinco) dias,** *o certificado de habilitação, podendo os nubentes contrair matrimônio perante qualquer serventia de registro civil de pessoas naturais, de sua livre escolha,* **observado o prazo de eficácia do art. 1.532 da Lei nº 10.406, de 10 de janeiro de 2002 (Código Civil).** (grifos nossos).

Assim, temos, de um lado, a norma não expressamente revogada do Código Civil, que mandar afixar editais por 15 dias. De outro lado, temos: (a) a revogação expressa do parágrafo da lei de registros públicos que previa o referido prazo; (b) a determinação explícita dada pela Lei 14.382/2022 de que se habilite o casal no prazo máximo de cinco dias; (c) o integral trâmite legislativo da lei que comprova a clara intenção do legislador de simplificar o procedimento de habilitação e reduzir seus prazos. Ademais, há que se consignar que a Lei 14.382/2022 manda observar o art. 1.532 do CC, mas não faz qualquer referência ao art. 1.527, o que parece ser típico caso de silêncio eloquente. Temos, portanto, lei especial e posterior editada e aprovada para tornar mais céleres os atos praticados perante os registros públicos. Respeitosamente às opiniões em contrário, a única interpretação harmônica e sistêmica, que respeita as regras clássicas para solução de antinomias aparentes, é no sentido de que o art. 1.527 do Código Civil foi tacitamente revogado.[9]

Portanto, na nova sistemática dada pela Lei de Registros Públicos, observados todos os demais requisitos formais do procedimento de habilitação, o Registrador Civil possui o prazo máximo de até cinco dias para extrair o certificado de habilitação. A lei não previu um período mínimo, mas exige a prévia publicação de editais eletrônicos. Assim, considera-se que a data da publicação dos editais eletrônicos é o termo inicial para contagem do prazo de cinco dias. Frise-se, contudo, a publicação dos editais é ato a ser praticado imediatamente, tão logo verificada a regularidade da documentação.

Uma vez habilitados para o casamento, os nubentes deverão realizar a cerimônia civil ou religiosa em até 90 (noventa) dias, prazo decadencial estabelecido pelo art. 1.532 do CC.

4. Capacidade para casar

O tema é disciplinado pelos arts. 1.517 a 1.520 do Código Civil. Desde a Lei 13.146/2015, que alterou o CC, o Brasil não mais admite o casamento de pessoas com menos de 16, mesmo nos casos de gravidez.[10] Os menores púberes, entre 16 e 17 anos, dependem de autorização dos genitores ou representantes legais. Ressalta-se que a autorização deve ser conferida por todos os genitores constantes do assento de nascimento. No caso de multiparentalidade, há que se ter o cuidado de exigir a concordância de todos, posto que os poderes parentais são exercidos em igualdade de condições, e

---

[9]   Nesse sentido, LIMA, Márcia Fidelis. Lei nº 14.382-2022 – Primeiras Reflexões Interdisciplinares do Registro Civil das Pessoas Naturais e o Direito das Famílias. *Vide*: https://ibdfam.org.br/artigos/1841/Lei+n%C2%BA+14.382--2022+%E2%80%93+Primeiras+Reflex%C3%B5es+Interdisciplinares+do+Registro+Civil+das+Pessoas+Naturais+e+o+Direito+das+Fam%C3%ADlias. Publicado em 01.jul.2022. Acesso em: 27 dez. 2022. Ainda, Cartilha publicada pela ARPEN-BR (Associação Nacional dos Registradores de Pessoas Naturais. p. 8. Vide: https://arpenbrasil.org.br/crc-nacional/cartilhas/. Acesso em: 27 dez. 2022.

[10] TEPEDINO, Gustavo; TEIXEIRA, Ana Carolina Brochado. *Fundamentos do direito civil*: direito de família. 2. ed. Rio de Janeiro: Forense, 2021 p. 115.

Art. 67 | LEI DE REGISTROS PÚBLICOS COMENTADA

independente da origem da filiação.[11] Na falta de consenso, deve ser observado o art. 1.631 do CC, que remete ao juiz a decisão final.

No mesmo sentido, na hipótese de recusa por parte dos genitores ao consentimento, sendo ela injusta, caberá ao juiz o seu suprimento, conforme determina o art. 1.519 do CC. Trata-se de ação de jurisdição voluntária, a ser processada nos termos dos arts. 721 e seguintes do Código de Processo Civil. Sempre que o casamento depender do suprimento judicial, deverá ser realizado sob o regime da separação legal de bens (art. 1.641, III do CC).

Em qualquer caso, a autorização dada pelos genitores ou tutores pode ser revogada até o momento da celebração do casamento, hipótese em que o Oficial de Registro deverá suspender imediatamente a sua realização.

Ressalta-se que a deficiência não atinge a capacidade para o casamento, nos exatos termos do art. 6º, I, do Estatuto da Pessoa com Deficiência (Lei 13.146/2015).[12] Tratando-se de deficiência intelectual, o Registrador Civil deverá certificar-se da livre manifestação de vontade para o casamento, com os mesmos cuidados que adota para todas as demais pessoas. O desejo exteriorizado de forma clara e autônoma de casar-se, de constituir família, é o quanto basta.

Tratando-se de deficiência sensorial, devem-se adotar as cautelas necessárias a fim de colher a manifestação de vontade. O surdo que saiba ler irá realizar a leitura do memorial para o casamento, documento em que os nubentes requerem formalmente a habilitação, e deverá assiná-lo. Se a deficiência for visual, o nubente irá manifestar sua vontade oralmente, recomendando-se que o Oficial faça dupla leitura do memorial que será assinado pelo próprio nubente, se souber assinar, ou por alguém a seu rogo. Os surdos-mudos que saibam ler e escrever poderão se comunicar de forma escrita ou, alternativamente, poderão ser assistidos por intérprete da Linguagem Brasileira de Sinais (LIBRAS). Deve ser admitido o uso de tecnologias assistivas que permitam a adequada manifestação da vontade para o casamento (art. 3º, III, c/c art. 9º, III e V, da Lei 13.146/2015). Em geral, as normativas estaduais dispõem de regras acerca do atendimento da pessoa com deficiência, a fim de lhes garantir acesso ao exercício de seus direitos de forma segura e eficiente.

Assim, em qualquer caso de deficiência, o Oficial de Registro deve envidar todos os esforços para comunicar-se com o nubente, ainda que de forma mediada por tecnologia ou intérprete de libras, a fim de certificar-se de que a pessoa tem autêntica e livre vontade de se casar e constituir família. Contudo, se não for possível obter a manifestação de vontade, caberá ao Oficial obstar o procedimento de habilitação. A medida tem amparo na Convenção Interamericana de Direitos Humanos, o Pacto de São José da Costa Rica, que dispõe: *"Art. 17, 3. O casamento não pode ser celebrado sem o consentimento livre e pleno dos contraentes"*. Ainda, suportam essa postura o art. 4º, III, do CC, que considera relativamente incapaz aquele que por causa transitória ou permanente não possa exprimir sua vontade, bem como art. 104, I, do mesmo diploma, segundo o qual a capacidade do agente é requisito essencial à validade dos negócios jurídicos. Caso o requerente não se conforme com a recusa devidamente motivada, a questão poderá ser remetida ao Juiz que tiver atribuições fiscalizatória e correcional.

5. Identificação das partes e documentos obrigatórios

Nos termos do *caput* do art. 67, o procedimento de habilitação inicia-se por impulso dos "interessados", que devem exibir os documentos exigidos pela 'lei civil' e requerer sua habilitação ao casamento, expedindo-se certidão de que podem se casar. "Interessados" são única e exclusivamente os próprios nubentes que podem, contudo, se fazer representar. Nesse sentido, o art. 1.525 do Código Civil. Para esse momento, em que se requer o início do procedimento, o Código Civil e a Lei 6.015/1973 não trazem exigência quanto à forma da procuração. Por essa razão, a maioria das normativas estaduais admitem a procuração particular com reconhecimento de firma. Há, contudo, normas que exigem a procuração pública, ao que se deve atentar. De toda forma, a procuração deve conter os poderes especiais para requerer habilitação ao casamento, indicando-se o nome do outro contraente, o regime de bens bem como o nome que o outorgante pretende adotar.

---

[11] LÔBO, Paulo. *Direito civil – volume 5*: Famílias. 11. ed. São Paulo: Saraiva Educação, 2021. p. 345.

[12] TARTUCE, Flavio. *Direito civil*: direito de família. Rio de Janeiro: Forense, 2020.p. 57.

O requerimento dos nubentes é reduzido a termo e recebe o nome de "memorial" ou "memorial de habilitação". Comumente, é produzido pelo cartório, mas nada impede que os nubentes apresentem sua vontade já formalizada em escrito próprio, desde que que esse contenha todos os dados necessários. A apresentação por escrito do pedido de habilitação não dispensa, contudo, o contato direto dos noivos com o Oficial, a quem incumbe certificar-se da livre manifestação de vontade, bem como prestar orientações sobre os fatos relevantes relacionados ao casamento.

Iniciado o procedimento, após o impulso dos nubentes, forma-se de fato um auto de habilitação, constituído pelo memorial e pelos documentos apresentados, em que se fará constar todas as circunstâncias relevantes e necessárias para o processamento do pedido dos nubentes, exemplificativamente: certidão de publicação de proclamas, termo de declaração das testemunhas, certificação do transcurso do prazo de editais, declaração do oficial sobre a apresentação de impedimentos/causas suspensivas ou sua não ocorrência, declaração formal pelo oficial de que o casal encontra-se habilitado, indicando-se a data de início do prazo de 90 dias. Após a realização do casamento, deve-se certificar os dados do livro, folha e termo em que lavrado. Ao contrário, transcorrido o prazo de 90 dias *in albis*, tal ocorrência também será anotada formalmente.

Uma das grandes novidades introduzidas pela Lei 14.382/2022 é justamente a autorização para que todo esse procedimento seja realizado de forma eletrônica. Nesse sentido, destaca-se o § 4º-A: *A identificação das partes e a apresentação dos documentos exigidos pela lei civil para fins de habilitação poderão ser realizadas eletronicamente mediante recepção e comprovação da autoria e da integridade dos documentos.*

Nota-se, pela direta interpretação da lei, que as partes poderão ser identificadas por meio eletrônico, o que implica dizer que seu comparecimento pessoal à serventia não é mais indispensável. Registre-se, contudo, que ainda que de forma eletrônica, e, portanto, virtual, a interpretação sistemática do ordenamento exige o contato direto entre o Oficial e os nubentes, tanto para recepcionar a manifestação de vontade quanto para cumprir os deveres de orientação próprios dessa etapa do casamento. Assim, sustenta-se que, optando-se pelo meio eletrônico, deverá ser feita videoconferência.

Vale pontuar que a lei não exige regulamentação para a realização da recepção eletrônica dos documentos e do pedido de habilitação. O Oficial de Registro que queira colocar em prática esse procedimento deverá, contudo, garantir sua segurança e integridade, adotando critérios cautelosos, sobretudo quanto ao formato dos documentos eletrônicos.

Com relação aos documentos necessários, a previsão encontra-se no art. 1.525 do Código Civil, cujo rol passa-se a analisar:

I – **certidão de nascimento ou documento equivalente:** equivale à certidão de nascimento, por exemplo, certidão do livro "E" do traslado do nascimento ocorrido no exterior e, no caso de estrangeiros, atestado consular; algumas normas estaduais trazem exigências quanto ao prazo de expedição das certidões de nascimento, medida salutar, posto que certidões antigas podem estar em desacordo com a situação jurídica atual do nubente, em razão, por exemplo, de mudanças de nome, do estado de filiação e mesmo de estado civil;

II – **autorização por escrito das pessoas sob cuja dependência legal estiverem, ou ato judicial que a supra;** a autorização é necessária nas hipóteses do casamento da pessoa menor púbere, questão já analisada. Vale mencionar que as normas estaduais costumam admitir, em caso de genitores analfabetos, que a manifestação seja prestada perante o Oficial de Registro, com assinatura a rogo;

III – **declaração de duas testemunhas maiores, parentes ou não, que atestem conhecê-los e afirmem não existir impedimento que os iniba de casar;** as testemunhas devem ser pessoas que efetivamente conheçam os nubentes, recusando-se pessoas escolhidas aleatoriamente entre os demais usuários da serventia. No Registro Civil de Pessoas Naturais, afora pontuais exceções, admite-se como testemunha o parente, em qualquer grau, sendo também esse o caso do casamento. Importa informar que as testemunhas da habilitação não precisam ser as mesmas que participarão da celebração do casamento;

IV – declaração do estado civil, do domicílio e da residência atual dos contraentes e de seus pais, se forem conhecidos; os dados são inseridos por declaração dos nubentes, não sendo necessário exigir sua comprovação documental, exceto se houver previsão na normativa estadual ou fundado motivo de suspeita quanto à veracidade das declarações;

V – certidão de óbito do cônjuge falecido, de sentença declaratória de nulidade ou de anulação de casamento, transitada em julgado, ou do registro da sentença de divórcio. Muito importante destacar que, na hipótese da pessoa viúva, não basta a apresentação da certidão de casamento com anotação de óbito, posto que na sistemática da Lei de Registros Públicos os atos de anotação possuem efeitos de mera notícia. Ao contrário, em que pese a lei exigir a sentença declaratória de nulidade ou anulação do casamento, ou do "registro da sentença de divórcio", nessas hipóteses, a apresentação da certidão de casamento com averbação do divórcio, anulação ou nulidade do casamento é suficiente. A averbação é feita mediante apresentação de referidas sentenças (ou escritura, na hipótese de divórcio), e goza de presunção de veracidade e autenticidade, fazendo prova adequada do estado civil da pessoa. Assim, em interpretação sistemática, sustenta-se bastar a certidão de casamento devidamente atualizada.

Por fim, importa sublinhar que também nesse ponto as normas estaduais costumam tratar com minúcia as questões documentais, devendo o estudioso a elas atentar-se.

6. Causas suspensivas e impeditivas

O registrador civil deve estar atento à incidência de eventuais causas suspensivas ou impeditivas ao casamento, previstas respectivamente nos arts. 1.521 e 1.523 do Código Civil.

Quanto às causas impeditivas, que acarretam a nulidade do casamento (art. 1.548, II, do CC), recai sobre o Oficial o dever legal de oferecê-las, caso delas tenha ciência (art. 1.522, parágrafo único). São as seguintes hipóteses taxativamente previstas na lei:[13]

Art. 1.521. Não podem casar:

I – os ascendentes com os descendentes, seja o parentesco natural ou civil;

II – os afins em linha reta;

III – o adotante com quem foi cônjuge do adotado e o adotado com quem o foi do adotante;

IV – os irmãos, unilaterais ou bilaterais, e demais colaterais, até o terceiro grau inclusive;

V – o adotado com o filho do adotante;

VI – as pessoas casadas;

VII – o cônjuge sobrevivente com o condenado por homicídio ou tentativa de homicídio contra o seu consorte.

Vale destacar o inciso IV do dispositivo, que veda o casamento entre parentes até o terceiro grau, inclusive, inspirado pela necessidade de proteção à saúde genética da eventual prole. A vedação já existia à época do Código Civil de 1916, mas fora mitigada por meio do Decreto-Lei 3.200/41, que autorizava o casamento mediante apresentação de laudo médico favorável. Segundo pacífica doutrina civilista, o Decreto-lei foi recepcionado pelo Código Civil de 2002, conforme ilustra o Enunciado 98 das Jornadas de Direito Civil, promovidas pelo Conselho Federal de Justiça: "Art. 1.521, IV, do novo Código Civil: o inc. IV do art. 1.521 do novo Código Civil deve ser interpretado à luz do Decreto-Lei n. 3.200/41 no que se refere à possibilidade de casamento entre colaterais de 3º grau". Nessa hipótese, o Registrador deverá observar os procedimentos dispostos em referido ato normativo, autuando o procedimento de habilitação, instruído com os documentos exigidos e o requerimento dos pretendes, para o que o Juiz decida a questão. A doutrina denomina o casamento, nessa hipótese, de casamento avuncular.

As causas suspensivas ao casamento, por outro lado, não invalidam o matrimônio eventualmente realizado, mas geram a sanção de imposição do regime de separação obrigatória de bens. São elas:

---

[13] LÔBO, Paulo. *Direito civil – volume 5*: famílias. 11. ed. São Paulo: Saraiva Educação, 2021. p. 141.

Art. 1.523. Não devem casar:

I – o viúvo ou a viúva que tiver filho do cônjuge falecido, enquanto não fizer inventário dos bens do casal e der partilha aos herdeiros;

II – a viúva, ou a mulher cujo casamento se desfez por ser nulo ou ter sido anulado, até dez meses depois do começo da viuvez, ou da dissolução da sociedade conjugal;

III – o divorciado, enquanto não houver sido homologada ou decidida a partilha dos bens do casal;

IV – o tutor ou o curador e os seus descendentes, ascendentes, irmãos, cunhados ou sobrinhos, com a pessoa tutelada ou curatelada, enquanto não cessar a tutela ou curatela, e não estiverem saldadas as respectivas contas.

Como o Registrador Civil não consta do rol restrito de pessoas legitimadas para oposição de causas suspensivas previsto no Código Civil (art. 1.524), a doutrina, sobretudo civilista, debate se deveria ou não o oficial atuar de ofício, ao constatar sua incidência.[14] Contudo, sob a perspectiva do direito registral, e em consideração aos princípios finalísticos da atividade – segurança jurídica, eficácia, autenticidade, prevenção de litígios – sustenta-se o dever de ação preventiva nessas hipóteses. Vale destacar que o regime de bens não tem relevância apenas entre os cônjuges, mas impacta os negócios jurídicos por eles celebrados com terceiros na constância do casamento. Assim, caso o Registrador Civil verifique a incidência de causa suspensiva, a conduta mais consentânea com os princípios próprios da atividade é a de indicar a obrigatoriedade de o casamento realizar-se sob o regime da separação obrigatória. Nesse sentido, é a disciplina das normativas estaduais.

O Código Civil admite a possibilidade, nesses casos, de que os nubentes requeiram ao juiz a dispensa do regime obrigatório, provando-se a inexistência de prejuízos no caso concreto (art. 1.523, parágrafo único). Ademais, há que se atentar às normas estaduais, pois muitas permitem a apresentação de declarações elisivas que, em procedimento simplificado, afastam o regime obrigatório de bens.

7. Procedimento de oposição de impedimentos e causas suspensivas

Cuida do procedimento a ser adotado pelo oficial, na hipótese de oposição de impedimento ou causa suspensiva, o § 5º do art. 67, sob análise: *§ 5º Se houver impedimento ou arguição de causa suspensiva, o oficial de registro dará ciência do fato aos nubentes, para que indiquem, em 24 (vinte e quatro) horas, prova que pretendam produzir, e remeterá os autos a juízo, e, produzidas as provas pelo oponente e pelos nubentes, no prazo de 3 (três) dias, com ciência do Ministério Público, e ouvidos os interessados e o órgão do Ministério Público em 5 (cinco) dias, decidirá o juiz em igual prazo.*

Em conformidade com o espírito da Lei 14.382/2022, que buscou reduzir prazos e garantir celeridade aos atos praticados perante os registros públicos, o § 5º em comento foi alterado apenas no que concerne aos lapsos temporais fixados. A redação original do dispositivo previa prazos mais largos para o processamento de oposições de impedimentos e causas suspensivas.

Assim, como já aventado nas considerações iniciais ao art. 67, a participação do Ministério Público e do Juiz tornou-se exceção na nova sistemática da Lei de Registros Públicos, justificada apenas em situações especiais, como o caso de oposição de impedimento ou arguição de causa suspensiva, o pedido formulado pelos nubentes para dispensa do regime legal obrigatório (art. 1.523, parágrafo único, do CC) e o casamento em iminente risco de vida (art. 77 da LRP).

O procedimento de oposição de impedimentos e causas suspensivas encontra-se previsto no art. 67, § 5º, supratranscrito, complementado pelos arts. 1.529 e 1.530 do CC. Tenha-se em conta que a oposição de impedimento pode ser feita por qualquer pessoa, enquanto a arguição de causa suspensiva apenas pelo rol de legitimados do art. 1.523: parentes em linha reta dos nubentes (em qualquer grau, já que a lei não traz restrição), consanguíneos ou afins, e na linha colateral até o segundo grau, consanguíneos ou afins, portanto, apenas irmãos e cunhados.

As oposições e causas suspensivas devem ser apresentadas por escrito e assinadas, vedado o documento apócrifo, conjuntamente com as provas do fato ou indicações sobre onde poderão ser encontradas. O

---

14 Sobre essa divergência, veja GAGLIARDI, Andreia Ruzzante; OLIVEIRA, Marcelo Salaroli de; CAMARGO NETO, Mario de Carvalho. *Registro civil de pessoas naturais*. 4. ed. Indaiatuba: Foco, 2022. p. 543. Versão Kindle.

Art. 67 | LEI DE REGISTROS PÚBLICOS COMENTADA

Oficial deverá cientificar os nubentes sobre a oposição, informando-lhes a autoria, os fundamentos e as provas apresentadas, e fixando prazo de 24 horas para indicação das provas que irão produzir em seu favor. Em seguida, remeterá os autos ao juízo, onde serão produzidas as provas necessárias em três dias. Ultrapassada a fase de produção de provas, será dada ciência ao Ministério Público, para que se manifeste em cinco dias, prazo igualmente fixado para manifestação dos nubentes e do oponente. Em seguida, em novo prazo de cinco dias, deverá decidir o juiz, acolhendo ou afastando as alegações.

Registre-se que o Oficial de Registro não é parte interessada e não tem legitimidade para recorrer da decisão judicial.

8. Regime de bens

Dentre as obrigações do Registrador Civil durante o procedimento de habilitação para o casamento, destaca-se o dever de informar acerca dos diversos regimes de bens e a possibilidade de escolha pelo casal, antes da realização do casamento.

Do procedimento de habilitação deverá constar a escolha do regime de bens pelo casal (art. 1.640, parágrafo único, do CC). Em regra, a indicação do regime é feita no início do procedimento e costuma ser declarada no próprio memorial, acompanhada, quando caso, do pacto antenupcial. Contudo, deve-se ter em conta que os nubentes podem alterar essa escolha até o momento da celebração do casamento. Somente após a celebração o regime se torna definitivo, exigindo, para sua alteração, sentença judicial. Nesse sentido, o art. 1.639 do Código Civil:

> Art. 1.639. É lícito aos nubentes, **antes de celebrado o casamento, estipular, quanto aos seus bens, o que lhes aprouver**.
>
> § 1º O regime de bens entre os cônjuges começa a vigorar desde a data do casamento.
>
> § 2º É admissível alteração do regime de bens, mediante autorização judicial em pedido motivado de ambos os cônjuges, apurada a procedência das razões invocadas e ressalvados os direitos de terceiros. (grifo nosso)

Se os nubentes optarem pelo casamento sob o regime da comunhão parcial de bens, a escolha será reduzida a termo na própria habilitação. Em outras palavras, o registrador civil irá colher declaração de vontade e materializá-la em escrito particular assinado pelos nubentes, documento que também será encartado nos autos de habilitação. Como já mencionado, é comum que essa escolha já conste expressamente do próprio memorial, o que atende adequadamente ao comando do Código Civil.

Para qualquer outro regime de bens, os nubentes devem providenciar o pacto antenupcial, a ser celebrado por escritura pública perante Tabelionato de Notas. As regras relativas ao pacto antenupcial encontram-se entre os arts. 1.653 e 1.657 do CC. Não basta a realização do pacto por parte dos nubentes. Sua apresentação ao registro civil, antes de celebrado o casamento, é mandatória, inclusive porque a informação acerca do regime de bens é um dos elementos essenciais do termo de casamento e das certidões expedidas.

Ainda, no que concerne ao tema, é dever do Oficial verificar se não incide nenhuma das hipóteses previstas no art. 1.641 do CC, que obrigam à imposição do regime da separação legal de bens, quais sejam: (a) o casamento realizado em infringência às causas suspensivas; (b) o casamento da pessoa maior de setenta anos; (c) o casamento das pessoas que precisarem de suprimento judicial para casar, ou seja, o caso do menor púbere cuja denegação injusta de autorização, por parte dos genitores ou representas legais, seja suprida judicialmente.

Quanto à pessoa maior de setenta anos, deve-se atentar à decisão do Supremo Tribunal Federal, no Tema 1.236 de Repercussão Geral, que fixou a seguinte tese: Tese: "Nos casamentos e uniões estáveis envolvendo pessoa maior de 70 anos, o regime de separação de bens previsto no art. 1.641, II, do Código Civil, pode ser afastado por expressa manifestação de vontade das partes, mediante escritura pública". Assim, na atualidade, pode-se considerar que a separação obrigatória é o regime supletivo para pessoas com mais de setenta anos que, contudo, poderão fazer escolha diversa por meio de pacto antenupcial.

9. Escolha do nome

Nos termos do art. 1.565, § 1º, do CC, *"qualquer dos nubentes, querendo, poderá acrescer ao seu o sobrenome do outro"*. Em respeito ao princípio constitucional da igualdade entre os cônjuges, o

Código Civil de 2002 expressamente permite que tanto o homem quanto a mulher alterem seu nome completo em razão do casamento, adotando um ou alguns sobrenomes do outro.

A interpretação literal da norma levou a doutrina civilista a discutir e debater se seria permitida exclusivamente a inclusão de sobrenome do outro, vedada a eliminação de sobrenomes atribuídos ao nubente pelo nascimento. Assim, seria permitido incluir um sobrenome novo, sem excluir qualquer dos apelidos familiares já existentes.

Na atualidade, a posição largamente majoritária é no sentido de admitir a exclusão parcial dos próprios sobrenomes para a inclusão do sobrenome do outro. Assim, não se admite que a pessoa abandone todos os seus nomes de nascimento, mas apenas alguns deles. Essa é a posição adotada pela maioria das normativas estaduais.[15]

A indicação dos nomes que serão utilizados após o casamento também costuma ser feita do memorial de habilitação. Caso os nubentes mudem de opinião, enquanto ainda não realizado o casamento, a escolha poderá ser alterada, bastando reduzir a termo a nova opção.

Destaca-se que o direito a incluir o sobrenome do cônjuge não decorre da vontade desse, titular do nome a ser utilizado, mas, sim, da própria lei. Assim, é desnecessária a anuência para tanto, já que a mudança resulta de faculdade jurídica conferida ao nubente, acrescida da vontade livremente manifestada por quem queira mudar seu nome civil.

Ainda, vale mencionar que as normas estaduais divergem sobre as regras de composição para formação do novo nome, sendo que algumas vedam a intercalação de sobrenomes dos cônjuges. Trata-se, salvo melhor juízo, de limitação à autonomia privada que não encontra respaldo na lei ou nos costumes. De toda forma, o Registrador Civil, adstrito à legalidade estrita e à fiscalização das corregedorias locais, deverá respeitar o quanto constar da normativa local.

10. Edital de Proclamas

Também nesse ponto a Lei 14.382/2022 trouxe importantes mudanças, com a simplificação dos procedimentos relativos ao edital de proclamas, cuja finalidade é dar publicidade à habilitação de casamento e permitir oposição de impedimentos e arguição de causas suspensivas.

No sistema anteriormente vigente, a publicação de edital se dava de duas formas distintas: (a) afixação de edital na própria serventia; (b) publicação na imprensa local, nas localidades em que existisse. Caso os nubentes residissem em circunscrições diferentes, a afixação deveria ser feita em ambas as serventias (art. 67, §§ 1º e 4º, LRP, redação anterior). Em ambas, devia-se aguardar o prazo de 15 dias após a afixação do edital, após o qual, não oposto impedimento, era possível declarar os nubentes habilitados ao casamento.

O novo procedimento aboliu a afixação de editais na sede da serventia e pela imprensa local. Agora, os proclamas passam a ser feitos exclusivamente em forma eletrônica. Por essa razão, ainda que os nubentes residam em circunscrições distintas, não subsiste a necessidade de dupla publicação.

A Associação Nacional dos Registradores de Pessoas Naturais (Arpen-Brasil) oferece a todos os registradores a funcionalidade de publicar eletronicamente os editais de proclamas do casamento. De toda conveniência que as publicações sejam ali concentradas, de modo a facilitar suas buscas para a sociedade.

Vale ainda mencionar que o Provimento 149, do Conselho Nacional de Justiça, delimitou quais são os dados que devem constar do edital de proclamas, nos termos do art. 122: *"O edital de proclamas conterá tão somente o nome, o estado civil, a filiação, a cidade e a circunscrição do domicílio dos noivos"*.

11. Procedimento

Ao longo dos tópicos anteriores, foram apresentadas todas as questões mais relevantes que cercam o procedimento de habilitação, cuja finalidade é garantir que o casamento a ser realizado o seja em consonância com o ordenamento jurídico, revestido de higidez e apto a produzir todos os seus efeitos.

---

[15] Como exemplos: Provimento Conjunto CGJ/CCI Nº 03/2020, Código de Normas e Procedimentos dos Serviços Notariais e de Registro do Estado da Bahia, art. 512; Provimento Conjunto 93/2020, Código de Normas da Corregedoria-Geral de Justiça do Estado de Minas Gerais, art. 586, VI.

A sua correta condução, pelo Oficial de Registro Civil, requer amplo conhecimento das normas de direito material que incidem sobre a matéria.

Ao final do procedimento, atualmente muito mais célere, mas igualmente hábil a cercar de segurança jurídica o casamento, o Oficial irá certificar que os nubentes estão habilitados a casarem-se. A certidão de habilitação é válida em todo o território nacional, pelo prazo de 90 dias corridos. Os noivos podem escolher livremente o local em que realizarão a celebração da cerimônia civil, ou, ainda poderão optar por sua realização perante autoridade religiosa. Segundo o § 7º do art. 67, introduzido pela Lei 14.382/2022, os noivos podem solicitar dia e horário em que pretendem se casar, cabendo a designação ao oficial de registro. O dispositivo é interessante, pois coloca em relevo a vontade dos noivos, que deve ser, sempre que possível, atendida. Ademais, atribui ao oficial de registro o poder de designar data e horário da celebração, antes conferida à autoridade celebrante, pelo art. 1.533 do CC, parcialmente derrogado.

Caso a celebração seja realizada por outro Oficial de Registro, a serventia celebrante deve comunicar o fato ao cartório em que feita a habilitação, para que seja anotada a circunstância nos autos de habilitação (art. 67, § 6º). Se celebrada na própria serventia em que realizada a habilitação, a mesma anotação será feita, bem como deve-se mencionar o fato de que, decorrido o prazo, não foi realizado casamento, quando for esse o caso. Assim, o procedimento da habilitação se encerra com a certificação do seu resultado final: a realização ou não do casamento.

12. Casamento por videoconferência

A possibilidade de realização da celebração civil do casamento foi introduzida por meio da Lei 14.382/2022, nos termos do novo § 8º: *A celebração do casamento poderá ser realizada, a requerimento dos nubentes, em meio eletrônico, por sistema de videoconferência em que se possa verificar a livre manifestação da vontade dos contraentes.*

Ao longo do período da pandemia Covid-19, em razão das restrições de circulação de pessoas, bem como a necessidade de evitar aglomerações, houve grande impulso para a adoção da prática de atos remotos, tanto na seara judicial, em que audiências e julgamentos passaram a ser realizados virtualmente, quanto na seara extrajudicial, com a edição do Provimento 100, do Conselho Nacional de Justiça, que permitiu a prática de atos notariais de maneira remota e com uso de videoconferência. No período, algumas Corregedorias Estaduais publicaram provimentos, destinados à vigência temporária, em que se permitiu a realização da celebração do casamento civil por meio de videoconferência. São exemplos: (Santa Catarina – Provimento 22, de 31 de março de 2020, Amazonas – Provimento 348/2020, CGJ-AM; Bahia – Provimento Conjunto 13/2020 da CGJ/ CCIPJ-BA; Paraíba – Recomendação 08/2020 CGJ-PB; Goiás – Provimento 41/2020 – CGJ-GO; e Minas Gerais – Portaria Conjunta de Presidência 955/2020 TJMG). Todas essas experiências positivas certamente serviram de guia para essa tão relevante inovação.

Destaca-se que a Lei não exige prévia regulamentação para que seja adotado o modelo de celebração da cerimônia por videoconferência. Contudo, algumas questões importantes precisam de solução adequada por parte do Oficial que adote o formato virtual. Em relevo, a questão da publicidade da cerimônia que, nos moldes tradicionais, exige que as portas permaneçam abertas, franqueado o acesso a qualquer pessoa, inclusive para garantir oposição de impedimentos. Como reproduzir essa possibilidade de acesso no ambiente virtual? Uma possibilidade seria manter público o *link* de acesso ao ambiente virtual dos casamentos realizados pela serventia. Outro aspecto relevante é garantir que os nubentes não estejam sob qualquer forma de ameaça, para garantir que a vontade para o casamento seja absolutamente livre de qualquer coação. Para tanto, o presidente do ato deverá possuir uma visão global do ambiente em que se encontram os noivos. Ademais desses aspectos que dizem respeito à questão da própria validade do casamento, há que se atentar também às questões de segurança tecnológica. O Provimento 100, do CNJ, fornece parâmetros interessantes aos registradores civis, ao menos enquanto não houver regulamentação específica.[16]

---

[16] Mróz e Mota publicaram relevante artigo acerca das questões que permeiam o casamento por videoconferência, cuja leitura se recomenda. MROZ, Daniela Silva; MOTA, Julia Claudia Rodrigues da Cunha. *O casamento on-line e seus reflexos no direito registral. In:* NALINI, José Renato; SCAFF, Ricardo Felício. *Registro civil das pessoas naturais e a 4ª Revolução Industrial.* São Paulo: Quartier Latin, 2021. p. 113-138.

13. Emolumentos

Em relação aos emolumentos, importa destacar que a Constituição Federal, em seu art. 226, § 1º, assegura a gratuidade da celebração do casamento civil para todas as pessoas. Essa gratuidade universal não abrange a etapa preparatória ao casamento, do processo de habilitação, nem a fase final, da lavratura do assento no livro competente. A gratuidade constitucional restringe-se à celebração civil. Por outro lado, o art. 1.512 do Código Civil impõe a gratuidade integral em favor das pessoas cuja pobreza for declarada, sob as penas da lei, aplicando-se, portanto, à habilitação, à celebração e ao registro. Deve-se registrar que os emolumentos têm natureza de tributo, na modalidade taxa, conforme posição do Supremo Tribunal Federal. Assim, o Registrador Civil tem o dever de evitar abusos nas declarações de pobreza que tenham por finalidade apenas a elisão do pagamento de um tributo, podendo inclusive exigir apresentação de documentos.

14. Publicidade do procedimento

Questão interessante diz respeito à eventual publicidade, ou não, do procedimento de habilitação, que é, em verdade, um documento acessório e instrumental ao registro do casamento. O tema deve ser analisado em consideração ao art. 18 da LRP, e o art. 42 do Provimento 134/2022, do CNJ. Dispõem os referidos diplomas legais:

> **LRP, Art. 18.** Ressalvado o disposto nos arts. 45, 57, § 7º, e 95, parágrafo único, a certidão será lavrada independentemente de despacho judicial, devendo mencionar o livro de registro **ou o documento arquivado no cartório.** (grifo nosso)
>
> Prov. 149, CNJ. Art. 120. A emissão e o fornecimento de certidão sobre **procedimentos preparatórios ou documentos apresentados para a realização de atos** no Registro Civil das Pessoas Naturais somente poderão ser realizados a pedido do próprio interessado ou do titular do documento, seus representantes legais e mandatários com poderes especiais ou mediante autorização judicial ou, ainda, quando o documento solicitado for público com publicidade geral e irrestrita.
>
> Parágrafo único. Após o falecimento do titular, a certidão de que trata o *caput* deste artigo poderá ser fornecida ao solicitante que apresentar a certidão de óbito. (grifo nosso)

Verifica-se que o art. 18 da Lei de Registros Públicos dispõe que a certidão poderá ser lavrada, devendo mencionar o "documento arquivado no cartório". Com base nesse dispositivo, entende-se possível a expedição de cópia, em formato de certidão, do próprio procedimento de habilitação para o casamento, havendo, inclusive previsão legal para cobrança de referidas cópias em muitas tabelas de custas estaduais.

A questão ganhou novos contornos com a entrada em vigor da Lei Geral de Proteção de Dados, já que hodiernamente constam, dos procedimentos de habilitação, inúmeras informações que não ingressam no assento de casamento. Como exemplo, citem-se cópias de documento de identificação dos nubentes e das testemunhas.

Atento a esse aspecto da atividade, o Conselho Nacional de Justiça, ao disciplinar a incidência da LGPD sobre os registros públicos, trouxe regra própria, que atinge tanto os procedimentos de habilitação para casamento quantos outros documentos arquivados no RCPN, como as DNVs, por exemplo. De acordo com a norma supratranscrita, somente os próprios cônjuges, representantes legais ou mandatários poderão requerer referidas cópias. Terceiros dependerão de autorização judicial. Duas exceções foram previstas. A primeira delas diz respeito a documentos que sejam, *de per si*, públicos. Como exemplos, podemos citar as certidões de nascimento arquivadas no procedimento, sobre as quais não há sigilo. A segunda exceção se dá quando o titular do dado já for falecido, conforme parágrafo único do art. 120, do Provimento 149 CNJ.

 Jurisprudência

1. Idade núbil. Impossibilidade de suprimento de idade

"Apelação cível. Ação de suprimento de idade para casamento. Adolescente com 14 anos de idade. Não implementação da idade núbil que, consoante preceito legal, é de 16 anos de idade. Exegese do art. 1.520 do Código Civil. Ausência de qualquer elemento autorizador à autorização pretendida, que comporta a manutenção da sentença de improcedência. precedentes. Recurso desprovido" (TJRS, Apelação Cível 50003767520218210042, 7ª Câmara Cível, Rel. Roberto Arriada Lorea, j. 25/05/2022).

2. Pessoa interditada com deficiência leve. Capacidade para casar

"**Ação declaratória de nulidade de casamento.** Ação ajuizada pelo Ministério Público, com fundamento na incapacidade da ré, que havia sido anteriormente interditada – Sentença de procedência – Recurso do próprio Ministério Público, postulando a reforma da sentença, já que a deficiência seria parcial e que a legislação atual permite o casamento. Laudo pericial que indica a existência de deficiência leve Incapacidade que não restringe a possibilidade de casamento. Lei nº 13.416/15 que revogou o art. 1.548, I, CC Recurso provido" (TJSP, Apelação Cível 1008843-59.2014, j. 27/07/2021).

3. Casamento avuncular. Possibilidade

"**Apelação cível.** Alvará Judicial Autorização para conversão de união estável em casamento entre tio e sobrinha – Sentença de Improcedência Inconformismo que prospera. Casamento avuncular. Impedimento previsto no art. 1.521, IV, do CCB que deve ser interpretado nos termos do Decreto-lei n. 3.200/41. Aplicação do Enunciado nº 98, do 'CJF' – Casamento entre colaterais de 3º grau que pode ser procedido mediante comprovação médica de inexistência de risco à eventual prole. Instrução probatória produzida a contento Interessada que se encontra em período de menopausa, o que impede a concepção pelas vias ordinárias – Sentença de Primeiro Grau reformada. RECURSO PARCIALMENTE PROVIDO, para se autorizar a conversão da união estável em matrimônio" (TJSP, Apelação Cível 1004177-36.2019.8.26.0224, Rel. Penna Machado, 2ª Câmara de Direito Privado, j. 01/02/2021, *DJe* 01/02/2021).

4. Casamento. Convivente com mais de 70 anos. Possibilidade de pacto para afastar Súmula 377 do STF

"Registro Civil das Pessoas Naturais – Habilitação de casamento – Nubente maior de 70 anos de idade – Pretensão de adoção do regime de separação convencional de bens para afastar a incidência da Súmula nº 377 do Eg. Supremo Tribunal Federal e, portanto, a presunção de comunicabilidade dos aquestos – Obrigatoriedade de adoção do regime de separação legal, mas com possibilidade de afastamento, por convenção, da presunção de comunicação dos aquestos, por se tratar de restrição mais gravosa em relação à decorrente da referida Súmula – Precedente da Corregedoria-Geral da Justiça – Recurso não provido, com observação sobre a possibilidade de dispensa da alteração do pacto antenupcial já lavrado para que seja adotado o regime da separação legal, com incidência da separação de bens inclusive sobre os aquestos" (TJSP, Processo 1018564-40.2019.8.26.0100 (Parecer 299/2019-E), Corregedoria-Geral da Justiça, *DJe* 14/06/2019).

> **Art. 68.** Se o interessado quiser justificar fato necessário à habilitação para o casamento, deduzirá sua intenção perante o juiz competente, em petição circunstanciada indicando testemunhas e apresentando documentos que comprovem as alegações.
>
> § 1º Ouvidas as testemunhas, se houver, dentro do prazo de cinco dias, com a ciência do órgão do Ministério Público, este terá o prazo de vinte e quatro horas para manifestar-se, decidindo o juiz em igual prazo, sem recurso.
>
> § 2º Os autos da justificação serão encaminhados ao oficial do registro para serem anexados ao processo da habilitação matrimonial.

Referências Normativas

Lei 6.015/1973, art. 111.

Comentários

1. Visão Geral

O presente artigo, de rara aplicação prática, permite que os nubentes iniciem procedimento de jurisdição voluntária, para justificar fatos necessários à habilitação do casamento. Poder-se-ia exemplificar com a impossibilidade de apresentação dos documentos obrigatórios para iniciar a habilitação, requerendo-se assim sua dispensa. Outra hipótese possível seria a do pedido de dispensa do regime da separação obrigatória de bens para conviventes que tenham iniciado a relação antes dos 70 anos, e que possam comprovar tal circunstância perante o juiz, realizando o casamento sob outro regime. De toda forma, uma vez processada e julgada a justificação, após oitiva do Ministério Público, os autos serão encaminhados ao oficial de registro e permanecerão anexados ao procedimento de habilitação, em harmonia com o que dispõe o art. 111 da LRP.

> **Art. 69.** Para a dispensa da publicação eletrônica dos proclamas, nos casos previstos em lei, os contraentes, em petição dirigida ao oficial de registro, deduzirão os motivos de urgência do casamento, provando o alegado, no prazo de 24 (vinte e quatro) horas, com documentos. *(Redação dada pela Lei nº 14.382, de 2022)*
>
> § 1º *(Revogado) (Redação dada pela Lei nº 14.382, de 2022)*
>
> § 2º O oficial de registro, no prazo de 24 (vinte quatro) horas, com base nas provas apresentadas, poderá dispensar ou não a publicação eletrônica, e caberá recurso da decisão ao juiz corregedor. *(Redação dada pela Lei nº 14.382, de 2022)*

 Referências Normativas

Código Civil (Lei 10.406/2002), art. 1.527.

 Comentários

1. Visão Geral

Os editais de proclamas, como já mencionado nos comentários ao art. 67, destinam-se a dar publicidade à pretensão do casamento, possibilitando a oposição de impedimentos e de causas suspensivas.[17] Antes da entrada em vigor da Lei 14.382/2022, os editais de proclamas deviam ser afixados na serventia pelo prazo de 15 dias e publicados pela imprensa local. Somente após decorrido referido período, contado a partir da data da fixação na sede da serventia, era possível certificar que os nubentes estavam aptos ao casamento.

Em algumas situações, a própria lei admitia a possibilidade de dispensa do transcurso desse prazo,[18] uma vez reconhecida pelo Juiz situação de justificável urgência. A redação anterior do artigo em comento previa que os nubentes deveriam apresentar petição escrita solicitando a dispensa dos proclamas, apresentando os motivos da urgência e provando-os desde logo. O pedido devia ser encaminhado ao Ministério Público para manifestação e, em seguida, ao Juiz para decisão, da qual não cabia recurso. Referido procedimento era anexado ao próprio processo de habilitação para casamento.

Quanto ao que seja "justificado motivo de urgência", as decisões judiciais acolhiam, por exemplo, situações de grave risco de vida para os nubentes ou familiares muito próximos, como genitores sob risco extremo de vida e desejosos de presenciarem o casamento de seus filhos, casos em que um dos nubentes precisava se submeter a cirurgias de alto risco, necessidade de viagem imprevista e prolongada por razões profissionais, mudanças urgentes e justificadas de domicílio. Por outro lado, a desídia dos nubentes em providenciar a habilitação em tempo hábil para realizar a celebração em

---

[17] Nesse sentido, Carlos Alberto Dabus Maluf e Adriana Caldas do Rego Freitas Dabus Maluf: *"O principal objetivo dos proclamas é imprimir publicidade à manifestação da vontade de contrair casamento, dando, pois, ciência a terceiros, para eventual oposição de impedimentos matrimoniais"*. Curso de direito de família. 3. ed. São Paulo: Saraiva, 2018. Edição do Kindle (posição 1965).

[18] Segundo a doutrina majoritária, o que se dispensa não é a afixação de editais, mas, sim, o transcurso do prazo legal. Nesse sentido, o Enunciado 513 da V Jornada de Direito Civil do Conselho da Justiça Federal: *"O juiz não pode dispensar, mesmo fundamentadamente, a publicação do edital de proclamas do casamento, mas sim o decurso do prazo"*.

data específica frequentemente era rechaçada. Esses vetores interpretativos devem servir de paradigma para os oficiais que, a partir de agora, decidirão esses pedidos. Por essa razão, é colacionada jurisprudência relativa ao texto legal anterior.

De fato, com a redação atual, dada pela Lei 14.382/2022, o procedimento para dispensa dos editais será realizado perante o próprio Oficial de Registro, a quem caberá decidir a questão em 24 horas. Assim, formulado o pedido nos autos da habilitação, o Registrador poderá dispensar a publicação dos editais eletrônicos, se entender justos os motivos. Dessa decisão, caberá recurso administrativo ao juiz corregedor.

As alterações trazidas ao art. 69 são harmônicas com os propósitos da Lei 14.382/2022, tanto por desjudicializar procedimentos quanto por reduzir prazos. É provável, contudo, que o procedimento seja adotado muito raramente na prática. Isso porque, de acordo com as novas regras da habilitação, tão logo publicado o edital de proclamas, é possível habilitar e casar os pretendentes. Não há que se aguardar qualquer prazo. Na prática, em geral será mais rápido publicar os editais do que processar o pedido de sua dispensa.

 Jurisprudência

1. Proximidade do nascimento de filho que não se configura como causa para dispensa dos proclamas

"**Agravo de instrumento. Registro civil das pessoas naturais. Pedido de dispensa de prazo e proclamas para habilitação de casamento. Descabimento. liminar, para realização imediata do casamento indeferida.** Os proclamas de ato cujo escopo é promover a publicidade do casamento a ser celebrado, dando ciência a todos da sociedade, inclusive a ocasionais interessados, de modo a possibilitar a arguição de eventuais impedimentos ou causas suspensivas. Diante da imprescindibilidade da formalização deste ato obrigatório antes da realização do casamento civil, já que o motivo apresentado pelos autores para serem dispensados do cumprimento do prazo legal de 15 dias dos proclamas, não é substancial o bastante; e considerando que cabia aos nubentes, sabendo da proximidade do nascimento do filho, terem promovido, antecipadamente, a devida habilitação, descabe o deferimento da medida. Agravo de instrumento desprovido" (TJRS, Agravo de Instrumento 51044511520228217000, 7ª Câmara Cível, Rel. Carlos Eduardo Zietlow Duro, j. 27/05/2022).

2. Não comprovada a urgência para o casamento, não se pode dispensar o edital de proclamas.

"Sentença – Pedido de Providências – Solicitação de dispensa total do prazo dos proclamas com o almejo de viabilizar a realização do casamento – Impossibilidade – Informação pelos Interessados de que estarão isolados em programa televisivo e gostariam de ingressar no referido com o estado civil de casados – Inexistência de fatos aptos à autorização da concessão pleiteada – Hipóteses previstas no art. 69 da LRP – Ausência de pressupostos legais – Indeferimento do pedido – Improcedência. (...)" (TJSP, Processo 1009856-36.2021.8.26.0001, 2ª Vara de Registros Públicos da Capital, *DJe* 20/04/2021).

CAPÍTULO VI
DO CASAMENTO

Art. 70. Do matrimônio, logo depois de celebrado, será lavrado assento, assinado pelo presidente do ato, os cônjuges, as testemunhas e o oficial, sendo exarados:

1º) os nomes, prenomes, nacionalidade, naturalidade, data de nascimento, profissão, domicílio e residência atual dos cônjuges; *(Redação dada pela Lei nº 13.484, de 2017)*

2º) os nomes, prenomes, nacionalidade, data de nascimento ou de morte, domicílio e residência atual dos pais;

3º) os nomes e prenomes do cônjuge precedente e a data da dissolução do casamento anterior, quando for o caso;

4º) a data da publicação dos proclamas e da celebração do casamento;

5º) a relação dos documentos apresentados ao oficial do registro;

6º) os nomes, prenomes, nacionalidade, profissão, domicílio e residência atual das testemunhas;

7º) o regime de casamento, com declaração da data e do cartório em cujas notas foi tomada a escritura antenupcial, quando o regime não for o da comunhão ou o legal que, sendo conhecido, será declarado expressamente;

8º) o nome, que passa a ter a mulher, em virtude do casamento;

9º) os nomes e as idades dos filhos havidos de matrimônio anterior ou legitimados pelo casamento;

10) à margem do termo, a impressão digital do contraente que não souber assinar o nome.

Parágrafo único. As testemunhas serão pelo menos, duas, não dispondo a lei de modo diverso.

Referências Normativas

Código Civil (Lei 10.406/2002), arts. 1.536 e 1.543.
Provimento 149/2023 do Conselho Nacional de Justiça, art. 477.

Comentários

1. A celebração do casamento

Uma vez certificada a habilitação ao casamento, os nubentes possuem prazo decadencial de 90 dias para se casar, em qualquer localidade do país. A celebração é ato solene e público em que os pretendentes confirmam sua vontade de casar perante autoridade civil ou religiosa: *"Sendo o casamento a base da família, a sociedade interfere na sua celebração, impondo-lhe diversas formalidades, que cercam a celebração do casamento de grande solenidade e publicidade"*.[19]

A cerimônia poderá ser:

- Quanto à autoridade: (a) civil – autoridade celebrante é o juiz de casamentos; (b) religiosa, realizada por autoridade religiosa.
- Quanto ao local: (a) na sede do cartório; (b) em diligência, querente as partes e consentindo a autoridade celebrante (art. 1.534 do CC); (c) por videoconferência, com pessoas localizadas em distintos locais (art. 67, § 8º, LRP).

A Lei de Registros Públicos não disciplina detalhadamente questões relacionadas à celebração, sendo complementada pelas disposições do Código Civil, entre os arts. 1.533 e 1.542. Vale lembrar os seguintes aspectos:

a) Os nubentes podem se fazer representar por procuração, outorgada por instrumento público, que deve conter poderes especiais e não pode ter sido outorgada há mais de noventa dias (art. 1.542 do CC).

b) A celebração deve ser imediatamente interrompida caso um dos nubentes recuse-se à solene afirmação de vontade, declare que a vontade não é livre e espontânea ou manifeste arrependimento. Nessa hipótese, não se admite retratação no mesmo dia (art. 1.538 do CC).

c) Na cerimônia civil, devem estar presentes (art. 1.535): (a) os nubentes ou seus procuradores; (b) oficial de registro ou preposto autorizado; (c) o presidente do ato (juiz de casamentos ou juiz de paz); d) as testemunhas. O juiz de casamentos tem previsão constitucional no art. 98, inc. II, da Magna Carta, que ainda depende de regulamentação, sendo que na atualidade os Estados possuem regras específicas a respeito de sua nomeação.

---

[19] MALUF, Carlos Alberto Dabus; MALUF, Adriana Caldas do Rego Freitas Dabus. *Curso de direito de família*. 3. ed. São Paulo: Saraiva, 2018. Edição do Kindle (posição 2430).

Art. 70 | LEI DE REGISTROS PÚBLICOS COMENTADA

d) São necessárias duas testemunhas. Quando, contudo, tratar-se de casamento realizado fora da serventia e um dos nubentes não souber ou não puder assinar, serão necessárias quatro testemunhas (art. 1.534 do CC).

Nos termos do art. 1.535 do Código Civil, durante a celebração, *"o presidente do ato, ouvida aos nubentes a afirmação de que pretendem casar por livre e espontânea vontade, declarará efetuado o casamento, nestes termos: 'De acordo com a vontade que ambos acabais de afirmar perante mim, de vos receberdes por marido e mulher, eu, em nome da lei, vos declaro casados'."*

Ultrapassada a fase de cerimônia, passa-se à lavratura do registro de casamento e expedição da certidão respectiva. Vale lembrar que na conversão de união estável em casamento não há cerimônia, enquanto no casamento religioso com efeitos civis é possível que a celebração ocorra antes da habilitação, como se verá em breve.

2. O registro de casamento

O artigo em comento dispõe sobre as regras de escrituração do assento do casamento, que é lavrado após a cerimônia civil ou religiosa e, no caso da conversão da união estável, após a certificação da habilitação dos conviventes. A partir do registro lavrado, são emitidas as certidões que, nos termos do art. 1.543 do CC, fazem prova plena do casamento. As regras previstas no art. 70 da LRP aplicam-se a todas as espécies de casamento, embora existam algumas particularidades para a lavratura do casamento religioso com efeito civil e da conversão de união estável, que serão analisadas em tópico próprio.

Vale lembrar que o registro do casamento civil e da conversão da união estável em casamento é feito no Livro B (arts. 33, II, e 70-A, § 4º, da LRP), enquanto o assento do casamento religioso com efeitos civis é lavrado no Livro B-Auxiliar (art. 33, III, da LRP).

O *caput* do art. 70 informa que o assento deve ser assinado pelo presidente do ato, pelos cônjuges, pelas testemunhas e pelo oficial. Deve-se ter em consideração que referidas assinaturas são de fato colhidas na hipótese do casamento cuja cerimônia seja civil, ou seja, presidida pelo juiz de paz (autoridade celebrante), com participação do oficial de registro ou preposto autorizado. Contudo, quando a cerimônia é religiosa, os noivos, as testemunhas e a própria autoridade religiosa assinarão apenas o termo religioso, mas não o assento lavrado no Livro B-Auxiliar. No mesmo sentido, como se verá em breve, no caso da conversão de união estável em casamento, apenas o oficial ou preposto autorizado assinará o registro.

Importante estudar o art. 70 da LRP em conjunto com o art. 1.536, do Código Civil, que também dispõe sobre os elementos obrigatórios do assento de nascimento. Ademais, há que se considerar o Provimento 63 do CNJ (art. 6º), que instituiu a obrigatoriedade de indicação dos CPFs (correspondente ao atual art. 477 do Provimento 149/2023). Far-se-á análise de cada um dos itens apontados pelo primeiro, pontuando-se eventuais diferenças em relação ao CC. Assim, segundo o dispositivo em análise, devem constar do assento:

1º) os nomes, prenomes, nacionalidade, naturalidade, data de nascimento, profissão, domicílio e residência atual dos cônjuges. Cuida-se aqui da qualificação dos cônjuges, de modo a garantir sua correta identificação. Considerando a flexibilização das regras para alterações do nome civil, o Registrador deve atentar-se a incluir no casamento o nome atualizado dos nubentes. Vale destacar que havendo divergência entre a certidão de nascimento/ certidão de casamento anterior e o documento de identificação apresentado, deve prevalecer o que consta dos registros públicos, garantindo-se apenas que a certidão apresentada não esteja desatualizada em relação ao registro. Como já mencionado, deverá também fazer constar os CPFs dos nubentes, por força do Provimento 149 do CNJ. Esse dispositivo tem perfeito paralelo com o inciso I do art. 1.536 do CC, exceto pela menção à naturalidade ali não repetida, mas que deve ser incluída, inclusive porque na hipótese de casamento de estrangeiro, o oficial deverá comunicar a Polícia Federal.

2º) os nomes, prenomes, nacionalidade, data de nascimento ou de morte, domicílio e residência atual dos pais. A correta qualificação dos pais também é um dos elementos obrigatórios do registro de casamento. Contudo, deve-se mencionar que caso o nubente desconheça alguns desses dados, como domicílio atual ou data de morte, o termo será lembrado sem sua menção, conforme, inclusive, menciona o inciso II do art. 1.536 do CC.

3º) os nomes e prenomes do cônjuge precedente e a data da dissolução do casamento anterior, quando for o caso. O item abrange qualquer das causas de dissolução do casamento – divórcio, nulidade ou anulação, e óbito. Assim, no assento de um novo casamento, deverá ser inserido o nome completo do cônjuge anterior, bem como a data da dissolução do casamento. Quer parecer que muito melhor andaria a lei se determinasse apenas a informação quanto ao estado civil anterior dos cônjuges. Esse dado é o quanto basta para que terceiros possam se acautelar em eventuais negócios jurídicos que possam ser atingidos por casamentos precedentes, sem a necessidade de inclusão de nomes e referências que muitas vezes geram apenas tristeza e desconforto para o novo casal. A mesma previsão se encontra no inciso III do art. 1.536 do CC.

4º) a data da publicação dos proclamas e da celebração do casamento. Referido dispositivo mantém-se hígido, mesmo com as mudanças legais, devendo fazer constar do assento de casamento a data da publicação eletrônica dos editais, bem como a data da sua celebração. Tratando-se de conversão de união estável em casamento, não há que se fazer menção à data da cerimônia, que não existe nessa modalidade. Em caso de casamento religioso com efeitos civis, deve-se constar a data da celebração religiosa, extraída do termo religioso de casamento, fazendo-se mencionar que o registro produz efeitos jurídicos a contar dessa data (art. 75 da LRP). O item corresponde ao inciso IV do art. 1.536 do CC.

5º) a relação dos documentos apresentados ao oficial do registro. Também esse item possui correspondência no art. 1.536 do CC, em seu inciso V. Deve-se fazer descrição sucinta dos documentos obrigatórios apresentados, conforme já exposto quando da análise do art. 67 da LRP.

6º) os nomes, prenomes, nacionalidade, profissão, domicílio e residência atual das testemunhas. Em relação às testemunhas, vale lembrar que em regra são duas, conforme o parágrafo único do art. 70 em análise: "*As testemunhas serão, pelo menos, duas, não dispondo a lei de modo diverso*". Contudo, há que se considerar as disposições do art. 1.534 do Código Civil, que assim dispõe:

> Art. 1.534. A solenidade realizar-se-á na sede do cartório, com toda publicidade, a portas abertas, presentes pelo menos duas testemunhas, parentes ou não dos contraentes, ou, querendo as partes e consentindo a autoridade celebrante, noutro edifício público ou particular.
>
> § 1º Quando o casamento for em edifício particular, ficará este de portas abertas durante o ato.
>
> § 2º Serão quatro as testemunhas na hipótese do parágrafo anterior e se algum dos contraentes não souber ou não puder escrever.

Em que pese alguma divergência doutrinária, prevalece o entendimento de que a exigência de quatro testemunhas só ocorre quando são cumulados os dois requisitos dos parágrafos transcritos supra, ou seja, quando a cerimônia for realizada fora da serventia e um dos contraentes não souber ou não puder escrever.[20] Nos demais casos, bastará a presença de duas testemunhas, que podem ser parentes dos cônjuges.

7º) o regime de casamento, com declaração da data e do cartório em cujas notas foi tomada a escritura antenupcial, quando o regime não for o da comunhão ou o legal que sendo conhecido, será declarado expressamente. A publicidade do regime de bens do casamento é de relevância para os terceiros que venham a contratar com os cônjuges, em conjunto ou

---

20   Nesse sentido, GAGLIARDI, Andreia Ruzzante; OLIVEIRA, Marcelo Salaroli de; CAMARGO NETO, Mario de Carvalho. *Registro civil de pessoas naturais*. 4. ed. Indaiatuba: Foco, 2022. Versão Kindle, p. 623.

Art. 70-A | LEI DE REGISTROS PÚBLICOS COMENTADA

120

isoladamente, razão pela qual tanto a LRP quanto o CC possuem tal previsão, com redações bastante semelhantes (inciso VII do art. 1.523 do CC). O Código Civil determina, quanto ao pacto antenupcial, que se mencione a data e o cartório em que foi lavrado. Melhor técnica ainda é indicar também o livro e folhas do pacto, o que, em geral, é exigido pelas normativas estaduais.

8º) o nome, que passa a ter a mulher, em virtude do casamento. O estudo da Lei de Registros Públicos exige sempre o olhar atento de quem o faz, lembrando-se do imprescindível filtro de constitucionalidade, já que a lei é anterior à Constituição Federal de 1988. Sobretudo nas disposições relativas ao Registro Civil das Pessoas Naturais, muitos dispositivos não foram recepcionados pela nova ordem constitucional, porque contrários às suas regras e princípios, destacando-se a igualdade entre os cônjuges e entre os filhos. É o que se passa em relação ao item 8º, em análise, que deve ser compreendido nos termos atuais. Em primeiro lugar, o nome pode ser alterado por qualquer dos nubentes, caso o queiram, como dispõe o art. 1.565, § 1º, do Código Civil. Ainda, a alteração de nome é mera faculdade dos nubentes, ao contrário do poderia se extrair da interpretação literal do tópico.[21] O art. 1.536 do CC não faz referência a essa informação dentre as que devem constar do registro, em que pese ser imprescindível, sobretudo para que se possa dar publicidade à mudança do nome.

9º) os nomes e as idades dos filhos havidos de matrimônio anterior ou legitimados pelo casamento. Em atenção ao princípio constitucional da igualdade entre os filhos, consagrado no art. 227, § 6º, da Constituição Federal, entende-se que esse item não foi recepcionado, não se devendo fazer qualquer menção aos filhos, comuns ou exclusivos, no assento de casamento.[22] O próprio instituto da legitimação de filhos não mais existe, posto que o sistema proíbe distinção entre filhos havidos no casamento e filhos extramatrimoniais, conforme vedação expressa da Lei 8.560/1992: *Art. 3º E vedado legitimar e reconhecer filho na ata do casamento.* O Código Civil, editado sob a égide da CF 1988, não repete esse item 9º em seu texto.

10º) à margem do termo, a impressão digital do contraente que não souber assinar o nome. As normativas estaduais exigem, em regra, que, além da impressão digital, a presença de uma pessoa de confiança do nubente, para que assine a seu rogo o termo de casamento. Nessa situação, a pessoa também deverá ser adequadamente identificada no termo de casamento.

Analisados os dados obrigatórios constantes da LRP, deve-se mencionar outros que eventualmente também deverão ser incluídos. Assim:

1) O CPF dos cônjuges, por força do Provimento 149 do CNJ, já mencionado.

2) Nos casos em que um ou ambos os cônjuges forem representados, a circunstância deve ser mencionada expressamente, qualificando-se o representante bem como os dados da escritura pública de procuração.

3) Tratando-se de nubente estrangeiro que não se expresse em português, deve-se qualificar o tradutor público que comparece ao ato, que também assinará o termo.

4) No mesmo sentido, tratando-se de pessoa com deficiência que se utilize de intérprete de libras.

> **Art. 70-A.** A conversão da união estável em casamento deverá ser requerida pelos companheiros perante o oficial de registro civil de pessoas naturais de sua residência. *(Incluído pela Lei nº 14.382, de 2022)*

---

[21] A título de registro histórico, até a Lei do Divórcio (Lei 6.515/1977), de fato, predominava o entendimento de que a mulher tinha o dever de alterar seu nome pelo casamento. Assim, quando da edição da LRP, era essa sua exata interpretação. Sobre o assunto: ALMEIDA, Silmara Juny de A. Chinelato e. *Do nome da mulher casada*: direito de família e direitos da personalidade. Rio de Janeiro: Forense Universitária, 2001.

[22] Nesse sentido, GAGLIARDI, Andreia Ruzzante; OLIVEIRA, Marcelo Salaroli de; CAMARGO NETO, Mario de Carvalho. *Registro civil de pessoas naturais.* 4. ed. Indaiatuba: Foco, 2022. p. 641.

§ 1º Recebido o requerimento, será iniciado o processo de habilitação sob o mesmo rito previsto para o casamento, e deverá constar dos proclamas que se trata de conversão de união estável em casamento. *(Incluído pela Lei nº 14.382, de 2022)*

§ 2º Em caso de requerimento de conversão de união estável por mandato, a procuração deverá ser pública e com prazo máximo de 30 (trinta) dias. *(Incluído pela Lei nº 14.382, de 2022)*

§ 3º Se estiver em termos o pedido, será lavrado o assento da conversão da união estável em casamento, independentemente de autorização judicial, prescindindo o ato da celebração do matrimônio. *(Incluído pela Lei nº 14.382, de 2022)*

§ 4º O assento da conversão da união estável em casamento será lavrado no Livro B, sem a indicação da data e das testemunhas da celebração, do nome do presidente do ato e das assinaturas dos companheiros e das testemunhas, anotando-se no respectivo termo que se trata de conversão de união estável em casamento. *(Incluído pela Lei nº 14.382, de 2022)*

§ 5º A conversão da união estável dependerá da superação dos impedimentos legais para o casamento, sujeitando-se à adoção do regime patrimonial de bens, na forma dos preceitos da lei civil. *(Incluído pela Lei nº 14.382, de 2022)*

§ 6º Não constará do assento de casamento convertido a partir da união estável a data do início ou o período de duração desta, salvo no caso de prévio procedimento de certificação eletrônica de união estável realizado perante oficial de registro civil. *(Incluído pela Lei nº 14.382, de 2022)*

§ 7º Se estiver em termos o pedido, o falecimento da parte no curso do processo de habilitação não impedirá a lavratura do assento de conversão de união estável em casamento. *(Incluído pela Lei nº 14.382, de 2022)*

Referências Normativas

Constituição Federal, art. 226, § 6º.
Código Civil (Lei 10.406/2002), arts. 1.723 a 1.727.
Artigos 549 a 553, do Código Nacional de Normas da Corregedoria Nacional de Justiça do Conselho Nacional de Justiça – Foro Extrajudicial (CNN/CN/CNJ-Extra).

Comentários

1. Visão Geral

O art. 226, § 6º, da Constituição Federal reconhece a união estável como entidade familiar e determina que seja facilitada sua conversão em casamento.[23] Nesse sentido, o Código Civil de 2002 dispôs: "*Art. 1.726. A união estável poderá converter-se em casamento, mediante pedido dos companheiros ao juiz e assento no Registro Civil*". A previsão de requerimento a juiz não se constitui, de fato, em forma de facilitação da conversão em casamento, criando obstáculo ao comando constitucional.[24-25] Ademais, à falta de regulamentação detalhada do procedimento a ser adotado, as Corregedorias estaduais passaram a disciplinar o tema, adotando modelos bastante díspares entre si.

---

[23] Leciona Paulo Lôbo que "com a conversão da união estável em casamento, converte-se um ato-fato jurídico em ato jurídico, cuja complexidade deve ser reduzida, notadamente quanto á dispensa de celebração e à simplificação da habilitação". LÔBO, Paulo. *Direito civil – volume 5*: famílias. 11. ed. São Paulo: Saraiva Educação, 2021. p. 245. Versão Kindle.

[24] LÔBO, Paulo. *Direito civil – volume 5*: famílias. 11. ed. São Paulo: Saraiva Educação, 2021. p. 245; GAGLIARDI, Andreia Ruzzante; OLIVEIRA, Marcelo Salaroli de; CAMARGO NETO, Mario de Carvalho. *Registro civil de pessoas naturais*. 4. ed. Indaiatuba: Foco, 2022. p. 650.

[25] TARTUCE, Flávio. A lei 14.382/2022 e o tratamento da conversão da união estável em casamento. Disponível em: https://www.migalhas.com.br/coluna/familia-e-sucessoes/372608/lei-14-382-22-e-tratamento-da-conversao--da-uniao-estavel-em-casamento. Acesso em: 27 dez. 2022.

Nesse contexto, a Lei 14.382/2022, ao introduzir o art. 70-A em comento, merece aplausos. A uma, porque de fato respeita o comando constitucional, ao prever procedimento facilitador da conversão da união estável em casamento. A duas, porque traz uniformidade procedimental para todo o país para um instituto de enorme relevância social. Sua disciplina se deu por meio do Provimento 141/2023, de 16 de maro de 2023, do CN-CNJ, que alterou o Provimento 37/2014, disciplinando o tratamento registral da união estável de forma ampla, inclusive no que diz respeito à sua conversão em casamento, incorporada ao CNN-CN-CNJ-Extra entre os artigos 549 a 552.

2. Procedimento

A alteração introduzida na Lei de Registros Públicos determina que o procedimento para conversão de união estável em casamento deve observar o mesmo rito previsto para o casamento civil. Assim, os comentários feitos ao art. 70 supra são aplicáveis também para essa modalidade de casamento. Ao requerer a conversão, os nubentes devem apresentar os mesmos documentos relativos ao casamento bem como escolher os nomes e regime de bens a serem adotados. No tocante à etapa de habilitação, a distinção recai no edital de proclamas, que deve mencionar expressamente tratar-se de conversão de união estável em casamento (art. 70-A, § 1º).

Uma das distinções nucleares entre o casamento civil e a conversão de união estável em casamento consiste no fato de que enquanto a primeira forma exige a formalidade da cerimônia, na segunda a lei expressamente dispensa a sua realização: "*§ 3º Se estiver em termos o pedido, será lavrado o assento da conversão da união estável em casamento, independentemente de autorização judicial, **prescindindo o ato da celebração do matrimônio**"* (grifo nosso). Assim, em ordem a documentação apresentada, publicados os editos eletrônicos, será em seguida lavrado o assento de casamento, sem necessidade de autorização judicial. A inexistência de uma cerimônia de casamento implica em que a manifestação de vontade dos conviventes é feita uma única vez perante o registrador civil, quando requerem a habilitação e subsequente conversão. Disso decorrem duas importantes consequências previstas na lei.

A primeira delas diz respeito ao requerimento formulado por meio de procurador. Como já visto, no casamento civil, os nubentes podem outorgar procuração para serem representados no ato do requerimento de habilitação. Essa procuração, em regra, pode ser outorgada por instrumento particular com firma reconhecida. Contudo, tratando-se de conversão de união estável em casamento, a procuração deverá obrigatoriamente ser outorgada por instrumento público, com prazo máximo de 30 dias. Assim, expressamente exige o art. 70-A, § 2º: *Em caso de requerimento de conversão de união estável por mandato, a procuração deverá ser pública e com prazo máximo de 30 (trinta) dias.* A exigência legal é perfeitamente adequada, já que após o requerimento, estando em ordem a documentação, o assento de casamento será lavrado imediatamente, sem realização de celebração e sem nova manifestação de vontade por parte dos conviventes.

A segunda consequência, prevista no § 7º do artigo em comento diz respeito ao falecimento de um dos conviventes no curso do procedimento. Uma vez realizado requerimento perante registrador civil competente, estando em termos o pedido de conversão, ainda que um dos conviventes venha a falecer, será possível lavrar o registro de casamento por conversão. Assim porque a sistemática prevista na lei exige uma única manifestação de vontade, a ser realizada no início do procedimento. Nos termos do parágrafo único do art. 552, do Provimento 149/2023 do CNJ, considera-se em termos o pedido *"quando houver pendências não essenciais, assim entendidas aquelas que não elidam a firmeza da vontade dos companheiros quanto à conversão e que possam ser sanadas pelos herdeiros do falecido"*.

3. Impedimentos legais e regime de bens

Nos termos do quanto expressamente dispõe o art. 70-A, § 5º, a conversão da união estável depende da superação dos impedimentos legais para o casamento e sujeita-se às mesmas regras relativas à escolha do regime de bens, suas formalidades e limitações à autonomia privada. Assim, nesse ponto, remete-se o leitor aos comentários realizados ao art. 70.

Sobreleva, contudo, fazer uma distinção fundamental. Segundo o art. 1.723 do Código Civil, a configuração da união estável pode ocorrer ainda que estejam presentes quaisquer das causas suspensivas do casamento, previstas no art. 1.523. Por outro lado, a existência de causa impeditiva constitui obstáculo para seu reconhecimento, exceto no caso do inciso VI do art. 1.521, que determina não poderem casar pessoas já casadas, na hipótese de os conviventes já se encontrarem separados de fato ou judicialmente. Em outras palavras, quando um ou ambos os conviventes ainda sejam casados, mas desde que já estejam separados (de fato ou judicialmente), será possível reconhecer a relação como união estável e, portanto, como entidade familiar. Em que pese a possibilidade do reconhecimento da entidade familiar, nessa situação, nos termos do art. 70-A, ora em análise, o casal não poderá ter sua união estável convertida em casamento. A conversão dependerá da prévia dissolução do casamento anterior. Assim, repise-se, os critérios para configuração da união estável são distintos daqueles a serem observados para considerar os conviventes aptos ao casamento, por expressa disposição legal.[26]

Em relação ao regime de bens, o CNN/CN/CNJ-extra, traz importantes regramentos, constantes dos arts. 549 e seguintes. Da análise sistemática dos artigos que tratam o tema, pode-se concluir em síntese o quanto segue.

Como regra, a escolha do regime de bens na conversão observa os preceitos da lei civil, inclusive quanto à forma pública exigida, nos termos *caput* do art. 550, do referido Provimento. Ainda, segundo o § 1º do mesmo dispositivo, a conversão da união estável em casamento se dará com a manutenção do mesmo regime de bens já existente.

Permite-se, contudo, alteração do regime no ato da conversão, hipótese em que será obrigatória a apresentação de pacto antenupcial, salvo se o novo regime for o da comunhão parcial de bens, nos termos do § 2º, do art. 550. Nesse caso, deve ser colhida manifestação expressa e específica dos companheiros sobre a adoção do regime da comunhão da parcial à partir da conversão.

Tal normativa deve ser compreendida à luz do disposto nos arts. 549, II e 550, § 5º, do CNN/CN/CNJ-Extra, segundo o qual o regime de bens anterior à conversão somente poderá ser mencionado no termo de casamento se ele tiver sido referido em um dos seguintes títulos: sentença judicial, termo declaratório ou escritura pública de reconhecimento de união estável.

Para aqueles cujo início da união estável se deu efetivamente após os 70 anos, o regime da separação obrigatória de bens era considerado mandatório, por força da regra do art. 1.641, II, do Código Civil, combinado com o § 5º do art. 70-A da Lei de Registros Públicos. Nesse sentido é a jurisprudência do Superior Tribunal de Justiça:

> 1. Esta Corte assentou seu entendimento de que **aplica-se à união estável a mesma regra de obrigatoriedade do regime de separação de bens incidente ao casamento**. Precedentes.
> 2. **O STJ tem orientação consolidada de que é obrigatório o regime da separação de bens no casamento do maior de setenta (70) anos de idade, nos termos do artigo 1.641, II, do Código Civil. Precedentes**.
> 3. "A *ratio legis* foi a de proteger o idoso e seus herdeiros necessários dos casamentos realizados por interesse estritamente econômico, evitando que este seja o principal fator a mover o consorte para o enlace" (REsp 1.689.152/SC, Rel. Ministro Luis Felipe Salomão, 4ª Turma, julgado em 24/10/2017, *DJe* 22/11/2017).
> 4. Agravo interno desprovido.[27] (grifos nossos)

A normativa do CNJ há havia solucionado a situação de conviventes que, tendo iniciado sua união estável antes de completarem os 70 anos, pretendem convertê-la em casamento após referido aniversário. Vale destacar o disposto no art. 550, § 3º:

> Não se aplica o regime da separação legal de bens do art. 1.641, inciso II, da Lei nº 10.406, de 2002, **se inexistia essa obrigatoriedade na data indicada como início da união estável** no assento de conversão de união estável em casamento ou se houver decisão judicial em sentido contrário. (grifo nosso)

Portanto, se o casal possuir termos declaratório ou escritura pública lavrados quando ambos ainda não possuíam 70 anos e, portanto, gozavam de sua plena autonomia para escolha do regime de bens, não lhes será imposta a separação obrigatória, mantendo-se o regime definido no título. Caso do título não conste opção por regime de bens, por força do art. 1.725 do Código Civil, o regime a ser

---

[26] LÔBO, Paulo. *Direito civil – volume 5*: famílias. 11. ed. São Paulo: Saraiva Educação, 2021. p. 245.

[27] AgInt no REsp 194613/SP, Rel. Min. Marco Buzzi, 4ª Turma, j. 23/05/2022, *DJe* 30/05/2022.

Art. 70-A | LEI DE REGISTROS PÚBLICOS COMENTADA

mantido é o da comunhão parcial de bens. Ainda, em razão do Tema de Repercussão Geral n. 1.236, do STF, admite-se que o casal lavre escritura pública com o regime de bens que lhes aprouver, ainda que isso importe em sua alteração no momento da conversão em casamento.

A mesma regra de dispensa do regime obrigatório se aplica para a hipótese em que haja decisão judicial. Caso não haja prévia formalização da união estável, deverá o Oficial de Registro colher as provas necessárias e requerimento dos conviventes, para que a questão seja apreciada pelo Juiz Corregedor, caso insistam na dispensa do regime obrigatório. Os conviventes podem, alternativamente, utilizar o procedimento previsto no art. 69 da LRP, já analisado.

Quanto às eventuais causas suspensivas eventualmente existentes durante a união estável, caso ainda estejam presentes no momento da conversão em casamento, acarretarão a imposição do regime de separação obrigatória de bens. Contudo, se ao tempo do pedido de conversão não estiver mais presente a causa suspensiva, os conviventes poderão livremente escolher o regime de bens que desejarem. A regra está contida no art. 550, § 4º, do CNN/CN/CNJ-Extra, e se funda no princípio *tempus regit actum*.

Conclui-se, portanto, quanto regime de bens, que, ressalvadas as situações que imponham o regime da separação obrigatória de bens, será possível:

> I – Manter o regime de bens existente ao tempo da união estável, desde que haja título apto a comprová-lo (sentença judicial, termo declaratório ou escritura pública), sendo desnecessária a lavratura de pacto antenupcial (art. 550, § 1º c/c § 5º, I, 'a', CNN/CN/CNJ-Extra);
>
> II – Alterar o regime de bens, por meio de declaração expressa dos conviventes quando a opção for a comunhão parcial ou por meio de pacto antenupcial, para os demais casos (art. 550, § 1º, c/c § 5º, I, 'b', CNN/CN/CNJ-Extra);
>
> III – Indicar a comunhão parcial de bens nos demais casos (art. 9º-D, § 5º, II, CNN/CN/CNJ-Extra).

Por fim, vale destacar que o art. 550, § 6º, CNN/CN/CNJ-Extra) estabelece que para efeitos de publicidade do regime de bens, nos termos do art. 1.657 do Código Civil, o título a ser registrado no Registro de Imóveis será: (a) o pacto antenupcial mais a certidão de assento de conversão, quando tiver sido alterado o regime de bens; (b) a sentença, termo declaratório ou escritura pública mais a certidão de assento de conversão, quando tiver sido mantido o regime de bens nesses títulos declarado.

4. Registro da conversão da união estável em casamento

Como visto, uma vez preenchidos todos os requisitos para o casamento, estando em termos a habilitação e publicados os editais eletrônicos, a conversão de união estável em casamento dispensa a celebração (art. 70-A, § 3º). Assim, a etapa seguinte é a lavratura do assento de casamento. Nos termos do § 4º do dispositivo legal, **a conversão da união estável em casamento é lavrada no Livro-B.** Importa destacar esse aspecto de escrituração, posto que algumas normas estaduais determinavam o registro no Livro B-auxiliar. Ora, tratando-se de norma posterior e superior, a Lei de Registros Públicos derrogou referidas normas, ainda que formalmente não tenham sido atualizados os textos legais.

Ainda quanto à lavratura do assento, há diferenças importantes em relação ao casamento civil comum em decorrência não existir celebração. Do termo, constarão os dados obrigatórios, previstos no art. 70, já analisado, exceto os dados referentes à celebração (art. 70, 4º). Não há assinaturas, exceto do oficial de registro ou preposto autorizado. Nesse sentido, é expresso o § 4º do artigo ora analisado. Não constam do assento:

> a) A data e as testemunhas da celebração.
> b) Nome do presidente do ato.
> c) Assinaturas dos companheiros e das testemunhas.

Por outro lado, deve constar a indicação de que se trata de conversão união estável em casamento. Em que pese o Provimento 149 do CNJ não prever expressamente, nessas hipóteses, também das certidões deve constar que o casamento é decorrente de conversão de união estável preexistente. O art. 549 do CNN/CN/CNJ-Extra determina que devem constar, ainda, do termo de conversão:

I. Dados relativos ao registro anterior da união estável no Livro E, com especificação do título que lhe deu origem. Caso não exista prévio registro, tal circunstância não impedirá a conversão da união estável em casamento, importando apenas na impossibilidade de inserir as informações no assento.

II. Regime de bens que vigorava ao tempo da união estável, quando esse regime for alterado no ato da conversão, e desde que o anterior estivesse indicado em um dos títulos aptos a ingresso no Livro E (termo declaratório, escritura pública ou sentença), ainda que não tenha sido efetivamente registrado.

III. A data de início união estável, desde que observados alguns critérios que serão melhor analisados no próximo tópico.

IV. A seguinte advertência no caso de o regime de bens vigente durante a união estável ser diferente do adotado após a conversão desta em casamento: "este ato não prejudicará terceiros de boa-fé, inclusive os credores dos companheiros cujos créditos já existiam antes da alteração do regime".

5. Data de início da união estável e procedimento eletrônico de certificação

Questão importante diz respeito à possibilidade, ou não, de fazer constar do assento de conversão a data de início da união estável. Para analisar esse tema, há que se ter em conta o disposto expressamente no § 6º do art. 70-A, bem como a disciplina que lhe foi dada pelo art. 549, III c/c com art. 537, §§ 4º e 5º, do CNN/CN/CNJ-Extra).

Para que seja possível constar a data de início da união estável no assento de conversão em casamento, referida data deverá necessariamente estar indicada em um dos seguintes documentos: (a) decisão judicial; (b) termo declaratório ou escritura pública declaratória, desde que, nesses dois casos, a data da lavratura do documento seja igual a data de início da união estável e que tal circunstância seja expressamente declarada pelos companheiros.

Caso não seja possível comprovar a data de início por uma dessas formas indicadas, há a possibilidade de realização do procedimento de certificação eletrônica de união estável, perante qualquer Registrador Civil. Referido procedimento, previsto de forma superficial no art. 70-A da LRP, foi adequadamente disciplinado pelo art.553 do CNN/CN/CNJ-Extra. Trata-se de procedimento instrumental, acessório, destinado a apurar a data de início da união estável, para ela possa então constar ou do termo de conversão de união estável em casamento ou do registro no livro E.

O procedimento inicia-se a requerimento de ambos os conviventes, que deverão apresentar todas as provas de que disponha, desde que lícitas, a fim de comprovar a data em que se iniciou sua união estável (art. 553, §§ 1º e 2º). São exemplos de provas admitidas: testemunhas; fotos e *prints* de redes sociais, comprovantes de endereço comum; instrumentos particulares indicadores da UE; declarações perante convênios, escolas e receita federal e outros órgãos; aquisição de bens em comum. Ouvidos os conviventes e as testemunhas, as declarações deverão ser reduzidas a termo (art. 553, §§ 3º e 4º).

O registrador deverá exigir provas adicionais caso não esteja convencido acerca da veracidade da data indicada pelos conviventes (art. 553,§ 5º). Ao final, deverá decidir de forma fundamenta sobre a procedência ou não do pedido de certificação de data (art.553, § 6º). Da decisão, caberá suscitação de dúvida no prazo de 15 dias a contar da data em que os requerentes dela forem cientificados (art. 553, § 7º).

O procedimento deverá ficar arquivado na serventia e, por não se tratar de registro em sentido estrito, entende-se que não está recoberto por ampla publicidade. Caso se destine a provar a data em registro a ser lavrado na própria serventia, bastará fazer a ele menção, para que possa ser inserida a informação no livro E ou no assento de conversão em casamento. Contudo, se for destinado à utilização por outro registrador civil, para uma dessas finalidades, será necessário certificar o resultado do procedimento. Embora não haja previsão expressa nesse sentido, recomenda-se que tal certificação seja feita em papel de segurança e que contenha expressão alertando que os dados ali informados não podem ser opostos contra terceiros enquanto não levados a registro no Livro E ou em assento de conversão de união estável em casamento.

Vale ainda mencionar que o procedimento tratado supra pode também ser utilizado para provar a data em que a união estável se encerrou.

Ressalte-se: o procedimento destina-se sempre à comprovação de data, de forma acessória a subsequente registro no livro E ou conversão da união estável em casamento. Trata-se de mais uma forma de desjudicialização, a facilitar a vida de conviventes que não tenham qualquer disputa acerca do início da sua relação familiar e disso possam fazer prova adequada de forma rápida e simplificada.

Por fim, em que pese a lei não tenha expressamente mencionado essa circunstância, entende-se que eventual sentença judicial declaratória de união estável transitada em julgado em que tenha sido fixado o início da relação familiar também poderá ser utilizada para dar publicidade a essa data no termo de conversão. Assim porque a coisa julgada material se reveste de definitividade e garante a necessária segurança jurídica para ingresso nos registros públicos.

Jurisprudência

1. Obrigatoriedade do regime da separação de bens

"Recurso especial. União estável sob o regime da separação obrigatória de bens. Companheiro maior de 70 anos na ocasião em que firmou escritura pública. Pacto antenupcial afastando a incidência da Súmula n. 377 do STF, impedindo a comunhão dos aquestos adquiridos onerosamente na constância da convivência. Possibilidade. Meação de bens da companheira. Inocorrência. sucessão de bens. Companheira na condição de herdeira. Impossibilidade. Necessidade de remoção dela da inventariança.** 1. O pacto antenupcial e o contrato de convivência definem as regras econômicas que irão reger o patrimônio daquela unidade familiar, formando o estatuto patrimonial – regime de bens - do **casamento** ou da união estável, cuja regência se iniciará, sucessivamente, na data da celebração do matrimônio ou no momento da demonstração empírica do preenchimento dos requisitos da união estável (CC, art. 1.723). 2. O Código **Civil,** em exceção à autonomia privada, também restringe a liberdade de escolha do regime patrimonial aos nubentes em certas circunstâncias, reputadas pelo legislador como essenciais à proteção de determinadas pessoas ou situações e que foram dispostas no art. 1.641 do Código **Civil,** como sói ser o regime da separação obrigatória da pessoa maior de setenta antos (inciso II). 3. "A *ratio legis* foi a de proteger o idoso e seus herdeiros necessários dos **casamentos** realizados por interesse estritamente econômico, evitando que este seja o principal fator a mover o consorte para o enlace (REsp 1689152/SC, Rel. Ministro Luis Felipe Salomão, Quarta Turma, julgado em 24/10/2017, *DJe* 22/11/2017). 4. Firmou o STJ o entendimento de que, "por força do art. 258, § único, inciso II, do Código Civil de 1916 (equivalente, em parte, ao art. 1.641, inciso II, do Código Civil de 2002), ao casamento de sexagenário, se homem, ou cinquentenária, se mulher, é imposto o regime de separação obrigatória de bens. Por esse motivo, às uniões estáveis é aplicável a mesma regra, impondo-se seja observado o regime de separação obrigatória, sendo o homem maior de sessenta anos ou mulher maior de cinquenta" (REsp 646.259/RS, Rel. Ministro Luis Felipe Salomão, Quarta Turma, julgado em 22/06/2010, DJe 24/08/2010). 5. A Segunda Seção do STJ, em releitura da antiga Súmula n. 377/STF, decidiu que, "no regime de separação legal de bens, comunicam-se os adquiridos na constância do casamento, desde que comprovado o esforço comum para sua aquisição» EREsp 1.623.858/MG, Rel. Ministro Lázaro Guimarães (Desembargador convocado do TRF 5ª região), Segunda Seção, julgado em 23/05/2018, DJe 30/05/2018), ratificando anterior entendimento da Seção com relação à união estável (EREsp 1171820/PR, Rel. Ministro Raul Araújo, Segunda Seção, julgado em 26/08/2015, DJe 21/09/2015). 6. No casamento ou na união estável regidos pelo regime da separação obrigatória de bens, é possível que os nubentes/companheiros, em exercício da autonomia privada, estipulando o que melhor lhes aprouver em relação aos bens futuros, pactuem cláusula mais protetiva ao regime legal, com o afastamento da Súmula n. 377 do STF, impedindo a comunhão dos aquestos. 7. A *mens legis* do art. 1.641, II, do Código Civil é justamente conferir proteção ao patrimônio do idoso que está casando-se e aos interesses de sua prole, impedindo a comunicação dos aquestos. Por uma interpretação teleológica da norma, é possível que o pacto antenupcial venha a estabelecer cláusula ainda mais protetiva aos bens do nubente septuagenário, preservando o espírito do Código Civil de impedir a comunhão dos bens do ancião. O que não se mostra possível é a vulneração dos ditames do regime restritivo e protetivo, seja afastando a incidência do regime da separação obrigatória, seja adotando pacto que o torne regime mais ampliativo e comunitário em relação aos bens. 8. Na hipótese, o de cujus e a sua companheira celebraram escritura pública de união estável quando o primeiro contava com 77 anos de idade – com observância, portanto, do regime da separação obrigatória de bens –, oportunidade em que as partes, de livre e espontânea vontade, realizaram pacto antenupcial estipulando termos ainda mais protetivos ao enlace, demonstrando o claro intento de não terem os seus bens comunicados, com o afastamento da incidência da Súmula n. 377 do STF. Portanto, não há falar em meação de bens nem em sucessão da companheira (CC, art. 1.829, I). 9. Recurso especial da filha do de cujus a que se dá provimento. Recurso da ex-companheira desprovido" (STJ, REsp 1922347/PR, Rel. Min. Luis Felipe Salomão, j. 07/12/2021, *DJe* 01/02/2022).

2. Conversão de união estável em casamento. Impossibilidade de retroação do termo inicial

"Conversão de união estável em casamento para retroação do termo inicial – Impossibilidade – Título judicial passível de qualificação registral – Não caracterização de ordem emanada por Juízo – Parecer pelo não provimento do recurso. Trata-se de apelação interposta (...), a fim de constar que houve conversão de união estável em casamento, tendo este se iniciado em 12 de junho de 1993. Sustenta, em suas razões de inconformismo, que por decisão proferida nos autos da ação de conversão de união estável em casamento *post mortem*, o Tribunal de Justiça de São Paulo reconheceu a existência de seu casamento com o falecido desde o 12 de junho de 1993, razão pela qual seria descabida a recusa formulada pela serventia extrajudicial. Aduz que a decisão judicial transitou em julgado e que, portanto, a negativa formulada viola a segurança jurídica, além de impedir o recebimento de benefício previdenciário de que necessita (...) A recorrente vivia em união estável com o falecido desde 12 de junho de 1993, conforme escritura pública lavrada em 02 de setembro de 2004, certo que, em 17 de dezembro de 2004, optaram por se casar. No caso concreto, não houve conversão da união estável em casamento. (...)O mandado judicial expedido para fins de retroação dos efeitos do casamento para a data em que se iniciou a união estável, ou seja, 12 de junho de 1993, foi recusado pela registradora, com fulcro em precedentes da Corregedoria Permanente e por entender que "não existe casamento sem a livre e espontânea manifestação de vontade dos nubentes perante autoridade competente para a celebração do casamento. (...) No ano de 1993 a declaração de vontade das partes foi para fins de constituição de União Estável, somente no ano de 2004 a declaração de vontade das partes foi para a celebração de casamento. (...)Não existe em nosso ordenamento jurídico a possibilidade de suprimento judicial da vontade para se casar." De seu turno, a MMª Juíza Corregedora Permanente entendeu que, no âmbito da qualificação registrária do título, a recusa apresentada pela Oficial do Registro Civil do (...)Subdistrito da Lapa, Comarca da Capital, encontra-se correta. (...) Tratando-se de expressa vedação normativa e tendo em vista que o mandado de averbação apresentado não é uma ordem judicial, mas um título judicial, a recusa da Oficial está amparada integralmente pelas regras da Corregedoria-Geral da Justiça. Veja-se, a propósito, que noticiada a recusa formulada pela registradora, o MM. Juiz de Direito, responsável pelo processamento da ação na esfera jurisdicional, indeferiu a expedição de novo mandado de averbação com ordem para efetivo cumprimento, entendendo que a controvérsia deveria ser decidida na via correcional. (...). Diante do exposto, o parecer que, respeitosamente, submeto à elevada apreciação de Vossa Excelência é no sentido de que a apelação seja recebida como recurso administrativo e que a ele seja negado provimento. DECISÃO: Aprovo o parecer da MM.ª Juíza Assessora da Corregedoria e, por seus fundamentos, que adoto, recebo a apelação como recurso administrativo e a ele nego provimento" (TJSP, Processo 1112936-15.2018.8.26.0100, Corregedoria-Geral da Justiça, j. 21/08/2019, *DJe* 28/08/2019).

3. Conversão de união estável. Convivente com mais de 70 anos. Regime de bens

"Registro Civil das Pessoas Naturais – Habilitação visando à conversão em casamento de união estável mantida por pessoa maior de setenta anos de idade – Pretensão de adoção de regime distinto da separação legal de bens mediante alegação da constituição da união estável antes do companheiro completar setenta anos de idade – Escritura declaratória de união estável, com adoção do regime da comunhão universal de bens, também lavrada quando o companheiro já contava com mais de setenta anos de idade – Impossibilidade, neste caso concreto, de celebração do casamento, ou da conversão da união estável em casamento, por regime distinto daquele previsto em norma de natureza cogente – Recurso não provido. Trata-se de recurso interposto contra r. decisão da MM. Juíza Corregedora Permanente do Registro Civil das Pessoas Naturais, da Comarca da Capital/SP, que manteve o indeferimento da habilitação de casamento, de pessoa maior de setenta anos de idade, com a adoção do regime da comunhão universal de bens em contrariedade ao disposto no art. 1.641, inciso II, do Código Civil. O recorrente alegou, em suma, que pretende a conversão em casamento de união estável iniciada no ano de 1989. Disse que a existência da união estável foi comprovada por meio de escritura pública e, mais, pelas fotografias que apresentou. Esclareceu que teve sua separação judicial decretada em 23 de julho de 1989 e o divórcio em 8 de agosto de

Art. 71 | LEI DE REGISTROS PÚBLICOS COMENTADA

2018. Informou que a conversão em casamento da união estável que foi iniciada no ano de 1989 é necessária para conferir segurança e que a adoção do regime de comunhão universal de bens foi prevista em escritura pública outorgada em conjunto com a sua companheira. Aduziu que a união estável teve início quando ainda não tinha completado setenta anos de idade, o que autoriza a adoção do regime de bens indicado para a sua conversão em casamento. Em razão disso, para o casamento é obrigatória a adoção do regime da separação de bens, sendo, portanto, cogente a observação do disposto no inciso II do art. 1.641 do Código Civil: "Art. 1.641. É obrigatório o regime da separação de bens no casamento: (...) II – da pessoa maior de 70 (setenta) anos;" Neste caso concreto, essa solução não é alterada pela alegação de anterior manutenção de união estável em que adotado o regime da comunhão universal de bens. Assim porque a escritura declaratória de união estável, com adoção do regime da comunhão universal de bens, foi lavrada em 12 de setembro de 2018, nas páginas 51/52 do Livro n. 1.344 do 18º Tabelião de Notas da Capital (fls. 5/6), quando o recorrente já tinha completado mais de setenta anos de idade. No que tange ao conteúdo, ou seja, ao fundo das declarações de vontade das partes reproduzidas na escritura pública, não existe presunção de veracidade decorrente da fé pública do tabelião, mas somente presunção de que essas declarações foram, efetivamente, manifestadas ao Tabelião de Notas. Por esse motivo, na data da outorga da escritura pública declaratória de união estável os companheiros já não podiam adotar o regime da comunhão universal de bens, cujos efeitos retroagem a todo patrimônio que tinham individualmente, porque incidia a vedação contida no art. 1.641, inciso II, do Código Civil. Por outro lado, a natureza administrativa do procedimento de habilitação de casamento não autoriza o uso de fotografias para a comprovação de que a união estável teve início quando o companheiro não tinha completado setenta anos de idade. Resta aos nubentes, diante disso, valer-se da ação jurisdicional adequada para eventual autorização do casamento com adoção de regime de bens distinto do legal. Ante o exposto, o parecer que submeto à elevada apreciação de Vossa Excelência é no sentido de negar provimento ao recurso" (TJSP, Processo 1107198-46.2018.8.26.0100, Corregedoria-Geral da Justiça, j. 22/05/2019).

CAPÍTULO VII
DO REGISTRO DO CASAMENTO RELIGIOSO PARA EFEITOS CIVIS

Art. 71. Os nubentes habilitados para o casamento poderão pedir ao oficial que lhes forneça a respectiva certidão, para se casarem perante autoridade ou ministro religioso, nela mencionando o prazo legal de validade da habilitação.

Referências Normativas

Constituição Federal, art. 226, § 2º.
Código Civil (Lei 10.406/2002), arts. 1.515 e 1.516.
Lei 13.709/2018, arts. 5º, II, 11 a 13.
CNN/CN/CNJ-Extra, arts.113 a 120.

Comentários

O casamento religioso remonta ao Direito Canônico e é reconhecido pelo ordenamento brasileiro desde os tempos do Império. Na verdade, essa era a única forma inicialmente conhecida de casamento. O casamento civil foi introduzido para atender à parcela da população adepta de outras religiões ou mesmo ateus, cuja presença no território brasileiro se torna importante com as grandes migrações, entre os anos de 1890 e 1940. Ao longo do Império, conviviam o casamento religioso com o casamento civil. Com a Proclamação da República e a promulgação da Constituição Federal de 1891, temporariamente passou-se a reconhecer apenas o casamento civil, em virtude da laicização do Estado. Somente com a Constituição de 1934 foi reintroduzida a possibilidade de conferir ao casamento religioso os efeitos civis, tradição que se mantém até o presente. Na contemporaneidade, contudo, em respeito à liberdade religiosa, reconhece-se efeitos civis ao casamento celebrado sob qualquer culto, desde que observados os requisitos da habilitação.[28]

O art. 71, ora em análise, trata da forma hodierna de casamento religioso, em que se faz a habilitação previamente à cerimônia. O procedimento para habilitação é idêntico àquele que se destina à celebração civil, mas usualmente os noivos informam desde o início a intenção de realizar celebração religiosa. Uma vez habilitados ao casamento, os nubentes receberão a certidão de que se encontram aptos para o casamento, dentro do prazo legal. A certidão de habilitação será apresentada à autoridade religiosa para que realize a solenidade no prazo legal.

Vale mencionar que o costume é fazer constar tanto do requerimento para habilitação quanto do próprio certificado que a celebração será religiosa.[29] Contudo, frise-se que, se por qualquer motivo o desejo inicial for alterado e os noivos requererem a celebração civil, não há qualquer fundamento legal para impor óbice à modificação da forma de realização da cerimônia. Aliás, a mesma lógica se aplica em sentido contrário. Iniciado como procedimento destinado à cerimônia civil, poderão os noivos optar por sua realização religiosa.[30] Assim porque os requisitos para o casamento são idênticos, e ao final, o que se certifica é que o casal pode validamente se casar, dentro do prazo de 90 (noventa) dias, sem qualquer relação com a forma da solenidade escolhida.

Questão relevante toca à qualidade do celebrante religioso. Em respeito ao princípio da liberdade de consciência e crença, insculpido no art. 5º, VI, da Constituição Federal, a regra deve ser de pleno respeito ao culto religioso escolhido pelo casal para a celebração de seu casamento. Limitações a essa liberdade devem ser aplicadas de forma cautelosa, na hipótese em que se aventar que o rito escolhido possa contrariar a ordem pública brasileira. Nesse sentido, Tartuce assevera que[31] *"o termo religioso deve ser lido em sentido amplíssimo, englobando qualquer religião, o que está de acordo com o direito fundamental à liberdade de credo previsto na Constituição Federal, em seu art. 5º, inc. VI"*. Nas palavras de Venosa, *"a lei não distingue a modalidade de religião, todos os credos moralmente aceitos, que não contrariam a ordem pública, são válidos"*.[32]

Aspecto controverso na doutrina é a possibilidade de registro de casamento religioso *post mortem*, requerido por descendentes do casal, já falecido. O casamento é ato personalíssimo e dependente de expressa manifestação da vontade dos cônjuges. Por essa razão, encontram-se julgados afastando a possibilidade de registro *post mortem* de casamento religioso. Em sentido contrário, em situações peculiares, sobretudo na hipótese de casamentos religiosos antigos, realizados quando ainda pairava alguma confusão quanto à sua validade, há decisões autorizando o registro. Decisões em ambos os sentidos são colacionadas a seguir. De toda sorte, registre-se, o oficial de registro não possui fundamento jurídico para proceder a esses registros diretamente, quando não for possível colher a manifestação de vontade do casal. A questão, portanto, deve ser decidida judicialmente.

Destaca-se, finalmente, a previsão constante do art. 33, III, da LRP, que determina que o casamento religioso para efeitos civis deverá ser registrado no Livro B-Auxiliar.

 Jurisprudência

1. Possibilidade de registro de casamento religioso de pessoa falecida

"**Registro tardio de casamento de ascendentes falecidos** – Autor que pretende o reconhecimento do casamento religioso de seus bisavôs, ocorrido em 1894, perante o registro civil para obtenção de

---

[28] Para aprofundamento, GENTIL, Alberto. *Registros públicos*. São Paulo: Método, 2023. p. 216. Edição do Kindle e PEREIRA, Caio Mário da Silva. *Instituições de direito civil – Volume V*: direito de família. Rio de Janeiro: Forense, 2020. p. 99.

[29] Muitas normativas estaduais exigem a expressa menção, nas certidões de habilitação, de que se trata de casamento religioso para efeitos civis. Como exemplo o item 85, Cap. XVII, NSCGJ-SP.

[30] É possível que a situação em tela traga questões relacionadas às diferenças nos emolumentos. Essas questões devem ser solucionadas de forma a garantir o pagamento integral do valor efetivamente devido, segundo a modalidade de casamento a ser realizada, sem gerar prejuízos ao Registrador. Contudo, não parece razoável impor dificuldades dessa natureza como causas impeditiva à realização do casamento na forma desejada pelos nubentes.

[31] Paulo LÔBO, Paulo. *Direito civil – volume 5*: famílias. 11. ed. São Paulo: Saraiva, 2021. p. 134; TARTUCE, Flavio. *Direito civil*: direito de família. Rio de Janeiro: Forense, 2020. p. 84.

[32] VENOSA, Sílvio de Salvo. *Direito civil*: família. 13. ed. São Paulo: Atlas, 2013. p. 98.

cidadania italiana – Sentença de improcedência – Documentos que revelam o casamento religioso celebrado em 1894 na Igreja da Sé, tendo sido constituída família com prole – Decreto nº 181 de 24 de janeiro de 1890 que instituiu o casamento civil no Brasil – Época de transição entre os registros paroquiais e a exigência de registro civil perante o cartório – Pretensão que não viola direito público, nem causará prejuízos a terceiros – Precedentes – Apelo provido" (TJSP, Ap. 1035170-41.2022.8.26.0100, 9ª Câmara de Direito Privado, j. 31/10/2022, DJe 31/10/2022).

2. Impossibilidade de registro de casamento religioso de pessoa falecida

"Apelação – Ação de Suprimento de Registro Civil de Casamento – Autora que pretende o suprimento de registro de civil de casamento de seus avós falecidos a fim de obter a cidadania italiana – Casamento realizado apenas no âmbito religioso – Necessidade de registro civil para a constituição do casamento, segundo Decreto n. 181 de 24 de janeiro de 1890 – Precedentes desta Corte de Justiça – Sentença mantida – Recurso improvido" (TJSP, Ap. 1016411-10.2021.8.26.0344, 7ª Câmara de Direito Privado, j. 29/06/2022, DJe 29/06/2022).

> **Art. 72.** O termo ou assento do casamento religioso, subscrito pela autoridade ou ministro que o celebrar, pelos nubentes e por duas testemunhas, conterá os requisitos do artigo 70, exceto o 5º.

Referências Normativas

Constituição Federal, art. 226, § 2º.
Código Civil (Lei 10.406/2002), arts. 1.515 e 1.516.
Lei 13.709/2018, arts. 5º, II, e 11 a 13.
CNN/CN/CNJ-Extra, arts.113 a 120.

Comentários

Os arts. 72 e 73 trazem regras de escrituração relativas ao "*termo ou assento do casamento religioso*", bem como disciplinam sua apresentação ao Registro Civil para subsequente lavratura do registro de casamento. A correta apreensão desses dispositivos passa pela compreensão de que a expressão "*termo ou assento do casamento religioso*" refere-se ao documento produzido pela autoridade celebrante. Esse documento, de autoria do celebrante religioso, será título hábil para comprovar a realização da solenidade e, por consequência, dará substrato à lavratura do casamento religiosos para efeitos civis no Registro Civil das Pessoas Naturais. Essa é a leitura sistemática dos dois artigos em conjunto, em que pese a imprecisão terminológica da lei, como se depreende da própria determinação constante do art. 73, no sentido de que o "*celebrante ou qualquer interessado poderá, apresentando o assento ou termo do casamento religioso, requerer o seu registro*".[33]

O comando legal que se extrai da interpretação dos dois artigos é no sentido de que a autoridade religiosa, após a realização da cerimônia, deverá elaborar um "assento ou termo", no qual irá inserir todos os dados constantes do art. 70[34] da LRP e já analisados em tópico próprio. O único elemento dispensado é o previsto no item 5º, qual seja, a relação dos documentos apresentados ao oficial do registro. Algumas informações adicionais estão previstas no art. 73, § 1º, e serão analisadas em conjunto.

Parte dos dados será extraída do próprio certificado de habilitação apresentado pelos nubentes à autoridade religiosa, conforme as informações constantes do procedimento de habilitação, quais se-

---

[33] Nesse sentido, GAGLIARDI, Andreia Ruzzante; OLIVEIRA, Marcelo Salaroli de; CAMARGO NETO, Mario de Carvalho. *Registro civil de pessoas naturais*. 4. ed. Indaiatuba: Foco, 2022. p. 961.

[34] Em alguns *sites*, pode-se encontrar esse dispositivo fazendo remissão ao art. "71". Contudo, deve-se ter em conta que em razão da lei 6.216, de 1975, os artigos da LRP foram remunerados. Assim, a referência correta é ao art. 70, que trata dos elementos obrigatórios do assento de casamento.

jam: (a) os dados de qualificação dos nubentes e seus genitores (art. 70, 1º e 2º); (b) informações quanto a eventual casamento anterior (art. 70, 3º); data dos proclamas (art. 70, 4º); (c) regime de casamento (art. 70, 7º); (d) nomes adotados pelos conjuntes em razão do casamento (art. 70, 8º); (e) dados do cartório que expediu o certificado de habilitação e sua data (art. 73, § 1º). Por outro lado, os seguintes dados serão inseridos sob responsabilidade exclusiva do celebrante: (a) data da celebração (art. 70, 4º); (b) nome e qualificação das testemunhas (art. 70, 6º); (c) o lugar, o culto religioso, o nome do celebrante e sua qualidade (art. 73, § 1º). As normativas estaduais em geral exigem que o termo contenha, além da assinatura do celebrante, também o reconhecimento de sua firma.[35] Vale consignar que a eventual omissão de alguns dos dados supramencionados poderá ser suprida, seja por uma declaração complementar por parte da autoridade, seja pela apresentação de documentos, o que é verdade especialmente relativamente aqueles dados já constantes do próprio procedimento de habilitação.[36]

Art. 73. No prazo de trinta dias a contar da realização, o celebrante ou qualquer interessado poderá, apresentando o assento ou termo do casamento religioso, requerer-lhe o registro ao oficial do cartório que expediu a certidão.

§ 1º O assento ou termo conterá a data da celebração, o lugar, o culto religioso, o nome do celebrante, sua qualidade, o cartório que expediu a habilitação, sua data, os nomes, profissões, residências, nacionalidades das testemunhas que o assinarem e os nomes dos contraentes.

§ 2º Anotada a entrada do requerimento, o oficial fará o registro no prazo de 24 (vinte e quatro) horas.

§ 3º A autoridade ou ministro celebrante arquivará a certidão de habilitação que lhe foi apresentada, devendo, nela, anotar a data da celebração do casamento.

Referências Normativas

Constituição Federal, art. 226, § 2º.
Código Civil (Lei 10.406/2002), arts. 1.515 e 1.516.
Lei 13.709/2018, arts. 5º, II, e 11 a 13.
CNN/CN/CNJ-Extra, arts.113 a 120.

Comentários

1. Registro do casamento religioso

O artigo em análise trata da última etapa necessária à concretização do casamento religioso para efeitos civis. Assim, após a realização da cerimônia religiosa, deverá ser apresentado ao Registro Civil o *termo ou assento religioso*, de que tratam os arts. 71 e 72 já estudados. A apresentação poderá ser feita pelo celebrante ou por qualquer outro interessado, a quem incumbirá requerer a lavratura do assento de casamento.

Questão de destaque é o prazo para apresentação a registro. Em que pese o art. 73 da LRP fixá-lo em 30 (trinta) dias, o Código Civil de 2002 ampliou-o para 90 (noventa) dias, tendo derrogado parcialmente a LRP: *Art. 1.516. § 1º. O registro civil do casamento religioso deverá ser promovido dentro de **noventa dias de sua realização**, mediante comunicação do celebrante ao ofício competente, ou por*

---

[35] Exemplificativamente: (a) item 86, Cap. XVII, NSCGJ-SP; (b) art. 666, parágrafo único, CNPFE-GO; (c) art. 214, § 2º, CNNR-RS.

[36] Nesse sentido, GAGLIARDI, Andreia Ruzzante; OLIVEIRA, Marcelo Salaroli de; CAMARGO NETO, Mario de Carvalho. *Registro civil de pessoas naturais*. 4. ed. Indaiatuba: Foco, 2022. p. 646. Também normativas estaduais: NSCGJ-SP, Cap. XVII, 86.5. *Faculta-se o suprimento das omissões, bem como as correções dos erros havidos no termo ou assento religioso, mediante a apresentação de termo aditivo, com firma reconhecida do celebrante, ou pela apresentação de prova documental.*

*iniciativa de qualquer interessado, desde que haja sido homologada previamente a habilitação regulada neste Código. **Após o referido prazo, o registro dependerá de nova habilitação** (grifos nossos).* Portanto, após a emissão do certificado de habilitação, o casal terá um prazo de 90 (noventa) dias para realizar a cerimônia de casamento e, a partir da data da sua celebração, abre-se novo prazo, de igual período, para que o termo religioso seja levado a registro.

O ofício competente para registrar o casamento é aquele em que tenha sido processada a prévia habilitação para o casamento, tendo sido fixado, portanto, em razão da residência dos nubentes. Essa competência não se altera, ainda que a cerimônia religiosa tenha sido realizada em local fora da circunscrição territorial, já que, rememore-se, o certificado de habilitação possibilita a realização da cerimônia em qualquer local do país.

A lei, para facilitar o registro, permite que tanto o celebrante como qualquer interessado apresentem o termo religioso e requeiram a lavratura do assento civil. A expressão "qualquer interessado" refere-se, em geral, às pessoas que tenham interesse jurídico ou possuam alguma relação de proximidade com os nubentes. Nesse sentido, a lição de Bonilha Filho: *"na expressão "por iniciativa de qualquer interessado", não se pode se enquadrar terceiro completamente alheio ao vínculo familiar, senão aquele que tem interesse juridicamente relevante na efetivação do registro".*[37]

Em que pese o rigor da lição, para as situações em que houve prévia habilitação, sustenta-se que a expressão poderá ser interpretada com maior elasticidade. Assim porque o casal, ao requerer a habilitação, já manifestou claramente sua vontade de conferir efeitos civis à cerimônia religiosa.[38]

O § 1º do artigo em comento volta a tratar dos requisitos formais do termo religioso, trazendo a exigência de dados adicionais àqueles mencionados no art. 72. Por questões didáticas, sua análise foi feita quando da análise do art. 72.

Determina ainda o dispositivo em análise que, uma vez apresentado a registro o termo religioso, o registrador civil deverá lavrar o assento de casamento no prazo de 24 (vinte e quatro) horas. Relembre-se: o casamento religioso para efeitos civis é registrado no Livro B-Auxiliar.

Por fim, a lei impõe deveres à autoridade religiosa, ao dispor que deve arquivar a certidão de habilitação expedida pelo registrado civil, nela anotando a data da realização da cerimônia.

2. LGPD e casamento religioso

Segundo o art. 5º, II, da Lei Geral de Proteção de Dados, informações relativas à convicção religiosa são consideradas dados pessoais sensíveis, merecedores, portanto, de tutela ainda mais rigorosa e sujeitas a maiores restrições para seu processamento. Nos termos da lei, informações sobre o culto religioso, o nome do celebrante e sua qualidade são classificados como dados sensíveis. Por outro lado, segundo a LRP, esses elementos devem obrigatoriamente constar do assento religioso.

No âmbito dos registros públicos, a Lei Geral foi regulamentada pelo CNN/CN/CNJ-Extra, arts. 113 a 120. No que toca ao Registro Civil, se destaca:

> Art. 114. As certidões de registro civil em geral, inclusive as de inteiro teor, requeridas pelos próprios interessados, seus representantes legais, mandatários com poderes especiais, serão expedidas independentemente de autorização do Juiz Corregedor Permanente. § 1º **Nas hipóteses em que a emissão da certidão for requerida por terceiros e a certidão contiver dados sensíveis, somente será feita a expedição mediante a autorização do juízo competente.** § 2º Após o falecimento do titular do dado sensível, as certidões de que trata o caput deste artigo poderão ser fornecidas aos parentes em linha reta, independentemente de autorização judicial.
>
> Art. 116. As solicitações **de certidões por quesitos, ou informações solicitadas independentemente da expedição de certidões, receberão o mesmo tratamento destinado às certidões solicitadas em inteiro teor quando os dados solicitados forem restritos, sensíveis ou sigilosos.** § 1º São considerados elementos sensíveis os elencados no inciso II

---

[37] *In*: ALVIM NETO, José Manuel de Arruda; CLÁPIS, Alexandre Laizo; CAMBLER, Everaldo Augusto. *Lei de registros públicos comentada*. 2. ed. Rio de Janeiro: Forense, 2019. p. 271. Edição do Kindle.

[38] Nesse sentido, NSCGJ-SP, Cap. XVII, item 86.4: *A apresentação do termo ou assento do casamento religioso poderá ser realizado por intermédio de terceiros, sem maiores formalidades.*

do art. 5º da Lei n. 13.709/2018, ou outros, desde que previstos em legislação específica. (grifos nossos)

Como analisado previamente, a ambiguidade do texto da LRP, sobretudo no artigo ora em comento, pode induzir à interpretação de que os dados relativos ao culto e qualidade do celebrante devem ser incluídos no assento civil. De fato, a referência a tais informações é bastante comum nos registros inscritos no livro B-Auxiliar. Nesses casos, portanto, a emissão de certidões deverá atender aos critérios estabelecidos pelo Código Nacional de Normas do CNJ, conforme artigos transcritos. A certidão em inteiro teor poderá ser emitida apenas por requerimento dos próprios cônjuges ou por mandatário com poderes especiais. Sendo requerida por terceiro, a emissão dependerá de autorização do juízo competente. Quanto à certidão em breve relato, entende-se possível sua emissão em favor de qualquer pessoa, desde que dela não constem os dados relativos ao culto religioso e à autoridade celebrante, que não são elementos obrigatórios dessa espécie de certidão. O mesmo se aplica às certidões em quesito, desde que os quesitos não tratem especificamente dos aspectos relacionados à convicção religiosa. Observe-se, contudo que, falecidos os cônjuges, seus parentes em linha passam a ter legitimidade para requerer quaisquer certidões, independente de autorização judicial.

Por fim, recomenda-se que os registrados de casamento religioso para efeitos civis passem a ser lavrados sem qualquer referência aos dados de natureza religiosa, observando-se apenas a inserção das informações previstas no art. 70 da LRP. Dessa forma, reduz-se o processamento de dados sensíveis e se facilita, para o futuro, a emissão de certidões em inteiro teor.[39]

 Jurisprudência

1. Obrigatoriedade de registro do casamento religioso para que surta efeitos civis

"**Apelação 'Ação de suprimento de certidão de casamento civil'** Processo extinto, com fundamento no artigo 485, inciso VI, do Código de Processo Civil. Inconformismo que não pode ser acolhido. **Casamento religioso que, para surtir efeitos no mundo jurídico, deve atender às exigências estabelecidas em lei, o que não é mais possível em razão do falecimento de um dos contraentes** – Sentença mantida Recurso desprovido" (TJSP, Apelação Cível 1051323-60.2019.8.26.0002, Rel. Clara Maria Araújo Xavier, 8ª Câmara de Direito Privado; j. 17/08/2021, *DJe* 17/08/2021).

Art. 74. O casamento religioso, celebrado sem a prévia habilitação, perante o oficial de registro público, poderá ser registrado desde que apresentados pelos nubentes, com o requerimento de registro, a prova do ato religioso e os documentos exigidos pelo Código Civil, suprindo eles eventual falta de requisitos nos termos da celebração.

Parágrafo único. Processada a habilitação com a publicação dos editais e certificada a inexistência de impedimentos, o oficial fará o registro do casamento religioso, de acordo com a prova do ato e os dados constantes do processo, observado o disposto no artigo 70.

 Referências Normativas

Código Civil (Lei 10.406/2002), art. 1.516.

---

[39] Quando da entrada em vigor da LGPD e antes mesmo da edição do Provimento 134, essa passou a ser a orientação de GAGLIARDI, Andreia Ruzzante; OLIVEIRA, Marcelo Salaroli de; CAMARGO NETO, Mario de Carvalho. *Registro civil de pessoas naturais*. 4. ed. Indaiatuba: Foco, 2022. p. 962.

Comentários

1. Casamento religioso sem prévia habilitação

O art. 74 da LRP traz uma exceção à regra geral segundo a qual a habilitação deve preceder a realização da solenidade do casamento, seja a cerimônia civil ou religiosa. Assim, em casos em que o casal realizou apenas uma cerimônia perante a autoridade religiosa, essa cerimônia, de *per si*, não confere à relação o *status* de relação matrimonial. Poderá se configurar, se preenchidos os requisitos legais, uma união estável, para a qual a celebração religiosa pode servir de prova da intenção de constituir família, mas não surtirá os efeitos civis do casamento.

Contudo, a Lei de Registros Públicos e o Código Civil preveem a possibilidade de que essa relação familiar venha a surtir efeitos civis, ou em outras palavras, admitem a sua "transformação" em casamento, desde que seja realizado o procedimento de habilitação e estejam preenchidos os requisitos legais. Em consonância com o art. 74 da LRP, assim dispõe o Código Civil: Art. 1.516. § 2º. *O casamento religioso, celebrado sem as formalidades exigidas neste Código, terá efeitos civis se, a requerimento do casal, for registrado, a qualquer tempo, no registro civil, mediante prévia habilitação perante a autoridade competente e observado o prazo do art. 1.532.*

Para tanto, deverá o próprio casal requerer sua habilitação ao casamento, apresentando o termo de casamento religioso já realizado, e pedindo que lhe sejam conferidos os efeitos civis. De extrema importância é destacar que a manifestação de vontade para o registro do casamento religioso é personalíssima, e se configura em requisito essencial para sua validade, como aliás destaca o próprio texto em análise, ao mencionar que cabe aos próprios nubentes apresentar os documentos e requerer o registro civil. Poderão, contudo, ser representados por procuração, desde que essa contenha os poderes específicos para o ato. Em regra, não se pode admitir que terceiros requeiram os efeitos civis, à revelia da vontade do casal. Por essa razão, falecido um dos componentes do casal, não há possibilidade de dar início à habilitação perante o Registro Civil.

O procedimento de habilitação deverá observar o mesmo rito e exigir os mesmos documentos previstos para as demais modalidades de casamento. O registro será feito no Livro B-Auxiliar, contendo os requisitos do art. 70 da LRP. As mesmas observações relativas à LGPD são aplicáveis.

Ainda, sobreleva mencionar a regra constante do art. 1.516, § 3º, do Código Civil, segundo a qual *"será nulo o registro civil do casamento religioso se, antes dele, qualquer dos consorciados houver contraído com outrem casamento civil".* A nulidade do registro civil do casamento religioso decorre de infração à causa impeditiva prevista no art. 1.521, VI, do CC. Por outro lado, vale esclarecer que o casamento religioso não levado a registro no RCPN não impede que a pessoa venha a se casar civilmente com terceira pessoa, posto que somente com o registro civil a pessoa tem seu estado civil alterado, ficando impedida de se casar novamente antes de dissolver o matrimônio.

 Jurisprudência

1. Requerimento de habilitação para registro de casamento religioso. Ato personalíssimo

"**Casamento Religioso para efeitos civis**. Ação ajuizada por um dos nubentes requerendo o registro de casamento religioso para efeitos civis. Casamento religioso realizado sem prévia habilitação dos nubentes. Art. 74 da Lei 6.015/73. **Ato personalíssimo. Falecimento do outro nubente. Impossibilidade de manifestação de vontade quanto ao registro do casamento religioso para efeitos civis**. Precedente. Ação improcedente. Recurso desprovido" (grifo nosso) (TJSP, Apelação Cível 1022025-13.2020.8.26.0576, Rel. Mary Grün, 7ª Câmara de Direito Privado, j. 09/03/2021, *DJe* 09/03/2021).

Art. 75. O registro produzirá efeitos jurídicos a contar da celebração do casamento.

Parágrafo único. O oficial de registro civil comunicará o registro ao Ministério da Economia e ao INSS pelo Sistema Nacional de Informações de Registro Civil (Sirc) ou por outro meio que venha a substituí-lo. *(Incluído pela Lei nº 13.846, de 2019)*

Referências Normativas

Lei 11.977/2009, arts. 39 a 41.
Decreto 9.929/2019.

Comentários

1. Efeitos retroativos

A norma em comento é de extrema relevância, pois esclarece que os efeitos civis do casamento religioso se iniciam a partir da data da sua celebração, sendo irrelevante a data da lavratura do registro no Livro B-Auxiliar. Em que pese a omissão do Provimento149 do CNJ, de todas as certidões deve constar, portanto, a data da realização da cerimônia religiosa (sem menção direta ou indireta ao culto), sendo recomendável a inclusão da observação de que "o registro produz efeitos jurídicos a contar da celebração". Tudo isso, sem prejuízo da inserção obrigatória da data da lavratura do assento (art. 19, § 2º, da LRP).

Consigne-se que a regra se aplica tanto ao caso em que houve prévia habilitação quanto para as hipóteses de habilitação realizada após a cerimônia religiosa.

O parágrafo único, inserido pela Lei 13.846/2019, encontra-se completamente deslocado topograficamente, pois visa apenas reiterar o dever de comunicação dos casamentos, pelo Oficial de Registro, ao Sistema Nacional de Informações de Registro Civil (Sirc).

 Jurisprudência

1. Retroatividade da data do casamento.

"Divórcio. Insurgência contra a decisão que declarou a data do casamento das partes e delimitou os bens objeto de partilha. **Data da celebração do casamento religioso, com efeitos civis, que deve ser considerada como a data do matrimônio das partes, e não a data de seu registro Inteligência do art. 1.515, do Código Civil** – Pagamento de parcela do imóvel da autora, bem como de parcelas dos móveis planejados para o apartamento e transferência à autora de dois veículos pelo requerido Fatos ocorridos antes do casamento Eventual compensação que deve ser objeto de demanda cível, já que não alegada união estável entre as partes antes do casamento e inexistente, portanto, unidade familiar Recurso provido em parte" (grifo nosso) (TJSP, Agravo de Instrumento 2213266-41.2020.8.26.0000, Rel. Luiz Antonio de Godoy, 1ª Câmara de Direito Privado, j. 27/10/2020, *DJe* 27/10/2020).

CAPÍTULO VIII
DO CASAMENTO EM IMINENTE RISCO DE VIDA

Art. 76. Ocorrendo iminente risco de vida de algum dos contraentes, e não sendo possível a presença da autoridade competente para presidir o ato, o casamento poderá realizar-se na presença de seis testemunhas, que comparecerão, dentro de cinco dias, perante a autoridade judiciária mais próxima, a fim de que sejam reduzidas a termo suas declarações.

§ 1º Não comparecendo as testemunhas, espontaneamente, poderá qualquer interessado requerer a sua intimação.

§ 2º Autuadas as declarações e encaminhadas à autoridade judiciária competente, se outra for a que as tomou por termo, será ouvido o órgão do Ministério Público e se realizarão as diligências necessárias para verificar a inexistência de impedimento para o casamento.

§ 3º Ouvidos dentro em 5 (cinco) dias os interessados que o requerem e o órgão do Ministério Público, o juiz decidirá em igual prazo.

§ 4º Da decisão caberá apelação com ambos os efeitos.

§ 5º Transitada em julgado a sentença, o juiz mandará registrá-la no Livro de Casamento.

**Referências Normativas**

Código Civil (Lei 10.406/2002), arts. 1.539 a 1.541

**Comentários**

1. Visão Geral

O Código Civil de 2002 disciplina de forma diversa e mais detalhada que a LRP o casamento realizado quando um dos nubentes esteja em situação de risco de vida, a exigir urgente realização do casamento, mas uma ou alguma das formalidades necessárias à sua validade não possam ser atendidas. Nota-se na doutrina civilista certa falta de harmonia na forma de tratar e classificar casamentos realizados sem observância rigorosa do procedimento típico previsto para o casamento. A nota comum encontra-se no motivo ensejador da dispensa das formalidades: a urgência, decorrente de situação fática em que um ou ambos os nubentes se encontrem em risco de vida.

As contradições podem ser constatadas pela leitura de doutrinadores clássicos e atuais. Para Pereira[40] e Gagliano e Pamplona Filho,[41] a distinção consiste em que na hipótese do art. 1.539 do CC, há prévia habilitação ao casamento, antecipando-se apenas a celebração, enquanto a situação regulada pelos arts. 1.540 a 1.541 aplica-se quando não houver prévia habilitação. Venosa[42] e Tartuce,[43] por sua vez, distinguem as duas formas previstas na lei civil em razão da presença da autoridade celebrante (art. 1.539) ou sua ausência (art. 1540 e 1.541), enquanto o primeiro autor ainda sugere que em ambas as formas é possível a dispensa de prévia habilitação. Perspectiva interessante é a de Lôbo,[44] para quem o casamento em moléstia grave destina-se ao nubente que, em razão de moléstia grave não possa aguardar o processo de habilitação, mas que obtenha a presença da autoridade celebrante, enquanto o casamento nuncupativo é aquele realizado sem a presença da autoridade e sem prévia habilitação.

Alertado o leitor sobre as divergentes interpretações que poderá encontrar na doutrina civilista, a posição adotada nesta obra baseia-se em leitura sistemática dos dispositivos da lei civil e da LRP, bem como em lições jurisprudenciais, na interpretação dada pelas normativas estaduais e por doutrinas especializadas em Registros Públicos.

2. Casamento em caso de moléstia grave

O casamento em caso de moléstia grave encontra-se disciplinado no Código Civil e não possui correspondente na Lei de Registros Públicos. Seu traço característico é a presença da autoridade celebrante, razão pela qual as formalidades exigidas são menores, comparativamente ao casamento nuncupativo. Dispõe o art. 1.539 do CC:

> Art. 1.539. No caso de moléstia grave de um dos nubentes, **o presidente do ato irá celebrá-lo onde se encontrar o impedido,** sendo urgente, ainda que à noite, perante **duas testemunhas** que saibam ler e escrever.
>
> § 1º A falta ou impedimento da autoridade competente para presidir o casamento suprir-se-á por qualquer dos seus substitutos legais, e a do oficial do Registro Civil por outro *ad hoc*, nomeado pelo presidente do ato.
>
> § 2º O termo avulso, lavrado pelo oficial ad hoc, será registrado no respectivo registro dentro em cinco dias, perante duas testemunhas, ficando arquivado.

Segundo a orientação adotada neste trabalho, o procedimento previsto nesse dispositivo do CC pode ser utilizado tanto quando o casal já se encontra devidamente habilitado e surge a necessidade de

---

[40] PEREIRA, Caio Mário da Silva. *Instituições de direito civil – Volume V*: direito de família. Rio de Janeiro: Forense, 2020. p. 148-151.
[41] GAGLIANO, Pablo Stolze; PAMPLONA FILHO, Rodolfo. *Novo curso de direito civil*: direito de família. 6. ed. São Paulo: Saraiva, 2016. p. 152-157.
[42] VENOSA, Sílvio de Salvo. *Direito civil*: família. 13. ed. São Paulo: Atlas, 2013. p. 95-98.
[43] TARTUCE, Flavio. *Direito civil*: direito de família. Rio de Janeiro: Forense, 2020. p. 83-84.
[44] LÔBO, Paulo. *Direito civil – volume 5*: famílias. 11. ed. São Paulo: Saraiva, 2021. p. 155.

antecipação da celebração do casamento quanto na hipótese que, embora não haja prévia habilitação, tenha sido possível a presença da autoridade celebrante.

Essa é a lição de Kumpel e Ferrari,[45] bem como de Gagliardi, Oliveira e Camargo Neto:[46]

> Para a hipótese do art. 1.539 do CC, atente-se que não basta a moléstia grave, pois além dela, **é necessária a urgência**. A análise da urgência é feita diante de cada caso concreto e será aferida pela probabilidade de falecimento do nubente antes da celebração. [...] A **celebração, nestes casos, é antecipada e realizada mesmo sem prévia habilitação** para o casamento, podendo ocorrer no local onde estiver o nubente impedido, e é necessária a presença de duas testemunhas que saibam ler e escrever (CC, art. 1.539, *caput*). (grifos nossos)

A possibilidade de aplicação desse artigo às situações em que não houve prévia habilitação ao casamento foi confirmada em aresto da lavra do Des. Ricardo Raupp Ruschel, proferido nos autos da Apelação Cível 70013292107, TJRS, datado de 11/01/2006 e reafirmada na Apelação Cível 2013.052846-7, 6ª Câmara de Direito Civil do TJSC, Rel. Des. Subst. Stanley da Silva Braga, publicada no DJSC de 30/09/2013, p. 291.

Ademais, é a posição adotada em algumas normativas estaduais. Como exemplo, a CNGO, arts. 659 a 661 e as NSCGJ-SP, Cap. XVII:

> 89. Dar-se-á a antecipação do casamento no caso de moléstia grave de um dos nubentes na forma prevista no art. 1.539 do Código Civil.
>
> 89.1. Se os nubentes já estiverem habilitados ao casamento, o termo lavrado, mediante duas testemunhas, pelo Oficial de Registro Civil das Pessoas Naturais será imediatamente levado a registro, ou, se o termo avulso for lavrado pelo Oficial ad hoc, o registro será providenciado no prazo de 5 (cinco) dias.
>
> 89.2. Se a celebração ocorrer sem prévia habilitação para o casamento, o termo ficará arquivado, após a assentada de duas testemunhas, nos próprios autos da futura habilitação, que será processada pelo Oficial de Registro Civil das Pessoas Naturais do local da celebração, sem prejuízo do encaminhamento dos editais de proclamas para o Registro Civil das Pessoas Naturais de residência dos nubentes.

Portanto, o casamento em situação de urgência em caso de moléstia grave poderá adotar dois ritos distintos. Para os casais já habilitados, tratar-se-á de mera antecipação da cerimônia, com deslocamento da autoridade celebrante e do registrador civil ao local em que se encontrar o nubente enfermo, com a presença de duas testemunhas que saibam ler e escrever. O § 1º do art. 1.539 do CC inclusive admite que a falta da autoridade celebrante ou do registrador civil poderá ser suprida por seus substitutos legais ou, no caso do oficial de registro, por alguém nomeado *ad hoc*. Destaque-se, portanto, que a autoridade celebrante pode ser substituída apenas pelos seus substitutos legais, mas não por pessoa *ad hoc*. O termo de casamento avulso será levado ao Registro Civil e dará suporte à lavratura do assento definitivo, em até cinco dias (art. 1.539, § 2º).

Na hipótese de casamento em situação de **moléstia grave sem prévia habilitação**, uma vez cumpridas as formalidades inerentes à celebração do casamento, com a presença da autoridade celebrante e do registrador civil, será imprescindível a realização do procedimento de habilitação posterior, como sustentam Kumpel e Ferrari:[47]

> Por outro lado, se a celebração ocorrer sem a prévia habilitação ao casamento, situação mais comum, o termo avulso ficará arquivado, após a assentada de duas testemunhas, nos próprios autos de habilitação, que será processada pelo Oficial de Registro Civil das Pessoas Naturais do

---

45   KÜMPEL, Vitor Frederico; FERRARI, Carla Modina. *Tratado notarial e registral*: ofício de registro civil das pessoas naturais. São Paulo: Yk Editora, 2017. 5 v. v. 2.

46   GAGLIARDI, Andreia Ruzzante; OLIVEIRA, Marcelo Salaroli de; CAMARGO NETO, Mario de Carvalho. *Registro civil de pessoas naturais*. 4. ed. Indaiatuba: Foco, 2022. p. 633.

47   KÜMPEL, Vitor Frederico; FERRARI, Carla Modina. *Tratado notarial e registral*: ofício de registro civil das pessoas naturais. São Paulo: Yk Editora, 2017. 5 v, v. 2, p. 709.

local da celebração (...). Neste caso, o termo arquivado será automaticamente convertido em registro, independentemente de requerimento dos interessados, assim que cumpridas todas as formalidades exigidas para a habilitação.

3. Casamento nuncupativo

O casamento nuncupativo também é nomeado na doutrina de casamento *in extremis* ou *in articulo mortis*. Sua realização se justifica em situação de iminente risco de vida para um dos nubentes, ou ambos, mas exige o pleno discernimento e capacidade de manifestação de vontade. Leciona Pereira:[48]

> O *casamento nuncupativo* ou *in extremis*, previsto no art. 1.540 do Código Civil, é aquele celebrado sem que sejam cumpridas as formalidades preliminares e seja identificada a condição de iminente risco de vida, quando será dispensada a presença do celebrante e do Oficial do Registro Civil. O casamento é celebrado pelos próprios nubentes na presença de seis testemunhas que não tenham com os nubentes parentesco em linha reta, ou na colateral, até segundo grau.

O tema, como já mencionado, é disciplinado nos arts. 1.540 e 1.541 do Código Civil, ora transcritos:

> Art. 1.540. Quando algum dos contraentes estiver em iminente risco de vida, não obtendo a presença da autoridade à qual incumba presidir o ato, nem a de seu substituto, poderá o casamento ser celebrado na presença de seis testemunhas, que com os nubentes não tenham parentesco em linha reta, ou, na colateral, até segundo grau.

> Art. 1.541. Realizado o casamento, devem as testemunhas comparecer perante a autoridade judicial mais próxima, dentro em dez dias, pedindo que lhes tome por termo a declaração de:
> I – que foram convocadas por parte do enfermo;
> II – que este parecia em perigo de vida, mas em seu juízo;
> III – que, em sua presença, declararam os contraentes, livre e espontaneamente, receber-se por marido e mulher.
> § 1º Autuado o pedido e tomadas as declarações, o juiz procederá às diligências necessárias para verificar se os contraentes podiam ter-se habilitado, na forma ordinária, ouvidos os interessados que o requererem, dentro em quinze dias.
> § 2º Verificada a idoneidade dos cônjuges para o casamento, assim o decidirá a autoridade competente, com recurso voluntário às partes.
> § 3º Se da decisão não se tiver recorrido, ou se ela passar em julgado, apesar dos recursos interpostos, o juiz mandará registrá-la no livro do Registro dos Casamentos.
> § 4º O assento assim lavrado retrotrairá os efeitos do casamento, quanto ao estado dos cônjuges, à data da celebração.
> § 5º Serão dispensadas as formalidades deste e do artigo antecedente, se o enfermo convalescer e puder ratificar o casamento na presença da autoridade competente e do oficial do registro.

Do cotejo dos artigos indicados supra com o art. 76 da LRP, ora em comento, nota-se que ambos tratam da mesma hipótese, configurada pela urgência de um lado, e a ausência da autoridade celebrante de outro. Segundo Bonilha Filho,[49] o Código Civil de 2002, ao disciplinar por inteiro a questão, "tornou insubsistente" o art. 76 da LRP. Tratando-se de lei posterior, não há dúvida que deverá prevalecer naquilo em for contraditório.

De destaque, quanto ao casamento nuncupativo, é a exigência de seis testemunhas, número elevado, e que se justifica diante da ausência de qualquer autoridade na cerimônia e em razão da importância que o ordenamento ainda atribui ao casamento. Ademais, há que se registrar, as testemunhas não podem ser parentes até segundo grau dos nubentes, regra bastante rara na sistemática geral dos atos levados ao registro civil ou perante ele praticados que, em geral, admitem parentes como testemunha.

---

[48] PEREIRA, Caio Mário da Silva. *Instituições de direito civil – Volume V*: direito de família. Rio de Janeiro: Forense, 2020. p. 149.

[49] ALVIM NETO, José Manuel de Arruda; CLÁPIS, Alexandre Laizo; CAMBLER, Everaldo Augusto. *Lei de registros públicos comentada*. 2. ed. Rio de Janeiro: Forense, 2019. p. 275.

Essas testemunhas possuem a especial atribuição de comparecerem em juízo, no prazo de dez dias, para reduzir a termo declarações confirmatórias de que: I – que foram convocadas por parte do enfermo; II – que este parecia em perigo de vida, mas em seu juízo; III – que, em sua presença, declararam os contraentes, livre e espontaneamente, receber-se como cônjuges. Para tanto, deverá ser instaurado procedimento de jurisdição voluntária. O juiz competente, segundo a doutrina, não é o juiz responsável pelos registros públicos, mas sim aquele que, segundo a organização judiciária, tiver atribuição para as ações de família.[50] No Estado de São Paulo, o item 90.3, Cap. XVII, NSCGJ, atribui ao Juiz Corregedor Permanente a competência. Deve-se, portanto, atentar às normas estaduais.
A autoridade judiciária deverá verificar a inexistência de causas impeditivas ao casamento bem como se forem cumpridos os requisitos necessários para essa especial forma de celebração. Nos termos do art. 1.541 do CC, o juiz deverá ouvir interessados no prazo de 15 dias, após o que decidirá. Uma vez transitada em julgado a decisão, o casamento poderá ser lavrado com base no mandado judicial. Trata-se, portanto, de excepcional hipótese em que o procedimento de habilitação, ainda de que forma anômala, tramita perante o juiz de direito e após a celebração do casamento.
Por expressa disposição legal, os efeitos do casamento retroagem à data da celebração, o que deve constar das certidões em breve relato, em que pese a omissão do Provimento 63 do CNJ nesse ponto.
Interessante mencionar que se o enfermo convalescer antes de finalizado o procedimento perante o Juízo, esse será convertido em habilitação para casamento e exigirá ratificação perante a autoridade competente e o oficial de registro.

Jurisprudência

1. Flexibilização do prazo para pedido de registro do casamento nuncupativo

"Casamento nuncupativo. Excepcionalidade. Postergação das formalidades legais. Requisitos legais. Iminente risco de vida. Impossibilidade de obtenção da presença da autoridade. Presença de seis testemunhas sem parentesco em linha reta ou colateral até segundo grau. Procedimento. Comparecimento das testemunhas perante autoridade judicial em 10 dias. Redução a termo de suas declarações sobre o risco de vida e o consentimento dos nubentes. Verificação posterior de capacidade e impedimentos. Diferença entre os requisitos substanciais ou formais do ato. Presença de seis testemunhas e sua qualidade. propósito de validar o consentimento e evitar fraudes. Capacidade e habilitação também indispensáveis. Inobservância do prazo de 10 dias. Requisito que não se relaciona com a substância do ato. Flexibilização. Possibilidade. Ausência de má-fé. Recusa de registro apenas sob esse fundamento. Impossibilidade. 1– Ação ajuizada em 22/01/2019. Recurso especial interposto em 20/05/2021 e atribuído à 4 7 – É indispensável à substância do ato que tenha sido o casamento celebrado na presença de seis testemunhas que não tenham parentesco em linha reta ou, na colateral, até o segundo grau, com os contraentes e que declarem que aquela era mesmo a vontade dos nubentes, com o propósito de validar o consentimento externado e evitar a prática de fraude. 8 – Também é elemento essencial para o registro dessa espécie de casamento o fato de os contraentes serem capazes e não estarem impedidos ao tempo da celebração do matrimônio nuncupativo, pois, se não poderiam os nubentes casar pela modalidade ordinária, não poderiam casar, de igual modo, por essa modalidade excepcional. 9 – A observância do prazo de 10 dias para que as testemunhas compareçam à autoridade judicial, conquanto diga respeito à formalidade do ato, não trata de sua essência e de sua substância e, consequentemente, não está associado à sua existência, validade ou eficácia, razão pela qual se trata, em tese, de formalidade suscetível de flexibilização, especialmente quando constatada a ausência de má-fé. 10 – Hipótese em que as instâncias ordinárias recusaram o registro do casamento somente ao fundamento da inobservância do prazo legal, sem examinar, contudo, os demais elementos estruturais do ato jurídico, bem como deixaram de considerar, especificamente quanto ao prazo, a ausência de má-fé do contraente supérstite, o curto período entre o casamento e o falecimento da nubente, o período de luto do contraente sobrevivente, a dificuldade de cumprimento do prazo pelas testemunhas e o natural desconhecimento da tramitação e formalização dessa rara hipótese de celebração do matrimônio. 11 – Recurso especial conhecido e provido, a fim de, afastado o óbice da inobservância do prazo de 10 dias, determinar seja dado regular prosseguimento ao pedido, perquirindo-se sobre o cumprimento das demais formalidades legais" (STJ, REsp 1.978.121/RJ, Rel. Min. Nancy Andrighi, 3ª Turma, j. 22/03/2022, DJe de 25/03/2022).

---

[50] GAGLIANO, Pablo Stolze; PAMPLONA FILHO, Rodolfo. *Novo curso de direito civil*: direito de família. 6. ed. São Paulo: Saraiva, 2016. p. 155-156.

2. Impossibilidade de registro de casamento nuncupativo por ausência de formalidades

"Registro e cumprimento de testamento Pretendida celebração póstuma de matrimônio e transmissão de pensão por morte- Impossibilidade – Formalidades do casamento nuncupativo que não foram preenchidas – Pensão por morte que não é de titularidade do falecido e não é abrangida por seu patrimônio à época da morte – Impossibilidade jurídica do pedido bem reconhecida – Recurso desprovido" (TJSP, Apelação Cível 3000965-78.2013.8.26.0063, Rel. Moreira Viegas, 5ª Câmara de Direito Privado, j. 09/10/2013, *DJ* 09/10/2013).

CAPÍTULO IX
DO ÓBITO

Art. 77. Nenhum sepultamento será feito sem certidão do oficial de registro do lugar do falecimento ou do lugar de residência do *de cujus*, quando o falecimento ocorrer em local diverso do seu domicílio, extraída após a lavratura do assento de óbito, em vista do atestado de médico, se houver no lugar, ou em caso contrário, de duas pessoas qualificadas que tiverem presenciado ou verificado a morte. *(Redação dada pela Lei nº 13.484, de 2017)*

§ 1º Antes de proceder ao assento de óbito de criança de menos de 1 (um) ano, o oficial verificará se houve registro de nascimento, que, em caso de falta, será previamente feito.

§ 2º A cremação de cadáver somente será feita daquele que houver manifestado a vontade de ser incinerado ou no interesse da saúde pública e se o atestado de óbito houver sido firmado por 2 (dois) médicos ou por 1 (um) médico legista e, no caso de morte violenta, depois de autorizada pela autoridade judiciária.

KARINE MARIA FAMER ROCHA BOSELLI
(COM A COLABORAÇÃO DE MILENA GUERREIRO)

 Referências Normativas

Lei 13.484/2017.
Código Civil (Lei 10.406/2002), art. 6º.
Lei 11.976/2009.
Resolução 155/2012, do Conselho Nacional de Justiça.
Portaria SVS/MS 116/2009.

 Comentários

1. Competência e Livros para o registro do óbito

Como ensinam Boselli, Mróz e Ribeiro, o óbito "é um fato natural com importância para o direito pois marca o fim da personalidade humana, daí sua natureza de fato jurídico".[51]

Nesse contexto é que o art. 6º do vigente Código Civil (Lei 10.406/2002) estabelece que a existência da pessoa natural finda com a morte, que pode ser classificada como (a) real (com presença de cadáver ou restos mortais) ou decorrente de catástrofes (justificação prévia), e (b) presumida (com ou sem prévia decretação de ausência) ou decorrente de catástrofes.[52]

---

[51] BOSELLI, Karine; Maria Famer Rocha; MRÓZ, Daniela; RIBEIRO, Izolda A. Registro civil das pessoas naturais. *In*: GENTIL, Alberto (Org.). 3. ed. *Registros públicos*. Rio de Janeiro: Forense, 2022. p. 254.

[52] A morte, segundo o Código Civil, pode ser real ou presumida com ou sem declaração de ausência. A real corresponde à hipótese em que há certeza do falecimento, com presença de cadáver. A morte decorrente de prévia justificação de óbito, nos termos do art. 88 da Lei 6.015/1973, também é considerada como morte real, ainda que sem a presença integral de cadáver ou de restos mortais, devido à certeza do falecimento, sendo realizado o assentamento mediante mandado judicial. A morte real com cadáver, por sua vez, exige compro-

Da morte decorrem inúmeros outros efeitos jurídicos relevantes e disso surge, por questão de ordem pública, a relevante necessidade de seu assentamento perante o Oficial de Registro Civil das Pessoas Naturais quer seja para fins probatórios e publicitários, permitindo-se, a todos, "a prova simples e segura do fato"[53] mediante a emissão da respectiva certidão.

Para Loureiro,[54] o direito não define a morte, sendo fato natural reconhecível pela cessação de sentidos físico-biológico (respiração e circulação sanguínea, por exemplo). É o conhecimento técnico-médico que define o momento em que a pessoa humana falece. Se, anteriormente, configurava-se pela cessação da respiração e batimentos cardíacos, hoje prevalece o critério da morte encefálica, ou seja, cessação das atividades cerebrais conforme disposto pelo art. 3º da Lei 9.434/1997, sendo esta lei aquela que institui a legalidade sobre a remoção de órgãos, tecidos e partes do corpo humano para fins de transplante e tratamento. Vigora, portanto, para esse fim, o diagnóstico de morte encefálica.

O artigo referido inaugura, na Lei 6.015/1973, o regramento jurídico acerca do registro de óbito, estabelecendo sua obrigatoriedade, assim como a dupla competência para fins de assentamento. Essa dupla competência, vale lembrar, é fruto de alteração promovida na Lei de Registros Públicos pela Lei 13.484/2017. Anteriormente a esta última Lei, a competência para o registro do óbito era apenas do local de falecimento. Na atualidade, a competência foi estendida para abranger também o local de residência do falecido. O legislador pátrio, ao aprovar essa alteração, mostrou-se empático tanto quanto ao vínculo de proximidade que o falecido e sua família possuem com o local de sua residência e do qual possui tantos e outros vínculos como pessoais e profissionais, bem como evitou maiores deslocamentos pelos legitimados para que o registro pudesse ser feito em outro município, ou ainda o traslado do corpo somente após o registro em localidade diversa daquela em que o sepultamento se dá também no lugar de residência do morto. Ademais, privilegiou-se, com a nova redação, o registro de óbito em pequenas serventias de RCPN, concretizando-se a capilaridade do art. 44, § 1º, da Lei 8.925/1994, bem como a viabilidade econômico-financeira pelo ressarcimento de tais atos, conforme art. 8º da Lei 10.169/2000, em favor das menores serventias.

Quanto aos óbitos de brasileiros ocorridos no exterior, será realizado o traslado do assento de óbito conforme Resolução nº 155/2012 do CNJ, no Livro E do 1º Ofício de Registro Civil de Pessoas Naturais da Comarca do **domicílio do interessado** ou do 1º Ofício de Registro Civil de Pessoas Naturais do Distrito Federal.

Por fim, cabe mencionar ainda dois pontos relevantes quanto ao registro de óbito. O primeiro deles refere-se à gratuidade do ato em si, nos termos do disposto pelo art. 5º, LXXX, da Constituição Federal c.c. art. 30 da Lei 6.015/1973, cuja redação foi alterada pela Lei 9.534/1997, de modo a estabelecer que passariam a não ser cobrados emolumentos pelo registro civil. O segundo ponto refere-se ao Princípio da Instância ou Rogação, uma vez que o assento correspondente ao falecimento de determinada pessoa natural só se faz mediante provocação, de modo que cabe a um dos legitimados previstos no art. 79 da Lei 6.015/1973 requerer ao Oficial de Registro Civil que proceda ao registro.

2. Da Atestação da Morte: Declaração do Óbito (DO)

Como já anteriormente indicado, a morte é objeto de atestação via conhecimento técnico-médico específico, não sendo competência do Oficial de RCPN atestá-la, mas somete reproduzir, em seus livros, os dados e informações que lhes são apresentados pelos legitimados-declarantes constantes do rol do art. 79 da Lei 6.015/1973.

Segundo o art. 1º da Lei 11.976/2009, o documento oficial do Sistema Único de Saúde para atestar a morte de indivíduos, pacientes e não pacientes, é a DO (Declaração de Óbito).

---

vação mediante emissão de declaração de óbito ou atestado por profissional da área da saúde, nos termos da Portaria SVS/MS 116/2009 e da Lei, ou por testemunhas que presenciaram ou verificaram a morte ou a existência do cadáver. Em ambos os casos, o assento de óbito será lavrado no Livro C do competente Oficial de Registro Civil das Pessoas Naturais. No Livro E do Registro Civil da Sede ou do 1º Subdistrito da Comarca, por sua vez, são levadas a registro a morte presumida (com ou sem declaração de ausência) e a transcrição de registro de óbito de brasileiro lavrado no exterior.

[53] VELLOSO DOS SANTOS, Reinaldo. *Registro civil das pessoas naturais*. Porto Alegre: SAFE, 2006. p. 117.

[54] LOUREIRO, Luiz Guilherme. *Registros públicos*: teoria e prática. 7. ed. rev., atual. e ampl. Salvador: JusPodivm, 2016. p. 268-269.

Art. 77 | LEI DE REGISTROS PÚBLICOS COMENTADA

Seu conteúdo (dados sobre o óbito e falecido, por ex.), modelo-padrão e profissionais de saúde competentes para seu devido preenchimento constam arrolados na Portaria SVS 116/2009, do Ministério da Saúde, sendo de uso obrigatório em todo o território nacional.[55]

Segundo o art. 10 da Portaria SVS/MS 116/2009, a DO é documento padrão de uso obrigatório em todo o território nacional, para a coleta dos dados sobre óbitos e considerado como o documento hábil para os fins do art. 77, da Lei 6.015/1973 para a lavratura do registro de óbito e emissão de respectiva Certidão.

A DO tem sua impressão, distribuição e controle sob a responsabilidade da SVS/MS, que poderá delegá-las às Secretarias Estaduais de Saúde, mediante pactuação.

A impressão deve ser em sequência numérica única, de modo a individualizar cada evento-morte, em conjuntos de três vias autocopiativas. Considerando-se o fluxo normal de encaminhamento da DO, notadamente no caso de óbito natural ocorrido em estabelecimento de saúde, a DO emitida terá a seguinte destinação: (a) 1ª via será encaminhada à Secretaria Municipal de Saúde; (b) 2ª via será entregue ao responsável pelo falecido, e será utilizada para o registro de óbito, "sendo retida pelo Oficial de Registro Civil, e arquivada em pasta própria, podendo ser descartada no prazo de um ano, sem a necessidade de digitalização, por ser tratar de documento controlado pelo Ministério da Saúde, de acordo com a Tabela de Temporalidade de Documentos do Conselho Nacional de Justiça (Provimento 50/2015 CNJ)";[56] e (c) a 3ª via ficará retida na Unidade Notificadora (Estabelecimento de Saúde, Hospital, Instituto Médico Legal ou Serviço de Verificação de Cadáveres) em que tenha sido preenchida e permanecerá arquivada junto ao prontuário médico do falecido.[57]

O formulário da DO é distribuído pelas Secretarias Estaduais de Saúde, e fornecidos e controlados pelas Secretarias Municipais de Saúde, que são responsáveis pela sua distribuição aos hospitais e estabelecimentos de saúde, Instituto Médico Legal (IML), Serviços de Verificação de Óbitos (SVO.), e médicos. É vedada sua distribuição a empresas funerárias. Nos termos do art. 13, § 6º, da Portaria SVS/MS 116/2009, é permitida a distribuição de formulários de DO para as serventias de RCPN em localidades em que inexista serviço médico.

Quanto à competência para emissão de DO, o art. 19 da Portaria SVS/MS estabelece o seguinte regramento:

I – **Nos óbitos por causas naturais com assistência médica**, a DO deverá ser fornecida, sempre que possível, pelo médico que vinha prestando assistência ao paciente, ou de acordo com as seguintes orientações: (a) a DO do paciente internado sob regime hospitalar deverá ser fornecida pelo médico assistente e, na sua ausência ou impedimento, pelo médico substituto, independente do tempo decorrido entre a admissão ou internação e o óbito; (b) a DO do paciente em tratamento sob regime ambulatorial deverá ser fornecida por médico designado pela instituição que prestava assistência, ou pelo SVO; (c) a DO do paciente em tratamento sob regime domiciliar na Estratégia Saúde da Família (ESF), internação domiciliar e outros deverá ser fornecida pelo médico pertencente ao programa ao qual o paciente estava cadastrado, podendo

---

[55] Segundo o art. 10, da Portaria SVS/MS 116/2009, o formulário da DO é aquele constante do Anexo I da referida Portaria, ou novos modelos que venham a ser distribuídos pelo Ministério da Saúde, servindo como documento padrão de uso obrigatório em todo o território nacional, para a coleta dos dados sobre óbitos e considerado como o documento hábil para os fins do art. 77 da Lei 6.015/1973 para a lavratura do registro de óbito e emissão de respectiva Certidão.

[56] BOSELLI, Karine Maria Famer Rocha; MRÓZ, Daniela; RIBEIRO, Izolda A. Registro civil das pessoas naturais. *In:* GENTIL, Alberto (Org.). 3. ed. *Registros públicos*. Rio de Janeiro: Forense, 2022. p. 257.

[57] Considerando-se o fluxo normal de encaminhamento da DO, notadamente no caso de caso de óbito natural ocorrido em estabelecimento de saúde (art. 20, Portaria SVS/MS 116/2009), a DO emitida terá a seguinte destinação: (a) 1ª via será encaminhada à Secretaria Municipal de Saúde; (b) 2ª via será entregue ao responsável pelo falecido, e será utilizada para o registro de óbito, "sendo retida pelo Oficial de Registro Civil, e arquivada em pasta própria, podendo ser descartada no prazo de um ano, sem a necessidade de digitalização, por ser tratar de documento controlado pelo Ministério da Saúde, de acordo com a Tabela de Temporalidade de Documentos do Conselho Nacional de Justiça (Provimento 50/2015 CNJ)"; e a (c) a 3ª via ficará retida na Unidade Notificadora (Estabelecimento de Saúde, Hospital, Instituto Médico Legal ou Serviço de Verificação de Cadáveres) em que tenha sido preenchida e permanecerá arquivada junto ao prontuário médico do falecido.

ainda ser emitida pelo SVO, caso o médico não disponha de elementos para correlacionar o óbito com o quadro clínico concernente ao acompanhamento registrado nos prontuários ou fichas médicas destas instituições; e (d) nas localidades sem SVO ou referência de SVO definida pela CIB, cabe ao médico da ESF ou da Unidade de Saúde mais próxima verificar a realidade da morte, identificar o falecido e emitir a DO, nos casos de óbitos de paciente em tratamento sob regime domiciliar, podendo registrar "morte com causa indeterminada" quando os registros em prontuários ou fichas médicas não ofereçam elementos para correlacionar o óbito com o quadro clínico concernente ao acompanhamento que fazia; se a causa da morte for desconhecida, poderá registrar "causa indeterminada" na Parte I do Atestado Médico da DO, devendo, entretanto, se tiver conhecimento, informar doenças pré-existentes na Parte II;

II – **Nos óbitos por causas naturais, sem assistência médica durante a doença que ocasionou a morte**: a) nas localidades com SVO, a DO deverá ser emitida pelos médicos do SVO; b) nas localidades sem SVO, a DO deverá ser fornecida pelos médicos do serviço público de saúde mais próximo do local onde ocorreu o evento e, na sua ausência, por qualquer médico da localidade; se a causa da morte for desconhecida, poderá registrar "causa indeterminada" na Parte I do Atestado Médico da DO, devendo, entretanto se tiver conhecimento, informar doenças pré-existentes na Parte II;

III – **Nos óbitos fetais**, os médicos que prestaram assistência à mãe ficam obrigados a fornecer a DO quando a gestação tiver duração igual ou superior a 20 (vinte) semanas, ou o feto tiver peso corporal igual ou superior a 500 (quinhentos) gramas, e/ou estatura igual ou superior a 25 (vinte e cinco) centímetros.

IV – **Nos óbitos não fetais, de crianças que morreram pouco tempo após o nascimento**, os médicos que prestaram assistência à mãe ou à criança, ou seus substitutos, ficam obrigados a fornecer a DO independentemente da duração da gestação, peso corporal ou estatura do recém-nascido, devendo ser assegurada neste caso também a emissão da Declaração de Nascidos Vivos pelo médico presente ou pelos demais profissionais de saúde.

V – **Nas mortes por causas externas**: (a) em localidade com IML de referência ou equivalente, a DO deverá, obrigatoriamente, ser emitida pelos médicos dos serviços médico-legais, qualquer que tenha sido o tempo decorrido entre o evento violento e a morte propriamente; e (b) em localidade sem IML de referência ou equivalente, a DO deverá ser emitida por qualquer médico da localidade, ou outro profissional investido pela autoridade judicial ou policial na função de perito legista eventual (*ad hoc*), qualquer que tenha sido o tempo decorrido entre o evento violento e a morte propriamente.

3. Do serviço funerário

As serventias de RCPN, por obrigação legal de lavrarem os registros de óbito e pela regra prevista no *caput* do art. 77 da Lei 6.015/1973 ("nenhum sepultamento será feito"), devem prestar seus serviços em regime de plantão, conforme previsto nos arts. 8º, parágrafo único, e 10, parágrafo único, ambos da Lei 6.015/1973.

Para cumprir tais obrigações legais, é comum que sejam celebrados, entre os Oficiais de RCPN e/ou suas associações representativas, com a chancela das respectivas Corregedorias Gerais de Justiça ou Permanentes, convênios para que a declaração de óbito seja feita perante o Serviço Funerário público e/ou privado.

Assim, no Cap. XVII das NSCGJ/SP, em seu item 103, por exemplo, consta expressamente indicado que poderão ser coletadas as declarações de óbito e de natimorto diretamente pelo Serviço Funerário do Município, mediante atestado médico (DO) que comprove o falecimento. O preenchimento das declarações de óbito (impressos-padrões com campos para preenchimento dos dados prestados pelo respectivo legitimado do art. 79), no Serviço Funerário do Município, deverá ser feito por funcionários qualificados e credenciados pela própria funerária, respondendo civil, criminal e administrativamente pelos atos que praticarem. As declarações assim prestadas, nos termos do item 106, deverão ser retiradas, semanalmente, pelo Registro Civil das Pessoas Naturais competente para o registro, juntamente com a respectiva DO ou atestado médico. Ainda, no respectivo assento de óbito, há de constar que foi ele feito conforme declarações prestadas junto ao Serviço Funerário do Município, pelo declarante devidamente identificado, o qual, por sua vez, não assinará o termo de registro.

Art. 77 | LEI DE REGISTROS PÚBLICOS COMENTADA

4. Registro de nascimento e óbito de menor de 1 (um) ano

O § 1º do artigo em comento estabelece regra saneadora nos casos em que criança menor de 1 (um) ano vem a falecer sem que tenha seu registro de nascimento sido previamente lavrado.

Vale mencionar que essa regra, como bem salienta Ceneviva,[58] deve ser atendida se coincidentes o lugar do parto e o lugar de falecimento do menor.

Nessa hipótese, cabe ao Oficial de RCPN, após buscas sem seus arquivos e na Central de Informações de Registro Civil ("CRC-Nacional"), confirmar a inexistência de assentamento prévio de nascimento em cumprimento ao próprio Princípio da Continuidade que baliza a atividade registral. Após, sua competência para o assentamento de óbito se estenderá também para o registro de nascimento, procedendo ao duplo registro em sequência.

Esse duplo registro igualmente decorre do princípio da Dignidade da Pessoa Humana, de modo que a criança falecida, mesmo que por um curto período tenha sobrevivido, adquire personalidade jurídica e, portanto, deve ser provada sua existência natural mediante o registro de nascimento.

5. Cremação

Como ensinam Boselli, Mróz e Ribeiro,[59] cremação consiste na redução do cadáver ou de seus restos mortais a cinzas, devidamente realizada em locais específicos e autorizados para tanto, denominados crematórios.

Segundo Bonilha Filho,[60] a matéria objeto do § 2º não se refere ao registro de óbito e ao Ofício de RCPN, uma vez que:

> (...) cuida dos requisitos para cremação de cadáver, que é admitida em relação àquele que manifestou em vida sua vontade, ou no interesse da saúde pública, para evitar epidemias, em casos de moléstias infectocontagiosas, exigindo-se atestado de óbito firmado por dois médicos, ou por um médico-legista, e, no caso de morte violenta, a prévia autorização da autoridade judiciária estadual, cuja competência é a prevista nas leis de organização judiciária estadual, e nas Resoluções do Poder Judiciário.

De igual forma, Ceneviva[61] afirma que esse dispositivo não repercute no registro civil de óbito, por se tratar de norma de direito material, devendo ser observado "pelo responsável do forno crematório, ao qual incumbe verificar a *manifestação* do falecido ou o *interesse* da saúde pública" pelo ato de cremação.

Para Gagliardi, Salaroli e Camargo Neto,[62] por sua vez, destaca-se a atuação do Oficial de RCPN com base nesse dispositivo, tomando-se regramento da Corregedoria-Geral de Justiça do Espírito Santo:

> Todavia, baseando-se no princípio da legalidade, é defensável que o registrador possa verificar a regularidade dos fatos que ingressam no registro, garantindo-se o cumprimento da lei e comunicando às autoridades competentes no caso de descumprimento. O código de Normas do Espírito Santo prevê todo um procedimento para o caso de cremação, com participação do Registrador e do Juízo Corregedor.

Duas questões aqui se colocam: como seria essa manifestação de vontade da parte e qual seria a extensão do interesse da saúde pública?

Gagliardi, Salaroli e Camargo Neto[63] entendem que manifestação de vontade, conquanto não haja forma expressa em lei, pode ser instrumentalizada por "documento público, documento particular

---

58 CENEVIVA, Walter. *Lei dos Registros Públicos comentada*. 17. ed. atual. São Paulo: Saraiva, 2007. p. 203.

59 BOSELLI, Karine Maria Famer Rocha; MRÓZ, Daniela; RIBEIRO, Izolda A. Registro civil das pessoas naturais. *In*: GENTIL, Alberto (Org.). 3. ed. *Registros públicos*. Rio de Janeiro: Forense, 2022. p. 266.

60 BONILHA FILHO, Márcio Martins. Título II – Do Registro Civil das Pessoas Naturais. Arts. 67 a 88. *In*: ALVIM, Arruda; CLÁPIS, Alexandre Laizo. *Lei de Registros Públicos comentada*. 2. ed. Rio de Janeiro: Forense, 2011. p. 282.

61 CENEVIVA, Walter. *Lei dos Registros Públicos comentada*. 17. ed. atual. São Paulo: Saraiva, 2007. p. 203.

62 GAGLIARDI, Andreia Ruzzante; SALAROLI, Marcelo; CAMARGO NETO, Mario de Carvalho. *Registro civil das pessoas naturais. In*: CASSETTARI, Christiano (coord.). 3. ed. São Paulo: Foco, 2021. p. 385.

63 GAGLIARDI, Andreia Ruzzante; SALAROLI, Marcelo; CAMARGO NETO, Mario de Carvalho. *Registro civil das pessoas naturais. In*: CASSETTARI, Christiano (coord.). 3. ed. São Paulo: Foco, 2021. p. 385-386.

com firma reconhecida por autenticidade registrado no Registro de Títulos e Documentos", bem como forma menos solene como "a declaração de parentes juntamente com duas testemunhas maiores", pela via de aplicação, por analogia, do art. 4º da Lei 9.434/1996.

Em relação ao interesse de saúde pública, Ceneviva[64] entende que "é especialíssimo raro, ligado às epidemias por moléstias infectocontagiosas, dependendo imprescindivelmente da assinatura de dois médicos ou do exercente da função oficial de médico-legista."

 Jurisprudência

1. Destinação de seu corpo após a morte

"Direito ao cadáver. Destinação do corpo humano após a morte. Manifestação de última vontade do indivíduo. Inexistência de formalidade específica. Criogenia. Possibilidade. Preliminarmente, é conveniente frisar que os direitos de personalidade, e entre eles o direito ao cadáver, se orientam pela lógica do Direito Privado, primando pela autonomia dos indivíduos, sempre que esta não violar o ordenamento jurídico. Nesse contexto, a escolha feita pelo particular de submeter seu cadáver ao procedimento da criogenia encontra proteção jurídica, na medida em que sua autonomia é protegida pela lei e não há vedação à escolha por esse procedimento. Ademais, verifica-se que as razões de decidir do tribunal de origem estão embasadas na ausência de manifestação expressa de vontade do genitor das litigantes acerca da submissão de seu corpo ao procedimento de criogenia após a morte. Ocorre que, analisando as regras correlatas dispostas no ordenamento jurídico – que disciplinam diferentes formas de disposição do corpo humano após a morte –, em razão da necessidade de extração da norma jurídica a ser aplicada ao caso concreto, considerando a existência de lacuna normativa, verifica-se que não há exigência de formalidade específica acerca da manifestação de última vontade do indivíduo. Da análise do § 2º do art. 77 da Lei 6.015/1973 (Lei de Registros Públicos), extrai-se que, com exceção da hipótese de 'morte violenta' – que necessita também de autorização judicial –, os requisitos para a realização da cremação do cadáver são: (i) a existência de atestado de óbito assinado por 2 (dois) médicos ou por 1 (um) médico legista; e (ii) a anterior manifestação de vontade do indivíduo de ser incinerado após a morte. Dessa maneira, não exigindo a Lei de Registros Públicos forma especial para a manifestação em vida em relação à cremação, será possível aferir a vontade do indivíduo, após o seu falecimento, por outros meios de prova legalmente admitidos. É de se ressaltar que, em casos envolvendo a tutela de direitos da personalidade do indivíduo *post mortem* (direito ao cadáver), o ordenamento jurídico legitima os familiares mais próximos a atuarem em favor dos interesses deixados pelo *de cujus*. Logo, na falta de manifestação expressa deixada pelo indivíduo em vida acerca da destinação de seu corpo após a morte, presume-se que sua vontade seja aquela apresentada por seus familiares mais próximos" (REsp 1.693.718-RJ, Rel. Min. Marco Aurélio Bellizze, por unanimidade, j. 26/03/2019, *DJe* 04/04/2019).

2. Registro de óbito tardio. Competência

"(...) Trata-se de pedido de providências formulado por O. M. R., em que requer a lavratura do assento de óbito tardio de seu genitor, H. S. R., falecido em 14 de julho de 2003, na cidade de Curitiba, Paraná. Os autos foram instruídos com os documentos de fls. 07/19. Destaque-se que a Declaração de Óbito encontra-se acostada às fls. 12/13. O Ministério Público ofertou parecer pugnando pela impossibilidade de lavratura do assento de óbito nesta Comarca da Capital (fls. 22/23). [...] Narra o Senhor Requerente que seu genitor faleceu aos 14 de julho de 2003, em Curitiba, Paraná, sendo sepultado na cidade de Mallet, Paraná. Todavia, o óbito não foi levado a registro em razão de sua ausência ao funeral, de modo que a declaração de óbito esteve em poder de terceiros até data recente. Assim, ciente somente agora sobre a inexistência de assento de óbito do falecimento de seu genitor, requer a lavratura do devido registro tardio, nesta Comarca da Capital, local de sua residência. Pois bem. À luz da nova redação do artigo 77 da Lei 6.015/73, dada pela Lei 13.484/2017, a competência para lavratura do assento de óbito é definida, em regra, pelo local do falecimento ou pelo local da residência do extinto. Ocorre que, à data do falecimento, em 2003, o referido artigo dispunha de modo diverso, nos seguintes termos: Art. 77 – Nenhum sepultamento será feito sem certidão, do oficial de registro do lugar do falecimento, extraída após a lavratura do assento de óbito, em vista do atestado de médico, se houver no lugar, ou

---

[64] CENEVIVA, Walter. *Lei dos Registros Públicos comentada*. 17. ed. atual. São Paulo: Saraiva, 2007. p. 203.

em caso contrário, de duas pessoas qualificadas que tiverem presenciado ou verificado a morte. Com efeito, a irretroatividade é princípio fundamental de Direito que, de modo geral, veda a aplicação da lei nova sobre fatos anteriores à sua vigência. É princípio que visa estabelecer e garantir a segurança jurídica aos fatos e atos de interesse jurídico. Desse modo, os atos registrais se regem pela normativa em vigor à data do fato a ser inscrito nos Registros Públicos. Assim, a lavratura do assento de óbito deve se guiar pela legislação vigorante à data do falecimento, em 2003, que indicava que o registro deveria ser efetuado no local do passamento. No mesmo sentido, em vista do princípio da territorialidade, ou *rei sitae*, se impõe ao registrador civil o dever de praticar atos apenas no limite do distrito ou da circunscrição civil na qual exerce sua delegação. Com efeito, indica o art. 12, da Lei 8.935/1994, em sua parte final: Art. 12. Aos oficiais de registro de imóveis, de títulos e documentos e civis das pessoas jurídicas, civis das pessoas naturais e de interdições e tutelas compete a prática dos atos relacionados na legislação pertinente aos registros públicos, de que são incumbidos, independentemente de prévia distribuição, mas sujeitos os oficiais de registro de imóveis e civis das pessoas naturais às normas que definirem as circunscrições geográficas. Nessa ordem de ideias, na esteira da conclusão do Ministério Público e à luz do explanado, no caso do falecimento em questão, considerando-se a data do fato e o princípio da territorialidade, a circunscrição registrária competente para a lavratura do registro do óbito é aquela do local do falecimento, tal qual indicado na Declaração de Óbito apresentada, ou seja, Curitiba, Paraná. Ante o exposto, indefiro o pedido inicial para a lavratura do assento de óbito de H. S. R., (...)!" (TJSP, Pedido de Providências 1068847-33.2020.8.26.0100, Corregedoria-Geral da Justiça, Rel. Marcelo Benacchio, *DJe* 19/08/2020).

3. Cremação. Interesse sanitário público

"**Alvará judicial**. Exumação e traslado de corpo para outro cemitério com finalidade de cremação antes do prazo regulamentar. Falecimento ocorrido em 09/01/2021. Impossibilidade. Ausência de autorização da autoridade sanitária. Morte por suicídio. Irrelevância. Prioridade do interesse público em detrimento do particular. Matéria regulada pelo Decreto Estadual nº 12.342/78. Prazo mínimo fixado para exumação por razões de ordem sanitária. Possibilidade de contaminação por necrochorume. Sentença mantida. Recurso improvido" (TJSP, AC 10512051620218260002, 2ª Câmara de Direito Privado, Rel. Fernando Marcondes, j. 20/05/2022, *DJe* 20/05/2022).

> **Art. 78.** Na impossibilidade de ser feito o registro dentro de 24 (vinte e quatro) horas do falecimento, pela distância ou qualquer outro motivo relevante, o assento será lavrado depois, com a maior urgência, e dentro dos prazos fixados no artigo 50.

Referências Normativas

Lei 6.015/1973, art. 50.

Comentários

1. Prazo para o registro de óbito

O prazo do registro de óbito é de **vinte e quatro (24) horas** contadas do falecimento. Caso não lavrado neste prazo por motivo de distância da Sede do Oficial de Registro Civil, ou por outro motivo relevante, o óbito deve ser lavrado com a maior brevidade possível e dentro do prazo do registro de nascimento, ou seja, **15 dias**, também contados do falecimento.

Ainda, dentro dos prazos fixados no art. 50 da Lei 6.015/1973, há previsão para que o prazo do registro de óbito seja ampliado para até **três meses**, nos casos em que o falecimento ocorra em lugares distantes mais de 30 quilômetros da sede do Oficial de Registro Civil das Pessoas Naturais. Gagliardi, Salaroli e Camargo Neto,[65] acerca do prazo para assentamento do óbito, assim sintetizam o regramento:

---

[65] GAGLIARDI, Andreia Ruzzante; SALAROLI, Marcelo; CAMARGO NETO, Mario de Carvalho. *Registro civil das pessoas naturais. In:* CASSETTARI, Christiano (coord.). 3. ed. São Paulo: Foco, 2021. p. 373.

Resumidamente, o prazo para registro do óbito é de 24 horas, não sendo possível registrar nesse prazo será de 15 dias, ou 3 meses para os locais mais de 30 quilômetros distantes da sede do cartório.

Caso o registro não seja realizado no prazo previsto, será lavrado um registro tardio de óbito que, muito embora não tenha maiores requisitos previstos em lei, pode exigir outra cautela prevista em normas, qual seja a autorização do Juiz.

É assim, portanto, que ultrapassados os prazos ateriormente estipulados, Consolidações Normativas das Corregedorias de Justiça Estaduais estabelecem a prévia autorização do Juiz Corregedor Permanente da serventia para que se proceda ao registro tardio do óbito. É assim, por exemplo, que consta expressamente disposto no subitem 97.1, do Cap. XVII, das NSCGJ/SP: "Ultrapassados os prazos acima estipulados para o registro do óbito, o Oficial deverá requerer a autorização do Juiz Corregedor Permanente."

Na lavratura do registro de óbito após o prazo legal, deverá o Oficial mencionar no assento a autorização judicial (número dos autos do processo do registro tardio de óbito, data da autorização e nome do juiz que proferiu a decisão), ficando os motivos alegados pelo declarante arquivados em pasta ou classificador próprio na Serventia (físico ou digital).

Jurisprudência

1. Registro Tardio de óbito. Cidadania Italiana. Ausência comprovação de efetivo falecimento

"Direito civil. Apelação cível. Registro tardio de óbito de ascendente para fins de reconhecimento de nacionalidade italiana. Parcial procedência. Insurgência da autora. ausência de comprovação da data do efetivo falecimento. Sentença mantida. Negativa de provimento. 1. Inexistindo comprovação efetiva do falecimento e de sua data, não há como se deferir a pleiteada lavratura do registro civil tardio de óbito, como quer a apelante, não sendo suficiente a mera constatação lógica da impossibilidade de vida do suposto falecido, ante o longo decurso de tempo entre seu nascimento e a data do pedido, impondo-se a manutenção da sentença. 2. Apelação Cível a que se nega provimento" (TJPR – 17ª C.Cível – Ap. 0001777-20.2020.8.16.0124 – Palmeira – Rel.: Juiz de direito substituto em segundo grau Francisco Carlos Jorge – j. 13/06/2022).

Art. 79. São obrigados a fazer declaração de óbitos:

1º) o chefe de família, a respeito de sua mulher, filhos, hóspedes, agregados e fâmulos;

2º) a viúva, a respeito de seu marido, e de cada uma das pessoas indicadas no número antecedente;

3º) o filho, a respeito do pai ou da mãe; o irmão, a respeito dos irmãos e demais pessoas de casa, indicadas no nº 1; o parente mais próximo maior e presente;

4º) o administrador, diretor ou gerente de qualquer estabelecimento público ou particular, a respeito dos que nele faleceram, salvo se estiver presente algum parente em grau acima indicado;

5º) na falta de pessoa competente, nos termos dos números anteriores, a que tiver assistido aos últimos momentos do finado, o médico, o sacerdote ou vizinho que do falecimento tiver notícia;

6º) a autoridade policial, a respeito de pessoas encontradas mortas.

Parágrafo único. A declaração poderá ser feita por meio de preposto, autorizando-o o declarante em escrito, de que constem os elementos necessários ao assento de óbito.

Referências Normativas

Lei 6.015/1973, art. 52.

Comentários

1. Declarantes do óbito

Este artigo enumera as pessoas legitimadas para proceder a declaração do óbito perante o Oficial de Registro Civil, tendo como a referência a própria regra de legitimados-declarantes constantes do art. 52 para fins de nascimento.

Em regra, o Oficial deve cumprir a ordem dos legitimados a declarar o óbito, tendo em vista que são pessoas próximas ao falecido e, portanto, possuem maior conhecimento acerca dos dados pessoais do falecido (dados de identificação, se era casado ou não, se vivia em união estável ou não, se tinha filhos ou possuía testamentos e legados). No entanto, vale lembrar que as Corregedorias de Justiça dos Estados têm dispensado o cumprimento da ordem legal se for apresentada a DO ou respectivo atestado médico. Ademais, no tocante ao item 1º, devem ser equiparados os legitimados – sejam casados ou companheiros–, à luz do princípio da igualdade previsto na Constituição Federal de 1988 e dos preceitos do Código Civil de 2002, tendo em vista que a direção da sociedade conjugal é exercida conjuntamente por ambos. Desse modo, a partir do entendimento acima explicitado, quanto a qualquer dos cônjuges ou companheiros, aos filhos, hóspedes, agregados e fâmulos, o cônjuge ou companheiro supérstite será legitimado para declarar o respectivo óbito.

Quanto ao Declarante do óbito, se comparecer perante a serventia extrajudicial, será devidamente qualificado e identificado, pelo Oficial de RCPN ou seu preposto, assinado o respectivo termo de registro. Caso a declaração de óbito seja prestada perante o serviço funerário, incumbe ao respectivo declarante prestar as informações necessárias ao registro de óbito que, se não estiverem dispostas na respectiva DO ou em atestado médico ou testemunhal, serão colhidas mediante declaração.

Ainda, se estiver de posse dos documentos e das informações a seguir arroladas: número de inscrição do PIS/PASEP; número de inscrição no Instituto Nacional do Seguro Social (INSS), se contribuinte individual; número de benefício previdenciário (NB), se a pessoa falecida for titular de qualquer benefício pago pelo INSS; número de registro da Carteira de Identidade e respectivo órgão emissor; número do título de eleitor; número do registro de nascimento, com informação do livro, da folha e do termo; número e série da Carteira de Trabalho.

O número do CPF do falecido foi tornado obrigatório a partir da edição do Provimento 63/2017 do CNJ, de modo que todas as certidões de óbito, nascimento e casamento passaram a ser expedidas com o número de CPF. Referida regra foi consolidada no art. 477 do Provimento 149/2023 do CNJ. Caso o declarante não possua os dados do CPF do falecido, por sua vez, tal informação deverá ser realizada consulta no banco de dados da Receita Federal do Brasil (RFB) disponibilizada pela CRC.

Ademais, de acordo com o disposto no art. 82 desta Lei, em que consta expressamente que o legitimado-declarante assinará o termo de registro de óbito, incumbirá a ele conferir os dados fornecidos ao registrador civil. Ou seja, cumpre ao declarante conferir o documento no momento da lavratura do assento, de modo que eventual erro na declaração e que venha a constar do assento de óbito será de responsabilidade do legitimado a declarar. Nesse sentido, a retificação *a posteriori*, quer seja com base nos arts. 109 ou 110 da Lei 6.015/1973, não será gratuita, em regra, por se tratar de erro não imputável ao registrador civil ou seus prepostos.

Por derradeiro, vale citar a previsão do subitem 100.3 do Capítulo XVII, Tomo II, das NSCGJ/SP:

> 100.3. O assentamento do óbito ocorrido em hospital, prisão ou outro qualquer estabelecimento público será feito, em falta de declaração de parentes, segundo a da respectiva administração, observados os itens supra. O relativo à pessoa encontrada acidental ou violentamente morta, será feito segundo a comunicação, de ofício, das autoridades policiais, às quais incumbe fazê-la logo que tenham conhecimento do fato.

 Jurisprudência

1. Responsabilidade pela declaração dos dados

"**Responsabilidade civil. Oficial de Registro Civil**. CPF do autor que constou como sendo o CPF da falecida na certidão de óbito. Autor foi o declarante da certidão de óbito. Assento realizado de acordo com as informações fornecidas pelo declarante. Responsabilidade do declarante pelo seu conteúdo. Inteligência do art. 82 da LRP. Lei não obriga o Registrador a confirmar documentalmente todos os dados fornecidos pela comunicação do declarante. Comunicação da posterior retificação ao DETRAN. Oficial de Registro apenas está obrigado a fazer a comunicação à Receita Federal e ao INSS acerca das informações constantes nas certidões de óbito. Item. 27.6, Capítulo XVII, Seção II, das NSCGJ. Responsabilização indevida. Sentença de improcedência mantida. Recurso não provido" (TJSP, Apelação Cível 1007225-17.2015.8.26.0297, Rel. Mary Grün, 7ª Câmara de Direito Privado, j. 26/03/2019, *DJe* 26/03/2019).

Art. 80. O assento de óbito deverá conter:

1º) a hora, se possível, dia, mês e ano do falecimento;

2º) o lugar do falecimento, com indicação precisa;

3º) o prenome, nome, sexo, idade, cor, estado, profissão, naturalidade, domicílio e residência do morto;

4º) se era casado, o nome do cônjuge sobrevivente, mesmo quando desquitado; se viúvo, o do cônjuge pré-defunto; e o cartório de casamento em ambos os casos;

5º) os nomes, prenomes, profissão, naturalidade e residência dos pais;

6º) se faleceu com testamento conhecido;

7º) se deixou filhos, nome e idade de cada um;

8º) se a morte foi natural ou violenta e a causa conhecida, com o nome dos atestantes;

9º) lugar do sepultamento;

10) se deixou bens e herdeiros menores ou interditos;

11) se era eleitor.

12) pelo menos uma das informações a seguir arroladas: número de inscrição do PIS/PASEP; número de inscrição no Instituto Nacional do Seguro Social – INSS, se contribuinte individual; número de benefício previdenciário – NB, se a pessoa falecida for titular de qualquer benefício pago pelo INSS; número do CPF; número de registro da Carteira de Identidade e respectivo órgão emissor; número do título de eleitor; número do registro de nascimento, com informação do livro, da folha e do termo; número e série da Carteira de Trabalho. *(Incluído pela Medida Provisória nº 2.187-13, de 2001)*

Parágrafo único. O oficial de registro civil comunicará o óbito à Receita Federal e à Secretaria de Segurança Pública da unidade da Federação que tenha emitido a cédula de identidade, exceto se, em razão da idade do falecido, essa informação for manifestamente desnecessária. *(Incluído pela Lei nº 13.114, de 2015)*

 Referências Normativas

Le 6.015/1973, art. 54.

 Comentários

1. Requisitos e comunicações do óbito

Assim como o art. 54 da Lei 6.015/1973 estabelece os elementos do assento de nascimento, o artigo em comento regula os dados e as informações que devem constar do assento de óbito, sendo um roteiro que o Oficial deve seguir na lavratura do assento de óbito. Em princípio, data e horário do falecimento devem ser atestados pelo médico na DO, no atestado médico ou declarados pelo legitimado do art. 79 e testemunhas na ausência dos documentos anteriores. Em alguns casos, por sua vez, esses dados não estarão expressos na DO ou atestado médico por impossibilidade de constatação como, por exemplo, quando o corpo tenha sido localizado muitos dias depois do falecimento. No assento de óbito, assim, deverão constar data e horário do falecimento ignorados.

O local do falecimento também é um elemento atestado pelo médico, devendo constar no assento de óbito conforme DO, atestado médico ou ignorado em caso de desconhecimento.

Os elementos contidos no item 3º dizem respeito à qualificação do falecido. Esses dados podem ser declarados pelos legitimados por ocasião do comparecimento perante a serventia de registro ou perante o serviço funerário, ainda que não estejam indicados na DO ou no atestado médico, sendo de integral responsabilidade do declarante.

Os elementos contidos no item 4º dizem respeito ao estado civil. Neste item também poderá ser declarada a união estável, e, se houver mais de um casamento ou união estável, devem ser mencionados todos os conhecidos do legitimado-declarante, sendo de sua responsabilidade essas informações. Por ser um ato declaratório, não é exigida a comprovação documental da existência de união estável, para fins de indicação no assento de óbito. Nesse sentido, o Enunciado 36 da Arpen/SP estabelece que: "Para constar no registro de óbito que o falecido vivia em união estável basta que o declarante afirme tal fato jurídico, não sendo necessário apresentar nem mencionar qualquer documento". Ainda, no Enunciado 38 da Arpen/SP, também foi estabelecido que: "No registro de óbito não é possível constar a data de início da união estável, mas é possível constar a data da escritura pública, sentença judicial ou registro da união estável, se houver."

A partir dessas informações, incumbirá ao Oficial de Registro Civil que lavrou o óbito proceder à comunicação, nos termos do art. 106 da Lei 6.015/1973, aos Oficiais de Registro Civil, que lavraram o nascimento, o casamento e o registro do termo declaratório eletrônico ou físico de união estável (arts. 70-A e 94-A da Lei 6.015/1973), se diversos daquele que procedeu ao registro do óbito, para que procedam às respectivas anotações acerca do falecimento.

Por fim, o item 3º estabelece que deve ser indicada a cor do *de cujus*, informação essa que, por força do inciso II, do art. 5º, da Lei 13.709/2018, é considerada como dado pessoal sensível.

Outro dado que gerou muito inconformismo, notadamente no final do século XX, dizia respeito à causa da morte, notadamente em decorrência de possível preconceito decorrente de algumas doenças contagiosas, como a Síndrome de Imunodeficiência Adquirida (Aids). Esse dado gerou retificações judiciais cujo objeto era sua exclusão, tendo sido rejeitado, em regra, tal pedido em virtude do Princípio da Verdade Real que baliza os registros Públicos[66]. Nesse sentido, Gagliardi, Salaroli e Camargo Neto[67] sinterizaram essa questão da seguinte forma a partir da decisão da Corregedoria-Geral de Justiça do Estado de São Paulo:

> Esta foi a decisão no Processo CG n. 1.432/96 de São Paulo, em que se determinou que não era possível a menção parcial da causa da morte, pois não se admite que "a certidão não integral suprima dados que possam dar o equivocado entendimento do conteúdo do assento".

Em tempos de Pandemia de Covid-19 e de ausência de necropsia pelo receio de contágio, as questões sobre a *causa mortis* foram igualmente objeto de retificações em assentos de óbito em que os dados sobre a causa do falecimento foram estabelecidos a partir de testes inconclusivos e de suposta indicação Covid-19, o que excluía o pagamento de indenização em seguros de vida devido ao período pandêmico. As retificações administrativas passaram a ser utilizadas a fim de consignar, a partir de testes e laudos médico-patológicos, que o falecimento não decorria da infecção do vírus infectante, possibilitando aos herdeiros e sucessores do *de cujus* o devido recebimento dos direitos atinentes ao seguro de vida. Foi, nesse sentido, que o Enunciado 69 da ArpenSP assim estabeleceu:

> 69. O registro de óbito em que constou a causa da morte como "suspeita de Covid-19", como "Covid-19" ou não constou referência ao Covid-19 poderá ser retificado para excluir ou incluir essa causa da morte, mediante procedimento administrativo requerido por qualquer das pessoas

---

[66] BOSELLI, Karine; Maria Famer Rocha; MRÓZ, Daniela; RIBEIRO, Izolda A. Registro civil das pessoas naturais. *In*: GENTIL, Alberto (Org.). 3. ed. *Registros públicos*. Rio de Janeiro: Forense, 2022. p. 133.

[67] GAGLIARDI, Andreia Ruzzante; SALAROLI, Marcelo; CAMARGO NETO, Mario de Carvalho. *Registro civil das pessoas naturais. In*: CASSETTARI, Christiano (coord.). 3. ed. São Paulo: Foco, 2021. p. 726.

legitimadas a declarar o óbito e apresentação de documento legal e autêntico que consiste no exame laboratorial conclusivo e laudo médico, ambos firmados por profissional, com número de inscrição no respectivo órgão de fiscalização da profissão e firma reconhecida.
Fundamento legal: art. 110 da Lei 6.015/73. (Redação atualizada em 24/05/2022).

O parágrafo único, introduzido pela Lei 13.114, de 16/4/2015, demonstra a relevância do registro de óbito e das subsequentes comunicações a serem realizadas sobre o falecimento pelo Oficial de Registro Civil a órgãos públicos, quer seja para fins estatísticos ou para cancelamento em cadastros públicos mantidos perante o Poder Público. É nesse último sentido que deverá ser feita a informação de óbito à Receita Federal e à Secretaria de Segurança Pública da unidade da Federação que tenha emitido a cédula de identidade. Dentre as funcionalidades da CRC-Nacional, essa prestação de informação tem sido já realizada diretamente e pela via eletrônica.

Por fim, há de se citar o item 100, do Capítulo XVII, Tomo II, das NSCGJ/SP acerca da possível ausência de dados exigidos pelo artigo em comento:

100. Quando não for possível fazer constar do assento de óbito todos os elementos referidos no item anterior, o Oficial fará menção, no corpo do registro, de que o declarante ignorava os elementos faltantes.

 Jurisprudência

1. Supressão *Causa Mortis*. Improcedência

"Processual civil e civil. Apelação cível. Ação de alteração de registro de óbito. Sentença de improcedência. Autor que pretende suprimir uma das patologias de sua falecida esposa, da certidão de óbito. Impossibilidade. Matéria afeta aos registros públicos que tem por escopo a 'autenticidade, publicidade, segurança e eficácia dos atos jurídicos' (art. 1º, Lei 8.935/94). Princípio da imutabilidade registral. Inocorrência de hipótese autorizadora da alteração registral pretendida. Registrador que se cinge a reproduzir, na certidão de óbito, o conteúdo da declaração de óbito, firmada pelo médico responsável. pareceres desfavoráveis, do ministério público em primeiro e segundo graus. Recurso conhecido e não provido" (TJPR – 12ª C. Cível – AC – 1595969-2 – Curitiba – Rel. Desembargadora Ivanise Maria Tratz Martins – Unânime – j. 03/05/2017, *DJ* 16/05/2017).

2. Retificação óbito. *Causa Mortis*. Vladmir Herzog

"Registros públicos – Verdade real. V.H. Registro civil das pessoas naturais – Óbito – Retificação. Proc. CGJ/SP 2012/137854 – São Paulo – Ministério Público do Estado de São Paulo – Parte: Comissão Nacional da Verdade. Decisão: Vistos etc. O Min. GILSON LANGARO DIPP, Coordenador da Comissão Nacional da Verdade, encaminhou ao Juízo da 2ª Vara de Registros Públicos da Capital expediente com a finalidade de se retificar a causa da morte de VLADIMIR HERZOG, para constar do assento de óbito 'morte por decorrência de lesões e maus tratos sofridos durante interrogatório em dependência do II Exército (DOI/CODI)'. O pedido veio instruído com o termo de deliberação dos membros da Comissão Nacional da Verdade, parecer do assessor Manoel L.V. de Castilho, requerimento da viúva Clarice Herzog, que juntou a célebre sentença do Juiz Márcio José de Moraes e V.Acórdão do TRF que manteve a decisão de primeiro grau. Juntou-se cópia do assento de óbito nº 88.264, lavrado aos 27.10.1975, em que figura 'asfixia mecânica por enforcamento', como causa da morte de V.H. Após parecer ministerial no sentido de parcial acolhida, sobrevém a decisão do Juiz Márcio Martins Bonilha Filho que deferiu o pleito, para ordenar a retificação no assento de óbito, exatamente nos termos propostos pela Comissão Nacional da Verdade. Contra a decisão interpôs o Ministério Público recurso com vistas à exclusão da expressão 'lesões e maus tratos', por desatender ao disposto no artigo 80, § 8º, da Lei de Registros Públicos. O parecer da Ilustrada Procuradoria-Geral da Justiça, da lavra do Promotor Francismar Lamenza, é no sentido do desprovimento do recurso. Juntou-se aos autos manifestação da requerente, a Comissão Nacional da Verdade. É uma síntese do necessário. O compromisso dos Registros Públicos é com a verdade real. O anacronismo da cultura jurídica ainda não se compenetrou de todo com a atual realidade brasileira, resultado da opção constituinte por verdadeira constitucionalização da ordem jurídica. O positivismo esgotou seu ciclo histórico, na linguagem de Manuel Atienza. Assim como Bloch escreveu que 'a escola histórica crucificou o Direito natural na cruz da história', hoje não é heresia asse-

Art. 80 | LEI DE REGISTROS PÚBLICOS COMENTADA

152

verar que 'o constitucionalismo crucificou o positivismo jurídico na cruz da Constituição'. A ordem cidadã impõe-se e prepondera sobre o fetiche da lei. Significa isso que a interpretação das leis se fará conforme a Constituição. Ou seja: 'de todas as interpretações possíveis de uma lei, o juiz deve descartar todas aquelas que vulnerem (ou que sejam incompatíveis) com a Constituição'. Uma Constituição que erigiu como supraprincípio a dignidade humana, reclama interpretação a partir do eixo dos direitos fundamentais e dos princípios sobre que se baseia a República. Compreende-se a hesitação em fazer inserir num assento de óbito expressões que nele não teriam lugar, à luz da arcaica visão do papel dos Registros Públicos. É sintoma das duas tendências que Márcio Pugliese detectou nos cursos jurídicos do Brasil: 'um ensino excessivamente dogmático, desvinculado de outras dimensões do conhecimento da humanidade e da sociedade conducente a um juspositivismo exacerbado e, ainda, um ensino teórico – zetético do Direito cada vez mais desvinculado da realidade social, face sua progressiva tecnicidade, afastando-se das antigas e novas tramas argumentativas e mergulhando cada vez mais profundamente na teoria de jogos e pesquisa operacional'. A inserção no assento de óbito de uma causa para a morte de V.H. – 'asfixia mecânica por enforcamento' – atendeu às formalidades legais. Mas ela traduz o que de fato ocorreu nas dependências estatais onde ele foi morto? Por que sacrificar a verdade à forma? Não é essa a vontade fundante que consagra a transparência como um dos valores republicanos, estratégia pedagógica para que novos atos que envergonham a espécie humana sejam banidos do convívio democrático. O neoconstitucionalismo em que estamos imersos – queiramos ou não – representa uma janela ou respiradouro aberto no muro formalista. Sob um Estado que se quer de índole democrática, a possibilidade de se aperfeiçoar a justiça das decisões judiciais deve ser a preocupação de todos. É preciso levar a Constituição a sério e ela não se compatibiliza com a satisfação do formalismo, em detrimento do justo, do real e do verdadeiro, O constitucionalismo de efetividade é o desafio da comunidade jurídica e a releitura de todo o ordenamento há de ser feita à luz da vontade constituinte. Não é demais recordar que a Lei de Registros Públicos foi editada quinze anos antes do advento da Constituição, em pleno curso do autoritarismo. Se formalmente recepcionada, requer uma aplicação afinada com os novos tempos, nos quais a universalização e a horizontalização dos direitos fundamentais constituem saudável realidade. Nem se diga cuidar-se de interesse privado, o da retificação do assento. Habermas forneceu a concepção de uma equiprimordialidade entre a autonomia privada e a autonomia pública: 'a defesa de um direito individual vai muito além da tutela dos interesses das partes envolvidas, pois, quando o direito de qualquer um de nós é violado, toda a sociedade é aviltada com isso'. Cumpre à comunidade jurídica fazer valer os princípios democráticos e republicanos, notadamente ao Judiciário compenetrar-se de sua responsabilidade institucional e compreender o que significa democracia militante ou democracia que se autodefende, eis que o direito à verdade insere-se naqueles originariamente pré-constitucionais, garantidos pela Constituição e pelo Estado-juiz. A verdade pode machucar, mas ela não pode ser oculta. O prestígio exagerado da forma fez do universo jurídico uma seara propícia a representar um cenário de ficção. Desde o asserto 'o que não está nos autos não está no mundo' ao paroxismo de determinados institutos quais a prescrição, a decadência, a preclusão e análogos, até o declarado objetivo de se buscar segurança jurídica e não a utopia da justiça, tudo contribui para que no território do direito prevaleça a versão, com sacrifício do fato. Além das bem lançadas ponderações a respeito da verdade, contidas nos autos desde o pleito até ao lúcido parecer da Procuradoria-Geral da Justiça, é importante resgatar a ideia de que a verdade se contrapõe ao erro. E 'o erro é a causa da miséria dos homens, é o princípio sinistro que produziu o mal no mundo, é o que faz nascer e sustenta, em nossa alma, todos os males que nos afligem, e não devemos esperar felicidade sólida e verdadeira senão trabalhando seriamente para evitá-lo'. A retificação do assento restabelece a verdade real. O assento passa a corresponder à mais absoluta verdade. Só a verdade 'é incriada, imutável, imensa, eterna, acima de todas as coisas. Ela é verdadeira por si mesma; ela não obtém sua perfeição de nenhuma coisa; torna as criaturas mais perfeitas e todos os espíritos buscam naturalmente conhecê-la'. Correta a decisão do Juiz Márcio Martins Bonilha Filho, ao atuar conforme a consistente e racional tendência de se prestigiar o aumento fálico de uma sensibilidade por parte dos juízes para uma orientação geral voltada para o futuro. A atividade judicial é eminentemente corretiva e sinaliza à sociedade qual a melhor interpretação a ser conferida à ordem jurídica. A decisão não é meramente formal, senão emblemática, assim como o fora a corajosa e destemida atuação jurisdicional de Márcio José de Moraes ao condenar a União pelo homicídio do jornalista V.H. Pois 'para o juiz, 'a escolha entre uma norma válida e outra inválida obedece a considerações que se encontram para além das próprias normas': a ética, se se admitir que o direito contém uma representação da obrigação fundada no respeito pelos outros e pelo seu projeto de vida em comum; a política, se se admitir que esta se encontra, em parte, vinculada a formas institucionais pré-estabelecidas, ordenadas em função de uma comunidade que pretende, ela própria, apagar os traços da violência originária do poder'. É exatamente disto que se trata. O constituinte de 1988 abomina a violência e quis bani-la da realidade brasileira. Por isso é que o direito não pode desprezar princípios metajurídicos, situados para além da norma, calcados na inevitável conclusão de que os seres humanos têm direitos morais contra o Estado. Sobre o ordenamento, notadamente o calcado em formalismos, sobreleva e se impõe a superioridade dos direitos humanos, como expressão de sadia concepção de Humanidade, titular de direitos pré-políticos e pré-jurídicos. Respeitar a dignidade da pessoa é o critério último de validade de toda a ordem jurídica e nisso – adequada e sensatamente – se situou o douto magistrado sentenciante. Por estes fundamentos, acolhidos os constantes dos textos encartados nos autos e o primoroso parecer do Promotor Francismar Lamenza, NEGO PROVIMENTO ao recurso, para que prevaleça a bem lançada sentença do Juiz Márcio Martins Bonilha Filho (...)" (Proc. CGJ/SP 2012/137854, Corregedoria-Geral de Justiça, Rel. José Renato Nalini, j. 12/12/2012, *DJe* de 17/12/2012 – SP).

3. Registro de óbito. Retificação união estável

"Registro Civil das Pessoas Naturais – Retificação de assento de óbito – União estável que, além de incontroversa, foi demonstrada por escritura pública declaratória e outros documentos – Óbito não declarado pelo ex-companheiro ou pelas descendentes da falecida – Divergência sobre a data do início da união estável – Fato alheio ao registro do óbito – Recurso provido em parte. Proc. 1007339-90.2018.8.26.0477 (572/2019-E). Excelentíssimo Senhor Corregedor-Geral da Justiça: Trata-se de recurso interposto contra r. decisão que indeferiu requerimento administrativo de retificação de assento de óbito visando constar a existência de união estável mantida entre o recorrente e J.T.L., iniciada no ano de 1988, com remessa dos interessados à esfera jurisdicional (fls. 127/131). O recorrente alegou, em suma, que a existência e a data de início da união estável estão provadas pela escritura pública declaratória outorgada por sua ex-companheira e pelos demais documentos que apresentou. Disse que a filha de J. interveio no procedimento e admitiu a existência da união estável que deve ser averbada no assento de óbito (fls. 139/143). S.F.S., filha de J.T.L.S., ofereceu contrarrazões em que alegou a inexistência de previsão legal para a anotação da união estável no assento de óbito e que a união estável, embora mantida por sua genitora, teve início em data posterior à indicada pelo recorrente (fls. 154/158). A douta Procuradoria-Geral da Justiça opinou pelo não provimento do recurso (fls. 149/152). É o relatório. Anoto, inicialmente, que a r. decisão de fls. 21, em que determinada a adoção do procedimento previsto no art. 110 da Lei nº 6.015/73 para a retificação do assento de óbito, não foi objeto de recurso, tornando-se, portanto, preclusa. Por sua vez, em que pese a necessidade de ação de jurisdição voluntária para as retificações a que se refere o art. 109 da Lei nº 6.015/73, neste caso concreto não há impedimento para a retificação do assento de óbito para que conste que a falecida manteve união estável com o recorrente. A admissibilidade da indicação da união estável no assento de óbito decorre do item 94, 'd' e 'e', do Capítulo XVII do Tomo II das Normas de Serviço da Corregedoria-Geral da Justiça, assim redigidos: '94. O assento de óbito deverá conter: (...) d) se era casado ou vivia em união estável, o nome do cônjuge ou companheiro supérstite, mencionando-se a circunstância quando separado judicialmente, divorciado, ou de união estável dissolvida; se viúvo ou companheiro supérstite, o nome do cônjuge ou companheiro pré-morto; e o Registro Civil das Pessoas Naturais do casamento ou união estável; e) no caso da alínea anterior, a menção se limitará as relações de estado civil atuais, salvo se o declarante apresentar as informações relativas a toda cadeia de casamentos e uniões estáveis anteriores;'. Ainda em conformidade com o item 94 do Capítulo XVII do Tomo II das Normas de Serviço da Corregedoria-Geral da Justiça, a anotação da união estável pode ser promovida mediante informação pelo declarante do óbito. No presente caso, o óbito não foi declarado pelas descendentes e pelo ex-companheiro (fls. 07) que, ademais, não divergem sobre a existência da união estável na data do óbito. Por isso, inexistindo controvérsia, não há vedação para a retificação do assento de óbito mediante indicação de que J.T.L. manteve união estável com o recorrente. Não bastasse a ausência de controvérsia sobre esse fato, a união estável foi reconhecida por J. mediante declaração promovida em escritura pública lavrada em 05 de setembro de 2017 (fls. 08/10) e foi por ela declarada na ficha da internação hospitalar realizada em 19 de março de 2018 (fls. 40/41), um mês antes do óbito (fls. 07). O litígio existente entre o recorrente e as filhas de J. diz respeito, unicamente, à data de início da união estável (fls. 154/155), o que não impede a retificação do registro para constar a referida união porque a consignação dessa data não é elemento essencial do assento de óbito. Portanto, *in casu*, mostra-se possível a retificação administrativa do assento de óbito de J.T.L. para que seja consignado que manteve união estável com A.A., sem referência à data do início da união. Observo, por fim, que havendo litígio sobre a data de início da união estável a retificação também não poderia, quanto a esse fato, ser promovida no procedimento de jurisdição voluntária a que se refere o art. 109 da Lei nº 6.015/73, devendo a data da constituição ser declarada por meio de ação própria, contenciosa. Ante o exposto, o parecer que submeto ao elevado critério de Vossa Excelência é no sentido de dar parcial provimento ao recurso para que seja promovida a retificação do assento de óbito de J.T.L., lavrado pelo Oficial de Registro Civil das Pessoas Naturais e de Interdições e Tutelas da Comarca de P.G. (fls. 07), somente para constar que a falecida manteve união estável com A.A. Sub censura. (...)" (Proc. 1007339-90.2018.8.26.0477, Corregedoria-Geral de Justiça, j. 15/10/2019).

Art. 81. Sendo o finado desconhecido, o assento deverá conter declaração de estatura ou medida, se for possível, cor, sinais aparentes, idade presumida, vestuário e qualquer outra indicação que possa auxiliar de futuro o seu reconhecimento; e, no caso de ter sido encontrado morto, serão mencionados esta circunstância e o lugar em que se achava e o da necropsia, se tiver havido.

Parágrafo único. Neste caso, será extraída a individual dactiloscópica, se no local existir esse serviço.

Referências Normativas

Recomendação 19/2015, do Conselho Nacional de Justiça.

Comentários

1. Registro de óbito de pessoa desconhecida

Diante da impossibilidade de reconhecimento da pessoa que foi encontrada morta ou mesmo faleceu em estabelecimento de saúde, mas sem portar documentos pessoais, inexistindo possibilidade de sua identificação por terceiros, o assento de óbito será lavrado nos termos deste artigo.

Da D.O. ou do atestado médico deverão constar dados como estatura ou medida se for possível, cor, sinais aparentes (tatuagem, por exemplo), idade presumida, vestuário e qualquer outra indicação que possa auxiliar em seu futuro reconhecimento, bem como a circunstância de ter sido encontrado morto, o lugar onde foi encontrado e o lugar da necropsia se essa houver sido feita.

Se no local houver, será extraída a individual datiloscópica do cadáver, que são suas impressões digitais, que poderão facilitar seu futuro reconhecimento. Esse serviço normalmente é feito pelo Instituto Médico Legal (IML) ou Serviço de Verificação de Óbitos (SVO).

Essa declaração de óbito será prestada pela autoridade policial responsável conforme Recomendação CNJ 19/2015, tendo instituído banco de dados de óbitos de pessoas não identificadas.

Junto ao Portal da Transparência do Registro Civil (https://transparencia.registrocivil.org.br), a partir dos dados imputados pelos Oficiais de Registro Civil na CRC-Nacional, é possível realizar buscas acerca de registro de óbito de desaparecidos, auxiliando na localização, por familiares, dos restos mortais de seus entes queridos sepultados sem a devida identificação. As buscas são feitas a partir de Estado e Cidade, bem como idade, sexo e cor do falecido.

Jurisprudência

1. Retificação de óbito. Desconhecido. Necessidade de diligências

"**Retificação de assento de óbito** – Inexatidão da certidão de óbito do marido da autora, decorrente da incerteza quanto à real identidade do cadáver reconhecido por terceiro como sendo de Paulo Roberto Ferreira. Julgamento convertido em diligência, pois as provas até então constantes dos autos não permitiam aferir se o cadáver que ensejou a expedição da certidão de óbito era mesmo do marido da demandante. Novo laudo pericial trazido aos autos concluiu pela incompatibilidade entre as digitais do marido da requerente e do cadáver cuja certidão de óbito consta dos autos. Impossibilidade de acolhimento do pedido da autora de retificação de registro. Ação improcedente. Recurso não provido" (TJSP, Apelação Cível 9224481-12.2008.8.26.000, 6ª Câmara de Direito Privado, Rel. Francisco Loureiro, j. 03/04/2014, *DJe* 05/04/2014).

> **Art. 82.** O assento deverá ser assinado pela pessoa que fizer a comunicação ou por alguém a seu rogo, se não souber ou não puder assinar.

Referências Normativas

Código Civil (Lei 10.406/2002), arts. 595 e 1.831.
Normas de Serviço da Corregedoria-Geral da Justiça do Estado de São Paulo, Tomo II, Cap. XVII, subitem 100.1.

Comentários

1. Assinatura do assento de óbito
Após prestadas as informações, sendo lido e achando conforme o assento de óbito, este será assinado pelo declarante, ou preposto autorizado pelo declarante (art. 79, parágrafo único), ou por alguém a seu rogo, se não souber ou não puder assinar.
Essa regra aplica-se nos casos em que os legitimados do art. 79 venham a declarar o óbito na presença do Oficial ou de seu escrevente autorizado. Nos casos de declaração prestada perante o serviço funerário, o assento tão somente será firmado pelo Escrevente ou pelo Oficial se apresentada a DO ou respectivo atestado médico, bem como o formulário de declaração do falecimento do Serviço Funerário.
Por fim, a assinatura a rogo (a pedido) consta prevista como instrumento para a aposição da manifestação de vontade pela pessoa que não souber ou não puder escrever, ou que por outros motivos justificáveis não o possa, utilizando-se da assinatura de terceira pessoa, que seja maior e capaz, para tanto.

> **Art. 83.** Quando o assento for posterior ao enterro, faltando atestado de médico ou de duas pessoas qualificadas, assinarão, com a que fizer a declaração, duas testemunhas que tiverem assistido ao falecimento ou ao funeral e puderem atestar, por conhecimento próprio ou por informação que tiverem colhido, a identidade do cadáver.

Referências Normativas

Normas de Serviço da Corregedoria-Geral da Justiça do Estado de São Paulo, Tomo II, Cap. XVII, subitem 100.2

Comentários

1. Registro posterior ao enterro e identidade do cadáver
Em caso de morte natural não atestada por profissional médico e sem apresentação de DO, será necessário, para fins de assentamento de óbito, que o declarante esteja acompanhado de 2 (duas) testemunhas que tenham presenciado ou verificado a morte (art. 77, *caput*). Nessas hipóteses, incumbirá ao Oficial de Registro Civil o preenchimento da DO, a partir dos dados colhidos junto ao declarante e de respectivas testemunhas.
Se o registro de óbito ocorrer após o sepultamento, sem a apresentação de atestado médico ou DO, serão necessárias duas testemunhas, para acompanharem o declarante do óbito, as quais devem ter

assistido ao falecimento ou ao funeral. A elas incumbirá atestar, por conhecimento próprio ou por informações que receberam, a identidade do falecido, conforme previsão do art. 83 da Lei 6.015/1973. Nos termos do presente artigo, Ceneviva[68] assim afirma:

> O adjetivo "qualificadas", referente às pessoas que podem atestar o óbito, não havendo médico, tem sentido mais amplo que o de sua completa identificação. Incumbe-lhes certificar que a morte ocorreu e, se possível, qual sua causa. Para isto precisam de qualidade intelectual compatível. Não se confundem com o declarante ou com as testemunhas, embora a lei atribua a estas a relevante função de atestar a identidade. Aquelas substituem o médico no afirmar o óbito em documento separado, que fica arquivado.

Jurisprudência

1. Registro Tardio. Ausência de Declaração de Óbito. Testemunhas
"Apelação cível. Registro tardio de óbito. Requerimento formulado pelo neto do *de cujus*. Art. 83 da Lei nº 6.015 /73. Prova testemunhal. Admissão. Inteligência do artigo 83, da Lei de Registros PÚBLICOS. Recurso provido. I – Admite-se a lavratura do assento de óbito tardio a partir do depoimento de duas testemunhas presenciais do falecimento ou do sepultamento, capazes de confirmar a identidade da pessoa falecida na ausência de atestado médico ou de outros documentos. II – as informações prestadas pelas testemunhas arroladas, possuem aptidão suficiente para referendar o pedido inicial, haja vista que emanadas de pessoas que conviveram com o *de cujus*, e dão conta do seu falecimento. III – Apelação Provida" (TJMA – Apelação Cível AC 00003791620178100090, DJ 09/10/2019).

Art. 84. Os assentos de óbitos de pessoas falecidas a bordo de navio brasileiro serão lavrados de acordo com as regras estabelecidas para os nascimentos, no que lhes for aplicável, com as referências constantes do art. 80, salvo se o enterro for no porto, onde será tomado o assento.

Art. 85. Os óbitos, verificados em campanha, serão registrados em livro próprio, para esse fim designado, nas formações sanitárias e corpos de tropas, pelos oficiais da corporação militar correspondente, autenticado cada assento com a rubrica do respectivo médico chefe, ficando a cargo da unidade que proceder ao sepultamento o registro, nas condições especificadas, dos óbitos que se derem no próprio local de combate.

Art. 86. Os óbitos, a que se refere o artigo anterior, serão publicados em boletim da corporação e registrados no registro civil, mediante relações autenticadas, remetidas ao Ministério da Justiça, contendo os nomes dos mortos, idade, naturalidade, estado civil, designação dos corpos a que pertenciam, lugar da residência ou de mobilização, dia, mês, ano e lugar do falecimento e do sepultamento para, à vista dessas relações, se fazerem os assentamentos de conformidade com o que a respeito está disposto no artigo 66.

Referências Normativas

Lei 7.565/1986, art. 173.

Comentários

1. Óbitos ocorridos em navios ou em campanha

Tratam os artigos em comentário dos denominados registros especiais de óbito.

---

[68] CENEVIVA, Walter. *Lei dos Registros Públicos comentada*. 17. ed. atual. São Paulo: Saraiva, 2007. p. 201.

O art. 84 refere-se ao assentamento de óbito de pessoas falecidas a bordo de navios brasileiros, devendo serem cumpridos, no que for possível, as regras estabelecidas pelo art. 80 da Lei 6.015/1973, bem como o regramento constante da legislação marinha.

Conquanto não se faça menção expressa aos óbitos a bordo de aeronaves brasileiras, Bonilha Filho[69] entende pela interpretação extensiva, de modo que o art. 84 deve igualmente ser aplicado a essas situações, assim como o disposto pelo art. 173[70] do Código Brasileiro de Aeronáutica (Lei 7.565/1986).

Aplicam-se, igualmente, aos falecimentos ocorridos em navio brasileiro (mercante ou militar), as regras dos arts. 31, 51, 64 e 65 da Lei 6.015/1973, que, conquanto refiram-se ao nascimento em si, devem ser adaptadas para o registro de óbito.[71]

Em se tratando de falecimento em aeronaves, aplica-se, com a devida substituição da palavra nascimento por óbito, a regra específica prevista no parágrafo único do art. 65 da Lei 6.015/1973:

> Parágrafo único. Os nascimentos ocorridos a bordo de quaisquer aeronaves, ou de navio estrangeiro, poderão ser dados a registro pelos pais brasileiros no cartório ou consulado do local do desembarque.

Boselli, Mróz e Ribeiro[72] explicam, de modo pormenorizado, a técnica registral a ser cumprida para o registro de óbito em navios ou aeronaves:

> Assim que chegar ao primeiro porto ou aeroporto brasileiro o comandante depositará na capitania do porto ou em estação fiscal, duas cópias por ele autenticadas (certificadas) do assento de óbito lavrado no diário de bordo. Caso o primeiro porto ou aeroporto seja em país estrangeiro, o depósito deve ser feito no Consulado Brasileiro do país.
>
> Dessas duas cópias autenticadas, uma fica arquivada no porto, ou estação fiscal, ou consulado brasileiro, e a outra será remetida ao Oficial de Registro Civil do lugar da última residência do falecido, e caso não seja possível descobrir onde residia, será encaminhado ao 1º Oficial de Registro Civil do Distrito Federal.
>
> Além dessas cópias o comandante entregará uma terceira cópia do registro de óbito, lavrado no diário de bordo, ao interessado, que após conferência na capitania do porto, poderá promover o registro no Oficial de Registro Civil competente, conforme previsto pelo art. 65 da Lei 6.015/1973.

O art. 85 refere-se à hipótese de falecimento ocorrido em campanha, ou seja, durante operação militar, conflitos de guerra (interna ou externa) ou missões internacionais em que participem militares brasileiros, tornado "impossível realizar o registro normal".[73]

Em tais situações, o assentamento será realizado em livro próprio, designado para essa finalidade, cabendo à lavratura do ato aos oficiais das corporações militares. Por isso, para Bonilha Filho,[74] esse regramento dirige-se não aos Oficiais de Registro Civil das Pessoas Naturais, mas sim às autoridades militares.

Após o registro em livro próprio, a que se refere o artigo anterior, serão publicados em boletim da corporação e registrados no registro civil, mediante relações autenticadas, remetidas ao Ministério da Justiça, contendo os nomes dos mortos, idade, naturalidade, estado civil, designação dos corpos a que pertenciam, lugar da residência ou de mobilização, dia, mês, ano e lugar do falecimento e do sepultamento para, à vista dessas relações, se fazerem os assentamentos de conformidade com o que a respeito está disposto no art. 66.

---

[69] BONILHA FILHO, Márcio Martins. Título II – Do Registro Civil das Pessoas Naturais. Arts. 67 a 88. *In*: ALVIM, Arruda; CLÁPIS, Alexandre Laizo. *Lei de Registros Públicos comentada*. 2. ed. Rio de Janeiro: Forense, 2019. p. 291.

[70] Art. 173. O Comandante procederá ao assento, no Diário de Bordo, dos nascimentos e óbitos que ocorrerem durante a viagem, e dele extrairá cópia para os fins de direito.

[71] CENEVIVA, Walter. *Lei dos registros públicos comentada*. 19. ed. São Paulo: Saraiva, 2009. p. 210. GAGLIARDI, Andreia Ruzzante; SALAROLI, Marcelo; CAMARGO NETO, Mario de Carvalho. *Registro civil das pessoas naturais*. *In*: CASSETTARI, Christiano (coord.). 3. ed. São Paulo: Foco, 2021. p. 386.

[72] BOSELLI, Karine; Maria Famer Rocha; MRÓZ, Daniela; RIBEIRO, Izolda A. Registro civil das pessoas naturais. *In*: GENTIL, Alberto (org.). 3. ed. *Registros públicos*. Rio de Janeiro: Forense, 2022. p. 267.

[73] CENEVIVA, Walter. *Lei dos registros públicos comentada*. 19. ed. São Paulo: Saraiva, 2009. p. 211.

[74] BONILHA FILHO, Márcio Martins. 2019. p. 292.

O art. 86, a ser lido em conjunto com as regras do art. 85 e 88, dispõe que, após o devido registro, o óbito ocorrido em campanha será publicado em boletim da corporação militar e registrados no registro civil, mediante relações autenticadas, remetidas ao Ministério da Justiça, contendo os nomes dos mortos, idade, naturalidade, estado civil, designação dos corpos a que pertenciam, lugar da residência ou de mobilização, dia, mês, ano e lugar do falecimento e do sepultamento para, à vista dessas relações, se fazerem os assentamentos de conformidade com o que a respeito está disposto no art. 66. Para Ceneviva,[75] é a legislação militar quem regula a verificação do falecimento e como documentá-lo perante as Forças Armadas, de modo que:

> Cabe ao oficial de registro civil apenas a verificação formal da autenticidade da relação que lhe for remetida. O encaminhamento segue das autoridades militares ao Ministro da Justiça e deste ao serviço ao qual incumbir o assentamento.

O óbito é registrado mesmo que faltem, da relação, algum dos elementos indicados, acompanhado e averbação dos dados que o identifique e das omissões observadas.

Art. 87. O assentamento de óbito ocorrido em hospital, prisão ou outro qualquer estabelecimento público será feito, em falta de declaração de parentes, segundo a da respectiva administração, observadas as disposições dos artigos 80 a 83; e o relativo a pessoa encontrada acidental ou violentamente morta, segundo a comunicação, *ex officio*, das autoridades policiais, às quais incumbe fazê-la logo que tenham conhecimento do fato.

 Comentários

1. Registro de óbito relativo à pessoa encontrada morta

Refere-se o artigo em comento ao registro de óbito de pessoa encontrada morta, seja decorrente de causas acidentais ou não (morte decorrente de lesão ou violência).

A morte violenta é aquela não natural, sobrevindo de causas externas violentas. A violência pode decorrer de lesão provocada por homicídio, suicídio ou qualquer outra situação suspeita.

A morte acidental envolve causas inesperadas e imprevisíveis, como, por exemplo, acidentes de trânsito.

Para o registro de óbito relativo à pessoa encontrada acidental ou violentamente morta deverá ser apresentada a 2ª via da DO, emitidas pelo médico do IML de referência, ou equivalente.

Caso inexista IML de referência ou SVO, ou serviço equivalente, a DO deverá ser emitida pelo perito designado pela autoridade judicial ou policial para tal finalidade, seguida do Boletim de Ocorrência.

Art. 88. Poderão os juízes togados admitir justificação para o assento de óbito de pessoas desaparecidas em naufrágio, inundação, incêndio, terremoto ou qualquer outra catástrofe, quando estiver provada a sua presença no local do desastre e não for possível encontrar-se o cadáver para exame.

Parágrafo único. Será também admitida a justificação no caso de desaparecimento em campanha, provados a impossibilidade de ter sido feito o registro nos termos do artigo 85 e os fatos que convençam da ocorrência do óbito.

 Referências Normativas

Código Civil (Lei 10.406/2002), art. 7º.

---

[75] CENEVIVA, Walter. *Lei dos registros públicos comentada*. 19. ed. São Paulo: Saraiva, 2009. p. 211.

Comentários

1. Justificação do óbito

As hipóteses descritas no art. 88 supra são específicas e abarcam a hipótese de ação judicial de justificação de óbito que, ao final, em caso de comprovadas as hipóteses previstas em lei, autorizará, via sentença e mandado judicial, a lavratura de assento de óbito.

As hipóteses legais constantes do rol de catástrofes descritas, conforme ensina Velloso dos Santos,[76] invocam a certeza da morte sem conquanto seja possível a localização de cadáver ou restos mortais desde que provada a presença da vítima fatal no local do desastre.

Discute-se, na doutrina, se o disposto no art. 7º do Código Civil teria incorporado o art. 88 em comento. Para Cassettari,[77] a resposta é afirmativa. Em contrapartida, Gagliardi, Salaroli e Camargo Neto[78] ensinam que "a justificação de óbito do art. 88 da Lei 6.015/1973 se refere à morte real, sem atestação, cujo registro está previsto no art. 9º, inciso I, do Código Civil, e no art. 29, inciso III, da Lei 6.015/1973, e é assentado no Livro 'C', em conformidade com o art. 33, inciso IV, da referida lei".

Parece-nos que a segunda corrente seja a mais correta, visto que, nos termos do art. 88, existem outros meios para a comprovação do falecimento, sendo a morte qualificada como real e, portanto, seu assentamento deva ser realizado no Livro C do respectivo ofício competente.

Jurisprudência

1. Morte presumida e justificação de óbito

"Registro de Óbito após prazo legal – Vistos. (...) Requer a autora que este Juízo justifique o óbito e declare a presunção da morte do ausente, mandando inscrever o falecimento do livro 'C' do Registro Civil, expedindo-se então a certidão cabível. Note-se que na justificativa do óbito há a certeza da morte, que 'decorre da situação especial em que ela se dá, que é o desaparecimento da pessoa em catástrofe' (C. N., M.C. E Oliveira, M. S. Registro Civil das Pessoas Naturais II, 2014, fls. 133). Portanto, a justificação é aplicada em situações extraordinárias, como naufrágios, inundações, incêndios, terremotos ou qualquer outra catástrofe, nas quais o falecimento é dado como óbvio e certo, conforme previsão do art. 88 da Lei de Registros Públicos, que abaixo transcreve-se: Art. 88. Poderão os Juízes togados admitir justificação para o assento de óbito de pessoas desaparecidas em naufrágio, inundação, incêndio, terremoto ou qualquer outra catástrofe, quando estiver provada a sua presença no local do desastre e não for possível encontrar-se o cadáver para exame. Entretanto, é diverso o ocorrido com o pai da autora, haja vista que há ação de declaração de Ausência em andamento. Nesse instituto jurídico 'existe apenas a certeza do desaparecimento, sem que ocorra a presunção de morte' (Venosa, Sílvio de Salvo. *Direito Civil* Parte Geral, 2009, fls. 153). Ademais, em contraposição ao requerido pela Sra. Interessada, nos casos de ausência, a sentença que determina a abertura da sucessão definitiva cuja morte então presume-se será registrada 'no Livro "E" do Registro Civil das Pessoas Naturais do (...)º Subdistrito da Comarca onde o ausente teve seu último domicílio, com as mesmas cautelas e efeitos do registro da ausência' (cf. item 112, Cap. XVII, das NSCGJ). No mais, correto é que não haverá certidão de óbito, posto que reservada para os casos em que o falecimento é atestado por médico ou testemunhas e registrado no Livro (...), em conformidade com os artigos 33 e 77 da Lei nº 6015/1973. Ante ao exposto, à vista dos fatos narrados e por tudo o mais que consta nos autos, indefiro o pedido inicial, posto que refoge do âmbito de atuação desta Corregedoria Permanente, e determino o arquivamento dos autos (...)" (TJSP, Pedido de Providências 1006738-85.2017.8.26.0100, Corregedoria-Geral da Justiça, 2ª Vara, *DJe* 22/02/2017).

---

[76] VELLOSO DOS SANTOS, Reinaldo. *Registro civil das pessoas naturais*. Porto Alegre: SAFE, 2006. p. 126.
[77] CASSETTARI, Christiano. *Elementos de direito civil*. São Paulo: Saraiva, 2011, p. 69.
[78] GAGLIARDI, Andreia Ruzzante; SALAROLI, Marcelo; CAMARGO NETO, Mario de Carvalho. *Registro civil das pessoas naturais. In*: CASSETTARI, Christiano (coord.). 3. ed. São Paulo: Foco, 2021. p. 388-389.

CAPÍTULO X
DA EMANCIPAÇÃO, INTERDIÇÃO E AUSÊNCIA

Art. 89. No cartório do 1º Ofício ou da 1ª subdivisão judiciária de cada comarca serão registrados, em livro especial, as sentenças de emancipação, bem como os atos dos pais que a concederem, em relação aos menores nela domiciliados.

GUSTAVO RENATO FISCARELLI

Referências Normativas

Código Civil (Lei 10.406/2002), arts. 5º, parágrafo único, I a V, e 9º, II.
Código de Processo Civil (Lei 13.105/2015), art. 725, I.
Lei 6.015/1973, arts. 29, IV. e 33, parágrafo único.
Normas de Serviço da Corregedoria-Geral da Justiça do Estado de São Paulo, Tomo II, Cap. XVII, Itens 111 a 113.

Comentários

1. Das espécies de emancipação registradas no Livro E

Dentre os livros elencados para a escrituração dos atos do registro civil de pessoas naturais, dispõe a Lei de Registros Públicos, em seu art. 33, parágrafo único, alterado pela Lei 14.382/2022, o Livro E, que integra o acervo apenas do 1º Ofício ou da 1ª subdivisão judiciária da comarca.

Referida normativa, entretanto, merece reflexão contemporânea. O texto originário da Lei 6.015/73 já trazia essa atribuição exclusiva ao 1º Ofício ou da 1ª subdivisão judiciária da comarca, justificada diante da necessidade de concentração, num único cartório, de livro destinado ao assentamento dos demais atos relacionados à vida civil do cidadão, para fins de facilitação da localização desses registros.

Entretanto, o que fora importante e eficiente na década de 1970 hodiernamente não mais se justifica, ainda mais com o aparecimento e desenvolvimento da internet e das plataformas interoperáveis de registros públicos, especialmente a Central de Informações de Registro Civil das Pessoas Naturais (CRC), criada pelo Provimento CNJ 46/2015. A propósito, em um cenário de transformação tecnológica e digitalização dos atos registrais, a delimitação de espaço físico para a prática de determinados atos traz, inclusive, incongruência ao próprio sistema que busca a inclusão digital e a expansão dos serviços.

Nessa esteira, o Livro E deveria ser atribuído a todo registrador civil de pessoas naturais, que passaria a ser competente para o assentamento de todos os demais assentos da vida civil do cidadão, proporcionando a descentralização física de referida atribuição, vez que a busca pelos atos já se opera de forma centralizada e unificada.

Feita essa ressalva inicial, importante destacar o caráter residual do Livro E em relação aos demais, ou seja, são passíveis de inscrição nesse livro os atos não obrigatoriamente registrados nos livros A, B, B-auxiliar, C, C-auxiliar e D. Portanto, no Livro E serão registrados a emancipação, a interdição, a ausência, a morte presumida, a união estável, a opção de nacionalidade, os atos registrais de procedência estrangeira que envolvam brasileiro, além de outros que digam respeito ao estado civil das pessoas.

Havia previsão legal de este livro ser composto por 150 folhas, com a possibilidade de seu desmembramento em livros especiais, a depender da maior movimentação da serventia. Todavia, com a implantação da escrituração eletrônica dos atos registrais, trazida pela Lei 14.382/2022, tais regras foram superadas, embora seja possível sua observância enquanto o novo sistema conviver com a escrituração física.

A emancipação é o ato jurídico que antecipa os efeitos da capacidade civil plena aos menores que tenham 16 anos completos.

São três as espécies de emancipação: (a) *Voluntária* (art. 5º, parágrafo único, I, do CC); (b) *Judicial* (art. 5º, parágrafo único, I, do CC); e *Legal* (art. 5º, parágrafo único, II a V, do CC).

A emancipação voluntária e a judicial são atos registráveis, ou seja, para que sejam constituídas e seus efeitos irradiados a terceiros, mister o assentamento no Livro E do registro civil das pessoas naturais competente.

Na espécie voluntária, a emancipação é realizada mediante concessão de ambos os genitores, por meio de escritura pública, sem necessidade de homologação judicial, a qual deve ser registrada junto ao oficial de registro das pessoas naturais competente do lugar onde o emancipado tem seu domicílio. Na falta de um dos genitores ao ato, devidamente justificada pelo óbito, ausência, perda do poder familiar ou situação de "não presença", a escritura pública poderá ser outorgada apenas pelo genitor presente.

A emancipação judicial, por seu turno, decorre de decisão judicial proferida em procedimento de jurisdição voluntária, donde se verifica o melhor interesse do menor em estado de tutela, sempre ouvido previamente o tutor. Além dessa hipótese, opera-se a emancipação judicial sempre que os genitores divergirem quanto à concessão da emancipação ao filho menor, quando então o juiz decidirá, uma vez provocado.

Já a emancipação legal independe de registro para sua concretização, ou seja, uma vez constatada a ocorrência de uma das hipóteses insertas nos incisos II a V do parágrafo único do art. 5º do CC, automaticamente antecipam-se os efeitos da capacidade civil plena ao menor.

Embora a lei confira efeitos automáticos à emancipação legal, não poderia o interessado pleitear seu assentamento no Livro E para fins publicitários? A resposta parece-nos afirmativa. Salvante o casamento (inciso II) que, por si só, já é um ato registral, irradiador, portanto, de publicidade própria, nos demais casos de emancipação legal nada impede que o interessado submeta o título decorrente das hipóteses legais ao registro como forma de conferir-lhe publicidade registral.

Ainda no tocante à emancipação legal, a constituição de união estável poderia configurar hipótese de geração automática de efeitos emancipatórios? Aqui, ao contrário, a resposta deve ser negativa. A norma é expressa ao indicar o casamento como hipótese de emancipação legal, e mesmo diante da proximidade dos institutos, não cabe a extensão ou ampliação da emancipação para esta situação fática, ainda que demonstrada por prova pré-constituída.

Importa, por fim, ressaltar que a antecipação da capacidade civil plena não implica a antecipação da maioridade. Ou seja, as responsabilidades pautadas pelo critério biológico não são antecipadas, como, por exemplo, a penal, adstrita aos maiores de 18 anos.

 Jurisprudência

1. Emancipação e a maioridade civil

"**Concurso público**. Agente de Educação Infantil. Candidata inapta. Exigência de idade mínima (18 anos completos). Admissibilidade. Previsão legal. LCM 225/2019. Emancipação que se não confunde com maioridade. Precedentes do TJSP. Sentença que denegou a ordem mantida. Recurso de apelação desprovido" (TJSP, Apelação Cível 1009502-94.2020.8.26.0114; Des. J. M. Ribeiro de Paula; 12ª Câmara de Direito Público, j. 27/07/2021).

"**Agravo de instrumento**. Irresignação contra decisão que indeferiu a tutela antecipada. Inscrição de menor emancipado em torneio de poker. Regulamento que estabelece idade mínima de 18 anos. Emancipação que não afasta o critério etário que, por si só, não é ilegal. Necessidade de estabelecimento do contraditório. Recurso desprovido" (TJSP, Agravo de instrumento 2247838-52.2022.8.26.0000, Des. Pastorelo Kfouri, 7ª Câmara de Direito Privado, j. 07/11/2022).

2. Emancipação judicial e a legitimidade

"**Emancipação judicial** – Extinção do feito sem resolução de mérito por ausência de legitimidade *ad causam* – Menor com 17 anos de idade – Guardiã não possui legitimidade para pleitear a emancipação do adolescente – Menor não está sob tutela, pois tem genitora, a qual detém o poder familiar, apenas não exercendo a guarda do filho – Portanto, somente a mãe possui legitimidade para emancipá-lo – Inteligência do artigo 5º, parágrafo único, inciso I, do Código Civil – Sentença de extinção mantida – RECURSO NÃO PROVIDO" (TJSP, Apelação Cível 1002868-59.2020.8.26.0445, Rel. Elcio Trujillo, 10ª Câmara de Direito Privado, j. 26/08/2021, *DJe* 26/08/2021).

"**Apelação** – Ação de emancipação judicial voluntária – Sentença indeferiu inicial – Irresignação da autora – Autora é avó e guardiã do menor, não detendo legitimidade para pleitear a emancipação daquele –Inteligência do art. 5º, inciso I, do CC – Ausentes legitimidade e interesse processual – Vícios insanáveis que obstam a emenda da inicial –Configurada a hipossuficiência da apelante – Devida a gratuidade judiciária à recorrente, segundo o art. 98 do CPC – Recurso provido em parte" (TJSP, Apelação 1012361-27.2020.8.26.0068, 6ª Câmara de Direito Privado, Rel. Costa Netto, j. 24/05/2021, v.u.).

"**Apelação Cível** – Registro Civil das Pessoas Naturais – Dúvida – Recusa do registro de escritura pública de emancipação – Exclusiva manifestação da mãe – Exercício integral do pátrio poder que não implica na imediata conferência isolada da legitimidade negocial a cada um dos genitores – Alegações não constantes do título – Registro inviável – Recurso desprovido" (TJSP, Apelação 96.914-0/9, Conselho Superior da Magistratura, Rel. Luiz Tâmbara, j. 18/12/2002, v.u.).

Art. 90. O registro será feito mediante trasladação da sentença oferecida em certidão ou do instrumento, limitando-se, se for de escritura pública, as referências da data, livro, folha e ofício em que for lavrada sem dependência, em qualquer dos casos, da presença de testemunhas, mas com a assinatura do apresentante. Dele sempre constarão:

1º) data do registro e da emancipação;

2º) nome, prenome, idade, filiação, profissão, naturalidade e residência do emancipado; data e cartório em que foi registrado o seu nascimento;

3º) nome, profissão, naturalidade e residência dos pais ou do tutor.

 Referências Normativas

Código Civil (Lei 10.406/2002), art. 9º, II.
Normas de Serviço da Corregedoria-Geral da Justiça do Estado de São Paulo, Tomo II, Cap. XVII, Itens 111 a 113, 121 e 142.

 Comentários

1. Da escrituração da emancipação

No caso da emancipação voluntária, o título apresentado a registro é a escritura pública, que deve ser acompanhada de requerimento específico, salvo se este estiver inserto no bojo do próprio instrumento público, em observância do princípio da rogação.

Em se tratando de emancipação judicial, mediante requerimento da parte interessada, deve ocorrer a inserção no Livro E dos dados constantes do mandado judicial. O registro dessa emancipação deve conter, necessariamente, os dados de qualificação completa do emancipado, dos seus genitores e do tutor, bem como as datas da sentença, do trânsito em julgado e do registro.

Em ambas as hipóteses, é desnecessário o comparecimento de testemunhas para realização do ato de registro. Todavia, a lei, inocuamente e sem um propósito definido, exige a assinatura do "apresentante" (do título) no registro. Via de regra, o título é levado a registro pelo interessado, porém não raro utiliza-se portador alheio à relação. Nesse sentido, questiona-se: qual a necessidade dessa exigência? Qual a necessidade de um "estranho" (apresentante não interessado) assinar o ato de registro?

Ao que parece, trata-se de formalidade sem qualquer resultado prático, razão pela qual sua ausência em nada prejudica os efeitos decorrentes do registro da emancipação.

Devem, ainda, ser indicados os dados referentes ao nascimento do emancipado para pronta localização desse assento e efetivação da respectiva anotação, promovendo-se, assim, a necessária remissão recíproca entre os registros.

Caso a escritura pública ou a sentença não traga os elementos necessários às remissões, é possível incluí-los a partir da apresentação das certidões respectivas, que acompanharão o título, ficando com ele arquivadas.

Jurisprudência

1. Arrependimento da emancipação voluntária não gera nulidade

"Declaratória de inexistência de capacidade civil para emancipação c/c anulação de escritura pública de emancipação com efeito 'ex tunc'. Emancipação voluntária. Não se verifica causa a anular o ato de emancipação. Tanto o Autor como o seu genitor tinham ciência do que praticavam e assinaram o ato espontaneamente. Desconhecimento das consequências do ato que praticaram que não justifica sua anulação. Caracterizado mero arrependimento. Sentença de improcedência mantida. Sem majoração da verba honorária, porque não ofertadas contrarrazões. Recurso não provido" (TJSP – AC 1004432-79.2020.8.26.0152, Rel. João Pazine Neto, j. 16/05/2022, 3ª Câmara de Direito Privado, *DJe* 16/05/2022).

Art. 91. Quando o juiz conceder emancipação, deverá comunicá-la, de ofício, ao oficial de registro, se não constar dos autos haver sido efetuado este dentro de oito dias.

Parágrafo único. Antes do registro, a emancipação, em qualquer caso, não produzirá efeito.

Referências Normativas

Código de Processo Civil (Lei 13.105/2015), art. 725, I.
Normas de Serviço da Corregedoria-Geral da Justiça do Estado de São Paulo, Tomo II, Cap. XVII, Item 111.1.

Comentários

1. Da natureza jurídica da emancipação.

Caso a sentença de emancipação não seja encaminhada para registro na serventia competente, no prazo de oito dias, pela parte interessada, deve o juízo encaminhá-la, de ofício, para sua devida inscrição no registro civil.

Em virtude de seu caráter constitutivo, é imprescindível o registro da emancipação perante oficial de registro civil das pessoas naturais competente para que seja oponível perante terceiros.

A propósito, diante do caráter híbrido do Registro Civil das Pessoas Naturais, que possui dupla função, ou seja, dar forma escrita e pública aos atos registráveis, instrumentalizando-os, bem como inscrevendo-os para dar publicidade aos fatos jurídicos, representaria grande avanço se a emancipação, tal como ocorreu com o termo declaratório de união estável, pudesse ser realizada diretamente no RCPN, o que dispensaria sua formalização prévia por meio de instrumento público, notadamente nas emancipações voluntárias.

Jurisprudência

1. Ato ilícito praticado por emancipado antes da expedição da escritura

"**Agravo de instrumento.** Ação com pedido indenizatório por danos materiais e morais. Alegação de ilegitimidade passiva do genitor. Suposto ato ilícito praticado por filho emancipado. Responsabilidade do genitor. Ocorrência. Fato ocorrido antes de expedida a escritura de emancipação. Responsabilidade dos pais pelos atos dos filhos menores. Art. 932, I, do Código Civil. Responsabilidade evidente quanto houver emancipação voluntária. Precedentes do STJ. Sentença mantida. Recurso Conhecido

Art. 92 | LEI DE REGISTROS PÚBLICOS COMENTADA

e não provido" (TJPR – 3ª Câmara Cível – Agravo de Instrumento 1475069-9 – Paranavaí – Rel. José Sebastião Fagundes Cunha – Unânime – j. 26/07/2016).

Art. 92. As interdições serão registradas no mesmo cartório e no mesmo livro de que trata o artigo 89, salvo a hipótese prevista na parte final do parágrafo único do artigo 33, declarando-se:

1º) data do registro;

2º) nome, prenome, idade, estado civil, profissão, naturalidade, domicílio e residência do interdito, data e cartório em que forem registrados o nascimento e o casamento, bem como o nome do cônjuge, se for casado;

3º) data da sentença, nome e vara do juiz que a proferiu;

4º) nome, profissão, estado civil, domicílio e residência do curador;

5º) nome do requerente da interdição e causa desta;

6º) limites da curadoria, quando for parcial a interdição;

7º) lugar onde está internado o interdito.

Referências Normativas

Código Civil (Lei 10.406/2002), art. 9º, III, arts. 1.728 e seguintes.
Código de Processo Civil (Lei 13.105/2015), arts. 747 e seguintes.
Lei 6.015/1973, arts. 29, V, e 33, parágrafo único.
Normas de Serviço da Corregedoria-Geral da Justiça do Estado de São Paulo, Tomo II, Cap. XVII, Itens 114, 115, 121 e 142.

Comentários

1. Da possibilidade de registro das restrições da capacidade civil

A interdição, instituto de representação e proteção patrimonial da pessoa incapaz, passou a ser tratada como curatela, a partir do advento da Lei 13.146/2015 (Estatuto da Pessoa com Deficiência).

Segundo o art. 2º da lei com *status* de norma constitucional, *considera-se pessoa com deficiência aquela que tem impedimento de longo prazo de natureza física, mental, intelectual ou sensorial, o qual, em interação com uma ou mais barreiras, pode obstruir sua participação plena e efetiva na sociedade em igualdade de condições com as demais pessoas.*

Referida legislação, ademais, alterou o regime da capacidade civil, regulada pela Lei 10.406/2002 (Código Civil), estabelecendo que os absolutamente incapazes são apenas os menores de 16 anos, ao passo que os relativamente incapazes são: (I) os maiores de 16 e menores de 18 anos; (II) os ébrios habituais e os viciados em tóxico; (III) aqueles que, por causa transitória ou permanente, não puderem exprimir sua vontade; (IV) os pródigos.

Nesse diapasão, mister resgatar dois conceitos importantes para a construção registral no que atine à curatela, quais sejam, a *capacidade de direito* (*ou de gozo*) e a *capacidade de fato* (*ou de exercício*). A primeira é a capacidade de ser titular ou sujeito de direitos. É adquirida com o nascimento com vida (personalidade jurídica). Já a segunda é a capacidade que a pessoa adquire de agir por si próprio em todos os atos da vida civil.

Diante disso, conclui-se que a curatela (interdição) somente poderá recair sobre o relativamente incapaz que não tiver capacidade de fato, ou seja, aquele sem discernimento suficiente para autodeterminar-se, limitada, contudo, à representação quanto aos direitos de natureza patrimonial e negocial.

Em outras palavras, a curatela pode ser conceituada como medida extraordinária de amparo àqueles que não têm discernimento suficiente para a prática dos atos da vida civil, com nomeação, pelo juízo, de pessoa capaz para acompanhamento dos atos e administração dos bens do curatelado.

O dispositivo legal em análise indica que o registro da curatela (interdição) deve ser realizado no Livro E do 1º Ofício ou 1ª Subdivisão judiciária da comarca de domicílio do curatelado, podendo coincidir ou não este com o do curador.

A curatela, determinada em sentença judicial decorrente de procedimento específico, é passível de registro, ainda que pendente de recurso, sem que tenha ocorrido o trânsito em julgado.

O registro da curatela deve transcrever a completa qualificação do curatelado e de seu curador, assim como os dados referentes ao processo, a causa e os limites da curatela, além do local onde o curatelado encontra-se internado, se for o caso.

Deverão ser indicados, ainda, os dados referentes ao nascimento e casamento, se houver, do curatelado, para fins de realização das anotações correspondentes. Caso a sentença não traga esses elementos, é possível incluí-los a partir da apresentação das certidões respectivas, que acompanharão a sentença de interdição, ficando com ela arquivadas.

Sentenças que puserem termo à interdição, que promoverem a substituição de curadores, que alterarem os limites da curatela ou que cessarem ou alterarem a internação deverão ser averbadas à margem do registro da interdição.

Ainda sobre o procedimento de jurisdição voluntária de interdição, mister rápida reflexão quanto à possibilidade de sua desjudicialização.

A decretação de interdição, embora excepcional, serve-se essencialmente, como já visto, para o acautelamento patrimonial do interditado. Vez ou outra, a interdição também confere direito a auxílios de ordem assistencial e previdenciário ao interditado.

Entretanto, o tempo da justiça raramente se mostra razoável ao atendimento de algumas demandas, mormente as revestidas de verdadeiro caráter alimentar.

Em sentido oposto, a experiência da desjudicialização dos processos perante o Registro Civil das Pessoas Naturais vem se mostrando segura e eficiente.

Por isso, diante dos novos contornos do instituto da curatela, deveria o legislador avançar na desjudicialização do procedimento de interdição, que poderia ser deflagrado perante o oficial de registro civil mais próximo do curatelado.

Os legitimados, acompanhados sempre de advogado, formulariam requerimento ao registrador civil, acompanhado de documentos comprobatórios da condição limitadora do curatelado. O procedimento tramitaria administrativamente, em verdadeira simbiose eletrônica entre o sistema registral e o sistema de justiça, e contaria com a participação do Ministério Público e decisão do juiz competente.

Ainda sobre os mecanismos de proteção, o Estatuto da Pessoa com Deficiência, primando pela autodeterminação da pessoa com deficiência, incorporou ao regime jurídico pátrio o instituto da Tomada de Decisão Apoiada (TDA), conforme arts. 1.783-A e seguintes da Lei 10.406/2002.

Segundo definição legal, a tomada de decisão apoiada *é o processo pelo qual a pessoa com deficiência elege pelo menos 2 (duas) pessoas idôneas, com as quais mantenha vínculos e que gozem de sua confiança, para prestar-lhe apoio na tomada de decisão sobre atos da vida civil, fornecendo-lhes os elementos e informações necessários para que possa exercer sua capacidade.*

Não obstante tratar-se de instituto protetivo, a lei não determinou a obrigatoriedade de seu registro tal como fizera com a curatela. Entretanto, diante do caráter exemplificativo dos atos registráveis no Livro E, seu assentamento, a critério da parte interessada, é plenamente possível e justificável, observando-se, no que couber, os elementos registrais previstos para a curatela, assim como a competência, que deverá ser a do 1º Ofício ou 1ª Subdivisão judiciária da comarca de domicílio do apoiado.

Art. 93. A comunicação, com os dados necessários, acompanhados de certidão de sentença, será remetida pelo juiz ao cartório para registro de ofício, se o curador ou promovente não o tiver feito dentro de oito dias.

Parágrafo único. Antes de registrada a sentença, não poderá o curador assinar o respectivo termo.

Referências Normativas

Normas de Serviço da Corregedoria-Geral da Justiça do Estado de São Paulo, Tomo II, Cap. XVII, Itens 115 e 115.1.

Comentários

1. Da natureza jurídica da sentença de curatela

O assento de curatela deve ser realizado no prazo de oito dias da data de proferimento da sentença. Caso não seja realizado nesse prazo, cabe ao juízo oficiar a serventia competente para a efetuação do registro.

Apenas após o devido registro da interdição será possível a assinatura do termo de compromisso pelo curador.

No que tange à natureza jurídica da sentença de interdição, a jurisprudência e a doutrina majoritária entendem ter ela caráter constitutivo, vez que inaugura nova situação jurídica ao curatelado, com efeitos, portanto, *ex nunc*. Já para uma minoritária corrente, ao contrário, os efeitos seriam *ex tunc*, já que a natureza da sentença seria meramente declaratória de fato preexistente.

Jurisprudência

1. Interdição e os efeitos da curatela

"Apelação cível – Interdição – Incapacidade absoluta para a prática dos atos da vida civil – Alteração legislativa – Efeitos da curatela – Caso concreto – Possibilidade de extensão – Alvará judicial – Ônus desnecessário – A teor do art. 1.767 do Código Civil, estão sujeitos a curatela aqueles que, por enfermidade ou deficiência mental, não tiverem o necessário discernimento para os atos da vida civil – A Lei nº 13.146/2015 (Estatuto da Pessoa com Deficiência) alterou dispositivos do Código Civil e restringiu o rol dos absolutamente incapazes aos menores de 16 (dezesseis) anos, passando as pessoas que, por causa transitória ou permanente, não puderem exprimir sua vontade, a figurar como relativamente incapazes (art. 4º, III, CC) – Dispõe o art. 755 do NCPC que, ao proferir a sentença que decreta a interdição, o juiz fixará os limites da curatela, segundo o estado e o desenvolvimento mental do interdito, considerando as características pessoais do interdito, suas potencialidades, habilidades, vontades e preferências, não havendo, portanto, vedação legal para a concessão dos poderes de representação em conformidade com as peculiaridades do caso concreto – Impor ao curador o ônus de recorrer ao judiciário para requerer alvará judicial sempre que precisar praticar algum ato em nome da curatelada não se revela a medida mais eficaz e não coaduna com o objeto da curatela, que é justamente viabilizar ao doente o exercício de seus direitos, por meio de interposta pessoa, sobretudo quando não tem qualquer discernimento para os atos da vida civil" (TJ-MG – AC: 10000211352166001 MG, Rel. Alexandre Santiago, Câmaras Cíveis/8ª Câmara Cível, j. 16/09/2021, *DJe* 28/09/2021).

2. Interdição e a curatela compartilhada

"Ação de interdição – Curatela compartilhada – Possibilidade – Melhor interesse da curatelada – Manutenção. De acordo com o artigo 1.775-A, do Código Civil, é possível ao juiz nomear mais de um curador para o interditado. Não havendo provas de que a curatela compartilhada tenha causado ou possa causar qualquer prejuízo à interditada e/ou ao seu patrimônio, imperiosa a sua manutenção" (TJ-MG – AC: 10000210072203001 MG, Rel. Edilson Olímpio Fernandes, Câmaras Cíveis/6ª Câmara Cível, j. 06/04/2021, *DJe* 13/04/2021).

Art. 94. O registro das sentenças declaratórias de ausência, que nomearem curador, será feito no cartório do domicílio anterior do ausente, com as mesmas cautelas e efeitos do registro de interdição, declarando-se:

1º) data do registro;

2º) nome, idade, estado civil, profissão e domicílio anterior do ausente, data e cartório em que foram registrados o nascimento e o casamento, bem como o nome do cônjuge, se for casado;

3º) tempo de ausência até a data da sentença;

4º) nome do promotor do processo;

5º) data da sentença, nome e vara do juiz que a proferiu;

6º) nome, estado, profissão, domicílio e residência do curador e os limites da curatela.

Referências Normativas

Código Civil (Lei 10.406/2002), arts. 6º, 7º, 9º, IV, e 22 a 39.
Código de Processo Civil (Lei 13.105/2015), arts. 744 e 745.
Normas de Serviço da Corregedoria-Geral da Justiça do Estado de São Paulo, Tomo II, Cap. XVII, Itens 116 e 117.

Comentários

1. Da escrituração das sentenças declaratórias de morte presumida e ausência

O término da existência da pessoa natural pode ser configurado de forma física, via constatação da cessação de seus sinais vitais-biológicos, ou de forma presumida, pelo instituto da morte presumida.

A morte presumida objetiva extinguir a personalidade civil da pessoa natural com todas as implicações e consequências jurídicas que advêm da morte com cadáver.

Esse instituto pode ser verificado com a observância do procedimento prévio de ausência ou não, a depender da circunstância fática verificada. A propósito, vide comentário ao art. 77 retroanalisado.

Caso haja subsunção de qualquer das hipóteses tratadas pelos incisos I e II, do art. 7º do Código Civil, verificar-se-á a ocorrência de morte presumida, sem a decretação de ausência. O mandado de registro de sentença que declara a morte presumida deve ser assentado no Livro E do 1º Ofício ou 1ª Subdivisão judiciária da comarca correspondente ao último domicílio daquele presumidamente morto, devendo ser transcrito no livro os elementos constantes no artigo sob análise, no que couber.

Por outro lado, o desaparecimento de pessoa natural, sem que se saiba seu paradeiro e sem a eleição de representante para a administração de seus bens, ou em elegendo, o representante não queira, não possa ou não tenha poderes suficientes para tal, pode caracterizar a morte presumida da pessoa, por meio da decretação de sua ausência, uma vez exaurido o procedimento previsto nos arts. 22 e seguintes do Código Civil.

Esse procedimento é deflagrado por iniciativa do Ministério Público ou por pessoa que demonstre legítimo interesse e perfaz três fases, a saber: a arrecadação e curadoria dos bens do ausente; a sucessão provisória e a sucessão definitiva. Note-se que apenas com a abertura da sucessão definitiva presume-se a morte da pessoa natural.

No que tange à escrituração, o mandado de registro da sentença de curadoria dos bens do ausente deve ser inscrito no Livro E do 1º Ofício ou 1ª Subdivisão judiciária da comarca correspondente ao último domicílio do ausente, indicando os dados qualificatórios completos do ausente e de seu curador, os limites da curatela, o tempo de ausência até a data da sentença, assim como os dados de identificação do processo e do juízo. Todos os demais atos que modifiquem essa fase, como possível alteração de curador, e ainda os decorrentes das duas outras fases vindouras, devem ser devidamente averbados junto ao registro da ausência. Em cumprimento das remissões recíprocas obrigatórias nos assentos de nascimento e/ou casamento, deve ser promovida a correspondente anotação, caso seja da mesma serventia, ou a comunicação, para anotação em serventia distinta.

Jurisprudência

"**Agravo de instrumento**. Declaração de Ausência – Ausente nascido em 1.892 – Desaparecimento ocorrido em 1918 – Declaração de sua morte presumida aos 127 (cento e vinte e sete) anos de idade – Impossibilidade – Interpretação do caso concreto nos termos do artigo 5º, da LINDB – Declaração de morte presumida retroativa à data em que possibilitada a sucessão definitiva do Ausente – Exceção legal que permite a abertura da sucessão definitiva de pessoa com 80 (anos), da qual não se tem notícia há mais de 5 (cinco) anos – Necessidade de interpretação sistemática, teleológica e sociológica dos dispositivos que tratam do tema no Código Civil Brasileiro Inteligência dos artigos 6º, 'fine' e 38 do CCB – Decisão parcialmente reformada – RECURSO PROVIDO para se declarar a morte presumida do Ausente na data em que completaria 80 (oitenta) anos, e, consequentemente, pré-morto em relação à sua filha" (TJ-SP – AI 2086841-66.2020.8.26.0000, Rel. Penna Machado, 2ª Câmara de Direito Privado, j. 03/07/2020, *DJe* 03/07/2020).

Art. 94-A. Os registros das sentenças declaratórias de reconhecimento e dissolução, bem como dos termos declaratórios formalizados perante o oficial de registro civil e das escrituras públicas declaratórias e dos distratos que envolvam união estável, serão feitos no Livro E do registro civil de pessoas naturais em que os companheiros têm ou tiveram sua última residência, e dele deverão constar: *(Incluído pela Lei nº 14.382, de 2022)*

I – data do registro; *(Incluído pela Lei nº 14.382, de 2022)*

II – nome, estado civil, data de nascimento, profissão, CPF e residência dos companheiros; *(Incluído pela Lei nº 14.382, de 2022)*

III – nome dos pais dos companheiros; *(Incluído pela Lei nº 14.382, de 2022)*

IV – data e cartório em que foram registrados os nascimentos das partes, seus casamentos e uniões estáveis anteriores, bem como os óbitos de seus outros cônjuges ou companheiros, quando houver; *(Incluído pela Lei nº 14.382, de 2022)*

V – data da sentença, trânsito em julgado da sentença e vara e nome do juiz que a proferiu, quando for o caso; *(Incluído pela Lei nº 14.382, de 2022)*

VI – data da escritura pública, mencionados o livro, a página e o tabelionato onde foi lavrado o ato; *(Incluído pela Lei nº 14.382, de 2022)*

VII – regime de bens dos companheiros; *(Incluído pela Lei nº 14.382, de 2022)*

VIII – nome que os companheiros passam a ter em virtude da união estável. *(Incluído pela Lei nº 14.382, de 2022)*

§ 1º Não poderá ser promovido o registro, no Livro E, de união estável de pessoas casadas, ainda que separadas de fato, exceto se separadas judicialmente ou extrajudicialmente, ou se a declaração da união estável decorrer de sentença judicial transitada em julgado. *(Incluído pela Lei nº 14.382, de 2022)*

§ 2º As sentenças estrangeiras de reconhecimento de união estável, os termos extrajudiciais, os instrumentos particulares ou escrituras públicas declaratórias de união estável, bem como os respectivos distratos, lavrados no exterior, nos quais ao menos um dos companheiros seja brasileiro, poderão ser levados a registro no Livro E do registro civil de pessoas naturais em que qualquer dos companheiros tem ou tenha tido sua última residência no território nacional. *(Incluído pela Lei nº 14.382, de 2022)*

§ 3º Para fins de registro, as sentenças estrangeiras de reconhecimento de união estável, os termos extrajudiciais, os instrumentos particulares ou escrituras públicas declaratórias de união estável, bem como os respectivos distratos, lavrados no exterior, deverão ser devidamente legalizados ou apostilados e acompanhados de tradução juramentada. *(Incluído pela Lei nº 14.382, de 2022)*

Referências Normativas

Constituição Federal, art. 226, § 3º.
Código Civil (Lei 10.406/2002), arts. 1.723 e seguintes.

Código Nacional de Normas da Corregedoria Nacional de Justiça do Foro Extrajudicial (CNN/CN/CNJ-Extra), arts. 537 a 553.
Normas de Serviço da Corregedoria-Geral da Justiça do Estado de São Paulo, Tomo II, Cap. XVII, Itens 118 a 121, e 142.

 Comentários

1. Da formalização de reconhecimento e de dissolução de união estável

A união estável, situação fática reconhecida constitucionalmente como entidade familiar, resultante da união entre o homem e a mulher (ou duas pessoas do mesmo sexo), e configurada pela convivência pública, contínua e duradoura, estabelecida com o objetivo de constituição de família, possui previsão de inscrição facultativa no Livro E do 1º Ofício ou 1ª Subdivisão judiciária da comarca em que os companheiros têm ou tiveram sua última residência.

O reconhecimento e registro da união estável estão regulamentados pelo Provimento CNJ 37/2014, que foi recentemente atualizado pelos Provimentos CNJ 141/2023 e 146/2023, por sua vez incorporados ao Código Nacional de Normas da Corregedoria Nacional de Justiça do Foro Extrajudicial (CNN/CN/CNJ-Extra) pelo Provimento CNJ 149/2023, considerando a entrada em vigor da Lei 14.382, de 27 de junho de 2022, que disciplinou a coleta do termo declaratório de reconhecimento e de dissolução de união estável perante os oficiais de registro civil das pessoas naturais, nos termos dos arts. 70-A e 94-A da Lei 6.015, de 31 de dezembro de 1973.

Diante da necessidade de uniformizar normas e procedimentos para a formalização de termo declaratório de reconhecimento e de dissolução de união estável perante os oficiais de registro civil das pessoas naturais, bem como do respectivo registro desses atos no Livro E, o que foi objeto de discussão no Pedido de Providências n. 0004621-98.2022.2.00.0000, que contou com a contribuição da Associação Nacional dos Registradores de Pessoas Naturais (ARPEN BRASIL), foi publicado pelo CNJ o Provimento 141, de 16 de março de 2023.

Com idêntico objeto do Pedido de Providências acima mencionado, o Supremo Tribunal Federal, tendo como relator o eminente Min. Ricardo Lewandowski, não conheceu da ADI n. 7.260/DF, contudo refutou qualquer alegação no sentido da impossibilidade de registradores colherem manifestação de vontade, uma vez que as normativas vigentes conferem ao registrador civil procedimentos de reconhecimento de filiação biológica e socioafetiva, alteração de nome e gênero, entre outros atos de manifestação de vontade do cidadão, bem como consignou o que leciona a doutrina especializada de Alberto Gentil de Almeida Pedroso, *verbis*:

> A lei 14.382/22, de maneira ampliativa e objetivando normatizar a materialização da união estável, introduziu o art. 94-A na Lei de Registros Públicos, tipificando três instrumentos declaratórios de união estável, igualmente válidos e de pronta eficácia (independentemente de qualquer regramento administrativo complementar, que ainda que bem-vindo não é um condicionante para utilização): sentença judicial, escritura pública e o termo declaratório.
>
> Vale mencionar que o art. 94-A da Lei de Registros Públicos não impôs a presença e assessoramento do advogado para solicitação de confecção do termo declaratório pelos companheiros perante o Registro Civil. Ainda que recomendável a consulta prévia a um profissional de confiança dos interessados, a ausência de obrigatoriedade não é uma anomalia ao sistema extrajudicial, pois diversos são os procedimentos administrativos que não exigem o advogado – como por exemplo: pedido de retificação de nome, pedido de consolidação de propriedade resolúvel na alienação fiduciária em garantia; pedido de retificação imobiliária; pedido de habilitação de casamento, pedido de registro ou averbação de título no Registro de Imóveis; pedido de suscitação de dúvida ou mesmo a impugnação na dúvida; tampouco a maioria dos atos notariais exigem em caráter obrigatório o advogado (exemplificativamente, como: para lavratura de ata notarial, testamento, compra e venda, permuta, doação e etc.).
>
> Reforça-se ainda que o ato de publicidade do termo declaratório com o ingresso no Livro E do RCPN da Sede ou do 1º Subdistrito da Comarca em que os companheiros têm sua residência não é automático ou obrigatório, mas recomenda-se fortemente que seja realizado, pois é exatamente da publicidade do termo que terceiros poderão ter conhecimento da união estável

e dos contornos jurídicos entabulados. A título exemplificativo, vale trazer à colação alguns julgados emblemáticos do E. Superior Tribunal de Justiça no tocante as implicações jurídicas da falta de publicidade da existência de uma união estável:

[...]

A novidade legislativa é extremamente bem-vinda, busca facilitar e democratizar ao extremo a materialização da declaração de união estável, utilizando-se da capilaridade do serviço extrajudicial – presente em todos os Municípios brasileiros – e da reconhecida confiança no valoroso serviço técnico-jurídico dos delegatários.

Oxalá a sensibilidade do Legislador em simplificar a instrumentalização da união estável e o próprio registro no Livro E do RCPN sejam rapidamente aplicados em sua inteireza pelos Registradores de Pessoas Naturais.[79]

Outrossim, o termo declaratório de união estável foi tratado em artigo de autoria do eminente jurista José Renato Nalini como a "Boa nova – A excelente opção da união estável no Registro Civil", ressaltando que "A capilaridade do Registro Civil das Pessoas Naturais e a circunstância de atender, indistintamente, a todos os seres humanos, já o tornou a única presença do Estado brasileiro em inúmeras localidades".

Segundo o art. 537, §3º do CNN/CN/CNJ-Extra, configuram-se como títulos hábeis para inscrição no Livro E a sentença declaratória de reconhecimento e de dissolução de união estável, a escritura pública declaratória de reconhecimento e de dissolução de união estável, bem como os termos declaratórios de reconhecimento e de dissolução de união estável formalizados perante o oficial de registro civil das pessoas naturais, exigida a assistência de advogado ou de defensor público no caso de dissolução da união estável nos termos da aplicação analógica do art. 733 da Lei 13.105/2015 (Código de Processo Civil) e da Resolução 35, de 24 de abril de 2007, do Conselho Nacional de Justiça.

A Lei 14.382/2022 inovou ao indicar mais um título hábil a registro, qual seja, o termo declaratório de união estável, e sua dissolução, formalizado diretamente perante qualquer oficial de registro civil das pessoas naturais e passível de registro no Livro E do 1º Ofício ou 1ª Subdivisão judiciária da comarca em que os companheiros têm ou tiveram sua última residência.

No que toca ao termo declaratório de união estável, este título consistirá em declaração, por escrito, de ambos os companheiros perante o ofício de registro civil das pessoas naturais de sua livre escolha, com a indicação de todas as cláusulas admitidas nos demais títulos, inclusive a escolha de regime de bens na forma do art. 1.725 da Lei 10.406/2002 (Código Civil), e de inexistência de lavratura de termo declaratório anterior.

Os títulos hábeis a registro devem indicar os dados elencados nos incisos I a VIII do artigo sob comento. No momento da qualificação registral, o estado civil dos companheiros, a alteração de nome e regime de bens adotado merecem especial atenção por parte do oficial.

É vedada a lavratura de termo declaratório de união estável havendo um anterior lavrado com os mesmos companheiros, devendo o oficial consultar a CRC previamente à lavratura e consignar o resultado no termo.

Lavrado o termo declaratório, o título ficará arquivado na serventia, preferencialmente de forma eletrônica, em classificador próprio, expedindo-se a certidão correspondente aos companheiros, e as informações de identificação dos termos deverão ser inseridas em ferramenta disponibilizada pela CRC.

Ainda no que tange à formalização do termo declaratório de união estável, importante alteração foi trazida pelo Provimento CNJ 146/2023 (art. 538, §7º do CNN/CN/CNJ-Extra), ao estabelecer que a certidão da lavratura do termo declaratório será título hábil à partilha de bens nas hipóteses em que a lei não exigir escritura pública. Por exemplo, se o termo declaratório objetivar a partilha de imóvel cujo valor seja superior a trinta vezes o valor do salário mínimo vigente no país, a correspondente certidão será ineficaz, vez que, a teor do art. 108 da Lei 10.406/2002 (Código Civil), a escritura pública é essencial à validade jurídica de negócios dessa natureza.

---

[79] Disponível em: https://www.migalhas.com.br/coluna/migalhas-notariais-e-registrais/375434/da-materializacao--do-instrumento-aos-efeitos-juridicos-possiveis. Acesso em: 30 mar. 2023.

2. Do registro da União Estável

Inobstante o registro da união estável permaneça facultativo, para que seus efeitos irradiem perante terceiros, o registro perante o Registro Civil é de rigor.

Nessa esteira, por ser facultativo, o registro do termo declaratório dependerá de requerimento conjunto dos companheiros e deverá haver seu encaminhamento ao oficial do 1º Ofício ou 1ª Subdivisão judiciária da comarca em que os companheiros têm ou tiveram sua última residência, por meio do módulo da Central de Informações de Registro Civil das Pessoas Naturais (CRC), se for o caso.

Salvo a declaração decorrente de título judicial transitado em julgado, não há possibilidade de inscrição de união estável de companheiro que ostente o estado civil de casado, ainda que separado de fato, exceto se separadas judicialmente ou extrajudicialmente.

Caso a união estável tenha sido formalizada no exterior e ao menos um dos companheiros seja de nacionalidade brasileira, o registro no Livro E deve ocorrer no ofício de registro civil onde os companheiros têm ou tiveram sua última residência no Brasil. A sentença, o termo extrajudicial, o instrumento particular ou a escritura pública lavrada no exterior devem ser apresentados para qualificação registral em sua via original, acompanhados da respectiva tradução juramentada, devidamente legalizada ou apostilada, a depender do caso, além da necessidade de registro junto ao Registro de Títulos e Documentos, conforme alteração trazida pelo Provimento CNJ 146/2023, que reafirmou a necessidade de tal exigência (art. 539, §3º do CNN/CN/CNJ-Extra).

Por outro lado, na hipótese de união estável lavrada no exterior, sendo ambas as partes de nacionalidade estrangeira, o Registro Civil de Pessoas Naturais deixa de ser competente para esse assentamento, devendo o interessado ser encaminhado diretamente ao Registro de Títulos e Documentos.

Ainda, no tocante ao registro de reconhecimento ou de dissolução da união estável, somente poderá indicar as datas de início ou de fim da união estável se estas constarem de um dos seguintes meios: decisão judicial, procedimento de certificação eletrônica de união estável realizado perante oficial de registro civil que será mais bem analisado no art. 70-A desta Lei, escrituras públicas ou termos declaratórios de reconhecimento ou de dissolução de união estável, desde que a data de início ou, se for o caso, do fim da união estável corresponda à data da lavratura do instrumento, e os companheiros declarem expressamente esse fato no próprio instrumento ou em declaração escrita feita perante o oficial de registro civil das pessoas naturais quando do requerimento do registro.

Fora das hipóteses mencionadas, o campo das datas de início ou, se for o caso, de fim da união estável no registro constará como "não informado".

3. Da alteração de regime de bens na união estável

Os Provimentos 141/2023 e 146/2023 do Conselho Nacional de Justiça, atualizando o Provimento 37/2014, e depois consolidados pelo Provimento CNJ 149/2023, trouxeram a lume regulamentação mais detalhada sobre situações a serem enfrentadas quando da formalização da união estável perante o Registro Civil das Pessoas Naturais.

Nessa linha, após o início da união estável, caso desejem os companheiros alterar o regime de bens, o novel art. 547 do CNN/CN/CNJ-Extra dispôs acerca do procedimento de alteração de regime de bens nas uniões estáveis já formalizadas e registradas perante o Registro Civil das Pessoas Naturais.

Antes de detalhar o procedimento, necessário se faz distinguir a alteração de regime de bens em duas hipóteses: (1) união estável não registrada; e (2) união estável registrada perante o RCPN.

Como bem asseveram os juristas Flávio Tartuce e Carlos Eduardo Elias de Oliveira,[80] caso a união estável não esteja registrada perante o RCPN, não há necessidade de intervenção judicial para a alteração de regime de bens, haja vista a informalidade presente nesse tipo de relação jurídica. Contudo, em caráter probatório e assecuratório de direitos, imperioso que ocorra a celebração de contrato de convivência indicando o novo regime de bens. Frise-se que tal modificação terá eficácia *ex nunc*, ou seja, só valerá daí para frente, e não eficácia retroativa. Os efeitos dessa alteração de regime incidirão

---

[80] "A alteração do regime de bens na união estável registrada perante o Cartório de Registro Civil das Pessoas Naturais e o Provimento 141/23 do CNJ – Parte I". Disponível em: https://www.migalhas.com.br/coluna/familia--e-sucessoes/383794/alteracao-do-regime-de-bens-na-uniao-estavel. Acesso em: 03 abr. 2023.

apenas entre os companheiros, ou seja, eficácia *inter partes*, e perante terceiros que eventualmente tenham efetivo conhecimento da convenção, em atendimento ao princípio da boa-fé objetiva.[81]

No segundo caso, na hipótese de a união estável encontrar-se registrada perante o RCPN, adota-se o procedimento previsto nos arts. 547 e 548 do CNN/CN/CNJ-Extra, caracterizado por simplicidade, acessibilidade e fácil disponibilidade. A norma busca a facilitação de acesso aos companheiros e a imperiosa necessidade de proteger interesses de terceiros potencialmente atingidos.

O procedimento inicia-se com o requerimento de ambos os companheiros diretamente perante o RCPN, a ser formalizado pessoalmente ou por meio de procuração por instrumento público (art. 547 do CNN/CN/CNJ-Extra). Tartuce explica que "o motivo desse formalismo é evitar alterações fraudulentas de bens, sendo essencial que a vontade de ambos os companheiros seja explícita perante o RCPN no sentido da modificação do regime de bens aplicável à sua convivência".[82]

O requerimento pode ser processado perante o ofício de registro civil das pessoas naturais de livre escolha dos companheiros, hipótese em que caberá ao oficial que recepcionou o pedido encaminhá-lo ao ofício competente por meio da Central de Registro Civil (art. 547, §6º do CNN/CN/CNJ-Extra).

Para a instrução do procedimento, o Oficial exigirá a apresentação dos seguintes documentos, além do requerimento retromencionado: (1) certidão do distribuidor cível e execução fiscal do local de residência dos últimos cinco anos (estadual/federal); (2) certidão dos tabelionatos de protestos do local de residência dos últimos cinco anos; (3) certidão da Justiça do Trabalho do local de residência dos últimos cinco anos; (4) certidão de interdições perante o 1º ofício de registro civil das pessoas naturais do local da residência dos interessados dos últimos cinco anos; (5) conforme o caso, proposta de partilha de bens, respeitada a obrigatoriedade de escritura pública nas hipóteses legais, ou declaração de que por ora não desejam realizá-la, ou, ainda, declaração de que inexistem bens a partilhar.

Autuado o requerimento com os documentos elencados supra, o registrador observará se há proposta de partilha de bens e/ou quando as certidões mencionadas nos incisos I a III do art. 548 do CNN/CN/CNJ-Extra forem positivas. Nesse caso, os companheiros deverão estar assistidos por advogado ou defensor público, assinando com este o pedido.

Além disso, se a certidão de interdição de um dos companheiros for positiva (inciso IV do art. 548 do CNN/CN/CNJ-Extra), o Oficial obstará o pedido e orientará os companheiros de que a alteração pretendida deverá ocorrer por meio de processo judicial.

Assim, a necessidade da apresentação de certidões destina-se a comprovar dois fatos: (a) a plena capacidade civil dos companheiros; e (b) a existência ou não de credores que poderão ser potencialmente prejudicados com a alteração do regime de bens.

Após a qualificação registral do requerimento e dos documentos apresentados, o Oficial procederá a averbação no assento da união estável constante de seu Livro E. A averbação obrigatoriamente informará o regime anterior, a data de averbação, o número do procedimento administrativo, o registro civil processante e, se houver, a realização da partilha, devendo o Oficial consignar expressamente que: "a alteração do regime de bens não prejudicará terceiros de boa-fé, inclusive os credores dos companheiros cujos créditos já existiam antes da alteração do regime".

Conforme expressa disposição do art. art. 547, §4º do CNN/CN/CNJ-Extra, "o novo regime de bens produzirá efeitos a contar da respectiva averbação no registro da união estável, não retroagindo aos bens adquiridos anteriormente em nenhuma hipótese, em virtude dessa alteração, observado que, se o regime escolhido for o da comunhão universal de bens, os seus efeitos atingem todos os bens existentes no momento da alteração, ressalvados os direitos de terceiros".

---

[81] Esse é o entendimento pacífico do Colendo Superior Tribunal de Justiça, a mencionar apenas a título de ilustração: "**Civil. Agravo interno no agravo em recurso especial. União estável. Regime de bens. Contrato com efeitos *ex nunc*. Decisão mantida.** 1. Conforme entendimento desta Corte, a eleição do regime de bens da união estável por contrato escrito é dotada de efetividade *ex nunc*, sendo inválidas cláusulas que estabeleçam a retroatividade dos efeitos patrimoniais do pacto. Precedentes. 2. Agravo interno a que se nega provimento" (STJ, Ag. Int. no AREsp 1.631.112/MT, Rel. Min. Antonio Carlos Ferreira, 4ª Turma, j. 26/10/2021, *DJe* de 14/02/2022).

[82] Idem.

A norma administrativa chancela a formalização da união estável e facilita o dia a dia do cidadão, a fim de que ele possa comprovar a união estável e suas modificações perante terceiros, como entes públicos e pessoas jurídicas de Direito Privado.

 Jurisprudência

1. **Publicidade da união estável**
"Civil. Processual civil. Embargos de terceiro. União estável. Instrumento particular escrito. Regime de separação total de bens. Validade *inter partes*. Produção de efeitos existenciais e patrimoniais apenas em relação aos conviventes. Projeção de efeitos a terceiros, inclusive credores de um dos conviventes. Oponibilidade *erga omnes*. inocorrência. Registro realizado somente após o requerimento e o deferimento da penhora de bens móveis que guarneciam o imóvel dos conviventes. Possibilidade. Registro em cartório realizado anteriormente à efetivação da penhora. Irrelevância. Inoponibilidade ao credor do convivente no momento do deferimento da medida constritiva. 1 – Ação de embargos de terceiro proposta em 12/02/2019. Recurso especial interposto em 22/10/2021 e atribuído à Relatora em 06/04/2022. 2 – O propósito recursal é definir se é válida a penhora, requerida e deferida em junho/2018 e efetivada em agosto/2018, de bens móveis titularizados exclusivamente pela convivente, para a satisfação de dívida judicial do outro convivente, na hipótese em que a união estável, objeto de instrumento particular firmado em abril/2014, mas apenas levado a registro em julho/2018, previa o regime da separação total de bens. 3 – A existência de contrato escrito é o único requisito legal para que haja a fixação ou a modificação, sempre com efeitos prospectivos, do regime de bens aplicável a união estável, de modo que o instrumento particular celebrado pelas partes produz efeitos limitados aos aspectos existenciais e patrimoniais da própria relação familiar por eles mantida. 4 – Significa dizer que o instrumento particular, independentemente de qualquer espécie de publicidade e registro, terá eficácia e vinculará as partes e será relevante para definir questões *interna corporis* da união estável, como a sua data de início, a indicação sobre quais bens deverão ou não ser partilhados, a existência de prole concebida na constância do vínculo e a sucessão, dentre outras. 5 – O contrato escrito na forma de simples instrumento particular e de conhecimento limitado aos contratantes, todavia, é incapaz de projetar efeitos para fora da relação jurídica mantida pelos conviventes, em especial em relação a terceiros porventura credores de um deles, exigindo-se, para que se possa examinar a eventual oponibilidade erga omnes, no mínimo, a prévia existência de registro e publicidade aos terceiros. 6 – Na hipótese, a penhora que recaiu sobre os bens móveis supostamente titularizados com exclusividade pela embargante foi requerida pela credora e deferida pelo juiz em junho/2018, a fim de satisfazer dívida contraída pelo convivente da embargante, ao passo que o registro em cartório do instrumento particular de união estável com cláusula de separação total de bens somente veio a ser efetivado em julho/2018. 7 – O fato de a penhora ter sido efetivada apenas em agosto/2018 é irrelevante, na medida em que, quando deferida a medida constritiva, o instrumento particular celebrado entre a embargante e o devedor era de ciência exclusiva dos conviventes, não projetava efeitos externos à união estável e, bem assim, era inoponível à credora. 8- Recurso especial conhecido e não-provido, com majoração de honorários" (STJ, REsp 1.988.228/PR, Rel. Min. Nancy Andrighi, 3ª Turma, j. 07/06/2022, *DJe* de 13/06/2022).

"Agravo interno no recurso especial. Direito civil. Negócio jurídico. Compra e venda. União estável. Outorga uxória. Imprescindível publicidade ou caracterização de Má-fé. 1. Ausente incursão na seara fático-probatória ao analisar o recurso especial, pois foi alcançada a conclusão de que o aresto recorrido deveria ter sido reformado com base nas afirmações constantes no próprio acórdão impugnado pelo recurso especial, visto que a realidade dos autos retratada no aresto recorrido estava em dissonância com o entendimento que esta Corte. 2. Necessidade de autorização de ambos os companheiros para a validade da alienação de bens imóveis adquiridos no curso da união estável, tendo em vista que o regime da comunhão parcial de bens foi estendido à união estável pelo art. 1.725 do CCB, além do reconhecimento da existência de condomínio natural entre os conviventes sobre os bens adquiridos na constância da união, na forma do art. 5º da Lei 9.278/96. 3. A invalidação de atos de alienação praticados por algum dos conviventes, sem autorização do outro, depende de constatar se existia: (a) publicidade conferida a união estável, mediante a averbação de contrato de convivência ou da decisão declaratória da existência união estável no Ofício do Registro de Imóveis em que cadastrados os bens comuns, a época em que firmado o ato de alienação, ou (b) demonstração de má-fé do adquirente. 4. No caso, nem foi apontada a configuração de má-fé, nem existia qualquer publicidade formalizada da união estável na época em que firmado o contrato de alienação, de modo que não pode ser invalidado com base na ausência de outorga da convivente, ora recorrida. 5. Agravo interno não provido" (STJ, AgInt no REsp 1.706.745/MG, Rel. Min. Luis Felipe Salomão, 4ª Turma, j. 24/11/2020, *DJe* de 17/3/2021).

CAPÍTULO XI
DA LEGITIMAÇÃO ADOTIVA

Art. 95. Serão registradas no registro de nascimentos as sentenças de legitimação adotiva, consignando-se nele os nomes dos pais adotivos como pais legítimos e os dos ascendentes dos mesmos se já falecidos, ou sendo vivos, se houverem, em qualquer tempo, manifestada por escrito sua adesão ao ato.

Parágrafo único. O mandado será arquivado, dele não podendo o oficial fornecer certidão, a não ser por determinação judicial e em segredo de justiça, para salvaguarda de direitos.

 Referências Normativas

Lei 6.697/1979, art. 123.
Lei 8.069/1990, art. 267.

 Comentários

1. A revogação da legitimação adotiva

A evolução da adoção no Brasil, bem como sua regulação atual, já foram tratadas em tópico próprio desta obra. Entretanto, importante traçar breve comentário acerca do instituto da legitimação adotiva no país.

A adoção, quando do advento da Lei 4.655/1965, que inseriu no ordenamento jurídico pátrio a legitimação adotiva, era regulada pelo Código Civil de 1916. A denominada "adoção simples" exigia requisitos rígidos para sua viabilidade, que embora atenuados pela Lei 3.133/1957, não alteraram seus limitados efeitos, permanecendo, assim, o vínculo adotivo apenas entre adotante e o adotado, não se estendendo ao restante da família, além de não se romperem os vínculos com a família original.

Com a evolução da sociedade, o rigor das exigências e as consequências essencialmente contratuais da adoção simples deixaram de atender aos anseios da época. Por essa razão, exsurge a chamada "legitimação adotiva", que passa a ser realizada perante o Poder Judiciário e não mais por escritura pública. A sentença de legitimação adotiva tinha o condão de romper os laços com a família de origem do adotado, o que representou um grande avanço. Todavia, a extensão do vínculo adotivo com a família do adotante era condicionada à adesão dos ascendentes.

Em 1979, com a publicação do Código de Menores (Lei 6.697/1979), a Lei 4.655/1965 foi revogada e, por conseguinte, o instituto da legitimação adotiva deixou de existir no Brasil.

 Jurisprudência

"Adoção – Criança e adolescente – Direitos fundamentais – Proteção integral e prioritária – Família substituta – Excepcionalidade – Abandono jurídico-social – Destituição do poder familiar e legitimação adotiva – Medidas que se impõem recurso desprovido. 1. A destituição do poder familiar para fins de legitimação adotiva exige acurado exame, sob estímulo e inspiração dos direitos fundamentais da criança, os quais gozam de proteção integral, assegurada por lei ou por outros meios, com absoluta prioridade, a fim de efetivar sua convivência socioafetiva, qualificando-a como família, base da sociedade, com especial proteção do Estado. 2. A criação e a educação da criança, no seio de família substituta, ocorrem, excepcionalmente, quando os genitores biológicos – família natural – não apresentam condições exigíveis à sua formação psicossocial. 3. Qualificado (e comprovado) o abandono jurídico-social da criança pela família natural, impõe-se a legitimação adotiva pela família substituta, precedida da destituição do poder familiar, porquanto se trata de medida que oferece reais vantagens para a adotanda" (TJ-MG – AC: 10024055703599001 Belo Horizonte, Rel. Nepomuceno Silva, Câmaras Cíveis Isoladas/5ª Câmara Cível, j. 19/02/2009, DJ 13/03/2009).

Art. 96. Feito o registro, será cancelado o assento de nascimento original do menor.

Referências Normativas

Lei 8.069/1990, art. 47, § 2º.

Comentários

1. Consequências do registro de adoção
Como é cediço, hodiernamente, a adoção rompe definitivamente os laços com a família biológica, cuja principal consequência formal é o cancelamento do registro de nascimento original e confecção de novo assento, tendo como genitores os adotantes.

Essa sistemática formal, todavia, demanda especial atenção do juízo processante e dos registradores envolvidos. Isso, pois, nem sempre o mandado de novo registro tem como destinatário o mesmo registrador do assento original.

Nessa hipótese, o cancelamento do registro de nascimento original fica a cargo de um registrador e o novo registro de outro, o que pode gerar a concomitância de dois registros de nascimento ativos em nome do adotado, caso não haja o cancelamento prévio do registro original.

A melhor forma de prevenir essa situação é a padronização nacional no sentido da obrigatoriedade da utilização, pelos juízos, do módulo e-Protocolo da Central de Informações de Registro Civil das Pessoas Naturais (CRC), instituída pelo Provimento CNJ 46/2015, para envio dos mandados judiciais.

Isso permitiria, ao juízo processante, rigoroso controle de cumprimento das determinações pelos registradores envolvidos, evitando-se a indesejada e prejudicial duplicidade registral.

Enquanto não se adota postura regulamentar nacional nesse sentido, o registrador receptor do mandado de registro do novo nascimento, por cautela, pode entrar em contato com o juízo processante para fins de verificar se o mandado de cancelamento do registro original já foi expedido, certificando a resposta no mandado em caso afirmativo, ou alertando-o da necessidade de fazê-lo, caso ainda não tenha expedido.

Jurisprudência

1. Destituição do poder familiar e a adoção
"Destituição do poder familiar. Adoção. Interesse do infante. Disputa entre o casal guardião e os genitores. Situação consolidada. 1. Se a genitora entregou a criança quando contava dois meses de idade aos cuidados dos recorridos, mantendo-se os genitores afastados do filho, fica claro o desinteresse deles pela criança, o que justifica plenamente a destituição do poder familiar. 2. Se o casal guardião tratou de formalizar a guarda do menor, se essa guarda já perdura há vários anos e o infante vem recebendo todos os cuidados e atenções, restando consolidada a condição fática de filiação, então a adoção se mostra rigorosamente vantajosa para a criança e deveria mesmo ter sido deferida. Recurso desprovido" (TJ-RS – AC: 70085016855 RS, Rel. Sérgio Fernando de Vasconcellos Chaves, 7ª Câmara Cível, j. 23/06/2021, DJe 25/06/2021).

CAPÍTULO XII
DA AVERBAÇÃO

Art. 97. A averbação será feita pelo oficial do cartório em que constar o assento à vista da carta de sentença, de mandado ou de petição acompanhada de certidão ou documento legal e autêntico. *(Redação dada pela Lei nº 13.484, 2017)*

Parágrafo único. Nas hipóteses em que o oficial suspeitar de fraude, falsidade ou má-fé nas declarações ou na documentação apresentada para fins de averbação, não praticará o ato pretendido e submeterá o caso ao representante do Ministério Público para manifestação, com a indicação, por escrito, dos motivos da suspeita. *(Incluído pela Lei nº 13.484, de 2017)*

RAQUEL BORGES ALVES TOSCANO

 Referências Normativas

Lei 13.484/2017, art. 10.
Código Civil (Lei 10.406/2002), art. 29.
Lei 6.015/1973.
Normas de Serviço da Corregedoria-Geral da Justiça do Estado de São Paulo, Tomo II, Capítulo XVII, itens 124, 124.1, 124.6, 124.6.1 e 124.6.2.

 Comentários

1. Do título hábil a averbação

O assento de registro civil, face às modificações ocorridas no decorrer da vida da pessoa natural, sofre alterações que devem refletir nos assentamentos civis.

Por meio da efetivação da averbação, insere-se alteração, modificação ou ampliação do conteúdo, ressalvada a essência do conteúdo, assentado nos livros da Serventia.

Nos dizeres do grande doutrinador Serpa Lopes, "há averbação quando se torna necessário anotar ou declarar à margem do assento do registro, algum fato ou ato jurídico relativo ao objeto do mesmo assento e que possa implicar em alteração ou mudança na sua substância".

Por meio desta, realiza-se a modificação do teor do assento, alterando a situação jurídica nele inserida, mediante prévia qualificação registral do título apresentado.

A partir da análise e subsunção técnico-registral do título hábil previamente apresentado e protocolado, o Oficial ou escrevente habilitado a escriturar a averbação, que, a depender da opção do titular, será realizada à margem direita do assento ou após a finalização do assento.

Por título hábil entende-se a carta de sentença formatada judicial ou extrajudicialmente; mandado judicial atentando-se para a indicação do trânsito em julgado da decisão; petição ou requerimento instruído de certidão ou documento hábil. Este último pode indicar o resultado de prévio procedimento, por vezes tramitado em serventia extrajudicial de registro civil, como ocorre na hipótese de alteração de nome, de gênero decorrente do Provimento 149/2023 CNJ, de inserção de filiação socioafetiva decorrente do Provimento 182/2024 CNJ, dentre outros.

Com frequência, os títulos judiciais têm sido substituídos por instrumentos públicos, seja por escritura pública de separação, restabelecimento, divórcio, em decorrência da franca desjudicialização promovida pelo advento da Lei 11.441/2007. Aliás, a normatização desses instrumentos indica que o usuário deve ser orientado, expressamente, a apresentar o ato notarial junto ao ofício competente para atualização de seu conteúdo e ampla publicidade, com efeito *erga omnes*.

Caso o título se refira a carta de sentença, mandados ou ofícios dos juízos do Tribunal de Justiça de São Paulo, bem como de outros tribunais que integrem, por convênio, a plataforma da Central de Informações do Registro Civil, seu encaminhamento deve ocorrer obrigatoriamente pelo módulo

CRC-JUD, realizando-se o arquivamento destes documentos eletrônicos em classificador digital, vedando-se o envio por suporte físico ou por *e-mail*.

Visa-se, por meio da efetivação da averbação, aproximar a realidade fática à jurídica, de modo que a emissão de certidão do ato reflita a sua realidade atualizada, em cumprimento da característica registral da mutabilidade, e dos princípios registrais da veracidade e segurança do assento.

Vale ressaltar que esse título a ser averbado é previamente constituído, formal e materialmente, e encontra-se devidamente finalizado ao ser apresentado pelo usuário para protocolização na serventia, em cumprimento do princípio rogatório. Em ato posterior, ocorre a verificação dos critérios e requisitos apresentados no título que o habilite a inserção de alteração no assento, com respeito especial ao Princípio da Continuidade, ou seja, à avaliação da prévia inserção da situação a ser modificada.

Em sua redação original, esse artigo dispunha da necessidade de manifestação do Ministério Público nos requerimentos de alteração de assento, por meio do ato de averbação. A alteração trazida pela Lei 13.484/2017, atribuindo maior autonomia do Oficial de Registro, indica a necessidade de manifestação do *Parquet* apenas nas hipóteses em que o Oficial, por ocasião da análise do quanto solicitado e da qualificação da documentação apresentada, suspeitar da incidência de fraude, falsidade ou má-fé na conduta do usuário. Por si só, a hipótese configura situação grave o suficiente para encaminhamento a autoridade policial para averiguação quanto à possibilidade de prática delituosa; mas há orientação expressa de encaminhamento ao Ministério Público, indicando-se os motivos da suspeita, acompanhado de toda a documentação envolvida.

O rol de hipóteses de averbação apresentado no art. 29 da Lei de Registros Públicos (LRP), bem como no art. 9º do vigente Código Civil, são exemplificativos, enunciando situações da vida civil que alteram o conteúdo do registro e demandam o ajuste do assento, em prol da segurança, eficácia e segurança da informação a ser publicizada. Decorrentes de previsão normativa ou legal, outras situações podem ser inseridas por averbação e alterar o assento, como as hipóteses de perda e retomada de nacionalidade brasileira, as sentenças de guarda e responsabilidade de menores com a suspensão do poder familiar, dentre outras indicadas na seção IX, no cap. XVII, das Normas da Corregedoria-Geral da Justiça Paulista.

Interessante possibilidade de averbação posterior à inserção de ato estrangeiro por meio de sua inscrição junto ao Livro E competente, desde que os documentos estejam devidamente traduzidos e legalizados, dispensando o registro junto no Registro de Títulos e Documentos. A exemplo da normativa paulista, em caso de transcrição de casamento de brasileiro ocorrido no estrangeiro, sem que este possua a indicação do regime de bens a regular as questões patrimoniais durante a vigência do casamento, há possibilidade de qualificação positiva do título nestas condições, facultada a posterior averbação, sem necessidade de autorização judicial, mediante a apresentação de documentação idônea, nos termos do art. 7º do Decreto-Lei 4.657/1942.

Jurisprudência

1. Verificação dos requisitos averbação casamento celebrado no estrangeiro

"(...) Verifica-se dos autos que os requisitos impostos pelo Provimento CNJ 53/2016 e pelas Normas de Serviço da E. Corregedoria-Geral da Justiça, conforme bem apontado pela Senhora Registradora em sua nota devolutiva, não foram preenchidos, uma vez que (i) não foi apresentado documento original com a devida chancela consular ou apostilamento, bem como que (ii) o relatório da dissolução do matrimônio não conta com a concordância da cônjuge varoa, pese embora os interessados afirmem a consensualidade da medida. Dessa forma, a impugnação ao óbice imposto pela Senhora Titular não merece acolhida. As NSCGJ são claras ao consignar que para a averbação direta de divórcio em transcrição de certidão de casamento, o interessado deverá apresentar 'cópia integral da sentença estrangeira, bem como comprovação do trânsito em julgado, acompanhada de tradução oficial juramentada e de chancela consular', em conformidade ao item 136.3, do Cap. XVII, das NSCGJ. Destaco que, sabidamente, a chancela consular sobre o documento original pode ser dispensada em face do apostilamento, que igualmente deve ser feito sobre o documento em seu original: 155.1.2. A legalização efetuada por autoridade consular brasileira e a aposição da Apostila de Haia consistem na formalidade pela qual se atesta a autenticidade da assinatura, da função ou do cargo exercido pelo signatário do documento e, quando cabível, a autenticidade do selo ou do carimbo nele aposto. (...) [Cap. XVII, NSCGJ]. As exigências não são extraordinárias e não pretendem ignorar as diferenças de ordenamentos jurídicos entre o país estrangeiro e a terra pátria, não se esperando uma equiparação absoluta dos institutos judiciais lá e cá. Entretanto, a documentação apresentada deve permitir a avaliação da situação fático-jurídica, sua equiparação com os instrumentos nacionais e a certeza de sua autenticidade, o que não foi possível fazer no presente caso. Isto posto e por tudo mais que consta nos autos, nos termos do parecer do Ministério Público, acolho o óbice imposto pela Senhora Oficial e indefiro o pedido de averbação de divórcio em transcrição de casamento, haja vista que não preenchidos os requisitos autorizadores do ato. Regularizada a situação pela parte requerente, poderá novo pedido ser deduzido diretamente perante o Registro Civil (...)" (TJSP, Processo 1117442-92.2022.8.26.0100 – Pedido de Providências, Corregedoria-Geral da Justiça, Juiz de Direito: Dr. Marcelo Benacchio, 2ª Vara de Registros Públicos de SP).

Art. 98. A averbação será feita à margem do assento e, quando não houver espaço, no livro corrente, com as notas e remissões recíprocas, que facilitem a busca.

 Referências Normativas

Código Civil (Lei 10.406/2002), art. 10.
Lei 6.015/1973, art. 29.
Normas de Serviço da Corregedoria-Geral da Justiça do Estado de São Paulo, Tomo II, Capítulo XVII, Item 124.2.

 Comentários

1. Da escrituração da averbação

Conforme dispõe o art. 36 da Lei de Registros Públicos (LRP), originalmente, os livros de registros públicos são divididos em três partes, reservando-se a parte da direita para a inserção de apontamentos referentes a averbações, bem como as anotações, determinando que sejam indicadas neste campo tanto as alterações realizadas no assento, impresso na porção central, quanto as anotações das remissões recíprocas.

Esse lançamento marginal, em se verificando não existir espaço para escrituração na folha do assento alterado, pode ser realizado no livro atual, ou, facultativamente em livro próprio de Transporte. Nessas duas opções devem ser lançadas as indicações do assento a que se refere para pronta localização da alteração realizada, bem como deve ser indicada no assento original a alteração e dados de localização no Livro Corrente ou Transporte.

Essa sistemática visa facilitar a busca das informações e permite maior segurança no lançamento da totalidade dos atos acessórios (averbações e anotações) e atualidade do teor do assento, imprescindível para o bom atendimento do procedimento de emissão de certidões.

Art. 99. A averbação será feita mediante a indicação minuciosa da sentença ou ato que a determinar.

 Referências Normativas

Código Civil (Lei 10.406/2002), art. 10.
Lei 6.015/1973, art. 29.
Normas de Serviço da Corregedoria-Geral da Justiça do Estado de São Paulo, Tomo II, Capítulo XVII, item 124.3.

Comentários

1. Da transposição do conteúdo da averbação

A modificação pode ser requerida a qualquer tempo, sem a previsão legal de prazo para sua tempestividade. Após a análise da documentação protocolada, restando a qualificação positiva, realizar-se-á a completa e minuciosa inserção dos dados de alteração do teor do registro, a depender do título que o embasa. Ressalte-se, o conteúdo alterado deve corresponder *verbo ad verbum* o quanto indicado no título analisado e qualificado positivamente.

Assim, a averbação, decorrente de título judicial, deve indicar o conteúdo decisório da sentença, nome do juiz que a proferiu, número do processo e respectiva vara, data da sentença e de seu trânsito em julgado.

Caso a alteração decorra de título extrajudicial, a exemplo de escritura pública, os elementos de qualificação subjetiva devem estar perfeitamente subsumidos ao assento, indicando-se Serventia, Livro, páginas e objeto de averbação.

> **Art. 100.** No livro de casamento, será feita averbação da sentença de nulidade e anulação de casamento, bem como do desquite, declarando-se a data em que o juiz a proferiu, a sua conclusão, os nomes das partes e o trânsito em julgado.
>
> § 1º Antes de averbadas, as sentenças não produzirão efeito contra terceiros.
>
> § 2º As sentenças de nulidade ou anulação de casamento não serão averbadas enquanto sujeitas a recurso, qualquer que seja o seu efeito.
>
> § 3º A averbação a que se refere o parágrafo anterior será feita à vista da carta de sentença, subscrita pelo presidente ou outro juiz do Tribunal que julgar a ação em grau de recurso, da qual constem os requisitos mencionados neste artigo e, ainda, certidão do trânsito em julgado do acórdão.
>
> § 4º O oficial do registro comunicará, dentro de quarenta e oito horas, o lançamento da averbação respectiva ao juiz que houver subscrito a carta de sentença mediante ofício sob registro postal.
>
> § 5º Ao oficial, que deixar de cumprir as obrigações consignadas nos parágrafos anteriores, será imposta a multa de cinco salários-mínimos da região e a suspensão do cargo até seis meses; em caso de reincidência ser-lhe-á aplicada, em dobro, a pena pecuniária, ficando sujeito à perda do cargo.

 Referências Normativas

Código Civil (Lei 10.406/2002), arts. 182, 1.571, 1.548 e seguintes.
Lei 6.015/1973, art. 29, § 1º, *a*.
Normas de Serviço da Corregedoria-Geral da Justiça do Estado de São Paulo, Tomo II, Capítulo XVII, itens 125 a 126.

Comentários

1. Da escrituração das averbações no assento de casamento

Dentre as alterações possíveis no assento de casamento, tem-se as causas de extinção da sociedade e do vínculo conjugal, ou seja, a decretação de nulidade ou de anulação, por sentença ou por acórdão, separação judicial ou extrajudicial, divórcio judicial ou extrajudicial. Essas possuem natureza jurídica desconstitutiva e com eficácia após o trânsito em julgado, sendo inseridas no acervo da Serventia por meio de ato de averbação, junto ao respectivo termo. Apenas após essa devida averbação ocorre a eficácia *erga omnes*, perante terceiros.

Tal averbação não ocorrerá enquanto pendente recurso, independente do efeito que possua. A qualificação positiva do título objeto de averbação apenas prosperará caso seja apresentada a respectiva certidão indicando a data de ocorrência de trânsito em julgado.

Interessante situação que merece cuidadosa avaliação do Oficial de Registro refere-se ao caso de julgamento antecipado parcial do mérito, nos termos do art. 355 da Lei 13.105/2015. Nessa hipótese, em se tratando de ação de divórcio cumulando pensão, pode ocorrer o julgamento antecipado do mérito referente ao divórcio e continuidade do processo em relação ao tema pensão, não ocorrendo a decisão de todos os temas no mesmo momento processual. Apenas ao final da decisão sobre toda a demanda ocorrerá o trânsito em julgado e sua devida certificação. Não tendo ocorrido qualquer impugnação quanto à decisão de divórcio, neste caso específico pode ser objeto de averbação a decisão de divórcio, ainda que não seja apresentada a certificação de trânsito em julgado respectiva.

Ainda que o usuário não possua prazo para a apresentação, na serventia, do título a ser averbado, o protocolo físico da respectiva documentação ou seu envio, pelo juízo emitente da decisão, eletronicamente via plataforma CRC módulo CRC-JUD, deve ser analisado, qualificado e, a depender desta avaliação, cumprido ou emitida nota devolutiva. Em caso de cumprimento da solicitação de averbação, há o prazo de 48 horas, para comunicação quanto à realização junto ao juízo emissor do título.

Como mencionado nos comentários ao artigo anterior, o conteúdo da averbação deve relatar a completa e minuciosa inserção dos dados de alteração do teor do registro, correspondendo *verbo ad verbum* o quanto indicado no título analisado, sob pena de sanção disciplinar.

As penalidades indicadas no § 5º devem ser harmonizadas pelo que dispõe a Lei 8.935/1994, por se tratar de lei posterior e especial. Essa, em seu art. 32, indica as espécies de pena como a repreensão, multa, suspensão e perda de delegação. A depender das circunstâncias verificadas no caso concreto, a autoridade competente irá aplicar uma das espécies mencionadas, atentando-se a limitação da suspensão pelo prazo indicado no inciso III, art. 32, ou seja, 90 dias prorrogável por mais 30 dias.

Vale ressaltar que o Tema 1053, decorrente do Leading case RE 1167478, STF, relator Min. Luiz Fux, ao tratar da separação judicial como requisito para o divórcio e sua subsistência como figura autônoma no ordenamento jurídico brasileiro após a promulgação da EC nº 66/2010, trouxe a consolidação da tese que após a promulgação da EC nº 66/2010, a separação judicial não é mais requisito para o divórcio, nem subsiste como figura autônoma no ordenamento jurídico. Sem prejuízo, preserva-se o estado civil das pessoas que já estão separadas, por decisão judicial ou escritura pública, por se tratar de ato jurídico perfeito (art. 5º, XXXVI, da CF).

Art. 101. Será também averbado, com as mesmas indicações e efeitos, o ato de restabelecimento de sociedade conjugal.

Referências Normativas

Código Civil (Lei 10.406/2002), art. 1.577.
Lei 6.015/1973, art. 29, § 1º, *a*.
Normas de Serviço da Corregedoria-Geral da Justiça do Estado de São Paulo, Tomo II, Capítulo XVII, item 126.1.

Comentários

1. Da averbação do restabelecimento da sociedade conjugal

Na situação de separação, judicial ou extrajudicial, podem as partes resolver pelo restabelecimento da sociedade conjugal, desde que conserve os mesmos termos indicados no assento de casamento. Especial atenção deve ser dada ao regime de bens, que não deve ser alterado, sob pena de ferir a mutabilidade apenas por provimento judicial que rege o tema, nos termos do art. 1.639, § 2º.

Mesmo que ocorra ampla discussão doutrinária, a possibilidade de retroatividade dos efeitos do restabelecimento conjugal apenas será possível por expressa disposição judicial, devidamente avaliada pelo juízo, apto a avaliar as implicações perante terceiros de boa fé.

Ressalvada a hipótese de julgamento antecipado parcial do mérito, deve o restabelecimento judicial ser averbado mediante a apresentação de certidão que certifica o transcurso do prazo para decurso de recurso. Ainda, deve ser cumprido o prazo de 48 horas para comunicação do juízo, quanto ao cumprimento da averbação encaminhada.

> **Art. 102.** No livro de nascimento, serão averbados:
> 1º) as sentenças que julgarem ilegítimos os filhos concebidos na constância do casamento;
> 2º) as sentenças que declararem legítima a filiação;
> 3º) as escrituras de adoção e os atos que a dissolverem;
> 4º) o reconhecimento judicial ou voluntário dos filhos ilegítimos;
> 5º) a perda de nacionalidade brasileira, quando comunicada pelo Ministério da Justiça.
> 6º) a perda e suspensão do pátrio poder. *(Incluído pela Lei nº 8.069, de 1990)*

 Referências Normativas

Código Civil (Lei 10.406/2002), arts. 10, II, 1.635, 1.638, 1.596.
Lei 6.015/1973, arts. 29, § 1º, *b*, *c*, *d*, 56, 57.
Lei 8.560/1994, art. 3º, *caput*.
Lei 8.069/1990, art. 33.
Constituição Federal, arts. 12, § 4º, I e II, 227, § 6º.
Provimentos 149/2023 e 182/2024, do Conselho Nacional de Justiça.
Normas de Serviço da Corregedoria-Geral da Justiça do Estado de São Paulo, Tomo II, Capítulo XVII, Itens 129 a 134.

 Comentários

1. Da escrituração das averbações no assento de nascimento

No assento de nascimento há várias possibilidades de modificação que merecem averbação, em especial referente à filiação, seja para inclusão ou reconhecimento, seja para exclusão ou desconstituição, tendo por parâmetro os critérios biológico, socioafetivo ou civil.

Desde o advento da atual Constituição Federal, não se faz mais possível a averbação de qualquer ato que altere o assento de nascimento, que se paute pela origem da filiação, sob pena de desrespeito ao quanto preceituado pelo art. 227, § 6º da Constituição Federal e art. 1.596 do Código Civil.

Em caso de alteração da filiação, há concomitante alteração do sobrenome do registrando e dos avós maternos ou paternos, a depender de determinação do título qualificado, no caso concreto.

Toda e qualquer alteração de nome do registrando é passível de averbação, seja a hipótese prevista nos arts. 56 e 57 da Lei de Registros Públicos; seja a alteração do nome do registrando ou de seus pais decorrente de subsequente casamento, separação ou divórcio dos pais, que, nos termos do item 128 das normas de serviço do extrajudicial paulista, independe do procedimento de retificação.

Nos termos do Provimento 149/2023, editado pelo CNJ, o procedimento de reconhecimento de filiação pode ser iniciado em qualquer serventia de Registro Civil e encaminhado via plataforma CRC para finalização naquela que guarda o acervo do termo de nascimento daquele que tem sua filiação alterada.

A filiação socioafetiva, regulamentada pelo Provimento 182/2024 emitido pelo Conselho Nacional de Justiça-CNJ, é devidamente configurada após a integral verificação e cumprimento dos requisitos fáticos necessários, determinando o acréscimo no assento de nascimento daquele socioafetivamente reconhecido, ressaltando-se que nesta hipótese apenas se acresce a filiação socioafetiva, em nada alterando a filiação biológica já assentada.

A alteração de gênero e nome, prevista no Provimento 149/2024 editado pelo CNJ, dispensa qualquer comprovação de realização de cirurgia física, primando pela congruência da própria percepção do ser humano e sopesando a dignidade da pessoa humana, deve ter o ingresso no assento de nascimento, por meio do ato de averbação, uma vez observados os requisitos e parâmetros indicados no mencionado provimento.

As sentenças de adoção unilateral de criança e adolescente, bem como as de adoção do maior devem ser averbadas no respectivo assento de nascimento. Ressalte-se que as escrituras públicas de adoção já lavradas antes do advento da Lei 8.069/1990 também são passíveis de qualificação positiva e averbação no respectivo assento.

Diante da comunicação do Ministério da Justiça, a informação de perda ou retomada da nacionalidade brasileira é inserida no assento de nascimento, decorrência da subsunção do registrado em uma das hipóteses indicadas no § 4º, I e II, do art. 12 da Constituição Federal, sem que tenha sido comprovada a verificação de uma das hipóteses de exclusão informadas nas letras *a* e *b* do citado parágrafo da Constituição Federal.

Ainda, as hipóteses trazidas pelo art. 29, § 1º são exemplificativas, sendo possível ainda a averbação em assento do nascimento de circunstâncias como a nomeação de tutor; termo de guarda e responsabilidade; e perda, suspensão e destituição do poder familiar, desde que requerida e respaldada em título idôneo.

Ainda que revogável e de caráter provisório, o instituto da guarda, deferido em caráter incidental ou liminarmente, deve ser averbado no respectivo assento de nascimento, provando a relação de dependência com o guardião, em prol da proteção do melhor interesse da criança e do adolescente.

A nomeação, bem como a alteração, de tutor constitui alteração que merece reflexo por ato de averbação, dando publicidade àquele que pode gerir ordinariamente os bens do tutelado, promovendo maior proteção ao menor, bem como publicidade e segurança jurídica para os terceiros que possam com ele pactuar.

As hipóteses de perda do poder familiar, decorrente de conduta grave e reprovável do pai e ou da mãe, comprometendo por vezes a integridade física da criança e do adolescente, sofreram importante alteração pela Lei 13.715/2018. Essa lei ampliou as circunstâncias de incidência, atreladas à violência doméstica, tema de fundamental importância e combate. Novamente, a alteração registral visa proteger o melhor interesse da criança e do adolescente e deve ter pleno ingresso ao assento registral.

 Jurisprudência

1. Da necessidade de anuência da genitora no reconhecimento de paternidade

"Cuida-se de expediente encaminhado pelo Sr. Oficial do Registro Civil das Pessoas Naturais do 26º Subdistrito Vila Prudente, Capital, solicitando providências a respeito do reconhecimento de paternidade pleiteado por V.O.G., em relação à menor R.R. de O., cuja genitora é falecida. Vieram aos autos os documentos de fls. 03/13 e 18. O Ministério Público manifestou-se às fls. 20/21. Instada, a parte interessada prestou informações complementares (fl. 26). É o breve relatório. DECIDO. Constam dos autos que V.O.G. reconheceu como sua filha, a menor R.R. de O., nascida em 10/07/2016, por meio do Termo de Reconhecimento de Filho Biológico, cuja genitora, C.R. de O., é falecida (fls. 03 e 06, respectivamente). Considerando a impossibilidade de apresentação de anuência válida da genitora da menor a ser reconhecida, conquanto falecida, nos termos da legislação incidente, houve o encaminhamento do presente Reconhecimento de Paternidade Biológica a este Juízo Corregedor Permanente para as deliberações cabíveis. Nesta senda, instada, a parte interessada asseverou que inexiste guarda judicialmente fixada, certo que a menor se encontra sob a guarda fática da avó paterna, Sra. R.O., certo que o genitor da criança reside junto com estas (fl. 26). Assim, considerando que C.R. de O., genitora da menor R.R. de O., é falecida conforme certidão de óbito acostada à fl. 06, bem como que a reconhecida encontra-se em situação irregular, porquanto não há guarda judicialmente fixada, nos termos da cota ministerial retro, destaco que a questão deverá ser dirimida na via jurisdicional competente a tanto, ante a inobservância da normativa cogente, donde indefiro o pedido nesta via administrativa. Remessa urgente de cópia integral dos autos, por *e-mail*, à Vara da Infância e Juventude com competência relativa ao domicílio da avó paterna, porquanto a menor está em seu poder, para adoção das medidas tidas por pertinentes para regularização. (...)" (TJSP, Processo 1093600-83.2022.8.26.0100 – Pedido de Providências, Corregedoria-Geral da Justiça, Juiz de Direito: Dr. Marcelo Benacchio, 2ª Vara de Registros Públicos de SP).

Art. 103. Será feita, ainda de ofício, diretamente quando no mesmo cartório, ou por comunicação do oficial que registrar o casamento, a averbação da legitimação dos filhos por subsequente matrimônio dos pais, quando tal circunstância constar do assento de casamento.

Referências Normativas

Lei 3.071/1916, art. 332.

Comentários

Da não recepção da distinção de origem de filiação
Esta norma, editada sob a égide do anterior Código Civil, encontra-se derrogada em virtude do disposto pelo art. 227 da Constituição Federal. Em seu § 4º, há expressa disposição que veda qualquer espécie de discriminação quanto à origem da filiação, ainda que na denominação, trazendo igualdade jurídica a todos os filhos, independentemente de sua origem.
Nesse sentido dispõem o art. 3º da Lei 8.560/1992 e o atual Código Civil, indicando expressamente a igualdade de filiação, seja ela advinda de casamento, de adoção ou socioafetividade, nos termos do Provimento 149/2023 editado pelo CNJ.

Jurisprudência

Da possibilidade da supressão da indicação de legitimidade da filiação
"(...) Por outro lado, não há óbice legal a essa pretensão e a Lei 6.015 de 1973 abarca a retificação pleiteada. Ademais, o Ministério Público opina pela procedência de tal pedido. Sendo assim, demonstrado que a retirada da palavra 'legítima' do assento em questão merece ser deferida. Por outro lado, descabe o pedido de inclusão do nome de seu genitor como declarante do registro de seu nascimento. Verifica-se que essa alteração não se trata de retificação do referido assento, pois a autora em momento algum informou nos autos que seu pai esteve presente, juntamente com sua genitora, no ato de registro de seu nascimento. Logo não é possível realizar a correção pleiteada, sendo que essa situação não ocorreu, seu genitor não estava presente naquele fato passado. Deduz-se que o que a parte autora verdadeiramente pretende é a inclusão da informação de que seu pai, posteriormente, também declarou que ele e G.F.N. são os genitores da requerente. Contudo, além desse acréscimo não gerar qualquer efeito sobre o reconhecimento da paternidade por I.A. – que consta como genitor da autora desde o registro de seu nascimento, não havendo a informação de qualquer pedido de desconstituição desse ato por ele –, o pedido em questão sequer foi provado. O documento de fl. 09 não é o suficiente para comprovar que Ítalo declarou a filiação da autora no cartório onde registrado o assento de nascimento desta, tendo em vista que não há tal informação no Registro Civil, especialmente na certidão em questão. Posto isso, julgo PARCIALMENTE PROCEDENTE o pedido, para excluir a palavra 'legítima', que adjetiva a qualificação 'filha', da certidão de nascimento da autora. Custas à parte autora. Esta sentença servirá como mandado, desde que assinada digitalmente por este Magistrado e acompanhada das cópias necessárias ao seu cumprimento, inclusive da certidão de trânsito em julgado, incumbindo ao Sr. Oficial da Unidade do Serviço de Registro Civil das Pessoas Naturais competente consultar, em caso de dúvida, os autos digitais no sistema informatizado do Tribunal de Justiça do Estado de São Paulo. O Sr. Oficial da Unidade do Serviço de Registro Civil das Pessoas Naturais competente deverá comunicar este Juízo, em cinco dias, via ofício, o lançamento das averbações nos assentos, indicando-os expressamente. Outrossim,

se aplicável, poderá nesta ser exarado o respeitável 'CUMPRA-SE' do Excelentíssimo Senhor Doutor Juiz Corregedor Permanente competente, ordenando seu cumprimento pelo Senhor Oficial da respectiva Unidade do Serviço de Registro Civil das Pessoas Naturais. A parte autora fica expressamente ciente de que tem o dever processual de comprovar nesses autos o cumprimento integral desta sentença (artigo 77, inciso IV, do Novo Código de Processo Civil) e advertida de que o não cumprimento caracteriza ato atentatório à dignidade da justiça e, como tal, poderá ensejar, sem prejuízo das sanções criminais, civis e processuais cabíveis, aplicação de multa, nos termos do artigo 77 e parágrafos do Novo Código de Processo Civil (...)" (TJSP, Processo 1101374-09.2018.8.26.0100 – Pedido de Providências, Corregedoria-Geral da Justiça, Juiz de Direito: Dr. Luiz Gustavo Esteves, 2ª Vara de Registros Públicos de SP).

> **Art. 104.** No livro de emancipações, interdições e ausências, será feita a averbação das sentenças que puserem termo à interdição, das substituições dos curadores de interditos ou ausentes, das alterações dos limites de curatela, da cessação ou mudança de internação, bem como da cessação de ausência pelo aparecimento do ausente, de acordo com o disposto nos artigos anteriores.
> **Parágrafo único.** Averbar-se-á, também, no assento de ausência, a sentença de abertura de sucessão provisória, após o trânsito em julgado, com referência especial ao testamento do ausente se houver e indicação de seus herdeiros habilitados.

 Referências Normativas

Código Civil (Lei 10.406/2002), arts. 5º, parágrafo único, I, 9º, II, III e IV, 22, 26, 37, 1.728, 1.767.
Código de Processo Civil (Lei 13.105/2015), art. 755, § 3º.
Normas de Serviço da Corregedoria-Geral da Justiça do Estado de São Paulo, Tomo II, Capítulo XVII, Itens 135 e 136.

 Comentários

1. Da averbação de atos inscritos no Livro E

Os atos de emancipação voluntária e judicial, interdição e ausências, inscritos no Livro E da sede ou 1º Ofício da Serventia de Registro Civil, quando alterados, igualmente merecem averbação específica e expressa. Isso porque o assento civil deve buscar refletir a atualidade e veracidade da pessoa referida, modificado o ato de interdição em caso de alteração de curador ou limites de curatela ou local e parâmetros de internação. Ainda, observado o procedimento indicado pelo atual Código de Processo Civil, deve ser averbada a cessação da interdição, em decorrência de superveniência de causa de extinção da curatela.

A sentença constitutiva de interdição, inscrita no Livro E competente, deve receber a averbação referente a modificação de curador, limites e/ou cessação, bem como efetuar a comunicação destas alterações para os assentos de nascimento e casamento do interditado.

Já a sentença declaratória de ausência, inscrita no Livro E competente, é passível de atualização quanto às fases percorridas do procedimento de ausência, iniciado com a arrecadação dos bens e decurso do lapso temporal previsto para configuração da fase de decretação de sucessão provisória. Verificada essa fase, deve ser averbada junto ao assento do Livro E, informando-se, inclusive, a existência de testamento, bem como herdeiros. Igualmente deve ser noticiado, por ato de averbação, o reaparecimento do ausente, bem como deve ser averbada a promoção da sucessão definitiva, nos termos do disposto no art. 39, *caput* e parágrafo único, respectivamente, do atual Código Civil.

Por se tratar de ato exemplificativo, o rol indicado no art. 29, II, da Lei de Registros Públicos não exclui a averbação de atos modificativos ocorridos no exterior, mas referentes a assentos lavrados no território nacional. Nessa circunstância, insere-se o divórcio decorrente de sentença estrangeira de divórcio, em suas duas categorias: simples ou puro e consensual qualificado. Diferenciam-se estes títulos em sua qualificação, desde que a documentação tenha a certificação de trânsito em julgado ou desistência do prazo de recurso, devidamente traduzida e legalizada. Enquanto o puro independe de autorização judicial e da audiência do Ministério Público; o qualificado dependerá de prévia homologação pelo Superior Tribunal de Justiça.

 Jurisprudência

1. Da possibilidade de averbação de divórcio no Livro E

"(...) O Senhor Titular negou seguimento ao pedido de averbação no entendimento de que o divórcio não se enquadra como simples e puro, nos termos da legislação em vigor, posto que há menção na redação da r. sentença estrangeira em relação a ratificação de acordo de divisão de ativos e passivos da sociedade conjugal. A seu turno, a parte autora não concorda com a interpretação dada à situação pelo Senhor Registrador, referindo, em suma, que a partilha de bens foi realizada anteriormente ao divórcio e com este não se confunde. Pois bem. À luz da documentação carreada ao feito, bem como dos esclarecimentos prestados, verifico que assiste razão ao Senhor Titular na negativa efetuada. É patente nos autos que o MM. Juízo estrangeiro não só tomou conhecimento do acordo de partilha de bens, como o ratificou dentro da ação da dissolução da sociedade conjugal. Desse modo, não há razão na afirmação do Senhor Requerente quanto à partilha não se misturar ao divórcio, uma vez que houve expressa menção, conhecimento e concordância do Juízo estrangeiro com os termos da divisão. Dessa forma, a impugnação ao óbice imposto pelo Senhor Titular não merece acolhida. O Provimento 53 do CNJ, bem como as NSCGJ, é claro ao consignar que a averbação de divórcio em assento de casamento somente se dará na via extrajudicial quando a dissolução do matrimônio não envolver elementos referentes aos bens, a alimentos e pensão e à guarda de filhos menores, em conformidade ao § 3º de seu artigo 1º. Isto posto e por tudo mais que consta nos autos, nos termos do parecer do Ministério Público, acolho o óbice imposto pelo Senhor Oficial e Tabelião e indefiro o pedido de averbação de divórcio em assento de casamento, haja vista que não preenchidos os requisitos autorizadores do ato (...)" (TJSP, Processo 1111286-88.2022.8.26.0100 – Pedido de Providências, Corregedoria-Geral da Justiça, Juiz de Direito: Dr. Marcelo Benacchio, 2ª Vara de Registros Públicos de SP).

Art. 105. Para a averbação de escritura de adoção de pessoa cujo registro de nascimento haja sido fora do País, será trasladado, sem ônus para os interessados, no livro "A" do Cartório do 1º Ofício ou da 1ª subdivisão judiciária da comarca em que for domiciliado o adotante, aquele registro, legalmente traduzido, se for o caso, para que se faça, à margem dele, a competente averbação.

 Referências Normativas

Lei 3.071/1916, art. 332.
Código Civil (Lei 10.406/2002), art. 10, II.
Normas de Serviço da Corregedoria-Geral da Justiça do Estado de São Paulo, Tomo II, Capítulo XVII, Itens 134 e 172.

 Comentários

1. Da escrituração da averbação de adoção

Ainda que derrogada pelo atual Código Civil, a possibilidade de adoção simples, por meio da lavratura de escritura pública, estabelecida pelo art. 332 do Código Civil de 1916, constitui ato jurídico perfeito e merece ingresso no Serventia correspondente ao 1º Subdistrito do domicílio do adotante.

Nessa serventia, a escrituração ocorrerá junto ao Livro A, apesar de se referir a registro de nascimento ocorrido fora do País. Ordinariamente, os atos realizados no exterior são trasladados junto ao Livro E, mas há expressa orientação de que neste caso seja o assento realizado no Livro A.

Interessante avaliar a aquisição da nacionalidade brasileira por aquele adotado, mas nascido em território estrangeiro. Não há entendimento homogêneo na jurisprudência, nem base legal que indique a aquisição automática da cidadania brasileira, por falta de previsão legal constitucional e infralegal. Assim, o registrado terá a sua adoção devidamente inscrita, mas sem a aquisição da nacionalidade brasileira.

Faz-se necessária a distinção traçada pela normativa paulista, ao indicar no item 172, cap. XVII, a trasladação junto ao Livro E, da certidão de nascimento de filho de pai e mãe estrangeiros, cujo nascimento tenha ocorrido no exterior. O ordenamento jurídico pátrio não atribui a nacionalidade brasileira a este registrado, por ausência de configuração de qualquer das hipóteses indicadas no art. 12 da Constituição Federal. Tal registro é pertinente, então, para posterior alteração referente a assuntos relacionados a direitos da personalidade, às questões de estado, à capacidade e ao direito de família, reconhecimento de filiação, à perda e suspensão do poder familiar, guarda, tutela, investigação de paternidade ou maternidade, negatória de paternidade ou maternidade e demais atos que constituírem nova relação familiar.

 Jurisprudência

1. Da possibilidade de averbação tardia de adoção

"(...) O Ministério Público ofertou parecer pugnando pela inscrição da averbação, mantendo-se, todavia, os vínculos biológicos do registrado (fls. 27/28). Por fim, vieram aos autos as certidões de distribuição de ações judiciais e protestos, bem como declaração de homonímia, em nome do Senhor Interessado (fls. 33/52 e 59/62). É o relatório. Decido. Trata-se de pedido de providências formulado pelo Senhor Oficial de Registro Civil das Pessoas Naturais e Tabelião de Notas do 29º Subdistrito Santo Amaro, Capital, solicitando autorização desta Corregedoria Permanente para proceder à averbação tardia da adoção, materializada por meio de escritura pública, de J. C. De C., que pretende chamar-se J. C. De C. B., por R. B. E M. S. L. B. Narra o Senhor Interessado que nunca necessitou alterar seu registro. Todavia, no momento, por conta de procedimento de requisição de dupla cidadania, a averbação da adoção é necessária, motivo pelo qual a requer. Pois bem. A escritura pública, datada de 11 de agosto de 1994, firmada na vigência do anterior Código Civil de 1916, configura-se na modalidade de adoção prevista nos artigos 368 a 378 do referido códex, a denominada 'adoção simples'. Como é sabido, a adoção simples caracteriza-se como ato de vontade, dotado de natureza jurídica de contrato de direito de família, à semelhança do casamento, o qual se forma a partir do consentimento de ambas as partes (adotante e adotado, ou seu representante legal). No caso ora em comento, o parentesco limita-se a adotantes e adotado, não se rompendo os demais laços sanguíneos entre o adotado e seus familiares biológicos, conforme previsão legislativa. Nesta senda, verifica-se que o Código Civil de 1916 é claro quanto ao parentesco civil resultante da adoção simples. Prescreve o diploma legal: Art. 336. A adoção estabelece parentesco meramente civil entre o adotante e o adotado (art. 375). (...) Art. 376. O parentesco resultante da adoção (art. 336) limita-se ao adotante e ao adotado, salvo quanto aos impedimentos matrimoniais, a cujo respeito se observará o disposto no art. 183, ns. III e V. Posto isso, ao contrário do que se dá hoje com o instituto da adoção, concebido pelo Estatuto da Criança e do Adolescente, a adoção simples estabelecia apenas um liame de filiação civil restrito entre adotante e adotado, restringindo seus efeitos às referidas partes, mas sem aptidão para excluir os vínculos de filiação preexistentes. Sendo assim, na situação dos autos, a adoção simples deu ensejo à junção do vínculo adotivo aos vínculos familiares biológicos, entretanto, imprimiu seus efeitos somente às partes negociais, mantendo os laços consanguíneos entre o adotado e a família natural, os quais permaneceram intactos para todos os efeitos legais daí decorrentes. Disto decorre, como bem destacado pelo ilustre Promotor de Justiça, o óbice para a alteração das relações com os ascendentes biológicos da registrada. Neste cenário, em homenagem ao princípio da verdade real, como forma de manutenção da segurança jurídica, nos termos dos artigos 97 e 102, item 3, da Lei de Registros Públicos, o ato notarial merece averbação. Posto isto, autorizo a averbação da escritura pública à margem do assento de nascimento de J. C. De C., que passará a se chamar J. C. De C. B., mantendo-se intacta, todavia, afiliação biológica já existente e atentando-se o Senhor Titular quanto à inviabilidade de anotação quanto a mudança das relações avoengas. Servirá esta sentença como mandado (...)" (TJSP, Processo 1061748-12.2020.8.26.0100 – Pedido de Providências, Corregedoria-Geral da Justiça).

2. Da impossibilidade da nacionalidade

"(...) Não obstante não haver na r. Sentença ou na r. Decisão que acolheu embargos de declaração (hs. 49) determinação para a lavratura de certidão de nascimento ou de transcrição de certidão de nascimento, a serventia extrajudicial procedeu ao registro da segunda maneira: transladando no Livro E as certidões estrangeiras traduzidas dos interessados, fazendo-se, ainda, constar a observação nos termos do artigo 12, inciso I, alínea 'C', da Constituição Federal, acerca da opção pela nacionalidade brasileira perante a Justiça Federal. Diante da feitura das transcrições, com a observação de opção diante da Justiça Federal, pugnaram os Senhores Interessados, junto ao MM. Juízo da 8ª Vara Cível Federal de São Paulo pela concessão da nacionalidade brasileira, nos termos do citado artigo constitucional. Contudo, entendeu o n. Julgado pelo descabimento da opção, posto que 'ausente previsão legal e constitucional que estabeleça a concessão da nacionalidade originária ou derivada por motivo de adoção (seja ela de menores ou maiores de 18 anos)' (excerto da r. Sentença, às hs. 19). Desse modo, somente há três hipóteses em que se estabelece a nacionalidade brasileira originária, aquelas acima mencionadas, expressamente previstas nas alíneas do primeiro inciso do artigo 12 da Carta Federal. Outros casos de aquisição de cidadania são cenários de naturalização, ou seja, possibilidades de aquisição de nacionalidade derivada, apontadas pelo inciso II do mesmo artigo. Nesse sentido, explica Alexandre de Moraes: A Constituição Federal prevê exaustiva e taxativamente as hipóteses de aquisição da nacionalidade originária, ou seja, somente serão brasileiros natos aqueles que preencherem os requisitos constitucionais das hipóteses únicas do art. 12, inciso I. 2 Como ressalta Francisco Rezek, analisando hipótese semelhante, seria flagrante, na lei, o vício de inconstitucionalidade, quando ali detectássemos o intento de criar, à margem da Lei Maior, um novo caso de nacionalidade originária [Moraes, Alexandre de. *Direito Constitucional* – 32. ed. rev. e atual. até a EC nº 91, de 18 de fevereiro de 2016 São Paulo: Atlas, 2016]. Com efeito, a adoção concedida à brasileira dos dois maiores pela Vara de Família não é hipótese de aquisição de nacionalidade brasileira originária ou mesmo naturalização, isto é, não tem o condão de tornar os Senhores Interessados em brasileiros natos ou, automaticamente, naturalizá-los, conforme bem apontado pelo d. Juízo Federal. Sublinhe-se que as hipóteses elencadas no artigo 12 da Constituição Federal são taxativas e não indicam adoção como uma das possibilidades de nacionalização. Nesse sentido, em regra, a averbação da adoção dos maiores deveria ser efetuada nos termos da legislação pertinente do país natal, se houver, por meio dos órgãos consulares responsáveis pelas providências relativas aos registros públicos em casos assemelhados, conforme determinado pelo próprio Juízo da Família. Bem assim, o ofício expedido pela Serventia Judicial da n. Vara de Família, em aparente discordância em relação à r. Sentença prolatada, não poderia ter sido levado a registro como o foi, sendo certo que a Senhora Oficial poderia ter emitido nota devolutiva àquele Juízo ou, alternativamente, suscitado a dúvida perante esta Corregedoria Permanente. Portanto, por toda a argumentação deduzida, a transcrição das certidões de nascimento não se mostra viável, uma vez que a Lei de Registros Públicos, ao seu artigo 32, § 1º, indica que o translado será tomado a partir de certidões de brasileiros nascidos no estrangeiro, o que não é o caso dos autos, conforme já demonstrado e em conformidade com os apontamentos realizados pelo d. Promotor de Justiça. Na mesma senda são as indicações das Normas de Serviço da E. Corregedoria-Geral da Justiça, em seus itens 155, 155.1 e 155.1.1, do Capítulo XVII: 155. O traslado de assentos de nascimento, casamento e óbito de brasileiros em país estrangeiro, tomados por autoridade consular brasileira, nos termos do regulamento consular, ou por autoridade estrangeira competente, a que se refere o *caput* do art. 32 da Lei 6.015/73, será efetuado no Livro E do Registro Civil das Pessoas Naturais do 1º Subdistrito da Comarca do domicílio do interessado ou do 1º Ofício de Registro Civil das Pessoas Naturais do Distrito Federal, sem a necessidade de autorização judicial. 155.1 Os assentos de nascimento, casamento e óbito de brasileiros lavrados por autoridade estrangeira competente, que não tenham sido previamente registrados em repartição consular brasileira, somente poderão ser trasladados no Brasil se estiverem legalizados por autoridade consular brasileira que tenha jurisdição sobre o local em que foram emitidas, ou, se for o caso, devidamente apostilados pela autoridade apostilante do Estado em que realizado o registro, nos termos da Convenção sobre a Eliminação da Exigência de Legalização de Documentos Públicos Estrangeiros ('Convenção de Haia'). 155.1.1. Antes de serem trasladados, tais assentos também deverão ser traduzidos por tradutor público juramentado, inscrito em junta comercial brasileira. Nesse ponto, destaque-se, inclusive, que as referidas certidões de nascimento estrangeiras não restam consularizadas e, tampouco, apostiladas (hs. 82/87). Noutro turno, relativamente à observação quanto à opção pela nacionalidade brasileira, como bem apontado pela Justiça Federal, resta-se igualmente incabível, por todo o já narrado. Em suma, os interessados, ao serem adotados, não se tornaram filhos de brasileira nascidos no estrangeiro. Eles permanecem como cidadãos do país africano. No mesmo sentido, claro está que não vieram morar em território nacional antes de atingida a maioridade, posto que a adoção se deu já em sua maioridade e os documentos juntados ao pedido de transcrição demonstram nitidamente que os indivíduos adentraram o país em 2017, já com quase 30 anos de idade. Portanto, não há razão que justifique ter constado a referida observação das também equivocadas transcrições efetuadas. Nessa ordem de ideias, à luz de todo o narrado, ciente a parte interessada nos termos do artigo 214, § 1º, da LRP (cf. hs. 121/124), determino o cancelamento das transcrições das certidões de nascimento de H. O. S. M. e A. O. S. M, certo que os Senhores Requerentes deverão se valer das vias adequadas para a averbação da adoção concedida pelo MM. Juízo da Família. Relativamente à responsabilidade administrativa da Senhora Oficial, certo que os fatos demonstram seu entendimento jurídico diante de inédita situação enfrentada, reputo satisfatórias as explicações apresentadas, não vislumbrando, por ora, responsabilidade funcional apta a ensejar a instauração de procedimento administrativo, no âmbito disciplinar. Todavia, consigno à Senhora Titular para que se mantenha rigidamente atenta e zelosa na orientação e fiscalização dos prepostos sob sua responsabilidade pessoal, providenciando amplo e constante treinamento relativo às questões jurídicas referente aos procedimentos da unidade, impedindo a repetição de fatos semelhantes. No mesmo sentido, determino à Senhora Registradora que proceda à abertura de sindicância interna para apuração do ocorrido junto às escreventes responsáveis pela lavratura das transcrições, colhendo-se depoimentos e esclarecimentos, bem como verificando se lhes cabe medidas disciplinares, para ciência quanto aos fatos, inclusive para verificação quanto ao eventual encaminhamento dos autos à Embaixada, conforme determinado naquela r. Sentença. Não menos, oficie-se à Polícia Federal, por *e-mail*, com cópias de hs. 01/72, 117/118 e desta r. Sentença, para as considerações que merecer, ante à eventual irregularidade dos estrangeiros em território nacional. Ciência à Senhora Delegatária e ao Ministério Público. Encaminhe-se cópia da presente decisão, à Egrégia Corregedoria-Geral da Justiça, por *e-mail*, servindo a presente como ofício, especialmente ante ao referido na r. sentença da Justiça Federal (...)" (TJSP, Processo 1043533-85.2020.8.26.0100 – Pedido de Providências, Corregedoria-Geral da Justiça, 2ª Vara de Registros Públicos de SP).

CAPÍTULO XIII
DAS ANOTAÇÕES

Art. 106. Sempre que o oficial fizer algum registro ou averbação, deverá, no prazo de cinco dias, anotá-lo nos atos anteriores, com remissões recíprocas, se lançados em seu cartório, ou fará comunicação, com resumo do assento, ao oficial em cujo cartório estiverem os registros primitivos, obedecendo-se sempre à forma prescrita no artigo 98.

Parágrafo único. As comunicações serão feitas mediante cartas relacionadas em protocolo, anotando-se à margem ou sob o ato comunicado, o número de protocolo e ficarão arquivadas no cartório que as receber.

Referências Normativas

Normas de Serviço da Corregedoria-Geral da Justiça do Estado de São Paulo, Tomo II, Capítulo XVII, item 140.
Provimentos 25/2012 e 149/2023, do Conselho Nacional de Justiça.

Comentários

1. Da escrituração da anotação
Os atos civis relativos a mesma pessoa natural não são todos praticados em um único assento, ou seja, a escrituração de um nascimento não ocorre em um mesmo livro que o casamento ou seu

óbito. Pelo contrário, há expressa previsão de livros específicos a depender da espécie de assento a ser realizado, nos termos do art. 33 da Lei de Registros Públicos (LRP).

Diante dessa formatação da escrituração do registro civil, imprescindível a interligação de um assento primitivo aos posteriores, relacionados à mesma pessoa, promovendo a conexão recíproca, atual e contínua entre os seus assentos, de modo que se tenha ao menos a indicação de todos os atos correlacionados ao se emitir uma certidão referente a determinado assento.

Assim, todo ato registrado ou averbado em um assento e que se refira a uma mesma pessoa natural, deve ser comunicado nos seus demais assentos primitivos, por meio do ato de anotação.

Ainda que não diga respeito a modificação do assento a sofrer remissão, a anotação permite a concatenação das informações existentes sobre os assentos de uma pessoa e assegura o cumprimento do princípio da continuidade.

Essa remissão no assento primitivo deve ser recíproca entre os assentos correlacionados e ocorre no prazo de cinco (5) dias da realização do ato a ser noticiado, sem necessidade de requerimento, por ato de ofício do colaborador da serventia, sem qualquer cobrança ao usuário.

Na hipótese de não ser indicada qualquer informação que possibilite a localização do ato primitivo, passível de sofrer anotação, deve o Oficial realizar busca quanto ao assento primitivo junto ao sistema da Central de Informações do Registro Civil (CRC), e em caso positivo, realiza-se a respectiva anotação ou comunicação para competente anotação, a depender se o ato primitivo a sofrer remissão recíproca encontra-se na mesma serventia ou não, respectivamente.

Diante da regulamentação da Central de Informações de Registro Civil das Pessoas Naturais (CRC), por meio do Provimento 149/2023 editado pelo CNJ, a hipótese de comunicação física e por correio foi substituída pelo envio eletrônico, por meio da plataforma CRC, dispensando o sistema de malote digital, nos termos do art. 8º do citado Provimento.

> **Art. 107.** O óbito deverá ser anotado, com as remissões recíprocas, nos assentos de casamento e nascimento, e o casamento no deste.
>
> § 1º A emancipação, a interdição e a ausência serão anotadas pela mesma forma, nos assentos de nascimento e casamento, bem como a mudança do nome da mulher, em virtude de casamento, ou sua dissolução, anulação ou desquite.
>
> § 2º A dissolução e a anulação do casamento e o restabelecimento da sociedade conjugal serão, também, anotadas nos assentos de nascimento dos cônjuges.

 Referências Normativas

Normas de Serviço da Corregedoria-Geral da Justiça do Estado de São Paulo, Tomo II, Capítulo XVII, Itens 141 a 143.

 Comentários

1. Das anotações decorrentes do óbito

O óbito refere-se a fato natural que produz efeitos civis relevantes para a pessoa natural, extinguindo a sua existência física e impactando na seara patrimonial, seja na responsabilização civil, administrativa e criminal, bem como na imputação criminal.

Dada a importância desse acontecimento, o registro do óbito deve ser comunicado à serventia que possua outro assento referente à mesma pessoa, como o casamento e o nascimento para correspondente anotação; ou prontamente anotado, caso a serventia que realizou o assento de óbito detenha os demais assentos relacionados.

Como mencionado no comentário do artigo anterior, a comunicação anteriormente realizada por meio postal foi substituída pela encaminhada via plataforma CRC, para os Ofícios que estejam nela integrados.

Por se tratar de hipóteses de relevante importância para o assento primitivo, realiza-se a anotação, no assento de nascimento, da respectiva notícia de registro de emancipação, de interdição, de ausência, de casamento, de união estável e respectiva dissolução e de óbito; bem como de averbação de separação, restabelecimento conjugal, divórcio do registrado. Por sua vez, no assento de casamento anota-se a existência de interdição e ausência, já devidamente registradas junto ao Livro E competente.

No que tange ao nome, toda e qualquer alteração, seja decorrente do casamento ou respectiva nulidade, anulação ou divórcio, seja referente a união estável ou respectiva dissolução, é passível de anotação no respectivo assento de nascimento, vez que tratam estas hipóteses de lançamento acessório que não modifica o assento primitivo, buscando contribuir para a plena aplicação dos princípios registrais, em especial o da continuidade.

Por sua vez, as modificações de nome ou gênero (conforme dispõe o Provimento 149/2023 do CNJ) e as de nome dispostas nos arts. 56 e 57 da LRP (com as alterações indicadas pela Lei 14.382/2022) são passíveis de averbação junto ao assento de nascimento, por tratarem de situações de lançamento modificativo, ainda que acessório, que alteram elementos insertos no assento primitivo, visando ao atendimento precípuo do princípio registral da veracidade.

Ainda, nas hipóteses de segundas núpcias, deve-se realizar a anotação do casamento atual no prévio assento de casamento, sendo facultativa a anotação em assento anterior e no de nascimento, caso indicados, previamente, no procedimento de habilitação.

Art. 108. Os oficiais, além das penas disciplinares em que incorrerem, são responsáveis civil e criminalmente pela omissão ou atraso na remessa de comunicações a outros cartórios.

Referências Normativas

Lei 6.015/1973, art. 28.
Lei 8.935/1994, arts. 22, 23, 24 e 32.

Comentários

1. Da omissão da anotação como falta funcional

O desrespeito do cumprimento do prazo de 5 (cinco) dias, para promoção da anotação em assento primitivo, promove a desatualização do conteúdo do registro, indicando **insegurança** jurídica quanto à atualidade da informação indicada em certidão emitida, enfraquecendo sobremaneira o sistema registral.

Desta feita, o descumprimento do prazo de anotação gera a responsabilização civil quanto a danos decorrentes da prática, sob a modalidade subjetiva, com possibilidade de ação de regresso quanto ao colaborador que tenha agido com culpa ou dolo, conforme dispõe a LRP (art. 28) e na Lei 8.935/1994-LNR (art. 22).

Vale destacar que o Supremo Tribunal Federal posicionou-se quanto à responsabilidade do titular da serventia, tratando-a no bojo do Tema 777, atribuindo essa responsabilidade ao Estado, atribuído em regresso, a responsabilidade subjetiva do titular. A omissão do Estado em buscar o regresso em relação ao Oficial pode até mesmo configurar improbidade administrativa.

Ainda, a apuração da responsabilidade civil não dispensa, pois independentemente, a verificação de responsabilidade também na seara criminal, bem como no âmbito administrativo.

Dentre as possibilidades de aplicação de sanção disciplinar regulada pela Lei dos Notários e Registradores (LRN) tem-se a aplicação de pena de repreensão, multa, suspensão e perda da delegação. A escolha para aplicação de umas penas elencadas supra deve se pautar pelo critério da proporcionalidade entre a conduta e/ou omissão praticada e o dano produzido ao usuário, bem como o impacto econômico-social da penalidade para o titular, ainda que a doutrina não verifique a necessidade de gradação na aplicação de sanção disciplinar.

CAPÍTULO XIV
DAS RETIFICAÇÕES, RESTAURAÇÕES E SUPRIMENTOS

Art. 109. Quem pretender que se restaure, supra ou retifique assentamento no Registro Civil, requererá, em petição fundamentada e instruída com documentos ou com indicação de testemunhas, que o juiz o ordene, ouvido o órgão do Ministério Público e os interessados, no prazo de cinco dias, que correrá em cartório.

§ 1º Se qualquer interessado ou o órgão do Ministério Público impugnar o pedido, o juiz determinará a produção da prova, dentro do prazo de dez dias e ouvidos, sucessivamente, em três dias, os interessados e o órgão do Ministério Público, decidirá em cinco dias.

§ 2º Se não houver impugnação ou necessidade de mais provas, o juiz decidirá no prazo de cinco dias.

§ 3º Da decisão do juiz, caberá o recurso de apelação com ambos os efeitos.

§ 4º Julgado procedente o pedido, o juiz ordenará que se expeça mandado para que seja lavrado, restaurado e retificado o assentamento, indicando, com precisão, os fatos ou circunstâncias que devam ser retificados, e em que sentido, ou os que devam ser objeto do novo assentamento.

§ 5º Se houver de ser cumprido em jurisdição diversa, o mandado será remetido, por ofício, ao juiz sob cuja jurisdição estiver o cartório do Registro Civil e, com o seu "cumpra-se", executar-se-á.

§ 6º As retificações serão feitas à margem do registro, com as indicações necessárias, ou, quando for o caso, com a trasladação do mandado, que ficará arquivado. Se não houver espaço, far-se-á o transporte do assento, com as remissões à margem do registro original.

 Referências Normativas

Lei 6.015/1973, art. 212.
Normas de Serviço da Corregedoria-Geral da Justiça do Estado de São Paulo, Tomo II, Capítulo XVII, item 144.
Provimento 149/2023, 177/2024, 180/2024 CNJ
CNN/CNJ artigos 197 a 205-L

Comentários

1. Da retificação adstrita a produção de prova

Cuida o presente artigo da possibilidade de adequação da veracidade indicada no assento e verificada na realidade social hodierna do usuário, assim como ocorre nos assentos imobiliários.

Para tanto, há hipóteses que requerem suprimento, restauração e retificação, total ou parcial, de assento de registro civil, visando corrigir o próprio registro, averbação ou anotação.

Parcela substancial da doutrina caracteriza retificação como o instrumento hábil a alteração em prol da correção de omissão, imperfeição ou erro, constatado em dados integrantes de assento registral. Caso essa correção implique específica reconstituição material do assento, em decorrência de perdimento ou perecimento do acervo, configura-se a hipótese de restauração do assento. Ainda, na ocorrência de complementação de omissão, falha ou desídia do assento, trata-se de hipótese de suprimento de assento, averbação ou anotação.

Na rotina de atendimento da serventia, pode comparecer usuário portando certidão referente ao cartório, mas cujos dados relacionados a Livro, Folhas e Termo não encontre correspondência com o acervo. Em geral, essa discrepância ocorre por perecimento do livro, por más condições de uso, ausência de inserção do assento no livro competente, ainda que tenha ocorrido a emissão de certidão de ato da vida civil.

Art. 109 | LEI DE REGISTROS PÚBLICOS COMENTADA

Diante desse descompasso entre o acervo e a realidade documental apresentada pelo usuário, que pode decorrer de inúmeras hipóteses, como as elencadas supra, bem como de qualquer um dos vícios de manifestação de vontade, faz-se necessário submeter o caso concreto a apreciação do juiz competente.

O procedimento previsto neste artigo requer pedido de considerável extensão e alta indagação, necessitando provimento judicial, com ampla defesa e atendimento ao contraditório, a fim de produzir decisão nos termos do devido processo legal.

Submetido ao juízo competente, em geral as varas especializadas em tema registrário, os dados a serem corrigidos serão analisados juntamente das provas e testemunhas apresentadas, sob o crivo do procedimento judicial, com respectiva manifestação do Ministério Público, com produção de provas e, ao final, proferimento de decisão judicial. Desta cabe o recurso de apelação, com efeitos suspensivo e devolutivo.

Caso procedente o peticionamento, é emitido o respectivo mandado acompanhado de respectivo trânsito em julgado, título hábil a indicar, com precisão, os fatos e as circunstâncias que devam ser retificados, em busca da adequação do assento à veracidade dos fatos, por meio da averbação do conteúdo ou da lavratura de novo assentamento, em especial nos casos de restauração.

O mandado de retificação de assento advindo de comarca distinta daquela onde deve produzir efeitos deve necessariamente apresentar o "Cumpra-se" do Corregedor competente, em prol de escorreita qualificação positiva.

Nas hipóteses em que o mandado de retificação ou suprimento indique extenso conteúdo a ser transcrito no assento, e não houver suficiente espaço físico para indicação do conteúdo retificado, deve o colaborador optar pelo uso do livro de transporte ou corrente, sempre utilizando remissões recíprocas nos assentos envolvidos e na respectiva documentação arquivada em classificador próprio, para pronta localização do ato e pronta atualização do seu conteúdo. Essa mesma providência deve ser adotada nos demais casos de averbação e anotação, como já mencionado.

O mandado de retificação a ser averbado deve possuir especificamente o conteúdo a ser alterado. Assim, em caso de alteração de nome do registrado em assento de nascimento, em sendo o registrado casado, deve ser apresentado o mandado de retificação específico para a necessária alteração do nome a ser averbado no assento de casamento. Não basta que o mandado de alteração do assento de nascimento indique a comunicação para fins de anotação no assento de casamento. Essa anotação não tem o condão de alterar o assento de casamento, mas apenas informar a alteração ocorrente no assento primitivo.

Diferentemente, na hipótese em que o mandado de retificação refira-se a alteração de nome em assento de casamento, basta esse mandado para alterar o respectivo nome no assento de nascimento; procedendo-se, ainda, a comunicação ao registro responsável pelo assento de nascimento do cônjuge.

2. Da restauração e suprimento administrativos

O Provimento 149/2023, editado pelo CNJ, possibilitou a restauração de livro que componha o acervo do serviço extrajudicial de notas e de registro, que tenha sido extraviado ou danificado, total ou parcialmente, mediante solicitação ao Juiz Corregedor Competente, realizada pelo Oficial de registro ou Tabelião Competente ou pelo próprio interessado. Posteriormente, houve a edição do Provimento 177/2024, CNJ visando maior simplificação dos procedimentos de restauração e suprimento, possibilitando a restauração do acervo pelo próprio Oficial de Registro ou Tabelião, remanescendo a aplicação subsidiária do regramento indicado pelo Provimento 23/2012.

Esse Provimento emitido em 2024 insere os artigos 197 a 205-L ao CNN/CNJ, cujo conteúdo determina que o extravio, ou danificação que impeça a leitura e o uso, no todo ou em parte, de qualquer livro do serviço extrajudicial de notas e de registro deverá ser imediatamente comunicado ao juiz corregedor. Ainda, realizada a restauração (ou suprimento) administrativa, o Oficial deve cientificar o fato ao juiz corregedor, o qual dará ciência ao Ministério Público.

Em prol da segurança que o procedimento deve se revestir, apenas nas hipóteses em há a apresentação de provas documentais suficiente para restauração segura, sem indagações é deferido o quanto instruído no requerimento acompanhado de documentos oficiais emitidos por autoridade pública e que tenham sido gerados com base no ato de restauração, como certidão (original ou cópia legível) do registro civil anterior; carteira de identidade (Lei n. 7.116, de 29 de agosto de 1983); carteira de identidade profissional; carteira nacional de habilitação; título de eleitor; declaração de nascido vivo; certificado de reservista.

O requerimento deverá conter pedido específico para restauração do registro e poderá ser formalizado: por escrito, mediante requerimento com (a) firma reconhecida ou (b) firma lançada na presença do oficial, que deverá confrontá-la com o documento de identidade do requerimento; verbalmente perante o próprio oficial, hipótese em que este reduzirá o requerimento a termo; eletronicamente, perante o sistema eletrônico mantido pelo Operador Nacional do Registro Civil de Pessoas Naturais (ON-RCPN), com as assinaturas eletrônicas que compõem a Lista de Serviços Eletrônicos Confiáveis do Registro Civil do Brasil.

Em específico, a restauração do assentamento no Registro Civil a que se refere o artigo 109, e seus parágrafos, da Lei n. 6.015/73, poderá ser requerida perante o juízo do foro do domicílio da pessoa legitimada para pleiteá-la e será processada na forma prevista na referida lei e nas normas editadas pela Corregedoria Geral da Justiça competente que formulado e processado o requerimento, dispensado o "cumpra-se" do juiz corregedor a que estiver subordinado o Registro Civil das Pessoas Naturais em que lavrado o assento a ser restaurado, quando se tratar de jurisdição diversa, desde que seja possível a verificação de sua autenticidade.

Em caso de inviabilidade de apresentação de qualquer dos documentos do § 3º do artigo 205-D, o requerente deverá justificar essa inviabilidade e apresentar outras provas que permitam, por segurança, a obtenção dos dados necessários à restauração.

Poderá ser objeto de restauração administrativa, independentemente de autorização do juiz corregedor permanente, qualquer ato lançado nos livros do Registro Civil das Pessoas Naturais, quando constatados o extravio ou a danificação total ou parcial da folha do livro, desde que haja prova documental suficiente e inequívoca para a restauração, ressalvada a hipótese de o objeto ser assento de óbito.

É facultado o processamento do pedido pelo sistema eletrônico, por meio do Operador Nacional do Registro Civil das Pessoas Naturais (ON-RCPN), utilizando os meios de autenticação e assinatura estabelecidos no Código de Normas Nacional.

No caso específico do objeto da restauração administrativa ser o assento de óbito, o oficial só poderá realizar o registro após prévia autorização específica do juízo competente para eventual dúvida registral.

No que tange **ao suprimento administrativo,** poderá ser realizado, independentemente de autorização do juiz corregedor permanente, qualquer ato lançado nos livros do Registro Civil das Pessoas Naturais, desde que haja prova documental suficiente para realizar o suprimento total ou parcial (art. 205-A, §1º, III, "a" e "b", do Código de Normas Nacional). Ainda, na hipótese de insuficiência da prova documental para a realização de suprimento total de assento de nascimento, o oficial, em nome do princípio da fungibilidade, receberá o requerimento como pedido de registro tardio de nascimento e observará as regrais pertinentes.

Como previsto para o procedimento de restauração, em prol da segurança do sistema, somente à vista de provas documentais suficientes para obtenção segura dos dados necessários ao suprimento, o requerimento será instruído com a certidão, original ou cópia legível, do ato objeto do suprimento e, se houver, outras provas inequívocas.

O oficial deverá constatar se há realmente no livro, termo e folhas indicados a lacuna apontada no requerimento; e no caso de suprimento total, consultar a Central de Informações de Registro Civil (CRC) para certificar-se quanto à inexistência de duplicidade do ato a ser suprido. Na hipótese de inviabilidade de realização do suprimento na mesma folha do ato suprido, decorrente de danificação da folha, extravio da folha, ou qualquer outra impossibilidade, o suprimento será realizado mediante reprodução do ato objeto de suprimento no livro corrente, com averbações recíprocas e preservação dos mesmos números de assento e de matrícula, observado, no que couber, o disposto para restauração administrativa.

É, também, competente para formular o requerimento de suprimento, exclusivamente: o próprio registrado, por si, por seu representante legal ou por procurador com poderes específico; em caso de óbito do registrado, de pessoa que demonstre legítimo interesse comprovado documentalmente, presumido este nas hipóteses de prova da existência, com o registrado, ao tempo da morte, de: (a) vínculo conjugal ou convivencial; (b) parentesco na linha reta; (c) parentesco na linha colateral até o quarto grau, o próprio oficial, nos casos em que a restauração possa ser realizada a partir de documentação arquivada na própria serventia.

Não sendo possível a realização dos procedimentos de restauração bem como suprimento, nos termos simplificados e elencados nos Procedimentos 177 e 180, ambos de 2024, acima indicados, deve o requerimento ser encaminhado diretamente ao Juiz Corregedor Competente.

A escrituração destes procedimentos deve ser realizada por meio de averbação no assento referido, mas caso não seja possível, faz-se-áfar-se-á no livro transporte, atual. No que tange aos emolumentos, apenas são devidos desde que não decorrentes de fatos imputáveis ao oficial.

 Jurisprudência

1. Hipóteses de admissão da retificação extrajudicial

"(...) Considerando-se a extensão do pedido, com destaque para repercussão registraria e a necessidade de maior dilação probatória, forçoso convir que a medida, conforme bem observado pela Sra. Oficial, reclama a observância do procedimento judicial indicado na Lei de Registros Públicos. Decisão: Decerto, a atual regra instituída pela Lei nº 13.484/2017, que deu nova redação ao artigo 110 da Lei de Registros Públicos, atribuiu ao Oficial de Registro Civil a reserva exclusiva para decidir sobre a retificação na esfera administrativa, nas hipóteses expressamente elencadas em seus incisos. A constatação de erros não pode exigir 'qualquer indagação para a constatação imediata de necessidade de sua correção' (inciso I). Nesta senda, o Sr. Oficial somente poderá realizar a retificação administrativa, diretamente na via extrajudicial, se os documentos apresentados não deixarem qualquer margem de dúvida sobre a necessidade de correção. Caso contrário, a retificação do registro civil deverá observar o procedimento judicial insculpido no artigo 109 da Lei de Registros Públicos. Neste sentido já se pronunciou a Egrégia Corregedoria-Geral de Justiça: 'Na esfera correcional, como sabido, apenas se admite a emenda do chamado erro de gráfica (artigo 110 da Lei nº 6.015/73), jamais aventado neste caso concreto. E, mesmo em tal hipótese, de acordo com o parágrafo 4º do artigo 110 da Lei nº 6.015/73, 'entendendo o juiz que o pedido exige maior indagação, ou sendo impugnado pelo órgão do Ministério Público, mandará distribuir os autos a um dos cartórios da circunscrição, caso em que se pronuncia, cessará a retificação, com assistência de advogado, observado o rito sumaríssimo' (sic). Por 'cartórios', *in casu*, devem ser entendidos os 'ofícios de justiça', conforme esclarecido no subitem 131.4 do Capítulo XVII das Normas de Serviço desta Corregedoria-Geral a retificação administrativa do assento de nascimento, nos termos do artigo 110 da Lei nº 6.015/1973, encontra-se restrita à correção de erros de grafia, desde que a análise do pleito não exija maior indagação, hipótese em que deverá se processar na esfera jurisdicional (artigo 110, § 4º). Fora, portanto, dos casos de erro de grafia que não suponha maiores indagações, a via adequada para a retificação é sempre a do processo jurisdicional, na forma do artigo 109 da Lei nº 6.015/1973, para o que não tem competência o Juízo Corregedor Permanente' (TJSP, Proc. CG 2008/103662, j. 12/02/2009). Na situação em exame, a questão posta abarca sim alta indagação, carecendo de maior dilação probatória, restando a via processual eleita (administrativa) não adequada, impondo-se a adoção do disposto no artigo 109 da Lei 6.015/73 para a finalidade almejada, mantendo-se, pois, o óbice imposto pela Sra. Registradora na nota devolutiva de fl. 10, à exceção do item 3, vez que restou comprovado o parentesco do Sr. Requerente com os registrados à fl. 19. Por conseguinte, e nos termos da manifestação ministerial retro, indefiro o pedido nesta via administrativa, devendo o requerente buscar a retificação pelo artigo 109 da Lei de Registros Públicos, pela via jurisdicional própria. Destarte, à míngua de outra providência administrativa a ser adotada, determino o arquivamento dos autos. (...)" (TJSP, Processo 1037640-45.2022.8.26.0100 – Pedido de Providências, Corregedoria-Geral da Justiça, 2ª Vara de Registros Públicos de SP).

Art. 110. O oficial retificará o registro, a averbação ou a anotação, de ofício ou a requerimento do interessado, mediante petição assinada pelo interessado, representante legal ou procurador, independentemente de prévia autorização judicial ou manifestação do Ministério Público, nos casos de: *(Redação dada pela Lei nº 13.484, de 2017)*

I – erros que não exijam qualquer indagação para a constatação imediata de necessidade de sua correção; *(Incluído pela Lei nº 13.484, de 2017)*

II – erro na transposição dos elementos constantes em ordens e mandados judiciais, termos ou requerimentos, bem como outros títulos a serem registrados, averbados ou anotados, e o documento utilizado para a referida averbação e/ou retificação ficará arquivado no registro no cartório; *(Incluído pela Lei nº 13.484, de 2017)*

III – inexatidão da ordem cronológica e sucessiva referente à numeração do livro, da folha, da página, do termo, bem como da data do registro; *(Incluído pela Lei nº 13.484, de 2017)*

IV – ausência de indicação do Município relativo ao nascimento ou naturalidade do registrado, nas hipóteses em que existir descrição precisa do endereço do local do nascimento; *(Incluído pela Lei nº 13.484, de 2017)*

V – elevação de Distrito a Município ou alteração de suas nomenclaturas por força de lei. *(Incluído pela Lei nº 13.484, de 2017)*

§ 1º *(Revogado) (Redação dada pela Lei nº 13.484, de 2017)*

§ 2º *(Revogado) (Redação dada pela Lei nº 13.484, de 2017)*

§ 3º *(Revogado) (Redação dada pela Lei nº 13.484, de 2017)*

§ 4º *(Revogado) (Redação dada pela Lei nº 13.484, de 2017)*

§ 5º Nos casos em que a retificação decorra de erro imputável ao oficial, por si ou por seus prepostos, não será devido pelos interessados o pagamento de selos e taxas. *(Incluído pela Lei nº 13.484, de 2017)*

Referências Normativas

Lei 6.015/1973, art. 212.
Normas de Serviço da Corregedoria-Geral da Justiça do Estado de São Paulo, Tomo II, Capítulo XVII, item 144.

Comentários

1. Da retificação administrativa

Enquanto o artigo anterior refere-se à hipótese de retificação judicial, cujo título hábil a averbar trata-se de mandado, o presente artigo refere-se às hipóteses de retificação extrajudicial, a serem processadas, administrativamente, na própria serventia, por requerimento da parte ou de ofício, pelo oficial.

A alteração trazida pela Lei 13.484/2017 dispensou a manifestação do Ministério Público e respectiva autorização judicial na tramitação desse procedimento, oferecendo maior autonomia e responsabilidade, no que tange à formação do título a embasar a alteração decorrente das hipóteses tratadas nos incisos I a V.

Tratam as três primeiras, primando pelo respeito ao princípio da veracidade e segurança jurídica, de circunstâncias nas quais a apresentação de documentos públicos ou arquivados na serventia comprova prontamente a incidência de erro de fácil constatação, seja decorrente de erro de transposição de dados para o assento, seja decorrente de inexatidão lógico-temporal de dados do assento como número relativo a Livro, Folhas, Termo ou datas indicadas no assento, sendo dispensável a produção de provas, inerente ao processo judicial.

Os dois últimos incisos indicados neste artigo visam promover a compatibilização do conteúdo do assento à atualização fática, seja na hipótese do Distrito que é elevado à categoria de Município, bem como da circunstância de inserção do Município de nascimento ou naturalidade, cabendo o processamento de retificação decorrente de requerimento da parte e mediante a apresentação de documento público idôneo a comprovar tais situações.

Diferentemente do ato de averbação, previsto no artigo 97 retrocomentado, que requer com a apresentação de título já devidamente formado, como mandado ou documento idôneo, para qualificação do oficial; o procedimento de retificação embasado nas hipóteses de baixa indagação, indicadas nos incisos mencionados, necessita de prévia formação do título a ser averbado.

A elaboração do título de retificação decorre do processamento do pedido de correção de algum dos elementos do assento, o qual se inicia, de ofício ou a requerimento da parte, portando os documentos a constatar os erros porventura existentes no assento referente. Assim, o oficial recepciona o quanto requerido, protocola, autua, formando o procedimento apto a avaliar, com a imparcialidade técnica inerente a sua atividade e primando pelo zelo dos princípios da veracidade e segurança jurídica registrais, concluir pela qualificação técnico-jurídica, positiva ou negativa, e emitindo decisão que, se for o caso, servirá de título para a averbação que visa alterar e ajustar os dados do assento.

Ressalte-se a hipótese de verificação de erro, inexatidão ou omissão insertos numa das hipóteses elencadas nos incisos supra pelo próprio oficial, no manuseio habitual dos assentos decorrente de sua rotina de trabalho, o procedimento de retificação será inicializado de ofício e seguirá o mesmo trâmite adotado para o procedimento requerido pela parte. Caso se constate que o erro, omissão ou inexatidão passível de retificação decorre de ato imputável a colaborador da serventia, não haverá a imputação de cobrança de emolumentos pela prática da correção.

Jurisprudência

(...) "A constatação de erros não pode exigir 'qualquer indagação para a constatação imediata de necessidade de sua correção' (inciso I). Nesta senda, o Sr. Oficial somente poderá realizar a retificação administrativa, diretamente na via extrajudicial, se os documentos apresentados não deixarem qualquer margem de dúvida sobre a necessidade de correção. Caso contrário, a retificação do registro civil deverá observar o procedimento judicial insculpido no artigo 109 da Lei de Registros Públicos. Neste sentido já se pronunciou a Egrégia Corregedoria-Geral de Justiça: 'Na esfera correcional, como sabido, apenas se admite a emenda do chamado erro de grafia (artigo 110 da Lei nº 6.015/73), jamais aventado neste caso concreto. E, mesmo em tal hipótese, de acordo com o parágrafo 4º do artigo 110 da Lei nº 6.015/73, 'entendendo o juiz que o pedido exige maior indagação, ou sendo impugnado pelo órgão do Ministério Público, mandará distribuir os autos a um dos cartórios da circunscrição, caso em que se processará a retificação, com assistência de advogado, observado o rito sumaríssimo' (sic). Por 'cartórios', *in casu*, devem ser entendidos os 'ofícios de justiça', conforme esclarecido no subitem 131.4 do Capítulo XVII das Normas de Serviço desta Corregedoria Geral. A retificação administrativa do assento de nascimento, nos termos do artigo 110 da Lei nº 6.015/1973, encontra-se restrita à correção de erros de grafia, desde que a análise do pleito não exija maior indagação, hipótese em que deverá se processar na esfera jurisdicional (artigo 110, § 4º). Fora, portanto, dos casos de erro de grafia que não suponha maiores indagações, a via adequada para a retificação é sempre a do processo jurisdicional na forma do artigo 109 da Lei nº 6.015/1973, para o que não tem competência o Juízo Corregedor Permanente' (TJSP, Proc. CG 2008/103662, j. 12/02/2009). Na situação em exame, a questão posta abarca sim alta indagação, demandando maior dilação probatória, mormente consideradas as ponderações efetuadas pela Sra. Registradora e pela nobre representante do parquet, restando a via processual eleita (administrativa) não adequada, impondo-se a adoção do disposto no artigo 109 da Lei nº 6.015/73 para a finalidade almejada. Impende destacar, ainda, que o registro de óbito fora efetuado consoante as informações constantes na Declaração de Óbito do Serviço Funerário, as quais foram prestadas pelo próprio Sr. Requerente (ora declarante), o qual após ter lido e achado conforme, assinou referido documento (fl. 31), inocorrendo incúria da Serventia Extrajudicial. Por conseguinte, e nos termos da manifestação ministerial retro, indefiro o pedido nesta via administrativa, devendo o requerente buscar a retificação pelo artigo 109 da Lei de Registros Públicos, pela via jurisdicional própria. Destarte, à míngua de outra providência administrativa a ser adotada, determino o arquivamento dos autos (...)" (TJSP, Processo 1090165-04.2022.8.26.0100 – Pedido de Providências, Corregedoria-Geral da Justiça, 2ª Vara de Registros Públicos de SP).

Art. 111. Nenhuma justificação em matéria de registro civil, para retificação, restauração ou abertura de assento, será entregue à parte.

Referências Normativas

Código de Processo Civil (Lei 13.105/2015), art. 381.

Comentários

1. Da possibilidade de justificação registral

Por vezes, o procedimento que visa retificar, suprimir ou restaurar assento registral requer a comprovação da existência de fato ou relação suscetível à repercussão jurídica.

O procedimento específico para essa apuração é o indicado pelo instituto da justificação, inserto como procedimento de ação cautelar de exibição de documentos sob a égide do Código de Processo Civil revogado, e atualmente regulado como meio específico de produção antecipada de provas, nos termos dos arts. 381 e seguintes do CPC vigente.

Essa forma de produção de provas serve para as hipóteses em que o requerente indica o fato ou documento que precisa justificar a existência e com qual finalidade, em prol da correção de assento, que contêm informações em desacordo com o objeto de sua justificação.

Diferentemente do disposto pelo Código de Processo Civil em seu art. 383, a LRP não permite a entrega de qualquer elemento da justificação a qualquer das partes envolvidas.

Art. 112. Em qualquer tempo poderá ser apreciado o valor probante da justificação, em original ou por traslado, pela autoridade judiciária competente ao conhecer de ações que se relacionarem com os fatos justificados.

Referências Normativas

Código de Processo Civil (Lei 13.105/2015), art. 381.

Comentários

1. Da justificação a qualquer tempo

Ainda que a LRP não imponha prazo para ser utilizado o mecanismo da justificação como meio de obtenção de prova ou documento apto a embasar o necessário procedimento de correção de dados de assento registral, há de ter por norte a limitação da atuação na seara administrativa.

Na hipótese em que o caso concreto demandar produção de provas ou documentos mediante alta indagação, torna-se inviável o trâmite na própria serventia, sendo necessária a adoção da via judicial, apta a desenvolver a produção de conteúdo probatório com a plena aplicação do contraditório, ampla defesa, atuando no desenvolvimento do devido processo legal, em prol da consecução da tão almejada justiça social.

Art. 113. As questões de filiação legítima ou ilegítima serão decididas em processo contencioso para anulação ou reforma de assento.

Referências Normativas

Código Civil (Lei 10.406/2002), arts. 1.635, 1.638, 1.596.
Lei 8.560/1994, art. 3º, *caput*.
Lei 8.069/1990, art. 33.
Constituição Federal, art. 227, § 6º.
Provimentos 149/2023 e 182/2024 do Conselho Nacional de Justiça.
Normas de Serviço da Corregedoria-Geral da Justiça do Estado de São Paulo, Tomo II, Capítulo XVII, Itens 129 a 134.

Comentários

1. Das possibilidades de indicação de filiação extrajudicial

O estabelecimento da filiação sofreu profunda alteração quanto ao procedimento a ser adotado para sua efetiva persecução. Anteriormente, apenas pela via judicial poderia ser discutido qualquer aspecto, seja de origem ou espécie da paternidade e/ou maternidade.

Permanece restrita à via judicial toda e qualquer demanda referente ao estado da pessoa, em especial atinente a filiação e que implique questionamentos e produção probatória, em especial exame de comprovação de filiação biológica, materna ou paterna.

Na atualidade, a discussão quanto à legitimidade ou não da filiação encontra-se superada de plano, sob pena de violação do comando constitucional indicado no art. 227, § 6º, da Constituição Federal, acompanhado pelo disposto no art. 3º, *caput*, da Lei 8.560/1994 (disciplina o procedimento de investigação de paternidade), bem como pelo disposto no art. 1.596 do Código Civil.

A par da opção da via jurisdicional, e além das hipóteses de presunção legal elencadas nos incisos I a V, art. 1.597 do vigente Código Civil, há normativas estaduais que possibilitam a presunção de paternidade decorrente da constatação de União Estável dos pais, mediante a apresentação de documento probatório, por ocasião do registro de nascimento da criança.

Via de regra, estabelece-se a maternidade por meio da presunção advinda da inserção dos dados maternos na Declaração de Nascido Vivo-DNV (regulada pela Lei 12.662/2012) e em prol da facilitação do reconhecimento da paternidade, houve a edição do Provimento 149/2023, pelo Conselho Nacional de Justiça (CNJ). Essa regulamentação visa ao acesso e à facilitação de reconhecimento de filiação, podendo este procedimento ser iniciado em qualquer serventia de Registro Civil e encaminhado via plataforma CRC, para finalização da tramitação naquela que guarda o acervo do termo de nascimento que, se for o caso, terá a filiação alterada. Ao final do procedimento e verificada a ocorrência dos requisitos dispostos na normativa, há emissão de decisão proferida pelo oficial, a qual servirá de título hábil a ser averbado no assento competente, estabelecendo a filiação antes omissa.

Ainda, esse provimento estabelece regramento que visa facilitar a indicação de filiação, iniciando por ato espontâneo do pai, pela mãe indicando a identidade do suposto pai, bem como por iniciativa do próprio filho maior que deseja indicar sua filiação paterna.

Nesse mesmo sentido, outros provimentos foram editados visando à plena inserção dos dados de filiação, como a criação do convênio que possibilitou a criação das Unidades de Maternidade Interligadas, decorrente do Provimento 149/2023 do CNJ), e que regulamentou o procedimento referente ao Projeto Pai Presente (Provimento 26/2012 do CNJ).

Em resposta aos anseios sociais, houve, ainda, o reconhecimento da filiação socioafetiva, regulamentada pelo Provimento 182/2024 emitido pelo CNJ. Esse dispõe os requisitos fáticos necessários para caracterização do laço de socioafetividade a justificar o estabelecimento de filiação, ressaltando que nesta hipótese apenas se acresce a filiação socioafetiva, em nada alterando a filiação biológica já assentada. Relevante mencionar a alteração disciplinada pelo Provimento 83/2019, também editado pelo CNJ, restringindo a tramitação do procedimento administrativo, junto à serventia de registro civil, para o reconhecimento voluntário da paternidade ou da maternidade socioafetiva apenas de pessoas maiores de 12 anos, remanescendo a via judicial para os menores daquela idade.

Todas essas possibilidades de indicação de filiação reguladas visam aproximar a realidade social e a indicada no assento registral, em prol do melhor interesse da criança e do adolescente, em franco exercício do princípio da dignidade da pessoa humana. Exceto a maternidade ou paternidade indicados no assento de nascimento, todas as demais são inscritas por meio de ato de averbação.

A depender da hipótese e consequente título hábil de análise, estar-se-á diante de ato único e direto de averbação ou de ato complexo, composto de prévio procedimento de formação do título hábil a ser qualificado e, se for o caso de aptidão, ato posterior de inserção por averbação.

TÍTULO III
DO REGISTRO CIVIL DE PESSOAS JURÍDICAS

CAPÍTULO I
DA ESCRITURAÇÃO

Art. 114. No Registro Civil de Pessoas Jurídicas serão inscritos:

I – os contratos, os atos constitutivos, o estatuto ou compromissos das sociedades civis, religiosas, pias, morais, científicas ou literárias, bem como o das fundações e das associações de utilidade pública;

II – as sociedades civis que revestirem as formas estabelecidas nas leis comerciais, salvo as anônimas.

III – os atos constitutivos e os estatutos dos partidos políticos. *(Incluído pela Lei nº 9.096, de 1995)*

Parágrafo único. No mesmo cartório será feito o registro dos jornais, periódicos, oficinas impressoras, empresas de radiodifusão e agências de notícias a que se refere o art. 8º da Lei nº 5.250, de 9-2-1967.

BIANCA DE MELO CRUZ RIZATO

 Referências Normativas

Código Civil (Lei 10.406/2002), art. 44.
Provimento CG 05/2021.

Comentários

O dispositivo trata da competência do Registro Civil de Pessoas Jurídicas. O Código Civil prevê a existência de pessoas jurídicas de direito público (interno ou externo) e de direito privado. Interessa ao estudo do registro civil de pessoas jurídicas, aquelas de direito privado.

As pessoas jurídicas de direito privado adquirem personalidade jurídica, passando a existir e ter personalidade autônoma e independente das pessoas que a compõem, por meio do registro perante o órgão competente.

Assim, o ato constitutivo da pessoa jurídica (contrato social no caso de sociedades e estatuto social no caso das associações, fundações, organização religiosas e partidos políticos) deverá ser levado a registro para que se possa adquirir personalidade jurídica e passar a figurar como sujeito de direitos e obrigações na órbita jurídica.

Disciplina o artigo ora comentado que o ato constitutivo das associações, das sociedades simples (que no Código Civil de 1916 correspondiam às sociedades civis), das fundações, das organizações religiosas e dos partidos políticos deverão ser levados ao Registro Civil de Pessoas Jurídicas para fins de qualificação e, em caso de análise positiva, de aquisição de personalidade jurídica.

No que tange às sociedades, há que se recordar o teor do art. 1.150 do Código Civil, que diz que *"o empresário e a sociedade empresária vinculam-se ao Registro Público de Empresas Mercantis a cargo das Juntas Comerciais, e a sociedade simples ao Registro Civil das Pessoas Jurídicas, o qual deverá obedecer às normas fixadas para aquele registro, se a sociedade simples adotar um dos tipos de sociedade empresária"*.

O art. 44 do Código Civil ensina quem são pessoas jurídicas de direito privado. Há que se mencionar que o inciso VI, que cuidava das empresas individuais de responsabilidade limitada, foi definitivamente revogado pela Lei 14.382/2022, tendo em vista o disposto no art. 41 da Lei 14.195/2021, a saber:

Art. 41. As empresas individuais de responsabilidade limitada existentes na data da entrada em vigor desta Lei serão transformadas em sociedades limitadas unipessoais independentemente de qualquer alteração em seu ato constitutivo.

Por fim, acrescenta o parágrafo único como competência do Registro Civil de Pessoas Jurídicas o registro dos jornais, periódicos, oficinas impressoras, empresas de radiodifusão e agências de notícias.

Art. 115. Não poderão ser registrados os atos constitutivos de pessoas jurídicas, quando o seu objeto ou circunstâncias relevantes indiquem destino ou atividades ilícitos ou contrários, nocivos ou perigosos ao bem público, à segurança do Estado e da coletividade, à ordem pública ou social, à moral e aos bons costumes.

Parágrafo único. Ocorrendo qualquer dos motivos previstos neste artigo, o oficial do registro, de ofício ou por provocação de qualquer autoridade, sobrestará no processo de registro e suscitará dúvida para o Juiz, que a decidirá.

Comentários

O artigo está em plena consonância com o princípio da legalidade que é norteador de toda a atividade registral e notarial. Assim, embora seu conteúdo possa ser depreendido do próprio ordenamento jurídico, parece interessante a inserção expressa dos parâmetros concretos a serem observados pelo registrador quando da qualificação dos instrumentos apresentados para registro.

Assim, quando apresentada documentação cujo objeto ou circunstâncias relevantes indiquem destino ou atividades ilícitos ou contrários, nocivos ou perigosos ao bem público, à segurança do Estado e da coletividade, à ordem pública ou social, à moral e aos bons costumes, deverá o registrador devolvê-la sem registro, indicando detalhadamente as razões pelas quais o registro não é possível.

Além da elaboração da respectiva Nota de Devolução (ou Nota de Exigência), indica o dispositivo ser ainda dever do oficial de registro, de ofício ou por provocação, suspender o processo de registro e direcionar o caso para o juiz corregedor permanente por meio do procedimento de dúvida, que é um procedimento administrativo que visa dirimir quaisquer discordâncias entre o delegatário e o usuário do sistema em sede de registro.

Art. 116. Haverá, para o fim previsto nos artigos anteriores, os seguintes livros:

I – Livro A, para os fins indicados nos incisos I e II do *caput* do art. 114 desta Lei; e *(Redação dada pela Lei nº 14.382, de 2022)*

II – Livro B, para matrícula das oficinas impressoras, jornais, periódicos, empresas de radiodifusão e agências de notícias. *(Redação dada pela Lei nº 14.382, de 2022)*

Referências Normativas

Lei 14.382/2022.

Comentários

A Lei 14.382/2022, tal como a Medida Provisória 1.085/2021, que lhe deu origem, promoveram a alteração do art. 116 da Lei de Registros Públicos, excluindo de sua redação o número de páginas dos livros de registro. Referido dispositivo aponta quais os livros que, além dos obrigatórios para todas as especialidades, deverão ser escriturados pelos Oficiais de Registro Civil de Pessoas Jurídicas.

A redação anterior indicava que o Livro A deveria ser escriturado com 300 (trezentas) folhas e o Livro B, com 150 (cento e cinquenta) folhas. Há um sentido na exclusão do número de páginas. Antigamente, especialmente antes da adoção das técnicas da microfilmagem e da digitalização, a escrituração dos documentos referentes às pessoas jurídicas se dava por meio da transcrição destes instrumentos nos respectivos livros de registro. Fazia sentido que tais livros contassem com um número certo de páginas a bem da organização do serviço.

Com a evolução das técnicas de reprodução de documentos, os livros físicos vêm sendo gradativamente substituídos pelo arquivo digital, de maneira que a limitação a determinado número de páginas/folhas deixa de fazer sentido dentro deste novo contexto.

> **Art. 117.** Todos os exemplares de contratos, de atos, de estatuto e de publicações, registrados e arquivados serão encadernados por periódicos certos, acompanhados de índice que facilite a busca e o exame.

🖳 Comentários

O dispositivo trata da forma de arquivamento da via da documentação apresentada a registro que ficava fisicamente nas serventias extrajudiciais. Atualmente, como se verá mais adiante, como a escrituração se dá de maneira eletrônica, não há mais que se disciplinar a forma de arquivamento dessas vias adicionais, já que elas passaram a ser dispensadas.

Todavia, o acervo até então constante das serventias extrajudiciais deverá ser mantido em segurança, encadernado nos moldes indicados e, em atendimento ao princípio da concentração, acompanhado do respectivo índice.

> **Art. 118.** Os oficiais farão índices, pela ordem cronológica e alfabética, de todos os registros e arquivamentos, podendo adotar o sistema de fichas, mas ficando sempre responsáveis por qualquer erro ou omissão.

🖳 Comentários

A manutenção de índices atualizados e organizados é fundamental para que as serventias extrajudiciais tenham condições de, com presteza e eficiência, localizar todos os atos de registro realizados em nome da pessoa física ou jurídica em questão. Dessa forma, é obrigação atribuída diretamente aos oficiais de registro.

> **Art. 119.** A existência legal das pessoas jurídicas só começa com o registro de seus atos constitutivos.
>
> **Parágrafo único.** Quando o funcionamento da sociedade depender de aprovação da autoridade, sem esta não poderá ser feito o registro.

📖 Referências Normativas

Código Civil (Lei 10.406/2002), art. 45.

🖳 Comentários

O artigo trata da aquisição de personalidade jurídica por parte das pessoas jurídicas e encontra correspondência com o disposto no art. 45 do Código Civil, segundo o qual:

Art. 45. Começa a existência legal das pessoas jurídicas de direito privado com a inscrição do ato constitutivo no respectivo registro, precedida, quando necessário, de autorização ou aprovação do Poder Executivo, averbando-se no registro todas as alterações por que passar o ato constitutivo.

Parágrafo único. Decai em três anos o direito de anular a constituição das pessoas jurídicas de direito privado, por defeito do ato respectivo, contado o prazo da publicação de sua inscrição no registro.

Assim, a pessoa jurídica que se pretende constituir, somente experimentará o fenômeno da personificação quando seu ato constitutivo for levado a registro. Antes, a pessoa jurídica existe apenas de fato e de maneira irregular.

Quando registrado o ato constitutivo, todos os demais atos posteriores deverão ser apresentados perante o mesmo Oficial de Registro, a fim de que se atenda aos princípios da concentração e da continuidade.

 Jurisprudência

"Registro civil de pessoa jurídica. Averbação de ata de assembleia de eleição de nova diretoria e alteração de estatuto. Falta das atas de eleições anteriores. Princípio da continuidade inobservado. Desqualificação do título mantida. Recurso desprovido" (TJSP, Processo 1112108-87.2016.8.26.0100, Corregedoria-Geral da Justiça, Rel. Manoel de Queiroz Pereira Calças, j. 08/03/2017, *DJ* 22/03/2017).

CAPÍTULO II
DA PESSOA JURÍDICA

Art. 120. O registro das sociedades, fundações e partidos políticos consistirá na declaração, feita em livro, pelo oficial, do número de ordem, da data da apresentação e da espécie do ato constitutivo, com as seguintes indicações: *(Redação dada pela Lei nº 9.096, de 1995)*

I – a denominação, o fundo social, quando houver, os fins e a sede da associação ou fundação, bem como o tempo de sua duração;

II – o modo por que se administra e representa a sociedade, ativa e passivamente, judicial e extrajudicialmente;

III – se o estatuto, o contrato ou o compromisso é reformável, no tocante à administração, e de que modo;

IV – se os membros respondem ou não, subsidiariamente, pelas obrigações sociais;

V – as condições de extinção da pessoa jurídica e nesse caso o destino do seu patrimônio;

VI – os nomes dos fundadores ou instituidores e dos membros da diretoria, provisória ou definitiva, com indicação da nacionalidade, estado civil e profissão de cada um, bem como o nome e residência do apresentante dos exemplares.

Parágrafo único. Para o registro dos partidos políticos, serão obedecidos, além dos requisitos deste artigo, os estabelecidos em lei específica. *(Incluído pela Lei nº 9.096, de 1995)*

 Referências Normativas

Código Civil (Lei 10.406/2002), art. 46.
Normas de Serviço da Corregedoria-Geral da Justiça do Estado de São Paulo, Capítulo XVIII, item 3.

 **Comentários**

O art. 120 traz os principais elementos de qualificação a serem observados pelo oficial de registro em sua atividade essencial de qualificação dos títulos apresentados para registro.

A denominação é o nome que será adotado pela pessoa jurídica, não podendo coincidir com outra já existente. A regra vale tanto para as sociedades empresárias (art. 1.163 do CC sobre o nome empresarial), quanto para as demais pessoas jurídicas (art. 1.155, parágrafo único, que equipara ao nome empresarial, a denominação de associações, fundações e sociedades simples).

As Normas de Serviço da Corregedoria-Geral de Justiça do Estado de São Paulo deixam a regra explícita em seu item 3, Capítulo XVIII, abaixo transcrito:

"3. É vedado, na mesma Comarca, o registro de pessoas jurídicas com nome empresarial (denominação social ou razão social) ou denominação idêntica ou semelhante a outra já existente, que possa ocasionar dúvida aos usuários do serviço.

3.1. A mesma vedação se aplica à denominação social ou firma que possuam semelhança capaz de gerar dúvida ao destinatário, ainda que não sejam idênticas.

3.2. O registro de constituição de nova pessoa jurídica ou a averbação de alteração da denominação de pessoa jurídica já registrada dependerá de prévia busca em todos os Oficiais de Registro da Comarca, para constatação da inexistência de prévia utilização da denominação ou firma pretendida.

3.3. A busca deverá ser respondida no prazo de 2 (dois) dias passando o requerente a ter prioridade para utilização da denominação ou firma que não estiver previamente em uso, desde que protocole o pedido de registro ou averbação no prazo máximo de 30 (trinta) dias contados do pedido de busca".

Mencione-se, por oportuno, que a Lei Complementar 155/2016 excluiu o art. 72 da Lei Complementar 123/2006, que se referia à inclusão à firma ou denominação das expressões "Microempresa" ou "Empresa de Pequeno Porte", ou de suas respectivas abreviações, "ME" ou "EPP". Desse modo, o enquadramento não mais deve integrar a denominação de referidas pessoas jurídicas.

O fundo social corresponde ao montante eventualmente destinado a compor o patrimônio da pessoa jurídica, mais comum nas sociedades e nas fundações, mas não há regra que impeça sua existência com relação às demais pessoas jurídicas de direito privado.

Os fins sociais são definidos pelo(s) objeto(s) e pela(s) finalidade(s) da pessoa jurídica, que deverão atender ao mencionado art. 115 da Lei de Registros Públicos, bem como a legislação atinente à modalidade de pessoa jurídica que se pretende constituir.

A escolha da sede definirá o domicílio da pessoa jurídica, coincidindo geralmente com o local de sua administração e/ou direção, além de definir a competência registral. Tal como determina o art. 45 do Código Civil, uma vez levado a registro o ato constitutivo, todos os atos subsequentes serão levados para aquele mesmo órgão. A saber:

*"Art. 45. Começa a existência legal das pessoas jurídicas de direito privado com a inscrição do ato constitutivo no respectivo registro, precedida, quando necessário, de autorização ou aprovação do Poder Executivo, **averbando-se no registro todas as alterações por que passar o ato constitutivo"**.* (grifos nossos)

O tempo de duração de uma pessoa jurídica poderá ser limitado ou ilimitado, sendo este último mais comum.

O inciso II cuida da forma que deverá ser administrada e a forma de representação da pessoa jurídica. A administração pode ser conjunta, pode ser atribuída a um ou mais integrantes da pessoa jurídica ou até mesmo a um terceiro, tudo depende de como vai prever o ato constitutivo. Além da definição da pessoa do administrador, há que se definir ainda qual a amplitude de seus poderes, podendo o ato constitutivo, inclusive, atribuir determinadas competências a um administrador e outra, a outro administrador. Importante é que se possa identificar quem pode atuar em nome da pessoa jurídica em questão.

O mesmo se dá com relação à representação, pois é fundamental que se dê publicidade acerca da pessoa que recebe a responsabilidade de representar ativa e passivamente, judicial e extrajudicialmente a pessoa jurídica constituída.

O estatuto ou contrato social faz lei entre as partes, mas não precisa ser imutável. Assim, deve haver previsão em seu texto acerca de eventual possibilidade de reforma, especialmente no que diz respeito à administração. Uma vez definida a possibilidade de alteração do ato constitutivo no que tange à administração, deve o ato determinar de que modo deve se dar essa reforma, ou seja, como deve ser convocada a assembleia ou reunião para tanto, qual seu quórum de instalação e de aprovação, quais dispositivos podem ser alterados e quaisquer outras regras que pretendam seus integrantes ver atendidas. Caso seus integrantes não desejem que seja reformável no tocante à administração deverão fazê-lo de forma expressa.

Deve ainda constar do ato constitutivo a responsabilidade de seus membros integrantes, ou seja, deve o instrumento prever se respondem ou não, subsidiariamente, pelas obrigações sociais.

Além das hipóteses de extinção decorrentes da lei, de decisão judicial ou da vontade das partes, há que se considerar a possibilidade de extinção voluntária da pessoa jurídica. Estabelecidas as hipóteses de extinção (que podem ser descritas detalhadamente no ato constitutivo ou constar de maneira genérica, por exemplo, a depender da decisão unânime dos contratantes) devem ser mencionadas suas condições e o destino do seu patrimônio.

Por fim, ensina o inciso IV do dispositivo em análise que deverão constar do ato constitutivo os nomes dos fundadores ou instituidores e dos membros da diretoria, provisória ou definitiva, com os respectivos elementos de qualificação. Fundadores são aqueles que se dispõem a criar pessoa jurídica própria. Instituidores são os que destinam determinado patrimônio para um fim, que é o caso das fundações. Como regra, tanto fundadores quanto instituidores podem ser pessoas físicas ou jurídicas. Diretores são aqueles que, provisória ou definitivamente, deverão dirigir a pessoa jurídica. A ausência da figura do administrador compromete a representação da pessoa jurídica, dando ensejo à nomeação de administrador provisório, nos moldes do art. 49 do Código Civil, a requerimento de qualquer interessado direcionado ao juiz de direito.

O parágrafo único aponta que, no caso da qualificação de atos constitutivos de partidos políticos, além dos requisitos da lei civil, deverão ainda ser observados aqueles previstos em legislação especial, qual seja, a Lei 9.096/1995.

 Jurisprudência

"(...) No mérito, o pedido é procedente em parte. Vejamos os motivos. O estatuto da associação comprova que o mandato da última diretoria eleita em 08 de julho de 1996 já se encerrou há muito (itens 2 e 3 – fls.56/57), não sendo possível extensão por prazo indeterminado. De fato, conforme previsto pelos artigos 40 e seguintes do Código Civil e pelos artigos 114 e seguintes da Lei de Registros Públicos, a gestão associativa se exerce por mandatos com prazo certo, sendo devida a averbação das eleições de cada diretoria para garantia de publicidade e de segurança jurídica. Vale destacar, ainda, que, ordinariamente, as eleições são precedidas de deliberação e aprovação de relatórios contábeis da gestão que se encerra, pois necessárias à exoneração de responsabilidade, com inauguração do prazo decadencial para eventual questionamento. Evidencia-se, portanto, a **impossibilidade de averbação da ata apresentada por importar quebra na continuidade registral, o que deve ser regularizado com a averbação das atas das assembleias gerais que trataram da eleição aos órgãos de direção da associação para o período de 1996 a 2021. Caso não tenham sido realizadas eleições para o tempo em questão, a regularização deverá ser alcançada pela via jurisdicional, nos termos do artigo 49 do Código Civil, com nomeação de administrador provisório, a quem incumbirá convocar assembleia-geral, nos termos do estatuto averbado, com convocação de eleição e empossamento da nova diretoria.** Neste sentido: 'Registro Civil de Pessoas Jurídicas – Pretensão de averbação de ata de assembleia que tinha o escopo de regularizar a entidade – Impossibilidade, uma vez que haveria violação do princípio da continuidade – Necessidade de nomeação judicial de administrador provisório – Desqualificação do título mantida – Recurso não provido (CGJ Recurso Administrativo n. 0004320-77.2013.8.26.0539 Des. Pereira Calças j. 09.11.2017)'. (...)" (TJSP – Processo1113722-20.2022.8.26.0100, Pedido de Providências, 1ª Vara de Registros Públicos, j. 13/12/2022, *DJe* de 15/12/2022).

Art. 121. O registro será feito com base em uma via do estatuto, compromisso ou contrato, apresentada em papel ou em meio eletrônico, a requerimento do representante legal da pessoa jurídica. *(Redação dada pela Lei nº 14.382, de 2022)*

§ 1º É dispensado o requerimento de que trata o *caput* deste artigo caso o representante legal da pessoa jurídica tenha subscrito o estatuto, compromisso ou contrato. *(Incluído pela Lei nº 14.382, de 2022)*

§ 2º Os documentos apresentados em papel poderão ser retirados pelo apresentante nos 180 (cento e oitenta) dias após a data da certificação do registro ou da expedição de nota devolutiva. *(Incluído pela Lei nº 14.382, de 2022)*

§ 3º Decorrido o prazo de que trata o § 2º deste artigo, os documentos serão descartados. *(Incluído pela Lei nº 14.382, de 2022)*

Referências Normativas

Lei 14.382/2022.

Comentários

Outro dispositivo da Lei de Registros Públicos que sofreu alteração pela Lei 14.382/2022 foi o art. 121, que diz respeito à forma e ao número de vias que deverão ser apresentadas quando do ingresso do título para registro da pessoa jurídica.

A primeira importante alteração introduzida pela Lei refere-se ao número de vias a serem apresentadas, passando de duas para uma. A adoção dos sistemas mais modernos de escrituração pode explicar a opção legislativa, de modo a não ser mais necessária a manutenção de uma via física da documentação apresentada na serventia, uma vez que seu armazenamento encontra guarida em acervo digital. O que importa aqui é a forma de armazenamento dos dados por parte das serventias e não a forma de apresentação da documentação que pode se dar de forma física ou eletrônica.

A alteração legislativa atualiza corretamente a redação do dispositivo, alterando o termo "petição" para "requerimento" do representante legal da "pessoa jurídica", e não apenas da "sociedade", como fazia equivocadamente a redação anterior, já que no registro civil de pessoas jurídicas não se faz apenas o registro de sociedades, mas igualmente de associações, fundações, organizações religiosas e partidos políticos. Fica atendido aqui o princípio da rogação, segundo o qual somente poderá o Oficial agir por provocação da parte interessada.

Foram ainda introduzidos três novos parágrafos ao art. 121 da Lei de Registros Públicos. O primeiro deles dispensa a apresentação do requerimento previsto no *caput*, caso o próprio representante legal da pessoa jurídica tenha subscrito o instrumento apresentado. Fica aqui presumida sua ciência e sua intenção de registrar.

Os §§ 2º, 3º e seguintes cuidam da opção de apresentação da documentação em papel. Nesses casos, fica concedido ao apresentante prazo de 180 (cento e oitenta) dias para sua retirada, a contar da data de registro ou da expedição da nota de devolução. Transcorrido esse prazo sem que se proceda à retirada, fica o Oficial autorizado a descartá-la.

Destaque-se, por fim que, o art. 194 da Lei de Registros Públicos passa a ter interessante redação acerca dos títulos apresentados em papel, assim:

> "Art. 194. Os títulos físicos serão digitalizados, devolvidos aos apresentantes e mantidos exclusivamente em arquivo digital, nos termos estabelecidos pela Corregedoria Nacional de Justiça do Conselho Nacional de Justiça."

CAPÍTULO III
DO REGISTRO DE JORNAIS, OFICINAS IMPRESSORAS, EMPRESAS DE RADIODIFUSÃO E AGÊNCIAS DE NOTÍCIAS

Art. 122. No registro civil das pessoas jurídicas serão matriculados:

I – os jornais e demais publicações periódicas;

II – as oficinas impressoras de quaisquer natureza, pertencentes a pessoas naturais ou jurídicas;

III – as empresas de radiodifusão que mantenham serviços de notícias, reportagens, comentários, debates e entrevistas;

IV – as empresas que tenham por objeto o agenciamento de notícias.

 Referências Normativas

Lei 5.250/1967, arts. 8º e 9º.

 Comentários

O art. 122 trata de outra competência do Registro Civil de Pessoas Jurídicas, qual seja, matricular em seu Livro B os jornais e demais publicações periódicas, as oficinas impressoras de qualquer natureza, pertencentes a pessoas naturais ou jurídicas, as empresas de radiodifusão que mantenham serviços de notícias, reportagens, comentários, debates e entrevistas e as empresas que tenham por objeto o agenciamento de notícias.

O dispositivo atende ao disposto no art. 8º da Lei 5.250/1967 que regula a liberdade de manifestação do pensamento e de informação. A lei traz os requisitos de qualificação (especialmente em seu art. 9º) e as penalidades decorrentes da ausência de registro. Importante mencionar que é considerado clandestino o jornal ou outra publicação periódica não registrado nos termos da referida lei, ou de cujo registro não constem o nome e qualificação do diretor ou redator e do proprietário.

Art. 123. O pedido de matrícula conterá as informações e será instruído com os documentos seguintes:

I – no caso de jornais ou outras publicações periódicas:

a) título do jornal ou periódico, sede da redação, administração e oficinas impressoras, esclarecendo, quanto a estas, se são próprias ou de terceiros, e indicando, neste caso, os respectivos proprietários;

b) nome, idade, residência e prova da nacionalidade do diretor ou redator-chefe;

c) nome, idade, residência e prova da nacionalidade do proprietário;

d) se propriedade de pessoa jurídica, exemplar do respectivo estatuto ou contrato social e nome, idade, residência e prova de nacionalidade dos diretores, gerentes e sócios da pessoa jurídica proprietária.

II – nos casos de oficinas impressoras:

a) nome, nacionalidade, idade e residência do gerente e do proprietário, se pessoa natural;

b) sede da administração, lugar, rua e número onde funcionam as oficinas e denominação destas;

c) exemplar do contrato ou estatuto social, se pertencentes a pessoa jurídica.

III – no caso de empresas de radiodifusão:

a) designação da emissora, sede de sua administração e local das instalações do estúdio;

b) nome, idade, residência e prova de nacionalidade do diretor ou redator-chefe responsável pelos serviços de notícias, reportagens, comentários, debates e entrevistas.

IV – no caso de empresas noticiosas:

a) nome, nacionalidade, idade e residência do gerente e do proprietário, se pessoa natural;

b) sede da administração;

c) exemplar do contrato ou estatuto social, se pessoa jurídica.

§ 1º As alterações em qualquer dessas declarações ou documentos deverão ser averbadas na matrícula, no prazo de oito dias.

§ 2º A cada declaração a ser averbada deverá corresponder um requerimento.

Referências Normativas

Constituição Federal, arts. 222 a 224.

Comentários

O art. 123 traz os elementos essenciais de qualificação que deverão ser observados pelo Oficial de Registro, a fim de que se obtenha uma análise positiva e a consequente matrícula do instrumento apresentado.

Há que se atentar ainda o Oficial de Registro ao disposto nos seguintes artigos da Constituição Federal acerca do tema:

> "Art. 222. A propriedade de empresa jornalística e de radiodifusão sonora e de sons e imagens é privativa de brasileiros natos ou naturalizados há mais de dez anos, ou de pessoas jurídicas constituídas sob as leis brasileiras e que tenham sede no País.
>
> § 1º Em qualquer caso, pelo menos setenta por cento do capital total e do capital votante das empresas jornalísticas e de radiodifusão sonora e de sons e imagens deverá pertencer, direta ou indiretamente, a brasileiros natos ou naturalizados há mais de dez anos, que exercerão obrigatoriamente a gestão das atividades e estabelecerão o conteúdo da programação.
>
> § 2º A responsabilidade editorial e as atividades de seleção e direção da programação veiculada são privativas de brasileiros natos ou naturalizados há mais de dez anos, em qualquer meio de comunicação social.
>
> § 3º Os meios de comunicação social eletrônica, independentemente da tecnologia utilizada para a prestação do serviço, deverão observar os princípios enunciados no art. 221, na forma de lei específica, que também garantirá a prioridade de profissionais brasileiros na execução de produções nacionais.
>
> § 4º Lei disciplinará a participação de capital estrangeiro nas empresas de que trata o § 1º.
>
> § 5º As alterações de controle societário das empresas de que trata o § 1º serão comunicadas ao Congresso Nacional.
>
> Art. 223. Compete ao Poder Executivo outorgar e renovar concessão, permissão e autorização para o serviço de radiodifusão sonora e de sons e imagens, observado o princípio da complementaridade dos sistemas privado, público e estatal.
>
> § 1º O Congresso Nacional apreciará o ato no prazo do art. 64, § 2º e § 4º, a contar do recebimento da mensagem.
>
> § 2º A não renovação da concessão ou permissão dependerá de aprovação de, no mínimo, dois quintos do Congresso Nacional, em votação nominal.
>
> § 3º O ato de outorga ou renovação somente produzirá efeitos legais após deliberação do Congresso Nacional, na forma dos parágrafos anteriores.
>
> § 4º O cancelamento da concessão ou permissão, antes de vencido o prazo, depende de decisão judicial.
>
> § 5º O prazo da concessão ou permissão será de dez anos para as emissoras de rádio e de quinze para as de televisão.
>
> Art. 224. Para os efeitos do disposto neste capítulo, o Congresso Nacional instituirá, como seu órgão auxiliar, o Conselho de Comunicação Social, na forma da lei."

Art. 124 | LEI DE REGISTROS PÚBLICOS COMENTADA

Art. 124. A falta de matrícula das declarações, exigidas no artigo anterior, ou da averbação da alteração, será punida com multa que terá o valor de meio a dois salários mínimos da região.

§ 1º A sentença que impuser a multa fixará prazo, não inferior a vinte dias, para matrícula ou alteração das declarações.

§ 2º A multa será aplicada pela autoridade judiciária em representação feita pelo oficial, e cobrada por processo executivo, mediante ação do órgão competente.

§ 3º Se a matrícula ou alteração não for efetivada no prazo referido no § 1º deste artigo, o Juiz poderá impor nova multa, agravando-a de 50% (cinquenta por cento) toda vez que seja ultrapassado de dez dias o prazo assinalado na sentença.

🗏 Comentários

O artigo trata das penalidades decorrentes da ausência da matrícula obrigatória constante do artigo anterior.

Art. 125. Considera-se clandestino o jornal, ou outra publicação periódica, não matriculado nos termos do artigo 122 ou de cuja matrícula não constem os nomes e as qualificações do diretor ou redator e do proprietário.

🗐 Referências Normativas

Lei 5.250/1967, art. 11.

🗏 Comentários

O dispositivo replica o conteúdo do art. 11 da Lei 5.250/1967, considerando clandestina a pessoa jurídica não matriculada nos moldes da lei ou ainda a que não aponta os nomes e a qualificação do diretor, redator chefe ou diretor do jornal ou periódico.

Art. 126. O processo de matrícula será o mesmo do registro prescrito no artigo 121.

🗏 Comentários

Aplicam-se às matrículas as mesmas regras atinentes ao processo de registro das pessoas jurídicas de direito privado de competência das serventias extrajudiciais.

TÍTULO IV
DO REGISTRO DE TÍTULOS E DOCUMENTOS

CAPÍTULO I
DAS ATRIBUIÇÕES

Art. 127. No Registro de Títulos e Documentos será feita a transcrição:

I – dos instrumentos particulares, para a prova das obrigações convencionais de qualquer valor;

II – do penhor comum sobre coisas móveis;

III – da caução de títulos de crédito pessoal e da dívida pública federal, estadual ou municipal, ou de Bolsa ao portador;

IV – *(Revogado pela Lei nº 14.382, de 2022)*

V – do contrato de parceria agrícola ou pecuária;

VI – do mandado judicial de renovação do contrato de arrendamento para sua vigência, quer entre as partes contratantes, quer em face de terceiros (art. 19, § 2º do Decreto nº 24.150, de 20-4-1934);

VII – facultativo, de quaisquer documentos, para sua conservação.

Parágrafo único. Caberá ao Registro de Títulos e Documentos a realização de quaisquer registros não atribuídos expressamente a outro ofício.

 Referências Normativas

Código Civil (Lei 10.406/2002), arts. 221, 1.452, 1.458.
Lei 6.015/1973, arts. 167, I, 15, 178, VI.
Lei 4.504/1964, art. 95, IV.
Decreto 59.566/1966, art. 3º.

 Comentários

O art. 127 inaugura o capítulo dos atos de competência do Oficial de Registro de Títulos e Documentos. Em seu *caput*, o legislador utiliza a palavra "transcrição", dando a entender que os atos apresentados serão transcritos em seus livros de registro. De fato, quando da adoção do sistema de escrituração manual ou mecânica, se transpunham todos os elementos constantes da documentação apresentada para o arquivo da serventia. Ante a adoção de técnicas mais modernas de reprodução dos títulos, seja por meio de microfilmagem, seja por meio da digitalização, facilitou-se em muito a forma de transpor todos os elementos do título a fim de compor o acervo registral. Os arts. 142, 143 e seguintes vão tratar mais detalhadamente da forma como tais elementos deverão ser transpostos para o arquivo da serventia.

À exceção do inciso VII, que trata dos registros facultativos, todos os demais cuidam de registros obrigatórios e gozam de publicidade perante terceiros.

Os instrumentos particulares, previstos no art. 221 do Código Civil, são aqueles elaborados sem qualquer intervenção ou participação de agente ou delegatário público, devendo ser analisados tomando por base os requisitos apontados a seguir, observando que o artigo também abarca a declaração expressa de obrigatoriedade de registro, nos seguintes termos:

> "Art. 221. O instrumento particular, feito e assinado, ou somente assinado por quem esteja na livre disposição e administração de seus bens, prova as obrigações convencionais de qualquer valor; mas os seus efeitos, bem como os da cessão, não se operam, a respeito de terceiros, antes de registrado no registro público."

Antes do registro, o instrumento particular é válido e produz efeitos somente entre as partes. Somente após o registro é que ele ganhará eficácia probatória e oponibilidade perante terceiros.

O penhor é um direito real (previsto no rol do art. 1.225, VIII, do Código Civil), podendo ser definido como o contrato segundo o qual compete ao devedor de uma obrigação principal, em garantia de uma dívida, transferir a posse de uma coisa móvel ou mobilizável, suscetível de alienação, ao credor daquela obrigação. O contrato está previsto no Código Civil entre os arts. 1.431 e 1.432.

O penhor comum dá-se pela transferência efetiva da posse de coisa e sua constituição depende do registro no Cartório de Títulos e Documentos. Como sua constituição depende da efetiva entrega da coisa, o registro servirá para conferir publicidade declaratória e tornar o direito oponível a terceiros. Já no que tange aos contratos de penhor especiais, como não há a entrega da coisa, ou seja, não há exteriorização atinente a tornar o ato de conhecimento de terceiros, seu registro goza de publicidade constitutiva.

O inciso III trata da caução de títulos, que pode ser compreendida como espécie de penhor, com a diferença de não ter por objeto um bem móvel, mas sim direitos sobre coisas móveis. A cessão destes títulos pode se dar por instrumento particular ou público e deverá ser registrado no Registro de Títulos e Documentos para produzir os efeitos desejados. Estabelece o Código Civil:

> *"Art. 1.458. O penhor, que recai sobre título de crédito, constitui-se mediante instrumento público ou particular ou endosso pignoratício, com a tradição do título ao credor, regendo-se pelas Disposições Gerais deste Título e, no que couber, pela presente Seção.*
>
> *Art. 1.452. Constitui-se o penhor de direito mediante instrumento público ou particular, registrado no Registro de Títulos e Documentos."*

O inciso IV do art. 127 foi revogado pela Medida Provisória 1.085/2021, e posteriormente pela Lei 14.382/2022. A previsão revogada fazia referência ao registro do contrato de penhor de animais perante o Oficial de Registro de Títulos e Documentos nos casos em que não ficasse caracterizado o denominado penhor rural (agrícola ou pecuário), vez que este é objeto de registro específico no Livro 3 (Registro Auxiliar) do Registro de Imóveis (art. 178, VI, Lei 6.015/1973).

O penhor pecuário, espécie de penhor rural, tem por objeto animais que integrem a atividade pastoril, agrícola ou de lacticínios e sua constituição se dá mediante registro perante o Oficial de Registro de Imóveis competente (art. 167, I, 15, da Lei 6.015/1973). A competência do Registro de Títulos e Documentos para o registro de penhor de animais se dá, portanto, por exclusão. Sempre que caracterizar o penhor rural, fica afastada a competência deste Oficial.

O penhor de animais, previsto no revogado art. 127, IV, da Lei 6.015/1973, consubstancia-se no direito real de garantia em que se transfere a posse de um semovente a fim de garantir uma obrigação principal. Sua formalização se dá por instrumento público ou particular, e sua constituição, por meio de registro perante o Registro de Títulos e Documentos, não bastando a entrega do semovente ao credor pignoratício. Estamos diante de uma exceção à regra geral de constituição de direitos reais sobre bens móveis.

De uma leitura simplória da Medida Provisória 1.085/2021, bem como da Lei 14.382/2022, poderíamos concluir que o registro do penhor de animais não mais seria competência do Registro de Títulos e Documentos. Ocorre que o negócio jurídico em questão, embora pouco comum, segue sendo admitido em nosso ordenamento jurídico e, até a presente data, não houve deslocamento de competência de registro para outro órgão ou especialidade. Por essa razão, somente nos resta admitir que, embora não conte mais com a expressa previsão no art. 127, o registro do penhor de animais segue sendo de competência do Registro de Títulos e Documentos, mas nos moldes previstos no parágrafo único do art. 127, que cuida da competência residual.

Frise-se que, diferentemente do que ocorre com o registro para fins exclusivos de guarda e conservação, que será tratado mais adiante, o registro fruto de competência residual goza de plena eficácia e oponibilidade perante terceiros, tal como demais registros de competência da especialidade.

O inciso V trata do registro de contratos de parceria agrícola ou pecuária. Assim como os contratos de arrendamento rural, referidos contratos de parceria estabelecem o uso temporário da terra, figurando de um lado aquele que dispõe da terra e de outro aquele que pretende desenvolver determinada atividade nela. A parceria será agrícola quando o objeto do contrato for a produção vegetal. Será pecuária quando o objeto for a criação e/ou trato de animais. Os requisitos de qualificação de referidos títulos encontram guarida no Estatuto da Terra (Lei 4.504/1964 e legislação correlata).

O inciso VI do art. 127 prevê o registro *"do mandado judicial de renovação do contrato de arrenda-mento para sua vigência, quer entre as partes contratantes, quer em face de terceiros (art. 19, § 2º do Decreto nº 24.150, de 20-4-1934)"*. Embora o decreto referido tenha sido revogado pela Lei 8.245/1991, é tranquila a doutrina no sentido de que subsiste a exigência de registro na nova lei.

O Decreto 59.566/1966, em seu art. 3º, define o contrato de arrendamento, a saber:

> *"Art. 3º Arrendamento rural é o contrato agrário pelo qual uma pessoa se obriga a ceder à outra, por tempo determinado ou não, o uso e gozo de imóvel rural, parte ou partes do mesmo, incluindo, ou não, outros bens, benfeitorias e ou facilidades, com o objetivo de nele ser exercida atividade de exploração agrícola, pecuária, agroindustrial, extrativa ou mista, mediante, certa retribuição ou aluguel, observados os limites percentuais da Lei.*

O art. 95, IV, da Lei 4.504/1964 estabelece o direito de preferência à renovação do contrato de arren-damento, quando em igualdade de condições com estranhos. Nesse caso, deve o proprietário, até seis meses antes do vencimento do contrato, notificar extrajudicialmente o arrendatário acerca das propostas existentes. Caso não o faça, o contrato considera-se automaticamente renovado, desde que o arrendador, nos 30 dias seguintes, não manifeste sua desistência ou formule nova proposta, tudo mediante simples registro de suas declarações no competente Registro de Títulos e Documentos. Transitada em julgado a sentença, decretando a renovação do contrato de arrendamento, será ela executada perante o próprio juiz da ação, pela expedição de mandato contra o oficial de Registro de Títulos e Documentos, para que registre nos seus livros a prorrogação decretada que, assim, se considerará vigente, quer entre as próprias partes, quer em face de terceiros, a partir da data do registro desse mandado.

O inciso VII do art. 127 traz a possibilidade de realização de registro facultativo perante o Oficial de Registro de Títulos e Documentos de quaisquer documentos, para sua guarda e conservação. O registro tem por finalidade guardar, conservar e autenticar a data do título apresentado.

Há que se frisar que o registro para fins de conservação não goza de publicidade, ou seja, não produz efeitos perante terceiros, não devendo ser utilizado como forma de substituição de um registro que deva ser praticado em outro formato ou perante outro órgão de registro. A intenção do registro é justamente conservar e tal circunstância deve ser previamente esclarecida ao usuário do sistema.

O artigo seguinte, 127-A, inserido inicialmente pela Medida Provisória 1.085/2021, trouxe parâmetros concretos para auxiliar na compreensão da finalidade do registro em análise, como se verá adiante.

Por fim, o parágrafo único trata da denominada competência residual. Assim, todos os documentos que não sejam de competência de outro órgão público poderão ser objeto de registro nessa modalidade. Trata-se de registro *stricto sensu*, que goza de publicidade e tem por finalidade produzir todos os regulares efeitos de um registro normal, visto ser o Oficial de Registro de Títulos e Documentos o órgão competente para tanto.

Art. 127-A. O registro facultativo para conservação de documentos ou conjunto de documentos de que trata o inciso VII do *caput* do art. 127 desta Lei terá a finalidade de arquivamento de conteúdo e data, não gerará efeitos em relação a terceiros e não poderá servir como instrumento para cobrança de dívidas, mesmo que de forma velada, nem para protesto, notificação extrajudicial, medida judicial ou negativação nos serviços de proteção ao crédito ou congêneres. *(Incluído pela Lei nº 14.382, de 2022)*

§ 1º O acesso ao conteúdo do registro efetuado na forma prevista no *caput* deste artigo é restrito ao requerente, vedada a utilização do registro para qualquer outra finalidade, res-salvadas: *(Incluído pela Lei nº 14.382, de 2022)*

I – requisição da autoridade tributária, em caso de negativa de autorização sem justificativa aceita; e *(Incluído pela Lei nº 14.382, de 2022)*

II – determinação judicial. *(Incluído pela Lei nº 14.382, de 2022)*

§ 2º Quando se tratar de registro para fins de conservação de documentos de interesse fiscal, administrativo ou judicial, o apresentante poderá autorizar, a qualquer momento, a sua dispo-nibilização para os órgãos públicos pertinentes, que poderão acessá-los por meio do Serp, sem ônus, nos termos estabelecidos pela Corregedoria Nacional de Justiça do Conselho Nacional de Justiça, dispensada a guarda pelo apresentante. *(Incluído pela Lei nº 14.382, de 2022)*

§ 3º A certificação do registro será feita por termo, com indicação do número total de páginas registradas, dispensada a chancela ou rubrica em qualquer uma delas. (Incluído pela Lei nº 14.382, de 2022)

§ 4º (VETADO) (Incluído pela Lei nº 14.382, de 2022)

Referências Normativas

Lei 6.015/1973, art. 127, VII.

Comentários

O art. 127, VII, da Lei de Registros Públicos, traz a previsão do registro facultativo de quaisquer documentos para fins exclusivos de guarda, conservação e autenticação de data. Assim, a princípio, qualquer documento comporta ingresso no Registro de Títulos e Documentos, uma vez atendidas as exclusivas finalidades apontadas.

A fim de evitar quaisquer desvios de finalidade e/ou ocorrência de dúvida nos usuários, a Lei 14.382/2022, de maneira muito pertinente, inseriu o art. 127-A, que traz regras claras acerca da modalidade de registro em questão.

A primeira diferença com relação aos demais registros de competência do Registro de Títulos e Documentos é a de que no registro facultativo para fins de guarda e conservação é possível o registro de um conjunto de documentos, situação não autorizada para os demais. Uma vez que a finalidade é guardar e conservar, faz sentido que se autorize o registro de um conjunto de documentos, pois neste caso o Registro de Títulos e Documentos exerce o papel de um verdadeiro arquivo para o apresentante. Poderíamos pensar exemplificativamente no registro do conjunto de documentos pessoais de determinada pessoa, a fim que os conserve de maneira perene.

O segundo apontamento a ser feito tem relação com os efeitos do registro facultativo. Assim, de maneira expressa, a Lei de Registros Públicos ensina que o registro apontado não produz efeitos perante terceiros, não sendo a eles oponível. Tanto o é que no § 1º seguinte, o legislador faz constar exceção expressa ao princípio da publicidade, limitando inclusive o fornecimento de certidão ao requerente e a vedação à utilização do registro para qualquer outra finalidade. Apenas ressalva adiante a possibilidade de fornecimento de certidão por requisição da autoridade tributária, em caso de negativa de autorização sem justificativa aceita, e por determinação judicial.

Outra interessante previsão no *caput* do dispositivo em análise faz referência à vedação de utilização desta modalidade de registro com a finalidade de servir como instrumento para cobrança de dívidas, ainda que de forma velada, utilizando o formato de instrumento de protesto, notificação extrajudicial, medida judicial ou negativação nos serviços de proteção ao crédito ou congêneres. A previsão refere-se aqui especificamente à atividade do tabelião de protesto, mas há que se considerar que o registro para fins exclusivos de guarda e conservação não deve ser utilizado como forma de substituir qualquer registro de competência de outros órgãos ou especialidades, mas, sim, tão somente de promover um registro com a exclusiva finalidade de guardar, conservar e autenticar a data. Tais efeitos devem ser verbalizados para os usuários do serviço, a fim de esclarecer e atender aos anseios do legislador, sem gerar qualquer dúvida na sociedade ou promover qualquer desequilíbrio no sistema notarial e registral.

Por fim, e ainda visando preservar os efeitos do registro para fins de guarda e conservação, especialmente no que tange à ausência de publicidade, o parágrafo terceiro do art. 127-A ensina que a certificação do registro deverá ser feita por termo, indicando o número total de páginas do documento ou do conjunto de documentos, sendo dispensada a chancela ou rubrica em qualquer uma delas. Ou seja, a documentação poderá ser devolvida ao usuário, sem qualquer aposição de etiqueta, chancela ou rubrica em suas páginas, de modo a preservar sua integridade e atender à finalidade da modalidade registral.

Art. 128. À margem dos respectivos registros, serão averbadas quaisquer ocorrências que os alterem, quer em relação às obrigações, quer em atinência às pessoas que nos atos figurarem, inclusive quanto à prorrogação dos prazos.

Comentários

O artigo em comento atende expressamente ao princípio da continuidade, que estabelece um encadeamento lógico de informações no âmbito registral, a fim de conferir a publicidade adequada e integral de todos os instrumentos constantes de seu acervo para a sociedade de maneira geral.

Assim, não se faz possível a averbação de uma retificação contratual, por exemplo, sem que tenha sido registrado o instrumento principal.

Art. 129. Estão sujeitos a registro, no Registro de Títulos e Documentos, para surtir efeitos em relação a terceiros:

1º) os contratos de locação de prédios, sem prejuízo do disposto do artigo 167, I, nº 3;

2º) *(revogado) (Redação dada pela Lei nº 14.382, de 2022)*

3º) as cartas de fiança, em geral, feitas por instrumento particular, seja qual for a natureza do compromisso por elas abonado;

4º) os contratos de locação de serviços não atribuídos a outras repartições;

5º) os contratos de compra e venda em prestações, com reserva de domínio ou não, qualquer que seja a forma de que se revistam, e os contratos de alienação ou de promessas de venda referentes a bens móveis; *(Redação dada pela Lei nº 14.382, de 2022)*

6º) todos os documentos de procedência estrangeira, acompanhados das respectivas traduções, para produzirem efeitos em repartições da União, dos Estados, do Distrito Federal, dos Territórios e dos Municípios ou em qualquer instância, juízo ou tribunal;

7º) as quitações, recibos e contratos de compra e venda de automóveis, bem como o penhor destes, qualquer que seja a forma que revistam;

8º) os atos administrativos expedidos para cumprimento de decisões judiciais, sem trânsito em julgado, pelas quais for determinada a entrega, pelas alfândegas e mesas de renda, de bens e mercadorias procedentes do exterior.

9º) os instrumentos de sub-rogação e de dação em pagamento; *(Redação dada pela Lei nº 14.382, de 2022)*

10º) a cessão de direitos e de créditos, a reserva de domínio e a alienação fiduciária de bens móveis; e *(Incluído pela Lei nº 14.382, de 2022)*

11º) as constrições judiciais ou administrativas sobre bens móveis corpóreos e sobre direitos de crédito. *(Incluído pela Lei nº 14.382, de 2022)*

§ 1º A inscrição em dívida ativa da Fazenda Pública não se sujeita ao registro de que trata o *caput* deste artigo para efeito da presunção de fraude de que trata o art. 185 da Lei nº 5.172, de 25 de outubro de 1966 (Código Tributário Nacional). *(Incluído pela Lei nº 14.382, de 2022)*

§ 2º O disposto no *caput* deste artigo não se aplica ao registro e à constituição de ônus e de gravames previstos em legislação específica, inclusive o estabelecido: *(Incluído pela Lei nº 14.382, de 2022)*

I – na Lei nº 9.503, de 23 de setembro de 1997 (Código de Trânsito Brasileiro); e *(Incluído pela Lei nº 14.382, de 2022)*

II – no art. 26 da Lei nº 12.810, de 15 de maio de 2013. *(Incluído pela Lei nº 14.382, de 2022)*

Referências Normativas

Código Civil (Lei 10.406/2002), arts. 221, 224, 346, 347, 356 a 359, 521 a 528, 1.361.
Lei 6.015/1973, art. 127, I.
Lei 14.195/2021, art. 26.
Código Tributário Nacional (Lei 5.172/1966), art. 185.
Código de Trânsito Brasileiro (Lei 9.503/1997).
Lei 12.810/2013.

Comentários

O art. 129 também cuida, assim como o art. 127, de atos de competência de registro do Oficial de Registro de Títulos e Documentos em caráter obrigatório.

Inicia tratando do registro obrigatório dos contratos de locação. É necessário o registro de todos os contratos de locação de bens imóveis para que surtam efeitos em relação a terceiros no Registro de Títulos e Documentos, sejam contratos de locação comercial ou residencial, não fazendo a lei qualquer distinção neste sentido. No caso dos contratos em que tenha sido consignada cláusula de vigência ou direito de preferência, além do registro perante a serventia de Títulos e Documentos, também será necessário o registro perante o Registro de Imóveis competente, para fins de produção de efeitos especificamente com relação a referidas cláusulas. Trata-se de exceção à vedação do duplo registro, haja vista as finalidades distintas dos registros mencionados. O Registro de Títulos e Documentos dará publicidade ao contrato em sua integralidade, enquanto no Registro Imobiliário a publicidade vincula-se exclusivamente à cláusula de vigência e/ou ao direito de preferência em ato praticado na matrícula do imóvel respectivo.

O inciso 2º do art. 129, revogado pela Lei 14.382/2022, trazia a previsão de registro dos documentos decorrentes de depósitos ou de cauções feitos em garantia de cumprimento de obrigações contratuais, ainda que em separado dos respectivos instrumentos. Em ambos os casos, o registro em Registro de Títulos e Documentos tem o condão de produzir efeitos perante terceiros.

Talvez a revogação seja decorrente do caráter genérico do dispositivo, mas por si só não afasta a competência de registro de tais instrumentos no Registro de Títulos e Documentos, seja considerando-os como instrumentos particulares (art. 127, I, da Lei de Registros Públicos, combinado com o art. 221 do Código Civil), seja considerando a competência residual (art. 127, parágrafo único, da Lei de Registros Públicos) da especialidade.

O inciso 3º trata das cartas de fiança. O contrato de fiança é o negócio jurídico por meio do qual uma pessoa garante satisfazer ao credor uma obrigação assumida pelo devedor, caso este não o faça. Somente se admite a carta de fiança quando firmada em contrato por escrito, podendo seu registro ser feito independente da anuência do afiançado. Embora a lei mencione expressamente somente a formalização e registro de instrumento particular, não haveria, a nosso ver, qualquer impedimento ao registro de carta de fiança instrumentalizada por escritura pública.

O item seguinte trata do registro de contratos de prestação de serviço. O título apresentado a registro não se confunde com contratos em que há vínculo trabalhista ou relação de emprego, mas apenas para os prestadores de serviço de maneira autônoma. A oponibilidade perante terceiros dependerá necessariamente de seu registro perante o Oficial de Registro de Títulos e Documentos competente.

Para produzir efeitos perante terceiros, deverão ser levados a registro os contratos de compra e venda em prestações, com reserva de domínio ou não, qualquer que seja a forma de que se revistam. A reserva de domínio é cláusula especial do contrato de compra e venda, prevista entre os arts. 521 e 528 do Código Civil. São contratos que têm por objeto bem móvel, podendo o vendedor reservar para si a propriedade, até que o preço esteja integralmente pago. Referida cláusula deverá ser estipulada por escrito e depende de registro no domicílio do comprador para valer contra terceiros.

É igualmente obrigatório o registro para fins de publicidade perante terceiros dos contratos de alienação ou de promessas de venda de bens móveis.

Dependerão de registro para produção de efeitos em quaisquer repartições da União, dos Estados, do Distrito Federal, dos Territórios e dos Municípios ou em qualquer instância, juízo ou tribunal, todos os documentos de procedência estrangeira, acompanhados das respectivas traduções.

Os documentos redigidos em língua estrangeira deverão ser traduzidos para o português para ter efeitos legais no país (art. 224 do Código Civil). Somente os tradutores públicos têm autorização para realizar as respectivas traduções, assim disciplina a Lei 14.195/2021, que revogou o antigo Decreto 13.609/1943. Interessante mencionar o conteúdo do art. 26 de referida lei:

> "Art. 26. São atividades privativas do tradutor e intérprete público:
>
> I – traduzir qualquer documento que tenha de ser apresentado em outro idioma perante pessoa jurídica de direito público interno ou perante serviços notariais e de registro de notas ou de títulos e documentos;
>
> II – realizar traduções oficiais, quando exigido por lei;
>
> III – interpretar e verter verbalmente perante ente público a manifestação de pessoa que não domine a língua portuguesa se não houver agente público apto a realizar a atividade ou se for exigido por lei específica;
>
> IV – transcrever, traduzir ou verter mídia eletrônica de áudio ou vídeo, em outro idioma, certificada por ato notarial; e
>
> V – realizar, quando solicitados pela autoridade competente, os exames necessários à verificação da exatidão de qualquer tradução que tenha sido arguida como incompleta, imprecisa, errada ou fraudulenta."

Assim, a fim que de que possam produzir os efeitos pretendidos, os documentos de procedência estrangeira no Brasil deverão ser apresentados ao Oficial de Registro de Títulos e Documentos em sua via original, acompanhado da tradução feita por tradutor público juramentado e devidamente legalizado (no caso de documentos originários de países não signatários da Convenção de Haia) ou apostilado (no caso de documentos originários de países signatários da Convenção de Haia).

Desacompanhado da tradução, o documento somente poderá ser registrado para fins de publicidade se estiver escrito em português (neste caso, seria o documento de procedência estrangeira, porém em língua nacional) ou para fins de conservação, se, embora escrito em língua estrangeira, adote caracteres comuns. Nesse segundo caso, o documento não produz efeitos perante terceiros, serve apenas para assegurar sua conservação. O art. 148 comentado a seguir vai no mesmo sentido.

Mencione-se, por oportuno, que, muito embora o art. 129, § 6º, da Lei 6.015/1973 determine o registro de todos os documentos de procedência estrangeira para produção de efeitos perante terceiros junto ao Oficial de Registro de Títulos e Documentos, o Conselho Nacional de Justiça, em recente edição do Provimento 141/2023, dispensou tal registro para as sentenças declaratórias de reconhecimento e dissolução, para os termos declaratórios formalizados perante o oficial de registro civil e para as escrituras públicas declaratórias e para os distratos que envolvam união estável, lavrados no exterior, em que ao menos um dos conviventes é brasileiro, que poderão ser registrados no Livro E do RCPN.

O art. 94-A da Lei 6.015/1973 determina em seu § 3º que tais atos deverão ser devidamente legalizados ou apostilados e acompanhados de tradução juramentada, não fazendo menção a eventual dispensa de registro do documento estrangeiro perante o Oficial de Registro de Títulos e Documentos. O art. 2º, § 3º, do Provimento 141/2023, no entanto, o faz. Assim, embora o texto do Provimento não contrarie o conteúdo do art. 94-A da Lei de Registros Públicos, parece-nos estar em conflito com o teor do art. 129, § 6º, da mesma Lei.

O inciso 7º estabelece a obrigatoriedade de registro, para fins de publicidade, no Registro de Títulos e Documentos, das quitações, recibos e contratos de compra e venda de automóveis, bem como o penhor destes, qualquer que seja a forma que revistam. Mais técnico seria falar em veículos em vez de automóveis. Há que se mencionar ainda que, nos casos de compra e venda de garantidas por alienação fiduciária, como se verá adiante ainda nos comentários a este artigo, basta a anotação no certificado de registro do veículo perante a repartição de trânsito competente.

O inciso 8º trata do registro dos atos administrativos expedidos para cumprimento de decisões judiciais, sem trânsito em julgado, pelas quais for determinada a entrega, pelas alfândegas e mesas de renda, de bens e mercadorias procedentes do exterior. São atos administrativos editados por autoridades alfandegárias, quando há divergência com o contribuinte acerca da incidência e exigibilidade do imposto de importação ou do imposto de circulação de mercadorias sobre produtos estrangeiros. O registro será feito com base em decisão liminar, em que se determina a liberação ou desembaraço da mercadoria. O efeito é dar publicidade e gerar oponibilidade perante terceiros adquirentes desta(s) mercadoria(s), para que possam conhecer a situação pendente de decisão judicial definitiva, evitando que possam vir a participar de negócios jurídicos temerários.

Instrumentos de sub-rogação e de dação em pagamento também deverão ser levados a registro para que possam produzir efeitos perante terceiros. Segundo disciplina o Código Civil, há duas espécies de sub-rogação, a sub-rogação legal (prevista no art. 346) e a convencional (prevista no art. 347). A primeira opera-se, de pleno direito, não estando sujeita ao registro para sua constituição, pois, como o próprio artigo diz, não dependem de qualquer requisito formal adicional para ter efeitos. A sub-rogação convencional ocorre: *"I – quando o credor recebe o pagamento de terceiro e expressamente lhe transfere todos os seus direitos; ou II – quando terceira pessoa empresta ao devedor a quantia precisa para solver a dívida, sob a condição expressa de ficar o mutuante sub-rogado nos direitos do credor satisfeito".* Nesses casos, o registro é obrigatório e deverá ser feito pelo Oficial de Registro de Títulos e Documentos competente.

A dação em pagamento, prevista no Código Civil entre os arts. 356 e 359, ocorre nas hipóteses em que o credor consente em receber prestação diversa da que lhe é devida. Nesse caso, o registro também será obrigatório.

Com relação ao registro dos instrumentos de cessão de direitos e de créditos, há que se considerar que podem ser formalizados por instrumento público ou particular por um credor de qualquer direito ou crédito, desde que compatível com a obrigação, autorizado por lei ou por contrato. Em regra, a cessão abrange todos os acessórios do direito ou do crédito ora cedido. Tal como determina o art. 221 do Código Civil, os seus efeitos *"não se operam, a respeito de terceiros, antes de registrado no registro público".*

O inciso 10º prevê o registro obrigatório das alienações fiduciárias de bens móveis. Trata-se de instrumento de garantia, dispondo o art. 1.361 do Código Civil o quanto segue:

"Art. 1.361. Considera-se fiduciária a propriedade resolúvel de coisa móvel infungível que o devedor, com escopo de garantia, transfere ao credor.

*§ 1º **Constitui-se a propriedade fiduciária com o registro do contrato, celebrado por instrumento público ou particular, que lhe serve de título, no Registro de Títulos e Documentos do domicílio do devedor, ou, em se tratando de veículos, na repartição competente para o licenciamento, fazendo-se a anotação no certificado de registro.***

§ 2º Com a constituição da propriedade fiduciária, dá-se o desdobramento da posse, tornando-se o devedor possuidor direto da coisa.

§ 3º A propriedade superveniente, adquirida pelo devedor, torna eficaz, desde o arquivamento, a transferência da propriedade fiduciária." (grifos nossos)

Por fim, a Lei 14.382/2022 inseriu ao art. 129 da Lei de Registros Públicos o inciso 11º, que torna obrigatório o registro das constrições sobre bens móveis corpóreos e direito de créditos concedidas tanto em âmbito judicial quanto em âmbito administrativo. A medida tem o intuito de produzir efeitos perante terceiros, não sendo, portanto, suficiente a publicidade conferida no âmbito processual.

Os §§ 1º e 2º do art. 129, recém-acrescidos à Lei de Registros Públicos, trazem algumas exceções à obrigatoriedade de registro perante o Oficial de Registro de Títulos e Documentos.

Assim, tal como preceitua o art. 185 do Código Tributário Nacional, *"presume-se fraudulenta a alienação ou oneração de bens ou rendas, ou seu começo, por sujeito passivo em débito para com a Fazenda Pública, por crédito tributário regularmente inscrito como dívida ativa".* A inscrição de referido crédito em dívida ativa para efeito da presunção de fraude independe de registro nos moldes estabelecidos pelo art. 129 da Lei de Registros Públicos.

Bem assim não será obrigatório o registro para fins de constituição de ônus e gravames previstos em legislação específica, como é o caso daquelas previstas no Código de Trânsito Brasileiro e a constituição de gravames e ônus sobre ativos financeiros e valores mobiliários previstos na Lei 12.810/2013.

Art. 130. Os atos enumerados nos arts. 127 e 129 desta Lei serão registrados no domicílio: (Redação dada pela Lei nº 14.382, de 2022)

I – das partes, quando residirem na mesma circunscrição territorial; (Incluído pela Lei nº 14.382, de 2022)

II – de um dos devedores ou garantidores, quando as partes residirem em circunscrições territoriais diversas; ou (Incluído pela Lei nº 14.382, de 2022)

III – de uma das partes, quando não houver devedor ou garantidor. (Incluído pela Lei nº 14.382, de 2022)

§ 1º Os atos de que trata este artigo produzirão efeitos a partir da data do registro. (Incluído pela Lei nº 14.382, de 2022)

§ 2º O registro de títulos e documentos não exigirá reconhecimento de firma, e caberá exclusivamente ao apresentante a responsabilidade pela autenticidade das assinaturas constantes de documento particular. (Incluído pela Lei nº 14.382, de 2022)

§ 3º O documento de quitação ou de exoneração da obrigação constante do título registrado, quando apresentado em meio físico, deverá conter o reconhecimento de firma do credor. (Incluído pela Lei nº 14.382, de 2022)

Referências Normativas

Lei 14.382/2022, art. 21, I.

Comentários

O art. 130 da Lei de Registros Públicos positiva no Registro de Títulos e Documentos o princípio da territorialidade. Assim, somente poderá o Oficial de Registro atuar dentro dos limites territoriais para os quais recebeu sua delegação, tal como ocorre no registro de imóveis e no registro civil de pessoas naturais. A redação anterior do artigo previa prazo de 20 (vinte) dias, a contar da assinatura das partes, para que se promovesse o registro.

A alteração excluiu do texto do *caput* do dispositivo o prazo de 20 dias para registro, ficando estabelecido, de acordo com o § 1º, que seus efeitos se produzirão a partir da data do registro.

Será o Oficial competente para registro o do domicílio das partes, caso residam na mesma circunscrição territorial, tal como constava da redação anterior do artigo.

Caso um dos devedores ou dos garantidores resida em circunscrições diversas, a competência de registro será, no entanto, de uma delas. Ou seja, deixa de ser obrigatório o registro em todas as comarcas, o que faz bastante sentido num contexto de migração para o sistema de registro eletrônico. Ademais, há que se ponderar que, havendo no contrato a figura de um devedor ou de um garantidor, a competência de registro será do Oficial de sua residência, a fim de proporcionar a adequada publicidade que deverá ser principalmente gerada em relação àquele que assume referidas posições contratuais. A alteração legislativa garante maior segurança jurídica a terceiros que venham a contratar com aqueles que ocupam a posição de devedores e/ou garantidores em contratos registrados, proporcionando maior transparência e eficiência aos registros públicos. O registro exclusivo na comarca do credor seria temerário para a sociedade como um todo e pouco efetivo para os registros públicos.

Não havendo devedor ou garantidor, a competência de registro será do Oficial responsável pelo domicílio de qualquer uma das partes.

Observe-se, dessa forma, que o registro na comarca do credor passa a ser dispensável.

A redação nova traz interessantes considerações acerca da exigibilidade de reconhecimento de firma quando da qualificação dos títulos apresentados a registro. O § 2º do artigo ensina que o reconhecimento de firma é dispensável, como regra geral, sendo responsabilidade exclusiva do apresentante a conferência de autenticidade das assinaturas constantes do instrumento particular. O parágrafo terceiro, por sua vez, mantém a exigência nos casos de documentos de quitação ou exoneração de obrigações, quando o título for apresentado fisicamente.

> **Art. 131.** Os registros referidos nos artigos anteriores serão feitos independentemente de prévia distribuição.

Referências Normativas

Normas de Serviço da Corregedoria-Geral da Justiça do Estado de São Paulo, Tomo II, Capítulo XVIII, itens 68.2 a 68.4 e Capítulo XIX, 67.10.6 e 67.10.7.

Comentários

O art. 131 estabelece ser facultativa a distribuição de títulos, podendo as normas estaduais trazerem regramento específico acerca do tema, quando se opta pela distribuição.

No Estado de São Paulo, as Normas de Serviço editadas pela Corregedoria-Geral de Justiça, em seu tomo II, Capítulos XVIII (itens 68.2 a 68.4) e XIX (itens 67.10.6 e 67.10.7), respectivamente, indicam a possibilidade de distribuição nos seguintes moldes:

> *"Capítulo XVIII*
> *68.2. Havendo mais de um Oficial de Registro Civil das Pessoas Jurídicas na localidade, e desde que haja unânime consenso entre eles, com aprovação do Juiz Corregedor Permanente, poderá haver distribuição prévia de ato constitutivo de nova pessoa jurídica, tanto em meio eletrônico, quanto em papel ou quaisquer outros meios tecnológicos, observados os critérios quantitativo e qualitativo, bem como o princípio da territorialidade.*
> *68.3. Verificada a hipótese do item 68.2, caso a documentação para a constituição de nova pessoa jurídica seja apresentado fisicamente, a distribuição será feita pelos registradores da localidade, que suportarão os respectivos custos e estabelecerão conjuntamente a rotina operacional mais adequada.*
> *68.4. Aprovada pelo Corregedor Permanente a instalação da distribuição em determinada Comarca, a sua desconstituição dependerá de nova decisão do respectivo Corregedor, mediante pedido formulado pela maioria dos Oficiais de Registro daquela localidade, salvo se outro quórum tiver sido estabelecido no momento da aprovação da sua instalação. Se houver apenas dois Oficiais na localidade, a desconstituição do distribuidor dependerá da manifestação de pelo menos um deles".*
>
> *Capítulo XIX*
> *67.10.6. Havendo mais de um Oficial de Registro de Títulos e Documentos na localidade, e desde que haja unânime consenso entre eles, com aprovação do Juiz Corregedor Permanente, poderá haver distribuição prévia de todos os títulos e documentos, tanto em meio eletrônico, quanto em papel ou quaisquer outros meios tecnológicos, observados os critérios quantitativo e qualitativo.*
> *67.10.7. Aprovada pelo Corregedor Permanente a instalação da distribuição em determinada Comarca, a sua desconstituição dependerá de nova decisão do respectivo Corregedor, mediante pedido formulado pela maioria dos Oficiais de Registro daquela localidade, salvo se outro quórum tiver sido estabelecido no momento da aprovação da sua instalação. Se houver apenas dois Oficiais na localidade, a desconstituição do distribuidor dependerá da manifestação de pelo menos um deles".*

Muito embora o dispositivo em comento refira-se exclusivamente ao Registro de Títulos e Documentos, levando-se em conta que ao mesmo Oficial também se atribui o exercício do Registro Civil de Pessoas Jurídicas, faz-se pertinente a menção às duas especialidades de maneira conjunta.

Assim, fica facultado aos Oficiais da localidade, mediante aprovação do Juiz Corregedor Permanente, o estabelecimento de distribuição de títulos na comarca. A partir de então, uma vez aprovada, deverão ser atendidos os critérios quantitativo e qualitativo, ou seja, para que a distribuição seja a mais equânime possível, não há que se considerar tão somente o número de títulos apresentados para registro, mas igualmente o seu valor, de modo a fazer com que a distribuição proporcione um ganho semelhante aos Oficiais da comarca.

CAPÍTULO II
DA ESCRITURAÇÃO

Art. 132. No registro de títulos e documentos, haverá os seguintes livros: *(Redação dada pela Lei nº 14.382, de 2022)*

I – Livro A – protocolo para apontamentos de todos os títulos, documentos e papéis apresentados, diariamente, para serem registrados, ou averbados;

II – Livro B – para trasladação integral de títulos e documentos, sua conservação e validade contra terceiros, ainda que registrados por extratos em outros livros;

III – Livro C – para inscrição, por extração, de títulos e documentos, a fim de surtirem efeitos em relação a terceiros e autenticação de data;

IV – Livro D – indicador pessoal, substituível pelo sistema de fichas, a critério e sob a responsabilidade do oficial, o qual é obrigado a fornecer com presteza as certidões pedidas pelos nomes das partes que figurarem, por qualquer modo, nos livros de registros; *(Redação dada pela Lei nº 14.382, de 2022)*

V – Livro E – indicador real, para matrícula de todos os bens móveis que figurarem nos demais livros, devendo conter sua identificação, referência aos números de ordem dos outros livros e anotações necessárias, inclusive direitos e ônus incidentes sobre eles; *(Incluído pela Lei nº 14.382, de 2022)*

VI – Livro F – para registro facultativo de documentos ou conjunto de documentos para conservação de que tratam o inciso VII do *caput* do art. 127 e o art. 127-A desta Lei; e *(Incluído pela Lei nº 14.382, de 2022)*

VII – Livro G – indicador pessoal específico para repositório dos nomes dos apresentantes que figurarem no Livro F, do qual deverá constar o respectivo número do registro, o nome do apresentante e o seu número de inscrição no Cadastro de Pessoas Físicas da Secretaria Especial da Receita Federal do Brasil do Ministério da Economia ou, no caso de pessoa jurídica, a denominação do apresentante e o seu número de inscrição no Cadastro Nacional da Pessoa Jurídica da Secretaria Especial da Receita Federal do Brasil do Ministério da Economia. *(Incluído pela Lei nº 14.382, de 2022)*

Comentários

O art. 132 da Lei de Registros Públicos sofreu diversas reformulações com a edição da Lei 14.382/2022, a fim de aproximar-se da realidade no que tange à forma de escrituração, bem como criar novos livros obrigatórios que atendam às modalidades diversas de registro.

A primeira observação que deve ser feita é a de número de páginas. A atual redação do art. 132 excluiu de seu *caput* a obrigatoriedade de escrituração dos livros de registro com 300 (trezentas) páginas, uma vez que os registros públicos estão cada vez mais migrando para o modelo de escrituração eletrônica. Com a adoção das técnicas de digitalização e microfilmagem, vai perdendo o sentido a limitação do número de páginas na escrituração dos registros. Observe-se, ainda, que a própria técnica da microfilmagem, amplamente utilizada pelas serventias extrajudiciais nas últimas décadas, deixa de ser uma opção de escrituração, tendo em vista a expressa revogação do art. 141 da Lei de Registros Públicos, que a previa como faculdade ao oficial na efetivação de seus registros.

O Livro A segue sendo destinado ao protocolo de todos os títulos, documentos e papéis apresentados, diariamente, para serem registrados, ou averbados. O Livro B, por sua vez, destina-se à trasladação integral de títulos e documentos, sua conservação e validade contra terceiros, ainda que registrados por extratos em outros livros. O Livro C é destinado à inscrição, por extração, de títulos e documentos, a fim de surtirem efeitos em relação a terceiros e autenticação de data. Observe-se que a escrituração no Livro B ou no Livro C, diferentemente do que ocorre com outras especialidades, não está relacionada com a natureza jurídica do título, mas sim com a forma como deverá ser transposto seu conteúdo e como serão conservadas suas informações. Como regra, é opção do apresentante solicitar o registro em uma modalidade ou outra, ou até mesmo solicitar as duas.

Com a adoção do sistema de microfilmagem e mais modernamente a técnica de digitalização, perde um pouco o sentido a modalidade de registro por extrato, tendo em vista que todos os documentos tendem a ser reproduzidos em sua integralidade. Mas a lei manteve, de toda forma, a modalidade, que pode a qualquer tempo ser utilizada caso haja interesse das partes.

O Livro D, denominado indicador pessoal, pode ser substituído pelo sistema de fichas, a critério e sob a responsabilidade do oficial. O que se deve garantir é o fornecimento com presteza das certidões pedidas pelos nomes das partes que figurarem, por qualquer modo, nos livros de registros.

A Medida Provisória 1.085/2021 e na sequência a Lei 14.382/2022 inseriram à Lei de Registros Públicos três novos livros obrigatórios, quais sejam, os livros E, F e G. O livro E é o indicador real, destinado a criar uma matrícula para todos os bens móveis que figuram nos títulos apresentados a registro, contendo minuciosa identificação destes. Os livros F e G relacionam-se ao registro facultativo para fins de guarda e conservação, sendo o primeiro destinado ao registro propriamente dito e o segundo, seu respectivo indicador pessoal, devendo constar o respectivo número do registro, o nome do apresentante e o seu número de inscrição no Cadastro de Pessoas Físicas da Secretaria Especial da Receita Federal do Brasil do Ministério da Economia ou, no caso de pessoa jurídica, a denominação do apresentante e o seu número de inscrição no Cadastro Nacional da Pessoa Jurídica da Secretaria Especial da Receita Federal do Brasil do Ministério da Economia.

> **Art. 133.** Na parte superior de cada página do livro se escreverá o título, a letra com o número e o ano em que começar.

Comentários

O art. 133 traz a forma como se fazia quando a escrituração dos livros de registro era manual. Assim, além do título do livro, deve ser identificada a letra nos moldes estabelecidos pelo art. 132 e o ano em que se formaliza a escrituração. As serventias de Registro de Títulos e Documentos ainda contam com acervo perene que adota o modelo estabelecido.

Há que se informar, no entanto, que com adoção de técnicas mais modernas de escrituração, em especial após o advento da microfilmagem, o formato dos livros de registro vem ganhando novos contornos, devendo ser atendidos os requisitos das leis especiais.

> **Art. 134.** O Juiz, em caso de afluência de serviço, poderá autorizar o desdobramento dos livros de registro para escrituração das várias espécie de atos, sem prejuízo da unidade do protocolo e de sua numeração em ordem rigorosa.
>
> **Parágrafo único.** Esses livros desdobrados terão as indicações de E, F, G, H, etc.

Referências Normativas

Normas de Serviço da Corregedoria-Geral da Justiça do Estado de São Paulo, Capítulo XVIII, item 6.6. Provimento 001/2020-CGJ do Rio Grande do Sul, arts. 302 e 304.

Comentários

Prossegue o art. 134, afirmando ser possível ao juiz autorizar o desdobramento dos livros de registro por espécie de atos, a fim de facilitar a escrituração dos Oficiais de Registro de Títulos e Documentos.

O artigo deu embasamento para a Corregedoria-Geral de Justiça do Estado de São Paulo criar os livros específicos E (indicador real), F (registro facultativo de documentos ou conjunto de documentos para fins exclusivos de guarda e conservação) e G (indicador pessoal específico para aqueles que figurarem nos atos de registro constantes do Livro G). Tais livros constam atualmente na própria Lei de Registros Públicos no supramencionado artigo 132.

Muito embora seja autorizado o desmembramento dos livros de registro, há que se recordar a necessidade de manutenção de livro Protocolo único para todos os atos de competência do Registro de Títulos e Documentos.

O livro Protocolo de Registro de Títulos e Documentos poderá ser escriturado separado ou conjuntamente ao livro Protocolo do Registro Civil de Pessoas Jurídicas, a depender de como disciplinam as Normas de Serviço de cada estado. A esse respeito, temos:

> *"Capítulo XVIII das Normas de Serviço da Corregedoria-Geral de Justiça do Estado de São Paulo:*
> *6.6. A escrituração do livro "Protocolo" do Registro Civil de Pessoas Jurídicas deverá ser distinta e independente àquela do Livro "A" de Protocolo do Registro de Títulos e Documentos.*
> *Consolidação Normativa Notarial e Registral do Rio Grande do Sul instituída pelo Provimento nº 001/2020-CGJ:*
> *Art. 302 – Além dos obrigatórios e comuns a todos os Serviços, o Registro Civil das Pessoas Jurídicas manterá os livros:*
> *I – Livro "A" – para os fins indicados no Art. 301, I e II;*
> *II – Livro "B" – para os fins indicados no Art. 301, III.*
> *III – Livro "C" – de Protocolo, podendo ser escriturado pelo sistema de folhas soltas, em ordem numérica e cronológica, para apontamento de todos os títulos apresentados a registro.*
> *Parágrafo único – O número de folhas dos Livros "A" e "B" poderá ser reduzido, a critério do Registrador.*
> *(...)*
> *Art. 304 – Serão protocolados os documentos pela ordem de apresentação no Livro "C", digitalizando-os em seguida.*
> **Parágrafo único – O Registrador poderá optar por não utilizar o Livro "C", protocolizando no Livro Protocolo do Registro de Títulos e Documentos os requerimentos de registro e averbação do Registro Civil de Pessoas Jurídicas"** (grifos nossos).

Art. 135. O protocolo deverá conter colunas para as seguintes anotações:

1º) número de ordem, continuando, indefinidamente, nos seguintes;

2º) dia e mês;

3º) natureza do título e qualidade do lançamento (integral, resumido, penhor, etc.);

4º) o nome do apresentante;

5º) anotações e averbações.

Parágrafo único. Em seguida ao registro, far-se-á, no protocolo, remissão ao número da página do livro em que foi ele lançado, mencionando-se, também, o número e a página de outros livros em que houver qualquer nota ou declaração concernente ao mesmo ato.

Comentários

O dispositivo traz os elementos essenciais e obrigatórios para fins de escrituração do Livro Protocolo, obrigatório em todas as serventias extrajudiciais de Registro de Títulos e Documentos, que inclusive assegura o cumprimento ao princípio da prioridade.

Além de atender à prioridade, sua escrituração é fundamental também para que se possa verificar a existência de algum vício no título apresentado, pois é somente com a apresentação do título que a parte conhecerá exatamente quais eventuais correções que devem ser feitas a fim de obter uma qualificação positiva e o consequente registro pretendido.

Como comentado no artigo anterior, o livro Protocolo poderá ser escriturado para cada especialidade separadamente ou de maneira conjunta, a ser determinado pelas Normas de Serviço de cada estado da federação.

> **Art. 136.** O livro de registro integral de títulos será escriturado nos termos do artigo 142, lançando-se, antes de cada registro, o número de ordem, a data do protocolo e o nome do apresentante, e conterá colunas para as seguintes declarações:
> 1º) número de ordem;
> 2º) dia e mês;
> 3º) transcrição;
> 4º) anotações e averbações.

 Referências Normativas

Lei 6.015/1973, art. 142.

 Comentários

O dispositivo traz os elementos essenciais e obrigatórios para fins de escrituração do Livro B de registro integral, obrigatório em todas as serventias extrajudiciais de Registro de Títulos e Documentos. Tal como se pode depreender da leitura do art. 142 transcrito a seguir, o livro B destina-se à trasladação integral do título apresentado para registro.

Assim, antes da adoção dos sistemas de microfilmagem e digitalização de documentos qualificados positivamente e consequentemente registrados, fazia-se a transposição de todos os elementos do título para o livro B de registro, com todos os seus caracteres. Tal forma de escrituração manual encontra-se superada em virtude das novas técnicas de reprodução de títulos, mas o dispositivo permanece em vigor, de modo a nos conduzir a uma necessária interpretação conforme a realidade tecnológica vigente.

> **Art. 137.** O livro de registro, por extrato, conterá colunas para as seguintes declarações: (Renumerado do art. 138 pela Lei nº 6.216, de 1975).
> 1º) número de ordem;
> 2º) dia e mês;
> 3º) espécie e resumo do título;
> 4º) anotações e averbações.

 Referências Normativas

Lei 6.015/1973, art. 143.

 Comentários

O dispositivo traz os elementos essenciais e obrigatórios para fins de escrituração do Livro C de registro por extrato, obrigatório em todas as serventias extrajudiciais de Registro de Títulos e Documentos. O livro C é aquele destinado aos registros em resumo ou por extrato. Pouco usual na atualidade, as serventias mais antigas todas contam com livros desta modalidade. Diferentemente dos registros lavrados no Livro B, cuja trasladação dos elementos do título se dá de maneira integral, na lavratura do livro C, como se verá mais adiante no art. 143, serão trasladados no livro de registro somente os elementos essenciais do título, compondo verdadeiro resumo de seu conteúdo.

Embora seja uma forma interessante de escrituração, ante a adoção de sistemas mais modernos de reprodução de documentos como a microfilmagem e a digitalização, a forma proposta perdeu um pouco seu espaço.

Há que se ressaltar que os livros B e C não comportam registros de naturezas jurídicas distintas, mas, sim, tão somente formas diversas de escrituração. Desse modo, um mesmo título pode ser apresentado para registro no livro B, no livro C ou em ambos, a critério do usuário.

> **Art. 138.** O indicador pessoal será dividido alfabeticamente para a indicação do nome de todas as pessoas que, ativa ou passivamente, individual ou coletivamente, figurarem nos livros de registro e deverá conter, além dos nomes das pessoas, referências aos números de ordem e páginas dos outros livros e anotações.

Referências Normativas

Normas de Serviço da Corregedoria-Geral da Justiça do Estado de São Paulo, Tomo II, Capítulo XIX, item 20.

Comentários

O dispositivo traz os elementos essenciais e obrigatórios para fins de escrituração do Livro D, indicador pessoal, obrigatório em todas as serventias extrajudiciais de Registro de Títulos e Documentos. O índice deve ser alimentado constantemente, de forma que permita uma busca eficiente e segura nos sistemas de registro.

O indicador pessoal funciona como verdadeiro índice, contendo o nome e as posições que as pessoas ocupam nos registros praticados pela serventia. Assim, sempre que se quiser conhecer todos os títulos em nome de determinada pessoa, ou ainda quando se pretender localizar determinado ato específico, o livro proporcionará uma busca concentrada, segura e eficiente ao usuário do sistema.

As normas estaduais costumam prever sua escrituração de forma eletrônica, a exemplo das Normas de Serviço da Corregedoria-Geral de Justiça do Estado de São Paulo, a saber:

> *"20. O livro "D" deverá ser escriturado e mantido exclusivamente em sistema informatizado eletrônico* e conterá a indicação do nome de todas as pessoas que, ativa ou passivamente, individual ou coletivamente, figurarem nos registros efetuados nos livros "B" ou "C" e deverá conter, além dos nomes das pessoas, se do documento constar, os respectivos CPF ou CNPJ, com referências aos números de todos os respectivos registros". (grifos nossos)

> **Art. 139.** Se a mesma pessoa já estiver mencionada no indicador, somente se fará, na coluna das anotações, uma referência ao número de ordem, página e número do livro em que estiver lançado o novo registro ou averbação.

Comentários

Prossegue a Lei de Registros Públicos, tratando do indicador pessoal e de como era feita sua escrituração antes da adoção de sistemas de busca informatizados.

Assim, o artigo indica que se a pessoa já constar no indicador pessoal, basta que se faça menção ao novo ato de registro ou averbação praticado, de modo a concentrar as informações referentes àquela pessoa no mesmo local. O dispositivo fazia mais sentido quando da escrituração manual de referido índice.

O cuidado que se deve tomar diz respeito às homonímias, de modo a ser recomendável a verificação de números de documentos de identificação nos atos registrados, caso sejam mencionados, a fim de prestar a informação da maneira mais adequada e segura possível para o usuário do sistema.

> **Art. 140.** Se no mesmo registro ou averbação, figurar mais de uma pessoa, ativa ou passivamente, o nome de cada uma será lançado distintamente, no indicador, com referência recíproca na coluna das anotações.

Comentários

Dispõe o artigo acerca da necessidade de menção de maneira individualizada dos nomes de cada uma das pessoas que figurarem nos atos de registro e averbação, de modo a permitir a busca também individualizada e o eficiente fornecimento de certidões, atendendo aos princípios da eficiência e da publicidade.

> **Art. 141.** *(Revogado pela Lei nº 14.382, de 2022)*

Referências Normativas

Lei 6.015/1973, art. 1º, § 3º.

Comentários

O revogado art. 141 facultava ao oficial a efetivação do registro por meio da microfilmagem, técnica amplamente utilizada nas últimas décadas pelos Oficiais de Registro de Títulos e Documentos. Em uma leitura atenta da Lei de Registros Públicos, verifica-se que a Lei 14.382/2022 deu nova redação ao art. 1º, § 3º, estabelecendo que os registros deverão ser *"escriturados, publicizados e conservados em meio eletrônico, nos termos estabelecidos pela Corregedoria Nacional de Justiça do Conselho Nacional de Justiça, em especial quanto aos: I – padrões tecnológicos de escrituração, indexação, publicidade, segurança, redundância e conservação; e II – prazos de implantação nos registros públicos de que trata este artigo"*. Ao que tudo indica, a tão revolucionária tecnologia dos microfilmes cede definitivamente lugar para técnicas mais modernas de reprodução de documentos apresentados para registro.

CAPÍTULO III
DA TRANSCRIÇÃO E DA AVERBAÇÃO

Art. 142. O registro integral dos documentos consistirá na trasladação dos mesmos, com a mesma ortografia e pontuação, com referência às entrelinhas ou quaisquer acréscimos, alterações, defeitos ou vícios que tiver o original apresentado, e, bem assim, com menção precisa aos seus característicos exteriores e às formalidades legais, podendo a transcrição dos documentos mercantis, quando levados a registro, ser feita na mesma disposição gráfica em que estiverem escritos, se o interessado assim o desejar.

§ 1º Feita a trasladação, na última linha, de maneira a não ficar espaço em branco, será conferida e realizado o seu encerramento, depois do que o oficial, seu substituto legal ou escrevente designado pelo oficial e autorizado pelo Juiz competente, ainda que o primeiro não esteja afastado, assinará o seu nome por inteiro.

§ 2º Tratando-se de documento impresso, idêntico a outro já anteriormente registrado na íntegra, no mesmo livro, poderá o registro limitar-se a consignar o nome das partes contratantes, as características do objeto e demais dados constantes dos claros preenchidos, fazendo-se remissão, quanto ao mais, àquele já registrado.

Comentários

O dispositivo é autoexplicativo e deixa bastante claro como deve ser a forma de escrituração do Livro B de trasladação integral. É possível verificar que o artigo transparece uma época em que a trasladação dos elementos do título era feita manualmente. Com a adoção das técnicas da microfilmagem e posteriormente da digitalização, a reprodução integral do documento experimentou uma fase muito mais segura (já que não permite adulteração ou inserção de elementos *a posteriori*), fidedigna e eficiente de arquivamento e composição do acervo público.

Podemos afirmar que antes da adoção das mencionadas técnicas da microfilmagem e da digitalização, cabia ao registrador trasladar todos os elementos do título, ou seja, o documento apresentado, uma vez qualificado positivamente, era de fato copiado em sua integralidade no livro de registro, de modo a dar publicidade de todo o seu conteúdo.

> **Art. 143.** O registro resumido consistirá na declaração da natureza do título, do documento ou papel, valor, prazo, lugar em que tenha sido feito, nome e condição jurídica das partes, nomes das testemunhas, data da assinatura e do reconhecimento de firma por tabelião, se houver, o nome deste, o do apresentante, o número de ordem e a data do protocolo, e da averbação, a importância e a qualidade do imposto pago, depois do que será datado e rubricado pelo oficial ou servidores referidos no artigo 142, § 1º.

Comentários

O artigo descreve todos os elementos essenciais na escrituração do Livro C por extrato. O registro somente é identificado por elementos fundamentais do título, depreendidos no momento de sua qualificação.

A modalidade de escrituração não leva em conta a natureza do título, cuida de opção do usuário quando da apresentação do título para registro. Com a adoção das técnicas de microfilmagem e digitalização dos documentos apresentados, não faz mais sentido optar pela escrituração por extrato, nem mesmo pela trasladação integral manual do título (que seria objeto do livro B), mas, sim, a reprodução da imagem em sua integralidade.

> **Art. 144.** *(Revogado pela Lei nº 14.382, de 2022)*
>
> **Art. 145.** *(Revogado pela Lei nº 14.382, de 2022)*
>
>
>
> ## CAPÍTULO IV
> ### DA ORDEM DO SERVIÇO
>
>
>
> **Art. 146.** Apresentado o título ou documento para registro ou averbação, serão anotados, no protocolo, a data de sua apresentação, sob o número de ordem que se seguir imediatamente, a natureza do instrumento, a espécie de lançamento a fazer (registro integral ou resumido, ou averbação), o nome do apresentante, reproduzindo-se as declarações relativas ao número de ordem, à data, e à espécie de lançamento a fazer no corpo do título, do documento ou do papel.

Comentários

Referido artigo descreve como deve se dar o ingresso de um título na serventia extrajudicial. O título sempre deverá ser protocolado, em atendimento ao princípio da prioridade, que garante que aquele

Art. 147 | LEI DE REGISTROS PÚBLICOS COMENTADA

que primeiro apresenta determinado instrumento tem o direito de ver o seu pedido analisado com prioridade em relação a outro prenotado posteriormente. A importância do respeito a essa prioridade se dá especialmente com relação a títulos contraditórios.

Protocolado o título, o apresentante receberá o número de seu protocolo com as informações mais relevantes, bem assim com menção à data em que provavelmente seu título já estará analisado, podendo ter sido registrado ou expedida Nota de Devolução ou Nota de Exigência, nos casos em que há providências a serem atendidas a fim de lograr êxito em sua pretensão.

Após lançamento no livro protocolo é que o título passará para a qualificação e, caso atendidos todos os requisitos legais, somente então será lançado no livro de registro respectivo, tal como determina o artigo seguinte.

> **Art. 147.** Protocolado o título ou documento, far-se-á, em seguida, no livro respectivo, o lançamento, (registro integral ou resumido, ou averbação), e, concluído este, declarar-se-á no corpo do título, documento ou papel, o número de ordem e a data do procedimento no livro competente, rubricando o oficial ou os servidores referidos no art. 142, § 1º, esta declaração e as demais folhas do título, do documento ou do papel.

Comentários

O art. 147 disciplina a forma como será realizado o ato de registro ou de averbação nos casos em que o título obteve qualificação positiva, ou seja, nos casos em que foi feita a análise do título e ele atende a todos os princípios registrais e à legislação pátria.

Assim, há que se compreender o caminho que o título percorre quando do ingresso na serventia extrajudicial. O primeiro lançamento se dá no livro Protocolo, garantindo a prioridade de trâmite do título. Uma vez protocolado, o título passará para a fase de qualificação, que é a análise de atendimento aos requisitos do ordenamento jurídico. Uma vez atendidos os requisitos legais para aquele título especificamente, ou seja, uma vez obtida uma qualificação positiva, é que seu conteúdo será lançado nos livros de registro, seja no livro B (trasladação integral), no livro C (registro por extrato) ou em ambos, conforme escolha da parte.

> **Art. 148.** Os títulos, documentos e papéis escritos em língua estrangeira, uma vez adotados os caracteres comuns, poderão ser registrados no original, para o efeito da sua conservação ou perpetuidade. Para produzirem efeitos legais no País e para valerem contra terceiros, deverão, entretanto, ser vertidos em vernáculo e registrada a tradução, o que, também, se observará em relação às procurações lavradas em língua estrangeira.
>
> **Parágrafo único.** Para o registro resumido, os títulos, documentos ou papéis em língua estrangeira, deverão ser sempre traduzidos.

Referências Normativas

Lei 6.015/1973, art. 129, item 6º.

Comentários

O artigo em questão retoma o que foi dito nos comentários ao art. 129, inciso 6º. Documentos de procedência estrangeira para produzirem efeitos no país precisam ser apresentados em sua via original, devidamente legalizada (nos casos dos países não signatários da Convenção de Haia) ou apostilada (nos casos dos países signatários da Convenção de Haia), acompanhados de tradução feita por tradutor público juramentado.

Caso esteja desacompanhado da tradução respectiva, mas adote caracteres comuns, poderá o documento escrito em língua estrangeira ser realizado o registro tão somente para fins de guarda e conservação, não gozando de publicidade. Essa faculdade somente é autorizada para registros integrais, não sendo possível o registro resumido.

> **Art. 149.** Depois de concluídos os lançamentos nos livros respectivos, será feita, nas anotações do protocolo, referência ao número de ordem sob o qual tiver sido feito o registro, ou a averbação, no livro respectivo, datando e rubricando, em seguida, o oficial ou os servidores referidos no art. 142, § 1º.

📖 Comentários

Concluído o registro, deverá constar do Livro Protocolo o número do livro e do registro realizado. Dessa maneira, há uma interlocução entre as informações constantes do livro de registro, permitindo não somente segurança jurídica, mas igualmente uma busca eficiente em nome das partes que participam dos atos registrados naquela serventia.

> **Art. 150.** O apontamento do título, documento ou papel no protocolo será feito, seguida e imediatamente um depois do outro. Sem prejuízo da numeração individual de cada documento, se a mesma pessoa apresentar simultaneamente diversos documentos de idêntica natureza, para lançamentos da mesma espécie, serão eles lançados no protocolo englobadamente.
>
> **Parágrafo único.** Onde terminar cada apontamento, será traçada uma linha horizontal, separando-o do seguinte, sendo lavrado, no fim do expediente diário, o termo de encerramento do próprio punho do oficial por este datado e assinado.

📖 Comentários

No Livro Protocolo, os lançamentos deverão ser feitos pelo número de títulos, ou seja, a cada documento corresponde um número de protocolo. Ao final do dia, deve o Oficial lavrar o termo de encerramento do expediente, indicando a data e assinando em seguida.

> **Art. 151.** O lançamento dos registros e das averbações nos livros respectivos será feito, também seguidamente, na ordem de prioridade do seu apontamento no protocolo, quando não for obstado por ordem de autoridade judiciária competente, ou por dúvida superveniente; neste caso, seguir-se-ão os registros ou averbações dos imediatos, sem prejuízo da data autenticada pelo competente apontamento.

📖 Comentários

A ordem cronológica do Livro Protocolo também deve ser observada na escrituração dos livros de registro, atendendo novamente ao princípio da prioridade, salvo nos casos em que o título tenha sido obstado por ordem de autoridade judiciária competente, ou por dúvida superveniente.

> **Art. 152.** Cada registro ou averbação será datado e assinado por inteiro, pelo oficial ou pelos servidores referidos no artigo 142, § 1º, separados, um do outro, por uma linha horizontal.

Art. 153 | LEI DE REGISTROS PÚBLICOS COMENTADA

Comentários

Os registros e as averbações são atos individualizados, devendo ser datados e assinados pelo Oficial ou pelo escrevente autorizado.

> **Art. 153.** Os títulos terão sempre um número diferente, segundo a ordem de apresentação, ainda que se refiram à mesma pessoa. O registro e a averbação deverão ser imediatos e, quando não o puderem ser, por acúmulo de serviço, o lançamento será feito no prazo estritamente necessário, e sem prejuízo da ordem da pre-notação. Em qualquer desses casos, o oficial, depois de haver dado entrada no protocolo e lançado no corpo do título as declarações prescritas, fornecerá um recibo contendo a declaração da data da apresentação, o número de ordem desta no protocolo e a indicação do dia em que deverá ser entregue, devidamente legalizado; o recibo será restituído pelo apresentante contra a devolução do documento.

Comentários

O art. 153 consubstancia novamente a aplicação do princípio da prioridade, basilar na atividade registral. Assim, independentemente de ter sido apresentado pela mesma pessoa, instrumentos diferentes geram números de protocolo também diferentes.

O prazo para qualificação e registro/averbação são imediatos, e, quando por acúmulo de serviço, assim não puder ser, será adotado prazo estritamente necessário, não estabelecendo a lei qual seria o prazo máximo, de modo a deixar a decisão para o bom senso e comprometimento do Oficial de Registro.

Independentemente de praticar o ato na hora ou no prazo escolhido pelo registrador, sempre deverá o título ser lançado no Livro Protocolo, sendo fornecido recibo ao apresentante, onde conste declaração da data da apresentação, o número de ordem desta no protocolo e a indicação do dia em que deverá ser entregue. Esse recibo deverá ser apresentado em sua via original quando da retirada da documentação entregue na serventia para registro.

> **Art. 154.** Nos termos de encerramento diário do protocolo, lavrados ao findar a hora regulamentar, deverão ser mencionados, pelos respectivos números, os títulos apresentados cujos registros ficarem adiados, com a declaração dos motivos do adiamento.
>
> **Parágrafo único.** Ainda que o expediente continue para ultimação do serviço, nenhuma nova apresentação será admitida depois da hora regulamentar.

Comentários

O artigo antecedente ensina que o prazo para registro é imediato, salvo quando, por acúmulo de serviço, haja necessidade de ser adiado. Caso haja essa necessidade, deverá o Oficial mencionar as razões que justifiquem a providência.

Atendendo mais uma vez ao princípio da prioridade, nenhuma nova apresentação pode ser admitida após o horário regulamentar, ainda que o expediente continue para ultimação do serviço.

> **Art. 155.** Quando o título, já registrado por extrato, for levado a registro integral, ou for exigido simultaneamente pelo apresentante o duplo registro, mencionar-se-á essa circunstância no lançamento posterior e, nas anotações do protocolo, far-se-ão referências recíprocas para verificação das diversas espécies de lançamento do mesmo título.

Comentários

Quando realizado o registro nos Livros A de trasladação integral e B por extrato, há que se fazer remissões recíprocas, inclusive no Livro Protocolo, a fim de que se possa conhecer por completo as informações constantes do acervo público.

Lembre-se que é faculdade do usuário o serviço optar por uma ou outra modalidade de registro, ou ainda optar pela lavratura de ambos. Embora a lei preveja essa possibilidade de duplo registro, considerando que a grande maioria das serventias de títulos e documentos adota as técnicas de microfilmagem e digitalização, pouco se utiliza o registro por extrato.

Todavia, caso o apresentante opte pelo duplo registro, faz-se imprescindível a providência constante do dispositivo em questão.

> **Art. 156.** O oficial deverá recusar registro a título e a documento que não se revistam das formalidades legais.
>
> **Parágrafo único.** Se tiver suspeita de falsificação, poderá o oficial sobrestar no registro, depois de protocolado o documento, até notificar o apresentante dessa circunstância; se este insistir, o registro será feito com essa nota, podendo o oficial, entretanto, submeter a dúvida ao Juiz competente, ou notificar o signatário para assistir ao registro, mencionando também as alegações pelo último aduzidas.

Comentários

O *caput* do dispositivo positiva o princípio da legalidade no âmbito do Registro de Títulos e Documentos, vez que impede expressamente que documentos que não se revistam das formalidades legais passem a integrar o acervo público da serventia.

É valoroso lembrar que a análise que o Oficial e/ou seu escrevente fazem do título apresentado para registro denomina-se qualificação. No momento da qualificação é que caberá verificar se o instrumento atende os requisitos legais, bem assim, eventuais documentos anteriores relacionados ao apresentado (ex.: qualificação de um aditamento de contrato registrado previamente na serventia).

Havendo suspeita de falsificação, a recomendação dirigida ao Oficial é para protocolar o documento, sobrestar o registro e notificar o apresentante acerca do ocorrido. Caso insista no registro, este deverá ser feito com a referida nota, podendo o Oficial tanto submeter a dúvida ao juiz corregedor permanente quanto notificar o signatário para assistir ao registro, mencionando suas alegações.

> **Art. 157.** O oficial, salvo quando agir de má-fé, devidamente comprovada, não será responsável pelos danos decorrentes da anulação do registro, ou da averbação, por vício intrínseco ou extrínseco do documento, título ou papel, mas, tão somente, pelos erros ou vícios no processo de registro.

Referências Normativas

Lei 8.935/1994, arts. 22 a 24.

Comentários

Importante considerar o conteúdo do art. 22 da Lei de Notários e Registradores (Lei 8.935/1994) que cuida da responsabilidade dos titulares das serventias extrajudiciais. O *caput* do mencionado dispositivo determina que notários e oficiais de registro são civilmente responsáveis por todos os prejuízos que causarem a terceiros, seja por culpa ou dolo, por atos que praticar pessoalmente, pelos substitutos que designarem ou escreventes que autorizarem, ficando assegurado o direito de regresso. A redação do artigo foi dada pela Lei 13.286/2016, deixando clara a responsabilidade subjetiva dos titulares.

Estabelece o parágrafo único prescrição de três anos para pretensão de reparação civil, contado o prazo da data de lavratura do ato registral ou notarial.

Nos arts. 23 e 24 e seguintes, tem-se afirmado que a responsabilidade civil independe da criminal, devendo esta ser individualizada, aplicando-se, no que couber, a legislação relativa aos crimes contra a administração pública.

Muito interessante o conteúdo do art. 157, que assegura ao Oficial que ele não será responsabilizado por danos decorrentes de anulação de registro ou de averbação, por vício intrínseco ou extrínseco do documento, título ou papel, mas, tão somente, pelos erros ou vícios no processo de registro, salvo se for comprovada má-fé.

Assim, a boa-fé é excludente de responsabilidade, somente respondendo o titular do ofício pelos erros e vícios no processo de registro.

> **Art. 158.** *(Revogado pela Lei nº 14.382, de 2022)*
> **Art. 159.** As folhas do título, documento ou papel que tiver sido registrado e as das certidões serão rubricadas pelo oficial, antes de entregues aos apresentantes. As declarações no protocolo, bem como as dos registros e das averbações lançadas no título, documento ou papel e as respectivas datas poderão ser apostas por carimbo, sendo, porém, para autenticação, de próprio punho do oficial, ou de quem suas vezes fizer, a assinatura ou a rubrica.

Referências Normativas

Normas de Serviço da Corregedoria-Geral da Justiça do Estado de São Paulo, Tomo II, Capítulo XIX, item 67.

Comentários

O dispositivo ensina a forma como deve o Oficial lançar suas rubricas e assinaturas nos documentos registrados. Assim, tanto os atos de registro apresentados fisicamente para registro quanto as certidões solicitadas deverão conter as respectivas assinaturas e rubricas do Oficial.

Com a criação da Central Eletrônica de Títulos e Documentos, a assinatura e rubrica seguem sendo imprescindíveis, porém adota-se a assinatura eletrônica dos atos. Do mesmo modo, os arquivos eletrônicos que compõem o acervo das serventias já devem contar igualmente com assinatura eletrônica da pessoa autorizada para a prática do ato.

As Normas de Serviço da Corregedoria-Geral de Justiça do Estado de São Paulo, em seu Capítulo XIX, dispõem:

> "67. Fica instituída a Central de Serviços Eletrônicos Compartilhados de Registro de Títulos e Documentos, que deverá ser integrada por todos os Oficiais de Registro de Títulos e Documentos do Estado de São Paulo, observadas as determinações legais e normativas quanto à sua competência, à privacidade, à proteção dos dados pessoais e ao sigilo das comunicações privadas e dos registros, quando for o caso, compreendendo os seguintes serviços:
> a) a recepção e envio de títulos em formato eletrônico;
> b) a formatação de repositórios registrais eletrônicos para o acolhimento de dados e o armazenamento de documentos eletrônicos;
> c) a expedição de certidões e a prestação de informações em formato eletrônico;
> d) a recepção de títulos em formato físico (papel), para seu lançamento no Livro Protocolo, digitalização e inserção no sistema, e envio e prática do ato em outra serventia, por meio magnético e utilização de assinatura eletrônica".

Art. 160.

Art. 160. O oficial será obrigado, quando o apresentante o requerer, a notificar do registro ou da averbação os demais interessados que figurarem no título, documento, o papel apresentado, e a quaisquer terceiros que lhes sejam indicados, podendo requisitar dos oficiais de registro em outros Municípios, as notificações necessárias. Por esse processo, também, poderão ser feitos avisos, denúncias e notificações, quando não for exigida a intervenção judicial.

§ 1º Os certificados de notificação ou da entrega de registros serão lavrados nas colunas das anotações, no livro competente, à margem dos respectivos registros.

§ 2º O serviço das notificações e demais diligências poderá ser realizado por escreventes designados pelo oficial e autorizados pelo Juiz competente.

Comentários

O art. 160 trata das notificações extrajudiciais. São atos de extrema relevância nos Registros de Títulos e Documentos e servem para dar ciência, de maneira oficial e incontestável, do conteúdo de qualquer documento levado a registro.

Desse modo, sempre que o apresentante assim o requerer (em atendimento ao princípio da rogação), deverá o oficial notificar do registro ou da averbação os demais interessados que figurarem no título, documento, o papel apresentado, e a quaisquer terceiros que lhes sejam indicados, podendo, inclusive, requisitar dos oficiais de registro em outros Municípios, as notificações necessárias (o que costuma denominar-se notificação para outra comarca).

Por esse processo também poderão ser feitos avisos, denúncias e notificações, quando não for exigida a intervenção judicial.

Tal como ensina o § 2º, a notificação extrajudicial poderá ser cumprida pelo próprio Oficial ou por escrevente especialmente designado para o ato e devidamente autorizado pelo Juiz Corregedor Permanente competente.

Na prática, o apresentante comparece na serventia munido de ao menos duas vias originais da notificação extrajudicial, contendo nome e endereço completos do destinatário, bem como o endereço e nome completos do remetente (de modo a permitir eventual contranotificação por parte do notificado). O instrumento apresentado, uma vez atendidos os requisitos legais, será imediatamente registrado pelo oficial, que encaminhará em ato subsequente o título para que sejam cumpridas as diligências correspondentes.

É plausível afirmar que o registro de uma notificação deve ser considerado perfeito e acabado quando deste primeiro ato de registro, independentemente do cumprimento das diligências. Estas, uma vez cumpridas, darão ensejo a um novo ato de averbação, em que serão descritas detalhadamente o ocorrido em cada uma das visitas ao endereço indicado. A notificação será positiva quando o destinatário tiver ciência de seu conteúdo, ainda que se recuse eventualmente a assiná-la. Será negativa, por outro lado, quando não o tiver. Este é o procedimento das notificações extrajudiciais pessoais.

Há ainda outras três modalidades de notificação que podem ser identificadas: a notificação via postal (ou com aviso de recebimento), a notificação por edital e a notificação eletrônica.

Na notificação postal, ou, como se costuma denominar, notificação por AR (com aviso de recebimento), o apresentante dispensa por requerimento expresso sua entrega pelo notificador, de modo que se dá fé ao conteúdo do documento, mas não de sua entrega, gozando de menor eficácia probatória quando comparada com as notificações pessoais. O registro encontra-se perfeito e acabado quando da devolução do aviso de recebimento (AR). Uma vez recebido do Correio o Aviso de Recebimento (AR), o Oficial deverá promover a respectiva averbação no prazo máximo de 5 (cinco) dias, certificando o resultado da notificação.

Na notificação por edital, a informação acerca da existência de notificação em nome do destinatário é formalizada por meio de edital, atendendo às normas de serviço da corregedoria-geral de justiça de cada estado, mas geralmente é afixada em local visível na sede da serventia e publicada em jornal de circulação local e, na falta deste, em jornal da região.

Finalmente, há que mencionar o surgimento das notificações por meio eletrônico. Acompanhando a evolução tecnológica das relações públicas e privadas, também as notificações poderão ser formalizadas por meio eletrônico, utilizando a plataforma da denominada Central de RTDPJ, de modo a assegurar a identificação do destinatário, mediante utilização de certificado digital, como pressuposto para a certificação de sua cientificação, devendo ser vedada a efetivação de notificações apenas com base no envio de correios eletrônicos, ainda que acompanhados do comprovante de recebimento ou leitura da mensagem. Este é o modelo adotado pelas Normas da Corregedoria Geral de Justiça do Estado de São Paulo, cabendo a cada Corregedoria-Geral disciplinar a nova modalidade de notificação.

Art. 161. As certidões do registro de títulos e documentos terão a mesma eficácia e o mesmo valor probante dos documentos originais registrados, físicos ou nato-digitais, ressalvado o incidente de falsidade destes, oportunamente levantado em juízo. *(Redação dada pela Lei nº 14.382, de 2022)*
§ 1º *(Revogado) (Redação dada pela Lei nº 14.382, de 2022)*
§ 2º *(Revogado) (Redação dada pela Lei nº 14.382, de 2022)*

Comentários

O art. 161 foi o último do capítulo de Registro de Títulos e Documentos que sofreu alterações pela Lei 14.382/2022. A redação foi adaptada para deixar claro que as certidões expedidas pelas serventias terão não somente o mesmo valor probante que os originais, mas também a mesma eficácia destes, ou seja, não se faz possível a recusa das certidões apresentadas, sob a alegação de não ser documento original. Percebe-se aqui uma valorização da atividade registral, trazendo maior amplitude ao dispositivo em questão.

Prossegue o legislador, assegurando que tanto com relação aos documentos físicos quanto com relação aos documentos nato-digitais (ou seja, aqueles que nascem no âmbito eletrônico), as premissas acerca da eficácia e validade das certidões expedidas são verdadeiras.

Art. 162. O fato da apresentação de um título, documento ou papel, para registro ou averbação, não constituirá, para o apresentante, direito sobre o mesmo, desde que não seja o próprio interessado.

Comentários

O dispositivo apenas esclarece que o apresentante não adquire direitos sobre o título pelo simples fato de apresentá-lo, a não ser que, claro, seja parte no título.

Art. 163. Os tabeliães e escrivão, nos atos que praticarem, farão sempre referência ao livro e à folha do registro de títulos e documentos em que tenham sido trasladados os mandatos de origem estrangeira, a que tenham de reportar-se.

Referências Normativas

Lei 6.015/1973, art. 129, item 6º.
Código Civil (Lei 10.406/2002), art. 224.
Lei 14.195/2021, arts. 26 e seguintes.

Comentários

A determinação constante do art. 163 é direcionada aos Tabeliães de Notas, de modo a garantir que todos os documentos de origem estrangeira que serão utilizados nos atos notariais tenham sido previamente registrados, nos moldes estabelecidos pelo art. 129, inciso 6º e legislação correspondente. Embora o artigo fale somente em mandados de origem estrangeira, uma leitura cuidadosa e conjunta da Lei 14.195/2021 (em especial, arts. 26 e seguintes), do Código Civil (em especial, o artigo 224) e da Lei de Registros Públicos (especialmente art. 129, inciso 6º) nos conduz à conclusão de que todos os documentos de procedência estrangeira devem ser registrados perante o Oficial de Registro de Títulos e Documentos para poderem produzir efeitos no país.

CAPÍTULO V
DO CANCELAMENTO

Art. 164. O cancelamento poderá ser feito em virtude de sentença ou de documento autêntico de quitação ou de exoneração do título registrado.

Comentários

Uma vez qualificado positivamente, o título apresentado deverá ser registrado pelo Oficial competente. Assim, não se trata de mera faculdade conferida ao delegatário, mas, sim, de dever funcional. Registrado, o título passa a produzir todos os seus regulares efeitos e seu cancelamento configura ato absolutamente excepcional, somente admitido em virtude de sentença judicial transitada em julgado (dado o caráter definitivo do ato) ou de documento autêntico de quitação ou de exoneração do título registrado.

Art. 165. Apresentado qualquer dos documentos referidos no artigo anterior, o oficial certificará, na coluna das averbações do livro respectivo, o cancelamento e a razão dele, mencionando-se o documento que o autorizou, datando e assinando a certidão, de tudo fazendo referência nas anotações do protocolo.

Parágrafo único. Quando não for suficiente o espaço da coluna das averbações, será feito novo registro, com referências recíprocas, na coluna própria.

Comentários

A ordem de cancelamento ingressa no acervo público por ato de averbação, em que se devem mencionar as suas razões e ser praticado com remissões recíprocas.

Há que se recordar que os registros públicos praticam atos de registro (que geralmente têm o condão de criar novos direitos) e atos de averbação (que alteram o conteúdo de um ato já registrado).

Art. 166. Os requerimentos de cancelamento serão arquivados com os documentos que os instruírem.

Comentários

Como mencionado nos comentários ao art. 164 supra, o cancelamento é ato excepcional, de modo a ser fundamental o arquivamento dos requerimentos que o instruíram.

TÍTULO V
DO REGISTRO DE IMÓVEIS

CAPÍTULO I
DAS ATRIBUIÇÕES

Art. 167. No Registro de Imóveis, além da matrícula, serão feitos.

CELSO MAZITELI NETO E
IVAN JACOPETTI DO LAGO

 Referências Normativas

Lei 13.097/2015, art. 54, *caput* e § 1º.
Lei 14.430/2022.
Lei 14.71/2023.

 Comentários

CELSO MAZITELI NETO

O art. 167 da Lei 6.015/1973, a despeito de não definir as diferenças entre esses dois atos de registro *lato sensu*, enumera as hipóteses de "registro" *stricto sensu* e exemplifica situações de "averbação". Contudo, antes de se chegar aos incisos que as contêm, o *caput* da norma menciona a matrícula do imóvel como o primeiro dos atos a ser inscrito no serviço de registro imobiliário, denotando a importância absoluta que esse conceito possui para a atual sistemática registral no Brasil. Como visto acima, a matrícula é o elemento básico de individualização do bem de raiz, a unidade específica na qual se desdobrará todo o histórico transacional e de oneração deste e o indicador real a amparar a busca, pelo interessado, da informação imobiliária custodiada no sistema oficial de registros.

Com a especificação de uma matrícula, a englobar uma parcela, nela individualizada, cria-se o "registro matriz", que dá existência jurídica ao imóvel. Esta especificação, a consubstanciar a ficção jurídica de uma unidade imobiliária individualizada, terá existência até seu eventual desmembramento ou alienação parcial de seu conteúdo.[1]

Também é relevante, quanto à matrícula, o princípio da concentração dos atos de registro ou averbação nesse indicador. A despeito de ter sido expressamente previsto apenas com a Lei 13.097/2015,[2]

---

[1] PONTES, Valmir. *Registro de imóveis.* São Paulo: Saraiva, 1982.

[2] **Art. 54. Os negócios jurídicos que tenham por fim constituir, transferir ou modificar direitos reais sobre imóveis são eficazes em relação a atos jurídicos precedentes,** nas hipóteses em que **não** tenham sido registradas ou averbadas na matrícula do imóvel as seguintes informações:
I – registro de citação de ações reais ou pessoais reipersecutórias;
II – averbação, por solicitação do interessado, de constrição judicial, de que a execução foi admitida pelo juiz ou de fase de cumprimento de sentença, procedendo-se nos termos previstos no art. 828 da Lei nº 13.105, de 16 de março de 2015 (Código de Processo Civil);
III – averbação de restrição administrativa ou convencional ao gozo de direitos registrados, de indisponibilidade ou de outros ônus quando previstos em lei; e
IV – averbação, mediante decisão judicial, da existência de outro tipo de ação cujos resultados ou responsabilidade patrimonial possam reduzir seu proprietário à insolvência, nos termos do inciso IV do caput do art. 792 da Lei nº 13.105, de 16 de março de 2015 (Código de Processo Civil).

esse princípio vinha sendo reconhecido pela doutrina e pela jurisprudência desde a promulgação da Lei 6.015/1973. Expressão da vigência desse princípio é o teor da Súmula 375 do Superior Tribunal de Justiça, que, indiretamente, estabelece que sem a inscrição do ato na matrícula, sua oposição a terceiros não se pode exigir.[3] Contudo, atualmente, a inoponibilidade de atos não inscritos a terceiros decorre de texto expresso de lei.[4]

Já com relação aos registros *stricto sensu*, a função deles é publicitária de atos e negócios jurídicos que modifiquem ou constituam direitos reais sobre imóveis, os quais constam do rol taxativo do art. 167, I, da Lei 6.015/1973 (Lei de Registros Públicos). Não há possibilidade de interpretação extensiva ou analógica a qualquer dos incisos desta lista, em que se incluem tanto atos corriqueiros de transmissão da propriedade e de sua oneração, quanto compra e venda, doação, partilha e hipoteca.

Por seu turno, a averbação tem o escopo de publicizar a alteração de atos anteriormente registrados na matrícula.[5] As respectivas hipóteses constam do rol meramente exemplificativo do art. 167, II, da Lei 6.015/1973. Assim o é porque além de essa lista de atos comportar extensão por analogia, como no caso do registro do instrumento particular de comodato,[6] leis extravagantes também podem prever outros casos de averbação, como a das decisões judiciais referidas no art. 54 e incisos da Lei 13.097/2015.

IVAN JACOPETTI DO LAGO

É taxativo o rol de atos de registro ou de averbação?

Tradicionalmente, a jurisprudência tem considerado ser exemplificativo o rol de atos de averbação[7] e ser taxativo o rol de atos de registro.[8]

Quanto às averbações, o fato de o rol ser exemplificativo não implica a possibilidade de ingresso de qualquer fato jurídico no registro por esta via: como afirma a decisão citada acima, *"O artigo 167, II, da Lei de Registros Públicos traz as hipóteses de averbação, e, não obstante o rol não seja taxativo, pois o próprio artigo 246 da referida lei prevê averbação na matrícula das sub-rogações e outras ocorrências que, por qualquer modo, alterem o registro ou repercutam nos direitos relativos ao imóvel, o que mostra flexibilidade do seu comando, não há amparo legal à pretensão da recorrente. A possibilidade de averbações que não se enquadram nos casos do artigo 167, II, da mencionada legislação, é restrita àquelas enunciativas de ocorrências modificativas de registro, situação diversa da retratada nestes autos, a qual se traduz em imposição de obrigação de fazer aos futuros adquirentes do imóvel, impondo-lhes o dever de apresentar previamente os projetos construtivos a quem sequer tem competência para aprová-los".[9]*

E quanto aos atos de registro, deve-se ter em conta que, na verdade, taxativo é o rol de direitos reais, e não propriamente de hipóteses de fatos inscritíveis. Para Ricardo Dip, negar acesso ao registro a um título por não estar previsto expressamente como fato inscritível é desprezar o caráter instrumental do registro e mesmo negar um direito reconhecido como real no plano material. E há situações em que é evidente a necessidade de ingresso no registro de imóveis de um certo direito, sem que, contudo, esteja contemplado no rol da Lei 6.015/1973 – é o caso, por exemplo, do direito real de

---

V – averbação, mediante decisão judicial, de qualquer tipo de constrição judicial incidente sobre o imóvel ou sobre o patrimônio do titular do imóvel, inclusive a proveniente de ação de improbidade administrativa ou a oriunda de hipoteca judiciária. (Incluído pela Lei nº 14.825, de 2024)

[3] *"O reconhecimento da fraude à execução **depende do registro da penhora do bem alienado** ou da prova de má-fé do terceiro adquirente".*

[4] **§ 1º Não poderão ser opostas situações jurídicas não constantes da matrícula no registro de imóveis,** *inclusive para fins de evicção,* **ao terceiro de boa-fé que adquirir ou receber em garantia direitos reais sobre o imóvel,** *ressalvados o disposto nos arts. 129 e 130 da Lei nº 11.101, de 9 de fevereiro de 2005, e as hipóteses de aquisição e extinção da propriedade que independam de registro de título de imóvel.*

[5] *A averbação não muda nem a causa nem a natureza do título que deu origem à inscrição, não subverte o assento original, tão somente o subentende (...)"* (CARVALHO, Afrânio de. *Registro de imóveis.* 4. ed. Rio de Janeiro: Forense, 1998. p. 117).

[6] 2ª Vara de Registros Públicos da Comarca da Capital do Estado de São Paulo, Dúvida – Registro de Imóveis, Processo 1078412-50.2022.8.26.0100, Suscitante: 3º Oficial de Registro de Imóveis.

[7] Cf. Corregedoria-Geral da Justiça do Estado de São Paulo, Recurso Administrativo 1057614-05.2021.8.26.0100.

[8] Cf. Conselho Superior da Magistratura do Estado de São Paulo, Apelação Cível 1030591-98.2019.8.26.0506, j. 16/06/2021.

[9] Cf. Corregedoria-Geral da Justiça do Estado de São Paulo, Recurso Administrativo 1057614-05.2021.8.26.0100.

laje (Código Civil, arts. 1.510-A a 1.510-E) e da aquisição da propriedade do terreno por meio da acessão invertida (Código Civil, arts. 1.255, parágrafo único, 1.258 e 1.259).

Observe-se, por fim, que a doutrina tem distinguido a taxatividade dos direitos reais de sua tipicidade. O *numerus clausus*, ou taxatividade, consiste na exigibilidade de que os direitos reais sejam criados por lei. Já a tipicidade consiste em uma tipologia, ou uma modelagem do direito real, composta por sua origem, natureza, destinatários e objeto. E se, por um lado, não é possível, dada a taxatividade, que as partes no exercício da autonomia privada criem direitos reais por analogia, por outro lado os tipos fornecidos para a lei podem ser tipos abertos, dando azo a sua modelação.[10]

Com base nessa distinção, o Superior Tribunal de Justiça[11] reconheceu natureza real à multipropriedade – como modalidade de condomínio, e, por conseguinte, de propriedade – mesmo antes de sua positivação de maneira específica no Código Civil.

> Art. 167, I (...)
> I – o registro:
> 1) da instituição de bem de família;

IVAN JACOPETTI DO LAGO

Referências Normativas

Código Civil, arts. 1.711 a 1.722.
Lei 6.015/1973, arts. 260 a 265.

Comentários

O dispositivo trata do registro da instituição do bem de família. Bem de família é, segundo Pontes de Miranda, "o prédio destinado a domicílio, a que a lei confere a isenção da execução por dívidas, exceto a de impostos sobre o mesmo prédio".[12]

Bem de família registrável é o voluntário, instituído mediante ato jurídico. Segundo a Jurisprudência, o bem de família legal, previsto na Lei 8.009/1990, não tem ingresso no Registro de Imóveis, dada sua natureza processual e reconhecimento pelo juiz à vista do caso concreto.[13] A despeito disso, há na Doutrina vozes autorizadas que defendem a possibilidade de sua averbação, uma vez reconhecido como tal em processo judicial, mediante mandado ou certidão dos autos.[14]

Atualmente, o bem de família encontra-se regulado pelos arts. 1.711 a 1.722 do Código Civil, quanto a seus pressupostos e efeitos, e 260 a 265 da Lei 6.015/1973, quanto ao rito de sua instituição. Com isso, foi derrogada a antiga disciplina do instituto pelos arts. 19 a 23 do Decreto-Lei 3.200/1941.[15]

O art 260 da Lei 6.015/1973 estabelece como título formal a escritura pública. Já o art. 1.711 do Código Civil inovou ao admitir, também, a instituição de bem de família por meio de testamento.

---

[10] Cf. ASCENSÃO, José de Oliveira. *A tipicidade dos direitos reais*. Lisboa: Petrony, p. 375-377.
[11] Cf. Superior Tribunal de Justiça, Recurso Especial 1.546.165-SP/2014, 3ª Turma, j. 26/04/2016.
[12] Cf. PONTES DE MIRANDA, Francisco Cavalcanti. *Tratado de direito privado*. v. XIV, São Paulo: Revista dos Tribunais, 2012. p. 181.
[13] Cf. Corregedoria-Geral da Justiça do Estado de São Paulo, Processo 1108160-98.2020.8.26.0100, j. 19/04/2021.
[14] Cf. FIORANELLI, Ademar. Bem de família no novo Código Civil e o registro de imóveis. *In*: *RDI*, v. 59, 2005.
[15] Cf. GUEDES, Jefferson Carús; RODRIGUES JUNIOR, Otavio Luiz. Panorama atual pelos atualizadores. *In*: PONTES DE MIRANDA, Francisco Cavalcanti. *Tratado de direito privado*. v. XIV. São Paulo: Revista dos Tribunais, 2012. p. 194-195. Há repercussões relevantes decorrentes dessa conclusão. Por exemplo, a atual inaplicabilidade do requisito temporal de dois anos de residência previsto pelo artigo 19 do Decreto-Lei 3.200/1941, cuja comprovação era exigida pela 1ª Vara de Registros Públicos de São Paulo como requisito do registro (Cf. 1ª Vara de Registros Públicos de São Paulo, Processo 000.01.069194-4, j. 20/08/2001).

Art. 167 | LEI DE REGISTROS PÚBLICOS COMENTADA

Observe-se, em primeiro lugar, que por haver exigência de ato autêntico por previsão específica não se aplica ao caso o art. 108 do Código Civil,[16] com o que não se admite o instrumento particular, independentemente do valor do bem. Em segundo lugar, na hipótese de instituição por testamento, esse deverá, antes de ingressar no registro, sujeitar-se a regular processo de inventário, caso em que o respectivo formal de partilha, se judicial, ou a escritura pública, se extrajudicial, será o título formal. O art. 1.711 do Código Civil e o art. 265 da Lei 6.015/1973 admitem a instituição do bem de família em favor de terceiro, de modo concomitante à transmissão do bem. Podem a transmissão e a instituição ser carreadas ao registro no mesmo título formal, sob um único número de prenotação; a despeito disso, consistem em atos jurídicos distintos, sujeitos a qualificação registral distinta, e dão ensejo a registros distintos na matrícula do imóvel. Em razão de serem intimamente relacionados, em tais casos não se há de admitir a cindibilidade entre os fatos inscritíveis.

Apresentado o título a registro, o registrador o prenotará, autuará, e qualificará, no prazo de 10 dias úteis contados do protocolo (Lei 6.015/1973, art. 188). Havendo exigências, nesse momento deverá ser emitida a nota devolutiva. Não se conformando o interessado com as exigências ou não podendo satisfazê-las (Lei 6.015/1973, art. 198), nesse momento deverá requerer a suscitação da dúvida.

Quanto à legitimidade para a instituição do bem de família, esta é a do proprietário do bem em questão (ou dos proprietários – todos eles, em conjunto – em caso de comunhão ou condomínio ordinário). Não se admite a instituição por titulares de direitos reais limitados, como o promissário comprador, usufrutuário ou superficiário.[17]

O art. 260 da Lei 6.015/1973 exige que do título conste a destinação como domicílio da *família*. Já o art. 1.711 do Código Civil exige que, ressalvado o caso do terceiro mencionado no parágrafo único, a legitimidade caberia aos *cônjuges* ou à *entidade familiar*. Por essa razão, no passado, em 2009, a 1ª Vara de Registros Públicos de São Paulo negou a possibilidade da instituição por pessoas solteiras, de mesmo sexo, que conviviam em união estável.[18] No entanto, em 2012 o mesmo juízo passou a estender ao bem de família voluntário a ampliação que a Súmula 364 do Superior Tribunal de Justiça já operara para o bem de família legal, admitindo a instituição do bem de família por pessoa solteira.[19]

Quanto ao objeto, esse deve ser, segundo o art. 1.712 do Código Civil, o "prédio residencial urbano ou rural, com suas pertenças e acessórios, destinando-se em ambos os casos a domicílio familiar". Assim, deve, necessariamente, consistir em imóvel com finalidade residencial, não se admitindo o instituto em imóvel com finalidade comercial, industrial, de lazer ou terra nua.[20]

Tratando-se de imóvel rural, entende Ademar Fioranelli que não se pode retirar do comércio, por meio do bem de família, toda a propriedade, mas tão somente a sede e seus naturais acessórios. Para isso, adota como parâmetro a pequena propriedade rural tal como definida no MS 22.579 do Supremo Tribunal Federal, ou seja, um a quatro módulos do município em que situado[21]. Nesse ponto ousamos discordar. O art. 1.711 do Código Civil autoriza a destinação pelo instituidor para a instituição do bem de família de "parte de seu patrimônio", "desde que não ultrapasse um terço do patrimônio líquido existente ao tempo da instituição". A nosso ver, com base no dispositivo tem-se que em se tratando de imóvel rural o valor do bem deverá servir como limite, e não a extensão da área, tal como ocorre com os imóveis urbanos.

Quanto a estes últimos, já se discutiu a possibilidade ou não de abrangência do bem de família também sobre vagas de garagem, em especial se consistentes em unidades autônomas. Nos anos 1990, a 1ª Vara de Registros Públicos vinha negando a possibilidade de instituição do bem de família

---

[16] Cf. FIORANELLI, Ademar. Bem de família no novo Código Civil e o registro de imóveis. *In*: *RDI*, v. 59, 2005.

[17] Cf. FIORANELLI, Ademar. Bem de família no novo Código Civil e o registro de imóveis. *In*: *RDI*, v. 59, 2005.

[18] Cf. 1ª Vara de Registros Públicos de São Paulo – SP, Processo 100.09.333088-9, j. 11/11/2009. A decisão reputava inaplicável ao caso a Súmula 364 do Superior Tribunal de Justiça, já que esta teria sido prevista apenas para o bem de família legal. Observe-se, no entanto, que o julgamento ocorreu em 11/11/2009, antes, portanto, do julgamento pelo Supremo Tribunal Federal da ADI 4277, em 05/05/2011, ocasião em que admitiu, com eficácia *erga omnes* e efeito vinculante, o reconhecimento como família da união entre pessoas do mesmo sexo.

[19] Cf. 1ª Vara de Registros Públicos de São Paulo – SP, Processo 0058699-75.2011.8.26.0100, j. 26/03/2012. Anote-se que, já em 2005, Ademar Fioranelli manifestara-se nesse sentido (cf. FIORANELLI, Ademar. Bem de família no novo Código Civil e o registro de imóveis. *In*: *RDI*, v. 59, 2005.).

[20] Cf. FIORANELLI, Ademar. Bem de família no novo Código Civil e o registro de imóveis. *In*: *RDI*, v. 59, 2005.

[21] Cf. FIORANELLI, Ademar. Bem de família no novo Código Civil e o registro de imóveis. *In*: *RDI*, v. 59, 2005.

sobre vagas de garagem às quais fosse atribuída fração ideal do terreno, de maneira que *"Não são acessórias dos apartamentos, e, por extensão, não podem ser instituídas bem de família".*[22] Em 2009, já na vigência do Código Civil de 2002, o mesmo juízo manteve a negativa em situação na qual a convenção de condomínio vedava a alienação a terceiros estranhos ao condomínio, com base na jurisprudência do Superior Tribunal de Justiça acerca da inexistência de proteção decorrente de bem de família legal à vaga de garagem identificada como unidade autônoma e portadora de matrícula própria.[23] Todavia, em 2013 o Conselho Superior da Magistratura do Estado de São Paulo admitiu o registro do bem de família também sobre a vaga de garagem com matrícula própria, sob o entendimento da diversidade de regime jurídico entre bem de família legal e bem de família voluntário, e da relação de pertencialidade e acessoriedade funcional duradoura da vaga de garagem em relação ao apartamento.[24] Quanto ao limite de um terço estabelecido pelo Código Civil, a qualificação registral é formal: deverá o registrador verificar se consta do título a afirmação pelo instituidor, sob as penas da lei, de que o patrimônio gravado, abrangendo o imóvel, pertenças, acessórios e bens móveis não ultrapassa um terço de seu patrimônio líquido então existente; mas não cabe ao registrador – e nem dispõe de meios para tanto – investigar a veracidade desta afirmação.[25] Sendo falsa a afirmação, sujeitar-se-á o instituidor a consequências de natureza penal, e à ineficácia da proteção conferida, uma vez provada por seus credores.

Qualificado positivamente o título, e concluído o procedimento previsto nos arts. 260 a 265 da Lei 6.015/1973, o registrador inscreverá o bem de família na matrícula do imóvel e transcreverá integralmente a escritura (ou o testamento, se o caso) no Livro 3 (Lei 6.015/1973, art. 263). Havendo previsão no título de destinação de valores mobiliários empregados na conservação do imóvel e sustento da família, esses deverão constar do registro no Livro 3, mas não no registro feito na matrícula. O registro do bem de família voluntário é constitutivo, com o que, diferentemente do que ocorre com o bem de família legal, não existirá juridicamente até que seja a inscrição seja realizada.

Uma vez inscrito o bem de família, o patrimônio por ele abrangido torna-se isento de execução por dívidas posteriores à sua instituição, salvo as que provierem de tributos incidentes sobre o próprio imóvel ou as de natureza condominial (Código Civil, art. 1.715). A despeito disso, o bem permanece sujeito a execução por dívidas anteriores a sua instituição. Por essa razão, já se admitiu o registro do bem de família em matrícula em que constavam averbações premonitórias de execução: a instituição será ineficaz em relação a estas, mas, por outro lado, estas dívidas anteriores não impedem a constituição de bem de família que proteja o imóvel quanto às dívidas futuras.[26] Pela mesma razão – e pelo fato de o bem de família implicar afetação do bem, mas não alienação – também já se admitiu o registro em matrícula de bem que se encontrava penhorado em favor da Fazenda Nacional, e, portanto, indisponível nos termos do art. 53, § 1º, da Lei 8.212/1991.[27]

Ademais, com o registro o bem torna-se inalienável "sem o consentimento dos interessados e seus representantes legais, ouvido o Ministério Público" (Código Civil, art. 1.717), consentimento esse que deverá se dar em sede de processo judicial de jurisdição voluntária. A inalienabilidade implica, também, a impossibilidade de outorga de garantia real sobre o bem – em especial, alienação fiduciária em garantia[28] – sem a autorização prévia pelo referido procedimento, ou cancelamento do bem de família, não sendo aplicável ao bem de família voluntário o disposto no art. 3º, V, da Lei 8.009/1990.

Uma observação deve ser feita sobre a inscrição de penhoras na matrícula após o registro do bem de família. A despeito de, pelo bem de família, o imóvel ficar protegido, salvo exceções, quanto às dívidas posteriores à instituição, a apreciação da anterioridade ou posterioridade do crédito – ou mesmo das hipóteses que excepcionam a proteção – é questão de mérito a ser realizada na esfera judicial. Por

---

[22] Cf. 1ª Vara de Registros Públicos de São Paulo – SP, Processo 755/96, j. 26/08/1996.

[23] Cf. 1ª Vara de Registros Públicos, Processo 583.00.2009.121553-4, j. 12/05/2009.

[24] Cf. Conselho Superior da Magistratura do Estado de São Paulo, Apelação Cível 0059728-73.2012.8.26.0576, j. 23/08/2013.

[25] Cf. FIORANELLI, Ademar. Bem de família no novo Código Civil e o registro de imóveis. *In: RDI,* v. 59, 2005.

[26] Cf. 1ª Vara de Registros Públicos de São Paulo – SP, Processo 0030394-61.2012.8.26.0100, j. 30/07/2012.

[27] Cf. Conselho Superior da Magistratura do Estado de São Paulo, Apelação Cível 1067433-97.2020.8.26.0100, j. 04/05/2021.

[28] Cf. Conselho Superior da Magistratura do Estado de São Paulo, Apelação Cível 0039081-64.2011.8.26.0100, j. 08/11/2012.

Art. 167 | LEI DE REGISTROS PÚBLICOS COMENTADA

essa razão, apresentado mandado de penhora, e sendo o mandado qualificado positivamente – nos limites em que se admite a qualificação do título judicial – deve o registrador inscrever a constrição.[29] O art. 1.719 admite a sub-rogação do bem de família em outro imóvel, mediante processo judicial de jurisdição voluntária (Código de Processo Civil, art. 725, II) em que deve participar o Ministério Público, se comprovada a inviabilidade de sua manutenção. Dessa forma, caberá ao registrador cancelar os registros nos livros 2 e 3 e realizar novos registros na matrícula do bem sub-rogado no lugar do original, bem como no registro auxiliar. Nesse caso, o título será o mandado judicial, sendo dispensada a realização do procedimento dos arts. 260 a 265 da Lei 6.015/1973.[30]

Quanto ao cancelamento do registro do bem de família, o Decreto-Lei 3.200/1941, no art. 21, previa a necessidade de mandado judicial. Com a entrada em vigor da Lei 6.015/1973, e, em especial, o teor do art. 250, II, que permite o cancelamento por requerimento unânime das partes, se capazes, discutiu-se se a exigência de mandado permanecia ou não em vigor para esses casos. Em 1984, a 1ª Vara de Registros Públicos de São Paulo – SP proferiu decisão no sentido de seguir exigível pelo registrador o mandado judicial.[31] Em 2003, a Corregedoria-Geral da Justiça do Estado de São Paulo[32] admitiu o cancelamento de registro de bem de família mediante escritura pública, em que compareceram ex-cônjuges. Nos termos de referida decisão, "*Com efeito, a separação dos cônjuges e a transferência, por ambos, das respectivas residências para imóveis distintos do clausulado, estando a mulher e os filhos habitando casa própria em outra localidade, inclusive, revelam a inutilidade social da persistência da natureza de bem de família daquele imóvel situado na capital. No que respeita à tese do escopo dos ex-cônjuges só ser alcançável por via diversa, mais burocrática, a despeito do zelo do recorrente não se a tem por acertada. A informalização das relações jurídicas é marca da sociedade contemporânea e só deve ser abandonada quando há sério risco à segurança dessas mesmas relações. Esse perigo não ocorre na espécie, em que os envolvidos, maiores e capazes, manifestaram o desinteresse na manutenção do bem de família por escritura pública, em situação fática de separados que residem casas distintas, tudo a apontar para a razoabilidade da redução do rigor no formalismo para a desconstituição do bem de família. Não se identifica como óbice à pretensão resistida via recursal o disposto nos artigos 1.721 e 1.722 do Código Civil vigente, haja vista ter havido, na espécie, pronunciamento judicial que não necessariamente haverá de ser obtido no âmbito jurisdicional contencioso. Caracterizada está, portanto, a hipótese do artigo 1719 do estatuto civil*". No entanto, não se deve extrair da decisão a compreensão de que estaria o registrador autorizado a cancelar o registro mediante a apresentação de escritura pública, independentemente de mandado judicial. Observe-se que a própria decisão reconhece que houve manifestação judicial, ainda que administrativa, o que satisfaria a exigência do art. 1.719 do Código Civil. Ocorre que a manifestação se deu no próprio pedido de providências que questionou a qualificação registral negativa, ou seja, quando apresentada a escritura a registro não tinha ainda havido qualquer manifestação judicial. Ainda, mesmo após a decisão, a 1ª Vara de Registros Públicos de São Paulo reiteradamente reconheceu sua incompetência para processar pedidos de extinção de bem de família voluntário, remetendo as partes a varas judiciais de família, que deverão processá-los em processos judiciais de jurisdição voluntária.[33]

Ainda quanto ao cancelamento, observe-se, por fim, que o Conselho Superior da Magistratura do Estado de São Paulo já se manifestou, de maneira incidental (já que julgava apelação contra dúvida por recusa de registro de alienação que, para ser inscrita, dependia do cancelamento do registro do bem de família) quanto à desnecessidade de recurso à via jurisdicional no caso específico do bem de família registrado sob a égide do art. 70 do Código Civil de 1916, cujo parágrafo único previa a duração do benefício enquanto vivos fossem os cônjuges, e enquanto menores fossem os filhos. Nos

---

[29] Cf. 1ª Vara de Registros Públicos de São Paulo, Processo 0074591-70.2013.8.26.0100, j. 08/06/2015.

[30] Cf. FIORANELLI, Ademar. Bem de família no novo Código Civil e o registro de imóveis. *In*: *RDI*, v. 59, 2005.

[31] Cf. 1ª Vara de Registros Públicos de São Paulo, Processo 1.249/84, j. 28/11/1984.

[32] Cf. Corregedoria-Geral da Justiça do Estado de São Paulo, Processo 1.095/2003, j. 16/12/2003.

[33] Cf. 1ª Vara de Registros Públicos de São Paulo, Processo 0035257-34.2010.8.26.0100, j. 17/11/2010; Processo 0022023-48.2011.8.26.0100, j. 01/07/2011; Processo 004781-42.2012.8.26.0100, j. 21/03/2012; Processo 0023045-10.2012.8.26.0100, j. 17/07/2012; Processo 0053581-04.2012.8.26.0100, j. 22/10/2012; Processo 0076490-40.2012.8.26.0100, j. 06/05/2013; Processo 0060480-81.2013.8.26.0100, j. 24/01/2014; Processo 1064665-14.2014.8.26.0100, j. 26/08/2014; Processo 1039269-64.2016.8.26.0100, j. 25/04/2016; Processo 1058202-17.2018.8.26.0100, j. 13/06/2018; e Processo 1095806-12.2018.8.26.0100, j. 08/10/2018.

termos da decisão, nessa situação a extinção do bem de família seria automática uma vez preenchidos todos os requisitos, com o que, se provados, documentalmente, o óbito dos cônjuges, e a maioridade dos filhos, o bem de família poderia ser cancelado administrativamente.[34]

 Jurisprudência

"Registro de Imóveis. Recurso administrativo. Pretensão de averbação de decisão judicial na qual houve o reconhecimento do bem imóvel como bem de família legal. Impossibilidade de averbação. A proteção do bem de família legal não decorre de sua inscrição no fólio real, mas da própria Lei nº 8.009/90. Recurso não provido" (Corregedoria-Geral da Justiça do Estado de São Paulo, Processo 1108160-98.2020.8.26.0100, Rel. Des. Ricardo Mair Anafe, j. 19/04/2021).

"Bem de família – Instituição – Solteiro. Viável a extensão do conceito de entidade familiar para que a proteção abranja também o patrimônio daquele que é solteiro" (1ª Vara de Registros Públicos de São Paulo – SP, Processo 0058699-75.2011.8.26.0100, j. 26/03/2012, Rel. Dr. Carlos Henrique André Lisboa).

"Registro de escritura pública de instituição de bem de família convencional – imóvel alienado fiduciariamente à Caixa Econômica Federal para garantia de dívida – impossibilidade" (1ª Vara de Registros Públicos de São Paulo – SP, Processo 1062052-50.2016.8.26.0100, Rel. Dra. Tânia Mara Ahualli, j. 05/08/2016).

"Registro de imóveis – Bem de família voluntário – Esfera protetiva mais ampla em relação ao congênere legal – Vaga de garagem em condomínio edilício – Unidade autônoma com matrícula e designação próprias – Pertença – Bem imóvel funcionalmente ligado à unidade residencial – Permanência e conexão econômica demonstradas – Possibilidade da proteção recair sobre o abrigo de veículos – Viúva reside sozinha – Instituidora e favorecida do bem de família – Admissibilidade – Súmula nº 364 do STJ – Aplicação extensiva – Interpretação extratextual – Tutela da dignidade da pessoa humana, do direito à moradia e ao patrimônio mínimo – Especificação da entidade de família – Desnecessidade – Suficiente a apresentação da escritura pública para registro onde consta a pessoa favorecida – Exigências afastadas – Dúvida improcedente – Recurso desprovido" (CSMSP, Apelação Cível 0059728-73.2012.8.26.0576, Rel. Des. José Renato Nalini, j. 23/08/2013).

"Dúvida Imobiliária – Pretensão de instituição de bem de família voluntário – existência de averbações premonitórias na matrícula do imóvel – ineficácia da impenhorabilidade em relação a dívidas anteriores – Dúvida improcedente" (1ª Vara de Registros Públicos de São Paulo – SP, Processo 0030394-64.2012.8.26.0100, Rel. Dr. Marcelo Martins Berthe, j. 30/07/2012).

"Registro de imóveis – Escritura pública de instituição de bem de família – Título qualificado negativamente – Indisponibilidade decorrente de penhora em favor da Fazenda Nacional que impede qualquer ato de disposição do bem, que não a forçada – Exigência de levantamento da constrição averbada na matrícula – A situação registral a ser analisada é aquela existente no momento em que apresentada a escritura para registro – Inadmissibilidade de registro condicional – Instituição voluntária do bem de família, com o registro obrigatório no ofício imobiliário da situação do bem, que se destina ao abrigo ou proteção familiar – Ato que não importa em alienação do imóvel, o qual permanece sob o domínio do devedor do crédito que originou a penhora – Instituição do bem de família ineficaz em relação à credora que penhorou o imóvel anteriormente, por força do direito de sequela – Óbice afastado – Dá-se provimento ao recurso interposto" (CSMSP, Apelação Cível 1067433-97.2020.8.26.0100, Rel. Des. Ricardo Mair Anafe, j. 04/05/2021).

"Registro de imóveis. Instituição de bem de família voluntário pelos proprietários – Registro da escritura pública depois da alienação fiduciária do bem imóvel dado em garantia de confissão de dívida. Negócio jurídico fiduciário. Registro do título recusado. Dúvida Procedente. Recurso improvido" (CSMSP, Apelação Cível 0039081-64.2011.8.26.0100, Rel. Des. José Renato Nalini, j. 08/11/2012).

---

[34] Cf. Conselho Superior da Magistratura do Estado de São Paulo, Apelação Cível 0008251-52.2015.8.26.0302, j. 24/04/2017.

Art. 167 | LEI DE REGISTROS PÚBLICOS COMENTADA

"Bem de família – Cancelamento. Escritura pública – Desconstituição" (Corregedoria-Geral da Justiça do Estado de São Paulo, Processo 1.095/2003, Rel. Des. Luis Tâmbara, j. 16/12/2003).

"Registro de Imóveis – Instrumento particular de alienação de fração ideal, em valor inferior a trinta salários mínimos – Imóvel que, considerado em seu todo, tem valor superior a trinta salários mínimos – Necessidade de escritura pública – Inteligência do art. 108 do Código Civil, e precedentes do Conselho Superior da Magistratura – Bem de família voluntário, com constituição, pelo seu registro, antes da entrada em vigor do Código Civil de 2002 – Regime do Código de 1916, a teor do art. 2.035 do Código Civil de 2002 – Uma das exigências, portanto, afastada – Mantida a outra, porém, ao recurso é negado provimento, com observação" (CSMSP, Apelação Cível 0008251-52.2015.8.26.0302, Rel. Des. Manoel de Queiroz Pereira Calças, j. 24/04/2017).

> **Art. 167**, I (...)
> 2) das hipotecas legais, judiciais e convencionais;

Referências Normativas

Código Civil, arts. 289, 661, § 1º, 1.419-1.430, 1.473-1.505.
Código de Processo Civil, arts. 495; 719-725; 792, III.
Código de Processo Penal, arts. 134-135.
Lei 6.015/1973, arts. 189, 238, 251, e 266 a 276.
Lei 4.380/1964, art. 62.
Lei 6.313/1975.
Lei 6.840/1980.
Lei 8.929/1994.
Lei 10.931/2004, arts. 26 a 45-A.
Decreto-Lei 70/1966, arts. 43 e 44.
Decreto-Lei 167/1967.
Decreto-Lei 413/1969.

Comentários

A hipoteca é uma garantia real, em princípio imobiliária, que se efetiva sem o desapossamento do bem do devedor, e que permite ao credor satisfazer seu crédito com a coisa, em quaisquer mãos que ela se encontre, com preferência em relação aos outros credores – ou ao menos em relação aos quirografários.[35] O conceito amolda-se perfeitamente à disciplina jurídica do instituto pelo Direito Brasileiro: nos termos do art. 1.419 do Código Civil o bem dado em garantia fica sujeito, por vínculo real, ao cumprimento da obrigação (ou seja, confere ao credor o poder de perseguir a coisa em quaisquer mãos em que se encontre); e, nos termos do art. 1.422 poderá excutir a coisa e preferir, no pagamento, a outros credores, excetuados créditos reputados privilegiados por lei específica (art. 1.422, parágrafo único).

O art. 1.473 do Código Civil enumera os objetos possíveis da hipoteca. Constituem-se pelo registro no Registro de Imóveis a hipoteca dos imóveis e seus acessórios conjuntamente com eles (inciso I); do domínio direto (II), do domínio útil (III), das estradas de ferro (IV), do direito real de uso para fins de moradia (VIII), do direito real de uso (IX), da propriedade superficiária (X) e dos direitos oriundos da imissão provisória na posse, quando concedida à União, aos Estados, ao Distrito Federal, aos Municípios ou às suas entidades delegadas e a respectiva cessão e promessa de cessão (XI). Por outro lado, a hipoteca dos navios (VI) é registrada no Tribunal Marítimo (Lei 7.652/1988, art. 12); a das aeronaves é registrada no Registro Aeronáutico Brasileiro (Lei 7.565/1986, art. 141); e a

---

[35] Cf. PAGE, Henri de. *Traité élementaire de droit civil belge*. v. VII-I. Bruxelas: Émile Bruylant, 1943. p. 330-331.

das jazidas, minas e demais recursos minerais (inciso V do art. 1.473, c/c art. 1.230 do Código Civil) – ou, mais propriamente, dos direitos minerários ou títulos minerários, como a concessão de lavra e o manifesto de mina – é registrada na Agência Nacional de Mineração (Decreto-Lei 227/1967, art. 92-A, c/c Decreto 9.406/2018, art. 43, c/c Resolução ANM 90, de 22/12/2021, art. 3º).

O rol não é taxativo, mas é típico: são admissíveis, teoricamente, hipotecas de outras situações jurídicas não mencionadas no art. 1.473, cuja natureza seja compatível com o instituto.[36] Assim, seriam compatíveis o direito real do promitente comprador, e especialmente o direito real de laje; mas não as servidões, o usufruto, o uso e a habitação civis. Advirta-se, contudo, que o tema é polêmico.

O dispositivo contido no art. 167, I, "2" da Lei 6.015/1973 trata do registro de três modalidades de hipoteca, legal, judicial e convencional. Em qualquer das modalidades o registro é constitutivo, ou seja, sem o registro o direito real nem mesmo se constitui. Tratando-se de hipoteca convencional, até a data do registro o título será apenas um contrato que gera efeitos pessoais entre o credor e o devedor: terá o devedor um *direito à hipoteca, jus ad rem*, mas não ainda um *direito real de hipoteca, jus in re*. É somente com a constituição do direito real de hipoteca que passará o credor a contar com oponibilidade *erga omnes*[37], e, notadamente, os direitos de sequela e preferência. As coisas se passam da mesma maneira no tocante às hipotecas legais. Até o Código Civil de 1916 havia no Direito Brasileiro a previsão de hipotecas tácitas, que valiam ainda que não especializadas, nem registradas[38]. Desde então, não há mais hipotecas tácitas, pelo que também as hipotecas legais devem ser especializadas e registradas para serem constituídas. Até o registro, ainda que presente a situação jurídica ensejadora da garantia (por exemplo, a do filho de pai que passou a outras núpcias antes de fazer o inventário do leito anterior, prevista no art. 1.489, II, do Código Civil), o que se tem é tão somente um vínculo potencial[39], que dá ao credor, novamente, um direito *à hipoteca*. Igualmente na hipoteca judicial: a sentença condenatória é apenas um fundamento jurídico ao direito do credor de ver hipotecados os bens do devedor vencido.[40]

As três modalidades ingressam no Registro de Imóveis por meio de registro na matrícula do imóvel hipotecado, ou, na hipótese de hipoteca de direitos reais imobiliários (domínio direto, domínio útil, direito de uso especial para fins de moradia, direito real de uso, propriedade superficiária etc), por registro na matrícula do imóvel gravado pelo direito dado em garantia. Observe-se, neste último caso, que será imprescindível o prévio registro da enfiteuse, no caso de domínio direto ou do domínio útil, ou ainda das respectivas concessões de direito real de uso, ou do direito real de superfície, nas demais hipóteses.

Quanto à hipoteca das vias férreas, o art. 1.502 do Código Civil prevê o registro na circunscrição da estação inicial da respectiva linha. Diferentemente do que ocorre com os arts. 1.503 a 1.505, que tratam de aspectos materiais desta espécie de hipoteca, o art. 1.502 trata de matéria eminentemente formal, própria da legislação específica dos registros públicos. E, com efeito, a redação original do art. 171 da Lei 6.015/1973 continha disposição com o mesmo sentido do art. 1.502 do Código. No entanto, a Lei 13.465/2017 alterou a redação do art. 171, o qual, atualmente, estabelece que os atos relativos a vias férreas serão registrados na circunscrição imobiliária onde se situe o imóvel, ou seja, em cada uma das circunscrições por onde passe a via. Ocorreu, com isso, a derrogação do art. 1.502, cujo conteúdo se tornou incompatível com lei especial e posterior.

Quanto ao título formal que leva a hipoteca ao registro, há necessidade de se distinguir cada uma de suas modalidades.

Tratando-se de hipoteca legal, sua apresentação a registro necessariamente dependerá de uma etapa prévia, judicial. A lei reconhece a pessoas detentoras de certas situações jurídicas, enumeradas no art. 1.489 do Código Civil, o direito à hipoteca, independentemente da vontade da contraparte. Todavia, a constituição do direito real depende da prévia especialização da hipoteca, que se opera em juízo. A

---

[36] Cf. LOUREIRO, Francisco Eduardo. Comentário ao artigo 1.473. *In: Código Civil comentado*. 15. ed. Santana de Parnaíba: Manole, 2021. p. 1509.

[37] Cf. BEVILÁQUA, Clóvis. *Direito das coisas*. v. II, 4. ed. Rio de Janeiro: Forense, 1956. p. 122.

[38] Era o caso das hipotecas das mulheres casadas, dos menores e dos interditados, previstas nos parágrafos 10 e 11 do art. 3º da Lei 1.237/1864.

[39] Cf. BEVILÁQUA, Clóvis. *Direito das coisas*. v. II. 4. ed. Rio de Janeiro: Forense, 1956. p. 173.

[40] Cf. BEVILÁQUA, Clóvis. *Direito das coisas*. v. II. 4. ed. Rio de Janeiro: Forense, 1956. p. 195.

Art. 167 | LEI DE REGISTROS PÚBLICOS COMENTADA

especialização é um ato preparatório, prévio ao registro, destinado a fixar o valor da responsabilidade do devedor bem como designar, com precisão, sobre qual objeto recairá a hipoteca.[41]

O Código de Processo Civil de 1973 previa em seus arts. 1.205 a 1.210 um procedimento especial de jurisdição voluntária específico para a especialização da hipoteca legal. O atual Código de Processo Civil, entretanto, não contém disciplina específica de qualquer procedimento semelhante. A despeito disso, seu art. 719 determina o uso das regras da Seção I do Capítulo XV, destinado aos procedimentos de jurisdição voluntária, sempre que o Código não estabelecer procedimento especial. Os revogados artigos do Código de 1973 podem servir como norte, por exemplo, da necessidade de, por um lado, ser arbitrado o montante da responsabilidade (que será o valor garantido), e, por outro lado, da estimação do valor, e, por conseguinte, da especificação dos bens destinados a servir de garantia. Observe-se que sem a definição do valor garantido, ou da indicação precisa dos imóveis a hipotecar, o registro não será possível, em virtude do disposto, respectivamente, nos arts. 1.487 do Código Civil e 222 da Lei 6.015/1973. A avaliação dos imóveis, por outro lado, não é requisito do registro.

Além disso, na hipótese do art. 1.489, III, do Código Civil, a especialização poderá ocorrer no bojo de processo criminal, em qualquer fase, nos termos dos arts. 134 e 135 do Código de Processo Penal. Ainda, pode haver especialização no seio de processo de interdição, como já reconheceu o Superior Tribunal de Justiça;[42] ou em qualquer outro processo litigioso que envolva as pessoas e temas indicados no art. 1.489, destinado especificamente à especialização ou não.

Anote-se que a especialização não necessariamente dependerá de sentença, nem de trânsito em julgado, bastando que haja decisão judicial. O título apresentado a registro será, conforme o caso, a carta de sentença ou o mandado.

Por fim, nada impede que as pessoas mencionadas no art. 1.489, se capazes e concordes entre si, especializem a hipoteca por meio de escritura pública.[43] Nesse caso, todavia, haverá hipoteca convencional, e o acordo não impedirá que o credor exija judicialmente reforço a garantia, na forma do art. 1.490. Em tal ocorrendo, do processo judicial será extraído mandado ou carta de sentença, que resultará em novos registros nas matrículas dos bens destinados ao reforço.

A segunda modalidade de hipoteca prevista no item 2 – a hipoteca judicial (ou judiciária, na dicção do art. 495 do Código de Processo Civil) – consiste no vínculo real sobre os bens do demandado que, por força de lei, nasce da sentença condenatória, de maneira que ditos bens respondam pela sua execução.[44] É também modalidade de hipoteca legal, já que pode ser constituída independentemente do consentimento do devedor – mas até o advento do atual Código de Processo Civil apresentava em relação a esta uma diferença bastante relevante: enquanto as hipotecas legais geravam para o credor os direitos de sequela e preferência, a hipoteca judiciária gerava sequela, mas não preferência, nos termos do art. 824 do Código Civil de 1916.[45] Isso mudou com o advento do atual Código de Processo Civil, cujo art. 495, § 4º, contém a previsão de natureza material de que *a hipoteca judiciária, uma vez constituída, implicará, para o credor hipotecário, o direito de preferência, quanto ao pagamento, em relação a outros credores, observada a prioridade no registro.*

Até o advento do atual Código de Processo Civil, ainda, previam o art. 284 do Código de Processo Civil de 1939, e o art. 466 do Código de Processo Civil de 1973, que cabia ao juiz *ordenar* a inscrição no registro. Essa ordem, contudo, consistia em mero despacho, já que o direito à hipoteca era efeito acessório da sentença condenatória, e, portanto, não demandava decisão específica que a deferisse. Nesse contexto, a expedição do mandado, uma vez solicitado pela parte, era dever do juiz. Por outro lado, exigia o art. 824 do Código Civil de 1916 a especialização da hipoteca judiciária, que poderia ser realizada pelo próprio juízo da condenação com base nos princípios da razoabilidade, finalidade e proporcionalidade, mediante decisão sujeita a recurso.[46]

---

41 Cf. BEVILÁQUA, Clóvis. *Direito das coisas*. v. II. 4. ed. Rio de Janeiro: Forense, 1956. p. 233.

42 Cf. Superior Tribunal de Justiça, Recurso Especial 1.640.969, j. 02/08/2022.

43 Cf. GOUVÊA, José Roberto Ferreira. Notas sobre a hipoteca no registro de imóveis. *In: RDI*, n. 030, 1992.

44 Cf. BEVILÁQUA, Clóvis. *Direito das coisas*. v. II. 4. ed. Rio de Janeiro: Forense, 1956. p. 233.

45 Cf. PONTES DE MIRANDA, Francisco Cavalcanti. *Tratado de direito privado*. v. XIV. São Paulo: Revista dos Tribunais, 2012. p. 261-262. Contra: cf. JUSTEN FILHO, Marçal; MOREIRA, Egon Bockmann; TALAMINI, Eduardo. Sobre a hipoteca judiciária. *In: Revista de Informação Legislativa*, n. 133, 1997.

46 Cf. JUSTEN FILHO, Marçal; MOREIRA, Egon Bockmann; TALAMINI, Eduardo. Sobre a hipoteca judiciária. *In: Revista de Informação Legislativa*, n. 133, 1997.

Isso mudou no atual Código de Processo Civil: segundo seu art. 495, § 2º, a constituição da hipoteca judiciária se dá pela apresentação a registro da cópia da sentença condenatória, *independentemente de ordem judicial, de declaração expressa do juiz ou de demonstração de urgência*. Ainda, a modificação no regramento do instituto eliminou a necessidade de procedimento judicial de especialização, específico ou incidental ao processo em que se deu a condenação.

Dessa maneira, o título da hipoteca judiciária, atualmente, é a cópia da própria sentença que condena o réu ao pagamento de prestação consistente em dinheiro ou a que determinar a conversão em prestação pecuniária da prestação de fazer, de não fazer ou de dar coisa. Sentenças sem carga condenatória, ainda que tratem de matéria patrimonial, não são aptas a gerar hipoteca judiciária.[47]

A sentença vale como título ainda que a condenação seja genérica, ainda que seja possível o cumprimento provisório da sentença ou que esteja pendente arresto sobre bem do devedor, ou mesmo que impugnada com recurso dotado de efeito suspensivo (art. 495, § 1º, I, II e III, do Código de Processo Civil), do que se conclui não ser exigível para o registro liquidação da sentença, nem trânsito em julgado.

A especialização, indispensável para qualquer modalidade de hipoteca legal, nos termos do art. 1.497 do Código Civil, será feita pela própria parte que requerer o registro da hipoteca, a quem caberá não apenas estimar o montante da responsabilidade garantida, como também indicar os bens sobre os quais deverá recair a hipoteca. Atente-se que, sobrevindo a reforma ou a invalidação da decisão condenatória, o § 5º do art. 495 estabelece para a parte que requereu o registro da hipoteca responsabilidade civil, independentemente de culpa, pelos danos causados à outra parte em razão da constituição da garantia. O dispositivo é relevante precisamente por se deixar ao cargo do credor realizar a especialização, sem necessidade de apreciação judicial, que deverá agir sem abuso de seu direito. Por essa razão, a jurisprudência tem considerado que somente o credor tem legitimidade para requerer o registro da hipoteca judiciária.[48]

Uma vez registrada a hipoteca judiciária, caberá ao credor, no prazo de até 15 dias do registro, informar o fato ao juízo da causa, que intimará a outra parte para tomar ciência (art. 495, § 3º).

Pontes de Miranda distingue a hipoteca judiciária, da qual tratamos até agora, da hipoteca judicial, considerada por ele "expediente técnico de execução". Segundo o tratadista, qualquer que seja a ação executiva, pode o juiz constituir hipoteca, e essa se distingue das hipotecas legais porque o juiz não se limita a declará-las, mas, sim, "executando, as constitui"[49] – ou melhor, produz o título que viabilizará sua constituição. A jurisprudência já admitiu o registro de hipoteca judicial em situação semelhante: segundo a Corregedoria-Geral da Justiça do Estado de São Paulo, apresentado a registro mandado de averbação de "cauções sobre imóveis" prestadas em ações judiciais para garantir medidas de natureza cautelar, devem os registradores recebê-los como mandados de registro de hipoteca judicial, independentemente da denominação que lhes foi atribuída.[50]

Por fim, destaque-se que segundo a jurisprudência a natureza judicial da hipoteca não faz com que esta prescinda da observância do princípio da continuidade registral, sendo exigível pelo registrador, para o registro, que o proprietário do imóvel seja o próprio condenado, ou que tenha havido nos próprios autos decisão expressa reconhecendo a nulidade da transmissão, ou a sua ineficácia em relação às partes.[51]

A terceira modalidade de hipoteca é a convencional, que se define pela voluntariedade de sua constituição em benefício do credor.[52] Sendo esse seu traço distintivo, são convencionais algumas hipotecas constituídas no seio de autos judiciais, por exemplo, a do interessado em adquirir bem penhorado mediante pagamento parcelado (Código de Processo Civil, art. 895, § 1º).

---

[47] Cf. Conselho Superior da Magistratura do Estado de São Paulo, Apelação Cível 1019219-65.2020.8.26.0071, j. 17/09/2021.

[48] Cf. Conselho Superior da Magistratura do Estado de São Paulo, Apelação Cível 1090261-29.2016.8.26.0100, j. 15/08/2017.

[49] Cf. PONTES DE MIRANDA, Francisco Cavalcanti. *Tratado de direito privado*. v. XIV. São Paulo: Revista dos Tribunais, 2012. p. 255.

[50] Cf. Corregedoria-Geral da Justiça do Estado de São Paulo, Processo 830/2004, j. 06/07/2005.

[51] Cf. Conselho Superior da Magistratura do Estado de São Paulo, Apelação Cível 0069199-52.2013.8.26.0100, j. 22/09/2014.

[52] Cf. BEVILÁQUA, Clóvis. *Direito das coisas*. v. II. 4. ed. Rio de Janeiro: Forense, 1956. p. 135.

Sendo voluntária a constituição, o título material que deve ser apresentado a registro para sua constituição é um negócio jurídico de constituição da hipoteca, baseado em outro negócio causal (mútuo, abertura de crédito etc.), já que o sistema brasileiro é causal. Em se tratando de cédula de crédito, o negócio de constituição da hipoteca é unilateral, sendo desnecessária a participação do credor.[53]

O título formal, em regra, segue o disposto no art. 108 do Código Civil, pelo que tendo o imóvel valor superior a 30 salários mínimos, é exigível o instrumento público, notarial ou judicial nos casos em que o negócio tenha sido formalizado em autos de processo. Mas há exceções relevantes, notadamente as cédulas de crédito e os contratos celebrados no âmbito do Sistema Financeiro da Habitação – SFH (Lei 4.380/1964, art. 62).

Devem constar do título o total da dívida ou sua estimação – em especial em se tratando de dívida futura ou condicional (Código Civil, art. 1.487) – o prazo de pagamento, os juros, se houver, e a indicação da coisa oferecida em garantia. Eventuais condições deverão, também, constar do assento registral.[54] A Lei 14.711 de 2023 incluiu no Código Civil o artigo 1.487-A, permitindo uma espécie de "recarregamento" da hipoteca pelo proprietário com novas obrigações contratadas com o mesmo credor, mantendo o registro e a preferência originais. Para tanto, alguns limites devem ser respeitados, como a não ultrapassagem do prazo original e do valor máximo que já havia sido previsto quando da especialização da garantia. Este recarregamento (ou extensão na dicção legal) deverá ser averbado na matrícula, respeitada a prioridade de eventuais direitos contraditórios inscritos na matrícula no intervalo entre o registro da hipoteca e a averbação do recarregamento.

A Lei 14.711 de 2023 possibilitou em seu artigo 9º, a execução extrajudicial da hipoteca, por meio de procedimento análogo ao que já vigorava para a alienação fiduciária em garantia. Por essa razão, o §15º do artigo 9º determinou que o título da hipoteca deve conter "como requisito de validade" previsão expressa do procedimento a que se refere, com menção ao teor dos §§ 1º a 10. A nosso ver, a melhor interpretação do dispositivo não é a de que a ausência desta previsão macula a validade do próprio negócio hipotecário, mas sim a de que inválida será eventual execução extrajudicial fundada em hipoteca cujo título não a contemplava. O não preenchimento dos requisitos do §15, mesmo para títulos apresentados a registro após a vigência da Lei 14.711 de 2023, não deve implicar sua qualificação negativa – com o que a hipoteca deverá ainda assim ser registrada – mas inviabilizará, salvo alteração consensual do título e da hipoteca, o uso do procedimento extrajudicial de execução.

Como regra, a hipoteca não impede a alienação do bem hipotecado, sendo nula eventual cláusula nesse sentido (Código Civil, art. 1.475). Tratando-se de hipoteca cedular, contudo, a venda do bem depende de anuência escrita do credor (Decreto-Lei 167/1967, art. 59; Decreto-Lei 413/1969, art. 51; Lei 6.840/1980, art. 5º). A jurisprudência, contudo, tem afastado esta exigência para hipotecas cedulares oriundas de cédula de crédito bancário.[55]

A hipoteca cedular também impede a inscrição de penhora sobre o bem, salvo se houver consentimento do credor hipotecário, ou se decorrer de execução fiscal, se estiver expirado o prazo do financiamento ou, ainda, se não houver risco de esvaziamento da garantia, dado o valor do bem ou a preferência do crédito cedular.[56] A jurisprudência também já relativizou esta impenhorabilidade em execução de obrigação *propter rem.*[57]

Averbações que alterem qualquer dos elementos da hipoteca demandam análise criteriosa pelo registrador. A jurisprudência tem entendido que modificação de elementos essenciais da obrigação garantida implicam novação, demandando cancelamento da garantia e novo registro. Do mesmo modo, o aumento no valor da dívida garantida também implica necessidade de cancelamento e novo registro, salvo se decorrer do acréscimo dos encargos da mora, sem aporte de novos valores ao mútuo originalmente contratado.[58]

---

[53] Cf. Conselho Superior da Magistratura do Estado de São Paulo, Apelação Cível 1003037-73.2019.8.26.0318, j. 18/06/2020.

[54] Cf. Conselho Superior da Magistratura do Estado de São Paulo, Apelação Cível 093236-0/2.

[55] Cf. 1ª Vara de Registros Públicos de São Paulo – SP, Pedido de Providências 1000309-42.2021.8.26.0495.

[56] Cf. Corregedoria-Geral da Justiça do Estado de São Paulo, Processo 1003437-08.2017.8.26.0270, j. 21/02/2019.

[57] Cf. Conselho Superior da Magistratura do Estado de São Paulo, Apelação Cível 223-6/0, j. 07/12/2004.

[58] Cf. Corregedoria Geral da Justiça do Estado de São Paulo, Processo 1000345-98.2018.8.26.0201, j. 25/09/2019.

O cancelamento da hipoteca tem disciplina específica no art. 251 da Lei 6.015/1973, do qual se tratará mais adiante.

Vencida e não paga a dívida, poderá a hipoteca, a teor do artigo 9º da Lei 14.711 de 2023, ser executada judicialmente ou extrajudicialmente, desde que esta possibilidade tenha sido prevista no título, nos termos do art. 9º, §15. Como já dito, trata-se de um análogo do procedimento extrajudicial de execução da alienação fiduciária em garantia, pelo que aplica-se "no que couber" o disposto no artigo 26 da Lei 9.514 de 1997 (Lei 14.711 de 2023, art. 9º, §1º).

A lei expressamente ressalvou os financiamentos destinados ao fomento da atividade agropecuária, com o que o novo procedimento não é aplicável à sua execução (Lei 14.711 de 2023, art. 9º, §13).

O procedimento se inicia pelo pedido formulado pelo credor ou seu cessionário ao registrador de imóveis territorialmente competente de intimação do devedor ou, se o caso, terceiro hipotecante, para purgação da mora em 15 dias.

Purgada a mora, encerra-se a execução. Por outro lado, não havendo purgação tempestiva, deve o registrador, no prazo de 15 dias contados do término do prazo para pagamento, averbar na matrícula o início do procedimento de excussão (o que faz as vezes da averbação da consolidação da propriedade na execução extrajudicial da alienação fiduciária em garantia). Então, no prazo de 60 dias contados da averbação, deverá o credor promover leilão público do imóvel.

Até a alienação no leilão pode o devedor ou terceiro hipotecário remir o bem da execução, pelo pagamento da totalidade da dívida acrescida de despesas. Este pagamento poderá ser feito perante o registro de imóveis, que será encarregado de receber os valores e repassá-los ao credor no prazo de três dias.

Se for bem sucedido algum dos leilões – seja o primeiro ou segundo leilão, nos termos dos §§ 5º e 6º – e o bem for arrematado, seus autos serão distribuídos a tabelião de notas da circunscrição de situação do bem, a quem caberá lavrar ata notarial de arrematação, que servirá de título formal para a transmissão ao arrematante. Não há, até o momento, qualquer regulamentação acerca desta "distribuição", com o que, a nosso ver, será válida a ata para este vir se for lavrada por notário do município em que situado o imóvel (Lei 8.935 de 1994, art. 9º). O título deverá estar acompanhado do comprovante de pagamento do imposto de transmissão (Lei 14.711 de 2023, art. 9º, §14).

Por outro lado, não sendo bem sucedido qualquer dos leilões, o credor deverá optar entre apropriar-se do imóvel, ou realizar a venda direta do imóvel a terceiro (Lei 14.711 de 2023, art. 9º, §9º). No primeiro caso, servirão como título os autos dos leilões acompanhados de requerimento, não sendo exigível a ata notarial. Já em caso de venda direta a terceiro, o título deverá seguir o artigo 108 do Código Civil, comparecendo como outorgante o credor investido de mandato legal de representação do devedor ou terceiro garantidor proprietário. Qualquer dos títulos deverá ser acompanhado do comprovante de pagamento do imposto de transmissão, e, se o caso, de laudêmio (Lei 14.711 de 2023, art. 9º, §14).

Jurisprudência

"Recurso especial. Interdição da esposa requerida pelo marido. Especialização da hipoteca legal. Idoneidade moral e financeira do curador. Código de Processo Civil de 1973. 1. Interdição deferida pelo juízo, na vigência do CPC de 1973, com a determinação de especialização da hipoteca legal, nos termos do art. 1.188 do CPC 1973. Acórdão prolatado na vigência do CPC 2015 confirmando a sentença. Julgamento fundado exclusivamente em dispositivos do CPC 1973. 2. Alegação de que o art. 759 do CPC 2015, cuja aplicação é imediata, deixou de exigir a especialização da hipoteca legal. Questão não apreciada pela corte revisora. Ausência de oposição de embargos de declaração. Incidência das Súmulas 282 e 356 do STF. 3. Dissídio não configurado em relação ao acórdão invocado como paradigma do Tribunal de Justiça de São Paulo, o qual examinou a questão à luz do parágrafo único do art. 1.745 c/c art. 1.774 do Código Civil de 2002, dispositivos não examinados pelo acórdão recorrido. 3. Alegação de que o termo "idoneidade" empregado no art. 1.190 do CPC 1973 diz respeito ao aspecto moral do curador, o que acarretaria a inaplicabilidade à espécie do art. 1.188 do CPC 1973. Improcedência. A ausência de idoneidade moral afasta peremptoriamente o exercício da curatela. A possibilidade de prestação posterior da 'garantia' consubstanciada na 'especialização da hipoteca legal' (CPC 1973, art. 1.188) demonstra que a 'idoneidade' referida no art. 1.190 do CPC 1973 abrange a idoneidade moral e a financeira. Consequente inexistência de ofensa aos dispositivos legais indicados. 4. Ressalva ao recorrente do direito de requerer, na origem, a dispensa de especialização da hipoteca, com base no direito superveniente à sentença, o que poderá ser oportunamente reexaminado, à luz das circunstâncias de fato atuais, sem ofensa à coisa julgada, porque esta se dá a partir do panorama de fato e de direito vigente à época da prolação do título judicial. 5. Recurso especial a que se nega provimento" (STJ, REsp 1.640.969, Rel. Min. Maria Isabel Gallotti, j. 02/08/2022).

"Caução – Averbação – Medida cautelar. Hipoteca judicial. Especialidade. Continuidade. *Nomen iuris*" (Corregedoria-Geral da Justiça do Estado de São Paulo, Processo 830/2004, Rel. Des. José Mário Antonio Cardinale, j. 06/07/2005).

"Registro de imóveis – Registro de hipoteca judiciária – Impossibilidade – Registro requerido por corréu condenado por sentença judicial – Solidariedade da condenação que não lhe socorre – Corréu que ainda não pagou quantia alguma, de modo que não se tornou credor de nenhum de seus pares – Apelação desprovida" (CSMSP, Apelação Cível 1090261-29.2016.8.26.0100, Rel. Des. Manoel de Queiroz Pereira Calças j. 15/08/2017).

"Registro de imóveis – hipoteca judiciária – O título apresentado não é hábil ao registro da hipoteca judiciária – Sentença destituída de carga condenatória – Inteligência do art. 495 do Código de Processo Civil – Óbice ao ingresso do título no fólio real por fundamento diverso – Dúvida procedente – Recurso não provido" (CSMSP, Apelação Cível 1019219-65.2020.8.26.0071, Rel. Des. Ricardo Mair Anafe, j. 06/12/2021).

"Registro de imóveis – Dúvida – Registro de hipoteca judiciária – Constrição determinada em processo no qual a titular de domínio não é parte – Ofensa ao princípio da continuidade – Ausência de decisão judicial reconhecendo fraude à execução ou fraude contra credores – Dúvida procedente – Recurso não provido" (CSMSP, Apelação Cível 0069199-52.2013.8.26.0100, Rel. Des. Elliot Akel, j. 22/09/2014).

"Registro de imóveis – Dúvida – Cédula de Crédito Bancário com garantia hipotecária – Exigência, pelo registrador, de assinatura do credor e comprovação da regularidade de sua representação, para constituição da hipoteca – Manutenção dos óbices pelo MM. Juiz Corregedor Permanente – Apelação interposta pelo banco credor – Preliminar de nulidade da sentença por insuficiência de fundamentação e consequente cerceamento de defesa rechaçada – Hipoteca cedularmente constituída que se submete ao regime próprio da Lei nº 10.931/2004 – Constituição da garantia na própria cédula de crédito bancário, ou em documento apartado, que se satisfaz com a assinatura do devedor e, eventualmente, do terceiro garantidor – Título de crédito que prescinde da manifestação do credor para sua constituição, incluindo a garantia real – Dá-se provimento ao recurso para julgar improcedente a dúvida" (CSMSP, Apelação Cível 1003037-73.2019.8.26.0318, Rel. Des. Ricardo Mair Anafe, j. 18/06/2020).

"Registro de imóveis – Averbação de penhora – Qualificação negativa – Hipoteca cedular previamente registrada na matrícula – Impenhorabilidade decorrente de lei – Situações de excepcional relativização que não se encontram demonstradas no caso concreto – Recurso não provido" (Corregedoria-Geral da Justiça do Estado de São Paulo, Processo 1003437-08.2017.8.26.0270, Rel. Des. Geraldo Francisco Pinheiro Franco, j. 21/02/2019).

"Registro de imóveis – Recusa da averbação de escritura pública de aditamento e rerratificação da escritura pública de constituição de garantia hipotecaria em primeiro grau, retificada e ratificada por outra escritura pública – Alteração do saldo devedor e da forma de pagamento – Documentos apresentados para a averbação que são insuficientes para demonstrar que a alteração do valor do débito não decorreu de novo aporte de recursos, de modo a não caracterizar novação – Recurso não provido, com observação" (Corregedoria-Geral da Justiça do Estado de São Paulo, Processo 1000345-98.2018.8.26.0201, Rel. Des. Geraldo Francisco Pinheiro Franco, j. 25/09/2019).

"Registro de imóveis – Compromisso de compra e venda – Imóvel gravado por hipoteca cedular em decorrência de Cédula de Crédito Comercial – Necessidade de anuência do credor hipotecário nos termos do artigo 5º da Lei nº 6.840/80 c.c. o art. 51 do Decreto-lei n. 413/69 para acesso do título ao fólio real – Recurso não provido" (CSMSP, Apelação Cível 0000002-70.2011.8.26.0038, Rel. Des. Mauricio Vidigal, j. 21/11/2011).

"Registro de Imóveis – Dúvida – Hipoteca cedular previamente registrada – Cédula de crédito comercial – Possibilidade de posterior registro de penhora referente a débito condominial – Obrigação 'propter rem' – Inteligência do art. 5º da Lei nº 6.840/80 e do art. 57 do Decreto-lei nº 413/69 – Recurso não provido" (CSMSP, Apelação Cível 223-6/0, Rel. Des. José Mário Antonio Cardinale, j. 07/12/2004).

"Registro de imóveis – Escritura pública de aditamento e ratificação de hipoteca – Aumento do crédito garantido – Contratação de nova hipoteca – Especialização – Requisito de validade do direito real de garantia – Ato sujeito a registro em sentido estrito – Situação não se amolda às hipóteses excepcionais submetidas à averbação – Emolumentos – Redução descabida – Dúvida procedente – Recurso provido" (Corregedoria-Geral da Justiça do Estado de São Paulo, Processo 001994-89.2012.8.26.0362, Rel. Des. José Renato Nalini, j. 23/08/2013).

"Registro de Imóveis – Recusa ao registro de hipoteca – Lei Municipal que impede a oneração do imóvel, que era público, sem autorização legislativa – Ausência de autorização – Desqualificação correta – Falta de menção à Lei Municipal que exigiu a autorização legislativa na matrícula do bem – Conhecimento da lei que se presume – Apelação desprovida" (CSMSP, Apelação Cível 0002682-81.2015.8.26.0363, Rel. Des. Manoel de Queiroz Pereira Calças, j. 16/08/2016).

"Registro de Imóveis – averbação de escritura de rerratificação de constituição de garantia hipotecária – aumento do valor da dívida garantida – alteração de elemento essencial da hipoteca – impossibilidade – necessidade de nova hipoteca e registro em sentido estrito – recurso não provido" (Corregedoria-Geral da Justiça do Estado de São Paulo, Processo 41.660/2015, Rel. Des. Elliot Akel, j. 16/07/2015).

> **Art. 167**, I (...)
> 3) dos contratos de locação de prédios, nos quais tenha sido consignada cláusula de vigência no caso de alienação da coisa locada;

CALEB MATHEUS RIBEIRO DE MIRANDA

Referências Normativas

Lei 8.245/1991, arts. 8º, 27 a 34, 47 e 54-A.
Lei 10.406/2002 (Código Civil), arts. 114, 1.225, 1.358-A a 1.358-U e 1.499.

Comentários

Locação é o contrato por meio do qual é cedido o uso temporário de uma coisa em contrapartida ao pagamento de um valor. Trata-se de contrato oneroso que não implica, como regra, o surgimento de direito com características reais.

No Registro de Imóveis, há uma amplitude de atos que podem ser feitos com relação à locação. A intenção de alugar permite, inclusive, a realização de certos atos de modo diferente.

Proteção do locatário, vigência e preferência. Em primeiro lugar, é possível a prática de atos para a garantia dos direitos do locador. A locação pode ser registrada na matrícula do imóvel com o fim de indicar que, em caso de alienação, não será possível a denúncia do contrato[59], ocorrendo a sub-rogação legal do adquirente na posição de locador.

Importa notar que o usufrutuário não se equipara ao adquirente para fins do exercício do direito de encerrar a locação em caso de inexistência de cláusula de vigência (art. 8º da Lei de Locações), conforme dispõe a Súmula 25 do Tribunal de Justiça de São Paulo:

> O usufrutuário não se equipara ao adquirente para o fim de aplicação do art. 8º, da Lei nº 8.245/91.

---

[59] BRASIL, Lei 8.245/1991, art. 8º, *caput*.

Art. 167 | LEI DE REGISTROS PÚBLICOS COMENTADA

Pode, ainda, a locação ser averbada para fins de garantir ao locatário o direito de preferência na aquisição do imóvel, em caso de sua alienação;[60] para tanto, é necessário que o exercício do direito de preferência esteja previsto de forma expressa. O exercício do direito de preferência deve se dar com relação à totalidade do imóvel, ainda que a locação seja somente de parte. Disso decorre que, em caso de locação de partes do imóvel – loja ou conjunto que não constitua unidade autônoma, ou parte física delimitada – a locação pode ser averbada para garantir a possibilidade de exercício do direito de preferência em relação ao imóvel todo e não só sobre a parte alugada. O efetivo exercício, dessa forma, só poderá se dar em relação à parte locada se esta for autonomizada, seja por instituição de condomínio ou por desdobro, devendo, nos demais casos, como já dito, ser exercido sobre a totalidade do imóvel. Mesmo em caso de unidades autônomas, se a alienação for de unidades em conjunto, deverá o direito de preferência ser exercido sobre a totalidade dos bens objeto da alienação.[61]

Legitimidade para alugar o imóvel. Tecemos breves considerações sobre a legitimidade para alugar o imóvel com cláusula de vigência nos comentários ao art. 242, ao qual remetemos o leitor.

Objeto da locação. Quanto ao objeto da locação, é necessário que a descrição do imóvel no contrato corresponda à descrição constante da matrícula e seja identificável a porção locada, se a locação não for da totalidade.

Para inscrever a locação de imóvel construído, deve estar averbada na matrícula a construção. Se a locação é de uma parte do imóvel – loja em um conjunto de lojas, ou apartamento em um conjunto de apartamentos – a averbação da construção deve ter sido realizada de forma específica. Tal hipótese não se confunde com a locação de unidade autônoma devidamente especificada, constante de condomínio edilício. É possível que, mesmo sem instituição de condomínio, sejam alugadas diferentes partes do imóvel, com relação às quais se permite o registro da locação para fins de vigência e mesmo a averbação para fins de exercício do direito de preferência, o requisito para tanto é que a construção especifique as partes objeto da locação.

É ainda possível a locação de área não construída, quer para uso que não envolva construção – como pastagem ou estacionamento –, quer para uso que envolva construção, desde que devidamente autorizada – como instalação de antena. Se a área não construída a ser locada for parcial, como ocorre frequentemente na locação para instalação de antena, deverá ser especificada a parte locada.

Podem ser objeto de locação todos os imóveis, incluindo laje (reconhecida como direito real pelo art. 1.225, XIII, do Código Civil, incluído pela Lei 13.465/2017), lote em condomínio de lotes (art. 1.358-A, do Código Civil, incluído pela Lei 13.465/2017), unidade autônoma em condomínio edilício e fração ideal de tempo em regime de multipropriedade (arts. 1.358-B a 1.358-U, do Código Civil, incluídos pela Lei 13.777/2018). Também pode ser dada em locação a superfície, total ou parcialmente.

Conquanto houvesse decisão administrativa da 1ª Vara de Registros Públicos de São Paulo que negasse o registro do contrato *built to suit*[62] – contrato no qual "o locador procede à prévia aquisição, construção ou substancial reforma, por si mesmo ou por terceiros, do imóvel então especificado pelo pretendente à locação"[63] – por considerá-lo atípico, com a inserção do art. 54-A na Lei 8.245/1991, o óbice ao registro tem-se por superado.

Garantia do locador. Para garantia da locação, pode ser averbada a caução do imóvel,[64] hipótese em que deve ser observada pelo registrador a vedação legal à existência de mais de uma modalidade de garantia.[65] A existência de pluralidade de garantias, contudo, não impede o registro ou a averbação da locação para garantia do direito de vigência ou preferência, uma vez que a nulidade não é do contrato, mas somente das garantias, e que a normativa não pode onerar justamente quem pretende proteger (o locatário).

Para cancelamento da garantia, devem se distinguir duas situações: o cancelamento por encerramento da locação e a quitação das dívidas do locatário. Essa última pode ser assinada por qualquer

---

[60] Idem, arts. 27 a 34.

[61] Idem, art. 31.

[62] 1VRPSP, – Processo 0038666-47.2012.8.26.0100, Magistrado: Marcelo Martins Berthe, j. 05/11/2012, DJ 22/11/2012.

[63] BRASIL, Lei 8.245/1991, art. 54-A, *caput*.

[64] Idem, art. 37, I, art. 38, *caput*.

[65] Idem, art. 37, parágrafo único.

dos locadores, que se presumem solidários.⁶⁶ Contudo, se a liberação da caução não corresponder à declaração de quitação, deverão anuir ao cancelamento todos os credores solidários, uma vez que se trata de renúncia à garantia,⁶⁷ que deve ser interpretada de modo restrito.⁶⁸

Aditamento. Em caso de aditamento, deverá ser feita averbação na matrícula do imóvel locado e dos imóveis caucionados para garantir a locação. Se for objeto do aditamento a substituição do imóvel caucionado, será realizado o cancelamento da caução na matrícula do imóvel anteriormente caucionado e realizada nova averbação de caução no novo imóvel garantidor da obrigação.

Extinção da locação. A locação não se extingue pelo mero decurso do prazo, uma vez que prevista na legislação a prorrogação automática.⁶⁹ Para cancelamento da locação, é necessária a anuência de ambas as partes, locador e locatário. A ausência de anuência expressa pode ser suprida por ata notarial constatando a situação do imóvel como desocupado, desde que, conjuntamente, sejam colhidas informações, sobre seu não uso a longo tempo, junto a vizinhos; e haja declaração do locador, sob as penas da lei, de que a locação se encerrou e de que recebeu as chaves do imóvel. A situação exige cautela na identificação de que, efetivamente, não há mais direito sendo exercido pelo locatário sobre o imóvel.

Indisponibilidade e locação. Tecemos breves considerações sobre a possibilidade de averbação da locação quando sobre o imóvel recair ordem de indisponibilidade nos comentários ao art. 247, aos quais remetemos o leitor.

Jurisprudência

"Registro de imóveis – Dúvida – Contrato de locação – Cláusulas de vigência e exercício do direito de preferência – Suficiência do registro em sentido estrito para atribuir eficácia real tanto à cláusula de vigência como ao pacto de preferência – Desnecessidade da prática de dois atos registrais (averbação e registro) – Competência do conselho superior da magistratura por se tratar de registro em sentido estrito – Indisponibilidade decorrente de penhora da fazenda nacional nos termos do artigo 53, § 1º, da lei n. 8.212/91 não é óbice ao registro do contrato de locação para consignar a cláusula de vigência e o exercício do direito de preferência – Precedente deste conselho superior da magistratura – Recurso provido" (CSMSP, AC 0027416-80.2013.8.26.0100/SP, Rel. Des. Hamilton Elliot Akel, j. 18/03/2014).

"Registro de Imóveis. Dúvida julgada procedente. Negativa de acesso ao registro de contrato de locação com cláusula de vigência desta para a hipótese de alienação do bem a terceiros. Locação de parte da área matriculada, não localizada e especificada em relação ao todo. Impossibilidade de ingresso do título no fólio real. Princípio da especialidade. Mitigação que alcança apenas o aspecto subjetivo e não os aspectos objetivos (quantitativos e qualitativos). Inteligência da norma do art. 169, III, da Lei n. 6.015/1973. Recurso não provido" (CSMSP, AC815-6/1, Rel. Des. Gilberto Passos De Freitas, j. 14/12/2007).

"Registro de imóveis. Contrato de locação. Pedido de registro para assegurar vigência em caso de alienação. Recusa. Ausência de suficiente descrição da área locada, que não corresponde à totalidade da matriculada. Parte sem localização perfeitamente definida. Dúvida Procedente. Princípio da especialidade. Recurso não provido" (CSMSP, AC 865-6/9, Rel. Des. Ruy Camilo, j. 08/07/2008).

"Registro de imóveis. Dúvida procedente – Contrato de locação. Falta de precisa individuação dos bens locados. Ausência de correspondência com registro predial existente. Possível destaque do imóvel locado de outro matriculado, sem localização e especificação no todo, que inibe, igualmente, o registro, em respeito ao princípio de especialidade objetiva. Recurso não provido" (CSMSP, AC 695-6/2-SP, Rel. Des. Gilberto Passos De Freitas, j. 17/05/2007).

---

66 Idem, art. 2º.
67 BRASIL, Lei 10.406/2002, Código Civil de 2002, art.1.499, IV.
68 Idem, art. 114.
69 BRASIL, Lei 8.245/1991, art. 47.

Art. 167 | LEI DE REGISTROS PÚBLICOS COMENTADA

"Registro de Imóveis – Contrato de locação – Pedido de registro para assegurar vigência em caso de alienação – Recusa – Ausência de descrição da área locada, que não corresponde à totalidade da matriculada – Parte ideal – Menção, ainda, a prédio não averbado – Dúvida Procedente – Princípio da especialidade – Recurso não provido" (CSMSP, AC218-6/7-SP, Rel. Des. José Mário Antonio Cardinale, j. 16/09/2004).

"Registro de Imóveis – Dúvida – Contrato de locação de parte do imóvel matriculado – Inexigibilidade de prévia segregação do todo – Partes suficientemente descritas – Registro viável – Recurso provido. Nada obsta o registro do contrato de locação que tenha por objeto apenas duas das quatro casas edificadas no imóvel matriculado, salvo se não estivessem suficientemente identificadas as partes locadas, porque isto impediria se pudesse conhecê-las sem precisão" (CSMSP, AC 027480-0/7-SP, Rel. Des. Antônio Carlos Alves Braga, j. 07/12/1995).

"Cancelamento de registro de contrato de locação. Ata notarial noticiando que o imóvel se encontra livre e desocupado de objetos e pessoas e certidão da JUCESP demonstrando é distinto do endereço do imóvel locado fundamentam o deferimento administrativo do pedido" (1ª VRPSP, Processo: 0022686-94.2011.8.26.0100/SP, Rel. Gustavo Henrique Bretas Marzagão, j. 30/11/2011).

"Comprovada a impossibilidade de se colher anuência da locatária – empresa falida – e provada a locação do mesmo bem a terceiros, evidenciando a inexistência de vínculo locatício com quaisquer outras pessoas e a proprietária do imóvel em questão, o cancelamento é deferido" (1ª VRPSP, Processo: 0044417-15.2012.8.26.0100/SP, Magistrado Marcelo Martins Berthe, j. 29/11/2012).

"Registro de Imóveis – Contrato de Locação – Necessidade da averbação do cancelamento do anterior registro de contrato de locação – Divergência de numeração que não impede a individualização do imóvel e localização da matrícula – Indisponibilidade do § 1º do artigo 53 da Lei nº 8.212/91 não obstaculiza o registro do pacto locatício – Recurso não provido.

(...)

Na matrícula n. 7.978 há o registro de outro contrato de locação (R. 15, fls. 41-verso) com prazo de cinco anos, terminado em 30/04/2004.

Ante a possibilidade da prorrogação daquele contrato por prazo indeterminado, compete averbação de sua extinção antes do ingresso do registro de novo contrato com o escopo de se evitar a presença de direitos contraditórios no registro imobiliário.

Sem o atendimento dessa exigência, conforme julgado pelo MM Juiz Corregedor Permanente, é inviável o registro, daí o não provimento desta apelação para efetivação do registro" (CSMSP, AC0050046-67.2012.8.26.0100/SP, Rel. Des. José Renato Nalini, j. 06/11/2013).

"Registro de Imóveis – dúvida – registro de contrato de locação de bem imóvel – inexistência de cláusula de vigência – inadmissibilidade – art. 167, I, 3, da lei no 6.015/73 – eventual possibilidade de averbação, a fim de assegurar o direito de preferência da locatária, nos termos do art. 167, II, 16, da lei nº 6.015/73 – necessidade, entretanto, de prévio cancelamento do registro de anterior contrato de locação constante da matrícula do imóvel – elementos suficientes à autorizá-lo, o que, contudo, deverá ser providenciado em requerimento autônomo ao registrador e não nestes autos – recurso não provido" (CSMSP, AC 0012529-40.2013.8.26.0602, Rel. Des. Hamilton Elliot Akel, j. 07/07/2014).

"Registro de Imóveis – Dúvida inversa – Ingresso de contratos de locação comercial, para registro e averbação – Apresentação, no próprio procedimento, não do original, mas de cópias autenticadas por serviço notarial – Inadmissibilidade – Jurisprudência dominante no sentido de autorizar somente o ingresso das vias originais dos títulos levados à registro – Pretensão indeferida – Recurso Improvido, no entanto, por fundamento diverso daquele adotado pela r. decisão recorrida" (CSMSP, AC 038411-0/9, Rel. Márcio Martins Bonilha, j. 09/05/1997).

"Registro de imóveis – Contrato de locação – Apresentação ao registro de imóveis após a consolidação da propriedade em nome do credor fiduciário – Aplicação dos princípios *tempus regit actum* e da continuidade – Recurso não provido" (CGJSP, Processo: 65262/2012/SP, Rel. José Renato Nalini, j. 09/10/2012).

"Registro de imóveis – Arrendamento Rural – Registro inadmissível – Ausência de previsão no art. 167, I, da Lei n. 6.015/73 – Impossibilidade de registro por equiparação ao contrato de locação – Recurso improvido" (CSMSP, CSMSP – Apelação Cível: 1.263-6/9, Localidade: Santa Adélia, Rel. Munhoz Soares, j. 16/03/2010, DJ 18/05/2010).

"Registro de imóveis – Averbação de locação – Cancelamento determinado – Prazo contratual há muito expirado – Demolição do prédio locado – Posterior incorporação, erigindo-se, em seu lugar, um edifício de dezesseis andares – Superação lógica da averbação enfocada – Recurso não provido" (CGJSP, Processo: 819/2005/SP, Localidade: São Paulo, Rel. José Antonio de Paula Santos Neto, j. 22/09/2005).

"Agravo regimental em recurso especial. Locação e processo civil. Reconhecida a tempestividade dos embargos infringentes interpostos perante a corte de origem, por não se incluir o dia 1º de janeiro na contagem do prazo. Direito de preferência. Contrato de locação. averbação. Exigência do art. 33 da Lei nº 8.245/91. Precedentes.

1. 'O dia 1º de janeiro, feriado, não incluído no período de recesso de 21 a 31 de dezembro, segundo provimento local, nem nas férias coletivas do Tribunal, que vão de 2 a 31 de janeiro, não é contado no prazo do recurso.' (REsp 219.538, rel. Min. Ruy Rosado de Aguiar, Quarta Turma)

2. A não averbação do contrato de locação no competente cartório de registro de imóveis impede o exercício do direito de preferência pelo locatário, consistente na anulação da compra e venda do imóvel locado, bem como sua adjudicação, nos termos do art. 33 da Lei 8.245/91, restando a ele a indenização por perdas e danos. Precedentes.

3. Agravo regimental improvido" (STJ, Rel. Maria Thereza de Assis Moura, REsp 203.851, j. 21/02/2008).

> **Art. 167**, I (...)
> 4) do penhor de máquinas e de aparelhos utilizados na indústria, instalados e em funcionamento, com os respectivos pertences ou sem eles;

IVAN JACOPETTI DO LAGO

Referências Normativas

Código Civil, arts. 1.431 a 1.437, 1.447 a 1.450.
Decreto-Lei 413/1969.

Comentários

A previsão de registro do penhor de máquinas e de aparelhos utilizados na indústria alude ao Decreto-Lei 1.271/1939, posteriormente revogado pelo Decreto-Lei 413/1969.
A previsão dessa modalidade específica de penhor especial, sem desapossamento do bem, tinha por finalidade permitir o oferecimento em garantia, em separado do terreno, de acessões ao imóvel em que situado a indústria, em geral maquinismos de grande porte, fixos ao solo.
Atualmente, o instituto encontra-se regulado juntamente com o penhor mercantil, nos arts. 1.447 a 1.450 do Código Civil, pelo que perdeu relevância a distinção entre equipamentos em funcionamento ou não, fixos ao solo ou não. Quaisquer deles podem ser objeto de penhor especial, e o registro será feito no mesmo cartório e no mesmo livro.
Tratando-se de garantia sobre bens móveis, não se exige o instrumento público, pelo que o título formal pode ter natureza pública ou particular, ou, ainda – o que é mais corrente –, natureza cambial, consistindo em cédula de crédito.
O registro é feito no Livro 3 do registro de imóveis em cuja circunscrição esteja situado o imóvel em que as máquinas estejam instaladas.

Na jurisprudência já se debateu a distinção entre o penhor industrial ou mercantil e o penhor de veículos. O tema tem relevância prática imediata, já que a atribuição para registro do penhor de veículos é do Registro de Títulos e Documentos. No caso, decidiu-se que o que define a natureza do penhor não é a espécie de coisa que se deu em garantia, mas, sim, a natureza e a finalidade da obrigação garantida. Assim, constituída garantia sobre veículos integrantes do estoque de revenda de automóveis para caucionar as atividades da empresa, e não para a aquisição dos veículos em si, a natureza seria de penhor mercantil, e, portanto, o registro deveria ser feito no registro de imóveis.[70]

Jurisprudência

"Dúvida – Registro de Imóveis – instrumento particular de constituição de penhor mercantil – veículos automotores que constituem o estoque de revenda autorizada da Mercedes-Benz – penhor que garante dívida oriunda de linha de crédito obtida pela empresa revendedora junto ao banco recorrente – dívida resultante da própria atividade da revendedora – natureza da dívida que define o penhor como mercantil – incidência dos artigos 1.447 e 1.448 do Código Civil – recurso provido" (CSMSP, Apelação Cível 0017222-73.2013.8.26.0309, Rel. Des. Xavier de Aquino, j. 15/12/2015).

> **Art. 167**, I (...)
> 5) das penhoras, arrestos e seqüestros de imóveis;

Referências Normativas

Lei 6.015/1973, arts. 239 e 240.
Código de Processo Civil, arts. 301, 830 e 837 a 844.
Código de Processo Penal, arts. 125-131.

Comentários

A penhora consiste em um ato de apreensão judicial de bens, do qual decorrem efeitos jurídicos, e que supõe uma prévia individualização daqueles que deverão ser vendidos ou adjudicados para satisfação do crédito do exequente.[71]

Paralelamente à penhora, o item 5 do art. 167 prevê a possibilidade de ingresso no registro de imóveis.

A despeito de serem a penhora, o arresto e o sequestro institutos diferentes em seus aspectos materiais e processuais, registralmente os três têm tratamento muito próximo.

Em qualquer dos casos, o ingresso no registro de imóveis se dá por meio de mandado judicial, ou requerimento do exequente, munido de cópia do auto ou termo de penhora, na forma do art. 844 do Código de Processo Civil.

No Estado de São Paulo, desde 2009 as penhoras ingressam, também, por meio eletrônico.[72] E desde 2012 por esse meio também podem ingressar os arrestos, os sequestros e as conversões de arrestos em penhora.[73] Atualmente, a utilização do meio eletrônico para encaminhamento desses atos aos registradores paulistas é obrigatória, sendo vedado aos juízos fazê-lo em papel.[74]

Observe-se que a penhora em si se realiza, em se tratando de bens imóveis, pelo termo nos autos (Código de Processo civil, art. 845, § 1º). O eventual mandado, ou a solicitação processada por

---

[70] Cf. Conselho Superior da Magistratura do Estado de São Paulo, Apelação Cível 0017222-73.2013.8.26.0309.
[71] Cf. JARDIM, Mónica. Penhora de imóvel (aspectos substantivos, processuais e registais) In: *RDI*, n. 061, 2006.
[72] Cf. Provimento 06/2009 da Corregedoria-Geral da Justiça do Estado de São Paulo.
[73] Cf. Provimento 22/2012 da Corregedoria-Geral da Justiça do Estado de São Paulo.
[74] Cf. Corregedoria-Geral da Justiça do Estado de São Paulo, Processo 83.034/2016, j. 23/05/2016.

via eletrônica, apenas servem como suporte material que leva ao registrador o fato inscritível. E a inscrição, novamente, não se confunde com a penhora, que já existe; apenas gera publicidade, com presunção absoluta de conhecimento por terceiros (Código de Processo Civil, art. 844). Por essa razão, o art. 844 autoriza o ingresso no registro independentemente de mandado, mediante apresentação pelo interessado de requerimento instruído com cópia do auto ou termo de penhora ou de arresto.

São requisitos do termo de penhora a indicação do dia, mês, ano e lugar em que foi feita; os nomes do exequente e executado; a descrição dos bens penhorados, com suas características; e a nomeação do depositário dos bens (Código de Processo Civil, art. 838).

Quanto ao ato que deve ser praticado pelo registrador na matrícula do imóvel, o tema é polêmico. A Lei 6.015/1973 inclui a penhora, o arresto e o sequestro entre os fatos inscritíveis sujeitos a ato de registro; já o Código de Processo Civil fala em averbação da penhora ou do arresto (art. 844). A menção ao ato de averbação foi incluída no sistema pela Lei 11.382/2006, que alterou a redação do art. 659, § 4º, do Código de Processo Civil de 1973, que até então determinava o registro no ofício imobiliário. A modificação foi deliberada, pressupondo que o ingresso por meio de averbação tornaria mais barato, e, de algum modo, mais simples, menos rigoroso, o acesso de tais atos ao registro.[75] No Estado de São Paulo consolidou-se, desde 2007, o entendimento de que tais atos, após a vigência da Lei 11.382/2006, devem ingressar no ofício imobiliário por meio de ato de averbação.[76]

A averbação da penhora, do arresto e do sequestro deve respeitar o princípio da continuidade. Dessa maneira, não tem sido admitida em casos nos quais não haja identidade entre o executado e o proprietário do imóvel,[77] nos casos em que o estado civil do proprietário tenha sido modificado com repercussões na situação jurídica do bem[78] ou, ainda, quando a penhora diz respeito a direitos hereditários e não se registrou o respectivo formal de partilha.[79] Com o mesmo fundamento não se admite averbação de penhora de direitos de promissário comprador cujo compromisso não foi registrado.[80]

Por outro lado, já se admitiu a averbação de penhora decorrente da execução de obrigação *propter rem* – despesas condominiais – em caso no qual o executado não era proprietário exclusivo da unidade autônoma penhorada.[81] Também se flexibilizam as exigências decorrentes do princípio da continuidade se o juiz que determinou a penhora expressamente reconheceu a ineficácia de alienação do bem em virtude de fraude à execução,[82] que desconsidere a personalidade jurídica, ou que, de qualquer modo, reconheça a responsabilidade patrimonial do imóvel que então se encontrar na titularidade de terceiro.

A averbação das ditas constrições também deve respeito ao princípio da especialidade objetiva. Com efeito, não se admite averbação cujo título não indique com precisão o número da matrícula do bem penhorado (ou transcrição, se o imóvel ainda não estiver matriculado), ou cujo título descreva o imóvel em descompasso, ou defasagem, em relação ao que consta do registro quando de sua prenotação.[83]

A impenhorabilidade relativa decorrente do registro de hipoteca cedular impede a averbação da penhora, ressalvados casos de execução fiscal, expiração do contrato de financiamento, anuência do credor ou inexistência de risco de esvaziamento da garantia.[84] O mesmo se dá quanto a imóveis gravados por

---

[75] Cf. JACOMINO, Sérgio A penhora e o procedimento de dúvida. *In*: *RDI*, n. 064, 2008.

[76] Cf. Conselho Superior da Magistratura do Estado de São Paulo, Apelação Cível 765-6/2, j. 30/10/2007.

[77] Cf. Corregedoria-Geral da Justiça do Estado de São Paulo, Processo 116.685/2015, j. 19/08/2015.

[78] Cf. Corregedoria-Geral da Justiça do Estado de São Paulo, Recurso Administrativo 1125076-81.2018.8.26.0100, j. 26/02/2020.

[79] Cf. Corregedoria-Geral da Justiça do Estado de São Paulo, Recurso Administrativo 0008999-63.2018.8.26.0566, j. 13/06/2019.

[80] Cf. Corregedoria-Geral da Justiça do Estado de São Paulo, Recurso Administrativo 0005643-26.2019.8.26.0566, j. 26/02/2020.

[81] Cf. Corregedoria-Geral da Justiça do Estado de São Paulo, Processo 9.889/2014, j. 28/04/2014.

[82] Cf. Corregedoria-Geral da Justiça do Estado de São Paulo, Processo 40.690/2006, j. 15/02/2007.

[83] Cf. Corregedoria-Geral da Justiça do Estado de São Paulo, Processo 176.872/2014, j. 12/01/2015.

[84] Cf. Corregedoria-Geral da Justiça do Estado de São Paulo, Recurso Administrativo 1000760-68.2017.8.26.0637, j. 27/11/2019.

doador ou testador com a cláusula de impenhorabilidade,[85] ainda que a averbação requerida seja de arresto, e não de penhora.[86] A existência de indisponibilidade averbada na matrícula, todavia, não impede o ingresso da penhora, já que apenas impede alienações.[87]

Apesar de a penhora não se limitar à propriedade do bem, podendo atingir direitos reais limitados (como o do promissário comprador cujo compromisso tenha sido inscrito) e ainda assim ser averbada, não tem sido admitido o ingresso no registro da penhora de usufruto ou de direitos decorrentes de usufruto.[88]

Durante muitos anos a prova de intimação do cônjuge do executado, nos termos do art. 655, § 2º, do Código de Processo Civil de 1973, e do art. 842 do atual Código de Processo Civil, foi reputada condição do ingresso na penhora no registro de imóveis.[89] Porém, por ocasião do acompanhamento do recém-implantado sistema de penhora eletrônica de imóveis, a Corregedoria-Geral da Justiça do Estado de São Paulo reviu sua antiga posição, dispensando, para o ingresso da penhora, não apenas a prova da intimação do cônjuge, como também, para ingresso de adjudicação ou alienação judicial, a prova da cientificação de eventuais coproprietários, titulares de direitos reais limitados etc., enumerados no art. 889 do Código de Processo Civil.[90]

Ainda sobre o ingresso da penhora no registro, observe-se que em qualquer caso de devolução com exigências pelo registrador, se o juiz que determinou a penhora examinar a recusa, rechaçá-la, e, ato contínuo, determinar a averbação, não mais haverá um título judicial, mas, sim, uma ordem judicial.[91]

Uma ordem judicial não contém uma declaração emitida pelo Estado-Juiz acerca da presença de um título legitimário de direito material que respalda uma mutação jurídico patrimonial (o que seria próprio dos títulos judiciais – cartas de sentença, formais de partilha etc.), mas, sim, um comando dirigido ao registrador e derivado da atividade jurisdicional como resposta, especialmente, a situações de emergência. Por essa razão, a qualificação registral do mandado de penhora, arresto ou sequestro, ou de uma ordem direta de sua inscrição após prévia devolução com exigências, é restringida em relação àquela que seria feita com base no termo de penhora que acompanhar o requerimento do interessado, ou a que se faz com base no título encaminhado por meio do sistema de penhora eletrônica. Tratando-se de ordem judicial, abrangerá essencialmente apenas aspectos extrínsecos ou documentais de sua legalidade, antinomias internas ao título, ou casos de absoluta impossibilidade de cumprimento[92] (por exemplo, não estar matriculado ou mesmo transcrito o imóvel penhorado).

Por fim, o cancelamento direto (ou seja, aquele que consta de uma nova averbação destinada especificamente ao cancelamento) da averbação de penhora, arresto ou sequestro se faz apenas mediante nova decisão do mesmo juízo que a determinou. A despeito disso, o registro da arrematação ou adjudicação opera um cancelamento indireto das penhoras oriundas de outros processos, ou seja, cessam seus efeitos registrais, mas não há assento negativo específico, para o que se exige, ainda assim, a ordem do próprio juízo que as determinou.[93]

Já se admitiu, no entanto, cancelamento de arresto oriundo de execução fiscal por determinação do juízo corregedor do registrador, em situação na qual se demonstrou não haver oposição do credor, o Município de São Paulo, e terem sido incinerados os autos da execução.[94]

---

[85] Cf. Corregedoria-Geral da Justiça do Estado de São Paulo, Recurso Administrativo 1059168-72.2021.8.26.0100, j. 16/12/2021.

[86] Cf. Corregedoria-Geral da Justiça do Estado de São Paulo, Recurso Administrativo 1094638-04.2020.8.26.0100, j. 06/10/2021.

[87] Cf. Corregedoria-Geral da Justiça do Estado de São Paulo, Processo 89.692/2014, j. 18/10/2010.

[88] Cf. Corregedoria-Geral da Justiça do Estado de São Paulo, Processo 68.750/2011, j. 11/06/2011.

[89] Cf. Corregedoria-Geral da Justiça do Estado de São Paulo, Processo 60.986/2010, j. 07/12/2010.

[90] Cf. Corregedoria-Geral da Justiça do Estado de São Paulo, Processo 2.903/2006, j. 04/09/2012.

[91] Cf. Corregedoria-Geral da Justiça do Estado de São Paulo, Processo 167.709/2013, j. 27/02/2015.

[92] Cf. BARBOSA FILHO, Marcelo Fortes. O registro de imóveis, os títulos judiciais e as ordens judiciais. *In: RDI*, n. 049, 2000.

[93] Cf. Corregedoria-Geral da Justiça do Estado de São Paulo, Recurso Administrativo 1093002-08.2017.8.26.0100, j. 13/03/2018.

[94] 1ª Vara de Registros Públicos de São Paulo – SP, Pedido de Providências 1073506-90.2017.8.26.0100.

Jurisprudência

"Recurso – Averbação de penhora no Registro de Imóveis – compromisso de compra e venda não registrado – Inobservância do princípio da continuidade – precedentes da CGJ – Recurso não provido, com determinação para abertura de expediente pela Corregedoria-Geral para apuração de regularidade dos atos de averbação anteriormente realizados na matrícula nº 105.695 do Registro de Imóveis e Anexos da Comarca de São Carlos" (Corregedoria-Geral da Justiça do Estado de São Paulo, Recurso Administrativo 0005643-26.2019.8.26.0566, j. 26/02/2020, Rel. Des. Ricardo Mair Anafe).

"Recurso administrativo – Averbação de penhora decorrente de ação executiva – Imóvel de titularidade do domínio de pessoa diversa do executado – Ofensa aos princípios da especialidade subjetiva e continuidade – Recusa correta, mantida pela decisão do Juízo Corregedor Permanente – Recurso não provido" (Corregedoria-Geral da Justiça do Estado de São Paulo, Processo 116.685/2015, Rel. Des. Elliot Akel, j. 19/08/2015).

"Registro de imóveis – Penhora de direitos havidos pelo executado sobre o imóvel – Matrícula do imóvel em que o executado não figura como titular de domínio, nem como compromissário comprador – Origem judicial do título não o torna imune à qualificação registral – Divergência entre a proprietária do imóvel e titular dos direitos penhorados, que impede a averbação da penhora por violar a continuidade – Recurso não provido" (Corregedoria-Geral da Justiça do Estado de São Paulo, Processo 1005548-43.2016.8.26.0223, Rel. Des. Geraldo Francisco Pinheiro Franco, j. 10/09/2019).

"Registro de imóveis. Averbação de Penhora. Executado que consta da matrícula do imóvel como casado em regime de comunhão parcial de bens. Título oriundo de processo no qual sua qualificação aponta estado de divorciado. Necessidade de observância do Princípio da Continuidade. Recurso desprovido" (Corregedoria-Geral da Justiça do Estado de São Paulo, Processo 1125076-81.2018.8.26.0100, Rel. Des. Geraldo Francisco Pinheiro Franco, j. 23/07/2019).

"Registro de imóveis. Recurso de apelação recebido como recurso administrativo. Averbação de Penhora. Direitos hereditários partilhados, mas ainda não levados a registro. Ofensa ao princípio da continuidade. Recurso desprovido" (Corregedoria-Geral da Justiça do Estado de São Paulo, Recurso Administrativo 0008999-63.2018.8.26.0566, Rel. Des. Geraldo Francisco Pinheiro Franco, j. 13/06/20190).

"Registro de imóveis – Averbação de penhora – Copropriedade do imóvel penhorado – Fase de cumprimento de sentença em ação de cobrança de despesas condominiais – Coproprietário que não é parte no processo mas foi intimado da penhora – Obrigação *propter rem* – Afronta ao princípio da continuidade não caracterizada – Matéria que só pode ser reexaminada na via judicial – Recurso provido" (Corregedoria-Geral da Justiça do Estado de São Paulo, Processo 9.889/2014, Rel. Des. Elliot Akel, j. 28/04/2014).

"Registro de imóveis – Averbação de penhora – Qualificação negativa – Hipotecas cedulares previamente registradas na matrícula – Impenhorabilidade decorrente de lei – Situações de excepcional relativização que não se encontram demonstradas no caso concreto – Recurso não provido" (Corregedoria-Geral da Justiça do Estado de São Paulo, Recurso Administrativo 1000760-68.2017.8.26.0637, Rel. Des. Geraldo Francisco Pinheiro Franco, j. 27/11/2019).

"Recurso administrativo – Averbação de penhora – Princípio da Prioridade – Títulos prenotados sucessivamente – O exame do título subsequente depende do vencimento ou inscrição das prenotações anteriores – No caso concreto, ainda que existam outros títulos com prenotações anteriores, a averbação da penhora está obstada devido à clausula de impenhorabilidade com a qual foi gravado o imóvel, que só pode ser afastada por determinação na esfera jurisdicional – Recurso não provido" (Corregedoria-Geral da Justiça do Estado de São Paulo, Recurso Administrativo 1059168-72.2021.8.26.0100, Rel. Des. Ricardo Mair Anafe, j. 16/12/2021).

"Recurso administrativo – Averbação de arresto – Prioridade de prenotação de ordem de penhora que não impede, vencido seu prazo ou realizada a prática do ato registral, seja qualificado o título apresentado posteriormente e, uma vez afastada a hipótese de títulos contraditórios, seja feita a averbação requerida – Óbice afastado – Imóvel gravado com cláusula de impenhorabilidade –

Matrícula bloqueada – Via administrativa que não se presta a eventual afastamento do gravame da impenhorabilidade ou desbloqueio da matrícula determinado na esfera jurisdicional – Óbices mantidos – Recurso não provido" (Corregedoria-Geral da Justiça do Estado de São Paulo, Recurso Administrativo 1094638-04.2020.8.26.0100, Rel. Des. Ricardo Mair Anafe, j. 06/10/2021).

"Registro de Imóveis – Fraude de execução – Ineficácia da alienação do bem relativamente ao juízo da execução – Averbação da ineficácia para fins de penhora do imóvel alienado – Impossibilidade, porém, do cancelamento do registro correspondente à compra e venda – Negócio jurídico válido e eficaz entre as partes contratantes – Recurso não provido" (Corregedoria-Geral da Justiça do Estado de São Paulo, Processo 40.690/2006, Rel. Des. Álvaro Luiz Valery Mirra, j. 15/02/2007).

"Registro de imóveis – Apelação recebida como recurso administrativo – Título judicial também se submete à qualificação registraria – Mandado de penhora de imóvel – Hipótese de averbação após edição da Lei nº 11.382/06 – Admitido seu ingresso no fólio real, apesar da indisponibilidade decorrente de outras constrições em prol do INSS e da União – Inteligência do artigo 53, § 1º, da Lei nº 8.212/91 – Novo entendimento acerca da matéria – Recurso provido" (Corregedoria-Geral da Justiça do Estado de São Paulo, Processo 89.692/2010, Rel. Des. Antonio Carlos Munhoz Soares, j. 18/10/2010).

"Registro de Imóveis – Penhora de parte ideal do direito de usufruto sobre unidade autônoma em construção – Direito real inalienável e impenhorável – Penhora que pode recair apenas sobre os direitos decorrentes do exercício do usufruto – Direito pessoal que não pode ser objeto de averbação – Óbice ainda decorrente de irregularidades no empreendimento imobiliário – Inteligência do item 151 do capítulo XX das NSCGJ – Recurso não provido" (Corregedoria-Geral da Justiça do Estado de São Paulo, Processo 68.750/2011, Rel. Des. Mauricio Vidigal, j. 11/06/2011).

"Recurso administrativo – Averbação de penhora decorrente de execução de título judicial – Imóvel que sofreu desfalques – Necessidade de apuração do remanescente mediante retificação da área, em observância aos princípios da especialidade objetiva e da continuidade – Recusa correta, mantida pela decisão do Juízo Corregedor Permanente – Recurso não provido" (Corregedoria-Geral da Justiça do Estado de São Paulo, Processo 176.872/2014, Rel. Des. Elliot Akel, j. 12/01/2015).

"Registro imobiliário. Cancelamento de penhora – Mesmo diante do registro de carta de adjudicação e sua repercussão no registro imobiliário (cancelamento indireto) não cabe expedição de ordem para o cancelamento de inscrições de penhora provenientes de outros processos judiciais, competindo requerimento ao juízo que a determinou – Preliminar rejeitada e Recurso não provido" (Corregedoria-Geral da Justiça do Estado de São Paulo, Recurso Administrativo 1093002-08.2017.8.26.0100, Rel. Des. Geraldo Francisco Pinheiro Franco, j. 13/03/2018).

"Arresto – cancelamento. Processo – incineração" (1ª Vara de Registros Públicos de São Paulo – SP, Pedido de Providências 1073506-90.2017.8.26.0100, Rel. Dra. Tânia Mara Ahuali, j. 23/11/2017).

Art. 167, I (...)

6) das servidões em geral;

Referências Normativas

Código Civil, arts. 1.378 a 1.388. Lei 6.015/1973, arts. 256 a 257.
Decreto-Lei 227/1967, arts. 59 a 62.
Decreto-Lei 3.365/1941, art. 40.
Decreto 9.406/2018, art. 41.

Comentários

O dispositivo trata do registro das "servidões em geral". Advirta-se, todavia, que nem todas as servidões ingressam no registro por meio dele. Com efeito, as servidões ambientais ingressam por meio de ato de averbação, nos termos do art. 167, II, 23.

Assim, ingressam por meio de ato de registro as servidões prediais, previstas no Código Civil; as servidões administrativas; e as servidões minerárias.

As servidões prediais são disciplinadas pelos arts. 1.378 a 1.388 do Código Civil. Consiste a servidão predial no direito real constituído em favor de um imóvel (o dominante) sobre outro imóvel (o serviente), pertencente a dono diverso. Esse direito atribui ao proprietário do imóvel dominante a faculdade de fazer no imóvel serviente aquilo que não lhe seria permitido se não houvesse a servidão (*jus faciendi*); ou na faculdade de proibir ao proprietário do imóvel serviente que faça atos que, se não houvesse a servidão, poderia livremente praticar (*jus prohibendi*).[95]

Sua constituição pode se dar por negócio *inter vivos* ou por testamento. Tratando-se de negócio *inter vivos*, aplica-se o art. 108 do Código Civil, pelo que é exigível a escritura pública se o imóvel serviente tiver valor superior a 30 salários mínimos. Já na hipótese de constituição por testamento, esse deverá ser apresentado nos autos ou na escritura do inventário, e então o título será o respectivo formal ou escritura de partilha.

Por outro lado, a constituição poderá se dar pela via judicial no caso da servidão aparente com exercício contínuo e não contestado, por dez anos, se com título, ou vinte anos, se sem (Código Civil, art. 1.379), ou no caso da servidão por destinação do *paterfamilias* ou por destinação do proprietário.[96]

O registro será constitutivo na instituição por negócio jurídico *inter vivos*; e será declaratório nos demais casos: na usucapião da servidão aparente e no reconhecimento da servidão por destinação do proprietário a decisão judicial apenas reconhece uma situação jurídica que já existe, e na instituição em testamento a aquisição da servidão se dará pela *saisine*.[97]

Quanto ao objeto, diferentemente do que ocorria no Direito Romano, as servidões, no Direito Brasileiro, não estão jungidas pela tipicidade, uma vez que o Código Civil não estabelece as modalidades possíveis de servidão.[98] Ao invés, apenas são fornecidas algumas balizas, notadamente a necessidade de se proporcionar utilidade ao prédio dominante e a diversidade de proprietários[99] (Código Civil, art. 1.378). A Doutrina acrescenta não se admitir servidão com escopo de proibir o proprietário do imóvel serviente alienar; bem como não se admitir servidão que imponha ao proprietário do imóvel serviente obrigações de fazer. Assim, em geral, o conteúdo será uma obrigação de tolerar ou de não fazer algo. A despeito disso, admitem-se alguns deveres acessórios à servidão, por exemplo, realizar a manutenção do caminho vinculado à servidão de passagem, ou ao aqueduto por onde águas são escoadas (art. 1.381). Nesse caso, esses deveres devem ser objeto de publicidade, sendo mencionados no registro da servidão.[100]

Quanto ao imóvel, o título deve individualizar o imóvel serviente e o dominante. Admite-se, no entanto, que apenas parte do imóvel seja afetada pela servidão, o que ocorre com frequência no estabelecimento de servidão de passagem. Nesse caso, deve o título indicar com precisão o segmento atingido, e, em razão da especialidade e disponibilidade qualitativa, deve o trecho poder ser "encaixado" na área maior em que está inserido. Não é exigível o desdobro da área, realizando-se o registro na matrícula da área maior. Por outro lado, ressalte-se que a especialização da área dentro do todo é conveniência do proprietário do imóvel serviente, da qual pode abrir mão. Nada obsta, por exemplo, que se estabeleça um direito de passagem que abranja todo o imóvel serviente, caso em que não poderá seu proprietário se opor à passagem em qualquer de seus pontos.[101]

Tratando-se de servidão predial, após a qualificação positiva a servidão é registrada na matrícula do imóvel serviente, que sofrerá as restrições, e é feita uma averbação remissiva na matrícula do imóvel dominante.

---

[95] Cf. PEREIRA, Lafayette Rodrigues. *Direito das cousas*. 2. ed. Rio de Janeiro: Jacintho Ribeiro dos Santos, p. 266-267.

[96] Cf. Supremo Tribunal Federal, 2ª Turma, Recurso Extraordinário 99.957-4, j. 28/06/1983; Tribunal de Justiça do Estado de São Paulo, 1ª Câmara de Direito Privado, Apelação Cível 1000610-55.2015.8.26.0153, j. 16/05/2022.

[97] Cf. LAGO, Ivan Jacopetti do. Servidões prediais: aspectos registrais. *In: Boletim IRIB em Revista*, n. 360, 2020.

[98] Cf. LAGO, Ivan Jacopetti do. Servidões prediais: aspectos registrais. *In: Boletim IRIB em Revista*, n. 360, 2020.

[99] A despeito de haver alguma polêmica na Doutrina, a jurisprudência tem acatado a regra. A respeito, cf. Conselho Superior da Magistratura do Estado de São Paulo, Apelação Cível 1000862-76.2016.8.26.0071, j. 12/12/2017.

[100] Cf. LAGO, Ivan Jacopetti do. Servidões prediais: aspectos registrais. *In: Boletim IRIB em Revista*, n. 360, 2020.

[101] Cf. LAGO, Ivan Jacopetti do. Servidões prediais: aspectos registrais. *In: Boletim IRIB em Revista*, n. 360, 2020.

A servidão administrativa, diferentemente da servidão predial, não contempla a criação de benefícios a um certo imóvel dominante, mas, sim, a alguma utilidade pública. Além disso, são sempre estabelecidas por força de alguma disposição legal que as justifique; são inalienáveis e imprescritíveis; independem, para sua constituição, do consentimento do proprietário do imóvel atingido; e nem sempre ensejam direito a indenização.[102] Em havendo indenização, essa é fixada em função da diferença entre o valor que tinha o imóvel antes da constituição e aquele que passou a ter após.[103]

Não há, em nosso Direito, um regramento abrangente específico para esta modalidade de servidão, ressalvados casos especiais, como o das servidões minerárias, das quais adiante se tratará. No entanto, o art. 40 do Decreto-Lei 3.665/1941 contém um dispositivo genérico, autorizando aquele que expropria a também poder constituir servidões.

A servidão administrativa deve respeito ao princípio da especialidade objetiva, pelo que não apenas deve estar adequadamente descrita e acompanhada das respectivas plantas e memoriais, quando atinge parte de imóvel, como também poder ser adequadamente posicionada no interior do imóvel.[104] Sendo lacunosa a descrição do imóvel em que inserida, necessária a prévia retificação, que pode se dar a requerimento do próprio interessado na constituição da servidão.[105] O registro também se sujeita ao princípio da continuidade, sendo exigível a identidade entre aquele que a concede ou que figura como expropriado no título judicial e aquele que figura no registro como proprietário.[106]

Sendo a constituição amigável, aplica-se o art. 108 do Código Civil, pelo que é exigível a escritura pública se o imóvel serviente tiver valor superior a 30 salários mínimos. Não sendo possível acordo, a formação do título deverá ocorrer na via judicial, e o registro será feito à vista da respectiva carta de sentença.

Não havendo imóvel dominante, o registro será feito na matrícula do imóvel serviente apenas.

As servidões minerárias estão previstas nos arts. 59 a 62 do Decreto-Lei 227/1967, e também são consideradas servidões administrativas.[107] Essas servidões podem abranger não apenas a área em que situada a lavra, mas também as limítrofes, e se destinam à construção de oficinas, moradias, abertura de vias de transporte, captação e escoamento de águas entre outras previstas no art. 59, parágrafo único. A sua constituição envolve procedimento semelhante ao da desapropriação e depende e uma etapa inicial em que o interessado requer à Agência Nacional de Mineração (ANM) a emissão de declaração de utilidade pública para fins de instituição da servidão (Decreto 9.406/2018, art. 41). Munido dessa declaração, dois serão os caminhos possíveis: a instituição amigável, mediante indenização prévia e acordo com os prejudicados; ou então a via compulsória, mediante processo judicial. No primeiro caso, o título formal será o instrumento do acordo, que se sujeita ao art. 108 do Código Civil: tendo o imóvel atingido valor superior a 30 salários mínimos, necessária será a escritura pública. No segundo caso, o título será a carta de sentença expedida no processo judicial destinado à viabilização da servidão.

Nas servidões minerárias, não há imóvel dominante. Os imóveis atingidos se sujeitarão a servir à lavra, e não ao imóvel, ou imóveis, em que situada. Dessa maneira, tão somente haverá registro de sua constituição nas matrículas dos imóveis servientes atingidos.

O cancelamento do registro da servidão – qualquer que seja sua natureza – depende, em princípio, do consentimento do beneficiado. Não havendo tal consentimento, mas estando presente algum dos fatos que ensejam a extinção da servidão, enumerados nos arts. 1.388 e 1.389 do Código Civil, o cancelamento dependerá de intervenção judicial.

---

[102] Cf. TOVAR, Jair. Servidões administrativas. *In*: *Revista do Serviço Público*, n. 84, 1959.

[103] Cf. GOUVÊA, José Roberto Ferreira. Notas sobre as servidões e o registro de imóveis. *In*: *RDI*, n. 028, 1991.

[104] Conselho Superior da Magistratura do Estado de São Paulo, Apelação Cível 1000417-80.2020.8.26.0471, j. 06/04/2021.

[105] Cf. 1ª Vara de Registros Públicos de São Paulo – SP, Processo 583.00.2006.244421-5, j. 08/03/2007.

[106] Cf. 1ª Vara de Registros Públicos de São Paulo – SP, Processo 1040278-90.2018.8.26.0100, j. 18/06/2018; Conselho Superior da Magistratura do Estado de São Paulo, Apelação Cível 9000003-56.2014.8.26.0082, j. 29/09/2015.

[107] Cf. Tribunal de Justiça do Estado de São Paulo, 1ª Câmara de Direito Privado, Agravo de Instrumento 2201198-88.2022.8.26.0000, j. 03/10/2022.

Jurisprudência

"Servidão de luz. Constituição de servidão por destinação do proprietário. – Embora sem empregar a denominação técnica, o acórdão recorrido admitiu, no caso, a constituição de servidão de luz por destinação do proprietário, matéria controvertida em face do Código Civil brasileiro, mas que não é discutível com base nos arts. 572 e 576 do mesmo Código, dispositivos que não lhe são pertinentes. – Inexistência, pelo mesmo motivo, de dissidio de jurisprudência" (Supremo Tribunal Federal, 2ª Turma, Recurso Extraordinário 99.957-4, Rel. Min Moreira Alves, j. 28/06/1983).·

"Competência recursal. Ação declaratória de servidão minerária c.c. imissão na posse, avaliação e indenização por danos materiais. Recurso interposto contra a decisão que saneou o processo. Matéria não inserida nas competências da 1ª Subseção de Direito Privado desta Corte. Servidão minerária que é modalidade administrativa, não se confundindo com as servidões civis. Relação disciplinada pelo Código de Mineração e seu Regulamento. Competência da Seção de Direito Público desta Corte. Inteligência do art. 3º, I.4, da Resolução TJSP 623/2013. Precedentes. Agravo não conhecido, determinada a redistribuição" (Tribunal de Justiça do Estado de São Paulo, 1ª Câmara de Direito Privado, Agravo de Instrumento 2201198-88.2022.8.26.0000, Rel. Des. Alexandre Marcondes, j. 03/10/2022).

"Servidão minerária. Lavra de areia em leito de represa. Utilização do imóvel dos réus para acesso aos equipamentos de lavra. Servidão prevista no art. 59 do Código de Minas. Sentença que acolheu o valor da indenização apurado no laudo pericial e se omitiu sobre a necessidade de fixação de renda em favor dos réus pela ocupação do imóvel, nos termos do artigo 27 do Decreto-Lei n. 227/67. Alegação de nulidade por omissão e cerceamento de defesa. Nulidade configurada. Necessidade de laudo complementar para exclusiva apuração do valor da renda devida, com oportunidade para oferecimento de quesitos pelas partes. Recurso dos réus provido para anular a sentença e determinar o prosseguimento do feito para que a perícia já realizada seja complementada, prejudicado o recurso da autora" (Tribunal de Justiça do Estado de São Paulo, 10ª Câmara de Direito Público, Apelação Cível 0002322-63.2012.8.26.0263, Rel. Des. Antonio Carlos Villen, j. 14/06/2021).

"Extinção de condomínio. Bens mantidos em condomínio por ex-companheiros. Sentença de parcial procedência. Recurso de ambas as partes. Recurso da autora interposto sem preparo. Cassação dos benefícios da justiça gratuita concedidos à autora apelante, com a concessão de prazo para recolhimento do preparo, pena de deserção. Preparo não realizado. Recurso especial contra a cassação da gratuidade. Recurso processado sem efeito suspensivo, a conduzir à extinção imediata do feito por deserção. Alienação em hasta pública de acessões realizadas em terreno particular do réu. Direito da autora limitado à indenização da metade do valor das construções (casa, alambique e serraria), que acedem ao solo (Código Civil, art. 1.255). Ausência de condomínio sobre o terreno a afastar a alienação judicial como forma de extinção do condomínio, sem prejuízo do direito de a autora satisfazer seu crédito por meio de penhora e excussão do imóvel de propriedade do réu, caso não ocorra pagamento voluntário. Acessões (casa, alambique, serraria) aderem ao solo e passam a pertencer ao seu proprietário. Construtor de boa-fé, como ocorre no caso concreto, tem direito à indenização do valor da acessão que adere ao solo. Imóvel urbano comum que serve de passagem para imóvel rural do réu. Constituição da servidão mediante destinação do proprietário/pai de família. Modalidade de constituição que, embora não encontre expressa previsão legal, é amplamente reconhecida pela doutrina e pela jurisprudência. Existência de mera serventia enquanto ambos os imóveis pertencerem ao réu, e que se transformará em servidão a partir do momento em que transferido um dos prédios a terceiro. Inexistência de óbice à alienação do imóvel, incluindo-se o terreno, com a ressalva de que o adquirente deverá tolerar a passagem aparente, direito real sobre coisa alheia. Recurso da autora não conhecido. Recurso do réu provido em parte" (Tribunal de Justiça do Estado de São Paulo, 1ª Câmara de Direito Privado, Apelação Cível 1000610-55.2015.8.26.0153, Rel. Des. Francisco Loureiro, j. 16/05/2022).

"Registro de Imóveis – Dúvida – Escritura de instituição de servidão predial – Desqualificação – Manutenção das exigências pela MM. Juíza Corregedora Permanente – Imóveis dominante e servientes pertencentes ao mesmo proprietário – Notícia, ademais, de que a servidão visa à realização de parcelamento irregular do solo, com a abertura irregular de via pública – Impossibilidade da inscrição – Recurso improvido" (CSMSP, Apelação Cível 1000862-76.2016.8.26.0071, Rel. Des. Manoel de Queiroz Pereira Calças, j. 12/12/2017).

"Registro de Imóveis – Título judicial – Servidão administrativa – Especialidade objetiva – Impossibilidade de identificar a servidão dentro da área do imóvel atingido – Óbice mantido – Recurso não provido" (CSMSP, Apelação Cível 1000417-80.2020.8.26.0471, Rel. Des. Ricardo Mair Anafe, j. 06/04/2021).

> **Art. 167**, I (...)
> 7) do usufruto e do uso sobre imóveis e da habitação, quando não resultarem do direito de família;

Referências Normativas

Código Civil, arts. 1.390 a 1.416.

Comentários

O usufruto consiste no direito de desfrutar um bem alheio como se dele fosse proprietário, com a obrigação, porém, de conservar sua substância.[108] O uso e a habitação são "usufrutos em miniatura": o uso confere a seu titular a faculdade de temporariamente usar a coisa, mas também perceber seus frutos nos limites das necessidades pessoais do usuário e sua família; e a habitação concede a seu titular a faculdade de usar gratuitamente casa de morada.[109]

O Código Civil confere direitos reais desta natureza a certas pessoas, em razão de sua situação jurídica: é o caso do usufruto dos pais em relação aos bens dos filhos enquanto no exercício do poder familiar (art. 1.689, I), e do direito real de habitação conferido ao cônjuge sobrevivente relativamente ao imóvel destinado à residência da família (art. 1.831).

Tradicionalmente, a jurisprudência não admitia o registro de quaisquer deles em razão da restrição "quando não resultarem do direito de família", e do fato de existirem e serem oponíveis *erga omnes* por força de lei, independentemente do registro.[110] Todavia, mais recentemente, admitiu-se o registro de direito real de habitação conferido ao cônjuge sobrevivente em escritura de inventário e partilha, sob o argumento de que resulta do direito sucessório, e não do direito de família.[111]

Ainda sobre modalidades de usufruto legal, a Constituição Federal (art. 231, § 2º) e a Lei 6.001/1973 (arts. 22 a 24) reconhecem ao indígena uma modalidade específica de usufruto que, na conformação dada pelo Supremo Tribunal Federal no julgamento da Petição 3.388/Roraima,[112] mais se assemelha ao direito real de uso. Trata-se de modalidade peculiar de "usufruto", estabelecida por força de lei, e incidente sobre terra pública, razão por que não se sujeita ao registro de imóveis.

Ordinariamente, a constituição do usufruto, do uso e da habitação é voluntária, e se dá mediante negócio jurídico. O negócio que constitui o usufruto, em si, é um negócio jurídico de direito das coisas, equiparado ao acordo de transmissão. No entanto, sendo o sistema brasileiro causal, a ele sempre deve, forçosamente, estar atrelado outro negócio jurídico, obrigacional, oneroso ou gratuito. É indiferente a denominação "venda do usufruto", ou então "instituição onerosa de usufruto"; ou, por outro lado "doação do usufruto", ou "instituição gratuita de usufruto". Nada impediria, ainda, uma "permuta" de usufruto. Oneroso ou gratuito é o negócio causal, de natureza obrigacional, que pode

---

[108] Cf. GOMES, Orlando. *Direitos reais*. 21. ed. Rio de Janeiro: Forense, p. 309.
[109] Cf. GOMES, Orlando. *Direitos reais*. 21. ed. Rio de Janeiro: Forense, p. 325-326.
[110] Cf. 1ª Vara de Registros Públicos de São Paulo, Processo 66/86, j. 11/04/1986; Conselho Superior da Magistratura do Estado de São Paulo, Apelação Cível 990.10.030.896-3, j. 30/06/2010.
[111] Cf. Corregedoria-Geral da Justiça do Estado de São Paulo, Recurso Administrativo 0011489-19.2019.8.26.0309, j. 15/10/2020. Esta distinção entre usufruto sucessório e usufruto e usufruto resultante do direito de família já havia sido assinalada pela Doutrina. A respeito, cf. SOTTANO, Jether; SANTOS, Maria Rosa Sottano Constantido dos. O usufruto registrável e o não registrável – direito de família. *In*: *Boletim do IRIB*, n. 119, 1987.
[112] Supremo Tribunal Federal, Tribunal Pleno, Petição 3.388/Roraima, j. 19/03/2009.

ser compra e venda, doação, permuta, transação ou mesmo contrato atípico. Deve, no entanto, o negócio causal sempre estar presente, acompanhando o negócio jurídico de instituição.

Constituindo-se direito real sobre bem imóvel, o título formal se sujeita ao art. 108 do Código Civil: tendo o imóvel onerado pelo usufruto valor superior a 30 salários mínimos, necessária será a escritura pública.

Tratando-se de ato *inter-vivos*, a instituição pode se dar de forma autônoma ou de maneira concomitante à transmissão da nua propriedade. A isto se denomina "doação com reserva de usufruto", ou "usufruto deducto", não obstante não se trate, a rigor, no Direito Brasileiro, de uma reserva, mas, sim, da constituição de um direito real limitado sobre coisa alheia.[113]

Por outro lado, admite-se, também, a instituição testamentária, caso em que o testamento deverá ser apresentado nos autos do inventário, e o título será o respectivo formal ou escritura de partilha. A jurisprudência tem admitido, ainda, a constituição do usufruto no próprio acordo de partilha, pagando-se, por exemplo, a meação do cônjuge sobrevivente com usufruto.[114] Nesse caso, igualmente, o título será o formal ou escritura de partilha.

O Código de Processo Civil de 1973 previa, em seus arts. 716-724 a possibilidade da concessão pelo juiz ao exequente de usufruto sobre bem móvel ou imóvel, quando reputasse tal menos gravoso ao executado e eficiente para o recebimento do crédito. Segundo Ademar Fioranelli, esse usufruto era inscritível no registro de imóveis, pela apresentação de carta de usufruto, mandado ou certidão do escrivão.[115] O atual Código de Processo Civil não contém disposições semelhantes, limitando-se a prever, de modo genérico, a penhora "de frutos e rendimentos de coisa móvel ou imóvel" nos arts. 867 a 869. A despeito disso, o art. 868, § 1º, prevê que a eficácia da medida perante terceiros, em se tratando de imóveis, somente ocorrerá após "sua averbação no ofício imobiliário"; e prevê o § 2º que essa "averbação" se faz mediante apresentação de certidão de inteiro teor do ato, independentemente de mandado judicial. Com base no dispositivo, a 25ª Câmara de Direito Privado do Tribunal de Justiça de São Paulo já concedeu a atribuição de usufruto ao exequente, em caso de execução de despesas condominiais no qual alienação por iniciativa particular e leilão eletrônico foram frustrados.[116]

Em qualquer dos casos, o registro do usufruto, do uso e da habitação é sempre autônomo (por exemplo, em relação a eventual transmissão concomitante da nua propriedade),[117] e se faz na matrícula do bem onerado.

O usufruto, assim como o uso e a habitação, é temporário e insuscetível de transmissão, salvo ao nu-proprietário, para consolidação (Código Civil, art. 1.393, c/c 1.410, VI, 1.413 e 1.416).

Ressalvada a situação em que há transferência ao nu-proprietário, para consolidação da propriedade, o usufruto, o uso e a habitação são insuscetíveis de transmissão. Admite-se a cessão de seu exercício; mas trata-se de direito meramente pessoal, e que não ingressa no registro de imóveis.[118] Em razão da inalienabilidade do usufruto, tampouco se admite a instituição do usufruto sucessivo, ou seja, aquele no qual se prevê que, com seu termo ou morte do usufrutuário, transfere-se o usufruto a outra pessoa.[119] Isso não se confunde, observe-se, com o direito de acrescer previsto no art. 1.411 do Código Civil: no direito de acrescer, institui-se o usufruto de maneira simultânea em favor de todos os usuários, e, com a morte de algum deles, sua quota acresce à dos demais; já no usufruto sucessivo, que não se admite, o sucessor apenas se tornaria usufrutuário após a extinção do usufruto original.

---

[113] Cf. FIORANELLI, Ademar. *Usufruto e bem de família:* estudos de direito registral imobiliário. São Paulo: Quinta Editorial, 2013. p. 85-92.

[114] Cf. Conselho Superior da Magistratura do Estado de São Paulo, Apelação Cível 1001328-44.2020.8.26.0584, j. 02/12/2021.

[115] Cf. FIORANELLI, Ademar. *Usufruto e bem de família:* estudos de direito registral imobiliário. São Paulo: Quinta Editorial, 2013. p. 114.

[116] Cf. Tribunal de Justiça de São Paulo, 25ª Câmara de Direito Privado, Agravo de Instrumento 2165227-18.2017.8.26.0000, j. 09/11/2017.

[117] Cf. FIORANELLI, Ademar. *Usufruto e bem de família:* estudos de direito registral imobiliário. São Paulo: Quinta Editorial, 2013. p. 54.

[118] Cf. 1ª Vara de Registros Públicos de São Paulo – SP, Processo 1003212-76.2018.8.26.0100, j. 24/04/2018.

[119] Cf. Conselho Superior da Magistratura do Estado de São Paulo, Apelação Cível 1002147-49.2017.8.26.0369, j. 24/07/2018.

Por fim, anote-se que já decidiu a jurisprudência que não são aplicáveis à constituição do usufruto as restrições impostas à aquisição da propriedade de imóveis rurais por estrangeiros.[120]

Jurisprudência

"Registro de imóveis – pedido de providências – cancelamento do registro de direito real de habitação constante de escritura pública de inventário e partilha – art. 1.831 do CC – direito real oriundo do direito sucessório – art. 167, I, item 7, da Lei de Registros Públicos – regularidade da cobrança dos emolumentos – item 1.5. Da tabela II da Lei Estadual nº 11.331/2002 – desprovimento do recurso" (Corregedoria-Geral da Justiça do Estado de São Paulo, Recurso Administrativo 0011489-19.2019.8.26.0309, Rel. Des. Ricardo Mair Anafe, j. 15/10/2020).

"Registro de imóveis – Escritura pública de inventário e partilha – Cessão da meação da viúva meeira e instituição de usufruto – Divisão entre meação e herança por meio de constituição de usufruto e transmissão da nua propriedade – Apresentação de guia de recolhimento do ITCMD – Dúvida improcedente – Recurso provido para afastar a exigência" (CSMSP, Apelação Cível 1001328-44.2020.8.26.0584, Rel. Des. Ricardo Mair Anafe, j. 02/12/2021).

"Cobrança de despesas condominiais – Cumprimento de sentença – Pretensão de constituição de USUFRUTO, em favor do condomínio exequente, sobre o imóvel penhorado – Possibilidade – Aplicação dos artigos 867 a 869, do Código de Processo Civil – Medida que não ofende o princípio da menor onerosidade e que se mostra eficiente à satisfação do crédito – Decisão reformada – Recurso PROVIDO" (Tribunal de Justiça de São Paulo, 25ª Câmara de Direito Privado, Agravo de Instrumento 2165227-18.2017.8.26.0000, Rel. Des. Claudio Amilton, j. 09/11/2017).

"Instrumento particular – usufruto – exercício – cessão. Extinção. Direito pessoal" (1ª Vara de Registros Públicos de São Paulo – SP, Processo 1003212-76.2018.8.26.0100, Rel. Dra. Tânia Mara Ahualli, j. 24/04/2018).

"Registro de imóveis – Usufruto – Indicação de pessoas distintas para que se sucedam, uma após a morte da outra, como usufrutárias com exclusividade – Direito personalíssimo que não pode ser alienado ou transferido a terceiro – Hipótese que não se confunde com direito de acrescer – Registro negado – Recurso não provido" (CSMSP, Apelação Cível 1002147-49.2017.8.26.0369, Rel. Des. Geraldo Francisco Pinheiro Franco, j. 24/07/2018).

"Registro de Imóveis – Dúvida julgada procedente – Negativa de registro de escritura pública de venda e compra de imóvel rural – Aquisição de usufruto por estrangeiro – Desnecessidade da autorização expedida pelo INCRA – Princípio da legalidade estrita – Recurso provido" (CSMSP, Apelação Cível 0009584-92.2012.8.26.0189, Rel. Des. José Renato Nalini, j. 10/12/2013).

> **Art. 167**, I (...)
> 8) das rendas constituídas sobre imóveis ou a eles vinculadas por disposição de última vontade;

Referências Normativas

Código Civil, arts. 803 a 813.
Código Civil de 1916, arts. 749 a 754.

---

[120] Cf. Conselho Superior da Magistratura do Estado de São Paulo, Apelação Cível 0009584-92.2012.8.26.0189, j. 10/12/2013.

Comentários

O Código Civil de 1916 incluía entre os direitos reais a "Renda Constituída Sobre Imóvel", regulada por seus arts. 794-754. Tratava-se da relação jurídica em que uma pessoa entregava a outra um imóvel, a título oneroso ou gratuito, a fim de que, por determinado tempo, esta última lhe fornecesse, ou a outrem, certa renda periódica.[121] Como ônus real que era, em caso de transmissão do imóvel o adquirente via-se obrigado pelas prestações já vencidas e pelas prestações a vencer, durante todo o prazo em que o direito vigorasse.[122]

O Código Civil de 2002 não inclui entre os direitos reais qualquer instituto com essas características. No entanto, mantém o contrato de constituição de renda, disciplinado pelos arts. 803 a 813.

Assim, não obstante não seja mais possível a constituição de um direito real de renda constituída sobre imóvel, ainda é possível que o contrato de constituição de renda funcione como causa de uma transmissão imobiliária, e somente desta maneira ingressará no registro de imóveis. Ressalte-se, o único direito real em questão é a propriedade, que se transfere à pessoa que se obriga a satisfazer as prestações, chamada rendeiro ou censuário, em favor do credor ou de terceiros, chamado rentista ou censuísta (Código Civil, art. 804).

A constituição de renda, como causa da transmissão, gera efeitos pessoais, e, portanto, somente é eficaz entre as próprias partes envolvidas na transmissão. Em caso de alienação do imóvel a terceiro pelo rendeiro, o adquirente do bem não fica vinculado pela constituição de renda, nada devendo ao rentista. Por essa razão, previu o Código no art. 805 a possibilidade de o rentista exigir do rendeiro garantia real ou fidejussória, que pode, até mesmo, consistir em hipoteca sobre o próprio imóvel. Nesse caso, eventual alienação geraria efeitos em relação ao adquirente por conta da hipoteca, mas não da renda em si, que permaneceria com natureza meramente pessoal. O adquirente suportaria os efeitos de eventual execução, mas não adquiria obrigações em face do rentista.

Ainda, eventual resolução contratual, na forma do art. 810, pode ensejar o desfazimento da transmissão se a propriedade permanecer com o rendeiro, mas não atinge o terceiro adquirente.

O ingresso no ofício imobiliário da constituição de renda se dá pelo registro da transmissão da propriedade na matrícula do imóvel transferido. Não sendo a constituição de renda direito real, suas condições não devem de nenhum modo ser mencionadas no assento registral. Havendo pacto adjeto de hipoteca, tal como prevê o art. 805, deverá haver, necessariamente, o estabelecimento de um valor máximo a ser garantido (Código Civil, art. 1.487).

Por expressa disposição legal, o título formal será a escritura pública, sempre, independentemente do valor do bem (Código Civil, art. 807). E a transmissão da propriedade ao rendeiro se dará com o registro.

Diga-se, por fim, que a jurisprudência já admitiu a possibilidade de vinculação da constituição de renda à transmissão apenas da nua-propriedade, mantendo o rentista o usufruto do bem.[123]

 Jurisprudência

> "**Ação declaratória de nulidade de negócio jurídico.** Autor que alega que a alienação do imóvel ocorreu por preço vil, bem como a incapacidade do alienante. Sentença de improcedência. APELAÇÃO. Apelante que alega cerceamento de defesa, porquanto não houve o comparecimento da testemunha arrolada; a nulidade do negócio jurídico, realizada a preço vil, por agente incapaz. Réus/apelados que firmaram contrato de constituição de renda onerosa com o sr. Antônio, irmão do autor. Contrato que estabeleceu a cessão da posse indireta, domínio, direito e ação sobre o imóvel, exercida pelo Instituidor, ressalvado o usufruto vitalício; bem como estabeleceu a contraprestação vitalícia em seu favor. Negócio jurídico que observou a forma prescrita em lei, sendo realizado por escritura pública.

---

[121] Cf. BEVILÁQUA, Clóvis. *Direito das coisas*. v. II. 4. ed. Rio de Janeiro: Forense, 1956. p. 324.
[122] Cf. BEVILÁQUA, Clóvis. *Direito das coisas*. v. II. 4. ed. Rio de Janeiro: Forense, 1956. p. 326.
[123] Cf. Tribunal de Justiça do Estado de São Paulo, 2ª Câmara de Direito Privado, Apelação Cível 1000364-51.2019.8.26.0563, j. 16/03/2021.

Instituidor que possuía plena capacidade civil, atestada por relatórios e documentos médicos, bem como confirmada pelas testemunhas ouvidas em juízo. Oitiva de nova testemunha que não teria o condão de infirmar a capacidade civil do instituidor. Sentença mantida. RECURSO DESPROVIDO" (Tribunal de Justiça do Estado de São Paulo, 2ª Câmara de Direito Privado, Apelação Cível 1000364-51.2019.8.26.0563, Rel. Des. Maria Salete Corrêa Dias, j. 16/03/2021).

Art. 167, I (...)
9) dos contratos de compromisso de compra e venda de cessão deste e de promessa de cessão, com ou sem cláusula de arrependimento, que tenham por objeto imóveis não loteados e cujo preço tenha sido pago no ato de sua celebração, ou deva sê-lo a prazo, de uma só vez ou em prestações;

Referências Normativas

Código Civil, arts. 462 a 466; e 1.417 a 1.418.
Lei 6.015/1973, art. 167, I, 18 e 20; art. 167, II, 3 e 6.
Decreto-Lei 58/1937, art. 22.

Comentários

O item 9 do art. 167, I, deve ser lido em conjunto com os itens 18 e 20 do mesmo inciso I, e com os itens 3 e 6 do inciso II. Esses itens tratam do registro ou averbação dos contratos de compromisso ou promessa de compra e venda, e as várias hipóteses constantes do art. 167 são explicáveis pela evolução histórica do sistema.

O Código Civil de 1916 não tratava da promessa de compra e venda, nem dos contratos preliminares em geral. E, no campo formal, o Decreto 18.542/1928 não previa entre os fatos inscritíveis qualquer modalidade de inscrição ou transcrição das promessas de compra e venda.

Todavia, o Decreto-Lei 58/1937 introduziu, em seu art. 4º, um novo livro nos ofícios imobiliários, destinado à inscrição dos loteamentos. E previa a alínea "b" do dispositivo a averbação, à margem da inscrição do loteamento, dos contratos de compromisso de compra e venda e de financiamento, suas transferências e rescisões. Quanto aos compromissos de compra e venda de imóveis não loteados, o art. 22 previa, de maneira defectiva, sua *averbação à margem das respectivas transcrições aquisitivas*.

O Decreto 4.857/1939, de maneira mais técnica, previu a inscrição da promessa de compra e venda do imóvel não loteado (art. 178, *a*, XIV), e a averbação dos contratos de promessa de compra e venda de terreno loteado (art. 178, *c*, VI). Dez anos depois, a Lei 649/1949 corrigiu a redação original do art. 22 do Decreto-Lei 58/1937, estabelecendo a inscrição dos contratos, sem cláusula de arrependimento, de compromisso de compra e venda de imóveis não loteados.

De maneira análoga ao caso dos imóveis loteados, a Lei 4.591/1964 também previu, na redação original de seu art. 32, § 2º, a averbação da promessa de compra e venda, cessão ou promessa de cessão de unidades autônomas à margem do registro do memorial de incorporação.

Contudo, a Lei 6.015/1973 aboliu o registro de loteamentos ou de incorporações em livros especiais, com o que tais registros passaram a ser realizados no Livro 2, na matrícula da respectiva gleba ou terreno. Com isso, após a vigência da Lei 6.015/1973 as promessas ou suas cessões somente podem ser averbadas nos casos previstos nos itens 3 e 6 do inciso II, ou seja, nas situações em que o respectivo loteamento ou a respectiva incorporação foram formalizados e registrados nos livros especiais, ainda na vigência do Decreto 4.857/1939.

Por outro lado, em se tratando de promessa de compra e venda de imóvel não loteado, ou loteado ou resultante de incorporação formalizada após a vigência da Lei 6.015/1973, o ato será de registro, no Livro 2.

A hipótese do item 9 trata especificamente do registro dos compromissos de compra e venda, das cessões desses ou, ainda, das respectivas promessas de cessões que tenham por objeto imóvel não loteado, deixando claro que também esses permanecem inscritíveis no ofício imobiliário.

O texto do mencionado item estabelece a possibilidade do registro "com ou sem cláusula de arrependimento". A despeito disso, tem-se entendido que com o advento do Código Civil de 2002, que, em seu art. 1.417, prevê a constituição de direito real de aquisição em favor do promitente comprador em cuja promessa *não se pactuou arrependimento*, restou derrogado o permissivo do registro do contrato em que figure esta cláusula.[124]

Quanto ao título formal, havia, na vigência do Código Civil de 1916, controvérsia acerca da necessidade ou desnecessidade da escritura pública.[125] Com o Código Civil de 2002, tornou-se expressa, no mesmo art. 1.417, a validade da celebração por instrumento público ou particular. Assim, não é exigível a escritura pública, excepcionando-se a regra geral contida no art. 108.[126] Deve-se, todavia, sempre ser interpretado o conteúdo das cláusulas contratuais, a fim de se aferir se efetivamente se trata de promessa, contrato preliminar destinado à futura celebração de outro negócio jurídico, dito "definitivo". Havendo no título um contrato de compra e venda, caracterizado não pela obrigação de celebrar outro contrato, mas, sim, pela obrigação de transmitir a coisa – ainda que conste do instrumento a denominação promessa ou compromisso – é exigível a escritura pública.[127]

Celebrado por escritura ou por instrumento particular, deve o título observar a especialidade objetiva e subjetiva, bem como conter o preço de cada imóvel compromissado à venda. Deve, ainda, conter a declaração pelo promitente acerca da existência de outras ações reais e pessoais reipersecutórias, relativas ao imóvel, e de outros ônus reais incidentes, na forma do art. 1º, § 3º, do Decreto 93.240/1986.[128]

Com o registro, constitui-se o direito real de aquisição em favor do promissário comprador, cuja natureza é a de direito real sobre coisa alheia. Não se opera a transmissão da propriedade, e, por essa razão, tem entendido a jurisprudência que a existência de compromisso de compra e venda registrado não impede o registro de transmissão a terceiro. Caberá ao compromissário comprador recorrer à via judicial para fazer valer a oponibilidade de seu direito real.[129]

Eventuais cessões ou promessas de cessão desse direito também ingressam na matrícula por meio de ato de registro. Em tais casos, é exigível o recolhimento de imposto de transmissão, se houver previsão da hipótese de incidência na legislação local. A despeito da existência de acesa controvérsia nos tribunais superiores acerca da constitucionalidade da exação (especialmente no Agravo em Recurso Extraordinário 1.294.969, do Supremo Tribunal Federal), não cabe ao registrador deixar de aplicar a lei formalmente em vigor com base em sua pretensa inconstitucionalidade.[130]

O registro do compromisso de compra e venda não tem vocação à perpetuidade, e, em geral, esgota seus efeitos quando registrada a transmissão da propriedade ao promissário comprador. Nessa situação, dá-se um cancelamento indireto do registro do compromisso. Por outro lado, poderá haver o cancelamento direto em caso de distrato, situação em que devem participar as mesmas partes que firmaram o compromisso.

---

[124] Cf. LOUREIRO, Francisco Eduardo. Comentário ao artigo 1.417. *In: Código Civil Comentado*. 15. ed. São Paulo: Manole, 2021 p. 1.441; Conselho Superior da Magistratura do Estado de São Paulo, Apelação Cível 0010226-63.2014.8.26.0361, j. 24/05/2016.

[125] Cf. CARVALHO, Afrânio de. A promessa de venda de imóvel e o registro. *In: RDI*, n. 021, 1988.

[126] Cf. Conselho Superior da Magistratura do Estado de São Paulo, Apelação Cível 311-6/1, j. 06/06/2005.

[127] Cf. Conselho Superior da Magistratura do Estado de São Paulo, Apelação Cível 0006924-04.2019.8.26.0344, j. 10/12/2019; Conselho Superior da Magistratura do Estado de São Paulo, Apelação Cível 703-6/0, j. 17/05/2007; Conselho Superior da Magistratura do Estado de São Paulo, Apelação Cível 1099293-82.2021.8.26.0100, j. 29/07/2022; Conselho Superior da Magistratura do Estado de São Paulo, Apelação Cível 1001138-63.2021.8.26.0417, j. 31/05/2022.

[128] Cf. Conselho Superior da Magistratura do Estado de São Paulo, Apelação Cível 0001157-04.2015.8.26.0189, j. 04/08/2016.

[129] Cf. Conselho Superior da Magistratura do Estado de São Paulo, Apelação Cível 0025566-92.2011.8.26.0477, j. 10/12/2013; Conselho Superior da Magistratura do Estado de São Paulo, Apelação Cível 1040210-48.2015.8.26.0100, j. 08/04/2016.

[130] Cf. 1ª Vara de Registros Públicos de São Paulo – SP, Processo 1100889-67.2022.8.26.0100, j. 08/11/2022.

Havendo resolução, o cancelamento será feito à luz de mandado judicial ou, facultativamente, pela via administrativa introduzida pela Lei 14.382/2022 no art. 251-A da Lei 6.015/1973.
Em qualquer dos casos, o cancelamento direto ingressará na matrícula por ato de averbação.

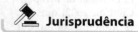
Jurisprudência

"Registro de imóveis – Interesse jurídico da apelante demonstrado – Legitimidade recursal reconhecida – Opção de compra de imóvel não comporta registro em sentido estrito, mas admite, em tese, averbação para atribuição de mais ampla eficácia ao direito de preferência do optante – Título levado a registro que se amolda, porém, e apesar de sua denominação, à promessa de venda e compra de imóvel – Configuração de um compromisso de venda e compra de eficácia (com obrigação) fraca – Cláusula resolutiva – Cláusula de arrependimento pactuada – Inadmissibilidade do registro em sentido estrito – Ofensa ao princípio da especialidade objetiva descartada – Dispensa da exibição de CNDs (item 119.1. do Cap. XX das NSCGJ) – Dúvida procedente – Sentença reformada – Recurso provido" (CSMSP, Apelação Cível 0010226-63.2014.8.26.0361, Rel. Des. Manoel de Queiroz Pereira Calças, j. 24/05/2016).

"Registro de imóveis – Dúvida julgada procedente – Registro de contrato particular de compromisso de compra e venda com valor superior a trinta salários mínimos – Escritura pública que não se mostra essencial para a validade do negócio jurídico – Inteligência dos artigos 108 e 1.417, ambos do Código Civil – Recurso provido para autorizar o registro do título" (CSMSP, Apelação Cível 311-6/1, Rel. Des. José Mário Antonio Cardinale, j. 06/06/2005).

"Registro de imóveis – Compromisso particular de compra e venda – Pagamento do preço à vista que, no caso concreto, não desnatura a natureza preliminar do contrato, pois ajustada a finalização, a posteriori, da compra e venda, mediante outorga de escritura definitiva – Promessa de venda que não opera a transferência do domínio – Inexistência de previsão formal para as obrigações de fazer, que podem assumir a forma pública ou particular – Óbice afastado – Dúvida improcedente – Recurso provido" (CSMSP, Apelação Cível 0006924-04.2019.8.26.0344, Rel. Des. Geraldo Francisco Pinheiro Franco, j. 10/12/2019).

"Registro de Imóveis – instrumento particular de compromisso de venda e compra – necessidade de descrição dos imóveis e individualização de seu preço – especialidade objetiva – instrumento particular que, salvo quanto à forma, deve conter todos os requisitos essenciais do contrato a ser elaborado (art. 462 do Código Civil) – hipoteca cedular – necessidade da anuência dos credores hipotecários – artigo 59, do Decreto-Lei n. 167/67 – registro do instrumento particular que dá ao compromissário comprador direito real de aquisição – necessidade de que a anuência conste já do instrumento e não apenas da escritura – recurso desprovido" (CSMSP, Apelação Cível 0001157-04.2015.8.26.0189, Rel. Des. Manoel de Queiroz Pereira Calças, j. 04/08/2016).

"Registro de Imóveis. Dúvida suscitada. Necessidade de instrumento público, em regra, para a venda e compra de imóvel e do seu domínio útil, na dicção do artigo 108 do Código Civil. Ocorre que a natureza e a essência do contrato preponderam sobre sua denominação, nos termos do artigo 112 do mesmo diploma legal. Circunstâncias que indicam se tratar de compromisso de venda e compra quitado que, mesmo elaborado mediante instrumento particular, pode ser levado a registro, segundo reza o artigo 167, I, 9, da LRP. Recurso provido, para que a dúvida seja afastada" (CSMSP, Apelação Cível 703-6/0, Rel. Des. Gilberto Passos de Freitas, j. 17/05/2007).

"Registro de imóveis – contrato particular de compra e venda – termos do contrato que deixam clara a existência de compra e venda – consenso sobre a coisa, o preço e o consentimento – valor atribuído ao bem negociado superior a 30 salários mínimos – escritura pública obrigatória, nos termos do artigo 108 do código civil – exigência mantida – apelação a que se nega provimento" (CSMSP, Apelação Cível 1099293-82.2021.8.26.0100, Rel. Des. Fernando Antônio Torres Garcia, j. 29/07/2022).

"Registro de imóveis – Dúvida inversa julgada procedente – Instrumento particular de compra e venda – Pretensão de ingresso no fólio real como compromisso de compra e venda – Termos do contrato que deixam clara a existência de contrato de compra e venda – Consenso válido sobre a coisa, o preço e as condições do negócio – Imóvel negociado de valor superior a trinta salários mínimos – Escritura pública obrigatória, nos termos do art. 108 do Código Civil – Inobservância do princípio da especialidade objetiva por ausência da descrição do imóvel rural a contento – Inteligência do disposto no art. 2º, 'caput', da Lei 7.433/1985 c.c. art. 225, §§ 1º e 2º, da Lei 6.015/1973 – Inobservância do princípio da especialidade subjetiva pela ausência de outorga da esposa do vendedor, com quem é casado pelo regime da comunhão universal de bens – Observância do art. 1.647, I, do CC – Rasura no número do CPF que, no caso, não justificava o óbice – Vontade das partes que não estaria por isso comprometida – Número que poderia ser aferido de outro modo – Mantidas todas as demais exigências – Recurso desprovido" (CSMSP, Apelação Cível 1001138-63.2021.8.26.0417, Rel. Des. Fernando Antônio Torres Garcia, j. 31/05/2022).

"Registro de Imóveis – Dúvida julgada procedente – Negativa de ingresso de escritura de venda e compra de imóvel – Desrespeito ao registro anterior de instrumento particular – Desnecessidade da anuência dos compromissários compradores – Inexistência de afronta ao Princípio da Continuidade – Recurso provido" (CSMSP, Apelação Cível 0025566-92.2011.8.26.0477, Rel. Des. José Renato Nalini, j. 10/12/2013).

"Registro de Imóveis – Dúvida julgada procedente – Compromisso de compra e venda registrado com sucessivas cessões – Negativa de ingresso de escritura de venda e compra de imóvel da qual participaram os proprietários tabulares e a última cessionária – Desnecessidade da anuência dos cedentes – Inexistência de afronta ao Princípio da Continuidade – Recurso provido" (CSMSP, Apelação Cível 1040210-48.2015.8.26.0100, Rel. Des. Manoel de Queiroz Pereira Calças, j. 08/04/2016).

> **Art. 167**, I (...)
> 10) da enfiteuse;

Referências Normativas

Ato das Disposições Constitucionais Transitórias, art. 49.
Código Civil, art. 2.038.
Código Civil de 1916, arts. 678 a 694.
Decreto-Lei 9.760/1946, arts. 99 a 124.
Decreto-Lei 2.398/1987.

Comentários

O art. 2.038 do Código Civil de 2002 proibiu a constituição de novas enfiteuses ou subenfiteuses de direito privado e determinou a submissão das já existentes às regras previstas no Código Civil de 1916. Observe-se que sendo o registro constitutivo, não basta que haja título formado na vigência do Código Civil de 1916. A existência da enfiteuse pressupõe, além do título, também seu efetivo registro.[131]
Tendo sido constituída a enfiteuse, a transmissão do domínio direto ou do domínio útil deve ser registrada. Seguem vigentes as regras do Código Civil de 1916, especialmente no que diz respeito à exigibilidade pelo registrador da prova do pagamento do laudêmio ou do resgate da enfiteuse.[132]
Quanto ao título formal, aplica-se o art. 108 do Código Civil, pelo que é exigível a escritura pública se o imóvel sobre o qual recai a enfiteuse tiver valor superior a 30 salários mínimos.
Quer se trate da transmissão do domínio útil, quer se trate da transmissão do domínio direto, o ato a ser praticado é de registro, na matrícula do imóvel aforado.

---

[131] Cf. Conselho Nacional de Justiça, Procedimento de Controle Administrativo 0000994-82.2022.2.00.0000, j. 26/08/2022; Corregedoria-Geral da Justiça do Estado de São Paulo, Processo 1005255-45.2016.8.26.0297, j. 07/07/2017.
[132] Cf. Corregedoria-Geral da Justiça do Estado de São Paulo, Processo 1.132/2005, j. 07/02/2006.

A extinção da enfiteuse se dá, segundo o art. 692 do Código Civil de 1916, pela deterioração do prédio aforado, pela falta de pagamento do foro por três anos consecutivos, e pelo falecimento sem herdeiros do enfiteuta, salvo direito dos credores. Não havendo possibilidade de acordo entre enfiteuta e senhorio, o título que ensejará o cancelamento será judicial.

Ainda, o art. 693 prevê a possibilidade de resgate pelo enfiteuta, após 20 anos da sua constituição, mediante pagamento do valor correspondente a 20 pensões anuais. Nesse caso, é exigível a escritura pública se o imóvel tiver valor superior a 30 salários mínimos, e, uma vez que se trata de transmissão do domínio direto ao enfiteuta, o ato a ser praticado pelo registrador é de registro.[133] Não havendo consentimento do senhorio, o título será judicial.

Por outro lado, a constituição de enfiteuses de direito público segue sendo possível, nos termos do disposto no Decreto-Lei 9.760/1946. Nesse caso, o título será a certidão do contrato lavrado em livro próprio pela Superintendência do Patrimônio da União (SPU – Decreto-Lei 9.760/1946, art. 109). A transmissão onerosa do domínio útil fica condicionada ao prévio recolhimento do laudêmio, a estar o enfiteuta em dia com as obrigações decorrentes de sua situação, e estar autorizada a transferência, o que se comprova por certidão da secretaria da SPU (Decreto-Lei 2.398/1987, art. 3º). A exigência se aplica também aos compromissos de compra e venda que tenham por objeto domínio útil,[134] e, até mesmo, em casos de sua desapropriação.[135]

 Jurisprudência

"Procedimento de Controle Administrativo. Tribunal de justiça do Estado do Piauí. Corregedoria-Geral da Justiça. Indisponibilidade de matrícula de imóvel. Registro de enfiteuse após advento do Código Civil de 2002. Impossibilidade. Acórdão CNJ 0007097-27.2013.2.00.0000. Pedido julgado improcedente" (Conselho Nacional de Justiça, Procedimento de Controle Administrativo 0000994-82.2022.2.00.0000, Rel. Cons. Mário Goulart Maia, j. 26/08/2022).

"Enfiteuse registro posterior à entrada em vigor do código civil de 2002. impossibilidade. Precedente do E. CNJ. À luz do art. 2.038 do Código Civil de 2002, inviável o registro de enfiteuse depois de 1/11/03, ainda que o título que a veicula seja anterior. Precedente do E. CNJ. Inviabilidade, porém, de cancelamento dos registros já efetuados, que exigem que os interessados sejam partes da lide. A exigência de comprovação de quitação do laudêmio, na forma do item 59, j, do Capítulo XIV, Tomo II, das NSCGJ, para registro de transferência da propriedade, não prevalece para hipóteses em que a enfiteuse, por inércia, desídia ou omissão do interessado, não esteja registrada. Recurso parcialmente provido" (Corregedoria-Geral da Justiça do Estado de São Paulo, Processo 1005255-45.2016.8.26.0297, Rel. Des. Manoel de Queiroz Pereira Calças, j. 07/07/2017).

"Registro de imóveis – Alienação de bem submetido a regime de enfiteuse. 1. Decisão, pelo MM. Juiz Corregedor Permanente, de litígio acerca do valor do laudêmio – Impossibilidade, por se tratar de matéria jurisdicional, relativa a interesses privados e sujeita ao contraditório. 2. Existência do aforamento omitida no registro imobiliário – recomendação para que se proceda conforme decidido nos Processos nº CG 1.635/95, de Santa Adélia e nº CG 146/91, de Bebedouro. 3. Dado parcial provimento ao recurso, com observações" (Corregedoria-Geral da Justiça do Estado de São Paulo, Processo 1.132/2005, Rel. Des. Gilberto Passos de Freitas, j. 07/02/2006).

"Registro imobiliário. Resgate de enfiteuse. Recusa da averbação. Resgate formalizado por instrumento particular. Resgate da enfiteuse que gera a transmissão da propriedade direta em favor do enfiteuta. Escritura pública obrigatória. ITBI. Transmissão do domínio direto que se dá no momento do registro do ato de extinção da enfiteuse. Incidência do tributo em momento posterior ao pagamento do resgate. Previsão legal da transmissão do domínio direto na legislação municipal. Exigência do

---

[133] Cf. Corregedoria-Geral da Justiça do Estado de São Paulo, Recurso Administrativo 1030652-90.2018.8.26.0506.
[134] Cf. Conselho Superior da Magistratura do Estado de São Paulo, Apelação Cível 0013759-77.2012.8.26.0562, j. 17/01/2013.
[135] Cf. Conselho Superior da Magistratura do Estado de São Paulo, Apelação Cível 0002018-57.2013.8.26.0157, j. 14/04/2015.

recolhimento mantida. Recurso não provido" (Corregedoria-Geral da Justiça do Estado de São Paulo, Recurso Administrativo 1030652-90.2018.8.26.0506, Rel. Des. Ricardo Mair Anafe).

"Registro de imóveis – Dúvida julgada procedente – Compromisso de compra e venda – Imóvel em regime de ocupação – Necessidade de comprovação de poderes de representação do sócio que firmou a avença e da última alteração contratual da empresa – Dispensa de apresentação de CND – Ausência de recolhimento de laudêmio e de autorização da SPU – Recurso não provido" (CSMSP, Apelação Cível 0013759-77.2012.8.26.0562, Rel. Des. José Renato Nalini, j. 17/01/2013).

"Registro de imóveis – desapropriação de bem da união por município – exigência de autorização da secretaria do patrimônio da união – Interpretação sistemática de princípios constitucionais, da Lei 9.636/98, do Decreto-lei 3.365/41 e do Decreto-lei 2.398/97 – Recurso improvido" (CSMSP, Apelação Cível 0002018-57.2013.8.26.0157, Rel. Des. Elliot Akel, j. 14/04/2015).

> **Art. 167,** I (...)
>
> 11) da anticrese;

📖 Referências Normativas

Código Civil, arts. 1.419 a 1.430; 1.506 a 1.510.
Lei 6.015/1973, art. 241.

📄 Comentários

A anticrese é direito real sobre bem imóvel alheio que atribui ao credor a posse do bem com a finalidade de que esta perceba seus frutos e os impute no pagamento da dívida, juros e capital, ou somente dos juros.[136]

A despeito de ter o credor direito eminentemente sobre os frutos da coisa, a anticrese grava o imóvel que os gerará, com o que se constitui pelo registro do título constitutivo no registro de imóveis. Tratando-se de direito real sobre imóvel, aplica-se o art. 108 do Código civil, pelo que deverá o título ser formalizado por escritura pública se o imóvel sobre o qual recai tiver valor superior a 30 salários mínimos.

O registro é feito na matrícula do imóvel e deve indicar, além dos elementos gerais (sujeitos, objeto, título formal etc.), também o prazo, a época do pagamento e a forma de administração do bem onerado (Lei 6.015/1973, art. 241). Ainda, deve o registro indicar a estipulação de que os frutos serão percebidos à conta de juros, se o caso (Código Civil, art. 1.506, § 1º), ou o pacto que veda o arrendamento do bem (Código Civil, art. 1.507, § 2º).

Registrada a anticrese, terá o credor anticrético direito de sequela sobre o imóvel gravado, a fim de fazer valer sua garantia. Dessa maneira, eventual adquirente da propriedade do bem deverá respeitar sua fruição por todo o período estabelecido. Não poderá o credor, contudo, embaraçar a alienação ou mesmo a penhora do imóvel. Tem preferência em relação a outros credores quanto aos frutos da coisa, e mesmo direito de retenção; mas não tem preferência sobre o imóvel em si (ou, especialmente, sobre o preço de sua eventual arrematação), nos termos do art. 1.509.

Por essa razão, admite o art. 1.506, § 2º, que o mesmo bem seja oferecido em garantia por meio de anticrese e de hipoteca, ao mesmo credor ou a credores distintos. Tratando-se do mesmo credor, terá, então, preferência não apenas em relação aos frutos, como também em relação ao próprio imóvel. Observe-se, contudo, que são dois direitos reais coligados, e, portanto, deverão ensejar negócios jurídicos de constituição distintos e registros distintos na mesma matrícula, ainda que uma única seja a obrigação garantida e um único seja o título formal.

---

[136] Cf. BEVILÁQUA, Clóvis. *Direito das coisas.* v. II. 4. ed. Rio de Janeiro: Forense, 1956. p. 87.

A legitimidade para a constituição da anticrese em princípio é a mesma da hipoteca, ou seja, cabe ao proprietário, ou proprietários, do imóvel. Todavia, diferentemente da hipoteca, a jurisprudência já admitiu a constituição de anticrese pelo usufrutuário.[137] O único inconveniente para o credor será a subordinação da anticrese à sorte do usufruto, uma vez que, extinto o usufruto, inexoravelmente haverá também a extinção da anticrese.

Por outro lado, a indisponibilidade do imóvel impede também o registro da anticrese,[138] sendo irrelevante o fato de que a satisfação do credor se dá pela apropriação dos frutos, e não do imóvel em si.

O cancelamento da anticrese depende, em princípio, do consentimento do credor ou da apresentação da quitação da obrigação garantida. Não sendo isso possível, o cancelamento dependerá de ordem judicial proferida em processo jurisdicional contencioso ou em procedimento em que o eventual adquirente do imóvel realize a remição do ônus.

Observe-se, todavia, que o art. 1.423 do Código Civil admite um prazo máximo de quinze anos para o direito de retenção do bem. Com base nesse prazo, já se admitiu o cancelamento da anticrese, após seu escoamento, em procedimento judicial administrativo, análogo ao do reconhecimento da perempção da hipoteca.[139]

 Jurisprudência

"Pedido de registro de 'escritura pública de cessão de exercício de usufruto em anticrese'. O usufruto em si é inalienável, direito real, que não ingressa no fólio real. O usufrutuário, por sua vez, não detém a faculdade de alienação do imóvel. Título que comporta registro. Dúvida improcedente" (CSMSP, Apelação Cível 081895-0/6, Rel. Des. Luís de Macedo, j. 18/02/2002).

"Registro de imóveis – Penhoras e arresto oriundos de execuções fiscais movidas pelo INSS, o que torna o bem indisponível por força do art. 53, § 1º, da lei nº 8.212/91. Impossibilidade de ingresso da escritura pública de anticrese, enquanto perdurarem as constrições anteriores. Dúvida procedente. Recurso a que se nega provimento" (CSMSP, Apelação Cível 80.106-0/0, Rel. Des. Luís de Macedo, j. 27/09/2001).

> **Art. 167**, I (...)
> 12) das convenções antenupciais;

Moacyr Petrocelli de Ávila Ribeiro

 Referências Normativas

Lei 10.406/2002 (Código Civil), arts. 1.639 e seguintes.
Lei 6.015/1973, arts. 167, II, nº 1, 178, V, e 244.

 Comentários

1. Conceito, natureza jurídica e características

O direito luso-brasileiro tem sólida tradição de liberdade na estipulação da convenção antenupcial. Sua origem é costumeira e combina elementos do antigo direito português, fundado nos costumes

---

[137] Cf. Conselho Superior da Magistratura do Estado de São Paulo, Apelação Cível 081895-0/6, j. 18/02/2002.
[138] Cf. Conselho Superior da Magistratura do Estado de São Paulo, Apelação Cível 80.106-0/0, j. 27/09/2001.
[139] Cf. 1ª Vara de Registros Públicos de São Paulo – SP, Processo 629/88, j. 06/09/1988.

locais e na tradição romano-germânica. No contexto hodierno, com efeito, a categorização do pacto antenupcial entre as matrizes jurídicas é questão disputada na doutrina.

Muito comum atribuir-se natureza de *contrato sob condição suspensiva*, ou seja, um contrato com eficácia sujeita à condição (evento futuro e incerto) da celebração do casamento. Essa, no entanto, não parece a interpretação mais adequada. Ocorre que não se pode confundir a vontade de casar com a celebração do casamento em si. A celebração do casamento não é uma condição estipulada pelas partes. Antes, é um fato necessário imposto pela própria lei, o qual independe da vontade das partes (*rectius: conditio iuris*).

É certo que a função primeira do pacto antenupcial é o estabelecimento do regime de bens. Logo, é um negócio jurídico de intuito substancialmente patrimonial, o que o aproxima dos contratos. Contudo, a própria natureza patrimonial do pacto fica enfraquecida se considerada a possibilidade de inclusão de cláusulas não patrimoniais. Há, ainda, outras características que afastam o pacto antenupcial (assim como pactos em geral) da categoria dos contratos, a saber: (i) o contrato é um negócio jurídico fundado num acordo de vontades, cujo fim é criar, modificar ou extinguir direitos, ensejando, assim, a circulação de riquezas, ao passo que o "acordo", em seu sentido técnico-jurídico (sinônimo de pacto), não se confunde com ele, pois não há uma composição de interesses contrapostos, e sim uma fusão de interesses convergentes, paralelos entre si; (ii) no direito romano a distinção fundava-se nos efeitos, pois o pacto não gerava direitos nem obrigações, como ocorreria nos contratos. Há, pois, imprecisão técnica ao classificar o pacto antenupcial como contrato, já que pactos e contratos integram categorias jurídicas distintas.[140]

Afinal, qual a natureza jurídica do pacto antenupcial?

Trata-se de negócio jurídico *sui generis* do Direito de Família. Ensina *Pontes de Miranda* que "o pacto antenupcial é figura que fica entre o contrato de direito das obrigações, isto é, o contrato de sociedade, e o casamento mesmo, como irradiador de efeitos. Não se assimila, porém, a qualquer deles: não é simplesmente de comunhão, de administração, ou do que quer que se convencione; nem ato constitutivo de sociedade, nem pré-casamento, ou, sequer, parte do casamento".[141] Tem-se, na verdade, um negócio jurídico de Direito de Família que pertence ao seu próprio gênero, ou seja, tem seu *locus* próprio no ordenamento jurídico.

São características específicas dos pactos antenupciais: (i) *pessoalismo*, na medida em que só os nubentes podem dele fazer parte, havendo uma exceção quanto à possibilidade de doação antenupcial feita por terceiro aos contraentes, que poderá ser feita no pacto. O pacto antenupcial, afastado da categoria dos contratos, comporta certas peculiaridades. Assim, por exemplo, não cabe a representação no pacto antenupcial. Por se tratar de disciplina de Direito de Família, incide bloqueio de legitimação; (ii) *formalismo*, já que deve ser realizado mediante escritura pública; (iii) *nominação e legitimidade*, pois tem *nomen iuris* e previsão legal.[142]

2. Regimes de bens: o estatuto patrimonial

O regime de bens nada mais é do que o conjunto de regras que os noivos devem escolher antes da celebração do casamento, a fim de definir a disciplina jurídica das relações econômicas entre os cônjuges durante o casamento.[143]

Vigora no direito legislado brasileiro o princípio da autonomia privada (CC, art. 1.639), de modo que os nubentes podem, em regra, escolher livremente o regime de bens matrimonial. Os noivos também podem modificar as regras de um determinado regime ou combinar regras de regimes distintos, estabelecendo regime híbrido ou misto, desde que não esbarrem em norma de ordem pública.

---

[140] KÜMPEL, Vitor Frederico; FERRARI, Carla Modina. *Tratado notarial e registral:* tabelionato de notas. v. III. São Paulo: YK, 2017. p. 977-979.

[141] PONTES DE MIRANDA, Francisco Cavalcanti. *Tratado de direito privado.* v. XIV. São Paulo: Revista dos Tribunais, 2012. p. 313.

[142] GOZZO, Débora. *Pacto antenupcial.* Tese (Mestrado) – Faculdade de Direito da Universidade de São Paulo, São Paulo, 1988. p. 42.

[143] DINIZ, Maria Helena. *Curso de direito civil brasileiro:* direito de família. v. V. 25. ed. São Paulo: Saraiva, 2010. p. 154.

Art. 167 | LEI DE REGISTROS PÚBLICOS COMENTADA

Na ausência de estipulação, aplica-se ao casamento o regime da comunhão parcial de bens (CC, art. 1.640). Em regra, escolhe-se o regime de bens no procedimento de habilitação para o casamento.[144] A propósito, com signo pedagógico, as *Normas de Serviço da Corregedoria-Geral da Justiça do Estado de São Paulo*, ao disciplinarem o tema na oportunidade dos procedimentos preparatórios ao casamento no âmbito do Registro Civil das Pessoas Naturais, sedimentam:

> 71. Optando os nubentes por um regime de bens diverso do legal, sua vontade deverá ser formalizada por intermédio de escritura pública até a celebração, sendo ineficaz a simples declaração reduzida a termo no processo de habilitação matrimonial.
>
> 72. O Oficial fará constar do assento a existência de pacto antenupcial, com menção textual da Unidade de Serviço, livro, folhas e data em que foi lavrada a respectiva escritura. O traslado, certidão, ou a cópia simples após confrontada com o original, será anexado ao processo de habilitação.[145]

Assim, percebe-se que o pacto antenupcial não estará presente quando: (i) o regime de bens for o da comunhão parcial, e nada mais os nubentes quiserem deliberar sobre o patrimônio, quando então será suficiente a simples tomada de termo nesse sentido nos próprios autos da habilitação; (ii) incidente regime de separação obrigatória (CC, art. 1.641), quando então cumprirá ao oficial registrador do Ofício de Registro Civil das Pessoas Naturais esclarecer a imposição legal do estatuto patrimonial.

Vale ressalvar que mesmo sendo regime da separação compulsória, a doutrina e a jurisprudência pátrias têm admitido a possibilidade de que os nubentes, através do pacto antenupcial, afastem a incidência da Súmula 377 do STF. De acordo com essa súmula, "no regime de separação legal de bens, comunicam-se os adquiridos na constância do casamento". O intuito da imposição do regime de separação de bens é proteger o patrimônio do cônjuge tido como vulnerável, como na situação dos maiores de 70 anos, que representam a maioria dos casos (CC, art. 1.641, II). Em boa síntese, o enunciado sumular aproxima o regime da separação obrigatória ao de comunhão parcial, sendo, pois, exigível a vênia conjugal na compra e venda.[146]

Sobre a possibilidade de afastamento voluntário da Súmula 377 do STF, embora outrora doutrina e a jurisprudência se dividissem quanto à possibilidade, o *Superior Tribunal de Justiça* houve por bem pacificar o entendimento da possibilidade de afastamento:

> No casamento ou na união estável regidos pelo regime da separação obrigatória de bens, é possível que os nubentes/companheiros, em exercício da autonomia privada, estipulando o que melhor lhes aprouver em relação aos bens futuros, pactuem cláusula mais protetiva ao regime legal, com o afastamento da Súmula n. 377 do STF, impedindo a comunhão dos aquestos. 7. A *mens legis* do art. 1.641, II, do Código Civil é justamente conferir proteção ao patrimônio do idoso que está casando-se e aos interesses de sua prole, impedindo a comunicação dos aquestos. Por uma interpretação teleológica da norma, é possível que o pacto antenupcial venha a estabelecer cláusula ainda mais protetiva aos bens do nubente septuagenário, preservando o espírito do Código Civil de impedir a comunhão dos bens do ancião. O que não se mostra possível é a vulneração dos ditames do regime restritivo e protetivo, seja afastando a incidência do regime da separação obrigatória, seja adotando pacto que o torne regime mais ampliativo e comunitário em relação aos bens.[147]

---

[144] *Art. 1.640, parágrafo único, do Código Civil*. Poderão os nubentes, no processo de habilitação, optar por qualquer dos regimes que este código regula. Quanto à forma, reduzir-se-á a termo a opção pela comunhão parcial, fazendo-se o pacto antenupcial por escritura pública, nas demais escolhas.

[145] Capítulo XVII das NSCGJSP.

[146] Embora, de fato, haja essa aproximação à comunhão parcial de bens, os regimes se distinguem. O Superior Tribunal de Justiça consolidou o entendimento de que no regime da separação obrigatória, embora ainda vigente a Súmula 377 do STF, inexiste presunção de comunhão, sendo indispensável que o cônjuge comprove o esforço comum na aquisição patrimonial. Nesse sentido, a Segunda Seção do STJ, em releitura da antiga Súmula 377/STF, decidiu que, "no regime de separação legal de bens, comunicam-se os adquiridos na constância do casamento, desde que comprovado o esforço comum para sua aquisição" (STJ – EREsp 1.623.858/MG, Segunda Seção, j. 23/05/2018), ratificando anterior entendimento da Seção com relação à união estável (STJ – EREsp 1171820/PR, Segunda Seção, Rel. Min. Raul Araújo, j. 26/08/2015).

[147] STJ – REsp 1.922.347/PR, Rel. Min. Luís Felipe Salomão, j. 07/12/2021.

Ainda em viés evolutivo, privilegiando a autonomia privada no âmbito dos pactos antenupciais, o Supremo Tribunal Federal autorizou que os nubentes ou conviventes em união estável, por meio de escritura pública, afastem expressamente o regime da separação obrigatório e elejam o regime que melhor lhes aprouver. Fixou-se a seguinte tese: "Nos casamentos e uniões estáveis envolvendo pessoa maior de 70 anos, o regime de separação de bens previsto no artigo 1.641, II, do Código Civil, pode ser afastado por expressa manifestação de vontade das partes mediante escritura pública" (STF, Tema 1.236).

Deve-se entender o seguinte: a autonomia privada é o vetor que deve iluminar a escolha dos regimes patrimoniais e na hipótese de casamento ou união estável que envolva septuagenário a atuação tabelioa, com assessoria jurídica e profilaxia de litígios, será fundamental para o afastamento da norma impositiva do regime legal.

De qualquer sorte, deve-se assentar que, no espeque registral, se os contraentes adotarem o regime legal (comunhão parcial de bens ou separação obrigatória, nas hipóteses do art. 1.641 do CC/2002), é suficiente a mera declaração efetuada por termo nos autos da habilitação. Já se o regime de bens depender de pacto antenupcial (regime da separação absoluta de bens, participação no saldo final dos aquestos e comunhão universal de bens), é indispensável a apresentação da escritura pública de pacto antenupcial lavrado por tabelião de notas, no qual se pode adotar um regime híbrido de comunhão para determinados bens e separação para outros, bem como estipular condições e termos. Serão nulas, entretanto, quaisquer cláusulas ou convenções que contravenham disposição absoluta de lei.

Quanto ao momento de celebração da convenção antenupcial, como visto, o pacto deverá ser apresentado ao RCPN quando do processo de habilitação matrimonial. Nada impede que as partes confeccionem mais de um pacto antenupcial ou que o modifiquem durante a tramitação da habilitação, sendo que o último pode ser apresentado até por ocasião do ato litúrgico da celebração do casamento, o qual se torna definitivo e preclusivo quando o estado-juiz declara as partes casadas (CC, art. 1.514).[148] Em curioso precedente, a *2ª Vara de Registros Públicos de São Paulo*, em sede de pedido de providências, havia decidido que o pacto antenupcial teria validade e eficácia por apenas 90 dias, prazo dentro do qual deveria ser celebrado o matrimônio:

> De fato, o prazo de validade da Escritura de Pacto Antenupcial não foi estabelecido de modo explícito na lei e há divergências na doutrina quanto à solução para a questão. Contudo, o conjunto de regramentos legais demonstra que o pacto antenupcial deve ser realizado no contexto da habilitação de casamento, em momento no qual os consortes se preparam para o matrimônio. (...) Destaco que a palavra "nubente" – do latim "nubere", que se traduz por "casar" – indica "que ou quem vai casar ou tem casamento marcado". De modo mais incidente a respeito, prescreve o artigo 1653 do Código Civil: É nulo o pacto antenupcial se não for feito por escritura pública, e ineficaz *se não lhe seguir o casamento*. O dispositivo legal em questão efetua limite temporal de eficácia do pacto antenupcial no sentido de anteceder ao casamento, todavia, não especifica um prazo de modo direto. Como é sabido, o prazo de validade da habilitação de casamento é de 90 dias, após o qual os atos praticados perdem seu efeito, devendo ser repetidos, para conferir segurança jurídica aos nubentes, a terceiros e ao Estado. Para colmatar esta lacuna por analogia, na forma do art. 4º, da LINDB, compete aplicar o prazo de noventa dias de eficácia da habilitação, constante do art. 1.532 do Código Civil, de modo antecedente ao casamento. (...) Por conseguinte, a validade da convenção não pode ser indeterminada, porque o que nele se fez constar pode perder a validade fática e vir a refletir efeitos jurídicos indesejados para os consortes ou para terceiros, daí a previsão de ineficácia, preservando a higidez do negócio jurídico.[149]

O magistrado, no entanto, instado a revisar o seu entendimento diante da falta de anteparo legal para o entendimento inicialmente fixado, retificou o *decisum*:

---

[148] Nesse último caso, a doutrina discute a necessidade de republicar os editais, em especial quando a opção definitiva for pelo regime da comunhão universal. *Ad cautelam*, se for apresentado um pacto, por ocasião da celebração, que possa gerar confusão patrimonial, convém sobrestar a celebração e republicar os proclamas, a fim de que eventual interessado possa arguir causa suspensiva, ainda que no edital não conste o regime a ser adotado pelo casal.

[149] 2ª VRPSP – Processo 1020127-64.2022.8.26.0100, Juiz Marcelo Benacchio, j. 16/03/2022.

Como é cediço as decisões administrativas podem ser consideradas, depois de sua repetição e aceitação pela comunidade em geral e científica a qual destinadas, como precedentes interpretativos na busca de coerência sistêmica e segurança jurídica. Noutra quadra, é de todo produtivo o reexame de questões interpretativas acerca das decisões com potencial para precedente administrativo, bem como, esclarecimentos. (...) Ainda que, com o devido respeito, não me convença os entendimentos doutrinários no sentido de que a falta da indicação de prazo no art. 1.653 do Código Civil, haveria eficácia "para sempre" do pacto antenupcial desde que possível o casamento a falta de expressa desistência de um dos nubentes ou de ambos; tenho que o melhor, na busca da segurança jurídica e coerência sistêmica, é reconsiderar a compreensão anterior. Nessa ordem de ideias, desde o exame dos entendimentos doutrinários em sentido oposto e da problemática referida pela i. Tabeliã; doravante, reconsidero a compreensão (única) anterior no sentido da limitação da eficácia do pacto antenupcial ao prazo noventa dias.[150]

Seja como for, após a celebração do casamento – e nunca antes –, devem os nubentes registrar o pacto antenupcial no Registro de Imóveis, a fim de dar-lhe publicidade e dotá-lo de eficácia perante terceiros (CC, art. 1.657). Logo, a eficácia *erga omnes* da avença antenupcial depende do registro no Livro 3 – Registro Auxiliar do domicílio dos contraentes e da averbação na matrícula dos imóveis de titularidade de qualquer um deles. Imediata vigência do regime de bens. O regime de bens começa a vigorar, necessariamente, a partir da data da celebração do casamento, nunca antes (CC, art. 1.639, § 1º).

Sem pretensão de esgotar tema de alçada do direito material, recorde-se que o Código Civil estabelece diretrizes jurídicas para os seguintes regimes:

I) *Comunhão parcial de bens (CC, arts. 1.658 a 1.666)*, cuja diretriz geral determina a comunicação *ope legis* dos bens que sobrevierem ao casal, na constância do casamento, por aquisição onerosa, com as exceções dos arts. 1.659 e 1.661.

II) *Comunhão universal de bens (CC, arts. 1.667 a 1671)*, importando na comunicação de todos os bens presentes e futuros dos cônjuges e suas dívidas passivas, com as exceções do art. 1.668;

III) *Participação final nos aquestos (CC, arts. 1.672 a 1.686)*, estatuto patrimonial inaugurado pelo Código Civil de 2002, de engenharia complexa, mas que pode ser resumido com a ideia basilar de que cada cônjuge possui patrimônio próprio, e lhe cabe, à época da dissolução da sociedade conjugal, direito à metade dos bens adquiridos pelo casal, a título oneroso, na constância do casamento. Em resumo, seria regime de separação na constância do matrimônio, apurando-se os aquestos e partilhando-os ao final da sociedade conjugal. Cláusula atraente no regime de participação final dos aquestos, incabível nos demais arranjos patrimoniais, é a possibilidade de, no pacto antenupcial, convencionar a livre disposição dos bens imóveis, desde que particulares, isto é, a desnecessidade de vênia conjugal para sua alienação ou oneração (CC, arts. 1.656 c.c. 1.647, I). IV) *Separação (convencional) de bens (CC, arts. 1.687 e 1.688)* é o regime de completa distinção das massas patrimoniais, de modo que os bens permanecerão sob a administração exclusiva de cada um dos cônjuges, que os poderá livremente alienar ou gravar de ônus real. No entanto, ambos os cônjuges são obrigados a contribuir para as despesas do casal na proporção dos rendimentos de seu trabalho e de seus bens, salvo estipulação em contrário no pacto antenupcial.

Por último, insta pavimentar que a doutrina brasileira tradicionalmente admite que os nubentes possam não apenas escolher um dos quatro regimes típicos, como também combiná-los, ou até criar regimes novos, desde que conforme à lei e à natureza do casamento.[151] Esse modelo foi adotado na França e na Espanha. A Suíça e o México, por outro lado, restringem a escolha aos regimes legais. Mesmo assim, o Código Civil implicou certo dirigismo contratual que reduz a margem de autonomia dos particulares em suas relações jurídicas. Desse modo, a inclusão do parágrafo único do art. 1.640 do

---

[150] 2ª VRPSP – Processo 1091877-29.2022.8.26.0100, Juiz Marcelo Benacchio, j. 05/12/2022.

[151] GONÇALVES, Carlos Roberto. *Direito civil brasileiro*. v. VI. 7. ed. São Paulo: Saraiva, 2010. p. 430. PEREIRA, Lafayette Rodrigues. *Direitos de família*. Brasília, Senado Federal: Conselho Editorial do STJ, 2004. p. 189; entre outros.

CC/2002[152] pode ser interpretada como uma restrição da liberdade de eleição do regime de bens aos quatro tipificados na Legislação Substantiva Civil. De fato, essa restrição gera mais segurança jurídica, pois a liberdade plena de configuração do regime de bens prejudicaria a publicidade perante terceiros e dificultaria sobremaneira a qualificação do título pelo oficial do Registro de Imóveis.

3. Limites à autonomia privada: a qualificação registral das convenções antenupciais

Diz o Código Civil, em seu art. 1.639, que é lícito aos nubentes, antes de celebrado o casamento, estipular, quanto aos seus bens, *o que lhes aprouver*. Uma leitura apressada e descontextualizada do dispositivo pode gerar a falsa impressão de que os nubentes podem deliberar de tudo e de qualquer modo.

Não é bem assim. Embora o pacto antenupcial esteja fortemente vinculado à autonomia privada, existem limites a essa autonomia. Isso não impede a afirmação de que o instituto do pacto antenupcial é expressão da autonomia privada no âmbito familiar que possibilita aos nubentes a escolha da norma mais apropriada às suas expectativas matrimoniais. Entretanto, apesar de vigorar o princípio da autonomia privada na escolha do regime de bens, essa autonomia não é absoluta, pois pode encontrar limitações no interesse coletivo e em normas de ordem pública.

Há muito debate doutrinário a respeito da possibilidade e dos limites de cláusulas não patrimoniais no pacto antenupcial;[153] conteúdo esse que, *prima facie*, não estaria abarcado na qualificação registral do Ofício Predial, tais como cláusulas que disciplinem balizas para o convívio entre os cônjuges, educação dos filhos, deveres de ordem pessoal do matrimônio etc. Parece claro que nesses temas o registrador imobiliário apenas obstaria o registro da convenção antenupcial se houvesse flagrante violação às normas de ordem pública ou contravenção às escâncaras de disposição absoluta de lei (CC, art. 1.655) – por exemplo, cláusula de renúncia ao direito ao divórcio, transformando o casamento em uma união indissolúvel; cláusula que prive a mãe do poder familiar ou de assumir a direção da família, ficando submissa ao marido etc. Em casos tais a nulidade é tão flagrante que contamina toda a validade do negócio jurídico. Nesse sentido, os ensinamentos de *Afrânio de Carvalho* e *Pontes de Miranda*:

> É incontestável, portanto, que, por ser a nulidade um efeito que se produz ipso jure em decorrência apenas da existência do vício, o registrador ao examinar o título, em processo semelhante ao de jurisdição voluntária, deve levá-la em conta para opor a "dúvida" tendente a vetar a inscrição requerida. A regra dominante nesse assunto, no nosso direito como em qualquer outro, é a de que o funcionário público deve negar sua colaboração em negócios manifestamente nulos, inclusive abster-se de fazer inscrições nos registros públicos.[154]
>
> Legalidade e validade são conceitos largos. A referência aos dois [reporta-se o autor ao Decreto n. 4.857, de 9 de novembro de 1939] não é escusada, porque o título pode ser válido e não ser legal o registro (*e.g.*: válido mas irregistrável no registro de imóveis). Desde logo afastemos as anulabilidades, porque essas dependem de sentença constitutiva negativa em ação própria, e não poderiam ser invocadas quaisquer anulabilidades ao oficial de registo, ou de ofício. (...) A dúvida do oficial do registro somente pode ser, portanto, quanto às nulidades: a) se o escrito está assinado por pessoa absolutamente incapaz; b) se ilícito ou impossível o seu objeto; c) se

---

[152] *Art. 1.640, parágrafo único, do Código Civil*. Poderão os nubentes, no processo de habilitação, optar por qualquer dos regimes que este código regula. Quanto à forma, reduzir-se-á a termo a opção pela comunhão parcial, fazendo-se o pacto antenupcial por escritura pública, nas demais escolhas.

[153] O pacto, portanto, não estaria restrito às cláusulas de cunho patrimonial, podendo abarcar também disposições não patrimoniais, concernentes à relação entre os cônjuges e inclusive destes com a eventual prole, como deveres domésticos e questões relativas à educação dos filhos. Alguns admitem o reconhecimento de filho ilegítimo em pacto antenupcial, e até mesmo disposições relativas à religião dos filhos, pois não ofenderia os requisitos próprios de qualquer objeto de negócio jurídico, e, portanto, não seria, *a priori*, ilícita (GOZZO, Débora. *Pacto Antenupcial*. Tese (Mestrado) – Faculdade de Direito da Universidade de São Paulo, São Paulo, 1988. p. 88-89. Há autores que sustentam ser cabível a estipulação, no pacto, quanto à moradia dos cônjuges em casas diferentes, em contradição ao inciso II do artigo 1.566 do CC, que dispõe como obrigação conjugal a moradia comum no domicílio conjugal (CHINELATO, Silmara Juny. *Comentários ao Código Civil*: do direito de família. v. XVIII. São Paulo: Saraiva, 2004. p. 319).

[154] CARVALHO, Afrânio de. *Registro de imóveis*. Rio de Janeiro: Forense, 1977. p. 256-257.

foi infringida regra cogente de forma; d) se foi preterida alguma solenidade que a lei considera essencial para a sua validade; e) se a lei diz que é nulo o ato ou lhe nega efeito (Código Civil, art. 145, IV).[155]

É dever, no entanto, do oficial registrador promover exame cauteloso, mais acurado, de cláusulas que interfiram diretamente no direito patrimonial dos consortes. Nesse mister, são inadmissíveis cláusulas que: (a) alterem a ordem de vocação hereditária; (b) ajustem a comunhão de bens, quando o casamento só podia realizar-se pelo regime obrigatório da separação; (c) estabeleçam que o marido, mesmo que o regime matrimonial de bens não seja o de separação, possa vender imóveis sem outorga uxória; (d) determinem o regime da comunhão universal de bens para o marido e o da separação de bens para a esposa etc.

Mencione-se que tem sido comum a apresentação de pactos antenupciais ao Registro Imobiliário que deliberem a respeito de eventual direito sucessório dos nubentes, principalmente a renúncia antecipada à herança do consorte ou ao direito à concorrência sucessória. O tema, embora tenha agitado alguma controvérsia, veicula hipótese que tangencia a vedação à *pacta corvina*. No Estado de São Paulo, o *Conselho Superior da Magistratura* enfrentou o tema sendo possível a partir desses precedentes bem delinear as duas posições antagônicas.

Em 2023, sob a relatoria do *Des. Fernando Antonio Torres Garcia*, por unanimidade, decidiu o Conselho Superior da Magistratura paulista:

> Registro de imóveis – dúvida julgada procedente – escritura pública de pacto antenupcial – regime convencional da separação total de bens – existência de disposição no pacto estabelecido que, segundo o oficial, não comporta ingresso no registro de imóveis porque ilegal – renúncia ao direito sucessório – artigo 426 do Código Civil que veda o pacto sucessório – sistema dos registros públicos em que impera o princípio da legalidade estrita – pedido subsidiário de cindibilidade do título que não comporta acolhimento – título que, tal como se apresenta, não comporta registro – apelação a que se nega provimento. Não se desconhece a controvérsia doutrinária sobre o tema, bem como a existência de alguns julgados em sentido contrário, mas o fato é que, no sistema dos registros públicos, impera o princípio da legalidade estrita, de sorte que, tal como se apresenta, o título não comporta registro.[156]

Já em 2024, com a relatoria do Des. Francisco Eduardo Loureiro, por maioria (4 votos favoráveis e 3 contrários), a decisão foi a seguinte:

> Registro de Imóveis – Escritura pública de pacto antenupcial que fixa o regime da separação convencional de bens – Cláusula que prevê a renúncia recíproca ao direito sucessório em concorrência com herdeiros de primeira classe, conforme previsão do art. 1.829, I, do CC – Desqualificação pelo Oficial e dúvida julgada procedente, sob o argumento de infringência ao art. 426 do CC, que veda contrato cujo objeto seja herança de pessoa viva. Controvérsia doutrinária acerca da validade da renúncia antecipada ao direito sucessório concorrencial – Validade da renúncia defendida por parte da doutrina, que não vislumbra transgressão a nenhum dispositivo legal (arts. 426, 1.784 e 1.804, parágrafo único, todos do CC). Distinção entre *pacta corvina* e renúncia antecipada à herança, que não tem como objeto disposição sobre o patrimônio de pessoa viva – Discussão sobre a legalidade da renúncia antecipada de herdeiro necessário à legítima, antes da abertura da sucessão, que somente seria possível de lege ferenda. Cônjuges devidamente advertidos, por ocasião da lavratura da escritura, a respeito da controvérsia do tema e possibilidade futura de invalidação da cláusula – Registro no Livro 03 do RI obstado em razão de uma única cláusula, impedindo que o pacto como um todo surta efeitos perante terceiros – Validade da renúncia antecipada será avaliada na esfera jurisdicional se a sociedade e o vínculo conjugal terminarem pela morte de um dos cônjuges e se houver concorrência na sucessão – Registro do pacto essencial para que o regime da separação convencional de bens, em sua totalidade, tenha eficácia em face de terceiros – Registro do pacto não significa adesão

---

[155] PONTES DE MIRANDA, Francisco Cavalcanti. *Tratado de direito privado*, § 1233, n. 4.
[156] CSMSP – Apelação Cível 1022765-36.2023.8.26.0100, Rel. Des. Francisco Eduardo Loureiro, j. 11/10/2023.

à legalidade da cláusula de renúncia antecipada, aberta a via jurisdicional para discussão dos interessados, após a abertura da sucessão – Distinção entre a amplitude da qualificação do registrador para o registro constitutivo de direitos reais e para o registro de pacto antenupcial, para fins de eficácia perante terceiros.[157]

É necessário entender o seguinte: em sede de qualificação registral cumpre ao Oficial Registrador aplicar a estrita legalidade. É certo que em determinadas hipóteses concretas isso pode até gerar um sentimento de injustiça à luz da evolução sociedade e até mesmo da doutrina. Aliás, no caso telado é notório que o art. 426 do CC traz norma de ordem pública que merece ser ressignificada aos novos anseios sociais. Isso não se discute! Mas, friso: isso é papel institucional do legislador e, se instaurado litígio, do juiz; não do registrador imobiliário. Não é por outro motivo que o projeto de reforma do CC/2002 em tramitação no Parlamento pretende sanar essa questão ao incluir um parágrafo à norma enfocada: "§ 2º Os nubentes podem, por meio de pacto antenupcial ou por escritura pública pós-nupcial, e os conviventes, por meio de escritura pública de união estável, renunciar reciprocamente à condição de herdeiro do outro cônjuge ou convivente".

Portanto, enquanto não alterada a lei (em sentido formal) o entendimento mais adequado, mantendo-se a higidez e segurança jurídica que a sociedade espera de um sistema seguro de registros públicos, é a inviabilidade do registro do pacto antenupcial em casos tais.

Em suma, o registrador imobiliário deve cumprir a lei. Essa é a sua inderrubável função!

4. A escolha de regime de bens na união estável: o contrato de convivência e seu ingresso no Registro de Imóveis

A união estável – caracterizada pela união entre duas pessoas, do mesmo sexo ou de sexos diferentes, que possuem convivência pública, contínua e duradoura, com o objetivo de constituir família – tem sido eleita como entidade familiar por muitos brasileiros. Por ser uma relação de fato informal, não depende de nenhuma solenidade ou celebração para produzir efeitos legais, como ocorre com o casamento.

É sabido, entretanto, que entre os principais efeitos desse arranjo familiar estão os patrimoniais. Vale dizer, vivendo duas pessoas em união estável, a Lei Substantiva Civil preocupou-se em disciplinar o patrimônio desse casal. Nesse particular, o art. 1.725 do Código Civil estabelece que, na união estável, as relações patrimoniais entre o casal obedecem às regras do regime da comunhão parcial de bens.

Frise-se, no entanto, que esta regra sobre os efeitos patrimoniais da relação, assim como no casamento, pode ser alterada pelo casal. Isso significa falar que os conviventes podem celebrar um contrato escrito entre si estipulando regras patrimoniais específicas que irão vigorar naquela união estável. Em síntese, a previsão do art. 1.725 do Código Civil – que prevê o regime da comunhão parcial na união estável – é regra supletiva, aplicável na inércia das partes. Destarte, quedando-se em silêncio os conviventes a escolha é feita, supletivamente, pela lei.

A disposição legal referida funciona, pois, como soldado de reserva, justamente por ser possível às partes, mediante contrato escrito, estabelecer, quanto ao seu patrimônio, o que lhes aprouver. É o famigerado *contrato de convivência*. Cuida-se de pacto firmado entre os companheiros, por meio do qual são disciplinados os efeitos pessoais e patrimoniais da união.

Para o contrato de convivência a lei apenas exige a apenas forma escrita, podendo ser instrumentalizado por escritura pública ou escrito particular. No entanto, é altamente recomendável que o contrato seja confeccionado por meio de escritura pública em um tabelionato de notas, seguido, ainda, de seu registro nos cartórios de registro civil das pessoas naturais e de registro de imóveis, garantindo-se, assim, sua plena eficácia *erga omnes*. Em paralelo didático, pode-se dizer que, *grosso modo*, o contrato de convivência é o pacto antenupcial da união estável. Diz-se a "*grosso modo*", justamente porque o pacto antenupcial exige a forma pública e é destinado ao casamento, enquanto o contrato de convivência basta a forma escrita, sendo aplicável à união estável.

Importante observar que o contrato de convivência, *de per si*, não cria a união estável, pois sua constituição decorre do atendimento dos requisitos legais (art. 1.723 do Código Civil). Em realidade, o contrato de convivência possui eficácia condicionada à caracterização, de fato, da união. Isto é, a

---

[157] CSMSP – Apelação Cível 1000348-35.2024.8.26.0236, Rel. Des. Francisco Eduardo Loureiro, j. 01/10/2024.

convenção não cria a união estável, que se constitui pela observância dos requisitos previstos em lei, e não pela vontade manifestada no contrato.

Ademais, o contrato pode ser alterado a qualquer momento, podendo também ser revogado desde que seja a vontade expressa de ambos os companheiros, já que a manifestação unilateral de um dos conviventes não tem o condão de provar nada, nem o começo, nem o fim da união estável.

Esclareça-se, por oportuno, que o contrato de convivência também não se confunde com o *contrato de namoro*. Esse um contrato atípico em que as partes declaram ser de sua vontade não viver em união estável, mas em mero namoro, sem o *animus* de constituir família. Distingue-se o namoro da união estável pelo nível de comprometimento do casal, e é enorme o desafio dos operadores do direito para estabelecer sua caracterização e os efeitos jurídicos dele decorrentes.

No aspecto formal, embora a lei não exija forma solene para o contrato de convivência, muitas normas regulamentares no âmbito das Corregedorias-Gerais da Justiça dos Estados exigem que para fins de registro imobiliário seja celebrada escritura pública, notadamente quando os conviventes queiram eleger regime diverso do legal, equiparando-se, *in totum*, o regime jurídico dos contratos de união estável às convenções antenupciais. Ilustre-se com a disciplina das *Normas de Serviço da Corregedoria paulista*:

> 83. As escrituras antenupciais e as escrituras públicas que regulem regime de bens na união estável serão registradas no Registro de Imóveis da comarca em que os cônjuges ou companheiros têm ou tiverem seu último domicílio sem prejuízo de sua averbação obrigatória no lugar da situação dos imóveis de propriedade ou dos que forem sendo adquiridos.
>
> 83.1.O registro da convenção antenupcial ou da escritura pública envolvendo regime de bens na união estável mencionará, obrigatoriamente, os nomes e a qualificação dos cônjuges ou companheiros, as disposições ajustadas quanto ao regime de bens e a data em que se realizou o casamento ou da escritura pública, constante de certidão que deverá ser apresentada com a escritura. Se essa certidão não for arquivada em cartório, deverão ainda ser mencionados no registro o cartório em que se realizou o casamento, o número do assento, o livro e a folha em que tiver sido lavrado ou do registro da escritura envolvendo a união estável no Livro "E" do Registro Civil das Pessoas Naturais.

Há, ainda duas questões polêmicas a serem resolvidas: (i) se para ingresso no Ofício Predial seria indispensável o registro da união estável no Livro "E" do Registro Civil das Pessoas Naturais; e (ii) se os companheiros podem fixar efeitos retroativos (*ex tunc*) ao contrato de convivência.

Sobre a necessidade de prévio registro no Livro E do RCPN, é razoável concluir pela sua desnecessidade ao simples argumento de que tal registro é facultativo, não compulsório.[158] Em outras palavras, a união estável caracteriza-se de fato, sendo o registro publicitário no Livro "E" faculdade posta à disposição dos conviventes. Não há qualquer sentido na interpretação que vê compulsoriedade no registro civil da união estável. Ademais, a inscrição no RCPN gera oponibilidade *erga omnes* apenas do estatuto pessoal, ou seja, as diretrizes jurídicas que respeitam o estado da pessoa natural, mas não do estatuto patrimonial. Equivale dizer, somente o registro imobiliário tem aptidão para publicizar o regime de bens diverso do legal eleito pelos conviventes no contrato de convivência.

Nesse sentido, foi acolhida proposta de enunciado de nossa autoria na *I Jornada de Direito Notarial e Registral* do CJF. Veja-se o enunciado aprovado e sua justificativa:

> *Enunciado 22*: Para o ingresso da união estável no Registro de Imóveis não é necessário o seu prévio registro no Livro E do Registro Civil das Pessoas Naturais.
>
> *Justificativa*: Para que a união estável aceda ao Registro de Imóveis não deve o Oficial exigir o seu prévio registro no Livro E do Registro Civil das Pessoas Naturais. Referido registro é facultativo, consoante estabelece o art. 1º do Provimento 37/2014 do CNJ, [CNN-Extra, art. 537] *verbis*: "É facultativo o registro da união estável prevista nos artigos 1.723 a 1.727 do Código Civil, mantida entre o homem e a mulher, ou entre duas pessoas do mesmo sexo".

---

[158] Remete-se o leitor interessado aos comentários do art. 94-A da Lei 6.015/1973, que trata do registro da união estável.

De outro lado, é certo que não é toda e qualquer união estável que pode ingressar no Registro de Imóveis, devendo o Oficial por ocasião da qualificação averiguar, entre outras situações: (i) se há manifestação formal de ambos os conviventes (ou seja, inviável a manifestação unilateral); (ii) se os companheiros se encontram devidamente qualificados com os seus respectivos estados civis; (iii) se não há risco de inscrição de direitos de propriedade presumidamente conflitantes (v.g., um dos conviventes figura como casado em comunhão universal com outrem); e (iv) se o título formal apresentado é hábil para permitir o acesso da união estável ao Registro Predial (v.g., não é adequado a eleição de regime diverso do legal pelos conviventes por simples instrumento particular).

Com efeito, diante da ausência de previsão legal, não parece correto exigir o prévio registro no Livro E do RCPN como *conditio sine qua non* para acesso da união estável no Registro de Imóveis. Tal registro é relevante, recomendável, mas não obrigatório.

Este é o entendimento do *Conselho Superior da Magistratura do Estado de São Paulo*: "Em razão da informalidade para sua constituição e, em regra, para sua dissolução, o art. 1º do Provimento nº 37/2014 da Corregedoria Nacional de Justiça [CNN-Extra, art. 537] prevê que o registro da união estável no Registro Civil das Pessoas Naturais é faculdade dos companheiros. (...) Sendo facultativo, não deve esse registro ser exigido para que um dos companheiros, ou ambos, pratiquem atos ou negócios jurídicos compatíveis com a autonomia da vontade. (...) Nesse cenário, é possível concluir, observados os requisitos imprescindíveis à inscrição da união estável sem risco de inscrição de direitos de propriedade presumidamente conflitantes, e diante da informalidade para sua constituição e dissolução, que não se mostra necessário o prévio registro no Livro "E" do Registro Civil das Pessoas Naturais" (CSMSP – Apelação Cível 1044002-05.2018.8.26.0100, Rel. Des. Geraldo Francisco Pinheiro Franco, j. 16/05/2019).

A outra questão controvertida diz respeito à possibilidade ou não de os conviventes em contrato de convivência estabelecerem efeitos patrimoniais retroativos para a união estável. Em outras palavras, pode o casal estabelecer que o regime de bens por eles eleito vale desde o início da sua união?

É da jurisprudência do *Superior Tribunal de Justiça* o entendimento consolidado pela impossibilidade de os conviventes atribuírem efeitos retroativos (*ex tunc*) ao contrato de união estável, a fim de eleger regime de bens aplicável ao período de convivência anterior a sua assinatura.[159]

Segundo o entendimento fixado, o regime de bens entre os companheiros começa a vigorar na data da assinatura do contrato, assim como o regime de bens entre os cônjuges começa a produzir efeitos na data do casamento (CC, art. 1.639, § 1º). Em outros dizeres, o contrato de união estável é plenamente válido, mas somente pode gerar efeitos para o futuro, não sendo lícita a produção de efeitos pretéritos. Incabível, pois, cláusula de retroatividade do pacto patrimonial celebrado pelos conviventes.

Não se pode perder de vista que a união estável, como situação de fato, não se sujeita a nenhuma solenidade. Normalmente, concretizar-se-á com o decorrer do tempo, pois não há como saber previamente se ela será duradoura e estável. Dessa forma, eventual contrato de convivência pode ser formalizado a qualquer momento, seja na sua constância, seja previamente ao seu início. Isso se justifica, afinal, como não se submetem às solenidades e rigores do casamento, os conviventes possuem maior liberdade para decidir o momento em que vão celebrar o contrato.

O contrato de convivência possui, portanto, grande elasticidade, permitindo às partes disciplinar suas relações pessoais e patrimoniais, criando novos modelos de regimes de bens, definindo a administração do patrimônio, comum e recíproco, estipulando comunhão em percentuais diversos, enfim, tudo dentro das latitudes da autonomia privada. Desse modo, a regulamentação das relações pessoais e patrimoniais por contrato escrito será legítima, desde que as suas cláusulas não ofendam os direitos pessoais dos conviventes, nem os princípios gerais de direito, nem o interesse público ou os de terceiros.

Especialmente nesse ponto, por questão de segurança jurídica, parece correta a interpretação dada pelo Superior Tribunal de Justiça. Afinal, o Código Civil é claro no sentido de que, no silêncio das

---

[159] STJ – REsp 1.383.624-MG, Rel. Min. Moura Ribeiro, j. 02/06/2015. Entendimento foi ratificado pelo STJ no AgInt no AREsp n. 1.631.112/MT, Rel. Min. Antonio Carlos Ferreira, j. 26/10/2021.

partes, vigora na união estável o regime da comunhão parcial de bens, ou seja, até que o contrato de convivência seja formalizado, vigora a norma supletiva.

Nessa situação, para as relações patrimoniais anteriores ao contrato, há presunção absoluta (*jure et de jure*) – não se admitindo prova em contrário – de que os bens adquiridos de forma onerosa na constância da união são frutos do esforço comum, adquiridos por colaboração mútua, passando a pertencer a ambos, em partes iguais. Instala-se, pois, um estado de condomínio entre o par. Assim, adquirido o bem na ausência de contrato escrito, ainda que por apenas um dos conviventes, transforma-se em propriedade comum, devendo ser partilhado por metade na hipótese de dissolução do vínculo.

No caso específico enfrentado pelo *Superior Tribunal de Justiça*, como o contrato de convivência foi celebrado oito anos após o início da união estável, concluiu-se que o ajuste era válido, mas que somente geraria efeitos para o futuro, ou seja, não se admitiu a atribuição de efeitos pretéritos. Dito de outro modo, fixou-se que a eficácia do contrato de convivência é da data de sua formalização para frente, já que não se pode permitir os efeitos pretéritos do ato, sob pena de se autorizar que ocorra a modificação do regime de comunhão parcial que até então vigorava na união estável.

É de se averbar que sobre os efeitos do contrato de união estável, doutrinadores de renome, como *Francisco José Cahali*, *Maria Berenice Dias* e *Rolf Madaleno*, sustentam que na união estável é possível a alteração a qualquer tempo das disposições de caráter patrimonial, inclusive com efeitos retroativos, mediante singelo acordo despido de caráter patrimonial, sob o argumento de que deve prevalecer o princípio da autonomia da vontade.

Entretanto, conforme destacado pelo Superior Tribunal de Justiça, o art. 1.725 do Código Civil autoriza que os conviventes formalizem suas relações patrimoniais e pessoais por meio de contrato e que na ausência dele aplicar-se-á, no que couber, o regime de comunhão parcial. Ora, enquanto não houver a formalização da união estável, vigora o regime da comunhão parcial. Nessa linha de pensamento, observe-se que, no caso, durante oito anos de convivência e diante da ausência de contrato presume-se que vigia entre o casal o regime da comunhão parcial de bens. Após, com a superveniência do ajuste, modificou-se o regime para o da separação total de bens e lhe conferiu efeitos retroativos, como se o outro jamais tivesse existido e produzido efeitos jurídicos. Conforme bem delineado pelo relator, *Ministro Moura Ribeiro*, "admitir essa situação seria conferir, sem dúvida, mais benefícios à união estável do que ao matrimônio civil, bem como teria o potencial de causar prejuízo a direito de terceiros que porventura tivessem contratado com eles".[160]

Adotando-se o entendimento do Superior Tribunal de Justiça, dentro da esfera de atuação dos notários, observando-se a profilaxia jurídica que lastreia a atividade notarial, no nobre intuito de se evitar futuros litígios e garantir segurança jurídica *ex ante*, é altamente recomendável que no contrato de convivência fique claramente consignado que os efeitos patrimoniais decorrentes do regime de bens eleito pelos conviventes passam a valer daquela data em diante, ressalvando-se expressamente que eventuais reflexos patrimoniais anteriores ao pacto reger-se-ão pelo regime da comunhão parcial de bens, nos termos do art. 1.725 do Código Civil.

Por fim, há de se avaliar a possibilidade de eventual aproveitamento da escritura pública declaratória de união estável – na qual os conviventes elegeram regime de bens diverso legal – como pacto antenupcial por ocasião da convolação da união estável em casamento. Embora soe razoável e proporcional admitir a fungibilidade das avenças, é certo que os negócios jurídicos telados possuem objetivos muito próprios e, principalmente, ostentam causas jurídicas distintas. Ademais, apesar da possibilidade de haver o interesse de manutenção do regime de bens anteriormente eleito à fase convivencial, parece prudente estabelecer a necessidade de nova pactuação por ocasião da conversão da união estável em casamento. Isso, no entanto, não inviabiliza a possibilidade de, já no contrato de convivência, deliberar-se em capítulo autônomo da escritura a convenção antenupcial, o que, *tout court*, gerará repercussão emolumentar. É nesse sentido precedente ilustrativo da *2ª Vara de Registros Públicos de São Paulo*:

> As pessoas que desejam o reconhecimento da união estável desde a presença de seus elementos jurídicos, em regra ou, em princípio, não desejam o instituto jurídico do casamento, pois,

---

[160] STJ – REsp 1.383.624-MG, Rel. Min. Moura Ribeiro, j. 02/06/2015.

assim fosse, contrairiam matrimônio. Desse modo, no mais das vezes, considerada a razão prática do instituto jurídico, não haveria sentido em firmar um pacto antenupcial para afastar o regime legal conjuntamente com o reconhecimento da união estável, independentemente da regulação patrimonial no âmbito da união estável. Seja como for, havendo os pressupostos para convenção quanto à união estável e pacto antenupcial não haveria impedimento na realização em um instrumento único dada inexistência de norma cogente que o impeça. Nesse caso, como é incontroverso neste expediente, competiria cobrança dos emolumentos por dois atos (escritura declaratória de união estável e pacto antenupcial). Nessa hipótese, o instrumento público deve ser claro acerca da existência de dois negócios jurídicos não sendo possível a utilização da declaração concernente ao regime patrimonial de regência da união estável para fins de pacto antenupcial, porquanto as causas jurídicas daqueles são diversas. A qualificação registral da escritura pública de pacto antenupcial, realizada em conjunto ou separadamente com a declaração de união estável, como é evidente, será objeto de qualificação registral pelo Oficial do Registro Civil conforme sua independência funcional, destarte, não ficando vinculado a qualquer interpretação prévia de cunho doutrinário ou de precedente administrativo.[161]

5. A alteração de regime de bens e sua registrabilidade

Até o advento do Código Civil de 2002, vigia o princípio da imutabilidade do regime de bens.[162] Uma vez escolhido, ou imposto, o regime de bens ao casal, esse não poderia ser mudado na constância do casamento, como forma de proteger não apenas os cônjuges como também terceiros. Atualmente, o princípio da imutabilidade foi mitigado, possibilitando a alteração mediante alvará judicial (CC, art. 1.639, § 2º) e dando maior autonomia às partes para determinar os rumos do próprio patrimônio.[163]

O art. 1.639, § 2º, do Código Civil dispõe expressamente que é "admissível alteração do regime de bens, mediante autorização judicial em pedido motivado de ambos os cônjuges, apurada a procedência das razões invocadas e ressalvados os direitos de terceiros". A modificação do regime de bens após o casamento, portanto, requer autorização judicial, a pedido de ambos os cônjuges, independentemente do tempo de casamento, e desde que haja justificativas concretas e substanciais à modificação, muito embora haja tendência a abrandar o rigor da análise dessa motivação, desde que comprovada a ausência de má-fé, fraude ou risco de prejuízo a terceiros.

No espeque processual, cuida-se de procedimento de jurisdição voluntária regulamentado pelo CPC (arts. 719 a 725 e 734):

> Art. 734. A alteração do regime de bens do casamento, observados os requisitos legais, poderá ser requerida, motivadamente, em petição assinada por ambos os cônjuges, na qual serão expostas as razões que justificam a alteração, ressalvados os direitos de terceiros.
>
> § 1º Ao receber a petição inicial, o juiz determinará a intimação do Ministério Público e a publicação de edital que divulgue a pretendida alteração de bens, somente podendo decidir depois de decorrido o prazo de 30 (trinta) dias da publicação do edital.
>
> § 2º Os cônjuges, na petição inicial ou em petição avulsa, podem propor ao juiz meio alternativo de divulgação da alteração do regime de bens, a fim de resguardar direitos de terceiros.
>
> § 3º Após o trânsito em julgado da sentença, serão expedidos mandados de averbação aos cartórios de registro civil e de imóveis e, caso qualquer dos cônjuges seja empresário, ao Registro Público de Empresas Mercantis e Atividades Afins.

Em síntese, o juiz avaliará as motivações dos cônjuges e, verificando que não há prejuízo a terceiros, poderá então atender ao pedido, expedindo mandado judicial para o RCPN que lavrou o registro de casamento para averbação à margem do respectivo registro. Após a averbação da alteração do regime

---

[161] 2ªVRPSP – Processo 1091877-29.2022.8.26.0100, Juiz Marcelo Benacchio, j. 05/12/2022.

[162] A jurisprudência pátria consolidou o entendimento pela possibilidade de aplicação da norma do art. 1.639, § 2º, do CC/2002 aos casamentos celebrados sob a égide do CC/1916. Cuida-se, não de retroatividade legal, vedada nos termos do art. 5º, XXXVI, da CF/1988, mas de aplicação de norma geral com efeitos imediatos, nos termos do art. 2.035 do CC/2002.

[163] Por conta dessa flexibilização, há quem entenda que seria possível celebra pacto subordinado a termo resolutivo (KÜMPEL, Vitor Frederico; FERRARI, Carla Modina. *Tratado notarial e registral:* tabelionato de notas. v. III. São Paulo: YK Editora, 2017. p. 986).

Art. 167 | LEI DE REGISTROS PÚBLICOS COMENTADA

de bens no assento de casamento será de rigor, se o caso, promover as averbações no Registro de Imóveis. Será indispensável a averbação da alteração nas matrículas de imóveis de titularidade dos cônjuges e, havendo registro no Livro 3 – Registro Auxiliar, isto é, se o regime anterior for diverso do legal, será também indispensável a averbação dessa alteração no livro especial. O oficial registrador – seja de pessoas naturais, seja o imobiliário – verificará o trânsito em julgado da sentença para realizar a averbação.

Questão interessante está em saber se é necessária ou não a escritura pública para o estabelecimento do novo regime de bens se o eleito for diverso do legal. À primeira vista, a resposta seria positiva, afinal, segundo a lei o juiz apenas autoriza a mudança do estatuto patrimonial, sendo certo que se tratando de negócio jurídico formal e solene, quando o caso de regime de bens diverso do legal, a manifestação de vontade dos cônjuges exigiria a observância fiel dos requisitos triviais exigidos pela lei, *in casu*, a forma pública. Nada obstante, não é raro que o magistrado dispense a formalidade e determine apenas o seu averbamento publicitário nos registros públicos (de pessoas naturais e imobiliário), por meio de mandado específico. Se nada foi deliberado pelo juiz a esse respeito, parece ser mesmo o caso de exigir a escritura pública (seria o caso do chamado *pacto pós-nupcial*).

Nessas situações, aliás, é muito recorrente que haja patrimônio comum oriundo do regime de bens moribundo a ser partilhado, razão pela qual a escritura pública formalizada por notário – profissional do direito imparcial e assessor jurídico das partes – atende à hipótese feito luva encomendada. Assim, seria o caso de se promover em único ato notarial o estabelecimento do novo estatuto patrimonial e disciplinar a distribuição ou partilha do patrimônio anterior, como imperativo de segurança jurídica para evitar confusão patrimonial futura. Bem-vistas as coisas, trata-se de mais uma matéria que merece ser *desjudicializada*, em prestígio à autonomia privada e à eficiência da Justiça.

Seja como for, uma coisa é certa: a alteração do regime de bens produz efeitos *ex nunc*, isto é, não retroage. Nesse sentido, não se confunde com a retificação do regime de bens. Essa procede-se quando houver erro do oficial no registro de casamento, ao fazer constar regime de bens diverso do escolhido pela parte. A retificação visa corrigir erro no registro e, por isso, opera com efeitos retroativos (*ex tunc*). A averbação da alteração do regime de bens, por sua vez, não retifica o assento, mas o modifica, com produção de efeitos *ex nunc*. Por isso mesmo, deve o registrador mencionar nas certidões do assento de casamento a alteração, informando o regime de bens na data do casamento e a data em que foi averbada a sua alteração (Lei 6.015/1973, art. 21). A omissão desse fato poderá dar ensejo a informação equivocada quanto ao regime de bens na data do casamento.

Por fim, vale ressaltar que se tem admitido inclusive a possibilidade de alteração do regime da separação obrigatória de bens, bastando que, à luz do disposto no art. 1.639, § 2º, do Código Civil, seja provada a extinção das causas que determinaram a imposição do regime legal obrigatório. É nesse sentido o *Enunciado 262 das Jornadas de Direito Civil*: "A obrigatoriedade da separação de bens nas hipóteses previstas nos incisos I e III do art. 1.641 do Código Civil não impede a alteração do regime, desde que superada a causa que o impôs".

6. Regime de bens para casamentos celebrados no exterior e o Registro de Imóveis

Tema da mais alta complexidade para o registrador imobiliário ocorre quando se verifica que as partes são casadas no exterior. Essa situação atrai a incidência imediata da norma do art. 7º, § 4º, do Decreto-lei 4.657/1942 (LINDB) segundo a qual o regime de bens, legal ou convencional, obedece à lei do país em que tiverem os nubentes domicílio, e, se esse for diverso, a do primeiro domicílio conjugal.

Assim, é comum que o registrador tenha que lidar com regime de bens disciplinado no direito alienígena. Com efeito, convém anotar que segundo o entendimento consolidado da *Corregedoria-Geral da Justiça do Estado de São Paulo*, tratando-se de brasileiros ou de estrangeiros casados no exterior, para evitar dúvida acerca da real situação jurídica dominial do imóvel, o regime de bens deve ser desde logo comprovado para constar do registro.[164] Os meios documentais que ordinariamente são utilizados para essa comprovação são certidões expedidas por autoridades consulares esclarecendo os estatutos patrimoniais, as formalidades e as regras gerais vigorantes dos países.

Registre-se, no entanto, que se for o caso de terem os nubentes celebrado pacto antenupcial no exterior, para que esse produza os seus regulares efeitos jurídicos no Brasil, perante terceiros, é curial

---

[164] Item 61.4, Cap. XX, NSCGJSP.

que seja feito o seu registro no Livro 3 – Registro Auxiliar, nos termos dos arts. 178, V, c.c. 244, ambos da LRP. Tratando-se, pois, de documento estrangeiro, firmado com base na lei de outro país, mister seja apresentado como título hábil para registro do pacto antenupcial a indigitada escritura, traduzida por tradutor público juramentado, consularizada ou devidamente apostilada (Prov. 62/2017 do CNJ) e efetivamente registrada no Ofício de Registro de Títulos e Documentos (LRP, art. 129, 6º). Nesse ambiente, ademais, é cediço que o casamento de brasileiros no exterior enseja também o registro por trasladação integral do assentamento alienígena no Livro "E" do Registro Civil das Pessoas Naturais da sede da Comarca de domicílio dos cônjuges (art. 1.544 do Código Civil c.c. art. 1º da Resolução 155/2012 do CNJ).

Em síntese, para que seja possível o efetivo controle de disponibilidade no Registro de Imóveis, é de rigor que o regime de bens quando o casamento foi celebrado no estrangeiro seja desde logo esclarecido como imperativo de segurança jurídica.

Jurisprudência

1. Inexistência de efeitos *post mortem* ao regime de bens deliberado no pacto antenupcial

"Com efeito, importante sublinhar que o pacto antenupcial somente pode dispor sobre a comunicação ou não de bens e o modo de administração do patrimônio no curso do casamento, não podendo invadir, por óbvio, outras searas, dentre as quais se destaca a do direito sucessório, cujo fato gerador é a morte de um dos cônjuges e não, como cediço, a vida em comum. As situações, por serem distintas, não comportam tratamento homogêneo, à luz do princípio da especificidade". Noutro linguajar, não se poderia presumir que o pacto antenupcial seja fruto do desejo dos nubentes em perpetuar a intransmissibilidade entre seus patrimônios. Afirmou-se, ainda, que pensar diferente seria viabilizar, por vias transversas, a pacta corvina (convenção sobre herança de pessoa viva), que, como sabido, cuida-se de prática abominada pelo ordenamento jurídico (art. 426 do Código Civil). Também foi evocado que o objetivo da regra do art. 1.829 do Código Civil é garantir o sustento do cônjuge supérstite e, em última análise, a sua própria dignidade, já que, em razão do regime de bens, poderia ficar à mercê de toda sorte e azar em virtude do falecimento de seu cônjuge. Assim, a concorrência justificar-se-ia justamente por esse motivo, coadunando-se com a finalidade protetiva do cônjuge no campo do direito sucessório, almejada pelo legislador, em histórico avanço, devendo-se observar o princípio do retrocesso social – argumento este bem desenvolvido outrora pelo ministro Luis Felipe Salomão (*vide*: STJ – REsp 1.329.993/RS, Rel. Min. Luis Felipe Salomão, j. 17/12/2013)" (STJ – REsp. 1.472.945/RJ, Rel. Min. Ricardo Villas Bôas Cueva, j. 23/10/2014).

"Direito das Sucessões. Regime de Bens. Separação Total. Pacto Antenupcial. Regime de bens que não retira do cônjuge sobrevivente a condição de herdeiro necessário. Cônjuge é considerado herdeiro necessário independentemente do regime de bens do casamento. O que o artigo 1829, I veda é a concorrência do cônjuge sobrevivente com os descendentes se o casamento ocorreu sob o regime da comunhão universal, na separação obrigatória, ou na comunhão parcial, se o autor da herança não deixou bens particulares. Mas se não há descendentes, o cônjuge sobrevivente terá a sucessão legítima deferida em concorrência com os ascendentes e na falta destes herda sozinho, conforme ordem do art. 1829 do CC e independentemente do regime de bens" (STJ – RESP 1.294.404/RS, Rel. Min. Ricardo Villas Bôas Cueva, j. 29/10/2015).

2. Contrato de convivência na união estável não pode ter efeitos retroativos

"Enquanto não viger entre os conviventes um contrato escrito vigorará entre o casal o regime de comunhão parcial de bens, de modo que os bens adquiridos na constância da união estável e até o momento da celebração do contrato, pertencem a ambos os conviventes, os dispositivos acima mencionados, fazem ver que os efeitos do contrato de união estável são de natureza *ex nunc*. É que a lei – especial e codificada – determina a aplicação do regime da comunhão parcial de bens para a união estável cujas relações patrimoniais não tiverem sido definidas diversamente por contrato. Em outras palavras, na ausência de contrato que faça as vezes do pacto antenupcial, o regime de bens da união estável será o da comunhão parcial, no qual todos os bens adquiridos onerosamente durante a união pertencerão aos companheiros em partes iguais. Assim, celebrar um contrato para oficializar a união estável já existente de fato e estabelecer regime de bens diverso da comunhão parcial (separação ou comunhão total, por exemplo) implica mudar a relação patrimonial até então

Art. 167 | LEI DE REGISTROS PÚBLICOS COMENTADA

aplicável. (...) Conforme entendimento desta Corte, a eleição do regime de bens da união estável por contrato escrito é dotada de efetividade ex nunc, sendo inválidas cláusulas que estabeleçam a retroatividade dos efeitos patrimoniais do pacto" (STJ – AgInt no AREsp n. 1.631.112/MT, 4ª Turma, Rel. Min. Antonio Carlos Ferreira, j. 26/10/2021).

3. Possibilidade de afastamento da incidência da Súmula 377 do STF por pacto antenupcial

"É possível que os nubentes/companheiros, por meio de pacto antenupcial, ampliem o regime de separação obrigatória e proíbam até mesmo a comunhão dos bens adquiridos com o esforço comum, afastando a Súmula 377 do STF. No casamento ou na união estável, regidos pelo regime da separação obrigatória de bens, é possível que os nubentes/companheiros, em exercício da autonomia privada, estipulando o que melhor lhes aprouver em relação aos bens futuros, pactuem cláusula mais protetiva ao regime legal, como o afastamento da Súmula 377 do STF, impedindo a comunhão dos aquestos. A mens legis do art. 1641, II, do CC é conferir proteção ao patrimônio do idoso que está se casando e aos interesses de sua prole, impedindo a comunicação dos aquestos. Por uma interpretação teleológica da norma, é possível que o pacto antenupcial venha a estabelecer cláusula ainda mais protetiva aos bens do nubente septuagenário, preservando o espírito do Código Civil de impedir a comunhão dos bens do ancião. Súmula 377-STF" (STJ –REsp 1.922.347-PR, Rel. Min. Luis Felipe Salomão, j. 07/12/2021).

"RCPN. Casamento – regime da separação obrigatória de bens – pacto antenupcial. Súmula 377 – afastamento. Aquestos. Registro Civil das Pessoas Naturais – Habilitação de casamento – Nubente maior de 70 anos de idade – Pretensão de adoção do regime de separação convencional de bens para afastar a incidência da Súmula no 377 do Eg. Supremo Tribunal Federal e, portanto, a presunção de comunicabilidade dos aquestos – Obrigatoriedade de adoção do regime de separação legal, mas com possibilidade de afastamento, por convenção, da presunção de comunicação dos aquestos, por se tratar de restrição mais gravosa em relação à decorrente da referida Súmula – Precedente da Corregedoria-Geral da Justiça – Recurso não provido, com observação sobre a possibilidade de dispensa da alteração do pacto antenupcial já lavrado para que seja adotado o regime da separação legal, com incidência da separação de bens inclusive sobre os aquestos" (CGJSP – Processo 1018564-40.2019.8.26.0100, Rel. Des. Geraldo Francisco Pinheiro Franco, j. 14/06/2019).

4. Inviabilidade de novo registro do pacto antenupcial no Livro 3 de outra circunscrição imobiliária quando há alteração de endereço do casal

"Trata-se de procedimento de dúvida suscitada pelo Oficial do 4º CRI local, a requerimento de RSRV e LHRG, tendo por objeto escritura pública de pacto antenupcial prenotada sob nº 55.870, em que convencionaram que o casamento a ser celebrado estaria subordinado ao regime da separação total de bens. O título foi recusado pelo 4º CRI, sob a alegação de que a convenção antenupcial já estava registrada no Registro de Imóveis de Guaxupé MG, sob nº 17.760, livro nº 3. Impugnação pelos interessados (fls. 15/18). Sobreveio parecer do Ministério Público opinando pela procedência da dúvida (fls. 33/34). É o relatório. Decido. Conforme apurado, o pacto antenupcial dos suscitados já foi registrado no Registro de Imóveis de Guaxupé- MG, sob nº 17.160, livro 3, alcançando plena eficácia perante terceiros, nos termos do artigo 1.657 do Código Civil. Assim, inócua a repetição do registro da convenção antenupcial em outra Comarca, sob pena de causar insegurança jurídica justamente para se fixar a data em que referido pacto passou a ser eficaz perante terceiros. O que é possível, após o primeiro registro, não é sua repetição em novos locais de domicílio do casal, mas sim e tão somente a averbação do regime de bens nas matrículas dos imóveis adquiridos pelo casal, onde quer que se encontrem, na forma do artigo 244 da Lei nº 6.015/73. E nem se alegue que a menção na escritura do domicílio a ser adotado seria o de Paulínia, seria suficiente para determinar a competência do Registrador. De fato, na medida em que a convenção antenupcial antecede o casamento, a declaração do futuro domicílio é apenas uma exteriorização de intenção, que pode ou não se concretizar. Aliás, se o Registrador de Guaxupé registrou a convenção antenupcial, presume-se, por força do artigo 1.657 do Código Civil e artigo 244 da Lei nº 6.015/73, que as partes fixaram seu domicílio conjugal na circunscrição territorial daquela unidade mineira, o que contraria as declarações dos cônjuges de que teriam fixado seu primeiro domicílio na cidade de Paulínia. Por fim, como bem explicou o Oficial do 4º CRI, se, por qualquer razão, o domicílio, desde o casamento, já foi estabelecido em Paulínia, e o registro em Guaxupé estaria em desacordo com o artigo 244 da Lei nº 6.015/73, cumpre aos interessados buscar o cancelamento daquele registro, pois enquanto não cancelado, produza todos os efeitos legais (arts. 250 e 252 da Lei nº 6.015/73). Ante o exposto, julgo procedente a dúvida suscitada para o fim de manter inalterada a recusa do Oficial do 4º CRI local em registrar o título indicado. Transitada em julgado, cumpra-se o disposto no artigo 203, inciso, I, da Lei nº 6.015/73. Ciência ao Ministério Público" (6ª Vara Cível Campinas/SP, Processo 3032018-21.2013.8.26.0114).

5. Possibilidade de alteração de regime de bens para casamentos celebrados sob a égide do Código Civil de 1916

"Regime de bens – alteração judicial. Casamento – CC1916. Civil – regime matrimonial de bens – alteração judicial – casamento ocorrido sob a égide do CC/1916 (Lei nº 3.071) – possibilidade – art. 2.039 do CC/2002 (Lei nº 10.406) – correntes doutrinárias– art. 1.639, § 2º, c/c art. 2.035 do CC/2002 – norma geral de aplicação imediata. 1 – apresenta-se razoável, in casu, não considerar o art. 2.039 do CC/2002 como óbice à aplicação de norma geral, constante do art. 1.639, § 2º, do CC/2002, concernente à alteração incidental de regime de bens nos casamentos ocorridos sob a égide do CC/1916, desde que ressalvados os direitos de terceiros e apuradas as razões invocadas pelos cônjuges para tal pedido, não havendo que se falar em retroatividade legal, vedada nos termos do art. 5º, XXXVI, da CF/88, mas, ao revés, nos termos do art. 2.035 do CC/2002, em aplicação de norma geral com efeitos imediatos. 2 – Recurso conhecido e provido pela alínea 'a' para, admitindo-se a possibilidade de alteração do regime de bens adotado por ocasião de matrimônio realizado sob o pálio do CC/1916, determinar o retorno dos autos às instâncias ordinárias a fim de que procedam à análise do pedido, nos termos do art. 1.639, § 2º, do CC/2002" (STJ – REsp 730.546, Rel. Min. Jorge Scartezzini, j. 23/08/2005).

"O pacto antenupcial é ato notarial; a alteração do regime matrimonial é ato judicial. A alteração do regime de bens pode ser promovida a qualquer tempo, de regra com efeito *ex tunc*, ressalvados direitos de terceiros. É possível alterar regime de bens de casamentos anteriores à vigência do Código Civil de 2002" (TJRS – Apelação Cível 70006709950, Sétima Câmara Cível).

6. Impossibilidade de alteração do regime de bens direto no Registro de Imóveis ou no Registro Civil das Pessoas Naturais

"Pedido de cancelamento do pacto antenupcial registrado no Livro 3 feito diretamente ao Registro de Imóveis, para fins de alteração do regime de bens. Impossibilidade. Requerimento que não pode ser atendido em sede registral, mas sim, em se tratando de jurisdição voluntária o pedido deve ser conhecido em uma Vara da Família. Determina o artigo 1.639, § 2º, do Código Civil que o pedido feito pelos requerentes deve ter autorização judicial. Porém, tal autorização não poderá advir de juiz com função administrativa, censório-disciplinar, cujas decisões não fazem coisa julgada material, como é o caso deste Juízo. Ante o exposto, INDEFIRO o pedido formulado por JBVC e SPVC, devendo os requerentes perseguir a pretensão nas vias ordinárias" (1ª VRPSP – Processo 0040126-69.2012.8.26.0100, Juiz Marcelo Martins Berthe, j. 27/02/2013).

"RCPN. Casamento. Regime de bens – alteração. Competência jurisdicional. Rcpn. Casamento. Regime de bens – alteração. Competência jurisdicional. '(...) A apreciação dessa pretensão (alteração do regime de bens do casamento), de natureza jurisdicional, refoge do âmbito de atribuições do exercício da Corregedoria Permanente dos Registros Civis e Tabelionatos de Notas da Capital, que se desenvolve na esfera administrativa nesta 2ª Vara de Registros Públicos. (...) O tema posto em controvérsia, envolvendo modificação de termos de regimes de bens caracteriza ação de família, cujo palco para dirimi-lo é a via jurisdicional. (...)'" (2ª VRPSP – Pedido de Providências 1000451-33.2022.8.26.0100, Juiz Marcelo Benacchio, j. 14/01/2022).

7. Pacto antenupcial de segundo casamento

"Pacto antenupcial de segundo casamento. Tratando-se de regime de comunhão de bens somente pode ser registrado após a partilha de bens do casamento anterior (CSMSP: AP.Civ. 994.09.231.559-6/50000). Inviabilidade de averbação de novo casamento e registro do pacto e de sua averbação nas matrículas sem prévia partilha de bens do primeiro casamento. Hipótese em que há necessidade de adoção do regime de separação obrigatória de bens, se não houve partilha de bens do primeiro casamento. O v. acórdão enfrentou a questão afirmada ao concluir que, sem a prévia partilha de bens, não há como admitir o ingresso no Registro de Imóveis do pacto antenupcial para outro casamento, em especial porque, ainda que com efeitos retroativos do divórcio, nada ficou assentado sobre o patrimônio do casal" (CSMSP – Apelação Cível 994.09.231.559-6/50000, Rel. Des. Antonio Carlos Munhoz Soares, j. 18/01/2011).

8. Casamento realizado após a Lei 6.515/1977, com regime diverso do legal, no qual a habilitação ultimou-se em data anterior à vigência da lei

"A Lei nº 6.515/77 estabeleceu que o regime de bens entre os nubentes, à falta de pacto antenupcial, é o da comunhão de bens. Mas pode ocorrer que a habilitação para o casamento tenha sido efetuada antes da entrada da lei em vigor, no qual os nubentes estabeleceram regime diverso do legal. Para atenuar essas situações peculiares, o TJSP admite a averbação no registro do casamento da confirmação judicial do regime de bens adotados, sendo lavrada escritura de ratificação do pacto antenupcial, que juntamente com a certidão de casamento poderá ser objeto de registro. Poderão, ainda, os interessados requerer diretamente ao Juiz Corregedor permanente deferimento de ato averbatório, esclarecendo que na habilitação os cônjuges optaram validamente por determinado regime de bens. O rigor formal deve ser atenuado para atender situações peculiares, como esta dos autos. Bem por isso o Egrégio Tribunal de Justiça de São Paulo, por reiteradas vezes, tem admitido, para obviar dificuldades, averbação no registro de casamento a confirmação judicial do regime de bens adotado (cf. 'Revista de Jurisprudência do Tribunal de Justiça do Estado de São Paulo', volumes 60/45, 67/126, 80/42, 81/47 e 86/45, não sevando a aceitação, pelo Cartório de Registro de Imóveis, de escritura de ratificação do pacto antenupcial, acompanhada de certidão de casamento, para os fins específicos previstos em lei (cf. decisão do Dr. José de Mello Junqueira no processo no 112/82, da Primeira Vara de Registros Públicos). Poderão os interessados, ainda, em face de posição jurisprudencial pacífica, requerer diretamente ao Meritíssimo Juiz Corregedor Permanente do Cartório de Registro de Imóveis deferimento de ato averbatório para espancar dúvidas e prevenir dificuldades, eis que, na habilitação, os cônjuges optaram validamente por determinado regime de bens" (CSMSP – Apelação Cível 10.557-0/0, Rel. Des. Milton Evaristo dos Santos, j. 11/01/1990).

"Procedimento de dúvida – Escritura de compra e venda – Registro – Inexistência de pacto antenupcial formalizado – Adquirente do imóvel cassado sob o regime da comunhão universal de bens, já no advento da Lei 6.515/77 – Ausência decorrente de equívoco do Oficial do Cartório do Registro Civil, devendo prevalecer a intenção inequívoca do casal em adotar referido regime de bens – Suprimento da falta do pacto, ademais, determinado judicialmente, com a devida averbação no assento de casamento – Configuração de recusa injustificável – Recurso provido" (CSMSP – Apelação Cível 22.860-0/5, Rel. Des. José Mário Antonio Cardinale, j. 29/06/2004).

9. Regime de bens de cônjuges casados e residentes no estrangeiro obedece à lei do país de domicílio dos nubentes, inclusive quanto à forma extrajudicial

"Sucessão. Casamento estrangeiro – regime de bens – alteração. Casal domiciliado e residente na França – suscitante casado naquele país e seu cônjuge ali falecido. Será a lei francesa a ser aplicada, sendo certo que ela permite que a integralidade dos bens seja transferida ao cônjuge em caso de morte de um deles, além da alteração do regime de bens por instrumento público" (1ª VRPSP – Processo 1066022-53.2019.8.26.0100, Juíza Tânia Mara Ahualli, j. 26/09/2019).

10. Registro do pacto antenupcial como pressuposto para registro da aquisição imobiliária

"Registro de imóveis – Dúvida – Registro de carta de adjudicação – Dúvida julgada improcedente – Impossibilidade – Aquisição por pessoa casada sob regime diverso do legal – Ausência de registro do pacto antenupcial – Necessidade de retificação do assento de casamento – Art. 244 da LRP – Recurso provido.

Casamento foi celebrado em 04 de março de 1978, após a entrada em vigor da Lei 6.515/77, quando vigia o Código Civil de 1916. A redação do art. 258, dada pela Lei 6.515/77, estabelecia o regime da comunhão parcial de bens como o regime legal. Se adotado outro, estipulava o art. 256, parágrafo único, I, que seria nula a convenção se não feita por escritura pública. Ao que consta da certidão de casamento juntada aos autos, foi adotado o regime da comunhão universal de bens. Regime, portanto, diverso do legal. Logo, havia necessidade de pacto antenupcial, feito por escritura pública. O pacto não existe. Segundo a interessada, houve erro do Cartório do Registro Civil. Deveria ter constado que o regime era da comunhão parcial – e não universal – de bens. Assim, impossível cumprir a exigência do Oficial do Registro de Imóveis. Ora, na verdade, não se trata de providência impossível de ser cumprida. Ao contrário. Basta que a interessada e seu cônjuge se dirijam ao Cartório de Registro

Civil, solicitando a retificação do assento. O que não se mostra viável é ignorar o Código Civil, a Lei de Registros Públicos e até mesmo as NSCGJ, que estabelecem, no item 63.1 do Capítulo XX, a necessidade do registro do pacto antenupcial no Cartório de Registro de Imóveis competente. O Oficial de Registro de Imóveis não poderia se afastar da legalidade. Na esfera registraria, o princípio da legalidade assume a função atribuída ao registrador de exercer o controle sobre os títulos que ingressam para registro na serventia imobiliária. Por outro lado, estabelecendo a lei requisito de forma para o pacto – escritura pública –, não poderia a sentença supri-la pelo consentimento dos cônjuges, sob pena de nulidade. Cabe à interessada, portanto, retificar seu assento de casamento, para, uma vez esclarecido que foi adotado o regime legal de bens, tornar-se prescindível o pacto e, consequentemente, seu registro" (CSMSP – Apelação Cível 0001258-61.2015.8.26.0344, Rel. Des. Manoel de Queiroz Pereira Calças, j. 08/04/2016).

Art. 167, I (...)
13) *(Revogado pela Lei nº 13.986, de 7/4/2020)*
14) das cédulas de crédito industrial;

 Referências Normativas

Decreto-lei 167/1967.
Decreto-lei 413/1969.
Lei 10.406/2002 (Código Civil), art. 1.486.

 Comentários

No direito legislado brasileiro, o conceito de *cédula* é plurívoco, eis que designa títulos que, embora compartilhem a denominação "cédula", divergem quanto aos seus respectivos conceitos, finalidades, efeitos e formas de registro. Cada espécie de cédula tem conceituação e regime jurídico próprios. Todas consistem em promessa de pagamento de uma obrigação em dinheiro, liquida e certa, sendo emitidas pelo devedor representando o financiamento de um segmento da economia do país. Em comum, elas têm o fato de representarem promessas de pagamento que assumem a forma de títulos de crédito (ressalva feita à cédula rural),[165] de modo que enfeixam a maioria das características dos títulos cambiais.[166]

Existem, assim, diversas espécies de cédulas, regidas por normas distintas. Sem pretensão de esgotar o tema, dada sua alta complexidade, vale lembrar, de saída, quais as normas especiais que tratam das *Cédulas de Crédito*:

(i) Cédula Rural Pignoratícia (CRP) – Decreto-lei 167/1967;
(ii) Cédula Rural Hipotecária (CRH) – Decreto-lei 167/1967;
(iii) Cédula Rural Pignoratícia e Hipotecária (CRPH) – Decreto-lei 167/1967;
(iv) Cédula de Crédito Industrial (CCInd.) – Decreto-lei 413/1969;
(v) Cédula de Crédito à Exportação (CCE) – Lei 6.313/1975 e Decreto-lei 413/1969;
(vi) Cédula de Crédito Comercial (CCC) – Lei 6.840/1980 e Decreto-lei 413/1969;
(vii) Cédula de Produto Rural (CPR) – Lei 8.929/1994;

---

[165] O art. 60 do Decreto-Lei 167/1967 e o art. 52 do Decreto-Lei 413/1969 preveem expressamente a aplicação, no que couber, das normas do direito cambial. Assim, as cédulas de crédito, em geral, são títulos de crédito cambiariformes de natureza imprópria, uma vez que disciplinadas apenas subsidiariamente pelas regras comuns do direito cambial. Essas cédulas são regidas por leis específicas, das quais se extraem os respectivos conceitos e requisitos legais, aplicando-se as regras comuns do direito cambial no que couber, sempre de modo subsidiário.

[166] SANTOS, Cláudio. *Cédulas de crédito rural, industrial e comercial: aspectos materiais e processuais.* In: Informativo Jurídico Biblioteca Ministro Oscar Saraiva, n. 4, 1992. p. 81.

Art. 167 | LEI DE REGISTROS PÚBLICOS COMENTADA

(viii) Cédula de Crédito Imobiliário (CCI) – Lei 10.931/2004;[167]
(ix) Cédula de Crédito Bancário (CCB) – Lei 10.931/2004; e
(x) Cédula Imobiliária Rural (CIR) – Lei 13.986/2020.[168]

O objetivo das cédulas mencionadas notadamente é incentivar o financiamento dos principais setores que movimentam a economia:

> Quando o governo quer incentivar o crédito rural, lança uma linha de crédito que chegará ao produtor rural e ao registrador, via Cédula de Crédito Rural, e assim sucessivamente. Tais instrumentos materializam a concessão de crédito àqueles que pretendem empreender e, ao mesmo tempo, garantem o capital investido. Portanto, pode ser por meio das Cédulas de Crédito que os financiadores (credores) concederão recursos para a movimentação da economia nacional, garantindo-se por meio dos institutos jurídicos adequados previstos em cada norma, como a hipoteca, o penhor ou a alienação fiduciária (vide art. 156, II, da Constituição Federal, que indica a não incidência de imposto de transmissão quando da constituição dos direitos reais de garantia).[169]

Observe-se, porém, que a finalidade da concessão de cada financiamento é de suma importância para o enquadramento nas normas anteriormente elencadas, não podendo o crédito conferido ser utilizado para outra destinação (arts. 2º dos Decretos-leis 167/1967 e 413/1969), por exemplo, a compra de bens que não se relacionam com o crédito disponibilizado. Não é possível, assim, a emissão de uma Cédula Rural para contemplar um empréstimo que não seja para fomentar o desenvolvimento rural. Já se manifestou o *Superior Tribunal de Justiça*:

> Em sendo a cédula de crédito industrial um título causal, pode o obrigado invocar como defesa, além das exceções estritamente cambiais, as fundadas em direito pessoal seu contra a outra parte, para demonstrar que a obrigação carece de causa ou que esta é viciosa. Não é exequível a cédula industrial, cujo financiamento é aplicado em finalidade diversa daquela prevista na lei de regência.[170]

Estabelecidas essas premissas, convém, em passo seguinte, debruçar com mais vigor sobre o registro no Livro 3 – Registro Auxiliar das cédulas de crédito.

A redação original da Lei 6.015/1973 contemplava o registro no Livro 3 – Registro Auxiliar das cédulas de crédito rural e de crédito industrial, sem prejuízo do registro da hipoteca cedular. Essa tipificação legal, em verdade, sempre foi mais abrangente na medida em que referidas cédulas de crédito constituem o *analogado principal* para outras modalidades de cédulas (*analogados secundários*), como a de

---

[167] A cédula de crédito imobiliário (CCI) não se refere a título de crédito, mas a instrumento representativo de um crédito hipotecário ou imobiliário já existente. Logo, a origem do crédito decorre de um contrato precedente, sendo posteriormente emitida a cédula de crédito imobiliário para representar esse crédito anterior. Tem, portanto, natureza diferenciada, representando um financiamento de bem imóvel, na forma do art. 18, § 1º, da Lei 10.931/2004. Poderá ser emitida de forma integral ou parcial, com ou sem garantia (real ou fidejussória), e sob a forma escritural ou cartular. Para aprofundamento do tema: RIBEIRO, Moacyr Petrocelli de Ávila. *Alienação fiduciária de bens imóveis*. 2. ed. Coleção de direito imobiliário. t. X. São Paulo: Thomson Reuters, 2022.

[168] A *Cédula Imobiliária Rural* (CIR) está regulamentada nos arts. 17 e seguintes da Lei 13.986/2020. Trata-se de título de crédito nominativo, transferível e de livre negociação, representativa de promessa de pagamento em dinheiro, decorrente de operação de crédito de qualquer modalidade, e de obrigação de entregar, em favor do credor, bem imóvel rural, ou fração deste, vinculado ao patrimônio rural em afetação, e que seja garantia da referida operação, nas hipóteses em que não houver o pagamento da operação até a data do vencimento. Por expressa previsão legal (art. 29 da Lei 13.986/2020) aplicam-se à CIR, no que couber, as normas de direito cambial, com as seguintes modificações: (a) os endossos deverão ser completos; e (b) os endossantes responderão somente pela existência da obrigação. Para aprofundamento do tema: Para aprofundamento: RIBEIRO, Moacyr Petrocelli de Ávila. *Alienação fiduciária de bens imóveis*. 2. ed. Coleção de direito imobiliário. t. X. São Paulo: Thomson Reuters, 2022.

[169] BURTET, Tiago Machado. *Cédulas de crédito no registro de imóveis*. Instituto de Registro Imobiliário no Brasil (IRIB). São Paulo: IRIB, 2016. p. 10.

[170] *STJ* – REsp 162.032/RS, 3ª Turma, *Rel. Min. Waldemar Zveiter*, j. 26/10/1999.

produto rural,[171] crédito comercial e crédito à exportação. Assim, todas essas cédulas eram registradas no Livro 3 – Registro Auxiliar, sem prejuízo do indispensável registro das garantias nelas constituídas. Ocorre que a Lei 13.986/2020, batizada de *"Lei do Agro"*, houve por bem extirpar a necessidade de registro das cédulas de crédito em si, mantendo-se apenas a necessidade de registro das garantias reais nelas constituídas, como penhores, hipotecas, garantias fiduciárias etc. Assim, desde sua entrada em vigor não mais se registram no Livro 3 – Registro Auxiliar as cédulas de crédito rurais. Referida lei, no entanto, até por restringir-se ao agronegócio, não alterou o regime jurídico das cédulas de crédito industrial, que continuam sendo registradas de modo autônomo no Livro 3 – Registro Auxiliar do Registro de Imóveis. Na mesma medida como a normativa do crédito industrial (Decreto-lei 413/1969) é aplicada como regime jurídico para as cédulas de crédito comercial (v. art. 5º da Lei 6.840/1980) e à exportação (v. art. 4º da Lei 6.313/1975), de rigor concluir que todas elas continuam sendo objeto de registro autônomo no livro especial (Livro 3), sem prejuízo do registro constitutivo da respectiva garantia real.

Diante da dinâmica contemporânea do procedimento registral, parece razoável concluir que andou bem o legislador ao dispensar o registro autônomo da cédula de crédito rural. O registro da garantia real nela contemplada é suficiente, até porque, como de sabença geral, o título formal, ou seja, a cédula de crédito em si fica arquivada, de forma digital ou em microfilme, perenemente na serventia predial. A *ratio iures* da alteração legislativa certamente está em equiparar o regime jurídico da cédula de crédito bancário (CCB) ao crédito rural, isto é, caracterizando a cédula apenas como título formal hábil a constituir garantias reais, como penhores, hipotecas, garantias fiduciárias etc. Note-se que a CCB não é objeto de registro autônomo no Livro 3, apenas veicula em seu teor, enquanto título inscritível, a constituição de garantias reais; essas sim, objeto de registro no álbum imobiliário. Há, pois, uma tendência legislativa de se extirpar os registros das cédulas propriamente ditas no Registro Auxiliar. No entanto, por ora, a lei ainda contempla o registro das cédulas de crédito industrial, comercial e à exportação.

Quadra anotar, ainda, que enquanto as cédulas, com a exceção da cédula rural, são necessariamente providas de garantia real incorporada nas próprias cártulas, as notas de crédito apenas garantem privilégio especial sobre bens livres do devedor, no caso de sua insolvência ou falência. São desprovidas, portanto, de garantia de natureza real. Estas notas comportam tão somente garantias pessoais, tais como aval e fiança, conferindo ao credor apenas uma posição privilegiada no recebimento do crédito. Acerca da registrabilidade das notas de crédito, deve-se assentar que o Decreto-lei 167/1967 disciplina a aplicação do regime jurídico das cédulas rurais às notas de crédito, espelhando-se, pois, a necessidade ou não de seu registro. Desse modo, tendo sido extirpada a registrabilidade das cédulas de crédito rural no Livro 3 pela Lei 13.896/2020, a reboque, não é mais possível o registro das notas de crédito rural no Registro de Imóveis. Não há previsão semelhante acerca da registrabilidade para as notas de crédito industrial, comercial e à exportação. De qualquer modo, no contexto hodierno parece razoável admitir o registro das notas de crédito em geral, se assim desejar o interessado, no Ofício de Registro de Títulos e Documentos em razão de sua competência residual (LRP, art. 127, parágrafo único).[172]

No aspecto formal, ressalve-se que em alguns Estados, conforme as normas regulamentares locais, quanto à formalização das cédulas de crédito industrial, rural, à exportação e comercial, bem como de seus aditivos, há dispensa do reconhecimento de firmas dos signatários. Também será dispensável o reconhecimento de firma nas cédulas bancárias para o registro das garantias reais ali versadas. No entanto, tal providência deve ser exigida, para fins de averbação, em relação aos respectivos instrumentos de quitação, comprovando-se, por documento autêntico, os poderes do signatário para dar

---

[171] A cédula de produto rural (CPR) é um título de crédito, criado pela Lei 8.929/1994, representativo de uma promessa de entrega de produto rural. Não se vincula a crédito em dinheiro, mas a produto de natureza essencialmente rural, de modo que o empréstimo feito pelo credor é destinado à produção do devedor, sendo que parte ou a totalidade da produção será revertida ao credor como pagamento. Daí afirmar-se que enquanto as cédulas de crédito rural, industrial, mercantil e à exportação traduzem uma promessa em dinheiro, pois se vinculam à obrigação de solver dívida líquida e certa, a cédula de produto rural representa um produto, não dinheiro.

[172] *Art. 127, parágrafo único, da Lei 6.015/1973.* Caberá ao Registro de Títulos e Documentos a realização de quaisquer registros não atribuídos expressamente a outro ofício.

quitação, caso não seja o próprio credor ou esse esteja representado. Ademais, quando se tratar de registro de cédulas de crédito hipotecárias, além de seu registro, quando cabível, no Livro nº 3, será efetuado o da hipoteca no Livro nº 2, após a indispensável matrícula do imóvel. Na matrícula será feita remissão ao número do registro da cédula. Nesse, por sua vez, será feita remissão ao número do registro da hipoteca. Quando o cartório entender conveniente efetuar tais remissões por meio de averbações, estas não poderão ser cobradas. Os emolumentos devidos pelos registros das cédulas de crédito industrial, de crédito à exportação e de crédito comercial no Livro nº 3, não incluem aqueles atinentes ao registro da hipoteca, no Livro nº 2, que serão cobrados na forma do Regimento de Custas e Emolumentos do respectivo Estado.

Em arremate, é possível sintetizar a registrabilidade das cédulas de crédito da seguinte forma: as cédulas de crédito industrial, à exportação e comercial são registradas no Livro 3, sem prejuízo do registro da própria garantia real constituída no teor da cédula. As cédulas de crédito bancário não se submetem a registro, de forma que apenas sua garantia real ingressa no fólio real. A cédula de crédito imobiliário, por sua vez, comporta averbação no Livro 2 apenas, desde que represente um crédito garantido por garantia real igualmente registrada no álbum imobiliário. A cédula de crédito rural era registrada no Livro 3, sem prejuízo do registro da garantia real, porém a Lei 13.986/2020 alterou os arts. 167, I, 13 e 178 da Lei 6.015/1973, bem como o Decreto-Lei 167/1967, retirando essa cédula do rol de títulos registrados no Livro 3.

 Jurisprudência

1. Qualquer ato de disposição ou oneração do bem dado em garantia cedular exige anuência do credor

"Cédula de crédito industrial. Hipoteca cedular – preferência – anuência. Registro de imóveis – dúvida julgada procedente – Escritura pública de hipoteca constituída em terceiro grau – Imóveis já onerados, em favor de credor distinto, por anterior hipoteca cedular constituída em garantia de cédula de crédito industrial – Necessidade de anuência do credor primitivo – Inteligência dos artigos 51 do Decreto-lei n. 413/69 e 1.420 do Código Civil – Recurso não provido. '(...) A constituição de nova hipoteca, existindo anterior garantia de igual natureza constituída por cédula de crédito industrial, depende da prévia anuência do credor primitivo, a teor dos artigos 51 do Decreto-lei n. 413/69 e 1.420 do Código Civil. (...) Dependendo a alienação de imóvel vinculado a hipoteca constituída por cédula de crédito industrial da prévia anuência do credor, tem-se, como consequência lógica, que a constituição de nova hipoteca demanda igual providência. (...)'" (CSMSP – Apelação Cível 1.086-6/0, Rel. Des. Ruy Camilo, j. 16/06/2009).

"Imóvel rural. Instrumento particular de compromisso de compra e venda sem cláusula de arrependimento. Imóvel gravado com hipoteca cedular. Necessidade de anuência dos credores hipotecários para o registro do compromisso de compra e venda. Artigo 59 do Decreto-Lei n. 167/67. Uma vez registrado e quitado o compromisso de compra e venda confere-se direito real de aquisição ao comprador. Possibilidade de adjudicação compulsória. Instrumento particular que, exceto quanto a forma, deve conter todos os requisitos do contrato definitivo. Necessidade de anuência do credor hipotecário para o registro do compromisso e da perfeita descrição dos imóveis e individualização do preço" (CSMSP – Apelação Cível 0001157-04.2015.8.26.0189, Rel. Des. Manoel de Queiroz Pereira Calças, j. 22/09/2016).

"Hipoteca cedular. Cédula de crédito comercial. 1. Inscrita a cédula de crédito hipotecária, nasce a eficácia contra terceiros, o que torna inviável o registro válido de outro direito real sobre o bem gravado. O registro de nova hipoteca somente poderá ser feito mediante a prévia anuência por escrito do credor originário. Ementa oficial: registro de imóveis – Dúvida – Imóvel gravado por hipoteca vinculada a cédula de crédito comercial – Registro de segunda hipoteca cedular subordinado a prévia anuência do primeiro credor hipotecário – Vedação a alienação que atinge também nova hipoteca do prédio – Inteligência dos artigos 51 do Decreto Lei nº 413/69 e 756 do Código Civil – Registro negado – Recurso improvido. '(...) É regra expressa do artigo 51 do Decreto Lei 413/69, combinado com o artigo 5º da Lei 6.840/80, que a venda de bens vinculados a cédula de crédito comercial depende de prévia anuência do credor, por escrito. O artigo 756 do Código Civil, de outro lado, dispõe que só aquele que pode alienar poderá hipotecar. Ou, ainda, que só as coisas que se podem alienar, poderão ser dadas em hipoteca. A regra do artigo 756 do Código Civil guarda estreita relação com algumas das prerrogativas essenciais do credor hipotecário, quais sejam, executar e excutir o bem hipotecado, para assegurar a solutio da obrigação. Importa a constituição da garantia real, portanto, um começo de disposição, porque potencialmente hábil à futura alienação judicial do bem imóvel. Por isso, sob ângulo subjetivo, a lei requer, afora a capacidade genérica para os atos da vida civil, a especial para alienar. Sob ótica objetiva, não basta ser proprietário para dar bens em garantia real, mas é mister que, além do domínio, tenha ainda a livre disposição da coisa (Caio Mário da Silva Pereira, Instituições de Direito Civil, vol. IV, 12ª Edição, Forense, pág. 222; Lafayette Rodrigues Pereira, Direito das Coisas, 1.922, pág. 370). Necessário, assim, tenha o proprietário o poder de dispor. Não basta ser somente proprietário, ou capaz de contrair a obrigação. Deve ter aquele poder, pois, no fundo, a hipoteca é um começo de alienação. Não merece acolhida, portanto, o argumento de que a restrição da hipoteca cedular atinge apenas a alienação do bem imóvel e não sua oneração por direito real de garantia. (...)'" (CSMSP – Apelação Cível 031281-0/3, Rel. Des. Márcio Martins Bonilha, j. 15/03/1996).

"Cédula de crédito rural. Promessa de venda de imóvel. Compromisso. Hipoteca cedular. Os emitentes de cédula de crédito rural, que não podem vender o imóvel hipotecado sem prévia anuência, por escrito, do credor, também não podem prometê-lo à venda, sem a mesma anuência" (CSMSP – Apelação Cível 001213-0, Rel. Des. Bruno Affonso de André, j. 11/11/1982).

"O art. 59, do Decreto-Lei nº 167/67, estabelece que os bens objeto de penhor ou de hipoteca constituídos por cédula de crédito rural não podem ser vendidos sem prévia anuência do credor, por escrito. Ao assim dispor, criou o legislador garantia exclusiva em favor dos órgãos financiadores da economia rural, por meio de norma cogente, contida em lei especial que não foi revogada pelo Código Civil de 2002. Esta *espécie de indisponibilidade relativa*, também instituída por outras leis em favor dos detentores de hipotecas vinculadas à cédula de crédito à exportação (art. 3º, da Lei nº 6.313/75), cédula de crédito comercial (art. 5º, da Lei nº 6.840/80) e cédula de crédito industrial (art. 51, do Decreto-Lei nº 413/69), não conflita com as normas gerais estatuídas para a hipoteca no Código Civil, assim como não conflitava com as normas da mesma natureza contidas no Código Civil de 1916. Daí porque, *sem expressa anuência do credor hipotecário ou cancelamento das hipotecas, os imóveis não podem mesmo ser alienados*, o que torna correto o óbice apresentado pelo registrador" (CSMSP – Apelação Cível 1003066-02.2019.8.26.0132, Rel. Des. Ricardo Mair Anafe, j. 13/02/2020. Também nesse sentido: *CSMSP* – Apelação Cível 1010076-09.2018.8.26.0302, Rel. Des. Geraldo Francisco Pinheiro Franco, j. 01/11/2019; CSMSP – Apelação Cível 0054473-65.2012.8.26.0114, Rel. Des. José Renato Nalini, j. 10/12/2013).

2. O prazo da garantia é indissociável do prazo da obrigação incorporada na cédula de crédito

"CCB. Cédula de crédito bancário. Penhor agrícola – prazo da garantia. Dúvida improcedente – recomendação. Registro de imóveis – dúvida julgada procedente – irresignação parcial – dúvida prejudicada – recurso não conhecido – cédula de crédito bancário – garantia pignoratícia cujo prazo é indissociável do prazo da própria cédula – sujeição à disciplina do Código Civil acerca do penhor agrícola" (CSMSP – Apelação Cível 9000004-94.2014.8.26.0614, Rel. Des. Manoel de Queiroz Pereira Calças, j. 29/03/2016).

3. Impenhorabilidade do bem dado em garantia através cédula de crédito com regime especial

"Processual civil. Impenhorabilidade de bem dado em garantia de cédulas rural pignoratícia, hipotecaria e de crédito industrial. Decretos-leis 167/67, art. 69, e 413/69, art. 57. Alegada ofensa aos princípios da igualdade e do livre acesso ao Poder Judiciário. Alegação improcedente. Providencia que visa ao êxito da política de desenvolvimento de atividades básicas, ao assegurar maior fluxo de recursos para o setor, por meio do reforço da garantia de retorno dos capitais nele investidos. O princípio de que o patrimônio do devedor constitui a garantia de seus credores não é absoluto, encontrando inúmeras limitações, fundadas em razões de ordem social, econômica e jurídica, e mesmo de equidade, as quais, entretanto, não têm duração ilimitada, nem são restritas aos terceiros credores do devedor, circunscrevendo sua eficácia ao curso regular do contrato de financiamento, período durante o qual prevalece não apenas contra os terceiros, mas também contra o próprio beneficiário da garantia real. O privilegio que resulta da garantia, em favor do credor cedular, consiste no direito de prelação, concretizado no fato de pagar-se prioritariamente com o produto da venda judicial do bem objeto da garantia excutida, em face de insolvência ou de descumprimento

Art. 167 | LEI DE REGISTROS PÚBLICOS COMENTADA

do contrato, destinado eventual sobejo aos demais credores, que a ele concorrerão pro rata, caso em que o tratamento legal discriminatório não pode ser apodado de anti-isonômico, já que justificado pela existência da garantia real que reveste o crédito privilegiado. Acórdão que, decidindo nesse sentido, não merece censura. Recurso não conhecido" (STF – RE 140.437/SP, Primeira Turma, Rel. Min. Ilmar Galvão, j. 07/06/1994).

"Processual civil. Impenhorabilidade relativa dos bens objeto de hipoteca constituída por cédula de crédito rural. Não-ocorrência das hipóteses excepcionais em que se admite a penhora de tais bens. 1. Em consonância com o art. 69 do Decreto-Lei n. 167/67, segundo o qual os bens objeto de hipoteca constituída por cédula de crédito rural não serão penhorados, a jurisprudência desta Corte firmou-se no sentido da impenhorabilidade relativa dos bens vinculados a cédula de crédito rural e da possibilidade de penhora de tais bens nos casos de créditos de natureza alimentar ou trabalhista (REsp509.490/MS e REsp 236.553/SP), de créditos sujeitos a cobrança via execução fiscal (REsp 617.820/RS), de créditos do mesmo credor (REsp 532.946/PR), de fim da vigência do contrato de financiamento (REsp 539.977/PR) e de anuência do credor hipotecário (AgRg no Ag 1.006.775/SE). 2. No caso concreto, em que é fato incontroverso que se trata de execução de decisão condenatória do Tribunal de Contas da União, não se aplica a Lei 6.830/80, conforme a orientação jurisprudencial desta Corte (REsp 1.059.393/RN, REsp 1.112.617/PR, REsp 1.149.390/DF). Portanto, ao contrário do que ficou consignado no acórdão recorrido, é inaplicável ao caso o art. 30 da Lei de Execuções Fiscais, da mesma forma como são inaplicáveis os arts. 184 e 186 do Código Tributário Nacional. 3. Recurso Especial provido" (STJ – REsp 1.259.704/SE, 2ª Turma, Rel. Min. Mauro Campbell Marques, j. 04/08/2011).

"Impenhorabilidade não prevalece após decorrido o período de vigência da cédula de crédito: Penhora. Hipoteca cedular – cédula de crédito comercial – vigência. Impenhorabilidade. Registro de imóveis – Dúvida julgada improcedente – Registro de penhora – Prévio registro de hipoteca constituída em garantia de cédula de crédito comercial com período de vigência já decorrido – Inexistência de registro de penhora efetuada em ação de execução movida pelo credor hipotecário – Antecedentes do Supremo Tribunal Federal e do Superior Tribunal de Justiça – Registro possível – Recurso não provido" (CSMSP – Apelação Cível 230-6/1, Rel. Des. José Mário Antonio Cardinale, j. 12/05/2005).

"Imóvel gravado com hipoteca cedular registrada. Inviável o arresto. Bens vinculados às cédulas rural, comercial e industrial. Necessidade de prévia anuência do credor, por escrito, para a venda dos bens gravados. Garantia exclusiva em favor dos órgãos financiadores da economia rural. Norma cogente. Exclusividade do gravame sem concorrência de qualquer outro. Vedado o registro do arresto em ação de execução – artigo 69 do DL no 167/67 dos bens gravados com hipoteca cedular" (CSMSP – Processo 663-6/7, Rel. Des. Gilberto Passos de Freitas, j. 22/07/2007).

"Cindibilidade para averbação de certidão de penhora que envolve vários imóveis. Possível cindir o título para averbamento de penhora relativa a único imóvel que se encontra apto a receber a inscrição predial rogada. Os demais encontravam-se com óbices referente à continuidade ou eram impenhoráveis. Desnecessário exigir novo título que contemple apenas a constrição com potencial de acesso ao fólio. O bem imóvel alienado fiduciariamente não é passível de penhora. O que se permite – e se trata de situação diversa – é penhora dos direitos de devedor fiduciante ou do credor fiduciário. A penhora em favor da Fazenda Nacional não gera impenhorabilidade do imóvel, apenas restringe-se à vedação de o proprietário dispor voluntariamente do bem. Hipotecas cedulares tornam o imóvel sobre o qual recai a garantia impenhorável (*v.g.*, art. 57 do Decreto-lei 413/1969, art. 3º da Lei 6.313/1975; art. 5º da Lei 6.840/1980); restrição esta que subsiste até o vencimento da dívida hipotecária. A impenhorabilidade aludida tem respaldo no CPC, que ao prever a responsabilidade patrimonial do devedor, põe a salvo da constrição judicial bens declarados por lei impenhoráveis ou inalienáveis. Assim, seria possível a penhora, segundo a jurisprudência consolidada, em quatro situações: (i) quando a dívida estiver vencida (elemento de qualificação do oficial por ocasião do exame da penhora, em razão do princípio do *tempus regit actum*); (ii) quando houver anuência do credor; (iii) tratar-se de penhora decorrente de execução fiscal, diante da preferência do crédito tributário; (iv) tratar-se de execução que versar sobre dívida *propter rem*, como é o caso da contribuição condominial. Referida impenhorabilidade deve ser tratada como medida excepcional. Assim, como regra, uma hipoteca convencional não obsta a penhora do imóvel por execução promovida no interesse de pessoa diversa do credor hipotecário. Ressalva-se, ainda, que a arrematação e a adjudicação posteriores, se – e somente se – precedidas da cientificação dos credores hipotecários extinguem a hipoteca (arts. 1.499, VI e 1.501, do CC). Aqui a garantia sub-rogar-se-á no preço da alienação judicial" (CGJSP – Processo 74660/2012, Des. José Renato Nalini, j. 14/01/2013).

4. Possibilidade de registro de adjudicação de imóvel onerado com hipoteca cedular. Cautela do registrador

"Cédula de crédito industrial. Hipoteca cedular. Adjudicação do bem em execução trabalhista. Dúvida prejudicada. Atendimento parcial das exigências no curso da dúvida. Análise da exigência a fim de orientar futura prenotação. Artigo 51 do Decreto-Lei 413/69 que exige a prévia anuência por escrito do credor para a venda dos bens vinculados à cédula de crédito industrial. Possibilidade de registro com a comprovação da notificação do credor hipotecário no processo de execução que originou a adjudicação. Anuência que continua a ser exigível nas alienações posteriores à venda forçada. Arrematação e adjudicação modo derivado de aquisição da propriedade. Duas vendas posteriores à adjudicação e registradas que não autorizam a qualificação positiva da terceira venda. Necessidade de anuência do credor, ou de comprovação da notificação ou o cancelamento da hipoteca" (CSMSP – Apelação Cível 0011587-64.2015.8.26.0302, Rel. Des. Manoel de Queiroz Pereira Calças, j. 03/04/2017).

> **Art. 167**, I (...)
> 15) dos contratos de penhor rural;

Referências Normativas

Decreto-lei 167/1967.
Lei 10.406/2002 (Código Civil), arts. 1.431 e seguintes.

Comentários

Sabe-se que o penhor é uma das modalidades de garantia real arroladas pelo Código Civil e, ao lado da hipoteca, constituem modalidades de garantias reais, hauridas da tradição romana. Aliás, em razão de o penhor originar-se da figura do *pignus datum* do Direito Romano, utiliza-se o adjetivo *pignoratício* para se referir à existência de um penhor. Uma garantia pignoratícia é, pois, um penhor. O penhor pode ser dividido em três grandes modalidades: (i) penhor comum; (ii) penhor especial; e (iii) penhor legal. *Brevitatis causa*, recorde-se que o penhor comum recai sobre bem móvel e se constitui mediante dois atos: a tradição da coisa e o registro do título no Ofício de Registro de Títulos e Documentos (CC, arts. 1.431 e 1.432). De sua vez, o penhor legal[173] é o que deriva diretamente da tipicidade arquitetada pelo legislador, como as hipóteses do art. 1.467, I e II, do CC.

No que mais de perto interessa ao Registro de Imóveis, os penhores especiais são os que recaem sobre bens específicos e atraem regras especiais, diversas do penhor comum. De relevo anotar que nos penhores especiais que envolvem coisa física (rural, industrial, mercantil e de veículos),[174] o devedor pignoratício continua com o poder sobre a coisa (posse) com dever de guardá-la e conservá-la (CC, art. 1.431, parágrafo único), ao contrário do que ocorre com o penhor comum, em que há a transmissão da posse direta para o credor pignoratício.

São objeto de registro no Ofício Predial o penhor rural (que pode ser agrícola ou pecuário) e o penhor industrial (ou mercantil).[175] Quanto ao título formal hábil para ingresso no Registro de Imóveis, embora o Código Civil se contente com instrumento público ou particular, leis especiais

---

[173] Sobre a possibilidade de homologação do penhor legal na via extrajudicial, *vide* art. 703 do Código de Processo Civil.

[174] São também penhores especiais o penhor de direitos (CC, art. 1.451) e o penhor de títulos de créditos (CC, art. 1.458 a 1.460 do CC).

[175] No Registro de Títulos e Documentos são registrados o penhor comum (LRP, art. 127, II); o penhor de direitos e de títulos de crédito (CC, arts. 1.451, 1.452 e 1.458; LRP, art. 127, III); e o penhor de veículos (CC, art. 1.461;

Art. 167 | LEI DE REGISTROS PÚBLICOS COMENTADA

296

autorizam sua formalização por meio das cédulas de crédito, que possuem normatização e alguns efeitos jurídicos próprios.[176]

Penhor agrícola é aquele que recai sobre bem móvel relacionado à atividade da agricultura, como maquinários, implementos, colheitas pendentes, lenha, animais do serviço ordinário de estabelecimento agrícola etc. (CC, art. 1.442).

Penhor pecuário é aquele que recai sobre animais da atividade pecuária (pastoril, agrícola ou de laticínios), consoante art. 1.444 do CC.

Penhor industrial ou mercantil é aquele que recai sobre bens móveis utilizados em atividade industrial ou mercantil, como máquinas, instrumentos, animais utilizados na indústria etc.,[177] nos termos do art. 1.447 do CC.

No espeque registral, os penhores rural (LRP, art. 167, I, nº 15) e industrial (LRP, art. 167, I, nº 4) são constituídos mediante registro do título causal no "Livro 3 – Registro Auxiliar" do Registro de Imóveis (LRP, art. 178, IV e VI). Na dicção do Código Civil, nessas hipóteses, constitui-se o penhor mediante instrumento público ou particular, registrado no Cartório de Registro de Imóveis da circunscrição em que estiverem situadas as coisas empenhadas (arts. 1.438 e 1.448).

Outra premissa importante à qualificação registral diz respeito aos prazos da garantia.[178] O penhor rural não pode ser convencionado por prazo superior aos das obrigações garantidas (art. 1.439 do CC).

Importante, ademais, destacar as boas inovações inerentes à garantia pignoratícia no Registro de Imóveis veiculadas pela Lei 14.382/2022 ao incluir no rol dos atos passíveis de averbação a existência dos penhores cujo título causal fora registrado na serventia predial. Diz o vigente art. 167, II, nº 34, da LRP que será objeto de averbação a "existência dos penhores previstos no art. 178 desta Lei, de ofício, sem conteúdo financeiro, por ocasião do registro no livro auxiliar em relação a imóveis de titularidade do devedor pignoratício ou a imóveis objeto de contratos registrados no Livro nº 2 – Registro Geral".

Cuida-se de relevante amarração do sistema registral com escopo de garantir publicidade qualificada ao se noticiar a existência de penhores registrados no Ofício Predial. Em realidade, tem-se verdadeira inscrição complementar aos registros ultimados no Livro 3 – Registro Auxiliar. Por isso, pode ser lançada inclusive *ex officio*, ou seja, ainda que não haja rogação do interessado para esse desiderato.

Nessa matéria, a inscrição autorizada veio em boa medida complementar o sistema de publicidade registral permitindo a averbação na matrícula da existência do penhor registrado no Livro 3 – Registro Auxiliar em duas hipóteses: (i) nas matrículas de que seja titular de direito real sobre imóvel o devedor pignoratício; ou (ii) nas matrículas nas quais haja registro de alguma relação jurídica subjacente.

Na primeira hipótese, não há qualquer dúvida do cabimento da averbação. Se o bem móvel objeto do penhor registrado no Livro 3 – Registro Auxiliar está situado em imóvel do próprio devedor ou se esse é titular de outro bem imóvel naquela circunscrição, de rigor o cabimento da averbação enunciativa (averbação-notícia).

Na segunda hipótese, no entanto, há aparente contradição legislativa. Ocorre que é possível – e muito comum – que o bem objeto do penhor esteja situado em imóvel de titularidade de terceiro, em razão de uma relação jurídica contratual subjacente (ordinariamente, no caso do penhor rural, através de contratos agrários como o arrendamento, parcerias agrícolas etc.). Embora a novel legislação se refira à eventualidade desses instrumentos contratuais estarem registrados no Livro 2 – Registro Geral,

---

LRP, art. 129, 7º). O registro de penhor de animais anteriormente previsto no art. 127, IV, da LRP foi revogado pela Lei 14.382/2022.

[176] Cédulas de crédito rural são regradas pelo Decreto-lei 167/1967; cédulas de crédito industriais são regradas pelo Decreto-lei 413/1969.

[177] O que distingue o penhor comum do penhor mercantil ou industrial é a natureza da obrigação. O penhor industrial e o mercantil destinam-se a garantir obrigações de negócios empresariais. Se a natureza da obrigação é empresarial, o penhor será industrial ou mercantil. Se a natureza é civil, ou seja, não empresarial, o penhor será comum. Obrigação empresarial é aquela que tem origem em ato praticado por empresário (art. 966 do CC). Ademais, como visto, no penhor industrial ou mercantil o bem ofertado em garantia não sai da posse do devedor, enquanto no penhor comum ele é transferido ao credor.

[178] Como regra de exceção do sistema, cite-se o *penhor rural de produtos florestais madeireiros*, previsto no art. 40 da Lei 11.775/2008. Esse penhor pode não ter prazo de vencimento, podendo ser estendido pelo lapso suficiente para cobrir as operações de crédito. Somente pode ser instituído por agentes financeiros autorizados.

certo é que em alguns Estados (*v.g.*, São Paulo), essas inscrições não são admitidas no fólio real.[179] Assim, por certo, nesses casos, não há falar na indigitada averbação.

Isso, porém, não significa que por ocasião da qualificação para registro constitutivo do penhor não deva o Oficial de Registro de Imóveis fazer nenhum controle. É curial, nessa medida, que se exija a aquiescência do proprietário tabular.[180] Isso pode ocorrer de diversas formas, seja através de sua participação efetiva no instrumento contratual constitutivo da garantia; seja em instrumento apartado (*v.g.*, carta de anuência) ou, como já autorizado pelo *Conselho Superior da Magistratura do Estado de São Paulo*, até mesmo mediante registro do contrato agrário no Ofício de Registro de Títulos e Documentos.[181]

Nesse escólio, lastreando-se no princípio hermenêutico que propala a busca pela máxima efetividade da norma, parece oportuno, em prol da segurança jurídica, que seja revisitada a posição de se negar a inscrição predial ao contrato de arrendamento[182] ou, ainda, que se autorize a averbação da existência do penhor em casos tais, condicionada à comprovação do registro do contrato agrário no Ofício de Registro de Títulos e Documentos, para fins de publicidade contra terceiros.

A propósito, confira-se oportuno enunciado aprovado na seção de *Prevenção e Solução Extrajudicial de Litígios do CJF*:

> Enunciado 119. Os contratos agrários de arrendamento rural e de parceria rural poderão ser averbados nas matrículas imobiliárias para fins de publicidade.
>
> Justificativa: Deve-se prestigiar o princípio da concentração do Registro de Imóveis no sentido de se incluir na matrícula toda e qualquer ocorrência que, de qualquer modo, altere o fato publicizado. Além disso, revela-se adequada a averbação na matrícula imobiliária porque, conforme o art. 92, § 5º, do Estatuto da Terra (Lei 4.504/1964), a alienação ou a imposição de ônus real ao imóvel não interrompe a vigência dos contratos de arrendamento ou de parceria, ficando o adquirente sub-rogado nos direitos e obrigações do alienante. Visa, assim, evitar demandas judiciais resultantes do desconhecimento da vigência de tais contratos.

Ainda que não se adote o entendimento projetado, parece razoável concluir que – sendo a averbação telada inscrição predial complementar, ou seja, que encontra sua causa eficiente no prévio registro do penhor no Livro 3 (Registro Auxiliar) do Registro de Imóveis – poderá ser lançada a notícia da existência do penhor na matrícula do imóvel de situação dos bens empenhados quando por qualquer

---

[179] Item 76.3, Cap. XX, NSCGJ-SP. O protesto contra alienação de bens, o arrendamento e o comodato são atos insuscetíveis de registro, admitindo-se a averbação do protesto contra alienação de bens diante de determinação judicial expressa do juiz do processo, consubstanciada em mandado dirigido ao Oficial do Registro de Imóveis.

[180] No penhor agrícola, caso o devedor seja arrendatário, locatário, colono ou prestador de serviço, no contrato de penhor deve haver o consentimento expresso do proprietário do imóvel, dado previamente ou no ato da constituição do penhor. Do contrário, o contrato será inválido, conforme dispõe o art. 9º da Lei 492/1937. Merece atenção, de outro lado, que no caso de cédula rural pignoratícia, o art. 14 do Decreto-lei 167/67 sequer exige como requisito da cédula a menção ao número do registro ou endereço do imóvel e o nome do proprietário.

[181] "Pelos termos contratados, os animais empenhados pelo emitente da cédula ficarão em imóvel de terceiro. Na forma do art. 127 da Lei 6.015/73: 'Art. 127. No Registro de Títulos e Documentos será feita a transcrição: V – do contrato de parceria agrícola ou pecuária.' No mesmo prumo, o teor dos arts. 56 e 58 do Decreto 59.566/66: 'Art. 56. A extensão do penhor à cota dos frutos da parceria que cabe a qualquer dos parceiros, depende sempre do consentimento do outro, salvo nos casos em que o contrato esteja transcrito no Registro Público e neste conste aquela autorização. Art. 58. A realização de empréstimo sob penhor de animais, a arrendatários, parceiro-outorgante ou parceiro outorgado, poderá dispensar o consentimento da outra parte, se o contrato respectivo, devidamente transcrito no Registro de Imóveis, contiver cláusula que assegure ao mutuário a continuidade de vigência do contrato por prazo igual ou superior ao da operação.' Apega-se o apelante à Resolução 4.107 do Banco Central, que dispensa registro em cartório da documentação pertinente à relação contratual entre o proprietário da terra e o beneficiário do crédito. Não obstante, resolução expedida por autarquia não haverá de suplantar o quanto disposto em lei ou decreto federais" (CSMSP – Apelação Cível 1000758-10.2016.8.26.0128, Rel. Des. Manoel de Queiroz Pereira Calças, j. 20/07/2017).

[182] Nesse sentido: PATAH, Priscila Alves. Os contratos agrários e a necessária interação com a matrícula imobiliária. *Revista de Direito Imobiliário*. v. 88. ano 43. p. 179-204. São Paulo: Revista dos Tribunais, jan-jun. 2020.

dos meios alhures mencionados haja a aquiescência do proprietário tabular quando não for ele o devedor pignoratício.

Em arremate, quanto à cobrança emolumentar, não há dúvidas de que os registros constitutivos dos penhores rural e industrial no Registro de Imóveis têm como base de cálculo o valor da dívida,[183] e não o valor dos bens empenhados, com a ressalva da incidência do regramento especial de cobrança para os títulos que envolvam financiamento do agronegócio (Lei 13.986/2020 – Lei do Agro).[184] Já no que toca à averbação enunciativa nas matrículas acerca da existência do penhor registrado no Livro 3 – Registro Auxiliar, a própria lei esclarece que se trata de averbação sem conteúdo financeiro.

 Jurisprudência

1. Aferição pelo registrador se houve ou não novação da dívida pignoratícia

"Recusa de averbação de aditivo à Cédula de Crédito Rural Pignoratícia e Hipotecária – Alteração do prazo de pagamento e dos encargos contratuais – Manutenção da causa da obrigação e não inclusão de novos aportes ao mútuo originalmente contratado – Novação não configurada – Embora vencido o prazo da obrigação garantida, permanece a garantia enquanto subsistirem os bens que a constituem – Desnecessidade de constituição de nova garantia – Óbices afastados. Recurso provido. Pretende o recorrente afastar o óbice levantado pelo registrador, afirmando a inexistência de novação da obrigação constante de cédula de crédito rural pignoratícia e hipotecária por conta do aditamento da referida cédula. Com isso, busca a averbação do termo aditamento na matrícula nº 48.582, mantendo-se eficaz o registro anterior nela registrado, referente à garantia hipotecária de imóvel registrada sob nº 26, bem como ao penhor cedular registrado sob nº 25.329 no Livro 3 da serventia imobiliária. Esse tema foi objeto de recente apreciação pelo Colendo Conselho Superior da Magistratura que, no julgamento da Apelação nº 1132901-47.2016.8.26.0100, da Comarca de São Paulo, decidiu que a mera alteração do vínculo obrigacional, sem que daí surja uma nova dívida em substituição à anterior, transformada em sua essência, não configura novação. Naquele julgado, no entanto, ficou expressamente consignado que a solução adotada era restrita à análise daquele caso concreto, 'cabendo ao registrador analisar, em relação a cada título apresentado, sua possibilidade de ingresso junto ao fólio real, certo que a inexistência de novo aporte financeiro deverá decorrer, com clareza, dos cálculos e outros documentos apresentados pela parte interessada'. O paradigma envolve, como se vê, a demonstração da inexistência de novos aportes ao mútuo originalmente contratado. Cumpre ressaltar que, na hipótese em análise, o valor da dívida na cédula original e primeiro aditivo nº 201605049, datados de 22.12.2016 e 27.12.2016, respectivamente, era de R$ 80.000,00, com data de vencimento prevista para 29.08.2017 e pactuação de juros de 8,50% ao ano (R.26 da Matrícula nº 48.582 fl. 25), enquanto que, por meio do termo de aditamento à cédula rural hipotecária e pignoratícia acostado a fl. 08/15, o valor da dívida consolidada, que em 29.08.2017 era de R$ 89.888,92,

---

[183] O valor do crédito deve ser fixado em moeda nacional [art. 318 do CC; art. 1º do Decreto-lei 857/1969 (atualmente, Lei 14.286/2021); e art. 1º da Lei 10.192/2001]. As exceções estão exclusivamente previstas no art. 2º do Decreto-lei 857/1969 (atualmente, Lei 14.286/2021). Nesse sentido: Registro de penhor industrial. Valor do crédito fixado em moeda estrangeira. Contrato não excepcionado em lei especial. Incidência do artigo 318 do Código Civil, que inibe o registro. Falta de CDN do INSS e da Receita Federal que obsta, igualmente, a inscrição (CSMSP – Apelação Cível 677-6/0, Rel. Des. Gilberto Passos de Freitas, j. 26/04/2007).

[184] Em São Paulo, a matéria foi regulamentada em caráter normativo pela *Corregedoria-Geral da Justiça do Estado*. Entendeu-se que aplicada imediatamente a Lei Federal 13.986/2020 à constituição de direitos reais de garantia mobiliária ou imobiliária destinados ao crédito rural, o cálculo dos emolumentos previstos pela Lei Estadual nº 11.331/2002 tem de ser feito: (a) afastando-se os itens 8 e 9 da tabela II (ofícios de registro de imóveis) anexa à Lei Estadual 11.331/2002; (b) no registro de imóveis, aplicando-se os itens 1 e 2 da tabela II anexa à Lei Estadual nº 11.331/2002, como sucede com cédulas de crédito bancário e outros contratos em geral, mas respeitados os novos tetos de 0,3% e 0,1% sobre o crédito concedido, nos casos de registro *stricto sensu* e averbação, e sem repasses, salvo o devido ao Tribunal de Justiça, previsto na alínea e do inciso I do art. 19 daquele mesmo diploma; e (c) no registro de títulos e documentos, levando-se em conta os itens 1 e 5 da tabela III anexa à Lei Estadual 11.331/2002, respeitados os mencionados tetos (0,3 e 0,1%, para registros *stricto sensu* e averbações, respectivamente) e a forma de repasse (limitado este, àquela verba do Tribunal de Justiça prevista na alínea *e* do inciso I do art. 19 da Lei nº 11.331/2002) (CGJSP – Processos 2020/100.392, 2020/104807, 2020/105195, 2020/127559, 2021/20723, 2021/23933 e 2021/9540, Des. Ricardo Mair Anafe, set./2021).

foi renegociado e passou para R$ 84.500,00, com data de vencimento prevista para 28.11.2023 e pactuação de juros de 1,20% ao mês. (...) In casu, a consolidação do débito e subsequente concessão de abatimento, com alteração do prazo de pagamento e dos encargos contratuais não configuraram novação, notadamente pela manutenção da causa da obrigação e não inclusão de novos aportes ao mútuo originalmente contratado. (...) Nestes termos, excluída a novação, possível o ingresso do título no registro imobiliário, porquanto afastado o fundamento de sua qualificação registral negativa'" (CGJSP – Processo 1006696-71.2018.8.26.0077, Des. Ricardo Mair Anafe, j. 22/07/2021).

2. Prazo de garantia dissociado do prazo de vencimento da obrigação

"Cédula rural pignoratícia. Prazo de garantia dissociado do prazo de vencimento da obrigação. Impossibilidade. Precedentes deste Col. Conselho Superior da Magistratura. Apelação não provida. O art. 61 do Decreto-Lei nº 167/67 prevê que o prazo do penhor rural, agrícola ou pecuário não excederá o prazo da obrigação garantida: *Art. 61. O prazo do penhor rural, agrícola ou pecuário não excederá o prazo da obrigação garantida e, embora vencido o prazo, permanece a garantia, enquanto subsistirem os bens que a constituem. Parágrafo único. A prorrogação do penhor rural, inclusive decorrente de prorrogação da obrigação garantida prevista no caput, ocorre mediante a averbação à margem do registro respectivo, mediante requerimento do credor e do devedor.* O art. 1.439 do Código Civil, de igual modo, determina que os prazos do penhor agrícola e do penhor rural não podem ser superiores aos das obrigações garantidas: No presente caso, a cédula rural pignoratícia apresentada para registro tem vencimento em 26 de abril de 2021, mas o vencimento da última prestação devida pela obrigação garantida ocorreu em 20 de agosto de 2017. A divergência entre a data do vencimento da cédula e a data do vencimento da prestação prevista para pagamento da obrigação garantida decorre da previsão contratual sobre a possibilidade de Renovação Simplificada de Crédito. A renovação, porém, dependerá da eventual concessão de novo crédito, se estiverem presentes as condições previstas no contrato e nas normas editadas pelo Banco Central do Brasil, inserindo-se entre essas condições o integral pagamento do débito. Verifica-se, desse modo, que a dissonância entre a data de vencimento da cédula e a data de vencimento das obrigações tem como causa a previsão contratual de possibilidade da concessão de novo financiamento que será diverso daquele objeto da obrigação inicialmente garantida, visando o custeio de atividade agropecuária, hipótese que não se coaduna com a vedação legal de previsão de vencimento da cédula com prazo que excede o da obrigação atualmente garantida. Essa vedação, por seu turno, não é afastada por normas do Banco Central do Brasil e do Conselho Monetário Nacional sobre a possibilidade de concessão de novo crédito mediante Renovação Simplificada, porque não se sobrepõem à legislação aplicável. Importa anotar, ademais, que a atual redação dos art. 61 do Decreto-Lei nº 167/67 e 1.439 do Código Civil foi introduzida pela Lei nº 12.873/13, com isso afastando antiga divergência sobre a recepção do texto original do art. 61 da Lei nº 167/67 pela Constituição de 1988. Prevalece, portanto, a jurisprudência deste Col. Conselho Superior da Magistratura que não admite o registro de cédula de crédito rural pignoratícia com prazo de vencimento superior ao da obrigação garantia" (CSMSP – Apelação Cível 1000824-94.2016.8.26.0352, Rel. Des. Geraldo Francisco Pinheiro Franco, j. 31/08/2018).

Art. 167, I (...)

16) dos empréstimos por obrigações ao portador ou debêntures, inclusive as conversíveis em ações;

Referências Normativas

Lei 6.404/1976, arts. 52 a 74.

Comentários

As emissões de debêntures não são atualmente inscritas no Registro de Imóveis.
A Lei 10.303/2001 alterou o art. 62 da Lei 6.404/1976 para disciplinar que nenhuma emissão de debêntures será feita sem que tenham sido satisfeitos, entre outros requisitos, o arquivamento, no

Art. 167 | LEI DE REGISTROS PÚBLICOS COMENTADA

registro do comércio, e a publicação do ato societário que deliberou sobre a emissão. Inicialmente, aludida legislação determinava expressamente que os registros do comércio deveriam manter livro especial para inscrição das emissões de debêntures, no qual serão anotadas as condições essenciais de cada emissão. Atualmente, após reforma promovida pela Lei 14.711/2023, é a Comissão de Valores Mobiliários a responsável por disciplinar o registro e a divulgação do ato societário e da escritura de emissão das debêntures objeto de oferta pública ou admitidas à negociação e os seus aditamentos.

Contudo, referida lei não alterou a Lei 6.015/1973, que ainda prevê como atribuição do Ofício Predial no art. 167, I, nº 16, o registro "dos empréstimos por obrigações ao portador ou debêntures, inclusive as conversíveis em ações". Além disso, mantém-se, inalterado, o disposto no art. 178, I, da mesma LRP, segundo o qual a emissão de debêntures, sem prejuízo do registro eventual e definitivo, na matrícula do imóvel, da hipoteca, anticrese ou penhor que abonarem especialmente tais emissões, firmando-se pela ordem do registro a prioridade entre as séries de obrigações emitidas pela sociedade.

Em síntese, o registro da emissão de debêntures passou a ser feito exclusivamente no Registro do Comércio, hoje a cargo das Juntas Comerciais. Somente as garantias reais abonadoras serão inscritas regularmente no Registro de Imóveis.

As debêntures, também chamadas simplesmente de *obrigações*, foram originalmente instituídas no direito brasileiro pelo Decreto Imperial 8.821, de 1882, e eram regidas pelo Decreto n. 177-A, de 15/09/1893, com modificações ulteriores. Atualmente estão previstas nos arts. 52 a 74 da Lei 6.404/1976.

Com efeito, a companhia poderá emitir debêntures que conferirão aos seus titulares direito de crédito contra ela, nas condições constantes da escritura de emissão e, se houver, do certificado. Por sua natureza de instrumento de captação de recursos às sociedades por ações, concedem direito de crédito a seu possuidor. A pessoa jurídica, de acordo com sua necessidade, pode realizar várias emissões, sempre por meio da assembleia-geral, podendo dividi-las em séries, que manterão, em cada conjunto, as mesmas características de valores nominais e a concessão de iguais direitos. São títulos de crédito emitidos em série; idênticos. A emissão de todos os títulos corresponde a uma única operação.

O art. 1º, § 1º, do antigo Decreto 177-A conferia privilégio geral aos obrigacionistas: "As obrigações que as sociedades anônimas emitirem terão por fiança todo o ativo e bens de cada companhia, preferindo a outros quaisquer títulos" – salvo, esclarece o inciso II –, "quanto às hipotecas, às anticreses e aos penhores anteriores e regularmente inscritos". Esse mesmo diploma legal permite a dação de outras garantias: "As sociedades anônimas que contraírem tais empréstimos poderão aboná-los especialmente com hipotecas, anticreses e penhores, ficando fora do comércio, nesse caso, e só nele, os bens especificados em garantia dessas operações".

O Regulamento de 1939, o Decreto 4.857, de sua vez, dispunha que, no Registro de Imóveis, seria feita a inscrição "dos empréstimos por obrigações ao portador" (art. 178, *a*, n. IV) e, igualmente, "das hipotecas legais ou convencionais" (n. III).

Ainda para a compreensão da engenharia das debêntures curial compreender os seguintes elementos.

I) *As garantias*: serão mencionadas na escritura (por instrumento público ou particular) pela qual a companhia emite as debêntures.

II) *O agente fiduciário*: a escritura de emissão terá obrigatoriamente a intervenção de agente fiduciário dos debenturistas (art. 61, § 1º, da Lei 6.404/1976). A escritura deverá estabelecer as condições de substituição e remuneração do agente fiduciário (LSA, art. 67). É o agente que representa a comunhão de debenturista perante a companhia emissora. A ele compete proteger e defender os direitos dos debenturistas, podendo declarar antecipadamente vencidas as debêntures e cobrar o seu principal e acessórios, bem como executar as garantias reais. Todas as atribuições e obrigações do agente fiduciário estão estabelecidas nos arts. 68 e 69 da Lei 6.404/1976.

III) *Credor*: na instituição das garantias reais, o credor será o agente fiduciário que tem a função legal de representar o grupo de debenturistas.

Atente-se que o agente fiduciário ou qualquer debenturista poderão promover perante o Ofício Imobiliário os registros das garantias e sanar as lacunas e irregularidades porventura existentes nos registros promovidos pelos administradores da companhia. Nesse caso, o oficial registrador notificará a administração da companhia para que lhe forneça as indicações e documentos necessários (§ 2º do art. 62 da Lei 6.404/1976).

De mais a mais, se na escritura que constituir a garantia real constar a obrigação de não onerar ou alienar bem imóvel ou outro bem sujeito a registro imobiliário, assumida pela companhia na ocasião da emissão, esta obrigação deve ser objeto também de averbação na matrícula do bem. Essa obrigação é oponível a terceiros, desde que averbada no Registro de Imóveis (art. 58, § 5º, da Lei 6.404/1976). Em síntese, embora a escritura de emissão não mais seja registrável no Ofício Predial, as garantias reais abonadoras dessas obrigações, como quaisquer outras de natureza real, continuam ingressando no fólio real. Ademais, é de considerar que há um número apreciável de inscrições feitas no passado e que ainda remanescem sem cancelamento. Para o cancelamento do registro de emissão feita nos antigos livros de registro (Livro 5 ou Livro 3), colhe-se interessante orientação normativa fixada pelo então Juiz da *1ª Vara de Registros Públicos de São Paulo, Dr. Narciso Orlandi Neto*:

I – O cancelamento do registro de emissão de debêntures será feito diretamente no Cartório mediante a apresentação de requerimento subscrito pelo representante legal da companhia emissora, acompanhado de declaração firmada pelo agente fiduciário, de que conste o integral resgate da obrigação.

II – Se houver registro de garantia real, o mesmo documento será suficiente para o cancelamento.

III – Se o registro da emissão tiver sido feito em outro cartório, a apresentação de certidão do cancelamento será suficiente para determinar o cancelamento do registro da garantia real vinculada àquela emissão.

IV – Se não houver agente fiduciário na escritura de emissão, o cancelamento será feito por decisão do Juiz Corregedor Permanente, após: a) a verificação, por escrevente especialmente designado, na companhia emissora, do arquivamento dos documentos referidos no art. 74 da Lei 6.404/76; b) a publicação de editais, na forma determinada nos ns. II, III e IV do art. 232 do CPC, para impugnação do pedido pelos interessados; c) a manifestação da Curadoria de Registros Públicos.[185]

 Jurisprudência

1. Cancelamento de debêntures na via judicial

"As debêntures também chamadas simplesmente de obrigações foram originalmente instituídas no direito pátrio pelo Decreto Imperial n. 8.821, de 1882, e atualmente se encontram previstas nos artigos. 52 a 74 da Lei n. 6.404/76. Por sua natureza de instrumento de captação de recursos às sociedades por ações, concedem direito de crédito a seu possuidor. (...) Pode-se facilmente defluir que, se se obtém o cancelamento da inscrição, ou do registro do empréstimo, a prova desse cancelamento será bastante para o cancelamento da hipoteca ou de qualquer outra garantia – real ou pessoal – igualmente oferecida ao crédito concedido. Mas, a garantia real ou outra forma de caução, ainda que instituída por mera faculdade da sociedade devedora, não perde a sua natureza para, no registro público, ser cancelada com inobservância da forma regular: a prova da quitação, ou da extinção da dívida, pelos meios que no direito se reputar idôneos, exprimindo-se em sentença ou de documento autêntico de quitação ou de exoneração do título registrado. Assim, amortizado ou resgatado o empréstimo, é indispensável cancelar a sua inscrição especial e a inscrição da hipoteca. É certo, porém, que esse cancelamento relativamente à inscrição hipotecária, só pode fazer-se à vista de sentença passada em julgado ou de documento autêntico, no qual conste o expresso consentimento dos interessados. Parece-nos que, na ausência de expressa previsão legal, a sociedade deverá apresentar em juízo os títulos amortizados ou resgatados, requerendo a publicação de editais pelo prazo de 10 dias, facultando a eventual prejudicado a dedução de qualquer reclamação ou protesto. Deste modo, com a sentença judicial transitada em julgado, procede-se ao cancelamento da inscrição do empréstimo, sendo esta único documento hábil para seu cancelamento, sendo que na eventualidade de existirem debenturistas com títulos ainda não resgatados, a sociedade deverá depositar a importância do capital e juros. A legislação superveniente não regulou a forma de cancelamento da inscrição do empréstimo. A nova Lei das Sociedades por Ações silenciou quanto ao processo de cancelamento registrário, assim da inscrição da escritura de emissão de debêntures, como registro de eventuais garantias. Ademais, é fácil perceber a impropriedade do deliberado na assembleia de acionistas. Se a sociedade é a devedora, não pode – ela mesma – emitir o bilhete de sua própria quitação. A via

---

[185] 1ª VRPSP – Processo 358/1983, Juiz Narciso Orlandi Neto, j. 14/09/1983.

judicial, com citação ou publicação de edital, é providência que a mínima prudência não dispensaria e que é defendida por diversos Doutrinadores" (1ª VRPSP – Processo 1101397-28.2013.8.26.0100, Juíza Tânia Mara Ahualli, j. 29/04/2014).

> **Art. 167, I (...)**
> 17) das incorporações, instituições e convenções de condomínio;

CALEB MATHEUS RIBEIRO DE MIRANDA

 Referências Normativas

Lei 4.591/1964, arts. 28 a 33.
Lei 10.406/2002, Código Civil, arts. 1.331 a 1.358-U.
Lei 13.465/2017, arts. 61 e 62.

 Comentários

O regime de condomínio edilício é caracterizado pela criação de unidades autônomas, objeto de propriedade exclusiva, com concomitante manutenção das partes de uso comum em copropriedade. Foi introduzido no ordenamento jurídico brasileiro em 1928, pelo Decreto 5.481, que previa, originalmente, que os edifícios de "mais de cinco andares"[186] poderiam "ser alienados no todo ou em parte objetivamente considerada, constituindo cada apartamento uma unidade autônoma" (art. 1º, *caput*). A instituição do condomínio era averbada no Registro de Imóveis (art. 1º, parágrafo único). A Lei 4.591/1964 regulamentou o condomínio, revogando o Decreto 5.481.

No Registro de Imóveis são registradas a incorporação, as instituições de condomínio e as convenções condominiais. Atualmente, há múltiplos regimes condominiais. Os procedimentos de instituição e especificação, bem como o registro da convenção, devem ser utilizados para a multipropriedade,[187] para o condomínio de lotes[188] e, de modo simplificado, para o condomínio urbano simples,[189-190] conquanto para esse último o registro da convenção seja dispensado.[191]

Incorporação. Incorporação é a atividade de venda de frações ideais de terreno vinculadas a futuras unidades autônomas, em edificações a serem construídas ou em construção, sob regime condominial, com a coordenação da realização da construção.[192] Para registro, é necessária a apresentação de uma série de documentos,[193] entre os quais certidões de tributos e de ações relativas ao titular e ao incorporador, com o fim de proteger eventuais adquirentes, além da possibilidade de submissão do imóvel a regime de afetação.[194]

Com o registro da incorporação na matrícula, as frações do terreno e as respectivas acessões ficam submetidas a regime condominial especial, que permite ao incorporador e aos futuros adquirentes a livre disposição e oneração independente da anuência dos demais condôminos.[195] A natureza jurídica do regime a que submetido o imóvel objeto da incorporação foi definida pela Lei 14.382/2022, o

---

[186] O número mínimo de andares foi reduzido a três pelo Decreto 5.234/1943 e a dois pela Lei 285/1948.
[187] BRASIL, Lei 10.406/2002, Código Civil, art. 1.358-F.
[188] BRASIL, Lei 10.406/2002, Código Civil, art. 1.358-A.
[189] BRASIL, Lei 13.465/2017, art. 62.
[190] BRASIL, Decreto 9.310/2018, arts. 69 a 71.
[191] BRASIL, Lei 13.465/2017, art. 62.
[192] BRASIL, Lei 4.591/1964, art. 29, *caput*.
[193] Idem, art. 32.
[194] Idem, arts. 31-A e seguintes.
[195] Idem, art. 32, § 1º-A.

que implicou em significativo avanço, vez que o regime condominial especial traz efeitos peculiares, quais sejam:

1) Criação de unidades autônomas, que podem ser objeto de negócios jurídicos próprios; e
2) Atribuição do direito de disposição das unidades futuras ao incorporador, enquanto não negociadas.

O ato a ser praticado é de registro no Livro 2 – matrícula. Eventuais modificações posteriores no memorial de incorporação serão averbadas. Se houver descaracterização completa do projeto, será necessário realizar o cancelamento e novo registro.

Instituição e especificação. A instituição é o ato formal pelo qual são identificadas as unidades autônomas que compõem o condomínio, as partes comuns e a fração ideal atribuída a cada unidade autônoma no terreno. É com o registro da especificação na matrícula do imóvel que surge o regime de condomínio edilício.

A especificação não precisa ser precedida de incorporação, que só se mostra necessária em caso de haver intenção de alienação de unidades antes da instituição do condomínio. A instituição pode ser realizada por ato entre vivos ou testamento e, nesse último caso, o título a ser apresentado será o formal de partilha ou escritura de inventário e partilha, juntamente com os documentos identificadores do condomínio, que devem conter a discriminação e individualização das unidades de propriedade exclusiva, a identificação das frações ideais atribuídas a cada unidade sobre as partes comuns e o fim a que as unidades se destinam.[196] Para alterar a destinação do edifício ou de alguma das unidades posteriormente, será necessária a aprovação por 2/3 dos condôminos.[197]

Convenção. A convenção condominial é o instrumento que regulamenta as questões de interesse do condomínio, especialmente as regras de convivência, sua forma de administração, quota proporcional dos condôminos e sanções.[198] Deve ser aprovada por condôminos titulares de 2/3 das frações ideais[199] e, para valer contra terceiros, ser registrada no Registro de Imóveis.[200] Para modificar a convenção condominial, será igualmente necessária aprovação por 2/3 dos condôminos,[201] devidamente identificados e com as firmas reconhecidas. Tanto o registro da convenção como a averbação de sua alteração são realizados no Livro nº 3 – Registro Auxiliar.[202]

Atualmente, permite-se o registro de convenção também de condomínio geral voluntário.[203] A previsão é interessante, porque permite a regulamentação pelos condôminos das relações existentes entre si por ato formal.

Jurisprudência

"1. Sem o registro da incorporação, não podem ser registradas as unidades autônomas. 2. Não se pode registrar a transmissão de fração ideal do terreno, deixando de lado as outras partes integrantes do objeto do contrato. 3. A descrição do terreno todo deve, normalmente, constar do instrumento. Se, no entanto, há incorporação registrada, a omissão não impede o registro da transmissão da fração ideal" (CSMSP, AC 001918-0/SP, Rel. Des. Bruno Affonso de André, j. 07/07/1983).

"Registro de Imóveis – Dúvida – Contrato de Compromisso de Venda e Compra de unidade condominial autônoma – Inexistência de registro prévio da incorporação imobiliária – Para o registro do contrato de compromisso de venda e compra de unidade autônoma indispensável o precedente registro da incorporação imobiliária, sem o qual não há falar na existência jurídica daquela unidade

---

[196] BRASIL, Lei 10.406/2002, Código Civil, art. 1.332.
[197] Idem, art. 1.351.
[198] Idem, art. 1.334.
[199] Idem, art. 1.333, *caput*.
[200] Idem, art. 1.333, parágrafo único.
[201] Idem, art. 1.351.
[202] Lei 6.015/1973, Lei dos Registros Públicos, art. 178, III.
[203] Idem, ibidem.

que foi objeto do compromisso referido – Pretensão alternativa para que se registre a fração ideal de terreno, com a cindibilidade do título – Inaplicabilidade do precedente citado na espécie, porque não há segura indicação da porção ideal de terreno no contrato" (CSMSP, AC 59.953-0/5-SP, Rel. Des. Sérgio Augusto Nigro Conceição, julgamento 06/12/1999).

"Registro de imóveis – Registro de instituição de condomínio cancelado – Inexistência jurídica das unidades autônomas – Negativa de registro de escritura de compra e venda de parte ideal do imóvel – Violação ao princípio da legalidade registral – Dúvida julgada procedente – Recurso não provido" (CSMSP, AC 1127926-11.2018.8.26.0100-SP, Rel. Des. Geraldo Francisco Pinheiro Franco, julgamento 12/09/2019).

"Registro de imóveis. Pedido de providências. Desbloqueio de matrícula que depende da regular instituição do condomínio. Registro da convenção de condomínio no livro auxiliar 3 que não convalida a inexistência da instituição do condomínio. Recurso a que se nega provimento" (CGJSP, recurso Administrativo 1004550-68.2018.8.26.0526, Rel. Des. Ricardo Mair Anafe, j. 19/11/2020).

"Condomínio – unidade autônoma – descrição – acréscimo de área. Retificação – especificação – anuência dos condôminos.

...

Em que pesem os fartos argumentos expostos pela interessada, as razões expostas pelo Registrador às fls. 223/227 são irretocáveis, encontrando amparo no item 84, do Cap. XX, das Normas de Serviço da Corregedoria-Geral da Justiça.

Neste contexto, vale ressaltar que para firmar o instrumento de retificação da instituição e especificação de condomínio, é necessária a concordância de todos os interessados.

Entendo que a retificação pretendida irá repercutir na propriedade de todas as demais unidades autônomas, uma vez que a descrição nas matrículas individuais deve ser harmônica. Assim, imperativo que sejam elaboradas novas tabelas de áreas, além de ser aprovada planta que viabilize a alteração da especificação de condomínio" (1ª VRPSP, Pedido de Providências 1123785-12.2019.8.26.0100-SP, Magistrada: Tânia Mara Ahualli, j. 23/04/2020).

"Registro de Imóveis – Condomínio – Ingresso no fólio real de ata de assembleia geral de alteração da convenção condominial – Pretendida alteração de cláusula que disciplina matéria sujeita à aprovação da unanimidade dos condôminos – Necessidade de idêntico quórum – Disposição, ainda, que exorbita o disposto no art. 1.342 do Código Civil, ao autorizar a desativação ou supressão, total ou parcial, dos serviços já existentes no condomínio – Obra em área comum, por fim, que implica alteração da especificação do condomínio, a exigir, igualmente, consentimento unânime dos condôminos (item 74 do Cap. XX das NSCGJ) – Recurso não provido" (CGJSP, Processo: 13.645/2007/SP, Rel. Des. Ruy Camilo, j. 07/07/2008).

"Registro de imóveis – Condomínio – Averbação de alteração da especificação – Imprescindível o consenso unânime dos comunheiros à alteração – Não importa a disposição da convenção em sentido diverso – Desprovido o recurso" (CGJSP, Processo: 10/87-SP, Rel. Des. José Renato Nalini, j. 27/02/1987).

"Registro de Imóveis – Emolumentos – Averbação de cancelamento de registro de incorporação imobiliária – Incorporação não concretizada – Cobrança com base em norma relativa a averbações com valor – Inadmissibilidade – Cancelamento que não traduz operação econômica – Mera alteração jurídica da situação ou destinação do imóvel – Averbação sem valor declarado – Devolução do valor pago a maior – Recurso provido" (CGJSP – Processo 158/2007, j. 25/04/2007).

"Registro de Imóveis – Dúvida. Registro de escritura de compra e venda de unidade autônoma negado, sob alegação de que é necessário revalidar o registro da incorporação – Recusa indevida – O descumprimento da exigência do artigo 33 da Lei 4.591/64 não deve impedir o registro de título no qual o imóvel nele negociado não é mais da titularidade do incorporador – Princípio da especialidade objetiva observado – A escritura indica o percentual da fração ideal que corresponderá à futura unidade autônoma e que integra a área maior descrita na matrícula do imóvel e a esta se reporta – Existência, ademais, de cadastro na Prefeitura, deste imóvel em área maior, verdadeiro registro geral de sua identidade – Recurso provido" (CSMSP, AC 525-6/8, Rel. Gilberto Passos De Freitas, j. 25/05/2006).

"Para o registro de cessão de direitos à incorporação imobiliária são imprescindíveis a exibição e o arquivamento de certidões pessoais e de atestado de idoneidade financeira dos cessionários" (CSMSP, AC 005611-0/86, Rel. Sylvio do Amaral, j. 25/04/1986).

"Apelação cível. Ação executiva *lato sensu*. Obrigação de fazer. Astreintes. Efetividade. Correta a decisão que determina que a empresa apelante institua imediatamente o condomínio, pois é obrigação legal do incorporador registrar a incorporação imobiliária, bem ainda arquivar minuta da futura convenção condominial, até mesmo antes de começar a comercialização das unidades, sob pena de contravenção relativa à economia popular. Para conferir efetividade às decisões nas ações executivas lato sensu pode o magistrado fixar astreintes em valor suficiente a impor ao réu a obrigação de fazer. Porém, objetivando a incidência da multa o cumprimento de determinação judicial, de natureza coercitiva, em respeito ao princípio da proporcionalidade, impõe-se a sua redução. preliminar rejeitada, apelação parcialmente provida" (TJRS, AC 70015417454, 19ª câmara cível, Rel. Des. Guinther Spode, j. 22/08/2006).

"Registro de imóveis – incorporação imobiliária. Incorporadora que não é titular da propriedade do terreno. Necessidade da participação da proprietária e da incorporadora nos atos de transmissão de direitos nos termos da Lei no 4.591/64. Contrato preliminar particular não registrado, inexistência de direito real de aquisição. Direito pessoal que não pode ser oposto a terceiro por não possuir eficácia erga omnes – recurso não provido" (CSMSP, AC 1003196-21.2018.8.26.0457, Localidade: Pirassununga, Rel. Geraldo Francisco Pinheiro Franco, j. 10/12/2019, *DJ* 02/04/2020).

"Registro de imóveis – ITBI – incorporação imobiliária em regime de administração. Legislação municipal que impõe necessidade de reconhecimento prévio pela administração tributária da não consideração na base de cálculo do imposto do valor das benfeitorias e construções. Qualificação registral que deve observar a legalidade estrita – recurso não provido" (CSMSP, AC 1132584-78.2018.8.26.0100, localidade: São Paulo, Rel. Geraldo Francisco Pinheiro Franco, j. 27/08/2019, *DJ* 16/09/2019).

"Incorporação imobiliária. Ação penal em curso contra os sócios administradores da incorporadora. Possibilidade da exigência das certidões dos sócios nos termos das NSCGJ. Cabimento do registro por não afetar a viabilidade econômica da incorporação, devendo, todavia, constar no registro imobiliário e nos documentos de venda das unidades a informação relativa à ação penal por sua relevância e publicidade nos termos do artigo 37 da Lei n. 4.591/64, por analogia – recurso provido com determinação" (CSMSP, Apelação Cível 1018482-43.2017.8.26.0564, localidade: São Bernardo do Campo, Unidade: 1, Rel. Geraldo Francisco Pinheiro Franco, j. 04/10/2018, *DJ* 12/12/2018).

"Registro de imóveis – Incorporação – Instituição de condomínio edilício – Atos diversos praticados em momentos distintos e com finalidades próprias – Venda de unidades autônomas que não pode ser confundida com os atos praticados na matrícula, relativos ao próprio empreendimento – Emolumentos – Item 5 da Tabela II, da Lei Estadual no 11.331/2002 – Determinação de cobrança de emolumentos como ato único pela MM. Juíza Corregedora Permanente. Art. 237-A da Lei no 6.015/73 afastada. Recurso provido em parte" (CGJSP – Recurso Administrativo 1005346-86.2019.8.26.0344, localidade: Marília, Rel. Ricardo Mair Anafe, j. 09/02/2021, *DJ* 11/02/2021).

"Registro de imóveis – Registro de Incorporação – Contrato padrão – Facultatividade – Área acessória autônoma (depósito ligado à unidade) – Possibilidade – Apresentação de prints ao invés de certidões esclarecedoras – Previsão expressa das NSCGJ – Recurso provido" (CSMSP – Apelação Cível 1000866-76.2015.8.26.0224, localidade: Guarulhos, Unidade: 1, Rel. Manoel de Queiroz Pereira Calças,j. 25/04/2016, *DJ* 30/05/2016).

"Registro de Imóveis – escritura de venda e compra de frações ideais do terreno – sessenta e dois (62) adquirentes, sendo um deles uma construtora – inexistência de vínculo ou objetivo comum entre os compradores – situação concreta que demonstra incorporação imobiliária camuflada – necessidade do registro da incorporação – dúvida julgada procedente – recurso não provido" (CSMSP, AC

9000021-81.2013.8.26.0577, localidade: São José dos Campos, Unidade: 1, Rel. José Carlos Gonçalves Xavier de Aquino, j. 09/11/2015).

"Registro de imóveis – Incorporação imobiliária – Patrimônio de afetação já averbado – Requerimento para que seja incluído no patrimônio de afetação imóvel distinto daquele que recebeu a incorporação imobiliária, como garantia em favor dos adquirentes das futuras unidades autônomas – Ausência de previsão na Lei no 4.591/64 – Recurso não provido" (CGJSP, Recurso Administrativo 1002782-80.2019.8.26.0071, localidade: Bauru, Rel. Geraldo Francisco Pinheiro Franco, j. 05/09/2019, DJ 20/09/2019).

"Registro de Imóveis – Instituição e especificação parcial de condomínio e averbação de construção de unidade autônoma, isoladamente considerada – Inadmissibilidade – Atos que se referem à totalidade do prédio – Necessidade de os interessados providenciarem a instituição e especificação condominial e a averbação da construção do conjunto do edifício, com todas as suas unidades autônomas – Inteligência dos arts. 7º e 44 da Lei n. 4.591/1964 – Dúvida julgada procedente – Recurso não provido" (CSMSP, AC 707-6/9-SP, Rel. Gilberto Passos De Freitas, j. 26/07/2007).

"Registro de imóveis – Registro de convenção de condomínio edilício – Hipóteses em que necessários quóruns especiais de votação que estão especificados na Convenção do Condomínio conforme deliberado pela Assembleia dos Condôminos – Necessidade, porém, de autorização da totalidade dos condôminos para a alteração do projeto, da estrutura e da fachada do edifício, por acarretar modificação que atinge o direito de propriedade e repercute sobre a especificação do condomínio edilício – Recurso não provido, com manutenção da recusa do registro do título" (CSMSP, AC 1044178-18.2017.8.26.0100, localidade: São Paulo, unidade: 5, Rel. Geraldo Francisco Pinheiro Franco j. 23/04/2018, DJ 18/05/2018).

"Registro de imóveis – Alteração de convenção de condomínio – Decisão que manteve a recusa de averbação, pois não evidenciada a subscrição por titulares de direitos que representem, no mínimo, dois terços das frações ideais – Necessidade, para que possam ser equiparados aos proprietários, de que os promitentes compradores e os cessionários registrem seus títulos – Inteligência dos artigos 1.225, VII, 1.227, 1.333 e 1.334, § 2º, do Código Civil – Negado provimento ao recurso" (CGJSP, Processo 2008/73962, Rel. José Antonio de Paula Santos Neto, j. 05/12/2008).

"Registro de imóveis – Condomínio edilício – Instrumento de instituição – Falta de manifestação da totalidade dos condôminos – Acesso recusado – Dúvida procedente – Ausência de perfeita identidade com o teor do registro da incorporação – Recurso não provido" (CSMSP, AC 340-6/3-SP, Rel. José Mário Antonio Cardinale, j. 06/06/2005).

"Registro de Imóveis – Procedimento administrativo – Condomínio edilício – Unificação de unidades autônomas e fusão de matrículas que dependem da anuência de todos os condôminos, de modificação da instituição e especificação de condomínio, e de consentimento do dono tabular – Falta das anuências e documentos necessários – Óbices mantidos – Recurso administrativo a que se nega provimento" (CGJSP, Recurso Administrativo 1012303-97.2019.8.26.0152, localidade: Cotia, Rel. Ricardo Mair Anafe, j. 22/09/2020, DJ 25/09/2020).

Art. 167, I (...)

18) dos contratos de promessa de venda, cessão ou promessa de cessão de unidades autônomas condominiais e de promessa de permuta, a que se refere a Lei nº 4.591, de 16 de dezembro de 1964, quando a incorporação ou a instituição de condomínio se formalizar na vigência desta Lei; *(Redação dada pela Lei nº 14.382, de 2022)*

Referências Normativas

Lei 4.591/1964, arts. 32, § 2º, e 35-A.
Lei 10.406/2002, Código Civil, arts. 462 a 466 e 1.417 a 1.418.

Comentários

O compromisso de compra e venda foi introduzido no ordenamento jurídico brasileiro por meio do Decreto-Lei 58/1937, inicialmente somente com relação a imóveis loteados, sendo, posteriormente, modificado o art. 22 pela Lei 649/1949, que estendeu a possibilidade aos imóveis não loteados.

Os contratos que tenham por objeto a atribuição de direito real de aquisição sobre imóveis,[204] realizados sob a forma de contrato preliminar,[205] ingressam no registro justamente em razão da posição jurídico-real que atribuem ao promitente adquirente. A finalidade do registro do compromisso de compra e venda é de atribuir efeito real ao direito do compromissário comprador,[206] que poderá exigir, do promitente vendedor ou de terceiros a quem o imóvel for cedido, a outorga da escritura definitiva ou, em caso de recusa, solicitar a adjudicação compulsória do imóvel.[207]

Antes da entrada em vigor da Lei dos Registros Públicos atual, os contratos de promessa de compra e venda, os contratos de cessão ou de promessa de cessão e os contratos de promessa de permuta de unidades autônomas eram objetos de inscrição[208] no Livro 4 – Auxiliar.[209] Com a entrada em vigor da Lei dos Registros Públicos, os compromissos passaram a ser objeto de registro, como referido no item em comento. A regra de transição ali contida, entretanto, define que, se a incorporação ou instituição do condomínio se realizou antes da vigência da Lei dos Registros Públicos, o compromisso será averbado, medida que possui implicações quanto à forma de cobrança dos emolumentos e quanto aos requisitos para prática do ato, vez que os atos de registro exigem que o imóvel esteja matriculado.[210]

Para registro dos contratos preliminares, deve ser apresentado o próprio instrumento particular, com firmas reconhecidas, dispensada a assinatura de testemunhas.

Com o registro do contrato preliminar, não se retira a titularidade do promitente vendedor. Contudo, em caso de transmissão de imóvel pelo promitente transmitente a terceiro sem anuência do promitente adquirente, poderá o terceiro adquirente ser privado do direito adquirido em caso de atribuição de caráter definitivo ao compromisso, por meio da ação de adjudicação compulsória em favor do promitente adquirente.[211]

Jurisprudência

> "Registro de Imóveis – Dúvida julgada procedente, impedindo-se o registro da escritura de compra e venda – Irrelevância da existência de promessa de compra e venda e cessões de direitos – Precedentes do Conselho Superior da Magistratura – Inteligência do art. 1.418 do Código Civil – Quebra do princípio da continuidade inexistente – Recurso provido, para determinar o registro da escritura de compra e venda.
>
> ...
>
> Prevalece o posicionamento de que o compromisso de compra e venda, ainda que registrado, configura obrigação de natureza pessoal e não transfere a titularidade do domínio, portanto, a propriedade permanece em nome do alienante, razão pela qual não há de se falar em quebra do princípio da continuidade na hipótese de o promitente vendedor e titular do domínio alienar o bem a terceiro por escritura pública e esta for apresentada para registro. O registro do compromisso de compra e venda e das cessões de direitos dá publicidade à relação obrigacional e gera direitos para a parte prejudicada, caso haja sua inobservância.
>
> ...

---

[204] BRASIL, Lei 10.406/2002, Código Civil, art. 1.417.
[205] Idem, art. 463.
[206] Brasil, Decreto-Lei 58/1937, art. 22.
[207] BRASIL, Lei 10.406/2002, Código Civil, art. 1.418.
[208] BRASIL, Decreto 4.857/1939, art. 178, alínea 'a', item XIV.
[209] Idem, art. 186.
[210] BRASIL, Lei 6.015/1973, Lei dos Registros Públicos, art. 236.
[211] BRASIL, Lei 10.406/2002, Código Civil, art. 1.418.

Não tem, pois, o registro desse compromisso eficácia ablatória do atributo da disponibilidade tabular quanto ao imóvel seu objeto, atributo que, sem embargo daquele registro, persevera com o *dominus*, e tanto assim é que o promitente comprador, titular do direito real aquisitivo, 'pode exigir do promitente vendedor, ou de terceiros, a quem os direitos deste forem cedidos, a outorga da escritura definitiva de compra e venda' (art. 1.418 do Cód. Civ. ...)" (CSMSP, AC 1057235-74.2015.8.26.0100, Rel. Des. Manoel de Queiroz Pereira Calças, j. 15/03/2016).

> **Art. 167**, I (...)
> 19) dos loteamentos urbanos e rurais;

Referências Normativas

Decreto-Lei 58/1937.
Decreto-Lei 271/1967, art. 4º.
Lei 6.766/1979.

Comentários

Parcelamento é a divisão de um imóvel em imóveis menores. Denomina-se loteamento a divisão de imóveis rurais, contudo, em caso de divisão para fins urbanos, a denominação será diversa de acordo com a existência ou não de modificação do sistema viário: denomina-se loteamento urbano a subdivisão de gleba em lotes destinados à edificação com abertura de novas vias de circulação; e denomina-se desdobramento a subdivisão quando não implique modificação das vias.[212] Os parcelamentos urbanos são regidos pela Lei 6.766/1979 e os loteamentos rurais pelo Decreto-Lei 58/1937. A Lei 6.766/1969 prevê procedimento específico para registro dos loteamentos e desmembramentos urbanos, que envolve a publicação de editais pelo Registro de Imóveis.[213] O Decreto-Lei 58/1937 também prevê procedimento específico.[214]

Com o registro do loteamento, as vias de circulação passam a pertencer ao Município, se o loteamento for urbano.[215] No loteamento rural, as vias são consideradas inalienáveis[216] e passam ao domínio público pela afetação.

Venda de frações ideais. O procedimento específico para registro de loteamento exige o cumprimento de mais requisitos, pelo empreendedor, para garantir maior proteção aos adquirentes e permitir a perfeita especialidade objetiva e controle da disponibilidade. Com a finalidade de evitar os requisitos mais rigorosos de controle, os titulares de imóveis realizavam alienações de frações ideais que, na realidade, representavam posse de parcela certa. A venda de frações ideais como meio de burla à legislação de parcelamento do solo é medida indevida, devendo o instrumento ser qualificado negativamente.

Desmembramento e desdobro. Dificuldade prática se dá na distinção entre desmembramento e desdobro. A aceitação literal do conceito legal implicaria na compreensão de que toda subdivisão de lotes com finalidade de edificação que não modifique o sistema viário seria desmembramento, cabendo a aplicação do procedimento especial. Contudo, o loteamento previsto pelo Decreto-Lei 58/1937 refere-se a "proprietários ou coproprietários de terras rurais ou terrenos urbanos, que pretendam vendê-los, divididos em lotes e por oferta pública, mediante pagamento do preço a prazo em prestações sucessivas e periódicas".[217] O desdobro, por consequência, seria a divisão do imóvel que

---

[212] BRASIL, Lei 6.766/1979, art. 2º, §§ 1º e 2º.
[213] Idem, art. 19.
[214] BRASIL, Decreto-Lei 58/1937, art. 2º.
[215] BRASIL, Lei 6.766/1979, art. 22.
[216] BRASIL, Decreto-Lei 58/1937, art. 3º.
[217] Idem, art. 1º.

não tenha caráter de empreendimento. As Normas Extrajudiciais do Estado de São Paulo,[218] do Rio Grande do Sul,[219] de Santa Catarina,[220] do Paraná,[221] do Mato Grosso[222] e de Minas Gerais[223] enumeram situações em que se considera tratar-se ou não de desmembramento sujeito a registro especial.

 Jurisprudência

"Registro de Imóveis – Dúvida – Pretensão que visa o registro de escritura de venda e compra envolvendo parte ideal de uma gleba de terras – Registro recusado sob a alegação de que estaria havendo tentativa de burla à Lei 6.766/79 – Fato que não pode ser presumido – Exigência insubsistente – Recurso provido. Não há como presumir um parcelamento disfarçado e irregular do solo, baseado simplesmente na desconfiança de que estaria ocorrendo violação da lei, ante a venda de partes ideais de uma gleba de terras, somente elementos concretos, constantes do título ou do registro respectivo justificariam a recusa. Do contrário, eventual tentativa de burlar a lei, deve ser objeto de providências próprias" (CSMSP, AC 027833-0/9, Rel. Des. Antônio Carlos Alves Braga, j. 26/01/1996).

"Loteamento irregular – Disfarçado. Caracterizando um loteamento disfarçado, com a venda de lotes localizados, não obstante a indicação de partes ideais para fazer supor a instituição de condomínio, está o empreendimento sujeito à legislação relativa ao parcelamento do solo, que deve ser atendida pelo interessado" (CSMSP, AC 6.673-0/SP, Rel. Des. Sylvio do Amaral, j. 20/02/1987).

"Registro de imóveis – Bloqueio de matrícula – Descrição precária da gleba, que não contém todas as medidas lineares perimetrais – Ausência de pontos de amarração que permitam a perfeita identificação do imóvel e sua localização geográfica – Evidências, outrossim, de parcelamento irregular do solo – Sucessivas e inúmeras alienações, a pessoas sem qualquer vinculação entre si, de frações ideais individualizadas – Orientação administrativa emanada do Acórdão proferido na Apelação Cível nº 72.365-0/7 e enunciada pela E. Corregedoria-Geral da Justiça no Proc. CG 2.588/00 – Inteligência do item 151 das Normas de Serviço da CGJ – Bloqueio mantido, ante o risco de prejuízo a terceiros e a necessidade de impelir os interessados rumo à regularização – Fundamento no artigo 214, § 3º, da Lei nº 6.015/73 – Provimento negado" (CGJSP – Processo: 7.452/2009 Localidade: Itapecerica da Serra, Rel. Des. Ruy Pereira Camilo, j. 12/02/2009, *DJ* 12/02/2009).

"Registro de imóveis – Regularização de condomínio – Pedido indeferido – Alienações de diferentes frações ideais do imóvel a que foram atribuídas áreas certas e, em consequência, localizações determinadas no solo – Atos que caracterizam situação de inobservância da legislação, de natureza cogente, que regulamenta o parcelamento do solo urbano – Precedentes – Decisão, com efeito normativo, prolatada pelo Excelentíssimo Desembargador Corregedor Geral da Justiça no Processo CG nº 2.588/00 – Possibilidade de instituição de condomínio edilício condicionada ao atendimento dos requisitos legais – Requisitos para regularização do 'condomínio de fato', conforme procedimento previsto nas Normas de Serviço da Corregedoria-Geral da Justiça, também não atendidos – Recurso não provido" (CGJSP – processo: 2007/21677, localidade: Campos do Jordão, Rel. Des. José Marcello Tossi Silva, j. 26/05/2008, *DJ* 26/08/2008).

"1. Cabe ao Oficial recusar registro de venda ou cessão de direitos sobre fração ideal de imóvel, que mascaram parcelamento irregular, mesmo porque, neste caso, a Serventia foi oficialmente comunicada pelo Ministério Público de São Paulo desta irregularidade" (1ª VRPSP – processo 758/93 Localidade: São Paulo Magistrado: Kioitsi Chicuta, j. 23/09/1993)

"Registro de imóveis – Retificação registral – Alteração de medidas perimetrais com ampliação da área do imóvel – Loteamento informal implantado sob a vigência do Decreto-lei n.º 58/1937 – Aprovação

---

[218] São Paulo. Normas de Serviço da Corregedoria Geral da Justiça do Estado de São Paulo, Tomo II, Capítulo XX, item 165 e subitens.
[219] BRASIL, Rio Grande do Sul. Consolidação Normativa Notarial e Registral, arts. 685 e 686.
[220] BRASIL, Santa Catarina. Código de Normas, arts. 719-A e 719-B
[221] BRASIL, Paraná. Código de Normas, art. 571.
[222] BRASIL, Mato Grosso. Código de Normas, art. 1.153 e 1.156.
[223] BRASIL, Minas Gerais. Código de Normas, art. 990.

Art. 167 | LEI DE REGISTROS PÚBLICOS COMENTADA

do loteamento indemonstrada – Registro não ocorrente – Vias de circulação e praças convertidas em domínio público pela afetação ao uso comum resultante de fato administrativo – Transferência para o domínio público que se operou nos termos em que de fato estabelecido o loteamento – Inaplicabilidade da teoria do concurso voluntário – Falta de razoabilidade da impugnação oposta pelo ente municipal – Questionamento fundado em fatos inidôneos para fins de transmissão de bens para a dominialidade pública – Ofensa à propriedade descartada – Devolução dos autos ao Registrador para que dê prosseguimento à retificação administrativa – Recurso provido" (CGJSP – Processo 189.503/2015, localidade: São Paulo, Rel. Des. Manoel de Queiroz Pereira Calças, j. 05/05/2016, *DJ* 16/05/2016).

"1. Admite-se descrição imperfeita constante de antigos registros desde que tal descrição seja mantida na abertura de matrículas, desde que haja elementos mínimos para determinar a situação do imóvel, e desde que o bem seja alienado ou onerado por inteiro. 2. Gleba maior com descrição incompleta não pode originar glebas menores com descrições completas sem que haja anterior processo judicial de retificação. 3. Não se admite a possibilidade de construção e incorporação de 'condomínio deitado'[224] quando não exista vinculação do terreno à construção, ainda que esta seja apenas projetada ou licenciada na forma da lei. 4. É possível o 'loteamento fechado', devendo ser aprovado em consonância com a Lei 6.766/79 e os bens de domínio público somente podem ser destinados ao uso exclusivo dos proprietários dos lotes de terreno por permissão ou concessão municipais, previstas em lei municipal própria. 5. Para alteração da especificação do condomínio, exige-se a anuência da totalidade dos condôminos" (CGJSP – Processo 1.536/1996, j. 27/09/1996).

"Registro de Imóveis – Dúvida julgada procedente – Registro de loteamento – Ação pessoal em que pretendida indenização pelo descumprimento de contrato que tinha por objeto a comercialização dos lotes – Valor de eventual indenização que depende de liquidação em ação própria – Inexistência de prova de que a ação poderá atingir os futuros adquirentes dos lotes – Contrato padrão, porém, que contém cláusulas aptas a ensejar interpretações conflitantes no que se refere à filiação dos adquirentes dos lotes à Associação de proprietários, com possibilidade de afetar direitos tutelados por normas de natureza cogente – Registro inviável, mas por fundamento distinto daquele apontado na r. sentença – Recurso a que se nega provimento" (CSMS, Apelação 1006711-57.2017.8.26.0309, *DJe* de 07/05/2018).

"Recurso especial. Nunciação de obra nova cumulada com demolição. prequestionamento. ausência. negativa de prestação jurisdicional. Ausência. Restrições urbanísticas convencionais do loteador. Prevalência sobre legislação municipal que dispõe sobre uso e ordenação do solo. Ausência.

1. O propósito recursal consiste em discutir a validade de restrições convencionais fixadas pelo loteador, como fundamento para ação de nunciação de obra nova e de ação de demolição, frente às leis municipais posteriores que alteraram parcialmente a destinação dos imóveis localizados em determinada via pública.

2. O acórdão recorrido não decidiu acerca de alguns dispositivos de legislação federal invocados pelo recorrente. Aplica-se, portanto, a Súmula 211/STJ.

3. Na ausência de omissão, contradição ou erro material, não há violação ao art. 1.022 do CPC/2015.

4. Na jurisprudência deste Tribunal Superior, não há fundamento para a pretensão da recorrente de fazer prevalecer uma restrição convencional originária, imposta unilateralmente pelo loteador, frente à legislação municipal que, de forma fundamentada, abranda essas restrições.

5. Não há como opor uma restrição urbanística convencional, com fundamento na Lei 6.766/79, à legislação municipal que dispõe sobre o uso permitido dos imóveis de determinada região. De fato, já em conformidade com a nova ordem constitucional, a Lei 9.785/99 alterou a Lei de Parcelamento do Solo Urbano, em seu art. 4º, § 1º, para reconhecer expressamente que essa competência é do município.

6. Recurso especial parcialmente conhecido e, nessa parte, não provido"

(...)

---

[224] A Lei 13.465/2017 modificou o Código Civil e permitiu expressamente o condomínio de lotes, conforme art. 1.358-A.

JURISPRUDÊNCIA: Indefinido

LEGISLAÇÃO: artigo 28 da Lei Federal 6.766/79.

"Registro de imóveis – Pretensão de Fracionamento, em duas novas unidades imobiliárias, de lote originário de anterior parcelamento já inscrito – Existência de autorização administrativa para o desdobro de vários outros lotes do mesmo empreendimento imobiliário – Hipótese que caracteriza alteração parcial do loteamento registrado – Necessidade de cumprimento do disposto no artigo 28 da Lei Federal 6.766/79 – Decisão mantida – Recurso não provido" (CGJSP – Processo: 2.392/00, Localidade: Franco da Rocha, Rel. Luís Paulo Aliende Ribeiro, j. 07/12/2000).

"Registro de imóveis –Desmembramento requerido com amparo no art. 18 da Lei n. 6.766/79 – Devolução integral da matéria ao conhecimento do Conselho Superior da Magistratura – Registro negado em virtude do decurso do prazo de 180 dias previsto no art. 18 da Lei n. 6.766/79 e da ausência de apresentação de originais – Recurso improvido" (CSMSP – Apelação Cível 1.243-6/8, Localidade: Pedregulho, Rel. Munhoz Soares j. 13/04/2010, *DJ* 01/06/2010).

"Registro de Imóveis – Registro de loteamento – Ações civis públicas, por improbidade administrativa, movidas contra o ex-proprietário do imóvel – Valores das indenizações pretendidas e patrimônio do ex-proprietário do imóvel, que é sócio da empresa que promove o loteamento, que demonstram a inexistência de risco aos adquirentes – Recurso provido para julgar a dúvida improcedente" (CS-MSP, Apelação 0000705-22.2018.8.26.0566, *DJe* de 26/02/2019, Localidade: São Carlos, Rel. Geraldo Francisco Pinheiro Franco j. 30/10/2018, *DJ* 06/11/2018).

"Registro de imóveis – Dúvida – Negativa de registro de desmembramento – Artigo 18, § 2º, da Lei n.º 6.766/79 – Necessidade de comprovação de patrimônio suficiente para a garantia da dívida – Dívidas que, embora dos anteriores proprietários do imóvel, já existiam à época da alienação ao ora recorrente, podendo vir a prejudicar futuros adquirentes, em caso de eventual reconhecimento de fraude contra credores – Recurso não provido" (CSMSP, Apelação 0005461-58.2014.8.26.0358, Localidade: Mirassol Rel. Elliot Akel, j. 30/07/2015, *DJe* de 08/09/2015).

"Registro de imóveis – Dúvida – Loteamento urbano – Ação penal contra anterior titular de domínio – Crime contra a administração pública – Suspensão condicional do processo que não afasta o óbice previsto no artigo 18, § 2º, da Lei nº 6.766/79 – Dúvida procedente – Competência do Conselho Superior da Magistratura reconhecida – Recurso desprovido" (CSMSP, Apelação 9000002-62.2013.8.26.0646, Localidade: Urânia, Rel. Elliot Akel, j. 03/06/2014, *DJe* 30/07/2014).

"Registro de imóveis – Dúvida julgada procedente – Compra e venda de imóvel loteado, com cessão do loteamento – Possibilidade, em tese – Ausência, porém, de prova do recolhimento do imposto de transmissão 'inter vivos' – Necessidade, ademais, de apresentação dos documentos pessoais do cessionário do loteador, previstos no artigo 18 da Lei nº 6.766/79 – Recurso não provido" (CSMSP – Apelação Cível 1.221-6/8, Localidade: Itaquaquecetuba, Rel. Munhoz Soares, j. 13/04/2010, *DJ* 01/06/2010).

"Registro de imóveis – Averbação de desdobro – Recusa do Oficial, mantida pelo Juízo Corregedor Permanente, fundada em desmembramento anterior e caracterização de desmembramento sucessivo, de modo a justificar a exigência do registro especial previsto no artigo 18 da Lei 6.766/79 – Desvinculação do desmembramento recente em 6 lotes e do ora pretendido, com aquele realizado no ano de 1979 – Lote de pequena dimensão, a ser desdobrado em dois outros apenas – Inexistência de empreendimento imobiliário e de possibilidade de risco a eventuais adquirentes – Ausência de indício de burla à lei de parcelamento do solo – Recurso provido" (CGJSP Proc. CG 496/2006, Localidade: São Paulo, Rel. Gilberto Passos de Freitas, j. 06/10/2006).

"Registro de Imóveis – Averbação de fracionamento de imóvel – Dispensa do registro especial do art. 18 da Lei n. 6.766/1979 – Admissibilidade – Hipótese de parcelamentos sucessivos não caracterizada – Fraude à lei não configurada – Peculiaridades da espécie que autorizam, em caráter excepcional, o pleito – Recurso não provido" (CGJSP Processo CG 95/2007, Localidade: São José do Rio Preto, Rel. Gilberto Passos de Freitas, j. 19/03/2007, *DJ* 30/03/2007).

Art. 167 | LEI DE REGISTROS PÚBLICOS COMENTADA

"Registro de imóveis – Averbação de desmembramento – Excepcional dispensa do registro especial do art. 18 da Lei nº 6.766/79 – Possibilidade – Pleito deduzido sem evidência de ânimo de gerar sucessividade fraudulenta – Desdobro em apenas duas unidades – Número de frações não caracterizador de empreendimento imobiliário – Ausência de inovação viária, desorganização urbanística, ou risco peculiar para possíveis adquirentes – Divisão de terreno em duas partes de 125,00 m² cada – Dimensão indicativa de que não haverá novos parcelamentos em sequência, por já ser a mínima prevista no art 4º, II, da Lei nº 6.766/79 – Burla à lei não configurada – Inteligência do subitem 150.4 do capítulo XX das Normas de Serviço da Corregedoria-Geral da Justiça – Recurso provido" (CGJSP Processo CG 2009/130741, Localidade: Sorocaba, Rel. José Antonio de Paula Santos Neto, j. 29/03/2010, *DJ* 14/04/2010).

"Registro de imóveis – Recurso contra a decisão do Juízo Corregedor Permanente que indeferiu a pretensão de desmembramento de área, por considerar indispensável o registro especial previsto no artigo 18 da Lei nº 6.766/79, em razão do número de lotes – Circunstância que não deve ser considerada isoladamente e sim em confronto com as demais peculiaridades do caso – Área de pequena metragem – Ausência de inovação viária e outras circunstâncias que afastam a intenção de burla à lei – Recurso provido" (CGJSP Processo CG 2015/115391, Localidade: Sorocaba, Rel. José Carlos Gonçalves Xavier de Aquino j. 26/10/2015, *DJ* 03/11/2015).

"Registro de imóveis – Averbação de desmembramento – Recusa – Número de lotes que, por si só, não é fator condicionante da recusa – Ausência de apontamento de outras circunstâncias que indiquem burla ao registro especial – Oficial que se limitou a citar posicionamento de há muito ultrapassado – Recurso provido, com determinação" (CGJSP – Processo 77.952/2015, Localidade: Mococa, Rel. Manoel de Queiroz Pereira Calças, j. 17/05/2016, *DJ* 23/05/2016).

"Registro de imóveis – Escritura pública de compra e venda – Desdobro de lote – Loteamento com desmembramentos sucessivos aprovados pelo Município – Necessidade de registro especial – Art. 18 da Lei nº 6.766/79 – Registro obstado – Item 170 das Normas de Serviço da Corregedoria-Geral da Justiça – Recurso desprovido" (CSMSP – Apelação Cível 1002387-81.2016.8.26.0366, Localidade: Mongaguá, Rel. Geraldo Francisco Pinheiro Franco, j. 23/04/2018, *DJ* 19/07/2018).

"Registro de imóveis. Averbação de desmembramentos. Recusa. Desmembramentos sucessivos. Necessidade de observância do art. 18 da Lei nº 6.766/79. Registro Especial. Recurso desprovido" (CGJSP – Recurso Administrativo 1001756-02.2016.8.26.0120, Localidade: Cândido Mota, Rel. Geraldo Francisco Pinheiro Franco, j. 14/05/2019, *DJ* 14/05/2019).

"Registro de imóveis – Dúvida – Desdobro – Desmembramento de lote de área urbana não subordinado ao registro especial da Lei nº 6.766/79 depende de prévia aprovação da municipalidade, nos termos do item 122.2, Capítulo XX, tomo II, das NSCGJ – Aprovação inexistente – Afronta, também, ao princípio da especialidade – Dúvida procedente – Recurso improvido" (CSMSP – Apelação Cível 0015778-21.2012.8.26.0606, Localidade: Suzano, Rel. Manoel de Queiroz Pereira Calças, j. 30/09/2016, *DJ* 25/11/2016).

"Registro de imóveis – Dúvida – Recusa de registro de escritura pública de divisão de imóvel rural situado em área de proteção de mananciais – Necessidade de manifestação favorável da Secretaria do Meio Ambiente – Inteligência das Leis Estaduais 898/75 e 1.172/76 – Sentença de procedência mantida – Recurso não provido" (CSMSP Apelação Cível 575-6/5, Localidade: São Bernardo do Campo, Rel. Gilberto Passos de Freitas, j. 21/11/2006, *DJ* 29/01/2007).

"Registro de imóveis – Desmembramento – Registro especial (Lei nº 6.766/79, art. 18) – Exigência de manifestação da Cetesb – Legalidade por se tratar de fonte de poluição, ainda que preexista aprovação da Prefeitura Municipal – Aplicação do art. 6º da Lei Estadual nº 997/76 e dos arts. 57, inc. X, 58, inc. I, e 113 do Decreto Estadual nº 8.468/76 – Recurso não provido" (CGJSP – Processo 26.316/2010, Localidade: Ibitinga, Rel. Jomar Juarez Amorim, j. 22/06/2010).

"Registro de imóveis – Desdobro aprovado pela Prefeitura em 1994, mas que não foi averbado à época, em virtude da necessidade de se promover prévia retificação de área – Depois de regularizada a situação registrária do imóvel, recusou-se a averbação do desdobro por falta de certidão de aprovação da Municipalidade – Negativa de expedição da certidão pela Prefeitura, a pretexto de que o imóvel estaria localizado em área de mananciais – Revisão das delimitações da Bacia do Rio Canoas, que mostrou não estar o imóvel dos recorrentes abrangido pela área do manancial hídrico – Alteração posterior do Plano Diretor do Município, fixando novo limite de área mínima dos lotes, que não retroage para atingir situações em que a aprovação de desdobro já havia sido concedida – Recurso provido" (CGJSP – Processo 2008/80891, Localidade: Franca, Rel. Walter Rocha Barone, j. 10/11/2009, *DJ* 27/11/2009).

"Registro de imóveis – Dúvida procedente – Escritura pública de venda e compra de lote, em que se promove, também sua divisão em duas partes – Desdobro que deve ser aprovado pelo órgão ambiental estadual – Imóvel situado em área de proteção aos mananciais – Existência de aprovação da Prefeitura Municipal que não elide a necessidade de anuência do referido órgão estadual – Precedentes deste Conselho Superior e da Corregedoria-Geral da Justiça – Recurso não provido (CSMSP – Apelação Cível 1.182-6/9, Localidade: Ribeirão Pires, Rel. Reis Kuntz, j. 27/10/2009, *DJ* 03/12/2009).

Art. 167, I (...)

20) dos contratos de promessa de compra e venda de terrenos loteados em conformidade com o Decreto-lei nº 58, de 10 de dezembro de 1937, e respectiva cessão e promessa de cessão, quando o loteamento se formalizar na vigência desta Lei;

Comentários

O referido item tem conteúdo no mesmo sentido do art. 167, I, item 18, ao qual remetemos o leitor.

Art. 167, I (...)

21) das citações de ações reais ou pessoais reipersecutórias, relativas a imóveis;

Referências Normativas

Lei 6.015/1973, art. 167, II, 12.
Lei 13.105/2015, Código de Processo Civil, arts. 728, II, 790, V, 792 e 828.
Lei 13.097/2015, art. 54.

Comentários

Conceito. Ações reais são aquelas que se fundamentam em um direito real, como a usucapião, a ação reivindicatória, a divisão, entre outras. Ações pessoais reipersecutórias são aquelas que, conquanto tenham por fundamento um direito pessoal, direcionam-se a um bem específico. A ação pauliana e a ação anulatória parecem aproximar-se do conceito de ação pessoal reipersecutória.

Título formal. Para registro da citação das ações em comento, deve ser apresentada certidão, que identifique o estado do processo, emitida pelo cartório judicial. Na certidão, deve ser indicado o objeto, que deverá ser coincidente com o imóvel matriculado, e a realização de citação de ao menos um dos titulares registrais.

Ingresso dos atos judiciais no Registro: eficácia preventiva. A previsão do registro de ações reais e pessoais reipersecutórias tem importância em razão do procedimento simplificado para seu ingresso na matrícula, sendo suficiente a apresentação de certidão. Contudo, após a entrada em vigor da Lei 13.097/2015, há ampla possibilidade de ingresso de diversas ações no Registro de Imóveis, devendo ser observado, em relação a cada uma, os requisitos específicos.

Denomina-se eficácia preventiva a prática de atos registrais que não modificam, diretamente, a situação registral, mas que tem por finalidade tornar cognoscível a terceiros a existência de situações que possam afetar os direitos inscritos. Essa característica é importante uma vez que há atos judiciais que modificam a situação jurídica registral – como o mandado de cancelamento – e há atos judiciais cuja finalidade é somente alertar da possibilidade de atos posteriores que a modificarão – como a notícia de ação cujo pedido é o cancelamento do registro.

Podem ser inscritas na matrícula os seguintes atos judiciais, com eficácia preventiva:

	Requisitos	Ato
Ação real ou pessoal reipersecutória.[225]	Certidão do estado do processo, após citação.	Registro.
Ação pessoal não reipersecutória.[226]	Decisão judicial autorizadora.	Averbação.
Decisão judicial ou recurso.[227]	Cópia da decisão sobre ato ou título registrado ou averbado.	Averbação.
Averbação premonitória.[228]	Certidão de objeto e pé.	Averbação.
Protesto contra alienação de bens.[229]	Autos de processo judicial, com notificado o titular.	Averbação.
Qualquer tipo de constrição judicial incidente sobre o imóvel ou sobre o patrimônio do titular do imóvel.[230]	Decisão judicial autorizadora.	Averbação.

Em todos os casos indicados, não há qualquer modificação da situação jurídico-registral. A existência de ações, quer reais, pessoais reipersecutórias ou pessoais não reipersecutórias, e a existência de decisão judicial, recurso ou seus efeitos, com relação aos títulos em questão, não possuem o efeito de cancelar qualquer ato registral já praticado, nem de torná-lo ineficaz. Do mesmo modo, a averbação premonitória e o protesto contra alienação de bens não retiram a disponibilidade ou tornam ineficaz ato pretérito, mas alertam terceiros de potencial litigiosidade, no caso de protesto contra alienação de bens, ou da existência de execução em curso, que resultará na possibilidade de que o bem venha a ser atingido por efeito de ato praticado no procedimento. O efeito que produzem os atos referidos é a presunção de conhecimento, a partir do momento do registro, por eventuais adquirentes do bem, que não serão considerados terceiros de boa-fé.[231]

 Jurisprudência

"Dúvida – registro de citações de ações reais (artigo 167, I, 21, Lei 6.015/73) – recusa do oficial em registrar certidão de objeto e pé – inteligência do artigo 221, IV, da Lei 6.015/73 – em tese, certidão de objeto e pé é suficiente para ingresso no registro de imóveis – no caso, porém, a certidão está incompleta – dúvida procedente" (1ª VRPSP – Processo 0003732-29.2013.8.26.0100 Localidade: São Paulo, Magistrado: Josué Modesto Passos j. 17/06/2013, *DJ* 01/07/2013).

---
[225] BRASIL, Lei 6.015/1973, art. 167, I, 21, e Lei 13.097/2015, art. 54, I.
[226] BRASIL, Lei 13.097/2015, art. 54, IV.
[227] BRASIL, Lei 6.015/1973, art. 167, II, 12.
[228] BRASIL, Lei 13.097/2015, art. 54, II, e Lei 13.105/2015, Código de Processo Civil, arts. 792, II e III, e 828.
[229] BRASIL, Lei 13.105/2015, Código de Processo Civil, art. 728, II.
[230] BRASIL, Lei 13.097/2015, art. 54, II, IV.
[231] BRASIL, Lei 13.097/2015, art. 54, § 1º.

"Registro de imóveis – recurso administrativo – pedido de providências – averbação premonitória – inexistência de execução ou cumprimento de sentença – inaplicabilidade do art. 828 do código de processo civil – ajuizamento de ação de conhecimento que não se caracteriza como real ou pessoal reipersecutória – inteligência do art. 54 da lei nº 13.097/15 – averbação que deverá ser requerida no juízo competente – ausência de nulidade de pleno direito decretável na esfera administrativa – inviabilidade do bloqueio da matrícula – parecer pelo não provimento do recurso" (CGJSP – Recurso Administrativo 1042773-05.2021.8.26.0100, Localidade: São Paulo, Rel. Des. Fernando Antônio Torres Garcia, j. 21/02/2022, *DJ* 25/02/2022).

"Tutela provisória de urgência. Deferimento do pedido de averbação premonitória da existência da ação anulatória na matrícula do imóvel. Acerto. Ação ajuizada com o objetivo de declaração de anulabilidade de primeiro contrato de permuta em razão de vício de consentimento (dolo) e de nulidade da alienação subsequente o prédio em favor dos agravantes, em razão de simulação absoluta. Medida que não traz gravame aos recorridos, pois não impede qualquer ato de alienação ou oneração do imóvel, tendo por finalidade apenas prevenir terceiros da existência de ação anulatória. Medida que resguarda o direito dos agravantes e afasta a inoponibilidade frente a terceiros. Artigos 54 da Lei Federal nº. 13.097/2015. Recurso não provido" (TJSP – Agravo de Instrumento 2043652-04.2021.8.26.0000, Localidade: São José dos Campos, Rel. Des. Francisco Eduardo Loureiro, j. 30/03/2021, *DJ* 30/03/2021).

"Registro de imóveis – Garantia em favor do Município constituída para o registro de loteamento – Abertura de matrículas sem a transposição da garantia, com posteriores vendas dos lotes – Averbação de ofício, mediante autorização do Juiz Corregedor Permanente, do ajuizamento de ação do Município contra o loteador em que requerida indenização pelas obras de infraestrutura realizadas pela municipalidade – Ação pessoal que não comporta averbação, *ex officio*, pelo Oficial de Registro de Imóveis, ainda que mediante autorização do Juiz Corregedor Permanente – Recurso provido, com observação" (CGJSP – Recurso Administrativo 1039289-42.2018.8.26.0114 Localidade: Campinas, Rel. Des. Geraldo Francisco Pinheiro Franco, j. 30/08/2019, *DJ* 04/09/2019).

"Averbação de decisões de ações judiciais em curso já averbadas na matrícula – Não cabimento a falta de determinação judicial – Impossibilidade da autenticação de peças processuais pelo dr. advogado – Previsão do artigo 425, inciso IV, do CPC limitada à produção de provas no processo judicial – Recurso não provido" (CGJSP – Processo CG 1045341-26.2018.8.26.0576, Localidade: São José do Rio Preto, Rel. Geraldo Francisco Pinheiro Franco, j. 10/07/2019, *DJe* 22/07/2019).

"Registro de Imóveis – Averbação na matrícula de imóvel do teor de acórdão proferido em mandado de segurança transitado em julgado – Prenotação de título contraditório ainda pendente pela suscitação de dúvida – Título da recorrente que deve aguardar em segundo lugar na fila de precedência – Inteligência do item 39 do Capítulo XX das NSCGJ – Acórdão que resolve questão que não repercute de forma alguma no registro imobiliário – Declaração de nulidade de "habite-se" e de alvará de demolição, documentos que sequer são mencionados na matrícula – Inviabilidade de averbação, sob pena de transformar o fólio real em repositório de dados inúteis – Parecer pelo recebimento do reclamo como recurso administrativo e pelo seu não provimento" (CGJSP. Recurso Administrativo 1030481-25.2015.8.26.0576, Localidade: São José do Rio Preto, Unidade: 1, Rel. Manoel de Queiroz Pereira Calças, j. 05/12/2016, *DJe* 23/01/2017).

"Registro de Imóveis – Escritura Pública de Inventário e Partilha – Desqualificação do título, sob o argumento de que o imóvel está localizado em circunscrição imobiliária diversa (Itaquaquecetuba) – Comprovação nos registros anteriores de que o lote está inserido em Itaquaquecetuba – Princípio da territorialidade – Desqualificação correta – Bloqueio de matrícula pelo Registrador – Impossibilidade – Cancelamento da matrícula, no caso concreto, a ser processado em primeiro grau, com a oitiva dos interessados – Apelação desprovida, com determinação" (CSMSP, Apelação 0004806-79.2015.8.26.0543, Localidade: Santa Isabel, Rel. Manoel de Queiroz Pereira Calças j. 18/10/2016, *DJ* 25/11/2016).

"Registro de imóveis – Exame e decisão sobre saneamento de irregularidades registrais e levantamento de bloqueio de matrícula – Atribuição primeira do Juiz Corregedor Permanente, ainda que o bloqueio tenha sido determinado pela Corregedoria-Geral da Justiça – Atribuição desta para revisão hierárquico-administrativa ou reexame da matéria em eventual recurso – Consulta conhecida, com restituição dos autos à Meritíssima Juíza Corregedora Permanente" (CGJSP. Processo CG 673/2006, *Diário Oficial do Estado* (Judiciário) de 06/12/2006).

Art. 167 | LEI DE REGISTROS PÚBLICOS COMENTADA

"**Processual civil e ambiental. Ação civil pública. Alegação de coisa julgada. Violação do § 3º do art. 267 do CPC não configurada. Não demonstração da divergência. Averbação da demanda na matrícula do imóvel. legalidade. Direito dos consumidores à informação e à transparência. Poder geral de cautela.** 1. Cuidam os autos de Ação Civil Pública proposta com o fito de obstar a construção de empreendimento imobiliário de grande porte em Área de Preservação Permanente situada em Jurerê Internacional, sem licenciamento do Ibama. O acórdão recorrido limitou-se a manter decisão liminar que determinou a averbação da demanda no cartório de registro de imóveis. 2. As peculiaridades do Termo de Ajustamento de Conduta, mencionadas em Memorial, não foram analisadas pelo Tribunal a quo, nem debatidas nos Aclaratórios ou no Recurso Especial, sendo inviável, nessa oportunidade, o pronunciamento do STJ. 3. Não está configurada a alegada violação do art. 267, § 3º, do CPC, porquanto o Tribunal de origem não afastou a possibilidade de reconhecimento, de ofício e em qualquer grau de jurisdição, da coisa julgada. Sua recusa em apreciá-la está justificada no fato de que tal preliminar já havia sido rechaçada por decisão anterior, pendente de recurso, sendo descabida e inoportuna a renovação da mesma questão. Nesse ponto, tampouco ficou demonstrada divergência jurisprudencial. 4. Quanto ao mérito, observo que o recorrente carece de interesse jurídico tutelável porque a averbação, em si, obrigação alguma lhe impõe, servindo apenas para informar os pretensos adquirentes da existência de Ação Civil Pública na qual se questiona a legalidade do empreendimento. 5. Na verdade, o interesse implícito da empresa, que não se mostra legítimo, é de que inexista prejuízo mediato à sua atividade comercial com a ampliação da publicidade acerca da demanda, em negativa ao direito básico à informação do consumidor, bem como aos princípios da transparência e da boa-fé, estatuídos pelo CDC. 6. Impende anotar que a averbação foi determinada na esteira de acórdão (questionado no REsp 1.177.692/SC) que deferira em parte a liminar pleiteada pelo Ministério Público para condicionar o prosseguimento das obras à prestação de caução imobiliária equivalente a 15% do valor comercial dos imóveis, para fins de compensação ambiental, bem como à ciência dos adquirentes. 7. Nesse contexto, o provimento encontra suporte no art. 167, II, item 12, da Lei 6.015/1973, que determina a averbação 'das decisões, recursos e seus efeitos, que tenham por objeto atos ou títulos registrados ou averbados'. 8. Ressalto ainda que, ao contrário do que sustenta a recorrente, o amparo legal para proceder à averbação não se restringe ao art. 167, II, da Lei 6.015/1973, porquanto o rol nele estabelecido não é taxativo, e sim exemplificativo, haja vista a norma extensiva do art. 246 da mesma lei. 9. Na hipótese, a averbação serve para tornar completa e adequada a informação sobre a real situação do empreendimento, o que se coaduna com a finalidade do sistema registral e com os direitos do consumidor. 10. Ademais, tal medida está legitimada no poder geral de cautela do julgador (art. 798 do CPC), que, a par da decisão liminar, considerou-a adequada para assegurar a necessária informação dos adquirentes acerca do litígio existente. 11. Recurso Especial não provido" (STJ – REsp 1.161.300 – SC – 2ª Turma – Rel. Min. Herman Benjamin – *DJ* 11/05/2011).

"Registro de imóveis – Protesto contra alienação de bens – Averbação – Possibilidade, desde que existente determinação expressa do juiz do processo – Atual redação do subitem 68.3 do Capítulo XX das Normas de Serviço da Corregedoria-Geral da Justiça, introduzida pelo Provimento CG nº 20/2007 – Ordem judicial cujo teor, *in casu*, não afasta o atendimento dos princípios que regem o Registro Imobiliário, em especial os da especialidade e continuidade – Procedimento, porém, não instruído com certidão da matrícula do imóvel, de forma a permitir que a nova qualificação do título se faça por completo – Recurso provido para anular a r. decisão recorrida, a fim de que nova seja prolatada, caso mantida a recusa da averbação pelo Oficial Registrador, depois da instrução do procedimento com certidão da matrícula do imóvel" (CGJSP – Processo 4.653/2007, Localidade: Cotia, Rel. Ruy Camilo, j. 07/03/2008, *DJ* 02/06/2008).

Art. 167, I (...)

22) *(Revogado pela Lei nº 6.850, de 1980)*

23) dos julgados e atos jurídicos entre vivos que dividirem imóveis ou os demarcarem inclusive nos casos de incorporação que resultarem em constituição de condomínio e atribuírem uma ou mais unidades aos incorporadores;

Referências Normativas

Código de Processo Civil, Lei 13.105/2015, arts. 569 e seguintes.

Comentários

A demarcação de imóveis é o ato jurídico por meio do qual são identificados os seus limites definidores. A divisão é o negócio jurídico por meio do qual um imóvel, em regime de condomínio, é subdividido em múltiplos imóveis, com atribuição das unidades resultantes à titularidade de condôminos que serão titulares exclusivos do bem. No âmbito da especificação de condomínio edilício, denomina-se atribuição a identificação das unidades que passam a pertencer, de modo exclusivo, a cada um dos condôminos do terreno.

A divisão e demarcação podem ser realizadas pela via judicial[232] ou por escritura pública. Nesse último caso, desde que todos os interessados sejam maiores, capazes e estejam concordes.[233] A atribuição de unidades condominiais pode ser realizada por instrumento particular, no momento da especificação do condomínio, reservando-se o recurso à via judicial em caso de inexistência de acordo entre os titulares. Se o procedimento for judicial, deverá ser apresentada ao Registro de Imóveis a Carta de Sentença para registro, com os documentos técnicos necessários à abertura das matrículas correspondentes.

A divisão será averbada na matrícula ou transcrição original, e registrada em cada uma das matrículas abertas para cada unidade, com a identificação do titular ao qual o imóvel passa a pertencer.

Importa notar que, no momento da especificação condominial, só ocorrerá a atribuição com efeito de divisão se as unidades seriam, em princípio, comuns. Isso significa dizer que, por exemplo, havendo dois titulares do terreno, ao ser construído um prédio e especificado em condomínio edilício, as unidades decorrentes seriam de titularidade, em teoria, todas pertencentes a cada um dos titulares, na medida da fração ideal que lhes correspondesse. A atribuição ocorre, então, para que, no momento da abertura das matrículas, os titulares recebam a propriedade exclusiva das unidades que, de outro modo, estariam em condomínio. Tal circunstância não ocorre, contudo, em caso de alienação de unidade em regime de incorporação, uma vez que, com relação a essas unidades, jamais se formou condomínio entre os titulares sobre a unidade.

 Jurisprudência

"Cobrança pelo registro das alienações das frações ideais de terreno que se vinculariam a futuras unidades autônomas de valores calculados sobre o preço total do negócio inserto no título, a saber, o da fração de terreno e o da unidade autônoma. Cobrança posterior, na ocasião da instituição do condomínio, a título de registro de atribuição das unidades, como meio de extinção de condomínio sobre as unidades, de valores calculados sobre aqueles atribuídos às unidades autônomas na instituição condominial em relação às unidades que tinham sido alienadas e sobre o custo da construção das unidades, apurável segundo tabela do SINDUSCON, em relação àquelas que não foram alienadas. Desnecessidade na hipótese de condomínio precedido de incorporação de atribuição sobre as unidades como ato especial de extinção da comunhão entre os titulares das frações ideais sobre as unidades autônomas. Condomínio sobre o terreno que, nesse regime, não migra às unidades. Possibilidade, nesse caso, de atribuição apenas para identificar as unidades que ficarão pertencendo aos titulares das frações ideais do terreno. Cobrança indevida, na espécie, dos valores relativos aos registros das atribuições. Devolução de tais valores determinada" (CGJSP – Processo 1.270/2001 Localidade: São Bernardo do Campo, Rel. Des. Luís de Macedo j. 28/12/2001, *DJ* 14/01/2002).

"Registro de imóveis – Escritura pública de rerratificação de divisão de imóvel – Erro na identificação do objeto do negócio jurídico – Impossibilidade de retificação – Situação que implicaria modificação da declaração de vontade das partes e da substância do negócio jurídico realizado – Recurso

---

[232] BRASIL, Código de Processo Civil, Lei 13.105/2015, art. 569.
[233] BRASIL, Código de Processo Civil, Lei 13.105/2015, art. 571.

não provido" (CGJSP – Recurso Administrativo 1031541-85.2016.8.26.0224, Localidade: Guarulhos, Unidade: 2 Rel. Geraldo Francisco Pinheiro Franco j. 21/03/2019, *DJ* 02/04/2019).

"Registro de Imóveis – Desdobro – Condomínio geral – Necessidade da extinção do condomínio, a qual depende de negócio jurídico específico não sendo possível sua substituição por disposições entre os condôminos acerca da ocupação do bem ou pedido de alvará perante a municipalidade – Averbação das construções na matrícula do imóvel em conformidade ao conteúdo do alvará municipal – Exigências mantidas, sendo uma delas absorvida por outra – Recurso não provido" (CGJSP – Processo CG 1108538-59.2017.8.26.0100, Localidade: São Paulo, Unidade: 10, Rel. Geraldo Francisco Pinheiro Franco, j. 17/01/2019, *DJ* 29/01/2019).

"Registro de imóveis. Escritura de Divisão e Extinção de Condomínio. Indisponibilidade decretada em ação de responsabilidade civil, em relação ao coproprietário de parte. Registro que transforma a titularidade do domínio sobre parte ideal em parte certa e determinada. Necessidade de análise e decisão pelo Juízo que decretou a indisponibilidade. Correta a recusa pelo Oficial, o qual deve se restringir à análise dos requisitos formais e extrínsecos do título, em consonância com a situação registral. Recurso não provido" (CSMSP – Apelação Cível 596-6/0, Localidade: Guarulhos, Rel. Gilberto Passos de Freitas j. 09/11/2006, *DOE* de 23/03/2007).

"Registro de Imóveis – Desdobro – Condomínio geral – Necessidade da extinção do condomínio, a qual depende de negócio jurídico específico não sendo possível sua substituição por disposições entre os condôminos acerca da ocupação do bem ou pedido de alvará perante a municipalidade – Averbação das construções na matrícula do imóvel em conformidade ao conteúdo do alvará municipal – Exigências mantidas, sendo uma delas absorvida por outra – Recurso não provido" (CGJSP Processo CG 1108538-59.2017.8.26.0100, Localidade: São Paulo Unidade: 10, Rel. Geraldo Francisco Pinheiro Franco, j. 17/01/2019, *DJE* 29/01/2019).

> **Art. 167**, I (...)
> 24) das sentenças que nos inventários, arrolamentos e partilhas, adjudicarem bens de raiz em pagamento das dívidas da herança;

 Referências Normativas

Lei 6.015/1973, Lei dos Registros Públicos, art. 172.
Lei 10.406/2002, Código Civil, arts. 1.245 e 1.784.
Lei 13.105/2015, Código de Processo Civil, art. 655.

 Comentários

Transmissões *causa mortis*. Os procedimentos de identificação do acervo patrimonial do falecido recebem múltiplos nomes, de acordo com a complexidade (inventário ou arrolamento) e com o número de herdeiros (partilha ou adjudicação). De todo modo, ainda que se considere que a sucessão ocorre no momento do óbito[234] e que só às transmissões entre vivos aplica-se o modo do registro,[235] o ingresso dos atos *causa mortis* no registro faz-se necessário para a sua disponibilidade.[236]

A transferência dos bens aos herdeiros, aos legatários ou em pagamento das dívidas da herança é sempre objeto de registro, uma vez que se trata de ato transmissivo da propriedade. Contudo, nem sempre foi assim. Historicamente, as transmissões *causa mortis* e os atos judiciários não estavam

---

[234] BRASIL, Lei 10.406/2002, Código Civil, art. 1.784.
[235] Idem, art. 1.245, *caput*.
[236] BRASIL, Lei 6.015/1973, Lei dos Registros Públicos, art. 172.

sujeitos a registro,[237] mas o Código Civil de 1916 determinou a transcrição da adjudicação de bens de raiz em pagamento de dívidas da herança,[238] provavelmente em razão de que o princípio da *saisine*[239] não se aplica ao pagamento de dívidas com os bens da herança, sendo que o registro da entrega desses bens compunha o modo para transferência efetiva do domínio.[240]

Conquanto o dispositivo mencione o registro da sentença, o título a ser apresentado será, em caso de procedimento judicial, o formal de partilha[241] ou a carta de sentença, ou, se extrajudicial, a escritura pública de inventário e partilha. A sentença não é documento suficiente para registro, especialmente em razão da necessidade de que seja certificado o trânsito em julgado e de que sejam apresentados, conjuntamente, as peças do processo necessárias para compreensão exata de seu conteúdo.

Desnecessidade de partilha. Para o registro da entrega de bens em pagamento de dívidas da herança, importa notar que não será feito registro de partilha aos herdeiros e subsequente registro do pagamento. Deve ser averbado o óbito do *de cujus* e, na sequência, registrada a dação em pagamento por meio da qual a obrigação do falecido é cumprida com a entrega de bens constantes de seu patrimônio. Isso se dá porque o pagamento é realizado pelo espólio e não pelos herdeiros.

> Art. 167, I (...)
> 25) dos atos de entrega de legados de imóveis, dos formais de partilha e das sentenças de adjudicação em inventário ou arrolamento quando não houver partilha;

 Comentários

Quanto à necessidade de registro das transmissões *causa mortis*, remetemos o leitor aos comentários ao art. 167, I, item 24, no tópico "transmissões *causa mortis*".

Instituição de usufruto em pagamento de meação. Caso específico que merece atenção é a dação em pagamento de direitos constantes do espólio. Se o cônjuge supérstite possuía direito à meação nos bens, essa deve ser identificada e devem ser-lhe atribuídos bens correspondentes ao valor em questão. Contudo, em muitos casos atribui-se ao cônjuge supérstite direito novo – notadamente, usufruto sobre parte ou totalidade dos bens. Nesse caso, devem ser feitos dois registros: um da partilha, nos termos em que realizada, aos herdeiros, e um registro da instituição de usufruto.

 Jurisprudência

> "Pedido de providências – Alegado excesso na cobrança de emolumentos decorrentes de registro da constituição de usufruto e da transferência da nua propriedade de imóvel na correspondente matrícula – Partilha que atribuiu ao cônjuge supérstite o usufruto sobre a totalidade do imóvel e, aos herdeiros, a nua propriedade – Necessidade da prática de dois atos de registros – Inteligência do disposto nos artigos 167, I, item 7 e 172, da Lei nº 6.015/1973 – Cobrança de emolumentos conforme a Lei nº 11.331/2002, com destaque para o item 1.5 das Notas Explicativas da Tabela II – Pedido de Providências julgado improcedente. Recurso desprovido" (CGJSP – Recurso Administrativo 1000003-59.2021.8.26.0435, Localidade: Pedreira, Rel. Fernando Torres Garcia, j. 28/04/2022, *DJ* 03/05/2022).

> Art. 167, I (...)
> 26) da arrematação e da adjudicação em hasta pública;

---

[237] BRASIL, Decreto 3.453/1865, Art. 260. Não são sujeitos á transcripção as transmissões causa mortis ou por testamentos, e nem tambem os actos judiciarios.
[238] BRASIL, Lei 3.071/1916, Código Civil de 1916, art. 532, II.
[239] Idem, art. 1.572.
[240] Idem, art. 533.
[241] BRASIL, Lei 13.105/2015, Código de Processo Civil, art. 655.

Referências Normativas

Decreto-Lei 5.452/1943, art. 889.
Decreto-Lei 70/1966, art. 37.
Lei 6.830/1980, art. 39, *caput*.
Lei 9.514/1997, art. 27, § 4º.
Lei 10.406/2002, Código Civil de 2002, art. 1.499, VI, e art. 1.501.
Lei 13.105/2015, Código de Processo Civil, arts. 876, 895, § 1º, e 901.

Comentários

Conceito. Arrematação é a aquisição de imóvel levado a hasta pública, em que não pode ser oferecido preço vil.[242] Adjudicação, no contexto apresentado,[243] é a transferência de um bem em cumprimento de uma obrigação do credor, que é recebido por preço acordado pelas partes ou determinado pelo magistrado. No processo executivo, ocorre usualmente a adjudicação ao exequente com relação ao bem já penhorado, por decisão judicial, sendo recebido por preço não inferior ao da avaliação.[244]

Natureza jurídica. Quanto à questão sobre a natureza derivada ou originária da aquisição decorrente de arrematação, remetemos o leitor aos comentários ao art. 248, no tópico "Cancelamento indireto e alienação forçada".

Título a registro. A arrematação pode ser realizada em vários procedimentos.

No caso de arrematação judicial, será expedida Carta de Arrematação,[245] e, se o pagamento for parcelado, será garantido por hipoteca do próprio bem,[246] sendo realizados, portanto, dois registros: o da arrematação e o da hipoteca.

Como regra, no momento do registro da arrematação são pagos os emolumentos correspondentes à averbação do cancelamento da penhora que deu origem à arrematação, ao registro da própria arrematação e, se houver pagamento parcelado, ao registro da hipoteca. Se a penhora que levou à arrematação for originária de execução fiscal, no momento do registro da carta de arrematação devem também ser cobrados os emolumentos correspondentes à averbação da penhora.[247] O mesmo se aplica se a penhora for originária de processo trabalhista,[248] uma vez que, nesses casos, os emolumentos correspondentes à averbação da penhora não são cobrados quando da realização da constrição.

No caso de arrematação realizada nos termos do Decreto-Lei 70/1966, o título a ser apresentado ao registro será a carta de arrematação extrajudicial, expedida pelo leiloeiro,[249] acompanhada do comprovante de recolhimento do imposto de transmissão de bens imóveis (ITBI).

No caso de arrematação realizada em leilão após consolidação de imóvel alienado fiduciariamente em razão do inadimplemento das parcelas correspondentes, o título a ser apresentado ao registro será escritura ou instrumento particular de compra e venda, uma vez que a Lei 9.514/1997 não prevê a expedição de carta de arrematação.[250] O ato, de fato, pode melhor ser caracterizado como compra e venda, uma vez que o imóvel é de propriedade do credor fiduciário, ainda que, com a consolidação, esse esteja obrigado a levá-lo a leilão.

---

[242] BRASIL, Lei 13.105/2015, Código de Processo Civil, arts. 890 e 891.

[243] O termo adjudicação é usado de forma ampla, para referir-se à transferência de um acervo hereditário a único herdeiro, quando se realiza o inventário e adjudicação, e para se referir ao procedimento utilizado para tornar definitivo o direito do promitente comprador, na adjudicação compulsória. O dispositivo em comento, contudo, refere-se à adjudicação no contexto de alienações forçadas.

[244] BRASIL, Lei 13.105/2015, Código de Processo Civil, art. 876.

[245] BRASIL, Lei 13.105/2015, Código de Processo Civil, art. 901.

[246] BRASIL, Lei 13.105/2015, Código de Processo Civil, art. 895, § 1º.

[247] BRASIL, Lei 6.830/1980, art. 39, *caput*.

[248] BRASIL, Decreto-Lei 5.452/1943, CLT, art. 889.

[249] BRASIL, Decreto-Lei 70/1966, art. 37.

[250] BRASIL, Lei 9.514/1997, art. 27, § 4º.

Intimação de credores hipotecários. Em caso de arrematação ou adjudicação do imóvel, extingue-se eventual hipoteca incidente sobre esse, desde que o credor tenha sido notificado judicialmente ou seja parte no procedimento de execução. Em caso de extinção da hipoteca, é necessário que se proceda ao seu cancelamento expresso.

 Jurisprudência

"Registro de imóveis – emolumentos – três hipóteses diferentes: emolumentos de averbação de penhora determinada em execução da Justiça do Trabalho; emolumentos de cancelamento de penhora determinada em execução da Justiça do Trabalho; emolumentos de registro de arrematação determinada em execução da Justiça do Trabalho – os emolumentos para averbação de cancelamento de penhora calculam-se segundo a Lei Estadual 11.331/02, tabela II, item 2 (averbação com valor declarado) – o arrematante tem o dever de pagar os emolumentos (a) do registro da arrematação, (b) do cancelamento da penhora de que se originou a arrematação, (c) da averbação dessa penhora de que se originou a arrematação e (d) de qualquer outro cancelamento de penhora que solicitar – não pode ser exigido ao arrematante que pague os emolumentos das averbações de penhoras de que não originou a arrematação – *in casu*, o ofício de registro de imóveis tem de restituir os emolumentos pagos por conta de duas averbações de penhora, emolumentos que o arrematante não tinha o dever de pagar, porque delas não se originou a arrematação – não havendo dolo ou culpa do oficial, não há cogitar infração disciplinar, multa ou restituição do décuplo – pedido de providências procedente em parte, apenas para mandar restituir os emolumentos indevidos" (1ª VRPSP – Processo: 0036394-46.2013.8.26.0100, Localidade: São Paulo, Magistrado: Josué Modesto Passos, j. 30/09/2013, *DJ* 10/10/2013).

"Registro de Imóveis – Escritura de compra e venda – imóvel arrematado em leilão público promovido pela credora fiduciária – recusa de registro sob o fundamento de que não há prova da entrega do valor excedente apurado às devedoras fiduciantes, nos termos do § 4º do art. 27 da Lei 9.514/97 – obrigação de natureza pessoal e estranha à qualificação do título apresentado – exigência indevida – recurso provido – dúvida julgada improcedente – registro do título determinado" (CSMSP – Apelação Cível: 1010103-21.2015.8.26.0100, localidade: São Paulo, Rel. Des. José Carlos Gonçalves Xavier de Aquino, j. 09/11/2015, *DJ* 04/02/2016).

"Ementa não oficial. Os títulos judiciais submetem-se à qualificação registral. O art. 698 do Código de Processo Civil exige que o credor com garantia real seja cientificado da adjudicação ou alienação do bem do executado. Tal cientificação deveria ter sido expressamente mencionada no título judicial" (1ª VRPSP – Processo 100.10.004448-3, Localidade: São Paulo, Magistrada: Maria Isabel Romero Rodrigues Henriques, j. 21/05/2010, *DJ* 29/06/2010).

"Auto de arrematação – Formação mediante extração de peças pelo interessado diretamente da página na internet do Egrégio Tribunal de Justiça de São Paulo – Autenticidade obtida por autenticação da assinatura digital do Magistrado conforme expediente regulado na própria página – Admissibilidade do registro em face da observância do princípio da legalidade estrita" (CGJSP – Processo 27.342/2010, Rel. Hamid Charaf Bdine Júnior, j. 05/04/2010).

"Registro de imóveis – Pretensão ao registro de carta de Arrematação – Imóvel arrematado que não é de propriedade do executado – Violação ao princípio da continuidade que impede o registro – Recurso improvido. 'Inexiste ilegalidade na recusa do oficial ao registro pretendido, já que a carta de arrematação não se mostra suficiente, na espécie, pois o imóvel não está registrado em nome da executada e a arrematação não é modo originário de aquisição de propriedade'" (TJSP – Apelação Cível 9250849-58.2008.8.26.0000 – Capivari – 3ª Câmara de Direito Privado – Rel. Des. Jesus Lofrano – *DJ* 10.02.2012).

"Registro de Imóveis – arrematação de 50% do imóvel, em execução ajuizada contra cônjuge varão – restantes 50% que permanecem em estado de mancomunhão, à falta de registro da partilha do bem – averbação da certidão de casamento, onde consta a separação, que não se presta a servir de partilha – necessidade de apresentação de carta de sentença, com partilha, para colocar fim ao estado de indivisão – recurso desprovido" (CGJSP – Processo: 117.758/2014, Localidade: São Paulo, Unidade 5, Rel. Elliot Akel j. 23/10/2014, *DJ* 05/11/2014).

"Registro de Imóveis – Arrematação – Modo derivado de aquisição da propriedade – Averbação de indisponibilidade não impede a alienação forçada – Porém, mesmo se considerada a arrematação como modo originário de aquisição, a indisponibilidade só pode ser cancelada pelo juízo que a determinou" (CGJSP – Processo CG 2015/21245, Localidade: São Paulo, Rel. Elliot Akel j. 25/05/2015, *DJe* 12/06/2015).

"Registro de imóveis – Indisponibilidade decorrente de penhora determinada em favor do INSS – Carta de Arrematação – Alienação forçada – Dúvida julgada procedente – Precedentes do Conselho Superior da Magistratura – Recurso provido" (CSMSP – Apelação Cível 1005168-36.2017.8.26.0368, Localidade: Monte Alto, Rel. Geraldo Francisco Pinheiro Franco, j. 27/08/2019, *DJ* 13/09/2019).

"**Civil e processual. imóvel adjudicado por credora hipotecária. Responsabilidade da adquirente, perante o condomínio, pelo pagamento de cotas condominiais atrasadas deixadas pelo mutuário. Lei n. 4.591/64, Art. 4° § único, na redação dada pela lei n. 7.182/84. Exegese. Obrigação 'propter rem'.** I. O art. 4º, parágrafo único, da Lei n. 4.591/64, na redação dada pela Lei n. 7.182/84, constitui norma de proteção do condomínio, de sorte que se, porventura, a alienação ou transferência da unidade autônoma se faz sem a prévia comprovação da quitação da dívida, evidenciando má-fé do transmitente, e negligência ou consciente concordância do adquirente, responde este último pelo débito, como novo titular do imóvel, ressalvado o seu direito de regresso contra o alienante. II. Obrigação '*propter rem*', que acompanha o imóvel. Precedentes do STJ. III. Recurso especial não conhecido" (STJ – 4ª Turma – REsp 671.941-RJ – Rel. Min. Aldir Passarinho Junior – j. 28/3/2006 – publicado em 22/5/2006).

> **Art. 167**, I (...)
> 27) do dote;

Referências Normativas

Lei 3.071/1916, Código Civil de 1916, arts. 278 a 299, e art. 827, I.
Decreto 4.857/1939, art. 266, § 1º.

Comentários

O regime dotal, previsto no Código Civil de 1916 e ainda vigente no Brasil com relação aos casamentos realizados em sua vigência,[251] caracteriza-se pela existência de bens específicos da mulher, incomunicáveis, cuja administração atribui-se ao marido com o fim de prover o sustento dos ônus do matrimônio pelo uso de seus frutos, com a cláusula de restituição dos bens à mulher ou seus herdeiros em caso de dissolução da sociedade conjugal, ou a reversão ao dotador.[252] Para garantia dos direitos da mulher, recaía hipoteca legal sobre os bens do marido quanto ao dote,[253] que deveria ser especializada.[254] Os bens que constituem o dote são inalienáveis, salvo autorização judicial.[255]

O registro do dote era realizado, para os casamentos celebrados durante no Código Civil de 1916, com a apresentação da escritura antenupcial na qual indicados os bens sujeitos ao regime, juntamente com a certidão de casamento, para comprovação da validade do regime.[256] O dote poderia ser constituído por qualquer pessoa, inclusive a nubente,[257] de modo que, como regra, no dote há dois pactos:

---

[251] BRASIL, Lei 10.406/2002, Código Civil de 2002, art. 2.039.
[252] BRASIL, Lei 3.071/1916, Código Civil de 1916, art. 283.
[253] BRASIL, Lei 3.071/1916, Código Civil de 1916, art. 827, I.
[254] BRASIL, Lei 5.869/1973, art. 1.206, § 2º, I, e § 3º
[255] BRASIL, Lei 3.071/1916, Código Civil de 1916, art. 293.
[256] BRASIL, Lei 3.071/1916, Código Civil de 1916, art. 256, parágrafo único, II.
[257] BRASIL, Lei 3.071/1916, Código Civil de 1916, art. 279, *caput*.

a transmissão do bem à mulher, exceto se ela for a própria instituidora, e a submissão do bem ao regime dotal. Os bens dotais são da mulher e deviam, portanto, ser objeto de duplo registro quando da constituição do dote: da transmissão à mulher e da submissão ao regime dotal.

> **Art. 167**, I (...)
> 28) das sentenças declaratórias de usucapião; *(Redação dada pela Medida Provisória nº 2.220, de 2001)*

 Referências Normativas

Constituição Federal, arts. 183 e 191.
Lei 6.001/1973, art. 33.
Lei 6.015/1973, Lei dos Registros Públicos, arts. 216-A e 226.
Lei 6.969/1981, art. 2º.
Lei 10.257/2001, Estatuto da Cidade, art. 10.
Lei 10.406/2002, Código Civil de 2002, arts. 1.238 a 1.242.
Lei 13.105/2015, Código de Processo Civil, arts. 246, § 3º, e 259, I.
Lei 13.465/2017, art. 26.
Código Nacional de Normas do Conselho Nacional de Justiça, Provimento 149/2023, arts. 398 e ss.

 Comentários

A usucapião é forma originária de aquisição da propriedade pelo decurso do tempo. A sentença de usucapião é declaratória, porque a transferência não decorre da sentença, ela é apenas reconhecida pelo juízo e registrada na matrícula para fins de disponibilidade.[258] Atualmente, também é possível o reconhecimento da usucapião na via extrajudicial.[259]

Há diversas espécies de usucapião na legislação vigente: rural, que pode ser constitucional;[260-261] especial – que pode atingir áreas devolutas, desde que antes da Constituição Federal[262] – e indígena;[263] constitucional urbano individual[264-265]; urbana coletiva, com relação aos núcleos urbanos informais;[266] familiar;[267] tabular;[268] ordinário;[269] extraordinária comum;[270] extraordinária moradia;[271] e extraordinária *pro labore*.[272] Não devem ser confundidas as modalidades de usucapião com as formas de seu reconhecimento, que pode se dar na via judicial ou na via extrajudicial.[273-274] Além da usucapião,

---

[258] BRASIL, Lei 6.015/1973, Lei dos Registros Públicos, art. 172.
[259] Idem, art. 216-A.
[260] BRASIL, Constituição Federal, art. 191.
[261] BRASIL, Lei 10.406/2002, Código Civil de 2002, art. 1.239.
[262] BRASIL, Lei 6.969/1981, art. 2º.
[263] BRASIL, Lei 6.001/1973, art. 33.
[264] BRASIL, Constituição Federal, art. 183.
[265] BRASIL, Lei 10.406/2002, Código Civil de 2002, art. 1.240.
[266] BRASIL, Lei 10.257/2001, art. 10.
[267] BRASIL, Lei 10.406/2002, Código Civil de 2002, art. 1.240-A.
[268] Idem, art. 1.242, parágrafo único.
[269] Idem, art. 1.242, *caput*.
[270] Idem, art. 1.238, *caput*.
[271] Idem, art. 1.238, parágrafo único.
[272] Idem, ibidem.
[273] BRASIL, Lei nº 6.015/1973, Lei dos Registros Públicos, art. 216-A.
[274] BRASIL, Código Nacional de Normas do Conselho Nacional de Justiça, Provimento 149/2023, art. 398 e ss.

interessante também apontar a existência da legitimação de posse, outro meio originário de aquisição da propriedade no ordenamento pátrio.[275]

O título para registro da usucapião será o mandado judicial, do qual devem constar os requisitos da matrícula[276] ou a decisão emitida no procedimento extrajudicial.[277] Importa notar que a ausência de citação de um dos titulares tabulares não implica devolução, uma vez que a coisa julgada material só pode ser desfeita por iniciativa do prejudicado.

Em caso de usucapião de unidade autônoma em condomínio edilício irregular, não é necessário o registro de prévia instituição de condomínio para o registro da usucapião, tendo em vista sua natureza originária. A formalidade registral deve ceder frente à realidade material identificada na sentença judicial.

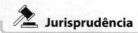
Jurisprudência

"Registro de imóveis – Usucapião – Mandado de registro – Recusa, sob o fundamento de que os imóveis são unidades de empreendimento que configura condomínio irregular – Afirmação de que o registro das incorporações, instituições e convenções de condomínio é objeto de determinação legal e, sem o seu cumprimento, as unidades autônomas não têm acesso ao fólio real – Sentença de procedência da dúvida – Reconhecimento, todavia, da usucapião como forma originária de aquisição da propriedade, hipótese que viabiliza o registro pretendido – Recurso provido" (CSMSP – Apelação Cível 1.241-6/9, Localidade: São Caetano do Sul, Rel. Munhoz Soares, j. 13/04/2010, DJ 15/06/2010).

"Registro de imóveis. Usucapião. Ausência de citação do titular do domínio. Questão processual que escapa à análise do registrador. Vício que não macula o mandado de registro, até que desfeita, por iniciativa do prejudicado, a coisa julgada material. Registro devido. Caráter originário da aquisição por usucapião obsta questionamentos acerca da continuidade registral. Recurso provido, com determinações" (CSMSP – Apelação Cível 1024562-15.2017.8.26.0405, Localidade: Osasco, Rel. Geraldo Francisco Pinheiro Franco, j. 12/11/2018, DJ 14/12/2018).

"A usucapião é forma de aquisição originária da propriedade, de modo que não permanecem os ônus que gravavam o imóvel antes da sua declaração. Inexistência de determinação em sentido contrário no título judicial. Impossibilidade de transposição de hipoteca anterior na matrícula que será aberta em decorrência da usucapião. Recurso provido" (CSMSP Apelação Cível 1006652-49.2019.8.26.0099, Localidade: Bragança Paulista, Rel. Ricardo Mair Anafe, j. 28/04/2020, DJ 01/06/2020).

"**Processual civil. Agravo interno no agravo em recurso especial. Decisão da presidência do STJ. Reconsideração. Novo exame do agravo nos próprios autos. Usucapião. Imóvel. Sistema financeiro de habitação (SFH). Impossibilidade. Apreciação de todas as questões relevantes da lide pelo tribunal de origem. Ausência de afronta ao art. 1.022 do CPC/2015. Acórdão recorrido em consonância com jurisprudência desta corte. Súmula n. 83 do STJ. Agravo interno provido. Agravo nos próprios autos desprovido.** 1. Inexiste afronta ao art. 1.022 do CPC/2015 quando o acórdão recorrido pronuncia-se, de forma clara e suficiente, acerca das questões suscitadas nos autos, manifestando-se sobre todos os argumentos que, em tese, poderiam infirmar a conclusão adotada pelo Juízo. 2. Não é possível adquirir, por usucapião, imóveis vinculados ao Sistema Financeiro de Habitação (SFH). Precedentes. 3. Inadmissível o recurso especial quando o entendimento adotado pelo Tribunal de origem coincide com a jurisprudência do STJ (Súmula n. 83/STJ). 4. Agravo interno a que se dá provimento para reconsiderar a decisão da Presidência desta Corte e negar provimento ao agravo nos próprios autos" (STJ, AgInt no agravo em Recurso Especial 1662727 – RS (2020/0032800-7), Rel. Min. João Otávio Noronha, DJe 28/08/2020).

"**Usucapião. Sistema financeiro de habitação**. Adjudicação. Os imóveis vinculados ao Sistema Financeiro da Habitação não são suscetíveis de usucapião, dada a função social que lhes é atri-

---

[275] BRASIL, Lei nº 13.465/2017, art. 26.
[276] BRASIL, Lei nº 6.015/1973, Lei dos Registros Públicos, art. 226.
[277] Idem, art. 216-A, § 6º.

buída por lei. O fato de a adjudicação do bem pela CEF não afasta sua natureza pública, nem confere ao seu ocupante animus domini, uma vez que sua retomada pelo agente financeiro visou à quitação da dívida inadimplida pelo mutuário e à sua destinação a futuro financiamento habitacional, nas condições estabelecidas por lei. Apelação provida" (TRF 4 RS – Apelação Cível 5080552-64.2014.4.04.7100, localidade: Rio Grande do Sul, Rel. Cândido Alfredo Silva Leal Junior, j. 15/05/2019, *DJ* 16/05/2019).

"**Recurso especial. direito civil e processual civil. CPC/2015. Ação de usucapião. Interesse processual. Exigência de prévio pedido na via extrajudicial. Descabimento. Exegese do art. 216-a da lei de registros públicos. Ressalva expressa da via jurisdicional.**

1. Controvérsia acerca da exigência de prévio pedido de usucapião na via extrajudicial para se evidenciar interesse processual no ajuizamento de ação com o mesmo objeto.

2. Nos termos do art. 216-A da Lei 6.015/1973: "Sem prejuízo da via jurisdicional, é admitido o pedido de reconhecimento extrajudicial de usucapião, que será processado diretamente perante o cartório do registro de imóveis da comarca em que estiver situado o imóvel usucapiendo [...]".

3. Existência de interesse jurídico no ajuizamento direto de ação de usucapião, independentemente de prévio pedido na via extrajudicial.

4. Exegese do art. 216-A da Lei 6.015/1973, em âmbito doutrinário.

5. Determinação de retorno dos autos ao juízo de origem para que prossiga a ação de usucapião.

6. Recurso especial provido" (REsp 1824133/RJ, Rel. Min. Paulo de Tarso Sanseverino, 3ª Turma, j. 11/02/2020, *DJe* 14/02/2020).

"**Direito civil e processual civil. Usucapião. Imóvel urbano. Ausência de registro acerca da propriedade do imóvel. Inexistência de presunção em favor do estado de que a terra é pública.** 1. A inexistência de registro imobiliário do bem objeto de ação de usucapião não induz presunção de que o imóvel seja público (terras devolutas), cabendo ao Estado provar a titularidade do terreno como óbice ao reconhecimento da prescrição aquisitiva. 2. Recurso especial não provido" (STJ – REsp 964.223, RN, 4ª Turma, Rel. Min. Luis Felipe Salomão, *DJ* 04/11/2011).

"Registro de imóveis – Dúvida prejudicada – Concordância parcial com as exigências formuladas pelo registro de imóveis – Sentença de usucapião – Prova de quitação da hipoteca que gravava a propriedade do antigo titular como condição do registro – Desnecessidade – Forma originária de aquisição do domínio – Recurso não conhecido" (CSMSP – Apelação Cível: 9000001-63.2013.8.26.0101, localidade: Caçapava, Rel. Des. Hamilton Elliot Akel, j. 18/03/2014, *DJ* 05/05/2014).

"**Usucapião** – Modo originário de aquisição da propriedade – irrelevância da irregularidade dominial do imóvel, salvo marcada fraude à lei – Bloqueio administrativo de matrícula pela Corregedoria-Geral de Justiça – Providência acautelatória-instrumental que visa salvaguardar a integridade dos assentos registrários, impedindo fracionamentos irregulares e, assim, evitando danos a terceiros de boa-fé – Concordância dos confrontantes e ausência de impugnação das Fazendas Públicas – Desinteresse do Município em determinar se o lote em questão faz parte de imóvel que lhe pertence – Ação julgada improcedente – Recurso provido" (TJSP – AC 453.984-4/3-00, Araçatuba, 4ª Câm. Dir. Privado, Rel. Des. Francisco Loureiro, *DJ* 27/02/2008).

"**Direito civil. Usucapião. Sentença declaratória. Efeito *ex tunc*. Ônus real. Hipoteca constituída no curso da posse *ad usucapionem*. Não prevalecimento do gravame contra o usucapiente.** 1. Consumada a prescrição aquisitiva, a titularidade do imóvel é concebida ao possuidor desde o início de sua posse, presentes os efeitos ex tunc da sentença declaratória, não havendo de prevalecer contra ele eventuais ônus constituídos, a partir de então, pelo anterior proprietário. 2. Recurso especial não conhecido" (STJ – REsp 716.653, RS, 4ª Turma, Rel. Min. João Otávio de Noronha – *DJ* 12/04/2010).

"**Recurso especial. ação de usucapião. usucapião especial urbana.**

Requisitos do art. 183 da CF/88 reproduzidos no art. 1.240 do CCB/2002. Preenchimento. Parcelamento do solo urbano. Legislação infraconstitucional. Legislação municipal. área inferior. Irrelevância. Indeferimento do pedido declaratório. Impossibilidade. Julgamento pelo supremo tribunal federal. Repercussão geral. RE nº 422.349/RS. Máxima eficácia da norma constitucional.

Art. 167 | LEI DE REGISTROS PÚBLICOS COMENTADA

1. Cuida-se de ação de usucapião especial urbana em que a autora pretende usucapir imóvel com área de 35,49 m².

2. Pedido declaratório indeferido pelas instâncias ordinárias sob o fundamento de que o imóvel usucapiendo apresenta metragem inferior à estabelecida na legislação infraconstitucional que dispõe sobre o parcelamento do solo urbano e nos planos diretores municipais.

3. O Supremo Tribunal Federal, nos autos do RE nº 422.349/RS, após reconhecer a existência de repercussão geral da questão constitucional suscitada, fixou a tese de que, preenchidos os requisitos do artigo 183 da Constituição Federal, cuja norma está reproduzida no art. 1.240 do Código Civil, o reconhecimento do direito à usucapião especial urbana não pode ser obstado por legislação infraconstitucional que estabeleça módulos urbanos na respectiva área em que situado o imóvel (dimensão do lote).

4. Recurso especial provido" (STJ, REsp 1360017/RJ, Rel. Min. Ricardo Villas Bôas Cueva, *DJe* 27/05/2016).

"Registro de imóveis – usucapião extrajudicial. Acessão da posse de antecessores para prova do tempo de posse. Alegação de vício na transmissão por antecessor. Falta do requisito da posse contínua, mansa e pacífica. Inadequação da via administrativa apesar da aparente regularidade documental – recurso não provido" (CSMSP – Apelação Cível: 1016314-40.2018.8.26.0562, Localidade: Santos, Rel. Geraldo Francisco Pinheiro Franco j. 27/08/2019, *DJ* 19/09/2019).

"Dúvida. Registro imobiliário. Usucapião extrajudicial – exigências previstas nos art. 216-A, § 2º, LRP c.c. Art. 10, § 9º, Provimento nº 65/2017 do CNJ e item 418.9, do capítulo XX das NSCGJ. Impossibilidade de identificação do representante do titular de domínio. Ausência de comprovação da posse qualificada. Inconsistências não passíveis de solução na via administrativa. Recurso não provido" (CSMSP – Apelação Cível: 1004685-12.2019.8.26.0408, Localidade: Ourinhos, Rel. Ricardo Mair Anafe j. 28/04/2020, *DJ* 01/06/2020).

"Apelação – Procedimento de dúvida – Impugnação a procedimento de usucapião extrajudicial – Possibilidade – Inteligência do art. 216-A, § 7º da Lei nº 6.015/1973. Usucapião extrajudicial – Impugnação por exequente que penhorou o imóvel em execução judicial – Arguição da penhora e da existência de possível fraude contra credores – Alegação de ocorrência de fraude à execução e inexistência de posse com *animus domini* – Sentença que acolhe parcialmente a impugnação e determina a requerente o uso da via judicial – Fraude à execução caracteriza matéria fática a ser apurada em processo judicial – Dúvidas sobre a natureza da posse exercida considerando a condição de parentes dos envolvidos – Impugnação com fundamento relevante – Impossibilidade de prosseguimento – Remessa das partes às vias ordinárias – Inteligência do art. 216-A, § 10 da Lei nº 6.015/1973 e do item 420.5 do Cap. XX das NSCGJ – Encaminhamento da requerente da usucapião extrajudicial para a via judicial mantida – Recurso não provido" (CSMSP – Apelação Cível: 1118113-23.2019.8.26.0100 Localidade: São Paulo, unidade: 2, Rel. Ricardo Mair Anafe, j. 15/05/2020, *DJ* 03/09/2020).

"Registro de Imóveis – Usucapião extrajudicial – Processamento do pedido que depende da indicação dos registros tabulares do imóvel usucapiendo e dos imóveis confinantes, ainda que não tenham matrículas próprias por estarem inseridos em área maior – Planta e memorial apresentados que não trazem pontos de amarração com imóveis matriculados e vias oficiais, de modo a permitir a precisa localização do imóvel usucapiendo no solo – Exigência legal e normativa que não pode ser afastada, em procedimento de natureza administrativa – Dúvida julgada procedente – Recurso não provido" (CSMSP – Apelação Cível 1002288-59.2018.8.26.0587, Localidade: São Sebastião Rel. Geraldo Francisco Pinheiro Franco j. 26/11/2019, *DJ* 31/03/2020).

"Usucapião extrajudicial – Requerente que obteve a posse inicial do bem por força de usufruto registrado na matrícula imobiliária – Casamento futuro previsto como condição resolutiva do direito real limitado – Pretensão de reconhecimento pelo Oficial da modificação da natureza da posse exercida por força da constituição de união estável, dando-lhe eficácia idêntica ao casamento previsto como condição resolutiva – Impossibilidade – Exercício de direito contrário ao direito registrado que não pode ser apreciado pelo Oficial do Registro Imobiliário – Necessidade de cancelamento prévio no registro do usufruto na matrícula – Registrador que não tem atribuição de valorar juridicamente fato extintivo de direito real, mas apenas a simples posse *ad usucapionem* – Efeitos registrários do reconhecimento da união estável com os mesmos efeitos do casamento depende de decisão judicial, impossibilitando o reconhecimento extrajudicial da usucapião – Recusa mantida – Recurso não provido" (CSMSP – Apelação Cível 1104096-79.2019.8.26.0100, Localidade: São Paulo, Unidade 18, Rel. Ricardo Mair Anafe, j. 05/06/2020, *DJ* 19/06/2020).

"Registro de Imóveis – Usucapião extrajudicial – Recusa no processamento do pedido ante a falta de confecção de ata notarial – Indispensabilidade de apresentação do documento para aparelhamento do pedido inicial – Recurso não provido" (CSMSP – Apelação Cível 1114209-92.2019.8.26.0100, Localidade: São Paulo, Unidade: 1, Rel. Ricardo Mair Anafe, j. 04/06/2020, *DJe* de 15/06/2020).

> **Art. 167**, I (...)
> 29) da compra e venda pura e da condicional;

Referências Normativas

Lei 3.071/1916, Código Civil de 1916, arts. 1.158 a 1.163
Lei 10.406/2002, Código Civil de 2002, arts. 113, § 1º, V, 121 a 130, 474 e 475, 505 a 508, 1.410, III, e 1.485.

Comentários

Compra e venda. Compra e venda é o contrato pelo qual obrigam-se duas partes a transferências recíprocas e correspondentes de um bem por certo valor em pecúnia. São elementos da compra e venda a coisa, o preço e o acordo de vontades.
O registro da compra e venda depende da existência de seus elementos, não sendo essencial que o valor esteja quitado. A quitação é elemento acidental à compra e venda, que pode, contudo, ser elevado ao *status* de condição suspensiva ou resolutiva, se houver cláusula expressa nesse sentido. A menção ao pagamento por cheques, notas promissórias ou qualquer outro meio de pagamento diferido não torna a compra e venda condicional.

Condições. Condições são eventos futuros e incertos aos quais, por vontade das partes, se subordinam certos efeitos de um determinado contrato.[278] As condições podem ser suspensivas ou resolutivas, conforme se considere que o efeito pretendido será implementado ou extinto, respectivamente, pelo implemento da condição.
A registrabilidade de contratos condicionais não se restringe à compra e venda. A liberdade contratual permite que se pactue uma locação condicionada ou mesmo uma doação sob condição, que devem igualmente ser objeto de registro. Contudo, a previsão de que a compra e venda condicional é registrada deixa claro que a própria condição, no caso da compra e venda, deve constar do texto do registro, e não ser objeto de averbação autônoma.

Retrovenda. Retrovenda é condição potestativa aposta à compra e venda de bem imóvel pela qual, em prazo acordado, com limite de três anos, o vendedor pode reaver o imóvel devolvendo o preço e reembolsando as despesas.[279] Sendo apresentada escritura com retrovenda, deve ser registrada a compra e venda com menção destacada da existência da retrovenda.
Em caso de implementação da condição, vendedor e comprador devem lavrar escritura[280] por meio da qual o vendedor declara sua vontade de readquirir o imóvel e o comprador declara haver recebido o preço e reembolsadas as despesas. O ato a ser praticado é de averbação, uma vez que não se trata de nova transferência, mas de desfazimento da transferência operada pelo implemento da condição.

---

[278] BRASIL, Lei 10.406/2002, Código Civil de 2002, art. 121.
[279] BRASIL, Lei 10.406/2002, Código Civil de 2002, arts. 505 a 508.
[280] BRASIL, Lei 10.406/2002, Código Civil de 2002, art. 108.

Condição suspensiva. A compra e venda sob condição suspensiva pode se dar por múltiplos fatores, desde manifestação de agrado do adquirente – venda a contento[281] – até identificação de que o bem possui as qualidades asseguradas pelo vendedor – venda sujeita à prova.[282] Tais modalidades não são comuns na compra e venda de bens imóveis. Mais frequente é a vinculação do contrato a eventos como a aprovação em determinado concurso, recebimento de promoção ou contratação em novo cargo, casamento futuro etc.

A compra e venda sob condição suspensiva pode ser registrada mesmo antes do implemento da condição.

Condição resolutiva. Em todos os casos em que pode ser aposta condição suspensiva pode ser também aposta condição resolutiva. O evento mais comum ao qual se vincula o contrato, contudo, é o pagamento do preço, por meio de condição resolutiva expressa.[283]

Em caso de não pagamento, deve ser averbado o desfazimento da compra e venda, por acordo das partes manifestado em escritura pública[284] ou por decisão judicial. Em caso de pagamento, deve ser averbado o cancelamento da condição resolutiva em razão do próprio adimplemento, tornando-se a compra e venda definitiva.

Reserva de domínio. A reserva de domínio é a condição aposta ao contrato de compra e venda por meio da qual a propriedade somente se transfere ao comprador após o pagamento integral do preço. A previsão do Código Civil refere-se somente a bens móveis.[285]

Há decisões mais antigas que entendiam que a reserva de domínio não poderia ser aplicada a bens imóveis. A questão nos parece ser puramente semântica. É possível o registro de compra e venda sob condição suspensiva do pagamento do preço. A indicação no instrumento de que aplicável ao contrato de compra e venda de bem imóvel a reserva de domínio deve ser interpretada como condição suspensiva do pagamento do preço, passível, portanto, de registro.[286]

Pacto de melhor comprador. Pacto de melhor comprador era a condição resolutiva típica[287] prevista no Código Civil de 1916 por meio da qual se acordava o desfazimento do contrato de compra e venda se, em certo prazo, terceiro oferecesse maior vantagem.[288] O prazo era limitado a um ano.[289]

A ausência de previsão do pacto de melhor comprador no Código atual não impede sua utilização, que, inclusive, não possui mais o prazo limite de um ano. Deve, contudo, haver cautela em não permitir o exercício de um direito potestativo por prazo excessivo, que impossibilite, na prática, o adequado exercício do direito de propriedade. Na ausência de prazo normativo, entendemos que seria razoável a recusa de registro de acordos com pactuação de prazo superior a 30 anos, maior prazo existente no ordenamento pátrio no âmbito dos direitos reais.[290]

 Jurisprudência

"Registro de Imóveis – Dúvida julgada procedente – Negativa de registro de instrumento particular de compra e venda de imóvel – Alienação de 1/14 do bem – Dispensa de escritura pública quando o imóvel tem valor até 30 salários mínimos – Irrelevância que o negócio jurídico verse apenas sobre fração ideal de valor menor – Inteligência do art. 108 do Código Civil – Recurso não provido" (CSMSP, Apelação Cível 0007514-42.2010.8.26.0070, Localidade: Batatais, j. 28/07/2011, DJe de 23/09/2011).

---

[281] BRASIL, Lei 10.406/2002, Código Civil de 2002, art. 509.
[282] Idem, art. 510.
[283] Idem, art. 474.
[284] Idem, art. 108.
[285] Idem, art. 521.
[286] Idem, art. 113, § 1º, V.
[287] BRASIL, Lei 3.071/1916, Código Civil de 1916, art. 1.159.
[288] Idem, art. 1.158, *caput*.
[289] Idem, art. 1.158, parágrafo único.
[290] BRASIL, Lei 10.406/2002, Código Civil de 2002, arts. 1.410, III, e 1.485.

"Registro de imóveis – Venda por cerca de 10% do valor venal do imóvel – Escritura lavrada em pequeno município de outra unidade da federação – Instrumento sem indícios de falsidade material – Valor de negócio que não será considerado para o cálculo do ITBI – Limites da qualificação registral – Dúvida improcedente – Recurso provido" (CSMSP Apelação 1047695-31.2017.8.26.0100, Localidade: São Paulo, Unidade 7, Rel. Geraldo Francisco Pinheiro Franco, j. 23/04/2018, *DJe* de 05/07/2018).

"Registro de Imóveis – Escritura de aquisição com expressa declaração de que parte do preço pago resulta de alienação de bens particulares do adquirente – Interveniência da virago, acedendo à discriminação da parte ideal de propriedade exclusiva – Acesso ao fólio possível – Recurso provido" (CSMSP – Apelação Cível 96.913-0/4, Localidade: Ituverava, Rel. Luiz Tâmbara, j. 03/02/2003, *DOE* de 03/02/2003).

"Registro de imóveis. Recusa do Oficial em registrar escritura pública de compra e venda, cujo outorgante vendedor é o Banco Bamerindus do Brasil S/A, em liquidação extrajudicial, em razão da ausência de autorização do Banco Central do Brasil. Dúvida julgada procedente pelo Juízo Corregedor Permanente, com fundamento nos artigos 16, § 1º, e 34, da Lei 6.024/74. Necessidade da autorização do Banco Central do Brasil, ainda que o liquidante tenha dado anuência. Recurso não provido" (CSMSP – Apelação Cível 708-6/3, Localidade: Jundiaí, Rel. Gilberto Passos de Freitas, j. 21/06/2007, *DOE* de 31/08/2007).

"Registro de imóveis – Venda e compra pura, perfeita e exaurida. Apresentação posterior de escritura pública relativa a distrato de tal negócio jurídico com menção, outrossim, a pacto comissório avençado em documento particular. Necessidade de a condição resolutiva constar do título aquisitivo. Inadmissibilidade de distrato, se já exaurida a compra e venda. Distrato, ademais, que se caracterizaria como venda regressiva do imóvel. Necessidade de apresentação da guia de pagamento de ITBI. Registro recusado. Decisão mantida" (CSMSP – Apelação Cível 067781-0/3, Localidade: Guarulhos, Rel. Luís de Macedo, j. 15/03/2000).

"Pedido de Providência – Recurso – Escritura pública de declaração de vontade para o exercício de retrovenda – circunstância que não impede, suspende ou interrompe o lapso temporal – inobservância do prazo decadencial – Recurso não provido" (CGJSP – Processo 61316/2012 Localidade: São Paulo, Rel. Des. José Renato Nalini, j. 03/08/2012).

"...

A discutida retroeficácia do implemento da condição suspensiva exige, para oposição a terceiros, no plano dos direitos reais, o registro imobiliário. A rigor, supera-se, com o registro do negócio condicional, a questão da retroeficácia, porque a regra do art. 122, Cód.Civ., tem por fundamento não a retroatividade mas o direito expectativo, constituído com o perfazimento do negócio jurídico (Pontes de Miranda, 'Tratado de Direito Privado', § 544, n. 6).

O direito expectativo à aquisição dominial é direito real (Enneccerus e Nipperdey, 'Derecho Civil', tomo I, vol. II, segunda parte, § 194, III, n. 2), e; em sistema jurídico que reclama inscrição constitutiva, preciso é admitir o registro do negócio condicional.

Henri De Page leciona que a hipoteca adjeta a crédito condicional vale, para efeito de gradação, da data de sua inscrição predial, não da do implemento da condição ('Traité élémentaire de droit civil belge', tomo I, § 166).

Assim, denomine-se ou não de retroeficácia, o efeito do implemento da condição suspensiva, em relação a terceiros, a termo do art. 122, Cód. Civ., quando se referir a imóveis, reclama o registro imobiliário, consignada a condição aposta (Clóvis Bevilácqua, 'Código Civil dos Estados Unidos do Brasil', comentário ao citado artigo; Carvalho Santos, 'Código Civil Brasileiro Interpretado', comentário ao mencionado artigo; Caio Mário da Silva Pereira, 'Instituições de Direito Civil', vol. 1, § 97; Serpa Lopes, 'Tratado dos Registos Públicos', 4ª edição, 1960, vol. III, pág. 374), Afrânio de Carvalho, 'Registro de Imóveis', 1977, págs. 141-142)" (1ª VRPSP – Processo: 824/85, localidade: São Paulo, Magistrado: Ricardo Henry Marques Dip, j. 23/01/1986).

"Retificação registro – forma de pagamento – condições resolutivas previstas no instrumento público. Direito pessoal. Contrato CV condicional de escritura pública. Dúvida procedente.

...

Assim, compra e venda pura e simples sempre envolve o PAGAMENTO integral do valor ou do preço, como exige o art. 481, do Código Civil. Se o preço, ao reverso, vier estampado em parcelas, a natureza do contrato se transmuda, passando a ostentar a condição de PROMESSA DE VENDA E COMPRA.

Não há outra alternativa, que permita RESERVAR O DOMÍNIO – ou domínio resolúvel, em face de uma COMPRA E VENDA, a não ser como ALIENAÇÃO FIDUCIÁRIA, que não é o caso dos autos ou do título causal em exame.

Portanto, não sendo alienação fiduciária, o registrador somente poderia tomar o contrato por suas formas usuais. A leitura feita conduziu o OFICIAL a concluir que o pacto envolvia COMPRA E VENDA PURA, razão pela qual houve o registro, sem as anotações que seriam incompatíveis com esta forma contratual.

Equivoca-se o suscitante ao afirmar que se trata de contrato condicional, conquanto as condições suspensivas e resolutivas encerram condições acidentais e não essenciais.

No caso a cláusula resolutiva, mesmo tendo sido desenhada de forma incompleta e precária (na medida em que não soluciona a questão de eventual pagamento parcial e a forma de devolução do preço pago ou se este deve ser considerado como 'perdas e danos'), deixa claro que o efeito pretendido seria o de estabelecer uma forma de RESERVA DE DOMÍNIO, pois o inadimplemento tornaria 'desfeita a veda' de 'pleno direito'" (1ª VRPSP – Processo: 000.03.139119-2, Localidade: São Paulo (13º SRI), Magistrado: Venício Antonio de Paula Salles, j. 19/12/2003).

"Registro de Imóveis – Pedido de cancelamento unilateral de pacto comissório – Necessidade de participação de todas as partes envolvidas – O cancelamento de registro buscado não possui previsão no art. 250 da Lei nº 6.015/73 – Impossibilidade da medida – Recurso desprovido" (CGJSP. Processo CG 1023146-75.2018.8.26.0114 (214/2019-E), Localidade: Campinas, Unidade: 2, Rel. Geraldo Francisco Pinheiro Franco, j. 22/04/2019, *DJe* 23/05/2019).

> **Art. 167**, I (...)
> 30) da permuta e da promessa de permuta; *(Redação dada pela Lei nº 14.382, de 2022)*

Ivan Jacopetti do Lago

Referências Normativas

Código Civil, art. 533.
Lei 6.015/1973, arts. 167, I, 18 e 187.

Comentários

O art. 1.552 do Código Civil Italiano de 1942, em definição aplicável também ao Direito Brasileiro, conceitua a permuta como contrato que tem por objeto a transmissão recíproca da propriedade de coisas, ou de outros direitos, por um contraente ao outro.

O Código Civil Brasileiro não conceitua o instituto, limitando-se a estabelecer a aplicação também nas permutas das regras relativas à compra e venda, ressalvada a partilha entre os contratantes das despesas da sua formalização, e a limitação da anulabilidade das permutas entre ascendente e descendente aos casos em que se verifique desigualdade de valores (art. 533).

O contrato é consensual, gerando para os permutantes, reciprocamente, a obrigação de transmitir a coisa contratada ao outro. Esta obrigação se cumpre pela tradição, para os bens móveis, e pelo negócio jurídico transmissivo[291] seguido do registro, para os imóveis – sendo, neste último caso, em geral concomitantes o contrato e o acordo de transmissão. O registro da permuta é constitutivo.

---

[291] Cf. PONTES DE MIRANDA, Francisco Cavalcanti. *Tratado de direito privado*. v. XXXIX. São Paulo: Revista dos Tribunais, 2012. p. 460.

Quanto ao objeto, pode-se permutar qualquer coisa suscetível de venda – coisa, posse, propriedade intelectual etc. Dessa maneira, não há óbice, por exemplo, à permuta de bem imóvel por bem móvel. O dinheiro, por outro lado, que não pode ser vendido se for moeda corrente, não pode, também, ser objeto de permuta.[292] Por suas características, ainda, não se admite a permuta de usufruto,[293] não obstante ela seja viável em caso de direito real de superfície, laje ou domínio útil.

A permuta é, ainda, bilateral, o que implica uma necessária correspectividade entre as prestações.[294]

A distinção entre a permuta e a compra e venda pode ser nebulosa em alguns casos nos quais parte da prestação de uma das partes seja paga com dinheiro, paralelamente à entrega da coisa. O critério que tem sido proposto na Doutrina é o do foco central do contrato: se o dinheiro é o elemento quantitativamente mais relevante de uma das prestações, tem-se compra e venda; por outro lado, se o bem não pecuniário é o elemento quantitativamente mais relevante, tem-se permuta.[295] Essa solução tem caráter subsidiário, já que, em princípio, deve prevalecer a vontade manifestada pelas partes, e foi positivada nos códigos civis da Espanha, da Áustria e no revogado Código Civil Português de 1867. Anote-se, contudo, que na Doutrina Estrangeira há mesmo quem considere a hipótese contrato atípico, nem venda, nem permuta.[296] O critério tem eco também na jurisprudência.[297]

Distingue-se, ainda, a permuta da extinção de condomínio. Nesta última, tem-se ato declaratório, sem transmissão onerosa, que tão somente atribui fisicamente a cada condômino um quinhão da coisa comum. É pressuposto da extinção de condomínio que o bem seja um só, com uma única matrícula, cuja propriedade divide-se em frações ideais. Por outro lado, havendo condôminos proprietários de vários bens, objeto cada um deles de matrículas individualizadas nas quais todos figuram como co-proprietários, se pretenderem que cada bem fique pertencendo exclusivamente a cada um dos então condôminos, o negócio será de permuta.[298] É irrelevante, para isso, a denominação adotada no título, devendo o registrador atentar ao "conteúdo do título causal, à verdadeira intenção das partes, e não ao sentido literal da linguagem".[299]

Por outro lado, a jurisprudência é oscilante quanto à descaracterização ou não da onerosidade da permuta nos casos em que há diferença de valor entre os bens (notadamente, os valores que lhes foram atribuídos pelas autoridades fazendárias), sem torna em dinheiro. Em 2021 o Conselho Superior da Magistratura do Estado e São Paulo decidiu que essa diferença, ainda que expressiva, não descaracteriza a onerosidade da permuta, donde inexigível, em tais casos, o recolhimento de ITCMD.[300]

Mas, posteriormente, no mesmo ano, e em 2022, o mesmo órgão decidiu, em casos semelhantes, ser exigível o recolhimento do tributo.[301]

O contrato sujeita-se ao art. 108 do Código Civil, pelo que, havendo, em qualquer das prestações, imóvel de valor superior a 30 salários mínimos, é exigível a escritura pública. Todavia, a jurisprudência já reputou válida permuta realizada por instrumento particular encartada nos autos de partilha

---

[292] Cf. PONTES DE MIRANDA, Francisco Cavalcanti. *Tratado de direito privado*. v. XXXIX. São Paulo: Revista dos Tribunais, 2012. p. 458.

[293] Cf. Conselho Superior da Magistratura do Estado de São Paulo, Apelação Cível 44.396-0/8, j. 05/06/1998.

[294] Cf. PONTES DE MIRANDA, Francisco Cavalcanti. *Tratado de direito privado*. v. XXXIX. São Paulo: Revista dos Tribunais, 2012.p. 460.

[295] Cf. PONTES DE MIRANDA, Francisco Cavalcanti. *Tratado de direito privado*. v. XXXIX. São Paulo: Revista dos Tribunais, 2012. p. 460-461.

[296] Para uma síntese, cf. SABATÉS, Vidal Rivera. Compraventa con integración in natura versus permuta con compensación pecuniaria. *In: Cuestiones sobre la compraventa en el Código Civil:* principios europeos y draft. Madri: Dykinson, 2011.

[297] Cf. 1ª Vara de Registros Públicos de São Paulo – SP, Processo 527/1991, j. 24/09/1991; Conselho Superior da Magistratura do Estado de São Paulo, Apelação Cível 9000002-48.2013.8.26.0101, j. 26/08/2014.

[298] Cf. Conselho Superior da Magistratura do Estado de São Paulo, Apelação Cível 1001074-40.2020.8.26.0077, j. 11/02/2021.

[299] Cf. Conselho Superior da Magistratura do Estado de São Paulo, Apelação Cível 001698-0/83, j. 30/07/1983.

[300] Cf. Conselho Superior da Magistratura do Estado de São Paulo, Apelação Cível 1099753-06.2020.8.26.0100, j. 26/08/2021.

[301] Cf. Conselho Superior da Magistratura do Estado de São Paulo, Apelação Cível 1001733-55.2018.8.26.0615, j. 22/11/2021; Conselho Superior da Magistratura do Estado de São Paulo, Apelação Cível 1109321-12.2018.8.26.0100, j. 16/08/2022.

judicial submetida a homologação pelo magistrado,[302] salvo se houver expresso pronunciamento judicial acerca da necessidade da formalização por escritura pública do acordo encetado nos autos.[303]

Apresentado o título a registro, deverá ser protocolado sob um único número de ordem, independentemente da quantidade de imóveis. E o registro deve ser feito na matrícula de cada um deles (Lei 6.015/1973, art. 187). Durante algum tempo debateu-se a questão de ser ou não admissível a cindibilidade do título na permuta – especialmente nos casos em que todos os imóveis envolvidos estão situados na mesma circunscrição – de maneira que o registro fosse feito na matrícula de um dos imóveis, mas não no de outro. A questão tem relevância prática, já que, em geral, cada permutante deseja arcar com os emolumentos apenas do seu registro. Atualmente, entende a jurisprudência que é admissível a cindibilidade, ainda que todos os imóveis se situem na mesma circunscrição registral.[304]

A Lei 14.382/2022 alterou a redação do item 30, de maneira a incluir entre os fatos inscritíveis também o registro da promessa de permuta. Observe-se, primeiramente, que essa promessa não é a prevista no art. 32, *a*, da Lei 4.591/1964, cujo registro está previsto no item 18 do art. 167, I. Dessa maneira, trata de qualquer outra promessa de permuta.

A registrabilidade da promessa de permuta, ressalvada a hipótese prevista na Lei 4.591/1964, enfrentou, ao longo do tempo, um caminho de idas e vindas na jurisprudência.[305] Atualmente, a questão está superada. Resta, todavia, saber qual é a natureza do direito resultante da promessa de permuta registrada. Em 1979, o Supremo Tribunal Federal,[306] sob a relatoria do Ministro Rafael Mayer, proferiu decisão em cujo caso concreto pretendia-se a adjudicação compulsória de um certo imóvel submetido a promessa de permuta. O acórdão do Tribunal de Justiça do Rio de Janeiro houvera admitido a adjudicação compulsória independente de registro, com base no então vigente art. 639 do Código de Processo Civil, cujo teor era *"Se aquele que se comprometeu a concluir um contrato não cumprir a obrigação, a outra parte, sendo isso possível e não excluído pelo título, poderá obter uma sentença que produza o mesmo efeito do contrato a ser firmado"*. Todavia, segundo o ministro relator, uma vez que o acórdão havia se baseado no pressuposto da similitude entre a promessa de permuta e a promessa de compra e venda, haveria de ter aplicado ao caso regra prevista na lei especial – o Decreto-Lei 58/1937, que exigia o registro como condição da adjudicação compulsória. Pela mesma razão, o acórdão contra o qual se recorria estaria em conflito com a Súmula 167, que, uma vez mais, condicionava a adjudicação compulsória ao registro.[307] E, com base nestas premissas, o pedido de adjudicação compulsória foi julgado improcedente. A despeito disso, por equiparar a promessa de permuta à promessa de compra e venda, e, por conseguinte, não apenas admitir sua registrabilidade, como também condicionar ao registro a própria adjudicação compulsória, implicitamente reconheceu, em algum grau, sua eficácia real. E nesse sentido existem algumas decisões do Tribunal de Justiça de São Paulo.[308]

Jurisprudência

> "Registro de Imóveis. Dúvida julgada procedente. Negativa de acesso ao registro de formal de partilha expedido nos autos do processo de arrolamento de bens Instrumento particular de divisão e extinção de condomínio sobre os imóveis partilhados, celebrado anteriormente ao falecimento. Negócio jurídico que configura, em verdade, permuta de partes ideais dos imóveis Irrelevância, no caso, de a

---

[302] Cf. Conselho Superior da Magistratura do Estado de São Paulo, Apelação Cível 899-6/3, j. 07/10/2008.
[303] Cf. Conselho Superior da Magistratura do Estado de São Paulo, Apelação Cível990.10.249.808-5, j. 05/10/2010.
[304] Cf. Conselho Superior da Magistratura do Estado de São Paulo, Apelação Cível 1008124-45.2019.8.26.0565, j. 11/02/2021.
[305] A respeito, cf. LAGO, Ivan Jacopetti do. A registrabilidade da promessa de permuta no registro de imóveis: a evolução da questão na jurisprudência administrativa paulista. In: RDI, n. 93, 2022.
[306] Cf. Supremo Tribunal Federal, Recurso Extraordinário 89.501-6/RJ, j. 13/11/1979.
[307] Anote-se que a partir do Recurso Especial 30, julgado em 15 de agosto de 1989, o Superior Tribunal de Justiça passou a reconhecer que a adjudicação compulsória na promessa de compra e venda, por ter natureza de ação pessoal, independe do registro do contrato. Por outro lado, sua eficácia real, e, por conseguinte, sua oponibilidade a terceiros, fica condicionada ao registro.
[308] Cf. Tribunal de Justiça de São Paulo, 7ª Câmara de Direito Privado, Apelação Cível 1005907-77.2021.8.26.0009, j. 29/06/2022.

permuta ter sido formalizada por instrumento particular. Homologação judicial da partilha que torna desnecessária a lavratura de escritura pública. Ausência, porém, de comprovação do recolhimento do ITBI, em princípio devido. Ocorrência de prescrição e decadência insuscetíveis de exame em sede administrativa, no processo de dúvida registral. Recusa do registro acertada Recurso não provido" (CSMSP, Apelação Cível 899-6/3, Rel. Des. Ruy Camilo j. 07/10/2008).

"Registro de imóveis – apelação – dúvida – negativa de registro de escritura pública de permuta – cindibilidade do título permitida – imóveis situados na mesma circunscrição imobiliária – precedentes do CSM – art. 187 da LRP que não exige a efetivação de todos os registros mas apenas traz técnica de inscrição no protocolo. Recurso a que se dá provimento" (CSMSP, Apelação Cível 1008124-45.2019.8.26.0565, Rel. Des. Ricardo Mair Anafe, j. 11/02/2021).

Registro de imóveis. Escritura pública de divisão amigável. Escritura de rerratificação de extinção de condomínio – Negócio jurídico que configura permuta de partes ideais – incidência de ITBI – Dever do Oficial de velar pelo seu recolhimento, exigindo a apresentação das respectivas guias. Óbice mantido. Recurso desprovido (CSMSP, Apelação Cível 1001074-40.2020.8.26.0077, Rel. Des. Ricardo Mair Anafe j. 11/02/2021).

"Registro de imóveis – Escritura pública de permuta de bens imóveis com valores distintos e torna – Negócio jurídico oneroso – ITBI recolhido – Inexistência de fato gerador do ITCMD – Exigência de comprovação do pagamento do imposto estadual afastada – Recurso provido para julgar improcedente a dúvida determinando o registro do título" (CSMSP, Apelação Cível 1099753-06.2020.8.26.0100, Rel. Des. Ricardo Mair Anafe, j. 26/08/2021).

"Registro de imóveis. Escritura pública de permuta de bens imóveis de valores venais distintos, sem torna. Acréscimo patrimonial de forma não onerosa a caracterizar doação. Ausência de comprovação de recolhimento de Imposto de Transmissão causa mortis – ITCMD ou sua isenção. Dever do Oficial de velar pelo seu recolhimento, exigindo a apresentação das respectivas guias ou prova do reconhecimento administrativo da isenção. Óbice mantido. Recurso desprovido" (CSMSP, Apelação Cível 1001733-55.2018.8.26.0615, Rel. Des. Ricardo Mair Anafe j. 22/11/2021).

"1. É valida a aplicação do pacto comissório em casos em que a venda do imóvel seja paga, parte do DINHEIRO e parte em ESPÉCIE. 2. Só se caracteriza a TROCA se a parte em espécie for superior à parte em dinheiro. 'Será compra e venda se o valor em dinheiro for superior ao valor da coisa, de que é complemento, e será troca se de valor inferior'" (1ª Vara de Registros Públicos de São Paulo – SP, Processo 527/1991, Rel. Dr. Kiotsi Chicuta, j. 24/09/1991).

"Registro de Imóveis – Dúvida julgada procedente – Permuta de imóveis com valores distintos, sem torna – Acréscimo patrimonial, obtido de forma não onerosa, que impõe a declaração e o recolhimento do Imposto de Transmissão Causa Mortis e por Doação ICMD, ou a comprovação da sua não incidência por declaração do órgão competente – Dever do Oficial de Registro promover a fiscalização do pagamento dos impostos devidos – Recurso não provido" (CSMSP, Apelação Cível 1109321-12.2018.8.26.0100, Rel. Des. Fernando Antônio Torres Garcia, j. 16/08/2022).

"Registro de Imóveis. Negativa de acesso ao fólio real de certidão judicial. Sentença homologatória de acordo de permuta de quinhões com a finalidade de extinguir condomínio sobre imóveis. Sentença e decisões interlocutórias que indeferem a expedição de mandado de averbação, mandado de adjudicação ou carta de sentença. Permuta de quinhões que, homologada judicialmente, dispensaria escritura pública. Questão, no entanto, que foi especificamente examinada na via jurisdicional, e que não pode ser reapreciada na esfera administrativa. Negócio jurídico que exige o recolhimento de ITBI. Recurso não provido" (CSMSP, Apelação Cível 990.10.249.808-5, Rel. Des. Antonio Carlos Munhoz Soares, j. 05/10/2010).

"Registro de imóveis – Dúvida – Instrumento particular de promessa de permuta de imóveis – Título com natureza jurídica diversa da denominação que lhe foi dada – Verdadeiro contrato de compromisso de compra e venda – Rótulo do contrato que não pode servir de óbice ao seu registro quando seu conteúdo está de acordo com os princípios registrais – Recusa afastada, com observação (CSMSP, Apelação Cível 9000002-48.2013.8.26.0101, Rel. Des. Elliot Akel j. 26/08/2014).

Registro de Imóveis. Dúvida – Pretendido registro da escritura pública de permuta – Recusa – Inviabilidade da troca de direitos reais de usufruto – Servidão pessoal agregada ao bem imóvel – Interpretação do artigo 717 do Código Civil – Registro Inviável – Decisão mantida" (CSMSP, Apelação Cível 44.396-0/8, Rel. Des. Sérgio Augusto Nigro Conceição, j. 05/06/1998).

> **Art. 167**, I (...)
> 31) da dação em pagamento;

 Referências Normativas

Código Civil, arts. 356-359.

 Comentários

A dação em pagamento se dá quando o devedor se exonera da obrigação efetuando uma prestação diferente da devida, com o consentimento do credor – *aliud pro alio*, uma coisa pela outra.[309] Quando o objeto dessa prestação diferente da original consiste em coisa corpórea, a dação deverá consistir na entrega da coisa de maneira a se transmitir a propriedade. Não havendo propriamente entrega, ou transmissão, ter-se-á uma promessa de dação, e não dação propriamente dita.[310] Destaque-se que a jurisprudência não admite o registro da promessa de dação em pagamento, por ausência de previsão legal.[311] Por outro lado, a substituição de uma obrigação por outra obrigação – por exemplo, obrigação de fazer, consistente em firmar uma escritura de compra e venda – poderá consistir em novação, em si também insuscetível de registro.[312]

Trata-se de negócio jurídico bilateral, no qual, por um lado, tem-se a prestação pelo devedor, e por outro, a solução da dívida.[313] Uma vez determinado o preço da coisa dada em pagamento, as relações entre credor e devedor serão reguladas pelas normas da compra e venda (Código Civil, art. 357).

É, ainda, negócio translativo, cuja causa é a extinção da obrigação. Dessa maneira, são seus pressupostos não apenas a existência de uma prestação com o ânimo de extinguir uma obrigação preexistente, mas também a existência desta obrigação; a distinção entre a prestação original e aquela cuja dação se oferece; e o consentimento do credor.

A dação em pagamento é necessariamente voluntária, exigindo, para ser válida e eficaz, que aquele que transmite o bem – devedor ou terceiro – tenha sua disponibilidade. O fato de ser acordada no bojo de processo de execução e de ser homologada pelo magistrado não altera seu caráter de alienação voluntária, pelo que não se admite o seu registro se o bem estiver indisponível.[314] Tampouco se pode, pela natureza judicial do título, afastar a observância dos princípios da disponibilidade e continuidade: não pode o condômino dar em pagamento, sozinho, o imóvel todo, ainda que os demais condôminos sejam, igualmente, devedores, em caráter solidário, e que a dívida tenha caráter *propter rem*.[315]

---

[309] Cf. CORDEIRO, António Menezes. *Tratado de direito civil*. v. IX, 3. ed. Coimbra: Almedina, 2017. p. 988.

[310] Cf. CORDEIRO, António Menezes. *Tratado de direito civil*. v. IX, 3. ed. Coimbra: Almedina, 2017. p. 1000-1001.

[311] Cf. 1ª Vara de Registros Públicos de São Paulo, Processo 1064339-49.2017.8.26.0100, j. 09/08/2017; Conselho Superior da Magistratura do Estado de São Paulo, Apelação Cível 9000001-40.2013.8.26.0238, j. 11/11/2014.

[312] Cf. Conselho Superior da Magistratura do Estado de São Paulo, Apelação Cível 0006016-31.2014.8.26.0114, j. 27/01/2015.

[313] Cf. PONTES DE MIRANDA, Francisco Cavalcanti. *Tratado de direito privado*. v. XXV. São Paulo: Revista dos Tribunais, 2012. p. 57.

[314] Cf. Conselho Superior da Magistratura do Estado de São Paulo, Apelação Cível 0006358-46.2015.8.26.0457, j. 02/02/2017.

[315] Cf. Conselho Superior da Magistratura do Estado de São Paulo, Apelação Cível 0039765-86.2011.8.26.0100, j. 12/09/2012.

Tratando-se de negócio jurídico destinado à transmissão da propriedade de bens imóveis, submete-se ao art. 108 do Código Civil, pelo que será exigível a escritura pública se o bem tiver valor superior a 30 salários mínimos. Admite-se, contudo, que seja formalizada no bojo de um processo judicial, caso em que o título formal será a respectiva carta de sentença.[316]

Anote-se que já se decidiu que a dispensa de escritura pública prevista no art. 61, § 5º, da Lei 4.380/1964, relativa aos contratos celebrados no âmbito do Sistema Financeiro da Habitação, não se aplica aos casos em que o mutuário realize, em favor do credor, a dação em pagamento do bem financiado, sendo, em tais casos, exigível a escritura.[317]

A dação em pagamento pode ser coligada a um distrato social no qual se estipule que o crédito de algum dos sócios, ou credor da sociedade, será satisfeito com a entrega de bem imóvel. Naturalmente, nesse caso, deverá o credor consentir. Os dois negócios podem até mesmo ser estabelecidos no mesmo instrumento; no entanto, em razão do art. 108 a dação poderá exigir, a depender do valor do imóvel, a escritura pública, sendo nula, e insuscetível de registro no registro de imóveis, se estipulada no seio de instrumento particular de distrato social.[318] De modo análogo em uma simples distribuição de lucros: esta em si não consiste em fato inscritível no registro de imóveis; mas, uma vez reconhecido o crédito do sócio sobre a parte dos lucros que lhe cabe, admite-se que, por meio de dação em pagamento, a sociedade lhe transfira, com seu consentimento, bem imóvel.[319]

O registro da dação em pagamento é realizado na matrícula do imóvel, e é constitutivo. Ainda que contenha a intenção de transmitir, e não a de simplesmente produzir a obrigação de transmitir, a dação em pagamento não transmite a propriedade antes de ser registrada.

Por fim, a jurisprudência já reconheceu a viabilidade da dação em pagamento pelo condômino inadimplente da unidade autônoma em favor do condomínio edilício, com base no art. 63, § 3º, da Lei 4.591/1964. Para isso, contudo, é exigível a anuência unânime dos demais condôminos, manifestada no próprio título ou em assembleia convocada especificamente para esse fim.[320]

Jurisprudência

"Dação em pagamento – promessa – taxatividade. Especialidade objetiva" (1ª Vara de Registros Públicos de São Paulo, Processo 1064339-49.2017.8.26.0100, Rel. Dr. Marcelo Benacchio, j. 09/08/2017).

"Registro de imóveis – Escritura pública de dação em pagamento – Solvens em recuperação judicial – Autorização judicial indispensável no caso concreto (arts. 49 e 66 da Lei nº 11.101/2005) – Ofensa aos princípios da legalidade e segurança jurídica configurada – Exigência mantida – Dúvida procedente – Recurso desprovido" (CSMSP, Apelação Cível 0006358-46.2015.8.26.0457, Rel. Des. Manoel de Queiroz Pereira Calças, j. 02/02/2017).

"Registro de imóveis – Dúvida julgada procedente – Título judicial – Sentença homologatória de acordo – Dação em pagamento realizada sem a participação do cônjuge – Regime da comunhão parcial de bens – Ofensa ao princípio da continuidade – Recurso não provido" (CSMSP, Apelação Cível 1000077-88.2015.8.26.0576, Rel. Des. Manoel de Queiroz Pereira Calças, j. 25/04/2016).

"Registro de imóvel – dúvida – distrato de compromisso de capitalização – dação em pagamento de imóvel – impossibilidade de aplicação por analogia do artigo 98, §§ 2º e 3º e artigo 234 da Lei 6.404/76 – necessidade de escritura pública para a transferência da titularidade do domínio – recurso não provido" (CSMSP, Apelação Cível 1036696-87.2015.8.26.0100, Rel. Des. Manoel de Queiroz Pereira Calças, j. 25/02/2016).

---

[316] Cf. Conselho Superior da Magistratura do Estado de São Paulo, Apelação Cível 1000077-88.2015.8.26.0576, j. 25/04/2016; Conselho Superior da Magistratura do Estado de São Paulo, Apelação Cível 395-6/3, j. 06/10/2005.

[317] Cf. Conselho Superior da Magistratura do Estado de São Paulo, Apelação Cível 727-6/0, j. 16/08/2007.

[318] Cf. Conselho Superior da Magistratura do Estado de São Paulo, Apelação Cível 1036696-87.2015.8.26.0100, j. 25/02/2016.

[319] Cf. Conselho Superior da Magistratura do Estado de São Paulo, Apelação Cível 0028876-95.2014.8.26.0576, j. 30/07/2015.

[320] Cf. Conselho Superior da Magistratura do Estado de São Paulo, Apelação Cível 469-6/1, j. 06/12/2005.

"Registro de Imóveis – dúvida – escritura pública de distribuição de lucros – ausência de previsão legal que permita o registro do título – possibilidade de se considerar o ato como dação em pagamento – necessidade, nessa hipótese, de recolhimento de ITBI – recurso desprovido" (CSMSP, Apelação Cível 0028876-95.2014.8.26.0576, Rel. Des. Elliot Akel, j. 30/07/2015).

"Registro de imóveis – Instrumento particular de compromisso de dação em pagamento e outras avenças – Irresignação parcial – Inadmissibilidade – Dúvida prejudicada – Exame, em tese, das exigências impugnadas, a fim de orientar eventuais novas qualificações – Ausência de alvará do juízo da falência – Negócio jurídico com natureza jurídica diversa da que lhe foi dada no título – Recurso não conhecido" (CSMSP, Apelação Cível 0006016-31.2014.8.26.0114, Rel. Des. Elliot Akel, j. 27/01/2015).

"Registro de imóveis – instrumento particular de compromisso de dação em pagamento e outras avenças – irresignação parcial – inadmissibilidade – exame, em tese, das exigências impugnadas a fim de orientar eventuais novas qualificações – título com natureza jurídica diversa da denominação que lhe foi dada – contrato definitivo de dação em pagamento – rótulo do contrato que não pode servir de óbice ao seu registro, quando seu conteúdo está de acordo com os princípios registrais – necessidade, entretanto, de instrumentalização pública – artigo 108, do código civil – recurso não conhecido" (CSMSP, Apelação Cível 9000001-40.2013.8.26.0238, Rel. Des. Ellio Akel, j. 11/11/2014).

"Registro de imóveis – Débito condominial – Unidade condominial pertencente a mais de uma pessoa – Ação de cobrança promovida em face de um dos proprietários – Acordo judicial – Dação em pagamento da totalidade do bem imóvel – Ausência de anuência dos demais proprietários – Invalidade e ineficácia – Princípio da continuidade e princípio da disponibilidade – Ofensa – Desqualificação do título judicial confirmada – Dúvida procedente – Recurso desprovido" (CSMSP, Apelação Cível 0039765-86.2011.8.26.0100, Rel. Des. José Renato Nalini, j. 12/09/2012).

"Registro de Imóveis. Dúvida suscitada. Necessidade de instrumento público, em regra, para a alienação de imóveis, na dicção do artigo 108 do Código Civil. Exceção prevista na Lei nº 4.380/64, que dispõe sobre o Sistema Financeiro da Habitação (SFH). Benesse que torna a aquisição menos onerosa, admitindo o uso de instrumento particular. Hipótese que enseja interpretação restritiva, limitando-se às aquisições de imóveis pelos cidadãos, nas quais o cunho social é evidente por prestigiar o direito constitucional à moradia. Benefício não estendido às dações em pagamento, realizadas por adquirentes imobiliários inadimplentes em prol dos seus credores, ainda que estes sejam agentes financeiros integrantes do SFH. Hipótese que exige instrumento público. Negado provimento ao recurso, mantida a procedência da dúvida" (CSMSP, Apelação Cível 727-6/0, Rel. Des. Gilberto Passos de Freitas, j. 16/08/2007).

"Registro de imóveis – Dúvida julgada procedente – Transação em ação de execução – Dação em pagamento destinada à quitação de despesas condominiais – Condomínio edilício como adquirente – Registro de carta de sentença – Ausência de personalidade jurídica – Viabilidade da aquisição, em tese, mediante aplicação analógica do artigo 63, § 3º, da Lei nº 4591/64 – Necessidade de aprovação da aquisição em assembleia geral dos condôminos – Impossibilidade de complementação do título no curso da dúvida – Recurso não provido" (CSMSP, Apelação Cível 469-6/1, Rel. Des. José Mário Antonio Cardinale, j. 06/12/2005).

"Registro de Imóveis – Carta de dação em pagamento – Título decorrente de transação homologada em processo judicial – Título previsto no artigo 221, inciso IV, da Lei de Registros Públicos – Carta de sentença – Possibilidade de registro – ITBI e certidões negativas de débito – Exigências mantidas – Recurso improvido para manter a recusa ao registro, embora afastado um dos óbices apresentados" (CSMSP, Apelação Cível 395-6/3, Rel. Des. José Mário Antonio Cardinale, j. 06/10/2005).

Art. 167, I (...)

32) da transferência de imóvel a sociedade, quando integrar quota social;

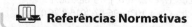

Referências Normativas

Constituição Federal, art. 156, § 2º, I.
Código Civil, arts. 1.081 a 1.084.

Lei 6.404/1976, art. 89.
Lei 8.934/1994, art. 64.

 Comentários

A entrega de bens pelos sócios, para a formação do capital social, não se dá pelas modalidades ordinárias de alienação – venda, permuta, doação etc. –, mas por meio de ato jurídico peculiar, próprio do direito societário, de caráter oneroso e que implica a contrapartida do recebimento de frações do capital social, acompanhadas dos direitos inerentes ao sócio.[321]

Por essa razão, a Lei 6.015/1973 prevê essa "entrega" – conhecida como conferência de bens – como fato inscritível específico, ensejando a transmissão da propriedade à sociedade, e tendo como causa o ingresso do transmitente na sociedade e o recebimento das frações do capital – cotas ou ações, conforme o caso.

A despeito da especificidade, o ato não deixa de ser modalidade peculiar de alienação, e, por isso, submete-se não apenas aos requisitos de validade dos negócios jurídicos em geral, como também aos princípios registrais da continuidade e disponibilidade. Nesse sentido, é exigível, por exemplo, para a conferência de bens o alvará judicial, se o transmitente é interdito submetido a curatela[322] ou menor absolutamente incapaz.[323]

Ainda, a transmissão precisa ser feita pela própria pessoa natural ou jurídica que esteja ingressando na sociedade. Tratando-se de terceiro, que não ingressará na sociedade, o título será outro. Não se admite nem mesmo que aquele que ingressa na sociedade integralize o capital que lhe compete com bem particular de seu cônjuge.[324] Por outro lado, admite-se que o sócio integralize o capital com bem comum mediante a anuência de seu cônjuge, ainda que este último não passe a integrar a sociedade.[325]

Quanto ao título formal, por expressa disposição legal, é dispensada a escritura pública para a formalização da transferência, independentemente do valor do imóvel. Com efeito, o art. 89 da Lei 6.404/1976 já previa que a incorporação de imóveis para formação do capital social não exigiria escritura pública. E o art. 64 da Lei 8.934/1994 estabeleceu que o documento hábil ao registro pelo registro de imóveis, para transmissão dos bens do subscritor para a formação ou aumento do capital, é a certidão expedida pelas junta comercial na qual se arquivou o ato constitutivo ou modificativo da sociedade.

Após uma mudança do entendimento anterior, a jurisprudência passou a estender a possibilidade de se utilizar a certidão como título formal também para as sociedades simples, registradas no Registro Civil de Pessoas Jurídicas.[326] Mesmo após essa orientação, contudo, decidiu-se pela exigibilidade da escritura pública em se tratando de sociedade de advogados com atos constitutivos registrados no Conselho Seccional da Ordem dos Advogados do Brasil.[327]

Naturalmente, não há qualquer óbice a que as partes optem for formalizar o ato societário por escritura pública; todavia, ainda assim a apresentação ao registro de imóveis deverá ser antecedida do arquivamento da escritura na junta comercial, e o título formal apresentado a registro consistirá na respectiva certidão.[328]

Observe-se que no que diz respeito a documentos eletrônicos, o art. 5º, § 1º, II, c, da Lei 14.063/2020 admite que os atos societários apresentados às juntas comerciais sejam assinados com assinatura eletrônica avançada. Todavia, isso não repercute diretamente na qualificação registral, já que o título

---

[321] Cf. GUERREIRO, José Alexandre Tavares. Sobre a conferência de bens. *In*: *RDM*, n. 48, 1982.
[322] Cf. Conselho Superior da Magistratura do Estado de São Paulo, Apelação Cível 1045792-53.2020.8.26.0100, j. 04/05/2021.
[323] Cf. 1ª Vara de Registros Públicos de São Paulo, Processo 1020090-71.2021.8.26.0100, j. 11/03/2021.
[324] Cf. 1ª Vara de Registros Públicos de São Paulo, Pedido de Providências 1039526-84.2019.8.26.0100, j. 06/06/2019.
[325] Cf. 1ª Vara de Registros Públicos de São Paulo, Pedido de Providências 1131291-73.2018.8.26.0100, j. 30/01/2019.
[326] Cf. Conselho Superior da Magistratura do Estado de São Paulo, Apelação Cível 1036892-23.2016.8.26.0100, j. 02/02/2017.
[327] Cf. 1ª Vara de Registros Públicos de São Paulo, Processo 1071137-26.2017.8.26.0100, j. 27/09/2017.
[328] Cf. Conselho Superior da Magistratura do Estado de São Paulo, Apelação Cível 1002106-04.2021.8.26.0575, j. 29/04/2022.

apresentado ao registro de imóveis é a certidão expedida pela junta comercial, e não propriamente o instrumento que fora firmado pelas partes.[329]

Segundo Afrânio de Carvalho, o exame do título apresentado a registro deve restringir-se aos aspectos propriamente imobiliários, não sendo adequado qualificar matéria que já foi apreciada pelo órgão competente.[330] Assim, não cabe ao registrador analisar aspectos de direito societário ou rever a adequação ou não do arquivamento do documento pela junta comercial.

Todavia, o arquivamento na junta não torna o título imune à qualificação registral naqueles aspectos que repercutem diretamente na transmissão. A falta de assinatura no instrumento por pessoa que integra a transmissão, por exemplo, é óbice ao registro, ainda que o documento tenha sido arquivado na junta comercial.[331].

A Constituição Federal estabelece em seu art. 156, § 2º, I, imunidade na conferência de bens, salvo se a atividade preponderante do adquirente for a compra e venda desses bens ou direitos, locação de bens imóveis ou arrendamento mercantil. A verificação dessa preponderância envolve a análise de elementos que fogem à qualificação registral, e, por isso, não cabe ao registrador determinar se, no caso concreto, é ou não aplicável a imunidade. Desse modo, é exigível para o registro o reconhecimento pela municipalidade da imunidade, se o caso, o que deve ser comprovado ao registrador documentalmente.[332]

Por outro lado, tormentosa tem sido a questão dos bens cujo valor de avaliação fiscal supera o valor que lhes é atribuído no instrumento da integralização. Entende o Fisco Paulista que a despeito de, em princípio, a conferência de bens não configurar hipótese de incidência do ITCMD, poderá haver doação, sujeita a ITCMD, nas situações em que o valor do bem integralizado não seja refletido na sua participação na sociedade.[333] Todavia, no Recurso Extraordinário 796.376/SC, o Supremo Tribunal Federal fixou para o Tema 796 da repercussão geral a tese de que "*a imunidade em relação ao ITBI, prevista no inciso I do § 2º do art. 156 da Constituição Federal, não alcança o valor dos bens que exceder o limite do capital social a ser integralizado*", constando do acórdão que sobre a referida diferença incidirá o ITBI.[334] Com isso, concluiu o Conselho Superior da Magistratura do Estado de São Paulo que, por incidir ITBI, estaria afastada a incidência do ITCMD em tais casos.[335]

 Jurisprudência

"Sociedade – constituição – certidão de inteiro teor – JUCESP. Conferência de bens – integralização de capital. Documento eletrônico – assinatura eletrônica. ICP-Brasil. ITBI – isenção – imunidade. Exigências" (1ª Vara de Registros Públicos de São Paulo, Processo 1112167-65.2022.8.26.0100, Rel. Dra. Luciana Carone Nucci Eugênio Mauad, j. 21/11/2022).

"Conferência de bens – aumento de capital. Alteração contratual – assinatura do sócio – elemento essencial. Rerratificação. Nulidade" (1ª Vara de Registros Públicos de São Paulo, Processo 1068563-54.2022.8.26.0100, Rel. Dra. Luciana Carone Nucci Eugênio Mauad, j. 17/08/2022).

"Registro de imóveis – Integralização de capital social de sociedade mercantil – Exigência de apresentação da certidão do ato de arquivamento, na Junta Comercial, da alteração da sociedade mercantil relativamente à integralização de bens para a formação ou aumento do capital social que prevalece em decorrência do disposto no artigo 64 da Lei nº 8.934/94 – Ausente incompatibilidade do dispositivo legal em apreço com o estabelecido no art. 108 do Código Civil – Norma especial

---

[329] Cf. 1ª Vara de Registros Públicos de São Paulo, Processo 1112167-65.2022.8.26.0100, j. 21/11/2022.
[330] Cf. CARVALHO, Afrânio de. *Registro de imóveis*. 3. ed. Rio de Janeiro: Forense, 1982. p. 273.
[331] Cf. 1ª Vara de Registros Públicos de São Paulo, Processo 1068563-54.2022.8.26.0100, j. 17/08/2022.
[332] Cf. Conselho Superior da Magistratura do Estado de São Paulo, Apelação Cível 1005221-06.2020.8.26.0176, j. 29/04/2022.
[333] Cf. Resposta à Consulta Tributária 26252/2022, de 19 de setembro de 2022, publicada no *Diário Eletrônico* em 20/09/2022.
[334] Cf. Supremo Tribunal Federal, Recurso Extraordinário 796.376, j. 05/08/2020.
[335] Cf. Conselho Superior da Magistratura do Estado de São Paulo, Apelação Cível 1002258-19.2020.8.26.0081, j. 11/03/2021.

que prevalece sobre a norma geral – Dúvida prejudicada quanto à prenotação com prazo exaurido – Dúvida procedente quanto à prenotação remanescente. Recurso não conhecido com referência à primeira prenotação e não provido quanto à segunda" (Conselho Superior da Magistratura do Estado de São Paulo, Apelação Cível 1002106-04.2021.8.26.0575, Rel. Des. Fernando Antônio Torres Garcia, j. 29/04/2022).

"Registro de imóveis – apelação – dúvida – negativa de registro de instrumento particular de constituição de pessoa jurídica – incorporação de bens ao patrimônio da sociedade – ITBI – isenção ou imunidade que depende de manifestação do órgão tributante – recurso a que se nega provimento" (CSMSP, Apelação Cível 1005221-06.2020.8.26.0176, Rel. Des. Fernando Antônio Torres Garcia j. 29/04/2022).

"Registro de imóveis – Dúvida – Instrumento particular de constituição de sociedade empresária limitada – Registro para efeito de integralização de capital por sócia interdita – Qualificação negativa do título – Ato de transmissão do bem da pessoa física para a pessoa jurídica – Exigência de autorização judicial – Óbice mantido – Nega-se provimento à apelação" (CSMSP, Apelação Cível 1045792-53.2020.8.26.0100, Rel. Des. Ricardo Mair Anafe, j. 04/05/2021).

"Sociedade. Conferência de bens – integralização de capital – menoridade – capacidade civil – autorização judicial" (1ª Vara de Registros Públicos de São Paulo, Processo 1020090-71.2021.8.26.0100, Rel. Dra. Vivian Labruna Catapani, j. 11/03/2021).

"Constitucional e tributário. Imposto de transmissão de bens imóveis – ITBI. Imunidade prevista no art. 156, § 2º, I da Constituição. Aplicabilidade até o limite do capital social a ser integralizado. Recurso extraordinário improvido. 1. A Constituição de 1988 imunizou a integralização do capital por meio de bens imóveis, não incidindo o ITBI sobre o valor do bem dado em pagamento do capital subscrito pelo sócio ou acionista da pessoa jurídica (art. 156, § 2º). 2. A norma não imuniza qualquer incorporação de bens ou direitos ao patrimônio da pessoa jurídica, mas exclusivamente o pagamento, em bens ou direitos, que o sócio faz para integralização do capital social subscrito. Portanto, sobre a diferença do valor dos bens imóveis que superar o capital subscrito a ser integralizado, incidirá a tributação pelo ITBI. 3. Recurso Extraordinário a que se nega provimento. Tema 796, fixada a seguinte tese de repercussão geral: 'A imunidade em relação ao ITBI, prevista no inciso I do § 2º do art. 156 da Constituição Federal, não alcança o valor dos bens que exceder o limite do capital social a ser integralizado'" (Supremo Tribunal Federal, Recurso Extraordinário 796.376, Rel. Min. Marco Aurélio, j. 05/08/2020).

"Registro de imóveis – Instrumento particular de conferência de bens para integralização de capital social – Imóveis que foram avaliados pelo Município, para efeito de declaração de isenção do Imposto de Transmissão de Bens Imóveis (ITBI), com valores superiores aos atribuídos no instrumento de conferência de bens – Recusa fundada na ausência de comprovação da declaração e recolhimento do Imposto de Transmissão 'Causa Mortis' e Doação (ITCMD) sobre a diferença entre a soma dos valores atribuídos aos imóveis e os da sua avaliação pelo Município – Exigência indevida – Recurso provido para julgar a dúvida improcedente" (CSMSP, Apelação Cível 1002258-19.2020.8.26.0081, Rel. Des. Ricardo Mair Anafe, j. 11/03/2021).

"Conferência de bens – integralização de capital. Sócio casado – comunhão universal de bens. Cônjuge – anuência expressa" (1ª Vara de Registros Públicos de São Paulo, Pedido de Providências 1131291-73.2018.8.26.0100, Rel. Dra. Tânia Mara Ahuali, j. 30/01/2019).

"Registro de imóveis – Conferência de bens – Bens transferidos pelos sócios para sociedade simples limitada – Óbice ao registro pela não formalização da transferência dos imóveis por escritura – Sentença de procedência da dúvida – Reforma da decisão – Sociedade simples limitada que é regida pelas normas aplicáveis às sociedades empresárias limitadas (arts. 983 e 1.150 do CC) – Certidão de alteração de sociedade simples limitada, passada pelo Registro Civil da Pessoa Jurídica, que constitui documento hábil para a transferência de bens imóveis – Inteligência dos artigos 983, 1.150, do CC, e 64, da Lei nº 8.934/94 – Recurso provido para julgar improcedente a dúvida" (CSMSP, Apelação Cível 1036892-23.2016.8.26.0100, Rel. Des. Manoel de Queiros Pereira Calças, j. 02/02/2017).

"Registro de instrumento particular de alteração contratual visando a integralização do capital – sociedade de advogados caracterizada como simples – necessidade de apresentação de escritura pública nos termos do artigo 108 do CC – não aplicação da exceção do artigo 64 da Lei nº 8.934/94 – Dúvida procedente" 1ª Vara de Registros Públicos de São Paulo, Processo 1071137-26.2017.8.26.0100, Rel. Des. Geraldo Francisco Pinheiro Franco, j. 27/09/2017).

> **Art. 167**, I (...)
> 33) da doação entre vivos;

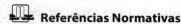
Referências Normativas

Código Civil, arts. 538 a 564.

Comentários

O art. 538 do Código Civil define a doação como o contrato em que uma pessoa, por liberalidade, transfere do seu patrimônio bens ou vantagens para o de outra.

O dispositivo considera a doação um *contrato*. Contudo, não diz que o doador *se obriga* a transferir algo, mas, sim, que *transfere*. Dessa maneira, em regra, a doação tem natureza de contrato real[336], não obstante possa ser, também, consensual, produzindo obrigações para o doador, como na doação em forma de subvenção periódica prevista no art. 545.[337] Naturalmente, sendo real, não transmite, por si a propriedade, acontecimento que fica condicionado à ocorrência subsequente do modo: a tradição, para bens móveis, e o registro, para imóveis. Ao dizer que o doador transfere, quer o Código dizer que sua intenção é a de transmitir, e não a de obrigar-se a futuramente fazê-lo.

É contrato real a doação que implica a transmissão de imóvel, ou de direito real sobre imóvel. Ressalte-se que a doação não se limita à propriedade do imóvel: pode ter por objeto domínio útil, usufruto, uso, habitação etc.[338] A doação é o negócio causal; o direito real que se doa (ou, no caso do usufruto, uso e habitação, que se institui, já que não se admite a transmissão a terceiro da servidão pessoal que já está constituída), é o objeto. Falar-se em instituição gratuita de usufruto, portanto, nada mais é do que a doação do usufruto, assim como a instituição onerosa nada mais é do que sua venda.

Ainda, é contrato gratuito, caracterizado pela liberalidade, e por gerar benefício ou vantagem apenas ao donatário.[339]

A doação tem, em relação a outros contratos, uma peculiaridade que repercute no registro: a possibilidade de aceitação tácita, presumida ou mesmo ficta. Será tácita quando resulta de um comportamento do donatário incompatível com a recusa (por exemplo, o pagamento do imposto de transmissão); será presumida quando decorrer do silêncio após a fixação de prazo pelo doador, na forma do art. 539 do Código Civil; ou ficta, quando admitida pelo legislador independentemente de qualquer conduta do donatário, como se dá na doação ao absolutamente incapaz, na forma do art. 543. Segundo Elvino Silva Filho, a aceitação tácita pode ser provada ao registrador pela apresentação de contrato de locação do bem em que o donatário figura como locador, pelo comprovante do pagamento do imposto de transmissão, ou mesmo por requerimento firmado pelo donatário. A aceitação presumida pode ser provada ao registrador pelo comprovante da efetiva comunicação ao donatário da doação e do prazo fixado pelo doador. E na aceitação ficta – que se dá na doação feita ao absolutamente incapaz – tem-se que não é exigível qualquer prova, nem mesmo a tradicional "aceitação pelo tabelião em

---

[336] Cf. PONTES DE MIRANDA, Francisco Cavalcanti. *Tratado de direito privado*. v. XLVI. São Paulo: Revista dos Tribunais, 2012. p. 282.

[337] Cf. PONTES DE MIRANDA, Francisco Cavalcanti. *Tratado de direito privado*. v. XLVI. São Paulo: Revista dos Tribunais, 2012. p. 281.

[338] Cf. PONTES DE MIRANDA, Francisco Cavalcanti. *Tratado de direito privado*. v. XLVI. São Paulo: Revista dos Tribunais, 2012. p. 270.

[339] Cf. SILVA FILHO, Elvino. Efeitos da doação no registro de imóveis. *In*: *RDI*, n. 019-020, 1987.

lugar do menor" – herança das Ordenações Filipinas – bastando a circunstância da menoridade.[340] Já os relativamente incapazes devem ser representados pelos pais, tutor ou curador, na forma do art. 1.748 do Código Civil, sendo desnecessário, no entanto, alvará judicial.[341]

Observe-se que isso se aplica apenas às doações puras, que são as consistentes em mero benefício ao donatário, sem nada lhe ser exigido, e sem subordinação a qualquer condição, ainda que se trate apenas de nua-propriedade, ou ainda que lhes sejam impostas as cláusulas de incomunicabilidade ou impenhorabilidade.[342]

Distinguem-se das doações puras as doações modais, nas quais há o intuito de doar e a causa permanece sendo a liberalidade do doador, mas atribui-se ao donatário uma incumbência ou dever, em favor do doador ou de terceiro. Nessas, a aceitação expressa é sempre indispensável.[343]

A imposição feita ao donatário não se trata, todavia de contraprestação, nem propriamente da assunção de uma obrigação no momento da aceitação da doação. O descumprimento não se sujeita às regras do inadimplemento, mas, sim, a consequências próprias, previstas nos arts. 555 e 562 do Código Civil, notadamente a revogação da doação. Em razão da possibilidade de revogação, deve o encargo ser publicitado pelo registro de imóveis, de modo concomitante ao registro da doação.[344]

Modalidade corriqueira de doação modal é aquela em que o doador entrega dinheiro ao donatário, para que compre imóvel, impondo cláusulas de inalienabilidade, incomunicabilidade e impenhorabilidade. Vozes autorizadas na Doutrina defendem que a *fattispecie* descrita supra não consiste em doação modal, e que, portanto, é nula a imposição das cláusulas;[345] mas a jurisprudência assim a tem considerado e pacificamente admitido. Para tanto, a imposição das cláusulas deve ser contemporânea aos dois negócios, não sendo admitida em escritura de rerratificação lavrada posteriormente ao registro.[346] Sobre a doação incide ITCMD, cuja falta de recolhimento pode impedir o registro.[347]

Anote-se que segundo a jurisprudência a indisponibilidade dos bens do doador do numerário não impede o registro da compra do bem pelo donatário.[348]

Quanto ao título formal, a despeito da redação do art. 541 do Código Civil, uma interpretação sistemática faz concluir que a doação se sujeita ao preceito do art. 108, pelo que deverá ser formalizada por escritura pública se o valor do imóvel for superior a 30 salários mínimos.[349] Todavia, sendo a doação contratada no bojo de processo judicial, homologado pelo magistrado, fica dispensada a escritura pública.[350]

---

[340] Cf. SILVA FILHO, Elvino. Efeitos da doação no registro de imóveis. *In: RDI*, n. 019-020, 1987; Conselho Superior da Magistratura do Estado de São Paulo, Apelação Cível 1000762-62.2014.8.26.0663, j. 24/05/2016; Conselho Superior da Magistratura do Estado de São Paulo, Apelação Cível 1055983-36.2015.8.26.0100, j. 08/06/2016. Em sentido diverso, exigindo-se prova da aceitação de doação realizada em autos de divórcio, cf. 1ª Vara de Registros Públicos, Processo 110376-32.2020.8.26.0100, j. 18/01/2021.

[341] Cf. 1ª Vara de Registros Públicos de São Paulo – SP, Processo 1096909-59.2015.8.26.0100, j. 17/11/2015; em sentido contrário, exigindo-se alvará judicial para aceitação da doação pura, cf. 1ª Vara de Registros Públicos de São Paulo, Processo 1055983-36.2015.8.26.0100, j. 07/07/2015.

[342] Cf. SILVA FILHO, Elvino. Efeitos da doação no registro de imóveis. *In: RDI*, n. 019-020, 1987. Anote-se que Elvino Silva Filho não considerava pura a doação acompanhada da cláusula de inalienabilidade, não obstante reconhecesse que a jurisprudência discordava de seu pensamento.

[343] Cf. SILVA FILHO, Elvino. Efeitos da doação no registro de imóveis. *In: RDI*, n. 019-020, 1987.

[344] Cf. SILVA FILHO, Elvino. Efeitos da doação no registro de imóveis. *In: RDI*, n. 019-020, 1987. Para o autor, o encargo deveria ingressar por meio de averbação. Contudo, entendemos que mais adequado é constar do próprio extrato do registro.

[345] Cf. JACOMINO, Sérgio. Doação modal e imposição de cláusulas restritivas. *In: RDI*, n. 048, 2000.

[346] Cf. 1ª Vara de Registros Públicos de São Paulo, Processo 100.09.349373-7, j. 17/05/2010.

[347] Cf. Conselho Superior da Magistratura do Estado de São Paulo, Apelação 577-6/4, j. 21/11/2006.

[348] Cf. Conselho Superior da Magistratura do Estado de São Paulo, Apelação Cível 1095017-76.2019.8.26.0100, j. 13/11/2020.

[349] Cf. 1ª Vara de Registros Públicos de São Paulo – SP, Processo 194074-88.2021.8.26.0100, j. 28/09/2021; Conselho Superior da Magistratura do Estado de São Paulo, Apelação Cível 1094074-88.2021.8.26.0100, j. 07/04/2022.

[350] Cf. Conselho Superior da Magistratura do Estado de São Paulo, Apelação Cível 1000762-62.2014.8.26.0663, j. 24/05/2016.

Segundo o art. 551, parágrafo único, do Código Civil, a doação feita a marido e mulher implica a subsistência na totalidade da propriedade em favor do cônjuge sobrevivo, se um deles vem a falecer. Esse efeito denomina-se "direito de acrescer", e somente se produz quando a doação é feita a ambos. Ou seja, não basta que o regime de bens permita a comunicação – ainda que se trate do regime da comunhão universal de bens, se a doação foi feita somente a um deles o direito de acrescer não estará presente.[351]

Admite-se o direito de acrescer também nas doações feitas a companheiros que vivem em união estável; todavia, nesse caso a existência da união deve ser incontroversa.[352] Por outro lado, também já se admitiu direito de acrescer em doação feita a irmãos.[353]

Pertencendo um bem a casal, em regime de mancomunhão, ou seja, sendo o bem comum, não se admite a doação entre os cônjuges. Isso independe do regime de bens adotado: até mesmo no regime da separação absoluta, se, no pacto antenupcial, os nubentes decidiram que um único bem fosse comum, não poderá qualquer dos cônjuges doar ao outro a fração que lhe pertence nesse bem, não obstante possa fazê-lo quanto aos demais bens, que são particulares.[354]

O art. 547 do Código Civil admite que se estabeleça na doação cláusula de reversão, pela qual o bem deva retornar ao patrimônio do doador, se sobreviver ao donatário. Para tanto, a cláusula deve ser expressa; e não se admite a reversão em favor de terceiro. A cláusula deve ser publicizada na matrícula do bem, para acautelar terceiros, mas não impede a disposição do bem, nem é exigível que o adquirente declare no título estar ciente de sua existência.[355]

A jurisprudência já admitiu, ainda, uma modalidade anômala de reversão combinada com doação modal, na qual há doação de dinheiro, o donatário o utiliza para adquirir a propriedade do bem, e se estabelece a reversão do imóvel em favor do doador do numerário.[356]

Ainda sobre a reversão, sendo feita a doação a casal, a reversão somente ocorrerá se ambos os donatários falecerem antes dos doadores. Morto somente um deles, subsistirá o outro na integralidade da propriedade, em razão do direito de acrescer.[357]

A doação de ascendente a descendente, ou de um cônjuge a outro, em princípio, importa adiantamento de herança (Código Civil, art. 544). Somente se considera doação de bem integrante da parte disponível se houver menção expressa no título desta circunstância. Dessa maneira, a imposição de cláusulas de inalienabilidade, impenhorabilidade e incomunicabilidade na doação depende da menção da causa do gravame (Código Civil, art. 1.848), salvo se o doador declarar que o bem doado integra a parte disponível de seu patrimônio.[358]

Por fim, a promessa de doação, por ausência de previsão legal, e mesmo de transcendência real, não tem ingresso no registro.[359] A despeito disso, por vezes é difícil distinguir doação de promessa de doação, em especial nas situações em que o negócio é formalizado no bojo de processos judiciais. Quando o acordo homologado nos autos prevê expressamente a futura outorga de escritura, tem-se interpretado consistir em promessa de doação, e, portanto, ser necessária a formalização da doação por notário.[360] Por outro lado, o simples uso do tempo futuro – as partes "doarão", ou a doação "será feita" – por si não implica necessariamente se tratar de simples promessa.[361]

---

[351] Cf. Corregedoria-Geral da Justiça do Estado de São Paulo, Processo 1000013-32.2017.8.26.0019, j. 13/03/2020.

[352] Cf. 1ª Vara de Registros Públicos de São Paulo – SP, Processo 1066630-80.2021.8.26.0100, j. 16/08/2021.

[353] Cf. 1ª Vara de Registros Públicos de São Paulo – SP, Processo 1110538-37.2014.8.26.0100, j. 29/01/2015.

[354] Cf. 1ª Vara de Registros Públicos de São Paulo – SP, Processo 1089034-28.2021.8.26.0100, j. 22/09/2021.

[355] Cf. Conselho Superior da Magistratura do Estado de São Paulo, Apelação Cível 0000293-93.2012.8.26.0116, j. 08/11/2012.

[356] Cf. 1ª Vara de Registros Públicos de São Paulo – SP, Processo 1101224-86.2022.8.26.0100, j. 08/11/2022.

[357] Cf. 1ª Vara de Registros Públicos de São Paulo – SP, Processo 0334625-66.2009.8.26.0100, j. 14/06/2011.

[358] Cf. Conselho Superior da Magistratura do Estado de São Paulo, Apelação Cível 1026118-04.2021.8.26.0602, j. 21/11/2022.

[359] Cf. Conselho Superior da Magistratura do Estado de São Paulo, Apelação Cível 1.237-6/0, j. 30/06/2010.

[360] Cf. Conselho Superior da Magistratura do Estado de São Paulo, Apelação 1002967-74.2019.8.26.0506, j. 16/03/2020.

[361] Cf. 1ª Vara de Registros Públicos de São Paulo – SP, Processo 1110376-32.2020.8.26.0100, j. 18/01/2021.

Jurisprudência

"Registro de Imóveis – Dúvida julgada procedente, impedindo-se o registro de Carta de Sentença, oriunda de separação judicial, com doação de imóvel a filha menor – Desnecessidade de escritura pública – Precedentes – Desnecessidade de aceitação da donatária (art. 543 do Código Civil) – Não incidência de emolumentos, por haver gratuidade expressamente exposta no título – Necessidade, contudo, de recolhimento dos tributos – Dúvida prejudicada e recurso não conhecido" (CSMSP, Apelação Cível 1000762-62.2014.8.26.0663, Rel. Des. Manoel de Queiroz Pereira Calças, j. 24/05/2016).

"Doação entre cônjuges. Regime da separação de bens. Pacto antenupcial – exclusão do bem – patrimônio comum" (1ª Vara de Registros Públicos de São Paulo – SP, Processo 1089034-28.2021.8.26.0100, Rel. Dra. Luciana Carone Nucci Eugênio Mauad, j. 22/09/2021).

"Doação – instrumento particular – escritura pública – *forma dat esse rei*" (1ª Vara de Registros Públicos de São Paulo – SP, Processo 1094074-88.2021.8.26.0100, Rel. Dra. Luciana Carone Nucci Eugênio Mauad, j. 28/09/2021).

"Escritura pública. Compra e venda. Doação de numerário. Incomunicabilidade – impenhorabilidade. Cláusula de reversão. Exigências" (1ª Vara de Registros Públicos de São Paulo – SP, Processo 1101224-86.2022.8.26.0100, Rel. Dra. Luciana Carone Nucci Eugênio Mauad, j. 08/11/2022).

"Doação – direito de acrescer – averbação. União estável – comprovação – ausência" (1ª Vara de Registros Públicos de São Paulo – SP, Processo 1066630-80.2021.8.26.0100, Rel. Dra. Luciana Carone Nucci Eugênio Mauad, j. 16/08/2021).

"Divórcio. Partilha. Acordo homologação. Doação – promessa. Escritura pública. Tributos – recolhimento – comprovação" (1ª Vara de Registros Públicos de São Paulo – SP, Processo 1110376-32.2020.8.26.0100, Rel. Dra. Tânia Mara Ahualli, j. 18/01/2021).

"Registro de Imóveis – Dúvida – Título notarial – Compra e venda – Prévia doação de dinheiro ao comprador para a aquisição do imóvel – Indisponibilidade sobre os bens do doador – Limite da qualificação registral – Restrição que não diz respeito ao objeto nem aos figurantes da compra e venda e, portanto, não pode impedir o registro – Óbice afastado – Dá-se provimento" (CSMSP, Apelação Cível 1095017-76.2019.8.26.0100, Rel. Des. Ricardo Mair Anafe, j. 13/11/2020).

"Registro de imóveis – Doação pura em favor de menores impúberes – Consentimento ficto, *ex lege* (art. 543 do CC) – Autorização judicial prescindível – Inaplicabilidade do art. 1.691 do CC e do item 41, e, do Cap. XIV das NSCGJ – Escritura de doação hábil a ingressar no fólio real – Desqualificação registral afastada – Sentença reforma – Recurso desprovido" (CSMSP, Processo 1055983-36.2015.8.26.0100, Rel. Des. Manoel de Queiroz Pereira Calças, j. 08/04/2016).

"Registro de escritura de doação – direito de acréscimo convencional – doação conjunta – descaracterização de fideicomisso – dúvida improcedente" (1ª Vara de Registros Públicos de São Paulo – SP, Processo 1110538-37.2014.8.26.0100, Re. Dra. Tânia Mara Ahualli, j. 29/01/2015).

"Registro de imóveis – dúvida – recusa em registrar escritura pública de doação com reserva de usufruto com cláusulas restritivas em face da inexistência de indicação de justa causa – inteligência dos arts. 1.848, "caput" e 2.042 do Código Civil – aplicação das exigências legais contemporâneas ao registro – ITCMD – dever do oficial de registro de velar pelo recolhimento do tributo – impossibilidade de reconhecimento de compensação, isenção ou dispensa do tributo na estreita via administrativa – recurso desprovido" (CSMSP, Apelação Cível 1026118-04.2021.8.26.0602, Rel. Des. Fernando Antônio Torres Garcia, j. 21/11/2022).

"Registro de Imóveis – Dúvida – Doação – Objeto cujo valor é superior a 30 salários mínimos – Necessidade de formalização por meio de escritura pública – Inteligência do art. 108 do Código Civil – Dúvida procedente – Recurso não provido" (CSMSP, Apelação Cível 1094074-88.2021.8.26.0100, Rel. Des. Fernando Antônio Torres Garcia j. 07/04/2022).

"Registro de imóveis – apelação – dúvida julgada procedente – negativa de registro de carta de sentença notarial – promessa de doação constante de separação consensual homologada judicialmente – necessidade de lavratura de escritura pública– desprovimento do recurso" (CSMSP, Apelação 1002967-74.2019.8.26.0506, Rel. Des. Ricardo Mair Anafe, j. 16/03/2020).

"Registro de imóveis – Doação pura em favor de menores impúberes – Consentimento ficto, ex lege (art. 543 do CC) – Autorização judicial prescindível – Inaplicabilidade do art. 1.691 do CC e do item 41, e, do Cap. XIV das NSCGJ – Escritura de doação hábil a ingressar no fólio real – Desqualificação registral afastada – Sentença reforma – Recurso desprovido" (CSMSP, Apelação Cível 1055983-36.2015.8.26.0100, Rel. Des. Manoel Queiroz Pereira Calças, j. 08/06/2016).

"Dúvida registral – Doação – cláusula de reversão – averbação na matrícula do imóvel – dispensa de declaração de conhecimento dos interessados – publicidade registral – Recurso provido" (CSMSP, Apelação Cível 0000293-93.2012.8.26.0116, Rel. Des. José Renato Nalini, j. 08/11/2012).

"Registro de imóveis – Instrumento particular de promessa de doação – Acesso negado por inadmissibilidade de registro do título – Princípio da legalidade – Recurso não provido" (CSMSP, Apelação Cível 1.237-6/0, Rel. Des. Marco César Müller Valente, j. 30/06/2010).

"Registro de imóveis – Dúvida procedente – Escritura pública de venda e compra acoplada à doação modal – Falta de prova do pagamento do ITCMD, devido pela doação do numerário, que obsta o registro predial – Recurso não provido" (CSMSP, Apelação Cível 1095017-76.2019.8.26.0100, Rel. Des. Ricardo Mair Anafe, j. 13/11/2020).

"Registro de imóveis – Recorrente que pretende, depois de averbado na matrícula o óbito de seu cônjuge, com quem era casada sob o regime da comunhão universal de bens, que seja também averbada a subsistência, em seu favor, da totalidade da parte ideal do imóvel recebido por doação – Negativa de averbação, com exigência de que a parte cabente ao falecido seja levada a inventário – Doação realizada exclusivamente em favor da recorrente, filha dos doadores, e não em favor dela e seu marido – Inaplicabilidade do disposto no parágrafo único do art. 551 do Código Civil – Mancomunhão sobre o imóvel doado que decorre do regime de bens do casamento e não de efeitos próprios da doação – Óbice mantido – Recurso não provido" (Corregedoria-Geral da Justiça do Estado de São Paulo, Processo 1000013-32.2017.8.26.0019, Rel. Des. Ricardo Mair Anafe, j. 13/03/2020).

> **Art. 167**, I (...)
> 34) da desapropriação amigável e das sentenças que, em processo de desapropriação, fixarem o valor da indenização;

Referências Normativas

Constituição Federal, arts. 182, § 3º, e 184.
Lei 6.015/1973, arts. 176, § 8º, e 176-A.
Código Civil, arts. 519 e 1.228, § 3º.
Decreto-Lei 3.365/1941.
Decreto-Lei 554/1969.

Comentários

A desapropriação é a mais drástica das formas de manifestação do exercício do domínio eminente do Estado sobre os bens existentes no território nacional. Consiste na transmissão compulsória da propriedade pertencente a particular, ou a entidade pública de grau inferior, ao Poder Público ou seus delegados, por utilidade pública, necessidade pública ou interesse social, mediante prévia e justa indenização em dinheiro, ressalvadas as exceções constitucionais de pagamento em títulos da dívida.[362]

A legitimidade para desapropriar cabe aos entes federativos, e, mediante delegação expressa em lei ou contrato, a algumas entidades que desempenham serviços públicos, como concessionários de rodovias, fornecimento de água, eletricidade etc. (Decreto-Lei 3.365/1941, art. 3º).[363]

Quanto ao expropriado, em princípio esse é o particular. Contudo, nos termos do art. 2º, § 2º, do Decreto-Lei 3.365/1941, pode a União desapropriar bens dos estados, municípios, territórios e Distrito Federal, e podem os estados desapropriar bens dos municípios.

Quanto à natureza, a desapropriação é um procedimento administrativo, que poderá, se não houver acordo, ter também uma fase judicial.[364] A desapropriação na qual há acordo com o proprietário, e, por conseguinte, não há fase judicial, chama-se desapropriação amigável; já aquela em que há lide, por dissenso quanto ao montante da indenização, chama-se desapropriação judicial.

Quanto ao objeto, a desapropriação não se limita à propriedade. Pode também dizer respeito a alguns de seus elementos fundamentais, por meio, por exemplo, da constituição compulsória de servidões.[365]

Durante muito tempo, foi objeto de debate tratar-se a desapropriação de modo originário ou derivado de aquisição da propriedade. Atualmente, tem a jurisprudência entendido ser modo originário, independentemente da formalização pela via amigável ou judicial. Por essa razão, é inexigível a observância do princípio da continuidade – quer quanto aos sujeitos, quer quanto a descrição do imóvel – ou seja, não é exigível que o título descreva a eventual área maior em que inserido o imóvel expropriado, ou que descreva eventual remanescente.[366] Tampouco é exigível a indicação no título do registro eventualmente atingido pela desapropriação.[367]

Por outro lado, a desapropriação amigável ou judicial submete-se ao princípio da especialidade, devendo não apenas estar adequadamente descrito o imóvel, como também adequadamente posicionado no espaço,[368] e mesmo à exigibilidade do georreferenciamento, se o imóvel for rural, atendidos os prazos do Decreto 4.449/2002.[369]

Quanto ao título formal, distinguem-se a desapropriação amigável e a desapropriação judicial.

Na desapropriação amigável o título será o instrumento continente do acordo firmado entre expropriante e expropriado, que não é compra e venda, e nem mesmo negócio de transmissão, mas, sim, um negócio jurídico bilateral destinado a integrar a declaração de expropriação ao consentimento do expropriado.[370] Tratando-se de transmissão de imóvel, a forma está sujeita ao art. 108 do Código Civil, pelo qual se o bem expropriado tiver valor superior a 30 salários mínimos será exigível o instrumento público. Observe-se, apenas, que o art. 34-A do Decreto-Lei 3.365/1941 autoriza também o registro baseado na concordância "reduzida a termo", termo esse que deve ser lavrado nos livros administrativos mantidos pelo poder expropriante.

Já na desapropriação judicial, o título será a carta de sentença do processo de administração, ou o mandado, expedidos uma vez pago o preço da indenização (Decreto-Lei 3.365/1941, art. 29). Havendo urgência, contudo, antes disso poderá o juiz imitir o expropriante provisoriamente na posse, imissão essa que também tem acesso ao registro de imóveis (Lei 6.015/1973, art. 167, I, 36).

É imprescindível que conste do título, amigável ou judicial, o pagamento do preço ajustado ou arbitrado para o imóvel. Ausente a prova do pagamento do preço, inviável o registro.[371]

---

[362] Cf. MEIRELLES, Hely Lopes. *Direito administrativo brasileiro*. 32. ed. São Paulo: Malheiros, 2006. p. 599-600.

[363] Cf. HARADA, Kiyoshi. *Desapropriação*: doutrina e prática. 11. ed. São Paulo: Atlas, 2015. p. 65.

[364] Cf. CARVALHO FILHO, José dos Santos. *Manual de direito administrativo*. 31. ed. São Paulo: Atlas, 2017. p. 879.

[365] Cf. TERRA, Marcelo. A Desapropriação e o Registro de Imóveis. *In*: *RDI*, n. 031-032, 1993.

[366] Cf. Conselho Superior da Magistratura do Estado de São Paulo, Apelação Cível 1002421-45.2018.8.26.0347, j. 12/09/2019.

[367] Cf. Conselho Superior da Magistratura do Estado de São Paulo, Apelação 0014803-69.2014.8.26.0269, j. 30/06/2016.

[368] Cf. Conselho Superior da Magistratura do Estado de São Paulo, Apelação 0002933-39.2015.8.26.0383, j. 24/05/2017.

[369] Cf. Conselho Superior da Magistratura do Estado de São Paulo, Apelação Cível 1042344-93.2021.8.26.0114, j. 18/10/2022.

[370] Cf. TERRA, Marcelo. A desapropriação e o registro de imóveis. *In*: *RDI*, n. 031-032, 1993.

[371] Cf. Conselho Superior da Magistratura do Estado de São Paulo, Apelação 9000002-29.2015.8.26.0602, j. 08/04/2016.

Em qualquer caso, é importante destacar que o Decreto Expropriatório em si não é título, mas uma etapa anterior à formação do título inscritível no registro de imóveis, na via amigável ou judicial. Ainda, a Corregedoria-Geral da Justiça do Estado de São Paulo já rechaçou a possibilidade de ingresso no registro de imóveis do decreto de utilidade pública, ainda que por meio de averbação.[372]

O registro poderá ser feito na matrícula do imóvel; ou, não havendo matrícula, ou estando o imóvel expropriado inserido em área maior, também poderá ser realizado em matrícula aberta especificamente para esse fim, a requerimento do Poder Público, com base em planta e memorial descritivo. As matrículas atingidas serão encerradas, ou delas constará a informação do desfalque parcial, conforme o caso (Lei 6.015/1973, art. 176-A).

Jurisprudência

"Registro de imóveis. Desapropriação amigável. Aquisição originária da propriedade. Art. 176, § 1º, 3 a e 225, § 3º da Lei nº 6.015/73. Desnecessidade de retificação da área maior, de onde será feito o desfalque. Recurso desprovido" (CSMSP, Apelação Cível 1002421-45.2018.8.26.0347, Rel. Des. Geraldo Francisco Pinheiro Franco, j. 12/09/2019).

"Registro de imóveis – desapropriação parcial de área rural – rodovia em imóvel rural – aquisição originária da propriedade – área desapropriada georreferenciada – cabimento de georreferenciamento em cumprimento à Lei de Registros Públicos (artigos 176, §1º, 3, "a", 176, §§ 3º e 5º e 225, § 3º) e ao princípio da especialidade objetiva – necessidade de certificação pelo INCRA, de inscrição junto ao CAR e de apresentação de CCIR – impossibilidade de se exigir CND oriunda da Receita Federal – registrador que não é fiscal de tributos não vinculados ao ato registrado – item 117.1, do Capítulo XX, tomo II, das NSCGJ – apelação não provida" (CSMSP, Apelação Cível 1042344-93.2021.8.26.0114, Rel. Des. Fernando Antônio Torres Garcia, j. 18/10/2022).

"Registro de imóveis – Desapropriação – Descrição que obsta a localização da área destacada em relação ao imóvel desapropriado – Conferência do memorial descritivo por meio de *software*, tendo sido obtida localização diferente da esperada – Inobservância do princípio da especialidade – Dúvida procedente – Recurso improvido" (CSMSP, Apelação 0002933-39.2015.8.26.0383, Rel. Des. Manoel de Queiroz Pereira Calças, j. 24/05/2017).

"Registro de imóveis – Desapropriação – Indicação equivocada do nome da rodovia onde o imóvel se localiza – Erro que pode ser sanado pelo próprio Oficial – Aplicação analógica do artigo 213, I, 'c', da Lei nº 6.015/73 – Omissão na carta de adjudicação acerca do registro atingido – Modo originário de aquisição da propriedade – Desnecessidade de se apontar o registro desfalcado, cabendo ao Oficial identificar o assento atingido – Dispensa da exibição de CNDs e declaração de ITR (item 119.1. do Cap. XX das NSCGJ) – Ausência de apresentação de Certificado de Cadastramento de Imóvel Rural – Exigência que decorre da Lei e das Normas de Serviço – Dúvida procedente – Recurso a que se nega provimento" (CSMSP, Apelação 0014803-69.2014.8.26.0269, Rel. Des. Manoel de Queiroz Pereira Calças, j. 30/06/2016).

"Registro de imóveis – Escritura pública de desapropriação – Indenização pela aquisição do bem imóvel desapropriado – Inocorrência – Pagamento correspondente apenas aos direitos possessórios – Expropriação não consumada – Desqualificação registral confirmada – Recurso desprovido" (CSMSP, Apelação 9000002-29.2015.8.26.0602, j. 08/04/2016, Rel. Des. Manoel de Queiroz Pereira Calças).

"Fase declaratória da desapropriação de imóveis – decreto de utilidade pública – não alteração do registro imobiliário apesar dos efeitos perante a administração – não cabimento de averbação – recurso não provido" (Corregedoria-Geral da Justiça do Estado de São Paulo, Processo 74.777/2013, Rel. Des. José Renato Nalini, j. 18/09/2013).

---

[372] Cf. Corregedoria-Geral da Justiça do Estado de São Paulo, Processo 74.777/2013. J. 18/09/2013.

> **Art. 167**, I (...)
> 35) da alienação fiduciária em garantia de coisa imóvel. *(Incluído pela Lei nº 9.514, de 1997)*

MOACYR PETROCELLI DE ÁVILA RIBEIRO

 Referências Normativas

Lei 9.514/1997.
Lei 10.406/2002 (Código Civil), arts. 1.361 e seguintes.

 Comentários

1. Considerações iniciais: regime jurídico, conceito, natureza e complexidade da relação jurídica

O direito brasileiro peca por não ter um modelo normativo, com regulamentação genérica e princípios fundamentais acerca do negócio fiduciário, a permitir uma construção dogmática do arquétipo. Ainda hoje, os negócios jurídicos que se fundam na fidúcia encontram-se espalhados de modo ainda desconexo em Códigos e leis extravagantes, o que exige grande esforço hermenêutico para se angariar uma possível teoria geral. Ademais, o regime jurídico fragmentado em diversos diplomas legais merece críticas porque, ao serem editados em contextos diversos, dão ensejo a regras heterogêneas e aspectos incoerentes aos institutos que possuem a mesma matriz estrutural.[373]

No Brasil, a "alienação fiduciária" apareceu legalmente em 14 de julho de 1965, com a Lei 4.728, que regulamentou o "Mercado de Capitais". Sua função seria, em princípio, de garantia real de crédito para financiamentos ao consumidor de utilidades e bens móveis. Os imóveis vieram a integrar a classe de bens que podem ser objeto de alienação fiduciária em garantia somente com a Lei 9.514, de 20 de novembro de 1997.

Ademais, o Código Civil de 2002 optou por não harmonizar a matéria e tratou brevemente da alienação fiduciária sem revogar os diplomas especiais que lhe antecederam, o que, inevitavelmente, tornou ainda mais complexa a compreensão do instituto no direito pátrio.

De modo simplificado, pode-se assentar que no direito brasileiro a propriedade fiduciária está dispersa em várias leis, sendo lícito, por didática, estabelecer dois sistemas vigorantes: o regime jurídico geral e o regime jurídico especial.

O regime jurídico geral é o do Código Civil (arts. 1.361 a 1.368-B), cujo objeto é coisa móvel infungível e o credor qualquer pessoa física ou jurídica.[374]

O regime jurídico especial, de sua vez, é formado por um conjunto de normas extravagantes, assim divididas:

(a) Decreto-lei 911/1969, acrescido do art. 66-B da Lei 4.728/1965 (atualizados pela Lei 10.931/2004), tratando da propriedade fiduciária incidente em bens móveis fungíveis, além da cessão fiduciária de direitos de direitos sobre as coisas móveis ou de títulos de crédito, restrito a figura do credor fiduciário à pessoa jurídica instituição financeira; e

(b) Lei 9.514/1997 que trata da propriedade fiduciária imobiliária.

Nesse complexo ambiente normativo, o art. 1.368-A do Código Civil estabelece com precisão que "as demais espécies de propriedade fiduciária ou de titularidade fiduciária submetem-se à disciplina

---

[373] A alienação fiduciária de bens imóveis foi objeto de trabalho específico de nossa autoria para o qual se remete o leitor que queira aprofundar o estudo do instituto e seus delineamentos no Registro de Imóveis: RIBEIRO, Moacyr Petrocelli de Ávila. *Alienação fiduciária de bens imóveis*. 3. ed. São Paulo: Thomson Reuters, 2024.

[374] *Art. 1.361 do Código Civil.* Considera-se fiduciária a propriedade resolúvel de coisa móvel infungível que o devedor, com escopo de garantia, transfere ao credor.

Art. 167 | LEI DE REGISTROS PÚBLICOS COMENTADA

específica das respectivas leis especiais, somente se aplicando as disposições desse Código naquilo que não for incompatível com a legislação especial".

Isso significa que a propriedade fiduciária sobre bens imóveis, bens fungíveis e demais espécies de titularidade fiduciária se submete à disciplina específica das respectivas leis especiais, somente se aplicando o Código Civil naquilo que não for incompatível com a *lex specialis*.[375]

Devidamente colocada a estrutura do direito legislado, regulador da matéria, passa-se, doravante, à busca de um conceito para o instituto. Com efeito, o direito positivo houve por bem definir o que se entende por alienação fiduciária de bens imóveis. Nos termos do art. 22 da Lei 9.514/1997, estabeleceu-se que a alienação fiduciária "é o negócio jurídico pelo qual o fiduciante, com o escopo de garantia de obrigação própria ou de terceiro, contrata a transferência ao credor, ou fiduciário, da propriedade resolúvel de coisa imóvel".

Afora a controvérsia sobre a necessidade e utilidade de a legislação conceituar institutos jurídicos, pode-se dizer que o dispositivo em análise disse pouco a respeito do feixe de relações jurídicas que exsurge com a constituição da propriedade fiduciária. No entanto, algumas boas considerações podem ser extraídas da definição legal, principalmente sua marca notória: o caráter resolúvel.

Na dinâmica talhada pela lei, o devedor (fiduciante), sendo proprietário (tabular) de um imóvel, aliena-o ao credor (fiduciário) a título de garantia. Desenha-se, ainda, que a propriedade assim adquirida por esse tem caráter de resolúvel, na exata vinculação que guarda ao pagamento da dívida, ou seja, uma vez verificado o pagamento (adimplemento contratual), opera-se a automática extinção da propriedade do credor. Resolvida a propriedade do credor, automaticamente, ocorre a reversão da propriedade plena ao devedor fiduciante. De outro lado, verificado o não pagamento pelo devedor (inadimplemento contratual), opera-se a consolidação da propriedade plena no patrimônio do credor fiduciário.

A partir desse cenário, é incontestável que a propriedade fiduciária imobiliária se caracteriza essencialmente por sua provisoriedade, pela transitoriedade. Note-se que, seja pelo adimplemento contratual (com a reversão da propriedade ao fiduciante), seja pelo inadimplemento contratual (com a consolidação da propriedade na pessoa do credor), a propriedade fiduciária restará exaurida, extinta. Assim, é correto afirmar que a alienação fiduciária é instituto jurídico temporário.

À evidência, o credor adquire o imóvel não com o escopo de mantê-lo em sua propriedade – em caráter perpétuo e exclusivo –, mas com a *finalidade exclusiva* de garantia, mantendo-o sob seu domínio resolúvel, isto é, até que o devedor fiduciante pague a dívida.

Tratando-se, como dito, de propriedade resolúvel, a propriedade fiduciária tem como nota característica o fato de encontrar a previsão de sua extinção no mesmo instrumento em que é convencionada sua constituição.

---

[375] A título de exemplo, tome-se a possibilidade da cessão fiduciária de direitos sobre coisas móveis, como títulos de créditos (art. 55 da Lei 10.931/2004). De acordo com a redação conferida ao § 3º do art. 66-B da Lei 4.728/1965, é permitida a alienação fiduciária de bens fungíveis e a cessão fiduciária de direitos sobre coisas móveis, bem como títulos de créditos. Nesses casos, salvo disposição contrária, é atribuída ao credor a posse direta e indireta do bem objeto da propriedade fiduciária ou do título representativo do direito ou do crédito. Nesse sentido, o *Superior Tribunal de Justiça* posicionou-se: "1. Encontra-se sedimentada no âmbito das Turmas que compõem a Segunda Seção do Superior Tribunal de Justiça a compreensão de que a alienação fiduciária de coisa fungível e a cessão fiduciária de direitos sobre coisas móveis, bem como de títulos de créditos (caso dos autos), justamente por possuírem a natureza jurídica de propriedade fiduciária, não se sujeitam aos efeitos da recuperação judicial, nos termos do § 3º do art. 49 da Lei n. 11.101/2005. 2. O Código Civil, nos arts. 1.361 a 1.368-A, limitou-se a disciplinar a propriedade fiduciária sobre bens móveis infungíveis. Em relação às demais espécies de bem, a propriedade fiduciária sobre eles constituída é disciplinada, cada qual, por lei especial própria para tal propósito. Essa circunscrição normativa, ressalta-se, restou devidamente explicitada pelo próprio Código Civil, em seu art. 1.368-A (introduzido pela Lei n. 10.931/2004), ao dispor textualmente que 'as demais espécies de propriedade fiduciária ou de titularidade fiduciária submetem-se à disciplina específica das respectivas leis especiais, somente se aplicando as disposições desse Código naquilo que não for incompatível com a legislação especial'. 2.1 Vê-se, portanto, que a incidência subsidiária da lei adjetiva civil, em relação à propriedade/titularidade fiduciária sobre bens que não sejam móveis infungíveis, regulada por leis especiais, é excepcional, somente se afigurando possível no caso em que o regramento específico apresentar lacunas e a solução ofertada pela 'lei geral' não se contrapuser às especificidades do instituto por aquela regulada" (STJ – REsp 1.412.529/SP, 3ª Turma, Rel. Min. Paulo de Tarso Sanseverino, Rel. p/ acórdão Min. Marco Aurélio Bellizze, j. 17/12/2015).

Com efeito, a propriedade fiduciária está severamente subordinada à condição imediata de sua finalidade – qual seja: a garantia do adimplemento contratual –, daí por que, realizada a condição (pelo pagamento da dívida), reverte em definitivo o domínio ao devedor fiduciante, ou, de outro vértice, frustrada a condição (pelo inadimplemento do fiduciante), consolida-se a propriedade em nome do credor fiduciário.

Pela didática, confira-se o raciocínio de *Melhim Namem Chalhub*, apoiado em *Lafayette Rodrigues Pereira*:

> É a propriedade fiduciária (resolúvel) uma espécie de domínio que, por virtude do título de sua constituição, é revogável ou resolúvel, fenômeno este que ocorre quando a causa da aquisição do domínio encerra em si um princípio ou condição resolutiva do mesmo domínio.[376]

Observe-se que, embora complexo, a alienação fiduciária é negócio jurídico único. A propriedade é alienada por uma finalidade própria: a garantia de um crédito. Daí ter o legislador se apropriado do mecanismo da propriedade resolúvel para permitir o restabelecimento automático e imediato do domínio do devedor fiduciante, com o implemento da condição, ou seja, o pagamento.

Ainda considerando a caracterização peculiar da alienação fiduciária em garantia de bens imóveis, é bem de ver que o credor tem *poder limitado* sobre o bem que recebeu com essa condição. Nesse ambiente, porquanto possa transferir sua propriedade (condicionada), somente poderá fazê-lo como consequência da *cessão de sua posição de credor*. Ora, sendo a propriedade fiduciária um direito acessório, a eventual cessão do crédito, que é por ela garantido, opera a transmissão automática dessa propriedade, com todas as restrições que lhe são impostas pelo caráter fiduciário.

É de suma relevância compreender que, enquanto perdurar o escopo para o qual foi constituída, a propriedade fiduciária importa em verdadeira afetação patrimonial do imóvel à dívida. Vale dizer, o bem alienado fiduciariamente mantém-se fora do alcance dos demais credores do devedor fiduciante. Na mesma medida, estará o imóvel, enquanto propriedade resolúvel do fiduciário, fora do alcance dos credores desse. É certo, porém, que apenas admitir-se-á que o bem alienado fiduciariamente possa vir a ser objeto de excussão por dívida do fiduciário se a propriedade – oportunamente e desde que obedecidos os ditames legais, – vier a ser consolidada na pessoa desse.

De modo geral, todos os efeitos jurídicos decorrentes da alienação fiduciária em garantia passam por uma premissa fundamental: a investidura do credor na propriedade faz-se limitada pelo caráter fiduciário.

Analisando-se a alienação fiduciária de bens imóveis sob o relevante cariz possessório, verifica-se que, conforme o enunciado legal, com a constituição da propriedade fiduciária – o que somente ocorre com o registro, no competente Cartório de Registro de Imóveis, do contrato que lhe serve de título – dá-se o *desdobramento da posse*, tornando-se o fiduciante possuidor direto e o fiduciário possuidor indireto da coisa imóvel. Nesse particular, não há qualquer faculdade conferida às partes para transigirem, ou seja, não podem contratualmente alterar essa situação possessória.

Aqui reside a grande contribuição da alienação fiduciária para o movimento do mercado e, ao fim e ao cabo, para a economia. Apesar de, como já analisado, a propriedade fiduciária promover a afetação do imóvel ao pagamento da dívida, impossibilitando sua alienação a terceiros, em contrapartida, o devedor fiduciante mantém-se na posse direta da coisa, permitindo-se que dela utilize conforme sua destinação.

Naturalmente, dessa peculiar relação possessória decorrem direitos e obrigações aos contratantes. Investido na posse direta do imóvel, o devedor fiduciante poderá usá-lo, exercendo todos os direitos de legítimo possuidor, enquanto adimplente (art. 24, V, da Lei 9.514/1997). De outro lado, ele mantém a responsabilidade pela conservação do imóvel, pelo pagamento de todos os impostos, taxas e demais encargos, sobretudo aqueles de natureza *propter rem*, como as contribuições condominiais (art. 27, § 8º, Lei 9.514/1997), obrigações ambientais, além, é claro, da responsabilidade civil.

Conectando a situação possessória com a dominial na propriedade fiduciária, colhe-se observação proposta por *Cristiano Chaves de Farias* e *Nelson Rosenvald*:

---

[376] CHALHUB, Melhim Namem. *Alienação fiduciária*: negócio fiduciário. 5. ed. Rio de Janeiro: Forense, 2017. p. 243.

O desdobramento (bipartição) da posse é consequente ao fato da transferência da propriedade fiduciária do bem ao credor, eis que a coisa se conserva no poder imediato do devedor fiduciante, podendo usar e gozar o bem, segundo a sua destinação, mas às suas expensas e seus riscos, responsabilizando-se por eventual perda, destruição ou deterioração. A seu turno, o credor fiduciário adquire a posse indireta da coisa, sendo limitada a sua propriedade, posto que duas das mais importantes faculdades dominiais sobejaram concentradas com o devedor fiduciante, quais sejam: o uso e a fruição.[377]

Por tudo isso, se fosse deferida a árdua tarefa de conceituar a propriedade fiduciária de bens imóveis, entende-se como correta a compreensão de que se trata de direito real limitado e temporário pelo qual o titular tabular (devedor fiduciante), reservando-se para si o direito real de reaquisição do imóvel e mantendo-se na posse direta, transmite a propriedade resolúvel e a posse indireta ao credor fiduciário, para a garantia de seu débito, resolvendo-se aludido direito com o pagamento da dívida garantida e o seu consequente retorno ao domínio pleno da *res*.

De rigor estabelecer importante diretriz terminológica. Embora por vezes os institutos se confundam em *práxis* descuidada, sendo nominados um pelo outro, a melhor técnica sinaliza que o *nomen* "alienação fiduciária de bens imóveis" deve ser reservado ao negócio jurídico real imobiliário (*rectius*: ao título causal) ou, mais simplesmente, ao contrato de alienação fiduciária. Já a expressão "propriedade fiduciária" representa o *jus in re*, o direito real já constituído e em sua plenitude. Direito real esse que só nasce a partir de seu registro constitutivo na matrícula do imóvel (art. 23 da Lei 9.514/1997, c.c. art. 167, I, nº 35, da Lei 6.015/1973). Somente essa distinção terminológica tem aptidão para harmonizar o instituto telado no sistema do *título* e *modo* adotado pelo ordenamento jurídico brasileiro na órbita dos direitos reais imobiliários e do registro predial.

Para que o jurista, portanto, possa bem compreender e aplicar o instituto da alienação fiduciária de bens imóveis, é curial entender que com o registro constitutivo do título causal na matrícula do imóvel e o consequente surgimento da propriedade fiduciária, descortinam-se simultaneamente dois polos distintos de natureza real: para o devedor fiduciante há um direito real de aquisição da coisa alienada fiduciariamente; para o credor fiduciário há a propriedade resolúvel do bem recebido em fidúcia. No mesmo ambiente, embora ambos os direitos reais referidos estejam no comércio e sejam passíveis de circulação nos termos da lei, o imóvel em si, encontra-se em regime de afetação e, nessa condição, não é passível de alienação. Daqui decorrem consectários relevantíssimos: o imóvel alienado fiduciariamente – enquanto não cancelada a propriedade fiduciária mediante averbação de cancelamento na matrícula do imóvel – não poderá ser vendido, doado, permutado etc., nem poderá ser objeto de penhora ou ordem de indisponibilidade. No entanto, os direitos do devedor fiduciante e do credor fiduciário poderão ser cedidos, onerosa ou gratuitamente, e também se sujeitam às constrições judiciais em geral, penhoras, ordens de indisponibilidades etc.

2. Modalidades de contratação

A alienação fiduciária de bens imóveis é diuturnamente utilizada no mercado imobiliário sob uma situação jurídica modelo: o proprietário (vendedor) aliena o imóvel para o adquirente (comprador); esse comprador, para pagar o preço da compra e venda, recorre a terceira pessoa (normalmente uma instituição financeira) para levantar o montante necessário à aquisição imobiliária, ou seja, entabulam novo contrato, no caso, o financiamento (mútuo).

Note-se a complexidade do negócio arquétipo: tem-se a presença simultânea de três contratações típicas: a compra e venda, o mútuo, e a alienação fiduciária.

Evidentemente, por se tratar de contratos típicos, apesar de apresentarem-se no mesmo contexto de negociação, conquanto umbilicalmente ligados, são relações jurídicas autônomas. Assim, a compra e venda rege-se pelas regras dos arts. 481 a 504 do Código Civil, o mútuo pelos arts. 586 a 592 do Código Civil e a alienação fiduciária imobiliária pelos arts. 22 e seguintes da Lei 9.514/1997.[378]

---

[377] FARIAS, Cristiano Chaves de; ROSENVALD, Nelson. *Curso de direito civil*: reais. 15. ed. v.5. Salvador: JusPodivm, 2019. p. 588.

[378] Atente-se que nas operações de financiamento – que representam grande número das hipóteses de contratação da alienação fiduciária em garantia de bens imóveis – o proprietário do bem aparece no primeiro

Ainda em sede preambular, é fundamental compreender que a alienação fiduciária de bens imóveis não necessariamente estará sempre vinculada à aquisição imobiliária. É perfeitamente possível que determinada pessoa simplesmente almeje levantar financiamento perante determinada instituição financeira e aliene fiduciariamente um imóvel de sua propriedade em garantia do empréstimo.

Nada impede, assim, que a propriedade fiduciária incida sobre bens que, mesmo antes do financiamento, já pertenciam ao próprio devedor. Para ilustrar, concretamente, seria a hipótese de um empresário que necessita de recursos para prosseguir em sua atividade, mas não quer obtê-lo pela via habitual do sistema financeiro. Assim, poderá utilizar-se do instituto da alienação fiduciária, transferindo ao credor a propriedade de determinado imóvel, sem que com isso prescinda da posse imediata da coisa, que antes lhe pertencia e, assim, poderá obter juros mais atraentes em razão da segurança jurídica fornecida ao credor, já que em caso de inadimplemento, bastará ao fiduciário executar a garantia, alienando o bem que passou a lhe pertencer.

Em relevante julgado, o *Superior Tribunal de Justiça* bem esclareceu a questão em que se discutia a "possibilidade ou não de constituição de alienação fiduciária de bem imóvel para garantia de operação de crédito desvinculada da função de financiamento imobiliário".[379]

Curiosamente, sobre a celeuma, o Tribunal de origem havia concluído que o "instituto da alienação fiduciária de bens imóveis somente poderia ser utilizado em crédito destinado à aquisição, edificações ou reformas do imóvel oferecido em garantia". Isso porque, no seu entender, a finalidade da Lei 9.514/1997 é proteger o sistema imobiliário e o de habitação como um todo, de modo que a constituição de garantia fiduciária sobre bem imóvel deve estar em sintonia com o objetivo da lei, que é o incentivo ao financiamento imobiliário.

Em precioso voto, o relator ministro *Ricardo Villas Bôas Cueva* destacou que o entendimento do Tribunal não encontra respaldo nos dispositivos legais que disciplinam a matéria (arts. 22, § 1º, da Lei 9.514/1997 e 51 da Lei 10.931/2004):

> *Lei nº 9.514/1997*
> *Art. 22. [...]*
> § 1º A alienação fiduciária *poderá ser contratada por pessoa física ou jurídica, não sendo privativa das entidades que operam no SFI*, podendo ter como objeto, além da propriedade plena:
> *[...]*
>
> *Lei 10.931/2004 Art. 51.* Sem prejuízo das disposições do Código Civil, *as obrigações em geral também poderão ser garantidas*, inclusive por terceiros, por cessão fiduciária de direitos creditórios decorrentes de contratos de alienação de imóveis, por caução de direitos creditórios ou aquisitivos decorrentes de contratos de venda ou promessa de venda de imóveis e *por alienação fiduciária de coisa imóvel*. (destacamos)

Explicou o ministro que "da leitura dos artigos em destaque, sem maior esforço hermenêutico, é possível afirmar que a lei não exige que o contrato de alienação fiduciária de imóvel se vincule ao financiamento do próprio imóvel. Ao contrário, é legítima a sua formalização como garantia de toda e qualquer obrigação pecuniária, podendo inclusive ser prestada por terceiros".[380]

Não há dúvidas de que, muito embora a alienação fiduciária de imóveis tenha sido introduzida no ordenamento jurídico pela Lei 9.514/1997, que dispõe sobre o Sistema Financiamento Imobiliário (SFI), seu alcance ultrapassa os limites das transações relacionadas à aquisição de imóvel.

Em sintonia, esta também é a exegese extraída por *Melhim Namem Challub*:

---

momento da relação jurídica alienando o bem ao devedor fiduciante e recebendo integralmente o que lhe é devido do credor fiduciário. Não participa, assim, da relação fiduciária, já que não lhe remanesce crédito. Em realidade, sua intervenção apenas deu-se na fase embrionária do negócio jurídico e, portanto, sua responsabilidade recairá nas regras protetivas da compra e venda ou do Código de Defesa do Consumidor se se tratar de relação de consumo.

379 STJ – REsp 1.542.275/MS, 3ª Turma, *Rel. Min. Ricardo Villas Bôas Cueva*, j. 24/11/2015.
380 STJ – REsp 1.542.275/MS, 3ª Turma, *Rel. Min. Ricardo Villas Bôas Cueva*, j. 24/11/2015.

Art. 167 | LEI DE REGISTROS PÚBLICOS COMENTADA

Presumivelmente, a aplicação da propriedade fiduciária de bens imóveis em garantia há de se fazer com mais frequência no mercado de produção e de comercialização de imóveis com pagamento parcelado, dado que é aí que se verifica a concessão de crédito imobiliário em maior escala. Isso não obstante, a *lei que regulamenta essa garantia não tem sentido restritivo*, permitindo, ao contrário, que a propriedade fiduciária de bem imóvel seja *constituída para garantia de quaisquer obrigações*, pouco importando o fato de ter sido regulamentada no contexto de uma lei na qual prepondera a regulamentação de operações típicas de mercados imobiliário, financeiro e de capitais. São nesse sentido as disposições do § 1º do art. 22 da Lei nº 9.514/1997, pelo qual a alienação fiduciária pode ser contratada por qualquer pessoa, física ou jurídica, não sendo privativa das entidades que operam no sistema de financiamento imobiliário, e o art. 51 da Lei nº 10.931/2004, que permite a constituição da propriedade-fiduciária para garantia de quaisquer obrigações, em geral.[381]

Resta indubitável, portanto, que a finalidade do instituto é a de fomentar o sistema de garantias do direito brasileiro, dotando o ordenamento jurídico de instrumento que permite sejam as situações de mora, tanto nos financiamentos imobiliários quanto nas operações de créditos com garantia imobiliária, recompostas em prazos compatíveis com as necessidades da economia moderna.[382]

Desse modo, no caso concreto, o fato de a avença ter sido firmada com propósito de mútuo bancário, por si só, não torna ilegítima a instituição da garantia fiduciária de bem imóvel, pois não existe nenhuma vedação legal que impeça a utilização de tal modalidade de garantia em contratos que não dizem respeito à aquisição, à construção ou à reforma de imóvel, tampouco seria justa causa para a suspensão do processo extrajudicial de que cuidam os arts. 26 e 27 da Lei 9.514/1997.

Demais disso, cumpre enfatizar que é pacífico no *Superior Tribunal de Justiça*, por meio da *Súmula 28*, que "o contrato de alienação fiduciária em garantia pode ter por objeto bem que já integrava o patrimônio do devedor".

Admitem-se, destarte, quaisquer operações em que se possa transmitir a propriedade de coisa imóvel para garantia de operação de crédito de toda natureza, e não somente para garantia do financiamento utilizado na aquisição do imóvel, tal como ocorre, por exemplo, com um empréstimo comum com garantia hipotecária. Nessa situação, o conjunto de contratos de empréstimo e de alienação fiduciária terá somente duas partes: o devedor e o credor, pois aquele alienará fiduciariamente um imóvel que já era de sua propriedade ao tempo em que tiver tomado o empréstimo.

Por último, é de se admitir também a possibilidade de alienação fiduciária efetivada por terceiro, alheio à operação principal de empréstimo, como nas hipóteses em geral de prestação de garantia por terceira pessoa que não o devedor.

3. Bens e direitos reais sobre imóveis passíveis de alienação fiduciária em garantia

A alienação fiduciária, instrumento largamente utilizado na sociedade contemporânea, pode ser contratada tendo por objeto os mais diversos bens ou direitos. O pressuposto fundamental é que haja economicidade, ou seja, o bem ou o direito deve ter valor econômico e estar *in commercio*. Equivale dizer, que, de saída, não se concebe a constituição da propriedade fiduciária sobre bens sem valor econômico e também sobre os bens que estejam fora do comércio (*extra commercium*), como os inalienáveis.

---

[381] CHALHUB, Melhim Namem. *Alienação fiduciária: negócio fiduciário*. 5. ed. Rio de Janeiro: Forense, 2017. p. 235.

[382] "No tocante à alienação fiduciária, ao contrário de outras modalidades do sistema, o legislador expressamente possibilitou qualquer pessoa física ou jurídica contratá-la, não sendo privativa das entidades que operam o Sistema Financeiro Imobiliário. Desse modo, constrói-se mais um mecanismo jurídico fomentador da alienação fiduciária de imóveis, com estrutura simplificada cuja tendência será substituir em muitas oportunidades a hipoteca e compromisso de compra e venda. Dúvida era saber se essa modalidade de negócio pode garantir qualquer negócio jurídico, uma vez que a lei não faz restrição. Em princípio, embora o instituto tenha sido criado com a finalidade de aquisição de imóveis, nada impedirá que a garantia fiduciária seja utilizada para outros negócios paralelos, pois não existe proibição na lei" (VENOSA, Sílvio de Salvo. *Direito civil: direitos reais*. 13. ed. São Paulo: Atlas, 2013. p. 417-418).

Em princípio, a alienação fiduciária em garantia tem por objeto o bem imóvel, sendo esse considerado "[...] o solo e tudo quanto se lhe incorporar natural ou artificialmente" (Código Civil, art. 79). Bens imóveis, também denominados *bens de raiz*, são aqueles que não se podem transportar, sem destruição, de um lado para o outro, ou seja, são os que não podem ser removidos sem alteração de sua substância.[383] À evidência, essa noção conceitual não abarca os imóveis por disposição legal, aqueles que ganham tal característica por previsão legislativa, surgindo a partir de verdadeira ficção jurídica. A partir dessa compreensão inicial, em didática taxinomia, é possível enquadrar os bens imóveis da seguinte forma:

a) *bem imóvel por natureza*, referindo-se ao solo, com sua superfície, subsolo e espaço aéreo, uma vez que, a rigor, tudo o que vier a ser aderido ao solo será considerado acessão;

b) *bem imóvel por acessão artificial, física ou industrial*, incluindo-se tudo aquilo o que o homem incorporar permanentemente ao solo, como a semente lançada e o edifício construído, não podendo ser retirado sem causar-lhe destruição, modificação, dano ou fratura. São, basicamente, construções e plantações.[384]

c) *bem imóvel por acessão natural*, compreendendo as árvores e os frutos, bem como os acessórios e as adjacências naturais. Tudo aquilo que se prende naturalmente ao solo.

d) *bem imóvel por disposição legal* é aquele bem considerado como imóvel para efeitos legais, para conferir maior proteção jurídica, destacando-se, sobretudo para fins de alienação fiduciária em garantia, os direitos reais sobre imóveis.

Considerando esse cenário, o art. 22, § 1º, *in fine*, da Lei 9.514/1997 arrola os bens ou direitos reais imobiliários que podem ser objeto de propriedade fiduciária, a saber:

i) a propriedade plena;

ii) os bens enfitêuticos;

iii) o direito de uso especial para fins de moradia;

iv) o direito real de uso, desde que suscetível de alienação;

v) a propriedade superficiária.

vi) os direitos oriundos da imissão provisória na posse, quando concedida à União, aos Estados, ao Distrito Federal, aos Municípios ou às suas entidades delegadas, e a respectiva cessão e promessa de cessão;

vii) os bens que, não constituindo partes integrantes do imóvel, destinam-se, de modo duradouro, ao uso ou ao serviço deste.

Em linhas gerais, é razoável considerar que os direitos reais imobiliários suscetíveis de serem alienados fiduciariamente não se resumem aos arrolados no dispositivo em testilha. Em outras palavras, o rol do art. 22, § 1º, da Lei 9.514/1997 não pode ser considerado *numerus clausus*, sobretudo diante da contemporânea elasticidade do direito de propriedade. A listagem feita pela Lei 9.514/1997 é, assim, meramente enunciativa.

Em realidade, nos tempos atuais, tem-se verificado relevante evolução no campo dos direitos reais imobiliários com o aparecimento de figuras jurídicas outrora inimagináveis. Veja-se, por exemplo, o caso do direito real de laje e da multipropriedade imobiliária (*time sharing*).

É certo, porém, que é da natureza desses direitos sua taxatividade legal. No entanto, modernamente parece salutar considerar que, havendo a tipicidade do direito real matriz, qual seja, a propriedade imobiliária, figuras parcelares, com novas engenharias jurídicas, ganham relevância para a sociedade e devem ser consideradas como hábeis à constituição da garantia fiduciária, mormente engendrar a necessária interpretação econômica do direito registral imobiliário.

---

[383] FARIAS, Cristiano Chaves de; ROSENVALD, Nelson. *Curso de direito civil: parte geral*. 17. ed. v. 5. Salvador: JusPodivm, 2019. p. 431.

[384] Não se enquadram aqui as construções provisórias ou temporárias destinadas à sua breve remoção, como *stands* em feiras e exposições, circos e parques de diversão.

Art. 167 | LEI DE REGISTROS PÚBLICOS COMENTADA

De outro vértice, determinados direitos, conquanto de natureza real imobiliária, por seu regime jurídico, são incompatíveis com a alienação fiduciária em garantia, como é o caso cristalino do direito real de usufruto que não pode ser alienado a terceiros por expressa determinação legal.[385-386]

4. A forma do título causal

Na teoria dos negócios jurídicos sabe-se que a forma prescrita e não defesa em lei é requisito de validade do contrato (art. 104, III, do Código Civil).[387] Caso o requisito formal seja descumprido, tem-se nulidade absoluta do negócio jurídico (art. 166, IV, do Código Civil).

Em geral, vige no direito privado a informalidade, ou seja, "a validade da declaração de vontade não dependerá de forma especial, senão quando a lei expressamente a exigir" (art. 107 do Código Civil).

Assim, é possível perceber que a forma é elemento essencial apenas de algumas espécies de contratos, eleitos pela lei devido à necessidade de garantir maior segurança jurídica não apenas às partes, mas principalmente a toda a sociedade. Esses negócios jurídicos são classificados como contratos *formais ou solenes*, não podendo as partes utilizar forma diversa do estabelecido, sob pena de nulidade do negócio.[388]

Tratando-se de negócios jurídicos imobiliários, a Lei Substantiva Civil é mais rigorosa e prescreve em seu art. 108 que, se a lei não dispuser em sentido contrário, "[...] a escritura pública é essencial à validade dos negócios jurídicos que visem à constituição, transferência, modificação ou renúncia de direitos reais sobre imóveis de valor superior a trinta vezes o maior salário mínimo vigente no País".

Como o bem de raiz, de ordinário, ostenta, por sua natureza, mais pujança econômico-financeira, quis o legislador que, de regra, sua contratação se ultimasse mediante escritura pública lavrada por Tabelião de Notas, quando o imóvel assumir valor maior do que 30 (trinta) salários mínimos. Diz-se, na melhor técnica, que nesses casos a escritura pública é da essência do ato (forma *ad substantiam*), isto é, a solenidade é a própria essência do negócio.

Ocorre que, ao mesmo tempo que o legislador pretendeu exigir formalidade mais segura, abriu espaço para que a lei disponha em sentido contrário, isto é, afaste a necessidade da forma pública mesmo em negociações que digam respeito a imóveis de valor superior a 30 (trinta) vezes o salário mínimo.

Em verdadeiro desvirtuamento da regra inicialmente talhada, uma avalanche de leis extravagantes houve por bem flexibilizar a exigência de escritura pública para os negócios jurídicos imobiliários, permitindo-se sua formalização através dos instrumentos particulares ou, em alguns casos, dos batizados *instrumentos particulares com efeitos de escritura pública*.

Além de outras inúmeras leis especiais que encamparam o permissivo e excepcionaram a obrigatoriedade da escrituração pública (prevista no art. 108 do Código Civil), a Lei 9.514/1997, ao regular o *Sistema Financeiro Imobiliário* (SFI), também prescreveu em seu art. 38 que "os atos e contratos referidos nesta Lei ou resultantes da sua aplicação, mesmo aqueles que visem à constituição, transferência, modificação ou renúncia de direitos reais sobre imóveis, poderão ser celebrados por escritura pública ou por instrumento particular com efeitos de escritura pública".

Na prática dos negócios jurídicos imobiliários, dada a utilização massiva da alienação fiduciária em garantia, é essa previsão legal que representa o maior número de contratações que refogem à incidência da regra do art. 108 do Código Civil.

A grande utilização da alienação fiduciária, como sobredito, decorre também da possibilidade de sua contratação entre particulares, não sendo privativa de entidades que integram o Sistema Financeiro Imobiliário.

---

[385] *Art. 1.393 do Código Civil*. Não se pode transferir o usufruto por alienação; mas o seu exercício pode ceder-se por título gratuito ou oneroso.

[386] A nua propriedade, de sua vez, pode ser alienada fiduciariamente. Entende-se, ademais, que o usufrutuário e o nu-proprietário, conjuntamente, podem alienar fiduciariamente o imóvel ao credor fiduciário, em virtude da consolidação da propriedade consagrada no bojo da relação jurídica. Nesse sentido: RIBEIRO, Moacyr Petrocelli de Ávila. *Alienação fiduciária de bens imóveis*. 2. ed. Coleção de direito imobiliário. t. X. São Paulo: Thomson Reuters, 2022. p. 257 e ss.

[387] *Art. 104 do Código Civil*. A validade do negócio jurídico requer: *I* – agente capaz; *II* – objeto lícito, possível, determinado ou determinável; *III* – forma prescrita ou não defesa em lei.

[388] *Forma legis omissa, corruit actus*, ou seja, omitida a forma da lei, o ato é nulo.

Grassava, em verdade, relevante controvérsia a respeito dos limites de aplicação da norma do art. 38 da Lei 9.514/1997: se a flexibilidade de forma estabelecida no dispositivo era restrita a entidades financeiras que operam no SFI ou se o instrumento particular era autorizado também fora desse âmbito de contratação. Na maioria dos Estados, vigora o entendimento de que a flexibilidade formal era irrestrita, para qualquer tipo de contratação decorrente da aplicação dos institutos veiculados pela Lei 9.514/1997. A fundamentação desse entendimento estava bem concatenada. Ora, é indispensável interpretar a lei em seu todo. Os artigos não podem ser encarados como ilhas dispersas. Assim, a partir de uma interpretação sistemática, prevalecia majoritariamente que não apenas a utilização do instituto da alienação fiduciária em garantia, mas também a flexibilidade da forma contratual, era deferida a pessoas físicas ou jurídicas, ainda que não integrantes do SFI.

A respeito da possibilidade de celebração de contrato de alienação fiduciária de bem imóvel por instrumento particular, com pessoa jurídica que não integra o Sistema Financeiro Imobiliário, cumpre transcrever ilustrativo trecho de decisão da Corregedoria-Geral da Justiça do Estado de São Paulo:

> A matéria é regulada pela Lei 9.514/97, que cuida, em capítulos distintos, tanto do Sistema Financeiro Imobiliário (Capítulo I), quanto da alienação fiduciária de coisa imóvel (Capítulo II). Por se tratar de regra mais específica, sobrepõe-se ao Código Civil, ao menos quanto à disciplina dos temas referidos. Assim é que não incide à espécie o aventado artigo 108 do Diploma Civil, cuja redação, não bastasse, contém, logo de início, expressa ressalva de que sua força somente se fará sentir "não dispondo a lei em contrário". Em síntese, o próprio artigo 108 do Código Civil abre explícita ensancha à aplicação da Lei 9.514/97. Neste passo, o artigo 22, §1º, da Lei 9.514/97 prevê, às claras, a possibilidade de a alienação fiduciária ser contratada por pessoa jurídica que não integre o Sistema Financeiro Imobiliário.[389]

Questão idêntica já havia sido enfrentada pela mesma Corregedoria-Geral paulista, ao rejeitar proposta de normatização do Colégio Notarial do Brasil – Seção São Paulo para restringir o acesso aos instrumentos particulares do art. 38 da Lei 9.514/1997 às entidades integrantes do SFI:

> A redação do art.38 é ampla. Abrange todos os contratos previstos na Lei nº 9.514/97 e os resultantes de sua aplicação. Ocorre que nem todos os contratos nela indicados são privativos das entidades que operam no SFI, conforme anuncia expressamente o já citado o § 1º, do art. 22. Assim, se todos os contratos compreendidos na Lei nº 9.514/97 (ou resultantes da aplicação dela) podem ser lavrados por escritura pública ou instrumento particular com efeitos de escritura pública, e se nem todos os contratos previstos nessa lei são privativos das entidades que compõem o sistema financeiro, não há como vincular a utilização do instrumento particular apenas quando o negócio for lavrado por entidade integrante do SFI. A interpretação do Colégio Notarial parece ir de encontro à intenção do legislador, que, num primeiro momento, declarou, expressamente, que qualquer pessoa pode celebrar contrato de alienação fiduciária; e, num segundo, dispôs, sem nenhuma ressalva, que todos os contratos referidos na lei, ou resultantes de sua aplicação, podem ser celebrados por escritura pública ou instrumento particular, com efeitos de escritura pública.[390]

Importa aqui também lembrar a lição de *Melhim Namem Chalhub* que, sobre a questão, assim entende: "A lei não faz restrição alguma quanto às modalidades de contrato passíveis de ser formalizados mediante instrumento particular em relação à Lei 9.514/97; ao contrário, estende a possibilidade de formalizar por instrumento particular todos os atos e contratos referidos nesta lei ou resultantes de sua aplicação".[391]

Após muita controvérsia a respeito do tema, o Conselho Nacional de Justiça – depois de tangenciar a celeuma sem assertividade a respeito de regulamentação normativa do Estado de Minas Gerais –[392] houve por bem uniformizar o entendimento em todo território nacional:

---

[389] CGSJP – Processo CG 0049648-26.2012.8.26.0002, Des. Manoel de Queiroz Pereira Calças, j. 20/07/2016.

[390] CGJSP – Processo CG 131.428/2012, Des. Hamilton Elliot Akel, j. 07/03/2014.

[391] CHALHUB, Melhim Namem. Alienação fiduciária: negócio fiduciário. 5ª ed. Rio de Janeiro: Forense, 2017. p. 256.

[392] O Conselho Nacional de Justiça ao avaliar normativa administrativa da Corregedoria-Geral da Justiça do estado de Minas Gerais – que limitou a celebração de contratos de alienação fiduciária de bens imóveis e negócios

Art. 167 | LEI DE REGISTROS PÚBLICOS COMENTADA

(...) Fica vedada, em consequência, a celebração de ato particular, com os efeitos de escritura pública, por qualquer outro agente não integrante do SFI, pois os dispositivos legais acima transcritos, normas específicas e excepcionais, não revogaram a regra geral do Direito Privado, consagrada no artigo 108 do Código Civil, quanto à essencialidade da escritura pública para validade dos negócios jurídicos que visem à constituição, transferência, modificação ou renúncia de direitos reais sobre imóveis de valor superior a trinta vezes o maior salário-mínimo vigente no País.

E para regular o tema expediu ato normativo (Provimento CNJ 172/2024, complementado pelo Provimento CNJ 175/2024), incorporando a disciplina a seguir no Código Nacional de Normas Extrajudiciais:

Art. 440-AO. A permissão de que trata o art. 38 da 9.514/1997 para a formalização, por instrumento particular, com efeitos de escritura pública, de alienação fiduciária em garantia sobre imóveis e de atos conexos, é restrita a entidades autorizadas a operar no âmbito do Sistema de Financiamento Imobiliário – SFI (art. 2º da Lei n. 9.514/1997), incluindo:

I – as cooperativas de crédito;

II – as companhias securitizadoras, os agentes fiduciários e outros entes sujeitos a regulamentação da Comissão de Valores Mobiliários ou do Banco Central do Brasil relativamente a atos de transmissão dos recebíveis imobiliários lastreados em operações de crédito no âmbito do SFI.

§ 1º O disposto neste artigo não exclui outras exceções legais à exigência de escritura pública previstas no art. 108 do Código Civil, como os atos envolvendo:

I – administradoras de Consórcio de Imóveis (art. 45 da Lei n. 11.795, de 8 de outubro de 2008);

II – entidades integrantes do Sistema Financeira de Habitação (art. 61, § 5º, da Lei n. 4.380, de 21 de agosto de 1964.

§ 2º São considerados regulares os instrumentos particulares envolvendo alienação fiduciária em garantia sobre imóveis e os atos conexos celebrados por sujeitos de direito não integrantes do Sistema de Financiamento Imobiliário – SFI, desde que tenham sido lavrados antes de 11 de junho de 2024 (data da entrada em vigor do Provimento CN n. 172)

De pronto, é possível observar que a natureza do crédito em si passou a ser desimportante, ou seja, há delimitação apenas da parte, sem discutir o objeto da contratação. Assim, pelo atual entendimento do CNJ, se o crédito for concedido fora do sistema financeiro imobiliário por uma entidade financeira (que tem autorização para operar no SFI) está dispensada a forma pública (v.g., crédito rural em instrumento não cedular).

A natureza da operação contratada, em si considerada, somente ganha relevo para as companhias securitizadoras, os agentes fiduciários e outros entes sujeitos a regulamentação da Comissão de Valores Mobiliários ou do Banco Central do Brasil relativamente a atos de transmissão dos recebíveis imobiliários lastreados em operações de crédito no âmbito do SFI. É dizer, somente nesse âmbito de contratação que as entidades adrede mencionadas poderão utilizar-se da flexibilidade formal do art. 38 da Lei 9.514/1997.

Nessa linha, considerando as possíveis divergências nas normas administrativas pelo país, o CNJ determinou que as Corregedorias Estaduais regulamentassem, no prazo de 30 dias, a matéria de modo a se adequarem ao novo entendimento.

Mantendo a vanguarda de sua atuação no extrajudicial, a Corregedoria Geral da Justiça do Estado de São Paulo publicou em 20/06/2024 o Provimento CG 21/2024, reafirmando a diretriz do CNJ e estabelecendo importante baliza temporal para salvaguarda de títulos causais formalizados em data anterior à alteração do entendimento do CNJ.

---

conexos por meio de instrumento particular a entidades integrantes do Sistema de Financiamento Imobiliário, às Cooperativas de Crédito e às Administradoras de Consórcio de Imóveis – legitimou a possibilidade de que essa interpretação fosse adotada no âmbito da regulação infralegal dos Estados (Cf. CNJ – PCA 0000145-56.2018.2.00.0000, Rel. Cons. Marcio Goulart Maia, j. 08/08/2023).

229. A permissão de que trata o art. 38 da Lei nº 9.514/1997 para a celebração, por instrumento particular com efeitos de escritura pública, de alienação fiduciária em garantia sobre imóveis e de atos conexos é restrita às entidades autorizadas a operar no âmbito do Sistema de Financiamento Imobiliário – SFI (art. 2º da Lei nº 9.514/1997), incluindo as cooperativas de crédito, as administradoras de Consórcio de Imóveis (art. 45 da Lei nº 11.795/2008) e as entidades integrantes do Sistema Financeiro da Habitação (art. 61, § 5º, da Lei nº 4.380/1964). (...)

229.2. O disposto no item 229 não exclui as demais exceções legais à exigência de escritura pública previstas no art. 108 do Código Civil.

229.3. Os contratos referidos no art. 38 da Lei nº 9.514/1997, celebrados por instrumento particular antes da vigência do Provimento CNJ nº 172, de 05 de junho de 2024, serão admitidos com força de escritura pública.

229.4. A data da celebração do instrumento particular, para efeito de incidência do subitem 229.3 deste Capítulo, poderá ser demonstrada pelo reconhecimento de firma de qualquer uma das partes ou outro meio de prova que se mostrar idôneo para essa finalidade.

Em suma, no Estado de São Paulo, instrumentos particulares celebrados por entidades que não operam no SFI, com data anterior a 11/06/2024 (data de início de vigência do Prov. CNJ 172/2024), podem aceder ao Registro de Imóveis, desde que o registrador imobiliário possa aferir a autenticidade da data de celebração do aludido título formal. Inegável que o impacto da exigência da escritura pública no mercado imobiliário em geral – sobretudo no âmbito de empreendimentos lastreados em loteamentos, incorporações imobiliárias e condomínios – é relevante e um marcador temporal que equalize o novo entendimento firmado pelo CNJ é medida imperiosa e com esteio na segurança jurídica e na garantia dos atos jurídicos perfeitos (LINDB, art. 6º, § 1º).[393]

Não é demais lembrar, ainda, que a referida modulação temporal para adequação das novas diretrizes fixadas pelo CNJ é medida razoável e proporcional, alinhada com o princípio do consequencialismo, incidente na esfera de atuação administrativa, conforme determina a Lei de Introdução às Normas do Direito Brasileiro (LINDB):

Art. 23. A decisão administrativa, controladora ou judicial que estabelecer interpretação ou orientação nova sobre norma de conteúdo indeterminado, impondo novo dever ou novo condicionamento de direito, deverá prever regime de transição quando indispensável para que o novo dever ou condicionamento de direito seja cumprido de modo proporcional, equânime e eficiente e sem prejuízo aos interesses gerais.

Foi exatamente nesse espírito que o CNJ editou o Provimento 175/2024 para determinar que, em todo território nacional, "são considerados regulares os instrumentos particulares envolvendo alienação fiduciária em garantia sobre imóveis e os atos conexos celebrados por sujeitos de direito não integrantes do Sistema de Financiamento Imobiliário – SFI, desde que tenham sido lavrados antes de 11 de junho de 2024 (data da entrada em vigor do Provimento CN n. 172)".

Anote-se, por fim, que o tema atinente ao instrumento formal da alienação fiduciária em garantia imobiliária ainda tem gerado grande controvérsia. A *Corregedoria Nacional de Justiça*, na gestão do *Min. Mauro Campbell Marques*, provocada novamente a respeito do tema optou por suspender a eficácia do Provimento CNJ 172/2024, restaurando o entendimento anterior no sentido de que o art. 38 da Lei 9.514/1997 admite a contratação por instrumento particular em qualquer hipótese de contratação, sem restrição às entidades autorizadas a operarem no SFI.[394] Embora aludida decisão tenha caráter liminar, fundada, pois, em juízo de cognição não exauriente, descortina-se novo cenário para repristinação do entendimento inicialmente dominante.

Corroborando essa intelecção está o fato de o tema ter chegado ao *Supremo Tribunal Federal*, em sede de mandado de segurança. Também em caráter liminar, o ministro *Gilmar Mendes*, em extensa

---

[393] Essa diretriz normativa encontra-se suspensa em razão da revisão do posicionamento da Corregedoria Nacional de Justiça, promovida pelo *ministro Mauro Campbell Marques* (Cf. Comunicado CG 959/2024 – suspende a eficácia do Provimento CGJSP 21/2024).

[394] Cf. CNJ – Pedido de Providências 0007122-54.2024.2.00.0000, Rel. Min. Mauro Campbell Marques, j. 27/11/2024.

Art. 167 | LEI DE REGISTROS PÚBLICOS COMENTADA

e bem fundamentada decisão, entendeu que o conteúdo dos Provimentos CNJ 172 e 175 viola a norma do art. 38 da Lei 9.514/1997 e, nessa esteira, concedeu a ordem em favor da incorporadora impetrante garantindo a "possibilidade de formalização, por instrumento particular com efeitos de escritura pública, de alienação fiduciária em garantia sobre bens imóveis e de atos conexos, em todas as suas operações, nos termos autorizados pela Lei 9.514/1997".[395]

Ainda no espeque formal, vale lembrar a possibilidade de o título causal que veicule a alienação fiduciária de bens imóveis ser uma cédula de crédito. Um dos instrumentos jurídicos mais utilizados pelas instituições financeiras na atualidade é a Cédula de Crédito Bancário (CCB). Foi introduzida no ordenamento jurídico pela Lei 10.931/2004, sendo regulada nos arts. 26 e seguintes.

A Cédula de Crédito Bancário é título de crédito emitido, por pessoa física ou jurídica, em favor de instituição financeira ou de entidade a esta equiparada, representando *promessa de pagamento em dinheiro*, decorrente de operação de crédito, de qualquer modalidade.

O fato de não haver qualquer limitação quanto à modalidade de operação de crédito torna a CCB amplamente utilizada no cenário contemporâneo, inclusive para o crédito imobiliário.

É relevante considerar que a instituição credora deve integrar o Sistema Financeiro Nacional, sendo admitida a emissão da Cédula de Crédito Bancário em favor de instituição domiciliada no exterior, desde que a obrigação esteja sujeita exclusivamente à lei e ao foro brasileiro.[396]

A Cédula de Crédito Bancário poderá ser emitida, com ou sem garantia, real ou fidejussória, cedularmente constituída. Dessa forma, é plenamente possível que se constitua a garantia fiduciária por meio da Cédula de Crédito Bancário, sendo, pois, o título hábil a ingressar no Registro Imóveis para a inscrição predial constitutiva da garantia.

A constituição de garantia da obrigação representada pela Cédula de Crédito Bancário é disciplinada pela Lei 10.931/2004, sendo aplicáveis as disposições da Lei 9.514/1997.

A constituição da garantia poderá ser feita na própria Cédula de Crédito Bancário ou em documento separado, nesse caso fazendo-se, na Cédula, menção a tal circunstância. Como de costume, o bem constitutivo da garantia deverá ser descrito e individualizado de modo que permita sua fácil identificação.

Coloque-se em evidência que, tratando-se de título de crédito, para o registro das cédulas de crédito bancário é dispensável o reconhecimento de firma dos signatários do instrumento, ainda que nelas sejam constituídas garantias reais. No entanto, o reconhecimento de firma será providência indispensável, para fins de averbação, em relação aos respectivos instrumentos de quitação comprovando-se, por documento autêntico, os poderes do signatário para dar quitação, caso não seja o próprio credor ou esse esteja representado.

Nos termos do art. 29 da Lei 10.931/2004, a Cédula de Crédito Bancário deve conter os seguintes requisitos essenciais:

(i) a denominação "Cédula de Crédito Bancário";

(ii) a promessa do emitente de pagar a dívida em dinheiro, certa, líquida e exigível no seu vencimento ou, no caso de dívida oriunda de contrato de abertura de crédito bancário, a promessa do emitente de pagar a dívida em dinheiro, certa, líquida e exigível, correspondente ao crédito utilizado;

(iii) a data e o lugar do pagamento da dívida e, no caso de pagamento parcelado, as datas e os valores de cada prestação, ou os critérios para essa determinação;

(iv) o nome da instituição credora, podendo conter cláusula à ordem;

(v) a data e o lugar de sua emissão; e

(vi) a assinatura do emitente e, se for o caso, do terceiro garantidor da obrigação, ou de seus respectivos mandatários.

A Cédula de Crédito Bancário será transferível mediante endosso em preto, ao qual se aplicarão, no que couberem, as normas do direito cambiário, caso em que o endossatário, mesmo não sendo ins-

---

[395] Cf. STF – MS 39.930, Rel. Min. Gilmar Mendes, j. 13/12/2024.

[396] A Cédula de Crédito Bancário em favor de instituição domiciliada no exterior poderá ser emitida em moeda estrangeira.

tituição financeira ou entidade a ela equiparada, poderá exercer todos os direitos por ela conferidos, inclusive cobrar os juros e demais encargos na forma pactuada na Cédula.

No âmbito da jurisprudência administrativa do Tribunal de Justiça do Estado de São Paulo, tem prevalecido o entendimento de que não é necessária a assinatura do credor fiduciário na cédula de crédito bancário. Confira-se precedente ilustrativo a esse respeito:

> (...) A emissão e a constituição de garantia na cédula de crédito bancário são regidas pela Lei nº 10.931/2004, com aplicação da legislação comum somente de forma supletiva. Bem por isso, no que diz respeito à forma de constituição da garantia, é preciso ressaltar que não há lacuna a ser suprida mediante aplicação das normas contidas no Código Civil. Com efeito, a cédula de crédito bancário constitui título de crédito que permite ao credor emitir certificado que a represente, para circulação do crédito (arts. 26 e 53, *caput*, e § 4º da Lei nº 10.931/2004), não sendo adequada a cisão dos modos de constituição da obrigação e da respectiva garantia para efeito de fixação dos requisitos para sua emissão. Nesta ordem de ideias, é possível afirmar que a constituição de garantia instrumentada em cédulas que, por sua natureza, origem e regramento próprio, satisfaz-se com a manifestação unilateral de vontade do sacado do título, como no caso em análise. Em outras palavras, basta a assinatura do devedor na emissão da cédula de crédito bancário, ou de seus respectivos mandatários, com descrição do débito contraído e também do bem alienado e objeto da garantia, na própria cédula ou em documento separado, nos exatos termos previstos na Lei nº 10.931/2004.[397]

De mais a mais, na hipótese de emissão sob a forma cartular, a Cédula de Crédito Bancário será emitida em tantas vias quantas forem as partes que nela intervierem, assinadas pelo emitente e pelo terceiro garantidor, se houver, ou por seus respectivos mandatários, e cada parte receberá uma via. Somente a via do credor será *negociável*, devendo constar nas demais vias a expressão "não negociável".

A Cédula de Crédito Bancário pode ser aditada, retificada e ratificada mediante documento escrito, datado, com os requisitos previstos na lei, passando esse documento a integrar a Cédula para todos os fins.

Ainda, a alienação fiduciária imobiliária pode ser veiculada em cédulas de crédito industrial, comercial e à exportação.

A cédula de crédito industrial, ancorada no Decreto-Lei 413/1969, é título de crédito que é emitido pelo devedor e tem por objeto garantia de financiamento com escopo de fomento à indústria. Nos termos do art. 30 do mencionado Decreto-Lei, poderá ser garantida a cédula por alienação fiduciária. Nesse caso, além dos requisitos próprios desta cédula, constantes do art. 14 do citado diploma legal, o Oficial de Registro de Imóveis, em sua qualificação, deverá observar ainda os requisitos próprios para constituição da garantia fiduciária, conforme regulamentado no art. 24 da Lei 9.514/1997.

A constituição da garantia real se fará por meio de ato de registro em sentido estrido na matrícula do bem dado em alienação fiduciária (Lei 6.015/1973, art. 167, I, nº 35). Importante salientar que a reforma ocorrida por conta da "Lei do Agro" (Lei 13.986/2020) não retirou a obrigatoriedade de registro dessa cédula no Livro de 3 – Registro Auxiliar do Ofício de Registro de Imóveis competente (Lei 6.015/1973, art. 178, II).

De sua vez, as cédulas de crédito à exportação e comercial destinam-se a fomentar as atividades econômicas referidas em seu nome e são regulamentadas, respectivamente pelas Leis 6.313/1975 e 6.840/1980. Essas leis basicamente se reportam a estrutura da Lei das cédulas de crédito industrial, aplicando-se elas a possibilidade de constituição da garantia fiduciária, bem assim o mesmo regime jurídico-registral, qual seja, registro constitutivo da garantia no Livro 2 – Registro Geral e registro da cédula em si no Livro 3 – Registro Auxiliar.

5. Requisitos do contrato

A Lei 9.514/1997, em seu art. 24, foi assertiva ao especializar os requisitos essenciais do contrato que instrumentalize a alienação fiduciária em garantia.

Confira-se a dicção legal:

> *Art. 24.* O contrato que serve de título ao negócio fiduciário conterá:
> I – o valor da dívida, sua estimação ou seu valor máximo;

---

[397] CSMSP – Apelação Cível 0001131-68.2019.8.26.0414, Rel. Des. Ricardo Mair Anafe, j. 05/10/2021.

Art. 167 | LEI DE REGISTROS PÚBLICOS COMENTADA

II – o prazo e as condições de reposição do empréstimo ou do crédito do fiduciário;

III – a taxa de juros e os encargos incidentes;

IV – a cláusula de constituição da propriedade fiduciária, com a descrição do imóvel objeto da alienação fiduciária e a indicação do título e modo de aquisição;

V – a cláusula que assegure ao fiduciante a livre utilização, por sua conta e risco, do imóvel objeto da alienação fiduciária, exceto a hipótese de inadimplência;

VI – a indicação, para efeito de venda em público leilão, do valor do imóvel e dos critérios para a respectiva revisão;

VII – a cláusula que disponha sobre os procedimentos de que tratam os arts. 26-A, 27 e 27-A desta Lei.

Conforme já referido, um dos princípios mais caros e de maior eficácia no Registro de Imóveis é o da *especialidade*.

O princípio da especialidade pode dividir-se em *(i)* especialidade objetiva; *(ii)* especialidade subjetiva; e *(iii)* especialidade do fato jurídico. A especialidade objetiva refere-se à individuação perfeita do imóvel; a especialidade subjetiva, de sua vez, revela a necessidade da correta qualificação das partes que juridicamente se interagem sobre o direito real imobiliário; e, por fim, a *especialidade do fato jurídico*, é a pormenorização e o detalhamento de todos os elementos necessários à caracterização do negócio jurídico que será objeto de inscrição predial.

No caso da alienação fiduciária em garantia de bens imóveis é o mencionado art. 24 da Lei 9.514/1997 quem determina a especialização desse negócio jurídico imobiliário. Todos esses elementos figuram como *condito sine qua non* ao acesso do contrato ao Registro de Imóveis. São os requisitos mínimos do contrato.

Colhe-se relevante passagem do *Conselho Superior da Magistratura do Estado de São Paulo* a esse respeito:

> Cumpre consignar, desde logo, que incumbe ao Registrador, ao examinar a escritura pública de alienação fiduciária, verificar se foram observados os requisitos formais do contrato previstos no artigo 24 da Lei 9.514/97, os quais são obrigatórios. Toda garantia real deve ser especializada, uma vez que é de interesse não só do credor e do vendedor, mas de terceiros, aos quais cabe o direito de saber qual é o patrimônio disponível do devedor para que possam negociar com ele. Ao Oficial Registrador compete verificar a presença dos requisitos do contrato de alienação fiduciária como condição para o registro, em cumprimento do princípio da legalidade, afigurando-se correta a recusa quando ausentes aqueles previstos em lei.[398]

Em outros dizeres, são esses requisitos contratuais indispensáveis elementos a figurarem no instrumento – público ou particular – que encerra a alienação fiduciária, sendo certo que serão objeto de verificação pelo Oficial de Registro de Imóveis no momento da qualificação do título. A ausência de qualquer dos requisitos impede o ingresso do contrato no fólio real.

Pondere-se, ademais, que tais requisitos ganham contorno de grande relevância na medida em que exorbitam a esfera dos contratantes e passam a ter importância à sociedade. Em outras palavras, sua publicização com o registro na matrícula do imóvel permite a qualquer interessado conhecer o negócio que recebeu a garantia e o bem transferido como propriedade fiduciária.

Lembre-se que, fundamentalmente, a garantia real é um começo de alienação e, por isso, importa não somente às partes, como também a terceiros que negociam com o devedor e devem conhecer a parcela do patrimônio livre.

Como bem disse *San Tiago Dantas*, ao comentar os requisitos essenciais para constituição do contrato das garantias tradicionais (penhor, hipoteca e anticrese), na hipótese de omissão de um desses requisitos no contrato, a garantia real não valerá contra terceiros, não surgindo, pois, o direito real.[399]

---

[398] CSMSP – Apelação Cível 1.259-6/0, *Rel. Des. Munhoz Soares*, j. 30/06/2010. Também nesse sentido: *CSMSP* – Apelação Cível 254-6/0, *Rel. Des. José Mário Antonio Cardinale*, j. 07/07/2005.

[399] DANTAS, Francisco Clementino San Tiago. *Programa de direito civil III: direito das coisas*. Rio de Janeiro: Ed. Rio, 1979. p. 389-390.

Dito de outro modo, a especialização da garantia assume grande relevância social na medida em que sinaliza ao mercado ou para aqueles que negociam com o devedor fiduciante e o credor fiduciário o patrimônio disponível das partes e as características da obrigação garantida.

Todos esses requisitos exigidos pelo art. 24, devem constar do contrato textualmente, assim como o prazo de carência, ancorado pelo art. 26, § 2º, da Lei 9.514/1997, que, em leitura sistemática, permite sua inclusão como elemento do instrumento contratual. Inexistindo previsão contratual a esse respeito, a própria lei estipula o prazo de carência de 15 dias, suprindo eventual omissão das partes. É a exegese também extraída por *José de Mello Junqueira*: "Todos esses elementos exigidos pelo art. 24 são obrigatórios e devem constar do contrato, e ainda o prazo de carência previsto no § 2º do art. 26. São requisitos de validade para o título de constituição da propriedade fiduciária e que deverão ser observados, rigorosamente, pelas partes, Tabeliães e Registros de Imóveis e para que nasça o direito e garantia real nele representado".[400]

Nessa medida, também é certo que os requisitos apontados não exaurem o conteúdo do contrato, que poderá conter cláusulas diversas. As partes poderão, a partir da autonomia privada, dispor de outras diretrizes contratuais, desde que mantidos os contornos da propriedade fiduciária previstos em lei.

Poderá, a título de exemplo, o contrato de alienação fiduciária estipular que litígios ou controvérsias entre as partes sejam dirimidos por arbitragem, nos moldes preceituados pela Lei 9.307/1996.

6. Registro constitutivo da garantia como *conditio* para a execução extrajudicial

Já se viu que os atos jurídicos geradores de direitos reais sobre imóveis somente surgem para o direito após serem regularmente registrados no Registro de Imóveis. Esse é o teor do art. 1.227 do Código Civil: "Os direitos reais sobre imóveis constituídos, ou transmitidos por atos entre vivos, só se adquirem com o registro no Cartório de Registro de Imóveis dos referidos títulos (arts. 1.245 a 1.247), salvo os casos expressos neste Código".

O registro é, portanto, indispensável para a produção de efeitos reais. O registro dá vida ao direito real, antes simplesmente potencializado pelo negócio jurídico *inter vivos* translativo da propriedade imóvel (CC, art. 1.245).

Denota-se, pois, que o *título* aparece como veículo para a formação do direito real. É o instrumento que permitirá sua inscrição no fólio real. Já o *modo* de aquisição do direito real é, no sistema brasileiro, o registro. Isto é, só o *título* não basta. Daí dizer que o Brasil adota o sistema do *título* e *modo* para a aquisição de direitos reais sobre imóveis.

Dito de outro modo, o título aparece como condição para ser feito o registro, de sorte que o direito real não preexiste nem está consubstanciado no próprio título, dependendo sua existência da realização do registro no Ofício Predial. Trata-se do princípio registrário da *inscrição*. Os direitos reais sobre imóveis resultam adquiridos com a inscrição predial (*rectius*: o registro), que é genuinamente constitutiva, sendo por sua causa que decorre a publicidade.

Assim, no direito brasileiro, não há falar em constituição do direito real de garantia, consubstanciado na alienação fiduciária de bens imóveis, sem o correspondente registro junto ao Oficial de Registro de Imóveis competente.

O contrato de alienação fiduciária em garantia é apenas o negócio jurídico – complexo – e dispositivo cujos efeitos se restringem à esfera obrigacional. Conforme estudado, os contratos, de regra, não possuem eficácia real, sendo indispensável que se proceda ao registro como modo de transmissão da propriedade imobiliária (art. 1.227 do Código Civil). Em palavras outras, o contrato de alienação fiduciária é apenas o título, a causa da futura aquisição da propriedade fiduciária.

O art. 23 da Lei 9.514/1997 é inexorável ao assegurar que se constitui a "propriedade fiduciária de coisa imóvel mediante registro, no competente registro de imóveis, do contrato que lhe serve de título". O texto legal não admite temperamentos.

Além do acordo de vontades, consubstanciado no contrato, é indispensável o registro, no competente Registro de Imóveis, para que se constitua a propriedade fiduciária sobre o imóvel. Antes do registro o que existe, apenas, é o contrato de alienação fiduciária em garantia, o título, do qual se originam obrigações para as partes. Com o registro aquela relação, antes obrigacional, adquire *transcendência*

---

400 JUNQUEIRA, José de Mello. *Alienação fiduciária de coisa imóvel*. São Paulo: ARISP, 1998. p. 46.

real e passa, assim, a irradiar efeitos perante terceiros, ou seja, oponibilidade *erga omnes*. Frise-se: é o registro do título (*rectius*: o contrato que formaliza a alienação) que faz nascer o direito real de garantia.

A estrutura da alienação fiduciária imobiliária, tal qual ocorre com os direitos reais de garantia, releva dois momentos distintos: o da contratação e o do surgimento do direito real. Em termos registrais, a garantia é a propriedade fiduciária, que se constitui com o registro de seu título; esse, de sua vez, é o contrato de alienação fiduciária.

A Lei 9.514/1997, no mencionado art. 23, deixa claro que a garantia real é o domínio fiduciário constituído pelo registro. Efetivamente, é requisito essencial para a constituição da propriedade fiduciária o registro do contrato de alienação fiduciária no Registro de Imóveis competente.

Por fim, certifique-se que na garantia fiduciária os efeitos do não registro são deletérios. Sem o registro o credor fiduciário, entre tantos efeitos jurídicos negativos, não poderá legitimamente promover a execução extrajudicial perante o Registro de Imóveis; as partes não poderão ceder seus direitos inerentes à propriedade fiduciária; sem falar na possibilidade de o proprietário tabular alienar a terceiros o domínio do imóvel, pendente a alienação fiduciária à margem da tábua registral.

Em voto lapidar sobre o tema em voga, a *ministra Nancy Andrighi* traçou as seguintes diretrizes acerca da indispensabilidade do registro para a propriedade fiduciária de bens imóveis:

> Quanto à propriedade fiduciária de bem imóvel, regida pela Lei 9.514/97, verifica-se que a garantia somente se constitui com o registro do contrato que lhe serve de título no registro imobiliário do local onde o bem se situa. (...) O registro, de fato, tem natureza constitutiva da propriedade fiduciária, assim como ocorre em relação aos demais direitos reais sobre imóveis. Dessa maneira, sem o registro do contrato no competente Registro de Imóveis, há simples crédito, situado no âmbito obrigacional, sem qualquer garantia real nem propriedade resolúvel transferida ao credor.(...) Na ausência de registro do contrato que serve de título à propriedade fiduciária no competente Registro de Imóveis, como determina o art. 23 da Lei 9.514/97, não é exigível do adquirente que se submeta ao procedimento de venda extrajudicial do bem para só então receber eventuais diferenças do vendedor.[401]

Pode-se concluir, assim, que sem o registro da garantia fiduciária na matrícula do imóvel não será possível a submissão da pretensão do credor fiduciário em executar o devedor extrajudicialmente, nos moldes da Lei 9.514/1997. *Nota bene!* Não se está a dizer que o credor fiduciário não poderá valer-se da execução judicial fundado em título executivo extrajudicial, mas apenas que o registro em sentido estrito da garantia fiduciária na matrícula do imóvel é *conditio sine qua non* para submissão do imóvel ao procedimento de execução extrajudicial projetado pela Lei 9.514/1997. Também assim já definiu o Superior Tribunal de Justiça:

> Cinge-se a controvérsia a definir se o credor de dívida garantida por alienação fiduciária de imóvel está obrigado a promover a execução extrajudicial de seu crédito na forma determinada pela Lei nº 9.514/1997. Hipótese em que a execução está lastreada em Cédula de Crédito Bancário. A Cédula de Crédito Bancário, desde que satisfeitas as exigências do art. 28, § 2º, I e II, da Lei nº 10.931/2004, de modo a lhe conferir liquidez e exequibilidade, e desde que preenchidos os requisitos do art. 29 do mesmo diploma legal, é título executivo extrajudicial. A constituição de garantia fiduciária como pacto adjeto ao financiamento instrumentalizado por meio de Cédula de Crédito Bancário em nada modifica o direito do credor de optar por executar o seu crédito de maneira diversa daquela estatuída na Lei nº 9.514/1997 (execução extrajudicial). Ao credor fiduciário é dada a faculdade de executar a integralidade de seu crédito judicialmente, desde que o título que dá lastro à execução esteja dotado de todos os atributos necessários – liquidez, certeza e exigibilidade.[402]

---

[401] STJ – REsp 1.835.598/SP, Rel. Min. Nancy Andrighi, j. 09/02/2021.
[402] STJ – REsp 1.965.973/SP, Rel. Min. Ricardo Villas Bôas Cueva, j. 15/02/2022.

7. Alienação fiduciária da propriedade superveniente

Em boa oportunidade, a Lei 14.711/2023 ("Marco Legal das Garantias") colocou fim à polêmica a respeito da admissibilidade do instituto da alienação fiduciária da propriedade superveniente.[403] Autorizou-se, no § 1º, do art. 22, da Lei 9.514/1997, textualmente, a possibilidade de sua constituição e seu registro imediato no Ofício Predial.

Parte da doutrina já admitia a possibilidade de sua contratação e registro,[404] com esteio no art. 1.361, § 3º, do Código Civil. Ecoavam, nesse sentido, as lições de *Melhim Namem Chalhub*:

> A alienação fiduciária é negócio jurídico de transmissão condicional, pelo qual o adquirente (credor) torna-se titular da propriedade resolúvel e o alienante (devedor) torna-se titular de direito real de aquisição, sob condição suspensiva (Código Civil, art. 1.368-B), que o legitima a contratar a alienação fiduciária da propriedade superveniente. A constituição dessa espécie de garantia não tem por objeto o direito aquisitivo que se encontra no patrimônio do devedor-fiduciante, mas, sim o futuro direito de propriedade, o qual o fiduciante se tornará titular quando implementada a condição suspensiva (pagamento); disso resulta, obviamente que a eficácia da garantia (nova) fica subordinada ao implemento dessa condição. Não se confunda a alienação da propriedade superveniente com alienação fiduciária de 2º grau, que é inadmissível.[405]

Nada obstante, muitos Oficiais de Registro não admitiam a possibilidade de ingresso ao fólio real. Pela inviabilidade do registro da alienação fiduciária da propriedade superveniente, antes da Lei 14.711/2023, havia inclusive precedente da *1ª Vara de Registros Públicos de São Paulo*:

> Na esfera registrária não se analisa a validade negócio jurídico, mas sim se o título é apto a ingressar no fólio real, atentando-se aos princípios que norteiam os atos registrários. Importante destacar que um dos principais princípios que regem a matéria é o da legalidade, que se desdobra em dois aspectos. O primeiro diz respeito à taxatividade dos direitos inscritíveis no registro de imóveis, sendo que o legislador não deixou a critério da parte decidir quais direitos gostaria de levar a registro, de modo que não terá acesso à Serventia Extrajudicial direito não previsto expressamente na lei. O segundo é atinente ao controle de legalidade exercido pelo registrador sobre os títulos previstos em lei, abrangendo tanto os aspectos extrínsecos ou formais, como os intrínsecos e materiais. A legislação vigente não contempla o ingresso da constituição de alienação fiduciária nos termos pretendidos pelo suscitado. O rol do artigo 167 da Lei de Registros Públicos é taxativo, é dispõe em seu item 35: "Artigo 167: No Registro de Imóveis, além da matrícula são feitos: I – o registro (...) 35 – da alienação fiduciária em garantia de coisa imóvel". O dispositivo legal é claro ao estabelecer que a alienação fiduciária em garantia de bem imóvel é passível de registro, diferentemente da alienação fiduciária sobre a "propriedade superveniente", circunstância esta que torna inviável o ingresso.[406]

Trata-se, fundamentalmente, da possibilidade de constituição de garantias fiduciárias sucessivas sobre o mesmo imóvel. Em outras palavras, agora, a lei autoriza a constituição de nova garantia fiduciária quando o imóvel já estiver alienado fiduciariamente.

---

[403] Cf. CHALHUB, Melhim Namem. *Alienação fiduciária:* negócio fiduciário. 5. ed. Rio de Janeiro: Forense, 2017. p. 152-153.

[404] Nas edições anteriores desta obra já entendíamos plenamente possível a contratação e o registro da alienação fiduciária da propriedade superveniente, mesmo antes da entrada em vigor da Lei 14.711/2023. Ora, o Código Civil permite a constituição de direitos reais de garantia, em geral, sobre a propriedade superveniente (art. 1.420, § 1º). No que toca à propriedade fiduciária, essa permissão é objeto do § 3º do art. 1.361 do *Codex*, segundo o qual, "a propriedade superveniente, adquirida pelo devedor, torna eficaz, desde o arquivamento, a transferência da propriedade fiduciária". De modo pontual, essa previsão legal excepciona a regra geral segundo a qual só aquele que pode alienar poderá constituir garantia real; refere-se, entre outros, àquele que é proprietário sob condição, como é o caso do devedor fiduciante.

[405] Cf. CHALHUB, Melhim Namem. *Alienação fiduciária: negócio fiduciário.* 5. ed. Rio de Janeiro: Forense, 2017. p. 152-153.

[406] Cf. 1ª VRPSP – Processo 1111191-68.2016.8.26.0100, Juíza Tânia Mara Ahualli, *DJe* 24/01/2017.

Quanto à terminologia, além de garantia fiduciária sobre a propriedade superveniente, poder-se-á falar também em propriedades fiduciárias em garantia sucessivas ou em subpropriedades fiduciárias em garantia sucessivas.[407] Como dificilmente se encontrará consenso doutrinário a respeito do *nomen juris* do instituto,[408] de qualquer sorte, é curial sedimentar que doravante um mesmo imóvel pode ser alienado fiduciariamente mais de uma vez para garantir dívidas diferentes, à semelhança do que acontece de há muito com a figura da hipoteca.

Não parece correto, porém, a menção a graus (*v.g.*, propriedade fiduciária de primeiro grau, segundo grau, etc.), na medida em que as garantias, no plano da eficácia, não se manifestam simultaneamente. Ao reverso, a extinção da primeira é condição de eficácia da segunda e assim sucessivamente. Cenário, portanto, completamente diverso da hipoteca, na qual o devedor – frise-se: diferente da garantia fiduciária – não se despede do domínio do imóvel durante a vigência da garantia.

Os institutos da hipoteca e da alienação fiduciária, como já se abordou, são completamente distintos e não há que se falar em incidência na alienação fiduciária da regra do art. 1.476 do Código Civil, segundo o qual "o dono do imóvel hipotecado pode constituir outra hipoteca sobre ele, mediante novo título, em favor do mesmo ou de outro credor". É que, em essência, a hipoteca mantém nas mãos do proprietário o direito de dispor do imóvel (e se ele pode alienar, poderá dar, novamente, em garantia); ao passo que na propriedade fiduciária, o *jus disponendi* é retirado, ainda que provisoriamente, do proprietário tabular (devedor fiduciante).

E mais. Apesar da afetação patrimonial do imóvel à garantia da dívida, configurando, pois, verdadeiro patrimônio de afetação, na complexidade dessa relação jurídica, remanescem dois núcleos jurídico-reais distintos: um para o devedor fiduciante (*direito real de aquisição, sob a condição suspensiva*) e, outro, para o credor fiduciário (*propriedade resolúvel*). Esses direitos reais imobiliários, por sua natureza, possuem notável conteúdo econômico, passíveis, por isso, de ingressar no tráfico jurídico, ainda que o novo negócio jurídico tenha eficácia subordinada à regular extinção da propriedade fiduciária, com o adimplemento da obrigação contratada entre o fiduciante e o fiduciário.

Assim, dizer que se trata de "alienação fiduciária em segundo grau" é, antes de tudo, atecnia indesejada.

De ver-se que a técnica legislativa ao viabilizar esses atos jurídicos mediante a ideia de alienação fiduciária de propriedades supervenientes, acertadamente admitiu o seu imediato registro na matrícula do imóvel e estabeleceu a sua ineficácia enquanto não houver o cancelamento da garantia fiduciária anterior.

Na verdade, essa alienação da propriedade futura é uma alienação fiduciária de uma coisa futura, ou seja, é uma alienação fiduciária de um imóvel sob condição suspensiva: a reaquisição futura do direito real de propriedade em razão da extinção da propriedade fiduciária anterior.

A contratação da alienação fiduciária da propriedade superveniente gera complexa amarração dos negócios jurídicos subjacentes no plano eficacial da "*Escada Ponteana*". Ora, por natureza, o credor fiduciário da primeira garantia constituída é titular do direito real de propriedade sujeito à condição resolutiva consistente no adimplemento da respectiva dívida. De sua vez, o credor fiduciário da propriedade superveniente será titular de um direito real de propriedade sujeito a duas condições: *(i)* a condição resolutiva consistente no adimplemento da respectiva dívida garantida; e *(ii)* a condição suspensiva consistente na extinção da propriedade fiduciária constituída anteriormente.

Dito de modo mais simples, como *sói acontecer*, todos os credores fiduciários são titulares de um direito real de propriedade sob condição resolutiva consistente no pagamento da dívida, como se dá em qualquer propriedade fiduciária. Todavia, no caso do credor fiduciário da propriedade superveniente, seu direito real é ineficaz enquanto não houver a extinção da propriedade fiduciária anteriormente constituída. Nesse sentido é didática a redação do Enunciado 506 do Conselho da Justiça Federal:

---

[407] Cf. OLIVEIRA, Carlos Eduardo Elias de. Lei das Garantias (lei 14.711/23): Uma análise detalhada. Disponível em: https://www.migalhas.com.br/coluna/migalhas-notariais-e-registrais.

[408] Poder-se-ia batizá-la também de alienação fiduciária *a non domino*, afinal, concretizada por quem, *secundum tabulas*, não é, ainda que provisoriamente, proprietário do imóvel. Esse *nomen juris* apesar de aceitável, pode induzir pessoas a erro, razão pela qual se deve preferir, na melhor técnica, utilizar-se a expressão *alienação fiduciária da propriedade superveniente*.

Estando em curso contrato de alienação fiduciária, é possível a constituição concomitante de nova garantia fiduciária sobre o mesmo bem imóvel, que, entretanto, incidirá sobre a respectiva propriedade superveniente que o fiduciante vier a readquirir, quando do implemento da condição a que estiver subordinada a primeira garantia fiduciária; a nova garantia poderá ser registrada na data em que convencionada e será eficaz desde a data do registro, produzindo efeito *ex tunc*.

Embora se trate de direito real de propriedade sob condição suspensiva – *rectius*: apesar de ser um direito eventual – é protegido juridicamente e defere ao seu titular a prerrogativa de praticar atos tendentes à sua proteção, conforme arts. 126 e 130 do Código Civil.

Sublinhe-se uma vez mais que a questão da propriedade fiduciária superveniente não se encontra no plano da validade do negócio, mas sim no plano da eficácia. A garantia é válida, apenas sua eficácia se encontra subordinada ao implemento de condição suspensiva, qual seja, a extinção da primeira propriedade fiduciária resolúvel.

Nas palavras de Pontes de Miranda, trata da *"pós-eficacização"* da garantia real constituída *a non domino*.[409] Essa a razão pela qual, ainda antes da reforma da Lei 14.711/23, os artigos 1.420, § 2º e 1.361, §3º já admitiam a figura da alienação fiduciária de propriedade superveniente. Impecável a redação dos preceitos no CC/2002. A garantia outorgada por quem não é dono, ao contrário do dito no CC/1916, não se revalida, simplesmente por não ser inválida, mas apenas ineficaz em relação ao verdadeiro proprietário. Não há, aqui, promessa de outorga de garantia, nem de garantia sobre coisa alheia, mas mera garantia ineficaz, que ganha, de modo automático e independentemente de qualquer outra emissão de vontade das partes, plenos efeitos se a coisa for adquirida pelo outorgante.

Foi estribado nesses fundamentos que o *Corregedor Geral da Justiça, des. Francisco Eduardo Loureiro*, didaticamente, consolidou o entendimento de que "a alteração legislativa [promovida pela Lei 14.711/2023] autorizando o ingresso do título no fólio real apenas positivou de modo explícito situação que já se encontrava no regime geral de garantias do Código Civil". Destarte, mesmo para títulos formalizados antes da entrada em vigor da Lei 14.711/2023, deve-se admitir o acesso ao registro da alienação fiduciária da propriedade superveniente, não existindo qualquer violação ao princípio registral do *tempus regit actum*.[410]

No aspecto puramente registral a inscrição do título causal da alienação fiduciária da propriedade superveniente tem cariz verdadeiramente acautelatório de direito real. A garantia fiduciária, em estado de latência, assume posição jurídica com oponibilidade *erga omnes*, gerando verdadeira *reserva de prioridade* na tábua registral.[411] Pode-se assentar que o registro do título causal da alienação fiduciária superveniente não tem aptidão para, de plano, gerar a *mutação júri-real* consistente na constituição de nova propriedade fiduciária, mas garante sua posição jurídico-registral. Tal somente ocorrerá com a reaquisição do domínio pleno pelo devedor fiduciante. Assim, a averbação de cancelamento da propriedade fiduciária previamente registrada gera *tríplice efeito jurídico-real*: (i) extingue a primeira propriedade fiduciária (Lei 9.514/1997, art. 25, *caput*); (ii) retorna o domínio pleno ao seu titular (Código Civil, art. 125); e *(iii)* ativa no plano eficacial a nova garantia fiduciária já registrada, mas até então ineficaz (Lei 9.514/1997, art. 22, § 3º).

De qualquer sorte, os *players* do mercado imobiliário devem atentar-se ao fato de que o registro imediato do instrumento contratual da alienação fiduciária da propriedade superveniente é providência fulcral. Obstará que, na eventualidade de ingresso na tábua registral de outros direitos reais contraditórios-excludentes, torne-se inócua a propriedade fiduciária. Equivale dizer, é a data da inscrição predial, que retrooperando eficácia, será referência à localização do direito real no tempo (*prior in tempore melhor in jure*).[412]

---

[409] Cf. PONTES DE MIRANDA, Francisco Cavalcanti. Tratado de direito privado. t.XX. São Paulo: RT, 1983. p. 27).

[410] Cf. CGJSP – Processo 1000125-58.2023.8.26.0126, Rel. Des. Francisco Eduardo Loureiro, j. 16.02.2024.

[411] Não se trata de raciocínio inovador, ocorre concretamente o que Serpa Lopes já defendia para a hipótese de registro da venda e compra com condição suspensiva. Cf. SERPA LOPES, Miguel Maria de. Tratado dos registros públicos. Rio de Janeiro: Freitas Bastos, 1960.

[412] Adverte-se que o registro é indispensável, porque, embora não produza efeitos enquanto não implementada a condição a que está subordinada (qual a aquisição da propriedade pelo fiduciante), a eficácia da garantia depende da inscrição da alienação fiduciária da propriedade superveniente no álbum imobiliário logo que pactuada.

Quadra anotar, ainda, que quanto ao fluxo de eficácia do registro, verificada a condição, aquela inscrição que, antes, tinha somente efeito assecuratório, passa a ter efeito constitutivo, implicando a concretização efetiva da propriedade fiduciária pelo simples implemento da condição (quitação integral da obrigação) e consequente cancelamento da propriedade fiduciária anterior, sendo desnecessário qualquer ato de confirmação. É dizer, a mutação júri-real é *ipso iure*, automática, sendo pressuposto apenas a efetiva realização da condição (pagamento) e sua publicidade no fólio.

Enfim, realizado, na pendência da condição, o registro da alienação fiduciária da propriedade superveniente, será oportuno apenas a averbação do cancelamento da primeira garantia, quando *a conditio* for implementada. Isto é, não se faz necessário qualquer outro ato registral, à vista do ativamento automático dos efeitos daquela constituição de direito real. Garante-se, pois, a publicidade e eficácia do ato registrário que, sob o ponto de vista orgânico, encontra-se perfeito e acabado.

Outrossim, com o "Marco Legal das Garantias", ganha destaque nessa contratação, novamente, a manutenção da natureza jurídica especial de patrimônio de afetação da garantia fiduciária à luz do § 10 do art. 22 da Lei 9.514/1997. Nesse caminho, no caso de falência do devedor, todos os credores fiduciários poderão valer-se da grande vantagem de serem proprietários e escapar ao quadro-geral de credores em razão do seu direito de pedir restituição da coisa nos termos do § 3º do art. 49 e do art. 85 da Lei 11.101/2005.

Mencione-se, ainda, que o legislador já resolveu a celeuma para a hipótese de inadimplemento do devedor fiduciante quando houverem sido constituídas garantias fiduciárias sucessivas sobre o mesmo imóvel. Nesse caso, nos moldes do § 3º, do art. 22, o direito do credor fiduciário superveniente se sub-roga no valor da alienação do imóvel. A redação do texto, aliás, foi bem didática ao sedimentar que havendo alienações fiduciárias sucessivas da propriedade superveniente, as anteriores terão prioridade em relação às posteriores na excussão da garantia, observado que, no caso de excussão do imóvel pelo credor fiduciário anterior com alienação a terceiros, os direitos dos credores fiduciários posteriores sub-rogam-se no preço obtido, cancelando-se os registros das respectivas alienações fiduciárias.

Em suma, tanto no cenário de adimplemento obrigacional, como na hipótese de inadimplemento da dívida, as garantias supervenientes condicionam-se ao resultado prático da primeira contratação fiduciária: no primeiro caso, cancelando-se a primeira, a segunda garantia fiduciária passa a ter plena eficácia; na segunda hipótese, havendo excussão da primeira, a segunda garantia eficácia sub-roga-se no valor da alienação do imóvel, observada a prioridade daquela.

A melhor técnica empregada na solução do concurso de credores fiduciários, na roupagem do enfocado art. 22 da Lei 9.514/1997, garante a preferência dos credores fiduciários por ordem de prioridade registral, em nome do princípio do *prior in tempore potior in iure*. Nada obstante, sempre será lícito que credores fiduciários posteriores paguem a dívida perante os credores fiduciários anteriores, a fim de assumir a posição preferencial dele por meio do fenômeno da sub-rogação (Lei 9.514/1997, art. 22 § 5º). Assim, se o credor fiduciário da propriedade superveniente pagar a dívida devida ao credor fiduciário original, haverá a sub-rogação pessoal.

Para fins de qualificação registral do título basal que formalize a alienação fiduciária superveniente deve-se deixar muito claro que o novo negócio fiduciário poderá ser realizado com *qualquer credor*, sendo certo que o credor fiduciário da primeira garantia constituída não necessita anuir à novas contratações, nem mesmo tem o direito de obstá-las, sob pena de violar o conteúdo do direito real máximo de propriedade.

Nada obstante, tendo o negócio fiduciário posterior o mesmo credor da primeira garantia constituída, descortinará a possibilidade de contratação da chamada cláusula *cross default*, consagradas no art. 22, §§ 6º a 8º, da Lei 9.514/1997. Trata-se da hipótese na qual, no caso de inadimplemento de uma obrigação, há o vencimento antecipado de outras. Para a hipótese telada, se um mesmo credor titularizar mais de uma garantia fiduciária sobre o mesmo imóvel por dívidas diferentes contraídas pelo mesmo devedor, há o *cross default*: o inadimplemento de qualquer de uma das obrigações acarreta o vencimento antecipado das demais.[413]

Trata-se de arranjo negocial que deve ser textualmente contemplado no negócio jurídico basal da alienação fiduciária (art. 22, §§ 6º e 8º, da Lei 9.514/1997). Com esteio na autonomia privada, é

---

[413] Cf. OLIVEIRA, Carlos Eduardo Elias de. Lei das Garantias (Lei 14.711/23): Uma análise detalhada. Disponível em: https://www.migalhas.com.br/coluna/migalhas-notariais-e-registrais

de bom alvitre agasalhar o entendimento de que nada impede que as partes afastem a cláusula *cross default* mediante pacto expresso, a despeito do silêncio da norma.

Nesse ambiente, para fins de qualificação registral, é patente que o instrumento contratual de instituição da garantia fiduciária precisa ser textual, seja contemplando a cláusula, seja repelindo-a, sob pena de não ingressar no álbum imobiliário, com força no § 6º do art. 22 da Lei 9.514/1997. No silêncio contratual, presente a situação fático-jurídica subjacente, recomenda-se, *ad cautelam*, a devolução para contemplação instrumental da hipótese, isto é, seja para inseri-la ou afastá-la. De qualquer sorte, por entendimento do Oficial de Registro de Imóveis, se realizado o registro do título constitutivo, sendo este omisso sobre a cláusula *cross default*, deve-se presumir a sua não existência. Em outras palavras, sua aplicação concreta sempre demandará pactuação expressa.[414]

Na fase da execução extrajudicial da garantia fiduciária, deve o Oficial Predial atentar-se sobretudo ao fato de que a cláusula *cross default* não se opera automaticamente, ainda que esteja contemplada no contrato. É indispensável que o credor fiduciário expressamente manifeste seu desejo em ativá-la na intimação que vier a ser expedida ao devedor fiduciante por ocasião do procedimento de execução extrajudicial da garantia fiduciária (Lei 9.514/1997, art. 22, § 9º). Assim, de rigor, que no requerimento de instauração da excussão da garantia fiduciária perante o Oficial de Registro de Imóveis competente, seja feito pedido expresso nesse sentido, contemplando-se os respectivos débitos e encargos no módulo executivo extrajudicial.

Objetivamente, com atenção aos efeitos registrais, pode-se sintetizar:

i) A Lei 14.711/2023 autorizou a alienação fiduciária em garantia da propriedade superveniente, ou seja, do direito expectativo do devedor de readquirir a propriedade do bem uma vez extinta a primeira obrigação e cancelada a primeira alienação fiduciária (Lei 9.514/1997, art. 22, §3º).

ii) A alienação fiduciária da propriedade superveniente também tem o efeito de afastar o crédito garantido, e o imóvel, dos procedimentos concursais, como a falência, sendo, pois, patrimônio de afetação nos mesmos moldes da primeira garantia fiduciária (Lei 9.514/1997, art. 22, §10).

iii) Vencida qualquer parcela e não purgada a mora, pode o credor declarar vencidas antecipadamente todas as obrigações (Lei 9.514/1997, art. 22, §6º). Isto implicará também o vencimento antecipado das obrigações garantidas pela propriedade superveniente, nos termos do Código Civil. A despeito disso, a Lei determina que conste do título que constitui alienação sobre propriedade superveniente cláusula a esse respeito (Lei 9.514/1997, art. 22, §8º).

iv) Optando o credor por considerar vencida toda a obrigação, esta informação deverá constar da intimação encaminhada ao devedor (Lei 9.514/1997, art. 22, §9º).

v) A prioridade será sempre daquela constituída antes pelo registro. Em caso de execução extrajudicial, sendo o imóvel único, os credores das alienações de propriedade superveniente se sub-rogam no preço, o que será apurado nos leilões promovidos a requerimento do primeiro credor. Excutida a primeira garantia, e realizados os leilões, sejam eles bem sucedidos ou não, todas as demais alienações deverão ser canceladas. Os cancelamentos deverão ser feitos por ocasião da transmissão do bem ao arrematante, ou da averbação dos leilões negativos (Lei 9.514/1997, art. 22, §4º).

vi) Pode o credor garantido pela propriedade superveniente pagar aquilo que o devedor deve ao credor garantido pela propriedade atual, caso em que sub-rogar-se-á em sua posição (Lei 9.514/1997, art. 22, §5º).

8. Os microssistemas especiais de excussão da garantia fiduciária

Atendendo aos anseios do mercado imobiliário e fomentando a autonomia privada e a segurança jurídica das contratações, a Lei 14.711/2023 promoveu relevante revisão da Lei 9.514/1997, tornando-a mais dinâmica e eficiente. Consolidaram-se, em realidade, *dois grandes microssistemas* de excussão da

---

414   Cf. OLIVEIRA, Carlos Eduardo Elias de. Lei das Garantias (lei 14.711/23): Uma análise detalhada. Disponível em: https://www.migalhas.com.br/coluna/migalhas-notariais-e-registrais.

Art. 167 | LEI DE REGISTROS PÚBLICOS COMENTADA

garantia fiduciária que, por sua natureza, são excludentes entre si: o *(i)* financiamento habitacional e o *(ii)* financiamento não habitacional.

É certo que os dois microssistemas, em muitos pontos de segurança, dialogam entre si (*v.g.*, em ambos se aplicam o direito de preferência do devedor fiduciante, consagrado no art. 27, § 2º-B da Lei 9.514/1997; prazo para realização dos leilões, estipulado no art. 27, *caput*, da Lei 9.514/1997). No entanto, em pontos sensíveis, possuem efeitos jurídicos distintos. Levou em conta o legislador a própria natureza jurídica das relações subjacentes, tutelando-se em normas mais protetivas os *financiamentos habitacionais*, em razão da consabida vulnerabilidade econômica e jurídica do comprador-devedor.

Já em relação aos *financiamentos não habitacionais*, ordinariamente contratados no âmbito de relações paritárias, fomentou a autonomia privada das contratações, conferindo certa margem de liberdade nos negócios fiduciários, embora, como soi acontecer, mantiveram-se claros os limites de atuação das partes quando esbarram em questões de ordens públicas.

O financiamento habitacional possui como norma fundamental de regência o art. 26-A da Lei 9.514/1997, consistindo, frise-se, nas contratações decorrentes de financiamentos para aquisição ou construção de imóvel residencial do devedor, exceto as operações do sistema de consórcio de que trata a Lei nº 11.795, de 8 de outubro de 2008. Ganhando destaque como efeito especial de sua contratação, dois pontos fundamentais:

i) o referencial mínimo para o segundo leilão, de modo que será aceito o maior lance oferecido desde que seja igual ou superior ao valor integral da dívida garantida pela alienação fiduciária mais antiga vigente sobre o bem, das despesas, inclusive emolumentos cartorários, dos prêmios de seguro, dos encargos legais, inclusive tributos, e das contribuições condominiais (§ 3º); e

ii) a extinção da dívida no caso de frustração dos leilões, ou seja, se no segundo leilão não houver lance que atenda ao referencial mínimo para arrematação acima mencionado, a dívida será considerada extinta, com recíproca quitação, hipótese em que o credor ficará investido da livre disponibilidade (§ 4º).

Consigne-se, aliás, que a extinção da dívida no excedente ao referencial mínimo para arrematação configura condição resolutiva inerente à obrigação e, por isso, estende-se às hipóteses em que o credor tenha preferido o uso da via judicial para executar a dívida.

Já em relação ao *financiamento não habitacional*, que pode ter seu âmbito de incidência extraído por exclusão, ou seja, refere-se às contratações não decorrentes de financiamentos para aquisição ou construção de imóvel residencial do devedor, a norma de regência é o art. 27 da Lei 9.514/1997. Para essa modalidade de contratação tem-se os seguintes desdobramentos:

i) Flexibilização do referencial mínimo de lance para o segundo leilão: será aceito o maior lance oferecido, desde que seja igual ou superior ao valor integral da dívida garantida pela alienação fiduciária, das despesas, inclusive emolumentos cartorários, dos prêmios de seguro, dos encargos legais, inclusive tributos, e das contribuições condominiais, podendo, caso não haja lance que alcance referido valor, ser aceito pelo credor fiduciário, a seu exclusivo critério, lance que corresponda a, pelo menos, metade do valor de avaliação do bem (§ 2º); Na mesma linha, e mantida a regra geral, se no segundo leilão não houver lance que atenda ao referencial mínimo para arrematação acima mencionado, o fiduciário ficará investido na livre disponibilidade do imóvel e exonerado da obrigação de entregar valor de eventual sobeja ao devedor; e

ii) Não extinção da dívida na hipótese de o produto do leilão não ser suficiente para o pagamento integral do montante da dívida, das despesas e dos encargos. Nesse caso, o devedor continuará obrigado pelo pagamento do saldo remanescente, que poderá ser cobrado por meio de ação de execução e, se for o caso, excussão das demais garantias da dívida (§ 5º-A).

A correta compreensão dos microssistemas de excussão da garantia fiduciária é providência fundamental para os operadores do direito imobiliário, sob pena de causar lesão aos contratantes e gerar litígios. Em atuação profilática, tanto os responsáveis pela confecção dos instrumentos contratuais, quanto os registradores, devem atentar-se para que não haja confusão das cláusulas contratuais, evitando-se, assim, que sejam excluídos direitos tutelados pela norma ou, ainda, aplicadas diretrizes legais indevidas (*v.g.*, alienação fiduciária derivada de financiamento habitacional que contemple a não extinção da dívida, em contravenção ao art. 26,-A, § 4º da Lei 9.514/1997).

Na seara da qualificação registral, o tema descortina-se como elemento fulcral de atenção, sendo certo que, havendo qualquer contravenção aos microssistemas referidos, os contratos devem ser retificados antes de acederem ao álbum imobiliário, pena de nulidade do negócio jurídico.

Registre-se, ainda, que a Lei 14.711/2023, em boa oportunidade, regulou a hipótese de contratação da garantia fiduciária quando mais de um imóvel for alienado fiduciariamente para garantia de uma obrigação. A norma insculpida no art. 27-A da Lei 9.514/1997 traz procedimento especial no que concerne à faculdade do credor excutir a garantia.

Basicamente, a excussão poderá ocorrer de dois modos distintos. Na hipótese de não ser convencionada a vinculação de cada imóvel a 1 (uma) parcela da dívida, o credor poderá promover a excussão: *(i)* em ato simultâneo, por meio de consolidação da propriedade e leilão de todos os imóveis em conjunto; ou *(ii)* em atos sucessivos, por meio de consolidação e leilão de cada imóvel em sequência, à medida do necessário para satisfação integral do crédito.

Tais diretrizes necessitam ser estipuladas por ocasião da contratação da garantia fiduciária, razão pela qual o instrumento que serve de título ao negócio fiduciário deverá contemplar qual o modelo de excussão a ser adotado e seus efeitos decorrentes, observando os limites da norma de regência da hipótese, qual seja, o art. 27-A da Lei 9.514/1997.

Em arremate, é possível perceber que não foi por acaso que o art. 24, VII, da Lei 9.514/1997 contempla textualmente como requisito indispensável do título basal que formaliza a alienação fiduciária em garantia de bens imóveis, cláusula que disponha sobre os procedimentos de que tratam os arts. 26-A, 27 e 27-A, conforme o caso.

9. A execução da garantia fiduciária sobre dois ou mais imóveis

Boa novidade veiculada pela Lei 14.711/2023 foi a contemplação expressa da excussão da garantia fiduciária quando houver mais de um imóvel garantindo a mesma dívida. Consagrando-se a ideia de um *Sistema de Justiça Multiportas*, franqueou-se ao credor o direito de requerer a execução extrajudicial perante qualquer dos Ofícios de Registro de Imóveis competentes, na hipótese de haver imóveis localizados em mais de uma circunscrição imobiliária.

Nessa toada, o § 1º-A, do art. 26, da Lei 9.514/1997 trouxe segurança jurídica à hipótese telada ao consagrar que se houver imóveis localizados em mais de uma circunscrição imobiliária em garantia da mesma dívida, a intimação para purgação da mora poderá ser requerida a qualquer um dos registradores competentes e, uma vez realizada, importa em cumprimento do requisito de intimação em todos os procedimentos de excussão, desde que informe a totalidade da dívida e dos imóveis passíveis de consolidação de propriedade.

Antes da edição da Lei 14.711/2023 havia muita controvérsia e dificuldade prática de como lidar com a hipótese telada.[415] A norma, portanto, veio em boa hora para trazer mais eficiência e segurança jurídica para a execução extrajudicial da garantia fiduciária. Tratando-se, pois, de esfera administrativa o princípio da legalidade deve sempre ser reinante.

---

[415] Enfrentando a questão telada, antes da Lei 14.711/2023, a *Corregedoria Geral da Justiça do Estado de São Paulo* exarou relevante posicionamento que passou a servir de diretriz procedimental aos oficiais prediais: "Com efeito, a Lei nº 9.514/97 não proíbe que vários imóveis garantam uma única dívida, sendo possível que em um mesmo contrato de mútuo com constituição de alienação fiduciária vários imóveis sejam dados em garantia, o que, inclusive, nem se discute nestes autos posto que já efetivados os devidos registros. No caso concreto, a garantia foi dada por terceiras pessoas, que compareceram no contrato de financiamento com a exclusiva finalidade de prestarem a garantia, tendo sido alienados dois imóveis de proprietários distintos e situados em circunscrições diferentes. Dois, pois, são os devedores fiduciantes e dois são os objetos da garantia, situados em circunscrições registrais diversas. Não se vislumbra empecilho para a realização das intimações pelos Oficiais de onde situados os respectivos bens, facultando-se ao devedor purgar a mora em quaisquer dos Registros de Imóveis, não se sustentando a alegada obrigação do credor em se utilizar da via judicial, sob pena de restar descaracterizado o próprio objetivo da propriedade fiduciária, cuja simplicidade na execução é de sua essência" (CGJSP – Processo 1075313-43.2020.8.26.0100, Des. Ricardo Mair Anafe, j. 23/06/2021).

Art. 167 | LEI DE REGISTROS PÚBLICOS COMENTADA

370

Ressalte-se, ainda, que na hipótese de mais de um imóvel servir de garantia para um dívida, o título que formaliza o negócio fiduciário deve ser redigido com clareza, sendo recomendável a menção ao valor ou percentual da dívida que cada imóvel responde, bem assim o valor de cada um deles para fins de leilão. Essas cautelas evitarão litígios em eventual excussão da garantia fiduciária.

O *Conselho Superior da Magistratura do Estado de São Paulo* já decidiu a esse respeito:

> Há menção, no registro, e, do mesmo modo, no título, a respeito das *99 unidades autônomas*, a divisão destas em blocos, as metragens de cada uma delas e a correspondente fração ideal. Não há, ainda, o registro da instituição e convenção do condomínio, com as descrições de cada uma das 99 unidades autônomas que o integrarão, de modo que, se as unidades não estão descritas individualmente no registro, é indevida a exigência desta descrição no título. (...) O mesmo não pode ser dito em relação à exigência de constar o valor de cada uma das unidades e à forma de pagamento, que é devida, para proteger eventuais adquirentes destas unidades, na hipótese de o devedor se tornar inadimplente e o imóvel ser levado a leilão. A Lei de Alienação Fiduciária, ao estabelecer os requisitos do contrato, os procedimentos mínimos que devem ser observados no leilão, como a fixação de valor mínimo para a venda do imóvel etc., procura proteger o devedor fiduciante e evitar o locupletamento indevido do credor, o que reclama, em consequência, que se especifique o valor de cada uma das unidades autônomas e a forma de pagamento. Esta omissão no título impede o seu registro.[416]

Considere-se, ainda, que é possível estabelecer-se valor único para todos os imóveis, com o esclarecimento de que o leilão será um só, para todos os imóveis.

Sob o enfoque registral imobiliário, se os imóveis estão situados em comarcas diversas, o contrato será registrado em todas elas, e por isso, como visto, a Lei conferiu competência concorrente a todos os Ofícios Prediais, ficando a critério do credor a eleição da circunscrição em que se promoverá a intimação do devedor. Parece mais crível e razoável que a escolha recaia na circunscrição em que o devedor possui seu domicílio, objetivando-se eficiência no processo de intimação para purga da mora.

De modo geral, é razoável admitir, à luz da boa-fé objetiva das contratações, que o próprio contrato de alienação fiduciária indique o Oficial competente para a execução extrajudicial, algo muito próximo à cláusula de eleição de foro, amplamente admitida nos contratos paritários. Não se trata – frise-se – de dispensar a prática de atos registrais na matrícula dos outros imóveis, mas apenas deferir que a tramitação da execução extrajudicial se concretize sob a direção de um dos Oficiais de Registro de Imóveis em cuja matrícula esteja registrada a garantia fiduciária, otimizando-se o procedimento para, ao fim e ao cabo, garantindo a segurança jurídica.

De qualquer sorte, frise-se uma vez mais, a competência é concorrente de todos os Ofícios Prediais que promoveram o registro constitutivo da garantia fiduciária. E a escolha cabe ao credor, ou seja, requerer a intimação para a purgação da mora perante qualquer um dos Ofícios de Imóveis competentes, informando que este abarcará a totalidade dos imóveis garantidos, sendo dispensada a prática desta diligência de intimação perante os demais.

Nessa hipótese, em especial, para que a eficácia da intimação seja estendida aos demais Ofícios Imobiliários, é necessário que o Ofício responsável pela diligência expeça certidão declarando que a intimação foi positiva, que não ocorreu a purgação da mora perante a serventia, a data em que foi promovida e que constou do seu texto a totalidade da dívida e a advertência de que a ausência de purgação autorizaria a consolidação da propriedade em todos os imóveis constantes do título.

Esta certidão deverá acompanhar cada um dos requerimentos de consolidação da propriedade fiduciária promovidos perante os demais Ofícios de Imóveis.

Da intimação nesse caso peculiar, se for o caso, é recomendável a advertência de que a intimação se estende às demais serventias imobiliárias em que situados imóveis alienados fiduciariamente para pagamento desta dívida e que, por consequência, esta intimação não será praticada pelos Ofícios Prediais.

Com efeito, quanto à excussão propriamente dita da garantia fiduciária, a norma do art. 27-A da Lei 9.514/1997, introduzida pela Lei 14.711/2023, didaticamente, atribuiu a responsabilidade ao credor

---

[416] Cf. *CSMSP* – Apelação Cível 580-6/8, *Des. Gilberto Passos de Freitas*, j. 19/04/2007.

fiduciário no sentido de garantir a excussão conjunta dos imóveis ou, de outra forma, em execuções sucessivas.

Assim, naquelas operações de crédito garantidas por alienação fiduciária de 2 (dois) ou mais imóveis, o credor poderá promover a excussão em ato simultâneo, por meio de consolidação da propriedade e leilão de todos os imóveis em conjunto, ou em atos sucessivos, por meio de consolidação e leilão de cada imóvel em sequência, à medida do necessário para satisfação integral do crédito. À evidência essa norma não se aplica à hipótese na qual houver sido convencionada a vinculação de cada imóvel a uma parcela da dívida.

Na hipótese de excussão em atos sucessivos, caberá ao credor fiduciário a indicação dos imóveis a serem excutidos em sequência, exceto se houver disposição em sentido contrário expressa no contrato, situação em que a consolidação da propriedade dos demais ficará suspensa. A diretriz fundamental, portanto, será sempre o título constitutivo da garantia fiduciária.

Optando o credor pela excussão sucessiva, a ele caberá a escolha do bem a ser excutido, salvo se já estiver sido estabelecida uma ordem no título. No âmbito procedimental é recomendável que ao formular o requerimento de consolidação da propriedade fiduciária, o credor que fizer a opção pela excussão simultânea declarará, sob as penas da lei, a inexistência de restrição no título, assim como aquele que fizer a opção pela excussão sucessiva, declarará, sob as penas da lei, que o título não apresentou uma ordem a ser seguida ou, ainda, que a ordem apresentada será rigorosamente observada.

Para fins de publicidade e eficácia perante terceiros, a lei foi peremptória em exigir a *averbação-notícia* da realização de cada um dos leilões. Equivale dizer, a cada leilão, o credor fiduciário promoverá nas matrículas dos imóveis não leiloados a averbação do demonstrativo do resultado e o encaminhará ao devedor e, se for o caso, aos terceiros fiduciantes, por meio de correspondência dirigida aos endereços físico e eletrônico informados no contrato.

Fazendo a opção pela excussão sucessiva, o credor deverá requerer, após a realização de cada leilão, que seja promovida, nas demais matrículas dos imóveis ofertados em garantia e não leiloados, a averbação do demonstrativo do resultado. A melhor interpretação da norma é no sentido de que a averbação deverá noticiar que o leilão realizado na execução do imóvel de determinada matrícula foi negativo ou informar o valor do lance obtido.

No requerimento apresentado, deverá o credor declarar, sob as penas da lei, que enviou o demonstrativo de resultado para o devedor e eventual fiduciante, tanto por meio de correspondência, com aviso de recebimento, quanto por mensagem eletrônica, tendo por base o endereço físico e eletrônicos constantes do contrato, sendo dispensado de provar o efetivo envio.

À evidência, serão feitas as averbações de demonstrativo apenas se não houver lance ou se o valor obtido não for suficiente para completa quitação da dívida e das despesas acessórias, hipótese em que a execução prosseguirá e poderá atingir outros bens.

Em casos tais, na hipótese de inércia do credor, a serventia só admitirá o pedido de nova consolidação se promovidas as devidas averbações do demonstrativo nos imóveis, inclusive no agora escolhido para a execução.

De outro bordo, na hipótese de não se alcançar a quantia suficiente para satisfação do crédito, a cada leilão realizado, caminhando-se na excussão sucessiva dos outros imóveis, o credor recolherá o imposto sobre transmissão *inter vivos* e, se for o caso, o laudêmio, relativos ao imóvel a ser excutido. Em seguida, requererá a averbação da consolidação da propriedade e, no prazo de 30 (trinta) dias, realizará os procedimentos de leilão nos termos do art. 27 desta Lei.

Denota-se que para a hipótese de mais de um imóvel garantir a dívida, criou o legislador uma sequência natural para a excussão das garantias por etapas até que seja ultimado o valor total da dívida. Em outras palavras, fracionou-se a execução extrajudicial de modo a cumprir o princípio fundamental do processo *da menor onerosidade ao executado*.

Satisfeito integralmente o crédito com o produto dos leilões realizados sucessivamente, o credor fiduciário entregará ao devedor e, se for o caso, aos terceiros fiduciantes, o termo de quitação e a autorização de cancelamento do registro da propriedade fiduciária de eventuais imóveis que restem a ser desonerados. Note-se que a depender da situação concreta nem todos os imóveis serão levados à leilão. O fiel da balança será sempre o valor total da dívida a ser satisfeita.

Art. 167 | LEI DE REGISTROS PÚBLICOS COMENTADA

De qualquer sorte, se o produto dos leilões for suficiente para quitar a dívida, nasce a obrigação do credor de dar a quitação ao devedor fiduciante ou ao terceiro garantidor, sendo, pois, o termo de quitação o título hábil para cancelamento da garantia fiduciária no Ofício Predial.

Para fins didáticos, em razão da inata complexidade da situação jurídica telada, confira-se a seguir as cautelas da excussão da garantia fiduciária quando esta recair sobre mais um imóvel:

1) Imóveis localizados em mais de uma circunscrição: a intimação poderá ser requerida a qualquer um dos registros competentes. Há aqui competência concorrente entre os Oficiais que registraram a garantia fiduciária. A notificação realizada em um deles valerá para todos os demais (Lei 9.514/1997, art. 26, §1º-A). A prova da realização da intimação e não purga da mora deve ser atestada por certidão circunstanciada que permitirá ao credor seguir com a excussão da garantia nos demais Ofícios Prediais.

2) Não havendo vinculação de cada imóvel a alguma parcela específica, o credor poderá optar em requerer a consolidação da propriedade de todos os imóveis em conjunto, ou de parte deles, na medida do necessário para satisfazer o crédito (Lei 9.514/1997, art. 27-A, *caput*).

3) Optando pela excussão parcial, o credor deverá indicar no requerimento quais imóveis serão atingidos. No entanto, como o contrato pode conter previsão em sentido diverso, esta deverá ser verificada, a fim de se qualificar a pretensão do credor (Lei 9.514/1997, art. 27-A, §1º).

4) Indicados os imóveis, deverá ser recolhido o respectivo ITBI. Neste caso, o prazo para realização do primeiro leilão é de 30 (trinta), e não 60 (sessenta) dias (Lei 9.514/1997, art. 27, §3º).

5) Realizado cada leilão, será averbado na matrícula dos demais imóveis um demonstrativo de resultado (Lei 9.514/1997, art. 27-A, §2º).

6) Satisfeito o crédito, deverá o credor entregar ao devedor termo de quitação, que servirá para o cancelamento da alienação fiduciária que eventualmente exista sobre imóvel remanescente (Lei 9.514/1997, art. 27-A, §4º).

10. Outros atos e vicissitudes registrais na alienação fiduciária de bens imóveis

Já se pavimentou com segurança que sem o registro em sentido estrito do título causal que veicula alienação fiduciária na matrícula do imóvel não se constitui a propriedade fiduciária. Depois de constituída a propriedade fiduciária sobre determinado imóvel ou direito real a ele relativo, a relação jurídica dela imanente pode passar por inúmeras situações que desaguam de algum modo no Registro de Imóveis. A seguir, são arroladas as principais ocorrências e seus efeitos registrais.

10.1. Cessão da posição contratual

Tanto o devedor[417] quanto o credor[418] poderão ceder os seus direitos durante a vigência da fidúcia. No caso da cessão dos direitos de devedor fiduciante, a Lei 9.514/1997 exige a anuência do credor. Embora a melhor técnica indique a necessidade de ingresso no fólio real a título de registro em sentido estrito, tal como na hipótese da cessão do compromisso de venda e compra, em ambos os polos da relação jurídica as cessões, por ausência de previsão legal determinando o registro, ingressam mediante ato de averbação.

10.2. Portabilidade do financiamento

Cuida-se de averbação em razão de previsão legal expressa nesse sentido. A rigor, seriam praticados dois atos: cancelamento do financiamento anterior mediante averbação; e registro constitutivo da nova garantia fiduciária. No entanto, o legislador optou por desonerar os interessados determinando-se a prática de única averbação para a situação jurídica delineada no art. 167, II, nº 35, da LRP.

---

[417] *Art. 29 da Lei 9.514/1997*. O fiduciante, com anuência expressa do fiduciário, poderá transmitir os direitos de que seja titular sobre o imóvel objeto da alienação fiduciária em garantia, assumindo o adquirente as respectivas obrigações.

[418] *Art. 28 da Lei 9.514/1997*. A cessão do crédito objeto da alienação fiduciária implicará a transferência, ao cessionário, de todos os direitos e obrigações inerentes à propriedade fiduciária em garantia.

10.3. Cancelamento da propriedade fiduciária

Como todo e qualquer direito real sobre imóvel, seu cancelamento somente se ultima mediante sua averbação na matrícula do imóvel (LRP, art. 167, II, nº 2). Noticia-se, assim, a ocorrência de algum fato jurídico que extinguiu a propriedade fiduciária. Trata-se de averbação constitutiva-negativa. A situação mais corriqueira ocorre com a quitação da dívida pelo devedor e extinção da propriedade fiduciária, hipótese na qual o devedor fiduciante retorna ao domínio pleno do imóvel.

A Lei 9.514/1997, em seu art. 25, §§ 1º e 1º-A prevê o prazo de 30 (trinta) dias, a contar da data de liquidação da dívida, para que o fiduciário forneça o respectivo termo de quitação ao fiduciante, sob pena de multa equivalente a meio por cento ao mês, ou fração, sobre o valor do contrato. Deve-se entender por "*valor do contrato*", dada a acessoriedade da propriedade fiduciária, ao valor do contrato de mútuo garantido. Com o instrumento de quitação o fiduciante deverá promover o cancelamento da propriedade fiduciária, mediante averbação específica, perante o Registro de Imóveis competente (art. 25, § 2º). Essa providência é essencial para o cancelamento da propriedade fiduciária exaurida com o pagamento integral da dívida.

Para a averbação de cancelamento da propriedade fiduciária, basta que seja apresentado requerimento solicitando a indigitada averbação com a indicação da matrícula do imóvel e do número de registro constitutivo da propriedade fiduciária que se pretende cancelar. Esse requerimento deve estar instruído do termo de quitação ou autorização de cancelamento firmado por credor fiduciário ou seu representante legal. Veja-se, assim, que sem a averbação respectiva a propriedade fiduciária não se extingue enquanto direito real. O averbamento na matrícula do imóvel é, pois, providência indispensável. Somente com referido ato publicar-se-á a terceiros que a propriedade plena reverte-se em favor do fiduciante. Assim, a averbação do cancelamento pela quitação do contrato será, inclusive, condicionante à prática de atos de disposição do imóvel pelo fiduciante.

10.4. Consolidação da propriedade em favor do credor fiduciário

Ocorrendo o inadimplemento contratual e iniciada a execução extrajudicial, nos moldes dos arts. 26 e seguintes da Lei 9.514/1997, caso intimado o devedor e esse não purgar a mora no prazo de 15 dias, ocorrerá a consolidação da propriedade em favor do credor fiduciário. Lembre-se, formalizada a intimação do devedor, abrem-se dois caminhos possíveis: (i) a purga da mora e o consequente convalescimento do contrato; ou (ii) não purgada a mora, a propriedade se consolida em nome do fiduciário.

O ato será de averbação. Pela regra geral da Lei 9.514/1997 (art. 26, § 7º), decorrido o prazo de 15 (quinze) da concretização da intimação do devedor sem a purgação da mora, o credor fiduciário poderá requerer ao Oficial do competente Registro de Imóveis a promoção da averbação, na matrícula do imóvel, da consolidação da propriedade em nome do fiduciário, à vista da prova do pagamento por esse, do imposto de transmissão *inter vivos* (ITBI) e, se for o caso, do laudêmio.

10.5. Dação em pagamento

Faculta a Lei 9.514/1997, em seu art. 26, § 8º, que o devedor fiduciante possa, com a anuência do fiduciário, dar seu direito eventual ao imóvel em pagamento da dívida, dispensando-se, assim, os procedimentos tendentes à alienação do imóvel em leilão público, tal como disciplinado no art. 27 da referida lei. A despeito de a Lei dispensar apenas os procedimentos dos leilões públicos, é correto admitir que a dação em pagamento apresenta dois pressupostos para realizar-se: (*i*) a ocorrência do inadimplemento pelo devedor e (*ii*) a não concretização da averbação da consolidação da propriedade em favor do credor fiduciário.

Em termos de atos registrais a serem praticados na matrícula por ocasião da apresentação do instrumento de dação em pagamento, é correto: primeiro, promover-se o registro em sentido estrito da dação em pagamento (*art. 167, I, nº 31, da Lei 6.015/1973*); *a posteriori*, em prol da melhor técnica de registro, parece adequado publicizar a extinção da propriedade fiduciária, por averbamento negativo (*art. 167, II, nº 2, da Lei 6.015/1973*); este último ato sem custos ao usuário, porque realizado por conveniência do serviço registral. Bastará o instrumento que formaliza a dação para autorizar a prática de ambos os atos, sendo despiciendo requerimento específico com autorização do credor para cancelamento da garantia, afinal, como visto, é efeito jurídico imediato da *datio in solutum* a liberação da obrigação anteriormente assumida.

Art. 167 | LEI DE REGISTROS PÚBLICOS COMENTADA

10.6. Averbação do resultado negativo dos leilões públicos

Devidamente averbada a consolidação da propriedade em favor do credor fiduciário, a Lei 9.514/1997 atribui a ele o ônus de promover, no prazo de 60 (sessenta) dias, leilão para alienação do imóvel. Após a consolidação da propriedade em favor do credor fiduciário, portanto, entende-se que esse possui uma propriedade onerada *ope legis* com uma obrigação de fazer. Somente se desincumbirá desse ônus ao realizar os leilões.

Estabelece o art. 27, § 1º, da Lei 9.514/1997 que o primeiro leilão deve ser realizado utilizando-se como valor mínimo aquele indicado no contrato para fins de leilão (art. 24, VI). Negativo o primeiro leilão, nos (15) quinze dias seguintes, deverá ser realizado o segundo leilão. Vale lembrar que o piso do segundo leilão também é regulado pela Lei, sofrendo variação se se trata de financiamento habitacional (26-A, § 2º) ou não habitacional (art. 27, § 2º).

Se positivo qualquer dos leilões realizados, observados os valores mínimos estabelecidos, será lavrado auto de arrematação pelo leiloeiro oficial. Apesar de certa polêmica quando do início da vigência da Lei 9.514/1997, pacificou-se o entendimento de que, havendo lance vencedor, a transmissão do imóvel ao licitante será feita por meio de registro de contrato de compra e venda, formalizado por instrumento público ou particular (art. 38 da Lei 9.514/1997), no qual deverá figurar, de um lado, como vendedor, o antigo credor fiduciário e, de outro, como comprador, o licitante vencedor. Naturalmente, será fiscalizado pelo Oficial do Registro de Imóveis o recolhimento do imposto de transmissão de bens imóveis (ITBI), que terá por base de cálculo o valor da arrematação.

Se realizado o segundo leilão e o valor oferecido não atingir o suficiente para o pagamento da dívida, o resultado do leilão será negativo e haverá automática extinção da dívida. Há aqui duplo benefício: para o devedor há completa extinção da dívida; para o credor, além de ficar dispensado de qualquer indenização do devedor, por ter se desincumbido do ônus de realização dos leilões, poderá, doravante, livremente alienar o imóvel nas condições que lhe aprouver. O silêncio da lei especial em definir a publicidade dessa ocorrência, assim como a disposição do art. 246 da Lei 6.015/1973.[419]

Nessa linha, o *Enunciado 511 das Jornadas de Direito Civil* sedimenta com acerto que "do leilão, mesmo que negativo, a que se refere o art. 27 da Lei n. 9.514/1997, será lavrada ata que, subscrita pelo leiloeiro, poderá ser averbada no Registro de Imóveis competente, sendo a transmissão da propriedade do imóvel levado a leilão formalizada mediante contrato de compra e venda". A averbação dos leilões negativos também é revelada pelo *Enunciado 15 da I Jornada de Direito Notarial e Registral*: "No procedimento de execução extrajudicial de bens alienados fiduciariamente, ocorrendo dois leilões negativos, deve-se averbar esse fato na matrícula do imóvel".

Essa averbação procede-se mediante requerimento do credor fiduciário, devidamente instruído com documentação idônea a comprovar a negatividade dos leilões e cópia do termo de quitação dada ao fiduciante devedor, se for o caso. As *Normas de Serviço da Corregedoria-Geral da Justiça do Estado de São Paulo* exigem que a averbação dos leilões negativos seja "feita a requerimento do credor fiduciário ou de pessoa interessada, instruído com cópias autênticas das publicações dos leilões e dos autos negativos, assinados por leiloeiro oficial" (*Capítulo XX, item 254*).

Mencione-se, ademais, que, em razão da norma prevista no art. 27, § 2º-A, da Lei 9.514/1997, incluído pela Lei 13.465/2017, o Registrador de Imóveis deve exigir também como documento a autorizar o averbamento em testilha a comprovação de que o devedor, ou se for o caso, o terceiro fiduciante, foi formalmente comunicado das datas, dos horários e dos locais dos leilões mediante correspondência dirigida aos endereços constantes do contrato, inclusive ao endereço eletrônico. Nessa direção, a jurisprudência administrativa do Tribunal de Justiça do Estado de São Paulo não tem admitido a mera declaração do credor fiduciário no sentido de que cumpriu esse desiderato, sendo imprescindível a efetiva comprovação da notificação do devedor fiduciante. Ilustre-se referido entendimento com julgado esclarecedor do *Conselho Superior da Magistratura paulista*:

> Na nota de devolução expedida, o registrador exigiu, em cumprimento ao § 2º-A do art. 27 da Lei nº 9.514/97, a apresentação de comunicação dos leilões realizados à devedora fiduciante,

---

[419] *Art. 246 da Lei 6.015/1973*. Além dos casos expressamente indicados no inciso II do *caput* do art. 167 desta Lei, serão averbadas na matrícula as sub-rogações e outras ocorrências que, por qualquer modo, alterem o registro ou repercutam nos direitos relativos ao imóvel.

em conformidade à lei vigente, mediante correspondência dirigida aos endereços constantes do contrato, na sua via original ou cópia autenticada, com a ressalva de que o AR apresentado não cumpriu seus objetivos. Ou seja, a qualificação negativa do título se deu em razão de ausência de prova segura de que a notificação do devedor quanto à realização do leilão se deu de forma regular. A propósito, cumpre anotar que, embora tenha sido o contrato celebrado no ano de 2014, o procedimento de expropriação se deu já na vigência da Lei nº 13.465/17, que incluiu o § 2º, item "a", ao art. 27 da Lei nº 9.514/97. Ocorre que, no caso concreto, ficou demonstrada a remessa da notificação da devedora no endereço contratual, em exata correspondência com os dados indicados no instrumento acostado aos autos. Caberia, por outro lado, à devedora fiduciante comunicar a credora fiduciária acerca de eventual mudança de endereço, como previsto no contrato. Desse modo, em seus aspectos formais, o título preenche os requisitos para o registro.[420]

Interessante ainda considerar a extensão eficacial da indigitada averbação. Embora, a princípio, como se referiu, seja o caso de mera averbação notícia do resultado negativo dos leilões, nada impede que, havendo rogação específica dos interessados, se promova também a averbação de quitação da dívida e extinção das obrigações entre credor e devedor. Recorde-se que pela Lei, no segundo leilão, se o maior lance oferecido não for igual ou superior ao valor da dívida (acrescido das demais despesas e encargos), considerar-se-á extinta a dívida e exonerado o credor da obrigação de entregar valor excedente da alienação ao devedor. Nesse caso, o credor, no prazo de cinco dias a contar da data do segundo leilão dará ao devedor quitação da dívida, mediante termo próprio. Esse termo poderá ser objeto de averbação na matrícula do imóvel, sem prejuízo da notícia do resultado negativo dos leilões.

A distinção entre as averbações resumir-se-á ao aspecto emolumentar, de modo que se requerida simples averbação do resultado negativo dos leilões o averbamento será sem conteúdo financeiro; de sua vez, a averbação da quitação da dívida e extinção das obrigações possui evidente repercussão econômica devendo ser cobrada com conteúdo financeiro, tendo por base de cálculo o valor da dívida.

10.7. Averbação de emissão de Cédula de Crédito Imobiliário

A Lei 10.931/2004 instituiu, em seus arts. 18 e seguintes, o regime jurídico da Cédula de Crédito Imobiliário (CCI). Trata-se de título de crédito apto a representar créditos imobiliários.

De logo, certifique-se que a CCI é emitida pelo credor do crédito imobiliário, sendo certo que sua emissão e negociação independe de qualquer autorização do devedor do crédito imobiliário que ela representa (art. 21 da Lei 10.931/2004).

Com boa didática, *Eduardo Sócrates Castanheira Sarmento Filho* leciona que "nas vendas de imóveis por financiamento, o adquirente assume a obrigação de pagar as parcelas mensais consecutivas em dinheiro. Permite-se ao credor emitir CCI para representar tais créditos e cedê-los, antecipando, assim, as receitas".[421]

Com efeito, a CCI é *título executivo extrajudicial*, exigível pelo valor apurado de acordo com as cláusulas e condições pactuadas no contrato que lhe deu origem. Nesse mister, o crédito representado pela CCI será exigível mediante ação de execução, ressalvadas as hipóteses em que a lei determine procedimento especial, judicial ou extrajudicial para satisfação do crédito e realização da garantia.

O art. 18, § 5º, da Lei 10.931/2004, assegura que, sendo o crédito imobiliário garantido por direito real, a emissão da CCI será *averbada* no Registro de Imóveis da situação do imóvel, na respectiva matrícula, devendo dela constar, exclusivamente, o número, a série e a instituição custodiante.

Ressalte-se que a legislação, com a perspectiva de facilitar o ingresso da CCI ao Registro de Imóveis, deliberou que a averbação da emissão da CCI e o registro da garantia do crédito respectivo, quando solicitados simultaneamente, serão considerados como ato único para efeito de cobrança de emolumentos. Notadamente, quando a averbação de emissão for solicitada posteriormente ao registro da garantia, em outro momento, a cobrança será como *averbação sem valor econômico*, por se tratar, em verdade, de mera averbação-notícia a respeito da emissão da cédula de crédito.

---

[420] *CSMSP* – Apelação Cível 11214498-13.2018.8.26.0100, *Rel. Des. Geraldo Francisco Pinheiro Franco*, j. 01/11/2019. Também nesse sentido: *CGJSP* – Processo 1001768-95.2019.8.26.0577, Des. *Ricardo Mair Anafe*, j. 14/04/2020.

[421] SARMENTO FILHO, Eduardo Sócrates Castanheira. *Direito registral imobiliário. v. II.* Curitiba: Juruá, 2017. p. 558.

Art. 167 | LEI DE REGISTROS PÚBLICOS COMENTADA

Não foi por acaso, então, que o legislador arrolou entre os requisitos obrigatórios da Cédula de Crédito Imobiliário sua autenticação pelo Registrador de Imóveis no caso de o crédito estar lastreado em garantia real (art. 19, XI, da Lei 10.931/2004). Ao fazer essa vinculação, obrigatoriamente, para sua validade, a cédula de crédito deve passar pela batuta do Oficial Predial.

Advirta-se, porém, que a Lei dispensa de averbação na matrícula das cessões de CCI's. A Lei 10.931/2004 estabelece em seu art. 22, *caput*, que a cessão do crédito representado por CCI poderá ocorrer por meio de sistema de entidade autorizada pelo Banco Central do Brasil a exercer a atividade de depósito centralizado de ativos financeiros na qual a CCI tenha sido depositada. Nessa diretriz, o art. 22, § 2º, da Lei 10.931/2004, autoriza que cessão de crédito representada por CCI emitida sob a forma escritural possa se concretizar sem qualquer inscrição no fólio real. Nos termos do referido dispositivo, a cessão de crédito garantido por direito real, quando representado por CCI emitida sob a forma escritural, está dispensada de averbação no Registro de Imóveis, aplicando-se, no que couber, o disposto nos arts. 286 e seguintes do Código Civil Brasileiro.

Não é difícil compreender que o indigitado dispositivo legal atenta contra o consolidado e seguro sistema de transmissão da propriedade imobiliária no Brasil, admitindo-se a temerária possibilidade de se promover a circulação do crédito imobiliário fundado em garantia real à margem do Registro de Imóveis.

Poucos são os que percebem a gravidade do problema. A porta está aberta a fraudes e, por conseguinte, desemboca no completo enfraquecimento do vetusto sistema de *registro de direitos*.

11. Tabela didática a respeito dos atos registrais a serem praticados no âmbito da alienação fiduciária de bens imóveis

Alienação Fiduciária no Registro de Imóveis				
Ato, fato ou negócio	**Fundamento legal**	**Título formal**	**Ato registral**	**Cautelas**
1) Alienação fiduciária	LRP, art. 167, I, nº 35.	Instrumento público ou particular (+ cédulas)	Registro	Requisitos do art. 24 da Lei 9.514/1997. Prazo de carência não é mais requisito obrigatório do título.
2) AF da propriedade superveniente	LRP, art. 167, I, nº 35.	Instrumento público ou particular (+ cédulas)	Registro	Observância do art. 22, §§ 3º a 10 da Lei 9.514/1997. Pode ser contratada por qualquer pessoa.
3) Extensão da AF (recarregamento ou refil)	LRP, art. 167, II, nº 37.	Instrumento público ou particular (+ cédulas)	Averbação	Observância Lei 13.476/2017, arts. 9º-A e seguintes. Restrito a entidades financeiras e Emp. Simples Crédito.
4) Simples aditamento que não implique novação	LRP, art. 246.	Instrumento público ou particular (+ cédulas)	Averbação	Indicadores objetivos aferidos na qualificação. Ex.: inexistência de novos aportes; simples consolidação de saldo devedor; simples aumento de prazo/nº parcelas.

Alienação Fiduciária no Registro de Imóveis				
Ato, fato ou negócio	Fundamento legal	Título formal	Ato registral	Cautelas
5) Novação	LRP, arts. 167, II, n° 2; e 167, I, n° 35.	Instrumento público ou particular (+ cédulas)	Averbação + Registro	Extinção da garantia primitiva e contratação de nova garantia; Ex.: novos aportes financeiros; novos limites da dívida; substituição de garantia. Dupla inscrição no RI.
6) Dação em pagamento	LRP, art. 167, I, n° 31.	Instrumento público ou particular (+ cédulas)	Registro	Pressupõe a caracterização do inadimplemento e comprovação da mora; mas dispensa procedimentos dos leilões. Lei 9.514/1997, art. 26, § 8°.
7) Emissão de Cédula de Crédito Imobiliário (CCI)	Lei 10.931/2004, art. 18, § 5°.	Cédula de crédito imobiliário	Averbação	Necessário ato de autenticação pelo RI no corpo do título. AV é ato único p/ fins de cobrança; se simultânea.
8) Cédula de crédito industrial, comercial e à exportação	LRP, art. 167, I, n° 14.	Cédulas de crédito	Registro (Livro3)	Podem ter AF como garantia. Necessário registro da cédula em si no Livro 3, além da garantia. DL 413/1969; Leis 6.313/1975 e 6.840/1980.
9) Cessão do direito do credor fiduciário	LRP, art. 167, II, n° 21.	Instrumento público ou particular	Averbação	Lei 9.514/1997, art. 28. Independe de anuência do devedor fiduciante.
10) Portabilidade do financiamento	LRP, art. 167, II, n° 35.	Instrumento público ou particular (+ cédulas)	Averbação	Lei 9.514/1997, arts. 33-A e seguintes. Necessário quitação da instituição anterior, por termo próprio.
11) Cessão do direito do devedor fiduciante	LRP, art. 167, I, n° 48.	Instrumento público ou particular (+ cédulas)	Registro	Lei 9.514/1997, art. 29. Depende da anuência expressa do credor fiduciário.

Art. 167 | LEI DE REGISTROS PÚBLICOS COMENTADA

Alienação Fiduciária no Registro de Imóveis				
Ato, fato ou negócio	Fundamento legal	Título formal	Ato registral	Cautelas
12) Sub-rogação da dívida garantida fiduciariamente	LRP, art. 167, II, n° 30.	Instrumento público ou particular	Averbação	Observar Lei 9.514/1997, art. 31. Terceiro interessado que se sub-roga nos direitos do credor fiduciário.
13) Consolidação da propriedade	Lei 9.514/1997, art. 26, § 7°.	Requerimento + documentos comprobat.	Averbação	Deve ser observado recolhimento de ITBI,e laudêmio, se for o caso, após a caracterização da mora documentada no processo de execução extrajudicial.
14) Penhora, arresto ou sequestro	CPC, art. 844.	Título judicial (certidão penhora "on line")	Averbação	AV em SP (para alguns Estados: registro). Recai sobre os direitos de devedor ou do credor e não sobre o imóvel.
15) Indisponibilidade	LRP, art. 247.	Ordem judicial (CNIB)	Averbação	Recai sobre os direitos de devedor ou do credor e não sobre o imóvel. Impede atos de disposição voluntária.
16) Partilha em separação, divórcio ou dissolução UE	LRP, art. 167, I, n° 25 c.c. CPC, art. 733.	Escritura pública ou título judicial (carta ou formal)	Registro	Necessária anuência do credor, ainda que seja partilha igualitária, para fins de análise do equilíbrio econômico.
17) Partilha em transmissão *causa mortis*	LRP, art. 167, I, n° 25 c.c. CPC, art. 610, § 1°.	Escritura pública ou título judicial (carta ou formal)	Registro	Desnecessária a anuência do credor fiduciário, visto que a transmissão é automática pela "saisine". Se houver cessão ou desigualdade, necessária anuência.
18) Arrematação ou adjudicação dos direitos devedor/credor	LRP, art. 167, I, n° 26.	Título judicial (carta)	Registro	Trata-se de alienação forçada decorrente de constrição judicial dos direitos do devedor ou credor.

Alienação Fiduciária no Registro de Imóveis				
Ato, fato ou negócio	Fundamento legal	Título formal	Ato registral	Cautelas
19) Extinção da propriedade fiduciária	LRP, arts. 167, II, nº 2.	Requerimento + documento quitação	Averbação	Cancelamento da propriedade fiduciária e restituição da propriedade plena ao devedor fiduciante.
20) Resultado negativo dos leilões com extinção da dívida	LRP, art. 246.	Requerimento + documento comprobat.	Averbação	Aferição da notificação do devedor sobre o leilão. Decorre de financiamento habitacional (Lei 9.514/1997, art.26-A).
21) Resultado negativo dos leilões sem extinção da dívida e desoneração do imóvel	LRP, art. 246.	Requerimento + documento comprobat.	Averbação	Aferição da notificação do devedor sobre o leilão. Necessário observar contrato; normalmente decorre de financiamento não habitacional (Lei 9.514/1997, art.27).
22) Demonstrativo de resultado do leilão	Lei 9.514/1997, art. 27-A, § 2º.	Requerimento + documento comprobat.	Averbação	AF de mais de um imóvel e opção de excussão parcial e sucessiva da garantia. AV. nas matrículas dos imóveis não leiloados.
23) Venda e compra derivada da arrematação em leilão de AF	LRP, art. 167, I, nº 29.	Instrumento particular ou escritura pública	Registro	Menção à origem da aquisição na arrematação decorrente de leilão de AF. Aferição da notificação do devedor sobre o leilão.

  Acesse o *QR Code* e faça o *download* da tabela Alienação Fiduciária no Registro de Imóveis.

> https://uqr.to/1zub2

 Jurisprudência

1. Distinção da venda e compra com pacto de alienação fiduciária com o arranjo contratual do compromisso de venda e compra

"Inicialmente, cumpre salientar que a ação versa sobre a resolução de contrato de venda e compra com alienação fiduciária em garantia, e não sobre resolução de compromisso de compra e venda. Dúvida não resta, diante da posição absolutamente tranquila de nossos tribunais, que a resolução de contrato de compromisso de venda e compra produz efeito *ex tunc* e faz nascer pretensão de liquidação: o promissário comprador devolve a coisa e o promitente vendedor devolve o preço recebido, abatidas as perdas e danos decorrentes do inadimplemento. Não é, porém, o caso dos autos. Não há compromisso de compra e venda, mas sim contrato de compra e venda com financiamento do preço mediante alienação fiduciária em garantia. A garantia fiduciária se encontra devidamente registrada na matrícula do lote" (TJSP – Apelação 1005929-70.2018.8.26.0291, 1ª Câmara de Direito Privado, Rel. Des. Francisco Eduardo Loureiro, j. 24/05/2019).

2. Efeitos da ausência de registro da garantia fiduciária

"Conclui-se que o contrato firmado entre as partes foi de compra e venda mediante financiamento e alienação fiduciária em garantia, e não simples promessa de compra e venda. Entretanto, não há prova nos autos que referido contrato, com força de escritura, foi regularmente registrado no competente Registro de Imóveis. A propriedade fiduciária não se constituiu mediante registro do contrato. E, antes do registro, tem-se, unicamente, o contrato de compra e venda com alienação fiduciária em garantia. Nesse lume, não há que se falar na existência de contrato com força de escritura, com transferência de propriedade resolúvel mediante regular registro, ficando afastada a tese de impossibilidade de rescisão do contrato e, ainda, afastada a aplicação das cláusulas contratuais que estipulam a necessidade de leilão para a alienação do imóvel e restituição das parcelas pagas" (STJ – AgInt no REsp 1.361.921/MG, 3ª Turma, Rel. Min. Marco Aurélio Bellizze, j. 23/06/2016).

"Quanto à propriedade fiduciária de bem imóvel, regida pela Lei 9.514/97, verifica-se que a garantia somente se constitui com o registro do contrato que lhe serve de título no registro imobiliário do local onde o bem se situa. (...) O registro, de fato, tem natureza constitutiva da propriedade fiduciária, assim como ocorre em relação aos demais direitos reais sobre imóveis. Dessa maneira, sem o registro do contrato no competente Registro de Imóveis, há simples crédito, situado no âmbito obrigacional, sem qualquer garantia real nem propriedade resolúvel transferida ao credor. (...) Na ausência de registro do contrato que serve de título à propriedade fiduciária no competente Registro de Imóveis, como determina o art. 23 da Lei 9.514/97, não é exigível do adquirente que se submeta ao procedimento de venda extrajudicial do bem para só então receber eventuais diferenças do vendedor" (STJ – REsp 1.835.598/SP, Rel. Min. Nancy Andrighi, j. 09/02/2021).

"Alienação fiduciária de imóvel. Pacto adjeto. Execução judicial. Possibilidade. Cinge-se a controvérsia a definir se o credor de dívida garantida por alienação fiduciária de imóvel está obrigado a promover a execução extrajudicial de seu crédito na forma determinada pela Lei nº 9.514/1997. Hipótese em que a execução está lastreada em Cédula de Crédito Bancário. A Cédula de Crédito Bancário, desde que satisfeitas as exigências do art. 28, § 2º, I e II, da Lei nº 10.931/2004, de modo a lhe conferir liquidez e exequibilidade, e desde que preenchidos os requisitos do art. 29 do mesmo diploma legal, é título executivo extrajudicial. A constituição de garantia fiduciária como pacto adjeto ao financiamento instrumentalizado por meio de Cédula de Crédito Bancário em nada modifica o direito do credor de optar por executar o seu crédito de maneira diversa daquela estatuída na Lei nº 9.514/1997 (execução extrajudicial). Ao credor fiduciário é dada a faculdade de executar a integralidade de seu crédito judicialmente, desde que o título que dá lastro à execução esteja dotado de todos os atributos necessários – liquidez, certeza e exigibilidade" (STJ – REsp 1.965.973/SP, 3ª Turma, Rel. Min. Ricardo Villas Bôas Cueva, j. 15/2/2022).

3. Possibilidade de contratação fora do contexto da aquisição imobiliária

"Recurso especial. Ação anulatória de garantia fiduciária sobre bem imóvel. Cédula de crédito bancário. Desvio de finalidade. Não configuração. Garantia de alienação fiduciária. Coisa imóvel. Obrigações em geral. Ausência de necessidade de vinculação ao sistema financeiro imobiliário. inteligência dos arts. 22, § 1º, da Lei nº 9.514/1997 e 51 da Lei nº 10.931/2004. Cinge-se a controvérsia a saber se é possível a constituição de alienação fiduciária de bem imóvel para garantia de operação de crédito não relacionadas ao Sistema Financeiro Imobiliário, ou seja, desprovida da finalidade de aquisição, construção ou reforma do imóvel oferecido em garantia. A lei não exige que o contrato de alienação fiduciária de imóvel se vincule ao financiamento do próprio bem, de modo que é legítima a sua formalização como garantia de toda e qualquer obrigação pecuniária, podendo inclusive ser prestada por terceiros. Inteligência dos arts. 22, § 1º, da Lei nº 9.514/1997 e 51 da Lei nº 10.931/2004. Muito embora a alienação fiduciária de imóveis tenha sido introduzida em nosso ordenamento jurídico pela Lei nº 9.514/1997, que dispõe sobre o Sistema Financiamento Imobiliário, seu alcance ultrapassa os limites das transações relacionadas à aquisição de imóvel" (STJ – REsp 1.542.275/MS, Rel. Min. Ricardo Villas Bôas Cueva, 3ª Turma, j. 24/11/2015).

"Alienação fiduciária em garantia. Possibilidade de instituição de alienação fiduciária como forma de garantia de qualquer espécie de contrato, inclusive cessão de crédito –Com efeito, da leitura do art. 22, § 1º, da referida Lei 9.514/1997 e do art. 51 da Lei 10.931/2004, mostra-se clara a possibilidade de instituição de alienação fiduciária como forma de garantia de qualquer espécie de contrato, inclusive o contrato de crédito rotativo, ou, como se depreende ser o caso em análise, o contrato de cessão de crédito com responsabilidade do cedente pagar pelos créditos não adimplidos" (CSMSP – Apelação Cível 1024566-08.2020.8.26.0224, Des. Ricardo Mair Anafe, j. 15/04/2021).

4. Possibilidade de alienação fiduciária de imóvel rural a pessoa física ou jurídica estrangeira

"A alienação fiduciária de bem imóvel rural em garantia em favor de pessoa física ou jurídica estrangeira, ou a esta equiparada, não se submetem às restrições estabelecidas pela Lei 5.709/1971, sendo, portanto, válida a garantia prestada na hipótese dos autos. [...] Todavia, os requisitos previstos na Lei 5.709/71 devem ser observados para a consolidação da propriedade no patrimônio dessas pessoas estrangeiras, em caso de inadimplemento da obrigação garantida e de consequente excussão do bem, ou para dação do direito eventual do fiduciante em pagamento da dívida garantida, o que não restou cumprido na espécie. Dessa forma, *in casu*, não é possível a consolidação da propriedade do imóvel rural em nome dos credores estrangeiros, por não terem restado satisfeitos os requisitos exigidos pela Lei 5.709/71 para tanto, conforme acima explanado, motivo pelo qual impossível a observância do procedimento previsto na Lei 9.514/97 em sua integralidade" (TJGO – AI 5166595.48.2018.8.09.0000, 4ª Turma Julgadora da Segunda Câmara Cível, Rel. Des. Carlos Alberto França, j. 23/04/2019).

5. (In)viabilidade de alienação fiduciária de imóvel gravado com cláusula de impenhorabilidade

"Não é da voluntária alienação do imóvel, pelo devedor fiduciante, ao credor fiduciário, que se está a cuidar. Trata-se, cumpre repisar, de modalidade de garantia que se efetiva por meio de alienação forçada. A transferência da propriedade resolúvel do imóvel ao credor não esgota o instituto. É, apenas, forma de viabilizar posterior leilão público, a cargo do próprio fiduciário, caso inadimplida a obrigação. A garantia aperfeiçoa-se quando da venda forçada do bem a terceiro. De outro bordo, em que pese a denominação que lhe foi atribuída, a cláusula de impenhorabilidade não se limita a obstar a penhora do bem. A correta intelecção de 'impenhorabilidade' é a que abarca qualquer modalidade de garantia que possa implicar futura alienação forçada, aí, evidentemente, inserida a penhora, mas não a ela restrita. Espraia-se, *e.g.*, ao arresto, à hipoteca e à alienação fiduciária" (CSMSP – Apelação Cível: 1067944-37.2016.8.26.0100, Rel. Des. Manoel de Queiroz Pereira Calças, j. 25/04/2017).

6. Imóvel objeto de sequestro criminal e alienação fiduciária

"No caso, a propriedade fiduciária já havia sido constituída pelo ato de registro na matrícula imobiliária, tendo sobrevindo a averbação da cautelar de sequestro penal. Operado o inadimplemento do devedor fiduciante e, após o escorreito trâmite do procedimento extrajudicial de execução da garantia, não tendo havido a purgação da mora, o Oficial do Registro de Imóveis negou-se a averbar a consolidação da propriedade em favor do credor fiduciário ao argumento de que o imóvel estaria indisponível por força do sequestro criminal objeto de averbamento anterior. Nesse cenário, corretamente entendeu-se que é plenamente possível promover a averbação da consolidação da propriedade do imóvel em favor do credor fiduciário, não constituindo, pois, ato de alienação, ou de oneração, vedado pelo sequestro decretado na ação penal. No entanto, mesmo após a consolidação da propriedade, o sequestro, por sua natureza, deve manter-se hígido e com todos os seus efeitos jurídicos até ulterior cancelamento por ordem judicial oriunda do juízo criminal que o determinou" (CGJSP – Processo 1043870-90.2020.8.26.0224, Des. Ricardo Mair Anafe, j. 13/10/2021).

7. Alienação fiduciária de direitos decorrentes de imissão provisória na posse

"Em caso emblemático, enfrentado pelo 1º Oficial de Registro de Imóveis da Capital de São Paulo, fora apresentado a registro instrumento particular de venda e compra de imóvel com financiamento imobiliário e pacto adjeto de alienação fiduciária em garantia pelo Sistema Financeiro da Habitação e outras avenças, tendo como objeto o imóvel matriculado naquela serventia. Em qualificação negativa, o Oficial apontou como óbice ao registro do instrumento a ausência de apresentação do título em que a propriedade dos imóveis fora transferida à CDHU, vez que teria ocorrido somente imissão

Art. 167 | LEI DE REGISTROS PÚBLICOS COMENTADA

provisória na posse, sem mudança de domínio, o que feriria o princípio da continuidade. Suscitada dúvida, a Juíza Corregedora da 1ª Vara de Registros Públicos de São Paulo, resolveu julgar improcedente a dúvida, para determinar o registro do instrumento. Para tanto, delineou que, em princípio, conforme se verifica das matrículas envolvidas, não houve o registro da transferência definitiva da propriedade dos imóveis para a Companhia de Desenvolvimento Habitacional e Urbano do Estado de São Paulo, apenas a imissão na posse, o que poderia caracterizar a quebra da continuidade registral caso o instrumento particular em comento fosse levado ao fólio. Todavia, frisou que as peculiaridades que envolvem o caso, em especial a desapropriação com fim de interesse social, permitem o registro do título. Pontuou a magistrada que a desapropriação é forma originária de aquisição de propriedade e que, no caso em análise, o trâmite processual está quase completo, pois houve imissão na posse e sentença de procedência do pedido da administração pública. Falta apenas a emissão da carta de desapropriação, pois pendente pagamento de parte final da indenização. Assim, reconhecida também a propriedade em favor da administração pública, sendo tal fato irreversível. Poder-se-ia dizer que a CDHU ainda pode desistir da desapropriação, negando a indenização e havendo retrocessão do bem aos expropriados. Contudo, assim rege o art. 5º, § 3º, do Decreto-lei 3.365/1941: 'Ao imóvel desapropriado para implantação de parcelamento popular, destinado às classes de menor renda, não se dará outra utilização nem haverá retrocessão'. É essa a hipótese excepcional, pois foi realizada a desapropriação para fins de instituição de moradia popular. Portanto, não há qualquer possibilidade de reversão da desapropriação: esta se consolidou de fato e pende apenas a expedição de carta judicial para que se complete. Em outras palavras, a desapropriação já ocorreu, com registro da imissão na posse, não podendo ser, de qualquer modo, *in casu*, cancelada pelo poder expropriante. Decidiu-se, nessa linha, que não há que se alegar prejuízo aos proprietários tabulares, pois o bem está afetado ao interesse público e a indenização já foi estabelecida, estando em fase final de execução. Nesse conjunto fático, o registro do instrumento particular de venda e compra de imóvel pela CDHU se mostra como fator essencial para a consolidação do projeto de interesse social que justificou a desapropriação. Em conclusão, não se trata de promover aqui qualquer tipo de afrouxamento das formalidades necessárias ao registro do título. Na verdade, apenas se reconhece o interesse público justificante da desapropriação e a situação fática existente, que demanda a transferência dos bens, reconhecidamente de propriedade da CDHU, para que haja a consolidação do projeto de moradias populares, tão necessárias à população paulistana. Por todos esses fundamentos, foi julgada improcedente a dúvida suscitada pelo Oficial do 1º Registro de Imóveis de São Paulo a requerimento da CDHU (Companhia de Desenvolvimento Habitacional e Urbano do Estado de São Paulo), determinando-se o registro do título apresentado" (1ª VRPSP – Processo 1127279-50.2017.8.26.0100, Juíza Tânia Mara Ahualli, j. 13/07/2018).

8. Alienação fiduciária de imóvel do Fundo de Arrendamento Residencial (FAR)

"A Lei 10.188/01 criou o programa de arrendamento residencial e instituiu o arrendamento residencial com opção de compra. Por seu intermédio, criou-se o PAR – Programa de Arrendamento Residencial, cuja gestão cabe ao Ministério das Cidades, por operacionalização da Caixa Econômica Federal. Já para a operacionalização do Programa, a CEF foi autorizada a criar um fundo, que se denomina FAR – Fundo de Arrendamento Residencial. Tal Fundo, a teor do art. 2º, § 3º, é constituído de bens e direitos, que não se comunicam com o patrimônio da CEF; não integram seu ativo; não respondem direta ou indiretamente por qualquer obrigação da CEF; não compõem a lista de bens e direitos da CEF para efeitos de liquidação judicial ou extrajudicial; não podem ser dados em garantia de débito de operação da CEF; não são passíveis de execução por credores da CEF; quantos aos imóveis, não são passíveis de constituição de ônus reais (incisos I a VI). (...) Três dispositivos interessam à presente discussão: os arts. 1º, § 3º; 2º, § 7º, II; e 8º, § 1º. Note-se que todos foram inseridos pela mesma Lei 11.474/07, de tal arte que devem ser interpretados em conjunto. Pois bem. Ao alterar a Lei 10.188/01, a Lei 11.474/07, a um só tempo, teve que assentar, em suas disposições gerais: a) a possibilidade de alienação, sem prévio arrendamento; b) a figura da desimobilização; c) consequentemente, a criação do prazo de carência de 24 meses para revenda. A intenção foi a de viabilizar a alienação dos imóveis não adquiridos, sem a necessidade de arrendamento, mas por meio da venda com pagamento à vista ainda que por mútuo, com alienação fiduciária. Para tanto, previram-se a exceção ao arrendamento (art. 1º, § 3º) e a figura da desimobilização (art. 2º, § 7º, II), mas, ao mesmo tempo, para evitar a especulação imobiliária, desvirtuando-se a intenção da lei oferta de moradia à população carente –, impediu-se a revenda por 24 meses, em qualquer forma (vender, prometer vender ou ceder seus direitos sobre o imóvel alienado)" (CSMSP – Apelação Cível 0025630-46.2015.8.26.0224, Rel. Des. Manoel de Queiroz Pereira Calças, j. 05/12/2017).

9. (In)viabilidade de alienação fiduciária da propriedade superveniente ("alienação fiduciária em segundo grau")

"Na esfera registrária não se analisa a validade negócio jurídico, mas sim se o título é apto a ingressar no fólio real, atentando-se aos princípios que norteiam os atos registrários. Importante destacar que um dos principais princípios que regem a matéria é o da legalidade, que se desdobra em dois aspectos. O primeiro diz respeito à taxatividade dos direitos inscritíveis no registro de imóveis, sendo que o legislador não deixou a critério da parte decidir quais direitos gostaria de levar a registro, de modo que não terá acesso à Serventia Extrajudicial direito não previsto expressamente na lei. O segundo é atinente ao controle de legalidade exercido pelo registrador sobre os títulos previstos em lei, abrangendo tanto os aspectos extrínsecos ou formais, como os intrínsecos e materiais. A legislação vigente não contempla o ingresso da constituição de alienação fiduciária nos termos pretendidos pelo suscitado. O rol do artigo 167 da Lei de Registros Públicos é taxativo, é dispõe em seu item 35: 'Artigo 167: No Registro de Imóveis, além da matrícula são feitos: I – o registro (...) 35 – da alienação fiduciária em garantia de coisa imóvel'. O dispositivo legal é claro ao estabelecer que a alienação fiduciária em garantia de bem imóvel é passível de registro, diferentemente da alienação fiduciária sobre a 'propriedade superveniente', circunstância esta que torna inviável o ingresso" (1ª VRPSP – Processo 1111191-68.2016.8.26.0100, Juíza Tânia Mara Ahualli, *DJE* 24/01/2017).[422]

10. Celebração por instrumento particular ainda que os contratantes não integrem o SFI

"A matéria é regulada pela Lei 9.514/97, que cuida, em capítulos distintos, tanto do Sistema Financeiro Imobiliário (Capítulo I), quanto da alienação fiduciária de coisa imóvel (Capítulo II). Por se tratar de regra mais específica, sobrepõe-se ao Código Civil, ao menos quanto à disciplina dos temas referidos. Assim é que não incide à espécie o aventado artigo 108 do Diploma Civil, cuja redação, não bastasse, contém, logo de início, expressa ressalva de que sua força somente se fará sentir 'não dispondo a lei em contrário'. Em síntese, o próprio artigo 108 do Código Civil abre explícita ensancha à aplicação da Lei 9.514/97. Neste passo, o artigo 22, § 1º, da Lei 9.514/97 prevê, às claras, a possibilidade de a alienação fiduciária ser contratada por pessoa jurídica que não integre o Sistema Financeiro Imobiliário" (CGSJP – Processo CG 0049648-26.2012.8.26.0002, Des. Manoel de Queiroz Pereira Calças, j. 20/07/2016).

"A redação do art. 38 é ampla. Abrange todos os contratos previstos na Lei nº 9.514/97 e os resultantes de sua aplicação. Ocorre que nem todos os contratos nela indicados são privativos das entidades que operam no SFI, conforme anuncia expressamente o já citado o § 1º, do art. 22. Assim, se todos os contratos compreendidos na Lei nº 9.514/97 (ou resultantes da aplicação dela) podem ser lavrados por escritura pública ou instrumento particular com efeitos de escritura pública, e se nem todos os contratos previstos nessa lei são privativos das entidades que compõem o sistema financeiro, não há como vincular a utilização do instrumento particular apenas quando o negócio for lavrado por entidade integrante do SFI. A interpretação do Colégio Notarial parece ir de encontro à intenção do legislador, que, num primeiro momento, declarou, expressamente, que qualquer pessoa pode celebrar contrato de alienação fiduciária; e, num segundo, dispôs, sem nenhuma ressalva, que todos os contratos referidos na lei, ou resultantes de sua aplicação, podem ser celebrados por escritura pública ou instrumento particular, com efeitos de escritura pública" (CGJSP – Processo CG 131.428/2012, Des. Hamilton Elliot Akel, j. 07/03/2014).

11. Desnecessidade de testemunhas no instrumento particular de alienação fiduciária

"Apesar das referências alusivas à subscrição por testemunhas, tanto no inciso III do artigo 169 como no inciso II do artigo 221 da Lei n.º 6.015/1973, a exigência não mais se justifica, em razão do texto do artigo 221, *caput*, do Código Civil que, em confronto com seu par no Código de 1916 (artigo 135, *caput*), suprimiu a necessidade de duas testemunhas assinarem o instrumento contratual" (CSMSP – Apelação Cível 0018645-08.2012.8.26.0114, Rel. Des. José Renato Nalini, j. 26/09/2013.

---

[422] O melhor entendimento é em sentido oposto, ou seja, pela possibilidade de contratação e registro da alienação fiduciária sobre a propriedade superveniente – que não se confunde com "alienação fiduciária em segundo grau" – nos termos do art. 1.361, § 3º, do Código Civil. Para aprofundamento do tema: RIBEIRO, Moacyr Petrocelli de Ávila. *Alienação fiduciária de bens imóveis.* 2. ed. Coleção de direito imobiliário. t. X. São Paulo: Thomson Reuters, 2022. p. 328 e ss.

Art. 167 | LEI DE REGISTROS PÚBLICOS COMENTADA

Também nesse sentido: CSMSP – Apelação Cível 0025431-76.2013.8.26.0100, Rel. Des. Hamilton Elliot Akel, j. 18/03/2014).

12. Procuração com poderes gerais não autoriza a contratação de alienação fiduciária em garantia

"A jurisprudência consolidada do Superior Tribunal de Justiça também sinaliza que 'o Código Civil estabelece que, para a realização de negócio jurídico que transcende a administração ordinária, tal qual a disposição de bens imóveis (alienação, doação, renúncia, transferência, dentre outros), faz-se necessária a outorga de poderes especiais e expressos (art. 661, § 1º), com a respectiva descrição do objeto a ser transferido/negociado'. No aludido precedente da Corte da Cidadania, o caso concreto fundava-se em contratação de alienação fiduciária efetivada por mandatários sem poderes específicos, tendo o *decisum* reconhecido a nulidade da contratação: No caso em estudo, todavia, o instrumento particular de alienação fiduciária do imóvel em garantia, firmado em 17 de setembro de 2010, entre banco apelante e a empresa devedora XXXX Ltda, padece de vício substancial, eis que a aludida devedora foi representada por seus sócios Fulano e Ciclano, que figurou como devedor ao lado de Fulana, tendo sido por ela representado por meio de procuração outorgada em caráter geral em 16 de janeiro de 1.976, em violação ao disposto no art. 661 e no art. 662 do Código Civil, sendo pertinente ponderar que sobreveio o seu falecimento em 25 de setembro de 2010, oito (08) dias após a celebração do referido contrato. Nesse sentido, em se considerando que o aludido instrumento não foi firmado com ares de validade, máxime em se considerando o vício substancial havido na sua formação, a transmissão da propriedade resolúvel do imóvel, no que concerne à cota parte de Fulano não se aperfeiçoou" (STJ – AgInt no AREsp 1401433/SP, Rel. Min. Marco Aurélio Bellizze, 3ª Turma, j. 10/02/2020. Também nesse sentido: STJ – REsp 1.551.430/ES, 4ª Turma, Rel. Min. Maria Isabel Gallotti, Rel. p/ Acórdão Min. Luis Felipe Salomão, j. 21/09/2017).

13. Incidência simultânea do contrato no SFI e SFH e seus efeitos jurídicos

"A previsão dos institutos do SFI, ou seja, 'companhias securitizadoras', 'regime fiduciário', 'certificados de recebíveis' e 'termos de securitização', por si só, não determina o sistema pelo qual os créditos imobiliários são originados (do SFH). Sem muita dificuldade se enxerga que a este sistema foram acrescidos institutos do SFI, sem que possa se admitir uma desnaturação do contrato. A garantia instituída – alienação fiduciária – cuja incidência passa ao largo de qualquer discussão, visa de maneira precípua conferir maior segurança ao credor na medida em que facilita a recuperação do crédito, mormente quando comparada à hipoteca, geralmente utilizada no SFH. De mais a mais, é certo que atualmente os dois sistemas, na prática, estão muito próximos, motivo pelo qual não se deve cogitar de prejuízo derivado do registro" (Corregedoria Permanente de Araraquara/SP – Processo 605/2005, Juiz João Battaus Neto, j. 13/07/2005).

"Emolumentos. Registro de Imóveis. Primeira aquisição imobiliária para fins residenciais, financiada pelo Sistema Financeiro da Habitação. Contrato, apresentado para qualificação, que permite vislumbrá-la. Cabimento de redução de 50%, exclusivamente sobre o financiamento, nos emolumentos para registro, tanto da compra e venda, quanto da alienação fiduciária em garantia. Não observância pelo Oficial. Cobrança indevida dos valores integrais. Violação da regra do art. 290 da Lei nº 6.015/73, combinado com a nota explicativa nº 1.8.1 da Tabela II da Lei Estadual nº 11.331/02. Restituição, em décuplo, do montante recebido. Imposição, também, de multa. Aplicação do artigo 32, I, com respectivos parágrafos, do último diploma legal referido. Recurso provido, para tanto" (CGJSP – Processo CG 2009/71789, Rel. Des. Reis Kuntz, j. 03/11/2009).

14. Desnecessidade de assinatura do credor fiduciário na Cédula de Crédito Bancário (CCB)

"A emissão e a constituição de garantia na cédula de crédito bancário são regidas pela Lei nº 10.931/2004, com aplicação da legislação comum somente de forma supletiva. Bem por isso, no que diz respeito à forma de constituição da garantia, é preciso ressaltar que não há lacuna a ser suprida mediante aplicação das normas contidas no Código Civil. Com efeito, a cédula de crédito bancário constitui título de crédito que permite ao credor emitir certificado que a represente, para circulação do crédito (arts. 26 e 53, *caput*, e § 4º da Lei nº 10.931/2004), não sendo adequada a cisão dos modos de constituição da obrigação e da respectiva garantia para efeito de fixação dos requisitos para sua emissão. Nesta ordem de ideias, é possível afirmar que a constituição de garantia instrumentada em cédulas que, por sua natureza, origem e regramento próprio, satisfaz-se com a manifestação unilateral de vontade do sacado do título, como no caso em análise. Em outras palavras, basta a assinatura do devedor na emissão da cédula de crédito bancário, ou de seus respectivos mandatários, com descrição do débito contraído e também do bem alienado e objeto da garantia, na própria cédula ou em documento separado, nos exatos termos previstos na Lei nº 10.931/2004" (CSMSP – Apelação Cível 0001131-68.2019.8.26.0414, Rel. Des. Ricardo Mair Anafe, j. 05/10/2021).

15. Parâmetros de qualificação registral na alienação fiduciária

"Cumpre consignar, desde logo, que incumbe ao Registrador, ao examinar a escritura pública de alienação fiduciária, verificar se foram observados os requisitos formais do contrato previstos no artigo 24 da Lei 9.514/97, os quais são obrigatórios. Toda garantia real deve ser especializada, uma vez que é de interesse não só do credor e do vendedor, mas de terceiros, aos quais cabe o direito de saber qual é o patrimônio disponível do devedor para que possam negociar com ele. Ao Oficial Registrador compete verificar a presença dos requisitos do contrato de alienação fiduciária como condição para o registro, em cumprimento do princípio da legalidade, afigurando-se correta a recusa quando ausentes aqueles previstos em lei" (CSMSP – Apelação Cível 1.259-6/0, Rel. Des. Munhoz Soares, j. 30/06/2010. Também nesse sentido: CSMSP – Apelação Cível 254-6/0, Rel. Des. José Mário Antonio Cardinale, j. 07/07/2005).

"Há menção, no registro, e, do mesmo modo, no título, a respeito das 99 unidades autônomas, a divisão destas em blocos, as metragens de cada uma delas e a correspondente fração ideal. Não há, ainda, o registro da instituição e convenção do condomínio, com as descrições de cada uma das 99 unidades autônomas que o integrarão, de modo que, se as unidades não estão descritas individualmente no registro, é indevida a exigência desta descrição no título. (...) O mesmo não pode ser dito em relação à exigência de constar o valor de cada uma das unidades e à forma de pagamento, que é devida, para proteger eventuais adquirentes destas unidades, na hipótese de o devedor se tornar inadimplente e o imóvel ser levado a leilão. A Lei de Alienação Fiduciária, ao estabelecer os requisitos do contrato, os procedimentos mínimos que devem ser observados no leilão, como a fixação de valor mínimo para a venda do imóvel etc., procura proteger o devedor fiduciante e evitar o locupletamento indevido do credor, o que reclama, em consequência, que se especifique o valor de cada uma das unidades autônomas e a forma de pagamento. Esta omissão no título impede o seu registro" (CSMSP – Apelação Cível 580-6/8, Des. Gilberto Passos de Freitas, j. 19/04/2007).

16. Cláusula contratual sobre o procedimento dos leilões

"De acordo com o artigo 24, VII, da Lei nº 9.514/97, o contrato que serve de título ao negócio fiduciário deve conter cláusula dispondo sobre os procedimentos de que trata o art. 27. A cláusula 3.4 do instrumento contratual prevê singelamente que, "não purgada a mora no prazo legal, consolidar-se-á a propriedade em nome dos vendedores, que tratarão de promover o leilão do bem, nos termos do artigo 27 da Lei nº 9.514 de 20 de novembro de 1.997". Essa mera remissão a dispositivo legal é insuficiente. É mister que a cláusula regule expressa e integralmente o procedimento do leilão público para alienação do imóvel, inclusive com descrição dos prazos para sua realização e respectivos termos iniciais" (CSMSP – Apelação Cível 1.259-6/0, Rel. Des. Munhoz Soares, j. 30/06/2010. Também nesse sentido: CSMSP – Apelação Cível 580-6/8, Rel. Des. Gilberto Passos de Freitas, j. 19/04/2007).

17. Cláusula-mandato constituindo os devedores procuradores entre si

"Sobre o tema, a Corregedoria-Geral da Justiça do Estado de São Paulo aprovou em caráter normativo parecer que determina que 'enquanto válida a cláusula contratual de constituição recíproca de procuradores entre os devedores/fiduciantes, a intimação para constituição em mora, nas hipóteses do art. 26, § 3º, da Lei nº 9.514/97 pode ser feita, pessoalmente, ainda que se trate de cônjuges, a qualquer um deles, que a receberá, também, em nome do outro'. Equivale dizer, se existe cláusula pela qual os cônjuges, fiduciantes, devedores solidários, constituem-se procuradores recíprocos, inclusive para receber intimações e notificações, conclui-se que a intimação recebida pelo cônjuge varão o foi em seu nome e no nome da esposa (como procurador dela), codevedora solidária" (CGJSP – Processo CG 136.042/2014, Des. Hamilton Elliot Akel, j. 08/10/2014. Também nesse sentido: CGJSP – Processo CG 0006918-55.2016.8.26.0100, Des. Manoel de Queiroz Pereira Calças, j. 22/09/2016).

18. Cessão da posição contratual do devedor fiduciante: necessidade de anuência do credor, controle do registrador e incidência tributária

"Trata-se, inequivocamente, de cessão da posição contratual do devedor fiduciante, autorizada pelo art. 29 da Lei 9.514/1997, em que se permite, efetivamente, ao fiduciante, com anuência expressa do

Art. 167 | LEI DE REGISTROS PÚBLICOS COMENTADA

fiduciário, a transmissão dos direitos de que seja titular sobre o imóvel objeto da alienação fiduciária em garantia, assumindo o adquirente as respectivas obrigações. Observe-se que as menções feitas no contrato à quitação da dívida do cedente para com a Apelante, aludidas pelo Oficial Registrador, devem ser interpretadas, no caso, como relacionadas à quitação do débito do próprio cedente então existente e não à quitação do saldo devedor do financiamento, que, esta sim, levaria à extinção das obrigações contratuais e da propriedade fiduciária (art. 25 da Lei n. 9.514/1997). Assim, não há que se falar em quitação do contrato e consolidação da propriedade imobiliária na pessoa do cedente, com subsequente alienação do imóvel à cessionária, como pretende o Registrador. O que o título revela, diversamente, é verdadeira cessão dos direitos e obrigações relacionados ao contrato de financiamento para aquisição de imóvel e ao pacto acessório de alienação fiduciária do bem em garantia da dívida contraída" (CSMSP – Apelação Cível 980-6/3, Rel. Des. Ruy Camilo, j. 17/02/2009).

"A negativa de ingresso refere-se à ausência de apresentação de anuência do credor fiduciário relativa à alienação fiduciária registrada sob nos 13 e 14. Afirma o Oficial que é imprescindível a anuência da credora fiduciária, nos termos do artigo 29 da Lei 9.514/97, bem como é possível o devedor fiduciante ceder a terceiros o seu direito, desde que com a anuência do credor. (...) Ao se constituir a alienação fiduciária, tanto por instrumento público como particular, a propriedade do imóvel é transferida para o credor, ficando o devedor na posse direta do bem durante o período em que vigorar o financiamento. Caso haja o inadimplemento da dívida, o Cartório de Registro de Imóveis notifica o devedor, de modo a constituí-lo em mora e, persistindo em aberto a obrigação, a propriedade será consolidada em favor do credor. No caso vertente, o contrato de alienação fiduciária tem previsão de dois devedores que não podem modificar a situação contratual sem anuência do fiduciário. (...) Diante do exposto, julgo improcedente o pedido de providências formulado por PRMB, em face do Oficial do 11º Registro de Imóveis da Capital, e consequentemente mantenho o óbice registrário" (1ª VRPSP – Processo 1124709-28.2016.8.26.0100, Juíza Tânia Mara Ahualli, j. 19/12/2016).

"O registro da cessão dos direitos do fiduciante não poderá ocorrer, por lógica, quando a consolidação da propriedade em nome do credor fiduciário já tiver sido averbada na matrícula do imóvel. Vale dizer, não pode ser registrada a cessão de um crédito já inexistente; só pode ser cedido algo que ainda exista. 'Ora, com a consolidação da propriedade, extinguiu-se o crédito. Nada havia, dessa forma, a ser cedido. É verdade que, após a consolidação, não se extingue a relação jurídica entre credor e devedor, ou entre o credor e o fiduciante. Ela só se extingue, por completo, após o procedimento de leilão, previsto no art. 27, da Lei nº 9.514/97. Prova disso é que, se houver importância que sobejar, o credor a entregará ao devedor, dando-se as partes mútua quitação, nos termos do art. 27, § 4º. Porém, crédito – que foi o objeto da cessão – não há mais após a consolidação da propriedade. O § 5º é quem o diz, quando prevê que, no segundo leilão, se o maior lance oferecido não for igual ou superior ao referido no § 2º, considerar-se-á extinta a dívida'" (CGJSP – Processo CG 168.918/2014, Rel. Des. Hamilton Elliot Akel, j. 17/03/2015).

"Incidência de ITBI na cessão de direitos do devedor fiduciante depende de sua previsão como fato gerador em lei municipal. A Lei 11.154/91 fornece, portanto, várias sinalizações no sentido de confirmar a não incidência. Em primeiro lugar, por não contemplar expressamente a hipótese de cessão dos direitos do fiduciário, em seu art. 2º, na medida em que este elenca todas as operações submetidas ao foco tributário. Em segundo lugar, por deixar patente que toda a operação que envolve a alienação fiduciária não é alcançada pela incidência ('não incidência'), não sendo considerada transmissão para efeitos fiscais. Em terceiro lugar por expressamente excluir no campo e tributação os 'direitos reais em garantia' (art. 1º, inciso I, letra 'b'). Anote-se que a cessão decorrente de compromisso de compra e venda, que tem características semelhantes, foi contemplada pela lei municipal de forma expressa e objetiva, que criou a incidência, circunstância, que mais uma vez sinaliza no sentido de que, à mingua de previsão expressa, prevendo a incidência sobre a cessão de direitos do devedor fiduciante, não há como se reconhecer a incidência tributária" (1ª VRPSP – Processo 0059498-04.2012.8.26.0100, Juiz Josué Modesto Passos, j. 03/05/2013. Também nesse sentido: 1ª VRPSP – Processo 000.03.045910-9, Juiz Venício Antonio de Paula Salles, j. 03/10/2003).

19. Locação de imóvel alienado fiduciariamente

"Além disso, o contrato de locação foi apresentado para registro em 27 de março de 2017, quando o imóvel já não era de propriedade da locadora. Isso porque, por meio de contrato prenotado e registrado em 20 de maio de 2014 a locadora e seu marido deram o imóvel em alienação fiduciária em garantia em favor de Itaú Unibanco S.A. Posteriormente, mediante requerimento prenotado em 29 de agosto de 2016, em razão do não pagamento do débito pelos fiduciantes foi a propriedade consolidada em favor credor fiduciário. A seguir, por título prenotado em 07 de fevereiro de 2017 averbou-se a realização dos leilões em que não houve licitantes, com extinção da dívida. Desse modo, quando da apresentação do contrato de locação para registro da cláusula de vigência, em 27 de fevereiro de 2017, o imóvel já era de Itaú Unibanco S.A. que teve a propriedade consolidada em seu favor em 29 de agosto de 2016. Em decorrência, o ingresso do contrato de locação encontra obstáculo na continuidade que é requisito essencial ao seu registro, pois como esclarece Afrânio de Carvalho: 'O princípio da continuidade, que se apoia no de especialidade, quer dizer que, em relação a cada imóvel, adequadamente individuado, deve existir uma cadeia de titularidade à vista da qual se fará a inscrição de um direito se o outorgante dele aparecer no registro como seu titular. Assim, as sucessivas transmissões, que derivam umas das outras, asseguram sempre a preexistência do imóvel no patrimônio do transferente' (Registro de Imóveis, 4ª edição, 1998, Forense, p. 253). E ao contrário do que foi alegado pelo apelante, a continuidade diz respeito à titularidade e à transmissão dos direitos reais constituídos sobre o imóvel, e não aos direitos que por não estarem inscritos são meramente obrigacionais'" (CSMSP – Apelação Cível 1000920-23.2017.8.26.0337, Rel. Des. Geraldo Francisco Pinheiro Franco, j. 28/06/2018).

"Considerado o negócio jurídico nos planos da validade e eficácia, é o contrato de locação válido e eficaz em relação às partes que o celebraram, ou seja, locadora e locatária, e deve ser registrado para ter eficácia perante terceiros no que se refere à cláusula de vigência. Portanto, ainda que seja promovido o registro da cláusula de vigência, o contrato de locação permanecerá ineficaz em relação ao credor fiduciário e aos seus sucessores em razão do art. 37-B da Lei nº 9.514/97. A ineficácia, ademais, é limitada ao período da alienação fiduciária, assim como é dependente da posterior consolidação da posse em favor do credor fiduciário, com subsequente alienação do imóvel na forma prevista na Lei nº 9.514/97, pois a quitação do preço da dívida, pela devedora fiduciante, afastará a causa de ineficácia prevista no referido artigo. Portanto, respeitado o precedente deste Col. Conselho Superior da Magistratura que foi invocado pelo Sr. Oficial de Registro de Imóveis (Apelação Cível nº 0065836-57.2013.8.26.0100 da Comarca da Capital, j. 02/09/2014), e seguindo os fundamentos adotados pelo e. Desembargador Ricardo Anafe em voto divergente apresentado naquele recurso, considero que a ineficácia do contrato de locação não impede o seu registro, pois não interfere no plano da validade e é necessário para que a cláusula de vigência produza efeitos perante todos os demais terceiros, excetuados o credor fiduciário e os seus sucessores" (CSMSP – Apelação Cível 1060989-19.2018.8.26.0100, Rel. Des. Geraldo Francisco Pinheiro Franco, j. 04/04/2019).

"Em sentido oposto: "O registro do contrato de locação não pode ser deferido, ausente a anuência do credor fiduciário, destacando-se que não há como presumi-la do simples fato do contrato de locação ser anterior à alienação fiduciária, mesmo porque o primeiro sequer estava registrado ao tempo da constituição da garantia. Além disso, o artigo 37-B da Lei n. 9.514/97 é expresso ao considerar ineficaz, e sem qualquer efeito perante o fiduciário ou seus sucessores, a contratação ou a prorrogação de locação de imóvel alienado fiduciariamente por prazo superior a um ano sem concordância por escrito do fiduciário" (CSMSP – Apelação Cível 0065836-57.2013.8.26.0100, Rel. Des. Hamilton Elliot Akel, j. 02/09/2014).

"Se o imóvel estiver alienado fiduciariamente, somente se deve permitir, ao menos durante a fidúcia, o acesso ao fólio real de contrato de locação para fins de averbação do direito de preferência, quando constar do instrumento locatício cláusula contratual específica, destacada das demais por sua apresentação gráfica (art. 32, parágrafo único, da Lei 8.245/1991), acerca da inoponibilidade do direito de preferência do locatário perante o credor fiduciário ou terceiros nos casos de realização da garantia. Sendo a qualificação do contrato de locação positiva, é conveniente, inclusive, que o Oficial faça ressalva expressa no extrato do averbamento da preferência acerca dessa circunstância, garantindo, assim, a segurança jurídica esperada do Registro de Imóveis. "Deduz-se que não há direito de preferência, nem por ocasião dessa garantia, nem no caso de perda da propriedade por efeito de exclusão do bem. (...) Para ter ingresso o título no fólio real, deverá o Oficial observar o princípio da legalidade'" (1ª VRPSP – Processo 1104533-62.2015.8.26.0100, Juíza Tânia Mara Ahualli, j. 11/11/2015).

20. Impossibilidade de hipotecar imóvel alienado fiduciariamente

"Constitui-se a propriedade fiduciária de coisa imóvel mediante registro, no competente Registro de Imóveis, do contrato que lhe serve de título. Configurada essa relação jurídica com o registro, o devedor fiduciante passa a ter alguns dos poderes inerentes à propriedade, como o de usar e o de fruir do bem, mas não possui os poderes plenos (dispor e gravar com ônus reais). E tal situação deverá perdurar, ao menos do ponto de vista registral imobiliário, até que haja a consolidação da propriedade plena, seja em favor do devedor, com a respectiva quitação e implemento da cláusula resolutiva, seja em favor do credor, uma vez configurada a mora absoluta. Por essas razões, respeitosamente, ao contrário do que alega a apelante, não é possível presumir a quitação e consolidação da propriedade plena apenas com base no vencimento da dívida prevista em contrato" (CSMSP – Apelação Cível 1002435-39.2018.8.26.0279, Rel. Des. Geraldo Francisco Pinheiro Franco, j. 23/08/2019).

21. Consolidação da propriedade em favor do credor durante o *stay period* na recuperação judicial do devedor

"Agravo de instrumento. Recuperação judicial. Decisão que deferiu tutela de urgência para suspender a consolidação da propriedade de dois imóveis alienados fiduciariamente à agravante durante o *stay period*. Manutenção. Bens essenciais ao soerguimento das recuperandas. Unidades produtivas. Atividade agrícola. Art. 49, § 3º, da Lei 11.101/2005. Circunstâncias do caso concreto que justificam a manutenção da decisão agravada. Recurso não provido" (TJSP – Agravo de Instrumento 2122353-81.2018.8.26.0000, Rel. Des. Alexandre Lazzarini, 1ª Câmara Reservada de Direito Empresarial, j. 05/09/2018).

"A reintegração de posse é mera consequência da consolidação da propriedade e, na forma da Lei 9.514/97, pode ser postulada tanto pelo credor fiduciário como pelo arrematante. Parece extremamente severo sustentar que a propriedade pode ser perdida durante o pedido de reorganização da empresa, preservando-se apenas a sua posse direta. Isso porque, passado o período de seis meses, a sorte do imóvel dado em garantia já estará selada. Ainda que a devedor fiduciante consiga reorganizar-se e reunir recursos para purgar a mora, isso não mais será possível, uma vez que a propriedade plena já estará em definitivo consolidada nas mãos da credora fiduciária. Razoável, portanto, em harmonia com a própria finalidade do *stay period*, se evite nesse meio tempo situação definitiva e irreversível de perda da propriedade, permitindo à devedora soerguer-se, purgar a mora e retomar o contrato" (TJSP – Agravo de Instrumento 2135163-59.2016.8.26.0000, Rel. Des. Francisco Eduardo Loureiro, 1ª Câmara Reservada de Direito Empresarial, j. 22/08/2018).

"Agravo de instrumento. Decisão que rejeitou os pedidos de suspensão da consolidação/leilão de propriedade das garantias de alienação fiduciária dos imóveis. Elementos que indicam a extraconcursalidade do crédito discutido, sendo inaplicáveis os efeitos do *stay period* (Lei 11.101/05, art. 49, § 3º). Exceção de mencionado dispositivo que abrange apenas os 'bens de capital essenciais', que não é o caso dos autos. Validade do procedimento de consolidação da propriedade dos imóveis alienados fiduciariamente. Observância da Lei nº 9.514/97. Precedentes jurisprudenciais. Decisão mantida. Recurso desprovido" (TJSP – Agravo de Instrumento 2059745-47.2018.8.26.0000, Rel. Des. Maurício Pessoa, 2ª Câmara Reservada de Direito Empresarial, j. 06/06/2018).

"A Lei n. 11.101/2005, embora tenha excluído expressamente dos efeitos da recuperação judicial o crédito de titular da posição de proprietário fiduciário de bens imóveis ou móveis, acentuou que os 'bens de capital', objeto de garantia fiduciária, essenciais ao desenvolvimento da atividade empresarial, permaneceriam na posse da recuperanda durante o *stay period*. A conceituação de 'bem de capital', referido na parte final do § 3º do art. 49 da LRF, inclusive como pressuposto lógico ao subsequente juízo de essencialidade, há de ser objetiva. De seu teor infere-se que o bem, para se caracterizar como bem de capital, deve utilizado no processo produtivo da empresa, já que necessário ao exercício da atividade econômica exercida pelo empresário. Constata-se, ainda, que o bem, para tal categorização, há de se encontrar na posse da recuperanda, porquanto, como visto, utilizado em seu processo produtivo. Do contrário, aliás, afigurar-se-ia de todo impróprio e na lei não há dizeres inúteis falar em 'retenção' ou 'proibição de retirada'. Por fim, ainda para efeito de identificação do 'bem de capital' referido no preceito legal, não se pode atribuir tal qualidade a um bem, cuja utilização signifique o próprio esvaziamento da garantia fiduciária. Isso porque, ao final do *stay period*, o bem deverá ser restituído ao proprietário, o credor fiduciário. A partir da própria natureza do direito creditício sobre o qual recai a garantia fiduciária – bem incorpóreo e fungível, por excelência –, não há como compreendê-lo como bem de capital, utilizado materialmente no processo produtivo da empresa. Para efeito de aplicação do § 3º do art. 49, 'bem de capital', ali referido, há de ser compreendido como o bem, utilizado no processo produtivo da empresa recuperanda, cujas características essenciais são: bem corpóreo (móvel ou imóvel), que se encontra na posse direta do devedor, e, sobretudo, que não seja perecível nem consumível, de modo que possa ser entregue ao titular da propriedade fiduciária, caso persista a inadimplência, ao final do *stay period*. A partir de tal conceituação, pode-se concluir, *in casu*, não se estar diante de bem de capital, circunstância que, por expressa disposição legal, não autoriza o Juízo da recuperação judicial obstar que o credor fiduciário satisfaça seu crédito diretamente com os devedores da recuperanda, no caso, por meio da denominada trava bancária" (STJ – REsp 1.758.746/GO, Rel. Min. Marco Aurélio Bellizze, 3ª Turma, j. 25/09/2018).

22. Penhora dos direitos do devedor fiduciante

"A jurisprudência do Superior Tribunal de Justiça é uníssona e reverbera que 'consoante entendimento firmado nesta Corte, não se admite a penhora do bem alienado fiduciariamente em execução promovida por terceiros contra o devedor fiduciante, haja vista que o patrimônio pertence ao credor fiduciário, permitindo-se, contudo, a constrição dos direitos decorrentes do contrato de alienação fiduciária'" (STJ – REsp 1.677.079/SP, Rel. Min. Ricardo Villas Bôas Cueva, 3ª Turma, j. 25/09/2018. Também nesse sentido: STJ – REsp 1.646.249/RO, Rel. Min. Min. Herman Benjamin, 2ª Turma, j. 03/04/2018; STJ – AgInt no AREsp 1.370.727/SP, Rel. Min. Marco Aurélio Bellizze, 3ª Turma, j. 25/03/2019; STJ – AgInt no AREsp 644.018/SP, Rel. Min. Maria Isabel Gallotti, 4ª Turma, j. 02/06/2016; STJ – AgInt no REsp 1.819.186/SP, Rel. Ministro Raul Araújo, 4ª Turma, j. 04/02/2020).

"A fim de estancar eventuais choques de interesses porventura existentes, uma solução que se admite é a de que o devedor fiduciante, titular de direito real de aquisição – e que possui valor econômico –, tenha tal direito penhorado pelos demais credores em geral, em especial pelos credores de despesas geradas pelo próprio bem – a exemplo do condomínio quando da cobrança de despesas condominiais. Nessa hipótese, por óbvio, o credor das despesas originadas pelo bem não adquire a propriedade plena, mas sub-roga-se na posição jurídica de titular de direito expectativo real de aquisição do devedor fiduciante. O credor fiduciário, por sua vez, mantém íntegra a sua garantia" (STJ – REsp 1.731.735/SP, Rel. Min. Nancy Andrighi, 3ª Turma, j. 13/11/2018).

23. Partilha de direitos de devedor fiduciante em separação, divórcio ou dissolução de união estável

"A despeito da argumentação apresentada pela recorrente, é certo que a carta de sentença extraída dos autos em que foram partilhados os bens adquiridos na constância de casamento dissolvido por sentença não poderia mesmo ingressar no fólio real. Como o imóvel foi objeto de alienação fiduciária, devem ser partilhados os direitos aquisitivos dos fiduciantes e não o imóvel propriamente dito, certo que os ex-cônjuges não são titulares da propriedade imobiliária. A anuência do credor fiduciário é indispensável, pouco importando se a transmissão dos direitos se deu entre os devedores originais. Com efeito, tem o credor fiduciário o direito de avaliar se a garantia permanece hígida e se a transmissão dos direitos de aquisição lhe interessa, visto que é titular da propriedade imobiliária. No mais, justamente porque o plano de partilha está incompleto e porque há menção a um pagamento que seria realizado para 'equalizar' a divisão do patrimônio, faz-se necessário o aditamento da carta de sentença. A apresentação do plano de partilha completo, além de ser peça obrigatória, permite que o Oficial se desincumba do seu dever de verificar a eventual incidência de ITBI" (CSMSP – Apelação Cível 1036558-52.2017.8.26.0100, Rel. Des. Geraldo Francisco Pinheiro Franco, j. 28/03/2018).

"Não há como transmitir a um dos cônjuges ou conviventes, através de partilha pelo fim do relacionamento, a totalidade do imóvel sem que se cumpra o estabelecido em lei, que expressamente exige a anuência do credor fiduciário para que o devedor possa transmitir o bem, ou a parte que lhe toca. Importante frisar que 'o crédito e a quantia foram contratados depois de avaliado o casal adquirente, quanto à sua capacidade de tomar o crédito. O interesse do fiduciário é inequívoco e está expresso e garantido em lei, pelo que a exigência é válida'" (1ª VRPSP – Processo 0062688-72.2012.8.26.0100, Juiz Marcelo Martins Berthe, j. 20/03/2013).

24. Incidência de ITCMD-causa mortis na vigência da propriedade fiduciária

"Analisaremos, em primeiro lugar, a hipótese de transmissão *causa mortis* de bem móvel ou imóvel objeto de contrato de alienação fiduciária não quitado, a respeito da qual se verifica, consoante restou explanado na RC 686/2003, que, com a abertura da sucessão, o que se transmitiu aos herdeiros foram os direitos decorrentes do contrato de alienação fiduciária e não a propriedade do bem. Dessa forma, como ao fiduciante (de cujus) cabia a posse direta do bem (móvel ou imóvel) e o direito

Art. 167 | LEI DE REGISTROS PÚBLICOS COMENTADA

à propriedade superveniente, após adimplidas todas as obrigações contratuais, são esses os direitos transferidos aos herdeiros, que também assumem as obrigações não cumpridas do contrato. Nesse contexto, consigne-se que as parcelas não vencidas até o falecimento do autor da herança (data do fato gerador) não se constituem em dívida a onerar o bem transmitido nesta hipótese (que é o direito decorrente do contrato), na forma prevista pelo artigo 14 do Decreto 46.655/2002 (RITCMD), uma vez que, como já assinalado, não houve, nesse caso, a transmissão do próprio bem (móvel ou imóvel) aos herdeiros. (...) Como a hipótese é de transmissão de direito relativo a bem (móvel ou imóvel) objeto de contrato de alienação fiduciária, em que somente parte das parcelas foram quitadas até a data do fato gerador, trata-se, dessa forma, de se estabelecer qual é o valor venal do direito que está sendo transmitido (valor da base de cálculo). Nesse ponto, observe-se que, caso tomemos, como valor do direito transmitido, a simples somatória das parcelas pagas pelo transmitente até a data do fato gerador, corremos o risco de quantificar esse direito desproporcionalmente ao valor venal do próprio bem (móvel ou imóvel) na mesma data. (...) Assim, para fins do ITCMD, para se determinar o valor venal desse direito, que já traz para aquele que o recebeu a obrigação de pagar as parcelas não vencidas do contrato, deve-se, em relação à data do fato gerador: 16.1. Levantar o valor venal do próprio bem (móvel ou imóvel), cujo direito está sendo transmitido (A); 16.2. Calcular o valor total que seria necessário para quitar as obrigações do contrato (valor presente à data do óbito) (B); 16.3. Obtidos tais valores (A e B), o valor venal do direito transmitido será o resultado positivo da subtração entre esses dois valores, ou seja: Valor do direito = A – B; desde que positivo (A > B). Caso o valor total de quitação das obrigações contratuais seja superior ao valor venal do bem – móvel ou imóvel (B > A), não há que se falar em valor venal do direito, já que, em princípio, o valor da obrigação relativa ao bem é maior que o valor do próprio bem (móvel ou imóvel). Portanto, nesse caso, não há imposto a pagar" [SEFAZ/SP – Resposta à Consulta Tributária 7629/2015, responsáveis pela consulta Denise Maria de Sousa Cirumbolo (consultor tributário), Renata Cypriano Dellamonica (supervisor fiscal), Ivan Ozawa Ozai (diretor adjunto), formulada em 27/06/2016].

25. Inviabilidade de constituição de bem de família sobre imóvel alienado fiduciariamente

"A controvérsia dos autos cinge-se à possibilidade de registro de escritura pública de instituição de bem família formalizada após a alienação fiduciária do bem imóvel. Pois bem, ao se constituir a alienação fiduciária, tanto por instrumento público quanto por particular, a propriedade do imóvel é transferida para o credor, ficando o devedor na posse direta do bem durante o período em que vigorar o financiamento. Logo, o credor fiduciário adquire a propriedade de modo resolúvel, restrito e limitado, e quando adimplida a dívida, a propriedade retorna ao devedor fiduciante. No caso em tela houve o registro na matrícula sob nos 05 e 06 da alienação fiduciária, constituindo como proprietária do imóvel a Caixa Econômica Federal. Diante disso, não pode o suscitado requerer o registro do bem que não tem a propriedade, detendo apenas a posse direta. Necessário, por conseguinte, que o titular de domínio seja o mesmo no título apresentado a registro e no registro de imóveis, sob pena de violação ao princípio da continuidade, previsto no art. 195, da Lei nº 6.015/73" (1ª VRPSP – Processo 1062052-50.2016.8.26.0100, Juíza Tânia Mara Ahualli, j. 05/08/2016).

26. Desmembramento ou desdobro de imóvel alienado fiduciariamente

"Não há vedação para o desdobro do imóvel que contou com a anuência do credor fiduciário, nem para o posterior cancelamento do registro da garantia em relação a dois dos imóveis formados pelo desdobro, com sua manutenção sobre o terceiro imóvel constituído a partir do parcelamento da área maior. A divisão do imóvel não importa em divisão da garantia que subsistirá em relação às três áreas formadas pelo desdobro, sendo nesse ponto aplicável o raciocínio igual ao adotado em precedente desta Eg. Corregedoria-Geral da Justiça, em que foi aprovado parecer da lavrada do e. Desembargador Vicente de Abreu Amadei, então Juiz Auxiliar da Corregedoria, em que admitido o desdobro de imóvel hipotecado. (Processo CG n. 259/2006, com aparecer aprovado em 6/10/2006 pelo e. Des. Gilberto Passos de Freitas). Por sua vez, averbado o desdobro e transposta a da alienação fiduciária para as três matrículas a serem abertas, também não há vedação para o posterior cancelamento da garantia em relação a dois dos imóveis a serem formados pelo parcelamento da área maior, mantendo-se a alienação fiduciária sobre o terceiro imóvel que terá área total de 3.000,00m2. Assim porque, a partir da averbação do desdobro o credor fiduciário terá a propriedade resolúvel sobre cada um dos três imóveis formados com o parcelamento da área maior (art. 22 da Lei n. 9.514/97), podendo, por esse motivo, autorizar o cancelamento do registro da garantia, e a consolidação da propriedade plena com o devedor fiduciante, em relação a um ou a mais desses imóveis que constituirão unidades imobiliárias distintas. Em outros termos, o procedimento a ser adotado não implica em divisão da garantia, mas em manutenção da alienação fiduciária sobre cada um dos três imóveis a serem formados pelo desdobro, o que permite o posterior cancelamento, separadamente, também sobre cada um desses imóveis. Ademais, a autorização para o cancelamento do registro da garantia somente em relação a dois dos imóveis é a solução que melhor se coaduna com a autonomia da vontade privada, por se tratar, neste caso concreto, de direito patrimonial disponível e por não contrariar norma cogente" (CGJSP – Processo 1000271-36.2017.8.26.0506, Des. Geraldo Francisco Pinheiro Franco, j. 27/05/2019).

27. Alienação fiduciária e ordens de indisponibilidade

"Dispõem as Normas de Serviço dos Cartórios Extrajudiciais, em seu Capítulo XX, item 421.3: 'Em caso de aquisição de imóvel por pessoa cujos bens foram atingidos por indisponibilidade, deverá o oficial, imediatamente após o lançamento do registro aquisitivo na matrícula, promover a averbação da indisponibilidade, independentemente de prévia consulta ao adquirente.' Como se vê, o bem se torna indisponível assim que passar a compor o patrimônio da cônjuge do apelante, razão pela qual não é passível de ser dado em garantia por meio da alienação fiduciária. Nesse sentido, nem mesmo a anuência do credor fiduciário tornaria possível a alienação voluntária, uma vez que o gravame em questão restringe as ações sobre o bem. Ademais, a ordem de indisponibilidade de bens, ao contrário do aduzido pelo apelante, atinge os bens adquiridos antes e depois da decisão. Desse modo, para que se efetue o registro, deve ser obtido o levantamento da restrição junto ao Juízo emissor da ordem, mostrando-se corretas as exigências formuladas pelo registrador. Há precedentes sobre a questão aqui debatida. A alienação fiduciária, tendo por objeto o imóvel versado nos autos, configura negócio voluntário defeso em face de sua indisponibilidade. (...) Assim, em que pese não ser plena a propriedade do credor fiduciário, mas resolúvel, pois adquirida apenas para garantia seu crédito, não deixa de existir a transferência da titularidade do imóvel. (...) Nesse cenário, constatada, sob o prisma formal, a existência de alienação de bem, correto o indeferimento de acesso do título ao registro de imóveis, em obediência ao que se determinou na via judicial" (CSMSP – Apelação Cível 1014237-16.2018.8.26.0576, Rel. Des. Geraldo Francisco Pinheiro Franco, j. 26/02/2019).

"A recusa ao registro do instrumento particular de venda e compra com financiamento bancário garantido por alienação fiduciária na forma como apresentado, foi amparada em posicionamento deste juízo acerca da impossibilidade de cindibilidade do título para inscrição apenas de um dos negócios entabulados (autos n. 1075541-86.2018.8.26.0100), já que é incontroverso que a ordem de indisponibilidade não obsta o registro de venda e compra. (...) O entendimento mais recente da E. Corregedoria-Geral da Justiça, acima mencionado, foi exarado em parecer que manteve decisão deste próprio juízo, a qual permitiu a averbação de consolidação da propriedade de imóvel em favor da credora fiduciária em virtude do inadimplemento, a despeito da existência de averbação de indisponibilidade contra a devedora fiduciante. A solução dada no referido procedimento fundamentou-se na lógica de que não há como a indisponibilidade recair sobre o próprio bem se o devedor ainda não detém a propriedade plena, de modo que incabível que tal restrição se estenda ao credor fiduciário e até mesmo aos demais credores que buscam no patrimônio do devedor a satisfação de suas obrigações. (...) A mesma lógica se aplica ao caso concreto. Isso porque o codevedor F. D. B., contra quem recai a ordem de indisponibilidade, não detém a propriedade plena do imóvel em conformidade com o que dispõe a Lei n. 9.514/97 (que instituiu e regulamentou a alienação fiduciária de coisa imóvel), destacando-se o entendimento de que a restrição não atinge especificamente o bem imóvel objeto do contrato, mas os direitos reservados ao devedor. Diante disso e conforme entendimento do próprio Oficial e do Ministério Público, não se vislumbra, com o registro, qualquer prejuízo aos credores da ação em que declarada a indisponibilidade de bens ou mesmo a terceiros, já que a restrição será averbada em ato contínuo ao registro pretendido, em conformidade com o disposto no item 412.3 do Cap. XX das NSCGJSP. Em outras palavras, até que a ordem de indisponibilidade seja eventualmente levantada, o coadquirente não poderá transmitir seus direitos durante o financiamento do bem, sendo que, após eventual consolidação da propriedade pela quitação da dívida, também não poderá dispor de sua parte ideal" (1ª VRPSP – Processo 106718-63.2021.8.26.0100, Juíza Luciana Carone Nucci Eugênio Mahuad, j. 25/10/2021).

"Nos termos da Lei nº 9.514/97 não parece existir óbice algum ao ato de consolidação da propriedade em favor do credor, desde que observado o procedimento legal. (...) A indisponibilidade não atinge especificamente o bem imóvel objeto do contrato, mas sim os direitos reservados ao devedor. (...)

Art. 167 | LEI DE REGISTROS PÚBLICOS COMENTADA

O bem objeto de alienação fiduciária não se encontra, pois, no patrimônio do devedor até quitação da dívida firmada entre as partes. (...) Destarte, mostra-se equivocado impedir a consolidação da propriedade outrora resolúvel em definitivo em favor do credor sob o argumento de existir ordem de indisponibilidade, que deve atingir, salvo decisão judicial específica de afetação, patrimônio imobiliário indistinto, assim como direitos sobre imóveis indistintos (art. 2º, Prov. nº 3/2014) do devedor. O devedor fiduciante detém, assim, apenas uma expectativa de direito, ou seja, adimplindo as prestações, passará a exercer o domínio sobre o imóvel. Nesta ordem de ideias, *in casu*, a indisponibilidade não recai sobre a propriedade; mas apenas sobre os direitos dos devedores fiduciantes. Não é o imóvel que está indisponível, mas sim os direitos de devedor fiduciante" (CGJSP – Processo CG 1003351-78.2021.8.26.0114, Rel. Des. Ricardo Mair Anafe, j. 22/10/2021).

"Logo, embora a propriedade seja, não obstante resolúvel, do credor fiduciário, é certo que o devedor fiduciante tem direitos. E tais direitos são economicamente relevantes e, por isso, consideram-se bens. Se são bens, podem ser atingidos pelo decreto de indisponibilidade. A conclusão, assim, é de que a indisponibilidade averbada incide não sobre a propriedade – nem poderia –, mas sobre os bens dos devedores fiduciantes: a posse direta e o direito real de reaquisição. A consolidação da propriedade, se averbada, faria extinguir os direitos dos devedores fiduciários. Porém, por força de determinação judicial, decretou-se a indisponibilidade de tais bens ou direitos. Permitir a averbação da consolidação da propriedade implicaria, por via reflexa, tornar sem efeito a indisponibilidade. Dito de outro modo, traduziria revisão de determinação judicial pela via administrativa, o que não se admite. (...) É preciso, dessa maneira, que, antes de averbar a consolidação, o recorrente promova o levantamento das constrições perante os Juízos de onde elas partiram. Por fim, anote-se que a penhora, ao contrário da indisponibilidade, não obsta a consolidação. Porém, seu levantamento, com cancelamento da averbação, também depende de ordem do juízo que a determinou" (CGJSP – Processo CG 167.424/2015, Des. José Carlos Xavier de Aquino, j. 28/11/2015. No mesmo sentido: CGJSP – Processo CG 154.498/2015, Des. Sérgio Jacintho Guerrieri Rezende, j. 04/12/2015).

"O bem objeto de alienação fiduciária, que passa a pertencer à esfera patrimonial do credor fiduciário, não pode ser objeto de penhora para garantia de dívida em ação movida contra o devedor fiduciário, que já não detém o domínio da coisa. A jurisprudência, inclusive dos Tribunais superiores, é uníssona em permitir a incidência de penhora sobre os direitos do executado relativamente ao imóvel gravado com alienação fiduciária em garantia, mas não sobre o bem imóvel em si, já que, como dito, a credora fiduciária detém a propriedade resolúvel e a posse indireta do bem, enquanto o devedor fiduciante detém a sua posse direta. Diante disso, merece reforma da decisão agravada para determinar o levantamento da indisponibilidade sobre o bem, devendo a constrição recair sobre os direitos derivados de alienação fiduciária em garantia. (TJSP – Agravo de Instrumento 2033445-14.2019.8.26.0000, Rel. Des. Jefferson Moreira de Carvalho, 9ª Câmara de Direito Público, j. 21/05/2019.) No mesmo sentido há inúmeros precedentes outros: 'Conforme entendimento jurisprudencial a penhora deve recair sobre os direitos que o executado possui sobre o bem, e não sobre o próprio bem que originou a dívida condominial'" (TJSP – Agravo de Instrumento 2025585-59.2019.8.26.0000, 25ª Câmara de Direito Privado, Rel. Des. Claudio Hamilton, j. 25/04/2019).

"Indisponibilidade averbada. Inviabilidade de dação em pagamento dos direitos de devedor fiduciante. No caso da alienação fiduciária em garantia, não há, de fato, como a indisponibilidade recair sobre o próprio bem se o fiduciante ainda não possui a propriedade plena, de modo que incabível que tal restrição se estenda ao credor fiduciário e até mesmo aos demais credores que buscam no patrimônio do devedor a satisfação de suas obrigações. Entendimento contrário, no sentido de que a indisponibilidade na matrícula obsta a consolidação da propriedade, vai de encontro ao conceito do próprio instituto da alienação fiduciária. Contudo, a propriedade fiduciária se caracteriza por uma finalidade específica, que é a de servir de garantia para a satisfação da dívida correspondente ao contrato principal, que, no caso, corresponde à cédula de crédito emitida, cujos direitos e obrigações foram cedidos à parte suscitada. Por isso mesmo, o sistema regulado pela Lei n. 9.514/97 determina, em seu artigo 27, a alienação do bem em leilão promovido pelo credor fiduciário a fim de liquidar o seu crédito e restituir ao devedor eventual saldo remanescente. Havendo consenso entre as partes, o artigo 26, § 8º, da mesma lei, permite que o fiduciante disponha do seu direito eventual sobre o imóvel, entregando-o ao credor em pagamento da dívida. Mas, no caso concreto, esse direito está afetado por diversas ordens de indisponibilidade que impedem uma negociação direta entre as partes, sob o risco de prejuízo aos demais credores que podem se beneficiar com eventual saldo remanescente resultante de leilão público. Note-se, ainda, que as partes foram devidamente alertadas pelo tabelião acerca do resultado positivo da consulta à central de indisponibilidade e, ainda assim, decidiram continuar com a transação. Neste contexto, inaplicável a regra do artigo 26, § 8º, da Lei n. 9.514/97, impondo-se os procedimentos previstos no artigo 27 da mesma lei: existindo ordem judicial de indisponibilidade de bens e direitos, a alienação voluntária (no caso, uma dação em pagamento) não pode ser levada a registro" (1ª VRPSP – Processo 1057231-90.2022.8.26.0100, Juíza Luciana Carone Nucci Eugênio Mahuad, j. 01/08/2022).

28. Aferição pelo registrador da existência ou não de novação em aditivos contratuais

"Nestes termos, não havendo substituição do objeto obrigacional decorrente do contrato de mútuo, eis que permanece o dever de restituição do valor entregue com encargos, mas simples alteração decorrente da consolidação do saldo devedor e repactuação do prazo e condições dos pagamentos, não há que se falar em novação. E, por isto, desnecessária a realização de cancelamento da garantia fiduciária e novo registro, eis que limitado o ato a ingressar na matrícula à informação das alterações da obrigação garantida. Por fim, tem-se que o argumento da existência de maior oneração do imóvel por conta da repactuação, e mesmo o risco a outros credores por conta do alongamento do período de alijamento do bem da disponibilidade do devedor, não se justifica. É que a própria existência anterior da alienação fiduciária válida, por força da emissão da cédula original, já retira a disponibilidade sobre o bem pelo devedor, o que impede sua constrição por outros credores. Se a propriedade, em caso de permanência do inadimplemento, fosse consolidada exclusivamente em favor do credor que admite a repactuação da forma de pagamento, não se verificaria prejuízo a eventuais outros credores que, pela alienação, já não teriam qualquer acesso ao bem como forma de garantia genérica. Ainda mais se, por força de eventual recusa da repactuação, prevalecesse a mora e o vencimento do contrato, com o cumprimento da garantia em favor da instituição financeira. Desta forma, conclui-se pela inexistência de novação, autorizando-se a averbação do aditamento da cédula de crédito bancário" (CGJSP – Processo CG 1005338-55.2018.8.26.0438, Des. Ricardo Mair Anafe, j. 13/02/2020).

29. Procedimento de execução extrajudicial da garantia fiduciária

"Em resumo: com a mora, o fiduciário se dirige ao Oficial do Registro de Imóveis da situação do bem, que intima o fiduciante a pagar, em quinze dias, as prestações vencidas e vincendas, além dos encargos decorrentes do atraso (§ 1º do artigo 26). A partir daí, duas são as situações possíveis: a) efetua-se o pagamento da dívida no Registro de Imóveis, e o contrato de alienação fiduciária convalescerá (§ 5º do artigo 26); b) o fiduciante permanece inerte, e o Oficial do Registro de Imóveis, à vista da prova do pagamento pelo fiduciário do imposto de transmissão *inter vivos*, promove a averbação da consolidação da propriedade em nome desse último (§ 7º do artigo 26)" (CGJSP – Processo 1012250-49.2017.8.26.0100, Des. Manoel de Queiroz Pereira Calças, j. 13/09/2017).

"Alienação fiduciária de bem imóvel. Ação declaratória de atos jurídicos. Improcedência. Imóvel já arrematado. Impossibilidade de purgação da mora. Jurisprudência do STJ. Entendimento desta Câmara pela constitucionalidade do procedimento executivo regulado pela Lei 9.514/1997. Sentença mantida. Apelação improvida" (TJSP – Apelação Cível 1006982-49.2018.8.26.0562, Rel. Des. Jayme Queiroz Lopes, 36ª Câmara de Direito Privado, j. 17/06/2019).

30. Constitucionalidade da execução extrajudicial da alienação fiduciária

"A lei que autoriza a retomada do imóvel garante que o cliente que deixa de pagar as parcelas do financiamento seja notificado sobre o procedimento feito em cartório e tenha um prazo para o pagamento do débito. Assim, se o cliente entender que há alguma irregularidade, pode iniciar uma ação judicial. Além disso, se o bem for vendido em leilão, o novo proprietário precisará iniciar uma ação judicial para que o imóvel seja desocupado. Por esses motivos, a lei não viola os direitos constitucionais do cliente ao acesso à justiça, ao devido processo legal, à ampla defesa, ao contraditório e à propriedade (art. 5º, XXII, XXXV, LIV e LV, da Constituição). O procedimento em cartório para a retomada do imóvel do cliente que deixa de pagar o financiamento é mais simples, barato e rápido que uma ação judicial. A lei que prevê esse procedimento torna os negócios mais seguros, permitindo que os bancos pratiquem taxas de juros mais baixas e emprestem dinheiro para que mais pessoas comprem imóveis. Assim, a medida promove o direito fundamental à moradia (art. 6º da Constituição). Fixou-se, ao final, a seguinte tese: É constitucional o procedimento da Lei nº

Art. 167 | LEI DE REGISTROS PÚBLICOS COMENTADA

9.514/1997 para a execução extrajudicial da cláusula de alienação fiduciária em garantia, haja vista sua compatibilidade com as garantias processuais previstas na Constituição Federal". (STF – RE 860.831, Tribunal Pleno, Rel. Min. Luiz Fux, j. 26/10/2023 – Tema 982).

31. Execução extrajudicial envolvendo dois ou mais imóveis

"Com efeito, a Lei nº 9.514/97 não proíbe que vários imóveis garantam uma única dívida, sendo possível que em um mesmo contrato de mútuo com constituição de alienação fiduciária vários imóveis sejam dados em garantia, o que, inclusive, nem se discute nestes autos posto que já efetivados os devidos registros. No caso concreto, a garantia foi dada por terceiras pessoas, que compareceram no contrato de financiamento com a exclusiva finalidade de prestarem a garantia, tendo sido alienados dois imóveis de proprietários distintos e situados em circunscrições diferentes. Dois, pois, são os devedores fiduciantes e dois são os objetos da garantia, situados em circunscrições registrais diversas. Não se vislumbra empecilho para a realização das intimações pelos Oficiais de onde situados os respectivos bens, facultando-se ao devedor purgar a mora em quaisquer dos Registros de Imóveis, não se sustentando a alegada obrigação do credor em se utilizar da via judicial, sob pena de restar descaracterizado o próprio objetivo da propriedade fiduciária, cuja simplicidade na execução é de sua essência" (CGJSP – Processo 1075313-43.2020.8.26.0100, Des. Ricardo Mair Anafe, j. 23/06/2021).

32. Possibilidade de notificação por edital eletrônico

"Nos processos judiciais, a prática de atos de cientificação das partes e de terceiros por meio eletrônico se tornou regra no Código de Processo Civil, como se verifica no art. 246, V e no art. 270, dando prevalência, sempre que possível, às intimações por meio eletrônico. O intuito da norma é simplificar o serviço e baratear o custo ao usuário, e, ao mesmo tempo, proporcionar, como tem proporcionado, maior celeridade e simplicidade pelo uso da via eletrônica para a confecção de tais atos de cientificação pela rede mundial de computadores. (...) A ampliação das possibilidades de publicação em meio eletrônico, portanto, vai na mesma direção da perspectiva legislativa, no sentido de verdadeira substituição do meio físico (jornais de grande circulação) pelo meio eletrônico, a critério da parte interessada, como ocorreu na Lei 13.465/2017, ao acrescer o § 14 ao art. 216-A da Lei 6.015/77: § 14. Regulamento do órgão jurisdicional competente para a correição das serventias poderá autorizar a publicação do edital em meio eletrônico, caso em que ficará dispensada a publicação em jornais de grande circulação. Dessa forma, é possível a publicação de editais eletrônicos, além de usucapião extrajudicial, também nos demais procedimentos regulamentados no Capítulo XX, Tomo II, das Normas de Serviço Extrajudicial da Corregedoria-Geral de Justiça, como, por exemplo, nas notificações por edital em execução de contratos de alienação fiduciária, retificação de registro de imóveis, registro de loteamentos e desmembramentos e bens de família" (CGJSP – Processo CG 2018/00041053, Parecer 210/2019-E, Des. Geraldo Francisco Pinheiro Franco, j. 23/04/2019).

33. Impossibilidade de cancelamento da consolidação da propriedade

"Após regular procedimento de intimação para que a dívida fosse paga, foi promovida a consolidação da propriedade fiduciária em nome do credor. Embora a jurisprudência dos tribunais pátrios admita purgação da mora após a consolidação da propriedade, uma vez consolidada a propriedade plena em favor do credor fiduciário, a propriedade resolúvel alcança sua condição extintiva, não sendo possível o retorno ao status quo ante, ao menos do ponto de vista registral imobiliário. Havida a consolidação da propriedade fiduciária em favor do credor fiduciário, purgada a mora, o devedor fiduciante somente poderá reaver o bem através da aquisição derivada da propriedade, com a celebração de um novo negócio jurídico entre as partes" (CGJSP – Processo CG 1004474-71.2018.8.26.0032, Rel. Des. Geraldo Francisco Pinheiro Franco, j. 02/07/2019).

"Também nesse sentido: 'Pedido de providências. Alienação fiduciária em garantia. Cancelamento das averbações referentes à consolidação da propriedade do imóvel em favor da credora fiduciária. Impossibilidade. Purgação da mora que deve ocorrer no Registro de Imóveis e dentro do prazo estabelecido. Inteligência dos arts. 26, § 1º e § 5º, da Lei nº 9.514/97. Pagamento realizado diretamente à assessoria credenciada da instituição financeira. Ausência de comunicação pela credora fiduciária que, ademais, requereu a consolidação da propriedade do imóvel em seu nome. Não configuração de erro de qualificação registraria, tampouco de infração disciplinar imputável à Oficial Registradora. Recurso não provido" (CGJSP – Processo CG 1005179-93.2017.8.26.0100, Des. Geraldo Francisco Pinheiro Franco, j. 28/03/2018).

"Registro de Imóveis. Alienação fiduciária em garantia. Mora. Consolidação da propriedade em nome da fiduciária. Alegação de que os valores em atraso foram pagos diretamente à credora fiduciária. Pedido de cancelamento da averbação que consolidou a propriedade. Impossibilidade. Purgação da mora que deve ocorrer no Registro de Imóveis. Inteligência dos artigos 26, § 5º, da Lei nº 9.514/97 e 327 do Código Civil. Purgação que, ademais, não foi comunicada pela fiduciária, que requereu a consolidação da propriedade do bem em seu nome. Recurso improvido" (CGJSP – Processo CG 1012250-49.2017.8.26.0100, Des. Manoel de Queiroz Pereira Calças, j. 13/09/2017).

"Como se vê, ao Oficial de Registro de Imóveis cabe, no âmbito da Lei n. 9.514/1997, tão somente a intimação para a constituição em mora e, eventualmente, a declaração de sua purgação, sendo-lhe vedada qualquer atuação no sentido de solucionar dúvida quanto à existência e valor do débito. Não está, portanto, autorizado a analisar eventual vício intrínseco da documentação apresentada pelo credor fiduciário, limitada sua análise aos elementos externos do ato. No caso em análise, não se observa a ocorrência de vício extrínseco. E muito embora o contrato de alienação fiduciária celebrado pelos recorrentes esteja sendo discutido em ação própria, não foi apresentada ao Oficial de Registro nenhuma ordem judicial de suspensão do procedimento de consolidação da propriedade fiduciária em curso perante a serventia extrajudicial" (CGJSP – Processo CG 1009554-98.2021.8.26.0100, Des. Ricardo Mair Anafe, j. 25/10/2021).

34. Direito de preferência do devedor fiduciante

"Cinge-se a controvérsia a examinar se é possível a purga da mora em contrato de alienação fiduciária de bem imóvel (Lei nº 9.514/1997) quando já consolidada a propriedade em nome do credor fiduciário. (...) A alienação fiduciária em garantia de bem imóvel é composta por duas fases: 1) consolidação da propriedade e 2) alienação do bem a terceiros, mediante leilão. Com efeito, não purgada a mora no prazo de 15 (quinze) dias, a propriedade do imóvel é consolidada em favor do agente fiduciário, no caso, a Caixa Econômica Federal. No entanto, apesar de consolidada a propriedade, não se extingue de pleno direito o contrato de mútuo, pois o credor fiduciário deve providenciar a venda do bem, mediante leilão, ou seja, a partir da consolidação da propriedade do bem em favor do agente fiduciário, inaugura-se uma nova fase do procedimento de execução contratual. Portanto, ao contrário do consignado no acórdão recorrido, no âmbito da alienação fiduciária de imóveis em garantia, o contrato que serve de base para a existência da garantia não se extingue por força da consolidação da propriedade, mas, sim, pela alienação em leilão público do bem objeto da alienação fiduciária, a partir da lavratura do auto de arrematação. Feitas tais considerações, resta examinar a possibilidade de se purgar a mora após a consolidação da propriedade em favor do fiduciário. Para tanto, deve ser verificada a compatibilidade entre a Lei nº 9.514/1997 e o Decreto-Lei nº 70/1966, que trata da execução hipotecária. (...) Assim, constatado que a Lei nº 9.514/1997, em seu art. 39, inciso II, permite expressamente a aplicação subsidiária das disposições dos arts. 29 a 41 do Decreto nº 70/1966, é possível afirmar a possibilidade de o devedor/mutuário purgar a mora em 15 (quinze) dias após a intimação prevista no art. 26, § 1º, da Lei no 9.514/1997, ou a qualquer momento, até a assinatura do auto de arrematação (art. 34 do Decreto-Lei nº 70/1966). De fato, considerando-se que o credor fiduciário, nos termos do art. 27 da Lei nº 9.514/1997, não incorpora o bem alienado em seu patrimônio, que o contrato de mútuo não se extingue com a consolidação da propriedade em nome do fiduciário, que a principal finalidade da alienação fiduciária é o adimplemento da dívida e a ausência de prejuízo para o credor, a purgação da mora até a arrematação não encontra nenhum entrave procedimental, desde que cumpridas todas as exigências previstas no art. 34 do Decreto-Lei nº 70/1966. (...) A purgação da mora até a data da arrematação atende todas as expectativas do credor quanto ao contrato firmado, visto que o crédito é adimplido" (STJ – REsp 1.462.210/RS, 3ª Turma, Rel. Min. Ricardo Villas Bôas Cueva, j. 18/11/2014).

"Possibilidade de cessão do direito de preferência do devedor fiduciante. Averbada a consolidação da propriedade em favor do credor e anuindo ambos os contratantes originários com a cessão de direitos de preferência e compra e venda do imóvel a terceiro, por escritura pública, não há justificativa legal para a negativa de registro do documento. (...) Na casuística, houve a averbação da consolidação da propriedade na matrícula do bem e a escritura pública apresentada pelo apelante fez constar, com anuência de ambos os subscritores do contrato originário (instituição financeira, fiduciária, e devedor, fiduciante), expressamente, que a referida compra e venda dá-se pelo exercício do direito de preferência de compra ou pela cessão de tal direito, ambas as situações previstas pelo art. 27, parágrafo segundo-B, combinado com os arts. 28 e 29 da Lei 9.514/97. De maneira que não há qualquer justificativa para a impugnação ao registro da escritura pública objeto do presente feito, uma vez que todos os detentores de direitos e deveres frente ao contrato originário anuíram com as cláusulas de cessão de direitos. Além disso, o ora apelante expressamente assumiu obrigações frente à instituição financeira, de modo que não há preocupação com a regularidade do negócio entabulado. Conclusão reforçada pelo §8º do art. 26 da Lei 9.514/97, que dita que o fiduciante pode, com a anuência do fiduciário, dar seu direito eventual ao imóvel em pagamento da dívida, dispensados os procedimentos previstos no art. 27, ou seja, com dispensa expressa da realização dos leilões. Tampouco vislumbro preocupação legítima do oficial do registro com possível tentativa de elisão do pagamento dos impostos de transmissão do bem, pois a própria consolidação da propriedade, já averbada, depende da prova do pagamento pelo fiduciário do imposto de transmissão *inter vivos*, na esteira do que dispõe o §7º do art. 26, ou seja, não há possibilidade de que as partes estejam assim procedendo no intuito de deixarem de efetuar o pagamento dos devidos impostos em cada uma das transmissões de propriedade" (TJRS –Apelação Cível 70082257163, 19ª Câmara Cível, Rel. Des. Mylene Maria Michel, j. 17/10/2019).

35. Dação em pagamento dos direitos do devedor fiduciante

"A dação em pagamento é um acordo liberatório, realizado entre devedor e credor, no qual o último consente na entrega de uma coisa diversa daquela avençada. Assim, a prestação em dinheiro é substituída pela entrega de um objeto, constituindo forma indireta de extinção da obrigação. Neste contexto, a consolidação em nome dos adquirentes deu-se não pela ausência de purgação da mora pelo fiduciante, mas sim pelo próprio negócio entabulado pelas partes que, conforme mencionado, caracteriza-se como pagamento indireto, nos termos do art. 26, § 8º da Lei 9.514/97. Por fim, conforme esclarecido pelo Oficial, (...) os credores fiduciários solicitaram a desistência do processo de consolidação, bem como sua extinção, justificando que houve o acordo entre credores e devedor, resultando na dação em pagamento" (1ª VRPSP – Processo 1065230-02.2019.8.26.0100, Juíza Tânia Mara Ahualli, j. 30/09/2019).

"Em caso de inadimplemento em contrato de alienação fiduciária em garantia de bens imóveis, a quitação da dívida deve se dar na forma da legislação especial, isto é, dos artigos 26 e 27 da Lei n. 9.514/1997. Nesses casos, o credor deverá entregar o saldo que sobejar ao valor da dívida e despesas com a alienação do bem no leilão, na forma do § 4º do art. 27 da Lei n. 9.514/97. Ocorre que, no presente caso, o devedor se utilizou da dação em pagamento prevista no § 8º do artigo 26 da Lei n. 9.514/1997, portanto, não há falar-se em devolução de valor ao autor em razão da aplicação do § 4º do art. 27 da Lei n. 9.514/97, expressamente excluída pelo texto da legislação federal. (...) A dação em pagamento possibilita ao credor avaliar a conveniência ou não de receber o bem no lugar da obrigação devida e também assegura ao devedor a quitação da dívida. Ressalto que a legislação prevê a possibilidade de dação em pagamento no intuito de proteger o devedor, pois lhe garante a quitação do débito sem a necessidade da venda forçada do bem, via de regra por preços inferiores aos praticados pelo mercado, com a adição dos custos decorrentes. Assim, o fiduciário, ao consentir em receber os direitos do fiduciante no lugar do débito, leva em consideração e assume todos os riscos e custos existentes, não havendo diferença a ser devolvida com a venda posterior do imóvel se não houve previsão na dação em pagamento celebrada" (STJ – AgInt no AREsp 1.095.235/DF, Rel. Min. Maria Isabel Gallotti, j. 28/11/2017).

36. Taxa de ocupação do imóvel

"Sob outro ângulo, cabe destacar que a Lei impõe um rito célere à alienação extrajudicial, de modo que o primeiro leilão deva ser realizado no prazo de trinta dias após o registro da consolidação da propriedade, conforme previsto no art. 27 da Lei n. 9.514/1997, independentemente da desocupação do imóvel. A fixação desse prazo exíguo tem o objetivo de evitar que a instituição financeira permaneça inerte após a consolidação da propriedade, deixando que a dívida se eleve aceleradamente, por força dos encargos da mora. Há, portanto, no referido art. 27, um fundamento de boa-fé objetiva, especificamente concretizada no preceito *duty to mitigate the loss*. Durante esse curto período de 30 dias, as perdas experimentadas pela instituição financeira já são adequadamente compensadas pela multa contratual. Aliás, a incidência de taxa de ocupação geraria o efeito deletério de estimular a inércia da instituição financeira, tendo em vista a incidência de mais um fator de incremento da dívida. Noutro norte, é certo que a boa-fé também impõe deveres ao mutuário, como o de desocupar o imóvel, caso não tenha purgado tempestivamente a mora. Porém, a violação desse dever impõe perdas potenciais ao próprio mutuário, não à instituição financeira, que já é remunerada pelos encargo contratuais, tendo em vista que o mutuário tem direito à restituição do saldo que restar das parcelas pagas após a quitação da dívida e dos encargos" (STJ – REsp 758.518/PR, 3ª Turma, Rel. Ministro Vasco Della Giustina, j. 17/06/2010).

37. Os leilões públicos no procedimento de execução extrajudicial

"A Corregedoria-Geral da Justiça de São Paulo, sobre o tema, entendeu como correta a recusa da prática de averbação dos leilões negativos por ausência dessa comprovação: 'não obstante, a recusa do Oficial do Registro Imobiliário também foi alicerçada na não apresentação de documento comprobatório da comunicação ao devedor sobre as datas, horários e locais dos leilões. (...) Realmente, não houve apresentação do documento comprobatório com o protocolo do título. Nessa ordem de ideias, a recusa da averbação deve ser mantida, por não ter sido apresentado com o protocolo do título a comprovação da notificação do fiduciante'" (CGJSP – Processo CG 1001926-83.2019.8.26.0664, Rel. Des. Geraldo Francisco Pinheiro Franco, j. 11/12/2019).

"Diante da informação de que o credor fiduciário realizou prévia comunicação dos leilões à devedora fiduciante, não cabe impedir o registro da escritura de compra e venda, pois a eventual declaração da inexistência da comunicação, ou de vício em sua realização, deverão ser obtidas pela devedora em ação própria, a ser movida contra todos os interessados" (CSMSP – Apelação Cível 1027307-97.2018.8.26.0577, Rel. Des. Geraldo Francisco Pinheiro Franco, j. 10/12/2019).

"Na nota de devolução expedida, o registrador exigiu, em cumprimento ao § 2º-A do art. 27 da Lei nº 9.514/97, a apresentação de comunicação dos leilões realizados à devedora fiduciante, em conformidade à lei vigente, mediante correspondência dirigida aos endereços constantes do contrato, na sua via original ou cópia autenticada, com a ressalva de que o AR apresentado não cumpriu seus objetivos. Ou seja, a qualificação negativa do título se deu em razão de ausência de prova segura de que a notificação do devedor quanto à realização do leilão se deu de forma regular. A propósito, cumpre anotar que, embora tenha sido o contrato celebrado no ano de 2014, o procedimento de expropriação se deu já na vigência da Lei nº 13.465/17, que incluiu o § 2º, item 'a', ao art. 27 da Lei nº 9.514/97. Ocorre que, no caso concreto, ficou demonstrada a remessa da notificação da devedora no endereço contratual, em exata correspondência com os dados indicados no instrumento acostado aos autos. Caberia, por outro lado, à devedora fiduciante comunicar a credora fiduciária acerca de eventual mudança de endereço, como previsto no contrato. Desse modo, em seus aspectos formais, o título preenche os requisitos para o registro" (CSMSP – Apelação Cível 1121498-13.2018.8.26.0100, Rel. Des. Geraldo Francisco Pinheiro Franco, j. 01/11/2019).

"A Lei 9.514/1997 'não dispõe de forma específica sobre os procedimentos para a realização dos leilões, prevendo somente que devem ser objeto de fixação no contrato, mas por se tratar de medida de proteção do devedor a fixação desses requisitos não pode ser dispensada pelas partes, nem ser previsto que serão fixados por ato unilateral do credor'" (CSMSP – Apelação Cível 1007423-92.2017.8.26.0100, Rel. Des. Geraldo Francisco Pinheiro Franco, j. 24/07/2018).

"A prova da regular publicação do edital era atribuição dos apelantes e deveria instruir o título apresentado para registro, o que não ocorreu. Sem a prova da publicação do edital no local da situação dos imóveis, conforme previsto no contrato, não se mostra possível o registro do posterior contrato de compra venda celebrado entre os apelantes. A ausência da prova da publicação do edital dos leilões no local da situação dos imóveis, na forma prevista no contrato de alienação fiduciária em garantia, basta para impedir o registro do novo contrato de compra e venda celebrado entre os apelantes. Isso porque a regularidade dos leilões dos imóveis dados em alienação fiduciária em garantia, decorrentes do não pagamento das prestações pelo devedor fiduciante, diz respeito ao atendimento de norma de ordem pública e constitui matéria que deve ser apreciada de ofício. (...) Não bastasse, os leilões foram realizados na Comarca de Vitória, Espírito Santo, ou seja, em local distinto da situação dos imóveis, sem que para isso existisse previsão legal ou contratual. A realização dos leilões no local da situação do imóvel, com divulgação mediante prévia publicação de edital no mesmo local, constitui medida de proteção ao devedor que tem direito à venda do imóvel pelo maior valor possível, uma vez que deverá receber a quantia que sobejar depois do pagamento do débito e encargos, como disposto nos §§ 4º e 5º do art. 27 da Lei nº 9.514/97. Por esse motivo, não pode a fixação do local do leilão ser atribuída à deliberação unilateral do credor que, neste caso concreto, o promoveu em cidade e Estado distintos daquele onde localizado os imóveis porque assim entendeu conveniente" (CSMSP – Apelação Cível 1007423-92.2017.8.26.0100, Rel. Des. Geraldo Francisco Pinheiro Franco, j. 24/07/2018).

"Simultaneidade de leilões em formato presencial e eletrônico. Possibilidade e legitimidade. A Caixa Econômica Federal (CEF) promoveu os leilões nas modalidades virtual e presencial, e, além disso, houve publicação do edital em jornal de circulação no município em que localizado o imóvel. Em decorrência, não há qualquer vício na publicação do edital que possa ser reconhecido em procedimento de dúvida. Igual ocorre com a realização do leilão presencial em comarcas diversas, pois, de forma concomitante, também se realizou o ato de forma virtual, em endereço da Internet divulgado no edital que foi publicado no município da situação do imóvel. Sendo o leilão presencial e virtual, eventual litígio envolvendo a realização dos leilões e a arrematação do imóvel também deverá ser dirimido em ação jurisdicional, de que participem todos os interessados, com o devido contraditório e ampla defesa. Diante da informação de que o credor fiduciário realizou prévia comunicação dos leilões aos devedores fiduciantes, não cabe impedir o registro da escritura de compra e venda, pois a eventual declaração da inexistência da comunicação, ou de vício em sua realização, deverão ser obtidas pelos devedores em ação própria, a ser movida contra todos os interessados" (CSMSP – Apelação Cível 0011312-94-2018.8.26.0566, Rel. Des. Geraldo Francisco Pinheiro Franco, j. 19/09/2019. Também nesse sentido: CGJSP – Processo CG 1008480-35.2019.8.26.0114, Des. Geraldo Francisco Pinheiro Franco, j. 24/10/2019; CSMSP – Apelação Cível 0011312-94.2018.8.26.0566, Rel. Des. Geraldo Francisco Pinheiro Franco, j. 19/09/2019; CSMSP – Apelação Cível 1026079-87.2018.8.26.0577, Rel. Des. Geraldo Francisco Pinheiro Franco, j. 25/07/2019; CSMSP – Apelação Cível 1001252-75.2019.8.26.0577, Rel. Des. Geraldo Francisco Pinheiro Franco, j. 23/08/2019; CSMSP – Apelação Cível 1029836-89.2018.8.26.0577, Rel. Des. Geraldo Francisco Pinheiro Franco, j. 23/08/2019; CGJSP – Processo CG 1000056-49.2019.8.26.0584, Des. Geraldo Francisco Pinheiro Franco, j. 18/12/2019).

"A norma que estabelece o valor mínimo para a alienação do imóvel no segundo leilão é de ordem pública, sendo certo que constitui dever do Oficial de Registro de Imóveis, por ocasião da qualificação do contrato de alienação fiduciária, obstar o ingresso ao fólio real de qualquer disposição que vulnere a mens legis. O registro do título é indispensável para constituição da propriedade fiduciária. Nada obstante, a recusa exteriorizada pelo Oficial de Registro se revelou acertada. O instrumento particular em testilha é, com efeito, desprovido de potência registral, considerada a amplitude do juízo de qualificação confiado ao Registrador. Contraria, enfim, elementos essenciais à estrutura normativa da categoria contratual em exame. (...) Nos termos convencionados, admitir-se-á, em segundo leilão, lanço inferior à dívida, desde que igual ou superior a 60% do valor do bem imóvel, sempre incluindo despesas, prêmios de seguro, encargos legais, inclusive tributos. É o que se extrai da análise conjunta das cláusulas 3.2.1 e 3.6, que, assim, estão em desacordo com a disciplina legal. (...) Ora, nesse caso, e conforme expresso regramento legal, é vedada a alienação, por inexistência ou insuficiência do lanço, se inferior ao valor da dívida, e o bem imóvel transferido em garantia deve permanecer com o credor fiduciário, livre das restrições características da resolubilidade, considerando-se, em contrapartida, a dívida extinta, outorgando-se ao devedor quitação do débito, mediante termo próprio, consoante o § 6º do art. 27 da Lei nº 9.514/1997. Dentro desse contexto, o conteúdo do título levado a registro ofende normas imperativas, insuscetíveis de derrogação pela vontade dos particulares e que legitimamente, por conseguinte, limitando a autonomia privada dos contratantes, inspiradas por razões de utilidade social e equilíbrio contratual, e com o respaldo no art. 24, VII, da Lei nº 9.514/1997, estabeleceram regulamentação mínima, estrutura mínima, com cláusulas vinculantes, a serem obrigatoriamente observadas pelas partes. Pertinente, portanto, o juízo desqualificador emitido pelo Oficial, escorado no princípio da legalidade e, igualmente, aqui em atenção, especialmente, à contradição apurada, no princípio da segurança jurídica. Restou, em resumo, plenamente caracterizada a existência de restrições de ordem normativa, inerentes ao direito posto, a obstaculizar a inscrição intencionada" (CSMSP – Apelação Cível 1002050-35.2015.8.26.0073, Rel. Des. Manoel de Queiroz Pereira Calças, j. 02/06/2016).

"No primeiro leilão, somente ocorrerá a arrematação se for dado lance igual ou superior ao valor da avaliação do imóvel. No segundo leilão, todavia, será aceito o maior lance oferecido, desde que seja igual ou superior ao valor da dívida, incluindo as despesas, os prêmios de seguro, os encargos legais e as cotas condominiais. Na primeira hipótese, o devedor fiduciante receberá, em regra, a importância que ultrapassar o valor da dívida e das despesas. Na segunda situação, são observados os mesmos critérios, se houver, é claro, saldo a receber, tendo em vista que o lance poderá corresponder exatamente ao valor integral do débito" (STJ – REsp 1.654.112/SP, Rel. Min. Ricardo Villas Bôas Cueva, 3ª Turma, j. 23/10/2018).

"Carta de arrematação extrajudicial não é título hábil ao registro. Vale lembrar que o leilão decorreu da consolidação da propriedade do imóvel em favor do credor fiduciário (fls. 29 e 35/36) e que a Lei n. 9.514/97, que dispõe sobre o assunto, assim estabelece em seu art. 38: 'Art. 38. Os atos e contratos referidos nesta Lei ou resultantes da sua aplicação, mesmo aqueles que visem à constituição, transferência, modificação ou renúncia de direitos reais sobre imóveis, poderão ser celebrados por escritura pública ou por instrumento particular com efeitos de escritura pública'. Neste ponto, o que se denota é que o dispositivo apenas faculta a formalização dos atos e contratos concernentes à alienação fiduciária por escritura pública ou instrumento particular com efeito de escritura pública, sem qualquer indicativo de que a carta de arrematação corresponda ao instrumento. A mesma lei, ainda, em seu art. 39, II, restringiu expressamente a aplicabilidade das disposições dos arts. 29 a 41 do Decreto-Lei n. 70, de 21 de novembro de 1966, aos procedimentos de execução de créditos garantidos por hipoteca. Desse modo, não há dúvida de que não mais se aplica o disposto no art. 37 do Decreto-Lei n. 70, de 21 de novembro de 1966, aos procedimentos de crédito garantidos por alienação fiduciária, o qual autorizava o registro direto da carta de arrematação. Assim, havendo lance vencedor, a transmissão do imóvel ao licitante será feita por meio de registro de contrato de compra e venda, por instrumento público ou particular, no qual deverá figurar, de um lado, como vendedor, o antigo credor fiduciário e, de outro, como comprador, o licitante vencedor" (1ª VRPSP – Processo 1047827-49.2021.8.26.0100, Juíza Luciana Carone Nucci Eugênio Mahuad, j. 24/06/2021).

"No caso concreto, (...) a parte suscitada adquiriu o imóvel em maio de 2008 e, em abril de 2014, o alienou fiduciariamente ao Banco Bradesco S/A, em nome do qual se consolidou a propriedade. Frustrados os leilões, a dívida foi extinta, dando-se quitação à devedora fiduciante. Posteriormente, em cumprimento a leilão realizado em 14 de novembro de 2017, o imóvel foi transmitido a D.E.S., o qual, por sua vez, o revendeu para L. A.T. via escritura lavrada em 10 de dezembro de 2018 e aditamento retificativo de 12 de fevereiro de 2019. Enquanto esses negócios ocorreram e foram levados a registro na matrícula do imóvel, a parte suscitada movia ação real contra o Banco Bradesco S/A, na qual foi reconhecida a nulidade dos leilões extrajudiciais e, por efeito, de eventual arrematação, nos termos do acórdão. Entretanto, a parte suscitada não promoveu o registro da citação da ação real na matrícula do imóvel, de modo que sua publicidade ficou restrita às partes do feito. É certo que, em relação ao adquirente D. E. S., a parte suscitada demonstrou conhecimento prévio da ação por informação expressa no edital do leilão. Contudo, o mesmo não ocorre com L. A. T., atual proprietário tabular, o que indica aquisição de boa-fé. Com efeito, nos termos do artigo 506 do CPC, a sentença faz coisa julgada entre as partes do feito em que prolatada, não prejudicando terceiros, ao passo que o artigo 54 da Lei n. 13.097/15 confirma a eficácia das transferências de direitos reais sobre imóveis em face de ações reais ou pessoais reipersecutórias que não tenham sido lançadas na matrícula, as quais não podem ser opostas ao terceiro que adquirir o bem de boa-fé. Observe-se que, na esteira da súmula n. 375 do STJ, a boa-fé se presume, enquanto a má-fé exige prova. Assim, o título não poderá ingressar no fólio real afetando a propriedade que atualmente pertence a L.A.T. enquanto não houver reconhecimento judicial de sua má-fé, o que deve ser apurado em contencioso cível de contraditório amplo, como acertadamente sugeriu o Oficial suscitante" (1ª VRPSP – Processo 1116384-88.2021.8.26.0100, Juíza Luciana Carone Nucci Eugênio Mahuad, j. 12/11/2021).

38. Averbação de leilões negativos

"Na nota de devolução expedida, o registrador exigiu, em cumprimento ao § 2º-A do art. 27 da Lei nº 9.514/97, a apresentação de comunicação dos leilões realizados à devedora fiduciante A.C.A., em conformidade à lei vigente, mediante correspondência dirigida aos endereços constantes do contrato, na sua via original ou cópia autenticada, com a ressalva de que o AR apresentado não cumpriu seus objetivos. Ou seja, a qualificação negativa do título se deu em razão de ausência de prova segura de que a notificação do devedor quanto à realização do leilão se deu de forma regular. A propósito, cumpre anotar que, embora tenha sido o contrato celebrado no ano de 2014, o procedimento de expropriação se deu já na vigência da Lei nº 13.465/17, que incluiu o § 2º, item 'a', ao art. 27 da Lei nº 9.514/97. Ocorre que, no caso concreto, ficou demonstrada a remessa da notificação da devedora no endereço contratual, em exata correspondência com os dados indicados no instrumento acostado aos autos. Caberia, por outro lado, à devedora fiduciante comunicar a credora fiduciária acerca de eventual mudança de endereço, como previsto no contrato. Desse modo, em seus aspectos formais, o título preenche os requisitos para o registro" (CSMSP – Apelação Cível 11214498-13.2018.8.26.0100, Rel. Des. Geraldo Francisco Pinheiro Franco, j. 01/11/2019. Também nesse sentido: CGJSP – Processo 1001768-95.2019.8.26.0577, Des. Ricardo Mair Anafe, j. 14/04/2020).

"Diante, portanto, da demonstração de que o credor fiduciário realizou prévia comunicação dos leilões aos devedores fiduciantes, na forma da lei, e considerando que o item 254 do Capítulo XX do Tomo II das NSCGJ foi atendido com a apresentação dos documentos lá exigidos, não cabe impedir a averbação dos leilões negativos na matrícula do imóvel a pretexto de que há desatendimento das regras previstas no contrato quanto à forma de publicação dos editais de leilão. A respeito da averbação dos leilões negativos, ensina Moacyr Petrocelli de Ávila Ribeiro: 'Essa averbação procede-se mediante requerimento do credor fiduciário, devidamente instruído com documentação idônea a comprovar a negatividade dos leilões e cópia do termo de quitação dada ao fiduciante devedor, nos termos do art. 27, § 6º, da Lei 9.514/1997. As Normas de Serviço da Corregedoria-Geral da Justiça do Estado de São Paulo exigem que a averbação dos leilões negativos seja 'feita a requerimento do credor fiduciário ou de pessoa interessada, instruído com cópias autênticas das publicações dos leilões e dos autos negativos, assinados por leiloeiro oficial (Capítulo XX, item 254)' (RIBEIRO, Moacyr Petrocelli de Ávila. *Alienação fiduciária de bens imóveis.* 2ª ed. São Paulo: Revista dos Tribunais, 2022, p. 645)" (CGJSP – Processo 1072693-87.2022.8.26.0100, Des. Fernando Antônio Torres Garcia, j. 23/01/2023).

"Eventual litígio envolvendo a regularidade dos leilões demanda solução em ação jurisdicional, com a participação de todos os interessados. Alienação fiduciária em garantia. Leilão extrajudicial. Notificação da devedora remetida ao endereço constante do contrato. Título que, em seus aspectos formais, preenche os requisitos para registro. Eventual declaração da inexistência da comunicação, ou de vício em sua realização, que deverá ser objeto de análise em ação própria, de natureza contenciosa. Dúvida julgada improcedente. Recurso provido" (CSMSP – Apelação Cível 1121498-13.2018.8.26.0100, Rel. Des. Geraldo Francisco Pinheiro Franco, j. 01/11/2019).

39. Extinção da dívida e da garantia fiduciária

"Conforme entendimento consolidado do Superior Tribunal de Justiça, o art. 27, § 5º, da Lei 9.514/1997 se aplica tanto para a hipótese de não ter havido interessados na aquisição do imóvel quanto se o maior lance ofertado não atingir o valor da dívida. O § 5º acima transcrito considera inexitoso o segundo leilão na hipótese em que o maior lance oferecido não for igual ou superior 'ao valor da dívida, das despesas, dos prêmios de seguro, dos encargos legais, inclusive tributos, e das contribuições condominiais' (§ 2º do art. 27). Com mais razão, o dispositivo também abrange a situação em que não houver interessados na aquisição do imóvel, frustrando a alienação do bem por falta de apresentação de lance. Ora, tanto a existência de lances em valor inferior ao estabelecido pelo § 5º do art. 27 da Lei no 9.514/1997 como a ausência de oferta em qualquer quantia geram a frustração do processo de leilão. O termo lance equivale, portanto, a lance zero ou à ausência de lance. Por isso, o que importa é o insucesso dos leilões realizados para a alienação do imóvel objeto do contrato de alienação fiduciária, com ou sem o comparecimento de possíveis arrematantes. Assim, em caráter excepcional, a lei permite que o bem permaneça com o credor fiduciário, ocorrendo a extinção de todas as obrigações existentes entre o devedor fiduciante e o credor fiduciário" (STJ – REsp 1.654.112/SP, 3ª Turma, Rel. Min. Ricardo Villas Bôas Cueva, j. 23/10/2018).

40. Não incidência do CDC nos contratos de compra e venda imobiliária com pacto de alienação fiduciária

"Em contrato de compra e venda de imóvel com garantia de alienação fiduciária devidamente registrado em cartório, a resolução do pacto, na hipótese de inadimplemento do devedor, devidamente constituído em mora, deverá observar a forma prevista na Lei nº 9.514/97, por se tratar de legislação específica, afastando-se, por conseguinte, a aplicação do Código de Defesa do Consumidor. Caso concreto: É incontroverso dos autos, inclusive por afirmação dos próprios autores na exordial, o inadimplemento quanto ao pagamento da dívida, tendo ocorrido, ante a não purgação da mora, a consolidação da propriedade em favor da ré, devendo o procedimento seguir o trâmite da legislação especial a qual estabelece o direito dos devedores fiduciários de receber quantias em função do vínculo contratual se, após efetivado o leilão público do imóvel, houver saldo em seu favor" (STJ – REsp 1.891.498/SP, Rel. Min. Marco Buzzi, Segunda Seção, j. 26/10/2022, Tema Repetitivo 1095).

41. Regime de securitização e certificado de recebíveis

"A suscitada na condição de empresa securitizadora, promoveu a locação dos imóveis para a empresa X, passando a ostentar a condição de credora dos valores locativos. Esses 'recebíveis locativos', vieram lastrear a emissão de CRIs (certificados de recebíveis imobiliários) de que trata a Lei 9.514/1997. A higidez e adequada garantia ao resgate dos títulos foi assegurada pela constituição do agente fiduciário, pela empresa Y, que passou a exercer a tutela dos interesses e direitos dos investidores (tomadores dos títulos), na forma prescrita no art. 13 da Lei 9.514/1997. Adicionalmente, a securitizadora alienou fiduciariamente os imóveis objetos da locação, para o agente fiduciário, constituindo uma nova garantia para o negócio creditício. Toda a operação foi analisada pela CVM, que concedeu o registro provisório, autorizando a colocação e alienação dos títulos. Necessitava, para a devida formalização da operação, o registro do contrato de locação, averbação do termo de securitização, assim como o registro da alienação fiduciária em garantia, atos que não foram praticados em razão de dúvidas que determinaram a formalização do presente procedimento" (1ª VRPSP – Processo 583.00.2005.122267-8, Juiz Venício Antonio de Paula Salles, j. 22/12/2005).

42. Encerramento do regime jurídico da Lei 9.514/1997

"O propósito recursal é definir se, na hipótese de alienação fiduciária de bem imóvel, (I) a extinção da dívida, em razão da ausência de arrematação nos leilões previstos no art. 27 da Lei nº 9.514/1997, faz encerrar a incidência dessa lei e impede o credor fiduciário, seu cessionário ou sucessores, de ajuizar ação de reintegração de posse do bem, com base no art. 30 do mesmo diploma legal; (II) o adquirente do imóvel pode receber do credor fiduciário a posse indireta sobre o bem e os demais deveres e direitos inerentes a ele, notadamente o direito de reintegração na posse. Na sistemática da alienação fiduciária de imóvel, em hipótese de inadimplemento, após a consolidação da propriedade em nome do credor fiduciário, caberá a ele promover até dois leilões e, se não houver arrematação, a dívida será extinta, na forma do art. 27, § 5º, do Lei nº 9.514/1997. A extinção da dívida não faz encerrar a incidência da Lei nº 9.514/1997, porquanto remanesce o direito do credor fiduciário de se ver reintegrado na posse do imóvel, como prevê o art. 30 do referido diploma legal, cujo objetivo é assegurar que o imóvel cumpra a sua função de garantia de forma célere e eficiente. Assim, o credor não perde a posse indireta do bem (adquirida na forma do art. 23 da Lei nº 9.514/1997), pelo contrário, fica com o legítimo direito de retomar, também, a posse direta. Mesmo após a extinção da dívida, o credor pode alienar o imóvel para terceiro, transferindo a posse indireta sobre o bem (com as mesmas características de quando adquirida, na forma do art. 1.203 do CC/2002) e cedendo os direitos e deveres relacionados, inclusive o direito de reintegração na posse do imóvel. Assim, enquanto a posse direta não houver sido recuperada, a ação de reintegração de posse com base no art. 30 da Lei nº 9.514/1997 poderá ser ajuizada pelo credor fiduciário ou por quem dele recebeu esse direito, na condição de cessionário ou de sucessor. Hipótese em que (I) a recorrida adquiriu a propriedade dos imóveis e a respectiva posse indireta do credor fiduciário e este cedeu a ela todos os direitos materiais e processuais sobre os imóveis, figurando a recorrida assim, na posição de cessionária do direito do credor fiduciário de se ver reintegrado na posse dos imóveis, na forma do art. 30 Lei nº 9.514/1997; e (III) o Tribunal de origem, ao julgar a apelação, tinha a competência para apreciar o mérito do pedido final, razão pela qual cabia a ele apreciar o pedido liminar de reintegração de posse" (STJ – REsp 2.019.882/PR, Rel. Min. Nancy Andrighi, 3ª Turma, j. 18/10/2022).

43. Ausência de registro por longo período impede a execução extrajudicial por violação à boa-fé objetiva contratual

Civil. Recurso especial. Alienação fiduciária de bem imóvel. Ausência de registro por omissão deliberada da alienante. Violação à boa-fé objetiva. Incidência da supressio. Perda do direito de invocar a execução extrajudicial disciplinada pela Lei nº 9.514/97. Aplicação do CC, do CDC e da súmula nº 543 do STJ. Retenção de valores fixada em parâmetros admitidos pela jurisprudência do stj. Recurso desprovido. O propósito recursal é decidir se, em contrato com cláusula de alienação fiduciária de bem imóvel, permanece o direito da alienante de invocar a execução extrajudicial de acordo a Lei nº 9.514/97, na hipótese em que, durante longo período, opta deliberadamente por não registrar o contrato, o que apenas o faz com o nítido objetivo de afastar a incidência do CC, do CDC e da Súmula nº 543 do STJ, após o ajuizamento pelo adquirente de ação de rescisão contratual. Conforme tese fixada pela Segunda Seção do STJ, no julgamento do REsp 1.891.498/SP e do REsp 1.894.504/SP (Tema nº 1095), "em contrato de compra e venda de imóvel com garantia de alienação fiduciária devidamente registrado em cartório, a resolução do pacto, na hipótese de

Art. 167 | LEI DE REGISTROS PÚBLICOS COMENTADA

inadimplemento do devedor, devidamente constituído em mora, deverá observar a forma prevista na Lei nº 9.514/97, por se tratar de legislação específica, afastando-se, por conseguinte, a aplicação do Código de Defesa do Consumidor". No julgamento do EREsp 1.866.844/SP, a Segunda Seção desta Corte concluiu que "o registro, conquanto despiciendo para conferir eficácia ao contrato de alienação fiduciária entre devedor fiduciante e credor fiduciário, é, sim, imprescindível para dar início à alienação extrajudicial do imóvel, tendo em vista que a constituição do devedor em mora e a eventual purgação desta se processa perante o Oficial de Registro de Imóveis, nos moldes do art. 26 da Lei nº 9.514/1997". Assim, embora a ausência do registro não prejudique a validade e a eficácia do negócio jurídico, trata-se de requisito para a utilização do procedimento de execução extrajudicial previsto na Lei nº 9.514/97. Segundo a boa-fé objetiva (art. 422 do CC), as partes devem se comportar de acordo com um padrão ético de confiança e de lealdade, afastando-se a formação de relações desequilibradas ao longo da execução contratual. Esse princípio exerce três funções principais: (I) instrumento hermenêutico; (II) fonte de direitos e deveres jurídicos; e (III) limite ao exercício de direitos subjetivos. Como corolário da boa-fé, tem-se o instituto da supressio, que inibe a invocação de um direito pelo seu não exercício durante decurso de prazo extenso. Configurada a supressio, haverá redução do conteúdo obrigacional pela inércia qualificada de uma das partes, ao longo da execução do contrato, em exercer direito ou faculdade, criando para a outra a legítima expectativa de ter havido renúncia àquela prerrogativa. Doutrina. Precedentes. Tais premissas repercutem sobre os contratos de alienação fiduciária de bem imóvel que não foram registrados, durante longo período, por inércia deliberada do alienante. Diante do princípio da boa-fé objetiva e do instituto da supressio, não se pode admitir que tais contratos sejam submetidos ao absoluto e ilimitado critério do alienante quanto ao momento do registro para atrair a incidência da execução extrajudicial prevista na Lei nº 9.514/97. Neste julgamento, o Tribunal de origem fixou a premissa fático-probatória de que a alienante, depois de deliberadamente permanecer inerte por dois anos de execução contratual, optou por realizar o registro com o nítido propósito de obstar a aplicação do CC, do CDC e da Súmula 543 do STJ, em virtude de ajuizamento de ação de rescisão contratual pelo adquirente. Verificada pelo acórdão recorrido a violação à boa-fé objetiva, diante da omissão intencional por longo período da alienante em realizar o registro, identifica-se que, em virtude da supressio, resta inibida a invocação do direito à execução extrajudicial da Lei nº 9.514/97. (STJ – REsp 2.135.500/GO, Rel. Min. Nancy Andrighi, Terceira Turma, j. 5/11/2024).

44. Alienação fiduciária da propriedade superveniente. Possibilidade de registro mesmo antes da edição da Lei 14.711/2023

Registro de imóveis – dúvida julgada procedente – alienação fiduciária em garantia (propriedade superveniente) – alteração da Lei nº 9.514/1997 pela Lei nº 14.711/2023 – admissão do registro da alienação fiduciária da propriedade superveniente (artigo 22, §3º) – negócio jurídico celebrado antes da alteração legislativa. Irrelevância, por duas razões. Primeiro, pela inexistência de título contraditório indicativo da violação de direito de terceiro entre a data da celebração do negócio e a vigência da lei nova. Segundo, porque não havia vedação expressa à alienação fiduciária em garantia superveniente no regime original da Lei 9514/97. Regime geral das garantias compatível com a constituição de direito real de garantia sobre propriedade superveniente. Óbice afastado – recurso a que se dá provimento. (...) A questão da propriedade fiduciária superveniente não se encontra no plano da validade do negócio, mas sim no plano da eficácia. A garantia é valida, apenas sua eficácia se encontra subordinada ao implemento de condição suspensiva, qual seja, a extinção da primeira propriedade fiduciária resolúvel. No dizer de Pontes de Miranda, trata da "pós-eficalização" da garantia real constituída a *non domino* (*Tratado de direito privado*. São Paulo, RT, 1983, t. XX, p. 27). Essa a razão pela qual, ainda antes da reforma da Lei nº 14.711/23, os artigos 1.420, § 2º e 1.361, §3º já admitiam a figura da alienação fiduciária de propriedade superveniente. Impecável a redação dos preceitos no CC/2002. A garantia outorgada por quem não é dono, ao contrário do dito no CC/1916, não se revalida, simplesmente por não ser inválida, mas apenas ineficaz em relação ao verdadeiro proprietário. Não há, aqui, promessa de outorga de garantia, nem de garantia sobre coisa alheia, mas mera garantia ineficaz, que ganha, de modo automático e independentemente de qualquer outra emissão de vontade das partes, plenos efeitos se a coisa for adquirida pelo outorgante. A alteração legislativa autorizando o ingresso do título no fólio real apenas positivou de modo explícito situação que já se encontrava no regime geral de garantias do Código Civil. (CSMSP – Apelação Cível 1000125-58.2023.8.26.0126, Rel. Des. Francisco Eduardo Loureiro, j. 16/02/2024).

45. Direito à reintegração de posse do credor fiduciário, seu sucessor ou arrematante. Desnecessidade dos leilões para exercício da pretensão possessória

Com o procedimento para a retomada do bem com a consolidação da propriedade, resolve-se o contrato que fundamentava a posse direta do imóvel pelo devedor fiduciante, de modo que desaparece a causa ou o fundamento jurídico que justificava o exercício da posse direta, passando o devedor a exercer posse ilegítima sobre o bem, o que caracteriza esbulho possessório e atribui ao credor fiduciário o direito à reintegração de posse. O único requisito previsto no art. 30 da Lei 9.514/1997 para a ação de reintegração de posse é a consolidação da propriedade em nome do credor fiduciário, não sendo possível extrair do referido dispositivo legal qualquer indicação de que a referida ação não poderia ser ajuizada antes da realização dos leilões, notadamente porque já caracterizado o esbulho possessório desde a consolidação da propriedade. No âmbito da alienação fiduciária de bem imóvel, após o inadimplemento e a constituição em mora do devedor, é lícito o ajuizamento de ação de reintegração de posse independentemente de prévia realização do leilão público do bem. (STJ – REsp 2.092.980/PA, Rel. Min. Nancy Andrighi, Terceira Turma, j. 20/02/2024).

> **Art. 167**, I (...)
>
> 36) da imissão provisória na posse, quando concedida à União, aos Estados, ao Distrito Federal, aos Municípios ou às suas entidades delegadas, e respectiva cessão e promessa de cessão; *(Redação dada pela Lei nº 12.424, de 2011)*

Referências Normativas

Decreto-Lei 3.365/1941, art. 15.
Lei 6.015/1973, arts. 176-A, § 5º, I, e 235, III e § 3º.

Comentários

A imissão provisória na posse exsurge no âmbito do instituto da *desapropriação*. Para o titular do domínio que está sendo expropriado, equivale à perda antecipada da posse do bem. Concretiza-se mediante autorização judicial quando o poder expropriante declara a urgência da posse e deposita determinada importância em juízo, a favor do proprietário.

Encontra anteparo legal no art. 15 do Decreto-lei 3.365/1941, cujo § 1º define a forma de cálculo do valor a ser depositado pelo poder público como requisito para obtenção da imissão provisória na posse.[423]

O dispositivo apresenta quatro critérios a serem utilizado sucessivamente – passando-se ao seguinte na ausência do anterior: os *dois primeiros* levam em consideração o valor locativo do bem; o *terceiro* corresponde ao valor cadastral para fins de imposto territorial, urbano ou rural, desde que atualizado no ano anterior; e o *quarto* é fixado pelo juiz, tendo em vista a época em que houver sido fixado originariamente o valor cadastral e a valorização ou desvalorização posterior do imóvel.[424]

É certo, porém, que nenhum desses critérios admite a impugnação pelo expropriado, ou seja, em nenhuma das hipóteses é respeitado o princípio do devido processo legal, tal como almejado pelo art. 5º, LIV e LV, da Constituição.

---

[423] *Art. 15, § 1º, do Decreto-lei 3.365/1941.* Art. 15. [...] §1º A imissão provisória poderá ser feita, independente da citação do réu, mediante o depósito: *a)* do preço oferecido, se este for superior a 20 (vinte) vezes o valor locativo, caso o imóvel esteja sujeito ao imposto predial; *b)* da quantia correspondente a 20 (vinte) vezes o valor locativo, estando o imóvel sujeito ao imposto predial e sendo menor o preço oferecido; *c)* do valor cadastral do imóvel, para fins de lançamento do imposto territorial, urbano ou rural, caso o referido valor tenha sido atualizado no ano fiscal imediatamente anterior; *d)* não tendo havido a atualização a que se refere o inciso c, o juiz fixará independente de avaliação, a importância do depósito, tendo em vista a época em que houver sido fixado originariamente o valor cadastral e a valorização ou desvalorização posterior do imóvel.

[424] Sobre o tema: DI PIETRO, Maria Sylvia Zanella. *Direito administrativo.* Rio de Janeiro: Forense, 2017.

Art. 167 | LEI DE REGISTROS PÚBLICOS COMENTADA

Em resumo, o proprietário, embora seja titular do direito (fundamental) de propriedade, e seja protegido pela imposição constitucional de que a desapropriação se faça mediante prévia e justa indenização, acaba perdendo a posse, logo no início da *actio*, mediante o levantamento de parte (o percentual de até 80%) do valor depositado, muitas vezes insuficiente para adquirir outro imóvel ou, pelo menos, outro imóvel de valor de mercado igual ou aproximado do anterior.

Nesse cenário em que se consagra ferozmente a supremacia do interesse público sobre o particular, a imissão provisória, em verdade, acaba por destoar do instituto da desapropriação, prevista tradicionalmente como uma exceção ao direito de propriedade, com a condição de que, antes da perda do bem, o expropriado tenha o seu patrimônio recomposto mediante o recebimento da indenização correspondente.

Como bem pontua *Maria Sylvia Zanella Di Pietro*, essa exigência esteve presente em todas as Constituições do Brasil, desde a do Império, ou seja, na desapropriação, convertem-se os valores: onde existia o bem desapropriado, passa a existir o seu valor pecuniário.[425]

Nem se argumente que com a imissão provisória o proprietário perde apenas a posse, mas mantém o domínio. Ocorre que, na realidade, sem a posse, ele perde o objeto material sobre o qual exerce os poderes inerentes ao domínio. Bem-vistas as coisas, o proprietário será despojado do seu direito de *usar, gozar e dispor da coisa, além do poder de protegê-la de quem quer que injustamente a detenha*. De fato, ainda o expropriado continua proprietário, apenas formalmente, sem a prévia ou, pelo menos, concomitante substituição do bem pelo correspondente valor indenitário.[426]

Na sistemática vigente, entretanto, tem-se reconhecido que a imissão provisória é um "mal necessário". Foi o instrumento concebido para garantir ao Poder Público a possibilidade de utilização imediata do bem sobre o qual incide a desapropriação, com o escopo de atender a utilidade pública, ou interesse social previstos em lei, durante o muito provável longo período de demora do processo judicial de desapropriação e de demora no pagamento dos precatórios.

Por tudo isso, não é difícil perceber que a versada *imissão na posse* de "provisória" nada tem. Por mais útil que seja ao expropriante, e respeitante ao fim público do procedimento, desenha-se como mecanismo descompassado com a esperança constitucional de que a indenização seja justa e prévia. Seja como for, a inexistência de provisoriedade na imissão de posse é inerente ao instituto.

Foi exatamente esse caráter de definitividade que levou o legislador, por meio da *Medida Provisória 700, de 8/12/2015*, a introduzir alterações no Decreto-lei 3.365/41, na Lei de Registros Públicos (Lei 6.015/1973), no Código Civil e em outras leis, com o objetivo principal de modificar o instituto da imissão provisória na posse, transformando-o em *instrumento de obtenção de garantias* pelas entidades beneficiadas pela desapropriação. Recorde-se, aliás, que podem ser até mesmo entidades privadas definidas como competentes para "promover" a desapropriação: os concessionários (seja na concessão comum, seja nas *parcerias público-privadas*), os permissionários, autorizatários e arrendatários; as entidades que exerçam funções delegadas do Poder Público (*v.g.*, as organizações sociais), as contratadas pelo Poder público sob o regime de empreitada etc.

Entre as alterações promovidas pela indigitada legislação provisória, destaca-se, ao que aqui interessa, dois dispositivos do Código Civil, para incluir os *"direitos oriundos da imissão provisória na posse* [...]" no rol dos direitos reais elencados no art. 1.225 (muito embora, como de sabença geral, a posse em si não esteja incluída nesse rol) e para inserir entre os bens que podem ser objeto de hipoteca, referidos no art. 1.473, os mesmos "[...] direitos oriundos da imissão provisória na posse [...]".

Demais disso, alterou-se a Lei 9.514/1997 com o objetivo de permitir que seja contratada a alienação fiduciária, mediante a transferência ao credor (ou fiduciário) da propriedade resolúvel de coisas imóveis, entre elas "os direitos oriundos da imissão provisória na posse [...]" (art. 22, § 1º, V).

---

[425] DI PIETRO, Maria Sylvia Zanella. *Direito administrativo*. Rio de Janeiro: Forense, 2017.

[426] Emprestando-se a noção possessória difundida pelo art. 1.196 do Código Civil, possuidor é todo aquele que tem de fato o exercício, pleno ou não, de algum dos poderes inerentes à propriedade. Concretizada a imissão provisória na posse, o expropriado perde a condição de possuidor, porque não mais poderá exercer, de forma plena nem parcial, qualquer dos poderes inerentes ao domínio.

Adveio, ainda, a permitir, mediante alteração da Lei de Registros Públicos, o registro na matrícula do imóvel da "[...] cessão da posse em que estiverem provisoriamente imitidas a União, os estados, o Distrito Federal, os municípios e suas entidades delegadas [...]", por meio de instrumento particular.

Sem adentrar no mérito sobre o infeliz uso da medida provisória – não só no presente caso, mas também em outros tantos diuturnamente vistos –, buscou-se, às escâncaras, aproximar a *eficácia júri-real* dos direitos oriundos da imissão provisória na posse, em benefício do poder público, a direitos próprios de quem é titular do domínio – repita-se: mesmo antes de pagar a prévia e justa indenização e antes de se efetivar a transferência do bem expropriado para o seu patrimônio.

Oportuno consignar que a intenção da medida provisória em questão não apenas reforça o tom do discurso já ensaiado a respeito da inconstitucionalidade do art. 15, § 1º, do Decreto-lei 3.365/1941, ao violar a pretensão da Constituição de que o particular somente poderá perder sua propriedade mediante prévia e justa indenização, como também desconsidera por completo premissa das mais comezinhas dos direitos reais de garantia, segundo a qual só aquele que pode alienar poderá dar o imóvel em garantia; só os bens que se podem alienar poderão ser dados em garantias (art. 1.420 do Código Civil).

Por obra do destino, a MP 700/2015 caducou, ou seja, não foi convertida em lei.[427]

De qualquer modo, sobretudo no aspecto registral imobiliário, o simples fato de a Lei 6.015/1973 arrolar no rol dos atos sujeitos à registro em sentido estrito, no seu art. 167, I, nº 36 a "imissão provisória na posse, quando concedida à União, aos Estados, ao Distrito Federal, aos Municípios ou às suas entidades delegadas, e respectiva cessão e promessa de cessão", não quer dizer que se trata de robusto direito real imobiliário passível de todo e qualquer negócio jurídico.[428]

Por vezes, aliás, o legislador utiliza a publicidade imobiliária, em sentido profilático-jurídico, isto é, com o escopo de publicizar para quem interessar possa que sobre aquele imóvel pende processo de desapropriação que, inclusive, teve concretizada a imissão provisória da posse do poder expropriante. O registro em testilha será feito mediante a apresentação de mandado judicial ou de certidão da qual constem o auto de imissão e demais peças necessárias.

Note-se que o fim maior da publicidade aqui – a despeito de aceder à tábula decisão judicial proferida em cognição sumária, não exauriente – é chamar a atenção de eventuais terceiros que possam ter interesse de entabular negócios jurídicos sobre aquele imóvel.

Parece, assim, que a melhor exegese a ser extraída dessa previsão da Lei dos Registros Públicos, conjugando com o fim maior dos assentamentos prediais – qual a segurança jurídica –, cinge-se em evitar que o imóvel gravado pelo interesse público expropriatório entre no tráfico jurídico e prejudique terceiros de boa-fé.

Feita essa ressalva, é relevante apontar, ainda, que na tentativa de buscar mecanismos para acelerar a conversão da imissão provisória na posse em domínio pleno a favor do ente público, a Lei 13.465/2017 incluiu o art. 34-A no Decreto-lei 3.365/1941. Diz o dispositivo que, "se houver concordância, reduzida a termo, do expropriado, a decisão concessiva da imissão provisória na posse implicará a aquisição da propriedade pelo expropriante com o consequente registro da propriedade na matrícula do imóvel."[429] Curiosamente, o § 1º do referido dispositivo faz uma ressalva substancial ao declarar que "a concordância escrita do expropriado não implica renúncia ao seu direito de questionar o preço ofertado em juízo".

---

[427] No *Diário Oficial da União* de 19/05/2016 foi publicado o *Ato Declaratório nº 23*, do então Presidente da Mesa do *Congresso Nacional*, publicizando que "nos termos do parágrafo único do art. 14 da Resolução nº 1, de 2002-CN, faz saber que a Medida Provisória nº 700, de 8 de dezembro de 2015, publicada no *Diário Oficial da União* do dia 9 do mesmo mês e ano, que 'Altera o Decreto-Lei nº 3.365, de 21 de junho de 1941, que dispõe sobre desapropriações por utilidade pública, e a Lei nº 6.015, de 31 de dezembro de 1973, que dispõe sobre os registros públicos, e dá outras providências', teve seu prazo de vigência encerrado no dia 17 de maio do corrente ano. Congresso Nacional, em 18 de maio de 2016. (a) Senador Renan Calheiros".

[428] Há previsão semelhante no art. 15, § 4º, do Decreto-lei 3.365/1941: "A imissão provisória na posse será registrada no registro de imóveis competente".

[429] Na hipótese deste artigo, o expropriado poderá levantar 100% (cem por cento) do depósito de que trata o art. 33 do Decreto-Lei 3.365/1941. Do valor a ser levantado pelo expropriado devem ser deduzidos os valores dispostos nos §§ 1º e 2º do art. 32 do Decreto-lei 3.365/1941, bem como, a critério do juiz, aqueles tidos como necessários para o custeio das despesas processuais.

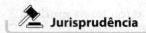
Jurisprudência

1. Registrabilidade da imissão provisória na posse

"Mandado de imissão provisória na posse – Registro – Imóvel localizado em outra Comarca – Princípios da territorialidade e da unitariedade. O título deve ser apresentado ao oficial do cartório da situação atual, acompanhado de certidão da matrícula de origem" (CSMSP – Apelação Cível 1000517-11.2017.8.26.0125, Rel. Des. Manoel de Queiroz Pereira Calças, j. 28/03/2018).

"Deferiu-se o reconhecimento da propriedade apenas com a realização do projeto que ensejou a desapropriação, mesmo pendente a expedição do alvará judicial, entendendo que a consolidação da propriedade em favor da municipalidade se dá com a realização do projeto habitacional. A posse no caso de bens públicos, ou mais precisamente a destinação pública, possui conteúdo jurídico distinto e com reflexos ou efeitos absolutamente distintos da posse exercida pelos particulares. a posse pública afeta o imóvel e tem o sentido de titularidade. Esta noção nos remete à conclusão de que a transferência ou o trespasse de um bem pertencente ao 'domínio privado' para o domínio público pode depender da conjugação de dois fatores independentes ou de apenas um deles. aqui estamos aludindo ao fator formal, que se materializa pelo 'título' (que pode ser um contrato particular; uma escritura pública – art. 25 do Estatuto da Cidade – aplicação do direito de preempção; ou uma carta de sentença ou de adjudicação expedida em processo expropriatório ou de execução), e um fator fático ou concreto, que se expressa pela afetação, que é sempre necessária, sendo o fator que mais fornece informações para a estruturação do direito à propriedade pública. 'A imissão, portanto, deve ser registrada no título dominial existente, mantendo-se o nome dos titulares expropriados. Contudo, no momento da consumação da afetação, com a destinação definitiva (que pode ocorrer em hipótese, (a) com o fracionamento da área aprovado pela própria municipalidade e implantado no solo, ou (b) com a realização do projeto habitacional com a efetivação das estruturas), o trespasse da propriedade se consolida e se materializa, devendo gerar a inauguração do assento registral novo, caso o domínio ainda esteja materializado por transcrição, ou determinar o descerramento de registro na matrícula existente, em nome do Poder Público expropriante'" (1ª VRPSP, Processo 000.03.044447-0, Juiz Venício Antonio de Paula Salles, j. 11/11/2003).

2. Unificação de imóveis com imissão provisória na posse

"Unificação de imóveis decretados de utilidade pública para fins de desapropriação, com imissão de posse deferidas. Possibilidade de unificação mesmo com proprietários diferentes. Em se tratando de desapropriação, e considerando a imissão de posse, não se vislumbra prejuízo a terceiros com a unificação que é pretendida, a fim de que seja aberta matrícula única para o todo, composto pelos vários imóveis que são objeto das desapropriações decorrentes dos decretos. Possibilidade de abertura de matrícula com registro da imissão de posse. Também será indicado averbar, nessas transcrições ou matrículas anteriores as respectivas imissões de posse provisórias, quando forem encontradas identificadas como integrantes da gleba que deverá ser objeto da matrícula resultante da unificação. Com a abertura da matrícula para a área unificada, depois de realizadas as averbações possíveis, nas transcrições e matrículas de origem, as cartas de sentença que vierem a ser expedidas poderão ser registradas, oportunamente. Anota-se, ainda, que na matrícula aberta serão indicados os nomes de todos os proprietários das unidades que estiverem compondo o todo, assim como todas as transcrições e matrículas que tiverem dado origem à nova matrícula. Finalmente, a área unificada, poderá ser descrita na matrícula, com os elementos que forem retirados da planta juntada aos autos ou de outro trabalho que venha a ser apresentado por solicitação do registrador no exercício da qualificação registral, caso isso seja entendido necessário" (1ª VRPSP – Processo 0026999-30.2013.8.26.0100, Juiz Marcelo Martins Berthe, j. 11/04/2013).

"Projeto habitacional de interesse social da população de baixa renda – 'Cracolândia' – Unificação de matrículas de áreas desapropriadas – Possibilidade, apenas com a imissão na posse do ente desapropriante, sem exigência da conclusão das ações judiciais – (...) Matrícula de área unificada que pode ser aberta em nome do Estado de São Paulo – realização de atos que afetaram o bem ao interesse público – irreversibilidade – precedentes – ação procedente" (1ª VRPSP – Processo 1000858-15.2017.8.26.0100, Juíza Tânia Mara Ahualli, j. 10/04/2017).

3. Conversão de imissão provisória na posse em desapropriação com transmissão de propriedade

"Desapropriação. Imissão de posse para o Município, sem mudança de domínio. Município que doou o imóvel para a CDHU. Registro recusado, por ferir o princípio da continuidade. Possibilidade de registro da doação, tendo em vista as peculiaridades do caso. Houve desapropriação por interesse social, com imissão de posse para o Município. Falta apenas a carta de sentença, pois pendente o pagamento de parte final da indenização. Mas a imissão de posse tornou a desapropriação irreversível, pois tem finalidade de implantação de loteamento popular, caso em que o artigo 5, § 3º do DL 3.365/1941 impede haver retrocessão, em caso de desistência da desapropriação. Portanto, não há qualquer possibilidade de reversão da desapropriação: esta está consolidada de fato e pendente apenas da expedição de carta judicial para que se complete. Possibilidade de registro da doação" (1ª VRPSP – Processo 1011067-43.2017.8.26.0100, Juíza Tânia Mara Ahualli, j. 27/07/2017).

"Requerimento do Município de averbação de conversão de posse em propriedade, em imóvel que é o resultado da unificação de diversos outros imóveis, em decorrência de imissões na posse em todos eles deferidas em ações de desapropriação. Possibilidade, mesmo que em um deles ainda não haja sentença, porém já houve o depósito judicial do valor" (1ª VRPSP – Processo 1113127-26.2019.8.26.0100, Juíza Tânia Mara Ahualli, j. 13/02/2020).

4. Desapropriação de direitos possessórios não se confunde com desapropriação da propriedade e não ingressa no Registro de Imóveis

"A desapropriação, por ser forma originária de aquisição, pode contemplar apenas direitos possessórios, despojando do bem aquele que é mero possuidor e não proprietário. Mas a desapropriação somente de direitos possessórios não é registrável, pois não se transmitiu o direito de propriedade. Direitos possessórios podem ser objeto de desapropriação. Mas a escritura amigável de desapropriação de direitos possessórios não é registrável. Fora da soberana esfera da atuação jurisdicional, não se vê como concluir que a aquisição originária, pelo Poder Público, de direito de posse, possa alterar a natureza do direito adquirido. Adquirir sob forma originária significa prescindir de transmissão voluntária ou coacta, independer de liame com o proprietário anterior: mas não há de implicitar eventual poder do ente expropriante de alterar a essência da coisa ou do direito por aquela forma adquirido. Desimporta, para o registro imobiliário, questionar de quem tenha o Poder Público adquirido o bem por força de expropriação; mas importa saber o que adquiriu, no sentido de se verificar se o bem, ou o direito adquirido é registrável. E a posse não é registrável. Assim não há como outorgar ao título leitura diferente, em substância, da que dele resulta. Assim, se a escritura menciona que a expropriante indenizou o particular, em valor ajustado consensualmente, pela desapropriação de posse, e não de domínio, essa escritura não poderá ser registrada" (CSMSP – Apelação Cível 13.191-0/0, Rel. Des. Onei Raphael Pinheiro Oricchio, j. 23/09/1991).

"Escritura de desapropriação contemplou somente indenização pelos direitos possessórios dos desapropriados, insuscetíveis de inscrição imobiliária. Nada se ajustou, com os desapropriados, a respeito do preço do bem imóvel. Nada se pagou, em particular, pela aquisição do imóvel desapropriado. Portanto, impõe confirmar o juízo negativo de qualificação registral, com respaldo, ademais, em precedente do C. Conselho Superior da Magistratura [Ap. 496-6/4). Ora, a desapropriação idealizada pelo recorrente, então deflagrada por meio da declaração de utilidade pública, a pressupor, todavia, para fins de sua perfectibilização, indenização prévia como contrapartida pela perda do direito de propriedade, não se consumou. Em outras palavras, o acordo formalizado pela escritura apresentada para registro, não tendo por objeto indenização correspondente ao valor do imóvel desapropriado, é insuficiente à concretização da aquisição compulsória do direito de propriedade" (CSMSP – Apelação Cível 9000002-29.2015.8.26.0602, Rel. Des. Manoel de Queiroz Pereira Calças, j. 08/04/2016).

5. Redução da área desapropriada após a imissão na posse

"Se houver desistência parcial sobre a área desapropriada, é necessária a retificação do decreto expropriatório. Desapropriação. Aditamento à inicial objetivando a redução da área a ser desapropriada, após a imissão na posse e contestação da expropriação, após a imissão na posse, exigindo a retificação do decreto correspondente para autorizar a desistência parcial do pedido. Indeferimento. Recurso Improvido" (TJSP – Agravo de instrumento 9054300-51.2003.8.26.0000, 8ª Câmara de Direto Público, Rel. Des. José Santana, j. 10/12/2003).

6. Desmembramento por quem detém apenas a imissão de posse

"À posse em que se tenha imitido o Poder Público possui atributos próprios do *dominus*, para fim especial de implantação de empreendimentos populares, estando legitimado para requerer o desmembramento. Cuida-se do disposto na Lei 9.785/99, sobre o que já muito se debateu, procurando-se uma qualificação para esta excepcional situação de posse que se leva ao fólio, aparentemente prestigiando-se o entendimento de que se pode reputá-la um direito, não só um fato, e de natureza real, mas, de toda a sorte, opondo-se a questão da falta de tipicidade própria que para tanto se exige. Certo, porém, que o registro desta posse autoriza a segregação da área objeto de imissão pelo Poder Público porque, justamente, esta a *ratio legis*: permitir a implantação de parcelamentos populares. Não por outro motivo a Lei 9.785/99, ao dar nova redação a preceitos da Lei 6.766/79, tratou de ressalvar que se dispensa a apresentação de título de propriedade para registro de loteamentos populares, bastando a exibição de cópias da decisão de imissão de posse. Mais, previu a lei que, depois, se pudesse encetar cessões de posse convertidas em domínio, mediante averbação, com o registro da posterior sentença de desapropriação. Quer-se dizer, então, que toda a sistemática da lei está em conferir à posse em que se tenha imitido o Poder Público atributos próprios do *dominus*, para fim especial de implantação de empreendimentos populares, que permitam acesso à moradia. E nisso se inclui, decerto, a legitimação para requerer o desmembramento se, afinal, o destino da área é mesmo o recorte. Enfim, não se vê, ao pleito de desmembramento, qualquer impedimento que se poderia alvitrar, por exemplo, e mesmo assim a cuja negativa não se acede, se se cuidasse, ao revés, de unificação de imóveis de proprietários diversos, em cuja posse o Poder Público houvesse se imitido. Mas não para o fracionamento, se esse é, em última análise, o destino da área" (CGJSP – Processo 2.746/2002, Juiz Assessor da Corregedoria Cláudio Luiz Bueno de Godoy, j. 09/12/2002).

> **Art. 167**, I (...)
>
> 37) dos termos administrativos ou das sentenças declaratórias da concessão de uso especial para fins de moradia; *(Redação dada pela Medida Provisória nº 2.220, de 2001)*

 Referências Normativas

Constituição Federal, art. 183, § 1º.
Lei 10.406/2002 (Código Civil), art. 1.225, XI.
Medida Provisória 2.200/2001.
Lei 11.481/2007.

Comentários

O art. 1.225 do Código Civil, em seu inciso XI, arrola dentre os direitos reais a concessão de uso especial para fins de moradia. Em verdade, cuida-se de direito real com notável apelo social que se ancora, antes, no Texto Constitucional de 1988. Disciplina o *caput* do art. 183 da CF que aquele que possuir como sua área urbana de até 250 metros quadrados, por cinco anos, ininterruptamente e sem oposição, utilizando-a para sua moradia ou de sua família, adquirir-lhe-á o domínio, desde que não seja proprietário de outro imóvel urbano ou rural. Já o seu § 1º prescreve que título de domínio e a *concessão de uso* serão conferidos ao homem ou à mulher, ou a ambos, independentemente do estado civil.

Percebe-se que, curiosamente, a previsão da concessão de uso está situada no mesmo art. que prevê a usucapião constitucional urbana. É dizer, sendo impossível a aquisição dos imóveis públicos por usucapião (art. 183, § 3º), optou o legislador por disciplinar os mesmos requisitos dessa usucapião para a concessão de uso especial. Nos moldes do art. 1º, *caput*, da Medida Provisória 2.220/2001, com a redação dada pela Lei 13.465/2017, "aquele que, até 22 de dezembro de 2016, possuiu como seu, por cinco anos, ininterruptamente e sem oposição, até duzentos e cinquenta metros quadrados de imóvel público situado em área com características e finalidade urbanas, e que o utilize para sua moradia ou de sua família, tem o direito à concessão de uso especial para fins de moradia em relação ao bem objeto da posse, desde que não seja proprietário ou concessionário, a qualquer título, de outro imóvel urbano ou rural".

São requisitos indispensáveis à concessão desse direito real: (i) que a posse tenha se iniciado até no máximo 22 de dezembro de 2011, e continuado por cinco anos ininterruptos e sem oposição; (ii) que o imóvel público possuído tenha até 250 metros quadrados, situado em área com características e finalidades urbanas; (iii) a utilização do imóvel para moradia sua ou de sua família; e (iv) que o possuidor não seja proprietário ou concessionário, a qualquer título, de outro imóvel urbano ou rural.

O recorte temporal estabelecido pelo legislador é digno de críticas, afinal, não há qualquer razão para a previsão de prazo limite para o término (e, em consequência, para o início) da posse do bem público, notadamente porque a Carta Constitucional não veiculou essa limitação. Assim, a inconstitucionalidade do pressuposto temporal é "chapada"[430] e, nessa medida, parece salutar concluir que é possível ao Poder Público conceder o uso do imóvel público para fins residenciais independentemente da data de início, desde que decorrido o prazo de cinco anos, ininterruptos. Não se pode perder de vista que o próprio Texto Republicano exige o atendimento à função social da propriedade (CF, art. 5º, XXIII). Propriedade que é direito real por antonomásia, e tratar dela é tratar de todos os direitos reais limitados, como a concessão de uso especial para fins de moradia. Por conseguinte, a *fattispecie* também existe para cumprir sua função social, notadamente quando se está diante de uso de um bem público para fins de moradia, nas condições delimitadas pela MP 2.220/2001, qualquer que seja a data de início da posse.

Com efeito, a Medida Provisória ainda prevê, em consonância com a previsão constitucional (art. 183, § 1º), que a concessão será conferida ao homem ou à mulher, ou a ambos, independentemente do estado civil (art. 1º, § 1º), e indica que sua concessão será feita gratuitamente (§ 1º). Bem assim, a concessão não pode ser reconhecida ao mesmo beneficiário mais de uma vez (art. 183, § 2º, da Constituição Federal, e art. 1º, § 2º, da Medida Provisória), impedindo a ocupação reiterada de imóveis públicos para obtenção de direitos sobre esses.

Podem ser objeto da concessão especial de que trata a MP 2.220/2001 também o imóvel público remanescente de desapropriação cuja propriedade tenha sido transferida a empresa pública ou sociedade de economia mista (Lei 11.481/2007, art. 25). Na mesma linha, a concessão de uso especial para fins de moradia aplica-se às áreas de propriedade da União, inclusive aos terrenos de marinha e acrescidos, e será conferida aos possuidores ou ocupantes que preencham os requisitos legais estabelecidos na Medida Provisória 2.220/2001 (Lei 9.636/1998, art. 22-A), ressalva feita à sua não incidência nos imóveis funcionais (§ 1º).

A concessão de uso especial para fins de moradia pode ser formalizada individual ou coletivamente. Sendo individual, cada título irá descrever o imóvel individualmente considerado. Já na concessão coletiva, o título é dado para mais de uma família.

A concessão de uso especial coletiva também se aplica nos casos de imóveis com mais de 250 metros quadrados ocupados por população de baixa renda para sua moradia. Nesse caso, é necessário que o resultado da divisão da área total pelo número de possuidores seja inferior a 250 metros quadrados por possuidor, e exige-se que os possuidores não sejam proprietários ou concessionários, a qualquer título, de outro imóvel urbano ou rural (art. 2º da Medida Provisória). Perceba-se que será atribuída fração ideal igual de terreno a cada possuidor, independentemente da dimensão das áreas que cada um ocupe, salvo acordo escrito entre os ocupantes estabelecendo as frações ideais (§ 2º), respeitado o limite máximo de cada fração ideal de 250 metros quadrados (§ 3º).

O título causal a ser apresentado ao Registro Predial é de natureza administrativa ou judicial. Quer dizer, *a priori*, a concessão de uso especial para fins de moradia deverá ser concedida pela Administração Pública, permitida, em caso de recusa ou omissão desse, a busca pela via judicial (art. 6º).

---

[430] A expressão *"chapada"* foi inicialmente utilizada pelo ex-ministro do STF Sepúlveda Pertence quando desejava caracterizar uma inconstitucionalidade mais do que evidente, clara, flagrante, escancarada, não restando qualquer dúvida sobre o vício, seja formal, seja material. Atualmente, vem sendo utilizada pelos ministros da Suprema Corte, sempre nesse mesmo sentido. Também o ex-ministro Carlos Ayres Britto, no sentido de descrever uma inconstitucionalidade manifesta, chegou a caracterizá-la como "enlouquecida, desvairada" (STF – ADI 3.232, Rel. Min. Cezar Peluso, j. 14/08/2008).

O arcabouço normativo permite concluir que não se trata de ato discricionário da Administração Pública, mas de ato vinculado, presentes os requisitos legais. Em termos procedimentais, o prazo para a Administração Pública decidir é de 12 meses, contado do protocolo (§ 1º). Em caso de imóvel da União ou dos Estados, o interessado deverá comprovar, por meio de certidão expedida pelo Poder Público municipal, que ateste a localização do imóvel em área urbana e a utilização para moradia do ocupante ou sua família (§ 2º).

No espeque registral, o direito de concessão para fins de moradia deverá ser registrado na matrícula do imóvel, sendo transferível por ato *inter vivos* ou *causa mortis* (art. 7º), transferência esta que também será objeto de registro em sentido estrito.

O direito extingue-se no caso de o concessionário dar destinação diversa ao imóvel, ou adquirir a propriedade ou concessão de uso de outro imóvel urbano ou rural (art. 8º). Nessa hipótese, a extinção será averbada no Registro de Imóveis, apresentada declaração do Poder Público concedente (art. 8º, parágrafo único).

Recorde-se que o imóvel gravado com concessão de uso especial para fins de moradia pode ser dado em garantia real, conforme art. 13 da Lei 11.481/2007. Assim, poderá ser objeto de hipoteca (CC, art. 1.473, VIII) e de alienação fiduciária (Lei 9.514/1997, art. 22, § 1º, II). Em ambos os casos, a garantia fica limitada à duração do contrato, caso tenham sido transferidos por período determinado (CC, § 2º, do art. 1.473; Lei 9.514/1997, art. 22, § 2º). Em realidade, merece aplausos a iniciativa do legislador de permitir a hipoteca e a alienação fiduciária nesse caso, eis que o direito real em testilha tem relevante cariz social. Assim, o titular do direito real de uso especial para fins de moradia poderá buscar financiamento bancário para empreender ou fomentar sua atividade profissional qualquer que seja ela, ou até mesmo, simplesmente, para promover acessões no bem, alienando fiduciariamente seu direito real com escopo de garantia ou constituindo hipoteca.

Vale anotar que a propriedade fiduciária ou a hipoteca, *in concreto*, não recairão sobre o direito de propriedade propriamente dito, mas sobre uma situação possessória devidamente regularizada e titulada pela via do contrato administrativo ou decisão judicial, conforme o caso. *Nota bene!* Em nada prejudicará a propriedade do Poder Público pelo eventual inadimplemento do financiamento que originou a contratação fiduciária ou a hipoteca; simplesmente, levada a efeito a execução, a titularidade do direito real de uso para fins de moradia será trespassada ao arrematante.

Por derradeiro, observação importante situa-se no campo emolumentar. Conforme art. 290-A da Lei 6.015/1973, deve ser realizado, independentemente do recolhimento de custas e emolumentos, o primeiro registro de concessão de uso especial para fins de moradia constituído em favor de beneficiário de regularização fundiária de interesse social em áreas urbanas e em áreas rurais de agricultura familiar. Esse registro independe da comprovação do pagamento de quaisquer tributos, inclusive previdenciários.

 Jurisprudência

1. Partilha dos direitos de concessão de uso para fins de moradia

"Recurso Especial – Ação de reconhecimento e dissolução de união estável – Partilha de direitos sobre concessão de uso de bem público – Possibilidade – Na dissolução de união estável, é possível a partilha dos direitos de concessão de uso para moradia de imóvel público. Os entes governamentais têm-se valido da concessão de uso como meio de concretização da política habitacional e de regularização fundiária, conferindo a posse de imóveis públicos para a moradia da população carente. A concessão de uso de bens para fins de moradia, apesar de, por ela, não se alterar a titularidade do imóvel e ser concedida, em regra, de forma graciosa, possui, de fato, expressão econômica, notadamente por conferir ao particular o direito ao desfrute do valor de uso em situação desigual em relação aos demais particulares. Somado a isso, verifica-se, nos normativos que regulam as referidas concessões, a possibilidade de sua transferência, tanto por ato intervivos como causa mortis, o que também agrega a possibilidade de ganho patrimonial ao mencionado direito. Na hipótese, concedeu-se ao casal o direito de uso do imóvel. Consequentemente, ficaram isentos dos ônus da compra da casa própria e dos encargos de aluguéis, o que, indubitavelmente, acarretou ganho patrimonial extremamente relevante" (STJ – REsp 1.494.302/DF, Rel. Min. Luis Felipe Salomão, j. 13/06/2017).

2. Qualificação registral: requisitos para concessão de uso para fins de moradia coletiva

"Concessão de uso para fins de moradia coletiva – Irregularidade do título – Ausência dos requisitos legais previstos para a sua constituição – Imóvel com área menor que a fixada em lei e com posse individualizada – Recurso não provido. (...) Sustenta o apelante a possibilidade do registro do título por ele expedido, com fundamento no artigo 3º da Medida Provisória nº 2220/01, que equipara o instituto da usucapião ao da concessão de uso para fins de moradia, em se tratando de bem público. Não se questiona esta premissa, que deve, no entanto, respeitar os requisitos legais para a constituição dos institutos, sem o que não ocorrerá a equiparação pretendida. Para a configuração da usucapião coletiva a lei expressamente prevê a existência de posses indeterminadas, em terreno com área maior que duzentos e cinquenta metros quadrados, elementos estes que também deverão ser observados para a concessão coletiva de uso" (CSMSP – Apelação Cível 0012396-45.2011.8.26.0609, Rel. Des. José Renato Nalini, j. 27/06/2013).

"Termo de concessão de uso para fins de moradia coletiva – Ausência dos requisitos do art. 2º, da Medida Provisória nº 2.220/01 – Princípio da legalidade violado – Recurso não provido. (...) Também não se pode desconsiderar que a concessão coletiva tem em mira, como o próprio nome anuncia, beneficiar uma coletividade e não apenas duas famílias, como na hipótese em exame. Assim, ausentes os requisitos do art. 2º ora em exame, o registro, por violar o princípio da legalidade, não pode ser deferido" (CSMSP – Apelação Cível 0012395-60.2011.8.26.0609, Rel. Des. José Renato Nalini, j. 07/02/2013).

3. Tratamento registral de bens públicos com aptidão para concessão para fins de moradia

"Embora o espaço livre e desafetado comporte concessão especial para fins de moradia, a ocupação parcial das vias públicas, que não foram contempladas na lei de desafetação, não poderia receber igual tratamento, uma vez que, agridem interesses coletivos. Pedido procedente. O espaço livre ocupado e desafetado, em função da permissão prevista na Medida Provisória 2220, comporta a concessão de uso especial para fins de moradia, no entanto, a ocupação parcial das vias públicas, que não foram contempladas na lei de desafetação, não poderia receber igual tratamento, razão pela qual a perimetria segue o alinhamento, desconsiderando os pontos de invasão que deverão ser tratados de forma específica pela municipalidade. A mesma função social que impulsiona a regularização fundiária e que autoriza a concessão de uso, veda que as invasões que agridam os interesses coletivos" (1ª VRPSP – Processo 583.00.2003.065998-1, Juiz Venício Antonio de Paula Salles, j. 11/11/2005).

"Possibilidade de abertura de matrícula para espaços livres de loteamento, que após a desafetação, poderá a municipalidade outorgar os títulos de concessão de uso especial para fins de moradia" (1ª VRPSP – Processo 0030255-05.2004.8.26.0000, Juiz Gustavo Henrique Bretas Marzagão, j. 29/03/2011).

"Loteamento clandestino. Levantamento de depósito. Regularização. Desapropriação. Concessão de uso especial para fins de moradia. Alvará judicial. Expedição. Como é sabido, para casos semelhantes, os valores depositados pelos compromissários compradores são utilizados pela Municipalidade para regularização do loteamento clandestino. Ocorre que, na hipótese em análise, diante da desapropriação do terreno e concessão de uso especial da área em prol dos moradores, os depósitos efetuados não poderão ser utilizados para fins de regularização do empreendimento, cuja realização está amparada na Lei nº 10.257/01 e Medida Provisória nº 2.220/2001. Aponta-se a desnecessidade de litisconsórcio ativo necessário, já que o vínculo contratual constituído entre cotitulares de contas é permeado pela solidariedade, de forma que a cada um é dado movimentar e dispor, unilateralmente, dos valores nela depositados. Competirá à parte autora, se o caso, compartilhar com eventuais cotitulares os frutos do deferimento do pedido, não estando impedida de agir sozinha" (1ª VRPSP – Processo 1090757-58.2016.8.26.0100, Juíza Tânia Mara Ahualli, j. 04/11/2016).

"Pedido de abertura de matrícula para as denominadas áreas públicas, bens de uso comum do povo desafetadas, e que passaram a integrar os bens dominiais da Municipalidade requerente, (área verde, estrada e espaço livre) para fins de posterior concessão da outorga do direito especial de uso, para fins de moradia. Acolhimento do pedido" (1ª VRPSP – Processo 0045357-67.2004.8.26.0000, Juiz Marcelo Martins Berthe, j. 17/08/2012).

> Art. 167, I (...)
> 38) (VETADO) (Incluído pela Lei nº 10.257, de 2001)
> 39) da constituição do direito de superfície de imóvel urbano; *(Incluído pela Lei nº 10.257, de 2001)*

 Referências Normativas

Lei 6.015/1973, art. 167, II, nº 20.
Lei 9.514/1997, art. 22, § 1º, IV.
Lei 10.257/2001(Estatuto da Cidade), arts. 4º, V, *l*; 21 a 24; 57-A.
Lei 10.406/2002 (Código Civil), arts. 1.225, II, 1.369 a 1.377; 1.473, § 2º.

 Comentários

O direito de superfície assume no direito legislado brasileiro duas naturezas jurídicas destacadas: aos olhos do Código Civil, cuida-se de direito real limitado sobre coisa alheia (CC, art. 1.225, II); já na ótica do Estatuto da Cidade, cuida-se de relevante instrumento de política urbana (Lei 10.257/2001, art. 4º, V, *l*).

Muito já se discutiu a respeito da concomitância das referidas leis ao regularem o instituto: Código Civil, arts. 1.369 a 1.377; e Estatuto da Cidade, arts. 21 a 24. A boa hermenêutica, no entanto, recomenda que ambos os regimes jurídicos encontram-se em pleno vigor. A busca pela máxima efetividade das normas jurídicas indica ineludivelmente que cada regime jurídico possui seu âmbito de incidência próprio: o Código Civil regula as relações jurídicas em geral, entre particulares; já o Estatuto da Cidade deve ser aplicado quando o direito de superfície for utilizado como instrumento de política urbana, notadamente diante da atuação constitucionalmente destacada do município para a ordenação e ocupação do solo urbano (CF, art. 30, VIII).

Com efeito, parece também recomendável a aplicação às *fattispecies* da *teoria do diálogo das fontes*, de modo que os regimes jurídicos referidos não se excluem, mas se complementam. O hermeneuta deve considerar as normas jurídicas enfocadas como um sistema de "vasos comunicantes", de modo que cada legislação possa servir à outra, garantindo-se o máximo de eficácia em sua aplicação ao caso concreto. À guisa de ilustração, o Estatuto da Cidade autoriza a incidência da superfície sobre o espaço aéreo projetado de determinado imóvel. Já o Código Civil é silente quanto a esse tema. Assim, à luz da teoria do diálogo das fontes, sobretudo quando obedecidos *in concreto* os princípios gerais do direito privado – eticidade, socialidade e operabilidade – nada obsta que em uma relação entre particulares seja objeto do direito real de superfície o espaço aéreo relativo à determinado terreno.

Embora ainda hoje tenha alcançado pouca aplicabilidade no direito brasileiro, o direito de superfície foi muito utilizado na Europa, notadamente na Alemanha, no período pós-guerra, como ferramenta importante para reconstrução das cidades. Ainda hoje possui grande aplicação no continente europeu, sobretudo na Itália, Alemanha e Portugal. Para ilustrar, confira-se a didática disciplina do Código Civil italiano:

> Art. 952 *Costituzione del diritto di superficie*. Il proprietario può costituire il diritto di fare e mantenere al di sopra del suolo una costruzione a favore di altri che ne acquista la proprietà (934, 1350, 2643). Del pari può alienare la proprietà della costruzione già esistente, separatamente dalla proprietà del suolo.[431]

---

[431] Art. 952. *Constituição do direito de superfície*. O proprietário pode constituir o direito de fazer e manter sobre o solo uma construção a favor de outrem, que adquire a propriedade (934, 1.350, 2.643). Igualmente pode alienar a propriedade da construção já existente, separadamente da propriedade do solo (tradução livre).

A marca indelével do direito real de superfície é sua consagração como exceção ao princípio *superficies solo cedit*. Trata-se do princípio geral da acessão que tem por premissa a ideia de que se considera bem imóvel o solo e tudo o que nele se incorporar, natural ou artificialmente (CC, art. 79). Ao se constituir o direito real de superfície, excepciona-se o axioma referido para atribuir a titularidade do terreno ao proprietário (concedente ou fundeiro) e a titularidade das construções ou plantações a terceira pessoa, o superficiário (ou concessionário). Note-se, pois, que a superfície flexibiliza ou suspende temporariamente o princípio da acessão.

Assim, pode-se dizer que a superfície é o direito real temporário de ter coisa própria (construção ou plantação) sobre terreno alheio. Tem por objeto construções ou plantações. Ademais, por regra, constitui-se sobre o solo; excepcionalmente, poderá ser contratada para obras no subsolo quando for inerente ao objeto da concessão (*v.g.*, posto de gasolina, garagem para *shopping center* etc.). Ressalve-se que o Estatuto da Cidade prevê uma abrangência maior à superfície, podendo ser formalizada a concessão do "direito de utilizar o solo, o subsolo ou o espaço aéreo relativo ao terreno, na forma estabelecida no contrato respectivo, atendida a legislação urbanística".

Admitem-se, ademais, duas modalidades de direito de superfície: por concreção e por cisão. Por concreção é exatamente a *fattispecie* telada no art. 1.369 do CC, ou seja, quando o superficiário planta ou constrói em terreno alheio e fica dono temporariamente daquilo que ele mesmo fez no terreno de outrem. Por cisão, de sua vez, o concedente é proprietário do terreno e da construção, mas resolve alienar não o prédio inteiro, mas somente a construção, reservando o solo para si. Seria, portanto, a concessão do direito real de superfície de algo que já está pronto. Embora a legislação não preveja expressamente a superfície por cisão, a sua não vedação em lei autoriza a contratação com arrimo na autonomia privada.

Releva considerar que o título causal que serve de fundamento para o registro constitutivo desse direito real será sempre a escritura pública (CC, art. 1.369, *caput*). Trata-se, pois, de negócio jurídico basal com forma solene, configurando-se importante exceção ao art. 108 do Código Civil. É dizer, qualquer que seja o valor do imóvel, a escritura pública é a forma prevista em lei para contratação da superfície. Inadmite-se, pois, sua contratação por escrito particular.

No espeque registral, será indispensável para a transcendência real da concessão seu registro em sentido estrito na matrícula do imóvel (LRP, art. 167, I, nº 39). Embora a Lei Registral mencione que o objeto seria apenas imóvel urbano, interpretação holística do instituto autoriza a sua aplicação para qualquer bem imóvel, seja urbano ou rural, na medida em que o Código Civil não faz qualquer restrição nesse sentido. Em prestígio ao princípio da especialidade objetiva, recaindo apenas sobre parte do imóvel, é curial que sejam apresentados trabalhos técnicos (planta e memorial), elaborados por profissional habilitado, a permitir sua exata localização no imóvel onerado. Recorde-se, nessa linha, que é necessária a identidade das descrições perimetrais como modo de permitir ao menos a segura amarração da área do direito real limitado na descrição tabular do imóvel. Sem a perfeita identificação da parte onerada, o registro deve ser denegado até que se retifique a descrição tabular ou o título constitutivo da superfície, harmonizando-os em sua descrição técnica (*v.g.*, inviável o registro constitutivo se a área da superfície estiver georreferenciada e a descrição tabular não for compatível com as coordenadas do Sistema Geodésico brasileiro).

Embora inexista previsão legal específica, parece salutar também considerar como possível a constituição da superfície por meio da usucapião. A modalidade mais adequada seria a usucapião ordinária (CC, art. 1.242) quando alguém ocupar a construção alheia, mas respeitar a propriedade do dono do solo. Situação ilustrativa de sua ocorrência está na hipótese de alguém, mediante título próprio, adquirir a superfície e depois descobrir que adquiriu de quem não era dono (*a non domino*). Seria a única hipótese possível de constituir direito real superfície por meio da usucapião. É nesse sentido a doutrina de *Martin Wolff*: "Mediante usucapião tabular, (...) quando um direito de superfície permaneceu indevidamente inscrito durante trinta anos e o titular inscrito possui o imóvel durante esse tempo, a título de direito de superfície a ele pertence".[432]

De mais a mais, a concessão poderá ser onerosa ou gratuita. Se onerosa, o pagamento poderá ser feito de uma só vez ou parceladamente, conforme for aprazado. A remuneração é batizada pela doutrina de *cânon superficiário* ou *solarium*.

---

[432] ENNECCERUS, Ludwig; KIPP, Theodor; WOLFF, Martin. *Tratado de derecho civil:* derecho de cosas: gravámenes. Tradução: Blas Pérez Gonzáles e José Alguer. Barcelona: Bosch/Casa Editorial, 1937. v. 2, t. 3. p. 8.

Art. 167 | LEI DE REGISTROS PÚBLICOS COMENTADA

Quanto à responsabilidade pelos encargos, o CC disciplina que o superficiário responderá pelos encargos e tributos que incidirem sobre o imóvel (art. 1.371). Cuidando-se de norma dispositiva, as partes podem contratualmente estipular cláusula em sentido oposto.

Outra característica relevante da superfície – que, aliás, a distingue do usufruto – está na sua não pessoalidade. Não é um direito real *intuitu personae*. Assim, o direito de superfície pode transferir-se a terceiros e, por morte do superficiário, aos seus herdeiros (CC, art. 1.372). É certo, porém, que diferentemente da enfiteuse na qual exsurge o laudêmio, não poderá ser estipulado pelo concedente, a nenhum título, qualquer pagamento pela transferência da superfície a terceiros. Além da possibilidade de alienação, destaca-se a faculdade de oneração desse direito real. Desse modo, o superficiário poderá dar o seu direito real em hipoteca (CC, art. 1.473, § 2º) ou alienação fiduciária (Lei 9.514/1997, art. 22, § 1º, IV).

Quanto à sua extinção, a superfície é resolvida se o superficiário der ao terreno destinação diversa daquela para a qual foi concedida. Inevitavelmente, ocorrendo referido inadimplemento, a resolução deve ser buscada em juízo mediante prova do descumprimento do contrato (CC, art. 1.374).

A forma de extinção mais comum, no entanto, é o decurso do prazo. Na semiótica do Código Civil, a superfície é sempre um direito real temporário. Escoado a prazo extingue-se *ipso facto* o direito real, bastando requerimento ao Registro de Imóveis para que promova a averbação de cancelamento (LRP, art. 167, II, nº 20). De outro lado, havendo desapropriação, a indenização cabe ao proprietário e ao superficiário, no valor correspondente ao direito real de cada um (CC, art. 1.376).

No espeque processual, as características do direito real de superfície ficam evidenciadas quando se está diante da possibilidade de penhora dos direitos do concessionário de modo autônomo e independente do direito do fundeiro, e vice-versa. Confira-se, nesse propósito, a pedagógica redação do art. 791 do Código de Processo Civil:

> Art. 791. Se a execução tiver por objeto obrigação de que seja sujeito passivo o proprietário de terreno submetido ao regime do direito de superfície, ou o superficiário, responderá pela dívida, exclusivamente, o direito real do qual é titular o executado, recaindo a penhora ou outros atos de constrição exclusivamente sobre o terreno, no primeiro caso, ou sobre a construção ou a plantação, no segundo caso.
>
> § 1º Os atos de constrição a que se refere o *caput* serão averbados separadamente na matrícula do imóvel, com a identificação do executado, do valor do crédito e do objeto sobre o qual recai o gravame, devendo o oficial destacar o bem que responde pela dívida, se o terreno, a construção ou a plantação, de modo a assegurar a publicidade da responsabilidade patrimonial de cada um deles pelas dívidas e pelas obrigações que a eles estão vinculadas.
>
> § 2º Aplica-se, no que couber, o disposto neste artigo à enfiteuse, à concessão de uso especial para fins de moradia e à concessão de direito real de uso.[433]

Em arremate, vale consignar que, embora a superfície e o direito real de laje possuam raiz comum quando se considera que ambos os institutos são exceções ao princípio geral da acessão (*superficies solo cedit*), é possível identificar inúmeras diferenças entre eles. A superfície é direito real sobre coisa alheia e como tal constitui-se mediante ato de registro em sentido estrito na matrícula do imóvel (CC, art. 1.369 c.c LRP, art. 167, I, nº 39). Já a laje constitui-se como direito real sobre coisa própria (*rectius*: unidade imobiliária autônoma) e, nessa medida, seu ingresso no fólio real enseja dupla inscrição predial: a abertura de matrícula própria para a laje (ato de registro em sentido lato), além da averbação dessa circunstância na matrícula do imóvel-base, com remissões recíprocas (CC, art. 1.510-A, § 1º, c.c. LRP, art. 176, § 9º). Outra distinção relevante e ínsita às respectivas naturezas reside no fato de a laje ser direito real atemporal, perpétuo, enquanto a superfície é, de regra, um direito real temporário (CC, art. 1.369). Também como regra, a laje admite sua aquisição por usucapião,[434]

---

[433] Na mesma sintonia, a Lei Processual Civil garante o direito de o superficiário ou o proprietário do terreno serem intimados por ocasião da execução, sob pena de ineficácia da alienação (CPC, arts. 799, V e VI; 804, § 2º; 889, III e IV).

[434] Ação de usucapião constitucional urbana. Direito real de laje. Sentença que extinguiu o processo, sem resolução do mérito, por falta de interesse processual, nos termos do artigo 485, inciso VI, do Código de Processo Civil. Recurso de apelação interposto pelos autores. Possibilidade de reconhecimento da usucapião do direito real de laje, em

ao passo que a superfície, quando muito, admite a aquisição originária em hipóteses muito restritas, como mencionado alhures. Ademais, a laje pode ser constituída de forma sucessiva, desde que haja autorização dos titulares da construção-base e das demais lajes, respeitadas as posturas edilícias e urbanísticas (CC, art. 1.510-A, § 6º); já quanto à superfície, há muita discussão a respeito da possibilidade de sua constituição por sobrelevação ("superfície em segundo grau"), diante da falta de norma autorizadora.[435] Por último, o negócio jurídico basal deve ser formalizado obrigatoriamente por escritura pública para constituição da superfície, ao passo que o direito real de laje segue a diretriz normativa do art. 108 do Código Civil.

Jurisprudência

1. Título causal: obrigatoriedade de escritura pública

"Registro de imóveis – Dúvida – Promessa de permuta – Impossibilidade de registro, à míngua de previsão no rol do art. 167, I, da Lei 6.015/73, que é taxativo – Direito de superfície veiculado em contrato particular – Impossibilidade de registro, pela necessidade da forma pública, nos moldes dos artigos 1.369 do Código Civil e 21 da Lei 10.257/01 – Dúvida procedente – Recurso improvido. (...) A cláusula II.2 da avença levada a registro estipula concessão de direito de superfície. Não obstante, trata-se de contrato particular. E o artigo 1369 da Lei Civil é expresso quanto à necessidade de escritura pública para a válida concessão do direito em voga. 'Art. 1.369. O proprietário pode conceder a outrem o direito de construir ou de plantar em seu terreno, por tempo determinado, mediante escritura pública devidamente registrada no Cartório de Registro de Imóveis.' A exigência da forma pública está igualmente veiculada pelo artigo 21 da Lei 10.257/01, que traça diretrizes gerais de política urbana. 'Art. 21. O proprietário urbano poderá conceder a outrem o direito de superfície do seu terreno, por tempo determinado ou indeterminado, mediante escritura pública registrada no cartório de registro de imóveis'" (CSMSP – Apelação Cível 1099413-38.2015.8.26.0100, Rel. Des. Manoel de Queiroz Pereira Calças, j. 06/10/2016).

2. Cancelamento de direito real de superfície e ordem de indisponibilidade

"Recurso Administrativo – Título judicial – Cancelamento do registro de direito de superfície – Exigência de prévio levantamento das indisponibilidades averbadas na matrícula – Razões da recusa analisadas e afastadas pelo juízo que proferiu a decisão – Esclarecimentos que não se destinam a completar ou a complementar o título ou os documentos, mas apenas a lançar luz sobre a compreensão deles – Ordem para cumprimento da decisão, independentemente do prévio levantamento das indisponibilidades averbadas – **Óbice afastado** – Recurso provido" (CGJSP – Processo 1057070-51.2020.8.26.0100, Des. Ricardo Mair Anfe, j. 07/06/2021).

3. Enunciados do CJF sobre superfície

"*Enunciado 93 CJF/Civil.* As normas previstas no Código Civil sobre direito de superfície não revogam as relativas a direito de superfície constantes do Estatuto da Cidade (Lei n. 10.257/2001) por ser instrumento de política de desenvolvimento urbano."

"*Enunciado 94 CJF/Civil.* As partes têm plena liberdade para deliberar, no contrato respectivo, sobre o rateio dos encargos e tributos que incidirão sobre a área objeto da concessão do direito de superfície."

---

qualquer de suas modalidades, inclusive a extrajudicial, desde que comprovado o preenchimento dos requisitos da prescrição aquisitiva Construção- base que não está regularizada, tampouco havendo no local condomínio regularmente constituído. Irrelevância. Distinção entre laje e condomínio. Possibilidade de declaração da usucapião e descerramento da matrícula, em caráter excepcional, levando-se em conta a natureza originária da aquisição, com descrição da nova unidade e mera menção ao terreno onde está erigida. Recurso dos autores provido para anular a sentença, com retorno dos autos à origem para que haja o regular prosseguimento do feito. (...) Plenamente possível o ajuizamento de ação de usucapião do imóvel descrito a fls. 02/03, com base no direito real de laje, ainda que a construção-base não esteja regularizada e que não exista no local condomínio regularmente constituído, como apontou o Oficial do 18º Cartório de Registro de Imóveis, ou matrícula individualizada (TJSP – Apelação Cível 1005365-70.2014.8.26.0020, 1ª Câmara de Direito Privado, Rel. Des. Christine Santini, j. 06/07/2020).

[435] Com a introdução do instituto do direito real de laje no direito brasileiro, a controvérsia sobre a possibilidade de constituição de *superfície por sobrelevação* está sepultada, sendo o caso, pois, típico de instituição da laje.

Art. 167 | LEI DE REGISTROS PÚBLICOS COMENTADA

"Enunciado 249 CJF/Civil. A propriedade superficiária pode ser autonomamente objeto de direitos reais de gozo e garantia, cujo prazo não exceda a duração da concessão da superfície, não se lhe aplicando o art. 1.474."

"Enunciado 250 CJF/Civil. Admite-se a constituição do direito de superfície por cisão."

"Enunciado 321 CJF/Civil. Os direitos e obrigações vinculados ao terreno e, bem assim, aqueles vinculados à construção ou à plantação formam patrimônios distintos e autônomos, respondendo cada um de seus titulares exclusivamente por suas próprias dívidas e obrigações, ressalvadas as fiscais decorrentes do imóvel."

"Enunciado 322 CJF/Civil. O momento da desapropriação e as condições da concessão superficiária serão considerados para fins da divisão do montante indenizatório (art. 1.376), constituindo-se litisconsórcio passivo necessário simples entre proprietário e superficiário."

"Enunciado 510 CJF/Civil. Ao superficiário que não foi previamente notificado pelo proprietário para exercer o direito de preferência previsto no art. 1.373 do CC é assegurado o direito de, no prazo de seis meses, contado do registro da alienação, adjudicar para si o bem mediante depósito do preço."

"Enunciado 568/Civil. O direito de superfície abrange o direito de utilizar o solo, o subsolo ou o espaço aéreo relativo ao terreno, na forma estabelecida no contrato, admitindo-se o direito de sobrelevação, atendida a legislação urbanística."

"Enunciado 18/Notarial e Registral. É registrável a constituição do direito real de superfície na matrícula de imóvel rural, independentemente de o art. 167, I, 39 e II, 20, da Lei n. 6.015/1973, referirem-se a imóveis urbanos."

Art. 167, I (...)

40) do contrato de concessão de direito real de uso de imóvel público. *(Incluído pela Medida Provisória nº 2.220, de 2001)*

Referências Normativas

Lei 10.406/2002 (Código Civil), art. 1.225, XII.
Decreto-lei 271/1967.

Comentários

O Código Civil arrola como direito real no seu art. 1.225, XII, a concessão de direito real de uso. Ocorre que em determinadas circunstâncias o ordenamento jurídico brasileiro prevê a manutenção da propriedade de certo bem em domínio público, atribuindo ao particular o direito à sua utilização. Assim, de saída, deve-se sedimentar que a concessão de direito real de uso não se confunde com a propriedade, porque é mantida a titularidade do imóvel em favor do Poder Público, cabendo ao particular somente a sua utilização. Contudo, possui ampla possibilidade de uso efetivo, tendo em vista a necessidade de permitir a diversas pessoas possuir local de uso reservado para a realização de suas atividades cotidianas, seja com função eminentemente residencial, seja para fins comerciais.[436]

A terminologia utilizada pela lei (*concessão*), assim como o fato de ser instituída pela Administração Pública, podem induzir o jurista a erro no sentido de considerá-la como ato administrativo específico (*v.g.*, permissão ou licença); ou mesmo se não possuiria natureza contratual como as concessões

---

[436] Nesse sentido: MIRANDA, Caleb Matheus Ribeiro de. *Os bens públicos e o registro de imóveis.* 2. ed. Coleção de Direito Imobiliário. t. XI. São Paulo: Thomson Reuters Brasil, 2022. p. 129.

do direito administrativo. Nada obstante, no direito brasileiro a concessão de uso possui natureza jurídica de direito real resolúvel, nos moldes do indigitado art. 1.225, XII, do Código Civil e o art. 7º do Decreto-lei 271/1967:

> É instituída a concessão de uso de terrenos públicos ou particulares remunerada ou gratuita, por tempo certo ou indeterminado, como direito real resolúvel, para fins específicos de regularização fundiária de interesse social, urbanização, industrialização, edificação, cultivo da terra, aproveitamento sustentável das várzeas, preservação das comunidades tradicionais e seus meios de subsistência ou outras modalidades de interesse social em áreas urbanas. (Redação dada pela Lei 11.481, de 2007)

Objetivamente, a concessão de direito real de uso concede, ao seu titular, a fruição do terreno concedido para os fins estabelecidos no instrumento de concessão, cabendo-lhe a responsabilidade pelos encargos civis, administrativos e tributários incidentes sobre o imóvel (art. 7º, § 2º, do Decreto-Lei 271/1967).

Não se pode perder de vista que o próprio Decreto indica que a concessão de uso é direcionada a finalidades específicas, quais sejam, "regularização fundiária de interesse social, urbanização, industrialização, edificação, cultivo da terra, aproveitamento sustentável das várzeas, preservação das comunidades tradicionais e seus meios de subsistência ou outras modalidades de interesse social em áreas urbanas" (art. 7º, *caput*). É certo, contudo, que a abertura e amplo espectro de alcance da cláusula final "*ou outras modalidades de interesse social em áreas urbanas*" permite a sua utilização para qualquer finalidade que atenda ao interesse público.

Duas notas fundamentais desse direito real merecem ser destacadas: i) *formalização com propósitos específicos* – atribuindo-se ao beneficiário a obrigação de comportar-se no uso do bem de acordo com diretrizes determinadas; e ii) *resolubilidade* – em caso de descumprimento da finalidade proposta, o direito concedido será resolvido, não sendo devida indenização ao beneficiário faltoso.

A concessão de uso pode ser contratada por instrumento público ou particular. Pode, ainda, ser feita por meio de simples termo administrativo (art. 7º, § 1º, do Decreto-Lei 271/1967). No entanto, para que a concessão adquira *status* de direito real, não basta a sua formalização, sendo necessário o seu registro na matrícula do imóvel. É dizer, sua transcendência real é alcançada com a inscrição predial.

Por certo, em se tratando de concessão de uso de imóvel público, é necessário que o imóvel com relação ao qual a concessão de uso será efetivada esteja previamente matriculado. Indispensável, pois, prévio descerramento do fólio em decorrência de processo discriminatório, em caso de ausência de matrícula para o imóvel. De outro bordo, em se tratando de imóvel particular, o registro da concessão de direito real de uso dependerá de anuência do titular do imóvel ou, ao menos, da realização de regular procedimento administrativo fundamento em lei ao qual tenha sido chamado a se manifestar. Assim, conclui-se, sem dificuldade, que é excepcional a hipótese de que a concessão de uso de terreno particular se faça sem a anuência ou ao menos ciência do proprietário do imóvel.

Podem ser objeto da concessão de uso terrenos públicos ou particulares, assim como pode ser onerosa ou gratuita, conforme haja ou não contrapartida por parte do beneficiário, nos termos do art. 7º, *caput*, do Decreto-lei nº 271/1967.

Naturalmente, para os bens integrantes do domínio público, poderá o Estado, no escopo de melhor atender ao interesse público, destinar certos bens de seu patrimônio a essa finalidade. Para tanto, será suficiente ato administrativo que destine o bem dominial à finalidade pretendida, ou, em caso de bens de uso especial, será necessária a sua prévia desafetação, para que então possa ser destinado a outras finalidades.

De outro bordo, para que se possa proceder à concessão de uso de terrenos particulares, será necessário que, em caso de ausência de anuência expressa do proprietário, seja realizado procedimento administrativo tendente à sua instituição, no qual o proprietário seja devidamente intimado para se manifestar sobre o direito que se pretende outorgar sobre o seu bem. *Nota bene!* Não se exigirá que haja anuência expressa ou tácita do proprietário, uma vez estabelecida a necessidade de utilização do bem para o atendimento do interesse público, mas deve-se permitir que, ao menos, ele tenha ciência do direito real que se pretende seja instituído, facultando-lhe a contraposição, quer na via administrativa, quer na via judicial.

Ainda sobre o objeto da concessão de uso, pode esta referir-se, também, ao espaço aéreo, tomado em projeção vertical, sobre a superfície de terrenos público ou particulares (art. 8º).

A concessão de uso transfere-se, em regra, por atos *inter vivos* ou *causa mortis*, devendo ser registrada a sua transferência. Nada obstante, o termo de concessão pode prever diferentemente, impedindo ou limitando a sua transferibilidade (Decreto-Lei nº 271/1967, art. 7º, § 4º). Seja como for, há uma certeza: em caso de transferência *inter vivos*, deverá ser observada a forma pública (Código Civil, art. 108), uma vez que se trata de direito real sobre bem imóvel, e sua transmissão será objeto de registro junto à matrícula do imóvel.

Por derradeiro, quanto à extinção, deve-se ter por premissa que a concessão de direito real de uso pode ser por tempo determinado ou indeterminado (Decreto-Lei 271/1967, art. 7º, *caput*). É sempre resolúvel, entretanto, resolver-se-á antes do seu termo nos seguintes casos (art. 7º, § 3º): (i) se o concessionário der ao imóvel destinação diversa da estabelecida no contrato ou termo; ou (ii) se o concessionário descumprir cláusula resolutória do ajuste, caso em que perderá as benfeitorias de qualquer natureza. Em caso de extinção da concessão de direito real de uso, proceder-se-á ao cancelamento junto à matrícula do imóvel. A averbação do cancelamento é expressamente prevista no art. 167, II, nº 29, da LRP.

Interessante anotar que na hipótese de a concessão ter sido estabelecida por prazo determinado, que já foi finalizado, para o cancelamento deverá ser apresentado requerimento da parte interessada, sendo suficiente que o Oficial compare as datas de concessão e a data do momento do pedido para que proceda ao cancelamento. Se, porém, a concessão foi feita por prazo indeterminado, ou nos casos em que, feita por prazo determinado, ocorreu circunstância que permita o cancelamento antecipado, deverá ser apresentado ao Registro de Imóveis "*requerimento da Fazenda Pública, instruído com certidão de conclusão de processo administrativo que declarou, na forma da lei, a rescisão do título de domínio ou de concessão de direito real de uso*" (LRP, art. 250, IV).

Não se ignora que a literalidade da norma referida supra preveja a possibilidade de que o cancelamento da concessão de direito real de uso seja feito a requerimento da Fazenda Pública somente nos casos de concessão de uso de imóvel rural, e somente se a concessão tiver sido expedida para fins de regularização fundiária. No entanto, uma interpretação holística e integrada das leis autoriza a sua extensão às demais modalidades de concessão de uso.[437] Ora, tratando-se de direito real resolúvel concedido por ato administrativo, é evidente que, por simetria, seu cancelamento também possa ser feito por meio de regular procedimento administrativo.

 Jurisprudência

1. Registrabilidade de concessão de direito real de uso

"Regularização fundiária e concessão de direito real de uso. Desafetação de áreas públicas. Delimitação das áreas para fins de abertura de matrícula de bem público de uso comum do povo mediante a apresentação dos memoriais descritivos das áreas livres de parcelamento que se encontram ocupadas. Terrenos que se encontram registrados em nome de particulares. Possibilidade de averbação do apossamento administrativo para garantia de futura indenização aos particulares" (1ª VRPSP – Processo 0006099-50.2004.8.26.0000, Juiz Marcelo Martins Berthe, j. 07/11/2012).

"Concessão de Uso de Bem Público. Declaratória. – Imóvel público municipal – Concessão de uso para fins de moradia – Decurso do prazo – Forma de prescrição aquisitiva do direito – Desnecessidade de concordância do poder público – Instituto *sui generis* – Sentença mantida – Recurso não provido. Concessão de uso de bem público – Inconstitucionalidade da Medida Provisória nº 2.220/2001 que se afasta (art. 2º da EC 32/2.001) – Direito consagrado que não se confunde com a usucapião – Previsão constitucional – Inteligência do § 1º do art. 183 da Constituição Federal – Decisório mantido – Recurso não provido" (TJSP – Apelação cível 6944315/2, Rel. Des. Oliveira Passos, j. 26/3/2008).

---

[437] Nesse sentido: MIRANDA, Caleb Matheus Ribeiro de. *Os bens públicos e o registro de imóveis*. 2. ed. Coleção de Direito Imobiliário. t. XI. São Paulo: Thomson Reuters Brasil, 2022. p. 134.

"Administrativo e civil. Concessão de direito real de uso. Taxa de ocupação. Natureza jurídica. A Primeira Turma desta Corte de Justiça, ao julgar o REsp. 1.601.386/DF, Relator Min. SÉRGIO KUKINA, *DJe* 17/03/2017, pacificou entendimento de que a prestação pecuniária pactuada em contrato de concessão de direito real uso não possui natureza tributária, pois não está atrelada a uma atividade administrativa específica decorrente do poder de polícia, tampouco se refere à prestação de serviços públicos pela iniciativa privada, por meio concessão e permissão, razão pela qual não se enquadra como taxa nem preço público. Apesar de a ementa do referido julgado não ter retratado o que realmente ficou decidido naquela ocasião, é pacífico no âmbito desta Turma o entendimento de que a remuneração (taxa de ocupação) cobrada do particular no contrato administrativo de concessão de direito real de uso, para a utilização privativa de bem público, possui natureza jurídica de receita patrimonial. A concessão de uso prevista no art. 7º do Dl. 271/1967 institui um direito real (art. 1.225 do CC/2022), razão pela qual não se aplica o prazo prescricional quinquenal previsto no art. 1º do Decreto n. 20.910/32 nem no art. 206, § 5º, I, do Código Civil, para o exercício do direito de cobrança dessa receita patrimonial, mas sim o prazo decenal do art. 205 do CC/2002. Recurso especial provido para considerar a prestação pecuniária decorrente do contrato de concessão de direito real uso como receita patrimonial e, por se tratar de cobrança de dívida de natureza real, reconhecer a aplicação do prazo prescricional de 10 anos, nos termos do art. 205 do Código Civil/2002, determinando-se a devolução dos autos ao Tribunal de origem para o exame das questões suscitadas em apelação pelos ora recorridos" (STJ – REsp 1.675.985/DF, Rel. Min. Gurgel de Faria, 1ª Turma, j. 15/12/2022).

2. Distinção entre a concessão de direito real de uso e institutos correlatos

"Pedido de averbação de contrato de concessão de uso de bens públicos municipais, firmado entre a Municipalidade e a Associação representativa dos proprietários de loteamento. É inadmissível o acesso pretendido ao fólio registral, uma vez que tal contrato gerava apenas direito obrigacional entre as partes, insuscetível de provocar mutação, substancial ou acessória, de direito real. Não se cuida, por outro lado, de concessão do direito real de uso de terreno público ou particular, regrado pelo decreto-lei nº 217/67 (artigo 7º), na qual 'se transfere, a título de direito real, a fruição temporária, por prazo certo ou indeterminado, de terreno público ou particular, para fins específicos de urbanização, industrialização, edificação, cultivo da terra, ou outra utilização de interesse social' (*elementos de direito urbanístico, de Ricardo Pereira Lira*, Renovar Editora, 1997, p. 232). Diferentemente, no caso, há uma concessão de uso de bem público, na qual há 'outorga ao particular da faculdade de utilizar um bem, segundo sua destinação específica, como, por exemplo, um hotel, um restaurante, um logradouro turístico ou uma área de mercado pertencente ao poder público'. O mesmo autor arremata seu pensamento: 'Essa concessão gera apenas direito pessoal em favor do concessionário' (op. Cit., pp. 236/237, grifamos). Consequentemente, inviável o seu registro no fólio real. Se se pretende com a averbação, dar-se a publicidade ao ato, tal finalidade pode ser obtida com o registro do título junto ao Registro de títulos e Documentos" (CGJSP – Processo CG 195/2001, Des. Luís de Macedo, j. 07/02/2001).

"A expressão '*aquisição de moradia*' não se restringe a compra do imóvel pronto e acabado. Quem constrói em terreno próprio, com seus recursos e para seu uso, está, também, adquirindo moradia própria. Esta a interpretação que melhor atende a finalidade social do art. 20 da Lei 8.036/1990 e do seu Regulamento (Dec. 99.684/1990). A concessão de uso prevista no art. 7 do Dl. 271/1967 institui um direito real, não se confundindo com a concessão, feita pelo estado a título precário, para utilização de bem público" (STJ – REsp 193.324/DF, Rel. Min. Francisco Peçanha Martins, Segunda Turma, j. 15/4/2003).

Art. 167, I (...)

41) da legitimação de posse; *(Incluído pela Lei nº 11.977, de 2009)*

Referências Normativas

Decreto-Lei 9.760/1946, arts. 164 e ss.
Lei 4.504/1964, arts. 97 e ss.

Lei 6.383/1976, art. 29.
Lei 13.465/2017, arts. 11, VI; 15, I; 25 a 27.
Decreto 9.310/2018, arts. 18 e ss.

Comentários

A posse no direito brasileiro não foi alçada pelo Código Civil à categoria de direito real (CC, art. 1.225). Nessa medida, em se tratando de bens imóveis, os direitos possessórios a eles inerentes, enquanto derivados de uma situação de fato, não possuem ingresso ao Registro de Imóveis. Essa é a regra. No entanto, em determinadas situações específicas, o legislador houve por bem utilizar-se da instituição registral para garantir verdadeiro reforço de eficácia à tutela da posse. Cuida-se, assim, da utilização da inscrição predial como *enforcement* dos direitos possessórios.

Como referido, são situações excepcionais, fundadas em propósitos específicos, nas quais o acesso ao fólio real, *per se*, não possui aptidão imediata para convolar direito possessório em direito real. Trata-se, destarte, de publicidade de direitos possessórios, direitos esses que em alguma medida e por procedimento estabelecido em lei, poderão convolar-se em direito real. Um dos exemplos emblemáticos está no registro da imissão provisória na posse no âmbito das desapropriações promovidas pela União, Estados, Distrito Federal, e Municípios ou por suas entidades delegadas (LRP, art. 167, I, nº 36). Outra hipótese é justamente a legitimação de posse no âmbito da regularização fundiária. A legitimação de posse não é o instituto novo do direito brasileiro. Em didática passagem em obra reconhecida sobre o tema, a registradora *Paola de Castro Ribeiro Macedo* relata com precisão:

> Convém lembrar que a legitimação de posse teve sua origem na primeira lei de terras do Brasil, Lei 601, de 18 de setembro de 1850. Tratava-se de um instrumento de convalidação pelo Império da relação de posse existente entre o posseiro e a terra por ele ocupada, para fins de cultivo, campos de criação e morada habitual, assemelhando-se a uma regularização fundiária. Os títulos de posse deveriam ser passados pelas Repartições de Províncias que o Governo designasse. Na Constituição Federal de 1967, a legitimação de posse dispunha de tratamento próprio, em seu art. 164, com vistas à aquisição de terras públicas por aqueles que as tornassem produtivas com seu trabalho e de sua família. A legitimação também aparece na Lei 6.383/76 (ainda em vigor), que dispõe sobre procedimentos discriminatórios das terras devolutas da União e, geralmente, garante a aquisição pelo legitimado. (...) Outros diplomas legais trataram da legitimação de posse, dando-lhe novos contornos, tais como o Decreto-Lei 9.760/1946 (legitimação de posse de terras devolutas da União); e a Lei 4.504/1964 (Estatuto da Terra). Curiosamente, a legitimação de posse, na legislação mais antiga, era utilizada para regularizar imóveis públicos, pela ocupação e utilização da terra, de forma a garantir a moradia e subsistência de seus ocupantes. Como se verá, atualmente, a legitimação de posse, na Reurb, servirá apenas para regularizar imóveis de domínio privado.[438]

Atualmente, é a Lei 13.465/2017 que regula a regularização fundiária no Brasil e dispõe a respeito da legitimação de posse. Aos olhos da referida lei, cuida-se de ato do Poder Público destinado a conferir título, por meio do qual fica reconhecida a posse de imóvel particular, objeto de qualquer modalidade de Reurb, por seus ocupantes, com identificação do tempo da ocupação e da natureza da posse, conversível em aquisição de direito real de propriedade na forma da lei (Lei 13.465/2017, art. 11, VI).

A legitimação de posse, no entanto, já era contemplada na Lei 11.977/2009 (art. 59) e possuía naquele regramento algumas distinções em relação à disciplina normativa atualmente vigente. A lei anterior trazia a exigência de cadastro prévio de moradores e requisitos para serem os ocupantes qualificados como aptos a receber a legitimação de posse (não serem proprietários, foreiros ou concessionários de outro imóvel nem beneficiários da legitimação concedida anteriormente). De sua vez, a Lei 13.465/2017

---

[438] MACEDO, Paola de Castro Ribeiro. *Regularização fundiária urbana e seus mecanismos de titulação dos ocupantes: Lei nº 13.465/2017 e Decreto nº 9.310/2018*. In: PEDROSO, Alberto Gentil de Almeida (coord.). Coleção Direito Imobiliário. v. V. 2. ed. São Paulo: Thomson Reuters Brasil, 2022. p. 284-285.

regulou a legitimação de posse de maneira diferente, sem mencionar o cadastro prévio ou os requisitos para o reconhecimento do direito, mas a manteve como forma de titulação no âmbito de Reurb:

> Art. 25 da Lei 13.465/2017. A legitimação de posse, instrumento de uso exclusivo para fins de regularização fundiária, constitui ato do poder público destinado a conferir título, por meio do qual fica reconhecida a posse de imóvel objeto da Reurb, com a identificação de seus ocupantes, do tempo da ocupação e da natureza da posse, o qual é conversível em direito real de propriedade, na forma desta lei.
> § 1º A legitimação de posse poderá ser transferida por *causa mortis* ou por ato *inter vivos*.
> § 2º A legitimação de posse não se aplica aos imóveis urbanos situados em área de titularidade do poder público.

A legitimação de posse não implica, portanto, em aquisição imediata de propriedade, como ocorre com a legitimação fundiária, mas apenas "reconhecimento de posse", aplicando-se somente a imóveis de domínio privado. Recorde-se que a inaplicabilidade da legitimação de posse para imóveis públicos não era pacífica na vigência da Lei 11.977/2009. Já a Lei 13.465/2017 foi expressa no sentido de que o instituto somente serve a núcleos urbanos informais situados sobre propriedade particular.

É ainda curial sedimentar que, ao contrário da legislação anterior, não há requisitos a serem cumpridos pelo beneficiário da legitimação de posse, como não ser proprietário de outro imóvel ou não ter recebido esse mesmo direito anteriormente.

O título que conceder a legitimação de posse pode ser individual ou em forma de listagem de ocupantes, devendo ser registrado na matrícula da unidade imobiliária, para que possa ser contado o prazo para conversão do direito de posse em propriedade. O registro, portanto, funciona como importante marcador temporal.

Ademais, o direito de legitimação de posse pode ser transmitido por herança (*causa mortis*) ou por ato *inter vivos* (compra e venda, permuta, doação, dação em pagamento etc.), podendo a posse do antecessor ser somada ao do atual titular do direito, para fins de contagem de tempo para conversão em propriedade (Decreto 9.310/2018, art. 18, § 3º).

Pode-se concluir que a natureza jurídica da legitimação de posse é de verdadeiro ato administrativo de reconhecimento de posse. Por isso, deve-se ter em mente que a legitimação de posse não é o instrumento ou mecanismo de titulação mais eficiente da nova sistemática de regularização fundiária, pois confere apenas o reconhecimento da posse. Destarte, deve ser utilizado como *ultima ratio*, apenas quando não for possível a concessão de outra forma de titulação tendente a tornar o ocupante efetivamente proprietário.

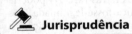

Jurisprudência

1. Registrabilidade da legitimação de posse

"Pedido de inscrição de termos de legitimação de posse – Indeferimento – Regularização urbana que não foi registrada e área atingida que sequer foi identificada – Impossibilidade – Identificação dos ocupantes que deve ocorrer na fase final do procedimento de regularização – Inteligência das Leis no 11.977/09 e 13.465/17. Não se pode admitir que a regularização urbana seja iniciada com a inscrição dos títulos de legitimação de posse, sem que a municipalidade tenha sequer identificado qual o registro atingido. Do mesmo modo, as Leis nº 11.977/09 quase inteiramente revogada e 13.465/17 que substituiu a primeira colocam a inscrição dos títulos de legitimação de posse dos ocupantes como estágio final do processo de regularização fundiária urbana" (CGJSP – Processo 1005769-53.2016.8.26.0408, Des. Manoel de Queiroz Pereira Calças, j. 31/08/2017).

"Regularização de loteamento – Procedimento que se distingue da regularização fundiária de interesse social – Isenção (Lei nº 11.977/09, art. 68) – Interpretação restritiva – Em matéria de isenção criada com o Programa Minha Casa, Minha Vida a Corregedoria-Geral da Justiça já decidiu que a norma deve receber exegese estrita (Processo CG 2009/95948). Afinal, os emolumentos consistem em tributo na modalidade taxa (STF, ADI 1378MC-ES), daí a regra de hermenêutica específica (Código Tributário Nacional, art. 111, inciso II). Em que pese o interesse social, o caso é de regularização de loteamento por iniciativa do Município (Lei nº 6.766/79, art. 40; NSCGJ, Cap. XX, itens 152 e segs.).O loteamento distingue-se substancialmente da novel regularização fundiária de interesse social. Ainda que o imóvel esteja situado em zona de especial interesse social (Lei nº 11.977/09, art. 47, inciso VII, alínea 'b'), nos termos da certidão de uso do solo) e seja objeto de 'Plano de Urbanização' aprovado em decreto municipal, não se trata de regularização fundiária em sentido estrito, precedida de auto de demarcação urbanística (art. 56) e projeto próprio (artigos 51 e 53), a fim de conceder aos ocupantes cadastrados título de legitimação de posse (arts. 58, § 1º e 59), conversível em registro de propriedade adquirida por usucapião (art. 60). Portanto, resta ao Município diligenciar o ressarcimento dos valores despendidos com obrigação do loteador-proprietário (Lei nº 6.766/79, art. 40, § 2º). Emolumentos devidos" (CGJSP – Processo CG 42.551/2011, Des. Maurício Vidigal, j. 30/09/2011).

"O procedimento de regularização fundiária foi otimizado pela Lei n. 13.467/17, que ampliou as formas de titulação, substituindo o processo tradicional de legitimação individual, título a título, pelo reconhecimento global da legitimação da posse aos respectivos beneficiários, com prioridade da regularização dominial a partir de um cadastro aprovado pelo Poder Público, constante em Certidão de Regularização Fundiária a ser expedida pelo Município e registrada na serventia imobiliária em ato único. (...) Nesse contexto, não há que se falar em conversão ou adaptação dos procedimentos registrais ora analisados, uma vez que a regularização já foi registrada, restando agora apenas a efetiva titulação e transmissão do domínio para a parte suscitada, que adquiriu o imóvel dos loteadores originais. Conforme precedente do Conselho Superior da Magistratura (Apelação Cível n. 1073614-80.2021.8.26.0100), como no caso concreto não há listagem de ocupantes por ausência de previsão legal na época da regularização, inexiste óbice para que a titulação tenha por base instrumento particular de cessão acompanhado de prova de quitação nos termos do artigo 26, § 6º, da Lei 6.766/79, do artigo 52, parágrafo único, da Lei 13.465/17 e do item 303.2, Cap.XX, das NSCGJ" (1ª VRPSP – Processo 1108334-39.2022.8.26.0100, Juíza Luciana Carone Nucci Eugênio Mahuad, j. 30/11/2022).

2. Natureza do registro paroquial e a legitimação de posse na Lei de Terras

"Registro paroquial. Documento imprestável à comprovação de propriedade. A origem da propriedade particular no Brasil ora advém das doações de sesmarias, ora é proveniente de ocupações primárias. Ambas, para se transformarem em domínio pleno, deveriam passar pelo crivo da 'revalidação' ou, quanto às 'posses de fato', da 'legitimação', procedimentos previstos, respectivamente, nos arts. 4º e 5º da Lei nº 601, de 18 de setembro de 1850 (Lei de Terras). A legitimação da posse, para caracterização do domínio pleno, cujo procedimento foi regulamentado pelo Decreto nº 1.318 de 30 Janeiro de 1854, requeria como condições, além da medição a que faz referência o art. 7º da Lei nº 601/1850, o cultivo ou princípio de cultivo da terra, a moradia habitual do respectivo posseiro, bem como as demais condições explicitadas no art. 5º, *caput* e parágrafos, do Diploma em análise. Assim, a controvérsia não se limita simplesmente em saber se a medição das terras (art. 7º) poderia ser dispensada na hipótese. Em realidade, para que a posse mansa e pacífica fosse legitimada, nos termos do art. 5º da Lei de Terras, também era necessário o preenchimento das demais condições a que faz referência a Lei, e cuja comprovação não pode ser realizada na instância especial, por força do que dispõe a Súmula 07/STJ. Ademais, mostra-se desarrazoada a interpretação que relativiza, 159 (cento e cinquenta e nove) anos depois, literal disposição da Lei de Terras (Lei nº 601 de 1850), a qual visava, expressamente, estabilizar as relações fundiárias existentes no Brasil, concedendo ao Estado a perseguida certeza jurídica em relação a terras, quer pertencentes a ele, quer pertencentes a particulares. Não há direito de propriedade decorrente do Registro Paroquial. Com efeito, nos termos do art. 94 do Decreto nº 1.318, de 30 de janeiro de 1854, as declarações dos possuidores ou sesmeiros feitas ao Pároco não lhes conferiam nenhum direito. Por outro lado, sendo vedado ao possuidor ou sesmeiro hipotecar ou alienar o terreno antes de tirar título passado na respectiva Representação Provincial, infere-se que o direito de propriedade das glebas somente se aperfeiçoava com o registro do dito título, sendo irrelevante o cadastro realizado perante o Vigário Paroquial" (STJ – REsp 389.372/SC, Rel. Min. Luis Felipe Salomão, 4ª Turma, j. 04/06/2009).

Art. 167, I (...)

42) da conversão da legitimação de posse em propriedade, prevista no art. 60 da Lei nº 11.977, de 7 de julho de 2009; *(Incluído pela Lei nº 12.424, de 2011)*

Referências Normativas

Decreto-Lei 9.760/1946, arts. 164 e ss.
Lei 4.504/1964, art. 97 e ss.
Lei 6.383/1976, art. 29.
Lei 13.465/2017, arts. 11, VI; 15, I; 25 a 27.
Decreto 9.310/2018, arts. 18 e ss.

Comentários

Embora o dispositivo telado refira-se textualmente à conversão da legitimação de posse em propriedade *"prevista no art. 60 da Lei 11.977/2009"*, é certo que a legislação mencionada foi revogada pela Lei 13.465/2017 – a vigente lei que regulamenta a regularização fundiária no Brasil. Por um lapso, o art. 167, I, nº 42, da LRP não teve sua dicção textual atualizada. Isso, no entanto, não impede que se faça uma análise precisa e contemporânea de sua *fattispecie*.

A Lei 13.465/2017 estabelece em seu art. 26 que o ocupante de núcleo urbano regularizado, que tiver em seu favor título de legitimação de posse registrado, terá o seu direito de posse convertido automaticamente em direito de propriedade, decorrido o prazo de cinco anos do registro, desde que atendidos os requisitos do art. 183 da Constituição Federal, independentemente de prévia provocação ou prática de ato registral. Nos casos não contemplados pelo art. 183 da Constituição Federal, a legitimação de posse poderá ser convertida em propriedade, desde que satisfeitos os requisitos de usucapião estabelecidos na legislação em vigor, a requerimento do interessado, perante o Registro de Imóveis competente (art. 26, § 1º).

Bem-vistas as coisas, o art. 26 da Lei 13.465/2017 apresenta alta complexidade ao se determinar a conversão automática de posse em propriedade e, ao mesmo tempo, vincular essa conversão ao cumprimento dos requisitos do art. 183 da CF.

O art. 183 da CF dispõe que aquele que possuir como sua área urbana de até 250 metros quadrados, por cinco anos, ininterruptamente e sem oposição, utilizando-a para sua moradia ou de sua família, adquirir-lhe-á o domínio, desde que não seja proprietário de outro imóvel urbano ou rural.

Note-se que, dos requisitos trazidos pelo art. 183 da Carta Magna, o tamanho da unidade e o lapso temporal de cinco anos do registro da legitimação são aferíveis objetivamente, mas a posse ininterrupta e sem oposição deve ser comprovada, ou, pelo menos, declarada, assim como a destinação do imóvel para moradia do beneficiário e sua família.

Demais disso, essa "conversão automática", independentemente de prévia provocação ou prática de ato registral, é inadmissível, afinal, não é possível conceber direito de propriedade fora do registro imobiliário. Ora, sem a proteção do registro, o imóvel estaria fora do comércio, sem valor de mercado como propriedade regularizada; não seria aceito por bancos e outras instituições financeiras em garantia de créditos e não garantiria o direito à moradia regularizada.

Sabe-se que o Registro de Imóveis é imprescindível para garantir a real plenitude da propriedade, ou seja, somente uma propriedade regularizada registralmente permite ao seu titular o efetivo gozo dos atributos dominiais, destacadamente o direito de regularmente *dispor* do bem. Assim, é certo que a conversão automática em propriedade é inviável, pois existe a necessidade de aferição de requisitos subjetivos.

Não há como negar, nessa medida, que a redação do art. 60 da Lei 11.977/2009 (revogada) era muito mais afinada com o sistema registral e facilita sobremaneira a compreensão da engenhara do instituto em comento:

> Art. 60 (revogado) Sem prejuízo dos direitos decorrentes da posse exercida anteriormente, o detentor do título de legitimação de posse, após 5 (cinco) anos de seu registro, poderá requerer ao oficial de registro de imóveis a conversão desse título em registro de propriedade, tendo em vista sua aquisição por usucapião, nos termos do art. 183 da Constituição Federal.
>
> § 1º Para requerer a conversão prevista no *caput*, o adquirente deverá apresentar: I – certidões do cartório distribuidor demonstrando a inexistência de ações em andamento que versem sobre

Art. 167 | LEI DE REGISTROS PÚBLICOS COMENTADA

424

a posse ou a propriedade do imóvel; II – declaração de que não possui outro imóvel urbano ou rural; III – declaração de que o imóvel é utilizado para sua moradia ou de sua família; e IV – declaração de que não teve reconhecido anteriormente o direito à usucapião de imóveis em áreas urbanas.

§ 2º As certidões previstas no inciso I do § 1º serão relativas à totalidade da área e serão fornecidas pelo poder público.

§ 3º No caso de área urbana de mais de 250m² (duzentos e cinquenta metros quadrados), o prazo para requerimento da conversão do título de legitimação de posse em propriedade será o estabelecido na legislação pertinente sobre usucapião.

Para acomodar o texto legal atualmente em vigor ao sistema registral imobiliário, parece adequada a saída autorizada pela *Corregedoria-Geral da Justiça do Estado de São Paulo*:

> 298. No registro da legitimação de posse concedido para a finalidade do art. 183 da Constituição Federal constará que o decurso do prazo de cinco anos implicará na conversão automática da posse em título de propriedade, nos termos do art. 26 da Lei n. 13.465, de 2017. (...)
>
> 321. A qualquer tempo a parte interessada poderá requerer que conste por simples averbação na matrícula onde houver registro de legitimação de posse que decorrido o prazo de cinco anos de seu registro operar-se-á a conversão automática da posse em título de propriedade, nos termos do art. 26 da Lei n. 13.465, de 2017.[439]

Percebe-se, assim, que nos casos em que preenchidos os requisitos para a conversão automática, essa informação deve constar do ato de registro da legitimação de posse, para que se dê publicidade da mutação jurídica do imóvel, após o decurso do prazo de cinco anos. A interpretação holística da Lei de Registros Públicos permite concluir que mesmo a lei considerando *automática* a conversão em propriedade, a parte interessada deverá requerer o registro dessa conversão na matrícula do imóvel. Não significa dizer que a inscrição registral é *conditio* para a conversão; trata-se de providência regularizatória e, ao fim ao cabo, inscrição que permite a plena disponibilidade do direito real. Em verdade, a conversão de posse em propriedade é deferida diretamente pelo ordenamento jurídico, *ope legis*. Mas só o ato registral tem aptidão para tornar o seu titular plenipotenciário dominial. Em suma, para unidades imobiliárias residenciais, com até 250 metros quadrados, poderá o município conceder a legitimação de posse na modalidade de conversão automática, devendo, por segurança jurídica, essas informações constar do título de concessão e também do registro na matrícula do imóvel.

De outra sorte, para os casos não contemplados pelo art. 183 da CF, como casos que se refiram a unidades imobiliárias com área superior a 250 metros quadrados ou imóveis com finalidades não residenciais, o título de legitimação de posse poderá ser convertido em propriedade, por requerimento do interessado, desde que satisfeitos os requisitos da usucapião estabelecido na legislação em vigor. Será necessário nessa hipótese que o registrador imobiliário verifique a presença dos requisitos materiais da usucapião requerida, não se aplicando o rito procedimental do art. 216-A da LRP. Não se pode perder de vista que o instituto em estudo está inserido no âmbito da regularização fundiária. Nos termos, do § 3º, do art. 19 do Decreto 9.310/2018, poderão ser utilizados diferentes meios de prova para a comprovação dos prazos de tempo de posse necessários para a conversão do título de posse em título de propriedade.

De qualquer modo, a legitimação de posse, após convertida em propriedade, constitui forma originária de aquisição do direito real, sendo certo que a unidade imobiliária com destinação urbana restará livre e desembaraçada de quaisquer ônus, direitos reais, gravames ou inscrições, eventualmente existentes em sua matrícula de origem, exceto quando disserem respeito ao próprio beneficiário (Lei 13.465/2017, art. 26, § 2º).

A criação da legitimação fundiária pela Lei 13.465/2017 faz surgir questionamento necessário: qual a razão de a legitimação de posse ainda existir em nosso ordenamento, posto que, na primeira, o

---

[439] Itens do Capítulo XX das Normas de Serviço da Corregedoria-Geral da Justiça do Estado de São Paulo.

beneficiário sairá de plano como proprietário pleno, e, na segunda, deverá aguardar anos para a obtenção do domínio?

De fato, para o gestor público a questão torna-se ainda mais sensível, sendo juízo muito complexo eleger qual forma de titulação será aplicada à míngua de critérios de seleção de um ou outro instituto. É ponderada, no entanto, a posição da registradora *Paola de Castro Ribeiro Macedo*, que direciona o uso da legitimação de posse quando o Município não está seguro em reconhecer a propriedade plena de imediato, via legitimação fundiária, preferindo reconhecer apenas a posse do ocupante, que será convertida em propriedade, preenchidos os requisitos do art. 183 da CF.[440]

Em prol da boa técnica de registro, deve-se colocar em evidência a morfologia registral: tanto a legitimação de posse quanto sua conversão em propriedade, que se dá "automaticamente" segundo a lei, ingressam no Registro de Imóveis como atos de registro *stricto sensu*, nos termos do art. 167, I, nos 41 e 42, da Lei 6.015/1973.

Diante do que foi visto, é possível estabelecer que a natureza jurídica da conversão em propriedade da legitimação de posse é de verdadeira aquisição originária, sendo batizada pela doutrina de usucapião *administrativa* ou *extrajudicial*. É dizer, será o decurso do tempo, qualificado pelo cumprimento de requisitos, que induzirá a aquisição do domínio, de caráter originário, livre e desembaraçado de qualquer ônus, incidente somente sobre imóveis privados. Alguns autores ainda rotulam a *fattispecie* de *usucapião tabular* na medida em que resulta na aquisição da propriedade com base em registro constante da própria matrícula do imóvel.[441]

Por fim, deve-se resolver questão de alta indagação: é possível a outorga de título de legitimação fundiária pelo Município nos casos em que foi concedida a legitimação de posse na vigência da Lei 11.977/2009, mas ainda não decorreu o prazo para sua conversão em propriedade? Dito de outro modo, já registrada legitimação de posse, sob a égide da Lei 11.977/2009, pode agora o Poder Público conceder a legitimação fundiária para que o ocupante adquira de pronto a propriedade do bem?

A melhor solução passa pela análise do caso em cada uma das modalidades de Reurb. Na Reurb-E, a concessão de título de legitimação fundiária, mesmo após registro de legitimação de posse, seria perfeitamente possível, não fosse o disposto no art. 92, § 3º, do Decreto 9.310/2018, que estabelece a permanência da legitimação de posse concedida anteriormente sob a égide da Lei 11.977/2009 até sua conversão em propriedade. Já na Reurb-S haveria, de qualquer modo, o impedimento do art. 23, § 1º, II, da Lei 13.465/2017, pois o beneficiário não fará jus ao benefício se já tiver sido agraciado com legitimação de posse de imóvel urbano com a mesma finalidade (residencial).

Agora, situação ainda mais delicada é a do ocupante que recebeu título de legitimação de posse de imóvel público, sob a égide da Lei 11.977/2009, e, agora, não poderá ter sua posse convertida em propriedade e, tampouco, a concessão de legitimação fundiária, se estiver no âmbito de uma Reurb-S, ficando com um direito precário. A solução para esse imbróglio será a outorga de uma das concessões de uso (concessão de direito real de uso ou concessão de direito real de uso especial para fins de moradia). Note-se que em casos tais a convolação da legitimação de posse será em um direito real limitado e não em propriedade plena. Eis o abalizado entendimento doutrinário:

> A legitimação de posse, como espécie de usucapião tabular, poderá se convolar não em propriedade, mas em direito real de concessão de uso de imóveis urbanos situados em área de titularidade do poder público, pois, nesse caso, a posse tem por conteúdo, no tocante a utilização da coisa, o do direito real limitado a ela correspondente, expressamente referido no art. 183, § 1º, da CF.[442]

---

[440] MACEDO, Paola de Castro Ribeiro. *Regularização fundiária urbana e seus mecanismos de titulação dos ocupantes:* Lei nº 13.465/2017 e Decreto nº 9.310/2018. *In:* PEDROSO, Alberto Gentil de Almeida (coord.). Coleção Direito Imobiliário. v. V. 2. ed. São Paulo: Thomson Reuters Brasil, 2022. p. 284-285.

[441] CAMBLER, Everaldo Augusto. Legitimação fundiária e legitimação de posse. *In:* CAMBLER, Everaldo Augusto; BATISTA, Alexandre Jamal; ALVES, André Cordelli (coord.). *Estatuto fundiário brasileiro:* comentários à Lei 13.465/2017. São Paulo: Editora IASP, 2018. p. 189.

[442] CAMBLER, Everaldo Augusto. Legitimação fundiária e legitimação de posse. *In:* CAMBLER, Everaldo Augusto; BATISTA, Alexandre Jamal; ALVES, André Cordelli (coord.). *Estatuto fundiário brasileiro:* comentários à Lei 13.465/2017. São Paulo: Editora IASP, 2018. p. 191.

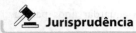 **Jurisprudência**

1. Eficácia da legitimação de posse em imóvel indisponível

"Demarcação urbanística em procedimento de regularização fundiária. Titular de domínio em regime de liquidação extrajudicial que impugnou o procedimento. Entendeu-se que a demarcação urbanística, tem a natureza de instrumento de política urbana, mas não tem efeito imediato de desapropriação ou usucapião, pois, não é ato constitutivo de qualquer direito real de propriedade imobiliária. O artigo 18 da Lei 6.024/74 prevê alguns efeitos da decretação da liquidação extrajudicial. Diante desse regramento especial, quanto ao seu ativo, a recorrente, tem razão ao afirmar que, tratando-se de forma de intervenção do estado na atividade econômica, com a decretação da liquidação extrajudicial, seus bens se tornam indisponíveis, e que as ações e execuções sobre direitos relativos a eles ficam obstadas. Contudo, a indisponibilidade de seus bens e o regime especial ao qual eles se submetem não são óbices, de forma alguma, ao procedimento administrativo, no âmbito do serviço de registro imobiliário, de demarcação urbanística e de legitimação de posse. O procedimento ora impugnado pela recorrente não traduz conversão de legitimação de posse em propriedade, tampouco aquisição por usucapião. Se assim o fosse, a discussão seria outra e estaria circunscrita à possibilidade de aquisição originária de propriedade sobre bens de pessoas jurídicas em liquidação extrajudicial; mas esse, como dito, não é o cerne da questão. Tampouco é o objeto do presente expediente a mencionada equiparação dos bens da recorrente aos chamados bens dominiais, ou mesmo a observância do par conditio creditorum em relação ao seu universo de credores, pelas mesmas razões acima esclarecidas. Quanto às sociedades sob regime de liquidação extrajudicial, diz o art. 5º da Lei nº 5.627/70 que: 'É vedada a constituição de arrestos, sequestro e penhoras sobre os bens das Sociedades de Seguros e Capitalização, em regime de liquidação extrajudicial compulsória.' Respeitado o entendimento da recorrente, contudo, tal dispositivo não se aplica à hipótese, pois não se está tratando de qualquer medida de constrição judicial, tampouco de intervenção estatal para a constituição de futura garantia em qualquer procedimento judicial ou extrajudicial" (CGJSP – Processo 1001925-57.2016.8.26.0453, Des. Geraldo Francisco Pinheiro Franco, j. 17/01/2018).

2. *Status dominial* posterior à legitimação de posse e a continuidade registrária

"Ressalve-se, ainda sobre a continuidade registral que, de acordo com o art. 47, § 1º, da Lei nº 11.977/09, nesta fase do registro do projeto de regularização fundiária não ocorre a transferência de domínio, o que somente se dará com a conversão da legitimação da posse em propriedade: 'A demarcação urbanística e a legitimação de posse de que tratam os incisos III e IV deste artigo não implicam a alteração de domínio dos bens imóveis sobre os quais incidirem, o que somente se processará com a conversão da legitimação de posse em propriedade, nos termos do art. 60 desta Lei.' Bem por isso ressalvou a Municipalidade que o registro ora perseguido, se efetivado, não alterará a titularidade no registro de imóveis, ou seja, os titulares de domínio continuarão a ser os mesmos. Assim, não há que se falar em quebra da continuidade" (CSMSP – Apelação Cível 0003529-65.2011.8.26.0576, Rel. Des. José Renato Nalini, j. 22/03/2012).

> **Art. 167, I (...)**
>
> 43) da Certidão de Regularização Fundiária (CRF); *(Incluído pela Lei nº 13.465, de 2017)*

 Referências Normativas

Lei 13.465/2017, arts. 11, V; 41.
Decreto 9.310/2018, arts. 38 e ss.

 Comentários

A Certidão de Regularização Fundiária (CRF) é o documento expedido ao final do procedimento administrativo municipal de regularização fundiária, se aprovado o projeto de regularização fundiária, e constituirá o *título hábil* a ser qualificado e registrado pelo Oficial de Registro de Imóveis.

Segundo a Lei 13.465/2017 cuida-se, pois, do "documento expedido pelo Município ao final do procedimento da Reurb" (art. 11, V) consistente em um "ato administrativo de aprovação da regularização" (art. 41).

Há atecnia evidente na classificação feita pelo legislador. Em verdade, o ato administrativo – traduzido na declaração do Estado ou de quem o represente –[443] é o de aprovar a regularização fundiária, ao passo que a CRF nada mais é do que um documento que materializa, formaliza o ato administrativo anterior. A CRF, então, não tem a natureza de um ato administrativo, mas apenas de repositório material do ato de aprovação que foi praticado anteriormente pelo Município.

Dessa forma, consiste a CRF no documento expedido pelo Município ao final do procedimento da Reurb, que contempla o projeto de regularização fundiária aprovado, o cronograma de obras, o termo de compromisso relativo à sua execução e a listagem dos ocupantes do núcleo urbano informal regularizado.

Seja como for, para fins de qualificação registral, é curial que o registrador imobiliário sempre se recorde da premissa: a emissão da CRF goza de presunção de legitimidade, indicando que foram integralmente cumpridos os requisitos legais exigidos para sua emissão.

O art. 41 da Lei 13.465/2017 estabelece o conteúdo mínimo da CRF, consubstanciado no nome do núcleo urbano regularizado; sua localização; modalidade de regularização (Reurb-S ou Reurb-E); indicação numérica das unidades regularizadas; responsabilidades das obras e serviços constantes do cronograma; e listagem dos ocupantes. É esse o dispositivo para o qual o registrador predial deve dar especial atenção por ocasião da qualificação registral da CRF.

A experiência nos registros imobiliários tem demonstrado que a CRF deve ir além do conteúdo mínimo do art. 41. Para que a sociedade e o Registro de Imóveis possam verificar a regularidade do procedimento, a CRF deve explicitar todas as características do núcleo urbano e as providências importantes tomadas durante o processo administrativo, como uma verdadeira fotografia, garantindo-se a transparência dos atos do Município. Nesse ambiente, é salutar a observância do conteúdo complementar da CRF proposto pela registradora *Paola de Castro Ribeiro Macedo*, diante de sua *expertise* no tema:

> Sugere-se que a CRF contemple os seguintes tópicos: (i) nome e localização do núcleo urbano regularizado, com declaração de que se encontra consolidado e de difícil reversão; (ii) modalidade da Reurb (S ou E); (iii) a forma de organização do núcleo (parcelamento do solo, loteamento de acesso controlado, condomínio edilício, de lotes ou urbano simples, conjunto habitacional, ou direito de laje); (iv) indicação numérica de cada unidade regularizada; (v) matrículas e transcrições da área a ser regularizada e de seus confrontantes; (vi) eventuais áreas usucapidas e suas respectivas matrículas; (vii) lista dos notificados ou que anuíram com a regularização; (viii) existência ou não de impugnação e o seu desfecho; (ix) licenciamento urbanístico e ambiental (se dotado de órgão ambiental) do projeto de regularização ou documento estadual correspondente; (x) informações sobre a publicação do edital; (xi) resumo da análise e aprovação dos estudos técnicos mencionados nos arts. 35 e 36 da Lei 13.465/17; (xii) cronograma de obras e serviços ou a sua dispensa, com a identificação de infraestrutura essencial existente; (xiii) responsabilidade das obras e serviços constantes do cronograma de obras, se for o caso; (xiv) existência de áreas de preservação permanente, unidades de conservação de uso sustentável (anuência do gestor); margens de reservatório artificial de água destinadas à geração de energia ou abastecimento público, áreas de risco, demonstração de livre e gratuito acesso às praias e corpos d`água, faixa não edificável ao longo dos rios, áreas de tombamento ou áreas indispensáveis à segurança nacional ou de defesa (art. 4º, §§ 6º, 7º e 8º, do Decreto nº 9.310/18); (xv) existência de ações judiciais pendentes versando sobre a titularidade do imóvel objeto da regularização (art. 16, parágrafo único, da Lei nº 13.465/17); e, finalmente, (xvi) listagem de ocupantes das unidades e seus respectivos direitos reais.[444]

---

[443] BANDEIRA DE MELLO, Celso Antônio. *Ato administrativo e direitos dos administrados*. São Paulo: Revista dos Tribunais, 1978, p. 12-32.

[444] CAMBLER, Everaldo Augusto. Legitimação fundiária e legitimação de posse. *In:* CAMBLER, Everaldo Augusto; BATISTA, Alexandre Jamal; ALVES, André Cordelli (coord.). *Estatuto fundiário brasileiro:* comentários à Lei 13.465/2017. São Paulo: IASP, 2018. p. 244-245.

No tocante à aprovação ambiental, caso não conste da CRF, deverá ser apresentada licença ambiental pelo órgão estadual competente, ficando esse documento dispensado se o Município declarar que tal aprovação foi efetuada. Incide, pois, o princípio da presunção de veracidade dos atos administrativos. Outro ponto importante é que não serão aceitas CRFs sem a listagem de ocupantes e sem o reconhecimento de direito real sobre as unidades imobiliárias derivadas da regularização.

O georreferenciamento somente será exigido para as plantas e projetos apresentados ao Registro de Imóveis depois da edição da Lei 13.465, de 11 de julho de 2017.

Com efeito, para a Reurb de núcleo urbano decorrente de empreendimento registrado, em que não foi possível realizar, por qualquer modo, a titulação de seus ocupantes, a CRF será apresentada de modo simplificado, devendo apenas atestar a implantação do núcleo nos exatos termos do projeto registrado e conter a listagem de ocupantes.

Os padrões dos memoriais descritivos, das plantas e das demais representações gráficas, inclusive as escalas adotadas e outros detalhes técnicos, seguirão as diretrizes estabelecidas pelo Município, as quais serão consideradas atendidas com a emissão da CRF (Lei 13.465/2017, art. 47). Os memoriais descritivos deverão ser subscritos apenas pelo responsável técnico do projeto e não demandarão aprovações dos órgãos públicos.

Caso a CRF seja apresentada por um dos entes federativos (União, Município, Estados ou DF), ou por entes da Administração Pública indireta, será dispensado reconhecimento de firma nos documentos que a compõem, inclusive, a legitimação fundiária e outros instrumentos de titulação (Lei 13.465/2017, art. 47, parágrafo único).

Outra situação a ser verificada com cautela é a regularização de núcleo urbano informal que já possua infraestrutura essencial implantada e para o qual não haja compensações urbanísticas ou ambientais ou outras obras e serviços a serem executados. Nesses casos, será dispensada a apresentação do cronograma físico e do termo de compromisso, bastando indicar na CRF que o núcleo já possui a infraestrutura essencial, conforme descrição (Decreto 9.310/2018, art. 30, §§ 1º e 2º). Na Reurb-S, caberá à concessionária ou à permissionária de serviços públicos, mediante provocação do Município, a elaboração do cronograma físico de implantação da infraestrutura essencial e a assinatura do termo de compromisso para cumprimento do cronograma (Decreto 9.310/2018, art. 30, § 4º).

De outro bordo, na excepcional hipótese de a CRF servir apenas para a titulação final dos ocupantes, tendo em vista a regularização do solo e da infraestrutura já ter sido realizada com fulcro na legislação anterior, será dispensada a apresentação do projeto de regularização aprovado (Decreto 9.310/2018, art. 38, parágrafo único).

Recorde-se, ademais, que há flexibilização de exigências registrárias ordinárias no âmbito da Reurb. À guisa de exemplo, o registro da CRF independe de averbação prévia do cancelamento do cadastro de imóvel rural no INCRA, da edição de lei de inclusão do núcleo em perímetro urbano, e de existência de zonas especiais de interesse social (zeis). Na mesma ordem, o registro da CRF de bem imóvel público independe de lei de desafetação e de procedimento licitatório para a alienação das unidades imobiliárias.

Vale mencionar, em arremate, que a CRF, aos olhos do registrador imobiliário, funciona como documento crucial para definir a legitimidade para a promoção dos atos registrais. Assim, de ordinário, os agentes promotores legitimados para a regularização fundiária poderão requerer todos os atos de registro, independentemente de serem titulares de domínio ou detentores de direito real sobre a gleba objeto da regularização, observados os limites da Certidão de Regularização Fundiária (CRF) expedida pelo órgão competente e dos documentos que a compõem. Já o beneficiário individual poderá optar pela regularização em etapas, ainda que lote a lote, devendo a Certidão de Regularização Fundiária (CRF) conter, no mínimo, a indicação das quadras do núcleo urbano e, dentre estas, a localização do imóvel regularizando. A CRF e os documentos que a compõem serão apresentados independentemente de requerimento e preferencialmente pela via eletrônica por meio do Serviço de Atendimento Eletrônico Compartilhado (SAEC) do Operador Nacional do Sistema de Registro Eletrônico de Imóveis (ONR).

Jurisprudência

1. Regularização fundiária no registro predial

"De conformidade com o ordenamento jurídico aplicável à espécie, presumem-se verdadeiras as informações trazidas a registro pelos Municípios, legítimos os atos praticados pelos órgãos públicos e atendidos os requisitos legais com a emissão do auto de regularização em consonância com as diretrizes técnicas das plantas, projetos e memoriais descritivos apresentados. Consequentemente, afirmada a anuência dos interessados, a compensação das áreas públicas, a manutenção de áreas verdes e a observância das demais exigências legais, não deveria o conteúdo desses documentos ser objeto de qualificação jurídica do Oficial de Registro de Imóveis por gozar de presunção legal de legitimidade e legalidade, tal como previsto no então vigente item 276 do Capítulo XX das Normas de Serviço da Corregedoria-Geral de Justiça (NSCGJ). Apresentado o auto de regularização fundiária urbanístico e ambiental, além da análise formal do título, nenhuma outra exigência deveria ser feita pelo Oficial de Registro de Imóveis" (CSMSP – Apelação Cível 1052030-64.2015.8.26.0100, Rel. Des. Geraldo Francisco Pinheiro Franco, j. 28/032018).

"Aos Oficiais de Registro não cabe, no exercício da qualificação registral, desconsiderar a aprovação da regularização fundiária (pelo ente municipal) como sendo de interesse social, tampouco sindicar o cadastramento dos favorecidos pela titulação e a real ocupação dos lotes e das áreas contempladas pela regularização fundiária" (CGJSP – Processo 113.430/2015, Des. Manoel de Queiroz Pereira Calças, j. 17/05/2016).

"Regularização fundiária – especialidade e continuidade – para o registro do projeto de regularização fundiária do qual resulte parcelamento (ou seja, do qual resulte abertura de matrícula para cada uma das parcelas resultantes e também para os bens públicos) basta a descrição da área das parcelas (NSCGJ, II, XX, itens 223, 228, 233 e 234); porém, não é necessário que venham desde logo descritas as edificações que porventura haja em cada uma das parcelas resultantes – tampouco é necessário cogitar de continuidade, porque as matrículas abertas para cada uma das parcelas resultantes (NSCGJ, II, XX, item 221) ainda trarão, como titular, aquele que consta na matrícula atingida pela regularização fundiária (ressalvada a matrícula da rua, que desde logo trará a PMSP como titular): afinal, apenas depois do registro do projeto (= da regularização da gleba como um todo) é que se iniciarão os registros *stricto sensu* das transmissões ou da legitimação de posse de cada uma das parcelas resultantes (NSCGJ, II, XX, itens 230-235 e 241-242) – dúvida improcedente" (1ª VRPSP – Processo 0029052-81.2013.8.26.0100, Juiz Josué Modesto Passos, j. 16/09/2013).

"É desnecessária a apresentação do termo de verificação de obras infraestrutura da Prefeitura porque a expedição, pela própria municipalidade, do auto de regularização faz presumir que todas as diretrizes técnicas das plantas, memoriais e projetos foram observadas" (CSMSP – Apelação Cível 0053920-87.2012.8.26.0576, Rel. Des. José Renato Nalini, j. 23/05/2013).

2. Regularização fundiária de conjuntos habitacionais mediante aplicação da Lei 13.465/2017

"Registro de Imóveis – Requerimento de regularização de conjunto habitacional formulado pelo CDHU – Pedido de aplicação do regramento da regularização fundiária urbana – Indispensabilidade de Certidão de Regularização Fundiária (CRF) – Aplicação da Lei nº 13.465 de 2017 em seus exatos termos – Recurso não provido. À regularização dos Conjuntos Habitacionais deve ser aplicada a Lei 13.465/2017 e não as disposições anteriores à referida lei, previstas nas Normas de Serviço da Corregedoria-Geral da Justiça do Estado de São Paulo. Deve, assim, ser apresentada a CRF expedida pelo Município. Cabe ao Poder Executivo Municipal qualificar e reconhecer um núcleo urbano informal digno de Reurb-S. Em seguida, após regular processamento administrativo do pedido iniciado por qualquer dos legitimados do art. 14 da Lei no 13.465/17, incluindo-se a própria CDHU como legitimada, deferir o pedido e expedir a Certidão de Regularização Fundiária – documento hábil para apresentação perante o Registro de Imóveis" (CSMSP – Apelação Cível 1001397- 09.2019.8.26.0553, Rel. Des. Ricardo Mair Anafe, j. 18/06/2020).

3. Regularização fundiária de condomínio de frações ideais

"Registro de Imóveis – Dúvida julgada procedente – Registro de regularização fundiária – Condomínio de frações ideais a que foram atribuídas áreas certas – Regularização que tem por objeto lotes intercalados, situados dentro das quadras em que dividida a gleba – Ausência da anuência de todos os coproprietários das frações ideais – Requisitos técnicos para a elaboração da planta e dos memorais descritivos – Dispensa da apresentação das licenças para o registro, com fundamento na implantação do parcelamento do solo antes da vigência da Lei nº 6.766/79 – Registros das vendas das frações ideais iniciados no ano de 1984 – Declaração municipal que não permite verificar que toda a gleba foi objeto de parcelamento irregular, ou clandestino, implantado e consolidado antes da vigência da Lei de Parcelamento do Solo Urbano – Recurso a que se nega provimento" (CSMSP – Apelação Cível 1001229-85.2018.8.26.0506, Des. Geraldo Francisco Pinheiro Franco, j. 15/08/2019).

Art. 167 | LEI DE REGISTROS PÚBLICOS COMENTADA

4. Retificação de registro. CRF e legitimação fundiária. Alteração de unidade e titularidade

Registro de Imóveis – Pedido de providências – Recusa de retificação de registro de legitimação fundiária – Título e registro que atribuem o bem aos beneficiários de modo invertido. Possibilidade de correção dos titulares dominiais dos imóveis objeto de Regularização Fundiária Urbana de interesse social (REURB-S) – Certidão de Regularização Fundiária (CRF) que não representa negócio jurídico – Ausência de alteração em elemento essencial – Hipótese diversa e excepcional (artigos 213 e 250 da Lei n. 6.015/1973) – Registro da legitimação fundiária na matrícula correta como mera consequência do cancelamento e da averbação da retificação – Proposta de atualização do Capítulo XX do Tomo II das Normas de Serviço da Corregedoria Geral da Justiça. Lei n. 13.465/2017 e Súmula 473 do Supremo Tribunal Federal. (...) a CRF pode ser reconhecida como ato administrativo que corresponde à concretização da vontade da Administração Pública de regularização da propriedade de imóvel. Não se está diante, portanto, de negócio jurídico, mas de ato administrativo que retrata o resultado do processo de regularização fundiária que tramitou perante o Município, no caso, Santana de Parnaíba. Diferentemente do negócio jurídico, a CRF não possui elementos essenciais, como preço, objeto e forma de pagamento. Para a corrente que defende que a CRF não é ato administrativo, mas apenas repositório material do ato de aprovação da regularização, também não se poderia falar em ato ou negócio jurídico ou, ainda, em elementos essenciais. Por sua vez, para a corrente que defende que a CRF é ato administrativo, poder-se-ia falar apenas em ato discricionário de vontade da Administração Pública por meio do qual se deferem a regularização e a expedição do título, mas sem qualquer negociação com os beneficiários. É neste contexto que se pode concluir que a retificação requerida se mostra possível, notadamente diante da inexistência de negócio jurídico, da correção feita pela própria Administração Pública e da excepcionalidade da situação (processo de REURB-S, o qual tem como finalidade regularizar ocupações irregulares sobre imóveis). Em verdade, a própria Lei n. 13.465/2017 é norma de exceção, já que mitiga diversas regras a fim de possibilitar as regularizações necessárias (CSMSP – Apelação Cível 1015848-97.2023.8.26.0068, Rel. Des. Francisco Eduardo Loureiro, j. 24/10/2024).

Art. 167, I (...)

44) da legitimação fundiária; *(Redação dada pela Lei nº 14.382, de 2022)*

Referências Normativas

Lei 13.465/2017, arts. 11, VII, 23 e 24.
Decreto 9.310/2018, arts. 16 e seguintes.

Comentários

A esta altura bem assimiladas na comunidade jurídica as relevantes alterações perpetradas pela Lei 13.465/2017, é possível sedimentar que a legitimação fundiária se descortina como o principal e mais relevante instrumento para titulação dos ocupantes no âmbito registral (art. 15, I).

A legitimação fundiária constitui forma originária de aquisição do direito real de propriedade conferido por ato do poder público, exclusivamente no âmbito da Reurb, àquele que detiver em área pública ou possuir em área privada, como sua, unidade imobiliária com destinação urbana, integrante de núcleo urbano informal consolidado existente em 22 de dezembro de 2016 (art. 23, *caput*).

Nas didáticas palavras da registradora imobiliária *Paola de Castro Ribeiro Macedo* a legitimação fundiária é o "meio mais eficaz e célere para a obtenção da propriedade plena e originária de unidades imobiliárias oriundas de REURB-S ou de REURB-E, em imóveis públicos ou privados, de uso residencial ou não residencial".[445]

---

[445] MACEDO, Paola de Castro Ribeiro. Regularização fundiária urbana e seus mecanismos de titulação dos ocupantes: Lei nº 13.465/2017 e Decreto nº 9.310/2018. *In:* PEDROSO, Alberto Gentil de Almeida (coord.). Coleção Direito Imobiliário. v. V. 2. ed. São Paulo: Thomson Reuters Brasil, 2022. p. 273.

De fato, foi esta a intenção do legislador ao criar o instituto. A propósito, foi o estabelecido na exposição de motivos da MP 759/2016, que deu origem à Lei 13.465/2017:

> Por meio da legitimação fundiária, substitui-se, para melhor otimização da REURB, o processo tradicional de regularização fundiária, título a título, para cada uma das unidades imobiliárias regularizadas, pelo reconhecimento global da aquisição originária de propriedade, pelos beneficiários da REURB, a partir de cadastro aprovado pelo Poder Público, constante em Certidão de Regularização Fundiária, expedida pelo Município processante, a qual é registrado em Registro de Imóveis, por ato registral único, juntamente com o Projeto de Regularização Fundiária aprovado.

O instituto foi pensado justamente para acelerar a titulação, pois se verificou que os instrumentos disponíveis na legislação anterior não eram tão eficazes. Muitas unidades imobiliárias eram criadas, mas poucas eram tituladas efetivamente sob a égide da Lei 11.977/2009. Os institutos até então existentes, notadamente a legitimação de posse, mostraram-se pouco eficientes para atingir o desiderato de uma efetiva e bem concretizada regularização fundiária.

Deve-se assentar que há um recorte temporal que é pressuposto da legitimação fundiária enquanto mecanismo de titulação de ocupantes em procedimento de regularização fundiária: a Reurb promovida mediante legitimação fundiária somente poderá ser aplicada para os núcleos urbanos informais comprovadamente existentes, na forma desta Lei, até 22 de dezembro de 2016 (Lei 13.465/2017, art. 9º, § 2º).

Por sua natureza, mediante a legitimação fundiária, em qualquer das modalidades da Reurb, o ocupante adquire a unidade imobiliária com destinação urbana livre e desembaraçada de quaisquer ônus, direitos reais, gravames ou inscrições, eventualmente existentes em sua matrícula de origem, exceto quando disserem respeito ao próprio legitimado. Com efeito, no espeque registral, deverão ser transportadas as inscrições, as indisponibilidades ou os gravames existentes no registro da área maior originária para as matrículas das unidades imobiliárias que não houverem sido adquiridas por legitimação fundiária.

Outrossim, seu grande mérito repousa na autorização legal expressa para que o poder público encaminhe a CRF para registro imediato da aquisição de propriedade, dispensados a apresentação de título individualizado e as cópias da documentação referente à qualificação do beneficiário, o projeto de regularização fundiária aprovado, a listagem dos ocupantes e sua devida qualificação e a identificação das áreas que ocupam. Aliás, a atribuição de domínio por meio da legitimação fundiária poderá ocorrer *a posteriori*, ou seja, poderá o poder público atribuir domínio adquirido por legitimação fundiária aos ocupantes que não tenham constado da listagem inicial, mediante cadastramento complementar, sem prejuízo dos direitos de quem haja constado na listagem inicial.

Investigando um pouco mais o instituto no bojo da regularização fundiária, é possível certificar que a legitimação fundiária é cabível tanto para Reurb-S como para Reurb-E, mas, curiosamente, somente na Reurb-S apresenta requisitos para sua concessão. Apenas na Reurb-S, o beneficiário não poderá ser concessionário, foreiro ou proprietário de outro imóvel urbano ou rural e, também, não poderá ter sido contemplado com legitimação de posse ou fundiária de outro imóvel com a mesma finalidade, ainda que situado em núcleos distintos (art. 23, § 1º, I e II).

Interessante também anotar que a legitimação pode, ainda, ser concedida para imóvel urbano com finalidade não residencial, devendo ser reconhecido pelo Poder Público o interesse público de sua ocupação (art. 23, § 1º, III). Nessa esteira, não só as habitações poderão ser objeto de legitimação fundiária, mas também imóveis destinados a outras atividades típicas de qualquer cidade, a exemplo de atividades profissionais ou comerciais. Tudo a estimular os mercados locais e a manter os beneficiários nos locais originalmente ocupados.

De mais a mais, interpretação holística da Lei 13.465/2017 permite sedimentar que nas áreas privadas, e nas áreas públicas de propriedade do Município, esse será o ente competente para expedir os títulos de legitimação fundiária, seja individualmente, seja por meio de listagem. Nos imóveis públicos titulados pela União, esta poderá emitir os títulos de legitimação fundiária ou proceder à doação do imóvel ao Município, para a finalidade de regularização fundiária, nos termos da Lei 11.952, de 25 de junho de 2009, com redação alterada pela Lei 13.465/2017 (Lei 13.465/2017, arts. 23, § 4º e 24). Nesses casos, o Município, após receber em doação a área objeto do núcleo urbano, utilizará a legitimação fundiária ou qualquer outro instrumento de titulação previsto na Lei 13.465/2017, para conferir propriedade aos ocupantes. Já nos imóveis públicos do Estado, ou de outros entes públicos da Administração Pública Indireta, esses deverão reconhecer o direito de propriedade (legitimação fundiária) aos ocupantes do núcleo urbano informal regularizado, podendo fazê-lo, inclusive, em conjunto com o Município.

Para desfazer confusão comum, deve-se ter em mira que, em um mesmo núcleo urbano regularizado, pode haver diferentes tipos de titulação para as unidades imobiliárias. Dessa forma, o Poder Público pode atribuir domínio por legitimação fundiária a parte dos ocupantes e regularizar a outra parte por meio de outro instrumento previsto na lei. Também é possível que a titulação seja implementada por etapas, por meio de listagens complementares, à medida que o Poder Público conseguir realizar os devidos levantamentos cadastrais e *in loco*, para aferir a natureza e o tempo de ocupação (Decreto 9.310/2018, art. 16, §§ 7º e 8º).

Por todos os contornos da legitimação fundiária, é curial consagrá-la como modo de aquisição originária do direito real de propriedade. Diz-se modo originário de aquisição da propriedade, com inspiração na boa doutrina alemã, a aquisição que, em seu suporte fático, é independente da existência de um outro direito.[446] Não parece correto, como faz parte da doutrina, tratá-la em si mesma como um direito real autônomo. É dizer, a legitimação fundiária é meio; e não um fim em si mesmo. Com ela, busca-se a outorga ao ocupante do domínio pleno do imóvel; a propriedade alodial, esta sim um direito real em sua plenitude (CC, art. 1.225, I). Do contrário, seria o mesmo que considerar a usucapião um direito real, enquanto, como cediço, cuida-se também de um modo originário de aquisição da propriedade.

Em arremate, é de rigor afastar qualquer posição ou entendimento que enxergue na legitimação fundiária um instituto que padeça de vício de inconstitucionalidade. Não se pode perder de vista que sua aplicação é restrita ao âmbito da regularização fundiária e nessa medida existe para retirar a propriedade da irregularidade, da clandestinidade. Possui, outrossim, requisitos específicos que devem ser observados com rigor, ainda que recaiam sobre imóveis privados. A boa hermenêutica constitucional, ao contrário, deve considerar violadoras do Texto Republicano condutas de proprietários ou entes públicos que não dão a necessária função social à propriedade, deixando os imóveis à margem do comércio e prejudicando ferozmente a circulação de riquezas no país. Sem falar nas inúmeras consequências que acompanham a irregularidade fundiária, como problemas sanitários, de saúde pública, saneamento básico, ambientais, fiscais, entre outros tantos. Enfim, a legitimação fundiária é apenas mecanismo jurídico eficiente com escopo de contemplar com o domínio do imóvel ocupantes devidamente identificados e que, em cada caso concreto, fazem jus à regularização de sua propriedade imobiliária. Note-se, por derradeiro, que se o bem for público a causa eficiente que culmina na legitimação fundiária do imóvel é a necessidade de sua regularização fundiária – por descumprimento da função social, o que também se aplica aos imóveis de domínio público –, e não o decurso do tempo, como fundamentalmente ocorre na usucapião, de modo que não há falar em violação do art. 183, § 3º, da CF, que consagra a regra da imprescritibilidade de bens públicos.

Jurisprudência

1. Legitimação fundiária de bens públicos

"Em boa hora fora promulgada a Lei nº 13.465/17, que consolidou procedimentos aplicáveis à Regularização Fundiária Urbana (Reurb), a qual servirá de base para resolver a presente lide. E para isso, necessário se entender o conceito de legitimação fundiária, instrumento de regularização, prevista na referida norma. A unidade imobiliária objeto da Reurb é núcleo urbano informal, conceituado pelo legislador como aquele 'clandestino, irregular ou no qual não foi possível realizar, por qualquer modo, a titulação de seus ocupantes, ainda que atendida a legislação vigente à época de sua implantação ou regularização' (art. 11, II). A legitimação fundiária é meio 'de aquisição originária do direito real de propriedade sobre unidade imobiliária objeto da Reurb' (art. 11, VII da Lei). Corresponde, segundo o art. 23 da Lei, a uma 'forma originária de aquisição do direito real de propriedade conferido por ato do poder público, exclusivamente no âmbito da Reurb, àquele que deter em área pública ou possuir em área privada, como sua,

---

[446] PASSOS, Josué Modesto. *A arrematação no registro de imóveis*: continuidade do registro e natureza da aquisição. São Paulo: Revista dos Tribunais, 2014. p. 111-112.

unidade imobiliária com destinação urbana, integrante de núcleo urbano informal consolidado existente em 22 de dezembro de 2016'. O ocupante 'adquire a unidade imobiliária com destinação urbana livre e desembaraçada de quaisquer ônus, direitos reais, gravames ou inscrições, eventualmente existentes em sua matrícula de origem, exceto quando disserem respeito ao próprio legitimado' (art. 23, § 2º). No fundo, a legitimação fundiária garante o mesmo efeito da usucapião, só que em imóvel público. Poder-se-ia entender que a legitimação fundiária é um ato discricionário da Administração Pública – União, Estados, Distrito Federal e Municípios. E eu digo que não. A regularização do parcelamento urbano implantado de fato constitui um poder-dever dos administradores públicos para evitar lesão aos seus padrões de desenvolvimento urbano e na defesa dos direitos dos adquirentes dos lotes irregulares. (...) No Brasil, ainda há muitas pessoas vivendo à margem da sociedade. Em contrapartida, é notória a quantidade de imóveis públicos abandonados, sendo por muitas vezes ocupados por pessoas de baixa renda que não possuem moradia digna. O Estado, proprietário de bens desafetados, se abstém de utilizá-los ao interesse público, não cumprindo a função social da propriedade. Todavia, por uma ponderação de valores e princípios do ordenamento jurídico brasileiro, é possível relativizar a regra constitucional que veda a usucapião de bens públicos, e, por consequência, permitir a legitimação fundiária prevista na Lei nº 13.465/17. Isso porque as regras jurídicas não são imutáveis, não possuindo, assim, caráter absoluto. O aplicador da norma deve se pautar no critério de unidade e harmonia do ordenamento jurídico, delineado por situações fáticas e concretas de cada parte em uma demanda judicial" (TJPI – Processo 0000257-08.2010.8.18.0031, Des. Heliomar Rios Ferreira, j. 15/04/2019).

2. Mecanismos alternativos de titulação na regularização fundiária

"Tendo em vista que o objetivo primordial da regularização fundiária é, ao final do procedimento, priorizar a concessão de títulos que tornem os ocupantes efetivos proprietários dos imóveis regularizados, a Lei nº 13.467/2017 veio a ampliar as formas de titulação. Para melhor otimização da Reurb, a nova lei, dentre outras formas de titulação, substituiu o processo tradicional de regularização fundiária, título a título, para cada uma das unidades imobiliárias regularizadas, pelo reconhecimento global da legitimação fundiária e de posse aos beneficiários do procedimento de regularização fundiária, a partir de um cadastro aprovado pelo Poder Público (listagem de ocupantes), constante em Certidão de Regularização Fundiária expedida pelo Município processante, a ser registrada na serventia imobiliária em ato único, juntamente com o projeto de regularização fundiária aprovado (art. 11, inciso VII, Lei nº 13.465/2017). A partir daí, a situação jurídica das pessoas envolvidas estará reconhecida e regularizada. *In casu*, não há que se falar em listagem de ocupantes, pois, como já consignado, o procedimento de regularização fundiária ocorreu ainda na vigência da Lei 11.977/2009. Bem por isso, diferentemente do que sustentou o registrador e confirmou a MM.ª Juíza Corregedora Permanente, não haveria óbice ao registro do instrumento particular de cessão de direitos, acompanhado de prova de quitação, feita pelos antigos aos atuais ocupantes. De fato, inexistindo a denominada listagem de ocupantes, prevalece a possibilidade de titulação mediante apresentação, para registro, de contratos particulares de venda e compra, compromisso de venda e compra, cessão ou promessa de cessão" (CSMSP – Apelação Cível 1073609-58.2021.8.26.0100, Rel. Des. Fernando Antônio Torres Garcia, j. 21/06/2022).

> **Art. 167,** I (...)
> 45) do contrato de pagamento por serviços ambientais, quando este estipular obrigações de natureza *propter rem*; e *(Redação dada pela Lei nº 14.382, de 2022)*

 Referências Normativas

Lei 12.651/2012.
Lei 14.119/2021.

 Comentários

Nos últimos anos, a publicidade registral tem-se mostrado como importante veículo de tutela ambiental ao promover a divulgação qualificada das informações ambientais para a sociedade. Bem-vistas as coisas, é possível dizer que o Estado assimilou que a onipresença dos Ofícios Prediais Brasil afora, assim como a segurança jurídica e a confiança, traduzida nas informações que emanam das matrículas, funcionam como relevante meio de proteção ao meio ambiente.

De mais a mais, "a função social e ambiental vai mais longe e autoriza até que se imponham ao proprietário comportamentos positivos no exercício de seu direito, para que a sua propriedade concretamente se compatibilize com a preservação do meio ambiente".[447]

Nessa ótica, o Superior Tribunal de Justiça destacou a importância da publicidade registral para fins de tutela ambiental:

> O direito de acesso à informação configura-se em dupla vertente: direito do particular de ter acesso a informações públicas requeridas (transparência passiva) e dever estatal de dar publicidade às informações públicas que detém (transparência ativa). Atua, ademais, em função do direito de participação social na coisa pública, inerente às democracias, embora constitua-se simultaneamente como direito autônomo. No regime de transparência brasileiro, vige o *Princípio da Máxima Divulgação*: a publicidade é regra, e o sigilo, exceção, sem subterfúgios, anacronismos jurídicos ou meias-medidas. É dever do Estado demonstrar razões consistentes para negar a publicidade ativa e ainda mais fortes para rejeitar o atendimento ao dever de transparência passiva. Quanto à averbação da APA no registro dos imóveis rurais, o ordenamento ambiental e registral brasileiro aponta para sua adequação. As averbações facultativas não são taxativamente previstas, e o Ministério Público é expressamente legitimado para requerer, inclusive diretamente ao oficial, apontamentos vinculados a sua função institucional, entre as quais, inequivocamente, está a tutela ambiental. Em suma, o ainda incipiente Estado de Direito Ambiental, também dito Estado Ecológico de Direito ou Estado Socioambiental de Direito (*Environmental Rule of Law*), brasileiro contempla dentre as medidas de transparência ambiental, entre outras: *i)* o dever estatal de produzir relatórios de execução de projetos ambientais, como os Planos de Manejo de APAs; *ii)* o dever estatal de publicar tais relatórios na internet, com periodicidade adequada; e *iii)* a averbação das APAs nos registros de imóveis rurais, mediante requerimento direto do Ministério Público aos ofícios.[448]

Ocorre, em verdade, que as obrigações ambientais em geral se consolidaram como de cariz *propter rem* (*rectius*: próprias da coisa), e, nessa medida, acompanham o imóvel independentemente de quem seja o seu titular. Assim, é patente a relevância da necessidade de as obrigações ambientais serem concentradas no fólio real, permitindo que aqueles que irão contratar sobre o bem possam tomar conhecimento de modo eficiente a respeito dos ônus ambientais que gravam o imóvel.

Para a boa compreensão do fato inscritível objeto da norma telada, é de bom alvitre considerar que a natureza do contrato deve ser haurida das disposições da Lei 14.119/2021. Nessa medida, entendem-se por serviços ambientais as "atividades individuais ou coletivas que favoreçem a manutenção, a recuperação ou a melhoria dos serviços ecossistêmicos" (art. 2º, III). Já os serviços ecossistêmicos são considerados "benefícios relevantes para a sociedade gerados pelos ecossistemas, em termos de manutenção, recuperação ou melhoria das condições ambientais" (art. 2º, II). E, ainda, o pagamento por serviços ambientais corresponde à "transação de natureza voluntária, mediante a qual um pagador de serviços ambientais transfere a um provedor desses serviços recursos financeiros ou outra forma de remuneração, nas condições acertadas, respeitadas as disposições legais e regulamentares pertinentes" (art. 2º, IV).

No espeque subjetivo, podem entabular o negócio jurídico enfocado na condição de pagador de serviços ambientais o "poder público, organização da sociedade civil ou agente privado, pessoa física ou jurídica, de âmbito nacional ou internacional, que provê o pagamento dos serviços ambientais" (art. 2º, V). De outro bordo, é considerado provedor de serviços ambientais a "pessoa física ou jurídica, de direito público ou privado, ou grupo familiar ou comunitário que, preenchidos os critérios de elegibilidade, mantém, recupera ou melhora as condições ambientais dos ecossistemas" (art. 2º, VI).

---

[447] MIRRA, Álvaro Luiz Valery. Direito ambiental e registro de imóveis. *In*: MIRRA, Álvaro Luiz Valery. *Direito imobiliário brasileiro*. São Paulo: Quartier Latin, 2011. p. 1241.

[448] STJ – REsp 1.857.098/MS, Rel. Min. Og Fernandes, j. 11/5/2022 (Tema IAC 13).

O título a ser qualificado pelo registrador imobiliário é o próprio contrato de pagamento por serviços ambientais. Esse negócio jurídico *sui generis*, com esteio no art. 12 da Lei 14.119/2021, possui cláusulas obrigatórias que serão objeto de qualificação registral, a saber: direitos e obrigações do provedor, incluindo critérios indicadores de qualidade dos serviços prestados; direitos e obrigações do pagador, incluindo formas e prazos de fiscalização; condições de acesso pelo Poder Público à área em questão, bem como aos dados das obrigações do provedor.

Vale lembrar, por fim, tratando-se de imóvel rural, o contrato pode ser vinculado ao imóvel por meio de servidão ambiental.[449] Nada obstante, repise-se: a lei atribui caráter *propter rem* às obrigações assumidas, na forma do contrato, pelo provedor que se refiram à conservação ou restauração de vegetação nativa em imóveis particulares, ou ainda à adoção de determinadas práticas agrícolas, agroflorestais ou agrossilvopastoris.

Em arremate, pode-se concluir que a incorporação da dimensão ambiental da propriedade imobiliária no fólio real consagra-se como importante contributo do Registro de Imóveis à sociedade e à economia ao diminuir sensivelmente a assimetria informacional.

 Jurisprudência

1. Obrigações ambientais possuem natureza *propter rem*.

"Ação Civil Pública. Reserva Legal. Obrigação legal imposta ao proprietário e não ao poder público. Previsão do Código Florestal, da Lei de Registros Públicos e da Corregedoria-Geral da Justiça do Estado de São Paulo. Apelo do Ministério Público provido. Reserva legal. Obrigação *propter rem*, vinculada ao domínio imobiliário. Irrelevante a destinação econômica a ser conferida ao imóvel. Função ecológica de índole constitucional. Inafastabilidade da averbação como ônus imposto ao titular do domínio. Apelo do Ministério Público. A delimitação, demarcação e averbação da Reserva Legal prevista pelo Código Florestal não é de natureza pessoal, mas é obrigação *propter rem* e, desde 5/X/ 1988, constitui pressuposto intrínseco do direito de propriedade, de origem constitucional, como atributo de sua função ecológica, à luz dos artigos 186, II e 170, VI da Constituição da República" (TJSP – Apelação Cível 402.646 5/7-00, j. 22/03/2007).

"Administrativo. Ambiental. Lei 4.771/1965. Averbação de reserva legal. Dever-poder de fiscalização ambiental. Cartório de registro de imóveis. A demanda teve origem em recomendação do Ministério Público à Oficiala Titular do Cartório de Registro de Imóveis da Comarca de Patrocínio, amparada em Provimento da Corregedoria-Geral de Justiça do Estado de Minas Gerais, para que cumprisse a obrigação de averbar a Reserva Legal à margem de matrícula de imóvel em hipótese de transmissão, desmembramento ou retificação de área da gleba. Irresignada, a Oficiala impetrou Mandado de Segurança visando obter ordem que lhe autorizasse efetuar registros independentemente da averbação, o que lhe foi denegado. Em fiscalização, a Promotoria identificou renitência ao cumprimento da obrigação, fato que deu origem à Ação Civil Pública. A ninguém é permitido recusar cumprir as obrigações previstas no Código Florestal ou cumpri-las apenas perfunctória ou toscamente. É pacífica a jurisprudência do STJ ao reconhecer a natureza *propter rem* das obrigações ambientais, nelas incluída a Reserva Legal, donde decorre o caráter vinculante e indeclinável para o proprietário atual e o Poder Público. 'Em nosso sistema normativo (Código Florestal – Lei 4.771/65, art. 16 e parágrafos; Lei 8.171/91, art. 99), a obrigação de demarcar, averbar e restaurar a área de reserva legal nas propriedades rurais constitui (a) limitação administrativa ao uso da propriedade privada destinada a tutelar o meio ambiente, que deve ser defendido e preservado 'para as presentes e futuras gerações' (CF, art. 225). Por ter como fonte a própria lei e por incidir sobre as propriedades em si, (b) configura dever jurídico (obrigação *ex lege*) que se transfere automaticamente com a transferência do domínio (obrigação *propter rem*), podendo, em consequência, ser imediatamente exigível do proprietário atual, independentemente de qualquer indagação a respeito de boa-fé do adquirente ou

---

[449] Recorde-se que a servidão ambiental ingressa na matrícula imobiliária por meio de averbação e seu regramento jurídico encontra-se delineado no art. 9.-A da Lei 6.938/1981: "O proprietário ou possuidor de imóvel, pessoa natural ou jurídica, pode, por instrumento público ou particular ou por termo administrativo firmado perante órgão integrante do Sisnama, limitar o uso de toda a sua propriedade ou de parte dela para preservar, conservar ou recuperar os recursos ambientais existentes, instituindo servidão ambiental".

Art. 167 | LEI DE REGISTROS PÚBLICOS COMENTADA

de outro nexo causal que não o que se estabelece pela titularidade do domínio" (REsp 1.179.316/SP, Rel. Ministro Teori Albino Zavascki, Primeira Turma, *DJe* 29/6/2010). A obrigatoriedade em questão não implica que o Cartório deixe de receber emolumentos de rigor, que serão pagos pelo interessado quando da averbação, nos termos da legislação vigente" (STJ – REsp 1.221.867/MG, Rel. Min. Herman Benjamin, 2ª Turma, j. 15/05/2012).

2. Publicidade ambiental no Registro de Imóveis

"Registro de imóveis – Averbação – Reserva legal encravada no bem imóvel rural – Incompatibilidade entre as descrições constantes do título e da matrícula – Princípio da especialidade – Flexibilização – Especialização suficiente para a localização do espaço territorial ambientalmente protegido – Preponderância dos princípios da segurança jurídica e da publicidade – Função socioambiental do Registro de Imóveis – Desqualificação registrária afastada – Recurso provido. A publicidade utilizada no direito ambiental é a publicidade-notícia, que tem pouca eficácia perante terceiros, não apresentando qualquer efeito sobre a eficácia do fato registrado. O legislador conferiu ao Registro de Imóveis, na grande maioria das vezes, em matéria ambiental, o reforço de uma publicidade já criada ou definida em outros meios, como a reserva legal florestal, áreas contaminadas e área de proteção e recuperação de mananciais. Muitas restrições administrativas, agora definidas como espaços territoriais especialmente protegidos, já possuem publicidade decorrente da própria lei que as constituiu, porém, para a segurança jurídica e cumprimento de obrigações decorrentes da limitação, seria aconselhável não se confiar somente na publicidade legal, mas também na publicidade imobiliária, para dar conhecimento e vincular definitivamente futuros adquirentes. O homem médio não possui o hábito de leitura de textos legislativos, ainda mais dos três entes políticos, de forma que o sistema jurídico não pode valer-se tão somente dessa publicidade ilusória e fictícia" (CGJSP – Processo CG 77.684/2012, Des. José Renato Nalini, j. 26/07/2012).

3. Construção em área de APP

"Construção em área de APP exige não só a autorização da Prefeitura bem como de licença ambiental expedida pelo órgão ambiental estadual. Sem a apresentação da licença ambiental, as construções devem ser desfeitas e a área deve ser recuperada. Construção. Área de preservação permanente. A área protegida deve ser preservada, não ocupada; a construção feita sem prévia licença ambiental deve ser demolida e a área deve ser recomposta. Insuficiência do alvará de construção concedido pelo Município, que desconhecia a existência de curso d'água no local. Responsabilidade. Município. O Município tem o dever de regulamentar e disciplinar a ocupação do solo, coibindo as ocupações irregulares e ilegais. Omissão do Município, que permitiu a construção aqui cuidada. Responsabilidade subsidiária reconhecida. Procedência. Recursos voluntários desprovidos. Recurso oficial provido em parte" (TJSP – Apelação Cível 0003734-61.2009.8.26.0642, Rel. Des. Torres de Carvalho, j. 27/03/2014).

4. Audiência e/ou manifestação de órgãos ambientais

"Registro de imóveis – pretensão de averbação de área de preservação ambiental e área de preservação permanente – necessidade de prévia análise da Cetesb – recurso desprovido. Quando se trata de averbar qualquer ato ligado à preservação do meio ambiente, não se dispensa a prévia anuência do órgão ambiental competente. Para averbação de APA, Reserva Legal e APP é necessária a manifestação da CETESB" (CGJSP – Processo CG 0003478-04.2015.8.26.0224, Des. Manoel de Queiroz Pereira Calças, j. 19/07/2016).

5. Servidão ambiental como instrumento de compensação

"Registro de imóveis – Escritura pública de transferência de imóvel rural – Necessidade de especialização da reserva legal, que há de ser aprovada e, em seguida, averbada – Liminar em ADIN suspendeu vigência e eficácia da Lei Estadual Paulista 15.684/2015, instituidora do Programa de Regularização Ambiental (PRA), inviabilizando a aprovação da reserva legal – Irrelevância – Manutenção da necessidade de observância dos requisitos essenciais para a especialização da reserva legal, bem como para respectiva averbação – Necessidade, ademais, de georreferenciar o imóvel, para que, só então, faça-se o registro da transferência – Princípio da especialidade objetiva – Itens 125.1.3 e 125.2.1 do Capítulo XX das NSCGJ – Art. 176, §§ 3º e 4º, da Lei 6.015/73 – Art. 10, IV, do Decreto 4.449/02 – Recurso desprovido. Servidão ambiental é um dos meios pelos quais o proprietário que possui imóvel com excesso de áreas ambientais (que excede os mínimos exigidos pela lei) poderá transferir ao imóvel que não possui área ambiental uma cota de seu excedente. A servidão ambiental pode ser instituída em um imóvel para compensar a inexistência ou existência de percentual inferior ao legal, de reserva legal sobre outro imóvel" (CSMSP – Apelação Cível 1015407-59.2016.8.26.0037, Des. Manoel de Queiroz Pereira Calças, j. 28/11/2017).

"A servidão ambiental dever seguir o mesmo regime jurídico da reserva legal, enquanto meio de regularização desta; assim, compete sua inscrição e regularização perante o SICAR-SP, o que está em curso. Reitero a observação de que as situações jurídicas de instituição e averbação são diversas, portanto, a exclusão da anuência prévia do órgão ambiental para instituição da reserva legal não implica na não necessidade do cadastramento no SICAR-SP, considerado o sistema legal incidente. Acrescente-se ainda, como destacado pelo Sr. Oficial, a determinação legal do 'cadastramento de outra área equivalente e excedente à Reserva Legal, em imóvel de mesma titularidade ou adquirida em imóvel de terceiro, com vegetação nativa estabelecida, em regeneração ou recomposição, desde que localizada no mesmo bioma', contida no artigo 66, p. 5º, inciso IV, do Código Florestal, implica no exame pela Autoridade Administrativa Ambiental das áreas estarem situadas no mesmo bioma. Nessa perspectiva, o item 125.1.3, do Capítulo XX, das Normas de Serviço da Corregedoria-Geral da Justiça, ao condicionar a averbação da servidão ambiental para fins de compensação de reserva legal 'a homologação ou aprovação do órgão ambiental através do Sistema Paulista de Cadastro Ambiental Rural – SICAR-SP' não padece de contradição com as previsões do Código Florestal e tampouco com Lei n. 6.938/81" (CGJSP – Processo 1000875-67.2017. 8.26.0515, Des. Geraldo Francisco Pinheiro Franco, j. 15/02/2019).

"A área da servidão deve estar especializada assim como a matrícula de origem também deve ter descrição que permita conhecer com exatidão a localização da servidão ambiental. Servidão ambiental – Necessidade de descerramento de matrículas para realização das averbações – Transcrições com descrições precárias – Notícia de ação judicial de retificação do registro imobiliário em curso – Princípio da especialidade objetiva que não pode ser relativizado no caso concreto – Pena da falta de certeza da localização dos imóveis e consequente ausência de proteção ambiental – Recurso não provido" (CGJSP – Processo 1002547-35.2017.8.26.0443, Des. Geraldo Francisco Pinheiro Franco, j. 14/09/2018).

> **Art. 167**, I (...)
> 46) do ato de tombamento definitivo, sem conteúdo financeiro; *(Incluído pela Lei nº 14.382, de 2022)*

Referências Normativas

Decreto-lei 25/1937.
Lei 6.015/1973, art. 167, II, nº 36.

Comentários

Com o espírito de tornar públicas as restrições e obrigações advindas do ato administrativo do tombamento de bens imóveis, a Lei 14.382/2022 houve por bem incluir expressamente o seu ingresso na matrícula do imóvel. A rigor, tal inclusão seria desnecessária na medida em que da vetusta legislação especial que regula a matéria (Decreto-lei 25/1937, art. 13, *caput*)[450] já era possível haurir a tipicidade do fato inscritível sem dificuldades. Nada obstante, sempre oportuna a manutenção da harmonia entre os textos legais.

O tombamento configura-se como verdadeira modalidade de intervenção estatal restritiva na propriedade privada. É que o Estado impõe restrições e condicionamentos ao uso da propriedade pelo

---

[450] Art. 13 do Decreto-lei 25/1937. O tombamento definitivo dos bens de propriedade particular será, por iniciativa do órgão competente do Serviço do Patrimônio Histórico e Artístico Nacional, transcrito para os devidos efeitos em livro a cargo dos oficiais do registro de imóveis e averbado ao lado da transcrição do domínio.

particular, sem, contudo, lhe retirar o direito. Nesses casos, diversamente do que ocorre com a desapropriação (modalidade de intervenção supressiva), embora o particular mantenha o direito de propriedade, não poderá mais exercê-lo em sua plenitude, ficando sujeito às limitações impostas pelo Estado para satisfação de necessidades coletivas.

Cuida-se de verdadeiro instrumento de tutela do patrimônio cultural segundo a Constituição Federal (art. 216, § 1º).[451] Nessa medida, descortina-se como forma de intervenção do Estado na propriedade privada que estabelece limitações ao proprietário quanto ao uso e fruição do bem, com a finalidade de preservá-lo na condição de integrante do patrimônio cultural brasileiro, por intermédio de um procedimento administrativo, no qual se reconhece essa natureza especial da *res. Tombar* significa acautelar, preservar, sem que isso implique ato de transferência da propriedade ao Estado, como ocorre na desapropriação.

Pode-se concluir a noção conceitual de tombamento – como uma das diversas formas de proteção administrativa ao patrimônio cultural (gênero), por ato do poder público que tem o efeito de submeter o bem tombado, sem transferência da propriedade, a um regime jurídico especial (diferença específica). É possível concentrar o sentido maior do termo (seu analogado principal), sem esquecer, obviamente, as noções daí derivadas (analogados secundários), do mesmo vocábulo, como (a) *procedimento administrativo* que não se realiza num único ato, mas numa sucessão de atos preparatórios, essenciais à validade do ato final, que é a inscrição no Livro Tombo; e como (b) *fato administrativo*, que se traduz na operação material de registro do bem no livro tombo.[452]

Com respeito aos órgãos e entidades responsáveis pelo tombamento, no âmbito federal foi criado o *Instituto do Patrimônio Histórico e Artístico Nacional* (IPHAN), autarquia federal, vinculada ao Ministério da Cultura, com intenção de tomar as medidas necessárias à proteção dos bens de interesse artístico, histórico e cultural. Os Estados e os Municípios devem instituir entidades autárquicas ou órgãos públicos com finalidades similares. No Estado de São Paulo, a Lei Estadual paulista 10.247/1968 organizou o *Conselho de Defesa do Patrimônio Histórico Artístico e Turístico do Estado de São Paulo* (CONDEPHAAT), estabelecido pela Constituição do Estado de São Paulo (art. 261), como órgão responsável pela pesquisa, identificação, proteção e valorização do patrimônio cultural paulista.

A intervenção decorrente do tombamento atinge o chamado caráter absoluto da propriedade, definindo-se algumas limitações ao exercício desse direito. Essas limitações, no entanto, referem-se à garantia de conservação do bem como o meio de se evitar a sua destruição ou a perda de características relevantes ao patrimônio cultural, gerando obrigações de fazer,[453] de não fazer[454] e de tolerar[455] ao proprietário do bem tombado.

---

[451] *Art. 216 da Constituição Federal.* Constituem patrimônio cultural brasileiro os bens de natureza material e imaterial, tomados individualmente ou em conjunto, portadores de referência à identidade, à ação, à memória dos diferentes grupos formadores da sociedade brasileira, nos quais se incluem: I – as formas de expressão; II – os modos de criar, fazer e viver; III – as criações científicas, artísticas e tecnológicas; IV – as obras, objetos, documentos, edificações e demais espaços destinados às manifestações artístico-culturais; V – os conjuntos urbanos e sítios de valor histórico, paisagístico, artístico, arqueológico, paleontológico, ecológico e científico. § 1º O Poder Público, com a colaboração da comunidade, promoverá e protegerá o patrimônio cultural brasileiro, por meio de inventários, registros, vigilância, tombamento e desapropriação, e de outras formas de acautelamento e preservação.

[452] De acordo com sua lei de regência – qual o Decreto-lei 25/17 – *tombar* significa inscrever no "Livro do Tombo", que em verdade são de quatro espécies: (i) Livro do Tombo Arqueológico, Etnográfico, Paisagístico; (ii) Livro do Tombo Histórico; (iii) Livro do Tombo das Belas Artes; e (iv) Livro do Tombo das Artes Aplicadas.

[453] Entre as obrigações de fazer, encontram-se: (i) a necessidade de oferecer o bem às entidades federativas (direito de preferência) – atualmente apenas no caso de alienação forçada (CPC, art. 889, VIII); (ii) dever de conservação, consistente na manutenção do bem na forma como se encontra; (iii) caso não tenha condições financeiras para fazê-lo deverá informar o poder público (assim, o dever passa a ser de informar), nos termos do art. 19 do Decreto-lei 28/1937; (iv) dever de comunicação no caso de extravio ou furto, aplicado por evidência aos bens móveis.

[454] Entre as obrigações de não fazer, encontram-se: (i) impossibilidade de retirada do país, exceto por curto período de tempo, para fins de intercâmbio cultural, mediante autorização do órgão competente do IPHAN (aplicado aos bens móveis); (ii) dever de não destruição: o proprietário não pode modificar, proceder alterações no bem, nem destruir, mutilar ou demolir o bem tombado. Qualquer reforma a ser realizada na propriedade depende de autorização do Estado, sob pena de multa no valor de 50% do dano causado.

[455] Obrigação de tolerar é a aquela do proprietário tolerar a fiscalização do bem pelo Poder Público, nos termos do art. 20 do Decreto-lei 25/1937.

A partir dessas considerações vestibulares, é de fácil intelecção que o tombamento exprime a dimensão *sócio-axiológica* dos bens e lhes imprime caráter jurídico-ambulatorial especial: de um lado, exprime (declara) a carga espiritual de vida histórico-cultural que a comunidade vincula a determinados bens; de outro, em tutela desses valores, imprime (constitui) regime jurídico próprio, que adere aos bens tombados, acompanhando-os independentemente de sua titularidade. Destarte, à luz dessas *expressão-espiritual* e *impressão-real*, já se pode antever a relevante significação que o tombamento encerra em sua vinculação ao registro predial, quando repousar em bens imóveis. Em outras palavras, o acesso do tombamento ao fólio real harmoniza-se com o *princípio da concentração na matrícula*, que, *ad cautelam*, deve ser fomentado. Nem todo fato jurídico deve aceder ao fólio, apenas aqueles que efetivam repercutem na esfera dominial do titular. E o tombamento é um caso emblemático de que isso ocorre.

Não se pode perder de vista que a inscrição registral na hipótese é meramente publicitária, não constitutiva, e o tombamento não é um direito real, mas implica regime jurídico restritivo ao imóvel em prol do interesse público (*in casu*, concretizado no patrimônio histórico e artístico nacional). Segundo *José de Oliveira Ascensão*, no caso da publicidade ambiental e urbanística, se está diante da *publicidade enunciativa*, que é aquela decorrente de inscrição que nada acresce à situação substantiva, esgotando-se na função genérica de mera notícia do fato a que se reporte.[456]

Passa-se ao exame da *morfologia registral* para o tombamento expectada pela Lei 14.382/2022.

O tombamento definitivo será registrado no livro do tombo e, em caso de bens imóveis, ainda deverá ser procedido ao registro no Cartório de Registro de Imóveis. Sendo assim, nesses casos, o tombamento se sujeita a *duplo registro*.

Como já mencionado alhures, a tipicidade do fato inscritível sempre foi extraída do art. 13 do Decreto-Lei 25/1937. A Lei 6.015/1973, na sua redação original, não contemplou o tombamento como ato passível de registro. Mas o silêncio da lei registral não derrogou a lei especial que, desde sua entrada em vigor, autoriza o acesso ao fólio real do tombamento de bens imóveis.

Releva anotar que somente em 2021, com a MP 1.085, agora convolada na Lei 14.382/2022, a restrição urbanística ao direito de propriedade passou a integrar o texto da Lei Registral, como ato de registro em sentido estrito (art. 167, I, nº 46 – registro do tombamento definitivo – sem conteúdo financeiro); e averbação (art. 167, II, nº 36 – do processo de tombamento de bens imóveis e de seu eventual cancelamento – sem conteúdo financeiro). Há, portanto, dupla inscrição predial.

No tocante à averbação do processo de tombamento, a *ratio legis* está em tornar pública a existência de processo administrativo em curso tendente à concretização de imposição restritiva sobre determinado imóvel. Ainda que o processo de tombamento goze de publicidade *ope legis*, a notícia de seu andamento no álbum imobiliário é salutar ao noticiar à comunidade a tramitação administrativa do tombamento como relevante informação para aqueles que irão contratar sobre o imóvel. Reduz-se, assim, o que em linguagem econômica se denomina *assimetria informacional*.

Para melhor acomodar as *fattispecies* em testilha, oportuno recordar que no Estado de São Paulo, a Corregedoria-Geral da Justiça, fazendo jus ao seu vanguardismo no extrajudicial, no início da década de 1980, mais precisamente em 29/02/1984, estabeleceu por provimento normativo (Prov. 07/1984) o ingresso do tombamento no Registro de Imóveis por meio de dupla inscrição, ou seja, faz-se o assentamento no Livro 03 – Registro Auxiliar,[457] além da averbação junto à matrícula do imóvel (Livro 02 – Registro Geral).[458] É essa a sistemática registral mais adequada, ou seja, registro do título no Livro 3 – Registro Auxiliar e averbação na matrícula do imóvel tombado.[459]

---

456 ASCENSÃO, José de Oliveira. *Direito civil:* reais. 4. ed. Coimbra: Coimbra Editora, 1983. p. 345.

457 Deve-se destacar que no Registro Auxiliar (Livro 03) as NSCGJ-SP estabelecem a obrigatoriedade de que seja feito registro integral do título, por meio de sua transcrição completa, *verbum ad verbum* (item 84, Cap. XX). Trata-se em verdade de exceção à sistemática geral que permite ao Oficial o registro por extrato (ou resumo) nos Livros 02 e 03.

458 CGJSP – Processo 68.426/1983, Parecer do Juiz Assessor José Roberto Bedran, j. 29/02/1984.

459 *Item 84, Cap. XX, das NSCGJ-SP.* Os atos de tombamento definitivo de bens imóveis, requeridos pelo órgão competente, federal, estadual ou municipal, do serviço de proteção ao patrimônio histórico e artístico, serão registrados, em seu inteiro teor, no Livro 3, além de averbada a circunstância à margem das transcrições ou nas matrículas respectivas, sempre com as devidas remissões.

Por derradeiro, convém tecer algumas breves linhas sobre a rogação para o registro e a cobrança emolumentar. O registro e a averbação são, em linha de princípio, praticados por iniciativa do órgão competente, federal, estadual ou municipal, e com base em atos administrativos deles emanados, ou seja, no âmbito federal, do IPHAN, com homologação do Ministério da Educação e Cultura (Lei 6.292/1975); na esfera estadual, do CONDEPHAAT, mediante certidão de Resolução do Secretário da Cultura (Dec. Estadual 13.426/1979, art. 139) e, finalmente, no âmbito municipal, em conformidade com o que assim determinar a legislação local.

Embora a iniciativa seja atribuída pela lei especial ao órgão competente do Serviço do Patrimônio Histórico Artístico e Nacional, é razoável admitir que a rogação registral seja realizada por qualquer interessado à vista do interesse público subjacente à inscrição predial.

O art. 13, § 1º, do Decreto-lei 25/1937 traz a obrigação de o adquirente, dentro do prazo de 30 dias, sob pena de multa de 10% sobre o respectivo valor, "fazê-la constar do registro, ainda que se trate de transmissão judicial ou causa mortis". Certamente, a referida obrigação perdeu no sistema atual do fólio real a razão de ser, eis que, uma vez averbado matrícula, lá estará publicizado até seu efetivo cancelamento. Ocorre que a obrigação imposta fazia sentido apenas na anterior sistemática registral do Decreto 4.857/1939, das transcrições das transmissões, pautado no critério cronológico-pessoal, de modo que para cada transmissão imobiliária inaugurava-se nova matriz registrária, razão pela qual, à vista da natureza do ônus, era de rigor repetir sua averbação na nova transcrição.

Indiscutível, outrossim, que, se requeridos por entidade da União ou do Estado, sobre tais atos descaberá a incidência de custas e emolumentos (Decreto-lei 1.537/1977 e Lei Estadual 11.331/2002, art. 8º, parágrafo único). Se a rogação for do município, a isenção será apenas das custas, devidos os emolumentos do Oficial (Lei Estadual 11.331/2002, art. 8º, *caput*). Em arremate, certifique-se que, com o propósito de desonerar os entes públicos, a Lei 14.382/2022, que incluiu os atos registrais do tombamento na Lei de Registros Públicos, refere-se textualmente que a cobrança deve ser sempre como atos – tanto registro como averbação – sem conteúdo econômico.

Jurisprudência

1. Abrangência do regime jurídico-protetivo tombamento

"Processual civil. Administrativo. Agravo em recurso especial. Tombamento. Entorno. Zona de proteção. Ambiência e visibilidade. Polígono expressamente excluído pelo IPHAN. Armazéns do Recife antigo (PE). Monumentos dos bairros de São José e de Santo Antônio. Os bens tombados são objeto de proteção inclusive quanto à ambiência e visibilidade em seu entorno. Na hipótese dos autos, o IPHAN expressamente concluiu que o polígono de vizinhança dos bens tombados não contempla a área objeto do feito, de modo que a reversão da conclusão da origem é obstada pela conclusão consolidada na Súmula n. 7/STJ" (STJ – AREsp 2.051.476/PE, Rel. Min. Og Fernandes, 2ª Turma, j. 16/08/2022).

"Imóvel que se pretende usucapir inserido dentro de área de tombamento do Parque Estadual da Serra do Mar –Bem público insuscetível de ser usucapido – Ausência de oposição da Municipalidade que não impede o reconhecimento do impedimento, matéria de ordem pública – Imprescritibilidade imposta pelo ordenamento legal (art. 102 do CC. arts. 183, § 3º e 191, par. único, da CF) – Súmula 340 do STF – Limitação administrativa que impede o acolhimento da pretensão, independentemente dos requisitos previstos nos arts. 941 e ss. do CPC" (TJSP – Apelação Cível 0001609-62.2007.8.26.0587, 6ª Câmara de Direito Privado, j. 17/11/2011).

2. Tombamento provisório e tombamento definitivo

"Proteção ao patrimônio histórico e cultural. Atribuições do IEPHA. Usurpação de competência. Não caracterização. Tombamento provisório. A despeito de a Lei federal n. 10.257/1001 (Estatuto da Cidade) prever o tombamento no art. 4º, V, 'd', como um dos instrumentos da política urbana, reforçando a competência do Município para dispor e gerir o solo, mediante plano diretor (art. 4º, III, *a*), a sua autonomia deve observar a legislação e a ação fiscalizadora federal e estadual, sobretudo as regras de competência estabelecidas nos arts. 23, III, 24, VII, e 30, I, II e IX, da CF/88. O IEPHA não detém competência para legislar sobre o solo urbano, sendo o referido ente, contudo, responsável pela deliberação das diretrizes políticas e outras medidas correlatas à defesa e preservação do patrimônio cultural do Estado de Minas Gerais, como decidir sobre tombamentos e registros de bens, razão pela qual a tese de usurpação de competência do município não prospera. O tombamento provisório e os efeitos dele decorrentes somente se iniciam com a notificação do proprietário, que poderá anuir à inscrição da coisa ou oferecer impugnação, equiparando-se ao definitivo, que se dá com o registro no Livro do Tombo e a homologação, o que torna o ato definitivamente eficaz, salvo recurso provido (*ex vi* dos arts. 9º e 10 do Decreto-Lei n. 25/1937, c/c o Decreto n. 3.866/1941). Segundo a jurisprudência desta Corte de Justiça, a fase provisória do tombamento constitui, na realidade, ato de natureza declaratória e ostenta caráter preventivo, consistindo em uma antecipação dos efeitos impostos à coisa, a fim de garantir a imediata preservação do patrimônio histórico e artístico. Concluído o processo de tombamento definitivo, a nulidade do ato administrativo exige a demonstração da existência de vício insanável no decorrer do procedimento que afete a higidez do tombo ou a própria validade da conclusão do Conselho de Defesa do Patrimônio, situação inocorrente na espécie. Hipótese em que o objeto do tombamento não envolve um bem, em particular, mas todo um conjunto arquitetônico e urbanístico, assim se entendendo aquele perímetro urbano do Centro Histórico da Cidade Oliveira/MG, cuja identificação se fez presente no Processo do IEPHA/CONEP 001/2012, sendo, por conseguinte, desnecessária a notificação pessoal e individualizada de todos os proprietários de imóveis da região protegida, bastando a publicação por edital, o que ocorreu no decorrer do procedimento. Considerando que eventuais vícios no tombamento provisório não contaminam, automaticamente, o tombamento definitivo, a ausência de quórum mínimo para instauração do Conselho, por si só, não tem o condão de invalidar todo o processo administrativo, sobretudo se não houve a demonstração do efetivo prejuízo causado aos proprietários do imóvel. As irregularidades apontadas na decisão do tombamento definito não se mostram evidentes, demandando inevitável dilação probatória, procedimento vedado na via do mandado de segurança" (STJ – RMS 55.090/MG, Rel. Min. Gurgel de Faria, 1ª Turma, j. 21/11/2019).

"Tombamento. Afetação do bem ao patrimônio histórico e cultural. Provisório. Medida acautelatória. Precária. Definitivo. Conclusão do procedimento administrativo. Inscrição no livro do tombo. O tombamento tem por efeito (i) acarretar a afetação do bem ao patrimônio histórico, artístico e natural, com a consequente declaração de um conjunto de ônus de interesse público; (ii) instituir obrigações concretas para o proprietário e para o Estado e (iii) abrir para a Administração Pública e para a coletividade – depositárias do bem – a possibilidade de exigirem o cumprimento desses deveres, incluindo a restauração do status quo ante, sobre regime de responsabilidade objetiva Precedentes. O tombamento provisório consubstancia medida precária e acautelatória de preservação do bem até a conclusão dos pareces técnicos e da inscrição deste no livro de tombo. Concluído o processo de tombamento definitivo, não restará dúvida quanto à legalidade dos aspectos formais e quanto à identificação e classificação do bem, segundo suas características de conformidade com a legislação de proteção cultural. Após o tombamento definitivo, não há que se falar em interesse de anular ou invalidar acordo sobre questões referentes ao tombamento provisório" (STJ – REsp 1.584.614/CE, Rel. Min. Regina Helena Costa, 1ª Turma, j. 25/10/2018).

3. Tombamento e atos registrais no Ofício Predial

"Registro de Imóveis – Tombamento provisório – Restrições próprias de bens imóveis integrantes do patrimônio cultural, decorrentes de outras formas de preservação e acautelamento, expressas em ato administrativo ou legislativo ou em decisão judicial – Restrições próprias de imóveis situados no entorno dos bens tombados ou reconhecidos como integrantes do patrimônio cultural – Averbações enunciativas ou de mera notícia – Admissibilidade – Medidas de preservação do patrimônio cultural que implicam restrições, em maior ou menor grau, ao uso, gozo e à alienabilidade dos bens atingidos, a justificar o reforço da publicidade, pela via registral, para conhecimento da população em geral e de futuros adquirentes – Alteração das Normas de Serviço da Corregedoria-Geral da Justiça. É certo que a concentração de informações urbanístico-ambientais nas matrículas imobiliárias não é novidade e até pode ser situada como elemento consequente natural do sistema alemão de organização interna dos registros, que se diz marcado pelo 'principio da folha ou da centralização local' (Soriano Neto, *Publicidade material do registro immobiliario*. Recife: 1940, § 27, p. 62). Aliás, transcrevendo as lições de Philipp Heck Grundriss des Sachenrechts, §36, p. 143), Soriano Neto registra que a folha real não serve só ao 'fim cartographico', mas também atua como 'princípio de centralização local': 'Assim como, na realidade, todos os direitos que tocam a um immovel, se referem ao mesmo local da superfície terrestre, devem, também, as inscrições no registro immobiliario, que se referem ao mesmo immovel, estar juntas no mesmo logar' (ob. cit., p. 62) Todavia, na medida em que, atualmente, crescem, de modo considerável, as restrições administrativas ou limitações públicas à propriedade imobiliária privada, automaticamente desponta-se a necessidade de integrá-las ao registro imobiliário, no esforço de agregar maior segurança jurídica (especialmente aos adquirentes dos prédios), à luz do apontado princípio de centralização local ou de concentração no fólio real, hoje lembrado com maior ênfase. (...) Publicidade enunciativa é aquela decorrente de inscrição que nada acresce à situação substantiva, 'esgotando-se a sua função na genérica mera notícia do facto a que se reporte' (José de Oliveira Ascensão, *Direito Civil – Reais*, 5ª edição, Ed. Coimbra, Coimbra, 1993, p. 358). Em suma, os atos de tombamento definitivo de bens imóveis, requeridos pelo órgão competente, federal, estadual ou municipal, do serviço de proteção ao patrimônio histórico e artístico, serão registrados, em seu inteiro teor, no Livro 3, além de averbada a circunstância à margem das transcrições ou nas matrículas respectivas, sempre com as devidas remissões. Além disso, poderão ser averbados à margem das transcrições ou nas matrículas: a) o tombamento provisório de bens imóveis; b) as restrições próprias dos imóveis reconhecidos como integrantes do patrimônio cultural, por forma diversa do tombamento, mediante ato administrativo ou legislativo ou decisão judicial; c) as restrições próprias dos imóveis situados na vizinhança dos bens tombados ou reconhecidos como integrantes do patrimônio cultural. O registro e as averbações referidos serão efetuados mediante apresentação de certidão do correspondente ato administrativo ou legislativo ou de mandado judicial, conforme o caso, com as seguintes e mínimas referências: a) à localização do imóvel e sua descrição, admitindo-se esta por remissão ao número da matrícula ou transcrição; b) às restrições a que o bem imóvel está sujeito; c) quando certidão de ato administrativo ou legislativo, à indicação precisa do órgão emissor e da lei que lhe dá suporte, bem como à natureza do ato, se tombamento (provisório ou definitivo) ou forma diversa de preservação e acautelamento de bem imóvel reconhecido como integrante do patrimônio cultural (especificando-a); d) quando mandado judicial, à indicação precisa do Juízo e do processo judicial correspondente, à natureza do provimento jurisdicional (sentença ou decisão cautelar ou antecipatória) e seu caráter definitivo ou provisório, bem como à especificação da ordem do juiz do processo em relação ao ato de averbação a ser efetivado; e) na hipótese de tombamento administrativo, provisório ou definitivo, à notificação efetivada dos proprietários" (CGJSP – Processo 1.029/2006, Des. Gilberto Passos de Freitas, j. 23/07/2007).

> **Art. 167**, I (...)
> 47) do patrimônio rural em afetação em garantia; *(Incluído pela Lei nº 14.421, de 2022)*

 Referências Normativas

Decreto-lei 167/1967.
Lei 10.406/2002 (Código Civil), arts. 1.431 e seguintes.

 Comentários

A Lei 13.986/2020, em seus arts. 7º a 16, criou e regulamentou o denominado *patrimônio rural em afetação*.
A afetação patrimonial de imóvel rural é instituto jurídico que em muito se aproxima à natureza jurídica da alienação fiduciária em garantia da Lei 9.514/1997.
Pela *teoria da afetação*, promove-se verdadeira segregação patrimonial ou qualificação de determinado acervo patrimonial por meio da imposição de encargos que vinculam os bens englobados a uma finalidade específica. De acordo com essa teoria, admite-se a existência de múltiplas massas patrimoniais sob titularidade de um mesmo sujeito, constituídas com o fim de proteger um bem socialmente relevante ou viabilizar a exploração de determinada atividade econômica.[460] Cuida-se, pois, da consagração de um patrimônio mediante sua estrita vinculação à finalidade específica.

---

[460] CHALHUB, Melhim Namem. *Da incorporação imobiliária*. Rio de Janeiro: Renovar, 2003. p. 79.

Nessa lápide, afetação significa "prender ou ligar um patrimônio a um empreendimento, a uma obrigação, a um compromisso, não se liberando enquanto perdura a relação criada entre aquele que se obriga e os credores da obrigação".[461] Desse modo, não se retira o bem do patrimônio do titular, mas apenas o mantém consagrado, de modo que não se comunique com o restante do seu patrimônio.

Equivale dizer, não há uma quebra na titularidade da propriedade, que permanece em nome daquele em cujo nome está registrada. Isso porque na afetação não há a saída daquela parcela de bens e direitos do patrimônio geral, mas apenas a sua indisponibilidade, tornando nula eventual alienação e assegurando ao beneficiário o direito de sequela, em caso de transferência total ou parcial do bem para patrimônio alheio.

Em síntese, o patrimônio de afetação deve ser compreendido como um regime especial de propriedade, sendo considerado uma garantia em favor dos credores. Sob esse viés, assume natureza jurídica de verdadeira *garantia real*.[462]

Noutro giro, escorando-se na noção jurídica de patrimônio, tem-se que o patrimônio de afetação constitui verdadeira universalidade de direitos e obrigações, vinculada ao cumprimento de uma finalidade específica, para a qual reveste-se de autonomia funcional. É, assim, uma massa de bens que constitui, no bojo de um patrimônio geral, uma universalidade de direito, dotada de autonomia funcional.[463]

De qualquer sorte, diagnostica-se traço característico do patrimônio de afetação – o que permite que cumpra suas finalidades social e econômica: a *incomunicabilidade*. Por meio dela, os bens afetados ficam a salvo dos eventuais efeitos negativos de negócios estranhos ao objeto da afetação.

Para os fins colimados pela Lei 13.986/2020, o proprietário, pessoa natural ou jurídica, poderá submeter seu imóvel rural ou fração dele ao regime de afetação.

Nesse regime jurídico, o terreno, as acessões e as benfeitorias nele fixadas, exceto as lavouras, os bens móveis e os semoventes, constituirão patrimônio rural em afetação, destinado a prestar garantias por meio da emissão de *Cédula de Produto Rural (CPR)*, de que trata a Lei 8.929/1994, ou em operações financeiras contratadas pelo proprietário por meio de *Cédula Imobiliária Rural (CIR)*, criada e regulamentada pela Lei 13.986/2020 (arts. 17 a 29).[464]

A Lei de regência, no entanto, veda expressamente a constituição de patrimônio rural em afetação incidente sobre:

> *(i)* o imóvel já gravado por hipoteca, por alienação fiduciária de coisa imóvel ou por outro ônus real, ou, ainda, que tenha registrada ou averbada em sua matrícula qualquer uma das informações de que trata o art. 54 da Lei 13.097/2015;
>
> *(ii)* o a pequena propriedade rural de que trata a alínea *a* do inciso II do *caput* do art. 4º da Lei 8.629/1993;
>
> *(iii)* a área de tamanho inferior ao módulo rural ou à fração mínima de parcelamento, o que for menor, nos termos do art. 8º da Lei 5.868/1972; ou
>
> *(iv)* o bem de família (convencional) de que trata o Código Civil, exceto na situação prevista no § 2º do art. 4º da Lei 8.009/1990.[465]

A constituição do patrimônio rural em afetação dá-se por meio do indispensável ato de registro (*em sentido estrito*) na matrícula do imóvel do Ofício Predial competente (art. 9º da Lei

---

461 RIZZARDO, Arnaldo. *Condomínio edilício e incorporação imobiliária*. 5. ed. Rio de Janeiro: Forense, 2017. p. 360.

462 SANTOS, Flauzilino Araújo dos. *Condomínios e incorporações no registro de imóveis: teoria e prática*. São Paulo: Mirante, 2012. p. 274.

463 CHALHUB, Melhim Namem. *Da incorporação imobiliária*. Rio de Janeiro: Renovar, 2003. p. 83-84.

464 A *Cédula Imobiliária Rural (CIR)*, título de crédito nominativo, transferível e de livre negociação, representativa de: (I) promessa de pagamento em dinheiro, decorrente de operação de crédito de qualquer modalidade; e (II) obrigação de entregar, em favor do credor, bem imóvel rural, ou fração deste, vinculado ao patrimônio rural em afetação, e que seja garantia da operação mencionada no item I, nas hipóteses em que não houver o pagamento da operação até a data do vencimento. Nos termos do art. 18 da Lei 13.986/2020, fica legitimado para emitir a CIR o proprietário de imóvel rural, pessoa natural ou jurídica, que houver constituído patrimônio rural em afetação.

465 *Art. 4º, § 2º, da Lei 8.009/1990:* "Quando a residência familiar constituir-se em imóvel rural, a impenhorabilidade restringir-se-á à sede de moradia, com os respectivos bens móveis, e, nos casos do art. 5º, inciso XXVI, da Constituição, à área limitada como pequena propriedade rural".

13.986/2020).[466] O registro, como cediço, é *modo* de constituição de direitos reais imobiliários; no entanto, para que se ultime, é indispensável a exigência de um *título* que sirva de suporte à constituição do direito real.

Com efeito, não tendo a Lei 13.986/2020 regulamentado o título que será o instrumento hábil à constituição do patrimônio rural em afetação, é indispensável que o interessado observe a regra do art. 108 do Código Civil a exigir a escritura pública como o revestimento indispensável para o ato, se se tratar de imóvel cujo valor supere 30 (trinta) salários mínimos.[467]

Inadmissível conceber a constituição de especialíssima situação jurídico-real sobre bem imóvel por simples requerimento do proprietário. A sistemática adotada pelo direito privado pressupõe a existência de um *título*. Trata-se de formalidade que é *conditio sine qua non* ao registro imobiliário, sobretudo, tal como na espécie, em que se verifica no ato registrário verdadeira transmutação no caráter jurídico da propriedade imobiliária: a qual a consagração do imóvel ou parte dele à finalidade específica de servir como garantia real a obrigações que serão oportunamente contratadas.

Some-se a isso que, a teor das disposições da Lei 13.986/2020, a constituição do patrimônio rural em afetação apresenta-se como verdadeiro *procedimento* que deverá ser instruído com complexa documentação. Nesse mister, sempre são oportunas a assessoria e a cautelaridade jurídicas inatas à atuação do Tabelião de Notas. Certamente, é esse o profissional do direito que dispõe dos melhores atributos para formalizar a vontade do proprietário tabular em promover a afetação patrimonial, orientando-o acerca das providências indispensáveis a serem tomadas para instruir documentalmente o procedimento de constituição do *patrimônio rural em afetação* perante o Ofício de Registro de Imóveis.

Estabelecido o título hábil a ingressar no fólio real, o Oficial de Registro de Imóveis protocolará e autuará a solicitação de registro do patrimônio rural em afetação e os documentos a ela vinculados, na forma estabelecida pela Lei 13.986/2020.

A solicitação de registro do patrimônio rural em afetação será instruída com:

i) a comprovação da inscrição do imóvel no *Cadastro Nacional de Imóveis Rurais (CNIR)*, do domínio do requerente e da inexistência de ônus de qualquer espécie sobre o patrimônio do requerente e o imóvel rural;

ii) a comprovação da inscrição do imóvel no *Cadastro Ambiental Rural (CAR)*, nos termos da Lei 12.651/2012;

iii) a comprovação da regularidade fiscal, trabalhista e previdenciária do requerente;[468]

iv) a comprovação da certificação, perante o *Sistema de Gestão Fundiária (SIGEF)* do *Instituto Nacional de Colonização e Reforma Agrária (INCRA)*, do georreferenciamento do imóvel do qual a totalidade ou a fração está sendo constituída como patrimônio rural em afetação;

v) a prova de atos que modifiquem ou limitem a propriedade do imóvel;

vi) o memorial de que constem os nomes dos ocupantes e confrontantes com a indicação das respectivas residências;

vii) a planta do imóvel, obtida a partir de memorial descritivo assinado por profissional habilitado e com a *Anotação de Responsabilidade Técnica*, que deverá conter as coordenadas dos vértices definidores dos limites dos imóveis rurais, georreferenciadas ao *Sistema Geodésico Brasileiro* e com precisão posicional adotada pelo INCRA para a certificação do imóvel perante o SIGEF/INCRA; e

viii) as coordenadas dos vértices definidores dos limites do patrimônio afetado, georreferenciadas ao Sistema Geodésico Brasileiro e com precisão posicional adotada pelo Incra para certificação do imóvel perante o SIGEF/INCRA.

---

[466] *Art. 9º da Lei 13.986/2020*: "O patrimônio rural em afetação é constituído por requerimento do proprietário, por meio de registro na matrícula do imóvel."

[467] *Art. 108 do Código Civil*: "Não dispondo a lei em contrário, a escritura pública é essencial à validade dos negócios jurídicos que visem à constituição, transferência, modificação ou renúncia de direitos reais sobre imóveis de valor superior a trinta vezes o maior salário mínimo vigente no País".

[468] Compreendem as certidões negativas de débitos fiscais perante as Fazendas Públicas, bem como de distribuição forense e de protestos do proprietário do imóvel, tanto no local de seu domicílio quanto no local do imóvel (art. 12, § 1º, da Lei 13.986/2020).

Relevante considerar que no caso de constituição de patrimônio rural em afetação sobre parte do imóvel rural, a fração não afetada deverá atender a todas as obrigações ambientais previstas em lei.

Sobre o procedimento registral, oportuno mencionar que *ex vi*, do art. 13 da Lei 13.986/2020, o Oficial de Registro de Imóveis, caso considere a solicitação de constituição de patrimônio rural em afetação de imóvel rural ou a instrução dos documentos anteriormente referidos em desacordo com o disposto na legislação, concederá o prazo de 30 (trinta) dias, contado da data da decisão, para que o interessado faça as correções necessárias, sob pena de indeferimento da solicitação.[469]

Não se conformando com as exigências feitas pelo Registrador Imobiliário, poderá o interessado requerer a suscitação de dúvida, nos termos do art. 198 da Lei 6.015/1973.

Devidamente constituído o patrimônio de afetação sobre o imóvel rural, como efeito jurídico imediato, tem-se sua *incomunicabilidade*. Vale dizer, os bens e os direitos integrantes do patrimônio rural em afetação não se comunicam com os demais bens, direitos e obrigações do patrimônio geral do proprietário ou de outros patrimônios rurais em afetação por ele constituídos, desde que vinculado o patrimônio rural em afetação a CIR ou a CPR e na medida das garantias expressas nessas cédulas a ele vinculadas.

Desse modo, nenhuma garantia real, exceto por emissão da CIR ou da CPR, poderá ser constituída sobre o patrimônio rural em afetação. Por isso, *ope legis*, o imóvel rural, enquanto estiver sujeito ao regime de afetação, ainda que de modo parcial, não poderá ser objeto de compra e venda, doação, parcelamento ou qualquer outro ato translativo de propriedade por iniciativa do proprietário.

De mais a mais, o patrimônio rural em afetação, ou parte dele, na medida da garantia vinculada à CIR ou à CPR, não poderá ser utilizado para realizar ou garantir o cumprimento de qualquer outra obrigação assumida pelo proprietário estranha àquela a qual esteja vinculada; e é impenhorável, não sendo passível de constrição judicial.

Também como efeito imediato dessa consagração, o patrimônio rural em afetação ou a fração desse vinculada à CIR ou à CPR, incluídos o terreno, as acessões e as benfeitorias fixadas no terreno, exceto as lavouras, os bens móveis e os semoventes não são atingidos pelos efeitos da decretação de falência, insolvência civil ou recuperação judicial do proprietário de imóvel rural; e não integram a massa concursal. Ressalve-se, porém, que o art. 10, § 5º, da Lei 13.986/2020 exclui da blindagem patrimonial referida às obrigações trabalhistas, previdenciárias e fiscais do proprietário rural.

Com efeito, na vigência do patrimônio rural em afetação, será dever do proprietário promover os atos necessários à administração e à preservação do patrimônio rural em afetação, inclusive por meio da adoção de medidas judiciais; e manter-se adimplente com as obrigações tributárias e os encargos fiscais, previdenciários e trabalhistas de sua responsabilidade, incluída a remuneração dos trabalhadores rurais.

Assim como sua constituição somente se opera mediante ato registral (*registro em sentido estrito*) na matrícula do imóvel, o cancelamento da afetação do imóvel rural, ou de sua fração, concretiza-se mediante seu averbamento (*averbação negativa*) no Cartório de Registro de Imóveis competente.

O pedido de cancelamento será instruído com requerimento do proprietário, que deverá comprovar a não existência da CIR e da CPR sobre o patrimônio a ser desafetado. Tal comprovação deve ser realizada por meio de certidão emitida por entidade mencionada no art. 19 da Lei 13.986/2020,[470] no caso da CIR, ou por meio de certidão emitida pelo Cartório de Registro de Imóveis competente, no caso da CPR.

Certifique-se de que, sobre o imóvel rural ou sua fração, para o qual haja requerimento de cancelamento do patrimônio rural em afetação, não poderá ser emitida CIR ou CPR até a conclusão do pedido.

A Cédula Imobiliária Rural, ou simplesmente CIR, está regulamentada nos arts. 17 e seguintes da Lei 13.986/2020.

Trata-se de título de crédito nominativo, transferível e de livre negociação, representativa de promessa de pagamento em dinheiro, decorrente de operação de crédito de qualquer modalidade, e de obrigação de entregar, em favor do credor, bem imóvel rural, ou fração desse, vinculado ao patrimônio rural

---

[469] *Art. 13, parágrafo único, da Lei 13.986/2020:* "O interessado poderá solicitar a reconsideração da decisão do oficial de registro de imóveis".

[470] Trata-se de entidade autorizada pelo Banco Central do Brasil a exercer a atividade de registro ou depósito centralizado de ativos financeiros e de valores mobiliários, nos termos da Lei 12.810/2013.

Art. 167 | LEI DE REGISTROS PÚBLICOS COMENTADA

em afetação, e que seja garantia da referida operação, nas hipóteses em que não houver o pagamento da operação até a data do vencimento.

Por expressa previsão legal (art. 29 da Lei 13.986/2020) aplicam-se à CIR, no que couber, as normas de direito cambial, com as seguintes modificações: *(a)* os endossos deverão ser completos; e *(b)* os endossantes responderão somente pela existência da obrigação.

Notadamente, a CIR é título executivo extrajudicial e representa dívida em dinheiro, certa, líquida e exigível, correspondente ao valor nele indicado ou ao saldo devedor da operação de crédito que representa.

Como título de crédito que é, poderá receber aval, que constará do registro ou do depósito de que trata o *caput* do art. 19 da Lei 13.986/2020 ou da cártula. Sob esse enfoque, aliás, é certo que o art. 21, § 2º, da Lei 13.986/2020 dispensa expressamente o protesto da CIR para assegurar o direito de regresso contra endossantes e avalistas.

Conforme já se referiu, está legitimado a emitir a CIR o proprietário de imóvel rural, pessoa natural ou jurídica, que houver constituído patrimônio rural em afetação na forma prevista nos arts. 7º e seguintes da Lei 13.986/2020.

A CIR será garantida por parte ou por todo o patrimônio rural em afetação, podendo ser emitida sob a forma escritural, mediante lançamento em sistema de escrituração autorizado a funcionar pelo Banco Central do Brasil.[471]

Nesse contexto, a CIR será levada a registro ou a depósito em entidade autorizada pelo Banco Central do Brasil a exercer a atividade de registro ou depósito centralizado de ativos financeiros e de valores mobiliários nos termos da Lei 12.810/2013, no prazo de 5 (cinco) dias úteis, contado da data de sua emissão. Digno de nota que o registro ou o depósito realizado no aludido prazo é condição necessária para que a CIR tenha eficácia executiva sobre o patrimônio rural em afetação a ela vinculado.

Anote-se, ainda, que no período em que a CIR estiver depositada, o histórico dos negócios ocorridos não será transcrito no verso dos títulos e será anotado nos registros do sistema.

Como *sói acontecer*, a CIR poderá ser garantida por terceiros, inclusive por instituição financeira ou por seguradora.

Para sua escorreita emissão, a CIR deverá conter os seguintes requisitos lançados em seu contexto:

(i) a denominação "Cédula Imobiliária Rural";

(ii) a assinatura do emitente;

(iii) o nome do credor, permitida a cláusula à ordem;

(iv) a data e o local da emissão;

(v) a promessa do emitente de pagar o valor da CIR em dinheiro, certo, líquido e exigível no seu vencimento;

(vi) a data e o local do pagamento da dívida e, na hipótese de pagamento parcelado, as datas e os valores de cada prestação;

(vii) a data de vencimento;

(viii) a identificação do patrimônio rural em afetação, ou de sua parte, correspondente à garantia oferecida na CIR; e

(ix) a autorização irretratável para que o Oficial de Registro de Imóveis processe, em favor do credor, o registro de transmissão da propriedade do imóvel rural, ou da fração, constituinte do patrimônio rural em afetação vinculado à CIR, de acordo com o disposto no art. 28 da Lei 13.986/2020.

Quanto aos caracteres necessários à identificação do patrimônio rural em afetação, é indispensável fazer constar os números de registro e de matrícula do imóvel no Cartório de Registro de Imóveis competente e as coordenadas dos vértices definidores dos limites da área vinculada à CIR, georreferenciadas ao Sistema Geodésico Brasileiro, observadas as vedações de que trata o art. 8º da Lei 13.986/2020 e respeitadas as exigências estabelecidas pela legislação ambiental.

---

[471] A CIR cartular será escritural enquanto permanecer depositada.

É imprescindível que o patrimônio rural em afetação ou sua parte vinculada a cada CIR observe o disposto na legislação ambiental, não se admitindo em qualquer hipótese que incida sobre área inferior ao módulo rural ou à fração mínima de parcelamento estabelecida pelo INCRA para cada região.

Interessante considerar que a CIR, sem que configure requisito essencial, poderá conter outras cláusulas não financeiras lançadas em seu registro, depósito ou cártula, as quais poderão constar de documento à parte, com a assinatura do emitente, incluída a menção a essa circunstância no registro, no depósito ou na cártula.

Sua principal característica, de fato, é que somente poderá ser negociada nos mercados regulamentados de valores mobiliários quando registrada ou depositada em entidade autorizada pelo Banco Central do Brasil a exercer a atividade de registro ou depósito centralizado de ativos financeiros e de valores mobiliários.

Nesse cenário, é certo que o emitente usará, até a efetiva liquidação da obrigação garantida pela CIR, a suas expensas e risco, o imóvel rural objeto do patrimônio rural em afetação, conforme a sua destinação, e deverá empregar, na sua guarda, a diligência exigida por sua natureza.

Demais disso, o art. 25 da Lei 13.986/2020 garante que, na hipótese de o bem constitutivo da garantia ser desapropriado ou danificado por fato imputável a terceiro, o credor será sub-rogado no direito à indenização devida pelo expropriante ou pelo terceiro causador do dano, até o montante necessário para liquidar ou amortizar a obrigação garantida.

Já o art. 26 da Lei 13.986/2020 estabelece as hipóteses de vencimento antecipado da CIR, independentemente de aviso ou interpelação judicial ou extrajudicial. As hipóteses são as seguintes: *(i)* descumprimento pelo proprietário das obrigações de promover os atos necessários à administração e à preservação do patrimônio rural em afetação, inclusive por meio da adoção de medidas judiciais; *(ii)* insolvência civil, falência ou recuperação judicial do emitente; ou (iii) existência de prática comprovada de desvio de bens e administração ruinosa do imóvel rural que constitui o patrimônio rural em afetação a ela vinculado.

No plano ideal, havendo o cumprimento da obrigação materializada na CIR, o credor fica obrigado a informar à entidade autorizada no art. 19 da Lei 13.986/2020[472] sobre a liquidação da CIR no prazo máximo de 5 (cinco) dias úteis após sua efetivação.

Entretanto, vencida a CIR e não liquidado o crédito por ela representado, o credor poderá exercer de imediato o direito à transferência, para sua titularidade, do registro da propriedade da área rural que constitui o patrimônio rural em afetação, ou de sua fração, vinculado à CIR no Cartório de Registro de Imóveis correspondente.

Valendo-se da grande efetividade da execução extrajudicial da garantia fiduciária, a Lei 13.986/2020 expressamente remete à aplicação dos arts. 26 e 27 da Lei 9.514/1997 ao patrimônio rural em afetação.

Nessa sistemática, em razão da norma do art. 28, § 2º, da Lei 13.986/2020, parece indispensável que o credor promova todo o procedimento de execução extrajudicial, a iniciar pela constituição em mora do devedor – antes de promover a consolidação da propriedade em seu nome –, intimando-o, mediante expediente próprio perante Oficial de Registro de Imóveis competente, para pagar o débito e os encargos legais, nos termos do art. 26 da Lei 9.514/1997.

Quando o devedor não purgar a mora no prazo de 15 (quinze) dias, somente então o credor poderá promover a consolidação da propriedade do patrimônio rural afetado em seu nome. Para que seja possível a promoção da averbação da consolidação da propriedade em nome do credor, será indispensável a apresentação do respectivo comprovante de recolhimento do *imposto de transmissão de bens imóveis* (ITBI).

No mais, todo o rito do procedimento de execução extrajudicial da garantia fiduciária deve ser seguido.[473] Ressalve-se, apenas, que se, no segundo leilão de que trata o art. 27, § 2º, da Lei 9.514/1997, o maior lance oferecido não for igual ou superior ao valor da dívida, somado ao das despesas, dos

---

[472] Trata-se da entidade em que a CIR está registrada ou depositada, isto é, entidade autorizada pelo Banco Central do Brasil a exercer a atividade de registro ou depósito centralizado de ativos financeiros e de valores mobiliários, nos termos da Lei 12.810/2013.

[473] Para aprofundamento do tema atinente à execução extrajudicial da garantia fiduciária: RIBEIRO, Moacyr Petrocelli de Ávila. *Alienação fiduciária de bens imóveis.* 2. ed. Coleção de direito imobiliário. t. X. São Paulo: Thomson Reuters, 2022.

prêmios de seguro e dos encargos legais, incluídos os tributos, o credor poderá cobrar do devedor, por via executiva, o valor remanescente de seu crédito, sem nenhum direito de retenção ou indenização sobre o imóvel alienado.

Sob o enfoque registral imobiliário, o art. 28, § 1º, da Lei 13.986/2020 traz interessante previsão regulando a execução extrajudicial para a hipótese de a área rural constitutiva do patrimônio rural em afetação vinculado à CIR estiver contida em imóvel rural de maior área, ou quando apenas parte do patrimônio rural em afetação estiver vinculada à CIR. Nesse caso, segundo o dispositivo, o Oficial de Registro de Imóveis, de ofício e à custa do beneficiário final, efetuará o desmembramento e estabelecerá a matrícula própria correspondente.

Cuida-se de raríssima norma que excepciona o princípio da rogação no Registro de Imóveis, deferindo ao Oficial Registrador a atuação *ex officio* para promover, conforme o caso, o desmembramento da área rural que é objeto da afetação patrimonial. Note-se, aliás, que na expectativa do legislador toda a documentação necessária ao desmembramento já estaria à disposição do Registrador Predial em procedimento próprio já arquivado na serventia, por ser *conditio* à constituição do patrimônio rural em afetação.

A Lei 13.986/2020, no entanto, autoriza que o Registrador pratique os atos necessários às expensas do beneficiário final, que, em realidade, será o próprio credor. Razoável concluir que, por segurança jurídica, tal procedimento somente deve ser ultimado pelo Oficial quando o pedido de consolidação da propriedade deduzido pelo credor for objeto de qualificação registral positiva.

Jurisprudência

1. Documentos de apresentação obrigatória para registro de imóveis rurais

"CCIR. ITR. Georreferenciamento. Imóvel rural. (...) E, a despeito de dito caráter originário, a partir da redação dos arts. 176, § 3º e 225, § 3º, da Lei nº 6.015/73, infere-se que, na hipótese em que há destaque de parcela de imóvel rural, observados, por certo, os prazos constantes do art. 10 do Decreto nº 4.449/2002, existe a necessidade de regular apresentação da planta e do memorial descritivo georreferenciado, contendo as coordenadas georreferenciadas, notadamente pela repercussão no imóvel objeto da desapropriação parcial no aspecto da especialidade objetiva. Não vinga, ademais, a alegação da apelante, no sentido de que o imóvel em questão perdeu o status de rural. Com efeito, nos termos do artigo 53, da Lei nº 6.766/79, a alteração de uso do solo rural para fins urbanos depende de aprovação do Município, bem como de prévia audiência do Instituto Nacional de Colonização e Reforma Agrária INCRA. Nos autos, cumpre anotar, não há demonstração de manifestação do INCRA e tampouco comprovação de aprovação por parte do Município da mudança de destinação do imóvel desapropriado, razão pela qual não há como ser afastada a exigência. De outra parte, mesmo que dispensada a reserva legal (art. 12, § 8º, da Lei nº 12.651/12), em virtude da área desapropriada encerrar imóvel rural para fins de registro imobiliário, compete exigir o Cadastro Ambiental Rural CAR, nos termos do art. 29 da Lei nº 12.651/12. O Certificado de Cadastro de Imóvel Rural (CCIR) documento emitido pelo INCRA nas hipóteses de desmembramento, arrendamento, hipoteca, venda ou promessa de venda de imóveis rurais deve ser exigido com fundamento no art. 22 da Lei nº 4.947/1996 e, especialmente, por força do estabelecido no art. 9º do Decreto nº 4.449/2002. Frise-se que a natureza originária da aquisição pela desapropriação não descaracteriza a submissão dessa situação jurídica à hipótese de desmembramento de imóvel rural, porquanto a área desapropriada foi destacada de imóvel rural com área maior, o que confirma a necessidade do cumprimento das exigências" (CSMSP – Apelação Cível 1003775-08.2021.8.26.0604, Rel. Des. Fernando Antônio Torres Garcia, j. 21/06/2022).

"Em obediência ao princípio da especialidade objetiva cabe a apresentação do Certificado de Cadastro de Imóvel Rural – CCIR nos termos do art. 176, parágrafo 1º, II, n. 03 da Lei n. 6.015/73, o qual deve ser acompanhado da prova da quitação do Imposto sobre a Propriedade Territorial Rural – ITR dos últimos cinco exercícios, na forma do art. 22, parágrafo 3º, da Lei n. 4.947/66. Houve averbação de Reserva Florestal Legal na matrícula do imóvel (av. 06, fls. 11-v/12). No parecer técnico (a fls. 51) há indicação da existência de expressiva diferença na área 'A' da Reserva Florestal Legal, cuja diminuição importa de 80 hectares para 64,36 hectares, compensado pela destinação dos Terrenos Acrescidos de Marinha, cuja somatória total seria da ordem de 49,76%, portanto, superior à exigência legal (20%)" (CGJSP – Processo 6.499/2012, Des. José Renato Nalini, j. 07/03/2012).

> **Art. 167**, I (...)
> 48) de outros negócios jurídicos de transmissão do direito real de propriedade sobre imóveis ou de instituição de direitos reais sobre imóveis, ressalvadas as hipóteses de averbação previstas em lei e respeitada a forma exigida por lei para o negócio jurídico, a exemplo do art. 108 da Lei nº 10.406, de 10 de janeiro de 2002 (Código Civil). (Incluído pela Lei nº 14.711, de 2023)

Referências Normativas

Lei 6.015/1973, art. 246.
Lei 10.406/2002 (Código Civil), arts. 108, 1.225, 1.227 e 1.245.

Comentários

1. O "Marco Legal das Garantias" e os pontos de investigação do conteúdo da norma

A Lei 14.711/2023, denominada de "Marco Legal das Garantias", objetivou aprimorar as regras relativas ao tratamento do crédito e das garantias reais, assim como dinamizar e fomentar as medidas extrajudiciais para recuperação de crédito imobiliário.

Oriunda do famigerado "*Projeto de Lei 4.188/2021*", o texto aprovado pelo Congresso Nacional tem inúmeras virtudes e um escopo-base muito bem definido: aprimorar a sistemática do crédito imobiliário com vistas a permitir que o direito legislado autorize o máximo aproveitamento do potencial econômico dos bens imóveis. Em poucas palavras, seu objetivo fulcral foi estimular a concessão de créditos.

Muitas são as inovações e alterações substanciosas tanto no direito material, quanto no direito registral e processual que merecem atenção destacada.

No plano do direito registral ganhou relevância, dentre outros temas, a incursão pontual feita pela Lei 14.711/2023 no rol do art. 167, inciso I, ao acrescentar o item 48, com a seguinte redação: "No Registro de Imóveis, além da matrícula, serão feitos o registro de outros negócios jurídicos de transmissão do direito real de propriedade sobre imóveis ou de instituição de direitos reais sobre imóveis, ressalvadas as hipóteses de averbação previstas em lei e respeitada a forma exigida por lei para o negócio jurídico, a exemplo do art. 108 da Lei nº 10.406, de 10 de janeiro de 2002 (Código Civil)".

Leitura açodada do dispositivo pode gerar conclusões distorcidas de seu conteúdo e, sobretudo, maltratar a higidez sistêmica do Registro Imobiliário brasileiro. Para boa compreensão da norma, pode-se levantar algumas indagações preliminares:

i) A Lei Registral deixou de exigir tipicidade para os fatos inscritíveis?
ii) Contratos atípicos que versem sobre imóveis poderão ser objeto e registro no Ofício Predial?
iii) O rol dos atos de registro em sentido estrito deixou de ser *numerus clausus*?
iv) Perdeu relevância a distinção entre atos de registro e atos de averbação?
v) Podem ser criados novos direitos reais sobre imóveis a partir de acordo entre as partes?
vi) Direitos obrigacionais com repercussão imobiliária podem aceder ao fólio real?
vii) O Oficial Registrador deve vincular-se ao título do negócio jurídico atribuído pelas partes no instrumento contratual?

Todos esses pontos levantados são de grande relevo para a boa hermenêutica do art. 167, I, nº 48 da Lei 6.015/1973. Ao buscar de modo coerente suas respostas serão alcançadas boas premissas para a correta aplicação do dispositivo enfocado.

De qualquer modo, é curial considerar como força iluminante do raciocínio a *ratio legis*: objetivou-se desfazer possíveis amarras que impediam o acesso de determinados títulos ao Ofício Predial, autorizando-se o Registrador Imobiliário a proceder a indispensável interpretação *pro registro*, sem descuidar do princípio da legalidade. Reconheceu, pois, o legislador a relevância do sistema de registro imobiliário brasileiro e todos os seus benéficos efeitos para sociedade e a economia nacional.

2. O princípio da legalidade no Registro de Imóveis e a tipicidade dos fatos inscritíveis

Como sabido, um dos princípios mais comezinhos do Registro de Imóveis é o da legalidade. Ao Oficial Registrador somente é dado praticar os atos que a lei determina. Os atos de registro em sentido estrito e os atos de averbação – únicas morfologias passíveis de travestir uma inscrição predial no sistema do fólio real inaugurado pela vigente Lei 6.015/1973 – constam expressamente da lei.

Nessa medida, o rol do art. 167 da LRP veicula os atos passíveis de ingresso na matrícula imobiliária. O inciso I arrola as hipóteses de atos de registro em sentido estrito e o inciso II as hipóteses de averbamento. Após muito debate doutrinário e jurisprudencial, no cenário anterior à Lei 14.711/2023, é possível afirmar que prevaleceu o entendimento de que o rol do art. 167, I, é taxativo, *numerus clausus*,[474] ao passo que o rol do art. 167, II, é exemplificativo, *numerus apertus*, em razão da cláusula geral de abertura conferida pela norma do art. 246 da LRP.

Com o *novel* dispositivo (LRP, art. 167, I, nº 48), quis o legislador flexibilizar também o rol dos atos passíveis de registro em sentido estrito. É bem verdade que a abertura da norma é bem mais estreita do que aquela autorizada pelo art. 246 para os atos passíveis de averbamento. No item enfocado há restrição relevante para admitir-se a registro *negócios jurídicos que digam respeito estritamente à transmissão* do direito real de propriedade sobre imóveis ou de instituição de direitos reais sobre imóveis.

De qualquer sorte, releva passar em revista a terminologia registral projetada pela vigente Lei de Registros Públicos. Com a Lei 6.015 de 1973 buscou-se modificar substancialmente a terminologia anteriormente utilizada no Registro de Imóveis, ao se adotar, em detrimento do emaranhado de termos inexatos utilizados até então[475], os vocábulos registro e averbação em acepção técnica, de modo a criar uma cisão entre as duas figuras. O registro é dito *assento principal*, enquanto a averbação é *assento acessório*.

Contudo, como bem aduzem *Vitor Frederico Kümpel* e *Carla Modina Ferrari*, a listagem dos atos (artigo 167, incisos I e II), não sustenta o respaldo técnico buscado pelo legislador. Os autores demonstram a ilogicidade da referida classificação com o exemplo da locação: realmente não parece fazer sentido que a inscrição de tal negócio para efeitos de vigência no caso de alienação da coisa alugada demande *registro*, ao mesmo tempo que a preferência seja objeto de *averbação*, uma vez que as consequências do desrespeito à preempção são mais graves que a inobservância da cláusula de vigência[476].

Outros exemplos também infirmam a percepção de que se possa falar, *in totum*, que o registro sempre se sobrepõe, em relação à potência de seus efeitos, à averbação. Nesse sentido, releva mencionar a previsão de consolidação da propriedade fiduciária no patrimônio do credor fiduciário por ato de averbação[477]: ora, em se tratando de ato constitutivo do domínio[478], há dissonância da sistemática regis-

---

[474] "O rol dos atos suscetíveis de registro é taxativo, quer dizer, a enumeração é numerus clausus, razão pela qual apenas os atos expressamente previstos em lei, ainda que fora da lista do art. 167, I, da Lei 6.015/1973, são passíveis de registro" (CGJSP – Processo 184.953/2015, Des. Manoel de Queiroz Pereira Calças, j. 27/01/2016). "O mesmo não ocorre, entretanto, nos casos de averbação, onde as hipóteses descritas no inciso II do mesmo art. 167 são meramente exemplificativas, constituindo *numerus apertus*" (CSMSP – Apelação Cível 0035067.98.2010.8.26.0576, Rel. Des. Maurício Vidigal, j. 11/08/2011).

[475] De acordo com Vitor Frederico Kümpel e Carla Modina Ferrari (*Tratado Notarial e Registral – vol. 5 – Ofício de Registro de imóveis*. São Paulo: YK Editora, 2020. p. 401 ss), o vocábulo "transcrição", no Código Civil de 1916, referia-se ao ato de registro imobiliário destinado à transmissão da propriedade e à constituição dos demais ônus reais, além de ser relativo aos títulos descritos no art. 532 do mesmo Código, quais sejam: julgados pelos quais, nas ações divisórias, se coloca termo ao estado de indivisão da coisa, sentenças, em processo de inventário e partilha, que adjudicam bens imóveis em pagamento das dívidas da herança e a arrematação e as adjudicações em hasta pública. Já a palavra 'inscrição' remetia à entrada das hipotecas no registro. A nomenclatura, extremamente imprecisa, só foi definitivamente alterada com a vigência da Lei 6.015/1973, por meio da qual passava a existir, como atos de registro *lato sensu*, apenas matrícula, registro e averbação. "Transcrição" e "inscrição" passaram a ser utilizadas para se referir à forma de escrituração com a qual os títulos adentravam o sistema registral imobiliário (cópia literal do texto contido no título e resumo de suas informações mais importantes, respectivamente).

[476] *In Tratado Notarial e Registral – vol. 5 – Ofício de Registro de imóveis.* cit. p. 547. Enquanto o desrespeito à preferência do locatário pode ensejar a anulação do negócio jurídico superveniente, a inobservância da cláusula de vigência tão somente inibe eventual ação de despejo do novo proprietário do imóvel.

[477] Cf. art. 26, §7º da Lei 9.514 de 1997.

[478] Cf. Vitor Frederico Kümpel e Carla Modina Ferrari, a alienação fiduciária constitui um patrimônio de afetação, permanecendo, portanto, sob a propriedade do devedor. Só com o referido ato de averbação – após o proce-

trária, que exigiria, em tese, registro *stricto sensu*. Semelhantemente, não se compreende a razão pela qual nos casos de incorporação, fusão ou cisão societárias – atos em que há transferência dominial de uma pessoa jurídica a outra, ainda que reflexamente – o ato a ser realizado é de averbação[479].

Ademais, tampouco é possível compreender as razões pelas quais as citações de ações reais ou pessoais reipersecutórias relativas a imóveis são objeto de registro[480], enquanto outros atos de idêntica ou semelhante funcionalidade (*rectius*: notícia de ajuizamento de ações ou execuções) são enquadrados no rol das averbações[481].

Outro problema repousa na falta de critérios juscientíficos para construir o elenco de atos, já que, como bem aduz *Walter Ceneviva*, os direitos reais presentes nos Códigos Civis de 1916 e de 2002 foram desordenadamente distribuídos no rol do artigo 167 da Lei 6.015 de 1973, favorecendo a tese de que "o legislador pareceu despreocupado de adotar qualquer sistematização orgânica"[482].

De todo modo, não há como negar que o espírito do legislador se pautou segundo a lógica de que os atos de registro em sentido estrito têm maior gravidade jurídica do que os de averbação. Para se constatar tal diferença basta realizar a exegese do *caput* do artigo 246 Lei de Registros Públicos, no qual se aduz ampla abertura do rol das averbações, pois se lê que "além dos casos expressamente indicados no item II do artigo 167 desta Lei, serão averbados na matrícula as sub-rogações e *outras ocorrências que, por qualquer modo, alterem o registro ou repercutam nos direitos relativos ao imóvel*".

Já para os atos de registro *stricto sensu* o legislador foi mais comedido, restringindo-os, repise-se, a *negócios jurídicos que digam respeito estritamente à transmissão* do direito real de propriedade sobre imóveis ou de instituição de direitos reais sobre imóveis. *Nota bene!* O grau de flexibilização do rol dos atos de registro não é – nem poderia ser – o mesmo do que o rol dos atos averbáveis. Tivesse, aliás, o legislador concedido idêntico elastério para os registros em sentido estrito, seria dissolvida a razão fundamental que aparta as duas espécies.

Não se pode ignorar, ademais, que já se observava certa inclinação a não se qualificar o rol dos registros em sentido estrito na Lei Registral como *exauriente*. Isso porque o artigo 172 prescreve o seguinte:

> No Registro de Imóveis serão feitos, nos termos desta Lei, o registro e a averbação dos títulos ou atos constitutivos, declaratórios, translativos e extintos de direitos reais sobre imóveis *reconhecidos em lei*, "*inter vivos*" ou "*mortis causa*" quer para sua constituição, transferência e extinção, quer para sua validade em relação a terceiros, quer para a sua disponibilidade.

Ora, como bem afirmam *Vitor Frederico Kümpel* e *Carla Modina Ferrari*, o dispositivo fixa a ideia de que os atos registrais serão determinados pelo reconhecimento *em* Lei, e não *na* Lei de Registros

---

dimento de execução extrajudicial — é que a coisa é transladada ao domínio do credor fiduciário: "a consolidação, em sede de alienação fiduciária, gera uma verdadeira transmissão da propriedade para o credor. Ele que, até então, tinha somente o patrimônio afetado, passa a adquirir de fato o bem, de forma quase plena. O devedor deixa de ter qualquer relação real com o bem, que agora é de titularidade do credor, passando-se do patrimônio afetado a uma propriedade, onerada tão somente pela obrigação de realizar os leilões extrajudiciais. Ocorrendo, então, a transmissão da propriedade, o ato correto a ser praticado deveria ser o de registro em sentido estrito, e não o de averbação, nos termos do art. 1.245 do Código Civil, o qual determina que a transmissão da propriedade inter vivos se dá por registro do título na serventia imobiliária" (*in Tratado Notarial e Registral* – vol. 5 – Ofício de Registro de imóveis. cit. p. 1.838-1.839).

[479] Cf. Art. 234 da Lei 6.404 de 1976.

[480] Cf. Art. 167, I, 21 da Lei 6.015 de 1973.

[481] Neste ponto, refere-se às averbações de arresto, sequestro, arrolamento, arrolamento fiscal, penhora, premonitória, pré-executória e de protesto contra alienação de bens; todas estas espécies, em maior ou menor grau, buscam implementar o princípio da concentração na matrícula, assim como o registro de citação em ações reais ou reipersecutórias.

[482] "A lei não atribui predominância hierárquica de certos direitos sobre outros. Leis esparsas acrescentaram alternativas novas, aumentando a impropriedade técnica" (in *Lei dos Registros Públicos comentada*. 20. ed. São Paulo: Saraiva, 2010. p. 842). Semelhantemente, Carlos Kennedy da Costa Leite: "o rol do inc. I padece de reprovável desorganização hierárquica, promovendo a mesclagem, em confuso mistifório, de direitos reais, contratos de formalização pública e particular, títulos de crédito rural, comercial, industrial, além de elementos afetos ao direito de família, direito processual civil, dentre outros" (in *O Ingresso dos Contratos Atípicos no Registro de Imóveis*. cit. p. 58).

Art. 167 | LEI DE REGISTROS PÚBLICOS COMENTADA

Públicos; dessa forma, não é imprescindível que todos os fatos registráveis em sentido estrito na matrícula estejam elencados no rol do art. 167, I da referida Lei.

Com efeito, há atos de registro *stricto sensu* que não se encontram na aludida lista da Lei 6.015 de 1973. É o caso, por exemplo, da renúncia da propriedade[483], assim como já o foi do tombamento definitivo[484], e da promessa de permuta do terreno por unidades futuras[485], espécies fundamentadas em leis exógenas que versam, sobremaneira, acerca de institutos e figuras de direito material.

Resta demonstrado, outrossim, que a presença do conceito de *taxatividade* segundo os termos supra elencados – isto é, de que é preciso que o ato a ser registrado em sentido estrito figure *em alguma Lei* –, é correta; a reboque, também é coerente afirmar que as hipóteses de atos de registro *stricto sensu* são fechadas: *numerus clausus*, isto é, não podem ser gestadas novas *fattispecies* pela mera vontade dos utentes do serviço extrajudicial.

Tal característica é a necessária contraface formal e instrumentária de princípio presente no direito imobiliário material (direito das coisas). Sobre o tema, essencial a lição de *Luciano de Camargo Penteado*, abaixo trasladada:

> "O princípio da taxatividade dos direitos reais não está expresso na lei brasileira, mas parece perfeitamente dedutível do fato de que apenas está autorizada a atuação geradora de formas jurídicas novas no direito privado no campo do direito dos contratos (Código Civil, artigo 425) e, ainda assim, desde que observadas normas gerais fixadas no Código, sob pena de ilicitude"[486].

Semelhantemente ao fato de que a ideia de *taxatividade registral* não torna exauriente o artigo 167, I, da Lei 6.015 de 1973, tampouco se pode afirmar que a *taxatividade presente no direito das coisas* esgote, no artigo 1.225 do Código Civil, todas as espécies de direitos reais. Basta, para comprovar tal assertiva, aduzir a existência da enfiteuse administrativa, instituto regulamentado fora do *Codex*[487].

A taxatividade (*numerus clausus*) no direito registral, além de significar a necessidade de previsão em Lei, também deve ser compreendida como a impossibilidade de se criarem situações de registro

---

[483] No mesmo sentido, o Colégio Registral do Rio Grande do Sul (https://www.colegioregistralrs.org.br/registro_de_imoveis/ri-renuncia-de-propriedade-escritura-publica-registro-peco-auxilio/) e Silva, Ulysses da. *Direito Imobiliário – O Registro de Imóveis e Suas Atribuições – A Nova Caminhada*. 2. ed. Porto Alegre: Sergio Antonio Fabris Editor, 2013. p. 247. O Conselho Superior da Magistratura de São Paulo já decidiu no sentido de autorizar o ingresso de título de renúncia em condomínio geral: CSMSP – Apelação Cível 1025556-75.2017.8.26.0071, Rel. Des. Geraldo Francisco Pinheiro Franco, j. 15/05/2018.

[484] Cf. Art. 13, *caput*, do Decreto-Lei 25 de 1937: "O tombamento definitivo dos bens de propriedade particular será, por iniciativa do órgão competente do Serviço do Patrimônio Histórico e Artístico Nacional, transcrito para os devidos efeitos em livro a cargo dos oficiais do registro de imóveis e averbado ao lado da transcrição do domínio". Registre-se que a Lei 14.382/2022 incluiu o tombamento no rol do art. 167, I, (nº da LRP. Isso não afasta a conclusão de que referido ato já era passível registro desde a prescrição legal do Decreto-Lei 25/1937.

[485] Cf. Art. 32, § 2º, da Lei 4.591 de 1964: "Os contratos de compra e venda, promessa de venda, cessão ou promessa de cessão de unidades autônomas são irretratáveis e, uma vez registrados, conferem direito real oponível a terceiros, atribuindo direito à adjudicação compulsória perante o incorporador ou a quem o suceder, inclusive na hipótese de insolvência posterior ao término da obra". Registre-se que a Lei 14.382/2022 incluiu a promessa de permuta no rol do art. 167, I, (nºs 18 e 30) da LRP. Isso não afasta a conclusão de que referido ato já era passível registro desde a prescrição legal da Lei 4.591/1964.

[486] "A autonomia privada, portanto, não tem aptidão a criar, por sua força geradora de direito, categorias de direito real que não as previstas pelo ordenamento jurídico no seu setor escrito, isto é, nos textos normativos de lei. Negócio jurídico que tivesse por fim ou objeto a criação de direito real para as partes, que não estivesse admitido expressamente pelo sistema, seria nulo, por impossibilidade jurídica do pedido (Código Civil, art. 166, I). Evidentemente, que, possível a conversão substancial, poderia produzir efeito de direito das obrigações (Código Civil, art. 170)" (*in Direito das Coisas*. 3. ed. São Paulo: Revista dos Tribunais, 2014. p. 111).

[487] Cf. art. 12 da Lei 9.636 de 1998: "Observadas as condições previstas no § 1º do art. 23 e resguardadas as situações previstas no inciso I do art. 5º do Decreto-Lei nº 2.398, de 1987, os imóveis dominiais da União, situados em zonas sujeitas ao regime enfitêutico, poderão ser aforados, mediante leilão ou concorrência pública, respeitado, como preço mínimo, o valor de mercado do respectivo domínio útil, estabelecido em avaliação de precisão, realizada, especificamente para esse fim, pela SPU ou, sempre que necessário, pela Caixa Econômica Federal, com validade de seis meses a contar da data de sua publicação"; também conforme o art. 109 do Decreto-lei 9.760 de 1946: "Concedido o aforamento, será lavrado em livro próprio da Superintendência do Patrimônio da União o contrato enfitêutico de que constarão as condições estabelecidas e as características do terreno aforado".

stricto sensu por interpretação analógica ou extensiva[488]. Tal proibição não existe para a averbação, pois, conforme visto, há explícita autorização, no artigo 246 da Lei 6.015 de 1973, para que "*outras ocorrências* que, por *qualquer modo*, alterem o registro", sejam averbadas[489].

Doutrina e a jurisprudência por vezes confundem a *taxatividade* dos atos de registro em sentido estrito com uma noção genérica e abrangente de *tipicidade*, a ponto de não as diferenciar, postura que certamente não é a mais precisa. Isso porque as ideias que defluem do vocábulo *tipicidade* perpassam diversos setores da experiência jurídica, gerando importantes e específicas consequências no direito imobiliário material (direito das coisas), no direito imobiliário formal (direito registral) e no direito obrigacional e contratual. É preciso destacar tais caracteres singulares, esquivando-se de imprecisões.

Sabe-se que é livre a criação de contratos atípicos pelas partes, embora não haja essa ampla liberdade para a criação de direitos reais atípicos. Isso significa que as partes podem criar diversos tipos de arranjos contratuais para a transmissão do direito real de propriedade ou para a instituição de algum dos direitos reais típicos.

Com relação à noção de *tipicidade* oriunda do *direito das coisas*, pode-se afirmar que diz respeito à impossibilidade de que os particulares, por meio de convenções negociais, alterem o conteúdo dos direitos reais, evitando que afastem a regulamentação oriunda das normas que os disciplinam[490]. Aqui repousa um fator que bem ilustra a dessemelhança entre o direito das coisas e o direito obrigacional, já que nesse último há ampla liberdade de contratar e de criar regras próprias nas relações particulares (art. 425 do Código Civil), ideia decorrente do princípio da autonomia privada.

Semelhantemente, no direito imobiliário formal, o Registrador de Imóveis está adstrito a registrar fatos ou atos da forma com que estão dispostos na legislação, não sendo autorizado a alterar a estrutura ou os efeitos de tais atos registrais; a reboque, não deve permitir o ingresso de título que contenha direito real com estrutura divorciada da que é prevista no Código Civil ou em outras leis: é o *reflexo* ou *contraface registral* do aludido princípio júri-real de direito das coisas.

Assim, se lhe for submetida escritura pública de constituição de algum direito real na qual há afronta ao regime jurídico previsto para a espécie (*e.g.*, um usufruto atípico, no qual há previsão de "fracionamento no tempo de uso e fruição entre os co-usufrutuários"), deve o oficial, no procedimento de qualificação, denegar o ingresso de tal título à tábula, tendo como um dos fundamentos o fato de que o conteúdo do negócio jurídico está dissociado da estrutura prevista para o direito real de usufruto.

Em suma, a tipicidade e a taxatividade são características que têm origem na sistemática de direito das coisas (direito imobiliário material), mas que encontram um reflexo necessário nas normas de direito imobiliário formal através da vinculação do registrador de imóveis a tais pressupostos por meio da *impossibilidade de criar hipóteses extralegais de registro em sentido estrito e de alterar o regime dos já existentes*. Nesse ponto é preciso trazer a lição de *Afrânio de Carvalho*, que ilustra, com precisão, a imperiosa comunhão das esferas formal e material do direito imobiliário:

> "A escrituração de Registro de Imóveis requer o adequado entrosamento de disposições de Direito Material, concernentes aos pressupostos e efeitos do ingresso dos direitos imobiliários no registro, e disposições de Direito Formal (...). Esse entrosamento precisa ser preparado com extremo cuidado, de modo que o corpo formado pelas disposições de Direito Material

---

[488] Cf. Kümpel, Vitor Frederico; Ferrari, Carla Modina. *Tratado Notarial e Registral* – vol. 5 – Ofício de Registro de Imóveis. cit. p. 536.

[489] Cf. Kümpel, Vitor Frederico; Ferrari, Carla Modina. *Tratado Notarial e Registral* – vol. 5 – Ofício de Registro de Imóveis. cit. p. 546-547.

[490] De acordo com *Luciano de Camargo Penteado*, "isto ocorre por várias razões. Entre elas, devido ao fato de que o direito real implica um passivo social muito intenso, tendo em vista que, ao se atribuir um direito real a um sujeito, todos os demais membros da coletividade encontram-se vinculados a abster-se. Este fato determina um comportamento, ainda que negativo. Deste modo, os sujeitos veem surgir, com o aparecimento do direito real, um dever específico em sua esfera jurídica. Como no sistema privado brasileiro os deveres só surgem da lei ou de causa por ela autorizada (e.g., negócio jurídico), tendo em vista que a aquisição de direito real não conta com a participação de todos os membros da coletividade, a lei deve impor e disciplinar os direitos e deveres desta natureza" (*in Direito das Coisas*. cit. p. 113-114).

se superponha exatamente ao constituído pelas disposições de Direito Formal, compondo um todo orgânico, como se fossem uma peça inteiriça"[491].

Já a *tipicidade do direito negocial ou contratual* é fenômeno desvinculado das figuras sobre a qual acima se discorreu, pois, trata-se da verificação da adequação do negócio jurídico a um dos tipos de contratos descritos na Lei, investigação essencial para averiguar a disciplina normativa que incidirá sobre tal contratação, mas que não guarda qualquer identificação com a questão da tipicidade dos direitos reais.

Observe-se, ademais, que os registros de imóveis não se destinam unicamente à inscrição dos direitos reais, mas também à inclusão, no fólio real, de alguns direitos pessoais – aqueles que, como nos casos relativos às locações com cláusula de vigência, são estruturados de modo a permitir um elastério de seus efeitos ordinário *inter partes*: obrigações com eficácia *erga omnes* – e de fatos e atos específicos – a exemplo do registro das citações de ações reais ou pessoais reipersecutórias relativas a imóveis.

Em tais situações também se manifestam, certamente, os fenômenos da tipicidade e da taxatividade registrais – segundo os termos já referidos, isto é, de que é necessária a previsão legal (não necessariamente na Lei 6.015 de 1973) para que adentrem o fólio –, mas os seus fundamentos não decorrem de uma simetria com os princípios de direito civil.

Na realidade, a possibilidade de inserção de tais atos e fatos na tábua registral é vinculada ao mandamento ínsito à natureza parcialmente pública dos serviços extrajudiciais[492]: o *princípio da legalidade*. Isso porque o Oficial não pode se esvair de admitir à registro ou averbação os atos ou fatos que tenham *sustentáculo legislativo*; tal atitude configuraria ultrapassagem do limite de sua atuação discricionária, já que representaria recusa à aplicação da Lei; em outras palavras, tratar-se-ia de ato arbitrário e injustificável[493].

Na linha de pensamento de *Carlos Alberto Garbi* e *Carlos Alberto Garbi Junior*, persiste uma dificuldade na distinção entre a tipicidade dos direitos reais e a tipicidade dos fatos inscritíveis na matrícula, a qual

> "tem levado o intérprete e o operador do sistema registral a aceitar passivamente a ideia de que existe igualmente uma rigorosa tipicidade dos fatos inscritíveis e se nega registro de títulos simplesmente porque não são encontrados no rol da Lei de Registros Públicos. Esta cômoda solução que se adota em nome da segurança jurídica afasta cada vez mais o registro da realidade e o faz perder seu relevante papel de oferecer informação segura para orientar as relações jurídicas"[494].

Em suma, em relação ao questionamento concernente à tipicidade e à taxatividade do fato ou do ato a ser inscrito, a análise da registrabilidade em sentido estrito do título que o contém deve ser pautada na averiguação de existência de *fundamentos legislativos* – internos ou externos à Lei de Registros Públicos – que designem determinada figura, de modo inequívoco, como uma *fattispecie* registral imobiliária.

A *tutela administrativa de interesses privados*[495] exercida pelo oficial, atividade permeada pelo princípio da legalidade, faz com que o profissional esteja adstrito à observância da *tipicidade dos fatos inscritíveis na matrícula*, isto é, há a obrigação de verificar se determinado título tem o condão de

---

[491] *In Registro de imóveis.* 4. ed. Rio de Janeiro: Forense, 1997. p. 16.

[492] "São peculiares e exclusivos os contornos da função pública notarial e de registros no Brasil. A atividade apresenta uma face pública, inerente à função pública e por tal razão regrada pelo direito público (administrativo), que convive, sem antagonismo, com uma parcela privada, correspondente ao objeto privado do direito notarial e registral e ao gerenciamento de cada unidade de serviço, face esta regrada pelo direito privado" (*in* Ribeiro, Luís Paulo Aliende. *Regulação da Função Pública Notarial e de Registro.* São Paulo: Saraiva, 2009. p. 181).

[493] Como bem aduz Luís Paulo Aliende Ribeiro, "à independência e autonomia jurídica que afastam o exercício da função notarial e de registros de uma atividade burocrática, há de somar-se a obrigatoriedade de fundamentação e motivação das decisões tomadas nesta singular tutela administrativa de interesses privados" (*in Regulação da Função Pública Notarial e de Registro.* cit. p. 92).

[494] *In Tipicidade dos Fatos Inscritíveis.* cit. p. 511.

[495] Expressão empregada por Ribeiro, Luís Paulo Aliende. *Regulação da Função Pública Notarial e de Registro.* cit. p. 92.

455 — MOACYR PETROCELLI DE ÁVILA RIBEIRO | Art. 167

produzir efeitos jurirreais alçáveis à dimensão registrária, o que certamente dependerá da existência de pilares normativos que autorizem o acesso ao fólio da espécie que se pretende registrar[496].

3. Estudo de casos. Atos de registro em sentido estrito no Registro de Imóveis

Bem assimilados os fundamentos teóricos que levaram ao acréscimo do item 48 ao inciso I do art. 167 da Lei de Registros Públicos, partindo-se para a oficina registral, é relevante promover estudo, ainda que exemplificativamente, e por isso, não exaustivo, de hipóteses concretas que podem ser, doravante, enquadradas nesta norma.

I. Transação. Trata-se de modalidade contratual típica, regulada pelos arts. 840 a 850 do Código Civil, consistente em verdadeiro acordo entre as partes com o objetivo de prevenir ou encerrar uma disputa, conflito ou litígio. Cuida-se, assim, de verdadeira autocomposição em que as próprias partes envolvidas resolvem os seus desentendimentos, evitando a necessidade de uma demanda judicial. É certo que no programa contratual fixado pelos contratantes é crível e razoável que em hipótese concreta se estabeleça a transmissão de bem imóvel ou de direito real imobiliário. Antes da Lei 14.711/2023 prevalecia o entendimento de que não era viável o registro da transação por falta de previsão no rol de atos jurídicos registráveis estampado no art. 167, I, da Lei de Registros Públicos.[497] Doravante, com esteio no art. 167, I, nº 48 da LRP, a transação, observado seu requisito formal (CC, art. 842), é título hábil a ingressar no álbum imobiliário.

II. Cessão de direitos hereditários. Tema que sempre foi terreno fértil para controvérsias consiste na registrabilidade das cessões de direitos hereditários. O principal argumento dos que defendem ser negócio jurídico inapto ao registro residia justamente na falta de autorização legal para o ato. O óbice, com a Lei 14.711/2023, não mais existe. Doravante a tipicidade do fato inscritível pode ser haurida sem dificuldade da norma prevista no art. 167, I, nº 48, da LRP, afinal, cuida-se de negócio jurídico que envolve transmissão de bens imóveis.

Mesmo antes da bem arquitetada autorização normativa, a melhor exegese também era no sentido da possibilidade de seu registro por ocasião do ingresso na partilha *causa mortis*.

Deve-se partir da premissa que, cuidando-se de bem imóvel por força de lei (art. 80, II, CC), o direito à sucessão aberta, bem como o quinhão de que disponha o herdeiro, é passível de cessão por escritura pública. Nessa medida, por sua natureza imobiliária, a cessão de direitos hereditários reclama a observância de todo plexo de fatores e condicionantes dos negócios jurídicos imobiliários, tais como a exigência de vênia conjugal (art. 1.647, I, do Código Civil), a observância de direito de preferência dos coerdeiros (CC, art. 1.794) e a escrituração pública (CC, *caput*, art. 1.793).

No que interessa mais ao Registro de Imóveis, é notório que esse negócio jurídico por dizer respeito ao acervo hereditário, pendente a indivisibilidade, possui algumas peculiaridades. Note-se que o próprio Código Civil atribui pena de ineficácia à disposição de direito hereditário sobre bem da herança considerado singularmente (art. 1.793, § § 2º e 3º). Destarte, tal ineficácia perdurará enquanto o estado de indivisão persistir. Assim, ultimada a partilha (*rectius*: devidamente registrada na matrícula), exsurge a possibilidade do registro da transmissão do bem individualizado, com a transferência do imóvel ao(s) cessionário(s). É certo que, após, o registro da partilha não há mais falar em direitos

---

[496] Carlos Kennedy da Costa Leite concorda com a visão de que o rol do artigo 167, I não é, de modo algum, exauriente, asseverando que "não se pode conceber o totalitarismo normativo da Lei de Registros Públicos nos procedimentos afetos à atividade registral imobiliária". Afirma a necessidade de que se compatibilizem as normas de direito formal com as de direito material, através de um "processo sistemático de interpretação" para que se verifique a registrabilidade dos títulos submetidos ao crivo do oficial de registro de imóveis. Aduz que em função do sistema de título e modo vigente no ordenamento nacional, existe uma "interação de causalidade entre negócio jurídico e registro", de modo a recomendar que "devem ser acolhidos a registro quaisquer títulos que formalizem legitimamente atos inter vivos, objetivando a transferência de propriedade ou constituição de direitos reais ou obrigacionais com eficácia real sobre imóveis", e que nesse contexto estariam incluídos os contratos atípicos, os quais, desde que "visem à constituição ou transmissão de direitos reais imobiliários, estando cumpridos os requisitos materiais e formais inerentes à validade e eficácia obrigacional", devem ser admitidos a registro. Termina com uma sugestão de lege ferenda, para que os elencos presentes no artigo 167 da Lei de Registros Públicos sejam substituídos por um dispositivo que estabeleça "um balizamento ontológico genérico com relação aos atos sujeitos a registro e a averbação" (in O Ingresso dos Contratos Atípicos no Registro de Imóveis. cit. p. 79-80).

[497] Cf. CSMSP – Apelação Cível 1057061-65.2015.8.26.0100, Rel. Des. Manoel de Queiroz Pereira Calças, j. 08/04/2016.

hereditários, de modo que os negócios jurídicos ganharão vida no Registro de Imóveis, não mais como cessão de direitos, mas, tecnicamente, como compra e venda (se onerosa, com arrimo no art. 167, I, nº 29, da LRP); ou doação (se gratuita, lastreado no art. 167, I, nº 33, da LRP).

Em palavras diversas, nessa linha de qualificação, o registro da sucessão *causa mortis* outorgará eficácia ao negócio jurídico envolvendo o direito hereditário, de modo a autorizar seu acesso ao registro como doação ou venda e compra, a depender da liberalidade ou onerosidade, respectivamente. Tal entendimento, além de tecnicamente correto respeita a essência de cada um dos atos, fatos e negócios jurídicos que ingressam no fólio real destacando sobremaneira o trato consecutivo, princípio fundamental para manter a higidez do sistema registral predial.

De mais a mais, tal proceder garante eficácia real para negócios jurídicos sobre bens imóveis que em princípio tramitariam no ambiente extratabular e não estariam acobertados pela eficiente tutela do sistema registral. Ao se observar o trato consecutivo no álbum imobiliário, preserva-se a cadeia dominial, permite-se o controle de indisponibilidades e outras constrições judiciais relevantes para o mercado imobiliário.

Eis didático precedente da *Corregedoria Geral da Justiça do Estado de São Paulo* nesse sentido:

> Dois tipos de cessão são tratados no art. 1.793 do Código Civil: a cessão de quinhão da herança (*caput* e § 1º) e a cessão de bem individualizado que pertence à herança (§2º e §3º). Pela escritura pública acostada a fls. 17/18, fica muito claro que a recorrente e os herdeiros de CH optaram por ceder a JR e MG bem individualizado pertencente ao monte partível. Em se tratando de bem singularmente considerado, aplicam-se os §§ 2º e 3º do artigo 1.793. Como consequência, não tendo havido prévia autorização judicial, a cessão do bem ainda indivisível é ineficaz. Note-se que o §3º do artigo 1.793 tacha de ineficaz a disposição que envolve bem específico, sem prévia autorização judicial, feita por "qualquer herdeiro". Depreende-se daí que, na hipótese de bem específico, a ineficácia atingirá a disposição feita por um, alguns ou todos os herdeiros. A ineficácia, por sua vez, perdurará enquanto o estado de indivisão persistir. Assim, realizada a partilha, viável o registro da cessão do bem individualizado, com a transferência do imóvel aos cessionários. E foi esse o caminho trilhado pelo registrador: tendo em mãos as escrituras públicas de inventário e partilha (fls. 11/16) e de cessão (fls. 17/18), optou por, de forma sequencial, averbar o falecimento de CH (Av.5), registrar a partilha do imóvel entre os herdeiros e a viúva meeira (R.6) e adjudicá-lo aos cessionários (R.7). Agindo dessa maneira, o registrador, sem desnaturar a essência dos títulos que tinha em mãos – pois preservou a intenção das partes, que, a rigor, era a transferência da propriedade do bem aos cessionários – observou o artigo 1.793 do Código Civil e os precedentes da Corregedoria Geral que cuidam do tema, dando eficácia plena às escrituras públicas que lhe foram apresentadas.[498]

Seja como for, agora com a força iluminante da Lei 14.711/2023 e a norma contida no art. 167, I, nº 48 da LRP, independentemente do *nomen juris* atribuído ao negócio jurídico basal (CC, art. 112), havendo transmissão da propriedade imóvel, será, pois, título hábil a aceder ao fólio predial.

III. Cessão de direitos do devedor fiduciante. A partir da dicção normativa do art. 167, I, nº 48, da LRP é razoável admitir que as cessões de direitos reais imobiliários em geral – frise-se, aquelas que não possuem previsão específica determinando a tipologia registral como ato de averbação – devam ser doravante objeto de registro *stricto sensu*.

Na práxis registral ganhará relevo as hipóteses de cessão de direitos de devedor fiduciante no âmbito da propriedade fiduciária. A Lei 9.514/1997 disciplina a cessão da posição contratual por parte do devedor fiduciante, hipóteses nas quais o cessionário é sub-rogado nos direitos e obrigações do contrato de alienação fiduciária (Lei 9.514/1997, art. 29).

Inexiste, entrementes, norma impositiva que preveja a espécie de inscrição predial, embora seu acesso ao fólio real seja indispensável, inclusive para fins de legitimação do credor no módulo executivo

---

[498]   Cf. CGJSP – Processo 0011926-84.2012.8.26.0445, Des. Manoel de Queiroz Pereira Calças, j. 23/05/2017. Registre-se a existência de decisão mais recente do mesmo órgão correcional (CGJSP – Processo 1123608-09.2023.8.26.0100, Des. Francisco Eduardo Loureiro, j. 14/02/2024) afastando a necessidade de registro da cessão de direitos hereditários. Embora respeitável o *decisum*, percebe-se de sua leitura que a novidade legislativa não foi considerada, razão pela qual aludido precedente merece contextualização com a Lei 14.711/2023.

extrajudicial da Lei 9.514/1997. "O ato é de registro, por envolver transmissão de direito real e obrigatório, porquanto caberá, doravante, ao cessionário o direito de crédito e do domínio resolúvel, com todas as implicações daí decorrentes, dentre elas o de dar quitação ao fiduciante, ver-se integrado no domínio pleno do imóvel e vendê-lo, posteriormente".[499] Assim, é curial que, a partir da Lei 14.711/2023 a cessão de direitos do devedor fiduciante (Lei 9.514/1997, art. 29) seja objeto de registro em sentido estrito na matrícula do imóvel.

4. Conclusão: o verdadeiro sentido da norma

Pelo exposto, foi possível perceber que a norma do art. 167, I, nº 48 da Lei 6.015/1973 merece interpretação cautelosa, assegurando-se, notadamente, que:

i) a Lei Registral não deixou de exigir tipicidade para os fatos inscritíveis;

ii) negócios jurídicos, típicos ou atípicos, que versem sobre transferência de bens imóveis ou instituição de direitos reais imobiliários poderão ser objeto de registro em sentido estrito no Ofício Predial;

iii) o rol dos atos de registro em sentido estrito deixou de ser *numerus clausus*; taxatividade, aliás, que bem interpretada jamais conduziu à conclusão de que o art. 167, I, da LRP era exauriente em si mesmo;

iv) paulatinamente, em virtude de descuidado abalroamento legislativo, vai perdendo relevância a distinção entre atos de registro e atos de averbação, arquitetada na redação inaugural da Lei 6.015/1973;

v) no direito brasileiro não podem ser criados novos direitos reais sobre imóveis a partir de acordo entre as partes;

vi) direitos obrigacionais com repercussão imobiliária podem aceder ao fólio real, somente com autorização legislativa expressa, inaplicável a norma do art. 167, I, nº 48 da LRP que se restringe a direitos reais imobiliários;

vii) O Oficial Registrador não deve se vincular exclusivamente ao título do negócio jurídico atribuído pelas partes no instrumento contratual, sendo o *nomen juris* pouco relevante para a qualificação registral.

Assim, é possível sedimentar que para definir os casos de registro no Cartório de Imóveis, tornou-se totalmente irrelevante qual o tipo de ato jurídico escolhido pelas partes para a transmissão da propriedade ou para a instituição do direito real. Por isso, não mais se conceberá devolução para qualquer negócio jurídico dessa natureza ao argumento de que inexiste previsão específica no rol do art. 167, I, da LRP. Buscou-se, pois, destravar o sistema registral para agasalhar todos os negócios jurídicos – típicos ou atípicos – que versem sobre transmissão de bens imóveis ou instituição de direitos reais imobiliários.

Para rematar, é de se aplaudir a norma do art. 167, I, nº 48, da LRP, introduzida pela Lei 14.711/2023, que a um só tempo eliminou paradoxo da Lei Registral e consolidou que não há taxatividade de contratos nem de negócios jurídicos no Brasil. Consagrou-se que a taxatividade que existe no direito brasileiro é dos direitos reais, e não dos atos jurídicos que ensejam mutação jurídico-real. Destarte, o arcabouço legislativo nacional passa a ser mais hospitaleiro ao acolhimento de mais negócios jurídicos que transacionem imóveis e direitos reais imobiliários, agregando segurança jurídica, reduzindo os custos das transações e reforçando o mercado imobiliário nacional.

 Jurisprudência

1. Inviabilidade de se registrar ato constitutivo de associação de moradores na matrícula do imóvel

"Loteamento. Associação – constituição – ato constitutivo. Inscrição – taxatividade – numerus clausus. Direito pessoal. Exigências – impugnação parcial. Não existe previsão legal para a inscrição

---

[499] Cf. JUNQUEIRA, José de Mello. *Alienação fiduciária de coisa imóvel*. São Paulo: Ed. ARISP, 1998. p. 74/75.

Art. 167 | LEI DE REGISTROS PÚBLICOS COMENTADA

(registro ou averbação) do ato constitutivo da associação de manutenção e conservação de loteamento nas transcrições/matrículas dos imóveis que dão origem aos loteamentos porque apenas os títulos constitutivos, declaratórios, translativos ou extintivos de direitos reais é que podem acessar o fólio real, não abrangendo questões que envolvam direito pessoal, como é o caso de eventual obrigação de pagamento de taxa associativa" (CGJSP – Processo 1005361-50.2023.8.26.0268, Des. Francisco Eduardo Loureiro, j. 23/04/2024).

2. Interpretação contemporânea do princípio da tipicidade dos direitos reais

"Registro de Imóveis – procedimento de dúvida – registro de hipoteca judicial – título que se sujeita à qualificação registral – imóvel não pertencente ao devedor, já que alienado fiduciariamente – possibilidade de registro da hipoteca sobre direitos aquisitivos derivados da alienação fiduciária em garantia, cuja natureza jurídica é de direito real de aquisição – *rol* do artigo 1.473 do Código Civil é compatível com a hipoteca de direitos reais de aquisição, em leitura contemporânea do princípio da tipicidade – óbice afastado – apelação provida para autorizar o registro. (...) A interpretação mais adequada do artigo 1.473 do Código Civil é pela possibilidade de registro da hipoteca judicial sobre os direitos do fiduciante oriundos do contrato de alienação fiduciária em garantia, notadamente diante da finalidade do instituto: garantir a satisfação do crédito reconhecido em sentença e facilitar a caracterização de eventual fraude à execução, nos termos do artigo 792, inciso III, do Código de Processo Civil. Ora, referidos direitos do devedor podem ser alienados e penhorados, conforme admitem expressamente o artigo 29 da Lei n. 9.514/1997 e o artigo 835, inciso XII, do Código de Processo Civil. A doutrina tradicional diz que o *rol* do art. 1.473 do Código Civil é *taxativo*. Nada impede, porém, ante a tipicidade elástica que a doutrina moderna confere aos direitos reais, que situações jurídicas não expressamente contempladas pelo legislador possam ser objeto de hipoteca, desde que plenamente compatíveis com a natureza do instituto. A doutrina tradicional afirma que os direitos reais são *numerus clausus* e típicos. A doutrina contemporânea questiona o princípio da tipicidade. Na lição de Gustavo Tepedino, "se de um lado é certo que a criação de novos direitos reais depende de lei, de outro lado também é certo que no âmbito do conteúdo de cada tipo real há um vasto território por onde atua a autonomia privada e que carece de controle quanto aos limites (de ordem pública) permitidos para esta atuação" (Multipropriedade imobiliária. São Paulo, Saraiva, 1993, p. 83). Essa interpretação mais aberta permite dar maior alcance a cada um dos direitos reais. O próprio legislador, na Lei n. 11.481/2007, incluiu no *rol* do art. 1.473 mais três casos de bens hipotecáveis (incisos VIII a X). A inclusão teve por escopo eliminar dúvidas da doutrina quanto à possibilidade de se hipotecarem direitos reais que têm por objeto bens imóveis e são alienáveis a terceiros. Tais figuras, mesmo antes da reforma legislativa, já eram hipotecáveis. Embora não incluídos no rol, são também hipotecáveis o direito real de promissário comprador e o direito real aquisitivo do devedor fiduciante. Óbvio que a hipoteca posterior não afeta os direitos do promitente vendedor e do credor fiduciário, pois somente os direitos aquisitivos serão levados à excussão, sub-rogando-se o arrematante na posição jurídica dos executados. Considerando a regra do artigo 1.420 do Código Civil, não há razão para que não possam ser hipotecados, independentemente de anuência do credor fiduciário. Diferentemente do artigo 29 da Lei n. 9.514/1997, neste caso, a anuência expressa do credor fiduciário pode ser dispensada porque a hipoteca, a princípio, não implica transferência dos direitos de titularidade do devedor fiduciante, que continua responsável pelo pagamento das prestações do financiamento. Ainda que, futuramente, sejam penhorados em processo de execução hipotecária, não será necessária a concordância do credor fiduciário, tendo em vista que a penhora é constrição judicial. Ademais, o direito do devedor fiduciante, por se tratar de um direito real de aquisição sobre imóvel, como já dito, é considerado imóvel para efeitos legais (artigo 80, inciso I, do Código Civil). Assim, se o direito real sobre bem imóvel é considerado pela lei como um imóvel, nada impede que ele seja oferecido em hipoteca, que recai justamente sobre bens imóveis. Em suma, o óbice apresentado pelo Oficial deve ser afastado, com autorização do registro da hipoteca judicial sobre os direitos aquisitivos derivados da alienação fiduciária em garantia pertencentes ao devedor fiduciante" (CSMSP – Apelação Cível 1015540-55.2023.8.26.0361, Rel. Des. Francisco Eduardo Loureiro, j. 11/04/2024).

"Registro de Imóveis – Procedimento de dúvida – Registro de *hipoteca* – Imóvel não pertencente formalmente à devedora, já que alienado fiduciariamente – Devedora da *hipoteca* titular de direitos aquisitivos d fiduciante – Título que faz referência expressa à constituição da garantia sobre *propriedade superveniente* decorrente do adimplemento da obrigação garantida pela alienação fiduciária – Possibilidade – Inteligência do § 1º do art. 1.420 do Código Civil – Garantia válida, que ganha plena eficácia com a retomada da *propriedade* plena pela devedora fiduciante, após a solução da obrigação

– Garantia sobre *propriedade superveniente* pode ocorrer em alienação fiduciária em garantia e em *hipoteca* – Apelação provida, para autorizar o registro.(...) A questão a ser definida, portanto, diz respeito à possibilidade de constituição de *hipoteca* sobre *propriedade* superveiente, pois, de acordo com a cláusula acima transcrita, a garantia cuja inscrição se requer somente produzirá efeitos após o adimplemento da obrigação anterior, garantida por alienação fiduciária. Sobre o tema, preceitua o § 1º do art. 1.420 do Código Civil, dispositivo que faz parte de Capítulo dedicado às disposições gerais aplicáveis ao penhor, à *hipoteca* e à anticrese: *§ 1 º A propriedade superveniente torna eficaz, desde o registro, as garantias reais estabelecidas por quem não era dono.* Trata-se de regra que se aplica perfeitamente ao caso em análise, uma vez que a devedora fiduciante, possuidora direta do bem, retomará a titularidade dominial do imóvel na hipótese de solução da obrigação garantida. Extinta a *propriedade* resolúvel pelo adimplemento, a *propriedade* plena retorna incontinente ao devedor fiduciante, independentemente de nova manifestação de vontade Restaurada a *propriedade* plena em nome da ex- devedora fiduciante, a *hipoteca* inscrita, que já era perfeita no plano de validade, ganha eficácia plena. No dizer de Pontes de Miranda, o § 1º do art. 1.420 do Código Civil trata da *"pós eficalização" da garantia real constituída a non domino (Tratado de direito privado. São Paulo, RT, 1983, t. XX, p. 27)"*. Não há, aqui, promessa de outorga de garantia. A garantia está constituída, mas seus efeitos se subordinam, de modo automático e independentemente de qualquer outra emissão de vontade das partes, à que a devedora fiduciante, hoje titular de meros direitos aquisitivos, readquirir a *propriedade* plena pela solução da primeira obrigação. Note-se que, no caso concreto, não se trata de terceiro sem vínculo algum com o bem que constitui a garantia. Trata-se de *hipoteca* constituída por devedora fiduciante, que mantém a posse direta e direito real aquisitivo sobre o imóvel, e que retomará a *propriedade* plena na hipótese de solução da dívida" (CSMSP – Apelação Cível 1004422-10.2024.8.26.0309, Rel. Des. Francisco Eduardo Loureiro, j. 12/09/2024).

> Art. 167 (...)
> II – a averbação:
> 1) das convenções antenupciais e do regime de bens diversos do legal, nos registros referentes a imóveis ou a direitos reais pertencentes a qualquer dos cônjuges, inclusive os adquiridos posteriormente ao casamento;

Referências Normativas

Lei 10.406/2002 (Código Civil), arts. 1.639 e seguintes.
Lei 6.015/1973, arts. 167, II, nº 1; 178, V; 244.

Comentários

Os pactos antenupciais são objeto de registro no Ofício Predial (LRP, art. 167, I, nº 12). Tal registro é efetuado no Livro nº 3 – Registro Auxiliar (LRP, art. 178, V).[500]

A Lei de Registros Públicos, buscando verdadeiro *enforcement* dessa publicidade, exige ainda que a convenção antenupcial, depois de registrada no Livro 3, seja averbada nas matrículas referentes a imóveis ou a direitos reais pertencentes a qualquer dos cônjuges, inclusive os adquiridos posteriormente ao casamento. Trata-se de verdadeira amarração do sistema registral que permite uma publicidade mais eficiente do regime de bens eleito pelo casal. O art. 244 da LRP condensa didaticamente essa sistemática: "As escrituras antenupciais serão registradas no livro nº 3 do cartório do domicílio conjugal, sem prejuízo de sua averbação obrigatória no lugar da situação dos imóveis de propriedade do casal, ou dos que forem sendo adquiridos e sujeitos a regime de bens diverso do comum, com a declaração das respectivas cláusulas, para ciência de terceiros".

---

[500] Para o aprofundamento do tema relativo ao registro das convenções antenupciais remete-se o leitor interessado aos comentários do art. 167, I, nº 12 da LRP.

Art. 167 | LEI DE REGISTROS PÚBLICOS COMENTADA

Em termos de técnica de registro deve-se fazer uma ressalva: à evidência que quando for efetuado registro (*v.g.*, uma compra e venda) em favor de um casal determinado acompanhará a qualificação de ambos os cônjuges: (i) a menção ao regime de bens do casamento; (ii) se anterior ou posterior à Lei 6.515/1977; e (iii) o número do registro do pacto antenupcial, se houver. Existindo o pacto e não estando ele registrado no Livro 3 – Registro Auxiliar deverá, antes do registro da aquisição imobiliária, ser promovido o registro da convenção antenupcial. Em suma, se já constar do ato registral a referência ao registro do pacto antenupcial, desnecessária será a averbação autônoma dessa circunstância.

O averbamento em testilha assume grande relevância naquelas matrículas nas quais os cônjuges já possuem imóvel antes do casamento. Nesse caso, será de rigor a averbação do casamento constando o número do registro do pacto antenupcial.

Deve-se colocar em evidência que uma interpretação holística da LRP autoriza a conclusão de que a referida averbação é obrigatória, mas não necessariamente deve ser feita simultaneamente com o registro do pacto antenupcial no Livro 3 – Registro Auxiliar. Embora altamente recomendável que sejam de pronto promovidas tais averbações, tão logo ultimado o registro do pacto, é razoável considerar que poderão ser promovidas *a posteriori*. Caberá, portanto, aos interessados promoverem tais averbações rogando-as ao Oficial Predial. Por vezes, a própria redação cautelosa da escritura notarial formaliza a rogação da averbação publicitária na matrícula dos imóveis. De qualquer sorte, cumpre ao Oficial orientar ao usuário da necessidade e relevância da prática do ato complementar de averbamento e, se o caso, exigir requerimento devidamente formalizado nesse sentido.

Insta observar, ainda, que o documento que é objeto de averbação obrigatória na matrícula do imóvel é a certidão da escritura pública de pacto antenupcial, e não a certidão do registro do pacto antenupcial no Cartório de Registro de Imóveis do primeiro domicílio do casal. A distinção é importante, pois uma coisa é a escritura de pacto antenupcial, cuja certidão deve ser obtida no Tabelionato de Notas, e outra é a certidão do registro do pacto antenupcial, cuja certidão é lavrada pelo Cartório de Registro de Imóveis da circunscrição do primeiro domicílio do casal. É este o entendimento da jurisprudência administrativa do Tribunal de Justiça do Estado de São Paulo:

> A exigência formulada pelo Oficial está calcada no art. 244 da Lei nº 6.015/73, que assim dispõe: "As escrituras antenupciais serão registradas no livro nº 3 do cartório do domicílio conjugal, sem prejuízo de sua averbação obrigatória no lugar da situação dos imóveis de propriedade do casal, ou dos que forem sendo adquiridos e sujeitos a regime de bens diverso do comum, com a declaração das respectivas cláusulas, para ciência de terceiros". No mesmo sentido o art. 167, II, 1, da Lei nº 6.015/73, que prevê a averbação "das convenções antenupciais e do regime de bens diversos do legal, nos registros referentes a imóveis ou a direitos reais pertencentes a qualquer dos cônjuges, inclusive os adquiridos posteriormente ao casamento". Há um erro, porém, na exigência do Oficial. Com efeito, o documento que é objeto de averbação obrigatória na matrícula do imóvel é a certidão da escritura pública de pacto antenupcial, e não a certidão do registro do pacto antenupcial no Cartório de Registro de Imóveis do primeiro domicílio do casal. A distinção é importante, pois uma coisa é a escritura de pacto antenupcial, cuja certidão deve ser obtida no Tabelionato de Notas, e outra é a certidão do registro do pacto antenupcial, cuja certidão é lavrada pelo Cartório de Registro de Imóveis da circunscrição do primeiro domicílio do casal. De acordo com o art. 244 da Lei nº 6.015/73, havendo pacto antenupcial, além do registro previsto no art. 1.657 do Código Civil, necessária sua averbação na matrícula de cada um dos imóveis de titularidade do casal. No entanto, o próprio art. 1.657 do Código Civil prevê a possibilidade de os nubentes não efetuarem o registro do pacto antenupcial no Registro de Imóveis de seu domicílio. A consequência, nesse caso, é a ineficácia do pacto perante terceiros. O pacto antenupcial, portanto, sem a publicidade decorrente do registro, vale para o casal, mas não atinge terceiros.[501]

Todos os comentários aqui lançados aplicam-se à união estável quando os conviventes optarem por estabelecer regime de bens diverso do legal por escritura pública (contrato de convivência), nos termos do art. 1.725 do CC.

---

[501] 1ª VRPSP – Processo 0055741-36.2011.8.26.0100, Juiz Carlos Henrique André Lisboa, j. 03/02/2012. Também nesse sentido: CSMSP – Apelação Cível 1121962-08.2016.8.26.0100, Rel. Des. Manoel de Queiroz Pereira Calças, j. 29/09/2017.

Por fim, lembre-se que a correta publicidade do regime de bens impacta diretamente no instituto da vênia conjugal ou convivencial,[502] modelado pelo art. 1.647, I, do Código Civil. Cuida-se de importante causa de legitimação para negócios jurídicos imobiliários que impacta diretamente a qualificação dos fatos inscritíveis pelo registrador predial. A melhor técnica indica que a vênia conjugal descortina hipótese de *assentimento resguardativo*,[503] isto é, não se confunde com o *consentimento*. Nesse há vontade em comum, enquanto no assentimento existe adesão, anuência, aprovação, autorização. *Nota bene!* Não se trata de mero jogo de palavras. Se a hipótese é de consentimento, a sua falta implica ineficácia do ato em relação ao cônjuge que deveria consentir, porque o bem lhe pertence em comunhão. Se o marido vende bem comum, ou bem pertencente em particular à mulher, a venda é ineficaz em relação à mulher e vice-versa, uma vez que vendeu sem ser o titular do domínio. Diferentemente, se o cônjuge vende bem que é seu particular sem o assentimento do outro consorte, há anulabilidade que somente pode ser demandada pelo prejudicado ou seus herdeiros (CC, art. 1.649). A falta de consentimento jamais produz anulabilidade, que é sanção própria da falta de assentimento.[504]

 Jurisprudência

1. O registro do pacto antenupcial e as averbações respectivas

"O pacto antenupcial pode não ser registrado a critério dos nubentes. A consequência é a ineficácia do pacto perante terceiros – vale para o casal, mas não atinge terceiros. Imprescindível a averbação da alteração do regime patrimonial no casamento, feita mediante a apresentação da sentença judicial (art. 1.639, §, 2º do CC), da certidão de trânsito em julgado e da certidão de casamento devidamente averbada. A exigência formulada pelo Oficial está calcada no art. 244 da Lei nº 6.015/73, que assim dispõe: 'As escrituras antenupciais serão registradas no livro nº 3 do cartório do domicílio conjugal, sem prejuízo de sua averbação obrigatória no lugar da situação dos imóveis de propriedade do casal, ou dos que forem sendo adquiridos e sujeitos a regime de bens diverso do comum, com a declaração das respectivas cláusulas, para ciência de terceiros'. No mesmo sentido o art. 167, II, 1, da Lei nº 6.015/73, que prevê a averbação 'das convenções antenupciais e do regime de bens diversos do legal, nos registros referentes a imóveis ou a direitos reais pertencentes a qualquer dos cônjuges, inclusive os adquiridos posteriormente ao casamento'. Há um erro, porém, na exigência do Oficial. Com efeito, o documento que é objeto de averbação obrigatória na matrícula do imóvel é a certidão da escritura pública de pacto antenupcial, e não a certidão do registro do pacto antenupcial no Cartório de Registro de Imóveis do primeiro domicílio do casal. A distinção é importante, pois uma coisa é a escritura de pacto antenupcial, cuja certidão deve ser obtida no Tabelionato de Notas, e outra é a certidão do registro do pacto antenupcial, cuja certidão é lavrada pelo Cartório de Registro de Imóveis da circunscrição do primeiro domicílio do casal. Com o registro da escritura de pacto antenupcial na matrícula, caberá aos interessados averiguar, diligenciando na Serventia Imobiliária do primeiro domicílio do casal, se o regime estabelecido pelos cônjuges é interno ou se produz efeitos erga omnes" (1ª VRPSP – Processo 0055741-36.2011.8.26.0100, Juiz Carlos Henrique André Lisboa, j. 03/02/2012).

2. Regime de bens no casamento e efeitos registrais

"A Corregedoria-Geral da Justiça do Estado de São Paulo já decidiu que se o regime de bens for da separação absoluta, por opção dos contraentes, ainda que celebrado casamento no Exterior, sob as

---

[502] Muito embora o art. 1.647, I, do CC refira-se exclusivamente ao casamento, a melhor orientação caminha no sentido de que o instituto deve ser aplicado também à união estável em decorrência da precisão do art. 1.725 do CC. O Superior Tribunal de Justiça já decidiu que a referida norma deve ser observada na união estável sobretudo se houver publicidade do arranjo patrimonial no Registro de Imóveis. É dizer, estando o contrato de convivência inscrito no Registro Imobiliário, as regras e os efeitos jurídicos da outorga conjugal aplicam-se àquela união estável devidamente formalizada e publicizada, falando-se, assim, em outorga convivencial. Nesse sentido: *STJ* – REsp 1.424.275/MT, *Rel. Min. Paulo de Tarso Sanseverino*, j. 04/12/2014.

[503] Entende-se por *assentimento resguardativo* aquele que possui a finalidade de proteger o interesse de certas pessoas que podem ser afetados por atos de disposição em certos casos de comunhão de interesses [*v.g.*, pessoas casadas (CC, art. 1.647, I); os descendentes e o cônjuge na venda de ascendente para descendente (CC, art. 496); condômino de coisa indivisível (CC, arts. 504 e 1.314, parágrafo único) etc.]. A outra espécie de assentimento é o *assistencial*, que se refere à proteção dos relativamente incapazes.

[504] O tema é tratado com maestria na doutrina de Marcos Bernardes de Mello. MELLO, Marcos Bernardes de. *Teoria do fato jurídico*: plano da validade. 15. ed. São Paulo: Saraiva, 2019. p. 190.

Art. 167 | LEI DE REGISTROS PÚBLICOS COMENTADA

leis de outro País, tendo eficácia no território nacional, haverá a dispensa da autorização. Confira-se: '[...] está claro que o regime de separação de bens resultou de regular e legal opção dos contraentes, e se trata de negócio jurídico cuja lei brasileira reconhece o valor. Em suma, não há comunicabilidade de bens por força do regime que rege o casamento da recorrente, o qual foi celebrado na Itália, cuja certidão de registro foi expedida pelo Consulado da República Federativa do Brasil em Milão e a transcrição foi regularmente providenciada, razão pela qual não é caso de exigir a anuência do cônjuge para a lavratura da escritura de compra e venda do imóvel'" (CGJSP – Processo CG 168.591/2013, Des. Hamilton Elliot Akel, j. 15/04/2014).

"Ambos os consortes devem comparecer e assinar o contrato de alienação fiduciária em garantia (seja escritura pública ou instrumento particular). Na espécie, mesmo que o instrumento formalize o *status* de comparecimento do casal no negócio de forma equivocada, isso, *per se*, não impede o registro do título, devendo o Registrador Imobiliário sempre atentar-se à finalidade da norma e não exclusivamente às formalidades. Deve-se, por princípio, extrair dos títulos que são apresentados a registro a melhor interpretação possível que traga segurança jurídica às partes, não cause prejuízo a terceiros, e permita o acesso do título ao fólio real. No caso, tendo o cônjuge comparecido ao ato, seja a que título for, há plena consciência de que aquele imóvel estava sendo alienado. Resguardada a objetividade jurídica da norma, não há qualquer motivo para justificar uma qualificação negativa. Inexiste ofensa aos princípios registrários da disponibilidade e continuidade, tendo em vista que ambos os titulares do registro compareceram na escritura prenotada, não obstante o tenha feito a mulher apenas como anuente. Não há ilicitude na concretização da vontade das partes, ou risco de prejuízo a terceiros. O ato de alienação foi, portanto, formalizado de maneira válida, contando com a efetiva participação, nos limites expressos na lei civil, de cada um dos titulares do domínio, não subsistindo a uma análise sistemática a afirmativa de que apenas o marido tivesse alienado o bem comum. A propriedade imobiliária, como necessário, está sendo transmitida pelo casal, ou seja, por ambos os titulares do domínio, o que viabiliza o ingresso do título no fólio real" (CSMSP – Apelação Cível 058746-0/3, Rel. Des. Sérgio Augusto Nigro Conceição, j. 24/09/1999).

"A questão da necessidade da outorga conjugal diz respeito, isto sim, às regras de tutela da entidade familiar, impedindo a realização de alienação de bens imóveis particulares por qualquer um dos cônjuges, salvo as exceções legais, sem que o cônjuge não proprietário concorde com o ato ou, sua recusa seja formalmente suprida por decisão judicial. Assim a regra do art. 1.647, I do Código Civil, ao impedir a alienação de bens imóveis por qualquer um dos cônjuges, salvo o caso de adoção do regime da separação absoluta de bens ou da participação final nos aquestos, autorizada previamente a alienação em relação a bens imóveis particulares (art. 1.656, CC). [...] Isto porque a norma visa, em termos finais, a proteção da entidade familiar e seu patrimônio mínimo para fins de consecução de seus objetivos, colocando a norma tal entidade em local privilegiado em relação aos direitos particulares do cônjuge. Isso se justifica na medida em que, embora a pessoa casada possa, livremente, praticar os atos necessários à mantença do casal, alguns negócios jurídicos são tão relevantes para o patrimônio do casal e manutenção do núcleo familiar que, bem por isso, dependem da expressa anuência do outro cônjuge. Assim, independentemente da aquisição da propriedade imóvel ter se dado antes do casamento no regime da comunhão parcial de bens, a anuência do cônjuge do alienante é requisito fundamental para a validade do ato, sem o qual não se admite seu ingresso no registro imobiliário" (CGJSP – Apelação Cível 1000050-19.2019.8.26.0236, Des. Ricardo Mair Anafe, j. 06/02/2020).

3. Regime de bens na união estável e efeitos registrais

"A necessidade de autorização de ambos os companheiros para a validade da alienação de bens imóveis adquiridos no curso da união estável é consectário do regime da comunhão parcial de bens, estendido à união estável pelo art. 1.725 do CCB, além do reconhecimento da existência de *condomínio natural* entre os conviventes sobre os bens adquiridos na constância da união, na forma do art. 5º da Lei 9.278/96. A invalidação da alienação de imóvel comum, realizada sem o consentimento do companheiro, dependerá da publicidade conferida a união estável mediante a averbação de contrato de convivência ou da decisão declaratória da existência união estável no Ofício do Registro de Imóveis em que cadastrados os bens comuns, ou pela demonstração de má-fé do adquirente. Hipótese dos autos em que não há qualquer registro no álbum imobiliário em que inscrito o imóvel objeto de alienação em relação a copropriedade ou mesmo à existência de união estável, devendo-se preservar os interesses do adquirente de boa-fé, conforme reconhecido pelas instâncias de origem" (STJ – REsp 1.424.275/MT, Rel. Min. Paulo de Tarso Sanseverino, j. 04/12/2014).

> Art. 167, II (...)
> 2) por cancelamento, da extinção dos ônus e direitos reais;

CALEB MATHEUS RIBEIRO DE MIRANDA

Referências Normativas

Lei 6.015/1973 (Lei dos Registros Públicos), arts. 248 a 259.

Comentários

O tema do cancelamento foi objeto de comentários aos arts. 248 a 259, aos quais remetemos o leitor.

> Art. 167, II (...)
> 3) dos contratos de promessa de compra e venda, das cessões e das promessas de cessão a que alude o Decreto-lei nº 58, de 10 de dezembro de 1937, quando o loteamento se tiver formalizado anteriormente à vigência desta Lei;

Comentários

O referido item tem conteúdo no mesmo sentido do art. 167, I, item 18, ao qual remetemos o leitor.

> Art. 167, II (...)
> 4) da mudança de denominação e de numeração dos prédios, da edificação, da reconstrução, da demolição, do desmembramento e do loteamento de imóveis;

Referências Normativas

Lei 6.015/1973, Lei dos Registros Públicos, art. 246, § 1º.

Comentários

Mudança de numeração e denominação. A mudança de denominação e de numeração dos prédios deve ser averbada para que se permita a perfeita identificação dos imóveis aos quais a matrícula se refere. Sendo tais elementos parte da descrição do imóvel,[505] em caso de modificação, deve ser inserida no fólio registral a informação atualizada. O requerimento deve ser feito pelo interessado, com firma reconhecida, munido do documento comprobatório.[506]

Edificação, reconstrução, demolição. Pelo princípio da *superfície solo cedit*, as acessões integram-se ao imóvel,[507] e devem ser mencionadas na matrícula as acessões em seu estado atual como forma de aperfeiçoar a especialidade objetiva.

---

[505] BRASIL, Lei 6.015/1973, Lei dos Registros Públicos, art. 176, § 1º, II, 3.
[506] Idem, art. 246, § 1º.
[507] BRASIL, Lei 10.406/2002, Código Civil de 2002, art. 79.

As averbações em questão exigem apresentação da Certidão Negativa de Débitos relativa a contribuições para o INSS da construção da obra,[508] ressalvados os casos de dispensa previstos em instrução normativa[509] ou em lei.[510]

Dispensa-se a apresentação de habite-se nos casos do art. 247-A da presente Lei, a cujos comentários remetemos o leitor. A averbação de construção possui prazo específico de cinco dias para qualificação.[511]

Desmembramento e loteamento. O desmembramento e loteamento não são mais averbados, mas, sim, objeto de registro. Resta, contudo, como objeto de averbação, o mero desdobro. Sobre ambos os temas, remetemos o leitor aos comentários ao art. 167, I, item 19.

 Jurisprudência

"Registro de imóveis – pedido de providências – averbação de construção – exigência de apresentação da certidão negativa de débitos de contribuições previdenciárias (CND) – inteligência do artigo 47, II, da lei nº 8.212/1991 e do subitem 120.3 do capítulo XX do tomo II das normas de serviço da Corregedoria-Geral da Justiça – dever do oficial de velar pelo recolhimento do tributo – óbice mantido – recurso não provido" (CGJSP – Recurso Administrativo: 1034191-93.2020.8.26.0506, Localidade: Ribeirão Preto, Rel. Des. Fernando Antônio Torres Garcia, j. 17/08/2022, DJ 22/08/2022).

"Registro de imóveis – Pedido de providências – Averbação de construção – Exigência de apresentação da certidão negativa de débitos de contribuições previdenciárias – CND – Inteligência do art. 47, II, da Lei nº 8.212, de 24 de julho de 1991 – Dever do Oficial de velar pelo recolhimento do tributo – impossibilidade de reconhecimento de decadência do crédito tributário na via administrativa – Óbice mantido – Recurso não provido" (CGJSP – Recurso Administrativo 1129977-87.2021.8.26.0100, Localidade: São Paulo, Rel. Des. Fernando Antônio Torres Garcia, j. 28/03/2022, DJ 31/03/2022).

"Recurso administrativo. Registro de Imóveis. Alteração de nome de logradouro. Averbação de ofício conforme expressa previsão nas normas de serviço extrajudicial da Corregedoria-Geral da justiça. Item 113 do capítulo XX das NSCGJ, atualmente item 127. Cobrança indevida de emolumentos. Erro evidente que demostra dolo do oficial. Restituição em décuplo e condenação ao pagamento de multa, na forma da lei estadual n. 11.331/02. Extração de cópias e remessa ao corregedor permanente para apuração da conduta do oficial de registro de imóveis. Recurso provido" (CGJSP – Processo: 97.514/2014, Localidade: Limeira, Rel. Des. Hamilton Elliot Akel, j. 28/07/2014, DJ 15/08/2014).

"Recurso – Averbação de construção – Ausência de certificado de conclusão da obra expedido pela prefeitura – "Habite-se" – Noticiado lançamento tributário (IPTU) que não afasta a necessidade do documento que comprove a regularidade da construção – Averbação negada – Recurso não provido" (CGJSP. Processo CG 2014/16032, (143/2014-E). Localidade: Guarulhos, Unidade: 2, Rel. Elliot Akel, j. 19/05/2014, DJe 28/05/2014).

"Registro de imóveis – Averbação de construção – Pedido fundado no art. 247-A da Lei no 6.015/1973 – Ausência de condicionante legal da averbação a emissão de certidão ou documento pela prefeitura municipal – Averbação fundada em autodeclaração do proprietário de que a construção é de um pavimento e monofamiliar, concluída há mais de 5 anos, em área ocupada predominantemente por população de baixa renda – Necessidade de apontamento na averbação de que esta se dá sem habite-se ou atestado de conclusão de obra pela prefeitura, garantindo-se os interesses de terceiros de boa-fé – Fixação da obrigação do registrador comunicar ao município a averbação realizada nos termos do art. 247-A da Lei nº 6.015/1973, para fins de abertura ou regularização do cadastro fiscal e eventual providência de risco ou irregularidade na ocupação, considerando normas cogentes de direito ambiental e urbanístico – Alteração das normas de serviço nos termos da anexa minuta de Provimento" (CGJSP – Processo 185.439/2019, Localidade: São Paulo, Rel. Ricardo Mair Anafe, j. 19/03/2020, DJ 25/08/2020).

---

[508] BRASIL, Lei 8.212/1991, art. 47, II.
[509] BRASIL, Instrução Normativa da Receita Federal 2.021/2021, arts. 34 e seguintes.
[510] BRASIL, Lei 13.465/2017, art. 60.
[511] BRASIL, Lei 6.015/1973, Lei dos Registros Públicos, art. 188, § 1º, I.

"Registro de Imóveis – Dúvida julgada procedente – Negativa de registro de escritura pública – Necessidade de prévia averbação de obra de construção ou reforma do prédio e apresentação da documentação pertinente (habite-se ou certificado de regularidade da obra e CND do INSS) – Questão não afeta ao princípio da cindibilidade dos títulos – Exigências acertadas do Oficial – Registro inviável – Recurso não provido" (CSMSP – Apelação Cível 0012955-74.2011.8.26.0100, Localidade: São Paulo, Rel. Maurício Vidigal, j. 21/11/2011, *DJ* 29/02/2012).

"Registro de Imóveis – Condomínio de casas – Demolição de unidade residencial e edificação de outra ampliada – Alteração da especificação de condomínio caracterizada – Necessidade de aprovação pela totalidade dos condôminos – Inviabilidade de averbação da demolição sem tal aprovação unânime – Averbação pretendida, ademais, que, isoladamente, sob o prisma registral, desvincula o terreno das unidades residenciais, desfigurando o condomínio em questão – Recurso provido" (CGJSP – Processo 789/2005, Localidade: Ribeirão Preto, Unidade: 2, Rel. Gilberto Passos de Freitas. j. 27/03/2006).

> **Art. 167**, II (...)
> 5) da alteração do nome por casamento ou por desquite, ou, ainda, de outras circunstâncias que, de qualquer modo, tenham influência no registro ou nas pessoas nele interessadas;

 Referências Normativas

Lei 6.015/1973, Lei dos Registros Públicos, art. 56 a 58, art. 70, 8º, e art. 246, § 1º.
Lei 9.807/1999, art. 9º.
Código Nacional de Normas do Conselho Nacional de Justiça, Provimento 149/2023, arts. 516 e ss.

 Comentários

Alteração de nome. O nome possui relativa estabilidade em nosso ordenamento. O prenome pode ser mudado uma vez após a maioridade,[512] ser substituído por apelidos públicos notórios,[513] ser modificado para proteção à testemunha[514] ou ser alterado em caso de transgênero.[515] Os sobrenomes podem ser alterados em razão de casamento,[516] união estável[517] ou divórcio,[518] ou para inclusão de sobrenomes familiares,[519] inclusive com as consequentes modificações nos assentos dos descendentes, cônjuge ou companheiro.[520]

Dentre as diversas circunstâncias apontadas, podem ser identificadas três categorias quanto à publicidade da alteração:

> *Para proteção da integridade física:* A alteração do nome para proteção à testemunha configura situação em que deve ser mantido o sigilo para proteção da segurança da pessoa cujo nome foi modificado. Em razão disso, não pode ser feita averbação que contrarie essa necessidade fundamental. Se a pessoa vender o imóvel do qual era titular, ou adquirir outro imóvel, os atos devem ser feitos de modo a impedir, de forma definitiva, a vinculação entre os prenomes.

---

[512] BRASIL, Lei 6.015/1973, Lei dos Registros Públicos, art. 56.
[513] Idem, art. 58.
[514] Idem, art. 57, § 7º.
[515] BRASIL, Código Nacional de Normas do Conselho Nacional de Justiça, Provimento 149/2023, arts. 516 e ss.
[516] BRASIL, Lei 6.015/1973, Lei dos Registros Públicos, arts. 70, 8º e 57, II.
[517] Idem, arts. 57, § 2º e 57, II.
[518] BRASIL, Lei 10.406/2002, Código Civil de 2002, art. 1.578 e Lei dos Registros Públicos, art. 57, III.
[519] BRASIL, Lei 6.015/1973, Lei dos Registros Públicos, art. 57, I.
[520] Idem, art. 57, IV.

Para proteção da intimidade: A alteração do nome a pedido de pessoa transgênero configura, por sua vez, situação em que deve ser mantido o sigilo como meio de preservação da intimidade. Em razão disso, a averbação deve ser feita da forma mais singela possível, sem referência que indique a ocorrência. A averbação pode ser feita com dizeres que indiquem que o nome correto do titular é o novo nome, como se houvesse ocorrido erro na transposição de elementos do título anterior.

Mera notícia: Os demais casos de alteração de nome são situações em que não se exige, no âmbito do Registro de Imóveis, restrição à publicidade, podendo ser averbados diretamente na matrícula.

Importa notar que, em todos os casos, a averbação depende de requerimento do interessado, com firma reconhecida, e comprovação por certidão do Registro Civil.[521]

Alteração de outras circunstâncias. A menção a outras circunstâncias que tenham influência no registro ou nas pessoas interessadas é expressão genérica que permite a inclusão de quaisquer informações que sejam modificadas e relevantes: nacionalidade, endereço, número de CPF, profissão, são exemplos de informações cuja alteração pode ser levada a registro, desde que a averbação seja requerida por interessado, com firma reconhecida.[522]

 Jurisprudência

"Registro de imóveis – Averbação da condição de casado do proprietário do bem – Ausência de apresentação de certidão de casamento – Prova do matrimônio por meio tão só da exibição de certidão do casamento religioso – Inadmissibilidade – Documento, no caso, insuficiente à comprovação do casamento – Inviabilidade, ademais, de suprir, na esfera administrativa, a ausência do registro civil do ato – Averbação pretendida que não pode ser deferida – Recurso não provido" (CGJSP – Processo CG 128.253/2009, Localidade: São Paulo, Rel. Álvaro Luiz Valery Mirra, j. 07/04/2010, DJe 06/05/2010).

"Registro de Imóveis – Averbação irregular cujo teor descumpre o julgado – Determinação de regularização para que a ordem judicial seja cumprida na sua integralidade – Recurso provido" (CGJSP – Processo 325/2004, Localidade: Santos, Rel. Des. Luís Paulo Aliende Ribeiro, j. 28/06/2005, DJ 31/12/1969).

...

"MCRR, obteve, junto à Vara dos Registros Públicos da Comarca de Porto Alegre, a retificação de seu nome e sexo, passando a chamar-se Kátia RR. Em cumprimento a essa ordem judicial determinou o MM. Juiz Corregedor dos Oficiais de Registro de Imóveis da Comarca de Santos que nos registros imobiliários de titularidade da requerente passasse a constar seu novo nome no lugar de Mário Celso.

A ordem foi regularmente cumprida, sem maiores problemas ou dificuldades pelo 1º e pelo 2º Oficiais de Registro de Imóveis da Comarca, o que, no entanto, não ocorreu com o 3º Oficial de Registro de Imóveis de Santos, que, em flagrante descumprimento à ordem judicial que determinava que a alteração do nome do proprietário se fizesse sem ressalvas tendentes a dar indevida publicidade ao motivo da retificação, agiu na Av. 11/9.589 em manifesto desrespeito ao Juízo e ao usuário dos serviços registrários, grafando a averbação, como bem expressou o Ministério Público em seu preciso parecer, de forma que não poderia ser pior para a preservação da intimidade e da privacidade da requerente, pois 'só faltaram luzes coloridas e anúncio sonoro para dar a conhecer a todos que 'Mário' virou 'Kátia'". (f. 77).

A irregularidade na elaboração da Av. 11/9.589 do 3º Oficial de Registro de Imóveis da Comarca de Santos é flagrante e revela conduta grave, erro registrário de responsabilidade do oficial registrador e que, sem prejuízo das providências tendentes ao restabelecimento da ordem jurídica violada, indica a necessidade de apuração no âmbito administrativo, a cargo do MM. Juízo Corregedor Permanente.

---

[521] Idem, art. 246, § 1º.
[522] Idem, ibidem.

Impõe-se, portanto, no caso, a adoção de providência suficiente para que desse clamoroso erro na redação de uma averbação não se estabeleça, de forma perene, desnecessária e contrária ao Direito, continuado desrespeito à intimidade da requerente, direito que tem garantia constitucional.

Não basta, para esse fim, a ponderada providência indicada pelo Ministério Público, no sentido de que não se expeçam certidões pelo meio reprográfico, pois, não sendo esse o costume em todo o registro de imóveis brasileiro, e não havendo essa determinação em face das demais matrículas do próprio 3º Oficial da Comarca de Santos, resultará a expedição em forma diversa da usual, na verdade, em verdadeiro estímulo para que qualquer pessoa com um mínimo de experiência no ramo imobiliário tenha instigada sua curiosidade em conhecer o teor da averbação cancelada, no mínimo para saber se desta não resultaria insegurança para a realização de negócio envolvendo o imóvel. Caso viesse o interessado a conhecer a razão do cancelamento, violado permaneceria o direito à intimidade da requerente, fosse ela ainda a titular do domínio ou mesmo depois que já não mais fosse titular da propriedade. Caso não lhe fosse possível tal ciência, isto poderia, certamente, vir a prejudicar a comercialização do imóvel. Em suma, a providência sugerida não se mostra suficiente para os fins propostos.

As peculiaridades e a gravidade do erro, imputável tão somente ao registrador e efetivado no exercício da atividade delegada, levam, s.m.j. a providência excepcional, destinada, no caso específico, a apagar do histórico da matrícula o dado irregular e indevidamente inserido pelo registrador e que ofende a intimidade de usuário do serviço público delegado. A violação do direito da requerente decorre, efetivamente, da manutenção desse histórico, que, no caso, não revela dado relevante para o registro imobiliário e decorre de erro exclusivo do registrador.

A única providência que se apresenta como suficiente para os fins pretendidos é a de que, por expressa determinação da autoridade incumbida da atividade correcional, no caso já exercida em segundo grau, seja refeita a matrícula, com a data atual, o transporte de todos os registros e averbações que não a Av. 11/9.589 e expressas referências tanto ao fato de que 'a matrícula foi refeita em cumprimento ao decidido nos autos do Processo CG nº 325/2004' e de que a Av. 11/9.589 foi 'cancelada por erro de redação em cumprimento ao decidido nos autos do Processo CG nº 325/2004', lavrando-se, na sequência, nova averbação para o exato cumprimento da ordem de retificação do nome.

A matrícula antiga, com a necessária referência ao aqui decidido, deverá ser arquivada em cartório, sendo vedada, sem ordem judicial específica, publicidade quanto ao seu teor.

A providência é excepcional, e, como ressalvado na fundamentação deste parecer, não importa afrouxamento ou temperamento destinado a 'limpar a matrícula'. Aqui se trata de providência destinada ao restabelecimento da ordem constitucional em face de conduta irregular do oficial registrador, cuja falta de discernimento não pode ser perenizada em detrimento do usuário do serviço público".

Art. 167, II (...)
6) dos atos pertinentes a unidades autônomas condominiais a que alude a Lei nº 4.591, de 16 de dezembro de 1964, quando a incorporação tiver sido formalizada anteriormente à vigência desta Lei;

Comentários

O referido item tem conteúdo no mesmo sentido do art. 167, I, item 18, ao qual remetemos o leitor.

Art. 167, II (...)
7) das cédulas hipotecárias;

Referências Normativas

Decreto-Lei 70/1966.

Comentários

A cédula hipotecária foi introduzida no ordenamento jurídico pelo Decreto-Lei nº 70/1966. Trata-se de instrumento representativo do crédito, emitido pelo credor,[523] que deve ser averbada no Registro de Imóveis e autenticada pelo Oficial antes de ser lançada à circulação,[524] considerando-se transmitida a hipoteca ao seu endossatário.[525]

Para averbação da cédula, basta que tenha sido emitida pelo credor e apresentada à serventia, juntamente com requerimento desse, com firma reconhecida. Para o cancelamento da cédula e da hipoteca, pode ser apresentada a própria cédula devidamente quitada ou autorização judicial,[526] ou, ainda, declaração do emitente ou endossante, se o devedor não possuir a cédula quitada.[527] Além disso, pode a hipoteca ser cancelada em razão da perempção, independentemente de apresentação da cédula. Sobre o tema do cancelamento por perempção, remetemos o leitor aos comentários ao art. 238.

Sobre o cancelamento da hipoteca em caso de endosso, e a necessidade de intimação do devedor para que essa circunstância lhe possa ser oponível, remetemos o leitor aos comentários ao art. 251, na seção "transferência do crédito e cancelamento".

Jurisprudência

"Hipoteca – cédula hipotecária – cancelamento. Perempção.

...

As cédulas de crédito existem em função de um negócio jurídico anterior, estando a ele vinculadas.

No caso em tela, as averbações ocorreram em 1975, não havendo notícia de que alguém tenha reclamado o valor da dívida. Assim, pelo longo lapso temporal de emissão da cédula de crédito e pela probabilidade mínima de se causar dano a terceiro, pode ser mitigada a exigência do artigo 24 do Decreto-Lei 70/66" (1ª VRPSP – Pedido de Providências 1092150-76.2020.8.26.0100, Localidade: São Paulo, Magistrada: Tânia Mara Ahualli, j. 02/12/2020, *DJ* 04/12/2020).

> **Art. 167**, II (...)
>
> 8) da caução e da cessão fiduciária de direitos reais relativos a imóveis; *(Redação dada pela Lei nº 14.382, de 2022)*

Referências Normativas

Lei 4.864/1965, art. 22, §§ 1º e 2º.
Decreto-Lei 70/1966, art. 43.
Lei 10.406/2002, Código Civil de 2002, arts. 1.451 a 1.460.
Lei 10.931/2014, art. 51.

Comentários

Caução. A caução de títulos de crédito era prevista no Código Civil de 1916[528] no capítulo correspondente ao penhor, sendo disciplinada, pelo Código Civil atual,[529] como penhor de direitos e

---

[523] BRASIL, Decreto-Lei 70/1966, art. 10.
[524] Idem, art. 13.
[525] Idem, art. 16, parágrafo único.
[526] Idem, art. 24.
[527] Idem, art. 24, parágrafo único.
[528] BRASIL, Lei 3.071/1916, Código Civil de 1916, arts. 789 a 795.
[529] BRASIL, Lei 10.406/2002, Código Civil de 2002, arts. 1.451 a 1.460.

títulos de crédito. O dispositivo da Lei 9.514/1997 que determina que se aplicam à caução as regras sobre caução de títulos de crédito do Código Civil anterior deve ser entendido como se referindo às regras do penhor de título.

A caução referida no dispositivo em comento é o direito real de garantia por meio do qual os direitos decorrentes de um título são vinculados ao cumprimento de outra obrigação. A caução pode ser mais bem caracterizada pelos direitos e deveres que confere, que são:

1) O credor deve providenciar a notificação do devedor quanto à ocorrência da caução, se esse não se declarou ciente, sob pena da caução não ser eficaz perante ele.[530]
2) O credor é obrigado a praticar os atos necessários à conservação e defesa do direito caucionado.[531]
3) O credor deve cobrar a dívida, assim que se torne exigível, e depositar o valor recebido, se consistir em prestação pecuniária.[532]
4) O credor pode pagar o saldo da promessa de compra e venda, em caso de mora do promissário comprador,[533] que será adicionado à dívida garantida pela caução[534].

Cessão fiduciária. A cessão fiduciária consiste na transferência, em garantia, da titularidade de créditos ao credor fiduciário,[535] a quem competem os direitos de:

1) Conservar os títulos[536] e os créditos.[537]
2) Promover a intimação dos devedores para que não paguem ao cedente.[538]
3) Receber diretamente dos devedores dos direitos cedidos fiduciariamente,[539] e imputar os valores recebidos no pagamento da obrigação do cedente fiduciante, sendo, pelo excedente, depositário.[540]

Diferentemente da alienação fiduciária, a cessão fiduciária não é garantia exclusivamente patrimonial; ou seja, não sendo suficientes os créditos para pagamento da dívida, o devedor continua responsável pelo remanescente.[541]

Semelhanças e diferenças entre caução e cessão fiduciária. A cessão fiduciária e a caução possuem finalidade similar, consistente na vinculação de certos direitos como garantia ao pagamento de uma obrigação. Ambas devem ser averbadas na matrícula, para conhecimento por terceiros.

Divergem os institutos no ponto em que a cessão fiduciária permite a imputação dos valores recebidos ao pagamento, ao passo que a caução exige depósito dos valores em favor do devedor. Ainda, a cessão fiduciária se refere somente a direitos creditórios relativos a alienação de imóveis[542] e direitos reais relativos a imóveis.[543] A caução pode abranger, também, direitos aquisitivos decorrentes de contrato de promessa de compra e venda de imóveis.[544]

É possível, em razão disso, que o vendedor e o promitente vendedor deem seu direito ao recebimento das parcelas do preço em caução ou em cessão fiduciária, pois seus direitos são creditórios.

---

530   BRASIL, Lei 10.406/2002, Código Civil de 2002, art. 1.453.
531   Idem, art. 1.454.
532   Idem, art. 1.455, *caput*.
533   BRASIL, Lei 9.514/1997, art. 21, § 2º.
534   Idem, art. 21, § 3º.
535   Idem, art. 18, *caput*.
536   Idem, art. 19, I.
537   Idem, art. 19, inc. III.
538   Idem, art. 19, inc. II.
539   Idem, art. 19, inc. IV.
540   Idem, art. 19, § 1º.
541   Idem, art. 19, § 2º.
542   Idem, art. 17, II.
543   Conforme dispositivo em comento.
544   BRASIL, Lei 9.514/1997, art. 17, III.

Por sua vez, o promitente comprador só pode dar seus direitos em caução, pois seus direitos não são creditórios, mas aquisitivos.[545]

Cancelamento dos direitos caucionados ou cedidos fiduciariamente e ciência do devedor. Sobre o cancelamento de direitos em caso de transmissão, e a necessidade de intimação do devedor para que essa circunstância lhe possa ser oponível, remetemos o leitor aos comentários ao art. 251, na seção "transferência do crédito e cancelamento".

 Jurisprudência

"Registro de Imóveis – Alienação fiduciária de imóvel em garantia do pagamento de financiamento concedido com recursos do FGTS – Caução dos direitos de crédito decorrentes da alienação fiduciária dada pelo credor fiduciário em favor da Caixa Econômica Federal – Averbação – Admissibilidade – Inteligência do disposto no art. 167, II, n. 8, da Lei n. 6.015/1973 – Recurso provido" (CGJSP – Processo 1035/2006, Localidade: Barueri, Rel. Álvaro Luiz Valery Mirra, j. 02/05/2007).

"1. Admite-se a averbação de caução de direitos relativos a promessa registrada de compra e venda de imóvel (AC 251775) e da propriedade, enquanto vincula a coisa à segurança do cumprimento de dada obrigação. 2. Autoriza-se a averbação da caução, aceita e tomada por termo do art. 588, I e II, do Código de Processo Civil, do direito de propriedade imobiliária (art. 167, II, n. 8, da Lei de Registros Públicos)" (CSMSP – Apelação Cível 282567/79, Localidade: São Paulo, Rel. Des. Andrade Junqueira, j. 27/07/1979).

Art. 167, II (...)

9) das sentenças de separação de dote;

 Referências Normativas

Lei 3.071/1916, Código Civil de 1916, arts. 308 e 309.

 Comentários

A separação de dote era o ato por meio do qual a administração dos bens dotais era atribuída à mulher, mantida a inalienabilidade, em razão de desordem dos negócios do marido que a levasse a recear que seus bens não fossem suficientes para assegurar os dela. O procedimento para sua declaração era judicial.

Em decorrência da mudança na administração, ficava modificado o regime dotal, e a notícia era levada à matrícula por meio de averbação. O título a ser apresentado era o mandado judicial determinando a separação do dote, com indicação do trânsito em julgado da sentença.

Art. 167, II (...)

10) do restabelecimento da sociedade conjugal;

 Referências Normativas

Lei 10.406/2002, Código Civil de 2002, art. 1.577

---

[545] Idem, art. 21, §§ 2º e 3º.

Comentários

O restabelecimento da sociedade conjugal é o ato por meio do qual os cônjuges separados podem reanimar o vínculo conjugal em sua integridade. Com a separação, cessa a sociedade conjugal,[546] ocorre a separação de corpos,[547] cessam os deveres de coabitação e fidelidade recíproca e extingue-se o regime de bens,[548] devendo ser realizada a partilha.[549] Contudo, o casamento não se tem por dissolvido.[550] Se duas pessoas, então casadas, se divorciaram e, após, decidem ser novamente casadas, esse estado só pode ser obtido pela realização de novo casamento. Entretanto, se as pessoas estão somente separadas, é possível o reestabelecimento da sociedade conjugal, por ato em juízo[551] ou por escritura pública.[552] A reconciliação não prejudica direitos de terceiros, adquiridos antes e durante o estado de separado, seja qual for o regime de bens.[553]

O título a ser apresentado ao Registro de Imóveis é a certidão do Registro Civil onde averbado o restabelecimento da sociedade conjugal.[554] Ainda depois do restabelecimento da sociedade conjugal, os bens adquiridos durante o estado de separação são considerados adquiridos fora do estado civil de casados. Isso significa que só entrarão na comunhão se o regime de bens aplicável determinar a comunicação de todos os bens – como é o caso no regime de comunhão universal –,[555] mas não se o regime só determinar a comunicação dos bens adquiridos durante o casamento – como é o caso do regime da comunhão parcial de bens.[556]

 Jurisprudência

"Carta de sentença notarial – inventário. Continuidade. Separação judicial – reconciliação – regime de bens. Restabelecimento de sociedade conjugal – efeitos *ex nunc*" (1ª VRPSP – Processo 1019960-86.2018.8.26.0100, Localidade: São Paulo, Magistrada: Tânia Mara Ahualli, j. 05/11/2018, *DJ* 07/11/2018).

"Recurso Administrativo – Sentença de restabelecimento da sociedade conjugal proferida após o falecimento e anotação do óbito do cônjuge – impossibilidade de averbação – Recurso não provido" (CGJSP – Processo 73.115/2013, Localidade: São Paulo, Rel. José Renato Nalini, j. 30/08/2013, *DJ* 09/09/2013).

"Registro de imóveis – separação judicial – posterior reconciliação do casal que não retroage para fins de atribuir à esposa metade do imóvel que foi adquirido pelo marido no período em que dela estava separado judicialmente – efeitos 'ex nunc' da sentença que restabelece a sociedade conjugal – recurso provido" (CSMSP – Apelação Cível 0003630-96.2010.8.26.0363, Localidade: Moji Mirim, Rel. José Renato Nalini, j. 21/06/2012, *DJ* 28/08/2012).

> **Art. 167**, II (...)
>
> 11) das cláusulas de inalienabilidade, impenhorabilidade e incomunicabilidade impostas a imóveis, bem como da constituição de fideicomisso;

---

[546] BRASIL, Lei 10.406/2002, Código Civil de 2002, art. 1.571, III.
[547] BRASIL, Lei 10.406/2002, Código Civil de 2002, art. 1.575, *caput*.
[548] BRASIL, Lei 10.406/2002, Código Civil de 2002, art. 1.576, *caput*.
[549] BRASIL, Lei 10.406/2002, Código Civil de 2002, art. 1.575, *caput*.
[550] BRASIL, Lei nº 10.406/2002, Código Civil de 2002, art. 1.571, § 1º.
[551] BRASIL, Lei nº 10.406/2002, Código Civil de 2002, art. 1.577, *caput*.
[552] Em analogia à separação consensual, nos termos do art. 733 do Código de Processo Civil, *caput*.
[553] BRASIL, Lei nº 10.406/2002, Código Civil de 2002, art. 1.577, parágrafo único.
[554] BRASIL, Lei nº 10.406/2002, Código Civil de 2002, art. 10, inc. I.
[555] BRASIL, Lei nº 10.406/2002, Código Civil de 2002, art. 1.667.
[556] BRASIL, Lei nº 10.406/2002, Código Civil de 2002, art. 1.659, inc. I, e art. 1.660, inc. I.

Referências Normativas

Lei 10.406/2002, Código Civil de 2002, arts. 1.848, 1.911, 1.951 a 1.960.

Comentários

Cláusulas restritivas. As cláusulas de inalienabilidade, impenhorabilidade e incomunicabilidade são genericamente denominadas cláusulas restritivas, pois limitam os efeitos de certas relações jurídicas relativas à propriedade. A cláusula de inalienabilidade retira o poder de disposição do titular, a cláusula de impenhorabilidade retira o bem da responsabilidade por dívidas de seu titular, e a cláusula de incomunicabilidade impede que o regime patrimonial decorrente das relações familiares do titular do bem efetue a comunicação do bem ao cônjuge ou companheiro.

A cláusula de inalienabilidade implica impenhorabilidade e incomunicabilidade,[557] de modo que em todas as cláusulas há efeitos protetivos ao titular, especialmente a proteção à comunicação patrimonial ou contra execução.

As cláusulas de incomunicabilidade e impenhorabilidade são exclusivamente protetivas, pois não lhe retiram qualquer faculdade, podendo o titular, inclusive, dar o bem em garantia ou oferecê-lo à penhora. Sobre o tema, assim dispõe o Enunciado 27 da I Jornada de Direito Notarial e Registral do Conselho da Justiça Federal:

> ENUNCIADO 27 – A cláusula de impenhorabilidade, imposta em doação ou testamento, não obsta a alienação do bem imóvel, nem a outorga de garantia real convencional ou o oferecimento voluntário à penhora, pelo beneficiário.

A imposição da cláusula de inalienabilidade, por sua vez, é modificativa do direito, porque retira a capacidade de disposição do titular, ao mesmo tempo que o protege contra diminuições patrimoniais consequentes de relações familiares ou de execuções.

Absoluta ou relativa. A cláusula de inalienabilidade pode ser absoluta ou relativa. Não é de todo incomum que os doadores estipulem que os donatários podem vender os bens a certas pessoas ou, se condôminos, entre si. Nesse caso, há decisão administrativa no sentido de que se mantêm as cláusulas na venda entre titulares de frações ideais clausuladas.

Requisitos. As cláusulas restritivas só podem ser impostas em atos de liberalidade, e desde que antes da transmissão do bem. Isso significa dizer que, lavrada a escritura de doação, enquanto não registrada, é possível a lavratura de escritura complementar para imposição de cláusulas, desde que com a participação de todos os doadores e donatários. Realizado o registro, contudo, a imposição é vedada, porque ninguém pode impor cláusulas sobre os próprios bens.

Para imposição de cláusulas restritivas sobre bens da legítima, quer no testamento ou na doação, faz-se necessária a declaração de justa causa.[558] O Oficial deve verificar a existência de declaração da causa, mas a própria causa não será objeto de qualificação quanto à idoneidade para sua imposição pelo Oficial, exceto em caso de absoluta irrazoabilidade.[559] A justa causa não será mencionada no ato de averbação a ser praticado.

Para cancelamento das cláusulas restritivas, é necessário que seja lavrado instrumento público[560] ao qual compareçam ambas as partes. Se um dos doadores já for falecido, a parcela doada por esse não poderá ser liberada por outro, salvo se expressamente assim foi indicado no instrumento de transmissão. O falecimento do doador que tenha reservado o usufruto extingue o usufruto, mas não implica extinção da cláusula como consequência lógica.

---

[557] BRASIL, Lei 10.406/2002, Código Civil de 2002, art. 1.911.
[558] Idem, art. 1.848, *caput*.
[559] Imagine-se, por exemplo, a imposição de cláusula de inalienabilidade em razão de que o filho não torce para determinado time de futebol e que, em razão disso, o pai considera que não tem capacidade de administrar os próprios bens. A cláusula é inválida, e o título deve ser devolvido.
[560] BRASIL, Lei 10.406/2002, Código Civil de 2002, art. 108.

Para sub-rogação, é necessária decisão judicial.[561]

Fideicomisso. Fideicomisso é disposição testamentária por meio da qual o testador – fideicomitente – estabelece que, com o falecimento do beneficiário primário – fiduciário –, ou sob certa condição,[562] os bens passam ao beneficiário secundário – fideicomissário.[563] A substituição fideicomissária só se permite em favor dos não concebidos ao tempo da morte do testador,[564] convertendo-se em usufruto o direito do fiduciário se o fideicomissário já for nascido ao tempo do falecimento.[565] O direito do fiduciário equivale a uma propriedade restrita e resolúvel.[566]

O fideicomisso deve ser averbado, vez que se trata de disposição que afeta tanto a propriedade do fiduciário – que é restrita e resolúvel – como o destino do bem com seu falecimento[567] ou renúncia.[568] O Conselho Superior da Magistratura Paulista já decidiu que é possível que o fideicomitente atribua ao fiduciário a escolha do fideicomissário, desde que previamente identificados os componentes de um grupo familiar dentre os quais possa a escolha recair.

Consolidação da propriedade no fideicomisso. A propriedade no fideicomisso pode se tornar plena: ao fideicomissário que aceitar, se o fiduciário renunciar;[569] e ao fiduciário, se fideicomissário morrer antes daquele,[570] ou se o fideicomissário morrer antes de realizar-se a condição resolutória do direito do fiduciário.[571]

Jurisprudência

"Registro de Imóveis – Dúvida – Ingresso de escritura pública de venda e compra – Imóvel gravado com cláusula de inalienabilidade – Dúvida procedente – Recurso improvido – Decisão mantida.

...

Não obstante se apresente com deficiente redação a escritura lavrada em 30 de dezembro de 1985 no livro 122, fls. 80, do tabelião de notas da Comarca de São Simão, ao mencionar expressamente apenas a cláusula de indisponibilidade, não é possível negar a instituição, também, da cláusula de inalienabilidade, decorrente da estipulação, na escritura de doação, de que 'os condôminos somente poderão alienar suas partes ideais em favor dos demais donatários co-proprietários', inscrita no registro imobiliário por meio da Av. 3/61.080. Presente, no caso, hipótese de inalienabilidade relativa, mostra-se procedente a recusa da oficial registradora, amparada em pacífica a jurisprudência deste Egrégio Conselho Superior da Magistratura ..." (CSMSP – Apelação Cível: 058896-0/7, Localidade: Ribeirão Preto, Rel. Des. Sérgio Augusto Nigro Conceição, j. 03/02/2000).

"...

O ponto nuclear da questão em exame cinge-se à interpretação dos itens 'e' e 'f' da escritura de doação (fls. 119/130), que contém a imposição das cláusulas.

A disposição encontra-se vazada nos seguintes termos: 'e) que a presente doação é feita em três partes iguais, embora ideais, para os compradores, cessionários e donatários e com as cláusulas de incomunicabilidade, inalienabilidade e consequente impenhorabilidade, podendo os mesmos, entretanto, dispor da renda; f) que, entretanto, com relação a inalienabilidade, fica facultado a qualquer dos compradores, cessionários e donatários, caso o queira, alienar a sua parte somente aos outros dois condôminos ou a qualquer um deles e nunca a estranhos' (sic).

..."

---

[561] Idem, art. 1.848, § 2º.
[562] Idem, art. 1.958.
[563] Idem, art. 1.951.
[564] Idem, art. 1.952, *caput*.
[565] Idem, art. 1.952, parágrafo único.
[566] Idem, art. 1.953, *caput*.
[567] Idem, art. 1.951.
[568] Idem, art. 1.955.
[569] Idem, ibidem.
[570] Idem, art. 1.958.
[571] Idem, ibidem.

Art. 167 | LEI DE REGISTROS PÚBLICOS COMENTADA

No momento em que houve a instituição da inalienabilidade relativa, pretenderam, à toda evidência, os doadores, que o imóvel permanecesse no círculo familiar, ou mais especificamente entre os irmãos, caso estes não achassem conveniente a comunhão, mas sempre com o caráter vitalício.

...

Ora, 'in casu', caso se admita que a cláusula de inalienabilidade desapareceria quando da venda à qualquer dos condôminos, estar-se-ia convalidando uma inocuidade, desde que bastaria a alienação, pelos donatários, de uns aos outros para que todas as partes ficassem, de imediato liberadas" (CSMSP – Apelação Cível: 002573-0/83, Localidade: São Paulo, Rel. Des. Bruno Affonso de André, j. 22/09/1983).

"Registro de Imóveis – dúvida – registro de escritura de compra e venda com confissão e assunção de dívida e pacto adjeto de hipoteca – desnecessidade de cancelamento de hipoteca anterior para averbação de nova garantia – impossibilidade, no entanto, de manutenção de cláusulas de impenhorabilidade, visto que se trata de contrato oneroso – inteligência do art. 11 da Lei Complementar n. 93/98 – possibilidade de registro da escritura, desconsideradas as cláusulas, em face do princípio da cindibilidade – recurso provido" (CSMSP – Apelação Cíve: 0002464-95.2012.8.26.0480, Localidade: Presidente Bernardes, Rel. Des. Elliot Akel, j. 24/06/2014, *DJ* 20/08/2014).

"Registro de imóveis – Pedido de Providências – arrematação- existência de doação com cláusulas de inalienabilidade, incomunicabilidade e impenhorabilidade – nulidade das cláusulas – falta de motivação – ordem de sustação da carta de arrematação- indeferimento.

...

Ao que consta na matrícula do imóvel, as cláusulas de incomunicabilidade, impenhorabilidade e inalienabilidade não estão justificadas, sendo, portanto, são nulas.

Ademar Fioranelli, em sua obra 'Das cláusulas de inalienabilidade, impenhorabilidade e incomunicabilidade', Editora Saraiva, 2009, pag. 9, comenta que:

'Respeitadas as opiniões divergentes, o certo é que o novo código autoriza expressamente a imposição de cláusulas restritivas à legítima, por testamento ou doação (como antecipação de legítima), exigindo que no título constem as razões do testador para impô-las (a justa causa). Não mais prevalece a vontade incondicionada do testador, mas a necessidade legal de declarar o justo motivo para tornar válida e efetiva a imposição'" (1ª VRPSP – Processo 0064190-12.2013.8.26.0100, Localidade: São Paulo, Magistrada: Tânia Mara Ahualli, j. 08/04/2014, *DJ* 25/04/2014).

"Registro de Imóveis – Dúvida – Recusa do Oficial em registrar escritura pública de doação com reserva de usufruto – Cláusulas restritivas – Inexistência de indicação de justa causa – Inteligência dos arts. 1.848, 'caput', e 2042 do Código Civil – Nulidade – Cindibilidade do título – Precedentes do Conselho Superior – Registro da escritura de doação, desconsiderada a cláusula restritiva – Recurso provido" (CSMSP – Apelação Cível 0024268-85.2010.8.26.0320, Localidade: Limeira, Rel. Maurício Vidigal, j. 21/11/2011 *DJ* 29/02/2012).

"Registro de Imóveis – Dúvida julgada procedente – Negativa de registro de escritura pública de doação – Imposição imotivada de cláusulas restritivas – Inteligência dos artigos 1.848, 'caput', e 2042 do Código Civil – Nulidade – Cindibilidade do título – Desconsideração das limitações – Recurso provido" (CSMSP – Apelação Cível: 0008818-68.2012.8.26.0438, Localidade: Penápolis, Rel. Des. José Renato Nalini, j. 06/11/2013, *DJ* 06/11/2013).

"Sucessões – partilha – meação. Doação – cláusulas restritivas. O cancelamento ulterior de cláusula restritiva não alcança o ato jurídico perfeito e acabado de aquisição do imóvel. Cônjuge supérstite não está legitimado para figurar como meeira se o bem não entrou na comunhão de bens.

...

O ato de doação realmente está perfeito e acabado, não podendo se transmudar. Todavia, isto não se aplica às cláusulas nele impostas, vez que com o advento morte perderam sua eficácia. Com a perda da eficácia, o bem passa ao patrimônio do donatário livre, podendo comunicar-se ao cônjuge e demais herdeiros de acordo com o regime de bens adotados. Vale fazer menção aos ensinamentos do ilustre Drº Ademar Fioranelli, que com muita propriedade abordou sobre o tema:

'De igual modo, é possível o cancelamento da clausula temporária, subordinada a determinado evento, condição ou o avento do termo estabelecido, desde que devidamente comprovados (v.G., casamento do donatário, sua maioridade, morte do doador, tempo de duração, etc.), mediante o assentamento do registro civil.

Quando estabelecidas até o beneficiado atingir a maioridade, não se extingue pela emancipação (RT, 181/271).

Interessante observar que, com o cancelamento das clausulas de inalienabilidade, impenhorabilidade e incomunicabilidade devido ao cumprimento da condição ou advento do termo (certo ou incerto), o imóvel antes gravado com referido vínculo experimenta notável transformação, recobrando o proprietário o direito de livre disposição, e os credores a garantia de seus créditos.

O bem antes incomunicável, de propriedade exclusiva, passa à condição de coisa comum, na eventualidade do beneficiário casar-se ou mesmo de já estar casado no momento da liberalidade (doação ou testamento), pelo regime da comunhão universal de bens, entrando na partilha pela dissolução da sociedade conjugal ou na transmissão mortis causa' (g.n) (Das cláusulas de inalienabilidade, impenhorabilidade e incomunicabilidade, Ed. Saraiva, págs. 80/81)" (1ª VRPSP – Processo 1086314-25.2020.8.26.0100, Localidade: São Paulo, Magistrada: Tânia Mara Ahualli, j. 04/02/2021, *DJ* 08/02/2021).

"Registro de imóveis – Averbação de cancelamento de cláusula de inalienabilidade em razão do falecimento dos doadores usufrutuários – Pretensão indeferida – Decisão mantida – Recurso não provido.

...

Neste sentido é pacífica a jurisprudência do Egrégio Conselho Superior da Magistratura, como expresso no v. acórdão que decidiu a apelação cível nº 11.488-0/1, da Comarca de Piracicaba, Relator o Des. Onei Raphael Pinheiro Oricchio:

'O recorrente, segundo os autos, como adquirente do um imóvel situado na cidade do Piracicaba-SP, pretendo o respectivo registro, sob a alegação do que a cláusulas instituídas quando da doação do referido bem aos vendedores, não podem persistir após o falecimento dos doadores.

Todavia, o imóvel foi efetivamente, doado aos vendedores, com reserva do usufruto vitalício, além da incidência das cláusulas de inalienabilidade e impenhorabilidade, que, igualmente, oneram o bem, restringindo o exercício pleno dos direitos da propriedade. Portanto, persistindo essas cláusulas, impossível o registro subsequente, sem o cancelamento ou até a extinção dos gravames mencionados. A apreciação das cláusulas restritivas, bem como a interpretação quanto vontade dos doadores, somente poderá ocorrer em procedimento próprio, diverso deste, de âmbito eminentemente administrativo'" (CGJSP – Processo 25/98, Localidade: Jundiaí, Rel. Des. Luís Paulo Aliende Ribeiro, j. 29/01/1998).

"Ementa: Registro de Imóveis – Pedido de providências – Pretensão de averbação de cancelamento de cláusulas restritivas incluídas por força de escritura pública de doação – Impossibilidade – Necessidade de prévia alteração do contrato de doação – Pedido de providências rejeitado – Recurso não provido.

Ementa Kollemata: doação – cláusulas restritivas – cancelamento. Vivos os doadores, as cláusulas poderão ser revogadas com expressa anuência do proprietário (donatário, herdeiro ou legatário). A renúncia deverá ser formalizada por instrumento público (art. 472 do CC)" (1ª VRPSP – Pedido de providência: 1126499-47.2016.8.26.0100, Localidade São Paulo, Magistrada: Tânia Mara Ahualli, j. 22/05/2017, *DJ* 22/05/2017).

"Registro de imóveis – Escritura pública relativa à doação de numerário para a compra da nua-propriedade de imóveis com imposição, pelos doadores, de cláusula de inalienabilidade, impenhorabilidade e incomunicabilidade e à compra, pelos donatários, da nua-propriedade e, pelos doadores, do usufruto vitalício. Possibilidade. Negócios jurídicos que não afrontam a ordem pública e aos bons costumes. Dúvida procedente. Recurso a que se dá provimento" (CSMSP – Apelação Cível 078532-0/3, Localidade: São José do Rio Preto, Rel. Luís de Macedo, j. 30/08/2001, *DJ* 08/10/2001).

"Registro de Imóveis. Escritura de venda e compra de imóvel acoplada a doação de numerário para aquisição do bem, com cláusula de incomunicabilidade. Doação feita como antecipação da legítima da donatária. Registro inviável. Necessidade de expressa menção da justa causa para imposição da restrição. Inteligência do art. 1.848 do Código Civil, aplicável à hipótese de doação. Impossibilidade, no caso, de cisão do título para autorizar o registro, afastada a cláusula inválida. Recurso não provido" (CSMSP – Apelação Cível 776-6/2, Localidade: General Salgado, Rel. Gilberto Passos de Freitas. j. 29/11/2007).

"Recurso especial. Direito civil. Doação. Herdeiros necessários. Antecipação de legítima. Cláusula de inalienabilidade e usufruto. Morte dos doadores.

1. Controvérsia acerca da possibilidade de cancelamento de cláusula de inalienabilidade instituída pelos pais em relação ao imóvel doado aos filhos.

2. A doação do genitor para os filhos e a instituição de cláusula de inalienabilidade, por representar adiantamento de legítima, deve ser interpretada na linha do que prescreve o art. 1.848 do CCB, exigindo-se justa causa notadamente para a instituição da restrição ao direito de propriedade.

3. Possibilidade de cancelamento da cláusula de inalienabilidade após a morte dos doadores, passadas quase duas décadas do ato de liberalidade, em face da ausência de justa causa para a sua manutenção.

4. Interpretação do art. 1.848 do Código Civil à luz do princípio da função social da propriedade.

5. RECURSO ESPECIAL PROVIDO (STJ – RESP: 1.631.278 – Rel. Paulo de Tarso Sanseverino, PR Localidade: Paraná j. 19/03/2019, *DJ* 29/03/2019).

"Inalienabilidade, impenhorabilidade e incomunicabilidade – Cláusulas instituídas em favor de pessoas já falecidas, bem como do marido, ainda vivo, de uma das falecidas – Morte das beneficiárias acarreta imediata extinção da limitação, que pode ser levantada administrativamente – Inviabilidade, porém, de se levantar, nesta sede, limitação instituída em favor do sobrevivo, sequer parte no feito – Documentos acostados, ademais, que não possibilitam análise mais aprofundada acerca da vontade do testador, ao tempo do testamento – Recurso Desprovido" (CGJSP – Processo: 0004141-57.2016.8.26.0566, Localidade: São Carlos, Rel. Manoel de Queiroz Pereira Calças, j. 24/01/2017, *DJ* 20/03/2017).

"Recurso – Revogação das cláusulas de impenhorabilidade e inalienabilidade – Falecimento de um dos instituidores – Indispensabilidade da via judicial para suprimento do consentimento – Decisão mantida – Recurso não provido" (CGJSP – Processo 61318/2012, Localidade: São Paulo, Rel. José Renato Nalini, j. 02/08/2012).

"Ementa...: Registro de Imóveis – Pretendido acesso de instrumento de fideicomisso – Inexistência de instituição para além do segundo grau – Identificação do fideicomissário – Ingresso deferido – Dúvida improcedente
...
não se vê irregularidade na atribuição, ao fiduciário, da escolha de um, ou alguns, mas dentre fideicomissários previamente identificados, e componentes de uma mesma família, dos que seriam beneficiados pela deixa sucessiva. Isto se depreende da disposição do artigo 1.668, I, do Código Civil, preceito inclusive levado, pela doutrina, à regência de caso mesmo de liberalidade inter vivos, em que não há previsão expressa (v. Agostinho Alvim, in *Da Doação*, Saraiva, 2ª ed., p. 34).
...
... dispor-se que o que se transmitirá aos fideicomissários será a sobra de alienações autorizadas nada mais é do que reforçar a condição de proprietário do fiduciário, posto que resolúvel (art. 1.734), representando, de toda forma, a instituição do chamado fideicomisso residual, pese embora com resistência, predominantemente aceito em doutrina (v., a propósito, alusão de Sílvio de Salvo Venosa, in Direito Civil, Atlas, 2002, vol. VI, p. 217)" (CSMSP – Apelação Cível 095036-0/4, Localidade: São Paulo, Rel. Des. Luiz Tâmbara, j. 22/11/2002).

> **Art. 167**, II (...)
>
> 12) das decisões, recursos e seus efeitos, que tenham por objeto atos ou títulos registrados ou averbados;

📖 Comentários

A averbação de decisões, recursos e seus efeitos foi objeto de comentários junto ao item 167, I, 21, ao qual remetemos o leitor.

> Art. 167, II (...)
> 13) *ex officio*, dos nomes dos logradouros, decretados pelo Poder Público.

Referências Normativas

Constituição Federal, art. 30, I.

Comentários

A denominação das ruas é competência dos Municípios, em razão de se tratar de assunto de interesse local,[572] que tem influência, inclusive, no adequado ordenamento territorial,[573] especialmente se há padronização na nomenclatura pelo uso de numeração. Alterado o logradouro, por se tratar de elemento identificador do imóvel,[574] tal circunstância deve ser levada à matrícula, inclusive de ofício. A denominação dos logradouros, conforme decisão do STF indicada, pode ser realizada pelos poderes Executivo, por decreto, ou pelo Legislativo, por meio de lei.

Jurisprudência

"Recurso administrativo. Registro de Imóveis. Alteração de nome de logradouro. Averbação de ofício conforme expressa previsão nas normas de serviço extrajudicial da corregedoria-geral da justiça. Item 113 do capítulo XX das NSCGJ, atualmente item 127. Cobrança indevida de emolumentos. Erro evidente que demostra dolo do oficial. Restituição em décuplo e condenação ao pagamento de multa, na forma da lei estadual n. 11.331/02. Extração de cópias e remessa ao corregedor permanente para apuração da conduta do oficial de registro de imóveis. Recurso provido" (CGJSP – Processo: 97.514/2014, Localidade: Limeira, Rel. Des. Hamilton Elliot Akel, j. 28/07/2014, *DJ* 15/08/2014).

"Ementa: Recurso extraordinário com repercussão geral reconhecida. Competência para denominação de próprios, vias e logradouros públicos e suas alterações. Coabitação normativa entre os poderes executivo (decreto) e o legislativo (lei formal), cada qual no âmbito de suas atribuições.

1. Tem-se, na origem, ação direta de inconstitucionalidade proposta perante o Tribunal de Justiça do Estado de São Paulo em face do art. 33, XII, da Lei Orgânica do Município de Sorocaba, que assim dispõe: 'Art. 33. Cabe à Câmara Municipal, com a sanção do Prefeito, legislar sobre as matérias de competência do Município, especialmente no que se refere ao seguinte: (...) XII – denominação de próprios, vias e logradouros públicos e suas alterações'.

2. Na inicial da ação direta, a Procuradoria-Geral de Justiça do Estado de São Paulo sustenta que tal atribuição é privativa do Chefe do Poder Executivo.

...

11. Fixada a seguinte tese de Repercussão Geral: 'É comum aos poderes Executivo (decreto) e Legislativo (lei formal) a competência destinada a denominação de próprios, vias e logradouros públicos e suas alterações, cada qual no âmbito de suas atribuições'" (Supremo Tribunal Federal, Recurso Extraordinário 1.151.237, São Paulo, Rel. Min. Alexandre de Moraes Recte.(S): Mesa Da Câmara Municipal de Sorocaba Recdo.(A/S): Procurador-Geral de Justiça do Estado de São Paulo, j. 03/10/2019).

"Registro de imóveis – Se, por um lado, é a afetação pública que confere à via ou leito sua classificação entre os bens de domínio público; por outro, sem essa afetação, mera passagem de pedestre, sem função circulatória pública, com feição condominial no registro imobiliário, desde 1963, destinada

---

[572] BRASIL, Constituição Federal, art. 30, I.
[573] Idem, art. 30, VIII.
[574] BRASIL, Lei 6.015/1973, Lei dos Registros Públicos, art. 176, § 1º, II, 3, alínea *b*.

apenas a servir os moradores de quatro unidades resultantes da divisão de imóvel maior, não pode ser qualificada como bem público, nada obstante a capa de regularização municipal – Cancelamento de averbação – Recurso não provido" (CGJSP. Processo 194/2006, Localidade: São Paulo Unidade: 12, Rel. Gilberto Passos de Freitas, Data: 06/10/2006, j. 05/09/2006).

> **Art. 167**, II (...)
> 14) das sentenças de separação judicial, de divórcio e de nulidade ou anulação de casamento, quando nas respectivas partilhas existirem imóveis ou direitos reais sujeitos a registro.
> *(Incluído pela Lei nº 6.850, de 1980)*

Referências Normativas

Lei 10.406/2002, Código Civil de 2002, arts. 1.639 a 1.686
Lei 13.105/2015, Código de Processo Civil, arts. 731 a 734.

Comentários

A partilha decorrente da extinção das relações familiares é realizada com relação aos bens componentes da comunhão. A identificação dos bens que entram na comunhão observa as regras típicas do regime de bens escolhido[575] bem como as previsões específicas do pacto antenupcial.[576] A comunhão caracteriza-se pela existência de cotitularidade sobre os bens sem especificação da fração ideal pertencente a cada um dos cotitulares. Com a extinção da causa da comunhão – a relação matrimonial ou convivencial – necessário que os bens sejam partilhados entre seus componentes.

A partilha pode ser feita na via judicial, ou na via extrajudicial, nesse último desde que seja consensual e não haja filhos incapazes.[577] O instrumento a ser apresentado ao registro é o formal de partilha ou a escritura de partilha por fim de sociedade conjugal ou convivencial.

Atos sem partilha. Principais aspectos que podem surgir na prática registral referem-se à ausência da respectiva partilha e possibilidade de disposição dos bens pelo então comunheiro. Delineiam-se as seguintes situações, sem prévia partilha:

1) Disposição de fração ideal por um dos comunheiros ao outro.
2) Disposição de fração ideal por um dos comunheiros a terceiro.
3) Disposição da totalidade do bem por um dos comunheiros a terceiro.
4) Disposição da totalidade do bem por ambos os comunheiros a terceiro.

Disposição de fração ideal entre comunheiros. Em caso de apresentação de título no qual um dos comunheiros aliena a metade ideal do imóvel ao outro, é de se interpretar que os comunheiros entenderam que, com relação ao bem específico, caberá, na partilha, em proporções iguais a ambos. Ao interpretar o negócio jurídico apresentado, é dever do jurista dar a interpretação que corresponda aos usos do mercado com relação ao tipo de negócio,[578] bem como que corresponda à razoável negociação das partes em um ambiente com informações perfeitas.[579] De modo que a alienação de um comunheiro ao outro de metade ideal subentende que foi transmudada, em ato antecedente à transmissão, a comunhão em condomínio, o que possibilita o registro.

Disposição de fração ideal por um dos comunheiros a terceiro. É frequente que um dos comunheiros deseje alienar sua parte dos bens antes da comunhão e, para formalizar esse propósito, faça

---

[575] BRASIL, Lei 10.406/2002, Código Civil de 2002, arts. 1.639 e seguintes.
[576] Idem, arts. 1.653 e seguintes.
[577] BRASIL, Lei 13.105/2015, Código de Processo Civil, art. 733, *caput*.
[578] BRASIL, Lei 10.406/2002, Código Civil de 2002, art. 113, § 1º, II.
[579] Idem, art. 113, § 1º, V.

escritura de venda de metade ideal do imóvel. Tal ato não é passível de registro sem que exista anuência do outro comunheiro, ou que haja prévia partilha do bem nessa proporção ao comunheiro alienante, previamente registrada. Os bens compõem patrimônio coletivo e não podem ser alienados individualmente, em qualquer proporção que seja, sem anuência do outro comunheiro.

Disposição da totalidade do bem por um dos comunheiros a terceiro. A situação tem os mesmos problemas indicados na hipótese anterior. O registro da alienação só poderá ocorrer se o bem for partilhado ao comunheiro alienante, sendo, antes da prática de tal ato, ineficaz.

Disposição da totalidade do bem por ambos os comunheiros a terceiro. Nesse caso, se foi realizada a partilha, deverá ser previamente registrada,[580] com a venda, na sequência, das frações ideais correspondentes a terceiro. Contudo, se não foi realizada partilha, é possível a alienação conjunta do bem pelos comunheiros a terceiro. Essa, aliás, é a principal característica do regime de comunhão, a possibilidade de disposição somente por ato da totalidade dos comunheiros.

 Jurisprudência

"Registro de imóveis – Dúvida – Título judicial – Certidão – Reexame da desqualificação autorizado – Notificação – Falta de impugnação – Irrelevância – Conhecimento da dúvida – Admissibilidade. Formal de partilha – Registro condicionado à prévia comprovação do pagamento do imposto *causa mortis* e do imposto sobre transmissão *inter vivos* – Renúncia translativa caracterizada – Desqualificação mantida. Execução – Adjudicação – Parte ideal de bem imóvel – Patrimônio comum de cônjuges casados sob regime da comunhão universal de bens – Universalidade de direito – Metade ideal da viúva, executada – Especificação – Partilha – Registro da carta de adjudicação – Registro prévio do formal de partilha – Pressuposto – Exigência pertinente – Princípio da continuidade. Dúvida procedente – Recurso desprovido.

...

Por isso, é incorreto acentuar que a adjudicação recaiu sobre a metade ideal de bem imóvel que, previamente ao falecimento de Alderico Montaldi, já pertencia a Vera Aparecida Montaldi. Na verdade, enquanto subsistiu o estado de indivisão, não lhe pertenciam frações ideais, individualmente consideradas, em relação a cada um dos direitos e obrigações componentes do patrimônio comum. Tal patrimônio, formando um todo, uma unidade econômica, pertencia-lhe: tinha ela direito à metade ideal de aludida universalidade de direito" (CSMSP – Apelação Cível: 0037763-38.2010.8.26.0114, Localidade: Campinas, Rel. Des. José Renato Nalini, j. 04/10/2012, *DJ* 16/01/2013).

"Registro imóveis – Retificação – Erro na transposição de dados do título caracterizado – Juízo de qualificação registral equivocado – Especificação das frações ideais pertencentes a cada um dos usucapientes – Cabimento à luz do título judicial – Recurso provido.

...

Com efeito, apenas com a partilha se especifica a porção do patrimônio comum composta pela meação de cada um dos cônjuges e, portanto, quando incidente a regra do artigo 1.725 do Código Civil de 2002, pela de cada um dos companheiros. Somente por meio dela, a comunhão se encerra de direito" (CGJSP – Processo 116763/2012, Localidade: São Paulo, Rel. Des. José Renato Nalini, j. 21/01/2013).

> **Art. 167**, II (...)
>
> 15) da re-ratificação do contrato de mútuo com pacto adjeto de hipoteca em favor de entidade integrante do Sistema Financeiro da Habitação, ainda que importando elevação da dívida, desde que mantidas as mesmas partes e que inexista outra hipoteca registrada em favor de terceiros. *(Incluído Lei nº 6.941, de 1981)*

---

[580] BRASIL, Lei 6.015/1973, Lei dos Registros Públicos, art. 169, *caput*.

Referências Normativas

Decreto 482/1846, art. 18.
Decreto 370/1890, art. 407.
Decreto-Lei 167/1967, art. 58, § 1º.
Decreto-Lei 413/1969, art. 50, § 1º.
Lei 6.313/1975, art. 3º.
Lei 6.840/1980, art. 5º.
Lei 10.406/2002, Código Civil de 2002, arts. 360 a 367.

 Comentários

A alteração pontual de cláusulas contratuais com a manutenção do negócio jurídico subjacente é possível. Contudo, se forem alterados elementos essenciais do negócio, a modificação se caracteriza como novação objetiva.

A Lei dos Registros Públicos não prevê a prática de ato registral específico para a novação. Isso não significa que a novação não ingressa no Registro, mas, sim, que apresentado título que contenha novação, como regra, os atos devem ser feitos com relação aos efeitos extintivos e constitutivos: cancelam-se, por averbação, os direitos decorrentes da obrigação que está sendo extinta, e constituem-se, por registro, novos direitos correspondentes à obrigação criada.

Historicamente, a novação já foi objeto de averbação.[581] Atualmente, há previsão da prática de ato único para novação com referência às Cédulas de Crédito Rural,[582] Industrial,[583] à Exportação[584] e Comercial[585] e para os contratos de mútuo com hipoteca em favor do Sistema Financeiro da Habitação, objeto do dispositivo em comento.

A previsão da prática de ato de averbação para as novações em questão se coaduna com a intenção de simplificar o procedimento de aumento de crédito, evitando os custos com a prática de cancelamento e novo registro.

 Jurisprudência

"Registro de Imóveis – averbação de escritura de rerratificação de constituição de garantia hipotecária – aumento do valor da dívida garantida – alteração de elemento essencial da hipoteca – impossibilidade – necessidade de nova hipoteca e registro em sentido estrito – recurso não provido.

...

O valor da dívida conforme registrado no CRI pela escritura anterior é de R$ 194.338.204,79 (fl. 63) e o valor dela na escritura de rerratificação apresentada agora para averbação é de R$ 211.430.177,19 (fl. 45).

Verifica-se um aumento de mais de 17 milhões de Reais, o que não se deve, portanto, apenas a um aumento de taxa de juros.

O fato de o contrato que deu causa à escritura original ter valor superior ao que consta do título, não é relevante no presente caso, pois o contrato não foi objeto de registro, mas apenas a escritura.

A averbação pretendida alteraria elemento essencial da hipoteca, devendo haver novo registro em sentido estrito, nos moldes da nota de devolução lavrada pelo Oficial de Registros" (CGJSP – Processo 41.661/2015, Localidade: Birigui, Rel. Des. Hamilton Elliot Akel, j. 08/07/2015, *DJ* 22/07/2015).

---

581 BRASIL, Decreto 482/1846, art. 18, e Decreto 370/1890, art. 407.
582 BRASIL, Decreto-Lei 167/1967, art. 58, § 1º.
583 BRASIL, Decreto-Lei 413/1969, art. 50, § 1º.
584 BRASIL, Lei 6.313/1975, art. 3º.
585 BRASIL, Lei 6.840/1980, art. 5º.

"Registro de Imóveis – Averbação – Aditamento de cédula de crédito bancário por instrumento particular – Possibilidade, na forma do artigo 29, § 4º, da Lei n. 10.931/04 – Necessidade, contudo, no caso concreto, dada a novação, de registro em sentido estrito – Alteração de elementos essenciais do negócio – Precedentes dessa Corregedoria-Geral da Justiça – Parecer pelo não provimento do recurso" (CGJSP – Processo 0001131-55.2017.8.26.0344, Localidade: Marília, Rel. Des. Manoel de Queiroz Pereira Calças, j. 06/06/2017, *DJ* 24/07/2017).

"Recurso administrativo – Recusa de averbação de aditivo à cédula de crédito bancário com garantia hipotecária – Renegociação da dívida, com alteração do valor, da forma e prazo de pagamento e também das cláusulas referentes ao IOF, vencimento antecipado e reforço de garantia não revelam o ânimo de novar – Manutenção da causa da obrigação e não inclusão de novos aportes ao mútuo originalmente contratado – Novação não configurada – Desnecessidade de constituição de nova garantia – Óbice afastado – Recurso provido" (CGJSP – Recurso Administrativo 1001134-02.2016.8.26.0320, Localidade: Limeira, Rel. Fernando Antônio Torres Garcia, j. 29/04/2022, *DJ* 03/05/2022).

"Registro de Imóveis – Averbação – Aditamento, por instrumento particular, a cédula de crédito bancário – Possibilidade – Necessidade, contudo, de registro, em sentido estrito, dada a existência de novação – Precedentes dessa Corregedoria-Geral da Justiça – Recurso desprovido.

...

As partes pactuaram, por meio do instrumento de fls. 02/12, a alteração das condições originárias da cédula de crédito bancário. Poderiam fazê-lo, a teor do art. 29, § 4º, da Lei n. 10.931/04. Até aí, não se controverte.

Porém, ao fazê-lo, mudaram toda a base do negócio, novando a dívida. Da leitura do instrumento vê-se, claramente, que houve: 1) alteração (não 'mera atualização') do valor da dívida; 2) alteração das parcelas e dos juros; 3) alteração do valor do imóvel, para fins de avaliação.

Vale dizer, tratando-se de um empréstimo garantido por alienação fiduciária de imóvel, modificaram-se elementos essenciais, constituindo-se novo negócio. Ou seja, novação" (CGJSP – Recurso Administrativo: 0003377-11.2015.8.26.0080, Localidade: Cabreúva, Rel. Des. Manoel de Queiroz Pereira Calças, j. 15/07/2016, *DJ* 11/08/2016).

Art. 167, II (...)
16) do contrato de locação, para os fins de exercício de direito de preferência. *(Incluído pela Lei nº 8.245, de 1991)*

Comentários

Tendo em vista a melhor organização temática, o dispositivo em questão foi objeto de comentários juntamente com o art. 167, I, item 3, ao qual remetemos o leitor.

Art. 167, II (...)
17) do Termo de Securitização de créditos imobiliários, quando submetidos a regime fiduciário. *(Incluído pela Lei nº 9.514, de 1997)*

CELSO MAZITELI NETO

 Referências Normativas

Lei 14.711/2023.

Comentários

Um dos exemplos de maior interesse acadêmico no elenco dos atos averbáveis, outrossim, é a inscrição do termo de securitização de créditos imobiliários, se instituído regime fiduciário para a emissão dos certificados de recebíveis.

Conforme definido no art. 20 da Lei 14.430/2022, os Certificados de Recebíveis Imobiliários (CRIs) são títulos nominativos, livremente negociáveis, lastreados em créditos imobiliários que constituem promessa de pagamento em dinheiro, restringindo seu parágrafo único a competência para sua emissão por apenas uma companhia securitizadora, constituída conforme a regra legal.[586]

Ocorre, todavia, que, atualmente, a averbação de termo de securitização, emitido em uma estruturação de uma emissão de certificados imobiliários, a despeito do quanto consta no art. 167, II, 17), da Lei 6.015/73, é de dúbia obrigatoriedade no serviço público de registro oficial respectivo, eis que a Lei 14.430/2022 expressamente impõe apenas que sua inscrição seja feita na entidade de custódia autorizada pelo Banco Central, entre as quais, certamente, se incluirão as Instituições Gestoras de Garantias, concebidas na Lei 14.711/2023.

O art. 8º da Lei 9.514/97 vinculava a securitização de créditos imobiliários à emissão de uma série de títulos de dívida por meio de um Termo de Securitização de Recebíveis, onde o componente informacional da operação de securitização se materializa. Essa regra foi reproduzida, com importantes alterações, no art. 22, § 2º, da nova Lei 14.430/2022.

A cada emissão dos certificados deve corresponder um único Termo de securitização e as diversas séries da mesma emissão devem estar vinculadas ao mesmo documento (art. 22, *caput*, Lei 14.430/2022, e Resolução CVM 60).

O termo de securitização é o instrumento fundamental para que as CRIs sejam levadas ao mercado.[587] Nele, se reproduzem informações que o originador (aquele que gera o ativo ao perfazer o mútuo) deve, ao ceder-lhes à companhia, fornecer. Essas informações referem-se a cada crédito que suporte os CRIs, como a identificação de seu valor nominal e encargos.[588] A acessibilidade desses dados é, por óbvio, fundamental para a correta e fidedigna análise do risco de crédito da operação.

O art. 8º da Lei 9.514/97, diferentemente do quanto disposto no art. 22, § 2º, da nova Lei, impunha que se constasse no termo, além destes últimos detalhes sobre os créditos securitizados a partir da emissão, a individualização do imóvel a que esses se referem e a indicação das respectivas matrículas, com menção ao serviço de registro imobiliário respectivo.

Sob a vigência da Lei 9.514/97, era obrigatório, assim, que, na operação de securitização dos CRIs, fossem, como visto, em decorrência do regramento do Termo de Securitização, relacionadas as matrículas dos imóveis a que se vinculavam os créditos cujo fluxo serviriam ao serviço dos investimentos.

Não obstante, nos CRIs também se exigia a identificação dos ativos a serem transferidos (art. 7º da Lei 9.514/97) e a remissão ao Termo de Securitização ao qual eles se vinculam. Contudo, tais salutares exigências foram eliminadas na nova legislação, que revogou tais disposições. Ao reverso, na contramão da necessidade de maior publicidade para a análise do risco de crédito, bem como contrariamente à nova regra principiológica que a fortalece, decorrente da Lei 14.382/2022, não há, na Lei 14.430/2022, qualquer menção ao instituto jurídico da matrícula. Mais do que isso, sob esse novo marco regulatório, o registro do Termo de Securitização, ao contrário de se dar no registro imobiliário oficial, agora é obrigatório em entidade, autorizada pelo Banco Central ou pela CVM, a exercer tal função,[589] tipo no qual por certo se subsomem as IGGs.

Todavia, força é convir que a vinculação de determinado imóvel, por qualquer forma de crédito que se gere a partir dele e, portanto, se classifique como crédito imobiliário, é ato que certamente

---

[586] CAMINHA, Uimie. *Securitização*. São Paulo: Saraiva, 2007. p. 147.

[587] CAMINHA, Uimie. *Securitização*. São Paulo: Saraiva, 2007. p. 147.

[588] RIOS JÚNIOR, Arthur. Securitização de Créditos Imobiliários (*Securitization of Real Estate Receivables*). Disponível em: advrios.com.br. Acesso em: 13 mar. 2023.

[589] Art. 23. O Certificado de Recebíveis deverá ser levado a registro ou a depósito em entidade autorizada pelo Banco Central do Brasil ou pela CVM a exercer a atividade de registro ou depósito centralizado de ativos financeiros e de valores mobiliários, nos termos da Lei nº 12.810, de 15 de maio de 2013.

modifica a situação jurídica do bem de raiz, sendo que sua qualificação doutrinária como averbável decorre inclusive no quanto disposto no art. 167, II, 17), da Lei 6.015/73. Destarte, não há como se negar que a estruturação de uma emissão de recebíveis imobiliários é informação que, ante ao princípio da concentração dos atos na matrícula, deve ter a publicidade adequada em cada indicador real de imóvel no qual se originaram receitas securitizadas, sob pena de ter sua oponibilidade contra terceiros fragilizada.

Sob a ótica meramente econômica, a busca por transparência no mercado financeiro, de modo a se permitir a correta precificação do risco de crédito no qual incorre o investidor que inverte valores no mercado secundário de créditos imobiliários é medida que vem amplamente, não apenas em benefício dos transatores imobiliários em boa-fé, como da correta avaliação do risco de crédito das respectivas operações de securitização.

Assim, ao que parece, a despeito do quanto disposto na Lei 14.430/2022, a melhor interpretação é a de que o Termo de Securitização vinculado a uma emissão de CRIs ainda é de averbação obrigatória no serviço de registro imobiliário competente, conclusão reforçada pela inexistência de revogação expressa do art. 167, II, 17), da Lei 6.015/73, do que também decorre a vigência das regras acerca da obrigatoriedade da confecção daquele documento em tendo sido instituído patrimônio de afetação na operação de securitização em questão, com referência às matrículas dos imóveis envolvidos.

 Jurisprudência

"Registro de imóveis. As hipóteses de registro são previstas, de modo taxativo, nos diversos itens do inciso I do artigo 167 da LRP, constituindo *numerus clausus*. O mesmo não ocorre nos casos de averbação, nos quais as hipóteses descritas no inciso II do mesmo artigo 167 são meramente exemplificativas, constituindo *numerus apertus*. Dúvida procedente. Negado provimento ao recurso" (TJSP. Apelação Cível 0035067.98.2010.8.26.0576, da Comarca de São José do Rio Preto, Acórdão Conselho Superior da Magistratura. Rel. Maurício Vidigal. j. 11/08/2011).

> **Art. 167**, II (...)
> 18) da notificação para parcelamento, edificação ou utilização compulsórios de imóvel urbano; *(Incluído pela Lei nº 10.257, de 2001)*

CALEB MATHEUS RIBEIRO DE MIRANDA

 Referências Normativas

Constituição Federal, art. 182, § 4º.
Lei 10.257/2001, arts. 5º e 6º.

 Comentários

A notificação para aproveitamento compulsório do solo urbano tem por finalidade exigir do titular do solo urbano subutilizado que exerça seu direito de propriedade em conformidade com a sua função social, prevista no plano diretor.[590] O titular terá um ano, da notificação, para protocolar o projeto para uso do solo no órgão municipal,[591] e dois anos, da aprovação do projeto, para iniciar as obras.[592]

---

[590] BRASIL, Constituição Federal, art. 182, §§ 1º e 4º.
[591] BRASIL, Lei 10.257/2001, art. 5º, § 4º, I.
[592] Idem, art. 5º, § 4º, II.

Art. 167 | LEI DE REGISTROS PÚBLICOS COMENTADA

A finalidade da averbação é dar ciência aos eventuais adquirentes das obrigações existentes, que se transferem conjuntamente com a titularidade do bem, sem interrupção de qualquer dos prazos.[593]

Para a averbação, deve ser apresentado requerimento pelo Município, com declaração da Municipalidade de que o imóvel se encontra em área incluída no plano diretor, que existe a lei específica necessária à notificação para destinação compulsória e que o titular da matrícula foi devidamente notificado.

> **Art. 167**, II (...)
>
> 19) da extinção da concessão de uso especial para fins de moradia; *(Incluído pela Lei nº 10.257, de 2001)*

Referências Normativas

Medida Provisória 2.220/2001, arts. 1º a 9º.
Lei 6.015/1973, Lei dos Registros Públicos, art. 167, I, item 37.

Comentários

A concessão de uso especial para fins de moradia é direito real[594] por meio do qual o beneficiário fica autorizado a usar o bem público para a finalidade de moradia, sua ou de sua família.

A concessão de uso especial é direito precário, que se extingue em caso de utilização do bem para finalidade diversa[595] ou pela aquisição de propriedade ou concessão de uso de outro imóvel urbano ou rural.[596] O título a ser apresentado para averbação do cancelamento é a declaração do Poder Público concedente.[597]

> **Art. 167**, II (...)
>
> 20) da extinção do direito de superfície do imóvel urbano. *(Incluído pela Lei nº 10.257, de 2001)*

Referências Normativas

Lei 10.257/2001, Estatuto da Cidade, arts. 21 a 24.
Lei 10.406/2002, Código Civil de 2002, arts. 1.369 a 1.377.

Comentários

O direito de superfície é concedido, como regra, por prazo determinado,[598] podendo ser por prazo indeterminado no caso de imóveis urbanos.[599] Sua extinção dá-se pelo advento do termo,[600] pelo descumprimento das obrigações contratuais assumidas pelo superficiário,[601] por dar o superficiário

---

[593]   Idem, art. 6º.
[594]   BRASIL, Lei 10.406/2002, Código Civil de 2002, art. 1.225, XI.
[595]   BRASIL, Medida Provisória 2.220/2001, art. 8º, I.
[596]   Idem, art. 8º, II.
[597]   Idem, art. 8º, parágrafo único.
[598]   BRASIL, Lei nº 10.406/2002, Código Civil de 2002, art. 1.369, *caput.*
[599]   BRASIL, Lei nº 10.257/2001, Estatuto da Cidade, art. 21, *caput.*
[600]   Idem, art. 23, inc. I.
[601]   Idem, art. 23, inc. II.

destinação diversa ao imóvel[602-603] ou por desapropriação.[604] Pode ocorrer, ainda, por mútuo acordo das partes.

Em caso de extinção pelo advento do termo, deverá ser apresentado requerimento pelo interessado, comprovando a ocorrência do evento, se termo incerto, ou somente solicitando a averbação e com o pagamento dos emolumentos. Se a extinção se der por aquisição originária, será essa averbada na matrícula do imóvel, afetando a titularidade e a superfície. Se a extinção se der pelo descumprimento das obrigações contratuais ou por dar o superficiário à superfície destinação diversa, deverá ser apresentado mandado judicial para cancelamento, salvo se as partes apresentarem escritura de extinção do direito de superfície. Em caso de cancelamento por mútuo acordo, o documento a ser apresentado será, igualmente, a escritura de extinção de direito de superfície.

Importa notar que, se contra o superficiário pesar ordem de indisponibilidade, não lhe será possível anuir ao cancelamento do direito de superfície, independentemente da causa extintiva indicada.

 Jurisprudência

> "Recurso Administrativo – Título judicial – Cancelamento do registro de direito de superfície – Exigência de prévio levantamento das indisponibilidades averbadas na matrícula – Razões da recusa analisadas e afastadas pelo juízo que proferiu a decisão – Esclarecimentos que não se destinam a completar ou a complementar o título ou os documentos, mas apenas a lançar luz sobre a compreensão deles – Ordem para cumprimento da decisão, independentemente do prévio levantamento das indisponibilidades averbadas – Óbice afastado – Recurso provido.
>
> ...
>
> Na nota de devolução expedida, o registrador exigiu, para cancelamento do registro do direito de superfície, a prévia apresentação dos mandados judiciais expedidos pelos Juízos que determinaram as indisponibilidades, por meio dos quais autorizem os respectivos cancelamentos (fl. 12/13). E nas razões de suscitação de dúvida, afirmou que a exigência formulada se deve à interpretação da determinação contida no ofício apresentado, pois 'se o Juízo Universal determina que se faça a solicitação de levantamento dos bloqueios e constrições aos respectivos Juízos autores das ordens, é razoável se interpretar que não houve o afastamento da prévia manifestação dos referidos Juízos em relação ao cancelamento determinado', ou seja, 'que a ciência da decisão de cancelamento das indisponibilidades tem que ocorrer em momento anterior ao da averbação do cancelamento do direito de superfície' (fl. 06/07).
>
> Ocorre que, a despeito do entendimento do registrador, não parece existir óbice ao cancelamento do direito de superfície registrado na matrícula, certo que as indisponibilidades não atingem especificamente o bem imóvel em questão, mas o direito reservado à superficiária falida. Destarte, se o juízo universal da falência deferiu o cancelamento do direito de superfície instituído em favor da empresa Rodoviário Ramos Ltda., sem qualquer condicionante, tem-se por equivocada a exigência do prévio levantamento das indisponibilidades averbadas na matrícula para cumprimento da decisão judicial" (CGJSP – Recurso Administrativo 1057070-51.2020.8.26.0100, Localidade: São Paulo, Rel. Ricardo Mair Anafe, j. 07/06/2021, *DJ* 10/06/2021).

> **Art. 167**, II (...)
> 21) da cessão do crédito com garantia real sobre imóvel, ressalvado o disposto no item 35 deste inciso; *(Redação dada pela Lei nº 14.382, de 2022)*

 Referências Normativas

Lei 10.406/2002, Código Civil de 2002, arts. 286 a 298.

---

602 Idem, art. 24, §1º.
603 BRASIL, Lei nº 10.406/2002, Código Civil de 2002, art. 1.374.
604 Idem, art. 1.376.

Comentários

A cessão dos créditos que tenham garantida real sobre imóvel devem ser averbadas para conhecimento de terceiros interessados. A averbação, contudo, não tem eficácia perante o devedor se não tiver sido notificado, ou se esse não se tiver declarado ciente no instrumento de cessão.[605] Com a cessão do crédito, o cedente não mais pode exercer seus direitos. Contudo, a quitação dada pelo cedente, se não houver prova de ciência do devedor, serve como título para cancelamento da garantia real.

Sobre o cancelamento de direitos em caso de cessão, e a necessidade de intimação do devedor para que essa circunstância lhe possa ser oponível, remetemos o leitor aos comentários ao art. 251, na seção "transferência do crédito e cancelamento".

A parte final ressalva as cessões indicadas no item 35, que se refere à prática negocial que ficou conhecida como portabilidade. A principal diferença está em que a portabilidade é uma transferência de financiamento entre credores realizada no interesse do devedor e a seu pedido.[606] A cessão objeto do dispositivo em comento ocorre no interesse do credor.

> **Art. 167**, II (...)
> 22) da reserva legal; *(Incluído pela Lei nº 11.284, de 2006)*

Referências Normativas

Lei 12.651/2012, arts. 67 e 68.

Comentários

A reserva legal é área localizada no interior de um imóvel rural cuja preservação é obrigatória, para assegurar o uso sustentável dos recursos naturais[607]. Cabe ao titular ou possuidor a sua identificação e preservação. As obrigações relativas à reserva legal, de demarcar, averbar e restaurar, possuem natureza *propter rem*, e se transferem automaticamente ao adquirente do imóvel rural.

A publicidade da reserva legal pode se dar por averbação gratuita[608] na matrícula, caso em que deve ter sido aprovada pelo órgão ambiental competente, ou pela inscrição da reserva no Cadastro Ambiental Rural (CAR).[609]

A averbação da reserva legal deve obedecer à especialidade objetiva. É necessário que se possa identificar a área protegida, bem como sua localização dentro do imóvel da matrícula. A regularidade quanto à reserva legal, quer por meio de averbação autônoma, quer por meio de inscrição no CAR, é necessária para a prática de atos de disposição quanto ao imóvel.

Uma vez averbada a reserva legal, não é possível a prática de atos incompatíveis com a preservação, como, por exemplo, a instituição de servidão de passagem que sobreponha a área de reserva.

Jurisprudência

"Retificação do Registro Imobiliário – necessidade de averbação da reserva legal enquanto não implantado o Cadastro de Imóvel Rural previsto no novo Código Florestal (Lei n. 12.651/12) – Recurso provido" (CGJSP – Processo 44.347/2012, j. 04/09/2012, *DJ* 11/10/2012).

---

[605] BRASIL, Lei 10.406/2002, Código Civil de 2002, art. 290.
[606] BRASIL, Lei 9.514/1997, arts. 33-A a 33-F.
[607] BRASIL, Lei 12.651/2012, art. 3º, III.
[608] Idem, art. 18, § 4º.
[609] Idem, ibidem. Importa notar que a inscrição no CAR é obrigatória (art. 29, § 3º).

"Processual civil e ambiental. Agravo interno no agravo em recurso especial. Ausência de violação do art. 1.022 do Código Fux. Ação civil pública. Desnecessidade de proceder à averbação perante o cartório de registro de imóveis (CRI) quando já registrado a área da reserva legal no cadastro ambiental rural (CAR). Acórdão paradigma: Resp 1.276.114/mg, rel. Min. Og Fernandes, *DJe* 11.10.2016. O tribunal consignou a ausência do registro da área de reserva legal no CAR. Impossibilidade de revolvimento do conjunto fático-probatório em recurso especial. Agravo interno dos particulares a que se nega provimento.

...

3. Quanto aos pleitos referentes ao registro no CAR e a dispensa de averbação da Reserva Legal perante o CRI, esta egrégia Corte Superior entende que a Lei 12.651/2012 não suprimiu a obrigação de averbação da Área de Reserva Legal no Registro de Imóveis, mas apenas possibilitou que o registro seja realizado, alternativamente, no Cadastro Ambiental Rural (REsp. 1.426.830/PR, Min. Herman Benjamin, *DJe* 29.11.2016).

4. Isso quer dizer que a partir do Novo Código Florestal a averbação será dispensada caso a Reserva Legal já esteja registrada no Cadastro Ambiental Rural (CAR), consoante dispõe o art. 18, § 4º da Lei 12.651/2012 (REsp. 1.276.114/MG, Rel. Min. OG Fernandes, *DJe* 11.10.2016).

..." (STJ – Agint no RESP 1244653 – SP, j. 19/08/2019, *DJ* 22/08/2019).

"Recurso especial. Civil e ambiental. Usucapião. Imóvel rural sem matrícula. Registro da sentença. Necessidade de delimitação da reserva legal ambiental. Registro no cadastro ambiental rural – CAR. Novo Código Florestal.

1. Controvérsia acerca da possibilidade de se condicionar o registro da sentença de usucapião de imóvel sem matrícula à averbação da reserva legal ambiental.

2. 'É possível extrair do art. 16, § 8º, do Código Florestal que a averbação da reserva florestal é condição para a prática de qualquer ato que implique transmissão, desmembramento ou retificação de área de imóvel sujeito à disciplina da Lei 4.771/65' (REsp 831.21-MG, *DJe* 22/09/2009).

3. Extensão desse entendimento para a hipótese de aquisição originária por usucapião, aplicando-se o princípio hermenêutico 'in dubio pro natura'.

4. Substituição da averbação no Cartório de Registro de Imóveis pelo registro no Cadastro Ambiental Rural – CAR, por força do novo Código Florestal.

5. Adaptação do entendimento desta Corte Superior à nova realidade normativa, mantida a eficácia da norma protetiva ambiental.

6. Necessidade de prévio registro da reserva legal no CAR, como condição para o registro da sentença de usucapião no Cartório de Registro de Imóveis.

7. Recurso especial provido" (STJ – RE 1.356.207 – SP, Localidade: São Paulo, j. 28/04/2015, *DJ* 07/05/2015).

"Registro de Imóveis – Título judicial – Servidão administrativa – Dúvida julgada procedente pela MM.ª Juíza Corregedora Permanente – Inscrição do imóvel no Cadastro Ambiental Rural (CAR) que não pode ser imposta à concessionária de serviço público – Emolumentos que devem ser fixados segundo a avaliação estabelecida na ação judicial, nos moldes do art. 7º, parágrafo único, da Lei Estadual 11.331/2002 – Exigências afastadas com base em precedentes do Conselho Superior da Magistratura – Óbice afastado – Apelação a que se dá provimento" (CSMSP, Apelação Cível 1006983-27.2018.8.26.0047, *DJ* 08/05/2020).

"Registro de imóveis – servidão administrativa instituída por decisão judicial. I – Exigência de prévia averbação da inscrição do imóvel serviente no Cadastro Ambiental Rural – CAR que não deve subsistir. "Servidão administrativa" não se confunde com "servidão de passagem" para os fins do item 125.2 das NSCGJ. Informações que integram o CAR devem partir do proprietário ou possuidor do bem imóvel (objeto da inscrição), nos moldes da Lei nº 12.651/2012 e do Decreto nº 7.830/2012, e não da empresa concessionária do serviço público de transmissão de energia elétrica, até mesmo porque têm o condão de criar restrições de uso para os primeiros (delimitação dos remanescentes de vegetação nativa, das Áreas de Preservação Permanente, das Áreas de Uso Restrito, das áreas consolidadas e, caso existente, também da localização da Reserva Legal, nos moldes do art. 29, §

Art. 167 | LEI DE REGISTROS PÚBLICOS COMENTADA

1º, III, da Lei nº 12.651/2012). Elaboração do CAR pela empresa concessionária que acarretaria, ainda, ônus desproporcional à extensão do direito de servidão administrativa. II – Emolumentos que devem ser fixados em consideração à avaliação estabelecida na demanda judicial, nos moldes do art. 7º, parágrafo único, da Lei Estadual nº 11.331/2002. Recurso provido, para afastar a dúvida suscitada pelo oficial de registro de imóveis da comarca de Assis-sp" (CSMSP – Apelação Cível 1002363-69.2018.8.26.0047, *DJ* 24/05/2019).

"Registro de imóveis – Imóvel rural – Escritura pública de compra e venda de imóvel rural – Descrição do imóvel, na matrícula, suficiente para permitir a sua identificação, o que dispensa a prévia retificação de área – Necessidade, porém, de retificação da matrícula para a averbação do casamento do proprietário, no regime da comunhão de bens, conforme indicado na escritura pública de compra e venda – Ausência de prova de que a reserva legal foi inscrita no CAR – Exigências de comprovação do valor venal do imóvel e do recolhimento do ITBI pendentes de cumprimento – Dúvida julgada procedente – Recurso não provido.

...

Para a dispensa da averbação da reserva legal na matrícula do imóvel é necessário que a reserva esteja registrada no Cadastro Ambiental Rural – CAR, como previsto no art. 18, § 4º, da Lei nº 12.651/2012:

'§ 4º O registro da Reserva Legal no CAR desobriga a averbação no Cartório de Registro de Imóveis'.

O documento de fls. 21/24 comprova que foi promovido o cadastramento do imóvel no Cadastro Ambiental Rural – CAR, mas sem o registro da área da reserva legal (fl. 23).

Ausente o registro da área da reserva rural no CAR, permanece a necessidade da sua averbação na matrícula do imóvel" (CSMSP – Apelação Cível 1000477-52.2019.8.26.0418, Localidade: Paraibuna, Rel. Des. Ricardo Mair Anafe, j. 15/04/2020, *DJ* 05/05/2020).

"Registro de imóveis. Recurso de apelação recebido como recurso administrativo. Intervenção de terceiros. Amicus curiae. Não cabimento, por se tratar de procedimento administrativo destinado à solução do dissenso entre o registrador e o interessado no ato de averbação. Procedimento de retificação administrativa de imóvel rural. Área que, à época, exigia a especialização da parcela do imóvel destinada à Reserva Legal em percentual inferior ao regramento trazido pelo novo Código Florestal (Lei nº 12.651/2012). Área atualmente degenerada. Eventual recomposição, regeneração natural ou compensação da Reserva Legal aos percentuais exigidos pela Lei. Necessidade de adesão ao Programa de Regularização Ambiental (PRA). Liminar em ADI que suspendeu a eficácia da Lei Estadual n. 15.684/2015, instituidora do referido programa, inviabilizando a aprovação da Reserva Legal em órgão estadual. Imóvel devidamente inscrito no CAR. Impossibilidade de cumprimento integral das exigências pelo interessado, em face da suspensão da lei que regulamentou o órgão ambiental. Recurso provido" (CGJSP – Recurso Administrativo: 1000092-98.2018.8.26.0302, Localidade: Jaú, Rel. Des. Geraldo Francisco Pinheiro Franco, j. 19/08/2019, *DJ* 23/08/2019).

"Registro de imóveis – servidão de passagem com parcial coincidência em área de reserva legal. Necessidade de modificação da anterior inscrição no cadastro ambiental rural em cumprimento aos deveres do titular do direito de propriedade frente a proteção do meio ambiente – recurso não provido" (CSMSP – Apelação Cível: 1033387-80.2018.8.26.0576, Localidade: São José do Rio Preto, Rel. Des. Geraldo Francisco Pinheiro Franco, j. 13/06/2019, *DJ* 17/09/2019).

"Processual civil e ambiental. Recurso especial. Termo de ajustamento de conduta. Instituição de reserva legal. Necessidade. Dispensa da averbação da área junto ao cartório de registro de imóveis. Ofensa ao art. 1.022 do CPC/2015. Omissão configurada. retorno dos autos à origem. 1. Assiste razão ao recorrente, no que toca à alegada violação ao art. 1.022 do CPC/2015. 2. De fato, a parte apresentou questão jurídica relevante, sobretudo quando afirma que eventual dispensa da averbação da reserva legal no cartório de registro de imóveis só teria lugar quando o proprietário rural fizesse o devido registro no Cadastro Ambiental Rural (CAR). Apesar de provocado por meio de Embargos de Declaração, o Tribunal a quo não apreciou a questão devidamente. 3. Neste contexto, diante da referida omissão, se apresenta violado o art. 1.022 do CPC/2015, o que impõe a anulação do acórdão que julgou os Embargos Declaratórios, com devolução do feito ao órgão prolator da decisão para a realização de nova análise dos Embargos. 4. Consigne-se, *in obter dictum*, que a jurisprudência do STJ entende que a Lei 12.651/2012 (Novo Código Florestal), que revogou a Lei 4.771/1965, não suprimiu a obrigação de averbação da Área de Reserva Legal no Registro de Imóveis, mas apenas possibilitou que o registro seja realizado, alternativamente, no Cadastro Ambiental Rural – CAR, obrigação essa não cumprida pelos recorridos. 5. Recurso Especial parcialmente provido" (STJ – RESP 1.750.039 – MG, Rel. Ministro Herman Benjamin, j. 08/11/2018, *DJ* 23/11/2018).

"Pedido de providências – Oficial de Registro de Imóveis – Procedimento de retificação administrativa de imóvel que, à época, exigia a especialização da parcela do imóvel destinada à reserva legal e respectiva averbação na matrícula – Pedido de cancelamento da averbação ou, subsidiariamente, de retificação – Indeferimento – Necessidade de apresentação de documentos à autoridade ambiental competente, a quem caberá, em tese, expressamente concordar com o pedido e aprovar a retificação da especialização da reserva legal – Recurso não provido" (CGJSP – Processo 1009618-03.2016.8.26.0224, Localidade: Guarulhos Rel. Des. Geraldo Francisco Pinheiro Franco, j. 16/08/2018, *DJ* 24/08/2018).

"Processo civil. Ambiental. Incidente de uniformização de jurisprudência. Corte de origem. Regimento interno. Norma local. Descabimento. Imóvel rural. Registro de escritura de compra e venda. Exigência. Oficial do cartório de imóveis. Averbação da área de reserva legal. Superveniência da Lei n. 12.651/12. Persistência do dever de averbar. Exceção. Prévio registro no cadastro ambiental rural. ... 3. A existência da área de reserva legal no âmbito das propriedades rurais caracteriza-se como uma limitação administrativa necessária à tutela do meio ambiente para as presentes e futuras gerações e em harmonia com a função social da propriedade, o que legitima haver restrições aos direitos individuais em benefício dos interesses de toda a coletividade. 4. De acordo com a jurisprudência do STJ, a obrigação de demarcar, averbar e restaurar a área de reserva legal constitui-se uma obrigação *propter rem*, que se transfere automaticamente ao adquirente ou ao possuidor do imóvel rural. Esse dever jurídico independe da existência de floresta ou outras formas de vegetação nativa na gleba, cumprindo-lhes, caso necessário, a adoção das providências essenciais à restauração ou à recuperação das mesmas, a fim de readequar-se aos limites percentuais previstos na lei de regência. 5. Cumpre ao oficial do cartório de imóveis exigir a averbação da área de reserva legal quando do registro da escritura de compra e venda do imóvel rural, por se tratar de conduta em sintonia com todo o sistema de proteção ao meio ambiente. A peculiaridade é que, com a novel legislação, a averbação será dispensada caso a reserva legal já esteja registrada no Cadastro Ambiental Rural – CAR, consoante dispõe o art. 18, § 4º, da Lei n. 12.651/12. 6. Recurso especial conhecido em parte e, nessa parte, não provido" (STJ – RESP 1.276.114 – MG, Rel. Ministro OG. Fernandes, j. 04/10/2016, *DJ* 11/10/2016).

> **Art. 167**, II (...)
> 23) da servidão ambiental. *(Incluído pela Lei nº 11.284, de 2006)*

 Referências Normativas

Lei 6.938/1981, arts. 9º-A a 9º-C.
Lei 12.651/2012, art. 66, § 5º, II.

 Comentários[610]

A servidão ambiental é ônus imposto a imóvel próprio pelo qual fica limitado o uso de parte ou da totalidade do imóvel com o fim de preservação ou recuperação ambiental,[611] sendo a restrição à exploração, no mínimo, a mesma estabelecida para a Reserva Legal.[612]

---

[610] Sobre o tema, escrevemos artigo intitulado "Averbação da servidão ambiental e preservação do meio ambiente", publicado em *Estudos em homenagem a Sérgio* Jacomino. Portugal, Coimbra: Gestlegal, 2022. Parte das ideias indicadas nos comentários ao presente dispositivo já havia sido exposta naquele artigo e é referida ao longo do texto presente.
[611] BRASIL, Lei 6.938/1981, art. 9º-A, *caput*.
[612] Idem, art. 9º-A, § 3º.

Art. 167 | LEI DE REGISTROS PÚBLICOS COMENTADA

No plano teórico, a finalidade de instituição de uma servidão ambiental é o incremento da área de preservação ambiental dentro de um imóvel, com o fim de realizar um benefício à coletividade pela proteção do meio ambiente. Em uma perspectiva mais pragmática, verifica-se que a servidão ambiental é instituída para que ocorra a transferência do direito sobre a área preservada a terceiros para fins de compensar o déficit de reserva legal em outro imóvel. Disso decorre que, no plano teórico, a servidão ambiental não possui imóvel dominante, mas, na prática, o contrato de servidão ambiental está frequentemente acoplado ao contrato de cessão de servidão ambiental.

Tanto a instituição de servidão ambiental como o contrato de alienação, cessão ou transferência de servidão ambiental são averbados na matrícula.[613] O título a ser apresentado para a instituição é instrumento público ou particular ou termo administrativo firmado perante órgão integrante do Sisnama[614]. Antes da modificação da redação do *caput* do art. 9º-A da Lei 6.938/1981 pelo novo Código Florestal – Lei 12.651/2012 – havia menção de que, para instituição da servidão ambiental, exigia-se anuência do órgão ambiental competente.

A mudança é significativa. Se a finalidade da servidão ambiental, como regra, é permitir a compensação de déficit de reserva legal de um imóvel com área de preservação excedente de outro, podem ser identificados os seguintes passos para a realização desse propósito:

1) Instituição de servidão ambiental no imóvel serviente, por averbação na matrícula;
2) Transferência de servidão ambiental ao imóvel dominante, por meio de averbações na matrícula do imóvel serviente (averbação da transferência da servidão) e do imóvel dominante (averbação-notícia da existência de área para compensação);
3) Indicação da área de servidão ambiental para fins de compensação da reserva ambiental do imóvel dominante no Cadastro Ambiental Rural (CAR);
4) Aprovação da compensação ambiental pelo órgão ambiental competente; e
5) Averbação da compensação ambiental na matrícula do imóvel dominante.

É isento de dúvidas que a compensação ambiental só se considera perfectibilizada com a aprovação do órgão ambiental. Para a compensação, há requisitos materiais que devem ser avaliados: se a área a ser utilizada para compensação é equivalente em extensão à área da Reserva Legal a ser compensada, se ambas as áreas estão localizadas no mesmo bioma e, se for fora do Estado, se se encontra em área identificada como prioritária pela União ou Estados.[615] A análise desses requisitos, contudo, que antes da alteração do *caput* do art. 9º-A da Lei 6.938/1981 pelo novo Código Florestal era feita quando da aprovação da servidão ambiental, passa a ser postergada para o momento após a instituição e transferência da área de servidão a terceiro.

Cumpre, desse modo, definir quais os efeitos que surgem dos diversos atos praticados.

Com a averbação da servidão ambiental, surge a obrigatoriedade de conservação ambiental da área em questão pelo titular do imóvel, que nela não poderá realizar modificação incompatível com o regime aplicável à Reserva Legal.

Com a averbação da transferência da servidão ambiental a terceiro, surge o direito do titular do imóvel dominante de utilizar para fins de compensação ambiental certa e determinada área do imóvel serviente. Isso não significa que a reserva legal estará automaticamente compensada. Pode ocorrer de que a área adquirida não seja de bioma compatível, ou que seja insuficiente. Nesse caso, o titular do imóvel dominante poderá ceder a área de servidão ambiental a terceiro, com a mesma finalidade.

Com a indicação da área de servidão para fins de compensação da reserva ambiental no CAR, cumpre-se o dever de identificar no CAR a área de reserva ambiental proposta,[616] evitando-se a imposição de sanções administrativas em razão de sua não formalização.[617] Com a aprovação da compensação

---

[613] Idem, art. 9º-A, § 4º, I e II.
[614] Idem, art. 9º-A, *caput*.
[615] BRASIL, Lei 12.651/2012, art. 66, § 6º.
[616] Idem, art. 29, § 1º, III.
[617] Idem, art. 14, § 2º.

ambiental,[618] a situação do imóvel rural passa a ser regular.[619] Sua averbação na matrícula do imóvel dominante visa dar publicidade a esta circunstância.

Importa notar que, se para a compensação ambiental é necessária a aprovação do órgão ambiental, referida aprovação não se mostra necessária quer para a instituição da servidão ambiental, quer para sua transferência a terceiros. Em teoria, a servidão ambiental poderia ser inclusive cedida a outro imóvel com excesso de reserva legal, que nunca precisará compensá-la, ou para imóvel urbanizado. O direito que decorre da transferência da servidão ambiental não é o direito de compensar a reserva legal com a área cedida, mas o direito de utilizar a área cedida para fins de compensação de reserva legal. Conquanto sutil, a diferença é importante. A impossibilidade de utilizar a área para compensação de reserva legal não invalida a cessão da servidão ambiental, que poderá ser utilizada para compensação de área de outro imóvel.

Imagine-se, por exemplo, que foi instituída servidão ambiental sobre área totalmente desmatada, que evidentemente não poderia ser utilizada para compensação ambiental, e que, na sequência, foi cedida a servidão a terceiro que, ao tentar utilizá-la para compensação ambiental, não obteve a aprovação do órgão ambiental. Compare-se com a circunstância em que a área, perfeitamente preservada, com servidão instituída e transferida, não pode ser utilizada para compensação porque os imóveis pertencem a biomas diversos. Em ambos os casos, a lei dispensa a anuência do órgão ambiental para instituição da servidão e para sua transferência. É no momento da aprovação da compensação que a regularidade será observada. A diferença essencial entre os casos é que a servidão da área desmatada é nula, por recair sobre objeto ilícito,[620] e, por consequência, também será nula a cessão; ao passo que a servidão da área de bioma diverso é válida e eficaz, podendo, inclusive, a área ser objeto de nova cessão, mas não serve para compensação ambiental com relação ao imóvel indicado.

Conclui-se que a instituição de servidão ambiental e sua cessão não dependem de aprovação ambiental. Quanto à servidão, porque a lei deixou de exigi-la. Quanto à cessão, porque a lei não o prevê e porque seu objeto não é a própria compensação, mas a possibilidade de utilizar a área para compensação futura. A se definir de forma mais precisa a natureza do direito cedido, poderíamos indicar tratar-se de direito real à utilização da área para fins compatíveis com a preservação ambiental.

A jurisprudência administrativa da Corregedoria-Geral da Justiça do Estado de São Paulo direciona-se no sentido de que a aprovação da compensação ambiental é essencial para que seja averbada na matrícula do imóvel. Contudo, as decisões sobre o tema não trataram da distinção entre os momentos *supra* indicados – de transferência da servidão a terceiro e da aprovação do uso da área de servidão para compensação ambiental –, o que, segundo nos parece, poderá ser feito com vantagem ao desenvolvimento das relações econômicas.

Imagine-se que em certo imóvel seja instituída servidão ambiental sobre 50 hectares e que o titular deseje fazer a cessão de 10 unidades de cinco hectares – devidamente delimitadas – para compensação ambiental, a 10 interessados. Suponhamos que o órgão ambiental não realize imediatamente a aprovação ambiental das compensações propostas. Não deveria ser dada notícia das transferências realizadas nas matrículas dos imóveis, especialmente do serviente, para controle da disponibilidade?

A averbação da servidão ambiental e de suas cessões, mesmo antes da aprovação da compensação ambiental, é medida que permite o controle da disponibilidade sobre o bem. A distinção entre os dois momentos nos parece apropriada. Por outro lado, as referidas decisões, ao condicionarem, de forma inafastável, a averbação da compensação da reserva legal à sua aprovação, são irretocáveis, haja vista que a averbação da existência de compensação sem que esta tenha sido aprovada pelo órgão ambiental levará a uma errônea impressão de regularidade ambiental.

 Jurisprudência

"Pedido de providências. Oficial de Registro de Imóveis. Servidão ambiental para fins de compensação de reserva legal. Averbação condicionada à homologação ou aprovação pelo SICARSP.

---

618   Idem, art. 14, § 1º.
619   Idem, arts. 66, *caput*, e 12.
620   BRASIL, Lei 10.406/2002, Código Civil de 2002, art. 104, II.

Legalidade do item 125.1.3 das NSCGJ. Recurso não provido" (CGJSP, Recurso Administrativo 1005770-79.2017.8.26.0189, *DJ* 12/04/2019).

"Servidão ambiental – necessidade de descerramento de matrículas para realização das averbações – transcrições com descrições precárias – notícia de ação judicial de retificação do registro imobiliário em curso – princípio da especialidade objetiva que não pode ser relativizado no caso concreto – necessidade de certeza da localização dos imóveis para garantia da proteção ambiental – recurso não provido" (CGJSP, Recurso Administrativo 1002310-98.2017.8.26.0443, *DJ* 22/01/2019).

"Pedido de providências – oficial de registro de imóveis – servidão ambiental para fins de compensação de reserva legal – averbação condicionada à homologação ou aprovação pelo SICAR SP – legalidade do item 125.1.3 das NSCGJ – recurso não provido.

...

A alteração introduzida pelo Código Florestal no dispositivo legal acima transcrito ampliou a autonomia privada para instituição de servidão ambiental, que não mais depende de autorização estatal prévia.

A modificação incide apenas sobre a instituição da servidão ambiental, não tratando da regra concernente ao registro imobiliário em sentido amplo, prevista no § 5º, do art. 9º-A, da Lei nº 6.938/81, hipótese tratada no presente processo administrativo.

...

A servidão ambiental, enquanto me1iode regularização da reserva legal, dever seguir o mesmo regime jurídico desta. Assim, compete sua inscrição e regularização perante o SICAR-SP, como exigido pelo registrador no caso concreto.

Reitere-se que as situações jurídicas de instituição da reserva legal e de sua averbação perante o fólio real são diversas, razão pela qual a dispensa da anuência prévia do órgão ambiental para instituição não equivale à desnecessidade do cadastramento no SICAR-SP, considerado o sistema legal incidente.

...

Aliás, como bem ressaltou o MM. Juiz Corregedor Permanente na decisão ora recorrida, a prévia autorização do órgão ambiental para a concretização da compensação pretendida é indispensável, sob pena de haver prejuízo ao meio ambiente protegido por lei" (CGJSP – Recurso Administrativo: 1005780-26.2017.8.26.0189, Localidade: Fernandópolis, Rel. Des. Geraldo Francisco Pinheiro Franco, j. 08/04/2019, *DJ* 12/04/2019).

> **Art. 167**, II (...)
>
> 24) do destaque de imóvel de gleba pública originária. *(Item acrescido pela Medida Provisória nº 458, de 10/2/2009, convertida na Lei nº 11.952, de 7/7/2009)*

MOACYR PETROCELLI DE ÁVILA RIBEIRO

Referências Normativas

Lei 11.952/2009.

Comentários

O averbamento do destaque de imóvel de gleba pública originária descortina-se como *fattispecie* que exige releitura das modalidades de parcelamento do solo. Além das conhecidas hipóteses de (i) loteamento, (ii) desmembramento, (iii) desdobro e (iv) arruamento, exsurge a quinta modalidade consistente na possibilidade do destaque de gleba pública originária.

Recorde-se, brevemente, que *loteamento* consiste na subdivisão da gleba em lotes destinados a edificação, com abertura de novas vias de circulação, de logradouros públicos ou prolongamento, modificação ou ampliação das vias existentes (Lei 6.766/1979, art. 2º, § 1º). Já o *desmembramento* encerra a subdivisão de gleba em lotes destinados a edificação, com aproveitamento do sistema viário existente, desde que não implique abertura de novas vias e logradouros públicos, nem em prolongamento, modificação ou ampliação dos já existentes (Lei 6.766/1979, art. 2º, § 2º).

O *desdobro*, figura recorrente nas legislações urbanísticas municipais, consiste em um parcelamento de pequena dimensão; trata-se de parcelamento do solo dentro de um loteamento ou desmembramento anterior. Há, ainda, o *arruamento* consistente na possibilidade de lançamento de averbação na matrícula do imóvel para indicar a abertura de rua. Para a averbação de abertura de rua, deverá ser exigida certidão da Prefeitura Municipal, contendo sua perfeita caracterização (localização, medidas, área ocupada) e possibilitando o seguro controle de disponibilidade do imóvel em que aberta (Lei 6.015/1973, art. 213, § 8º). Vale mencionar, *ad cautelam*, que fora da hipótese supra será necessária a intervenção judicial, atentando o cartório para o fato de que a abertura de rua, sem o cumprimento das exigências legais, é prática indevida que facilita a proliferação de loteamentos irregulares e clandestinos.

Destaque é, pois, uma modalidade de parcelamento do solo que não se pode confundir com loteamento, desmembramento e nem com o desdobro. A Lei 11.952/2009, que criou essa modalidade parcelamento, tem âmbito restrito de incidência para a regularização fundiária em terras situadas em áreas da União, no âmbito da Amazônia Legal.

A principal diferença dessas modalidades de parcelamento do solo está na necessidade ou não de aprovação pelo ente competente. Ora, como cediço, no loteamento, desmembramento, desdobro e arruamento, se se tratar de imóvel urbano, exige-se a participação do município, que deve aprovar tais atos. Equivale dizer, a aprovação municipal nesses casos é requisito da validade do ato. Já para o destaque de imóvel de gleba pública originária, a lei não exige a aprovação do município, nem audiência ou anuência do Incra, se se tratar de imóvel rural.

Deve o órgão público apresentar ao Cartório de Registro de Imóveis apenas a planta do imóvel a ser destacado e o seu respectivo memorial descritivo. Parece razoável, ao menos, que o registrador imobiliário fique atento às áreas mínimas permitidas para o parcelamento do solo, tanto para imóveis urbanos quanto para imóveis rurais.

Pode-se sintetizar, assim, que a promoção do destaque da gleba pública originária deve observar o seguinte:

> *I. Memorial descritivo com coordenadas georreferenciadas.* A identificação do título de domínio destacado originariamente do patrimônio público será obtida a partir de memorial descritivo, assinado por profissional habilitado e com a devida Anotação de Responsabilidade Técnica (ART), contendo as coordenadas dos vértices definidores dos limites do imóvel rural, georreferenciadas ao Sistema Geodésico Brasileira (Lei 11.952/2009, art. 9º).
>
> *II. Dispensa-se a certificação do memorial pelo INCRA para a averbação de destaque e abertura de matrícula.* A certificação do memorial descritivo não será exigida no ato da abertura de matrícula baseada em título de domínio de imóvel destacado do patrimônio público. No entanto, os atos registrais subsequentes deverão observar a necessidade certificação se presentes os fatos geradores da obrigação de georreferenciar previstos no art. 176, §§ 3º e 4º (Lei 11.952/2009, art. 10).

Embora mais comumente o imóvel objeto de destaque seja rural, nada impede que o mesmo procedimento seja aplicado a imóveis urbanos.

Detalhe importante é que a promoção da averbação de destaque, com o subsequente descerramento da matrícula para imóvel de domínio público não exige a simultânea apuração do remanescente do registro atingido. É o que disciplina o art. 176, § 7º, da LRP: "Não se exigirá, por ocasião da efetivação do registro do imóvel destacado de glebas públicas, a retificação do memorial descritivo da área remanescente, que somente ocorrerá a cada 3 (três) anos, contados a partir do primeiro destaque, englobando todos os destaques realizados no período".

Relevante considerar, no entanto, a imposição temporal feita pela norma, no sentido de que a promoção da retificação do registro desfalcado para apuração do seu remanescente deve ocorrer a cada triênio, com termo *a quo* a partir do primeiro destaque. Por cuidar-se de situação especial, buscando-se uma publicidade qualificada, parece adequado levar a imposição temporal da norma destacada para o teor da matrícula do imóvel desfalcado, integrando-se tal informação no teor do extrato da averbação de destaque.

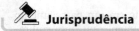
Jurisprudência

1. Especialização futura da gleba pública remanescente

"Carta de adjudicação – Desapropriação – Modo originário de aquisição da propriedade – Ausência de transmissão onerosa – Comprovação de pagamento de ITBI injustificável – Dispensa da exibição de CNDs e declaração de ITR (item 119.1. do Cap. XX das NSCGJ) – Memorial descritivo lacunoso – Laudo pericial incompleto – Ofensa ao princípio da especialidade objetiva – Desnecessidade da apuração da área rural remanescente e da prévia averbação da desapropriação nos registros anteriores – Pertinência da exigência de certidões atualizadas das matrículas onde originalmente descrita a área rural desapropriada – Recurso não conhecido, com observação. Na hipótese de apresentação de qualquer levantamento georreferenciado, por opção do interessado, é necessário que ele esteja devidamente certificado pelo INCRA. Nas desapropriações é necessário cumprir o princípio da especialidade. Deve ser apresentado memorial descritivo, feito por profissional habilitado, com ART. Optando-se pela apresentação de memorial georreferenciado, deve ser apresentada a certificação do INCRA e deve conter, ainda, a informação sobre o código do imóvel rural e dados constantes do CCIR, conforme exige o art. 22 da Lei nº 4.947/1966 e o art. 1º do Decreto nº 4.449/2002. Tratando-se de gleba pública, pertencente a autarquia estadual, a certificação abrangerá, nos termos do § 6.º do art. 176 da Lei nº 6.015/1973, apenas ao seu perímetro originário, ou seja, relegando para o futuro a retificação da área remanescente" (CSMSP – Apelação Cível 0002001-88.2012.8.26.0146, Des. Manoel de Queiroz Pereira Calças, j. 21/06/2016).

2. Averbação de arruamento

"A simples averbação de existência de arruamento indica ter havido simples apossamento, sem prévia desapropriação. Possibilidade de os titulares de domínio alienarem o imóvel, pois este ainda não foi transferido ao domínio público. Sucede que os imóveis ainda não foram desapropriados. Conquanto tenha havido apossamento deles, não há notícia de que tenha havido indenização aos titulares tabulares de domínio, de modo que não se pode falar em transferência de titularidade em favor da Municipalidade. O apossamento é situação de fato que, ocorrida, torna o imóvel insuscetível de reintegração. Contudo, não tem o condão, por si só, de transferir o domínio do imóvel apossado, o que só ocorre após o pagamento da indenização. Nesse sentido a jurisprudência do E. Superior Tribunal de Justiça: 'Sem controvérsia a propriedade, o apossamento e a legalidade da aquisição, sem o pagamento de justa indenização inocorre a transferência ao domínio público. Inerente ao domínio à reparação devida, vivo este, enquanto não satisfeito o pagamento indenizatório, pela irreversibilidade da incorporação do imóvel ao patrimônio público, permanece intangido o direito de receber. Salvo a ocorrência do prazo prescricional, certo que é dado ao proprietário alienar o imóvel mesmo antes de ser indenizado, o adquirente superveniente da propriedade sub-roga-se nos direitos e ações' (REsp 132.193/MG, Rel. Min. Milton Luiz Pereira, 1ª Turma, DJ de 22.05.2000). Precedentes: REsp 416.511/SP, Rel.ª Min.ª Eliana Calmon, 2ª Turma, DJ de 06.10.2003; REsp 442.360/SP, Rel. Min. José Delgado, 1ª Turma, DJ de 24.03.2003' (Resp REsp 750897 / MG). Assim, se o imóvel ainda não foi transferido ao domínio público, inexiste óbice para que seja alienado pelos atuais titulares de domínio, que são os que constaram no título recusado. Observe-se, por fim, que os apossamentos averbados, conquanto sem previsão legal e sem título para ingresso no fólio real, em nada interferem no registro do título recusado, de modo que prescindem de apreciação no caso em debate, cabendo ao interessado, se assim entender, questioná-los por meio de procedimento junto ao MM. Juiz Corregedor Permanente (CSMSP – Apelação Cível 0000013-88.2011.8.26.0462, Rel. Des. José Renato Nalini, j. 29/03/2012).

"Averbação de arruamento em antiga área destinada a passagem particular. Pretensão de averbação de abertura de rua de antiga passagem particular. Apresentação de memorial descritivo e concordância da Prefeitura Municipal, que ademais, oficializou a rua mediante decreto. Averbação que possibilitará a efetivação de registro dos eventuais títulos de aquisição, bem como não ocasionará prejuízo a terceiros. Possibilidade de averbação" (1ª VRPSP – Processo 1028828-87.2017.8.26.0100, Juíza Tânia Mara Ahualli, j. 28/03/2018).

3. Abertura de matrícula para sistema viário

"Parcelamento do solo urbano – Abertura de matrícula de sistema viário – Ato registral condicionado ao registro do parcelamento do solo urbano, inocorrente, ou à apresentação dos documentos relacionados no parágrafo único do artigo 22 da Lei nº 6.766/1979 e, particularmente, da declaração de implantação do loteamento, também ausente – Recurso desprovido. Resenha: Oficial recusou averbar o arruamento tendo em vista que decorrente de implantação de conjunto habitacional que deveria ser regularizado. A CGJ entendeu que não se pode ignorar a alternativa prevista no parágrafo único do artigo 22 da Lei nº 6.766/1979, introduzido pela Lei nº 12.424/2011, que ressalva a possibilidade do registro das áreas destinadas ao uso público, malgrado não registrado o parcelamento do solo urbano, desde que apresentada planta de parcelamento elaborada pelo loteador ou aprovada pelo Município e exibida declaração de que o parcelamento se encontra implantado. Porém, ausente tal declaração, não há como admitir a abertura de matrícula do sistema viário, se inocorrente o registro exigido pelo artigo 18 da Lei nº 6.766/1979. E para viabilizar a regularização e, assim, a abertura da matrícula, o interessado, inclusive, poderá valer-se das regras gravadas nos artigos 38 e 40 da Lei nº 6.766/1979" (CGJSP – Processo 2013/27.039, Des. José Renato Nalini, j. 14/03/2013).

> **Art. 167**, II (...)
> 25) *(Vide Medida Provisória nº 458, de 10/2/2009)*
> 26) do auto de demarcação urbanística *(Incluído pela Lei nº 11.977, de 2009)*

Referências Normativas

Lei 13.465/2017, arts. 19 e seguintes.

Comentários

Demarcar significa fixar marcos, estabelecer a linha divisória entre dois imóveis.

Em necessária contextualização histórico-legislativa, a demarcação urbanística surge na Lei 11.977/2009 (*rectius*: revogada no capítulo que trata desse tema) como um procedimento administrativo pelo qual o Poder Público demarcava um imóvel de domínio público ou privado, no âmbito de uma regularização fundiária de interesse social, definindo seus limites, área, localização e confrontantes, com a finalidade de identificar seus ocupantes e qualificar a natureza e o tempo das respectivas posses (Lei 11.977/2009, art. 47, III).

Os arts. 56 a 58 da Lei 11.977/2009 disciplinavam o procedimento de demarcação urbanística, que passava pela lavratura do auto de demarcação, instruído com planta, memorial, planta de sobreposição e certidões de matrículas, até o seu encaminhamento ao Registro de Imóveis, que promoveria a notificação do proprietário da área e seus confrontantes, para a impugnação em 15 dias, culminando na averbação do auto de demarcação na matrícula objeto da regularização. Naquele contexto, o procedimento da demarcação urbanística era especialmente útil quando não se localizava matrícula para a área a ser regularizada. Como esse procedimento envolvia a notificação de todos os confrontantes do imóvel objeto do assentamento irregular, providência demorada e custosa, somente se lançava mão desse instituto se fosse absolutamente indispensável. Se houvesse matrícula aberta para a área em questão, a demarcação não era realizada, partindo-se diretamente para o procedimento de regularização fundiária, que não impunha como requisito a notificação de proprietários e confrontantes.[621]

Na vigente disciplina normativa, aos olhos da Lei 13.465/2017, a demarcação urbanística é um procedimento destinado a identificar os imóveis públicos ou privados abrangidos pelo núcleo urbano

---

[621] Nesse sentido: MACEDO, Paola de Castro Ribeiro. Regularização fundiária urbana e seus mecanismos de titulação dos ocupantes: Lei nº 13.465/2017 e Decreto nº 9.310/2018. *In:* PEDROSO, Alberto Gentil de Almeida (coord.). Coleção Direito Imobiliário. v. V. 2. ed. São Paulo: Thomson Reuters Brasil, 2022. p. 221-222.

Art. 167 | LEI DE REGISTROS PÚBLICOS COMENTADA

informal e a obter a anuência dos respectivos titulares de direitos registrados na matrícula dos imóveis ocupados para a averbação da viabilidade da regularização fundiária. Entretanto, frise-se: é providência preparatória, preliminar e facultativa (Lei 13.465/2017, art. 19, § 3º), podendo ser dispensada pelo Município. Bem-vistas as coisas, com a novel engenharia do processo de regularização fundiária arquitetada pela Lei 13.465/2017, a demarcação urbanística mostra-se de pouca utilidade prática.

De qualquer sorte, sendo o caso de sua utilização, o auto de demarcação urbanística deve ser instruído com (i) a planta e memorial descritivo da área a ser regularizada, nos quais constem suas medidas perimetrais, área total, confrontantes, coordenadas georreferenciadas dos vértices definidores de seus limites, números das matrículas ou transcrições atingidas, indicação dos proprietários identificados e ocorrência de situações de domínio privado com proprietários não identificados em razão de descrições imprecisas dos registros anteriores; e (ii) a planta de sobreposição do imóvel demarcado com a situação da área constante do registro de imóveis.

Com efeito, o auto de demarcação urbanística poderá abranger uma parte ou a totalidade de um ou mais imóveis inseridos em uma ou mais das seguintes situações: I – domínio privado com proprietários não identificados, em razão de descrições imprecisas dos registros anteriores; II – domínio privado objeto do devido registro no registro de imóveis competente, ainda que de proprietários distintos; ou III – domínio público.

Nessa toada, o poder público notificará os titulares de domínio e os confrontantes da área demarcada, pessoalmente ou por via postal, com aviso de recebimento, no endereço que constar da matrícula ou da transcrição, para que esses, querendo, apresentem impugnação à demarcação urbanística, no prazo comum de trinta dias.

Eventuais titulares de domínio ou confrontantes não identificados, ou não encontrados ou que recusarem o recebimento da notificação por via postal, serão notificados por edital, para que, querendo, apresentem impugnação à demarcação urbanística, no prazo comum de 30 dias. O edital referido supra conterá resumo do auto de demarcação urbanística, com a descrição que permita a identificação da área a ser demarcada e seu desenho simplificado. Assim como na estrutura geral da Lei 13.465/2017, a ausência de manifestação será interpretada como concordância com a demarcação urbanística. Se, porém, houver impugnação apenas em relação à parcela da área objeto do auto de demarcação urbanística, é facultado ao poder público prosseguir com o procedimento em relação à parcela não impugnada.

A critério do poder público municipal, essas medidas poderão ser realizadas pelo registro de imóveis do local do núcleo urbano informal a ser regularizado.

No espeque formal, a notificação conterá a advertência de que a ausência de impugnação implicará a perda de eventual direito que o notificado titularize sobre o imóvel objeto da Reurb.

Vale lembrar, ademais, que na hipótese de apresentação de impugnação, poderá ser adotado procedimento extrajudicial de composição de conflitos. Caso exista demanda judicial de que o impugnante seja parte e que verse sobre direitos reais ou possessórios relativos ao imóvel abrangido pela demarcação urbanística, deverá informá-la ao poder público, que comunicará ao juízo a existência do procedimento extrajudicial de composição de litígios. Para subsidiar referido procedimento, será feito levantamento de eventuais passivos tributários, ambientais e administrativos associados aos imóveis objeto de impugnação, assim como das posses existentes, com vistas à identificação de casos de prescrição aquisitiva da propriedade.

A mediação observará o disposto na Lei 13.140/2015, facultando-se ao poder público promover a alteração do auto de demarcação urbanística ou adotar qualquer outra medida que possa afastar a oposição do proprietário ou dos confrontantes à regularização da área ocupada. Caso não se obtenha acordo na etapa de mediação, fica facultado o emprego da arbitragem (Lei 13.465/2017, art. 21, § 4º).

Seja como for, decorrido o prazo sem impugnação ou caso superada a oposição ao procedimento, o auto de demarcação urbanística será encaminhado ao registro de imóveis e averbado nas matrículas por ele alcançadas.

No aspecto puramente registral, deve o delegatário observar com rigor o conteúdo mínimo da averbação previsto no art. 22, § 1º, da Lei 13.465/2017, segundo o qual a averbação informará: I – a área total e o perímetro correspondente ao núcleo urbano informal a ser regularizado; II – as matrículas alcançadas pelo auto de demarcação urbanística e, quando possível, a área abrangida em cada uma delas; e III – a existência de áreas cuja origem não tenha sido identificada em razão de imprecisões dos registros anteriores.

Naturalmente, na hipótese de o auto de demarcação urbanística incidir sobre imóveis ainda não matriculados, previamente à averbação, será aberta matrícula, que deverá refletir a situação registrada do imóvel, dispensadas a retificação do memorial descritivo e a apuração de área remanescente. Importante considerar que se for o caso de o registro anterior encontrar-se em outra circunscrição, para abertura da matrícula referida, o oficial requererá, de ofício, certidões atualizadas daquele registro.

Se for o caso de a demarcação urbanística abranger imóveis situados em mais de uma circunscrição imobiliária, o oficial do registro de imóveis responsável pelo procedimento comunicará as demais circunscrições imobiliárias envolvidas para averbação da demarcação urbanística nas respectivas matrículas alcançadas.

Não se pode perder de vista que se está no ambiente da regularização fundiária no qual se admite a flexibilização casuística e pontual de princípios registrais como o da especialidade. Assim, deve a demarcação urbanística ser averbada ainda que a área abrangida pelo auto de demarcação urbanística supere a área disponível nos registros anteriores. Nessa ordem de ideias, também não se exigirá, para a averbação da demarcação urbanística, a retificação da área não abrangida pelo auto de demarcação urbanística, ficando a apuração de remanescente sob a responsabilidade do proprietário do imóvel atingido.

Em arremate, é indispensável ter em foco que, devidamente averbado o auto de demarcação urbanística, a matrícula fica interditada para a prática de outros atos que não aqueles subsequentes ao desenvolvimento do processo de regularização fundiária em questão. Assim, o registrador não poderá efetuar alterações na matrícula, como, por exemplo, o registro de contrato de compra e venda, salvo determinação judicial cautelar que determine providência diversa.[622]

 Jurisprudência

1. Demarcação urbanística em Reurb

"Regularização fundiária em andamento. Impugnação da proprietária do imóvel contra o procedimento de demarcação urbanística, alegando que a Municipalidade tem lançado IPTU de lotes sobre toda a área invadida e não somente sobre aqueles lotes por ela vendidos. Pedido de renúncia à propriedade. Quanto ao pedido de homologação da renúncia à propriedade, a MM. Juiz homologou, reconhecendo ser ato unilateral, mas devendo ser lavrada escritura pública. Quanto à impugnação, esta foi baseada em matéria tributária que é estranha ao pedido formulado de regularização fundiária. Se deu somente devido ao fato da cobrança do IPTU da área pelo município. O procedimento de demarcação urbanística pode seguir normalmente, com posterior regularização fundiária, sem que isso seja prejudicial aos interesses alegados pela proprietária" (1ª VRPSP – Processo 1082498-11.2015.8.26.0100, Juíza Tânia Mara Ahualli, j. 04/05/2017).

Demarcação Urbanística em procedimento de regularização fundiária – Titular de domínio em regime de liquidação extrajudicial que impugnou o procedimento. Entendeu-se que a demarcação urbanística tem a natureza de instrumento de política urbana, mas não tem efeito imediato de desapropriação ou usucapião, pois, não é ato constitutivo de qualquer direito real de propriedade imobiliária. O artigo 18 da Lei nº 6.024/74 prevê alguns efeitos da decretação da liquidação extrajudicial. Diante desse regramento especial, quanto ao seu ativo, a recorrente, tem razão ao afirmar que, tratando-se de forma de intervenção do estado na atividade econômica, com a decretação da liquidação extrajudicial, seus bens se tornam indisponíveis, e que as ações e execuções sobre direitos relativos a eles ficam obstadas. Contudo, a indisponibilidade de seus bens e o regime especial ao qual eles se submetem não são óbices, de forma alguma, ao procedimento administrativo, no âmbito do serviço de registro imobiliário, de demarcação urbanística e de legitimação de posse. O § 1º do art. 47 da Lei n. 11.977/09, vigente à época, dizia expressamente que: A demarcação urbanística e a legitimação de posse não implicam a alteração de domínio dos bens imóveis sobre os quais incidirem, o que somente se processará com a conversão da legitimação de posse em propriedade, nos termos do art. 60 da Lei. Assim, o detentor

---

[622] Nesse sentido: PAIVA, João Pedro Lamana. Procedimento de dúvida no registro de imóveis. *In:* JACOMINO, Sérgio (coord.). *Série Direito Registral e Notarial.* 3. ed. São Paulo: Saraiva, 2011. p. 304.

Art. 167 | LEI DE REGISTROS PÚBLICOS COMENTADA

do título de legitimação de posse, somente após 5 anos de seu registro, poderia, em tese, requerer a conversão desse título em registro de propriedade, com fundamento no art. 183 da CF e art. 1.240 do Código Civil. Decidiu-se, ainda, não ser esse o caso dos autos, pois o procedimento impugnado pela recorrente não traduz conversão de legitimação de posse em propriedade, tampouco aquisição por usucapião. Se assim o fosse, a discussão seria outra e estaria circunscrita à possibilidade de aquisição originária de propriedade sobre bens de pessoas jurídicas em liquidação extrajudicial; mas esse, não é o cerne da questão. Tampouco é o objeto do presente expediente a mencionada equiparação dos bens da recorrente aos chamados bens dominiais, ou mesmo a observância do *par conditio creditorum* em relação ao seu universo de credores, pelas mesmas razões acima esclarecidas. Quanto às sociedades sob regime de liquidação extrajudicial, diz o art. 5º da Lei nº 5.627/70 que: 'É vedada a constituição de arrestos, sequestro e penhoras sobre os bens das Sociedades de Seguros e Capitalização, em regime de liquidação extrajudicial compulsória.' Mas tal dispositivo não se aplica à hipótese, pois não se está tratando de qualquer medida de constrição judicial, tampouco de intervenção estatal para a constituição de futura garantia em qualquer procedimento judicial ou extrajudicial. Também não houve a desapropriação da área. Deferiu, assim, a continuidade do processo de regularização fundiária" (CGJSP – Processo 1001925-57.2016.8.26.0453, Des. Geraldo Francisco Pinheiro Franco, j. 17/01/2018).

> **Art. 167**, II (...)
>
> 27) da extinção da legitimação de posse; *(Redação dada pela Lei nº 12.424, de 2011)*

📖 Referências Normativas

Decreto-Lei 9.760/1946, arts. 164 e seguintes.
Lei 4.504/1964, arts. 97 e seguintes.
Lei 6.383/1976, art. 29.
Lei 13.465/2017, arts. 11, VI, 15, I, e 25 a 27.
Decreto 9.310/2018, arts. 18 e seguintes.

📖 Comentários

Embora a legitimação de posse em si não possa ser considerada um direito real sobre imóvel, é certo que o seu registro na matrícula do imóvel (Lei 6.015/1973, art. 167, I, nº 41) garante ao legitimado posição jurídica relevante e passível de tutela registral. Equivale dizer, preenchidos os requisitos legais, lhe será outorgado o domínio do imóvel por meio de nova inscrição predial, nos moldes do art. 167, I, nº 42 da LRP: a conversão da legitimação de posse em propriedade.[623] Eis o caminho natural da legitimação de posse.

Pode ocorrer, no entanto, situação na qual o legitimado não cumpra os requisitos necessários para a conversão da legitimação de posse e propriedade. Nesse caso, competirá ao Poder Público promover o cancelamento da legitimação perante o Registro de Imóveis mediante requerimento devidamente formalizado e documento oficial atestando a situação de fato. Cumprirá, pois, ao Oficial promover a averbação de cancelamento na matrícula do imóvel retornando o *status* dominial do imóvel à situação anterior.

⚖ Jurisprudência

"Registro de imóveis – Apelação recebida como recurso administrativo – As hipóteses de averbação, embora não estejam exaustivamente capituladas no artigo 167, inciso II, da LRP, restringem-se a

---

[623] Para aprofundamento desses institutos, remete-se o leitor interessado aos comentários aos itens 41 e 42, do inciso I, do art. 167 da LRP.

situações constitutivas ou modificativas de direitos reais – Inviabilidade da averbação de título, por conter em seu bojo meros direitos obrigacionais e ainda ante as inúmeras razões apontadas com propriedade pelo registrador – Negado provimento ao recurso" (CGJSP – Processo 57.115/2010, Des. Roberto Maia Filho, j. 13/10/2010).

> **Art. 167**, II (...)
> 28) da extinção da concessão de uso especial para fins de moradia; *(Incluído pela Lei nº 12.424, de 2011)*

 Referências Normativas

Constituição Federal, art. 183, § 1º.
Lei 10.406/2002 (Código Civil), art. 1.225, XI.
Medida Provisória 2.220/2001.
Lei 11.481/2007.

 Comentários

Sabe-se que o art. 1.225 do Código Civil, em seu inciso XI, arrola dentre os direitos reais a concessão de uso especial para fins de moradia. Nos moldes do art. 1º, *caput*, da Medida Provisória 2.220/2001, com a redação dada pela Lei 13.465/2017, "aquele que, até 22 de dezembro de 2016, possuiu como seu, por cinco anos, ininterruptamente e sem oposição, até duzentos e cinquenta metros quadrados de imóvel público situado em área com características e finalidade urbanas, e que o utilize para sua moradia ou de sua família, tem o direito à concessão de uso especial para fins de moradia em relação ao bem objeto da posse, desde que não seja proprietário ou concessionário, a qualquer título, de outro imóvel urbano ou rural".

São requisitos indispensáveis à concessão desse direito real: (i) que a posse tenha se iniciado até no máximo 22 de dezembro de 2011, e continuado por cinco anos ininterruptos e sem oposição; (ii) que o imóvel público possuído tenha até 250 metros quadrados, situado em área com características e finalidades urbanas; (iii) a utilização do imóvel para moradia sua ou de sua família; e (iv) que o possuidor não seja proprietário ou concessionário, a qualquer título, de outro imóvel urbano ou rural.[624]

O direito real em testilha extingue-se no caso de o concessionário dar destinação diversa ao imóvel, ou adquirir a propriedade ou concessão de uso de outro imóvel urbano ou rural (MP 2.220/2001, art. 8º). Nessa hipótese, a extinção será averbada no Registro de Imóveis, mediante apresentação de declaração do Poder Público concedente.

 Jurisprudência

"Concessão de Uso de Bem Público. Declaratória. – Imóvel público municipal – Concessão de uso para fins de moradia – Decurso do prazo – Forma de prescrição aquisitiva do direito – Desnecessidade de concordância do poder público – Instituto sui generis – Sentença mantida – Recurso não provido. Concessão de uso de bem público – Inconstitucionalidade da Medida Provisória nº 2.220/2001 que se afasta (art. 2º da EC 32/2.001) – Direito consagrado que não se confunde com a usucapião – Previsão constitucional – Inteligência do § 1º do art. 183 da Constituição Federal – Decisório mantido – Recurso não provido" (TJSP – Apelação cível 6944315/2, Rel. Des. Oliveira Passos, j. 26/3/2008).

---

[624] Para aprofundamento do tema da concessão de direito de uso especial para fins de moradia, remete-se o leitor interessado aos comentários do art. 167, I, nº 37, da LRP.

Art. 167 | LEI DE REGISTROS PÚBLICOS COMENTADA

"Registro de Imóveis – Averbação – Complementação da qualificação dos proprietários constantes da matrícula de imóvel – Requerimento formulado pela adquirente do imóvel, em cumprimento a exigência formulada em nota devolutiva referente ao registro da escritura de compra e venda – Nova prenotação necessária, por se tratar de título diverso e apresentado desacompanhado da escritura – Possibilidade de requerimento por terceiro – Art. 217 da Lei nº 6.015/73 – Interesse da requerente, adquirente do imóvel, manifesto – Ausência da menção da matrícula do imóvel no requerimento de averbação suprido por documento que o acompanha – Requerimento de retificação que observa o disposto no art. 246, § 1º, da Lei nº 6.015/73 – Recurso provido. Afasta-se, ainda, a alegação de falta de interesse da recorrente na prática do ato de averbação pretendido. De acordo com o disposto no art. 217 da Lei nº 6.015/73, 'O registro e a averbação poderão ser provocados por qualquer pessoa, incumbindo-lhe as despesas respectivas'. A averbação voluntária de cancelamento depende de pedido escrito do titular do registro, ou de quem tenha legítimo interesse nele. Sob esse aspecto, lido isoladamente, o art. 217 pode levar a erro, uma vez que a averbação de mudança de denominação e de numeração dos prédios, da edificação, reconstrução e demolição, do desmembramento e loteamento de imóveis, da alteração de nome por casamento, separação judicial e divórcio, ou, ainda, de outras circunstâncias que, de qualquer modo, tenham influência no registro ou nas pessoas nele interessadas, somente será feita a requerimento do interessado, com firma reconhecida, instruído com documento comprobatório, fornecido pela autoridade competente. Maria Helena Diniz, por sua vez, afirma que: A averbação poderá ser provocada por qualquer pessoa (incumbindo-lhe as despesas respectivas – Lei n. 6.015/73, art. 217) que tenha algum interesse jurídico no lançamento das mutações subjetivas e objetivas dos registros imobiliários. Terão legitimidade para exigi-la não só os titulares do direito real, na qualidade de alienantes ou de adquirentes, como anuentes ou intervenientes no negócio jurídico (RT, 506:113) objeto do assento, mas também aquele que, por alguma razão, tenha natural interesse na averbação, mesmo que seu nome não figure no registro" (CGJSP – Processo 141.141/2014, Des. Hamilton Elliot Akel, j. 10/10/2014).

> **Art. 167, II (...)**
> 29) da extinção da concessão de direito real de uso; *(Incluído pela Lei nº 12.424, de 2011)*

Referências Normativas

Lei 10.406/2002 (Código Civil), art. 1.225, XII.
Decreto-lei 271/1967.

Comentários

Em linhas gerais, o Código Civil arrola como direito real no seu art. 1.225, XII, a concessão de direito real de uso. Ocorre que em determinadas circunstâncias o ordenamento jurídico brasileiro prevê a manutenção da propriedade de certo bem em domínio público, atribuindo ao particular o direito à sua utilização. Assim, de saída, deve-se sedimentar que a concessão de direito real de uso não se confunde com a propriedade, porque é mantida a titularidade do imóvel em favor do Poder Público, cabendo ao particular somente a sua utilização. Contudo, possui ampla possibilidade de uso efetivo, tendo em vista a necessidade de permitir a diversas pessoas possuir local de uso reservado para a realização de suas atividades cotidianas, seja com função eminentemente residencial, seja para fins comerciais.

Nos termos do art. 7º do Decreto-Lei 271/1967, é instituída a concessão de uso de terrenos públicos ou particulares remunerada ou gratuita, por tempo certo ou indeterminado, como direito real resolúvel, para fins específicos de regularização fundiária de interesse social, urbanização, industrialização, edificação, cultivo da terra, aproveitamento sustentável das várzeas, preservação das comunidades tradicionais e seus meios de subsistência *ou outras modalidades de interesse social em áreas* urbanas.[625]

---

[625] Para aprofundamento do tema relativo à concessão de direito real de uso, remete-se o leitor aos comentários do art. 167, I, nº 40 da LRP.

Deve-se ter por premissa que a concessão de direito real de uso pode ser por tempo determinado ou indeterminado (Decreto-Lei 271/1967, art. 7º, *caput*). É sempre resolúvel, entretanto, resolver-se-á antes do seu termo nos seguintes casos (art. 7º, § 3º): (i) se o concessionário der ao imóvel destinação diversa da estabelecida no contrato ou termo; ou (ii) se o concessionário descumprir cláusula resolutória do ajuste, caso em que perderá as benfeitorias de qualquer natureza. Em caso de extinção da concessão de direito real de uso, proceder-se-á ao cancelamento junto à matrícula do imóvel.

Interessante anotar que na hipótese de a concessão ter sido estabelecida por prazo determinado, que já foi finalizado, para o cancelamento deverá ser apresentado requerimento da parte interessada, sendo suficiente que o Oficial compare as datas de concessão e a data do momento do pedido para que proceda ao cancelamento. Se, porém, a concessão foi feita por prazo indeterminado, ou nos casos em que, feita por prazo determinado, ocorreu circunstância que permita o cancelamento antecipado, deverá ser apresentado ao Registro de Imóveis "*requerimento da Fazenda Pública, instruído com certidão de conclusão de processo administrativo que declarou, na forma da lei, a rescisão do título de domínio ou de concessão de direito real de uso*" (LRP, art. 250, IV).

Não se ignora que a literalidade da norma referida preveja a possibilidade de que o cancelamento da concessão de direito real de uso seja feito a requerimento da Fazenda Pública somente nos casos de concessão de uso de imóvel rural, e somente se a concessão tiver sido expedida para fins de regularização fundiária. No entanto, uma interpretação holística e integrada das leis autoriza a sua extensão às demais modalidades de concessão de uso.[626] Ora, tratando-se de direito real resolúvel concedido por ato administrativo, é evidente que, por simetria, seu cancelamento também possa ser feito por meio de regular procedimento administrativo.

 Jurisprudência

"Pedido de Providências – exclusão de registro já cancelado na matrícula – impossibilidade – no ordenamento registrário brasileiro não há previsão de exclusão, mas tão somente do cancelamento, de natureza averbatória, de assento já registrado anteriormente – indeferimento. Requerente que deseja excluir, apagar, ato de registro na matrícula. Impossibilidade. A exclusão de registro é um ato que não encontra guarida no ordenamento registrário brasileiro. O que existe é o cancelamento (art. 167, II, Lei 6.015/73), que é a extinção formal do assento, mas o registro cancelado não pode ser apagado/excluído das fichas que descrevem sobre todo o histórico do imóvel. Do contrário, haveria averbações de cancelamento fazendo menção a registros que fisicamente não se encontram mais inscritos nas fichas da matrícula, gerando insegurança sobre a situação do imóvel" (1ª VRPSP – Processo 0037042-26.2013.8.26.0100, Juiz Josué Modesto Passos, j. 03/10/2013).

"Registro de imóveis – Pedido de Providências – Sugestão de dispensa de reconhecimento de firma para ingresso de títulos e requerimento de abertura de matrícula – Impossibilidade – Exigência legal que está em consonância com o princípio da segurança jurídica – Possibilidade de dispensa apenas quando o legítimo interessado comparecer pessoalmente perante o Registrador ou seu preposto, assinando o pedido em sua presença. Não se confunde a necessidade de reconhecimento de firma nos títulos que serão passíveis de ingresso registral com a forma como o registro ou averbação podem ser requeridos: Art. 13. Salvo as anotações e as averbações obrigatórias, os atos do registro serão praticados; (...) II – a requerimento verbal ou escrito dos interessados; O art. 13 supramencionado refere-se ao simples pedido de ingresso registral de atos de averbação obrigatória, o que não dispensará a necessária e formal comprovação documental do fato jurídico que será anotado/averbado. No tocante à abertura de matrícula em nova circunscrição imobiliária, ou mesmo para encerramento da transcrição, tal providência dependerá da existência de título. Como bem lembrou o IRIB, o título poderá ser o próprio requerimento de quem demonstre legítimo interesse. Nesse sentido, ensina Alexandre Laizo Clápis, citando Narciso Orlandi (in *Lei de Registro de Imóveis Comentada*. Forense. 2014. p. 1202): 'Vale destacar, como faz Narciso Orlandi Neto (*Retificação de Registro de Imóveis*. São Paulo: Del Rey, 1997, p. 13), que a lei para abertura da matrícula por ocasião do primeiro registro não proíbe que, 'a requerimento do interessado, seja aberta a matrícula de imóvel ainda transcrito,

---

[626] Nesse sentido: MIRANDA, Caleb Matheus Ribeiro de. *Os bens públicos e o registro de imóveis*. 2. ed. Coleção de Direito Imobiliário. t. XI. São Paulo: Thomson Reuters Brasil, 2022. p. 134.

Art. 167 | LEI DE REGISTROS PÚBLICOS COMENTADA

ainda que não haja ato a ser registrado". Nada obsta que um advogado ou terceiro leve ao Registro Imobiliário esse pedido, desde que comprove que age segundo a vontade de legítimo interessado (titular de domínio, credor etc.). A forma mais segura de ser demonstrado esse legítimo interesse é o reconhecimento de firma, sempre que o interessado não puder estar presente para formular pessoalmente seu pedido ao Registrador ou seu preposto. Ora, se até mesmo uma singela anotação depende de prova de legítimo interesse (art. 13, LRP), com mais razão o importante ato de abertura de matrícula, sendo certo que, no sistema atual, o reconhecimento de firma ainda se revela meio mais seguro para atingir essa finalidade" (CGJSP – Processo 139.054/2017, Des. Manoel de Queiroz Pereira Calças, j. 05/09/2017).

> **Art. 167**, II (...)
>
> 30) da sub-rogação de dívida, da respectiva garantia fiduciária ou hipotecária e da alteração das condições contratuais, em nome do credor que venha a assumir essa condição nos termos do art. 31 da Lei nº 9.514, de 20 de novembro de 1997, ou do art. 347 da Lei nº 10.406, de 10 de janeiro de 2002 (Código Civil), realizada em ato único, a requerimento do interessa-do, instruído com documento comprobatório firmado pelo credor original e pelo mutuário, ressalvado o disposto no item 35 deste inciso; *(Redação dada pela Lei nº 14.382, de 2022)*

Referências Normativas

Lei 9.514/1997, art. 31.
Lei 10.406/2002 (Código Civil), arts. 346 e 347.

Comentários

Com o escopo de aprimorar as hipóteses de ingresso no fólio real da sub-rogação da dívida com garantia real imobiliária, seja lastreada em hipoteca ou em garantia hipotecária, a Lei 14.382/2022 houve por bem estremar duas hipóteses distintas de averbação.

A primeira cuida da sub-rogação de dívida, da respectiva garantia fiduciária ou hipotecária e da alteração das condições contratuais, em nome do credor que venha a assumir essa condição nos termos do art. 31 da Lei 9.514/1997 ou do art. 347 do Código Civil, realizada em ato único, a requerimento do interessado, instruído com documento comprobatório firmado pelo credor original e pelo mutuário (LRP, art. 167, II, nº 30).

A segunda trata da cessão de crédito ou da sub-rogação de dívida decorrentes de transferência do financiamento com garantia real sobre imóvel, nos termos do Capítulo II-A da Lei 9.514/1997 (LRP, art. 167, II, nº 35).

Agiu bem o legislador. Embora ambas as hipóteses representem descolamento subjetivo do crédito lastreado em garantia real e, nessa condição, mereçam aceder ao fólio real, as espécies de sub-rogação teladas possuem natureza jurídica distinta.

Na *fattispecie* em testilha, descortina-se hipótese de sub-rogação legal,[627] notadamente quando o fiador ou terceiro interessado paga a dívida e fica sub-rogado, de pleno direito, no crédito hipotecário ou na propriedade fiduciária. De ressalvar que nos casos de transferência de financiamento para outra instituição financeira, o pagamento da dívida à instituição credora original poderá ser feito, a favor do mutuário, pela nova instituição credora.

A palavra *sub-rogação* indica que alguém ou algo entrará no lugar do outro. Sub-rogação é, assim, transferência do crédito, com todas as suas garantias, privilégios, direitos e ações, ao pagador de dívida alheia. Entre os civilistas, muito se discute a respeito da natureza jurídica da sub-rogação. O

---

[627] *Art. 346, III, do Código Civil.* A sub-rogação opera-se, de pleno direito, em favor: [...] III – do terceiro interessado, que paga a dívida pela qual era ou podia ser obrigado, no todo ou em parte.

dissenso está em saber se com o pagamento a dívida se extingue ou se ela é apenas cedida em prol do terceiro pagador.

A orientação que deve predominar é defendida com muita técnica por Clóvis Beviláqua. Ocorre, segundo o autor, a *extinção referencial* da obrigação. A teoria é batizada de *opération à double face*. Reconhece-se que há a extinção da obrigação, mas não uma extinção total da obrigação em si, e sim uma extinção apenas em relação ao credor originário (daí falar-se em "extinção referencial", pois só se extingue levando em conta, como referencial, o credor originário). Esse credor teria sido satisfeito com o pagamento e, portanto, com relação a ele, a obrigação extinguiu-se. Mas a obrigação seguiria viva em relação ao terceiro pagador da dívida, que entraria no lugar (*rectius*: sub-rogar-se-ia) do credor originário.[628]

Sob a ótica dos planos de análise do negócio jurídico, posiciona-se a *fattispecie* no plano da eficácia. É que o fato jurídico *extinção da dívida* só é eficaz em relação ao credor originário, e não diante do sub-rogado. A dupla face da sub-rogação reside justamente em representar, de um lado, uma cessão ficta de crédito na relação entre o sub-rogado e o credor originário; de outro bordo, seria um adimplemento sob a perspectiva do devedor perante o credor originário.

Diante dessa engenharia do instituto da sub-rogação, incidindo sobre crédito imobiliário constituído por registro no fólio predial, de rigor que seu deslocamento seja objeto de averbação na matrícula do imóvel. Não se constitui, assim, a relação jurídica subsistente com ato de registro *stricto sensu*. Equivale dizer, tanto a extinção da relação jurídica primária, como sua manutenção em relação ao novo credor são fatos jurígenos que devem ser publicizados em ato único de averbamento. Deve, pois, ser apresentado o título basal que contemple documento comprobatório firmado pelo credor original e pelo terceiro interessado.

 Jurisprudência

"Escritura de compra e venda da totalidade de loteamento, na qual, apesar da ausência da expressão 'cessão de direitos sobre o loteamento', permite entender que a real vontade das partes consistiu na transmissão do próprio loteamento ao comprador, com sub-rogação dos direitos e deveres do loteador original. Adquirente que assume e se compromete a realizar todas as benfeitorias no loteamento, concordando com a caução averbada na matrícula do loteamento. A indicação de todo o imóvel loteado como consistente na coisa que foi vendida e a assunção, pelos adquirentes, das obrigações próprias do loteador, consistentes na realização das benfeitorias no loteamento (obras de infraestrutura previstas no respectivo projeto), permitem reconhecer que a compra e venda abrangeu a cessão do loteamento, com intenção de substituição do loteador original pelo adquirente da propriedade loteada (artigo 29 da Lei nº 6.766/79). Excluem-se da compra e venda celebrada, por certo, as áreas que passaram ao domínio público em razão do registro do loteamento (artigo 22 da Lei nº 6.766/79), o que não altera a natureza do negócio jurídico consubstanciado na escritura pública apresentada para registro" (CSMSP – Apelação Cível 1.221-6/8, Des. Munhoz Soares, j. 13/04/2010).

> **Art. 167**, II (...)
>
> 31) da certidão de liberação de condições resolutivas dos títulos de domínio resolúvel emitidos pelos órgãos fundiários federais na Amazônia Legal; *(Incluído pela Lei nº 13.465, de 2017)*

 Referências Normativas

Lei 11.952/2009.

 Comentários

No âmbito da regularização fundiária de imóveis inseridos no contexto da Amazônia Legal, a Lei 11.952/2009 estabelece que o poder público federal regularizará as áreas ocupadas mediante aliena-

---

[628] OLIVEIRA, Carlos Eduardo Elias de; COSTA-NETO, João. *Direito civil*. Rio de Janeiro: Forense, 2022. p. 454.

Art. 167 | LEI DE REGISTROS PÚBLICOS COMENTADA

ção, como regra. No entanto, as áreas ocupadas que abranjam parte ou a totalidade de terrenos de marinha, terrenos marginais ou reservados, seus acrescidos ou outras áreas insuscetíveis de alienação nos termos do art. 20 da Constituição Federal, poderão ser regularizadas mediante outorga de título de concessão de direito real de uso.

Importa consignar que, nos termos do art. 15 da Lei 11.952/2009, o título de domínio ou o termo de concessão de direito real de uso deverá conter, entre outras, cláusulas que determinem, pelo prazo de dez anos, sob condição resolutiva, além da inalienabilidade do imóvel:

i) a manutenção da destinação agrária, por meio de prática de cultura efetiva;

ii) o respeito à legislação ambiental, em especial quanto ao cumprimento do disposto no Capítulo VI do Código Florestal (Lei 12.651/2012);

iii) a não exploração de mão de obra em condição análoga à de escravo; e

iv) as condições e a forma de pagamento.

Na hipótese de pagamento por prazo superior a dez anos, a eficácia da cláusula resolutiva estender-se-á até a integral quitação.

A própria Lei 11.952/2009 autoriza a extinção das condições resolutivas na hipótese de o beneficiário optar por realizar o pagamento integral do preço do imóvel, equivalente a 100% (cem por cento) do valor médio da terra nua,[629] vigente à época do pagamento, respeitado o período de carência previsto no art. 17 desta Lei[630] e cumpridas todas as condições resolutivas até a data do pagamento.

Com efeito, as condições resolutivas do título de domínio e do termo de concessão de uso somente serão liberadas após a verificação de seu cumprimento que deverá ser comprovado nos autos, por meio de juntada da documentação pertinente, nos termos estabelecidos em regulamento. Caso referida análise não seja suficiente para atestar o cumprimento das condições resolutivas, deverá ser realizada vistoria. De qualquer modo, a administração deverá, no prazo máximo de 12 meses, contado da data do protocolo, concluir a análise do pedido de liberação das condições resolutivas (Lei 11.952/2009, art. 16).

Releva mencionar que a Lei 14.757/2023 trouxe algumas hipóteses específicas nas quais ficam extintas, *ope legis*, as cláusulas resolutivas constantes dos títulos emitidos até 25 de junho de 2009, desde que atendam às seguintes condições: I – comprovação, pelo proprietário ou possuidor, do adimplemento das condições financeiras, observado o previsto no art. 15-A da Lei; II – área total por proprietário ou possuidor não superior a 15 (quinze) módulos fiscais; III – comprovação de inscrição do imóvel rural no Cadastro Ambiental Rural (CAR) (Lei 11.952/2009, art. 16-A). Há, porém, duas ressalvas importantes: *a)* a extinção das cláusulas resolutivas não afasta a responsabilidade por infrações ambientais, trabalhistas e tributárias; e *b)* a liberação dos títulos de domínio sem a observância do disposto na lei de regência implica responsabilidade civil, administrativa e penal dos responsáveis.

De outro bordo, o descumprimento das condições resolutivas pelo titulado implica resolução de pleno direito do título de domínio ou do termo de concessão, declarada no processo administrativo que apurar o descumprimento das cláusulas resolutivas, assegurados os princípios da ampla defesa e do contraditório. A análise do cumprimento das cláusulas resolutivas recairá estritamente sobre o

---

[629] Valor este estabelecido na forma do art. 12 da Lei 11.952/2009: *Art. 12.* Na ocupação de área contínua acima de um módulo fiscal e até o limite previsto no § 1º do art. 6º desta Lei, a alienação e, no caso previsto no § 4º do art. 6º desta Lei, a concessão de direito real de uso dar-se-ão de forma onerosa, dispensada a licitação. § 1º O preço do imóvel considerará o tamanho da área e será estabelecido entre 10% (dez por cento) e 50% (cinquenta por cento) do valor mínimo da pauta de valores da terra nua para fins de titulação e regularização fundiária elaborada pelo Incra, com base nos valores de imóveis avaliados para a reforma agrária, conforme regulamento. § 2º Na hipótese de inexistirem parâmetros para a definição do valor da terra nua na forma de que trata o § 1º deste artigo, a administração pública utilizará como referência avaliações de preços produzidas preferencialmente por entidades públicas, justificadamente. § 3º Serão acrescidos ao preço do imóvel para alienação previsto no § 1º deste artigo custos relativos à execução dos serviços topográficos, se executados pelo poder público, exceto quando se tratar de ocupações cujas áreas não excedam a quatro módulos fiscais. § 4º O disposto no § 1º deste artigo aplica-se à concessão de direito real de uso onerosa, à razão de 40% (quarenta por cento) dos percentuais estabelecidos no § 1º deste artigo.

[630] *Art. 17 da Lei 11.952/2009.* O valor do imóvel fixado na forma do art. 12 será pago pelo beneficiário da regularização fundiária em prestações amortizáveis em até 20 (vinte) anos, com carência de até 3 (três) anos.

período de vigência das obrigações contratuais, tomando-se a mais longa como termo final. Assim, é certo que o descumprimento das obrigações após o período de vigência das cláusulas contratuais não gerará o efeito resolutório (Lei 11.952/2009, art. 18, *caput* e §§ 1º e 2º). No aspecto procedimental, o descumprimento das obrigações pelo titulado durante a vigência das cláusulas resolutivas deverá ser demonstrado nos autos do processo administrativo por meio de prova material ou documental. Sendo o caso, a prova material ou documental referida será considerada essencial à propositura de ação judicial reivindicatória de domínio. Em caso de inexistência da prova, a Lei autoriza de antemão a Advocacia-Geral da União a desistir das ações já ajuizadas (Lei 11.952/2009, art. 18, § § 3º a 5º). Na análise acerca do cumprimento das obrigações contratuais constantes dos títulos emitidos anteriormente a 25 de junho de 2009, deverão ser ratificadas as vistorias realizadas em data anterior à promulgação da Constituição Federal, a requerimento do interessado, garantidos o contraditório e a ampla defesa (Lei 11.952/2009, art. 18, § 6º).

De qualquer modo, resolvido o título de domínio ou o termo de concessão, o contratante:

I – terá direito à indenização pelas acessões e pelas benfeitorias, necessárias e úteis, podendo levantar as voluptuárias no prazo máximo de cento e oitenta dias após a desocupação do imóvel, sob pena de perda delas em proveito do alienante;

II – terá direito à restituição dos valores pagos com a devida atualização monetária, deduzido o percentual das quantias a seguir discriminadas: a) 15% (quinze por cento) do valor pago a título de multa compensatória; e b) 0,3% (três décimos por cento) do valor atualizado do contrato por cada mês de ocupação do imóvel desde o início do contrato, a título de indenização pela fruição;

III – estará desobrigado de pagar eventual saldo devedor remanescente na hipótese de o montante das quantias indicadas nos itens *a* e *b* acima eventualmente exceder ao valor total pago a título de preço.

A critério da administração pública federal, exclusivamente em casos de interesse social na destinação da área, havendo desocupação voluntária, o ocupante poderá receber compensação financeira pelas benfeitorias úteis ou necessárias edificadas até a data de notificação da decisão que declarou a resolução do título de domínio ou da concessão. Ato do Poder Executivo disporá sobre regulamento para disciplinar o valor e o limite da compensação financeira, além de estabelecer os prazos para pagamento e para a desocupação acima referida. (Lei 11.952/2009, art. 18, §§ 8º e 9º).

A Lei estabelece que na hipótese de a área titulada passar a integrar a zona urbana ou de expansão urbana, deverá ser priorizada a análise do requerimento de liberação das condições resolutivas (Lei 11.952/2009, art. 18, § 10).

Por fim, atente-se que é a certidão que atesta a liberação das condições resolutivas dos títulos de domínio resolúvel emitidos pelos órgãos fundiários federais na Amazônia Legal que deverá ser apresentada ao Registro Predial para fins de averbação da desoneração do imóvel.

Jurisprudência

"Pedido unilateral de cancelamento de pacto comissório, sem comprovação dos requisitos exigidos pela lei. Impossibilidade. Não foi comprovada a quitação ou o cumprimento do negócio jurídico avençado. É certo que o tempo decorrido desde a inscrição sugere prescrição. Porém, inúmeras são as hipóteses de interrupção ou mesmo de impedimento ao curso do prazo prescricional que podem guardar relação com fatos judiciais ou extrajudiciais, não anotados nos cartórios locais. Não é admissível a presunção da extinção da obrigação pelo mero decurso de tempo, sendo necessário o pronunciamento judicial. Não se pode cogitar em aplicação analógica de norma quando existe disposição legal específica para ao caso. O artigo 250, da Lei 6.015/73, enumera três formas em que se permite o cancelamento de averbação: em cumprimento de decisão judicial transitada em julgado; a requerimento unânime das partes que participaram do ato registrado ou a requerimento do interessado instruído com documento hábil. A recorrente não comprovou a quitação ou o cumprimento do negócio jurídico avençado" (CGJSP – Processo CG 113.367/2013, Des. José Renato Nalini, j. 14/11/2013).

"Pedido de cancelamento de cláusula resolutiva existente há mais de 53 anos. Solicitação de aplicação, por analogia, da regra da perempção da hipoteca. Impossibilidade. Apontou-se que no Direito Registral vigem princípios e regras próprios, e dentre eles o princípio da legalidade estrita segundo o qual somente se pode admitir o ingresso de título, seja para registro, seja para averbação, que atenda os ditames legais. Dentro desta lógica, apenas títulos que tragam efeito para a relação jurídico-real na forma da lei podem ser qualificados positivamente. Assim, embora haja regra que autorize o cancelamento de hipotecas antigas pela perempção (artigos 238 da RP e 1.458 do CC), não existe possibilidade, no âmbito administrativo, de fazê-la incidir para instituto distinto, como a cláusula resolutiva expressa, para a qual a lei nada previu neste sentido" (1ª VRPSP – Processo 1011946-74.2022.8.26.0100, Juíza Luciana Carone Nucci Eugênio Mahuad, j. 31/03/2022).

Art. 167, II (...)

32) do termo de quitação de contrato de compromisso de compra e venda registrado e do termo de quitação dos instrumentos públicos ou privados oriundos da implantação de empreendimentos ou de processo de regularização fundiária, firmado pelo empreendedor proprietário de imóvel ou pelo promotor do empreendimento ou da regularização fundiária objeto de loteamento, desmembramento, condomínio de qualquer modalidade ou de regularização fundiária, exclusivamente para fins de exoneração da sua responsabilidade sobre tributos municipais incidentes sobre o imóvel perante o Município, não implicando transferência de domínio ao compromissário comprador ou ao beneficiário da regularização. *(Incluído pela Lei nº 13.465, de 2017)*

CALEB MATHEUS RIBEIRO DE MIRANDA

Referências Normativas

Lei 5.172/1966, Código Tributário Nacional, art. 32, *caput*.

Comentários

O Imposto sobre a Propriedade Predial e Territorial Urbana tem como fato gerador a propriedade, domínio útil ou posse de imóvel localizado na zona urbana.[631] Com a introdução do compromisso de compra e venda no ordenamento jurídico brasileiro pelo Decreto-Lei 58/1937, que atribuiu natureza real ao direito do promitente comprador, ocorreu a possibilidade de coexistência de direitos com caráter de propriedade, atual ou de aquisição, sobre os bens imóveis. O Superior Tribunal de Justiça firmou tese de que tanto o promitente comprador como o promitente vendedor são contribuintes do IPTU.[632]

Contudo, a partir do momento em que o compromisso de compra e venda está quitado, a titularidade do bem no patrimônio do vendedor não possui significado conteúdo material próprio, mas pode acarretar-lhe ônus tributários com relação ao bem. Com essa preocupação, o item em comento prevê a possibilidade de prática de ato de averbação para exoneração de responsabilidade sobre tributos municipais nos casos em que exista promessa de alienação do imóvel já quitada.

O título material a ser apresentado será o termo de quitação, em caso de compromisso de compra e venda já registrado, ou o termo de quitação de compromisso, em caso de empreendimentos ou processos de regularização fundiária. Dito de outro modo, o registro do compromisso só é obrigatório se o termo for firmado por pessoa que não seja loteador ou promotor de regularização fundiária.

---

[631] BRASIL, Lei nº 5.172/1966, Código Tributário Nacional, art. 32, *caput*.
[632] O promitente comprador do imóvel e o proprietário/promitente vendedor são contribuintes responsáveis pelo pagamento do IPTU. (Tese julgada sob o rito do art. 543-C do CPC/73 – TEMA 122)

Importa notar que a averbação deverá indicar que se trata de ato praticado "*exclusivamente para fins de exoneração da responsabilidade por tributos municipais incidentes sobre o imóvel perante o Município, não implicando transferência de domínio ao compromissário comprador ou ao beneficiário da regularização*".

Jurisprudência

"Registro de imóveis. Loteamento. Pedido de averbação de termo de quitação de compromissos de compra e venda por parte da loteadora, para repercussão frente a obrigações tributárias e condominiais. Art. 167, inciso II, Item 32, da Lei 6.015/1973, com a redação trazida pela Lei nº 13.465/2017. Inovação legislativa que relativizou o princípio da continuidade. Recurso provido.

...

Entretanto, não há como ser negado que a redação dada pela novel legislação, dentre tantas outras inovações, trouxe uma mitigação ao referido princípio, não implicando, contudo, transferência de domínio ao compromissário comprador ou beneficiário da regularização.

Mesmo em loteamentos regulares, como é o caso, a nova regra afirma que caberá a averbação do termo de quitação do contrato de compromisso de compra e venda exclusivamente para fins de exoneração da responsabilidade do empreendedor proprietário do imóvel, promotor do empreendimento ou da regularização fundiária objeto de loteamento, desmembramento, condomínio de qualquer modalidade ou de regularização fundiária sobre tributos municipais incidentes sobre o imóvel.

Independentemente de eventuais discussões a respeito da inconstitucionalidade dessa inovação legislativa (lei federal ordinária, e não complementar, exonerando o sujeito passivo de obrigação tributária municipal; ofensa ao princípio da continuidade etc.), não se pode negar que ela cria hipótese liberativa de obrigação tributária frente ao município e deve ser cumprida, até que haja, em tese, manifestação jurisdicional em sentido contrário.

Dessa forma, caberá a averbação, que deverá ser feita na modalidade sem valor declarado, cujo teor deverá reproduzir o texto expresso da lei, ou seja, que se trata de inscrição 'exclusivamente para fins de exoneração de responsabilidade sobre tributos municipais incidentes sobre o imóvel perante o Município, não implicando transferência de domínio ao compromissário comprador ou beneficiário da regularização'" (CGJSP – Recurso Administrativo 1006694-78.2018.8.26.0602, Localidade: Sorocaba, Rel. Des. Geraldo Francisco Pinheiro Franco, j. 02/08/2019, *DJ* 08/08/2019).

"Registro de imóveis – Pedido de Providências – Averbação do termo de quitação de compromisso de venda e compra não registrado emitido pela autora do empreendimento – Teórica viabilidade da pretendida averbação – Inteligência do nº 32, do inciso II do art. 167, da Lei nº 6.015/73 – Impossibilidade no caso concreto em face da ausência de apresentação do original ou mesmo de cópia autenticada dos compromissos de venda e compra – Termo de quitação elaborado unilateralmente – Ausência de demonstração da existência do negócio jurídico e da identidade do compromissário comprador – Parecer pelo desprovimento do recurso....

Assim, são duas as hipóteses previstas para a averbação do termo de quitação.

A primeira consiste na averbação do termo de quitação de qualquer contrato de compromisso de compra e venda, independente da qualidade do promitente vendedor, desde que esteja registrado, pois conforme consta na parte inicial do nº 32 do inciso II do art. 167 da Lei nº 6.015/73 será feita a averbação:

'do termo de quitação de contrato de compromisso de compra e venda registrado...'.

A segunda parte diz respeito ao compromisso de compra e venda celebrado diretamente pelos empreendedores de loteamentos, desmembramentos e condomínios de qualquer modalidade, implantados de forma regular ou posteriormente regularizados, hipótese em que não há exigência de prévio registro dos contratos, pois como consta no referido no 32 do inciso II do artigo 167 também será feita a averbação:

'... do termo de quitação dos instrumentos públicos ou privados oriundos da implantação de empreendimentos ou de processo de regularização fundiária, firmado pelo empreendedor proprietário de imóvel ou pelo promotor do empreendimento ou da regularização fundiária objeto de loteamento, desmembramento, condomínio de qualquer modalidade ou de regularização fundiária...'.

Interpretação literal e lógica induz a obrigatoriedade de prévio registro do compromisso de compra e venda na primeira hipótese e a sua dispensa nos casos previstos na segunda parte da norma.

A adoção de interpretação distinta, ademais, implicaria no reconhecimento da desnecessidade da segunda parte da norma, pois todas as hipóteses para a averbação do termo de quitação estariam contempladas em sua parte inicial" (CGJSP – Processo 1007164-87.2020.8.26.0037, Localidade: Araraquara, Rel. Des. Ricardo Mair Anafe, j. 01/07/2021, *DJ* 07/07/2021).

"Registro de imóveis – Termo de quitação da compra e venda de imóvel loteado, emitido pela autora do empreendimento que promoveu o registro por meio de regularização fundiária – Averbação que não gera direito real de compromissário comprador – Inadequação da via administrativa para restringir o acesso ao registro de título previsto, na forma do art. 167, inciso II, nº 32, da Lei nº 6.015/73 – Recurso provido" (CGJSP – Recurso Administrativo 1099908-43.2019.8.26.0100, *DJ* 20/08/2020).

"Registro de Imóveis – Termo de quitação de compra e venda de parte de imóvel registrado em nome de particulares – Hipótese dos autos que não diz respeito a compromisso de compra e venda celebrado diretamente pelos empreendedores de loteamentos, desmembramentos e condomínios de qualquer modalidade, implantados de forma regular ou posteriormente regularizados – Averbação que depende de prévio registro do compromisso de compra e venda, nos termos do art. 167, inciso II, nº 32, da Lei nº 6.015/73 – Recurso não provido" (CGJSP – Processo CG 1000857-06.2020.8.26.0462, *DJ* 19/11/2020).

> **Art. 167**, II (...)
>
> 33) *(Incluído pela Medida Provisória nº 992, de 2020, com vigência encerrada em 12/11/2020, conforme Ato Declaratório nº 144, de 13/11/2020, publicado no DOU de 16/11/2020)*
>
> 34) da existência dos penhores previstos no art. 178 desta Lei, de ofício, sem conteúdo financeiro, por ocasião do registro no livro auxiliar em relação a imóveis de titularidade do devedor pignoratício ou a imóveis objeto de contratos registrados no Livro nº 2 – Registro Geral; *(Incluído pela Lei nº 14.382, de 2022)*

Moacyr Petrocelli de Ávila Ribeiro

 Referências Normativas

Decreto-lei 167/1967.
Decreto-lei 413/1969.
Lei 6.015/1973, arts. 167, I, nºs 4 e 15; 178, IV e VI.
Lei 10.406/2002 (Código Civil), arts. 1.431 e seguintes; 1.448 e seguintes.

 Comentários

O penhor pode ser dividido em três grandes modalidades: (i) penhor comum; (ii) penhor especial; e (iii) penhor legal. *Brevitatis causa*, recorde-se que o penhor comum recai sobre bem móvel e se constitui mediante dois atos: a tradição da coisa e o registro do título no Ofício de Registro de Títulos e Documentos (CC, arts. 1.431 e 1.432). De sua vez, o penhor legal,[633] é o que deriva diretamente da tipicidade arquitetada pelo legislador, como as hipóteses do art. 1.467, I e II, do CC.

No que mais de perto interessa ao Registro de Imóveis, os penhores especiais são os que recaem sobre bens específicos e atraem regras especiais, diversas do penhor comum. De relevo anotar que

---

[633] Sobre a possibilidade de homologação do penhor legal na via extrajudicial, *vide* art. 703 do Código de Processo Civil.

nos penhores especiais que envolvem coisa física (rural, industrial, mercantil e de veículos),[634] o devedor pignoratício continua com o poder sobre a coisa (posse) com dever de guardá-la e conservá-la (CC, art. 1.431, parágrafo único), ao contrário do que ocorre com o penhor comum, em que há a transmissão da posse direta para o credor pignoratício.

São objeto de registro no Ofício Predial o penhor rural (que pode ser agrícola ou pecuário) e o penhor industrial (ou mercantil).[635] Quanto ao título formal hábil para ingresso no Registro de Imóveis, embora o Código Civil se contente com instrumento público ou particular, leis especiais autorizam sua formalização por meio das cédulas de crédito, que possuem normatização e alguns efeitos jurídicos próprios.[636]

Dentre as boas inovações ventiladas pela 14.382/2022 no Registro de Imóveis ganhou destaque a publicidade da garantia pignoratícia. Incluiu-se no rol dos atos passíveis de averbação a existência dos penhores cujo título causal fora registrado na serventia predial. Diz o vigente art. 167, II, nº 34, da LRP que será objeto de averbação a "existência dos penhores previstos no art. 178 desta Lei, de ofício, sem conteúdo financeiro, por ocasião do registro no livro auxiliar em relação a imóveis de titularidade do devedor pignoratício ou a imóveis objeto de contratos registrados no Livro nº 2 – Registro Geral".

Cuida-se de relevante amarração do sistema registral com escopo de garantir publicidade qualificada ao se noticiar a existência de penhores registrados no Ofício Predial. Em realidade, tem-se verdadeira inscrição complementar aos registros ultimados no Livro 3 – Registro Auxiliar. Por isso, pode ser lançada inclusive *ex officio*, ou seja, ainda que não haja rogação do interessado para este desiderato.

Nessa matéria, a inscrição autorizada veio em boa medida complementar o sistema de publicidade registral permitindo a averbação na matrícula da existência do penhor registrado no Livro 3 – Registro Auxiliar em duas hipóteses: (i) nas matrículas de que seja titular de direito real sobre imóvel o devedor pignoratício; ou (ii) nas matrículas nas quais haja registro de alguma relação jurídica subjacente.

Na primeira hipótese, não há qualquer dúvida do cabimento da averbação. Se o bem móvel objeto do penhor registrado no Livro 3 – Registro Auxiliar está situado em imóvel do próprio devedor ou se esse é titular de outro bem imóvel naquela circunscrição, de rigor o cabimento da averbação enunciativa (averbação-notícia).

Na segunda hipótese, no entanto, há aparente contradição legislativa. Ocorre que é possível – e muito comum – que o bem objeto do penhor esteja situado em imóvel de titularidade de terceiro, em razão de uma relação jurídica contratual subjacente (ordinariamente, no caso do penhor rural, por meio de contratos agrários como o arrendamento, parcerias agrícolas etc.). Embora a novel legislação se refira à eventualidade desses instrumentos contratuais estarem registrados no Livro 2 – Registro Geral, certo é que em alguns Estados (*v.g.*, São Paulo), essas inscrições não são admitidas no fólio real.[637] Assim, por certo, nesses casos, não há falar na indigitada averbação.

Isso, porém, não significa que por ocasião da qualificação para registro constitutivo do penhor não deva o Oficial de Registro de Imóveis fazer nenhum controle. É curial, nessa medida, que se exija a aquiescência do proprietário tabular.[638] Isso pode ocorrer de diversas formas, seja por meio de sua

---

[634] São também penhores especiais o penhor de direitos (CC, art. 1.451) e o penhor de títulos de créditos (CC, art. 1.458 a 1.460 do CC).

[635] No Registro de Títulos e Documentos são registrados o penhor comum (LRP, art. 127, II); o penhor de direitos e de títulos de crédito (CC, arts. 1.451 e 1.452; LRP, art. 127, III); e o penhor de veículos (CC, art. 1461 CC; LRP, art. 129, 7º). O registro de penhor de animais anteriormente previsto no art. 127, IV, da LRP foi revogado pela Lei 14.382/2022.

[636] Cédulas de crédito rural são regradas pelo Decreto-lei 167/1967; cédulas de crédito industriais são regradas pelo Decreto-lei 413/1969.

[637] Item 76.3, Cap. XX, NSCGJ-SP. O protesto contra alienação de bens, o arrendamento e o comodato são atos insuscetíveis de registro, admitindo-se a averbação do protesto contra alienação de bens diante de determinação judicial expressa do juiz do processo, consubstanciada em mandado dirigido ao Oficial do Registro de Imóveis.

[638] No penhor agrícola, caso o devedor seja arrendatário, locatário, colono ou prestador de serviço, no contrato de penhor deve haver o consentimento expresso do proprietário do imóvel, dado previamente ou no ato da constituição do penhor. Do contrário, o contrato será inválido, conforme dispõe o art. 9º da Lei 492/1937. Merece atenção, de outro lado, que no caso de cédula rural pignoratícia, o art. 14 do Decreto-lei 167/67 sequer exige como requisito da cédula, a menção ao número do registro ou endereço do imóvel e o nome do proprietário.

Art. 167 | LEI DE REGISTROS PÚBLICOS COMENTADA

participação efetiva no instrumento contratual constitutivo da garantia; seja em instrumento apartado (*v.g.*, carta de anuência) ou, como já autorizado pelo *Conselho Superior da Magistratura do Estado de São Paulo*, até mesmo mediante registro do contrato agrário no Ofício de Registro de Títulos e Documentos.[639]

Nesse escólio, lastreando-se no princípio hermenêutico que propala a busca pela máxima efetividade da norma, parece oportuno, em prol da segurança jurídica, que seja revisitada a posição de se negar a inscrição predial ao contrato de arrendamento[640] ou, ainda, que se autorize a averbação da existência do penhor em casos tais, condicionada à comprovação do registro do contrato agrário no Ofício de Registro de Títulos e Documentos, para fins de publicidade contra terceiros.

A propósito, confira-se oportuno enunciado aprovado na seção de *Prevenção e Solução Extrajudicial de Litígios do CJF*:

> Enunciado 119. Os contratos agrários de arrendamento rural e de parceria rural poderão ser averbados nas matrículas imobiliárias para fins de publicidade.
>
> Justificativa: Deve-se prestigiar o princípio da concentração do Registro de Imóveis no sentido de se incluir na matrícula toda e qualquer ocorrência que, de qualquer modo, altere o fato publicizado. Além disso, revela-se adequada a averbação na matrícula imobiliária porque, conforme o art. 92, § 5º, do Estatuto da Terra (Lei 4.504/1964), a alienação ou a imposição de ônus real ao imóvel não interrompe a vigência dos contratos de arrendamento ou de parceria, ficando o adquirente sub-rogado nos direitos e obrigações do alienante. Visa, assim, evitar demandas judiciais resultantes do desconhecimento da vigência de tais contratos.

Ainda que não se adote o entendimento projetado, parece razoável concluir que – sendo a averbação telada inscrição predial complementar, ou seja, que encontra sua causa eficiente no prévio registro do penhor no Livro 3 (Registro Auxiliar) do Registro de Imóveis – poderá ser lançada a notícia da existência do penhor na matrícula do imóvel de situação dos bens empenhados quando por qualquer dos meios alhures mencionados haja a aquiescência do proprietário tabular quando não for ele o devedor pignoratício.

Em arremate, quanto à cobrança emolumentar, não há dúvidas de que os registros constitutivos dos penhores rural e industrial no Registro de Imóveis têm como base de cálculo o valor da dívida,[641] e não o valor dos bens empenhados, com a ressalva da incidência do regramento especial de cobrança para os títulos que envolvam financiamento do agronegócio (Lei 13.986/2020 – Lei do Agro).[642] Já

---

[639] "Pelos termos contratados, os animais empenhados pelo emitente da cédula ficarão em imóvel de terceiro. Na forma do art. 127 da Lei 6.015/73: 'Art. 127. No Registro de Títulos e Documentos será feita a transcrição: V – do contrato de parceria agrícola ou pecuária.' No mesmo prumo, o teor dos arts. 56 e 58 do Decreto 59.566/66: 'Art 56. A extensão do penhor à cota dos frutos da parceria que cabe a qualquer dos parceiros, depende sempre do consentimento do outro, salvo nos casos em que o contrato esteja transcrito no Registro Público e neste conste aquela autorização. Art 58. A realização de empréstimo sob penhor de animais, a arrendatários, parceiro- -outorgante ou parceiro outorgado, poderá dispensar o consentimento da outra parte, se o contrato respectivo, devidamente transcrito no Registro de Imóveis, contiver cláusula que assegure ao mutuário a continuidade de vigência do contrato por prazo igual ou superior ao da operação.' Apega-se o apelante à Resolução 4.107 do Banco Central, que dispensa registro em cartório da documentação pertinente à relação contratual entre o proprietário da terra e o beneficiário do crédito. Não obstante, resolução expedida por autarquia não haverá de suplantar o quanto disposto em lei ou decreto federais" (CSMSP – Apelação Cível 1000758-10.2016.8.26.0128, Rel. Des. Manoel de Queiroz Pereira Calças, j. 20/07/2017).

[640] Nesse sentido: PATAH, Priscila Alves. Os contratos agrários e a necessária interação com a matrícula imobiliária. *Revista de Direito Imobiliário*. v. 88. ano 43. p. 179-204. São Paulo: Revista dos Tribunais, jan-jun.2020

[641] O valor do crédito deve ser fixado em moeda nacional (art. 318 do CC; art. 1º do Decreto-lei 857/1969; e art. 1º da Lei 10.192/2001). As exceções estão exclusivamente previstas no art. 2º do Decreto-lei 857/1969. Nesse sentido: Registro de penhor industrial. Valor do crédito fixado em moeda estrangeira. Contrato não excepcionado em lei especial. Incidência do artigo 318 do Código Civil, que inibe o registro. Falta de CDN do INSS e da Receita Federal que obsta, igualmente, a inscrição (CSMSP – Apelação Cível 677-6/0, Rel. Des. Gilberto Passos de Freitas, j. 26/04/2007).

[642] Em São Paulo a matéria foi regulamentada em caráter normativo pela *Corregedoria-Geral da Justiça do Estado de São Paulo*. Entendeu-se que aplicada imediatamente a Lei Federal 13.986/2020 à constituição de direitos reais de garantia mobiliária ou imobiliária destinados ao crédito rural, o cálculo dos emolumentos previstos pela Lei Estadual 11.331/2002 tem de ser feito: (a) afastando-se os itens 8 e 9 da tabela II (ofícios de registro

no que toca à averbação enunciativa nas matrículas acerca da existência do penhor registrado no Livro 3 – Registro Auxiliar, a própria lei esclarece que se trata de averbação sem conteúdo financeiro.

 Jurisprudência

"Pelos termos contratados, os animais empenhados pelo emitente da cédula ficarão em imóvel de terceiro. Na forma do art. 127 da Lei 6.015/73: 'Art. 127. No Registro de Títulos e Documentos será feita a transcrição: V – do contrato de parceria agrícola ou pecuária.' No mesmo prumo, o teor dos arts. 56 e 58 do Decreto 59.566/66: 'Art 56. A extensão do penhor à cota dos frutos da parceria que cabe a qualquer dos parceiros, depende sempre do consentimento do outro, salvo nos casos em que o contrato esteja transcrito no Registro Público e neste conste aquela autorização. Art 58. A realização de empréstimo sob penhor de animais, a arrendatários, parceiro-outorgante ou parceiro outorgado, poderá dispensar o consentimento da outra parte, se o contrato respectivo, devidamente transcrito no Registro de Imóveis, contiver cláusula que assegure ao mutuário a continuidade de vigência do contrato por prazo igual ou superior ao da operação.' Apega-se o apelante à Resolução 4.107 do Banco Central, que dispensa registro em cartório da documentação pertinente à relação contratual entre o proprietário da terra e o beneficiário do crédito. Não obstante, resolução expedida por autarquia não haverá de suplantar o quanto disposto em lei ou decreto federais" (CSMSP – Apelação Cível 1000758-10.2016.8.26.0128, Rel. Des. Manoel de Queiroz Pereira Calças, j. 20/07/2017).

"Instrumento particular de constituição de penhor mercantil – Veículos automotores que constituem o estoque de revenda autorizada da Mercedes-Benz – Penhor que garante dívida oriunda de linha de crédito obtida pela empresa revendedora junto ao banco recorrente – Dívida resultante da própria atividade da revendedora – Natureza da dívida que define o penhor como mercantil – Incidência dos artigos 1.447 e 1.448 do Código Civil – Recurso provido. (...) Como afirmado pela recorrente, 'a garantia surge para caucionar a atividade da empresa', ao contrário do penhor de veículos, qual se garante a dívida constituída para a aquisição de tal bem (fl. 67). Afirma Arnaldo Rizzardo que a 'natureza que o distingue de outros tipos de penhor diz respeito à espécie de dívida garantida, que deve ser eminentemente industrial ou mercantil' (*Direito das Coisas*. São Paulo: Forense, 2007, p. 1050). É o caso, afinal é o tipo de dívida que diferencia esse tipo de penhor, mercantil, dos outros. Trata-se de dívida e de garantia originadas em operação tipicamente empresarial, de maneira que incidem os artigos 1.447 e seguintes do Código Civil, devendo o registro ser feito no Cartório de Registro de Imóveis" (CSMSP – Apelação Cível 0017222-73.2013.8.26.0309, Rel. Des. Xavier de Aquino, j. 15/12/2015).

"Registro de imóveis – negativa de registro de instrumento particular de alienação fiduciária de soqueiras de cana-de-açúcar e produtos agropecuários no livro n. 3 – registro auxiliar – desnecessidade de correção da numeração das cláusulas do contrato – imperfeição meramente formal – contratos de parceria agrícola celebrados entre as proprietárias dos imóveis rurais e a parceira-outorgante – contratos de parceria celebrados entre a parceira outorgada (atual parceira outorgante) e os devedores fiduciantes – registro da garantia que se subordina à anuência das proprietárias dos imóveis – possibilidade da anuência apartada ou nos próprios contratos de parceria agrícola – dispensa do registro de tais contratos perante o registro de títulos e documentos, o qual tem por finalidade a produção de efeitos em relação a terceiros – recurso não provido. (...) Tendo em vista que, com a anuência, as proprietárias estarão cientes do conteúdo dos contratos de parceria agrícola e do contrato de alienação fiduciária, os quais produzirão efeitos em relação a elas justamente em virtude da vontade manifestada, bem como que não há interesse das partes contratantes na produção de efeitos em

---

de imóveis) anexa à Lei Estadual 11.331/2002; (b) no registro de imóveis, aplicando-se os itens 1 e 2 da tabela II anexa à Lei Estadual nº 11.331/2002, como sucede com cédulas de crédito bancário e outros contratos em geral, mas respeitados os novos tetos de 0,3% e 0,1% sobre o crédito concedido, nos casos de registro *stricto sensu* e averbação, e sem repasses, salvo o devido ao Tribunal de Justiça, previsto na alínea e do inciso I do art. 19 daquele mesmo diploma; e (c) no registro de títulos e documentos, levando-se em conta os itens 1 e 5 da tabela III anexa à Lei Estadual nº 11.331/2002, respeitados os mencionados tetos (0,3 e 0,1%, para registros *stricto sensu* e averbações, respectivamente) e a forma de repasse (limitado este, como dito, àquela verba do Tribunal de Justiça prevista na alínea e do inciso I do art. 19 da Lei nº 11.331/2002) (CGJSP – Processos 2020/100.392, 2020/104807, 2020/105195, 2020/127559, 2021/20723, 2021/23933 e 2021/9540, Des. Ricardo Mair Anafe, set./2021).

relação a terceiros, nenhuma outra providência se faz necessária. (...) Porém, para se garantir que as soqueiras de cana-de- açúcar são dos devedores fiduciantes e permitir o registro do instrumento particular de alienação fiduciária ajustado entre eles e a empresa suficiente será a autorização das proprietárias dos imóveis. Em outras palavras, não há fundamento para se exigir registro perante o Registro de Títulos e Documentos" (CSMSP – Apelação Cível 1002085-52.2023.8.26.0125, Rel. Des. Francisco Eduardo Loureiro, j. 12/09/2024).

> **Art. 167**, II (...)
> 35) da cessão de crédito ou da sub-rogação de dívida decorrentes de transferência do financiamento com garantia real sobre imóvel, nos termos do Capítulo II-A da Lei nº 9.514, de 20 de novembro de 1997; e *(Incluído pela Lei nº 14.382, de 2022)*

Referências Normativas

Lei 9.514/1997, arts. 33-A e seguintes.

Comentários

O dispositivo em testilha cuida do batizado "refinanciamento com transferência de credor".[643] Trata-se, em realidade da sub-rogação da dívida da respectiva garantia fiduciária e da alteração das condições contratuais em nome do credor que venha a assumir tal condição. No Registro de Imóveis, a averbação dessa sub-rogação tem sido nomeada de "portabilidade do financiamento":[644]

Tão abstrusa é a figura da 'portabilidade' que, como bem fez notar o 10º RISP, as próprias instituições financeiras não conseguem, dela, lançar mão corretamente, e terminam cometer toda espécie de imprecisão de linguagem (para dizer o menos) o que facilmente se teria evitado, se o legislador houvesse recorrido à boa técnica. Como explica *Mauro Antônio Rocha* (Sub-rogação de dívida. Codinome portabilidade de crédito, disponível em *http://cartorios.org/*), a "operação denominada 'portabilidade' no próprio texto legal, depois de anos, se refez e se reproduziu nos exatos contornos da sub-rogação de crédito já existente na lei civil e se perfaz mediante as seguintes condições: 1. O devedor mutuário negocia com a instituição interessada na aquisição do crédito; 2. A credora mutuante transfere os recursos equivalentes ao saldo devedor do contrato para a instituição credora da operação original, concluindo a quitação antecipada do contrato; 3. A instituição quitada fornece termo de recebimento de crédito decorrente de portabilidade, ou comparece ao contrato como interveniente-anuente; 4. O Oficial de Registro procede às averbações de substituição do contrato de financiamento imobiliário e da respectiva transferência da garantia fiduciária.[645]

Anote-se que somente se concretizará tal sub-rogação quando houver concordância do antigo credor, responsável por emitir no prazo de 2 (dois) dias úteis após o pagamento da dívida original um termo de quitação, consoante art. 33-A da Lei 9.514/1997. Segundo o dispositivo, a transferência de dívida de financiamento imobiliário com garantia real, de um credor para outro, inclusive sob a forma de

---

[643] O instituto foi introduzido na Lei 9.514/1997 (arts. 33-A a 33-F) pela Lei 12.810/2013.
[644] Nos termos do art. 2 da Resolução CMN 5.057/2022, considera-se: I – *portabilidade*: transferência de operação de crédito ou de arrendamento mercantil financeiro da instituição credora original para a instituição proponente, por solicitação do devedor; II – *instituição credora original*: instituição de que trata o art. 1º credora da operação objeto da portabilidade; III – *instituição proponente*: instituição de que trata o art. 1º receptora da operação objeto da portabilidade; e IV – *devedor*: pessoa(s) natural(ais), inclusive empresários individuais, e pessoa(s) jurídica(s) titular(e s) da operação de crédito ou de arrendamento mercantil financeiro objeto da portabilidade; (...).
[645] 1ª VRPSP – Processo 0053090-94.2012.8.26.0100, Juiz Josué Modesto Passos, j. 15/07/2013.

sub-rogação, obriga o credor original a emitir documento que ateste, para todos os fins de direito, inclusive para efeito de averbação, a validade da transferência.

Não há dúvidas de que a intenção declarada do legislador foi desonerar o custo da mudança de instituição no que tange às despesas com o Registro de Imóveis, poupando o interessado do pagamento de emolumentos relativos a um ato de cancelamento do financiamento anterior (averbação com valor econômico) e a cobrança de ato de registro da nova alienação. Buscando amenizar o ônus do interessado, inverteu-se a ordem natural das coisas, sendo certo que a melhor técnica registral conduziria efetivamente pela extinção da primeira alienação e a constituição de uma nova.

De qualquer forma, na sistemática esperada pela lei, a nova instituição financeira (ou seja, a nova credora fiduciária) faz o pagamento, por ordem do devedor, à antiga credora, por meio de transferência bancária.

Para fins de efetivação da portabilidade do financiamento, a nova instituição credora deverá informar à instituição credora original, por documento escrito ou, quando solicitado, eletrônico, as condições de financiamento oferecidas ao mutuário, inclusive as seguintes: (i) a taxa de juros do financiamento; (ii) o custo efetivo total; (iii) o prazo da operação; (iv) o sistema de pagamento utilizado; e (v) o valor das prestações.

Nos vigentes termos do art. 33-B da Lei 9.514/1997, é agora possível que se alterem não somente a taxa de juros, mas também o prazo e o sistema de pagamento, e não é necessária a participação do primeiro credor, pois, se assim fosse, o referido dispositivo não mandaria ao novo credor que noticiasse o negócio jurídico ao antigo mutuante.

Desse modo, a instituição credora original terá prazo máximo de 5 (cinco) dias úteis, contados do recebimento das informações anteriormente arroladas, para solicitar à instituição proponente o envio dos recursos necessários para efetivar a transferência.

Ressalve-se que é direito do mutuário desistir da portabilidade, a qualquer tempo, enquanto não encaminhada a solicitação de envio dos recursos necessários para efetivar a transferência. Nesse sentido, caso o mutuário opte pela não efetivação da transferência, resta proibida, *ex lege*, a cobrança de qualquer tipo de ônus ou custas por parte das instituições envolvidas.

A eventual desistência do mutuário deverá ser informada à instituição credora original, que terá até 2 (dois) dias úteis para transmiti-la à instituição proponente da transferência.

Na tentativa de facilitar o acesso às informações perante as instituições financeiras, o art. 33-C da Lei 9.514/1997 impõe ao credor original que forneça a terceiros, sempre que formalmente solicitado pelo mutuário, as informações sobre o crédito que se fizerem necessárias para viabilizar a portabilidade do financiamento.

Corretamente, a lei preocupou-se em firmemente coibir práticas – infelizmente ainda usuais – do credor original que tendem a impedir, limitar ou dificultar o fornecimento das informações requeridas pelo mutuário.

De sua vez, a instituição credora original poderá exigir ressarcimento financeiro pelo custo de originação da operação de crédito, o qual, entretanto, não poderá ser repassado ao mutuário. Em realidade, esse ressarcimento deverá ser proporcional ao valor do saldo devedor apurado à época da transferência e decrescente com o decurso de prazo desde a assinatura do contrato, cabendo, pois, sua liquidação à instituição proponente da transferência.

Essas operações são disciplinadas com rigor no âmbito do *Conselho Monetário Nacional*, sendo certo que poderá esse órgão, inclusive, limitar o valor do ressarcimento considerando o tipo de operação de crédito ou o prazo decorrido desde a assinatura do contrato de crédito com a instituição credora original até o momento da transferência.[646]

Registre-se que a esse propósito foi expedida a *Resolução CMN 5.057/2022 do Banco Central do Brasil*, tornando-se público as diretrizes específicas fixadas pelo Conselho Monetário Nacional para instruir as instituições financeiras acerca da portabilidade de financiamentos.[647]

---

[646] Nos termos do art. 33-E da Lei 9.514/1997, o *Conselho Monetário Nacional* e o *Conselho Curador do Fundo de Garantia do Tempo de Serviço*, no âmbito de suas respectivas competências, expedirão as instruções que se fizerem necessárias à execução do disposto no parágrafo único do art. 31 e nos arts. 33-A a 33-D desta Lei.

[647] "É verdade que os negócios jurídicos que se pretende levar a registro foram todos celebrados antes da vigência da Lei 12.810/2013, e que, adimplido primeiro mútuo com os recursos do segundo, o credor original ainda

Art. 167 | LEI DE REGISTROS PÚBLICOS COMENTADA

Por expressa determinação legal, o regramento jurídico da portabilidade do financiamento não se aplica às operações de transferência de dívida decorrentes de cessão de crédito entre entidades que compõem o Sistema Financeiro da Habitação (SFH), desde que a referida transferência independa de manifestação do mutuário (art. 33-F da Lei 9.514/1997).

Sobre o enfoque registral da portabilidade de financiamento, confira-se manifestação pedagógica da *1ª Vara de Registros Públicos de São Paulo*:

> A alienação fiduciária em garantia (como, de resto, os demais direitos reais de garantia do direito brasileiro) é acessório do crédito garantido (Lei n. 9.514, de 20 de novembro de 1997, arts. 17, IV, 22, *caput*, e 25, *caput*). De certa forma, essa disciplina dificultou a transmissão da garantia real, especialmente nos casos em que havia adimplemento do credor original e, simultaneamente, contratação de um novo mútuo: conquanto nem todo adimplemento seja para extinção (cf. o vigente Cód. Civil – CC/2002, arts. 347, II, e 349, e o antigo – CC/1916, arts. 986, II, e 988; Lei 9.514/97, art. 31, *caput*), a acessoriedade, somada à falta de uma clara disciplina registral da transmissão do domínio fiduciário, criou uma série de incertezas e dificuldades cuja solução agora tentou dar a Lei 12.810/2013, segundo a qual, *inter alia*: (a) nos casos de transferência de financiamento para outra instituição financeira, o pagamento da dívida à instituição credora original poderá ser feito, a favor do mutuário, pela nova instituição credora (Lei 9.514/1997, arts. 31, par. único, e 33-B, § 1º); (b) a transferência de dívida de financiamento imobiliário com garantia real, de um credor para outro, inclusive sob a forma de sub-rogação, obriga o credor original a emitir documento que ateste, para todos os fins de direito, inclusive para efeito de averbação, a validade da transferência (Lei 9.514/1997, art. 33-A, *caput*, e 33-C); e (c) as condições do novo mútuo não precisam ser as mesmas do mútuo primitivo (Lei 9.514/1997, art. 33B, I-V).[648]

Repita-se que, em termos de inscrição predial, ao arrepio da melhor técnica registral, pacificou-se o entendimento de que se deve proceder à simples averbação da *portabilidade* do financiamento. Argumenta-se que a exigência de novo registro pode ferir o princípio da continuidade registrária, "porque não mais se estaria tratando de uma mera transferência de titularidade de garantia, mas uma nova garantia com extinção daquela, o que poderia até mesmo colocar em risco o novo credor, justamente pela ofensa àquele princípio. Portanto, não é necessário novo registro, mas a só averbação da portabilidade do mútuo".[649]

As *Normas de Serviço da Corregedoria-Geral da Justiça de São Paulo* resumem em boa medida o procedimento registral imobiliário no caso da portabilidade de financiamento. Chama-se à atenção para quais são os documentos (*rectius*: títulos em sentido formal) que deverão ser apresentados ao Registro de Imóveis:

> Nos casos de transferência de financiamento para outra instituição financeira, com a sub-rogação de dívida, da respectiva garantia fiduciária [ou hipotecária] e da alteração das condições contratuais, em nome do credor que venha a assumir tal condição, a averbação será realizada

---

falou em quitação. Porém, a falsa exposição ou explicação do objeto do negócio jurídico não prejudica a sua existência, validade ou eficácia (*falsa demonstratio non nocet*), pois nas declarações de vontade se atenderá mais à intenção nelas consubstanciada do que ao sentido literal da linguagem (CC/2002, art. 12), e *in casu* a contratação de novo mútuo (em 28 de dezembro de 2012) para o adimplemento do antigo (em 3 de janeiro de 2013), com expressa referência à transferência da alienação fiduciária, bem como a nova apresentação a registro já na vigência da Lei 12.810/2013 (que deu nova redação à LRP73, art. 167, I, 30), tudo isso faz claro que a intenção foi celebrar transmissão do domínio fiduciário, e que é assim que tais negócios jurídicos devem ingressar no registro, como salientou o Ministério Público. A Resolução 4.292, de 20 de dezembro de 2013 [atualmente, a norma regulamentadora é a Resolução CNM 5057/2022], do Banco Central do Brasil, passou a vigorar após o ingresso do título, que teve sua prenotação mantida em razão deste procedimento. Entendo que a nova regra não alcança situações pretéritas, que deverão obedecer ao panorama jurídico existente no momento de sua constituição, sob pena de acarretar tratamento desigual às partes interessadas" (1ª VRPSP – Processo 0075265-48.2013.8.26.0100, Juíza Tânia Mara Ahualli, j. 09/06/2014).

[648] *1ª VRPSP* – Processo 0062551-56.2013.8.26.0100, *Juiz Josué Modesto Passos*, j. 17/12/2013.

[649] *1ª VRPSP* – Processo 0062551-56.2013.8.26.0100, *Juiz Josué Modesto Passos*, j. 17/12/2013.

em ato único, mediante apresentação conjunta do instrumento firmado pelo mutuário com o novo credor e documento de quitação do anterior, dispensada a assinatura do mutuário neste último.[650]

 Jurisprudência

1. Portabilidade do financiamento no Registro Predial

"A alienação fiduciária em garantia (como, de resto, os demais direitos reais de garantia do direito brasileiro) é acessório do crédito garantido (Lei n. 9.514, de 20 de novembro de 1997, arts. 17, IV, 22, *caput*, e 25, *caput*). De certa forma, essa disciplina dificultou a transmissão da garantia real, especialmente nos casos em que havia adimplemento do credor original e, simultaneamente, contratação de um novo mútuo: conquanto nem todo adimplemento seja para extinção (cf. o vigente Cód. Civil – CC/2002, arts. 347, II, e 349, e o antigo – CC/1916, arts. 986, II, e 988; Lei 9.514/97, art. 31, *caput*), a acessoriedade, somada à falta de uma clara disciplina registral da transmissão do domínio fiduciário, criou uma série de incertezas e dificuldades cuja solução agora tentou dar a Lei 12.810/2013, segundo a qual, inter alia: (a) nos casos de transferência de financiamento para outra instituição financeira, o pagamento da dívida à instituição credora original poderá ser feito, a favor do mutuário, pela nova instituição credora (Lei 9.514/1997, arts. 31, par. único, e 33-B, § 1º); (b) a transferência de dívida de financiamento imobiliário com garantia real, de um credor para outro, inclusive sob a forma de sub-rogação, obriga o credor original a emitir documento que ateste, para todos os fins de direito, inclusive para efeito de averbação, a validade da transferência (Lei 9.514/1997, art. 33-A, *caput*, e 33-C); e (c) as condições do novo mútuo não precisam ser as mesmas do mútuo primitivo (Lei 9.514/1997, art. 33B, I-V)" (1ª VRPSP – Processo 0062551-56.2013.8.26.0100, Juiz Josué Modesto Passos, j. 17/12/2013).

"Registro de imóveis – pedido de providências – alienação fiduciária em garantia (Lei 9.514/1997, arts. 22-33F) – transmissão do domínio fiduciário, por força de contratação de novo mútuo pelo devedor fiduciante ('portabilidade') – averbação em ato único (LRP/1973, art. 167, II, 30) – documentos mal lavrados, mas que, ainda assim, deixam claro a intenção dos figurantes, ao celebrar o negócio jurídico – Resolução nº 4.292/2013, do Banco Central do Brasil, que entrou em vigor após a apresentação do título, não se aplicando a situações pretéritas – averbação deferida" (1ª VRPSP – Processo 0075265-48.2013.8.26.0100, Juíza Tânia Mara Ahualli, j. 09/06/2014).

"Com a redação que lhe deu a Lei 12.810/13, art. 34, a Lei 9.514/97 atualmente determina o seguinte: (a) como regra geral, o pagamento total da dívida ('dívida e seus encargos') garantida por alienação fiduciária, feito pelo devedor, implica a resolução da propriedade fiduciária (art. 25, *caput*); (b) se um fiador ou um terceiro pagar a dívida, fica sub-rogado pleno *iure* no crédito e na propriedade fiduciária (art. 31, *caput*); e (c) o pagamento também pode ser feito por uma instituição financeira que, com isso, queira assumir a posição de credora (art. 31, par. único), caso em que essa instituição financeira também será sub-rogada, pleno iure, no crédito e na propriedade fiduciária – e essa conclusão se impõe por interpretação sistemática, i. e., pelo fato de que essa hipótese foi inserida, pela Lei 12.810/13, como disposição acessória (= um parágrafo) do art. 31 da Lei 9.514/97. 6.1. No caso desse item c, o procedimento é o seguinte: (a) a nova instituição credora comunicará à instituição primitiva as cláusulas do mútuo que oferecerá ao devedor fiduciante, dentre elas: a taxa de juros, o custo efetivo total, o prazo da operação, o sistema de pagamento e o valor das prestações (art. 33B, I-V); (b) recebida essa comunicação, a instituição primitiva, dentro em cinco dias no máximo, tem de solicitar à nova instituição credora o pagamento (art. 33B, § 1º), incluído nele, sendo o caso, o ressarcimento dos custos que teve para a concessão do crédito original (art. 33D, *caput*); e (c) a instituição financeira primitiva tem de passar instrumento que 'ateste, para todos os fins de direito, inclusive para efeito de averbação, a validade da transferência' (art. 33A). Portanto, mesmo que o novo mútuo implique não apenas nova taxa de juros, mas também outro prazo de pagamento, outro sistema de amortização e outro valor de prestações (art. 33B), ainda assim a nova instituição mutuante (art. 31, par. único) estará pleno iure sub-rogada na propriedade fiduciária (art. 31, *caput*), pois a lei considera, a despeito de tanta variação entre os dois negócios jurídicos (o primeiro e o

---

[650] Capítulo XX, item 234.2.

segundo mútuo), que houve mera 'transferência de financiamento' (art. 31, par. único, e art. 33A), o que inclusive impede que se cogite de novação e de extinção de garantia (CC02, arts. 360 e 364). O intuito das novas regras postas pela Lei 12.810/13 é patente: fazer com que a alienação fiduciária – que até então, seguindo na tradição do direito brasileiro quanto às garantias reais, era estritamente acessória (cf. a redação original da Lei 9.514/97, sem o par. único do art. 31 e sem o já revogado § 3º do art. 25) – ganhe alguma abstração perante a dívida original, abstração com a qual se possa (a) dizer que o pagamento não implique a extinção da alienação primitiva e (b) justificar que a nova instituição financeira mutuante ingresse, no registro de imóveis, mediante averbação (LRP/73, art. 167, II, 30, com a redação que lhe deu a Lei 12.810/13, art. 32; Normas de Serviço da Corregedoria-Geral da Justiça – NSCGJ, tomo II, capítulo XX, itens. 108, 300 e 300.1)" (1ª VRPSP – Processo 0050735-77.2013.8.26.0100, Juiz Josué Modesto Passos, j. 30/09/2013).

"Portabilidade de crédito imobiliário. Os Registradores de Imóveis de São Paulo, tendo em vista os problemas recorrentes para a averbação da portabilidade de créditos prevista no art. Art. 25, p. 3º, da Lei 9.514/97, com a redação dada pela Lei 12.703/2012 e tendo em vista a falta de padronização dos contratos que têm acedido os Registros e considerando que devem prestar todo o seu apoio às políticas públicas de redução de juros e encargos financeiros, para a concretização da meta constitucional de desenvolvimento econômico e social do país e de erradicação da pobreza, buscando realizar os atos com segurança e agilidade, ENUNCIAM como critérios para a qualificação dos instrumentos que formalizam operações de 'portabilidade de crédito': a) A identificação, na figura da portabilidade, do instituto civil da sub-rogação, aplicando-se-lhe, no que couberem, as prescrições legais atinentes à matéria, inclusive com a prática de ato único, como previsto na lei. b) A interpretação os contratos com base na intenção das partes (art. 112 do CC), em detrimento de eventual imprecisão nos termos empregados nos instrumentos" (ARISP – Carta Águas de São Pedro, III Encontro de Registradores de Imóveis do Estado de São Paulo, Rel. Flauzilino Araújo dos Santos, formalizada em 17/03/2013).

> **Art. 167**, II (...)
>
> 36) do processo de tombamento de bens imóveis e de seu eventual cancelamento, sem conteúdo financeiro. *(Incluído pela Lei nº 14.382, de 2022)*

Referências Normativas

Decreto-lei 25/1937.
Lei 6.015/1973, art. 167, I, nº 46.

Comentários

O tombamento, enquanto instrumento jurídico de tutela do patrimônio histórico e cultural, quando recair sobre bem imóvel deve ser levado a registro no Ofício Predial. A tipicidade do fato inscritível sempre foi extraída do art. 13 do Decreto-Lei 25/1937. A Lei 6.015/1973, na sua redação original, não contemplou o tombamento como ato passível de registro. Mas o silêncio da lei registral não derrogou a lei especial que, desde sua entrada em vigor, autoriza o acesso ao fólio real do tombamento de bens imóveis.[651]

Releva anotar que somente em 2021, com a MP 1.085, convolada na Lei 14.382/2022, a restrição urbanística ao direito de propriedade passou a integrar o texto da Lei Registral, como ato de registro em sentido estrito (art. 167, I, nº 46 – registro do tombamento definitivo – sem conteúdo financeiro); e averbação (art. 167, II, nº 36 – do processo de tombamento de bens imóveis e de seu eventual cancelamento – sem conteúdo financeiro). Há, portanto, dupla inscrição predial.

---

[651] Para aprofundamento do tema do registro imobiliário do tombamento remete-se o leitor interessado aos comentários do art. 167, I, nº 46 da LRP.

No tocante à averbação do processo de tombamento a *ratio legis* está em tornar pública a existência de processo administrativo em curso tendente à concretização de imposição restritiva sobre determinado imóvel. Ainda que o processo de tombamento goze de publicidade *ope legis*, a notícia de seu andamento no álbum imobiliário é salutar ao noticiar à comunidade a tramitação administrativa do tombamento como relevante informação para aqueles que irão contratar sobre o imóvel. Reduz-se, assim, o que em linguagem econômica se denomina *assimetria informacional*. Dito de outro modo, todos que pretenderem contratar sobre aquele determinado bem terão fácil acesso à informação de que aquele imóvel se encontra em processo de tombamento.

Bem-vistas as coisas, a averbação-notícia em exame não se confunde com o chamado *tombamento provisório*. Enquanto a averbação prevista no art. 167, II, nº 36 da LRP objetiva simplesmente noticiar, cautelarmente, a existência de um processo de tombamento sobre aquele imóvel em curso; o tombamento provisório, diversamente, consiste no reconhecimento pelo ente competente do valor cultural do imóvel – embora ainda não concluída a sua inscrição no Livro do Tombo – fazendo, desde então, incidir todo o regime jurídico protetivo do Decreto-lei 25/1937 (art. 10).[652] Em outras palavras, no espectro eficacial a tutela jurídica inerente ao tombamento definitivo já é antecipada com o tombamento provisório. Nesse sentido já decidiu o *Superior Tribunal de Justiça*:

> O ato de tombamento, seja ele provisório ou definitivo, tem por finalidade preservar o bem identificado como de valor cultural, contrapondo-se, inclusive, aos interesses da propriedade privada, não só limitando o exercício dos direitos inerentes ao bem, mas também obrigando o proprietário às medidas necessárias à sua conservação. O tombamento provisório, portanto, possui caráter preventivo e assemelha-se ao definitivo quanto às limitações incidentes sobre a utilização do bem tutelado, nos termos do parágrafo único do art. 10 do Decreto-Lei nº 25/37. O valor cultural pertencente ao bem é anterior ao próprio tombamento. A diferença é que, não existindo qualquer ato do Poder Público formalizando a necessidade de protegê-lo, descaberia responsabilizar o particular pela não conservação do patrimônio. O tombamento provisório, portanto, serve justamente como um reconhecimento público da valoração inerente ao bem. As coisas tombadas não poderão, nos termos do art. 17 do Decreto-Lei nº 25/37, ser destruídas, demolidas ou mutiladas. O descumprimento do aludido preceito legal enseja, via de regra, o dever de restituir a coisa ao *status quo ante*. Excepcionalmente, sendo manifestamente inviável o restabelecimento do bem ao seu formato original, autoriza-se a conversão da obrigação em perdas e danos.[653]

Bem delimitada a natureza das coisas, é de rigor também aceitar a averbação do tombamento provisório na matrícula do imóvel onerado, com espeque no art. 246 da LRP. No Estado de São Paulo, aliás, as Normas de Serviço da Corregedoria-Geral da Justiça contemplam expressamente a hipótese de averbamento, ampliando a projeção da tutela protetiva do patrimônio histórico e cultural:

Poderão ser averbados à margem das transcrições ou nas matrículas:

a) o tombamento provisório de bens imóveis;
b) as restrições próprias dos imóveis reconhecidos como integrantes do patrimônio cultural, por forma diversa do tombamento, mediante ato administrativo ou legislativo ou decisão judicial;
c) as restrições próprias dos imóveis situados na vizinhança dos bens tombados ou reconhecidos como integrantes do patrimônio cultural.[654]

Jurisprudência

"Proteção ao patrimônio histórico e cultural. Atribuições do IEPHA. Usurpação de competência. Não caracterização. Tombamento provisório. A despeito de a Lei federal n. 10.257/1001 (Estatuto

---

[652] Art. 10 do Decreto-Lei 25/1937. O tombamento dos bens, a que se refere o art. 6º desta lei, será considerado provisório ou definitivo, conforme esteja o respectivo processo iniciado pela notificação ou concluído pela inscrição dos referidos bens no competente Livro do Tombo. Parágrafo único. Para todos os efeitos, salvo a disposição do art. 13 desta lei, o tombamento provisório se equiparará ao definitivo.
[653] STJ – REsp 753.534/MT, Rel. Min. Castro Meira, j. 25/10/2011.
[654] Item 84.2, do Capítulo XX, das NSCGJSP.

Art. 167 | LEI DE REGISTROS PÚBLICOS COMENTADA

da Cidade) prever o tombamento no art. 4º, V, 'd', como um dos instrumentos da política urbana, reforçando a competência do Município para dispor e gerir o solo, mediante plano diretor (art. 4º, III, *a*), a sua autonomia deve observar a legislação e a ação fiscalizadora federal e estadual, sobretudo as regras de competência estabelecidas nos arts. 23, III, 24, VII, e 30, I, II e IX, da CF/88. O IEPHA não detém competência para legislar sobre o solo urbano, sendo o referido ente, contudo, responsável pela deliberação das diretrizes políticas e outras medidas correlatas à defesa e preservação do patrimônio cultural do Estado de Minas Gerais, como decidir sobre tombamentos e registros de bens, razão pela qual a tese de usurpação de competência do município não prospera. O tombamento provisório e os efeitos dele decorrentes somente se iniciam com a notificação do proprietário, que poderá anuir à inscrição da coisa ou oferecer impugnação, equiparando-se ao definitivo, que se dá com o registro no Livro do Tombo e a homologação, o que torna o ato definitivamente eficaz, salvo recurso provido (*ex vi* dos arts. 9º e 10 do Decreto-Lei n. 25/1937, c/c o Decreto n. 3.866/1941). Segundo a jurisprudência desta Corte de Justiça, a fase provisória do tombamento constitui, na realidade, ato de natureza declaratória e ostenta caráter preventivo, consistindo em uma antecipação dos efeitos impostos à coisa, a fim de garantir a imediata preservação do patrimônio histórico e artístico. Concluído o processo de tombamento definitivo, a nulidade do ato administrativo exige a demonstração da existência de vício insanável no decorrer do procedimento que afete a higidez do tombo ou a própria validade da conclusão do Conselho de Defesa do Patrimônio, situação inocorrente na espécie. Hipótese em que o objeto do tombamento não envolve um bem, em particular, mas todo um conjunto arquitetônico e urbanístico, assim se entendendo aquele perímetro urbano do Centro Histórico da Cidade Oliveira/MG, cuja identificação se fez presente no Processo do IEPHA/CONEP 001/2012, sendo, por conseguinte, desnecessária a notificação pessoal e individualizada de todos os proprietários de imóveis da região protegida, bastando a publicação por edital, o que ocorreu no decorrer do procedimento. Considerando que eventuais vícios no tombamento provisório não contaminam, automaticamente, o tombamento definitivo, a ausência de quórum mínimo para instauração do Conselho, por si só, não tem o condão de invalidar todo o processo administrativo, sobretudo se não houve a demonstração do efetivo prejuízo causado aos proprietários do imóvel. As irregularidades apontadas na decisão do tombamento definito não se mostram evidentes, demandando inevitável dilação probatória, procedimento vedado na via do mandado de segurança" (STJ – RMS 55.090/MG, Rel. Min. Gurgel de Faria, 1ª Turma, j. 21/11/2019).

"Tombamento. Afetação do bem ao patrimônio histórico e cultural. Provisório. Medida acautelatória. Precária. Definitivo. Conclusão do procedimento administrativo. Inscrição no livro do tombo. O tombamento tem por efeito (i) acarretar a afetação do bem ao patrimônio histórico, artístico e natural, com a consequente declaração de um conjunto de ônus de interesse público; (ii) instituir obrigações concretas para o proprietário e para o Estado e (iii) abrir para a Administração Pública e para a coletividade – depositárias do bem – a possibilidade de exigirem o cumprimento desses deveres, incluindo a restauração do status quo ante, sobre regime de responsabilidade objetiva Precedentes. O tombamento provisório consubstancia medida precária e acautelatória de preservação do bem até a conclusão dos pareces técnicos e da inscrição deste no livro de tombo. Concluído o processo de tombamento definitivo, não restará dúvida quanto à legalidade dos aspectos formais e quanto à identificação e classificação do bem, segundo suas características de conformidade com a legislação de proteção cultural. Após o tombamento definitivo, não há que se falar em interesse de anular ou invalidar acordo sobre questões referentes ao tombamento provisório" (STJ – REsp 1.584.614/CE, Rel. Min. Regina Helena Costa, 1ª Turma, j. 25/10/2018).

"Tombamento provisório. equiparação ao definitivo. eficácia. Trata-se originariamente de ação civil pública ajuizada pelo Instituto do Patrimônio Histórico e Artístico Nacional (IPHAN), ora recorrente, contra proprietário de imóvel, ora recorrido, localizado no Centro Histórico de Cuiabá-MT, buscando a demolição e reconstrução de bem aviltado. O tribunal a quo considerou regular a demolição do bem imóvel ao fundamento de que somente o ato formal de tombamento inscrito no livro próprio do Poder Público competente e concretizado pela homologação realizada em 4/11/1992 é que estabeleceu a afetação do bem, momento em que já não mais existia o prédio de valor histórico, e sim um de características modernas. No REsp, insurge-se o IPHAN argumentando que o tombamento provisório tem o mesmo efeito de proteção que a restrição cabível ao definitivo. Assim, a controvérsia diz respeito à eficácia do tombamento provisório. O tombamento provisório possui caráter preventivo e assemelha-se ao definitivo quanto às limitações incidentes sobre a utilização do bem tutelado, nos termos do parágrafo único do art. 10 do DL n. 25/1937. O valor cultural do bem é anterior ao próprio tombamento. A diferença é que, não existindo qualquer ato do Poder

Público que formalize a necessidade de protegê-lo, descaberia responsabilizar o particular pela não conservação do patrimônio. O tombamento provisório, portanto, serve como um reconhecimento público da valoração inerente ao bem. As coisas tombadas não poderão, nos termos do art. 17 do DL n. 25/1937, ser destruídas, demolidas ou mutiladas. O descumprimento do aludido preceito legal enseja, via de regra, o dever de restituir a coisa ao status quo ante. Excepcionalmente, sendo inviável o restabelecimento do bem ao seu formato original, autoriza-se a conversão da obrigação em perdas e danos. Assim, a Turma deu parcial provimento ao recurso, determinando a devolução dos autos ao tribunal a quo para que prossiga o exame da apelação do IPHAN" (STJ – REsp 753.534-MT, Rel. Min. Castro Meira, j. 25/10/2011).

> **Art. 167**, II (...)
> 37) da extensão da garantia real à nova operação de crédito, nas hipóteses autorizadas por lei. (Incluído pela Lei nº 14.711, de 2023)

 Referências Normativas

Lei 13.476/2017, art. 9º-A a 9º-D.
Código Civil, art. 1.487-A.

 Comentários

Boa novidade incorporada ao direito legislado pela Lei 14.711/2023 consiste no instituto da *extensão de garantias reais* (também batizado de *recarregamento* ou *refil*). Cuida-se, aliás, de instrumento colocado à disposição do mercado que caminha ao encontro dos principais objetivos do "Marco Legal das Garantias", destacadamente, facilitar o acesso ao crédito imobiliário e recolocar no comércio "capital morto", ou seja, ativos que se encontravam amarrados em financiamentos anteriores.

De proêmio, observa-se que a Lei das Garantias disciplinou o "recarregamento da garantia real" para as hipotecas e para as alienações fiduciárias de imóveis por meio do art. 1.487-A do CC, dos arts. 9º-A a 9º-D da Lei 13.476/2017 e do item "37" do inciso II do art. 167 da Lei de Registros Públicos. Dito de outro modo, a Lei 14.711/2023 regulamentou a extensão das garantias para os institutos da hipoteca e da alienação fiduciária de bens imóveis, garantindo-se pela previsão complementar no item 37 do inciso II do art. 167 da Lei 6.015/1973 que o ingresso deste negócio jurídico basal no fólio real será por meio de *ato de averbação*; e não registro em sentido estrito da nova obrigação garantida.

Inspirado no direito francês, o recarregamento da garantia real consiste em facilitar, do ponto de vista registral, a formalização de novas operações de crédito entre as mesmas partes aproveitando-se de um imóvel que já havia sido oferecido em garantia.[655]

De ver-se que a extensão da garantia ganhou contornos e requisitos distintos na hipoteca e na alienação fiduciária, merecendo estudo apartado em cada um desses direitos reais. Em linhas gerais, é possível dizer que a extensão da garantia real sobre imóvel pode ser utilizada em qualquer tipo de negócio, podendo ser contratada por qualquer pessoa, física ou jurídica na hipoteca; já na alienação fiduciária há restrição de seu uso às contratações perpetradas por instituições financeiras ou empresas simples de crédito.

Pode-se, ainda, vislumbrar diferença do recarregamento nas garantias reais quanto à regra da unicidade de credor (art. 1.487-A, *caput* e § 3º, do CC; art. 9º-A, I, da Lei 13.476/2017). A ideia fundamental do instituto consiste no surgimento de novas obrigações que coexistirão com uma anterior. Por isso, em princípio, a lei exigiu que as novas obrigações têm de ser contraídas perante o mesmo credor da obrigação anterior. Nem poderia ser diferente, afinal, por regra, dívidas perante credores diversos devem ser objeto de garantias reais distintas. A regra fundamental, portanto, é a de que não se pode admitir o recarregamento se a obrigação for contraída perante credor diverso.

---

[655] Cf. PINTO E SILVA, Fábio Rocha. PL 4.188/21: o caminho para a reforma das garantias e a falsa polêmica. Disponível em: https://www.conjur.com.

Nada obstante, é possível imaginar hipótese concreta na qual poderá existir flexibilização da regra da unicidade do credor, quando por um fato jurídico superveniente as obrigações garantidas passem a ter credores diferentes. No entanto, frise-se, isso somente poderá ocorrer na hipoteca, mas nunca na garantia fiduciária. Poderá, por hipótese, na hipoteca ocorrer uma cessão de crédito a terceiros, como parece indicar a redação do art. 1.487-A, § 3º, do CC. Já na extensão da alienação fiduciária, o art. 9º-A, § 2º, da Lei 13.476/2017 é peremptório em vedar a multiplicidade de credores quando exige que os créditos pendurados na mesma garantia fiduciária devam ser transferidos, exclusivamente, em conjunto.

De qualquer sorte, tanto na hipoteca, como na garantia fiduciária é fundamental que na qualificação registral sejam observados seus requisitos objetivos fundamentais, quais sejam, o prazo e o valor previstos no registro para a dívida originária (art. 1.487-A, §§§ 1º, 2º e 3º, CC; e art. 9º-B, § 4º, da Lei 13.476/2017). Extrapolando-se essas fronteiras objetivas poderá restar caraterizada novação. Nesse caso, ao reverso da extensão, há dupla inscrição predial: averbação de cancelamento da garantia originária e registro em sentido estrito da nova garantia.

Averbe-se, entrementes, que inexistirá novação nas hipóteses de renegociação da dívida entre credor e devedor; na consolidação do saldo devedor mediante aditamento contratual e até mesmo quando ocorrer exclusivamente a repactuação do prazo de pagamento da dívida.[656] Nessas situações, não há falar em cancelamento da garantia anterior e constituição de uma nova. Será o caso de simples averbação do aditamento contratual, fazendo constar da matrícula do imóvel as novas condições e o saldo devedor. Em casos tais, assim como no averbamento da extensão da garantia real, será hipótese de averbação com conteúdo econômico para fins de cobrança dos emolumentos.[657]

Por último, mas ainda no espeque registral, é curial sedimentar que o recarregamento das garantias reais em hipótese alguma poderá preterir ou frustrar direitos de terceiros que se valerem da publicidade registral (art. 1.487-A, *caput*, CC; art. 9º-B da Lei 13.476/2017). É dizer, se, no momento do requerimento de averbação do recarregamento da garantia real, houver algum direito contraditório já registrado na matrícula, este deverá ser prestigiado em virtude da prioridade registral, ou seja, *prior in tempore potior in iure*.

 Jurisprudência

Caracterização de novação a ensejar cancelamento da garantia original e registro constitutivo da nova

"Registro de Imóveis – Aditamento de Cédula de Crédito Bancário com alienação fiduciária – Título que representa novo negócio jurídico fiduciário, uma vez que altera forma de pagamento, taxa de juros e condições de pagamento, caracterizando inegável novação – Necessidade de registro, com cancelamento do registro anterior – Cobrança de emolumentos em acordo com o registro das novas garantias – Recurso não provido. (...) Apresentado o referido aditamento para averbação, o registrador entendeu, entretanto, tratar-se de verdadeira novação de dívida, cancelando as alienações fiduciárias anteriormente registradas e registrando o título, com a constituição de novas alienações fiduciárias. Esta Corregedoria Geral de Justiça, em casos semelhantes, vem negando a averbação de aditamento de contrato de alienação fiduciária (CGJSP, Processo 146.225/2013, Rel. Des. José Renato Nalini, j. 03.12.2013 e CGJSP, Processo 151.796/2013 Rel. Des. Elliot Akel, j. 21.01.2014). É que o título, independentemente de nominado como aditamento, representa novo negócio jurídico fiduciário, uma vez que altera forma de pagamento, taxa de juros e condições de pagamento, caracterizando inegável novação. Corretos, portanto, os atos praticados pelo registrador, necessários ao ingresso do título ao fólio real, bem como a cobrança dos respectivos emolumentos" (CGJSP – Processo 31.763/2015, Des. Hamilton Elliot Akel, j. 24/03/2015).

"Registro de imóveis – recurso administrativo – título notarial – *novação* com expressa estipulação da subsistência da garantia hipotecária – aumento da dívida – extinção da garantia – inteligência do

---

[656] Cf. CGJSP – Processo CG 1005338-55.2018.8.26.0438, Des. Ricardo Mair Anafe, j. 13/02/2020.
[657] Cf. RIBEIRO, Moacyr Petrocelli de Ávila. *Alienação fiduciária de bens imóveis*. Coleção direito imobiliário. V. X. 2. ed. São Paulo: Thonsom Reuters, 2022. p. 576.

art. 364 do Código Civil – acessoriedade da hipoteca – precedentes – parecer pelo não provimento do recurso. Quanto ao fundo da questão, os julgados desta Corregedoria Geral da Justiça e do egrégio Conselho Superior da Magistratura têm partido da regra geral (que é exata cf. Miguel Maria de Serpa Lopes, *Tratado dos Registros Públicos*, vol. II, 4ª edição, Rio de Janeiro: Freitas Bastos, 1960, p. 381) segundo a qual a *novação* (Cód. Civil, arts. 360-367) tem força para extinguir as garantias reais, como a hipoteca: cf. os Recursos Administrativos RA 1005568-09.2018.8.26.0047, j. 3.07.2019; RA 0010158-28.2018.8.26.0344, j.14.05.2019; RA 0009083-85.2017.8.26.0344, j. 04.04.2018; RA 0000243-90.2016.08.26.0257, j. 11.07.2017; RA 0001131-55.2017.8.26.0344, j. 06.06.2017; Processo 0001513-26.2014.8.26.0547, j. 09.12.2016; Proc. 31.763/2015, j. 30.03.2015; e Proc. 146.225/2013, j. 03.12.2013. Em particular, tem-se concluído que, havendo aporte de novos recursos financeiros, a intenção de novar (*animus novandi*) é patente, o que, como dito, leva à extinção da garantia real. Nesse sentido, cf. RA 1000345-98.2018.8.26.0201, j. 25.09.2019; RA 1000351-26.2017.8.26.0659, j. 08.08.2019; RA 1042951-48.2017.8.26.0114, j. 06.02.2019; Proc.1042957-55.2017.8.26.0114, j. 24.01.2019; Proc.1042956-70.2017.8.26.0114, j. 24.01.2019; e RA 1042952-33.2017.8.26.0114, j. 17.01.2019. A *contrario sensu*, ocorrendo mera estipulação de novos prazos e encargos, sem adição de novos valores, não existe novação e, portanto, não se produz o efeito extintivo: RA 1001313-60.2018.8.26.0062, j. 15.10.2021; RA 1006696-71.2018.8.26.0077, j. 22.07.2021; RA 1025107-22.2016.8.26.0114, j. 23.07.2019; RA 1006706-18.2018.8.26.0077, j.15.07.2019; RA 1042954-03.2017.8.26.0114, j.15.02.2019, e RA 1042953-18.2017.8.26.0114, j. 06.02.2019; e Apel. Cív. 1132901-47.2016.8.26.0100, j. 11.12.2018. Com efeito, o direito hipotecário brasileiro parte de estrita acessoriedade entre o crédito e o direito real (Cód. Civil, art. 1.499, I; Lei n. 6.015, de 31 de dezembro de 1973, art. 176, § 1º, 4 e 5; Afonso Fraga, *Direitos reais de garantia. Penhor, anticrese e hipoteca*. São Paulo: Saraiva, 1933, p. 414, n. 189) e, mais que isso, tem sistema de grau fixo (Cód. Civil, arts. 1.476 e 1.477; Lei n. 6.015/1973, art. 189; Fraga, *Direitos reais de garantia*, cit., p. 557, n. 238; Lars P. W. van Vliet, A *Grundschuld* alemã, *Revista de Direito Imobiliário*, vol. 81, ano 39, p. 595/596), de maneira que o aumento da dívida, por quebrar essa relação acessória, implicando risco de ampliação da garantia (em detrimento, quiçá, dos direitos subsequentes de grau inferior), não pode ser admitida senão como causa da constituição de nova hipoteca – o que exige novo registro (Lei de Registros Públicos, art. 167, I, 2), e não averbação" (CGJSP – Processo 1060253-93.2021.8.26.0100, Des. Fernando Antonio Torres Garcia, j. 04/09/2023).

> **Art. 167**, II (...)
> 38) do contrato entre gerador e desenvolvedor de projeto de crédito de carbono, quando cabível. (Redação dada pela Lei nº 15.042, de 2024)

 Referências Normativas

Constituição Federal, art. 225.
Código Civil, art. 1.485.
Lei 15.042/2024, art. 43, § 5º.
Lei 12.651/2012 (Código Florestal).

Comentários

A publicidade registral imobiliária consolidou-se no cenário contemporâneo como relevante ferramenta de tutela ambiental. A capilaridade das serventias registrais imobiliárias, espalhadas em todo território nacional, com acesso universal através do *Operador Nacional do Sistema de Registro Eletrônico de Imóveis – ONR* potencializa e facilita a obtenção e divulgação das informações ambientais e, consequentemente, amplia o sistema de proteção do meio ambiente.

A natureza e a relevância das obrigações ambientais, com cariz *propter rem*, recomendam que esses ônus que recaem sobre a propriedade imobiliária ou direitos reais sobre imóveis sejam concentrados no fólio real (princípio ou técnica da concentração). Trata-se de forma segura, eleita pelo Estado,

Art. 167 | LEI DE REGISTROS PÚBLICOS COMENTADA

de informar a sociedade e especialmente eventuais interessados em contratar sobre aquele bem, a pendência de questão ambiental que gera responsabilidade para o titular da *res* seja ele quem for.

Com efeito, a amarração da informação ambiental na matrícula dos imóveis afasta qualquer alegação de desconhecimento por parte do terceiro que contrata sobre aquele determinado bem. Demais disso, configura relevante medida profilática por parte do Estado ao colocar o sistema registral imobiliário à disposição da sociedade para informar com qualidade e assertividade os cidadãos (direito à informação).

Sobre a matéria, o *Superior Tribunal de Justiça* é categórico ao definir que "no regime de transparência brasileiro, vige o princípio da máxima divulgação: a publicidade é regra, e o sigilo, exceção, sem subterfúgios, anacronismos jurídicos ou meias-medidas. É dever do Estado demonstrar razões consistentes para negar a publicidade ativa e ainda mais fortes para rejeitar o atendimento ao dever de transparência passiva. (...) A anterior publicidade dos atos administrativos em nada impede o registro, ainda que este também atenda a esse mesmo princípio."[658] Nesse quadrante o Registro de Imóveis atua como importante aliado do Estado brasileiro na divulgação das informações e publicidade dos ativos ambientais.

Com a publicidade das informações ambientais pelo Registro de Imóveis colabora-se com eficiente e econômica medida para a preservação do meio ambiente protegendo este ativo de grande relevância para as presentes e futuras gerações (princípio da responsabilidade intergeracional), conforme a diretriz constitucional (CF, art. 225, *caput*).

Não foi por outro motivo, portanto, que a esperada Lei 15.042/2024, que instituiu *Sistema Brasileiro de Comércio de Emissões de Gases de Efeito Estufa (SBCE)*, fez incursão de *novel* fato inscritível na matrícula imobiliária: o contrato que tenha por objeto projeto de crédito de carbono, realizado entre gerador e desenvolvedor.

Antes de investigar os efeitos registrais propriamente ditos, releva recordar a questão de fundo, que dá supedâneo à existência do fato inscritível. O aumento da temperatura da Terra (aquecimento global) é fenômeno, que embora natural, cíclico e esperado, tem sido potencializado pela ação humana. Em outras palavras, o denominado "efeito estufa" existe naturalmente para viabilizar a existência de vida na Terra. Ocorre que os gases possuem o papel de reter o calor na Terra, evitando que as temperaturas esfriassem a níveis insuportáveis biologicamente. Nada obstante, também é certo que atividade humana começou a emitir uma quantidade maior de gases, aumentando em grande proporção o efeito calor retido na atmosfera, de forma que a ciência passou a estudar os referidos efeitos na temperatura da Terra.[659]

É preciso entender o seguinte: os gases de efeito estufa são gerados por processos naturais e são essenciais para manter o clima do planeta adequado a existência e manutenção da vida. Entretanto, as atividades humanas aumentaram muito a concentração desses gases na atmosfera. Atividades como o uso de combustíveis fósseis, tratamento e disposição de resíduos sólidos e efluentes, desmatamento, uso excessivo de fertilizantes nitrogenados, entre muitas outras são responsáveis por essas emissões. A capacidade desses gases de reter calor, desequilibra o sistema natural do efeito estufa e passa a causar mudanças climáticas. Essas mudanças resultam em efeitos adversos como aumento na frequência e intensidade de eventos climáticos extremos (como inundações, secas e queimadas) que, entre outros problemas, afetam o sistema de produção de alimentos e provocam desequilíbrios ambientais diversos.

Deve-se deixar claro que esse cenário é debatido pela comunidade internacional já de algum tempo.[660] No entanto, é o *Acordo de Paris de 2015* que representa o ponto de virada sobre o mercado de car-

---

[658] Cf. STJ – REsp 1.857.098/MS, Rel. Min. Og Fernandes, Primeira Seção, j. 11/5/2022.

[659] Cf. MELO, Marcelo Augusto Santana de. *Meio ambiente e registro de imóveis*. São Paulo: Almedina, 2024. p. 292. (v. e-book).

[660] "O primeiro alerta surgiu na Conferência das Nações Unidas para o Meio Ambiente e o Desenvolvimento, realizada em 1992, no Rio de Janeiro, onde foi adotada a Convenção-Quadro das Nações Unidas sobre Mudança do Clima.709 Posteriormente, o Protocolo de Kyoto (ou Quioto)710 estabeleceu que os países signatários considerados industrializados seriam obrigados a reduzir em 5,2% suas emissões de gás carbônico (CO2) em relação ao nível emitido em 1990, tendo como meta o período entre 2008 e 2012. O Protocolo prevê, em seu art. 12, um instrumento de compensação do carbono jogado na atmosfera, conhecido como Mecanismo de Desenvolvimento Limpo (MDL), tendo como instrumento os Certificados de Emissões Reduzidas (CER) ou Créditos de Carbono. O Protocolo de Kyoto integrou o ordenamento jurídico nacional por meio do Decreto Federal nº 5.445, de 12 de maio de 2005. Finalmente, foi realizado pela Organização das Nações Unidas o

bono. Nesse acordo internacional é que se destacou na criação de mecanismos de desenvolvimento sustentáveis, porque, entre os princípios e disposições, está a redução de emissões por desmatamento e degradação florestal, e o fomento do papel da conservação, do manejo sustentável de florestas e aumento dos estoques de carbono florestal nos países em desenvolvimento (art. 5º, II).

Brevitatis causa, sem aprofundar o tema que é de alta complexidade, a ideia fundamental foi a de criar um mecanismo para, inicialmente catalogar com critérios ambientais, projetos que configurassem um excedente ou modelo de preservação para, posteriormente, referidos créditos pudessem ser disponibilizados para compensar a emissão de carbono de outras entidades (países, empresas etc.). Destarte, a um só tempo, consagrou-se o *crédito de carbono* no cenário internacional como sendo ativo de relevante valor ambiental e com imenso potencial econômico, atraindo investimentos de grande magnitude.

Pode-se dizer, assim, que o *mercado de carbono* surgiu como resposta aos desafios das mudanças climáticas e aos esforços globais para mitigar seus efeitos adversos. O ponto chave é a introdução dos créditos de carbono como ferramenta econômica para redução das emissões de gases de efeito estufa. Esse mecanismo incentiva projetos que resultam na geração de créditos de carbono negociáveis, estabelecendo um cenário de ação coletiva contra as mudanças climáticas.

Foi então que, após a fixação no âmbito do direito internacional das diretrizes da criação de um mercado de carbono global, o Brasil começou a debater o tema no Congresso Nacional, principalmente no bojo do Projeto de Lei 2.148, de 2015,[661] de autoria do *Deputado Jaime Martins*. Após longa tramitação, com idas e vindas, emendas e debates, foi promulgada a Lei Federal 15.042/2024.

Feita a necessária contextualização do tema, passa-se a investigar o que mais importa ao tema aqui versado, isto é, os aspectos registrais imobiliários do crédito de carbono.

Pela complexidade do tema, houve por bem o legislador veicular algumas definições fundamentais na expectativa de melhor aplicação técnica dos instrumentos criados. Os conceitos fundamentais que devem ser bem compreendidos para correta intelecção do fato inscritível são *crédito de carbono, gerador* e *desenvolvedor*.

Entende-se por *crédito de carbono* o "ativo transacionável, autônomo, com natureza jurídica de fruto civil no caso de créditos de carbono florestais de preservação ou de reflorestamento – exceto os oriundos de programas jurisdicionais, desde que respeitadas todas as limitações impostas a tais programas por esta Lei –, representativo de efetiva retenção, redução de emissões ou remoção, nos termos dos incisos XXX e XXXI deste *caput*, de 1 tCO_{2e} (uma tonelada de dióxido de carbono equivalente), obtido a partir de projetos ou programas de retenção, redução ou remoção de GEE, realizados por entidade pública ou privada, submetidos a metodologias nacionais ou internacionais que adotem critérios e regras para mensuração, relato e verificação de emissões, externos ao SBCE" (Lei 15.042/2024, art. 2º, VII).

Em palavras mais simples, os créditos de carbono são títulos de valor monetário atrelados à não geração, redução ou remoção de gases de efeito estufa (GEE) da atmosfera, podendo ser negociados no mercado de carbono. Um dos principais gases de efeito estufa é o *dióxido de carbono* (CO_2); então convencionou-se que 1 crédito de carbono equivale a uma tonelada de CO2 que deixou de ser emitida ou foi removida da atmosfera. Eis o objeto do negócio jurídico basal que irá aceder ao fólio real.

As partes envolvidas na contratação são o *gerador* e o *desenvolvedor*.

O *gerador de projeto de crédito de carbono ou de CRVE*[662] é a "pessoa física ou jurídica, povos indígenas ou povos e comunidades tradicionais que têm a concessão, a propriedade ou o usufruto legítimo de

---

Acordo de Paris, homologado pelo Congresso Nacional pelo Decreto nº 9.073, de 5 de julho de 2017, que teve como principal objetivo o fortalecimento da resposta global à ameaça das mudanças climáticas e manter o aumento da temperatura média global abaixo dos 2°C acima dos níveis pré-industriais, além de buscar esforços para limitar o aumento da temperatura a 1,5°C, reconhecendo que isso reduziria significativamente os riscos e impactos das mudanças climáticas" [MELO, Marcelo Augusto Santana de. *Meio ambiente e registro de imóveis*. São Paulo: Almedina, 2024. p. 293. v. (e-book)].

[661] O PL 2.148/2015 foi posteriormente renumerado para PL 182/2024, dando origem à Lei 15.042/2024.

[662] *Certificado de Redução ou Remoção Verificada de Emissões* (CRVE) é o "ativo fungível, transacionável, representativo da efetiva redução de emissões ou remoção de GEE de 1 tCO2e (uma tonelada de dióxido de carbono equivalente), seguindo metodologia credenciada e com registro efetuado no âmbito do SBCE, nos termos de ato específico do órgão gestor do SBCE" (Lei 15.042/2024, art. 2º, III).

bem ou atividade que se constitui como base para projetos de redução de emissões ou remoção de GEE" (Lei 15.042/2024, art. 2º, XIV).

Já o *desenvolvedor* é a "pessoa jurídica, admitida a pluralidade, que implementa, com base em uma metodologia, por meio de custeio, prestação de assistência técnica ou de outra maneira, projeto de geração de crédito de carbono ou CRVE, em associação com seu gerador nos casos em que o desenvolvedor e o gerador sejam distintos" (Lei 15.042/2024, art. 2º, VIII).

Importante consignar que os créditos carbonos nem sempre estarão lastreados em bens imóveis. É possível que o projeto desenvolvido tenha como objeto atividades não relacionadas aos bens de raiz. Nesses casos, embora a Lei de regência não tenha mencionado, é possível concluir pela competência residual do Ofício de *Registro de Títulos e Documentos* (Lei 6.015/1973, art. 127, parágrafo único). Exemplifica-se com os projetos empresariais e sociais que buscam melhorar a eficiência energética em processos industriais e meios de transporte.

O *título formal* para a *fattispecie* é o instrumento contratual firmado entre *gerador* e *desenvolvedor*. A Lei não exigiu a forma pública, razão pela qual há flexibilidade formal. É dizer, o contrato poderá ser firmado por instrumento público ou particular, a critério das partes. Pela complexidade da matéria é recomendável a atuação do Tabelião de Notas, profissional do direito, imparcial, que poderá assessorar juridicamente as partes evitando litígios futuros. Ademais, a especificidade da contratação pode envolver a atestação de condições específicas da implantação e os andamentos e evoluções do projeto, o que pode ser realizado com muita segurança jurídica através da fé pública notarial. Repise-se, no entanto: a via notarial é uma *faculdade*.

Ainda sobre o título formal, pela ausência de previsão específica na Lei de regência não seria necessário para o ingresso no Registro de Imóveis que o contrato em si esteja registrado no âmbito do SBCE. O art. 10, parágrafo único, da Lei 15.042/2024 determina que "os *ativos* de que trata esta Seção somente serão reconhecidos no âmbito do SBCE por meio de sua inscrição no Registro Central do SBCE". Assim, por interpretação sistemática, o registro no âmbito do SBCE é instância distinta e não excludente do registro no Ofício Predial.

Em verdade, não se pode perder de vista que os créditos de carbono são gerados após a validação e verificação do projeto por entidade certificadora, que garante que as reduções de emissões ou remoções de carbono da atmosfera são reais, mensuráveis, permanentes e adicionais. No entanto, o objeto do registro no Ofício Predial é o contrato que dá o tratamento jurídico ao projeto de geração do crédito de carbono.

Em dispositivo específico da Lei 15.042/2024 (art. 43, § 5º) procurou o legislador trabalhar vários efeitos do ingresso do contrato em espeque no Registro de Imóveis. A norma, ao final, acabou ficando confusa. Ei-la: "O contrato celebrado entre gerador e desenvolvedor de projeto de crédito de carbono deve ser averbado no registro de imóveis da circunscrição em que se localiza o bem imóvel usado como base para o projeto, exceto no caso de projetos públicos de créditos de carbono, observado que, em relação a essa averbação, o seu cancelamento ocorrerá com a extinção do contrato, o prazo de eficácia e as condições de renovação do contrato seguirão, no que couber, o disposto no art. 1.485 da Lei nº 10.406, de 10 de janeiro de 2002 (Código Civil), e o perímetro da área do imóvel alcançada será descrito em memorial descritivo na forma do § 3º do art. 176 da Lei nº 6.015, de 31 de dezembro de 1973 (Lei de Registros Públicos)".

Importante destrinchar a miscelânea feita pelo legislador.

Primeiro, a competência territorial é do Ofício de Registro de imóveis da circunscrição em que se localiza o bem imóvel usado como base para o projeto. Aqui está o *registrador natural* com atribuição para a prática do ato.

Segundo, excepcionou o ingresso registral para os projetos públicos. A princípio, não faz sentido excluir da tutela registral os projetos que envolvam o crédito de carbono lastreado e indissociáveis de bens imóveis, apenas em razão do fomento ou titularidade dominial pelo Poder Público. A norma, nesse ponto, vai na contramão da práxis registral. Embora o domínio público independa do registro, o Estado tem encontrado no Registro de Imóveis relevante estrutura para controle das propriedades públicas, fomento de investimentos, concessões de empréstimos públicos etc. Nesse cipoal, para extrair a máxima efetividade da norma parece adequado concluir que no caso dos projetos públicos o registro é facultativo, mas possível e altamente recomendável.

Terceiro, delimitou-se que o cancelamento da inscrição primaz do contrato deve ocorrer com sua extinção, aplicando-se, no que couber, o prazo de eficácia e condições do instituto da perempção da hipoteca, marcado pelo art. 1.485 do Código Civil.[663] O dispositivo mencionado trata do instituto da *perempção da hipoteca*. Cuida-se de hipótese na qual transcorrido o prazo de 30 (trinta) anos a garantia se estingue de pleno de direito, *ope legis*, caso não tenha sido repactuada pelas partes.

Nesse jaez, transportando-se os efeitos da norma para os contratos que digam respeito a projetos de crédito de carbono, é certo que inexistindo novo ajuste contratual estará extinto por perempção a avença. Ocorrerá, pois, a extinção automática do efeito registral tal como ocorre na hipoteca. Há verdadeira caducidade tabular O pressuposto da perempção, frise-se, é a ausência de repactuação, distrato ou extinção anterior do contrato por alguma das causas possíveis e admitidas para todo e qualquer contrato. A publicidade da extinção do contrato é fundamental e dar-se-á por averbação negativa.

Quarto, em prestígio à especialidade objetiva, princípio cardeal do sistema registral imobiliário, houve por bem o legislador exigir que a descrição da área atingida pelo projeto seja realizada através de coordenadas georreferenciadas pelo sistema geodésico brasileiro. Embora aumente-se o grau de segurança jurídica com essa exigência, em contrapartida, gera-se dificuldade operacional na medida em que para que exista ponto de amarração da área que serve de base para o projeto ambiental com a descrição do bem de raiz, será indispensável que a descrição tabular de todo o imóvel também seja compatível com as técnicas de descrição por coordenadas georreferenciadas.

Em boa hermenêutica registral, iluminada pelo bem jurídico tutelado pela publicidade registral imobiliária na hipótese vertente e, nessa medida, otimizando a aplicação da norma, é crível e razoável compreender que tal exigência somente ocorrerá se a área do projeto ambiental atingir apenas parcialmente o imóvel matriculado. Isto é, caso o projeto seja indissociável a toda área do imóvel descrito no fólio real será suficiente que o contrato espelhe a descrição matricial.

Em linhas gerais, no entanto, permanece hígida a necessidade de a qualificação registral do contrato que tenha por objeto projeto de crédito de carbono observar os princípios registrários, tais como o da unitariedade matricial, do trato consecutivo, da especialidade (subjetiva, objetiva e do fato inscritível) dentre outros já conhecidos.

Por último, quanto à morfologia dos atos registrais, considerando a sistemática registral empregada pela Lei 6.015/1973, a melhor técnica indica que o contrato que tenha por objeto o projeto de crédito de carbono deve ser levado a registro no *Livro 3 – Registro Auxiliar*, afinal, é este o *locus* "destinado ao registro dos atos que, sendo atribuídos ao Registro de Imóveis por disposição legal, não digam respeito diretamente a imóvel matriculado" (Lei 6.015/1973, art. 177). Em ato subsequente, agora na matrícula do imóvel (Livro 2 – Registro Geral) atingido pelo projeto, deve ser lançada a averbação noticiando-se o contrato registrado, com remissões recíprocas (Lei 6.015/1973, art. 167, II, nº 38).

Esta técnica de registro a ser empregada potencializa a publicidade e a qualidade das informações a serem divulgadas pelo Registro de Imóveis, concentrando-se nesse Ofício de Registro um repositório confiável, seguro e acessível. Não custa lembrar que a sistemática de dupla inscrição predial (*leia-se*: acesso no Livro 2 e no Livro 3) ocorre de modo semelhante e com grau importante de eficiência em relação ao registro de penhores rurais e industriais, o ingresso do tombamento no fólio real, registro das convenções antenupciais, bem de família convencional etc.

Ademais, eventuais alterações contratuais, cessões, sub-rogações e a extinção do contrato são fatos inscritíveis que devem ser averbados tanto no Livro 3 – Registro Auxiliar, quanto no Livro 2 – Registro Geral, espelhando a atualidade da relação contratual subjacente e, nessa medida, garantindo a higidez do sistema registral imobiliário.

É possível projetar, ainda, que a concentração das informações ambientais no Registro de Imóveis, sobretudo nos projetos de crédito de carbono indissociáveis a bens imóveis, permitirá a formação segura e concatenada de indicadores relevantes para o mercado em geral, contribuindo sobremaneira para a jurimetria e expansão das negociações correlatas no Brasil.

---

[663] Cf. art. 1.485 do CC. Mediante simples averbação, requerida por ambas as partes, poderá prorrogar-se a hipoteca, até 30 (trinta) anos da data do contrato. Desde que perfaça esse prazo, só poderá subsistir o contrato de hipoteca reconstituindo-se por novo título e novo registro; e, nesse caso, lhe será mantida a precedência, que então lhe competir.

Em resumo, é possível concluir que a previsão legislativa a respeito da sistemática registral imobiliária dos projetos de créditos de carbono, embora reconheça a essencialidade do Ofício de Registro de Imóveis, foi tímida deixando algumas lacunas. Há espaço para que em âmbito nacional o *Conselho Nacional de Justiça* regulamente a matéria, minudenciando os aspectos registrais pertinentes, desde que mantido o esquadro formado pelo legislador.

Jurisprudência

"O direito de acesso à informação configura-se em dupla vertente: direito do particular de ter acesso a informações públicas requeridas (transparência passiva) e dever estatal de dar publicidade às informações públicas que detém (transparência ativa). Atua, ademais, em função do direito de participação social na coisa pública, inerente às democracias, embora constitua-se simultaneamente como direito autônomo. No regime de transparência brasileiro, vige o Princípio da Máxima Divulgação: a publicidade é regra, e o sigilo, exceção, sem subterfúgios, anacronismos jurídicos ou meias-medidas. É dever do Estado demonstrar razões consistentes para negar a publicidade ativa e ainda mais fortes para rejeitar o atendimento ao dever de transparência passiva. No âmbito da transparência ambiental, o ordenamento brasileiro intensifica ainda mais o dever do Estado, impondo inclusive a produção da informação ambiental, e não apenas a divulgação daquelas de que dispõem (transparência reativa). Quanto à averbação da APA no registro dos imóveis rurais, o ordenamento ambiental e registral brasileiro aponta para sua adequação. As averbações facultativas não são taxativamente previstas, e o Ministério Público é expressamente legitimado para requerer, inclusive diretamente ao oficial, apontamentos vinculados a sua função institucional, entre as quais, inequivocamente, está a tutela ambiental.

A anterior publicidade dos atos administrativos em nada impede o registro, ainda que este também atenda a esse mesmo princípio. São vários os atos públicos, inclusive judiciais, que são de averbação ou registro compulsórios (p. ex. sentenças, desapropriações e tombamentos). Tanto mais se diga da medida facultativa, requerida expressamente pelo Ministério Público no âmbito da sua função institucional de defesa do meio ambiente. Em suma, o ainda incipiente Estado de Direito Ambiental, também dito Estado Ecológico de Direito ou Estado Socioambiental de Direito (*Environmental Rule of Law*), brasileiro contempla dentre as medidas de transparência ambiental, entre outras: i) o dever estatal de produzir relatórios de execução de projetos ambientais, como os Planos de Manejo de APAs; ii) o dever estatal de publicar tais relatórios na internet, com periodicidade adequada; e iii) a averbação das APAs nos registros de imóveis rurais, mediante requerimento direto do Ministério Público aos ofícios. O regime registral brasileiro admite a averbação de informações facultativas sobre o imóvel, de interesse público, inclusive as ambientais" (STJ – REsp 1.857.098/MS, Rel. Min. Og Fernandes, Primeira Seção, j. 11/5/2022).

> **Art. 167.** (...)
>
> **Parágrafo único.** O registro previsto no item 3 do inciso I do *caput* e a averbação prevista no item 16 do inciso II do *caput* deste artigo serão efetuados no registro de imóveis da circunscrição onde o imóvel estiver matriculado, mediante apresentação de uma via do contrato assinado pelas partes, admitida a forma eletrônica e bastando a coincidência entre o nome de um dos proprietários e o do locador. *(Incluído pela Lei nº 14.382, de 2022)*

Referências Normativas

Lei 8.245/1991, arts. 8º; 33; 38, § 1º.
Lei 6.015/1973, arts. 167, I, nº 3; II, nº 16.

Comentários

É de sabença geral que o contrato de locação predial, regido pela Lei 8.245/1991, em linha de princípio, tem efeitos puramente obrigacionais. No entanto, em determinadas hipóteses tipificadas pela lei, é possível que a avença alcance a chamada *transcendência real*, ou seja, possa vincular terceiros que não os contratantes. Nessas hipóteses, o pacto locatício é considerado verdadeira *obrigação com eficácia real*, sendo certo que para assumir essa natureza é indispensável que aceda ao Registro Público. No Registro de Imóveis são essencialmente três as hipóteses[664] de acesso do contrato de locação: (i) registro em sentido estrito da cláusula de vigência (LRP, art. 167, I, nº 3); (ii) averbação para fins de garantia do direito de preferência (LRP, art. 167, II, nº 16); e (iii) averbação de constituição da caução locatícia que recai sobre bem imóvel (Lei 8.245/1991, art. 38, § 1º). Anote-se, ainda, que, além do registro no Ofício Predial, a locação pode ser registrada no Ofício de Títulos e Documentos. Nesse caso, a finalidade da inscrição está em gerar oponibilidade *erga omnes* para as demais cláusulas contratuais, que não aquelas cujas atribuições são imputadas ao Registro Imobiliário.[665]

O registro da cláusula de vigência tem por finalidade precípua, na hipótese de alienação do bem locado, vincular terceiros adquirentes a cumprirem o contrato. Sem o registro, com efeitos puramente *inter partes* do pacto locatício, não há como exigir que o terceiro adquirente cumpra o prazo determinado no instrumento contratual, eis que vigora a diretriz principiológica da relatividade dos efeitos dos contratos.[666] Nos termos do art. 8º da Lei 8.245/1991, "se o imóvel for alienado durante a locação, o adquirente poderá denunciar o contrato, com o prazo de noventa dias para a desocupação, salvo se a locação for por tempo determinado e o contrato contiver cláusula de vigência em caso de alienação e estiver *averbado* junto à matrícula do imóvel".

Embora a Lei de Locações mencione que a inscrição se dê por meio de averbamento, é pacífico o entendimento de que na hipótese de cláusula de vigência, o ato adequado é o registro em sentido estrito, *ex vi* do art. 167. I, nº 3, da LRP, que por ser *lex specialis*, resolve o conflito aparente de normas.

Detalhe importante a ser observado para fins de qualificação registral é que o registro da vigência locatícia pressupõe a existência de cláusula contratual expressa nesse sentido:

> Contrato de locação que não contêm cláusula específica de vigência em caso de alienação do imóvel. Impossibilidade de registro. Se o legislador previu no artigo 8º da Lei Federal 8.245/91 a necessidade expressa de cláusula específica de vigência do contrato de locação em caso de alienação do imóvel, a simples menção genérica "obriga a herdeiros ou sucessores" não cumpre a exigência imposta pela própria lei. Para que possa ser registrado o contrato de locação e possa ser válido perante terceiros em caso de alienação do imóvel, precisará de adequação à exigência da lei. Da forma como está redigido atualmente, se averbado, ele garantirá às locatárias apenas o direito de preferência na aquisição do imóvel (...).[667]

Já a averbação para fins de garantia do direito de preferência tem por escopo garantir a prelação do locatário caso o proprietário aliene o imóvel. Nas pegadas do art. 33 da Lei 8.245/1991, "o locatário preterido no seu direito de preferência poderá reclamar do alienante as perdas e danos ou, depositando o preço e demais despesas do ato de transferência, haver para si o imóvel locado, se o

---

[664] É certo que se aplicando as normas de extensão, sem dificuldade, podem-se vislumbrar outras hipóteses de ingresso da locação no Registro de Imóveis, tais como a sublocação e a cessão da locação. Tais ocorrências contratuais, no entanto, são amalgamadas nas *fattispecies* mencionadas expressamente pelo legislador. Embora similares, esses negócios jurídicos não se confundem. Na cessão da locação desaparece a responsabilidade do cedente, que transmite sua posição contratual ao cessionário; assumindo este todos os direitos e obrigações imanentes do contrato. Exige a lei, para a cessão, instrumento público ou particular para valer contra terceiros (CC, art. 289). Já a "sublocação nada mais é do que uma nova locação, havendo, portanto, expressa previsão legal para o seu ingresso no registro predial, condicionado ao preenchimento dos dois requisitos: (1) que a sublocação seja consentida; (2) prévio registro do contrato de locação. Tem o sublocatário direito à vigência do contrato no caso de alienação do prédio" (CSMSP – Apelação Cível 35.920-0/0, Rel. Des. Márcio Martins Bonilha, j. 30/12/1996).

[665] "O contrato de locação apenas ingressa no Registro de Imóveis para assegurar um dos direitos indicados (caução, preferência e vigência). Para produzir efeitos em relação a terceiros com outras finalidades, o contrato deve ser apresentado no Registro de Títulos e Documentos" (KONNO, Alyne Yumi. *Registro de Imóveis*: teoria e prática. São Paulo: Editora Memória Jurídica, 2007. p. 133-134).

[666] O princípio da relatividade dos contratos – *res inter alios acta neque prodest* – funda-se na ideia de que os efeitos do contrato se produzem apenas em relação às partes, isto é, àqueles que manifestam a sua vontade, não afetando, de regra, terceiros, estranhos ao negócio jurídico.

[667] 1ª VRPSP – Processo 0046161-45.2012.8.26.0100, Juiz Marcelo Martins Berthe, j. 19/02/2013.

Art. 167 | LEI DE REGISTROS PÚBLICOS COMENTADA

requerer no prazo de seis meses, a contar do registro do ato no cartório de imóveis, desde que o contrato de locação esteja averbado pelo menos trinta dias antes da alienação junto à matrícula do imóvel". Equivale dizer, somente a averbação do contrato na matrícula do imóvel assegura a plenitude do exercício do direito de preferência na aquisição do imóvel e do correlato direito de sequela adjudicatória. Diversamente do que ocorre com a cláusula de vigência, cuidando-se de direito que emana *ope legis*, a preferência prescinde de disposição contratual específica:

> Para o registro de contratos de locação, há a necessidade de previsão expressa da cláusula de vigência no caso de alienação da coisa locada. Contudo, para fins de averbação, as NSCGJ nada dispõe sobre a necessidade de existência de cláusula expressa sobre o direito de preferência. A desnecessidade de cláusula expressa decorre justamente da Lei das Locações, que cria o direito irrevogável de preferência, que para ser exercido necessita apenas da averbação do contrato de locação. A exigência de cláusula expressa é cabível apenas no caso de registro de contrato que contenha cláusula de vigência.[668]

Estabelecidos os efeitos particulares da vigência e da preferência, não se pode esquecer que há forte entendimento no sentido de que o registro do contrato que contenha cláusula de vigência é suficiente para garantir a oponibilidade também para garantia do direito de preferência no caso de alienação do bem objeto do contrato. Esse entendimento é adotado pela *Corregedoria-Geral da Justiça do Estado de São Paulo*, tendo sido, inclusive, encampado textualmente em suas *Normas de Serviço*: "No Registro de Imóveis, além da matrícula, serão feitos os registros de contratos de locação de prédios, nos quais tenha sido consignada cláusula de vigência no caso de alienação da coisa locada e/ou para fins de exercício de direito de preferência na sua aquisição (Livro 2)".[669]

Nesses casos, *ad cautelam*, é recomendável que o Oficial deixe claro no texto do extrato matricial que a inscrição predial abarca a publicidade perante terceiros de ambos os direitos. Referido entendimento garante com eficiência a tutela almejada pela publicidade registral e vai ao encontro da menor onerosidade do usuário. Da jurisprudência do *Conselho Superior da Magistratura paulista* é possível destacar virtuosos precedentes nessa linha de pensamento:

> Nada obstante as regras dos artigos 167, II, 16, da Lei nº 6.015/1973, e 33, *caput*, da Lei nº 8.245/1991, estabelecendo a averbação para fins de exercício do direito de preferência contra terceiros, é suficiente, no caso, o registro em sentido estrito, embora previsto, no artigo 167, I, 3, da Lei nº 6.015/1973, apenas para atribuir efeitos reais à cláusula de vigência. Para garantir eficácia real à cláusula de vigência e ao direito de preferência, não é necessária, (...), a prática de dois atos registrais (registro e averbação, respectivamente): bastará o registro em sentido estrito.[670]

Embora indigitada interpretação afigure-se harmoniosa e atenda à finalidade da norma, também é certo que havendo esclarecimento ao interessado acerca dessa possibilidade de única inscrição predial, mas mantido o seu interesse no duplo lançamento – desde que formulado requerimento expresso nesse sentido –, não poderá o Oficial denegar a pretensão (*rectius*: registro para a cláusula de vigência e averbação para o direito de preferência). Ocorre que referidos atos encontram tipicidade legal e, preenchidas as condições para a qualificação positiva, descortina-se verdadeiro direito subjetivo do interessado à promoção de ambas as inscrições.

De seu turno, a caução locatícia, quando recair sobre bem imóvel, assume a natureza de *garantia real anômala*, na medida em que é constituída por meio de averbamento na matrícula do imóvel garantidor e pode ser instituída por simples instrumento particular, dispensando, pois, a forma pública. Nos termos do art. 38, § 1º, da Lei 8.245/1991, "a caução em bens imóveis deverá [...] ser averbada à margem da respectiva matrícula".

Na doutrina, verifica-se divergência acentuada sobre a verdadeira natureza jurídica da caução locatícia. No entanto, a visão agasalhada pela *Corregedoria-Geral da Justiça do Estado de São Paulo* parece acomodar com maestria os limites e efeitos do instituto:

---

[668] 1ª VRPSP – Processo 1062196-58.2015.8.26.0100, Juíza Tânia Mara Ahualli, j. 21/07/2015.
[669] Item 9, a, nº 3, das NSCGJ-SP.
[670] CSMSP – Apelação Cível 0018645-08.2012.8.26.0114, Rel. Des. José Renato Nalini, j. 26/09/2013.

Garantia real, porque não parece razoável que se proceda à averbação da caução na matrícula, como dispõe o artigo 38 § 1º, da Lei nº 8.245/91, caso os seus efeitos fossem ficar restritos aos contratantes. *Averbável*, em razão do que preceitua a Lei de Locações, que, com o intuito de facilitar a inscrição da garantia dada em contrato específico, permitiu o ingresso registral da caução, independentemente da lavratura de escritura pública. *Anômala*, em virtude dos dois pontos acima citados: ingresso registral por meio de averbação, ao invés de registro; e desnecessidade de lavratura de escritura pública para constituir a garantia. De resto, não tendo a Lei de Locações criado nova espécie de direito real de garantia, aplica-se à caução a regulamentação traçada para a hipoteca no Código Civil (artigos 1.473 e seguintes do Código Civil).[671]

Para fins de qualificação do contrato para averbação da caução norma imperativa que deve ser observada com rigor pelo Oficial é aquela que impede a existência de dupla garantia no pacto locatício. Em verdade, veda-se a existência, "sob pena de nulidade, [de] mais de uma das modalidades de garantia num mesmo contrato de locação" (Lei 8.245/1991, art. 37, parágrafo único). Aliás, tal vício não pode ser sanado pelo Oficial de Registro na estreita via administrativa da qualificação registral, sendo de rigor a devolução do título para aditamento contratual e exclusão de uma das garantias:

Cabe ao Oficial do Registro de Imóveis examinar a legalidade do título levado a averbação antes de permiti-la. No presente caso, não há dúvida de que a cláusula 15 prevê dupla garantia: fiança (garantia pessoal) e caução (garantia real). Pouco importa que os fiadores, na cláusula, sejam denominados, tão somente, responsáveis solidários. É evidente que o são. Isso não significa, porém, que não se trate de fiança. Aliás, ao fazer menção aos artigos 827 e 828 do Código Civil – com renúncia ao benefício de ordem –, a cláusula 16 varre qualquer dúvida acerca de se tratar de fiança. Ao estabelecer a dupla garantia, a cláusula esbarra na nulidade de que trata o art. 37, parágrafo único, da Lei de Locações. É certo que a posição da jurisprudência, quando da análise de casos concretos, é no sentido de que, havendo dupla garantia, a segunda prevista é nula, prevalecendo, somente, a primeira. No entanto, até que seja declarada essa nulidade, as duas garantias existem no contrato. E se existem, contrariam o texto legal, que proíbe a cumulação. Portanto, está correto o Oficial ao negar a averbação. O contrato precisa ser aditado, excluindo-se uma das garantias, para sua adequação à Lei de Locações. Não pode o Oficial, em sua atividade de verificação da legalidade do título levado a averbação, fechar os olhos à nulidade existente.[672]

Ainda sobre a locação, é importante consolidar a ideia de que, por se tratar de mera obrigação com eficácia real passível de ingresso no registro por meio de instrumento particular, tem-se admitido certo abrandamento ou flexibilização na qualificação registral. Atente-se: não se trata de agir com irresponsabilidade e agasalhar no sistema registral títulos imperfeitos ou que não cumpram a legalidade, mas, em verdade, cuida-se de aplicar uma análise menos formal, admitindo-se, pela ontologia do negócio jurídico, certa flexibilização desde que mantida a segurança jurídica e que não haja prejuízos a terceiros.

Nesse passo, o *Conselho Superior da Magistratura de São Paulo* entende que as exigências registrárias nos contratos de locação podem ser mitigadas. A locação pode ter exame menos rigoroso, perfeitamente compatível com a natureza do negócio jurídico (obrigacional) que encerra e com a própria finalidade do seu registro.[673]

Seguindo-se o norte da facilitação dos negócios jurídicos sobre bens imóveis, a Lei 14.382/2002, em interessante *providência desburocratizadora*, alterou a redação do art. 167, parágrafo único, da LRP para dispensar a exigência de que o instrumento particular veicule a assinatura de duas testemunhas instrumentárias.

---

[671] CGJSP – Processo 1112560-34.2015.8.26.0100, Des. Manoel de Queiroz Pereira Calças, j. 16/06/2016. Nesse precedente, ao se aplicar o regramento da hipoteca à caução locatícia, admitiu-se o ingresso no Registro de Imóveis de caução locatícia de segundo grau, garantindo-se a prioridade e o direito de sequela ao primeiro credor.

[672] CGJSP – Processo 1037541-04.2016.8.26.0224, Des. Manoel de Queiroz Pereira Calças, j. 22/11/2017.

[673] CSMSP – Apelação Cível 1.454-0, Rel. Des. Bruno Affonso de André, j. 04/07/1983.

A norma tem aplicação imediata, constituindo regra especial em relação à norma geral do art. 221, II, da LRP. Assim, não é mais necessário, para fins de registro, que os contratos de locação predial sejam assinados por duas testemunhas instrumentárias. No entanto, por segurança jurídica, como visto alhures, indispensável o reconhecimento de firma das assinaturas caso o contrato assuma a forma particular.[674]

Recorde-se que a redação anterior da Lei de Registros Públicos exigia expressamente as testemunhas instrumentárias para o pacto locatício.[675] Nada obstante, em razão da flexibilização geral promovida pelo art. 221 do Código Civil de 2002,[676] alguns precedentes já vinham flexibilizando essa exigência.[677] O fato é que, doravante, basta que as partes contratantes assinem o instrumento particular e promovam o respectivo reconhecimento das firmas perante o Tabelionato de Notas.

Por fim, é indispensável reforçar a manutenção de relevante diretriz para o registro imobiliário no sentido de que para fins de ingresso no fólio real do pacto locatício é suficiente que haja coincidência entre o nome de um dos proprietários e o do locador.

Jurisprudência

1. Flexibilização da qualificação registral nos contratos de locação

"O contrato de locação pode ser assinado por qualquer dos proprietários ou por qualquer um dos usufrutuários. Basta a coincidência entre o nome de um dos proprietários (ou usufrutuários) para autorizar o seu lançamento na matrícula do imóvel locado (LRP, art. 169, parágrafo único)" (CSMSP – Apelação Cível 1002506-25.2020.8.26.0100, Rel. Des. Ricardo Mair Anafe, j. 06/10/2020).

"Contrato assinado por pessoa que não possuía poderes de representação. Posterior outorga de procuração ratificando e convalidando os atos anteriores praticados. Possibilidade de registro" (CS-MSP – Apelação Cível 1000037-80.2017.8.26.0271, Rel. Des. Geraldo Francisco Pinheiro Franco, j. 16/03/2018).

"Desnecessidade de rubrica de todas as folhas do instrumento contratual. Exigência que não encontra respaldo na Lei 6.015/1973 nem nas Normas de Serviço da Corregedoria-Geral da Justiça. Suficiente a assinatura da locadora devidamente reconhecida por notário" (CSMSP – Apelação Cível 0026786-24.2013.8.26.0100, Rel. Des. Hamilton Elliot Akel, j. 18/03/2014).

"Locação promovida pelo usufrutuário independe de anuência do proprietário do imóvel. Embora recomendável, não é obrigatória a anuência do proprietário na hipótese. Pelas disposições da Lei

---

[674] Nada obstante seja admitido o escrito particular, nada impede – aliás, é até recomendável em razão da segurança jurídica e assessoria prestada pelo notário – que a locação seja feita por escritura pública. No Estado de São Paulo, por exemplo, há atrativo emolumentar com a aplicação da redução da cobrança no importe de 40%.

[675] A redação do revogado do art. 169, III, da LRP dizia: "o registro previsto no nº 3 do inciso I do art. 167, e a averbação prevista no nº 16 do inciso II do art. 167 serão efetuados no cartório onde o imóvel esteja matriculado mediante apresentação de qualquer das vias do contrato, assinado pelas partes e subscrito por duas testemunhas, bastando a coincidência entre o nome de um dos proprietários e o locador". Este dispositivo havia sido incluído na Lei Registral pela Lei 8.245/1991. Já sob a égide dessa norma, entendia-se que as testemunhas, se existirem no instrumento, não precisariam estar qualificadas, bastando ter suas firmas reconhecidas (CGJSP – Processo 2009/142.865, Des. Antonio Carlos Munhoz Soares, j. 28/09/2010).

[676] *Art. 221 do Código Civil.* O instrumento particular, feito e assinado, ou somente assinado por quem esteja na livre disposição e administração de seus bens, prova as obrigações convencionais de qualquer valor; mas os seus efeitos, bem como os da cessão, não se operam, a respeito de terceiros, antes de registrado no registro público.

[677] Embora o parágrafo único do artigo 33 da Lei 8.245/1991 determine a existência de duas testemunhas no contrato de locação, após o art. 221 do CC/2002 havia forte entendimento de que as testemunhas são desnecessárias em instrumento particular. O STJ já decidiu que o contrato de locação não exige testemunhas, bastando estar subscrito pelos próprios contratantes (STJ – REsp 578.355/BA, Rel. Min. José Arnaldo da Fonseca, j. 28/9/2004). No mesmo sentido: "Apesar das referências alusivas à subscrição por testemunhas, tanto no inciso III do artigo 169 [redação anterior à Lei 14.382/2022], como no inciso II do artigo 221 da Lei 6.015/1973, a exigência não mais se justifica, em razão do texto do artigo 221, *caput*, do Código Civil que, em confronto com seu par no Código de 1916 (artigo 135, *caput*), suprimiu a necessidade de duas testemunhas assinarem o instrumento contratual" (CSMSP – Apelação Cível 0018645-08.2012.8.26.0114, Rel. Des. José Renato Nalini, j. 26/09/2013).

8.245/1991 (art. 7º) a consequência pela não anuência do nu-proprietário é que em caso de extinção do usufruto, a locação poderá ser denunciada. Equivale dizer, a locação seria inoponível ao proprietário. Contudo, registre-se a existência de decisões pela necessidade de anuência: 'Estando o imóvel gravado com usufruto, sendo o contrato de locação assinado pelo usufrutuário, deve conter, também, a anuência do nu-proprietário'" (CGJSP – Processo 40.368/2010, Des. Jomar Juarez Amorim, j. 11/08/2010).

"Não é necessária a apresentação de cópia dos documentos pessoais das partes que comparecem no contrato, se as firmas estiverem reconhecidas" (1ª VRPSP – Processo 0022689-49.2011.8.26.0100, Juiz Gustavo Henrique Bretas Marzagão, j. 21/06/2011).

"Possibilidade de registro do contrato vencido, ou seja, é lícito o seu acesso ao fólio real após o vencimento do seu período de vigência, na presunção de que possa estar vigorando por prazo indeterminado" (CSMSP – Apelação Cível 35.013-0/0, Rel. Des. Márcio Martins Bonilha, j. 12/09/1996). Nota: Da mesma forma, também é possível a averbação da caução locatícia decorrente de contrato vencido. O contrato de locação pode se prorrogar por prazo indeterminado acarretando a subsistência da garantia assumida pelo locatário. Remanesce, assim, o direito de averbar a garantia para fins de viabilizar a sua execução.

"A cláusula de vigência, em princípio, deve vir expressa no contrato. Todavia, se há cláusula que faça simples referência ao art. 8º da Lei 8.245/1991, é possível aceitar-se o contrato para registro. 'Pela cláusula 7.4 o locador autoriza o registro do contrato na matrícula do imóvel, com expressa menção ao artigo 8º da Lei 8.245/91. Em razão disso, a referida cláusula somente pode ser interpretada como destinada a permitir a vigência do contrato em caso de alienação do imóvel, pois do contrário não existiria razão para que fosse pactuada entre as partes da locação'" (CSMSP – Apelação Cível 1000037-80.2017.8.26.0271, Rel. Des. Geraldo Francisco Pinheiro Franco, j. 16/03/2018).

"Cuidando-se de locação de unidade autônoma em *shopping center* (lojas), dispensa-se a instituição de condomínio especial para registro de contratos de locação das lojas" (CSMSP – Apelação Cível 35.920-0/0, Rel. Des. Márcio Martins Bonilha, j. 30/12/1996).

"Um único instrumento pode validamente estabelecer o pacto locatício para diversas unidades autônomas, dando ensejo à prática dos respectivos atos nas matrículas de cada uma dessas unidades" (CSMSP – Apelação Cível 1.190-6/5, Rel. Des. Reis Kuntz, j. 27/10/2009).

"Para fins de averbação da caução locatícia, não é necessário que no contrato conste a qualificação completa dos cônjuges dos locatários, se não foram estes que ofereceram imóvel em caução. Contudo, sendo o garantidor terceira pessoa, deve estar completamente qualificado" (1ª VRPSP – Processo 100.10.015830-6, Juiz Gustavo Henrique Bretas Marzagão, j. 29/06/2010).

2. Formalidades indispensáveis à inscrição predial da locação

"É necessário o reconhecimento de firmas dos signatários do instrumento particular de locação" (CSMSP – Apelação Cível, Rel. Des. Marcelo Martins Filho, j. 10/03/1997). "O reconhecimento pode ser feito por semelhança ou por autenticidade, e não toca ao ofício do registro de imóveis exigir uma dessas formas em detrimento da outra" (1ª VRPSP – Processo 0006438-82.2013.8.26.0100, Juiz Josué Modesto Passos, j. 11/07/2013).

"Se alguma das partes for pessoa jurídica, deve ser apresentada prova de que quem assinou o contrato é o seu representante legal e tem poderes para fazê-lo" (1ª VRPSP – Processo 0016271-61.2012.8.26.0100, Juiz Marcelo Martins Berthe, j. 14/06/2012).

"Sempre será fundamental a observância cautelar da especialidade objetiva. Desse modo, caso a locação seja de somente parte do imóvel, esta tem que estar perfeitamente identificada" (CSMSP – Apelação Cível 815-6/1, Rel. Des. Gilberto Passos de Freitas, j. 14/12/2007).

"Deve ser apresentada a registro ao menos uma via original do contrato, não sendo possível aceitar cópia, ainda que autenticada" (CGJSP – Processo 2009/142.865, Des. Antonio Carlos Munhoz Soares, j. 28/09/2010).

"Caso alguma das partes compareça no contrato por representação convencional, deve ser apresentada a respectiva procuração" (CGJSP – Processo 2009/142.865, Des. Antonio Carlos Munhoz Soares, j. 28/09/2010).

3. Cobrança emolumentar

"Pedido de providências. Registro de Imóveis. Emolumentos. Contrato de locação com cláusula de vigência Base de cálculo incontroversa. Cobrança realizada segundo a quantidade de imóveis locados. Prática de ato de registro em cada matrícula. Possibilidade. A controvérsia instaurada diz respeito ao valor dos emolumentos cobrados para registro de contrato de locação comercial com cláusula de vigência, tendo por objeto os imóveis matriculados sob n°s 140.655, 140.656, 140.657 e 140.658 junto ao 10º Oficial de Registro de Imóveis da Capital. A propósito, esclareceu o registrador ter aplicado, por analogia, o item 1.2 das notas explicativas da Tabela II da Lei Estadual nº 11.331/02, que assim dispõe: 'Item 1.2. No registro de hipoteca, penhor ou penhora quando dois ou mais imóveis forem dados em garantia, ou no caso de penhor quando a garantia esteja situada em mais de um imóvel, na mesma circunscrição imobiliária ou não, tenham ou não igual valor, a base de cálculo para cobrança, em relação a cada um dos registros, será o valor do mútuo dividido pelo número de imóveis dados em garantia, ou pelo número de imóveis de situação, conforme o caso'. Veja-se que a relação obrigacional, embora única, tem por objeto quatro imóveis distintos, que poderiam, em tese, ser objeto de contratos de locação individualizados, inclusive com valores diferenciados para cada sala comercial. Com efeito, os imóveis alugados possuem matrículas próprias, com metragens diversas e características particulares, certo que, apenas fisicamente, estão integrados. Suas matrículas, cumpre ressaltar, não foram unificadas. Considerando, pois, que a recorrente concorda com a base de cálculo utilizada para fins de cobrança de emolumentos, não há que se falar em recálculo de valores. Destarte, em que pese a argumentação apresentada pelo recorrente, tendo havido a prática de um ato de registro em cada matrícula, o presente recurso não comporta provimento, devendo prevalecer a r. decisão proferida pela MM.ª Juíza Corregedora Permanente" (CGJSP – Processo 1029503-45.2020.8.26.0100, Des. Ricardo Mair Anafe, j. 16/12/2020).

Art. 168. Na designação genérica de registro, consideram-se englobadas a inscrição e a transcrição a que se referem as leis civis.

CELSO MAZITELI NETO

Referências Normativas

Lei 6.015/73, art. 195.
Código Civil, art. 1.245, *caput*.

Comentários

O princípio da continuidade registral está expresso no ordenamento inaugurado pela Lei 6.015/1973. O art. 195 dessa legislação dispõe que o oficial registrador deverá exigir a prévia matrícula e o registro do título anterior se o imóvel não estiver matriculado ou "registrado" em nome do outorgante da escritura alienativa dos respectivos direitos. Esse regramento reforça a fé pública registral e proporciona maior segurança jurídica a quem transaciona no mercado imobiliário.

Longe de ser inovação inusitada no cenário internacional, a continuidade registral no Brasil seguiu um caminho já trilhado no estrangeiro, em jurisdições de maior tradição e mercados de mais relevo econômico.

Assim foi, por exemplo, inclusive nos sistemas de "registro de títulos", como na França, onde a continuidade registral não lhe era uma característica básica, em sua origem. O registro imobiliário francês, como alhures, nasceu com a visão de defesa dos credores hipotecários. A Lei 11 do Brumário Ano VII[678] criou, em cada *arrondissement*, um conservatório de hipotecas[679] encarregado de duas

---
[678] Loi du 11 brumaire an VII (1er nov. 1798).
[679] *Conservation des hypothèques.*

atribuições distintas: o registro de inscrições (*registre des inscriptions*), para hipotecas e servidões; e o registro de transcrições (*registre des transcriptions*), no qual se faria a transcrição dos atos de alienação da propriedade imobiliária entre vivos e aqueles constitutivos de direitos reais suscetíveis de serem hipotecados.[680] Percebe-se, assim, que o termo "transcrição" é o eleito, na França, para designar o ato de inserção de informação nos acervos registrais imobiliários.

Para mitigar as dificuldades de pesquisa dos documentos inscritos nesses registros, a partir de 1º de janeiro de 1956, um arquivo imobiliário (*fichier immobilier*) com indicadores reais, complementares aos índices pessoais, foi colocado em prática.[681] A reforma que deu vida ao *fichier*, assim, permitiu que a partir de um indicador real se pudesse conhecer a situação publicitária completa do bem.[682] Essa inovação, a despeito de não retirar do registro imobiliário francês seu enquadramento como um sistema de "registro de títulos", forneceu-lhe uma característica básica do sistema de "registro de direitos".

No Brasil, o longo processo de construção da continuidade registral encerrou a discussão acerca da necessidade de se extirpar cadeias dúplices de transações a terem por objeto o mesmo imóvel. Essa preocupação passou a ser objeto de atenção legislativa no começo do século XX, eis que as regras promulgadas no século XIX a tratar do registro imobiliário jamais contemplaram este princípio.

Trata-se do mesmo princípio decorrente do art. 1.245 do Código Civil nacional vigente, pelo qual se dispõe que a propriedade imobiliária apenas se transfere com o "registro" do título (em conformidade com a generalização trazida pelo art. 168 da Lei 6.015/1973, ora em comento), que o Código de 1916 também previa, mas indicando que os atos de alienação dominial não produziriam os efeitos deles esperados antes de serem "transcritos" [arts. 856 e 860, parágrafo único (art. 533)]. No regime do Código Civil de 1916, o vocábulo "transcrição" aparece em diversos artigos, sem ser absoluto, pois os títulos constitutivos de ônus reais sobre coisas alheias eram "transcritos", enquanto as hipotecas seriam "inscritas" (art. 856). Na década seguinte ao da edição do Código Bevilacqua, o princípio foi expandido pelo Decreto 18.542/1928 (art. 234), que objetava a "transcrição" de qualquer título se o correlato antecedente já não o tivesse sido, "salvo, se este não estivesse obrigado a registro segundo o direito então vigente", ou seja, os títulos judiciais e não negociais, que não eram então registráveis. Assim, a despeito de seu uso não ser absoluto, o vocábulo "transcrição" prevalecia para descrição do ato que vez ou outra por aqui se denominava "inscrição".

Contudo, o termo "transcrição", preferido pela legislação anterior à ordem ora vigente para especificar o ato que deveria ser previamente efetuado pelo outorgante de instrumento alienativo de direitos imobiliários não encontrava maior correspondência no estrangeiro. Assim, o § 873, (1) do BGB (*Burgeliches Gezetzbuch*),[683] ao contemplar o princípio da "inscrição", denota a preferência do legislador alemão por esta nomenclatura.[684] Da mesma forma, o Código Civil chileno dispõe que é a "inscrição" do título no registro que acarreta a alienação.[685]

Walter Ceneviva esclarece que, antes da vigência da Lei 6.015/1973, discutia-se sobre a dicotomia "transcrição"/"inscrição", eis que os títulos registráveis nunca foram objeto de transcrição, no sentido literal a significar sua integral inserção nos acervos,[686] o que tornaria o termo inapropriado, a despeito da preferência legislativa pela nomenclatura.

Mesmo após a promulgação da Lei, a imprecisão de denominação do mesmo ato, hoje abarcado pelo signo genérico de "registro", continuou. A Lei 8.929/1994 criou a cédula de produto rural e, em seu art. 12, sem rigor redacional, prevê que a eficácia do título contra terceiros depende de sua "inscrição" no registro imobiliário competente.

---

[680] SIMLER, Philippe; DELEBECQUE, Philippe. *Droit civil. les sûretés:* la publicité foncière. 7. ed. Paris: Dalloz, 2016. p. 783.

[681] *Id.* – O *fichier* foi estabelecido pelo *Decrét du 4 janvier du 1955*, que teve vigência apenas um ano depois.

[682] SIMLER, Philippe; DELEBECQUE, Philippe. *Droit Civil. Les sûretés:* la publicité foncière. 7. ed. Paris: Dalloz, 2016. p. 785.

[683] Código Civil Alemão.

[684] *Eintragung.*

[685] *Art. 686. Se efectuará la tradición del dominio de los bienes raíces por la inscripción del título en el Registro del Conservador.*

[686] CENEVIVA, Walter. *Lei dos registros públicos comentada.* 12. ed. atualizada até 15-07-97. São Paulo: Saraiva, 1997. p. 319s.

Assim, no intuito de encerrar essa diferenciação, o art. 168 da Lei 6.015/1973 "incorporou sob registro o significado antes atribuído aos dois outros vocábulos". A designação "registro" abarca, então, em nosso ordenamento vigente, termos que a legislação pretérita ou subsequente, sem a devida técnica redacional a unificar nomenclaturas de mesmo significado jurídico, denomina "transcrição" ou "inscrição", alçando-os sob a mesma e genérica designação de "registro".

 Jurisprudência

"**Dúvida registrária. Escritura de ajuste de preço em expropriação. Registros intercorrentes de hipoteca e de parcial alienação do imóvel objeto. Recusa do registro do título aquisitivo.** 1. O debate sobre ter a desapropriação caráter de modo originário de perda e aquisição dominial ou caráter derivado (entendimento este acolhido por SEABRA FAGUNDES e, atualmente, entre nós, quanto à 'desapropriação amigável', por Luis Paulo ALIENDE RIBEIRO) não é tema relevante para solver o caso dos autos. 2. É que, modo originário ou derivado, não importa, a expropriação é uma espécie regrada pela Constituição federal brasileira e por normas subconstitucionais, é modo de perdimento e aquisição dominial submetido a meios regulares (*i.e.*, modo conformado a regras), o que é uma garantia dos expropriados, nota esta de regularidade, enfim, que permite distinguir, de um lado, a desapropriação, e, de outro, o mero confisco de bens. Dizer 'aquisição regular' é dizer aquisição secundum regulam. 3. Ainda que se suponha (*datum, neque concessum*) que a expropriação seja modo originário aquisitivo, já o título, sobre o qual a aquisição predial se estriba, não frui de alforria quanto à correspondente situação jurídico-real inscrita. 4. O problema, pois, não está no modo aquisitivo, mas na morfologia do título. Em outras palavras, a matéria, para determinar-se pela forma, deve dispor-se adequadamente a esta, da mesma sorte que o fim exige sempre a reta ordenação dos meios que a ele podem conduzir. 5. Para que se efetive a regular aquisição estatal de um bem, por meio do modo expropriatório, exigem-se a audiência processual dos expropriados ou seu consenso (o que se chama, impropriamente, de 'desapropriação amigável'). 6. O sistema jurídico de ordenação da propriedade predial está cifrado à dação formal de segurança, que, no caso brasileiro contemporâneo, corresponde à legitimação registral (art. 252 da Lei n. 6.015/1973, de 31-12: 'O registro, enquanto não cancelado, produz todos os efeitos legais ainda que, por outra maneira, se prove que o título está desfeito, anulado, extinto ou rescindido'). 7. São titulares inscritos a que se deve dar audiência na expropriação as pessoas que, *secundum tabulas*, ostentem a legitimação de (i) titularidade dominial plena (ou primária); (ii) titularidade dominial secundária, equivale a dizer, os que tenham titularidade *in itinere*; (iii) titularidade de outros direitos reais menores. 8. É preciso distinguir entre, de um lado, a perda do domínio por meio da expropriação, e, de outro, a aquisição posterior do domínio pelo expropriante ou terceiro a quem a desapropriação aproveite. 9. A ideia de uma 'desapropriação oculta' – vale dizer, fora do sistema formalizado de publicidade imobiliária – conjura contra a segurança jurídica. 10. Tratando-se de bem imóvel, a aquisição, que pode não acontecer ainda após a transcrição (se o bem for desapropriado para ser bem de todos), só se opera com a transcrição [agora: registro –*vide* art. 168 da Lei n. 6.015/1973]" (PONTES DE MIRANDA). Não provimento da apelação" (TJSP. Apelação Cível 0002146-38.2014.8.26.0288, da comarca de Ituverava. Acórdão do Conselho Superior da Magistratura. Des. Ricardo Dip, Rel. Designado. j. 11/08/2011).

Art. 169. Todos os atos enumerados no art. 167 desta Lei são obrigatórios e serão efetuados na serventia da situação do imóvel, observado o seguinte: *(Redação dada pela Lei nº 14.382, de 2022)*

I – as averbações serão efetuadas na matrícula ou à margem do registro a que se referirem, ainda que o imóvel tenha passado a pertencer a outra circunscrição, observado o disposto no inciso I do § 1º e no § 18 do art. 176 desta Lei; *(Redação dada pela Lei nº 14.382, de 2022)*

II – para o imóvel situado em duas ou mais circunscrições, serão abertas matrículas em ambas as serventias dos registros públicos; e *(Redação dada pela Lei nº 14.382, de 2022)*

III – *(revogado); (Redação dada pela Lei nº 14.382, de 2022)*

IV – aberta matrícula na serventia da situação do imóvel, o oficial comunicará o fato à serventia de origem, para o encerramento, de ofício, da matrícula anterior. *(Incluído pela Lei nº 14.382, de 2022)*

§ 1º O registro do loteamento e do desmembramento que abranger imóvel localizado em mais de uma circunscrição imobiliária observará o disposto no inciso II do *caput* deste artigo, e as matrículas das unidades imobiliárias deverão ser abertas na serventia do registro de imóveis da circunscrição em que estiver situada a unidade imobiliária, procedendo-se às averbações remissivas. *(Incluído pela Lei nº 14.382, de 2022)*

§ 2º As informações relativas às alterações de denominação de logradouro e de numeração predial serão enviadas pelo Município à serventia do registro de imóveis da circunscrição onde estiver situado o imóvel, por meio do Serp, e as informações de alteração de numeração predial poderão ser arquivadas para uso oportuno e a pedido do interessado. *(Incluído pela Lei nº 14.382, de 2022)*

§ 3º Na hipótese prevista no inciso II do *caput* deste artigo, as matrículas serão abertas: *(Incluído pela Lei nº 14.382, de 2022)*

I – com remissões recíprocas; *(Incluído pela Lei nº 14.382, de 2022)*

II – com a prática dos atos de registro e de averbação apenas no registro de imóveis da circunscrição em que estiver situada a maior área, averbando-se, sem conteúdo financeiro, a circunstância na outra serventia; e *(Incluído pela Lei nº 14.382, de 2022)*

III – se a área for idêntica em ambas as circunscrições, adotar-se-á o mesmo procedimento e proceder-se-á aos registros e às averbações na serventia de escolha do interessado, averbada a circunstância na outra serventia, sem conteúdo financeiro. *(Incluído pela Lei nº 14.382, de 2022)*

Referências Normativas

Lei 6.015/1973, art. 227; art. 176, § 1º, I, e § 18º.
Lei 8.935/1994, art. 12.

Comentários

A Lei 6.015/1973 consolidou o sistema de registro de imóveis no Brasil como um "registro de direitos". O movimento mais decisivo para essa consolidação foi o estabelecimento de um indicador real para fins de pesquisa dos interesses imobiliários por quem consultante dos acervos públicos. No ordenamento vigente, a "matrícula"[687] é a unidade básica na qual se concentram os atos de registros. Em assim o fazendo, determinou a lei vigente que os assentamentos que antes se centralizavam nos indicadores pessoais (como se dá, via de regra, nos sistemas de "registros de títulos", sendo a estrutura registral dos Estados Unidos o exemplo mais evidente desta espécie), se transformaram para ter por base o próprio imóvel, afastando-se do negócio imobiliário que antes era sua base fundamental de pesquisa.[688]

Essa regra basilar foi estabelecida pelo art. 227 da Lei 6.015/1973, o qual, ao determinar o fólio real como regra para o registro predial, alterou sobremaneira a sistemática vigente no Brasil. Até então, os indicadores imobiliários eram pessoais, baseados nos dados individuais das partes que transacionavam direitos reais ou que deles eram titulares, alheios à unidade imobiliária

---

[687] No regime da lei nova ficou instituída a *matrícula*, ato básico da norma vigente, exigindo que cada imóvel tenha matrícula própria, contendo todas as exatas especificações do prédio, onde se procederá ao registro e à averbação. Nenhum registrou ou averbação será feito sem que o preceda a matrícula (DINIZ, Maria Helena. *Sistemas de registros de imóveis*. 3. ed. São Paulo: Saraiva, 2000. p. 46).

[688] DINIZ, Maria Helena. *Sistemas de registros de imóveis*. 3. ed. São Paulo: Saraiva, 2000. p. 51.

Art. 169 | LEI DE REGISTROS PÚBLICOS COMENTADA

corporificada na matrícula. Com essa nova perspectiva, os antigos livros encadernados foram, então, substituídos pelas fichas de folhas, alocadas em ordem cronológica, identificadas atualmente como o "Livro 2".

O art. 169, por seu turno, estabeleceu o princípio da territorialidade no âmbito do registro de imóveis, segundo o qual os atos a afetarem a situação jurídica da parcela imobiliária devem sempre se dar na circunscrição ou nas circunscrições aptas a tanto. É apenas "competente" para os atos de registro imobiliário o Registrador que tiver recebido a respectiva competência, que se confina aos limites das atribuições geográficas de seu escritório (circunscrição), conforme estabelecido em lei (especialmente as leis estaduais de organização judiciária) e regulamentos administrativos. Portanto, trata-se de uma regra complementar às das competências funcionais, que dividem os serviços delegados de registro em suas várias subespécies, quais sejam, os Registros Civil de Pessoas Naturais, Civil de Pessoas Jurídicas, Títulos e Documentos e o Imobiliário.

E, no registro de imóveis, não obstante, a competência territorial relativa à "circunscrição" do local do imóvel (salvo as exceções legais específicas), é absoluta, o que não se dá, outrossim, com o registro de títulos e documentos ou com as atribuições notariais, onde a competência do domicílio das partes do ato a ser registrado ou formalizado é relativizada, facultando-se a escolha do cartório ao usuário deste serviço.[689] Apenas poderá ser determinado título recebido e prenotado no cartório onde a respectiva matrícula esteja aberta e sua apresentação perante circunscrição incompetente ensejará imediata devolução ao apresentante pelo Registrador.

É da natureza dos direitos reais a presunção de consentimento de todos os afetados pela transmissão da propriedade quando este se formaliza (Código Civil, art. 1.245) e assim irradia seus efeitos jurídicos *erga omnes*. Contudo, via de regra, nessas situações, adquirentes possuem menos informações acerca da situação jurídica do bem e respectivos ônus que seus alienantes. Essa assimetria informacional tem potencial de diminuir a frequência e o número de transações imobiliárias se acaso o sistema publicitário público não for capaz de proporcionar a devida segurança jurídica e daí mitigar a desconfiança natural dos transatores informacionalmente desfavorecidos, no mercado. Destarte, os sistemas de registro imobiliário modernos, mormente os afetos à sistemática do "registro de direitos", promovem a fé pública registral como elemento de reforço da confiança, por meio do robustecimento da publicidade. Nessa esteira, a redução dos custos transacionais do registro e da pesquisa informacional é faceta de inquestionável relevância para tal finalidade.[690]

Nessa perspectiva de reforço à fé pública registral a partir da facilitação da publicidade de negócios e atos com efeitos reais imobiliários e de sua pesquisa por quem interessado, a natureza absoluta da competência territorial advém como um dos pilares dessa estratégia. Portanto, a outorga de direitos reais, eis que vinculam a todos, deve ser mister de agentes organizados como monopólios territoriais. Por esse motivo, a sua criação e o estabelecimento das respectivas competências pressupõe um operador independente das partes na transação, a fim de proteger esse interesse geral, não cabendo aos transatores eleger o responsável pelo registro correlato, como se dá, a contrário senso, com o notário responsável pela formalização do instrumento que será levado ao acervo registral.[691] Ademais, em não se consolidando o *locus* onde a informação imobiliária pode ser encontrada, o custo da busca

---

[689] Lei 8.935/1994, art. 12: *Aos oficiais de registro de imóveis, de títulos e documentos e civis das pessoas jurídicas, civis das pessoas naturais e de interdições e tutelas compete a prática dos atos relacionados na legislação pertinente aos registros públicos, de que são incumbidos, independentemente de prévia distribuição, mas sujeitos os oficiais de registro de imóveis e civis das pessoas naturais às normas que definirem as circunscrições geográficas.* (A despeito da menção à atividade dos oficiais de registro de títulos e documentos no texto deste artigo, o ordenamento não inclui delimitação territorial para a prática de atos registrais nesta competência).

[690] *Vide* ARRUÑADA, Benito. Organização do registro da propriedade em países em desenvolvimento, p. 2. Disponível em: https://circuloregistral.com.br/wp-content/uploads/2008/06/benitoarrunada.pdf. Acesso em: 20 jan. 2023.

[691] *Vide* La contratación de derechos de propiedad: un análisis económico, p. 76. Madrid: Servicios de Estudios del Colegio de Registradores, 2004 (ISBN: 84-96347-15-X). Disponível em: https://www.arrunada.org/files/research/ARRUNADA%20Contratacion%20de%20derechos%20de%20propiedad%202004.pdf. Acesso em: 20 mar. 2023.

por ela também representaria importante deterrente à realização de transações que, de outro modo, ou seja, em sendo menos onerosas, se realizariam.[692]

O conceito de "circunscrição" no registro imobiliário é, portanto, o da delimitação geográfica, estabelecida oficialmente pela lei e pela autoridade regulamentar competente, dentro da qual a atribuição para a abertura de matrícula dos imóveis ali localizados e realização dos subsequentes atos descritos no art. 167 é absoluta, com vistas ao reforço da fé pública registral e à facilitação da publicidade e da pesquisa da informação registral.

Certas circunscrições abrangem integralmente uma municipalidade inteira e às vezes até vários municípios de uma mesma comarca, enquanto outras, em decorrência da necessidade de se observar o princípio da eficiência do serviço público e para que tenha o usuário maior facilidade para acessar o cartório, se estendem apenas por determinada base territorial, que é uma fração de uma cidade de maior porte, como nas Capitais, em especial a de São Paulo, na qual há 18 circunscrições imobiliárias. Contudo, com a vigência do art. 11 da Lei 14.382/2022, o art. 169 em questão sofreu várias modificações. Essas alterações começam pelo próprio *caput* do artigo, eis que onde antes se lia "salvo", dando noção de que os incisos que seguem eram exceções à regra da obrigatoriedade do registro na circunscrição de localização do imóvel, agora consta "observado o seguinte", indicando que o elenco subsequente configura, ao reverso de excepcionalidade à norma geral, regras para sua interpretação.

Na origem, a Lei 6.015/1973, conforme o inciso I do artigo em estudo, permitia que fosse feita a averbação à margem do registro ainda na circunscrição a que a antiga matrícula pertencia. Todavia, com a vigência da Lei 14.382/2022, esta possibilidade parece ter sido eliminada, devendo, portanto, ser aberta nova matrícula, na circunscrição agora competente pela custódia das informações registrais do bem, mesmo em sendo o ato registral uma mera averbação. Na sistemática anterior, apenas atos de "registro" *stricto sensu* ensejavam essa obrigatoriedade. Essa interpretação é autorizada pelo que consta da nova redação do inciso I do artigo em comento, que faz referência às novas regras do § 1º, I, do art. 176, da Lei 6.015/1973.[693] Subsiste, não obstante, a exceção constante do art. 176, § 18º, da Lei 6.015/1973, também introduzido pela nova legislação indicada supra,[694] que se refere à transcrição incapaz, por ausência de requisitos fundamentais, de ensejar abertura de matrícula. Via de regra, os defeitos na transcrição que impedem sua transformação em matrícula dizem respeito à descrição precária do bem. Assim, estabelece o art. 176, II, (3), da Lei 6.015/1973 de Registros Públicos que é imprescindível, para tanto, a especificação do imóvel mediante a identificação de suas características, confrontação, localização, área e denominação, se rural, ou logradouro e número, se urbano, além de sua designação cadastral, se houver. Então, da conjunção entre as normas analisadas, tem-se que a Lei exige o maior detalhamento possível do imóvel a ser matriculado. Se acaso essa descrição não for ainda suficiente, a transcrição não se transmutará em matrícula, e a parte interessada deverá retificar aquela, pelas vias adequadas, para estabelecer esse requisito.

A Lei 14.382/2022 também deu redação muito mais precisa à determinação, constante desde à promulgação da Lei 6.015/1973, para que fossem abertas matrículas em todas as circunscrições de registro imobiliário nas quais se estenda um mesmo imóvel. Também, pela nova legislação, foi acrescentado o § 1º do art. 169, que amplia a vigência da regra de seu *caput*, II, para os loteamentos ou desmembramentos de imóveis que se ramifiquem por mais de uma circunscrição, impondo, assim, a abertura de matrículas, a englobarem a totalidade das frações individualizadas, nas duas serventias, inserindo determinação para que também nestas existam remissões recíprocas.

Outra regra trazida pela Lei 14.382/2022 foi a constante do § 2º do art. 169 da Lei 6.015/1973. Esse mandamento dispõe sobre procedimentos a serem tomados quando houver alterações de denominações de logradouros públicos ou de numeração de imóveis. Tais alterações poderão, agora, com a criação do SERP, ser encaminhadas remotamente, pela municipalidade, pela via eletrônica, diretamente ao

---

[692]   *Vide* ARRUÑADA, Benito. Organização do registro da propriedade em países em desenvolvimento, p. 2. Disponível em: https://circuloregistral.com.br/wp-content/uploads/2008/06/benitoarrunada.pdf. Acesso em: 20 jan. 2023.

[693]   I – cada imóvel terá matrícula própria, que será aberta por ocasião do primeiro ato de registro ou de averbação caso a transcrição possua todos os requisitos elencados para a abertura de matrícula;

[694]   § 18. Quando se tratar de transcrição que não possua todos os requisitos para a abertura de matrícula, admitir-se-á que se façam na circunscrição de origem, à margem do título, as averbações necessárias.

registro imobiliário, que, de ofício, averbará a alteração de nomenclatura das vias públicas, mas reservará, para quando provocado pelo interessado, as informações sobre numeração dos patrimônios, que serão somente então averbadas.

O § 3º, acrescentado também ao art. 169, regulamenta, basicamente, o *caput*, II, do artigo em comento. Assim, em todas as matrículas que forem abertas, referentes ao mesmo imóvel, nas diversas circunscrições que o abrangerem, deverá haver remissões recíprocas.

A despeito de ser possível a existência de várias matrículas referente ao mesmo imóvel, se este se estender a mais de uma circunscrição, o posterior registro ou averbação de atos se dará na matrícula da circunscrição que contar com a maior fração do imóvel, mas deverão ser feitas averbações, sem conteúdo financeiro, nas outras matrículas abertas nas competências excedentes. Em não havendo uma fração nitidamente prevalente, que possa diferenciar a circunscrição de maior relevância para fins de registro de atos, a escolha, então, caberá ao interessado, que, não obstante, não será exonerado de averbar, nas demais, o ato, sob a mesma permissividade de ausência de interesse financeiro nesta averbação.

 Jurisprudência

"Recorrente: Delegatário do Ofício Único da Comarca de Armação dos Búzios. Interessado: Delegatário do 1º Ofício de Justiça de Cabo Frio. Art. 169, I, da Lei de Registros Públicos. A abertura de matrícula para imóvel situado em comarca recém-criada está condicionada à pratica de *ato de registro em sentido estrito*, por aplicação do disposto no artigo 228 da Lei 6.015/73. Sendo a averbação ato acessório em relação ao registro, não o atingindo, portanto, em sua essência, não justifica a abertura de matrícula em comarca recém criada. O art. 169, I, ao determinar que as averbações sejam efetuadas à margem do registro a que se referirem, ainda que o imóvel tenha passado a pertencer a outra circunscrição, reforça o entendimento do legislador de que só atos de registro em sentido estrito justificam a abertura de nova matrícula no cartório ao qual o imóvel passar a pertencer. Recurso Improvido" (TJRJ, Recurso Hierárquico 2006.003.00171, da comarca de Armação dos Búzios. Acórdão do Conselho Superior da Magistratura. Rel. Des. Sidney Hartung, *DORJ* de 08/08/2006, p. 47).

"Cumpre anotar que, diante da alteração introduzida pela Medida Provisória nº 1.085/2021 à Lei nº 6.015/73, pela qual não se mostra mais adequada a realização de atos de averbação nas transcrições, torna-se imprescindível a abertura de matrícula perante o Cartório de Registro de Imóveis da circunscrição em que situado o bem: 'Art. 176 – O Livro nº 2 – Registro Geral – será destinado, à matrícula dos imóveis e ao registro ou averbação dos atos relacionados no art. 167 e não atribuídos ao Livro nº 3. (Renumerado do art. 173 com nova redação pela Lei nº 6.216, de 1975) § 1º A escrituração do Livro nº 2 obedecerá as seguintes normas: I – cada imóvel terá matrícula própria, que será aberta por ocasião do primeiro ato de registro ou de averbação (Redação dada pela Medida Provisória nº 1.085, de 2021)'. A corroborar tal compreensão, foi revogado o inciso I, do art. 169, da Lei nº 6.015/1973, que possibilitava a averbação à margem do registro, mesmo que o imóvel passasse a pertencer a circunscrição diversa. Nesses termos, o parecer que submeto à elevada consideração de Vossa Excelência é no sentido de que a apelação seja recebida como recurso administrativo e que a ele seja negado provimento. Sub Censura" (TJSP – Corregedoria-Geral da Justiça – Recurso Administrativo 1018005-84.2021.8.26.0562. Parecer de 07 de março de 2022, Rel. Des. Fernando Antonio Torres Garcia, Corregedor-Geral da Justiça).

Art. 170. O desmembramento territorial posterior ao registro não exige sua repetição no novo cartório.

 Referências Normativas

Lei 6.015/1973, arts. 27, 169, IV e 197.
Lei 14.382/2022.

Comentários

O desmembramento de um escritório de registro imobiliário ocorre tanto nas hipóteses já explicadas nos comentários ao art. 27 supra ou quando, por ato administrativo ou lei, a autoridade com poder normativo ou com competência legislativa para regulamentação das atribuições de cada unidade de registro alterar sua abrangência e competência territorial, sem criação ou extinção de qualquer cartório.

Assim, o que o artigo determina é que não se necessita repetir o registro na nova competência automaticamente após o ato normativo que altera atribuições. Os registros permanecerão na antiga unidade até que se necessite fazer alguma inscrição na matrícula, o que deverá, então, se dar na nova competência, acarretando, assim, a abertura de matrícula na nova unidade de registro imobiliário com atribuição para tanto. Também deverá o oficial registrador responsável pela circunscrição criada e agora responsável pelos arquivos do imóvel, conforme a determinação constante do art. 169, IV, da Lei 6.015/1973, inserida pela Lei 14.382/2022, comunicar a circunscrição de origem da respectiva matrícula a abertura da nova indicação real, para encerramento daquela.

 Jurisprudência

"**Registro de Imóveis** – Solicitação de providências para a averbação de penhora determinada em ação trabalhista – Necessidade, contudo, de apresentação do título ao Oficial de Registro de Imóveis competente, para que seja protocolado e submetido ao procedimento de qualificação registrária, cabendo de eventual manutenção da recusa da prática do ato insurgência dirigida ao MM. Juiz Corregedor Permanente, mediante procedimento administrativo próprio, com recurso, da decisão por aquele prolatada, ao Corregedor-Geral da Justiça. Ocorre que o desmembramento territorial posterior ao registro do imóvel não exige sua imediata repetição pelo Oficial de Registro de Imóveis que se tornou competente, conforme o artigo 170 da Lei nº 6.015/1973, o que, em tese, levou o Sr. Oficial de Registro de Imóveis de ... a exigir a apresentação de 'certidão atualizada, comprobatória do registro anterior, e da existência ou inexistência de ônus' (fls. 13). Em outras palavras, o que o Sr. Oficial de Registro de Imóveis de ... solicitou para possibilitar a averbação da penhora é que lhe seja apresentada, junto com o mandado de averbação da penhora, certidão comprobatória da matrícula do imóvel mantida pelo Oficial de Registro de Imóveis de ..., a ser por esse último expedida, atualizada e em que também conste a existência ou inexistência de ônus. Com essa certidão poderá o Sr. Oficial de Registro de Imóveis de ... abrir matrícula para o imóvel penhorado, na forma do artigo 197 da Lei nº 6.015/73, que assim prevê: 'Quando o título anterior estiver registrado em outro cartório, o novo título será apresentado juntamente com certidão atualizada, comprobatória do registro anterior, e da existência ou inexistência de ônus'. Por sua vez, cabe ao apresentante do título, ou ao interessado no registro, solicitar do Sr. Oficial de Registro de Imóveis de ... a certidão atualizada da matrícula que atualmente for mantida para o imóvel, com indicação da existência ou inexistência de ônus, e depois apresentá-la, em conjunto com o mandado de averbação já expedido, ao Oficial de Registro de Imóveis de ..., para que esse possa abrir nova matrícula para o imóvel e, em seguida, nela averbar a penhora. Por outro lado, a averbação da penhora somente se tornará possível depois da abertura de nova matrícula do imóvel pelo Oficial de Registro de Imóveis de ... e do protocolo, pelo mesmo Oficial, do respectivo mandado de averbação (artigos 12 e 182 da Lei nº 6.015/73), para que o referido mandado seja submetido à obrigatória qualificação registrária. Em suma, cabe ao apresentante do título obter do Oficial de Registro de Imóveis de ... a certidão a que se refere o artigo 197 da Lei nº 6.015/73, relativa ao registro atualmente mantido para o imóvel penhorado e à existência ou inexistência de ônus, e depois apresentar essa certidão, junto com o mandado de averbação da penhora, ou da certidão à que se refere o artigo 659, § 4º, do Código de Processo Civil, para o Oficial de Registro de Imóveis de ..., de modo a possibilitar que esse último abra nova matrícula para o imóvel penhorado e, em seguida, se presentes os demais requisitos legais, promova a averbação da penhora. Este é o parecer que, respeitosamente, submeto à elevada apreciação de Vossa Excelência" (TJSP, Recurso Administrativo 2008/00015475. Parecer de 10 de junho de 2008, Rel. Des. Ruy Camilo, Corregedor-Geral da Justiça).

Art. 171. Os atos relativos a vias férreas serão registrados na circunscrição imobiliária onde se situe o imóvel. *(Redação dada pela Lei nº 13.465, de 2017)*

Parágrafo único. A requerimento do interessado, o oficial do cartório do registro de imóveis da circunscrição a que se refere o *caput* deste artigo abrirá a matrícula da área correspondente, com base em planta, memorial descritivo e certidão atualizada da matrícula ou da transcrição do imóvel, caso exista, podendo a apuração do remanescente ocorrer em momento posterior. *(Incluído pela Lei nº 13.465, de 2017)*

 Referências Normativas

Lei 6.015/1973, arts. 169 e 176, § 2º.
Lei 13.465/2017.

 Comentários

O art. 171 da Lei 6.015/1973 correntemente determina que a transcrição dos imóveis sobre os quais passa linha férrea deve ser registrada nas circunscrições imobiliárias onde estes se situam, ou seja, em cada unidade de registro em cujas abrangências territoriais ela serpentear, com abertura de novas matrículas específicas a encompassar cada área transpassada pelo ramal ferroviário.

Houve profunda alteração, trazida pela 13.465/2017, ao regime anterior, que, inaugurado pelo Código Civil de 1916, se estendeu ao Decreto 4.857/1939. A anterior ordem determinava que os atos registrais relativos à via férrea (tratava-se das "inscrições *lato sensu*", pois o sistema de matrículas ainda não existia) seriam todos registrados no cartório vinculado à estação inicial dela. Com o advento da Lei 6.015/1973 e o estabelecimento do fólio real, o *locus* do registro continuou sendo o da estação inicial da via férrea, mas então se determinava que estes fossem nesta circunscrição "registrados", ou seja, apontando a necessidade de inserção desta informação na matrícula aberta para tanto, de modo a observar-se o princípio da especialização.

Todavia, no estado de São Paulo, essa determinação foi limitada, por remansosa jurisprudência do Conselho Superior da Magistratura, subsequente à edição da Lei 6.015/1973, ao registro, de acordo com os ditames formalmente vigentes, das hipotecas a transmissões a afetarem o todo da linha férrea, não os imóveis individuais afetados ao seu traçado, que deveriam ser registrados, cada qual, na circunscrição relativa.

Atualmente, nessa esteira, com base em memorial descritivo, planta ou certidão da matrícula do imóvel originário ou, em não havendo a abertura anterior desta, na transcrição do imóvel relacionado ao equipamento de transporte, será aberta matrícula específica, na unidade de registro imobiliário, a englobar essas áreas, nas circunscrições às quais elas são afetas.

 Jurisprudência

"A transmissão e a hipoteca do todo [da linha férrea] hão de ser registradas no cartório da estação inicial, como determinam o art. 1º do Decreto-lei nº 3.109/1941, o art. 852 do Código Civil e o art. 171 da Lei nº 6.015/73. Se, no entanto, os atos tiverem por objeto partes que já compõem, ou irão compor o complexo, atender-se-á à regra geral. Assim, se tratar de bens imóveis por natureza, sua transmissão será registrada na comarca da transmissão e não alhures" (TJSP, Apelação Cível 2.657-0, Acórdão do Conselho Superior da Magistratura, j. 22/05/1984, *DJ* 18/06/1984, Rel. Des. Bruno Affonso de André, Presidente do Tribunal de Justiça).

CAPÍTULO II
DA ESCRITURAÇÃO

Art. 172. No Registro de Imóveis serão feitos, nos termos desta Lei, o registro e a averbação dos títulos ou atos constitutivos, declaratórios, translativos e extintos [*rectius*: extintivos] de direitos reais sobre imóveis reconhecidos em lei, "*inter vivos*" ou "*mortis causa*" quer para sua constituição, transferência e extinção, quer para sua validade em relação a terceiros, quer para a sua disponibilidade.

MOACYR PETROCELLI DE ÁVILA RIBEIRO

Referências Normativas

Constituição Federal, art. 236.
Lei 8.935/1994, arts. 1º; 3º a 5º; 12; 14 a 55.
Lei 10.406/2002 (Código Civil), arts. 1.227; 1.245 a 1.247.
Lei 11.977/2009, art. 37.
Lei 13.097/2015, arts. 54 a 58.
Lei 13.465/2017, art. 76.
Lei 14.382/2022, arts. 1º a 9º.

Comentários

1. A natureza jurídica contemporânea do Registro de Imóveis no Brasil

O dispositivo tem a felicidade de traduzir em poucas palavras a abrangência sistêmica do Registro de Imóveis no Brasil, reduzindo-se em único contexto a natureza dos atos registrais que são praticados; os efeitos gerados pela inscrição predial; além de sua alocação estrutural no âmbito dos direitos reais sobre imóveis. Antes, porém, de destrinchar os consectários do registro predial brasileiro, convém enquadrar seu relevante perfil institucional.

O Registro de Imóveis é atividade exercida em caráter privado por profissionais do direito, mediante delegação do Poder Judiciário, outorgada por meio de concurso público de provas e títulos, e está sujeito ao regime jurídico e procedimentos estabelecidos na Constituição Federal, na legislação, e, subsidiariamente, nos atos normativos os quais definem sua competência, atribuições, organização e funcionamento.

Em sua redação original, a Constituição da República Federativa do Brasil regula expressamente, em seu art. 236, as funções notariais e de registros. Em uma visão funcional das instituições notariais e de registro, é sempre relevante destacar que apenas o fato de integrar o Texto Maior confere à mencionada norma o grau máximo de eficácia no ordenamento jurídico. Noutro falar, o art. 236 da Constituição Federal encontra-se no ápice da pirâmide jurídica, sendo considerado, indiscutivelmente, "*norma jurídica suprema*".[695]

O *caput* do art. 236 da Constituição Federal possui redação precisa e indica a natureza pública da função notarial e registro, tendo em vista a imperatividade de sua delegação pelo Poder Público ao particular para o seu exercício privado.

A dicção constitucional é peremptória: "*Os serviços notariais e de registro são exercidos em caráter privado, por delegação do Poder Público*".

---

[695] É de conhecimento geral que, no sistema constitucional brasileiro, o que confere à norma jurídica o grau máximo de eficácia, ou seja, a condição de "norma jurídica suprema", não é a matéria de que ela trata, mas sim a forma de que se reveste. Por isso, toda norma insculpida no Texto Constitucional está no ápice da pirâmide jurídica do ordenamento jurídico brasileiro.

Art. 172 | LEI DE REGISTROS PÚBLICOS COMENTADA

542

De início, tem-se que, na tradicional classificação de *José Afonso da Silva*, trata-se de *norma constitucional de eficácia plena*, de modo que o dispositivo, ao consagrar a natureza jurídica das atividades notariais e registrais, produz a integralidade de seus efeitos desde o advento do Texto Constitucional, em 5 de outubro de 1988.

Trata-se, pois, da consagração constitucional dos serviços notariais e de registro como *exercício privado de funções públicas*. É exatamente a partir dessa conformação inicial que decorrerão todas as características delimitadoras desta peculiar atividade.

Nessa *novel* roupagem constitucional, caracterizam-se o notariado e os registros públicos no Brasil pelo exercício privado de função pública. Portanto, imperiosamente, notários e registradores *não ocupam cargos públicos*. Aliás, foi justamente este o arrazoado que levou o *Supremo Tribunal Federal* a afastar a aplicação, para os delegatários, da regra constitucional da *aposentadoria compulsória* inerente ao funcionalismo público. Confira-se:

> O art. 40, § 1º, II, da Constituição do Brasil, na redação que lhe foi conferida pela EC 20/1998, está restrito aos cargos efetivos da União, dos Estados-membros, do Distrito Federal e dos Municípios – incluídas as autarquias e fundações. Os serviços de registros públicos, cartorários e notariais são exercidos em caráter privado por delegação do Poder Público – serviço público não privativo. Os notários e os registradores exercem atividade estatal, entretanto não são titulares de cargo público efetivo, tampouco ocupam cargo público. Não são servidores públicos, não lhes alcançando a compulsoriedade imposta pelo mencionado art. 40 da CF/1988 – aposentadoria compulsória aos setenta anos de idade.[696-697]

Portanto, frise-se: as atividades desempenhadas por notários e registradores configuram-se, pois, como *funções públicas exercidas em caráter privado*. Em outras palavras, houve uma reformulação do sistema constitucional no que se refere aos serviços de notas e registros públicos, mediante a execução, *modo privado*, desses serviços públicos peculiares, por meio da delegação do Poder Público, que não lhe retira essa conotação específica.

Verifica-se, assim, nesse ambiente inicial, a existência de um *binômio tensivo público-privado*, que servirá, a um só tempo, de baliza para os limites das atuações dos titulares das delegações e de princípio fundante dessas relevantes instituições. Nessas pegadas, vislumbra-se a gestão privada dos registros públicos e das notas e a indicação de que se trata de um serviço (público) que tem por objetivo a consecução de um fim público, ou seja, a *administração pública de interesses privados* (seu objeto imediato é um interesse particular e não um interesse público).

Há, em resumo, duas facetas que travam um intenso e peculiar diálogo: função pública e exercício privado. Esse duplo aspecto reflete diretamente no regime jurídico que rege os serviços extrajudiciais. Vale dizer, o regime jurídico incidente nas funções notariais e de registros não é apenas de direito público, nem tampouco exclusivamente de direito privado, mas verdadeiramente um *regime híbrido*. Insta frisar, inclusive, que apesar do regime jurídico misto, não há prevalência ou confronto de uma esfera sobre a outra, pois os planos de atuação do direito público e do direito privado são bem delineados e sua base de incidência é diversa.

Esclareça-se, nesse passo, que a natureza de função pública decorre da *outorga da delegação* pelo Poder Público, e a gestão privada traduz-se no gerenciamento administrativo, financeiro e de pessoal das serventias delegadas aos notários e registradores. A propósito, realce-se que a gestão privada das serventias de notas e de registros públicos não pode – e não deve – ser isoladamente considerada,

---

[696] STF – ADI 2.602, T. Pleno, Rel. Min. Eros Grau, j. 24/11/2005. No mesmo sentido: STF – AI 494.237-AgR, 2ª T., Rel. Min. Joaquim Barbosa, j. 23/11/2010; *STF* – RE 478.392-AgR, 2ª T., Rel. Min. Cezar Peluso, j. 14/10/2008; STF – Rcl 5.526-AgR, T. Pleno, Rel. Min. Ricardo Lewandowski, j. 25/06/2008; *STF* – AI 655.378-AgR, 2ª T., Rel. Min. Gilmar Mendes, j. 26/02/2008; e *STF* – RE 556.504-ED, 1ª T., Rel. Min. Dias Toffoli, j. 10/08/2010.

[697] Sobre o tema pode-se, ainda, mencionar o seguinte julgado: "Tabeliães e oficiais de registros públicos: aposentadoria: inconstitucionalidade da norma da Constituição local que, além de conceder-lhes aposentadoria de servidor público, que – para esse efeito não são – vincula os respectivos proventos às alterações dos vencimentos da magistratura: precedente (ADI 139, RTJ 138/14)" (STF – ADI 575, T. Pleno, Rel. Min. Sepúlveda Pertence, j. 25/03/1999). No mesmo sentido: STF – AI 668.533-AgR, 1ª T., Rel. Min. Cármen Lúcia, j. 25/10/2011; e *STF* – RE 565.936-AgR, 2ª T., Rel. Min. Ellen Gracie, j. 06/10/2010).

até porque o exercício desta atividade não é caracterizado como atividade econômica (em sentido próprio), subsistindo, em razão da parcial incidência do regime jurídico público, sua natureza de *serviço público*.

É elucidativo o raciocínio de *José Cretella Júnior*:

> Relembre-se que o serviço público tem esse caráter, não em si e por si, em essência – serviço público material – mas "em razão de quem o fornece". Se o Estado titulariza certo serviço – ensino, transporte, a atividade é, formalmente, serviço público. Os serviços notariais e de registro cabem, por sua relevância, ao Estado, mas os Poderes Públicos, por delegação, permitem que sejam exercidos em caráter privado.[698]

Destarte, pode-se afirmar categoricamente que a face pública das atividades notariais e de registro, regrada pelo direito público, convive, sem antagonismo, com a sua face privada, correspondente ao objeto privado do direito notarial e registral, mormente no gerenciamento de cada unidade de serviço.

Desse regime jurídico especial, decorrem importantes características das atividades extrajudiciais, como a independência dos tabeliães e oficiais de registro para o exercício da atividade e elaboração dos seus atos; a seleção mediante concurso público de provas e títulos; a fé pública inerente aos atos por eles praticados; liberdade para contratar e demitir prepostos; publicidade oficial dos atos praticados; a outorga da delegação pelo Estado; além da regulamentação técnica e fiscalização da prestação dos serviços para assegurar aos usuários sua continuidade, universalidade, uniformidade e adequação.

Com efeito, se se analisar o conceito de serviço público em sentido amplo, é possível perceber que as atividades notariais e registrais se enquadram feito luva encomendada nesse arquétipo. Recorre-se aqui à lição de conceitual oferecida por *Hely Lopes Meirelles*: "serviço público é todo aquele prestado pela Administração ou por seus delegados, sob normas e controles estatais, para satisfazer necessidades essenciais ou secundárias da coletividade, ou simples conveniências do Estado".[699]

Sobreleva anotar que esse conceito genérico de serviço público é o adotado pela Constituição Federal no art. 145, II, que estabelece a possibilidade de instituição de taxas de utilização de serviços públicos específicos e divisíveis. Nesse panorama, não se pode esquecer que os serviços notariais e de registro, ainda que se caracterizem por uma atividade jurídica, são remunerados por *emolumentos*, que possuem a natureza jurídica de *taxa*, segundo o *Supremo Tribunal Federal*,[700] tributo este que tem por substrato de incidência a prestação de serviços públicos (específicos e divisíveis).

Não destoa, nessa caminhada, o discurso do eminente ministro da Suprema Corte, *Celso de Mello*:

> A atividade notarial e registral, ainda que executada no âmbito de serventias extrajudiciais não oficializadas, constitui, em decorrência de sua própria natureza, função revestida de *estatalidade* (...). A possibilidade constitucional de a execução dos serviços notariais e de registro ser efetivada "em caráter privado, por delegação do Poder Público" (CF, art. 236), não descaracteriza a natureza essencialmente estatal dessas atividades de índole administrativa.[701]

Quanto ao enquadramento propriamente dito dos notários e registradores no quadro de agentes públicos, a partir das peculiaridades das atividades por eles exercidas, tem-se que, embora exercentes de função pública, não são funcionários públicos nem ocupam cargos públicos efetivos. Este tema, aliás, encontra-se consolidado no âmbito do *Supremo Tribunal Federal*. Em reforço, observe-se a precisa ponderação feita pelo ex-ministro *Carlos Ayres Britto* sobre o tema ao redigir o voto-condutor da matéria:

> Se as pessoas investidas em cargo público se estabilizam no serviço do Estado, vencido com êxito o que se denomina de "estágio probatório", e ainda são aquinhoadas com aposentadoria do tipo estatutário, pensão igualmente estatutária para os seus dependentes econômicos, possibilidade de greve, direito de sindicalização do tipo profissional (não da espécie econômica) e

---

698 CRETELLA JÚNIOR, José. *Comentários à Constituição de 1988*. v. IX, Rio de Janeiro: Forense, 1997. p. 4.611.
699 MEIRELLES, Hely Lopes. *Direito administrativo brasileiro*. São Paulo: Malheiros, 1996. p. 296.
700 STF – ADI 1.444/PR, T. Pleno, Rel. Min. Sydney Sanches, j. 12/02/2003.
701 STF – ADI 1.378-MC, T. Pleno, Rel. Min. Celso de Mello, j. 30/11/1995.

Art. 172 | LEI DE REGISTROS PÚBLICOS COMENTADA

mais uma cláusula de irredutibilidade de ganhos incorporáveis aos respectivos vencimentos ou subsídios, nada disso é extensível aos *titulares de serventia extraforense*, jungidos que ficam os notários aos termos de uma delegação administrativa que passa ao largo do estatuto jurídico de cada qual dos conjuntos de servidores da União, dos Estados do Distrito Federal e dos Municípios. Se nenhum titular de cargo efetivo pode assalariar terceiro para o contínuo desempenho das funções que lhe são próprias, é precisamente isso que normalmente faz o titular da serventia extraforense; postando-se então como típico empregador perante os empregados que fica autorizado a contratar para o bom funcionamento da unidade administrativa de que for delegatário. Enfim, as marcantes diferenciações pululam a partir do próprio texto da Magna Carta Federal, permitindo-nos a serena enunciação de que as atividades notariais e de registro nem se traduzem em serviços públicos tampouco em cargos públicos efetivos.

Portanto, o modo mais técnico de se referir a notários e oficiais de registro como agentes públicos é, sem dúvida, enquadrá-los na tipologia de *"particulares em colaboração com o Poder Público"*.

Nesse ponto não há como fugir do consignado por *Maria Sylvia Zanella Di Pietro*, destacando que "eles exercem função pública, em seu próprio nome, sem vínculo empregatício, porém sob a fiscalização do Poder Público. A remuneração que recebem não é paga pelos cofres públicos, mas pelos terceiros usuários do serviço".[702]

Exatamente no mesmo sentido é a lição de *Hely Lopes Meirelles*:

> Agentes delegados são particulares que recebem a incumbência da execução de determinada atividade, obra ou serviço público e o realizam em nome próprio, por sua conta e risco, mas segundo as normas do Estado e sob permanente fiscalização do delegante. Esses agentes não são servidores públicos, nem honoríficos, nem representantes do Estado; todavia, constituem uma categoria à parte de colaboradores do Poder Público. Nessa categoria se encontram os concessionários e permissionários de obras e serviços públicos, os serventuários de ofícios ou cartórios não estatizados, os leiloeiros, os tradutores e intérpretes públicos, e demais pessoas que recebem delegação para a prática de alguma atividade estatal ou serviço de interesse coletivo.[703]

Por tudo que foi exposto, não se pode afastar da ideia de que, por todas as peculiaridades que envolvem o regime jurídico-constitucional das funções notarial e de registro, estas atividades devem ser consideradas, em sua essência, como de natureza jurídica *sui generis*,[704] afinal, são tantas as particularidades que as colocam em um cenário de singularidade sem precedentes.

Os serviços notariais e de registros são tão singulares que nenhuma outra atividade estatal pode ser confundida com eles. Nesse ambiente, pela didática, cite-se a conclusão do ex-ministro do *Supremo Tribunal Federal, Carlos Ayres Britto*, sobre este tema:

> Em palavras outras, assim como o inquérito policial não é processo judicial nem processo administrativo investigatório, mas inquérito policial mesmo (logo, um *tertium genus*); assim como o Distrito Federal não é Estado-membro nem Município, mas tão somente o Distrito Federal; assim como os serviços forenses não outra coisa senão serviços forenses em sua peculiar ontologia ou autonomia entitativa, assim como processo de conta não é processo legislativo, nem jurisdicional, nem mesmo administrativo, assim também os serviços notariais e de registro são serviços notariais e de registro, simplesmente, e não qualquer outra atividade estatal.[705]

2. O sistema de transmissão da propriedade imobiliária do *título e modo*

Os atos jurídicos geradores de direitos reais sobre imóveis somente surgem para o direito após serem regularmente registrados no Registro de Imóveis. Esse é o teor do art. 1.227 do Código Civil: "Os

---

[702] DI PIETRO, Maria Sylvia Zanella. *Curso de direito administrativo*. 17. ed. São Paulo: Atlas, 2004. p. 437.

[703] MEIRELLES, Hely Lopes. *Direito administrativo brasileiro*. 16. ed. São Paulo: Revista dos Tribunais, 1990. p. 71.

[704] Não se ignora a infeliz banalização terminológica que esta expressão latina ("*sui generis*") atingiu no contexto doutrinário hodierno, todavia, quando se estudam, às minúcias, os serviços notariais e de registro, denota-se que as peculiaridades são tantas que tais funções, efetivamente, pertencem ao seu próprio gênero.

[705] STF – ADI 3.151, T. Pleno, Rel. Min. Carlos Ayres Britto, j. 08/06/2005.

direitos reais sobre imóveis constituídos, ou transmitidos por atos entre vivos, só se adquirem com o registro no Cartório de Registro de Imóveis dos referidos títulos (arts. 1.245 a 1.247), salvo os casos expressos neste Código".

O registro é, portanto, indispensável para a produção de efeitos reais. O registro dá vida ao direito real, antes simplesmente potencializado pelo negócio jurídico *inter vivos* translativo da propriedade imóvel (CC, art. 1.245).

Denota-se, pois, que o *título* aparece como veículo para a formação do direito real. É o instrumento que permitirá sua inscrição no fólio real. Já o *modo* de aquisição do direito real é, no sistema brasileiro, o registro. Isto é, só o *título* não basta. Daí dizer que o Brasil adota o sistema do *título* e *modo* para a aquisição de direitos reais sobre imóveis.

Dito de outro modo, o título aparece como condição para ser feito o registro, de sorte que o direito real não preexiste nem está consubstanciado no próprio título, dependendo sua existência da realização do registro no Ofício Predial. Trata-se do princípio registrário da *inscrição*. Os direitos reais sobre imóveis resultam adquiridos com a inscrição predial (*rectius*: o registro), que é genuinamente constitutiva, sendo por sua causa que decorre a publicidade.

Assim, no direito brasileiro, não há falar em constituição de direito real sem o correspondente registro junto ao Oficial de Registro de Imóveis competente.

A grande função do Registrador de Imóveis é verificar se o título[706] que lhe foi apresentado à inscrição no fólio real se encontra apto a ingressar no sistema registral. Esse exame, na atualidade, assume grau de extrema complexidade, na medida em que o Oficial de Registro, no exercício de sua atividade administrativa, além de agir como *servo de lei* deve atentar-se para os princípios específicos orientadores da sua atuação.

Somente se permite que determinado título seja registrado se estiverem preenchidos todos os requisitos previstos em lei para aquele determinado ato ou negócio jurídico com repercussão no direito de propriedade imobiliária.

Demais disso, toda a atividade desempenhada pelo Registrador Predial é regida por um harmonioso conjunto de princípios que assumem cada vez mais relevância no cenário contemporâneo: são os princípios registrais.

Esse juízo proferido pelo Registrador de Imóveis acerca da possibilidade ou não de determinado título ingressar na tábua registral consagrou-se como *qualificação registral*.

Consiste, assim, a qualificação no juízo feito pelo Registrador acerca do cumprimento ou não dos requisitos legais e dos princípios registrais como premissa inafastável para permitir o ingresso do título no fólio real.

Em boa medida, consagrou-se o raciocínio de *Ricardo Dip* ao assinalar que a qualificação registral imobiliária é

> o juízo prudencial, positivo ou negativo, da potência de um título em ordem a sua inscrição predial, importando no império de seu registro ou de sua irregistração. O juízo qualificador (enquanto conclusão do procedimento prudencial) pode ser positivo (em ordem a seu fim, que é o registro) ou negativo (desqualificação, juízo desqualificador), de toda sorte consistindo sua mais destacada relevância a imperação de que se registre ou de que não se registre um título. E, exatamente porque a aplicação ao operável é o fim do intelecto prático, o ato de império, na qualificação registral, é o mais relevante dessa complexa decisão prudencial.[707]

A qualificação promovida por um profissional do direito, imparcial, com *expertise* nos direitos reais imobiliários, é típica dos sistemas jurídicos que adotam a roupagem dos *registros de direitos* sendo um – senão o mais importante – diferencial em relação àqueles que acolhem o registro de títulos (ou documentos). Nesses últimos, há apenas o arquivamento dos títulos apresentados sem qualquer análise de compatibilidade jurídica ou exame de legalidade.

---

[706] No direito registral imobiliário, a expressão *título* assume duas acepções: uma em sentido formal, outra no aspecto material.

[707] DIP, Ricardo Henry Marques. Sobre a qualificação no Registro de Imóveis. *Revista de Direito Imobiliário* (RDI). nº 29, 1991.

Art. 172 | LEI DE REGISTROS PÚBLICOS COMENTADA

Pode-se dizer, em realidade, que o princípio da legalidade no Registro de Imóveis se concretiza na atividade de qualificação registral. Há sua realização, portanto, na aplicação do saber prudencial do Registrador, engendrando análise casuística de cada título ou documento que lhe for apresentado, em suas peculiaridades, como forma de viabilizar a subsunção da norma posta ao caso concreto. Em outras palavras, a legalidade em matéria registral aplica-se a todo procedimento de registro, mas tem seu ápice no denominado "exame ou juízo de qualificação", no qual o Registrador faz efetivamente o controle da legalidade do título submetido a registro.

Sobre a finalidade e amplitude da qualificação, esclarece *José María Chico y Ortiz* que "doctrinal y legalmente se da como necesaria la función calificadora para que a su través se puede cumprir el principio de legalidad. De esta forma se llega a la calificación registral como una de las manifestaciones del principio de legalidad".[708]

Qualificar é, assim, dar qualidade. Dizer se é bom ou se é ruim. Se é legal ou se não o é. Consiste, pois, na análise de registrabilidade do título. É *juízo de registrabilidade* à luz do ordenamento jurídico.

Quanto à natureza jurídica da qualificação registral, é curial compreendê-la como verdadeiro exercício de uma *função administrativa*. E, assim, diretamente influenciada pelo princípio da legalidade. Em pedagógica lição, *Flauzilino Araújo dos Santos* anota:

> Quando o registrador examina um título e o declara conforme a lei e lhe dá abrigo no arquivo registral imobiliário ou o desqualifica, a exemplo da atividade judicial saneadora do processo, pratica ato típico de jurisdição voluntária, imparcial, com independência e soberania; todavia, a nosso aviso e com o máximo respeito por fortes opiniões em contrário, a natureza jurídica qualificadora do registrador consiste em autêntica função administrativa, visto que está adstrito ao ordenamento jurídico positivo, não lhe sendo facultado, em razão do estreito limite da qualificação, valer-se de elementos subsidiários para construção de seu juízo fora do direito normativo, como, por exemplo, do direito costumeiro, do direito comparado, da determinação equitativa do direito etc.[709]

Além disso, alguns efeitos imediatos dessa função qualificadora do Registrador de Imóveis merecem ser observados.

Primeiro, por tratar-se de atividade administrativa, a *decisão* do Oficial de Registro de Imóveis – seja pelo registro ou pelo não registro – não faz coisa julgada. O não registro implica a indispensável formulação pelo Registrador Imobiliário da famigerada "*Nota de Devolução*" (ou "*Nota de Exigências*"). Trata-se do documento expedido pelo Oficial de Registro de Imóveis, redigido de modo claro e objetivo, no qual são esclarecidos os motivos da impossibilidade do registro ou, se o caso, apresentados os óbices que podem ser superados pelo interessado como meio de possibilitar nova apresentação daquele documento a registro. Caso o interessado não possa cumprir a(s) exigência(s) ou não concorde com seu conteúdo, poderá suscitar o procedimento dúvida,[710] previsto no art. 198 da Lei 6.015/1973. Precisas, nesse sentido, as palavras de *Marco Aurélio Bezerra de Melo*:

> O atributo da legalidade impõe ao registrador que faça uma análise minuciosa sobre a legalidade do título e dos documentos apresentados, pois se encontrar proibição legal deverá recusar o registro. Se houver conflito entre a opinião do registrador e do interessado, deverá aquele suscitar o procedimento administrativo de dúvida.[711]

Destarte, não se autoriza o "afastamento dos requisitos incidentes para o registro ou a averbação de título, cujo respeito é obrigação do Oficial de Registro preservar, sob o fundamento de que prevaleceriam outros que melhor atendem aos interesses daquele que pretende a constituição do direito em seu favor".[712]

---

[708] CHICO Y ORTIZ, José Maria. *Estudios sobre derecho hipotecario*. t. I. 4. ed. Madrid: Marcial Pons, 2000. p. 528.

[709] SANTOS, Flauzilino Araújo. Sobre a qualificação de títulos judiciais no Brasil. *Revista de Direito Imobiliário*, São Paulo, ano 27, n. 56, p. 175-191, jan./jun. 2004.

[710] O procedimento de dúvida e seus desdobramentos, por sua complexidade, será objeto de estudo analisado.

[711] MELO, Marco Aurélio Bezerra de. *Direito das coisas*. Rio de Janeiro: Lumen Juris, 2011. p. 136-137.

[712] CGJSP – Processo CG 1125080-21.2018.8.26.0100, Des. Geraldo Francisco Pinheiro Franco, j. 05/09/2019.

Segundo, também em razão da natureza do juízo de qualificação, não se admite que o Registrador de Imóveis deixe de aplicar a lei sobre o argumento de tratar-se de norma inconstitucional. Ainda que determinado dispositivo legal imponha determinado requisito a ser observado por ocasião do registro e que na visão do Registrador a exigência não tenha respaldo constitucional, não pode deixar de fazê-la. Vale aqui a presunção de constitucionalidade dos atos normativos, que somente deixam de possuir validade se declarados inconstitucionais pelo Supremo Tribunal Federal em sede de controle de constitucionalidade.

Terceiro, se no momento da qualificação o Oficial verificar a ausência de anteparo legal para praticar o ato, não será possível a aplicação da analogia para acomodação da situação concreta. Ilustrativo nesse sentido o precedente do *Conselho Superior da Magistratura do Estado de São Paulo*, que concluiu pela inadmissibilidade do Registrador de Imóveis fazer uso da analogia para aceder título ao fólio real em situação jurídica em que a lei é lacunosa. Confira-se:

> O exame do título pelo registrador é restrito aos aspectos formais e extrínsecos, à luz dos princípios que norteiam os registros públicos, dentre eles, o da legalidade. O Oficial tem o dever de proceder o exame da legalidade do título e apreciação das formalidades extrínsecas da ordem e à conexão de seus dados com o registro e sua formalização instrumental. O exame da legalidade consiste na aceitação para registro somente do título que estiver de acordo com a lei. Nestas condições, não há de se falar em aplicação analógica no âmbito administrativo.[713]

Como já referido, tratando-se de função administrativa, a atividade de qualificação registrária promovida pelo Oficial de Registro de Imóveis, funda-se, primeiro, nos ditames legais.

O princípio da legalidade incide, portanto, de forma categórica na atividade desempenhada pelo Registrador de Imóveis.

Mas não é só.

Ao desempenhar sua atividade laborativa, especialmente, quando da qualificação registrária o Registrador de Imóveis deverá fielmente cumprir os princípios registrais imobiliários.

Nesse sentido, tem-se construído boa doutrina a respeito do tema. Não há, é verdade, unanimidade na taxinomia desses princípios, mas o mais relevante é enxergar quais suas verdadeiras funções no atual sistema de Registro de Imóveis.

Afinal de contas, quais seriam as funções dos princípios registrais?

Estribados, em apurado raciocínio do desembargador *Ricardo Dip*, pode-se assinalar que os princípios registrais possuem diferentes funções e não se resumem ao papel secundário de recrutar as notícias mais recentes de seu tempo. São *paideicos* – ou seja, militam à frente da pedagogia registral; são *justificadores* – explicam e autorizam a legitimidade da instituição Registro de Imóveis; são *científicos* – porque se expõem, sistemática e metodicamente, para conferir o *status* de ciência do direito registral imobiliário;[714] são *hermenêuticos* – propícios à práxis da interpretação ou mediação entre normas e fatos;[715] são *sinalizadores* – porquanto, com o ensinamento da terminologia adequada, expressam corretamente os conceitos; são *dialógicos* – para o bom exercício institucional, firmam a ordenação do bem comum como contraponto indispensável aos que buscam fins particulares.[716]

---

[713] CSMSP – Apelação Cível 1036696-87.2015.8.26.0100, Rel. Des. Manoel de Queiroz Pereira Calças, j. 25/02/2016.

[714] Justificada a imprescindibilidade de observância dos princípios registrários, opta-se no presente trabalho por abordar os princípios registrais imobiliários, de acordo com o desenvolvimento do tema central, a *alienação fiduciária em garantia de bens imóveis*. Em outras palavras, os princípios registrais imobiliários são as lentes mais precisas para bem compreender a garantia fiduciária em seu enfoque registral.

[715] "Cumpre destacar que o registrador tem plena liberdade para proceder à qualificação, gozando de independência na atribuição do exercício de suas funções para a avaliação do título a ele apresentado. No caso em tela, analisados os aspectos extrínsecos do título apresentado e observada a consonância com os princípios registrários, a qualificação restou positiva, consequentemente o título mostrou-se apto a ingressar no fólio real" (1ª VRPSP – Processo 1065230-02.2019.8.26.0100, Juíza Tânia Mara Ahualli, j. 30/09/2019).

[716] DIP, Ricardo Henry Marques. Do quarto de hora brasileiro do saber notarial e registral. *In*: ROCHA, Mauro Antônio; KIKUNAGA, Marcus Vinícius (coord.). *Alienação fiduciária de bem imóvel*: vinte anos da Lei 9.514/1997. São Paulo: Editorial Lepanto, 2018. p. 16-17.

Art. 172 | LEI DE REGISTROS PÚBLICOS COMENTADA

Inexoravelmente, "o registro imobiliário é regido por princípios próprios cujo respeito não pode ser afastado pela necessidade de a parte obter a prática do ato visando a constituição de direito real, ou de direto pessoal com eficácia real. A segurança jurídica decorrente do Registro Imobiliário somente será obtida mediante estrita observação dos princípios que o regem, cabendo ao Oficial de Registro preservar a integridade do sistema pelo exercício da qualificação que promove como profissional do direito".[717]

3. A regra e as exceções

Conforme assinalado, o registro é formalidade indispensável, *conditio sine qua* não se transmite a propriedade imobiliária no Brasil. Deve-se revelar que essa é a "regra de ouro", ou seja, o registro é o modo de adquirir a propriedade imóvel. No entanto, como boa regra comporta importantes exceções. São hipóteses consideradas excepcionais pois legitimamente (*rectius*: por previsão legal) a aquisição da propriedade imobiliária ocorre fora do registro.

A primeira exceção é a transmissão *causa mortis*. Em virtude do *droit de saisine*, a transmissão de todo o patrimônio do falecido aos herdeiros ocorre por ocasião de sua morte (CC, art. 1.784).

A segunda exceção são as chamadas aquisições originárias da propriedade, como nas hipóteses de usucapião e desapropriação. No caso da usucapião (seja judicial ou extrajudicial), a aquisição da propriedade ocorre no momento em que o usucapiente preenche todos os requisitos exigidos pela lei, conforme a modalidade de usucapião eleita. Do mesmo modo, na desapropriação (seja judicial ou amigável) de bem imóvel, segundo entendimento majoritário, a transmissão da propriedade do expropriado para o ente expropriante perfaz-se por ocasião do recebimento da indenização. Em ambos os casos os títulos – judiciais ou extrajudiciais – que formalizam o fato jurígeno possuem natureza declaratória da transmissão já ultimada.

A terceira exceção é o domínio público. A propriedade pública ordinariamente emana da lei (em sentido amplo), razão pela qual, em princípio, não demanda registro. Nessa linha, o próprio Texto Constitucional arrola quais são os bens dos entes federados (*v.g.*, CF, arts. 20 e 26) e em diversas passagens, a legislação infraconstitucional prevê situações nas quais imóveis passam ao domínio público (*v.g.*, Lei 6.766/1979, art. 22). Demais disso, o Código Civil, em norma heterotópica, prevê expressamente que "são públicos os bens do domínio nacional pertencentes às pessoas jurídicas de direito público interno; todos os outros são particulares, seja qual for a pessoa a que pertencerem" (CC, art. 98).

Muito embora as três exceções mencionadas concretizem hipóteses de que a aquisição da propriedade imóvel ocorre no ambiente extratabular, é possível verificar da redação da Lei 6.015/1973 – notadamente no rol do art. 167, I, – que há tipicidade para todos esses fatos jurídicos ingressarem no fólio real. Não sem razão. O registro nessas hipóteses não transfere a propriedade imóvel. Aqui o registro também é obrigatório não como modo de aquisição do direito, mas como ferramenta para outorgar a plena disponibilidade do direito ao seu titular. Em outras palavras, embora em casos tais a propriedade exista sem o registro, é somente com ele que o seu titular poderá dispor validamente do seu direito. Demais disso, é por meio da certidão do registro de imóveis que se prova juridicamente a propriedade imobiliária no Brasil. Equivale dizer, em casos tais, sem o registro, o proprietário não consegue exercer a plenitude dos atributos dominiais (usar, fruir, *dispor* e reivindicar). É exatamente este o sentido empregado pelo art. 172 da LRP quando se refere textualmente ao *registro* como ferramenta de outorga de *disponibilidade*. Notadamente, nas hipóteses de exceção tanto o título basal quanto o registro possuem natureza declaratória, isto é, apenas declaram que o fenômeno jurídico da aquisição da propriedade já ocorreu.

4. Os atos registrais

A Lei 6.015/1973, simplificando técnica de registro do direito anterior, foi categórica em afirmar que no Registro de Imóveis os atos registrais (em sentido amplo) resumem-se em (i) matrícula, (ii) registro (em sentido estrito) e (iii) averbação.

A matrícula configura-se como ato de registro em sentido lato, sendo a *matriz*, a base jurídica e estrutural (*rectius*: o fólio real), para todos os demais atos de registro que somente podem assumir

---

[717] CGJSP – Processo CG 1125080-21.2018.8.26.0100, Des. Geraldo Francisco Pinheiro Franco, j. 05/09/2019.

a forma prevista em lei: registro ou averbação. Equivale dizer, registram-se ou averbam-se os atos no fólio. É, aliás, o que se extrai do art. 167, I e II, da Lei 6.015/1973. Considera-se atecnia lançar na matrícula atos de "observação", "anotação" ou "certificação".

Diz o art. 231, I, da Lei de Registros Públicos que "serão lançados por ordem cronológica e em forma narrativa, os registros e averbações dos atos pertinentes ao imóvel matriculado".

Os registros e as averbações são lançados sob a forma de extrato. É dizer, o Oficial, após a qualificação positiva do título, deverá extrair – extratar – de forma concisa os elementos essenciais do título, sempre considerando o encadeamento lógico-jurídico com os registros anteriores.

A respeito dos figurinos de escrituração, *Ademar Fioranelli*, com muita clareza, destaca:

> Os atos devem ser lançados na forma narrativa, o que leva à tarefa de compreender ou interpretar o título em seu conteúdo formal, e dele extrair, de forma resumida, os elementos essenciais, sempre em consonância com os registros precedentes. No exemplo de uma escritura de doação, narra-se o ato, indicando-se o título, a data em que foi formalizado, os nomes dos donatários e as devidas qualificações dos doadores, desprezando-se as suas identidades e qualificações, se existentes no registro antecedente, estimativa do imóvel e cláusulas pactuadas. Noção contraposta ao sistema da transcrição das transmissões em que se trasladava o título.[718]

Em verdade, a Lei de Registros Públicos não estabeleceu normas rígidas a respeito da escrituração e lançamento de atos na matrícula, deixando ao talante do Registrador Imobiliário, no âmbito de sua independência funcional, eleger a melhor forma de proceder.

Para fins de melhor compreensão dos direitos lançados na matrícula, por exemplo, é muito conveniente que antes de se iniciar a redação do extrato do ato de registro ou averbação se proponha uma epígrafe (*rectius*: o *nomen juris*) que, de modo abreviado, indique o teor do lançamento (venda e compra, doação, alienação fiduciária, desapropriação amigável, retificação, penhora etc.). Tal medida facilita muito a leitura de uma certidão de matrícula pelos cidadãos, afinal, não apenas os especialistas em direito imobiliário são beneficiados pela publicidade advinda do fólio real.

5. A publicidade e os efeitos do registro

Como especialidade de registro público que é, o Registro de Imóveis tem como mister prefacial gerar publicidade dos atos, fatos e negócios jurídicos nele inscritos à sociedade. É essa sua função primeira, aquela para o qual foi concebido. A publicidade registral permite que terceiros tomem conhecimento do conteúdo do registro. É o que se batizou de oponibilidade *erga omnes* ou publicidade qualificada.

Embora todo registro (em sentido lato) lançado no Ofício Predial possua aptidão imediata para gerar oponibilidade perante terceiros, há sempre um efeito mediato gerado pela inscrição predial.

A despeito de inúmeras classificações apresentadas pela doutrina, a taxinomia empregada pela Lei de Registros Públicos no seu art. 172 da LRP apresenta os seguintes efeitos: constitutivos, declaratórios, translativos e extintivos.

O *efeito constitutivo (ou publicidade constitutiva)* do registro imobiliário é aquele conatural, o efeito jurídico para o qual a instituição foi criada, ou seja, o de gerar criação, o nascimento do direito real sobre imóvel. É o mais comezinho dos efeitos registrais quando se adota um sistema de *título e modo* como no Brasil. O negócio jurídico de direito obrigacional não é suficiente para gerar a propriedade imobiliária, sendo indispensável, como modo de aquisição, o registro do título basal no fólio real (princípio da inscrição). Ordinariamente, referido efeito registrário concretiza-se por meio da abertura de matrícula ou de ato de registro em sentido estrito.

O *efeito declaratório (ou publicidade declaratória)* do registro é aquele verificado em títulos que formalizam atos, fatos ou negócios jurídicos que possuem aptidão para transmitir a propriedade fora do ambiente tabular. É o que ocorre com o registro de um formal de partilha ou de uma escritura pública de inventário e partilha. Nesses casos, a propriedade imobiliária constitui-se fora do registro por ocasião do evento morte (*droit de saisine*). O mesmo fenômeno é verificado no registro das

---

[718] FIORANELLI, Ademar. Matrícula no registro de imóveis: questões práticas. *In:* YOSHIDA, Consuelo Yatsuda Moromizato; FIGUEIREDO, Marcelo; AMADEI, Vicente de Abreu. *Direito notarial e registral avançado*. São Paulo: Revista dos Tribunais, 2014. p. 296-297.

aquisições originárias, como a usucapião e a desapropriação. De regra, o efeito declaratório também se ultima através de ato de registro em sentido estrito.

O *efeito translativo (ou publicidade translativa)* ocorre quando o registro tem aptidão para gerar a chamada *mutação júri-real*. O direito real sobre imóvel sai da esfera de disponibilidade de um titular, passando a integrar o conjunto dominial de terceira pessoa. Tal efeito ocorre notadamente nos chamados negócios jurídicos translatícios de domínio, como o é o caso da venda e compra, permuta, doação, dação em pagamento etc. Uma vez mais deve-se reforçar que o acordo de vontades não basta para a transmissão da propriedade, ou seja, a propriedade imobiliária não se transmite *solo consensu*. O título causal devidamente formalizado, assumindo a forma prescrita em lei, contemplará os requisitos do negócio jurídico entabulado e então é levado ao registro para que se ultime o efeito translativo, a mutação da propriedade do seu titular (outorgante) para o adquirente (outorgado). De ordinário, o efeito translatício é alcançado com ato de registro em sentido estrito; mas, excepcionalmente, o legislador utiliza-se da averbação como meio suficiente para mutação júri-real (*v.g.*, a consolidação da propriedade em favor do credor fiduciário, nos moldes do art. 26, § 7º, da Lei 9.514/1997).

O *efeito extintivo (publicidade extintiva)* é, em realidade, decorrência do efeito constitutivo do registro, podendo por isso ser batizado de efeito constitutivo negativo. Do mesmo modo que para gerar o direito real sobre imóvel a inscrição predial é necessária, para a sua extinção, seu cancelamento será de rigor, para manutenção da isometria e higidez do sistema de publicidade imobiliária. Nessa medida, a LRP foi precisa ao determinar que "o registro, enquanto não cancelado, produz todos os efeitos legais ainda que, por outra maneira, se prove que o título está desfeito, anulado, extinto ou rescindido" (art. 252). O cancelamento dá-se através de averbação (LRP, art. 167, II, nº 2). No campo da excepcionalidade, mencione-se o entendimento de que a renúncia da propriedade deve ser considerada como ato de registro em sentido estrito, *ex vi* do art. 1.275, II e parágrafo único, do Código Civil.

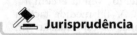

Jurisprudência

1. Transmissão imobiliária no Brasil se sujeita ao sistema do título e modo

"Registro de imóveis. Incorporação empresarial. Transmissão imobiliária sujeita ao sistema de título e modo. Compromisso de compra e venda sem aptidão causal. Transferência da propriedade. Necessidade de prévia averbação da incorporação para o registro da escritura pública de compra e venda. ITBI. Imunidade tributária que necessita de análise prévia do titular da competência tributária. A aquisição imobiliária em razão de atos de incorporação empresarial segue o disposto no artigo 1.245 do Código Civil, o qual encerra opção legislativa pelo sistema do título e do modo. Conforme Mónica Jardim (*Efeitos substantivos do registro predial*. Almedina: Coimbra, 2013, p. 51): No sistema de título e modo a aquisição, modificação ou extinção dos direitos reais dependem de um título – fundamento jurídico ou causa que justifica a mutação jurídico-real – e de um modo: acto pelo qual se realiza efectivamente a aquisição, modificação ou extinção do direito real, acto através do qual se executa o prévio acordo de vontades. Nessa linha, o parágrafo primeiro do artigo 1.245 do Código Civil refere – Enquanto não se registrar o título translativo, o alienante continua a ser havido como dono do imóvel. De outra parte, o contrato de promessa ou compromisso de compra e venda, ainda que em situação excepcional, não presente neste julgamento, possa encerrar título de transmissão da propriedade (artigo 26, p. 6º, da Lei n. 6.766/79), regra geral tem por objeto a celebração do contrato de compra e venda, inclusive, nesse caso, o direito real decorrente de seu registro envolve direito real de aquisição e não transmissão da propriedade (Código Civil, artigos 1.417 e 1.418). Nessa perspectiva, a apelante celebrou contrato de compra e venda em cumprimento ao compromisso de compra e venda (a fls. 141/146). Ocorre, todavia, a necessidade da transmissão da propriedade entre as empresas incorporadora e absorvida para cumprimento do contrato de compromisso de compra e venda, o qual é causa para celebração do contrato de compra e venda (já celebrado) e não título de translativo do direito de propriedade" (CSMSP – Apelação Cível 1043342-11.2018.8.26.0100, Rel. Des. Geraldo Francisco Pinheiro Franco, j. 28/05/2019).

2. A escritura de venda e compra sem registro imobiliário não prova a propriedade

"O recorrente sustenta suas alegações em direito pessoal, refere existência de contrato escrito de compra e venda de imóvel que teria sido perdido ou destruído. Seja como for, com a ausência de registro o impugnante não é titular de direito de propriedade, mas de eventual direito obrigacional. O sistema legal pátrio é o do título e modo no aspecto da transmissão da propriedade, assim, o contrato, e falta do registro, não transfere a propriedade. Nessa ordem de ideias, além da não apresentação de documentos comprobatórios da situação jurídica alegada, sequer há direito de propriedade de titularidade do impugnante. Não há impugnação fundada em direito de propriedade desde seus registros imobiliários, tampouco especificação da suposta área invadida. A remessa às vias ordinárias demanda a necessidade de prova plausível da ameaça ou lesão a direito de propriedade alheio, o que não ocorre, no caso concreto em razão do conteúdo da alegação e, respectiva prova. Como precisamente salientou o MM. Juiz Corregedor Permanente, não há prova do desajuste do pedido de retificação, o qual é limitado a espaço físico *intramuros*" (CGJSP – Processo 1018438-20.2018.8.26.0554, Des. Geraldo Francisco Pinheiro Franco, j. 25/06/2019).

3. Penhora em favor da Fazenda Nacional não impede o registro de transmissão *causa mortis*

"Penhora em favor da Fazenda Nacional. Transmissão *causa mortis*. A indisponibilidade decorrente da penhora em favor da Fazenda Nacional (art. 53, § 1º, da Lei 8.212/1991) não impede o ingresso da partilha no fólio real, porque se trata de transmissão não voluntária (*droit de saisine*). Demais disso, não compete ao Oficial exigir a reserva de bens para satisfação do crédito objeto da penhora, na medida em que tal proceder deve seguir os ditames do art. 643 do CPC" (CSMSP – Apelação Cível 1013716-93.2018.8.26.0019, Rel. Des. Geraldo Francisco Pinheiro Franco, j. 02/12/2019).

4. O registro é pressuposto de constituição da propriedade fiduciária enquanto direito real

"Quanto à propriedade fiduciária de bem imóvel, regida pela Lei 9.514/97, verifica-se que a garantia somente se constitui com o registro do contrato que lhe serve de título no registro imobiliário do local onde o bem se situa. (...) O registro, de fato, tem natureza constitutiva da propriedade fiduciária, assim como ocorre em relação aos demais direitos reais sobre imóveis. Dessa maneira, sem o registro do contrato no competente Registro de Imóveis, há simples crédito, situado no âmbito obrigacional, sem qualquer garantia real nem propriedade resolúvel transferida ao credor. (...) Na ausência de registro do contrato que serve de título à propriedade fiduciária no competente Registro de Imóveis, como determina o art. 23 da Lei 9.514/97, não é exigível do adquirente que se submeta ao procedimento de venda extrajudicial do bem para só então receber eventuais diferenças do vendedor" (STJ – REsp 1.835.598/SP, 3ª Turma, Rel. Min. Nancy Andrighi, j. 09/02/2021).

5. Exige-se o georreferenciamento na transmissão *causa mortis* de imóvel rural quando escoado o prazo de carência

"A partir de referidas disposições legais e normativas infere-se, pois, a necessidade de georreferenciamento dos imóveis rurais em qualquer situação de transferência, inclusive na hipótese telada de transmissão causa mortis. Objetiva-se, como já dito, a individualização do bem imóvel rural de modo a destacá-lo de qualquer outro, evitando-se, assim, a sobreposição, não havendo qualquer ressalva acerca da transmissão em razão da morte. Ao revés, a necessidade de identificação do imóvel rural apresenta-se, sem distinção, em qualquer situação de transmissão, seja voluntária ou não, até mesmo em casos de decisões judiciais e nas hipóteses de forma originária de transmissão da propriedade. [...] Nesta ordem de ideias, uma vez necessário o georreferenciamento de imóveis rurais nas hipóteses de inventário judicial, não se vislumbra razão para qualquer distinção e dispensa de identificação por georreferenciamento nos inventários extrajudiciais. [...] Não se olvida, ainda, que, consoante o Princípio da Saisine, a transmissão ocorre no momento da morte, conforme preceitua o Art. 1.784 do Código Civil: 'Aberta a sucessão, a herança transmite-se, desde logo, aos herdeiros legítimos e testamentários.' [...] A transmissão da propriedade dá-se, pois, no momento da abertura da sucessão e a partilha tem o efeito de encerrar o estado de indivisão, atribuindo a cada herdeiro a parte que lhe tocar. Contudo, o registro da escritura pública de inventário e partilha no Oficial de Registro de Imóveis é requisito para o ingresso de títulos de disposição da propriedade pelos herdeiros, em observância ao princípio da continuidade registral, sujeitando-se ao cumprimento das exigências legais e normativas, o que, contudo, não ocorreu no presente caso" (CSMSP – Apelação Cível 1000032-10.2020.8.26.0059, Rel. Des. Ricardo Mair Anafe, j. 17/09/2021).

6. É possível o pagamento da meação da viúva com direito real de usufruto exigindo-se o registro constitutivo do direito real limitado

"Não é incomum que a partilha seja realizada mediante a atribuição ao viúvo do usufruto de bem imóvel e, aos herdeiros, a nua propriedade, a título de, respectivamente, meação e herança. Muito já se discutiu a respeito da viabilidade de ser realizado, na própria partilha, o acerto patrimonial entre a viúva-meeira e os herdeiros, de sorte que aquela receba o usufruto sobre bens imóveis no pagamento de sua meação, e estes, a nua propriedade sobre os mesmos bens. A propósito, a jurisprudência deste Tribunal de Justiça é pacífica no sentido de que a divisão entre a meação e a herança pode ser realizada por meio da constituição do usufruto e da nua propriedade dos bens inventariados, respectivamente, por termo nos próprios autos do inventário, sendo dispensável instrumentalização do negócio jurídico de usufruto deducto, assim como da cessão de direitos hereditários (renúncia *in favorem*). (...) O C. Conselho Superior da Magistratura deste Tribunal de Justiça de São Paulo igualmente entendeu que 'nada obsta que o acerto patrimonial entre a viúva e os herdeiros necessários seja resolvido na própria partilha de bens, bastando, como procederam *in casu*, imputar a nua-propriedade dos imóveis no pagamento dos quinhões dos herdeiros e o usufruto vitalício na meação da viúva, independentemente de qualquer outro negócio jurídico de doação' *(Apelação Cível nº 1001328-44.2020.8.26.0584, Relator Desembargador Ricardo Mair Anafe, data do julgamento: 02/12/2021)*. Isso, todavia, não tem o condão de dispensar o registro na matrícula do imóvel do usufruto e da transferência da nua propriedade. Tanto o usufruto quanto a transferência da nua propriedade exigem atos específicos de registro. (...) Vê-se, portanto, que a partilha celebrada entre as partes acarretou a prática de dois atos de registro, ensejando, por via de consequência, a cobrança de emolumentos por cada um deles. (...) Então, necessário registrar a constituição do usufruto e a transferência da nua propriedade, de modo que a base de cálculo do usufruto será a terça parte do valor do imóvel, e a transferência da nua propriedade terá por base de cálculo dois terços do seu valor.

O que deflagra a cobrança dos emolumentos, no caso, é a imposição legal de que se faça o registro, na matrícula do imóvel, da constituição do usufruto e da transferência da nua propriedade, conforme os já transcritos artigos 167, I, item 7 e 172 da Lei 6.015/1973" (CGJSP – Processo 1000003-59.2021.8.26.0435, Des. Fernando Antonio Torres Garcia, j. 28/04/2022).

7. Existência de dívidas não impede a realização do inventário e partilha

Dúvida – registro de imóveis - *partilha* extrajudicial – existência de credores do espólio não impede a realização do inventário e *partilha* por escritura pública, nos termos do item 125, cap. XVI, das NSCGJ – impossibilidade de se exigir reserva de bens para registro do título - *partilha* já ultimada – herdeiros respondem pelas *dívidas* da falecida na proporção dos seus quinhões – inteligência do artigo 1.997 do Código Civil e artigos 642 e 796 do Código de Processo Civil. (...) Assim, se a *partilha* é possível mesmo quando existem débitos não quitados do falecido, não se pode impor óbice para o seu registro. Em verdade, uma vez feita a partilha, ainda que extrajudicialmente, não há mais como se falar em espólio. E deixando de existir a universalidade de bens (espólio) justamente porque operada a divisão patrimonial do acervo hereditário entre os herdeiros (partilha), não há como se exigir reserva de bens. Serão os herdeiros, na proporção dos quinhões recebidos, que deverão ser acionados para responder pelas *dívidas* deixadas pela falecida (CSMSP – Apelação Cível 1002083-97.2022.8.26.0584, Rel. Des. Francisco Eduardo Loureiro, j. 26/02/2024).

8. Renúncia da propriedade imobiliária

"O princípio da continuidade exige que a nova situação fático-jurídica que se busca inscrever deva, necessariamente, se apoiar em situação previamente constante do registro. Exige-se uma ligação formal entre aquilo que se vai inscrever com aquilo que já está inscrito, observando-se o negócio jurídico que o origina em seus aspectos qualitativo, quantitativo e descritivo. Em se tratando de averbação da extinção de um direito real, nos termos do art. 167, II, 2, da Lei nº 6.075/1973, há de se observar que o fato modificativo ou extintivo do direito real deve ter por objeto situação fática ou direito previamente inscritos no fólio real, não se admitindo a averbação de situação jurídica que, tendo por objeto situação que ali não conste, traduziria inovação absoluta na cadeia de inscrições. Além disto, a averbação de situação jurídica que não diz respeito a direito real previamente inscrito consistiria em verdadeira inscrição de direito de natureza obrigacional, o que não se admite por força do princípio da tipicidade, previsto no art. 172, da Lei nº 6.015/1973. No caso, pretende o recorrente a averbação de renúncia à propriedade imobiliária, sem que a mesma esteja previamente registrada em favor dos renunciantes. E a renúncia de direito exige sua titularidade pelo renunciante, não equivalendo o direito de aquisição decorrente do compromisso de compra e venda ao direito real de propriedade. Figurando o recorrente no fólio como promitente comprador, não ostenta a condição de proprietário, mas sim de titular de direito real de aquisição. Sua renúncia haveria de se limitar ao que possui em sua esfera jurídica e não a um direito real futuro ainda não inscrito. Acolher se um pedido de renúncia de propriedade que ainda não existe, mas apenas em potência por força de outro direito real, de aquisição (art. 1.417, CC), seria subverter o princípio da continuidade, o que não se admite. Também não se pode acolher a tese recursal no sentido da equivalência do direito real de aquisição ao próprio direito de propriedade, para fins de exercício da renúncia prevista no art. 1.275, II, do Código Civil. A regulação dos direitos reais deve obedecer, ante suas peculiaridades, ao princípio da legalidade e da tipicidade. Daí que cada direito real previsto na legislação deve seguir necessária e exclusivamente sua regulação legal, não se admitindo o uso da analogia para aplicação das normas atinentes a determinado direito real a outro, salvo autorização expressa na lei. Ausente norma expressa no sentido da aplicação das causas de perda de propriedade ao direito do promitente comprador, impedido está o uso de um instituto por outro. No caso concreto, há impossibilidade de aplicação do regramento atinente à renúncia da propriedade imobiliária ao direito do promitente comprador. Não havendo, pelo legislador, autorização para a incidência do art. 1.275, II, do Código Civil nos casos em que o titular do direito real de aquisição de bem imóvel não mais deseje mantê--lo, impossível ao intérprete fazê-lo. Admitir a aplicação analógica de tal regramento seria subverter o princípio da legalidade e da tipicidade dos direitos reais. Não é possível, portanto, que o titular de um direito real de aquisição renuncie ao próprio direito a ser adquirido, agindo corretamente o oficial ao recusar o ingresso do título para averbação do ato junto à matrícula" (CGJSP – Processo 1002209-64.2018.8.26.0366, Des. Ricardo Mair Anafe, j. 17/01/2020).

9. Renúncia da propriedade enquanto ato de registro

"A propriedade por ser um direito real patrimonial permite o exercício de disposição por seu titular, enquanto exercício da autonomia privada. A renúncia é um dos modos de disposição do direito de propriedade, pelo qual o titular do direito real efetua declaração negocial voltada à extinção da-quele. De acordo com Miguel Maria de Serpa Lopes (*Tratado dos registros públicos*. v. IV. Brasília: Brasília Jurídica, 1997, p. 158): A verdadeira renúncia é a abdicativa. Pode ser definida como o ato unilateral em que se manifesta a vontade de perder um direito com a completa ausência de uma intenção principal e direta de com isso outorgar uma vantagem a quem quer que seja. A renúncia por encerrar um negócio jurídico unilateral e incondicional, não depende da aceitação de terceiro; cuidando-se, de acordo com Francisco Eduardo Loureiro (*Código civil comentado*. Barueri: Manole, 2015, p. 1.203) de declaração de vontade não receptícia. Entretanto, a renúncia não pode afetar direitos de terceiros, ocorrendo isso, há necessidade do consentimento dos titulares dos direitos afetados, nesse sentido José Alberto C. Vieira (*Direitos reais*. Coimbra: Coimbra, 2008, p. 448/449) menciona: Encontrando-se o direito de usufruto onerado, o poder de disposição é afectado pela medida da oneração. Como resultado, sempre que o titular do direito real cause com a renúncia a extinção de outros direitos reais sobre a coisa, ele deve obter antecipadamente o consentimento dos titulares dos direitos implicados. A renúncia ao direito de propriedade também não é cabível na hipótese do exercício abusivo de posição jurídica. No caso em julgamento, a renúncia ao direito de propriedade foi efetuada por condômina, titular da quarta parte do imóvel em condomínio geral. Diante disso, a renúncia à propriedade imóvel pela condômina segue a regra geral do artigo 1.275, inciso II, do Código Civil, cujos efeitos são subordinados ao registro do título. A esta altura é possível concluir pela não ofensa de direitos de terceiros até porque a propriedade é o direito real mais amplo, a inexistência de elementos para se apurar exercício abusivo de direito, bem como a não incidência da especificidade das disposições do artigo 1.316 do Código Civil, destarte, compete o ingresso do título no registro imobiliário face ao caráter unilateral e incondicional da renúncia" (CSMSP – Apelação Cível 1025556-75.2017.8.26.0071, Des. Geraldo Francisco Pinheiro Franco, j. 15/05/2018).

Art. 173. Haverá, no Registro de Imóveis, os seguintes livros:

I – Livro nº 1 – Protocolo;

II – Livro nº 2 – Registro Geral;

III – Livro nº 3 – Registro Auxiliar;

IV – Livro nº 4 – Indicador Real;

V – Livro nº 5 – Indicador Pessoal.

Parágrafo único. Observado o disposto no § 2º do art. 3º, desta lei, os livros nºˢ 2, 3, 4 e 5 poderão ser substituídos por fichas.

Referências Normativas

Decreto 4.857/1939, art. 182 (legislação registral anterior).
Lei 5.709/1971 e o Decreto 74.965/1974 (aquisição de imóveis rurais por estrangeiro).
Medida Provisória 2.200-2/2001 (ICP – Brasil).
Provimento 89/2019 do CNJ (Sistema de Registro Eletrônico de Imóveis).
Provimento 115/2021 do CNJ (Custeio do Sistema de Registro Eletrônico de Imóveis).
Provimento 124/2021 do CNJ (Integração das unidades ao SREI).
Provimento 149/2023 (Código Nacional de Normas Extrajudiciais da Corregedoria Nacional de Justiça)
Lei 14.382/2022 (Sistema Eletrônico dos Registros Públicos – SERP).

Comentários

1. Breves considerações sobre o sistema registral anterior (Regulamento de 1939)

O sistema registral imobiliário anterior à vigente Lei de Registros Públicos, regulamentado pelo Decreto 4.857/1939, encontrava-se estruturado em complexa divisão de livros encadernados, cada qual com uma destinação especial, a saber:

Art. 182 – Haverá no registro de imóveis os seguintes livros;
Livro nº 1 – protocolo, com 300 folhas;
Livro nº 2 – inscrição hipotecária, com 300 folhas;
Livro nº 3 – transcrição das transmissões, com 300 folhas;
Livro nº 4 – registro diversos com 300 folhas;
Livro nº 5 – emissão de debêntures, com 150 folhas;
Livro nº 6 – indicador real, com 300 folhas;
Livro nº 7 – indicador pessoal, com 300 folhas;
Livro nº 8 – registro especial, com 300 folhas;
Livro nº 9 – registro de cédulas de crédito rural, com 300 folhas;
Livro nº 10 – registro de cédulas de crédito industrial, com 300 folhas.

O núcleo das inscrições prediais, afora os livros com atribuições especiais, concentrava-se no livro nº 3 – que agasalhava essencialmente as transcrições das transmissões imobiliárias – e no livro nº 4; este reservado aos direitos reais limitados, com exceção da hipoteca que possuía *locus* destacado (livro nº 2).

No indigitado Regulamento de 1939, os livros assumiam realmente formato de livros encadernados, de grandes dimensões, o que obrigava a escrituração manual. O mais emblemático e nuclear do sistema registral anterior, o Livro nº 3 – das Transcrições das Transmissões, era dividido em diversas colunas, cada uma contendo respectivamente: (i) número de ordem da transcrição; (ii) data da transcrição; (iii) circunscrição (e distrito, se houver); (iv) denominação ou rua e número; (v) característicos e confrontações do imóvel; (vi) nome e qualificação dos adquirentes; (vii) nome e qualificação dos transmitentes; (viii) título (*rectius*: o *nomen* do negócio jurídico); (ix) forma do título; (x) valor do contrato e condições do negócio; e (xi) averbações.

Sem dificuldade, é possível perceber que o sistema registral anterior, embora suficiente para atender aos anseios da sociedade à sua época, mostrou-se com o transcorrer do tempo verdadeiramente ineficiente e precário. Ainda hoje, em pleno século XXI, muitas das dificuldades enfrentadas pelo

Registro de Imóveis brasileiro são diagnosticadas a partir da precariedade do sistema registral anterior. *Narciso Orlandi Neto*, grande especialista no tema, faz diagnóstico preciso:

> Aqui está, quase sempre, a causa da necessidade de retificação do registro. Muitas vezes, por culpa de quem elaborava o título; outras vezes por quem fazia a transcrição, a regra era o lançamento de descrições incompletas, omissas em pontos essenciais. Em lugar de descrever as divisas relacionavam-se os confrontantes; preferia-se, por vezes, mencionar marcos não permanentes que, previsivelmente, se alteravam com o tempo (valas, árvores, touceiras), ou divisas indefinidas (divisor de águas, marcas de enchentes); descrevia-se a edificação (o número de cômodos e de janelas da casa) ao invés do terreno. Como a transcrição era feita por extrato, havia quem entendesse possível a simplificação da descrição e este foi outro fato para o aparecimento de descrições imprecisas e omissas.[719]

Nada obstante, é curial reconhecer que o advento da Lei 6.015/1973 consagrou-se como notável marco para a segurança jurídica no Brasil. Engendrou-se verdadeira viragem estrutural no sistema de Registro de Imóveis brasileiro, incorporando o fólio real como base para a escrituração, o que permitiu relevante avanço à publicidade registral imobiliária.

2. Sistemática legal de escrituração dos atos registrais: a visão contemporânea dos livros de registro

No sistema da Lei 6.015/1973, que é complementado pelas normativas locais de cada Estado da federação, a escrituração de todos os atos e procedimentos no Ofício imobiliário é feita por meio de livros.

À evidência, dada a evolução dos meios tecnológicos não se trata efetivamente de livros físicos, encadernados, sendo sua referência apenas a título de organização administrativa. Aliás, deve-se lembrar que a Lei de Registros Públicos em vigor foi erigida na década de 1970, o que justifica a referência expressa a livros. Hoje, pode-se dizer que se trata de *ficção jurídica*, sendo certo que as Serventias Prediais caminham a passos largos para o Registro Eletrônico, totalmente informatizado e caracterizado pelo tráfego digital das informações e dos títulos sujeitos a registro.[720]

É certo, no entanto, que como verdadeira *fase de transição* dos livros encadernados – escritos manualmente – para o projetado sistema eletrônico, com escrituração totalmente digital, descortinou-se o famigerado *sistema de fichas*. A maioria das normas administrativas estaduais, estribando-se no parágrafo único do art. 173 LRP, autorizam a escrituração por meio de fichas, o que notadamente facilita o manuseio (impressão dos atos de registro), a escrituração por meio de sistemas informatizados (*softwares* especializados), o seu arquivamento (conservação) e primordialmente a expedição de certidões (publicidade).[721]

De qualquer sorte, ainda que nos dias atuais, por ficção jurídica, a divisão endógena do sistema registral imobiliário é catalogada da seguinte forma:

a) Livro de Recepção de Títulos;
b) Livro nº 1 – Protocolo;
c) Livro nº 2 – Registro Geral;
d) Livro nº 3 – Registro Auxiliar;
e) Livro nº 4 – Indicador Real;
f) Livro nº 5 – Indicador Pessoal;
g) Livro de Registro de Aquisição de Imóveis Rurais por Estrangeiros.

---

[719] ORLANDI NETO, Narciso. *Retificação do registro de imóveis*. São Paulo: Oliveira Mendes, 1997. p. 5-6.

[720] No Estado de São Paulo há a seguinte norma de transição: "Até a implantação plena do sistema de registro eletrônico, a escrituração em meio eletrônico, sem impressão em papel, restringe-se aos indicadores reais e pessoais, controle de títulos contraditórios, certidões e informações registrais e ao cadastro de aquisições de imóveis rurais por estrangeiros, mantidos os demais livros na forma e modelos previstos na Lei nº 6.015/1973" (*item 14.4., Capítulo XX, NSCGJSP*).

[721] Para aprofundamento acerca do sistema de escrituração em fichas, remete-se o leitor aos comentários do art. 176 da LRP.

Art. 173 | LEI DE REGISTROS PÚBLICOS COMENTADA

Em síntese, pode-se dizer que no Livro de Recepção de Títulos serão lançados exclusivamente os títulos apresentados para exame e cálculo dos respectivos emolumentos, a teor do art. 12, parágrafo único, da Lei 6.015/1973, os quais não gozam dos efeitos da prioridade.

A recepção de títulos somente para exame e cálculo é excepcional e dependerá de requerimento escrito e expresso do interessado, a ser arquivado em pasta própria, em que declare ter ciência de que a apresentação do título na forma escolhida não implica prioridade e preferência dos direitos. Ocorrendo essa hipótese, deverá o Registrador proceder ao exame exaustivo do título apresentado e ao cálculo integral dos emolumentos, expedindo nota, de forma clara e objetiva, em papel timbrado do cartório que deverá ser datada e assinada pelo preposto responsável.

A qualificação, *como sói acontecer*, deve abranger completamente a situação examinada, em todos os seus aspectos relevantes para a prática do ato, complementação ou seu indeferimento, permitindo quer a certeza correspondente à aptidão registrária ("*título apto*"), quer a indicação integral das deficiências para a inscrição registral e o modo de suprimento ("*título não apto*"), ou a negação de acesso do registro ("*título não apto*"). Se qualquer dessas informações for prejudicada pela falta de documentos entre os apresentados, a circunstância deverá ser expressamente mencionada na nota de exame e cálculo.

Quanto ao *Livro Protocolo*, é certo que servirá para o apontamento (*prenotação*) de todos os títulos apresentados diariamente, com exceção daqueles que o tiverem sido, a requerimento expresso do interessado, apenas para exame e cálculo dos respectivos emolumentos.

Não há dúvidas de que o protagonista é o *Livro nº 2 – Registro Geral*. É destinado à matrícula dos imóveis, nas quais serão lançados os registros e as averbações dos atos inscritíveis atribuídos ao Registro de Imóveis (e não atribuídos ao Livro nº 3).[722] Vale lembrar que o princípio registral mais relevante sob o ângulo da escrituração do Livro nº 2, sem hesitação, é o princípio da unidade matricial. Por este princípio, como visto, a cada imóvel deve corresponder uma única matrícula (ou seja, um imóvel não pode ser matriculado mais de uma vez) e a cada matrícula deve corresponder um único imóvel (isto é, não é possível que a matrícula descreva e se refira a mais de um imóvel).

De sua vez, o Livro nº 3 – *Registro Auxiliar* será destinado ao registro dos atos que, sendo atribuídos ao Registro de Imóveis por disposição legal, não digam respeito diretamente a imóvel matriculado. São registrados nesse livro títulos que embora a lei exija a inscrição no Ofício Predial, se fossem lançados na matrícula do imóvel (Livro nº 2) poluiriam o conteúdo do fólio real, causando prejuízo até mesmo à segurança jurídica. Exemplo emblemático dessa atribuição é a convenção de condomínio edilício (art. 1.333 do Código Civil), que é registrada no Livro nº 3 – Registro Auxiliar.[723]

Os Livros nºs 4 e 5 são os indicadores, respectivamente, real e pessoal. O Livro nº 4 será o repositório das indicações de todos os imóveis que figurarem no Livro nº 2, devendo conter sua identificação, o número de cadastro fiscal e o número da matrícula e será feito por sistema de banco de dados relacional.

Já o Livro nº 5, dividido alfabeticamente, será o repositório dos nomes de todas as pessoas que, individual ou coletivamente, ativa ou passivamente, direta ou indiretamente, inclusive os cônjuges,

---

[722] No Estado de São Paulo, as *Normas de Serviço da Corregedoria Geral da Justiça* impõem que: "todo imóvel objeto de título a ser registrado deve estar matriculado no *Livro 2 de Registro Geral*. Caso o imóvel não tenha matrícula própria, esta será obrigatoriamente aberta por ocasião do primeiro registro ou, ainda: *a)* quando se tratar de averbação que deva ser feita no antigo Livro de Transcrição das Transmissões e neste não houver espaço, à margem da qual será anotada a abertura da matrícula, desde que o imóvel esteja em área da competência registral da mesma serventia, ainda que precária a descrição do imóvel, desde que se refira ao imóvel em sua integralidade; *b)* nos casos de fusão de matrículas e unificação de imóveis; *c)* a requerimento do proprietário" (*Item 52, Capítulo XX*).

[723] *Art. 178 da Lei 6.015/1973.* Registrar-se-ão no Livro nº 3 – Registro Auxiliar: I – a emissão de debêntures, sem prejuízo do registro eventual e definitivo, na matrícula do imóvel, da hipoteca, anticrese ou penhor que abonarem especialmente tais emissões, firmando-se pela ordem do registro a prioridade entre as séries de obrigações emitidas pela sociedade; II – as cédulas de crédito industrial, sem prejuízo do registro da hipoteca cedular; III – as convenções de condomínio edilício, condomínio geral voluntário e condomínio em multipropriedade; IV – o penhor de máquinas e de aparelhos utilizados na indústria, instalados e em funcionamento, com os respectivos pertences ou sem eles; V – as convenções antenupciais; VI – os contratos de penhor rural; VII – os títulos que, a requerimento do interessado, forem registrados no seu inteiro teor, sem prejuízo do ato, praticado no Livro nº 2.

figurarem nos demais livros, fazendo-se referência aos respectivos números de ordem e será feito também por sistema de banco de dados relacional.

Por último, há o Livro de Registro de Aquisição de Imóveis Rurais por Estrangeiros que terá o formato e os lançamentos preconizados no regulamento da lei que o instituiu (Lei 5.709/1971 e o Decreto 74.965/1974). Registre-se, apenas, que esse cadastramento especial não dispensa a escrituração correspondente do Livro nº 2 – Registro Geral.

3. Sistemática registral para títulos eletrônicos

Os Oficiais de Registro de Imóveis disponibilizarão serviços de recepção de títulos e de fornecimento de informações e certidões, em meio eletrônico, na forma prevista pelas Normas administrativas estaduais e também conforme regulamentação do Conselho Nacional de Justiça.

O Serviço de Registro Eletrônico de Imóveis (SREI) será prestado aos usuários externos por meio de plataforma única na internet por meio do Serviço de Atendimento Eletrônico Compartilhado (SAEC),[724] que é desenvolvido, operado e administrado pelo Operador Nacional do Sistema de Registro Eletrônico (ONR).

O SREI pode ser decomposto nos seguintes módulos e submódulos:

    I – Ofício Eletrônico;

    II – Penhora Eletrônica de Imóveis (Penhora *Online*);

    III – Certidão Digital;

    IV – Matrícula *Online*;

    V – Pesquisa Eletrônica;

    VI – Protocolo Eletrônico de Títulos (*e-protocolo*);

    VII – Repositório Confiável de Documento Eletrônico (*RCDE*);

    VIII – Acompanhamento Registral *Online*;

    IX – Monitor Registral;

    X – Correição *Online* (Acompanhamento, controle e fiscalização);

    XI – Cadastro de Regularização Fundiária Urbana;

    XII – Cadastro de Regularização Fundiária Rural;

    XIII – Central de Indisponibilidade de Bens;

    XIV – Averbação de cancelamento *online*.

Em termos de procedimento registral, o módulo que interessa mais de perto é, sem dúvida, o protocolo eletrônico de título, ou simplesmente *e-protocolo*.

A postagem e o tráfego de traslados e certidões notariais e de outros títulos, públicos ou particulares, elaborados sob a forma de documento eletrônico, para remessa às serventias registrais para prenotação (Livro nº 1 – Protocolo) ou exame e cálculo (*Livro de Recepção de Títulos*), bem como destas para os usuários, serão efetivados por intermédio do Serviço de Atendimento Eletrônico Compartilhado (SAEC).

Os documentos eletrônicos apresentados aos serviços de Registro de Imóveis deverão atender aos requisitos da Infraestrutura de Chaves Públicas Brasileira (ICP-Brasil) e à arquitetura e-PING (*Padrões de Interoperabilidade de Governo Eletrônico*) e serão gerados, preferencialmente, no padrão XML (*Extensible Markup Language*), padrão primário de intercâmbio de dados com usuários públicos ou privados e PDF/A (*Portable Document Format/Archive*), ou outros padrões atuais compatíveis com o SAEC e autorizados pela Corregedoria-Geral dos Estados.

Nesse sentido, é permitida a recepção para registro de imagens de documentos, preferencialmente no formato *PDF*, ou padrão mais atual a ser definido pelo ONR e autorizado pela Corregedoria-Geral

---

[724] *Art. 16 do Provimento 89/2019.* O Serviço de Atendimento Eletrônico Compartilhado – SAEC é destinado ao atendimento remoto dos usuários de todas as serventias de registro de imóveis do País por meio da internet, à consolidação de dados estatísticos sobre dados e operação das serventias de registro de imóveis, bem como ao desenvolvimento de sistemas de apoio e interoperabilidade com outros sistemas.

da Justiça, desde que o acesso ao original nato digital possa ser realizado para conferência por meio de sites confiáveis.

Tratando-se de escritura pública apresentada por meio do *e-protocolo*, o Oficial Registrador deverá verificar se o titular do certificado digital utilizado no traslado ou certidão eletrônicos é Tabelião, substituto ou preposto autorizado, ou tinha essa condição à época da assinatura do documento, procedimento denominado *verificação de atributo*, mediante consulta à base de dados do Colégio Notarial do Brasil. Faculta-se que essa consulta para verificação de atributo seja automatizada e realizada pelo SAEC. De outro lado, a consulta será dispensada caso o documento eletrônico contenha, além do Certificado Digital do Tabelião, substituto ou preposto autorizado, *Certificado de Atributo*, em conformidade com a *ICP-Brasil*.

Outra possibilidade é a recepção de instrumentos públicos ou particulares, em meio eletrônico, quando não enviados sob a forma de documentos estruturados, hipótese em que somente será admitida para o documento digital nativo (ou seja, aquele não decorrente de digitalização) que contenha a assinatura digital de todos os contratantes.

Os documentos notariais digitais, decorrentes de digitalização de documentos físicos, somente podem ser recepcionados pelo SAEC se adotado, preferencialmente, o padrão PDF/A e se a assinatura, via CENAD (Central Notarial de Autenticação Digital), e o atributo do subscritor puderem ser verificadas na *Central de Serviços do Colégio Notarial do Brasil.*

Considerando os procedimentos internos à serventia registral imobiliária, os Oficiais de Registro de Imóveis verificarão, obrigatoriamente, na abertura e no encerramento do expediente, bem como, pelo menos, a cada intervalo máximo de 2 (duas) horas, se existe comunicação no módulo *e-protocolo* acerca da remessa de título para prenotação ou protocolo para exame e cálculo, mediante importação do PDF/A ou do XML.

Sem implicar dispensa do acompanhamento periódico obrigatório, o sistema poderá gerar avisos eletrônicos ao Oficial destinatário, a título de cautela, de que existe solicitação pendente.

O título apresentado em arquivo eletrônico, disponível ao Oficial do Registro de Imóveis pelo SAEC, poderá ser baixado (*download*) mediante importação para o sistema da serventia, ou materializado, mediante impressão do arquivo PDF/A ou do arquivo decorrente da conversão do arquivo XML para PDF/A, hipótese em que, na impressão constará certidão de que o documento foi obtido diretamente no SAEC, e que foram verificados sua origem, integridade e elementos de segurança do certificado digital com que foi assinado.

O documento digital em PDF/A ou XML, com certificado ICP-Brasil, deverá ser arquivado em sistema de Gerenciamento Eletrônico de Documentos (GED).

As serventias que optarem por solução de comunicação via *WebService* estão dispensadas da verificação continuada, atendidas as determinações e normas técnicas de segurança utilizadas para integração de sistemas definidas pelo ONR.

Registre-se, ainda, que é possível que o título eletrônico seja apresentado direta e pessoalmente na serventia registral em dispositivo de armazenamento portátil (CD, DVD, cartão de memória, *pen-drive* etc.), vedada a recepção por correio eletrônico (*e-mail*), serviços postais especiais (SEDEX e assemelhados) ou *download* em qualquer outro *site*.

Sendo apresentado o título eletrônico por quaisquer dos métodos relacionados supra, realizar-se-á protocolo do título eletrônico no Livro nº 1 (prenotação) ou protocolo no *Livro de Recepção de Títulos* (exame e cálculo), observando-se, sempre, a ordem de apresentação.

No Estado de São Paulo, tal qual delimitado pela Lei Estadual 11.331/2002, os emolumentos devidos pela prenotação ou pelo exame e cálculo serão pagos no ato da remessa. Caso o título prenotado seja devolvido para o cumprimento de exigências e reapresentado dentro do prazo de validade da prenotação, o valor inicialmente cobrado será descontado do valor cobrado pelo ato registral. Vale lembrar ainda que, na sistemática paulista, o Oficial somente fará jus ao valor da prenotação se o título prenotado for devolvido para cumprimento de exigência, e se a qualificação e emissão da respectiva nota de exigências ocorrerem dentro do prazo 15 (quinze) dias.[725]

---

[725] Para os títulos eletrônicos estruturados em XML o prazo será de 10 (dez) dias.

Promovida a qualificação do título pelo Oficial de Registro de Imóveis, mostrando-se o título apto para os atos registrais, o Oficial deverá informar o valor dos emolumentos em campo próprio na Central, e aguardar o depósito para a prática do ato. Caso existam exigências a serem satisfeitas, isto é, sendo a qualificação negativa, deverá anexar nota de devolução no campo pertinente.

À evidência, os atos registrais somente serão lavrados após a qualificação positiva e dependerão de depósito prévio, mediante recolhimento do valor constante de boleto a ser impresso por meio do próprio sistema, ou utilização, pelo interessado, de crédito adquirido no SAEC. Quanto ao pagamento dos emolumentos, ressalte-se que o depósito prévio poderá também ser efetuado diretamente ao Oficial a quem incumbe a prática do ato registral e o pagamento deverá ser lançado no sistema, na mesma data.

Assim como no procedimento registral ordinário (de títulos físicos), também no procedimento de registro de títulos eletrônicos fica autorizada a devolução do título sem a prática dos atos requeridos, caso o depósito prévio não seja realizado durante a vigência da prenotação.

Por derradeiro, cumpre investigar dois módulos do SREI de grande utilidade para os usuários dos serviços registrais imobiliários, quais sejam, o *acompanhamento on-line do procedimento registral* e o *monitor registral*.

O *Acompanhamento On-line do Procedimento Registral* possibilita que o usuário acompanhe gratuitamente a tramitação do título eletrônico pela internet. Consiste, pois, na visualização das etapas percorridas pelo título em sua tramitação a partir da indicação do número do protocolo ou da senha de acesso, fornecidos no ato da solicitação do serviço, conforme opção técnica do Oficial do Registro de Imóveis.

Essas consultas permitirão a localização e identificação dos dados básicos do procedimento registral com, pelo menos, as seguintes informações: (i) data e o número do protocolo do título; (ii) data prevista para retirada do título; (iii) dados da nota de devolução com as exigências a serem cumpridas; (iv) fase em que se encontra o procedimento registral; (v) data de eventual reapresentação do título; e (vi) o valor do depósito prévio, dos emolumentos pelos atos praticados e do correspondente saldo.

O SAEC poderá remeter (apenas) avisos ao interessado por correio eletrônico (*e-mail*) ou por SMS (*Short Message Service*), informando as etapas do procedimento registral.

Todos esses serviços a permitir o acompanhamento *on-line* do procedimento registral poderão também ser prestados diretamente pelos Oficiais de Registros de Imóveis, nos sistemas de suas serventias, sem prejuízo da alimentação do SREI.

O outro módulo também de grande interesse dos usuários é o *Monitor Registral*, que consiste em ferramenta de suporte eletrônico que mantém o interessado permanentemente atualizado sobre ocorrências relacionadas à matrícula que indicar, a partir de expressa solicitação do usuário à serventia de competência registral, por meio do SAEC. Esse monitoramento pode ser acrescido, ainda, a requerimento do interessado, de prestação periódica de informação da inexistência de ocorrência relacionada à matrícula.

Notadamente, o *Monitor Registral* funcionará como módulo do SAEC mediante aplicação da tecnologia *push*. A informação será prestada ou disponibilizada ao interessado em tempo real, admitida a possibilidade de retardo (*delay*) máximo de 48 (quarenta e oito) horas entre a ocorrência (registro ou averbação) e sua comunicação.

A comunicação das alterações na matrícula será efetuada por disponibilização da respectiva informação em ambiente protegido do ONR, acessível pelo interessado, ou por comunicação via *WebService*, podendo a Central, opcionalmente, remeter (apenas) aviso por correio eletrônico (*e-mail*) ou por SMS.

O serviço de monitoramento de matrículas – também denominado *certidão permanente da matrícula* –, será prestado exclusivamente pelo ONR, vedado à serventia o envio de informações desse gênero por *e-mail*, ou sua postagem em sites de despachantes, prestadores de serviços e comércio de certidões ou outros ambientes de internet.[726]

---

[726] Muito comum se encontrar serviços de despachantes de certidões de atos notariais e registrais prestados por particulares que indevidamente se utilizam do *nomen* "cartório" ou expressões congêneres ("*Cartório 24 horas*"; "*Cartório Fácil*"; "*Cartório Agora*" etc.) com o escopo de ludibriar os usuários sobre a prestação de um serviço teoricamente mais eficiente e excessivamente oneroso. A propósito, mencione-se a existência de ato normativo no Estado de Santa Catarina (*Lei Estadual 16.578/2015*) que veda qualquer pessoa ou entidade de utilizar-se

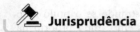

Jurisprudência

1. Registro deve exprimir a verdade. Diligências e vistorias externas. Utilização do acervo para apuração da realidade

"O Oficial de Registro de Imóveis, quando necessário, deve realizar diligências e vistorias externas e utilizar os documentos e livros mantidos no acervo de sua serventia visando apurar se o requerimento de retificação atende a todos os seus requisitos, podendo também, para essa finalidade, ou se a descrição realizada estiver incompleta, intimar o requerente e o profissional habilitado para que complementem ou corrijam a planta e o memorial descritivo do imóvel, quando os apresentados contiverem erro ou lacuna, ou apresentem outros esclarecimentos e documentos, fazendo-o por meio de ato fundamentado" (CGJSP – Processos 151.822/2011; 6.499/2012; 1012268-06.2016.8.26.0068; 1002487-90.2018.8.26.0099, entre outros).

2. Princípio da publicidade não implica acesso ilimitado aos livros e papéis existentes ou arquivados na serventia

"Não há previsão expressa que o advogado, bem como qualquer pessoa estranha ao quadro de prepostos da serventia, possa adentrar nas dependências e ter acesso aos processos e/ou documentos que se encontram sob a responsabilidade do Oficial. Isto porque o fato de os Delegatários exercerem a função em caráter privado e prestar serviço público por delegação do Poder Público, não impede que cada Oficial exerça uma gerência própria em seu Cartório, estabelecendo regras e regulamentos em relação às condutas a serem seguidas em cada caso concreto. Ressalto que não é pelo fato de os autos estarem em uma repartição pública ou Serventia Extrajudicial em carga para cumprimento de uma decisão judicial, que o advogado nesta qualidade terá direito a vista dos autos. Na presente hipótese os autos não estavam à disposição dos interessados nem de seu advogado, mas sim sob a responsabilidade do delegatário para efetivação do ato registrário, tendo este a faculdade de apresentar o processo ou recusar-se. Por fim, entendo que foram prestadas todas as informações ao advogado, predispondo-se o Oficial a auxiliá-lo nas dúvidas, assim, a simples negativa do acesso aos autos não pode ser considerada como mal atendimento. Entendo que na verdade houve um desentendimento entre as partes, considerando o advogado que a conduta do registrador constituiu ofensa de cunha pessoal" (1ª VRPSP – Processo 0084324-84.2018.8.26.0100, Juíza Tânia Mara Ahualli, j. 08/01/2019).

3. Publicidade indireta do conteúdo do registro por meio de expedição de certidões

"A publicidade dos assentamentos imobiliários garantida da Lei de Registros Públicos se faz por meio da expedição de certidões, cujo teor é a reprodução do original do assento. Não há motivo, para deferir pedido do interessado que requer a visualização dos livros originais das transcrições" (1ª VRPSP – Processo 0013066-24.2012.8.26.0100, Juiz Carlos Henrique André Lisboa, j. 13/06/2012).

"O Oficial de Registro é obrigado a expedir certidão do teor de seus livros e dos documentos que mantiver arquivados. Não é possível a expedição de certidão tendo por base documentos alheios ao registro, consistentes em contrato particular de compromisso de compra e venda celebrado pelo interessado, em plantas que não identificam a quadra, mas que não correspondem à que o Oficial de Registro de Imóveis mantém em seu acervo. Também não é possível lavrar certidão relativa à planta de regularização fundiária elaborada pela Prefeitura Municipal, enquanto não for promovido o registro da regularização, nem lavrar certidão tendo por base planta de cadastro fiscal que não corresponde ao contido no Registro de Imóveis" (CGJSP – Processo 0024112-68.2016.8.26.0100, Des. Geraldo Francisco Pinheiro Franco, j. 16/03/2019).

4. Meios para obtenção de informações sobre negócios imobiliários através do Registro de Imóveis

"O requerente quer obter informações sobre negócios imobiliários praticados por certa pessoa jurídica. Para esse fim, o requerente tem de valer-se dos meios que a lei põe a seu dispor, quais sejam:

---

da expressão Cartório como *nome fantasia* de seu empreendimento, sendo a expressão *cartório* reservada exclusivamente para utilização daqueles que receberam suas delegações com fundamento no art. 236 da Constituição Federal. A título *de lege ferenda*, essa iniciativa deveria ser ampliada para todo território nacional como corolário de proteção aos usuários dos serviços notariais e de registros e também a essas instituições e seus princípios fundamentais.

(a) certidões (Lei n. 6.015, de 31 de dezembro de 1973 LRP73, arts. 16, 1º), que não dependem de explicitação de interesse nem de despacho judicial (LRP73, arts. 17, *caput*, e 18); e (b) informações, para as inscrições (*latissimo sensu*) em que figurar como titular de direito real (LRP73, art. 16, 2º). A Lei 12.527, de 18 de novembro de 2011, não é aplicável aos serviços previstos na Constituição da República CF88, art. 236, que não se enquadram em nenhum dos casos dos arts. 1º e 2º. Também não favorece o requerente o disposto na Lei 9.613, de 3 de março de 1998, arts. 9º, par. único, XIII, 10 e 11, porque não é a qualquer do povo que se destinam as informações concernentes a lavagem de dinheiro, e sim às autoridades que as possam requisitar, o que evidentemente não é o caso de juízo administrativo ao qual alguém apresente requerimento para promover devassa em assentos de registro de imóveis" (1ª VRPSP – Processo 0041072-07.2013.8.26.0100, Juiz Josué Modesto Passos, j. 07/08/2013).

5. Prestação de informações do Registro de Imóveis por meio de telefone

"É temerário prestar informações aos usuários pelo telefone, sendo que tal conduta viola o princípio da segurança jurídica e os dados fornecidos pelo usuário podem ser diferentes daqueles constantes nas matrículas dos imóveis. (...) No mais, todas as Serventias Extrajudiciais disponibilizam do serviço 'Consulta Eletrônica' pelo site da ARISP, onde os usuários têm acesso ao registro dos imóveis, tanto para verificações pessoais como reais. Todavia, tal procedimento gera a cobrança de custas e emolumentos, nos termos da Lei 11.331/2002, excepcionalmente afastada se houver isenção legal (...). O processo de registro é complexo. Em virtude da característica inerentemente processual das rotinas de exame e qualificação de títulos, de registro ou denegação de inscrição, é, realmente, muito difícil atender as partes interessadas por meios telefônicos. Por essa razão, a comunicação entre os utentes e o registrador deve se dar por meio escrito, na forma prevista na Lei. Visto de outra perspectiva, é igualmente complexo todo o processo de pesquisa que não possa ser reduzida a variáveis de dados como, por exemplo, o número de inscrição no CPF ou no CNPJ dos titulares inscritos, a permitir uma busca apoiada em rotinas de processamento eletrônico de dados. Justamente por essa razão, o prazo de expedição de certidões pode se estender até cinco dias úteis. Acrescente-se que, em certo sentido, a prestação de informações pode ser uma tarefa mais complexa do que a mera expedição automatizada de certidão, quando indicado o número da matrícula" (1ª VRPSP – Processo 0008645-49.2016.8.26.0100, Juíza Tânia Mara Ahualli, j. 26/04/2016).

6. Manifestação do Oficial Registrador em ação de usucapião

"As informações prestadas pelo Oficial de Registro de Imóveis devem limitar-se a aspectos técnicos relativos à qualificação do autor e à forma de elaboração do memorial descritivo e da planta do imóvel usucapiendo, sem referência a qualquer outro fato que pudesse repercutir, de forma concreta, no resultado do feito. Não deve o Oficial de Registro prestar informações extra-tabulares, ou seja, relativas a direitos ou fatos não contidos nos livros e documentos que compõem o acervo de sua delegação" (CGJSP – Processo 1002241-93.2017.8.26.0337, Des. Geraldo Francisco Pinheiro Franco, j. 12/04/2018).

7. Restauração de livro antigo de registro

"O recorrente pretende a restauração do registro e a abertura de matrícula para o imóvel descrito na escritura pública de compra e venda e na certidão do registro imobiliário. (...) A prática consistente no protocolo de título e na emissão de certidão em que consignado que foi registrado, ou transcrito, sem a respectiva lavratura do ato no livro próprio, não é isolada e foi constatada em inspeções realizadas pela Corregedoria Nacional de Justiça, como indicado no Provimento CNJ nº 23/2012, publicado no *DJU* de 26 de outubro de 2012, Ed. 198/2020. O Provimento CNJ nº 23/2012, embora já revogado, condicionou a restauração de livros de notas e de registro, no todo ou em parte, à autorização pelo Juiz Corregedor Permanente, em procedimento administrativo, mediante comprovação do teor do assento extraviado ou deteriorado. (...) O protocolo e a certidão expedida pelo Oficial de Registro de Imóveis não suprem o registro do título no livro próprio. A constituição do direito real depende do seu registro no Registro de Imóveis, como disposto no art. 1.227 do Código Civil e no art. 530 do Código Civil de 1916 que era vigente na data da apresentação do título: 'Art. 530. Adquire-se a propriedade imóvel: I – Pela transcrição do título de transferência no registro do imóvel'. Em decorrência, para a constituição do direito real em favor da compradora do imóvel era necessária a transcrição da compra e venda no Livro 3, destinado à transcrição das transmissões, como previsto no art. 178, *b*, inciso III, do Decreto nº 4.857/39. Porém, respeitados os relevantes fundamentos adotados para a recusa da abertura de matrícula, a omissão do lançamento da compra e venda no livro de transcrições não implica na inexistência de efeitos decorrentes do protocolo do título e da emissão de certidão, pelo Oficial de Registro de Imóveis, de que foi transcrito. O número de ordem da prenotação confere prioridade que prevalece até o registro do título, ou o cancelamento do protocolo (arts. 182 e 186 da Lei nº 6.015/73) O cancelamento do protocolo, como previsto no art. 205 da Lei nº 6.015/73, decorre do decurso do prazo da prenotação sem que sejam atendidas as exigências legais por omissão do interessado, ou da desistência pelo apresentante. (...) Esse procedimento não diverge do previsto nos arts. 200 a 226 do Decreto nº 4.857/39, vigente quando da apresentação da escritura pública de compra e venda. Segundo Afrânio de Carvalho, a prenotação no protocolo cria um estado de pendência que perdura durante a qualificação e que se encerra com a inscrição do título no livro respectivo, ou o cancelamento da prenotação decorrente da ausência dos requisitos para o registro ou da desistência do apresentante: *'O estado de pendência comum a todos os títulos que ingressam no protocolo caracteriza-se pela brevidade para a maioria deles, formada pelos que prontamente podem ser levados para o livro de inscrição ou ter a respectiva prenotação cancelada de ofício. O cancelamento da prenotação ex officio cabe em face de insubsistência óbvia resultante de irregistrabilidade manifesta ou de desistência da parte, entrando na primeira alternativa os casos em que o imóvel pertence à jurisdição de outro cartório, o título não é por sua natureza inscritível, é duplicata de outro já prenotado ou colide com outro numerado antes (art. 206)'* (Registro de Imóveis, 4ª ed., Rio de Janeiro: Forense, 1998, p. 323). Por sua vez, a inscrição do título no livro próprio deve ser anotada em coluna própria do Livro nº 1 Protocolo (arts. 200 e seguintes do Decreto nº 4.857/39 e art. 175, inciso V, da Lei nº 6.015/73). Essa anotação tem finalidade e natureza distintas do cancelamento da prenotação porque serve para demonstrar que o título recebeu qualificação positiva, com o seu respectivo registro ou averbação, e para permitir que se prossiga com o procedimento de qualificação, e inscrição, de outro título relativo ao mesmo imóvel que ingressar no protocolo com número de ordem posterior. A certidão expedida pelo Oficial de Registro de Imóveis, por seu turno, é dotada de fé pública e faz prova, embora relativa, da existência e do conteúdo da transcrição. Os efeitos da certidão do registro imobiliário são bem discriminados pelo eminente Desembargador Ricardo Dip quando afirma: *'O documento-cópia possui sempre dupla eficácia. Quanto a seu âmbito sintético, reveste-se sempre de fé pública (ou seja, a certidão frui da plenitude de fé quanto a sua correspondência com o documento registra que ela traslade, resuma ou relate). Mas, no aspecto analítico, seu conteúdo terá a mesma eficácia que corresponder ao assento copiado. Assim, no que concerne ao registro imobiliário, poderá haver tanto cópia com efeitos homogêneos (p. ex., uma certidão de um registro Torrens), quanto com efeitos heterogêneos; v.g., fé pública no plano sintético, legitimação, no analítico (assim, a certidão relativa ao registro de uma venda e compra)'* (Registro de Imóveis (princípios), Descalvado: Editora Primvs, 2017, p. 121).(...) As circunstâncias deste caso concreto autorizam que o procedimento de registro, iniciado com o protocolo nº 1.758, seja concretizado mediante abertura de matrícula para o imóvel e o registro da transmissão do domínio. (...) A matrícula a ser aberta para o imóvel, porém, não poderá ter como origem a transcrição nº 889, uma vez que corresponde a transmissão distinta. Diante disso, como registro de origem deverá ser indicada a transcrição que ainda prevalece para a área maior de que o lote foi desmembrado. Deve ser considerado, ainda, que a abertura de matrícula para o lote não contraria requisito da Lei nº 6.766/79 porque se trata de legislação posterior ao protocolo do título, a cuja data o registro deveria retroagir. Também não encontra obstáculo no Decreto-lei nº 58/37 porque não se cuidou de parcelamento do solo promovido para a venda de lotes mediante oferta pública e pagamento do preço a prazo, em prestações sucessivas. A abertura de matrícula para o lote suprirá vício que diz respeito, com exclusividade, ao procedimento de registro, posto que a falta do lançamento do título no Livro 3 discrepa da sua prenotação no Livro Protocolo, da anotação de que a qualificação foi positiva, e do teor da certidão destinada a comprovar a transcrição que, entretanto, acabou inexistente. Com a abertura da matrícula será atendida a segurança jurídica que o Registro de Imóveis deveria proporcionar para a adquirente do domínio e para terceiros que tiveram ciência da suposta transcrição em razão da publicidade promovida por meio da certidão da sua existência, lavrada pelo Oficial de Registro de Imóveis. E a finalidade da publicidade inerente ao registro imobiliário é a de assegurar a existência e os efeitos do direito real inscrito, pois como esclarece José María Chico y Ortiz: *'La verdadera esencia del fenómeno publicitário es la de ser o un fin o un medio. La tésis finalista es la que más nos llega a convencer, de tal forma que podria concluirse que el Registro de la Propriedad es un medio técnico a través del cual se proyecta la publicidad en su función de proteger el tráfico. La publicidad es fin y el Registro es medio. Lo apuntó ya hace tiempo Morelli y Terry: 'El Registro de la Propriedad es el único medio verdaderamente eficaz queacredita la preexistência del derecho y lo ace realmente publico" (Estudios sobre Derecho Hipotecario, Tomo I, 4ª ed., Madrid: Marcial Pons, 2000, p. 183/184).* Cabe ressalvar, por fim, que a abertura da matrícula, com registro da aquisição do domínio pela adquirente, somente é possível, neste caso concreto, porque o protocolo não foi cancelado pela devolução da escritura pública, o título foi restituído ao Oficial de Registro pelo recorrente, e o imóvel continua na propriedade dos vendedores, o que afasta a duplicidade registral" (CGJSP – Processo 1000318-07.2019.8.26.0355, Des. Ricardo Mair Anafe, j. 02/12/2020).

8. Necessidade de autorização do Juízo Corregedor para deslocamento do acervo

"Não se pode deixar de ter em conta que, iluminado pelo princípio maior de segurança jurídica, entre os primeiros deveres dos oficiais de registro, consta o de manter em ordem os livros, guardando-os em locais seguros (artigo 30, I, da Lei 8.935/94; artigo 24 da Lei nº 6.015/73), integrando-se como cautelas decorrentes desse dever de conservação dois óbices: a) primeiro, o da deslocação dos livros de registros, bem como das fichas que os substituam, para fora da unidade de serviço, salvo mediante autorização judicial (artigo 22 da Lei nº 6.015/73); b) segundo, o da publicação direta ('consulta visual') dos referidos livros e fichas que os substituam (artigo 16 da Lei nº 6.015/73, *a contrario sensu*). Afinal, em ambas as situações (deslocação não autorizada e publicação direta), os livros e as fichas que os substituam estariam expostos aos riscos de dano ou de perda, graves prejuízos ao serviço público delegado. Não se diga que a falta de publicidade direta poderia importar alguma diminuição à publicidade registrária ou algum risco à transparência dos serviços, pois os oficiais de registro têm fé pública – quer naquilo que certificam, quer naquilo que informam –, e, para verificação da regularidade (inclusive do que publicam com fé pública) estão sujeitos à fiscalização do Poder Judiciário, que se realiza de ofício ou por provação de qualquer interessado. Deste modo, impõe-se concluir que, não se admitindo a sistemática de 'consulta visual de alguma das matrículas de imóveis' em Serventia Predial, uma vez que o sistema de publicidade registrária é, em regra, indireto, por certidão ou informações (que não se confunde com exibição de livros ou fichas), fica automaticamente prejudicada a dúvida referente à respectiva cobrança de emolumentos" (CGJSP – Processo 42.249/2005, Juiz Vicente de Abreu Amadei, j. 26/01/2006).

9. As modalidades de assinatura eletrônica e a recepção de documentos digitais pelo Registro de Imóveis

"Quanto ao uso de assinaturas eletrônicas em interações com entes públicos, a matéria é regida pela Lei n. 14.063/2020, cujo artigo 4º classifica as assinaturas eletrônicas em três categorias: simples, avançada e qualificada. A assinatura eletrônica qualificada, definida no inciso III, do artigo 4º, da lei em questão, se restringe àquela que utiliza certificado digital nos termos do § 1º, do artigo 10, da MP n. 2.200-2/2001, ou seja, aquela produzida com a utilização de processo de certificação disponibilizado pela ICP-Brasil. Para os atos de transferência e de registro de bens imóveis, a mesma lei impõe a utilização de assinatura eletrônica qualificada, ressalvado o registro de atos perante as juntas comerciais: 'Artigo 5º No âmbito de suas competências, ato do titular do Poder ou do órgão constitucionalmente autônomo de cada ente federativo estabelecerá o nível mínimo exigido para a assinatura eletrônica em documentos e em interações com o ente público. § 1º O ato de que trata o *caput* deste artigo observará o seguinte: I – a assinatura eletrônica simples poderá ser admitida nas interações com ente público de menor impacto e que não envolvam informações protegidas por grau de sigilo: II – a assinatura eletrônica avançada poderá ser admitida, inclusive: a) nas hipóteses de que trata o inciso I deste parágrafo; (...) c) no registro de atos perante as juntas comerciais; III – a assinatura eletrônica qualificada será admitida em qualquer interação eletrônica com ente público, independentemente de cadastramento prévio, inclusive nas hipóteses mencionadas nos incisos I e II deste parágrafo. § 2º É obrigatório o uso de assinatura eletrônica qualificada: I – nos atos assinados por chefes de Poder, por Ministros de Estado ou por titulares de Poder ou de órgão constitucionalmente autônomo de ente federativo; II – (VETADO) III – nas emissões de notas fiscais eletrônicas, com exceção daquelas cujos emitentes sejam pessoas físicas ou Microempreendedores Individuais (MEIs), situações em que o uso torna-se facultativo; IV – nos atos de transferência e de registro de bens imóveis, ressalvado o disposto na alínea *c* do inciso II do § 1º deste artigo; (...) § 4º O ente público informará em seu *site* os requisitos e os mecanismos estabelecidos internamente para reconhecimento de assinatura eletrônica avançada. § 5º No caso de conflito entre normas vigentes ou de conflito entre normas editadas por entes distintos, prevalecerá o uso de assinaturas eletrônicas qualificadas'. Por sua vez, no âmbito da Corregedoria-Geral da Justiça do Estado de São Paulo, a matéria vem tratada nos itens 366 e 366.5 do Cap. XX das Normas de Serviço: '366. Os documentos eletrônicos apresentados aos serviços de registro de imóveis deverão atender aos requisitos da Infraestrutura de Chaves Públicas Brasileira (ICP-Brasil) e à arquitetura e-PING (Padrões de Interoperabilidade de Governo Eletrônico) e serão gerados, preferencialmente, no padrão XML (*Extensible Markup Language*), padrão primário de intercâmbio de dados com usuários públicos ou privados e PDF/A (*Portable Document Format/Archive*), ou outros padrões atuais compatíveis com a Central de Registro de Imóveis e autorizados pela Corregedoria-Geral da Justiça de São Paulo. (...) 366.5. A recepção de instrumentos públicos ou particulares, em meio eletrônico, quando não enviados sob a forma de documentos estruturados segundo prevista nestas Normas, somente será admitida para o documento digital nativo (não decorrente de digitalização) que contenha a assinatura digital de todos os contratantes'. Nesse contexto, se a parte suscitada levasse a registro somente o instrumento particular no qual os contratantes apuseram assinaturas eletrônicas, então estaria correta a exigência pela assinatura de todos os contratantes no documento digital nativo, ressaltando-se que não é admitida a recepção de documento decorrente de digitalização. Todavia, a digitalização dos documentos que tramitaram pela JUCESP foi feita por aquele órgão para instruir a certidão que posteriormente emitiu e que foi apresentada a registro. (...) Portanto, a certidão apresentada é título hábil para o registro pretendido, de modo que a exigência relativa à regularização da assinatura eletrônica deve ser afastada" (1ª VRPSP – Processo 1112167-65.2022.8.26.0100, Juíza Luciana Carone Nucci Eugênio Mahuad, j. 21/11/2022).

10. Instrumento particular com assinaturas eletrônicas. Requisitos para registro.

Dúvida – Registro de Imóveis – Negativa de registro de instrumento particular de confissão de dívida garantido por alienação fiduciária - Exigência de assinaturas eletrônicas qualificadas de todos os signatários. Exame do título de acordo com norma vigente ao tempo da prenotação – Princípio *tempus regit actum* - Assinatura eletrônica qualificada necessária para atos de transferência e registro de bens imóveis, ou seja, para todos os atos de constituição, modificação e extinção de direitos reais sobre imóveis. Lei n. 14.063/2020 e Código Nacional de Normas. Recurso a que se nega provimento. (...) As assinaturas eletrônicas avançadas passaram a ser admitidas, assim, perante o Registro de Imóveis, mas, por enquanto, a única expressamente aceita é a assinatura eletrônica notarizada prevista no artigo 285, inciso I, do Código Nacional de Normas, conforme consta no artigo 208, § 1º, inciso I, do mesmo Código. As assinaturas constantes dos incisos II a IV do artigo 329-A, por sua vez, dependem da publicação de Instrução Técnica de Normalização (ITN) a ser expedida pelo ONR em regulamentação à Lista de Serviços Eletrônicos Confiáveis do Registro de Imóveis (LSEC-RI) (CSMSP – Apelação Cível 1006264-51.2023.8.26.0344, Rel. Des. Francisco Eduardo Loureiro, j. 31/10/2024).

11. Autenticidade de assinaturas eletrônicas fora do ICP-Brasil. Acordo de vontades para admissão

A intenção do legislador foi de criar níveis diferentes de força probatória das assinaturas eletrônicas (em suas modalidades simples, avançada ou qualificada), conforme o método tecnológico de autenticação utilizado pelas partes, e – ao mesmo tempo – conferir validade jurídica a qualquer das modalidades, levando em consideração a autonomia privada e a liberdade das formas de declaração de vontades entre os particulares. O reconhecimento da validade jurídica e da força probante dos documentos e das assinaturas emitidos em meio eletrônico caminha em sintonia com o uso de ferramentas tecnológicas que permitem inferir (ou auditar) de forma confiável a autoria e a autenticidade da firma ou do documento. (...) A assinatura eletrônica avançada seria o equivalente à firma reconhecida por semelhança, ao passo que a assinatura eletrônica qualificada seria a firma reconhecida por autenticidade – ou seja, ambas são válidas, apenas se diferenciando no aspecto da força probatória e no grau de dificuldade na impugnação técnica de seus aspectos de integridade e autenticidade. (STJ – REsp 2.159.442/PR, Rel. Min. Nancy Andrighi, Terceira Turma, j. 24/09/2024).

Art. 174. O livro nº 1 – Protocolo – servirá para apontamento de todos os títulos apresentados diariamente, ressalvado o disposto no parágrafo único do art. 12 desta Lei.

 Referências Normativas

Lei 6.015/1973, arts. 12; 182 a 187; 191 a 192.
Lei 10.406/2002 (Código Civil), arts. 1.246, 1.422 e 1.493.

Lei 14.382/2022 (Sistema Eletrônico dos Registros Públicos – SERP).
Provimento 89/2019 do CNJ (Sistema de Registro Eletrônico de Imóveis).
Provimento 115/2021 do CNJ (Custeio do Sistema de Registro Eletrônico de Imóveis).
Provimento 124/2021 do CNJ (Integração das unidades ao SREI).
Provimento 149/2023 (Código Nacional de Normas Extrajudiciais da Corregedoria Nacional de Justiça).

 Comentários

1. Prolegômenos

A norma contempla com didática a *ratio essendi* do Livro nº 1 – Protocolo, estabelecendo a regra e sua exceção. O dispositivo é complementado por outras normas da Lei Registral, como os arts. 182 a 187. Ressalte-se que a legislação brasileira já denominou o Livro 1 do Registro de Imóveis *"chave do registro"*. Certamente, foi a expressão mais adequada que consagrou a sua função. O art. 25 do Decreto 3.453/1865 batizou: *"livro nº 1 – protocolo – é a chave do registro geral"*:

> A expressão é perfeitamente apropriada para que se compreenda a função essencial que o Livro Protocolo desempenha no Registro de Imóveis brasileiro. Com a prenotação, o título recebe um número único que irá marcá-lo com um signo indelével no percurso que há de cumprir no Registro – desde os apontamentos nos livros vestibulares até a consagração final pela inscrição. Somente a partir dessa inscrição primigênia é que se irradiarão os potentes efeitos de disponibilidade aos direitos pré-constituídos.[727]

Mencione-se, ademais, que, ancorando-se em boa experiência da doutrina registral portuguesa, é correto também designar o ato de lançamento no Livro Protocolo sob a rubrica de *"assento de apresentação"*. A expressão é feliz na medida em que simultaneamente a prenotação constitui a porta de entrada no sistema, verdadeiro signo que marca o início da marcha do processo registral, mas também é o primeiro ato de registro a ser praticado.[728]

Não se pode perder de vista, ainda, que o lançamento do título no protocolo mais que um ato formal do registrador emana efeitos materiais de grande envergadura para além da prioridade registral. É que a Lei Civil é peremptória no sentido de que a eficácia do registro possui como termo *a quo* a data da prenotação: "O registro é eficaz desde o momento em que se apresentar o título ao oficial do registro, e este o prenotar no protocolo" (CC, art. 1.246). Em outras palavras, se a qualificação for positiva, a realização da inscrição predial possui efeito *retro-operante* à data do apontamento do título causal no Livro Protocolo. Confira-se a esse respeito lúcida passagem *Afrânio de Carvalho*:

> Dada a geminação do título causal com a inscrição, é preciso, portanto, que a apresentação do primeiro ao registro de imóveis fique logo marcada, a fim de que, enquanto se examina a sua legitimidade, não sofra a segunda com o eventual ingresso de outro título conflitante. A prenotação do título no protocolo serve para obviar esse risco e antecipar a eficácia da inscrição, fazendo-a valer antes de ser materialmente escriturada no livro próprio.[729]

Como se não bastasse, a delimitação temporal ainda é fato marcante para a qualificação registral na medida em que sinaliza para o registrador quais requisitos registrais devem ser observados em razão do princípio do *tempus regit actum*. Por esse princípio, o título se sujeita às condições vigentes ao tempo de sua apresentação a registro, pouco importando a data da celebração do negócio ou da formalização do ato ou fato jurídico.

---

[727] JACOMINO, Sérgio. Comentários ao art. 182. *In*: ALVIM NETO, José Manuel de Arruda; CLÁPIS, Alexandre Laizo; CLAMBER, Everaldo Augusto (coord.). *Lei de Registros Públicos comentada*: Lei 6.015/1973. 2. ed. Rio de Janeiro: Forense, 2019. p. 1012.

[728] GUERREIRO, José Augusto Mouteira. O pedido, o processo e os actos de registro. *In: Temas de registro e de notariado*. Coimbra: Almedina, 2010. p. 70.

[729] CARVALHO, Afrânio de. *Registro de imóveis*. 2. ed. Rio de Janeiro: Forense, 1977. p. 368.

2. Apontamento no Livro nº 1 – Protocolo

Todo título que ingressa no Registro de Imóveis deve ser recepcionado pelo oficial registrador ou seus colaboradores (escreventes ou auxiliares) mediante lançamento no Livro nº 1 – Protocolo. É a primeira inscrição feita pelo Ofício de Registro; com ela inaugura-se o procedimento de registro. Pouco importa a natureza do título, sua complexidade ou simplicidade, também não interfere no apontamento inicial se será caso de qualificação positiva ou negativa, nem mesmo se o título foi apresentado eletronicamente ou em papel. Simplesmente havendo apresentação de título a registro, é indispensável sua protocolização. Com o lançamento no protocolo, descortina-se a numeração de ordem para aquele título recepcionado o que garante ao apresentante a *prioridade registral*. Em resumo, apresentado ao cartório, o título será imediatamente protocolizado e tomará o número de ordem que lhe competir, em razão da sequência rigorosa de sua apresentação.

É indispensável frisar que nenhuma exigência fiscal, ou dúvida, obstará a apresentação de um título e o seu lançamento no Protocolo, com o respectivo número de ordem, salvo se o apresentante pretender apenas o *exame e cálculo dos emolumentos*. Em outras palavras, é vedado o recebimento de títulos para exame sem o regular ingresso no *Livro de Protocolo* ou de *Recepção de Títulos* (no caso de exame e cálculo dos emolumentos). *Flauzilino Araújo dos Santos* chama à atenção para o fato de que o protocolo do título e sua prenotação são atos imediatamente subsequentes à sua apresentação:

> Desde logo saliente-se que no momento da apresentação de um título na Serventia com pedido de registro, independentemente do estudo desse título ou de quaisquer exigências fiscais ou de dúvida, nos expressos termos do art. 12 da Lei 6.015/73, segue-se incontinenti o lançamento desse título no Livro 1– Protocolo, não como opção do registrador, mas em atenção ao enunciado do art. 174 da Lei 6.015/1973, gerando a partir desse lançamento direitos que terão repercussões externas e internas na transmissão ou oneração do imóvel.[730]

Sobre a ótica temporal, a Lei 6.015/1973 define que os efeitos da prenotação são garantidos ao apresentante por *20 (vinte) dias úteis*. Cessarão, assim, automaticamente os efeitos da prenotação se, decorridos 20 (vinte) dias da data do seu lançamento no Protocolo, o título não tiver sido registrado por omissão do interessado em atender às exigências legais (art. 205). Excepcionalmente, nos procedimentos de regularização fundiária de interesse social, os efeitos da prenotação cessarão decorridos 40 (quarenta) dias de seu lançamento no Protocolo. Recorde-se que as normas do art. 9º, §§ 1º a 3º, da LRP determinam que a contagem será em dia útil, seguindo-se os critérios estabelecidos na legislação processual civil. Aqui o legislador fez confusão, afinal, o prazo em tela é de *direito material*. De qualquer sorte, a lei é clara ao determinar que a contagem seja submetida aos critérios processuais, ou seja, os prazos serão contados excluindo o dia do começo e incluindo o dia do vencimento (CPC, art. 224).

O aspecto temporal de eficácia da prenotação também pode sofrer algumas vicissitudes, como sua suspensão em razão de qualificação de título contraditório, suscitação de dúvida, ordem judicial específica, bloqueio de matrícula, ordens de indisponibilidades, procedimentos especiais que demandam instrução ou publicação de editais (*v.g.*, usucapião extrajudicial, loteamento, regularização fundiária etc.), entre outras hipóteses regulamentadas por ato normativo.

O que mais de perto interessa à norma em comento, de fato, é a existência de títulos contraditórios. Nesses casos, ocorrendo prenotações sucessivas de títulos contraditórios ou excludentes, criar-se-á uma fila de precedência. Cessados os efeitos da prenotação, poderá retornar à fila, mas após os outros, que nela já se encontravam no momento da cessação. O exame do segundo título subordina-se ao resultado do procedimento de registro do título que goza da prioridade. Somente se inaugurará novo procedimento registrário, ao cessarem os efeitos da prenotação do primeiro. Nessa hipótese, os prazos ficarão suspensos e se contarão a partir do dia em que o segundo título assumir sua posição de precedência na fila.

Tema de alta complexidade que tem agitado debates diz respeito aos conflitos que podem surgir diante da possibilidade de apresentação de títulos a registro eletronicamente por meio do (SAEC), operado

---

[730] SANTOS, Flauzilino Araújo dos. Algumas linhas sobre a prenotação. *Revista de Direito Imobiliário*, v. 43, jan.-abr. 1998. p. 61.

e administrado pelo (ONR). A questão basilar a ser respondia de saída é: quando se considera que o direito real adquire prioridade: quando da prenotação ou quando da apresentação do título?

A resposta foi abordada com boa técnica pelo registrador imobiliário de Campos de Jordão/SP, Fábio Ribeiro dos Santos:

> O modelo propõe que o sistema de recepção de títulos seja apenas um facilitador para o usuário, para direcionar e remeter o título ao cartório competente de modo remoto. O ato de lançar o título no livro protocolo e, efetivamente, prenotá-lo, sai do sistema compartilhado e é mantido na esfera individual de cada cartório. A sequência de atos termina com o lançamento no livro protocolo e a atribuição de um número de ordem nesse livro, e não com o número de ordem do "protótipo do pedido". Seria lícito permitir ao SREI dividir esse procedimento em dois atos distintos, conforme entender adequado? Sim, pois incide aqui a permissão do art. 11 da Lei de Registros Públicos: "os oficiais adotarão o melhor regime interno de modo a assegurar às partes a ordem de precedência na apresentação dos seus títulos, estabelecendo-se, sempre, o número de ordem geral". Há liberdade de organização e administração das prioridades como competência própria do oficial de registro e, novamente por extensão, ao sistema por eles instituído. Nesse contexto, considerar a efetivação da prenotação apenas quando do lançamento do título no protocolo de cada cartório é solução mais adequada e em consonância com o quadro legislativo vigente. O término do procedimento de apresentação e o efetivo recebimento do pedido pelo cartório destinatário é a garantia de que o título foi entregue a quem de direito e poderá gerar os efeitos cabíveis em termos de direitos reais. Supor o contrário – isto é, que a prioridade se estabelece no momento em que há o envio do título pela internet – poderia gerar alterações indesejadas na ordem de preferências.[731]

Outra situação concreta a discutir é a conciliação entre os horários de funcionamento do protocolo remoto e do protocolo presencial. Poderão ser remetidos títulos por meio remoto fora do horário normal de expediente da serventia? Cabe dar aos títulos apresentados pessoalmente alguma espécie de preferência?

Prossegue no raciocínio elucidativo o registrador paulista:

> O "balcão virtual" do SAEC estará aberto a todo momento para o usuário que queira fazer uso dos serviços. Inclusive, nada impede que usuários em outros países, em diferentes zonas horárias, remetam títulos a cartórios no Brasil, sem cogitar do horário de expediente e abertura ao público. Nesse contexto, o horário de expediente adquire contornos bastante secundários. Vislumbra-se que o sistema do cartório poderá, mesmo fora do horário normal de expediente, realizar a prenotação automaticamente, dispensando a intervenção humana. Eventualmente, se essa solução for tecnicamente possível, não se justificará diferença de tratamento entre o protocolo remoto e o protocolo físico. Se, porém, a automação não for plena, será necessário algum mecanismo de gerenciamento de fila para que os títulos apresentados remotamente fora do horário de expediente sejam retidos e processados manualmente assim que possível, respeitada a manutenção da ordem de apresentação.[732]

Seja como for, por meio da plataforma eletrônica ou no balcão (físico) da serventia, percebe-se sem dificuldade que o lançamento no Livro nº 1 – Protocolo do título apresentado a registro representa, tanto no aspecto de direito formal, quanto em seus efeitos materiais, providência indispensável à qual cumpre ao registrador imobiliário atuar com zelo e muita cautela, garantindo-se, pois, a higidez do processo de registro.

---

[731] SANTOS, Fábio Ribeiro dos. Do protocolo em balcão ao protocolo TCP/IP: o gerenciamento da prioridade registral no âmbito do registro eletrônico. *Revista de Direito Imobiliário*. vol. 86, ano 42. p. 179-192. São Paulo: Revista dos Tribunais, jan.-jun. 2019.

[732] SANTOS, Fábio Ribeiro dos. Do protocolo em balcão ao protocolo TCP/IP: o gerenciamento da prioridade registral no âmbito do registro eletrônico. *Revista de Direito Imobiliário*. vol. 86, ano 42, p. 179-192. São Paulo: Revista dos Tribunais, jan.-jun. 2019.

3. Apontamento do título no *Livro Recepção de Títulos* para fins de exame e cálculo dos emolumentos

"A única exceção expressamente admitida pelo legislador foi a não protocolização do título no Livro nº 1 quando o apresentante desejar a apresentação do título para simples *exame e cálculo dos emolumentos*. As normas regulamentares houveram por bem criar um livro auxiliar para controle e escrituração dessas pretensões. Trata-se do Livro de Recepção de Títulos.[733]

No Livro de Recepção de Títulos serão lançados exclusivamente os títulos apresentados para exame e cálculo dos respectivos emolumentos, a teor do art. 12, parágrafo único, da Lei 6.015/1973, os quais não gozam dos efeitos da prioridade. É curial, portanto, compreender que o apontamento do título no Livro de Recepção de Títulos não gera qualquer efeito de prenotação. Eis o principal fundamento pelo qual sempre se recomenda aos utentes dos serviços da serventia predial a protocolização do título no Livro nº 1.

O Livro de Recepção de Títulos para exame e cálculo poderá ser escriturado eletronicamente e conterá colunas ou campos com, ao menos, os seguintes elementos: (a) número de ordem, que seguirá indefinidamente; (b) data da apresentação, apenas no primeiro lançamento diário; (c) nome do apresentante; (d) natureza formal do título; (e) data da devolução do título; (f) data da entrega ao interessado. Recorde-se: é vedado lançar no Livro nº 1 – Protocolo – e prenotar títulos apresentados exclusivamente para exame e cálculo.

Com efeito, a recepção de títulos somente para exame e cálculo é excepcional e dependerá de requerimento escrito e expresso do interessado, a ser arquivado em pasta própria, onde declare ter ciência de que a apresentação do título na forma escolhida não implica prioridade e preferência dos direitos. Lembre-se que a serventia poderá fornecer requerimento para preenchimento de claros em branco, para comodidade e auxílio aos usuários.

Quando a apresentação de títulos for exclusivamente para exame e cálculo, os emolumentos devidos serão os correspondentes ao valor da prenotação, conforme a Lei Estadual de Emolumentos respectiva, ficando vedada a cobrança de emolumentos pelos atos registrais futuros.

Deverá ser fornecido ao apresentante recibo-protocolo de todos os documentos ingressados para exame e cálculo, contendo numeração de ordem idêntica à lançada no Livro de Recepção de Títulos que, necessariamente, será anotada, ainda que por cópia do mencionado recibo, nos títulos em tramitação, salvo os títulos que forem encaminhados por meio do SAEC, os quais terão regramento próprio.

O recibo-protocolo de títulos ingressados na serventia apenas para exame e cálculo deverá conter a natureza do título, o nome do apresentante, a data em que foi expedido, a data prevista para devolução, a expressa advertência de que não implica prioridade prevista no art. 186 da Lei 6.015/1973, o número do protocolo ou a senha e o endereço eletrônico para acompanhamento do procedimento registral pela internet.

Deverá o Registrador proceder ao exame exaustivo do título apresentado e ao cálculo integral dos emolumentos, expedindo nota, de forma clara e objetiva, em papel timbrado do cartório que deverá ser datada e assinada pelo preposto responsável.

A qualificação deve abranger completamente a situação examinada, em todos os seus aspectos relevantes para a prática do ato, complementação ou seu indeferimento, permitindo quer a certeza correspondente à aptidão registrária (*título apto*), quer a indicação integral das deficiências para a inscrição registral e o modo de suprimento (*título não apto*), ou a negação de acesso do registro (*título não apto*). Se qualquer dessas informações for prejudicada pela falta de documentos entre os apresentados, a circunstância deverá ser expressamente mencionada.

Quando o Livro de Recepção de Títulos for escriturado por sistema informatizado, com impressão do termo de encerramento diário e não houver possibilidade de lançamento do resultado da qualificação na coluna da própria (Título apto ou Título não apto), seu lançamento será feito no termo de encerramento do dia em que for praticado, mediante remissão da data para facilitar sua localização.

A devolução do título ao apresentante com a competente nota do exame e cálculo deverá ficar documentada em cartório, mediante recibo, salvo nos casos de títulos que tramitaram eletronicamente por meio da plataforma eletrônica. Após a devolução do título ao apresentante, poderão o requerimento e o recibo de entrega permanecer somente em microfilme ou armazenado em mídia digital.

---

[733] Item 16 e seguintes, Cap. XX, NSCGJSP.

A Lei Federal não fixou, em princípio, um prazo para o registrador ultimar o exame e o cálculo dos emolumentos. Tem-se entendido, no entanto, que é possível aplicar por analogia o mesmo prazo ordinário da qualificação registral disciplinado pelo art. 188 da LRP, qual seja, dez dias úteis.

 Jurisprudência

1. Protocolo de exame e cálculo não se confunde com prenotação: não autoriza suscitação de dúvida registral

"Apresentação do título para exame e cálculo que não permite a suscitação de dúvida. A necessidade de prévio protocolo do título para registro, ademais, decorre de interpretação lógica da Lei 6.015/1973 que: a) em seu art. 182 determina que todos os títulos tomarão no protocolo o número de ordem correspondente à sequência de apresentação; b) em seu art. 198, e incisos, dispõe sobre a anotação da dúvida no Livro nº 1 Protocolo, para conhecimento da prorrogação do prazo da prenotação e; c) em seu art. 203 prevê os efeitos do julgamento da dúvida em relação ao registro e, em consequência, ao resultado da qualificação realizada depois da respectiva prenotação do título. Considerando, pois, que a apresentação de título para exame e cálculo não gera prenotação (art. 12, parágrafo único, da Lei nº 6.015/73) e, assim, não se presta para o registro que deverá ser feito se forem atendidos os requisitos legais, conforme a prioridade decorrente do protocolo (art. 182 da lei referida), não se admite dúvida para análise do resultado da nota devolutiva expedida para análise e exame e cálculo" (CSMSP – Apelação Cível 1002170-63.2018.8.26.0238, Rel. Des. Geraldo Francisco Pinheiro Franco, j. 19/09/2019).

2. Ausência de prenotação válida prejudica o julgamento de dúvida registral

"Ausência de prenotação em dúvida inversa. Dúvida prejudicada. A inexistência de protocolo válido impede que o título seja registrado, não sendo possível decidir a dúvida sem prenotação válida porque o que se qualifica é o título efetivamente apresentado para registro e com prioridade sobre eventuais outros títulos representativos de direitos reais contraditórios. Em razão disso, sem notícias da prenotação do título, a dúvida inversa adquire natureza meramente consultiva, para o que não se presta" (CSMSP – Apelação Cível 1002220-92.2017.8.26.0022, Rel. Des. Geraldo Francisco Pinheiro Franco, j. 14/03/2019).

3. Prenotações sucessivas e títulos contraditórios

"Prenotações sucessivas. Títulos contraditórios. Esgotado o prazo da prenotação de 30 dias sem o cumprimento das exigências, o título seguinte na ordem de prenotações será qualificado e não havendo exigências, estando regular, será registrado. Assim, o ato de prenotar sucessivamente um título inapto a registro sem cumprimento de exigências não tem eficiência para impedir o registro de títulos contraditórios que sejam prenotados na vigência de prenotação anterior" (1ª VRPSP – Processo 0005231-04.2020.8.26.0100, Juíza Tânia Mara Ahualli, j. 27/05/2020).

4. Hipoteca e alienação fiduciária sobre o mesmo imóvel. Títulos contraditórios excludentes

"O título apresentado pelos apelantes foi objeto de nota de devolução, em que o registrador condicionou o registro do instrumento de alienação fiduciária ao prévio cancelamento da hipoteca. Ora, é sabido que, tratando-se de títulos representativos de direitos contraditórios ou que representem uma graduação de direitos, a tramitação da qualificação do mandado de restabelecimento da hipoteca deveria aguardar o resultado da qualificação do instrumento de alienação fiduciária, prenotado em primeiro lugar. O ofício a fls. tem conteúdo de mandado judicial direcionado à manutenção da hipoteca cujo cancelamento havia sido anteriormente registrado. Não se voltando a ordem, pois, à suspensão do procedimento de registro de título específico, qual seja, o instrumento particular de alienação fiduciária apresentado pelo apelante, não caberia ao Oficial de Registro, no exame de sua qualificação, exigir que os apresentantes do título buscassem o cancelamento da hipoteca. A opção tomada pelo registrador deixou de observar o que preveem os itens 39 e 39.1, do Capítulo XX, das NSCGJ, que assim estão redigidos: *39. No caso de prenotações sucessivas de títulos contraditórios ou excludentes, criar-se-á uma fila de precedência. Cessados os efeitos da prenotação, poderá retornar à fila, mas após os outros, que nela já se encontravam no momento da cessação. 39.1. O exame do segundo título subordina-se ao resultado do procedimento de registro do título que goza da prioridade. Somente se inaugurará novo procedimento registrário, ao cessarem os efeitos da prenotação do primeiro. Nesta hipótese, os prazos ficarão suspensos e se contarão a partir do dia em que o segundo título assumir sua posição de precedência na fila. A prioridade se apura no protocolo do Registro de Imóveis, de acordo com a ordem de seu ingresso. Por outro lado, a Lei de Registros Públicos disciplina a matéria e estabelece regras que devem ser observadas pelos Oficiais. Sobre o tema, merece ser lembrada a lição de Afrânio de Carvalho: 'O princípio da prioridade significa que, num concurso de direitos reais sobre um imóvel, estes não ocupam todos o mesmo posto, mas se graduam ou classificam por uma relação de precedência fundada na ordem cronológica do seu aparecimento: prior tempore potior jure. Conforme o tempo em que surgirem, os direitos tomam posição no registro, prevalecendo os anteriormente estabelecidos sobre os que vierem depois' (Registro de Imóveis, 4ª ed., Editora Forense, 1998, p. 181).* A prenotação subsiste também na hipótese de suscitação de dúvida, prevista no art. 198 da Lei de Registros Públicos, pois, se julgada improcedente, a prioridade fará com que seus efeitos retroajam à data da protocolização do título. Na hipótese de ser julgada procedente, a prenotação será cancelada (art. 203 da Lei de Registros Públicos). Por fim, cumpre ressaltar que a exigência de cancelamento da hipoteca não se sustenta pois, como ensina *Melhim Namem Chalhub: '(...) na hipoteca o bem permanece no patrimônio do devedor e, assim, sendo ele, o devedor, titular de domínio sobre o imóvel, pode constituir sobre ele novos gravames e até mesmo vendê-los, hipótese em que, por força da sequela, o gravame hipotecário passa à responsabilidade do adquirente.' (Negócio Fiduciário, Ed. Renovar, Rio de Janeiro – São Paulo – Recife, 2009, p. 204).* Como se vê, a hipoteca não impede o registro do instrumento de alienação fiduciária, devendo a questão relativa a eventual preferência de crédito ser debatida em sede própria" (CSMSP – Apelação Cível 1002137-02.2018.8.26.0100, Rel. Des. Geraldo Francisco Pinheiro Franco, j. 26/02/2019).

5. Dupla alienação imobiliária. Princípio da prioridade aplicável aos títulos judiciais

"O princípio da prioridade tem relevância quanto aos aspectos de direito imobiliário formal e substancial. Priscila Alves Patah (*Direito registral*. Retificação administrativa de área de imóvel rural. Curitiba: Juruá, 2018, p. 94/95) traça as seguintes considerações acerca do princípio da prioridade: Quem apresenta o título para registro tem prioridade para o registro através do protocolo que gera a prenotação. O título que primeiro foi prenotado é o que será registrado em primeiro lugar, criando uma espécie de preferência entre os títulos que ingressem no protocolo referentes ao mesmo bem. Assim, em respeito ao princípio da prioridade, o título que foi prenotado posteriormente poderá não ensejar registro. É o que prevê o art. 186 da LRP: 'O número de ordem determinará a prioridade do título, e esta a preferência dos direitos reais, ainda que apresentados pela mesma pessoa mais de um título simultaneamente'. A questão posta neste recurso administrativo envolve a aplicação do princípio da prioridade aos títulos judiciais. Como mencionado pela i. sentenciante, a situação possui regramento administrativo próprio, como se observa do item 39 do Capítulo XX das Normas de Serviço da Corregedoria Geral da Justiça: 39. No caso de prenotações sucessivas de títulos contraditórios ou excludentes, criar-se-á uma fila de precedência. Cessados os efeitos da prenotação, poderá retornar à fila, mas após os outros, que nela já se encontravam no momento da cessação. 39.1. O exame do segundo título subordina-se ao resultado do procedimento de registro do título que goza da prioridade. Somente se inaugurará novo procedimento registrário, ao cessarem os efeitos da prenotação do primeiro. Nesta hipótese, os prazos ficarão suspensos e se contarão a partir do dia em que o segundo título assumir sua posição de precedência na fila. Essa previsão normativa administrativa determina, como regra geral, a aplicação do princípio da prioridade aos títulos judiciais com ordens genéricas, o que é conforme ao sistema legal incidente. Não houve indeferimento da averbação determinada, somente sua inclusão na ordem de prioridade legal. Na eventualidade da Autoridade Jurisdicional tomar conhecimento desse fato, avaliar a questão concretamente, e determinar o ingresso do título independentemente da observância do princípio da prioridade, aí sim haveria o efeito pretendido nas razões recursais. Seja como for, isso não ocorreu neste pedido de providências. Nestes termos, foi correta a aplicação da prioridade ao título judicial (genérico) apresentado" (CGJSP – Processo 1003691-30.2017.8.26.0286, Des. Geraldo Francisco Pinheiro Franco, j. 14/03/2019).

6. Preferência no atendimento para idosos, portadores de necessidades especiais, gestantes etc. não garante prioridade do registro

"Os idosos e os portadores de necessidades especiais devem ser atendidos com preferência quando veiculem pedidos e entregas de certidões e demais documentos. Excetuam-se à regra os títulos que devam ser prenotados gerando o direito de prioridade (art. 182, LRP). Nas informações prestadas, disse o Oficial que os idosos e os portadores de necessidades especiais são atendidos com preferência em relação aos pedidos e entregas de certidões e demais documentos, mas que, quanto ao de protocolização de títulos, todos os usuários recebem senhas para assegurar a prioridade fixada no art. 182 e seguintes, da Lei 6.015/73, aguardando, sentados e bem acomodados, a vez do atendimento. A hipoteca, enquanto direito real (sobre coisa alheia), submete-se ao princípio da prioridade, explicado por *Afrânio Carvalho* da seguinte forma: '*num concurso de direitos reais sobre um imóvel, estes não ocupam todos o mesmo posto, mas se graduam ou classificam por uma relação de precedência fundada na ordem cronológica do seu aparecimento:* prior tempore potior jure. *Conforme o tempo em que surgirem, os direitos tomam posição no registro, prevalecendo os anteriormente estabelecidos sobre os que vierem depois*' (Registro de Imóveis, 3ª Ed., Forense, pág. 216). O princípio da prioridade está previsto de forma expressa nos arts. 182 e seguintes, da Lei nº 6.015/73. Sua incidência sobre a hipoteca e atos que a cercam, embora redundante, consta também do Código Civil, no art. 1493, in verbis: '*Os registros e averbações seguirão a ordem em que forem requeridas, verificando-se ela pela da sua numeração sucessiva no protocolo.*' Sucede que os títulos que geram direito de prioridade devem ingressar no Registro Imobiliário, mediante lançamento no Livro nº 1 – Protocolo, conforme a rigorosa ordem de apresentação. Por essa razão, eventual direito a atendimento preferencial em razão da idade não permite, quanto a esses títulos, que sejam recebidos antes de outros que deram ingresso nas dependências da serventia em primeiro lugar. Nessa linha, verifica-se que o caso em exame realmente não permitia a dispensa da senha garantidora da prioridade, pois o ato registral não era de mero pedido de certidão ou equivalente, mas de averbação de ato referente à hipoteca, ato que se sujeita à prioridade registral" (1ª VRPSP – Processo 100.09.326136-4, Juiz Gustavo Henrique Bretas Marzagão, j. 22/01/2010).

7. Advogados não possuem preferência de atendimento nas serventias extrajudiciais

"O disposto no Estatuto da Advocacia não concedeu tratamento privilegiado ao advogado, o qual, perante as serventias extrajudiciais, equipara-se ao usuário comum. (...) Quanto à natureza jurídica da atividade desenvolvida pelos delegados do serviço, verifica-se que o disposto no artigo 7º, VI, ‹c›, da Lei n. 8.906/94 não tem o alcance entrevisto, ao menos em relação às unidades denominadas extrajudiciais. Assim é, porque o dispositivo invocado pela digna entidade proponente não estabelece qualquer forma de preferência, no atendimento ao Advogado, mas, apenas, faculta-lhe o livre acesso às diversas repartições judiciais. O artigo 7, VI, 'c' do Estatuto do Advogado assim dispõe: Art. 7 – São direitos do Advogado: ... VI – Ingressar livremente: ... c) em qualquer edifício ou recinto em que funcione repartição judicial ou outro serviço público onde o advogado deva praticar ato ou colher prova ou informação, útil ao exercício da atividade profissional, dentro do expediente ou fora dele, e ser atendido, desde que se ache presente qualquer servidor ou empregado. Depreende-se, portanto, que o ingresso livre contemplado não implica na preferência do atendimento. Vale dizer, não há amparo legal, conferindo a propalada distinção no atendimento do Advogado. A questão, diretamente relacionada à esta Corregedoria-Geral da Justiça, que envolve pretensão de regulamentar matéria por Provimento, Portaria ou Resolução, conferindo preferência no atendimento de Advogado pelos Cartórios Extrajudiciais, salvo melhor juízo de V. Exa., não comporta a solução pretendida. O livre acesso dos Advogados às diversas unidades extrajudiciais do Estado, no exercício da atividade profissional, obviamente, não pode ser obstado. Aliás, o ingresso livre constitui procedimento rotineiro, na consideração que os serviços notariais e de registro são frequentemente utilizados pelos referidos profissionais, quer no pleno exercício da atividade própria da Advocacia, quer na condição de mero usuário. A par de relevância da atividade desempenhada pela nobre Classe dos Advogados, forçoso é convir que a Lei 8.906, de 04 de julho de 1994, que dispõe sobre o Estatuto da Advocacia, não concedeu tratamento privilegiado ao aludido profissional, o qual, perante as serventias extrajudiciais equipara-se ao usuário do serviço nelas desempenhado. Não se ignora a preocupação da nobre entidade postulante, na preparação de documentos necessários, para instruir feitos judiciais, ou outras diligências a serem obtidas nas serventias extrajudiciais, tais como certidões, traslados, etc., a exigir, invariavelmente, rapidez na elaboração das mais diversas ações, defesas, consultas ou assessorias jurídicas. Contudo, a providência almejada não conta, no âmbito da atividade extrajudicial, com a devida reserva legal e constituída medida que violaria a procedência, em relação aos demais usuários. Na essência das múltiplas atividades desempenhadas nas serventias, verifica-se que há, em tais exercícios, uma relação direta entre o usuário, assim compreendido o cidadão comum, sem tratamento diferenciado, e o Tabelião ou o Registrador. A natureza dos serviços notariais e de registro não cedem lugar, como regra, a que se estabeleça privilégios ou preferências, sob pena de quebra de precedência, que, por sinal, constitui um dos princípios basilares do direito registrário (*v.g.* artigo 11 da Lei dos Registro Públicos). Não se está, assim, dificultando ou deixando de atender ao comando legal invocado pela Ordem dos Advogados do Brasil – Secção São Paulo. Ao revés, o tratamento almejado conduziria a uma instabilidade indesejável ao sistema, sobretudo, no que pertine ao Registro de Imóveis, e não conta, em suma, com previsão legal. Logo, à míngua de dispositivo expresso, conferindo preferência no atendimento de Advogado pelos Cartórios Extra-judiciais, forçoso é convir que, afastado o almejado direito de prioridade no atendimento, resta, a título de recomendação aos Delegados, que se conceda, em caráter de deferência, dentro dos rigores dos princípios registrários, e, sempre em estrita observância às Normas de Serviço da Corregedoria Geral da Justiça, um atendimento aos Advogados similar àquele dispensado aos idosos, deficientes físicos, gestantes, etc., otimizando o tempo na prestação dos variados serviços, o que, aliás, já vem sendo posto em prática, que refletem o comportamento das diversas entidades representativas das Classes dos Registradores e Notários" (CGJSP – Processo 21.346/1995, Des. Antônio Carlos Alves Braga, j. 01/12/1995).

8. Averbação de penhora e princípio da prioridade. Títulos prenotados sucessivamente

"Por força do princípio da prioridade, os atos registrais são praticados de acordo com a ordem de apresentação dos respectivos títulos, de modo que, apresentados títulos contraditórios, aquele com número de protocolo anterior será registrado. Caso esgotado o prazo da prenotação de 20 dias sem que tenham sido cumpridas as exigências, o título seguinte na ordem de prenotações será qualificado e, não havendo exigências, registrado. (...) Conforme apontado, há dois títulos prenotados anteriores à certidão de penhora apresentada pelo requerente: protocolo nº 343.938, certidão de arresto des-qualificada (pedido de providências nº 1094638-04.2020.8.26.0100); e protocolo nº 348.453, ordem judicial de indisponibilidade. Disso decorre que a prenotação do título apresentado pelo postulante somente poderá ter ingresso na matrícula após o vencimento das prenotações anteriores, ou se, após a inscrição destas, não existir contradição que impeça a pretendida averbação da penhora, sob pena de violar a prioridade de registro prevista na lei. Estabelecido que a averbação depende do vencimento ou inscrição das prenotações anteriores, cumpre analisar se há algum impedimento ao ingresso o título caso não houvesse prenotações prioritárias anteriores. E, de fato, o título não ingressaria no fólio real. Assim se afirma, não devido à indisponibilidade e ao bloqueio judicial averbados na matrícula imobiliária (respectivamente, Av. 10 e Av. 11), mas sim por conta da cláusula de impenhorabilidade com a qual foi gravado o imóvel (Av. 09) A indisponibilidade e o bloqueio averbados na matrícula imobiliária (certidão acostada a fl. 190/195) impedem a inscrição de atos que importem na disposição do bem pelo próprio titular do domínio, não os atos de constrição judicial, dentre eles a penhora. O próprio Código Normativo estabelece em seu item 413, do Capítulo XX: '413. As indisponibilidades averbadas nos termos do Provimento CG nº 13/2012 e CNJ nº 39/2014 e na forma do §1 do art. 53, da Lei nº 8.212, de 24 de julho de 1991, não impedem a inscrição de constrições judiciais, assim como não impedem o registro da alienação judicial do imóvel desde que a alienação seja oriunda do juízo que determinou a indisponibilidade, ou a que distribuído o inquérito judicial a prevalência da alienação judicial em relação à restrição oriunda de outro juízo ou autoridade administrativa a que foi dada ciência da execução.' Já a impenhorabilidade diz respeito à impossibilidade de o bem servir à penhora e, uma vez assim clausulado, obstado está o ingresso da ordem de penhora. A doação feita com reserva de usufruto vitalício, gravou o imóvel com cláu-sula restritiva vitalícia de impenhorabilidade, extensiva aos frutos e rendimentos (Av. 09). Destarte, encontrando-se o imóvel clausulado com a impenhorabilidade, a qual, por sua vez, está publicizada na matrícula e devidamente vigente até que venha a ser cancelada ou extinta, nos termos do art. 252 da Lei nº 6.015/73, resulta obstado o ingresso da pretendida averbação de penhora. A via ad-ministrativa não se presta a eventual afastamento de cláusula de impenhorabilidade, competindo ao interessado, pelas vias próprias, discutir a validade da restrição imposta, enfrentando, nesse passo, a vontade do instituidor. De arremate, impende registrar que o exame qualificador do título, mesmo em sede recursal, deve necessariamente ser completo e exaustivo, visando escoimar todo e qualquer vício impeditivo de acesso ao cadastro predial, de modo que não há que se falar, na hipótese em testilha, em decisão extra petita ou violação do contraditório ou ampla defesa" (CGJSP – Processo 1059168-72.2021.8.26.0100, Des. Ricardo Mair Anafe, j. 16/12/2021).

9. Princípio da prioridade. Transmissão imobiliária e ordens de indisponibilidade. Observância rigorosa da ordem de protocolo

Registro de imóveis. Procedimento de dúvida. Requerimento para transferência da propriedade do imóvel ao promissário comprador em razão da quitação do preço. Previsão do artigo 26, §6º da lei 6.766/79. Protocolo que antecedeu as averbações de indisponibilidade do imóvel por consulta à central de indisponibilidades. Princípio da *prioridade* inobservado. Qualificação negativa reformada. Apelo provido com determinação. (...) A *prioridade* se apura no protocolo do Registro de Imóveis, de acordo com o que dispõe a Lei de Registros Públicos. (CSMSP – Apelação Cível 1003776-46.2024.8.26.0132, Rel. Des. Francisco Eduardo Loureiro, j. 17/10/2024).

10. (Des)necessidade de CND do INSS para fins de transmissão imobiliária

"No que diz respeito ao primeiro óbice, necessidade de exibição de certidões negativas de dívidas tributárias e previdenciárias federais, trata-se de questão que já foi apreciada inúmeras vezes tanto pelo E. Conselho Superior da Magistratura quanto pela E. Corregedoria Geral de Justiça, sendo que tais órgãos superiores firmaram entendimento acerca de sua dispensa no que toca ao múnus do registro imobiliário. Destaca-se o julgamento proferido pelo E. CSM em análise recursal de procedimento que tramitou perante este juízo (*autos n. 1124381-98.2016.8.26.0100*), com relatoria do eminente *Desembargador Manoel de Queiroz Pereira Calças*, de cujo teor se extrai: '*Item 3 (Certidão negativa de tributos federais e da dívida ativa da União): Essa exigência é a única a ser afastada. Este Conselho Superior da Magistratura já se posicionou, por diversas vezes, no sentido de que são dispensáveis as certidões de dívidas ativas tributárias e previdenciárias federais. Inspirado em precedentes do Supremo Tribunal Federal que inadmitiram a imposição de sanções políticas pelos entes tributários para, por vias oblíquas, constranger o contribuinte a quitar débitos tributários, o Conselho Superior da Magistratura reconheceu inexistir justificativa 'para condicionar o registro de títulos nas serventias prediais à prévia comprovação da quitação de créditos tributários, contribuições sociais e de outras imposições pecuniárias compulsórias'* (Apelações Cíveis 0018870-06.2011.8.26.0068, 0013479-23.2011.8.26.0019 e 9000002-22.2009.8.26.0441, todas sob a relatoria do Desembargador José Renato Nalini)". "Nesse mesmo sentido, confiram-se: (a) para a CGJ: Processos de autos n. 62.779/2013 (j. 30/07/2013) e 100.270/2012, (j. 14/01/2013); (b) para o CSM: as Apelações Cíveis dos autos n. 0015705-56.2012.8.26.0248 (j. 06.11.2013); 9000004-83.2011.8.26.0296 (j. 26.09.2013); 0006907-12.2012.8.26.0344 (j. 23.05.2013); 0013693-47.2012.8.26.0320 (j. 18.04.2013); 0019260-93.2011.8.26.0223 (j. 18.04.2013); 0021311-24.2012.8.26.0100 (j. 17.01.2013); 0013759-77.2012.8.26.0562 (j. 17.01.2013); 0018870-06.2011.8.26.0068 (j. 13.12.2012); 9000003-22.2009.8.26.0441 (j. 13.12.2012); 0003611-12.2012.8.26.0625 (j. 13.12.2012) e 0013479-23.2011.8.26.0019 (j. 13.12.2012). E, ainda, o disposto no item 117.1, Cap. XX, NSCGJ, ao lado do entendimento do Conselho Nacional de Justiça: "*117.1. Com exceção do recolhimento do imposto de transmissão e prova de recolhimento do laudêmio, quando devidos, nenhuma exigência relativa à quitação de débitos para com a Fazenda Pública, inclusive quitação de débitos previdenciários, fará o oficial, para o registro de títulos particulares, notariais ou judiciais'. 'Recurso administrativo em pedido de providências. Impugnação de provimento editado por corregedoria local determinando aos cartórios de registro de imóveis que se abstenham de exigir certidão negativa de débito previdenciário nas operações notariais. Alegação de ofensa ao disposto nos artigos 47 e 48 da lei n. 8.2012/91. Inexistência de ilegalidade. 1. Reconhecida a inconstitucionalidade do art. 1º, inciso IV da Lei nº 7.711/88 (ADI 394), não há mais que se falar em comprovação da quitação de créditos tributários, de contribuições federais e de outras imposições pecuniárias compulsórias para o ingresso de qualquer operação financeira no registro de imóveis, por representar forma oblíqua de cobrança do Estado, subtraindo do contribuinte os direitos fundamentais de livre acesso ao Poder Judiciário e ao devido processo legal (art. 5º, XXXV e LIV, da CF). 2. Tendo sido extirpado do ordenamento jurídico norma mais abrangente, que impõe a comprovação da quitação de qualquer tipo de débito tributário, contribuição federal e outras imposições pecuniárias compulsórias, não há sentido em se fazer tal exigência com base em normas de menor abrangência, como a prevista no art. 47, I, 'b', da Lei 8.212/91. 3. Ato normativo impugnado que não configura qualquer ofensa a legislação pátria, mas apenas legítimo exercício da competência conferida ao Órgão Censor Estadual para regulamentar as atividades de serventias extrajudiciais vinculadas ao Tribunal de Justiça local. RECURSO IMPROVIDO*" (CNJ – Pedido de Providências – Corregedoria – 0001230-82.2015.2.00.0000 – Rel. João Otávio de Noronha, 28ª Sessão Virtual. j. 11/10/2017). "Note-se, por fim, que, embora o dispositivo legal que revogaria as exigências da alínea 'b' do inciso I e o inciso II do artigo 47 da Lei n.8.212/91 (Lei n. 14.382/22) tenha sido vetado, suas razões não afastam a conclusão exposta acima diante do regramento da matéria no âmbito registral e do suporte jurisprudencial citado" (1ª VRPSP – Processo 1063422-54.2022.8.26.0100, Juíza Luciana Carone Nucci Eugênio Mahuad, j. 04/10/2022).

Art. 175. São requisitos da escrituração do Livro nº 1 – Protocolo:

I – o número de ordem, que seguirá indefinidamente nos livros da mesma espécie;
II – a data da apresentação;
III – o nome do apresentante;
IV – a natureza formal do título;
V – os atos que formalizar, resumidamente mencionados.

 Referências Normativas

Lei 6.015/1973, arts. 12; 182 a 187; 191 a 192.
Lei 10.406/2002 (Código Civil), arts. 1.246. 1.422; 1.493.
Lei 14.382/2022 (Sistema Eletrônico dos Registros Públicos – SERP).
Provimento 89/2019 do CNJ (Sistema de Registro Eletrônico de Imóveis).
Provimento 115/2021 do CNJ (Custeio do Sistema de Registro Eletrônico de Imóveis).
Provimento 124/2021 do CNJ (Integração das unidades ao SREI).
Provimento 149/2023 (Código Nacional de Normas Extrajudiciais da Corregedoria Nacional de Justiça).
Lei 14.382/2022 (Sistema Eletrônico dos Registros Públicos – SERP).

 Comentários

O dispositivo arrola os elementos de escrituração que devem compor o Livro nº 1 – Protocolo. São requisitos que permitem identificar com precisão o título causal apresentado, designando-se a figura do apresentante, bem assim o número e data da prenotação. Esses últimos elementos, como cediço, são de grande relevância para o procedimento registral, sobretudo diante da incidência do princípio da prioridade. Lembre-se: o número de ordem determinará a prioridade do título. Esse número (da prenotação) é único para cada título, ou seja, não se repete e segue sequência numérica infinita.

A natureza formal do título indica seu aspecto extrínseco. É dizer, o veículo pelo qual o ato, fato ou negócio jurídico acede ao Registro de Imóveis: instrumento particular, instrumento público, título judicial, título administrativo etc. A forma que reveste o título causal é extraída do rol do art. 221 da Lei 6.015/1973. Na coluna "natureza formal do título", bastará referência à circunstância de se tratar de escritura pública, de instrumento particular, ou de ato judicial. Apenas estes últimos deverão ser identificados por sua espécie (formal de partilha, carta de adjudicação, carta de arrematação etc.).

Deve-se assentar também que o Livro nº 1 – Protocolo possui natureza dinâmica durante o procedimento registral: é que devem ser feitas anotações que dependem do resultado da qualificação registral, seja anotando-se devoluções, seja lançando-se os atos devidamente formalizados. Em resumo, a ocorrência de devolução com exigência, após a elaboração da nota, será imediatamente lançada na coluna própria do Livro Protocolo; reingressando o título no prazo de vigência da prenotação, será objeto do mesmo lançamento, em coluna própria, recebendo igual número de ordem. De outro bordo, sendo a qualificação positiva, na coluna destinada à anotação dos atos formalizados, serão lançados, em forma resumida, os atos praticados nos Livros nº 2 e 3, bem como as averbações efetuadas nos livros anteriores ao atual sistema de registro ou outras ocorrências do procedimento registral (*v.g.*: R. 1/457; Av. 4/1950; R. 758; Av.1 na T. 3.789-L3D; dúvida suscitada; prenotação prorrogada; prenotação cancelada).

A cada título corresponderá um número de ordem do protocolo, independentemente da quantidade de atos que gerar. Sendo um mesmo título apresentado em várias vias, o número do protocolo será apenas um. A exceção é o título que veicule *contrato de permuta*, caso pertençam os imóveis à mesma circunscrição: serão feitos os registros nas matrículas correspondentes, sob um único número de ordem no protocolo, ainda que apresentado título em mais de uma via (LRP, art. 187). Trata-se de regra de escrituração de protocolo, sendo certo que a norma referida não impede a cindibilidade do título no caso de permuta, ainda que os imóveis estejam situados na mesma circunscrição. Equivale dizer, é possível, mediante requerimento dos interessados, que se registre apenas um dos imóveis permutados, relegando-se o registro da transmissão do outro imóvel para momento posterior.

Ademais, deverá ser fornecido às partes recibo-protocolo de todos os documentos ingressados, contendo numeração de ordem idêntica à lançada no Livro 1 – Protocolo, a qual, necessariamente, constará anotada, ainda que por cópia do mencionado recibo, nos títulos em tramitação, salvo os títulos que forem encaminhados por meio do SAEC, operado e administrado pelo ONR, os quais terão regramento próprio.

O recibo-protocolo deverá conter os nomes do apresentante, do outorgante e outorgado, a natureza do título, o valor do depósito prévio (se o caso), a data em que foi expedido, a data prevista para eventual devolução do título com exigências, a data prevista para a prática do ato, a data em que cessarão automaticamente os efeitos da prenotação, o número do protocolo ou a senha, e o endereço para acompanhamento do procedimento registral pela *internet*. Quando ocorrer protocolo de título em papel, uma via da nota de exigência será mantida em cartório para entrega concomitante com a devolução do título e dos valores correspondentes ao depósito prévio.

A entrega do título ao apresentante, com registro ou exigência, permanecerá documentada em Cartório, exigindo-se recibo, salvo nos casos em que o título tenha sido encaminhado por meio da Central Eletrônica, os quais terão regramento próprio. Idêntica providência será adotada em relação à restituição, total ou parcial, dos valores correspondentes ao depósito prévio, vedada sua retenção quando o título for devolvido com exigência.

Certifique-se, ainda, que o protocolo, quando em folhas soltas, deverá ser impresso. A escrituração e subscrição do Protocolo incumbe ao Oficial, seus substitutos ou escreventes autorizados. Embora seja dispensável lavrar-se termo diário de abertura do Protocolo, deverá possuir termo diário de encerramento, assinado física ou eletronicamente, mencionando-se os números dos títulos protocolados.

Quando o Livro Protocolo for escriturado por sistema informatizado com impressão do termo de encerramento diário e não houver possibilidade de lançamento do resultado do procedimento registral, seu lançamento será realizado no termo de encerramento do dia em que for praticado, mediante remissão da data para facilitar sua localização. O mesmo procedimento deverá ser observado na escrituração eletrônica do Livro Protocolo, hipótese em que a remissão às datas e aos atos será feita na base de dados, nos campos respectivos.

 Jurisprudência

1. Prioridade do registro não se confunde com preferência no concurso de credores

"A averbação da penhora não impede o registro da alienação do imóvel pelo devedor, sendo que a fraude à execução deve ser arguida no Juízo da execução, não interferindo nos atos registrários, mantendo-se hígido o registro posterior de alienação do imóvel. Da análise da documentação apresentada aos autos concluo que não houve qualquer conduta irregular ou falta funcional praticada pela Registradora. Ressalto que há diferença entre a prioridade no concurso de credores, prevista no artigo 844 do Código de Processo Civil, e a prioridade na prenotação dos títulos apresentados a registro. Como bem exposto pela Oficial, a carta de arrematação somente teria prioridade se ocorresse a prenotação antes da carta de adjudicação dos 50% dos direitos do promitente comprador, porém, quando apresentada, a adjudicação já estava registrada. Também a origem do título em arrematação não afasta a necessidade de ser cumprido o princípio da continuidade, por ser forma derivada de aquisição da propriedade. Neste sentido: *'A propósito, não há como simplesmente apagar as ocorrências registrárias anteriores ao ato de transmissão coativa, quando é da essência do registro público justamente resguardar as situações anteriores, situação que não se confunde com mecanismos de modulação dos efeitos da transmissão coativa, para atingir ou mesmo resguardar direitos de terceiros. Em suma: a arrematação não constitui modo originário de aquisição da propriedade, caindo por terra as alegações formuladas pelo recorrente'* (CSM – Apelação Cível nº 9000002-19.2013.8.26.0531 Rel. Elliot Akel). Logo, o registro da carta de arrematação feriria o princípio da continuidade, uma vez que consta registrado 50% dos direitos sobre o imóvel em nome de terceiros. O título que se pretende registrar deve estar em conformidade com o inscrito na matrícula, o que não é o caso" (1ª VRPSP – Processo 1033172-14.2017.8.26.0100, Juíza Tânia Mara Ahualli, j. 18/06/2017).

2. Direitos contraditórios. Prioridade do título que tiver numeração mais baixa no Protocolo

"Nos termos do art. 186 da Lei n. 6.015/1973, 'O número de ordem determinará a prioridade do título, e esta a preferência dos direitos reais, ainda que apresentados pela mesma pessoa mais de um título simultaneamente'. Conforme se tem entendido, à luz dessa regra, uma vez apresentados a registro títulos pelos quais se transferem direitos reais relativos ao mesmo imóvel, que sejam contraditórios e reciprocamente excludentes, terá prioridade de exame aquele que ostentar numeração mais baixa no Protocolo, com preferência, ainda, de registro, se formalmente em ordem. De acordo com Walter Cruz Swensson: 'Sendo apresentados a registro títulos constituindo ou transferindo direitos reais relativos ao mesmo imóvel, quer sejam incompatíveis entre si, quer sejam reciprocamente excludentes, terá prioridade de exame e, se formalmente em ordem, preferência de registro, o que tiver numeração mais baixa no protocolo. Referida prioridade persiste pelo prazo previsto no art. 205 da Lei de Registros Públicos ou, se suscitada dúvida, até final decisão desta. Se apresentados a registro dois títulos constituindo ou transferindo direitos reais relativos ao mesmo imóvel que sejam incompatíveis entre si ou reciprocamente excludentes, ambos deverão ser protocolados, obedecendo-se à ordem de apresentação. Se os direitos reais forem incompatíveis entre si ou excludentes reciprocamente, ambos deverão ser protocolados. A seguir, prosseguir-se-á no processo de registro em relação àquele que for de numeração mais baixa. O prenotado posteriormente será devolvido ao apresentante, relatado o motivo da recusa do registro, possibilitando o requerimento para suscitação de dúvida.' (*Manual de Registro de Imóveis*, São Paulo: Saraiva, 1991, p. 106). Tal decorre, como sabido, do princípio da prioridade, segundo o qual, na lição de Afrânio de Carvalho, 'num concurso de direitos reais sobre um imóvel, estes não ocupam todos o mesmo posto, mas se graduam ou classificam por uma relação de precedência fundada na ordem cronológica do seu aparecimento: prior tempore potir jure' (Registro de Imóveis. 2ª ed. Rio de Janeiro: Forense, 1977, p. 192). Assim, é ainda a lição do mesmo autor, invocada também pelo Digno representante do Ministério Público, 'A ordem de apresentação, comprovada pela numeração sucessiva do protocolo, firma, pois, a posição registral do título relativamente a qualquer outro que já esteja ou venha a apresentar-se no registro. Se essa posição lhe assegurar prioridade, correlatamente lhe assegurará a inscrição, contanto que o resultado final do exame da legalidade lhe seja favorável' (Ob. cit., p. 193-194). (...) Como se vê, a apresentação precedente da escritura de compra e venda das vagas de garagem em discussão pela recorrente assegurou-lhe prioridade no exame do título pelo Sr. Oficial do 14º Registro de Imóveis da Capital, para fins de qualificação, sendo que, de outra parte, resultando esta positiva, prioritário será também o registro. Assim, não há como afastar, no caso, o exame pelo oficial registrador do título apresentado pela recorrente, sob o fundamento da existência de outro título contraditório e excludente, apresentado posteriormente pelo recorrido. A precedência, como visto, da apresentação da escritura de compra e venda dos imóveis pela recorrente impõe o exame do título pelo Sr. Oficial do 14º de Registro de Imóveis e, uma vez verificada, na sequência do processo, a legalidade do título, o registro deste, com devolução ao recorrido da escritura prenotada posteriormente, para as providências que entender cabíveis na defesa de seus interesses e direitos" (CGJSP – Processo 829/2005, Des. Gilberto Passos de Freitas, j. 09/01/2006).

3. Possibilidade de cindibilidade do título na permuta de imóveis situados na mesma circunscrição

"O princípio registral da parcelaridade ou cindibilidade do título significa a possibilidade de cisão do título apresentado a registro, de modo a aproveitar ou extrair determinados elementos aptos a ingressar de imediato no fólio real, e desconsiderar outros cujo registro esteja obstado ou dependa de providências adicionais. A interpretação dada é, pois, no sentido de que o art. 187 da Lei nº 6.015/73 estabeleceu regra técnica para a inscrição no protocolo e não exige a efetivação de todos os registros, nem mesmo quando todos os imóveis estejam localizados na mesma circunscrição. É, nesta linha, também, a lição de *Ademar Fioranelli*: *'Já tivemos a oportunidade de manifestar pensamento favorável à cindibilidade da escritura de permuta, na impossibilidade do registro de um dos imóveis, ainda mais quando por expressa autorização dos permutantes, em artigo publicado no* Jornal Novos Tempos, *Associação dos Serventuários de Justiça do Estado de São Paulo, 1995, nº 9, no sentido de que 'no caso de permuta, malgrado o disposto no art. 187, da Lei nº 6.015/73, nada obsta o registro do título e relação a um dos imóveis permutados, que recebeu qualificação positiva. Não seria lógico que um dos outorgantes-permutantes, para usar de seu direito, venha a suportar as despesas com o registro de todos os imóveis, não podendo ser descartada a possibilidade de que o título, em relação aos demais imóveis, tenha problemas de ordem formal que impossibilitem seu registro, ou mesmo estarem situados em outros Municípios ou Comarcas.' [...] Pensamos que não se pode criar, ao nosso juízo, uma regra que só valha quando os imóveis objetos da permuta estejam subordinados à mesma*

Circunscrição Imobiliária, mas que não tenha o mesmo valor quando os imóveis estiverem situados em circunscrições ou Comarcas diversas. É possível, portanto, sustentar a cindibilidade do título, como acima fizemos, sempre respeitando fundamentos e opiniões contrários' (A cindibilidade dos títulos. Exemplos práticos. In: Direito Notarial e Registral. *Homenagem às Varas de Registros Públicos da comarca de São Paulo. São Paulo: Quartier Latin, 2016, pp. 409-413).* Ante o exposto, dou provimento à apelação para permitir o registro da escritura de permuta somente em relação aos imóveis matriculados sob os nᵒˢ 36.417, 36.440, 36.441 e 36.470 do 2º Oficial de Registro de Imóveis, Títulos e Documentos e Civil de Pessoa Jurídica da Comarca de São Caetano do Sul" (CSMSP – Apelação Cível 1008124-45.2019.8.26.0565, Des. Ricardo Mair Anafe, j. 11/02/2021).

Art. 176. O Livro nº 2 – Registro Geral – será destinado, à matrícula dos imóveis e ao registro ou averbação dos atos relacionados no art. 167 e não atribuídos ao Livro nº 3.

§ 1º A escrituração do Livro nº 2 obedecerá às seguintes normas:

I – cada imóvel terá matrícula própria, que será aberta por ocasião do primeiro ato de registro ou de averbação caso a transcrição possua todos os requisitos elencados para a abertura de matrícula; *(Redação dada pela Lei nº 14.382, de 2022)*

II – são requisitos da matrícula:

1) o número de ordem, que seguirá ao infinito;

2) a data;

3) a identificação do imóvel, que será feita com indicação: *(Redação dada pela Lei nº 10.267, de 2001)*

a) se rural, do código do imóvel, dos dados constantes do CCIR, da denominação e de suas características, confrontações, localização e área; *(Incluída pela Lei nº 10.267, de 2001)*

b) se urbano, de suas características e confrontações, localização, área, logradouro, número e de sua designação cadastral, se houver. *(Incluída pela Lei nº 10.267, de 2001)*

4) o nome, domicílio e nacionalidade do proprietário, bem como:

a) tratando-se de pessoa física, o estado civil, a profissão, o número de inscrição no Cadastro de Pessoas Físicas do Ministério da Fazenda ou do Registro Geral da cédula de identidade, ou à falta deste, sua filiação;

b) tratando-se de pessoa jurídica, a sede social e o número de inscrição no Cadastro Geral de Contribuintes do Ministério da Fazenda;

5) o número do registro anterior;

6) tratando-se de imóvel em regime de multipropriedade, a indicação da existência de matrículas, nos termos do § 10 deste artigo; *(Incluído pela Lei nº 13.777, de 2018)*

III – são requisitos do registro no Livro nº 2:

1) a data;

2) o nome, domicílio e nacionalidade do transmitente, ou do devedor, e do adquirente, ou credor, bem como:

a) tratando-se de pessoa física, o estado civil, a profissão e o número de inscrição no Cadastro de Pessoas Físicas do Ministério da Fazenda ou do Registro Geral da cédula de identidade, ou, à falta deste, sua filiação;

b) tratando-se de pessoa jurídica, a sede social e o número de inscrição no Cadastro Geral de Contribuintes do Ministério da Fazenda;

3) o título da transmissão ou do ônus;

4) a forma do título, sua procedência e caracterização;

5) o valor do contrato, da coisa ou da dívida, prazo desta, condições e mais especificações, inclusive os juros, se houver.

§ 2º Para a matrícula e registro das escrituras e partilhas, lavradas ou homologadas na vigência do Decreto nº 4.857, de 9 de novembro de 1939, não serão observadas as exigências deste artigo, devendo tais atos obedecer ao disposto na legislação anterior. *(Incluído pela Lei nº 6.688, de 1979)*

§ 3º Nos casos de desmembramento, parcelamento ou remembramento de imóveis rurais, a identificação prevista na alínea *a* do item 3 do inciso II do § 1º será obtida a partir de memorial descritivo, assinado por profissional habilitado e com a devida Anotação de Responsabilidade Técnica – ART, contendo as coordenadas dos vértices definidores dos limites dos imóveis rurais, georreferenciadas ao Sistema Geodésico Brasileiro e com precisão posicional a ser fixada pelo INCRA, garantida a isenção de custos financeiros aos proprietários de imóveis rurais cuja somatória da área não exceda a quatro módulos fiscais. *(Incluído pela Lei nº 10.267, de 2001)*

§ 4º A identificação de que trata o § 3º tornar-se-á obrigatória para efetivação de registro, em qualquer situação de transferência de imóvel rural, nos prazos fixados por ato do Poder Executivo. *(Incluído pela Lei nº 10.267, de 2001)*

§ 5º Nas hipóteses do § 3º, caberá ao Incra certificar que a poligonal objeto do memorial descritivo não se sobrepõe a nenhuma outra constante de seu cadastro georreferenciado e que o memorial atende às exigências técnicas, conforme ato normativo próprio. *(Incluído pela Lei nº 11.952, de 2009)*

§ 6º A certificação do memorial descritivo de glebas públicas será referente apenas ao seu perímetro originário. *(Incluído pela Lei nº 11.952, de 2009)*

§ 7º Não se exigirá, por ocasião da efetivação do registro do imóvel destacado de glebas públicas, a retificação do memorial descritivo da área remanescente, que somente ocorrerá a cada 3 (três) anos, contados a partir do primeiro destaque, englobando todos os destaques realizados no período. *(Incluído pela Lei nº 11.952, de 2009)*

§ 8º O ente público proprietário ou imitido na posse a partir de decisão proferida em processo judicial de desapropriação em curso poderá requerer a abertura de matrícula de parte de imóvel situado em área urbana ou de expansão urbana, previamente matriculado ou não, com base em planta e memorial descritivo, podendo a apuração de remanescente ocorrer em momento posterior. *(Incluído pela Lei nº 12.424, de 2011)*

§ 9º A instituição do direito real de laje ocorrerá por meio da abertura de uma matrícula própria no registro de imóveis e por meio da averbação desse fato na matrícula da construção-base e nas matrículas de lajes anteriores, com remissão recíproca. *(Incluído pela Lei nº 13.465, de 2017)*

§ 10. Quando o imóvel se destinar ao regime da multipropriedade, além da matrícula do imóvel, haverá uma matrícula para cada fração de tempo, na qual se registrarão e averbarão os atos referentes à respectiva fração de tempo, ressalvado o disposto no § 11 deste artigo. *(Incluído pela Lei nº 13.777, de 2018)*

§ 11. Na hipótese prevista no § 10 deste artigo, cada fração de tempo poderá, em função de legislação tributária municipal, ser objeto de inscrição imobiliária individualizada. *(Incluído pela Lei nº 13.777, de 2018)*

§ 12. Na hipótese prevista no inciso II do § 1º do art. 1.358-N da Lei nº 10.406, de 10 de janeiro de 2002 (Código Civil), a fração de tempo adicional, destinada à realização de reparos, constará da matrícula referente à fração de tempo principal de cada multiproprietário e não será objeto de matrícula específica. *(Incluído pela Lei nº 13.777, de 2018)*

§ 13. Para a identificação de que tratam os §§ 3º e 4º deste artigo, é dispensada a anuência dos confrontantes, bastando para tanto a declaração do requerente de que respeitou os limites e as confrontações. *(Incluído pela Lei nº 13.838, de 2019)*

§ 14. É facultada a abertura da matrícula na circunscrição onde estiver situado o imóvel, a requerimento do interessado ou de ofício, por conveniência do serviço. *(Incluído pela Lei nº 14.382, de 2022)*

§ 15. Ainda que ausentes alguns elementos de especialidade objetiva ou subjetiva, desde que haja segurança quanto à localização e à identificação do imóvel, a critério do oficial, e que constem os dados do registro anterior, a matrícula poderá ser aberta nos termos do § 14 deste artigo. *(Incluído pela Lei nº 14.382, de 2022)*

§ 16. Se não forem suficientes os elementos de especialidade objetiva ou subjetiva, será exigida a retificação, no caso de requerimento do interessado na forma prevista no § 14 deste artigo, perante a circunscrição de situação do imóvel. *(Incluído pela Lei nº 14.382, de 2022)*

§ 17. Os elementos de especialidade objetiva ou subjetiva que não alterarem elementos essenciais do ato ou negócio jurídico praticado, quando não constantes do título ou do acervo registral, poderão ser complementados por outros documentos ou, quando se tratar de manifestação de vontade, por declarações dos proprietários ou dos interessados, sob sua responsabilidade. *(Incluído pela Lei nº 14.382, de 2022)*

§ 18. Quando se tratar de transcrição que não possua todos os requisitos para a abertura de matrícula, admitir-se-á que se façam na circunscrição de origem, à margem do título, as averbações necessárias. *(Incluído pela Lei nº 14.382, de 2022)*

 Referências Normativas

Medida Provisória 2.200-2/2001 (ICP – Brasil).
Lei 10.406/2002 (Código Civil), arts. 1.227; 1.245 a 1.247.
Lei 11.977/2009, art. 37.
Lei 13.097/2015, arts. 54 a 58.
Lei 13.465/2017, art. 76.
Provimento 89/2019 do CNJ (Sistema de Registro Eletrônico de Imóveis).
Provimento 115/2021 do CNJ (Custeio do Sistema de Registro Eletrônico de Imóveis).
Provimento 124/2021 do CNJ (Integração das unidades ao SREI).
Provimento 149/2023 (Código Nacional de Normas Extrajudiciais da Corregedoria Nacional de Justiça)
Lei 14.382/2022 (Sistema Eletrônico dos Registros Públicos – SERP).

Comentários

1. O sistema do fólio real e o ato inaugural: a abertura da matrícula

Passados quase 50 anos da entrada em vigor da Lei 6.015/1973, ainda hoje, é repercutida a marca indelével deixada pela introdução do sistema do fólio real no registro predial nacional. Não sem razão. A matrícula é, de fato, a protagonista do enredo imobiliário contemporâneo.

Não apenas a experiência do (ineficaz e inseguro) sistema anterior fomenta o discurso, mas – e principalmente – a dificuldade diuturna do trespasse de um sistema para o outro ainda desafia Registradores pelo Brasil, sendo, inclusive, objeto de plano de metas do Conselho Nacional de Justiça.[734]

Em breve panorama, pode-se dizer que o sistema anterior fundava-se nas *transcrições*, que eram lançadas no Livro 03. Esse sistema era de cunho pessoal ou cronológico-pessoal. Basicamente, os

---
[734] O Conselho Nacional de Justiça fixou como meta para sua Corregedoria Nacional "determinar e fiscalizar o encerrando das transcrições com a consequente abertura de matrícula de imóveis" (Meta 19). No âmbito do Estado de São Paulo, o *Parecer nº 155/2018-E*, aprovado em 09/04/2018, nos autos do *Processo CG nº 2017/253.501*, pelo Corregedor-Geral da Justiça, *Des. Geraldo Francisco Pinheiro Franco*, garantiu que "a questão referente ao tema objeto da Meta 19 já vem sendo tratada e fiscalizada por esta Corregedoria-Geral da Justiça, inclusive com normatização das hipóteses que demandam a atuação obrigatória do registrador na abertura de matrícula e encerramento da respectiva transcrição, a requerimento do interessado".

Art. 176 | LEI DE REGISTROS PÚBLICOS COMENTADA

títulos "eram recepcionados nos livros em ordem cronológica e com base na titularidade, de modo que em uma transcrição era possível haver mais de um imóvel".[735]

Para melhor compreensão do sistema anterior, imagine-se, a título de ilustração, que em determinado formal de partilha havia cinco imóveis que foram atribuídos, cada um, a um dos cinco herdeiros. Essa transmissão *causa mortis* teria sido inscrita integralmente em uma única transcrição. Posteriormente, se um desses herdeiros alienasse fração ideal de seu imóvel a terceiro, seria feita nova transcrição e, assim, sucessivamente, para cada transmissão, não havendo qualquer preocupação com a matriz imobiliária. Veja-se que, no sistema anterior, para aferir a atual titularidade de determinado imóvel, não raro, era (ou ainda é) imprescindível colacionar inúmeras transcrições.

Como verdadeira fotografia do moribundo sistema das transcrições, colhe-se manifestação precisa de *Ademar Fioranelli*:

> A escrituração manuscrita, em uma diversidade de livros, verdadeiros livrões pesados e incômodos, riscados de acordo com a natureza dos atos a praticar, tornava obrigatória a repetição da caracterização do imóvel cada vez que ele era transmitido ou onerado e recebia novo registro. Entretanto, foi justamente esse sistema repetitivo e arcaico que levou os registradores, doutrinadores e legisladores a idealizar um sistema diverso, racional, seguro e moderno.[736]

Hoje, diversamente, todo o sistema registral está fundado na unidade imobiliária por meio da matrícula. Isso, *de per si*, gera enorme segurança jurídica e agrega qualidade à informação imobiliária publicizada à sociedade.

Em outras palavras, os registros no vigente sistema do fólio real têm como suporte o imóvel, sendo que todas as mutações jurídico-reais são lançadas sequencialmente na mesma base jurídica – seja por meio de averbação, seja por meio do registro. Pode-se dizer, pois, que a matrícula é o verdadeiro *curriculum vitae* do imóvel. De fato, nela são lançadas todas as vicissitudes pelas quais o imóvel passa em sua existência jurídica.

Com efeito, a matrícula representa o núcleo do Registro de Imóveis, base jurídico-real na qual são lançados os atos elencados no art. 167, I e II, da Lei 6.015/1973.

No direito brasileiro vigente é correto dizer que a matrícula é *fólio real*.[737] O adjetivo "*real*" deriva, sem dificuldade, de *res* (coisa; o que existe realmente, de fato, verdadeiramente). Cuida-se, então e simplesmente, da "*folha (representativa) da coisa*".

Em síntese, pode-se afirmar que a matrícula é o *locus* de uma representação literal de um dado imóvel, ou seja, a tábua em que se expressa a realidade física de um prédio. Além disso, em segundo plano, é na matrícula que serão lançadas as vicissitudes jurídicas do imóvel a cuja descrição se lançara com primazia.

A propósito, cumpre ressaltar que os atos lançados na matrícula são os previstos em lei. Daí dizer que, hoje, exclusivamente ingressam no fólio real *averbação* ou *registro*. Não há outro ato possível justamente pela ausência de anteparo legal.

Pela incrível didática convém adotar o conceito de matrícula proposto por *Maria Helena Leonel Gandolfo*: "Se trata de um ato de registro, no sentido lato, de que dá origem à individualidade do imóvel

---

[735] SARMENTO FILHO, Eduardo Sócrates Castanheira. *Direito registral imobiliário*: teoria geral. Curitiba: Juruá, 2017. p. 139.

[736] FIORANELLI, Ademar. Matrícula no registro de imóveis: questões práticas. In: YOSHIDA, Consuelo Yatsuda Moromizato; FIGUEIREDO, Marcelo. AMADEI, Vicente de Abreu. Direito notarial e registral avançado. São Paulo: Revista dos Tribunais, 2014. p. 294.

[737] Cite-se oportuna ponderação de *Ricardo Dip* a respeito do tema: "No direito brasileiro, a matrícula é fólio real. Podia não sê-lo: nada impediria que fora fólio pessoal (a instituição de uma Central única de dados logo faria do Livro n. 5 – Indicador pessoal exatamente um *follium personalis*, porque reuniria, num só e grande banco de dados –sonho, é claro, de todos os socialistas, distopia de uma tecnópolis –, um *locus* para cada pessoa vigiada pelo *Big Brother*). Daí a referência acima ao sentido de ser menos preciso o vocábulo 'matrícula' para indicar o fólio real, pois nada estorva que haja matrícula pessoal. Emblemático, aliás, da ideia de 'matrícula' como *follium personarum* é sua antiga estendida adoção no controle prostitucional: a 'matrícula das toleradas', 'matrícula das prostitutas'" (DIP, Ricardo Henry Marques. *Série Registros sobre registros*. Divulgada pela Associação dos Registradores Imobiliários de São Paulo – ARISP, maio/2018, *item 639*).

na sistemática brasileira, possuindo um atributo dominial derivado, quase sempre,[738] da transcrição da qual se originou".[739]

A natureza jurídica de *ato de registro em sentido lato* é oportuna, porque, simultaneamente, é ato praticado com exclusividade pelo Oficial de Registro de Imóveis e não é ato de registro *em sentido estrito* – muito menos averbatório – já que, por si, não cria, modifica, transfere ou extingue direitos. Doutro modo, pode-se assentar que na matrícula o imóvel é objeto imediato, ao passo que no registro, que objetive uma mutação jurídico-real, o imóvel passa a ser objeto mediato ou indireto.[740]

O seu atributo dominial, por seu turno, é inerente a sua espécie já que uma simples certidão da matrícula – ainda que nela não tenha sido lançado qualquer ato de registro ou averbação – é prova suficiente da propriedade do imóvel a que se refere, em nome da pessoa que nela figura como proprietário.

Conforme se extrai das imprescindíveis lições de *Afrânio de Carvalho*:

> Na verdade, se se negasse o caráter dominial, portanto, jurídico da matrícula, daí se seguiria que o ato de inscrição subsequente (...) deixaria de ter objeto. O ato transmissivo ou operativo subsequente seria nulo por carência de objeto, já que a existência deste depende da *conjunção físico-dominial* de caracteres. (...) Do contrário, quando, lançada na matrícula se pretendesse inscrever uma hipoteca, esta, como qualquer outro direito real, ficaria suspensa no ar, sem base dominial onde descansar. (...) Ao entender a matrícula como primeira inscrição, em vez de deixá-la solta no mundo da irrelevância, dá-se-lhe o único significado que ela pode assumir para tornar útil todo o contexto da lei registral. Não há motivo para duvidar do seu caráter jurídico, porque é ela que define, em toda sua extensão, modalidades e limitações, a situação jurídica do imóvel.[741]

Em breve síntese, pode-se dizer que na matrícula, respeitado o número de ordem, o Registrador caracteriza o imóvel, reporta-se ao registro aquisitivo (anterior) e qualifica o proprietário, tal qual determina o art. 176 da Lei 6.015/1973. Posteriormente, conforme o caso, transportam-se eventuais ônus existentes (art. 230 da Lei 6.015/1973) e passam-se a lançar todos os atos posteriores, numerados de modo sequencial, sejam transmissões e onerações, em forma de registro, ou alterações, em forma de averbação.[742]

---

[738] A expressão *"quase sempre"* utilizada no conceito certamente teve por objetivo ressalvar as situações consideradas como formas originárias de aquisição da propriedade imobiliária – como a usucapião e a desapropriação, por exemplo – de modo que nesses casos não há qualquer preocupação com o registro anterior. A práxis registral consagrou, entretanto, a mera remissão ao registro anterior a título de histórico dominial, se houver lastro tabular anterior.

[739] GANDOLFO, Maria Helena Leonel. Reflexos sobre a matrícula 17 anos depois. *Revista de Direito Imobiliário* (RDI). Vol. 33. São Paulo: Revista dos Tribunais, jan.-jun./1994. p. 105-145.

[740] FIORANELLI, Ademar. Matrícula no registro de imóveis: questões práticas. *In:* YOSHIDA, Consuelo Yatsuda Moromizato; FIGUEIREDO, Marcelo; AMADEI, Vicente de Abreu. *Direito notarial e registral avançado*. São Paulo: Revista dos Tribunais, 2014. p. 296.

[741] CARVALHO, Afrânio. *Registro de imóveis*. 4. ed. Rio de Janeiro: Forense, 1997. p. 355-356.

[742] Como o sistema foi concebido, em sua origem, os atos de registros estariam reservados para as hipóteses de constituição ou transmissão de direitos reais imobiliários; já as averbações teriam lugar para promover modificações ou o cancelamento do *jus in rem*, ou, quando muito, noticiar alguma situação jurídica relevante e com repercussão dominial. Porém, o legislador com a sucessão de leis no tempo, geradora da consabida hipertrofia legislativa, promoveu verdadeiro abalroamento da *ratio* posta inicialmente, de modo que muitas situações jurídicas que deveriam, na melhor técnica, ingressar no fólio real através de ato de registro, encontram-se tipificadas como ato de averbação, ou vice-versa. Exemplo bastante ilustrativo é a caução imobiliária nos contratos de locação, garantia real constituída através de averbação, segundo o art. 38, § 1º, da Lei nº 8.245/1991. Sobre a natureza jurídica da caução imobiliária, confira-se importante passagem: "(...) estando estabelecida na Lei de Locação a possibilidade de se prestar caução em bem imóvel, possibilitando o ingresso da garantia no fólio real através de averbação, não resta dúvida quanto a ter o legislador criado uma *garantia real anômala*, mais simples e menos formal que as demais garantias reais estabelecidas na legislação brasileira até então. Essa peculiar e novel modalidade de garantia, por engendrada em diploma legal particularmente voltado à regência das relações locatícias, acha-se, evidentemente, a elas adstrita. Não se estende para além dos contratos de locação e apenas neste contexto se admite" (CGJSP – Processo CG 110/2005, Parecer 053/05-E, Des. José Mario Antonio Cardinale, *DJE* 01/04/2005).

Art. 176 | LEI DE REGISTROS PÚBLICOS COMENTADA

Com isso, é possível colocar em evidência o *protagonismo da matrícula*. Ora, uma vez adotado o sistema tabular, deve ele ser completo. A matrícula (fólio real), em substituição às antigas transcrições de cunho pessoal e cronológico, "deve ser tão completa (todos os atos oponíveis a terceiros) para dispensar, sempre que possível, outras diligências, garantindo-se o seu caráter satisfativo, sem comprometer a segurança jurídica".[743]

A ideia de concentração de atos e fatos jurígenos imobiliários na matrícula não é nova. Por mais que nos dias atuais tenha sido alçada à categoria de princípio registral – e de fato o é –, percebe-se com nitidez que o sistema do fólio real, inaugurado com a Lei 6.015/1973, foi ontologicamente concebido para a matrícula concentrar todas as repercussões e vicissitudes que a unidade imobiliária sofrerá em sua existência jurídica.[744]

O ponto fulcral do cânone da concentração[745] reside na necessidade de se reunir todas as informações imobiliárias em um único *locus*, de modo que todo aquele que queira entabular alguma relação jurídica que envolva a unidade imobiliária se socorra apenas da publicidade registral, ou seja, da certidão da matrícula. Não necessitando, assim, diligenciar em distribuidores judiciais, tabelionatos de protesto nem qualquer outra entidade ou repartição. Este proceder facilita o tráfico imobiliário, gera segurança para as relações econômicas e desonera a contratação de crédito. No contexto contemporâneo, portanto, é imprescindível que o sistema registral concentre o maior número de informações sobre o imóvel.

Nessa ordem de ideias, precisas são as colocações de *Décio Erpen* e *João Pedro Lamana Paiva*:

> Nenhum fato jurígeno ou ato jurídico que diga respeito à situação jurídica do imóvel ou às mutações subjetivas pode ficar indiferente à inscrição na matrícula. (...) enfim, todos os atos que possam implicar a alteração jurídica da coisa, mesmo em caráter secundário, mas que possa ser oponível, sem a necessidade de se buscar alhures informações outras, o que conspiraria contra a dinâmica da vida.[746]

Para que não haja qualquer confusão a respeito da *ratio essendi* que move o tema encofado, é relevante consolidar que não se trata de permitir o acesso de tudo ao Registro de Imóveis de modo desmedido e descuidado – como se a matrícula fosse desaguadouro de informações inúteis ou irrelevantes. Ao reverso, através da concentração na matrícula pretende-se, ao reunir informações em uma só instituição, publicizar atos e fatos relevantes que possam ter repercussão na esfera jurídica de terceiros, com o escopo maior de prevenir litígios, através de segurança jurídica *ex ante*.[747]

---

[743] CGJSP – Processo CG 206.386/2015, Parecer 069/2016, Des. Manoel de Queiroz Pereira Calças, j. 18/03/2016.

[744] Pelo princípio da concentração todos os atos (ou fatos) que tenham algum reflexo sobre a propriedade imobiliária devem, compulsoriamente, constar da matrícula, diminuindo sobremaneira situações ocultas e clandestinas.

[745] Tem sido voz corrente na doutrina afirmar que a Lei 13.097/2015 concretizou o princípio da concentração no sistema registral brasileiro. Até mesmo a exposição de motivos da Lei 13.097/2015 refere-se à adoção do princípio da concentração. Parece, no entanto, que não é este o melhor raciocínio. Seria mais oportuna a menção expressa à adoção da fé pública registral. A concentração na matrícula, como sustentado alhures, já existia desde a inauguração do sistema do fólio real, com a Lei 6.015/1973. *Brevitatis causa*, o que a Lei 13.097/2015 fez foi, a pretexto da concentração na matrícula, potencializar os efeitos oriundos do Registro de Imóveis. O princípio da concentração, em realidade, reforça os efeitos gerados pelo Registro Imobiliário. Em outras palavras, a concentração na matrícula não é um fim em si, mas o instrumento – o meio – utilizado para concretizar o princípio da fé pública registral no ordenamento jurídico brasileiro.

[746] ERPEN, Décio Antônio; PAIVA, João Pedro Lamana. A autonomia registral e o princípio da concentração. *Revista de Direito Imobiliário* (RDI), vol. 49. São Paulo: Revista dos Tribunais, jul.-dez./2000. p. 46-52.

[747] Nessa perspectiva, diversas são as situações jurídicas com relevante repercussão imobiliária. É possível verificar que diversas situações merecem guarida no fólio real, sob pena de sua ocultação gerar conflitos futuros. Exemplo mais simbólico certamente é o da penhora. Muito embora sua inscrição na matrícula não tenha por objeto sua constituição, sua publicidade no fólio real ganha contornos de essencialidade. O vigente Código de Processo Civil foi didático nesse sentido: *Art. 838.* A penhora será realizada mediante auto ou termo, que conterá: *I* – a indicação do dia, do mês, do ano e do lugar em que foi feita; *II* – os nomes do exequente e do executado; *III* – a descrição dos bens penhorados, com as suas características; *IV* – a nomeação do depositário dos bens. *Art. 839.* Considerar-se-á feita a penhora mediante a apreensão e o depósito dos bens, lavrando-se um só auto se as diligências forem concluídas no mesmo dia. Parágrafo único. Havendo mais de uma penhora, serão lavrados autos individuais. (...) *Art. 844.* Para presunção absoluta de conhecimento por terceiros, cabe ao exequente providenciar a averbação do arresto ou da penhora no registro competente, mediante apresentação de cópia do auto ou do termo, independentemente de mandado judicial.

Art. 176

A atividade jurídica e imparcial do Registrador de Imóveis está especialmente configurada para atuar na condição de curador e garante do direito de propriedade e, sob o enfoque da análise econômica do direito proceder como verdadeiro *gatekeeper*.[748]

Destarte, ao se formar um robusto sistema dessa natureza, passa-se para um notável *círculo virtuoso*, na medida em que há inexorável redução da assimetria da informação, aumento da segurança jurídica nas contratações e negócios imobiliários, diminuição de custo transacional, tudo a fomentar o tráfico imobiliário como mola propulsora da economia nacional.

2. Hipóteses de abertura de matrícula

Bem delimitada a relevância social e jurídica do sistema do fólio real, passa-se a seguir à análise detida das hipóteses de abertura de matrícula. O tema foi pontualmente atualizado com a edição da Lei 14.382/2022. Na verdade, a Lei referida houve por bem consolidar o entendimento predominante na práxis registral acerca das hipóteses de abertura de matrícula para um imóvel.

Ganham destaque as redações em vigor do art. 176, § 1º, I, e § 14, da LRP:

> Art. 176, § 1º, I – cada imóvel terá matrícula própria, que será aberta por ocasião do primeiro ato de registro ou de averbação caso a transcrição possua todos os requisitos elencados para a abertura de matrícula;
>
> (...)
>
> § 14. É facultada a abertura da matrícula na circunscrição onde estiver situado o imóvel, a requerimento do interessado ou de ofício, por conveniência do serviço.

A redação normativa consagra, portanto, o entendimento de que a abertura de matrícula ocorrerá sempre que for promovida pelo interessado qualquer inscrição predial sob a égide da Lei 6.015/1973, seja ato de registro em sentido estrito (art. 167, I) ou de averbação (art. 167, II).

O legislador esqueceu de acomodar a redação do art. 228 da LRP, que continua prevendo textualmente que "a matrícula será efetuada por ocasião do *primeiro registro* a ser lançado na vigência desta Lei, mediante os elementos constantes do título apresentado e do registro anterior nele mencionado". Buscando a máxima eficácia dos dispositivos telados, de rigor compreender que a menção ao *primeiro registro* no art. 228 refere-se a qualquer inscrição predial, seja registro *stricto sensu* ou averbamento. Em suma, a referência a *ato de registro* foi em sentido lato.

Em passo seguinte, reforce-se uma vez mais que a matrícula deve ser aberta por ocasião do primeiro registro, referente a imóvel que se encontre transcrito no antigo *Livro 03 – da transcrição das transmissões*. Entende-se, pois, que na hipótese aventada a abertura da matrícula é uma obrigação, *conditio sine qua non* para prática do ato. O descerramento da matrícula funciona, assim, como o ato registrário inaugural.

Nessa situação, a abertura da matrícula deve pautar-se nos elementos constantes do título apresentado e, também, nos do registro anterior nele mencionado, conforme art. 196 da LRP.[749]

A previsão legal, no entanto, não afasta a possibilidade de se abrir matrícula em outras oportunidades. A própria Lei 6.015/1973 admite a abertura da matrícula quando não haja espaço à margem

---

[748] A função econômica do Registro de Imóveis está concentrada, primordialmente, na sua aptidão para redução das imperfeições de mercado, em especial ao diminuir a *assimetria de informações*. Nessa linha de pensamento, há importante conceito econômico que auxilia a compreensão do Registrador de Imóveis na função de controle formal e informal do fluxo de informações no mercado. É a figura do *gatekeeper*. Na literatura econômica ou de "sociologia econômica" do direito o *gatekeeper* é uma espécie de terceiro, ou seja, de alguém estranho e imparcial em relação às partes de um negócio ou ajuste, que atua como "guardião do direito". A intervenção do *gatekeeper*, especialmente quando obrigatória, reforça a definição e realização *ex ante* da segurança jurídica. O *gatekeeper* atua como filtro seletivo do ingresso de informações críveis e processáveis do sistema jurídico imobiliário. Vê-se, pois, no Registrador de Imóveis a função e a responsabilidade legal de zelar pela qualidade e correção das informações gravadas em seus registros. Este filtro informacional e imparcial interfere diretamente na dinâmica de mercado. Nesse sentido: CAMPILONGO, Celso Fernandes. *Função social do notariado:* eficiência, confiança e imparcialidade. São Paulo: Saraiva, 2014.

[749] *Art. 196 da LRP.* A matrícula será feita à vista dos elementos constantes do título apresentado e do registro anterior que constar do próprio cartório.

Art. 176 | LEI DE REGISTROS PÚBLICOS COMENTADA

dos registros feitos nos antigos livros (art. 295, parágrafo único)[750] e também quando são unificados dois ou mais imóveis (arts. 234 e 235).[751-752]

O cenário ideal exigiria a implantação imediata da nova sistemática registral, com a abertura de matrícula de todos os imóveis constantes das transcrições das serventias imobiliárias. Entretanto, foi louvável a postura do legislador ao não impor esse ônus ao Registrador, já que tal trespasse seria, em muitas ocasiões, inexequível – como de fato é, ainda hoje, em muitas situações – dada a precariedade dos registros anteriores e a pouca eficácia do sistema das transcrições.

Deve-se frisar com destaque que é perfeitamente admissível a abertura da matrícula de ofício ou a requerimento da parte interessada, não sendo necessário aguardar a prática de qualquer ato. A redação do art. 176, § 14, da LRP encerrou qualquer dúvida a esse respeito.

Se o que basta não bastasse, é certo que a LRP se referiu ao primeiro registro para viabilizar, de modo paulatino, as adaptações ao sistema matricial, não impondo a abertura desenfreada de matrículas – o que, de certo modo, poderia redundar em equívocos e trazer insegurança jurídica. Em resumo, havendo condições materiais de se efetuar a abertura de matrícula, essa tarefa pode ser realizada, independentemente da prática de qualquer ato, desde que a transcrição anterior já esteja no livro da serventia imobiliária atualmente competente para o descerramento da matrícula e prática dos atos de registro.

Em contrapartida, estando a transcrição ainda no cartório com antiga atribuição, não poderá haver a abertura da matrícula na atual serventia imobiliária competente, de ofício, uma vez que será necessária a iniciativa da parte com a apresentação da certidão do registro anterior.

É certo, também, que fica facultada a abertura de matrícula, *ex officio*, para cada lote ou unidade de uso exclusivo, logo em seguida ao registro de loteamento, desmembramento ou condomínio edilício. Nessa hipótese, serão devidos emolumentos apenas quando o empreendedor ou outro interessado expressamente requerer a abertura de tais matrículas.[753]

Outra importante situação é o *georreferenciamento*, que, invariavelmente, implica a retificação da descrição do imóvel, sendo, contudo, indispensável, o descerramento de matrícula contemplando a nova descrição com transporte de todas as inscrições em vigor na matrícula encerrada.[754]

Há certa polêmica no caso das chamadas aquisições originárias. Por sua natureza seria, sempre, imprescindível a abertura de nova matrícula. Com efeito, na atual sistemática registral não parece correto que o simples fato de se tratar de aquisição originária seja suficiente para abertura de nova matrícula. O princípio registral da concentração na matrícula reclama a reunião no fólio do histórico do imóvel. Nesse espírito, inclusive, o art. 216-A, § 6º, da Lei 6.015/1973 – dispositivo que fora incluído na Lei de Registros Públicos pelo vigente Código de Processo Civil (Lei 13.105/2015) –,

---

[750] *Art. 295 da LRP.* O encerramento dos livros em uso, antes da vigência da presente Lei, não exclui a validade dos atos neles registrados, nem impede que, neles, se façam as averbações e anotações posteriores. *Parágrafo único* – Se a averbação ou anotação dever ser feita no Livro nº 2 do Registro de Imóvel, pela presente Lei, e não houver espaço nos anteriores Livros de Transcrição das Transmissões, será aberta a matrícula do imóvel.

[751] *Art. 234 da LRP.* Quando dois ou mais imóveis contíguos pertencentes ao mesmo proprietário, constarem de matrículas autônomas, pode ele requerer a fusão destas em uma só, de novo número, encerrando-se as primitivas.

[752] *Art. 235 da LRP.* Podem, ainda, ser unificados, com abertura de matrícula única: I – dois ou mais imóveis constantes de transcrições anteriores a esta Lei, à margem das quais será averbada a abertura da matrícula que os unificar; II – dois ou mais imóveis, registrados por ambos os sistemas, caso em que, nas transcrições, será feita a averbação prevista no item anterior, as matrículas serão encerradas na forma do artigo anterior. III – 2 (dois) ou mais imóveis contíguos objeto de imissão provisória registrada em nome da União, dos Estados, do Distrito Federal, dos Municípios ou de suas entidades delegadas ou contratadas e sua respectiva cessão e promessa de cessão. (Redação dada pela Lei nº 14.620, de 2023).

[753] Quando a abertura de matrícula ocorrer no interesse do serviço, por capricho ou técnica registral, não será possível promover a cobrança emolumentar.

[754] O art. 9º, § 5º, do Decreto 4.449/2012 é expresso nesse sentido: "O memorial descritivo, que de qualquer modo possa alterar o registro, resultará numa nova matrícula com encerramento da matrícula anterior no serviço de registro de imóveis competente, mediante requerimento do interessado, contendo declaração firmada sob pena de responsabilidade civil e criminal, com firma reconhecida, de que foram respeitados os direitos dos confrontantes, acompanhado da certificação prevista no § 1º deste artigo, do CCIR e da prova de quitação do ITR dos últimos cinco exercícios, quando for o caso".

que consagrou a usucapião extrajudicial, estabelece, de modo expresso, que a abertura é facultativa na hipótese.[755]

3. Descrição deficiente do imóvel em transcrições

A Lei dos Registros Públicos, no art. 225 e seus parágrafos,[756] exige, em abstrato, a correta descrição do imóvel para que seja possível o descerramento da matrícula. Todavia, a prática registral tem mostrado que nem sempre isso é possível.

A alternativa criada está na possibilidade de se chegar à identificação do imóvel por meio da conjugação das características assinaladas no título – ainda que tal descrição do imóvel não seja idêntica à do registro – com os elementos arquivados na serventia imobiliária, de modo a permitir a conclusão de que efetivamente se trata do imóvel registrado.[757] Sensato, nessas condições, admitir a abertura da matrícula.

O fiel da balança será a segurança jurídica. Sempre.

Nessa linha de raciocínio, é possível encontrar na jurisprudência administrativa do Conselho Superior da Magistratura do Estado de São Paulo alguns virtuosos precedentes:

> É preciso que, em primeiro lugar, o imóvel objeto da futura matrícula corresponda, por completo, àquele transcrito, persistindo, em segundo lugar, uma descrição tabular capaz de afastar os riscos de sobreposição, total ou parcial, com outros prédios e que contenha, em terceiro lugar, lastro geográfico possibilitador da efetiva identificação do bem. Na espécie, os imóveis assinalados ostentam grande área superficial e uma descrição extremamente falha. A descrição tabular não ostenta medidas perimetrais, configurando-se em inegável deficiência quanto à formação da figura geométrica, sem que se tenha noção da localização de cada bem. A incerteza é patente e, por isso, configura-se uma situação incompatível com a pura aplicação do § 2º do art. 225 da Lei nº 6.015/73, ausente o lastro geográfico capaz de identificar o bem. Assim, resta inviável o registro perseguido, necessária prévia retificação, a ser realizada nos termos do art. 213 da Lei nº 6.015/73.[758]

Assim, deve-se deixar de abrir a matrícula se a descrição contida no livro das transcrições não tiver a *mínima amarração no solo.*[759] Inconcebível permitir o descerramento de matrícula sem prévia retificação no caso dos denominados *registros flutuantes.*[760] Essa inconsistência configura o que, tecnicamente,

---

[755] *Art. 216-A, § 6º* – Transcorrido o prazo de que trata o § 4º deste artigo, sem pendência de diligências na forma do § 5º deste artigo e achando-se em ordem a documentação, o oficial de registro de imóveis registrará a aquisição do imóvel com as descrições apresentadas, sendo permitida a abertura de matrícula, se for o caso. Nesse viés, o art. 407, § 10, do Provimento CNJ 149/2023 também dispensa a abertura de matrícula, no caso da usucapião extrajudicial: "*Se o imóvel usucapiendo for matriculado com descrição precisa e houver perfeita identidade entre a descrição tabular e a área objeto do requerimento da usucapião extrajudicial, fica dispensada a intimação dos confrontantes do imóvel, devendo o registro da aquisição originária ser realizado na matrícula existente".*

[756] *Art. 225 da LRP.* Os tabeliães, escrivães e juízes farão com que, nas escrituras e nos autos judiciais, as partes indiquem, com precisão, os característicos, as confrontações e as localizações dos imóveis, mencionando os nomes dos confrontantes e, ainda, quando se tratar só de terreno, se esse fica do lado par ou do lado ímpar do logradouro, em que quadra e que distância métrica da edificação ou da esquina mais próxima, exigindo dos interessados certidão do Registro Imobiliário. *§ 1º* – As mesmas minúcias, com relação à caracterização do imóvel, devem constar dos instrumentos particulares apresentados em cartório para registro. *§ 2º* – Consideram-se irregulares, para efeito de matrícula, os títulos nos quais a caracterização do imóvel não coincida com a que consta do registro anterior.

[757] Tem-se admitido apenas "pequenas discrepâncias ou inconsistências entre o título e o registro, podendo ser superadas se do cartório constam elementos que permitem o registro, com as características dadas ao imóvel no título" (CSMSP – Apelação Cível 990.10.481.992-0, Rel. Des. Maurício Vidigal, j. 16/06/2011).

[758] CSMSP – Apelação Cível 79.993-0/3, Rel. Des. Luís de Macedo, j. 23/08/2001. Também nesse sentido: CSMSP – Apelação Cível 6.084-0, Rel. Des. Sylvio do Amaral, j. 08/08/1986.

[759] KONNO, Alyne Yumi. *Registro de imóveis:* teoria e prática. São Paulo: Memória Jurídica Editora, 2007. p. 21.

[760] *Registros flutuantes* são aqueles que, "apesar de traduzirem retrato de uma época, mostram-se inteiramente desprovidos de elementos que os permitem localizar geograficamente. Trazendo apenas a referência em alqueires, e confrontações não mais identificáveis na época presente, registros de tal natureza em significativa expressão como que flutuam geograficamente, não mais sendo localizados no solo em atenção à especialidade" (CGJSP – Processo CG 1931/1998, Rel. Juiz Assessor Antônio Carlos Morais Pucci, j. 02/03/1999).

Art. 176 | LEI DE REGISTROS PÚBLICOS COMENTADA

se batizou de *vício de ablaqueação*,[761] decorrente de os imóveis estarem deslastreados,[762] "porquanto não seria possível conhecer sua base imobiliária. Como tais, suas descrições, por serem vagas, são imprestáveis. E isso porque não permitiriam afirmar a situação do imóvel com segurança".[763]

O rigor do registrador deve ser ainda maior nas hipóteses de pretensão de alteração da figura geodésica do imóvel. É dizer, não se permite – e aqui em hipótese alguma – que um imóvel com descrição imprecisa possa gerar, por fusão ou desmembramento, nova unidade com figura e descrição precisas.[764]

Em reforço, cumpre recordar que se a matrícula tiver de ser descerrada em serventia imobiliária diversa daquela na qual o imóvel estava transcrito, deverá, sempre, ser apresentada *certidão atualizada* expedida pelo Ofício com competência primitiva, na forma do art. 229 da Lei 6.015/1973.[765]

Importante consignar que, se na certidão constar ônus ou ações, o Oficial fará a abertura da matrícula e em seguida (Av.1) averbará sua existência, consignando sua origem, natureza e valor, o que ocorrerá, também, quando o ônus estiver lançado no próprio cartório.[766] Por tais averbações não são devidos emolumentos e custas.[767]

Nesse ponto, no caso de pluralidade de ônus, há quem defenda a realização de uma única averbação, como exceção à regra de que para cada ato ou negócio faz-se um registro exclusivo.[768]

No entanto, é mais apurada a técnica de se promover tantas averbações, com o escopo de traslado, quantos forem os ônus em vigor. Tal forma de proceder facilita a visualização e compreensão da matrícula, relevando-se uma publicidade qualificada e acessível a todos.[769]

---

[761] Advém de *ablaquear*, da raiz latina *ablaqueare*, que significa desprender.

[762] Tais vícios costumam estar mais presentes nos imóveis rurais. Não raro, em transcrições são encontradas descrições extremamente precárias, com menção a elementos pouco concretos, *v.g.*, "inicia-se na porteira de ferro", "até encontrar o pé de abacate", "confronta com o pasto da vaca mocha".

[763] CSMSP – Apelação Cível 21.744-0/9, Rel. Des. Antônio Carlos Alves Braga, j. 22/06/1995.

[764] "O que não se admite é a criação de nova unidade imobiliária contendo descrição perfeita, por fusão de matrículas, quando um dos imóveis unificados não dispõe de todas as medidas tabulares. Em termos diversos, imóvel com figura imprecisa não pode gerar, por fusão ou desmembramento, nova unidade com figura e descrição precisas. Tal posição é absolutamente tranquila, marcada por inúmeras decisões desta Corregedoria Geral e do Colendo Conselho Superior da Magistratura. Como ficou fixado com fina técnica no parecer proferido pelo Juiz Auxiliar da Corregedoria *Aroldo Mendes Viotti* nos autos da *Apelação Cível nº 12.189-0/4*, não se ignore que, no regime de legislação registral derrogada, sempre se reputou mais mitigada essa exigência de especialização objetiva dos imóveis inscritos, especialmente no que respeita a áreas rurais de maior dimensão. E é bem por essa razão que o Egrégio Conselho vem admitindo as descrições porventura algo imprecisas, constantes de antigas transcrições, possam ser mantidas quando da abertura de matrículas pela sistemática da legislação vigente, desde que haja elementos mínimos para se determinar a situação do imóvel, e desde que este seja transmitido ou onerado por inteiro, isto é, desde que a nova matriz a ser aberta o abranja em sua totalidade. (...) Quando, porém, criam-se novos imóveis decorrentes de desmembramentos ou de fusões, as unidades segregadas ou unificadas devem subordinar-se aos requisitos do artigo 176 da Lei nº 6.015/73. Não há razão, em tais casos, para tolerar a imprecisão, porque o novo prédio não mais tem identidade descritiva com o registro de origem" (CGJSP – Processo CG 157.038/2014, Des. Hamilton Elliot Akel, j. 04/12/2014).

[765] *Art. 229 da LRP.* Se o registro anterior foi efetuado em outra circunscrição, a matrícula será aberta com os elementos constantes do título apresentado e da certidão atualizada daquele registro, a qual ficará arquivada em cartório.

[766] Na hipótese de óbito do titular de domínio, a remissão à averbação do óbito deverá ser transportada para a matrícula aberta. Neste caso não há outra saída, a averbação por transporte deve existir.

[767] Quando se tratar de *legitimação fundiária*, em qualquer das modalidades da Regularização Fundiária Urbana (*Reurb*), ou de *legitimação de posse*, após a conversão da propriedade, a matrícula da unidade imobiliária estará livre e desembaraçada de quaisquer ônus, direitos reais, gravames ou inscrições, eventualmente existentes em sua matrícula de origem, exceto quando disserem respeito ao próprio legitimado, nos termos dos arts. 23, § 2º e 25, § 2º, ambos da Lei nº 13.465/2017.

[768] SARMENTO FILHO, Eduardo Sócrates Castanheira. *Direito registral imobiliário:* teoria geral. Curitiba: Juruá, 2017. p. 142.

[769] As *averbações-transporte*, seja lá quantas forem, não geram qualquer custo aos usuários do serviço registral imobiliário.

Ainda nesse jaez, no que toca às servidões,[770] o Registrador Imobiliário deve agir com mais acuidade, porque são irregulares as aberturas de matrícula de parte do imóvel, sobre a qual tenha sido instituída servidão. Por sua natureza, as servidões atingem o imóvel em seu todo.[771]

De fato, e aqui não só considerando a servidão, o ônus que gravar parte do imóvel deve ser lançado na matrícula do imóvel todo, sendo incorreta a abertura de matrícula apenas para a parte onerada, sob pena de violação de direitos inerentes aos respectivos gravames.

Bem delimitadas as nuanças e cautelas para abertura de matrícula, percebe-se que a Lei 14.382/2022 encampou a *práxis registral* ao determinar, no art. 176 da LRP, todas as diretrizes procedimentais essenciais para o descerramento do fólio real:

> § 14. É facultada a abertura da matrícula na circunscrição onde estiver situado o imóvel, a requerimento do interessado ou de ofício, por conveniência do serviço.
>
> § 15. Ainda que ausentes alguns elementos de especialidade objetiva ou subjetiva, desde que haja segurança quanto à localização e à identificação do imóvel, a critério do oficial, e que constem os dados do registro anterior, a matrícula poderá ser aberta nos termos do § 14 deste artigo.
>
> § 16. Se não forem suficientes os elementos de especialidade objetiva ou subjetiva, será exigida a retificação, no caso de requerimento do interessado na forma prevista no § 14 deste artigo, perante a circunscrição de situação do imóvel.
>
> (...)
>
> § 18. Quando se tratar de transcrição que não possua todos os requisitos para a abertura de matrícula, admitir-se-á que se façam na circunscrição de origem, à margem do título, as averbações necessárias.

Em arremate, é lícito concluir que quando não for possível atender a contento e na integralidade os requisitos matriciais projetados pelo legislador para inauguração do fólio real, ou seja, a especialização objetiva expectada pela Lei de Registros Públicos (art. 176, § 1º), deve-se, ao menos, aferir-se a possibilidade de se identificar o imóvel como um corpo certo (distinto dos demais) e localizável em sua situação. Com essas mínimas premissas, tem-se aquilo que se denomina *individuação objetiva*, e que legitima a abertura da matrícula, sobretudo quando o objetivo é sepultar um registro anterior pautado em transcrição.

Da doutrina sempre autorizada do des. Ricardo Dip se extrai:

> Que se compreende, para logo, nessa especialidade registrária?
>
> Primeiramente, observe-se que *especializar*, para o sistema registral, não é o mesmo que *determinar* o ente individuado (trate-se aqui de pessoas, fatos ou coisas). Com efeito, é de todo possível determinar sem especializar: pode dizer-se que um dado imóvel se designe "Fazenda Carlos de Laet"; outro, "Chácara Imperador Felipe II"; e esses imóveis *poderão* estar determinados para o registro, suposto que sociologicamente se reconheçam de modo notório (com notoriedade *quoad se*). E, no entanto, podem não ter, no registro, medidas de contorno, indicação de superfície, lugar *ubi*, parâmetros referenciais, figura, etc. Ou seja,

---

[770] Recorde-se que, quanto ao registro, as servidões devem ser registradas na matrícula do prédio serviente e averbada na matrícula do prédio dominante, quando estes existirem. Isso porque, tratando-se das chamadas *servidões administrativas*, não se terá o prédio dominante, como é o emblemático caso dos cabeamentos de rede elétrica, quando somente será feito o registro na matrícula do prédio serviente.

[771] As servidões são indivisíveis, de acordo com o art. 1.386 do Código Civil, e subsistem, no caso de divisão dos imóveis, em benefício de cada uma das porções do prédio dominante, além de continuarem a gravar cada uma das partes do prédio serviente, salvo se, por natureza, ou destino, só se aplicarem à certa parte de um ou de outro. Em razão disso, lembre-se que a servidão, sempre que possível, deve vir completamente descrita, sob pena de não se conseguir identificar com precisão a sua localização e, em caso de divisão, aumentar o gravame que poderia ser atribuído a uma só das partes desmembradas para todas as demais. Como se não bastasse, a não descrição dos rumos e medidas da servidão, quando possível, fere o princípio da especialidade objetiva. Por hipótese, caso se admita o ingresso de servidão sem a sua descrição, haveria verdadeira condenação do prédio serviente a ter que a respeitar em qualquer parte de seu território, pois a sua localização não estaria delimitada.

estão determinados, mas não estão especializados. Determinar é identificar; já especializar é individualizar de maneira característica, visando a distinguir, demarcar, estremar o ente individual, já que *não é possível defini-lo* (porque nenhum indivíduo é suscetível de *definição*; pode afirmar-se que o indivíduo é, em dado sentido, um inefável – *ineffabilis* é aquilo que não se pode exprimir; a razão desta impossibilidade é simples: toda definição deve perfazer-se por meio de um conceito universal, mas o indivíduo é sempre *singular*, de que segue não poder definir-se). Todavia, se impossível é *definir* o ente individual, já o mesmo não se passa com sua *descrição*. E descrevê-lo é exatamente indicar *algo singular dentro de sua especialidade*, enunciar aquilo que *o torna indivíduo no âmbito da espécie*, ou seja, aquilo que lhe dá uma natureza concreta indivídua.[772]

De outro vértice, porém, se o imóvel já se achar matriculado na circunscrição de origem, a abertura do novo fólio na circunscrição atualmente competente – ainda que a descrição objetiva esteja precária – far-se-á por transporte, ou seja, por repetição integral (*verbum ad verbum*) dos elementos descritos na matrícula de origem, sem prejuízo da posterior retificação do registro (LRP, art. 213).

4. Conteúdo da matrícula

Os requisitos da matrícula estão estampados no art. 176, § 1º, II, da LRP.[773]

O primeiro requisito destacado pela LRP é o número de ordem, que seguirá ao infinito. O número de ordem da matrícula é único e acompanha a matrícula de sua abertura ao seu encerramento. Mesmo encerrada ou cancelada a matrícula, seu número não poderá ser aproveitado.

A Lei 13.465/2017 trouxe uma novidade, sobre esse aspecto, para a Lei Registral. Instituiu no art. 235-A da Lei 6.015/1973 o Código Nacional de Matrícula (CNM), que corresponde à numeração única de matrículas imobiliárias em âmbito nacional. Vale a mesma ideia do número de ordem, de modo que o CNM referente a matrícula encerrada ou cancelada não poderá ser reutilizado.

No âmbito da normatização administrativa do tema em todo o território nacional, o *Conselho Nacional de Justiça* editou o Provimento 143, de 25.04.2023, que regulamentou a estrutura, a geração e a validação do Código Nacional de Matrícula (CNM). Posteriormente, a disciplina normativa foi incorporada ao Código Nacional de Normas Extrajudiciais (Provimento CNJ 149/2023). Da referida normativa destacam-se as seguintes prescrições a serem fielmente observadas pelos registradores de imóveis:

Art. 331. O Código Nacional de Matrícula será inserido à direita, no alto da face do anverso e do verso de cada ficha solta, por meio de impressão, datilografia, aposição de etiqueta, inserção manuscrita ou outro método seguro, a critério do oficial de registro de imóveis.

§ 1º. Os oficiais de registro de imóveis, facultativamente, poderão averbar a renumeração das matrículas existentes, ato pelo qual não serão devidos emolumentos. (...)

Art. 333. O Operador Nacional do Registro Eletrônico de Imóveis – ONR disponibilizará, aos oficiais de registro de imóveis, Programa Gerador e Validador do Código Nacional de Matrícula PGV-CNM. (...)

Art. 336. Os oficiais de registro de imóveis transportarão todas as matrículas escrituradas de forma manuscrita em livros encadernados e todas as matrículas escrituradas mecanicamente em livros desdobrados (art. 6º da Lei n. 6.015, de 31 de dezembro de 1973) para o sistema de fichas soltas (parágrafo único do art. 173 da Lei n. 6.015, de 31 de dezembro de 1973), as quais conterão os atos registrais lançados, por rigorosa ordem sequencial, conservando-se as

---

[772] DIP, Ricardo Henry Marques. *Registro de Imóveis: (princípios)*. Série registros sobre registros. t. II. Descalvado: Editora PrimVs, 2018. p. 9-10.

[773] No direito brasileiro não se costuma utilizar a expressão "inventário da matrícula", termo comum no direito lusitano para definir a primeira parte reservada à descrição inicial do imóvel, às referências pessoais, às indicações numéricas, ao registro anterior etc. Trata-se da parte inaugural do fólio, seu preâmbulo.

Art. 176

mesmas numerações, com remissão na relativa matrícula originária e respeitados os prazos postos neste Provimento. (...)

Outro requisito matricial, é a data. O indicador temporal também funciona como elemento fundamental para que se permita o correto encadeamento dos atos registrários e averbatórios.

O cerne da matrícula, porém, é a identificação do imóvel. No sistema do fólio real a preocupação com a correta individualização do imóvel deve ser, sempre, o objetivo primeiro a ser buscado pelo Registrador Imobiliário.[774] Tem-se, aqui, em relevo o princípio da *especialidade objetiva*.[775]

Reforce-se que a matrícula deve compreender o imóvel em sua integralidade, sendo irregular a abertura de matrícula para parte ideal.[776]

Em se tratando de imóvel rural, a identificação será através do código do imóvel, dos dados constantes do *Certificado de Cadastro de Imóvel Rural* (CCIR), da denominação e de suas características, confrontações, localização e área.

Ao reverso, se a unidade imobiliária for urbana, sua identificação passará por suas características e confrontações, localização, área, logradouro, número e de sua designação cadastral, se houver.[777-778-779]

Quanto ao proprietário,[780] deverá constar seu nome, domicílio e nacionalidade. Cuidando-se de pessoa física, o estado civil, a profissão, o número de inscrição no Cadastro de Pessoas Físicas (CPF) do Ministério da Fazenda ou do Registro Geral da cédula de identidade, ou à falta deste, sua filiação. De outro lado, sendo pessoa jurídica, consignar-se-á a sede social e o número de inscrição no Cadastro Nacional de Pessoas Jurídicas (CNPJ) do Ministério da Fazenda.

---

[774] As averbações das circunstâncias atualmente previstas no art. 167, II, 4 (*mudança de denominação e de numeração dos prédios, da edificação, da reconstrução, da demolição*), 5 (*alteração do nome por casamento ou por separação ou divórcio, ou, ainda, de outras circunstâncias que, de qualquer modo, tenham influência no registro ou nas pessoas nele interessadas*), 10 (*restabelecimento da sociedade conjugal*) e 13 (*nomes dos logradouros, decretados pelo poder público*), da Lei nº 6.015/1973, constantes à margem de transcrições, deverão ser, quando da respectiva matrícula, incorporadas à descrição do imóvel e qualificação dos proprietários. Irregular, portanto, venha a ser o imóvel matriculado com a mesma descrição anterior, mencionando-se, em seguida, o conteúdo das averbações precedentemente efetuadas.

[775] No Estado de São Paulo, as *Normas de Serviço da Corregedoria-Geral da Justiça* autorizam a flexibilização de alguns requisitos legais para abertura, quando se tratar de matrícula de gleba e unidades imobiliárias decorrentes de Regularização Fundiária Urbana (Reurb), com base nos documentos e declarações constantes da Certidão de Regularização Fundiária (CRF). Esta previsão normativa reforça o espírito de regularização da propriedade e está em plena harmonia com o art. 50 da Lei nº 13.465/2017, que diz: "*Art. 50. Nas matrículas abertas para cada parcela, deverão constar dos campos referentes ao registro anterior e ao proprietário: I – quando for possível, a identificação exata da origem da parcela matriculada, por meio de planta de sobreposição do parcelamento com os registros existentes, a matrícula anterior e o nome de seu proprietário; II – quando não for possível identificar a exata origem da parcela matriculada, todas as matrículas anteriores atingidas pela Reurb e a expressão 'proprietário não identificado', dispensando-se nesse caso os requisitos dos itens 4 e 5 do inciso II do art. 167 da Lei nº 6.015, de 31 de dezembro de 1973*".

[776] Quando houver divisão de imóvel, deverá ser aberta matrícula para cada uma das partes resultantes, sendo registrado, em cada matrícula, o título da divisão. Na originária, averbar-se-á a circunstância, com subsequente encerramento.

[777] Para fins de *descerramento*, é vedado constar da matrícula a indicação de rua ou qualquer outro logradouro público, sem que tal circunstância conste do registro anterior.

[778] A descrição do imóvel não poderá incluir construção que não conste do registro anterior ou que nele não tenha sido regularmente averbada. Permite-se seja a averbação feita logo após a abertura da matrícula, se o registro anterior estiver em outro cartório. Logo após a abertura da matrícula, também poderão ser averbadas, no cartório a que atualmente pertencer o imóvel, as circunstâncias previstas no art. 167, II, 1, 4, 5, 10 e 13 da Lei nº 6.015/1973, sendo suficiente que tais documentos se encontrem arquivados na Serventia.

[779] Também não deverá ser feita, na descrição do imóvel, referência a lotes e respectivos números, quando não se trate de loteamento ou desmembramento registrado ou regularizado, ou, ainda, de subdivisão de imóvel constante de planta arquivada no cartório anteriormente à Lei nº 6.766/1979, ou de projeto de desdobro regularmente aprovado pela Municipalidade em que os imóveis oriundos da subdivisão passem a ter indicação para diferenciá-los (ex. lote "22-A").

[780] Tratando-se de abertura de matrícula, na hipótese de óbito do titular de domínio, a remissão à averbação do óbito deverá ser transportada para a matrícula aberta.

Por último, imprescindível fazer constar o número do registro anterior.[781] Além disso, é importante consignar a data deste registro anterior.[782] Tal forma de proceder tem o condão de tornar despicienda, com o decorrer do tempo, a expedição de *certidão vintenária*.[783-784]

Mencione-se, ainda, que no contexto hodierno, até para uma melhor visualização gráfica, alguns registradores têm inserido o *mapa do imóvel* nas matrículas. Muito embora pareça razoável e até atraente aos olhos dos usuários, não há qualquer previsão legal nesse sentido. Algumas normativas estaduais, entretanto, têm autorizado, como é o caso da *Normas de Serviço da Corregedoria Geral da Justiça do Estado de São Paulo*.[785] Em termos puramente registrais, a técnica utilizada pela Lei 6.015/1973 determina que o objeto da matrícula é a *descrição literal* do imóvel.

Não se pode esconder, porém, que as novas tecnologias caminham para que haja alteração nesse cenário. Perspectivas de futuro sinalizam a necessidade de simplificação dos procedimentos, dada a dinâmica da vida na sociedade da informação. Ora, as intermináveis descrições narrativas de um imóvel rural em coordenadas georreferenciadas pelo sistema geodésico, malgrado consagrem técnica topográfica de precisão para demonstrar a situação do imóvel, mostram-se pouco úteis para fins de publicidade.

O amanhã conclama a adaptação do sistema de registro imobiliário às novas tecnologias. Por que não consolidar toda descrição imobiliária – georreferenciada ou não – em *QR Code's* que permitam, por meio de um simples aplicativo de *smartphone* ou *tablet,* a visualização satelitária do imóvel?

Esses necessários avanços devem, inexoravelmente, ser coordenados com os fundamentos e os princípios consagrados do sistema registral imobiliário, sempre acompanhados de prudentes aperfeiçoamentos legislativos, na medida em que a função administrativa exercida pelo Registrador de Imóveis somente se legitima sob o pálio da legalidade.

5. A forma de lançamento dos atos matrícula

É de sabença geral que os atos lançados na matrícula são aqueles previstos em lei.

Registram-se ou averbam-se os atos no fólio. É, aliás, o que se extrai do art. 167, I e II, da Lei 6.015/1973. Considera-se *atecnia* lançar na matrícula atos de "observação", "anotação" ou "certificação".

Diz o art. 231, I, da Lei de Registros Públicos que "serão lançados por ordem cronológica e em *forma narrativa*, os registros e averbações dos atos pertinentes ao imóvel matriculado".

Os registros e as averbações são lançados sob a forma de *extrato*. É dizer, o Oficial, após a qualificação positiva do título, deverá extrair – extratar – de forma concisa os elementos essenciais do título, sempre considerando o encadeamento lógico-jurídico com os registros anteriores.

A respeito dos figurinos de escrituração, *Ademar Fioranelli*, com muita clareza, destaca:

> Os atos devem ser lançados na forma narrativa, o que leva à tarefa de compreender ou interpretar o título em seu conteúdo formal, e dele extrair, de forma resumida, os elementos essenciais, sempre em consonância com os registros precedentes. No exemplo de uma escritura de doação, narra-se o ato, indicando-se o título, a data em que foi formalizado, os nomes dos donatários

---

[781] Ao se abrir matrícula para registro de sentença de usucapião, será mencionado, se houver, o registro anterior. A abertura de matrícula para registro de terras indígenas demarcadas será promovida pela União Federal, em seu nome, devendo ser realizada simultânea averbação, a requerimento e diante da comprovação no processo demarcatório, da existência de domínio privado nos limites do imóvel.

[782] Por exemplo: *Transcrição nº 32.478, de 21 de abril de 1972, deste Cartório.*

[783] GANDOLFO, Maria Helena Leonel. Reflexos sobre a matrícula 17 anos depois. *Revista de Direito Imobiliário* (RDI), vol. 33. São Paulo: Revista dos Tribunais, jan.-jun./1994. p. 105-145.

[784] Em alguns Estados, por suas normativas, constar a data do registro anterior já é requisito obrigatório na abertura da matrícula. No Estado de São Paulo, por exemplo, são requisitos da matrícula: (a) o número da ordem, que seguirá ao infinito; (b) a data; (c) a identificação e a caracterização do imóvel; (d) o nome e a qualificação do proprietário; (e) o número e a data do registro anterior ou, em se tratando de imóvel oriundo de loteamento ou de condomínio edilício, o número do registro ou inscrição do loteamento ou da instituição e especificação do condomínio.

[785] *Item 14.7, Cap. XX, NSCGJSP.* As fichas deverão possuir dimensões que permitam a extração de cópias reprográficas e facilitem o manuseio, a boa compreensão da sequência lógica dos atos e o arquivamento, podendo ser utilizadas cores distintas para facilitar sua visualização e inseridas figuras representativas do imóvel.

591 — MOACYR PETROCELLI DE ÁVILA RIBEIRO | Art. **176**

e as devidas qualificações dos doadores, desprezando-se as suas identidades e qualificações, se existentes no registro antecedente, estimativa do imóvel e cláusulas pactuadas. Noção contraposta ao sistema da transcrição das transmissões em que se trasladava o título.[786]

Em verdade, a Lei de Registros Públicos não estabeleceu normas rígidas a respeito da escrituração e lançamento de atos na matrícula,[787] deixando ao talante do Registrador Imobiliário, no âmbito de sua independência funcional, eleger a melhor forma de proceder.

Para fins de melhor compreensão dos direitos lançados na matrícula, por exemplo, é muito conveniente que antes de se iniciar a redação do extrato do ato de registro ou averbação se proponha uma epígrafe (*rectius*: o *nomen juris*) que, de modo abreviado, indique o teor do lançamento (venda e compra, doação, alienação fiduciária, desapropriação amigável, retificação, penhora etc.). Tal medida facilita muito a leitura de uma certidão de matrícula pelos cidadãos, afinal, não apenas os especialistas em direito imobiliário são beneficiados pela publicidade advinda do fólio real.

Paradoxalmente, diga-se, é possível vislumbrar por meio de projetos-pilotos do Sistema de Registro Eletrônico de Imóveis (SREI) que há uma tendência, para fins de escrituração eletrônica,[788] de se recuperar a forma de lançamento dos atos em colunas, de modo muito próximo, *mutatis mutandis*, àqueles que eram feitos nas antigas transcrições.

6. Técnicas registrais de depuração das informações registrárias

Entende-se por *renovação de matrícula* o procedimento pelo qual o registrador imobiliário promove a atualização dos assentamentos lançados no fólio por meio da exclusão (não inclusão) daqueles atos que já perderam a eficácia, com o intuito de tornar mais claro o seu conteúdo.

Não há qualquer previsão legal nesse sentido, porém, algumas normativas estaduais disciplinam esse procedimento. A ideia precípua é a de que "o Oficial poderá, de ofício ou a requerimento do proprietário, *atualizar a matrícula*, adequando-a aos atos jurídicos ainda válidos e eficazes".[789]

Não se nega que, quanto à renovação da matrícula, sua *ratio procedendi* esteja imbuída do melhor espírito possível, qual seja, de publicizar a informação imobiliária de modo qualificado. Todavia, entende-se que o atingimento desta mesma finalidade pode dar-se de modo diverso, ainda mais proveitoso.

Fica, então, o convite para os artífices do Registro Imobiliário valorizarem a chamada *averbação saneadora*. Cuida-se, em realidade, de averbação-notícia com o escopo de facilitar o acesso às informações registrárias àqueles que visualizam a matrícula – mencionando-se nela os atos jurídicos ainda válidos e eficazes, ou ainda, promovendo a reunião de frações ideais alienadas de modo espraiado a um único proprietário tabular –,[790] sem deixar, porém, de concentrar em um único *locus* todas as vicissitudes pelas quais aquela unidade imobiliária sofreu desde seu descerramento.

---

[786] FIORANELLI, Ademar. Matrícula no registro de imóveis: questões práticas. *In:* YOSHIDA, Consuelo Yatsuda Moromizato; FIGUEIREDO, Marcelo. AMADEI, Vicente de Abreu. *Direito notarial e registral avançado*. São Paulo: Revista dos Tribunais, 2014. p. 296-297.

[787] Tal liberdade está adstrita ao modo de escrituração como mencionado alhures. Não se pode, porém, deixar de observar as formalidades dos atos em si considerados. Assim, cada lançamento de registro será precedido pela letra "*R*" e o de averbação pelas letras "*AV*", seguindo-se o número sequencial do ato e o da matrícula. O número do ato será lançado por rigorosa ordem sequencial, de sorte que inicia-se no número 1 e segue-se ao infinito (exemplos: R. 1/780; R. 2/780; AV. 3/780; AV. 4/780; R.5/780; AV. 6/780 e assim, sucessivamente). É opcional a repetição do número da matrícula em seguida ao número de ordem no lançamento de cada ato. No registro ou na averbação será sempre indicado o número e a data do protocolo do documento apresentado e a data em que o ato é praticado na matrícula. Jamais poderá ser feito qualquer lançamento sob a rubrica de "certidão", "anotação" ou "observação", visto que o ato deve ser unicamente de registro (R) ou averbação (AV), inexistindo previsão legal para lançamento diverso.

[788] Entende-se por *escrituração eletrônica* a escrituração dos atos registrais em mídia totalmente eletrônica.

[789] Há previsão expressa no art. 463, § 1º, da *Consolidação Normativa Extrajudicial do Estado do Rio de Janeiro*. Segundo a normativa carioca, a matrícula atualizada será identificada pelo seu próprio número, com a adição de letras em ordem alfabética, depois repetidas em combinações sucessivas, sendo certo que a matrícula que for objetivo de atualização permanecerá arquivada no Serviço.

[790] Tal notícia de consolidação de frações ideais sobre o imóvel pode ser, inclusive, incorporada ao extrato do último ato de registro em que se consolidar a propriedade na pessoa de um único titular. Imagine-se, por exemplo, que *João*, por herança, adquiriu a fração ideal corresponde a 1/5 do imóvel pelo falecimento do seu

Art. 176 | LEI DE REGISTROS PÚBLICOS COMENTADA

Registre-se que em proposta de nossa autoria fora aprovado enunciado doutrinário na *1ª Jornada de Direito Notarial e Registral do CJF* autorizando o uso dessa *práxis* registral:

> *Enunciado 23*: É lícito ao oficial de Registro de Imóveis promover de ofício a chamada averbação saneadora, com o escopo de aclarar os direitos vigentes em determinada matrícula.
>
> *Justificativa*: É consagrado o entendimento doutrinário e jurisprudencial no sentido de que o rol das averbações previsto na Lei 6.015/1973 (art. 167, II) é meramente exemplificativo (*numerus apertus*). O art. 246 da Lei Registral, como verdadeira cláusula geral de abertura, autoriza referida intelecção. Nada obstante, relevante práxis adotada por Oficiais de Registro de Imóveis consiste em promover a denominada averbação saneadora. Cuida-se, em realidade, de um costume registral, que, embora não encontre previsão legal expressa e imediata, é medida relevante que atende ao interesse público. Ocorre que muitas matrículas se sujeitam a inúmeras vicissitudes registrais com a prática de atos numerosos e sucessivos (averbamentos e registros *stricto sensu*), de constituição, transmissão (parcial ou integral) e cancelamento de direitos reais sobre imóveis, dificultando seu exame pelos consulentes do fólio. Com efeito, ao promover a averbação saneadora o Oficial de Registro de Imóveis promove verdadeira filtragem do conteúdo tabular e enuncia para a comunidade apenas aqueles direitos em vigor e sua respectiva titularidade. Tal proceder, por garantir melhor visual gráfico à matrícula imobiliária, facilita sobremaneira o acesso às informações que emanam do registro, inclusive para qualquer cidadão que pretenda solicitar certidão daquele registro. Conduz-se, assim, a uma publicidade registral qualificada, atendendo com mais eficiência os fins legítimos do Registro de Imóveis. Por se tratar de averbamento facultativo, feito no interesse do serviço, não deve ser objeto de cobrança emolumentar. Em resumo, depura-se a informação a ser publicizada sem qualquer ônus aos interessados.

Trata-se, pois, de técnica de escrituração posta a serviço da comunidade, sempre com o melhor intuito de prestação de um serviço eficiente e adequado.[791] Não se pode perder de vista que o Registro de Imóveis, muito embora seja consagrador da segurança jurídica estática, especialmente pela garantia e proteção do titular do direito de propriedade, possui latente interesse difuso ao catalisar a segurança jurídica dinâmica e fomentar o tráfico imobiliário, evitando a *assimetria de informações* – um dos fatores que oneram as transações imobiliárias ao derredor do mundo.[792]

Não sem razão, o aspecto econômico revela-se muito importante quando se tem em mira a desenvoltura quantitativa da matrícula.[793]

Por que não falar, nos dias correntes, em *princípio da graficidade da matrícula*?

Ora, as técnicas aqui sugeridas visam, combater verdadeira *hiper-saturação* textual da matrícula, apurando-se nos textos, o que ainda é válido e eficaz. De fato, o que ocorre é a existência na matrí-

---

pai (R.02); posteriormente, herdou a fração ideal correspondente a 1/5 do imóvel pela morte de sua mãe (R.04); e, por fim, adquiriu, por compra, de seus irmãos (R.05) a fração ideal correspondente a 3/5 do imóvel. Após o lançamento deste último ato de registro (venda e compra), como forma de saneamento, é oportuno que se mencione ao final do extrato que *"em razão desta aquisição e dos registros lançados sob os números R.02 e R.04, João passou a ser proprietário da integralidade do imóvel descrito nesta matrícula"*.

[791] Ao Oficial do Registro de Imóveis cumpre prestar os serviços a seu cargo de modo adequado, observando rigorosamente os deveres próprios da delegação pública em que estão investidos, a fim de garantir autenticidade, publicidade, segurança, disponibilidade e eficácia dos atos jurídicos constitutivos, translativos ou extintivos de direitos reais sobre imóveis e atividades correlatas. Serviço prestado de modo adequado é o que atende ao interesse público e corresponde às exigências de qualidade, continuidade, regularidade, eficiência, atualidade, generalidade, modicidade, cortesia e segurança.

[792] O Relatório *Doing Business*, do Banco Mundial, avalia o ambiente de negócios de 190 economias no mundo, por meio de pesquisa com especialistas. Seu objetivo é mapear o ambiente de negócios de uma nação a partir de alguns temas, dentre eles o registro de propriedades. Na edição do *Relatório 2019*, o Brasil ficou na 125ª posição. Sob o aspecto do registro da propriedade ganhou destaque a favor do País o baixo custo dos procedimentos registrais (emolumentos), sendo, porém, indispensável que haja maior participação dos registradores imobiliários brasileiros para que se viabilize a prestação de informações de maior qualidade ao Banco Mundial, o que certamente fará como que a posição e os índices do Brasil melhorem de forma exponencial.

[793] Na atualidade, matrículas com centenas de fichas não são mais raridade.

cula de uma carga imensa de informação irrelevante, imprestável para configurar a situação jurídica atualizada do imóvel.

Tais técnicas, em realidade, possuem como principal objetivo evitar que se transporte para o consulente a tarefa de decifrar o cipoal textual e jurídico da matrícula, garantindo-se a melhor visualização gráfica do fólio.

Não se esqueça, pois, que já em 1973, com o advento da vigente Lei dos Registros Públicos, um dos objetivos da transformação da técnica de transcrição para a técnica do fólio real foi, exatamente, propiciar uma compreensão diagramada das informações relativas ao imóvel.

Por último, vale realçar que tanto a averbação saneadora como a "renovação da matrícula" são técnicas que não podem onerar o usuário do serviço registral – ou seja, não podem tais atos gerar a cobrança de emolumentos – já que não são obrigatórios por lei, além de serem realizados no interesse do serviço.

7. A certidão da situação jurídica atualizada do imóvel

A Lei 14.282/2022, que trouxe inúmeras alterações à Lei 6.015/1973, criou a chamada *certidão da situação jurídica atualizada do imóvel*, que "compreende as informações vigentes de sua descrição, número de contribuinte, proprietário, direitos, ônus e restrições, judiciais e administrativas, incidentes sobre o imóvel e o respectivo titular, além das demais informações necessárias à comprovação da propriedade e à transmissão e à constituição de outros direitos reais" (LRP, art. 16, § 9º). Em síntese, cuida-se da informação detalhada e atual acerca dos elementos de especialidade objetiva e subjetiva da descrição matricial que estão em vigor – ou seja, elementos que não foram cancelados ou alterados –, acrescidos do apontamento de eventuais ônus ou direitos que estejam produzindo seus regulares efeitos.

Bem vistas as coisas, o pedido de uma certidão dessa natureza gera verdadeira necessidade de uma qualificação registral do próprio assento pelo Oficial para depurar a informação solicitada ("*qualificação de saída*",[794] oposta à atividade original dos registradores de qualificar um título para ingresso no fólio real, que seria a "*qualificação de entrada*").

Tal inovação, se bem assimilada pelos usuários e pelos registradores imobiliários, será um passo importante para facilitação do acesso às informações registrais, bem assim um grande reforço à tutela jurídica de proteção de dados pessoais. É dizer, evitar-se-á a exposição desnecessária de dados que já não possuem mais relevo e que constam do fólio real.

Em razão da anatomia do sistema registral brasileiro, em linha de princípio, mantém-se na ficha matricial a sequência de atos, fatos ou negócios jurídicos inscritos que repercutiram sobre aquele determinado imóvel (*v.g.*, uma hipoteca constituída e cancelada há 20 anos, remanesce na matrícula contemplando dados do credor hipotecário), que não possuem qualquer relevo jurídico na atualidade, embora com potencial de propagação inoportuna de seus dados (*v.g.*, CNPJ, endereço da sede, valor do crédito concedido etc.).

Interessante considerar que o modelo padrão de expedição de certidão propalado pela Lei 14.382/2022, em realidade, resgata a prática de expedição da *certidão negativa de ônus reais*, que havia perdido o sentido com o sistema do fólio real e a publicidade através da certidão integral da matrícula.[795]

Nessa linha de pensamento, descortina-se o preciso diagnóstico de *Sérgio Jacomino*:

> (...) visto de uma certa perspectiva, podemos ter vislumbres acerca do que terá sido uma vetusta tradição já esquecida pela *nouvelle vague* registral. De modo inconsciente, talvez se tenha

---

[794] Expressão referida pelo registrador imobiliário paulista *Ivan Jacopetti do Lago* em palestra virtual proferida na Escola Nacional dos Notários e Registros (ENNOR), em 21/07/2022.

[795] Pela interpretação sistemática dos arts. 176, § 1º, I; 227, 230, 232 e 246, todos da Lei de Registros Públicos, verifica-se com tranquilidade que todos os atos registrais – sejam de registro em sentido estrito, sejam de averbação – são obrigatoriamente realizados na respectiva matrícula do imóvel. Assim, não há qualquer possibilidade de existir alienações ou ônus sobre o imóvel que não estejam lançados na matrícula. Destarte, a reprodução integral da matrícula, no atual sistema registral imobiliário, basta por si e dispensa naturalmente a certificação da inexistência de alienações e ônus reais, sob pena de engendrar em desnecessário circunlóquio e, em última análise, grosseira atecnia.

repristinado uma antiga praxe formal dos cartórios – a expedição da certidão de propriedade com negativa de ônus e alienações – algo que os mais experientes se lembrarão perfeitamente. Segundo a máxima hegeliana, a história se repete, sempre, pelo menos duas vezes – ao que o nefasto averbaria: a segunda como farsa... Seja como for, não há nada de novo no *front*.[796]

E prossegue o insigne registrador bandeirante:

Lancemos um olhar à boa tradição do registro imobiliário brasileiro. Ao longo de mais de uma centúria, valorizava-se, sobremaneira, a consagração da publicidade registral que se perfazia por meio de uma atividade recognitiva do registrador. Conjugando e interpretando as inscrições lançadas em seus vários livros de registro e indicadores, o Oficial produziria o digesto registral e daria publicidade da situação jurídica dos bens, por meio das chamadas "certidões atualizadas de propriedade e negativas de ônus e alienações" (arts. 229 e 230 da LRP). A dita certidão, evidentemente, incorporava a "certidão de ações reais e pessoais reipersecutórias, relativas ao imóvel, e a de ônus reais, expedidas pelo Registro de Imóveis competente" exigida para a lavratura de escrituras públicas (inc. IV do art. 1º, Decreto 93.240/1986). Os ônus, gravames, constrições e demais vicissitudes que gravavam a propriedade deveriam ser igualmente relatadas. A expedição da certidão de propriedade representava, portanto, o resultado de um labor técnico confiado a juristas práticos, tudo sob sua estrita e pessoal responsabilidade.[797]

Nada obstante, a Lei 14.382/2022 ressalvou expressamente que continua sendo possível a expedição da eficiente certidão de inteiro teor da matrícula, contendo a reprodução integral do seu conteúdo, seja por meio reprográfico ou digital equivalente. Na dicção legal, "no âmbito do Registro de Imóveis, a certidão de inteiro teor da matrícula conterá a reprodução de todo seu conteúdo e será suficiente para fins de comprovação de propriedade, direitos, ônus reais e restrições sobre o imóvel, independentemente de certificação específica pelo oficial" (LRP, art. 176, § 11).

8. As inconsistências tabulares e o bloqueio de matrícula

O bloqueio da matrícula é criação doutrinária e jurisprudencial agasalhada pelo direito legislado. Está, atualmente, consagrado no art. 214, § 3º, da Lei 6.015/1973.[798]

Sobre o tema enfocado, colhe-se valorosa passagem de *Marcelo Fortes Barbosa Filho*, ex-juiz assessor da Corregedoria-Geral da Justiça do Estado de São Paulo:

O bloqueio constitui providência acautelatória instrumental, caracterizada pela provisória suspensão do *ius disponendi* referente a determinado bem imóvel e destinada a salvaguardar a integridade dos assentamentos registrários, servindo de substitutivo do cancelamento, só podendo, por princípio, ser decretado quando, configurada a incidência do artigo 214 da Lei Federal 6.015/73, seja viável, por meio da prática de novos atos, a recuperação da validade.

O bloqueio foi criado pelos órgãos censórios da Administração, com o fim de evitar a assunção de prejuízos patrimoniais para particulares, sempre quando viável o futuro e completo saneamento do vício registrário identificado. Identificada uma invalidade intrínseca ao registro, ao invés de

---

[796] JACOMINO, Sérgio. *A MP 1085/2021: breves comentários – parte iii: certidão da situação jurídica atualizada do imóvel*. Portal Migalhas. Coluna "Migalhas Notariais e Registrais". Disponível em: https://www.migalhas.com.br/coluna/migalhas-notariais-e-registrais/361567/a-mp-1-085-2021--breves-comentarios--parte-iii. Acesso em: 23 jul. 2022.

[797] JACOMINO, Sérgio. *A MP 1085/2021: breves comentários – parte III: certidão da situação jurídica atualizada do imóvel*. Portal Migalhas. Coluna "Migalhas Notariais e Registrais". Disponível em: *https://www.migalhas.com.br/coluna/migalhas-notariais-e-registrais/361567/a-mp-1-085-2021--breves-comentarios--parte-iii*. Acesso em: 23 jul. 2022.

[798] *Art. 214, § 3º* – Se o juiz entender que a superveniência de novos registros poderá causar danos de difícil reparação poderá determinar de ofício, a qualquer momento, ainda que sem oitiva das partes, o bloqueio da matrícula do imóvel. § 4º – Bloqueada a matrícula, o oficial não poderá mais nela praticar qualquer ato, salvo com autorização judicial, permitindo-se, todavia, aos interessados a prenotação de seus títulos, que ficarão com o prazo prorrogado até a solução do bloqueio.

ser ordenado o cancelamento, toma-se uma providência administrativa menos drástica, vislumbrada a futura recuperação dos assentamentos, retornando-se a um estado de normalidade.[799]

De modo não menos didático, *Narciso Orlandi Neto* destaca que o bloqueio da matrícula é o "fechamento temporário da cadeia registrária. O bloqueio mantém o registro, mas tira disponibilidade do direito".[800]

Denota-se, portanto, que o bloqueio tem cunho essencialmente acautelatório. Não é fim em si mesmo. O seu mister é resguardar direitos. Tem-se, aliás, nítida intervenção estatal na medida em que se torna indisponível um bem com o fito de obter a conformidade legal. É dizer, trata-se de instrumento em que o Estado, reconhecendo a ilegalidade, mas protegendo o adquirente de boa-fé, tão somente paralisa as ações contrárias ao ordenamento jurídico até a regularização do registro.

Em poucas palavras, o bloqueio traduz-se em determinação judicial para que, a partir daquela ordem, nenhum outro ato seja realizado naquela matrícula. Dada a sua cautelaridade, pode ser deferido pelo juiz, mesmo de ofício e *inaudita altera pars*,[801] diante de situação em que o magistrado verifique que a prática de novos atos de registro possa causar danos de difícil reparação.[802]

O escopo primordial desse instrumento é, certamente, evitar a declaração precoce de nulidade, permitindo-se a verificação da existência ou não de vício insanável.

Com precisão, *Ricardo Dip* sentencia:

> O bloqueio de matrícula surgiu como uma construção administrativo-judicial embasada em dois princípios elementares do direito: *(1)* quem pode o mais (cancelar) pode o menos (bloquear); *(2)* a medida menos drástica (bloqueio) sempre deve ser adotada com preferência à medida mais drástica (cancelamento), quando ela se apresenta necessária e suficiente para remediar ou prevenir o mal ocorrido ou em potencial.[803]

Após a respectiva averbação de bloqueio há o *trancamento da matrícula*.

Clausura-se, *ipso facto*, o registro.

É certo, assim, que, bloqueada a matrícula, o Oficial não mais poderá nela praticar qualquer ato, salvo com autorização do juiz.[804] Entretanto, o bloqueio tabular não impede a protocolização de títulos que se refiram ao imóvel cuja matrícula está temporariamente fechada.

Insta frisar que a ordem de bloqueio da matrícula, como todos os títulos que ingressam na serventia imobiliária, deve ser protocolizada e seguir a ordem decorrente da prioridade. Dessa forma, caso exista um título já protocolizado aguardando registro no momento do ingresso da ordem de bloqueio – portanto, *título contraditório* – tal título será registrado antes que ocorra o trancamento da matrícula.

Em outras palavras, a ordem de bloqueio será protocolizada no *Livro nº 1 – Protocolo* e seguirá a ordem de prioridade, ou seja, caso haja outro título já protocolado, aguardando qualificação, este será

---

[799] CGJSP – Processo CG 2307/2001, Des. Luís de Macedo, j. 28/12/2001.

[800] ORLANDI NETO, Narciso. *Retificação do registro de imóveis*. 2. ed. São Paulo: Juarez de Oliveira, 1999. p. 123.

[801] Com o advento do Código de Processo Civil, por meio da Lei 13.105/2015, verificou-se segundo os processualistas verdadeira reformulação do *princípio do contraditório* que, doravante, no processo civil, deve ser efetivo, substancial, nas pegadas do seu art. 7º, segundo o qual "é assegurada às partes paridade de tratamento em relação ao exercício de direitos e faculdades processuais, aos meios de defesa, aos ônus, aos deveres e à aplicação de sanções processuais, competindo ao juiz zelar pelo efetivo contraditório". Nesse novo panorama processual, pode-se questionar se ainda seria cabível o bloqueio da matrícula sem que se garanta a manifestação das partes. A excepcionalidade da medida parece conduzir à necessidade de se observar o *poder geral de cautela* do Juiz no caso concreto.

[802] Em precedente, anterior ao advento do vigente Código de Processo Civil, o Superior Tribunal de Justiça entendeu que "o art. 214, § 3º, da Lei de Registros Públicos prevê que o magistrado, no exercício de sua função correcional, poderá determinar de ofício, a qualquer momento, ainda que sem oitiva das partes, o bloqueio da matrícula do imóvel" (STJ – RMS 28.466/AM, 3ª Turma, Rel. Min. Sidnei Beneti, j. 10/11/2009).

[803] PIRES, Ari Álvares Campos. *Registro de imóveis, cancelamento e bloqueio de matrícula*. Diário das Leis Imobiliário. São Paulo: Gráfica Josemar, 2º decêndio maio/2007, nº 14, p. 29-32.

[804] É evidente que o magistrado poderá modular os efeitos de eventual decisão autorizativa, conforme seu poder geral de cautela.

Art. 176 | LEI DE REGISTROS PÚBLICOS COMENTADA

qualificado e, se for o caso, registrado antes que ocorra a clausura da matrícula, salvo se a ordem fizer expressa menção a ele.

À evidência, caso haja bloqueio da matrícula, o prazo da prenotação fica prorrogado até decisão final, ou seja, até que seja decidido pela autoridade competente pela cessação dos vícios que levaram ao bloqueio, ou então até que haja o cancelamento da matrícula.

Quanto à competência para determinar o bloqueio da matrícula, é de bom alvitre admitir que a ordem possa partir de uma autoridade em processo judicial contencioso, ou possa advir do *Juiz Corregedor Permanente* em procedimento administrativo, mas jamais por decisão do próprio Oficial, muito embora possa perfeitamente se originar de um pedido seu,[805] ou dos interessados.

Frise-se, de logo, que não tem guarida no direito brasileiro, pela falta de amparo legal, o chamado *autobloqueio*. Seria a hipótese de o proprietário tabular solicitar, ainda que motivadamente ao Oficial, o trancamento da matrícula com o fito de tornar, ao seu sabor, o imóvel temporariamente indisponível.

Sobreleva destacar que a inadmissibilidade dessa medida no direito brasileiro é correta e adequada, já que se impede que o próprio titular grave seu bem, tornando-o indisponível. Evita-se que pedidos oportunistas visem a efeitos contrários, ligados a uma tática para ludibriar credores e terceiros. Aliás, o direito moderno abomina tais práticas, exigindo que todo o patrimônio individual se mostre aparente e disponível "para responder pelos encargos e débitos de seu titular. A interpretação mais ajustada a tais padrões inibe e mitiga todas as formas que direta ou indiretamente possam gerar restrições dominiais em especial, as relativas à impenhorabilidade".[806]

 Tema dos mais relevantes diz respeito à qualificação registrária da ordem de bloqueio. De fato, todos os títulos submetidos a registro (em sentido lato) submetem-se à qualificação registral, ainda que em determinadas ocasiões o exame de legalidade tenha menor grau de profundidade, como sói acontecer nas *ordens judiciais*.[807] Nesse propósito, vale recordar a distinção entre título judicial e ordem judicial, já que o *iter registral* a ser seguido é distinto.

Todo título judicial resguarda, como antecedente lógico e necessário, uma declaração emitida por um órgão do *Estado-Juiz* e referente à presença de um título legitimário, de direito material, capaz de dar respaldo causal à mutação jurídico-patrimonial a ser operada pelo ato de registro.

Em se tratando de uma ordem judicial, não há semelhante correspondência. Cuida-se de um comando dirigido ao Registrador e derivado da atividade jurisdicional, como resposta, especialmente, a situações de urgência e que, dotadas de provisoriedade, demandam certa elasticidade na conformação da decisão judicial. Tais ordens ostentam uma aparência externa idêntica à de um título judicial, mas não ostentam conteúdo semelhante.[808]

Na ordem judicial, a qualificação do registrador é mais limitada, de sorte que só poderá recusar o cumprimento ao comando recepcionado quando restar caracterizada hipótese de absoluta impossibilidade. Cite-se como exemplo o caso em que se determina a indisponibilidade de bens de quem não é titular tabular ou quando há contradição intrínseca entre o documento instrumentalizador e o teor da ordem.[809]

---

[805]   Correto interpretar que não é apenas uma faculdade do Oficial. Em casos de verificação da ocorrência de vícios ou situações que possam gerar prejuízo a direito de outrem, o Oficial tem o *dever* de requerer o bloqueio da matrícula ao Juízo Corregedor Permanente. Recomenda-se que tal requerimento seja efetuado pelo Oficial toda vez que observados seus pressupostos, exercendo, assim, em sua plenitude, a função de *curador dos registros* sob sua responsabilidade.

[806]   1ª VRPSP – Processo 000.02.128258-7, Juiz Venício Antonio de Paula Salles, j. 18/03/2004.

[807]   "Apesar de se tratar de título judicial, está ele sujeito à qualificação registrária. O fato de tratar-se o título de mandado judicial não o torna imune à qualificação registrária, sob o estrito ângulo da regularidade formal. O exame da legalidade não promove incursão sobre o mérito da decisão judicial, mas à apreciação das formalidades extrínsecas da ordem e à conexão de seus dados com o registro e a sua formalização instrumental" (CSMSP – Apelação Cível 31.881-0/1, Rel. Des. Márcio Martins Bonilha, j. 13/06/1996).

[808]   BARBOSA FILHO, Marcelo Fortes. O Registro de Imóveis, os títulos judiciais e as ordens judiciais. *Revista de Direito Imobiliário* (RDI). vol. 49. São Paulo: Revista dos Tribunais, jul.-dez./2000. p. 53-59.

[809]   CGJSP – Processo CG 174.855/2013, Des. Hamilton Elliot Akel, j. 18/03/2014.

Art. 176

Outra questão pertinente está em verificar a possibilidade de *usucapião tabular* diante de uma matrícula bloqueada. A rigor, pela literalidade da norma, somente se admite a figura da usucapião tabular quando há o cancelamento do registro do imóvel.[810]

Cite-se, porém, que o *Superior Tribunal de Justiça*, em inédito precedente, autorizou o prosseguimento de ação de usucapião tabular movido por compradores de um imóvel que teve a matrícula bloqueada por mais de 12 (doze) anos. Na hipótese, dada a peculiaridade do caso concreto, entendeu-se por equiparar o bloqueio da matrícula com o cancelamento do registro para fins de usucapião tabular.[811]

Dentre as hipóteses mais comuns[812] que dão azo ao bloqueio da matrícula, podem-se apontar três principais.

Primeira, e mais comum, é a duplicidade de matrículas de um mesmo imóvel, com correntes filiatórias diversas. Nesse caso, será determinado o bloqueio de ambas até que a questão seja dirimida pelas vias ordinárias, quando, então, irá se decidir pela prevalência de uma ou de outra corrente filiatória.[813]

---

[810] SARMENTO FILHO, Eduardo Sócrates Castanheira. *Direito registral imobiliário:* teoria geral. Curitiba: Juruá, 2017. p. 153.

[811] "A usucapião normalmente coloca em confronto particulares que litigam em torno da propriedade de um bem móvel. Na hipótese dos autos, a constatação de que os vendedores do imóvel apresentaram certidão negativa de tributos previdenciários inautêntica levou o juízo da vara de registros públicos, em processo administrativo, a determinar o bloqueio da matrícula do bem. O bloqueio da matrícula não colocou vendedores e compradores em litígio em torno da propriedade de um bem imóvel. Apenas promoveu uma séria restrição ao direito de propriedade dos adquirentes para a proteção do crédito financeiro do INSS. *Pelas disposições da Lei de Registros Públicos, o bloqueio da matrícula é ato de natureza provisória, a ser tomado no âmbito de um procedimento maior, no qual se discuta a nulidade do registro público.* A lavratura de escritura de compra e venda sem a apresentação de certidão previdenciária é nula, pelas disposições do art. 47 da Lei 8.212/91. Assim, o bloqueio seria razoável no âmbito de uma discussão acerca dessa nulidade. *Do ponto de vista prático, o bloqueio produz efeitos em grande parte equivalentes ao do cancelamento da matrícula, uma vez que torna impossível, ao proprietário de imóvel com matrícula bloqueada, tomar qualquer ato inerente a seu direito de propriedade, como o de alienar ou de gravar o bem.* Se o INSS ou qualquer outro legitimado não toma a iniciativa de requerer o reconhecimento ou a declaração da nulidade da escritura, o bloqueio da matrícula, por si só, não pode prevalecer indefinidamente. Na hipótese em que, mesmo sem tal providência, o bloqueio acaba por permanecer, produzindo efeitos de restrição ao direito de propriedade dos adquirentes do bem, a inatividade do INSS deve produzir alguma consequência jurídica. Num processo de usucapião tradicional, o prazo de prescrição aquisitiva só é interrompido pela atitude do proprietário que torne inequívoca sua intenção de retomar o bem. Se, por uma peculiaridade do direito brasileiro, é possível promover a restrição do direito de propriedade do adquirente para a proteção de um crédito, a prescrição aquisitiva que beneficia esse adquirente somente pode ser interrompida por um ato que inequivocamente indique a intenção do credor de realizar esse crédito. Se, após dez anos a partir do bloqueio da matrícula, o INSS não requer a declaração de nulidade da compra e venda, não executa o crédito previdenciário que mantém perante o vendedor do imóvel, não requer o reconhecimento de fraude à execução, não penhora o bem controvertido, enfim, não toma providência alguma, é possível reconhecer, ao menos em *status assertionis*, a ocorrência de usucapião tabular, de modo que o indeferimento da petição inicial da ação que a requer é providência exagerada" (STJ – Resp *nº 1.133.451/SP, 3ª Turma, Rel. Min. Nancy Andrighi, j.* 27/03/2012).

[812] Em abstrato, os vícios que justificam o bloqueio de matrícula são tanto aqueles *endorregistrais* como os *extrarregistrais*. Os primeiros enquadrar-se-iam nas chamadas *nulidades de pleno direito,* ou seja, são aqueles vícios que envolvem exclusivamente o registro em si, perceptíveis tão só pela leitura da matrícula, sem a necessidade de exame do título que lhe deu origem. Já os *vícios extrarregistrais* estão fora do registro e são máculas relativas à existência, validade ou à eficácia do negócio jurídico estampado no título que ingressou no Registro de Imóveis. Observe-se, porém, que há uma diferença fundamental entre eles: as nulidades de pleno direito, uma vez provadas, invalidam o registro, independentemente de ação direta (art. 214, *caput*, da Lei 6.015/1973). Já os vícios do negócio jurídico somente podem ser reconhecidos e desfeitos em processo judicial com o devido processo legal, jamais pelo Registrador, ou mesmo pelo Juiz Corregedor Permanente, na esfera administrativa (art. 216 da Lei 6.015/1973).

[813] "Ao estudar a questão referente à duplicidade de registros, *Narciso Orlandi Neto*, depois de estudar alguns precedentes do E. Conselho Superior da Magistratura, observa que a presunção de veracidade do registro desaparece quando há duplicidade, até que na via adequada se decida pela prevalência de um ou de outro (*Retificação do Registro de Imóveis, Ed. Juarez de Oliveira, pág. 102/108)* E prossegue argumentando que, para restaurar essa presunção, deve o titular eliminar a causa da perda, isto é, a duplicidade, buscando o cancelamento do registro contraditório nas vias ordinárias, pois nem sempre o segundo registro será o nulo de pleno direito. Sustenta, para tanto, a necessidade de processo contencioso, porque o administrativo está restrito às hipóteses de nulidade de pleno direito, e quando a contradição está na mesma matrícula, situações diversas da ora examinada" (1ª VRPSP – Processo 000.02.197744-5, Juiz Gustavo Henrique Bretas Marzagão, j. 28/09/2009).

Art. 176 | LEI DE REGISTROS PÚBLICOS COMENTADA

598

Segunda, é a irregularidade sanável ocorrida na abertura da matrícula com relação à descrição do imóvel,[814] caso em que podem ser evitados novos registros até que haja a indispensável retificação da área.

Terceira, quando há a abertura de matrícula em cartório incompetente. Tal pode ocorrer em razão de descrições imprecisas de imóveis e por se tratar de unidades situadas em áreas de divisas de municípios ou, ainda, por dados errados lançados no título.

Neste último caso, para todos os efeitos, qualquer registro que tenha sido lançado nessa matrícula é nulo de pleno direito e deveria ser cancelado. É de ver, porém, que a *teoria das nulidades* da parte geral do Código Civil merece ser aplicada com cautela no direito registral imobiliário.[815]

Na hipótese aventada parece razoável, para garantir maior segurança jurídica no caso concreto, que, após decisão do juiz determinando o bloqueio da matrícula aberta erroneamente, o Registrador faça constar na averbação, de modo expresso, a declaração de que pertencendo o imóvel a tal circunscrição, os registros e averbações que a ele se referir deverão, a partir daquela data, ser praticados em tal serventia imobiliária, permanecendo válidos, todavia, todos os atos existentes na matrícula bloqueada.[816]

De qualquer sorte, deve-se, sempre, compreender o bloqueio da matrícula como situação excepcionalíssima já que, ao retirar do comércio ativo imobiliário, configura medida de índole notadamente contra-econômica.

Para rematar, em rápida passagem pelo direito comparado, convém relacionar o instituto do *bloqueio de matrícula*, do direito brasileiro, com o *assento de contradição* do direito alemão.

Esclareça-se que, como já observado, o bloqueio da matrícula originou-se de construção jurisprudencial, e como tal, certamente, inspirou-se no direito alemão, em especial na figura do assento de contradição (*Widerspruch*), destinado a impedir o ingresso de novos acordos jurídico-reais nas hipóteses em que havia quebra dos princípios, como nos casos de duplicidade de matrículas. Foi nesse cenário que, na Alemanha, criou-se a figura do assento de contradição, impedindo a realização de novos atos de registro na matrícula do imóvel diante da constatação de irregularidades.

Na verdade, o assento de contradição "tem uma finalidade muito concreta: anunciar a um terceiro adquirente o início de um processo de retificação registral".[817] Assim, em essência, o assento de contradição não impede novos registros de transmissão da propriedade, pois não prova a incorreção

---

[814] Importante precedente relacionado ao tema deriva de decisão proferida pelo *Conselho Superior da Magistratura do Estado de São Paulo*: "Não há dúvidas da necessidade de retificação da descrição do imóvel rural em cumprimento ao determinado na Lei dos Registros Públicos, cuja finalidade é garantir segurança jurídica e reduzir os custos de transação entre particulares a partir da existência do registro público. (...) Essa situação caracteriza conflito entre os Princípios da Especialidade Objetiva e da Fé Pública, porquanto a descrição do imóvel, a partir da matrícula é precária, bem como, o negócio jurídico foi celebrado na presunção da veracidade do conteúdo da matrícula e sua adequação à legislação. Considerado o mesmo grau dos princípios em questão, sua abstração e normatividade enquanto, ao lado das regras de direito, espécie de norma jurídica, efetuando o diálogo daqueles com o caso concreto, a melhor forma para busca da efetividade desses mandamentos legais é o acesso do título ao fólio real (Princípio da Fé Pública) mas com o bloqueio da matrícula nos termos do art. 214, p. 3º, da Lei n. 6.015/73, com relação ao ingresso de outros títulos voluntários até que seja efetuada a retificação do registro (Princípio da Especialidade Objetiva)" (CSMSP – Apelação Cível 0015507-36.2010.8.26.0362, Rel. Des. Maurício Vidigal, j. 08/09/2011).

[815] Os efeitos jurídicos e os próprios direitos que emanam do sistema registral imobiliário brasileiro merecem atenção especial a ser verificada em cognição casuística, não se admitindo, em prol da segurança jurídica, que se aplique cegamente a teoria das nulidades tal qual no direito civil. Imagine-se, nesse sentido, que diante da inobservância de técnica registral o Oficial realize um ato de registro, quando, por Lei, o ato correto seria de averbação. Não se pode conceber que tal equívoco de forma possa gerar nulidade do ato, prejudicando o titular do direito inscrito.

[816] "Na hipótese de bloqueio por incompetência territorial do cartório, o oficial, feita a averbação, encaminhará certidão do registro à circunscrição imobiliária competente, que, não havendo registro contraditório, abrirá matrícula para o imóvel. Se o preferir, o oficial que recebe a certidão poderá aguardar o primeiro registro procedendo, neste caso, ao arquivamento da certidão, indicando esta ocorrência no Livro nº 4" (1ª VRPSP – Processo 583.00.2007.264876-6, Juiz Gustavo Henrique Bretas Marzagão, j. 09/06/2009).

[817] JARDIM, Mónica Vanderleia Alves Sousa. O sistema registral germânico. *In*: DIP, Ricardo Henry Marques; JACOMINO, Sérgio (org.). *Registros públicos*. São Paulo: Revista dos Tribunais, 2011. p. 423- 451. (Doutrinas essenciais: Direito Registral, 1). p. 431.

do registro, nem impede a produção dos efeitos da legitimação registral,[818] mas como sua existência goza de presunção absoluta de conhecimento *erga omnes*, exclui a aparência do bom direito inscrito. Desse modo, os atos posteriores a esse assento serão declarados ineficazes, caso quem o promoveu tenha seu direito reconhecido.

Em resumo, "o bloqueio se aproxima do assento de contradição (*Widerspruch*) do direito germânico, porque ambos não conduzem ao cancelamento do registro, possuem alguma função acautelatória e buscam a correção de erro pretérito; ao reverso do assento de contradição, entretanto, o bloqueio não se limita a excluir os efeitos da boa-fé de terceiros, nem impede a usucapião tabular, como no direito alemão".[819]

9. Hipóteses de cancelamento e encerramento da matrícula

De saída, cumpre registrar que o *cancelamento* e o *encerramento* da matrícula são institutos diversos e com efeitos jurídicos distintos. Não são, pois, sinônimos.

Ocorre, porém, que o legislador não foi tão preciso ao mesclar as situações nos arts. 233 a 235 da Lei 6.015/1973.

Na melhor técnica, *cancelar matrícula* é, em realidade, declará-la nula ou sem efeito. A matrícula cancelada, para todos os efeitos, é como se sequer tivesse existido.

Deve-se assentar, ademais, que a matrícula somente pode ser cancelada por decisão judicial. São casos para cancelamento, por hipótese, quando descerrada irregularmente ou, ainda, no caso de duplicidade de matrículas.

De sua vez, *encerrar matrícula* é ato de finalizá-la, terminá-la. O encerramento é necessariamente averbado pelo Oficial em determinadas circunstâncias.

Pode ocorrer, por exemplo, nas hipóteses dos incisos II e III do art. 233 da Lei 6.015/1973, isto é, quando a área matriculada for esgotada em virtude de alienações parciais e nos casos de fusão de matrículas.[820-821] Além disso, será caso de encerramento quando houver o desdobro ou desmembramento do imóvel[822] (quando então serão abertas novas matrículas e encerrada a primitiva).

Ao revés do que ocorre no cancelamento, nota-se que a matrícula encerrada continua em vigor para efeito de filiação do imóvel.

10. O princípio da unitariedade matricial: necessidade de uma interpretação econômica

A unicidade matricial é a viga-mestra do atual sistema registral imobiliário no Brasil.

---

[818] SOTTOMAYOR, Maria Clara. *Invalidade e registo:* a proteção do terceiro adquirente de boa-fé. Coimbra: Almedina, 2010. p. 617.

[819] CGJSP – Processo CG 0038/87, Juiz Assessor Ricardo Henry Marques Dip, j. 19/03/1987.

[820] Quando 2 (dois) ou mais imóveis contíguos, pertencentes ao mesmo proprietário, constarem de matrículas autônomas, pode ele requerer a fusão destas em uma só, de novo número, encerrando-se as primitivas. Podem, ainda, ser unificados com abertura de matrícula única: (a) dois ou mais imóveis constantes de transcrições anteriores a esta Lei, à margem das quais será averbada a abertura da matrícula que os unificar; (b) dois ou mais imóveis, registrados por ambos os sistemas, caso em que, nas transcrições, será feita a averbação prevista no item anterior, as matrículas serão encerradas na forma do artigo anterior; (c) dois ou mais imóveis contíguos objeto de imissão provisória na posse registrada em nome da União, Estado, Município ou Distrito Federal.

[821] Em termos registrais, no caso de fusão de matrículas, deverá ser adotada rigorosa cautela na verificação da área, medidas, características e confrontações do imóvel que dela poderá resultar, a fim de se evitarem, a tal pretexto, retificações sem o devido procedimento legal, ou efeitos só alcançáveis mediante processo de usucapião. Além disso, para esse propósito, será recomendável que o requerimento seja instruído com prova de autorização da Prefeitura Municipal, que poderá ser a aprovação de planta da edificação a ser erguida no imóvel resultante da fusão. Ressalte-se, ainda, que para a unificação de diversas transcrições e matrículas, não deve ser aceito requerimento formulado por apenas 1 (um) dos vários titulares de partes ideais. De outro lado, a fusão e a unificação não devem ser admitidas, quando o requerimento vier acompanhado de simples memorial, cujos dados tornem difícil a verificação da regularidade do ato pretendido. Por último, tratando-se de unificação de imóveis transcritos, não se fará prévia abertura de matrículas para cada um deles, mas sim a averbação da fusão nas transcrições respectivas.

[822] Nas unificações e desmembramentos de áreas urbanas, são consideradas regulares as descrições que contenham apenas as medidas lineares e a metragem quadrada, mesmo que não sejam declinados ângulos internos e graus do polígono.

Art. 176 | LEI DE REGISTROS PÚBLICOS COMENTADA

A matrícula – por conter a descrição do imóvel – é a alma do Registro Imobiliário e está subordinada ao princípio da unitariedade (unicidade ou singularidade), segundo o qual cada imóvel deve corresponder à matrícula única e cada matrícula a único imóvel. Eis o que se extrai do art. 176, § 1º, I, da Lei 6.015/1973.[823]

É possível perceber que a unitariedade da matrícula é prerrogativa do sistema do fólio real, inaugurado no Brasil pela vigente Lei de Registros Públicos, não tendo sido adotado no anterior sistema das transcrições.

Esse princípio traz algumas relevantes consequências.

Ora, a partir dele, não se concebe a abertura de matrícula para fração ideal de imóvel ou que uma única matrícula abranja diversos imóveis, como ocorre, por exemplo, quando a área é seccionada por uma rua ou estrada. Nesse caso, cada gleba corresponderá a uma unidade imobiliária, para fins de registro, malgrado possa haver unidade funcional do imóvel.[824]

Pela mesma *ratio* não se pode registrar a alienação de parte certa e localizada de imóvel na matrícula de uma área maior, devendo ser descerrada matrícula para o imóvel alienado e nela registrada a venda.[825]

Com espeque na unitariedade matricial, é inconcebível que um imóvel seja, ao mesmo tempo, rural e urbano, ainda que tenha parte de seu território localizado e utilizado como rural e outra parte como urbano. Por serem as destinações específicas, a melhor orientação, quanto ao procedimento de registro, é a abertura de matrículas distintas para cada parte do imóvel, passando, com o indigitado descerramento, cada unidade imobiliária a ostentar localização e destinação específicas.

Feitas as triviais – mas necessárias – considerações sobre o princípio da unicidade matricial, salutar transpor um obstáculo posto pela atual concepção deste postulado no País. Tal como concebido hoje, a unitariedade tem forte *conotação territorial*. É dizer: a matrícula apenas pode retratar um imóvel no seu sentido espacial, geográfico.[826]

Entretanto, pode-se notar que esta ideia já não atende a algumas situações jurídico-reais contemporâneas, que, *tout court*, necessitam de um olhar desprendido do solo.

---

[823] *Art. 176* – O Livro nº 2 – Registro Geral – será destinado, à matrícula dos imóveis e ao registro ou averbação dos atos relacionados no art. 167 e não atribuídos ao Livro nº 3. § 1º – A escrituração do Livro nº 2 obedecerá às seguintes normas: *I* – cada imóvel terá matrícula própria, que será aberta por ocasião do primeiro ato de registro ou de averbação caso a transcrição possua todos os requisitos elencados para a abertura de matrícula; (...).

[824] Sobre o tema em questão, *Hely Lopes Meirelles* ensina que as vias públicas podem ser integradas ao patrimônio público "excepcionalmente, por simples destinação, que as torna irreivindicáveis por seus primitivos proprietários. Esta transferência por destinação opera-se pelo fato da transformação da propriedade privada em via pública sem oportuna oposição do particular, independentemente, para tanto, de qualquer transcrição ou formalidade administrativa" (MEIRELLES, Hely Lopes. *Direito administrativo brasileiro*. 34. ed. São Paulo: Malheiros Editores, 2008. p. 564). Desse modo, quando o imóvel rural a ser retificado (ou georreferenciado) é atingido por uma estrada, o procedimento correto a ser adotado é solicitar a apresentação de certidão da Prefeitura Municipal, atestando que a estrada está aberta e proceder à abertura de matrícula para as duas áreas, deixando o remanescente (a estrada) na matrícula anterior. Se a estrada está aberta de fato, a área é de domínio público por destinação. Na hipótese, portanto, não é correto o Registrador exigir a desapropriação da estrada. "Resta claro que a ausência de inscrição da via pública no Registro Imobiliário não é motivo a impedir o início do procedimento de retificação administrativa. Ainda que a desapropriação seja o meio adequado para transformar em bem público área originalmente particular, não se pode ignorar que o simples apossamento administrativo produz efeitos. E se o particular reconhece esse apossamento administrativo e pretende preservá-lo, não há razão para se exigir o registro de um título para que se inicie a retificação" (CGJSP – Recurso Administrativo 0002120-13.2015.8.26.0415, Des. Manoel de Queiroz Pereira Calças, j. 26/10/2017).

[825] Nesse sentido, tem-se didático precedente: "CSMSP – Apelação Cível 462-6/0, Rel. Gilberto Passos de Freitas, julgada em 17/08/2006. Ao reverso, havendo partes ideais objeto de transcrições diversas, indispensável que todos esses registros sirvam de suporte para a abertura da matrícula" (CSMSP – Apelação Cível 022983-0/6, Rel. Antonio Carlos Alves Braga, j. 23/06/1995).

[826] A única exceção trazida pelo direito legislado – que, porém, confirma a regra – diz respeito a imóveis situados em comarcas ou circunscrições limítrofes, cujos respectivos registros serão feitos em todas elas, devendo os Registros de Imóveis fazer constar dos assentos tal ocorrência (art. 169, II, da Lei 6.015/1973). São, pois, aqueles imóveis situados em mais de uma circunscrição, devendo haver matrícula em todas elas.

Para fins de raciocínio, parte-se da ideia de que a unicidade da matrícula deve ser analisada sob o enfoque jurídico, voltado, sobretudo, ao *aspecto econômico*.

Tome-se, por exemplo, o direito de laje.[827]

Segundo a legislação vetora será aberta matrícula autônoma para a laje. De antemão, vislumbra-se o desapego de uma base física diretamente vinculada ao solo.[828]

À evidência, seu pressuposto é a existência de uma *edificação-base*. Porém, trata-se de matrícula de imóvel (ou direito real imobiliário) sem vínculo físico com o solo. Afinal, o que há, de fato, é a sobreposição física de unidades imobiliárias sob a titularidade de pessoas distintas.

A relação juri-real é tão complexa que há verdadeira desconstrução da milenar regra *superficies solo cedit*,[829] aliada à acessoriedade das unidades imobiliárias em relação ao terreno.

A *ratio essendi* do direito real de laje está, portanto, na necessidade de se segregar o solo da superfície. Alguns institutos já consagrados do direito privado foram construídos sob a mesma base ideológica, isto é, o Código Civil reconhece, tradicionalmente, duas maneiras de se dissociar a propriedade do solo da propriedade exclusiva de certa edificação: o direito real de superfície[830] e o condomínio edilício.[831]

Nesse cenário, o *direito de laje* descortina-se no ordenamento jurídico brasileiro como mais uma maneira de se dissociar a propriedade exclusiva de certa construção da propriedade do solo, com características tão peculiares que o distingue dos institutos anteriores.

Entende-se, pois, que a laje consagra um perfil registral de desvinculação da propriedade ao solo. Descerrada a matrícula autônoma, tal qual exige a Lei Civil,[832] ter-se-á, ineludivelmente, o sistema do

---

[827] *Art. 1.510-A*. O proprietário de uma construção-base poderá ceder a superfície superior ou inferior de sua construção a fim de que o titular da laje mantenha unidade distinta daquela originalmente construída sobre o solo. § 1º O direito real de laje contempla o espaço aéreo ou o subsolo de terrenos públicos ou privados, tomados em projeção vertical, como unidade imobiliária autônoma, não contemplando as demais áreas edificadas ou não pertencentes ao proprietário da construção-base.

[828] *Art. 1.510-A, § 3º*. Os titulares da laje, unidade imobiliária autônoma constituída em matrícula própria, poderão dela usar, gozar e dispor. § 4º A instituição do direito real de laje não implica a atribuição de fração ideal de terreno ao titular da laje ou a participação proporcional em áreas já edificadas.

[829] A título de curiosidade, nas *Institutas de Gaio*, 2, 73: "*Praeterea id, quod in solo nostro ab aliquo aedificatum est, quamvis ille suo nomine aedificaverit, iure naturali nostrum fit, quia superficies solo cedit*" (Ademais, se outra pessoa edifica em nosso solo, ainda que em seu próprio nome, o prédio nos pertence por direito natural, pois a superfície acede ao solo).

[830] "Diferentemente do direito de superfície, em que há temporária suspensão do princípio *superficies solo cedit* – cuja acessão permanece na propriedade do superficiário até a extinção do direito de superfície, no direito de laje ocorre definitiva interrupção da aplicação desse princípio, posto que, de ordinário, a acessão incrementa a construção base ou as lajes anteriores jamais integrarão a propriedade do titular do solo; pelo contrário, comporá o conteúdo físico da cobertura ou subsolo e aderirá à coisa principal em relação a ela considerada, que será, não o solo, mas a cobertura ou subsolo – laje sobreposta ou laje sotoposta. Considere-se também que, enquanto não constava no texto legislativo, o informal direito de laje era diretamente associado a uma vertente do direito de superfície" (FERRAZ, Patrícia André de Camargo. *Direito de laje:* teoria e prática nos termos da Lei 13.465/17. São Paulo: Quartier Latin, 2018. p. 44-45).

[831] No instituto do condomínio edilício, esse raciocínio deve ser aplicado com alguma ressalva já que se verifica a existência do regime de frações ideais sobre o terreno. Por condomínio edilício entende-se a modalidade de propriedade condominial em que se conjuga de modo orgânico e indissolúvel a propriedade exclusiva e a copropriedade. Tem-se, assim, uma fusão de propriedade exclusiva com propriedade condominial tradicional, cuja soma forma um todo único e indissociável e diferente de cada um dos institutos que o compõem. Nos termos do Código Civil, tratando-se de condomínio edilício, a cada unidade imobiliária caberá, como parte inseparável, uma fração ideal no solo e nas outras partes comuns, que será identificada em forma decimal ou ordinária no instrumento de instituição do condomínio (art. 1.331, § 3º). Diversamente, no caso do direito real de laje, por expressa previsão legal, a instituição do direito real de laje não implica a atribuição de fração ideal de terreno ao titular da laje ou a participação proporcional em áreas já edificadas (art. 1.510-A, § 4º, do Código Civil).

[832] Em termos registrais imobiliários, soa razoável compreender que a averbação da construção base é a *conditio sine qua non* para o acesso do direito de laje ao fólio real. Em passo seguinte, estando averbada a construção base, e mediante a apresentação do respectivo título – que deverá estar acompanhado de certificação pela municipalidade, expedida nos termos das posturas e restrições previstas na legislação local, quanto à segurança da construção dos novos pavimentos – *averba-se* na matrícula do terreno, e nas lajes anteriores, se houver, a instituição da laje e a abertura da nova matrícula, identificando-se a construção a que se refere. Essa averbação e a respectiva abertura da matrícula – ainda em nome do titular da construção base – criam verdadeiro "*regime*

Art. 176 | LEI DE REGISTROS PÚBLICOS COMENTADA

602

fólio real encerrando direito de propriedade[833] sem qualquer lastro no solo. A partir desse raciocínio e sobressaltando a natureza jurídica do direito de laje, ecoa a conclusão de *Cristiano Chaves de Farias*:

> É, enfim, uma nova perspectiva para o direito de propriedade (*direito real sobre coisa própria*), não se reduzindo aos estreitos limites de um direito limitado, sobre uma coisa alheia, com subordinação e dependência. (...) Vive-se o momento da *propriedade em três dimensões*, não mais anexada à planta imobiliária do solo, mas elevada ou infraconstituída em relação à lâmina que perfaz o chão. A propriedade em três dimensões é a nova propriedade, é o novo direito de laje. Não tridimensional no sentido apenas geométrico como já apontaram alguns. Indo além dos algoritmos e arestas, a laje é propriedade em três dimensões porque calcada *(i)* em um desentranhamento da obviedade de vinculação ao solo, *(ii)* porque nascida dos mais diretos e gritantes anseios sociais e *(iii)* porque possibilita um re-conceber das titularidades muito além da dicotomia propriedade-limitação.[834]

Em termos registrais imobiliários, soa razoável compreender que o ato registrário que dá efetivamente origem ao direito real de laje é, de fato, a *abertura da matrícula*. O descerramento matricial que contempla a laje, enquanto ato de registro em sentido lato, é suficiente para gerar um direito real sobre coisa própria. Promover-se-á, simultaneamente, averbação remissiva na matrícula do imóvel base, noticiando-se a novel situação jurídica. Esse parece ser o correto sentido da norma insculpida no art. 176, § 9º, da LRP ao determinar que "a instituição do direito real de laje ocorrerá por meio da abertura de uma matrícula própria no registro de imóveis e por meio da averbação desse fato na matrícula da construção-base e nas matrículas de lajes anteriores, com remissão recíproca".

De outro bordo, para coroar a necessidade de enfrentamento do princípio da unicidade matricial sob a lente econômica – dissociando ainda mais a unitariedade da tradicional compleição territorial –, importa trazer ao debate questão relevantíssima relacionada à necessidade de unificação de imóvel enfitêutico[835] com outro alodial.[836]

De pronto, depara-se com (aparente) obstáculo intransponível.[837] De fato, a Lei 6.015/1973 exige como pressuposto, para que se possa unificar dois imóveis – além da contiguidade física, devendo existir um ponto de tangência entre as unidades imobiliárias –, que os imóveis objetos da operação estejam na titularidade das mesmas pessoas.[838]

Poder-se-ia questionar qual a necessidade dessa unificação.[839] E a resposta, na dinâmica vida social contemporânea, pode desembocar nos mais variados motivos. Por hipótese, cogite-se na necessidade

---

jurídico intermediário". Frise-se: este *status juris* do registro é transitório, efêmero, funcionando como verdadeira "ponte jurídica" para instituição do direito de laje. No silêncio do legislador, concebe-se como a técnica registral utilizada para se admitir o direito do novo titular no sistema do fólio real. Por último, com a abertura da nova matrícula, registra-se a transmissão da titularidade da laje.

[833] Pelo contexto em que o instituto foi criado e sempre iluminado pelas luzes da operabilidade e da eticidade, adota-se o entendimento de que o *direito de laje* traduz-se em verdadeira manifestação do direito de propriedade, um novo tipo de domínio, dotado dos traços fundamentais da autonomia e perpetuidade.

[834] FARIAS, Cristiano Chaves de *et al*. *Direito de laje:* do puxadinho à digna moradia. Salvador: Editora Juspodivm, 2018. p. 59-60.

[835] Enfiteuse, também denominada *aforamento* ou *emprazamento*, é o negócio jurídico pelo qual o proprietário (senhorio) transfere ao adquirente (enfiteuta), em caráter perpétuo, o domínio útil, a posse direta, o uso, o gozo e o direito de disposição sobre bem imóvel, mediante o pagamento de renda anual (foro). Quando se está a tratar de terrenos de marinha, tem-se a chamada *enfiteuse administrativa* ou *especial* constituída sobre imóveis dominiais da União. Aqui, o *domínio direto* é da União Federal e o *domínio útil* pode ser titularizado por particulares, conforme o caso.

[836] *Alodial* é aquela propriedade que não está gravada com ônus. É a propriedade livre, plena. A expressão é comumente utilizada quando se está a referir ou comparar unidades imobiliárias e o instituto da enfiteuse (emprazamento). Assim, o imóvel enfitêutico é não alodial.

[837] O tema posto em debate não tem incidência apenas nos bancos acadêmicos, sendo de grande pertinência prática quando se considera um País, como o Brasil, com quase 8.000 km de terrenos de marinha.

[838] *Art. 234, LRP:* Quando dois ou mais imóveis contíguos pertencentes ao mesmo proprietário, constarem de matrículas autônomas, pode ele requerer a fusão destas em uma só, de novo número, encerrando-se as primitivas.

[839] Para aprofundamento do tema em estudo, sugere-se zeloso trabalho de Marcelo Terra: TERRA, Marcelo. Enfiteuse. *In:* DIP, Ricardo Henry Marques; JACOMINO, Sérgio (org.). *Registros públicos.* São Paulo: Revista dos Tribunais, 2011. p. 423-451. (Doutrinas essenciais: Direito Registral, V). p. 745-762.

da fusão matricial para viabilização registrária de um empreendimento vultoso, como um condomínio edilício com prévia incorporação imobiliária.

Para melhor enfrentamento da casuística, busca-se inspiração no direito comparado.

O registrador espanhol *Chico y Ortiz* defende que o imóvel deve assumir dupla significação: uma material e outra registral. No sentido material, há identidade ou situação geográfica; já no sentido registral, o imóvel ganha conteúdo jurídico (*fincas registrales*), podendo compor-se, inclusive, em várias parcelas separadas por estradas, vias férreas, acidentes naturais, isto é, configurando-se de unidades imobiliárias descontínuas e separadas uma das outras, porém, unificadas por um destino comum.[840]

Tem-se, nesse raciocínio, o que se batizou de *fincas funcionales*:

> (...) *la finca no es necesariamente una superficie delimitada por los cuatro puntos cardinales, o individualizada por signos físicos: al contrario, la cualidad de finca registral la determina una circunstancia puramente formal, como es la de figurar una cosa o un derecho inmueble como objeto de un folio registral: es finca todo lo que abre folio en el Registro. No se exige una unidad local (...).*[841]

Tais ideais permitem concluir que dois imóveis contíguos, sendo um enfitêutico e outro alodial (*rectius*: de proprietários diversos), podem ser unificados em única matrícula, desde que destinados à mesma finalidade (por exemplo, mediante comprovação da concreta realização do empreendimento imobiliário, com a licença ou autorizações administrativas). Basta, assim, que o Registrador Imobiliário promova a correta especialização das situações jurídicas em análise. Isto é, não há razão para vedar o pleito permitindo-se que a matrícula descreva a parte situada no imóvel alodial e outra parte situada em terreno de marinha.

Cada vez mais se exige que o conceito jurídico de imóvel, para fins registrais, esteja afinado com a perspectiva econômico-social. Não foi outra a ideia da Lei 13.777/2018, que consagrou no direito positivo o instituto da multipropriedade ou *time sharing*.[842] Simultaneamente ao aspecto físico, ganhou relevo registrário o conceito temporal, redesenhando características imobiliárias comezinhas, como ao se considerar que o imóvel objeto da multipropriedade é indivisível, não se sujeitando a ação de divisão ou de extinção de condomínio e, concomitantemente, inclui as instalações, os equipamentos e o mobiliário destinados a seu uso e gozo.[843]

Em síntese, não mais se concebe um direito registral imobiliário engessado, alheio aos novos anseios da sociedade, devendo-se sobretudo seus princípios estruturantes funcionar como verdadeiros poros aptos a permitir sua diuturna atualização, em face das galopantes alterações sociais.

Nesse talante, indispensável que a unitariedade da matrícula seja avaliada pela unidade econômica ou de destinação imobiliária. Trata-se de releitura fundamental que aproxima o fólio real da necessidade social de regularização imobiliária e fomenta a circulação de riquezas com todo o anteparo de segurança jurídica inata ao Registro de Imóveis.

11. Distinção entre matrícula e cadastro

A esta altura, denota-se com tranquilidade que o sistema de registro imobiliário brasileiro concentra informações jurídicas de alta relevância, congregando eficiência e qualidade no conteúdo publicizado à sociedade.

Nesse cenário, os órgãos da Administração Pública descobriram no Registro de Imóveis um porto seguro para abastecimento de seus acervos com valiosas informações que podem repercutir, inclusive,

---

840 CHICO Y ORTIZ, José Maria. *Complementos al derecho hipotecario y su legislación.* Madri: Editorial Montecorvo, 1974. p. 169-170.

841 LACRUZ BERDEJO, José Luiz; SANCHO REBULDIA, Francisco de Asis. *Derecho inmobiliario registral:* elementos de derecho civil, III. 2. ed. Barcelona: José Maria Bosch, 1984. p. 65.

842 *Art. 1.358-C, Código Civil.* Multipropriedade é o regime de condomínio em que cada um dos proprietários de um mesmo imóvel é titular de uma fração de tempo, à qual corresponde a faculdade de uso e gozo, com exclusividade, da totalidade do imóvel, a ser exercida pelos proprietários de forma alternada.

843 *Art. 1.358-D do Código Civil.*

Art. 176 | LEI DE REGISTROS PÚBLICOS COMENTADA

em medidas de cunho fiscal e arrecadatório, além de garantir nítido intervencionismo estatal em atividades de grande relevo para a economia do País, como é o tráfico imobiliário.

Duas simples constatações demonstram isso.

Primeiro, as municipalidades utilizam-se das informações relativas ao Registro Imobiliário para atualizarem o fluxo de dados do cadastro imobiliário local com escopo de verificar quais os atuais proprietários do imóvel a permitir o exercício da capacidade tributária ativa,[844] mormente no que concerne o *imposto predial e territorial sobre a propriedade urbana* (IPTU) e ao *imposto sobre a transmissão de bens imóveis e direitos reais a ele relativos* (ITBI).

Segundo, a Secretaria da Receita Federal do Brasil, por meio de obrigação acessória imposta aos Registradores Imobiliários – expedição da declaração sobre operações imobiliárias (DOI) –, recebe o fluxo das transmissões levadas a registro para fins de cadastramento e fiscalização de fatos geradores de *imposto de renda sobre ganhos de capital na alienação de bens e direitos* (IR).[845]

Notadamente, o sistema de fólio real adotado pela Lei 6.015/1973, como já demonstrado, teve como atrativo a facilidade de reunir informações com repercussão imobiliária em um único instrumento, a matrícula.

Nesse ambiente, tem-se observado nos últimos anos intensa aproximação das figuras do *registro* e do *cadastro*.

Em notório ponto de contato, os dois institutos objetivam que a realidade fática – isto é, a vida real – seja espelhada, com fidedignidade, em seus assentamentos.

Entretanto, no contexto hodierno – cada vez com mais clareza –, os Registros Públicos têm funcionado como provedores de informações aos cadastros administrativos.

O ideal seria que fosse verificada reciprocidade neste diálogo, o que no mais das vezes, não ocorre – salvo honrosas exceções.[846]

Em realidade, o que se tem verificado é a imposição unilateral de inúmeras obrigações acessórias de prestar informações a determinados órgãos e repartições públicas, sem qualquer correspondência, ainda que de ordem informacional.

É exatamente nesse quadrante que ganham destaque as acintosas diferenças entre cadastro e registro.

O cadastro tem por objeto inventariar dados ou elementos como instrumentos-meios para finalidades diversas (daí falar-se em *cadastros multifinalitários*). Tais anseios, ainda que muitas vezes travestidos de objetivos extrafiscais, acabam, indiretamente, desembocando no domínio de informações para a arrecadação fiscal.

A vocação cadastral é ampla, universal, eis que o cadastro não faz qualquer espécie de filtragem ou qualificação, sendo realizado *ex officio* em prol do interesse público. Não se observa a figura de um terceiro imparcial ao interesse das partes. Ao revés, o Estado é diretamente interessado nas informações que abastecem os seus bancos de dados.

Já o registro tem caráter puramente jurídico. As informações e os direitos lançados no sistema registral passaram pelo crivo da legalidade, após sensível depuração dos atos e fatos jurígenos por um profissional do direito, imparcial e alheio aos interesses das partes: daí dizer que a vocação do registro é restritiva. Além disso, o registro somente pode ser concretizado mediante provocação, de modo que a iniciativa da pretensão registral está assegurada àquele juridicamente interessado. O interesse primário perpetrado através do registro é de índole particular, ao tutelar o direito fundamental de propriedade, sob a perspectiva da segurança jurídica estática. Em especial, o Registro Imobiliário visa conferir autenticidade, segurança, publicidade e eficácia às relações *juris-reais*.

---

[844] A função ou atribuição de arrecadar e fiscalizar tributos é chamada de capacidade tributária ativa, que não se confunde com competência tributária.

[845] "Com a alienação de bem imóvel, ou direito a ele relativo, pode o alienante auferir ganho, assim considerado a diferença entre o valor da venda e o seu custo de aquisição, e, nesta medida, sujeitar-se à incidência do IR sobre ganhos de capital, modalidade do imposto de competência da União (Constituição da República, art. 153, inciso III)" (HERANCE FILHO, Antonio. *Manual da DOI*: declaração sobre operações imobiliárias. São Paulo: Publicações INR, 2015. p. 11).

[846] Cite-se, *verbi gratia*, a existência de importante reciprocidade, mediante convênio específico, entre as informações prestadas pelo Ofício de Registro Civil das Pessoas Naturais e o cadastro de pessoas físicas (CPF), do Ministério da Fazenda.

As diferenças são, pois, ontológicas.

Essa temática (embate entre cadastro e registro) remete, de logo, à delicada aplicação das novas tecnologias no sistema registral imobiliário.[847] À evidência, o Registro Imobiliário deve adaptar-se aos novos mecanismos de organização de dados, segurança da informação e fluxo dos negócios atuais, sob o risco de não acompanhar a atual dinâmica da vida em sociedade e as relações jurídicas contemporâneas. Descortina-se, assim, uma adequação inadiável para o ingresso das serventias no almejado *Sistema de Registro Eletrônico de Imóveis* (SREI), sob pena de naufrágio da própria Instituição.

Apesar da urgência apontada, deve-se sedimentar que as novas tecnologias são apenas ferramentas que poderão ser (ou não) úteis às atividades registrais. Diante de toda e qualquer inovação, por mais significativa que seja, é imprescindível coordenar os processos de modernização com os fundamentos tradicionais da atividade. Passado e futuro devem caminhar de mãos atadas.

A essência do sistema registral imobiliário no Brasil não permite que se tome a *parte pelo todo* afastando a Instituição e suas competências a partir de itens ou instrumentos acessórios – o que, de fato, são as novas tecnologias.[848]

Assim como o Registro de Imóveis manteve-se intocável com a passagem da caneta tinteiro para a caneta esferográfica, ou das máquinas de escrever para os computadores, certamente haverá de sobreviver às transformações tecnológicas que pululam nos idos atuais.

Os procedimentos de registração podem sofrer uma ou outra adaptação, mas remanescem intocáveis e inabaláveis a essência e a urgência da atuação intelectiva de um terceiro garante, especialmente preparado para atuar nas relações jurídico-imobiliárias.

Exatamente nesse cenário o Registro de Imóveis não se desenha como mero depósito de documentos e dados. O arquivo é elemento acessório, que lastreia a prestação de informações organizadas e cautelosamente depuradas *ex ante*.

O que evita a inscrição de títulos em desconformidade com o direito é o trabalho intelectual realizado pelo Registrador ao proceder a verdadeira depuração jurídica do que se pode admitir ou não no fólio real.

Deve-se, portanto, colocar em evidência que as ferramentas modernas e concebidas para a dinâmica atual do tráfego de informações são importantes, porém, não se confundem com a instituição Registro de Imóveis.[849]

12. A relevância socioeconômica da matrícula

Os apontamentos feitos a título de comentários do art. 176 da LRP permitem concluir que o Registro de Imóveis, a partir de seus princípios estruturantes e enquanto instituição fundamental na vida da sociedade e do Estado, ao enfrentar os contemporâneos obstáculos que lhe são submetidos deve sempre voltar-se para a sua essência.

Para a garantia da segurança jurídica, paz social e fomento do tráfico imobiliário, a atividade do jurista que o conduz jamais poderá ser substituída por qualquer tecnologia que seja, sob pena de naufrágio dos direitos tutelados pela Instituição.

Faz-se, ainda, necessário desapegar de alguns ideais que não mais sobrevivem na sociedade pós-moderna, como considerar como correta apenas a noção de imóvel com lastro no solo. Como analisado, o surgimento de novas relações jurídicas que esperam abrigo no fólio real, como o direito de laje, a

---

[847] Vive-se verdadeira revolução tecnológica, especialmente no que toca às soluções para armazenamento de dados. As megatendências mundiais de compartilhamento de dados e de segurança da informação, como a *blockchain*, por mais atuais que sejam (ainda) não tornam precisos os dados nelas inseridos nem tem a aptidão de tornarem confiáveis as pessoas que acessam esses dados, mas apenas permitem que se verifiquem possíveis adulterações.

[848] GONZÁLEZ, Fernando Méndez. *Registro público de imóveis eletrônico*: riscos e desafios – Apêndice de Sérgio Jacomino; apresentação de Ricardo Dip. São Paulo: Quinta Editorial, 2012.

[849] Necessário grifar que na mesma sintonia que os Registradores Imobiliários devem estar cientes de que seu labor não pode ser substituído por qualquer aparato tecnológico, devem também permanecer em estado de alerta para o simples fato de que nenhuma Instituição sobreviverá em estado de anacronismo ou indiferença com as novas ferramentas tecnológicas.

multipropriedade ou *time sharing*, além da possibilidade de unificação de imóvel enfitêutico e outro alodial, são situações jurídico-reais que consideram o *perfil funcional* da unidade imobiliária.

Demais disso, contentar-se apenas em transformar o *irregular* em *regular* é muito pouco para uma instituição com tanto potencial.

Ao acolher as relações jurídicas no fólio real, conforme disciplina a lei, concentram-se todas as informações referentes ao imóvel na matrícula, consagrando o cariz economicista do Registro de Imóveis. É o *locus* de combate à *assimetria informacional* e, assim, a Instituição consagra-se como ambiente seguro, propalador de segurança jurídica, em que os utentes desses serviços depositam confiança no seu produto final, qual seja, a informação publicizada.

Destarte, oportuno concretizar a ideia de que a atuação do registrador imobiliário é singular e própria de um jurista. A atividade derivativa do intelecto humano é insubstituível no atual sistema registral imobiliário, até porque o que ingressa na matrícula está na dependência de circunstâncias de caráter fático e jurídico apreciados pelo Registrador. Por isso, não se concebe qualquer infraestrutura de dados coerente e uniforme destinada a revelar a situação jurídica dos imóveis sem o controle e responsabilidade de um terceiro imparcial. É dessa atuação, insuperável, que emana a segurança jurídica esperada pela sociedade.

13. Princípio da complementaridade documental

Dentre as boas novidades da Lei 14.382/2022 ganha destaque a norma do art. 176, § 17 da LRP que permite que elementos de especialidade subjetiva ou objetiva ausentes ou desatualizados nos títulos formais hábeis ao registro predial sejam complementados por documentos oficiais idôneos, sem a necessidade de retificação do título. Há, no entanto, para a hipótese uma premissa fundamental a ser observada: o elemento a ser complementado, sanado ou atualizado não pode cingir à alteração de elementos essenciais do ato ou negócio jurídico praticado.

Tome-se, por exemplo, a hipótese de um documento de identidade que tenha sido grafado em uma escritura ou em um instrumento particular com numeração invertida; ou ainda, o número de cadastro do imóvel tenha constado com código parcialmente correto. Enfim, são hipóteses nas quais a apresentação dos documentos originais ou suas cópias autenticadas suprem a imprecisão sem que o título basal tenha que retornar à sua origem para ser retificado.

 Jurisprudência

1. Especialidade objetiva indispensável para registro de carta de adjudicação de imóvel rural

"Imóvel rural. Carta de adjudicação. Arrematação não constitui modo originário de aquisição da propriedade. Exigência de aditamento da carta de adjudicação para constar a porcentagem ou fração ideal adjudicada. Necessidade do prévio georreferenciamento da área. Prazo legal vencido para áreas superiores a 100 hectares. Especialidade objetiva" (CSMSP – Apelação Cível 1000588- 92.2019.8.26.0464, Rel. Des. Geraldo Francisco Pinheiro Franco, j. 09/03/2020).

2. Possibilidade de abertura de matrícula para imóvel encravado

"Doação. Imóvel objeto de transcrição. Descrição tabular do imóvel que não é real. Necessidade de prévia retificação para atender aos princípios da especialidade objetiva e da disponibilidade. O fato do imóvel não possuir acesso para via pública não afeta a especialidade objetiva. Possível o desmembramento em que resulte imóvel encravado. Imóvel encravado não impede o registro do título, desde que correta sua localização. Princípio da continuidade que não se presta a perpetuar equívocos e sim garantir a higidez da cadeia registral" (CSMSP – Apelação Cível 1.168-6/5, Rel. Des. Reis Kunts, j. 03/12/2009).

3. Necessidade de especialidade objetiva para ingresso da reserva legal no registro de imóveis rurais. Tutela ambiental por meio do Registro de Imóveis

"A reserva florestal legal é o mínimo de cobertura vegetal obrigatoriamente mantida pelo proprietário e regenerada se a propriedade já não a detiver. O objetivo da reserva legal é impedir que a cupidez, a insensatez, a ignorância humana, acabem com a vegetação nativa e substituam o solo por monocultura, por criação de gado ou por parcelamento de solo. Com evidente queda da qualidade de vida, empobrecimento da biodiversidade, alteração nociva do clima e outras nefastas consequências. Logo, a reserva legal florestal, obrigação instituída por lei, é condição para a propriedade rural cumprir a sua função social – sua função socioambiental –, é, em suma, pressuposto da legitimidade do direito de propriedade rural: expressa um limite interno, permanente e positivo ao direito de propriedade sobre imóvel rural, introjetando, na sua estrutura, exigências de índole promocional dos valores constitucionais básicos. O legislador conferiu ao Registro de Imóveis, na grande maioria das vezes, em matéria ambiental, o reforço de uma publicidade já criada ou definida em outros meios, como a reserva legal florestal, áreas contaminadas e área de proteção e recuperação de mananciais. Muitas restrições administrativas, agora definidas como espaços territoriais especialmente protegidos, já possuem publicidade decorrente da própria lei que as constituiu, porém, para a segurança jurídica e cumprimento de obrigações decorrentes da limitação, seria aconselhável não se confiar somente na publicidade legal, mas também na publicidade imobiliária, para dar conhecimento e vincular definitivamente futuros adquirentes. O homem médio não possui o hábito de leitura de textos legislativos, ainda mais dos três entes políticos, de forma que o sistema jurídico não pode valer-se tão somente dessa publicidade ilusória e fictícia. Assim, para não sacrificar a segurança jurídica e a publicidade, oportunizando à averbação da reserva legal a realização de sua finalidade em prol da tutela dos espaços ambientais legal e especialmente protegidos, releva – valorando a precípua finalidade dos serviços de registro de imóveis, os efeitos atribuídos ao ato registral em foco, a relevância do bem jurídico tutelado, a precariedade de muitas descrições imobiliárias e, ainda, a diversidade de sistemas de individualização dos bens imóveis –, abrandar a severidade do princípio da especialidade. Destarte, fundado nessas premissas, penso, o pleito recursal admite acolhimento: a área de reserva legal florestal, descrita com base em sistema moderno e precisão técnica, fazendo menção às coordenadas geográficas dos vértices definidores de seus limites, georreferenciadas ao Sistema Geodésico Brasileiro, está encravada no imóvel rural de propriedade dos recorrentes, objeto da matrícula no 15.719 do Registro de Imóveis de Tanabi/SP. A planta planimétrica e o memorial descritivo, ao definirem o espaço ocupado pela reserva legal florestal na superfície terrestre, com os seus limites e confrontações, malgrado com emprego de linguagem técnica distinta – contudo mais sofisticada –, da utilizada na matrícula, bastam para a averbação recusada pelo Oficial de Registro: satisfeita a especialização da área especialmente protegida e evidenciada sua localização no interior da propriedade rural, a desqualificação questionada se mostrou desacertada. O memorial descritivo revela que a área da reserva legal confronta exclusivamente com o imóvel pertencente aos recorrentes, enquanto a planta planimétrica, também demonstrando que o espaço ambiental legalmente protegido é interno, encravado, situa-o em relação ao todo, referindo-se, em harmonia com a descrição expressa na matrícula, às confrontações do imóvel rural. Vale dizer: a dissonância constatada entre a forma de descrição do título e o método descritivo empregado na matrícula do bem imóvel é insuficiente para, no caso vertente, impedir a averbação da reserva legal florestal, viabilizada, em contrapartida, à luz da flexibilização, acima justificada, do princípio da especialidade. Tal averbação, a par de escudada no termo de responsabilidade de preservação de reserva legal e no termo de compromisso de recuperação ambiental, será concretizada à vista da planta planimétrica e do memorial descritivo, que, então, resguardando a exata localização da área de reserva legal, permanecerão arquivadas na serventia extrajudicial, permitindo o controle da disponibilidade quantitativa e qualitativa do imóvel. E aqui, novamente, calham os lúcidos ensinamentos de Narciso Orlandi Neto: Realmente, os documentos serão utilizados nos futuros registros relativos ao imóvel para controle da disponibilidade da reserva. Se o imóvel todo for alienado, nenhum problema haverá. Mas, se houver alienação de parte do imóvel, isto é, um desmembramento, o imóvel desmembrado terá de ser localizado na mesma planta. Com esse procedimento, o oficial terá condições de saber se a parte onerada permanecerá no remanescente ou se acompanhará o imóvel desmembrado, para o qual nova matrícula será aberta. É este o controle da disponibilidade qualitativa. Enfim, o parecer que, respeitosamente, submeto à apreciação de Vossa Excelência é no sentido de, revendo a orientação consagrada no precedente objeto do processo CG no 2012/00033291, dar provimento ao recurso, determinando a averbação da reserva legal perseguida pelos recorrentes" (CGJSP – Processo 77684/2012, Des. José Renato Nalini, j. 26/07/2012).

4. Determinação objetiva *vs.* especialidade objetiva. Imóvel identificável como corpo certo autoriza abertura de matrícula

"Dação em pagamento. Escritura pública de desincorporação e redução de quotas sociais. Especialidade objetiva. Descrição precária, mas identificável como corpo certo. Inobstante a precariedade da

Art. 176 | LEI DE REGISTROS PÚBLICOS COMENTADA

608

descrição contida na transcrição não ofende o princípio da especialidade a abertura de matrícula que abranja a totalidade do imóvel e que esteja de acordo com a descrição contida no registro anterior, desde que suficiente à sua identificação" (CSMSP – Apelação Cível 3025524-04.2013.8.26.0224, Relator Des. Hamilton Elliot Akel, j. 03/12/2014).

5. Especialidade objetiva e unificação de imóveis

"Especialidade objetiva. Unificação de imóveis. Descrição do imóvel que foi alterada por sinédoque – ao invés de descrição do terreno onde havia casas edificadas, empregou-se na partilha a descrição das casas, fazendo da referência ao terreno algo secundário. Empregou-se a parte pelo todo. Matrículas incorretas por erro cometido na transposição de elementos do título. Erros que atingem a própria abertura dos registros. Encerramento das matrículas e abertura de nova matrícula para a totalidade do imóvel" (1ª VRPSP – Processo 0037043-45.2012.8.26.0100, Juiz Josué Modesto Passos, j. 02/07/2013).

6. Violação da especialidade em razão de desfalques sofridos pelo imóvel. Necessidade de apuração de remanescente para abertura de matrícula

"Instrumento particular de recibo de sinal e princípio de pagamento de outras avenças. Terreno remanescente de desapropriação. Origem em transcrição. Descrição do imóvel que não confere com a planta arquivada no cartório. Violação aos princípios da legalidade e da especialidade objetiva. Necessidade de reconhecimento de firma de todas as partes, dispensado o reconhecimento de firma das testemunhas (art. 221 CC). Apresentação da cópia autenticada de alteração contratual da vendedora, segurança dos registros públicos. Dispensa das certidões de dívidas ativas tributárias e previdenciárias federais. Precedentes do STF. Sanções políticas. Via oblíqua de cobrança que constrange o contribuinte a quitar débitos tributários. Dispensa de apresentação das certidões da vendedora" (CSMSP – Apelação Cível 1124381-98.2016.8.26.0100, Rel. Des. Manoel de Queiroz Pereira Calças, j. 23/01/2018).

"Matrícula – abertura. Transcrição – descrição precária. Remanescente – apuração. Retificação. Especialidade objetiva. Cadastro x registro. Pretensão de Abertura de Matrícula para imóvel que sofreu inúmeros desfalques, sem apuração do remanescente. Impossibilidade. Não se trata de mera descrição precária, mas área diversa da descrita na transcrição. O cadastro municipal não supre a exigência do respeito à especialidade objetiva. A apuração de remanescente, para a verificação da localização, do registro em que abrangido e da disponibilidade do imóvel descrito pelo recorrente, caso se mostre possível diante da precariedade da descrição da área original da transcrição nº 15.967 e dos vários desfalques que sofreu, deve ser feita por meio de procedimento bilateral, como exigido pelo inciso II do art. 213 da Lei nº 6.015/73, porque implicará na inserção de novas medidas perimetrais, com consequente alteração daquelas já contidas na transcrição. Por esse motivo, reitero, além da identificação de que a área descrita no memorial e na planta está contida na transcrição nº 15.967 deverá ser apurado na retificação se essa área já não foi objeto de alienação ou alienações que tenham ensejado a abertura de outros registros e, mais, quais os seus atuais confrontantes, para que apresentem a anuência com o pedido ou para que sejam notificados para se manifestar. E diante da complexidade da retificação não se pode descartar, neste momento, a eventual necessidade de recurso às vias ordinárias caso não se verifique a presença dos requisitos para a retificação extrajudicial" (CGJSP – Processo 1003253-15.2018.8.26.0562, Des. Geraldo Francisco Pinheiro Franco, j. 05/11/2018).

7. Ausência de averbação de construção impede registro de locação predial

"Contrato de locação. Construção não averbada. Princípio da especialidade objetiva exige a identificação do imóvel como corpo certo. Ingresso do contrato de locação sem averbação da construção ofende o princípio da especialidade objetiva. Registro do novo contrato de locação depende da prévia averbação da extinção do contrato anteriormente registrado" (CSMSP – Apelação Cível 1055799-04.2016.8.26.0114, Rel. Des. Geraldo Francisco Pinheiro Franco, j. 07/06/2019).

8. Retificação de registro com descrição precária. Impossibilidade de identificar confrontantes

"Retificação de registro com descrição precária. Impossibilidade de identificação dos confrontantes. Necessidade da via judicial. A descrição matricial do imóvel além de narrar preambularmente a existência de duas glebas, não permitiu, após inúmeras tentativas, a verificação segura de quem são seus respectivos confrontantes. Assim, não há alternativa senão socorrer-se da via ordinária para que se promova o saneamento do registro. Também se decidiu não haver razão de direito para que simplesmente se abram duas matrículas novas, uma para cada uma das glebas mencionadas naquela hoje existente, pois um erro pretérito (a matrícula atual, começada em contravenção aos princípios da unitariedade e da especialidade objetiva) não justifica outro futuro (dar-se novas matrículas a essas áreas, sem que haja descrição adequada para cada uma delas). Resta à interessada, portanto, o socorro da via contenciosa, em que tem a seu dispor ação específica (CPC, arts. 569-587). Por fim, determinou-se o bloqueio da matrícula, pois nela existe vício sanável (Lei 6.015/1973, art. 214, *caput*) e a superveniência de qualquer nova inscrição (registro *stricto sensu* ou averbação que seja) poderá causar dano de difícil reparação a terceiros (art. 214, § 3º). Caberá ao MM. Juízo Corregedor Permanente fazer passar o relativo mandado de averbação, e o bloqueio – esclareça-se poderá ser levantado diretamente por ele (sem necessidade, pois, de provimento desta Corregedoria Geral), assim que a matrícula for posta em boa ordem" (CGJSP – Processo 1000596- 57.2018.8.26.0059, Rel. Des. Ricardo Mair Anafe, j. 16/11/2020).

9. Necessidade de especialidade objetiva da servidão e compatibilidade de sua descrição com o registro do imóvel, permitindo-se sua amarração

"Mandado de servidão administrativa. Exigência de apresentação de planta e memorial descritivo com a localização da servidão com a ART, comprovação de inscrição no CAR e da última declaração do ITR. Servidão administrativa que não se confunde com servidão de passagem. Informações que integram o CAR devem partir do proprietário ou do possuidor do bem imóvel e não da concessionária de serviço público. Emolumentos que devem ser avaliados considerando a avaliação estabelecida na demanda judicial, conforme art. 7º, § único da Lei 11.331/02. Óbices afastados quanto a esses pontos conforme precedentes do Conselho. Correta a exigência do oficial quanto a necessidade de apresentação de planta e memorial descritivo do imóvel com a localização da servidão – princípio da especialidade objetiva" (CSMSP – Apelação Cível 1006984-27.2018.8.26.0047, Rel. Des. Ricardo Anafe, j. 05/06/2020).

10. Violação à unitariedade matricial. Necessidade de retificação

"Matrícula que descreve dois imóveis com descrições absolutamente imprecisas. Retificação de registro na via judicial. Inviável a retificação administrativa quando impossível identificar os confrontantes em virtude da precariedade dos registros anteriores. Retificação que deverá se processar nas vias ordinárias. Inviável abertura de matrícula para cada uma das áreas em razão da precariedade da descrição tabular. Não há, assim, razão de direito para que simplesmente se abram duas matrículas novas, uma para cada uma das glebas mencionadas naquela hoje existente, pois um erro pretérito (a matrícula atual, começada em contravenção aos princípios da unitariedade e da especialidade objetiva) não justifica outro futuro (dar-se novas matrículas a essas áreas, sem que haja descrição adequada para cada uma delas)" (CGJSP – Processo 1000596- 57.2018.8.26.0059, Des. Ricardo Mair Anafe, j. 16/11/2020).

11. Flexibilização pontual da especialidade subjetiva

"Formal de partilha. Especialidade Subjetiva. Herdeiras com localização desconhecida. Citação por edital para a ação de inventário dos bens deixados pelo falecimento da irmã. Representados por curadora especial na forma do art. 72 do CPC. Local incerto e não sabido das herdeiras. Receita Federal que comunicou a existência de possíveis onze homônimos para uma das herdeiras. Ignorância dos demais dados de qualificação das herdeiras que não veda o registro, visto que elas podem ser identificadas pelos nomes dos genitores (art. 176, § 1º, inc. III, n. 2, alínea *a* da Lei 6015/73). Registro efetivado que permitirá aos herdeiros dos demais quinhões exercer e dispor de forma plena dos quinhões que receberam, sem causar risco à segurança jurídica. Eventual ingresso de título de alienação das herdeiras não localizadas dependerá da retificação das matrículas para o aperfeiçoamento da especialidade subjetiva. Formal de partilha que deverá ser aditado para permitir a correta identificação da filiação das herdeiras a partir do nome dos genitores lançados nos seus registros de nascimento" (CSMSP – Apelação Cível 1003107-36.2018.8.26.0218, Rel. Des. Ricardo Anafe, j. 25/02/2021).

12. Retificação de registro. Especialidade subjetiva

"Retificação de registro. Especialidade subjetiva. Pedido de retificação para constar o atual CPF do coproprietário. Exigência de apresentação de declaração da Receita Federal ou de retificação na via judicial. Recorrente que pleiteou a retificação em procedimento administrativo junto à Corregedoria Permanente que indeferiu o pedido. Remessa do recorrente às vias ordinárias somente se justifica

Art. 176 | LEI DE REGISTROS PÚBLICOS COMENTADA

se na esfera administrativa não for possível a realização de provas suficientes. Documentos que são insuficientes para confirmação de que o recorrente é o coproprietário do imóvel. Conclusão que não se altera pela escritura pública que o identifica com os mesmos elementos contidos na matrícula. Necessidade da apresentação de outras provas para comprovar se o recorrente foi titular do CIC indicado na matrícula, bem como se houve cancelamento com posterior emissão de novo CPF" (CG-JSP – Processo 0025953-56.2016.8.26.0114, Des. Geraldo Francisco Pinheiro Franco, j. 17/06/2019).

13. Escrituração. Técnica de registro. Determinação de nova redação à averbação de cláusulas restritivas que incidiram sobre os quinhões hereditários em razão de sua redação original ter sido confusa

"Na averbação, consta que os quinhões atribuídos a cada um dos seis herdeiros filhos, correspondentes a 1/6 parte ideal do imóvel objeto da matrícula 'ficaram as mesmas partes ideais gravadas com as cláusulas de incomunicabilidade, impenhorabilidade e inalienabilidade, enquanto viver a viúva meeira FR'. Devidamente reanalisado o título causal é possível concluir que o registro do formal de partilha (R.1) refletiu a divisão do imóvel entre a viúva e os seis herdeiros filhos, ao passo que a averbação nº 2 visou, apenas, constar que os quinhões recebidos por cada um dos filhos foram gravados com as cláusulas restritivas de incomunicabilidade, impenhorabilidade e inalienabilidade, sem alterar o registro da partilha que foi promovido na mesma data. A menção aos quinhões de 1/6 do imóvel atribuídos aos filhos, porém, tornou confusa a redação da averbação das cláusulas de incomunicabilidade, impenhorabilidade e inalienabilidade, pois feita com redação aparentemente contraditória com o registro do formal de partilha. Assim, a retificação da matrícula não depende da retificação do formal de partilha, que não contém erro aparente, devendo ser restrita à correção da averbação nº 2 para constar, apenas, que os quinhões atribuídos aos seis herdeiros filhos pelo falecimento de A R D foram gravados com cláusulas de inalienabilidade, incomunicabilidade e impenhorabilidade. Determinou-se o cancelamento da averbação nº 2 e promovida nova averbação para constar que os quinhões atribuídos aos seis herdeiros filhos pelo falecimento de A R D, conforme R.1 da matrícula nº 76.139 do 14º Registro de Imóveis de São Paulo, foram gravados com cláusulas de incomunicabilidade, impenhorabilidade e inalienabilidade" (CGJSP – Processo 1033316-80.2020.8.26.0100, Des. Ricardo Mair Anafe, j. 24/05/2021).

14. Abertura de matrícula para sistema viário

"Parcelamento do solo urbano – Abertura de matrícula de sistema viário – Ato registral condicionado ao registro do parcelamento do solo urbano, inocorrente, ou à apresentação dos documentos relacionados no parágrafo único do artigo 22 da Lei nº 6.766/1979 e, particularmente, da declaração de implantação do loteamento, também ausente – Recurso desprovido. O Oficial recusou averbar o arruamento à vista da implantação de conjunto habitacional que deveria ser regularizado. A CGJ entendeu que não se pode ignorar a alternativa prevista no parágrafo único do artigo 22 da Lei nº 6.766/1979, introduzido pela Lei nº 12.424/2011, que ressalva a possibilidade do registro das áreas destinadas ao uso público, malgrado não registrado o parcelamento do solo urbano, desde que apresentada planta de parcelamento elaborada pelo loteador ou aprovada pelo Município e exibida declaração de que o parcelamento se encontra implantado. Porém, ausente tal declaração, não há como admitir a abertura de matrícula do sistema viário, se inocorrente o registro exigido pelo artigo 18 da Lei nº 6.766/1979. E para viabilizar a regularização e, assim, a abertura da matrícula, o interessado, inclusive, poderá valer-se das regras gravadas nos artigos 38 e 40 da Lei nº 6.766/1979" (CGJSP – Processo 2013/27039, Des. José Renato Nalini, j. 14/03/2013).

15. Necessidade de averbação transportadora de ônus reais que gravam o imóvel quando da abertura da matrícula

"Garantia em favor do Município constituída para o registro de loteamento – Abertura de matrículas sem a transposição da garantia, com posteriores vendas dos lotes – Averbação de ofício, mediante autorização do Juiz Corregedor Permanente, do ajuizamento de ação do Município contra o loteador em que requerida indenização pelas obras de infraestrutura realizadas pela municipalidade – Ação pessoal que não comporta averbação, *ex officio*, pelo Oficial de Registro de Imóveis, ainda que mediante autorização do Juiz Corregedor 26 Permanente – Recurso provido, com observação.[...] Diante da inexistência de direito real contraditório decorrente do registro, não há impedimento para a abertura de matrículas para os lotes ainda não alienados e a transposição, para essas matrículas, da hipoteca constituída pela loteadora para garantir o custeio das obras de infraestrutura. Igual, porém, não ocorre em relação aos lotes que foram alienados pela loteadora e tiveram o domínio transmitido aos compradores sem que constasse nas respectivas matrículas os registros das hipotecas que deveriam gravá-los. Isso porque a inscrição da hipoteca em momento posterior aos registros das alienações viola a continuidade do registro, uma vez que os lotes já não são de propriedade da loteadora. Essa solução não se altera pelo fato de a constituição da garantia real constar na matrícula em que promovido o registro do loteamento. A abertura de matrículas para lotes sem a transposição da garantia real constituída em favor do Município, e os registros de vendas desses imóveis a terceiros que, presume-se, agiram de boa-fé, ensejou a constituição de direitos reais contraditórios cuja prevalência deve ser fixada em ação própria, diante do litígio configurado. Não se pode, em consequência, determinar na esfera administrativa a transposição para as matrículas de garantias reais cuja oponibilidade conflita com o direito à propriedade plena que foi adquirida pelos atuais proprietários dos lotes.[...] Ademais, essa averbação não poderia ser feita ex officio pelo Oficial de Registro de Imóveis, ainda que mediante autorização do Juiz Corregedor Permanente, porque dependeria de determinação do Juiz da ação judicial, na forma do art. 54, inciso IV, da Lei nº 13.097/2015, e porque, ademais, o parágrafo único do referido artigo veda a oposição contra terceiros de boa-fé de direitos reais não constantes na matrícula" (CGJSP – Processo 1039289- 42.2018.8.26.0114, Des. Geraldo Francisco Pinheiro Franco, j. 30/08/2019).

16. Tratamento registral dos imóveis seccionados por estradas

"Desdobro que supostamente decorre da divisão do imóvel por estrada municipal – Apresentação de memorais descritivos das duas áreas formadas em razão da divisão do imóvel – Planta que retrata o imóvel em seu todo, a estrada com a indicação da sua largura, e as duas áreas desdobradas – Divisão do imóvel decorrente da implantação de via de circulação que, se for pública, acarreta a abertura de matrículas distintas, uma para cada área desdobrada – Ausência, contudo, de comprovação de que a estrada que secciona o imóvel é de domínio do Município – Retificação, ademais, que não dispensa a averbação do desfalque da área da estrada que divide o imóvel, se for pública – Existência de desfalque de outra área que foi desapropriada pelo Departamento de Estradas de Rodagem do Estado de São Paulo, sem averbação do remanescente e sem apresentação de planta da área original do imóvel, com indicação da parcela que desse modo foi destacada – Necessidade de comprovação de que a estrada que secciona o imóvel é pública e de complementação da planta e dos memorais descritivos – Procedimento administrativo de retificação que pode ser complementado pelos requerentes, porque se encontra em sua fase inicial, para que posteriormente prossiga com as notificações dos confrontantes – Recurso parcialmente provido para determinar o prosseguimento do procedimento extrajudicial de retificação de área, com observações. [...] A fração mínima de parcelamento do imóvel rural, fixada pelo INCRA, não impede a averbação de que parte do imóvel foi desfalcada pela abertura de estrada de domínio público, com a consequente abertura de novas matrículas para as áreas que, em razão da estrada, forem formadas pela divisão do imóvel em duas partes. Contudo, para a averbação do desfalque e o desdobro da matrícula é necessário que a estrada que seccionou o imóvel seja de domínio público, uma vez que, neste caso concreto, uma das áreas a serem desdobradas é inferior à fração mínima de parcelamento do imóvel rural fixada pelo INCRA" (CGJSP – Processo 1000428-27.2021.8.26.0099, Des. Ricardo Mair Anafe, j. 01/12/2021).

"Imóvel rural seccionado por estrada municipal – Escritura de divisão amigável que dá origem a dois imóveis, sendo um deles inferior ao módulo rural local permitido – Inexistência de desapropriação, mas de apossamento – Impossibilidade de abertura de matrícula para a área menor – Recurso não provido. imóvel é seccionado pela estrada municipal AVF-020, mas não houve desapropriação formal da área ocupada pela estrada. Na matrícula, portanto, nada consta a este respeito. Assim, o título apresentado deve ser qualificado de acordo com a realidade registral existente. O título ora examinado pretende extinguir o condomínio existente e dividir o imóvel em dois, sendo um deles inferior ao módulo de propriedade rural da região, que é de 2,0 hectares. Não há como abrir matrícula para imóvel com área inferior ao módulo de propriedade rural local, contudo. (...) Sem razão, os recorrentes, quando aduzem que o art. 65 do Estatuto da Terra não se aplica ao caso em exame porque, formalmente, inexiste desapropriação, mas mera situação de fato (apossamento). Sob a ótica registral, o que se tem é um imóvel descrito sem qualquer seccionamento ou desapropriação, cuja divisão pretendida implicaria a abertura de matrícula com área inferior ao módulo rural, o que não é permitido. Acrescente-se ainda que, sem o CCIR, exigência contida no art. 176, § 1º, II, 3), 'a' e item 58, II, do Capítulo XX, das Normas de Serviço da Corregedoria Geral da Justiça, também não

Art. 176 | LEI DE REGISTROS PÚBLICOS COMENTADA

há como abrir matrícula de imóvel rural" (CSMSP – Apelação Cível 0006806-14.2014.8.26.0664, Rel. Des. Hamilton Elliot Akel, j. 03/03/2015).

"Retificação administrativa – Exigência de registro prévio de desapropriação para que se inicie o procedimento de retificação administrativa – Descabimento – Vias públicas que podem ser integradas ao patrimônio público, excepcionalmente, por simples destinação – Apossamento administrativo reconhecido pelo titular de domínio, que pretende preservar a via pública – Município que será notificado durante o procedimento e, portanto, terá oportunidade de se manifestar sobre o pleito – Parecer pelo provimento do recurso para afastar a exigência, dando-se continuidade ao procedimento de retificação. *Hely Lopes Meirelles* ensina que as vias públicas podem ser integradas ao patrimônio público '*excepcionalmente, por simples destinação, que as torna irreivindicáveis por seus primitivos proprietários. Esta transferência por destinação opera-se pelo fato da transformação da propriedade privada em via pública sem oportuna oposição do particular, independentemente, para tanto, de qualquer transcrição ou formalidade administrativa*' (*Direito Administrativo Brasileiro*, Malheiros Editores, 2008, 34ª edição, pág. 564). Resta claro que a ausência de inscrição da via pública no registro imobiliário não é motivo a impedir o início do procedimento de retificação administrativa. Ainda que a desapropriação seja o meio adequado para transformar em bem público área originalmente particular, não se pode ignorar que o simples apossamento administrativo produz efeitos. E se o particular reconhece esse apossamento administrativo e pretende preservá-lo, não há razão para se exigir o registro de um título para que se inicie a retificação. Nesse ponto, cabe frisar que não se está aqui afirmando que a retificação deve ser averbada. Isso só poderá ser decidido após o Oficial averiguar se todos os requisitos estabelecidos no artigo 213, II, e parágrafos, da Lei nº 6.015/73 foram cumpridos. E um desses requisitos é justamente a notificação dos confrontantes (artigo 213, § 2º, da Lei nº 6.015/73), entre os quais se inclui o Município de Ibirarema. Nessa oportunidade, poderá o município alegar, por exemplo, que a rua já implantada não teve seu traçado preservado na planta apresentada pelos recorrentes. E caso deferida a retificação, duas matrículas distintas serão abertas, restando na matrícula original apenas o trecho destinado à via pública. É certo que a titularidade desse imóvel reservado ao uso comum do povo permanecerá em nome dos recorrentes. Todavia, a qualquer momento, apurado o remanescente, poderá ser providenciada a doação do bem ao município, com aliás autoriza a Lei nº 1.321/02 do próprio município de Ibirarema. Frise-se, finalmente, que as peculiaridades do caso que aqui se analisa (especialmente tamanho das glebas e divisão do imóvel em apenas dois trechos) não levantam, em princípio, suspeita de que a retificação pretendida disfarce tentativa de parcelamento irregular do solo" (CGJSP – Processo 0002120- 13.2015.8.26.0415, Des. Manoel de Queiroz Pereira Calças, j. 26/10/2017).

17. Imóvel seccionado por linha férrea

"Retificação postulada perante o Oficial – Impugnação da Advocacia-Geral da União, representando o Departamento Nacional de Infra-Estrutura de Transportes (DNIT) – Faixa de domínio de ferrovia – Confrontação – Remessa dos autos ao Juízo da Corregedoria Permanente – Decisão que considerou não fundamentada a impugnação e deferiu a retificação – Recurso do impugnante no qual alegado que é imprescindível a especificação da largura da faixa ferroviária, que se situa entre as duas áreas a serem retificadas – Apesar de não explicitada, inicialmente, esta alegação, reconhecimento de que tal definição é, mesmo, imperiosa – Possibilidade de reconhecê-lo em segundo grau, nesta sede revisional administrativo-correcional – Necessidade inafastável de observância do Princípio da Especialidade, em nome da higidez do sistema registrário – Faixa de ferrovia como ponto de amarração, emergindo a especificação de sua largura como requisito para definir o posicionamento das áreas no solo – Recurso provido, para tanto. Linha férrea que corta o imóvel. Necessidade de definir a largura da faixa da ferrovia para que o princípio da especialidade seja cumprido" (CGJSP – Processo 60.364/2009, Des. Reis Kuntz, j. 10/09/2009).

18. Abertura de matrícula e servidão predial

"Registro de imóveis – Abertura de matrículas em nova circunscrição – Matrícula anterior que descreve, separadamente, área do imóvel e área de servidão de passagem – **Área da servidão que não se confunde com a do imóvel que se alega ser o serviente** – Elementos tabulares, decorrentes do registro anterior, e provas realizadas neste procedimento que não permitem a abertura de matrículas para as duas áreas, do imóvel e da servidão, como se atualmente integrassem a mesma matrícula e tivessem igual proprietário – Anterior retificação da descrição da servidão que não alterou o conteúdo do registro mediante fusão das duas áreas (servidão e imóvel). Impugnação sobre o direito de propriedade do requerente oferecida pela Prefeitura do Município de São Paulo que não se mostra fundamentada – Elementos tabulares e provas realizadas neste procedimento, contudo, que não autorizam o afastamento de óbice oposto ao pedido de abertura de matrículas conforme realizado pelo recorrente – Recurso parcialmente provido" (CGJSP – Processo 1121469-31.2016.8.26.0100, Des. Geraldo Francisco Pinheiro Franco, j. 07/05/2018).

19. Abertura de matrícula quando presente especialidade objetiva do imóvel

Procedimento de controle administrativo. Lei de Registros Públicos (LRP) – Lei nº 6.015/1973. Competência para os atos de averbação nos registros e nas matrículas de imóveis que passam a pertencer a outra circunscrição imobiliária por força de desmembramento territorial. Princípio da territorialidade. Lei nº 14.382/2022 manutenção da competência residual. Natureza das transcrições (art. 176, I, e §18, da LRP). Pedido julgado improcedente. (...) A regra geral constante no art. 169, da LRP é a de que os atos de registro e de averbação sejam efetuados na serventia da situação do imóvel. Quanto às averbações, o inciso I do preceito prevê que estas *"serão efetuadas na matrícula ou à margem do registro a que se referirem, ainda que o imóvel tenha passado a pertencer a outra circunscrição, observado o disposto no inciso I do § 1º e no § 18 do art. 176"*. Se a transcrição não possuir todos os requisitos para a *abertura* de matrícula, o art. 176, § 18, da LRP, prevê que os atos de averbação serão realizados à margem do título, na serventia de origem (art. 176, §18). Mas se a transcrição reunir todos os requisitos elencados para a *abertura* de matrícula, esta será feita no cartório da situação do imóvel (art. 176, I, LRP). O art. 176, §14, da LRP faculta a *abertura* da matrícula na circunscrição onde estiver situado o imóvel, mediante requerimento do interessado ou de ofício, por conveniência do serviço. Nesta hipótese, o oficial comunicará o fato à serventia de origem, para o encerramento, de ofício, da matrícula anterior (art. 167, IV, LRP) (CNJ – Pedido de Providências 0007031-32.2022.2.00.0000, Rel. Cons. Pablo Coutinho Barreto, j. 23/05/2024).

Art. 176-A. O registro de aquisição originária ensejará a abertura de matrícula relativa ao imóvel adquirido, se não houver, ou quando: *(Redação dada pela Lei nº 14.620, de 2023)*

I – atingir parte de imóvel objeto de registro anterior; ou *(Incluído pela Lei nº 14.620, de 2023)*

II – atingir, total ou parcialmente, mais de um imóvel objeto de registro anterior. *(Incluído pela Lei nº 14.620, de 2023)*

§ 1º A matrícula será aberta com base em planta e memorial descritivo do imóvel utilizados na instrução do procedimento administrativo ou judicial que ensejou a aquisição. *(Redação dada pela Lei nº 14.620, de 2023)*

§ 2º As matrículas atingidas deverão, conforme o caso, ser encerradas ou receber averbação dos respectivos desfalques, dispensada, para esse fim, a retificação do memorial descritivo da área remanescente. *(Redação dada pela Lei nº 14.620, de 2023)*

§ 3º *(VETADO)* *(Redação dada pela Lei nº 14.273, de 2021)*

§ 4º Se a área adquirida em caráter originário for maior do que a constante do registro existente, a informação sobre a diferença apurada será averbada na matrícula aberta. *(Redação dada pela Lei nº 14.620, de 2023)*

§ 4º-A. Eventuais divergências entre a descrição do imóvel constante do registro e aquela apresentada pelo requerente não obstarão o registro. *(Incluído pela Lei nº 14.620, de 2023)*

§ 5º O disposto neste artigo aplica-se, sem prejuízo de outros, ao registro de: *(Redação dada pela Lei nº 14.620, de 2023)*

I – ato de imissão provisória na posse, em procedimento de desapropriação; *(Incluído pela Lei nº 14.273, de 2021)*

II – carta de adjudicação, em procedimento judicial de desapropriação; *(Incluído pela Lei nº 14.273, de 2021)*

III – escritura pública, termo ou contrato administrativo, em procedimento extrajudicial de desapropriação. *(Incluído pela Lei nº 14.273, de 2021)*

IV – aquisição de área por usucapião ou por concessão de uso especial para fins de moradia; *(Incluído pela Lei nº 14.620, de 2023)*

V – sentença judicial de aquisição de imóvel, em procedimento expropriatório de que tratam os §§ 4º e 5º do art. 1.228 da Lei nº 10.406, de 10 de janeiro de 2002 *(Código Civil)*. *(Incluído pela Lei nº 14.620, de 2023)*

 Referências Normativas

Lei 10.406/2002 (Código Civil), arts. 1.228, § 3º; 1.238 a 1.244; 1.248; 1.275, V.
Decreto-lei 3.365/1941 (desapropriação por utilidade ou necessidade pública).
Lei 4.132/1962 (desapropriação por interesse social).
Lei 13.465/2017, arts. 23 e seguintes (legitimação fundiária).

 Comentários

1. Considerações gerais: aquisições originárias no Registro de Imóveis

O dispositivo foi incluído na Lei de Registros Públicos pela Lei 14.273/2021. Cuida-se de norma de caráter geral que veicula importante baliza para o registro das aquisições originárias.

É da natureza da *aquisição originária* gerar direito de propriedade em favor de determinado titular independentemente do *status juris* do imóvel, possua registro anterior ou não. Se assim o é, parece adequado considerar, de regra, a necessidade de descerramento do fólio para inaugurar nova cadeia nominal. Isso não significa que existente lastro tabular anterior deva este ser totalmente desconsiderado. Ao reverso, o sistema registral brasileiro preocupa-se em demasia com a tutela do princípio da continuidade que, embora flexibilizado nas aquisições originárias, impõe ao registrador predial cautelas de grande envergadura.

Para melhor compreensão do alcance da norma, deve-se buscar a melhor conceituação de aquisição originária. Recomenda-se a abordagem feita por *Josué Modesto Passos* em monografia específica sobre o tema quando concluiu que arrematação e adjudicação são modos derivados de aquisição da propriedade:

> Diz-se originária a aquisição que, em seu suporte fático, é independente da existência de um outro direito; derivada, a que pressupõe, em seu suporte fático, a existência do direito por adquirir. A inexistência de relação entre titulares, a distinção entre o conteúdo do direito anterior e o do direito adquirido originariamente, a extinção de restrições e limitações, tudo isso pode se passar, mas nada disso é da essência da aquisição originária.[850]

Em palavras mais simples, pode-se dizer que aquisição originária é aquela que não se funda no direito do antecessor jurídico, ou ainda, significa que o título aquisitivo é, por si mesmo, suficiente para instaurar a propriedade em favor do novo titular, independentemente de qualquer vinculação com o título jurídico do anterior proprietário.

É possível citar como exemplo emblemático de aquisições originárias da propriedade para fins de registro imobiliário, dentre outras:[851] a usucapião (Provimento CNJ 149/2023, arts. 400, IV, e 421); a desapropriação (LRP, art. 176-A, *caput*); e até mesmo a legitimação fundiária no âmbito das regularizações fundiárias (Lei 13.435/2017, arts. 11, VII, e 23, *caput*).

O *caput* do dispositivo exige a abertura de matrícula exista registro anterior ou não; atinja a aquisição originária o registro anterior total ou parcialmente. Destaque-se, assim, que exista ou não registro

---

[850] PASSOS, Josué Modesto. *A arrematação no registro de imóveis*: continuidade do registro e natureza da aquisição. São Paulo: Revista dos Tribunais, 2014. p. 111-112.

[851] São também aquisições originárias da propriedade: as acessões (CC, art. 1.248); o domínio das terras quilombolas (ADCT, art. 68); aquisição para domínio público das áreas institucionais, logradouros e equipamentos públicos quando do registro do loteamento (Lei 6.766/1979); etc.

615 — MOACYR PETROCELLI DE ÁVILA RIBEIRO | Art. 176-A

anterior atingido pela aquisição originária, deve o oficial registrador tomar algumas cautelas. Confira-se a seguir as providências indispensáveis a serem observadas.

I) Se não há registro anterior, o fólio será descerrado apenas após buscas na serventia competente e certificação de que de fato não há lastro tabular anterior.

II) Se existe registro anterior (matrícula – sistema do fólio real da Lei 6.015/1973) e a área adquirida corresponder à sua integralidade, será o caso do encerramento na matrícula atingida.

III) Se existe registro anterior (transcrição – sistema das transcrições das transmissões do Decreto 4.857/1939) e a área adquirida corresponder à sua integralidade será o caso de simples averbamento remissivo da abertura da nova matrícula. É tecnicamente incorreto averbar o encerramento da transcrição, na medida em que pela engenharia endógena do sistema registral anterior haveria, quando muito, apenas o esgotamento de disponibilidade jurídica.

IV) Caso atinja o registro anterior (matrícula ou transcrição) apenas parcialmente, será feita averbação do destaque com remissão recíprocas nos registros garantindo-se a amarração registral e facilitando posterior expedição de certidões e controle de disponibilidade.

A abertura de matrícula para imóvel adquirido mediante aquisição originária, no que toca à especialidade objetiva, pautar-se-á na planta e memorial utilizados na instrução do procedimento administrativo ou judicial que ensejou a aquisição, os quais assegurarão a descrição e a caracterização objetiva do imóvel e as benfeitorias, se o caso, observando-se requisitos do art. 176 da LRP. *Nota bene!* Quanto à especialidade objetiva exige-se que seja feita a correta descrição da gleba expropriada. É dizer, o fato de se tratar de aquisição originária não dispensa o respeito ao princípio da especialização objetiva, necessitando controle de amarração geográfica da área desapropriada.

O § 2º, do art. 176-A, da LRP consagra o entendimento já agasalhado de há muito pela práxis registral no sentido de que quando o registro anterior for em parte atingido por uma aquisição originária não será necessário naquele momento *apurar o remanescente*. Entende-se que a originariedade da aquisição objeto da inscrição permite diferir no tempo a retificação do registro atingido, apurando-se, *a posteriori*, a sua disponibilidade quantitativa. Deve mesmo ser assim, afinal, somente o titular tabular ou quem demonstre efetivo interesse poderá proceder a retificação nos moldes do art. 213, II, da LRP. Não soa razoável, por exemplo, exigir que o ente desapropriante ou o usucapiente arque com este ônus, mormente em razão da natureza da aquisição ultimada. Note-se que se está em cenário totalmente oposto àquele verificado nas transmissões derivadas da propriedade, quando a apuração do remanescente é conditio *sine qua non* para o registro do título de alienação (*v.g.*, doação, compra e venda, permuta, arrematação, adjudicação etc.).

Frise-se: não significa que a apuração do remanescente é desnecessária. A lei apenas autoriza o seu diferimento em razão da aquisição originária. Afinal, como bem pontuado por *Eduardo Agostinho A. Augusto*:

> Uma das principais funções do registrador é definir a delimitação espacial da propriedade imobiliária. Assim, a cada alteração fática ocorrida no bem imóvel, há necessidade de atualizar a sua descrição, quer mediante averbação (que nem sempre é recomendável) ou pela abertura de nova matrícula, totalmente saneada e de fácil interpretação por todos (providência mais sensata).[852]

Pode ocorrer também situação diversa, ou seja, a hipótese de a área adquirida em caráter originário ser maior do que a área constante do registro anterior. Nesse caso, garantindo-se o oficial registrador que de fato a área adquirida é contemplada em determinado registro anterior, a informação sobre a diferença apurada deve ser averbada na matrícula aberta, seguindo-se a abertura do novo fólio para a área total adquirida com base nos trabalhos técnicos apresentados no procedimento (planta e memorial descritivo).

2. O registro imobiliário da desapropriação

Além da usucapião, o caso mais corriqueiro de aquisição originária no Registro de Imóveis é o da desapropriação. A norma em comento, aliás, em diversas passagens refere-se à desapropriação tex-

---

[852] AUGUSTO, Eduardo Agostinho Arruda. *Registro de imóveis, retificação de registro e georreferenciamento:* fundamento e prática. São Paulo: Saraiva, 2013. p. 346.

tualmente. Não sem razão. Pode-se afirmar que, ao menos majoritariamente, configura-se modo de aquisição originária da propriedade imobiliária, seja qual for o título formal apresentado a registro (escritura pública, carta de sentença, título arbitral etc.).

Dizer-se que a desapropriação é forma originária de aquisição de propriedade significa que ela é, por si mesma, suficiente para instaurar a propriedade em favor do Poder Público, independentemente de qualquer vinculação com o título jurídico do anterior proprietário. É a só vontade do Poder Público e o pagamento do preço que constituem propriedade do Poder Público sobre o bem expropriado. A desapropriação, nessa medida, torna-se exceção à regra do efeito constitutivo da inscrição prevista no art. 1.227 do CC. Embora com o registro o titular passe a ter a total disponibilidade sobre o direito real adquirido, a propriedade foi adquirida no momento do pagamento da indenização ao proprietário da área desapropriada.

Na desapropriação o bem é transferido do patrimônio particular para o Estado, compulsoriamente, para fins de atender ao interesse da coletividade, por necessidade ou utilidade pública e interesse social. Trata-se de modalidade repressiva de intervenção do Estado na propriedade privada.

O tema da desapropriação assume bastante complexidade no âmbito do direito administrativo, sendo certo que a preocupação mais próxima desse trabalho, por evidência, são os seus aspectos registrários. *Brevitais causa*, recorde-se o seu procedimento é bifásico, desdobrando-se em fase declaratória e fase executória. É de grande relevo considerar que na fase executória ou executiva apenas se discute o *quantum* indenizatório. Com essa premissa, pode-se concluir que o fato de haver consenso ou não sobre o valor da indenização não desconfigura sua natureza jurídica de aquisição originária de domínio. Se houver consenso, é possível que se dê por meio de acordo entre o Estado e o particular. Pode ser feito por escritura pública ou termo de acordo. Também se admite na via arbitral ou por mediação, um *tertius genus* (Decreto-lei 3365/1941, art. 10-B). O art. 176-A, § 5º, III, da LRP admite como título formal a escritura pública, termo ou contrato administrativo, em procedimento extrajudicial de desapropriação. Não havendo consenso, será judicialmente definida a indenização após a coleção das provas e elementos necessários.

O fato é que o acordo sobre o preço e a desnecessidade do procedimento judicial não muda a natureza das coisas. A desapropriação continua sendo modo originário de aquisição da propriedade e nessa medida flexibiliza o princípio da continuidade. A jurisprudência administrativa paulista, durante muito tempo, considerava a desapropriação amigável (art. 10, primeira parte, do Decreto-Lei 3.365/1941) um modo derivado de aquisição da propriedade. Distinguia-se, portanto, da desapropriação judicial, considerada originária. Parte da doutrina, contudo, já apontava que, mesmo na desapropriação amigável, a aquisição da propriedade pelo ente expropriante decorre de uma imposição unilateral do Poder Público, não de um acordo com o expropriado. De fato, a escritura pública versa apenas sobre o valor da indenização, as condições de pagamento e a transferência da posse, sendo nesse sentido que se deve entender acordo mencionado no art. 10 do Decreto-Lei 3.365/1941. A desapropriação em si resulta de um conjunto de atos unilaterais do Poder Público.[853] Sob esses argumentos, uma decisão emblemática do *Conselho Superior da Magistratura do Estado de São Paulo* inseriu a desapropriação amigável entre os modos originários de aquisição da propriedade. Confira-se trecho esclarecedor do *decisum*:

> A desapropriação é o procedimento administrativo identificado pela prática de uma série encadeada de atos preordenados à perda da propriedade, pelo particular, mediante transferência forçada de seus bens para o Poder Público, precedida, em regra, do pagamento de prévia e justa indenização em dinheiro.
>
> O despojamento compulsório da propriedade pelo Poder Público pode estar fundado a) em necessidade ou utilidade pública ou interesse social (artigo 5º, XXIV, da CF), b) em descumprimento do Plano Diretor do Município – quando dispensada a prévia indenização e admitido o pagamento mediante títulos da dívida pública (artigo 182, § 4º, III, da CF) –, c) visar, à luz do descumprimento da função social do imóvel rural, à reforma agrária – hipótese em que autorizado o pagamento da indenização por meio de títulos da dívida agrária (artigo 184 da

---

[853] Nesse sentido: MORAES SALLES, José Carlos. *A desapropriação à luz da doutrina e da jurisprudência*. São Paulo: Revista dos Tribunais, 1980. p. 194.

CF) –, d) ou apoiar-se na utilização criminosa dos bens, situação que desobriga o pagamento de indenização (artigo 243 da CF).

A desapropriação, amigável ou judicial, concluída extrajudicialmente, na via administrativa, ou por meio de processo litigioso, com a intervenção do Poder Judiciário, revela-se, sempre, um modo originário de aquisição da propriedade: inexiste um nexo causal entre o passado, o estado jurídico anterior, e a situação atual.

A propriedade adquirida, com a desapropriação, liberta-se de seus vínculos anteriores, desatrela-se dos títulos dominiais pretéritos, dos quais não deriva e com os quais não mantém ligação, tanto que não poderá ser reivindicada por terceiros nem pelo expropriado (artigo 35 do Decreto-lei nº 3.365/1941), salvo no caso de retrocessão.

Trata-se de entendimento compartilhado, além do mais, pela melhor doutrina: Miguel Maria de Serpa Lopes, Hely Lopes Meirelles, Celso Antonio Bandeira de Mello, Maria Sylvia Zanella di Pietro, Lucia Valle Figueiredo, Diogenes Gasparini, José Carlos de Moraes Salles e Marçal Justen Filho.

A propósito da desapropriação amigável, Diogenes Gasparini acentua: mesmo ela, na qual, igualmente, a transferência é imposta pelo Poder Público, a aquisição da propriedade é originária, "dado que o expropriante e o expropriado ajustam seus interesses apenas em relação à indenização, às condições de pagamento e à transferência da posse."

Na mesma linha, Celso Antonio Bandeira de Mello destaca a natureza compulsória da aquisição da propriedade realizada via desapropriação, causa autônoma suficiente para incorporação do bem expropriado ao patrimônio do Poder Público, apoiada na sua vontade, no seu poder de império, e no pagamento da indenização, malgrado encerrado o procedimento extrajudicialmente, com acordo.

Enfim, ainda que a segunda fase do procedimento expropriatório bifásico, a executiva (a primeira fase é a declaratória), termine no âmbito administrativo, com a lavratura da escritura pública amigável de desapropriação, a ser registrada no Registro de Imóveis, a desapropriação, a despeito do acordo extrajudicial, não se desnatura, ou seja, não se transmuda em modo derivado de aquisição da propriedade.

Consoante Marçal Justen Filho, "a concordância do particular não atribui natureza consensual à desapropriação," que, assim – implicando supressão da propriedade privada por iniciativa estatal, para a qual indiferente a anuência do expropriado –, "não se confunde com uma compra e venda", ainda que haja "aquiescência no tocante ao valor da indenização."

Por sua vez, o Colendo Conselho Superior da Magistratura, por anos, acompanhou o posicionamento doutrinário exposto, sem fazer distinção, com relação ao modo de aquisição da propriedade, entre as desapropriações amigável e judicial.

Conforme se extrai dos julgamentos da Apelação Cível nº 9.461-0/9, no dia 30 de janeiro de 1989, relator Corregedor Geral da Justiça Milton Evaristo dos Santos, e da Apelação Cível nº 12.958-0/4, no dia 14 de outubro de 1991, relator Corregedor Geral da Justiça Onei Raphael, a desapropriação, mesmo a amigável, era compreendida, tal como a judicial, como modo originário de aquisição da propriedade.

Todavia, com o julgamento da Apelação Cível nº 83.034-0/2, no dia 27 de dezembro de 2001, relator Corregedor-Geral da Justiça Luis de Macedo, houve alteração da jurisprudência: passou-se a entender que a desapropriação amigável, consumada na fase administrativa, é meio derivado de aquisição da propriedade, retratando um negócio jurídico bilateral, oneroso e consensual, instrumentalizado mediante escritura pública.

Doravante, tal concepção do assunto prevaleceu – segundo demonstra, a título de exemplo, o julgamento da Apelação Cível nº 39-6/0, em 18 de setembro de 2003, relator Corregedor-Geral da Justiça Luiz Tâmbara –, até um novo reexame da questão, recentemente promovido, por ocasião do julgamento da Apelação Cível nº 990.10.415.058-2, no dia 07 de julho de 2011, relator Corregedor-Geral da Justiça Maurício Vidigal, quando restabelecido o anterior entendimento, a ser prestigiado, porque afirmado, em harmonia com o acima aduzido, que a desapropriação amigável, inclusive, é modo originário de aquisição da propriedade.

Não sem razão, uma vez que o acordo extrajudicial, elemento identificador da desapropriação amigável – espécie de expropriação também contemplada no artigo 10 do Decreto-lei nº

Art. 176-A | LEI DE REGISTROS PÚBLICOS COMENTADA

3.365/1941 –, versa, exclusivamente, convém insistir, sobre a indenização a ser desembolsada pelo expropriante: ou seja, a escritura pública amigável de desapropriação não é título translativo da propriedade.

O despojamento da propriedade é coativo, mesmo na desapropriação amigável: inexiste, na desapropriação, em quaisquer de suas espécies, transferência consensual da propriedade para o Poder Público. A perda compulsória da propriedade, acompanhada de sua aquisição originária pelo expropriante, é resultante do procedimento administrativo desencadeado pelo Estado.

O risco de fraude e a falta da garantia prevista para a desapropriação judicial, representada pela apuração da regularidade dominial como condição para o levantamento da indenização (artigo 34 do Decreto-lei nº 3.365/1941), não justificam a desvirtuação da natureza da expropriação, ainda que amigável.

Ao terceiro prejudicado, restará a sub-rogação de seus supostos direitos na indenização desembolsada pelo ente expropriante (artigo 31 do Decreto-lei nº 3.365/1941) ou, inviabilizada esta, perseguir, judicialmente, o reconhecimento de eventual responsabilidade do Estado.

Dentro do contexto exposto – reconhecido o modo originário de aquisição da propriedade pelo Poder Público, precedida da perda compulsória do bem pelo particular –, a observação do princípio registral da continuidade é prescindível, ainda mais diante da regra emergente do artigo 35 do Decreto-lei nº 3.365/1941.[854]

Do ponto de vista registral, portanto, fica dispensada a observância fiel do princípio da continuidade. Ademais, os ônus ou direitos reais limitados não sobrevivem à desapropriação sendo certo que seus titulares ficam sub-rogados, *ex lege*, no preço da indenização (Decreto-lei 3.365/1941, art. 31). Em verdade, o art. 176-A da LRP, com redação dada pela Lei 14.273/2021, corrobora que tanto a amigável como a judicial são modos originários de aquisição, permitindo-se a abertura de matrícula ainda que área não possua lastro tabular anterior.

Insista-se que, na desapropriação, a constituição do direito real de propriedade não depende de registro do título (seja qual for), perante o Oficial de Registro de Imóveis competente, tendo em vista que o bem imóvel expropriado é transferido ao Poder Público mediante o pagamento de indenização. A perfectibilização da desapropriação, em suma, dá-se com o pagamento da indenização. Nesse momento ocorre, a um só tempo, tanto a perda, pelo expropriado, como a correspondente aquisição da propriedade pelo expropriante. *Celso Antônio Bandeira de Mello* é taxativo: "o Poder Público só adquirirá o bem e o particular só o perderá com o pagamento da indenização".[855] O registro seria, então, declaratório. E não apenas porque, afirmou-se antes, o instante da perda, marcado pelo pagamento da indenização, correlaciona-se com o momento da aquisição da propriedade imobiliária, mas também porque, exceções feitas às situações transitórias ligadas à renúncia e ao abandono, nosso sistema jurídico não tolera a existência de bem imóvel sem dono (*res nullius*).

Nessa batida, a desapropriação é forma de aquisição originária da propriedade, não havendo que se observar o princípio da continuidade, nem tampouco que se exigir a prévia apuração de remanescente, devendo-se, como visto alhures, averbar o destaque e abrir nova matrícula para a área desapropriada. Segundo *Francisco Eduardo Loureiro*:

> Nas desapropriações, os registros das cartas marcam não propriamente o ingresso do imóvel no domínio público, que pode se dar por destinação, mas, sobretudo, a perda do domínio pelo particular, para efeito de controle da disponibilidade para evitar nova alienação do expropriado a terceiro de boa-fé. Dispensam-se o registro anterior e a observância ao princípio da continuidade, por se entender ser um modo originário de aquisição de propriedade, em virtude do qual o Estado chama a si o imóvel diretamente, livre de qualquer ônus.[856]

---

[854] CSMSP – Apelação Cível 0000025-73.2011.8.26.0213, Rel. Des. José Renato Nalini, j. 19/7/2012.

[855] BANDEIRA DE MELLO, Celso Antônio. *Curso de direito administrativo*. 26. ed. São Paulo: Malheiros, 2009. p. 881.

[856] LOUREIRO, Francisco Eduardo. *In*: ALVIM NETO, José Manuel de Arruda; CLÁPIS, Alexandre Laizo; CAMBLER, Everaldo Augusto (coord.). *Lei dos Registros Públicos comentada*: Rio de Janeiro: Forense, 2014. p. 1220.

Por derradeiro, é indispensável considerar que o fato de inexistir matrícula para o imóvel objeto da desapropriação não se confunde com a possibilidade de desapropriação de direitos possessórios. A diferença está no objeto do direito desapropriado. Se a pretensão do ente expropriante recaiu sobre a propriedade imobiliária, pouco importa se existe ou não matrícula ou registro anterior para o imóvel. Formalizada a desapropriação será possível a abertura do fólio e o subsequente registro em sentido estrito da aquisição originária (Lei 6.015/1973, arts. 167, I, nº 34 c.c. 176-A, *caput*). Situação completamente distinta ocorre quando o Poder Público desapropria os direitos possessórios que recaem sobre determinado imóvel, possua ou não registro anterior. Nesse caso, ainda que devidamente formalizada pelo respectivo título causal não há qualquer providência registral a ser tomada. Equivale dizer, não se registra no Ofício Predial desapropriação de direitos possessórios em razão da ausência de tipicidade para o fato inscritível. Nesse sentido, colhe-se didático precedente do *Conselho Superior da Magistratura de São Paulo*:

> Pouco importa, aqui, a constatação de que o imóvel relacionado com a desapropriação não se encontra registrado em nome dos desapropriados. (...) E isso porque a escritura de desapropriação contemplou somente indenização pelos direitos possessórios dos desapropriados, insuscetíveis de inscrição imobiliária. Nada se ajustou, com os desapropriados, a respeito do preço do bem imóvel. Nada se pagou, em particular, pela aquisição do imóvel desapropriado. Ora, a desapropriação idealizada pelo recorrente, então deflagrada por meio da declaração de utilidade pública, a pressupor, todavia, para fins de sua perfectibilização, indenização prévia como contrapartida pela perda do direito de propriedade, não se consumou. Em outras palavras, o acordo formalizado pela escritura apresentada para registro, não tendo por objeto indenização correspondente ao valor do imóvel desapropriado, é insuficiente à concretização da aquisição compulsória do direito de propriedade.[857]

3. O registro imobiliário da imissão provisória na posse

O § 5º, I, do art. 176-A da LRP permite aplicar a mesma diretriz normativa acerca da registrabilidade das aquisições originárias da propriedade, marcadamente o descerramento de novo fólio real, ao registro da imissão provisória na posse (LRP, art. 167, I, nº 36).[858]

 Jurisprudência

1. Desapropriação é modo originário de aquisição da propriedade

"A desapropriação é forma originária de aquisição da propriedade, pois a transferência da propriedade opera-se pelo fato jurídico em si, independentemente da vontade do expropriado, que se submete aos imperativos da supremacia do interesse público sobre o privado. Constitui efeito da sentença proferida em sede de desapropriação a sua utilização como título hábil à transcrição do bem expropriado no competente registro de imóveis, não podendo haver discussão, ao menos no âmbito da ação expropriatória, em torno de eventual direito de terceiros. Na hipótese dos autos, todavia, os recorrentes já conheciam, de antemão, a situação em que se encontrava a área objeto da presente irresignação, não se podendo falar em propriedade aparente. 'Não obstante seja verdadeiro afirmar que a desapropriação é forma de aquisição originária, não se deve olvidar que não se pode retirar a propriedade de quem não a tem' (REsp 493.800/RS, 1ª Turma, Rel. Min. José Delgado, *DJ* de 13.10.2003). 5. Eventual alteração das divisas e da área do imóvel expropriado, para acrescentar aquela da qual os expropriantes detêm a posse reconhecida em juízo, deverá ser buscada mediante a utilização do procedimento adequado. 6. Recurso especial a que se nega provimento" (STJ – REsp 468.150/RS, 1ª Turma, Rel. Min. Denise Arruda, j. 06/12/2005).

2. Desapropriação amigável é modo originário de aquisição da propriedade

"Expropriação amigável – modo originário de aquisição. Continuidade. Registro de Imóveis – Dúvida – Recusa do Oficial em registrar carta de adjudicação expedida em processo expropriatório – Processo

---

[857] CSMSP – Apelação Cível 9000002-29.2015.8.26.0602, Des. Manoel de Queiroz Pereira Calças, j. 08/04/2016.
[858] Remete-se o leitor interessado aos comentários do referido dispositivo para melhor compreensão dos efeitos registrais da imissão provisória na posse.

Art. 176-A | LEI DE REGISTROS PÚBLICOS COMENTADA

extinto por acordo entre as partes – Desapropriação que, mesmo amigável, constitui modo originário de aquisição de propriedade – Circunstância que torna despicienda a observância do princípio da continuidade – Inteligência do art. 35 da Lei das Desapropriações – Recurso provido" (CSMSP – Apelação Cível 990.10.415.058-2, Rel. Des. Maurício Vidigal, j. 07/07/2011).

3. Desnecessidade de georreferenciamento da área remanescente do imóvel desfalcado pela desapropriação

"Imóvel rural. Carta de adjudicação. Desapropriação parcial – modo originário de aquisição. Remanescente – apuração – georreferenciamento. Emolumentos – autarquia estadual. Itbi – avaliação. Rodovia. Georreferenciamento. Título judicial – qualificação registral. Registro de imóveis – desapropriação parcial de área rural – Aquisição originária da propriedade – Autarquia Estadual – Desnecessidade da avaliação prevista no inciso II do art. 7º da Lei Estadual no 11.331/02 – Rodovia em área rural – art. 176, § 1º, e 225, § 3º da Lei 6.015/73 – Desnecessidade de georreferenciamento da área maior, de onde será feito o desfalque – Recurso provido" (CSMSP – Apelação Cível 1000777-24.2016.8.26.0481, Rel. Des. Geraldo Francisco Pinheiro Franco, j. 23/04/2018).

4. Penhora de imóvel remanescente de desapropriação parcial requer observância do princípio da especialidade objetiva

"Penhora. Remanescente – apuração. Especialidade. Desapropriação parcial. Ementa: registro de imóveis – dúvida – pretensão que visa registrar mandado de penhora sobre imóvel remanescente não descrito na matrícula – ofensa ao princípio da especialidade – Registro inviável – Recurso não provido. O desfalque de área de imóvel descrito precariamente, ocorrido por motivo de desapropriação parcial, ainda que tenha sido depois indevidamente matriculado o remanescente, exige retificação da descrição dessa área que sobejou, para que possa ser registrada a penhorada, do todo ou de parte ideal, por respeito ao princípio da especialidade consagrado na vigente Lei de Registros Públicos. Dúvida procedente. Exigência subsistente. Recurso que não merece provimento" (CSMSP – Apelação Cível 23.532-0/6, Rel. Des. Antônio Carlos Alves Braga, j. 11/05/1995).

5. Desapropriação indireta (apossamento administrativo). Necessidade de descrição correta da área expropriada

"Registro de Imóveis. Dúvida. Recusa do registro de carta de sentença. Desapropriação indireta de parte de imóvel. Falta de descrição da área expropriada, de modo a permitir sua perfeita identificação para fins de abertura da matrícula a ela correspondente. Apresentação, no curso do processo de dúvida, de memorial descritivo que não supre a deficiência do título. Registro inviável. Recurso não provido. Para Afrânio de Carvalho, o princípio da especialidade do imóvel significa a sua descrição como corpo certo, a sua representação escrita como individualidade autônoma, com o seu modo de ser físico, que o torna inconfundível e, portanto, heterogêneo em relação a qualquer outro (*Registro de Imóveis: comentários ao sistema de registro em face da Lei 6.015/73, 2ª ed., Rio de Janeiro, 1977, p. 219*). Inviabilidade de mapa e memorial apartados que não constaram do processo. Desnecessidade de apuração do remanescente" (CSMSP – Apelação Cível 1.103-6/0, Rel. Des. Ruy Camilo, j. 02/06/2009).

6. Desapropriação. Descrição precária. Título anterior à retificação.

"Aplica-se a regra do art. 213, § 13 da Lei 6.015/73 à carta de adjudicação expedida em ação de desapropriação que descreveu o imóvel da forma precária que constava na transcrição, mas que depois foi objeto de retificação. Não deve ser exigida a retificação da descrição nos autos, admitindo-se o registro mesmo com a descrição anterior" (CSMSP – Apelação Cível 1031037-16.2019.8.26.0114, Rel. Des. Ricardo Mair Anafe, j. 02/07/2020).

7. Desapropriação amigável levada a registro longo período após a lavratura da escritura. Situação excepcional

"Dúvida registrária. Escritura de ajuste de preço em expropriação. Registros intercorrentes de hipoteca e de parcial alienação do imóvel objeto. Recusa do registro do título aquisitivo. 2. O debate sobre ter a desapropriação caráter de modo originário de perda e aquisição dominial ou caráter derivado (entendimento este acolhido por SEABRA FAGUNDES e, atualmente, entre nós, quanto à 'desapropriação amigável', por Luis Paulo ALIENDE RIBEIRO) não é tema relevante para solver o caso dos autos. 2. É que, modo originário ou derivado, não importa, a expropriação é uma espécie regrada pela Constituição Federal brasileira e por normas subconstitucionais, é modo de perdimento e aquisição dominial submetido a meios regulares (*i.e.*, modo conformado a regras), o que é uma garantia dos expropriados, nota esta de regularidade, enfim, que permite distinguir, de um lado, a desapropriação, e, de outro, o mero confisco de bens. Dizer 'aquisição regular' é dizer aquisição *secundum regulam*. 3. Ainda que se suponha (*datum, neque concessum*) que a expropriação seja modo originário aquisitivo, já o título, sobre o qual a aquisição predial se estriba, não frui de alforria quanto à correspondente situação jurídico-real inscrita. 4. O problema, pois, não está no modo aquisitivo, mas na morfologia do título. Em outras palavras, a matéria, para determinar-se pela forma, deve dispor-se adequadamente a esta, da mesma sorte que o fim exige sempre a reta ordenação dos meios que a ele podem conduzir. 5. Para que se efetive a regular aquisição estatal de um bem, por meio do modo expropriatório, exigem-se a audiência processual dos expropriados ou seu consenso (o que se chama, impropriamente, de 'desapropriação amigável'). 6. O sistema jurídico de ordenação da propriedade predial está cifrado à dação formal de segurança, que, no caso brasileiro contemporâneo, corresponde à legitimação registral (art. 252 da Lei n. 6.015/1973, de 31-12: 'O registro, enquanto não cancelado, produz todos os efeitos legais ainda que, por outra maneira, se prove que o título está desfeito, anulado, extinto ou rescindido'). 7. São titulares inscritos a que se deve dar audiência na expropriação as pessoas que, secundum tabulas, ostentem a legitimação de (i) titularidade dominial plena (ou primária); (ii) titularidade dominial secundária, equivale a dizer, os que tenham titularidade *in itinere*; (iii) titularidade de outros direitos reais menores. 8. É preciso distinguir entre, de um lado, a perda do domínio por meio da expropriação, e, de outro, a aquisição posterior do domínio pelo expropriante ou terceiro a quem a desapropriação aproveite. 9. A ideia de uma "desapropriação oculta" –vale dizer, fora do sistema formalizado de publicidade imobiliária– conjura contra a segurança jurídica. 10. Tratando-se de bem imóvel, a aquisição, que pode não acontecer ainda após a transcrição (se o bem for desapropriado para ser bem de todos), só se opera com a transcrição [agora: registro – vide art. 168 da Lei n. 6.015/1973]' (PONTES DE MIRANDA). Não provimento da apelação" (CSMSP – Apelação Cível 0002146-38.2014.8.26.0288, Rel. p/ Acórdão Des. Ricardo Henry Marques Dip, j. 25/10/2016).

8. Desapropriação de parte de imóvel rural para fins de rodovia: finalidade que não é rural. Não se deve exigir georreferenciamento, CCIR, comprovante de pagamento de ITR, inscrição no CAR ou qualquer outro elemento típico de imóvel rural.

Registro de Imóveis – Desapropriação de imóvel rural – Carta de adjudicação qualificada negativamente – Dúvida procedente – Exigências consistentes na descrição georreferenciada do imóvel desapropriado, com certificação pelo INCRA, e na comprovação de que esse imóvel foi inscrito no SICAR/CAR – Imóvel desapropriado que não será utilizado para exploração agrícola, pecuária ou agroindustrial, uma vez que destinado à instalação de praça de pedágio, o que afasta a submissão do registro aos requisitos previstos para o desmembramento rural – Exigências afastadas – Apelação a que se dá provimento para julgar a dúvida improcedente. (...) A destinação dada ao imóvel é, com efeito, a adequada para a sua qualificação como urbano ou rural, sendo esse o critério utilizado pelo Instituto Nacional de Colonização e Reforma Agrária INCRA. Adotado o critério da destinação, a parcela que foi desapropriada para uso como *rodovia* não pode ser caracterizada como rural e, em razão disso e da natureza originária da desapropriação, não se submete às exigências para o registro de imóvel rural, no Registro de Imóveis, ainda que a área da *rodovia* tenha origem em desmembramento de imóvel que tinha essa finalidade de uso. Afastada a destinação rural a ser dada para o imóvel desapropriado, porque será utilizado para instalação de praça de pedágio de rodovia, não prevalecem as exigências de comprovação da sua inscrição no Cadastro Ambiental Rural SICAR/CAR. (CSMSP – Apelação Cível 1000055-30.2023.8.26.0453, Rel. Des. Francisco Eduardo Loureiro, j. 12/09/2024).

9. Possibilidade excepcional de alienação fiduciária de direitos oriundos da imissão provisória na posse[859]

Apesar das tentativas do legislador de acelerar procedimentalmente a conversão da imissão provisória na posse em domínio pleno a favor do ente público, deve-se, de regra, compreender que o direito provisório do ente expropriante não pode ser entendido como direito real apto a ser alienado fiduciariamente.

---

[859] Para melhor compreensão do tema, excepcionalmente, propõe-se resenha narrativa do julgado.

Art. 176-A | LEI DE REGISTROS PÚBLICOS COMENTADA

Pode-se, entretanto, estabelecer uma exceção específica à regra anteriormente delineada. Nos casos em que há desapropriação de interesse social especificamente para fins de destinação da área expropriada à regularização de empreendimentos populares – como os conjuntos habitacionais ou outras situações de parcelamento popular do solo – seria possível a flexibilização da regra, em interpretação finalística, para aceitar que o titular da posse provisória possa alienar fiduciariamente seus direitos.

Em caso emblemático, enfrentado pelo *1º Oficial de Registro de Imóveis da Capital de São Paulo*, fora apresentado a registro instrumento particular de venda e compra de imóvel com financiamento imobiliário e pacto adjeto de alienação fiduciária em garantia pelo Sistema Financeiro da Habitação e outras avenças, tendo como objeto o imóvel matriculado naquela serventia.

Em qualificação negativa, o Oficial apontou como óbice ao registro do instrumento a ausência de apresentação do título em que a propriedade dos imóveis fora transferida à CDHU, vez que teria ocorrido somente *imissão provisória na posse*, sem mudança de domínio, o que feriria o princípio da continuidade.

Suscitada dúvida, a Juíza Corregedora da *1ª Vara de Registros Públicos de São Paulo*, resolveu julgar improcedente a dúvida, para determinar o registro do instrumento. Para tanto, delineou que, em princípio, conforme se verifica das matrículas envolvidas, não houve o registro da transferência definitiva da propriedade dos imóveis para a *Companhia de Desenvolvimento Habitacional e Urbano do Estado de São Paulo*, apenas a imissão na posse, o que poderia caracterizar a quebra da continuidade registral caso o instrumento particular em comento fosse levado ao fólio. Todavia, frisou que as peculiaridades que envolvem o caso, em especial a desapropriação com fim de interesse social, permitem o registro do título.[860]

Pontuou a magistrada que a desapropriação é forma originária de aquisição de propriedade e que, no caso em análise, o trâmite processual está quase completo, pois houve imissão na posse e sentença de procedência do pedido da administração pública. Falta apenas a emissão da carta de desapropriação, pois pendente pagamento de parte final da indenização. Assim, reconhecida também a propriedade em favor da administração pública, sendo tal fato irreversível.

Poder-se-ia dizer que a CDHU ainda pode desistir da desapropriação, negando a indenização e havendo retrocessão do bem aos expropriados. Contudo, assim rege o art. 5º, § 3º, do Decreto-lei 3.365/1941: "Ao imóvel desapropriado para implantação de parcelamento popular, destinado às classes de menor renda, *não se dará outra utilização nem haverá retrocessão*".

É essa a hipótese excepcional, pois foi realizada a desapropriação para fins de instituição de moradia popular. Portanto, não há qualquer possibilidade de reversão da desapropriação: esta se consolidou de fato e pende apenas a expedição de carta judicial para que se complete. Em outras palavras, a desapropriação já ocorreu, com registro da imissão na posse, não podendo ser, de qualquer modo, *in casu*, cancelada pelo poder expropriante.

Decidiu-se, nessa linha, que não há que se alegar prejuízo aos proprietários tabulares, pois o bem está afetado ao interesse público e a indenização já foi estabelecida, estando em fase final de execução. Nesse conjunto fático, o registro do instrumento particular de venda e compra de imóvel pela CDHU se mostra como fator essencial para a consolidação do projeto de interesse social que justificou a desapropriação.

Por fim, antes do *decisum*, recordou-se importante precedente daquele Juízo, em sentença da lavra do eminente magistrado bandeirante *Marcelo Martins Berthe*, que reverberou a importância social do reconhecimento da desapropriação, nessas hipóteses específicas, mesmo antes da sentença definitiva em ação que discute apenas o valor indenizatório:

> Importante salientar que [o registro da imissão na posse] foi criada para atender ao interesse público, presente na construção de habitações para a população de baixa renda, abrindo caminho para a unificação, quando necessária, e o registro do parcelamento do solo, antes mesmo da sentença proferida nas ações de desapropriação, onde se esteja discutindo apenas o preço do imóvel desapropriado, não se justificando, portanto, retardar um empreendimento de interesse público apenas por esse motivo.[861]

---

[860] 1ª VRPSP – Processo 1127279-50.2017.8.26.0100, Juíza Tânia Mara Ahualli, j. 13/07/2018.

[861] 1ª VRPSP – Processo 0026999-30.2013.8.26.0100, Juiz Marcelo Martins Berthe, j. 11/04/2013.

Em conclusão, não se trata de promover aqui qualquer tipo de afrouxamento das formalidades necessárias ao registro do título. Na verdade, apenas se reconhece o interesse público justificante da desapropriação e a situação fática existente, que demanda a transferência dos bens, reconhecidamente de propriedade da CDHU, para que haja a consolidação do projeto de moradias populares, tão necessárias à população paulistana.

Por todos esses fundamentos, foi julgada improcedente a dúvida suscitada pelo Oficial do 1º Registro de Imóveis de São Paulo a requerimento da *Companhia de Desenvolvimento Habitacional e Urbano do Estado de São Paulo* (CDHU), determinando-se o registro do título apresentado.[862]

10. Desapropriação e alienação do imóvel desapropriado para terceiros

"Desapropriação é aquisição originária. Ainda que o imóvel tenha sido alienado a terceiros é cabível o registro. O objeto de registro foi carta de sentença através da qual se pretende o registro de desapropriação que foi julgada, em definitivo, por v. acórdão prolatado em 28 de junho de 1972, e teve por objeto área a ser desmembrada do imóvel que era objeto de uma matrícula, então de propriedade de A e B, que o doaram, em agosto de 1977, para C. Posteriormente, em 27 de dezembro de 1988, foi aberta nova matrícula para o imóvel desapropriado, mas ainda constando como proprietária C em razão da inexistência de registro da desapropriação. Entendeu-se que a alienação do imóvel pelos expropriados não impede o registro da carta de sentença porque a desapropriação contenciosa é forma originária de aquisição da propriedade e porque, ademais, eventual litígio sobre o domínio, envolvendo os antigos e a atual proprietária, será resolvido na forma previsto no art. 34 do Decreto-lei 3.365/1941: 'O levantamento do preço será deferido mediante prova de propriedade, de quitação de dívidas fiscais que recaiam sobre o bem expropriado, e publicação de editais, com o prazo de 10 dias, para conhecimento de terceiros. Se o juiz verificar que há dúvida fundada sobre o domínio, o preço ficará em depósito, ressalvada aos interessados a ação própria para disputá-lo'. Em suma, a desapropriação tem sido considerada como forma originária de aquisição da propriedade, independendo, portanto, da relação de continuidade do registro. Este entendimento mantém consonância com a jurisprudência do CSMSP: Apelações Cíveis 789-6/1; 58.456-0/0; 3.008-0; 3.397-0; 7.849-0/5; 7850-0/0; 7.851-0/4; 7.860-0/5; 7.871-0/5; 8.293-0/4; 9.461-0/9; 9.937-0/1; e 67.912-0/2" (CSMSP – Apelação Cível 1028966-41.2019.8.26.0114, Rel. Des. Geraldo Francisco Pinheiro Franco, j. 10/12/2019).

11. Cobrança de laudêmio em desapropriação do domínio útil do imóvel

"Não se discute a possibilidade da desapropriação do domínio útil do particular sobre o imóvel aforado, muito menos a desapropriação da propriedade da União pelo Estado, o que seria juridicamente impossível. O que se discute é a incidência ou não do laudêmio na desapropriação do domínio útil do Estado do RS sobre o imóvel aforado. O art. 3º do Decreto-Lei nº 2.398/87 especifica que é devido o laudêmio no caso de transferência onerosa, entre vivos, de domínio útil de terreno aforado da União ou de direitos sobre benfeitorias neles construídas, bem assim a cessão de direito a eles relativos. Nas desapropriações, nas quais, embora a transferência ocorra compulsoriamente, é possível identificar a onerosidade de que trata a lei, uma vez que há a obrigação de indenizar o preço do imóvel desapropriado, no caso, o domínio útil do imóvel, àquele que se sujeita ao império do interesse do Estado. Em suma, entendeu-se que a transferência de imóvel edificado em terreno de marinha, para fins de desapropriação, configura hipótese de transferência onerosa entre vivos, apta a gerar o recolhimento de laudêmio" (STJ – REsp 1.296.044/RN, 2ª Turma, Rel. Min. Mauro Campbell Marques, j. 15/08/2013).

12. Não cabimento de averbação na matrícula do decreto expropriatório

"Apesar da declaração de utilidade pública produzir efeitos perante a Administração, aqueles não modificam o conteúdo do registro, o que somente ocorrerá caso iniciado o processo de desapropriação a exemplo da imissão provisória na posse (Art. 167, Inc. I, 36, da Lei n. 6.015/73), portanto, não cabe averbação do Decreto que declarou os bens imóveis mencionados nos autos de utilidade pública para fins de desapropriação. Além disso, a publicidade na fase declaratória da desapropriação é obtida por meio da publicação do decreto e não de sua averbação no registro imobiliário, sobretudo ao

---

[862] 1ª VRPSP – Processo 1127279-50.2017.8.26.0100, Juíza Tânia Mara Ahualli, j. 13/07/2018.

se considerar a possibilidade de caducidade da declaração de utilidade pública" (CGJSP – Processo 74.777/2013, Des. José Renato Nalini, j. 18/09/2013).

13. Responsabilidade do registrador de identificar a origem registral do imóvel nas aquisições originárias

"Na desapropriação, assim como na usucapião, é de exclusiva responsabilidade do registrador, identificar nos assentos registrários quais o que foram atingidos pelo título originário. Atendidos os requisitos legais, contendo o título original as características e as confrontações, ou seja, perfeita descrição do imóvel, não pode ser negado o seu registro, mormente se o mandado for instruído com cópia da planta elaborada pelo perito que atuou no processo" (CSMSP – Apelação Cível 0002001-88.2012.8.26.0146, Rel. Des. Manoel de Queiroz Pereira Calças, j. 21/06/2016).

"Desapropriação. Omissão na carta de adjudicação acerca do registro atingido – Modo originário de aquisição da propriedade. [...] Não se questiona a necessidade de, aberta a matrícula e registrado o título decorrente da desapropriação, averbar-se o destaque no registro de origem, inscrição indispensável à eficácia extintiva da desapropriação. Todavia, caso o título não traga a informação a respeito do registro atingido, não é dado ao Oficial, por essa razão, desqualificá-lo. Nesse caso, passa a ser de exclusiva responsabilidade do Oficial a identificação dos registros atingidos" (CSMSP – Apelação Cível 0014803-69.2014.8.26.0269, Rel. Des. Manoel de Queiroz Pereira Calças, j. 30/06/2016).

> **Art. 177.** O Livro nº 3 – Registro Auxiliar – será destinado ao registro dos atos que, sendo atribuídos ao Registro de Imóveis por disposição legal, não digam respeito diretamente a imóvel matriculado.

 Referências Normativas

Lei 11.977/2009, art. 37.
Lei 13.465/2017, art. 76.
Lei 14.382/2022, arts. 1º a 9º.
Provimento 89/2019 do CNJ (Sistema de Registro Eletrônico de Imóveis).
Provimento 115/2021 do CNJ (Custeio do Sistema de Registro Eletrônico de Imóveis).
Provimento 124/2021 do CNJ (Integração das unidades ao SREI).
Provimento 149/2023 (Código Nacional de Normas Extrajudiciais da Corregedoria Nacional de Justiça)

 Comentários

O artigo define com precisão o fim a que se destina o Livro nº 3 – Registro Auxiliar. Deixa claro a sua *ratio essendi*, qual seja, agasalhar os fatos inscritíveis que, sendo atribuídos ao Registro de Imóveis, não tratem imediatamente do imóvel matriculado.

As próprias atribuições delimitadas no art. 178 da LRP, a seguir analisado, são bastante elucidativas a respeito disso. Tome-se, por todos, o caso do pacto antenupcial. Embora seu conteúdo seja de grande relevo para a qualificação registral dos atos, fatos e negócios jurídicos que ingressam na matrícula imobiliária, a convenção antenupcial em si não diz respeito diretamente ao imóvel matriculado. Assim, como seu ingresso no Registro de Imóveis é indispensável para gerar oponibilidade *erga omnes*, sabiamente reservou o legislador um *locus* muito apropriado para a inscrição dessa convenção.

Também é emblemático, por sua natureza, o registro da convenção condominial que poluiria visualmente a matrícula na qual o condomínio edilício se acha registrado, com informações sobre a vida condominial que, por vezes, não seriam imprescindíveis de ali estar e ainda dificultaria a compreensão dos consulentes do ato. Equivale dizer, a existência do Livro 3 no Registro de Imóveis contribui destacadamente para a qualidade da publicidade registral imobiliária, fomentando o *princípio da graficidade da matrícula*.

Os registros no livro 3 – Registro Auxiliar, no mais das vezes, são acompanhados de lançamentos de averbação notícia nas matrículas dos imóveis aos quais o seu conteúdo possui alguma interferência. São feitas remissões recíprocas, amarrando o sistema de publicidade com remissões recíprocas.

Afora a hipótese do art. 178, VII, da LRP, de regra, os registros no Livro 3 – Registro Auxiliar também são lançados por extrato, isto é, mediante resumo de seu conteúdo. A extratação do conteúdo do título apresentado a registro no Livro 3, em verdade, integra a fase de qualificação registral, encerrando-a quando o seu resultado for positivo.

Acerca da escrituração do Livro 3 – Registro Auxiliar, as *Normas de Serviço da Corregedoria Geral da Justiça do Estado de São Paulo*, em seu Capítulo XX, regulamentam:

> 79. Os registros do Livro nº 3 serão feitos de forma resumida, arquivando-se no cartório uma via dos instrumentos que os originarem.
>
> 79.1. Se adotado o sistema de fichas, é recomendável que o seu arquivamento seja feito segundo a ordem numérica dos próprios registros.
>
> 79.2. As fichas deverão conter a expressão "Livro 3 – Registro Auxiliar" e a identificação da respectiva unidade de registro de imóveis, inclusive com o número do Código Nacional de Serventias (CNS), atribuído pelo Conselho Nacional de Justiça (CNJ), não havendo necessidade de inserção retroativa desses dados.

Muito em razão da forma de escrituração e do fato de que todos os títulos formais apresentados a registro ficam arquivados, digitalmente ou microfilmados no acervo da serventia, alguns registradores têm questionado a necessidade de manutenção do livro de Registro Auxiliar. Ora, já que é necessária a prática de averbação remissiva na matrícula do imóvel e o título está integral e perenemente arquivado na serventia, perde-se a razão de ser do Livro 3. O fato é que o registrador imobiliário é servo da lei, e havendo previsão legislativa de registro no Livro 3, enquanto permanece em vigor este arcabouço normativo será indispensável a prática dos atos no Registro Auxiliar.

Por último, é interessante considerar que a lei não prevê averbações para serem lançadas no Livro 3. Nada obstante, por lógica sistêmica, essas devem ser promovidas junto aos registros respectivos quando verificadas ocorrências que afetem aqueles, tais como sub-rogações, alterações, cancelamentos, cessões etc. Aliás, a própria menção ao "registro dos atos" no *caput* do art. 177 tem conotação genérica, a indicar verdadeiramente inscrições em sentido amplo, abarcando registros *stricto sensu* e averbações. Assim, por exemplo, ilustre-se com o caso de uma decisão judicial que deferiu a alteração de regime de bens de um casal que inicialmente havia feito escolha de estatuto patrimonial diverso do legal. Será de rigor a averbação no Livro 3, registro auxiliar. O mesmo se diga com relação a alteração promovida na convenção de um condomínio edilício que já se encontre devidamente inscrita no Livro 3. Nesse contexto, portanto, com a força iluminante da norma do art. 246 da LRP – esta destinada especialmente ao Livro 2, mas que como norma geral serve como vetor axiológico –, pode-se concluir que além dos casos expressamente indicados no art. 178 para serem registrados no Livro 3, devem ser averbadas as sub-rogações e outras ocorrências que, por qualquer modo, alterem o registro ou repercutam nos títulos e direitos ali registrados.

 Jurisprudência

1. Registro de alienação fiduciária de soqueiras de cana-de-açúcar. Produtos agropecuários. Registro no Livro 03 do Registro de Imóveis.

Registro de imóveis – negativa de registro de instrumento particular de alienação fiduciária de soqueiras de cana-de-açúcar e produtos agropecuários no livro n. 3 – registro auxiliar – desnecessidade de correção da numeração das cláusulas do contrato – imperfeição meramente formal – contratos de parceria agrícola celebrados entre as proprietárias dos imóveis rurais e a parceira-outorgada – contratos de parceria celebrados entre a parceira outorgada (atual parceira outorgante) e os devedores fiduciantes – registro da garantia que se subordina à anuência das proprietárias dos imóveis – possibilidade da anuência apartada ou nos próprios contratos de parceria agrícola –

dispensa do registro de tais contratos perante o registro de títulos e documentos, o qual tem por finalidade a produção de efeitos em relação a terceiros – recurso não provido. Na presente hipótese, além de não ter havido a participação das proprietárias dos imóveis nem autorização neste sentido nos contratos de parceria, não houve apresentação de autorização apartada. Ausente autorização das proprietárias do imóvel para ingresso da garantia perante o Registro de Imóveis (CSMSP – Apelação Cível 1002085-52.2023.8.26.0125, Rel. Des. Francisco Eduardo Loureiro, j. 12/09/2024).

Art. 178. Registrar-se-ão no Livro nº 3 – Registro Auxiliar:

I – a emissão de debêntures, sem prejuízo do registro eventual e definitivo, na matrícula do imóvel, da hipoteca, anticrese ou penhor que abonarem especialmente tais emissões, firmando-se pela ordem do registro a prioridade entre as séries de obrigações emitidas pela sociedade;

II – as cédulas de crédito industrial, sem prejuízo do registro da hipoteca cedular; *(Redação dada pela Lei nº 13.986, de 2020)*

III – as convenções de condomínio edilício, condomínio geral voluntário e condomínio em multipropriedade; *(Redação dada pela Lei nº 13.777, de 2018)*

IV – o penhor de máquinas e de aparelhos utilizados na indústria, instalados e em funcionamento, com os respectivos pertences ou sem eles;

V – as convenções antenupciais;

VI – os contratos de penhor rural;

VII – os títulos que, a requerimento do interessado, forem registrados no seu inteiro teor, sem prejuízo do ato, praticado no Livro nº 2.

Referências Normativas

Lei 6.404/1976, arts. 52 a 74.
Decreto-lei 167/1967.
Decreto-lei 413/1969.
Lei 10.406/2002 (Código Civil).

Comentários

1. Considerações preliminares

À luz do princípio da tipicidade do fato inscritível, corolário da estrita legalidade, o dispositivo em testilha veicula fatos, atos e negócios jurídicos que devem ser levados a registro no Livro 3, Registro Auxiliar. Trata-se de opção legislativa feita com arrimo na *ratio essendi* desse livro especial, já verificada nos comentários ao art. 177 da LRP.

É entendimento corrente que esses fatos inscritíveis não são os únicos que podem ser levados a registro no Livro 3. Quer dizer, admite-se que disposições normativas infralegais, regulamentares, no âmbito das Corregedorias-Gerais dos Estados, destinem outros atos, fatos ou negócios jurídicos para serem agasalhados no Livro de Registro Auxiliar.

Note-se que tal entendimento mantém a *pedra de toque* do Registro de Imóveis que é a tipicidade do fato inscritível, isto é, a previsão em lei (em sentido formal) para que haja acesso ao álbum imobiliário. Portanto, o que a norma regulamentar pode fazer é delimitar o *locus* desse registro, sobretudo considerando a razão de existir do Livro 3. Em outras palavras, é possível que a lei determine o registro de determinado ato, fato ou negócio jurídico no Registro Predial sem exigir que o acesso se dê na matrícula imobiliária. Assim, ao se considerar que se trata de ato que, sendo atribuído ao Registro de Imóveis por disposição legal, não diga respeito diretamente a imóvel matriculado, é crível e razoável que a norma administrativa direcione tal inscrição para o Registro Auxiliar. Patente, pois, que tal proceder não viola a diretriz legal, mas a complementa. A título de ilustração, no âmbito do

Estado de São Paulo, as *Normas de Serviço da Corregedoria-Geral da Justiça* promovem essa modulação e determinam o registro no Livro 3 – Registro Auxiliar do bem de família convencional e do tombamento definitivo de imóveis.[863]

2. Registro de debêntures

As emissões de debêntures não são atualmente inscritas no Registro de Imóveis.

A Lei 10.303/2001 alterou o art. 62 da Lei 6.404/1976 para disciplinar que nenhuma emissão de debêntures será feita sem que tenham sido satisfeitos, entre outros requisitos, o arquivamento, no registro do comércio, e a publicação do ato societário que deliberou sobre a emissão. Inicialmente, aludida legislação determinava expressamente que os registros do comércio deveriam manter livro especial para inscrição das emissões de debêntures, no qual serão anotadas as condições essenciais de cada emissão. Atualmente, após reforma promovida pela Lei 14.711/2023, é a Comissão de Valores Mobiliários a responsável por disciplinar o registro e a divulgação do ato societário e da escritura de emissão das debêntures objeto de oferta pública ou admitidas à negociação e os seus aditamentos.

Contudo, referida lei não alterou a Lei 6.015/1973, que ainda prevê como atribuição do Ofício Predial no art. 167, I, nº 16, o registro "dos empréstimos por obrigações ao portador ou debêntures, inclusive as conversíveis em ações". Além disso, mantém-se, inalterado, o disposto no art. 178, I, da mesma LRP, segundo o qual a emissão de debêntures, sem prejuízo do registro eventual e definitivo, na matrícula do imóvel, da hipoteca, anticrese ou penhor que abonarem especialmente tais emissões, firmando-se pela ordem do registro a prioridade entre as séries de obrigações emitidas pela sociedade. Em síntese, o registro da emissão de debêntures passou a ser feito exclusivamente no Registro do Comércio, hoje a cargo das Juntas Comerciais. Somente as garantias reais abonadoras serão inscritas regularmente no Registro de Imóveis.[864]

3. Registro de cédulas de crédito industrial

É possível sintetizar a registrabilidade das cédulas de crédito da seguinte forma: as cédulas de crédito industrial, à exportação e comercial são registradas no Livro 3, sem prejuízo do registro da própria garantia real constituída no teor da cédula. As cédulas de crédito bancário não se submetem a registro, de forma que apenas sua garantia real ingressa no fólio real. A cédula de crédito imobiliário, por sua vez, comporta averbação no Livro 2 apenas, desde que represente um crédito garantido por garantia real igualmente registrada no álbum imobiliário. A cédula de crédito rural era registrada no Livro 3, sem prejuízo do registro da garantia real, porém a Lei 13.986/2020 alterou os arts. 167, I, 13 e 178 da Lei 6.015/1973, bem como o Decreto-Lei 167/1967, retirando essa cédula do rol de títulos registrados no Livro 3.[865]

4. Registro das convenções de condomínio

4.1. Conceito, natureza e regime jurídico

A convenção de condomínio é a norma que regula a vida condominial, a lei interna do condomínio que se impõe não só aos condôminos – mesmo não tendo participado de sua elaboração ou sendo vencido na votação –, mas a todos aqueles que interagem com o condomínio, como ocupantes, empregados dos condôminos, prestadores de serviço, entregadores, visitantes em geral que se sujeitam às regras existentes. Dito de outro modo, a convenção de condomínio representa o padrão jurídico-administrativo que determina as regras básicas da administração e o relacionamento dos condôminos

---

[863] *Item 78, Cap. XX, NSCGJSP*. Serão registrados no Livro nº 3: (a) as cédulas de crédito rural, de crédito industrial, de crédito à exportação e de crédito comercial, sem prejuízo do registro da hipoteca cedular; (b) as convenções de condomínio edilício; (c) o penhor de máquinas e de aparelhos utilizados na indústria, instalados e em funcionamento, com os respectivos pertences ou sem eles; (d) as convenções antenupciais e as escrituras públicas que regulem regime de bens dos companheiros na união estável; (e) os contratos de penhor rural; (f) os títulos que, a requerimento do interessado, forem registrados no seu inteiro teor, sem prejuízo do ato praticado no Livro nº 2; (g) transcrição integral da escritura de instituição do bem de família, sem prejuízo do seu registro no Livro nº 2; (h) tombamento definitivo de imóvel.

[864] Os atos registrais derivados de emissão de debêntures foram abordados com detalhes nos comentários ao art. 167, I, nº 16, da LRP, para o qual se remete o leitor interessado.

[865] Acerca dos aspectos registrais das cédulas de crédito, remete-se o leitor interessado aos comentários ao art. 167, I, nº 14 da LRP.

Art. 178 | LEI DE REGISTROS PÚBLICOS COMENTADA

e das demais pessoas que acessarem o prédio, tanto entre si, no que tange às relações condominiais, como também no relacionamento institucional destes com o condomínio.[866]

A convenção ocupa a posição mais alta na hierarquia das normas condominiais, limitando as deliberações da assembleia e atuação do síndico. Prescreve o Código Civil, em seu art. 1.333, que a convenção deve ser subscrita pelos titulares de, no mínimo, dois terços das frações ideais.

O início de sua obrigatoriedade assume contornos subjetivos distintos: assim que assinada, torna-se obrigatória perante todos os condôminos, inclusive compromissários-compradores e cessionários de direitos (CC, art. 1.333, *caput*), bem como possuidores e detentores. Já sua oponibilidade *erga omnes* depende do registro no Cartório de Registro de Imóveis (CC, art. 1.333, parágrafo único).

Nessa toada, a falta de registro não retira da convenção seu efeito vinculante perante os condôminos, nos termos da *Súmula 260 do STJ*: "a convenção de condomínio aprovada, ainda que sem registro, é eficaz para regular as relações entre os condôminos".

Quanto ao seu instrumento formal a convenção pode ser elaborada por instrumento público ou particular (CC, art. 1.334, § 1º), lembrando-se que havendo prévia incorporação imobiliária, a *minuta de convenção* já deve constar do registro da incorporação (Lei 4.591/1964, art. 32, *j*), constituindo um dos documentos que o incorporador deve apresentar ao Registro Predial.

Questão extremamente disputada na doutrina e jurisprudência consiste em estabelecer qual a natureza jurídica da convenção de condomínio: teria natureza contratual ou se está diante de ato-regra, uma norma estatutária?

Por ser firmada no âmbito da autonomia privada da comunidade condôminos, plurilateralmente, teria grande lastro contratual, ainda que possa vincular terceiros não signatários do instrumento. No entanto, a doutrina majoritária, adotada pela jurisprudência, defende o caráter estatutário da convenção, que tem natureza de ato-regra, isto é: negócio jurídico que estabelece regime de convivência comunitária, com eficácia real, oponível que é a terceiros. Certo, assim, que a jurisprudência do *Superior Tribunal de Justiça* consolidou-se no sentido de que "a natureza estatutária da convenção de condomínio autoriza a imediata aplicação do regime jurídico previsto no Código Civil [2002]".[867]

Parece possível, contudo, adotar tese intermediária, temperada, para considerar a convenção de condomínio um ato que nasce contratual e se torna institucional, com caráter normativo. Assim, na origem, tem natureza convencional – que pode ser tácita ou expressa –, devido à sua formação por acordo de vontade ou por adesão dos adquirentes. No entanto, após atingida sua eficácia plena, ela passa a se constituir em ato normativo, mais aproximando-se da lei do que do contrato. Lei que irá viger entre um grupo estrito, à semelhança do estatuto social. A natureza estatutária da convenção extrapola em seus efeitos os signatários, embora exija registro para que gere efeitos contra terceiros.[868]

Quanto ao seu conteúdo, a convenção deve conter as informações constantes do art. 1.332 do Código Civil (instituição do condomínio), a regulamentação conforme os interesses dos condôminos e a matéria prevista nos incisos I a V do art. 1.334 do Código Civil, a saber:

I – a quota proporcional e o modo de pagamento das contribuições dos condôminos para atender às despesas ordinárias e extraordinárias do condomínio;

II – sua forma de administração;

III – a competência das assembleias, forma de sua convocação e quórum exigido para as deliberações;

IV – as sanções a que estão sujeitos os condôminos, ou possuidores;

V – o regimento interno.

Deve-se colocar em evidência que a convenção não é infensa ao controle da validade de suas regras. A autonomia privada dos condôminos não é irrestrita, está sujeita aos preceitos do Código Civil,

---

[866] SANTOS, Flauzilino Araújo dos. *Condomínios e incorporações no registro de imóveis*: teoria e prática. São Paulo: Mirante, 2012. p. 126.

[867] STJ – REsp 722.904/RS, 3ª Turma, Rel. Min. Carlos Alberto Menezes Direito, j. 14/06/2005.

[868] É também a posição do registrador imobiliário Mario Mezzari (MEZZARI, Mario Pazutti. *Condomínio e incorporação no registro de imóveis*. Porto Alegre: Livraria do Advogado Editora, 2020).

muitas vezes de caráter cogente, bem como ao respeito da Constituição Federal, especialmente os fundamentos do Estado brasileiro e os direitos fundamentais. Compreende-se, em linhas gerais, que a convenção não deve conter normas que – tal como o legislador ordinário – não poderia impingir aos proprietários, limitando excessivamente o direito de propriedade. É, assim, de rigor que a convenção deve ser interpretada holisticamente, buscando a razão de ser e finalidade da norma, tudo presidido pela boa-fé e equilíbrio na relação entre os condôminos.[869]

Nessa medida, o abuso da convenção pode ser discutido judicialmente para declaração de nulidade da norma, não havendo prazo para exercício da ação, ressalvadas as questões relativas à boa-fé no exercício dos direitos, como a *suppressio*, o *venire contra factum proprium*, entre outras, que podem justificar a consolidação de situações estabelecidas, sem prejuízo de se alterar o regramento para o futuro. Aduz *Caio Mário da Silva Pereira* que, em razão do caráter normativo da convenção e sua obrigatoriedade, bem como a vedação do exercício da justiça pelas próprias mãos, está o condômino, em princípio, sujeito aos efeitos da convenção até que seja judicialmente declarada sua nulidade, o que pode ocorrer por ação de iniciativa do próprio condômino ou por meio de arguição do vício como matéria de defesa, caso seja demandado com base em norma *contra legem*.[870]

A jurisprudência pátria já enfrentou inúmeras situações jurídicas envolvendo os limites normativos da convenção de condomínio. Dentre tantos casos, cite-se alguns de grande repercussão: (a) restrições para permanência de animais de estimação;[871] (b) restrição à instalação de moradias estudantis;[872] (c) restrições de locação de unidades autônomas em plataformas digitais[873] (*v.g.*, o emblemático caso da plataforma Airbnb enfrentado pelo STJ);[874] (d) restrições ao direito de voto dos condôminos[875]etc.

É indispensável salientar que essas questões não devem aprioristicamente ser censuradas pela qualificação registral. Ora, são temas de alta complexidade, no mais das vezes demandam dilação probatória, oitiva de interessados, impassíveis, pois, de serem enfrentados nos limites estreitos da atuação qualificatória do registrador predial. Trata-se de controle de mérito *ex post*. Os interessados deverão socorrer-se do Judiciário para questionar as normas da convenção condominial que possam eventualmente lesar direitos ou interesses dos condôminos. Não significa, porém, que o registrador deve agasalhar qualquer disposição estatutária. Ao reverso. Há casos nos quais a contravenção à lei ou a violação a direitos e garantias constitucionais é tão flagrante, que são passíveis de aferição de plano e devem ser censurados, garantindo-se, agora sim, segurança jurídica *ex ante*. Ademais, deve o oficial controlar eventuais limitações abusivas impostas ao direito de propriedade dos condôminos. A título de ilustração, não merece acolhida no Registro de Imóveis uma convenção condominial que pretenda impor restrições à alienação da unidade autônoma ou, ainda, que condicione a aquisição de unidade ao crivo de qualquer órgão condominial.

---

[869] GARCIA, Enéas Costa; SILVA, José Marcelo Tossi; BRANDELLI, Leonardo; MAZITELI NETO, Celso. *Condomínio e incorporação imobiliária*. Coleção direito imobiliário. Tomo VII. 2. ed. São Paulo: Thomson Reuters, 2022. p. 52.

[870] PEREIRA, Caio Mário da Silva. *Condomínio e incorporações*. 13. ed. Rio de Janeiro: Forense, 2018. p. 105.

[871] TJSP – Apelação Cível 9105791-97.2003.8.26.0000, Rel. James Siano, 5ª Câmara de Direito Privado, j. 17/08/2011.

[872] TJSP – Apelação Cível 9234813-14.2003.8.26.0000, Rel. Des. Christine Santini, 5ª Câmara de Direito Privado, j. 25/08/2010.

[873] TJSP – Apelação Cível 1001199-30.2018.8.26.0642, Rel. Des. Luis Fernando Nishi, 32ª Câmara de Direito Privado, j. 19/08/2019.

[874] "O direito de o proprietário condômino usar, gozar e dispor livremente do seu bem imóvel, nos termos dos arts. 1.228 e 1.335 do Código Civil de 2002 e 19 da Lei 4.591/64, deve harmonizar-se com os direitos relativos à segurança, ao sossego e à saúde das demais múltiplas propriedades abrangidas no Condomínio, de acordo com as razoáveis limitações aprovadas pela maioria de condôminos, pois são limitações concernentes à natureza da propriedade privada em regime de condomínio edilício. A exploração econômica de unidades autônomas mediante locação por curto ou curtíssimo prazo, caracterizada pela eventualidade e pela transitoriedade, não se compatibiliza com a destinação exclusivamente residencial atribuída ao condomínio. A afetação do sossego, da salubridade e da segurança, causada pela alta rotatividade de pessoas estranhas e sem compromisso dura-douro com a comunidade na qual estão temporariamente inseridas, é o que confere razoabilidade a eventuais restrições impostas com fundamento na destinação prevista na convenção condominial" (STJ – REsp 1.884.483/PR, 3ª Turma, Rel. Min. Ricardo Villas Bôas Cueva, j. 23/11/2021).

[875] TJSP – AI 2170638-42.2017.8.26.0000, Rel. Des. Edgard Rosa, 25ª Câmara de Direito Privado, j. 01/02/2018. Também nesse sentido: TJSP – AI 0205556-53.2010.8.26.0000, Rel. Des. Percival Nogueira, 6ª Câmara de Direito Privado, j. 12/08/2010.

4.2. Distinção entre instituição e convenção de condomínio e a natureza do registro

No espeque registral, é de grande relevância considerar que a convenção condominial pode ingressar no Registro Imobiliário em duas situações jurídicas distintas: *primeiro*, quando for o caso de registro – antecedente ao condomínio edilício – de incorporação imobiliária; *segundo*, quando da instituição efetiva do condomínio edilício.

Com efeito, sendo a convenção condominial o documento que, juntamente com o regulamento interno do condomínio, regerão as relações condominiais internas, quando da instituição do condomínio, obrigatoriamente, deve ser também registrada a convenção de condomínio. O registro de instituição de condomínio especial exige, concomitantemente, o registro da convenção de condomínio, a qual deve ser apresentada juntamente com o instrumento de instituição condominial. Por causa disso, no Estado de São Paulo, as *Normas de Serviço da Corregedoria Geral da Justiça*, no Capítulo XX, em seu *item 219.2*, expressamente rezam que "*quando do registro da instituição, deve ser exigida, também, a convenção do condomínio, que será registrada no Livro nº 3*".

Assim, a instituição do regime de condomínio especial (*rectius*: propriedade exclusiva sobre as unidades autônomas – casas, lotes, apartamentos, garagens etc. – e, simultaneamente de copropriedade sobre as áreas comuns) obriga o registro de convenção de condomínio para regulamentar o exercício dos direitos existentes sobre as unidades imobiliárias e as áreas comuns em conformidade com os direitos e deveres de todos os condôminos.

Nota bene! O instrumento da convenção não se confunde com o instrumento da instituição. Contudo, os instrumentos de instituição e de convenção devem ser apresentados no mesmo ato ao Oficial de Registro de Imóveis, em conformidade com os arts. 1.333 e 1.334 do Código Civil. Em que pese a literalidade da norma do *caput* do art. 1.333 dizer que "*a convenção que constitui o condomínio edilício*", a doutrina já se pacificou no sentido de que "na verdade, foi feita confusão entre o instrumento de instituição do condomínio (que precisa de unanimidade para ser outorgado) e a convenção de condomínio (que precisa de 2/3 para ser aprovada).[876] É incorreto falar que a convenção constitui o condomínio, porque a convenção apenas regula a vida em condomínio, mas não cria o regime especial da propriedade horizontal".[877] E mais. A instituição é registrada na matrícula do imóvel na qual o condomínio foi constituído, ao passo que a convenção é registrada no Livro nº 3 – Registro Auxiliar, do Registro de Imóveis (art. 178, III, da Lei 6.015/1973).

De outro bordo, sendo a instituição do condomínio precedida por uma pré-horizontalidade decorrente de incorporação imobiliária, na medida em que a *minuta* da futura convenção condominial é documento obrigatório a ser depositado no Registro de Imóveis por ocasião do registro da incorporação (Lei 4.591/1964, art. 32, *j*), há a possibilidade de registro da própria minuta de convenção assinada pelo incorporador, a pedido do incorporador ou de qualquer dos condôminos, caso não haja deliberação diversa de, no mínimo, 2/3 dos condôminos. Nessa hipótese, segundo *Leonardo Brandelli*, a *Súmula 260 do STJ* – que reza que a "convenção de condomínio aprovada, ainda que sem registro, é eficaz para regular as relações entre os condôminos" –, tem aplicação para as alterações posteriores da convenção e não para o seu registro inicial, o qual é compulsório.[878]

Interessante considerar ainda a natureza jurídica do registro da convenção condominial: teria efeito constitutivo ou declaratório?

O registro tem caráter declaratório, e não constitutivo. É que a convenção de condomínio não necessita do registro para existir. O registro lhe conferirá oponibilidade *erga omnes*, isto é, lhe conferirá eficácia real, embora mantenha sua natureza – obrigacional ou institucional, conforme a posição adotada. Conquanto, o condomínio não possa ser instituído sem a convenção, por ser documento essencial para a sua constituição, e a convenção não possa ser registrada sem que haja previamente o registro de um condomínio, nada disso afeta a natureza contratual da convenção e a eficácia declaratória do

---

[876] Evidentemente, se a instituição se der por meio de ato jurídico unilateral, será o próprio instituidor, por si só, quem definirá o conteúdo da convenção. Na instituição pela via testamentária, a convenção poderá ser já estipulada pelo próprio testador, porém, se não o fizer, nada impedirá que, antes do registro, os herdeiros ou legatários aprovem-na, mediante o quórum mínimo exigido.

[877] MEZZARI, Mario Pazutti. *Condomínio e incorporação no registro de imóveis*. Porto Alegre: Livraria do Advogado Editora, 2020. p. 64.

[878] BRANDELLI, Leonardo; GARCIA, Enéas Costa; SILVA, José Marcelo Tossi; MAZITELI NETO, Celso. *Condomínio e incorporação imobiliária*. Coleção direito imobiliário. Tomo VII. 2. ed. São Paulo: Thomson Reuters, 2022. p. 349.

631 MOACYR PETROCELLI DE ÁVILA RIBEIRO | Art. 178

seu registro.[879] Da mesma forma, se diga a respeito de eventuais averbações retificatórias. Como já se mencionou alhures, antes do registro, a convenção ou sua retificação somente vinculam os signatários e demais pessoas que dela tiveram efetiva ciência. Posteriormente ao registro, adquirem eficácia *erga omnes*, sendo oponíveis a qualquer pessoa, ainda que terceiro.

Registre-se, no entanto, posição doutrinária de *Flauzilino Araújo dos Santos* no sentido de que o registro da convenção de condomínio tem caráter constitutivo, pois figura como elemento essencial para instituição do condomínio edilício. Sustenta que por força da natureza constitutiva do registro da convenção no Livro nº 3 – Registro Auxiliar, o registro da instituição e especificação de condomínio está subordinado ao prévio ou simultâneo registro da convenção, devendo o registrador, ao lavrar esses atos, fazer remissões recíprocas, por meio de menção ao número e data do registro da convenção no texto do registro da instituição ou em averbação autônoma subsequente (Livro nº 2 – Registro Geral) e vice-versa.[880]

4.3. Registro da convenção condominial em caso de pré-horizontalidade

Conforme referido anteriormente, sendo a instituição do condomínio precedida por uma pré-horizontalidade decorrente de incorporação imobiliária, a minuta da futura convenção condominial é documento obrigatório a ser depositado no Registro de Imóveis por ocasião do registro da incorporação (Lei 4.591/1964, art. 32, alínea *j*). Daqui decorrem duas importantes consequências: (1) a possibilidade de que a convenção condominial seja registrada durante a vigência da incorporação, antes mesmo do registro da instituição do condomínio, nos termos do art. 9º da Lei 4.591/1964; e (2) a possibilidade de registro da própria minuta de convenção, por ocasião do registro de instituição do condomínio, a pedido do incorporador ou de qualquer dos condôminos, caso não haja deliberação diversa de, no mínimo, 2/3 dos condôminos.

A *minuta* da futura convenção de condomínio que regerá a edificação ou o conjunto de edificações, como documento de apresentação obrigatória por ocasião do registro da incorporação, consiste em verdadeira projeção do documento que regerá o futuro condomínio, para que os adquirentes possam examiná-lo, querendo, e ter ideia acerca da futura vida condominial. Saliente-se, pois, que cuidando-se de minuta, não há falar, em princípio, em seu registro no Livro 3 – Registro Auxiliar. Tal documento apenas irá compor o dossiê que será autuado e arquivado na serventia predial, embora com potencial de aproveitamento futuro. Equivale dizer, embora seja simples minuta, como visto, tem potencialidade de virar a própria convenção, por ocasião do registro de instituição do condomínio, se não houver alteração.

Dessa forma, partindo-se da premissa de que, não sendo alterada, será a minuta apresentada que convolar-se-á em convenção definitiva com o registro da instituição, é patente que deverá ter sua juridicidade qualificada pelo registrador imobiliário já por ocasião do registro da incorporação imobiliária. Como já enfrentado supra, a qualificação registral abrangerá o exame da existência dos requisitos mínimos da convenção, previstos no art. 1.334 do Código Civil, adentrando-se no mérito apenas das disposições que indicarem cláusulas verdadeiramente ilícitas ou abusivas.

Nada impede que os titulares de direitos que representem, no mínimo, 2/3 das frações ideais que compõem o condomínio, com títulos devidamente registrados, decorrentes da incorporação registrada, exerçam, a qualquer tempo, tanto antes como durante ou depois de concluída a edificação, o direito de elaborar a convenção condominial.[881]

Anote-se, por fim, que as regras constantes na minuta da convenção de condomínio arquivada no Registro de Imóveis quando do registro da incorporação imobiliária serão de obediência obrigatória para todos os condôminos enquanto não for redigida a convenção definitiva.[882]

---

[879] Nesse sentido é também a posição de BRANDELLI, Leonardo; GARCIA, Enéas Costa; SILVA, José Marcelo Tossi; MAZITELI NETO, Celso. *Condomínio e incorporação imobiliária*. Coleção direito imobiliário. Tomo VII. 2. ed. São Paulo: Thomson Reuters, 2022. p. 356.

[880] SANTOS, Flauzilino Araújo dos. *Condomínios e incorporações no registro de imóveis:* teoria e prática. São Paulo: Mirante, 2012. p. 129.

[881] FIORANELLI, Ademar. *Direito registral imobiliário*. Porto Alegre: IRIB/Safe, 2001. p. 577.

[882] Nesse sentido: BRANDELLI, Leonardo; GARCIA, Enéas Costa; SILVA, José Marcelo Tossi; MAZITELI NETO, Celso. *Condomínio e incorporação imobiliária*. Coleção direito imobiliário. Tomo VII. 2. ed. São Paulo: Thomson Reuters, 2022. p. 407.

4.4. Possibilidade de registro da convenção de condomínio durante a fase de incorporação imobiliária

Nos casos em que tenha havido prévio registro do memorial de incorporação, já se sedimentou que a minuta da futura convenção de condomínio integra o rol de documentos que devem ser apresentados por ocasião do registro da incorporação imobiliária.

Nada obstante, havendo manifesto interesse dos titulares de direitos atinentes à aquisição das unidades autônomas a serem construídas ou já construídas, mesmo que ainda não estejam averbadas, o seu registro pode ser efetivado de pronto, conforme art. 9º da Lei 4.591/1964.

> Art. 9º. Os proprietários, promitentes compradores, cessionários ou promitentes cessionários dos direitos pertinentes à aquisição de unidades autônomas, em edificações a serem construí-das, em construção ou já construídas, elaborarão, por escrito, a convenção de condomínio, e deverão, também, por contrato ou por deliberação em assembleia, aprovar o Regimento Interno da edificação ou conjunto de edificações.

Cuida-se de boa solução legislativa que se apresenta como opção para estabelecer regras temporárias de gestão de interesses comuns em obras paralisadas ou concluídas e ainda não regularizadas, podendo as pautas pertinentes ser devidamente estabelecidas na convenção de condomínio, por meio de cláusulas inseridas nas disposições transitórias. Segundo *Flauzilino Araújo dos Santos*, é de boa técnica que prescrições dessa natureza, por seu caráter intertemporal, sejam inseridas na convenção sob a rubrica transitória, ante a expectativa de se extinguirem com o tempo, pois se ocupam da casuística relativa a uma fase de transição entre a situação preexistente e a situação final, conclusiva do empreendimento. A sugestão é de que, por tratamento sistemático, devem tais disposições ter numeração própria, desvinculadas do restante do arquivo convencional, que se propõe perene, em prol da estabilidade das relações condominiais.[883]

4.5. Convenção de condomínio e regimento interno

Com o advento do Código Civil de 2002 descortinou-se relevante controvérsia a respeito de o regimento interno dever, ou não, integrar o conteúdo da convenção condominial. O imbróglio instaura-se em razão da redação do art. 1.334, V, o qual reza que "a convenção determinará: [...] V – o regimento interno".

De saída, a interpretação mais simplória conduz à obviedade: que o regimento interno, a partir de então, deveria integrar a própria convenção de condomínio. Essa solução, bem vistas as coisas, tem-se mostrado de difícil consecução, porquanto exigiria também para as alterações do regimento interno todo o procedimento de alteração da convenção, em especial, o quórum qualificado (2/3) e a publicidade registral (registro no Livro 3 e eventuais averbações de suas alterações).

Ora, sabe-se que a convenção condominial é documento mais genérico e estável, que estabelece regras gerais a fim de organizar a vida condominial; já o regimento interno é documento mais específico e mutável, que regulamenta a convenção de maneira mais detalhada, e, portanto, com grau mais elevado de mutabilidade conforme mudem os costumes e os interesses da comunidade de proprietários.

Nesse sentido, aquela hermenêutica comezinha, de que o regimento interno teria passado a estar necessariamente contido na convenção, foi, aos poucos, revelando-se sem nenhum sentido, porque, ao fim e ao cabo, são documentos diversos, com intuitos distintos, e que não se confundem.

Conclui-se, assim, que, mais adequadamente, deve-se interpretar que o dispositivo legal em testilha referido apenas impõe que a convenção condominial determine a criação do regulamento interno e suas regras, o qual passaria, assim, a ter existência legal obrigatória, sem, entretanto, confundir-se com a convenção condominial, e sem se submeter às mesmas regras desta, especialmente as referentes ao quórum e sua publicidade registral.[884]

---

[883] SANTOS, Flauzilino Araújo dos. *Condomínios e incorporações no registro de imóveis: teoria e prática*. São Paulo: Mirante, 2012. p. 129.

[884] Esta é a posição adotada por Leonardo Brandelli. BRANDELLI, Leonardo; GARCIA, Enéas Costa; SILVA, José Marcelo Tossi; MAZITELI NETO, Celso. *Condomínio e incorporação imobiliária*. Coleção direito imobiliário. Tomo VII. 2. ed. São Paulo: Thomson Reuters, 2022. p. 341.

4.6. Convenção em condomínios com regimes jurídicos especiais

O regime jurídico do condomínio edilício – e portanto, as regras e suas interpretações atinentes ao tema da convenção de condomínio – constitui-se verdadeiro *analogado principal*. Nessa sorte, cumpre aplicar-lhe *in totum* às modalidades conexas de condomínio especial (*analogados secundários*), sejam condomínios de casas, de lotes, de apartamentos, com finalidades residenciais, comerciais, industriais, edifícios-garagem etc. É dizer, pouco importa a natureza das unidades autônomas, releva, isso sim, tratar-se de condomínio especial.

Em outra diretriz, não se aplica o regime jurídico da convenção condominial aos loteamentos de acesso controlado, que, como cediço, não se confundem com condomínio de lotes.[885] Lembre-se: aqueles caracterizam-se como modalidade de parcelamento do solo, aplicando-se a Lei 6.766/1979. Assim, suas vias internas de circulação são, em verdade, logradouros públicos, eis que passam ao domínio público com o registro do loteamento (Lei 6.766/1979, art. 22). Já no condomínio de lotes as vias internas de circulação são de propriedade particular, constituem área comum de copropriedade dos condôminos, seguindo-se os ditames da Lei 4.591/1964. Em loteamento de acesso controlado – e não em condomínio de lotes –, reverbera toda a polêmica acerca das associações de moradores e a obrigação de pagar despesas feitas em proveito de imóveis situados no empreendimento.[886]

---

[885] Não se deve confundir *condomínio de lotes* com *loteamento de acesso controlado*. Sempre houve muita discussão a respeito da viabilidade jurídica do condomínio de lotes. *Condomínio é um modo de ser do direito real de propriedade*, e não o exercício de alguma das faculdades do domínio. Por isso, toda forma de condomínio – tradicional, edilício (de apartamentos ou de casas), de lotes, especial e proveniente da usucapião coletiva do Estatuto da Cidade (art. 10) ou, ainda, da Lei 13.465/2017 na figura do "condomínio urbano simples" (arts. 61/63) –, enquanto instituto ou figura jurídica condominial, depende de previsão normativa na lei civil (federal). Quanto ao condomínio de lotes, aliás, é oportuno lembrar que, cuidando-se de condomínio especial (propriedade exclusiva + propriedade comum) e de lotes (descolado de edificação, e, assim, forjando abstração condominial de segundo grau), é inovação da Lei 13.465/2017, na medida em que inexistia, até então, sua previsão legal na lei no ordenamento jurídico. Ao reverso, quanto ao *loteamento* – que nada mais é do que o exercício de uma das faculdades do domínio, radicada na faculdade de dispor: quem pode dispor do que é seu, a princípio, pode dispor no todo ou em parte, e, então, para dispor em parte, pode parcelar, lotear/ desmembrar –, considerando que a sua feição aberta ou fechada, a rigor, é matéria urbanística, de interesse local, com regramento na esfera da autonomia municipal, a tendência era considerá-lo regular, mesmo sem a previsão em lei federal, desde que concebido, na origem, com acesso controlado e apoio em lei municipal (*cf. neste sentido, o teor do julgado pelo STF, no RE 607940, rel. Min. Teori Zavascki, Tribunal Pleno, em 29/10/2015*). Espancando, contudo, algum eventual posicionamento divergente que ainda poderia haver, agora, com a previsão do loteamento de acesso controlado no plano normativo federal, a partir da Lei 13.465/2017, não há espaço para dúvida acerca da regularidade, em tese, desse modelo de urbanização. Nesse sentido: AMADEI, Vicente de Abreu. Loteamento de acesso controlado e condomínio de lotes. *In:* ABREU, Vicente de Abreu *et al. Primeiras impressões sobre a Lei nº 13.465/2017.* Associação dos Registradores Imobiliários de São Paulo – ARISP, 2017. p. 64.

[886] A esse respeito, o *Supremo Tribunal Federal*, em boa medida, pacificou o entendimento: Considerando-se os princípios da legalidade, da autonomia de vontade e da liberdade de associação, não cabe a associação, a pretexto de evitar vantagem sem causa, impor mensalidade a morador ou a proprietário de imóvel que não tenha a ela se associado. Na ausência de lei, as associações de moradores de loteamentos surgiam apenas da vontade de titulares de direitos sobre lotes e, nesse passo, obrigações decorrentes do vínculo associativo só podiam ser impostas àqueles que fossem associados e enquanto perdurasse tal vínculo. A edição da Lei nº 13.465/17 representa um marco temporal para o tratamento da controvérsia em questão por, dentre outras modificações a que submeteu a Lei nº 6.766/79, ter alterado a redação do art. 36-A, parágrafo único, desse diploma legal, o qual passou a prever que os atos constitutivos da associação de imóveis em loteamentos e as obrigações deles decorrentes vinculam tanto os já titulares de direitos sobre lotes que anuíram com sua constituição quanto os novos adquirentes de imóveis se a tais atos e obrigações for conferida publicidade por meio de averbação no competente registro do imóvel. É admitido ao município editar lei que disponha sobre forma diferenciada de ocupação e parcelamento do solo urbano em loteamentos fechados, bem como que trate da disciplina interna desses espaços e dos requisitos urbanísticos mínimos a serem neles observados. Fixou-se, assim, a seguinte tese: "É inconstitucional a cobrança por parte de associação de taxa de manutenção e conservação de loteamento imobiliário urbano de proprietário não associado até o advento da Lei nº 13.465/17 ou de anterior lei municipal que discipline a questão, a partir do qual se torna possível a cotização de proprietários de imóveis, titulares de direitos ou moradores em loteamentos de acesso controlado, desde que, i) já possuidores de lotes, tenham aderido ao ato constitutivo das entidades equiparadas a administradoras de imóveis ou, (ii) no caso de novos adquirentes de lotes, o ato constitutivo da obrigação tenha sido registrado no competente registro de imóveis" (STF – RE 695.911, Pleno, Rel. Min. Dias Toffoli, Tribunal Pleno, Tema 492, j. 18/12/2020).

Art. 178 | LEI DE REGISTROS PÚBLICOS COMENTADA

Ainda sobre os regimes jurídicos especiais, é indispensável estabelecer que a convenção do condomínio de multipropriedade imobiliária (*time sharing*) possui regramento e conteúdo próprios, imanentes à sua natureza peculiar, *sui generis*, de propriedade funcionalizada pelo aspecto temporal.[887] Confira-se a dicção do Código Civil:

> Art. 1.358-G. Além das cláusulas que os multiproprietários decidirem estipular, a convenção de condomínio em multipropriedade determinará:
>
> I – os poderes e deveres dos multiproprietários, especialmente em matéria de instalações, equipamentos e mobiliário do imóvel, de manutenção ordinária e extraordinária, de conservação e limpeza e de pagamento da contribuição condominial;
>
> II – o número máximo de pessoas que podem ocupar simultaneamente o imóvel no período correspondente a cada fração de tempo; (Incluído pela Lei nº 13.777, de 2018) (Vigência)
>
> III – as regras de acesso do administrador condominial ao imóvel para cumprimento do dever de manutenção, conservação e limpeza; (Incluído pela Lei nº 13.777, de 2018) (Vigência)
>
> IV – a criação de fundo de reserva para reposição e manutenção dos equipamentos, instalações e mobiliário;
>
> V – o regime aplicável em caso de perda ou destruição parcial ou total do imóvel, inclusive para efeitos de participação no risco ou no valor do seguro, da indenização ou da parte restante;
>
> VI – as multas aplicáveis ao multiproprietário nas hipóteses de descumprimento de deveres.
>
> Art. 1.358-H. O instrumento de instituição da multipropriedade ou a convenção de condomínio em multipropriedade poderá estabelecer o limite máximo de frações de tempo no mesmo imóvel que poderão ser detidas pela mesma pessoa natural ou jurídica.
>
> Parágrafo único. Em caso de instituição da multipropriedade para posterior venda das frações de tempo a terceiros, o atendimento a eventual limite de frações de tempo por titular estabelecido no instrumento de instituição será obrigatório somente após a venda das frações.

Demais disso, a convenção na propriedade compartilhada assume papel de notável destaque ao contemplar, autorizando, vedando ou modulando, direitos e deveres dos multiproprietários. À guisa de exemplo, poderá a convenção de condomínio em multipropriedade estabelecer o direito de preferência na alienação de fração de tempo em favor dos demais multiproprietários ou do instituidor do condomínio. Caso não haja essa previsão estatutária, a transferência do direito de multipropriedade e a sua produção de efeitos perante terceiros dar-se-ão na forma da lei civil e não dependerão da anuência ou cientificação dos demais multiproprietários, não havendo também direito de preferência na alienação de fração de tempo (CC, art. 1.358-L).

É certo, assim, que a convenção de condomínio em multipropriedade somente alcança oponibilidade *erga omnes* com sua inscrição no Livro 3, Registro Auxiliar, do Ofício Predial. À evidência, como é possível que o regime de multipropriedade seja instituído em condomínios edilícios – integral ou parcialmente,[888] durante a fase de incorporação ou após sua efetiva instituição – é razoável admitir

---

[887] Com o termo multipropriedade ou *time sharing* (tempo compartilhado), designa-se, em geral, uma relação jurídica de aproveitamento econômico de uma coisa móvel ou imóvel, coisa esta repartida em unidades fixas de tempo, de modo a permitir que diversos titulares possam utilizar-se com exclusividade, cada um a seu turno, de maneira perpétua ou não. O condomínio tradicionalmente é visto como regime de compartilhamento da propriedade no espaço. O *time sharing*, de sua vez, diz respeito ao regime de compartilhamento da propriedade no tempo. A Lei 13.777/2018 incluiu no Código Civil brasileiro o regime jurídico da multipropriedade imobiliária, entre os arts. 1.358-B a 1.358-U. A multipropriedade imobiliária no Brasil, assim, rege-se pelas normas anteriormente mencionadas, e de forma supletiva e subsidiária, pelas demais disposições do Código Civil e pelas disposições das Leis 4.591/1964 e 8.078/1990 (Código de Defesa do Consumidor). Houve por bem o legislador definir a multipropriedade como sendo o regime de condomínio em que cada um dos proprietários de um mesmo imóvel é titular de uma fração de tempo, à qual corresponde a faculdade de uso e gozo, com exclusividade, da totalidade do imóvel, a ser exercida pelos proprietários de forma alternada.

[888] *Art. 1.358-O do Código Civil.* O condomínio edilício poderá adotar o regime de multipropriedade em parte ou na totalidade de suas unidades autônomas, mediante: I – previsão no instrumento de instituição; ou II – deliberação da maioria absoluta dos condôminos. Parágrafo único. No caso previsto no inciso I do *caput* deste artigo, a iniciativa e a responsabilidade para a instituição do regime da multipropriedade serão atribuídas às

que seja apresentado único instrumento formal que regulamente tanto a convenção condominial como a convenção da multipropriedade. Evidentemente, se o os documentos forem apresentados em títulos apartados, ambos devem ser objetos de registros autônomos no Livro 3 – Registro Auxiliar. Recomenda-se, aliás, a apresentação de convenções separadas: uma para o condomínio edilício outra para a condomínio em multipropriedade. É que o *time sharing* assume certa complexidade que pode dificultar a compreensão das regras condominiais edilícias e confundir os interessados.

Por último, também há ressalva importante quanto ao denominado *condomínio urbano simples*.[889] Talvez o maior atrativo do regime jurídico do condomínio urbano simples seja exatamente a possibilidade de dispensa da convenção condominial.

O art. 62 da Lei 13.465/2017 expressamente determina que a instituição do condomínio urbano simples será registrada na matrícula do respectivo imóvel, na qual deverão ser identificadas as partes comuns ao nível do solo, as partes comuns internas à edificação, se houver, e as respectivas unidades autônomas, dispensada a apresentação de convenção de condomínio.

Não é segredo que a convenção de condomínio, em razão da multiplicidade de relações que visa a regular, costuma ser instrumento de difícil elaboração e que, em muitos, casos acaba por atravancar a rápida regularização registrária de alguns empreendimentos imobiliários. No louvável intuito de facilitar a regularização registral do empreendimento sob a forma de condomínio urbano simples, a Lei 13.465/2017 expressamente optou por dispensar a necessidade de apresentação da convenção de condomínio.

Considere-se, de imediato, que a convenção na hipótese é facultativa, devendo ficar a critério dos condôminos a sua constituição. Caso optem pela sua apresentação, devem fazê-lo simultaneamente à apresentação do instrumento de instituição e especificação do condomínio. Sem a convenção de condomínio, o art. 62, § 4º, da Lei nº 13.465/2017 permitiu que a gestão das partes comuns seja feita mediante acordo entre os condôminos, podendo ser formalizada por meio de instrumento particular. Dito de outro modo, no tocante à gestão do condomínio, os condôminos podem optar por uma via mais simples e podem fazer acordos por instrumentos particulares.

Há aqui um problema a ser sanado.

Muito embora tenha sido extremamente conveniente a facilitação ofertada pelo legislador, diante da ausência de um meio de publicidade desses acordos pertinentes à gestão condominial, não há, em princípio, como torná-los oponíveis perante terceiros. Pela omissão legal, em prestígio à simplicidade desejada para esse tipo de condomínio, o registro desses acordos no Registro de Imóveis, seria, em teoria, dispensado. Desse modo, terceiros adquirentes que não tenham ciência desses acordos por outro meio estarão exonerados de observá-los.

Em resumo, tal qual posto o regramento jurídico, esses acordos escritos serão oponíveis a terceiros apenas se estes tomarem ciência deles antes da aquisição de uma unidade autônoma, o que demanda, à evidência, prova dessa circunstância. Em prol da segurança jurídica, no entanto, apesar da ausência de previsão no art. 178 da Lei 6.015/1973, tratando-se de condomínio urbano simples, esses acordos escritos atinentes à gestão condominial devem ser equiparados, para fins registrais, às convenções de condomínio, com espeque no parágrafo único do art. 61 da Lei 13.465/2017. Destarte, seguindo-se tal raciocínio, seria admissível o seu registro facultativo no Livro nº 3 – e não na matrícula do imóvel (Livro nº 2) – do Oficial de Registro de Imóveis para, se for interesse dos condôminos, produzir

---

mesmas pessoas e observarão os mesmos requisitos indicados nas alíneas *a*, *b* e *c* e no § 1º do art. 31 da Lei nº 4.591, de 16 de dezembro de 1964.

[889] O condomínio urbano simples é figura condominial simplificada, especialmente na modalidade de condomínio especial ou edilício, em que se admite a edificação de mais de uma construção – casa ou cômodo – em um mesmo lote, respeitando-se os paradigmas urbanísticos locais. Em poucas palavras, pode-se dizer que o condomínio urbano simples é, em realidade, o *condomínio edilício de pequena dimensão*. O condomínio urbano simples está previsto no ordenamento jurídico nacional nos arts. 61 a 63 da Lei 13.465/2017. Não foi por acaso que o parágrafo único do artigo 61 da Lei 13.465/2017 sentenciou que "o condomínio urbano simples será regido por esta Lei, aplicando-se, no que couber, o disposto na legislação civil, tal como os arts. 1.331 a 1.358 da Lei nº 10.406, de 10 de janeiro de 2002 (Código Civil)". A expressão "no que couber" no dispositivo mencionado supra poderia até induzir o intérprete à conclusão equivocada de que, se há uma aplicação subsidiária das regras do condomínio edilício, da mesma coisa não se trata. Todavia, a essência do condomínio urbano simples é a mesma do condomínio edilício – ou seja, a conjugação indissolúvel de propriedade exclusiva com áreas comuns, de co-propriedade – porém, considerado em *versão micro*, isto é, um empreendimento imobiliário de pequena monta.

Art. 178 | LEI DE REGISTROS PÚBLICOS COMENTADA

efeitos perante terceiros. Aliás, cumprir-se-ia com o apontado registro a *ratio essendi* do Livro nº 3 – Registro Auxiliar, qual seja, sua destinação a registro de atos que, sendo de atribuição do Registro de Imóveis, não digam respeito diretamente a imóvel matriculado.

Não há dúvidas de que o registro desses instrumentos particulares é o melhor caminho para garantia da segurança jurídica das relações entre os próprios condôminos e entre estes e terceiros, sendo, pois, medida salutar e fortemente recomendável. Cumpre, porém, destacar que não há obrigatoriedade do registro, justamente em razão da falta de anteparo legal. Conveniente compreender, por derradeiro, que, não havendo qualquer acordo entre os condôminos, será o caso, *tout court*, de valer-se das regras do condomínio edilício, previstas a partir do art. 1.331 do Código Civil, para que a decisão a ser tomada observe o quórum de votação, em assembleia, conforme o caso.

5. Registro de penhores rurais, industriais e mercantis

São objeto de registro no Ofício Predial o penhor rural (que pode ser agrícola ou pecuário) e o penhor industrial (ou mercantil).[890] Quanto ao título formal hábil para ingresso no Registro de Imóveis, embora o Código Civil se contente com instrumento público ou particular, leis especiais autorizam sua formalização por meio das cédulas de crédito, que possuem normatização e alguns efeitos jurídicos próprios.[891]

Penhor agrícola é aquele que recai sobre bem móvel relacionado à atividade da agricultura, como maquinários, implementos, colheitas pendentes, lenha, animais do serviço ordinário de estabelecimento agrícola etc. (CC, art. 1.442).

Penhor pecuário é aquele que recai sobre animais da atividade pecuária (pastoril, agrícola ou de laticínios), consoante art. 1.444 do CC.

Penhor industrial ou mercantil é aquele que recai sobre bens móveis utilizados em atividade industrial ou mercantil, como máquinas, instrumentos, animais utilizados na indústria etc.,[892]nos termos do art. 1.447 do CC.

No espeque registral, os penhores rural (LRP, art. 167, I, nº 15) e industrial (LRP, art. 167, I, nº 4) são constituídos por meio do registro do título causal no "Livro 3 – Registro Auxiliar" do Registro de Imóveis (LRP, art. 178, IV e VI). Na dicção do Código Civil, nessas hipóteses, constitui-se o penhor mediante instrumento público ou particular, registrado no Cartório de Registro de Imóveis da circunscrição em que estiverem situadas as coisas empenhadas (arts. 1.438 e 1.448).[893]

6. Registro das convenções antenupciais

As escrituras antenupciais e as escrituras públicas que regulem regime de bens na união estável serão registradas no Registro de Imóveis da comarca em que os cônjuges ou companheiros têm ou tiverem seu último domicílio sem prejuízo de sua averbação obrigatória no lugar da situação dos imóveis de propriedade ou dos que forem sendo adquiridos.[894]

---

[890] No Registro de Títulos e Documentos são registrados o penhor comum (LRP, art. 127, II); o penhor de direitos e de títulos de crédito (CC, arts. 1.451 e 1.452; LRP, art. 127, III); e o penhor de veículos (CC, art. 1.461 CC; LRP, art. 129, 7º). O registro de penhor de animais anteriormente previsto no art. 127, IV, da LRP foi revogado pela Lei 14.382/2022.

[891] Cédulas de crédito rural são regradas pelo Decreto-lei 167/1967; cédulas de crédito industriais são regradas pelo Decreto-lei 413/1969.

[892] O que distingue o penhor comum do penhor mercantil ou industrial é a natureza da obrigação. O penhor industrial e o mercantil destinam-se a garantir obrigações de negócios empresariais. Se a natureza da obrigação é empresarial, o penhor será industrial ou mercantil. Se a natureza é civil, ou seja, não empresarial, o penhor será comum. Obrigação empresarial é aquela que tem origem em ato praticado por empresário (art. 966 do CC). Ademais, como visto, no penhor industrial ou mercantil, o bem ofertado em garantia não sai da posse do devedor, enquanto no penhor comum ele é transferido ao credor.

[893] Os efeitos registrais dos penhores rural, industrial e mercantil foram tratados, respectivamente, nos comentários ao art. 167, I, nºs 4 e 15, da LRP, para os quais se remete o leitor interessado.

[894] Os diversos detalhes registrais atinentes ao registro de pactos antenupciais e convenções de união estável foram abordados exaustivamente nos comentários ao art. 167, I, nº 12 da LRP, para o qual se remete o leitor interessado.

7. Registro de títulos em inteiro teor

O Livro 3 – Registro Auxiliar também comporta inscrições *verbum ad verbum* de título que foram registrados no Livro 2 – Registro Geral, desde que haja requerimento específico do interessado nesse sentido. Assim, seria possível rogação para que, além de o lançamento de determinada inscrição na matrícula do imóvel, o oficial promova o registro em inteiro teor do título causal no Livro 3.

Essa atribuição, embora ainda autorizada por lei, caiu em desuso justamente em razão do atual procedimento registral em que se mantém arquivada, digitalmente ou por meio de microfilmagem, a via do título apresentada a registro. Ora, esse documento poderá ser obtido a qualquer tempo pelo interessado mediante pedido de certidão.

Nada obstante, o registro autorizado 178, VII, da LRP continua existindo sendo de rigor a observância de dois pressupostos fundamentais: (i) que o título tenha sido objeto de inscrição (registro ou averbação, conforme art. 167 da LRP) na matrícula do imóvel; e (ii) que haja requerimento expresso do interessado pleiteando o registro do título em seu inteiro teor no Livro 3.

8. Registro do tombamento de bens imóveis

Como se sabe, o tombamento de bens imóveis deve ser levado ao Registro Predial para que a sociedade tenha conhecimento a respeito das restrições dele decorrentes impostas pelos entes competentes. A tipicidade do fato inscritível sempre foi extraída do art. 13 do Decreto-lei 25/1937. A Lei 6.015/1973, na sua redação original, não contemplou o tombamento como ato passível de registro. Mas o silêncio da lei registral não derrogou a lei especial que, desde sua entrada em vigor, autoriza o acesso ao fólio real do tombamento de bens imóveis. Releva anotar que somente em 2021, com a MP 1.085, agora convolada na Lei 14.382/2022, a restrição urbanística ao direito de propriedade passou a integrar o texto da Lei Registral, como ato de registro em sentido estrito (art. 167, I, nº 46 – registro do tombamento definitivo – sem conteúdo financeiro); e averbação (art. 167, II, nº 36 – do processo de tombamento de bens imóveis e de seu eventual cancelamento – sem conteúdo financeiro). Há, portanto, dupla inscrição predial.[895]

Para melhor acomodar as *fattispecies* em testilha, oportuno recordar que no Estado de São Paulo a Corregedoria-Geral da Justiça, fazendo jus ao seu vanguardismo no extrajudicial, no início da década de 1980, mais precisamente em 29/02/1984, estabeleceu por provimento normativo (Prov. 07/1984) o ingresso do tombamento no Registro de Imóveis mediante dupla inscrição, ou seja, faz-se o assentamento no Livro 03 – Registro Auxiliar,[896] além da averbação junto à matrícula do imóvel (Livro 02 – Registro Geral).[897] É essa a sistemática registral mais adequada, ou seja, registro do título no Livro 3 – Registro Auxiliar e averbação na matrícula do imóvel tombado.[898]

9. Registro do bem de família convencional

O ordenamento jurídico brasileiro elegeu o *sistema dual* quanto ao bem de família, ou seja, sua caracterização pode dar-se por meio de ato de vontade (*bem de família voluntário*, conforme disciplina dos arts. 1.711 e seguintes do Código Civil) ou decorrer diretamente da lei (*bem de família legal*, consoante regramento da Lei 8.009/1990).

O bem de família legal, regulado pela Lei Federal 8.009/1990, independe de ato volitivo para a sua constituição. Brota do simples fato jurídico, ou seja, do singelo *enquadramento* da situação jurídica à norma. Tem por objeto o imóvel, em regra, residencial do devedor e de sua família, bem como os móveis que o guarnecem e, finalmente, todos os equipamentos de uso profissional.[899]

---

[895] Para abordagem mais detalhada a respeito do registro do tombamento no Ofício Predial, remete-se o leitor interessado aos comentários ao art. 167, I, nº 46, da LRP.

[896] Deve-se destacar que no Registro Auxiliar (Livro 03) as NSCGJ-SP estabelecem a obrigatoriedade de que seja feito registro integral do título, por meio de sua transcrição completa, *verbum ad verbum* (item 84, Cap. XX). Trata-se, em verdade, de exceção à sistemática geral que permite ao Oficial o registro por extrato (ou resumo) nos Livros 02 e 03.

[897] CGJSP – Processo 68.426/1983, Parecer do Juiz Assessor José Roberto Bedran, j. 29/02/1984.

[898] *Item 84, Cap. XX, das NSCGJ-SP.* Os atos de tombamento definitivo de bens imóveis, requeridos pelo órgão competente, federal, estadual ou municipal, do serviço de proteção ao patrimônio histórico e artístico, serão registrados, em seu inteiro teor, no Livro 3, além de averbada a circunstância à margem das transcrições ou nas matrículas respectivas, sempre com as devidas remissões.

[899] Curiosamente, o bem de família legal foi incorporado ao direito legislado brasileiro posteriormente ao bem de família voluntário, o qual encontra previsão desde o Código Civil de 1916.

Art. 178 | LEI DE REGISTROS PÚBLICOS COMENTADA

O bem de família legal também é chamado de cogente, involuntário ou obrigatório.

Instituído no Brasil pela Lei 8.009/1990, o bem de família legal traduz a imposição de um *patrimônio mínimo*, mediante a impenhorabilidade do imóvel residencial, utilizado para a moradia permanente da entidade familiar (art. 5º da Lei 8.009/1990).

É, pois, norma cogente, de *ordem pública*, que se impõe independentemente da vontade do titular deste direito. Tem íntima relação com o direito social de moradia, constitucionalmente assegurada no art. 6º da CF.

É uma clara verificação do chamado *direito civil constitucional*.

Nas lições do professor *Álvaro Villaça de Azevedo*:

> O instituidor é o próprio Estado, que impõe o bem de família, por norma de ordem pública, em *defesa da célula familial*. Nessa lei emergencial, não fica a família à mercê de proteção, por seus integrantes, mas é defendida pelo próprio Estado, de que é fundamento.[900]

No espeque registral, pode-se assentar que o bem de família legal não possui ingresso no Registro Imobiliário em razão da inexistência de previsão legal. Cuida-se de tutela *ex vi legis*, que exsurge automaticamente em cada caso concreto. A própria lei já se encarrega de dar publicidade à situação, sendo que ao magistrado em cada processo é que reconhecerá, ou não, a incidência da blindagem legal.

Como consabido, o rol do art. 167 da Lei de Registros Públicos é *numerus clausus*. E nele não consta a previsão de se registrar o bem de família legal; apenas o voluntário.[901]

Somente se averbam ou registram os atos expressamente previstos em lei, ainda que fora da lista do artigo 167, I, da Lei 6.015/1973. Logo, o único registro que pode ser feito é o do bem de família voluntário, previsto no art. 167, I, 1, da Lei de Registros Públicos, desde que obedecida a forma da escritura pública.

Nessa ordem de ideias, manifestou o *Conselho Superior da Magistratura do Estado de São Paulo* obstando o acesso ao fólio real do bem de família legal ou involuntário, pretendido por interessado que requereu a averbação – não o registro –, ao argumento de que não há vedação legal à sua pretensão. Confira-se a síntese do escólio:

> Como se vê, em razão da *taxatividade do rol* do art. 167, da Lei nº 6.015/73, da ausência de previsão para o registro do bem de família legal, e, por fim, da não aplicação da máxima de que o que não é vedado por lei é permitido, o registro perseguido não pode ser deferido.[902]

Registre-se a existência de posição francamente minoritária, sustentada por *Ademar Fioranelli*, admitindo a averbação do bem de família legal, nos seguintes moldes:

> Não seria demasiado dizer, em decorrência do amplo alcance da publicidade no fólio real, tanto defendida por nós, ser perfeitamente possível a averbação de que determinado imóvel foi reconhecido como bem de família legal, ainda que se realize e se aperfeiçoe automaticamente *ex vi legis*. Tal ato, evidentemente, deve revestir-se de segurança, não podendo ser aceita simples declaração do interessado, tornando o bem impenhorável, mas cercado de cautelas legais. Trata-se de apreciação exclusiva da esfera judicial, que examinará e aferirá se o imóvel preenche para tanto os requisitos legais, quando então a publicidade poderá ser retratada na matrícula, mediante averbação instrumentalizada em mandado ou certidão dos autos.[903]

---

[900] AZEVEDO, Álvaro Villaça de Azevedo. *Bem de família*. São Paulo: Revista dos Tribunais, 2002.

[901] O bem de família voluntário somente se constitui com o registro do título (escritura pública ou formal de partilha) que lhe dá suporte no Cartório de Registro de Imóveis. Já o bem de família legal, como referido, é cogente em razão da previsão legal, sendo desnecessária – e diante da falta de previsão, impossível – o seu ingresso no fólio real.

[902] CSMSP – Apelação Cível 1115570-23.2014.8.26.0100, Rel. Manoel de Queiroz Pereira Calças, j. 25/02/2016.

[903] FIORANELLI, Ademar. *Usufruto e bem de família:* estudos de direito registral imobiliário. São Paulo: Quinta Editorial, 2013. p. 233.

De outro vértice, tem-se o bem de família voluntário é também batizado de *convencional, não cogente* ou *facultativo*. Trata-se de *modalidade subsidiária*, pois a proteção do bem de família legal é automática, restando a tutela voluntária apenas para as hipóteses de instituição de tal bem por *ato de vontade*. Um não exclui o outro. Os dois *institutos coexistem*, mas não se confundem. Ao facultar aos cônjuges ou entidade familiar, mediante escritura pública ou testamento, destinar parte de seu patrimônio para instituir bem de família, o art. 1.711 do CC deixa claro que ficam mantidas as regras sobre impenhorabilidade do imóvel residencial estabelecida em lei especial (Lei 8.009/1990). A propósito, precisa é a síntese de *Paulo Lôbo* sobre a não identidade do bem de família voluntário com o bem de família legal: "*o bem de família legal tem por finalidade a proteção da moradia da família, enquanto o bem de família voluntário visa à proteção da base econômica mínima da família*".[904]

A teleologia do bem de família voluntário – com seu regramento de direito material inserto no Livro IV "Do Direito de Família" do Código Civil – reside em "garantir um asilo à família",[905] "assegurar um lar à família",[906] afetar bens "a um destino especial, que é ser a residência da família";[907] "resguardar o domicílio da família e da entidade familiar". [908]

No que interessa mais de perto ao Registro de Imóveis, além do procedimento especial para sua instituição (Lei 6.015/1973, arts. 260 a 265), releva considerar que o bem de família convencional comporta dupla inscrição predial: (i) ato de registro em sentido estrito na matrícula do imóvel afetado; (ii) ato de registro do título causal no Livro 3 – Registro Auxiliar. Ressalve-se que quando o bem de família for instituído juntamente com a transmissão da propriedade, a inscrição na matrícula far-se-á imediatamente após o registro da transmissão.[909]

Trata-se de verdadeira *afetação* patrimonial. Blindagem que exige *ato volitivo para a sua instituição. Pode ser constituído pelos cônjuges, companheiros ou até por terceiros, tendo por objeto bens imóveis ou móveis*.

É por meio da instituição do bem de família voluntário que o ordenamento jurídico admite a restrição voluntária de coisa própria. Vislumbra-se na instituição de bem de família a única forma no direito brasileiro de, voluntariamente, impor-se restrição à disponibilidade dos próprios bens. Nesse sentido, já se manifestou a *Corregedoria-Geral da Justiça do Estado de São Paulo*: "De fato, excetuada a hipótese do bem de família, não há como se deferir um pedido de autoindisponibilidade de bens, ou seja, a restrição à sua circulação imposta voluntariamente por seu próprio dono".[910] O caráter excepcional da imposição voluntária de restrição à disponibilidade dos próprios bens justifica-se em razão da incompatibilidade com os princípios informadores do direito de propriedade, somente sendo lícito no caso do bem de família ante a previsão legal que autoriza a prática do ato.

Assim, uma vez operada sua instituição por meio do registro no Cartório de Registro de Imóveis, o bem ou o patrimônio afetado pelo ato voluntário torna-se indisponível e, por conseguinte, impenhorável. Difere-se, aqui, do regime jurídico do bem de família legal cuja caracterização implica apenas impenhorabilidade, sendo plenamente lícito ao proprietário aliená-lo.

Destaque-se, contudo, que a indisponibilidade do bem de família convencional é relativa, mitigada. É dizer, apesar de, por regra, não ser possível ao proprietário aliená-lo em razão de sua afetação à entidade familiar, a Lei Civil admite que, excepcionalmente, seja permitida a alienação do bem desde que haja o pleno consentimento dos interessados e autorização do Ministério Público.

Assim, pode-se concluir com tranquilidade que o bem de família voluntário não é absolutamente inalienável.

---

[904] LOBO, Paulo Luiz Neto. *Direito civil*: famílias. 4. ed. São Paulo: Saraiva, 2011. p. 398.

[905] AZEVEDO, Álvaro Villaça. *Bem de família*. 5. ed. São Paulo: Revista dos Tribunais, 2002. p. 93.

[906] DINIZ, Maria Helena. *Curso de direito civil brasileiro*. v. 5. 22. ed. São Paulo: Saraiva, 2007. p. 217; SERPA LOPES, Miguel Maria de. *Curso de direito civil*. v. 1. 8. ed. Rio de Janeiro: Freitas Bastos, 1996. p. 404.

[907] VELOSO, Zeno. *Código Civil comentado*. v. XII. São Paulo: Atlas, 2003. p. 80; SILVA, Caio Mário Pereira da. *Instituições de direito civil*. v. 1. 12. ed. Rio de Janeiro: Forense, 1991. p. 311.

[908] SANTIAGO, Mariana Ribeiro. Da instituição de bem de família no caso de união estável. *Revista de Direito Privado* nº 18. São Paulo: Revista dos Tribunais, 2004. p. 176.

[909] Como mencionado alhures, trata-se de opção feita por alguns Estados, como São Paulo por exemplo, em suas normas regulamentares (NSCGJSP, Cap. XX, item 78, "g"). Será feita no Livro nº 3 "transcrição integral da escritura de instituição do bem de família, sem prejuízo do seu registro no Livro nº 2".

[910] CGJSP – Processo CG 191/2006, Des. Gilberto Passos de Freitas, j. 21/08/2006.

Cuidadosamente, afirma o legislador que o prédio e os valores mobiliários instituídos como bem de família apenas poderão ser alienados mediante consentimento dos interessados e seus representantes legais, após oitiva do Ministério Público.

O valor decorrente da venda deverá ser destinado a outro bem, o qual manterá a sua afetação familiar (sub-rogação), após a competente oitiva do Ministério Público (art. 1.719 do CC).

Repita-se: há inalienabilidade mitigada. Assim, de regra, a constituição do bem de família torna a coisa indisponível, isto é, inalienável e impenhorável. No entanto, poderá ser o imóvel alienado pelos cônjuges desde que com expresso consentimento de todos os interessados e ouvido o Ministério Público. O *Parquet* deve se manifestar ainda que não exista interesse de menores, pois age ele como fiscal da lei e protetor da entidade familiar.

A doutrina tem entendido que, em sendo indispensável a oitiva do Ministério Público, crível concluir ser necessária a autorização judicial para tal alienação, inclusive com nomeação de curador aos filhos menores, caso necessário. Trata-se de procedimento judicial específico, como explica *Carlos Roberto Gonçalves*:

> Malgrado a omissão do art. 1.717 do Código Civil, não mencionando a necessidade da participação do juiz na alienação do prédio e valores imobiliários que compõem o bem de família, é de se ponderar, numa interpretação sistemática, ser indispensável a autorização judicial, e a nomeação de curador especial aos filhos menores (CC, art. 1.692), para a efetivação da aludida alienação, uma vez que tal ato importará na extinção do benefício. E, como visto, o art. 1.719 do mesmo diploma atribui ao juiz a competência para determinar a extinção do bem de família ou autorizar a sub-rogação dos bens que o constituem em outros, comprovada a impossibilidade de sua manutenção nas condições em que foi instituído.[911]

Com efeito, podem os instituidores pretender a venda do imóvel para a aquisição de outro, que melhor acomode a família. Nesse caso, o Ministério Público deverá examinar se a alienação realmente atende aos interesses da entidade familiar. A intervenção do promotor de justiça dá-se, portanto, como parte da proteção que o Estado confere à família (art. 226 da CF).[912]

O termo *"alienar"* encontrado no art. 1.717 do CC deve ser considerado em seu sentido lato, a englobar também a instituição de ônus sobre o imóvel, como a hipoteca e a propriedade fiduciária. Ora, vale aqui a vetusta regra de quem *pode o mais* (transferir a propriedade do imóvel), *pode o menos* (onerar a propriedade com direito real limitado).

A jurisprudência já consolidou que o bem de família pode ser hipotecado:

> A lei é clara, permitindo ser alienado e, portanto, hipotecado o bem de família, com o assentimento dos interessados e dos seus representantes legais (...). A objeção não procede porque quem pode alienar pode hipotecar (Cód. Civ., art. 756). E já ensinava o grande *Lafayette* que a capacidade de alienar contém a de hipotecar.[913]

Em suma, será possível dar em garantia o bem de família, desde que obedecidos os requisitos legais para sua alienação, ou seja, anuência dos interessados e atuação do Ministério Público.[914]

---

[911] GONÇALVES, Carlos Roberto. *Direito civil brasileiro*: direito de família. v. 6, 9. ed. São Paulo: Saraiva, 2012. p. 517.

[912] Quando a moradia da família for alienada para pagamento de dívidas anteriores à instituição ou provenientes de tributos relativos ao prédio (*v.g.*, IPTU, ITR) e de despesas de condomínio, o saldo porventura existente deverá ser aplicado em outro prédio, para abrigo da família, ou em títulos da dívida pública, para o sustento familiar, a não ser que motivos relevantes aconselhem outra solução, a critério do juiz (art. 1.715, parágrafo único, CC).

[913] *RT 82/276*.

[914] Em valioso precedente, o *Conselho Superior da Magistratura do Estado de São Paulo* negou a possibilidade de registro – e por consequência, a constituição de alienação fiduciária em garantia – sobre bem de família anteriormente instituído. Basicamente, o registro foi obstado em razão de não terem sido observados os requisitos legais para a alienação do bem de família, quais sejam: a anuência dos interessados e a atuação do Ministério Público. Cirúrgica, no caso, a declaração de voto do desembargador *Ivan Sartori*, que afirmou ser evidente que "a alienação fiduciária transfere a propriedade do imóvel, consistindo em alienação. Daí ser indispensável o consentimento dos interessados e seus representantes legais, ouvido o Ministério Público, como condição para o almejado registro" (CSMSP – Apelação Cível 0039081-64.2011.8.26.0100, Rel. Des. José Renato *Nalini*, j. 08/01/2012).

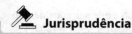 **Jurisprudência**

1. Possibilidade de bloqueio de registro de convenção de condomínio no Livro 3 – Registro Auxiliar

"Bloqueio de registro (convenção de condomínio) no Livro 3 – Registro Auxiliar. Possibilidade diante do notório potencial de danos de difícil reparação. Bloqueio de matrícula inicialmente determinado em face da suspeita de existência de empreendimento irregular sobre o imóvel. Alienações sucessivas de frações ideais de terreno, com percentuais ínfimos que indicam irregularidade do empreendimento. Matrícula de imóvel na qual consta averbação de construção (shopping) sem a regular instituição de condomínio. No pedido de providência o requerente pretende o desbloqueio da matrícula do imóvel; o reconhecimento de constituição do condomínio; a regularização de todas as atas de assembleias realizadas após o ano de 2005; bem como a retificação dos registros da matrícula do imóvel para constar boxes originados das frações ideais. Embora seja certo que o caso passa pela necessária regularização do condomínio não é este o *locus* adequado. Foi promovido registro de convenção de condomínio com intuito de convalidar a ausência de instituição regular do condomínio edilício. Considerando a irregularidade do registro da convenção do condomínio, realizado sem a prévia instituição do condomínio, de rigor seja determinado seu bloqueio, em prestígio a segurança jurídica que dos atos registrais se espera. Fixou-se a necessidade de se observar a rigorosa e indispensável sequência de atos para a regular constituição de um condomínio edilício: incorporação imobiliária (se houver alienação de unidades ainda não construídas); averbação da construção; instituição e especificação do condomínio; registro da convenção condominial. Embora os atos possam ter alguma concomitância, são autônomos, rigorosamente ordenados com lançamentos sucessivos e com autonomia e efeitos que lhe são próprios, ou seja, um não se prestar a substituir ou convalidar a ausência do outro" (CGJSP – Processo 1004550-68.2018.8.26.0526, Rel. Des. Ricardo Mair Anafe, j. 19/11/2020).

2. Alteração de cláusula irrevogável e irretratável de convenção de condomínio.

"Os condôminos, pelo voto de 2/3, poderão alterar cláusula da convenção original de condomínio, mesmo sendo ela prevista como irrevogável e irretratável. No caso concreto, a convenção original determinou que a divisão das despesas do condomínio seria feita em partes iguais. Pelo voto de 2/3, alterou-se a forma de rateio para que as expensas sejam suportadas na proporção das frações ideais. A alteração foi considerada válida" (STJ – REsp 1.447.223-RS, 3ª Turma, Rel. para acórdão Min. Ricardo Villas Bôas Cueva, j. 16/12/2014).

3. Participação do compromissário comprador em assembleia condominial

"Condomínio edilício. Promissário comprador. Votação em assembleia. Os promissários compradores têm legitimidade para participar das assembleias, ordinária ou extraordinária, desde que preenchidos dois requisitos: (1º) tenha havido a imissão na posse da unidade imobiliária; e (2º) tenha havido a cientificação do condomínio acerca da transação. Fundamento legal que autoriza o supramencionado: O art. 9º da Lei nº 4.591/64, que dispõe sobre o condomínio em edificações, autoriza que o promitente comprador participe da elaboração da Convenção de condomínio e participa da assembleia para aprovar o regimento interno (Art. 9º Os proprietários, promitentes compradores, cessionários ou promitentes cessionários dos direitos pertinentes à aquisição de unidades autônomas, em edificações a serem construídas, em construção ou já construídas, elaborarão, por escrito, a Convenção de condomínio, e deverão, também, por contrato ou por deliberação em assembleia, aprovar o Regimento Interno da edificação ou conjunto de edificações). Além disso, o art. 1.334 do CC, ao disciplinar as cláusulas obrigatórias da convenção condominial, prevê que os promitentes compradores são equiparados aos proprietários. OBS: Quanto aos proprietários, estes só podem ser impedidos de participar da assembleia se estiverem inadimplentes. (Art. 1.335. São direitos do condômino: [...] III – votar nas deliberações da assembleia e delas participar, estando quite)" (STJ. REsp 1.918.949-RJ, 3ª Turma, Rel. Min. Ricardo Villas Bôas Cueva, j. 07/12/2021).

4. Convenção de condomínio em arrendamento residencial

"Arrendamento residencial. Condomínio. Administração. Em condomínio do Programa de Arrendamento Residencial (PAR), cabe à CEF estabelecer, na convenção de condomínio, que a contratação do síndico ficará a seu encargo. Os arrendatários não têm legitimidade para eleger um síndico, modificar a convenção de condomínio ou contratar a empresa responsável pela administração do condomínio. O arrendamento residencial não tem natureza jurídica de compra e venda nem de pro-

Art. 178 | LEI DE REGISTROS PÚBLICOS COMENTADA

messa de compra e venda. O arrendatário adquire a mera posse direta e não pode ser considerado condômino" (STJ – REsp 1.576.651-SE, 4ª Turma, Rel. Min. Maria Isabel Gallotti, j. 09/06/2020).

5. Controle de conteúdo da convenção condominial

"Condomínio. Taxa condominial das unidades ainda não comercializadas. É nula a cláusula de convenção do condomínio outorgada pela própria construtora que prevê a redução da taxa condominial das suas unidades imobiliárias ainda não comercializadas. No caso, constou a seguinte cláusula na convenção de condomínio: As unidades autônomas não comercializadas ou que estejam na posse da construtora somente pagarão o valor equivalente a 30% da taxa condominial. Como na época a construtora detinha 2/3 das frações ideais (2/3 das unidades autônomas), ela conseguiu aprovar a convenção condominial, com esta cláusula. A decisão foi no sentido da nulidade dessa cláusula. Constou no acordão que a convenção outorgada pela construtora/incorporadora até pode estabelecer um critério de rateio da quota devida por cada condômino, mas isso não significa a possibilidade de criar benefício de caráter subjetivo a seu favor a ponto de reduzir ou isentar do pagamento da cota condominial" (STJ – REsp 1.816.039/MG, 3ª Turma, Rel. Min. Ricardo Villas Bôas Cueva, j. 04/02/2020).

"O Código Civil, em seus arts. 1.333 e 1.334, concede autonomia e força normativa à convenção de condomínio regularmente aprovada e registrada no Cartório de Registro de Imóveis competente. Portanto, existindo na Convenção de Condomínio regra impondo destinação residencial, mostra-se indevido o uso de unidades particulares que, por sua natureza, implique o desvirtuamento daquela finalidade (CC/2002, arts. 1.332, III, e 1.336, IV). Não obstante, ressalva-se a possibilidade de os próprios condôminos de um condomínio edilício de fim residencial deliberarem em assembleia, por maioria qualificada (de dois terços das frações ideais), permitir a utilização das unidades condominiais para fins de hospedagem atípica, por intermédio de plataformas digitais ou outra modalidade de oferta, ampliando o uso para além do estritamente residencial e, posteriormente, querendo, incorporarem essa modificação à Convenção do Condomínio" (STJ – REsp 1.819.075/RS, 4ª Turma, Rel. Min. Luis Felipe Salomão, Rel. p/ acórdão Min. Raul Araújo, j. 20/04/2021).

6. Regimento interno e convenção de condomínio

"Condomínio edilício. Regimento interno. Alteração. Quórum. O quórum necessário para se alterar o regimento interno será decidido e previsto na convenção do condomínio. Portanto, não se aplica a regra de 2/3 das frações que é exigida para a alteração da convenção de condomínio. Todo condomínio edilício deve ter um regimento interno, que é uma espécie de regulamento que disciplina o dia a dia do condomínio, ou seja, como os condôminos e terceiros deverão se comportar dentro do condomínio (exs.: utilização da piscina e das quadras, controle da entrada e saída de pessoas na portaria, aluguel do salão de festas etc.). O Código Civil determina que o regimento interno deve estar dentro da convenção de condomínio, podendo ser um capítulo da convenção ou, como é mais frequente, ser prevista como um anexo (art. 1.334, V)" (STJ – REsp 1.169.865-DF, 4ª Turma, Rel. Min. Luis Felipe Salomão, j. 13/08/2013).

Enunciado 248 da III Jornada de Direito Civil: "O quórum para alteração do regimento interno do condomínio edilício pode ser livremente fixado na convenção".

7. Penhor mercantil e Registro de Imóveis

"Dúvida – Registro de Imóveis – instrumento particular de constituição de penhor mercantil – veículos automotores que constituem o estoque de revenda autorizada da Mercedes-Benz – penhor que garante dívida oriunda de linha de crédito obtida pela empresa revendedora junto ao banco recorrente – dívida resultante da própria atividade da revendedora – natureza da dívida que define o penhor como mercantil – incidência dos artigos 1.447 e 1.448 do Código Civil – recurso provido. No caso dos autos, a devedora é uma distribuidora autorizada de veículos Mercedes-Benz. O penhor recai sobre veículos de seu estoque. A dívida, portanto, resulta do exercício da atividade da sociedade empresária revendedora. Os bens móveis compõem o estoque da revenda, configurando, assim, penhor mercantil. A revendedora obteve linha de crédito junto à recorrente para adquirir bens de formação de seu estoque para fins de consecução de sua atividade empresarial. Como afirmado pela recorrente, 'a garantia surge para caucionar a atividade da empresa', ao contrário do penhor de veículos, no qual se garante a dívida constituída para a aquisição de tal bem. Afirma Arnaldo Rizzardo que a 'natureza que o distingue de outros tipos de penhor diz respeito à espécie de dívida garantida, que deve ser eminentemente industrial ou mercantil' (*Direito das Coisas*. São Paulo: Forense, 2007, p. 1050). É o caso, afinal é o tipo de dívida que diferencia esse tipo de penhor, mercantil, dos outros. Trata-se de dívida e de garantia originadas em operação tipicamente empresarial, de maneira que incidem os artigos 1.447 e seguintes do Código Civil, devendo o registro ser feito no Cartório de Registro de Imóveis" (CSMSP – Apelação Cível 0017222-73.2013.8.26.0309, Rel. Des. Xavier de Aquino, j. 15/12/2015).

8. Averbação de potencial construtivo de imóvel. Prévio tombamento. Condomínio edilício instituído.

Potencial construtivo – averbação. *Tombamento*. Condomínio – instituição. Requerimento – interessado – legitimidade. Anuência dos condôminos. (...) A recorrente é proprietária de parte do imóvel (Bloco A), de modo que indiscutível sua legitimidade para solicitar a averbação da Declaração de Potencial Construtivo Passível de Transferência, muito embora não possa fazer isso sozinha a partir da instituição e especificação do condomínio no referido imóvel. (...) Quer dizer, embora a CMSP tenha legitimidade para pretender a mencionada averbação, com a instituição e especificação de condomínio registrados na matrícula, a anuência do Condomínio, na pessoa de seu síndico, após aprovação em assembleia geral, mostra-se imprescindível. De fato, como a CMSP não detém mais o domínio da totalidade do terreno que serviu de base para o cálculo do potencial construtivo passível de transferência, já que nele houve a incorporação, instituição e especificação do Condomínio, a averbação pretendida passa a interessar não apenas à CMSP, mas também ao condomínio. Deve a recorrente entender o seguinte: embora possa ter propriedade exclusiva sobre as unidades autônomas ou sobre determinado Bloco de Edifício, o terreno onde se assenta a edificação constitui área comum do condomínio edilício. (CGJSP – Processo 1024871-34.2024.8.26.0100, Des. Francisco Eduardo Loureiro, j. 11/07/2024).

9. Registro da instituição do condomínio edilício não se confunde com o registro da incorporação imobiliária. Atos jurídicos distintos com efeitos diversos. Uniformização do entendimento em todo território nacional.

Rejeitou-se pleito da Câmara Brasileira da Indústria da Construção (CBIC) visando regulamentar a *instituição* do *condomínio* edilício por meio do registro do memorial de incorporação e da averbação da construção. Distingue-se *condomínio* protoedilício, nascido com o registro da incorporação, do *condomínio* edilício, que requer ato de registro próprio após a averbação da construção com o "habite-se". Reconhece-se a divergência de entendimentos entre os Tribunais de Justiça e a necessidade de regulamentação nacional pela Corregedoria Nacional de Justiça (CN-CNJ). Filia-se ao entendimento de que o registro da incorporação não se confunde com o registro da *instituição* e da especificação do *condomínio* edilício. Não se pode confundir o ato de incorporar (conjunto de processos voltado para a construção de empreendimentos com unidades autônomas com a finalidade de alienação) com o instituto do *condomínio* edilício (forma de propriedade compartilhada de um edifício ou conjunto de edifícios, onde os proprietários de unidades individuais possuem também uma fração do uso e propriedade das áreas comuns do prédio) (CNJ – PA SEI 00437/2023, Juiz Marcio Evangelista Ferreira da Silva, j. 13/07/2024).

Art. 179. O Livro nº 4 – Indicador Real – será o repositório de todos os imóveis que figurarem nos demais livros, devendo conter sua identificação, referência aos números de ordem dos outros livros e anotações necessárias.

§ 1º Se não for utilizado o sistema de fichas, o Livro nº 4 conterá, ainda, o número de ordem, que seguirá indefinidamente, nos livros da mesma espécie.

§ 2º Adotado o sistema previsto no parágrafo precedente, os oficiais deverão ter, para auxiliar a consulta, um livro-índice ou fichas pelas ruas, quando se tratar de imóveis urbanos, e pelos nomes e situações, quando rurais.

Referências Normativas

Lei 11.977/2009, art. 37.
Lei 13.465/2017, art. 76.
Lei 14.382/2022, arts. 1º a 9º.

Provimento 89/2019 do CNJ (Sistema de Registro Eletrônico de Imóveis).
Provimento 115/2021 do CNJ (Custeio do Sistema de Registro Eletrônico de Imóveis).
Provimento 124/2021 do CNJ (Integração das unidades ao SREI).
Provimento 149/2023 (Código Nacional de Normas Extrajudiciais da Corregedoria Nacional de Justiça).

 Comentários

A norma dispõe sobre o Livro nº 4, indicador real. Tem por conteúdo as indicações de todos os imóveis que figurarem no Livro nº 2, devendo conter sua identificação, o número de cadastro fiscal e o número da matrícula.

Deve ser escriturado por sistema de banco de dados relacional, adotando-se a técnica das remissões recíprocas na qual deve ser feita referência expressa aos registros efetuados nos demais livros.

Admite o legislador a possibilidade de o cartório, paralelamente ao sistema de banco de dados, elaborar fichas que serão arquivadas conforme os municípios, distritos, subdistritos e logradouros em que se situem os imóveis a que correspondem.

Observação de ordem prática deve ser feita e bem compreendida: é indispensável que a serventia adote o mesmo padrão de lançamento nos livros indicadores, bem assim que incorpore o mesmo critério para pesquisa nos bancos de dados. Por exemplo, lançamentos completos (*v.g.*, lote 10, da quadra K, do Loteamento Jardim Santo Antônio) e reduzidos ou abreviados para designar a mesma unidade imobiliária (*v.g.*, LT 10, QD K, Loteamento JD Sto. Antônio. Quer dizer, a utilização de critérios de lançamentos distintos pode gerar grande dificuldade na localização dos registros e, por consequência, fragilizar a qualidade das informações que serão publicizadas.

Em síntese, na escrituração do Livro nº 4, deverão ser observados critérios uniformes, para evitar que imóveis assemelhados tenham indicações discrepantes.

Há, ainda, algumas situações especiais:

I) Tratando-se de imóvel localizado em esquina, devem ser abertas indicações para todas as ruas confluentes.

II) Sempre que for averbada a mudança da denominação do logradouro para o qual o imóvel faça frente, a construção de prédio ou a mudança de sua numeração, deverá ser feita nova indicação no Livro nº 4. Se forem utilizadas fichas, será aberta outra e conservada a anterior, com remissões recíprocas.

III) Os imóveis rurais deverão ser indicados no Livro nº 4, não só por sua denominação, mas também por todos os demais elementos disponíveis para permitir a sua precisa localização. Dentre os elementos recomendados, devem figurar aqueles atinentes a acidentes geográficos conhecidos e mencionados nas respectivas matrículas. Cada elemento de identificação utilizado deve ensejar uma indicação. Deverão ser mencionados os números de inscrição no cadastro do INCRA (CCIR) e no da Receita Federal do Brasil (NIRF).

 Jurisprudência

1. A observância da especialidade objetiva como lastro fundamental para os lançamentos no indicador real

"Registro de sentença de usucapião – Dúvida julgada procedente – Divergências entre a planta e o memorial descritivo apresentados na ação de usucapião e a certidão expedida pela Prefeitura Municipal sobre a denominação e não oficialização da via em que situado – Princípio da especialidade objetiva – Necessidade de adequação do título judicial que deve descrever o imóvel de modo a permitir a identificação de sua localização de forma inequívoca – Correta indicação da denominação da via em que situado o imóvel que também é necessária para a elaboração do Livro nº 4 – Indicador Real – Dúvida julgada procedente – Recurso desprovido. (...) Os referidos memorial descritivo (fls.38) e planta (fls.39) identificam o imóvel como localizado com frente para 'Estrada Municipal', tendo início no Ponto 1 que está situado a 131,30 metros do Km. 7+200 metros da Rodovia João Hermenegildo de Oliveira. Ocorre que a denominação 'Estrada Municipal' não se mostra adequada para permitir a correta identificação da localização do imóvel no solo porque não é adotada pelo Município de Bragança Paulista e porque a referida estrada consiste, na realidade, em passagem não oficializada, ou seja, em via de circulação que não integra o sistema viário regular do referido Município. Não se ignora que as vias de circulação destinadas ao uso comum do povo podem ser incorporadas ao domínio público em razão de sua afetação, pois o autor de parcelamento irregular do solo não tem direitos maiores do que aquele o faz observando integralmente os requisitos da Lei nº 6.766/79. Contudo, para o registro da aquisição do imóvel com abertura de matrícula é necessária a indicação da correta denominação da via de circulação, ou ao menos de denominação que permita sua futura identificação, pois se presta para permitir que a localização do imóvel no solo seja apurada a partir dos elementos contidos na própria matrícula. Ademais, a indicação da correta denominação da via de circulação é necessária para localização do imóvel inscrito no fólio real a partir do Livro nº 4 – Indicador Real, a ser escriturado em conformidade com o art. 179 da Lei nº 6.015/73" (CSMSP – Apelação Cível 1009529-30.2017.8.26.0099, Des. Geraldo Francisco Pinheiro Franco, j. 31/08/2018).

2. Buscas por registro anterior no indicador real

"Usucapião extrajudicial. Especialidade objetiva. Incerteza quanto a origem tabular. Imóvel não ser encontrado no indicador real não significa que inexista origem tabular. Necessidade de prova técnica, à custa do requerente, para afastar a possível sobreposição de área" (1ª VRPSP – Processo 1057312-10.2020.8.26.0100, Juíza Tânia Mara Ahualli, j. 28/08/2020).

3. Especialidade objetiva indispensável para cadastramento no indicador real

"Como bem lembrado pelo Oficial, nos casos de condomínio edilício e loteamento, há prévio arquivamento das plantas e memoriais na serventia, o que garante a fidelidade do registro com a situação fática. Fora destes casos, não basta autodeclaração da parte quanto a descrição do imóvel para garantir que é aquela a área em que efetivamente é exercida a posse, sendo necessária a planta e memorial para que a descrição permita a correta especialização do imóvel, inclusiva com assinatura de profissional habilitado. Relevante destacar que esta exigência, inicialmente, não diz respeito aos confrontantes, mas ao próprio controle do registro imobiliário, já que somente com a planta e memorial haverá perfeita localização e descrição do imóvel que garanta inexistir sobreposição, com os destacamentos e anotações relativas a transcrições anteriores de área maior e a própria exatidão do indicador real. As exceções se dão justamente porque, nos casos de loteamento e condomínio edilício, já há perfeita descrição de toda a área. Nos outros casos, ainda que haja matrícula ou transcrição, e principalmente com relação a esta última, não há garantia de correspondência entre a descrição tabular e situação fática estabelecida, em razão das descrições imprecisas ocorridas antes da Lei 6.015/73. Permitir a usucapião, instrumento de regularização fundiária, sobre áreas com descrições imprecisas e sem o devido respaldo técnico permitiria a permanência de situações indesejadas no registro imobiliário, perpetuando-se a existência de registros imprecisos, o que é contrário aos princípios da Lei 6.015/73" (1ª VRPSP – Processo 1080151-29.2020.8.26.0100, Juíza Tânia Mara Ahualli, j. 24/09/2020).

4. Controle de dados pelos livros indicadores na falta do registro principal

"Extravio de matrícula. Sendo constatado o extravio da matrícula ela deve ser imediatamente restaurada. Aplica-se o item 41.1 do Cap. XIII das NSCGJSP, devendo ser encaminhado pedido ao Juiz Corregedor Permanente, acompanhado de cópia da matrícula e certidão atestando que pelos indicadores pessoais e reais o último ato registrado é aquele que consta na cópia" (CGJSP – Processo 33.294/2008, Des. José Antonio de Paula Santos Neto, j. 28/10/2008).

Art. 180. O Livro nº 5 – Indicador Pessoal – dividido alfabeticamente, será o repositório dos nomes de todas as pessoas que, individual ou coletivamente, ativa ou passivamente, direta ou indiretamente, figurarem nos demais livros, fazendo-se referência aos respectivos números de ordem.

Parágrafo único. Se não for utilizado o sistema de fichas, o Livro nº 5 conterá, ainda, o número de ordem de cada letra do alfabeto, que seguirá indefinidamente, nos livros da mesma espécie. Os oficiais poderão adotar, para auxiliar as buscas, um livro-índice ou fichas em ordem alfabética.

Referências Normativas

Lei 11.977/2009, art. 37.
Lei 13.465/2017, art. 76.
Lei 14.382/2022, arts. 1º a 9º.
Provimento 89/2019 do CNJ (Sistema de Registro Eletrônico de Imóveis).
Provimento 115/2021 do CNJ (Custeio do Sistema de Registro Eletrônico de Imóveis).
Provimento 124/2021 do CNJ (Integração das unidades ao SREI).
Provimento 149/2023 (Código Nacional de Normas Extrajudiciais da Corregedoria Nacional de Justiça).

 Comentários

O artigo trata do Livro nº 5, indicador pessoal. Tem por conteúdo os nomes de todas as pessoas que, individual ou coletivamente, ativa ou passivamente, direta ou indiretamente, inclusive os cônjuges e companheiros, figurarem nos demais livros.

Para fins de escrituração, é curial que se observe a sistemática de remissões recíprocas, isto é, os lançamentos feitos no livro indicador devem fazer referência expressa aos respectivos números de ordem dos registros efetuados nos outros livros. Hodiernamente, sua escrituração é realizada por meio de sistema de banco de dados relacional.

A própria norma faculta aos Ofícios Prediais, paralelamente ao sistema de banco de dados, elaboração de fichas que serão arquivadas por ordem alfabética rigorosa. Os *softwares* especializados disponíveis para os cartórios imobiliários mostraram-se como importante ferramenta para manutenção e atualização dos dados dos livros indicadores, embora ainda não sejam programas uniformizados em todas as unidades federativas.

Ainda no que toca ao conteúdo dos lançamentos efetuados no livro indicador pessoal, ao lado do nome do interessado deverá constar o número de inscrição no Cadastro de Pessoas Físicas (CPF), ou do Registro Geral da cédula de identidade (RG), ou a filiação respectiva, quando se tratar de pessoa física; ou o número de inscrição no Cadastro Nacional de Pessoa Jurídica (CNPJ), quando pessoa jurídica.

Quando ultimar-se em determinado registro a averbação de casamento ou de união estável, em sendo caso, deve ser aberta indicação do nome adotado pelo cônjuge ou companheiro, com remissão ao nome antigo, cuja indicação deve ser mantida.

Além de servir de relevantíssima ferramenta de busca para a expedição de certidões no Registro de Imóveis, é também a base primeira para o controle das ordens de indisponibilidades genéricas advindas da Central Nacional de Indisponibilidade de Bens (CNIB), conforme dispõe os arts. 320 e seguintes do Código Nacional de Normas Extrajudiciais:

> Art. 320-I. Os oficiais de registro de imóveis deverão consultar, diariamente, a CNIB e prenotar as ordens de indisponibilidade específicas relativas aos imóveis matriculados em suas serventias, bem como devem lançar as indisponibilidades sobre o patrimônio indistinto na base de dados utilizada para o controle da tramitação de títulos representativos de direitos contraditórios.
>
> § 1º Ficam dispensadas da verificação diária prevista no *caput* deste artigo as serventias extrajudiciais que adotarem solução de comunicação com a CNIB via API (*Application Programming Interface*).
>
> § 2º Verificada a existência de bens no nome cadastrado, a indisponibilidade será prenotada e averbada na matrícula ou transcrição do imóvel. Se o imóvel houver passado para outra circunscrição de registro de imóveis, certidão deverá ser encaminhada ao atual registrador, acompanhada de comunicado sobre a ordem de indisponibilidade. Não sendo possível a abertura da matrícula na circunscrição atual, a averbação será realizada na serventia de origem.
>
> § 3º A superveniência de ordem de indisponibilidade impede o registro de títulos, ainda que anteriormente prenotados, salvo exista na ordem judicial previsão em contrário.

Art. 320-J. Em caso de aquisição de imóvel por pessoa cujos bens foram atingidos por ordem de indisponibilidade, deverá o oficial de registro de imóveis, imediatamente após o registro do título aquisitivo na matrícula, promover a averbação da indisponibilidade, independentemente de prévia consulta ao adquirente, inclusive nos casos em que a aquisição envolver contratos garantidos por alienação fiduciária, recaindo sobre os direitos do devedor fiduciante ou do credor fiduciário.

Parágrafo único. Imediatamente após a averbação da indisponibilidade na matrícula ou transcrição do imóvel, o registrador comunicará à autoridade ordenadora a sua efetivação.

Os livros indicadores também são ferramentas indispensáveis para que a serventia promova de modo eficiente a tramitação de títulos contraditórios, aqueles que se referem ao mesmo imóvel e são excludentes entre si, ou seja, a qualificação positiva de um deles implicará no não registro do outro. Trata-se de etapa indispensável do processo de registro. De modo mais didático, os títulos contraditórios são aqueles que se referem ao mesmo imóvel, dizem respeito a outorgados diferentes e cujo conteúdo se contradiga de forma total ou parcial, absoluta ou relativamente.

Note-se, pois, que embora os lançamentos nos livros indicadores sejam, *a priori*, considerados atos complementares, providências acessórias, funcionam, após o seu lançamento, como relevantíssima base de dados a orientar inclusive o andamento e o resultado da qualificação registral de um título apresentado a registro na serventia predial. Esse destaque procedimental é bem radiografado pelo registrador *Marinho Dembinski Kern*:

> Esta tarefa – de preenchimento no *software* do Cartório dos dados das pessoas e do imóvel constantes no título, bem como da verificação da existência de outros títulos conflitantes – é denominada na práxis registral de *contraditório*. Nesse momento também é feita a verificação de eventuais ordens de indisponibilidade na *Central Nacional de Indisponibilidade de Bens (CNIB)*, capazes de atingir alguma das pessoas constantes do título. É muito comum haver nas Serventias um setor destinado à sua realização. Hoje a verificação da existência de títulos contraditórios é feita com o auxílio dos programas de computador utilizados pelo Cartório. Normalmente, no protocolo ou, caso haja alguma omissão, no contraditório é feita a vinculação do título em trâmite às matrículas ou transcrições atingidas. Isso possibilita, ao ser visualizada eletronicamente a matrícula, constatar imediatamente a existência de título contraditório, por mensagem de alerta exibida pelo *software*. Antigamente, o controle dos títulos contraditórios era feito por meio de fichas provisórias, em que eram lançados os documentos em tramitação relativos ao imóvel. No entanto, o avanço da informática possibilitou descartar as fichas e utilizar o programa de computador como auxílio à pronta constatação da ocorrência de títulos contraditórios. Após o contraditório, o título é encaminhado para a qualificação registral, setor onde serão verificados o atendimento ao princípio da legalidade e o que determina o princípio da prioridade com relação àquele instrumento. Se houver defeitos, sobrevirá a emissão de nota devolutiva ou nota de exigência, apontando quais são e o caminho para solucioná-los. Se estiver em ordem, o título será registrado ou averbado, com o preenchimento também dos indicadores real e pessoal (Livros 4 e 5), atualmente também eletrônicos, passando, após a subscrição dos atos, para a digitalização tanto da matrícula quanto dos documentos registrados.[915]

 Jurisprudência

1. Ingresso da união estável no Registro de Imóveis

"Para que a união estável aceda ao Registro de Imóveis não deve o Oficial exigir o seu prévio registro no Livro E do Registro Civil das Pessoas Naturais. Referido registro é facultativo, consoante estabelece o art. 1º do Provimento 37/2014 do CNJ, *verbis*: É facultativo o registro da união estável prevista nos arts. 1.723 a 1.727 do Código Civil, mantida entre o homem e a mulher, ou entre

---

[915] KERN, Marinho Dembinski; COSTA JUNIOR, Francisco José de Almeida Prado. *Princípios do registro de imóveis brasileiro*. 2. ed. São Paulo: Thomson Reuters Brasil, 2022. p. 109.

Art. 180 | LEI DE REGISTROS PÚBLICOS COMENTADA

duas pessoas do mesmo sexo. De outro lado, é certo que não é toda e qualquer união estável que pode ingressar no Registro de Imóveis, devendo o Oficial por ocasião da qualificação averiguar, entre outras situações: (i) se há manifestação formal de ambos os conviventes (ou seja, inviável a manifestação unilateral); (ii) se os 39 companheiros se encontram devidamente qualificados com os seus respectivos estados civis; (iii) se não há risco de inscrição de direitos de propriedade presumidamente conflitantes (*v.g.*, um dos conviventes figura como casado em comunhão universal com outrem); e (iv) se o título formal apresentado é hábil para permitir o acesso da união estável ao Registro Predial (*v.g.*, não é adequado a eleição de regime diverso do legal pelos conviventes por simples instrumento particular). Com efeito, diante da ausência de previsão legal, não parece correto exigir o prévio registro no Livro E do RCPN como *conditio sine qua non* para acesso da união estável no Registro de Imóveis. Tal registro é relevante, recomendável, mas não obrigatório. Esse é o entendimento do Conselho Superior da Magistratura do Estado de São Paulo: Em razão da informalidade para sua constituição e, em regra, para sua dissolução, o art. 1º do Provimento n. 37/2014 da Corregedoria Nacional de Justiça prevê que o registro da união estável no Registro Civil das Pessoas Naturais é faculdade dos companheiros. (...) Sendo facultativo, não deve esse registro ser exigido para que um dos companheiros, ou ambos, pratiquem atos ou negócios jurídicos compatíveis com a autonomia da vontade. (...) Nesse cenário, é possível concluir, observados os requisitos imprescindíveis à inscrição da união estável sem risco de inscrição de direitos de propriedade presumidamente conflitantes, e diante da informalidade para sua constituição e dissolução, que não se mostra necessário o prévio registro no Livro E do Registro Civil das Pessoas Naturais" (CSMSP Apelação Cível 1044002-05.2018.8.26.0100, Rel. Des. Geraldo Francisco Pinheiro Franco, j. 16/5/2019).

2. Possibilidade de averbação de casamento a partir de dados do indicador pessoal

"Registro de Imóveis – Negativa de acesso ao fólio real de escritura pública – Alienantes que figuram como casados na tábua de registro predial que, porém, não indica o nome dos cônjuges – Princípio da continuidade subjetiva, que impõe prévia averbação com indicação do nome dos cônjuges – Comprovação, no entanto, que pode ser feita por outros meios, quando for inviável a apresentação de certidão de casamento – Alienantes casados no Líbano – Existência de outros registros, na mesma unidade, que indicam o nome e a qualificação dos cônjuges – Recurso provido. Sendo inviável a apresentação da certidão de casamento: admite-se que a averbação seja feita baseando-se em dados existentes no indicador pessoal do próprio cartório, ou em certidão de matrícula expedida por outra serventia" (CSMSP – Apelação Cível 0048544-56.2009.8.26.0405, Rel. Des. Maurício Vidigal, j. 28/07/2011).

3. Indicador pessoal é a base de dados para localização de bens em favor do executado para fins de averbação premonitória

"A certidão é expedida logo no início da execução, fase em que o credor não tem como conhecer o patrimônio do devedor. Por esta razão, a certidão – cujo escopo é apenas atestar o ajuizamento da execução – é expedida sem qualquer informação referente aos bens do devedor e serve para apresentação não só ao registro de imóveis, como ao de veículos ou ao responsável pelo registro de quaisquer outros bens sujeitos à constrição judicial. A certidão deve ser expedida nos moldes do Comunicado CGJ no 25/2009, publicado em 19.01.09, no *DOE*, sendo requisitos legais: indicação das partes e do valor da causa. Esses dados são suficientes para que Oficial de Registro de Imóveis realize as buscas nos seus indicadores a fim de localizar imóveis e direitos registrados em nome do devedor e averbá-la na respectiva matrícula. É certo que a responsabilidade pela averbação indevida é do credor, conforme o disposto no § 4º do art. 615-A. Contudo, não cabe ao Oficial de Registro de Imóveis fazer esse controle, devendo apenas examinar se a certidão atende aos requisitos legais" (CGJSP – Processo 51.222/2013, Des. José Renato Nalini, j. 19/07/2013).

4. Cautelas nos casos de homonímia

"Certidões de propriedade. Buscas. Sendo feito pedido de buscas em nome de determinada pessoa ela deve ordinariamente ser promovida no indicador pessoal. Será positiva se a pessoa possuir imóvel ou qualquer tipo de direito registrado, tais como usufruto, hipoteca, alienação fiduciária etc. Quando forem solicitadas certidões de propriedade em nome de determinada pessoa, devem ser fornecidos seus dados de qualificação pessoal (RG, CPF). Contudo, se for encontrada transcrição ou registro no qual esteja indicado apenas o nome (idêntico ou similar) sem nenhum outro dado de qualificação que possa excluir a homonímia, deve ser solicitado ao interessado que apresente mais dados (data de nascimento, nome dos pais, nome do cônjuge, data de casamento etc.) na tentativa de que esses novos dados possam excluir a homonímia" (1ª VRPSP – Processo 0027701-44.2011.8.26.0100, Juiz Gustavo Henrique Bretas Marzagão, j. 30/08/2011).

5. Consulta acerca da existência de registros anteriores para fins de incidência da norma de isenção emolumentar para aquisição imobiliária no âmbito do SFH

"Primeira aquisição imobiliária para fins residenciais pelo SFH. Há previsão de desconto para a primeira aquisição imobiliária para fins residenciais financiada pelo SFH. Normalmente, nos contratos, há uma cláusula padrão na qual os adquirentes declaram preencher estas condições. Contudo, recomendável que seja feita a verificação no indicador pessoal do cartório sobre a veracidade desta declaração e também no site do ONR, através de consulta na base de dados pelo CPF dos adquirentes. Caso seja encontrado outro bem imóvel adquirido pelo SFH, a redução de emolumentos deverá ser indeferida. Ação declaratória de nulidade de cláusula contratual c.c. repetição de indébito e indenização por danos materiais e morais. [...] Taxa de averbação que é devida, uma vez que os adquirentes são responsáveis pelas despesas de transmissão do imóvel. Autores que não solicitaram a concessão do desconto de 50% sobre os emolumentos, previsto, no inc. II do art. 43 da Lei nº 11.977/2009 no momento oportuno, não fazendo jus a reembolso posterior. Emolumentos, ademais, que foram pagos ao registro de imóveis" (TJSP – Apelação Cível 0030054-13.2013.8.26.0577, 3ª Câmara de Direito Privado – *DJ* 12/04/2016).

Art. 181. Poderão ser abertos e escriturados, concomitantemente, até dez livros de "Registro Geral", obedecendo, neste caso, a sua escrituração ao algarismo final da matrícula, sendo as matrículas de número final 1 feitas no Livro 2-1, as de final dois no Livro 2-2 e as de final três no Livro 2-3, e assim, sucessivamente.

Parágrafo único. Também poderão ser desdobrados, a critério do oficial, os Livros nºˢ 3 "Registro Auxiliar", 4 "Indicador Real" e 5 "Indicador Pessoal".

Referências Normativas

Lei 11.977/2009, art. 37.
Lei 13.465/2017, art. 76.
Lei 14.382/2022, arts. 1º a 9º.
Provimento 89/2019 do CNJ (Sistema de Registro Eletrônico de Imóveis).
Provimento 115/2021 do CNJ (Custeio do Sistema de Registro Eletrônico de Imóveis).
Provimento 124/2021 do CNJ (Integração das unidades ao SREI).
Provimento 149/2023 (Código Nacional de Normas Extrajudiciais da Corregedoria Nacional de Justiça).

Comentários

A norma em destaque, embora integre o texto em vigor da Lei de Registros Públicos, funciona nos correntes dias como reminiscência histórica. Constitui verdadeira fotografia do momento de transição dos sistemas registrais brasileiros. Trata-se da possibilidade de escrituração simultânea de livros encadernados no Ofício Predial. Ocorre que nessa sistemática a escrituração era manual, o que, por óbvio, é incompatível com a dinâmica atual dos serviços no mundo eletrônico.

Em verdade, como dito, a norma teve aplicação efetiva na fase de transição do sistema de registro anterior (das transcrições, do Decreto 4.857/1939), para o sistema do folio real (das matrículas imobiliárias, da Lei 6.015/1973). Ainda que não seja realidade a almejada escrituração totalmente digital, a utilização de escrituração informatizada em *softwares* especializados substituiu de há muito a escrituração manuscrita dos livros de registro. O sistema mais comum hoje é a utilização de fichas de escrituração para as matrículas e o Livro 3 – Registro Auxiliar.

No entanto, é possível encontrar livros encadernados com essas indicações sequenciais no acervo público das serventias, afinal, a norma tinha por escopo dinamizar o serviço interno nas unidades de serviço de Registro de Imóveis, permitindo-se os desdobramentos dos livros encadernados que mantinham sua numeração basilar (*v.g.*, Livro nº 2 – Registro Geral), seguida na indicação sequencial da unidade numérica (*v.g.*, Livro nº 2-1, Livro nº 2-2, Livro nº 2-3 e assim sucessivamente). Como se denota por simples leitura da norma, essa sistemática era aplicável aos Livros 2 (registro geral), 3 (registro auxiliar), 4 (indicador real) e 5 (indicador pessoal). Estabeleceu-se, ademais, o limite de 10 livros como sendo o máximo permitido para escrituração simultânea em uma serventia.

A respeito do trespasse do sistema de livros encadernados para a escrituração em fichas de matrículas, confira-se importante passagem das *Normas de Serviço da Corregedoria Geral da Justiça do Estado de São Paulo*:

> Facultativamente a qualquer momento e obrigatoriamente por ocasião do ato a ser praticado na vigência destas normas, o Oficial do Registro de Imóveis transportará a matrícula do sistema de livros encadernados para o de fichas, conservando a mesma numeração. O Oficial poderá optar entre transcrever todos os atos constantes da matrícula ou somente os direitos vigentes. Nesta hipótese, logo após a descrição do imóvel deverão ser consignados os titulares de domínio e seus títulos aquisitivos e em seguida averbará a existência de ônus, quando houver, mantendo rigorosa ordem sequencial dos atos, com remissão à margem da matrícula no livro encadernado.[916]

Em resumo, o dispositivo legal em referência – embora em vigor e importante para o momento de transição dos sistemas registrais nas décadas de 1970 e 1980 – é inócuo para os serviços registrais imobiliários na atualidade.

Jurisprudência

1. Autorização para incineração de livros antigos

"Nenhum livro poderá ser incinerado sem ordem do Juiz Corregedor Permanente. Na Comarca de São Paulo, o Juiz da 1ª Vara de Registros Públicos de São Paulo autorizou a microfilmagem e incineração dos livros de protocolo utilizados ao tempo de vigência do Decreto 4.857/1939, bem como dos antigos Livros nº 7 – Indicador Pessoal já transformados em fichas. A autorização para a destruição do Livro nº 1 – Protocolo, é de ser mantida. A microfilmagem permitirá melhor conservação de seu conteúdo e ilimitada a sua durabilidade. A economia de espaço é muito considerável, a higiene é privilegiada e somente vantagens advêm do emprego da microfilmagem. Além dos aspectos já enfatizados, a conservação indefinida dos documentos, mais adequadamente corresponde à intentio do legislador (art. 26 da Lei 6.015/73). 2. Da mesma forma, a destruição de acervo inócuo, em nada prejudicará a segurança a que o registro imobiliário se preordena. O antigo Livro 7, que continha indicador pessoal, não demonstra qualquer serventia. Ocupa espaço valioso e nenhuma utilidade ostenta, já que a integralidade do acervo foi reproduzida em fichário, consoante dispõe a atual Lei de Registros Públicos. A autorização do MM. Juiz Corregedor Permanente da serventia predial é de ser mantida, dispensável solicitação para as hipóteses análogas. E mister que os cartórios extrajudiciais, sob a supervisão da Justiça a que incumbe sua fiscalização contínua, adotem alternativas mais racionais e atualizadas no trato com os encargos que a lei lhes atribui. Inexistem limites à implantação da informática no mundo registral, indicada a fórmula incentivadora a que todas as serventias dela se sirvam, para eficácia, rapidez e maior segurança dos préstimos a elas confiados. Da própria adoção dos métodos atuais que a cibernética propicia, advirão novas propostas que, acolhidas pelo legislador, se traduzirão em notável avanço para o tema" (1ª VRPSP – Processo 34.656/1986, Juiz José Renato Nalini, j. 13/02/1987).

---

[916] Item 55. Cap. XX, NSCGJSP.

> ## CAPÍTULO III
> ## DO PROCESSO DO REGISTRO
>
> **Art. 182.** Todos os títulos tomarão, no Protocolo, o número de ordem que lhes competir em razão da sequência rigorosa de sua apresentação.
>
> **Art. 183.** Reproduzir-se-á, em cada título, o número de ordem respectivo e a data de sua prenotação.
>
> **Art. 184.** O Protocolo será encerrado diariamente.
>
> **Art. 185.** A escrituração do protocolo incumbirá tanto ao oficial titular como ao seu substituto legal, podendo, ser feita, ainda, por escrevente auxiliar expressamente designado pelo oficial titular ou pelo seu substituto legal mediante autorização do juiz competente, ainda que os primeiros não estejam nem afastados nem impedidos.

IVAN JACOPETTI DO LAGO

 Referências Normativas

Código Civil, arts. 1.246, 1.422, 1.493, 1.495 e 1.496.
Lei 6.015/1973, arts. 12; 188; 189; 191; 192; 198; 203; 205; 206; 206-A; 213, § 13, II; 214, § 4º; 216-A, § 1º.
Provimento 89/2019 do Conselho Nacional de Justiça, art. 18.

 Comentários

Os dispositivos tratam de aspectos procedimentais da recepção dos títulos pelo registro e da escrituração do protocolo. O protocolo, como já afirmava o art. 25 do Decreto 3.453, de 1865, é a "chave do registro geral", e consiste em elemento imprescindível para a observância de princípios registrais fundamentais como a continuidade, a disponibilidade e a prioridade.

Apresentado o título a registro, este deve ser lançado no livro de protocolo, ocasião em que receberá um número de ordem, que se atribui de maneira sequencial.

Em cartórios com mais movimento, em que há um fluxo constante de apresentantes de títulos a registro, pode haver filas e mesmo mais de um guichê de atendimento. O adequado é o atendimento por ordem de chegada, mediante um sistema de senhas, de maneira a se ter reproduzida dita ordem, tanto quanto possível, no livro de protocolo. Acresce-se a isso o fato de que os cartórios recebem diariamente títulos eletrônicos para registro (dos quais se tratará mais adiante), demandando muito cuidado neste ponto, em especial em havendo títulos contraditórios. Não há, contudo, ainda, qualquer norma que solucione o conflito de prioridade entre apresentação física e eletrônica, se simultâneas.

Outra questão relevante quanto ao momento da apresentação é a do conflito entre prioridade registral e o direito a atendimento preferencial que a lei confere a certas pessoas.[917] Não pode o atendimento preferencial suplantar a prioridade registral, que, como se verá nos comentários aos próximos artigos, enseja mesmo um direito material de prioridade a quem preencha seus requisitos. Conceder ao beneficiário do atendimento preferencial um direito material potencialmente viola a isonomia, já que o atendimento preferencial não tem por finalidade melhorar a situação jurídica do seu beneficiário, ou conceder-lhe uma vantagem material, mas, sim, reduzir-lhe um desconforto físico. Ainda, a prioridade registral é regra especial, ao passo que a preferência no atendimento é regra geral, com o que deve prevalecer. Por outro lado, nada obsta o atendimento preferencial quanto aos outros

---

[917] A respeito, cf. LAGO, Ivan Jacopetti do. O atendimento prioritário da Lei federal 13.146/2015 (Estatuto da pessoa com deficiência) e o princípio da prioridade do registro de imóveis, In: *RDI* (80), 2016.

serviços prestados pelos registros de imóveis, que não implicam prioridade, como o fornecimento de certidões, a retirada de documentos etc.[918]

Realizado o protocolo no livro, sua numeração e data deverão ser reproduzidas no próprio título, quando físico, por meio de carimbo, etiqueta etc. A providência é justificável tendo em vista a grande quantidade de títulos que pode tramitar ao mesmo tempo em um dado cartório, de modo a evitar que títulos protocolados sob número de ordem mais alto sejam inscritos antes dos títulos protocolados sob número de ordem mais baixo, em especial se contraditórios. Tratando-se de título eletrônico, esse deverá ficar vinculado ao protocolo, por meio do sistema eletrônico utilizado pelo cartório na sua tramitação.

O art. 184 prevê o encerramento diário do protocolo. Isso significa que, fora do horário regular de expediente, nenhum título poderá ser apresentado, e, por conseguinte, protocolado. Mas a interpretação deve ser teleológica: o que o dispositivo busca é tutelar as legítimas expectativas do público no sentido de que não haverá surpresas de, por exemplo, um título protocolado no período noturno, ou em finais de semana, passar, de maneira inesperada, a se ver revestido de prioridade. No entanto, se o cartório encerra seu expediente de atendimento ao público às 16h00, um usuário ingressa em suas dependências às 15h55, e há outras pessoas na fila, não é adequado recusar o protocolo de seu título se ele chega ao guichê às 16h01. Por outro lado, uma vez prenotado o título apresentado pelo último usuário a ingressar no cartório no período de expediente, o protocolo deve ser encerrado. Com o encerramento, novos protocolos somente poderão ser realizados no próximo período de expediente.

Não obstante, mesmo após o encerramento do atendimento ao público, e durante o período de expediente interno do cartório, lançamentos resumidos de atos formalizados à margem de protocolos já constantes do livro (Lei 6.015, art. 175, V) poderão ser realizados sem qualquer problema.

Pela importância que reveste o protocolo, o art. 185 da Lei 6.015 determina que a escrituração do protocolo cabe ao registrador, seu substituto legal, ou "escrevente auxiliar" especialmente designado para isto pelo registrador ou seu substituto, mediante autorização do juiz competente.

A despeito disso, o dispositivo é anacrônico, e se encontra parcialmente derrogado. Em primeiro lugar, o art. 20 da Lei 8.935/1994, claramente distingue as figuras do escrevente e do auxiliar, com o que com ela é incompatível a dicção do art. 185 ao mencionar um cargo de "escrevente auxiliar". Além disso, o mesmo art. 20, § 3º, e o art. 21 da Lei 8.935 atribuem ao titular do registro o gerenciamento do cartório, inclusive quanto à autorização da prática de atos por escreventes, ou quanto ao estabelecimento *de normas, condições e obrigações relativas à atribuição de funções*", sem qualquer menção à necessidade de autorização do juiz. Assim, pode, atualmente, o registrador autorizar a escrituração do protocolo por escrevente, independentemente de autorização judicial. E, por fim, a escrituração física do protocolo vem se tornando cada vez mais rara. Nesse sentido, o item 14.1 do Capítulo XX das Normas de Serviço da Corregedoria-Geral da Justiça de São Paulo autoriza a escrituração eletrônica do protocolo, "em bases de dados relacionais, desde que contenham os requisitos previstos para o sistema de registro eletrônico (Lei nº 11.977/2009), devendo ser emitidos relatórios impressos diários". Vale destacar que o protocolo em si é eletrônico, ainda que relatórios diários venham a ser impressos. As impressões não são o livro de protocolo em si, mas apenas sua materialização em suporte físico, com fins de formação de um arquivo físico de segurança, ou de um *backup* físico. Dessa maneira, é perfeitamente adequado o encerramento diário (art. 184) eletrônico, mediante assinatura digital do registrador ou de quem tenha dele recebido a atribuição de fazê-lo.

No passado, em especial nas grandes cidades, era corrente a prática de não se lançar imediatamente no protocolo os títulos apresentados a registro.[919] Isso se dava, entre outras razões, pela atribuição ao registrador ou seu substituto da atividade de escriturar o protocolo. Em tais circunstâncias os registros adotavam livros paralelos de recepção de títulos, como livros-talão, por exemplo; e os títulos somente eram protocolados quando considerados aptos ao registro, ou quando constatada a existência de títulos contraditórios tramitando no cartório. Atualmente, tal prática não mais é sustentável,

---

[918] Nesse sentido tem decidido a 1ª Vara de Registros Públicos de São Paulo. A respeito, cf., a título de exemplo, o processo 0009083-36.2020.8.26.0100, j. 19/05/2020, Rel. Dra. Tânia Mara Ahualli.

[919] Para uma síntese sobre o tema, cf. S. JACOMINO, comentário ao artigo 182, *In: Lei de Registros Públicos Comentada – Lei 6.015/1973*. 2. ed. Rio de Janeiro: Forense, p. 1016-1023.

ressalvada a hipótese específica de previsão em provimento judicial do conhecido "livro de recepção de títulos para exame e cálculo de emolumentos".[920]

Este último, previsto de maneira incidental no art. 12, parágrafo único da Lei 6.015, recebe os títulos que, por pedido expresso do apresentante, não ingressam no protocolo. O apresentante, nesses casos, não pretende propriamente ainda a prática do ato, e sua rogação limita-se à análise da registrabilidade do título, bem como à realização do cálculo dos emolumentos devidos. Por isso, abre mão, voluntariamente, da prioridade de seu título em relação a eventuais títulos contraditórios que sejam apresentados e protocolados em data posterior.

Esse expediente fazia mais sentido quando da possibilidade de exigência, pelo registrador, do depósito prévio dos emolumentos para realizar o protocolo. Com a Lei 14.382/2022, que inseriu na Lei 6.015 o art. 206-A, o usuário passou a ter a opção de realizar o depósito prévio dos emolumentos e das custas, ou de recolher na apresentação apenas o valor da prenotação, e realizar o pagamento do valor restante em momento posterior, no prazo de cinco dias contados da data da análise pelo oficial que concluir pela aptidão para registro. Com essa modificação, tende a ocorrer um esvaziamento do livro de recepção para exame e cálculo, já que ao apresentar o título para que seja protocolado, ainda que opte por não realizar o depósito prévio dos emolumentos, o usuário verá assegurado seu direito à prioridade.

O título referido pelos arts. 182 e 183 tem sentido técnico, e não se confunde com o de documento. Os dispositivos referem-se ao título em sentido formal – o suporte que carrega o fato inscritível, título causal ou material – e, por conseguinte, remete ao art. 221 da Lei 6.015/1973. Assim, ressalvada a hipótese da apresentação para exame e cálculo, devem obrigatoriamente ser protocoladas escrituras públicas, escritos particulares autorizados em lei assinados pelas partes, títulos judiciais, entre outros; mas, por outro lado, não pode o apresentante exigir o protocolo de meras cópias,[921] minutas não assinadas, cópias isoladas de partes de autos judiciais, ou mesmo da sentença[922] etc. Tendo isso sendo dito, muito cuidado se deve ter com a "qualificação de balcão": havendo dúvida entre ser ou não título, o protocolo é a medida mais recomendável.

Também se admite a recusa ao protocolo em caso de abuso de direito, por meio de apresentações sucessivas e reiteradas a registro do mesmo título qualificado negativamente, sem atendimento às exigências formuladas pelo registrador, e caracterizando a má-fé do apresentante e apenas a intenção emulativa de beneficiar-se dos efeitos da prenotação.[923] A simples reiteração, contudo, sem que se constate de maneira patente a má-fé ou o prejuízo a terceiro, não impede a renovação da prenotação.[924]

Algumas palavras devem ser ditas sobre a apresentação eletrônica de títulos a registro.

De modo enfático, deve-se destacar que o protocolo é único: no mesmo livro de protocolo são lançados os títulos apresentados fisicamente e os títulos apresentados eletronicamente. "Protocolo Eletrônico de Títulos", ou e-Protocolo, é expressão metonímica, que significa, na verdade, apresentação eletrônica para lançamento no protocolo. Assim, ainda que o título seja apresentado eletronicamente a registro, por meio do Serviço de Atendimento Eletrônico Compartilhado do Operador Nacional do Registro Eletrônico de Imóveis (SAEC/ ONR), o protocolo continua sendo atribuição do próprio registrador a quem o título se destina, e se faz nos livros internos da serventia (ainda que, como já se viu, o protocolo seja feito eletronicamente, quer para títulos eletrônicos, quer para títulos físicos). Assim, os ditos mecanismos de "e-Protocolo" não consistem, propriamente, em protocolo, mas, sim, no encaminhamento dos títulos eletrônicos, por via segura, para protocolo. Nesse sentido o art. 2º, II, do revogado Provimento 47/2015 do Conselho Nacional de Justiça, que previa estar compreendida no

---

[920] No Estado de São Paulo, a prenotação obrigatória dos títulos – ressalvada a apresentação para exame e cálculo, por expresso requerimento dos interessados – foi estabelecida pelo Provimento CG 32/1997.

[921] Nesse sentido, a 1ª Vara de Registros Públicos de São Paulo, no Processo 0036657-44.2014.8.26.0100, j. 03/12/2014, Rel. Dra. Tânia Mara Ahualli: "*Por outro lado, a prenotação era mesmo descabida na hipótese, uma vez que o título foi apresentado por cópia, o que por si só a impede e conduz à prejudicialidade da dúvida, nos termos das Normas de Serviço da E. Corregedoria Geral da Justiça, tomo II, cap. XX, item 30.1.1, com a redação que lhe deu o Provimento CGJ n. 11, de 16 de abril de 2013, art. 4º, sendo imprescindível a apresentação do título original*".

[922] Cf. Corregedoria-Geral da Justiça de São Paulo, Processo CG 444/2007, j. 08/08/2007.

[923] Cf. 1ª Vara de Registros Públicos de São Paulo, Processo 0050336-19.2011.8.26.0100, j. 12/04/2012.

[924] Cf. 1ª Vara de Registros Públicos de São Paulo, Processo 0033805-18.2012.8.26.0100, j. 05/11/2012.

sistema de registro eletrônico "a recepção e o envio de títulos em formato eletrônico", e os vigentes art. 8º, § 3º, III, que prevê serem elementos do Sistema de Registro Eletrônico de Imóveis (SREI) "os serviços destinados à recepção e ao envio de documentos e títulos em formato eletrônico para o usuário que fez a opção pelo atendimento remoto, prestados pelo SAEC e pelas centrais de serviços eletrônicos compartilhados nos estados e no Distrito Federal", e 18, II, que determina ao SAEC a prestação do serviço de "solicitação de pedido que será protocolado e processado pela serventia competente", ambos do Provimento 89/2019.

Tanto o Provimento 47/2015 (art. 8º), quanto o Provimento 89/2019 (art. 33) estabelecem a via institucional (no Provimento 47/2015, as centrais de serviços eletrônicos compartilhados, e no Provimento 89/2019, o SAEC e o SREI) como a única apta a encaminhar validamente títulos eletrônicos a registro. Assim, ditos provimentos vedam expedientes como a recepção de documentos eletrônicos por e-mail, por serviços postais ou de entrega (caso em que estariam em *media* físicos, como *pendrives*), ou o *download* de documentos eletrônicos em *sites* que não sejam o do SAEC ou os das centrais de serviços eletrônicos compartilhados. A despeito disso, para o período da Emergência em Saúde Pública de Importância Nacional da Pandemia da COVID-19, editou o Provimento 95/2020, flexibilizando provisoriamente essa regra. Nesse sentido, o art. 1º, que autorizou notários e registradores, a seu prudente critério, e sob sua responsabilidade, a recepcionar diretamente títulos e documentos em forma eletrônica, por outros meios que comprovem sua autoria e integridade.

A Lei 14.382/2022 inseriu no art. 1º da Lei 6.015/1973 um § 4º, vedando aos registros a recusa à recepção de documentos eletrônicos produzidos nos termos estabelecidos pela Corregedoria Nacional de Justiça. Essa regulamentação, contudo, ainda não veio.

 Jurisprudência[925]

> "**Registro de imóveis**. Recurso contra a decisão do Juízo Corregedor Permanente do Primeiro Oficial de Registro de Imóveis da Comarca de Catanduva, que recusou o recebimento de pedido de análise de documentos para verificação da possibilidade de registro. Documentos que demonstram, de plano, a impossibilidade de registro, por não se tratar sequer de título. Recusa correta. Recurso não provido" (Corregedoria-Geral da Justiça de São Paulo, Processo CG 563/2006, j. 29/08/2006, Rel. Des. Gilberto Passos de Freitas).

> "**Registro de imóveis**. Recurso contra a decisão do Juízo Corregedor Permanente do Primeiro Oficial de Registro de Imóveis da Comarca de Catanduva, que recusou o recebimento de pedido de análise de documentos para verificação da possibilidade de registro. Documentos que demonstram, de plano, a impossibilidade de registro, por não se tratar sequer de título. Recusa correta. Recurso não provido" (Corregedoria-Geral da Justiça de São Paulo, Processo CG 444/2007, j. 08/08/2007, Rel. Des. Gilberto Passos de Freitas).

Art. 186. O número de ordem determinará a prioridade do título, e esta a preferência dos direitos reais, ainda que apresentados pela mesma pessoa mais de um título simultaneamente.

 Referências Normativas

Código Civil, arts. 1.246, 1.422, 1.493, 1.495 e 1.496.
Lei 6.015/1973, arts. 12; 188; 189; 191; 192; 198; 203; 205; 206; 206-A; 213, § 13, II; 214, § 4º; 216-A, § 1º.
Provimento 89/2019, do Conselho Nacional de Justiça, art. 18.

---

[925] Todos os julgados citados por este autor na presente obra foram extraídos do repositório www.kollemata.com.br, organizado por Sérgio Jacomino.

Comentários

O dispositivo conjuga dois institutos que não se confundem, mas que se relacionam de maneira próxima: a prioridade e a preferência. A prioridade é princípio próprio do registro de imóveis, relaciona-se ao título apresentado a registro, e tem natureza ao mesmo tempo procedimental e material. Já a preferência é atributo do direito real, e é estabelecida em função da aplicação, no procedimento de registro, do princípio registral da prioridade: uma vez inscrito o título que, durante o procedimento, gozava de prioridade, o direito assim constituído poderá gozar de preferência.

O artigo, ainda, estabelece uma regra bastante relevante: a correspondência entre protocolo e título em sentido formal, ou seja, o suporte que carrega em seu bojo o fato inscritível. A cada título formal deve corresponder um lançamento no protocolo, independentemente do número de fatos inscritíveis que carregar; por outro lado, se uma mesma pessoa apresenta a registro, simultaneamente, mais de um título formal, ainda que dizendo respeito ao mesmo imóvel, cada um deles deverá ter seu respectivo lançamento no protocolo. Assim, se Tício apresenta a registro uma única escritura pública que instrumentaliza a compra e venda de 30 imóveis diferentes, um único será o lançamento no protocolo; já se apresenta duas escrituras, em uma das quais Mévio vende um certo imóvel a Semprônia, e outra na qual Semprônia vende o mesmo imóvel a ele, Tício, dois serão os lançamentos no protocolo.

A prioridade[926] significa, segundo Afrânio de Carvalho, que em uma disputa estabelecida entre pretendentes a direitos reais sobre o mesmo imóvel há uma escala de precedência. Essa precedência funda-se na ordem cronológica do momento de surgimento dos respectivos direitos, com vantagem para o mais antigo – é a repercussão em âmbito registral do brocardo *prior tempore, potior jure*.

É, por conseguinte, um modo de solucionar um conflito entre direitos, não obstante haja outros. Com efeito, a preferência pode se fundar na prioridade; mas também pode, em alguns casos, se fundar em benefícios legais, ou em situações jurídicas extrarregistrais, tal como se dá com os créditos privilegiados em geral, ou com as penhoras, que são graduadas pela precedência da penhora em si, e não de seu ingresso no registro.[927] Esses outros modos de solucionar conflitos de precedência não raro maculam os efeitos e presunções decorrentes da publicidade registral, como ocorre com créditos trabalhistas ou fiscais,[928] em prejuízo da segurança jurídica.

Para Roca Sastre,[929] o princípio da prioridade gera duas grandes consequências. A primeira delas é a existência de algumas regras sobre o modo de proceder do registrador, em especial as que, segundo o Direito Espanhol, o obrigam a analisar os títulos apresentados a registro segundo a ordem rigorosa de sua apresentação. Já a segunda relaciona-se à atribuição de uma ordem de precedência para a produção dos efeitos pelos direitos reais, que, como já se disse, poderá implicar, conforme o caso, na impossibilidade da inscrição (e, consequentemente, no Direito Espanhol em que o registro não é constitutivo, na produção de efeitos perante terceiros) de títulos contraditórios, ou, ao menos, na atribuição a um destes de um grau de preferência inferior em relação ao outro. No primeiro caso estão, por exemplo, duas vendas do mesmo imóvel a pessoas diferentes; e no segundo a constituição de mais de uma hipoteca sobre o mesmo imóvel, em favor de pessoas diversas. Nos dizeres de Afrânio de Carvalho, pode a prioridade implicar a *exclusão* do outro direito, ou então a concessão a este de uma *graduação inferior*.[930]

No Direito Brasileiro, esse modo de proceder do registrador estabelecido pelo princípio da prioridade manifesta-se no art. 1.493 do Código Civil, que determina que *os registros e averbações seguirão a ordem em que forem requeridas, verificando-se ela pela da sua numeração sucessiva no protocolo*. Ou seja, deve o registrador praticar os atos de registro e de averbação que lhe são requeridos, e que são qualificados positivamente, nos livros de registro geral e auxiliar, em ordem compatível com a sequência anteriormente estabelecida no Livro 1, de protocolo.

---

926 Para uma análise mais profunda do princípio registral da prioridade, cf. LAGO, Ivan Jacopetti do. O atendimento prioritário da Lei federal 13.146/2015 (Estatuto da pessoa com deficiência) e o princípio da prioridade do registro de imóveis. *In: RDI*, n. 80, 2016.

927 Cf. SANTOS, Francisco Rezende dos. Princípio da prioridade. *In: RDI*, n. 58, 2005, p. 35.

928 Cf. CARVALHO, Afrânio de. *Registro de imóveis*. Rio de Janeiro: Forense, 1976. p. 215.

929 Cf. SASTRE, Ramon Maria Roca. *Derecho hipotecário*. Vol. I, 6. ed. Barcelona: Bosch, p. 147.

930 Cf. CARVALHO, Afrânio de. *Registro de imóveis*. Rio de Janeiro: Forense, 1976. p. 192.

Questão relevante para o cotidiano dos cartórios é saber se a regra do art. 1.493 veda tão somente o lançamento dos atos nos livros de registro em descompasso com a ordem do protocolo, ou se, mais do que isso, veda também a qualificação (ainda que *sub modo*) do título apresentado a registro posteriormente, em especial em se tratando de títulos contraditórios entre si. O Código Civil Brasileiro parece claro ao determinar tão somente que os atos resultantes da qualificação positiva dos títulos, o registro e a averbação, sigam a ordem constante do protocolo. Assim, em sendo apresentada a registro uma escritura pública de venda e compra em que Tício vende certo imóvel a Caio; e, dois dias depois, em sendo apresentada uma cédula garantida por hipoteca, em que Tício oferece o mesmo imóvel em hipoteca a um dado banco, se a escritura for devolvida com exigências, deve o oficial, tão logo constate que há um título contraditório prenotado anteriormente, abster-se de realizar qualquer análise da cédula de crédito? A resposta é negativa. Pode e deve qualificar a cédula; contudo, caso a qualifique positivamente, não pode praticar os atos dela decorrentes, ou formular nota de exigências, até que sobrevenha o cancelamento da prenotação anterior, seja pelo decurso do prazo, ou seja pelo julgamento de dúvida, ou ainda mesmo pela prática do ato (o que resultará na qualificação negativa da cédula, por desrespeito à continuidade registral).

Um segundo aspecto da prioridade, no Direito Brasileiro, é propriamente sua relação com a preferência, reafirmado pelo art. 186. Com efeito, a escala de precedência decorrente da prioridade teria, para Afrânio de Carvalho, a natureza de sanção das regras de publicidade, punindo aquele que não leva ao registro os títulos que impliquem mudança de titularidade ou oneração de imóveis. Puniria, portanto, o pretendente retardatário ao direito, e beneficiaria o pretendente diligente.[931] Como se viu, a contraditoriedade entre dois títulos pode, pela inscrição de um direito, acarretar a impossibilidade da inscrição do outro, caso em que será *absoluta*; ou não fechar as portas do registro para o outro direito, mas, tão somente, o enfraquecer, atribuindo-lhe um posto inferior na escala de precedência, caso em que será *relativa*. Veja-se que no campo da preferência a precedência se dá, efetivamente, entre direitos, e não entre os títulos. A precedência entre os títulos dá-se na dimensão do princípio da prioridade, que trata das regras de proceder para o registrador.

Sendo absoluta a contraditoriedade, ocorre aquilo a doutrina espanhola denomina *cierre registral*: a impossibilidade de certos direitos terem acesso ao registro, ainda que baseados em título com data anterior, por incompatibilidade com um direito fortalecido pela prioridade.[932]

Roca Sastre[933] aponta ainda mais um efeito da prioridade, que também é replicado no Brasil: a regra que determina que, para todos os efeitos, considera-se como data da inscrição o dia em que o título foi apresentado ao registro. Nesse sentido, o art. 1.246 do Código Civil que determina que *o registro é eficaz desde o momento em que se apresentar o título ao oficial do registro, e este o prenotar no protocolo*. Note-se, a data do registro, tal como consta do assento no Livro 2 ou no Livro 3, é aquela em que o ato foi efetivamente praticado; mas seus efeitos retroagem ao dia do protocolo. Por essa razão, o art. 183 determina a reprodução no título da data do protocolo, e alguns provimentos estaduais – como, por exemplo, as Normas de Serviço da Corregedoria Geral da Justiça de São Paulo, no item 76, "b", do Capítulo XX – determinam que esta data, e o número da prenotação, constem também do assento no Livro 2.

Há ainda mais um aspecto, material, da prioridade, mas dele se tratará no comentário ao art. 205.

Jurisprudência

"**Registro de imóveis** – Títulos contraditórios prenotados no mesmo dia – Título prioritário devolvido com exigência e título que está em segundo lugar na fila de precedência devolvido pela preferência garantida ao primeiro – Apresentante do título prioritário que deixa o prazo de 30 dias estabelecido pelo artigo 205 da Lei nº 6.015/73 transcorrer *in albis* – Apresentante do título que estava em segundo lugar na fila de precedência que o reapresenta no trigésimo dia – Qualificação positiva desse título – Acerto do procedimento adotado pela registradora – Fila de precedência que garante

---

[931] Cf. CARVALHO, Afrânio de. *Registro de imóveis*. Rio de Janeiro: Forense, 1976. p. 192.
[932] Cf. ALONSO, Eduardo Serrano. *Conceptos fundamentales del derecho hipotecário*. 3. ed. Oviedo: Editorial Forum, 1999. p. 73.
[933] Cf. SASTRE, Ramon Maria Roca. *Derecho hipotecário*. Vol. I. 6. ed. Barcelona: Bosch, p. 149.

a análise do título não prioritário no caso de cessação dos efeitos da prenotação daquele que tem preferência – Inteligência dos artigos 186 e 205 da Lei nº 6.015/73 e do item 39 do Capítulo XX das NSCGJ – Parecer pelo recebimento da apelação como recurso administrativo e por seu não provimento" (Corregedoria-Geral da Justiça do Estado de São Paulo, Processo 1121395-11.2015.8.26.0100, j. 15/02/2017, Rel. Des. Manoel de Queiroz Pereira Calças).

"**Inventário de bens**. Decisão que determinou que o credor aguardasse a finalização do inventário, ocasião em que o pedido de transferência do valor depositado nos autos será analisado, tendo em vista a existência de outros credores, inclusive de natureza trabalhista. AGRAVO DE INSTRUMENTO. Credor alega seu direito de preferência, em razão de garantia hipotecária sobre imóvel arrematado judicialmente, requerendo o levantamento do produto da arrematação a seu favor, mediante transferência dos valores ao processo executivo. Pluralidade de credores que demanda a instauração de concurso de credores para análise de eventual preferência. Direito de prelação dos direitos reais de garantia que deve ser afastado diante da existência de outras dívidas que, em virtude de outras leis, devam ser pagas precipuamente a quaisquer outros créditos. Inteligência do artigo 1.422, parágrafo único, do Código Civil. Decisão mantida. RECURSO DESPROVIDO com observação" (2ª Câmara de Direito Privado do Tribunal de Justiça de São Paulo, Agravo de Instrumento 2134739-07.2022.8.26.0000, j. 29/11/2022, Rel. Des. Maria Salete Corrêa Dias).

Art. 187. Em caso de permuta, e pertencendo os imóveis à mesma circunscrição, serão feitos os registros nas matrículas correspondentes, sob um único número de ordem no Protocolo.

 Referências Normativas

Lei 6.015/1973, arts. 12, 169, 176 e 182.
Código Civil, art. 533.

 Comentários

O art. 187 exemplifica a regra que já estava implícita no art. 182: o que se lança no protocolo é o título em sentido formal, independentemente do número de imóveis, ou de fatos inscritíveis, que carregar em seu bojo.

Assim, tratando-se de permuta (e a *fattispecie* do art. 187 pressupõe permuta de imóvel por imóvel), um único será o lançamento no protocolo, ainda que diversos sejam os registros a praticar. O dispositivo destaca o fato de pertencerem os imóveis à mesma circunscrição, já que se pertencerem a circunscrições registrais diversas, inevitavelmente deverá haver mais de um protocolo: um em cada circunscrição.

Apresentado o título a registro, a rogação da parte, em princípio, atinge todos os imóveis, arcando o apresentante com as despesas de registro. Discute-se, todavia, se é admissível que um apresentante requeira a cisão do título, de maneira a obter tão somente o registro da aquisição do imóvel que lhe cabe, e, por conseguinte, arcar tão somente com as despesas deste.

A tendência tradicional na Doutrina é por não se admitir a cindibilidade,[934] com base nas ideias de reciprocidade entre prestação e contraprestação, na tutela da boa-fé e da proteção do tráfico jurídico. A despeito disso, não há, efetivamente, nenhum óbice à cindibilidade. Não obstante no plano contratual a obrigação de cada permutante efetivamente seja causa da obrigação do outro, no plano real são dois os negócios de transmissão, que já foram manifestados. A conclusão da transmissão e conversão de direito pessoal em real pelo registro não é causa, mas consequência; e a apresentação a registro é ônus daquele que queira se tornar proprietário do bem que lhe coube. A jurisprudência

---

[934] Para uma síntese sobre o debate, cf. S. JACOMINO, comentário ao artigo 187, *In: Lei de Registros Públicos Comentada – Lei 6.015/1973*. 2. ed. Rio de Janeiro: Forense, p. 1042-1046.

mais recente do Conselho Superior da Magistratura do Estado de São Paulo também tem admitido a cindibilidade.[935]

 Jurisprudência

"Registro de imóveis – Apelação – Dúvida – Negativa de registro de escritura pública de permuta – Cindibilidade do título permitida – Imóveis situados na mesma circunscrição imobiliária – precedentes do CSM – art. 187 da LRP que não exige a efetivação de todos os registros mas apenas traz técnica de inscrição no protocolo. recurso a que se dá provimento" (Conselho Superior da Magistratura do Estado de São Paulo, Apelação Cível 1008124-45.2019.8.26.0565, j. 11/02/2021, Rel. Des. Ricardo Mair Anafe).

> **Art. 188.** Protocolizado o título, proceder-se-á ao registro ou à emissão de nota devolutiva, no prazo de 10 (dez) dias, contado da data do protocolo, salvo nos casos previstos no § 1º deste artigo e nos arts. 189, 190, 191 e 192 desta Lei. *(Redação dada pela Lei nº 14.382, de 2022)*
>
> § 1º Se não houver exigências ou falta de pagamento de custas e emolumentos, deverão ser registrados, no prazo de 5 (cinco) dias: *(Incluído pela Lei nº 14.382, de 2022)*
>
> I – as escrituras de compra e venda sem cláusulas especiais, os requerimentos de averbação de construção e de cancelamento de garantias; *(Incluído pela Lei nº 14.382, de 2022)*
>
> II – os documentos eletrônicos apresentados por meio do Serp; e *(Incluído pela Lei nº 14.382, de 2022)*
>
> III – os títulos que reingressarem na vigência da prenotação com o cumprimento integral das exigências formuladas anteriormente. *(Incluído pela Lei nº 14.382, de 2022)*
>
> § 2º A inobservância do disposto neste artigo ensejará a aplicação das penas previstas no art. 32 da Lei nº 8.935, de 18 de novembro de 1994, nos termos estabelecidos pela Corregedoria Nacional de Justiça do Conselho Nacional de Justiça. *(Incluído pela Lei nº 14.382, de 2022)*

 Referências Normativas

Lei 6.015/1973, arts. 9º, 12, 14, 169, 176 e 182.
Lei 14.382/2022, arts. 3º, V, e 6º.
Lei 8.935/1994, arts. 28, 30 e 32.

 Comentários

O dispositivo contém regra procedimental, dirigida ao registrador, relacionada ao princípio da prioridade, mas também ao princípio constitucional da eficiência dos serviços públicos. Com a alteração feita pela Lei 14.382/2022, tornou-se mais evidente a existência, na Lei 6.015/1973, de dois prazos distintos, que correm paralelamente: um material, concedido à parte, e cujo estouro resulta na perda da prioridade (art. 205); e outro procedimental, imposto ao registrador, e cujo estouro resulta nas sanções previstas no § segundo.

A contagem do prazo – seja o geral, de dez dias, sejam os diferenciados mencionados no artigo ou em leis especiais, como, por exemplo, as que tratam de cédulas de crédito – segue, por determinação expressa, a regra do art. 9º da Lei 6.015/1973. Assim, é contado em dias úteis, considerados úteis aqueles dias em que há expediente no cartório com atendimento ao público. Em observância ao art. 224 do Código de Processo Civil, a que remete o § 3º do art. 9º, exclui-se o dia do começo (ou seja,

---

[935] Cf. Conselho Superior da Magistratura do Estado de São Paulo, Apelação Cível 1008124-45.2019.8.26.0565, j. em 11/02/2021, Rel. Des. Ricardo Mair Anafe.

a data do protocolo), inclui-se o dia do vencimento, e considera-se o prazo prorrogado até o próximo dia útil quando o último dia cair em feriado ou data em que não haja expediente.

O prazo, geral ou especial, é para que o registrador realize uma de duas condutas possíveis: (i) "registrar" em sentido amplo (ou seja, concluir o procedimento de registro, pela inscrição nos livros de registro do ato de registro ou de averbação que lhe foi solicitado), ou, (ii) se houver exigências a cumprir, formular nota devolutiva que as indique.

A Lei 14.382/2022 incluiu no art. 188 um § 1º, contendo certos títulos, ou circunstâncias, que, se presentes, resultam na redução do prazo para cinco dias. Todos pressupõem a inexistência de exigências a formular, bem como no pagamento integral das custas e emolumentos devidos.

O inciso I contém três fatos inscritíveis sujeitos a prazo reduzido: as escrituras de compra e venda sem cláusulas especiais; os requerimentos de averbação de construção; e os requerimentos de cancelamento de garantias. Realizando-se uma interpretação teleológica, vê-se que as hipóteses foram escolhidas por sua suposta singeleza, e, por conseguinte, pela maior facilidade de sua qualificação e despacho. Se, por um lado, não há grande dificuldade na compreensão do que são os requerimentos de averbação de construção e de cancelamento de garantias, por outro a expressão "sem cláusulas especiais" ligada à compra e venda contém conceito jurídico determinado que demanda interpretação. Uma primeira interpretação, literal, levaria à conclusão de que se está a tratar das "Cláusulas Especiais à Compra e Venda", previstas nos arts. 505 a 532 do Código Civil Brasileiro. Mas essa interpretação não pode ser admitida. Dentre as cláusulas especiais previstas no Código Civil, apenas a retrovenda e a preempção guardam relação com o registro de imóveis,[936] ambas raríssimas no cotidiano das vendas imobiliárias. Isso resultaria, em termos práticos, que qualquer escritura de compra e venda passaria a contar com prazo reduzido. Isso não é razoável, já que a redução contemplaria, sem razão aparente, apenas vendas formalizadas por instrumento público. Com isso, permaneceriam no prazo geral, sem razão aparente, não apenas vendas formalizadas por instrumento particular (incluindo os instrumentos bancários), como também outras espécies de negócios economicamente relevantes, notadamente as constituições de direitos reais de garantia (ainda que formalizados por escritura pública). Assim, deve-se buscar outra interpretação. Sendo, como se viu, a singeleza dos títulos a razão de ser do prazo reduzido, é esse o sentido que se deve dar à inexistência de cláusulas especiais: simplicidade, baixa complexidade, suscetibilidade do título a ser despachado rapidamente. Não há dúvidas de que uma escritura pública de compra e venda, à vista, de um único imóvel, que já conte com matrícula própria, se adequa perfeitamente ao conceito. Mas dentre os vários elementos do título, muitas são as possíveis fontes de complexidade ou de circunstâncias que o tornem mais difícil de despachar: grande quantidade de sujeitos; mais de um imóvel sendo vendido; negócios adjetos, como hipoteca, ou alienação fiduciária em garantia; necessidade de o imóvel ser previamente matriculado etc. Caberá à Doutrina e à Jurisprudência preencher o conceito com o conjunto de situações.

O inciso II trata dos documentos eletrônicos apresentados por meio do Sistema Eletrônico dos Registros Públicos (SERP), o que remete aos arts. 3º, V, e 6º da Lei 14.382/2022. Destaque-se, em primeiro lugar, que o SERP ainda não foi implantado, bem como caberá à Corregedoria Nacional de Justiça disciplinar muitos de seus aspectos (Lei 14.382/2022, art. 7º). Contudo, algumas observações podem ser feitas desde já. A expressão "documento eletrônico" também deve ser interpretada segundo os critérios de simplicidade, baixa complexidade e suscetibilidade a despacho rápido já mencionados no comentário ao inciso I. Isso porque o "documento eletrônico" por si só significa apenas um meio de se levar o fato inscritível ao registro, comportando situações absolutamente díspares entre si. Com efeito, por meio eletrônico podem chegar tanto os requerimentos de averbação de construção ou de cancelamento de garantias, como também cartas de sentença, formais de partilha, memoriais de incorporação, dentre outros títulos complexos. Por outro lado, a própria Lei 14.382/2022 previu (art. 6º) uma espécie de documento eletrônico vocacionado à singeleza, e, expressamente recebido dos interessados "por meio do Serp": os extratos eletrônicos. Esses extratos consistem em documentos eletrônicos estruturados, contendo apenas os elementos essenciais do negócio, e, por conseguinte, se destinam apenas a negócios altamente padronizados e massificados (como, por exemplo, as aquisições de imóveis no bojo de programas habitacionais). Ainda, sua qualificação conta com regras próprias, previstas nos §§ 2º e 3º do art. 6º da Lei, tudo justificando um despacho mais ágil pelo registrador.

---

[936] Cf. COUTO, Maria do Carmo de Rezende Campos. *Compra e venda*. 3. ed. São Paulo: IRIB, 2016. p. 27-28.

Assim, a interpretação que deve ser dada ao "documento eletrônico apresentado por meio do Serp" é a de que o prazo de cinco dias será aplicável quando se tratar de extrato eletrônico. Por fim, caberá à Corregedoria Nacional de Justiça (art. 7º, VIII) regulamentar a forma do extrato e os casos em que será cabível.

E o inciso III não trata de títulos específicos, mas, sim, de uma circunstância específica: o reingresso no cartório de títulos – quaisquer que sejam eles – que haviam sido devolvidos com exigências, e que as tiveram integralmente atendidas, na vigência da prenotação. Ou seja, o título havia sido devolvido com exigências no prazo original (o geral de dez dias, ou o de cinco nos casos dos incisos I e II), o interessado conseguiu resolvê-las dentro do prazo concedido pelo art. 205, e então reapresentou a documentação no cartório. Com base na data deste reingresso, o registrador terá mais cinco dias para concluir o procedimento e inscrever os atos respectivos nos livros de registro. Nesse caso, o direito material de prioridade concedido ao interessado pelo art. 205 prorroga-se até a conclusão do ato, visto não se tratar de "omissão do interessado em atender às exigências legais".

Por fim, o *caput* prevê expressamente mais algumas exceções ao prazo geral de dez dias, mas, neste caso, para prorrogá-lo. Trata-se dos casos previstos nos arts. 189 a 192. No caso do art. 189, o prazo concedido ao registrador prorroga-se por até 30 dias. Nos casos dos arts. 190 e 191 até o dia útil seguinte, para o título prenotado com número de ordem mais alto. Já o art. 192 apenas excepciona a regra dos arts. 190 e 191: tratando-se de escrituras públicas de mesma data, apresentadas no mesmo dia, e que determinem, taxativamente, a hora em que lavradas, prevalecerá, para fins de prioridade, a que foi lavrada antes, com o que é o registro da lavrada ulteriormente que será prorrogado, se não for absoluta a contraditoriedade entre ambas, ainda que seu número de ordem no protocolo seja mais baixo.

 Jurisprudência

"Normas de serviço da Corregedoria-Geral da Justiça – Registro de Imóveis – Prazo de qualificação dos títulos – Princípio da eficiência do serviço extrajudicial – Necessidade de observância da proporcionalidade e razoabilidade para definição do prazo de qualificação – Alteração da redação dos Itens 43 e 43.1 do Capítulo XX, do Tomo II, das Normas de Serviço da Corregedoria Geral da Justiça" (Corregedoria-Geral da Justiça do Estado de São Paulo, Processo 49.880/2017, j. 05/02/2018, Rel. Des. Geraldo Francisco Pinheiro Franco).

> **Art. 189.** Apresentado título de segunda hipoteca, com referência expressa à existência de outra anterior, o oficial, depois de prenotá-lo, aguardará durante 30 (trinta) dias que os interessados na primeira promovam a inscrição. Esgotado esse prazo, que correrá da data da prenotação, sem que seja apresentado o título anterior, o segundo será inscrito e obterá preferência sobre aquele.

 Referências Normativas

Lei 6.015/1973, art. 188.
Código Civil, arts. 1.476, 1.477, 1.478 e 1.495.

 Comentários

O dispositivo, com redação distinta daquela constante do art. 1.495 do Código Civil, mas de mesmo sentido, cuida de exceção à regra segundo a qual o título prenotado anteriormente, e, por conseguinte, sob número de ordem mais baixo, tem precedência no registro. A constituição de mais de uma hipoteca sobre o mesmo bem implica contraditoriedade relativa, já que o registro da primeira não impede o registro da segunda. A despeito disso, a hipoteca de grau mais baixo terá preferência em relação à de grau mais alto, o que pode ser vital em caso de insolvência do devedor e de o valor do bem hipotecado não suportar o total do crédito garantido.

Segundo o art. 189, se é apresentado o título constitutivo de hipoteca que expressamente reconhece a existência de outra que lhe deverá ser preferente – por exemplo, por afirmar o título expressamente se tratar de hipoteca de segundo grau, em uma situação em que o imóvel ainda não se encontra onerado por nenhuma hipoteca – sobrestar-se-á o registro do título até que seja registrada a hipoteca anterior, ou até que decorra o prazo de 30 dias, o que ocorrer primeiro. Esse prazo conta-se em dias úteis e na forma do Código de Processo Civil, nos termos do art. 9º, § 3º, da Lei 6.015/1973. Apresentado a registro neste ínterim o título constitutivo da outra hipoteca, esta é registrada, e, a seguir, registra-se a hipoteca cujo título foi apresentado em primeiro lugar. Por outro lado, não apresentado o outro título dentro dos 30 dias, registra-se a hipoteca na posição que lhe caberia quando protocolado seu título constitutivo. O mesmo acontece se o título for apresentado, qualificado negativamente, e não reingressar com as exigências atendidas no prazo de vigência da prenotação. Quaisquer outros títulos contraditórios apresentados a registro também devem ser protocolados, e sua qualificação fica sobrestada até a conclusão do registro da primeira hipoteca, e, se o caso, da segunda. Por outro lado, se for protocolado um título contraditório entre os protocolos das duas hipotecas (por exemplo, uma compra e venda), este deverá ser levado em conta na qualificação da hipoteca apresentada ulteriormente. Ensejando a qualificação negativa da segunda hipoteca, deverá ser registrada a hipoteca apresentada anteriormente, e, a seguir, o título intermédio.

> **Art. 190.** Não serão registrados, no mesmo dia, títulos pelos quais se constituam direitos reais contraditórios sobre o mesmo imóvel.
>
> **Art. 191.** Prevalecerão, para efeito de prioridade de registro, quando apresentados no mesmo dia, os títulos prenotados no Protocolo sob número de ordem mais baixo, protelando-se o registro dos apresentados posteriormente, pelo prazo correspondente a, pelo menos, um dia útil.
>
> **Art. 192.** O disposto nos arts. 190 e 191 não se aplica às escrituras públicas, da mesma data e apresentadas no mesmo dia, que determinem, taxativamente, a hora da sua lavratura, prevalecendo, para efeito de prioridade, a que foi lavrada em primeiro lugar.

 Referências Normativas

Código Civil, arts. 1.246, 1.422, 1.493, 1.495 e 1.496.
Lei 6.015/1973, arts. 12; 186; 188; 198; 203; 205; 206; 206-A; 213, § 13, II; 214, § 4º; 216-A, § 1º.

 Comentários

Os arts. 190 a 192 contêm dispositivos anacrônicos e inúteis que têm se mantido na legislação por inércia, e que poderiam ter sido revogados pela Lei 14.382/2022, sem qualquer prejuízo, tal como revogou o art. 1.494 do Código Civil.

Com efeito, as regras por eles prescritas têm por objetivo solucionar problemas que não mais se verificam em um mundo com meios de transporte e de comunicação eficientes, e com um sistema de registro baseado no fólio real.[937] Os arts. 190 e 191 encerram comando procedimental, dirigido ao registrador, com a finalidade de se evitarem dúvidas acerca de qual direito real seria preferente sobre um determinado bem. Assim, por exemplo, duas hipotecas.

A previsão poderia até fazer algum sentido na sistemática que vigorava antes da Lei 6.015/1973, em que os livros de registro eram escriturados em folha comum, em ordem cronológica. Nas grandes cidades, tais livros eram, por vezes, desdobrados, para escrituração simultânea, sendo um deles destinado às transcrições ou inscrições pares, e o outro para as ímpares. Nesses casos, sendo dois

---

[937] Para uma breve história destes dispositivos, cf. S. JACOMINO. Comentário ao artigo 187. In: *Lei de Registros Públicos Comentada – Lei 6.015/1973*. 2. ed. Rio de Janeiro: Forense, p. 1053-1080; e LAGO, Ivan Jacopetti do. O atendimento prioritário da Lei Federal 13.146/2015 (Estatuto da pessoa com deficiência) e o princípio da prioridade do registro de imóveis. In: *RDI*, n. 80, 2016.

direitos reais contraditórios registrados no mesmo dia, alguma dúvida poderia haver sobre qual havia sido inscrito antes. Compreendia-se, portanto, o sentido de postergar o registro de um deles para o dia seguinte. Destaque-se que previa o Decreto 3.453/1865 que a hipoteca convencional não tinha sua precedência definida por seu número de ordem de lançamento no protocolo, mas pela data de sua inscrição (art. 116, § 3º).

A vedação de registrar os dois direitos no mesmo dia, contudo, não tem razão de ser em um sistema que adota o fólio real (isto é, no qual os registros são lançados em uma mesma folha, ilustrando graficamente a precedência concedida pela lei a cada direito), e no qual a precedência, segundo o art. 186, é determinada pelo número de ordem do protocolo.

A despeito disso, o art. 191 tem ao menos o mérito de reafirmar a regra de precedência do número de ordem mais baixo, ressalvada a exceção contida no art. 192. No Decreto 4.857/1939 (arts. 207 a 209), remetia-se à data da escritura a precedência, sempre que apresentadas a registro no mesmo dia. O art. 192, por fim, mantém um resquício desta prática, fixando a precedência, para fins de prioridade no registro, com base no momento de lavratura da escritura, sempre que ambas forem apresentadas a registro no mesmo dia, tiverem sido lavradas na mesma data, e desde que ambas consignem o horário em que foram lavradas. Como, nesse caso, a precedência não seria fixada pelo número de ordem no protocolo, excepciona-se a vedação ao registro de ambas no mesmo dia.

A utilidade prática dessa sorte de regra residia apenas na improvável hipótese de apresentação simultânea dos dois títulos. Nesse sentido, os arts. 47 e 48 do Decreto 3.453/1865, que regulamentou a Lei 1.237/1864, e os arts. 44 e 45 do Decreto 370/1890, previam que se duas pessoas comparecessem no registro "ao mesmo tempo", isto é, na mesma manhã (das 06h às 12h) ou na mesma tarde (das 12h às 18h), os títulos contraditórios seriam protocolados sob mesmo número de ordem, e não haveria prioridade entre eles. Assim, a solução do conflito de precedência deveria ser encontrada fora do registro.

Atualmente, contudo, não vigora em nosso sistema de registro qualquer previsão que justifique a manutenção do art. 192.

> **Art. 193.** O registro será feito pela simples exibição do título, sem dependência de extratos.

 Referências Normativas

Decreto 4.857/1939, art. 210.
Decreto 18.542/1928, art. 202.
Código Civil de 1916, art. 838.
Decreto 370/1890, arts. 50, 52, 53 e 95, § 2º.
Decreto 3.453/1865, arts. 53, 55, 56 e 98, § 2º.

 Comentários

O art. 193 é mais um dispositivo que se mantém em vigor por simples inércia, por meio de replicação em cada novo diploma legislativo. O texto, tal como se encontra na Lei 6.015/1973, é o mesmo que foi introduzido originalmente no art. 202 do Decreto 18.542/1928, e que se repetiu no art. 310 do Decreto 4.857/1939.

Em 1928, fazia todo sentido, já que ao regulamentar o art. 838 do Código Civil de 1916 – que exigia, para a inscrição da hipoteca, tão somente o traslado da escritura – derrogou o art. 50 do Decreto 370/1890, que para transcrição ou inscrição de qualquer título exigia, além do próprio título, a apresentação, em duplicata, de um extrato, contendo "todos os requisitos, que para a inscrição ou transcrição este regulamento exige, e pela mesma ordem em que se exigem".

A exigência do extrato aludia ao art. 2.148 da redação original do Código Civil Francês, que para o registro das hipotecas – feito por inscrição – determinava ao credor a apresentação ao conservador de hipotecas juntamente com a via original do título dois *bordereaux* escritos em papel timbrado.

Consistiam os *bordereaux* em resumos sumários do título que originava a hipoteca. A ideia era de que a busca pelo conservador dos elementos do registro no próprio título poderia causar insegurança ao envolver cláusulas obscuras, lacunas, imprecisões, com risco para o conservador e para o próprio credor. Assim, a lei francesa determinava que cabia ao apresentante do título juntar ao título as duas vias do *bordereau*, contendo os elementos relevantes tais como deveriam ingressar no livro de registros.[938] Tais *bordereaux*, assim, tinham duplo objetivo: garantir ao credor que a inscrição seria feita tal como as indicações feitas por ele no formulário, sob pena de responsabilidade do conservador; e, por outro lado, assegurar o conservador contra reclamações do credor em caso e irregularidade da inscrição, se houvesse seguido as indicações apresentadas. A apresentação dos *bordereaux*, contudo, não era requisito de validade da inscrição, que seria válida se contivesse os elementos exigidos em lei; por outro lado, poderia ser inválida ainda que o conservador seguisse estritamente o contido no *bordereau*.[939] Assim, a questão dizia respeito unicamente ao campo da responsabilidade civil.

No Brasil não tinham a função de isentar o registrador de qualquer responsabilidade, nem de substituir o título, que sempre deveria ser verificado e comparado com os extratos (Decreto 370/1890, art. 95). Assim, eram apenas uma fonte inútil de retrabalho criticada pela Doutrina,[940] donde sua abolição pela legislação posterior.

Art. 194. Os títulos físicos serão digitalizados, devolvidos aos apresentantes e mantidos exclusivamente em arquivo digital, nos termos estabelecidos pela Corregedoria Nacional de Justiça do Conselho Nacional de Justiça. *(Redação dada pela Lei nº 14.382, de 2022)*

Referências Normativas

Lei 6.015/1973, art. 1º, § 3º.
Provimento 50/2015, do Conselho Nacional de Justiça.
Provimento 74/2018, do Conselho Nacional de Justiça.
Provimento 149/2023 do Conselho Nacional de Justiça, arts. 92, 93 e 123, § 1º.
Lei 13.709/2018, arts. 5º, X; e 7º, II.

Comentários

O art. 194 sofreu profunda modificação pela Lei 14.382/2022. A despeito disso, continua tratando do mesmo tema: o arquivamento de cópias de títulos em cartório.

Antes da modificação, limitava-se a ordenar o arquivamento em cartório de ao menos uma via dos instrumentos particulares apresentados a registro. Nada dizia acerca de títulos públicos, como os notariais ou judiciais, denotando que quanto a estes não haveria necessidade de arquivamento. Assim, ainda que apresentados em uma única via, seriam restituídos à parte. Isso não impedia que muito registradores, por precaução, digitalizassem todos os títulos apresentados a registro, independentemente de sua natureza, e os mantivessem arquivados em meio eletrônico indefinidamente.

Em 2015, o Conselho Nacional de Justiça editou o Provimento 50, contendo uma tabela de temporalidade com prazos mínimos de manutenção de arquivos, e regras acerca da eliminação de documentos físicos. Seu intuito era o de racionalização dos arquivos dos cartórios extrajudiciais, cujas dimensões podem gerar custos elevados de manutenção, bem como dificuldades na realização de buscas e consultas.

---

[938] Cf. MARCADE, Victor Napoleon; PONT, Paul. *Commentaire-traite theorique et pratique des privileges et hypotheques*. Paris: Cotillon, 1856. p. 896-897.
[939] Cf. DURANTON, Alexandre. *Cour de droit civil français suivant le code civil*. vol. XXI, 4. ed. Paris: G. Thorel, 1844. p. 168-169.
[940] Cf. ALMEIDA, Francisco de Paula Lacerda de. *Direito das cousas*. Vol. II. Rio de Janeiro: J. Ribeiro dos Santos, 1910. p. 334.

Em 2018, foi publicada a Lei 13.709 – conhecida como Lei Geral de Proteção de Dados Pessoais – que entre as operações de tratamento (art. 5º, X) inclui núcleos como "arquivamento", "armazenamento", "eliminação" entre outros. A partir daquele momento, portanto, a manutenção dos arquivos dos cartórios não mais se limitava a uma questão de racionalização de processos, mas passava a envolver também os princípios da nova lei, entre os quais o da necessidade, segundo o qual as operações de tratamento deveriam ser limitadas a um mínimo necessário para a realização de suas finalidades. Acrescente-se a isso a necessidade de base para tratamento, que, no caso dos registros de imóveis, em geral consiste no cumprimento de obrigação legal ou regulatória pelo controlador (art. 7º, II).

Faltaria, assim, base legal para a manutenção em arquivo de títulos que não contassem com previsão legal que a determinasse, que era precisamente o caso dos títulos com origem notarial, judicial ou administrativa.

A nova redação do art. 194 suprimiu a restrição do arquivamento necessário aos títulos de natureza particular, determinando que os títulos físicos – quaisquer que sejam – deverão ser digitalizados, devolvidos aos apresentantes e mantidos exclusivamente em meio digital. Assim, ao digitalizar e manter suas cópias em meio digital, estão os registradores cumprindo comando legal. Mais do que isso, estes arquivos passam a integrar o acervo oficial do cartório, e podem inclusive ser objeto da expedição de certidão. Nesse sentido, o art. 123, § 1º, do Provimento 149 do Conselho Nacional de Justiça prevê que dependem de identificação do requerente, e independem de indicação da finalidade, os pedidos de certidão de documentos arquivados no cartório, desde que haja previsão legal ou normativa de seu arquivamento no registro. A despeito de o art. 194 tratar especificamente de documentos físicos, a interpretação deve ser extensiva. Como os documentos apresentados fisicamente, uma vez digitalizados, deverão permanecer no arquivo do cartório em meio digital indefinidamente, é de todo razoável a extensão desta última obrigação também aos documentos que já cheguem ao cartório pela via digital, e, por conseguinte, que também estes passem a fazer parte do seu acervo oficial.

O artigo comete à Corregedoria Nacional de Justiça a atribuição de regulamentá-lo. Essa regulamentação específica ainda não veio. Contudo, já há regras do próprio Conselho Nacional de Justiça que tratam de arquivos eletrônicos. Essas regras estão contidas nos vários padrões técnicos impostos pelo Provimento 74/2018 para a segurança, integridade e disponibilidade de dados dos cartórios, e também nos arts. 92 e 93 do Provimento 149/2023, que estabelece responsabilidades, ligadas à proteção de dados pessoais, na inutilização e eliminação de documentos, e em seu armazenamento, quer sejam documentos físicos, quer sejam digitais.

> **Art. 195.** Se o imóvel não estiver matriculado ou registrado em nome do outorgante, o oficial exigirá a prévia matrícula e o registro do título anterior, qualquer que seja a sua natureza, para manter a continuidade do registro.

Referências Normativas

Lei 6.015/1973, arts. 19, §§ 10, I, e 11; 169; 171; 176; 195-A; 196; 222; 227; 228; 229; 230; 231; 232; 233; 234; 235; 235-A; 236; 237; 243.

Comentários

O art. 195 contém regra procedimental decorrente do princípio registral da continuidade, ao qual expressamente faz menção. Esse princípio significa que relativamente a cada imóvel adequadamente identificado e individualizado deve existir uma cadeia de titularidades. À vista dessa cadeia, somente se realiza o registro de um direito se aquele que o outorga figurar previamente no registro como seu titular. Assim, a legitimidade da transmissão ou da oneração do direito é assegurada por proceder o registro de outro anterior, em uma corrente ininterrupta de assentos.[941]

---

[941] Cf. CARVALHO, Afrânio de. *Registro de imóveis*. Rio de Janeiro: Forense, 1976. p. 285.

Nem sempre o princípio da continuidade vigorou no Direito Brasileiro. A Lei 1.237/1865 contemplava tão somente o registro das transmissões *inter vivos* (art. 8º), e seu regulamento, o Decreto 3.453/1865, expressamente repelia o registro das transmissões "*causa mortis* ou por testamentos" como também "os actos judiciários" (art. 260). Com isso, naturalmente haveria lacunas na filiação dos imóveis. Tampouco havia qualquer determinação de que o registrador exigisse, para o registro de uma transmissão, ou de uma hipoteca, o registro, ou mesmo a mera apresentação, de título anterior que a legitimasse.

Coube ao Código Civil de 1916 (art. 532) determinar também o registro dos julgados que, em sede de ação divisória, pusessem fim à indivisão (o que abrangia também as partilhas hereditárias); das sentenças que, nos inventários e partilhas, adjudicassem bens de raiz em pagamento das dívidas da herança; e das arrematações e adjudicações em hasta pública. E, uma vez instituída a universalização do ingresso no registro das mutações jurídico-reais[942] coube aos arts. 206, 213 e 234 do Decreto 18.452/1928, da lavra de Filadelfo Azevedo, introduzir no sistema o princípio e as regras dele decorrentes.[943]

O Decreto 18.452/1928, contudo, continha em seu art. 234 uma regra que buscava facilitar a criação de cadeias filiatórias legítimas. O dispositivo reafirmava a impossibilidade de se realizar registro sem a prévia inscrição do título anterior, mas ressalvava a situação em que o título anterior não estivesse sujeito a registro segundo o direito então vigente (por exemplo, se o título anterior fosse uma partilha *causa mortis* anterior ao Código Civil de 1916). O Decreto 4.857/1939 reproduziu a fórmula em seu art. 244, mas este teve sua redação alterada pelo Decreto 5.318/1940. Com a alteração, foi inserida após a reafirmação da impossibilidade de registro sem inscrição do título anterior um complemento segundo o qual "e quando nenhum haja, do último anterior ao Código Civil", salvo se não estivesse obrigado a registro segundo o direito então vigente. O objetivo da alteração era o de, nas situações em que ainda não havia no registro qualquer registro de um dado imóvel, não se exigir uma regressão *ad infinitum*, mas tão somente ao último título anterior ao Código Civil sujeito a registro. Assim, se o título anterior fosse uma partilha *causa mortis* anterior ao Código Civil de 1916, esta não precisaria ser registrada. A cadeia filiatória no registro seria iniciada pelo registro seguinte. A despeito disso, o formal de partilha deveria ser apresentado para legitimar a aquisição seguinte. Por outro lado, se o título anterior fosse uma escritura pública de compra e venda outorgada em 1910, esta deveria ser registrada; mas se o ainda anterior fosse, por exemplo, uma escritura outorgada em 1900, o registro desta última já não seria exigível.

A Lei 6.015/1973 não reproduziu essa regra de transição. Ainda assim, a jurisprudência a tem aplicado mesmo após sua vigência, entendendo que o registro de títulos anteriores ao Código Civil – de qualquer natureza – não é exigível. A despeito disso, para o registro do título seguinte, devem ser apresentados como documentos anexos, com a finalidade de provar o domínio e legitimar a aquisição. Nesse sentido, o ex Corregedor-Geral de Justiça do Estado de São Paulo Adriano Marrey: "*Não seria caso, todavia, de se exigir o registro de título anterior ao Código Civil, isto é, anterior a 1º de janeiro de 1917. Isso porque os titulares das áreas havidas antes daquela data "tem direito adquirido ao não registro", como assevera WALTER CENEVIVA, que, no entanto, adverte: "Pode o oficial, porém, exigir para exame e matrícula a apresentação do título anterior" (op. cit., págs. 411-2).*"[944]

Não obstante o princípio da continuidade tenha vigorado com sucesso desde 1928 em um sistema de folha comum suplementado por indicadores real e pessoal, o fólio real introduzido pela matrícula da Lei 6.015/1973 certamente facilita sua observância, e diminui a chance de ocorrerem erros. E permanece no art. 195 boa parte da estrutura do vetusto art. 206 do Decreto 18.452/1928: a previsão da *fattispecie* "imóvel não lançado em nome do outorgante", o preceito determinando o prévio registro do título anterior "qualquer que seja sua natureza", e a alusão à finalidade de se manter a continuidade do registro. Destaque-se que a expressão "qualquer que seja sua natureza" aludia à já mencionada universalização operada 12 anos antes pelo Código Civil, a que o Decreto pretendia regulamentar.

---

[942] Cf. CARVALHO, Afrânio de. *Registro de imóveis*. Rio de Janeiro: Forense, 1976. p. 292.

[943] Segundo Afrânio, no entanto, parte da Doutrina e da Jurisprudência considerava que mesmo antes já vigorava o princípio de maneira implícita, como parte do sistema adotado pelo Código Civil de 1916. Cf. CARVALHO, Afrânio de. *Registro de imóveis*. Rio de Janeiro: Forense, 1976. p. 293.

[944] Cf. Conselho Superior da Magistratura de São Paulo, Apelação Cível 87-0, j. 29/12/1980, Rel. Des. Adriano Marrey. No mesmo sentido, Apelação Cível 2.586-0/83, j. 01/10/1983, Rel. Des. Bruno Affonso de André.

A diferença entre o art. 206 do Decreto 18.452/1928 e o art. 195 da Lei 6.015/1973 está na matrícula. Assim, o art. 195 exige para o registro de um dado título que o imóvel esteja "matriculado" ou "registrado" em nome do outorgante. Pela conjunção disjuntiva "ou" deve-se entender, na verdade, "registrado em matrícula", já que adiante o dispositivo preceitua que "o oficial exigirá a prévia matrícula". Ademais, o art. 236 preceitua que nenhum registro pode ser feito sem que o imóvel a que se referir esteja matriculado. Com efeito, não basta que o outorgante figure como adquirente em uma transcrição anterior: se o imóvel ainda não foi matriculado, é imperioso fazê-lo. Por outro lado, não basta que esteja matriculado: não se fará registro que dependa da apresentação de título anterior, preceitua o art. 237.

A matrícula, contudo, não é ato de registro em sentido estrito, já que nem cria, nem modifica, nem extingue direitos,[945] mas, sim, um ato cadastral destinado a dar origem à individualidade de um determinado imóvel[946] na sistemática da base real adotada pela Lei 6.015/1973. Dessa maneira, deverá ser aberta em nome do proprietário anterior, ingressando o título apresentado a registro, em que o proprietário anterior figura como outorgante, no primeiro registro do novo fólio, ou "R1".

Se, contudo, quem figura como proprietário na transcrição ainda não é o outorgante do título apresentado, imprescindível que o título pelo qual ele adquiriu seja também apresentado a registro. Nesse caso, a matrícula seria aberta em nome do proprietário primitivo, que figurava na transcrição; a seguir, no "R1" seria registrado o título pelo qual o atual outorgante adquiriu o bem; e no "R2" seria registrado o título pelo qual o último adquirente adquiriu.

Por fim, há exceções à regra prevista no art. 195, ou seja, casos em que não será exigível registro de título anterior. É o que ocorre nas aquisições originárias (isto é, naquelas aquisições que não se apoiam em um direito anterior, como se dá no usucapião e na desapropriação) e no ingresso no registro dos bens públicos. A respeito desses se tratará nos comentários aos artigos seguintes.

 Jurisprudência

> "A mera transcrição do conteúdo do título anterior nos autos apresentados para registro não supre a necessidade de sua recepção para o perfeito encadeamento dos atos. Se a área é insuscetível de localização geodésica com base em elementos à disposição do Cartório, impõe-se ao interessado o recurso à via retificatória judicial" (1ª Vara de Registros Públicos de São Paulo, Processo 1.188/1992, j. 16/12/1992, Rel. Dr. Kiotsi Chicuta).

> "A hipótese é de negativa de registro de formal de partilha onde arrolados os imóveis Sítio Lagoa Grande, Paiol e Feital. A negativa de registro foi bem mantida. Para registro de títulos anteriores ao Código Civil é necessária sua exibição ao Oficial para controle da continuidade. Por outro lado, Registro Paroquial não é título de domínio, servindo apenas como prova de posse, direito este insuscetível de ingresso nos assentos prediais. Finalmente, a especialização dos títulos não foi objeto de procedimento contencioso, com chamamento de confrontantes, pelo que sua admissibilidade ao registro (se admitido o acesso) importaria inovação unilateral, reiteradamente vedada" (Conselho Superior da Magistratura do Estado de São Paulo, Apelação Cível 13.148-0/5, j. 21/10/1991, Rel. Des. Onei Raphael Pinheiro Oricchio).

> "Os títulos que se pretendiam registrados eram todos formados na década de 80, e, portanto, compelidos à observância da regra básica da continuidade (art. 195 da Lei nº 6015/73). Dispensados da obediência do trato contínuo são, apenas, em princípio, os títulos anteriores à vigência do Código Civil. Ainda assim, tal exceção à norma da continuidade não significa automática registrabilidade daqueles títulos. Será preciso, por exemplo, que os instrumentos formais nos quais eles se materializem tenham seu acesso admitido, 'in abstracto', na legislação atual. Daí porque não haveria falar, nos dias atuais, em registro de 'carta de sesmaria', título formal não previsto nem no art. 221 da LRP nem em qualquer outro texto legal em vigor. Por outro lado, os títulos anteriores ao Código Civil, sobre escaparem à incidência do princípio da continuidade, não se forram à observância de

---
[945] Cf. SILVA, Gilberto Valente da. Matrícula. In: Boletim IRIB em Revista, n. 303, 2002.
[946] Cf. SOTTANO, Jether. Abertura de matrícula – oportunidade – elementos que a informam. In: Boletim IRIB em Revista, n. 60, 1982.

outros princípios emergentes do direito atual; não podem, assim, lograr ingresso caso não atendam por exemplo – como ocorre no caso em exame – ao princípio da especialização objetiva, com a identificação minimamente segura da situação do imóvel a que dizem respeito, de maneira a se tornar inconfundível com outros prédios porventura inscritos e a se evitar o risco de superposições de registros sobre a mesma área" (Conselho Superior da Magistratura do Estado de São Paulo, Apelação Cível 12.570-0/3, j. 17/06/1991, Rel. Des. Onei Raphael Pinheiro Oricchio).

"Carta de adjudicação – Título judicial – Qualificação registral. Continuidade. Registro do vigário – Paroquial – Legitimação de posse – Juiz comissário de medições. Título anterior ao Código Civil" (Conselho Superior da Magistratura do Estado de São Paulo, Apelação Cível 87-0, j. 29/12/1980, Rel. Des. Adriano Marrey).

"Venda e compra – Escritura pública. continuidade. Domínio. enfitêutico. Não se pode confundir a necessidade de apresentação do título anterior ao Código Civil com a necessidade de seu registro para prova do domínio" (Conselho Superior da Magistratura do Estado de São Paulo, Apelação Cível 2.586-0/83, j. 01/10/1983, Rel. Des. Bruno Affonso de André).

Art. 195-A. O Município poderá solicitar ao cartório de registro de imóveis competente a abertura de matrícula de parte ou da totalidade de imóveis públicos oriundos de parcelamento do solo urbano implantado, ainda que não inscrito ou registrado, por meio de requerimento acompanhado dos seguintes documentos. *(Redação dada pela Lei nº 13.465, de 2017)*

I – planta e memorial descritivo do imóvel público a ser matriculado, dos quais constem a sua descrição, com medidas perimetrais, área total, localização, confrontantes e coordenadas preferencialmente georreferenciadas dos vértices definidores de seus limites; *(Incluído pela Lei nº 12.424, de 2011)*

II – comprovação de intimação dos confrontantes para que informem, no prazo de 15 (quinze) dias, se os limites definidos na planta e no memorial descritivo do imóvel público a ser matriculado se sobrepõem às suas respectivas áreas, se for o caso; *(Incluído pela Lei nº 12.424, de 2011)*

III – as respostas à intimação prevista no inciso II, quando houver; e *(Incluído pela Lei nº 12.424, de 2011)*

IV – planta de parcelamento ou do imóvel público a ser registrado, assinada pelo loteador ou elaborada e assinada por agente público da prefeitura, acompanhada de declaração de que o parcelamento encontra-se implantado, na hipótese de este não ter sido inscrito ou registrado. *(Redação dada pela Lei nº 13.465, de 2017)*

§ 1º Apresentados pelo Município os documentos relacionados no *caput*, o registro de imóveis deverá proceder ao registro dos imóveis públicos decorrentes do parcelamento do solo urbano na matrícula ou transcrição da gleba objeto de parcelamento. *(Incluído pela Lei nº 12.424, de 2011)*

§ 2º Na abertura de matrícula de imóvel público oriundo de parcelamento do solo urbano, havendo divergência nas medidas perimetrais de que resulte, ou não, alteração de área, a situação de fato implantada do bem deverá prevalecer sobre a situação constante do registro ou da planta de parcelamento, respeitados os limites dos particulares lindeiros. *(Incluído pela Lei nº 12.424, de 2011)*

§ 3º Não será exigido, para transferência de domínio, formalização da doação de áreas públicas pelo loteador nos casos de parcelamentos urbanos realizados na vigência do Decreto-Lei nº 58, de 10 de dezembro de 1937. *(Incluído pela Lei nº 12.424, de 2011)*

§ 4º Recebido o requerimento e verificado o atendimento aos requisitos previstos neste artigo, o oficial do registro de imóveis abrirá a matrícula em nome do Município. *(Incluído pela Lei nº 12.424, de 2011)*

Art. 195-A | LEI DE REGISTROS PÚBLICOS COMENTADA

§ 5º A abertura de matrícula de que trata o *caput* independe do regime jurídico do bem público. *(Incluído pela Lei nº 12.424, de 2011)*

§ 6º Na hipótese de haver área remanescente, a sua apuração poderá ocorrer em momento posterior. *(Incluído pela Lei nº 13.465, de 2017)*

§ 7º O procedimento definido neste artigo poderá ser adotado para abertura de matrícula de glebas municipais adquiridas por lei ou por outros meios legalmente admitidos, inclusive para as terras devolutas transferidas ao Município em razão de legislação estadual ou federal, dispensado o procedimento discriminatório administrativo ou judicial. *(Incluído pela Lei nº 13.465, de 2017)*

§ 8º O disposto neste artigo aplica-se, em especial, às áreas de uso público utilizadas pelo sistema viário do parcelamento urbano irregular. *(Incluído pela Lei nº 13.465, de 2017)*

Referências Normativas

Constituição Federal, arts. 183, § 3º, e 191, parágrafo único.
Código Civil, arts. 98, 99, 100, 101, 102 e 103.
Lei 6.766/1979, art. 22.
Decreto-Lei 267/1967, art. 4º.
Decreto-Lei 58/1937, art. 3º.

Comentários

O art. 195-A, introduzido na Lei 6.015/1973 pela Lei 12.424/2011, e com redação dada pela Lei 13.465/2017, tem por finalidade viabilizar o ingresso no registro de bens imóveis municipais independentemente de sua natureza ou regime jurídico (§ 4º). Aplica-se, portanto, a bens de uso comum do povo, de uso especial ou dominicais.

Como se disse no comentário ao art. 195, o ingresso de bens públicos no registro de imóveis não se sujeita ao princípio da continuidade. Isso se dá pela origem pública da propriedade imobiliária no Brasil, por direito de conquista,[947] quando do descobrimento e da colonização.[948] Essa origem coloca a propriedade pública em uma posição eminente em relação ao domínio privado, pelo que as transmissões de imóveis entre entes públicos se dão independentemente de registro, entes públicos adquirem e mantem a propriedade legitimamente de bens imóveis à margem do registro, e se, facultativamente, o Poder Público decide levá-la ao registro, ou se decide transmiti-la a particular – caso em que o registro é necessário – o princípio da continuidade é inaplicável.[949] A despeito disso, até a Lei 13.465/2017 não havia na Lei de Registros Públicos previsão de um procedimento específico para o ingresso dos bens públicos no registro, o que poderia causar dificuldades em muitas situações.

Assim, com base no art. 195-A, pode o município solicitar ao registro de imóveis da situação do bem a abertura de sua matrícula. Essa solicitação pode ter por objeto, a critério do município, terrenos inteiros ou também parte de terrenos, caso em que necessariamente, em atendimento ao princípio da unitariedade matricial, esta parte a matricular deverá consistir em um polígono fechado. O remanescente poderá ser apurado em momento posterior (§ 6º).

Esses imóveis cuja matrícula se pretende podem ter origens variadas: parcelamento do solo urbano implantado, regularmente registrado ou não; glebas municipais adquiridas por lei (por exemplo, se recebidas do estado, da União, ou de outras pessoas jurídicas de direito público), ou por outros

---

[947] Cf. MELLO, Celso Antonio Bandeira de. Imóvel particular assim qualificado em discriminatória administrativa – Inadmissibilidade – Origens e histórico da propriedade imobiliária no Brasil. *In*: *RDI*, n. 004, 1979.

[948] Para uma breve história da formação territorial do Brasil, cf. LAGO, Ivan Jacopetti do., *O tratamento jurídico da venda de imóvel com divergência de área na evolução do Direito Brasileiro*: venda *ad corpus* e *ad mensuram*. Tese (Doutorado) – Faculdade de Direito da USP, São Paulo, 2014, p. 32-65.

[949] Cf. CARVALHO, Afrânio de. *Registro de imóveis*. Rio de Janeiro: Forense, 1976. p. 305.

meios legalmente admitidos; ou até mesmo terras devolutas transferidas por lei ao município pelo estado ou pela União.

Quanto aos imóveis oriundos de parcelamento do solo urbano, várias são as possibilidades. Se o parcelamento se deu na vigência da Lei 6.766/1979, e foi regularmente registrado, a matrícula da área pública poderia ter sido aberta a requerimento do loteador, ou até mesmo de ofício pelo registrador, com base nas plantas e memoriais arquivados no cartório, se suficientes para descrevê-la. Se insuficientes, por outro lado, aplica-se o art. 195-A.

Destaque-se que pelo art. 22 da Lei 6.766/1979 o domínio destas áreas passa ao município com o registro do próprio loteamento, independentemente de qualquer outro título. Previsão semelhante vigorou no art. 4º do Decreto-Lei 267/1967. Já o Decreto-Lei 58/1973 não contava com esta regra. Prescrevia o art. 3º que a inscrição do loteamento tornava inalienáveis as vias de comunicação e os espaços livres constantes do memorial e planta; mas sua propriedade, em princípio, permanecia com o loteador. A transmissão ao município dependeria de título próprio, a saber, doação, que muitas vezes não se realizava. A despeito disso, a jurisprudência tem considerado que passam ao domínio público, pela afetação, as áreas submetidas ao efetivo uso comum, independentemente de haver título específico.[950]

Com esse mesmo espírito, em qualquer caso, se o parcelamento foi implantado, isto é, existe efetivamente no solo (e, portanto, existe também o efetivo uso comum), ainda que não tenha sido registrado – seja na vigência do Decreto-Lei 58/1937, do Decreto-Lei 267/1967, ou da Lei 6.766/1979, possível a abertura da matrícula pelo procedimento do art. 195-A, especialmente em se tratando de "*áreas de uso público utilizadas pelo sistema viário do parcelamento urbano irregular*" (§ 8º). A propósito, a alteração realizada no *caput* pela Lei 13.465/2017 foi precisamente para tornar clara a necessidade de ter sido ao menos implantado o parcelamento, mesmo que não tenha sido registrado. Ainda, para os casos anteriores ao Decreto-Lei 267/1967, o § 3º do artigo dispensa de maneira expressa a formalização da doação.

Quanto às terras devolutas, observe-se, por exemplo, a situação estabelecida pela Lei Estadual Paulista 16/1891, cujo art. 38, § 1º, concedeu aos municípios "*as terras devolutas adjacentes às povoações de mais de mil almas em raio de círculo de seis quilômetros, a partir da praça central*". Para a abertura de matrícula dessas terras, o § 7º do art. 195-A expressamente dispensa a necessidade de procedimento discriminatório administrativo ou judicial, não cabendo ao registrador exigi-lo.

O procedimento inicia-se por requerimento firmado por quem tenha poderes para representar o município, acompanhado da documentação técnica (inciso I) e da comprovação de que os confrontantes foram notificados para impugnar, no prazo de 15 dias, a abertura da matrícula em caso de sobreposição (inciso II). Se houver respostas às notificações, estas também devem acompanhar o requerimento (inciso III). A Lei não determina o que se deve fazer caso haja impugnação ao pedido pelo confrontante. No Estado de São Paulo, o item 318.3 do Capítulo XX das Normas de Serviço da Corregedoria-Geral da Justiça determina a aplicação da solução dada no item 292 do mesmo capítulo à impugnação ao registro da Certidão de Regularização Fundiária na REURB. Assim, caberá ao registrador intimar o município para manifestação no prazo de dez dias. Não havendo conciliação entre requerente e impugnante, poderá o registrador rejeitar a impugnação de infundada, com possibilidade de recurso ao Juiz Corregedor Permanente; ou acolhê-la, se reputá-la fundada, encaminhando os autos ao Juiz Corregedor Permanente. Observe-se que não cabe ao registrador decidir o mérito da impugnação, mas apenas verificar se aquilo que nela é deduzido é pertinente com o objeto do procedimento, se indica o ponto onde ocorre a sobreposição etc. Ainda, tratando-se de imóvel oriundo de parcelamento do solo, deve ser apresentada, se houver, planta assinada pelo próprio loteador (por exemplo, a que ficou arquivada na prefeitura quando da aprovação do empreendimento), ou, não estando disponível, elaborada e assinada por preposto da prefeitura. Tratando-se de parcelamento não registrado, deve-se apresentar, ainda, declaração feita pela municipalidade acerca de sua efetiva implantação (inciso iv).

Qualificada positivamente a documentação, o registrador deverá abrir a matrícula (§ 4º). Advirta-se que o § 1º tem redação atécnica. Com efeito, não há registro a realizar nesse caso. O domínio já pertence ao município. Assim, deve-se interpretar o "*registro dos imóveis públicos decorrentes do par-*

---

[950] Cf. Corregedoria-Geral da Justiça do Estado de São Paulo, Processo 189.503/2015, j. 05/05/2016, Rel. Des. Manoel de Queiroz Pereira Calças.

celamento do solo urbano na matrícula ou transcrição da gleba objeto de parcelamento" como mera averbação remissiva, noticiando a abertura da matrícula.

Por fim, por expressa disposição legal prevalecerá o perímetro da situação de fato carreada pelas peças técnicas em caso de conflito deste com as medidas constantes do registro da gleba originária, ou das plantas de parcelamento arquivadas no cartório (§ 2º). É claro o intuito simplificador da lei para o caso, com o que não é exigível a realização de retificação de área. Apenas deve-se ter cuidado com os imóveis confrontantes, em especial na sua identificação precisa e na inexistência de sobreposição.

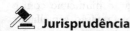
Jurisprudência

"Registro de Imóveis – Dúvida julgada procedente – Registro de áreas públicas – Loteamento parcialmente registrado, em virtude de ação judicial – Certidão municipal que não permite concluir que o parcelamento foi implantado e consolidado em conformidade ao projeto aprovado – Requisitos técnicos para a elaboração da planta e dos memoriais descritivos não preenchidos – Falta de descrição das áreas públicas, tanto na parte registrada do loteamento, quanto naquela não registrada – Inexistência de elementos seguros para descerramento de matrículas e registros pretendidos – Art. 22, parágrafo único, da Lei nº 6.766/1979 e Art. 195-A da Lei nº 6.015/73 – Requisitos legais não atendidos – Nega-se provimento ao recurso" (Conselho Superior da Magistratura do Estado de São Paulo, Apelação Cível 1004567-11.2018.8.26.0363, j. 13/08/2020, Rel. Des. Ricardo Mair Anafe).

"**Lotes reservados ao município quando da aprovação de loteamento** – Possibilidade do descerramento das matrículas e realização dos registros nos termos do art. 195-A da Lei dos Registros Públicos – Recurso não provido com observação" (Conselho Superior da Magistratura do Estado de São Paulo, Apelação Cível 0009388-54.2011.8.26.0126, j. 06/11/2013, Rel. Des. José Renato Nalini).

"**Registro de imóveis** – Retificação registral – Alteração de medidas perimetrais com ampliação da área do imóvel – Loteamento informal implantado sob a vigência do Decreto-lei nº 58/1937 – Aprovação do loteamento indemonstrada – Registro não ocorrente – Vias de circulação e praças convertidas em domínio público pela afetação ao uso comum resultante de fato administrativo – Transferência para o domínio público que se operou nos termos em que de fato estabelecido o loteamento – Inaplicabilidade da teoria do concurso voluntário – Falta de razoabilidade da impugnação oposta pelo ente municipal – Questionamento fundado em fatos inidôneos para fins de transmissão de bens para a dominialidade pública – Ofensa à propriedade descartada – Devolução dos autos ao Registrador para que dê prosseguimento à retificação administrativa – Recurso provido" (Corregedoria-Geral da Justiça do Estado de São Paulo, Processo 189.503/2015, j. 05/05/2016, Rel. Des. Manoel de Queiroz Pereira Calças).

Art. 195-B. A União, os Estados, o Distrito Federal e os Municípios poderão solicitar ao registro de imóveis competente a abertura de matrícula de parte ou da totalidade de imóveis urbanos sem registro anterior, cujo domínio lhe tenha sido assegurado pela legislação, por meio de requerimento acompanhado dos documentos previstos nos incisos I, II e III do *caput* do art. 195-A. *(Redação dada pela Lei nº 14.620, de 2023)*

§ 1º Recebido o requerimento na forma prevista no *caput* deste artigo, o oficial do registro de imóveis abrirá a matrícula em nome do requerente, observado o disposto nos §§ 5º e 6º do art. 195-A. *(Redação dada pela Lei nº 13.465, de 2017)*

§ 2º Sem prejuízo da possibilidade de requerer a abertura de matrícula para seus bens, nos termos do *caput*, o Município poderá, em acordo com o Estado, requerer, em nome deste, a abertura de matrícula de imóveis urbanos estaduais situados nos limites do respectivo território municipal no registro de imóveis competente. *(Redação dada pela Lei nº 14.620, de 2023)*

§ 3º O procedimento de que trata este artigo poderá ser adotado pela União para o registro de imóveis rurais de sua propriedade, observado o disposto nos §§ 3º, 4º, 5º, 6º e 7º do art. 176 desta Lei. *(Incluído pela Lei nº 13.465, de 2017)*

§ 4º Para a abertura de matrícula em nome da União com base neste artigo, a comprovação de que trata o inciso II do *caput* do art. 195-A será realizada, no que couber, mediante o procedimento de notificação previsto nos arts. 12-A e 12-B do Decreto-Lei nº 9.760, de 5 de setembro de 1946, com ressalva quanto ao prazo para apresentação de eventuais impugnações, que será de quinze dias, na hipótese de notificação pessoal, e de trinta dias, na hipótese de notificação por edital. *(Incluído pela Lei nº 13.465, de 2017)*

Referências Normativas

Constituição Federal, arts. 20, 26, 183, § 3º, e 191, parágrafo único.
Código Civil, arts. 98, 99, 100, 101, 102 e 103.
Lei 6.015/1973, art. 195-A.
Decreto-Lei 58/1937, art. 3º.
Decreto-Lei 9.760/1946.
Lei 6.383/1976.

Comentários

Inserido na Lei 6.015/1973 pela Lei 12.424/2011, o escopo do artigo 195-B foi ampliado sucessivamente pela Lei 12.693/2012 e pela Lei 14.620 de 2023. O dispositivo atende aos mesmos pressupostos, e tem os mesmos objetivos do artigo 195-A, de que já se tratou, razão por que vale para o artigo 195-B a maior parte do que já se disse sobre o artigo 195-A, em especial os aspectos procedimentais. Até o advento da Lei 14.620 de 2023, o artigo 195-B destinava-se, a imóveis pertencentes à União, Estados e Distrito Federal, o que se baseava em algumas peculiaridades. A principal delas é o fato de que o domínio sobre os imóveis não resultará de parcelamento do solo, mas sim da atribuição pela Constituição Federal ou por leis. Com efeito, podem referidos entes, com base no dispositivo, requerer a abertura da matrícula de imóveis urbanos cujo domínio lhes tenha sido assegurado pela legislação, mediante o mesmo procedimento e documentação previstos no artigo 195-A, com exceção das plantas de parcelamento. Após a Lei 14.620 de 2023, o mesmo dispositivo pode ser, também, empregado pelos municípios, para os imóveis de sua propriedade que não resultem de parcelamento do solo. Não obstante, pouco ou nada tem a acrescentar à faculdade que já havia sido concedida aos municípios pela inserção do parágrafo 7º no artigo 195-A, operada pela Lei 13.465 de 2017.

Quanto aos bens pertencentes à União, estes são os mencionados no art. 20 da Constituição Federal, cujas características são descritas em mais minúcia pelo Decreto-Lei 9.760/1946. Tratando-se de bem pertencente à União, o artigo compreende não apenas a matrícula de imóveis urbanos, mas também de imóveis rurais. Nesse caso, plantas e memoriais apresentados deverão atender aos requisitos técnicos do art. 176, §§ 3º a 7º da Lei 6.015/1973, em especial o georreferenciamento (§ 3º). Havendo destaque de área maior, contudo, não é exigível para a matrícula a apuração da área remanescente, que somente ocorrerá a cada três anos, contados a partir do primeiro destaque, e englobando todos os destaques realizados no período (Lei 6.015, art. 176, § 7º).

Ainda, tratando-se de bem da União, o § 4º prescreve que a comprovação da intimação dos confrontantes deverá se dar pelo procedimento previsto nos arts. 12-A e 12-B do Decreto-Lei 9.760/1946, com ressalva dos prazos especiais de 15 dias para notificação pessoal, e 30 dias para notificação por edital. Devem ser pessoalmente notificados pela Secretaria de Patrimônio da União os "interessados certos", ou seja, os confrontantes, entendidos estes, nos termos do Decreto-Lei, como aqueles que figuram no cadastro da própria SPU ou do IPTU (para imóveis urbanos), ou da própria SPU ou do Cnir – Cadastro Nacional de Imóveis Rurais (para imóveis rurais), e que tenham título registrado no registro de imóveis. Os requisitos são cumulativos. Por outro lado, não estando presente algum dos requisitos, a notificação de "interessados incertos" se dará por edital em jornal de grande circulação no local do imóvel e no Diário Oficial da União.

Caberá à União apresentar documentação comprobatória da realização do procedimento, ou certidão em que afirme tê-lo realizado. Em havendo impugnação, esta deverá ser apresentada com o restante da documentação, e caberá ao registrador tomar as mesmas providências já mencionadas no comentário ao artigo 195-A.

Já quanto aos bens dos estados, estes são os previstos no art. 26 da Constituição Federal. Tratando-se de estado, admite o artigo sua representação pelo município mediante acordo entre ambos (§ 2º). Nesse caso, os poderes outorgados ao município deverão ser comprovados por documento que acompanhe o requerimento, já que este último agirá na condição de mandatário do estado. Concluído o procedimento com sucesso, a matrícula será aberta em nome do estado.

Por fim, até a Lei 14.620 de 2023 o dispositivo contemplava expressamente a possibilidade de utilização do artigo 195-B para abertura de matrícula de terras devolutas, independentemente de procedimento discriminatório administrativo ou judicial. Isto foi suprimido pela nova lei, o que inseriu grave contradição no sistema: a União e os Estados, que são os titulares, por força do disposto na Constituição Federal, da maior parte das terras devolutas não contam mais com um meio facilitado de abertura das respectivas matrículas, ao passo que os municípios seguem possuindo a faculdade de requerer abertura de matrícula de terras devolutas municipais independentemente de discriminação judicial ou administrativa por força do artigo 195-A, § 7º.

Jurisprudência

"Registro de imóveis – Pretensão do Estado de São Paulo de abrir matrícula de um terreno, em conformidade com ação discriminatória – Impugnação infundada – Recurso Provido" (Corregedoria-Geral da Justiça do Estado de São Paulo, Processo 1026441-70.2015.8.26.0100, j. 18/04/2017, Rel. Des. Manoel de Queiroz Pereira Calças).

"Matrícula – abertura. Bem de domínio público – Fazenda Pública do Estado de São Paulo – complexo da Polícia Militar. Especialidade objetiva" (1ª Vara de Registros Públicos de São Paulo, Processo 1045106-95.2019.8.26.0100, j. 06/10/2021, Rel. Dra. Luciana Carone Nucci Eugênio Mahuad)

Art. 196. A matrícula será feita à vista dos elementos constantes do título apresentado e do registro anterior que constar do próprio cartório.

Referências Normativas

Lei 6.015/1973, arts. 176; 176-A; 195; 195-A; 195-B; 225, § 2º; 226; 227; 228; 229; 230.

Comentários

Como já se viu no comentário ao art. 195, a matrícula não é, em si, ato de registro em sentido estrito, uma vez que nem cria, nem modifica, nem extingue direitos. É, na verdade, um ato cadastral destinado a inaugurar a individualidade de determinado imóvel na sistemática da base real adotada pela Lei 6.015/1973.

O projeto que acabou resultando na Lei 6.015/1973[951] – Projeto de Lei 2.267 de 1970, apresentado ao Plenário da Câmara em 19 de agosto de 1970 pelo deputado paranaense Francisco Accioly Rodrigues da Costa Filho, conhecido como Accioly Filho – afirmava em sua justificativa que as propostas eram baseadas em trabalho elaborado por Ruy Ferreira da Luz, que fora durante longos anos, antes de se aposentar, registrador no 1º Registro de Imóveis de Curitiba. A reforma exigia, segundo a justificativa, uma "*matrícula para cada imóvel*", de maneira que fossem registrados, na matrícula, os atos que tivessem por objeto o imóvel matriculado. Assim, a matrícula diria respeito "*à caracterização do imóvel e à indicação de seu proprietário*"; e os registros sucessivos corresponderiam "*às anotações das transferências e dos ônus relativos ao imóvel matriculado*".

---

[951] Para mais detalhes sobre aspectos históricos da Lei 6.015/1973, cf. LAGO, Ivan Jacopetti do. *História do registro de imóveis*. 2. ed. São Paulo: Revista dos Tribunais, 2022.

Para Ruy Ferreira da Luz,[952] a mais importante inovação seria, efetivamente, a adoção da matrícula dos imóveis, de maneira a facilitar as pesquisas sobre a situação jurídica do bem – que até então dependia da análise de vários livros distintos, cada um destinado a uma espécie de assentamentos – e viabilizando a mecanização da escrituração. Contudo, reconhecia a precedência de Lysippo Garcia[953] na formulação da adoção da matrícula no Brasil, e deixava claro que, se, por um lado, a matrícula não seria em si um cadastro, por outro a inovação acabaria por amenizar algumas das deficiências da inexistência de um cadastro imobiliário no país. Com efeito, já em 1922 Lysippo Garcia, na observação final de sua obra sobre *"A Transcripção"*, tratou da conveniência da redução do número dos livros de registro, de maneira a aproximar o modelo ao de um livro fundiário. Para tanto, apresentou um modelo de *"indicador Real, transformado em verdadeira matrícula, na qual a cada folha corresponderá um imóvel, dela constando todos os actos que o possam affectar"*.

Os requisitos da matrícula são os do art. 176, § 1º, II. Acrescem-se a estes elementos também os eventuais ônus existentes, que deverão ser transportados por meio de averbação logo após a abertura da matrícula, mediante indicação de sua natureza e valor (Lei 6.015/1973, art. 230).

A matrícula atualmente é aberta, em regra, sempre que seja necessário praticar ato de registro ou de averbação, não estando o imóvel ainda matriculado, ou estando em circunscrição anterior que não mais detém atribuição territorial para o local de sua situação. Em se tratando de criação de nova circunscrição, a redação do art. 169, I, induz em erro o intérprete. Com a aparência de regra geral, a previsão de que as averbações devem ser efetuadas na matrícula ou à margem do registro a que se referirem, *"ainda que o imóvel tenha passado a pertencer a outra circunscrição"* converte-se em exceção com a remissão feita ao final (*"observado o disposto no inciso I do parágrafo 1º e no parágrafo 18 do artigo 176 desta lei"*): a averbação somente é feita na circunscrição de origem *"quando se tratar de transcrição que não possua todos os requisitos para a abertura da matrícula"*.

A lei também admite sua abertura na nova circunscrição a requerimento do interessado (independente de haver qualquer ato a praticar), ou de ofício, por conveniência do serviço (art. 176, § 14). Neste último caso não serão devidos emolumentos, e caberá ao registrador que assim agiu arcar com as despesas das certidões da circunscrição anterior. A abertura da matrícula será possível ainda que ausentes alguns elementos de especialidade objetiva ou subjetiva, desde que seja conhecido o registro anterior, e que haja segurança quanto à localização e identificação do imóvel (art. 176, § 15). Tem-se aí um juízo prudencial que deverá ser realizado pelo registrador na avaliação do caso concreto. Reputando o registrador que os elementos são insuficientes, e que, portanto, não há segurança para abertura da matrícula, deverá ser realizada a retificação na circunscrição da situação do imóvel -ainda que o seu registro anterior ainda estema em outra circunscrição (art. 176, § 16). A Lei 14.382/2022, neste ponto, criou uma situação anômala: retificará o registro a circunscrição que ainda não o lavrou. Assim, deverá autuar a retificação, processá-la, abrir a matrícula já com os elementos que resultaram do procedimento, e na primeira averbação relatar o ocorrido.

Como determina o art. 196, a matrícula é aberta com base nos elementos fornecidos pelo registro anterior (quer esteja no próprio cartório, quer em circunscrição anterior) e pelo título apresentado a registro. Contudo, deve-se ter cuidado quanto ao que se pode extrair do título: em obediência ao princípio da continuidade, prescreve o art. 225, § 2º, que "consideram-se irregulares, para efeito de matrícula, os títulos nos quais a caracterização do imóvel não coincida com o registro anterior". Assim, segundo Ruy Ferreira da Luz, se do registro anterior consta que um terreno mede 11 metros de frente, e no título consta que mede 12 metros, a matrícula não poderá ser aberta sem prévia retificação.[954]. Desse modo, resta ao título carrear ao registro dados que tão somente complementem aquilo que já é oferecido pelo registro anterior, sem inovar em elementos essenciais. Como adverte Ruy Ferreira a Luz, *"os suprimentos feitos no título são absolutamente graciosos e não provados, podendo, em última análise, redundar em prejuízos de terceiros, inclusive confrontantes"*.[955] No exemplo dado anteriormente pelo antigo registrador curitibano, não poderia, portanto, a matrícula ser aberta com a testada de 12 metros indicada no título nem mesmo se o registro anterior fosse omisso quanto a essa medida.

---

[952] Cf. LUZ, Ruy Ferreira da. *Prática do registro de imóveis*. São Paulo: Sugestões Literárias, 1974. p. 12-13.

[953] Cf. GARCIA, Lysippo. *O registro de imóveis:* a transcripção. Vol. I. Rio de Janeiro: Francisco Alves, 1922. p. 350.

[954] Cf. LUZ, Ruy Ferreira da. Caracterização dos imóveis. *In: RDI*, n. 002, 1978.

[955] Cf. LUZ, Ruy Ferreira da. Caracterização dos imóveis. *In: RDI*, n. 002, 1978.

Nesse sentido o disposto no art. 176, § 17: podem ser preenchidos com base no título elementos de especialidade objetiva ou subjetiva que não alterem elementos essenciais do ato ou negócio praticados. Destaque-se que se ditos elementos não se encontram no acervo do registro, nem no título, poderão, ainda, ser ministrados por outros documentos, ou, se envolverem manifestação de vontade, por declarações, sob responsabilidade, dos proprietários ou interessados. Por exemplo, havendo certeza quanto à identidade dos sujeitos, um número de documento não constante do registro anterior poderia ser extraído do título.

Há, no entanto, certas situações excepcionais de abertura de matrícula que não se submetem ao comando do art. 196. Nessas situações – que em geral envolvem bens públicos, aquisições a título originário, ou modificações na conformação física ou jurídica do imóvel – a matrícula é aberta exclusivamente (ou majoritariamente) com base nos dados fornecidos pelo próprio título e documentos que o acompanham.

Quanto aos bens públicos, é o caso, por exemplo, da abertura da matrícula para registro de imissão provisória na posse, em sede de processo judicial de desapropriação (art. 176, § 8º); ou de abertura de imóveis pertencentes ao município (art. 195-A), ou à União, estados ou Distrito Federal (art. 195-B). No registro da imissão provisória na posse, dados sobre a propriedade do bem poderão ser extraídos de registro anterior; mas a descrição do imóvel será lançada na matrícula tão somente com base no que consta das peças técnicas. Já nos casos dos arts. 195-A e 195-B, todos os dados das matrículas serão extraídos do próprio procedimento, nada sendo importado de qualquer registro anterior.

Quanto às aquisições a título originário, o art. 176-A da Lei 6.015/1973 prevê que o registro destas aquisições enseja a abertura de matrícula, se não houver, com base nas plantas e memoriais utilizados na instrução do procedimento administrativo ou judicial que a ensejou (§ 1º). Também a disciplina do procedimento extrajudicial de reconhecimento de usucapião contempla a abertura da matrícula com base nos documentos apresentados pelo interessado (art. 216-A, II, combinado com o § 6º). E o art. 226 prescreve que em se tratando de usucapião (neste caso, judicial), os requisitos da matrícula devem constar do respectivo mandado judicial. Nesses casos, novamente, se houver possibilidade de identificação de registro anterior, dados sobre a titularidade poderão servir de base para a abertura da matrícula; mas a descrição do imóvel será extraída das peças técnicas. Observe-se que nas aquisições fundadas na posse – caso da usucapião – a descrição deve sempre refletir a efetiva situação fática. Assim, não é correta a mera repetição das medidas de eventual registro anterior, se houver.

E por fim, quanto à mudança da conformação física ou jurídica do imóvel, tem-se, além das operações de segregação imobiliária, de instituição de condomínio edilício, ou de multipropriedade, também a abertura de matrícula de laje (art. 176, § 9º), ou a abertura de matrícula com base na Certidão de Regularização Fundiária (CRF) em sede de procedimento de regularização fundiária urbana (Lei 13.465/2017, art. 51, § 1º). Nesses casos, com exceção da REURB, a titularidade se extrai dos registros anteriores, mas a descrição das novas unidades imobiliária se dará segundo a vontade de quem as criou. Já na REURB, se o caso, todos os dados da nova matrícula poderão ser extraídos da CRF.

Jurisprudência

"**Registro de imóvel – Dúvida inversa – Recusa de abertura de matrícula e de registro de escritura pública – Exigência de prévia retificação do registro imobiliário – Transcrição que, embora descreva a área de maneira precária, possibilita a identificação do imóvel – Título que apresenta a mesma descrição do registro anterior – Observância do disposto nos artigos 196 e 228 da Lei nº 6.015/73 – Inocorrência de violação ao princípio da especialidade objetiva – Recusa indevida – Dúvida improcedente – Recurso provido**" (Conselho Superior da Magistratura do Estado de São Paulo, Apelação Cível 3025524-04.2013.8.26.0224, j. 07/10/2014, Rel. Des. Elliot Akel).

"**Matrícula – Abertura** – A matrícula será feita por ocasião do primeiro registro na vigência da Lei 6.015/73 com os elementos constantes da transcrição. Se a transcrição – feita ao tempo de Decreto 4.857/39 – não contém requisitos de especialidade e sofreu destaques, não há segurança sobre a disponibilidade ou localização do remanescente, o que impede o acesso do título" (Conselho Superior da Magistratura do Estado de São Paulo, Apelação Cível 13075-0/1, j. 23/09/1991, Rel. Des. Onei Raphael Pinheiro Oricchio).

> **Art. 197.** Quando o título anterior estiver registrado em outro cartório, o novo título será apresentado juntamente com certidão atualizada, comprobatória do registro anterior, e da existência ou inexistência de ônus.

Referências Normativas

Lei 6.015/1973, arts. 19, §§ 9º, 10º e 11º; 169; 170; 176; 196; 227; 229; 230.
Lei 8.935/1994, art. 12.

Comentários

A atuação dos registros de imóveis sujeita-se a normas que definem sua circunscrição geográfica (Lei 8.935/1994, art. 12) ou territorial. A definição dos limites de cada circunscrição é matéria regida pela legislação estadual, assim como o desdobramento e a criação de novas circunscrições. Conforme assentado pelo Supremo Tribunal Federal no julgamento da Ação Direta de Inconstitucionalidade 2.415/SP, *"as serventias extrajudiciais se compõem de um feixe de competências públicas, embora exercidas em regime de delegação a pessoa privada. Competências que fazem de tais serventias uma instância de formalização de atos de criação, preservação, modificação e extinção de direitos e obrigações. Se esse feixe de competências públicas investe as serventias extrajudiciais em parcela do poder estatal idônea à colocação de terceiros numa condição de servil acatamento, a modificação dessas competências estatais (criação, extinção, acumulação e desacumulação de unidades) somente é de ser realizada por meio de lei em sentido formal, segundo a regra de que ninguém será obrigado a fazer ou deixar de fazer alguma coisa senão em virtude de lei".*

Assim, ao longo do tempo, presentes razões que o justifiquem, circunscrições registrais imobiliárias novas podem ser criadas por lei – por exemplo, em razão de expressivo aumento da população de uma certa localidade, ou da necessidade de longos deslocamentos até a sede de uma comarca.

Quando isso ocorre, não há necessidade de repetição no cartório da nova circunscrição dos atos já praticados na origem (Lei 6.015/1973, art. 170). Contudo, tão logo instalado o novo cartório, lá deverão ser praticados os atos relativos aos imóveis situados em sua circunscrição, demandando a abertura da respectiva matrícula.

Recorde-se que, como já visto no comentário ao art. 196, após a Lei 14.382/2022 vigora nova regra, pela qual instalado o cartório da nova circunscrição, cessa a atribuição do cartório da origem até mesmo para a prática de atos de averbação, salvo absoluta impossibilidade de abertura da matrícula por falta de elementos no registro anterior. Nesse sentido, prevê o art. 176, § 18, que nesses casos admite-se a retificação no cartório de origem. Em princípio, incumbe ao registrador da nova circunscrição – a quem caberá abrir a nova matrícula – avaliar, dentro do âmbito da qualificação, a presença ou ausência no registro anterior de "todos os requisitos para a abertura de matrícula". Nesse caso, recebido o título, ou a solicitação de abertura da matrícula, e entendendo pela ausência de requisitos, deverá o registrador apresentar suas razões na nota devolutiva, para que, munido dela, o usuário busque a retificação do registro anterior no cartório da circunscrição de origem. Apresentada essa nota, somente em situações absolutamente excepcionais poderá haver recusa da prática da retificação pelo registrador da origem, sob pena de se colocar o usuário em posição extremamente desconfortável.

Por outro lado, presentes os requisitos para a abertura da matrícula, o registrador da nova circunscrição deverá, com base na certidão expedida pelo cartório da origem, descerrá-la. Deverá esta certidão ser "atualizada"? A lei não diz. Contudo, é bastante razoável o entendimento de Luis Paulo Aliende Ribeiro segundo o qual se deve utilizar como parâmetro de atualidade os 30 dias adotados para a lavratura de atos notariais, nos termos do art. 1º, IV, do Decreto 93.240/1986.[956]

A redação do art. 197 sugere que a certidão da origem deve ser apresentada juntamente com o título. Ou seja, caberia ao usuário apresentá-la, e, em caso de não apresentação, deveria o registrador formu-

---

[956] Cf. RIBEIRO, Luis Paulo Aliende. Comentário ao artigo 197. In: *Lei de Registros Públicos Comentada – Lei 6.015/1973.* 2. ed. Rio de Janeiro: Forense, p. 1109-1110.

lar nota devolutiva a exigindo. Contudo, atualmente esta conduta seria anacrônica. Com efeito, a Lei 14.382/2022 alterou a redação dos §§ 5º e 7º do art. 19 da Lei 6.015/1973, com o que atualmente toda certidão extraída dos registros públicos é nativamente eletrônica, e a via impressa apenas a materializa em um suporte distinto do original. Em São Paulo, prevê o item 8 do Capítulo XX das Normas de Serviço da Corregedoria-Geral da Justiça que *"quando a tramitação do título depender de informações disponíveis na própria unidade de serviço ou em serviços de informações de órgãos oficiais publicadas na internet, deverá o Oficial obtê-las e certificar a fonte que acessou, evitando-se a devolução do título para cumprimento de exigências. Havendo incidência de taxas ou emolumentos, o pagamento deverá ser feito na retirada do título, desde que a busca das informações tenha sido previamente autorizada pelo apresentante"*. Parece ser esse precisamente o caso. Ausente a certidão da origem, deverá o registrador, antes de formular nota devolutiva, obter autorização do usuário para solicitar, por meio do SAEC, a certidão do cartório de origem, praticar o ato, e cobrar a despesa na ocasião em que encaminhar boleto, ou no momento da retirada do título. E em cartórios recém-instalados, em que a abertura de matrículas é cotidiana, mesmo adotar como rotina já no protocolo a obtenção desta autorização. Já nos casos em que é inviável o contato com o interessado para obtenção desta autorização – como, por exemplo, nas situações em que o título é encaminhado por juízo de direito – *ad impossbilia nemo tenetur*: em tais casos, não há outra solução além da devolução com exigências.

O objetivo da apresentação da certidão da circunscrição anterior é possibilitar o transporte, para a nova circunscrição, da situação jurídica do imóvel. Assim, interessam para a nova circunscrição os dados atuais e em vigor sobre a conformação do imóvel (ou seja, se houve retificação, apenas a descrição que foi produzida no seu bojo, e se houve mais de uma, a última delas), sobre a propriedade, números de cadastro, e, se houver, sobre ônus ou direitos reais limitados que não tenham sido cancelados. Por isso, cumpre este papel a certidão de inteiro teor da matrícula (art. 19, § 11), mas também o cumpre – e até com mais facilidade – a certidão da situação jurídica do imóvel (art. 19, § 9º).

Tratando-se de certidão de inteiro teor da matrícula anterior, caberá ao registrador da nova circunscrição dela extrair os elementos relevantes: tabular os dados da propriedade, e de suas proporções, em especial em se tratando de condomínio ordinário; averiguar qual é a descrição em vigor; e selecionar, para transporte, qualquer ônus não cancelado. Pode haver problemas, como a descrição do imóvel na verdade descrever mais de um terreno; ou não descrever um polígono com todos os lados fechados; ou ainda as porcentagens de propriedade não atingirem 100%, ou, ao invés, atingirem mais de 100%. Nesse caso, necessária a retificação na origem.

Por outro lado, não estando o imóvel ainda matriculado na origem, a matrícula na nova circunscrição poderá ter como registro anterior mais de uma transcrição (se a propriedade foi adquirida por partes), e mesmo remeter a alguma inscrição de hipoteca, ou a alguma transcrição no livro de registros diversos. Essas informações deverão constar da certidão expedida pela origem.

Se o imóvel fez parte de outras circunscrições no interregno entre o registro anterior, e a abertura da nova matrícula (e na região metropolitana de São Paulo isto é bastante comum), deverão ser apresentadas certidões negativas de todas elas, com a finalidade de demonstrar que não houve no período qualquer alienação ou oneração.

A despeito de não haver na Lei 6.015/1973 previsão nesse sentido, é medida prudente, para afastar eventual responsabilização civil ou administrativa, o arquivamento, ainda que em meio digital, das certidões utilizadas na abertura das matrículas. Com efeito, se algum ônus não é transportado para a nova matrícula porque a certidão da origem era omissa (por exemplo, em uma certidão de situação jurídica do bem), a responsabilidade será do registrador da origem, e não da nova circunscrição.

Aberta a matrícula na nova circunscrição, o registrador deverá comunicar o cartório da origem, para encerramento, de ofício, da matrícula anterior (art. 169, IV), ou para averbar a remissão na transcrição anterior. Trata-se de medida salutar e imprescindível, sob pena de haver grave risco de duplicidade de registro ou de serem criadas cadeias filiatórias paralelas sobre o mesmo bem.

 Jurisprudência

"Pena disciplinar – Oficial – Registro de Imóveis – Suspensão – Abertura de dupla matrícula de um mesmo imóvel, com base em certidão omissa – Desatenção e negligência na conferência do documento – Atribuição de responsabilidade aos subordinados – Inadmissibilidade – *Culpa in vigilando*

– Caracterização – Recurso provido parcialmente tão-só para substituição da pena suspensiva pela repreensiva" (Corregedoria-Geral da Justiça do Estado de São Paulo, Processo 153/90, j. 28/09/1990, Rel. Des. Aroldo Mendes Viotti).

"**Dúvida inversa. Matrícula – Abertura. Registro anterior. Disponibilidade. Trato sucessivo. Continuidade. Especialidade objetiva**. Para o registro do formal de partilha é necessário que se proceda à abertura de matrícula com base nos registros anteriores (arts. 197 e 225, § 2º e 229 da LRP), recompondo frações ideais objeto de transcrições. Se os registros anteriores não são coincidentes, mister a apuração de possíveis destaques ou retificação de registro" (1ª Vara de Registros Públicos de São Paulo, Processo 100.10.016477-2, j. 03/09/2010, Rel. Dr. Gustavo Henrique Bretas Marzagão).

Art. 198. Se houver exigência a ser satisfeita, ela será indicada pelo oficial por escrito, dentro do prazo previsto no art. 188 desta Lei e de uma só vez, articuladamente, de forma clara e objetiva, com data, identificação e assinatura do oficial ou preposto responsável, para que: *(Redação dada pela Lei nº 14.382, de 2022)*

I – (revogado); *(Redação dada pela Lei nº 14.382, de 2022)*

II – (revogado); *(Redação dada pela Lei nº 14.382, de 2022)*

III – (revogado); *(Redação dada pela Lei nº 14.382, de 2022)*

IV – (revogado); *(Redação dada pela Lei nº 14.382, de 2022)*

V – o interessado possa satisfazê-la; ou *(Incluído pela Lei nº 14.382, de 2022)*

VI – caso não se conforme ou não seja possível cumprir a exigência, o interessado requeira que o título e a declaração de dúvida sejam remetidos ao juízo competente para dirimi-la. *(Incluído pela Lei nº 14.382, de 2022)*

§ 1º O procedimento da dúvida observará o seguinte: *(Incluído pela Lei nº 14.382, de 2022)*

I – no Protocolo, o oficial anotará, à margem da prenotação, a ocorrência da dúvida; *(Incluído pela Lei nº 14.382, de 2022)*

II – após certificar a prenotação e a suscitação da dúvida no título, o oficial rubricará todas as suas folhas; *(Incluído pela Lei nº 14.382, de 2022)*

III – em seguida, o oficial dará ciência dos termos da dúvida ao apresentante, fornecendo-lhe cópia da suscitação e notificando-o para impugná-la perante o juízo competente, no prazo de 15 (quinze) dias; e *(Incluído pela Lei nº 14.382, de 2022)*

IV – certificado o cumprimento do disposto no inciso III deste parágrafo, serão remetidos eletronicamente ao juízo competente as razões da dúvida e o título. *(Incluído pela Lei nº 14.382, de 2022)*

§ 2º A inobservância do disposto neste artigo ensejará a aplicação das penas previstas no art. 32 da Lei nº 8.935, de 18 de novembro de 1994, nos termos estabelecidos pela Corregedoria Nacional de Justiça do Conselho Nacional de Justiça. *(Incluído pela Lei nº 14.382, de 2022)*

Art. 199. Se o interessado não impugnar a dúvida no prazo referido no item III do artigo anterior, será ela, ainda assim, julgada por sentença.

Art. 200. Impugnada a dúvida com os documentos que o interessado apresentar, será ouvido o Ministério Público, no prazo de dez dias.

Art. 201. Se não forem requeridas diligências, o juiz proferirá decisão no prazo de quinze dias, com base nos elementos constantes dos autos.

Referências Normativas

Lei 6.015/1973, arts. 188, § 1º; 205; 280.
Lei 8.935/1994, art. 28.

Art. 201 | LEI DE REGISTROS PÚBLICOS COMENTADA

📋 Comentários

O princípio da legalidade é um dos pilares do sistema brasileiro de registro de imóveis. Sua enunciação já era mencionada no § 12 da *Allgemeine Hypotheken Ordnung* prussiana de 1783 segundo o qual caberia ao registro *mit möglichster Sorgfalt zu verhüten, das seine Gesetzwidrige oder offenbar ungültige Negotia in die Bücher vermerkt; das Vertrauen des Publici auf die legalität einer bem Gerichten eingetragnen Handlung, zu Hintergehungen und Betrügerenen nicht gemissbraucht,*[957] ou seja, com o maior cuidado possível evitar que negócios ilícitos ou ostensivamente inválidos sejam inscritos nos livros; e, com isso, evitar que a confiança do público na *legalidade* dos atos inscritos seja ameaçada ou fraudada. Esse cuidado do registrador quanto àquilo que ingressa ou não no registro se desenrola no seio de um procedimento destinado a repelir negócios ilícitos, e, com isso, prestigiar e fomentar a confiança do público: trata-se da qualificação registral. Essa consiste em um juízo prudencial dirigido a uma conclusão imperativa consistente na registrabilidade do título apresentado a registro.[958] Trata-se de atividade administrativa análoga em sua natureza à jurisdição voluntária, com a diferença de que, salvo nos procedimentos de dúvida, não é praticada por juízes. De fato, qualificação registral e jurisdição voluntária integram ambas o gênero "administração pública do direito privado",[959] consistente em atividade administrativa destinada a influir, direta ou indiretamente, na constituição da capacidade, das situações jurídicas e das relações jurídicas de direito privado.[960] A qualificação tem uma *função criativa*, já que aplica o direito a atos da vida real que se mostram, muitas vezes, carentes de regulação legal específica. Ainda, é uma função *unipessoal*, já que a responsabilidade por suas consequências sempre recai sobre o registrador, de maneira pessoal; é *inescusável*, já que não pode o registrador se recusar a proclamar sua decisão pela novidade ou profundidade do tema, pela obscuridade legislativa, exigência de lacunas na lei ou existência de controvérsia doutrinária ou jurisprudencial; é *independente*, já que quando o registrador toma determinada decisão mediante interpretação razoável da lei deve estar a salvo de reprimendas administrativas; é *indelegável*, não sendo cabível a pretensão de se transferir a responsabilidade de qualificação à instância correcional por meio de "consultas"; e deve ostentar o *signo da integralidade*, já que deve o registrador, ao qualificar, analisar o título de maneira exaustiva, em todos os seus aspectos relevantes para o registro.[961]

O Decreto 4.857/1939 previa expressamente o princípio da legalidade em seu art. 215, pelo qual *"tomada a nota da apresentação e conferido o número de ordem, em conformidade com o art. 200, o oficial verificará a legalidade e a validade do título, procedendo ao seu registo, se o mesmo estiver em conformidade com a lei"*. A redação original da Lei 6.015/1973 reproduzia o art. 215 em seu art. 198. No entanto, a Lei 6.216/1975 alterou sua redação para o texto que vigorava até o advento da Lei 14.382/2022, e, por conseguinte, extirpou da Lei 6.015/1973 qualquer menção ao princípio. A despeito disso, o princípio segue valendo, e é mesmo aquilo que autoriza o registrador, nos termos do art. 198, *caput*, a formular exigências que devam ser satisfeitas pela parte.

A redação dada pela Lei 14.382/2022 acrescentou ao *caput* do art. 198 a disciplina das notas devolutivas com exigências e a maneira como estas devem ser formuladas. A redação anterior limitava-se a determinar que as exigências fossem formuladas por escrito. Assim, segundo a redação atual, as exigências devem ser formuladas no prazo do art. 188, de uma só vez, de maneira articulada, clara e objetiva, incluindo informações sobre a data, a identificação de quem a elaborou, e sua assinatura. Já advertia a doutrina acerca de vícios que poderiam macular a formulação das notas devolutivas. É o caso, por exemplo, das "qualificações homeopáticas" ou "a conta-gotas", nas quais as exigências não são formuladas de uma única vez de maneira articulada, de forma clara e objetiva, com indicação das normas que fundamentaram a qualificação, mas sim em pequenas doses, com a formulação de

---

[957] Cf. *Allgemeine Hypotheken Ordnung für die gesammten Königlichen Staaten*. Berlim: Jacob Decker, 1784. p. 23.

[958] Cf. DIP, Ricardo. Sobre a qualificação no registro de imóveis. *In: Registro de Imóveis (Vários Estudos)*. Porto Alegre: SAFE, 2005. p. 175-176.

[959] Cf. DIP, Ricardo. Sobre a qualificação no registro de imóveis. *In: Registro de Imóveis (Vários Estudos)*. Porto Alegre: SAFE, 2005. p. p. 184.

[960] Cf. ZANOBINI, Guido. *Corso di diritto amministrativo*. Vol. V, Milão: Giuffré, 1950. p. 173.

[961] Cf. SANTOS, Flauzilino Araújo dos. Princípio da legalidade e registro de imóveis. *In: RDI*, n. 060, 2006.

novas exigências a cada reingresso do título. Ou ainda o caso das notas inexpressivas, demasiadamente resumidas, sem indicação das razões e fundamentos da decisão.[962]

Formulada exigência pelo registrador, caberá ao interessado na inscrição do título satisfazê-la no prazo de vigência da prenotação (artigo 205). Não se conformando com a exigência, ou não podendo satisfazê-la, poderá requerer ao registrador que o título e a declaração de dúvida sejam encaminhadas ao juiz competente – em geral, o juiz encarregado pela lei local de organização judiciária para desempenhar a fiscalização cotidiana do cartório[963] – para dirimi-la.

Sobre esse ponto, algumas observações relevantes devem ser feitas.

Em primeiro lugar, não há óbice à retratação pelo registrador, total ou parcial, quanto às exigências formuladas.[964] A formulação das exigências envolve um juízo jurídico realizado pelo registrador. E após formar seu convencimento inicial acerca da questão jurídica apresentada, isto é, da inaptidão do título para o ato pretendido pela parte, poderá, auxiliado pelos argumentos que lhe sejam fornecidos, rever seu entendimento inicial, afastando parte ou a integralidade das exigências inicialmente formuladas.

Em segundo lugar, deve-se compreender o sentido do trecho do inciso VI do art. 198, quando afirma que "*não seja possível cumprir a exigência*". O procedimento de dúvida tem por finalidade tão somente a revisão ou anulação da qualificação feita pelo registrador,[965] não cabendo ao juiz que o julgue, em princípio, suprir requisito. Ou seja, em geral, se o registrador formulou uma exigência, e o interessado não conseguiu satisfazê-la, caberá ao magistrado apenas avaliar se a exigência em si era devida ou não, sendo irrelevantes para esta análise as eventuais dificuldades da parte em seu atendimento. É por essa razão que também não se admite a realização, quer na qualificação, quer em sede de dúvida, de controle de constitucionalidade.[966] A despeito disso, a Doutrina[967] e a Jurisprudência[968] têm distinguido a mera *difficultas praestandi* (a situação em que o cumprimento da exigência é particularmente penoso ou oneroso, mas possível) da *impossibilitas praestandi* (a situação em que o cumprimento não é penoso, mas impossível). Com base no princípio geral do direito segundo o qual o impossível não é exigível de ninguém (*ad impossibilita nemo tenetur*), tem-se admitido que em casos de *impossibilitas praestandi* o juízo administrativo revisor possa ir além da qualificação feita pelo registrador, suprindo ou relevando exigências cujo cumprimento seja impossível.

Em terceiro lugar, algumas palavras devem ser ditas acerca da rogação da dúvida. Primeiramente, a suscitação da dúvida demanda rogação específica, ou seja, não se presume da rogação de registro ou de averbação de um certo título que quem o apresentou pretenda também a suscitação da dúvida em caso de qualificação negativa. Deverá ser apresentada rogação específica, por escrito. Nesse sentido o inciso VI do art. 198 determina que o interessado "*requeira*". Observe-se, ainda, que a redação do *caput* do artigo anterior à reforma feita pela Lei 14.382/2022 mencionava a figura do "*apresentante*", e não do interessado. A Jurisprudência tem distinguido as duas figuras, compreendendo como interessado aquele que sofre os efeitos jurídicos do ato pretendido.[969] Assim, antes da alteração poderia

---

[962] Cf. SANTOS, Flauzilino Araújo dos. Princípio da legalidade e registro de imóveis. *In: RDI*, n. 60, 2006.

[963] Há precedente, contudo da 1ª Seção do Superior Tribunal de Justiça (Conflito de Competência 32.584-RJ, 1ª Seção, Min. Eliana Calmon, j. 11/12/2002) deslocando a competência para a Justiça Federal em caso de "dúvida" relativa a abertura de matrícula em que havia interesse da União. A respeito, cf. DIP, Ricardo. Comentário ao artigo 198. *In: Lei de registros públicos comentada – Lei 6.015/1973*, 2. ed. Rio de Janeiro: Forense, p. 1118-1119.

[964] Cf. PASSOS, Josué Modesto; BENACCHIO, Marcelo. *A dúvida no registro de imóveis*, São Paulo: Revista dos Tribunais, 2020. p. 75.

[965] Cf. DIP, Ricardo. *Registro de imóveis (princípios)*, vol. II, Descalvado: Primus, 2018. p. 248.

[966] Cf., por exemplo, Apelação Cível 1043473-49.2019.8.26.0100 do Conselho Superior da Magistratura do Estado de São Paulo, j. 01/11/2019, Rel. Des. Geraldo Francisco Pinheiro Franco.

[967] Cf. PASSOS, Josué Modesto; BENACCHIO, Marcelo. *A dúvida no registro de imóveis*, São Paulo: Revista dos Tribunais, 2020. p. 59-60.

[968] Cf. por exemplo, a Apelação Cível 1082800-30.2021.8.26.0100 do Conselho Superior da Magistratura do Estado de São Paulo, j. 15/02/2022, Rel. Des. Fernando Antônio Torres Garcia: "*Note-se, ainda, que não é caso de ser dada a dúvida por prejudicada, pois o fato de haver sido indicado, na r. sentença, providências faltantes a cargo do postulante (às quais, de resto, ele próprio acenou), serve apenas para mostrar que não se está, aqui, diante de impossibilidade absoluta (impossibilitas praestandi) que permitisse o afastamento dos óbices levantados pelo Oficial*".

[969] Cf. Processo 124.108/2012, da Corregedoria-Geral da Justiça de São Paulo, j. 29/04/2013, Rel. Des. José Renato Nalini: "*O apresentante do título não será necessariamente o interessado em seu registro, aquele que sofrerá os efeitos jurídicos do ato registral pretendido, com legitimidade para impugnar a dúvida suscitada e recorrer da sen-*

Art. 201 | LEI DE REGISTROS PÚBLICOS COMENTADA

um apresentante que não sofre os efeitos do registro apresentar o título a registro e mesmo requerer a suscitação da dúvida e impugnar as razões do registrador; mas caberia somente ao interessado, e não ao apresentante, recorrer em caso de procedência da dúvida (art. 202). Com a mudança legislativa, o apresentante não interessado ainda pode apresentar o título a registro; mas não mais poderá requerer a suscitação da dúvida, nem impugnar as razões do registrador. Para isso, a lei passa, após a reforma, a exigir a legitimidade do interessado. Por outro lado, havendo múltiplos interessados no registro do título, não é exigível que todos requeiram a suscitação da dúvida, bastando que o requerimento seja firmado por um deles. Ainda, admite-se, excepcionalmente, e na modalidade processual da assistência, a participação no procedimento de terceiros, que devem ser interessados juridicamente na realização do registro, ou em sua denegação.[970]

Havendo, portanto, requisição por escrito firmada pelo interessado, o registrador deverá anotar no livro de protocolo, à margem do lançamento da prenotação, a ocorrência da dúvida. Isso é fundamental, já que a prenotação somente será cancelada, seja ou não procedente a dúvida, com o final do procedimento e ocorrência do trânsito em julgado (art. 203). Ou seja, até esta data ficam prorrogados os efeitos da prenotação.

A seguir, se o título for físico, deverá certificar a suscitação da dúvida no próprio instrumento (por meio de carimbo, etiqueta etc.), e rubricar suas folhas. O título e os demais documentos deverão ser então digitalizados, e os originais arquivados em pasta própria.

Deverá o registrador, então, formular petição ao juízo competente, contendo os termos da dúvida e suas razões, à qual anexará o título e demais documentos apresentados pela parte quando da prenotação, bem como certidão das matrículas ou transcrições envolvidas (sem as quais não poderá o juízo avaliar a pertinência das exigências formuladas). Caberá ao registrador dar ciência dos termos da dúvida ao apresentante (que, como se viu, deverá, para requerer suscitação da dúvida, ser considerado apresentante *interessado*), fornecendo-lhe cópia e notificando-o para impugnar, perante o juízo competente, no prazo de 15 dias úteis. O prazo é processual, e conta-se da data da juntada

---

tença proferida no procedimento administrativo correspondente. A compreensão que assimilava o apresentante ao interessado, então considerados vocábulos sinônimos, encontra-se, nos dias atuais, superada. Lapidar, nesse sentido, a lição retirada de acórdão modelar lavrado, no dia 14 de março de 1986, nos autos da Apelação Cível nº 5.227-0, relator Desembargador Sylvio do Amaral: ... A Lei dos Registros Públicos só confere o direito de recurso contra decisão judicial – assim como o próprio direito de participação no processo de dúvida – ao interessado na anotação recusada, isto é, a quem detenha interesse, juridicamente protegido, na efetivação do registro. Isso, evidentemente, não ocorre com o Tabelião que lavrou a escritura impugnada; pode ele, como 'qualquer pessoa' (art. 217, lei 6.015), ser o 'apresentante' do título, mas não é interessado no registro pretendido. É certo, como relata o parecer de fls. 46, que o Conselho já teve ocasião de adotar, na interpretação da lei, entendimento mais lato do vocábulo 'interessado', para incluir nesse conceito o mero "apresentante" a que se refere a Lei dos Registros Públicos. Mas, esse entendimento não é o melhor, e deve ser reconsiderado – nos termos, aliás, de decisões subsequentes do Conselho, indicadas pelo M. Juiz Corregedor. Na sistemática da Lei dos Registros Públicos deve-se entrever uma fase inicial de "apresentação do título ao Oficial ou ao Juiz Corregedor, seguida, nesta hipótese, de outra fase, distinta daquela, de processamento da Dúvida consequente. O apresentante do título dirige-se ao Oficial do Registro e, se este recusar atendê-lo, provoca a decisão do Juiz Corregedor do Cartório, requerendo ao Oficial que suscite Dúvida. Este incidente é submetido a procedimento próprio – em que, entretanto, o mero apresentante já não tem qualidade para intervir. A Lei distingue inequivocamente entre o "apresentante" e o 'interessado' no registro. Ao apresentante do título, confere apenas a capacidade praticar os atos que são conceitualmente inerentes à sua condição: apresentar o título para registro e provocar a decisão do Juiz, se não se convencer das razões de recusa do Oficial (art. 198); ou desistir do registro pretendido (art. 206), tornando sem efeito a apresentação. Se houver a provocação da decisão judicial, só o interessado no título terá legitimidade para recorrer no processamento da Dúvida (art. 200), para recorrer da decisão do Juiz (art. 202) e para executar a coisa julgada (art. 203, II), arcando com as despesas, se vencido (art. 207). Da dicotomia conscientemente feita pelo legislador, resulta claro que a capacidade do apresentante termina com a provocação do pronunciamento judicial – sem direito de participar do procedimento resultante de seu requerimento e, muito menos, de manifestar, mediante recurso, sua inconformidade com a decisão do Juiz Corregedor do Cartório. Aliás, como a Dúvida não passa, em essência, de consulta formulada ao Corregedor pelo Oficial do Registro – também a ele o sistema legal nega legitimidade para recorrer ou, até, para intervir no procedimento depois de apresentada a inicial. E assim sendo, como acentua o parecer do M Juiz Corregedor, representaria contrassenso conferir a lei direito de recurso a quem lavrou a escritura e não dar igual tratamento ao serventuário que a considerou não registrável. Por todas essas razões, não conhecem da apelação" (grifei).

[970] Cf. PASSOS, Josué Modesto; BENACCHIO, Marcelo. *A dúvida no registro de imóveis*. São Paulo: Revista dos Tribunais, 2020. p. 84-85.

nos autos da dúvida da certidão da notificação do interessado.[971] Cumpridas essas formalidades, o registrador lavrará certidão de tê-lo feito, a qual anexará à petição, e remeterá tudo eletronicamente ao juízo respectivo.

O processamento da dúvida a pedido do interessado legitimado é dever jurídico do registrador, e sua inobservância enseja a aplicação das penas previstas no art. 32 da Lei 8.935/1994. O art. 198, § 2º, remete a aplicação destas penas à regulamentação pela Corregedoria Nacional de Justiça. Independentemente disso, o art. 30, X, da mesma Lei já previa ser dever do registrador observar os prazos legais fixados para a prática dos atos do seu ofício, com o que a inobservância das regras e prazos estabelecidos para o procedimento de dúvida já ensejavam, como continuam ensejando, a aplicação das penas administrativas previstas no art. 32.

Uma vez encaminhados ao juízo os termos da dúvida e demais documentos, seu processamento passa a se dar diretamente no ofício judicial, em cuja sede caberá ao interessado apresentar sua impugnação. Tratando-se, já, de etapa judicial – ainda que judicial administrativa, não jurisdicional – a impugnação exige capacidade postulatória.[972] Contudo, a apresentação de impugnação não subscrita por advogado não impede o prosseguimento do procedimento: segundo o art. 199, apresentada ou não a impugnação, a dúvida será julgada por sentença, que, tem-se admitido, poderá até mesmo ser de improcedência.[973]

Com efeito, a qualificação registral, e sua revisão no procedimento de dúvida, destinam-se a assegurar a observância da lei. Não há lide, nem partes em contraditório. Assim, observando o magistrado que as exigências formuladas pelo registrador não têm base legal, deverá repudiá-las, quer o interessado aponte as ilegalidades na impugnação, quer não.

Por outro lado, se apresentada impugnação, esta deverá atacar todas as exigências formuladas pelo registrador.[974] Ou seja, se formulada a nota devolutiva, o apresentante concordar com algumas das exigências, e puder satisfazê-las, e discordar de outras, ou não puder satisfazê-las, deverá primeiramente satisfazer todas aquelas com que concorde e possa satisfazer. Somente então, remanescendo insatisfeitas as demais, deverá requerer a suscitação da dúvida, que versará, portanto, somente sobre as remanescentes. Ainda, sendo a dúvida uma revisão da qualificação registral, não se admite que o título apresentado seja, durante sua tramitação, aditado ou substituído, nem que sejam apresentados novos documentos aos quais o registrador não tivera acesso.[975] O art. 200 determina que impugnada a dúvida com os documentos apresentados pelo interessado, será ouvido o Ministério Público no prazo de dez dias. Essa intervenção demonstra a posição do registrador como *órgão imparcial da lei*[976] (e não propriamente da Administração), a quem cabe, com independência, exigir a observância da lei. Observe-se que cabe ao Ministério Público (e não à Procuradoria do Estado) não apenas intervir no procedimento como fiscal da lei, como também recorrer caso a dúvida seja julgada improcedente.

A redação do art. 200 parece sugerir que a intervenção do Ministério Público somente deve se dar quando houver impugnação pelo interessado. No entanto, esta não é a melhor interpretação. Na verdade, a participação do *parquet* no procedimento é devida sempre, tenha ou não havido impugnação.[977]

---

[971] Cf. PASSOS, Josué Modesto; BENACCHIO, Marcelo. *A dúvida no registro de imóveis*. São Paulo: Revista dos Tribunais, 2020. p. 83.

[972] Cf. PASSOS, Josué Modesto; BENACCHIO, Marcelo. *A dúvida no registro de imóveis*. São Paulo: Revista dos Tribunais, 2020. p. 81-82.

[973] Cf., por exemplo, Processo 1025505-69.2020.8.26.0100, da 1ª Vara de Registros Públicos de São Paulo, j. 15/07/2020, Rel. Dra. Tânia Mara Ahualli. Por outro lado, entendendo que ausente impugnação a sentença deve necessariamente ser de extinção do processo sem julgamento de mérito, cf. Cf. PASSOS, Josué Modesto; BENACCHIO, Marcelo. *A dúvida no registro de imóveis*. São Paulo: Revista dos Tribunais, 2020. p. 83.

[974] Cf. Apelação Cível 1000707-95.2021.8.26.0589 do Conselho Superior da Magistratura do Estado de São Paulo, j. 26/10/2022, Rel. Des. Fernando Antônio Torres Garcia.

[975] Cf. Apelação Cível 1007124-61.2021.8.26.0590 do Conselho Superior da Magistratura do Estado de São Paulo, j. 03/06/2022, Rel. Des. Fernando Antônio Torres Garcia.

[976] Cf. MARQUES, José Frederico. *Ensaio sobre a jurisdição voluntária*. 2. ed. São Paulo: Saraiva, 1959, p. 247.

[977] Cf. PASSOS, Josué Modesto; BENACCHIO, Marcelo. *A dúvida no registro de imóveis*. São Paulo: Revista dos Tribunais, 2020. p. 87.

Apesar de a lei não prever expressamente, tem-se admitido na dúvida também a figura do *amicus curiae*, que poderá, por exemplo, ser o tabelião que lavrou a escritura,[978] ou entidade com expertise na matéria tratada.

Excepcionalmente, admite-se que o juiz, de ofício, ou a requerimento do interessado, do Ministério Público, ou, quando o caso, de terceiro, determine a realização de diligências. Essas, em princípio, não poderão ter por objeto a correção, ou complementação do título ou documentos já apresentados, mas sim o de se obter esclarecimentos acerca da documentação que já consta dos autos e que fora originalmente apresentada ao registrador. Por outro lado, de maneira excepcionalíssima, admite-se a produção de provas no procedimento que demonstrem a já mencionada *impossibilitas praestandi*, a impossibilidade absoluta de se atender à exigência.[979]

Não sendo requeridas diligências, ou tendo sido estas já concluídas, o juiz julga por sentença, no prazo de 15 dias. Sendo mantida a qualificação negativa do registrador, tem-se *dúvida julgada procedente*; por outro lado, afastando-se sua qualificação negativa, e determinando-se a inscrição do título, tem-se *dúvida julgada improcedente*.

Nesse ponto, e por fim, algumas palavras devem ser ditas sobre a "dúvida inversa". A Lei 6.015/1973 prevê um único procedimento para a dúvida, que é o descrito nos arts. 198 e seguintes: mediante requerimento do interessado, o registrador suscita a dúvida, isto é, encaminha ao juiz competente seus termos, o título e demais documentos, para que lá sejam impugnados. A despeito disso, a jurisprudência foi paulatinamente admitindo[980] um procedimento não previsto em lei, conhecido como dúvida inversa, que não se inicia no registro, mas sim diretamente no juízo. Por não se iniciar no registro, não haverá prenotação até que o registrador venha a ser intimado pelo juízo, com risco de dano a terceiros e ao próprio interessado. Na dúvida inversa, inverte-se a terminologia adotada quanto ao resultado do procedimento. Se a qualificação negativa do registrador for mantida, diz-se que a dúvida foi julgada improcedente; já se a qualificação negativa for repelida, e a inscrição do título for determinada, diz-se que a dúvida foi julgada procedente.

Jurisprudência

"**Registro de imóveis** – Adjudicação compulsória – Ação movida pelo cessionário de direitos contra o proprietário do imóvel – Registro da transmissão da propriedade negado – Exigências mantidas pela imperiosa observação do princípio da continuidade – Incertezas apontadas que, em tese, podiam ter sido supridas por atividade do interessado, o que impede que se relevem – Dúvida julgada procedente – Apelação não provida" (Conselho Superior da Magistratura do Estado de São Paulo, Apelação Cível 1082800-30.2021.8.26.0100, j. 15/02/2022, Rel. Des. Fernando Antônio Torres Garcia).

"**Dúvida inversa. Recurso. Doação. Prova do pagamento de tributo. Usufruto. Morte dos usufrutuários. Cindibilidade do título.** 1. A dúvida inversa ou avessa é *praxis* que malfere o devido processo legal previsto no Código político brasileiro de 1988. Voto vencido do Relator designado que julgava extinto o processo, sem resolução de mérito. 2. A prova do recolhimento do tributo incidente no negócio jurídico objeto do título levado a registro é indispensável, mas na impossibilidade de exibir-se a guia de sua recolha do tributo ou certidão acerca do pagamento – ainda que impossibilidade somente relativa (ou seja, mera *difficultas praestandi*) –, é suficiente a asserção tabelioa sobre a exibição da guia no plano probatório ad tabulam (vale dizer, sem excluir via própria contenciosa de eventual interesse do Fisco). 3. Neste quadro, todavia, o fato desse pagamento não está acomodado à fé pública notarial -porque, enquanto fato, o pagamento não foi captado sensivelmente, *visu et auditu*, pelo tabelião. Se não se pode, com efeito, admitir a convocação *fidei publicae* sobre este capítulo da escritura, não por isto, contudo, o título deixa de estimar-se suficiente nesta parte, cabendo considerá-lo à conta da veracidade da assertiva do tabelião (presunção *hominis*), veracidade

---

[978] Nesse sentido o item 39.4.1 do Capítulo XX das Normas de Serviço da Corregedoria-Geral da Justiça de São Paulo.

[979] Cf. PASSOS, Josué Modesto; BENACCHIO, Marcelo. *A dúvida no registro de imóveis*. São Paulo: Revista dos Tribunais, 2020. p. 88-89.

[980] Em São Paulo, consta até mesmo das Normas de Serviço da Corregedoria-Geral da Justiça, no item 39.1 do Capítulo XX.

que, tanto quanto a fé pública, consiste num princípio de direito notarial. A distinção, entretanto, resguarda eventual direito de impugnação administrativa pela Fazenda credora, o que se recusaria se o ponto atraísse a *fides publica*. 4. O registro *stricto sensu* do usufruto também mencionado no título notarial é de todo desnecessário, quando, tal o caso, já a esta altura falecidos os usufrutuários. Seria uma inscrição contraeconômica, em todos os aspectos (economia de esforços, de tempo e de custos), incluído o do maltrato da economia de espaço na matrícula, afligindo a graficidade de sua visualização. 5. Mais agudamente, o princípio da legalidade impõe que apenas se efetuem inscrições eficazes *in actu*, de modo que o registro não se converta em local de acesso para não importa quais títulos ou mesmo se confunda com um mero arquivo de informações: *inutilitates in tabula illicita sunt*. De modo que não é só desnecessário, é ilegal o registro desse versado usufruto. 6. O título notarial divide-se em capítulos, com correspondente eficácia analítica, admitindo-se sua cindibilidade se não houver, com isto, ruptura da conexão dos capítulos que venha a interferir com a integral validade dos fatos, atos ou negócios jurídicos objeto da escritura. Vencido, em questão preliminar, o Relator designado, deram provimento ao recurso, em votação unânime, para registrar a doação, dispensados, contudo, o registro do usufruto (constante do título) e a averbação de cancelamento deste mesmo usufruto" (Conselho Superior da Magistratura do Estado de São Paulo, Apelação Cível 1058111-29.2015.8.26.0100, j. 21/06/2016, Rel. Des. Manoel de Queiroz Pereira Calças).

"**Adjudicação compulsória – CND do INSS. Empresa – Ativo circulante.** *Difficultas praestandi* **– Dúvida – Impossibilidade absoluta – Exigência. Registro de imóveis**. Dúvida inversa. Impossibilidade de suprir a falta de documento essencial no curso do procedimento. Impossibilidade de obtenção de CND da Receita Federal em carta de sentença extraída de ação de adjudicação compulsória. Princípio do acesso à segurança registaria. Precedente recente do E. Conselho Superior da Magistratura. Recurso provido" (Conselho Superior da Magistratura do Estado de São Paulo, Apelação Cível 0018356-39.2011.8.26.0590, j. 19/07/2012, Rel. Des. Geraldo Francisco Pinheiro Franco).

"**Carta de adjudicação. CND do INSS e RF.** *Tempus regit actum.* **Título judicial – Qualificação registral.** *Difficultas praestandi* **– Dúvida – Exigência – Dificuldade absoluta. Registro de imóveis** – Dúvida julgada procedente – carta de adjudicação – apresentação de CND do INSS e da Receita Federal – exigência de absoluta impossibilidade de cumprimento pelo recorrente – excepcionalidade demonstrada – Recurso provido" (Conselho Superior da Magistratura do Estado de São Paulo, Apelação Cível 0009896-29.2010.8.26.0451, j. 16/02/2012, Rel. Des. José Renato Nalini).

"**Imóvel rural. Incorporação societária. Empresa brasileira – Empresa estrangeira – Equiparação. Ministério da Agricultura – Autorização. Dúvida prejudicada – Impugnação parcial das exigências**" (Conselho Superior da Magistratura do Estado de São Paulo, Apelação Cível 1000707-95.2021.8.26.0589, j. 26/10/2022, Rel. Des. Fernando Antônio Torres Garcia).

"**Dúvida – Registro de imóveis** –Apresentação de documentos não atendida até a suscitação da dúvida – Impossibilidade de satisfação de exigência no transcorrer do processo – Dúvida Prejudicada – Recurso não conhecido" (Conselho Superior da Magistratura do Estado de São Paulo, Apelação Cível 1007124-61.2021.8.26.0590, j. 03/06/2022, Rel. Des. Fernando Antônio Torres Garcia).

"Registro de imóveis. ITBI. Excesso de meação em favor da apelante. Legislação municipal que apenas considera os bens imóveis para fins de partilha e incidência de ITBI. Impossibilidade do exame de constitucionalidade da lei municipal em sede de qualificação registral ou de recurso administrativo. Cabimento da discussão da questão em ação jurisdicional ou recolhimento do imposto – recurso não provido" (Conselho Superior da Magistratura do Estado de São Paulo, Apelação Cível 1043473-49.2019.8.26.0100, j. 01/11/2019, Rel. Des. Geraldo Francisco Pinheiro Franco).

Art. 202. Da sentença, poderão interpor apelação, com os efeitos devolutivo e suspensivo, o interessado, o Ministério Público e o terceiro prejudicado.

Art. 203. Transitada em julgado a decisão da dúvida, proceder-se-á do seguinte modo:

I – se for julgada procedente, os documentos serão restituídos à parte, independentemente de translado, dando-se ciência da decisão ao oficial, para que a consigne no Protocolo e cancele a prenotação;

II – se for julgada improcedente, o interessado apresentará, de novo, os seus documentos, com o respectivo mandado, ou certidão da sentença, que ficarão arquivados, para que, desde logo, se proceda ao registro, declarando o oficial o fato na coluna de anotações do Protocolo.

Art. 204. A decisão da dúvida tem natureza administrativa e não impede o uso do processo contencioso competente.

Referências Normativas

Código de Processo Civil, arts. 1.009 a 1.014.

Comentários

Proferida a sentença, têm legitimidade para recorrer o próprio interessado, o Ministério Público e o terceiro prejudicado. Observe-se que o registrador não tem legitimidade para recorrer. Assim sendo, se a dúvida é julgada improcedente, caberá ao Ministério Público, na condição de curador dos registros e fiscal da lei, recorrer. A respeito disso, remete-se o leitor ao comentário feito ao art. 198, acerca da participação do Ministério Público no procedimento de dúvida. Quanto ao recurso formulado pelo interessado ou pelo terceiro prejudicado, é exigível a capacidade postulatória.[981]

Considera-se terceiro prejudicado aquele que demonstre a possibilidade de a decisão proferida na dúvida prejudicar direito que alegue ser titular.[982] O interesse deve ser jurídico, não bastando que haja possibilidade de frustração de uma expectativa econômica. Nesse sentido já se negou a possibilidade de tabelião recorrer como terceiro prejudicado contra decisão que admitiu o registro de instrumento particular.[983]

O prazo para interposição da apelação é de 15 dias úteis, contados da intimação da sentença. A apelação tem efeito suspensivo, e não se admite execução provisória, com o que não se realiza o registro pretendido, ainda que de maneira provisória, até decisão final.[984] Caberá à prorrogação da prenotação assegurar ao interessado a preservação de seu direito decorrente da prioridade.

Caberá às leis locais de organização judiciária estabelecer o órgão competente para julgar a apelação. No Estado de São Paulo, o julgamento de apelações contra sentenças proferidas em sede de dúvida – a qual, necessariamente, tem por objeto dissenso em matéria de ato de registro em sentido estrito – cabe ao Conselho Superior da Magistratura (Lei Estadual 10.219/1968, art. 64, VI; Decreto-Lei Complementar Estadual 3/1969; Regimento Interno do Tribunal de Justiça do Estado de São Paulo, art. 16, IV). Por outro lado, dissenso sobre qualquer outro ato (averbação, matrícula etc.) enseja Pedido de Providências Administrativas, cujo recurso é julgado pela Corregedoria-Geral da Justiça (Decreto-Lei Complementar Estadual 3/1969, art. 246).

A despeito de não haver previsão expressa na Lei 6.015/1973, o procedimento de dúvida comporta também os embargos de declaração.

Por outro lado, dada a natureza administrativa da dúvida, não se admite agravo contra decisões interlocutórias, nem os recursos especial e extraordinário.[985] Com efeito, no Agravo de Instrumento

---

[981] Cf. PASSOS, Josué Modesto; BENACCHIO, Marcelo. *A dúvida no registro de imóveis*. 2. ed. São Paulo: Revista dos Tribunais, 2020. p. 106.

[982] Cf. PASSOS, Josué Modesto; BENACCHIO, Marcelo. *A dúvida no registro de imóveis*. 2. ed. São Paulo: Revista dos Tribunais, 2020. p. 107.

[983] Cf. Conselho Superior da Magistratura do Estado de São Paulo, Apelação Cível 092196-0/1, julgada em 06/08/2002, Rel. Des. Luiz Tâmbara.

[984] Cf. PASSOS, Josué Modesto; BENACCHIO, Marcelo. *A dúvida no registro de imóveis*. 2. ed. São Paulo: Revista dos Tribunais, 2020. p. 108.

[985] Cf. DIP, Ricardo. Comentário ao artigo 202. In: *Lei de registros públicos comentada – Lei 6.015/1973*, 2. ed. Rio de Janeiro: Forense, p. 1123-1125.

465.942, relatado pelo Ministro Celso de Mello, a 2ª Turma do Supremo Tribunal Federal assentou que nestas situações em que o Poder Judiciário exerce função atípica, de natureza administrativa, não existe propriamente "causa", termo reservado às situações em que exerce sua função típica, jurisdicional. Assim, não se subsumiria aos requisitos do art. 102, III, da Constituição Federal, que expressamente menciona recurso contra *causa*.

Transitada em julgado a decisão, sendo esta de mérito (já que também há decisões terminativas sem julgamento de mérito, quando a dúvida resta prejudicada) o registrador será cientificado para consignar o fato no protocolo e cancelar a prenotação, caso a dúvida seja procedente (ou seja, se foi mantida a qualificação negativa); ou haverá a reapresentação a registro pelo interessado do título e demais documentos, acompanhados de mandado ou certidão da sentença, se a dúvida for julgada improcedente (ou seja, se a qualificação negativa foi afastada). Neste último caso, a despeito do silêncio da lei, o título deverá ser reapresentado no prazo da vigência da prenotação, após o que esta será cancelada,[986] já que não é razoável que o protocolo siga trancado indefinidamente.

Esse trânsito em julgado, anote-se, consiste na verdade em preclusão administrativa, ou coisa julgada formal.[987] Assim, não impede o ajuizamento de ação judicial jurisdicional, e, em contrapartida, não se tem admitido a propositura de ação rescisória, dada sua natureza administrativa.[988]

Por fim, deve-se tratar do uso do "processo contencioso competente" mencionado no art. 204. Segundo Ricardo Dip, o recurso à via jurisdicional não exige o esgotamento da via administrativa, nem demanda, necessariamente, o ajuizamento de ações judiciais. Por exemplo, também podem interferir na qualificação registral, a despeito do procedimento de dúvida, decisões interlocutórias proferidas na esfera judicial que determinem expressamente a inscrição de um certo título, ou que expressamente afastem exigência formulada pelo registrador.[989]

Quanto ao uso de mandado de segurança contra qualificação negativa, o tema é polêmico. Na esfera jurisdicional, a jurisprudência já repeliu a aplicabilidade do mandado de segurança com esta finalidade, sob o entendimento de que o registrador não seria parte legítima já que contra seus atos há recursos específicos.[990] No mesmo sentido a 1ª Vara de Registros Públicos de São Paulo, sob o argumento de que a existência de recurso administrativo próprio, com efeito suspensivo, contra a qualificação negativa, inviabilizaria o uso do mandado de segurança, nos termos do art. 5º, I, da Lei 12.016/2009.[991] Por outro lado, há na Doutrina[992] e também na jurisprudência[993] vozes autorizadas em sentido contrário, admitindo o uso desta modalidade de ação judicial contra qualificação negativa. É razoável, a esse respeito, o entendimento de Eduardo Sócrates Castanheira Sarmento Filho,[994] para quem é viável o mandado de segurança em hipóteses extremas – e somente nelas – em que há evidente abuso ou ilegalidade cometidos pelo registrador.

---

[986] Cf. DIP, Ricardo. Comentário ao artigo 203. In: *Lei de registros públicos comentada – Lei 6.015/1973*, 2. ed. Rio de Janeiro: Forense, p. 1127.

[987] Cf. DIP, Ricardo. Comentário ao artigo 203. In: *Lei de registros públicos comentada – Lei 6.015/1973*, 2. ed. Rio de Janeiro: Forense, p. 1126.

[988] Cf. Conselho Superior da Magistratura do Estado de São Paulo, Ação Rescisória 2054280-52.2021.8.26.0000, j. 08/06/2021, Rel. Des. Ricardo Mair Anafe.

[989] Cf. DIP, Ricardo. Comentário ao artigo 204. In: *Lei de registros públicos comentada – Lei 6.015/1973*. 2. ed. Rio de Janeiro: Forense, p. 1128-1129.

[990] Cf. 6ª Câmara de Direito Privado do Tribunal de Justiça de São Paulo, Agravo de Instrumento 0245921-18.2011.8.26.0000, j. 15/03/2012, Rel. Des. Vito José Guglielmi; e, do mesmo órgão, Apelação Cível 994.01.042790-8, julgada em 17/11/2011, Rel. Des. José Joaquim dos Santos.

[991] Cf. 1ª Vara de Registros Públicos de São Paulo, Processo 0048518-32.2011.8.26.0100, j. 05/10/2011, Rel. Dr. Gustavo Henrique Bretas Marzagão.

[992] Cf. PASSOS, Josué Modesto; BENACCHIO, Marcelo. *A dúvida no registro de imóveis*. 2. ed. São Paulo: Revista dos Tribunais, 2020. p. 71-72.

[993] Cf. 18ª Câmara Cível do Tribunal de Justiça do Paraná, Apelação Cível 2113-58.2017.8.16.0179, j. 13/03/2020, Rel. Des. Denise Kruger Pereira. Observe-se que em referida decisão, ao julgar o mérito do mandado de segurança concluiu-se pela inexistência de direito líquido e certo. A despeito disso, *julgou-se o mérito*, ou seja, o instrumento em si foi admitido.

[994] Cf. SARMENTO FILHO, Eduardo Sócrates Castanheira. *A dúvida registraria*. 2. ed. São Paulo: IRIB, 2014. p. 10.

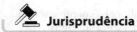

Jurisprudência

"**Procedimento administrativo – Recurso extraordinário. STF. STJ. Dúvida – Causa. Recurso extraordinário** – Descabimento em sede administrativa. Nos moldes da orientação do E. STF, não se admite Recurso Extraordinário tirado de decisão emanada do Poder Judiciário, mas em sede administrativa, como nos casos de recurso inominado em pedido de providências, ou apelação em procedimento de dúvida" (Corregedoria-Geral da Justiça do Estado de São Paulo, Processo 1004756-32.2016.8.26.0533, j. 05/09/2017, Rel. Des. Manoel de Queiroz Pereira Calças).

"**Rescisória. Dúvida – Natureza administrativa. Interesse de agir.** Pedido de reconsideração (autuado como ação rescisória) – Acórdão proferido em ação de dúvida – Ação de natureza administrativa em que, portanto, não existe coisa julgada material – Inexistência de óbice à nova propositura de ação administrativa (se houver fato novo ou se corrigir o título) ou à admissão de recurso – Falta de interesse de agir – Indeferimento da petição inicial e extinção do processo sem julgamento de mérito" (Conselho Superior da Magistratura do Estado de São Paulo, Ação Rescisória 2054280-52.2021.8.26.0000, j. 08/06/2021, Rel. Des. Ricardo Mair Anafe).

"**Condomínio edilício – Convenção – Averbação. Agravo interno – Recurso administrativo. Registro de imóveis** – Pedido de providências – Averbação – Agravo interno – Recurso incabível – Parecer pelo não recebimento e pelo não processamento do agravo" (Corregedoria-Geral da Justiça do Estado de São Paulo, Recurso Administrativo 1004442-62.2019.8.26.0604, j. 11/08/2021, Rel. Des. Ricardo Mair Anafe).

"Registro de Imóveis – Recurso de agravo contra decisão que indeferiu o processamento de recurso especial interposto contra a r. decisão do Exmo. Desembargador Corregedor Geral da Justiça que negou provimento a recurso administrativo previsto no artigo 246 do Decreto-lei Complementar nº 3/69 do Estado de São Paulo – Inadmissibilidade – Matéria que foi decidida definitivamente no âmbito administrativo, não comportando nenhum outro recurso nessa esfera – Não conhecimento do inconformismo ofertado" (Corregedoria-Geral da Justiça do Estado de São Paulo, Recurso Administrativo 1034699-51.2020.8.26.0114, j. 22/09/2021, Rel. Des. Ricardo Mair Anafe).

"**Agravo de instrumento – Procedimento administrativo perante a corregedoria permanente, para cancelamento de registro – Admissão de terceiro interveniente – Interposição de agravo de instrumento – Recurso manifestamente incabível na hipótese – Erro grosseiro – Não conhecimento**" (Corregedoria-Geral da Justiça do Estado de São Paulo, Processo 46.332/2021, j. 12/11/2021, Rel. Des. Ricardo Mair Anafe).

"Registro de Imóveis – Procedimento de dúvida – Recurso interposto por terceiro prejudicado – Interesse que deve ser jurídico, e não econômico, na reforma da decisão recorrida – Apelação não conhecida" (Conselho Superior da Magistratura do Estado de São Paulo, Apelação Cível 092196-0/1, j. 06/08/2002, Rel. Des. Luiz Tâmbara).

"Mandado de Segurança. Autoridade coatora. Tabelião do Cartório de Registro de Imóveis. Inadmissibilidade. Impetrado que não pode ser considerado autoridade para fins de mandado de segurança. Hipótese em que há procedimento específico a ser observado contra tais atos. Caso de ilegitimidade passiva. Petição inicial indeferida. Segurança denegada, prejudicado o julgamento do agravo" (TJSP, 6ª Câmara de Direito Privado, Agravo de Instrumento 0245921-18.2011.8.26.0000, j. 15/03/2012, Rel. Des. Vito José Guglielmi).

"Mandado de Segurança contra ato de Oficial de Registro de imóveis que indeferiu pedido de averbação da construção de apartamento. Impossibilidade. Via eleita inadequada. Questão que poderia ser solucionada na via administrativa. Entendimento de que o Oficial do Cartório não é autoridade para efeito de Mandado de Segurança. Sentença mantida. Recurso improvido" (TJSP, 6ª Câmara de Direito Privado, Apelação Cível 994.01.042790-8, julgada em 17/11/2011, Rel. Des. José Joaquim dos Santos).

"Apelação cível – Mandado de segurança – Sentença que denegou a ordem pretendida – Ato coator do Oficial Registrador do 1º Ofício de Registro de Imóveis de Curitiba – Parte que pretendia a retificação administrativa das características do imóvel – Oficial Registrador que não acolheu a pretensão e ressalvou que deveria se dar pela via judicial – Remédio constitucional (*writ*) que visa proteger direito líquido e certo – Artigo 5º, inciso LXIX, da Constituição Federal, e artigo 1º, *caput*, da Lei nº 12.016/09 – Inexistência de elementos mínimos de aferição do imóvel na transcrição imobiliária – Falta de dados sobre a área, perímetro, confrontantes e metragem de divisas do imóvel de propriedade da impetrante – Oficial registrador que, diante da incipiência de dados, informações e características do imóvel, preferiu não efetivar a retificação administrativa do bem – Ação adequada – Verificação das características do imóvel que depende de prova técnica – Dilação probatória necessária – Dados fornecidos pela impetrante à prefeitura municipal de Curitiba que não vinculam o oficial registrador – Inexistência de prova pré-constituída – Ausência de direito líquido e certo – Sentença mantida – Recurso desprovido" (TJPR, 18ª Câmara de Direito Privado, Apelação Cível 0002113-58.2017.8.16.0179, j. 13/03/2020, Rel. Des. Denise Kruger Pereira).

> **Art. 205.** Cessarão automaticamente os efeitos da prenotação se, decorridos 20 (vinte) dias da data do seu lançamento no Protocolo, o título não tiver sido registrado por omissão do interessado em atender às exigências legais. *(Redação dada pela Lei nº 14.382, de 2022)*
>
> **Parágrafo único.** Nos procedimentos de regularização fundiária de interesse social, os efeitos da prenotação cessarão decorridos 40 (quarenta) dias de seu lançamento no Protocolo. *(Redação dada pela Lei nº 14.382, de 2022)*

Referências Normativas

Lei 6.015/1973, arts. 9º, §§ 1º, 2º e 3º; 182; 186; 188 e 206-A, § 7º.

Comentários

Como já se adiantou no comentário aos arts. 182 a 185, do princípio registral da prioridade decorre um direito material à prioridade, que milita em favor daquele que apresenta com anterioridade um título continente de um direito contraditório em relação a outro apresentado posteriormente. Trata-se de direito potestativo, que protege seu titular contra violações à precedência do direito real por ele pretendido. O art. 205 quantifica temporalmente esse direito, estabelecendo sua duração.

A atual redação do artigo, decorrente de alterações empreendidas pela Lei 14.382/2022, fixa em 20 dias a duração dos efeitos da prenotação (ou 40 dias, em se tratando de regularização fundiária de interesse social, nos termos do parágrafo único). A despeito de o prazo ser material, e, portanto, decadencial, por expressa disposição legal (Lei 6.015/1973, art. 9º, § 1º) deve ser contado em dias úteis, ou seja, aqueles em que houver expediente ao público no cartório (art. 9º, § 2º). Ainda, aplicam-se em sua contagem os critérios estabelecidos no Código de Processo Civil (art. 9º, § 3º), com o que se exclui o dia do começo (ou seja, a data do protocolo), inclui-se o dia do vencimento, e considera-se o prazo prorrogado até o próximo dia útil quando o último dia cair em feriado ou data em que não haja expediente.

Segundo o dispositivo, cessam os efeitos da prenotação, se, expirado o prazo, o título não houver sido registrado "*por omissão do interessado em atender às exigências legais*". A questão que se tem colocado é se, *a contrario sensu*, os efeitos não cessam caso não haja omissão do interessado, mas sim causa do não registro não imputável a ele. Para Afrânio de Carvalho, não é, de modo algum, cabível o cancelamento de ofício da prenotação se, pelo grande fluxo de títulos ao qual o cartório não consegue dar vazão, a qualificação e o registro ultrapassarem não apenas o prazo procedimental do art. 188, mas também o prazo material do art. 205.[995] Mais complexa é a situação em que a causa

---

[995] Cf. CARVALHO, Afrânio de. *Registro de imóveis*. Rio de Janeiro: Forense, 1976. p. 381-382. No mesmo sentido, Flauzilino Araújo dos Santos, para quem a solução viável é "*a prorrogação ou repristinação dos efeitos da prenotação, sempre mediante procedimento que será microfilmado ou ficará arquivado em pasta própria na serventia*" (Cf. SANTOS, Flauzilino Araújo dos. Algumas linhas sobre a prenotação. *In*: RDI, n. 43, 1998.

Art. 205 | LEI DE REGISTROS PÚBLICOS COMENTADA

do não registro é externa ao registro, não obstante não seja devida a omissão do interessado – por exemplo, a obtenção de uma certidão cuja demora é imputável à existência de greve, pandemia, ou mesmo à morosidade ordinária de alguma repartição pública. Para Ricardo Dip, não se deve submeter o prazo do art. 205 à verificação da conduta omissiva do interessado, já que o método de prioridade procedimental no Brasil é endógeno, interno ao procedimento registral.[996] Já para Flauzilino Araújo dos Santos, devem-se distinguir as situações em que não há prenotações posteriores de títulos que instrumentem direitos reais contraditórios daquelas em que os há. Não havendo ditas prenotações, poderia o interessado, mediante requerimento ao registrador, aduzir as razões que justificariam a demora, responsabilizando-se por sua veracidade. A seguir, o registrador qualificaria o pedido com base nas razões apontadas, e, mediante nota fundamentada, o acolheria ou não, neste último caso cabendo recurso ao juiz corregedor do cartório. Por outro lado, havendo prenotação posterior de título que instrumentalizasse direito real contraditório, caberia ao interessado diligenciar para atender às exigências, ou obter prorrogação dos efeitos da prenotação mediante liminar em ação judicial obtida e comunicada ao registrador dentro do prazo do art. 205.[997] A jurisprudência, por outro lado, tem entendido que a prorrogação do prazo de prenotação somente é admitida nas hipóteses em que vigora expressa autorização legal ou normativa,[998] como, por exemplo, a suscitação de dúvida, a retificação de área, o reconhecimento extrajudicial do usucapião, a apresentação a registro do título que instrumentaliza a segunda hipoteca e reconhece a existência de anterior não registrada etc.

Em qualquer caso, violado o direito à prioridade, o que se dá por realização de ato de registro ou de averbação em descompasso com a rigorosa sequência de apresentação de títulos que consta do protocolo, caberá ao seu titular demandar a retificação[999] dos registros, se a contraditoriedade entre os direitos foi relativa, ou mesmo o cancelamento do registro espúrio, se a contraditoriedade for absoluta.

Por fim, deve-se tratar do potencial conflito entre a prioridade e o atendimento prioritário deferido por lei a certas pessoas. Com efeito, em diversas oportunidades as Varas de Registros Públicos de São Paulo foram instadas a se manifestar sobre a concessão de prioridade no atendimento nos serviços notariais e de registro. Por exemplo, já se pleiteou a concessão de prioridade no atendimento de advogados mediante guichê específico,[1000] ou a idosos.[1001] Em todas as decisões, ficou assentada a regra de que a rigorosa observância dos princípios registrais não pode ser afastada com base em prioridade de atendimento concedida a determinada categoria de pessoas. Assim, em se tratando de título apresentado a registro cuja prenotação gera prioridade, esta deve prevalecer por decorrer de regra especial, em contraposição à prioridade no atendimento, que se baseia em regra geral. Outros serviços prestados pelo cartório, contudo – como o fornecimento de certidões, a entrega de documentos relativos a registros já concluídos etc – deverão observar a prioridade de atendimento deferida a pessoas específicas. A mesma ideia vale, também, para a prioridade concedida pelo art. 9º, II, da Lei 13.146/2015 às pessoas com deficiência.

Acrescente-se que, além da especialidade da Lei de Registros Públicos, a proteção concedida pelo Estatuto do Idoso, ou pelo Estatuto da Pessoa com Deficiência tem por finalidade a promoção da igualdade no exercício dos direitos, e seu espírito é o de eliminação de barreiras e superação do assistencialismo. Já o princípio registral da prioridade atribui um direito material a quem dele se beneficia. Atribuir esse direito a quem não preencha os requisitos específicos da Lei 6.015/1973 tão somente em razão de sua condição pessoal representaria inegável enriquecimento sem causa, comprometendo a finalidade de promoção da igualdade dos estatutos, e mesmo o princípio constitucional da isonomia.[1002]

---

[996] Cf. DIP, Ricardo. Comentário ao artigo 205. *In: Lei de registros públicos comentada – Lei 6.015/1973*. 2. ed. Rio de Janeiro: Forense, p. 1130.

[997] Cf. SANTOS, Flauzilino Araújo dos. Algumas linhas sobre a prenotação. *In: RDI*, n. 43, 1998.

[998] Cf. Corregedoria-Geral da Justiça do Estado de São Paulo, Recurso Administrativo 1005984-71.2018.8.26.0048, j. 20/03/2020, Rel. Des. Ricardo Mair Anafe.

[999] Cf. CARVALHO, Afrânio de. *Registro de imóveis*. Rio de Janeiro: Forense, 1976. p. 384.

[1000] Cf. 2ª Vara de Registros Públicos de São Paulo, Processo 000.02.144307, Rel. Dr. Márcio Martins Bonilha.

[1001] Cf. 1ª Vara de Registros Públicos de São Paulo, processo e 0033013-30.2013.8.26.0100, j. 06/08/2013, Rel. Dr. Josué Modesto Passos. No Pedido de Providências 0066664-77.2018.8.26.0100, j. 12/11/2018, Rel. Dra. Tânia Mara Ahualli, tratou-se, ainda, do atendimento prioritário concedido a gestantes, lactantes, pessoas com crianças de colo e obesos concedido pela Lei 10.048/2000.

[1002] Cf. LAGO, Ivan Jacopetti do. O atendimento prioritário da Lei Federal 13.146/2015 (Estatuto da pessoa com deficiência) e o princípio da prioridade do registro de imóveis. *In: RDI*, n. 80, 2016.

Jurisprudência

"**Registro de imóveis** – Títulos contraditórios prenotados no mesmo dia – Título prioritário devolvido com exigência e título que está em segundo lugar na fila de precedência devolvido pela preferência garantida ao primeiro – Apresentante do título prioritário que deixa o prazo de 30 dias estabelecido pelo artigo 205 da Lei nº 6.015/73 transcorrer *in albis* – Apresentante do título que estava em segundo lugar na fila de precedência que o reapresenta no trigésimo dia – Qualificação positiva desse título – Acerto do procedimento adotado pela registradora – Fila de precedência que garante a análise do título não prioritário no caso de cessação dos efeitos da prenotação daquele que tem preferência – Inteligência dos artigos 186 e 205 da Lei nº 6.015/73 e do item 39 do Capítulo XX das NSCGJ – Parecer pelo recebimento da apelação como recurso administrativo e por seu não provimento" (Corregedoria-Geral da Justiça do Estado de São Paulo, Processo 1121395-11.2015.8.26.0100, j. 15/02/2017, Rel. Des. Manoel de Queiroz Pereira Calças).

"**Recurso Administrativo** – Registro de Imóveis – Pedido de providências – Prenotação de título – Vencimento do prazo de trinta dias de seu lançamento no Livro Protocolo – Impossibilidade de prorrogação dos efeitos da prenotação fora das hipóteses legais – Princípio da prioridade – Recurso não provido, com determinação" (Corregedoria-Geral da Justiça do Estado de São Paulo, Processo 1002102-32.2016.8.26.0223, j. 11/07/2018, Rel. Des. Geraldo Francisco Pinheiro Franco).

"**Registro de imóveis** – Procedimento administrativo – Alienação fiduciária – Decurso do prazo concedido à recorrente para intimação judicial da devedora fiduciante – Prenotação cancelada – Posterior comprovação do cumprimento da exigência perante a serventia extrajudicial – Inexistência de previsão normativa para prorrogação da prenotação, no caso em análise, ou restabelecimento de sua validade – Prosseguimento do procedimento já arquivado – Impossibilidade – Recusa formulada pela registradora mantida pelo MM. Juiz Corregedor Permanente – Recurso não provido" (Corregedoria-Geral da Justiça do Estado de São Paulo, Recurso Administrativo 1005984-71.2018.8.26.0048, j. 20/03/2020, Rel. Des. Ricardo Mair Anafe).

"**Idoso – Atendimento Preferencial – Prioritário. Prioridade. Gestante. Lactante. Obeso**" (1ª Vara de Registros Públicos de São Paulo, Pedido de Providências 0066664-77.2018.8.26.0100, j. 12/11/2018, Rel. Dra. Tânia Mara Ahualli).

> **Art. 206.** Se o documento, uma vez prenotado, não puder ser registrado, ou o apresentante desistir do seu registro, a importância relativa às despesas previstas no art. 14 será restituída, deduzida a quantia correspondente às buscas e a prenotação.

Referências Normativas

Lei 6.015/1973, arts. 14 e 206-A.
Lei 8.935/1994, art. 28.
Lei 10.169/2000.
Conselho Nacional de Justiça, Provimento 45/2015.

Comentários

O dispositivo, anterior à reforma empreendida pela Lei 14.382/2022 – que introduziu na Lei 6.015/1973 o art. 206-A e alterou a redação do art. 14 – tem como pressuposto a redação original do mencionado art. 14, que determinava que o pagamento dos emolumentos devidos pela prática dos atos deveria ocorrer *"no ato do requerimento ou no da apresentação do título"*. Ou seja, o art. 205 pressupõe a realização de depósito prévio integral, o qual, nos termos do art. 206-A, passou a ser uma faculdade do apresentante, e não mais um direito do registrador.

Havendo o depósito prévio integral, o apresentante pagará, antecipadamente, o total devido pela prática do ato de registro ou averbação solicitado. Até a prática do ato, contudo, o registrador é mero depositário do valor, somente se convertendo este em emolumentos quando do seu efetivo lançamento nos livros de registro (Conselho Nacional de Justiça, Provimento 149/2023, art. 188).

Dessa maneira, se o apresentante desistir do ato solicitado antes que este seja lançado nos livros; se, ao receber exigências, não as cumprir no prazo do art. 205; ou ainda, se suscitada dúvida, esta vier a ser julgada procedente, é devida a restituição dos valores eventualmente mantidos em depósito pelo registrador.

A despeito disso, o dispositivo faz uma ressalva: a dedução e por conseguinte retenção, pelo registrador, de valores devidos por etapa prévia à inscrição propriamente dita – notadamente, prenotação e buscas – desde que tal seja previsto na legislação estadual que rege os emolumentos. É o caso, por exemplo, da prenotação no Estado de São Paulo. O item 8 da tabela anexa à Lei Estadual 11.331/2002 prevê rubrica específica para a prenotação, a qual, segundo as notas explicativas, é descontada do valor do ato praticado se o título for registrado, ou se for devolvido com exigências e reingressar com estas atendidas no prazo de validade da prenotação. Ou seja, o valor será devido por si mesmo em qualquer hipótese em que não houver a conclusão da inscrição solicitada, ficando o registrador autorizado a retê-lo ao devolver eventual depósito prévio.[1003]

 Jurisprudência

> "Cobrança de emolumentos – depósito prévio. Prenotação. Reclamação" (1ª Vara de Registros Públicos de São Paulo, Pedido de Providências 0086151-33.2018.8.26.0100, j. 30/01/2019, Rel. Dra. Tânia Mara Ahualli).

> **Art. 206-A.** Quando o título for apresentado para prenotação, o usuário poderá optar: *(Incluído pela Lei nº 14.382, de 2022)*
>
> I – pelo depósito do pagamento antecipado dos emolumentos e das custas; ou *(Incluído pela Lei nº 14.382, de 2022)*
>
> II – pelo recolhimento do valor da prenotação e depósito posterior do pagamento do valor restante, no prazo de 5 (cinco) dias, contado da data da análise pelo oficial que concluir pela aptidão para registro. *(Incluído pela Lei nº 14.382, de 2022)*
>
> § 1º Os efeitos da prenotação serão mantidos durante o prazo de que trata o inciso II do caput deste artigo. *(Incluído pela Lei nº 14.382, de 2022)*
>
> § 2º Efetuado o depósito, os procedimentos registrais serão finalizados com a realização dos atos solicitados e a expedição da respectiva certidão. *(Incluído pela Lei nº 14.382, de 2022)*
>
> § 3º Fica autorizada a devolução do título apto para registro, em caso de não efetivação do pagamento no prazo previsto no caput deste artigo, caso em que o apresentante perderá o valor da prenotação. *(Incluído pela Lei nº 14.382, de 2022)*
>
> § 4º Os títulos apresentados por instituições financeiras e demais instituições autorizadas a funcionar pelo Banco Central do Brasil ou por entidades autorizadas pelo Banco Central do Brasil ou pela Comissão de Valores Mobiliários a exercer as atividades de depósito centralizado ou de registro de ativos financeiros e de valores mobiliários, nos termos dos arts. 22 e

---

[1003] Nesse sentido, o Pedido de Providências 0086151-33.2018.8.26.0100 da 1ª Vara de Registros Públicos de São Paulo, j. 30/01/2019: *"Como claramente exposto pelo Delegatário, ao apresentar um título junto à Serventia Extrajudicial é feito um rápido exame, com a intenção de detectar falhas ou a falta de algum documento, ocasião em que haverá o depósito prévio dos emolumentos, bem como a prenotação do título. Ressalte-se que no caso de não ocorrer o registro o valor é devolvido ao usuário, já que o ato não se consumou. Neste contexto, o valor da prenotação somente é exigido quando efetuada a qualificação o título for devolvido para cumprimento das exigências e não for reapresentado no prazo de 30 (trinta) dias. Ao contrário, havendo a reapresentação, o valor cobrado por ocasião da prenotação será abatido daquele depositado a título de custas e emolumentos"*. Observe-se que o prazo mencionado é de 30 dias em razão de a decisão ser anterior à Lei 14.382/2022.

28 da Lei nº 12.810, de 15 de maio de 2013, respectivamente, poderão efetuar o pagamento dos atos pertinentes à vista de fatura. *(Incluído pela Lei nº 14.382, de 2022)*

§ 5º O disposto neste artigo aplica-se às unidades federativas que adotem forma de pagamento por meio de documento de arrecadação. *(Incluído pela Lei nº 14.382, de 2022)*

§ 6º A reapresentação de título que tenha sido devolvido por falta de pagamento dos emolumentos, nos termos do § 3º deste artigo, dependerá do pagamento integral do depósito prévio. *(Incluído pela Lei nº 14.382, de 2022)*

§ 7º O prazo previsto no *caput* deste artigo não é computado dentro do prazo de registro de que trata o art. 188 desta Lei. *(Incluído pela Lei nº 14.382, de 2022)*

Referências Normativas

Lei 6.015/1973, arts. 14 e 206.
Lei 8.935/1994, art. 28.
Lei 10.169/2000.

Comentários

O art. 206-A foi inserido na Lei 6.015/1973 pela Lei 14.382/2022, e inovou de maneira substancial na disciplina do pagamento dos emolumentos devidos pela prática do ato solicitado ao registrador. Até então, vigorava a regra da redação original do art. 14, pela qual o depósito prévio integral era direito do registrador. Se, por um lado, a exigibilidade do depósito prévio assegurava ao registrador o recebimento dos valores que lhe cabiam, por outro gerava alguns inconvenientes. Por exemplo, o depósito prévio intensificava o fluxo nos cartórios de dinheiro em espécie, com todos os riscos envolvidos. Ademais, havia a necessidade de o cálculo do montante a depositar – por vezes bastante complexo – ser realizado com precisão já no protocolo do título. Acrescente-se que ressalvado o caso dos títulos eletrônicos apresentados por meio do e-protocolo, a jurisprudência paulista, até o Provimento CG 59/2019, não admitia a devolução do título tão somente em razão da fata de pagamento de parte ou da totalidade dos valores devidos pela prática do ato solicitado.[1004] Isso acabava, em muitos casos, inviabilizando o uso de outras formas de pagamento, como os boletos, em prejuízo dos próprios usuários.

Com o art. 206-A, passa a ser faculdade do usuário dos serviços registrais optar entre ou realizar o depósito prévio integral dos valores devidos, já na apresentação do título, ou pagar no momento da apresentação apenas o valor devido pela prenotação (ver comentário ao art. 206), e depositar o valor restante em momento ulterior.

Para este último caso, os parágrafos do artigo estabelecem um procedimento próprio, que se desenrola de maneira incidental ao procedimento geral de registro.

Assim, optando o usuário pelo pagamento diferido, o registrador qualificará o título e, considerando-o apto ao registro, comunicará o valor remanescente que deverá ser depositado, bem como a forma de fazê-lo. O usuário, então, terá o prazo de cinco dias úteis (inciso II, combinado com o art. 9º, § 1º) para realizá-lo. O termo inicial deste prazo suspende, segundo o § 7º, o decurso do prazo previsto no art. 188 (procedimental, dirigido ao registrador), e suspende, segundo o § 1º, o decurso do prazo previsto no art. 205 (material, dirigido ao interessado). Efetuado o depósito do valor remanescente, os prazos voltam a correr, devendo o registrador concluir os atos solicitados, e expedir a respectiva certidão. Observe-se que, nos termos do § 2º, a expedição desta certidão que acompanhará o título deve ser feita independentemente de rogação específica do apresentante, devendo o valor dos emolumentos respectivos integrar o depósito remanescente comunicado após a qualificação positiva.

[1004] Cf., por exemplo, Conselho Superior da Magistratura do Estado de São Paulo, Apelação Cível 1016790-38.2015.8.26.0577, j. 10/02/2017.

Art. 207 | LEI DE REGISTROS PÚBLICOS COMENTADA

Por outro lado, não realizado o complemento do depósito dentro do prazo previsto pelo inciso II, autoriza o § 3º a devolução do título, ainda que esteja apto a registro. O § 3º estabelece, ademais, para este caso a perda do valor da prenotação. No entanto, a melhor interpretação não é aquela que conduz à conclusão de que não pago o valor remanescente no prazo de cinco dias, o registrador imediatamente cancelará a prenotação. A finalidade do procedimento incidental com prazo próprio, que suspende o decurso dos prazos do procedimento geral, é precisamente assegurar ao usuário a possibilidade de realizar o complemento do valor sem pôr em risco seu direito de prioridade. Assim, não faria sentido abreviar o prazo do art. 205 pelo simples fato de ter optado pelo pagamento diferido. Na verdade, ultrapassado o prazo de cinco dias sem pagamento, o prazo do art. 205 retomará seu curso normal, cabendo ao usuário procurar o cartório para realizar o complemento antes de sua expiração. Novamente, a finalidade do prazo para pagamento é proteger a prioridade detida pelo usuário, em especial em situações nas quais haja exigências a cumprir, e o título reingresse em dia próximo do vencimento. Imagine-se o caso em que um certo título é devolvido com exigências no quinto dia útil, e no qual o usuário somente consegue atendê-las, e reapresentar a documentação, no décimo nono dia útil. Não houvesse prazo para pagamento, se encerrariam os efeitos da prenotação no dia seguinte. No entanto, comunicando o registrador, no dia seguinte, o valor remanescente a pagar, terá o usuário cinco dias úteis adicionais para realizar o complemento. Não o fazendo, então, fatalmente, a prenotação será cancelada, e o valor da prenotação estará perdido.

Segundo o § 6º, a reapresentação de título que tenha sido devolvido por falta de pagamento dependerá do pagamento integral do depósito prévio. Disso podem ser extraídas duas conclusões. A primeira delas é a de que perdido o valor da prenotação, não poderá o usuário deduzi-lo do valor a pagar na nova apresentação. A segunda é a de que o usuário terá perdido a faculdade de optar entre depósito prévio e pagamento diferido, com o que caberá ao registrador a decisão entre aceitar ou não protocolar o título sem o pagamento integral do valor. Trata-se de medida com claro intuito de se evitar abusos de direito, em especial a deletéria prática de se trancar o protocolo – e, por conseguinte, a prioridade – pela reapresentação sucessiva do mesmo título após o cancelamento da prenotação anterior.

O § 4º prevê uma terceira possibilidade de pagamento, reservada a instituições financeiras (Lei 4.591/64, art. 17), entidades que exercem a atividade de depósito centralizado ou de registro de ativos financeiros e de valores mobiliários (Lei 12.810/2013, arts. 22 e 28) e outras assemelhadas: o pagamento à vista de fatura. Ou seja, pretende-se com o dispositivo conceder às entidades mencionadas a prerrogativa de somente pagar os emolumentos após a prática dos atos solicitados. Há, contudo, dificuldades práticas relevantes na aplicação do dispositivo, notadamente nos estados em que parcela dos valores recebidos pelo registrador é repassada a entidades como tribunal de justiça, ministério público, fundo de ressarcimento de atos do registro civil etc. Como, em geral, referidos valores devem ser repassados pelo registrador tão logo praticados os atos, ou em curto período após, estas responsabilidades deverão ser harmonizadas, mediante regulamentação adequada, com a possibilidade de pagamento à vista de fatura.

Por fim, prevê o art. 5º que o artigo é aplicável também às unidades federativas que adotam pagamento por meio de documento de arrecadação. Tal é o caso, por exemplo, da Bahia, cuja Lei Estadual 12.373/2011, arts. 17 e 18, e tabela anexa, preveem que os emolumentos devem ser pagos na rede bancária, pelo Contribuinte, por meio de Documento de Arrecadação Judicial e Extrajudicial (DAJE), antes da prática do ato solicitado. Em 2020, o Provimento Conjunto CGJ/CCI-16/2020-GSEC acrescentou ao art. 867 do Código de Normas e Procedimentos dos Serviços Notariais e de Registro (Provimento Conjunto CGJ/CCI 009/2013) os §§ 4º e 5º, e ao art. 878, os §§ 5º e 6º, prevendo, em linhas gerais, o pagamento (por meio de DAJE), quando da apresentação do título, tão somente do valor da prenotação, e do valor remanescente após qualificação; a necessidade de novo protocolo, para reingresso, em caso de cancelamento do anterior por decurso do prazo; e a necessidade de pagamento de nova prenotação neste último caso. Restará à legislação local adaptar as disposições aos prazos do art. 206-A, às situações em que o depósito prévio é exigível na apresentação do título, por opção do usuário ou do registrador, e, ainda, ao caso do pagamento à vista de fatura.

> **Art. 207.** No processo, de dúvida, somente serão devidas custas, a serem pagas pelo interessado, quando a dúvida for julgada procedente.

Referências Normativas

Constituição Federal, art. 24, IV.
Lei 6.015/1973, art. 203.

Comentários

As custas judiciais têm, assim como os emolumentos notariais e registrais, natureza de taxa, segundo o Supremo Tribunal Federal,[1005] razão por que consistem em matéria de competência concorrente entre a União e os estados (Constituição Federal, art. 24, IV).

Assim, o art. 207 da Lei 6.015/1973 estabelece uma regra geral acerca do regime financeiro aplicável aos procedimentos de dúvida: somente pode haver custas judiciais nesses procedimentos se a dúvida for julgada procedente, caso em que deverão ser pagas pelo interessado.

Como já se viu no comentário aos arts. 198 a 201, o registrador não é parte no procedimento de dúvida, mas, sim, *órgão imparcial da lei*, pelo que ao formular exigências exerce um poder-dever baseado no princípio da legalidade. Dessa maneira, não sendo parte, nem mesmo tem legitimidade recursal nas situações em que a dúvida é julgada improcedente. Assim, em suma, não é aplicável ao registrador a ideia de sucumbência caso a dúvida venha a ser julgada improcedente, sendo teratológica qualquer decisão que lhe imponha pagamento de custas.

Por outro lado, para a incidência das custas em caso de procedência da dúvida não basta a previsão genérica do art. 207 da Lei 6.015/1973, sendo necessário que também a legislação estadual estabeleça o tributo e fixe seu montante[1006] pelo estabelecimento de alíquota, base de cálculo etc. No Estado de São Paulo, "*Contudo, nada obstante o comando emergente do aludido dispositivo legal, não incidem, nos processos (administrativos) de dúvida instaurados no Estado de São Paulo, custas processuais, enfim, taxa judiciária, na falta de previsão específica nas Leis Estaduais nº 11.331/02 e nº 11.608/2003*".[1007] Dessa maneira, até que a legislação estadual venha a ser alterada, não há custas nos procedimentos de dúvida, ainda que a dúvida seja julgada procedente.

Jurisprudência

"Dúvida – agravo de instrumento. Custas – taxa judiciária. Interesse recursal" (Corregedoria-Geral da Justiça do Estado de São Paulo, Agravo de Instrumento 2269729-32.2022.8.26.0100, j. 08/12/2022, Rel. Des. Fernando Antônio Torres Garcia).

"Pedido de providências. Não há incidência de custas (taxa judiciária) no pedido de providências. Ausência de previsão nas leis paulistas n. 11.331/2002 e 11.608/2003. Recurso não conhecido" (Corregedoria-Geral da Justiça do Estado de São Paulo, Recurso Administrativo 0003734-59.2021.8.26.0248, j. 09/08/2022, Rel. Des. Fernando Antônio Torres Garcia).

> **Art. 208.** O registro começado dentro das horas fixadas não será interrompido, salvo motivo de força maior declarado, prorrogando-se expediente até ser concluído.
>
> **Art. 209.** Durante a prorrogação nenhuma nova apresentação será admitida, lavrando o termo de encerramento no Protocolo.

[1005] Cf. ADI 1.926-4 de Pernambuco, relatada pelo Ministro Sepúlveda Pertence, j. 19/04/1999.
[1006] Cf. PASSOS, Josué Modesto; BENACCHIO, Marcelo. *A dúvida no registro de imóveis*. 2. ed. São Paulo: Revista dos Tribunais, 2020. p. 115.
[1007] Cf. Corregedoria-Geral da Justiça do Estado de São Paulo, Agravo de Instrumento 2269729-32.2022.8.26.0100, j. 08/12/2022.

Referências Normativas

Lei 6.015/1973, arts. 8º; 9º; 10º; 182 e 185.

 Comentários

O art. 208 contém mais uma regra de proceder, dirigida ao registrador, derivada do princípio da prioridade e da preocupação com o respeito pela precedência. De maneira anacrônica, o dispositivo determina que o registro começado dentro das horas fixadas não será interrompido, salvo motivo de força maior, prorrogando-se o expediente até ser concluído.

Trata-se de cópia *ipsis litteris* do art. 223 do antigo Decreto 4.857/1939, que tinha em vista os vetustos livros de transcrição e inscrição, escriturados de maneira manual. Iniciada a redação de um assento, em ordem cronológica, em suas folhas comuns, não convinha, por razões de organização e mesmo da conservação dos livros, que sua conclusão fosse deixada para o dia seguinte. Além disso, não convinha, por razões de precedência, que a data lançada na respectiva coluna não fosse aquela em que o ato efetivamente fora praticado.

O art. 209 complementa o sentido do art. 208, dispondo que durante a prorrogação do expediente necessária à conclusão do ato o protocolo deverá permanecer inacessível ao lançamento de qualquer outro título. Diferentemente do art. 208, o art. 209 permanece plenamente aplicável. Com efeito, é bastante comum que os cartórios adotem horários distintos para atendimento ao público e para trabalho interno.

A depender da demanda, o trabalho interno, por exemplo, pode até mesmo ocorrer em finais de semana, observadas as regras da legislação trabalhista. Já o horário do expediente ao público deve ser estritamente aquele fixado na lei ou por quem a lei atribua poderes para fazê-lo, com vistas à proteção de expectativas legítimas também relacionadas à prioridade e à precedência. Fora dos períodos oficiais de atendimento ao público, nenhum título poderá ser protocolado, regra esta cujo desrespeito pode ensejar ao registrador responsabilidade civil e administrativa, em especial se causar dano a quem, confiando nos horários estabelecidos, aguardou até o dia útil seguinte para apresentar seu título a registro, e se viu preterido por uma prenotação extemporânea.

Em suma, da conjugação dos dois dispositivos, podem ser extraídas algumas regras: (a) A apresentação de títulos físicos a registro somente pode ocorrer nas horas oficiais de atendimento ao público, estabelecidas pela lei ou pela autoridade competente; (b) É válido o protocolo do título físico realizado após o encerramento do expediente ao público, desde que o apresentante tenha ingressado nas dependências do cartório antes de seu fechamento; (c) Títulos recebidos pelos Correios ou por meio eletrônico durante o horário de expediente ao público deverão ser protocolados no mesmo dia; (d) Títulos recebidos pelos Correios ou por meio eletrônico fora do horário de expediente ao público somente poderão ser protocolados após o início do próximo período de expediente ao público; (e) É legítima a existência de horários de serviço interno, sem expediente ao público, da realização de atos de registro nestes horários, e mesmo de lançamentos na coluna de observações do livro de protocolo, desde que nenhum título seja protocolado nestes períodos.

> **Art. 210.** Todos os atos serão assinados e encerrados pelo oficial, por seu substituto legal, ou por escrevente expressamente designado pelo oficial ou por seu substituto legal e autorizado pelo juiz competente ainda que os primeiros não estejam nem afastados nem impedidos.
>
> **Art. 211.** Nas vias dos títulos restituídas aos apresentantes, serão declarados resumidamente, por carimbo, os atos praticados.

 Referências Normativas

Lei 6.015/1973, arts. 183 e 185.

Comentários

Os arts. 210 e 211 funcionam, respectivamente, como espelhos dos arts. 185 e 183. Assim, se o art. 185 trata do início da caminhada do título, ou seja, a escrituração do protocolo no livro 1, o art. 210 trata de sua etapa final, ou seja, a assinatura e encerramento dos atos praticados nos livros 2 e 3; e se o art. 183 trata da reprodução no título do número de ordem e data da prenotação, o art. 211 trata da reprodução dos atos praticados.

Dessa maneira, remete-se aos comentários já realizados aos arts. 183 e 185 em aspectos como o de quem tem atribuição para assinar o ato, com a ressalva de que a escrituração dos livros 2 e 3, e as respectivas assinaturas, até que sobrevenha a regulamentação de que trata o art. 1º, § 3º, da Lei 6.015/1973, continuam sendo realizadas fisicamente, em papel, ainda que este seja posteriormente digitalizado e disponibilizado em meio digital.

Por fim, o carimbo determinado pelo art. 211 – destinado, originalmente, a comprovar a realização dos atos de registro – já há muito tempo vinha sendo substituído por uma "certidão talão" anexada ao título,[1008] contendo não apenas os atos praticados, como também a discriminação dos valores pagos a títulos de emolumentos, repasses etc. Com a introdução na Lei 6.015/1973 do art. 206-A, § 2º, determinando que, finalizada a prática dos atos, deverá ser expedida a respectiva certidão, o art. 211 torna-se ainda mais anacrônico, visto que a mencionada certidão – seja de inteiro teor da matrícula, seja de situação jurídica do imóvel – substitui com vantagens o carimbo lançado no título. Dessa maneira, nas palavras de João Baptista de Mello e Souza Neto, a medida tornou-se burocratizante,[1009] nada agregando em termos de segurança jurídica ou mesmo de transparência.

> **Art. 212.** Se o registro ou a averbação for omissa, imprecisa ou não exprimir a verdade, a retificação será feita pelo Oficial do Registro de Imóveis competente, a requerimento do interessado, por meio do procedimento administrativo previsto no art. 213, facultado ao interessado requerer a retificação por meio de procedimento judicial. *(Redação dada pela Lei nº 10.931, de 2004)*
>
> **Parágrafo único.** A opção pelo procedimento administrativo previsto no art. 213 não exclui a prestação jurisdicional, a requerimento da parte prejudicada. *(Incluído pela Lei nº 10.931, de 2004)*

 Referências Normativas

Lei 6.015/1973, arts. 213 e 216.
Código Civil, art. 1.247.

 Comentários

A atual redação do art. 212 deve ser entendida no contexto da reforma empreendida pela Lei 10.931/2004, que possibilitou que as retificações de registro, de maneira geral, fossem realizadas administrativamente, pelo próprio registrador.

[1008] Esta prática tem origem no art. 19 do Provimento 2/1975 da 1ª e 2ª Varas de Registros Públicos de São Paulo, segundo o qual *"ARTIGO 19º A partir da vigência da Lei dos Registros Públicos não haverá livro – talão nem será mais expedida a respectiva certidão. PARÁGRAFO 1º As vias dos títulos restituídas aos apresentantes serão acompanhadas de certidão da qual constarão, resumidamente, os atos praticados. PARÁGRAFO 2º A certidão referida no parágrafo anterior poderá ser lavrada através de carimbo lançado no próprio título preenchidos os claros pelo Oficial, seu substituto legal ou escrevente autorizado (artigos 210 e 211). PARÁGRAFO 3º Os requerimentos de averbações serão apresentados em duas vias, a fim de possibilitar o cumprimento dos 1º e 2º parágrafos deste artigo. PARÁGRAFO 4º Se o requerimento for apresentado em uma única via, dele será extraída cópia reprográfica para cumprimento dos parágrafos anteriores, correndo as despesas com cópia por conta do interessado".*
[1009] Cf. SOUZA NETO, João Baptista de Mello e. Comentário ao artigo 211. In: *Lei de Registros Públicos Comentada – Lei 6.015/1973*. 2. ed. Rio de Janeiro: Forense, p. 1136.

Art. 212 | LEI DE REGISTROS PÚBLICOS COMENTADA

A redação anterior indicava o meio de se proceder à retificação a que se referia o então art. 860 do Código Civil de 1916, de teor semelhante ao do art. 1.247 do Código Civil de 2002: o processo. A despeito disso, nem sempre se exigia um processo judicial para que uma retificação fosse realizada. Admitia-se retificação sem processo em caso de erro evidente, cometido pelo próprio registrador, ou então em casos em que houvesse acordo amigável entre o prejudicado e a outra parte.[1010] Essas retificações, na verdade, podiam ser realizadas até mesmo de ofício pelo registrador; mas, ressalvado o caso de erro na transposição dos dados do título, era problemática a definição de quais outros erros poderiam ser considerados evidentes,[1011] tal como a definição do "não acarretar prejuízo a terceiro", exigida pela redação anterior do art. 213. Segundo Venicio Antonio de Paula Salles, a adoção desse quadro mais aberto – que tinha por finalidade dar ao aplicador mais mobilidade – acabou por propiciar a adoção de posicionamentos restritivos.[1012] Assim, de maneira geral, retificações da descrição do imóvel acabavam por cair na vala comum das retificações processadas judicialmente, ainda que de natureza administrativa.

A Lei 10.931/2004 surgiu como resposta a um problema que havia surgido por conta da transição entre o antigo sistema das transcrições e a adoção do fólio real pela Lei 6.015/1973. A matrícula exigia uma descrição mais precisa do que aquela que ordinariamente era veiculada nas transcrições, em especial quando houvesse de ser modificada por desmembramento, fusão etc. As retificações se avolumavam no Poder Judiciário e, muitas vezes, demandavam a citação de confrontantes, o que muito contribuía para sua morosidade. Com a Lei 10.931/2004 criou-se a possibilidade de retificação do registro caso este não exprima a verdade – isto é, a verdadeira extensão do direito de propriedade, que deve ser refletida pelo registro, e não o oposto – como também nos casos de imprecisão ou omissão no registro.[1013]

Com isso, a atual redação do art. 212 abre as portas para a retificação administrativa processada diretamente pelo registrador de imóveis, na forma do art. 213. A retificação destina-se à correção de inverdade, imprecisão ou omissão, e pode dizer respeito a registros em sentido amplo, ou seja, transcrições, inscrições, registros, averbações ou mesmo matrículas. Omissão é a ausência de certa informação ou dado essencial no registro; imprecisão é a presença no registro de informação inexata ou desatualizada; já a inverdade se liga a uma incompatibilidade com a situação fática do imóvel, em especial a que diz respeito a sua implantação física no solo e seu formato material original.[1014] Como já se disse, é o registro que deve corresponder ao imóvel, e não o contrário.

Por outro lado, a nova sistemática não eliminou a possibilidade de o interessado optar pelo processamento judicial da retificação.

Em juízo existem, em linhas gerais, três possibilidades de retificação.

A primeira delas, a despeito de judicial, tem natureza administrativa, e se destina à chamada "retificação unilateral", assim denominada por não envolver outras pessoas além do requerente. Com efeito, destina-se aos casos de erros sobre dados de fato dos sujeitos, ou do imóvel, desde que não se vislumbre, nem mesmo potencialmente, risco de prejuízo a terceiros.

A segunda possibilidade, com natureza de jurisdição voluntária, destina-se aos casos em que há risco potencial de prejuízo a terceiros. É o caso das "retificações de área", destinadas a alterar as divisas do imóvel, e, por conseguinte, geradoras de risco potencial aos seus confrontantes.

E a terceira possibilidade é a da ação de retificação com natureza jurisdicional contenciosa (Lei 6.015/1973, art. 216), reservada aos casos em que, de maneira efetiva, alguém alega prejuízo ou dano sofrido em razão da retificação. Nesse sentido o disposto no parágrafo único do art. 212, segundo o qual não fica excluída a prestação jurisdicional, a requerimento da parte interessada, não obstante a via contenciosa possa já ser deflagrada desde o início, a requerimento do interessado.[1015] Em suma, atualmente admite-se: (1) retificação administrativa unilateral, processada (1.1) de ofício, diretamente pelo registrador de imóveis, (1.2.) a requerimento do interessado, diretamente pelo registrador de

---

[1010] Cf. CARVALHO, Afrânio de. Retificação do registro. *In: RDI*, n. 13, 1984.
[1011] Cf. DIP, Ricardo. *Da emenda ex officio dos erros evidentes pelos registradores prediais*. In: *RDI*, n. 19-20, 1987.
[1012] Cf. SALLES, Venicio Antônio de Paula. Retificação de registro. *In: Boletim IRIB em Revista*, n. 318, 2004.
[1013] Cf. TAKEDA, George. Retificação de registro. *In: Boletim IRIB em Revista*, n. 319, 2004.
[1014] Cf. SALLES, Venicio Antônio de Paula. Retificação de registro. *In: Boletim IRIB em Revista*, n. 318, 2004.
[1015] Cf. SALLES, Venicio Antônio de Paula. Retificação de registro. *In: Boletim IRIB em Revista*, n. 318, 2004.

imóveis, ou (1.3.) a requerimento do interessado, em juízo; (2) retificação bilateral consensual, de caráter administrativo, processada (2.1.) diretamente no registro de imóveis, ou (2.2) em juízo, com natureza de jurisdição voluntária; ou ainda (3) retificação contenciosa, de natureza jurisdicional, e processada em juízo.[1016] Por fim, deve-se tratar da questão da retificação do título, e não propriamente do registro.

Diz-se "retificação direta" aquela que tem por objeto o próprio registro, e não o título que lhe deu causa. É o caso, por exemplo, de omissão no registro de usufruto que constava da escritura apresentada, ou ainda da errônea transposição do estado civil do sujeito que constava corretamente no título. Neste caso, admite-se retificação administrativa, unilateral, processada em juízo ou diretamente pelo registrador.[1017]

Por outro lado, diz-se "retificação indireta" aquela que depende da retificação de um elemento anterior, seja outro registro – por exemplo, um assento de nascimento – seja o próprio título. Quanto ao erro no título, este pode macular o título em sentido causal (o negócio em si) ou o título em sentido formal (o instrumento, em sua forma extrínseca). Assim, o erro não é do registro imobiliário em si, que apenas transpôs dado que já figurava em elemento anterior: a omissão de um adquirente, a errônea indicação de seu estado civil etc. Nesses casos, em princípio, a retificação do registro de dará de maneira indireta. Retificado o elemento anterior (por exemplo, o assento no registro civil, ou o título), a seguir retifica-se o registro imobiliário.[1018] Tratando-se de escritura pública, a retificação não se faz por um procedimento, administrativo ou judicial, e os livros de notas nem mesmo têm colunas para averbações. Para retificações de escrituras devem comparecer todas as pessoas que firmaram a original, que manifestarão sua vontade no sentido de retificá-la e de ratificar seus demais elementos. Tendo alguma delas falecido, deve-se recorrer a inventariante munido de alvará; e estando alguém desaparecido, ou recusando-se a comparecer, deve o interessado ajuizar ação judicial, a fim de que se obtenha o suprimento de sua vontade.[1019] A competência para processar essas ações é de vara judicial jurisdicional, não se tendo admitido na esfera administrativa.[1020]

Todavia, a Doutrina[1021] e a Jurisprudência[1022] têm entendido que deve o registrador, a seu prudente critério, flexibilizar a exigência de prévia retificação do elemento anterior em casos de evidente erro

---

[1016] Cf. SALLES, Venicio Antônio de Paula. Retificação de registro. In: *Boletim IRIB em Revista*, n. 318, 2004.

[1017] Cf. ORLANDI NETO, Narciso. *Retificação do registro de imóveis*. 2. ed. São Paulo: Juarez de Oliveira, 1999. p. 85-86.

[1018] Cf. ORLANDI NETO, Narciso. *Retificação do registro de imóveis*. 2. ed. São Paulo: Juarez de Oliveira, 1999. p. 86-87.

[1019] Cf. ORLANDI NETO, Narciso. *Retificação do registro de imóveis*. 2. ed. São Paulo: Juarez de Oliveira, 1999. p. 90-91. Observe-se, contudo, que é comum que as normas de serviço promulgadas por tribunais amenizem este rigor, estabelecendo critérios para que, em alguns casos, o notário possa retificar a escritura sem que seja necessário novo comparecimento das partes. Nesse sentido o item 54 do Capítulo XVI das Normas de Serviço da Corregedoria-Geral da Justiça do Estado de São Paulo, segundo o qual "*54. Os erros, as inexatidões materiais e as irregularidades, constatáveis documentalmente e desde que não modificada a declaração de vontade das partes nem a substância do negócio jurídico realizado, podem ser corrigidos de ofício ou a requerimento das partes, ou de seus procuradores, mediante ata retificativa lavrada no livro de notas e subscrita apenas pelo tabelião ou por seu substituto legal, a respeito da qual se fará remissão no ato retificado. 54.1. São considerados erros, inexatidões materiais e irregularidades, exclusivamente: a) omissões e erros cometidos na transposição de dados constantes dos documentos exibidos para lavratura do ato notarial, desde que arquivados na serventia, em papel, microfilme ou documento eletrônico; b) erros de cálculo matemático; c) omissões e erros referentes à descrição e à caracterização de bens individuados no ato notarial; d) omissões e erros relativos aos dados de qualificação pessoal das partes e das demais pessoas que compareceram ao ato notarial, que sejam provados por documentos oficiais*".

[1020] Cf. por exemplo, Corregedoria-Geral da Justiça do Estado de São Paulo, Recurso Administrativo 1122166-47.2019.8.26.0100, j. 16/07/2020, Rel. Des. Ricardo Mair Anafe.

[1021] Cf. ORLANDI NETO, Narciso. *Retificação do registro de imóveis*. 2. ed. São Paulo: Juarez de Oliveira, 1999. p. 87.

[1022] Cf., por exemplo, Corregedoria Geral da Justiça do Estado de São Paulo, Recurso Administrativo 1053839-79.2021.8.26.0100, j. 01/10/2021, Rel. Des. Ricardo Mair Anafe, segundo o qual "*Portanto, ainda que o título tenha sido transposto corretamente, fato é que a situação registral, ao fim e ao cabo, realmente está errônea. Pouco importa que no título tenha constado o regime da comunhão universal, e que isso tenha sido transposto para a matrícula: a prova do estado civil, com efeito, é feita por certidão do registro civil das pessoas naturais, e não por instrumento particular lavrado com erro pelos interessados. Portanto, nos termos dos arts. 212, caput, e 213, I, g, é cabível a retificação do mencionado R. 5, para que conste que, na data dessa inscrição, o verdadeiro estado civil dos adquirentes era o de separados judicialmente, e não como está (comunhão universal de bens, antes da Lei nº 6.515/1977)*".

material, sem nenhum potencial ofensivo a terceiros, como, por exemplo, um número de documento, um endereço, ou, conforme o caso, até mesmo o estado civil de um sujeito.

Observe-se que alguns erros acabam se desvinculando do título que lhes deu origem. É o caso dos erros quanto à descrição do imóvel. A descrição do imóvel consiste em elemento de fato, destinado a representar o imóvel no fólio real. Assim, realizando-se retificação de área, não é exigível que se retifique, também o título anterior, o qual, provavelmente repetia a descrição contida em registro anterior, e este, por conseguinte, se filiava a uma cadeia de títulos anteriores. Em tais casos, a retificação se dá no registro, diretamente.[1023]

 Jurisprudência

"Recurso administrativo – registro de imóveis – pedido de providências – pleito de retificação de registros para corrigir alegado erro na titularidade dominial constante das matrículas dos imóveis – registros realizados em consonância com a escritura lavrada – não cabimento de retificação para correção de erros inerentes ao próprio título – recurso não provido" (Corregedoria-Geral da Justiça do Estado de São Paulo, Recurso Administrativo 1034707-39.2021.8.26.0002, j. 03/08/2022, Rel. Des. Fernando Antônio Torres Garcia).

"Registro de imóveis – pedido de providências – pleito de retificação de registro para corrigir erro na identificação da unidade imobiliária – descabimento – registro que espelha fielmente o título que lhe deu causa – recurso a que se nega provimento" (Corregedoria-Geral da Justiça do Estado de São Paulo, Recurso Administrativo 1078087-12.2021.8.26.0100, j. 08/02/2022, Rel. Des. Fernandi Antônio Torres Garcia).

"Registro de imóveis – pedido de providências – pleito de averbação na matrícula para constar que o imóvel foi adquirido com recursos exclusivos de um dos cônjuges – ausência de qualquer ressalva neste sentido no compromisso de venda e compra com força de escritura pública registrado – registro que espelha fielmente o título que lhe deu causa – descabimento da averbação – recurso a que se nega provimento" (Corregedoria-Geral da Justiça do Estado de São Paulo, Recurso Administrativo 1004881-46.2018.8.26.0010, j. 03/02/2022, Rel. Des. Fernando Torres Garcia).

"**Registro de imóveis** – Retificação – Recurso administrativo – Título e registro *stricto sensu* que trazem erro quanto ao estado civil dos adquirentes – Compradores que eram separados judicialmente, mas que constam como casados no regime da comunhão universal de bens – Certidão do registro civil que demonstra o verdadeiro estado civil – Desnecessidade de prévia retificação do título, pois a prova do estado civil se faz por certidão do ofício de registro civil das pessoas naturais – Título que, por outro lado, traz os dois cônjuges como compradores – Impossibilidade de aferir a real intenção de ambos, na esfera administrativa, contra a letra do negócio celebrado – Retificação que não pode ser deferida nessa parte – Parecer pelo parcial provimento do recurso, deferindo-se a retificação do estado civil, com fundamento na Lei nº 6.015/1973, arts. 212, *caput*, e 213, I, *g*" (Corregedoria-Geral da Justiça do Estado de São Paulo, Recurso Administrativo 1053839-79.2021.8.26.0100, j. 01/10/2021, Rel. Des. Ricardo Mair Anafe).

"**Recurso administrativo.** Pedido de providências. Tabelionato de notas. Escritura pública. Título notarial que teve por objeto uma edificação, e não um lote. Alegação de erro. Pretensão à retificação por decisão administrativo-judicial. Impossibilidade. Situação que não recai sob as hipóteses de retificação previstas nos itens 55 e 54 do Capítulo XVI das NSCGJ. Recurso não provido" (Corregedoria-Geral da Justiça do Estado de São Paulo, Recurso Administrativo 1122166-48.2019.8.26.0100, j. 16/07/2020, Rel. Des. Ricardo Mair Anafe).

"Direito civil. Registros Públicos. Recurso especial. Dúvida suscitada. Interesse legítimo de terceiro. Impugnação fundamentada. Remessa às vias ordinárias. Se remanesce a dúvida, por meio de impugnação fundamentada de legítimo interessado – detentor de possível fideicomisso, averbado de ofício por oficial do registro imobiliário competente, de imóvel em relação ao qual foi requerido posteriormente registro de doação pelos requerentes de retificação –, deve o Juiz remeter os interessados às

---

[1023] Cf. ORLANDI NETO, Narciso. *Retificação do registro de imóveis*. 2. ed. São Paulo: Juarez de Oliveira, 1999. p. 89.

vias ordinárias, em que a contenciosidade permite amplo debate acerca dos direitos subjetivos em contraposição. – Ora, sem a ampla defesa e o contraditório do detentor de interesse legítimo, não remanesce possibilidade alguma de levar-se adiante a dúvida suscitada, tão só pela via administrativa, que se torna perigosamente nociva àquele que sequer foi citado para a lide, permitindo-se que o procedimento de jurisdição voluntária seja equivocadamente utilizado em detrimento do possível direito de terceiro. Recurso especial provido" (JREsp678.371-MG).

Art. 213. O oficial retificará o registro ou a averbação: *(Redação dada pela Lei nº 10.931, de 2004)*

I – de ofício ou a requerimento do interessado nos casos de: *(Incluído pela Lei nº 10.931, de 2004)*

a) omissão ou erro cometido na transposição de qualquer elemento do título; *(Incluída pela Lei nº 10.931, de 2004)*

b) indicação ou atualização de confrontação; *(Incluída pela Lei nº 10.931, de 2004)*

c) alteração de denominação de logradouro público, comprovada por documento oficial; *(Incluída pela Lei nº 10.931, de 2004)*

d) retificação que vise a indicação de rumos, ângulos de deflexão ou inserção de coordenadas georreferenciadas, em que não haja alteração das medidas perimetrais; *(Incluída pela Lei nº 10.931, de 2004)*

e) alteração ou inserção que resulte de mero cálculo matemático feito a partir das medidas perimetrais constantes do registro; *(Incluída pela Lei nº 10.931, de 2004)*

f) reprodução de descrição de linha divisória de imóvel confrontante que já tenha sido objeto de retificação; *(Incluída pela Lei nº 10.931, de 2004)*

g) inserção ou modificação dos dados de qualificação pessoal das partes, comprovada por documentos oficiais, ou mediante despacho judicial quando houver necessidade de produção de outras provas; *(Incluída pela Lei nº 10.931, de 2004)*

II – a requerimento do interessado, no caso de inserção ou alteração de medida perimetral de que resulte, ou não, alteração de área, instruído com planta e memorial descritivo assinado por profissional legalmente habilitado, com prova de anotação de responsabilidade técnica no competente Conselho Regional de Engenharia e Arquitetura – CREA, bem assim pelos confrontantes. *(Incluído pela Lei nº 10.931, de 2004)*

§ 1º Uma vez atendidos os requisitos de que trata o *caput* do art. 225, o oficial averbará a retificação. *(Redação dada pela Lei nº 10.931, de 2004)*

§ 2º Se a planta não contiver a assinatura de algum confrontante, este será notificado pelo Oficial de Registro de Imóveis competente, a requerimento do interessado, para se manifestar em quinze dias, promovendo-se a notificação pessoalmente ou pelo correio, com aviso de recebimento, ou, ainda, por solicitação do Oficial de Registro de Imóveis, pelo Oficial de Registro de Títulos e Documentos da comarca da situação do imóvel ou do domicílio de quem deva recebê-la. *(Redação dada pela Lei nº 10.931, de 2004)*

§ 3º A notificação será dirigida ao endereço do confrontante constante do Registro de Imóveis, podendo ser dirigida ao próprio imóvel contíguo ou àquele fornecido pelo requerente; não sendo encontrado o confrontante ou estando em lugar incerto e não sabido, tal fato será certificado pelo oficial encarregado da diligência, promovendo-se a notificação do confrontante mediante edital, com o mesmo prazo fixado no § 2º, publicado por duas vezes em jornal local de grande circulação. *(Redação dada pela Lei nº 10.931, de 2004)*

§ 4º Presumir-se-á a anuência do confrontante que deixar de apresentar impugnação no prazo da notificação. *(Redação dada pela Lei nº 10.931, de 2004)*

§ 5º Findo o prazo sem impugnação, o oficial averbará a retificação requerida; se houver impugnação fundamentada por parte de algum confrontante, o oficial intimará o requerente e o profissional que houver assinado a planta e o memorial a fim de que, no prazo de cinco dias, se manifestem sobre a impugnação. *(Redação dada pela Lei nº 10.931, de 2004)*

§ 6º Havendo impugnação e se as partes não tiverem formalizado transação amigável para solucioná-la, o oficial remeterá o processo ao juiz competente, que decidirá de plano ou após instrução sumária, salvo se a controvérsia versar sobre o direito de propriedade de alguma das partes, hipótese em que remeterá o interessado para as vias ordinárias. *(Redação dada pela Lei nº 10.931, de 2004)*

§ 7º Pelo mesmo procedimento previsto neste artigo poderão ser apurados os remanescentes de áreas parcialmente alienadas, caso em que serão considerados como confrontantes tão-somente os confinantes das áreas remanescentes. *(Redação dada pela Lei nº 10.931, de 2004)*

§ 8º As áreas públicas poderão ser demarcadas ou ter seus registros retificados pelo mesmo procedimento previsto neste artigo, desde que constem do registro ou sejam logradouros devidamente averbados. *(Redação dada pela Lei nº 10.931, de 2004)*

§ 9º Independentemente de retificação, dois ou mais confrontantes poderão, por meio de escritura pública, alterar ou estabelecer as divisas entre si e, se houver transferência de área, com o recolhimento do devido imposto de transmissão e desde que preservadas, se rural o imóvel, a fração mínima de parcelamento e, quando urbano, a legislação urbanística. *(Redação dada pela Lei nº 10.931, de 2004)*

§ 10. Entendem-se como confrontantes os proprietários e titulares de outros direitos reais e aquisitivos sobre os imóveis contíguos, observado o seguinte: *(Redação dada pela Lei nº 14.382, de 2022)*

I – o condomínio geral, de que trata o Capítulo VI do Título III do Livro III da Parte Especial da Lei nº 10.406, de 10 de janeiro de 2002 (Código Civil), será representado por qualquer um dos condôminos; *(Incluído pela Lei nº 14.382, de 2022)*

II – o condomínio edilício, de que tratam os arts. 1.331 a 1.358 da Lei nº 10.406, de 10 de janeiro de 2002 (Código Civil), será representado pelo síndico, e o condomínio por frações autônomas, de que trata o art. 32 da Lei nº 4.591, de 16 de dezembro de 1964, pela comissão de representantes; e *(Incluído pela Lei nº 14.382, de 2022)*

III – não se incluem como confrontantes: *(Incluído pela Lei nº 14.382, de 2022)*

a) os detentores de direitos reais de garantia hipotecária ou pignoratícia; *(Incluída pela Lei nº 14.382, de 2022)*

b) os titulares de crédito vincendo, cuja propriedade imobiliária esteja vinculada, temporariamente, à operação de crédito financeiro. *(Incluída pela Lei nº 14.382, de 2022)*

§ 11. Independe de retificação: *(Incluído pela Lei nº 10.931, de 2004)*

I – a regularização fundiária de interesse social realizada em Zonas Especiais de Interesse Social, promovida por Município ou pelo Distrito Federal, quando os lotes já estiverem cadastrados individualmente ou com lançamento fiscal há mais de 10 (dez) anos; *(Redação dada pela Lei nº 12.424, de 2011)*

II – a adequação da descrição de imóvel rural às exigências dos arts. 176, §§ 3º e 4º, e 225, § 3º, desta Lei. *(Incluído pela Lei nº 10.931, de 2004)*

III – a adequação da descrição de imóvel urbano decorrente de transformação de coordenadas geodésicas entre os sistemas de georreferenciamento oficiais; *(Incluído pela Lei nº 12.424, de 2011)*

IV – a averbação do auto de demarcação urbanística e o registro do parcelamento decorrente de projeto de regularização fundiária de interesse social de que trata a Lei nº 11.977, de 7 de julho de 2009; e *(Incluído pela Lei nº 12.424, de 2011)*

V – o registro do parcelamento de glebas para fins urbanos anterior a 19 de dezembro de 1979, que esteja implantado e integrado à cidade, nos termos do art. 71 da Lei nº 11.977, de 7 de julho de 2009. *(Incluído pela Lei nº 12.424, de 2011)*

§ 12. Poderá o oficial realizar diligências no imóvel para a constatação de sua situação em face dos confrontantes e localização na quadra. *(Incluído pela Lei nº 10.931, de 2004)*

§ 13. Se não houver dúvida quanto à identificação do imóvel: *(Redação dada pela Lei nº 14.382, de 2022)*

I – o título anterior à retificação poderá ser levado a registro desde que requerido pelo adquirente, promovendo-se o registro em conformidade com a nova descrição; e *(Incluído pela Lei nº 14.382, de 2022)*

II – a prenotação do título anterior à retificação será prorrogada durante a análise da retificação de registro. *(Incluído pela Lei nº 14.382, de 2022)*

§ 14. Verificado a qualquer tempo não serem verdadeiros os fatos constantes do memorial descritivo, responderão os requerentes e o profissional que o elaborou pelos prejuízos causados, independentemente das sanções disciplinares e penais. *(Incluído pela Lei nº 10.931, de 2004)*

§ 15. Não são devidos custas ou emolumentos notariais ou de registro decorrentes de regularização fundiária de interesse social a cargo da administração pública. *(Incluído pela Lei nº 10.931, de 2004)*

§ 16. Na retificação de que trata o inciso II do *caput*, serão considerados confrontantes somente os confinantes de divisas que forem alcançadas pela inserção ou alteração de medidas perimetrais. *(Incluído pela Lei nº 12.424, de 2011)*

§ 17 Se, realizadas buscas, não for possível identificar os titulares do domínio dos imóveis confrontantes do imóvel retificando, definidos no § 10, deverá ser colhida a anuência de eventual ocupante, devendo os interessados não identificados ser notificados por meio de edital eletrônico, publicado 1 (uma) vez na internet, para se manifestarem no prazo de 15 (quinze) dias úteis, com as implicações previstas no § 4º deste artigo. *(Incluído pela Lei nº 14.620, de 2023)*

 Referências Normativas

Lei 6.015/1973, arts. 176, 212 e 216.
Código Civil, art. 1.247.
Lei 10.169/2000, art. 3º, IV.

 Comentários

Como antevisto no comentário ao art. 212, o art. 213 estabelece as regras do procedimento administrativo de retificação processado diretamente no registro de imóveis. E a despeito de o *caput* mencionar apenas registro e averbação, destina-se, também, à retificação da própria matrícula, assim como à retificação de transcrições e inscrições.

O inciso I diz respeito às retificações unilaterais, isto é, aquelas em que não se vislumbra, nem mesmo potencialmente, risco de prejuízo a terceiros; e o inciso II diz respeito às retificações bilaterais, isto é aquelas em que potencialmente se vislumbra prejuízo a terceiros. Observe-se que este risco pode ser tão somente potencial: se efetivamente surge um conflito, e a retificação deixa de ser consensual, então necessariamente haverá necessidade de retificação judicial jurisdicional contenciosa, na forma do art. 216.

A retificação unilateral deve ser iniciada a requerimento do interessado, ou mesmo de ofício pelo registrador. Observe-se que ainda que a retificação seja feita de ofício, deverá ser objeto de lançamento no protocolo, de maneira a tornar possível rastrear sua origem e tramitação. Não há, contudo, necessidade de autuação, ou de formulação de decisão motivada, não obstante tal possa ser recomendável em casos que no futuro possam ensejar controvérsias acerca da própria legitimidade do registrador em fazê-lo. Observe-se, ainda, que no Estado de São Paulo nenhuma averbação procedida de ofício se sujeita ao pagamento de emolumentos, nos termos da nota explicativa 2.5 da tabela II de emolumentos anexa à Lei Estadual 11.331/2002.

Art. 213 | LEI DE REGISTROS PÚBLICOS COMENTADA

As alíneas do inciso I enumeram as hipóteses de cabimento. Para Venício Antônio de Paula Salles, o rol do inciso I seria taxativo;[1024] já para Priscila Alves Patah[1025] e João Baptista de Mello e Souza Neto[1026] o rol seria exemplificativo. Há ao menos um bom exemplo, citado pelos dois últimos autores, de retificação que não conta com previsão expressa em lei: aquela decorrente de erro de impressão. Com efeito, em 1993 Gilberto Valente da Silva[1027] já tratava da matrícula "destruída por agente mecânico", sugerindo a sua reprodução em nova ficha, com cópia dos atos praticados. Aquele que fosse registrador no momento da restauração subscreveria todos os atos, e a seguir se lançaria uma nova averbação consignando a ocorrência da restauração. Solução semelhante poderia ser adotada em caso em que não há destruição, mas, por exemplo, impressão com sobreposição em um ou mais assentos.

A redação anterior do art. 213 já permitia ao registrador realizar retificações unilaterais em caso de "erro evidente" em que não houvesse "prejuízo a terceiro". Se a perspectiva da Lei 10.931/2004, como se viu, foi a de facilitar as retificações, não há como se interpretar o rol do atual inciso I como possibilidades exclusivas de retificação unilateral. Assim, o rol deve ser tido como exemplificativo.[1028]

A alínea *a* trata da causa mais comum de retificação unilateral: a omissão ou erro cometido na transposição de qualquer elemento do título. Tem-se o caso singelo em que o título estava correto, mas o registrador, ao selecionar os elementos para o extrato, e lançá-lo na matrícula, acabou por omitir dado essencial, ou por copiá-lo de maneira incorreta. Recorde-se nos termos do art. 3º, IV, da Lei 10.169/2000, é vedado cobrar emolumentos em decorrência da prática de ato de retificação ou que teve de ser refeito ou renovado em razão de erro imputável ao próprio serviço de registro.

A alínea *b* trata da indicação ou atualização de confrontação, remetendo ao art. 176, II, 3, da Lei 6.015/1973. Deve-se ter cuidado com a interpretação do dispositivo, já que não se trata da retificação de qualquer das linhas perimetrais do imóvel (matéria esta que demanda retificação bilateral), mas sim tão somente a indicação (em caso de omissão) ou atualização (em caso de desatualização) dos imóveis que confrontam com o retificando. Idealmente, se houvesse plena coordenação entre registro e cadastro, esta confrontação se realizaria pela simples referência ao número cadastral da parcela confrontante. Como tal ainda não se dá no Brasil, o ideal, neste momento, é a indicação do número da matrícula do imóvel confrontante, acompanhada da conformação física e medidas da linha confrontante. Note-se, mais uma vez, que neste caso a alínea *b* se presta somente à indicação ou atualização do número da matrícula confrontante (por exemplo, porque foi encerrada e abriu-se uma nova, ou porque foi desdobrada etc.), e não da linha confrontante. No entanto, o mais comum ainda é a indicação metonímica da confrontação, pelo nome do proprietário. Em qualquer dos casos, a indicação ou atualização, para ser deferida, deverá corresponder à filiação registral dos imóveis confrontantes. Não se deve admitir a indicação ou atualização com base no nome de meros possuidores dos imóveis confrontantes, ainda que figurem, por exemplo, no cadastro imobiliário municipal como contribuintes. Observe-se que as confrontações posicionam o imóvel no espaço, donde, em respeito à especialidade objetiva, a necessidade de rigor em sua atualização.

A alínea *c* trata da alteração da denominação de logradouro público. Observe-se que este caso aparece, também no art. 167, II, 13, ocasião em que se determina que essa averbação será realizada *ex officio*. Com isso, no Estado de São Paulo, essas averbações não se sujeitam ao pagamento de emolumentos,

---

[1024] Cf. SALLES, Venicio Antônio de Paula. Retificação de registro. *In: Boletim IRIB em Revista*, n. 318, 2004.

[1025] Cf. PATAH, Priscila Alves. *Retificações no registro de imóveis*. 2. ed. São Paulo: Revista dos Tribunais, 2022. p. 128.

[1026] Cf. SOUZA NETO, João Baptista de Mello e. Comentário ao artigo 213. *In: Lei de Registros Públicos Comentada – Lei 6.015/1973*. 2. ed. Rio de Janeiro: Forense, p. 1154.

[1027] Cf. SILVA, Gilberto Valente da. Matrícula. *In: Boletim IRIB em Revista*, n. 303, 2002.

[1028] Há decisão da Corregedoria-Geral da Justiça do Estado de São Paulo (Processo 427/2005, j. 24/11/2005, Rel. Des. José Mario Antonio Cardinale) posterior ao advento da Lei 10.931/2004, negando retificação unilateral por não se tratar de erro evidente. Verbis: *"Isso porque, repita-se, não se trata de erro evidente, como pretende demonstrar o recorrente. Para que se caracterizasse o erro evidente seria necessário poder "estremar acima de qualquer dúvida a ocorrência do erro registrário, e, do mesmo modo, concluir pela total inexistência de prejuízo, ainda que potencial, a terceiros" (Decisões Administrativas da Corregedoria-Geral da Justiça-1989, RT, pg. 244, ementa nº 128). O recorrente pretende seja efetivada uma alteração total nas características do imóvel, não bastando a mera retificação unilateral"*. No mesmo sentido, CHICUTA, Kiotsi. *Anotações sobre as recentes alterações no procedimento de retificação de registro. In:, RDI*, n. 58, 2005.

ainda que requeridas pelo interessado.[1029] Tenha-se em vista que a hipótese diz respeito tão somente à alteração do nome do logradouro, tal como ele aparece na identificação dos vários imóveis, e que, também, repercutirá no indicador. Não se destina, porém, à abertura de novas ruas, que antes não apareciam no registro do imóvel retificando. Note-se que, tal como as confrontações, o logradouro é elemento fundamental da identificação e posicionamento espacial dos imóveis urbanos. Assim, para que se realize essa averbação deve-se atender ao princípio da continuidade, de maneira a se verificar a identidade entre o logradouro que consta do registro e aquele que se pretende incluir em seu lugar.[1030] Além disso, a comprovação do nome atual deve se dar por documento oficial, expedido pela municipalidade. Este documento pode consistir na própria lei, ou decreto, se este foi o meio de alteração do nome; mas também pode consistir em certidão. Em qualquer caso, novamente, o documento deverá ser apto a comprovar a filiação entre os nomes antigo e novo do logradouro, sob pena de ser exigível complementação que o faça.

A alínea *d* destina-se à inserção na descrição do imóvel de certos elementos técnicos da topografia que não impliquem qualquer alteração das medidas perimetrais: os rumos, os ângulos de deflexão e as coordenadas georreferenciadas. Rumo é *"o menor ângulo formado pela meridiana que materializa o alinhamento Norte Sul e a direção considerada. Varia de 0° a 90°, sendo contado do Norte ou do Sul por leste e oeste. Este sistema expressa o ângulo em função do quadrante em que se encontra. Além do valor numérico do ângulo acrescenta-se uma sigla (NE, SE, SW, NW) cuja primeira letra indica a origem a partir do qual se realiza a contagem e a segunda indica a direção do giro ou quadrante".*[1031] Já ângulo de deflexão *"é o ângulo formado entre o prolongamento do alinhamento anterior e o alinhamento em estudo, contado para a direita ou para a esquerda e com sua grandeza limitada entre 0° e 180°".*[1032] Por sua vez, uma coordenada geográfica é a representação de um ponto na superfície terrestre por meio de latitude e longitude, e será georreferenciada se estiver associada a um sistema de coordenadas cartográficas.[1033] Como se disse, o pressuposto fundamental da inserção desses elementos na descrição do imóvel é a inexistência de qualquer modificação nas medidas perimetrais do imóvel, ou de sua posição no espaço. Por essa razão, não há como tais dados serem inseridos na matrícula, se esta já não contiver suas medidas perimetrais e superficial, porque, sem isso, não seria possível avaliar a precisão dos novos elementos.[1034] Deve-se ter cautela com essa hipótese. Vislumbrando o registrador risco a terceiros, deverá indeferir a retificação unilateral.[1035]

A alínea *e* permite a utilização da via unilateral para alteração ou inserção que resulte de "mero cálculo matemático feito a partir das medidas perimetrais constantes do registro". Esse dispositivo tem gerado alguma confusão. *Mero* cálculo matemático é aquele feito com base em dados disponíveis no registro anterior ou na matrícula.[1036] Não há espaço para qualquer presunção ou suposição – por

---

[1029] Cf. Corregedoria-Geral da Justiça do Estado de São Paulo, Processo 97.514/2014, j. 28/07/2014, Rel. Des. Elliot Akel.

[1030] Cf. 1ª Vara de Registros Públicos de São Paulo – SP, Processo 1047813-12.2014.8.26.0100, j. 19/12/2014, Rel. Dr. Paulo César Batista dos Santos.

[1031] Cf. VEIGA, Luis Augusto Koenig; ZANETTI, Maria Aparecida Z.; FAGGION, Pedro Luis., *Fundamentos de topografia.* 2007. p. 78.

[1032] Cf. TULER, Marcelo; SARAIVA, Sérgio. *Fundamentos de topografia.* Porto Alegre: Bookman, 2014. p. 68.

[1033] Cf. PEREIRA FILHO, Waterloo *Precisão espacial de dados como qualidade da informação geográfica. In:* SILVA, José Borzacchielo da; LIMA, Luiz Cruz DANTAS, Eustógio Wanderley Correia (org.). *Panorama da geografia brasileira II.* São Paulo: Annablume, 2006.

[1034] Cf. SALLES, Venicio Antônio de Paula. Retificação de registro. *In: Boletim IRIB em Revista,* n. 318, 2004.

[1035] A jurisprudência tem sido cautelosa com esta modalidade de retificação. A título de exemplo, cf. Processo 190.817/2018, da Corregedoria-Geral da Justiça do Estado de São Paulo, j. 22/02/2019, Rel. Des. Geraldo Francisco Pinheiro Franco: *"Não obstante, neste caso concreto, apesar da não alteração da área dos imóveis, há significativa mudança nos ângulos de deflexão, como segue: a. na matrícula n. 118.581 de 20° 59'57" SE, 89°11'18" NE e 21°00'03" SE para 03°04'32" NW, 83°17'24" NE e 03°04'32" SE, respectivamente. b. na matrícula n. 118.582 de 20°59'57" SE, 89°11'18" NE e 20°59'57" SE para 02°58'32' NW, 86°22' 59" NE e 03°04'32" SE, respectivamente. Desse modo, pode ocorrer sobreposição dos imóveis em retificação com os imóveis confinantes em razão da modificação da localização daqueles em relação ao conteúdo do registro imobiliário atual. Isso porque a alteração dos ângulos de deflexão é significativa, repercutindo no posicionamento daqueles."*

[1036] A jurisprudência, contudo, já admitiu a utilização "por empréstimo" de medida de imóvel vizinho, mediante verificação de plantas arquivadas no próprio cartório: *"Às vezes, inclusive, a própria perimetral, acaso desconhecida, pode ser inferida do confronto com o registro vizinho, tanto quanto o formato do imóvel pode ser extraído da*

exemplo, presumir que o imóvel tem forma regular, se a informação não constar da matrícula. E o resultado do cálculo deve ser absolutamente inafastável. Se houver necessidade de inserção da medida de um dos lados, ou se, sendo o imóvel irregular, não estiverem disponíveis os ângulos internos, ou, ainda, se estiverem disponíveis todas as medidas perimetrais, mas nenhuma informação sobre os ângulos, nem sobre ter o imóvel forma regular ou não, a retificação deverá ser processada na modalidade bilateral.[1037]

A alínea *f* permite o aproveitamento de linha perimetral de imóvel confrontante que já tenha sido objeto de retificação. Para tanto, exige-se que o imóvel confrontante já tenha tido seu perímetro retificado, sob qualquer modalidade. Ainda, que haja correspondência perfeita entre os lados dos dois imóveis, não sendo possível o aproveitamento "parcial" da medida (por exemplo, se o imóvel confrontante tem um lado de 15,00 metros, dos quais apenas 10,00 confrontam com o imóvel que se pretende retificar). Para essa verificação, o registrador deverá comparar as matrículas, bem como plantas e demais documentos arquivados no cartório.

E a alínea *g* permite, pela via unilateral, a inserção ou modificação dos dados de qualificação dos sujeitos. Para tanto, exige a comprovação desses dados por meio de documentos oficiais. Outra exigência, decorrente do princípio da especialidade subjetiva, é que o registrador tenha segurança para realizar um juízo de identidade entre o sujeito que figura no registro, e aquele que aparece nos documentos apresentados, em especial em se tratando de nomes comuns. Pode ser necessário recorrer a mais elementos, como outros números de documento, filiação, estado civil, nome do cônjuge etc. Ainda não sendo suficiente, é prática corrente a exigência do traslado original da escritura que serviu como título da inscrição. Se, mesmo assim, o registrador não tiver segurança de se tratar da mesma pessoa, a solução é dada ao final da alínea: despacho judicial, em procedimento onde puder haver produção de provas.[1038] O inciso II do art. 213, e os parágrafos, disciplinam a segunda moda-

---

verificação de plantas oficiais arquivadas na serventia (v., a respeito, RDI 37/17 e Processo CG n. 1.002/97). De toda a maneira, porém, serão sempre dados registrários, tabulares, que poderão permitir a conclusão de que a inserção de área de superfície encerra mera correção indiferente a terceiros, porque intramuros, decorrente de mero cálculo, até"(Cf. 1ª Vara de Registros Públicos de São Paulo – SP, Pedido de Providências 1127597-96.2018.8.26.0100, j. 27/02/2019, Rel. Dra. Tânia Mara Ahualli).

[1037] Nesse sentido o Recurso Administrativo 1001995-65.2020.8.26.0152, da Corregedoria-Geral da Justiça do Estado de São Paulo, j. 10/02/2021, Rel. Des. Ricardo Mair Anafe: *"Não obstante o teor da alínea "e" do art. 213, l, da Lei nº 6.015/73, certo é que no caso em tela, analisando-se a planta e memorial descritivo ofertados, observa-se a inserção de ângulos de deflexão que não constam da matrícula a impedir a adoção do cálculo apresentado para efeito de retificação unilateral do registro. Conquanto haja aparente erro na área total do imóvel indicada na matrícula, a inserção de ângulos de deflexão que dela não constam impede a adoção do cálculo apresentado".* Ainda, Processo 86.705/2010, da Corregedoria Geral da Justiça do Estado de São Paulo: *"Assim sendo, como das informações tabulares não se infere por si só a medida faltante, por não haver angulação reta na deflexão, é imprescindível a retificação bilateral, haja vista o teor da inovação descritiva e o potencial de atingir interesses de outrem".*

[1038] 1ª Vara de Registros Públicos de São Paulo – SP, Pedido de Providências 1013767-53.2021.8.26.0002, j. 07/10/2021, Rel. Dra. Luciana Carone Nucci Eugênio Mahuad: *"Segunda: não existe qualquer evidência nos autos no sentido de que Vicente Paulino de Souza, adquirente do imóvel, casado, seja Vicente Paulino de Sousa, pai da parte requerente, amasiado. Em outras palavras, como a individualização dos titulares do domínio é bastante precária na matrícula do imóvel, constando apenas nome, nacionalidade, estado civil, profissão e município de domicílio, e os documentos trazidos aos autos, fls. 05/60, não são hábeis para apontar com segurança que se tratava da mesma pessoa e que o proprietário era, na verdade, solteiro, não há como se autorizar a retificação pretendida nesta via administrativa".* Ainda, do mesmo Juízo, Pedido de Providências 1020115-84.2021.8.26.0100, j. 28/04/2021, Rel. Dra. Vivian Labruna Catapani: *"O pleito autoral de retificação da qualificação dos autores constante do registro imobiliário está amparado no art. 213, l, g, da Lei nº 6.015/73, que prevê a possibilidade de 'inserção ou modificação dos dados de qualificação pessoal das partes, comprovada por documentos oficiais, ou mediante despacho judicial quando houver necessidade de produção de outras provas' (grifei). Desta feita, com o escopo de atender a exigência do dispositivo em destaque, entendo ser necessária a complementação do acervo probatório que instrui o feito. Nessa senda, observo que os autores apresentaram o contrato de aquisição do imóvel (que contém a qualificação incorreta e incompleta dos demandantes – fls. 17/34) e seus documentos pessoais, como sua certidão de casamento (fl. 38) e documentos de identidade de ambos os autores (fls. 09/10), nos quais estão os dados corretos de qualificação. Entretanto, não houve comprovação de que os documentos em questão referem-se às mesmas pessoas. Observo que a instauração deste procedimento foi motivada, justamente, pela discrepância entre os dados constantes do contrato de aquisição (e, consequentemente, do registro) e a qualificação disposta nos documentos pessoais dos autores. Sendo assim, a simples apresentação dos documentos não permite a superação do óbice, haja vista que comprova tão somente a discrepância de dados, não permitindo a aferição da identidade das pessoas indicadas. Portanto, diante do risco*

lidade de retificação administrativa processada diretamente no registro de imóveis, conhecida como bilateral ou consensual. Com efeito, nessa modalidade reside a grande inovação empreendida pela Lei 10.931/2004, dispensando, enquanto ausente lide, qualquer etapa judicial.

Essa modalidade comporta qualquer tipo de correção de medidas perimetrais, seja por meio de sua inserção, quando ausentes, seja por sua alteração, quando presentes mas incorretas. Não obsta a retificação o aumento numérico da área superficial do imóvel.[1039] O que não pode haver é alteração das linhas divisórias que o imóvel sempre teve,[1040] com base nos títulos aquisitivos da propriedade. Ou seja, a retificação não pode resultar em imóvel não comportado pela "força do título",[1041] incluindo, por exemplo, áreas das quais o requerente é mero possuidor (e que deveriam ser adquiridas pela via do usucapião, e não da retificação).

O inciso II sintetiza o procedimento: deve o interessado apresentar ao registrador um requerimento de retificação, acompanhado de planta e memorial descritivo assinados por profissional habilitado e da respectiva anotação de responsabilidade técnica. Planta e memorial descritivo devem estar assinados pelos confrontantes do imóvel retificado. Recebida a documentação, o registrador deve autuá-la e qualificá-la, em seus aspectos jurídicos mas também técnicos. Assim, não apenas deverá haver compatibilidade plena entre planta e memorial, como também as peças deverão proporcionar todos os elementos previstos no art. 225 da Lei 6.015/1973, a saber, característicos, confrontações, localização, nomes dos confrontantes e, em se tratando só de terreno, se este fica do lado par ou ímpar do logradouro, em que quadra, e a que distância métrica da edificação ou da esquina mais próxima. Verificado, a qualquer tempo, não serem verdadeiros os fatos constantes da planta e do memorial descritivo – por exemplo, pela incorreta indicação de confrontantes –, responderão civil e penalmente os requerentes e o profissional que o elaborou (§ 14).

Não é autoevidente a noção de profissional habilitado. Em São Paulo, após alguma vacilação, tem sido considerado como tal todo aquele que apresente Anotação de Responsabilidade Técnica (ART) no Conselho Regional de Engenharia e Arquitetura (CREA), ou Registro de Responsabilidade Técnica (RRT) no Conselho de Arquitetura e Urbanismo (CAU), ou ainda Termo de Responsabilidade Técnica (TRT) no Conselho Regional dos Técnicos Industriais (CRT).[1042] Atendida essa formalidade, não caberá ao registrador fazer qualquer outra averiguação acerca da expertise do profissional.

---

de homonímia e em homenagem ao mandamento normativo acima destacado, deverão os autores comprovar que foram eles que firmaram o contrato de fls. 17/34, por meio da apresentação de documentos que indiquem o exercício da posse sobre o imóvel (tais como contas de consumo emitidas em nome dos autores, notificação de lançamento de IPTU, etc) ou declarações assinadas por moradores vizinhos, com firma reconhecida, informando que reconhecem os demandantes como proprietários do bem. Prazo: 15 dias. Após o cumprimento desta determinação, abra-se nova vista ao Ministério Público, para manifestação final. Em seguida, tornem conclusos para sentença".

[1039] Cf. SALLES, Venicio Antônio de Paula. Retificação de registro. *In: Boletim IRIB em Revista*, n. 318, 2004.

[1040] Cf. 4ª turma do Superior Tribunal de Justiça, Recurso Especial 589.597-MG, Rel. Min. Aldir Passarinho Junior, j. 17/06/2010.

[1041] O conceito de "força do título" remonta ao sistema das transcrições que vigorou até o advento da Lei 6.015/73, e que se sustentava nos princípios da disponibilidade quantitativa e qualitativa. Por exemplo, quem pretendesse transmitir mais área, quantitativamente, do que havia adquirido por uma ou mais transcrições anteriores (violando a disponibilidade quantitativa), ou pretendesse alienar lote que não se encaixasse geodesicamente em imóvel adquirido por si por uma ou mais transcrições anteriores (violando a disponibilidade qualitativa) realizaria venda a *non domino*, e a transmissão não seria comportada pela "força do título" (cf., por exemplo, Conselho Superior da Magistratura do Estado de São Paulo, Apelação Cível 252.671, j. 25/06/1976, Rel. Des. Acácio Rebouças: *"Como modo derivado de aquisição da propriedade imobiliária, o contrato de venda e compra tem como pressuposto um ato voluntário de transmissão, por via do qual o domínio se transfere do alienante para o adquirente (CC, art. 1.122), de forma sucessiva. Se José Carreira Bregieira, Antônio Benatti e Erico Benatti não comparecem, na escritura, vendendo as quotas partes que estão em seu nome por força da transcrição 33. 673 (fls.), forçosa a conclusão de que tais quotas partes não foram transmitidas; e a escritura, que contém a transmissão da totalidade do imóvel, que não está na força do título dos outorgantes, significa compra a non domino insuscetível de efeitos. Ao oficial do Cartório compete, por dever de ofício, a fiscalização da regularidade do título, velando pela continuidade dos registros para que não aconteça precisamente o que aqui está acontecendo: venda de domínio ultrapassante da força do título dos transmitentes".* Ou seja, a força do título corresponde, quantitativamente e qualitativamente, ao domínio adquirido, inscrito e mantido por uma certa pessoa. O conceito é relevante para a retificação de área porque ilumina precisamente aquilo que se pretende com ela: levar ao registro os dados de fato do imóvel, tal como estão no solo, salvo se esta implantação física não corresponder às forças do título.

[1042] Cf. Corregedoria-Geral da Justiça do Estado de São Paulo, Provimento 4/2022.

Art. 213 | LEI DE REGISTROS PÚBLICOS COMENTADA

Presentes os requisitos, a qualificação será positiva, e a retificação será averbada à margem da transcrição respectiva, ou na matrícula respectiva.

Contudo, uma série de vicissitudes pode atingir o procedimento, que ensejarão exigências que o registrador formulará por escrito, em nota devolutiva. A mais comum dessas vicissitudes é a falta da anuência nas peças, ou em instrumento apartado[1043] em que se mostre inequívoca, de algum confrontante. Essa falta de anuência não inviabiliza, por si, a retificação administrativa, mas ensejará a necessidade da existência de um ciclo notificatório no procedimento. O mesmo procedimento poderá ser empregado caso ausente do requerimento a assinatura de algum dos proprietários do imóvel, na hipótese de se tratar de condomínio ordinário.[1044] Confrontantes são, segundo o § 10º com a redação dada pela Lei 14.382/2022, os proprietários e titulares de outros direitos reais e aquisitivos sobre os imóveis contíguos. O § 16, todavia, introduzido pela Lei 12.424/2011, refinou o conceito, ao afirmar que somente se considera confrontante, para fins de retificação, os confinantes de divisas que forem alcançadas pela inserção ou alteração de medidas. De maneira que se pode dizer que são confrontantes os proprietários e titulares de outros direitos reais aquisitivos sobre imóveis confinantes cujas divisas sejam alcançadas pela retificação.

O inciso III esclarece que não estão compreendidos entre os titulares de outros direitos reais aqueles que detenham sobre o bem direitos reais de garantia hipotecária, pignoratícia, ou decorrente de alienação fiduciária em garantia – na barroca dicção do inciso III, *b*, os "titulares de crédito vincendo, cuja propriedade imobiliária esteja vinculada, temporariamente, à operação de crédito financeiro".

A redação anterior suscitava polêmica ao afirmar que deveriam ser entendidos como confrontantes "não só os proprietários dos imóveis contíguos, mas também seus eventuais ocupantes". Debatia-se, por exemplo, se, na hipótese de o ocupante não ser o proprietário, deveriam ambos ser chamados a anuir, ou bastaria qualquer um deles; ou ainda se deveriam ser considerados ocupantes somente possuidores, ou também detentores, e, em qualquer caso, que tipo de prova se deveria realizar acerca de sua ocupação. Atualmente, é confrontante tão somente o titular de direito real sobre o imóvel contíguo. Todavia, como o dispositivo não restringiu tais direitos àqueles inscritos no registro de imóveis – o que teria sido medida salutar – deve-se considerar confrontante também aquele possuidor que já preencheu os requisitos para a usucapião da área ocupada, ainda que não figure em seu registro como proprietário.

Por outro lado, o §17 inserido pela Lei 14.620 de 2023 resgatou a figura do mero ocupante para os casos em que não seja possível identificar o proprietário tabular do imóvel confrontante. Assim, se, realizadas buscas, ditos proprietários não são identificados, deverá ser colhida a anuência de eventual ocupante; e os interessados incertos deverão ser notificados por edital eletrônico, publicado uma vez na Internet, para se manifestarem no prazo de 15 dias. Seu silêncio gerará presunção de concordância, nos termos do §4º.

Tratando-se de confrontação com condomínio, três são as possibilidades, nos termos dos incisos I e II. Se o imóvel pertence a condôminos em regime de condomínio geral, ordinário, basta a anuência de qualquer um deles. Se o imóvel foi submetido a incorporação, esta já foi registrada, mas a obra ainda está em curso, e, por conseguinte, ainda não se instituiu o condomínio edilício, ter-se-á uma situação dominial provisória, que não consiste em propriedade exclusiva, nem em condomínio geral, nem ainda em condomínio edilício, mas em uma situação condominial específica, com características e regras específicas previstas na Lei 4.591/1964, e denominada condomínio por frações autônomas. Nesse caso, a anuência deverá ser prestada pela comissão de representantes. Por fim, tratando-se de condomínio edilício instituído, tendo a sua instituição sendo precedida ou não de incorporação, a anuência será prestada pelo síndico.

Com efeito, deverá o interessado requerer ao registrador de imóveis a notificação do confrontante que não anuiu para se manifestar no prazo de 15 dias úteis. Essa notificação, segundo o § 2º, pode ser pessoal (ocasião em que será realizada pelo próprio registrador de imóveis ou por preposto seu), pelos correios, com aviso de recebimento, ou ainda por oficial de registro de títulos e documentos, mediante solicitação do registrador de imóveis. Em qualquer caso, o notificante é sempre o registra-

---

[1043] Cf. PATAH, Priscila Alves. *Retificações no registro de imóveis*. 2. ed. São Paulo: Revista dos Tribunais, 2022. p. 193.

[1044] Cf. 1ª Vara de Registros Públicos de São Paulo – SP, Processo 000.04.077916-5, j. 24/08/2004, Rel. Dr. Venício Antonio de Paula Salles.

dor de imóveis, e não o interessado. E o resultado da notificação, positivo ou negativo, deverá ser juntado aos autos da retificação.

As notificações devem ser dirigidas ao endereço do confrontante que consta de sua qualificação no registro do respectivo imóvel, ao endereço do próprio imóvel confrontante, ou ainda a outro fornecido pelo requerente da retificação. Não basta que a notificação chegue ao endereço: deverá ser recebida pelo notificando.[1045] Não sendo encontrado em qualquer dos endereços mencionados, ou estando em local incerto e não sabido, o registrador certificará nos autos essa circunstância, e então a notificação será feita por edital em jornal local de grande circulação,[1046] por duas vezes, também estabelecendo prazo de 15 dias úteis para impugnação (§ 3º).

Qualquer que seja o meio de notificação, desde que positivo o resultado, ou que seja publicado o edital, transcorrendo o prazo de 15 dias sem impugnação, presumir-se-á a anuência do confrontante (§ 4º).

Nos termos do § 5º, atingida a anuência de todos os confrontantes, quer efetiva, quer presumida, quer ficta, o registrador averbará a retificação. No entanto, a interpretação do dispositivo deve levar em conta o conjunto da disciplina da retificação. O § 12 estabelece que pode o registrador realizar diligências no imóvel para constatação da sua situação em face dos confrontantes. Essa diligência não é requisito do procedimento, mas um meio de se apurar, por exemplo, uma situação de simulação, ou da ocultação da existência de um certo confrontante.[1047] Depreende-se disso que deve sempre levar em conta a situação real do imóvel, não ficando vinculado por aquilo que afirma o interessado, ainda que não haja impugnação. Assim, ainda que haja consentimento de todos os confrontantes, o registrador deverá negar a averbação caso não esteja seguro de que o imóvel retificado nas forças do título, se não for possível identificar todos os confrontantes, se a retificação implicar transposição para o registro de parcela de bem público, ou ainda se ensejar a aquisição, ou alienação, de área fora da transação mencionada no § 9º.[1048]

Por outro lado, se houver impugnação *fundamentada* por parte de algum confrontante, o registrador intimará o requerente e o profissional habilitado que assinou as peças técnicas para manifestação, no prazo de cinco dias (§ 5º). Não havendo composição entre as partes, o registrador remeterá o processo ao juiz competente que decidirá de plano ou após instrução sumária. Trata-se do juiz com competência para julgar procedimentos de dúvida e realizar a fiscalização ordinária do cartório. Observe-se que não cabe ao juiz, neste momento, decidir o mérito de eventual sobreposição de área, mas, sim, tão somente verificar a verossimilhança das alegações do impugnante. Constatando haver risco à propriedade de qualquer das partes, deverá remeter o interessado às vias ordinárias (§ 6º).

O art. 213, contudo, não diz o que deverá ocorrer se houver impugnação *não fundamentada*. Com isso, há o risco de retificações serem paralisadas, e desembocarem na via judicial, com base em impugnações genéricas e despropositadas (prática comum, por exemplo, quando o confrontante é pessoa jurídica de direito público). Por conta disso, de maneira salutar, as Normas de Serviço da Corregedoria-Geral da Justiça de São Paulo, desde a edição do Provimento 15/2012, contemplam a possibilidade de o registrador rejeitar de plano, por meio de ato motivado, impugnações infundadas, com possibilidade de recurso ao juiz corregedor permanente. Observe-se, entretanto, que não cabe ao registrador analisar o mérito da impugnação, mas, sim, verificar se ela é fundamentada, e se reúne elementos mínimos de viabilidade. Assim, segundo o próprio provimento, "*Consideram-se infundadas a impugnação já examinada e refutada em casos iguais ou semelhantes pelo Juízo Corregedor Permanente ou pela Corregedoria Geral da Justiça; a que o interessado se limita a dizer que a*

[1045] Cf. CHICUTA, Kiotsi. Anotações sobre as recentes alterações no procedimento de retificação de registro. *In: RDI*, n. 058, 2005. De modo análogo, se o confrontante é falecido, a notificação deverá ser feita aos sucessores: "*Na medida em que o imóvel lindeiro, que pertencia a Julia Andrade Gomes, foi transmitido aos sucessores desta ou, segundo noticiado nos autos, já foi até mesmo alienado a terceiros, impunha-se a notificação de seus novos titulares*" (Cf. Corregedoria Geral da Justiça do Estado de São Paulo, j. 06/12/2011, Rel. Des. Mário Devienne Ferraz).

[1046] Em São Paulo, o Provimento CG 21/2019 (posteriormente repristinado no Processo 81.310/2020) deu nova redação à Seção XII do capítulo XX das Normas de Serviço da Corregedoria-Geral da Justiça, autorizando a publicação do edital em plataforma eletrônica juridicamente organizada, registrada no Registro Civil de Pessoas Jurídicas, desde que atendidos certos requisitos técnicos. Atualmente, referida autorização se encontra no item 136.12 do Capítulo XX.

[1047] Cf. TAKEDA, George. Retificação consensual do registro. *In: Boletim IRIB em Revista*, n. 320, 2005.

[1048] Nesse sentido, a nota ao item 136.6 do Capítulo XX da Corregedoria-Geral da Justiça do Estado de São Paulo.

Art. 213 | LEI DE REGISTROS PÚBLICOS COMENTADA

retificação causará avanço na sua propriedade sem indicar, de forma plausível, onde e de que forma isso ocorrerá; a que não contém exposição, ainda que sumária, dos motivos da discordância manifestada; a que ventila matéria absolutamente estranha à retificação; e a que o Oficial de Registro de Imóveis, pautado pelos critérios da prudência e da razoabilidade, assim reputar".[1049] O dispositivo acabou por inaugurar uma nova era dos procedimentos especiais tramitados no registro de imóveis. Com efeito, o rito do incidente de impugnação é estabelecido, por meio de disposições análogas, também nos procedimentos de registro de regularização fundiária, no reconhecimento extrajudicial de usucapião, e possivelmente será utilizado na recente adjudicação compulsória extrajudicial.

O § 7º traz regra especial destinada às apurações de remanescente. A apuração de remanescente consiste no remédio para os casos em que o proprietário de gleba maior a vê desfalcada por alguma razão, como uma alienação parcial, desapropriação etc. Não havendo, quando do desfalque, a descrição da sobra, fica inviabilizada a realização de qualquer registro acerca desta, por conta de grave ofensa à especialidade objetiva e à disponibilidade qualitativa.[1050]

[1049] Exemplos de impugnação reputada infundada: *"os documentos apresentados pela parte requerente não são suficientes para comprovar erro no registro nem se há intersecção ou sobreposição sobre imóvel confrontante; o prazo de quinze dias é insuficiente para a execução de trabalho técnico de conferência; o procedimento de retificação deve ser judicial em garantia dos princípios do contraditório e da ampla defesa"*(1ª Vara de Registros Públicos de São Paulo, Pedido de Providências 1106014-16.2022.8.26.0100, j. 11/10/2022, Rel. Dra. Luciana Carone Nucci Eugênio Mahuad). Alegação de que *"se este cartório prosseguir com o procedimento da forma como o mesmo se encontra, estará não só incidindo em grave erro, como estará coadunando com pedido absolutamente descabido do autor. Isto porque o mesmo pleiteia parte de área que não é, na realidade, de sua propriedade, mas sim da real confrontante do imóvel"*, desacompanhada de qualquer documento ou planta (Corregedoria-Geral da Justiça do Estado de São Paulo, Recurso Administrativo 1009085-47.2019.8.26.0286, j. 16/08/2022, Rel. Des. Fernando Antônio Torres Garcia). Alegação genérica de desrespeito a servidão de passagem de boiada, sem indicação de onde haveria eventual invasão ou sobreposição (Corregedoria-Geral da Justiça do Estado de São Paulo, Recurso Administrativo 1006692-30.2017.8.26.0510, j. 10/08/2022, Rel. Des. Fernando Antônio Torres Garcia).

[1050] Cf., por exemplo, Conselho Superior da Magistratura do Estado de São Paulo, Apelação Cível 1081016-52.2020.8.26.0100, j. 03/11/2021, Rel. Des. Ricardo Mair Anafe: *"De fato, em razão de anteriores alienações e destaques ao longo do tempo, a transcrição nº 3.797 do 12º Oficial de Registro de Imóveis da Capital perdeu suas características de especialização objetiva, não havendo sequer planta da referida transcrição para o mínimo controle de disponibilidade. Não seria possível o ingresso do título, portanto, à míngua de descrição suficiente da área e dos limites do imóvel remanescente, sem a indicação de marcos seguros que permitam levantar de onde será destacado o terreno em questão, sob pena de ofensa ao princípio da especialidade objetiva. Não basta, por certo, a indicação das medidas perimetrais e da área do imóvel referido na escritura de compra e venda, tampouco a especificação de seus confrontantes. É que sem apuração do remanescente não é possível assegurar que a área disponível coincide com o imóvel descrito no título, em todas as suas características".* Excepcionalmente, no entanto, a Jurisprudência tem admitido a realização de registros, se preservadas a disponibilidade quantitativa e qualitativa. É o que ocorre em casos nos quais não há efetivamente dúvida sobre a conformação do remanescente, já que o imóvel originário estava bem descrito, tinha forma regular etc., de maneira que é possível "encaixar" o título no registro anterior. Nesse sentido, cf. Conselho Superior da Magistratura do Estado de São Paulo, Apelação Cível 1000378-61.2022.8.26.0100, j. 01/09/2022, Rel. Des. Fernando Antônio Torres Garcia: *"No caso concreto, mister anotar que, na transcrição nº 105.768 do 8º Oficial de Registro de Imóveis de São Paulo, o imóvel identificado como lote 48 da quadra 8-B da Vila Monte Alegre, está assim descrito: "Um terreno medindo 10,00m de frente para a Rua Mauricio de Lacerda, por 40,00m de frente aos fundos de ambos os lados, tendo nos fundos a largura da frente, encerrando a área total de 400,00m2;, confinando de ambos os lados e fundos com Anníbal de Barros Fagundes e outros ou sucessores." E segundo as AV-1 e AV-2, ficou constando, respectivamente, que "no terreno objeto da presente transcrição, o adquirente construiu um prédio residencial na frente e mais um nos fundos, que recebeu o nº 656, da Rua Mauricio de Lacerda" e que foi "transferida parte com a área de 123,20m²;, através da matrícula 5.483, de 23/06/1976, desta Serventia" (fls. 185/187). Para o registro da referida alienação de parte da área objeto da transcrição nº 105.768 foi aberta a matrícula nº 5.483 junto à referida serventia predial, com descrição algo precária, é verdade, mas, ainda assim, com menção ao logradouro em que localizado o imóvel, número e designação cadastral, bem como às confrontações e ao cálculo de sua área: "Uma casa e seu respectivo terreno, situados à Rua Mauricio de Lacerda nº 656, medindo o terreno, que é constituído de (...) parte do lote 48 da quadra 8-B, da Vila Monte Alegre, no 42º Subdistrito-Jabaquara, medindo o terreno 8,00ms. de frente, por 15,40ms., mais ou menos da frente aos fundos em ambos os lados, tendo nos fundos a mesma largura da frente, encerrando a área total aproximada de 123,20m²2., confinando de um lado com Annibal de Barros Fagundes e outros, e do outro lado e fundos com os proprietários. – Inscrito no cadastro dos contribuintes da Prefeitura Municipal sob nº 047.163.0060" (fls. 189/196). Não se contesta que, considerado o atual estado da técnica e as exigências atuais da doutrina jurídica e do tráfego imobiliário, a descrição do imóvel na matrícula aberta deveria ser melhorada. Entretanto, fato é que a partilha pode ser registrada, pois incidiu sobre todo o remanescente da área da transcrição nº 105.768, que foi tratado como*

O grande problema que o § 7º tenta solucionar é o de ser lacunosa a descrição da própria gleba originária, situação comum nos loteamentos informais empreendidos nas grandes cidades ao longo do século XX. Sendo deficiente a descrição original, debatia-se acerca da necessidade de primeiramente se retificar a descrição da gleba inteira, para somente então se apurar o que havia sobrado. O § 7º permite que se obtenha anuência somente daqueles que confrontem com a área remanescente, dispensando a retificação da descrição da gleba original. O grande requisito é o registrador ter segurança de que o remanescente está contido nas forças do título original, ainda que a descrição fosse imprecisa. Havendo dúvidas, é recomendável a apuração judicial, âmbito em que poderão ser produzidas provas, mesmo testemunhais, a respeito desse fato.[1051]

Quanto ao § 8º, segundo Ulysses da Silva, mesmo antes da Lei 10.931/2004 já poderia haver averbação de abertura de rua ou praça a requerimento do Poder Público.[1052] Contudo, grande parte das terras públicas, ou dos logradouros, permanecia fora do registro. Assim, com base no § 8º, segundo o autor, e fornecidos os elementos essenciais, poderia o Poder Público solicitar não apenas a retificação de seus registros, como também a própria abertura da matrícula.[1053] De maneira que o § 8º, em certa medida, teria antecipado o disposto no atual art. 195-A. No entanto, para Kiotsi Chicuta o § 8º somente é aplicável a bens públicos já registrados,[1054] e para Geoge Takeda, o dispositivo não pode ser tomado como um substituto da ação discriminatória.[1055]

O § 9º estabelece uma espécie de transação, por escritura pública, entre requerente e confrontante, que, segundo Marcelo Martins Berthe, não é propriamente retificação, não significa correção de erros, mas, sim, um ajustamento entre as partes de uma nova divisa.[1056] Tenha-se, por exemplo, uma situação na qual a confrontação entre dois imóveis se dá por uma linha torta, que torna ambos os polígonos irregulares, e que os respectivos proprietários desejem que seus terrenos passem a ter forma regular. Em princípio, haveria necessidade de permuta em qualquer caso. O parágrafo possibilita o ingresso dessa nova linha no registro de imóveis por mera averbação nas duas matrículas se, apurando-se o *quantum* de área adquirida e cedida por cada um, houver perfeita equivalência. Todavia, se houver diferença na área líquida transferida (ou seja, ao final um dos proprietários receber mais área quantitativamente do que cedeu), haverá necessidade de recolhimento de ITBI, bem como a realização dos respectivos desdobros, registro da transmissão em ambos, e fusões das áreas desdobradas àquelas a que se destinaram. Ainda, deverão ser observadas as regras relativas à fração mínima de parcelamento, se o imóvel for rural, bem como, sendo urbano, deverá ser obtida a aprovação urbanística municipal.[1057]

Por motivos de política legislativa, o § 11 flexibiliza o princípio da especialidade objetiva, reputando independer de retificação certos fatos inscritíveis que, em princípio, poderiam demandá-la.

---

corpo certo, sem possibilidade de erro quanto ao imóvel. Veja-se que a área total objeto da transcrição nº 105.768 perfazia 400m², o que ensejou a abertura da matrícula nº 5.483 corresponde a uma área de, como consta do assento, aproximadamente 123,20m²;. No título apresentado a registro, o imóvel partilhado tem área de 276,80m²; (fls. 227), ou seja, corresponde exatamente à área remanescente da transcrição nº 105.768 que, cumpre ressaltar, trazia perfeita identificação do imóvel". Na Doutrina, observa Eduardo Agostinho, Arruda Augusto que *"A apuração de remanescente, prevista no parágrafo sétimo do artigo 213, poderá ser efetivada pelo procedimento sumário, se for desnecessária a anuência dos confrontantes, ou ordinário, no caso contrário; em alguns casos especiais em que a segurança jurídica permita, até mesmo por simples requerimento"* (Cf. AGOSTINHO, Eduardo; AUGUSTO, Arruda. *Retificação de registro. In: Boletim IRIB em Revista,* n. 319, 2004.

[1051] Cf. TAKEDA, George. Retificação consensual do registro. *In: Boletim IRIB em Revista,* n. 320, 2005.

[1052] Kiotsi Chicuta denomina essa prática "averbação de confinância" ou "de abertura de rua ou logradouro público" (Cf. CHICUTA, Kiotsi. Anotações sobre as recentes alterações no procedimento de retificação de registro. *In: RDI,* n. 058, 2005.

[1053] Cf. SILVA, Ulysses da. *Retificação de registro. In: RDI,* n. 058, 2005.

[1054] Cf. CHICUTA, Kiotsi. Anotações sobre as recentes alterações no procedimento de retificação de registro. *In: RDI,* n. 058, 2005.

[1055] Cf. TAKEDA, George. Retificação consensual do registro. *In: Boletim IRIB em Revista,* n. 320, 2005.

[1056] Cf. BERTHE, Marcelo Martins. *Retificação judicial de registro. In: RDI,* n. 064, 2008.

[1057] Cf. TAKEDA, George. Retificação consensual do registro. *In: Boletim IRIB em Revista,* n. 320, 2005.; SILVA, Ulysses da. *Retificação de registro. In: RDI,* n. 058, 2005.

Os incisos I, IV e V tratam de atos relacionados a regularização fundiária urbana, e a dispensa tem por finalidade facilitar seu ingresso no registro de imóveis. Já os incisos II e III dizem respeito à adequação da descrição do imóvel à técnica do georreferenciamento, trazida para o contexto registral pela Lei 10.267/2001 e pelo Decreto 4.449/2002.

O inciso II não pode ser compreendido como uma abertura irrefletida do registro a modificações na descrição dos imóveis tão somente pela utilização da técnica do georreferenciamento, em um sacrifício da segurança jurídica no altar da tecnologia. "Adequação" pressupõe a adaptação de uma descrição que já existe, e é apta a definir os limites e conformação do imóvel, a outra técnica, baseada no sistema das coordenadas georreferenciadas. Assim, é pressuposto da dispensa da retificação que a descrição que consta da matrícula pelo sistema planimétrico seja suficiente a indicar, com segurança, a sua identidade com o imóvel que agora se descreve com coordenadas georreferenciadas. Nesse sentido a Corregedoria-Geral de Justiça do Estado de São Paulo:[1058] *"Ainda nos casos em que esteja facilitado o ingresso da descrição georreferenciada ou seja, mesmo na hipótese da Lei nº 6.015/1973, art. 176, § 13 sempre se supõe que a descrição do imóvel, já existente na matrícula ou na transcrição, tenha elementos adequados que permitam concluir, na situação concreta, que a área georreferenciada é a que consta no registro, e que a inserção das coordenadas de georreferenciamento não implicará dano a terceiros, atual ou potencialmente, por não alterar, de forma alguma, a conformidade física do imóvel (nesse sentido, cf. NSCGJ, XX, itens 57.3 in fine, 135.1, alínea d in fine, e 135.1, alínea h, in fine). Assim é que esta Corregedoria Geral da Justiça tem afastado a aplicação da Lei nº 6.015/1973, art. 176, § 13, e art. 213, § 11, II, quando o assento (transcrição ou matrícula) traz dados imprecisos, como se vê, por exemplo, nos Autos CG n. 1001768-44.2021.8.26.0539, j. 11.3.2022, e CG n. 1001243-17.2020.8.26.0048, j. 21.7.2020: nesses precedentes, com efeito, os imóveis vinham referidos apenas como "um terreno, com área de... 2.44.49 has... dividido, sem benfeitorias, confrontando no seu todo com terras de Inacio Jose Pedroso, de Izaias Pereira, de Inacio Pedroso e de Angelo Ravelli" e "uma gleba de terras com a área de doze hectares e dez ares... confrontando com terras de Alfredo Tavante, Irmãos Begueto, atualmente Marc Roittman e Ivelyne Christiane Katia Rittman e João Pedro», ou seja, vinham mencionados de forma que impedia de modo absoluto a sua individuação. No caso destes autos, o imóvel em questão (cf., especialmente, fls. 64/65), a descrição trazida pelo assento não chega a ser tão precária, é verdade, mas, ainda assim, não atende por completo a critérios de segurança que (frise-se o ponto) permitam o seu cotejo seguro (=independentemente de retificação) com a descrição ora georreferenciada: veja-se, por exemplo, que a falta de ângulos internos em vários dos pontos de deflexão, a omissão na distância percorrida entre rumos diversos e o uso de marcos de fácil remoção ou destruição (como «capoeira», «antigo cambará», e «cerca de arame farpado», entre outros). Do ponto de vista tabular, portanto, não existem elementos que permitam concluir que a área georreferenciada corresponda ao que está registrado nem, muito menos, que a inserção desses dados não ofenda direitos de confrontantes: o mero fato de o interessado haver mandado proceder ao levantamento georreferenciado, com notícia às repartições competentes (e. g., Incra, Secretaria do Meio Ambiente, Receita Federal) não basta, por óbvio, para assegurar, na perspectiva registral, que essa seja a área matriculada, e que seja dispensável o processo de retificação com audiência dos confrontantes (Lei nº 6.015/1973, art. 213, II)".*

Mais simples é o caso do § 1º, III. A Lei 11.977/2009, no art. 56, e a Lei 13.465/2017, nos arts. 19 e 35, preveem a adoção de coordenadas georreferenciadas nos levantamentos topográficos realizados por ocasião de projetos de regularização fundiária urbana, resultando em imóveis urbanos com descrições georreferenciadas, ou amarrados a pontos georreferenciados. Acontece que a técnica do georreferenciamento sujeita-se às regras do Sistema Geodésico Brasileiro, composto por três referenciais – um altimétrico, um gravimétrico, e um planimétrico.[1059] Modificando-se o referencial planimétrico

---

[1058] Cf. Corregedoria-Geral da Justiça do Estado de São Paulo, Recurso Administrativo 1004531-89.2020.8.26.0268, j. 31/08/2022, Rel. Des. Fernando Antônio Torres Garcia. No mesmo sentido, Recurso Administrativo 1001184-14.2021.8.26.0268, j. 10/06/2022, Rel. Des. Fernando Antônio Torres Garcia; Recurso Administrativo 1001768-44.2021.8.26.0539, j. 11/03/2022, Rel. Des. Fernando Antônio Torres Garcia; Recurso Administrativo 1001767-59.2021.8.26.0539, j. 20/04/2022, Rel. Des. Fernando Antônio Torres Garcia, entre outros.

[1059] Cf. PHILIPS, Jürgen Wilhelm Sirgas: o novo sistema geodésico brasileiro. *In: Boletim IRIB em Revista*, n. 319, 2004.

por necessidades de maior precisão – como já ocorreu no Brasil mais de uma vez, pela substituição do *datum* Córrego Alegre pelo SAD-69, e este pelo SIRGAS 2000 – haverá uma aparente mudança do posicionamento dos imóveis. No entanto, isto é apenas aparente: não há erro em qualquer das medições, ou modificação da conformação do imóvel, mas apenas uma mudança de referencial.[1060] Por essa razão, não é exigível a retificação. Observe-se que em tais casos o disposto no inciso III é perfeitamente aplicável a imóveis rurais, máxime quando este é conjugado com o disposto no inciso II. Por fim, o § 15 contém previsão de isenção heterônoma de emolumentos para regularização fundiária de interesse social a cargo da Administração Pública, matéria que foge absolutamente ao tema da retificação de registro e ao escopo do art. 213.

 Jurisprudência

"Recurso administrativo. Registro de Imóveis. Alteração de nome de logradouro. Averbação de ofício conforme expressa previsão nas normas de serviço extrajudicial da corregedoria geral da justiça. Item 113 do capítulo XX das NSCGJ, atualmente item 127. Cobrança indevida de emolumentos. Erro evidente que demostra dolo do oficial. Restituição em décuplo e condenação ao pagamento de multa, na forma da lei estadual n. 11.331/02. Extração de cópias e remessa ao corregedor permanente para apuração da conduta do oficial de registro de imóveis. Recurso provido" (Corregedoria-Geral da Justiça do Estado de São Paulo, Processo 97.514/2014, j. 28/07/2014, Rel. Des. Elliot Akel).

"**Retificação de área** – Ação de nulidade do procedimento de retificação de área – Sentença de procedência – Notificação do confrontante mediante envio de correspondência com aviso de recebimento – Comprovação de que a correspondência foi enviada ao endereço dos autores – Recebimento pelo filho de 17 anos que não se presta a invalidar o procedimento – Sentença reformada – Ação julgada improcedente – Recursos providos" (TJSP, 6ª Câmara de Direito Privado, Apelação Cível 100425-43.2016.8.26.0048, j. 23/02/2021, Rel. Des. Costa Netto).

"**Civil e processual. Imóvel rural. Registro. Pedido de retificação para duplicação da área original, sem modificação nos limites descritos no título. Concordância dos confrontantes interessados e da vendedora do imóvel. Impugnação do ministério público estadual. Lei de Registros Públicos, arts. 212 e 213. Exegese. Dissídio não configurado**. I. Possível a retificação, mediante processo de jurisdição voluntária, da área de imóvel rural, ainda que substancial, se a hipótese se enquadra na previsão do art. 213 da Lei n. 6.015/1973, e há anuência de todos os interessados, como os confrontantes e a vendedora da terra, inclusive. II. Recurso especial conhecido em parte e provido" (STJ – REsp 589.597 – MG).

"**Registro de imóveis** – Retificação unilateral – Erro na transposição de elementos do título (Lei nº 6.015/73, art. 213, inciso I, alínea 'a') – Discrepância evidente entre o teor da instituição, especificação e convenção de condomínio e o registro da unidade autônoma – Imprescritibilidade da retificação – Procedimento regular, pois conferida oportunidade para manifestação das interessadas sobre o problema registrário, suscitado pelo oficial – Antecessor que participou da instituição, especificação e convenção de condomínio – Declaração de vontade que obriga as sucessoras – Recurso não provido" (Corregedoria-Geral da Justiça do Estado de São Paulo, Processo 32.488/2011, j. 15/08/2011, Rel. Des. Maurício Vidigal).

"Imóvel rural. Georreferenciamento – averbação. Retificação – confrontantes – anuência" (Corregedoria-Geral da Justiça do Estado de São Paulo, Recurso Administrativo 1004531-89.2020.8.26.0268, j. 10/06/2022, Rel. Des. Fernando Antônio Torres Garcia).

"Registro de Imóveis – Recurso administrativo – Averbação – Georreferenciamento – Como a descrição tabular atual não é suficiente para fazer concluir, com segurança, que corresponda àquela georreferenciada, que ora se apresenta a exame, o averbamento pretendido depende de prévia retificação

---

[1060] Cf. CARNEIRO, Andrea Flavia Tenório; LUNA, Rejane Maria Rodrigues de. Aspectos técnicos do cadastro e limites imobiliários. *In: RDI*, n. 059, 2005.

bilateral (Lei n. 6.015/1973, art. 213, II) – Impossibilidade de aplicar-se, no caso, o art. 176, §13, da Lei de Registros Públicos – Correta recusa da Oficial de Registro de Imóveis, bem confirmada pela Corregedoria Permanente – Parecer pela manutenção da sentença, negando-se provimento ao recurso" (Corregedoria-Geral da Justiça do Estado de São Paulo, Recurso Administrativo 1001184-14.2021.8.26.0268, j. 10/06/2022, Rel. Des. Fernando Antônio Torres Garcia).

"Registro de Imóveis – Retificação unilateral de registro imobiliário fundada no art. 213, I, 'b' e 'c', da LRP – Possibilidade, no caso, de a retificação implicar transposição para a matrícula do imóvel dos interessados de totalidade ou parcela de imóvel de domínio público – Incidência, no caso, do subitem 124.6 – Nota, das NSCGJ – Negativa da retificação acertada – Recurso não provido" (Corregedoria-Geral da Justiça do Estado de São Paulo, Processo 2009/122807, j. 16/12/2009, Rel. Des. Álvaro Luiz Valery Mirra).

"**Registro de imóveis.** Retificação. Erro evidente não demonstrado. Aplicação dos artigos 212 e 213 da Lei de Registros Públicos, alterados pela Lei 10.931/04. Recurso improvido" (Corregedoria-Geral da Justiça do Estado de São Paulo, Processo 427/2005, j. 24/11/2005, Rel. Des. José Mário Antonio Cardinale).

"**Retificação registral de ofício – Imóvel** – Formal de partilha registrado tal como homologado – Posterior retificação pelo registrador, de ofício, ao argumento de erro na partilha – Metade do imóvel pertencia ao falecido e sua esposa; a outra metade, a uma das filhas. No momento da partilha, o imóvel foi integralmente atribuído à esposa do falecido. Retificação de ofício, mais de vinte anos depois do trânsito em julgado da sentença que homologou a partilha, para fazer constar que a viúva meeira passaria a ser proprietária de apenas 50% do imóvel. Impossibilidade. A qualificação registral de títulos judiciais está limitada a aspectos formais, extrínsecos. Ao Oficial, não é dado questionar o mérito da decisão judicial, quanto menos rever de ofício os termos da partilha homologada – Precedentes do CSM – Recurso provido" (Corregedoria-Geral da Justiça do Estado de São Paulo, Processo 1113669-83.2015.8.26.0100, j. 29/07/2016, Rel. Des. Manoel de Queiroz Pereira Calças).

"Recurso Administrativo – Retificação de registro – Variação de ângulos de deflexão – Inviabilidade da retificação unilateral – Necessidade da retificação bilateral – Recurso não provido" (Corregedoria-Geral da Justiça do Estado de São Paulo, Recurso Administrativo 1001995-65.2020.8.26.0152, j. 10/02/2021, Rel. Des. Ricardo Mair Anafe).

"Retificação do registro imobiliário. Ângulos de deflexão que implicam na modificação da base física do imóvel. Inviabilidade da retificação unilateral pela intensidade da modificação dos ângulos e rumos. Necessidade da retificação bilateral – recurso não provido" (Corregedoria-Geral da Justiça do Estado de São Paulo, Processo 190.817/2018, j. 22/02/2019, Rel. Des. Geraldo Francisco Pinheiro Franco).

"**Registro de imóveis** – Retificação unilateral – Inserção de medida perimetral resultante de cálculo matemático (Lei nº 6.015/73, art. 213, inciso I, alínea 'e') – Imóvel que não encerra polígono regular – Linha curva confinante com rio – Inviabilidade – Forma bilateral – Necessidade – Recurso não provido" (Corregedoria-Geral da Justiça do Estado de São Paulo, Processo 86.705/2010, julgado em 17/11/2010, Rel. Des. Antonio Carlos Munhoz Soares).

"**Registro de imóveis** – Recurso administrativo -Constatação de divergências na qualificação dos titulares de domínio – Inserção ou modificação dos dados de qualificação pessoal, das partes, comprovada por documentos oficiais, que pode ser realizada de ofício pela Oficial, – Bloqueio da totalidade da matrícula que não se justifica – Levantamento parcial, da ordem, para manutenção do bloqueio das partes ideais do coproprietário que se utiliza de dois números de CPF e dos coproprietários que se utilizam dos números de CPF de terceiros – Medida que tem por escopo evitar que novos registros sejam feitos a partir de registros maculados ou para corrigir erros pretéritos – Elementos trazidos aos autos que revelam a possibilidade de danos de difícil reparação aos interessados e a terceiros de boa-fé – Princípio da segurança jurídica – Parecer pelo parcial, provimento do recurso, com determinações" (Corregedoria-Geral da Justiça do Estado de São Paulo, Recurso Administrativo 0000277-87.2020.8.26.0172, j. 15/07/2021, Rel. Des. Ricardo Mair Anafe).

"**Registro de imóveis** – Retificação de área – Notificação enviada a confrontante já falecido – Descabimento – Necessidade de observância do procedimento previsto pelo art. 213, II, da Lei 6.015/73, e item 124.4 das NSCGJSP – Recurso não provido" (Corregedoria-Geral da Justiça do Estado de São Paulo, Processo 98.863/2011, j. 06/12/2011, Rel. Des. Mario Devienne Ferraz).

"**Registro de imóveis** – pedido de providências – retificação de área – recurso administrativo interposto em face da decisão proferida pela mm. Juíza corregedora permanente que reconheceu por fundadas as impugnações ofertadas – impugnações infundadas porquanto supedaneadas em argumentos genéricos e desacompanhados de quaisquer documentos ou planta com descrição de eventual área invadida, sem força para infirmar os trabalhos técnicos apresentados – parecer pelo provimento do recurso" (Corregedoria-Geral da Justiça do Estado de São Paulo, Recurso Administrativo 1009085-47.2019.8.26.0286, j. 16/08/2022, Rel. Des. Fernando Antonio Torres Garcia).

"**Registro de imóveis** – Escritura de compra e venda – Desqualificação – Imóvel inserido em área maior, objeto de transcrição – Falta de controle da disponibilidade qualitativa na transcrição – Necessidade de prévia retificação do registro de origem para adequação da descrição do imóvel e apuração da área remanescente – Óbice mantido – Nega-se provimento à apelação" (Conselho Superior da Magistratura do Estado de São Paulo, Apelação Cível 1081016-52.2020.8.26.0100, j. 03/11/2021, Rel. Des. Ricardo Mair Anafe).

"**Registro de imóveis** – dúvida julgada procedente – formal de partilha – suposta ofensa ao princípio da especialidade objetiva não configurada – imóvel que sofreu pequeno desfalque – partilha do todo remanescente – possibilidade de verificação da disponibilidade quantitativa e qualitativa – óbice afastado – apelação provida" (Conselho Superior da Magistratura do Estado de São Paulo, Apelação Cível 1000378-61.2022.8.26.0100, j. 01/09/2022, Rel. Des. Fernando Antonio Torres Garcia).

Art. 214. As nulidades de pleno direito do registro, uma vez provadas, invalidam-no, independentemente de ação direta.

§ 1º A nulidade será decretada depois de ouvidos os atingidos. *(Incluído pela Lei nº 10.931, de 2004)*

§ 2º Da decisão tomada no caso do § 1º caberá apelação ou agravo conforme o caso. *(Incluído pela Lei nº 10.931, de 2004)*

§ 3º Se o juiz entender que a superveniência de novos registros poderá causar danos de difícil reparação poderá determinar de ofício, a qualquer momento, ainda que sem oitiva das partes, o bloqueio da matrícula do imóvel. *(Incluído pela Lei nº 10.931, de 2004)*

§ 4º Bloqueada a matrícula, o oficial não poderá mais nela praticar qualquer ato, salvo com autorização judicial, permitindo-se, todavia, aos interessados a prenotação de seus títulos, que ficarão com o prazo prorrogado até a solução do bloqueio. *(Incluído pela Lei nº 10.931, de 2004)*

§ 5º A nulidade não será decretada se atingir terceiro de boa-fé que já tiver preenchido as condições de usucapião do imóvel. *(Incluído pela Lei nº 10.931, de 2004)*

 Referências Normativas

Código Civil, art. 1.247.
Lei 6.015/1973, art. 259.

 Comentários

O art. 204 trata dos efeitos das nulidades que podem macular o registro. Essas devem ser distinguidas entre as diretas, do próprio registro, e as do título, com reflexo no registro. E isso é

Art. 214 | LEI DE REGISTROS PÚBLICOS COMENTADA

relevante porque em se tratando de nulidade do título, o cancelamento do registro dependerá de processo contencioso, em que participe o titular do direito inscrito, não sendo possível fazê-lo com base em procedimento administrativo, ainda que judicial.[1061] Nesse sentido, o cancelamento será simples execução da sentença.[1062]

O registro será nulo de pleno direito – e, portanto, comportará cancelamento na via administrativa, por nulidade direta – se tal ressalta de sua análise de maneira separada à do título, pelo que decorre do descumprimento dos princípios registrais – por exemplo, por violação à continuidade – ou de seus requisitos formais, como, por exemplo, o erro quanto à circunscrição territorial.[1063]

Há, todavia, certas situações em que o ato de registro foi irregular, mas também o título era defeituoso. Trata-se de nulidade "mista", já que o cancelamento pode se fundar no reconhecimento contencioso da nulidade do título, mas também diretamente, na via administrativa.[1064]

O reconhecimento da nulidade é sempre judicial. E o § 1º estabelece que a nulidade será decretada após ouvir os atingidos. Isso vale também para a via administrativa, de cuja decisão caberá recurso, nos termos do § 2º. E nos termos do art. 259, para o cancelamento é exigível o trânsito em julgado da decisão.

O trânsito em julgado deve constar do mandado de cancelamento, e sua omissão impede seu cumprimento pelo registrador.[1065] Em razão da necessidade de se ouvir os atingidos antes do cancelamento, os §§ 3º e 4º municiam o juiz com uma medida de natureza cautelar, destinada a evitar danos de difícil reparação, e que pode ser determinada de ofício e independente da oitiva das partes, consistente no bloqueio da matrícula. Por meio do bloqueio, que deve ser averbado na matrícula, evita-se a prática de qualquer novo ato na matrícula sem autorização judicial. Isso, contudo, não impede a prenotação de títulos que tenham por objeto o imóvel, prenotação esta que terá seus efeitos prorrogados até sua solução.

É importante que se diga que bloqueio não se confunde com ordem de indisponibilidade: o bloqueio tem por objeto matrícula específica e impede a prática de qualquer ato, ao passo que a indisponibilidade de bens pode ter por objeto todo o patrimônio de uma pessoa, ou um bem específico que lhe pertença, e apenas retira do sujeito a sua disponibilidade.

Operado o cancelamento, este faz cessar a eficácia do assento cancelado, bem como restaura a eficácia de eventual assento anterior que havia deixado de vigorar por conta o assento cancelado.[1066] Por exemplo, cancelando-se o registro de uma transmissão, restaura-se o direito de propriedade do alienante.

Por fim, o § 5º suaviza o rigor da disciplina das nulidades do registro, diretas ou por via reflexa – que, nos termos do art. 169 do Código Civil, não podem ser convalidadas[1067] –, estabelecendo um horizonte temporal máximo para sua decretação. É esse o prazo da usucapião do imóvel. Para isso, exige, também, o preenchimento dos outros requisitos impostos à prescrição aquisitiva, como também a boa-fé. Com isso, se encontra profundamente relacionado com o art. 1.242, parágrafo único, do Código Civil, que trata do usucapião tabular. Nas palavras de Kiotsi Chicuta, *"Interessa ao estado de direito, a par do princípio da legalidade, a estabilidade dos atos e das relações jurídicas não impugnadas, principalmente pela persistência de seus efeitos em relação a terceiros de boa-fé"*.[1068] Observe-se, por fim, que a boa-fé deve ser presumida, e a má-fé, provada.[1069]

[1061] Cf. ORLANDI NETO, Narciso. *Retificação do registro de imóveis*. 2. ed. São Paulo: Juarez de Oliveira, 1999. p. 183.

[1062] Cf. ORLANDI NETO, Narciso. *Retificação do registro de imóveis*. 2. ed. São Paulo: Juarez de Oliveira, 1999. p. 185.

[1063] Cf. ORLANDI NETO, Narciso. *Retificação do registro de imóveis*. 2. ed. São Paulo: Juarez de Oliveira, 1999. p. 184-190.

[1064] Cf. ORLANDI NETO, Narciso. *Retificação do registro de imóveis*. 2. ed. São Paulo: Juarez de Oliveira, 1999. p. 191.

[1065] Cf. ORLANDI NETO, Narciso. *Retificação do registro de imóveis*. 2. ed. São Paulo: Juarez de Oliveira, 1999. p. 241.

[1066] Cf. ORLANDI NETO, Narciso. *Retificação do registro de imóveis*. 2. ed. São Paulo: Juarez de Oliveira, 1999. p. 233.

[1067] Cf. SOUZA NETO, João Baptista de Mello e. Comentário ao artigo 214. In: *Lei de Registros Públicos Comentada – Lei 6.015/1973*. 2. ed. Rio de Janeiro: Forense, p. 1191.

[1068] Cf. CHICUTA, Kiotsi Nulidade de pleno direito no registro imobiliário. In: *Estudos de direito registral imobiliário – XXV E XXVI ENCONTROS DOS OFICIAIS DE REGISTRO DE IMÓVEIS DO BRASIL*. Porto Alegre: Safe, 2000.

[1069] Cf. MELO, Marcelo Augusto Santana de. O registro de imóveis e o princípio da fé pública registral. In: *RDI*, n. 063, 2007.

Jurisprudência

"Registro de imóveis – pretensão ao cancelamento de inscrições (averbações e registro) por força de nulidade do título a ela subjacentes – inaplicabilidade do artigo 214 da Lei nº 6.015, de 31 de dezembro de 1973 – discussão de matérias extrarregistrárias – impossibilidade na via administrativa – matérias que só podem ser conhecidas na esfera jurisdicional – recurso não provido, com determinação" (Corregedoria-Geral da Justiça do Estado de São Paulo, Recurso Administrativo 1049561-90.2021.8.26.0114, j. 10/11/2022, Rel. Des. Fernando Antônio Torres Garcia).

"**Averbação – Registro – cancelamento. Falsidade ideológica. Nulidade. Título causal**. Recurso administrativo – pedido de providências – Registro de Imóveis – pedido de cancelamento de registros – ausência de vícios extrínsecos – eventual vício intrínseco cujo reconhecimento extrapola a esfera administrativa – inexistência de nulidade de pleno direito – recurso a que se nega provimento" (Corregedoria-Geral da Justiça do Estado de São Paulo, Recurso Administrativo 1036746-37.2016.8.26.0114, j. 08/07/2022, Rel. Des. Fernando Antônio Torres Garcia).

"**Registro de imóveis** – Procedimento administrativo – Registro de compra e venda promovido com base em escritura pública formalmente em ordem – Inexistência de nulidade de pleno direito, inerente ao procedimento de registro, que possa ser declarada na esfera administrativa – Procedimento administrativo de cancelamento de registro que se mostra inadequado para resolver litígio envolvendo o cumprimento de obrigações previstas em contratos celebrados por instrumentos distintos daquele que foi levado ao registro – Recurso não provido" (Corregedoria-Geral da Justiça do Estado de São Paulo, Recurso Administrativo 1050800-71.2017.8.26.0114, j. 17/01/2019, Rel. Des. Geraldo Francisco Pinheiro Franco).

"**Bloqueio administrativo de matrícula – LRP, art. 214, p. 3º** – Apesar da validade do registro em razão do vício ser do título e não do registro é pertinente o bloqueio administrativo da matrícula de forma a evitar danos de difícil reparação no caso da realização de novos registros em razão do registro de títulos com negócios jurídicos inexistentes – sugestão de revogação da decisão administrativa de levantamento do bloqueio, determinando sua efetivação" (Corregedoria-Geral da Justiça do Estado de São Paulo, Processo 2017/204727, j. 12/07/2018, Rel. Des. Geraldo Francisco Pinheiro Franco).

"**Registro imobiliário – Bloqueio de matrícula** – Indícios concretos de alienação anterior do imóvel com a utilização de documentos falsos. Aquisição derivada da propriedade. Transmissão de eventuais vícios. Cabimento do bloqueio administrativo da matrícula em caráter preventivo pela MM. Juíza Corregedora Permanente. Obediência do devido processo legal – Recurso não provido" (Corregedoria-Geral da Justiça do Estado de São Paulo, Processo 0044154-07.2017.8.26.0100, j. 25/06/2018, Rel. Des. Geraldo Francisco Pinheiro Franco).

"**Registro de imóveis** – Procedimento administrativo – Cancelamento de registro – Providência desautorizada pela Corregedoria Permanente – Decurso de tempo significativo – Situação fática consolidada – Prestígio à segurança jurídica e proteção de direitos de terceiros de boa-fé -Viabilidade de correção do vício mediante retificação (regularização fundiária) – Recurso não provido" (Corregedoria-Geral da Justiça do Estado de São Paulo, Recurso Administrativo 1019506-59.2017.8.26.0224, j. 24/05/2019, Rel. Des. Geraldo Francisco Pinheiro Franco).

"**Registro de Imóveis** – Cancelamento de registro na via administrativa – Hipótese restrita à ocorrência de nulidade de pleno direito exclusiva do registro, nos termos do art. 214, § 3º, da LRP – Registro que não observou a ordem judicial que impedia qualquer transação com o imóvel – Erro de registro – Vício extrínseco – Nulidade de pleno direito configurada – Cancelamento do registro – Manutenção, porém, da penhora, porque inscrita antes da ordem judicial – Recurso provido em parte" (Corregedoria-Geral da Justiça do Estado de São Paulo, Processo 145.228/2015, j. 08/10/2015, Rel. Des. Elliot Akel).

Art. 215. São nulos os registros efetuados após sentença de abertura de falência, ou do termo legal nele fixado, salvo se a apresentação tiver sido feita anteriormente.

Referências Normativas

Lei 11.101/2005, art. 99.

Comentários

O artigo trata de uma hipótese específica de nulidade de registro, decorrente da violação a um dos efeitos da sentença que decreta a falência: a proibição da disposição ou oneração dos bens do falido. Assim, a nulidade atinge as alienações e onerações realizadas pelo falido, mas não as aquisições (o que acabaria, de todo modo, por prejudicar seus credores).[1070]

A nulidade no caso do art. 215 é do próprio registro, já que este contém um comando dirigido ao registrador. Dessa maneira, o cancelamento poderá ser decretado na via administrativa.

Há uma única possibilidade de se afastar a nulidade: a apresentação a registro (e consequente prenotação) em data anterior ao termo legal da falência, que poderão ser registrados validamente ainda que o registro em si ocorra dentro do termo. Ressalte-se, a data relevante é a da prenotação, sendo indiferente que o título tenha sido instrumentalizado em data anterior.[1071]

Jurisprudência

"Escritura pública de compra e venda – rerratificação. Massa falida. *Tempus regit actum*. Juízo da falência – competência" (1ª Vara de Registros Públicos de São Paulo – SP, Processo 1002238-39.2018.8.26.0100, j. 26/02/2019, Rel. Des. Geraldo Francisco Pinheiro Franco).

"**Escritura pública – Impossibilidade** – ENCOL. Registro de Imóveis – Recusa do Oficial Registrador em proceder ao registro de escritura pública de compra e venda de bem imóvel. Impossibilidade – Recurso a que se nega provimento" (Conselho Superior da Magistratura do Estado de São Paulo, Apelação Cível 069010-0/0, j. 23/03/2001, Rel. Des. Luis de Macedo).

Art. 216. O registro poderá também ser retificado ou anulado por sentença em processo contencioso, ou por efeito do julgado em ação de anulação ou de declaração de nulidade de ato jurídico, ou de julgado sobre fraude à execução.

Referências Normativas

Lei 6.015/1973, arts. 212, 213 e 214.

Comentários

O artigo trata da situação em que o cancelamento do registro consiste em simples cumprimento da sentença proferida em processo contencioso, bem como da retificação processada mediante ação judicial jurisdicional contenciosa.

A respeito de seu alcance e cumprimento pelo registro, remetemos o leitor aos comentários aos arts. 212, 213 e 214 retro.

[1070] Cf. ORLANDI NETO, Narciso. *Retificação do registro de imóveis*. 2. ed. São Paulo: Juarez de Oliveira, 1999. p. 199.
[1071] Nesse sentido, cf. 1ª Vara de Registros Públicos de São Paulo – SP, Processo 1002238-39.2018.8.26.0100, j. 26/02/2019; e Conselho Superior da Magistratura do Estado de São Paulo, Apelação Cível 069010-0/0, j. 23/03/2001.

Art. 216-A. Sem prejuízo da via jurisdicional, é admitido o pedido de reconhecimento extrajudicial de usucapião, que será processado diretamente perante o cartório do registro de imóveis da comarca em que estiver situado o imóvel usucapiendo, a requerimento do interessado, representado por advogado, instruído com: *(Incluído pela Lei nº 13.105, de 2015)*

I – ata notarial lavrada pelo tabelião, atestando o tempo de posse do requerente e de seus antecessores, conforme o caso e suas circunstâncias, aplicando-se o disposto no art. 384 da Lei nº 13.105, de 16 de março de 2015 (Código de Processo Civil); *(Redação dada pela Lei nº 13.465, de 2017)*

II – planta e memorial descritivo assinado por profissional legalmente habilitado, com prova de anotação de responsabilidade técnica no respectivo conselho de fiscalização profissional, e pelos titulares de direitos registrados ou averbados na matrícula do imóvel usucapiendo ou na matrícula dos imóveis confinantes; *(Redação dada pela Lei nº 13.465, de 2017)*

III – certidões negativas dos distribuidores da comarca da situação do imóvel e do domicílio do requerente; *(Incluído pela Lei nº 13.105, de 2015)*

IV – justo título ou quaisquer outros documentos que demonstrem a origem, a continuidade, a natureza e o tempo da posse, tais como o pagamento dos impostos e das taxas que incidirem sobre o imóvel. *(Incluído pela Lei nº 13.105, de 2015)*

§ 1º O pedido será autuado pelo registrador, prorrogando-se o prazo da prenotação até o acolhimento ou a rejeição do pedido. *(Incluído pela Lei nº 13.105, de 2015)*

§ 2º Se a planta não contiver a assinatura de qualquer um dos titulares de direitos registrados ou averbados na matrícula do imóvel usucapiendo ou na matrícula dos imóveis confinantes, o titular será notificado pelo registrador competente, pessoalmente ou pelo correio com aviso de recebimento, para manifestar consentimento expresso em quinze dias, interpretado o silêncio como concordância. *(Redação dada pela Lei nº 13.465, de 2017)*

§ 3º O oficial de registro de imóveis dará ciência à União, ao Estado, ao Distrito Federal e ao Município, pessoalmente, por intermédio do oficial de registro de títulos e documentos, ou pelo correio com aviso de recebimento, para que se manifestem, em 15 (quinze) dias, sobre o pedido. *(Incluído pela Lei nº 13.105, de 2015)*

§ 4º O oficial de registro de imóveis promoverá a publicação de edital em jornal de grande circulação, onde houver, para a ciência de terceiros eventualmente interessados, que poderão se manifestar em 15 (quinze) dias. *(Incluído pela Lei nº 13.105, de 2015)*

§ 5º Para a elucidação de qualquer ponto de dúvida, poderão ser solicitadas ou realizadas diligências pelo oficial de registro de imóveis. *(Incluído pela Lei nº 13.105, de 2015)*

§ 6º Transcorrido o prazo de que trata o § 4º deste artigo, sem pendência de diligências na forma do § 5º deste artigo e achando-se em ordem a documentação, o oficial de registro de imóveis registrará a aquisição do imóvel com as descrições apresentadas, sendo permitida a abertura de matrícula, se for o caso. *(Redação dada pela Lei nº 13.465, de 2017)*

§ 7º Em qualquer caso, é lícito ao interessado suscitar o procedimento de dúvida, nos termos desta Lei. *(Incluído pela Lei nº 13.105, 2015)*

§ 8º Ao final das diligências, se a documentação não estiver em ordem, o oficial de registro de imóveis rejeitará o pedido. *(Incluído pela Lei nº 13.105, de 2015)*

§ 9º A rejeição do pedido extrajudicial não impede o ajuizamento de ação de usucapião. *(Incluído pela Lei nº 13.105, de 2015)*

§ 10. Em caso de impugnação justificada do pedido de reconhecimento extrajudicial de usucapião, o oficial de registro de imóveis remeterá os autos ao juízo competente da comarca da situação do imóvel, cabendo ao requerente emendar a petição inicial para adequá-la ao procedimento comum, porém, em caso de impugnação injustificada, esta não será admitida pelo registrador, cabendo ao interessado o manejo da suscitação de dúvida nos moldes do art. 198 desta Lei. *(Redação dada pela Lei nº 14.382, de 2022)*

§ 11. No caso de o imóvel usucapiendo ser unidade autônoma de condomínio edilício, fica dispensado consentimento dos titulares de direitos reais e outros direitos registrados ou averbados na matrícula dos imóveis confinantes e bastará a notificação do síndico para se manifestar na forma do § 2º deste artigo. *(Incluído pela Lei nº 13.465, de 2017)*

§ 12. Se o imóvel confinante contiver um condomínio edilício, bastará a notificação do síndico para o efeito do § 2º deste artigo, dispensada a notificação de todos os condôminos. *(Incluído pela Lei nº 13.465, de 2017)*

§ 13. Para efeito do § 2º deste artigo, caso não seja encontrado o notificando ou caso ele esteja em lugar incerto ou não sabido, tal fato será certificado pelo registrador, que deverá promover a sua notificação por edital mediante publicação, por duas vezes, em jornal local de grande circulação, pelo prazo de quinze dias cada um, interpretado o silêncio do notificando como concordância. *(Incluído pela Lei nº 13.465, de 2017)*

§ 14. Regulamento do órgão jurisdicional competente para a correição das serventias poderá autorizar a publicação do edital em meio eletrônico, caso em que ficará dispensada a publicação em jornais de grande circulação. *(Incluído pela Lei nº 13.465, de 2017)*

§ 15. No caso de ausência ou insuficiência dos documentos de que trata o inciso IV do *caput* deste artigo, a posse e os demais dados necessários poderão ser comprovados em procedimento de justificação administrativa perante a serventia extrajudicial, que obedecerá, no que couber, ao disposto no § 5º do art. 381 e ao rito previsto nos arts. 382 e 383 da Lei nº 13.105, de 16 março de 2015 (Código de Processo Civil). *(Incluído pela Lei nº 13.465, de 2017)*

MOACYR PETROCELLI DE ÁVILA RIBEIRO

Referências Normativas

Lei 10.257/2001, art. 10.
Lei 10.406/2002 (Código Civil), arts. 1.238 e seguintes.
Lei 13.465/2017, art. 26.
Provimento CNJ 149/2023, arts. 398 a 423.

Comentários

1. Considerações preliminares sobre a usucapião: de modo de aquisição da propriedade imobiliária a instrumento de regularização fundiária

Curiosamente, desde sua origem até os correntes dias, a usucapião sempre foi terreno fértil para intensos debates e controvérsias nos mais variados âmbitos de incidência desse instituto. Basta considerar que ainda hoje há acirrada polêmica acerca da correta utilização da palavra, se no gênero *masculino* ou *feminino*. Opta-se aqui, pelo apego à dogmática, por tratar o instituto no gênero feminino,[1072] afinal, foi esta a escolha do legislador no Código Civil de 2002, como já o fora quando da edição da Lei 6.969/1981, que cuida da usucapião rural, e na Lei 10.257/2001, o "Estatuto das Cidades".

A usucapião é, fundamentalmente, um *modo de adquirir*.

Em rápida análise etimológica da palavra, *usucapião* deriva de *usu capio* ou, para alguns, *usu capere*, que significa "tomar pelo uso". Consagrou-se o instituto pelo brocardo *usucapio est adjectio dominii per continuationem possessionis temporis lege definitii*. Cuida-se, pois, da consubstanciação de uma posse prolongada no tempo em propriedade, desde que respeitados os requisitos legais.

[1072] No latim, no espanhol e no francês o vocábulo é usado no feminino, o que também acontece na legislação romana. No *Corpus Juris Civilis* a palavra *usucapio* é feminina como se verifica, dentre outras, passagens, no § 3º das Institutas (2,6), no fr. 1, do D., 41,3 e no § 1 do Cód., 7.31. (NEQUETE, Lenine. *Da prescrição aquisitiva (usucapião)*. Porto Alegre: Livraria Sulina, 1954. p. 7).

É de sabença geral que a usucapião está consagrada no Código Civil brasileiro como modo de aquisição da propriedade de bens móveis e imóveis. Em necessário recorte metodológico, entretanto, far-se-á incursão exclusiva no tema atinente à propriedade imobiliária, dada sua notável repercussão, mormente no Registro de Imóveis.

A usucapião, por fundar-se na posse – fato inerente à condição humana –, é fenômeno jurídico dos mais antigos, encontrando assento na *Lei das Doze Tábuas*, datada de 455 a.C., como forma de aquisição de coisas móveis e imóveis pela posse continuada por um ou dois anos.

Enquanto instituto *jusprivatístico*, encontra seu desenvolvimento no Direito Romano, destacando-se como a conjugação de duas figuras ancestrais: a *usucapio* e a *praescriptio*. A *usucapio* aplicava-se aos chamados fundos itálicos, ao passo que a *praescriptio* se referia aos fundos provinciais.[1073] Os dois institutos, em evolução, foram unificados, surgindo a figura da prescrição aquisitiva ou usucapião.[1074]

Destaca-se que quanto à *praescriptio* a questão jurídica sempre esteve afetada ao decurso de lapso temporal, ou seja, era reconhecida como uma cláusula *de não receber* (ou de *não conhecimento*). Em outras palavras, o pretor estabelecia que quem tivesse certo tempo de posse poderia alegar como defesa, ou exceção, a posse para excluir a reivindicação, que não seria recebida.

Com a unificação dos institutos, concede-se ao possuidor *longi temporis* a ação reivindicatória para obter a propriedade – e não uma mera exceção, que não era capaz de retirar o domínio do proprietário.

Apesar dessa origem correlacionada à ideia de prescrição (aquisitiva *vs.* extintiva), atualmente deve-se ressaltar que o mero *não uso*, por si, não é capaz de gerar a perda da propriedade. Vale dizer, a perda e a correspondente aquisição poderão ocorrer se, ao lado do não uso da coisa pelo proprietário, ocorrer o uso dela, ou atos de posse sobre ela, partidos de outra pessoa. Destarte, tecnicamente, não seria correto conceituar a usucapião como prescrição aquisitiva.

Nessa linha, parece de fácil intelecção intuir que a usucapião justifica-se como instituto jurídico por razões de ordem social. Notadamente, a estabilidade das relações exige que, quando um estado perdure, permanecendo por muitos anos, sem reação da pessoa interessada, seja ele considerado irremovível. Ora, se não se operasse a usucapião, a instabilidade preponderaria, eis que poderiam surgir impugnações muito tempo mais tarde, afetando as novas relações que, por confiança, naquela duradoura aparência, se constituíssem. Há, portanto, manifesto interesse social em que os estados de fato se transformem, após certo tempo, em estados de direito.

Quanto à finalidade, é possível notar que, sobretudo em sua origem romana, a usucapião tinha por escopo a regularização da situação daqueles que, por irregularidades no momento da aquisição de bens, desejavam consolidar a nova situação patrimonial de acordo com as normas vigentes. Em muitas das vezes, por exemplo, o uso do instituto servia para legitimar uma aquisição *a non domino*.[1075] Conforme interessante narrativa de *Benedito Silvério Ribeiro*:

> Visava a usucapião sanar o vício de tais aquisições, no dizer de *Carpenter*, fazendo com que o adquirente, cuja aquisição estava assim exposta a ser nulificada, ficasse verdadeiro proprietário, a salvo de qualquer dúvida ou incômodo, tanto que transcorrido o prazo de um ano, se tratava de coisa móvel, ou de dois, se se tratava de imóvel.[1076]

No direito legislado brasileiro, na contramão da experiência de outros ordenamentos jurídicos, as realidades multifacetadas da sociedade são tantas que as chamadas *modalidades* ou *espécies de usucapião*, mediante intensa atividade legislativa, crescem e se acumulam em progressão geométrica. Em rápido apanhado, pode-se citar as seguintes espécies: usucapião extraordinária,[1077] usucapião extraor-

---

[1073] Fundos provinciais e fundos itálicos eram categorias de terras estabelecidas pelos romanos. Basicamente, a diferença tinha caráter fiscal, ou seja, as terras provinciais eram públicas e utilizadas por particulares que pagavam impostos. Quem utilizava, de sua vez, terras itálicas não pagava impostos.

[1074] BESSONE, Darcy. *Direitos reais*. 2. ed. São Paulo: Saraiva, 1996. p. 205-206.

[1075] ARAÚJO, Fabio Caldas de. *Usucapião*. 3. ed. São Paulo: Malheiros, 2002.

[1076] RIBEIRO, Benedito Silvério. *Tratado de usucapião*. 6. ed. v. 1. São Paulo: Saraiva, 2005. p. 144.

[1077] *Artigo 1.238, caput, do Código Civil.* "Aquele que, por quinze anos, sem interrupção, nem oposição, possuir como seu um imóvel, adquire-lhe a propriedade, independentemente de título e boa-fé; podendo requerer ao juiz que assim o declare por sentença, a qual servirá de título para o registro no Cartório de Registro de Imóveis".

Art. 216-A | LEI DE REGISTROS PÚBLICOS COMENTADA

dinária com prazo reduzido (ou pela *posse-trabalho*),[1078] usucapião ordinária (regular ou comum),[1079] usucapião tabular (*secundum tabulas*),[1080] usucapião especial urbano (*pro morare* ou *pro misero*),[1081] usucapião especial rural (agrária, *pro labore* ou rústica),[1082] usucapião especial coletivo (ou "usucapião favela"),[1083] usucapião familiar (usucapião de meação, por abandono do lar ou relâmpago),[1084] usucapião administrativa decorrente de regularização fundiária,[1085] usucapião especial indígena[1086] e usucapião especial quilombola.[1087]

Importa considerar que em todas as espécies de usucapião mencionadas há pressupostos inafastáveis, quais sejam: a posse (*possessionis*),[1088] o tempo (*tempus*)[1089] e a coisa hábil

---

[1078] *Art. 1.238, parágrafo único, do Código Civil.* "O prazo estabelecido neste artigo reduzir-se-á a dez anos se o possuidor houver estabelecido no imóvel a sua moradia habitual, ou nele realizado obras ou serviços de caráter produtivo".

[1079] *Art. 1.242, caput, do Código Civil.* "Adquire também a propriedade do imóvel aquele que, contínua e incontestadamente, com justo título e boa-fé, o possuir por dez anos".

[1080] *Art. 1.242, parágrafo único, do Código Civil.* "Será de cinco anos o prazo previsto neste artigo se o imóvel houver sido adquirido, onerosamente, com base no registro constante do respectivo cartório, cancelada posteriormente, desde que os possuidores nele tiverem estabelecido a sua moradia, ou realizado investimentos de interesse social e econômico".

[1081] *Art. 183 da Constituição Federal e art. 1.240 do Código Civil.* "Aquele que possuir, como sua, área urbana de até duzentos e cinquenta metros quadrados, por cinco anos ininterruptamente e sem oposição, utilizando-a para sua moradia ou de sua família, adquirir-lhe-á o domínio, desde que não seja proprietário de outro imóvel urbano ou rural".

[1082] *Art. 191 da Constituição Federal e art. 1.239 do Código Civil.* "Aquele que, não sendo proprietário de imóvel rural ou urbano, possua como sua, por cinco anos ininterruptos, sem oposição, área de terra em zona rural não superior a cinquenta hectares, tornando-a produtiva por seu trabalho ou de sua família, tendo nela sua moradia, adquirir-lhe-á a propriedade".

[1083] *Art. 10 da Lei 10.257/2001.* "Os núcleos urbanos informais existentes sem oposição há mais de cinco anos e cuja área total dividida pelo número de possuidores seja inferior a duzentos e cinquenta metros quadrados por possuidor são suscetíveis de serem usucapidos coletivamente, desde que os possuidores não sejam proprietários de outro imóvel urbano ou rural".

[1084] *Art. 1.240-A do Código Civil.* "Aquele que exercer, por 2 (dois) anos ininterruptamente e sem oposição, posse direta, com exclusividade, sobre imóvel urbano de até 250m² (duzentos e cinquenta metros quadrados) cuja propriedade divida com ex-cônjuge ou ex-companheiro que abandonou o lar, utilizando-o para sua moradia ou de sua família, adquirir-lhe-á o domínio integral, desde que não seja proprietário de outro imóvel urbano ou rural".

[1085] *Art. 26 da Lei 13.465/2017.* "Sem prejuízo dos direitos decorrentes do exercício da posse mansa e pacífica no tempo, aquele em cujo favor for expedido título de legitimação de posse, decorrido o prazo de cinco anos de seu registro, terá a conversão automática dele em título de propriedade, desde que atendidos os termos e as condições do art. 183 da Constituição Federal, independentemente de prévia provocação ou prática de ato registral. § 1º Nos casos não contemplados pelo art. 183 da Constituição Federal, o título de legitimação de posse poderá ser convertido em título de propriedade, desde que satisfeitos os requisitos de usucapião estabelecidos na legislação em vigor, a requerimento do interessado, perante o registro de imóveis competente. § 2º A legitimação de posse, após convertida em propriedade, constitui forma originária de aquisição de direito real, de modo que a unidade imobiliária com destinação urbana regularizada restará livre e desembaraçada de quaisquer ônus, direitos reais, gravames ou inscrições, eventualmente existentes em sua matrícula de origem, exceto quando disserem respeito ao próprio beneficiário".

[1086] *Art. 33 da Lei 6.001/1973.* "O índio, integrado ou não, que ocupe como próprio, por dez anos consecutivos, trecho de terra inferior a cinquenta hectares, adquirir-lhe-á a propriedade plena".

[1087] *Art. 68 do ADCT da Constituição Federal.* "Aos remanescentes das comunidades dos quilombos que estejam ocupando suas terras é reconhecida a propriedade definitiva, devendo o Estado emitir-lhes os títulos respectivos".

[1088] Sabe-se que o Código Civil brasileiro, quanto à posse, adotou no art. 1.196, a teoria objetiva de *Ihering*, segundo a qual basta para sua caraterização a apreensão física da *res* (*corpus*). Alguns civilistas, corretamente, pontuam que tal teoria foi, de fato, adotada no Brasil, mas não com exclusividade. Em algumas situações, a teoria subjetiva de *Savigny* fora considerada pelo *Codex*, como, por exemplo, nos casos de aquisição da propriedade pela usucapião, em que se exige, dentre outros requisitos legais, a posse qualificada pela intenção de ser dono (*animus domini*). Há ainda, quem, modernamente, aponte a adoção pelo ordenamento jurídico brasileiro das teorias sociológicas da posse, em especial ao considerar o contexto de função social do instituto cada vez mais sobressaltado. Cite-se, a propósito, o *Enunciado 492 da V Jornada de Direito Civil do Conselho da Justiça Federal*, que sintetiza essa ideia: "A posse constitui direito autônomo em relação à propriedade e deve expressar o aproveitamento dos bens para o alcance de interesses existenciais, econômicos e sociais merecedores de tutela".

[1089] No direito brasileiro pré-codificado, a prescrição *longissimi temporis* consumava-se com 30 anos, fossem os bens móveis ou imóveis e, em 40 anos, tratando-se de bens públicos e coisas litigiosas, inclusive as furtadas. No

(*res habilis*).[1090] Tais elementos configuram a tríade fundamental presente em qualquer modalidade de usucapião. É certo, no entanto, que algumas espécies exigem requisitos específicos, que podem ser de índole subjetiva ou objetiva.

Em caráter pedagógico, coordenando as mais amplas vicissitudes factuais, é possível dizer que qualquer que seja a espécie de usucapião, haverá sempre três requisitos essenciais: (i) *requisitos pessoais*, que dizem respeito às exigências pessoais do sujeito que pretende adquirir a propriedade por usucapião (*v.g.*, na usucapião especial urbano o sujeito do direito não pode ser proprietário de outro imóvel rural ou urbano); (ii) *requisitos formais*, que dizem respeito a elementos que preenchem certas condições impostas pela legislação como a posse (*ad usucapionem*),[1091] o lapso de tempo, e, eventualmente, em certos casos, justo título e boa-fé; e, por último, (iii) *requisitos reais*, pertinente às coisas e direitos suscetíveis de serem usucapidos (*v.g.*, na usucapião especial agrária imóvel em área rural de até 50 hectares).

Nessa avalanche de modalidades de usucapião, é possível fazer um diagnóstico a partir do cenário da imensa irregularidade fundiária que vive o Brasil. De modo geral, estudos estatísticos têm revelado que mais da metade dos imóveis do território nacional encontram-se na informalidade, ou seja, não possuem lastro no sistema registral imobiliário.

Considerando o imóvel como o principal ativo financeiro do mundo globalizado, em indispensável análise econômica do Direito (AED), a clandestinidade imobiliária impacta diretamente a economia, contribuindo sobremaneira para as dificuldades e a grave recessão que o país tem passado nos últimos anos.

Demais disso, a instituição organizada do Registro de Imóveis serve para diminuir ou neutralizar a chamada *assimetria de informações* – a natural desigualdade de conhecimento entre as partes envolvidas na transação imobiliária – promovendo-se, pois, a diminuição dos custos de transação.

Inexoravelmente, numa economia de mercado, cada vez mais complexa, é fundamental a existência de um sistema jurídico organizado, de modo a diminuir os riscos das contratações, reduzir os juros cobrados nos financiamentos, gerando maior celeridade e dinamicidade às transações.[1092]

Em apertada síntese, o sistema de registro imobiliário tem por finalidade favorecer o tráfico jurídico, conferindo maior confiança aos *players* que participam dessa engrenagem, respaldando as operações de financiamento, representativa de quase a integralidade das transações imobiliárias no Brasil.

Hernando de Soto, em sua festejada obra *O mistério do capital*, trabalha com maestria a importância da regularização imobiliária e os impactos positivos na economia de um país. O celebrado autor – partindo da premissa de que o imóvel irregular é *capital morto* e calculado em bilhões de dólares fica alijado do mercado por não se prestar à garantia de empréstimos – conclui que o motivo do fracasso do capitalismo no terceiro mundo deve-se ao grande número de propriedades informais

---

Código Civil de 1916, o prazo da usucapião extraordinária era de 30 anos. No vigente Código Civil, os prazos variam de 2 (usucapião familiar, do art. 1.240-A) a 15 anos (da usucapião extraordinária, do art. 1.238 – note-se que foi reduzido pela metade o prazo dessa modalidade, em relação ao Código Civil de 1916), para a aquisição da propriedade imobiliária pela usucapião. Quanto ao prazo, ressalve-se a existência de prazo vintenário para usucapião do direito real de servidão. No entanto, a interpretação da doutrina é no sentido de que este prazo de 20 anos permaneceu codificado por um lapso do legislador, devendo a interpretação correta compreender o prazo máximo de 15 anos para tal desiderato, afinal, se o prazo máximo para adquirir a propriedade (o mais) é de 15 anos, não faz qualquer sentido aplicar prazo maior para que o possuidor adquira a servidão (o menos). Nesse sentido é o *Enunciado 251 da III Jornada de Direito Civil do CJF*: "O prazo máximo para a usucapião extraordinária de servidões deve ser de 15 anos, em conformidade com o sistema geral de usucapião previsto no Código Civil".

[1090] A usucapião, portanto, é considerada como modo de aquisição da propriedade em razão de uma posse qualificada, desde que sejam cumpridos os requisitos exigidos pela lei. Atente-se que não só o direito real por excelência, a propriedade, mas os direitos reais limitados também podem ser usucapidos (*v.g.*, servidão, usufruto, superfície, o domínio útil, o direito de laje etc.).

[1091] Não é qualquer posse que dá nascimento à propriedade, é necessário que se trate de posse *ad usucapionem*, isto é, aquela com intenção de se tornar dono. Ademais, a posse deve ser contínua, pacífica e sem oposição ou contestação, para que, adicionada ao tempo, possibilite a aquisição originária da propriedade.

[1092] ARRUÑADA, Benito. Organização do registro da propriedade em países em desenvolvimento. *In: Revista de Direito Imobiliário (RDI)*. São Paulo, ano 27, n. 56, jan.-jun. 2004. p. 139-159. GONZÁLEZ, Fernando P. Méndez. A função econômica dos sistemas registrais. *Revista de Direito Imobiliário (RDI)*. São Paulo, ano 25, n. 53, jul.-dez. 2002. p. 13-34.

Art. 216-A | LEI DE REGISTROS PÚBLICOS COMENTADA

nesses países. Destarte, trazer para a legalidade, e, por conseguinte, para a economia formal milhares de propriedades informais significa excluir da pobreza parte dessas pessoas. Ecoa, pois, que a política de regularização fundiária deve estar centrada no Registro de Imóveis de uma nação.[1093]

Não por outro motivo, o Brasil tem intensificado suas políticas de regularização fundiária nos últimos anos. Vejam-se, nesse sentido, os mecanismos de regularização fundiárias experimentados pela Lei 11.977/2009 e aprimorados com a Lei 13.465/2017.[1094]

Também em sede de diagnóstico, é oportuno recordar que a nefasta irregularidade fundiária no Brasil pode ser justificada por um fator histórico interessante. Consultando historiadores especializados,[1095] pode-se verificar que os portugueses tinham uma visão distinta dos espanhóis em relação ao novo continente. Os lusitanos almejavam vir aqui para explorar com o pensamento obsessivo em retornar a Portugal, de modo que a colônia era mero lugar de passagem. Os espanhóis, de sua vez, vinham para a América com o espírito de aqui se instalar e expandir sua própria nação. Ora, o que é provisório, por essência, não recebe o mesmo tratamento (*rectius*: planejamento) daquilo que se constrói com *animus* de definitividade.

A partir dessas raízes, ancoradas no espírito português de provisoriedade, o Estado brasileiro sempre teve dificuldade de coordenar o crescimento ordenado da população com planejamento. Lúcidas, nesse sentido, são as ponderações conclusivas de *Marcelo Benacchio* e *Marcos Benacchio*:

> Esta herança cultural nos tornou incapazes de atentar ao planejamento urbano, resultando daí muito do caos que assola até os dias de hoje nossos centros urbanos que nitidamente têm uma baixa qualidade de vida, são pouco aprazíveis aos olhos, possuem poucos espaços recreativos, sendo marcados por sérios problemas de saneamento básico e circulação urbana o que afeta palpavelmente o bem-estar das pessoas que habitam nossas cidades em seu dia a dia.[1096]

É exatamente nesse ambiente que a usucapião tem-se consolidado nos últimos anos como importantíssimo instrumento de regularização fundiária, convergindo para que um grande número de imóveis venha a ser abarcado e tutelado pelo sistema de registro imobiliário brasileiro.

Nesse contexto, surgem cada vez mais modalidades de usucapião no ordenamento jurídico e os Tribunais vêm consolidando suas jurisprudências no sentido de permitir o reconhecimento da usucapião não apenas para constituir um direito novo de propriedade para o possuidor, mas, principalmente, para sanar possíveis vícios na aquisição do direito de propriedade, *v.g.*, a usucapião em imóveis oriundos de parcelamento irregular do solo,[1097] de condomínio edilício não regularmente

---

[1093] DE SOTO, Hernando. *O mistério do capital: por que o capitalismo dá certo nos países desenvolvidos e fracassa no resto do mundo*. Rio de Janeiro: Record, 2001.

[1094] *Art. 15 da Lei 13.465/2017.* "Poderão ser empregados, no âmbito da Reurb, sem prejuízo de outros que se apresentem adequados, os seguintes institutos jurídicos: I – a legitimação fundiária e a legitimação de posse, nos termos desta Lei; II – a usucapião, nos termos dos arts. 1.238 a 1.244 da Lei nº 10.406, de 10 de janeiro de 2002 (Código Civil), dos arts. 9º a 14 da Lei nº 10.257, de 10 de julho de 2001, e do art. 216-A da Lei nº 6.015, de 31 de dezembro de 1973; III – a desapropriação em favor dos possuidores, nos termos dos §§ 4º e 5º do art. 1.228 da Lei nº 10.406, de 10 de janeiro de 2002 (Código Civil); IV – a arrecadação de bem vago, nos termos do art. 1.276 da Lei nº 10.406, de 10 de janeiro de 2002 (Código Civil); V – o consórcio imobiliário, nos termos do art. 46 da Lei nº 10.257, de 10 de julho de 2001; VI – a desapropriação por interesse social, nos termos do inciso IV do art. 2º da Lei nº 4.132, de 10 de setembro de 1962; VII – o direito de preempção, nos termos do inciso I do art. 26 da Lei nº 10.257, de 10 de julho de 2001; VIII – a transferência do direito de construir, nos termos do inciso III do art. 35 da Lei nº 10.257, de 10 de julho de 2001; IX – a requisição, em caso de perigo público iminente, nos termos do § 3º do art. 1.228 da Lei nº 10.406, de 10 de janeiro de 2002 (Código Civil); X – a intervenção do poder público em parcelamento clandestino ou irregular, nos termos do art. 40 da Lei nº 6.766, de 19 de dezembro de 1979; XI – a alienação de imóvel pela administração pública diretamente para seu detentor, nos termos da alínea f do inciso I do art. 17 da Lei nº 8.666, de 21 de junho de 1993; XII – a concessão de uso especial para fins de moradia; XIII – a concessão de direito real de uso; XIV – a doação; e XV – a compra e venda".

[1095] Cite-se, por todos, Sérgio Buarque de Holanda. *In:* BUARQUE DE HOLANDA, Sérgio. *Raízes do Brasil*. Rio de Janeiro: Forense, 1994.

[1096] BENACCHIO, Marcelo; BENACCHIO, Marcos. Coisa hábil em usucapião especial urbano: um estudo de caso. *In:* GUERRA, Alexandre Dartanhan de Mello; MAISTRO JUNIOR, Gilberto Carlos (org.) *Direito imobiliário*: direito registral, direito notarial, locação de imóvel e outros temas. Indaiatuba: Editora Foco, 2019. p. 121.

[1097] Cuidando-se de modo originário de aquisição da propriedade, não é razoável a exigência de prévia regularização registral do loteamento para se abrir matrícula do lote usucapido. Da jurisprudência iterativa do *Tribunal de Justiça do Estado de São Paulo* foi possível encontrar ilustrativo precedente: "É absolutamente irrelevante que o loteamento

723

MOACYR PETROCELLI DE ÁVILA RIBEIRO | **Art. 216-A**

constituído,[1098] áreas inferiores aos módulos mínimos urbanos[1099] e rurais,[1100] imóveis sem qualquer lastro tabular,[1101-1102] entre outras situações que pelas vias ordinárias os titulares não conseguiriam ou teriam imensa dificuldade de regularizar suas propriedades no fólio real.[1103]

---

onde se situa o imóvel usucapiendo esteja ou não regularizado, por uma singela razão. O parcelamento irregular do solo pressupõe ato de vontade do parcelador, o que não ocorre na usucapião, em que um mero comportamento, uma conduta similar à do proprietário, prolongada e qualificada, vai converter a posse em propriedade. Mais ainda. O autor, assim como centenas de outros moradores do bairro, têm posse aparentemente antiga e consolidada. Não é certamente a usucapião que vai tornar a ocupação já existente irregular. Ao contrário. A regularização fundiária certamente será o primeiro passo para a regularização e reurbanização da gleba. (...) A um primeiro exame, não há fraude à lei no caso concreto, pois quem postula a usucapião não é o empreendedor, mas sim o humilde adquirente ou ocupante do lote. Também não me impressiona a questão do litisconsórcio entre diversos possuidores em situação semelhante. Optou o autor pelo ajuizamento de ação de usucapião individual especial urbano. O litisconsórcio é meramente facultativo e de escolha exclusiva da parte, sendo estranha a imposição de processamento conjunto de quase uma centena de ações, o que certamente provocará tumulto e atraso no andamento do feito" (TJSP, Ap. Cív. 461.907-4/7, 4ª Câmara de Direito Privado, Rel. Des. Francisco Loureiro, j. 15/03/2007).

[1098] No que se refere à usucapião de unidade autônoma em condomínio edilício não regularizado, ou seja, ainda não instituído ou sem a devida averbação de construção havia certa dificuldade de viabilização registrária desses reconhecimentos de usucapião. *Leonardo Brandelli*, por exemplo, sugere que faça o reconhecimento da usucapião, mas não se faça o registro do título enquanto não realizada a instituição de condomínio. Outros, ainda, cogitavam a possibilidade de uma vez reconhecida a usucapião sobre fração ideal vinculada a uma futura unidade de incorporação imobiliária pendente de finalização, fosse promovido o registro na matrícula-mãe, e, somente, após a prática dos demais atos regulares (averbação de construção e instituição de condomínio), é que seria feita a abertura da matrícula, com o transporte da usucapião. Atualmente, no entanto, ao disciplinar o regramento para o procedimento de usucapião extrajudicial, o *Conselho Nacional de Justiça*, acabou por espancar qualquer dúvida a respeito do tema e definiu no *art. 417, § 4º, do Provimento CNJ 149/2023* que "tratando-se de usucapião de unidade autônoma localizada em condomínio edilício objeto de incorporação, mas ainda não instituído ou sem a devida averbação de construção, a matrícula será aberta para a respectiva fração ideal, mencionando-se a unidade a que se refere".

[1099] "Preenchidos os requisitos do art. 183 da Constituição Federal, o reconhecimento do direito à usucapião especial urbana não pode ser obstado por legislação infraconstitucional que estabeleça módulos urbanos na respectiva área em que situado o imóvel (dimensão do lote)" (STF, RE 422.349, Rel. Min. Dias Toffoli, Tribunal Pleno, j. 29/04/2015). Tal entendimento pode ser aplicado para quaisquer das modalidades de usucapião, não apenas para as constitucionais. Nesse sentido é a tese consolidada no *Incidente de Uniformização de Jurisprudência 317 do Tribunal de Justiça do Estado do Rio de Janeiro*, de seguinte teor: "É juridicamente possível o pedido de usucapião de imóvel com área inferior ao módulo mínimo urbano definido pelas posturas municipais". Também encampando esse entendimento, o *Provimento 149/2023 do CNJ*, que regula a usucapião extrajudicial, em seu *art. 422* disciplina que "em virtude da consolidação temporal da posse e do caráter originário da aquisição da propriedade, o registro declaratório da usucapião não se confunde com as condutas previstas no Capítulo IX da Lei nº 6.766, de 19 de dezembro de 1979, nem delas deriva".

[1100] Nesse sentido é o *Enunciado 594 da VII Jornada de Direito Civil do CJF*: "É possível adquirir a propriedade de área menor do que o módulo rural estabelecido para a região, por meio da usucapião especial rural". É importante ressaltar que a possibilidade de usucapir área rural inferior ao módulo previsto para a região, não tem aptidão, per se, para dispensar a necessidade de apresentação no Registro Imobiliário do Certificado de Cadastro de Imóvel Rural – CCIR do imóvel usucapido. Confira-se a jurisprudência sobre o tema: "A sentença de usucapião, porém, apenas declara essa situação de fato e, fazendo-o, concede ao possuidor o modo originário de aquisição da propriedade. A abertura da matrícula, no entanto, é condicionada a outros requisitos. Dentre eles, a apresentação do CCIR. Nem o Oficial nem o Juiz, pela mera via administrativa, podem suprir a exigência legal. E também não podem obrigar o INCRA a emitir o documento. Se a negativa de expedição do CCIR, pelo INCRA, é ilegal, cabe, pelas vias ordinárias contenciosas, constranger esse órgão a emiti-lo. Até lá, a abertura da matrícula não pode mesmo ser feita, pois isso feriria a legislação" (TJSP, Ap. Cív. 0007676-93.2013.8.26.0064, CSMSP, Rel. Des. Hamilton Elliot Akel, j. 18/03/2014). Também nesse sentido: TJSP, Ap. Cív. 1001295-23.2016.8.26.0575, CSMSP, Rel. Des. Geraldo Francisco Pinheiro Franco, j. 28/03/2018.

[1101] "A ausência de transcrição do próprio imóvel não pode ser empecilho à declaração de usucapião, uma vez que tal instituto visa exatamente ao reconhecimento do domínio em prol de quem possui o imóvel, prevalecendo a posse *ad usucapionem* sobre o próprio domínio de quem não o exerça. Dessa forma, a usucapião, forma de aquisição originária da propriedade, caracteriza-se pelo exercício inconteste e ininterrupto da posse e prevalece sobre o registro da propriedade, não obstante os atributos de obrigatoriedade e perpetuidade do registro dominial" (STJ, REsp 952.125-MG, Rel. Min. Sidnei Beneti, j. 07/06/2011).

[1102] "A inexistência de registro imobiliário do bem objeto de ação de usucapião não induz presunção de que o imóvel seja público (terras devolutas), cabendo ao Estado provar a titularidade do terreno como óbice ao reconhecimento da prescrição aquisitiva" (STJ, REsp 964.223/RN, Rel. Min. Luis Felipe Salomão, 4ª Turma, j. 18/10/2011).

[1103] Situação corriqueira na aquisição imobiliária foi legitimada de há muito pelo *Superior Tribunal de Justiça* como passível de ser solucionada através da usucapião. Confira-se: "Tendo direito a aquisição do imóvel, o promi-

Art. 216-A | LEI DE REGISTROS PÚBLICOS COMENTADA

Há, em realidade, notória flexibilização do que se entende por coisa hábil à usucapião, mormente despindo-se daquela análise apriorística que se enraizava em uma abordagem autônoma, egoística e patrimonial. Em palavras outras, a análise daquilo que é *res habilis* à usucapião merece raciocínio conectado com os dêiticos da função social da propriedade. Assim, no contexto hodierno a usucapião veste-se na função (social) de garantir o acesso ao direito de moradia.[1104]

Nesse quadrante, mais recentemente, dirigido pelo espírito de *desjudicialização*, o legislador houve por bem autorizar a possibilidade do reconhecimento da usucapião na via extrajudicial, mediante procedimento de ordem puramente administrativa conduzido pelo Oficial de Registro de Imóveis.[1105] A usucapião extrajudicial foi introduzida no direito brasileiro pela Lei 13.105/2015 (Código de Processo Civil), em especial por seu art. 1.071, que inseriu o art. 216-A na Lei de Registros Públicos.[1106]

É de boa técnica esclarecer que embora se utilize em larga escala a expressão "usucapião extrajudicial", não se trata, a rigor, de nova modalidade de usucapião, mas apenas uma alternativa de seu reconhecimento que prescinde de intervenção judicial. Trata-se, assim, de um *novel* procedimento,[1107] de índole puramente adjetiva, e não espécie substantiva de usucapião. Sob esse ângulo, aliás, quaisquer das espécies de usucapião previstas pelo direito material seriam, em tese, passíveis de reconhecimento na via extrajudicial.[1108]

Cotejando a usucapião em suas roupagens judicial e extrajudicial, destaca-se relevante mensagem da *1ª Vara de Registros Públicos de São Paulo*:

> O procedimento extrajudicial de usucapião visa o mesmo objetivo daquele judicial, agindo o Oficial como verdadeiro fiscal do preenchimento dos requisitos formais e materiais para a concessão do direito de propriedade sobre o imóvel. As diferenças de procedimento, sobretudo a exigência da ata notarial, se dão visando a agilização da solução do requerimento, ao se pretender reconhecer com mais rapidez os pedidos de usucapião em que não há contestação. Não havendo contestação, não há lide, no sentido processual do termo, não sendo necessária a intervenção judicial no feito. Tudo isso a demonstrar que a usucapião extrajudicial é verdadeira alteração procedimental no meio de reconhecimento da prescrição aquisitiva. Todavia, o direito visado por traz deste procedimento continua o mesmo daquele buscado na via judicial.[1109]

O fato é que as ações judiciais de usucapião são reconhecidas no meio forense por sua morosidade excessiva, de tramitação lenta e desestimulante aos prescribentes a ponto de os posseiros optarem em manter seu

---

tente comprador pode exigir do promitente vendedor que lhe outorgue a escritura definitiva de compra e venda, bem como pode requerer ao juiz a adjudicação do imóvel. Segundo a jurisprudência do STJ, não são necessários o registro e o instrumento público, seja para o fim da Súmula 84, seja para que se requeira a adjudicação. Podendo dispor de tal eficácia, a promessa de compra e venda, gerando direito a adjudicação, gera direito a aquisição por usucapião ordinária" (STJ, REsp 32.972/SP, Rel. p/ Acórdão Min. Nilson Naves, 3ª Turma, j. 19/03/1996).

[1104] Exemplo mais simbólico da usucapião como instrumento de regularização fundiária está na hipótese do batizado "usucapião administrativa". Trata-se em rigor de modalidade inaugurada pela Lei 11.977/2009, em procedimento de regularização fundiária, na qual a legitimação de posse, se converte em propriedade, após o decurso do prazo de 05 (cinco) anos do registro do título de legitimação, desde que observados os requisitos legais, operando-se a usucapião sem a intervenção do Judiciário.

[1105] Não se pode iludir e pensar que a *usucapião extrajudicial* é instituto inovador, de origem brasileira. No direito comparado, é possível coletar diversas experiências semelhantes. Pode-se citar na Europa alguns precedentes, *v.g.*, em Portugal, Espanha e Itália. Na América do Sul há experiências concretizadas, *v.g.*, no Peru, Argentina e Chile. Para o aprofundamento do tema: MELLO, Henrique Ferraz Corrêa de. *Usucapião extrajudicial*. 2. ed. São Paulo: YK Editora, 2018. p. 178-218.

[1106] Inicialmente, o *Provimento 65/2017 do Conselho Nacional* de Justiça regulamentou detalhadamente o procedimento de reconhecimento extrajudicial de usucapião em todo território nacional. O regramento do tema hoje está consolidado no CNN-Extra (Provimento CNJ 149/2023).

[1107] Para *Leonardo Brandelli*, cuida-se de procedimento administrativo, embora se possa encartar no hodierno conceito de *jurisdição voluntária*, nos moldes traçados pela doutrina estrangeira (BRANDELLI, Leonardo. *Usucapião administrativa*. São Paulo: Saraiva, 2016. p. 23-24).

[1108] Ressalve-se que alguns tratadistas vêm apontando a impossibilidade da via extrajudicial para algumas hipóteses específicas como no instituto da usucapião especial coletiva do Estatuto da Cidade (Lei 10.257/2001).

[1109] 1ª VRPSP, Processo 1008143-25.2018.8.26.0100, Juíza Tânia Mara Ahualli, j. 06/04/2018.

bem imóvel na informalidade a encarar a *via crucis* do processo judicial.[1110] Muito já se disse que justiça lenta gera injustiça, mas há também um critério econômico a ser considerado. Afinal, o processo judicial quando se arrasta por anos,[1111] em especial no caso da usucapião, impede que o imóvel que foi usucapido seja considerado *capital ativo*, mantendo-o durante o *iter* processual como *capital morto*.

Nesse ambiente, recentes experiências de *desjudicialização* no direito brasileiro, fincadas no trespasse de causas – dantes de atuação exclusiva do Poder Judiciário –, para as serventias extrajudiciais têm evidenciado importante desafogo à atuação jurisdicional, aliado ao grande benefício social de eficiência na realização de direitos. Sem pretensão de aprofundar a temática, mas à guisa de ilustração, cite-se, entre outras experiências positivas, a retificação de área (passível de ser realizada administrativamente no Oficial de Registro de Imóveis – art. 213 da Lei 6.015/1973); as escrituras de separação, divórcio, dissolução de união estável, inventários e partilhas (arts. 610, § 1º, e 733, ambos do CPC);[1112] e a possibilidade de protesto das certidões de dívidas ativas (CDA's), como alternativa célere e eficaz às morosas execuções fiscais (art. 1º, parágrafo único, da Lei 9.492/1997).[1113]

Por tudo isso, a abertura da via extrajudicial[1114] para o reconhecimento da usucapião foi um grande avanço no cenário de um *Sistema de Justiça Multiportas*, em especial por concentrar nas mãos do especialista na matéria (*rectius*: o Registrador de Imóveis) a condução e direção desse procedimento. É nessa diretriz o diagnóstico preciso de *Leonardo Brandelli*:

> No caso da usucapião, o Oficial de Registro de Imóveis, profissional do direito dotado de fé pública e com profunda *expertise* na matéria imobiliária, é o profissional adequado para analisar e decidir acerca das questões em que não haja lide estabelecida. (...) Em matéria de direitos reais e obrigacionais imobiliários com eficácia real, na esfera não contenciosa, o Registrador é o melhor *gatekeeper* possível, se o Registro for de Direitos, como é no Brasil. Quer isto dizer que é o Oficial de Registro de Imóveis o profissional adequado, dotado das características certas, para bem fazer a depuração jurídica de tais direitos, qualificando-os juridicamente. Mais do que isto, é a quem cabe, de acordo com o ordenamento jurídico, fazer essa qualificação jurídica, razão pela qual o mesmo ordenamento dota-o das características necessárias a tal mister.[1115]

2. A usucapião no Registro de Imóveis: nuances de uma exceção ao sistema registral imobiliário brasileiro

O sistema de transmissão da propriedade imobiliária no Brasil é do *título* e *modo*, isto é, o negócio jurídico obrigacional (*título*) *per si* não é capaz de transmitir definitivamente a propriedade imobi-

---

[1110] Não raro, em muitas ações de usucapião, operam-se sucessões processuais dentro das referidas relações jurídico-processuais, em razão de tanta morosidade. Na hipótese, aplica-se o *art. 110 do Código de Processo Civil*: "Ocorrendo a morte de qualquer das partes, dar-se-á a sucessão pelo seu espólio ou pelos seus sucessores, observado o disposto no art. 313, §§ 1º e 2º".

[1111] Em interessante análise econômica do processo civil, dentre outros indicadores, *Eric Navarro Wolkart* levantou que um processo de conhecimento, em média no Brasil, de sua distribuição à primeira sentença de primeiro grau, dura um ano e nove meses, ao passo que na fase de cumprimento de sentença ou no processo de execução, a primeira sentença demora quatro anos e três meses. Tem-se, assim, o cenário batizado pelo autor como "tragédia da Justiça" (WOLKART, Erik Navarro. *A análise econômica do processo civil:* como a economia, o direito e a psicologia podem vencer a tragédia da justiça. São Paulo: Thomson Reuters Brasil, 2019. p. 56).

[1112] Em interessante levantamento estatístico, que comprova a intensa procura dos usuários pelo setor extrajudicial, o *Colégio Notarial do Brasil – Seção São Paulo* apurou que durante o ano de 2018, os Cartórios de Notas do Brasil lavraram aproximadamente 139 mil inventários, 290% a mais se comparado há 12 anos, quando a Lei 11.441/2007 foi instituída e possibilitou às serventias notariais, além da realização de inventários, a formalização de divórcios e separações (Disponível em *cnbsp.org.br*).

[1113] "A *desjudicialização* de certos institutos, em casos em que não haja lide, tem sido bem recebida pela comunidade jurídica e pela sociedade. Vejam-se, para ilustrar, os casos da retificação de registro, da regularização fundiária, do divórcio e do inventário e partilha. (...) Não havendo litígio, não há ato jurisdicional necessário, de tal modo que a atuação do Estado-Juiz não é imprescindível" (BRANDELLI, Leonardo. *Usucapião administrativa*. São Paulo: Saraiva, 2016. p. 15-16).

[1114] Lembre-se que a via extrajudicial é uma faculdade, sendo, sempre, permitido que o interessado se socorra do Poder Judiciário, em razão do princípio constitucional da inafastabilidade da Jurisdição (art. 5º, CF). Em outras palavras, cumpre ao interessado escolher entre a via judicial ou a extrajudicial.

[1115] BRANDELLI, Leonardo. *Usucapião administrativa*. São Paulo: Saraiva, 2016. p. 17-18.

Art. 216-A | LEI DE REGISTROS PÚBLICOS COMENTADA

liária, sendo imprescindível o registro (*modo*) para encerrar a transmutação jurídico-real. Assim, o direito real sobre imóvel nasce com a união indissociável de dois elementos: o acordo de vontades, consubstanciado no título, e o registro. Tanto um como o outro são pressupostos para a aquisição do direito real.[1116]

A doutrina especializada aponta, destarte, que o princípio cardeal do sistema registral brasileiro é o da *inscrição*, segundo o qual a constituição, transmissão e extinção de direitos reais sobre imóveis, por ato *inter vivos*, só se operam com a inscrição no Registro de Imóveis.[1117] Nessa ordem, *Clóvis do Couto e Silva* apresenta didática lição: "(...) quem vende um imóvel, por escritura pública, não necessitará de outro ato, ou de outra declaração de vontade, para que possa ser realizado o registro, pois, na vontade de vender, frise-se mais uma vez, está a vontade de transmitir, que por si só é suficiente para permitir o registro no álbum imobiliário".[1118]

Por tudo isso, é voz corrente a assertiva segundo a qual no Brasil, de regra, o registro é constitutivo da propriedade imobiliária. Como principal modo de aquisição da propriedade, o registro produz efeitos *ex nunc*, jamais retroagindo à época da formalização do título.

Diz-se "de regra constitutivo" porque em algumas situações a propriedade poderá ser adquirida originalmente, independentemente do registro,[1119] como no caso da usucapião ou da sucessão pelo *droit de saisine*. Nesses casos, note-se que o registro não é necessário para o surgimento da propriedade, o que se operou por fato jurígeno diverso (na usucapião pelo implemento de seus requisitos delineados em lei e na sucessão pela morte do autor da herança e a transmissão automática aos herdeiros), no entanto, o registro será indispensável para garantir ao proprietário o direito de dispor da *res* (*jus abutendi*)[1120] mediante a publicização da situação imobiliária.[1121] Em casos tais, o registro será, pois, declaratório, ou seja, não constitui, mas apenas declara a propriedade. Por isso, fala-se que nessas situações os efeitos do registro são retroativos.

Notadamente, em tais casos a falta do registro, inalterada a titularidade formal, importará a suspensão do exercício pleno do direito subjetivo. Em passagem muito precisa, *Lenine Nequete* sentencia que as finalidades do registro da usucapião são: (a) para conferir ao usucapiente o direito de dispor da coisa; (b) para publicar a aquisição do domínio, a resguardar a boa-fé de terceiros, e assegurar a continuidade do registro.[1122]

[1116] "O título é a origem da transmissão da propriedade, concede-lhe fundamento jurídico. O modo concretiza a atividade iniciada no título, ao dotar de eficácia real aquilo que apenas pertencia ao mundo das obrigações. Apesar da influência mútua, não perdem sua autonomia e finalidade específicas. O mesmo não acontece nos demais modos aquisitivos – usucapião, acessão e sucessão – nos quais não se pode diferenciar título e modo" (ROSENVALD, Nelson; FARIAS, Cristiano Chaves de. *Curso de direito civil*: direitos reais. 15. ed. Salvador: JusPodivm, 2019. p. 392).

[1117] Considerando a transmissão da propriedade imobiliária sob a ótica dos planos de análise do negócio jurídico, *Francisco Landim Filho* doutrina: "Como negócio jurídico, o ato alienatório do domínio se compõe de uma declaração de vontade, que o coloca no plano da existência. Como declaração negocial, reveste-se de determinados atributos em razão dos quais ingressa no plano da validade. E, por fim, esta manifestação de vontade, constituída validamente, entra no plano da eficácia, uma vez preenchidas as condições que, extrínsecas à declaração negocial, realizam os efeitos finais do ato de alheamento da propriedade, entre os quais conta o de transmissão do domínio" (LANDIM FILHO, Francisco Antônio Paes. *A propriedade imóvel*: na teoria da aparência. São Paulo: Editora CD, 2001. p. 59).

[1118] COUTO E SILVA, Clóvis do. *A obrigação como processo*. São Paulo: Bushatsky, 1976. p. 62.

[1119] Engendrando leitura sistemática do Código Civil, concebe-se que as formas de aquisição da propriedade imobiliária são pela acessão; pela usucapião; pelo registro do título; e pela sucessão. Anote-se, entretanto, que a *ocupação informal* de determinado imóvel, a partir da aplicação dos institutos de Regularização Fundiária, tais como a legitimação de posse e a legitimação fundiária, podem dar origem à propriedade imobiliária formalizada, desde que cumpridos os requisitos e procedimentos previstos atualmente na Lei 13.465/2017.

[1120] São atributos do direito de propriedade *usar, gozar, dispor* e *reivindicar* (Código Civil, art. 1.228). Repita-se: o poder de *dispor da coisa* é o único atributo da propriedade do qual o usucapiente é cerceado enquanto não formalizada a aquisição da titularidade por intermédio do respectivo registro do título (judicial ou extrajudicial) no Registro de Imóveis.

[1121] Coordenando-se os modos de aquisição da propriedade imobiliária, perpassando pelo registro do título aquisitivo com efeito constitutivo e suas exceções, pode-se dizer que *in concreto* o modo mais seguro de se evitar litígios sobre determinado bem é conjugar a posse da coisa com seu título de propriedade. Sendo, pois, posse a visibilidade do domínio, quando robustecida com o título de propriedade, diminui-se sobremaneira as possibilidades de concretização de litígios sobre o imóvel.

[1122] NEQUETE, Lenine. *Da prescrição aquisitiva (usucapião)*. Porto Alegre: Livraria Sulina, 1954. p. 19.

A jurista portuguesa e estudiosa dos registros públicos *Mónica Jardim* fornece importante lição sobre o tema:

> Cumpre referir que os ordenamentos que consagram o registro constitutivo, em regra, apenas o impõem nas mutações jurídicas decorrentes de negócios voluntários celebrados *inter vivos*. Consequentemente, outras formas de aquisição (*v.g.*, a aquisição originária, a sucessão legal *mortis causa* a título de herança, a expropriação, etc.) são eficazes *erga omnes* independentemente do correspondente registo, traduzindo-se, portanto, em formas de aquisição extratabular. Porque assim é, quando devam aceder ao registo, o correspondente assento visa "apenas", por um lado, consolidar a eficácia erga omnes anteriormente adquirida em face de terceiros e, por outro, legitimar o adquirente do direito real a alienar ou onerar, uma vez que, enquanto a inscrição registral não ocorrer, o titular do direito real estará impedido de o fazer de acordo com o princípio da legitimação e com o princípio da continuidade ou do trato sucessivo.[1123]

Destaca-se, portanto, que de modo geral a usucapião encerra importante exceção ao sistema registral imobiliário.

Ocorre que, por sua natureza, a usucapião encerra relevante exceção ao princípio da fé pública registral.[1124] Ora, por ser um efeito da posse – e posse é uma situação de fato extratabular, ainda que com inúmeros efeitos jurídicos –, a usucapião pode conflitar com a proteção que o sistema registral outorga a quem nele confia.[1125] Nesse sentido, o art. 54, § 1º, da Lei 13.097/2015 é muito claro ao deliberar que as hipóteses que independem de registro de título (*v.g.*, usucapião e sucessão) poderão ser opostas em desfavor do titular registral.[1126]

Diversamente do que ocorre em outros sistemas registrais, como o espanhol por exemplo, o direito brasileiro não impõe limite à extensão da usucapião, de modo que o terceiro que confiar no Registro de Imóveis poderá, ainda assim, ver sua aquisição ser considerada ineficaz face a existência de prescrição aquisitiva de determinado imóvel.

Dito de outro modo, ainda que o comprador tenha adquirido a propriedade do imóvel de quem constava no registro imobiliário como sendo o dono, não adquirirá o domínio, caso outra pessoa exerça posse *ad usucapionem* que encerre todos os requisitos legais suficientes para aquisição originária da propriedade. É dizer, o comprador nada adquirirá do proprietário tabular se este deixou prescrever o seu direito de propriedade, por não ter se oposto à posse exercida pelo usucapiente.

Ressalte-se, a propósito, que a usucapião é modo originário de aquisição da propriedade imobiliária que se concretiza pelo simples implemento material dos requisitos, a depender da espécie eleita que incida sobre a hipótese fática. Frise-se: a sentença é meramente declaratória, assim como é declaratório o registro do título. Por isso, tem-se que o momento consumativo da aquisição da propriedade pela usucapião dá-se automaticamente quando verificado os elementos objetivos, subjetivos e formais previstos na lei.

Em termos puramente registrais, deve-se anotar que é com o registro da usucapião que a titularidade tabular coincidirá com a titularidade civil, já que se inscreve na matrícula o assenhoramento de um

---

[1123] JARDIM, Mónica Vanderleia Alves Sousa. Registo imobiliário constitutivo ou registo imobiliário declarativo/consolidativo: Qual deles oferece maior segurança aos terceiros? *In: Escritos de Direito Notarial e Registral*, Coimbra: Almedina, 2007. p. 70-71.

[1124] Por *fé pública registral* entende-se a proteção conferida àquele que de boa-fé confiou na informação publicizada pelo Registro de Imóveis e adquiriu determinado direito real levando seu título aquisitivo a registro. Para aprofundamento do tema: BRANDELLI, Leonardo. *Registro de imóveis:* eficácia material. Rio de Janeiro: Forense, 2016.

[1125] É ilustrativa nesse sentido a lúdica consideração de *Guilonard* citado na clássica obra de *Lysippo Garcia*: "Pode se vender um cavalo sem intervenção de qualquer agente, pode-se mesmo vender um navio que valha 10.000 ou 30.000; mas, quando, se trata de terras, não é possível dispensar-se a intervenção de um legista, e ainda depois de pago o preço ninguém sabe se comprou um pedaço de terra ou uma demanda" (GARCIA, Lysippo. *O registro de imóveis.* v. I. Rio de Janeiro: Livraria Francisco Alves, 1927. p. 111).

[1126] *Art. 54, § 1º, da Lei 13.097/2015*: "Não poderão ser opostas situações jurídicas não constantes da matrícula no registro de imóveis, inclusive para fins de evicção, ao terceiro de boa-fé que adquirir ou receber em garantia direitos reais sobre o imóvel, ressalvados o disposto nos arts. 129 e 130 da Lei nº 11.101, de 9 de fevereiro de 2005, e as hipóteses de aquisição e extinção da propriedade que independam de registro de título de imóvel".

Art. 216-A | LEI DE REGISTROS PÚBLICOS COMENTADA

direito que decorre de um título relacionado a um imóvel.[1127] Haverá, no entanto, divórcio entre a informação registral e a verdadeira titularidade, na hipótese de já ter ocorrido a usucapião, reconhecido judicialmente ou extrajudicialmente, sem que tenha havido o competente registro. Essa dissociação ocorre quando do próprio preenchimento dos requisitos necessários à usucapião, de sorte que o proprietário tabular se mostra mero *proprietário formal*, sendo o titular aparente o real proprietário.

Não se esqueça, porque fundamental, que raciocínio idêntico se aplica a outros direitos reais limitados, que venham a ser levados à tábua registral, como é o caso do usufruto, da servidão, da hipoteca, a laje etc. Assim, em tese, aquele que concede o usufruto ou institui a hipoteca pode não mais ser dono do imóvel, se a propriedade do bem for adquirida por usucapião, a faltar legitimidade para aquele que outorgou aludidos direitos reais limitados.

De outro bordo, o registro imobiliário no sistema brasileiro, poderá ter excepcionalíssimo *efeito convalidante*. O parágrafo único do art. 1.242 do Código Civil permite a consumação da usucapião em favor do titular do direito inscrito em caso de aquisição viciada. Cuida-se de modalidade consagrada como *usucapião tabular* no direito brasileiro.[1128]

Nesse peculiar, aliás, o sistema brasileiro destoa de muitos sistemas europeus – como o alemão e o suíço – que somente admitem a usucapião em face do titular registral (*contra tabulas*) em hipóteses muito restritas, privilegiando as hipóteses de usucapião tabular (*secundum tabulas*). Em suma, a factualidade que se tem como regra no Brasil para a aquisição originária pela usucapião – justamente em razão da grande informalidade e irregularidade fundiária mencionada alhures – é situação excepcionalíssima no direito alienígena que valoriza a informação emanada do sistema registral imobiliário.

É que a usucapião *secundum tabulas* ostenta um caráter bem delineado: atua em desfavor do verdadeiro proprietário, mas em benefício de um tipo muito especial de possuidor, qual seja, aquele que tem um título inscrito em seu nome na tábua registral e que, portanto, tem a presunção de ser titular do domínio. Prestigia-se, assim, o adquirente de imóvel que confiou na informação registral, acreditando que fez a compra do verdadeiro titular do bem, desconhecendo tratar-se de uma venda *a non domino* ou viciada por qualquer outro tipo de nulidade e, consequentemente, aumenta a segurança dos negócios imobiliários. Nesse caso, há a essência jurídica da figura da usucapião, de modo que se verifica a dissociação entre o titular em nome de quem o imóvel está registrado e o seu verdadeiro proprietário, que se beneficiaria com o cancelamento do registro, prestigiando-se a posição daquele, desde que, evidentemente, preencham-se os requisitos legais.

Para alguns doutrinadores, no caso vertente, descortina-se o caráter convalescente do registro, na medida em que o registro que seria cancelado permanece hígido, a despeito do vício do negócio jurídico subjacente. Fala-se em *convalescença registral*.

Sobre o tema, *Mónica Jardim* anota: "Trata-se de uma usucapião de natureza especial: não se apresenta 'apenas' como um modo de aquisição do direito de facto exercido, mas como um meio tendente a 'convalidar' a inscrição contida no livro fundiário".[1129]

Na mesma linha de pensamento, *Afranio de Carvalho* delimita que "o cancelamento do registro do título nulo será evitado com o efeito convalidante da nova usucapião tabular, que fará coincidir a titularidade jurídica com a titularidade registral".[1130]

Ainda sobre os impactos da usucapião no Ofício Predial, convém recordar que, por sua natureza originária, o Registrador, ao qualificar um mandado de registro de usucapião, não se deve preocupar com a continuidade registral, não devendo sequer analisar se os confinantes foram citados no processo judicial. Esse enfoque tem se consolidado na jurisprudência do *Conselho Superior da Magistratura do Estado de São Paulo*:

[1127] SASTRE, Roca. *Instituciones de derecho hipotecario*. t. I. Barcelona: Bosch, 1942. p. 32.

[1128] Em verdade, a usucapião de que trata o art. 1.242, parágrafo único, do Código Civil constitui matéria de defesa a ser alegada no curso da ação de anulação do registro do título translativo de propriedade, sendo dispensável o posterior ajuizamento da ação de usucapião. Nesse sentido é o *Enunciado 569 da VI Jornada de Direito Civil do CJF*: "No caso do art. 1.242, parágrafo único, a usucapião, como matéria de defesa, prescinde do ajuizamento da ação de usucapião, visto que, nessa hipótese, o usucapiente já é o titular do imóvel no registro".

[1129] JARDIM, Mónica Vanderleia Alves Sousa. *Efeitos substantivos do registro predial*: terceiros para efeito de registro. Coimbra: Almedina, 2013. p. 74.

[1130] CARVALHO, Afrânio. *Registro de imóveis*. 3. ed. Rio de Janeiro: Forense, 1982. p. 183.

Por se cuidar de forma originária de aquisição da propriedade, indagação alguma haverá de ser feita acerca da continuidade. Rompem-se todos os vínculos preteritamente havidos sobre o bem, de tal arte que prescindível a estrita observância da continuidade, diversamente do quanto afirmado pela Oficial. Estes os magistérios do Eminente Desembargador *Benedito Silvério Ribeiro*: "No referente ao cumprimento de mandado expedido em processo de usucapião, cabe ao oficial verificar se há menção ao trânsito em julgado da sentença transcribenda no seu aspecto formal, isto é, em relação às partes que foram chamadas e acudiram ao chamamento. Questões mais complexas, tais como aquelas derivadas de citações que deveriam ter sido feitas e não o foram, essas escapam ao âmbito da instância administrativa, sob pena de se erigir esta em obstáculo à força da coisa julgada, em seu aspecto material e formal." *(Tratado de Usucapião, São Paulo: Saraiva. 6ª ed., p. 1469)* Em seguida, versando especificamente acerca de eventual falta de citação de coproprietário do imóvel usucapido, pondera: "A ausência de convocação edital verificada pelo oficial do registro não rechaça o trânsito em julgado e, portanto, não impede o cumprimento do mandado. Trata-se de ineficácia relativa da sentença, como assinala *Pontes de Miranda*, podendo ser rescindida por infração do art. 942 e §§ 1º e 2º do Código de Processo Civil (art. 485, V).[1131] Da mesma forma, não cabe afastar o registro, se não foi citado no processo de usucapião o titular da transcrição constante do cadastro tabular, o cônjuge ou os confinantes" *(Op. cit., p. 1470).*[1132]

No mesmo julgamento, o desembargador *Ricardo Dip*, estudioso das notas e dos registros públicos, em voto convergente ao do relator da apelação mencionada, reforçou:

Tem-se admitido que a usucapião dá causa a uma aquisição originária isto o diz, com efeito, a controversa *communis opinio*, pois contra ela erguem-se, no direito romano, ressalvas que, nada mais, nada menos, vêm abonadas, por exemplo, pelo magistério de Alexandre CORREIA e Gaetano SCIASCIA *(Manual de Direito Romano.* 3.ed. São Paulo: Saraiva, 1957, I, p. 171, § 71) e de Álvaro D'ORS *(Derecho Privado Romano.* 9. ed. Pamplona: EUNSA, 1997, p. 217, § 158). Daí deriva, portanto, que eventual defeito nas citações, se pode acaso prejudicar a regularidade do processo, passa, entretanto, ao largo do fato jurídico da aquisição mesma, no qual a existência do direito anterior (e, assim, a relação que o usucapiente pudesse ter ou não com o titular prévio do domínio) não entra em linha de conta. Adicione-se a isto a circunstância de que, *per fas et per nefas*, o título está coberto com a égide da coisa julgada, de sorte que não é caso de dar-se por procedente a dúvida.

Por derradeiro, deve-se considerar ainda que o grau de eficácia do Registro de Imóveis no Brasil, por mais relevante que o possa considerar, não tem aptidão de, *per se*, tornar o imóvel insuscetível de aquisição por usucapião. Equivale dizer que o fato de o imóvel estar registrado no Ofício Predial, na titularidade de determinada pessoa, não impede que aquela unidade imobiliária seja adquirida por terceiro através da posse *ad usucapionem*. Basta considerar que é desimportante o lastro tabular nos pedidos judiciais ou extrajudiciais para reconhecimento da usucapião, ou seja, é perfeitamente possível que o bem usucapido sequer tenha registro anterior. Em rápida síntese sobre o tema, *Francisco Eduardo Loureiro* sentencia com a costumeira didática:

O direito do usucapiente não se funda sobre o direito do titular precedente, não constituindo este direito o pressuposto daquele, muito menos lhe determinando a existência, as qualidades e a extensão. São efeitos do fato da aquisição ser a título originário: não haver necessidade do recolhimento do imposto de transmissão quando do registro da sentença, com a ressalva, porém, que a negativa fiscal do IPTU dos últimos cinco anos deve ser apresentada; o título judicial ingressar no registro independentemente de registro anterior, ou seja, constituir exceção ao princípio da continuidade e mitigação do princípio da especialidade registrária.[1133]

[1131] O dispositivo equivalente no atual Código de Processo Civil (Lei 13.105/2015) é o *art. 966, inciso V.*

[1132] TJSP, Ap. Cív. 1006009-07.2016.8.26.0161, CSMSP, Rel. Des. Manoel de Queiroz Pereira Calças, j. 15/08/2017.

[1133] LOUREIRO, Francisco Eduardo. *In:* PELUSO, Cezar (coord.). *Código Civil comentado: doutrina e jurisprudência.* Barueri: Manole, 2016. p. 1143.

Art. 216-A | LEI DE REGISTROS PÚBLICOS COMENTADA

Na mesma pegada de raciocínio, se determinado imóvel estiver registrado no Ofício Imobiliário a partir do sistema *Torrens*, ainda que desfrute tal inscrição de eficácia absoluta, *jure et de jure*, isso não impede que o referido bem seja adquirido pela usucapião.

Vale lembrar, *en passant*, que o sistema de *Registro Torrens*, de origem australiana, foi introduzido no Brasil em 1890, por Rui Barbosa, como método alternativo e facultativo, a ser utilizado em paralelo com o registro comum, na época bastante ineficaz, a fim de proporcionar maior segurança às operações de transmissão da propriedade rural e constituição de ônus reais.[1134]

Conforme originalmente idealizado, referido registro protegeria o proprietário contra reivindicações posteriores que se resolveriam em indenização a ser suportada por um fundo especial previsto na legislação que criou o instituto.[1135] Ocorre, entretanto, que, na prática, não houve grande procura pelos proprietários de imóveis, seja por razões culturais, seja porque exigia procedimento judicial dispendioso e moroso.[1136]

Atualmente, os casos de sua aplicação no Brasil são raros, encontrando-se o sistema em desuso, pois se trata de instituto ultrapassado, deficitário e, na maioria das vezes, desnecessário diante do fato de o registro (comum) da propriedade imobiliária, no estágio hodierno, ser extremamente eficaz para garantir os direitos de propriedade.[1137]

Frise-se, entretanto, que a feição com que o instituto aqui ingressou já não seria rigorosamente incompatível com a usucapião: destinava-se ele à simplificação, sem prejuízo da segurança, das operações de transmissão e criação de ônus reais. E a usucapião, meio originário de aquisição que é, não envolve transmissão, nem supõe qualquer papel ativo desempenhado pelo titular do registro.[1138]

Exatamente com esses contornos o *Superior Tribunal de Justiça* em exótico precedente sobre a matéria definiu:

> Não há hesitação na doutrina a respeito da possibilidade de usucapir imóvel inscrito no *Registro Torrens*, mormente por se tratar de modo originário de aquisição da propriedade que independe de verificação acerca da idoneidade do título registrado e não envolve transferência de domínio. (...) O bem matriculado não se torna insuscetível de apropriação, isto porque desde que haja posse *ad usucapionem*, nada impede possa o imóvel ser usucapido em prescrição aquisitiva: tão só pela existência de *Registro Torrens*; não se pode afastar a usucapião, sob pena de frustrar-se a evidência de um instituto milenar, que tem sido o parâmetro para a solução de verdadeiros conflitos sociais. (...) Logo, inarredável a conclusão de que a filiação dos imóveis ao *Sistema Torrens*, por si só, não impede a perda do bem pela ação de usucapião, motivo pelo qual não prospera a alegação de impossibilidade jurídica do pedido.[1139]

Em primoroso trabalho sobre as nuanças do *Registro Torrens*, *Décio Antônio Erpen* apresenta pertinente conclusão recordando o atual *status* do instituto da usucapião no ordenamento jurídico nacional:

> Não se pode olvidar, outrossim, que os tempos modernos estão a prestigiar, sobremaneira, a posse, porque ela concilia a coisa com a pessoa que com ela convive, com quem tem afinidade. A usucapião, para os sociólogos, é, antes de um instituto jurídico, um anseio social. A lei veio como decorrência dos reclamos, mormente quando a posse e a propriedade não se concentram na mesma pessoa. E, se a propriedade está condicionada ao bem-estar social, o descaso de parte

---

[1134] FABRÍCIO, Adroaldo Furtado. *Comentários ao Código de Processo Civil*. v. VIII. t. III. 5. ed. Rio de Janeiro: Forense, 1993. p. 386-387.

[1135] MENEZES, Olindo Herculano de. *Retificação de área*. Brasília: TRF1, 2002. p. 84.

[1136] Curiosamente, há notícias de que mesmo em países onde o sistema foi adotado em seu modelo original, com caráter obrigatório e único – e até na própria Austrália –, a evolução posterior do instituto o debilitou e descaracterizou no atinente à abstração e segurança. Assim, em vários dos Estados australianos admite-se hoje a oposição de direitos reais não registrados a terceiros de boa-fé. E – o que aqui interessa mais de perto – admite-se por igual usucapião contra o que se contém no registro (FABRÍCIO, Adroaldo Furtado. *Comentários ao Código de Processo Civil*. v. VIII. t. III. 5. ed. Rio de Janeiro: Forense, 1993. p. 386-387).

[1137] CARVALHO, Afrânio de. *Registro de imóveis*. 4. ed. Rio de Janeiro: Forense, 1997. p. 417.

[1138] BARRUFFINI, José Carlos Tosetti. *Usucapião constitucional urbano e rural*. São Paulo: Atlas, 1998. p. 113.

[1139] STJ, REsp 1.542.820/RS, 3ª Turma, Rel. Min. Ricardo Villas Bôas Cueva, j. 20/02/2018.

do proprietário importa a que se aquinhoe aquele que supre sua inércia. Então, a tendência de se reduzirem os prazos, como está a ocorrer, e o de aumentar o campo de incidência dos casos de usucapião para se permitir a prescrição aquisitiva também de terras devolutas, permite uma conclusão no sentido de que, se o *sistema Torrens* é uma garantia, ela se refere somente à boa origem, até o momento da aquisição. Põe a salvo o passado, mas não resguarda o futuro proprietário desidioso, por fato superveniente. Também porque, quando a lei quis vedar casos de aquisição por usucapião, *v.g.*, terras públicas, assim se manifestou expressamente. Negar a possibilidade de usucapir imóvel submetido ao *Registro Torrens* é afrontar as tendências modernas, e o próprio instituto da prescrição, mesmo a aquisitiva, destoando da lição de *Teixeira de Freitas*, que preleciona que "a prescrição é a patrona do gênero humano: filha do tempo e da paz".[1140]

3. O reconhecimento extrajudicial da usucapião no Registro de Imóveis

Bem estabelecidas as balizas indispensáveis acerca do direito material que fundamenta a aquisição da propriedade imobiliária pela usucapião, passe-a à análise de seu processamento na via extrajudicial perante o Ofício Predial.

3.1. Breve notícia histórica

O reconhecimento da usucapião sem intervenção do Judiciário não é novidade no direito legislado brasileiro. A Lei 6.969/1981 previa o reconhecimento administrativo da usucapião especial sobre terras devolutas, autorizando a Administração a expedir o título de domínio, para transcrição no Registro de Imóveis. Se o órgão administrativo não expedisse o título de domínio em até 90 dias do pedido, cabia o interessado propor ação de usucapião na Justiça (art. 4º, §§ 2º a 4º, da Lei 6.969/1981). O Decreto 87.620/1982 regulamentou o procedimento de usucapião administrativa de terras devolutas (*"usucapião deserta"*), porém caiu em desuso em razão da proibição de usucapião de terras públicas. Por último, o art. 1º, LXIV, do Decreto 9.757/2019, revogou expressamente o Decreto nº 87.620/1982, extinguindo a previsão legal desse procedimento administrativo.[1141]

Mais adiante, no âmbito da regularização fundiária urbana, a primeira modalidade de reconhecimento administrativo da aquisição da propriedade por usucapião (também chamada usucapião extrajudicial ou administrativa) foi prevista no hoje revogado art. 60 da Lei 11.977/2009 (*Lei do Programa Minha Casa Minha Vida*), que autorizava o interessado a requerer ao oficial de Registro de Imóveis a conversão do título de legitimação de posse registrado cinco anos antes em registro de propriedade, tendo em vista a aquisição por usucapião, nos termos do art. 183 da CF/1988. Essa modalidade de usucapião extrajudicial aplicava-se exclusivamente aos projetos de regularização fundiária urbana de interesse social. A legitimação de posse encontra-se hoje prevista nos arts. 25 a 27 da Lei 13.465/2017 (Lei de Regularização Fundiária).

Posteriormente, no âmbito fundiário geral, a Lei 13.105/2015 (Código de Processo Civil) foi a responsável por incluir o art. 216-A na Lei 6.015/1973, posteriormente alterado pela Lei 13.465/2017, dispondo sobre o procedimento extrajudicial de reconhecimento da aquisição da propriedade imobiliária por usucapião.

3.2. Os atores do procedimento extrajudicial

Por não haver lide, não há "partes" no sentido técnico-jurídico da palavra, mas, sim, "interessados" em sentido amplo, o que inclui o requerente, os interessados certos, as Fazendas Públicas e os terceiros interessados, cada qual devendo preencher a determinados pressupostos processuais subjetivos. De modo geral, exige-se que o requerente tenha capacidade processual postulatória, legitimidade ativa e interesse processual. Já os interessados certos devem ter legitimidade passiva de direito material, o que decorre de serem titulares dos direitos constantes na matrícula do imóvel usucapido ou dos imóveis confinantes. Tanto o requerente como os interessados certos devem, em princípio, ser plenamente capazes, ou ter a sua incapacidade suprida pelos meios legais, para poder manifestar seu consenso.

[1140] ERPEN, Décio Antônio. O registro Torrens e o sistema imobiliário atual. *Revista de Direito Imobiliário (RDI)*. n. 19-20. Jan./dez. de 1987. p. 68.

[1141] CORRÊA DE MELLO, Henrique Ferraz. *Usucapião extrajudicial*. 2. ed. São Paulo: YK, 2018. p. 157-158.

O art. 216-A, *caput*, da Lei 6.015/1973 dispõe expressamente que o pedido de reconhecimento extrajudicial de usucapião será processado "a requerimento do interessado". O termo "interessado", nesse caso, refere-se ao possuidor do imóvel usucapido, seja ele a pessoa que diretamente exerceu a posse durante todo o período da usucapião (posse originária), ou aquela que a recebeu de terceiro (*accessio possessionis* ou posse derivada). Dita posse poderá ser individual ou comum (*composse pro indiviso*). Os requeridos, por sua vez, serão todos os interessados certos, isto é, os titulares de direitos reais ou de outros direitos registrados ou averbados na matrícula do imóvel. Trata-se de regra cogente da usucapião administrativa, que consta no art. 216-A, § 2º, da Lei 6.015/1973. Assim, por exemplo, se na matrícula do imóvel usucapido houver registro de usufruto, hipoteca, alienação fiduciária ou outro direito real, seus titulares também integram o conceito de requerido, devendo todos, sem exceção, participar do procedimento administrativo, compulsória ou voluntariamente.[1142]

Outra figura indispensável no processamento do pedido extrajudicial de usucapião é o advogado. Como se sabe, de regra, o procedimento administrativo registral dispensa a participação de advogado, pois não se exige a capacidade postulatória. A usucapião administrativa é, portanto, uma exceção a essa regra. O art. 216-A, *caput*, da Lei 6.015/1973 requer expressamente que o requerente, e somente ele, seja representado por advogado, devendo este assinar o requerimento (art. 399, *caput*, do Provimento 149/2023 do CNJ). Atente-se, assim, que não se exige que os demais titulares de direitos reais sobre o imóvel usucapido e os imóveis confinantes, assim como eventuais ocupantes da área, sejam representados por causídico. Nesse sentido, o art. 407, § 7º, Provimento 149/2023 do CNJ dispensa expressamente a assistência de advogado ou defensor público para a manifestação de anuência por parte dos interessados certos.

São basicamente três os motivos que justificam a intervenção do advogado: (a) a complexidade do procedimento de usucapião demanda conhecimentos técnicos e jurídicos estranhos ao cidadão comum; (b) as manifestações do requerente no procedimento extrajudicial podem ser invocadas como prova ou argumento pela parte contrária caso seja instaurado eventual processo judicial, e (c) a postulação por advogado reduz a probabilidade de inépcia ou reiterado desatendimento às exigências formuladas pelo oficial, que tendem a requerer conhecimento aprofundado de direito privado.[1143]

O requerimento dirigido ao oficial do Registro de Imóveis, portanto, deverá estar devidamente fundamentado, tal como a petição inicial numa ação de uma usucapião. Também deverá ser juntado o instrumento de mandato, público ou particular, com poderes especiais. Não é necessário reconhecimento de firma no instrumento procuratório conforme já decidiu o CNJ. À evidência, dispensa-se a outorga de mandato se o interessado advogar em causa própria. Da mesma forma, se o requerente estiver representado por defensor público, deverá ser juntada a declaração do requerente e do seu cônjuge ou companheiro que outorgue ao defensor público poderes para postular (art. 401, VI, do Provimento 149/2023 do CNJ). Uma vez constituído o advogado ou defensor público, todas as notificações destinadas ao requerente serão efetivadas em sua pessoa, admitindo-se que proceda por *e-mail* (art. 406, § 1º, do Provimento 149/2023 do CNJ).

A autoridade competente para o processamento da pretensão de reconhecimento extrajudicial da usucapião é o registrador de imóveis da circunscrição de situação do imóvel. Eis o registrador natural. Mencione-se, ainda, que de acordo com o art. 216-A, *caput*, da Lei 6.015/1973, o pedido de usucapião extrajudicial "será processado diretamente perante o cartório do registro de imóveis da comarca em que estiver situado o imóvel usucapiendo (...)". O uso do termo "comarca" é uma imprecisão técnica, pois os Ofícios de Registro estão organizados não em comarcas, mas em circunscrições imobiliárias que podem, ou não, abranger uma ou mais comarcas, um ou mais municípios ou parte de um município. O termo "comarca" no dispositivo citado, portanto, deve ser entendido como "circunscrição imobiliária". Além disso, o art. 216-A da Lei 6.015/1973 foi omisso quanto ao imóvel que se estende por mais de uma circunscrição imobiliária. O Provimento 149/2023 do CNJ, complementando a norma legal, adotou a regra baseada na extensão territorial da área usucapienda, determinando que o pedido de reconhecimento extrajudicial da usucapião será processado no Ofício de Registro de Imóveis da circunscrição em que estiver localizado o imóvel usucapiendo "ou a maior parte dele" (art. 399).

[1142] KÜMPEL, Vitor Frederico; FERRARI, Carla Modina. *Tratado notarial e registral:* registro de imóveis. v. V, t. I. São Paulo: YK, 2020. p. 1025-1026.

[1143] CORRÊA DE MELLO, Henrique Ferraz. *Usucapião extrajudicial.* 2. ed., São Paulo: YK, 2018. p. 176.

3.3. Procedimento da usucapião extrajudicial

As normas que regulamentam a tramitação do pedido de reconhecimento extrajudicial da usucapião perante o Registro de Imóveis permitem concluir que o seu processamento se desdobra em três fases fundamentais: (i) postulatória; (ii) de instrução; e (iii) de julgamento. Registre-se que a divisão proposta se restringe a fins didáticos.

Passa-se ao exame de cada uma dessas fases e seus consectários.

3.3.1. Fase postulatória

O requerimento apresentado pelo usucapiente deve preencher determinados requisitos. O termo "interessado" do art. 216-A, *caput*, da Lei 6.015/1973 significa, em princípio, o possuidor do imóvel usucapido. Porém, nem sempre o requerente será o possuidor. É o que ocorre nos casos de legitimação extraordinária, tais como a associação de moradores que requer a usucapião em favor de seus associados, mediante aprovação em assembleia e previsão estatutária expressa, o credor ou o adquirente do possuidor, ou mesmo o anterior possuidor que já havia preenchido os requisitos da usucapião antes de perder a posse por esbulho de terceiro.

Caso o requerente venha a falecer no curso do procedimento, os herdeiros submetem requerimento de habilitação acompanhado de prova da abertura da sucessão, da partilha e da sua legitimidade, não havendo necessidade de manifestação por parte dos interessados certos acerca da habilitação. Havendo inventário judicial em curso, compete ao inventariante aderir ao requerimento (art. 75, VII, do CPC/2015), sem incidente de habilitação, para que, declarada a usucapião, o imóvel fique afetado à partilha ou sobrepartilha.

Ainda, o requerente deve ter capacidade processual, devendo ser plenamente capaz ou estar devidamente representado ou assistido, se for pessoa física, ou ter a sua existência demonstrada por certidão atualizada de seus atos constitutivos, com prova do respectivo arquivamento ou registro no órgão competente, se for pessoa jurídica. No caso de ser o requerente casado, imprescindível a vênia conjugal, por analogia à exigência dessa vênia para a propositura de ações que versem sobre direitos reais imobiliários, salvo no regime de separação absoluta de bens (art. 73 do CPC/2015 e art. 401, § 4º, do Provimento 149/2023 do CNJ). Em boa medida, a regra deve se estender ao procedimento extrajudicial, para preservar a segurança dos registros públicos. Caso contrário, poderia haver prejuízos para o outro cônjuge, como na hipótese de ser compossuidor e tal circunstância não constar do requerimento ou da ata. Ressalve-se que não se exige outorga uxória na hipótese de usucapião constitucional urbana, pois nesse caso o título de domínio será conferido ao homem ou à mulher, independentemente do estado civil (art. 183, § 1º, da CF/1988).

O pedido deve ser sempre por escrito e devidamente fundamentado, podendo abranger mais de um imóvel, desde que contíguos. O requerimento deverá conter todos os requisitos de uma petição inicial, por aplicação subsidiária das normas de processo civil (art. 400, *caput*, do Provimento 149/2023 do CNJ).

O requerimento deve atender aos seguintes requisitos genéricos (arts. 319 e 320 do CPC/2015): (a) endereçamento ao oficial do registro de imóveis competente; (b) qualificação completa do requerente e dos interessados certos; (c) o fato e os fundamentos jurídicos do pedido; (d) o pedido, com suas especificações; (e) os documentos que devem instruir o pedido; (f) o requerimento para notificação dos interessados certos, intimação por edital dos incertos e intimação das Fazendas Públicas.

De modo específico, o requerimento deverá mencionar (art. 400 do Provimento 149/2023 do CNJ): (a) a modalidade de usucapião requerida e sua base legal ou constitucional; (b) a origem e as características da posse, a existência de edificação, de benfeitoria ou de qualquer acessão no imóvel usucapiendo, com a referência às respectivas datas de ocorrência; (c) o nome e estado civil de todos os possuidores anteriores cujo tempo de posse foi somado ao do requerente para completar o período aquisitivo; (d) o número da matrícula ou transcrição da área onde se encontra inserido o imóvel usucapiendo ou a informação de que não se encontra matriculado ou transcrito; (e) o valor atribuído ao imóvel usucapiendo. Congruência objetiva. O requerente deve especificar modalidade de usucapião tanto no requerimento como na ata notarial (arts. 400, I, e 401, I, "d", do Provimento CNJ 149/2023), mas o registrador não fica adstrito à modalidade indicada pelo requerente, pois se admite que, diante dos fatos narrados, o oficial dê enquadramento jurídico diverso ao indicado pelo requerente. Assim, a análise do pedido pelo registrador opera em congruência com a causa de pedir, devendo avaliar a coerência lógica entre os fatos e o pedido, de modo a garantir a correta subsunção do fato à norma. Logo, se o registrador verificar o preenchimento dos requisitos para modalidade de usucapião diversa da alegada, poderá aproveitar o requerimento, independentemente de aditamento.[1144]

O requerimento deve ser instruído com tantas cópias quantos forem os titulares de direitos reais ou de outros direitos registrados sobre o imóvel usucapiendo e os proprietários confinantes ou ocupantes cujas assinaturas não constem da planta nem do memorial descritivo (art. 401, § 2º, do Provimento 149/2023 do CNJ). Deve ser apresentado o documento original de cada cópia (art. 401, § 1º, do Provimento 149/2023 do CN), salvo se declarada esta autêntica pelo advogado ou defensor público, sob sua responsabilidade pessoal (art. 401, § 3º, do Provimento 149/2023 do CNJ).

Dentre os documentos que devem ser apresentados com o pedido está o justo título. É o título jurídico que, embora hábil, em tese, para a transferência do domínio, não produziu seus efeitos em razão de algum obstáculo. Na usucapião extrajudicial, o justo título faz presumir o consentimento do titular registral, cuja notificação fica dispensada (art. 410, *caput*, do Provimento 149/2023 do CNJ). Para isso, contudo, deve estar acompanhado dos seguintes documentos: (a) prova da quitação das obrigações, por meio de declaração escrita ou da apresentação da quitação da última parcela do preço avençado ou de recibo assinado pelo proprietário com firma reconhecida (art. 410, § 3º, do Provimento 149/2023 do CNJ), e (b) certidão do distribuidor cível expedida até trinta dias antes do requerimento, demonstrando a inexistência de ação judicial contra o requerente ou contra seus cessionários envolvendo o imóvel usucapiendo (art. 410, *caput*, do Provimento 149/2023 do CNJ).

O art. 410, § 1º, do Provimento 149/2023 do CNJ estabelece um rol exemplificativo de títulos e instrumentos que podem enquadrar-se nessa categoria, quais sejam: (a) compromisso ou recibo de compra e venda; (b) cessão de direitos e promessa de cessão; (c) pré-contrato; (d) proposta de compra; (e) reserva de lote ou outro instrumento no qual conste a manifestação de vontade das partes, contendo a indicação da fração ideal, do lote ou unidade, o preço, o modo de pagamento e a promessa de contratar; (f) procuração pública com poderes de alienação para si ou para outrem, especificando o imóvel; (g) escritura de cessão de direitos hereditários, especificando o imóvel; (h) documentos judiciais de partilha, arrematação ou adjudicação.

Por cautela, exige-se que o óbice à correta escrituração das transações seja devidamente justificado pelo requerente. Este deverá ser alertado que eventual declaração falsa configurará crime de falsidade, sujeito às penas da lei. Busca-se, assim, coibir a utilização da usucapião como forma de burlar os requisitos legais e a tributação incidente sobre negócios imobiliários (art. 149, § 2º, do Provimento 149/2023 do CNJ).

Deve também instruir o pedido a ata notarial. Trata-se de documento indispensável. Sem ela o procedimento deve ser encerrado prematuramente. Cuida-se do instrumento, dotado de fé pública e com força de prova pré-constituída e natureza de documento público, por meio do qual o tabelião, seu substituto ou escrevente, a pedido de pessoa interessada, constata de forma precisa e segura os fatos, os objetos, os sujeitos de direitos e as situações, no intuito de fazer prova e deixar materializada a situação jurídica. (art. 384 do CPC/2015). Há muita polêmica doutrinária acerca da natureza jurídica desse instrumento notarial no pedido de usucapião extrajudicial, sobretudo se o tabelião teria condições de aferir realmente o tempo de posse. Embora a melhor técnica indique que se trata em verdade de uma escritura declaratória, é certo que a lei batizou de ata notarial razão pela qual deve ser assim considerada pelo registrador. Um alerta é fundamental: a ata notarial de usucapião é diferenciada, cabendo ao tabelião colher informações que tornem seguro o ato notarial, como o depoimento de vizinhos e confrontantes, para dar suporte à ata, facilitando a análise do registrador imobiliário. A ata jamais poderá se basear apenas em declarações do requerente, devendo conter outros elementos que indiquem e atestem a posse (art. 402, § 2º, do Provimento 149/2023 do CNJ).

A ata notarial deverá conter a qualificação, o endereço eletrônico, o domicílio e a residência do requerente e respectivo cônjuge ou companheiro, se houver, bem como do titular do imóvel lançado na matrícula objeto da usucapião e, quanto ao seu conteúdo, deverá atestar os seguintes aspectos (art. 401, I, do Provimento 149/2023 do CNJ): (a) a descrição do imóvel conforme consta na matrícula do registro em caso de bem individualizado ou a descrição da área em caso de não individualização,

---

[1144] KÜMPEL, Vitor Frederico; FERRARI, Carla Modina. *Tratado notarial e registral:* registro de imóveis. v. V, t. I. São Paulo: YK, 2020. p. 1029-1034.

devendo ainda constar as características do imóvel, tais como a existência de edificação, de benfeitoria ou de qualquer acessão no imóvel usucapiendo; (b) o tempo e as características da posse do requerente e de seus antecessores; (c) a forma de aquisição da posse do imóvel usucapiendo pela parte requerente; (d) a modalidade de usucapião pretendida e sua base legal ou constitucional; (e) o número de imóveis atingidos pela pretensão aquisitiva e a sua localização: se estão situados em uma ou em mais circunscrições; (f) o valor do imóvel; (g) outras informações que o tabelião de notas considere necessárias à instrução do procedimento, tais como depoimentos de testemunhas ou partes confrontantes. Também podem constar da ata notarial imagens, documentos, sons gravados em arquivos eletrônicos, além do depoimento de testemunhas (art. 402, § 2º, do Provimento 149/2023 do CNJ). Deve, ainda, cientificar o requerente e consignar no ato que a ata notarial não é documento hábil para confirmar ou estabelecer a propriedade, tendo por escopo tão somente instruir o requerimento extrajudicial de usucapião para processamento perante o registrador de imóveis (art. 402, § 3º, do Provimento 149/2023 do CNJ).

A ata de usucapião poderá ser cindida em tantas quantas forem necessárias, podendo ser lavradas por diversos tabeliães de notas. o requerimento poderá ser instruído com mais de uma ata notarial, por ata notarial complementar ou por escrituras declaratórias lavradas pelo mesmo ou por diversos notários, ainda que de diferentes municípios, as quais descreverão os fatos conforme sucederem no tempo (art. 401, § 7º do Provimento 149/2023 do CNJ). Admite-se, por exemplo, a lavratura de uma ata na qual se detalhe a visita do tabelião ao imóvel usucapiendo – o que importa para certificar, com mais segurança, a posse – e outra, lavrada por tabelião diverso, constando a declaração das partes. Observe-se que, embora o tabelião seja de livre escolha das partes, deve respeitar sua competência territorial, de forma que somente poderá lavrar atos dentro do Município de sua delegação, consignado no instrumento público o lugar em que praticado o ato. Todavia, situações peculiares podem excepcionar esta regra, a exemplo da ata notarial realizada com a visita ao imóvel usucapido, cuja área esteja situada na circunscrição territorial de dois ou mais Municípios, cabendo a lavratura da ata ao tabelião do município em que localizada a maior parte do imóvel (art. 402, *caput*, do Provimento 149/2023 do CNJ).

Outro documento indispensável é o memorial descritivo do imóvel acompanhado de sua representação gráfica. O interessado deverá instruir o requerimento inicial com a planta e o memorial descritivo assinados por profissional habilitado, com prova de Anotação de Responsabilidade Técnica (ART) ou de Registro de Responsabilidade Técnica (RRT) no respectivo conselho de fiscalização profissional (art. 216-A, II, da Lei 6.015/1973). A planta deve atender ao princípio da especialização objetiva do imóvel (arts. 176, § 1º, e 115 da Lei 6.015/1973), contendo descrição minuciosa do imóvel, com medidas perimetrais, confrontações e sua área, devendo também mencionar as matrículas do imóvel usucapiendo e dos confrontantes. Também devem ser identificados todos os titulares de direitos registrados e averbados na matrícula do imóvel usucapiendo e dos imóveis confinantes (art. 216-A, II, da Lei 6.015/1973), devendo também assinar a planta e o memorial descritivo os "ocupantes a qualquer título" (art. 401, II, do Provimento 149/2023 do CNJ). Faltando a assinatura de qualquer interessado, este será notificado pelo registrador, para que apresente oposição no prazo de 15 dias, sob pena de aceitação tácita da usucapião (art. 216-A, § 2º, da Lei 6.015/1973). As assinaturas lançadas na planta e no memorial descritivo devem ter firma reconhecida, por semelhança ou autenticidade (art. 401, § 6º, do Provimento 149/2023 do CNJ).

Por último, as certidões negativas. O interessado deve apresentar certidões negativas dos distribuidores da comarca da situação do imóvel e certidões negativas de seu domicílio (art. 216-A, III, da Lei nº 6.015/1973). Tais certidões referem-se à justiça estadual e federal, fornecidas em nome do requerente da usucapião e do proprietário do imóvel constante no registro imobiliário, bem como dos respectivos cônjuges ou companheiros. Em caso de sucessão de posse, devem também ser emitidas em nome de todos os demais possuidores e respectivos cônjuges ou companheiros (art. 401, IV, *c*, do Provimento 149/2023 do CNJ). O objetivo dessas certidões é demonstrar a inexistência de ações que caracterizem oposição à posse do imóvel, tais como ações de usucapião, possessórias etc. (art. 401, IV, do Provimento 149/2023 do CNJ). Nesse sentido, somente fatos que caracterizem obstáculo à usucapião serão levados em consideração, sendo indiferente a positividade da certidão, se o fato gerador dessa situação não tiver qualquer relevância para a usucapião. Outros documentos. Em se tratando de imóvel rural, o requerimento deve estar acompanhado de "descrição georreferenciada

Art. 216-A | LEI DE REGISTROS PÚBLICOS COMENTADA

nas hipóteses previstas na Lei 10.267, de 28 de agosto de 2001, e nos decretos regulamentadores" (art. 401, V, do Provimento 149/2023 do CNJ).

A usucapião administrativa de imóvel rural requer, ainda, apresentação dos seguintes documentos (art. 416 do Provimento 149/2023 do CNJ): (a) o recibo de inscrição do imóvel rural no Cadastro Ambiental Rural – CAR (art. 29 da Lei 12.651/2012), emitido por órgão ambiental competente, esteja ou não a reserva legal averbada na matrícula imobiliária, fazendo-se expressa referência, na matrícula, ao número de registro e à data de cadastro constantes daquele documento; (b) o Certificado de Cadastro de Imóvel Rural – CCIR mais recente, emitido pelo INCRA, devidamente quitado; (c) a certificação do INCRA que ateste que o poligonal objeto do memorial descritivo não se sobrepõe a nenhum outro constante do seu cadastro georreferenciado e que o memorial atende às exigências técnicas, conforme as áreas e os prazos previstos na Lei nº 10.267/2001 e nos decretos regulamentadores. Além disso, deve ser apresentada certidão dos órgãos municipais e/ou federais que demonstre a natureza urbana ou rural do imóvel usucapiendo – nos termos da Instrução Normativa Incra 82/2015 e da Nota Técnica Incra/DF/DFC 2/2016 – expedida até 30 dias antes do requerimento (art. 401, VIII, do Provimento 149/2023 do CNJ).

Por fim, recorde-se que ao requerimento devem ser juntados os instrumentos relativos à outorga de poderes do advogado ou defensor público.

3.3.2. Fase de instrução

Procedida a autuação, haverá a prorrogação do prazo da prenotação até o acolhimento ou rejeição do pedido (art. 216-A, § 1º, da Lei 6.015/1973). Trata-se de verdadeira suspensão do prazo desde a data da prenotação até o acolhimento ou rejeição do pedido. Infere-se, destarte, que o prazo do art. 188 da Lei dos Registros Públicos é decadencial impróprio, podendo ser suspenso em diversas situações, nas quais não há possibilidade de a prática do ato registral ocorrer em trinta dias, tal como na instituição do bem de família, alienação fiduciária, suscitação de dúvida, entre outros. Por segurança jurídica e atendendo ao princípio da publicidade, em eventuais certidões emitidas constará a informação acerca da existência do protocolo de usucapião pela via administrativa. Se já estiver tramitando procedimento de usucapião extrajudicial sobre o mesmo imóvel, a prenotação do requerimento posterior permanecerá sobrestada até o acolhimento ou rejeição do procedimento anterior, permanecendo sobrestada a prenotação quanto à parcela controversa se o procedimento anterior disser respeito a uma parcela do imóvel usucapiendo apenas (art. 401, §§ 9º e 10, do Provimento 149/2023 do CNJ).

Protocolado o título, procede-se à sua qualificação pelo registrador ou por escrevente por ele designado. Passa-se, portanto, à análise detida das exigências legais, que culminará na sua devolução, ante a qualificação negativa, ou no início do procedimento extrajudicial, se resultar em qualificação positiva. Na usucapião extrajudicial não há, nesta fase, uma qualificação plena, pois ainda que sejam cumpridos rigorosamente os requisitos formais pelo apresentante, ainda não será possível a prática do ato de registro. O sistema, aqui, é o de título e modo complexo. Recorde-se que se está diante de atuação anômala do oficial registrador que irá primeiro confeccionar o título causal para, posteriormente, registrá-lo.

Nessa fase de qualificação registral preliminar, o oficial deve verificar se a planta contém todas as assinaturas dos titulares de direitos reais e demais direitos registrados ou averbados na matrícula do imóvel que se visa usucapir, bem como dos imóveis confinantes. Deve-se, ainda, analisar os demais requisitos formais de admissibilidade da via administrativa de usucapião.

A falta de anuência dos titulares de direitos reais do imóvel usucapiendo ou dos imóveis confinantes não constitui, por si, óbice para a qualificação preliminar positiva, pois o registrador deve notificá-los para que os mesmos se manifestem em quinze dias. Se por outro motivo houver qualificação negativa, o registrador emitirá nota de recusa fundamentada, podendo o interessado requerer a suscitação de dúvida ao oficial (art. 216-A, § 7º, da Lei 6.015/1973), que procederá nos termos dos arts. 198 e ss. da Lei 6.015/1973.

Também poderão ser realizadas diligências, para elucidação de eventuais pontos duvidosos. Anuência dos confinantes. A lei exige, para o reconhecimento extrajudicial da propriedade por usucapião, a ausência de lide. É por isso que todos os titulares de direitos averbados e registrados na matrícula ou transcrição do imóvel usucapiendo devem ser devidamente identificados e notificados, para que possam se manifestar demonstrando, de modo expresso ou presumido, sua concordância com a usucapião, assim como os ocupantes do imóvel a qualquer título. São legitimados para anuir todos os interessados certos, além das Fazendas Públicas da União, do Estado, do Distrito Federal e do Município (art. 216-A, §§ 2º e 3º, da Lei 6.015/1973).

A anuência, em regra, será mediante a assinatura na planta e memorial descritivo, com firma reconhecida, mas também pode ocorrer em qualquer outro momento mediante documento particular com firma reconhecida ou documento público. Por fim, a anuência pode ser tácita, diante do silêncio do interessado notificado, presumida, se emanar do justo título, ou ficta, se o interessado se omitir diante dos editais publicados.

Sendo o imóvel usucapiendo unidade autônoma de condomínio edilício regularmente constituído, dispensa-se o consentimento dos titulares de direitos reais e outros direitos registrados ou averbados na matrícula dos imóveis confinantes, bastando a notificação do síndico para manifestar seu consentimento ou apresentar impugnação ao processamento da usucapião (art. 216-A, § 11, da Lei 6.015/1973). Terceiros interessados serão convocados por edital para se manifestar em 15 dias da publicação do edital.

É plenamente possível o reconhecimento extrajudicial da usucapião mesmo na ausência de matrícula ou transcrição prévia. Nesse sentido, convém lembrar que os itens 416.1, IV e 423.6 da Seção XII do Capítulo XX das NSCGJSP, tomo II, admitem a usucapião administrativa de imóvel não matriculado ou transcrito, na mesma linha do disposto no art. 400, IV, do Provimento 149/2023 do CNJ.

A notificação aos interessados certos e dos seus cônjuges deve ser medida de exceção, somente cabível quando não houver anuência expressa de qualquer deles nos documentos de usucapião prenotados na serventia. Notificados, se não manifestarem no prazo de 15 dias, o silêncio é interpretado como concordância (art. 216-A, § 2º, da Lei 6.015/1973). A notificação dos interessados certos será pessoal ou pelo correio com AR. O Provimento 149/2023 do CNJ permite que a notificação pessoal seja realizada não apenas pelo próprio oficial de RI, ou pelo oficial de RTD (art. 407, *caput*).

A notificação pessoal também poderá ser feita por escrevente habilitado, na hipótese de o notificando comparecer em cartório (art. 407, § 1º, do Provimento 149/2023 do CNJ). Se o notificando residir em outra comarca ou circunscrição, a notificação será realizada pelo oficial de RTD desta outra comarca ou circunscrição territorial, devendo as despesas ser adiantadas pelo requerente (art. 407, § 2º, do Provimento CNJ 149/2023). Se realizada por carta com AR, a notificação deve ser acompanhada de cópia do requerimento inicial e dos documentos que a instruíram (art. 407, § 3º, do Provimento 149/2023 do CNJ). O teor da notificação conterá informação expressa de que o transcurso do prazo de quinze dias sem manifestação do notificado equivale a anuência ao pedido de reconhecimento extrajudicial da usucapião (art. 407, § 5º, do Provimento 149/2023 do CNJ).

Se restarem infrutíferas as notificações dos interessados certos, ante o notificado estar em lugar incerto, não sabido ou inacessível, o oficial de RI certificará o ocorrido e promoverá a notificação por edital, que será publicado, por duas vezes, em jornal local de grande circulação – ou em meio eletrônico, desde que o procedimento esteja regulamentado pelo tribunal – pelo prazo de quinze dias cada um. O silêncio será, igualmente, interpretado como concordância (art. 216-A, §§ 13 e 14, da Lei 6.015/1973, c/c art. 408 do Provimento 149/2023 do CNJ). Seguindo a mesma sistemática da notificação dos interessados certos, a notificação da União, do Estado, do Distrito Federal ou do Município também será pessoal, por intermédio do oficial de registro de títulos e documentos ou pelo correio com aviso de recebimento (art. 216-A, § 3º, da Lei 6.015/1973, c/c art. 412, *caput*, do Provimento 149/2023 do CNJ). Porém, em relação aos terceiros eventualmente interessados, a ciência será dada pela publicação de edital em jornal de grande circulação, onde houver (art. 216-A, § 4º, da Lei 6.015/1973). Devem ser observadas as regras gerais de capacidade e legitimação ao aferir a manifestação de qualquer interessado. Dispensa de anuência e notificação.

São duas as hipóteses de dispensa de anuência e notificação: (a) dispensa da anuência dos confrontantes: imóvel usucapiendo matriculado com descrição precisa e perfeita identidade entre a descrição tabular e a área objeto do requerimento da usucapião extrajudicial (art. 407 § 10, do Provimento 149/2023 do CNJ), pois não há risco de prejuízo aos confinantes; (b) dispensa da anuência dos titulares: considera-se outorgado o consentimento destes quando for apresentado justo título ou instrumento que demonstre relação jurídica com o titular registral, acompanhado de prova de quitação das obrigações e certidão do distribuidor cível expedida até 30 dias antes do requerimento, que ateste não existir

Art. 216-A | LEI DE REGISTROS PÚBLICOS COMENTADA

ação judicial interposta contra o requerente ou cessionários envolvendo o imóvel usucapiendo (art. 410 do Provimento 149/2023 do CNJ).

3.3.3. Fase de julgamento

Procedidas às notificações de todos os interessados e publicado, ao final, o edital de terceiros indeterminados, passa-se à derradeira fase de julgamento. Em outras palavras, o pedido encontra-se devidamente instruído para que o oficial registrador profira a decisão final, deferindo ou não a aquisição originária. Frise-se uma vez mais que o pressuposto fundamental para que o processo tenha chegado a essa altura é a ausência de lide, notadamente que não tenha havido impugnações ou que as eventualmente existentes tenham sido rejeitadas na via administrativa.

Nesse peculiar, deve-se mencionar que a Lei 14.382/2022 promoveu atualização relevante no procedimento conferindo maior autonomia e responsabilidade ao oficial registrador. Para tanto incluiu o § 10 no art. 216-A da LRP, com a seguinte redação:

> § 10. Em caso de impugnação justificada do pedido de reconhecimento extrajudicial de usucapião, o oficial de registro de imóveis remeterá os autos ao juízo competente da comarca da situação do imóvel, cabendo ao requerente emendar a petição inicial para adequá-la ao procedimento comum, porém, em caso de impugnação injustificada, esta não será admitida pelo registrador, cabendo ao interessado o manejo da suscitação de dúvida nos moldes do art. 198 desta Lei.

A alteração foi pontual e precisa. De ordinário, sempre que houver alguma espécie de impugnação à pretensão declaratória da usucapião, será de rigor o encaminhamento do pedido às vias ordinárias, ou seja, ao Poder Judiciário.

Nessa medida, tem-se descortinado como cenário comum que algum interessado, após ser notificado da pretensão do usucapiente (*v.g.*, como um confrontante), lance impugnações completamente infundadas. Isso, *per se*, poderia representar empecilho ao prosseguimento da usucapião na via extrajudicial. Por vezes, o silêncio legal poderia induzir até mesmo anulações de procedimentos extrajudiciais que desconsideraram essas impugnações. Desembocaria, assim, um cenário negativo completamente desfavorável à boa intenção legislativa de desjudicializar o procedimento de reconhecimento da usucapião.

Preenchendo a lacuna, o legislador sabiamente ampliou a cognição do Oficial de Registro de Imóveis que, recebendo alguma impugnação, poderá analisar os seus fundamentos e decidir se de fato há razoabilidade ou verossimilhança nas alegações ou se o pleito é absolutamente infundado. Sendo razoáveis as justificativas lançadas pelo impugnante, instaurar-se-á resistência à pretensão de modo que será necessária a remessa da pretensão da usucapião ao Poder Judiciário. De sua vez, caso o Oficial vislumbre tratar-se de impugnação injustificada, esta não será admitida pelo registrador que a afastará de plano. Caso o impugnante não concorde com a providência do delegatário, poderá suscitar a dúvida registral, nos termos do art. 198 da LRP.

Em linha de princípio, não parece adequado reservar-se tal procedimento apenas para a hipótese de uma impugnação desprovida de qualquer argumento ou justificativa. O objetivo do legislador foi de fato ampliar os poderes de cognição do registrador imobiliário autorizando-o a formar juízo de valor acerca dos fundamentos lançados pelo impugnante. Isso não significa uma resposta definitiva para o caso, já que o impugnante poderá insurgir-se contra a qualificação feita pelo delegatário pela via da dúvida registral.

Quanto à submissão do impugnante ao procedimento de dúvida, desafia-se uma situação verdadeiramente anômala. Trata-se de hipótese na qual tem-se qualificação positiva da pretensão deduzida a registro (qual a de reconhecimento da usucapião). Em síntese, haverá suscitação de dúvida diante de uma qualificação positiva do Oficial Predial. Comentando a inovação legislativa o Desembargador *Ricardo Dip* desfila relevante cotejo analítico:

> Uma outra questão a apontar é o da previsão legal de que, rejeitada a impugnação, o interessado (*i.e.*, o impugnante) possa requerer a "suscitação de dúvida nos moldes do art. 198 desta Lei" (é dizer, da Lei 6.015/1973). Esses referidos "moldes do art. 198" da Lei 6.015 são os de que, denegado o registro, caiba a seu solicitante o pedido de suscitação da dúvida registral. Ora, com este novo § 10 do art. 216-A da mesma Lei 6.015 tem-se uma dúvida correspondente a uma

admissão de registro (e não a uma sua negativa). Vale dizer, a dúvida registral, historicamente, sempre foi, entre nós, um meio de revisão de qualificações registrais negativas, um instrumento a que legitimado o solicitante da inscrição; já agora temos (e com expressa alusão aos "moldes" do processo da dúvida na Lei 6.015) a revisão de qualificações registrais positivas, a tanto legitimados terceiros impugnantes. Esperemos ver no que isto vai dar na prática. Já não bastava que algum experimento administrativo tenha estabelecido uma hipótese de dúvida *ex officio*, agora temos uma nova aventura contra a tradição do registro de imóveis.[1145]

Releva anotar que as Normas de Serviço da Corregedoria-Geral da Justiça do Estado de São Paulo já previam procedimento similar ao regulado no novo dispositivo legal (LRP, § 10, art. 216-A), inclusive arrolando em listagem não exaustiva algumas situações nas quais se consideram *infundadas*[1146] as impugnações. Em disposição muito didática, determinam:

> Consideram-se infundadas as impugnações já examinadas e refutadas em casos iguais pelo juízo competente; a que o interessado se limita a dizer que a usucapião causará avanço na sua propriedade sem indicar, de forma plausível, onde e de que forma isso ocorrerá; a que não contém exposição, ainda que sumária, dos motivos da discordância manifestada; a que ventila matéria absolutamente estranha à usucapião.[1147]

Enfim, inexistindo impugnações ou tendo sido afastadas será o caso de julgamento do pedido pelo registrador. Deverá proferir decisão fundamentada arrolando os argumentos de sua convicção sempre restringindo-se aos documentos dos autos e o que mais consta no seu acervo. Após o *decisum* e achando-se em ordem a documentação, o oficial de registro de imóveis registrará a aquisição do imóvel com as descrições apresentadas, sendo permitida a abertura de matrícula, se for o caso. De outro bordo, quando ao final das diligências, se a documentação não estiver em ordem, o oficial de registro de imóveis rejeitará o pedido, lançando-se os fundamentos da decisão. Sempre importante lembrar que a rejeição do pedido extrajudicial não impede o ajuizamento de ação de usucapião.

3.4. Cobrança emolumentar

A ata notarial para fins de usucapião extrajudicial é cobrada como ato de conteúdo econômico, devendo-se tomar por base para a cobrança de emolumentos o valor venal do imóvel relativo ao último lançamento do imposto predial e territorial urbano ou ao imposto territorial rural ou, quando não estipulado, o valor de mercado aproximado (Provimento 149/2023, art. 423, I).

Quanto aos emolumentos devidos perante o Ofício de Registro de Imóveis, nada obstante a clareza da norma insculpida no art. 423, II, do Provimento 149/2023 do CNJ instalou-se divergência acirrada de interpretação a respeito da correta forma de cobrança emolumentar do processo de reconhecimento extrajudicial da usucapião.

Deve-se entender o seguinte: a norma administrativa nacional tratou apenas de regular os emolumentos devidos pelo *processamento* do pedido na via extrajudicial. Os emolumentos devidos pelo *registro* da usucapião, em caso de deferimento da pretensão, sempre foram regulados pelas leis estaduais respectivas. São, pois, dois fatos geradores distintos: *(i)* o processamento + *(ii)* o registro.

Exatamente com essa hermenêutica o *Conselho Nacional de Justiça* pacificou a questão em todo País: "cabe, pelo processamento da usucapião extrajudicial, 50% do valor previsto na tabela local de emolumentos para o registro, mais 50% pelo deferimento, isto é, para a qualificação positiva, embora usado como parâmetro e seja ato cartorário diverso e subsequente, nada tem a ver, pois, com os

---

[1145] DIP, Ricardo Henry Marques. *Usucapião:* nova redação do § 10 do art. 216-A da Lei 6.015/1973. Parte 74. Informativo INR publicações. Disponível para assinantes em: www.inrpublicacoes.com.br/site/boletim/opinoes. Acesso em: 06 abr. 2023.

[1146] Há quem distinga impugnação imotivada de impugnação infundada (ou injustificada). A primeira seria aquela despida de qualquer fundamentação; já a segunda, embora contenha algum arrazoado, os fundamentos são facilmente afastados por circunstâncias ou elementos concretos que emanam da própria situação jurídica em exame.

[1147] Item 420.2, Cap. XX, das NSCGJ-SP.

emolumentos do ato de registro do título".[1148] Destarte, com o *decisum* restaram textualmente anuladas, com efeitos *ex nunc*, as normas administrativas e decisões em sentido contrário.

À evidência, são também devidas as custas inerentes às notificações e às publicações de editais.

Exatamente os mesmos critérios de cobrança são aplicáveis à adjudicação compulsória extrajudicial, por força de previsão normativa remissiva (Provimento CNJ 149/2023, art. 440-AM).

 Jurisprudência

1. Facultatividade da via extrajudicial

"Sabe-se que a via extrajudicial para o reconhecimento da usucapião é alternativa à disposição dos jurisdicionados e não uma obrigatoriedade. Em outras palavras, o usucapiente pode escolher entre a via jurisdicional ou a administrativa perante o Ofício de Registro de Imóveis. Assim já se manifestou o Superior Tribunal de Justiça. Cuida-se, na origem, de ação de usucapião extraordinária extinta liminarmente sem resolução de mérito por falta de interesse processual consistente na ausência de esgotamento da via administrativa extrajudicial. Cinge-se a controvérsia a definir se o artigo 261-A da Lei nº 6.015/1973, com a redação dada pelo artigo 1.071 do Código de Processo Civil de 2015, que criou a figura da usucapião extrajudicial, passou a exigir, como pré-requisito para a propositura da ação judicial, o esgotamento da via administrativa. O ajuizamento de ação de usucapião independe de pedido prévio na via extrajudicial" (STJ, REsp 1.796.394/RJ, 3ª Turma, Rel. Min. Ricardo Villas Bôas Cueva, j. 24/5/2022).

2. Bens afetados a financiamentos habitacionais não são suscetíveis de usucapião

"Não obstante se trate de empresa pública, com personalidade jurídica de direito privado, a Caixa Econômica Federal, ao atuar como agente financeiro dos programas oficiais de habitação e órgão de execução da política habitacional, explora serviço público, de relevante função social, regulamentado por normas especiais previstas na Lei 4.380/1964. O imóvel da Caixa Econômica Federal vinculado ao Sistema Financeiro de Habitação, porque afetado à prestação de serviço público, deve ser tratado como bem público, sendo, pois, imprescritível" (STJ, REsp 1.448.026/PE, 3ª Turma, Rel. Min. Nancy Andrighi, j. 17/11/2016).

3. Usucapião como meio alternativo de aquisição da propriedade imobiliária. Inexistência de hierarquia entre os modos de aquisição dominial

"A usucapião traduz aquisição originária de propriedade, que independe de manifestação de vontade de anteriores proprietários, sem vínculo com a cadeia dominial antecedente. Se a prescrição aquisitiva, de fato, ocorreu, os proprietários podem perfeitamente optar em registrar sua propriedade originária, não podendo ser imposto que, mesmo usucapindo o bem, devam adquirir a propriedade de forma derivada, decorrente de negócio jurídico" (TJSP, – Ap. Cív. 1002214-84.2017.8.26.0281, CSMSP, Rel. Des. Geraldo Francisco Pinheiro Franco, j. 23/04/2018).

4. Bem gravado com cláusula de inalienabilidade é passível de usucapião

"O propósito recursal consiste em definir a) a possibilidade de reconhecer-se, antes da entrada em vigor do art. 214, § 5º, da Lei de Registros Públicos, a usucapião de imóvel que compõe acervo hereditário na hipótese de a legítima de um dos herdeiros estar gravada com cláusula de inalienabilidade; b) se o despacho que ordena citação, em ação declaratória de nulidade de negócio jurídico por violação à cláusula de inalienabilidade, interrompe o prazo da prescrição aquisitiva; c) se está configurada a boa-fé da possuidora. Nos termos do art. 1.723 do CC/16, é autorizado ao testador gravar a legítima dos herdeiros com cláusula de inalienabilidade temporária ou vitalícia. Essa espécie de disposição restringe o direito de propriedade do herdeiro, que não poderá dispor do bem durante a sua vigência. Assim, se o bem gravado com inalienabilidade for alienado, o ato será nulo. A existência de cláusula de inalienabilidade, todavia, não obsta a aquisição do bem por usucapião. Precedentes" (STJ, REsp 1.911.074/PR, 3ª Turma, Rel. Min. Nancy Andrighi, j. 24/8/2021).

5. Bem de instituição financeira em liquidação extrajudicial não pode ser usucapido

"Imóvel. Ação de usucapião. Bem de instituição financeira em liquidação extrajudicial. Prescrição aquisitiva. Prazo. Interrupção da fluência. Inércia do proprietário não caracterizada. De acordo com

---

[1148] CNJ – Pedido de Providências 0001628-82.2022.2.00.0000, Rel. Min. Luis Felipe Salomão, j. 18/12/2023.

o entendimento adotado de forma unânime pela Terceira Turma, 'o bem imóvel de propriedade de instituição financeira que se encontra em regime de liquidação extrajudicial é insuscetível de usucapião'" (STJ, AgInt nos EDcl no REsp 1.965.241/ES, 3ª Turma, Rel. Min. Marco Aurélio Bellizze, j. 22/11/2022).

6. Usucapião de direito real de laje

"Ação de usucapião constitucional urbana. Laje. Sentença que extinguiu o processo, sem resolução do mérito, por falta de interesse processual, nos termos do artigo 485, inciso VI, do Código de Processo Civil. Recurso de apelação interposto pelos autores. Possibilidade de reconhecimento da usucapião do direito real de laje, em qualquer de suas modalidades, inclusive a extrajudicial, desde que comprovado o preenchimento dos requisitos da prescrição aquisitiva. Construção-base que não está regularizada, tampouco havendo no local condomínio regularmente constituído. Irrelevância. Distinção entre laje e condomínio. Possibilidade de declaração da usucapião e descerramento da matrícula, em caráter excepcional, levando-se em conta a natureza originária da aquisição, com descrição da nova unidade e mera menção ao terreno onde está erigida. Recurso dos autores provido para anular a sentença, com retorno dos autos à origem para que haja o regular prosseguimento do feito" (TJSP, Ap. Cív. 1005365-70.2014.8.26.0020, 1ª Câmara de Direito Privado, Des. Christine Santini, j. 06/07/2020).

7. Usucapião de imóvel situado em loteamento irregular

"Recurso especial contra acórdão proferido no julgamento de IRDR. Usucapião extraordinária. Bem imóvel urbano. Área integrante de loteamento irregular. Setor tradicional de Planaltina. Prescrição aquisitiva. Forma originária de aquisição de propriedade. Possibilidade de registro. O reconhecimento do domínio do imóvel não interfere na dimensão urbanística do uso da propriedade. Interesse de agir configurado. Recurso desprovido. A possibilidade de registro da sentença declaratória da usucapião não é pressuposto ao reconhecimento do direito material em testilha, o qual se funda, essencialmente, na posse *ad usucapionem* e no decurso do tempo. A prescrição aquisitiva é forma originária de aquisição da propriedade e a sentença judicial que a reconhece tem natureza eminentemente declaratória, mas também com carga constitutiva. Não se deve confundir o direito de propriedade declarado pela sentença proferida na ação de usucapião (dimensão jurídica) com a certificação e publicidade que emerge do registro (dimensão registrária) ou com a regularidade urbanística da ocupação levada a efeito (dimensão urbanística). O reconhecimento da usucapião não impede a implementação de políticas públicas de desenvolvimento urbano. Muito ao revés, constitui, em várias hipóteses, o primeiro passo para restabelecer a regularidade da urbanização" (STJ, REsp 1.818.564/DF, Segunda Seção, Rel. Min. Moura Ribeiro, j. 09/06/2021).

8. Usucapião de imóvel enfitêutico

"Tratando-se de bens sujeito ao regime de aforamento (aprazamento) há bifurcação na titularidade da propriedade imóvel, desdobrando-se em domínio pleno (à União) e o domínio útil ou direto ao enfiteuta ou foreiro. Destarte, a jurisprudência dos Tribunais é sedimentada no sentido de ser perfeitamente possível usucapir o domínio útil em imóvel enfitêutico. Por todos, confira-se o seguinte precedente: "Com efeito, o terreno de marinha é classificado como bem público, a teor do art. 20, VII, da Constituição Federal, ao contrário do que alega o apelante, sendo assim insusceptível de aquisição por usucapião, nos termos do art. 183, § 3º da Magna Carta. Apesar disso, vem sendo admitida a aquisição do domínio útil de tais bens em regime de aforamento, via usucapião, desde que a ação seja movida contra o particular, até então enfiteuta, sem abranger o domínio da União" (TRF5, Acórdão 0004955-05.2015.4.05.8300-PE, Rel. Des. Edilson Pereira Nobre Júnior, j. 19/09/2017).

9. Usucapião extrajudicial e interversão do animus da posse

"Usucapião extrajudicial e interversão do animus da posse. A posse precária pode converter-se em posse *ad usucapionem*, sendo necessário que o Oficial verifique se há comprovação suficiente acerca da alteração de seu caráter e configuração do *animus domini*. Em outras palavras, não se presume a *interversio possessionis*. No caso concreto, o usucapiente ingressou na posse como funcionário do titular tabular, que antes de viajar para a Itália deixou documento formal que a referida propriedade seria do usucapiente após a sua morte. Entendeu-se, assim, que eventual alteração do caráter da posse não ocorreu com a simples mudança do titular para o exterior, mas apenas com o seu falecimento" (1ª VRPSP, Processo 1038485-14.2021.8.26.0100, Juíza Vivian Labruna Catapani, j. 14/05/2021).

10. Desnecessidade de reconhecimento de firma na procuração do advogado

"Dispensa de reconhecimento de firma na procuração para advogado atuar em procedimento extrajudicial de usucapião. Deve-se aplicar à usucapião extrajudicial a mesma teleologia das formalidades das procurações utilizadas para processos judiciais e procedimentos administrativos em geral, decorrente da previsão do Estatuto da OAB (art. 5º, § 2º, Lei 8.906/1994) e do CPC (art. 105), isto é, sem qualquer exigência legal de reconhecimento de firma no instrumento de mandato outorgado ao advogado. A partir dessa decisão alterou-se o art. 4º, VI, do Provimento 65/2017 do CNJ para deixar de exigir o reconhecimento de firma nas procurações para fins de usucapião extrajudicial" (CNJ, Pedido de Providências 0000300-54.2021.2.00.0000, Min. Maria Thereza de Assis Moura, j. 21/07/2021).

11. Usucapião e cindibilidade do título

"Inaplicação da cindibilidade para registro apenas da propriedade adquirida por usucapião, desconsiderando servidão que grava o imóvel. Tendo o título judicial reconhecido a existência da servidão sobre o imóvel usucapiendo, permanecendo, assim, em vigor referido ônus real na propriedade usucapida, não é possível cindir o título para registro apenas da propriedade. Ambos os direitos reais devem ser levados ao fólio simultaneamente, razão pela qual é de rigor a devolução integral do título para correta especialização objetiva da servidão predial, ainda que o imóvel em si se ache corretamente especializado" (TJSP – Ap. Cív. 9000002-60.2011.8.26.0443, CSMSP, Rel. Des. José Renato Nalini, j. 30/08/2012).

12. Usucapião Extrajudicial. Exigência de certidão de objeto e pé.

"É desnecessária a exigência de certidão de objeto e pé de processo de execução constante em certidão de distribuição que pela sua natureza não se relacionaria com o imóvel" (1ª VRPSP, Processo 1057474-68.2021.8.26.0100, Juíza Luciana Carone Nucci Eugênio Mahuad, *DJ* 06/07/2021).

13. Usucapião Extrajudicial. Parte ideal de imóvel cuja maior parte já pertence ao requerente. Anuência de confrontantes

"Ainda que se trate de pedido de usucapião extrajudicial de uma última e pequena parte ideal em imóvel em que todas as demais partes ideais já pertençam ao requerente, a anuência/notificação do confrontante faz-se necessária quando a descrição do memorial descritivo apresentado não coincide exatamente com a descrição da matrícula. Dispensa de anuência prevista no art. 10, § 10, do Provimento CNJ nº 65/2017 só se aplica quando há perfeita identidade entre a descrição apresentada e a constante na matrícula" (1ª VRPSP, Processo 1041685- 29.2021.8.26.0100, Juíza Vivian Labruna Catapani, *DJ* 28/05/2021).

14. Usucapião extrajudicial. Ata notarial e qualificação registral

"Em que pese seu inegável valor probatório da ata notarial, a simples afirmação em seu conteúdo de que foram preenchidos os requisitos possessórios não vincula o Oficial de Registro. A ata notarial, por si só, não impede que o registrador faça nova análise do conjunto documental apresentado ainda que não tenha havido impugnação" (1ª VRPSP, Processo: 1124402-69.2019.8.26.0100, Juíza Tânia Mara Ahualli, *DJ* 04/02/2020).

15. Usucapião extrajudicial. Encerramento precoce do procedimento

"Usucapião extrajudicial. Encerramento precoce do procedimento de registro da usucapião por anuência parcial das exigências formuladas. Provimento 65/2017 do CNJ que no artigo 17 permite a realização de diligências ou sua complementação no curso do processo. Peculiaridade do procedimento de registro de usucapião extrajudicial que não implica em anuência parcial que prejudique a dúvida. Não há necessidade de reconhecimento de firmas no requerimento inicial. Espólio que pode ser notificado por intermédio do inventariante ou por todos os herdeiros. Retorno do procedimento para prosseguimento do feito e nova qualificação após o encerramento de todas as fases do procedimento" (TJSP – Ap. Cív. 1006567-12.2019.8.26.0019, CSMSP, Rel. Des. Geraldo Francisco Pinheiro Franco, j. 31/03/2020).

16. Usucapião extrajudicial de fração ideal de imóvel

"Usucapião Extrajudicial. Posse sobre parte ideal de imóvel em condomínio ordinário. Requerimento de usucapião da fração ideal de 1/3 do apartamento. Inviabilidade. Posse no plano fático que ocorre com o uso, gozo ou fruição sobre área determinada. Impossível o exercício de posse sobre parte ideal do bem. Para seguimento do feito é necessária adequação do pedido, seja requerendo a usucapião da totalidade do bem, seja incluindo no polo ativo os demais possuidores. Reconhecimento de usucapião do apartamento que leva ao automático direito ao uso de vaga indeterminada de garagem" (1ª VRPSP, Processo 1080532-37.2020.8.26.0100, Dra. Tania Mara Ahualli, j. 20/10/2020).

17. Usucapião Extrajudicial. Planta e memorial descritivo. Exigência legal.

"Finalidade é garantir a certeza da área e a não violação de direitos. Hipóteses de exceção apenas para condomínio edilício e loteamento. Não basta auto declaração das partes. Não há dispensa de apresentação de planta e memorial para imóveis transcritos" (1ª VRPSP, Processo 1080151-29.2020.8.26.0100, Juíza Tânia Mara Ahualli, j. 29/09/2020).

18. Usucapião extrajudicial e princípio do contraditório

"Usucapião extrajudicial. Obediência ao contraditório. Notificação do proprietário tabular ou dos seus herdeiros. Indispensável a pesquisa da sucessão a fim de identificar aquele ou aqueles a serem notificados. Dispensa de notificação apenas se demonstrada relação jurídica com o titular registral. Exigência pelo Provimento 65/2017 de apresentação de certidões em nome do proprietário tabular – art. 4º, IV, *b*. Descabida alegação de impossibilidade de obtenção da certidão em face da ausência do CPF. Outros meios de busca com base em nome e filiação" (TJSP – Ap. Cív. – 1074288-29.2019.8.26.0100, CSMSP, Rel. Des. Ricardo Mair Anafe, j. 21/09/2020).

19. Usucapião extrajudicial. Aspectos procedimentais de observância obrigatória

"Usucapião extrajudicial. Ata notarial. Requisitos mínimos expressos no Provimento 65/2017 do CNJ, art. 4º, I. Função primordial da ata notarial é atestar, dada a fé pública do Tabelião, as características da posse. Ata notarial não é um mero reforço documental. Necessidade de retificação ou complementação da ata notarial para cumprir sua função no procedimento extrajudicial. Dispensa de planta e memorial descritivo quando tratar de unidade autônoma em condomínio edilício ou loteamento regularmente instituído" (1ª VRPSP, Processo 1047113-26.2020.8.26.0100, Juíza Tânia Mara Ahualli, j. 03/07/2020).

"Usucapião extrajudicial. Autuação e processamento que só podem ser negadas em situações restritas, como quando ausentes os documentos do item 425 do capítulo XX das Normas ou quando o requerimento se der fora dos parâmetros do art. 3º do Prov. 65 do CNJ. Inviável ao Oficial negar o processamento do pedido da usucapião com base no seu mérito. Análise de mérito deve ser dada ao final do procedimento" (1ª VRPSP, Processo 1035916-74.2020.8.26.0100, Juíza Tânia Mara Ahualli, j. 16/06/2020).

"Usucapião extrajudicial. Requisitos legais. Indicação dos proprietários tabulares ainda que não tenha o imóvel matrícula própria. Requisito indispensável. Necessidade de apresentação de pontos de amarração com imóveis matriculados e vias oficiais de modo a permitir a exata localização do bem. Atendimento aos princípios da especialidade objetiva e subjetiva" (TJSP, Ap. Cív. 1002288-59.2018.8.26.0587, CSMSP, Rel. Des. Geraldo Francisco Pinheiro Franco, j. 31/03/2020).

20. *Acessio possessionis* e *sucessio possessionis* na usucapião extrajudicial. Posses de natureza diversas e o controle pelo registrador

"A usucapião é modo de aquisição originária da propriedade em razão do exercício da posse prolongada e mediante o preenchimento dos requisitos legais. A pretensão, portanto, está sujeita à caracterização de: i) posse mansa e ininterrupta pelo prazo previsto em lei; ii) inexistência de oposição à posse; iii) '*animus domini*'. Em qualquer modalidade de usucapião devem, pois, estar presentes sempre os elementos: posse e tempo. No tocante ao tempo, cumpre ao postulante da usucapião extraordinária demonstrar, portanto, que ostenta a posse pelo prazo de 15 anos, de forma contínua e sem oposição. Com relação ao elemento posse, exige-se a posse qualificada *ad usucapionem*, ou seja, a posse potencializada pela convicção de domínio, de ter a coisa para si com *animus domini*. Assim, a configuração da prescrição aquisitiva não se contenta com a posse normal *ad interdicta*, exigindo-se a posse *ad usucapionem*, em que, além da exteriorização da aparência de domínio, o usucapiente deve demonstrar o exercício da posse com ânimo de dono pelo prazo, sem interrupção e sem oposição. (...) A posse da herdeira recorrente, no caso telado, pode somar-se a de seus irmãos pelo instituto da *accessio possessionis* (art. 1.243, CC). Não se vislumbra, pois, óbice a que a recorrente pleiteie o domínio pela usucapião com-

Art. 216-A | LEI DE REGISTROS PÚBLICOS COMENTADA

putando para si o tempo de posse exercida conjuntamente por todos os herdeiros uma vez existente concordância entre todos. É o que se infere do instrumento de cessão de direitos hereditários e da ausência de impugnação dos herdeiros, devidamente notificados no expediente extrajudicial. Nos precisos ensinamentos de Benedito Silvério Ribeiro: '(...) verifica-se a ocorrência de composse entre herdeiros, antes de realizada a partilha. A herança, no dizer de Julianus, nada mais é do que a sucessão em todo o direito que teve o defunto *hereditas nihilaliud est, quam successio in universum jus, quod defunctus habuit.* (...) Sendo a herança um condomínio a ser distribuído aos herdeiros, conforme as quotas cabentes a cada um, na ocasião da partilha, deixando o finado apenas posse, transmitida com as mesmas características precedentes, isto é, se clandestina, precária, interrompida, violenta ou com outra qualificação, continuará a sê-lo após a transmissão. Havendo, dessa forma, composse entre os herdeiros, antes de efetuado o partilhamento, evidenciado está que um não poderá afastar outro herdeiro de seus direitos, da mesma forma que o cônjuge supérstite não poderá afastar os filhos nem estes àquele.' (...) Firmada, destarte, a presunção em favor da existência de composse ou de comunhão (*animus societas*), pode-se dizer, *a priori*, que um herdeiro, havendo outros, não poderá pleitear o domínio pela competente ação de usucapião nem computar para si o tempo de posse exercida pelo de cujus, exceto se os demais concordarem com a continuação exclusiva por parte daquele." (grifo nosso) (Tratado de Usucapião, volume 1, 8ª ed. rev. e atual. com a usucapião familiar São Paulo: Saraiva, 2012, pág. 296/299). O conjunto probatório existente nos autos demonstra, pois, que a recorrente exerce, por si e seus antecessores, com ânimo de proprietária, a posse do imóvel usucapiendo por mais de 15 (quinze) anos. É o que basta para o provimento do recurso" (CSMSP, Processo 1010746-36.2020.8.26.0477, Rel. Des. Fernando Antônio Torres Garcia, j. 03/11/2022).

21. Falecimento de confrontante e descabimento de escritura de únicos herdeiros

"Registro de imóveis – dúvida – processo extrajudicial de usucapião – falecimento de titular de domínio de imóvel confrontante – exigência de lavratura de escritura pública declaratória de únicos herdeiros para anuência ao pedido de usucapião descabida – oficial de registro que não pode apresentar óbice ao registro, que dependa de providências de terceiros – a escritura de únicos herdeiros somente se faz necessária se, não havendo inventário aberto ou concluído, os sucessores do titular de domínio falecido desejarem anuir ao pedido – demonstrada a inexistência de inventário em curso, impõe-se a notificação dos herdeiros da falecida titular de domínio do imóvel confrontante, comprovando-se tal condição – impossibilidade, diante da normativa vigente, de proceder-se à notificação por edital desde logo – inaplicabilidade do § 10 do art. 10 do Provimento CNJ nº 65/2017 e do item 418.10 das NSCGJ – área usucapienda que não coincide com a descrição tabular – apelação a que se nega provimento. (...) Ora, o obstáculo apresentado pelo Oficial do Registro de Imóveis e os fundamentos trazidos pelo MM. Juiz Corregedor Permanente para confirmação da exigência de lavratura de escritura pública para manifestação de anuência, pelos herdeiros, não se sustentam. Exigir que o requerente imponha aos herdeiros da falecida confrontante a obrigação de lavratura de escritura pública declaratória de únicos herdeiros para anuência ao pedido de usucapião é absolutamente descabido. Não pode o Oficial de Registro apresentar óbice que dependa de providências de terceiros e, com isso, barrar o direito do requerente da usucapião extrajudicial. Se há certeza da morte, comprovada por certidão do registro civil ou pela existência de inventário, ou se é fato sabido na localidade, mas não se sabe com exatidão qual é o conjunto de sucessores, os que são conhecidos poderão passar sua anuência expressa ou serem notificados nominalmente, e os sucessores desconhecidos ou incertos serão notificados por edital. Se há inventário judicial aberto, ou escritura de inventário lavrada, com definição do conjunto de herdeiros e inventariante nomeado, não há necessidade da escritura de únicos herdeiros mencionada neste artigo. O espólio poderá ser representado pelo inventariante, desde que não seja dativo, ou pelo conjunto dos sucessores (...) Por fim, se, verificada a morte do notificando, não houver inventário em andamento ou concluído, e os sucessores se dispuserem a outorgar sua anuência expressa, nesse caso, e SOMENTE NESTE, far-se-á necessária a escritura de únicos herdeiros'. Em outras palavras, a escritura de únicos herdeiros somente se faz necessária se, não havendo inventário aberto ou concluído, os sucessores do titular de domínio falecido desejarem anuir ao pedido. Nas demais situações, como no caso concreto, mostra-se incabível a exigência. Logo, na hipótese em análise, demonstrada a inexistência de inventário em curso, impõe-se a notificação dos herdeiros da falecida titular de domínio do imóvel confrontante, comprovando-se tal condição" (TJSP – Ap. Cív. 1005092-83.2020.8.26.0278, CSMSP, Rel. Des. Fernando Antônio Torres Garcia, j. 25/11/2022).

22. Falecimento do requerente no curso do processo de usucapião

"Usucapião. Falecimento da autora no curso da ação. Sentença de procedência, com declaração da propriedade em favor da falecida. Recurso da herdeira pleiteando a declaração de propriedade em nome próprio. Usucapião foi requerida com base no direito decorrente da posse da *de cujus*. Independente da sucessão processual (art. 110 do CPC), o pedido inicial não se transmuta com o falecimento. Exame do mérito se deu em relação à posse da autora falecida. Sentença de usucapião que possui natureza declaratória. Aquisição da propriedade pela genitora se deu quando preenchidos os requisitos da usucapião. Necessidade de inventariar posteriormente o imóvel. Recurso não provido. (...) Ainda que a posse se transmita aos herdeiros com o falecimento (art. 1.206 do Código Civil), a usucapião foi requerida com base no direito decorrente da posse da *de cujus*. O falecimento da autora no curso da ação, apesar de gerar a sucessão processual na forma do art. 110 do Código de Processo Civil, não provoca a declaração da propriedade em nome próprio da herdeira. O pedido inicial não se transmuta com o falecimento. (...) É irrelevante o argumento de que o óbito se deu 'quando ainda não havia sido declarado seu direito ao domínio', visto que a sentença de usucapião possui natureza declaratória, sendo que a aquisição da propriedade pela genitora se deu quando preenchidos os requisitos da usucapião" (TJSP, Ap. Cív. 0004412-73.2013.8.26.0242, 7ª Câmara de Direito Privado, Rel. Des. Mary Grün, j. 09/09/2020).

23. Reclamação improcedente de morosidade no processamento da usucapião extrajudicial. Caso complexo que envolve inúmeras notificações.

Registro de Imóveis. Reclamação. Morosidade no processamento de *usucapião* extrajudicial. Exigência apoiada na necessidade de notificação dos diversos titulares de domínio descritos e identificados na matrícula do imóvel. Anuência que não acompanhou o requerimento. Obrigatoriedade da notificação para todas as modalidades de *usucapião*. Descumprimento, pelo requerente, da exigência de recolhimento de despesas e cópias a instruírem as notificações. Providências que lhe competiam. Falta funcional não configurada. Sentença mantida. Recurso Improvido. (...) Há a necessidade de seguir todo o procedimento normativo previsto para assegurar a efetiva notificação de todos os interessados que devem ter ciência da pretensão de *usucapião* do imóvel, cuja falta ou irregularidade pode acarretar a nulidade do procedimento. No caso dos autos, diante da complexidade do ciclo de notificações, face ao significativo número de titulares de domínio descritos na matrícula do imóvel, está justificada a demora na conclusão do procedimento administrativo, ante a necessidade de efetiva notificação e certificação de sua regularidade, decurso dos prazos e exame de eventuais impugnações. Somente após encerrado o ciclo das notificações o exame do mérito da *usucapião* será feito pelo Registrador. Ainda, especificamente para a situação dos autos, observa-se que por decisão de 17.05.2024 determinou-se a realização das notificações complementares, exigindo-se o pagamento antecipado das despesas das notificações (conforme art. 423, parágrafo único do Provimento CNJ 149/2023) e apresentação dos documentos necessários para instrui-las, providências que ainda não foram cumpridas pelo recorrente (CGJSP – Processo 0031322-92.2024.8.26.0100, Rel. Des. Francisco Eduardo Loureiro, j. 14/10/2024).

24. Inviabilidade de usucapião pela via arbitral

Pedido de Cooperação – Pedido formulado por Câmara de Conciliação, Mediação e Arbitragem de Campinas para que se determine o registro de sentença arbitral de usucapião de imóvel – Inexistência de previsão legal para realizar o reconhecimento extrajudicial de usucapião por meio de Sentença Arbitral, com a posterior expedição de Carta de Sentença – Entendimento do Conselho Nacional de Justiça – Nulidade de pleno direito da sentença arbitral declarando o domínio pela usucapião – Recurso desprovido com determinação de remessa de cópias dos autos à Egrégia Corregedoria Geral da Justiça para ciência de registros de procedimentos arbitrais de adjudicação compulsória, usucapião e inventário. (...) O CNJ em seu Provimento n. 65, de 14/12/2017, estabeleceu diretrizes para o procedimento da *usucapião* extrajudicial no âmbito dos serviços notariais e de registro de imóveis, nos termos do art. 216-A da LRP, o que contudo não se aplica ao procedimento da arbitragem. É nula de pleno direito a sentença arbitral proferida declarando o domínio pela *usucapião*. A apelante informa e junta matrículas nos autos que foram recepcionados por Oficiais de Registro de Imóveis do Estado de São Paulo procedimentos arbitrais de adjudicação compulsória, *usucapião* e inventário, procedendo-se aos respectivos registros, em razão do que é conveniente que se remetam cópias da íntegra deste processo para a E. Corregedoria Geral da Justiça para conhecimento. (TJSP – Apelação Cível 1000201-52.2024.8.26.0642, 4ª Câmara de Direito Privado, Rel. Des. Alcides Leopoldo, j. 29/08/2024).

25. Usucapião como instrumento de regularização dominial

Registro de imóveis – dúvida – indeferimento de usucapião extrajudicial pela insuficiência do tempo de posse própria dos requerentes – *accessio possessionis* – usucapião que pode ser excepcionalmente

Art. 216-A | LEI DE REGISTROS PÚBLICOS COMENTADA

utilizada para sanar vícios da propriedade ou de outros direitos reais – precariedade da descrição tabular e consolidação de desmembramentos irregulares que afastam a via da retificação – possibilidade da acessão do tempo de posse do antecessor proprietário a fim de viabilizar a transmissão do domínio – recurso provido. (...) A *usucapião* não pode servir de alternativa imediata à transmissão regular do domínio, sob pena de se afastar, por via oblíqua, eventual incidência tributária, bem como os vínculos decorrentes da aquisição derivada da propriedade, o que não pode ser admitido. É nesse sentido que se deve evitar a soma da posse exercida pelo antecessor proprietário. Entretanto, a *usucapião* não é apenas um meio para aquisição da propriedade. Pode também ser utilizada para saneamento de vícios de propriedade ou de outros direitos reais adquiridos a título derivado, com conserto do domínio derivado imperfeito, o que é endossado pela jurisprudência. (...) Em outras palavras, a via tradicional, de retificação da matrícula e posterior ingresso do formal de partilha, está inacessível, o que confirma a possibilidade de aceitação excepcional da *usucapião* para regularização do domínio. Ora, se o titular do domínio imperfeito pode usar da *usucapião* para sanar os vícios, o seu tempo de posse também pode ser usado e somado pelo cessionário para fins de *accessio possessionis*, nos moldes do artigo 1243 do Código Civil. (CSMSP – Apelação Cível 1006252-41.2023.8.26.0278, Rel. Des. Francisco Eduardo Loureiro, j. 22/08/2024).

26. Participação facultativa do cônjuge no requerimento e suficiência da notificação dos herdeiros do requerido falecido

Registro de imóveis. *Usucapião* extrajudicial. Óbices referentes à participação dos cônjuges como requerentes e exigência de escritura pública declaratória de únicos herdeiros do titular de direito real. Expressa anuência dos cônjuges quanto ao requerimento de *usucapião*. Impossibilidade de obrigar cônjuge a ingressar com requerimento. Expressa anuência dos herdeiros de titular de direito real. Certidão de óbito com indicação dos herdeiros e ausência de bens a inventariar. Documentação satisfatória para comprovação da qualidade de herdeiros da falecida. Óbices afastados. Dúvida julgada improcedente. (...) Ora, tratando-se de direito disponível, não estavam e não estão os cônjuges obrigados a integrarem o "polo ativo" do requerimento de usucapião, quer extrajudicial, quer judicial, pela simples razão de não sere titulares de direito material à aquisição do imóvel. Foram juntadas as autorizações e anuência dos cônjuges nos autos para o procedimento em questão, a fim de que seus cônjuges figurassem como requerentes e beneficiários do título de forma exclusiva. Por consequência, não há que se falar em impossibilidade de processamento da *usucapião* pela falta da inclusão dos cônjuges dos apelantes no polo ativo do procedimento de *usucapião* visto que o litisconsórcio previsto no artigo 73, § 1º, inciso I, do CPC, para ações envolvendo direito real imobiliário, somente é indispensável no polo passivo. Ainda nos casos de litisconsórcio ativo necessário, na hipótese do litisconsorte deixar de oferecer meios para, voluntariamente, ingressar no polo ativo de uma determinada demanda, tal litisconsorte deve ser incluído no polo passivo da demanda, a fim de ser citado e notificado aos termos da demanda. Ocorre que, no presente caso, a anuência já foi instruída com o próprio requerimento inicial de usucapião, de modo que totalmente dispensável nova notificação. (...) Tendo sido apresentado consentimento expresso dos sucessores por documento particular, com firma reconhecida, ao procedimento de *usucapião* extrajudicial formulado, o que, indiretamente, implicitamente envolve o negócio jurídico de interesse ao imóvel. Exigir que os apelantes imponham aos herdeiros da falecida a obrigação de lavratura de escritura pública declaratória de únicos herdeiros para anuência ao pedido de *usucapião* é absolutamente descabido. Não pode o Oficial de Registro apresentar óbice que dependa de providências de terceiros e, com isso, barrar o direito dos requerentes da *usucapião* extrajudicial. Na presente situação, foi juntada a certidão de óbito com a clara identificação dos herdeiros, de modo que se mostra incabível a exigência de apresentação de escritura pública. Logo, demonstrada a inexistência de inventário em curso e apresentada a declaração de anuência com firma reconhecida de todos os subscritores, está plenamente atendida a regularidade do procedimento (CSMSP – Apelação Cível 1175858-19.2023.8.26.0100, Rel. Des. Francisco Eduardo Loureiro, j. 06/08/2024).

27. Usucapião extrajudicial e relativização do trato consecutivo do registro

Registro de imóveis – *usucapião* extraordinária – exigência de registro da escritura de aquisição dos anteriores compradores com o proprietário tabular e de reconhecimento de firma dos compromissários compradores apelantes – forma originária de aquisição de propriedade – desnecessidade de observância do princípio da continuidade registral – reconhecimento de firmas não exigível porque a *usucapião* é o título que se pretende registrar – afastadas as exigências – dúvida improcedente – apelação provida para determinar o processamento da *usucapião*. (...) *Por se cuidar de forma originária de aquisição da propriedade, indagação alguma haverá de ser feita acerca da continuidade. Rompem-se todos os vínculos preteritamente havidos sobre o bem, de tal arte que prescindível a estrita observância da continuidade, diversamente do quanto afirmado pela Oficial.* Para mais, o pedido formulado foi de *usucapião* extraordinária, que prescinde da existência de justo título para seu reconhecimento. Deve ser observado que os apelantes não postularam o registro do contrato de compromisso de compra e venda, caso em que certamente deveria ser observado o Princípio da Continuidade, registrando-se, deste modo, todos os instrumentos de transferência dentro da cadeia dominial. A pretensão dos apelantes é de ser declarado o domínio pela *usucapião* extraordinária, com fundamento no artigo 1.238 do Código Civil. (...) O instrumento de compromisso de compra e venda apenas compõe o conjunto probatório para demonstrar a posse do imóvel pelo tempo necessário à concretização da prescrição aquisitiva. Embora o reconhecimento de firma seja requisito legal para ingresso do instrumento particular de compromisso de compra e venda no Registro de Imóveis (artigo 221, inciso II, da Lei de Registros Públicos, e item 108, "b", Cap. XX, das NSCGJ), é preciso reiterar que o título que se pretende registrar é a *usucapião* extrajudicial, e não o instrumento particular de compra e venda firmado entre os compradores do proprietário tabular e os ora apelantes. O documento apenas foi apresentado para dar amparo à pretensão usucapienda (CSMSP – Apelação Cível 1000692-26.2022.8.26.0126, Rel. Des. Francisco Eduardo Loureiro, j. 04/07/2024).

28. Inviabilidade de suspensão do processo extrajudicial de usucapião sem autorização legal

Usucapião extrajudicial – procedimento – suspensão – prazo indefinido. Ação de inventário em curso. Previsão legal – ausência. Prenotação – prioridade. Registro de imóveis. Usucapião extrajudicial. Determinação de suspensão do procedimento até definição de inventário judicial. Falta de previsão legal para a suspensão. Indevida prorrogação de prenotação. Apelação que tem por pretensão reforma parcial da sentença quanto à matéria que não foi objeto da dúvida. Apelo não conhecido. (...) A decisão que suspendeu o procedimento extrajudicial comporta reparo, vez que, à míngua de base normativa autorizadora, implica em prorrogação indevida do prazo de prenotação. (CSMSP – Apelação Cível 1006975-75.2024.8.26.0100, Rel. Des. Francisco Loureiro, j. 27/06/2024).

29. Existência de outras vias de aquisição da propriedade imóvel não impede a usucapião. Possibilidade da usucapião entre coerdeiros, desde que haja posse exclusiva da coisa comum.

Registro de imóveis – dúvida – usucapião extrajudicial – qualificação negativa – ausência do requisito temporal – parte do imóvel que foi transmitida aos filhos do proprietário pela *saisine* e, posteriormente, às requerentes também pela *saisine* – possibilidade, em tese, de usucapião entre coerdeiros fundada em posse própria e inequívoca sobre a totalidade de bem comum – soma de posse – concordância de todos os herdeiros – apelação provida. (...) Inicialmente é importante consignar que a existência de outras vias de tutela não exclui a da usucapião administrativa, a qual segue rito próprio, com regulação pelo artigo 216-A da Lei n. 6.015/73, pelo Provimento n. 65/17 do CNJ e pela Seção XII do Cap. XX das NSCGJ. É preciso entender o seguinte: desde as fontes romanas a usucapião é não somente modo originário pela posse que se converte em propriedade, mas também modo de sanar os vícios de propriedade imperfeita adquirida a título derivado. Disso decorre a faculdade de o interessado, salvo marcada fraude à lei, almejar a regularização de seu título aquisitivo mediante o requerimento de inúmeros alvarás e abertura de diversos inventários, ou pleitear a usucapião, fundado em sua posse qualificada e prolongada. Assim, como a parte interessada optou por esta última para alcançar a propriedade do imóvel, a análise deve ser feita dentro dos seus requisitos normativos. (...) Como se sabe, pelo princípio da *saisine*, os herdeiros recebem o acervo hereditário desde a abertura da sucessão, o qual será indivisível até a finalização da partilha, seguindo as normas relativas ao condomínio (artigos 1.784 e 1.791 do Código Civil). Assim, a posse sobre os bens do autor da herança é transmitida a todos os seus herdeiros, independentemente de qualquer ato. A usucapião, por sua vez, desde as fontes romanas, é modo não só de aquisição de propriedade, mas também de saneamento dos vícios de propriedade ou de outros direitos reais adquiridos a título derivado. Em termos diversos, constitui eficaz instrumento de consertar o domínio derivado imperfeito. Isso decorre do fato de a usucapião ser modo originário de aquisição da propriedade, em que não há relação pessoal entre um precedente e um subsequente sujeito de direito. O direito do usucapiente não se funda sobre o direito do titular precedente, não constituindo este direito o pressuposto daquele, muito menos lhe determinando a existência, as qualidades e a extensão. São efeitos do fato da aquisição a título originário: a) desnecessidade de recolhimento do imposto de transmissão quando do registro; b) o título ingressa no registro independentemente de registro anterior, ou seja, constitui exceção ao princípio da continuidade e mitigação ao princípio da especialidade registrárias; c) os direitos reais limitados e eventuais defeitos que gravam ou viciam a propriedade não se transmitem ao usucapiente; d) caso resolúvel a propriedade, o implemento da condição não resolve a propriedade plena adquirida pelo usucapiente. (...) Vale reiterar que a eventual ausência de registro da partilha feita em inventário dos bens deixados pelos proprietários tabulares não obsta o reconhecimento da usucapião, que se funda na posse e não na condição de herdeiro. Em outros termos, caso se demonstre de forma inequívoca que as requerentes exercem posse exclusiva e com *animus domini* sobre o imóvel usucapiendo pelo prazo legal, o pedido pode e deve ser acolhido (CSMSP – Apelação Cível 1020452-68.2024.8.26.0100, Rel. Des. Francisco Eduardo Loureiro, j. 29/05/2024).

Art. 216-B. Sem prejuízo da via jurisdicional, a adjudicação compulsória de imóvel objeto de promessa de venda ou de cessão poderá ser efetivada extrajudicialmente no serviço de registro de imóveis da situação do imóvel, nos termos deste artigo. *(Incluído pela Lei nº 14.382, de 2022)*

§ 1º São legitimados a requerer a adjudicação o promitente comprador ou qualquer dos seus cessionários ou promitentes cessionários, ou seus sucessores, bem como o promitente vendedor, representados por advogado, e o pedido deverá ser instruído com os seguintes documentos: *(Incluído pela Lei nº 14.382, de 2022)*

I – instrumento de promessa de compra e venda ou de cessão ou de sucessão, quando for o caso; *(Incluído pela Lei nº 14.382, de 2022)*

II – prova do inadimplemento, caracterizado pela não celebração do título de transmissão da propriedade plena no prazo de 15 (quinze) dias, contado da entrega de notificação extrajudicial pelo oficial do registro de imóveis da situação do imóvel, que poderá delegar a diligência ao oficial do registro de títulos e documentos; *(Incluído pela Lei nº 14.382, de 2022)*

III – ata notarial lavrada por tabelião de notas da qual constem a identificação do imóvel, o nome e a qualificação do promitente comprador ou de seus sucessores constantes do contrato de promessa, a prova do pagamento do respectivo preço e da caracterização do inadimplemento da obrigação de outorgar ou receber o título de propriedade; *(Incluído pela Lei nº 14.382, de 2022)*

IV – certidões dos distribuidores forenses da comarca da situação do imóvel e do domicílio do requerente que demonstrem a inexistência de litígio envolvendo o contrato de promessa de compra e venda do imóvel objeto da adjudicação; *(Incluído pela Lei nº 14.382, de 2022)*

V – comprovante de pagamento do respectivo Imposto sobre a Transmissão de Bens Imóveis (ITBI); *(Incluído pela Lei nº 14.382, de 2022)*

VI – procuração com poderes específicos. *(Incluído pela Lei nº 14.382, de 2022)*

§ 2º O deferimento da adjudicação independe de prévio registro dos instrumentos de promessa de compra e venda ou de cessão e da comprovação da regularidade fiscal do promitente vendedor. *(Incluído pela Lei nº 14.382, de 2022)*

§ 3º À vista dos documentos a que se refere o § 1º deste artigo, o oficial do registro de imóveis da circunscrição onde se situa o imóvel procederá ao registro do domínio em nome do promitente comprador, servindo de título a respectiva promessa de compra e venda ou de cessão ou o instrumento que comprove a sucessão. *(Incluído pela Lei nº 14.382, de 2022)*

Referências Normativas

Decreto-lei 58/1937, art. 16.
Lei 10.406/2002 (Código Civil), arts. 1.417 e 1.418.
Lei 13.105/2015 (Código de Processo Civil).
Lei 14.382/2022.
Provimento CNJ 149/2023, arts. 440-A a 440-AM.

Comentários

1. Primeiras considerações e a natureza das coisas

Na esteira da boa acolhida que o reconhecimento da usucapião na via extrajudicial tem alcançado nos Ofícios Prediais (art. 216-A da LRP), a Lei 14.382/2022 houve por bem criar mais uma hipótese de procedimento extrajudicial perante o Registro Imobiliário: a adjudicação compulsória (art. 216-B da LRP).

Embora o móvel do legislador, com espírito de desjudicialização, seja o mesmo da usucapião, deve-se observar de saída que os institutos em testilha são essencialmente distintos, eis que possuem naturezas jurídicas diversas. Equivale dizer, pela natureza da adjudicação compulsória – modo derivado de aquisição da propriedade, cuja mutação júri-real somente ocorre com o registro do título – não é possível aplicar *in totum* as mesmas diretrizes procedimentais da usucapião (modo de aquisição originária do domínio, cuja mutação júri-real é extratabular). Por certo, muito do que já se experimentou naquele procedimento poderá ser aprimorado neste; mas, repisa-se, são coisas diversas.

De mais a mais, deve-se recordar que novamente se está diante de uma atuação anômala do registrador de imóveis, que atipicamente confeccionará o próprio título para, em passo seguinte, proceder ao registro. Noutros dizeres, no sistema de transmissão da propriedade imobiliária do *título* e *modo* adotado pelo direito brasileiro, de regra, não é da alçada do Oficial Predial empenhar-se na confecção do título translatício do domínio.

Não há motivo, no entanto, para preocupação na medida em que a pretensão de adjudicação compulsória é bem mais simples do que aquela tendente ao reconhecimento da usucapião. Não há que se provar a posse ao longo do tempo, a intenção de dono, nem mesmo envolver confinantes. Cuida-se de pleito que se lastreia fundamentalmente em prova documental pré-constituída, ou seja, uma relação jurídica subjacente devidamente formalizada e lastreada em compromisso de venda e compra, cessão ou promessa de cessão. O que se busca, em realidade, é a substituição da vontade do alienante moroso em transmitir definitivamente o domínio.

A estrutura basilar da pretensão pode ser haurida sem dificuldade dos arts. 1.417 e 1.418 do Código Civil. A adjudicação compulsória pressupõe necessariamente a existência de um compromisso de venda e compra de bem imóvel. Embora, alguns autores, com apuro técnico, promovam a distinção do compromisso da *promessa de venda e compra*, é certo que para o direito positivo os institutos telados são empregados como expressões sinônimas.

Diz o art. 1.417 do Código Civil com muita clareza:

> Mediante promessa de compra e venda, em que se não pactuou arrependimento, celebrada por instrumento público ou particular, e registrada no Cartório de Registro de Imóveis, adquire o promitente comprador direito real à aquisição do imóvel.

Cuidando-se de contrato preliminar, seu regime jurídico-geral é integrado pelas disposições dos arts. 462 a 466 do Código Civil.

O compromisso de compra e venda encerra, nessa medida, um contrato preliminar, pactuado antes do contrato (definitivo) de compra e venda. Embora de contratação facultativa o compromisso de venda e compra é instrumento muito utilizado no mercado imobiliário, com escopo de proporcionar segurança jurídica entre as partes: o promitente vendedor busca garantir o recebimento do valor integral do preço avençado, ao passo que o promissário comprador ao quitá-lo poderá compelir aquele à transmissão definitiva do domínio.

Do regramento geral do Código Civil, extrai-se que, exceto quanto à forma,[1149] deve o compromisso conter todos os requisitos essenciais do contrato principal a ser celebrado, sob pena de nulidade. São elementos essenciais da compra e venda, a coisa, o preço e o consenso (*res, pretium et consensus*).

[1149] Lembre-se que a transmissão de bens imóveis, quanto à forma, se submete à diretriz do art. 108 do Código Civil, segundo o qual "Não dispondo a lei em contrário, a escritura pública é essencial à validade dos negócios jurídicos que visem à constituição, transferência, modificação ou renúncia de direitos reais sobre imóveis de valor superior a trinta vezes o maior salário mínimo vigente no País". No entanto, cuidando-se de promessa

Art. 216-B | LEI DE REGISTROS PÚBLICOS COMENTADA

Historicamente, no Brasil o compromisso de venda e compra sempre foi o instrumento contratual mais utilizado para aquisição imobiliária. Campo fértil para seu crescimento se deu naturalmente no seio social em razão da dificuldade dos compradores em adquirirem imóveis pagando o preço à vista. Surgiu, assim, com forte conotação social como mecanismo a possibilitar aos brasileiros o acesso à moradia, à casa própria.

Some-se a isso o fato de os centros urbanos terem sofrido no início do século XX verdadeiro boom populacional, o que levou as pessoas advindas do interior do país às grandes capitais (como São Paulo e Rio de Janeiro) com a perspectiva de buscar uma vida melhor.

Ocorre, entretanto, que o aumento natural das contratações encerrou panorama de especulação imobiliária impulsionando ferozmente os valores dos bens imóveis. Nesse sentido, os vendedores que firmavam compromissos de venda e compras passaram a deixar de transmitir a propriedade definitiva dos imóveis aos compradores, mesmo com a quitação integral dos preços pelo adquirente, com fundamento no direito de arrependimento estabelecido no art. 1.088 do Código Civil de 1916. Ora, utilizando de conduta formalmente lícita, o vendedor inescrupuloso obtinha vantagem indevida, pois preferiam se arriscar – para, quando muito, arcarem com a indenização por perdas e danos ao comprador – e vendiam o imóvel para terceiro, em melhores condições.

Foi nesse cenário que adveio ao ordenamento jurídico brasileiro o Decreto-lei 58/1937 que objetivava conter a gana dos vendedores e fornecer tutela efetiva ao direito à moradia dos compradores, criando uma série de mecanismos jurídicos a obstar a má-fé dos alienantes. Posteriormente, a legislação sobre o tema foi se aprimorando e desenvolvendo-se, mormente com o surgimento das Leis 649/1949, 4.591/1964 e 6.766/1979.

Brevitatis causa, sem pretensão de aprofundar o tema, que é de grande complexidade, insta frisar que na sistemática criada pelo direito legislado nacional, a partir estrutura jurídica-base do compromisso de venda e compra, garante-se ao compromissário comprador a transferência dos poderes inerentes ao domínio, *jus utendi, fruendi et abutendi*. De outro lado, o promitente vendedor conserva para si apenas a propriedade nua até o pagamento integral do preço pelo adquirente. Note-se, porém, que o direito de dispor do bem imóvel não é totalmente transferido ao compromissário comprador, mas "esmaece para o vendedor à medida que o preço é pago, até desparecer com a solução integral".[1150]

Com efeito, quanto ao contexto estrutural, é possível estabelecer algumas caraterísticas do compromisso de compra e venda: (i) inexiste a transferência do domínio no ato da celebração do contrato; (ii) a transmissão do domínio depende do pagamento integral do preço; (iii) a posse da coisa é transmitida ao adquirente; e (iv) tem por objetivo primeiro servir de garantia ao vendedor, sem prejuízo do uso e gozo da coisa pelo comprador desde o momento da celebração do contrato.

Nessa linha de pensamento, *Luciano de Camargo Penteado* conclui que "o contrato de compromisso de compra e venda é uma criação tipicamente brasileira. Surgiu com a finalidade específica de propiciar às partes uma espécie de garantia anômala, ao mesmo tempo que permite uma economia de custos na negociação entre as partes pelo diferimento do momento da outorga da escritura".[1151]

Com efeito, a adjudicação compulsória é a medida processual posta à disposição do comprador para, após a quitação do preço, compelir o vendedor à integral transmissão dominial. Nos termos do art. 1.418 do Código Civil, "o promitente comprador, titular de direito real, pode exigir do promitente vendedor, ou de terceiros, a quem os direitos deste forem cedidos, a outorga da escritura definitiva de compra e venda, conforme o disposto no instrumento preliminar; e, se houver recusa, requerer ao juiz a adjudicação do imóvel".

A norma tem subsunção a dois casos de inadimplemento do promitente vendedor. No primeiro, a parte se nega a outorgar a escritura definitiva, cabendo ação diretamente contra ela. No segundo caso, o promitente vendedor alienou o bem contra o terceiro, cabendo a adjudicação compulsória contra ambos, em litisconsórcio necessário. Não cabe alegação de que o terceiro adquirente é de boa-fé, pois quando da compra do bem constava da matrícula do imóvel o registro do compromisso. O direito positivo deixa claro que o fim a que almeja o instituto é a entrega da coisa, ou seja, uma *obrigação*

---

de venda e compra, há flexibilidade formal, ou seja, admite-se o instrumento público ou o particular (CC, arts. 462 e 1.417).

[1150] VENOSA, Sílvio de Salvo. *Direito civil*: contratos em espécie. v. 3. 6. ed. 2006. p. 513.

[1151] PENTEADO, Luciano de Camargo. *Direito das coisas*. 2. ed. São Paulo: Revista dos Tribunais, 2012. p. 505.

de dar. Para que a ação de adjudicação compulsória seja viável, reafirme-se, o compromissário comprador deve ter pago o preço, total ou substancialmente.

Ressalve-se que a presença de uma *obrigação de dar* ou *de fazer* no compromisso de compra e venda registrado controverte a doutrina. De início, a existência de uma *obrigação de fazer* é afirmada por juristas como *Luciano de Camargo Penteado, Sílvio de Salvo Venosa, Gustavo Tepedino, Heloísa Helena Barboza* e *Maria Celina Bodin de Moraes*. A prática jurisprudencial tem encampado este entendimento.[1152] De outra via, há quem entenda pela existência de uma obrigação de dar, caso de *Maria Helena Diniz*. No mesmo sentido, leciona *Orlando Gomes* que, "assim sendo, está excluída a possibilidade de ser o compromisso de venda e compra um contrato preliminar, porque só é possível adjudicação compulsória nas obrigações de dar e, como todos sabem, o contrato preliminar ou promessa de contratar gera uma obrigação de fazer, a de celebrar o contrato definitivo".[1153] Na mesma esteira, *José Osório de Azevedo Jr.* há muito tempo sustenta que "em matéria de imóveis, o compromisso de venda equivale à venda. Não é pelo fato de serem dois respectivos regimes jurídicos que não se pode fazer tal afirmação".[1154]

Ocorre, em verdade, que com inspiração na doutrina de *José Osório de Azevedo Jr.*, uma vez tendo ocorrido a quitação do preço, os poderes elementares do domínio estariam, em substância, inteiramente consolidados no direito do compromissário comprador, nada – rigorosamente nada, enaltece o autor – mais restando ao compromitente vendedor além da inexorável obrigação de assinar uma escritura.[1155] Nesse sentido, destarte, para *Orlando Gomes* o compromisso de compra e venda – que contém a possibilidade de se substituir o contrato definitivo por uma sentença constitutiva, e de atribuir ao compromissário comprador um direito real – se distinguiria da promessa de compra e venda, que apenas cria a obrigação de celebrar outro contrato.[1156]

Os registradores imobiliários paulistas *Sérgio Jacomino* e *Ivan Jacopetti do Lago*, no entanto, estribados na doutrina italiana, oferecem oportuna ressalva:

> Esta distinção vem da doutrina italiana, em especial de *Trabucchi*, para quem o contrato atípico de "*compromesso*" – distinto do contrato típico de promessa – não é promessa recíproca de contratar, mas sim contrato definitivo, de eficácia imediata, e acompanhado de uma promessa de reproduzir o consenso em uma forma especial. Na mesma linha, segundo *Messineo* o contrato que se celebra em cumprimento ao compromisso tem natureza de ato devido, com a função de, tão somente, representar as declarações de vontade já emitidas, e sem autonomia em relação ao contrato originário, retroagindo à data deste a eficácia translativa. Contudo, salvo melhor juízo, o pensamento não se amolda bem ao sistema jurídico brasileiro. O Código Civil Italiano de 1942, na esteira do Direito Francês, atribui ao contrato efeitos reais, estabelecendo seu artigo 922 que a propriedade se adquire, dentre outras maneiras, per *effetto di contratti*. E isto já ocorria desde o Código de 1865. Com isso, o contrato não significa apenas a criação de obrigações para as partes, mas a própria causa – direta, necessária e eficiente – da transmissão. Assim, seria possível vislumbrar a transmissão substancial do domínio por força exclusiva do *compromesso* e o nada restar ao compromitente vendedor quando do integral pagamento do preço. Ocorre que no Direito Brasileiro os contratos possuem efeitos meramente pessoais, sendo imprescindível, para a mutação real, a concorrência de um modo de aquisição, que, tratando-se de bens imóveis, consiste em um acordo de transmissão (ou negócio jurídico real, sucedâneo da tradição), acrescido do registro.[1157]

De qualquer sorte, após as partes celebrarem o contrato de compromisso irretratável de venda e compra, tendo todas as cláusulas pactuadas pelas partes sido cumpridas, o passo seguinte é a execução do contrato.

[1152] TARTUCE, Flávio. Do compromisso de venda e compra de imóvel: questões polêmicas a partir da teoria dos diálogos das fontes. *Revista de Direito do Consumidor (RDC)* n. 93, p. 160-183. Edição de maio/jun. de 2014.

[1153] GOMES, Orlando. *Direitos reais*. Atualizador Luiz Edson Fachin. 19. ed. Rio de Janeiro: Forense, 2004. p. 361.

[1154] AZEVEDOR JR., José Osório de. *Compromisso de compra e venda*. 3. ed. São Paulo: Malheiros, 1992. p. 66.

[1155] AZEVEDOR JR., José Osório de. *Compromisso de compra e venda*. 3. ed. São Paulo: Malheiros, 1992. p. 19.

[1156] GOMES, Orlando. *Direitos reais*. Atualizador Luiz Edson Fachin. 19. ed. Rio de Janeiro: Forense, 2004. p. 445.

[1157] JACOMINO, Sérgio; LAGO, Ivan Jacopetti do. Excerto extraído de manifestação ofertada pela Comissão do Pensamento Registral do Instituto dos Registradores Imobiliários do Brasil (IRIB) nos autos do Processo 2017/206313, perante a Corregedoria-Geral da Justiça do Estado de São Paulo.

A escritura definitiva é a forma esperada da execução do compromisso na medida em que todas as condições foram realizadas. Frise-se, em verdade, que a assinatura pelas partes da escritura definitiva como forma ordinária de execução do compromisso não é o instrumento de outro negócio jurídico, mas apenas a continuação do contrato precursor. Nesse particular, a doutrina especializada garante que o compromisso é um *contrato preliminar impróprio*. Na exata medida em que a outorga da escritura definitiva não vai além de sua execução – já que o arranjo contratual nele se exaure –, garante-se como seu efeito imediato a necessidade da transferência definitiva da propriedade.

Em caso de o promitente vendedor se recusar à execução normal da promessa de compra e venda, a execução compulsória do instrumento é a outra modalidade de consumação do contrato. Cuida-se da pretensão de *adjudicação compulsória*.

"*Adjudicação compulsória*" é a expressão dada pelo Decreto-lei 58/1937.[1158] O *nomen juris* da pretensão naturalmente deriva da obrigatoriedade de transferência do domínio do imóvel objeto do compromisso de compra e venda, do promitente vendedor para o promitente comprador, tendo este pago o preço e cumprido os requisitos previstos em lei, mesmo quando aquele se recusa a entregar o bem. O vocábulo *adjudicação*, com boa origem latina, advém de *adiudicatio, adiucationis*, derivado do verbo *adiudico* (infinitivo *adiudicare*), com o significado de *atribuir a alguém*.[1159] No que aqui interessa quer-se referir à ideia de atribuir o domínio compulsoriamente ao comprador. A ideia de ser compulsória, obrigatória, legitima a atuação do Estado-juiz (e agora, de quem lhe faça as vezes por delegação legal – *rectius*: o registrador de imóveis) para substituir coativamente a ausência de manifestação de vontade do vendedor e *atribuir* o imóvel ao comprador.

Embora com finalidade específica, a pretensão de adjudicação compulsória é de natureza pessoal, na medida em que se trata de pedido deduzido em desfavor do titular do domínio do imóvel (que tenha prometido vendê-lo mediante contrato de compromisso de venda e compra e se omitiu quanto à escritura definitiva), tendente ao suprimento pelo Estado-juiz (ou quem lhe faça as vezes) desta outorga, mediante sentença constitutiva (ou decisão administrativa do registrador de imóveis) com a mesma eficácia do ato praticado.

Diante da finalidade dessa demanda, pela qual o autor exerce direito potestativo visando à alteração de uma situação jurídica decorrente de negócio jurídico carente da transferência do domínio de um determinado imóvel. Portanto, não subordinado a prazo decadencial.

Tem sido essa a orientação que atualmente prevalece no âmbito da jurisprudência do *Superior Tribunal de Justiça*:

> O objetivo da ação de adjudicação compulsória é a constituição de um direito real, fruto de compromisso de compra e venda, com a transferência da propriedade ao promitente comprador após a quitação integral do preço.
>
> A 3ª Turma desta Corte decidiu acerca de semelhante controvérsia no Recurso Especial nº 1.489.565/DF, definindo que a pretensão de adjudicação compulsória não se sujeita a prazo prescricional (artigo 177 do CC/1916, atual artigo 205), somente se extinguido por meio de usucapião exercida por terceiro. Naquele julgamento, ficou assentado que o objetivo da ação

---

[1158] *Art. 16 do Decreto-lei 58/1937*. Recusando-se os compromitentes a outorgar a escritura definitiva no caso do artigo 15, o compromissário poderá propor, para o cumprimento da obrigação, ação de adjudicação compulsória, que tomará o rito sumaríssimo. § 1º A ação não será acolhida se a parte, que a intentou, não cumprir a sua prestação nem a oferecer nos casos e formas legais. § 2º Julgada procedente a ação a sentença, uma vez transitada em julgado, adjudicará o imóvel ao compromissário, valendo como título para a transcrição. § 3º Das sentenças proferidas nos casos deste artigo, caberá apelação. § 4º Das sentenças proferidas nos casos deste artigo caberá o recurso de agravo de petição. § 5º Estando a propriedade hipotecada, cumprido o dispositivo do § 3º, do art. 1º, será o credor citado para, no caso deste artigo, autorizar o cancelamento parcial da inscrição, quanto aos lotes comprometidos.

[1159] *Ricardo Arcoverde Credie*, em obra dedicada à adjudicação compulsória, expõe que "inexiste qualquer relação de compreensão e extensão entre adjudicação e adjudicação compulsória. Pode parecer à primeira vista estarmos diante da transformação lógica que no estudo da língua corresponde ao tropismo *sinédoque* (o gênero a significar a espécie), mas é de todo acientífico considerar-se ação modalidade de ato processual, pois a natureza destas duas categorias jurídico-processuais assim não o permite. O ato que visa à constituição, conservação, desenvolvimento, modificação ou cessação da relação jurídica processual, jamais se confundiria com o direito de agir" (CREDIE, Ricardo Arcoverde. *Adjudicação compulsória*. 9. ed. São Paulo: Malheiros, 2004. p. 28).

de adjudicação compulsória é a constituição de um direito real, fruto de compromisso de compra e venda, com a transferência da propriedade ao promitente comprador após a quitação integral do preço.

Assim, o direito de obter o registro do título somente pode ser atingido pela prescrição aquisitiva decorrente de eventual usucapião intentada por terceiro, não se submetendo, portanto, aos prazos previstos no artigo 177 do CC/1916 (atual artigo 205).[1160]

Em realidade, na melhor técnica, não há falar em *imprescritibilidade*, mas que o direito de se obter a adjudicação compulsória não se sujeita à decadência. "Tratando-se de direito potestativo, sujeito a prazo decadencial, para cujo exercício a lei não previu prazo especial, prevalece a regra geral da inesgotabilidade ou da perpetuidade, segundo a qual os direitos não se extinguem pelo não uso. Assim, à míngua de previsão legal, o pedido de adjudicação compulsória, quando preenchidos os requisitos da medida, poderá ser realizado a qualquer tempo".[1161]

Por fim, na tentativa de buscar a maior eficiência possível dos procedimentos extrajudiciais, não parece exacerbado considerar a possibilidade de o Oficial, ao verificar que a pretensão deduzida inicialmente não se encontra apta ao deferimento da adjudicação compulsória, conceda a alternativa de *convolação do pedido em usucapião extrajudicial*, desde que, por evidência, o interessado faça as adequações necessárias ao pedido, juntando-se todos os elementos de prova necessários na forma do art. 216-A da LRP.

2. As diretrizes legais e os documentos necessários

Como já mencionado, por meio da Lei 14.382/2022, o legislador houve por bem facilitar a pretensão daquele que celebrou um compromisso de venda e compra e quitou o preço mediante a batizada *adjudicação compulsória extrajudicial*.

Não se trata propriamente de uma grande novidade. A respeito da matéria, o art. 26, § 6º, da Lei 6.766/1979 já autorizava os adquirentes de lotes em empreendimentos devidamente registrados no Ofício Predial utilizarem-se do próprio instrumento contratual do compromisso de venda e compra, as cessões e as promessas de cessão como título para o registro da propriedade do lote adquirido, quando acompanhados da respectiva prova de quitação. A norma, no entanto, é de aplicação restrita e somente tem guarida quando preenchidos os seguintes pressupostos: (i) empreendimento devidamente registrado em uma das modalidades de parcelamento do solo (art. 18 da Lei 6.766/1979); (ii) transmissão de domínio feita diretamente pelo empreendedor; e (iii) prova da quitação do preço.[1162]

Estabelecidas as anotações propedêuticas, passa-se a seguir ao exame do regime jurídico da adjudicação compulsória extrajudicial.

Nos termos do *caput* do art. 216-B, sem prejuízo da via jurisdicional, a adjudicação compulsória de imóvel objeto de promessa de venda ou de cessão poderá ser efetivada extrajudicialmente no serviço de registro de imóveis da situação do imóvel.

De pronto, uma vez mais tem-se na via extrajudicial uma faculdade. Cabe ao interessado escolher entre deduzir sua pretensão em juízo ou perante a serventia predial. As vias não se excluem. Ao contrário. Estão, ambas, à disposição da sociedade consagrando um *Sistema de Justiça Multiportas*.

Interessante considerar que não apenas o promitente comprador ou qualquer dos seus cessionários ou promitentes cessionários (ou seus sucessores) são legitimados a requerer a adjudicação, mas a lei também defere legitimidade ao promitente vendedor. Cuida-se de verdadeira pretensão invertida em relação àquela projetada *ab initio* pela relação jurídica subjacente, uma *adjudicação compulsória reversa*.

A primeira situação é a corriqueira, a mais comum. Ocorre quando o comprador quita todo o preço avençado e encontra dificuldades de todos os gêneros que inviabilizam a transmissão do domínio por parte do vendedor. Já a segunda hipótese pode ocorrer quando o vendedor queira transmitir definitivamente o domínio e o comprador, por qualquer motivo, esteja esquivando-se da transmissão definitiva.

[1160] STJ, AgInt no REsp 1.584.461/GO, Rel. Min. Ricardo Villas Bôas Cueva, j. 13/05/2019.

[1161] STJ, 1.216.568/MG, Rel. Min. Luis Felipe Salomão, j. 03/09/2015.

[1162] Este é o entendimento da jurisprudência administrativa paulista. Cite-se, por todos: TJSP – Ap. Cív. 1007897-24.2021.8.26.0100, CSMSP, Rel. Des. Ricardo Mair Anafe, j. 30/07/2021.

Art. 216-B | LEI DE REGISTROS PÚBLICOS COMENTADA

Nesse último caso, não é raro que os vendedores queiram retirar definitivamente de sua esfera dominial imóveis já transacionados definitivamente, com quitação total do preço pelo adquirente, mas que ainda formalmente constam em sua titularidade. Por vezes, são aparelhadas execuções fiscais (débitos de IPTU, taxas municipais etc.) ou ações de cobrança (*v.g.*, despesas condominiais) contra o vendedor que já não tem de há muito a posse direta da coisa.[1163] Desse modo, há legítimo interesse também do vendedor em transmitir definitivamente o domínio no Registro de Imóveis, pretensão essa que doravante poderá concretizar-se pela via da adjudicação compulsória.

Assim como na usucapião extrajudicial, será indispensável a representação por advogado e o pedido deverá ser instruído, ao menos, com os seguintes documentos:

a) instrumento de promessa de compra e venda ou de cessão ou de sucessão, quando for o caso;

b) prova do inadimplemento, caracterizado pela não celebração do título de transmissão da propriedade plena no prazo de 15 (quinze) dias, contado da entrega de notificação extrajudicial pelo oficial do registro de imóveis da situação do imóvel, que poderá delegar a diligência ao oficial do registro de títulos e documentos;

c) ata notarial lavrada por tabelião de notas da qual constem a identificação do imóvel, o nome e a qualificação do promitente comprador ou de seus sucessores constantes do contrato de promessa, a prova do pagamento do respectivo preço e da caracterização do inadimplemento da obrigação de outorgar ou receber o título de propriedade;

d) certidões dos distribuidores forenses da comarca da situação do imóvel e do domicílio do requerente que demonstrem a inexistência de litígio envolvendo o contrato de promessa de compra e venda do imóvel objeto da adjudicação;

e) comprovante de pagamento do respectivo Imposto sobre a Transmissão de Bens Imóveis (ITBI);

f) procuração com poderes específicos.

Insta consignar que durante a tramitação legislativa houve muita polêmica acerca da necessidade ou não de ser apresentada ata notarial como documento indispensável ao aparelhamento do pedido de adjudicação compulsória perante o Ofício Predial, a espelho do que ocorre com o pedido na via extrajudicial da usucapião. O texto inicial aprovado pelo Congresso Nacional a contemplava como documento necessário; posteriormente, foi objeto de veto da Presidência da República; e, ao final, o Parlamento derrubou o veto presidencial de modo que da lei em vigor consta a ata notarial como documento a ser apresentado no procedimento extrajudicial da adjudicação compulsória.

Para bem compreender o imbróglio, confiram-se as bem lançadas razões do veto ao dispositivo (LRP, art. 216-B, § 1º, III):

> A proposição legislativa prevê que o pedido extrajudicial de adjudicação compulsória de imóvel objeto de promessa de venda ou de cessão poderia ser realizado no serviço de registro de imóveis da situação do imóvel e que deveria ser instruído com ata notarial lavrada por tabelião de notas da qual constassem a identificação do imóvel, o nome e a qualificação do promitente comprador ou de seus sucessores constantes do contrato de promessa, a prova do pagamento do respectivo preço e da caracterização do inadimplemento da obrigação de outorgar ou receber o título de propriedade.

> Entretanto, em que pese a boa intenção do legislador, a proposição contraria o interesse público, pois o processo de adjudicação compulsória de imóvel é instruído de forma documental, não havendo necessidade de lavratura de ata notarial pelo tabelião de notas. Assim, tal previsão cria exigência desnecessária que irá encarecer e burocratizar o procedimento, e poderia fazer com que o imóvel permanecesse na informalidade.

> Ademais, a possibilidade de adjudicação compulsória extrajudicial é um avanço, pois permitirá a entrega da propriedade ao promitente comprador que honrou com suas prestações e não consegue obter a escritura pública definitiva sem a necessidade de o judiciário ser acionado, pois basta a

---

[1163] Não há dificuldade em concluir que esse cenário potencializado em vários imóveis – como no caso dos grandes empreendimentos – gera custos desnecessários e desmedidos aos empreendedores.

comprovação da quitação por meios documentais, o que pode ser feito diretamente no cartório de registro de imóveis.

Bem vistas as coisas, não havia mesmo motivo para se exigir a ata notarial na pretensão da adjudicação compulsória que, como dito alhures, possui natureza muito diversa da usucapião. Naquela pretensão, a ata é documento indispensável para atestação dos fatos e elementos que caracterizam a posse *ad usucapionem*; mas, na adjudicação compulsória, a prova crucial é formada *ex ante*, com a formalização da própria relação jurídica subjacente à pretensão. Exigir a ata notarial nesse procedimento é, ao fim e ao cabo, onerar demasiadamente o usuário sem necessidade. *Nota bene!* Não se está a falar que a ata notarial é documento desimportante, nem mesmo que não poderia ser utilizada facultativamente pelo interessado. Como meio de prova típico que é (CPC, art. 384), poderia, se o interessado assim o desejasse, aparelhar sua pretensão com esse importante ato notarial potencializado pela fé pública de um notário do tipo latino.[1164]

Deve-se reconhecer, no entanto, que a presença da ata notarial no rol de documentos necessários à pretensão extrajudicial de adjudicação compulsória tem um efeito prático relevante: evitar a utilização do procedimento do art. 216-B da LRP como meio de burla ao sistema ordinário de transmissão da propriedade imobiliária no Brasil, no qual se exige, como regra, o *título* (negócio jurídico basal de direito obrigacional) e o *modo* (registro no Ofício Predial). A necessidade de uma instrumentação notarial – ainda que por instrumento público diverso (*rectius*: ata notarial no lugar da convencional escritura pública de alienação imobiliária) – pode funcionar como verdadeiro mecanismo de autorregulação do sistema notarial e registral a impedir pretensões ardilosas. Sem falar que a atuação conjunta de notários e registradores imobiliários no mesmo procedimento funciona como verdadeiro instrumento de depuração jurídica, garantindo o direito de propriedade imobiliária com mais segurança jurídica e, nessa medida, afiançando menor incidência de vícios e máculas.

Em arremate, após a conclusão do procedimento extrajudicial, à vista dos documentos referidos, o Oficial do Registro de Imóveis da circunscrição onde se situa o imóvel procederá ao registro do domínio em nome do promitente comprador, servindo de título a respectiva promessa de compra e venda ou de cessão ou o instrumento que comprove a sucessão.

3. (Des)necessidade do prévio registro do compromisso

Sabe-se que o compromisso de venda e compra pode assumir natureza de direito real com o seu registro no Cartório de Registro de Imóveis, consoante determinado pelo art. 1.417 do Código Civil.

O compromisso de venda e compra, de ordinário, ingressa no fólio real como ato de registro em sentido estrito, *ex vi* do art. 167, I, nº 9, da LRP:

No Registro de Imóveis, além da matrícula, serão feitos os registros dos contratos de compromisso de compra e venda de cessão deste e de promessa de cessão, com ou sem cláusula de arrependimento, que tenham por objeto imóveis não loteados e cujo preço tenha sido pago no ato de sua celebração, ou deva sê-lo a prazo, de uma só vez ou em prestações. O Código Civil de 2002 acabou por consolidar a ideia de que o compromisso de compra e venda, registrado na matrícula do imóvel, deve ser reconhecido como um *direito real de aquisição*, nos termos do art. 1.225, inc. VII, do Código Civil. Desse modo, encerrou-se polêmica a respeito do enquadramento do instituto entre as categorias reais. Como é cediço, alguns juristas viam na figura uma natureza de *garantia real*, caso de Darcy Bessone.[1165] Outros, como Silvio Rodrigues, concebiam o compromisso de compra e venda registrado como um *direito real de gozo ou fruição*.[1166]

[1164] O sistema adotado no Brasil e na maior parte do mundo é do notariado latino. O notário latino é o profissional do direito encarregado de uma função pública consistente em receber, interpretar e dar forma legal à vontade das partes, redigindo os instrumentos adequados a esse fim e conferindo-lhes autenticidade, conservar os originais destes e expedir cópias que deem fé de seu conteúdo. Fundada na Argentina, em 1948, a União Internacional do Notariado Latino (UINL) é uma organização não governamental que reúne representantes de 88 nações (incluindo o Brasil), constituída para promover, coordenar e desenvolver a atividade notarial no âmbito internacional. Mencione-se, ademais, que os cartórios – somando todas as especialidades – existem em mais de 100 países, abrangendo ¾ da população mundial, o que corresponde a 60% do PIB global (informações disponíveis em *uinl.org*. Acesso em: 30 nov. 2022).

[1165] BESSONE, Darcy. *Direitos reais*. São Paulo: Saraiva, 1988.

[1166] RODRIGUES, Silvio. *Direito civil*: direito das coisas. v. V. 27. ed. rev. e atual. São Paulo: Saraiva, 2002. p. 314.

Art. 216-B | LEI DE REGISTROS PÚBLICOS COMENTADA

A despeito disso, diante da quase irreversível cultura de sub-registro dos compromissos de venda e compra ("contratos de gaveta"), a jurisprudência pátria tem buscado, por critério de equidade, conceder uma série de efeitos jurídicos ao compromisso, mesmo àqueles que não estejam regularmente registrados no fólio predial,[1167] o que, infelizmente, nada tem contribuído para impedir aos jurisdicionados a criação de um costume (negativo) pelo não registro.

Exemplos simbólicos são as súmulas do *Superior Tribunal de Justiça* sobre a matéria. A Súmula 84 sentencia que "é admissível a oposição de embargos de terceiro fundados em alegação de posse advinda do compromisso de compra e venda de imóvel, ainda que desprovido do registro". Já a Súmula 239 é assertiva ao garantir que "o direito à adjudicação compulsória não se condiciona ao registro do compromisso de compra e venda no cartório de imóveis".

Nessa medida, parece adequado transportar para a esfera extrajudicial o entendimento já consolidado pela jurisprudência nacional no sentido de que a pretensão da adjudicação compulsória não depende do prévio registro do compromisso de venda e compra, embora o dispositivo que previa a desnecessidade do prévio registro do compromisso foi vetado durante o processo legislativo.

Nessa direção, o art. 216-B, § 2º, da LRP afirma peremptoriamente que "o deferimento da adjudicação independe de prévio registro dos instrumentos de promessa de compra e venda ou de cessão e da comprovação da regularidade fiscal do promitente vendedor".

Curiosamente, a referida norma havia sido vetada pela Presidência da República durante o processo legislativo. As razões do veto, no entanto, resumiram-se em tratar da questão da comprovação da regularidade fiscal do vendedor. Como não se admite veto de expressões ou períodos compreendidos em único dispositivo legal, parece que a primeira parte do referido parágrafo acabou vetada por ricochete. No entanto, o Congresso Nacional acabou derrubando veto restabelecendo o dispositivo no direito legislado brasileiro.

A não vinculação ao registro do compromisso é providência tecnicamente correta na medida em que o direito à *adjudicação compulsória* em contrato de compromisso de compra e venda consubstancia direito pessoal e, por isso, não se condiciona ao ingresso no Registro de Imóveis. Ou seja, independe de publicidade para garantir sua eficácia entre os contratantes.[1168]

4. A regulamentação administrativa pelo CNJ e os seus prolegômenos

A adjudicação compulsória extrajudicial teve seu processamento perante o Registro de Imóveis delineado nos arts. 440-A a 440-AM do Provimento CNJ 149/2023.

Algumas inconsistências deixadas pelo regramento legal (LRP, art. 216-B) foram escoimadas pela normativa administrativa que se preocupou em trazer efetividade ao processo extrajudicial.

Preambularmente, deve-se fixar:

i) Relação jurídica-base: a pretensão de adjudicação compulsória extrajudicial funda-se em quaisquer atos ou negócios jurídicos que impliquem promessa de compra e venda ou promessa de permuta, bem como as relativas cessões ou promessas de cessão, contanto que não haja direito de arrependimento exercitável (Provimento CNJ 149/2023, art. 440-B, *caput*).

ii) Hipóteses nas quais se admite o direito de arrependimento: o direito de arrependimento exercitável não impedirá a adjudicação compulsória, se o imóvel houver sido objeto de parcelamento do solo urbano (art. 2º da Lei n. 6.766, de 19 de dezembro de 1979) ou de incorporação imobiliária, com o prazo de carência já decorrido (art. 34 da Lei n. 4.591, de 16 de dezembro de 1964) (Provimento CNJ 149/2023, art. 440-B, parágrafo único).

iii) Legitimidade e capacidade postulatória: pode ser autor do pedido qualquer adquirente ou transmitente nos atos e negócios jurídicos referidos no *item i supra*, bem como quaisquer cedentes, cessionários ou sucessores. O requerente deverá estar assistido por advogado ou defensor público, constituídos mediante procuração específica. (Provimento CNJ 149/2023, art. 440-C).

iv) Requisitos para cumulação de pedidos: O requerente poderá cumular pedidos referentes a imóveis diversos, contanto que, cumulativamente: I – todos os imóveis estejam na circunscrição do mesmo ofício de registro de imóveis; II – haja coincidência de interessados ou legitimados, ativa e

---

[1167] STJ, REsp 1.185.383, 4ª Turma, Rel. Min. Luis Felipe Salomão, j. 08/04/2014.

[1168] Cf. CSMSP – Apelação Cível 1033026-84.2023.8.26.0577, Rel. Des. Franciso Eduardo Loureiro, j. 19/09/2024.

passivamente; e III – da cumulação não resulte prejuízo ou dificuldade para o bom andamento do processo. (Provimento CNJ 149/2023, art. 440-D).

v) Competência material e territorial: aquele que deseja ingressar com a pretensão de adjudicação compulsória na via extrajudicial deve inicialmente procurar um tabelionato de notas de sua confiança para lavratura da ata notarial. O instrumento público notarial é *conditio sine qua non* para o processamento do pedido perante o Ofício de Registro de Imóveis competente. A atribuição para o processo e para a qualificação e registro da adjudicação compulsória extrajudicial será da serventia da atual situação do imóvel. À evidência, se o registro do imóvel ainda estiver na circunscrição de Ofício de Registro de Imóveis anterior, o requerente apresentará a respectiva certidão. Nada obstante, tratando-se de hipótese comum, será admitido o processo de adjudicação compulsória ainda que estejam ausentes alguns dos elementos de especialidade objetiva ou subjetiva, se, a despeito disso, houver segurança quanto à identificação do imóvel e dos proprietários descritos no registro. (Provimento CNJ 149/2023, art. 440-E).

vi) Facultatividade e eventual suspensão da via judicial: Não é demais lembrar que a via extrajudicial é uma faculdade do interessado. Não é, pois, via obrigatória. Querendo, poderá sempre acessar o Poder Judiciário. Caso já esteja correndo ação judicial a via extrajudicial ainda assim será viável desde que se demonstre o requisito temporal previsto na norma administrativa. Equivale dizer, a pendência de processo judicial de adjudicação compulsória não impedirá a via extrajudicial, caso se demonstre suspensão daquele por, no mínimo, 90 (noventa) dias úteis (Provimento CNJ 149/2023, art. 440-H).

5. As fases do processo extrajudicial de adjudicação compulsória

Para fins didáticos, pode-se dividir o processamento em três fases: *i)* postulatória; *ii)* instrutória; e *iii)* decisória.

5.1. Fase postulatória

Tudo se inicia com o requerimento do interessado. Esta peça exordial possui requisitos específicos previstos na norma administrativa, assim como deverá ser acompanhada de documentos obrigatórios, sem os quais o processo nasce morto.

Embora não seja propriamente um título, na acepção técnica-registral, mas sim um requerimento inicial que põe marcha a um processo extrajudicial, será de rigor seu lançamento no Livro 1 – Protocolo. Lança-se, pois, a prenotação que é imediatamente prorrogada até o deferimento ou indeferimento do pedido (Provimento CNJ 149/2023, art. 440-K).

Como já se adiantou, nos termos do art. 440-L do Provimento CNJ 149/2023 o requerimento inicial atenderá, no que couber, aos requisitos do art. 319 do CPC, trazendo, em especial:

I – identificação e endereço do requerente e do requerido, com a indicação, no mínimo, de nome e número de Cadastro de Pessoas Físicas – CPF ou de Cadastro Nacional de Pessoas Jurídicas – CNPJ (art. 2º do Provimento n. 61, de 17 de outubro de 2017, da Corregedoria Nacional de Justiça);

II – a descrição do imóvel, sendo suficiente a menção ao número da matrícula ou transcrição e, se necessário, a quaisquer outras características que o identifiquem;

III – se for o caso, o histórico de atos e negócios jurídicos que levaram à cessão ou à sucessão de titularidades, com menção circunstanciada dos instrumentos, valores, natureza das estipulações, existência ou não de direito de arrependimento e indicação específica de quem haverá de constar como requerido;

IV – a declaração do requerente, sob as penas da lei, de que não pende processo judicial que possa impedir o registro da adjudicação compulsória, ou prova de que tenha sido extinto ou suspenso por mais de 90 (noventa) dias úteis;

V – o pedido de que o requerido seja notificado a se manifestar, no prazo de 15 (quinze) dias úteis; e

VI – o pedido de deferimento da adjudicação compulsória e de lavratura do registro necessário para a transferência da propriedade.

Esses elementos são essenciais ao requerimento e sua ausência implica necessária emenda pelo interessado, sob pena de indeferimento liminar do pedido (Provimento CNJ 149/2023, arts. 440-Q).

Dentre os documentos necessários à instrução do pedido estão a ata notarial e o(s) instrumento(s) contratual(ais) que provem a relação jurídica que dá azo à pretensão da adjudicação. Sem esses documentos o processo não poderá seguir regularmente (Provimento CNJ 149/2023, art. 440-M).

Pela relevância da ata notarial nesse processo extrajudicial é válido abrir pequeno parênteses para tecer algumas considerações acerca das cautelas tabelioas em sua confecção.

A ata notarial (inciso III do § 1º do art. 216-B da Lei n. 6.015, de 31 de dezembro de 1973) será lavrada por tabelião de notas de escolha do requerente, salvo se envolver diligências no local do imóvel, respeitados os critérios postos nos arts. 8º e 9º da Lei n. 8.935, de 18 de novembro de 1994, e observadas, no caso de ata notarial eletrônica, as regras de competência territorial de que trata o Código Nacional de Normas. (Provimento CNJ 149/2023, art. 440-F).

De modo especial, para fins de adjudicação compulsória, a ata notarial conterá, nos termos do art. 440-G do Provimento CNJ 149/2023:

I – a referência à matrícula ou à transcrição, e a descrição do imóvel com seus ônus e gravames;

II – a identificação dos atos e negócios jurídicos que dão fundamento à adjudicação compulsória, incluído o histórico de todas as cessões e sucessões, bem como a relação de todos os que figurem nos respectivos instrumentos contratuais;

III – as provas do adimplemento integral do preço ou do cumprimento da contraprestação à transferência do imóvel adjudicando;

IV – a identificação das providências que deveriam ter sido adotadas pelo requerido para a transmissão de propriedade e a verificação de seu inadimplemento;

V – o valor venal atribuído ao imóvel adjudicando, na data do requerimento inicial, segundo a legislação local.

No âmbito da profilaxia jurídica, ínsita à atuação notarial, O tabelião orientará o requerente acerca de eventual inviabilidade da adjudicação compulsória pela via extrajudicial.

Deve, ainda, o tabelião de notas constar textualmente que a ata não tem valor de título de propriedade, que se presta à instrução de pedido de adjudicação compulsória perante o cartório de registro de imóveis, e que poderá ser aproveitada em processo judicial.

Para fins de prova de quitação, o Provimento 149/2023, em seu artigo 440-G, § 6º, autoriza que na ata notarial, poderão ser objeto de constatação, além de outros fatos ou documentos:

I – ação de consignação em pagamento com valores depositados;

II – mensagens, inclusive eletrônicas, em que se declare quitação ou se reconheça que o pagamento foi efetuado;

III – comprovantes de operações bancárias;

IV – informações prestadas em declaração de imposto de renda;

V – recibos cuja autoria seja passível de confirmação;

VI – averbação ou apresentação do termo de quitação de que trata a alínea 32 do inciso II do art. 167 da Lei n. 6.015, de 31 de dezembro de 1973; ou

VII – notificação extrajudicial destinada à constituição em mora.

Ainda, o tabelião de notas poderá instaurar a conciliação ou a mediação dos interessados, desde que haja concordância do requerente, nos termos da respectiva disciplina normativa do Código Nacional de Normas.

Tanto a qualificação notarial quanto a registral devem atentar-se para expedientes fraudulentos ou de tentativa de burla à lei. Destarte, a qualificação notarial ou registral será negativa sempre que se verificar, em qualquer tempo do processo, ilicitude, fraude à lei ou simulação (Provimento CNJ 149/2023, art. 440-I).

O requerimento e os documentos obrigatórios que o instruem poderão ser apresentados pela via eletrônica, através do Operador Nacional do Sistema de Registro Eletrônico de Imóveis (ONR), o que é muito recomendável. A tramitação eletrônica é mais célere, eficiente e menos dispendiosa tanto para as partes como para o Ofício de Registro de Imóveis. (Provimento CNJ 149/2023, arts. 440-M, § 1º e 440-N).

O próprio tabelião de notas, prestando assessoria completa e integral ao usuário, como *sói acontecer*, poderá encarregar-se de emparelhar eletronicamente o requerimento inicial e os documentos (Provimento CNJ 149/2023, art. 440-M, § 4º).

Apresentados o requerimento inicial e os documentos obrigatórios e complementares que o instruem deverá o Oficial do Registro de Imóveis autuar e processar o pedido preferencialmente, pelos mesmos motivos, em ambiente eletrônico (Provimento CNJ 149/2023, art. 440-M, §§ 2º e 3º).

5.2. Fase instrutória

Se, após qualificação preliminar, o Oficial verificar que o requerimento inicial está formalmente em ordem e acompanhado dos documentos obrigatórios, procederá à notificação do(s) requerido(s) (Provimento CNJ 149/2023, art. 440-R).

Caso seja incerto ou desconhecido o endereço de algum requerido, a sua notificação por edital será solicitada pelo requerente, mediante demonstração de que tenha esgotado todos os meios ordinários de localização (Provimento CNJ 149/2023, art. 440-O).

Também se consideram requeridos e deverão ser notificados o cônjuge e o companheiro, nos casos em que a lei exija o seu consentimento para a validade ou eficácia do ato ou negócio jurídico que dá fundamento à adjudicação compulsória (Provimento CNJ 149/2023, art. 440-P).

O instrumento da notificação será elaborado pelo oficial do registro de imóveis, que o encaminhará pelo correio, com aviso de recebimento, facultado o encaminhamento por oficial de registro de títulos e documentos. Sem prejuízo dessas providências, deverá ser enviada mensagem eletrônica de notificação, se houver prova de endereço eletrônico do requerido. Por óbvio, as despesas de notificação, em qualquer modalidade, serão pagas pelo requerente (Provimento CNJ 149/2023, art. 440-T).

Com efeito, a notificação conterá nos termos do art. 440-S do Provimento CNJ 149/2023:

I – a identificação do imóvel;

II – o nome e a qualificação do requerente e do requerido;

III – a determinação para que o requerido, no prazo de 15 (quinze) dias úteis, contados a partir do primeiro dia útil posterior ao dia do recebimento da notificação: a) anua à transmissão da propriedade; ou b) impugne o pedido, com as razões e documentos que entender pertinentes;

IV – a advertência de que o silêncio do requerido poderá implicar a presunção de que é verdadeira a alegação de inadimplemento;

V – instruções sobre a forma de apresentação da impugnação.

No ciclo das notificações, algumas eventualidades podem ser verificadas, a saber:

a) Requerido pessoa jurídica: será eficaz a entrega da notificação a pessoa com poderes de gerência geral ou de administração ou, ainda, a funcionário responsável pelo recebimento de correspondências (Provimento CNJ 149/2023, art. 440-U, *caput*).

b) Pessoa jurídica extinta: a notificação será enviada ao liquidante ou ao último administrador conhecido. Sendo desconhecidos o liquidante ou o último administrador, ou se estiverem em lugar incerto ou desconhecido, a notificação será feita por edital (Provimento CNJ 149/2023, art. 440-U, §§ 1º e 2º).

c) Condomínios edilícios ou empreendimentos imobiliários com controle de acesso: a notificação será válida quando entregue a funcionário responsável pelo recebimento de correspondência (Provimento CNJ 149/2023, art. 440-V).

d) Requerido falecido: poderão ser notificados os seus herdeiros legais, contanto que estejam comprovados a qualidade destes, o óbito e a inexistência de inventário judicial ou extrajudicial. Havendo inventário, bastará a notificação do inventariante (Provimento CNJ 149/2023, art. 440-W).

Também é possível que as notificações sejam fictas, especialmente por edital. Infrutíferas as tentativas de notificação pessoal, e não sendo possível a localização do requerido, o oficial de registro de imóveis procederá à notificação por edital, na forma do art. 440-X do Provimento CNJ 149/2023, a saber:

I – o oficial de registro de imóveis, a expensas do requerente, promoverá a notificação mediante a publicação do edital, por duas vezes, com intervalo de 15 (quinze) dias úteis, em jornal impresso ou eletrônico; e

II – o edital repetirá o conteúdo previsto para a notificação.

Será considerado em lugar desconhecido, para fins de notificação por edital, o requerido cujo endereço não conste no registro de imóveis nem no instrumento do ato ou negócio jurídico em que se fundar a adjudicação compulsória, contanto que o requerente declare e comprove que esgotou os meios ordinários para sua localização. (Provimento CNJ 149/2023, art. 440-X, § 1º).

Também se procederá à notificação por edital quando ficar provado que o requerido reside fora do país e não tem procurador munido de poderes para a outorga do título de transmissão (Provimento CNJ 149/2023, art. 440-X, § 2º).

Seja como for, via notificação pessoal ou editalícia, dois são os caminhos possíveis em relação à postura do requerido: i) manifestação de anuência expressa ao pedido ou seu silêncio no prazo legal (anuência presumida) (Provimento CNJ 149/2023, art. 440-Y); ou ii) impugnação ao pedido (Provimento CNJ 149/2023, art. 440-Z).

Sendo o caso de impugnação, será aberto contraditório com a possibilidade de o requerente manifestar-se a respeito. Com ou sem manifestação o Oficial do Registro de Imóveis prolatará decisão sobre o conteúdo da impugnação, podendo, inclusive, promover audiências de conciliação ou mediação, se o caso (Provimento CNJ 149/2023, art. 440-AA).

A cognição do Oficial nesse momento será limitada à apreciação plausabilidade da impugnação. Para tanto a normativa estabelece balizas relevantes. O Registrador Predial indeferirá a impugnação, indicando as razões que o levaram a tanto, dentre outras hipóteses, quando: I – a matéria já houver sido examinada e refutada em casos semelhantes pelo juízo competente; II – não contiver a exposição, ainda que sumária, das razões da discordância; III – versar matéria estranha à adjudicação compulsória; IV – for de caráter manifestamente protelatório (Provimento CNJ 149/2023, art. 440-AB).

Há, ainda, na hipótese de impugnação não resolvida amigavelmente, "remessa necessária" ao Juízo Corregedor Permanente. Essa tramitação vem regulamentada pelos arts. 440-AC a 440-AE do Provimento CNJ 149/2023. Ocorre que rejeitada a impugnação pelo Oficial, o requerido poderá recorrer, no prazo de 10 (dez) dias úteis, e o Oficial notificará o requerente para se manifestar, em igual prazo sobre o recurso. Se, porém, for acolhida a impugnação, o Oficial notificará o requerente para que se manifeste em 10 (dez) dias úteis. Com ou sem manifestação sobre o recurso ou havendo manifestação de insurgência do requerente contra o acolhimento, os autos serão encaminhados ao juízo que, de plano ou após instrução sumária, examinará apenas a procedência da impugnação.

Finalmente, acolhida a impugnação, o juiz determinará ao Oficial de Registro de Imóveis a extinção do processo e o cancelamento da prenotação. Rejeitada a impugnação, o juiz determinará a retomada do processo perante o oficial de registro de imóveis.

Deve-se ter claro: em qualquer das hipóteses, a decisão do juízo esgotará a instância administrativa acerca da impugnação.

5.3. Fase decisória

Superada a instrução do processo extrajudicial da adjudicação compulsória, passa-se então ao juízo definitivo da pretensão, isto é, a qualificação final do pedido pelo Oficial de Registro de Imóveis.

Em realidade, não havendo impugnação, afastada a que houver sido apresentada, ou anuindo o requerido ao pedido, o Oficial, em 10 (dez) dias úteis: I – expedirá nota devolutiva para que se supram as exigências que ainda existirem; ou II – deferirá ou rejeitará o pedido, em nota fundamentada, conforme determina o art. 440-AF do Provimento CNJ 149/2023.

Nos processos extrajudiciais perante o Ofício de Registro de Imóveis vale a aplicação do princípio da complementariedade documental (LRP, art. 176, § 17). É dizer, os elementos de especialidade objetiva ou subjetiva que não alterarem elementos essenciais do ato ou negócio jurídico, se não constarem dos autos do processo de adjudicação compulsória ou dos assentos e arquivos do ofício de registro de imóveis, poderão ser complementados por documentos ou, quando se tratar de manifestação de vontade, por declarações dos proprietários ou dos interessados, sob sua responsabilidade.

Em caso de exigência ou de rejeição do pedido, caberá dúvida (Lei 6.015/1973, art. 198).

Sobre situação tabular em cotejo com a pretensão em exame pelo Oficial do Registro, é certo que os direitos reais, ônus e gravames que não impeçam atos de disposição voluntária da propriedade não obstarão a adjudicação compulsória (Provimento CNJ 149/2023, art. 440-AG). São exemplos desses ônus reais que não impedem a disposição patrimonial voluntária: protesto contra alienação de bens

(CPC, art. 301); averbações premonitórias (CPC, art. 828); averbações que noticiam a existência de ação (Lei 13.097/2015, art. 54, incisos IV e V); arrolamento fiscal (Lei 9.532/1997, art. 64); penhoras em execuções que não sejam contra a Fazenda Nacional (CPC, arts. 839 e 844); servidões prediais (CC, arts. 1.378 e ss.) e administrativas (DL 3.365/1941, art. 40); ônus ambientais (Lei 12.651/2012, art. 2º, § 2º) etc.

Quanto à indisponibilidade de bens, constrição judicial muito utilizada no meio forense, por vezes até com violação dos princípios da proporcionalidade e razoabilidade,[1169] andou mal a normativa nacional ao determinar que caso não seja ela cancelada até o momento da decisão final o pedido deve ser indeferido (Provimento CNJ 149/2023, art. 440-AH). Não é demais lembrar que a decisão do Oficial neste processo extrajudicial apenas forma o *título* que será, *a posteriori*, objeto de *registro* (este sim, *modo* de transmissão da propriedade). E, como cediço, a indisponibilidade de bens apenas obsta o registro da transmissão da propriedade. Não é por outro motivo que o Provimento CNJ 149/2023, em seu art. 320-F, parágrafo único, autoriza o Tabelião de Notas a lavrar a escritura de venda e compra imobiliária mesmo que pendente ordem de indisponibilidade em desfavor do outorgante. Assim, é curial admitir que ainda que pendente ordem de indisponibilidade, presentes os requisitos legais, seja deferido o pedido de adjudicação compulsória extrajudicial, cuja decisão concessiva somente será objeto de registro na matrícula do imóvel após o levantamento da ordem de indisponibilidade. Impedir o deferimento do pedido no âmbito do processo extrajudicial é, ao fim e ao cabo, desconsiderar que o sistema de transmissão da propriedade imobiliária no direito brasileiro exige *título e modo*.

Demais disso, deve o Oficial do Registro de Imóveis se atentar que não é condição para o deferimento e registro da adjudicação compulsória extrajudicial a comprovação da regularidade fiscal do transmitente, a qualquer título. Bem assim que para as unidades autônomas em condomínios edilícios não é necessária a prévia prova de pagamento das cotas de despesas comuns (Provimento CNJ 149/2023, arts. 440-AI e 440-AJ).

De outro bordo, merece aplausos a normativa nacional quando esclarece ser perfeitamente possível a adjudicação compulsória de bem da massa falida, contanto que o relativo ato ou negócio jurídico seja anterior ao reconhecimento judicial da falência, ressalvado o disposto nos arts. 129 e 130 da Lei n. 11.101/2005. A mesma regra aplicar-se-á em caso de recuperação judicial (Provimento CNJ 149/2023, art. 440-AK).

Por último, o pagamento do imposto de transmissão (ITBI) deve ser postergado ao máximo no iter processual, somente sendo exigível do interessado ao final, quando o Oficial qualificar o mérito do pedido positivamente, concedendo a adjudicação. Destarte, o pagamento do imposto de transmissão será comprovado pelo requerente antes da lavratura do registro, dentro de 5 (cinco) dias úteis, contados da notificação que para esse fim lhe enviar o Oficial de Registro de Imóveis (Provimento CNJ 149/2023, art. 440-AL). Esse prazo poderá ser sobrestado, se comprovado justo impedimento. No entanto, não havendo pagamento do imposto, o processo será extinto, nos termos do art. 440-J do Código Nacional de Normas.

6. Emolumentos

A ata notarial para fins de adjudicação compulsória extrajudicial possui cobrança idêntica à ata para fins de usucapião extrajudicial, sendo considerado como base de cálculo o valor de mercado (venal) do imóvel ou o declarado pelo interessado, o que for maior (Provimento CNJ 149/2023, art. 423, I).

Na mesma ambiência, os emolumentos para o processo extrajudicial de adjudicação compulsória seguem, por disposição normativa remissiva, a regulamentação do processo extrajudicial de usucapião, sendo feita, pois, a cobrança por cada um dos fatos geradores: *(i)* processamento do pedido + *(ii)* ato de registro (Provimento CNJ 149/2023, art. 440-AM). Demais disso, são devidas as custas inerentes às notificações e eventuais publicações de editais.

[1169] RIBEIRO, Moacyr Petrocelli de Ávila. *Da indisponibilidade de bens no Registro de Imóveis*. São Paulo: Instituto de Registro Imobiliário do Brasil (IRIB), 2024. (Coleção Cadernos IRIB). p. 162-164.

7. Tabela comparativa entre as pretensões de usucapião e adjudicação compulsória

Critério	Usucapião	Adjudicação compulsória
Natureza da pretensão	Real	Pessoal
Ata notarial – competência	Situação do imóvel	Qualquer tabelionato
Prova elementar	Situação de fato: posse *ad usucapionem* (+ tempo)	Situação jurídica: relação jurídica contratual (+ quitação)
Processamento	Anuência ou notificação de confinantes + Entes federados + edital terceiros	Anuência ou notificação do requerido + prova de seu inadimplemento em outorgar
ITBI	Não incide	Incide
Via facultativa/ Impugnações fundamentadas/ Emolumentos	Sim para todos	Sim para todos

 Jurisprudência

1. Adjudicação compulsória e especialidade subjetiva

"Adjudicação compulsória. Flexibilidade de especialização subjetiva. Tratamento da ausência de regime de bens no registro. A falta de CPF dos promitentes vendedores não é empecilho para registro da adjudicação compulsória, sobretudo quando impossível ou extremamente difícil sua obtenção em razão de óbito dos titulares, que por outras evidências do título, são perfeitamente identificáveis. A ausência de regime de bens de casamento no registro anterior autoriza a presunção do regime legal (comunhão universal até a Lei 6.515/1977 e comunhão parcial após referida legislação) para fins de análise de continuidade e disponibilidade" (TJSP – Ap. Cív. 000228-25.2018.8.26.0584, CSMSP, Rel. Des. Geraldo Francisco Pinheiro Franco, j. 16/05/2019).

2. Adjudicação compulsória e princípio da continuidade

"Adjudicação compulsória. Necessidade de observância da continuidade. Titular tabular não participou da ação. Para que haja guarida no registro a pretensão de adjudicação compulsória tem que contar com a participação no processo dos titulares tabulares. Vale dizer, se a ação for movida contra eventuais cedentes extra-tabulares, mas o imóvel se encontra na titularidade de pessoas diversas será necessária a participação desses titulares no processo, sob pena de violação ao trato consecutivo. No caso a *actio* foi movida contra os cedentes não tendo sido incluído no polo passivo os titulares de domínio. Qualificação negativa de rigor" (TJSP – Ap. Cív. 1001281-67.2020.8.26.0100, CSMSP, Rel. Des. Ricardo Mair Anafe, j. 20/08/2020).

3. Adjudicação compulsória é modo derivado de aquisição da propriedade

"Adjudicação compulsória tem natureza de aquisição derivada. A sentença proferida em ação de adjudicação compulsória deve conter os mesmos requisitos os quais seriam exigíveis ao título que ela, por declaração judicial, supriu, de modo que, se não fosse possível o registro da escritura, a sentença também não terá ingresso no fólio real, caso possua os mesmos elementos. Fundamental, portanto, que se observe a continuidade registrária e o princípio da especialidade objetiva. O fato por si só de se tratar de um ato de registro em sentido estrito que dá ensejo a abertura de matrícula não afasta o dever do oficial de buscar o mínimo de individuação objetiva do bem. Registro flutuante, com vício de ablaqueação que impede o descerramento da matrícula" (TJSP – Ap. Cív. 1013660-80.2018.8.26.0562, CSMSP, Rel. Des. Geraldo Francisco Pinheiro Franco, j. 13/06/2019).

4. Adjudicação compulsória e indisponibilidade de bens

"Adjudicação compulsória e indisponibilidade de bens. Ainda que se trate de adjudicação compulsória o título judicial lastreia-se em alienação voluntária do imóvel, sendo certo que o Estado-juiz apenas substitui a vontade do proprietário faltoso. Assim, pendente ordem de indisponibilidade em desfavor do proprietário não será possível o registro da carta de sentença até que seja levantada a indisponibilidade" (TJSP – Ap. Cív. 1014772-77.2019.8.26.0068, CSMSP, Rel. Des. Ricardo Mair Anafe, j. 05/06/2020).

5. Adjudicação compulsória e limites da qualificação registral

"Adjudicação compulsória não encerra, em princípio, ordem advinda do Poder Judiciário, mas título judicial passível de qualificação. Se na matrícula consta o réu da ação casado, não tendo seu cônjuge participado do processo incabível o registro do título por violação ao princípio da continuidade em seu viés subjetivo. Inconcebível admitir que o cônjuge tenha seu direito de propriedade suprimido sem que tenha participado do processo" (TJSP – Ap. Cív. 1017221-30.2020.8.26.0405, CSMSP, Rel. Des. Ricardo Mair Anafe, j. 21/11/2006).

6. Adjudicação compulsória de imóvel rural por estrangeiro

"Adjudicação compulsória de imóvel rural por estrangeiro. A circunstância da aquisição do imóvel ter decorrido de adjudicação em processo judicial não exclui a incidência da Lei 5.709/1971, uma vez que a norma jurídica em questão menciona aquisição imobiliária em sentido amplo, não restringindo apenas às hipóteses de aquisição derivada por meio compra e venda ou permuta. O ponto fundamental é a transmissão da propriedade em decorrência de requerimento (vontade) de pessoas físicas com situação jurídica de estrangeiro, pouco importando se tal decorreu de adjudicação em processo judicial ou outra modalidade. Entende-se pelo caráter voluntário da aquisição por meio de adjudicação compulsória. A interpretação sistemática da lei redunda na vedação de aquisição de imóveis rurais por estrangeiros não residentes. Permissão de residência temporária comprovada no Brasil não exclui a vedação legal contida no artigo 1º, *caput*, da Lei 5.709/1971, ou seja, a impossibilidade de aquisição de imóvel rural por estrangeiro não residente. Em outras palavras, a permissão de residência temporária não se equipara a situação jurídica de estrangeiro com residência permanente, portanto, inexistente autorização de residência permanente, permanece a restrição legal. A alegação de não recepção da Lei pela CF/1988 não pode ser acolhida na estreita via administrativa, permanecendo a presunção de constitucionalidade das leis. Aquisição do imóvel em condomínio, de sorte que há condôminos que não estariam abrangidos na vedação da lei. Entendeu-se que os demais condôminos são atingidos por via reflexa ante a impossibilidade de aquisição de imóvel rural por estrangeiro que não possui autorização de residência definitiva no Brasil. Em virtude da aquisição imobiliária na modalidade de condomínio geral, não é possível a cisão do título para fins de registro ante sua unidade. A divisibilidade do imóvel encerra fato jurídico diverso da aquisição em comunhão de direitos" (TJSP, Ap. Cív. 0002071-85.2016.8.26.0269, CSMSP, Des. Geraldo Francisco Pinheiro Franco, j. 26/02/2019).

7. Adjudicação compulsória e especialidade objetiva

"Terreno com 205,50m2 no qual estão edificadas e averbadas três casas. Ação de Adjudicação compulsória somente em relação a uma delas e a um terreno com 75m2. Necessidade de prévio desdobro com autorização municipal. As averbações das construções não ensejam ou equivalem ao desdobro do registro. A autorização para desdobro não decorre da autorização para averbação da construção. Desse modo, a simples averbação de mais de uma construção não implica em automática divisão do terreno, permanecendo o imóvel único tanto perante o Registro como em relação à municipalidade. A existência de cadastro municipal de terrenos separados para fins de lançamento de IPTU não supre a exigência de autorização municipal para o desdobro" (TJSP, Ap. Cív. 1047710-97.2017.8.26.0100, CSMSP, Rel. Des. Geraldo Francisco Pinheiro Franco, j. 05/07/2018).

8. Adjudicação compulsória e necessidade de prévia averbação da construção

"Do contrato de compra e venda do imóvel, da petição inicial e da sentença proferida na ação de adjudicação constam que se trata de imóvel residencial, localizado na Rua Félix José Domingues, 101, de sorte que o negócio jurídico teve por objeto não apenas o terreno, mas a casa sobre ele construída. Em sendo assim, é mister seja averbada a construção junto à matrícula do imóvel, tal como exigido pelo Oficial de Registro e como decidido em sentença: 'A averbação da construção do imóvel é necessária para adequação do registro com sua situação atual'. De outra parte, eventual omissão da vendedora do imóvel em realizar a averbação da construção na correspondente matrícula não socorre a apelante. Diante da necessidade de que haja correspondência entre a realidade e a

Art. 216-B | LEI DE REGISTROS PÚBLICOS COMENTADA

descrição do imóvel, é preciso que se faça a averbação. Como novamente constou em sentença: 'o fato de a vendedora ter negociado o imóvel sem a respectiva regularização não constitui justificativa suficiente para eximir a interessada quanto a sua necessidade'". (TJSP, Ap. Cív. 0005862-55.2021.8.26.0344, CSMSP, Rel. Des. Fernando Antônio Torres Garcia, j. 11/02/2022).

9. Adjudicação compulsória é alternativa à recusa do vendedor em outorgar a escritura definitiva

"Compromisso de venda e compra, ainda que celebrado por escritura pública, não tem aptidão para transmitir o domínio. A promessa de compra e venda – ou seja, o compromisso –, em que não conste cláusula de arrependimento, celebrada por instrumento público ou particular, desde que registrada, não confere ao promitente comprador o direito de propriedade, mas direito real à aquisição do imóvel. E como se dá essa aquisição? O art. 1.418 o diz. Por meio de escritura definitiva – após o pagamento do preço. Se ela não for outorgada, cabe ao promitente comprador requerer ao juiz a adjudicação compulsória. Logo, são duas as formas de o promitente comprador, que pagou o preço, adquirir a propriedade: por meio da outorga de escritura definitiva, ou por intermédio da adjudicação compulsória. O compromisso de compra e venda, ainda que lavrado por instrumento público e registrado, não dá ao promitente comprador senão o direito real de aquisição. A regra do art. 108 do CC só se considera observada, dessa forma, com a lavratura de escritura pública definitiva, uma vez que apenas ela transfere a propriedade. Apesar de o contrato preliminar concentrar a maioria da carga negocial, o seu objeto é a outorga da escritura definitiva, condição indispensável à transferência do domínio, segundo os arts. 108 e 1.245 do Código Civil, salvo hipóteses excepcionadas em legislação especial, ou se referirem a imóveis de valor inferior a trinta vezes o valor do salário mínimo, caso em que se admite o contrato escrito particular" (TJSP, Ap. Cív. 1066059-56.2014.8.26.0100, CSMSP, Rel. Des. Hamilton Elliot Akel, j. 11/06/2015).

10. Recolhimento do ITBI como requisito para o registro da adjudicação compulsória

"A regra é a incidência do ITBI por se tratar de modo de aquisição derivado da propriedade. O recolhimento do tributo, em determinados casos, pode acontecer de modo antecipado, seja por ocasião do registro do compromisso ou mesmo da aquisição dos direitos sobre o imóvel, conforme diretriz da legislação municipal. No presente caso entendeu-se como inexigível duplo recolhimento do ITBI quando feito o recolhimento por ocasião do registro da arrematação dos direitos de compromissário comprador. Apresentada posterior carta de adjudicação compulsória de rigor o seu registro sem novo recolhimento do ITBI. Embora se trate de hipótese de efetiva transferência da propriedade, o recolhimento foi realizado antecipadamente, na ocasião do registro da carta de arrematação dos direitos sobre o imóvel. Hipótese na qual o alienante permaneceu como dono. Inexigível duplo recolhimento. Precedentes do Conselho Superior da Magistratura, amparados em julgados do STJ e do STF" (TJSP, Ap. Cív. 0009528-83.2014.8.26.0223, CSMSP, Rel. Des. Xavier de Aquino, j. 15/12/2015).

11. Cessão de direitos hereditários não é título hábil para aparelhar pretensão de adjudicação compulsória

"O documento de formal de partilha seria indispensável para a concessão do pedido deduzido na petição inicial, pois as duas sucessivas cessões de direitos hereditários não podem servir como base para a pretensão de adjudicação compulsória, porquanto elas não comprovam a efetiva aquisição do imóvel, mas, tão somente, a aquisição de direitos sobre a totalidade de uma herança" (STJ, AgInt no AREsp 1.955.484/DF, 3ª Turma, Rel. Min. Moura Ribeiro, j. 12/12/2022).

12. Indispensabilidade da prova de quitação integral do preço e irrelevância de alegação de prescrição da dívida

"Não há falar-se em outorga de escritura pública de imóvel mediante ação de adjudicação compulsória quando não provada a quitação integral do preço ajustado, sendo irrelevante o fato de o débito já se encontrar prescrito.

A quitação do preço do bem imóvel pelo comprador constitui pressuposto para postular sua adjudicação compulsória, consoante o disposto no art. 1.418 do Código Civil de 2002. A prescrição pode ser definida como a perda, pelo titular do direito violado, da pretensão à sua reparação. Inviável se admitir, portanto, o reconhecimento de inexistência da dívida e quitação do saldo devedor, uma vez que a prescrição não atinge o direito subjetivo em si mesmo" (STJ, AgInt no AREsp 1.816.356/ES, 4ª Turma, Rel. Min. Raul Araújo, j. 12/09/2022).

13. Natureza jurídica e cabimento da adjudicação compulsória

"O direito à adjudicação compulsória é de caráter pessoal, restrito aos contratantes, não se condicionando a *obligatio faciendi* à inscrição no registro de imóveis. No caso concreto, o Eg. Tribunal estadual concluiu que as partes celebraram negócio jurídico com divisão e transferência de imóvel. A pretensão recursal, no sentido de alterar a natureza jurídica do contrato celebrado entre as partes, demandaria a interpretação de cláusulas contratuais e o revolvimento fático-probatório dos autos, providências incompatíveis com a interposição do apelo nobre, a teor das Súmulas 5 e 7 do STJ" (STJ, AgInt no REsp 1.546.262/MT, 4ª Turma, Rel. Min. Raul Araújo, j. 22/08/2022).

14. Adjudicação compulsória e incorporação imobiliária

"O propósito recursal consiste em definir, além da existência de negativa de prestação jurisdicional, se é possível a adjudicação compulsória de imóvel objeto de contrato de compromisso de compra e venda firmado com quem não era proprietário do bem. A incorporação imobiliária envolve a promessa de venda de uma coisa futura, composta por edificações erguidas em um único terreno, sobre as quais haverá titularidade exclusiva da unidade ocupada pelo adquirente, mas compartilhada a propriedade do terreno com os demais adquirentes, em regime de condomínio. É obrigação legal do incorporador levar a registro, na matrícula do imóvel a ser incorporado, o memorial de incorporação a fim de gerar segurança jurídica às relações que envolvam o bem, de modo que, enquanto não registrado o memorial, não se pode comercializar as unidades autônomas futuras. O incorporador poderá ser destituído pela maioria absoluta dos votos dos adquirentes das unidades autônomas quando, sem justa causa, paralisar as obras por mais de 30 (trinta) dias ou retardar-lhes excessivamente o andamento. Contudo, para que haja a adjudicação compulsória do imóvel pelos adquirentes é imprescindível a formalização da incorporação, mediante o registro do memorial na matrícula do imóvel. Na espécie, inviável adjudicação do imóvel, pois o memorial de incorporação não foi devidamente registrado no Cartório de Registro de Imóveis e a comercialização dos bens se deu por pessoa que não possuía sequer uma perspectiva de aquisição do domínio do terreno. Contudo, o descumprimento da obrigação de registro do memorial de incorporação pelo incorporador não implica a invalidade ou nulidade do contrato de compromisso de compra e venda, pois este gera efeitos obrigacionais entre as partes e, até mesmo, contra terceiros. Assim, a questão deverá ser resolvida pela rescisão do contrato e a condenação da suposta incorporadora por perdas e danos" (STJ, REsp 1.770.095/DF, 3ª Turma, Rel. Min. Marco Aurélio Bellizze, j. 10/05/2022).

15. Aspectos processuais da pretensão de adjudicação compulsória

"Na ação de adjudicação compulsória, não é necessária a participação dos cedentes como litisconsortes, sendo o promitente vendedor parte legítima para figurar no polo passivo da demanda" (STJ, AgInt no REsp 1.825.467/DF, 3ª Turma, Rel. Min. Nancy Andrighi, j. 26/10/2020).

"A orientação jurisprudencial deste Tribunal Superior é no sentido de que o valor atribuído à ação de adjudicação compulsória corresponde ao preço do imóvel constante no contrato. Segundo a jurisprudência do Superior Tribunal de Justiça, a 'previsão legal tanto do CPC/73 (art. 259, V), como do CPC/2015 (art. 292, II), de que o valor da causa será, 'na ação que tiver por objeto a existência, a validade, o cumprimento, a modificação, a resolução, a resilição ou a rescisão de ato jurídico, o valor do ato ou o de sua parte controvertida'" (STJ, AgInt nos EDcl no AREsp 1.756.639/DF, 3ª Turma, Rel. Min. Marco Aurélio Bellizze, j. 26/4/2021).

16. Adjudicação compulsória através de carta de sentença arbitral

"De início, vale destacar que a carta de sentença arbitral figura como título hábil a registro, notadamente porque a sentença arbitral produz os mesmos efeitos daquela proferida pelo Poder Judiciário (artigo 31 Lei n 9.307/96, artigo 221, inciso IV, LRP). Mesmo que a carta arbitral equipare-se aos títulos judiciais, não está isenta de qualificação para ingresso no fólio real. Em verdade, o título derivado de sentença proferida por juiz togado também deve atender a requisitos formais próprios de toda carta de sentença para que seja admitido como título hábil ao registro, sujeitando-se à qualificação. (...) Podemos concluir, em suma, que a origem dos títulos, seja arbitral ou judicial, não basta para garantir ingresso automático no fólio real, cabendo ao Oficial qualificá-los conforme os princípios e as regras que regem a atividade registral. (...) As cartas arbitrais, portanto, devem seguir o mesmo regime, com atendimento aos requisitos formais previstos nos artigos 69, § 1º, e 260, § 3º, do CPC, embora sejam expedidas por árbitro ou tribunal arbitral, na forma autorizada pelo artigo 22-C da Lei n9.307/96. Ainda que a legislação destaque a relação de cooperação e coordenação entre o juízo arbitral e o juízo estatal (artigo 237, IV, do CPC, e artigo 22-C da Lei de Arbitragem), é possível adiar o cumprimento da carta arbitral via decisão devolutiva motivada, quando ela não estiver revestida dos requisitos legais ou houver dúvida acerca de sua autenticidade (artigo 267, I e III, do CPC). Nesse contexto, considerando que a interpretação conferida pelo CNJ ao artigo 221, IV, da Lei n 6.015/73, é no sentido de que a carta arbitral é título hábil para inscrição independentemente de manifestação do Poder Judiciário, incumbirá ao Registrador a verificação dos requisitos formais e, havendo dúvida acerca de sua autenticidade, poderá devolvê-la, esclarecendo sua motivação e exigindo providências suficientes para contornar a insegurança detectada" (1ª VRPSP, Processo 1144150-82.2022.8.26.0100, Juíza Luciana Carone Nucci Eugênio Mahuad, j. 03/02/2023).

17. Adjudicação compulsória extrajudicial. Impugnação infundada. Matéria estranha ao procedimento

"Dúvida suscitada por Oficial de Registro de Imóveis acerca da impugnação ao pedido de *adjudicação compulsória* extrajudicial, formulada pelos promitentes vendedores, sob a alegação de ausência de avaliação do imóvel e quitação do preço, em razão de supostas irregularidades no inventário. Não cabimento da impugnação ao procedimento de *adjudicação compulsória* extrajudicial que versa sobre matéria estranha à sua finalidade. Manutenção do indeferimento da impugnação, porquanto a matéria arguida pelos impugnantes (irregularidades no inventário e na avaliação do imóvel) não se relaciona diretamente à validade e eficácia do compromisso de compra e venda, tampouco à comprovação do adimplemento do preço. A impugnação apresenta caráter protelatório e visa rediscutir questões próprias da ação de inventário, em sede inadequada. Julgamento procedente da dúvida para manter o indeferimento da impugnação e determinar o retorno dos autos ao Oficial de Registro de Imóveis para prosseguimento do procedimento extrajudicial" (1ªVRPSP – Processo 1142660-54.2024.8.26.0100, Juíza Renata Pinto Lima Zanetta, j. 01/10/2024).

CAPÍTULO IV
DAS PESSOAS

Art. 217. O registro e a averbação poderão ser provocados por qualquer pessoa, incumbindo-lhe as despesas respectivas.

Referências Normativas

Lei 6.015/1973, arts. 17, 246 e 248.
Lei 11.977/2009, art. 37.
Lei 13.465/2017, art. 76.
Lei 14.382/2022, arts. 1º a 9º.
Provimento 89/2019 do CNJ (Sistema de Registro Eletrônico de Imóveis).
Provimento 115/2021 do CNJ (Custeio do Sistema de Registro Eletrônico de Imóveis).
Provimento 124/2021 do CNJ (Integração das unidades ao SREI).
Provimento 149/2023 (Código Nacional de Normas Extrajudiciais da Corregedoria Nacional de Justiça).

Comentários

1. Princípio da rogação no Registro de Imóveis

O dispositivo disciplina o alcance do princípio da rogação ou instância no Registro de Imóveis. Como se sabe, o oficial registrador não pode praticar de ofício os atos que lhe são atribuídos por lei (*ne procedat tabularius ex officio*). É indispensável que alguém dê início ao processo de registro, requerendo a prática dos atos.

Ainda em cognição vestibular, parece oportuno considerar a etimologia das palavras para melhor compreensão do conteúdo desse princípio registral. Recorre-se, então, às sempre oportunas lições do Desembargador paulista *Ricardo Dip*:

> "*Rogar*" é pedir com instância, com insistência, de modo incessante, é suplicar, "pedir por favor" (Laudelino), vocábulo que provém do verbo latino *rogo* (infinitivo *rogare*), mas que tem parentesco com o verbo *rego* (infinitivo *regere*), "dirigir-se a", "demandar", "interrogar" (Ernout-Meillet). Seu derivado *rogatio* significa "demanda", "questão", "oração", e com os prefixos *ab* e *de* leva ao sentido de supressão (*abrogatio, derogatio*), ao passo em que a prefixação *ad* lhe induz a ideia de acréscimo ou associação (*adrogatio*), "demanda adicional". O vernáculo masculino "rogador" significava, nos séculos XIV e XV, "advogada, medianeira, intercessora" (de um documento viseense de 1356 consta a expressão "Santa Maria, Rogador dos pecadores" – cf. Viterbo). A rogação registral também se designa instância: do latim *instantia*, *æ*, que tem, neste quadro, as acepções de "constância", "persistência", "perseverança", "veemência", ou seja: corresponde a pedido insistente, forte, assíduo, e Jerónimo González usa ainda, por sinônimo de "rogação", o termo *voluntariedade*.[1170]

Assim, percebe-se efetivamente que o princípio da rogação registral equivale à ideia de disposição, vale dizer, que o processo registrário se subordina à iniciativa do interessado, é um processo sujeito ao dispositivo, em contraposição ao princípio do inquisitivo – em que se procede *propter officium*, situação sempre excepcional no ambiente registral predial como se verá adiante.

De saída, deve-se deixar assentado que a obrigatoriedade dos atos de registro como propalado pela LRP (art. 169) – diz-se que atos de registro e averbação nela previstos são *obrigatórios* – não invalida ou afasta a necessidade de que haja a iniciativa a parte para o início do processo registral. Ocorre, em verdade, que a necessidade de rogação para a prática de atos de registro (*lato sensu*) não gera, *ipso facto*, a facultatividade da inscrição predial, mas, isto sim, alcança o plano de eventual responsabilidade civil do interessado, sem impor a atividade oficiosa do registrador. Tem prevalecido, aliás, a ideia de que o registro é um *ônus* do interessado que assume os riscos de sua inércia. Equivale dizer, caso não promova a inscrição predial estabelecida em lei estará sujeito a todas as consequências jurídicas de sua falta. À guisa de exemplo, um comprador que não registra seu título aquisitivo no fólio real sujeita-se à possibilidade de o vendedor alienar a outrem o imóvel; a eventuais constrições judiciais e gravames (*v.g.*, penhoras, ordens de indisponibilidade) que possam recair sobre o patrimônio do vendedor já que este ainda figura como proprietário tabular no registro etc.

De outro ângulo, quadra ressalvar ainda sobre a pretensão de registro e iniciativa da parte que quem diz qual ato será praticado na matrícula de um imóvel é a *lei* e não o interessado. Assim, por exemplo, se for requerida a prática de um ato de registro em sentido estrito quando a lei determina a averbação (*v.g.*, caução locatícia, art. 38, § 1º, da Lei 8.245/1991) ou, ao reverso, se for rogada a prática de averbação quando o correto é ato de registro (*v.g.*, usufruto, art. 167, I, nº 7) compete ao registrador imobiliário seguir a boa técnica e cumprir a estrita legalidade com a roupagem jurídica dada pela norma e não aquela pretendida pelo interessado. Esse raciocínio aplica-se, inclusive, às ordens judiciais que, não raro, determinam a prática de ato de averbação, quando o correto seria registro *stricto sensu* e vice-versa.

Embora a regra basilar seja de fácil intelecção, ou seja, aquela segundo a qual o registrador não pode praticar qualquer ato sem iniciativa da parte, descortina-se, em passo seguinte, relevante desafio em aferir quem possui efetivamente legitimação para iniciar o processo de registro. A engenharia do sistema registral brasileiro autoriza que a análise dessa legitimação seja bipartida a depender da natureza jurídica do ato a ser praticado: registro *stricto sensu* ou averbação.

Antes, porém, de enfrentar cada uma dessas situações, vale recordar a disposição geral prevista no art. 13 da LRP, aplicável a todas as especialidades de registros públicos, segundo a qual, salvo as anotações e as averbações obrigatórias, os atos do registro serão praticados: I – por ordem judicial; II – a requerimento verbal ou escrito dos interessados; III – a requerimento do Ministério Público,

---

[1170] DIP, Ricardo Henry Marques. *Registro de imóveis (princípios): série registros sobre registros*. t. III. São Paulo: Editorial Lepanto, 2019. p. 9.

Art. 217 | LEI DE REGISTROS PÚBLICOS COMENTADA

quando a lei autorizar. Trata-se de diretriz genérica, devendo ser observada apenas quando a lei não veicular disciplina específica para a prática de atos registrários.

2. Rogação para atos de registro em sentido estrito

O sistema registral brasileiro é de *título* e *modo*. Isso significa que a transmissão da propriedade imobiliária não ocorre com a simples formalização do acordo de vontades. É necessário algo a mais. É indispensável que se realize a efetiva transmissão da propriedade por meio de um *modo* determinado na lei:[1171] a *traditio* para bens móveis (CC, art. 1.226) e o *registro* para bens imóveis (CC, art. 1.227). O processo de transmissão de bens imóveis, portanto, cinge-se a duas fases: a do negócio jurídico obrigacional e a do registro.

Uma breve passagem pelo direito comparado auxilia na intelecção do sistema de transmissão da propriedade imóvel no Brasil. Em alguns países, como *França* e *Portugal*, a transmissão imobiliária ocorre com o simples acordo de vontades; até existe um sistema de registro, mas que possui outras características peculiares, não propriamente como formalidade necessária à transmissão das coisas ou modo de aquisição da propriedade. Há, ainda, outros sistemas mais complexos, como é o caso da Alemanha, em que há em verdade três fases para o processo de transmissão imobiliária: além do negócio do direito das obrigações, há uma fase intermediária à do registro na qual se formaliza o chamado *negócio júri-real* no qual o vendedor autoriza efetivamente o registro em favor do comprador; fase essa que possui autonomia, abstração, sendo, pois, desvinculada da fase inicial de direito obrigacional.

Embora, de fato, o Brasil desde suas primeiras legislações registrárias tenha muito se inspirado no sistema registral alemão, pode-se dizer com tranquilidade que não há aqui – e, em realidade, nunca houve – a complexidade do sistema tedesco, nem tampouco a autonomia e abstração lá existentes entre os planos de direito obrigacional e o registro. Ao reverso, o sistema de registro de imóveis brasileiro é causal, vinculando-se o registro à validade do título que lhe deu causa (LRP, art. 216). Nas palavras de *Afrânio de Carvalho*, "a validade da inscrição depende da validade do negócio jurídico que lhe dá origem e da faculdade de disposição do alienante".[1172] Ademais, não se vislumbra no sistema brasileiro a fase intermediária do negócio jurídico de direito das coisas, no qual o alienante autoriza o registro da propriedade em favor do adquirente, ainda que doutrinadores de escol (*v.g.*, *Pontes de Miranda*)[1173] insistam na tese oposta. É razoável, no entanto, concluir que a autorização para a prática de atos de registro no sistema brasileiro integra o plano da formação do próprio título que concretiza o negócio jurídico basal a deferir a mutação júri-real com a inscrição predial. Exatamente por isso, é da cultura jurídica brasileira que ao final dos contratos que envolvam bens imóveis conste expressamente cláusula geral autorizativa na qual as partes, consensual e expressamente, permitem que o oficial registrador pratique todos os atos necessário à correta publicidade daquele título causal.

A compreensão da engenharia do atual sistema de transmissão da propriedade imobiliária no Brasil ajuda a compreender quem efetivamente possui legitimação para iniciar o processo de registro. Ora, se as partes, quando da formalização do título causal, já manifestaram expressamente acerca da rogação para a prática dos atos registrais, entende-se que, tratando-se de ato de registro em sentido estrito, seria suficiente e adequado que qualquer pessoa que porte o referido título ou o envie eletronicamente para a serventia predial seja considerado legitimado à apresentação. A rigor, sequer cabe ao oficial registrador aferir a capacidade do portador, na medida em que funciona como simples *núncio* ou *mensageiro* das partes. É o exemplo emblemático do *motoboy* que leva o título para ser prenotado na serventia predial, algum prestador de serviço, intermediador, despachante etc. Assim, não é demais falar que até mesmo um incapaz (*v.g.*, jovem de 15 anos, menor absolutamente incapaz) poderia

---

[1171] Acerca da compreensão de *modo*, *Thomas Marky* leciona: "O direito de propriedade, como os direitos em geral, adquire-se em consequência de determinados fatos jurídicos. Esses são os modos de aquisição da propriedade (...)." (MARKY, Thomas. *Curso elementar de direito romano*. 9. ed. rev., atual. e comp. por Eduardo C. Silveira Marchi, Dárcio R. M. Rodrigues, Bernardo B. Queiroz de Moraes e Hélcio M. F. Madeira. São Paulo: YK Editora, 2019. p. 115). No mesmo sentido, a lição de *José Carlos Moreira Alves*: "Os modos de aquisição da propriedade são certos fatos aos quais a ordem jurídica atribui a eficácia de fazer surgir, para alguém, o direito de propriedade sobre uma coisa" (ALVES, José Carlos Moreira. *Direito romano*. v. 1. 13. ed. Rio de Janeiro: Forense, 2000. p. 292).

[1172] CARVALHO, Afrânio. *Registro de Imóveis*. 4. ed. Rio de Janeiro: Forense, 1998. p. 249.

[1173] PONTES DE MIRANDA, Francisco Cavalcanti. *Tratado de direito privado*. t. XI. 3. ed. Rio de Janeiro: Borsoi, 1971. p. 324 e 328.

portar o título para registro em determinada serventia. Isso, no entanto, não desobriga que haja a correta identificação daquele portador do título, ainda que com dados qualificativos mínimos, como a apresentação da carteira de identidade, e dados complementares para posterior contato, como telefone e fornecimento de endereço, físico e eletrônico. Afinal, a apresentação de um título a registro gera a obrigação de pagamento dos emolumentos, conforme bem delimitado pelo art. 217 da LRP (incumbindo-lhe as despesas respectivas).

Colhe-se, nesse sentido, valorosa contribuição do estudioso registrador *Francisco José de Almeida Prado*:

> Entende-se que o portador do título presume-se ter mandato tácito do interessado. Tal abertura, em termos práticos, acaba por franquear a qualquer pessoa a possibilidade de requerer a inscrição, sem embargo da ressalva doutrinária de que, caso o portador do título diga ser ele o próprio interessado, caiba indagar de sua legitimidade. É comum que o tabelião de notas se encarregue de apresentar a registro as escrituras por ele lavradas. Essa prática disseminada tem sido admitida pela Corregedoria-Geral da Justiça, que ressalva, no entanto, que o tabelião não se enquadra na figura de apresentante, requerente do registro. Entende o órgão censório que o tabelião não tem legitimidade para figurar como requerente do processo de registro, porque não tem interesse jurídico pessoal na inscrição, uma vez que a prática do ato registral ou sua eventual denegação não repercute na sua esfera jurídica. Tampouco pode ser considerado mandatário ou gestor de negócios do interessado, pois tal classificação potencialmente conflitaria com atribuições reservadas à advocacia. Nessa ordem de ideias, o tabelião, ao levar títulos a registro, funciona como mero portador material da escritura, simples núncio do apresentante. A consequência prática mais relevante decorrente dessa compreensão é o reconhecimento da ilegitimidade do tabelião para requerer tanto a suscitação de dúvida quanto para impugnar seus termos, ainda que se admita, no Estado de São Paulo, sua intervenção no feito, na qualidade de *amicus curiae*.[1174]

Na mesma linha de raciocínio reverbera o preciso diagnóstico doutrinário de *Walter Ceneviva*:

> *Qualquer pessoa* é expressão inequívoca: não pode o oficial questionar sequer a capacidade do que lhe submete ao protocolo determinado título para registro. Satisfeitos os emolumentos, exigíveis no ato da apresentação, como fixados em seu regimento de custas, poderá ocorrer a transposição dos dados constantes do título para os assentamentos da serventia de imóveis, desde que nele satisfeitas todas as exigências da lei e não atingido o direito de terceiros.[1175]

De rigor, ainda, uma ressalva importante: quando há a formalização de um título causal nos moldes mencionados supra, seja por instrumento público ou particular, pouco importa se o ato buscado é de registro ou averbação, na medida em que a cláusula autorizativa com a rogação ao registrador possui comando suficiente para que seja praticada a inscrição predial prevista em lei. É certo, no entanto, que principalmente quando se fala em "transmissão imobiliária" – seja a título gratuito ou oneroso – ordinariamente, tem-se a prática de ato de registro *stricto sensu* (LRP, art. 167, I, n°s 29 e 33). Além disso, e o que mais releva para a distinção formal da rogação entre as inscrições prediais, reside no fato de que a própria lei faz uma distinção: quando o ato perseguido é de averbação, a LRP exige forma específica em casos tais, com requerimento do interessado, reconhecimento de firma, e instrução com os documentos comprobatórios do fato jurídico que autoriza o averbamento, conforme se verá adiante.

Outra questão basilar é a análise da figura do *apresentante* do título ao Registro de Imóveis. O apresentante do título é aquele que possui *interesse jurídico* no seu registro, podendo, ou não, confundir-se com o portador do título ao cartório. Desse modo, em uma compra e venda na qual "A", proprietário tabular, vende o imóvel para "B". Caso "C", motoboy contratado de "B", porte o título até o cartório deve figurar no *Livro nº 1 – Protocolo* como apresentante "B", que é o adquirente do imóvel, a pessoa que possui legítimo interesse em ver o título registrado e irá arcar com as despesas

---

[1174] COSTA JUNIOR, Francisco José de Almeida Prado; KERN, Marinho Dembinski. *Princípios do registro de Imóveis brasileiro*. 2. ed. São Paulo: Thomson Reuters Brasil, 2022. p. 109.

[1175] CENEVIVA, Walter. *Lei de registros públicos*. 17. ed. São Paulo: Saraiva, 2006. p. 488.

Art. 217 | LEI DE REGISTROS PÚBLICOS COMENTADA

emolumentares (CC, art. 490).[1176] Nada impede, entretanto, que no próprio título causal no âmbito da autonomia privada seja feita a distribuição diversa da responsabilidade dos sujeitos que ficaram responsáveis pelo registro do título na serventia predial.

Por fim, não é demais concluir que o requerimento de prática de ato de registro em sentido estrito é declaração unilateral de vontade receptícia dirigida ao oficial registrador. Cuida-se, em realidade, de negócio jurídico de forma livre, podendo dar-se tanto de forma expressa, por escrito, palavras ou gestos, tácita ou presumida, por *facta concludentia*, tal como a remessa de uma escritura pública pelo correio acompanhada de comprovante de depósito dos emolumentos. Em que pese a liberdade formal, sua exteriorização útil exige, naturalmente, a exibição do título inscritível.[1177]

3. Rogação para atos de averbação

A averbação foi projetada inicialmente para ser ato acessório ao registro, com aptidão para alterar, complementar, reduzir ou cancelar o conteúdo ou os efeitos de um ato registral anterior. Infelizmente, o abalroamento legislativo que a LRP sofreu após sua entrada em vigor desconfigurou, em determinados caso, a *ratio essendi* do ato de averbamento. Hoje, em realidade, são praticadas determinadas averbações que produzem efeito jurídico muito similar ao que se reservou inicialmente para os atos de registro em sentido estrito, como, por exemplo, a averbação de consolidação da propriedade em favor do credor fiduciário na alienação fiduciária em garantia (Lei 9.514/1997, art. 26, § 7º);[1178] constituição de caução locatícia (Lei 8.245/1991, art. 38, § 1º);[1179] entre outros casos.

Muito em razão da natureza inicialmente projetada para as averbações no Registro de Imóveis, é curial que até mesmo por interferir no mais das vezes em direitos já constituídos no fólio real será indispensável a aferição casuística da legitimação para a instância da parte. Assim, por exemplo, só o titular, em princípio, de um direito constituído no fólio tem legitimidade para requerer a retificação daquele registro. Obviamente, não se trata de regra estanque ou imutável: é possível que o titular tenha falecido ou mesmo que tenha alienado o imóvel a um terceiro, sendo que este, de sua vez, para registrar seu título aquisitivo precise retificar o registro anterior. Enfim, há de se comprovar o chamado *interesse jurídico* na prática do ato de averbação.

Esse é o entendimento consagrado no âmbito da *Corregedoria-Geral da Justiça do Estado de São Paulo*:

> A averbação poderá ser provocada por qualquer pessoa (incumbindo-lhe as despesas respectivas – Lei nº 6.015/73, art. 217) que tenha algum interesse jurídico no lançamento das mutações subjetivas e objetivas dos registros imobiliários. Terão legitimidade para exigi-la não só os titulares do direito real, na qualidade de alienantes ou de adquirentes, como anuentes ou intervenientes no negócio jurídico objeto do assento, mas também aquele que, por alguma razão, tenha natural interesse na averbação, mesmo que seu nome não figure no registro.[1180]

Em outro pedagógico precedente, a *Corregedoria-Geral paulista*, ao enfrentar a legitimação para a prática de atos de averbação e abertura de matrícula que demandem requerimento, frisou que o pedido deve ser dirigido por quem tem *legítimo interesse*, cabendo ao oficial registrador verificar se este se encontra-se presente conforme requerimento a ele apresentado:

> No caso específico das averbações, o item 122, das NSCGJ trata satisfatoriamente do tema, possibilitando a dispensa de reconhecimento de firma sempre que o requerimento for assinado na

---

[1176] Art. 490 do CC. Salvo cláusula em contrário, ficarão as despesas de escritura e registro a cargo do comprador, e a cargo do vendedor as da tradição.

[1177] Nesse sentido: COSTA JUNIOR, Francisco José de Almeida Prado; KERN, Marinho Dembinski. *Princípios do registro de imóveis brasileiro*. 2. ed. São Paulo: Thomson Reuters Brasil, 2022. p. 112.

[1178] *Art. 26, § 7º, da Lei 9.514/1997*. Decorrido o prazo de que trata o § 1º sem a purgação da mora, o oficial do competente Registro de Imóveis, certificando esse fato, promoverá a averbação, na matrícula do imóvel, da consolidação da propriedade em nome do fiduciário, à vista da prova do pagamento por este, do imposto de transmissão *inter vivos* e, se for o caso, do laudêmio.

[1179] *Art. 38 da Lei 8.245/1991*. A caução poderá ser em bens móveis ou imóveis. § 1º A caução em bens móveis deverá ser registrada em cartório de títulos e documentos; a em bens imóveis deverá ser averbada à margem da respectiva matrícula.

[1180] CGJSP. Processo 141.141/2014, Des. Hamilton Elliot Akel, j. 10/10/2014.

presença do registrador ou de seu preposto. Em tal circunstância, o registrador ou seu preposto terão a possibilidade de verificar a identidade do subscritor, o que, na prática, é equivalente à exigência de reconhecimento de firma, considerando que gozam de fé pública para atestar a autenticidade da assinatura. No tocante à abertura de matrícula em nova circunscrição imobiliária, ou mesmo para encerramento da transcrição, tal providência dependerá da existência de título. Como bem lembrou o IRIB, o título poderá ser o próprio requerimento de quem demonstre legítimo interesse. (...) Vale destacar, como faz Narciso Orlandi Neto (*Retificação de Registro de Imóveis*. São Paulo: Del Rey, 1997, p. 13), que a lei para abertura da matrícula por ocasião do primeiro registro não proíbe que, "a requerimento do interessado, seja aberta a matrícula de imóvel ainda transcrito, ainda que não haja ato a ser registrado". Nada obsta que um advogado ou terceiro leve ao Registro Imobiliário esse pedido, desde que comprove que age segundo a vontade de legítimo interessado (titular de domínio, credor etc.). A forma mais segura de ser demonstrado esse legítimo interesse é o reconhecimento de firma, sempre que o interessado não puder estar presente para formular pessoalmente seu pedido ao Registrador ou seu preposto. Ora, se até mesmo uma singela anotação depende de prova de legítimo interesse (art. 13, LRP), com mais razão o importante ato de abertura de matrícula, sendo certo que, no sistema atual, o reconhecimento de firma ainda se revela meio mais seguro para atingir essa finalidade.[1181]

Também é a lição precisa de *Walter Ceneviva*:

> Provocar, entre seus muitos significados, tem aquele com o qual surge no art. 217: dirigir pedido ao registrador, com apoio na lei, para que o registre ou averbe negócio jurídico do interessado. A averbação voluntária de cancelamento depende de pedido escrito do titular do registro, ou de quem tenha legítimo interesse nele. Sob esse aspecto, lido isoladamente, o art. 217 pode levar a erro, uma vez que a averbação de mudança de denominação e de numeração dos prédios, da edificação, reconstrução e demolição, do desmembramento e loteamento de imóveis, da alteração de nome por casamento, separação judicial e divórcio, ou, ainda, de outras circunstâncias que, de qualquer modo, tenham influência no registro ou nas pessoas nele interessadas, somente será feita a requerimento do interessado, com firma reconhecida, instruído com documento comprobatório, fornecido pela autoridade competente.[1182]

De mais a mais, ainda a título de compreensão do tema em debate, tome-se o exemplo emblemático da *averbação premonitória*, aquela averbação acautelatória, prevista no art. 828 do vigente Código de Processo Civil,[1183] consistente no averbamento da notícia da admissão em juízo de uma execução com o escopo de afastar a boa-fé de terceiros eventualmente interessados em contratar com o titular tabular, de modo a permitir a caracterização, conforme o caso, de fraude à execução (CPC, art. 792, II). Quem possui legitimidade para promover a referida averbação?

Note-se, de saída, que a rigor, embora cuide-se de simples *averbação-notícia*, seus efeitos jurídicos são impactantes no patrimônio do executado. Assim, em se tratando de verdadeiro *ônus* (no sentido mais abrangente possível da expressão) imposto ao proprietário tabular, parece crível admitir que não pode qualquer pessoa gravar o imóvel ao promover o averbamento. Ora, o próprio CPC atribui responsabilidade civil àquele que promove averbações dessa natureza de modo desproporsitado, em

---

[1181] CGJSP, Processo 139.054/2017, Des. Manoel de Queiroz Pereira Calças, j. 05/09/2017.

[1182] CENEVIVA, Walter. *Lei de registros públicos*. 17. ed. São Paulo: Saraiva, 2006. p. 489.

[1183] *Art. 828, caput, do CPC*. O exequente poderá obter certidão de que a execução foi admitida pelo juiz, com identificação das partes e do valor da causa, para fins de averbação no registro de imóveis, de veículos ou de outros bens sujeitos a penhora, arresto ou indisponibilidade.

Registre-se que a averbação premonitória já encontrava previsão na legislação processual anterior no art. 615-A do CPC/1973. No entanto, na lei anterior, bastava a obtenção pelo exequente, no ato da distribuição, de certidão comprobatória do ajuizamento da execução, com identificação das partes e valor da causa, para fins de averbação no registro de imóveis. Atualmente, como visto, exige-se a certificação de que a execução foi admitida em juízo, como meio de se evitar abuso de direito.

Art. 217 | LEI DE REGISTROS PÚBLICOS COMENTADA

circunstâncias de abuso de direito.[1184] Assim, parece certo que, em princípio, a legitimação para promoção da averbação premonitória seja apenas do exequente ou de quem lhe represente.

Mais uma vez a *Corregedoria-Geral da Justiça do Estado de São Paulo* foi precisa em delimitar:

> Outra questão a enfrentar é a que exige, para averbação da certidão, a identificação de quem a requer no Cartório de Registro de Imóveis. O § 4º do mencionado art. 615-A do Código de Processo Civil prevê dever indenizatório ao exequente que se vale abusivamente desse dispositivo. Em consequência, somente o exequente poderá levar a certidão à averbação e deverá fazê-lo pessoalmente ou por intermédio de seu advogado, comprovando a providência com exibição da procuração, no original, ou por cópia autêntica, sem reconhecimento de firma, pois o ato é decorrente da atuação processual do procurador e se insere na regra do art. 38 do Código de Processo Civil. E o mandato, com tal finalidade, não depende do reconhecimento de firma.[1185]

Nem sempre, porém, é fácil aferir quem efetivamente possui interesse jurídico para requerer determinada averbação. Considere a hipótese cotidiana das *averbações de construção*. Qualquer pessoa pode promovê-la legitimamente ou apenas o proprietário?

O tema não é pacífico entre os registradores imobiliários. Há os que defendem a ampla legitimidade, ou seja, qualquer pessoa que arque com os emolumentos poderia promover a averbação, nos termos do art. 217 da LRP. O fundamento principal descortina-se no sentido de que a averbação de construção se assenta, antes de tudo, em um *fato objetivo*. Fato esse que, uma vez aferido e certificado documentalmente pelas autoridades competentes (*in casu*, de regra, o município mediante *"habite-se"*, certificado de construção ou documento equivalente),[1186] deve aceder ao fólio enquanto primazia da realidade, não sendo necessário que o proprietário seja o promovente dessa averbação. Ademais, considerando-se que o bem imóvel é, por definição legal, o solo e tudo o que nele se incorpora, natural ou artificialmente, é certo que as acessões passam a integrar o conteúdo da *res*, razão pela qual é de rigor que isso seja também publicizado no fólio real, notadamente quando a lei considera tratar-se de fato inscritível obrigatório (LRP, art. 169, *caput*, c.c. art. 167, II, nº 4). De outro vértice, há quem sustente que somente o proprietário tabular ou aquele que demonstrar efetivo *interesse jurídico* (*v.g.*, herdeiro, comprador do imóvel, locatário etc.) pode promover a averbação de construção. Reforce-se essa posição com o fundamento de que os atos registrais arrolados no art. 167 da LRP – inclusive os de averbação do inciso II – são considerados como verdadeiro *ônus* dos interessados. Equivale dizer, sua não realização sujeita o titular faltoso às consequências jurídicas das mais variadas, mas que possuem respaldo em lei.

Com efeito, é possível encontrar em muitas hipóteses situações nas quais a própria norma modula a legitimação para a prática de atos registrários. A diretriz normativa será, nessas hipóteses, o fio condutor da qualificação registral. Ilustre-se:

> Há situações em que a legitimidade se afere de maneira mais generosa ou ampliativa. Existe previsão regulamentar no Estado de São Paulo conferindo a legitimidade a qualquer pessoa de requerer a averbação do número de inscrição de imóvel rural no Cadastro Ambiental Rural, previsto no Código Florestal, bem como da informação de que determinado imóvel foi classificado pela Companhia Ambiental do Estado de São Paulo – CETESB como inserido em área contaminada e sua reabilitação (*NSCGJ, Cap. XX, itens 10.5 e 123.1*). De outro lado, há hipóteses de legitimidade mais restritiva. São, exemplificativamente, os casos de requerimento de averbação de memorial descritivo de imóvel rural georreferenciado certificado pelo INCRA, que demanda requerimento firmado pelo titular do domínio (*o art.*

[1184] *Art. 828, § 5º, do CPC.* O exequente que promover averbação manifestamente indevida ou não cancelar as averbações nos termos do § 2º indenizará a parte contrária, processando-se o incidente em autos apartados.

[1185] CGJSP, Processo 126.792/2009, Des. Antonio Carlos Munhoz Soares, j. 08/09/2010.

[1186] De regra, para a promoção de averbação da construção em matrícula de imóvel urbano, é indispensável a apresentação de requerimento devidamente formalizado, acompanhado do *"habite-se"*, certificado de conclusão ou documento equivalente atestado pelo ente municipal, e a CND do INSS, ressalvado o disposto na Lei 13.865/2019 (v. art. 247-A da LRP). Para os imóveis rurais, se a prefeitura não expedir documentos acerca das edificações, o interessado deverá apresentar certidão que ateste esta circunstância, bem como planta, memorial descritivo e ART ou RRT, nos quais profissional legalmente habilitado declare a área construída.

9º, § 5º, do Decreto nº 4.449/2002 fala em "requerimento do interessado", mas as Normas de Serviço da Corregedoria-Geral da Justiça, no item 57.2 do seu Cap. XX, determinada que este deverá ser firmado pelo titular do domínio, em redação já prestigiada em sua literalidade pelo Conselho Superior da Magistratura na Apel. Cível 0003344-96.2015.8.26.0346, j. 15/08/2017); instauração do procedimento de execução da alienação fiduciária em garantia de bem imóvel, que demanda requerimento firmado pelo credor fiduciário (Lei 9.514/1997, art. 26, § 1º); e procedimento de rescisão de compromisso de compra e venda de unidades imobiliárias decorrentes de parcelamento do solo por inadimplemento do promitente comprador, que pressupõe requerimento firmado pelo parcelador (Lei 6.766/79, art. 32, § 1º). Também já se decidiu que o requerente que, quando muito, detém direitos de posse sobre certa área, em não sendo titular de nenhum direito real, não pode requerer retificação de registro (1ª VRPSP – Processo 0046748-67.2012.8.26.0100, DJ 02/08/2013).[1187]

No espeque estritamente formal, as averbações, de regra, devem ser requeridas por meio de requerimento escrito, devidamente formalizado com o reconhecimento de firma do signatário, bem assim instruído com os documentos oficiais comprobatórios fornecidos pelas autoridades competente, tais como certidões de registro civil (nascimento, casamento, óbito, divórcio, separação, interdição, emancipação etc.), certidões em geral, alvarás, licenças expedidas por órgãos públicos etc.

Com efeito, embora o art. 246, § 1º, da LRP[1188] restrinja referidas formalidades às averbações a que se referem os itens 4 e 5 do inciso II do art. 167,[1189] tem-se entendido que o comando normativo deve ser interpretado como verdadeira cláusula geral aplicável a todas as averbações. Tal entendimento é haurido sem qualquer esforço hermenêutico da dicção legal do art. 167, II, nº 5, da LRP que autoriza em sentido amplo a averbação "de outras circunstâncias que, de qualquer modo, tenham influência no registro ou nas pessoas nele interessadas". Trata-se, pois, de verdadeira cláusula geral de abertura autorizativa da aplicação dos requisitos formais a todos os requerimentos de averbação. Obviamente, cuida-se de norma geral que não afasta a observância de requisitos específicos que podem ser exigidos por lei em hipóteses determinadas, considerando-se as especificidades de cada fato inscritível.

Ressalva de ordem prático-prática deve ser destacada: muitas serventias prediais para contribuir com a comunidade e facilitar o acesso ao registro fornecem formulários, modelos de requerimentos, das mais diversas situações, bastando, então, que o interessado compareça a unidade de serviço extrajudicial respectiva preencha com seus dados de identificação e promova o requerimento desejando preenchendo claros em branco e assinando ao final o pedido. Note-se que quando esse procedimento é levado a efeito, é de rigor a dispensa do reconhecimento de firma do signatário tendo em vista que sua assinatura foi lançada à vista do Oficial ou seu preposto que acompanhou o atendimento do usuário do serviço.

Em arremate, o item 120, do Capítulo XX, das Normas de Serviço da Corregedoria-Geral da Justiça do Estado de São Paulo, em boa medida, fornece síntese eficiente sobre o tema: "As averbações serão feitas a requerimento dos interessados, com firma reconhecida, instruído com documento comprobatório fornecido pela autoridade competente, dispensado o reconhecimento de firma no requerimento quando for assinado perante o Registrador ou seu preposto".

[1187] COSTA JUNIOR, Francisco José de Almeida Prado; KERN, Marinho Dembinski. Princípios do registro de Imóveis brasileiro. 2. ed. São Paulo: Thomson Reuters Brasil, 2022. p. 110.

[1188] Art. 246. Além dos casos expressamente indicados no inciso II do caput do art. 167 desta Lei, serão averbadas na matrícula as sub-rogações e outras ocorrências que, por qualquer modo, alterem o registro ou repercutam nos direitos relativos ao imóvel. § 1º As averbações a que se referem os itens 4 e 5 do inciso II do art. 167 serão as feitas a requerimento dos interessados, com firma reconhecida, instruído com documento dos interessados, com firma reconhecida, instruído com documento comprobatório fornecido pela autoridade competente. A alteração do nome só poderá ser averbada quando devidamente comprovada por certidão do Registro Civil.

[1189] As averbações referidas abrangem os seguintes fatos inscritíveis: (i) da mudança de denominação e de numeração dos prédios; (ii) da edificação; (iii) da reconstrução; (iv) da demolição; (V) do desmembramento e do loteamento de imóveis; (vi) da alteração do nome por casamento ou por desquite (rectius: separação, divórcio ou restabelecimento da sociedade conjugal); ou, ainda, (vii) de outras circunstâncias que, de qualquer modo, tenham influência no registro ou nas pessoas nele interessadas.

4. Rogação em títulos judiciais

Os títulos judiciais, por sua natureza, uma vez formalizados corretamente nos termos das normas administrativas respectivas, possuem intrinsecamente conteúdo suficiente para a rogação do registro imobiliário, bastante que sejam apresentados ao Ofício competente.

É o caso das cartas de sentença, formais de partilha, mandados judiciais, ofícios em geral etc. É, aliás, da jurisprudência administrativa paulista que à luz do princípio da instrumentalidade das formas, o fato de o título judicial não assumir a forma projetada *ex ante* pela lei ou pelos costumes forenses não é empecilho para a prática dos atos registrais quando o comando judicial for claro (*v.g.*, expede-se ofício quando deveria ser mandado; expede-se carta de sentença, quando deveria ser mandado etc.).

5. Rogação de atos de registro pelo Ministério Público

Não é todo e qualquer ato registral que o membro do Ministério Público tem legitimidade para requerer ao Ofício Imobiliário. Exige-se que haja autorização legislativa para tanto. É o que se extrai do art. 13, III, da LRP.

Atualmente, entende-se que a referida autorização legislativa pode ser mediata ou indireta, isto é, basta que sua iniciativa para a prática de inscrições prediais se dê nos limites da suas atribuições institucionais, conjugando-se com a ideia fundamental do sistema registral da necessidade de que haja tipicidade para o fato inscritível – ou seja, previsão em lei em sentido formal para que determinado ato, fato ou negócio jurídico ingresse na tábua predial – ou haja determinação judicial expressa para a prática do ato.

Em outras palavras, falece legitimidade para o membro do *Parquet*, quando em determinada situação jurídica *sponte propria* entender que seria útil determinada inscrição predial na matrícula do imóvel. É, pois, indispensável que haja de duas uma: (i) previsão legal autorizando a prática do ato e que a realização daquele ato extrajudicial se coadune com o feixe de atribuições institucionais do Ministério Público; ou (ii) determinação ou autorização judicial expressa da prática do ato registral.

Exemplo didático de legitimidade do Ministério Público para requerer a prática de averbações no álbum imobiliário são aquelas atinentes à chamada *publicidade ambiental*, conforme decidido pelo *Superior Tribunal de Justiça*:

> O direito de acesso à informação ambiental encontra-se reconhecido no direito internacional, em diversas normas que visam dar cumprimento ao Princípio 10 da Declaração do Rio. No âmbito da América Latina e Caribe, o Acordo de Escazú dispõe sobre a matéria. Embora não internalizado, pendente de ratificação, o direito nacional reflete princípios semelhantes por todo o ordenamento, desde o nível constitucional, que se espalham em variadas leis federais. O direito de acesso à informação configura-se em dupla vertente: direito do particular de ter acesso a informações públicas requeridas (transparência passiva) e dever estatal de dar publicidade às informações públicas que detém (transparência ativa). Atua, ademais, em função do direito de participação social na coisa pública, inerente às democracias, embora constitua-se simultaneamente como direito autônomo. Quanto à averbação da APA no registro dos imóveis rurais, o ordenamento ambiental e registral brasileiro aponta para sua adequação. As averbações facultativas não são taxativamente previstas, e o Ministério Público é expressamente legitimado para requerer, inclusive diretamente ao oficial, apontamentos vinculados a sua função institucional, entre as quais, inequivocamente, está a tutela ambiental. Em suma, o regime registral brasileiro admite a averbação de informações facultativas sobre o imóvel, de interesse público, inclusive as ambientais. Desse modo, o Ministério Público pode requisitar diretamente ao oficial de registro competente a averbação de informações alusivas a suas funções institucionais.[1190]

6. A atuação *ex officio* do registrador

O princípio da rogação ou instância não é absoluto no Registro de Imóveis. É possível aferir algumas hipóteses de atuação oficiosa do registrador, isto, situações nas quais tanto a lei quanto as normas regulamentares deferem a possibilidade sua atuação *ex officio*. Dentre outras, destacam-se a seguir algumas possibilidades de atuação do registrador que independem de rogação.

[1190] STJ, REsp 1.857.098/MS, Rel. Min. Og Fernandes, Primeira Seção, j. 11/05/2022.

I) A averbação de alteração dos nomes dos logradouros, decretados pelo poder público (Lei 6.015/1973, art. 167, II, nº 13). Para essa finalidade, a Lei 14.382/2022 incluiu o § 2º no art. 169 da LRP para determinar que as informações relativas às alterações de denominação de logradouro e de numeração predial serão enviadas pelo Município à serventia do registro de imóveis da circunscrição onde estiver situado o imóvel, por meio do SERP, e as informações de alteração de numeração predial poderão ser arquivadas para uso oportuno e a pedido do interessado.

II) O lançamento de averbação retificatória enquadrada nas hipóteses do inciso I do art. 213 da Lei de Registros Públicos.[1191]

III) A abertura de matrícula, no interesse do serviço, ou, para cada uma das unidades decorrentes de parcelamento do solo ou instituição de condomínio edilício (NSCGJSP, tomo II, Cap. XX, 53, c.c. Lei 6.015/1973, arts. 237-A, § § 4º e 5º, e 176, § 14).[1192-1193-1194]

IV) A averbação de encerramento de matrícula em razão da abertura de fólio no cartório atualmente competente (NSCGJ, tomo II, Cap. XX, item 68.3 c.c. art. 169, IV, da LRP).[1195-1196]

V) Suscitação de dúvida *ex officio* nos casos de titulação dominial no bojo de procedimento de regularização fundiária, quando as provas documentais apresentadas pelos ocupantes forem insuficientes (*NSCGJ, tomo II, Cap. XX item 310.3*).[1197]

VI) Existem também posicionamentos admitindo a atuação *ex officio* do registrador para cancelar hipotecas extintas pela perempção. Sobre o enfoque registral, não raro, são encontradas em matrículas imobiliárias hipotecas constituídas há décadas. Nesse cenário, vale lembrar que uma das causas de extinção desse direito real de garantia é a *perempção*. É que do regime jurídico da hipoteca denota-se, também com evidência, que se trata, pois, de direito real temporário,[1198] na medida em que o transcurso do prazo de 30 (trinta) anos enseja sua extinção, com o necessário cancelamento do registro da garantia.

[1191] *Art. 213 da Lei 6.015/1973.* O oficial retificará o registro ou a averbação: I – de ofício ou a requerimento do interessado nos casos de: (a) omissão ou erro cometido na transposição de qualquer elemento do título; (b) indicação ou atualização de confrontação; (c) alteração de denominação de logradouro público, comprovada por documento oficial; (d) retificação que vise a indicação de rumos, ângulos de deflexão ou inserção de coordenadas georreferenciadas, em que não haja alteração das medidas perimetrais; (e) alteração ou inserção que resulte de mero cálculo matemático feito a partir das medidas perimetrais constantes do registro; (f) reprodução de descrição de linha divisória de imóvel confrontante que já tenha sido objeto de retificação; (g) inserção ou modificação dos dados de qualificação pessoal das partes, comprovada por documentos oficiais, ou mediante despacho judicial quando houver necessidade de produção de outras provas.

[1192] *Item 53, Cap. XX, das NSCGJSP, tomo II.* É facultada a abertura de matrícula, de ofício, desde que não acarrete despesas para os interessados, nas seguintes hipóteses: (a) para cada lote ou unidade de uso exclusivo, logo em seguida ao registro de loteamento, desmembramento ou condomínio edilício; (b) no interesse do serviço.

[1193] *Art. 237-A da Lei 6.015/1973.* (...) § 4º É facultada a abertura de matrícula para cada lote ou fração ideal que corresponderá a determinada unidade autônoma, após o registro do loteamento ou da incorporação imobiliária. § 5º Na hipótese do § 4º deste artigo, se a abertura da matrícula ocorrer no interesse do serviço, fica vedado o repasse das despesas dela decorrentes ao interessado, mas se a abertura da matrícula ocorrer por requerimento do interessado, o emolumento pelo ato praticado será devido por ele.

[1194] *Art. 176, § 14, da Lei 6.015/1973.* É facultada a abertura da matrícula na circunscrição onde estiver situado o imóvel, a requerimento do interessado ou de ofício, por conveniência do serviço.

[1195] *Item 68, Cap. XX, tomo II, das NSCGJSP.* Uma vez aberta matrícula, não mais poderão ser feitas averbações à margem da transcrição anterior. 68.1. Também não serão feitas averbações nas matrículas de Imóveis que passarem a pertencer a outra circunscrição, se estiverem matriculados na nova unidade. 68.2. Para tal finalidade, incumbe à nova circunscrição informar a abertura de matrícula à antiga por meio do sistema Ofício Eletrônico (funcionalidade PEC) em até 2 (dois) dias, indicando o número da matrícula ou transcrição da antiga circunscrição e o número correspondente na nova unidade. 68.3. Recebida a informação, a antiga circunscrição averbará de ofício a abertura da matrícula na nova unidade, indicando-lhe o número.

[1196] *Art. 169, IV, da Lei 6.015/1973.* Aberta matrícula na serventia da situação do imóvel, o oficial comunicará o fato à serventia de origem, para o encerramento, de ofício, da matrícula anterior.

[1197] *Item 310.3, Cap. XX, tomo II, das NSCGJSP.* Se, ainda assim, a qualificação for negativa, o Oficial de Registro de Imóveis encaminhará, de ofício, a nota devolutiva fundamentada e os documentos que a acompanham ao Juiz Corregedor Permanente que, de plano ou após instrução sumária, decidirá se os documentos estão habilitados para registro, aplicando-se, no que couber, as disposições do subitem 39.7, deste capítulo.

[1198] *Art. 1.499 do Código Civil.* A hipoteca extingue-se: I – pela extinção da obrigação principal; II – pelo perecimento da coisa; III – pela resolução da propriedade; IV – pela renúncia do credor; V – pela remição; VI – pela arrema-

Entende-se que estando a hipoteca *perempta* tem-se a extinção automática, *ope legis*, do direito real de garantia, sendo admissível em condições normais, inclusive, a averbação de seu cancelamento *ex officio* pelo Oficial Registrador.[1199] É que, escoado o prazo decadencial de 30 (trinta) anos, a hipoteca extingue-se de pleno direito pela perempção, ainda que antes do cancelamento, por averbação, junto ao Registro de Imóveis, cujo efeito é meramente regularizatório.[1200]

É essa a exegese extraída do art. 1.485 do Código Civil:

> Mediante simples averbação, requerida por ambas as partes, poderá prorrogar-se a hipoteca, até 30 (trinta) anos da data do contrato. Desde que perfaça esse prazo, só poderá subsistir o contrato de hipoteca reconstituindo-se por novo título e novo registro; e, nesse caso, lhe será mantida a precedência, que então lhe competir.

Comentando o dispositivo em testilha, *Francisco Eduardo Loureiro* leciona que o prazo de 30 anos é de natureza decadencial, de modo que não se aplicam as causas impeditivas, suspensivas e interruptivas aplicáveis à prescrição. Para o desembargador paulista:

> Escoado o prazo, a hipoteca se extingue de pleno direito, ainda que antes do cancelamento junto ao Registro Imobiliário, cujo efeito é meramente regularizatório, a ser pedido pelo interessado ao Oficial. Não se confundem perempção da hipoteca com prescrição da pretensão da obrigação garantida. Disso decorre a possibilidade de a perempção da garantia ocorrer antes da prescrição da obrigação garantida, que se converterá em quirografária. (...) Ultrapassado o prazo fatal de trinta anos, somente subsiste a garantia real mediante novo contrato de hipoteca e novo registro imobiliário.[1201]

Assim, verificando-se que a hipoteca foi registrada há mais de 30 (trinta anos) é de rigor o cancelamento do gravame pela incidência do instituo da *perempção*, sendo certo que o imóvel restará, pois, livre de ônus.

VII) Desmembramento do imóvel quando o patrimônio rural de afetação que recair sobre parcela da gleba, como procedimento antecedente de sua execução extrajudicial (Lei 13.986/2020 – "Lei do Agro", art. 28, § 1º).[1202] A respeito do tema em testilha:

---

tação ou adjudicação". A despeito dessas causas materiais de extinção da garantia hipotecária, é imprescindível o averbamento na matrícula do imóvel, ou seja, o cancelamento da hipoteca mediante ato de averbação na matrícula do imóvel. Por isso, o art. 1.550 do Código Civil é claro ao afirmar que, em realidade, se extingue a hipoteca com a averbação, no Registro de Imóveis, do cancelamento do registro, à vista da respectiva prova.

[1199] Nesse sentido são encontrados precedentes na jurisprudência da *1ª Vara de Registros Públicos de São Paulo*. Por todos, cite-se: *1ª VRPSP*, Processo 1105598-92.2015.8.26.0100, *Juíza Tânia Mara Ahualli*, j. 12/05/2016.

[1200] *Art. 1.485 do Código Civil*: Mediante simples averbação, requerida por ambas as partes, poderá prorrogar-se a hipoteca, até 30 (trinta) anos da data do contrato. Desde que perfaça esse prazo, só poderá subsistir o contrato de hipoteca reconstituindo-se por novo título e novo registro; e, nesse caso, lhe será mantida a precedência, que então lhe competir". Comentando o dispositivo, *Francisco Eduardo Loureiro* afirma: "O prazo de trinta anos é de natureza decadencial, de modo que não se aplicam as causas impeditivas, suspensivas e interruptivas aplicáveis à prescrição. Escoado o prazo, a hipoteca se extingue de pleno direito, ainda que antes do cancelamento junto ao registro imobiliário, cujo efeito é meramente regularizatório, a ser pedido pelo interessado ao oficial. Não se confundem perempção da hipoteca com prescrição da pretensão da obrigação garantida. Disso decorre a possibilidade de a perempção da garantia ocorrer antes da prescrição da obrigação garantida, que se converterá em quirografária. (...) Ultrapassado o prazo fatal de trinta anos, somente subsiste a garantia real mediante novo contrato de hipoteca e novo registro imobiliário" (LOUREIRO, Francisco Eduardo. *In*: PELUSO, Cezar (coord.). *Código Civil comentado: doutrina e jurisprudência*. Barueri: Manole, 2016. p. 1484).

[1201] LOUREIRO, Francisco Eduardo. *In*: PELUSO, Cezar (coord.). *Código Civil comentado: doutrina e jurisprudência*. Barueri: Manole, 2016. p. 1484.

[1202] *Art. 28 da Lei 13.986/2020*. Vencida a CIR e não liquidado o crédito por ela representado, o credor poderá exercer de imediato o direito à transferência, para sua titularidade, do registro da propriedade da área rural que constitui o patrimônio rural em afetação, ou de sua fração, vinculado à CIR no cartório de registro de imóveis correspondente. § 1º Quando a área rural constitutiva do patrimônio rural em afetação vinculado à CIR estiver contida em imóvel rural de maior área, ou quando apenas parte do patrimônio rural em afetação estiver vinculada à CIR, o oficial de registro de imóveis, de ofício e à custa do beneficiário final, efetuará o

Sob o enfoque registral imobiliário, o art. 28, § 1º da Lei 13.986/2020 traz interessante previsão regulando a execução extrajudicial para a hipótese de a área rural constitutiva do patrimônio rural em afetação vinculado à CIR estiver contida em imóvel rural de maior área, ou quando apenas parte do patrimônio rural em afetação estiver vinculada à CIR. Nesse caso, segundo o dispositivo, o Oficial de Registro de Imóveis, de ofício e à custa do beneficiário final, efetuará o desmembramento e estabelecerá a matrícula própria correspondente. Cuida-se de raríssima norma que excepciona o princípio da rogação no Registro de Imóveis, deferindo ao Oficial Registrador a atuação *ex officio* para promover, conforme o caso, o desmembramento da área rural que é objeto da afetação patrimonial. Note-se, aliás, que na expectativa do legislador toda a documentação necessária ao desmembramento já estaria à disposição do Registrador Predial em procedimento próprio já arquivado na serventia, por ser conditio à constituição do patrimônio rural em afetação. A Lei 13.986/2020, no entanto, autoriza que o Registrador pratique os atos necessários às expensas do beneficiário final, que, em realidade, será o próprio credor. Razoável concluir que, por segurança jurídica, tal procedimento somente deve ser ultimado pelo Oficial quando o pedido de consolidação da propriedade deduzido pelo credor for objeto de qualificação registral positiva.[1203]

VIII) Desdobramentos dos atos registrais e providências complementares do processo do registro, conforme o caso, tais como a prática de atos nos livros indicadores (real e pessoal), anotações no livro protocolo, comunicação da DOI, comunicação ao COAF (Prov. 88/2019, CNJ), etc. A rigor, essas providências não configuram verdadeiras exceções ao princípio da rogação, na exata medida em que são desdobramentos, impostos pela lei, do ato registral rogado pelo interessado. É dizer, após o início do processo registral com a instância da parte o transcurso do procedimento de registro dá-se por impulso oficial. Nesse propósito, aliás, as *Normas de Serviço da Corregedoria-Geral da Justiça de São Paulo* dispõem que, se a inscrição do título depender de informações disponíveis na própria unidade de serviço ou em serviços de informações de órgãos oficiais publicadas na internet, deverá o Oficial obtê-las e certificar a fonte que acessou, evitando-se a devolução do título para cumprimento de exigências. Se houver incidência de taxas ou emolumentos, o pagamento deverá ser feito na retirada do título, desde que a busca das informações onerosas tenha sido previamente autorizada pelo apresentante *(NSCGJSP, tomo II, Cap. XX, item 8)*.

7. A desistência da inscrição

Dada a complexidade e concatenação da sequência de atos, deve prevalecer hoje a noção de que o registro de imóveis é um *processo*, não se exaure em único ato. Se assim o é, parece de fácil intelecção que do mesmo modo que no processo judicial a iniciativa da marcha processual é exclusiva da parte interessada, também no âmbito extrajudicial do Registro de Imóveis compete ao interessado iniciar a marcha do processo registral, rogando ao oficial registrador a prática dos atos respectivos.

Com efeito, também espelhando o que ocorre na atividade jurisdicional, parece adequado admitir, ao menos até certa altura do procedimento extrajudicial, que o interessado desista de sua pretensão de ver registro (*lato sensu*) ultimado. Nesse caso, havendo interesse, basta que aquele que apresentou determinado título a registro formalize perante o Ofício Predial o seu interesse em desistir da inscrição. Importante que esse requerimento seja formal, por escrito para ser arquivado na serventia.

O registrador deverá, de ordinário, atender ao pedido de desistência, restituir o título em sua via original e, se o caso, restituir os valores antecipados pelo interessado a título de depósito prévio. Anote-se que a partir da Lei 14.382/2022 o depósito prévio do valor estimado dos emolumentos

---

desmembramento e estabelecerá a matrícula própria correspondente. § 2º Na hipótese prevista no *caput* deste artigo, aplica-se, no que couber, o disposto nos arts. 26 e 27 da Lei nº 9.514, de 20 de novembro de 1997, respeitado o disposto no § 3º deste artigo. § 3º Se, no segundo leilão de que trata o art. 27 da Lei nº 9.514, de 20 de novembro de 1997, o maior lance oferecido não for igual ou superior ao valor da dívida, somado ao das despesas, dos prêmios de seguro e dos encargos legais, incluídos os tributos, o credor poderá cobrar do devedor, por via executiva, o valor remanescente de seu crédito, sem nenhum direito de retenção ou indenização sobre o imóvel alienado.

[1203] RIBEIRO, Moacyr Petrocelli de Ávila. *Alienação fiduciária de bens imóveis.* 2. ed. Coleção de direito imobiliário. t. X. São Paulo: Thomson Reuters, 2022. p. 682.

Art. 217 | LEI DE REGISTROS PÚBLICOS COMENTADA

é uma *faculdade dos utentes* dos serviços registrais, ou seja, se houver interesse, é possível que se apresente determinado título a registro apenas com o valor correspondente à prenotação (cf. previsão específica nas tabelas de emolumentos veiculadas em leis estaduais de cada unidade da federação). É o que reza o art. 206-A da LRP:

> Art. 206-A. Quando o título for apresentado para prenotação, o usuário poderá optar:
>
> I – pelo depósito do pagamento antecipado dos emolumentos e das custas; ou
>
> II – pelo recolhimento do valor da prenotação e depósito posterior do pagamento do valor restante, no prazo de 5 (cinco) dias, contado da data da análise pelo oficial que concluir pela aptidão para registro.
>
> § 1º Os efeitos da prenotação serão mantidos durante o prazo de que trata o inciso II do *caput* deste artigo.
>
> § 2º Efetuado o depósito, os procedimentos registrais serão finalizados com a realização dos atos solicitados e a expedição da respectiva certidão.
>
> § 3º Fica autorizada a devolução do título apto para registro, em caso de não efetivação do pagamento no prazo previsto no *caput* deste artigo, caso em que o apresentante perderá o valor da prenotação.
>
> § 4º Os títulos apresentados por instituições financeiras e demais instituições autorizadas a funcionar pelo Banco Central do Brasil ou por entidades autorizadas pelo Banco Central do Brasil ou pela Comissão de Valores Mobiliários a exercer as atividades de depósito centralizado ou de registro de ativos financeiros e de valores mobiliários, nos termos dos arts. 22 e 28 da Lei nº 12.810, de 15 de maio de 2013, respectivamente, poderão efetuar o pagamento dos atos pertinentes à vista de fatura.
>
> § 5º O disposto neste artigo aplica-se às unidades federativas que adotem forma de pagamento por meio de documento de arrecadação.
>
> § 6º A reapresentação de título que tenha sido devolvido por falta de pagamento dos emolumentos, nos termos do § 3º deste artigo, dependerá do pagamento integral do depósito prévio.
>
> § 7º O prazo previsto no *caput* deste artigo não é computado dentro do prazo de registro de que trata o art. 188 desta Lei.

Consigne-se, entrementes, que há um limite temporal lógico para que o pedido de desistência possa ser acolhido: o término da qualificação registral positiva, quando então são praticados os atos na matrícula do imóvel. Equivale dizer, ainda que o processo de registro não tenha se exaurido com todas as suas providências complementares inerentes à espécie (*v.g.*, escrituração ou atualização de livros indicadores; comunicação da DOI; autuação, se o caso; digitalização e arquivamento dos documentos; expedição de recibos e contrarrecibos; expedição de certidões dos atos praticados; comunicação de selo digital ao Tribunal respectivo; análise de necessidade ou não de envio de comunicação ao COAF; etc.), se os atos registrais propriamente ditos já foram praticados, não mais se admite a desistência da inscrição predial em razão de preclusão lógica.

Nada obstante, após a prática do ato registral, à evidência, admite-se o seu cancelamento (averbação negativa), nos termos deferidos pela LRP (arts. 248 e seguintes), ou até mesmo, conforme o caso, se se tratar de negócio jurídico sujeito a distrato (resilição bilateral) será possível a prática de nova inscrição predial, retornando-se o conteúdo do fólio real ao *status quo ante*.

Tem-se admitido também a chamada *desistência parcial* do registro. Ora, se se admite a desistência da pretensão registral em sua integralidade (repise-se: até a sua consumação), com mais razão há de admitir a desistência apenas de parte dela. Não é difícil ilustrar a hipótese. Imagine que foi apresentada a registro escritura de compra e venda de dois apartamentos (unidades autônomas em determinado condomínio edilício): a unidade 100, descrita na matrícula 1.000; e a unidade 200, caracterizada na matrícula 2.000, ambos de determinada serventia. O fato de ser um único título formal apresentado a registro não impede que o interessado requeira o registro de apenas uma unidade (a da matrícula 1.000, p. ex.) ou, na mesma *ratio*, desista do registro de uma delas após a pretensão inicial de registro integral do título causal. Nesse caso, entra em cena o *princípio da cindibilidade do título* que permite a cisão do título formal, autorizando apenas uma das (potenciais) inscrições prediais naquela oportunidade, relegando para momento futuro o outro registro.

Recorde-se que o princípio da cindibilidade do título ganhou força com o sistema do fólio real inaugurado no Brasil pela Lei 6.015/1973. Como cediço, no entanto, não é todo negócio jurídico que permite a parcelaridade do título, notadamente aqueles negócios complexos que possuem atos principais e acessórios, contratações coligadas. Tome-se a título de ilustração o caso emblemático do instrumento particular de compra e venda com pacto adjeto de alienação fiduciária. Não é possível cindir o negócio para registrar apenas a compra e venda e não registrar a alienação fiduciária, afinal, há interdependência natural das relações jurídicas. Equivale dizer, a alienação fiduciária só existe naquela contratação para servir de garantia ao mútuo que deu origem ao valor utilizado pelo comprador para quitar o preço da compra e venda imobiliária. Em resumo, a cindibilidade seja inicial ou ulterior à apresentação do título exige manifestação de vontade específica (*rectius*: rogação específica) por parte do interessado.

8. A expedição de certidão do registro após a prática do ato

Sabe-se que o sistema adotado, de regra,[1204] no Brasil é o da *publicidade indireta*, de modo que os usuários possuem acesso às informações registrais por meio das certidões, não sendo, assim, permitido o acesso imediato ou direto às matrículas arquivadas nas serventias.

No que se refere à forma de expedição da certidão, ou à taxinomia, as certidões podem ser de inteiro teor, em resumo, ou em breve relatório, conforme quesitos. Cabe exclusivamente aos Oficiais a escolha da melhor forma para a expedição das certidões dos documentos registrados e atos praticados no Cartório. Entretanto, no Registro de Imóveis a modalidade que goza de maior eficiência certamente é a certidão da matrícula.

A certidão de matrícula, per si, representa o inteiro teor do fólio real, até porque, a partir da Lei 6.015/1973, todo e qualquer ato referente a imóvel somente pode ser lançado – mediante registro ou averbação, conforme a dicção legal – na matrícula. Ademais, de toda certidão deverão constar, conforme o caso, a data em que o imóvel passou ou deixou de pertencer à circunscrição, bem assim a qual cartório pertencia ou passou a pertencer.

O formato mais atual e eficiente é, certamente, a *certidão digital*.

Certidão digital é aquela expedida pelo Oficial de Registro de Imóveis e será gerada unicamente sob forma de documento eletrônico de longa duração, assinada com certificado digital ICP-Brasil tipo A-3 ou superior, com inclusão de "metadados", com base em estruturas terminológicas (taxonomias) que organizem e classifiquem as informações do arquivo digital no padrão *Dublin Core* (*DC*), atendidos os requisitos da Infraestrutura de Chaves Públicas Brasileira (ICP-Brasil) e a arquitetura *e-Ping* (*Padrões de Interoperabilidade de Governo Eletrônico*), em especial o conjunto normativo relativo aos Padrões Brasileiros de Assinatura Digital.

Sobre o tema das certidões buscou o legislador modernizar a Lei de Registros Públicos para de modo mais eficiente atender às necessidades do mercado.

A ideia fundamental é que, a partir da regulamentação normativa da Corregedoria Nacional de Justiça do *Conselho Nacional de Justiça*, todas as certidões de todas as especialidades dos Registros Públicos sejam emitidas eletronicamente (LRP, art. 19, § 5º).

Desse modo, devidamente implementado o Sistema Eletrônico de Registros Públicos (SERP), o interessado poderá solicitar a qualquer serventia certidões eletrônicas relativas a atos registrados em outra serventia por meio desta central eletrônica (LRP, art. 19, § 6º).

Importante consignar que, sob o enfoque eletrônico, a postagem, o *download* e a conferência das mencionadas certidões em documentos eletrônicos far-se-ão apenas por meio da *Central de Serviços Eletrônicos Compartilhados dos Registradores de Imóveis*, cujos sistemas computacionais e fluxo eletrônico de informações deverão atender aos padrões de autenticidade, integridade, validade e interoperabilidade da Infraestrutura de Chaves Públicas Brasileira (ICP-Brasil), bem como às determinações e normas técnicas e de segurança que forem instituídas para implantação e operação do sistema, e,

---

[1204] Diz-se "de regra", porque em alguns casos excepcionalmente previstos em Lei permite-se o acesso direto pelos usuários aos acervos das serventias imobiliárias, como é o caso dos processos de loteamentos (publicidade direta). No art. 24 da Lei 6.766/1979, está previsto que "o processo de loteamento e os contratos depositados em Cartório poderão ser examinados por qualquer pessoa, a qualquer tempo, independentemente do pagamento de custas ou emolumentos, ainda que a título de busca".

Art. 217 | LEI DE REGISTROS PÚBLICOS COMENTADA

ainda, contar com módulo de geração de relatórios, para efeito de contínuo acompanhamento, controle e fiscalização pela Corregedoria-Geral da Justiça e pelos Juízos Corregedores Permanentes.[1205-1206]

São, pois, vedados à serventia o tráfego de certidão digital por correio eletrônico (*e-mail*) ou similar, ou sua postagem em outros *sites*, inclusive o da unidade de serviço.[1207]

Grande inovação da Lei 14.382/2022 foi a chamada *certidão da situação jurídica atualizada do imóvel* que "compreende as informações vigentes de sua descrição, número de contribuinte, proprietário, direitos, ônus e restrições, judiciais e administrativas, incidentes sobre o imóvel e o respectivo titular, além das demais informações necessárias à comprovação da propriedade e à transmissão e à constituição de outros direitos reais" (LRP, art. 19, § 9º). Em síntese, cuida-se da informação detalhada e atual acerca dos elementos de especialidade objetiva e subjetiva da descrição matricial que estão em vigor – ou seja, elementos que não foram cancelados ou alterados –, acrescidos do apontamento de eventuais ônus ou direitos que estejam produzindo seus regulares efeitos.

Bem vistas as coisas, o pedido de uma certidão dessa natureza gera verdadeira necessidade de uma qualificação registral do próprio assento pelo Oficial para depurar a informação solicitada ("*qualificação de saída*",[1208] oposta à atividade original dos registradores de qualificar um título para ingresso no fólio real, que seria a "*qualificação de entrada*").

Tal inovação, se bem assimilada pelos usuários e pelos registradores imobiliários, será um passo importante para facilitação do acesso às informações registrais, bem assim um grande reforço à tutela jurídica de proteção de dados pessoais. É dizer, evitar-se-á a exposição desnecessária de dados que já não possuem mais relevo e que constam do fólio real.

Ocorre que, em razão da anatomia do sistema registral brasileiro que, em linha de princípio, mantém na ficha matricial a sequência de atos, fatos ou negócios jurídicos inscritos que repercutiram sobre aquele determinado imóvel (*v.g.*, uma hipoteca constituída e cancelada há vinte anos, remanesce na matrícula contemplando dados do credor hipotecário) que não possuem qualquer relevo jurídico na atualidade, embora com potencial de propagação inoportuna de seus dados (*v.g.*, CNPJ, endereço da sede, valor do crédito concedido etc.).

Interessante considerar que o modelo padrão de expedição de certidão propalado pela Lei 14.382/2022, em realidade, resgata a prática de expedição da *certidão negativa de ônus reais*, que havia perdido o sentido com o sistema do fólio real e a publicidade através da certidão integral da matrícula.[1209]

[1205] Há módulo específico do Serviço de Registro Eletrônico de Imóveis batizado de matrícula *online*, que consiste na possibilidade de as unidades de Registro de Imóveis prestarem, por meio da Central Registradores de Imóveis, serviço de visualização eletrônica de matrículas, mediante disponibilização de imagem da matrícula, em "tempo real", por armazenamento em ambiente compartilhado ou adoção de solução de comunicação sincronizada (*WebService*). Cada uma das imagens das matrículas será apresentada aos usuários com a data e a hora da visualização e com uma tarja com os seguintes dizeres: "*Para simples consulta – Não vale como certidão*".

[1206] Talvez o módulo mais atraente do Serviço de Registro Eletrônico de Imóveis (SREI) seja o *monitor registral*. Consiste em ferramenta de suporte eletrônico que manterá o interessado permanentemente atualizado sobre ocorrências relacionadas à matrícula que indicar, a partir de expressa solicitação do usuário à serventia de competência registral, por meio da Central Registradores de Imóveis. O Monitor Registral funcionará como módulo da Central Registradores de Imóveis mediante aplicação da tecnologia *push*. A informação será prestada ou disponibilizada ao interessado em tempo real, admitida a possibilidade de retardo (*delay*) máximo de 48 (quarenta e oito) horas entre a ocorrência (registro ou averbação) e sua comunicação. A comunicação das alterações na matrícula será efetuada por disponibilização da respectiva informação em ambiente protegido da Central Registradores de Imóveis, acessível pelo interessado, ou por comunicação via *WebService*, podendo a Central, opcionalmente, remeter (apenas) aviso por correio eletrônico (*e-mail*) ou por SMS. O serviço de monitoramento de matrículas, também denominado *certidão permanente da matrícula*, será prestado exclusivamente pela Central Registradores de Imóveis, vedado à serventia o envio de informações desse gênero por e-mail, ou sua postagem em sites de despachantes, prestadores de serviços e comércio de certidões ou outros ambientes de Internet.

[1207] Fica ressalvada a hipótese de a serventia disponibilizar as informações diretamente ao interessado em *terminal de autoatendimento* (quiosque multimídia ou quaisquer outros dispositivos eletrônicos), desde que operados e mantidos, exclusivamente, nas dependências físicas da própria serventia.

[1208] Expressão referida pelo registrador imobiliário paulista *Ivan Jacopetti do Lago* em palestra virtual proferida na *Escola Nacional dos Notários e Registros (ENNOR)*, em 21/07/2022.

[1209] Pela interpretação sistemática dos arts. 176, § 1º, I; 227, 230, 232 e 246, todos da Lei de Registros Públicos, verifica-se com tranquilidade que todos os atos registrais – sejam de registro em sentido estrito, sejam de

Nessa linha de pensamento, descortina-se o preciso diagnóstico de *Sérgio Jacomino*:

(...) visto de uma certa perspectiva, podemos ter vislumbres acerca do que terá sido uma vetusta tradição já esquecida pela nouvelle vague registral. De modo inconsciente, talvez se tenha repristinado uma antiga praxe formal dos cartórios – a expedição da certidão de propriedade com negativa de ônus e alienações – algo que os mais experientes se lembrarão perfeitamente. Segundo a máxima hegeliana, a história se repete, sempre, pelo menos duas vezes – ao que o nefasto averbaria: a segunda como farsa... Seja como for, não há nada de novo no *front*.[1210]

E prossegue o insigne registrador bandeirante:

Lancemos um olhar à boa tradição do registro imobiliário brasileiro. Ao longo de mais de uma centúria, valorizava-se, sobremaneira, a consagração da publicidade registral que se perfazia por meio de uma atividade recognitiva do registrador. Conjugando e interpretando as inscrições lançadas em seus vários livros de registro e indicadores, o Oficial produziria o digesto registral e daria publicidade da situação jurídica dos bens, por meio das chamadas "certidões atualizadas de propriedade e negativas de ônus e alienações" (arts. 229 e 230 da LRP). A dita certidão, evidentemente, incorporava a "certidão de ações reais e pessoais reipersecutórias, relativas ao imóvel, e a de ônus reais, expedidas pelo Registro de Imóveis competente" exigida para a lavratura de escrituras públicas (inc. IV do art. 1º, Decreto 93.240/1986). Os ônus, gravames, constrições e demais vicissitudes que gravavam a propriedade deveriam ser igualmente relatadas. A expedição da certidão de propriedade representava, portanto, o resultado de um labor técnico confiado a juristas práticos, tudo sob sua estrita e pessoal responsabilidade.[1211]

Nada obstante, a Lei 14.382/2022 ressalvou expressamente que continua sendo possível a expedição da eficiente certidão de inteiro teor da matrícula, contendo a reprodução integral do seu conteúdo, seja por meio reprográfico ou digital equivalente. Na dicção legal, "no âmbito do Registro de Imóveis, a certidão de inteiro teor da matrícula conterá a reprodução de todo seu conteúdo e será suficiente para fins de comprovação de propriedade, direitos, ônus reais e restrições sobre o imóvel, independentemente de certificação específica pelo oficial". (LRP, art. 19, § 11).

Dito isso, no que mais de perto importa ao princípio da rogação, denota-se que a Lei 14.382/2022 houve por bem pôr fim a celeuma anteriormente existente acerca da necessidade ou não de se expedir certidão do ato de registro solicitado pelo requerente. Em verdade, sempre se discutiu se a apresentação de determinado título a registro, implícita e automaticamente, desembocaria na expedição da respectiva certidão como verdadeiro meio de prova da prática do ato.

Diante da ausência de diretriz expressa na Lei de Registros Públicos, bem assim em razão da previsão emolumentar da certidão como ato autônomo para fins de cobrança, havia entendimento, em alguns Estados, de que a expedição ou não da certidão ficava ao talante exclusivo do usuário, não sendo obrigatoriamente conduta consequente do Oficial ao praticar determinado ato de registro ou averbação.

A *Corregedoria-Geral da Justiça do Estado de São Paulo*, anteriormente à alteração legislativa, havia decidido que a expedição da certidão demandaria rogação específica do interessado, ou seja, para além da iniciativa da parte para o ato registral. Em outras palavras, caberia ao interessado decidir

---

averbação – são obrigatoriamente realizados na respectiva matrícula do imóvel. Assim, não há qualquer possibilidade de existir alienações ou ônus sobre o imóvel que não estejam lançados na matrícula. Destarte, a reprodução integral da matrícula, no atual sistema registral imobiliário, basta por si e dispensa naturalmente a certificação da inexistência de alienações e ônus reais, sob pena de engendrar em desnecessário circunlóquio e, em última análise, grosseira atecnia.

[1210] JACOMINO, Sérgio. A MP 1085/2021: breves comentários – parte III: certidão da situação jurídica atualizada do imóvel. Portal Migalhas. Coluna "Migalhas Notariais e Registrais". Disponível em: https://www.migalhas.com.br/coluna/migalhas-notariais-e-registrais/361567/a-mp-1-085-2021--breves-comentarios--parte-iii. Acesso em: 23 nov. 2022.

[1211] JACOMINO, Sérgio. A MP 1085/2021: breves comentários – parte III: certidão da situação jurídica atualizada do imóvel. Portal Migalhas. Coluna "Migalhas Notariais e Registrais". Disponível em: https://www.migalhas.com.br/coluna/migalhas-notariais-e-registrais/361567/a-mp-1-085-2021--breves-comentarios--parte-iii. Acesso em: 23 nov. 2022.

se deseja a expedição de certidão após o registro do seu título, não podendo o Oficial condicionar a inscrição predial à expedição e cobrança de certidão pelo ato praticado. Confira-se o escólio:

> Consoante dispõe o art. 16, 1º, da Lei nº 6.015/73: "Art. 16. Os oficiais e os encarregados das repartições em que se façam os registros são obrigados: 1º a lavrar certidão *do que lhes for requerido*". Daí decorre que o Delegatário do serviço público tem obrigação legal de fornecer aos interessados as informações que lhe forem solicitadas e também expedir certidões, quando requeridas. O condicionamento da realização do ato à expedição das certidões de matrícula infere-se, *in casu*, pela manifesta insurgência do recorrente que, conquanto tenha discordado, acabou por pagar pelas certidões não desejadas, para que as averbações fossem efetivadas. E, a exigência não foi negada pelo Registrador, o qual, no entanto, sustentou sua regularidade à luz do princípio da publicidade. Não lhe assiste razão, contudo. De fato, a expedição da certidão é a forma mais usual de publicidade. Ocorre que não cabe ao Registrador impor ao usuário do serviço público delegado a realização de atos que não foram por ele requeridos e dos quais não tem interesse. Conquanto em regra comum e interessante ao requerente do pedido de averbação a expedição atualizada da matrícula, a comprovação da averbação do aditivo de rer-ratificação pode ser efetivada pela etiqueta (ou carimbo) aposta no próprio título apresentado, podendo a ele ser suficiente, pelo princípio da fé pública. Não se olvida, ademais, de que pode o interessado, a qualquer tempo, requerer a respectiva certidão, cabendo ao Oficial Registrador expedi-la, cobrando os respectivos emolumentos.[1212]

No entanto, tratando textualmente do tema, a Lei 14.382/2022 houve por bem resolver a questão e pacificar que a expedição da certidão é consequência necessária do pedido de um ato de registro ou de averbação, de modo que "os procedimentos registrais serão finalizados com a realização dos atos solicitados e a expedição da respectiva certidão" (LRP, art. 206-A, § 2º). Tal proceder, no entanto, não exonera a observância pelo delegatário de cada uma das tabelas de emolumentos implementadas em âmbito estadual. Equivale dizer, serão devidos emolumentos pela expedição da certidão se assim estiver previsto respectiva lei estadual.

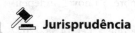

Jurisprudência

1. A obrigatoriedade da inscrição predial *vs.* princípio da rogação no Registro de Imóveis

"O sistema do registro de imóvel brasileiro é servil ao princípio da instância ou rogação, de sorte que, ressalvadas as hipóteses de ordem judicial, requerimento do Ministério Público (quando a lei autorize) e algumas poucas exceções de atuação oficial do próprio registrador (p. ex., n. 13, inc. II, art. 167, Lei nº 6.015, de 1973), os atos de registro e averbação efetuam-se 'a requerimento verbal ou escrito dos interessados' (inc. II, art. 13, Lei cit.). Lê-se, todavia, no art. 217 da Lei nº 6.015, que 'o registro e a averbação poderão ser provocados por qualquer pessoa, incumbindo-lhe as despesas respectivas'. (...) Mas, se qualquer pessoa pode provocar esse registro, não se vê fundamento para supor, de modo singular, a situação moratória *ex re* de uma só delas. Por isso, entende-se o motivo de a normativa de regência não assinar prazo para 'qualquer pessoa' promover o registro. Está-se diante de obrigações sem prazo, em que a mora só se pode reconhecer com a atividade do credor que diligencie o adimplemento obrigacional (cf. Enneccerus ...). Era assim no Código Civil de 1916 (segunda parte do art. 960); é assim no Código Civil em vigor ('Não havendo termo, a mora se constitui mediante interpelação judicial ou extrajudicial' -par. ún., art. 397). A mora, nas obrigações carentes de prazo certo, depende, pois, da 'reclamação do cumprimento imediato feito pelo credor' (Antunes Varela...), porque 'em tais casos, a obrigação não se vence pelo decurso do tempo, por mais longo que ele seja' (Agostinho Alvim...). Até, porém, que o devedor se constituísse em mora, não se poderia cogitar de ilicitude em seu comportamento, uma vez que 'o ato ilícito consiste em o devedor deixar de efetuar oportunamente a prestação' (Galvão Telles...). Ora, tanto se verifica destes autos, a interpelação (...), em ordem ao cumprimento da obrigação em registrar a servidão administrativa, apenas se deu com a citação para responder a esta demanda. Logo, os danos patrimoniais e lesões morais apontados pelos autores, tanto que referentes a período anterior à constituição em mora,

---

[1212] CGJSP, Processo 1007137-22.2020.8.26.0032, Des. Ricardo Mair Anafe, j. 21/10/2021.

forram-se dos efeitos que poderiam somente provir da ilicitude da conduta do devedor moroso: 'A ausência de estipulação de prazo, em obrigações de fazer, caracteriza a mora ex persona. Necessidade de prévia constituição em mora do devedor' (REsp 487.614 –Min. Nancy Andrighi)" (TJSP, Ap. Cív. 0374175-77.2009.8.26.0000, 11ª Câmara de Direito Público, Rel. Des. Ricardo Dip, j. 14/12/2009).

2. Rogação de cancelamento de averbação de caução locatícia. Legitimidade.

Registro de Imóveis – Cancelamento de averbação de caução locatícia – Exigência de requerimento unânime das partes – Óbito de um dos locadores – Necessidade de representação do espólio por inventariante – Impossibilidade de análise de extinção da obrigação pelo Oficial – Princípio da legalidade estrita – Manutenção do óbice. (...) A caução locatícia tem o escopo de garantir ao locador o recebimento dos locativos devidos por desacordo ou cancelamento do contrato. E o cancelamento unilateral, de forma administrativa, tal como pretendido, implica no total esvaziamento da garantia em prejuízo do credor, devendo a questão ser levada ao Juízo competente, obedecido o devido processo legal, sob a luz do contraditório. Vale enfatizar que a função do registrador limita-se ao registro e verificação formal de documentos, não cabendo a ele interpretar ou julgar questões substantivas que envolvem disputas entre as partes. Aliás, a extinção do contrato de locação, por si, não gera a presunção de encerramento da garantia. Nesse contexto, subsistem as razões para manutenção da exigência fixada pelo Registrador. (1ª VRPSP – Processo 1033026-84.2023.8.26.0577, Juíza Renata Pinto Lima Zanetta, j. 08/11/2024).

Art. 218. Nos atos a título gratuito, o registro pode também ser promovido pelo transferente, acompanhado da prova de aceitação do beneficiado.

 Referências Normativas

Lei 10.406/2002 (Código Civil), arts. 538 a 564.

 Comentários

1. O comando normativo e a doação como regime jurídico arquétipo

O dispositivo congrega permissivo legal para que o outorgante promova o competente registro do título causal nos atos que formalizem a constituição, modificação ou extinção de direitos reais a título gratuito, ou seja, fundado na liberalidade do transferente e sem contraprestação econômica pelo beneficiário. A liberalidade é a intenção de bem-fazer, de proteger. Trata-se de negócio jurídico benéfico que gera empobrecimento do benfeitor e enriquecimento patrimonial daquele que foi contemplado. Em outras palavras, o que recebe a liberalidade objetiva aumenta seu patrimônio e o outorgante-transferente objetiva isso mesmo: o aumento do patrimônio do outorgado-beneficiário, mediante ato de liberalidade. É indispensável, pois, que haja uma relação de causalidade entre o empobrecimento, por liberalidade, e o enriquecimento (*pauperior et locupletior*). A diretriz basilar está na transferência de bens ou vantagens.[1213]

Quando se fala em "atos a título gratuito" que ingressam no Registro de Imóveis, não há dúvidas de que a principal ocorrência é o *contrato de doação*. Mas não é só. Inúmeros são os atos e negócios jurídicos que recaem sobre bens imóveis e que podem ser realizados a título gratuito, fundados na liberalidade do outorgante. Nada obstante, não se pode perder de vista que as regras do contrato de doação funcionam como verdadeiro regime jurídico arquétipo para as demais situações de liberalidade; assim como a venda e compra é desenhada como matriz jurídica para os negócios onerosos. Dito de outro modo, tal como a compra e venda é negócio jurídico basilar, estrutural, contrato arquétipo, para os negócios jurídicos onerosos, a doação representa modelo jurídico primário (*analogado principal*), com potencial de aplicação a outros atos ou negócios jurídicos (analogados secundários), a saber:

[1213] CC, art. 538. Considera-se doação o contrato em que uma pessoa, por liberalidade, transfere do seu patrimônio bens ou vantagens para o de outra.

Art. 218 | LEI DE REGISTROS PÚBLICOS COMENTADA

a) *Renúncia de direitos*, se realizada a título gratuito: por exemplo é o caso de quem está no gozo de um usufruto ou de uma servidão predial e abre mão do seu direito.

b) *Renúncia ou cessão de meação deve ser entendida como doação*: como meação não se confunde com herança, se o sobrevivente do casal desejar atribuí-las a herdeiros, tal atribuição se constitui num negócio jurídico entre vivos. Não existe, na verdade, uma renúncia à meação. O que se faz é uma transmissão patrimonial a título gratuito aos herdeiros do de *cujus*, ou a terceiros. É devido o ITCMD-doação.

c) *Remissão de dívida por liberalidade*.

d) *Renúncia (abdicativa) da herança*:[1214] embora haja alguma controvérsia doutrinária, há quem defenda tratar-se de "doação indireta".[1215]

e) *cessão de direitos em geral*: se for a título gratuito, constitui-se como verdadeira doação.

f) *instituição gratuita de direitos reais limitados como servidão predial, superfície, usufruto, uso, habitação e a laje*: incide, inclusive, ITCMD-doação (SEFAZ/SP).

g) *contratos atípicos ou inominados* nos quais haja gratuidade.

Em resumo, conforme arremate de *Agostinho A. Alvim*, "a doação é contrato, mas este não lhe esgota o conteúdo".[1216]

De outro bordo, nem todos os casos de liberalidade caracterizam doação em razão da falta de *animus donandi*. Não há doação nas seguintes hipóteses:

h) *Inação do proprietário de imóvel* que deixa completar o prazo de usucapião.

i) *Concessão de garantia real ou fidejussória* a título gratuito, pois o empobrecimento é em potencial.

j) Pagar *dívida prescrita*.

k) *Deixar de alegar prescrição* quando já consumada.

l) *Venda por baixo preço*, ao menos na parte do valor da onerosidade, podendo, conforme o caso, ser considerada doação no sobrepreço.

m) *Na emancipação*: o enriquecimento do filho com a perda do usufruto do pai, é consequência e não objeto direto do ato.

n) *Serviços gratuitos* não constituem doação; para alguns autores, no entanto, seriam doação pois causam empobrecimento ao impedir outros lucros ao prestador.

o) *Comodato e mútuo gratuito* não constituem doação.

2. A função do registro na doação de bens imóveis

O contrato de doação,[1217] para a doutrina majoritária, é consensual, pois se aperfeiçoa com o acordo de vontades. Não obstante exista controvérsia, em muito nascida da confusão terminológica e da imprecisão conceitual. *J. B. Villela*, por exemplo, defende a natureza real do contrato de doação e diz claramente: "na doação, a tradição é ato formativo do contrato". Para o autor, o contrato de doação importa por si mesmo na transferência proprietária, o que se confirmaria pela expressão clara do art. 538: "considera-se doação o contrato em que uma pessoa, por liberalidade, transfere (...)". A palavra *transfere*, nessa linha, orienta a classificação. Trata-se, no entanto, de posição reconhecidamente minoritária.[1218]

[1214] Recorde-se que há também a denominada renúncia translativa ou *in favorem* que, na melhor técnica, não se trata de renúncia efetiva, mas de verdadeira adição à herança seguida de cessão a terceiro(s). Seus efeitos jurídicos são substancialmente distintos da renúncia propriamente dita, abdicativa, notadamente os tributários.

[1215] Entendem não se tratar de doação: Carvalho de Mendonça, Clóvis Beviláqua, Enneccerus, Puig Peña e Ricci. Opinam por se tratar de doação indireta: Planiol e Voirin (cf. ALVIM, Agostinho. *Da doação*. 2. ed. São Paulo: Saraiva, 1972. p. 15).

[1216] ALVIM, Agostinho. *Da doação*. 2. ed. São Paulo: Saraiva, 1972. p. 9.

[1217] Registre-se que, historicamente, alguns ordenamentos jurídicos sistematizam(vam) a doação entre os modos de aquisição da propriedade, levados pelo prestígio da *concepção justiniana*: *Est et aliud genus adquisitionis, donatio* (Inst. II, VII, prc). Sistema adotado pelo Código Napoleão, Código Civil italiano, o argentino, o uruguaio e chileno.

[1218] VILLELA, João Baptista. Contrato de doação: pouca luz e muita sombra. *In*: PEREIRA JÚNIOR, Antonio Jorge; JABUR, Gilberto Haddad (coords.). *Direito dos contratos*. São Paulo: Quartier Latin, 2006.

É certo que a perfeição do contrato de doação não requer a tradição. Se assim fosse, no caso de bens imóveis seria exigido o registro, concomitantemente aos demais atos formativos. Dir-se-ia, assim, que sem registro não há contrato de doação de bem imóvel, o que não parece viável.

O registro dá a eficácia às doações de bens imóveis, mas não é requisito de validade do contrato.

Na doação, o consenso, reduzido à forma prescrita, não opera a transmissão proprietária. Não gera efeitos reais. Necessariamente, deve haver a tradição, no caso de bens móveis, ou o registro, em se tratando de imóveis, para dar-se a transferência de domínio, transcendência real ou mutação júri-real. Dessa forma, a doação cria a obrigação de transferir a propriedade da coisa doada, mas não tem o efeito real de realizar aquela transmissão.

Falar em *consensual*, como se constatou, pode gerar o risco de confusão com aqueles sistemas em que o consenso, só por si, opera efeitos de transmissão, como o português e o francês. Esses seguem o princípio da consensualidade. Mas no Brasil, em virtude das características expostas, a perfeição contratual, via de regra, ocorre antes da transmissão. Aqui vigora o princípio da tradição.

Somente se pode afirmar que a doação é, entre nós, consensual, no sentido de que o consenso produz os efeitos que, em nosso sistema, "fecham" o contrato; garantem sua perfeição. Não significa dar-lhe efeitos reais, pois essa não é a regra que aqui vigora. Seus efeitos são puramente obrigacionais.

Eis o escólio conclusivo de *Orlando Gomes*:

> A propriedade do bem doado somente se transmite pela tradição, se móvel, ou pelo registro, se imóvel. O contrato é apenas o título, a causa da transferência, não bastando, por isso só, para operá-la. Nesse sentido é que se diz ser a doação contrato translativo do domínio. São obrigacionais os efeitos que produz. O doador obriga-se a transferir do seu patrimônio bens para o do donatário, mas este não adquire a propriedade senão com a tradição, ou o registro. Entre nós o domínio das coisas não se adquire *solo consensu*, regra válida tanto para a compra e venda e a permuta como para a doação.[1219]

3. A aceitação da liberalidade como elemento de qualificação no Registro de Imóveis

A doação é negócio jurídico bilateral, mas *contrato unilateral*.

Segundo o art. 538 do Código Civil em vigor, "considera-se doação o contrato em que uma pessoa, por liberalidade, transfere do seu patrimônio bens ou vantagens para o de outra". É praticamente a reprodução do art. 1.165 do CC/1916, onde havia, no entanto, ao final do período, a expressão "que os aceita".

A supressão, segundo alguns, ocorreu em vista da própria natureza da doação, isto é, contratual, pelo que se torna inútil falar expressamente em aceitação, já que a dupla manifestação de vontade é marca dos negócios bilaterais. Mas já aí surgiu uma dúvida, de todo modo.

A doação é contrato unilateral, obviamente, por haver obrigações apenas para uma das partes (o doador). Mas o negócio jurídico, no caso, é bilateral. Eis a explicação de *Pontes de Miranda*:

> Contrato unilateral, a doação supõe bilateralidade do negócio jurídico, sem bilateralidade do contrato. Quem doa contrata, e o donatário, aceitando, apenas aceita o contrato, que é unilateral. Quem vende, vende a alguém que simultaneamente compra, de modo que há oferta e aceitação, com a qual – e já então – se conclui o contrato, que é bilateral.[1220]

Em suma, o contrato de doação depende da aceitação do donatário, pois é contrato (negócio jurídico bilateral). A aceitação, de sua vez, pode ser expressa, presumida ou tácita.

Expressa é a aceitação em que o donatário declara, por quaisquer meios diretos, seu aceite à oferta do doador. A aceitação *tácita* ocorre quando o donatário adota comportamento compatível com a vontade de aceitar a liberalidade. Se uma pessoa passa a usar bem recebido a título de doação, por ficção jurídica, entende-se que ela aceitou. *Aceitação presumida* decorre de lei e ocorre em três casos: (i) silêncio do donatário, que, mesmo ciente do prazo estipulado pelo doador, deixa de se manifestar,

---

[1219] GOMES, Orlando. *Contratos*. 26. ed. Rio de Janeiro: Forense, 2009. p. 255.

[1220] PONTES DE MIRANDA, Francisco Cavalcanti. *Tratado de direito privado*. t. XLVI. São Paulo: Revista dos Tribunais, 2012. p. 276.

Art. 218 | LEI DE REGISTROS PÚBLICOS COMENTADA

desde que se trate de doação pura (CC, art. 539). Como se tem doação pura, não há ônus ao donatário, a permitir a presunção legal de aceitação; (ii) a celebração do casamento na doação *propter nuptias* (CC, art. 546); (iii) doação pura a absolutamente incapaz (CC, art. 543). Nesse último caso, embora parte da doutrina trate como aceitação presumida (ou ficta), a melhor técnica traduz-se na compreensão de que a lei expressamente dispensou a aceitação. Em outras palavras, na doação pura ao absolutamente incapaz a aceitação deixa de ser *elemento integrativo do contrato*.

Dito isso, em passo seguinte, convém fixar a ideia da *oferta de doação* e em qual momento deixa de haver mera forma e se forma o contrato. A oferta de doação é o negócio jurídico unilateral realizado por um indivíduo que, mediante aceitação da contraparte, torna-se doador. É exatamente no instante no qual o donatário aceita a oferta que está formado o contrato. A exceção, ressalve-se, está nos casos em que não há aceitação, por dispensa expressa do legislador (CC, art. 543). Uma vez que a doação é um contrato, e o elemento primeiro é a oferta do doador, sua perfeição exige aceitação, negócio unilateral. Essa compõe a essência do contrato de doação. Eis a regra. A aceitação, garantindo a eficácia da oferta, garante também o aperfeiçoamento do contrato de doação. Existe e é válida a oferta do doador, por ele mesmo produzida. Ganha seus efeitos normais assim que o donatário a aceita, pelo que se perfaz, concomitantemente, o contrato.

A caracterização dessa situação, aliás, faz regra. Daí dizer a doutrina, com razão, que a oferta e a aceitação são negócios jurídicos unilaterais que se fundem para formar o contrato, sendo que este mantém sua unidade conceptual.

Não há, desse modo, contrato de doação se não houver aceitação. Eis a razão de ser da norma do art. 218 da LRP.

Dentre as cautelas do registrador imobiliário, destacam-se:

a) Para doação pura (sem encargo), admissível aceitação presumida, colhendo-a do silêncio do donatário notificado no prazo fixado pelo doador, na forma da lei civil (art. 1.166 do Código Civil de 1916; art. 539 do atual Código Civil). (CSMSP, Ap. Civ. 669-6/4).

b) O doador pode, ainda, determinar que é necessária a aceitação expressa de todos os donatários na escritura de doação. Nessa hipótese, todos deverão assiná-la, não sendo viável a aceitação presumida (por notificação).

c) Pode ocorrer de o doador determinar que todos os donatários sejam notificados para irem ao tabelionato anuírem à doação. Nesse caso, a notificação tem por finalidade chamá-los para assinar a escritura, não bastando a apresentação dessa notificação para fins de registro da doação, devendo, pois, haver expressa anuência no título causal (CSMSP, Ap.Civ. 669-6/4).

d) Na doação feita a menor, a aceitação é feita por seu representante legal. Se o representante for o tutor, deve haver autorização judicial (art. 1.748, II do CC).

e) Quando o donatário não assinar na escritura de doação, deve ser notificado pelo Cartório de Títulos e Documentos, no prazo fixado pelo doador. Se não se manifestar, presume-se a sua aceitação. Nessa hipótese, para fins de registro da doação, junto com a escritura deve ser apresentada a certidão do RTD certificando-se a sua notificação (CSMSP, Ap. Civ. 669-6/4).

f) Escritura de doação, com reserva de usufruto a filho menor. Foi estipulado que o donatário terá 30 dias após atingir a maioridade para aceitar a doação. O Conselho decidiu ser perfeitamente válida tal cláusula e determinou o registro da escritura (CSMSP – Ap. Civ. n. 608-0).

g) Divórcio de casal. Partilha na qual foi doado imóvel para o filho. Desnecessidade de escritura pública para a doação. Necessário, porém, prova da aceitação, pois o filho era maior (1ª VRPSP, Processo 1110376-32.2020.8.26.0100).

4. Doação a nascituro: (ir)registrabilidade

Diz o art. 542 do Código Civil que a doação feita ao nascituro valerá, sendo aceita pelo seu representante legal. O dispositivo faz distinção desnecessária entre a doação feita a nascituro e aquela feita a absolutamente incapaz (CC, art. 543), que, a rigor, mereceriam o mesmo tratamento jurídico. Nada obstante, a lei é clara ao exigir a aceitação do seu representante legal quando se tratar doação feita a donatário já foi concebido, mas que ainda não nasceu.

A questão que exsurge é a possibilidade ou não de se registrar no Ofício Predial a doação a nascituro.

Embora haja relevante divergência doutrinária a respeito, é patente a possibilidade de registro, mesmo antes do nascimento com vida. Trata-se de doação submetida a condição suspensiva, cujo fato inscritível goza de tipicidade no art. 167, I, nº 33, da LRP.[1221]

Ora, não há qualquer vedação legal, tampouco incompatibilidade sistêmica para o registro de doação sob condição suspensiva. É essencial, no entanto, que haja o mínimo de determinação subjetiva (identificação da filiação e data, ainda que estimada ou aproximada, para o nascimento).[1222] Deve-se, ainda, mencionar no teor do extrato a condição suspensiva à qual o registro fica submetido. Com o nascimento com vida, oportuna será a averbação noticiando-se o fato jurídico e o implemento da condição, bem como a complementação dos dados de qualificação (nome completo, CPF etc.). Se, de outro bordo, a criança nascer morta, será o caso de noticiar o não implemento da condição regressando a propriedade ao patrimônio do doador.[1223]

Não se ignora, contudo, a existência de orientação no sentido de que o registro da doação a nascituro ser inviável antes do seu nascimento com vida. Para os que sustentam esta tese, *de duas uma*: (i) se a doação for feita exclusivamente ao nascituro, deve-se efetuar o registro após o nascimento, mediante a apresentação da respectiva certidão de nascimento; (ii) se, porém, a doação for feita a diversas pessoas, entre as quais aquela que ainda se encontra no ventre da mãe, o ideal é efetuar o registro em nome dos nascidos, esclarecendo qual a parte ideal de cada um, e que também foi contemplado pelos doadores um nascituro com determinada parte ideal, cujo registro será feito oportunamente. Há, ainda, o argumento de que eventual registro prematuro em nome do nascituro caracterizaria indevida "reserva de prioridade" não autorizada pela lei.[1224]

5. Doação a incapaz: registrabilidade

O Código Civil de 1916 assim dispunha no art. 1.170. "Às pessoas que não puderem contratar é facultado, não obstante, aceitar doações puras." O dispositivo alimentava já grandes controvérsias, pelo que merecia a crítica dos doutrinadores, como *Agostinho Alvim*, que apontava a insuficiência e a contradição da regra em relação a outros dispositivos.[1225] Os incapazes para contratar sob o Código de 1916 (menores de 16 anos, loucos, surdos-mudos) poderiam, de todo modo, aceitar doações sem encargo. Nem presunção de aceitação, nem dispensa de aceitação, mas, isto sim, autorização a que incapazes praticassem o tal ato de vontade. A razão determinante da regra, segundo *Clóvis Beviláqua*, estava no fato de a doação pura só conferir vantagens ao beneficiado, de sorte a não haver necessidade de atuação dos representantes legais para a aceitação. Daí dizer expressamente que "o Código levanta, em geral, a incapacidade das pessoas, para que possam aceitar doações puras (...)".[1226]

O atual Código Civil inovou substancialmente a matéria. Dispõe, em seu art. 543, que, "se o donatário for absolutamente incapaz, dispensa-se a aceitação, desde que se trate de doação pura". Como se percebe, a opção do legislador de 2002 foi por afastar de vez a aceitação do absolutamente incapaz.

Vale lembrar que doação com reserva de usufruto e com cláusulas restritivas de domínio é doação pura (e não doação com encargo). *Pontes de Miranda* determinava expressamente que "a doação com

---

[1221] É o que sustenta o registrador imobiliário *Eduardo Sócrates Castanheira Sarmento Filho* (SARMENTO FILHO, Eduardo Sócrates Castanheira. *Direito registral imobiliário*. v. II. Curitiba: Juruá, 2018. p. 79).

[1222] Embora a LRP lastreie-se no *princípio da especialidade subjetiva* exigindo elementos e dados qualificativos das partes (nome, RG, CPF, estado civil, profissão, endereço etc.), a natureza especial da doação em testilha autoriza, excepcionalmente, tratamento distinto ao nascituro; o que, inobstante, não causará qualquer prejuízo à segurança jurídica face a existência de dados concretos que permitem identificar com segurança quem será (após o nascimento com vida) o titular do imóvel.

[1223] *Mutatis mutandis*, o mesmo entendimento quanto à possibilidade de registro de doação com condição suspensiva pode ser aplicado à doação à entidade futura autorizada pelo art. 554 do CC.

[1224] É, entre outros, a posição de *Narciso Orlandi Neto* (cf. manifestação em palestra virtual proferida em programa da *Associação dos Registradores Imobiliários de São Paulo – ARISP*, edição do Programa "Pinga-fogo" da TV Registradores – Uniregistral).

[1225] ALVIM, Agostinho. *Da doação*. 2. ed. São Paulo: Saraiva, 1972. p. 87.

[1226] BEVILAQUA, Clóvis. *Código Civil dos Estados Unidos do Brasil comentado*. Rio de Janeiro: Livraria Francisco Alves, 1917. v. IV. p. 333.

reserva de usufruto não é doação com encargo. Doou-se a nua propriedade, e a extinção do usufruto não tem outra consequência que a integralização da propriedade".[1227]

A doação que se perfaz sem aceitação (donatário absolutamente incapaz; ordem expressa de lei) é negócio unilateral. Como contrato é negócio bilateral, doação desse tipo não tem natureza contratual.[1228] *Orlando Gomes* manifestou-se sobre isso, afirmando que, "em certos casos, a doação não tem natureza contratual, realizando-se em virtude de uma só declaração de vontade, quando se caracteriza, portanto, como negócio unilateral".[1229]

No caso do recebimento de doação, a dispensa da aceitação parte do pressuposto de que doações puras são sempre vantajosas ao beneficiado, de tal sorte que nem mesmo aquela ficção jurídica ("aceitação ficta"), por si só descabida, merecia subsistir em seu escopo. Atento à proteção do incapaz, o legislador veio a confirmar ideia de dispensa da aceitação, observando precisamente o benefício da doação pura.

A melhor compreensão está em considerar que nas doações sem encargo constata-se abstrata e genericamente a existência de vantagem. Mas essa constatação é perfeitamente negável, mercê de circunstâncias particulares que tornem, em determinado caso, desvantajoso o negócio ao donatário. *Nota bene!* A prova de que a doação não é benéfica ao incapaz refoge à esfera administrativa de qualificação do oficial. A vantagem da doação pura, também um fundamento da dispensa de aceitação pelo incapaz, pode no plano fático não se revelar, apesar de todas as cultivadas expectativas em contrário. Em assim sendo, o representante do donatário, provando a desvantagem que a doação traz, poderá desconstituí-la em juízo.[1230] Em resumo, da mesma forma que o tabelião não pode se recusar a lavrar uma escritura de doação pura para sujeito absolutamente incapaz pelo fato de ausência de aceitação, também o registrador de imóveis não pode rejeitar a inscrição do referido título. Esse entendimento nasce do cotejo das conclusões anteriores.

Imagine-se um indivíduo que queira doar imóvel de grande valor a um menor impúbere, apondo cláusula de reserva de usufruto. É uma doação pura feita a sujeito absolutamente incapaz. Forma-se o suporte fático concreto de incidência da hipótese do art. 543 do CC. Está dispensada a aceitação do beneficiado, já que: (i) a lei assim o determina; (ii) ele não poderia jamais praticar a aceitação; (iii) a doação só lhe acarreta vantagens. Negar o registro é, ao fim e ao cabo, praticar injustiça e atravancar o fluxo econômico.[1231]

Caso a doação tenha como destinatário um sujeito relativamente incapaz, entende-se pela possibilidade de seu consentimento. Ele será capaz, dessa forma, para o ato de aceitação de doação.

Do mesmo modo que sob o Código de 1916 – no qual o art. 1.770 permitia que o incapaz aceitasse doação –, *Agostinho Alvim* defendia uma interpretação restritiva, autorizando-se apenas a aceitação pelo relativamente incapaz, crível e razoável que esse entendimento deve ainda prevalecer, de resto porque o art. 543 do atual Código se dirige especificamente aos absolutamente incapazes (como dispensados da aceitação).[1232]

[1227] PONTES DE MIRANDA, Francisco Cavalcanti. *Tratado de direito privado*. t. XLVI. São Paulo: Revista dos Tribunais, 2012. p. 316.

[1228] Ascensão, José de Oliveira. *Direito civil:* teoria geral – introdução. As pessoas. Os bens. 3. ed. São Paulo: Saraiva, 2010. p. 140.

[1229] GOMES, Orlando. *Contratos*. 26. ed. Rio de Janeiro: Forense, 2009. p. 254.

[1230] Em manifestação ofertada em procedimento de dúvida perante a *1ª Vara de Registros Públicos de São Paulo*, o registrador paulista *Sérgio Jacomino* sustentou, em determinado caso concreto, que não havia a necessidade de os pais do absolutamente incapaz comparecerem à escritura; mas, se o fizerem, deve-se justificar o seu comparecimento. Ademais, o comparecimento deve ser de ambos os pais (CC, art. 1.690); a falta de um também é motivo de justificada da ausência. A ideia curial seria no sentido de que não se deve presumir que toda e qualquer aquisição imobiliária representa um benefício ao menor. Anote-se que o Juízo Corregedor Permanente manteve a inviabilidade do registro, mas em grau recursal o Conselho Superior da Magistratura de São Paulo reformou a decisão para determinar o registro do título (1ª VRPSP, Processo 1055983-36.2015.8.26.0100, Juíza Tânia Mara Ahualli, j. 07/07/2015). cf. JACOMINO, Sérgio. Da doação a incapaz: voltemos antes os olhos ao caso concreto. *Revista de Direito Imobiliário*. v. 79, ano 38, p. 413-418. São Paulo: Revista dos Tribunais, jul.-dez. 2015.

[1231] Nesse sentido é o primoroso trabalho dos civilistas *Vitor F. Kümpel e Bruno de Ávila Borgarelli*: KÜMPEL, Vitor Frederico; BORGARELLI, Bruno de Ávila. Da doação a incapaz. *Revista de Direito Imobiliário*. v. 79, ano 38, p. 421-438. São Paulo: Revista dos Tribunais, jul.-dez. 2015.

[1232] ALVIM, Agostinho. *Da doação*. 2. ed. São Paulo: Saraiva, 1972.

6. O simbólico e polêmico caso da permuta de imóveis de valores distintos e o "negócio jurídico indireto"

Tema de grande relevo prático que tem agitado o ambiente extrajudicial das notas e dos registros públicos é a caracterização ou não de doação quando ocorre a permuta de dois ou mais imóveis de valores desiguais: haveria doação no valor do sobrepreço?

A resposta ineludivelmente tem impacto financeiro na medida em que, caracterizada a liberalidade, haverá, *incontinenti* incidência do imposto de transmissão (ITCMD-doação).

Para melhor ilustrar o imbróglio, tome-se o seguinte exemplo: "A" transfere para "B", a título de troca, um apartamento pelo valor de R$ 1.000.000,00. "B", de sua vez, em pagamento, transfere para "A" uma casa na mesma circunscrição no valor de R$ 1.500.000,00. Não há torna (leia-se: reposição em dinheiro) da diferença, e o negócio é formalizado por escritura pública sob a rubrica de "permuta de bens imóveis".

De fato, trata-se de permuta imobiliária (CC, art. 533) que deve ser objeto de registro em sentido estrito (LRP, arts. 167, I, nº 30, e 187) nas duas matrículas, simultaneamente ou não,[1233] conforme o interesse das partes contratantes. A celeuma reside, pois, na existência ou não da existência de doação no valor do sobrepreço dos imóveis (no exemplo ilustrado, R$ 500.000,00).

Embora a doação – enquanto negócio jurídico fundado na liberalidade, arquétipo do Código Civil – pressuponha a existência de *animus donandi*, é de clareza meridiana que o regime jurídico da doação vai muito além do contrato de doação propriamente dito, conforme amplamente estuado no *item 1 supra*. Nesse peculiar, o Código Civil é muito didático ao definir a doação e contentar-se com a existência de *vantagem* a uma das partes (CC, art. 538: considera-se doação o contrato em que uma pessoa, por liberalidade, transfere do seu patrimônio bens ou *vantagens* para o de outra). É dizer, para sua existência basta que ocorra o enriquecimento de um à custa do empobrecimento do outro. No caso da permuta de valores desiguais, ressalve-se, é consabido, a *causa* do negócio jurídico não era propriamente a doação de R$ 500.000,00, mas, isso sim, a troca de dois imóveis.

É certo que no aspecto subjetivo, anímico, de uma contratação imobiliária diversos fatores – jurígenos ou não – podem impactar na transmissão de bens de valores divergentes a admitir, inclusive, que alguém receba a título de permuta imóvel de valor de mercado inferior àquele que irá dispor para satisfação de interesses pessoais e muito particulares (*v.g.*, localização; vizinhança; estado de conservação; costumes e desejos dos permutantes; estrutura predial; aspectos históricos, culturais, urbanísticos; destinação do bem etc.). No entanto, não se pode negar – ainda que de forma reflexa, mediata, indireta ou diferida na execução contratual –, um dos permutantes aufere casuisticamente

---

[1233] Havia muita polêmica a respeito da possibilidade de se aplicar a cindibilidade do título para permutas de imóveis situados na mesma circunscrição. Aqueles que advogam a impossibilidade de cindir o registro pautam-se no art. 187 da Lei 6.015/1973. O dispositivo afirma que pertencendo os imóveis à mesma circunscrição, serão feitos os registros nas matrículas correspondentes, sob um único número de ordem no protocolo. Tal fundamento, no entanto, não merece prosperar, eis que exigir que ambos os registros sejam feitos simultaneamente gera incongruência inaceitável no sistema, principalmente ao se considerar a plena possibilidade de que os imóveis permutados estejam situados em circunscrições diversas. Nessa hipótese, por óbvio, a cindibilidade será forçada. Argumenta-se, assim, que não há razão para discriminar ambas as situações, sendo certo que à permuta – seja lá qual for a situação dos imóveis – é possível aplicar o princípio da cindibilidade. Com efeito, como há dois interessados imediatos no registro do título não é razoável impor a obrigação de que ambos devam viabilizar o registro simultaneamente. Ora, é perfeitamente factível que um deles não possua condições econômicas imediatas de arcar com as despesas inerentes à tributação da operação (como ITBI e emolumentos), recolhimentos esses que são condicionantes do registro de um título no Ofício Predial. Bem assim, é também possível que em relação a um imóvel o título não reúna condições imediatas de registro: como foi exatamente a situação do imóvel rural objeto da permuta ora qualificada, que para ingressar no fólio depende necessariamente do georreferenciamento ainda não providenciado. De mais a mais, ainda que se cuide de negócio jurídico sinalagmático, a reciprocidade das prestações exaure-se por ocasião da contratação (formação do título). Trata-se em verdade de elemento de existência do negócio jurídico que deve ser aferido no campo obrigacional. Por sua vez, o registro insere-se no plano eficacial e por previsão legal gera a mutação júri-real inerente à permuta (art. 167, I, nº 39 da Lei 6.015/1973 c.c. 1.245 do Código Civil). Assim, perfeitamente possível que se concretizem registros autônomos dissociados no tempo (quando solicitado pelo interessado a cisão para registro imediato de apenas um imóvel) e no espaço (quando os imóveis se situarem em circunscrições distintas). Hoje, portanto, o tema encontra-se pacificado, admitindo-se a cisão do título, por todos: TJSP, Ap. Cív. 1008124-45.2019.8.26.0565, CSMSP, Rel. Des. Ricardo Mair Anafe, j. 11/02/2021.

vantagem econômica em detrimento do outro. Essa vantagem econômica não pode ser ignorada, já que produz inúmeros efeitos jurídicos, razão pela qual devem notários e registradores, em casos tais, fiscalizar o recolhimento do *ITCMD-doação*. Não se pode desconsiderar, aliás, que sob a ótica da fiscalização do registrador imobiliário a *Lei de Registros Públicos* é intransigente e exige rigoroso exame tributário do título causal: "no exercício de suas funções, cumpre aos oficiais de registro fazer rigorosa fiscalização do pagamento dos impostos devidos por força dos atos que lhes forem apresentados em razão do ofício" (LRP, art. 289).

Eis o entendimento remansoso da jurisprudência administrativa do *Conselho Superior da Magistratura do Estado de São Paulo*:

> As partes atribuíram a cada um dos imóveis o valor de R$ 250.000,00, constando na escritura pública de permuta que a base de cálculo do Imposto de Transmissão Inter Vivos (ITBI) incidente sobre o imóvel adquirido pelo apelante foi de R$ 2.315.145,00, conforme liminar concedida no Mandado de Segurança nº 1004069-64.2021.8.26.0053. Por sua vez, ao imóvel recebido pelo apelante foi atribuído, para o exercício de 2021, valor venal de referência de 3.294.900,00, ao passo que ao imóvel recebido por G.G. foi atribuído valor venal de referência de R$ 1.182.440,00, do que decorreu exigência, para o registro da transmissão da propriedade do imóvel de maior valor, da comprovação da declaração e do recolhimento do Imposto de Transmissão *Causa Mortis* e de Doação (ITCMD). A diferença entre os valores dos imóveis permutados, sem tornar destinada à recomposição do patrimônio da transmitente daquele de maior valor, faz considerar o excedente como doação e impõe a exigência da declaração e do recolhimento do Imposto de Transmissão Causa Mortis e de Doação (ITCMD), ou a comprovação da sua isenção mediante declaração do órgão estadual competente. Isso porque o negócio jurídico, na forma como celebrado, gerou em favor da apelante acréscimo patrimonial decorrente da disposição de bem realizada de forma não oneroso, pela outra permutante, a caracterizar doação, na forma do art. 538 do Código Civil.[1234]

Coloca-se em destaque que, no caso enfocado supra, nem mesmo a atribuição voluntária de valores idênticos aos imóveis, e consideravelmente inferiores aos valores venais[1235] dos referidos bens – prática

---

[1234] "CSMSP, Ap. Cív. 1109321-12.2021.8.26.0100, Rel. Des. Fernando Antônio Torres Garcia, j. 16/08/2022. Também nesse sentido: Ap. Cív. 1007778-97.2020.8.26.0100, Rel. Des. Ricardo Mair Anafe, j. 05/06/2020; Ap. Cív. 1001733-55.2018.8.26.0615, Rel. Des. Ricardo Mair Anafe, j. 18/11/2021. Essa interpretação mantém consonância com a jurisprudência das Câmaras da Seção de Direito Público do Tribunal de Justiça do Estado de São Paulo. Por todos: "Mandado de segurança procedência. Reexame necessário. Art. 14, § 1º, da Lei Federal 12.016/09. Obrigatoriedade. Tributário. ITCMD. Permuta de bens. Diferença de valores dos imóveis envolvidos na permuta. Caracterização de doação. Incidência de ITCMD sobre a diferença Inexistência de bitributação com o ITBI" (TJSP, Apelação/Remessa Necessária 1025508-34.2021.8.26.0053, 11ª Câmara de Direito Público, Rel. Des. Afonso Faro Jr., j. 17/05/2022).

[1235] Lembre-se de que *valor venal* significa o valor de mercado dos bens. Embora seja sabença geral que na maioria das unidades federativas os entes tributantes, notadamente os municípios, costumam, para fins de tributação imobiliária (IPTU e ITBI), atribuir valores muito abaixo do valor de mercado dos bens. Ainda que se trate de (duvidosa) política fiscal, recomenda-se sempre a atribuição de valor aos imóveis próximo ao verdadeiro valor de mercado dos imóveis, sob pena de efeitos jurídicos indesejados. Dentre outras, há as seguintes implicações: "1) Recolhimento a menor de tributo, pois o imposto de transmissão do bem (ITBI ou ITCMD) e o recolhimento das custas emolumentares devem levar em conta o valor real do negócio, se este for superior ao valor venal. Sobre a diferença não recolhida incide multa, juros e correção monetária. 2) Há possibilidade de ação penal em face das partes e dos envolvidos (corretor, tabelião, intermediários etc.) por sonegação fiscal (recolhimento inferior do imposto de transmissão e das taxas pagas), falsidade ideológica etc. 3) Se houver algum problema no imóvel ou execução contra o vendedor, com questionamento do negócio realizado, o valor declarado pelas partes (valor inferior) será levado em conta na fixação da indenização. Imagina-se, por exemplo, que um prédio de R$ 1.000.000,00 (um milhão de reais), com escritura formalizada por R$ 100.000,00 (cem mil reais), caia, desmorone. O valor de indenização será de R$ 100.000 (cem mil reais)? Ou o comprador pedirá indenização por valor maior e confessará que sonegou tributos e demais taxas na transferência do imóvel?! 4) Se o imóvel estiver locado e o vendedor e o comprador não locatário acordarem um valor inferior ao valor real, o locatário, que tem direito de preferência, poderá adquirir o imóvel pelo preço (menor) indicado na escritura. 5) O comprador poderá pleitear judicialmente a devolução da quantia paga que for superior àquela quantia declarada na escritura [vide Acórdão Proferido no Agravo Interno na Apelação Cível nº 230130-87.2012.8.09.0051 (201292301309) – TJGO]. 6) Se a aquisição do bem se dá por valor inferior ao valor real, na posterior venda desse

indesejável, não recomendável, mas infelizmente deveras comum no mercado imobiliário nacional – tem aptidão para descaracterizar a vantagem econômica efetivamente auferida por aquele permutante que recebe bem de valor maior do que aquele que transferiu à contraparte.

Atente-se que em caso de permuta de imóveis de valores desiguais, inexistindo torna, haverá dupla incidência tributária. Explica-se. Naturalmente, por encerrar negócio jurídico oneroso translatício de domínio, a permuta é fato gerador do *Imposto de Transmissão de Bens Imóveis* (ITBI) de competência dos municípios (art. 156, II, da Constituição Federal). Na hipótese vertente, aliás, como são duas as transmissões imobiliárias, dois serão os recolhimentos, cada um com base de cálculo no valor do bem que está sendo recebido em pagamento do preço (considerando-se o maior valor entre o venal ou o atribuído pelas partes). Sem prejuízo da incidência do ITBI, o quando o caso concreto indicar a ocorrência da chamada *permuta desigual*, isto é, os valores dos bens imóveis objetos do contrato possuíam valores díspares e, desse modo, para que não houvesse efetiva vantagem àquele que recebeu bem por valor maior, a onerosidade do negócio seria mantida com a reposição em dinheiro ou valor pecuniário correspondente (torna). Desse modo – se houvesse torna, o que não é o caso da hipótese –, os dois recolhimentos tributários teriam a mesma base de cálculo, incidindo, pois, apenas o ITBI. No entanto, no caso vertente, não houve reposição em dinheiro, de modo que aquele que recebeu o bem de valor maior auferiu vantagem econômica derivada de mera liberalidade do outro permutante. Assim, entende-se que no valor da diferença entre os bens (no exemplo, R$ 500.000,00) incidirá o ITCMD-doação.

Se o que basta não bastasse, ainda é possível angariar excelentes fundamentos na *teoria dos negócios jurídicos*. No caso em testilha projeta-se a configuração do denominado *negócio misto com doação* (*negotium mixtum cum donatione*) ou "negócio jurídico indireto". Essa tese não é nova e encontra respaldo na doutrina italiana de *Tullio Ascarelli* (1930) – com esteio em *Francesco Ferrara e Giuseppe Messina*.[1236] Trata-se de negócio jurídico complexo que em realidade encerra duas contratações: uma onerosa e direta (a permuta) e uma gratuita e indireta (a doação). A *causa legitimante* da contratação é a permuta; mas, ao se concretizar a atribuição de vantagem sem contrapartida, exsurge a doação.[1237] Nesse caso, o negócio indireto, latente na permuta, é extraído da vantagem auferida por aquele que trocou bem de maior pelo seu de valor menor. A chave para desmistificar o instituto está nas noções de *causa e motivo*. A causa do negócio indireto é sempre a mesma do negócio direto; mas os fins que as partes querem atingir entram no campo dos motivos. A unicidade causal permite concluir que a não equivalência dos preços dos imóveis, per se, não gera o predomínio da vontade de doar sobre a de trocar; é perfeitamente possível a subsistência da permuta, enquanto vontade deliberada das partes. É que a *causa* da troca informa todo o negócio; a ocorrência de vantagem a um dos

---

bem pelo valor real (p. ex.: por exigência do novo comprador, especialmente para obtenção de financiamento bancário), o vendedor (anterior comprador) deverá pagar Imposto de Renda sobre o Ganho de Capital (pelo menos 15%) sobre a diferença entre o preço de aquisição e de venda (o barato sai caro, pois terá trocado uma 'economia' (ilegal) de 2% ou 4%, para depois pagar à Receita Federal pelo menos 15% de lucro imobiliário, acrescidos de multa, juros e correção monetária). 7) O ato é nulo (art. 167, § 1º, inciso II, do Código Civil). 8) Possibilidade de perda do imóvel em favor do Município, que tem o direito de preferência na aquisição pelo mesmo valor declarado na escritura (artigo 25 da Lei 10.257/2001). 9) Se o comprador devolver o imóvel por vícios ou defeitos ocultos (artigos 441 e 442 do Código Civil), receberá, apenas, a quantia declarada como preço na escritura. 10) Gastos desnecessários com processos judiciais e advogados. Ademais, atualmente os órgãos fazendários têm muitos instrumentos para verificar (in)consistência entre o valor (irreal) declarado pelas partes e o valor efetivo da negociação, uma vez que: (a) o Poder Público recebe informação de toda transação bancária a partir de R$ 2.000,00 (art. 7º, inciso I, da Instrução Normativa RFB nº 1.571/2015); (b) as imobiliárias emitem a DIMOB – Declaração de Informações sobre Atividades Imobiliárias, com indicação do valor da transmissão do imóvel; (c) os cartórios de imóveis e de notas são obrigados a emitir a DOI – Declaração sobre Operações Imobiliárias, com indicação do valor declarado de cada a transação lavrada ou registrada" (cf. ALVARES, Luís Ramon. *Como comprar imóvel com segurança*: o guia prático do comprador. São José dos Campos: Crono, 2016. p. 42-44). Afora a possibilidade de a transação ser comunicada ao COAF/UIF, pelo registrador de imóveis, nos termos do Provimento 88/2019 do CNJ em razão do enquadramento em situações objetivas descritas pela norma que indicam a possível ocorrência de crimes de lavagem de dinheiro e financiamento ao terrorismo.

[1236] ASCARELLI, Tullio. Contrato misto, negócio indireto, "negotium mixtum cum donation". *RT*. São Paulo, v. 101, n. 925, p. 27-52, nov. 2012.

[1237] Sobre o tema, confira-se belíssimo trabalho de Luciano de Camargo Penteado: PENTEADO, Luciano de Camargo. *Doação com encargo e causa contratual*. Campinas: Millennium, 2004.

contratantes situa-se no âmbito dos *motivos*. Em resumo, tem-se um negócio a título oneroso, cuja onerosidade se revela apenas parcialmente. O valor excedente de um dos imóveis seria, nas palavras de *Ascarelli*, uma *prestação transtípica*, mas com todas as repercussões jurídicas.

 Jurisprudência

1. Irregistrabilidade da promessa de doação

"Instrumento particular de promessa de doação. Inviabilidade do registro. Diante de ausência de previsão no rol *numerus clausus* do artigo 167, I, da Lei de Registros Públicos – ou mesmo em qualquer outro diploma legal – a promessa de doação não possui acesso ao fólio real, nem como ato de registro em sentido estrito, nem tampouco como ato de averbação. Cuida-se de direito obrigacional sem repercussão no fólio real, sendo, assim, inviável a promoção da mutação júri-real com a inscrição predial" (TJSP, Ap. Cív. 1.237-6/0, CSMSP, Rel. Des. Marco César Müller Valente, j. 28/09/2010).

"Carta de sentença notarial. Promessa de doação com instituição de usufruto constante de separação consensual homologada judicialmente. Exigência de lavratura de escritura pública. Acordo homologado judicialmente prevê expressamente a necessidade de lavratura de escritura pública para a doação da nua propriedade aos filhos do casal e o usufruto para a ex-esposa. O acordo homologado judicialmente trata-se de promessa de doação, não havendo título hábil a registro. Apesar do óbito da usufrutuária não é viável a cindibilidade do título para o registro da doação direta aos filhos, sem registro do usufruto, sob pena de burla ao princípio da continuidade. Necessidade de apresentação do ITCMD. Omissão que pode levar a responsabilidade solidária do titular da delegação" (TJSP, Ap. Cív. 1002967-74.2019.8.26.0506, CSMSP, Rel. Des. Ricardo Mair Anafe, j. 16/03/2020).

2. Doação com cláusula de reversão. Natureza jurídica dos direitos do doador e donatário

"Desnecessidade de constar da escritura pública de alienação que o imóvel está sujeito à cláusula de reversão. A exigência de expressa advertência às partes na escritura pública da condição resolúvel da propriedade do bem imóvel adquirido mostra-se cautela exagerada no caso em tela para fim de impedir o registro. Decidiu-se que é necessário e suficiente que a cláusula de reversão conste da matrícula do imóvel, de modo que o adquirente receberá a propriedade resolúvel do bem sujeitando-se ao eventual implemento do evento futuro e incerto" (TJSP, Ap. Cív. 0000293- 93.2012.8.26.0116, CSMSP, Rel. Des. José Renato Nalini, j. 08/11/2012).

"Registro de imóveis – Pedido de providências – Cancelamento de cláusula de reversão – Indisponibilidades contra os doadores renunciantes que não estavam averbadas e, portanto, não podem ser opostas ao comprador beneficiário da renúncia – Reforma da sentença para autorizar o cancelamento – Parecer pelo provimento do recurso. JALN era donatário do imóvel da matrícula n. 11.059, do Ofício de Registro de Imóveis e Anexos de Boituva. Essa doação fora recebida, em 3 de outubro de 2014, com cláusula de reversão, nos termos do art. 547 do Cód. Civil. O recorrente e donatário, em 8 de maio de 2017, vendeu o imóvel a terceiro. Com essa compra e venda foi também estipulado, mediante a anuência dos doadores, o cancelamento da dita cláusula de reversão. Os doadores, todavia, têm contra si numerosas ordens de indisponibilidade, desde abril de 2017, segundo informação do Oficial de Registro de Imóveis – o qual, portanto, denegou o cancelamento, que implicaria, por parte deles doadores, um ato de disposição que está vedado pelas medidas constritivas. Em linha de princípio, razão assistiria o Oficial, porque a cláusula de reversão tem inegável caráter patrimonial e, logo, não pode sofrer modificação decorrente da vontade de titulares que suportam indisponibilidade de bens. Ainda que – como é da própria natureza da cláusula (Cód. Civil, arts. 121, 127/128, e 547) – o direito daí decorrente esteja submetido a evento futuro e incerto, a relativa renúncia implica, no presente, um ato de disposição, e esta, repita-se, está vedada. Contudo, o caso tem uma peculiaridade que justifica o cancelamento pretendido. Como determina a Lei nº 13.097, de 19 de janeiro de 2015, art. 54, III, um negócio jurídico que tenha por fim modificar direito real sobre imóvel (como é o caso da compra e venda feita pelo donatário, despida da cláusula de reversão) é eficaz sobre indisponibilidade que não tenha sido averbada. Porque de duas, uma: ou a cláusula de reversão é atingida pela indisponibilidade, e então esta já devia ter vindo à matrícula desde há muito, para anunciar a impossibilidade de renúncia pelos doadores; ou a cláusula não é atingida, e então a averbação seria anódina, mas, nessa hipótese, também não se poderia negar ao comprador o direito ao cancelamento, tal como ajustado. Dado o conteúdo patrimonial da cláusula, já mencionado, é indiscutível que a indisponibilidade a atinge, e que havia de ter sido averbada; como não o foi, a indisponibilidade não pode, só agora, ser oposta ao adquirente, que tem direito a ver cancelada a cláusula de reversão. Ou seja: neste caso concreto, o cancelamento da cláusula de reversão pode ser obtido não porque ela não recaia sob o comando de indisponibilidade, e sim porque a indisponibilidade, não tendo sido averbada, não pode prevalecer sobre o negócio jurídico posterior (compra e venda e renúncia ao direito de reversão). Note-se que, pelo que consta dos autos, não se pode cogitar de má-fé do comprador e beneficiário da renúncia ao direito de reversão, uma vez que, pelo que se depreende da escritura pública, não foi solicitada certidão negativa de débitos trabalhistas (CNDT) nem foi consultada a base de indisponibilidade senão em relação ao vendedor (= donatário e recorrente), mas não em relação aos intervenientes renunciantes (= doadores). E em nada disso se vê erro crasso do Tabelião (quando não fez a solicitação de CNDT) ou equívoco grosseiro do Oficial (quando deixou de averbar a indisponibilidade em desfavor dos donatários titulares da reversão), considerado o raro de inusitado da hipótese" (CGJSP, Processo 1000007-93.2018.8.26.0082, Des. Fernando Antônio Torres Garcia, j. 12/05/2022).

3. Doação conjuntiva

"Registro de imóveis – recurso administrativo – averbação – doação *conjuntiva* – direito de acrescer entre irmãs – vontade expressa dos doadores – princípio da autonomia da vontade – Acréscimo convencional admitido – parecer pelo provimento do recurso. Do parágrafo único [do art. 551 do CC] extrai-se que o direito de acrescer ocorrerá automaticamente quando os donatários forem marido e mulher, prestigiando-se, assim, o cônjuge sobrevivente, desconsiderando-se os sucessores do falecido, em exceção ao princípio da *saisine*. Contudo, isso não implica na impossibilidade de aplicação do direito de acrescer em outras hipóteses, respeitada, por certo, a vontade do doador, como ocorre no caso telado. Entendimento diverso desprestigiaria o princípio da autonomia da vontade. (CGJSP – Processo 1001970-49.2021.8.26.0368, Des. Francisco Eduardo Loureiro, j. 04/12/2023)."

"Pedido de providências. Averbação – Doação – Direito de *acrescer* – Art. 551, parágrafo único, do Código Civil – Equidade integrativa que não se defere ao Oficial para estender a regra à união estável – Recurso desprovido. O direito de *acrescer* na doação ao marido e à mulher é regra de exceção, portanto, deve ser interpretada de modo restritivo, razão que desautoriza o alargamento de sua aplicação à *união estável* ou aos donatários que celebraram núpcias posteriormente. Ademais, os negócios jurídicos benéficos e a renúncia interpretam-se estritamente, nos termos do artigo 114 do Código Civil" (CGJSP – Processo 1066630-80.2021.8.26.0100, Des. Fernando Antônio Torres Garcia, j. 04/03/2022).

Art. 219. O registro do penhor rural independe do consentimento do credor hipotecário.

Referências Normativas

Lei 10.406/2002 (Código Civil), arts. 1.438 a 1.446.
Decreto-lei 167/1967 (Cédula de crédito rural).

Comentários

Buscou o legislador deixar claro que as garantias reais em testilha (penhor rural e hipoteca), por sua própria natureza, convivem harmonicamente no sistema registral e possuem efeitos jurídicos próprios.[1238] Assim, a dispensa do consentimento do credor hipotecário para o registro do penhor rural é perfeitamente compreensível, considerando-se, em especial, que as referidas garantias recaem sobre objetos distintos, embora se reúnam no ambiente registral na mesma tábua imobiliária. Note-se que os credores pignoratício e hipotecário nesse caso estariam seguros, cada qual com sua garantia

---

[1238] Para melhor compreensão do tema atinente ao registro do penhor no Ofício Predial, remete-se o leitor interessado aos comentários do art. 178 da LRP.

Art. 219 | LEI DE REGISTROS PÚBLICOS COMENTADA

real e efeitos jurídicos delas inerentes. O art. 1.440 do Código Civil é bem didático nesse sentido ao dispor que se o prédio estiver hipotecado, o penhor rural poderá constituir-se independentemente da anuência do credor hipotecário, mas não lhe prejudica o direito de preferência, nem restringe a extensão da hipoteca, ao ser executada.

De rigor, portanto, a dispensa da anuência do credor hipotecário para o registro do penhor rural.

Coloque-se em evidência, no entanto, que a norma não tem aplicação imediata à hipoteca cedular rural (Decreto-lei 167/1967).[1239] Por expressa disposição legal, o registro de cédula hipotecária rural configura garantia especial, obsta outros registros que, de qualquer sorte, pretendam dar causa a mutações júri-reais. Essa limitação, no entanto, é relativa. Em outras palavras, será ainda assim possível o registro do penhor rural mesmo que a garantia hipotecária tenha sido constituída por meio de cédula rural, desde que haja o consentimento do credor hipotecário.[1240]

Em verdade, o art. 59 do Decreto-lei 167/1967 exige, em princípio, a anuência do credor apenas para nova alienação (rectius: "venda"). No entanto, é patente que deve ser exigida a anuência para a constituição de novos gravames sobre o bem já onerado. Ora, como somente aquele que tem o poder de alienação (princípio da disponibilidade) é que pode onerar seu patrimônio (CC, art. 1.420) – porque a oneração pode resultar futura alienação (forçada) –, faz-se necessária a anuência, também no caso de nova oneração.

É nessa linha a lição de *Arnaldo Rizzardo*:

> Existindo uma hipoteca cedular, são permitidos a constituição e o registro de uma hipoteca comum, desde que o titular do primeiro gravame dê sua anuência por escrito, como se depreende do art. 59 do Decreto-lei nº 167: "A venda dos bens apenhados ou hipotecados pela cédula rural depende de prévia anuência do credor, por escrito". Observa-se que o dispositivo fala em venda dos bens. Se para tal ato não prescinde da autorização do credor, por mesma razão impõe-se dita providência para hipotecar pela segunda vez. A validade desta última garantia depende da anuência do credor da primeira.[1241]

Também é o entendimento remansoso da tradicional jurisprudência do *Conselho Superior da Magistratura de São Paulo*:

> Registro de Imóveis – Dúvida – Registro de hipoteca convencional – Impossibilidade, diante do prévio registro de hipoteca constituída por cédula de crédito rural – Inteligência do artigo 59 do Decreto-lei nº 167/67 e do artigo 1.420 do Código Civil de 2002. O artigo 1.475 do Código Civil de 2002, por sua vez, veda a instituição de inalienabilidade convencional em relação ao proprietário do imóvel hipotecado, o que nenhuma relação tem com a indisponibilidade legal estatuída pelo Decreto-lei nº 167/67. A previsão de indisponibilidade relativa contida no artigo 59 do Decreto-lei nº 167/67, outrossim, não viola os princípios instituídos pelo Código Civil de 2002 que em seu artigo 1.420 continua a contemplar, assim como fazia o Código anterior, hipóteses relativas a pessoas que não podem hipotecar e a bens que não podem ser dados em hipoteca. Permanece vigente, portanto, o artigo 59 do Decreto-lei nº 167/67, o que veda a constituição de nova hipoteca convencional sem anuência do credor que recebeu o imóvel em hipoteca vinculada à cédula de crédito rural. Reconhecendo a impossibilidade de constituição de nova hipoteca em casos como o presente, como bem lembrou a Douta Procuradoria Geral de Justiça em seu parecer, foram os v. acórdãos prolatados por este Egrégio Conselho Superior da

---

[1239] Frise-se: o regime especial restringe-se às cédulas rurais e àquelas cédulas que possuem aplicação do mesmo regime jurídico por expressa disposição legal como as industriais, comerciais e à exportação. Não se aplica, pois, às cédulas de crédito bancário (CCB) e às cédulas de produto rural (CPR), que não possuem previsão legal equivalente. Nesse sentido: BURTET, Tiago Machado. *Cédulas de crédito no registro de imóveis*. São Paulo: IRIB, 2016.

[1240] Deve-se ressalvar, no entanto, que nada impede que uma cédula de crédito rural constitua simultaneamente ambas as garantias, dando azo a duplo registro no Ofício Predial (penhor rural no Livro 3 – Registro Auxiliar e hipoteca no Livro 2 – Registro Geral). Tem-se, aqui, a denominada *cédula rural pignoratícia e hipotecária*. Recorde-se, a propósito, que desde o advento da "Lei do Agro" (Lei 13.986/2020), não mais se registram as cédulas propriamente ditas no Livro 3 – Registro Auxiliar, como se fazia outrora. Desde então, somente se promove o registro das garantias reais (hipoteca, penhor, propriedade fiduciária etc.), nos termos da legislação em vigor.

[1241] RIZZARDO, Arnaldo. *Direito das coisas*. Rio de Janeiro: Forense, 2003. p. 1118.

Magistratura nas Apelações Cíveis 31.281-0/3, 21.159-0/9 e 57.123-0/3. O registro, enquanto não cancelado, produz todos os seus efeitos legais, como estabelece o artigo 252 da Lei nº 6.015/73, e sem a anuência do credor que recebeu, em hipoteca constituída por cédula de crédito rural, o imóvel objeto da matrícula 5.498 do Registro de Imóveis, Títulos e Documentos, Civil de Pessoa Jurídica e Tabelião de Protesto de Letras e Títulos da Comarca de Palmeira D'Oeste não há como admitir o registro da posterior hipoteca convencional constituída em favor do apelante.[1242]

Poder-se-ia cogitar de inaplicação da norma protetiva especial à constituição de penhor rural sobre imóvel hipotecado cedularmente na medida em que os objetos das garantias, em realidade, são diversos (na hipoteca, o próprio imóvel rural; no penhor rural bens móveis, semoventes da atividade agrossilvopastoril, assim como frutos e colheitas pendentes), não obstante o *locus* de sua constituição seja o mesmo: a matrícula do imóvel rural (CC, art. 1.438). Ocorre, no entanto, que a lei especial tutela o crédito vinculado ao agronegócio, razão pela qual deve-se considerar a *ratio iures* desse sistema protetivo e, *ad cautelam*, exigir a anuência do credor também para constituição de nova garantia pignoratícia, que, aliás, por sua própria natureza, tem vinculação holística à razão de existir de um imóvel rústico. Não é, pois, sem razão que o *Estatuto da Terra* define imóvel rural como sendo o "prédio rústico, de área contínua qualquer que seja a sua localização, que se destine à exploração extrativa agrícola, pecuária ou agroindustrial, quer através de planos públicos de valorização, quer através de iniciativa privada" (Lei 4.504/1964, art. 4º, I). Acresça-se ainda que, nos termos do art. 79 do Código Civil, são bens imóveis o solo e tudo o que nele se incorpora, natural ou artificialmente. Disso decorre, por exemplo, que plantações são bens imóveis por definição legal, mas por exceção podem ser também objeto de penhor, por serem imobilizáveis.

Este também é o pensamento valioso do Desembargador e notável Civilista *Francisco Eduardo Loureiro*:

> A maior dificuldade está na conciliação da regra desse artigo (1.440, CC) com o disposto nos arts. 59 e 69 do DL 167/1967, que dispõe que os bens objeto de penhor ou hipoteca constituídos pela cédula de crédito rural não serão alienados, nem penhorados, arrestados ou sequestrados por outras dívidas do devedor ou de terceiro prestador da garantia. (...) De todo modo, a melhor interpretação é no sentido de que o art. 1.440 é exceção à regra da inalienabilidade e impenhorabilidade dos bens objeto de hipoteca cedular, mesmo porque esta permanece incólume para credor hipotecário, que não perde a prelação nem a sequela.[1243]

Em resumo, se se estiver tratando com título oriundo de emissão de cédula ou qualquer outro instrumento (título formal) que não diz respeito às legislações especiais, mas ao regramento civil, decorrente de uma hipoteca comum, o que é perfeitamente possível com fundamento no art. 1.486 do CC, daí inexistirá limitação para novas alienações e onerações, sejam novas hipotecas, sejam novos penhores. Vale aqui o princípio geral de que os bens devem permanecer *in commercium*. É dizer, não é permitido retirar do comércio um imóvel que não tenha vinculação com a concessão de um crédito especial, privilegiado, por uma contratação comum; fosse permitido não se encontrariam mais bens passíveis de sofrer uma constrição judicial, de modo que o instituto passaria a ser utilizado como meio fraudulento.

 Jurisprudência

1. O penhor rural não pode ser convencionado por prazo superior aos das obrigações garantidas

"Cédula rural pignoratícia. Prazo de garantia dissociado do prazo de vencimento da obrigação – Impossibilidade. Em que pese a alteração da redação do art. 1.493 do Código Civil e do art. 61, do Decreto-Lei 167/67 pela Lei 12.873/13, com a supressão dos prazos antes previstos, subsiste o raciocínio quanto à impossibilidade da dicotomia entre prazo de garantia e vencimento" (TJSP, Ap. Cív. 0000344-60.2015.8.26.0614, CSMSP, Rel. Des. Xavier de Aquino, j. 09/11/2015).

[1242] TJSP, Ap. Cív. 107-6/0, CSMSP, Des. José Mário Antonio Cardinale, j. 25/03/2004.
[1243] LOUREIRO, Francisco Eduardo. *In:* PELUSO, Cezar (coord.). *Código Civil comentado*: doutrina e jurisprudência. Barueri: Manole, 2016. p. 1486-1487.

"Cédula rural pignoratícia. Prazo de garantia dissociado do prazo de vencimento da obrigação. Impossibilidade. O art. 61 do Decreto-Lei 167/67 também diz que o prazo do penhor rural, agrícola ou pecuário, não excederá o prazo da obrigação garantida. A segunda parte do artigo e seu parágrafo único não permitem a interpretação diversa. Lá se diz que, embora vencido o prazo, permanece a garantia, enquanto subsistirem os bens que a constituem. O parágrafo único trata da prorrogação do penhor e da garantia. Ora, parece claro que em ambos os casos se trata de hipóteses de prorrogação da mesma obrigação. Porém, o que pretende a recorrente é a renovação da obrigação, que, aliás, conforme o título, tem como pressuposto a sua quitação" (TJSP, Ap. Cív. 0000667-96.2015.8.26.0539, CSMSP, Rel. Des. Xavier de Aquino, j. 09/11/2015).

2. Controle de graus do penhor pelo registrador imobiliário

"Registro de imóveis – dúvida – Cédula de Produto Rural – Garantias anteriores de mesmo grau incidentes sobre o mesmo bem – Ausência de anuência dos credores – Art. 7º, § 3º, da Lei nº 8.929/1994 que se reporta ao Decreto-Lei 167/1967 – Ingresso obstado – Recurso não provido" (TJSP, Ap. Cív. 0001249-04.2018.8.26.0083, CSMSP, Rel. Des. Geraldo Francisco Pinheiro Franco, j. 10/12/2019).

3. Penhor rural e desvinculação temporal à obrigação garantida

Registro de Imóveis – dúvida – cédula *rural* pignoratícia – prazo de garantia dissociado do prazo de vencimento da obrigação – impossibilidade – título apresentado antes da vigência da lei nº 14.421/2022, que revogou o parágrafo único do art. 61 do decreto-lei nº 167/67 – análise do caso de acordo com a lei vigente ao tempo da prenotação – *tempus regit actum* – precedentes desse conselho – apelação desprovida. (CSMSP – Apelação Cível 1000822-27.2016.8.26.0352, Rel. Des. Francisco Eduardo Loureiro, j. 16/05/2024).

Art. 220. São considerados, para fins de escrituração, credores e devedores, respectivamente:

I – nas servidões, o dono do prédio dominante e dono do prédio serviente;

II – no uso, o usuário e o proprietário;

III – na habitação, o habitante e proprietário;

IV – na anticrese, o mutuante e o mutuário;

V – no usufruto, o usufrutuário e nu-proprietário;

VI – na enfiteuse, o senhorio e o enfiteuta;

VII – na constituição de renda, o beneficiário e o rendeiro censuário;

VIII – na locação, o locatário e o locador;

IX – nas promessas de compra e venda, o promitente comprador e o promitente vendedor;

X – nas penhoras e ações, o autor e o réu;

XI – nas cessões de direitos, o cessionário e o cedente;

XII – nas promessas de cessão de direitos, o promitente cessionário e o promitente cedente.

Referências Normativas

Lei 10.406/2002 (Código Civil).
Lei 13.105/2015 (Código de Processo Civil).

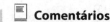

Comentários

O artigo em referência veicula norma técnica de escrituração para os atos registrais imobiliários. A norma, embora, à primeira vista, pareça desnecessária, tem a aptidão de uniformizar a linguagem jurídica no âmbito das unidades do serviço extrajudicial de registro de imóveis. Há boa virtude nisso: a parametrização na linguagem técnica do registro facilita a consulta pelos usuários e também a própria tramitação de um título em processo de registro no Ofício Predial.

Buscou o legislador conduzir verdadeira lógica ao considerar as principais relações jurídico-reais e, nessa medida, veiculou rol não exaustivo (*numerus apertus*) das hipóteses registrais que ingressam no álbum imobiliário. Veja-se, por exemplo, que o texto não contempla outras situações de grande relevância prática como a propriedade fiduciária que recai sobre bens imóveis, nas quais exsurgem as figuras do devedor fiduciante e do credor fiduciário, *ex vi* do art. 22 da Lei 9.514/1997.

A lógica normativa está, pois, em definir, na relação jurídica basal, a posição do titular do direito (credor) e, de outro vértice, aquele que assume a sujeição passiva (devedor).

Brevitatis causa, é válido recordar, ainda que de passagem, o cerne das relações jurídicas imanentes em cada um desses direitos disciplinados no dispositivo legal.

Na *servidão predial*, tem-se verdadeiro direito real sobre coisa alheia que propicia algum tipo de utilidade ao proprietário de um prédio em detrimento de uma restrição imposta ao proprietário de outro prédio. São restrições às faculdades de uso e gozo do domínio. O prédio que sofre a servidão denomina-se *prédio serviente*, enquanto o prédio a quem a referida situação jurídica beneficia denomina-se *dominante*. A servidão predial, aliás, submete-se a dupla inscrição predial no Registro de Imóveis: registro em sentido estrito na matrícula do prédio serviente (LRP, arts. 167, I, nº 6) e averbação na matrícula do prédio dominante (LRP, art. 246).[1244]

O *usufruto*, de sua vez, consiste no direito real sobre coisa alheia que abrange a possibilidade de extração e aproveitamento da coisa, seus frutos e utilidades. Compreende, pois, o direito de usar e fruir, preservada a substância da coisa e o direito de reivindicar, que pertencem ao proprietário (ou nu-proprietário). Curioso notar que o Código Civil não utiliza a expressão "nua propriedade", que seria o direito de propriedade despido dos atributos de usar e gozar. No entanto, a Lei de Registros Públicos preferiu utilizar-se da didática expressão *nu-proprietário* para referir-se àquele proprietário que tem sua propriedade gravada pelo direito real de usufruto. Ao lado da propriedade plena e da propriedade fiduciária é, sem dúvidas, o direito real mais utilizado no ambiente das serventias prediais. O direito real de usufruto constitui-se mediante ato de registro em sentido estrito (LRP, art. 167, I, nº 7) do título basal que lhe deu causa.[1245]

Já o *uso* e a *habitação* são batizados pela doutrina como "pequenos usufrutos". E não sem razão. O próprio Código Civil, ao regular esses direitos reais sobre coisas alheias, determina a aplicação do regime jurídico do usufruto no que couber ou, na precisa dicção legal: "no que não for contrário à sua natureza" (CC, arts. 1.413 e 1.416). Muito se aproveita das regras do usufruto na medida que são efetivamente direitos reais assemelhados. O uso distingue-se basicamente do usufruto em razão da impossibilidade de sua cessão, quer a título gratuito, quer a título oneroso; embora abarque as possibilidades de usar e fruir o bem, destinando-se à satisfação de necessidades próprias e da família do usuário. De seu lado, a habitação consiste em direito real com destinação muito própria, ou seja, aplicável àquelas hipóteses nas quais o uso de determinado bem imóvel consistir em habitar gratuitamente, sendo a casa alheia. Assim como o usufruto, constituem-se mediante ato de registro em sentido estrito na matrícula do imóvel (LRP, art. 167, I, nº 7).

Sobre o direito real de habitação, é necessário fazer ressalva importante. O direito real de habitação contemplado, *a priori*, pela Lei Registral é aquele que se constitui convencionalmente, por acordo de vontades e vem regulado nos arts. 1.414 a 1.416 do Código Civil. Não se confunde com o direito real de habitação do cônjuge ou companheiro supérstite no âmbito do direito sucessório (CC, art. 1.831). Este, diversamente, constitui-se *ope legis*, por expressa previsão normativa, bastando a ingerência do caso concreto aos requisitos legais. Sua existência é, pois, automática em casos tais. Nada obstante, mencione-se a existência de importante precedente da *Corregedoria-Geral da Justiça do Estado de*

[1244] Ressalve-se que a *servidão administrativa* se constitui mediante ato único de registro em sentido estrito na matrícula do prédio serviente, eis que ordinariamente não há prédio dominante, sendo sua subserviência ao interesse público casuisticamente considerado. De outro bordo, a *servidão ambiental*, por expressa previsão em lei, constitui-se mediante ato de averbação (LRP, art. 167, II, nº 23).

[1245] Não existe no direito brasileiro a viabilidade de simples dedução do usufruto quando o título causal dispuser apenas da nua propriedade. É indispensável que haja manifestação expressa acerca da reserva ("*usufruto deducto*") ou instituição do direito real de usufruto que alcançará registro autônomo para sua constituição na tábua imobiliária.

Art. 220 | LEI DE REGISTROS PÚBLICOS COMENTADA

São Paulo que autorizou o registro do aludido direito real de habitação escorado no art. 1.831 do Código Civil, desde que seja reconhecido expressamente no título causal apresentado ao Registro de Imóveis, seja escritura pública de inventário e partilha, seja formal de partilha. Confira-se elucidativa passagem do *decisum*:

> Consoante esclarecido pelo Oficial, o registro foi efetivado consoante título apresentado, escritura pública de inventário e partilha, cujo item 15 atribuiu o direito real de habitação à viúva meeira. (...) Trata-se, pois, de direito real *ex vi legis*, isto é, nasce automaticamente com a abertura da sucessão e é conferido a favor do cônjuge sobrevivente, independentemente, para sua instituição, de ato lavrado e previsto em partilha de bens. Contudo, conquanto despiciendo seu apontamento na escritura pública, certo é que, uma vez constante do título, o direito real de habitação com natureza sucessória, deveria, de fato, ter sido registrado. A situação amolda-se ao disposto no art. 167, I, item 7, da Lei de Registros Públicos. (...) Da leitura do citado artigo verifica-se que não se submete ao registro o direito real de habitação quando proveniente do direito de família. No entanto, o direito real de habitação telado não é oriundo do direito de família, mas sim do direito sucessório, de modo que correto o registro efetivado à vista do título apresentado. (...) Conquanto não conste expressamente das notas explicativas da Tabela II da Lei Estadual nº 11.331/2002, certo é que o registro do direito real de habitação assemelha-se ao registro do usufruto, sendo ambos direitos reais de fruição sobre coisa alheia, a autorizar a aplicação, por analogia, do item 1.4., atual 1.5. da mencionada tabela.[1246]

Em passo seguinte, tem-se a *anticrese*: consiste no direito real de garantia sobre coisa alheia pelo qual o devedor cede, mediante entrega de imóvel ao credor, o direito de perceber os frutos, imputando-os no pagamento da dívida anteriormente instituída. Embora muito atraente a engenharia endógena do instituto tem tido pouquíssima aplicação prática no Brasil. Somente se constitui com o registro em sentido estrito na matrícula imobiliária (LRP, art. 167, I, nº 11).

De seu bordo, a *enfiteuse*, na relação jurídica de direito privado, não é mais contemplada como direito real no Código Civil de 2002. No entanto, seu estudo é relevante por conta das enfiteuses já constituídas que permanecem válidas até a sua extinção (CC, art. 2.038) e com o regime jurídico regrado pelo Código Civil de 1916 (arts. 678 a 694). Consiste na situação jurídica em que um sujeito de direitos é titular do domínio útil (*enfiteuta ou foreiro*) do imóvel, podendo exercer sobre ele todos os poderes inerentes ao domínio, devendo, entretanto, efetuar anualmente o pagamento de um foro ou pensão ao nu-proprietário, também denominado *senhorio direto*. Denomina-se também de aforamento ou emprazamento, podendo ser constituída por ato entre vivos ou disposição de última vontade. Quanto aos atos de registro, sob a égide da Lei 6.015/1973, cuida-se de ato de registro em sentido estrito (LRP, art. 167, I, nº 10); já no regime jurídico do Regulamento de 1939 (Decreto 4.857), a transcrição do título de transmissão do domínio direto era feita no livro 3, embora a constituição originária da enfiteuse tenha de ser inscrita no livro 4 (art. 245).

De mais a mais, a *promessa de compra e venda*, instituto genuinamente brasileiro e aprimorado pelo Código Civil de 2002 sob a rubrica de *compromisso de venda e compra*, consiste e negócio jurídico bilateral pelo qual o promitente vendedor aliena determinado bem imóvel ao compromissário comprador, com pagamento do preço em parcelas (única ou várias), obrigando-se à outorga da escritura pública definitiva, após a quitação. Quando devidamente registrado, e sem direito de arrependimento pactuado, alcança a categoria *direito real de aquisição,* com oponibilidade *erga omnes*. Quanto ao espeque registral, os compromissos de venda e compra sob a égide da Lei Registral em vigor comportam ato de registro *stricto sensu*; ao passo que quando se referir a imóveis (lotes ou unidades autônomas) objeto de parcelamento do solo ou condomínio e incorporação imobiliária registrados anteriormente à entrada em vigor da Lei 6.015/1973, são inscritos mediante averbação (LRP, art. 167, I, nº 9 e 18, e Decreto 4.857/1939, art. 287).

Os institutos enfrentados até aqui assumem, após o competente registro na serventia predial, a condição de direitos reais (*jus in rem*). No Registro Imobiliário, de regra, somente direitos dessa natureza têm aptidão para gerar oponibilidade *erga omnes*. No entanto, em específicas situações alguns direitos obrigacionais, por expressa previsão em lei, embora *prima facie* não gerem a chamada *transcendência*

[1246] CGJSP, Processo 0011489-19.2019.8.26.0309, Des. Ricardo Mair Anafe, j. 15/10/2020.

real, podem em casos excepcionais gozar da oponibilidade perante terceiros, categorizando-se como verdadeiras *obrigações com eficácia real*. O caso mais emblemático é o da *locação predial* que ingressa no Registro de Imóveis em situações específicas de publicidade: cláusula de vigência (registro em sentido estrito, cf. LRP, art. 167, I, nº 3) e direito de preferência (averbação, cf. LRP, art. 167, I, nº 16).[1247]

Na mesma linha, descortina-se a *constituição de renda sobre imóveis*. O instituto sob a égide do Código Civil de 1916 possuía natureza de direito real (arts. 674, VI, e 749 a 754); já no Código Civil em vigor possui natureza meramente obrigacional, estando arrolado dentre os contratos típicos delimitados pela Lei Substantiva (arts. 803 a 813). Nada obstante, remanesce em vigor a previsão da Lei de Registros Públicos de registro em sentido estrito do instrumento que constitui renda sobre imóveis (LRP, art. 167, I, nº 8). Assim, acessando o fólio real, referido direito transborda o ambiente puramente obrigacional e passa a gerar eficácia perante terceiros, razão pela qual, ressalvada a existência de posição doutrinária em sentido contrário, assumirá a natureza jurídica de *obrigação com eficácia real*.

No âmbito processual ganham destaque as *penhoras* e as *ações* que são noticiadas no fólio real, nos termos da lei. A principal característica a ser observada, notadamente no que toca às penhoras, arrestos e sequestros, é que referidas constrições judiciais não se constituem com a inscrição predial, mas, sim, com sua formalização no âmbito do processo respectivo (CPC, art. 839). A publicidade no Registro de Imóveis tem aptidão para gerar oponibilidade perante terceiros, afastando-se a boa-fé de terceiros que contratam sobre os imóveis onerados. Em outras palavras, o principal efeito jurídico da inscrição predial será a facilidade de o exequente demonstrar a caracterização de fraude à execução (CPC, art. 792, I a V c.c. Lei 13.097/2015, art. 54, I a IV). No aspecto registral, há ainda muita confusão acerca da correta técnica a ser utilizada nas inscrições prediais desses fatos inscritíveis, muito em função das divergências veiculadas pelas próprias previsões legislativas. Pode-se simplificar o imbróglio da seguinte forma: quanto às constrições atinentes a penhoras, arrestos e sequestros, tem prevalecido o entendimento de que são objeto de averbação na matrícula do imóvel (CPC, art. 844), nada obstante alguns Estados sustentem a prática de ato de registro *stricto sensu*, com arrimo no art. 167, I, nº 5, da LRP. Já com relação às inscrições prediais que noticiam a existência de ações, há quatro possibilidades: registro em sentido estrito de citações em ações reais e pessoais reipersecutórias (LRP, art. 167, I, nº 21; Lei 13.097/2015, art. 54, I); averbações premonitórias que noticiam a admissão em juízo de execuções (CPC, art. 828; Lei 13.097/2015, art. 54, II); averbações, mediante decisão judicial, da existência de outro tipo de ação cujos resultados ou responsabilidade patrimonial possam reduzir seu proprietário à insolvência (Lei 13.097/2015, art. 54, IV); e averbação, mediante decisão judicial, de qualquer tipo de constrição judicial incidente sobre o imóvel ou sobre o patrimônio do titular do imóvel, inclusive a proveniente de ação de improbidade administrativa ou a oriunda de hipoteca judiciária (Lei 13.097/2015, art. 54, V).

Por fim, as cessões e promessas de cessões são negócios jurídicos que, no ambiente registral predial, por premissa, referem-se a imóveis ou direitos reais a eles relativos, tais como a cessão do compromisso de venda e compra, promessa de cessão do compromisso; cessão dos direitos de devedor fiduciante, cessão dos direitos de credor fiduciário; cessão de crédito hipotecário; cessão de cauções imobiliárias; cessões de direitos decorrentes de imissão provisória na posse; entre outras espalhadas na legislação pátria. Algumas cessões ingressam a título de averbação (*v.g.*, LRP, art. 167, II, nºs 8 e 21), outras de registro em sentido estrito (*v.g.*, LRP, art. 167, I, nºs 9 e 36), sendo certo que a tipicidade do fato inscritível sempre estará delimitada pela lei federal.

[1247] Há, ainda, averbação de constituição da caução locatícia que recai sobre bem imóvel (Lei 8.245/1991, art. 38, § 1º), bem como a possibilidade de se aplicarem normas de extensão e, sem dificuldade, vislumbrar outras hipóteses de ingresso da locação no Registro de Imóveis, tais como a sublocação e a cessão da locação. Essas ocorrências contratuais, no entanto, são amalgamadas nas *fattispecies* mencionadas expressamente pelo legislador. Embora similares, esses negócios jurídicos não se confundem. Na cessão da locação desaparece a responsabilidade do cedente, que transmite sua posição contratual ao cessionário; assumindo este todos os direitos e obrigações imanentes do contrato. Exige a lei, para a cessão, instrumento público ou particular para valer contra terceiros (CC, art. 289). Já a "sublocação nada mais é do que uma nova locação, havendo, portanto, expressa previsão legal para o seu ingresso no registro predial, condicionado ao preenchimento dos dois requisitos: (1) que a sublocação seja consentida; (2) prévio registro do contrato de locação. Tem o sublocatário direito à vigência do contrato no caso de alienação do prédio" (TJSP, Ap. Cív.35.920-0/0, CSMSP, Rel. Des. Márcio Martins Bonilha, j. 30/12/1996).

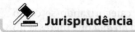
Jurisprudência

1. Registrabilidade de direitos reais limitados

"Usufruto deducto. Doação da nua propriedade. Indispensabilidade do registro constitutivo. Tratando-se de direito real o usufruto de bem imóvel só existe a partir do seu registro constitutivo na matrícula (art. 1.391 do Código Civil c.c. art. 167, I, nº 7 da Lei 6.015/1973). Assim, a doação da nua propriedade não faz presumir que o doador reservou para si o usufruto, sendo indispensável, pois, carga volitiva nesse sentido devidamente formalizada (título) e registro constitutivo do direito real (modo)" (TJSP, Ap. Cív. 99.458-0/9, CSMSP, Rel. Des. Luiz Tâmbara, j. 27/03/2003).

"Servidão por destinação do proprietário. Impossibilidade. Falta de previsão legal. A leitura do art. 1.378, CC mostra que um dos pressupostos da servidão é que os imóveis dominante e serviente sejam de titularidade dominial diversa. Mesmo que a doutrina e a jurisprudência reconheçam que uma servidão pode ser constituída por destinação do proprietário, quando esse, titular de domínio de dois imóveis, estabelece uma serventia de um prédio sobre o outro, para que se reconheça que a mera serventia se tornou servidão, imprescindível a diversidade de proprietários. Ademais, no caso concreto, a qualificação positiva aparentemente implicaria parcelamento irregular do solo urbano, já que o interessado teria feito desdobros da gleba original sem autorização do Poder Público, comercializado as áreas resultantes e agora, sem projeto de loteamento, pretenderia instituir as servidões justamente para que elas façam as vezes de rua" (TJSP, Ap. Cív. 1000862-76.2016.8.26.0071, CSMSP, Rel. Des. Manoel de Queiroz Pereira Calças, j. 15/03/2018)."

"Registro de imóveis – pedido de providências – cancelamento do registro de direito real de habitação constante de escritura pública de inventário e partilha – art. 1.831 do CC – direito real oriundo do direito sucessório – art. 167, I, item 7, da Lei de Registros Públicos – regularidade da cobrança dos emolumentos – item 1.5. Da tabela II da Lei Estadual n.º 11.331/2002 – desprovimento do recurso. Consoante esclarecido pelo Oficial, o registro foi efetivado consoante título apresentado, escritura pública de inventário e partilha, cujo item 15 atribuiu o direito real de habitação à viúva meeira. Conforme dispõe o art. 1.831 do Código Civil: 'Ao cônjuge sobrevivente, qualquer que seja o regime de bens, será assegurado, sem prejuízo da participação que lhe caiba na herança, o direito real de habitação relativamente ao imóvel destinado à residência da família, desde que seja o único daquela natureza a inventariar' Trata-se, pois, de direito real *ex vi legis*, isto é, nasce automaticamente com a abertura da sucessão e é conferido a favor do cônjuge sobrevivente, independentemente, para sua instituição, de ato lavrado e previsto em partilha de bens. Contudo, conquanto despiciendo seu apontamento na escritura pública, certo é que, uma vez constante do título, o direito real de habitação com natureza sucessória, deveria, de fato, ter sido registrado. A situação amolda-se ao disposto no Art. 167, I, item 7, da Lei de Registros Públicos 'Art. 167. No Registro de imóveis, além da matrícula, serão feitos: I o registro (...) 7) do usufruto e do uso sobre imóveis e da habitação, quando não resultarem do direito de família'. Da leitura do citado artigo verifica-se que não se submete ao registro o direito real de habitação quando proveniente do direito de família. No entanto, o direito real de habitação telado não é oriundo do direito de família, mas sim do direito sucessório, de modo que correto o registro efetivado à vista do título apresentado. Tampouco há se falar em cindibilidade do título. Com efeito, vigora no Registro de Imóveis o princípio da rogação, ou da instância, com necessidade de solicitação do registro pelo apresentante do título ou pela autoridade competente. E a existência de dois ou mais atos distintos no mesmo título impõe o registro de todos quando forem ligados entre si. É, neste sentido, a lição de Afrânio de Carvalho (*Registro de Imóveis*, 4ª ed., Rio de Janeiro: Forense, 1988, p. 272): '(...) Em suma, a atividade de ofício caberá: (...) C) quando, no mesmo título, se reunirem dois ou mais atos distintos, mas ligados entre si, caso em que se fará o registro de todos'. Trata-se de norma protetiva dos titulares dos diferentes direitos reais que decorrerão do registro dos dois ou mais atos contidos no mesmo título e que não poderia ser afastada pela simples manifestação dos recorrentes no sentido de que não pretendiam a constituição do direito real de habitação. Também não se vislumbra irregularidade quanto à cobrança dos emolumentos referentes ao registro do direito real de habitação. Conquanto não conste expressamente das notas explicativas da Tabela II da Lei Estadual nº 11.331/2002, certo é que o registro do direito real de habitação assemelha-se ao registro do usufruto, sendo ambos direitos reais de fruição sobre coisa alheia, a autorizar a aplicação, por analogia, do item 1.4., atual 1.5. da mencionada tabela. 'No caso de usufruto, a base de cálculo será a terça parte do valor do imóvel, observando o disposto no item

1'. É, nestes moldes, o Art. 4º da Lei de Introdução às Normas do Direito Brasileiro: 'Quando a lei for omissa, o juiz decidirá o caso de acordo com a analogia, os costumes e os princípios gerais de direito'" (CGJSP, Processo 0011489-19.2019.8.26.0309, Des. Ricardo Mair Anafe, j. 15/10/2020).

CAPÍTULO V
DOS TÍTULOS

Art. 221. Somente são admitidos a registro:

I – escrituras públicas, inclusive as lavradas em consulados brasileiros;

II – escritos particulares autorizados em lei, assinados pelas partes e pelas testemunhas, com as firmas reconhecidas; *(Redação dada pela Lei nº 14.620, de 2023)*

III – atos autênticos de países estrangeiros, com força de instrumento público, legalizados e traduzidos na forma da lei, e registrados no cartório do Registro de Títulos e Documentos, assim como sentenças proferidas por tribunais estrangeiros após homologação pelo Supremo Tribunal Federal;

IV – cartas de sentença, formais de partilha, certidões e mandados extraídos de autos de processo.

V – contratos ou termos administrativos, assinados com a União, Estados, Municípios ou o Distrito Federal, no âmbito de programas de regularização fundiária e de programas habitacionais de interesse social, dispensado o reconhecimento de firma. *(Redação dada pela Lei nº 12.424, de 2011)*

VI – contratos ou termos administrativos, assinados com os legitimados a que se refere o art. 3º do Decreto-Lei nº 3.365, de 21 de junho de 1941 (Lei da Desapropriação), no âmbito das desapropriações extrajudiciais. *(Incluído pela Lei nº 14.620, de 2023)*

§ 1º Serão registrados os contratos e termos mencionados no inciso V do *caput* assinados a rogo com a impressão dactiloscópica do beneficiário, quando este for analfabeto ou não puder assinar, acompanhados da assinatura de 2 (duas) testemunhas. *(Redação dada pela Lei nº 12.424, de 2011)*

§ 2º Os contratos ou termos administrativos mencionados no inciso V do *caput* poderão ser celebrados constando apenas o nome e o número de documento oficial do beneficiário, podendo sua qualificação completa ser efetuada posteriormente, no momento do registro do termo ou contrato, mediante simples requerimento do interessado dirigido ao registro de imóveis. *(Redação dada pela Lei nº 12.424, de 2011)*

§ 3º Fica dispensada a apresentação dos títulos previstos nos incisos I a V do *caput* deste artigo quando se tratar de registro do projeto de regularização fundiária e da constituição de direito real, sendo o ente público promotor da regularização fundiária urbana responsável pelo fornecimento das informações necessárias ao registro, ficando dispensada a apresentação de título individualizado, nos termos da legislação específica. *(Redação dada pela Lei nº 13.465, de 2017)*

§ 4º Quando for requerida a prática de ato com base em título físico que tenha sido registrado, digitalizado ou armazenado, inclusive em outra serventia, será dispensada a reapresentação e bastará referência a ele ou a apresentação de certidão. *(Incluído pela Lei nº 14.382, de 2022)*

§ 5º Os escritos particulares a que se refere o inciso II do *caput* deste artigo, quando relativos a atos praticados por instituições financeiras que atuem com crédito imobiliário autorizadas a celebrar instrumentos particulares com caráter de escritura pública, dispensam as testemunhas e o reconhecimento de firma. *(Incluído pela Lei nº 14.620, de 2023)*

§ 6º Os contratos e termos administrativos mencionados no inciso VI deverão ser submetidos à qualificação registral pelo oficial do registro de imóveis, previamente ao pagamento do valor devido ao expropriado. *(Incluído pela Lei nº 14.620, de 2023)*

Referências Normativas

Lei 7.433/1985.
Lei 13.465/2017.
Lei 14.382/2022.

Comentários

1. Os títulos formais no Registro de Imóveis

A expressão *título* no direito registral imobiliário assume caráter bifrontal. *Primeiro*, deve ser compreendida no seu aspecto formal, objeto de estudo neste capítulo. *Segundo*, deve enquadrar-se no seu espeque material, no sentido de título causal, ou seja, ato, fato ou negócio jurídico previsto em lei para aceder ao fólio real.[1248]

Com efeito, o princípio da legalidade sempre iluminará o exame do título inscritível, em seus dois aspectos. Equivale dizer, determinado título somente ingressará no Registro de Imóveis se houver tipicidade legal a respeito da sua forma e de sua natureza de direito material. Assim, *v.g.*, uma escritura pública de venda e compra de um bem imóvel de valor superior a 30 salários mínimos, quanto à forma, encontra sua tipicidade no art. 108 do Código Civil c.c. art. 221, I, da LRP; ao passo que sua *fattispecie* material é haurida no art. 167, I, nº 29 da LRP.

Nessa diretriz, pode-se afirmar que o título formal nada mais é do que o veículo pelo qual determinado ato, fato ou negócio jurídico é apresentado ao Ofício Predial. É o *revestimento*, o modo pelo qual o fato, ato ou negócio jurídico se exterioriza.

O art. 221 da LRP concentra as modalidades formais de título que são admitidas no âmbito do Registro de Imóveis. A doutrina e a jurisprudência consolidaram o entendimento[1249] de que o indigitado rol de títulos formais hábeis a ingressarem ao Registro de Imóveis é taxativo (*numerus clausus*). Para essa tese, somente se admite a registro determinado título que assuma a natureza de uma das espécies descritas no dispositivo em testilha.

Entrementes, ao se conhecer o arcabouço normativo passível de aplicação ao Ofício Predial, verifica-se, sem dificuldade, que, embora taxativo, o rol mencionado não exaure todas as modalidades formais de títulos que podem ingressar no Registro de Imóveis. Há inúmeras disposições normativas que podem ser citadas para ilustrar esse entendimento, *v.g.*, a certidão da Junta Comercial para registro da conferência de bens a título de realização de capital social quando recair sobre bens imóveis (art. 64 da Lei 8.934/1994);[1250] a cópia da sentença na hipoteca judiciária (art. 495, § 2º, do Código de Processo Civil);[1251]

[1248] Os títulos causais que acedem ao Registro de Imóveis são aqueles previstos em lei (princípio da tipicidade do fato inscritível). Boa parte deles encontra-se nos róis do art. 167 da LRP: no inciso I, aqueles sujeitos a registro em sentido estrito; e no inciso II, aqueles sujeitos a averbação.

[1249] "A cópia do título é mero documento e não instrumento formal previsto como idôneo a ter acesso ao registro. Era indispensável a apresentação, desde logo, do título apto a ingressar no registro, sem possibilidade de sanar a falta no curso do procedimento, porque acarretaria ilegal prorrogação do prazo da prenotação e permitiria dilações e complementações em detrimento de direitos posicionais que acaso pudessem existir em contraposição ao da suscitada, conforme reiteradas decisões do Colendo Conselho Superior da Magistratura neste sentido (Apelações Cíveis números 15.351-0/6, 30.736-0/6, 31.007-0/4, 59.191-0/7). Com efeito, (...) o artigo 221 da Lei nº 6.015/73 estabelece o que é admitido a registro, no Registro de Imóveis, em rol taxativo" (TJSP, Ap. Cív.697-6/1, CSMSP, Rel. Des. Gilberto Passos de Freitas, j. 17/05/2007).

[1250] *Art. 64 da Lei 8.934/1994*. A certidão dos atos de constituição e de alteração de empresários individuais e de sociedades mercantis, fornecida pelas juntas comerciais em que foram arquivados, será o documento hábil para a transferência, por transcrição no registro público competente, dos bens com que o subscritor tiver contribuído para a formação ou para o aumento do capital.

[1251] *Art. 495, § 2º, do CPC*. A hipoteca judiciária poderá ser realizada mediante apresentação de cópia da sentença perante o cartório de registro imobiliário, independentemente de ordem judicial, de declaração expressa do juiz ou de demonstração de urgência.

as cédulas de crédito quando constituem garantia real sobre imóvel (inúmeras são as suas modalidades e as leis de regência),[1252] entre outros.

Todos esses instrumentos formais, embora não figurem no rol do art. 221 da LRP, são legítimos mecanismos a ingressarem no fólio real por expressa previsão legal. Daqui se extrai que o sistema registral brasileiro, para fins de verificação do título formal a ingressar no Ofício Predial, contenta-se com sua tipicidade legal, ou seja, é suficiente que haja previsão em lei (em sentido formal), seja no rol do art. 221 ou fora dele.

Ampliando ainda mais o espeque de títulos hábeis ao Registro Imobiliário, a Lei 14.382/2022 acrescentou o § 4º no art. 221 da LRP para permitir a utilização ou aproveitamento de um título já registrado em algum ofício de registro público, cuja via tenha sido devidamente arquivada. Dessa forma, "quando for requerida a prática de ato com base em título físico que tenha sido registrado, digitalizado ou armazenado, inclusive em outra serventia, será dispensada a reapresentação e bastará referência a ele ou a apresentação de certidão".

Buscando-se a máxima efetividade da norma, patente considerar que o título por ela referido possa estar arquivado em qualquer modalidade de registro público – não apenas no Ofício Imobiliário. Poderá ser apresentada a registro por exemplo, certidão dos ofícios de Registro Civil das Pessoas Naturais, de Registro Civil de Pessoas Jurídicas ou mesmo de Registro de Títulos e Documentos. Faz todo sentido a diretriz normativa, eis que há certos atos, fatos ou negócios jurídicos que perpassam por mais de uma especialidade registral. Uma sentença de divórcio (com força de mandado), por exemplo, será averbada no assento de casamento no RCPN e poderá servir como instrumento de ingresso no Registro de Imóveis caso haja qualquer determinação acerca de um bem imóvel, ou mesmo para simples averbação da alteração do estado civil. Situação semelhante ocorrerá com título judicial que determine a alteração de regime de bens: a averbação deverá ser lançada em ambos os ofícios de registro.

Também não é incomum que determinado título seja apresentado a registro perante o Registro de Títulos e Documentos (*v.g.*, um contrato de locação) e depois reapresentado ao Registro de Imóveis. Nesse caso, utilizando-se do *novel* dispositivo, será possível utilizar-se da certidão de RTD, que espelha o documento original, para promoção do registro no Ofício Predial.

No caso da certidão do RTD, aliás, essa possibilidade já era aventada pela jurisprudência administrativa paulista[1253] antes da alteração legislativa com arrimo no art. 161 da LRP:[1254]

> O registro de títulos e documentos é uma forma de garantir autenticidade, conservação, publicidade e segurança de um documento original, a fim de manter intacto o conteúdo do documento em caso de extravio, desgaste pelo tempo ou mesmo na ausência do original. Daí que o documento autenticado pelo Oficial de Registro de Títulos e Documentos, portador de fé pública, equipara-se ao original para qualquer finalidade a que se destina, ainda mais se considerarmos que atualmente vigoram as certidões eletrônicas, em substituição aos papéis, o

---

[1252] Sem intenção de esgotá-las, podem-se citar algumas das mais comuns no Registro de Imóveis: (i) Cédula Rural Pignoratícia (CRP) – Decreto-lei 167/1967; (ii) Cédula Rural Hipotecária (CRH) – Decreto-lei 167/1967; (iii) Cédula Rural Pignoratícia e Hipotecária (CRPH) – Decreto-lei 167/1967; (iv) Cédula de Crédito Industrial (CCInd.) – Decreto-lei 413/1969; *(v)* Cédula de Crédito à Exportação (CCE) – Lei 6.313/1975 e Decreto-lei 413/1969; *(vi)* Cédula de Crédito Comercial (CCC) – Lei 6.840/1980 e Decreto-lei 413/1969; (vii) Cédula de Produto Rural (CPR) – Lei 8.929/1994; (viii) Cédula de Crédito Imobiliário (CCI) – Lei 10.931/2004; (ix) Cédula de Crédito Bancário (CCB) – Lei 10.931/2004; e (x) Cédula Imobiliária Rural (CIR) – Lei 13.986/2020.

[1253] O entendimento anterior do *Conselho Superior da Magistratura de São Paulo* era pela inadmissibilidade a registro no Ofício Imobiliário da certidão de RTD: "No que respeita às certidões expedidas pelos Oficiais de Registro de Títulos e Documentos, a partir dos assentamentos mantidos como fruto de sua atividade, este Conselho Superior já firmou orientação no sentido de sua irregistrabilidade, vez que distingue-se o valor probante previsto no artigo 161 da Lei Federal nº 6015/73 da forma específica reclamada para o ingresso dos títulos no registro predial e imposta, restritivamente, pelo artigo 221 do mesmo diploma legal (*Apelações Cíveis 3.332-0, da Comarca de Guarujá; 3.522-0, da Comarca de Barueri; 6.391-0, da Comarca de Atibaia; 10.962-0/8, da Comarca da Capital; 14.797-0/3, da Comarca da Capital*)" (TJSP, Ap. Cív. 65.430-0/8, CSMSP, Rel. Des. Sérgio Augusto Nigro Conceição, j. 23/12/1999).

[1254] *Art. 161 da LRP*. As certidões do registro de títulos e documentos terão a mesma eficácia e o mesmo valor probante dos documentos originais registrados, físicos ou nato-digitais, ressalvado o incidente de falsidade destes, oportunamente levantado em juízo.

Art. 221 | LEI DE REGISTROS PÚBLICOS COMENTADA

facilita o trânsito pela via digital, não sendo mais necessária a apresentação de papéis pelos usuários. Na presente hipótese entendo incabível a exigência da apresentação do documento original, tendo em vista que a efetivação do ato data de 1989, ou seja, há mais de trinta anos, logo, tal documentação poderá ser substituída pela certidão expedida pelo registro de títulos, que comprova a autenticidade do ato praticado e a vontade das partes. Assim, em consonância com o princípio da legalidade que norteia os atos registrários, e diante da documentação apresentada pelo Oficial do 4º RTD, entendo cabível o registro do título apresentado.[1255]

Com mais razão, será possível o aproveitamento de título já registrado em Ofício Imobiliário de outra circunscrição. É muito comum que um único título formal veicule transmissões imobiliárias ou constituição de garantias reais sobre imóveis situados em várias circunscrições. Nesses casos, poderá o interessado promover o registro nas demais comarcas mediante certidão que espelhe o título original apresentado inicialmente a uma delas.

Se se tratar de título apresentado na mesma serventia predial, em momento anterior, sequer será necessária a expedição de certidão, bastará que por meio de requerimento de registro formulado pelo interessado se promova o apontamento ou a indicação da referência do título anteriormente registrado naquele Ofício (no Registro de Imóveis o indexador seguro comumente utilizado é o *número da prenotação* do título, eis que por expressa previsão legal é individual, personalizado e irrepetível).[1256] A título de exemplo, poderá um dos herdeiros requerer o registro de imóvel em seu favor contemplado em formal de partilha anteriormente registrado em determinada serventia, bastando a indicação no requerimento de registro dos caracteres que identificam o referido título judicial.

2. Escritura pública

Nos negócios jurídicos em geral, vigora o princípio da liberdade das formas. Eis a regra estabelecida no art. 107 do Código Civil.[1257] Vale dizer, de ordinário, não se exige forma especial como requisito de validade para os negócios jurídicos.

Em realidade, existem duas *estruturas* de formas utilizadas pelo direito civil pátrio: as formas essenciais (*ad solemnitatem* ou *ad sustantiam*) e as para prova (*ad probationem tantum*). Os negócios solenes não são a regra no direito brasileiro. No entanto, se a norma legal impõe forma especial para a realização do ato, diz-se que o negócio é *ad solemnitatem*.[1258]

De regra, portanto, vige no Brasil a liberdade das formas.[1259]

Excepcionando o sistema, entretanto, o Código Civil, em seu art. 108, prevê que, não dispondo a lei em contrário, a escritura pública é essencial à validade dos negócios jurídicos que visem a constituição, transferência, modificação ou renúncia de direitos reais sobre imóveis de *valor superior a 30 vezes o maior salário mínimo* vigente no país.[1260] Portanto, sempre que se tratar de alienação ou constituição de direitos reais limitados (servidão, usufruto, hipoteca etc.) envolvendo imóveis com valor superior a 30 vezes o salário mínimo, é de rigor a lavratura desse ato notarial. Pode-se dizer, assim, que a forma pública é da natureza dos negócios jurídicos imobiliários, ou ainda, "qualquer ato/negócio que importe modificação da titularidade de direitos reais é essencialmente formal".[1261]

[1255] 1ª VRPSP, Processo 1106944-05.2020.8.26.0100, Juíza Tânia Mara Ahualli, j. 13/01/2021.

[1256] *Art. 182 da LRP.* Todos os títulos tomarão, no Protocolo, o número de ordem que lhes competir em razão da sequência rigorosa de sua apresentação.

[1257] *Art. 107.* A validade da declaração de vontade não dependerá de forma especial, senão quando a lei expressamente a exigir.

[1258] Na melhor técnica jurídica, a forma não se confunde com solenidade, que é outro requisito de validade dos negócios jurídicos (art. 166, V, do Código Civil). Nesse sentido: DUARTE, Nestor. *In*: PELUSO, Cezar (coord.). *Código Civil comentado: doutrina e jurisprudência.* 10. ed. Barueri: Manole, 2016. p. 84.

[1259] Para os negócios jurídicos realizados no estrangeiro, aplica-se a lei do lugar, quanto à forma (*locus regit actum* – art. 13 da LINDB), mas, para terem validade de prova no Brasil, se tiverem sido redigidos em outro idioma, deverão ser vertidos para a língua portuguesa, conforme art. 192, parágrafo único, do Código de Processo Civil.

[1260] Anote-se que a exigência da forma pública nos termos do art. 108 do Código Civil não se estende ao contrato preliminar, nos termos do art. 462 do Código Civil.

[1261] STJ, REsp 1.575.048/SP, 4ª Turma, Rel. Min. Marco Buzzi, j. 23/02/2016.

Observe-se que a dicção legal é ampla, referindo-se a negócios jurídicos que visem à *constituição, transferência, modificação* ou *renúncia* de direitos reais sobre imóveis. Por isso, qualquer que seja o negócio jurídico imobiliário, incidirá a norma do art. 108 do Código Civil, ainda que as partes atribuam à transação rubrica diversa da legal.

Exatamente nesse sentido já se manifestou o Superior Tribunal de Justiça:

> No caso, houve dação de um imóvel, negócio jurídico que importa transmissão da propriedade, sendo essencial a celebração por escritura pública, não havendo falar em presunção de dação, mesmo diante da confissão ficta do banco.
>
> Esclareça-se que a decisão quanto à necessidade de escritura pública é abrangente, de modo a abarcar *qualquer negócio jurídico* que implique transferência de direitos reais sobre o imóvel, conforme disposto no art. 108 do Código Civil.
>
> Desse modo, ainda que não se tratasse de uma dação, mas de um negócio jurídico *sui generis*, como sustenta a parte ora agravante, a escritura pública seria essencial à validade do negócio, pelo simples fato de envolver uma transferência da propriedade sobre o imóvel.[1262]

Assim, tratando-se de negócio jurídico imobiliário, a diretriz é diversa, ou seja, a escritura pública é da *essência do ato*, salvo se o objeto for imóvel de valor até 30 vezes o maior salário mínimo vigente no país ou houver lei – em sentido estrito – com previsão expressa acerca da dispensa do instrumento público.

Destarte, não havendo expressa previsão legal, o instrumento particular não poderá ser aceito como supedâneo da escritura pública: o negócio jurídico imobiliário seria nulo por não revestir a forma prescrita em lei (art. 166, IV, do Código Civil).

Em resumo, pode-se dizer que, na teoria geral dos negócios jurídicos, a regra é a liberdade de forma; entretanto, para alguns negócios, a lei estabelece forma especial e servirá sempre para sua documentação, uma vez que corresponde ao modo de exteriorizar à vontade.

Não se pode esquecer que a exigência da forma se prende à necessidade de resguardar a manifestação da vontade de deformações, facilitando a prova do negócio jurídico, sendo certo que "quando a lei exigir, como da substância do ato, o instrumento público, nenhuma outra prova, por mais especial que seja, pode suprir-lhe a falta".[1263]

Nos termos do art. 109 do Código Civil, ainda, a escritura pública é da substância do ato, quando o negócio jurídico contiver cláusula de não valer sem instrumento público (por exemplo, contrato preliminar que prevê a forma da escritura pública para venda de imóvel com valor inferior a 30 salários mínimos). Na hipótese, embora livre a forma para determinado negócio jurídico, podem as partes estabelecer que será celebrado por escritura pública. Trata-se da chamada forma contratual, porque eleita pelas partes contratantes e, por isso, outra prova do negócio jurídico não será admitida, já que dá substância do ato, conforme art. 406 do Código de Processo Civil. Nada impede, também, que os contratantes se arrependam e, por mútuo, consentimento, desfaçam o ajuste acerca da forma.

Ademais, mencione-se a boa técnica da redação legal ao se referir a negócio que vise à atribuição de direito real – e não a negócio que o atribui –, afinal, o negócio jurídico não transfere o domínio, nem constitui, modifica ou extingue direito real sobre bens imóveis, o que será alcançado pelo registro do título no serviço de registro de imóveis da circunscrição a que pertencer (art. 1.245 do Código Civil). Na verdade, o Código Civil de 2002, no que tange à forma de aquisição da propriedade imóvel, "manteve a sistemática adotada pelo diploma anterior, exigindo, para tanto, a transcrição do título translativo em registro público apropriado".[1264]

Não se pode perder de vista, entrementes, que em inúmeras oportunidades o direito positivo excepciona a regra do art. 108 do Código Civil: seja, em alguns casos, para exigir a forma pública independente do valor do imóvel objeto do negócio jurídico; seja, em outras oportunidades, para flexibilizar a exigência do instrumento público deferindo a instrumentação particular ou por títulos administrativos.

[1262] STJ, AgRg nos EDcl no REsp 1.379.750/PI, 3ª Turma, Rel. Min. Paulo de Tarso Sanseverino, j. 15/09/2015.

[1263] Art. 406 do Código de Processo Civil.

[1264] STJ, REsp 254.875/SP, 4ª Turma, Rel. Min. Jorge Scartezzini, *DJ* 30/08/2004.

Art. 221 | LEI DE REGISTROS PÚBLICOS COMENTADA

806

Confira-se, primeiro, algumas hipóteses nas quais a escritura pública é da essência do ato, *ad solemnitatem*, independentemente do valor do imóvel objeto do negócio jurídico:

i) direito real de superfície (CC, art. 1.369);

ii) contrato de constituição de renda (CC, art. 807);

iii) pacto antenupcial (CC, arts. 1.536, VII; 1.537; 1.640, parágrafo único; 1.653);

iv) instituição de bem de família caso não seja feita por testamento (CC, art. 1.711; LRP, art. 260);

v) cessão de direitos hereditários (CC, art. 1.793, *caput*);[1265]

vi) renúncia da herança, caso não seja feita por termo judicial (CC, art. 1.806);

vii) aquisição de imóvel rural por estrangeiro, pessoa física ou jurídica (Lei 5.709/1971, art. 8º);

viii) contratos relativos a direitos reais sobre imóveis celebrados pela Administração Pública (Lei 14.133/2021, art. 91, § 2º);

ix) transferência do direito de construir previsto no plano diretor ou em legislação urbanística (Lei 10.257/2001, art. 35).

A seguir, encontram-se algumas hipóteses nas quais o legislador flexibilizou textualmente a exigência da forma pública para alienação imobiliária:

i) quando for celebrado no âmbito do Sistema Financeiro da Habitação (SFH), para fins de aquisição de imóvel destinado à casa própria (Lei 4.380/1964, art. 61, § 5º);

ii) contratos relativos a imóveis da União (Decreto-lei 9.760/1946, arts. 74 e 154; Lei 11.483/2007, art. 16, II);

iii) concessão de direito real de uso (Decreto-lei 271/1967, art. 7º, § 1º);

iv) contratos referidos ou resultantes da aplicação da Lei 9.514/1997, do Sistema Financeiro Imobiliário – SFI, incluindo os de alienação fiduciária de bem imóvel (Lei 9.514/1997, art. 38);

v) conferência de bens para integralização e aumento do capital social de empresas (Lei 8.934/1994, art. 64; e Lei 6.404/1976, art. 89) e operações societárias de incorporação, fusão e cisão que impliquem sucessão patrimonial de bens imóveis (Lei 6.404/1976, art. 234);

vi) compromisso de venda e compra de bens imóveis (Decreto-lei 58/1937, art. 11; Lei 6.766/1979; art. 26; Lei 4.591/1964, art. 32, § 2º, CC, arts. 1.417);

vii) contratos de compra e venda de imóvel pelo sistema de consórcios (Lei 11.795/2005, art. 45, parágrafo único); e

---

[1265] Embora o art. 1.793, §§ 2º e 3º, do Código Civil aplique pena de ineficácia à cessão de direitos hereditários que tenha por objeto bem individualizado da herança, em prestígio ao princípio do trato consecutivo, após o indispensável registro da partilha *causa mortis*, é possível o registro do negócio jurídico referido como verdadeira compra e venda (Lei 6015/1973, art. 167, I, nº 29) ou doação (Lei 6.015/1973, art. 167, I, nº 33), conforme haja ou não onerosidade, respectivamente. No caso mirado, ocorre o fenômeno da pós-eficacização do negócio jurídico, que passa a encontrar assento no fólio real à luz do art. 112 do Código Civil. Tal interpretação é harmoniosa com o princípio da operabilidade, uma das pilastras do vigente Código Civil, e, na mesma medida, consagra a salutar ideia de dar publicidade no fólio real a negócio jurídico de direito sucessório que recai sobre bem imóvel determinado. Por todos, cite-se didático precedente da Corregedoria-Geral da Justiça do Estado de São Paulo: "Note-se que o § 3º do artigo 1.793 tacha de ineficaz a disposição que envolve bem específico, sem prévia autorização judicial, feita por 'qualquer herdeiro'. Depreende-se daí que, na hipótese de bem específico, a ineficácia atingirá a disposição feita por um, alguns ou todos os herdeiros. A ineficácia, por sua vez, perdurará enquanto o estado de indivisão persistir. Assim, realizada a partilha, viável o registro da cessão do bem individualizado, com a transferência do imóvel aos cessionários. (...) Agindo dessa maneira, o registrador, sem desnaturar a essência dos títulos que tinha em mãos – pois preservou a intenção das partes, que, a rigor, era a transferência da propriedade do bem aos cessionários – observou o artigo 1.793 do Código Civil e os precedentes da Corregedoria Geral que cuidam do tema, dando eficácia plena às escrituras públicas que lhe foram apresentadas" (CGJSP – Processo 0011926-84.2012.8.26.0445, Des. Manoel de Queiroz Pereira Calças, j. 23/05/2017). Acerca da registrabilidade da cessão de direitos hereditários confira o *Enunciado 34 da Jornada de Direito Notarial e Registral do CJF*: "Em atenção aos princípios da disponibilidade e da continuidade registral, a alienação de bens individualizados a terceiros, na ocasião da partilha, deve ser objeto de registro imobiliário autônomo, não se confundindo com a cessão de direitos hereditários".

viii) contratos de aquisição de imóveis ou de direitos reais a eles relativos pelo Fundo de Arrendamento Residencial – FAR (Lei 10.188/2001, art. 8º; Lei 11.977/2009, art. 79-A, § 4º).

Bem compreendida a complexidade normativa das hipóteses de exigência do instrumento público notarial, convém, em passo seguinte, debruçar-se sobre a atividade do tabelião de notas e suas qualidades. Recorde-se, nessa linha, que a escritura pública é o instrumento dotado de fé pública lavrada por um notário ou tabelião de notas.

O notário[1266] no Brasil é um profissional do direito, assessor jurídico das partes, que qualifica a sua vontade e redige instrumentos adequados e dotados de fé pública; seu ingresso na atividade dá-se mediante aprovação em concurso público de provas e títulos, após o qual lhe é delegado o exercício da atividade notarial, cabendo a partir daí, ao Estado, a fiscalização sobre tal exercício.

O Brasil adota o notariado do *tipo latino*.

Embora a designação possa induzir o leitor a erro, esclareça-se que a expressão não se refere aos *povos latinos*, mas, sim, às instituições jurídicas oriundas do direito romano – é o tipo de notariado adotado nos países de origem latina e que seguem o direito herdado dos romanos, dotados de determinadas características que tornam possíveis o seu agrupamento. Nesse intuito, o notário de tipo latino também é consagrado como notariado da *Civil Law*.

Em realidade, são dois os principais tipos de notariado no mundo moderno: o latino o *anglo-saxão*, os quais, por sua vez, derivam das famílias ou sistemas de direito imperantes: o *Civil Law* e o *Common Law*.

O notariado latino é uma instituição que nasceu da cultura e da tradição jurídica romano-germânica, que se caracteriza pelo primado da lei como fonte do direito.

O notariado de tipo latino está presente hoje em mais de 80 (oitenta) países do mundo. É o sistema notarial adotado no Brasil e outros países da América (como Argentina, Chile, Colômbia, México, Uruguai etc.), assim como em vários países da Europa (como França, Alemanha, Itália, Grécia, Bélgica etc.).

As características do notário latino o colocam como um profissional do direito encarregado de uma função pública, que consiste em receber, interpretar e dar forma legal à vontade das partes, redigindo os documentos adequados a este fim, conferindo-lhes autenticidade, conservando os originais destes e expedindo cópias que dão fé de seu conteúdo.

Releva considerar que a atuação notarial tem se mostrado na atualidade de grande relevância não apenas para desafogar o Judiciário em atos que antes eram de atuação exclusiva da função jurisdicional, mas, e principalmente, por garantir como corolário de sua atuação a justiça preventiva, isto é, a prevenção de litígios.

Como os notários atuam no nascedouro da relação jurídica, sua atividade laborativa garante segurança jurídica *ex ante*. Em outras palavras, os participantes de um ato notarial atuam na esfera de sua autonomia privada orientados por profissional do direito, em atividade jurídico-profilática, evitando-se, assim, o surgimento da lide. É nesse ponto que a atividade notarial se afasta da atuação jurisdicional, tendo em vista que o Juiz de Direito atua após a formação da lide, garantindo, pois, segurança jurídica *ex post*.

Veja-se que somente uma atuação no nascedouro das relações jurídicas permite ao profissional do direito prevenir com eficiência eventuais patologias dos atos e negócios jurídicos. Não à toa, *Francesco Carnelutti* dizia que "quanto mais notários, menos juiz".

Nessa toada, a atuação do notário também difere da advocacia particular, na exata medida em que os advogados, apesar de, por dever, terem de atuar preventivamente, não são detentores do importante atributo da fé pública, nem tampouco, por razões óbvias, possuem imparcialidade ao exercer sua profissão. Tudo isso faz o notariado desempenhar função social das mais relevantes, consagrando-se como instituição indispensável à administração de uma justiça eficaz.

[1266] Aquele que exerce a atividade notarial, investe-se na função pública notarial, é o Notário ou Tabelião. É a pessoa física que recebeu a delegação do Estado para o exercício da função pública notarial. O Notário ou Tabelião é um profissional do direito, aconselhador e ponderador, que atua adequando a vontade das partes às normas jurídicas, de direito público e privado, sempre com o objetivo de evitar conflitos.

Art. 221 | LEI DE REGISTROS PÚBLICOS COMENTADA

Dito de outro modo, o tabelião de notas, profissional do direito dotado de fé pública, exerce a atividade notarial que lhe foi delegada com a finalidade de garantir a eficácia da lei, a segurança jurídica e a prevenção de litígios. Na consecução do seu ato notarial, atua na condição de assessor jurídico das partes, orientado pelos princípios e regras de direito, pela prudência e pelo acautelamento. Nesse sentido, exercem verdadeira "magistratura cautelar", ou ainda, "magistratura da paz jurídica".

Nesse sentido, é dever do Tabelião de Notas recusar, motivadamente, por escrito, a prática de atos contrários ao ordenamento jurídico e sempre que presentes fundados indícios de fraude à lei, de prejuízos às partes ou dúvidas sobre as manifestações de vontade.

A atividade notarial tem como missão precípua formalizar juridicamente a vontade das partes.

É evidente, porém, que como profissional jurídico imparcial, o notário não interfere na manifestação das partes, mas apenas capta a vontade por elas exteriorizada em sua presença, dando-lhe forma jurídica, ou seja, garantindo a observância dos requisitos legais e, consequentemente, a legitimidade do ato ou negócio jurídico que a consubstancia. Faz, pois, a subsunção dos atos, fatos ou negócios jurídicos postos à sua alçada à norma jurídica.

Com efeito, embora não possa interferir na vontade das partes, o tabelião tem o dever legal de aconselhar, assessorar os interessados no ato ou negócio jurídico, emprestando-lhe o seu conhecimento jurídico para garantir a efetividade da intenção buscada pelas partes. Dessa forma, infere-se que o notário age também como consultor e não apenas como mero redator de instrumentos ou documentos.

Assim, pode-se sintetizar que o notário exerce a função de: *(i) consultor jurídico*, aconselha e assessora os usuários, imparcialmente, para que suas vontades se traduzam em possibilidades jurídicas e possam ser concretizadas da melhor forma possível conforme o ordenamento jurídico positivo (função de assessoramento consistente em fornecer a correta qualificação jurídica do fato que há de ser escriturado, *actum*); *(ii) polícia jurídica*, atua firmemente na prevenção de litígios; *(iii) redator qualificado*: reveste de forma jurídica adequada a vontade expressada pelas partes (função redatora, consistente na narração documental, *dictum*).

Em síntese, a função pública notarial, atividade própria e privativa do Tabelião de Notas, que contempla a audiência das partes, o aconselhamento jurídico, a qualificação das manifestações de vontade, a documentação dos fatos, atos e negócios jurídicos e os atos de autenticação, deve ser exercida com independência e imparcialidade jurídicas.

Averbe-se, nessa linha, que a consultoria e o assessoramento jurídicos são prestados por meio de informações e de esclarecimentos objetivos, particularmente sobre o melhor meio jurídico de alcançar os fins desejados pelas partes, os efeitos e consequências dos fatos, atos e negócios jurídicos a serem documentados, e visar à tutela da autonomia privada e ao equilíbrio substancial da relação jurídica, de modo a minimizar as desigualdades materiais e a proteger os hipossuficientes e os vulneráveis, tais como as crianças e os adolescentes, os idosos, os consumidores, as pessoas com deficiência e as futuras gerações.

Diante de todas essas características valorosas, a atuação do tabelião como profissional imparcial, alheio aos contratantes, é totalmente recomendável na medida em que restará garantido o equilíbrio substancial da relação jurídica contratual, afinal, caso seja o instrumento formalizado no âmbito das instituições financeiras a contratação assume ares de desigualdade, alocando-se como verdadeira contratação por adesão.

O Tabelião de Notas, ao desenvolver atividade pública identificada pela confiança, tanto do Estado como dos particulares que o procuram, é escolhido livremente pelas partes, independentemente da residência e do domicílio delas e do lugar de situação dos bens objeto dos fatos, atos e negócios jurídicos.

Essa intelecção decorre diretamente do art. 8º da Lei 8.935/1994, segundo o qual "é livre a escolha do tabelião de notas, qualquer que seja o domicílio das partes ou o lugar de situação dos bens objeto do ato ou negócio".[1267]

[1267] Entre os atos notariais típicos, de competência do Tabelião de Notas (art. 7º da Lei 8.935/1994), o único que excepciona essa regra é a ata notarial para fins de reconhecimento extrajudicial de usucapião que deve ser lavrada exclusivamente pelo Tabelião de Notas da situação do imóvel usucapiendo, ou onde localizado a maior parte dele (*Prov. 149/2023 do CNJ, art. 402*).

Essa liberdade de escolha, no entanto, não se confunde com a área de atuação territorial para a qual recebeu sua delegação do Poder Judiciário. Equivale dizer, nos termos do art. 9º da Lei 8.935/1994, "o tabelião de notas não poderá praticar atos de seu ofício fora do Município para o qual recebeu delegação".

Conjugando-se, pois, as duas diretrizes, têm-se que o Tabelião de Notas, embora de livre escolha pelas partes, não pode desempenhar função notarial típica fora da circunscrição territorial para a qual recebeu a delegação. À evidência, se dentro da sua circunscrição territorial, pode lavrar o ato notarial em qualquer lugar, desde que consigne, no documento, o lugar no qual praticado. É a hipótese dos atos notariais praticados *em diligência*.[1268]

Além disso, é certo que a restrição territorial à atuação do Tabelião de Notas, ao limitar-se aos atos privativos, típicos da atividade notarial, não abrange outros que lhe são facultados, direcionados à consecução dos atos notariais e consistentes nas gestões e diligências necessárias ou convenientes ao seu preparo (*v.g.*, busca por certidões de matrículas, certidões de feitos ajuizados, certidões fiscais etc.), então prestados sem ônus maiores que os emolumentos devidos.

Mencione-se, outrossim, que a restrição à atuação notarial ao Município para o qual o delegatário recebeu sua outorga (art. 9º da Lei 8.935/1994) deve ser entendida como a limitação mínima de atuação. Isso porque os Estados, no bojo de sua competência de formular a organização das atividades forenses e extrajudiciais, poderá reduzir ainda mais a competência territorial de atuação notarial. Nesse sentido, por exemplo, o Estado do *Rio Grande do Sul* restringe a atuação tabelioa à esfera distrital, confira-se: "Os titulares de Serviços Notariais e de Registros, nos distritos, carecerão de fé pública fora dos limites do distrito ou dos indicados no ato delegatório das funções".[1269]

De qualquer sorte, a concorrência entre Notários na captação de clientela e a necessidade de se observar rigorosamente sua competência territorial são, na atualidade, fortemente censuradas pelas Corregedorias-Gerais estaduais, sendo fonte recorrente de instauração de inúmeros procedimentos administrativos disciplinares por violação de deveres funcionais.

Assim, de todo recomendável que a competição entre os Tabeliães de Notas seja leal, pautada pelo reconhecimento de seu preparo e de sua capacidade profissional e praticada de forma a não comprometer a dignidade e o prestígio das funções exercidas e das instituições notariais e de registro, sem utilização de publicidade individual, de estratégias mercadológicas de captação de clientela e da intermediação dos serviços e livre de expedientes próprios de uma economia de mercado, por exemplo, a redução de emolumentos e propagandas comerciais.

Conforme analisado alhures, ao reduzir a litigiosidade, por gerar atos jurídicos de acordo com a vontade das partes e do ordenamento jurídico, a atuação notarial produz segurança jurídica e paz social. Assim, ao evitar o conflito, coopera para diminuição dos custos que a lide traria com advogados, acionamento da máquina estatal jurisdicional, produção de provas, perda temporária da total disponibilidade ou redução de valor do direito patrimonial litigioso etc. É inegavelmente mais barata a intervenção notarial preventiva do que a solução para uma lide instaurada, a qual reclama custos econômicos e psicológicos importantes.

A negociação segura, amparada em informação também segura, de acordo com o direito, e que permite atingir os resultados pretendidos com maior certeza, garantida pela atuação notarial, faz com que aumente o número de transações, e com isso a produção e circulação de riquezas.

Por certo, o Tabelião de Notas poderá ainda realizar todas as diligências convenientes e necessárias ao preparo e efetivação dos atos notariais. Cite-se como exemplo requerer certidão de imóveis, disponibilizar formulários de requerimentos, providenciar guias para o pagamento de eventuais tributos devidos etc.

[1268] No Estado de São Paulo, por expressa previsão no *item 4*, do Capítulo XVI, das *Normas de Serviço da Corregedoria-Geral da Justiça*, "o Tabelião de Notas deve prezar pela urbanidade e serenidade e prestar os serviços notariais de modo eficiente e adequado, em local de fácil acesso ao público e que ofereça segurança para o arquivamento dos livros e documentos, nos dias e nos horários definidos por meio de portaria do Juiz Corregedor Permanente, atento às peculiaridades locais e às seis horas diárias mínimas de atendimento ao público. É-lhe facultado lavrar os atos notariais fora do horário e dos dias estabelecidos, na portaria, para o atendimento ao público, salvo proibição escrita do Corregedor Permanente aprovada pela Corregedoria Geral da Justiça".

[1269] *Art. 819, parágrafo único, da Consolidação Normativa Notarial e Registral do Estado do Rio Grande do Sul.*

Art. 221 | LEI DE REGISTROS PÚBLICOS COMENTADA

Impende ressaltar ainda que a atuação do notário deve ser sempre clara e pautada na transparência das informações. Tanto assim, que em alguns Estados há dever funcional do Tabelião de Notas em afixar a redação do art. 108 do Código Civil em cartaz ou comunicado ostensivo em local apropriado na serventia – *v.g.*, no quadro de recados em fácil acesso aos utentes do serviço notarial.

Além disso, no Estado de São Paulo, as *Normas de Serviço da Corregedoria-Geral da Justiça* ainda exigem que "sempre que a prática de determinado negócio jurídico dispensar a forma pública, é dever do Tabelião de Notas informar acerca dessa dispensabilidade às partes interessadas".[1270]

Toda essa atuação que se espera do notário já está devidamente incluída no valor dos emolumentos, sendo vedada a cobrança extralegal a título de assessoria jurídica prestada, até porque, como visto, é esta a essência de sua atividade.

Sobre a questão emolumentar, vale mencionar que muitos Estados aplicam percentuais de redução do valor dos emolumentos para aquelas hipóteses em que a lei dispensa a forma pública. Em São Paulo, por exemplo, a Lei Estadual 11.331/2002 impõe um percentual de redução de 40% sobre o valor dos emolumentos, como forma de estimular a atuação notarial mesmo quando as partes possam utilizar-se de instrumentos particulares.[1271]

Por derradeiro, relevante esclarecer que o ordenamento jurídico defere aos consulados a prática de alguns atos notariais e de registro civil das pessoas naturais. É o que se observa na norma autorizativa haurida do art. 18 da Lei de Introdução às Normas do Direito Brasileiro (LINDB, Decreto-Lei 4.657/1942). Nesse caso, as escrituras consulares assumem, enquanto títulos formais, o mesmo valor probante das escrituras notariais (*rectius*: instrumento público, dotado de fé pública) para fins de registro imobiliário. A autenticidade e validade dos atos emitidos pelas autoridades consulares brasileiras devem estar em conformidade com disciplina do Decreto 8.742/2016.

3. Instrumentos particulares

Na definição de *Moacyr Amaral Santos*, instrumento particular é "o escrito que, emanado da parte, sem intervenção do oficial público, respeitada certa forma, se destina a constituir, extinguir ou modificar um ato jurídico".[1272] Com efeito, entende-se por escrito particular o instrumento elaborado e assinado, ou apenas assinado, por pessoa capaz ou, se incapaz, que encontre devidamente assistido ou representado. Este instrumento não tem a mesma força probante e executória da escritura pública por não ser dotado de fé pública. Ainda assim, é meio de prova das obrigações convencionais de qualquer valor (CC, art. 221), mas as declarações contidas nesse documento presumem-se verdadeiras apenas em relação aos signatários.

Na escritura pública, ao contrário, fatos como a data, a identificação e qualidade das partes, a manifestação da vontade tal como se contém no instrumento, as assinaturas, entre outros, têm sua presunção de veracidade ampliada para toda a sociedade.

É, assim, admitido o instrumento particular para a contratação privada. Exceção à regra da indispensabilidade da escritura pública.

Ocorre que o direito brasileiro consagra o princípio da liberdade contratual. A regra, portanto, é a livre opção na escolha da forma do contrato. Entretanto, como foi visto no item supra, para determinados negócios jurídicos, por sua relevância social e econômica, a lei impõe a forma da escritura pública. A maior parte dos negócios imobiliários está sujeita a essa solenidade. Quando o imóvel objeto do contrato tiver valor inferior ao montante equivalente a 30 salários mínimos, entretanto, admite-se o escrito particular. O mesmo ocorre nas hipóteses expressamente previstas em lei.

O escrito particular não se submete às mesmas formalidades da escritura pública, mas, para que tenha acesso ao registro imobiliário, deve ser assinado pelas partes e testemunhas (se houver), com as firmas reconhecidas, dispensados as testemunhas e o reconhecimento de firmas, quando se tratar de

---

[1270] *Item 1.4*, Capítulo XVI, *NSCGJSP*.

[1271] A *nota explicativa 1.6 da Tabela de Emolumentos do Tabelionato de Notas* anexa à Lei Estadual paulista 11.331/2002, possui a seguinte redação: "As transações, cuja instrumentalização admitem forma particular, terão o valor previsto no item 1 da tabela reduzido em 40% (quarenta por cento), devendo sempre ser respeitado o mínimo ali previsto, combinado com o artigo 7º desta lei".

[1272] SANTOS, Moacyr Amaral. *Prova judiciária no cível e comercial.* v. IV. 4. ed. São Paulo: Max Limonad, 1972. p. 180.

atos praticados por instituições financeiras que atuem com crédito imobiliário, autorizadas a celebrar instrumentos particulares com caráter de escritura pública (Lei 6.015/1973, art. 221, II).

Interessante notar que o atual Código Civil não mais exige a presença de testemunhas para que o instrumento particular, assinado pelas partes, comprove as obrigações convencionais (CC, art. 221). Nesse sentido, consolidou-se o entendimento de que as testemunhas instrumentárias são dispensáveis para fins de constituição, transmissão, modificação ou renúncia de direitos reais, vale dizer, para que o instrumento particular tenha acesso ao fólio real. Ocorre, em verdade, que quando a LRP foi elaborada, vigia a sistemática do Código Civil de 1916, na qual se exigia a presença de duas testemunhas para se tornar perfeito e acabado o contrato particular, conforme disposto no seu art. 135. Contudo, o atual Código Civil deixou de exigir isso, conforme disposto no art. 221. Assim, à luz da melhor hermenêutica, não deve o registrador exigir a presença das testemunhas nos instrumentos particulares apresentados a registro:

> Tem prevalecido, no entanto, o entendimento de que a alteração substancial promovida pelo Código Civil de 2002 é suficiente para afastar a necessidade das testemunhas instrumentárias nos escritos particulares. A formalidade parece, de fato, desconexa com a dinamicidade das contratações atuais e com os princípios que regem os contratos, mormente a boa-fé objetiva. É este o entendimento do Conselho Superior da Magistratura de São Paulo: Apesar das referências alusivas à subscrição por testemunhas, tanto no inciso III do artigo 169 como no inciso II do artigo 221 da Lei nº 6.015/1973, a exigência não mais se justifica, em razão do texto do artigo 221, *caput*, do Código Civil que, em confronto com seu par no Código de 1916 (artigo 135, *caput*), suprimiu a necessidade de duas testemunhas assinarem o instrumento contratual.441 Essa intelecção parece também ter sido encampada pela Corregedoria-Geral da Justiça paulista por ter arrolado como título passível de ingresso no Registro de Imóveis os "escritos particulares autorizados em lei, assinados pelas partes, com as firmas reconhecidas" (item 108, *b*, Cap. XX, NSCGJSP); isto é, atualizou-se a redação do art. 221, II, da Lei 6.015/1973, em conformidade com o Código Civil de 2002, deixando de exigir a assinatura das testemunhas.[1273]

Seja como for, descortina-se nesse cenário a relevância do reconhecimento de firmas dos signatários como medida de autenticidade e segurança jurídica.

Deve-se registrar, ademais, que a Lei 14.620/2023 incluiu o § 5º do art. 221 para assentar que estarão dispensados das testemunhas e do reconhecimento de firmas "quando relativos a atos praticados por instituições financeiras que atuem com crédito imobiliário autorizadas a celebrar instrumentos particulares com caráter de escritura pública". Tal regra de exceção tem aplicação sob o prisma estritamente subjetivo, pouco importando o objeto da contratação. Em suma, basta que o ato seja praticado por instituição financeira que atue com crédito imobiliário e esteja autorizada a celebrar instrumento particular com caráter de escritura.

No instrumento particular, deve ser feita referência à matrícula do imóvel ou ao seu registro anterior, seu número e cartório (art. 223, Lei 6.015/1973). Deve, ainda, atender aos princípios registrários, como o da especialização, individuando de forma perfeita o imóvel objeto da transação.

Não se admite o ingresso no cadastro imobiliário de cópia do instrumento particular, ainda que autenticada. O escrito deve ser apresentado no original e será arquivado no cartório.

Questão importante de ser investigada refere-se ao idioma utilizado no instrumento particular. A escritura pública, por força de lei, deve necessariamente ser redigida na língua nacional (art. 215, § 3º, CC). A mesma formalidade não se impõe ao instrumento particular. Como a lei não proíbe, admite-se a redação do contrato particular em idioma estrangeiro. O instrumento, para que tenha suas firmas reconhecidas e possa ser levado a registro, deve ser traduzido por tradutor juramentado. Contudo, não é necessário o prévio registro no Serviço de Registro de Títulos e Documentos por não se tratar de documento estrangeiro.

No que se refere ao arquivamento dos títulos admitidos a ingresso no Registro de Imóveis, os títulos de natureza particular, apresentados em uma só via, serão arquivados em cartório, fornecendo

---

[1273] RIBEIRO, Moacyr Petrocelli de Ávila. *Alienação fiduciária de bens imóveis*. 2. ed. Coleção de direito imobiliário. t. X. São Paulo: Thomson Reuters, 2022. p. 368.

Art. 221 | LEI DE REGISTROS PÚBLICOS COMENTADA

o oficial, a pedido, certidão dele. Quando for adotado o sistema de microfilmagem ou digitalização com observância das normas técnicas de arquivamento eletrônico e temporalidade, nos cartórios que o utilizarem, será dispensável o arquivamento dos documentos particulares originais, que poderão ser devolvidos aos interessados, uma vez que ficarão arquivados em microfilme ou mídia eletrônica.

4. Atos autênticos de países estrangeiros

O art. 221 da Lei 6.015/1973 estabelece também o acesso ao registro de imóveis dos atos autênticos de países estrangeiros, com força de instrumento público, legalizados e traduzidos competentemente no idioma nacional e registrados no cartório de registro de títulos e documentos.

Importante destacar que, para que os atos estrangeiros tenham validade dentro do território nacional, devem ser obrigatoriamente registrados, com a respectiva tradução, de forma prévia no Cartório de Registro de Títulos e Documentos, como se infere do citado art. 222 e do art. 129, § 6º, ambos da Lei 6.015/1973.

A *legalização* desses documentos consiste no reconhecimento da firma e do cargo de seu subscritor, pelo consulado do Brasil no país emissor do documento. Essa necessidade é baseada no fato de que não há como o registrador fazer uma análise de qual é o órgão responsável pela emissão daquele documento no país de origem, o que é feito pela autoridade consular, com a identificação de que o subscritor ocupa aquele cargo e que a assinatura dele confere com os padrões depositados no consulado.

Em 2015, iniciou-se no Brasil a regulamentação na ordem jurídica interna de novos procedimentos atinentes à legalização de documentos públicos estrangeiros, em razão de o país ter aderido à Convenção sobre a Eliminação da Exigência de Legalização de Documentos Públicos Estrangeiros, conhecida como *Convenção da Apostila*.[1274]

Por essa Convenção, os documentos públicos feitos no território de um dos Estados contratantes e que devam produzir efeitos no território de outro Estado contratante ficam dispensados da necessidade de legalização.[1275]

Para a Convenção, a única formalidade que poderá ser exigida para atestar a autenticidade da assinatura, a função ou cargo exercido pelo signatário do documento e, quando cabível, a autenticidade do selo ou carimbo aposto no documento, consiste na *aposição da apostila* definida no art. 4º da Convenção, *emitida pela autoridade competente do Estado no qual o documento é originado*, ou seja, o próprio Estado onde se emite o documento é que indicará quem tem competência para atestar a validade de tal documento.

Importante destacar que somente se dispensa a legalização dos documentos e não a necessidade da tradução juramentada nem do registro na serventia de Registro de Títulos e Documentos (RTD).

5. Títulos Judiciais

O art. 221 da Lei 6.015/1973 prevê ainda o ingresso nas serventias registrais imobiliárias das cartas de sentença, dos mandados, dos formais de partilha e das certidões extraídos de autos de processo, os quais, em seu conjunto, constituem os títulos judiciais.

São admitidos a registro as cartas de sentença, formais de partilha, certidões e mandados extraídos de autos de processo. Tal como os demais títulos examinados nos itens anteriores, os títulos judiciais também devem ser submetidos ao exame de qualificação a ser procedido pelo registrador, e, caso não

---

[1274] Essa Convenção Internacional foi firmada pela República Federativa do Brasil, em Haia, em 5 de outubro de 1961. Ocorre que foi regulamentada no âmbito interno apenas no ano de 2015, pelo Decreto Legislativo 148/2015. Posteriormente, como complemento do procedimento constitucional para internacionalização do referido tratado internacional, foi promulgada pelo Decreto 8.660, de 29 de janeiro de 2006. Por último, a Resolução 228, de 22 de junho de 2016, do Conselho Nacional de Justiça regulamentou a aplicação da Convenção da Apostila. Com este plexo normativo, a Convenção da Apostila está em vigor no Brasil desde *14 de agosto de 2016*.

[1275] No âmbito da Convenção, são considerados documentos públicos: (a) os documentos provenientes de uma autoridade ou de um agente público vinculados a qualquer jurisdição do Estado, inclusive os documentos provenientes do Ministério Público, de escrivão judiciário ou de oficial de justiça; (b) os documentos administrativos; (c) os atos notariais; (d) as declarações oficiais apostas em documentos de natureza privada, tais como certidões que comprovem o registro de um documento ou a sua existência em determinada data, e reconhecimentos de assinatura. Entretanto, a Convenção não se aplica: (a) aos documentos emitidos por agentes diplomáticos ou consulares; (b) aos documentos administrativos diretamente relacionados a operações comerciais ou aduaneiras.

preencham os requisitos legais, ou violem algum dos princípios registrais, o seu acesso ao cadastro imobiliário deve ser negado.

Entretanto, a atividade qualificadora é mais limitada quando do exame dos títulos judiciais. Apenas os requisitos formais ou extrínsecos e os obstáculos provenientes do próprio Registro podem ser analisados pelo registrador. Não pode esse profissional questionar a legalidade da sentença, uma vez que não detém função jurisdicional, não lhe cabendo verificar se a decisão é ou não tecnicamente correta e tampouco menosprezar a coisa julgada.

De fato, todos os títulos submetidos a registro (em sentido lato) submetem-se à qualificação registral, ainda que em determinadas ocasiões o exame de legalidade tenha menor grau de profundidade, como sói acontecer nas *ordens judiciais*.[1276] Nesse propósito, vale recordar a distinção entre título judicial e ordem judicial, já que o *iter registral* a ser seguido é distinto.

Todo título judicial resguarda, como antecedente lógico e necessário, uma declaração emitida por um órgão do *Estado-Juiz* e referente à presença de um título legitimário, de direito material, capaz de dar respaldo causal à mutação jurídico-patrimonial a ser operada pelo ato de registro.

Em se tratando de uma ordem judicial, não há semelhante correspondência. Cuida-se de um comando dirigido ao Registrador e derivado da atividade jurisdicional, como resposta, especialmente, a situações de urgência e que, dotadas de provisoriedade, demandam certa elasticidade na conformação da decisão judicial. Tais ordens ostentam aparência externa idêntica à de um título judicial, mas não ostentam conteúdo semelhante.[1277]

Na ordem judicial, a qualificação do Registrador é mais limitada, de sorte que só poderá recusar o cumprimento ao comando recepcionado quando restar caracterizada hipótese de absoluta impossibilidade. Cite-se como exemplo o caso em que se determina a indisponibilidade de bens de quem não é titular tabular ou quando há contradição intrínseca entre o documento instrumentalizador e o teor da ordem.[1278]

Apenas nas hipóteses de inobservância dos requisitos formais (*v.g.*, assinatura do juiz ou do diretor do cartório, assinaturas das partes quando for o caso etc.), de não possuir o direito expresso na sentença conteúdo jurídico/real ou de violação de algum dos princípios registrais (*v.g.*, especialidade, continuidade), o registrador deverá qualificar negativamente o título judicial.

Cumpre observar, por fim, que, em regra, não há necessidade de o escrivão-diretor do cartório judicial certificar a autenticidade da assinatura do juiz que subscreveu o formal de partilha, carta de adjudicação e arrematação, mandado de registro, dentre outros títulos judiciais, salvo quando ocorrer fundada suspeita sobre sua autenticidade.

6. Contratos e termos administrativos para regularização Fundiária

O inciso V prevê o registro dos contratos ou termos administrativos, assinados com a União, Estados, Municípios ou o Distrito Federal, no âmbito de programas de regularização fundiária e de programas habitacionais de interesse social, dispensado o reconhecimento de firma. São títulos e documentos confeccionados no âmbito da Administração Pública e, nessa condição, gozam de fé pública e presunção e legitimidade.

Em sentido lato, é lícita a rotulação de *títulos ou instrumentos administrativos*. Consubstanciam-se, pois, nas "formas escritas dos atos das autoridades e de outros funcionários e empregados da administração pública".[1279] Integram a categoria dos documentos públicos em sentido amplo, entre os

---

[1276] "Apesar de se tratar de título judicial, está ele sujeito à qualificação registrária. O fato de tratar-se o título de mandado judicial não o torna imune à qualificação registrária, sob o estrito ângulo da regularidade formal. O exame da legalidade não promove incursão sobre o mérito da decisão judicial, mas à apreciação das formalidades extrínsecas da ordem e à conexão de seus dados com o registro e a sua formalização instrumental" *(TJSP, Ap. Cív. 31.881-0/1, CSMSP, Rel. Des. Márcio Martins Bonilha, j. 13/06/1996).*

[1277] BARBOSA FILHO, Marcelo Fortes. *O registro de imóveis, os títulos judiciais e as ordens judiciais. Revista de Direito Imobiliário (RDI).* v. 49. São Paulo: Revista dos Tribunais, jul.-dez./2000. p. 53-59.

[1278] *CGJSP,* Processo CG 174.855/2013, *Des. Hamilton Elliot Akel,* j. 18/03/2014.

[1279] ALMEIDA JR. João Mendes de. *Direito Judiciário brasileiro.* 2. ed. Rio de Janeiro: Typographia Baptista de Souza, 1918. p. 217.

Art. 221 | LEI DE REGISTROS PÚBLICOS COMENTADA

quais se acham os notariais, documentos públicos em sentido estrito, "cuja formação representa o exercício de uma atividade pública especificamente dirigida à documentação".[1280]

Sem intenção de esgotar as hipóteses, é possível arrolar alguns exemplos de instrumentos administrativos que acedem ao registro. São certidões, termos, contratos administrativos etc. que instrumentalizam atos, fatos e negócios jurídicos administrativos ou privados (quando parte a Administração Pública):[1281]

a) Tombamento – Decreto-Lei 25, de 30/11/1937 (art. 13);

b) Terrenos de marinha. Decreto-Lei 2.490, de 16/8/1940 (art. 24);

c) Bens imóveis da União. Decreto-Lei 9.760, de 5/9/1946 (art. 17, § 4º c.c. art. 74 e vários dispositivos sobre registro e averbação. Demarcação: art. 18-A);

d) Terras devolutas – faixa de fronteira. Lei 13.178/2015;

e) DRU – Concessão de direito real resolúvel de uso Decreto-Lei 271, de 28/2/1967 (art. 7º, § 1º);

f) Bens da União – Matriculação e registro. Lei 5.972, de 11/12/1973 (arts. 1º e 2º);

g) Incorporação de bens imóveis do patrimônio público para a formação ou integralização do capital de sociedade por ações da administração indireta ou para a formação do patrimônio de empresa pública (art. 294 da LRP);

h) Imóveis rurais – retificação de matrícula e registro. Lei 6.739, de 5/12/1979 (art. 8º-A e ss.);

i) FHE – Fundação Habitacional do Exército. Lei 6.855, de 18/11/1980 (art. 26, § 1º);

j) Imóveis da União – regularização, administração, aforamento etc. Lei 9.636, de 15/5/1998 (art. 2º e parágrafo único);

k) Contratos ou termos administrativos, assinados com a União, Estados e Municípios no âmbito de programas de regularização fundiária, dispensado o reconhecimento de firma (Lei 13.465/2017);

l) Territórios indígenas – demarcação. Lei 6.001, de 19/12/1973 (art. 19, § 1º) c.c. Decreto 1.775, de 08/01/1996 (art. 6º);

m) Certidões expedidas pelas Juntas Comerciais de cisão, fusão, incorporação de sociedades. Integralização de capital social, conferência de bens – Lei 8.934, de 1994 (art. 64) c.c. Decreto 1.800, de 30/01/1996. Lei das Sociedades Anônimas – Lei 6.404, de 15/12/1976 (art. 234).

7. Títulos eclesiásticos

Tema instigante está em perquirir se os títulos de extração eclesiástica ingressam no Registro de Imóveis.

Primeiro, é importante sedimentar que sempre foi disputada a natureza jurídica da Igreja Católica no direito brasileiro. A personalidade jurídica de direito público internacional da Santa Sé era reconhecida no direito pátrio pelo Decreto 119-A, de 07/01/1890 (art. 5º) do Governo Provisório da República do Brasil. Os registros imobiliários, acertadamente, eram feitos em nome das instituições eclesiásticas, especialmente das Mitras Diocesanas, pois elas tinham a representação do Estado do Vaticano, independentemente de registro de qualquer ato constitutivo no Registro Civil de Pessoas Jurídicas (RCPJ).

Assim, no regime anterior ao Tratado Internacional de novembro de 2008, aprovado pelo Decreto Legislativo 698/2009, o registro imobiliário em favor da Mitra Diocesana dispensava o registro dessa instituição no RCPJ. É que o acordo internacional entre o Brasil e a Santa Sé reconhecia personalidade às Dioceses.

Nesse contexto, nos recorrentes casos nos quais se descortinavam os desmembramentos territoriais das Mitras, adotou-se como adequada a prática de averbação do fato jurígeno na matrícula do imóvel. O título causal era a respectiva *bula papal* contendo a ordenação. Note-se que, em realidade, não há na hipótese transmissão da propriedade, pois o domínio continua sendo da Santa Sé. Confira-se precedente ilustrativo 1ª Vara de Registros Públicos de São Paulo:

[1280] CARNELUTTI, Francesco. *Sistema de derecho procesal civil.* t. II. Buenos Aires: Uteha, 1944, p. 416, § 289.

[1281] A lista exemplificativa foi apresentada pelo registrador paulistano Sérgio Jacomino em estudo intitulado *"O instrumento particular e o Registro de Imóveis"* (Dez/2010).

Registro de imóveis – Transferência de domínio de imóveis localizados dentro da mesma área territorial através de simples averbação – Manifestações dos Oficiais Registradores afirmando que o documento apresentado (Bula Papal) oferece oportunidade para a averbação necessária – qualificação positiva do título que afasta as exigências do Registrador e prejudica o pedido. (...) O Oficial do 11º Registro de Imóveis manifestou-se reconhecendo que o óbice registrário foi superado pela prescindibilidade da escritura pública, ante a natureza jurídica da Bula Papal, que representa ato de império ou de autoridade e deve ser cumprida obrigatoriamente. Aduz que a autoridade eclesiástica, o Papa João Paulo II, por decreto próprio fundou a Mitra Arquidiocesana de Santo Amaro, com o desmembramento da Mitra Arquidiocesana de São Paulo, dotando-a do acervo patrimonial imobiliário existente nos limites territoriais estabelecidos na mencionada Bula Papal. (...) Há de se observar que referido documento faz menção à norma do cânon 122 do Código de Direito Canônico, pela qual, em decorrência da divisão mencionada, todos os bens que pertenciam exclusivamente à Arquidiocese de São Paulo e se encontram dentro dos limites territoriais explicitados devem ser transferidos para a Diocese de Santo Amaro. Logo, encontra-se superada a recusa que impedia a transferência de domínio dos imóveis localizados dentro da área territorial da Diocese de Santo Amaro, por ato de mera averbação, não havendo mais o que decidir neste procedimento, cumprindo à interessada buscar solução, agora possível, diretamente junto ao registro imobiliário.[1282]

Nada obstante, deve-se esclarecer que o tema da personalidade jurídica da Igreja Católica assumiu novo colorido após o Tratado Internacional de novembro de 2008, aprovado pelo Decreto Legislativo 698/2009 e promulgado pelo Decreto 7.107/2010, na medida em que se estabeleceu que "a personalidade jurídica das instituições eclesiásticas será reconhecida pela República Federativa do Brasil, mediante inscrição no respectivo registro do ato de criação, devendo também ser averbadas todas as alterações que passar o ato" (art. 3º, § 2º, do Decreto 7.107/2010).

Isso não significa que as Dioceses, e por conseguinte a Igreja Católica, passaram à natureza jurídica de pessoas de direito privado. Apenas equiparou-se, para efeitos práticos, as entidades eclesiásticas às pessoas jurídicas de direito privado. Cuida-se, pois, de ficção jurídica para fins de assunção de direitos e obrigações na órbita civil e padronização de tratamento jurídico-registral.

Na mesma razão, não parece que incida a norma do art. 11, § 2º, da LINDB que veda a aquisição de outros imóveis por estados estrangeiros, além daquele necessário para abrigar sua representação diplomática. Equivale dizer, hoje a personalidade jurídica da Igreja Católica no Brasil é muito peculiar, própria do seu gênero. Entretanto, as Mitras Diocesanas, Paróquias e todas as repartições ou entidades congêneres devem constituir-se perante o RCPJ territorialmente competente como organizações religiosas (CC, art. 44, IV), sendo de rigor constar tais entidades como proprietárias ou titulares de outros direitos reais nas matrículas dos imóveis.

8. Títulos arbitrais

A arbitragem é considerada relevante meio alternativo de solução de conflitos à disposição dos jurisdicionados. Apresenta-se como relevante mecanismo no descortino de um *Sistema de Justiça Multiportas*. É regulamentada pela Lei 9.307/1996. Deve-se ter em mente que a arbitragem é verdadeiro equivalente jurisdicional. Nessa medida, aplicam-se as diretrizes basilares do acesso à jurisdição, *v.g.*, as partes devem, de regra, comparecer assistidas por advogados. Em outras palavras, a arbitragem é um modo de solução de conflitos que tem por fundamento a vontade autônoma e em seus efeitos se assemelha à jurisdição estatal e, bem por isso, é tida como equivalente jurisdicional.

Embora seja equivalente e não idêntica à jurisdição estatal, fato é que a arbitragem é jurisdição e, como tal, deve obediência tanto aos pressupostos e requisitos dos negócios jurídicos que lhe dão fundamento quanto aos pressupostos e requisitos da jurisdição. Inexiste jurisdição arbitral sem sua instauração pelas partes que não entabularam cláusula ou compromisso arbitrais ou não aceitaram, ao menos por seu comportamento, a instauração da arbitragem. Inválida é a arbitragem que não tenha os pressupostos processuais. Assim, a título de exemplo, será inválida a sentença arbitral proferida

---

[1282] 1ª VRPSP, Processo 0003180-30.2014.8.26.0100, Juíza Tânia Mara Ahualli, j. 19/02/2014.

Art. 221 | LEI DE REGISTROS PÚBLICOS COMENTADA

com inobservância de pressuposto processual objetivo (convenção arbitral) e subjetivo (capacidade postulatória).

A lide de que trata a Lei de Arbitragem corresponde à existência de interesses contrapostos e conflitantes. Não se trata de pretensão resistida ou de conflito instaurado, mas apenas de interesses opostos que exigem decisão ou acordo, isso porque se mostra ínsito à Lei de Arbitragem, a sua vocação à composição, que tem início com a "cláusula compromissória" necessária para gerar a convenção de arbitragem.

Sua principal caraterística é a necessidade de que haja prévio acordo entre as partes a respeito do interesse de submeterem-se à jurisdição arbitral. Isso ocorre por meio da chamada convenção de arbitragem. Trata-se de gênero que comporta as seguintes espécies: (i) cláusula compromissória e (ii) compromisso arbitral.

A cláusula compromissória é a convenção pela qual as partes em um contrato comprometem-se a submeter à arbitragem os litígios que possam vir a surgir, relativamente a tal contrato (Lei 9.307/1996, art. 4º, *caput*). Deve ser estipulada por escrito, podendo estar inserta no próprio contrato ou em documento apartado que a ele se refira.

Importante observar que, nos contratos de adesão, a cláusula compromissória só terá eficácia se o aderente tomar a iniciativa de instituir a arbitragem ou concordar, expressamente, com a sua instituição, desde que por escrito em documento anexo ou em negrito, com a assinatura ou visto especialmente para essa cláusula (Lei 9.307/1996, art. 4º, § 2º). Desse modo, não parece adequado que se estabeleça de antemão a jurisdição arbitral por cláusula compromissória em um contrato padrão de loteamento ou incorporação imobiliária. Sendo do interesse do comprador, no entanto, nada impede que convenção seja acrescida na fase de contratação.

O compromisso arbitral, de sua vez, é a convenção mediante a qual as partes submetem um litígio à arbitragem de uma ou mais pessoas, podendo ser judicial ou extrajudicial (Lei 9.307/1996, art. 9º, *caput*). O compromisso arbitral judicial celebrar-se-á por termo nos autos, perante o juízo ou tribunal, onde tem curso a demanda. Já o compromisso arbitral extrajudicial será celebrado por escrito particular, assinado por duas testemunhas, ou por instrumento público.

Daqui se extrai importante diretriz: somente pode-se submeter à jurisdição arbitral aqueles direitos passíveis de contratação, destacadamente os direitos patrimoniais disponíveis. Demais disso, convém esclarecer que em alguns direitos patrimoniais, embora possuam a marcante característica da disponibilidade, sua pretensão deve ser deduzida necessariamente em juízo. É o que ocorre com pretensões de natureza universal, como a usucapião. Note-se que o reconhecimento da usucapião ocorre mediante sujeição passiva universal, tanto assim que o CPC exige a publicação de edital para eventuais interessados impugnarem a pretensão do usucapiente (art. 259, I). Do mesmo modo, não tem cabimento prévia contratação da usucapião, que é modo originário de aquisição a propriedade e somente pode ser reconhecida quando preenchidos os requisitos legais durante determinado lapso temporal conforme sua *fattispecie*.

Arbitragem significa, pois, decisão por julgador equidistante entre as partes, desprovido de poder estatal e não integrante do quadro de agentes públicos jurisdicionais, ou seja, é a composição paraestatal da lide. É meio alternativo de solução de conflitos, em questões patrimoniais de direitos disponíveis, em que as partes, de própria vontade, pactuam suas vontades no sentido de submeterem possíveis controvérsias, provenientes de contratos entre elas celebrados, ao julgamento de um juízo privado, ou seja, o árbitro. Direitos patrimoniais disponíveis devem ser entendidos como aqueles que possuem por objeto determinado bem inerente ao patrimônio de alguém, que pode ser apropriado ou alienado. Não se fez restrições sob quais seriam os direitos patrimoniais, pelo que é de se entender que os direitos patrimoniais relativos a imóveis, semoventes, veículos, questões condominiais e imobiliárias, questões pecuárias ou agrárias, questões de trânsito de veículos automotores, transporte, dentre outras. Os direitos a serem objeto da arbitragem devem ser aqueles, pois tidos como disponíveis, suscetíveis de livre disposição pelas partes, podendo ser doados, cedidos, negociados.[1283]

As decisões de um árbitro possuem a mesma eficácia que as decisões proferidas pelo Poder Judiciário, conforme se extrai de uma interpretação holística da LRP, CPC e Lei 9.307/1996. Nessa medida, possuem aptidão para gerar título hábil para ingresso no Registro de Imóveis. *Nota bene!* A melhor

---

[1283] 1ª VRPSP, Processo 000.05.032549-3, Juiz Venício Antonio de Paula Salles, j. 06/07/2005.

técnica indica que o título formal hábil para ingressar no sistema registral é *carta de sentença (arbitral)*, seja ela formalizada pelo Ofício Judicial ou por Tabelião de Notas, nos termos das normativas administrativas estaduais.[1284]

Também é equívoco considerar como título formal a *carta arbitral*; este instrumento, nos termos do CPC (art. 237, IV), é meio de cooperação entre a jurisdição arbitral e a jurisdição estatal. Como faltam aos árbitros coercibilidade nos seus comandos,[1285] a carta arbitral devidamente formalizada tem por finalidade que o Poder Judiciário dê a determinação coercitiva à hipótese concreta.[1286]

De saída, insta frisar que o árbitro é juiz de fato e de direito da causa submetida à sua jurisdição de modo que as sentenças proferidas por ele não estão sujeitas a recurso ou a homologação do Poder Judiciário (Lei 9.307/1996, art. 18). É certo que o Poder Judiciário pode ser instado a rever uma decisão arbitral quanto à observância de requisitos formais de validade da jurisdição arbitral (casos de nulidade), mas jamais poderá adentrar no mérito do que foi decidido pelo árbitro.

A mais alta Corte de Justiça do país considerou constitucional a lei de arbitragem.[1287] No julgamento do pleno, ocorreram divergências, que residiram na preservação do princípio da "inafastabilidade da jurisdição". Os Ministros Sepúlveda Pertence, Moreira Alves, Néri da Silveira e Sydnei Sanches fincaram entendimento de que a decisão arbitral não se mostra imune à reapreciação pelo Judiciário. Esse entendimento não impediu o reconhecimento da constitucionalidade da Lei 9.307/1996. A decisão do Pretório Excelso, no entanto, não questionou a força ou a eficácia da decisão arbitral, mas ao reconhecer que a lei de regência se ajusta aos princípios e aos padrões constitucionais, reconheceu, da mesma forma, que esta decisão arbitral pode ser contrastada em juízo. O art. 33 prevê a possibilidade de reconhecimento da nulidade da sentença arbitral em juízo, em razão da desatenção às exigências contidas no art. 32, incisos I, II, VI, VII e VIII da mesma lei. Nulificada a decisão arbitral, é devolvida ao árbitro ou tribunal arbitral, para que este profira nova decisão. Evidente que a decisão judicial não substitui ou pode substituir a decisão arbitral. Pode reconhecer o seu vício e proclamar sua nulidade, mas não pode a autoridade judiciária substituir o árbitro em tal mister. Aliás, essa é uma situação que muito se repete em vários segmentos, pois todos os procedimentos administrativos técnicos, como a decisão dos tribunais de contas, a decisão dos tribunais fiscais (TIT, conselho de contribuintes), as decisões nas ações de retificação de registro, possuem este núcleo técnico indevassável judicialmente. A jurisdição pode anular ou reconhecer a nulidade dessas decisões, mas não pode substituir ou invadir o núcleo técnico, sendo de rigor, após a desconstituição da decisão, o retorno da questão ao tribunal administrativo. Aliás, tal ocorre com os atos administrativos, que, por força da separação de poderes, podem ser anulados por decisão judicial, no entanto, esta não pode substituir o administrador em seus misteres e gerar um novo ato, como, por exemplo, um lançamento fiscal. O sistema normativo pátrio tem esse sentido. Todas as questões, todos os conflitos ou todos os direitos podem ser discutidos em juízo, mas a decisão judicial encontra limites na própria separação de poderes, de forma que seu controle sobre atos administrativos e decisões administrativas não pode invadir o mérito do ato ou da decisão. A decisão arbitral, igualmente, pode ser desconstituída em juízo, mas não substituída.

Demais disso, o art. 31 da Lei 9.307/1996 é claro ao afirmar que a sentença arbitral produz, entre as partes e seus sucessores, os mesmos efeitos da sentença proferida pelos órgãos do Poder Judiciário e, sendo condenatória, constitui título executivo. O CPC, inclusive, no seu art. 515, VII, arrola a sentença arbitral como título executivo judicial. Nessa medida, deverá ser executada como tal, o que demonstra uma vez mais que as sentenças proferidas pelos árbitros possuem a mesma eficácia daquelas emanadas do Estado-juiz.[1288]

[1284] Essa é a posição defendida pela doutrina do professor Marco Antônio Ribeiro Tura. *In* TURA, Marco Antônio Ribeiro; PINHEIRO, Ygor Ramos Cunha. *Arbitragem na atividade notarial*. São Paulo: Ed. Amazon, 2024. p. 58 (v.e-book).

[1285] Cf. STJ – REsp 1.481.644/SP, Rel. Min. Luis Felipe Salomão, Quarta Turma, j. 01/06/2021.

[1286] Posição sustentada pelo professor *Marco Antônio Ribeiro Tura* em *debate acadêmico* promovido pela Uniregistral (ARISP), em 29/08/2024.

[1287] STF, SE 5.206-7, *DJU* 30/04/2004.

[1288] A equiparação da sentença arbitral com a sentença judicial já foi reconhecida pelo STF na SE 5.206 0 AgRg (*Informativo* 71, de 12/05/1997).

Art. 221 | LEI DE REGISTROS PÚBLICOS COMENTADA

Questão interessante está em saber se o Tabelião de Notas pode formalizar uma carta de sentença arbitral. Pela interpretação sistemática da Lei de Arbitragem e do CPC, parece inviável a hipótese diante da inexistência de permissivo legal e por competir ao Judiciário o exame de legalidade da atuação arbitral. No entanto, parece uma importante atribuição a ser deferida aos notários a título de *lege ferenda*, para fins de garantia de maior eficiência no cumprimento das decisões arbitrais.

A propósito, o *Enunciado 9 da I Jornada de Prevenção e Solução Extrajudicial de Litígios do CJF* prescreve que "a sentença arbitral é hábil para inscrição, arquivamento, anotação, averbação ou registro em órgãos de registros públicos, independentemente de manifestação do Poder Judiciário".

Em suma, tem prevalecido o entendimento de que a sentença arbitral possui os mesmos efeitos da sentença judicial como título executivo, e, nessa medida, há uma equiparação eficaz, assumindo as prerrogativas de título hábil para o acesso ao Registro de Imóveis. Assim, segundo o entendimento do Conselho Nacional de Justiça, a expressão "carta de sentença" contida no art. 221, IV, da Lei 6.015/1973 deve ser interpretada no sentido de contemplar tanto a carta de sentença arbitral, como a sentença judicial.[1289]

Ainda importa mencionar que a Lei 14.711/2023 autorizou expressamente por inclusão normativa no rol de atribuições dos Tabeliães de Notas (Lei 8.935/1997, art. 7º-A, III) que esses profissionais do direito atuem como árbitros. O permissivo legal autoriza, portanto, o exercício da arbitragem por notários, no exercício de sua função pública. Essa atuação já é tradição em muitos países da Europa (Portugal, Alemanha e Estônia).[1290]

Por último, com esteio no direito legislado, deve-se assentar que a arbitragem é *método adequado* de solução de conflitos para algumas pretensões; mas não todas. É o que se denomina tecnicamente de *arbitrabilidade objetiva*. No que aqui interessa, destarte, a premissa a ser estabelecida é que nem todas as pretensões sobre os direitos reais sobre imóveis podem ser validamente reconhecidas na jurisdição arbitral. Esse juízo de admissibilidade deve ser feito pelo Oficial de Registro de Imóveis. A seguir são apresentadas algumas hipóteses corriqueiras.

I) *Adjudicação compulsória*: Entende-se que por opção legislativa a pretensão somente poder ser validamente acolhida pelo Judiciário (DL 58/1937, art. 16) ou no âmbito dos serviços notariais e de registros (Lei 6.015/1973, art. 216-B). Não há impedimento, no entanto, para que na solução de determinado conflito pela via arbitral, presentes os seus pressupostos de admissibilidade, haja a atribuição de bem imóvel (*leia-se*: adjudicação) para uma das partes em adimplemento de determinado acordo.

II) *Divisão amigável*: é possível pela via arbitral. Há interessante precedente nesse sentido oriundo do 7º Registro de Imóveis da capital paulista. Nas palavras do então Juiz da 1ª vara de Registros Públicos da São Paulo/SP, *Venício Antonio de Paula Salles*, "os suscitados pretendem o registro da decisão arbitral, lançada como base na Lei 9.307/1996, que produziu como efeitos a extinção de condomínio '*pro indiviso*', viabilizado por divisão amigável, conquanto viável para fracionamento, com a separação física e documental dos bens. Evidentemente, a primeira questão diz respeito ao exame da avaliação da exata eficácia da decisão arbitral, pois para ingressar no âmbito registral, o documento deve ostentar os efeitos próprios de título jurídico, que recebe um rigoroso tratamento jurídico de índole formal pelo art. 108 do Estatuto Civil. No caso, no entanto, desnecessária a elaboração de escritura (pública) de divisão, uma vez que a sentença arbitral se sobrepõe ao ato notarial, já que a decisão é equiparada à sentença judicial'. (...) A decisão arbitral – que não pode ser revista por seu mérito –, após o transcurso dos noventa dias da notificação, conquista definitividade. O 'trânsito em julgado' impede que as partes cientificadas venham a questionar a validade da decisão arbitral (mas não impede que terceiros a questionem, tal qual a decisão judicial propriamente dita). Este é o sentido do art. 31 da lei especial, que exige que 'a decisão arbitral tenha os mesmos efeitos da sentença proferida pelos órgãos do Poder Judiciário'. Há uma equiparação eficacial, e nesta conformidade imperioso é concluir que a carta de sentença arbitral tem o mesmo sentido e efeitos da carta de sentença judicial ou a esta é 'equiparada', e como tal assume prerrogativas de título hábil para o acesso ao registro imobiliário".[1291] Portanto, em que pese a ausência de uma forma mais rigorosa, a carta de sentença

---

[1289] CNJ, Pedido de Providências 0004727-02.2018.2.00.0000, Rel. Cons. Min. Humberto Martins, j. 26/08/2019.

[1290] TURA, Marco Antônio Ribeiro; PINHEIRO, Ygor Ramos Cunha. *Arbitragem na atividade notarial*. São Paulo: Ed. Amazon, 2024. p. 9 (v.e-book).

[1291] 1ª VRPSP, Processo 000.05.032549-3, Juiz Venício Antonio de Paula Salles, j. 06/07/2005.

arbitral tem condições de acessar a tábula registral, resolvendo, por divisão, o 'conflito de interesses' e compondo solução consensual.

III) *Usucapião*: não é possível. Trata-se de jurisdição universal, ou seja, a pretensão deduzida possui legitimidade passiva difusa, indeterminada. É dizer, cuida-se de sujeição passiva universal. Tanto assim que o CPC (art. 259, I) exige a publicação de edital com o fito de que eventuais interessados possam impugnar o pedido do usucapiente. Do mesmo modo, o reconhecimento da usucapião, enquanto aquisição originária da propriedade imóvel, não admite contratação; e, como cediço, somente pode ser arbitrado aquilo que pode ser contratado. Tem-se presente, pois, que é incabível o reconhecimento da aquisição originária da propriedade por usucapião pela via da arbitragem, sendo indispensável que a pretensão declaratória seja deduzida perante o Poder Judiciário ou, facultativamente, perante o Oficial de Registro de Imóveis (Lei 6.015/1973, art. 216-A).

IV) *Inventário e partilha*: embora grasse alguma controvérsia, entende-se correta a interpretação de que o inventário e a partilha propriamente ditos, como forma de regularização da transmissão *causa mortis*, somente podem ser realizados pelo Poder Judiciário (CPC, art. 610, *caput*) ou pelos serviços notariais e de registros (CPC, art. 610, § 1º), conforme autorizado por lei (em sentido formal). Isso não significa dizer que alguns conflitos específicos e determinados entre herdeiros ou interessados, presentes os pressupostos da via arbitral, não possam ser dirimidos por um árbitro.[1292]

9. Dos extratos eletrônicos: nova espécie de título formal?

Na mesma diretriz de facilitar a tramitação dos títulos no Registro de Imóveis, a Lei 14.382/2022 regulamentou, em seu art. 6º, a utilização dos chamados "extratos eletrônicos" para registro ou averbação.

Art. 6º Os oficiais dos registros públicos, quando cabível, receberão dos interessados, por meio do Serp, os extratos eletrônicos para registro ou averbação de fatos, de atos e de negócios jurídicos, nos termos do inciso VIII do *caput* do art. 7º desta Lei.

§ 1º Na hipótese de que trata o *caput* deste artigo:

I – o oficial:

a) qualificará o título pelos elementos, pelas cláusulas e pelas condições constantes do extrato eletrônico; e

b) disponibilizará ao requerente as informações relativas à certificação do registro em formato eletrônico;

II – o requerente poderá, a seu critério, solicitar o arquivamento da íntegra do instrumento contratual que deu origem ao extrato eletrônico relativo a bens móveis;

III – os extratos eletrônicos relativos a bens imóveis deverão, obrigatoriamente, ser acompanhados do arquivamento da íntegra do instrumento contratual, em cópia simples, exceto se apresentados por tabelião de notas, hipótese em que este arquivará o instrumento contratual em pasta própria.

IV – os extratos eletrônicos relativos a bens imóveis produzidos pelas instituições financeiras que atuem com crédito imobiliário autorizadas a celebrar instrumentos particulares com caráter de escritura pública poderão ser apresentados ao registro eletrônico de imóveis e as referidas instituições financeiras arquivarão o instrumento contratual em pasta própria.

§ 2º No caso de extratos eletrônicos para registro ou averbação de atos e negócios jurídicos relativos a bens imóveis, ficará dispensada a atualização prévia da matrícula quanto aos dados objetivos ou subjetivos previstos no art. 176 da Lei nº 6.015, de 31 de dezembro de 1973 (Lei de Registros Públicos), exceto dos dados imprescindíveis para comprovar a subsunção do objeto e das partes aos dados constantes do título apresentado, ressalvado o seguinte:

I – não poderá ser criada nova unidade imobiliária por fusão ou desmembramento sem observância da especialidade; e

II – subordinar-se-á a dispensa de atualização à correspondência dos dados descritivos do imóvel e dos titulares entre o título e a matrícula.

[1292] MAZZEI, Rodrigo Reis. A arbitragem e a resolução dos conflitos sucessórios: Análise sob a ótica dos (supostos) obstáculos. *Portal Migalhas*, Coluna Observatório da arbitragem. Disponível em: https://www.migalhas.com.br/coluna/observatorio-da-arbitragem/373764/a-arbitragem-e-a-resolucao-dos-conflitos-sucessorios. Acesso em: 20 nov. 2024.

§ 3º Será dispensada, no âmbito do registro de imóveis, a apresentação da escritura de pacto antenupcial, desde que os dados de seu registro e o regime de bens sejam indicados no extrato eletrônico de que trata o *caput* deste artigo, com a informação sobre a existência ou não de cláusulas especiais.

§ 4º O instrumento contratual a que se referem os incisos II e III do § 1º deste artigo será apresentado por meio de documento eletrônico ou digitalizado, nos termos do inciso VIII do *caput* do art. 3º desta Lei, acompanhado de declaração, assinada eletronicamente, de que seu conteúdo corresponde ao original firmado pelas partes.

Embora a matéria careça de regulamentação normativa mais detalhada, é possível concluir que não se trata propriamente de novo título formal, além daqueles arrolados no art. 221 da LRP. Criou o legislador, em verdade, uma subcategoria de títulos passíveis de inscrição nos registros públicos. O extrato nada mais é do que um *título formal de segundo grau* ou de *sobreposição*.[1293] Equivale dizer, os títulos tipicamente conhecidos continuam a existir, mas poderão ser apresentados a registro por meio de um formato eletrônico resumido, contendo as informações essenciais exigidas por lei. Seriam, pois, o *instrumento do instrumento*. Gozam, dessa maneira, os extratos eletrônicos de uma "instrumentalidade ao quadrado".[1294] Afinal, se o título formal é o instrumento, o suporte, no qual se formaliza a relação jurídica-base de direito material passível de acesso ao registro; o extrato, na mesma linha, corresponde ao meio (ou seja, o instrumento) pelo qual se veicula, resumidamente, o título formal exigido por lei.[1295]

A regulamentação infralegal torna-se essencial, na exata medida em que a produção do extrato carrega consigo inúmeras responsabilidades (das mais diversas ordens) que deverão ser atribuídas aos seus autores, seja eles quem for (instituições financeiras, particulares em geral, notários, registradores de títulos e documentos etc.).

Demais disso, deve o operador do direito preocupar-se com a simplificação demasiada das coisas. Nem tudo pode ser resumido a poucas linhas. É certo que a sociedade da informação espera maior eficiência dos serviços registrais. Essa eficiência, no entanto, não pode chegar ao ponto de permitir a simplificação excessiva dos títulos sob pena de malferir a própria segurança jurídica que é a *ratio essendi* do sistema de registros públicos. Há de se buscar o meio-termo, um ponto de equilíbrio que ao mesmo tempo garanta a eficiência esperada pelo mercado e não afaste a segurança fundante das instituições registrárias.

Deve-se advertir também que a previsão dos extratos eletrônicos não tem qualquer aptidão para substituir o sistema de transmissão da propriedade imobiliária do *título e modo* (CC, art. 1.227), que continua hígido e indispensável.[1296] Em digressão teórica sobre o tema, *Sérgio Jacomino* sentencia com a propriedade costumeira:

> A indispensabilidade de um título (formal e material, como se verá à frente) para a consumação do direito pela sua conjugação com o modus (*causa efficiens proxima*) parece mesmo incontornável. O título em sentido material (*titulus adquirendi*) é a justa causa de aquisição, indispensável por representar a relação jurídica basal, o negócio causal, fonte obrigacional da aquisição, reclamando, entretanto, o modo (*modus acquisicionis*) para consagração do direito real

---

[1293] Expressão referida pelo registrador imobiliário paulista *Ivan Jacopetti do Lago* em palestra virtual proferida na *Escola Nacional dos Notários e Registros (ENNOR)*, em 21/07/2022.

[1294] Paráfrase adaptada da célebre expressão atribuída ao jurista italiano *Piero Calamandrei* para definir o processo cautelar, afinal, o processo tem, *per se*, caráter instrumental em relação ao direito material, ao passo que o processo cautelar tem por finalidade garantir a eficácia do processo (cf. DINAMARCO, Cândido Rangel. *A nova era do processo civil*. 4. ed. São Paulo: Malheiros, 2013).

[1295] RIBEIRO, Moacyr Petrocelli de Ávila. *Registro de imóveis:* anotações à Lei 14.382/2022. Rio de Janeiro: Forense, 2023. p. 137.

[1296] Embora não desconfigure o sistema registral brasileiro, vislumbra-se que as recentes alterações legislativas têm procurado aproximar o nosso modelo de registro àquele perpetrado pela *United Nations Commission on International Trade Law* (UNCITRAL), trasladando seus princípios para o ambiente brasileiro. O registro recomendado pela UNCITRAL baseia-se no conceito de registro de mera notícia (*notice registration*), sendo realizado mediante a apresentação de um simples aviso que fornece detalhes básicos sobre o direito de garantia a que se refere, afastando a importância da qualificação registral por profissional capacitado e imparcial.

e sua plena eficácia. Já aludimos acima aos fatos, atos e negócios jurídicos inscritíveis (art. 6º). Esta lei se aplica justamente ao registro "de atos e negócios jurídicos, de que trata a Lei 6.015, de 31 de dezembro de 1973" (art. 1º), isto é, de títulos materiais previstos no seu artigo 167 e legislação esparsa, que devem ser devidamente instrumentalizados (título formal – art. 221 da LRP). (...) O extrato pode ser considerado um transunto do título formal, resumo aparelhado com as forças do título, mas não é independente do título, não existe sem o suporte que lhe dá origem e o projeta nas plataformas eletrônicas. Tanto o instrumento público (requisito formal *ad substantiam* – art. 108 do CC e art. 406 do CPC) como o particular (com determinados requisitos formais legalmente obrigatórios – art. 221 do CC e art. inc. II do art. 221 da LRP) são os títulos propriamente ditos. "*Quando cabível*", o extrato será apenas um epifenômeno, produto acidental e acessório do título em sentido formal próprio.[1297]

 Jurisprudência

1. Balizas de aplicação da norma do art. 108 do Código Civil

"A exigência da escritura pública no art. 108 leva em conta o valor total do imóvel ainda que a transação se refira a fração ideal de valor menor. Se o imóvel, considerado em seu todo, for de valor superior a 30 salários mínimos ainda que se trate de alienação de fração ideal será indispensável o instrumento público, nos termos do art. 108 do Código Civil" (TJSP, Ap. Cív. 008251-52.2015.8.26.0302, CSMSP, Rel. Des. Manoel de Queiroz Pereira Calças, j. 25/04/2017).

"A aplicação do art. 108 do Código rege-se pelo valor do imóvel e não o valor pelo preço do negócio. Havendo disparidade entre ambos, é aquele que deve ser levado em conta para considerar a escritura pública como essencial à validade do negócio jurídico. À míngua de avaliação específica, prevalece, para tais fins, o valor venal do imóvel, quando superior ao preço pactuado entre os contratantes" (TJSP, Ap. Cív. 0002869-23.2015.8.26.0482, CSMSP, Rel. Des. Manoel de Queiroz Pereira Calças, j. 10/02/2017).

"A aplicação do art. 108 do Código Civil refere-se ao imóvel. Ainda que o título causal encerre negócio jurídico de disposição de fração ideal do imóvel, o valor-base a ser considerado para fins de exigibilidade da forma pública é o valor do imóvel em sua integralidade. Entendimento diverso seria permitir verdadeira burla ao sistema através de alienações sucessivas de partes ideais do imóvel como modo de se escapar do instrumento público" (CGJSP, Processo 0007514-42.2010.8.26.0070, Des. Maurício Vidigal, j. 28/07/2011).

"Renúncia de direito real de usufruto de imóvel com valor superior a 30 salários mínimos deve ser feita por escritura pública. O usufruto é um direito real – inciso IV do art. 1.225 do Código Civil – e sua renúncia deve ser feita mediante escritura pública, nos termos do art. 108 do Código Civil. Inadmite-se o instrumento particular se o valor do imóvel for superior a 30 salários mínimos" (CGJSP, Processo 1008279-12.2019.8.26.0577, Des. Ricardo Mair Anafe, j. 02/06/2020).

"Dação em pagamento exige a observância do art. 108 do CC. De rigor aplicar o art. 108 do CC para, em se tratando de bens imóveis de valor superior a 30 salários mínimos, ser exigida a forma pública. Ainda que se interprete tratar-se de promessa de dação o título não seria passível registro por falta de previsão no art. 167, I, da LRP" (1ª VRPSP, Processo 1091526-03.2015.8.26.0100, Juíza Tânia Mara Ahualli, j. 28/09/2015).

"*Tempus regit actum*. Valor do imóvel para fins de aplicação do art. 108 do Código Civil. Apresentado instrumento de particular de alienação de parte do imóvel devidamente matriculado no registro imobiliário. Por ocasião da prenotação verificou-se que o valor venal do imóvel era superior a 30 salários, razão pela qual é de rigor a exigência de escritura pública. O fato de se tratar de alienação de parte do imóvel não ilide a exigência na medida que se trata a lei se refere o valor do imóvel. Nulidade por vício de forma que deve ser analisada pelo Oficial na qualificação registral" (CSMSP, Processo 1000267-95.2018.8.6.0204, Des. Geraldo Francisco Pinheiro Franco, j. 16/05/2019).

[1297] JACOMINO, Sérgio. Extratos, títulos e outras notícias: pequenas digressões acerca da reforma da LRP (Lei 14.382/22). Portal Migalhas. Coluna "Migalhas Notariais e Registrais". Disponível em: https://www.migalhas.com.br/coluna/migalhas-notariais-e-registrais/368957/extratos-titulos-e-outras-noticias. Acesso em: 23 out. 2022.

Art. 221 | LEI DE REGISTROS PÚBLICOS COMENTADA

"Distrato Social. Dação em pagamento. Escritura pública. O instrumento de dação em pagamento pelo qual a Companhia Paulista de Administração de Ativos (CPA) deu em pagamento ao crédito da Fazenda do Estado a propriedade de dois imóveis requer escritura pública. O caso trata de dação em pagamento envolvendo o imóvel, o que não se relaciona nem mesmo por analogia à formação do capital social e aos casos de incorporação, fusão ou cisão de empresa, como previsto no artigo 98, § 2º e § 3º, e no artigo 234 da Lei nº 6.404/1976" (TJSP, Ap. Cív. 1036696-87.2015.8.26.0100, CSMSP, Rel. Manoel de Queiroz Pereira Calças, *DJ* 05/05/2016).

2. Escritura pública lavrada por tabelião incompetente. E-notariado

"Escritura pública lavrada por tabelião incompetente. A inobservância da norma do art. 19, § 2º, do Prov. 100/CNJ deve ser considerada na qualificação registral. Sua correta interpretação está em considerar como competente qualquer tabelião do Estado da federação quando a unidade imobiliária estiver situada no mesmo Estado em que situado o comprador do imóvel. A melhor interpretação é a que se o domicílio do comprador for no mesmo Estado de localização do imóvel, o ato eletrônico poderá ser lavrado em qualquer Tabelionato de Notas daquele Estado. Este entendimento vai ao encontro do objetivo do Provimento de se evitar a concorrência predatória entre notários, já que dentro do mesmo Estado, os emolumentos são idênticos, não havendo prejuízo na livre escolha do tabelião dentro da mesma Unidade Federativa" (CGJMT, Expediente 0046347-79.2021.8.11.0000, Des. José Zuquim Nogueira, j. 26/10/2021).

3. Cessão da meação exige escritura pública ou título judicial

"Cessão gratuita de meação pressupõe escritura pública ou decisão judicial expressa. De regra, o ato de disposição patrimonial representado pela cessão gratuita da meação em favor dos herdeiros configura uma verdadeira doação, a qual, nos termos do art. 541 do Código Civil, far-se-á por escritura pública ou instrumento particular, devendo-se observar os limites do art. 108 do Código Civil. Esta regra pode ser afastada por manifestação expressa do juízo sucessório que poderia homologar e atribuir efeitos jurídicos à cessão por termo nos autos. Nesse caso, o registrador poderia afastar as regras gerais aplicáveis para que se pudesse dar efetividade à manifestação judicial, cujo mérito não pode ser discutido na via administrativa" (1ª VRPSP, Processo 1018039- 24.2020.8.26.0100, Juíza Tânia Mara Ahualli, j. 14/05/2020). Este entendimento está alinhado com o entendimento do STJ fixado no REsp 1.196.992, Rel. Min. Nancy Andrighi, j. 06/08/2013.

4. Aditamento de instrumento particular com força de escritura pública

"Aditamento de instrumento particular de alienação fiduciária. Quando o aditamento alterar elementos essenciais da obrigação inicialmente contratada como valor da dívida, forma de pagamento, prazo e juros restará caracterizada verdadeira novação a ensejar a extinção da garantia anterior para o registro constitutivo de nova propriedade fiduciária. A simples declaração no título de que a alteração perpetrada não caracteriza novação da dívida não é suficiente para afastá-la; indispensável, pois, o diálogo entre o fato e o ordenamento jurídico" (1ª VRPSP, Processo 1046567-34.2021.8.26.0100, Juíza Vivian Labruna Catapani, j. 08/06/2021).

5. Carta de arrematação extrajudicial não é título hábil a registro

"Alienação fiduciária. Leilão extrajudicial. Carta de arrematação não é título hábil para ingresso no fólio real após o advento da Lei 13.465/17. Necessidade de escritura pública ou de instrumento particular com efeitos de escritura na forma do artigo 38 da Lei 9.514/97" (1ª VRPSP, Processo 1047827-49.2021.8.26.0100, Luciane Carone Nucci Eugênio Mahuad, j. 28/06/2021).

6. Qualificação registral de instrumento particular. Princípios registrais

"Registro de instrumento particular de cessão de compromisso de venda e compra. Irregularidade formal do instrumento e deficiência na especialidade objetiva. O registro do contrato particular de cessão de compromisso de compra e venda foi negado porque falta a rubrica das partes em todas as páginas e porque as medidas perimetrais e a área total do imóvel descritas no contrato são inferiores às contidas na matrícula. (i) Rubrica não é requisito legal do instrumento particular. Nem o art. 221 da LRP, nem o art. 221 do CC, que tratam dos instrumentos particulares não exigem a necessidade de rubrica de todas as páginas do instrumento. Diante da inexistência de previsão legal específica, o CSMSP já consolidou que a rubrica em todas as páginas do contrato particular não é requisito essencial para o registro (CSMSP – Apelação Cível 0026786-24.2013.8.26.0100, Rel.

Des. Hamilton Elliot Akel, j. 18/03/2014). Divergência da descrição do imóvel. Embora mencione corretamente lote e quadra, as descrições do contrato relatam medidas perimetrais e áreas diversas daquelas que constam na matrícula (medida lateral de 25 metros, quando na matrícula são 30 metros; área total de 250 metros quadrados, quando na matrícula são 300 metros quadrados). Não se cuida, portanto, de mero equívoco perceptível pela eventual discrepância entre área total formada pelas medidas perimetrais descritas no contrato e aquela indicada pelas partes do negócio jurídico. Embora não seja requisito legal, não se ignorou que as rubricas em todas as páginas se destinam a confirmar sua ligação com a página do contrato assinada e que teve as firmas reconhecidas, o que, em tese, permitiria afastar o registro diante de fato indicativo de que o contrato apresentado não corresponde ao seu conteúdo original. No presente caso, porém, não há qualquer elemento que permita afastar a autenticidade do contrato particular apresentado para registro, o que dispensa a exigência de rubrica, também pelo vendedor, da primeira página. O não acolhimento do registro não pode ser suprido na dúvida registral pela alegação de estão preenchidos os requisitos para aquisição do domínio pela usucapião uma vez que o processo de dúvida diz respeito, somente, à possibilidade de registro do título na forma como prenotado" (TJSP, Ap. Cív. 0001775-96.2015.8.26.0140, CSMSP, Rel. Des. Geraldo Francisco Pinheiro Franco, j. 01/11/2019).

7. Títulos oriundos da jurisdição arbitral podem ser objeto de registro no Ofício Predial

"A sentença arbitral, possui os mesmos efeitos da sentença judicial como título executivo, há uma equiparação eficaz, e nesta conformidade, assume prerrogativas de título hábil para o acesso ao registro imobiliário. Portanto, a expressão "carta de sentença" contida no art. 221, IV, da Lei nº 6.015/73, deve ser interpretada no sentido de contemplar tanto a carta de sentença arbitral como sentença judicial. Ante o exposto, julgo procedente o presente procedimento para esclarecer que a expressão 'carta de sentença' contida no art. 221, IV, da Lei nº 6.015/73 deve ser interpretada no sentido de contemplar tanto a carta de sentença arbitral como sentença judicial" (CNJ, Pedido de Providências 0004727-02.2018.2.00.0000, Rel. Cons. Min. Humberto Martins, j. 26/08/2019).

8. Adjudicação compulsória por meio de carta de sentença arbitral

"De início, vale destacar que a carta de sentença arbitral figura como título hábil a registro, notadamente porque a sentença arbitral produz os mesmos efeitos daquela proferida pelo Poder Judiciário (artigo 31 Lei nº 9.307/96, artigo 221, inciso IV, LRP). Mesmo que a carta arbitral equipare-se aos títulos judiciais, não está isenta de qualificação para ingresso no fólio real. Em verdade, o título derivado de sentença proferida por juiz togado também deve atender a requisitos formais próprios de toda carta de sentença para que seja admitido como título hábil ao registro, sujeitando-se à qualificação. (...) Podemos concluir, em suma, que a origem dos títulos, seja arbitral ou judicial, não basta para garantir ingresso automático no fólio real, cabendo ao Oficial qualificá-los conforme os princípios e as regras que regem a atividade registral. (...) As cartas arbitrais, portanto, devem seguir o mesmo regime, com atendimento aos requisitos formais previstos nos artigos 69, § 1º, e 260, § 3º, do CPC, embora sejam expedidas por árbitro ou tribunal arbitral, na forma autorizada pelo artigo 22-C da Lei nº 9.307/96. Ainda que a legislação destaque a relação de cooperação e coordenação entre o juízo arbitral e o juízo estatal (artigo 237, IV, do CPC, e artigo 22-C da Lei de Arbitragem), é possível adiar o cumprimento da carta arbitral via decisão devolutiva motivada, quando ela não estiver revestida dos requisitos legais ou houver dúvida acerca de sua autenticidade (artigo 267, I e III, do CPC). Nesse contexto, considerando que a interpretação conferida pelo CNJ ao artigo 221, IV, da Lei nº 6.015/73, é no sentido de que a carta arbitral é título hábil para inscrição independentemente de manifestação do Poder Judiciário, incumbirá ao Registrador a verificação dos requisitos formais e, havendo dúvida acerca de sua autenticidade, poderá devolvê-la, esclarecendo sua motivação e exigindo providências suficientes para contornar a insegurança detectada" (1ª VRPSP, Processo 1144150-82.2022.8.26.0100, Juíza Luciana Carone Nucci Eugênio Mahuad, j. 03/02/2023).

9. Pretensões que não podem ser admitidas pela via arbitral

"Pedido de cooperação – Pedido formulado por Câmara de Conciliação, Mediação e Arbitragem de Campinas para que se determine o registro de sentença arbitral de usucapião de imóvel – Inexistência de previsão legal para realizar o reconhecimento extrajudicial de usucapião por meio de Sentença Arbitral, com a posterior expedição de Carta de Sentença – Entendimento do Conselho Nacional de Justiça – Nulidade de pleno direito da sentença arbitral declarando o domínio pela usucapião – Recurso desprovido com determinação de remessa de cópias dos autos à Egrégia Corregedoria Geral da Justiça para ciência de registros de procedimentos arbitrais de adjudicação compulsória, usucapião

Art. 221 | LEI DE REGISTROS PÚBLICOS COMENTADA

e inventário. (...) É nula de pleno direito a sentença arbitral proferida declarando o domínio pela usucapião" (TJSP – Apelação Cível 1000201-52.2024.8.26.0642, 4ª Câmara de Direito Privado, Des. Alcides Leopoldo, j. 29/08/2024).

10. Registrador de imóveis pode atuar como árbitro, mas não no exercício da função pública registral

"Função extrajudicial – consulta – exercício de arbitragem por oficial de registro de imóveis – extensão e alcance do *caput* do artigo 25 da Lei n. 8.935, de 18 de novembro de 1994, e do item 3 do capítulo XIV do tomo II das Normas de Serviço – parecer pela possibilidade. (...) A função de árbitro, na forma da dita Lei n. 9.307/1996, não se enquadra em nenhum dos conceitos trazidos pelo dito *caput* do art. 25 da Lei n. 8.935/1994: não se trata, à evidência, de cargo, nem se cuida de emprego, nem é função pública no estrito sentido que essa expressão recebe no direito administrativo; dessa maneira, não havendo incompatibilidade com o horário de funcionamento da serventia, e suposto que não se trate de exercício habitual da função de árbitro não parece haver razão de direito para que se vede ao consulente a possibilidade (...) A própria Lei n. 9.307/1996 salienta que pode praticar a arbitragem 'qualquer pessoa capaz e que tenha a confiança das partes' (*caput* do art. 13) e não elenca notários e oficiais de registro dentre aqueles impedidos de funcionar como árbitro (*caput* do art. 14)" (CGJSP – Processo 16014/2023, Des. Fernando Antonio Torres Garcia, j. 16/10/2023).

11. No exercício da função pública delegada somente Tabeliães de Notas podem exercer a função de árbitros. Registradores Civis não detém essa atribuição.

"Extrajudicial. Pedido de providências. ARPEN-BR. Regulamentação da atividade de arbitragem. Art. 7º-a, III, da Lei n. 8.935/1994, com redação dada pela Lei n. 14.711/2023. Atribuição conferida pelo legislador apenas aos notários, sem prejuízo dos demais profissionais habilitados com base na Lei n. 9.307/1996. Impossibilidade de extensão, pela Corregedoria Nacional de Justiça, de tais atribuições aos registradores civis de pessoas naturais. Pedido julgado improcedente. Arquivamento. (...) ao incluir o inciso III no art. 7º-A da Lei n. 8.935/94, que se localiza na Seção II, do Capítulo II, fica evidente que a intenção do legislador foi atribuir apenas aos notários a competência para exercer a atividade de arbitragem, não estando os registradores autorizados para esse fim. Nesse contexto, quando o legislador utilizou, no art. 7º.-A, a expressão 'sem exclusividade', por óbvio não estava buscando conferir aos registradores a competência para realização de arbitragem, mas dirigindo sua mens legis aos demais profissionais que, com base na Lei n. 9.307/96, também estão habilitados a serem árbitros, desde que cumpridos os requisitos legais. E isso ocorre por uma razão principiológica do instituto da arbitragem, que é ancorada na relação de confiança que as partes depositam naqueles que elegem como árbitros de suas possíveis demandas ou controvérsias contratuais. Nem poderia ser diferente, na medida em que o art. 13 da Lei n. 9.307/96 preceitua que "Pode ser árbitro qualquer pessoa capaz e que tenha a confiança das partes" (CNJ – Pedido de Providências 0003041-62.2024.2.00.0000, Rel. Min. Mauro Campbell Marques, j. 30/10/2024).

12. Partilhas homologadas pelo CEJUSC são títulos formais hábeis ao Registro de Imóveis

"Organização do serviço – CEJUSC – Procedimentos pré-processuais – Partilha de bens no âmbito do direito das sucessões e do direito de família – Possibilidade – Meio consensual de solução de conflitos oferecido pelo Estado, como alternativa à solução adjudicada da sentença – Sistema multiportas de solução de disputas instituído pela Resolução CNJ nº. 125/2010 e encampado pelo Código de Processo Civil de 2015 – Desnecessidade de previsão legal específica a respeito – Princípios da publicidade dos atos processuais e da confidencialidade do procedimento de conciliação e mediação não violados – Apontamento em certidão – Viabilidade que depende da alteração do método de pesquisa – Parecer no sentido do acolhimento do pedido de reconsideração apresentado pelo NU-PEMEC. (...) A ideia é que os indivíduos sejam estimulados e encorajados a buscar soluções para os próprios conflitos e, para tanto, o Estado deve dispor de profissionais capacitados a conduzir as tratativas, além de ambientes devidamente estruturados, de sorte que a intervenção judicial somente se faça necessária ao final, quando da conferência do acordo eventualmente entabulado, que, uma vez homologado, constituirá título executivo judicial passível de execução forçada. Neste contexto, uma das possibilidades oferecidas ao cidadão consiste no chamado "procedimento pré-processual". Sua utilização é muito simples. Basta que o interessado dirija-se a qualquer CEJUSC e exponha a questão objeto de controvérsia, indicando as pessoas envolvidas. Todos os partícipes daquela relação serão, então, convidados para uma sessão de conciliação ou mediação, para que, com o auxílio de profissionais habilitados, procurem soluções para a disputa. Obtido o acordo, seus termos são submetidos à análise do juiz para homologação. A possibilidade de solução de conflitos pela via pré-processual, portanto, constitui um dos meios adequados para a solução de disputas oferecidos pelo Estado na nova sistemática vigente, daí não ser possível a afirmação de que este procedimento seja algo alheio à atuação do Poder Judiciário, ou seja, um terceiro gênero que conviveria ao lado dos sistema judicial e do sistema extrajudicial. Nesta senda, não nos parece adequado concluir pelo descabimento da utilização da via pré-processual para a solução de pleitos relacionados a partilha de bens, sem prévia e específica autorização legislativa neste sentido, isto porque, repita-se, o meio é oferecido pelo Estado, como uma das alternativas possíveis para a solução das controvérsias que lhe são apresentadas" (CGJSP – Processo 112.379/2017, Des. Geraldo Francisco Pinheiro Franco, j. 29/07/2019).

13. Limites da qualificação registral de títulos judiciais

"Usucapião – mandado judicial. qualificação registral – exigências. especialidade objetiva e subjetiva. legalidade. Registro de imóveis – mandado de usucapião. Qualificação do título judicial em seus aspectos extrínsecos. Exigências concernentes à apresentação de documentos constantes do processo judicial e pessoais dos proprietários para fins de especialidade objetiva e subjetiva. Legalidade – recurso não provido. '(...) A apresentação de trabalho técnico, constante dos autos judiciais, pertinente à área usucapida é cabível para fins de especialidade objetiva no sentido da adequada descrição do imóvel. Do mesmo modo, agora no campo da especialidade subjetiva, é pertinente exigir documentos pessoais dos titulares da propriedade para sua qualificação no registro. (...)'" (CSMSP – Apelação Cível 1010678-30.2017.8.26.0077, Rel. Des. Geraldo Francisco Pinheiro Franco, j. 24/01/2019).

"A qualificação negativa de título judicial não caracteriza crime de desobediência. Carta de adjudicação. título judicial – qualificação. estado civil. formal de partilha – prévio registro. continuidade. arrematação – modo derivado de aquisição. Registro de Imóveis – Carta de adjudicação expedida nos autos de Ação de Execução – Título não imune à qualificação registral – Devedor que consta como casado em regime da comunhão universal na matrícula, mas que se divorciou – Necessidade do prévio registro da partilha para que se conheça o destino da meação da ex-cônjuge – Continuidade não observada – Dúvida Procedente – Recurso não provido. '(...) a origem judicial do título não o torna imune à qualificação registral, ainda que limitada aos requisitos formais do título e sua adequação aos princípios registrais, conforme o disposto no item 119, do Cap. XX, das NSCGJ. O Egrégio Conselho Superior da Magistratura tem decidido, inclusive, que a qualificação negativa não caracteriza desobediência ou descumprimento de decisão judicial. (...)'" (CSMSP – Apelação Cível 0003968- 52.2014.8.26.0453, Rel. Des. Manoel de Queiroz Pereira Calças, j. 25/02/2016).

14. Diferenças entre título judicial e ordem judicial

"Mandado de penhora. Continuidade. Título judicial – qualificação registral. Como se sabe, no direito registral diferencia-se ordem judicial de título judicial. O primeiro se caracteriza pela natureza obrigatória, em que ato jurisdicional de juiz demanda a realização de determinado ato, sob pena de descumprimento, independentemente da verificação de requisitos legais pelo Oficial, salvo excepcionalmente quando houver manifesta incompetência em razão da matéria. Já os títulos judiciais, apesar de sua origem judicial, são passíveis de qualificação, porquanto é pacífico o entendimento jurisprudencial de que a ele cabe a análise formal, das peculiaridades extrínsecas do título, para verificação do cumprimento dos princípios registrais. Nesse sentido: 'Apesar de se tratar de título judicial, está ele sujeito à qualificação registrária. O fato de tratar-se o título de mandado judicial não o torna imune à qualificação registrária, sob o estrito ângulo da regularidade formal. O exame da legalidade não promove incursão sobre o mérito da decisão judicial, mas à apreciação das formalidades extrínsecas da ordem e à conexão de seus dados com o registro e a sua formalização instrumental' (Ap. Cível nº 31881-0/1) O mandado de penhora caracteriza-se como título judicial, de modo que a negativa exarada pelo Oficial não representou ilegalidade. Por isso, com base na decisão supracitada, não caberia a este juízo corregedor rever tal negativa, se não em procedimento próprio de dúvida ou pedido de providências que, de todo o modo, levaria a manutenção da negativa devido ao princípio da continuidade. Portanto, visto sob este ângulo, não poderia este juízo cumprir com a determinação do juízo da família para que fosse revista a negativa do Oficial" (1ªVRPSP – Processo 1019039-93.2019.8.26.0100, Juíza Tânia Mara Ahualli, j. 27/03/2019).

"Compra e venda – alienação fiduciária. ITBI – recolhimento – base de cálculo. Título judicial x ordem judicial. Qualificação registral. Dúvida – exigências – concordância parcial – prejudicialidade. (...) Os títulos judiciais não estão isentos de qualificação (positiva ou negativa), para ingresso no fólio real. O Egrégio Conselho Superior da Magistratura já decidiu que a qualificação negativa do título judicial não caracteriza desobediência ou descumprimento de decisão judicial (Apelação Cível n. 413-6/7). Todavia, outro tratamento merece a ordem emanada em processo judicial. Assim, existindo expressa determinação da autoridade judicial sobre questão levada à sua apreciação, não cabe sua reavaliação no juízo administrativo. Logo, cabe ao Registrador, sob pena de responsabilidade, não questionar o conteúdo da ordem emanada, só podendo se recusar a dar cumprimento quando restar caracterizado o caso de absoluta impossibilidade e manifesta ilegalidade" (1ªVRPSP – Processo 1114416-33.2015.8.26.0100, Juíza Tânia Mara Ahualli, j. 17/02/2016).

15. Carta de sentença notarial somente pode ser expedida por Tabelião de Notas

"Carta de sentença notarial. Natureza jurídica de ata notarial. Ausência de competência legal para sua expedição pelo oficial de registro civil das pessoas naturais. (...) Ainda que na Carta de Sentença Notarial haja 'a autenticação de cada cópia extraída dos autos do processo judicial' a atuação notarial não se exaure nisso, por depender da constatação do processo judicial desde a análise de seu conteúdo, enquanto fato, com a lavratura de termos, cuja natureza jurídica é de ata notarial. Os termos de abertura e encerramento da Carta de Sentença Notarial não têm pertinência com a autenticação das cópias das peças processuais e sim com a constatação de circunstâncias presenciadas pelo notário por meio da percepção do conteúdo do conjunto dos autos do processo judicial. A esta altura é possível afirmar que a Carta de Sentença Notarial tem natureza jurídica de ata notarial e de certificação da conformidade das cópias juntadas aos documentos originais. Desse modo, não há competência legal para expedição de Carta de Sentença Notarial pelos Srs. Oficiais de Registro Civil das Pessoas Naturais" (CGJSP – Processo 39.867/2013, Des. Geraldo Francisco Pinheiro Franco, j. 24/07/2019).

> **Art. 222.** Em todas as escrituras e em todos os atos relativos a imóveis, bem como nas cartas de sentença e formais de partilha, o tabelião ou escrivão deve fazer referência à matrícula ou ao registro anterior, seu número e cartório.

Referências Normativas

Lei 7.433/1985.
Lei 10.406/2002 (Código Civil), art. 108.
Lei 13.105/2015 (Código de Processo Civil).

Comentários

1. A regra da continuidade do registro

Em mais uma passagem, a Lei de Registros Públicos demonstra sua devoção ao *princípio da continuidade registrária*. Sem dúvidas, uma das vigas-mestras do sistema registral brasileiro. A ideia fundamental é a de que todos os títulos causais mencionem expressamente a matrícula ou o registro anterior, indicando o seu número e a unidade de serviço extrajudicial respectiva.

Essa referência textual ao registro anterior no título causal permite que o oficial registrador controle o encadeamento das titularidades e até mesmo facilita o controle de disponibilidade do imóvel. Em suma, cuida-se de norma protetiva à sociedade, garantindo-se que nenhuma inscrição predial será realizada sem a concatenação lógica entre o título atual e os anteriores, de forma que exista uma vinculação lógica entre título e o fólio real em relação aos sujeitos de direitos e o imóvel transacionado.

Anote-se, ademais, que a falta de observância da norma será motivo impediente ao registro do título. Cabível, no entanto, retificação para saneamento do óbice. Além disso, poderá sujeitar o responsável pela irregularidade às disposições disciplinares próprias de cada serviço. Recorde-se que os serviços notariais e de registros são fiscalizados pelo Poder Judiciário em atividade de superintendência permanente no âmbito dos Tribunais de Justiça dos Estados (CF, art. 236, § 1º e Lei 8.935/1994).

Mencione-se, ainda, que no caso das escrituras públicas a Lei 7.433/1985, regulamentada pelo Decreto 93.240/1986, estabelece em seu art. 2º, § 1º, que em todos os instrumentos públicos que digam respeito a bens imóveis o tabelião consignará exclusivamente o número do registro ou matrícula no Registro de Imóveis, sua completa localização, logradouro, número, bairro, cidade, Estado e os documentos e certidões constantes do § 2º do art. 1º desta mesma Lei. É que o *caput* do art. 2º flexibiliza o requisito da especialização do imóvel no título notarial, dispensando-se, na escritura pública de imóveis urbanos, sua descrição e caracterização, desde que constem, estes elementos, da certidão do Cartório do Registro de Imóveis.

2. As exceções

Em algumas hipóteses específicas, é possível que o imóvel objeto do título causal apresentado ao Ofício Predial não possua registro anterior, o que, por óbvio, impede que haja referência no instrumento acerca da sua existência.

Ocorre que em determinas situações jurídicas é possível que o imóvel não possua qualquer lastro tabular anterior. Essas circunstâncias fático-jurídicas, no entanto, podem não ser impedimento para a prática de atos registrais que, conforme o caso, serão levados a efeitos após o ato inaugural de descerramento da matrícula imobiliária.

É possível citar como exemplo emblemático as chamadas aquisições originárias da propriedade, como a usucapião (Provimento CNJ 149/2023, arts. 400, IV, e 421), a desapropriação (LRP, art. 176-A, *caput*) e até mesmo a legitimação fundiária no âmbito das regularizações fundiárias (Lei 13.465/2017, arts. 11, VII, e 23, *caput*). Em casos tais, pela própria natureza jurídica de modos de aquisição originária, o direito de propriedade anterior é desimportante para a aquisição do imóvel, razão pela qual é lícito que haja a abertura de matrícula para a área usucapida, desapropriada ou objeto de legitimação fundiária para posterior registro do título causal atribuindo-se o domínio ao titular reconhecido no título causal, seja ele de origem judicial ou extrajudicial.

À evidência, mesmo nessas situações excepcionais, é possível que haja registro anterior para o imóvel objeto do título causal, ainda que em área maior. Nessas condições, é indispensável que haja a referência textual no título ao registro anterior para que o registrador imobiliário possa promover, conforme o caso, as respectivas inscrições (encerramentos, desfalques, averbações, aberturas de matrículas etc.) e promover o controle de disponibilidade dos imóveis de sua circunscrição, evitando-se a duplicidade e sobreposição de registros. Trata-se de cautela de grande relevância como mecanismo de reforço à segurança jurídica.

 Jurisprudência

1. Continuidade objetiva do registro

"Determinado judicialmente o cancelamento de um registro todos os demais que nele se fundam não mais subsistem no fólio real. Não há necessidade de que o magistrado determine expressamente o cancelamento de todas inscrições subsequentes ao registro cuja ordem de cancelamento teve objeto. É dizer, cancelado o registro rompido está o elo da corrente filiatória e os registros que nele se originaram tornam-se viciados, não podendo subsistir. O princípio do trato consecutivo permite concluir que por consequência do cancelamento de um ato precedente, os demais que foram praticados com suporte naquele, não mais subsistem" (1ª VRPSP, Processo 587655/9/00, Juiz Oscar José Bittencourt Couto, j. 23/10/2000).

"Desapropriação. Descrição precária. Título anterior à retificação. Aplica-se a regra do art. 213, § 13 da Lei 6.015/73 à Carta de Adjudicação expedida em ação de desapropriação que descreveu o imóvel da forma precária que constava na transcrição, mas que depois foi objeto de retificação. Não deve ser exigida a retificação da descrição nos autos, admitindo-se o registro mesmo com a descrição anterior" (TJSP, Ap. Cív. 1031037-16.2019.8.26.0114, CSMSP, Relator: Ricardo Mair Anafe, *DJ* 02/07/2020).

Art. 223. Ficam sujeitas à obrigação, a que alude o artigo anterior, as partes que, por instrumento particular, celebrarem atos relativos a imóveis.

Referências Normativas

Lei 7.433/1985.
Lei 10.406/2002 (Código Civil), art. 108.
Lei 13.105/2015 (Código de Processo Civil).

Comentários

O dispositivo em testilha aplica expressamente aos instrumentos particulares o regime jurídico dos títulos notariais e judiciais no que toca à necessidade de observância do princípio do trato consecutivo no Registro de Imóveis, destacadamente a obrigação de ser feita referência expressa em seu teor à matrícula ou ao registro anterior, número e cartório. Não há mesmo qualquer razão para o legislador disciplinar o regramento dos títulos causais de natureza particular de modo diverso dos demais. A unidade do sistema registral imobiliário, repositório final e qualificado de todos esses títulos exige mesmo uma uniformidade de tratamento jurídico, respeitando a continuidade do registro como verdadeira baliza axiológica, geradora de confiança e segurança à sociedade.

A norma contemplada no dispositivo legal direciona-se aos instrumentos particulares que formalizarem negócios jurídicos imobiliários sujeitos ao Registro Predial. Com efeito, na teoria dos negócios jurídicos sabe-se que a forma prescrita e não defesa em lei é requisito de validade do contrato (art. 104, III, do Código Civil).[1298] Caso o requisito formal seja descumprido, tem-se nulidade absoluta do negócio jurídico (art. 166, IV, do Código Civil).

Em geral, vige no direito privado a informalidade, ou seja, "a validade da declaração de vontade não dependerá de forma especial, senão quando a lei expressamente a exigir" (art. 107 do Código Civil). Assim, é possível perceber que a forma é elemento essencial apenas de algumas espécies de contratos, eleitos pela lei devido à necessidade de garantir uma maior segurança jurídica não apenas às partes, mas principalmente a toda a sociedade. Esses negócios jurídicos são classificados como contratos *formais ou solenes*, não podendo as partes utilizar forma diversa do estabelecido, sob pena de nulidade do negócio.[1299]

Tratando-se de negócios jurídicos imobiliários, a Lei Substantiva Civil é mais rigorosa e prescreve em seu art. 108 que, se a lei não dispuser em sentido contrário, "[...] a escritura pública é essencial à validade dos negócios jurídicos que visem à constituição, transferência, modificação ou renúncia de direitos reais sobre imóveis de valor superior a trinta vezes o maior salário mínimo vigente no País".

Como o bem de raiz, de ordinário, ostenta, por sua natureza, mais pujança econômico-financeira, quis o legislador que, de regra, sua contratação se ultimasse por meio de escritura pública lavrada por Tabelião de Notas, quando o imóvel assumir valor maior do que 30 (trinta) salários mínimos. Diz-se, na melhor técnica, que nesses casos, a escritura pública é da essência do ato (forma *ad substantiam*), isto é, a solenidade é a própria essência do negócio.

Ocorre que, ao mesmo tempo em que o legislador pretendeu exigir formalidade mais segura, abriu espaço para que a lei disponha em sentido contrário, isto é, afaste a necessidade da forma pública mesmo em negociações que digam respeito a imóveis de valor superior a 30 (trinta) vezes o salário mínimo. Assim, somente a lei poderá estabelecer hipóteses nas quais o instrumento particular é título basal hábil para gerar a mutação júri-real no fólio predial.

Em verdadeiro desvirtuamento da regra inicialmente talhada, uma avalanche de leis extravagantes houve por bem flexibilizar a exigência de escritura pública para os negócios jurídicos imobiliários, permitindo-se sua formalização por meio dos instrumentos particulares ou, em alguns casos, dos batizados *instrumentos particulares com efeitos de escritura pública*. Dentre outras, as principais hipóteses nas quais o direito legislado autoriza a contratação imobiliária por instrumento particular são:

[1298] *Art. 104 do Código Civil.* A validade do negócio jurídico requer: *I* – agente capaz; *II* – objeto lícito, possível, determinado ou determinável; *III* – forma prescrita ou não defesa em lei.

[1299] *Forma legis omissa, corruit actus*, ou seja, omitida a forma da lei, o ato é nulo.

a) negócios jurídicos imobiliários que se refiram a bens imóveis de valor inferior a 30 salários mínimos (CC, art. 108, *contrario sensu*);
b) compromissos ou promessas de venda e compra de imóvel e suas cessões (CC, art. 1.417; Lei 6.766/1979, art. 26; Decreto-lei 58/1937, art. 11);
c) contratos celebrados no âmbito do Sistema Financeiro da Habitação – SFH (art. 61, § 5º, da Lei 4.380/1964);
d) atos e contratos imobiliários referidos na Lei do Sistema Financeiro Imobiliário ou atrelados à alienação fiduciária em garantia de bens imóveis (Lei 9.514/1997, art. 38);
e) contratos celebrados no âmbito do Programa de Arrendamento Residencial – PAR (art. 8º da Lei 10.188/2001);
f) operações imobiliárias sobre o patrimônio da União (art. 13, VI, do Decreto-lei 147/1967); e
g) contratações no âmbito dos consórcios para aquisição de imóveis (art. 45, parágrafo único, da Lei 11.795/2008).

 Jurisprudência

"Registro de instrumento particular de cessão de compromisso de venda e compra. Irregularidade formal do instrumento e deficiência na especialidade objetiva. O registro do contrato particular de cessão de compromisso de compra e venda foi negado porque falta a rubrica das partes em todas as páginas e porque as medidas perimetrais e a área total do imóvel descritas no contrato são inferiores às contidas na matrícula. (i) Rubrica não é requisito legal do instrumento particular. Nem o art. 221 da LRP, nem o art. 221 do CC, que tratam dos instrumentos particulares não exigem a necessidade de rubrica de todas as páginas do instrumento. Diante da inexistência de previsão legal específica, o CSMSP já consolidou que a rubrica em todas as páginas do contrato particular não é requisito essencial para o registro (CSMSP – Apelação Cível 0026786-24.2013.8.26.0100, Rel. Des. Hamilton Elliot Akel, j. 18/03/2014). Divergência da descrição do imóvel. Embora mencione corretamente lote e quadra, as descrições do contrato relatam medidas perimetrais e áreas diversas daquelas que constam na matrícula (medida lateral de 25 metros, quando na matrícula são 30 metros; área total de 250 metros quadrados, quando na matrícula são 300 metros quadrados). Não se cuida, portanto, de mero equívoco perceptível pela eventual discrepância entre área total formada pelas medidas perimetrais descritas no contrato e aquela indicada pelas partes do negócio jurídico. Embora não seja requisito legal, não se ignorou que as rubricas em todas as páginas se destinam a confirmar sua ligação com a página do contrato assinada e que teve as firmas reconhecidas, o que, em tese, permitiria afastar o registro diante de fato indicativo de que o contrato apresentado não corresponde ao seu conteúdo original. No presente caso, porém, não há qualquer elemento que permita afastar a autenticidade do contrato particular apresentado para registro, o que dispensa a exigência de rubrica, também pelo vendedor, da primeira página. O não acolhimento do registro não pode ser suprido na dúvida registral pela alegação de estão preenchidos os requisitos para aquisição do domínio pela usucapião uma vez que o processo de dúvida diz respeito, somente, à possibilidade de registro do título na forma como prenotado" (TJSP, Ap. Cív. 0001775-96.2015.8.26.0140, CSMSP, Rel. Des. Geraldo Francisco Pinheiro Franco, j. 01/11/2019).

Art. 224. Nas escrituras, lavradas em decorrência de autorização judicial, serão mencionadas, por certidão, em breve relatório, com todas as minúcias que permitam identificá-los, os respectivos alvarás.

 Referências Normativas

Lei 7.433/1985.
Lei 10.406/2002 (Código Civil), art. 108.
Lei 13.105/2015 (Código de Processo Civil).

Comentários

O dispositivo em testilha exige que haja menção circunstanciada à autorização judicial nas escrituras lavradas em decorrência de autorização judicial. Andou bem o legislador ao exigir tal providência como forma de garantir ao caso concreto mais segurança jurídica. Ocorre que, ordinariamente, as situações jurídicas nas quais a lei exige alvará judicial para alienação imobiliária denotam situações especiais, muito próprias, seja em razão de interesses de menores, incapazes, ou quaisquer outras situações objetivamente prescritas pela norma (*v.g.*, massa falida, espólio etc.).

Dessa forma, ao exigir que as escrituras constem expressamente o teor e a indicação do *placet* judicial há notório destaque capitular no título causal a permitir controle de legalidade mais eficiente da transação por parte do Ofício Predial. Equivale dizer, a norma denota evidente *enforcement* à segurança jurídica projetada pelo direito legislado, ao garantir uma fiscalização mais eficiente nos processos de transmissões imobiliárias, que, como se sabe, no Brasil submete-se, em regra, ao sistema do *título* e *modo*. Assim, como o título que veicula o negócio jurídico basal não é suficiente para transmitir a propriedade imóvel, a sua submissão ao registro imobiliário desembocará no dever de o oficial registrador qualificar, examinar detalhadamente, o referido instrumento observando-se a formalidade prescrita. Isto é, a ausência de menção ao alvará ou autorização judicial de alienação do imóvel impedirá o registro do título até que a providência exigida abstratamente pela lei seja fielmente cumprida.

Dentre os elementos a serem observados na descrição, é fundamental a observância do critério temporal muitas vezes presente nessas espécies de autorizações judiciais. É comum que o magistrado que deferiu a lavratura do instrumento fixe prazos para que as ordens sejam cumpridas. Ordinariamente, esses prazos são fixados para a manifestação de vontade, ou seja, restringem-se à confecção do título causal e não propriamente ao registro desse título. De todo modo, é prudente e relevante observar o teor da autorização judicial para averiguar se não há diretriz diversa fixada pelo juiz do caso, ou seja, determinação de que o registro seja realizado também dentro de prazo delimitado na decisão autorizativa.

Há ainda uma "regra de ouro" a ser observada: o fato de ter havido autorização judicial para lavratura de escritura de alienação do imóvel não dispensa a observância dos demais requisitos preconizados em lei para a transmissão imobiliária. Quer dizer, será necessária, conforme o caso, a observância de recolhimentos tributários, apresentações de certidões negativas, certidão de matrícula do imóvel objeto da transação, entre outras providências e formalidades variantes conforme a natureza do ato a ser praticado. Evidentemente, a ordem judicial poderá flexibilizar uma ou outra formalidade conforme o juiz decidir expressamente.

De mais a mais, embora o dispositivo refira-se textualmente às *escrituras,* parece, à primeira vista, que o comando instrumental da norma foi direcionado apenas ao tabelião de notas. Não se pode perder de vistas, no entanto, que uma interpretação holística da Lei de Registros Públicos determina sua aplicação, *a fortiori*, aos instrumentos particulares. Ora, se os instrumentos públicos são elaborados por capacitados profissionais do direito imparciais (os notários), com mais razão os escritos particulares, quando cabível, devem ater-se aos critérios de segurança jurídica estabelecidos pela legislação, mormente por, no mais das vezes, serem formalizados por qualquer das partes, sem o correto assessoramento jurídico inerente à natureza complexa do ato. Em suma, cumpre ao oficial registrador fazer a mesma qualificação, com grau de cautela e profundidade semelhante, no que respeita essa situação jurídica tanto nos instrumentos públicos, como nos escritos particulares.

Por último, recorde-se, dentre outras, as principais hipóteses de exigência de alvará aferidas no cotidiano das notas e registros públicos:

a) alienação e aquisição de imóveis por menores (CC, art. 1.691);[1300]

[1300] *Art. 1.691 do Código Civil.* Não podem os pais alienar, ou gravar de ônus real os imóveis dos filhos, nem contrair, em nome deles, obrigações que ultrapassem os limites da simples administração, salvo por necessidade ou evidente interesse da prole, mediante prévia autorização do juiz. Parágrafo único. Podem pleitear a declaração de nulidade dos atos previstos neste artigo: I – os filhos; II – os herdeiros; III – o representante legal.

b) alienação e aquisição de imóveis por interditos (CC, art. 1.748, IV);[1301]
c) quando houver colidência de interesses do menor e de seus pais, deve haver a nomeação de curador especial para assinar escritura pública mediante alvará judicial (CC, art.1.692).[1302]
d) alienação de bem de família convencional (CC, art. 1.717);
e) alienação ou aquisição de bens pelo espólio (CPC, art. 619, I);
f) cessão de direitos hereditários correspondente a bem específico da herança (CC, art. 1.793, § 3º);
g) alienação de imóvel por empresa em recuperação judicial ou extrajudicial (Lei 11.101/2005, arts. 66 e 166)[1303] ou pela massa falida (Lei 11.101/2005, arts. 103 e 140, § 4º).
h) alienação de imóvel por fundações, afinal, somente podem alienar imóveis com autorização judicial e participação do Ministério Público; e
i) sub-rogação de gravames, no caso de imóveis clausulados (CC, art. 1.848, § 2º).

Jurisprudência

1. Alvará judicial e qualificação registral

"Sociedade anônima – falecimento sócio – espólio – inventariante – alvará judicial – poderes expressos e específicos. Cisão parcial. No caso de alienação, cessão, transferência, transformação, incorporação, fusão e cisão parcial ou total, e extinção, bem como nas demais hipóteses em que há responsabilidade do espólio é indispensável a apresentação do respectivo alvará judicial específico para a prática do ato. São atos que extrapolam o poder de mera administração por parte do inventariante" (1ª VRPSP, Pedido de Providências: 1072589-66.2020.8.26.0100 – j. 28/09/2020).

"Indisponibilidade de bens de herdeiro inventariante não impede registro de alienação feita pelo espólio. Autorizada por alvará judicial a venda de imóvel pelo espólio, os herdeiros participaram do ato notarial manifestando sua ciência em relação a alienação. Além disso, o herdeiro sobre o qual pendia a indisponibilidade atuou no negócio como inventariante e nos limites dessa função, de representação do espólio, sua indisponibilidade patrimonial não interfere na disponibilidade de bens do espólio, que contou inclusive com determinação judicial autorizativa. O fato de o pagamento da venda ter sido recebido diretamente na conta do inventariante não impede esta conclusão" (1ª VRPSP, Processo 1031025-10.2020.8.26.0100, Juíza Tânia Mara Ahualli, j. 19/05/2020).

"Doação. Imóvel gravado com usufruto. Menor incapaz. Doação pura, sem encargo. Ausência de representação da menor por seus pais. Donatário absolutamente incapaz dispensa-se a aceitação, desde que se trate de doação pura. Artigo 543 do CC. Desnecessária apresentação de alvará judicial. Viabilidade do registro" (1ª VRPSP, Processo 1096909-59.2015.8.26.0100, Dra. Tania Mara Ahualli, j. 25/11/2015).

"Aquisição de bem por menores incapazes exige alvará judicial. Se no título causal nada é mencionado a respeito da origem do numerário utilizado no pagamento do bem imóvel presume-se tratar-se de recursos próprios do menor, razão pela qual de rigor exigência de alvará judicial, eis que a aquisição de bens imóveis ultrapassa os limites da mera administração que os pais possuem sobre os bens dos filhos (CC, art. 1.691)" (TJSP, Ap. Cív. 0014662-19.2014.8.26.0344, CSMSP, Rel. Des. Manoel de Queiroz Pereira Calças, j. 08/04/2016).

[1301] Embora não exista regra expressa para a aquisição de bens imóveis em nome do interdito, pois o Código Civil só define as regras para a alienação dos bens. Os arts. 1.747, III, 1.748, III, e a parte final do § 1º do art. 1.753 determinam que a aquisição de bens imóveis em nome do interdito (usando, para tanto, o dinheiro ou outro patrimônio móvel ou imóvel seu como pagamento) dependerá de "prévia autorização judicial", constando no requerimento do curador os motivos que justificam a compra.

[1302] Isso ocorre quando os pais comparecem vendendo imóvel para o filho menor ou quando o menor adquire bem e institui usufruto a favor dos pais; quando os ascendentes vendem imóveis a descendente menor.

[1303] Na venda de bens do ativo permanente do devedor, após a distribuição do pedido de recuperação judicial ou extrajudicial (arts. 66 e 166 da Lei 11.101/2005).

2. Dispensa de alvará

"Aquisição de bem imóvel por filhos menores sem alvará judicial e representação por apenas um dos pais. Maioridade de todos os compradores que pleiteiam o registro da aquisição perante o RI. Caso peculiar no qual fora celebrada escritura pública de venda e compra em favor dos filhos menores de idade, sendo que no título apenas um dos genitores os representou. Além disso, apesar de ser caso de exigência de alvará judicial isso não ocorreu à época de formação do título. A escritura é apresentada a registro, por requerimento formal de todos os compradores, que nessa ocasião já são maiores e capazes, e confirmam que o negócio os beneficiou. Se os únicos beneficiados com a proteção legal já atingiram a plena capacidade civil e referendam o negócio jurídico de iniciativa de sua genitora, afirmando tê-los beneficiado e, inclusive, incrementado seu patrimônio, fica superada a necessidade de apresentação de alvará judicial. Tanto é assim que, se porventura postulassem, atualmente, autorização judicial visando regularização do negócio jurídico, seria reconhecida a ausência de interesse processual, uma vez que a capacidade civil já alcançada por todos dispensa em absoluto essa autorização" (TJSP, Ap. Cív. 1007772-35.2016.8.26.0099, CSMSP, Des. Manoel de Queiroz Pereira Calças, j. 19/09/2017).

"Aquisição de imóvel com sub-rogação de bem particular. Caso excepcional em que o bem anterior derivou de aquisição com cláusula de incomunicabilidade. Necessidade de prova documental. Por regra, não há impedimento para que a escritura seja registrada sem qualquer manifestação judicial prévia, já que, após seu registro, seria averbada a informação de que o bem não se comunicou com o patrimônio comum do casal por sub-rogação de valores. Todavia, no caso concreto, a retificação da escritura ou alvará/mandado judicial se faz necessário para o registro em razão de peculiaridade existente no título. Ao contrário da situação existente no regime de comunhão parcial, onde a incomunicabilidade se dá com a sub-rogação de qualquer bem particular (art. 1.659, II, do Código Civil), na comunhão universal a regra é que os bens particulares entrem no patrimônio comum, excluindo-se tão somente aqueles sub-rogados de valores adquiridos com a alienação de bens anteriores gravados com a cláusula de incomunicabilidade (art. 1.668, I). Por esta razão, entendo que não basta, na escritura, constar declaração da parte de que adquiriu o bem em sub-rogação de valores nestas circunstâncias, devendo demonstrar documentalmente tal fato, para só então o Tabelião inserir tal informação na escritura, permitindo ao Registro de Imóveis a averbação de que não houve comunicação do bem. Veja-se que a anuência do marido não altera tal cenário, pois a comunhão universal é regime *ex lege*, que não pode ser alterado pela vontade das partes. Assim, a mera manifestação do marido de que o bem não integra seu patrimônio não é capaz de elidir a presunção de comunicabilidade, em especial porque a cláusula de incomunicabilidade (e os valores advindos de sua alienação) envolvem também o interesse do terceiro instituidor da restrição. Portanto, para o ingresso do título, cabe a parte demonstrar tal sub-rogação de valores, não para que seja inserida cláusula de incomunicabilidade, mas para que seja averbado que o bem não entrou na comunhão de bens, o que poderá ser feito com a retificação da escritura, declarando o tabelião de que a parte comprovou a sub-rogação de valores, ou manifestação judicial neste sentido" (1ª VRPSP, Processo 1018169-14.2020.8.26.0100, Juíza Tânia Mara Ahualli, j. 11/05/2020).

Art. 225. Os tabeliães, escrivães e juízes farão com que, nas escrituras e nos autos judiciais, as partes indiquem, com precisão, os característicos, as confrontações e as localizações dos imóveis, mencionando os nomes dos confrontantes e, ainda, quando se tratar só de terreno, se esse fica do lado par ou do lado ímpar do logradouro, em que quadra e a que distância métrica da edificação ou da esquina mais próxima, exigindo dos interessados certidão do registro imobiliário.

§ 1º As mesmas minúcias, com relação à caracterização do imóvel, devem constar dos instrumentos particulares apresentados em cartório para registro.

§ 2º Consideram-se irregulares, para efeito de matrícula, os títulos nos quais a caracterização do imóvel não coincida com a que consta do registro anterior.

§ 3º Nos autos judiciais que versem sobre imóveis rurais, a localização, os limites e as confrontações serão obtidos a partir de memorial descritivo assinado por profissional habilitado e com a devida Anotação de Responsabilidade Técnica – ART, contendo as coordenadas dos vértices definidores dos limites dos imóveis rurais, georreferenciadas ao Sistema Geodésico Brasileiro e com precisão posicional a ser fixada pelo INCRA, garantida a isenção de custos financeiros aos proprietários de imóveis rurais cuja somatória da área não exceda a quatro módulos fiscais. *(Incluído pela Lei nº 10.267, de 2001)*

 Referências Normativas

Lei 6.015/1973, art. 176.
Lei 7.433/1985.
Lei 10.406/2002 (Código Civil), art. 108.
Lei 13.105/2015 (Código de Processo Civil).

 Comentários

1. Princípio da especialidade

Princípio registral dos mais relevantes é o da especialidade. Consiste na individualização dos imóveis ou pessoas que figuram no sistema registral. *"Especialidade"* refere-se à qualidade atribuída a algo ou à sua particularidade. No sistema registral, assim, significa individualizar a pessoa ou o imóvel, de modo a torná-los singularmente inconfundíveis.

É curial perceber que especialização difere de determinação. Especializar traduz-se em distinguir, singularizar. Em oportuna passagem, o desembargador *Ricardo Dip* revela com precisão que isso vai além de meramente determinar, pois é possível determinar algo sem especializá-lo, como quando se menciona a denominação de uma fazenda, sem, no entanto, descrevê-la, concluindo que "determinar é identificar; já especializar é individualizar de maneira característica, visando a distinguir, demarcar, estremar o ente individual".[1304]

O princípio da especialidade no Registro de Imóveis recai sobre três elementos fundamentais da relação jurídico-registral: o imóvel (especialidade objetiva); as pessoas (especialidade subjetiva) e o fato inscritível ou *vinculum iuris* (especialidade do fato jurídico).[1305] Assume, pois, caráter notadamente *tridimensional*.

Com efeito, o dispositivo em comento debruça-se sobre o prisma objetivo da especialidade, traçando os requisitos indispensáveis do *título causal* – seja ele de origem notarial, particular ou judicial – para seu acesso ao fólio real. Desse modo, na formação de um título que irá ingressar no Registro de Imóveis os operadores de direito em geral – notários, juízes, serventuários, advogados, mediadores, conciliadores, árbitros etc. – devem zelar para que haja a indicação precisa dos característicos, das confrontações e as localizações dos imóveis, mencionando os nomes dos confrontantes.

Para *Afrânio de Carvalho*, o requisito registral da especialização do imóvel, significa a sua descrição como corpo certo, a sua representação escrita como individualidade autônoma, com o seu modo de ser físico, que o torna inconfundível e, portanto, heterogêneo em relação a qualquer outro. O corpo certo imobiliário ocupa um lugar determinado no espaço, que é o abrangido por seu contorno, dentro do qual se pode encontrar maior ou menor área, contanto que não sejam ultrapassadas as raias definidoras da entidade territorial.[1306] De modo mais direto, o princípio registrário da especialidade obriga à identificação precisa do imóvel objeto do contrato.

[1304] DIP, Ricardo. *Registro de imóveis:* princípios. t. II. Descalvado: Primus, 2018. p. 9-10.
[1305] "Tem-se, pois, em síntese, que a inscrição deva especializar o imóvel, os sujeitos que a ele se relacionem e o fato inscritível, com todo o seu conteúdo (e a menção de seu continente), desde que se trate de elementos dotados de eficácia jurídico-real ou com relevo para a individualização do título causal e do direito correspondente" (DIP, Ricardo Henry Marques. *Registro de imóveis:* princípios. t. II. Descalvado: Primus, 2018. p. 13-14. No mesmo sentido: MONTES, Angel Cristóbal. *Direito imobiliário registral*. Tradução: Francisco Tost. Porto Alegre: Sergio Antonio Fabris. p. 288-293.
[1306] CARVALHO, Afrânio. *Registro de imóveis*. 4. ed. Rio de Janeiro: Forense, 1997. p. 247.

Art. 225 | LEI DE REGISTROS PÚBLICOS COMENTADA

A especialidade objetiva, conforme ensina a doutrina, desenvolveu-se a partir de uma reação às hipotecas gerais, comuns no direito intermédio.[1307] Trata-se, na visão de *Miguel Maria de Serpa Lopes*, de um dos mais importantes requisitos da transcrição, porque está destinado a representar e desempenhar papel de grande relevo, no sentido de dar ao registro imobiliário uma das peças necessárias ao fim a que se destina, que é a certeza do domínio, razão pela qual preconiza uma postura mais enérgica na fiscalização de sua observância.[1308] Não se nega, porém, que ganhou maior projeção com a Lei 6.015/1973, que adotou o sistema de fólio real, em contraposição ao sistema de fólio pessoal, até então utilizado pelo Regulamento de 1939 (Decreto 4.857/1939).

Vale uma vez mais frisar que a regra da especialidade objetiva aplica-se a todos os títulos que ingressam no Registro de Imóveis, sem exceção. Diante disso, deve-se ter cautela destacada com os instrumentos particulares que, de regra, são confeccionados no âmbito da iniciativa privada das partes, sem a participação de terceiro imparcial e habilitado para tanto, como é o caso do notário no âmbito dos instrumentos públicos. Assim, a qualificação registral dos instrumentos particulares deve ser ainda mais rigorosa no sentido de se verificar com atenção se os interessados respeitaram todos os ditames legais inerentes à espécie daquele ato, fato ou negócio jurídico passível de registro. Não é demais lembrar que mesmo aqueles títulos nos quais a lei confere a faculdade de serem instrumentalizados pela forma particular, podem ser objeto de escrituração pública no Tabelião de Notas. Aliás, não raro, em casos tais as Leis estaduais que regulam os emolumentos das serventias extrajudiciais costumam conceder acentuadas reduções emolumentares.[1309] A atuação notarial é profilática, previne futuros litígios, garantindo-se, pois, segurança jurídica *ex ante*. Como assessor jurídico imparcial, o Tabelião preza pela observância fiel das disposições normativas, o que contribui para o sucesso do processo de registro na serventia predial.

Digno de nota que se o imóvel contemplar apenas a descrição do terreno – ou seja, inexistindo menção às construções, edificações, plantações, benfeitorias, enfim, as acessões em geral –, é indispensável que se identifique se o imóvel fica do lado par ou do lado ímpar do logradouro público, em que quadra e a que distância métrica da edificação ou da esquina mais próxima. Caso não haja no registro anterior menção a essa circunstância, referida situação jurídica poderá ser sanada com certidão da municipalidade.

A própria norma indica a melhor forma de se cumprir a especialidade objetiva quando da formação dos títulos causais que ingressarão no álbum imobiliário: a apresentação da certidão do registro imobiliário contemplando a descrição integral do imóvel. Após o advento da Lei 14.382/2022, recomenda-se que os juristas façam uso da *certidão da situação jurídica atualizada do imóvel* contemplada no art. 19, § 9º, da LRP. É que referida modalidade de certidão "compreende as informações vigentes de sua descrição, número de contribuinte, proprietário, direitos, ônus e restrições, judiciais e administrativas, incidentes sobre o imóvel e o respectivo titular, além das demais informações necessárias à comprovação da propriedade e à transmissão e à constituição de outros direitos reais".

2. Georreferenciamento de imóveis rurais versados em ações judiciais

O § 3º do art. 225 veicula regra específica para imóveis rurais objeto de ações judiciais, exigindo para esses casos que a descrição do imóvel a ser apresentado nos autos esteja georreferenciada. Em síntese, *georreferenciamento* nada mais é do que uma técnica de precisão para situar o imóvel rural no globo terrestre, definindo a sua forma, dimensão e localização, por meio de métodos de levantamento topográfico, descrevendo os limites, características e confrontações, mediante memorial descritivo que deve conter as coordenadas dos vértices definidores dos limites dos imóveis rurais, georreferenciadas ao Sistema Geodésico Brasileiro. Embora de regra, deva-se observar o prazo de carência estabelecido no art. 10 do Decreto 4.449/2002 para a exigência do georreferenciamento, re-

---

[1307] MONTES, Angel Cristóbal. *Direito imobiliário registral*. Tradução: Francisco Tost. Porto Alegre: Sergio Antonio Fabris, p. 288.

[1308] SERPA LOPES, Miguel Maria de. *Tratado dos registros públicos*. v. 4. 3. ed. Rio de Janeiro: Freitas Bastos, 1957. p. 429.

[1309] No Estado de São Paulo, A *nota explicativa 1.6 da Tabela de Emolumentos do Tabelionato de Notas* anexa à Lei Estadual paulista 11.331/2002, possui a seguinte redação: "As transações, cuja instrumentalização admitem forma particular, terão o valor previsto no item 1 da tabela reduzido em 40% (quarenta por cento), devendo sempre ser respeitado o mínimo ali previsto, combinado com o artigo 7º desta lei".

ferido lapso temporal não tem aplicação para imóveis rurais objeto de ações judiciais ajuizadas após 01/11/2005. Nos termos do inciso I do art. 2º do Decreto 5.570, de 31/10/2005,[1310] as ações judiciais ajuizadas posteriormente à publicação do referido decreto (01/11/2005) deverão ostentar de imediato a descrição georreferenciada dos imóveis rurais, com certificação expedida pelo INCRA de que não há sobreposição com outro imóvel de seu cadastro.

Deve-se ressaltar que o dispositivo em apreço não faz qualquer distinção a respeito da natureza da ação a ser considerada como indispensável de apresentação do georreferenciamento. Desse modo, vislumbra-se a existência de duas correntes sobre o tema. A primeira orientação sustenta que a norma não fez distinção, então não compete ao intérprete fazê-lo, isto é, qualquer que seja a natureza da pretensão deduzida em juízo, havendo imóveis rurais, seria imprescindível apresentar a descrição georreferenciada (*v.g.*, ação de inventário). De outro lado, há quem sustente que a lógica normativa apenas se aplica às pretensões que digam respeito diretamente ao imóvel como ações de usucapião, retificação, divisão, demarcatória etc.

Nessa diretriz, é de rigor agasalhar a posição temperada de *Eduardo Agostinho A. Augusto*, dada sua notável *expertise* no tema:

> Pela lógica, somente podem ser aquelas em que a configuração do imóvel rural é o cerne da discussão e não as ações em que o imóvel rústico aparece de forma incidental ou acessória, sob pena de inviabilizar o acesso à Justiça, que é uma garantia constitucional. Assim, não se enquadram nesses dispositivos: a) inventário ou arrolamento mortis causa o objeto é a sucessão patrimonial (o imóvel rural, se existente, é acessório); b) arrematação de imóvel rural em hasta pública: o objeto é a satisfação financeira do credor (o imóvel é um bem utilizado para arrecadar o dinheiro); c) partilha em divórcio: o objeto é a extinção da comunhão (o imóvel rural, se existente, é acessório); d) adjudicação compulsória: o objeto é a obtenção de uma sentença que substitua a ação inadimplente do "vendedor" (o imóvel rural é acidental). Por outro lado, algumas ações judiciais têm a configuração do imóvel rural o centro das atenções. São os casos em que a delimitação espacial do imóvel (apresentação de planta e memorial descritivo) é de suma importância para a solução do caso. Eis os exemplos: a) usucapião; b) desapropriação; c) demarcatória; d) divisão judicial (extinção de condomínio); e) outras (existem mais? pura raridade).[1311]

Seja como for, deve-se assentar com tranquilidade que o não enquadramento de uma situação específica na norma do art. 225, § 3º, da LRP não se confunde com a dispensa da obrigação de georreferenciar. Se o imóvel não mais possui dimensão beneficiada pelo prazo de carência, o georreferenciamento é condição necessária para qualquer uma das providências constantes do art. 176, §§ 3º e 4º (desmembramento, parcelamento, remembramento e transferência). À guisa de exemplo, na hipótese de um inventário judicial, ação esta que não se enquadra na norma do art. 225, § 3º. Não haverá necessidade de o imóvel rural estar georreferenciado, apenas se este possuir dimensão beneficiada pelo prazo carencial; no entanto, se houver expirado o prazo de carência, o registro da transmissão *causa mortis* estará condicionado ao prévio georreferenciamento do imóvel, *ex vi* do art. 176, § 4º, da LRP.[1312]

3. Princípio da continuidade

Outro princípio fundamental do sistema registral brasileiro é o da continuidade ou *trato sucessivo*. Consiste na indispensabilidade de zelar pelo encadeamento lógico e consecutivo das transmissões imobiliárias. Referido princípio registral também pode ser analisado sob a ótica do imóvel ou das partes envolvidas nas transações imobiliárias.

Sob o prisma subjetivo, somente é possível registrar a alienação do imóvel se o outorgante figurar no fólio real como titular do bem. A Lei 6.015/1973 é muito clara ao agasalhar o *trato consecutivo* em seu art. 195, dispondo que "se o imóvel não estiver matriculado ou registrado em nome do ou-

---

[1310] O referido decreto foi publicado no *Diário Oficial da União* (*DOU*) em 01/11/2005.

[1311] AUGUSTO, Eduardo Agostinho Arruda. *Registro de imóveis, retificação de registro e georreferenciamento*: fundamento e prática. São Paulo: Saraiva, 2013. p. 324-325.

[1312] Remete-se o leitor interessado para a abordagem completa do tema do georreferenciamento nos comentários ao art. 176 desta obra.

Art. 225 | LEI DE REGISTROS PÚBLICOS COMENTADA

torgante, o oficial exigirá a prévia matrícula e o registro do título anterior, qualquer que seja a sua natureza, para manter a continuidade do registro".[1313]

De outro vértice, no que toca ao viés objetivo, é indispensável que o título causal apresentado ao registro contemple a mesma descrição que o imóvel possui no registro anterior. É nessa medida que o art. 225, § 2º, da LRP considera irregular, para efeito de matrícula, o título no qual a caracterização do imóvel não coincida com a que consta do registro anterior.

Sobre o tema versado, leciona o registrador paulista *Francisco José de Almeida Prado* que "não é despropositado vislumbrar alguma relação entre os princípios da especialidade e da continuidade, haja vista traduzir a continuidade um conceito de relação, pressupondo uma coisa, precisamente descrita, sobre a qual se versa".[1314]

Por esse princípio, cada assento registral deve apoiar-se no anterior, formando um encadeamento histórico ininterrupto das titularidades jurídicas de cada imóvel, numa concatenação causal sucessiva na transmissão dos direitos imobiliários. Tal delimitação do princípio registral do trato sucessivo permite aferir com mais compreensão a célebre passagem de *Afrânio de Carvalho*:

> O princípio da continuidade, que se apoia no de especialidade, quer dizer que, em relação a cada imóvel, adequadamente individuado, deve existir uma cadeia de titularidade à vista da qual se fará a inscrição de um direito que se o outorgante dele aparecer no registro como seu titular. Assim, as sucessivas transmissões, que derivam umas das outras, asseguram sempre a preexistência do imóvel no patrimônio do transferente. (...) Ao exigir que cada inscrição encontre sua procedência em outra anterior, que assegure a legitimidade da transmissão ou da oneração do direito, acaba por transformá-la no *elo de uma corrente ininterrupta* de assentos, cada um dos quais se liga ao seu antecedente, como o seu subsequente a ele se ligará posteriormente. Graças a isso o Registro de Imóveis inspira a confiança ao público.[1315]

Arremate-se com a conclusão de que a dicção legal projeta que o título causal que não respeita a continuidade do registro autoriza que o registrador predial promova a qualificação negativa e materialize a competente *nota de devolução* (*ou de exigências*) para que ocorra o saneamento do vício. Ordinariamente, o saneamento ocorre pela formalização de novo título – quase sempre da mesma natureza –[1316] com escopo aditivo e/ou retificativo. Uma vez saneado o óbice, admitir-se-á seu acesso ao fólio real. De outra sorte, caso haja o registro de título causal que não observe o princípio da continuidade registrária, será de rigor a declaração da nulidade de pleno direito da inscrição predial, nos moldes do art. 214 da LRP, independentemente de ação direta.

Sobre o tema enfocado, eis a eloquente lição de *Narciso Orlandi Neto*:

> O título causal é necessariamente mencionado no registro daí a possibilidade de seu exame visual, sem necessidade de investigação do instrumento. A nulidade que permite o cancelamento do registro por nulidade de pleno direito não deve ter por suposto o exame do título instrumental. Se, por exemplo, o registro do título é feito sem a prévia inscrição do título anterior, à qual deve ligar-se, como um elo liga-se a outro numa corrente, aí sim é nulo. O título instrumental pode ser perfeito, mas não

---

[1313] O *Decreto 18.542/1928 (revogado)*, já consagrava esse princípio de forma nítida, determinando que, em qualquer caso, não se poderá fazer o registro sem que seja registrado o título anterior, de modo a assegurar a continuidade do registro de cada imóvel, estabelecendo, de modo expresso, no seu art. 206, que: "*Si o immovel não estiver lançado em nome do outorgante o official exigirá a transcripção do titulo anterior, qualquer que seja a sua natureza, para manter a continuidade do registro*".

[1314] COSTA JUNIOR, Francisco José de Almeida Prado; KERN, Marinho Dembinski. *Princípios do registro de imóveis brasileiro*. 2. ed. São Paulo: Thomson Reuters Brasil, 2022. p. 176.

[1315] CARVALHO, Afrânio de. *Registro de Imóveis*. 4. ed. Rio de Janeiro: Forense, 1998. p. 253.

[1316] Diz-se quase sempre pois alguns títulos como os instrumentos particulares podem ser retificados e ratificados por escrituras públicas, embora o inverso não seja verdadeiro. Na mesma linha, quando se tratar de título judicial que se funda em sentença de natureza meramente homologatória, tem-se entendimento pela possibilidade de sua rerratificação por escritura pública. Veja-se nesse sentido o *Enunciado 21*, de nossa autoria, aprovado na *1ª Jornada de Direito Notarial e Registral*: "Para fins de ingresso no Registro de Imóveis, a carta de sentença ou formal de partilha pode ser aditada ou rerratificada por meio de escritura pública, com a participação de advogado e dos interessados".

o registro. O exame da continuidade dos registros é feito juntamente com o da disponibilidade, confundindo-se, em alguns aspectos continuidade e disponibilidade. Ninguém pode transmitir o que não tem (*nemo plus juris ad alium transfere potest quam ipse habet*). Que é titular de fração ideal não pode alienar o todo. Numa divisão, não pode ser atribuída parte certa a quem não aparece no registro como condômino. O controle de disponibilidade envolve, entre outros aspectos, o princípio da especialidade, que, no que aqui interessa, diz respeito à caracterização do imóvel, sua descrição, suas medidas, sua área. Quem consta do registro como proprietário de um imóvel com quinhentos metros quadrados, não pode aparecer no registro seguinte alienando setecentos metros quadrados. Diz-se na linguagem cartorária que ele não tem disponibilidade. Infringe também o princípio da especialidade e o registro de título no qual a caracterização do imóvel não coincide com a que consta do registro anterior (§ 2º, do art. 225, da Lei 6.015/1973). É, pois, nulo de pleno direito o registro que viola a especialidade dos registros e a disponibilidade das pessoas nele envolvidas.[1317]

Jurisprudência

1. Especialidade objetiva como princípio cardeal do registro imobiliário para todas as espécies de títulos causais

"Doação. Imóvel objeto de transcrição. Descrição tabular do imóvel que não é real. Necessidade de prévia retificação para atender aos princípios da especialidade objetiva e da disponibilidade. O fato de o imóvel não possuir acesso para via pública não afeta a especialidade objetiva. Possível o desmembramento em que resulte imóvel encravado. Imóvel encravado não impede o registro do título, desde que correta sua localização. Princípio da continuidade que não se presta a perpetuar equívocos e sim garantir a higidez da cadeia registral" (CSMSP, Apelação Cível 1.168-6/5 Reis Kunts, j. 03/12/2009).

"Imóvel rural. Carta de adjudicação. Arrematação não constitui modo originário de aquisição da propriedade. Exigência de aditamento da carta de adjudicação para constar a porcentagem ou fração ideal adjudicada. Necessidade do prévio georreferenciamento da área. Prazo legal vencido para áreas superiores a 100 hectares. Especialidade objetiva" (TJSP, Ap. Cív. 1000588-92.2019.8.26.0464, CSMSP, Rel. Des. Geraldo Francisco Pinheiro Franco, j. 09/03/2020).

"Imóvel rural. Exigência de georreferenciamento para a descrição da área precária. Exigências referentes à qualificação do devedor, CPF e estado civil. Matrícula consta como solteiro e na escritura como casado pelo regime da comunhão de bens. Exigência de averbação do CAR. Escritura pública que reproduz integralmente a descrição do imóvel que possui pontos de amarração identificáveis. Compra e venda que abrange a totalidade do imóvel. Prazo do georreferenciamento para o imóvel ainda não expirado. Desnecessidade prévia retificação. Desnecessidade da comprovação do CPF. Não há divergência entre o número que consta na escritura de compra e venda e o que consta na matrícula. Necessidade de averbação do CAR na matrícula, pois houve o cadastramento no CAR, mas sem o registro da área da reserva legal – art. 18, § 4º da Lei 12.651/2012. Comprovantes de ITR sem o valor da terra nua tributável, necessidade de apresentação para o registro do título – fiscalização dos impostos conforme art. 298 da Lei 6.015/73. Necessidade de apresentação da certidão de casamento para a averbação do estado civil, requisito não suprido pela menção da existência na escritura de compra e venda" (TJSP, Ap. Cív. 1000477- 52.2019.8.26.0418, CSMSP, Relator Ricardo Anafe, j. 15/04/2020).

Art. 226. Tratando-se de usucapião, os requisitos da matrícula devem constar do mandado judicial.

Referências Normativas

Lei 6.015/1973, arts. 176 e 216-A.
Lei 10.406/2002 (Código Civil), art. 108.
Lei 13.105/2015 (Código de Processo Civil).

[1317] ORLANDI NETO, Narciso. *Retificação do registro de imóveis*. São Paulo: Oliveira Mendes, 1997. p. 188.

Art. 226 | LEI DE REGISTROS PÚBLICOS COMENTADA

📝 Comentários

1. Considerações gerais

Como todo título submetido a registro, o mandado judicial também se submete à qualificação registral. Em juízo prudencial de legalidade, o oficial predial deve promover a anamnese do título que lhe foi apresentado como meio indispensável à registração. Como se sabe, é a qualificação registral a *pedra de toque* de um sistema de registro de direitos como o Registro Imobiliário brasileiro.

Em boa medida, consagrou-se o raciocínio de *Ricardo Dip* ao assinalar que a qualificação registral imobiliária é

> o juízo prudencial, positivo ou negativo, da potência de um título em ordem a sua inscrição predial, importando no império de seu registro ou de sua irregistração. O juízo qualificador (enquanto conclusão do procedimento prudencial) pode ser positivo (em ordem a seu fim, que é o registro) ou negativo (desqualificação, juízo desqualificador), de toda sorte consistindo sua mais destacada relevância a imperação de que se registre ou de que não se registre um título. E, exatamente porque a aplicação ao operável é o fim do intelecto prático, o ato de império, na qualificação registral, é o mais relevante dessa complexa decisão prudencial.[1318]

Pode-se dizer, em realidade, que o princípio da legalidade no Registro de Imóveis se concretiza na atividade de qualificação registral. Há sua realização, portanto, na aplicação do saber prudencial do Registrador, engendrando análise casuística de cada título ou documento que lhe for apresentado, em suas peculiaridades, como forma de viabilizar a subsunção da norma posta ao caso concreto. Em outras palavras, a legalidade em matéria registral aplica-se a todo procedimento de registro, mas tem seu ápice no denominado "exame ou juízo de qualificação", no qual o Registrador faz efetivamente o controle da legalidade do título submetido a registro.

Sobre a finalidade e amplitude da qualificação, esclarece *José María Chico y Ortiz* que "doctrinal y legalmente se da como necesaria la función calificadora para que a su través se puede cumplir el principio de legalidad. De esta forma se llega a la calificación registral como una de las manifestaciones dei principio de legalidad".[1319]

Qualificar é, assim, dar qualidade. Dizer se é bom ou se é ruim. Se é legal ou se não o é. Consiste, pois, na análise de registrabilidade do título. É *juízo de registrabilidade* à luz do ordenamento jurídico.

Quanto à natureza jurídica da qualificação registral, é curial compreendê-la como verdadeiro exercício de uma *função administrativa*. E, assim, diretamente influenciada pelo princípio da legalidade. Em pedagógica lição, *Flauzilino Araújo dos Santos* anota:

> Quando o registrador examina um título e o declara conforme a lei e lhe dá abrigo no arquivo registral imobiliário ou o desqualifica, a exemplo da atividade judicial saneadora do processo, pratica ato típico de jurisdição voluntária, imparcial, com independência e soberania; todavia, a nosso aviso e com o máximo respeito por fortes opiniões em contrário, a natureza jurídica qualificadora do registrador consiste em autêntica função administrativa, visto que está adstrito ao ordenamento jurídico positivo, não lhe sendo facultado, em razão do estreito limite da qualificação, valer-se de elementos subsidiários para construção de seu juízo fora do direito normativo, como, por exemplo, do direito costumeiro, do direito comparado, da determinação equitativa do direito etc.[1320]

Nessa medida, e em especial por se tratar a usucapião um modo de aquisição (originária) da propriedade imóvel, o exame promovido pelo registrador de imóveis ganha ainda mais relevo. Hoje indene

---

[1318] DIP, Ricardo Henry Marques. *Sobre a qualificação no registro de imóveis.* Revista de Direito Imobiliário (RDI), n. 29. 1991.

[1319] CHICO Y ORTIZ, José Maria. *Estudos sobre derecho hipotecário.* t. I. 4. ed. Madrid: Marcial Pons, 2000. p. 528.

[1320] SANTOS, Flauzilino Araújo. *Sobre a qualificação de títulos judiciais no Brasil. Revista de Direito Imobiliário,* São Paulo, ano 27, n. 56, p. 175-191, jan./jun. 2004.

de dúvidas que mesmo o título judicial deve ser objeto de qualificação registral. De fato, todos os títulos submetidos a registro (em sentido lato) submetem-se à qualificação registral, ainda que em determinadas ocasiões o exame de legalidade tenha menor grau de profundidade, como sói acontecer nas *ordens judiciais*.[1321] Nesse propósito, vale recordar a distinção entre título judicial e ordem judicial, já que o *iter registral* a ser seguido é distinto.

Todo título judicial resguarda, como antecedente lógico e necessário, uma declaração emitida por um órgão do *Estado-Juiz* e referente à presença de um título legitimário, de direito material, capaz de dar respaldo causal à mutação jurídico-patrimonial a ser operada pelo ato de registro.

Em se tratando de uma ordem judicial, não há semelhante correspondência. Cuida-se de um comando dirigido ao Registrador e derivado da atividade jurisdicional, como resposta, especialmente, a situações de urgência e que, dotadas de provisoriedade, demandam certa elasticidade na conformação da decisão judicial. Tais ordens ostentam uma aparência externa idêntica à de um título judicial, mas não ostentam conteúdo semelhante.[1322]

Na ordem judicial, a qualificação do registrador é mais limitada, de sorte que só poderá recusar o cumprimento ao comando recepcionado quando restar caracterizada hipótese de absoluta impossibilidade. Cite-se como exemplo o caso em que se determina a indisponibilidade de bens de quem não é titular tabular ou quando há contradição intrínseca entre o documento instrumentalizador e o teor da ordem.[1323]

De se observar, por último, que a norma parece estar voltada aos serventuários da Justiça encarregados da expedição do mandado de usucapião e também ao próprio magistrado que deve fiscalizar o cumprimento das disposições legais inerentes à espécie. Quanto ao *nomen juris* atribuído ao título judicial, oportuno ressaltar que a *práxis registral* tem aceitado não apenas *mandados* como também *cartas de sentença* que materializem o reconhecimento judicial da usucapião. Em suma, o que releva não é o rótulo atribuído ao documento oriundo do Poder Judiciário, mas, sim, o fato de que se observem todos os requisitos legais que o tornem passível de ingresso no Registro de Imóveis.

2. Especialidade objetiva

De pronto, recorde-se que tanto o título judicial que reconhece a usucapião, quanto o seu respectivo registro, possuem natureza declaratória, isto é, apenas declaram que a aquisição originária se concretizou nos termos da lei. Dito de outro modo, não é o mandado nem o seu registro que constituem a propriedade imobiliária adquirida pela usucapião. O registro do título, no entanto, é imprescindível para que o usucapiente-proprietário possa regularmente dispor de seu direito. Em suma, sem o registro não há disponibilidade da propriedade imobiliária para o seu titular.

Feita a ressalva inicial, é certo que o título judicial que materializa a usucapião reconhecida judicialmente deve apontar com precisão a especialidade objetiva do imóvel usucapiendo. Embora se trate de aquisição originária – o que, em princípio, permite que o reconhecimento da propriedade imobiliária pela via da usucapião independentemente da existência de lastro tabular anterior –, é curial que o registrador promova o efetivo controle de disponibilidade dos imóveis da sua circunscrição.

Ocorre que, não raro, a área usucapida encontra-se situada em área maior, razão pela qual somente a correta especialização objetiva do imóvel permitirá que o oficial predial localize o imóvel atingido e promova a averbação de destaque para, em ato contínuo, promover a abertura de matrícula com a descrição fornecida pelos trabalhos técnicos apresentados (planta e memorial descritivo).

Em casos tais, é de bom alvitre recordar que, por se tratar de aquisição originária da propriedade, não se faz necessária a imediata apuração do remanescente da área do imóvel que sofreu o desfalque. Nessa hipótese, referido procedimento poderá ser realizado *a posteriori* pelos interessados. *Apurar o rema-*

[1321] "Apesar de se tratar de título judicial, está ele sujeito à qualificação registrária. O fato de tratar-se o título de mandado judicial não o torna imune à qualificação registrária, sob o estrito ângulo da regularidade formal. O exame da legalidade não promove incursão sobre o mérito da decisão judicial, mas à apreciação das formalidades extrínsecas da ordem e à conexão de seus dados com o registro e a sua formalização instrumental" *(TJSP, Ap. Cív. 31.881-0/1, CSMSP, Rel. Des. Márcio Martins Bonilha, j. 13/06/1996).*

[1322] BARBOSA FILHO, Marcelo Fortes. *O registro de imóveis, os títulos judiciais e as ordens judiciais. Revista de Direito Imobiliário (RDI)*, v. 49. São Paulo: Revista dos Tribunais, jul.-dez./2000. p. 53-59.

[1323] *CGJSP*, Processo CG 174.855/2013, *Des. Hamilton Elliot Akel*, j. 18/03/2014.

nescente nada mais é do que retificar a descrição objetiva de determinado registro que tenha sofrido algum desfalque de área. Ordinariamente, procede-se esta apuração na forma do art. 213, II, da LRP.

A título de observação de *ordem prático-prática* deve-se considerar que nem sempre o mandando judicial (ou carta de sentença) descreverá a área usucapida em seu teor. Nesses casos, é razoável e suficiente que sejam apresentados como documentos anexos ao título judicial a planta e o memorial descritivo do imóvel, acompanhados da respectiva *Anotação de Responsabilidade Técnica* (ART) do profissional que elaborou os referidos trabalhos técnicos.

Note-se que a Lei de Registros Públicos, no art. 216-A, II, exige expressamente que a pretensão da usucapião extrajudicial deduzida perante o Oficial de Registro de Imóveis competente seja instruída com, dentre outros documentos, "planta e memorial descritivo assinado por profissional legalmente habilitado, com prova de anotação de responsabilidade técnica no respectivo conselho de fiscalização profissional, e pelos titulares de direitos registrados ou averbados na matrícula do imóvel usucapiendo ou na matrícula dos imóveis confinantes".

Embora o art. 226 da LRP refira-se à pretensão judicial da usucapião, é cediço que o CPC (Lei 13.105/2015) não mais regula a usucapião como procedimento especial,[1324] razão pela qual é lícito concluir que a disciplina documental do pedido extrajudicial também deve ser observada na pretensão jurisdicional. Aliás, a apresentação dos referidos documentos é corolário da segurança jurídica e somente sua fiel observação pelo usucapiente permitirá o reconhecimento da aquisição originária da propriedade.

Anote-se, ainda, que sob o prisma da *unitariedade matricial* o mandado de usucapião deve fornecer a descrição perimetral do imóvel de modo a permitir a abertura da matrícula para as unidades imobiliárias objetos do reconhecimento judicial da usucapião. Em outras palavras, cada imóvel será descrito em uma matrícula; e em cada matrícula será descrito um imóvel (LRP, art. 176, § 1º, I).

3. Especialidade subjetiva

Naturalmente, a correta instrução do mandado judicial de usucapião também passa pela necessidade de se apontar a qualificação completa do usucapiente com todos os requisitos que a Lei de Registros Públicos exige para a escrituração registral, a saber: nome completo, estado civil, profissão, endereço, documento de identidade RG e o CPF daquele que passará a figurar no fólio real como proprietário do imóvel. Obviamente, se o usucapiente for casado ou convivente em união estável é de rigor que seu cônjuge ou companheiro também esteja devidamente qualificado no título judicial, ainda que o reconhecimento da aquisição da propriedade se dê em favor apenas do outro consorte.[1325] Se o regime de bens for diverso do legal, deve ser apontado também o registro do pacto antenupcial ou contrato de convivência. Todos os elementos de qualificação mencionados podem ser comprovados ou complementados pelos respectivos documentos oficiais (*v.g.*, certidões de registro civil, documentos de identidade etc.).

 Jurisprudência

1. Admissibilidade de carta de sentença como título à usucapião

"Registro de Imóveis – Dúvida – Sentença declaratória de usucapião – Título hábil – Mandado judicial – Viabilidade, no entanto, embora não represente a melhor técnica, de ingresso de carta de sentença que contenha todos os requisitos da matrícula – Dúvida improcedente – Recurso provido. O título hábil para o ingresso no registro imobiliário da sentença declaratória de usucapião é o mandado judicial, título que deverá conter todos os elementos necessários para a matrícula, entendimento que se extrai da conjugação do disposto no artigo 945 do Código de Processo Civil com a regra do artigo 226 da Lei nº 6.015/73. Deve constar do mandado, portanto, o nome do juiz e a especificação de seu cargo; a natureza e o número do processo; o nome e a qualificação do autor ou autores, de forma completa; a indicação do imóvel, com suas características, confrontações e localização; todo o teor da sentença; a autenticação das peças que acompanharem o mandado; e a assinatura do juiz. Não obstante

---

[1324] O art. 942 do CPC/1973 determinava: "O autor, expondo na petição inicial o fundamento do pedido e juntando planta do imóvel, requererá a citação daquele em cujo nome estiver registrado o imóvel usucapiendo, bem como dos confinantes e, por edital, dos réus em lugar incerto e dos eventuais interessados, observado quanto ao prazo o disposto no inciso IV do art. 232".

[1325] A ação de usucapião é uma *ação real*, por isso, de regra, deve observar o art. 73 do Código de Processo Civil.

seja o mandado judicial o título que, segundo a melhor técnica, deva instrumentalizar a inscrição da sentença declaratória de usucapião, não há fundamento para recusa da carta de sentença apresentada a registro, por se encontrarem presentes todos os requisitos para a efetivação do pretendido registro e por ser a carta de sentença um dos títulos de origem judicial admitidos no registro de imóveis, como expressamente consta do artigo 221, IV, da Lei nº 6.015/73, contendo a necessária ordem judicial e, por cópia autenticada, o inteiro teor da sentença. Não subsiste, por tais razões, óbice ao registro de carta de sentença fundado unicamente pela exigência de mandado judicial, improcedente a dúvida" (TJSP, Ap. Cív.061875-0/9, CSMSP, Rel. Des. Sérgio Augusto Nigro Conceição, j. 29/11/1999).

2. Qualificação de usucapião judicial pelo oficial registrador. Limites de análise do título judicial

"Usucapião – mandado judicial. Juízo incompetente. Qualificação negativa. Coisa julgada. É entendimento consolidado que cabe ao Registrador proceder ao exame extrínseco do título prenotado, ainda que de origem judicial. Assim, ao exercer a qualificação, deve observar requisitos formais, dentre os quais se enquadra a prolação de sentença por juízo absolutamente competente, apto a emitir o mandado para registro. Ocorre que, na atual sistemática processual, firmada com a entrada em vigor do Código de Processo Civil de 2015, priorizou-se a economia de atos e a eficiência da prestação jurisdicional. Exemplo claro de prestígio a esses princípios se encontra justamente na previsão do art. 64, § 4º, do CPC, invocado pelos suscitantes: § 4º Salvo decisão judicial em sentido contrário, conservar-se-ão os efeitos de decisão proferida pelo juízo incompetente até que outra seja proferida, se for o caso, pelo juízo competente. A melhor exegese desse dispositivo passa, primeiramente, pela compreensão de que a sentença proferida pelo juízo incompetente é dotada de eficácia, isto é, está habilitada a produzir efeitos, que só cessarão mediante decisão judicial ou, se for o caso, com manifestação do Juízo competente. Há clara preocupação do comando legal com a estabilidade das decisões em respeito à segurança jurídica. Fazendo-se um pequeno contraponto, a redação antes trazida pelo art. 113, § 2º, do CPC/73, dizia: 'Declarada a incompetência absoluta, somente os atos decisórios serão nulos, remetendo-se os autos ao juiz competente'. O tratamento de hoje é diverso, não há mais menção à nulidade de atos do juízo incompetente, o que, igualmente, denota a mudança cristalizada pelo legislador. Outro fundamento que ampara a conclusão de que o julgamento proferido por juiz absolutamente incompetente produz efeitos advém da própria previsão de hipótese específica de ação rescisória no art. 966, II, CPC, cujo prazo para ajuizamento é de dois anos do trânsito em julgado da última decisão proferida no processo (art. 975 do mesmo diploma). Disso decorre que, transcorrido tal prazo, a sentença deve inclusive ser reputada válida. Ainda, por previsão legal expressa no art. 969 do CPC, a sentença rescindenda pode ser executada, se não houver concessão de tutela provisória. Logo, também por esse motivo, não há como negar sua repercussão no mundo fático. Em outro aspecto, as normas acima mencionadas sugerem a inadequação de alegar-se a incompetência do juízo a qualquer tempo e sem se valer da via própria. Nesse sentido, há precedente do E. STJ, com o seguinte apontamento: 'Descabe a pretensão, na fase de execução, de desconstituir, como se fosse uma rescisória, a própria sentença exequenda transitada em julgado, ao argumento de que proferida, então, por juízo incompetente' (AgRg no AgRg no Ag 1.211.239/RJ, Rel. Ministro Aldir Passarinho Junior, Quarta Turma, julgado em 12/04/2011, DJe 15/04/2011). Ademais, vícios sujeitos à ação rescisória, como regra, não são passíveis de *querela nullitatis*, como decidiu o E. TJSP na Apelação Cível nº 1002905-28.2016.8.26.0445, j. em 21.02.2019, importando destacar os seguintes trechos do voto do Relator Des. Salles Vieira: Entretanto, ultrapassado o prazo para o ajuizamento da ação rescisória, a coisa julgada tem o efeito de sanar todos os vícios processuais. Na esteira dessas razões, não se entrevê a possibilidade de impugnação de sentença transitada em julgado em provocação distinta da resultante do julgamento em ação rescisória. A despeito da regra trazida pelo art. 64, § 4º, do CPC, em havendo formação de coisa julgada, apenas por determinação de instância superior o juízo apontado como competente estaria autorizado a reapreciar o caso concreto e talvez convalidar atos praticados. E, na hipótese em análise, existem mais obstáculos ao pronunciamento deste Juízo sobre os atos processuais sedimentados no Proc. nº 0000209-45.2008.8.26.0177, que tramitou na Vara Única de Embu-Guaçu. O primeiro se refere a ausência de encaminhamento dos autos originais, pois só assim se viabilizaria o estudo de regularidade e concordância com a condução do feito. O segundo está relacionado à competência administrativa exercida neste procedimento, o que impede que aqui se perfaça iniciativa de caráter jurisdicional. Considerando todas as ponderações feitas, o ingresso registrário independe de novas providências dos suscitantes. Uma vez que a sentença da qual emanou o título (fls. 57/59) transitou em julgado em 05/07/2018, conforme certidão de fl. 62, não pode mais ser alcançada por pretensão rescindenda que verse sobre a incompetência do juízo prolator. Logo, não há que se aventar sua invalidade por esse critério. Do exposto, julgo improcedente a dúvida inversa suscitada em face do Oficial do 11º Registro de Imóveis da Capital, e, consequentemente, afasto o óbice registrário" (1ª VRPSP, Processo 1026147-08.2021.8.26.0100, Juíza Vivian Labruna Catapani, j. 19/04/2021).

CAPÍTULO VI
DA MATRÍCULA

Art. 227. Todo imóvel objeto de título a ser registrado deve estar matriculado no Livro nº 2 – Registro Geral – obedecido o disposto no art. 176.

Ana Paula Perondi Lopes Almada

Referências Normativas

Lei 6.015/1973, arts. 173, II, e 176.
Lei 10.267/2001, art.3º.
Itens 54 a 70, cap. XX, NSCGJSP.

Comentários

Todos os imóveis deverão ser objeto de matrícula, sendo obrigatório o descerramento do livro na primeira oportunidade em que um título for protocolado e qualificado positivamente, na vigência da Lei 6.015/1973 (a Lei de Registros Públicos entrou em vigor em 01/01/1976). O texto legal contém a expressão restritiva "título a ser registrado", em tese, excluindo do campo da obrigatoriedade de abertura do livro quando o título resultar somente de atos de averbação.

Essa interpretação, que norteou por anos os Registros de Imóveis do Brasil, sofreu alteração recente por meio da Lei 14.382/2022, que deu nova redação ao inciso I, do § 1º do art. 176 da LRP, apesar de o artigo que trata especificamente do tema (art. 228) não ter sido objeto de mudanças em seu texto, causando perplexidade na interpretação sistemática da lei. Mas, como dito, o assunto é tema do art. 228 e por isso será mais bem elucidado nos comentários ao referido dispositivo.

Tratando-se, portanto, de ato que obrigue a abertura da matrícula, **esta deverá observar os princípios registrais, dentre eles destacam-se o da unitariedade matricial e o da especialidade objetiva e subjetiva**. O princípio da especialidade está previsto no art. 176 da Lei 6.015/1973 e deve instruir a abertura de toda matrícula, a fim de identificar o imóvel e os titulares de direitos sobre o imóvel, de modo a distingui-lo de todos os outros. A necessidade de especialização dos bens e seus titulares já existia no regramento da lei anterior, embora fosse interpretado e cumprido à época com menor rigor (arts. 247 e seguintes do Decreto 4.857/1939).

Já o **princípio da unitariedade nasce juntamente com a Lei 6.015/1973, em virtude da adoção do sistema do fólio real**. O sistema registral anterior, disciplinado pelo Decreto 4.857/1939 utilizava como método de organização dos registros públicos de imóveis o fólio pessoal, que tinha como base os títulos e não os imóveis. Assim, os livros eram organizados em função dos títulos ou dos negócios jurídicos objeto dos títulos, sendo estes o conteúdo de cada transcrição ou inscrição. Como o objeto do registro, em sentido amplo, era o título, cada transcrição ou inscrição poderia conter mais de um imóvel ou parte dele, uma vez que deveria ser considerado o objeto do negócio jurídico constante do título.[1326]

Se fosse, portanto, apresentado para registro um formal de partilha, sendo dele objeto vários imóveis, a transcrição deste título conteria todos os bens partilhados. O resultado era a existência de uma única transcrição contendo vários bens imóveis transmitidos. Do mesmo modo, se o título continha como negócio jurídico a venda de parte ideal de um bem imóvel (e não sua integralidade), a transcrição traria como imóvel, somente a parte ideal vendida.

[1326] Segundo Walter Ceneviva, "a expressão *objeto de título* merece exegese ampliativa, para ser também aplicável a regra do artigo a contratos nos quais o imóvel não é seu objeto, mas elemento do negócio realizado". CENEVIVA, Walter. *Lei dos registros públicos comentada*. 20. ed. São Paulo: Saraiva, 2010. p. 227.

Com relação à diferença entre os sistemas de registro, pessoal ou real, esclarece Dr. Narciso Orlandi Neto em sua obra Retificação do Registro de Imóveis:[1327]

> Explicando melhor: em relação aos critérios de organização dos livros, da destinação desses livros, os sistemas são reais ou pessoais. Os reais adotam a folha individual do imóvel. Os pessoais organizam-se ou pela ordem de apresentação dos documentos, ou pelos nomes dos titulares dos direitos inscritos (Lacruz Berdejo e Sancho Redullda, Derecho Inmobiliário Registral, Librería Bosch, Barcelona, 1984, p. 15). Parece melhor dizer, então, que nosso sistema era pessoal. Os livros eram separados em função dos negócios e direitos que recepcionavam e eram escriturados na sequência de apresentação dos títulos. Era pessoal, mas exigia os dois indicadores.

Assim, a passagem do sistema de registro do fólio pessoal para o real trouxe grande repercussão ao direito registral, tanto pela segurança e praticidade trazida com a adoção da matrícula como o pilar de sustentação dos direitos reais, como pela complexidade inicial da mudança. A transformação foi desafiadora, especialmente nos primeiros anos de vigência da lei, que é a época em que encontramos mais erros nas matrículas descerradas.

A grande mudança está na base que ampara os atos e negócios jurídicos, que passou a ser o imóvel, singularmente considerado. Cada matrícula conterá um único imóvel e cada imóvel será objeto de uma matrícula. Essa é a regra estabelecida pelo princípio da unitariedade, que só tem razão de ser tão firmemente difundido, por ter nascido em contraponto à base registral com procedência na inscrição de títulos. Hoje nos parece ilógico o sistema de transcrição das transmissões e não ser o Registro de Imóveis, enquanto serviço extrajudicial, lastreado no próprio imóvel. Mas, na época, esta era a regra existente e, portanto, a mudança não foi tão simples quanto hoje nos parece.

Sobre a adoção do fólio real e as diferenças na escrituração, manifestou-se a jurisprudência administrativa de forma elucidativa:

> Ora, o sistema vigente, introduzido da Lei 6.015, de 31.12.73, caracteriza-se pela transformação radical do ato básico do registro imobiliário, que, deixando de ser a reprodução textual dos instrumentos, passou ao cadastramento ou retrato físico do imóvel, expresso em linguagem escrita. A matrícula é nada mais, nada menos, que a expressão da individualidade da coisa, enquanto centro de todas as demais referências da história de suas mutações objetivas e subjetivas. O conteúdo do título é o meio de transmissão daquelas características que a lei reputa essenciais aos fins a que se presta a matrícula. Já não é o objeto de um ato reflexivo ou transcritivo. (sic) CSMSP – Apelação Cível 285.948, DJ 16/01/1980.

Assim, além da mudança física, com escrituração em folhas individuais, que passou a permitir a utilização de sistema de datilografia e reprodução de forma mais racional, o que, certamente, exigiu adaptação do espaço físico para o arquivo dos livros, da logística para o procedimento do registro e até do profissional habilitado para proceder a escrituração, houve também a mudança jurídica do processo.

Imóveis que antes estavam transcritos em conjunto tiveram que ser individualizados, sendo criada uma matrícula para cada imóvel objeto da transcrição, contendo, no entanto, o mesmo registro anterior. Títulos que traziam vários imóveis, agora se sujeitariam a qualificação individual para cada imóvel, determinando abertura de matrículas independentes. Mas o mais complexo, certamente, ocorria quando apenas parte ideal do imóvel era objeto de uma transcrição. Nesses casos, o Oficial Registrador tinha que proceder buscas pelos indicadores real e pessoal a fim de localizar a existência de outras transcrições para o mesmo imóvel visando encontrar todas as partes ideais, formando a integralidade do imóvel, o que permitiria a abertura da matrícula do imóvel todo.

Walter Ceneviva, ao definir o ato de matricular um bem imóvel como corpo certo, esclarecia com clareza a inaptidão em descerrar transcrições contendo apenas partes ideais do bem:

> Matriculável é o imóvel ao qual o negócio imobiliário se refira, instrumentado a qualquer tempo, mas apresentado a registro após a vigência da lei atual, de conformidade com o artigo

---

[1327] ORLANDI NETO, Narciso. *Retificação do registro de imóveis*. São Paulo: Oliveira Mendes, 1997. p. 8.

Art. 227 | LEI DE REGISTROS PÚBLICOS COMENTADA

seguinte. A expressão *todo imóvel* com a qual começa o artigo delimita com clareza a finalidade do texto, que impede sejam matriculadas partes ou frações ideais.[1328]

Na prática, verificou-se a ocorrência de inúmeras falhas no processo de descerramento das matrículas, sem observância ao princípio da unitariedade, especialmente por matricular o imóvel sem proceder a recomposição do todo, ou seja, sem proceder buscas por todas as partes ideais que juntas formariam 100% do domínio, reunindo todos os condôminos com título registrado.

Sobre o tema, ensinou Afrânio de Carvalho:[1329]

Ante a apresentação de uma parte ideal para registro, inicia-se, pela busca, o rastreamento das ocorrências havidas com cada uma das partes ideais, como vendas e heranças, até remontar-se ao tronco ou origem do condomínio, de onde então se torna possível recompô-lo com os consortes vigentes na atualidade, em cujo número nem sempre se encontram alguns dos originários, mas apenas sucessores a título singular ou universal. Essa recomposição, semelhante a uma colcha de retalhos, reúne as expressões aritméticas das partes e os seus titulares: é físico-jurídica.

Há ainda que se observar, portanto, que essa busca pelas partes ideais transcritas poderia ser frustrada, na medida em que uma ou mais partes podem não ter sido previamente transcritas por seu titular. Nesses casos, a abertura da matrícula ainda demandava o prévio registro do título aquisitivo, o qual deveria ocorrer em ato concomitante com a abertura da matrícula, uma vez que as transcrições não mais poderiam receber atos de registro, em sentido estrito. Com relação a recomposição do todo, com a necessidade de apresentação do título aquisitivo, determinou a jurisprudência:

"...Mister, portanto, se faça a apuração do todo, ficando, repito, a cargo dos interessados na prática do ato de registro a apresentação dos documentos relativos às demais partes ideais, inclusive os títulos causais, ausentes elementos suficientes no bojo dos próprios assentamentos registrários" (CSMSP, Ap. Cív. 3.183-0, da Comarca de Guarulhos, Rel Heraclides Batalha de Camargo, j. 31/05/1984).

Por fim, cumpre menção a precedente que definiu com clareza e objetividade as providências para o descerramento de uma matrícula com segurança:

"... Este E. Conselho Superior da Magistratura já assentou, a partir do julgamento das Ap. Cív. n°s 6.084-0 e 15.380-0/8, que a abertura de matrículas em sequência a transcrições lacunosas merece cuidados específicos, exigindo, em tais ocasiões, a observância de três requisitos mínimos para a prática do ato. Assim, é preciso que, em **primeiro lugar**, o imóvel objeto da futura matrícula corresponda, por completo, àquele transcrito, persistindo, em **segundo lugar**, uma descrição tabular capaz de afastar os riscos de sobreposição, total ou parcial, com outros prédios e que contenha, em **terceiro lugar**, lastro geográfico possibilitador da efetiva identificação do bem" (CSMSP – Ap.l Cív. 072966-0/0, j. 16/03/2001, Rel. Luis de Macedo). (grifos nossos)

O Provimento 143/2023, de 25.04.2023, do CNJ, que foi editado com a finalidade de regulamentar a estrutura, a geração e a validação do Código Nacional de Matrícula, dispôs também sobre a escrituração da matrícula no Registro de Imóveis e deu diversas providências importantes para tornar possível a implantação da matrícula eletrônica já regulamentada no Provimento 89/2019 do CNJ. Assim, verifica-se que o art. 8º do Provimento 143/2023 tratou do tema unitariedade matricial e cuidou de indicar as **soluções práticas** para as mais variadas formas de problemas técnicos ou jurídicos encontrados pelos Oficiais Registradores, ocorridos quando do descerramento de uma matrícula, como segue:

Art. 8º Cada imóvel deverá corresponder a uma única matrícula (o imóvel não pode ser matriculado mais de uma vez), e cada matrícula, a um único imóvel (não é possível que a matrícula se refira a mais de um imóvel), na forma do inciso I do § 1º do art. 176 da Lei n. 6.015, de 31 de dezembro de 1973.

[1328] CENEVIVA, Walter. *Lei dos registros públicos comentada*. 20. ed. São Paulo: Saraiva, 2010. p. 227.

[1329] CARVALHO, Afrânio de. *Registro de imóveis*. 2. ed. Rio de Janeiro: Forense, p. 438.

§ 1º **Se o mesmo imóvel for objeto de mais de uma matrícula**, o oficial de registro de imóveis representará ao juiz competente com proposta de bloqueio administrativo de todas (§§ 3º e 4º do art. 214 da Lei n. 6.015, de 31 de dezembro de 1973), e a abertura de nova matrícula dependerá de retificação.

§ 2º **Se o imóvel estiver descrito por partes, em matrículas ou transcrições diversas**, nova descrição unificada deverá ser obtida, se necessário, por meio de retificação, ressalvadas as hipóteses em que há regulamentação de tais situações pelas Corregedorias-Gerais de Justiça.

§ 3º **Se houver mais de um imóvel na mesma matrícula**, serão abertas matrículas próprias para cada um deles, ainda que a relativa descrição, de um ou de todos, não atenda por inteiro aos requisitos de especialidade objetiva ou subjetiva, caso em que o oficial de registro de imóveis também representará ao juízo competente com proposta de bloqueio administrativo daquelas que estiverem deficientes. (g.n.)

Verifica-se que o Provimento tratou de duas espécies de problemas já mencionados, que é a abertura de uma matrícula contendo mais de um imóvel (§ 3º) e a abertura de matrícula de parte de um imóvel (§ 2º). No entanto, a falha constante do § 1º é caso de duplicidade de registros para o mesmo imóvel, o que será tratado nos comentários ao art. 233 da Lei 6.015/1973.

Em 30/08/2023 foi instituído pela Corregedoria Nacional de Justiça do Conselho Nacional de Justiça – Foro Extrajudicial a consolidação dos Provimentos e demais atos normativos que foram compilados formando o novo Código Nacional de Normas do CNJ, com isso o dispositivo acima citado foi renumerado passando a corresponder ao artigo 337 do Código de Normas, Provimento 149/2023.

 Jurisprudência

1. Tema unitariedade matricial

"Matrícula de fração ideal. A matrícula há de ser do imóvel como um todo, não de parte dele. É a matrícula própria, que será aberta por ocasião do primeiro registro a ser feito na vigência da Lei de Registros Públicos e para a qual se exigem além de outros requisitos, a perfeita identificação do imóvel (todo) e o nome do proprietário. FORMAL DE PARTILHA – TÍTULO JUDICIAL. Título judicial desobrigado do registro por anterior à vigência do Código Civil, mas de apresentação necessária" (CSMSP – Apelação Cível 2.320-0, Rel. Bruno Affonso de André, *DJ* 28/07/1983).

"Ante a apresentação de uma parte ideal para registro, inicia-se, pela busca, o rastreamento das ocorrências havidas com cada uma das partes ideais, como vendas e heranças, até remontar-se ao tronco ou origem do condomínio, de onde então se torna possível recompô-lo com os consortes vigentes na atualidade, em cujo número nem sempre se encontram alguns originários, mas apenas sucessores a título singular ou universal. Essa recomposição, semelhante à feitura de uma colcha de retalhos, reúne as expressões aritméticas das partes e os seus titulares atuais: é físico jurídica" (CSMSP – Apelação Cível 003183-0/84, Rel. Heráclides Batalha de Camargo, j. 31/05/1984).

"Princípio da unitariedade. Matrícula. Comunheiros. Fração ideal. Parte ideal. Em observância ao princípio da unitariedade, não é possível abrir matrícula de parte ideal de imóvel, ou quando não são conhecidos todos os comunheiros" (CGJSP – Processo Administrativo 668/85, Rel. Ricardo Henry Marques Dip, j. 25/10/1985).

"Para o registro de escritura de venda de parte ideal é necessário abrir-se matrícula do todo. A decisão não negou valor às transcrições existentes, mas a reunião de todas as frações ideais deve ser precedida da retificação dos erros existentes, adequando registros à disponibilidade transmitente" (CSMSP – Apelação Cível 003835-0/85, j. 15/01/1985, Rel. Marcos Nogueira Garcez).

"A abertura de matrícula pressupõe a recomposição do imóvel, com a reunião de todas as partes ideais, o que exige o procedimento adequado, porque não poderia ser feita com base em descrição unilateralmente oferecida pelo interessado, sempre perante a potencialidade de prejuízos a proprietários lindeiros" (CSMSP – Apelação Cível 7.121-0/3, Rel. Sylvio do Amaral, *DJ* 10/08/1987).

"Registro de Imóveis. 1. Matrícula irregular por afrontar o Princípio da Unitariedade da Matrícula e o Princípio da Especialidade. Imóvel remanescente de partes ideais. Matrícula reproduziu a transcrição

Art. 227 | LEI DE REGISTROS PÚBLICOS COMENTADA

lacunosa com descrição vaga e imprecisa do imóvel, impedindo sua individualização. 2. Determinado bloqueio da matrícula, até ulterior retificação judicial" (CSMSP – Apelação Cível 16.830-0/0, Rel. José Alberto Weiss de Andrade, *DJ* 26/08/1993).

"Recurso Administrativo. Registro de Imóveis. Abertura de matrículas. Desdobro. Frente mínima de lote. Para que se atenda à extensão prevista em lei, não é necessário que a frente mínima do lote seja linear, de modo que para esse cômputo se pode considerar a testada em curva de esquina. Recurso a que se dá provimento, para que proceda à abertura de matrículas correspondente ao desdobro" (CGJSP – Recurso Administrativo 1000108-72.2017.8.26.0242, *DJ* 04/08/2020, Rel. Ricardo Mair Anafe).

"1 – É possível o descerramento de matriz predial do imóvel todo quando se obtenha a recomposição do condomínio ‹pró indiviso› e diante da ausência de dúvida quanto às frações aritméticas e identidade dos consenhores. 2 – É possível a abertura de matrícula fundada em dados constantes de transcrição antiga anterior, desde que haja elementos mínimos para se determinar a situação do imóvel e desde que alienado ou onerado por inteiro. EMENTA OFICIAL: Registro de Imóveis – Dúvida – Transcrição de parte ideal de imóvel, que não autoriza abertura de matrícula de igual teor – Necessidade de composição do condomínio e abertura de matrícula que abranja a integralidade do imóvel – Princípio da unitariedade – Inteligência dos artigos 225, § 2º e 252 da Lei 6.015/73 – Descrição do imóvel deve ser coincidente com aquela constante do registro anterior – Irregularidades relativas a antigas transcrições não podem ser levadas em consideração, se existe posterior registro a produzir todos os efeitos, até que seja cancelado – Registro viável – Recurso provido" (CSMSP – Apelação Cível 029141-0/5, Rel. Márcio Martins Bonilha, j. 31/05/1996).

"AGRÁRIO E REGISTRAL. RECURSO ESPECIAL. IMÓVEL RURAL. COMPREENSÃO DE DIREITO AGRÁRIO, COMPATÍVEL COM AS NORMAS E FINALIDADES DE DIREITO REGISTRAL. IMÓVEIS CONTÍGUOS DE UM MESMO TITULAR E MATRÍCULAS IMOBILIÁRIAS DISTINTAS. POSSIBILIDADE. UNIFICAÇÃO NÃO OBRIGATÓRIA. AUSÊNCIA DE GEOREFERENCIAMENTO DA TOTALIDADE DO IMÓVEL QUE NÃO IMPLICA AUTOMÁTICA NULIDADE DE REGISTRO DE TRANSFERÊNCIA JÁ EFETIVADO EM MATRÍCULA INDIVIDUALIZADA. PRINCÍPIOS DA UNITARIEDADE E ESPECIALIDADE. RECURSO DESPROVIDO. 1. Conforme interpretação conjunta dos art. 4º do Estatuto da Terra (Lei 4.504/1964) e do art. 4º da Lei da Reforma Agrária (Lei 8.269/1993), o imóvel rural abrange a totalidade das glebas contíguas do mesmo proprietário, utilizadas para fins econômicos similares. Por sua vez, nos termos do art. 176, § 1º, da Lei dos Registros Públicos (Lei 6.015/1973), cada matrícula representa uma unidade imobiliária, inclusive no que tange aos imóveis rurais. 2. A compreensão de imóvel rural adotada pela legislação agrária é importante para os fins de se identificar a titularidade do imóvel contíguo por um mesmo proprietário, bem como se foram adotados corretamente os instrumentos técnicos para medição e georreferenciamento, evitando superposição de áreas nos imóveis rurais. Paralelamente, no direito registral prevalece o objetivo de correta identificação de cada imóvel e do respectivo proprietário, com observância do princípio da continuidade, conferindo segurança jurídica nas relações que envolvem os direitos reais e suas respectivas transferências, inclusive para fins de publicidade. Nenhum dos referidos conceitos e compreensões se sobrepõe ao outro, convivendo em sistemática harmonia para os fins a que se destinam. 3. Em observância aos princípios da especialidade e da unitariedade, regentes do direito registral, o memorial descritivo a que se refere o art. 176, §§ 3º e 4º, da Lei de Registros Públicos deve corresponder ao imóvel representado pela matrícula e, portanto, cada matrícula deve ser demarcada e georreferenciada individualmente, sem inviabilizar as unificações imobiliárias oportunamente cabíveis. 4. Recurso especial a que se nega provimento" (STJ – REsp nº 1.706.088 – Espírito Santo – 4ª Turma – Rel. Min. Raul Araújo – *DJ* 27.05.2024).

2. Tema especialidade objetiva e subjetiva

"**Registro de Imóveis**. Dúvida julgada procedente. Negativa de registro de carta de arrematação. Recusa do Oficial fundada na falta de descrição pormenorizada do imóvel, que permita a sua perfeita identificação. Falta de indicação das medidas perimetrais, rumos, graus e imprecisão na metragem. Violação do princípio da especialidade objetiva. Necessidade de prévia retificação. Recurso não provido" (CSMSP, Apelação Cível 990.10.482.188-6, Rel. Maurício Vidigal, *DJE* de 11/07/2011).

"**Registro de Imóveis** – Dúvida inversa julgada procedente – Negativa de registro de formal de partilha – Imóvel desmembrado com remanescente – Irresignação apenas parcial que prejudica a dúvida e impede o acolhimento do recurso – Necessidade, ademais, da retificação da área para a abertura de novas matrículas – Obediência ao Princípio da Especialidade – Recurso não provido" (CSMSP, Apelação Cível 0000025-61.2010.8.26.0196, *DJE* de 14/06/2012, Rel. José Renato Nalini).

"**Registro de imóveis**. Procedimento julgado para impedir o registro pretendido pelo apelante. Pedido de providências que, por força de requerimento de registro e posterior recusa, transmudou-se em dúvida. Instrumentalidade do processo que, com mais razão, deve ser admitida em procedimento administrativo. Sobreposição de áreas e documentação irregular que impedem o registro. Quebra dos princípios da especialidade e da unitariedade da matrícula. Sentença mantida" (CSMSP – Apelação Cível 9000023-58.2008.8.26.0405, Rel. Elliot Akel, *DJE* de 21/03/2014).

"**Registro de Imóveis** – Imóvel Rural Seccionado Por Estrada Municipal – Escritura De Divisão Amigável Que Dá Origem A Dois Imóveis, Sendo Um Deles Inferior Ao Módulo Rural Local Permitido – Inexistência De Desapropriação, Mas De Apossamento – Impossibilidade De Abertura De Matrícula Para A Área Menor – Recurso não Provido" (CSMSP – Apelação Cível 0006806-14.2014.8.26.0664, Rel. Elliot Akel, *DJ* 01/06/2015).

"Dúvida – Abertura de matrícula – Especialidade subjetiva – Escritura lavrada na vigência do Decreto nº 4.857/39 – Possibilidade de abrandamento do princípio, diante das peculiaridades de cada caso – Aplicação do Art. 176, § 2º da LRP – Precedentes – Dúvida improcedente. (1ª VRPSP – Procedimento de Dúvida Registral: 1122432-73.2015.8.26.0100, Rel. Tania Mara Ahualli, *DJ* 28/04/2016).

"**Registro de imóveis** – Escritura de compra e venda – Desqualificação – Imóvel inserido em área maior, objeto de transcrição – Falta de controle da disponibilidade qualitativa na transcrição – Necessidade de prévia retificação do registro de origem para adequação da descrição do imóvel e apuração da área remanescente – Óbice mantido – Nega-se provimento à apelação" (CSMSP – Apelação Cível 1081016-52.2020.8.26.0100, Rel. Ricardo Mair Anafe, *DJ* 22/02/2022).

"**Registro de imóveis** – Apelação recebida como recurso administrativo – Pretensão de abertura de matrícula para imóvel remanescente de área maior – Transcrição referente à área maior precariamente descrita e que sofreu vários destaques de prédios e casas – Imperiosa retificação da transcrição que dá origem ao imóvel em atendimento ao princípio da especialidade objetiva – Necessidade de perfeita descrição do bem imóvel cuja matrícula é requerida – Medida Provisória 1.085/2021, ainda em tramitação, que não autoriza conclusão diversa. Recurso não provido" (CGJSP – Recurso Administrativo 1111978-24.2021.8.26.0100, *DJ* 08/03/2022, Rel. Fernando Antônio Torres Garcia).

> **Art. 228.** A matrícula será efetuada por ocasião do primeiro registro a ser lançado na vigência desta Lei, mediante os elementos constantes do título apresentado e do registro anterior nele mencionado.

 Referências Normativas

Lei 6.015/1973, arts. 169, 176, 176-A, 195-A, 195-B, 196, 216-A, § 6º, 236, 237-A, 243, 295, parágrafo único, e 297.
Provimento 70/2018, CNJ, consolidação nos arts. 424 e seguintes do Provimento 149/2023, CNJ
Provimento 65/2017, CNJ, consolidação nos arts. 398 e seguintes do Provimento 149/2023, CNJ
Lei 11.331/2002 do Estado de São Paulo. Item 4. Tabela de Registro de Imóveis.
Decreto 4.449/2002, art. 9º, § 5º.
Itens 52, 53, 54, cap. XX NSCGJSP.

 Comentários

1. Oportunidade de abertura das matrículas

O art. 228 trata das regras para o descerramento de uma matrícula, estabelecendo quando deve ocorrer e de onde devem ser extraídas as informações para a abertura da nova matrícula.

Art. 228 | LEI DE REGISTROS PÚBLICOS COMENTADA

Quando da entrada em vigor da Lei 6.015/1973, esse dispositivo certamente tinha destino certo, visando instruir o Oficial Registrador em como descerrar uma matrícula na passagem do sistema registral do fólio pessoal para o sistema do fólio real uma vez que até então nenhuma matrícula existia na serventia. Entretanto, a leitura que se faz hoje do dispositivo é, certamente, mais ampla, instruindo a abertura de matrículas em todas as ocasiões que o sistema registral demandar. Assim, o art. 228 que, originariamente disciplinou a abertura de matrículas proveniente de transcrições, hoje também é utilizado para direcionar a abertura de matrícula quando ocorre a mudança de circunscrição (tema objeto do art. 229, a seguir), bem como as aberturas decorrentes dos negócios jurídicos objeto de registro, como desmembramentos, unificações, apurações de remanescente, entre outros casos que serão narrados a seguir.

Considerando como regra de transição entre sistemas, ou seja, utilizando o dispositivo para instruir a abertura de matrícula com origem em uma transcrição verifica-se que a primeira regra do mesmo é de ordem temporal, ou seja, **quando a abertura da matrícula é obrigatória, determinando a lei que será na ocasião do primeiro ato de registro a ser praticado em determinado imóvel, na sua vigência.**

Ao mencionar o termo "registro", a lei referiu-se aos atos de registro, em sentido estrito, ou seja, aqueles previstos no art. 167, I, da Lei 6.015/1973. Assim, protocolado na serventia um título que, qualificado positivamente, importar na realização de ato de registro, estando o imóvel ainda transcrito deverá a matrícula ser aberta na circunscrição competente, para então ser o título registrado.

Assim, entendendo ser impossível o descerramento imediato de todas as matrículas objeto das transcrições, o legislador determinou ser obrigatório matricular o imóvel apenas no primeiro ato de registro, sendo, no entanto, facultativo quando da prática de atos de averbação.

No entanto, quanto ao tema oportunidade de abertura, verifica-se que o art. 228 atualmente não está em harmonia com a atual redação do inciso I, do § 1º do art. 176 da Lei 6.015/1973, promovida pela Lei 14.382/2022, que considerou também obrigatória a abertura da matrícula no primeiro ato de averbação, a ser realizado na transcrição, quando esta contiver os requisitos legais para tanto, ou seja, obedecer ao princípio da especialidade objetiva:

> Art. 176 – O Livro nº 2 – Registro Geral – será destinado, à matrícula dos imóveis e ao registro ou averbação dos atos relacionados no art. 167 e não atribuídos ao Livro nº 3.
>
> § 1º A escrituração do Livro nº 2 obedecerá às seguintes normas:
>
> I – cada imóvel terá matrícula própria, que será aberta por ocasião do **primeiro ato de registro ou de averbação** caso a transcrição possua todos os requisitos elencados para a abertura de matrícula; (grifo nosso)

O que se verifica é que a Lei 14.382/2022 trouxe inovações à Lei 6.015/1973, no entanto, o legislador não foi meticuloso ao disciplinar de maneira uniforme a regra que obriga a abertura de matrícula de imóvel transcrito, deixando o texto legal com incompatibilidades (entre o que dispõem os arts. 176, § 1º, I, o 228 e ainda o art. 169, como veremos a seguir) que podem causar dúvidas no Oficial Registrador.

Com relação ao tema, oportunidade de abertura da matrícula, já se manifestava Afrânio de Carvalho, com uma interpretação mais simplista da lei e que, atualmente resolveria este impasse criado pelo legislador:[1330]

> A abertura da matrícula, ato em parte privado e em parte estatal, o que explica a inserção no seu contexto de dados colhidos pelo cartório dá-se ordinariamente por ocasião do primeiro "registro" (art. 176, parágrafo único, I e art. 228). O vocábulo "registro" foi empregado pela lei em sentido lato de primeiro assento, seja este de inscrição ou de averbação, como acontece em diversas passagens de seu texto, assinaladas no capítulo da terminologia do registro. Assim que surgir o primeiro título, decorrente de não importa qual evento, ensejará a matrícula, o que redundará no gradativo ingresso de todos os imóveis no fólio real, fim visado pela lei.

[1330] CARVALHO, Afrânio de. *Registro de imóveis*. 4. ed. Rio de Janeiro: Forense, 1997. p. 356.

Portanto, para Afrânio de Carvalho, o legislador nunca pretendeu gerar essa distinção entre atos de registro ou averbação para determinar a passagem do sistema do fólio pessoal para o fólio real. Em verdade, para ele a expressão "primeiro registro" deveria ser interpretada em sentido amplo, incluindo atos de registro ou de averbação, de modo que seria obrigatória a matrícula do imóvel assim que protocolado qualquer título qualificado positivamente.

As Normas de Serviço da Corregedoria-Geral da Justiça do Estado de São Paulo trataram do tema no item 52, do capítulo XX, estabelecendo como regra geral ser obrigatória a abertura de matrícula no primeiro ato de registro (em sentido estrito) e, nos casos em que o título demandar apenas atos de averbação simples, somente será procedida a passagem do sistema do fólio pessoal para o real, quando a transcrição possuir todos os requisitos necessários para a abertura da matrícula. Apesar de essa regra parecer ser mais restritiva, a interpretação sistemática das Normas demonstra que não é, como podemos verificar da norma constante do seu item 58.2.[1331] Obviamente, o Oficial Registrador deverá se cercar de cuidados para tal descerramento, para não trazer insegurança ao fólio real, cuidados estes que serão mais bem descritos nos itens a seguir.

Ainda sobre o tema obrigatoriedade de abertura de uma transcrição, devem-se considerar as situações em que à margem do livro não existir mais espaço para manuscrever os atos de averbação, como prevê o parágrafo único do art. 295 da Lei 6.015/1973:

> Art. 295. O encerramento dos livros em uso, antes da vigência da presente Lei, não exclui a validade dos atos neles registrados, nem impede que, neles, se façam as averbações e anotações posteriores.
>
> Parágrafo único – Se a averbação ou anotação dever ser feita no Livro nº 2 do Registro de Imóvel, pela presente Lei, e não houver espaço nos anteriores Livros de Transcrição das Transmissões, será aberta a matrícula do imóvel.

Ademais, como dito, o dispositivo não regula somente a transição de sistemas registrais, sendo também utilizado para instruir as aberturas de matrícula em geral, que podem ocorrer nas mais diversas situações, atendendo o que o negócio jurídico objeto do título protocolado demandar. Assim, são também atos que importam, obrigatoriamente, na abertura de matrícula, as fusões e os desmembramentos, o registro da usucapião (art. 216-A, § 6º), da desapropriação (art. 176-A da Lei 6.015/1973), quando da averbação do georreferenciamento de imóveis rurais (art. 9º, § 5º, Decreto 4.449/2002), quando da especialização dos imóveis públicos abertos após o procedimento do art. 195-A e B da Lei 6.015/1973, nas demarcações em geral (item 67.2 e 67.4, cap. XX, NSCGJSP). Também é obrigatória a abertura da matrícula quando houver requerimento expresso do interessado, desde que sejam respeitadas as regras do art. 176 da Lei 6.015/1973.

Além dos casos em que a abertura da matrícula é obrigatória, **existem também as situações em que a abertura da matrícula é facultativa**, ou seja, quando o Oficial Registrador pode, a seu critério, proceder o descerramento das matrículas, no interesse do serviço público, visando tornar o fólio real o mais atualizado possível. A regra está disciplinada pelo § 14 do art. 176 da Lei 6.015/1973 e deve ser utilizada pelo Oficial Registrador sempre que possível proceder a abertura do livro, uma vez que o controle de disponibilidade e emissão de certidões é bem mais fácil quando adotado o sistema do fólio real:

> Art. 176. O Livro nº 2 – Registro Geral – será destinado, à matrícula dos imóveis e ao registro ou averbação dos atos relacionados no art. 167 e não atribuídos ao Livro nº 3.
>
> ...
>
> § 14. É facultada a abertura da matrícula na circunscrição onde estiver situado o imóvel, **a requerimento do interessado ou de ofício, por conveniência do serviço**. (grifo nosso)

A mesma regra foi introduzida para os imóveis resultantes de empreendimentos imobiliários, nos quais, após o registro do parcelamento do solo ou da incorporação imobiliária, poderá o Oficial já

[1331] Não será considerada irregular a abertura de matrícula que segue os dados existentes no registro anterior (matrícula por transporte), bem como o registro do título subsequente, quando houver coincidência entre os dados.

Art. 228 | LEI DE REGISTROS PÚBLICOS COMENTADA

providenciar a abertura de matrículas, nos termos do § 4º do art. 237-A da Lei 6.015/1973. Vale frisar que a **grande novidade** do referido dispositivo, trazida pela Lei 14.382/2022, foi a de **possibilitar a abertura de matrículas para unidades futuras de empreendimentos objeto de registro de incorporação imobiliária** (Lei 4.591/1964), o que, anteriormente, só era possível após a averbação da construção e do registro da instituição em condomínio edilício.

2. Regras para a abertura das matrículas

Independentemente do motivo e da situação em que será aberta uma matrícula, voltando às regras constantes do art. 228, verifica-se que ele também indica quais elementos devem instruir o Oficial Registrador para extrair os dados para a descrição do imóvel e para a qualificação de seus titulares de direitos, a fim de observar os princípios da especialidade objetiva e subjetiva.

O dispositivo determina que o **Oficial extrairá as informações do título e do registro anterior**, ou seja, aquele que está dando suporte tabular à abertura da nova matrícula. A princípio, deverão ser observadas estritamente as informações já constantes do registro anterior, somente podendo ocorrer inovações na descrição do imóvel ou na qualificação pessoal dos titulares de direitos se forem apresentados documentos idôneos que façam prova dessas modificações, por isso a menção na lei de que a matrícula pode ser aberta com elementos do título.

Assim, a regra principal é a matrícula ser aberta com base nos elementos constantes do registro anterior. Se, entretanto, o título trouxer inovações, elas deverão ser provadas documentalmente e averbadas no registro anterior antes de serem incluídas na descrição do imóvel ou das partes. Sobre o tema, ensina Narciso Orlandi Neto:[1332]

> As regras reunidas no princípio da especialidade impedem que sejam registrados títulos cujo objeto não seja exatamente aquele que consta do registro anterior. É preciso que a caracterização do objeto do negócio repita os elementos de descrição constantes do registro.

Na transição de sistemas registral é comum o prévio ajuste nas informações da qualificação pessoal dos titulares de direitos reais sobre o imóvel, uma vez que era muito frequente, no regime das transcrições, a precariedade de elementos de identificação das pessoas que faziam parte dos registros. Com a apresentação de título que importe na abertura da matrícula, será a oportunidade de corrigir estas lacunas, sendo importante que o Oficial exija a apresentação de documentos de identificação pessoal como RG, CPF, certidão de nascimento, casamento etc., para tornar a qualificação omissa o mais completa possível, atendendo as regras do art. 176, da Lei 6.015/1973.

O mesmo ocorre com a descrição dos imóveis que podem ser nutridas de novos elementos que melhorem a identificação e confirmem a localização do bem, a partir de averbações de construção, nova numeração do prédio, oficialização de logradouro, novo cadastro imobiliário, todas, obviamente, comprovadas com documentos oficiais, nos termos do que disciplina o §1º do art. 246, da Lei 6.015/1973.

Vale considerar, entretanto, que não são todas as inovações que podem ser simplesmente averbadas, sem prévio procedimento de retificação do registro, nos termos do art. 213 da Lei 6.015/1973. O título pode, por exemplo, trazer a área quadrada do imóvel, elemento da descrição que a transcrição não continha. Não é possível ao Registrador simplesmente abrir a matrícula com base no título e inserir essa nova informação descritiva. Trata-se de situação que, em regra, demanda a retificação do registro por meio de procedimento próprio, onde, dependendo do caso, demandará, inclusive, a anuência de confrontantes (retificação bilateral).

Neste sentido, o eminente Juiz Auxiliar da Corregedoria, Aroldo Mendes Viotti, no parecer acolhido no julgamento da Apelação Cível 8.424-0/3, ressaltou que a abertura de matrícula:

> ...constitui ato de ofício do registrador, a ser obrigatoriamente praticado nas hipóteses previstas no item 45, capítulo XX, das Normas de Serviço da Corregedoria Geral da Justiça, e, em caráter facultativo, até mesmo de ofício pelo Oficial, no interesse do serviço (item 45, "b", capítulo XX, das Normas de Serviço). Em qualquer hipótese, a abertura de matrícula é ato que tem em mira, ou a organização do serviço, ou a preservação da unitariedade, **jamais importando**

[1332] ORLANDI NETO, Narciso. *Retificação do registro de imóveis* São Paulo: Oliveira Mendes, 1997. p. 68.

Art. 228

em modificação quanto ao conteúdo ou à extensão do direito real inscrito, vale dizer, não implicando constituição, extinção ou alteração de direitos (CSMSP – Apelação Cível 9.962-0/5, *DJ* 27/06/1989). (grifo nosso)

3. Quando a abertura da matrícula deve ser obstada

Situação que exige extremo cuidado do Oficial Registrador é quando o imóvel transcrito não contém todos os elementos previstos no art. 176 da Lei 6.015/1973. As perguntas que se faz são: a falta de qualquer elemento constante do dispositivo importará em negativa de registro do título, por não ser possível a abertura da matrícula? É possível relativizar o rigor legal, nos casos em que se pode identificar o imóvel e as partes, de modo a diferenciá-los dos demais?

A regra, certamente, é que o imóvel deva conter todas as informações que o caracterizem, identifiquem e o distinguem de todos os demais imóveis objeto de registro. O mesmo se aplica aos titulares de direitos sobre o bem. No entanto, sabemos que nem sempre conseguimos trabalhar com o ideal, devendo atentarmos para o que nos traz o mundo real.

Assim, não é possível responder a tais questões sem o exame do caso concreto. Uma resposta negativa e objetiva para todos os casos engessaria o Oficial Registrador e deixaria à margem do registro, e de seus benefícios, grande parte dos bens imóveis. Um título sem registro pode causar tantos males quanto registros imprecisos. Vale lembrar que o sistema do fólio real torna mais efetivo e seguro o controle da disponibilidade e mais eficiente a publicidade registral, devendo a passagem de sistemas ser incentivada e não impossibilitada pela própria lei.

Ao longo dos anos, muitas regras foram impostas para disciplinar a abertura das matrículas, especialmente, aquelas com origem na transcrição e que o ato de matricular não modificará em nada o direito já existente e inscrito pelo sistema anterior. Podemos citar, por exemplo o decidido nos autos do processo CG 1241/1996, em que o então Juiz Auxiliar da Corregedoria, Francisco Eduardo Loureiro, hoje Desembargador, apontou solução a partir da mitigação da especialidade objetiva:

> ...Não se nega, portanto, a possibilidade de ser descerrada matrícula com exata coincidência com o registro anterior, em que pese a ausência de medidas perimetrais e da área de superfície. O que não se admite é a criação de nova unidade imobiliária contendo descrição perfeita, por fusão de matrículas, quando um dos imóveis unificandos não dispõe de todas as medidas tabulares. Em termos diversos, imóvel com figura imprecisa não pode gerar, por fusão ou desmembramento, nova unidade com figura e descrição precisas.

Nesse sentido dispõe o item 58.2 do cap. XX das Normas de Serviço da Corregedoria-Geral da Justiça Paulista: *58.2. Não será considerada irregular a abertura de matrícula que segue os dados existentes no registro anterior (matrícula por transporte), bem como o registro do título subsequente, quando houver coincidência entre os dados.*

Na opinião de Afrânio de Carvalho, o ato de matricular um imóvel trata-se apenas de um ato cadastral, de simples mudança de sistemas, o que permitiria a abertura da matrícula mesmo com descrição imperfeita:[1333]

> Que ocorre então? Apenas uma transformação morfológica, uma mudança da feição exterior do ato, sem qualquer alteração de sua substância. O ato, que tinha na transcrição certa forma, assume na matrícula forma diversa. A troca do antigo sistema de registro pelo sistema do fólio real impôs esta mudança no feitio externo sem atingir o cerne ou essência do ato.

As situações em que a jurisprudência e a doutrina vêm amenizando os rigores da lei quanto à subsunção ao princípio da especialidade objetiva aplicam-se somente aos casos em que se realiza mero descerramento do livro ou quando o título que será objeto do próximo ato registral não trouxer mudanças no imóvel ou que disponha do mesmo em sua integralidade. Assim, não seria admitido o registro de um parcelamento do solo, mas não haveria impedimento ao registro de uma venda e compra do imóvel todo.

[1333] CARVALHO, Afrânio de. *Registro de imóveis*. 4. ed. Rio de Janeiro: Forense, 1997. p. 355.

Art. 228 | LEI DE REGISTROS PÚBLICOS COMENTADA

Entretanto, sabe-se que há situações em que a precariedade é absoluta de tal modo que torna impossível a identificação e caracterização do imóvel, a ponto de não ser possível distingui-lo de qualquer outro bem. Nesses casos, é inapropriada a abertura da matrícula, sendo necessária a prévia retificação do registro nos termos do art. 213 da Lei 6.015/1973.

Há também as hipóteses em que o imóvel transcrito sofreu destaques parciais e o remanescente que aguarda abertura na transcrição não possui descrição que permita individualizá-lo e especializá-lo ou a descrição foi absolutamente desfigurada, impossibilitando a abertura de novo livro.

Cumpre observar que a Lei 14.382/2022 trouxe inovação também com relação a este tema abertura da matrícula oriunda de transcrição, conforme se verifica da nova redação dada ao inciso I do § 1º do art. 176 da Lei 6.015/1973:

> Art. 176. O Livro nº 2 – Registro Geral – será destinado, à matrícula dos imóveis e ao registro ou averbação dos atos relacionados no art. 167 e não atribuídos ao Livro nº 3.
>
> § 1º A escrituração do Livro nº 2 obedecerá às seguintes normas:
>
> I – cada imóvel terá matrícula própria, que será aberta por ocasião do primeiro ato de registro ou de averbação **caso a transcrição possua todos os requisitos elencados para a abertura de matrícula;** (grifo nosso)

Contamos também com as seguintes regras norteadoras à abertura de matrícula constante dos §§ 15 a 18 do art. 176 da Lei 6.015/1973, que dispõe, resumidamente:

1) A matrícula poderá ser aberta mesmo que ausentes alguns elementos de especialidade objetiva ou subjetiva, havendo elementos que tragam segurança quanto à localização e à identificação do imóvel;
2) A matrícula não será aberta, exigindo prévia retificação (art. 213, da Lei 6.015/1973), quando forem considerados insuficientes dos elementos de especialidade objetiva ou subjetiva;
3) Os elementos de especialidade objetiva ou subjetiva, que não alterarem elementos essenciais do ato ou negócio jurídico praticado, podem ser complementados com documentos ou com informações do próprio acervo registral.
4) Em regra, a retificação será procedida no cartório da circunscrição atualmente competente. No entanto, quando necessária retificação de transcrição (art. 213, da Lei 6.015/1973) em que faltem os elementos da especialidade objetiva e subjetiva as averbações poderão ser feitas na circunscrição de origem.

Apesar da inovação legislativa, cremos que o entendimento quanto à possibilidade ou não de abertura de matrícula deve continuar o mesmo, uma vez que toda regra deve ser usada com moderação, não devendo ser rígida demais, a ponto de impedir a melhoria do sistema registral, com a necessária passagem do imóvel para o fólio real.

4. Situações especiais

Por fim, cabe menção aos casos, extremamente excepcionais nos dias de hoje, em razão do tempo que se passou desde a entrada em vigor da Lei 6.015/1973, que são as aberturas de matrículas a serem realizadas pela qualificação positiva de escrituras e partilhas, lavradas ou homologadas na vigência do Decreto 4.857, de 9 de novembro de 1939. Nesses casos, permite a lei que sejam observadas as regras da Lei anterior e não as constantes do art. 176 da Lei 6.015/1973:

> Art. 176...
>
> § 2º Para a matrícula e registro das escrituras e partilhas, lavradas ou homologadas na vigência do Decreto nº 4.857, de 9 de novembro de 1939, não serão observadas as exigências deste artigo, devendo tais atos obedecer ao disposto na legislação anterior.

Vale demonstrar o que dispunha o Decreto 4.857/1939 acerca da caracterização dos bens imóveis:

> Art. 247. São os seguintes os requisitos da transcrição para a transferência da propriedade imóvel, em qualquer caso:

1º, o número de ordem e o da anterior transcrição;
2º, data;
3º, circunscrição judiciária ou administrativa em que é situado o imóvel, conforme o critério adotado pela legislação local;
4º, denominação do imóvel, se rural, rua e número, se urbano;
5º, característicos e confrontações do imóvel;
6º, nome, domicílio, profissão, estado e residência do adquirente;
7º, nome, domicílio, estado e profissão do transmitente;
8º, forma do título, data e nome do tabelião, ou do Juiz e do escrivão;
9º, título de transmissão;
10º, valor do contrato;
11º, condição do contrato, com todas as cláusulas adjetas que possam afetar a terceiros e de necessária publicidade.
Parágrafo único. Nas transcrições serão posteriormente feitas referências aos números relativos ao mesmo imóvel, quando for de novo transmitido, integralmente ou por partes.
Art. 248. Para efeito do disposto no artigo anterior, os tabeliães e escrivães farão com que, nas escrituras e nos autos judiciais, os outorgantes e autores indiquem, com precisão, as confrontações e a localização do prédio ou do terreno, mencionando os nomes dos confrontantes, e ainda, quando se tratar só de terreno, se este fica do lado par ou ímpar do logradouro o a que distância métrica do prédio ou da esquina mais próxima.

Na leitura do dispositivo, é possível verificar que a regra anterior não era de todo displicente quanto à necessidade de uma boa especialização dos bens imóveis. Já na sua vigência se exigia diversas informações e características que, por certo, não eram bem cumpridas, considerando as diversas transcrições com descrição extremamente precárias. Assim, mesmo utilizando hoje as regras do Decreto para abrir uma matrícula, pode-se considerar que o imóvel será bem descrito e especializado.

 Jurisprudência

"**Registro de imóveis** – Abertura de matrícula com elementos que não constavam dos registros anteriores – Infringência ao princípio da especialidade – Inobservância do prazo para registro de títulos – Descumprimento de determinação constante do termo de correição – Infrações do Oficial e do Escrevente caracterizadas – Pena de suspensão aplicada" (CGJSP – Procedimento Administrativo: 72.159/84, Rel. Marcos Nogueira Garcez, j. 12/08/1985).

"**Matrícula – Abertura**. Para abertura da matrícula é indispensável a exibição de certidões imobiliárias das circunscrições a que pertenceu o imóvel, não apenas para a regular apuração da totalidade dos condôminos, mas igualmente a afastar a titularidade tabular de terceiros. CÓDIGO CIVIL – TÍTULO ANTERIOR. A aquisição *mortis causa* não é título obrigatoriamente registrável antes do Código Civil. Não é considerado anterior ao Código Civil inventário de pessoa que morreu antes de 1917, mas teve a abertura do inventário e todos os atos de partilha, homologação e instrumentalização, já na vigência do Código Civil. TÍTULO MATERIAL E FORMAL. Título, em sentido próprio, material, é causa ou fato jurídico; em sentido impróprio, formal, é a instrumentação dessa causa" (CSMSP – Apelação Cível 7.281-0/2, Rel. Sylvio do Amaral, *DJ* 06/08/1987).

"Ementa não oficial. 1. Formal de Partilha impedido de ingressar no registro predial por trazer inovação descritiva à mingua de elementos seguros nos registros anteriores. Veda-se o acesso de título por não se saber com exatidão a área do imóvel, não se conhecendo qual a disponibilidade quer quantitativa, quer qualitativa do imóvel. Maltrato ao princípio da especialidade. 2. Veda-se a inovação da descrição e a retificação unilateral de registro. 3. Hipótese de partilha de imóvel no inventário sem que as novas unidades imobiliárias previamente existissem. Ou as unidades imobiliárias já existiam e assim atribuídas a cada um dos herdeiros, ou então a única é destinada a todos os herdeiros que, posteriormente, extinguem a comunhão" (CSMSP – Apelação Cível 017627-0/1, Rel. José Alberto Weiss de Andrade, j. 26/08/1993).

Art. 228 | LEI DE REGISTROS PÚBLICOS COMENTADA

"Ementa não oficial. Tendo havido sucessivos destaques, sem que haja possibilidade de segura apuração do remanescente, veda-se o acesso do título" (CSMSP – Apelação Cível 18.530-0/5, Rel. Antônio Carlos Alves Braga, *DJ* 20/02/1995).

"Ementa não oficial – Admite-se nova espécie do gênero retificação e permite-se, em caráter excepcional, a inserção de dados na esfera puramente administrativa, mediante decisão do Juiz Corregedor Permanente, sem necessidade de citação de confrontantes e alienantes 2. Os pedidos de retificação de registro, ainda que unilaterais, devem ser de iniciativa do próprio interessado. 3. O interessado não pode incluir no cadastro alteração unilateral das características do imóvel. 4. É possível ser descerrada matrícula com exata coincidência com o registro anterior, em que pese a ausência de medidas perimetrais e da área de superfície. 5. Imóvel com figura imprecisa não pode gerar, por fusão ou desmembramento, nova unidade com figura e descrição precisas. 6. Oficial registrador não deve provocar o Juiz Corregedor Permanente para decidir sobre retificação administrativa de registro. (g.n.)" (CGJSP – Procedimento Administrativo 001241/96, Rel. Francisco Eduardo Loureiro, j. 07/06/1996).

"**Registro de imóveis.** Dúvida julgada procedente. Formal de partilha. Transcrição que contém descrição precária do imóvel, de forma a impossibilitar a identificação de sua localização e divisas. Existência de prévio desfalque parcial, decorrente de compra e venda, também com descrição precária da área alienada. Partilha que, sem prévia apuração do remanescente na via própria, inova ao indicar medidas perimetrais, rumos, confrontações e áreas distintas daquelas contidas na transcrição. Desdobro do remanescente em três imóveis distintos, efetuado na partilha, sem comprovação de que preenchidos os requisitos específicos. Princípio da especialidade. Recurso não provido" (CSMSP – Apelação Cível 942-6/0, Rel. Ruy Camilo, *DJ* 26/01/2009).

"Registro de imóveis. Bloqueios de matrículas. Princípio da especialidade objetiva. Matrículas abertas com base nas descrições defeituosas constantes do registro anterior. Inadmissibilidade, no caso, dos bloqueios pretendidos. Transição do regime de transcrição para o regime de matrícula. Ressalva quanto à possibilidade de exame subsequente pelo Registrador, na atividade de qualificação registral, da possibilidade ou não de ingresso de título eventualmente apresentado a registro. Levantamento dos bloqueios determinado. Recurso provido no ponto" (Procedimento Administrativo 135.474/2009 da Corregedoria-Geral da Justiça Paulista, Rel. Álvaro Luiz Valery Mirra j. 06/04/2010).

"**Registro de imóveis** – Escritura pública de desapropriação amigável. Modo originário de aquisição da propriedade. Desnecessidade de prévia apuração da área remanescente do registro atingido. Abertura de matrícula para a área desapropriada, com a averbação do desfalque no registro originário. Recurso a que se nega provimento" (CSMSP – Apelação Cível 1014257-77.2015.8.26.0037, Rel. Manoel de Queiroz Pereira Calças, *DJ* 20/06/2016).

"**Abertura de matrícula de imóvel público** – Não demonstração jurídica da causa da aquisição da propriedade concernente à desapropriação de área com mudança de curso de rio ocasionando álveo abandonado – Falta de intimação prévia dos confrontantes – Coincidência parcial da área da matrícula a ser aberta com a área de outras matrículas registradas – Ofensa à segurança jurídica – Recurso não provido" (CGJSP – Recurso Administrativo 1065681-95.2017.8.26.0100, *DJ* 19/03/2018, Rel. Geraldo Francisco Pinheiro Franco).

"**Registro de Imóveis** – Dúvida julgada procedente – Registro de áreas públicas – Loteamento parcialmente registrado, em virtude de ação judicial – Certidão municipal que não permite concluir que o parcelamento foi implantado e consolidado em conformidade ao projeto aprovado – Requisitos técnicos para a elaboração da planta e dos memorais descritivos não preenchidos – Falta de descrição das áreas públicas, tanto na parte registrada do loteamento, quanto naquela não registrada – Inexistência de elementos seguros para descerramento de matrículas e registros pretendidos – Art. 22, parágrafo único, da Lei nº 6.766/1979 e Art. 195-A da Lei nº 6.015/73 – Requisitos legais não atendidos – Nega-se provimento ao recurso" (CSMSP – Apelação Cível 1004567-11.2018.8.26.0363, *DJ* 01/09/2020, Rel. Ricardo Mair Anafe).

"**Dúvida** – Registro de título judicial – Carta de sentença em ação de desapropriação – Desapropriação ajuizada no ano de 1971, antes da vigência da Lei nº 6.015/1973 – Descrição do imóvel a partir de transcrição, sem obediência ao princípio da especialidade – Retificação do registro imobiliário posterior ao trânsito em julgado da desapropriação, com abertura de matrícula com a correta descrição do imóvel – Cadastros da Municipalidade desapropriante atualizados a partir das medidas retificadas – Dúvida suscitada a partir da divergência da descrição do imóvel no título judicial e na matrícula atual – Possibilidade de registro independentemente de retificação do título – Incidência da norma do art. 213, § 13 da Lei de Registros Públicos – Inexistência de dúvidas de que a desapropriação teve por objeto todo o imóvel – Pedido de registro com base na nova descrição constante do registro autorizada pela legislação – Dúvida afastada – Recurso provido" (CSMSP – Apelação Cível 1031037-16.2019.8.26.0114, *DJ* 02/07/2020, Rel. Ricardo Mair Anafe).

"**Registro de Imóveis** – Retificação da descrição constante da matrícula de unidade autônoma – Inexistência de hipótese autorizadora a respaldar a pretensão à luz do art. 212 da Lei nº 6.015/73 – Descrição da matrícula que está de acordo com o instrumento de especificação de condomínio – Opção do instituidor de constar, na abertura das matrículas individualizadas das unidades autônomas, apenas a indicação de suas áreas totais – Necessidade de apresentação de instrumento de retificação/ratificação condominial subscrito pela unanimidade dos condôminos – Inteligência do item 82 do Capítulo XX das Normas de Serviço da Corregedoria-Geral da Justiça Parecer pelo não provimento do recurso" (CGJSP – Recurso Administrativo 1123785-12.2019.8.26.0100, Rel. Ricardo Mair Anafe, *DJ* 06/10/2021).

"Apelação. Dúvida inversa. Negativa de registro de escritura de venda e compra – vendedor identificado com RNE – matrícula constando RG do proprietário – coincidência no número de CPF e demais elementos – inexistência de dúvida quanto à identidade da pessoa – abrandamento do princípio da especialidade subjetiva – recurso a que se dá provimento" (CSMSP – Apelação Cível 1016699-48.2020.8.26.0002, Rel. Ricardo Mair Anafe, *DJ* 06/07/2021).

"A Corregedoria Geral da Justiça COMUNICA aos responsáveis pelas delegações de Registro de Imóveis do Estado de São Paulo, em atenção à Meta 19 da Corregedoria Nacional de Justiça, que é de sua responsabilidade cumprir o disposto no art. 171, parágrafo único, no art. 195-A e no art. 295, parágrafo único, todos da Lei 6.015/73, encerrando as transcrições com a consequente abertura de matrículas de imóveis" (Comunicado CG 689/2018. Processo 2017/253501 – São Paulo – Corregedoria-Geral da Justiça do Estado de São Paulo).

Processo 2017/253501 – São Paulo – Corregedoria-Geral da Justiça do Estado de São Paulo – (155/2018-E) – *DJE* 18/04/2018, p. 8.

"Metas da Corregedoria Nacional de Justiça – I Encontro de Corregedores do Serviço Extrajudicial – META 19 – Cumprimento do Art. 171, parágrafo único; art. 195-A, § 1º, e art. 295, parágrafo único, todos da lei 6.015/73, encerrando as transcrições com a consequente abertura de matrícula de imóveis – previsão no capítulo XX das NSCGJ de hipóteses que demandam obrigatória atuação do registrador, na abertura de matrícula e encerramento da transcrição, a requerimento do interessado – Publicação de comunicado reforçando a necessidade de cumprimento, por parte dos responsáveis pelas delegações de registro de imóveis do estado de São Paulo, do quanto disposto nos referidos artigos de lei."

"**Ementa não oficial:** 1. A abertura das matrículas das glebas repassadas da União ao Estado do Amapá deve observar o Princípio da Territorialidade previsto no art. 195-B da Lei de Registros Públicos. 2. Para as glebas já registradas faz-se necessária: a) a averbação do georreferenciamento com exclusão das áreas quilombolas, seguido do; b) registro do termo de doação e; c) as averbações dos destaques das áreas doadas para os municípios respectivos. 3. As glebas que nunca foram registradas, devem ter a abertura de suas matrículas em nome da União nas Serventias de localização dos respectivos lotes, seguindo-se das averbações dos documentos de doações e transferência, desde já observando que quando a Gleba abranger mais de um município, uma mesma certidão valerá pra abertura das novas matrículas nos cartórios dos municípios competentes" (TJAP. 1ª Vara Cível e de Fazenda Pública. Processo 082983/2022-14, Comarca de Macapá, Rel. Juíza de Direito de Entrância Final Liege Cristina de Vasconcelos Ramos Gomes, j. 05/12/2022).

Art. 229. Se o registro anterior foi efetuado em outra circunscrição, a matrícula será aberta com os elementos constantes do título apresentado e da certidão atualizada daquele registro, a qual ficará arquivada em cartório.

Referências Normativas

Lei 6.015/1973, arts. 169, 170, 171, 196 e 197.
Provimento 89/2019, CNJ, art. 5º.
Itens 54, 68, 68.1, 68.2, 68.3, 130.4, cap. XX NSCGJSP.

Comentários

O dispositivo trata da abertura de matrícula, mas especificamente dos casos em que o **descerramento ocorre em virtude de mudança da circunscrição imobiliária competente**, assim o art. 229 vem esclarecer a técnica registral para o descerramento de nova matrícula nos casos em que, por desmembramento territorial da circunscrição, o imóvel passa a ter novo Registro de Imóveis competente. O imóvel estava transcrito ou matriculado em um Registro de Imóveis que, em razão de desmembramento territorial de uma localidade, a circunscrição em que se situa o imóvel passa a ser de competência registral de outra serventia, de modo que, nos termos do art. 169 da Lei 6.015/1973, os novos atos de registro a serem praticados no imóvel deverão ser realizados já na circunscrição e serventia competentes.

De acordo com os ensinamentos de Narciso Orlandi Neto:

> (...) Circunscrição é, exatamente, o território da atribuição de cada serventia. Uma comarca pode ter uma ou mais circunscrições, de acordo com seu tamanho e com o número de municípios que abrange. As divisas das circunscrições são definidas na mesma lei que cria os serviços registrais. As circunscrições podem não ser contínuas, como ocorre comumente nas grandes cidades. Por vezes, a circunscrição de um serviço registral abrange distritos não confinantes entre si e até distantes um do outro.[1334]

O art. 169 da Lei 6.015/1973 passou por modificação por meio da Lei 14.382/2022, mantendo a regra geral estabelecida pela Lei de Registros Públicos, ou seja, adotando como obrigatória a abertura da nova matrícula, na circunscrição competente quando da realização do primeiro ato de registro, em sentido estrito, sendo facultativa a abertura nos atos de averbação, podendo, a critério do usuário do serviço, serem ainda realizadas na circunscrição primitiva, como pode-se observar:

> Art. 169. Todos os atos enumerados no art. 167 desta Lei são obrigatórios e serão efetuados na serventia da situação do imóvel, observado o seguinte:
> I – as averbações serão efetuadas na matrícula ou à margem do registro a que se referirem, ainda que o imóvel tenha passado a pertencer a outra circunscrição, observado o disposto no inciso I do § 1º e no § 18 do art. 176 desta Lei;

Dispõe, entretanto, o art. 176:

> Art. 176. O Livro nº 2 – Registro Geral – será destinado, à matrícula dos imóveis e ao registro ou averbação dos atos relacionados no art. 167 e não atribuídos ao Livro nº 3.
> § 1º A escrituração do Livro nº 2 obedecerá às seguintes normas:
> I – cada imóvel terá matrícula própria, que será aberta por ocasião do **primeiro ato de registro ou de averbação** caso a transcrição possua todos os requisitos elencados para a abertura de matrícula; (grifo nosso)

Desse modo, se o título a ser protocolado contiver atos ou negócios jurídicos que gerem a prática de atos de registro (art. 167, I, da Lei 6.015/1973) ou registros e averbações, é obrigatória a abertura da nova matrícula na nova serventia, atualmente competente. Se o título, no entanto, após qualificação positiva, demandar apenas atos de averbação (art. 167, II, da Lei 6.015/1973), é facultativa a abertura

---

[1334] NARCISO NETO, Orlandi. *Retificação do registro de imóveis*. São Paulo: Oliveira Mendes, 1997. p. 4-5.

da matrícula na nova circunscrição, sendo ainda admitida a prática do ato na circunscrição primitiva, até que se efetive o descerramento definitivo na atual circunscrição. Sendo, entretanto, o imóvel objeto de transcrição e tendo ela todos os elementos do art. 176, deverá a matrícula ser descerrada no Registro de Imóveis competente.

Vale frisar que, em sendo um ato de averbação que gere abertura de matrícula, como, por exemplo, um desdobro ou uma unificação de imóveis, também será caso de prática do ato já na nova circunscrição, uma vez que nenhuma nova matrícula pode ser aberta na serventia primitiva, devendo já ser aberta na serventia atualmente competente.

Trata-se, portanto, de regra de transição, que dá certa liberdade ao usuário do serviço quando este necessitar apenas praticar atos de averbação em seu imóvel, mas que não impede a imediata abertura da matrícula já na nova serventia, facultativamente e a seu requerimento.[1335] Já para os atos de registro a lei foi categórica e exigiu a pronta migração do registro para serventia e circunscrição que passou a ser a competente para o imóvel.

O capítulo XX das Normas da Corregedoria-Geral da Justiça do Estado de São Paulo disciplinaram o disposto no art. 169 da Lei 6.015/1973, de forma a incentivar o descerramento da matrícula na circunscrição competente inclusive nos atos de averbação, como pode-se observar:

> 10. Todos os atos enumerados no item acima são obrigatórios e deverão ser efetuados no cartório da situação do imóvel, observado o seguinte:
>
> I – **se desde logo for possível abrir a matrícula**, esta providência será tomada no cartório da atual situação do imóvel, **ainda que o ato por lavrar seja uma averbação apenas**; nesta hipótese, é vedado fazer averbação no cartório de origem; (g.n.)
>
> II – as averbações serão efetuadas na matrícula ou à margem do registro (transcrição ou inscrição) a que se referirem, ainda que o imóvel tenha passado a pertencer a outra circunscrição, sempre que a matrícula não puder ser aberta no cartório da atual situação do imóvel; a impossibilidade de abrir-se matrícula no cartório da atual situação do imóvel deve ser justificada em nota devolutiva;
>
> III – se a transcrição não possuir, desde logo, todos os elementos necessários para a abertura de matrícula, as averbações serão feitas no ofício anterior, à margem da transcrição ou da inscrição de origem;

Protocolado requerimento para descerramento de nova matrícula na serventia atualmente competente ou título que tenha por objeto atos quem importem na abertura de matrícula, **deverá o Oficial Registrador exigir a apresentação de certidão atualizada da serventia primitiva para que, com base em seus elementos e com as informações constantes do título, a nova matrícula seja descerrada, cumprindo as regras dos arts. 176 e do 228 da Lei 6.015/1973.**

Conforme já explicitado no dispositivo anterior, a matrícula a ser aberta deverá obedecer ao princípio da especialidade objetiva, podendo, em algumas situações, ser mitigado, possibilitando o descerramento caso falte algum elemento, desde que não descaracterize o imóvel. Entretanto, quando for o caso de alteração de circunscrição imobiliária, a especialização deve ser mais rigorosa, uma vez que haverá que se decidir sobre regra de competência. O registro efetivado em circunscrição incompetente é nulo de pleno direito, portanto, se na análise do imóvel e do título não for possível identificar a sua localização exata, de modo a causar dúvida quanto a circunscrição competente, necessária a adoção de medidas para sanar este problema ou omissão.

Por vezes, bastará a apresentação de certidão expedida pela Prefeitura Municipal, indicando onde está estabelecida a divisa do imóvel. Quando o imóvel está entre duas comarcas, no Estado de São Paulo, o órgão competente é o Instituto Geográfico Cartográfico (IGC), que irá emitir a certidão definidora dos limites. E, em alguns casos, necessária será a prévia retificação do imóvel, nos termos do art. 213, da Lei 6.015/1973, para então estabelecer os limites do domínio e com isso a circunscrição competente para o descerramento da matrícula.

[1335] Lei 6.015/1973, art. 176, § 14. É facultada a abertura da matrícula na circunscrição onde estiver situado o imóvel, a requerimento do interessado ou de ofício, por conveniência do serviço.

Sendo certa a circunscrição, bastará a apresentação da atualizada certidão da serventia anterior. Ocorre que a lei não estabeleceu o prazo pelo qual se considera uma certidão atualizada. A inexistência desse prazo pode permitir que cada serventia adote um critério subjetivo para o que considera certidão atualizada, o que não é adequado, sendo importante o estabelecimento de uma regra geral para padronizar o serviço e evitar omissões, como aceitação de certidões muito antigas, ou abusos, como exigir certidão expedida na data da prenotação do título na nova serventia.

Sabe-se que, não havendo nenhum protocolo aberto relativo ao imóvel e nenhum novo ato praticado na matrícula, a atualidade de uma certidão pode durar indefinidamente, não existindo mesmo como mensurar uma data exata para dizer que a mesma é atual. A certidão pode ter sido emitida hoje e no próximo dia ter ingressado um título que gere qualificação positiva e a prática de novos atos na mesma. Como também, podem se passar anos, décadas, sem a prática de um único ato na matrícula ou transcrição. Talvez por tal motivo a lei deixou aberta a expressão "certidão atualizada", contando com o prudente cuidado do Oficial Registrador em se certificar em contato direto com a serventia anterior sobre a atualidade da certidão emitida, previamente ao descerramento efetivo.

No Estado de São Paulo, as Normas de Serviço da Corregedoria-Geral da Justiça estabeleceram o prazo máximo de 30 dias para a certidão a ser apresentada na nova serventia com a finalidade de descerramento da matrícula:

> 54. A matrícula será aberta com os elementos constantes do título apresentado e do registro anterior. Se este tiver sido efetuado em outra circunscrição, deverá ser apresentada certidão expedida há no máximo 30 (trinta) dias pelo respectivo cartório, a qual ficará arquivada, de forma a permitir fácil localização.

A certidão atualizada da serventia anterior, apresentada com a finalidade de permitir a abertura da matrícula na circunscrição atualmente competente, deverá ser arquivada em local que se permita fácil localização, podendo ser em classificador próprio e exclusivo para esses documentos, como também, deve ser digitalizada e integrar a prenotação do título que deu origem à nova matrícula.

De posse da certidão atualizada do registro anterior (que pode ser certidão de matrícula ou de transcrição) e do título prenotado, deverá o Oficial Registrador extrair os elementos para o descerramento da nova matrícula, utilizando os critérios constantes dos arts. 227, 230, 231 e 232 da Lei 6.015/1973, aqui mencionados.

No campo destinado ao registro anterior, deverá o Oficial constar o número e a data da matrícula ou da transcrição que deram origem à nova matrícula e a identificação do Registro de Imóveis anterior. Em se tratando de imóvel oriundo de loteamento ou de condomínio edilício, o número do registro ou inscrição do loteamento ou da instituição e especificação do condomínio (item 56, V, cap. XX, NSCGJSP). Em sendo o imóvel proveniente da unificação de duas ou mais matrículas e transcrições, deverá constar do registro anterior a indicação de cada uma delas, formando, com isso, um histórico perfeito e encadeado de registros, a fim de montar uma sequência de registros anteriores, permitindo ao usuário do serviço e ao Oficial Registrador, a partir da simples leitura da matrícula e de seus registros anteriores, formar o histórico do imóvel, chegando até sua origem.

Aberta matrícula na nova unidade de serviço, não mais poderão ser feitas averbações nas matrículas ou transcrições de imóveis que passarem a pertencer a outra circunscrição, devendo o Oficial Registrador comunicar ao Oficial anteriormente competente o número da nova matrícula, indicando o número da matrícula ou transcrição da antiga circunscrição. Com base nessa informação, deverá o Oficial Registrador da circunscrição primitiva averbar o fato, de ofício e sem cobrança de emolumentos, informando que foi aberta matrícula relacionada àquele imóvel em nova circunscrição.

Tal providência de comunicações recíprocas entre as serventias, considerada de extrema relevância para o efetivo controle da disponibilidade e da atualidade dos livros, não contava com previsão legal, vindo a ser criada, no Estado de São Paulo, por meio do Provimento 56/2019, denominado como "funcionalidade PEC", sendo realizada, de forma digital, pelo Ofício Eletrônico, ferramenta operacionalizada pelo ONR, o Operador Nacional do Serviço Eletrônico de Imóveis.

O Provimento 89/2019 do CNJ trouxe, em nível nacional, a necessidade deste cuidado fundamental:

Art. 5º A abertura de matrícula decorrente de desmembramento da circunscrição imobiliária **deverá ser comunicada à serventia de origem para a averbação, de ofício, da baixa na matrícula originária.**
Parágrafo Único. Para prevenir duplicidade de matrículas decorrente da ausência de baixa da matrícula originária relativamente aos desmembramentos de circunscrição imobiliária, ocorridos anteriormente à edição deste regulamento, deverá a serventia nova comunicar, de ofício, à serventia de origem a abertura da nova matrícula para fins de baixa da originária, quando do primeiro ato a ser lançado na matrícula ou na hipótese de extração de certidão. (grifo nosso)

Com o mesmo objetivo, o Provimento 05/2023 da CGJSP inseriu ao item 10, cap. XX, das Normas de Serviço o seguinte dispositivo:

VI – para prevenir duplicidade de matrículas decorrente da ausência de encerramento de matrícula, transcrição ou inscrição, no caso de desmembramento territorial ocorrido antes de 18 de dezembro de 2019, o novo cartório comunicará ao anterior, de ofício, não apenas a abertura de matrícula, como também, uma só vez, a lavratura de certidão;

 Jurisprudência

"**Comarca – Divisão**. Imóvel deslocado para outra comarca – Pedido de matrícula na nova comarca formulado pelo próprio proprietário – Possibilidade – Inteligência e aplicação do art. 229 da Lei 6.015/73. MATRÍCULA – ABERTURA *EX OFFICIO*. Permitindo a lei que a matrícula seja aberta com os elementos constantes do título apresentado e da certidão atualizada do registro da circunscrição à qual pertencia anteriormente (art. 229 da Lei 6.015173), nada impede que o próprio interessado requeira a matrícula no novo cartório, com seu título e a certidão a que alude a lei, independentemente de ato específico cujo registro seja obrigatório" (TJSP – Apelação Cível, Acórdão 11.316-1, Rel. Jurandyr Nilsson, *DJ* 23/06/1981).

"**Matrícula – Abertura**. Para abertura da matrícula é indispensável a exibição de certidões imobiliárias das circunscrições a que pertenceu o imóvel, não apenas para a regular apuração da totalidade dos condôminos, mas igualmente a afastar a titularidade tabular de terceiros. CÓDIGO CIVIL – TÍTULO ANTERIOR. A aquisição mortis causa não é título obrigatoriamente registrável antes do Código Civil. Não é considerado anterior ao Código Civil inventário de pessoa que morreu antes de 1917, mas teve a abertura do inventário e todos os atos de partilha, homologação e instrumentalização, já na vigência do Código Civil. TÍTULO MATERIAL E FORMAL. Título, em sentido próprio, material, é causa ou fato jurídico; em sentido impróprio, formal, é a instrumentação dessa causa" (CSMSP – Apelação Cível 7.281-0/2, Rel. Sylvio do Amaral, *DJ* 06/08/1987).

"**Pena disciplinar** – Repreensão – Oficial – Registro de Imóveis – Abertura de dupla matrícula de um mesmo imóvel – Comarcas distintas – Irrelevância – Registro sem apresentação de certidão atualizada de ônus e alienações – Culpa *in vigilando* – Falta administrativa – Ignorância de texto expresso da lei – Prescrição do Processo Administrativo – Modo de contagem (no sentido do improvimento do recurso" (CGJSP – Recurso Administrativo 287/92, Rel. Francisco Eduardo Loureiro, j. 08/01/1993).

"**Registro de Imóveis** – Bloqueio de matrícula a pedido do registrador e determinada pelo Juiz Corregedor Permanente – Tese, acolhida pelo Juiz Corregedor, no sentido de que sua abertura foi irregular, em virtude de o imóvel estar localizado em circunscrição diversa – Falta de comprovação de irregularidade na abertura da matrícula – Localização do imóvel em circunscrição lindeira depois de trinta anos do descerramento da matrícula – Imóvel que, ademais, em razão de sucessivos desfalques, tinha área muito superior à apurada em retificação recente – Probabilidade concreta de que o imóvel original se estendesse por mais de uma circunscrição – Parecer pelo provimento do recurso, com o afastamento do bloqueio administrativo" (CGJSP – Recurso Administrativo 1000551-09.2016.8.26.0355, Rel. Manoel de Queiroz Pereira Calças, *DJ* 25/05/2017).

"**Registro de Imóveis** – Retificação – Especialidade subjetiva – Requerimento administrativo para retificação das transcrições dos imóveis que foi deferido pelo MM. Juiz Corregedor Permanente, em procedimento próprio – Abertura, no curso do procedimento de retificação, de matrículas para os imóveis que estão situados em circunscrição distinta daquela em que mantidas as transcrições – Possibilidade, neste caso concreto, de averbação da retificação nas transcrições, com posterior expedição de certidões pelo Oficial de Registro de Imóveis para possibilitar igual averbação nas matrículas abertas em circunscrição distinta – Recurso provido" (CGJSP – Recurso Administrativo 1034988-48.2015.8.26.0602, *DJ* 14/02/2018, Rel. Geraldo Francisco Pinheiro Franco).

"**Registro de imóveis** – Dúvida – Carta de Adjudicação expedida nos autos de ação de desapropriação – Aquisição originária da propriedade – Incerteza quanto à real localização do imóvel desapropriado – Princípio da especialidade objetiva – Necessidade de apresentação de certidão expedida pelo Instituto Geográfico e Cartográfico do Estado de São Paulo – Dúvida julgada procedente – Recurso não provido" (CSMSP – Apelação Cível 1008543-16.2017.8.26.0604, Rel. Geraldo Francisco Pinheiro Franco, *DJ* 28/05/2019).

"**Registro de imóveis** – Pretensão de abertura de matrícula de imóvel – Ausência de apresentação da certidão da transcrição do imóvel atualizada – Desatendimento ao disposto no item 54 do Capítulo XX, do Tomo II, das NSCGJ – Requisitos de especialidade subjetiva e objetiva faltantes, na espécie – Recurso desprovido" (CGJSP – Recurso Administrativo 1001056-82.2021.8.26.0659, Rel. Fernando Antônio Torres Garcia, *DJ* 24/05/2022).

"**Registro de imóveis** – Dúvida – Apelação – Desapropriação – Abertura de matrícula – Necessidade de certidão das circunscrições anteriores (Lei n. 6.015/1973, arts. 228-229; NSCGJ, II, XX, 54 e 68.2), mesmo que, no caso, se trate de aquisição originária – Exigência corretamente formulada – Sentença bem lançada – Apelação a que se nega provimento" (CSMSP – Apelação Cível 1007148-51.2022.8.26.0268, Rel. Fernando Antonio Torres Garcia, *DJ* 13/03/2024).

> **Art. 230.** Se na certidão constar ônus, o oficial fará a matrícula, e, logo em seguida ao registro, averbará a existência do ônus, sua natureza e valor, certificando o fato no título que devolver à parte, o que ocorrerá, também, quando o ônus estiver lançado no próprio cartório.

 Referências Normativas

Lei 6.015/1973, arts. 19, §§ 9º e 11, 197 e 229.
Item 54.1, 54.1.2, cap. XX, NSCGJSP.

 Comentários

A regra constante do art. 230 refere-se à forma de descerramento de uma matrícula quando no imóvel em que ela se originou houver registros ou averbações de ônus, de qualquer natureza. Tal situação pode ocorrer tanto nos casos narrados no art. 229, quando o imóvel estava matriculado ou transcrito em outra circunscrição e passou a pertencer a nova circunscrição, mudando com isso a competência registral, ou seja, alterando a competência para outra serventia de Registro de Imóveis, como também nos casos em que é necessária a abertura de uma matrícula com origem e destino na própria serventia imobiliária, conforme já esclarecido nos arts. 227 e 228 supra.

Para o caso de abertura de matrícula por mudança de circunscrição, para o descerramento no atual Registro de Imóveis, competente é apresentada uma certidão atualizada do Registro de Imóveis anteriormente competente, para que o livro seja descerrado com as informações determinadas pelos arts. 176 e 227 da Lei 6.015/1973. E, quando a nova matrícula é aberta na própria circunscrição, a análise do Oficial Registrador será feita nos próprios livros de registro de sua serventia predial.

A dispositivo trata dos casos em que **o imóvel a ser matriculado está gravado com ônus, de qualquer natureza, instruindo que eles deverão ser objeto de averbação na matrícula, logo após a descrição do imóvel e dos proprietários do bem**. O ônus será objeto de transporte por ato de averbação, o que significa mero espelhamento do ato já praticado no registro anterior para a nova matrícula a ser aberta.

A regra de escrituração aplica-se também e, muito especialmente, na abertura de matrícula, quando de sua passagem do sistema do fólio pessoal para o real, em um mesmo Registro de Imóveis, uma vez que, nestes casos também será descerrado o novo livro, com a descrição do imóvel, seguindo os critérios estabelecidos nos arts. 231 e 232 da Lei 6.015/1973, e, havendo ônus, logo após a identificação do imóvel e dos proprietários do bem, será averbada a existência dos ônus vigentes, devendo o ato conter suas características principais, como natureza e valor.

Quando nos referimos a tratar-se de uma regra bem específica em instruir o procedimento de abertura de matrícula oriunda do sistema de transcrições, é porque, pelo sistema do fólio pessoal, os ônus não eram inscritos no mesmo livro em que transcritas as transmissões. No regramento anterior, havia um livro específico para cada direito, sendo o Livro 03 o competente para a transcrição das transmissões. Em outros livros, assentavam-se hipotecas, compromissos de venda e compra, servidões, usufrutos, loteamentos, incorporações e atos deles decorrentes, conforme previa o art. 182 do Decreto 4.857/1939:

> Art. 182. Haverá no registro de imóveis os seguintes livros;
> Livro nº 1 – protocolo, com 300 fôlhas;
> Livro nº 2 – inscrição hipotecária, com 300 fôlhas;
> Livro nº 3 – inscrição das transmissões, com 300 fôlhas;
> Livro nº 4 – registro diversos com 300 fôlhas;
> Livro nº 5 – emissão de debêntures, com 150 fôlhas;
> Livro nº 6 – indicador real, com 300 fôlhas;
> Livro nº 7 – indicador pessoal, com 300 fôlhas;
> Livro nº 8 – registro especial, com 300 fôlhas;
> Livro nº 9 – registro de cédulas de crédito rural, com 300 fôlhas;
> Livro nº 10 – registro de cédulas de crédito industrial, com 300 fôlhas.
> Parágrafo único. Além dessas, haverá o livro-leilão, para lançamento resumido de todos os atos do registo, e um livro Auxiliar.

Com base nessa regra de escrituração, para conhecer a situação jurídica completa e atual de um bem imóvel era necessário buscar nos indicadores real (Livro 06) e pessoal (Livro 07) todas as indicações a ele referentes, em todos os demais livros, não bastando a emissão de certidão do livro 03 que se referia somente à transmissão do domínio. Assim, os "ônus" do imóvel estavam relacionados em outros livros, devendo ser mencionados na certidão extraída do livro 03, por meio de certificação adicional.

Na passagem do sistema do fólio pessoal para o real, essa foi uma característica que sofreu absoluta mudança, uma vez que a partir do momento em que a base registral se tornou o bem imóvel, que é o objeto do livro, todos os ônus foram a ele atraídos, concentrando-se todos em um mesmo lugar: a matrícula. Assim, quando a lei diz que se da certidão constar ônus, este será averbado na matrícula, logo após sua abertura, está tratando da essência da escrituração pelo sistema do fólio real.

Assim, independentemente de a nova matrícula ter origem em outro Registro de Imóveis ou na própria serventia em que se está praticando o ato, a técnica registral de descerramento do novo livro determina que os ônus que gravam o imóvel devem ser trazidos para o novo livro por meio de ato de averbação (independentemente da regra prevista no art. 167, I e II, da Lei 6.015/1973) e, em regra, sem a incidência de emolumentos, uma vez que o ato trata-se de mero espelhamento do ato já praticado anteriormente.

Importante saber o que a lei considerou como ônus e o alcance real da norma. A ideia que se tem ao ler o vocábulo "ônus" é de que sobre o imóvel incide algum direito real (art. 1.225, Código Civil). Mas o regramento do "transporte do ônus para o livro a ser descerrado" nesse caso deve estender-se a todo e qualquer gravame, restrição judicial, negocial ou administrativa. Desse modo, devem ser objeto de transporte por averbação toda e qualquer restrição que incida sobre o imóvel, tais como: direitos reais, ônus judiciais (penhoras, sequestros, arrestos, indisponibilidades, protestos contra alienação de bens), restrições ambientais (reserva legal, área de preservação permanente, área com contaminação, servidão ambiental), restrições administrativas (áreas não edificantes, restrições legais, tombamentos), restrições negociais (cláusulas restritivas de direitos, restrições urbanísticas convencionais, atos provenientes da Lei de Locação) etc.

Considerando, portanto, que todos os direitos e deveres ativos sobre o bem devem ser objeto de transporte para o novo livro, passamos a entender como tal ato será feito.

A averbação de transporte deverá conter as informações relevantes e que identifiquem a natureza do ônus, sua extensão, valor, prazo e outras características que o identifiquem de forma completa. Vale frisar que, em havendo vários ônus a serem objeto de transporte, a melhor técnica registral é a prática de um ato de averbação por ônus, de modo a trazer melhor detalhamento de cada um e maior clareza ao usuário do serviço. Assim, se o imóvel da matrícula a ser aberta contiver uma hipoteca, uma servidão e um usufruto, em nossa opinião, o ideal é que se realizem três atos de averbação, logo após a descrição do imóvel e dos titulares do domínio, contendo cada averbação a identificação precisa do direito real que onera o imóvel e o detentor do respectivo direito. Proceder a averbação de transporte dos ônus em apenas um ato dificulta a leitura e a compreensão do texto e pode confundir os titulares de cada direito, se não for muito bem redigido.

Vale frisar que **somente os ônus ativos, ou seja, aqueles ainda não cancelados devem ser objeto de averbação na matrícula a ser aberta.** O espelhamento dos atos na nova circunscrição ou na mesma serventia não deverá ser feito de forma completa, sem análise e interpretação do livro. Caberá ao Oficial Registrador qualificar a certidão que lhe foi apresentada para proceder o descerramento da nova matrícula e dela extrair somente os direitos reais ativos, deixando aqueles que foram registrados e posteriormente cancelados apenas como histórico no registro anterior. O trabalho a ser elaborado pelo Oficial Registrador ao abrir uma nova matrícula é, por vezes, complexo, dependendo do número de atos de registro e averbação que o imóvel já teve, sendo necessária a realização de verdadeiro ato de qualificação registral para chegar à situação atual consolidada do livro.

Dispositivo interessante foi inserido às Normas da Corregedoria-Geral da Justiça Paulista com relação ao tema. Trata-se do disposto no item 54.1.2, previsto no cap. XX, que disciplina os casos de descerramento de matrícula quando o imóvel foi objeto de arrematação ou adjudicação e, com isso, alguns ônus podem ter sido objeto de cancelamento indireto. A instrução, nesses casos, é analisar quais ônus foram cancelados, ainda que de forma indireta pelo ato de alienação forçada e no momento de descerrar a nova matrícula não os reproduzir. Consideram-se indiretamente canceladas, por exemplo, penhoras não relacionadas ao mesmo processo que deu origem à arrematação ou a adjudicação. Por outro lado, ônus relacionados ao imóvel, como restrições urbanísticas, restrições ambientais, ou mesmo direitos reais como servidões, não são objeto de cancelamento por força de uma alienação forçada, uma vez que se referem ao imóvel em si, e não aos seus titulares.

Importa considerar que a falha do Oficial Registrador ao **não transportar algum ônus ativo para a matrícula descerrada constitui falta grave** e é capaz de gerar sérios prejuízos aos usuários do serviço, uma vez que com a adoção do fólio real, em que todos os atos referentes ao bem imóvel serão praticados em um único Livro, que é a matrícula, e, respeitando a regra prevista no art. 230, considera-se que a certidão de inteiro teor do Livro 02 – Registro Geral é suficiente para fins de comprovação de propriedade, direitos, ônus reais e restrições sobre o imóvel, independentemente de certificação específica pelo Oficial. Assim, se da certidão de inteiro teor da matrícula não constarem ônus ou restrições, presume-se pela sua inexistência, considerando que os transportes foram feitos corretamente quando do seu descerramento.

A técnica registral de averbar os ônus e restrições ativas logo após o descerramento da matrícula constitui a essência do sistema de escrituração tendo como centro o fólio real, ou seja, tendo o imóvel livro próprio, onde serão realizados todos os atos a ele pertinentes. A partir dessa técnica de escrituração é que se presume que a certidão de inteiro teor reflete a situação atual do imóvel e que, ao contrário do que ocorria na sistemática anterior, do fólio pessoal, para a emissão de uma certidão do Livro 02 é desnecessária, ou, podemos dizer, inadequada, uma certificação final quanto a existência ou não de ônus sobre o imóvel, uma vez que, para saber isso, basta ler a própria matrícula, sendo desnecessário percorrer por vários livros como era feito no sistema do fólio pessoal.

Mesmo passados quase 50 anos da edição da lei e com ela a nova sistemática registral, ainda há quem exija a imprópria "certificação final" quanto a existência ou não de ônus sobre o imóvel, o que, na verdade nada mais representa do que outro serviço a ser prestado pelo Oficial: um serviço seria a emissão da certidão da matrícula, em seu inteiro teor, outro serviço seria a interpretação do livro, certificando ao usuário somente os direitos ativos.

Tal questão debatida ao longo dos anos de vigência da lei foi lembrada na sua última modificação substancial, a partir da Lei 14.382/2022, sendo que os artigos que tratam da publicidade registral sofreram importantes alterações.

No que se refere a certidão de inteiro teor da matrícula, esclarece a Lei 6.015/1973 de forma categórica:

Art. 19, § 11. No âmbito do registro de imóveis, a certidão de inteiro teor da matrícula conterá a reprodução de todo seu conteúdo e será suficiente para fins de comprovação de propriedade, direitos, ônus reais e restrições sobre o imóvel, independentemente de certificação específica pelo oficial.

Além disso, previu a lei uma nova espécie de certidão, esta sim com atuação qualificadora do Oficial Registrador em sua elaboração, denominada certidão da situação jurídica atualizada do imóvel. Essa certidão será emitida pelo Oficial, a partir dos dados constantes da matrícula e por meio da leitura e análise de cada ato, extraindo do livro somente os direitos, ônus, restrições e características ainda vigentes e ativos e, com estas informações irá elaborar a certidão, cujo formato e técnica de preparação é completamente diferente da certidão de inteiro teor da matrícula. A certidão qualificada está prevista no § 9º do art. 19 da Lei 6.015/1973, e, para sua emissão, a lei concede o prazo de um dia, considerando a dificuldade na sua elaboração, diferentemente do prazo concedido para a emissão de certidões de inteiro teor, que devem ser expedidas em até quatro horas. Sobre o tema, destacamos:

Art. 19. A certidão será lavrada em inteiro teor, em resumo, ou em relatório, conforme quesitos, e devidamente autenticada pelo oficial ou seus substitutos legais, não podendo ser retardada por mais de 5 (cinco) dias.

§ 1º A certidão de inteiro teor será extraída por meio reprográfico ou eletrônico.

...

§ 9º A certidão da situação jurídica atualizada do imóvel compreende as informações vigentes de sua descrição, número de contribuinte, proprietário, direitos, ônus e restrições, judiciais e administrativas, incidentes sobre o imóvel e o respectivo titular, além das demais informações necessárias à comprovação da propriedade e à transmissão e à constituição de outros direitos reais.

§ 10. As certidões do registro de imóveis, inclusive aquelas de que trata o § 6º deste artigo, serão emitidas nos seguintes prazos máximos, contados a partir do pagamento dos emolumentos:

– 4 (quatro) horas, para a certidão de inteiro teor da matrícula ou do livro auxiliar, em meio eletrônico, requerida no horário de expediente, desde que fornecido pelo usuário o respectivo número;

II – 1 (um) dia, para a certidão da situação jurídica atualizada do imóvel; e

 Jurisprudência

"**Registro de imóveis** – Arrolamento de bens previsto no art. 64, da Lei nº 9.532/97, que não caracteriza ônus – Transporte para a nova matrícula aberta em virtude de fusão de outras duas em nome de novo titular de domínio indevido – Recurso não provido" (CGJSP – Recurso Administrativo 55.856/2013, Rel. José Renato Nalini, DJ 09/08/2013).[1336]

"**Registro de imóveis** – Garantia em favor do Município constituída para o registro de loteamento – Abertura de matrículas sem a transposição da garantia, com posteriores vendas dos lotes – Averbação de ofício, mediante autorização do Juiz Corregedor Permanente, do ajuizamento de ação do Município contra o loteador em que requerida indenização pelas obras de infraestrutura realizadas pela municipalidade – Ação pessoal que não comporta averbação, *ex officio*, pelo Oficial de Registro

---

[1336] **Nota da autora:** No caso concreto, o arrolamento de bens não poderia ser objeto de transporte, pois trata-se de gravame pessoal e o imóvel já não estava em nome do arrolado quando da abertura da nova matrícula. Houve, portanto, um cancelamento indireto do ato, não podendo ser transportado para a nova matrícula já em nome de outro proprietário.

de Imóveis, ainda que mediante autorização do Juiz Corregedor Permanente – Recurso provido, com observação" (CGJSP – Recurso Administrativo 1039289-42.2018.8.26.0114, Rel. Geraldo Francisco Pinheiro Franco, *DJ* 04/09/2019).

"A usucapião é forma de aquisição originária da propriedade, de modo que não permanecem os ônus que gravavam o imóvel antes da sua declaração. Inexistência de determinação em sentido contrário no título judicial. Impossibilidade de transposição de hipoteca anterior na matrícula que será aberta em decorrência da usucapião. Recurso provido" (CSMSP – Apelação Cível 1006652-49.2019.8.26.0099, Rel. Ricardo Mair Anafe, *DJ* 01/06/2020).

"Recurso administrativo. Pedido de providências. Nova matrícula. Averbação de existência de ônus. Omissão. Falta grave. Caracterização. Suspensão por 90 dias.

1. Nos termos dos arts. 230 da Lei n. 6.015/73 e 13, inciso II, da Lei n. 8.935/94, é dever dos registradores efetuar as averbações e os cancelamentos de suas competências, inclusive proceder, de ofício, à averbação da transposição na nova matrícula de ônus reais e outros gravames acaso preexistentes na matrícula primitiva. Qualquer forma de oneração do bem deverá ser obrigatoriamente averbada.

2. Obrigatoriedade de transposição de ônus na nova matrícula aberta sob o número 3.684, Registro Geral – Livro 2, do imóvel rural Fazenda Estrondo – Lote 54, pertencente a Delfin Rio S.A. Crédito Imobiliário, o que não ocorreu, caracterizando falta grave do registrador.

3. Aplicação de penalidade proporcional aos princípios da razoabilidade, proporcionalidade e adequação, porquanto estabelecida de acordo com a falta grave praticada.

Recurso administrativo improvido" (CNJ – Pedido de providências 0002859-52.2019.2.00.0000, *DJ* 09/09/2020, Rel. Humberto Martins).

> **Art. 231.** No preenchimento dos livros, observar-se-ão as seguintes normas:
>
> I – no alto da face de cada folha será lançada a matrícula do imóvel, com os requisitos constantes do art. 176, e no espaço restante e no verso, serão lançados por ordem cronológica e em forma narrativa, os registros e averbações dos atos pertinentes ao imóvel matriculado;
>
> II – preenchida uma folha, será feito o transporte para a primeira folha em branco do mesmo livro ou do livro da mesma série que estiver em uso, onde continuarão os lançamentos, com remissões recíprocas.

 Referências Normativas

Lei 6.015/1973, art. 3º.
Provimento CNJ 143/2023.
Provimento CNJ 89/2019.
Itens 14.1 a 15, cap. XX, Normas de Serviço da CGJSP.
Item 51, cap. XX, Normas de Serviço da CGJSP.

 Comentários

A passagem do sistema de registros do fólio pessoal para o fólio real transformou a técnica registral e os processos internos das serventias para a prática dos atos de competência do Registro de Imóveis. Assim, a mudança do sistema de livros de transcrições e inscrições para as matrículas trouxe a necessidade de orientação quanto ao formato e apresentação dos livros, quanto à técnica de escrituração e quanto ao processo de registro em si, uma vez que esse sofreu grande mudança na prática. **Disciplinar a escrituração, além de organizar o serviço e orientar o formato adequado, uniformiza o procedimento, o que é de especial importância dentro dos Registros Públicos,** considerando que o mesmo serviço é praticado em todo país, por diferentes Oficiais de Registro. Não é admitido que cada serventia adote o formato de livro e técnica registral que melhor lhe aprouver ou segundo sua interpretação da lei. Há a necessidade de que todos adotem modelo igual ou, o mais semelhante possível, para que o usuário do serviço consiga compreender com maior facilidade os livros de registro e os direitos neles inscritos.

O sistema anterior, que tinha como base o fólio pessoal, era escriturado em 10 diferentes livros, cada um com 300 folhas e destinado à prática de diferentes atos e direitos (art. 182 do Decreto 4.857/1939). Eram livros encadernados de forma tradicional e neles somente era possível a prática de atos de forma manuscrita, ou seja, com a utilização das técnicas mais simples e rudimentares, o que impedia a produção de atos em lote ou um processo mais racional e célere.

Cada ato era redigido a mão pelo Oficial de Registro ou seu preposto, podendo conter as mais variadas grafias e formatos de letra, dificultando a leitura e interpretação dos registros, bem como a geração de cópias de segurança. Outro fator que trazia morosidade à escrituração era a dificuldade física existente em mais de um preposto utilizar o mesmo livro para a prática dos atos. Enquanto um escrevente ou auxiliar estava redigindo um ato no livro, não era viável a prática de outro ato no mesmo livro. Algumas soluções para tal problema eram adotadas pontualmente, como a criação de duas sequências de livros, um seguindo a numeração par e outro seguindo a numeração ímpar, por exemplo. Desse modo, esse motivo prático já era suficiente para que o sistema de registro em livros encadernados deveria cessar, uma vez que a técnica utilizada não permitiria a prestação do serviço público com maior eficiência ou com a presteza e celeridade que a sociedade moderna ia exigir a curto e médio prazo.

Com a edição da Lei 6.015/1973, uma das relevantes novidades foi a permissão da utilização de livros em folhas soltas, em substituição aos livros encadernados, apesar de ainda prever a possibilidade de utilização desta espécie de livro:

> Art. 3º A escrituração será feita **em livros encadernados**, que obedecerão aos modelos anexos a esta Lei, sujeitos à correição da autoridade judiciária competente.
>
> § 1º Os livros podem ter 0,22m até 0,40m de largura e de 0,33m até 0,55m de altura, cabendo ao oficial a escolha, dentro dessas dimensões, de acordo com a conveniência do serviço.
>
> § 2º Para **facilidade do serviço podem os livros ser escriturados mecanicamente, em folhas soltas**, obedecidos os modelos aprovados pela autoridade judiciária competente. (grifos nossos)

Na prática, verifica-se que a mudança do sistema de livros encadernados para os livros de folhas soltas, além da evolução jurídica, como já foi demonstrada no comentário ao art. 227, teve especial importância e melhoria também no que se refere à escrituração e ao processo de registro em si. A prática do ato em livros de folhas soltas permite a adoção de técnicas de escrituração mais modernas e que vêm evoluindo ao longo dos anos de vigência da lei. Também permite a escrituração dos livros por diversos prepostos ao mesmo tempo, o que agiliza a prestação do serviço e permite a racionalização e melhor divisão dos processos internos das serventias.

Nessa direção caminhou o CNJ, determinando, com a edição do Provimento 143/2023,[1337] a adaptação das matrículas descerradas anteriormente, sem adotar a técnica de livros em folhas soltas. Assim, determinou o art. 7º do referido Provimento (atual artigo 336 do Provimento 149/2023 CNJ) que os Registros de Imóveis que têm parte ou todo seu arquivo de matrículas escriturado de forma manuscrita em livros encadernados ou em livros desdobrados (art. 6º da Lei 6.015/1973) deverão migrar para o sistema de fichas soltas, as quais conterão os atos registrais lançados, por rigorosa ordem sequencial, conservando-se as mesmas numerações, com remissão na matrícula originária.

Para a transformação do livro, o Provimento impôs os prazos previstos no art. 14 (que teve redação modificação pelo Provimento 170/2024 CNJ) como segue:

> Art. 14. A transposição integral de todas as matrículas para fichas soltas será feita:
>
> I – a qualquer tempo, facultativamente;

[1337] Editado com a finalidade de regulamentar a estrutura, a geração e a validação do Código Nacional de Matrícula e dispor sobre a escrituração da matrícula no Registro de Imóveis, dando providências importantes para tornar possível a implantação da matrícula eletrônica. Referido provimento foi revogado em parte e vários de seus dispositivos foram acrescidos ao Provimento 149/2023 do CNJ.

Art. 231 | LEI DE REGISTROS PÚBLICOS COMENTADA

II – por ocasião de qualquer registro ou averbação, obrigatoriamente; e

III – em qualquer hipótese, até 25/05/2025.

Assim, a Lei 6.015/1973 permitiu a escrituração do Livro 02 em fichas de papel, independentes entre si, ou seja, em folhas soltas, devendo ser utilizado como parâmetro o modelo e as dimensões previstos na Lei, como segue:

REGISTRO DE IMÓVEIS – Modelo do Livro nº 2 – Registro Geral

REGISTRO DE IMÓVEIS
REGISTRO GERAL

Livro nº 2   Fl.:...............................

MATRÍCULA Nº ....   Data:............................

IDENTIDADE NOMINAL:

NOME, DOMICÍLIO E NACIONALIDADE DO PROPRIETÁRIO:

NÚMERO DO REGISTRO ANTERIOR:

Adotado esse modelo, deverá o Oficial Registrador observar as regras de preenchimento do livro constantes dos arts. 231 e 232 da Lei 6.015/1973. A primeira regra é aquela constante do inciso I do art. 231:

I – no alto da face de cada folha será lançada a matrícula do imóvel, com os requisitos constantes do art. 176, e no espaço restante e no verso, serão lançados por ordem cronológica e em forma narrativa, os registros e averbações dos atos pertinentes ao imóvel matriculado;

Na ficha da matrícula, deverá haver um campo destinado ao número da matrícula, que se localizará no alto da face da folha. Em atenção ao princípio da unitariedade matricial, cada imóvel será escriturado em uma matrícula e cada matrícula somente poderá conter um imóvel. Assim, com a entrada em vigor da Lei 6.015/1973, em 1º de janeiro de 1976, cada título que ingressasse ao Registro de Imóveis, que determinasse a abertura de nova matrícula (art. 228, da Lei 6.015/1973), receberia um novo livro, o Livro 02. Para a passagem de livros e sistemas de registro, iniciou-se uma nova sequência numérica, recebendo a primeira matrícula o número 01 e as demais seguindo a ordem crescente de números até os dias atuais. O número da transcrição não é mais o número de ordem daquele imóvel, mas integrará o Livro 02 – Matrícula no campo registro anterior.

Ao lado do número da matrícula, haverá um campo para a data de seu descerramento e a numeração das fichas que irão compor o livro. Todas as demais fichas de matrícula conterão o seu número no alto da face de cada folha e a respectiva numeração da ficha, para que o usuário do serviço tenha conhecimento e segurança da continuidade e unicidade do livro.

O Conselho Nacional de Justiça atribuiu um número de identificação para cada uma das serventias do País, o CNS ou Código Nacional das Serventias, sendo determinada a inserção dessa informação em todas as matrículas. Além disso, os oficiais de registro de imóveis deverão implantar numeração única para as matrículas, seguindo as regras previstas no Provimento 143/2023 do CNJ (atualmente previstas no Provimento CN. 149/2023, artigos 330 e seguintes), dentro dos prazos estabelecidos em seu art. 13[1338]. As regras dispostas pelo CNJ por meio de Provimentos com relação à escrituração do Livro 02 serão mais bem esclarecidas nos comentários ao art. 235-A, a seguir.

[1338] Os prazos continuam previstos no artigo 13 do Provimento 143/2023, cujo teor não foi revogado pelo Provimento 149/2023.

Logo abaixo da numeração da matrícula haverá o campo para a descrição do imóvel e a identificação do proprietário, seguindo as regras e os requisitos previstos no art. 176 da Lei 6.015/1973, ou seja, observando os princípios da especialidade objetiva e subjetiva. Após a descrição do imóvel e a identificação do proprietário, será informado o registro anterior do imóvel, que pode ser formado por um ou mais livros. Apesar de não constar do dispositivo, tal detalhamento pode ser verificado do modelo do livro constante da própria Lei 6.015/1973 (conforme modelo supra).

Realizado o descerramento da matrícula com a descrição do imóvel e a identificação do proprietário, esse ato de cadastro corresponderá ao ato zero, sendo então iniciados os atos de registro e averbação seguindo a ordem cronológica.

Consta da Lei que os registros serão realizados de forma narrativa, ou seja, contendo a identificação resumida do título de forma a descrever o negócio jurídico, as partes, o valor e outras características importantes do ato, de modo descritivo, formando um texto formal, que deverá atentar às regras gramaticais, à concordância verbal, à adoção de expressões no singular e plural, feminino ou masculino. Outra forma de compor os atos registrários seria de forma estruturada ou em forma de relatório, onde verificamos um texto mais simples e sem necessidade de narração do negócio, bastando a identificação do dado e a informação a ele correlata.

Vale considerar que o texto estruturado é que será o adotado quando da implantação da escrituração do Livro 02 de forma exclusivamente digital por meio da Matrícula Eletrônica de acordo com a disciplina do Provimento 89/2019 do CNJ, o qual, vale mencionar, era o método de redação dos textos nos livros de transcrição. Estaremos fazendo um retorno histórico em técnica de redação e formação do texto dos atos registrais, no entanto, mantendo como base do registro o imóvel, ou seja, mantém-se o fólio real, com técnica de redação de atos estruturada (e não mais a redação narrativa).

O inciso II do art. 231 prevê o meio seguro para dar continuidade no Livro, quando a primeira folha ou ficha de matrícula for totalmente preenchida:

> II – preenchida uma folha, será feito o transporte para a primeira folha em branco do mesmo livro ou do livro da mesma série que estiver em uso, onde continuarão os lançamentos, com remissões recíprocas.

Assim, a nova ficha em branco deverá conter o número da matrícula, constante da primeira ficha, o número da folha, e nela serão praticados os atos de averbação e registro, continuando a sequência numérica dos atos constantes da ficha anterior. Essa regra, constante da Lei 6.015/1973, deve ser cumprida em consonância com o disposto no art. 2º do Provimento 143/2023 do CNJ, que determinou que se faça, inclusive retroativamente, a inserção do Código Nacional de Matrícula em todas as matrículas da serventia. Assim dispõe o art. 2º:

> Art. 2º O Código Nacional de Matrícula será inserido à direita, no alto da face do anverso e do verso de cada ficha solta, por meio de impressão, datilografia, aposição de etiqueta, inserção manuscrita ou outro método seguro, a critério do oficial de registro de imóveis.
>
> Parágrafo único. Os oficiais de registro de imóveis, facultativamente, poderão averbar a renumeração das matrículas existentes, ato pelo qual não serão devidos emolumentos.

Vale considerar que referido dispositivo foi incluído à Consolidação Normativa do CNJ, através do Provimento 149/2023, sendo ainda seu teor modificado, recentemente, pelo Provimento 180/2024, tendo atualmente a seguinte redação:

> Art. 331. O Código Nacional de Matrícula será inserido à direita, no alto da face do anverso e do verso de cada ficha solta, por meio de impressão, datilografia, aposição de etiqueta, inserção manuscrita ou outro método seguro, a critério do oficial de registro de imóveis.
>
> § 1.º Os oficiais de registro de imóveis, facultativamente, poderão averbar a renumeração das matrículas existentes, ato pelo qual não serão devidos emolumentos. (Renumerado pelo Provimento n. 180, de 16.8.2024)
>
> § 2º Alternativamente ao disposto no *caput* deste artigo, a inserção do Código Nacional de Matrícula poderá se dar por aposição digital na imagem da matrícula, salvo na hipótese do § 3º deste artigo. (Incluído pelo Provimento n. 180, de 16.8.2024)

Art. 231 | LEI DE REGISTROS PÚBLICOS COMENTADA

§ 3º Ao abrir nova matrícula, a indicação do número do Código Nacional de Matrícula será obrigatória na forma do *caput* deste artigo. (Incluído pelo Provimento n. 180, de 16.8.2024)

Verifica-se que o CNJ procurou facilitar ao máximo o método de inserção da nova numeração nas matrículas, permitindo inclusive que se faça com a inserção manuscrita ou colocando sobre a folha uma etiqueta. Para a realização dessa adaptação, o CNJ previu os seguintes prazos que continuam previstos no Provimento 143/2023:

Art. 13. Os oficiais de registro de imóveis implantarão o Código Nacional de Matrícula – CNM:
I – imediatamente, para as matrículas que forem abertas a partir do funcionamento do Programa Gerador e Verificador;
II – sempre que for feito registro ou averbação em matrícula já existente, desde que já esteja em funcionamento o Programa Gerador e Verificador; e
III – em todas as matrículas, no prazo máximo de 1 (um) ano, contado do início do funcionamento do Programa Gerador e Verificador.

A Lei 6.015/1973 não trouxe esse detalhamento, mas a Norma da Corregedoria-Geral da Justiça Paulista previu regra específica para gerar a segurança na continuidade do livro, quando aberta nova folha ou ficha da mesma matrícula. A regra do preenchimento do livro está prevista no item 51 do cap. XX das Normas, do qual vale a leitura completa, uma vez que traz as regras de abertura do livro de forma técnica, clara, completa e objetiva:

51. No preenchimento das fichas das matrículas que comporão o Livro nº 2 de Registro Geral, serão observadas as seguintes normas:
I – a ficha da matrícula deverá conter a expressão "Livro 2 – Registro Geral" e a identificação da respectiva unidade de registro de imóveis, inclusive com o número do Código Nacional de Serventias (CNS), atribuído pelo Conselho Nacional de Justiça (CNJ), não havendo necessidade de inserção retroativa desses dados;
II – no alto da face do anverso de cada ficha serão lançados o número da matrícula, o da ficha e a data de abertura desta; no verso apenas o número da matrícula e o da ficha, com a informação de tratar-se de seu verso;
III – no espaço restante da ficha e em seu verso serão lançados por ordem cronológica e em forma narrativa, os registros e as averbações dos atos pertinentes ao imóvel matriculado;
IV – ao se esgotar o espaço no anverso da ficha e se tornar necessária a utilização do verso, será consignada, ao pé da ficha, a expressão "continua no verso";
V – se for necessário o transporte para nova ficha, proceder-se-á da seguinte maneira: a) no pé do verso da ficha anterior será inscrita a expressão "continua na ficha nº__"; b) o número da matrícula será repetido na ficha seguinte, que levará o número de ordem correspondente (ex: matrícula nº 325 – Ficha nº 2, matrícula nº 325 – ficha nº 3, e assim sucessivamente);
VI – cada lançamento de registro será precedido pela letra "R" e o de averbação pelas letras "AV", seguindo-se o número sequencial do ato e o da matrícula. O número do ato será lançado por rigorosa ordem sequencial, de sorte que inicia-se no número 1 e segue-se ao infinito (exemplos: R. 1/780; R. 2/780; AV. 3/780; AV. 4/780; R.5/780; AV. 6/780 e assim, sucessivamente);
VII – é opcional a repetição do número da matrícula em seguida ao número de ordem do lançamento de cada ato;
VIII – no registro ou na averbação será sempre indicado o número e a data do protocolo do documento apresentado e a data em que o ato é praticado;
IX – na matrícula não poderá ser feito qualquer lançamento sob a rubrica de "certidão", "anotação" ou "observação", visto que o ato deve ser unicamente de registro (R) ou averbação (AV), inexistindo previsão legal para lançamento diverso;
X – a cada imóvel deve corresponder uma única matrícula (ou seja, um imóvel não pode ser matriculado mais de uma vez) e a cada matrícula deve corresponder um único imóvel (isto é, não é possível que a matrícula descreva e se refira a mais de um imóvel). Caso haja mais de

uma descrição para o mesmo imóvel no sistema de transcrição ou na circunscrição imobiliária anterior, antes da abertura de nova matrícula, deverá ser promovida sua unificação.

Por fim, cumpre observar que, com a entrada em vigor do Provimento 89/2019 do CNJ, novo formato de escrituração do Livro 02 foi estabelecido, como meio de viabilizar a implantação do SREI em nível nacional. Dispõe o art. 10 do Provimento 89/2019 que as matrículas escrituradas em fichas de papel deverão migrar para o formato eletrônico, denominado de "matrícula eletrônica". Mesmo tratamento foi dado pelo Provimento aos imóveis que ainda estão escriturados no sistema de transcrições. Nesse caso, mesmo antes de se transformar em uma matrícula em fichas de papel, o imóvel migrará diretamente para o sistema eletrônico:

> Art. 10. Para viabilizar a implantação do registro imobiliário eletrônico, os ofícios de registro de imóveis deverão adotar os seguintes parâmetros e rotinas operacionais:
> ...
> III – estabelecimento da "primeira qualificação eletrônica" com o objetivo de permitir a migração de um registro de imóvel existente efetuado no livro em papel, seja transcrição ou matrícula, para o formato de registro eletrônico denominado matrícula eletrônica;

A matrícula eletrônica será inaugurada no primeiro ato a ser praticado no imóvel correspondente, devendo conter somente a descrição atual do imóvel e os direitos e ônus vigentes, à semelhança do que conterá a "certidão da situação jurídica atualizada do imóvel", prevista no art. 19, § 9º, da Lei 6.015/1973.

Gradativamente, portanto, o livro 02 – Registro Geral passará do sistema escriturado em fichas em papel e migrará para o sistema eletrônico, com dados estruturados, constituindo um documento nato digital. A cada novo ato a ser praticado na matrícula física se realizará a primeira qualificação eletrônica, transformando o livro em dados, encerrando a ficha em papel. Apesar de a norma não trazer essa regra, trata-se de um cuidado, extremamente relevante, o encerramento da ficha de matrícula em papel, fazendo remissão à abertura da matrícula eletrônica, uma vez que nesta matrícula não poderão mais ser praticados atos, e a extração de certidões deste imóvel deverá conter as informações já constantes da matrícula eletrônica. A remissão como encerramento permite ao Oficial Registrador saber que aquele livro já migrou de sistema, e o impede de praticar atos, elaborar qualificações de títulos e emitir certidões sem levar em conta a inauguração do novo livro, em formato eletrônico.

Apesar de o Provimento 89/2019 já estar em vigor, a migração do sistema de fichas para o eletrônico ainda não se iniciou. A responsabilidade pela operacionalização da migração dos livros físicos para os livros digitais será da ONR a partir da regulamentação e padronização a ser homologada pela Corregedoria-Geral de Justiça do CNJ.

Jurisprudência

> "Provimento VRP 2/1975 regulamentando a Lei 6.015/1973, que entrou em vigor no 1º de janeiro de 1976" (Localidade: São Paulo, Rel. Gilberto Valente da Silva, Egas Dirson Galbiatti, j. 06/11/1975, DJ 06/11/1975).

> **Art. 232.** Cada lançamento de registro será precedido pela letra "R" e o da averbação pelas letras "AV", seguindo-se o número de ordem do lançamento e o da matrícula (ex: R-1-1, R-2-1, AV-3-1, R-4-1, AV-5-1, etc.).

Referências Normativas

Lei 6.015/1973, arts. 167, 231 e 246.
Provimento CNJ 89/2019.
NSCGJSP, item 51, incisos VI e VII.

Comentários

Em complemento ao disposto no art. 231, o art. 232 vem esclarecer como serão denominados e numerados os atos de registro e de averbação que serão praticados na matrícula.

Como dito, realizado o descerramento da matrícula com a descrição do imóvel e a identificação do proprietário, esse ato cadastral de abertura do livro corresponderá ao ato zero, **sendo, então, iniciados os atos de registro e averbação seguindo a ordem cronológica.**

O primeiro ato, após a descrição do imóvel e do proprietário, será o ato 01, independentemente de se tratar de ato de registro ou de averbação. Antes do texto do ato, deverá haver a designação se se trata de registro ou averbação, de forma abreviada, ou seja, apenas constando a inicial R ou as duas iniciais AV, e logo após a numeração do ato e da matrícula. No Estado de São Paulo, as Normas de Serviço da Corregedoria-Geral da Justiça dispensam a repetição do número da matrícula em cada ato, uma vez que o mesmo já consta do alto da face do anverso de cada ficha (item 51, inciso VII, cap. XX, NSCGJSP).

Quem estabelece o que será considerado ato de registro ou ato de averbação é a lista prevista no art. 167, I e II, sendo importante lembrar que o rol de atos objeto de registro em sentido estrito é taxativo, ou seja, somente aqueles atos previstos na lei podem ser objeto de registro, enquanto a lista de atos que podem ser objeto de averbação é meramente enunciativa, permitindo-se maior liberdade na decisão do ato a ser praticado por averbação, com a ressalva de que somente devem ter acesso ao Registro de Imóveis os atos que, de algum modo, tragam influência ao direito real, modificando-o ou repercutindo sobre os direitos relativos ao imóvel, conforme disciplina o *caput* do art. 246 da Lei 6.015/1973:

> Art. 246. Além dos casos expressamente indicados no inciso II do *caput* do art. 167 desta Lei, serão averbadas na matrícula as sub-rogações e outras ocorrências que, por qualquer modo, alterem o registro ou repercutam nos direitos relativos ao imóvel.

A instituição de um formato preestabelecido para a celebração dos livros de registro e dos atos registrários é de suma importância, uma vez que organiza o serviço e estabelece a referência a ser adotada pelos Oficiais de Registro nas serventias de todo o país. O usuário do serviço necessita dessas regras para compreender o livro e interpretar os direitos nele inscritos.

É bom considerar que, a despeito da regra do art. 232, por algum lapso, pode haver situações em que os atos são numerados fora da ordem numérica correta ou com a utilização da designação da sigla equivocada, ou seja, constando um R, quando na verdade o ato é de averbação. Quando o Oficial se deparar com equívoco semelhante, deverá providenciar a correção do texto, aplicando o disposto no art. 213, I, *a*, da Lei 6.015/1973, uma vez que se trata de erro evidente, que pode ser sanado de ofício, ou seja, mesma sem provocação do interessado:

> Art. 213. O oficial retificará o registro ou a averbação:
> I – de ofício ou a requerimento do interessado nos casos de:
> a) omissão ou erro cometido na transposição de qualquer elemento do título;

 Jurisprudência

> "Provimento VRP 2/1975 regulamentando a Lei 6.015/1973, que entrou em vigor no 1º de janeiro de 1976" (Localidade: São Paulo Rel. Gilberto Valente da Silva, Egas Dirson Galbiatti, j. 06/11/1975, *DJ* 06/11/1975).

Art. 233. A matrícula será cancelada:

I – por decisão judicial;

II – quando em virtude de alienações parciais, o imóvel for inteiramente transferido a outros proprietários;

III – pela fusão, nos termos do artigo seguinte.

Referências Normativas

Lei 6.015/1973, arts. 167, II, 4, 234, 252 e 259.
Lei 6.766/1979.
Itens 71, 72, 73, 74, cap. XX, NSCGJSP.

 Comentários

O art. 233 trata das situações pelas quais a matrícula deverá ser cancelada pelo Oficial Registrador, ou seja, os atos de registro ou averbação que, quando praticados, terão como consequência o cancelamento do livro.

A primeira observação a ser feita com base no dispositivo é que ele traz uma impropriedade textual, uma vez que há que se fazer distinção entre os atos que importam em cancelamento da matrícula e os atos que importam em simples encerramento do livro, por força do esgotamento da disponibilidade dos imóveis objeto das matrículas. Considera-se mais apropriado denominar encerramento da matrícula o ato de extinção do livro pela ocorrência de alienações parciais que culminam em sua completa transferência a outros proprietários. Do mesmo modo, o ato de fusão de matrículas, que determina a extinção do livro uma vez que o imóvel, agora unificado a outro, deixa de existir com a sua descrição original, passando agora a estar descrito em nova matrícula, contendo a descrição unificada.

Desse modo, os atos constantes dos incisos II e III do art. 233 são situações ordinárias, que têm como consequência natural o encerramento do livro, ou seja, seu cancelamento, utilizando a expressão legal. Já o ato constante do inciso I do mesmo artigo denota a existência de situação extraordinária, uma vez que o cancelamento do livro ocorreu por decisão judicial. O cancelamento de matrícula por força de uma decisão judicial, por certo, ocorrerá nos casos em que se verificar erro de registro ou no título que deu origem ao registro, em situações de nulidades em geral, ou seja, muito dificilmente ocorrerá em situações rotineiras ou decorrentes de negócios jurídicos comuns.

Os atos de encerramento de matrículas, em regra, dão origem a outras matrículas, seguindo assim o caminho natural do tráfego imobiliário. Já no caso de um cancelamento de matrícula por decisão judicial há extinção do livro e dos direitos reais dele integrantes, sendo, em regra, este direito "devolvido" ou saneado em outra matrícula ou transcrição, como nos casos das duplicidades de matrícula, onde uma fica vigente e a outra é extinta.

Por tal motivo, consideramos inadequada a expressão constante da Lei de Registros Públicos, ao inserir no mesmo dispositivo situações de extinção do livro por situações ordinárias e extraordinárias, sendo de melhor técnica a denominação diferenciada, como já adotam as Normas de Serviço da Corregedoria-Geral da Justiça Paulista, em seu capítulo XX:

> 71. A matrícula só será cancelada por decisão judicial.
>
> 72. A matrícula será encerrada: a) quando, em virtude de alienações parciais, o imóvel for inteiramente transferido a outros proprietários; b) pela fusão.

A matrícula será, portanto, cancelada, em virtude de decisão judicial, a qual, nos termos do art. 250, I, da Lei 6.015/1973 deverá ser uma decisão definitiva, ou seja, deverá constar do mandado ou ordem que a decisão que determinou o cancelamento da matrícula transitou em julgado ou dela não cabem mais recursos. Isso pois, em regra, o ato de cancelamento da matrícula deve ser definitivo, uma vez que seus efeitos são extintivos e eliminam o livro, e os direitos nele inscritos, de forma permanente:

> ...Somente por meio de sentença judicial com trânsito julgado material é que a duplicidade poderá ser desfeita. Até lá, permanecerão os bloqueios já determinados nos autos, a fim de se resguardar a segurança dos registros públicos e preservar o princípio da presunção, evitando-se que a superveniência de novos atos de registro produzam danos de difícil reparação a terceiros (CGJSP – Recurso Administrativo 65.320/2015, Rel. Elliot Akel, *DJ* 11/06/2015).

Para determinar o cancelamento da matrícula, deverá ser apresentado um dos títulos judiciais previstos no art. 221, IV, da Lei 6.015/1973, sendo mais comum a determinação por meio de mandados. Vale considerar que mesmo sendo denominados de outra maneira, como ordem judicial, ofício etc., se for expedido pelo juízo competente, o título terá força de mandado judicial, não se admitindo sua devolução para que conste expressamente tratar-se de um mandado.

Não há como enumerar todas as situações em que se determinará o cancelamento judicial de uma matrícula, mas alguns exemplos podem ser apontados. Uma das hipóteses são os casos em que identifica a abertura de matrículas em duplicidade, ou seja, a abertura de duas ou mais matrículas para o mesmo imóvel, com mesmo registro anterior. A existência de mais de uma matrícula para um mesmo imóvel constitui falha grave no processo do registro, uma vez que nestes casos o Oficial Registrador deixou de tomar providências e os cuidados básicos para o descerramento do livro com segurança.

Para o descerramento de uma matrícula com origem em uma transcrição, são cautelas e procedimentos obrigatórios:

a) verificar no campo destinado às averbações da transcrição se consta anotação de remissão a outro livro, ou seja, a indicação de que aquele imóvel já deu origem a outra transcrição (em razão de um ato de transmissão) ou se dele já foi descerrada uma matrícula, tendo feito a passagem do sistema do fólio pessoal para o fólio real;

b) fazer pesquisas no Indicador Real (Livro 04 no sistema atual e Livro 06 no sistema anterior), com base no endereço do imóvel, visando encontrar a existência de outro registro com a mesma localização e descrição;

c) fazer pesquisas no Indicador Pessoal (Livro 05 no sistema atual e Livro 07 no sistema anterior), com base no nome e qualificação dos titulares de direitos reais, visando localizar a existência de outro registro com o mesmo titular e imóvel.

Sobre o tema remissão, fazemos menção à explicação de nossa autoria, na obra *Registros públicos*, nestes termos:

A remissão tem a finalidade de controle quanto à atual titularidade do imóvel, uma vez que, para saber qual a transcrição ou matrícula vigente, deve-se analisar as remissões até localizar a última indicação, ou seja, quando a transcrição não apontar mais nenhuma indicação à remissão, isso deve significar que se trata da última com relação à cadeia de transmissões daquele imóvel.

Se, por sua vez, a transcrição indicar como remissão um número de matrícula, significa que já houve para aquele imóvel a mudança do sistema de registro, devendo assim a matrícula ter sido aberta com a informação constante da última transcrição e dos eventuais ônus ou direitos inscritos nos Livros 02 e 04, que ainda permaneciam vigentes na data da abertura.

Cumpre observar que a remissão pode indicar que foi aberta matrícula do imóvel do todo ou de parte, devendo ser considerada, no último caso, a existência de área remanescente na transcrição.

Assim, o controle de disponibilidade quantitativa e qualitativa, e a existência ou não de ônus ou outros direitos inscritos sobre o imóvel eram efetivados através das remissões, além das indicações nos indicadores real e pessoal.[1339]

Para o descerramento de uma matrícula com origem em uma matrícula de empreendimento, como uma incorporação imobiliária (Lei 4.591/1964) ou um parcelamento do solo (Lei 6.766/1979), além das buscas aos indicadores real e pessoal, também deve o Oficial verificar a ficha de controle de disponibilidade do empreendimento. Como se sabe, as matrículas das unidades resultantes dos empreendimentos imobiliários (lotes, apartamentos, salas etc.) devem ser abertas a requerimento do interessado ou podem ser abertas, facultativamente e de ofício pelo Oficial Registrador, no interesse do serviço (item 53, cap. XX, NSCGJSP).

Em ambas as situações, deverá a matrícula-mãe do empreendimento conter uma ficha auxiliar de controle da disponibilidade dos lotes ou das unidades autônomas, a fim de manter um índice relacionando os imóveis e as respectivas matrículas abertas, bem como para evitar o descerramento de matrículas em duplicidade. A ficha auxiliar é mais uma ferramenta que, em conjunto com as buscas oficiais nos indicadores real e pessoal, conduz a abertura de novas matrículas com segurança e exatidão.

[1339] GENTIL, Alberto; ALMADA, Ana Paula P. L. *Registros públicos*. 3. ed. Rio de Janeiro: Método, 2022. p. 397.

Assim, se não houve requerimento expresso do interessado para a abertura das matrículas e o Oficial registrou o empreendimento imobiliário e optou por não as descerrar imediatamente, de ofício, a cada abertura de matrícula que ocorrer pontualmente deverá ser feita uma indicação na ficha-auxiliar respectiva. Uma simples falha nessa remissão, por omissão ou erro na digitação, concomitante a um lapso na busca aos indicadores, pode gerar a abertura de nova matrícula para o mesmo imóvel.

A existência de mais de uma matrícula para um mesmo imóvel constitui falha grave e gera quebra na confiabilidade e na eficácia do sistema registral, especialmente quando tal duplicidade repercute em duas cadeias de titularidades diferentes. Parece impossível, mas não é incomum, mesmo de boa-fé e por falta de controle interno eficiente, o próprio empreendedor dispor do mesmo lote ou unidade autônoma para pessoas diferentes. Nesse caso, a falha no processo de registro permitiu que o mesmo imóvel fosse alienado pela segunda vez, por quem já não era mais proprietário do bem, uma vez que o imóvel da matrícula aberta em primeiro lugar já havia sido alienado, ferindo, assim, o princípio da continuidade (art. 195, Lei 6.015/1973).

Havendo ou não dupla cadeia de titularidades, a duplicidade de livros para o mesmo imóvel gera nulidade do registro, por falha no processo de descerramento da matrícula. Em ambos os casos, o cancelamento da matrícula duplicada dependerá de ordem judicial, devendo ser adotado o procedimento previsto no art. 214 da Lei 6.015/1973, para as nulidades de pleno direito e a via contenciosa jurisdicional quando a duplicidade gera conflito de titularidades, quando há falha também nos títulos que deram origem ao registro viciado.

Devido às graves consequências de se manterem dois ou mais registros para o mesmo imóvel, tomando conhecimento do fato, deve o Oficial Registrador imediatamente oficiar o juiz competente para que este avalie a necessidade de bloquear as matrículas atingidas pela falha, como preveem os §§ 3º e 4º do art. 214 da Lei 6.015/1973:

§ 3º Se o juiz entender que a superveniência de novos registros poderá causar danos de difícil reparação poderá determinar de ofício, a qualquer momento, ainda que sem oitiva das partes, o bloqueio da matrícula do imóvel.

§ 4º Bloqueada a matrícula, o oficial não poderá mais nela praticar qualquer ato, salvo com autorização judicial, permitindo-se, todavia, aos interessados a prenotação de seus títulos, que ficarão com o prazo prorrogado até a solução do bloqueio.

O procedimento judicial pode ser, portanto, mais simples, e resolvido na esfera administrativa, nos termos do *caput* do art. 214 da Lei 6.015/1973, quando não há conflito de direitos ou duplicidade de cadeias dominiais, ou seja, quando as matrículas abertas em duplicidade permaneceram com os mesmos titulares de direitos reais sobre o bem. Trata-se de nulidade de ordem formal, extrínseca, passível de ser declarada diretamente em processo administrativo, independentemente de ação. Nesse caso, não há conflito, não há, ao menos em tese, prejudicados com a falha registral, bastando que se determine o cancelamento do livro aberto em segundo lugar, que, em regra, é o incorreto.

Nesses casos em que não há conflito de direitos reais ou prejuízos a terceiros, poderá, no entanto, o juiz decidir qual matrícula deve ser mantida e qual deverá ser cancelada. A regra geral do direito determina que o segundo registro é o considerado nulo, uma vez que ele foi o indutor do erro, dele nasceu a imperfeição, no entanto, tal regra não precisa ser dotada de rigidez, cabendo ao magistrado, da análise do caso concreto, decidir qual registro será mantido. Neste sentido:

...Conforme verifica-se às fls. 04/10, as matrículas nº 4.867 e 37.245 têm a mesma origem. Em virtude de a cadeia filiatória ser idêntica (mesma origem tabular) não era cabível o descerramento da matrícula 4.867 e subsequente abertura da matrícula nº 50.202, por ofensa ao princípio da unicidade da matrícula. De acordo com este princípio, todo imóvel deverá possuir uma única matrícula e cada matrícula deverá conter um único imóvel. Nestes termos estabelece o artigo 176, § 1º, I da Lei de Registros Públicos: "Cada imóvel terá matrícula própria, que será aberta por ocasião do primeiro registro a ser feito na vigência desta Lei". Como é sabido, havendo equívoco em relação ao descerramento de matrícula, é imprescindível o cancelamento de uma delas a fim de preservar o princípio da segurança jurídica e a ocorrência de eventual prejuízo a terceiros de boa-fé, sendo regra em matéria de registros públicos o cancelamento da matrícula aberta por último. Todavia, conforme constata-se pelos documentos juntados, cujo teor é

Art. 233 | LEI DE REGISTROS PÚBLICOS COMENTADA

corroborado pelo Oficial Registrador, todos os atos referentes ao imóvel foram praticados na matrícula nova, existindo apenas a averbação de uma hipoteca cancelada na antiga matrícula. Como bem explanado pelo Douto Promotor de Justiça, as regras no Direito não devem ser tidas por absoluta, dependendo de cada caso concreto, bem como em observância ao princípio da razoabilidade, verifica-se que para melhor deslinde da presente questão deve se dar o cancelamento da matrícula mais antiga, com a transferência dos atos nela praticados para a matrícula nº 37.245 (1VRPSP – Processo: 0005023-30.2014.8.26.0100, *DJ* 24/02/2015).

Havendo, no entanto, duas ou mais cadeias de titularidades diversas, o procedimento deverá ser, obrigatoriamente, jurisdicional, em que será discutido qual o melhor direito ou qual direito deverá permanecer hígido e qual será cancelado.

Inúmeros precedentes jurisprudenciais e a doutrina vêm esclarecendo e direcionando os casos que podem ser resolvidos administrativamente e aqueles que demandam a produção de provas, e discussão mais profunda dos fatos e da origem do erro, que devem ser decididos na via contenciosa. Sobre o tema, merecem destaque as sempre atuais orientações de Narciso Orlandi Neto, na obra *Retificação do registro de imóveis*:

> Quando dois direitos sobre o mesmo imóvel não podem coexistir, não podem gravar simultaneamente o mesmo objeto, não podem ter titulares diferentes, diz-se que são contraditórios. No processo de qualificação podem também ser considerados contraditórios direitos cuja preferência será dada pela ordem da inscrição (hipotecas simultaneamente constituídas sem declaração de grau).

> Interessa aqui aquela primeira espécie de contradição.

> Os princípios que informam o Registro de Imóveis não permitem que direitos contraditórios permaneçam simultaneamente registrados. E quando ocorre duplicidade, há erro suscetível de retificação pelo prejudicado que, em princípio, é qualquer um dos dois titulares. A simples coexistência dos direitos no registro a ambos prejudica e legitima para a retificação.

> No sistema de matrículas, salvo erro grosseiro, não há possibilidade de duplicidade de registros na mesma matrícula. O que pode existir é: a) duplicidade de transcrições; b) duplicidade de matrículas; c) transcrição e matrícula contraditórias, quando a última não tem origem na primeira.

> Há quem entenda que, havendo duplicidade de transcrições ou de matrículas, pode e deve ser cancelada, até na via administrativa, a que foi feita por último. Foi o que decidiu o Conselho Superior da Magistratura de São Paulo, no julgamento de apelação em processo de dúvida: "O caminho correto, ocorrendo duplicidade de registros, é a decretação da nulidade do efetivado em último lugar. Essa providência pode ser adotada na via administrativa, com fulcro no art. 214 da Lei n. 6.015/73"(RT 592/88).

> A solução é correta para as hipóteses referidas por Gilberto Valente da Silva, isto é, existência de duplicidade de matrícula por inofensivo erro interno, por exemplo, por falta de remissão da abertura da primeira na transcrição anterior. A solução é o cancelamento da segunda, com transporte dos atos nela praticados para a primeira, com fundamento no art. 213, *caput*, já que há erro evidente (*A Matrícula*, trabalho apresentado no XX Encontro dos Oficiais de Registro de Imóveis do Brasil, 1993). No mesmo sentido, Celestino A. Cano Tello, *Iniciación ai Estúdio de Derecho Hipotecário*, Editorial Civitas, Madrid, 1982, p. 284).

> Mas não será diversa a solução se, na segunda matrícula, aberta inadvertidamente, tiver sido registrado um direito real incompatível com aquele registrado na primeira matrícula, *v. g.*, a hipoteca constituída por quem alienara o imóvel?

> Com certeza a duplicidade não será irrelevante, inofensiva. Será temerária uma solução simplista, que não atente para a possibilidade de prevalecer o direito inscrito na segunda matrícula. E discutível? Sim. Bem por isso, a solução tem de ser encontrada na via contenciosa.

> A duplicidade de registros não leva necessariamente à conclusão de que um deles é nulo de pleno direito. Devem ser separadas as duas anomalias (...).

> As consequências da duplicidade de registros foram bem expostas pelo Conselho Superior da Magistratura de São Paulo. Decidiu o órgão, em caso de duplicidade de registros: "A regra do art. 859 do Código Civil, autorizadora do princípio da presunção, não pode ser chamada por

nenhum daqueles titulares dos registros duplos. A presunção de que o direito pertence àquele em cujo nome está registrado não pode conviver com o duplo registro (...).

Em outras palavras, a presunção de veracidade do registro desaparece quando há duplicidade".[1340]

Ainda sobre o cancelamento de matrículas devido à existência de duplicidade de registros, vale colacionar os precedentes da Corregedoria-Geral da Justiça Paulista que tratam o tema com lúcida objetividade:

...Não se ignora, por outro lado, os antecedentes desta Egrégia Corregedoria-Geral da Justiça no sentido de que a duplicidade de matrículas para o mesmo imóvel, com igual origem tabular, configura nulidade de pleno direito passível, em princípio, de declaração independente de ação direta, na forma do artigo 214, *caput*, da Lei nº 6.015/73 (cf. Processos nos 1431/96 e 1131/2005).

Sobre as nulidades de pleno direito que permitem o cancelamento do registro independente de ação direta, cabe lembrar o r. parecer apresentado pelo MM. Juiz Auxiliar, Dr. Vicente de Abreu Amadei, no Processo CG nº 249/2006, que bem sintetiza a orientação prevalente nesta Egrégia Corregedoria-Geral da Justiça:

"A nulidade de pleno direito de que cuida o artigo 214 da Lei n. 6.015/73 é a do próprio registro (não a de seu ato causal), ou seja, de ordem formal, extrínseca, e, por isso, suscetível de ser declarada diretamente em processo administrativo, independentemente de ação judicial. Por essa razão, para o seu reconhecimento deve o vício ser evidente ao simples exame da face das tábuas registrárias, sem necessidade de verificações outras concernentes ao título, que, se necessárias, afastam o exame na esfera administrativa, tornando indispensável a via jurisdicional para soldar os elementos intrínsecos".

E a consequência da caracterização da nulidade por vício no procedimento de registro seria, se não realizadas outras indagações, a manutenção da primeira matrícula e o cancelamento da segunda, solução que se mostrou possível nos precedentes supra referidos porque, naqueles casos, os direitos inscritos nas primeiras matrículas tinham prevalência uma vez que gozavam de prioridade em relação aos títulos registrados nas matrículas que foram abertas em segundo lugar.

A questão que se coloca diante dos recursos interpostos, entretanto, consiste em estabelecer, neste caso concreto, o registro prevalente dentre aqueles representativos de direitos contraditórios e excludentes constituídos, em favor de pessoas distintas, sobre o mesmo imóvel, diante da impossibilidade de sua co-existência, considerando que o direito inscrito em primeiro lugar é aquele contido na segunda matrícula aberta" (CGJSP – Procedimento Administrativo 2009/24771, Rel. José Marcello Tossi Silva, *DJ* 07/12/2009).

Há que se considerar situações ainda mais complexas do que a existência de duplicidade de registros, que é o caso de abertura de matrícula com direito inexistente, ou sem registro anterior, sem base tabular, com títulos produzidos de forma fraudulenta, que é o que acontece na "grilagem de terras". Situação gravíssima, que não decorre necessariamente de um erro de registro, mas sim de erro do título que gerou o registro, que em alguns Estados do país, como o Pará e o Amazonas teve grande repercussão e comoção social, desestabilizando a fé pública registral. Sobre o tema vale a leitura do Pedido de Providências – Corregedoria 0001943-67.2009.2.00.0000 (200910000019432), do CNJ.

Outras situações podem ensejar o cancelamento da matrícula, seja por falha no título, seja por falha no processo de registro, em cada caso será verificada a natureza do erro e a solução a ser adotada, se administrativa ou jurisdicional.

Como dito, os atos constantes dos incisos II e III do art. 233 são decorrentes de negócios jurídicos e títulos que são ordinariamente qualificados e registrados nas serventias prediais e, em razão deles, ocorre o encerramento do livro. Não por esses conterem qualquer nulidade ou falha, mas porque houve esgotamento de sua disponibilidade.

Assim, se um imóvel sofrer vários destaques parciais, seja por alienação ou até por mero desmembramento, quando for aberta a matrícula que encerra a metragem quadrada do imóvel, a matrícula originária deverá ser encerrada. Serve de exemplo um imóvel de 500,00 m², que foi desdobrado em

---

[1340] NARCISO NETO, Orlandi. *Retificação do registro de imóveis*. São Paulo: Oliveira Mendes, 1997. p. 102-104.

dois, sendo abertas duas matrículas de 250,00 m². O ato de averbação de desdobro deu causa também à extinção do livro, uma vez que dos 500,00 m² que ele possuía já foram descerradas duas matrículas com 250,00 m² cada. Desse modo, a matrícula que sofre os destaques, com a finalidade de alienação das matrículas dela resultantes ou apenas com o objetivo de efetivar um mero desdobro, deve ser imediatamente encerrada, não podendo nela ser praticados novos atos referentes ao imóvel de 500,00 m². O ato de desdobro importou em automático encerramento do livro, o qual, no entanto, não foi cancelado, pois existiu e não contém nenhuma nulidade, servindo, inclusive, para instruir certidões filiatórias ou vintenárias, quando assim solicitado.

A mesma situação ocorre quando dois ou mais imóveis são unificados. O ato de averbação da fusão já importará no imediato encerramento da matrícula que continha o imóvel agora unificado, que deixa de existir com a descrição originária e passa a integrar a descrição em área maior, do imóvel resultante da unificação. Desse modo, também não há qualquer nulidade ou falha que importe em extinção do livro do sistema registral, mas mero ato de encerramento para informar o fim da disponibilidade do livro, de modo a também poder fazer parte do histórico registral.

 Jurisprudência

1. Cancelamento de matrícula

"Vaga de garagem. Direito inexistente. Nulidade. Abertura de matrícula – erro – cancelamento. Continuidade" (CGJSP – Recurso Administrativo 1227/1984 Localidade: São Paulo Rel. José Renato Nalini, j. 26/11/1984).

"**Matrícula** – Descerramento incorreto – Pleiteado o bloqueio da matriz e posterior abertura na Circunscrição Imobiliária competente – Admissibilidade – Medida administrativa que resguarda a segurança do sistema e evita prejuízo maior ao adquirente – Descerramento, ademais, das matrículas determinadas no cartório competente" (CGJSP – Recurso Administrativo 95.091/92, Rel. Francisco Eduardo Loureiro, j. 20/07/1992).

"**Registro de imóveis** – Matrícula – Cancelamento – Duplicidade de registros – Nulidade absoluta e invariável – Descrições absolutamente idênticas – Ausência de cerceamento de defesa – Preliminares rejeitadas – Recurso não provido" (CGJSP – Recurso Administrativo 2.647/96, Rel. Marcelo Fortes Barbosa Filho, j. 26/12/1996).

"**Registro** – Nulidade do título – Cancelamento somente por declaração judicial na via contenciosa" (CGJSP – Recurso Administrativo 960/1997, Rel. Márcio Martins Bonilha, j. 26/05/1997).

"**Registro de imóveis** – Duplicidade de transcrições – Decisão recorrida que determinou o cancelamento administrativo de uma delas – Peculiaridades que recomendam que a discussão se trave pela via jurisdicional, com contraditório e possibilidade de dilação probatória – Duplo bloqueio – Advento dos parágrafos 3º e 5º do art. 214 da Lei de Registros Públicos, introduzidos pela Lei nº 10.931/2004, que se harmonizam com a solução ora adotada – Recurso parcialmente provido" (CGJSP – Recurso Administrativo 951/2004, Rel. José Antonio de Paula Santos Neto, j. 31/01/2005).

"**Registro de imóveis** – Recurso administrativo – Duplicidade de matrículas, com igual cadeia filiatória, em que praticados atos representativos de direitos contraditórios e excludentes – Cancelamento, pelo Oficial de Registro de Imóveis, do registro de arrematação promovida em ação de execução porque preexistente, na matrícula aberta em duplicidade, registro de penhora realizada em favor do INSS que tornou o imóvel indisponível – Direitos contraditórios e excludentes sobre o mesmo imóvel, constituídos em favor de pessoas distintas, cuja prevalência deve ser estabelecida em ação própria, nas vias ordinárias – Recurso provido em parte" (CGJSP — Recurso Administrativo 2009/24771, Rel. José Marcello Tossi Silva, *DJ* 07/12/2009).

"Deferimento de pedido de providências formulado por entidades para bloqueio e cancelamento de registros" (CNJ – Pedido de Providências, PCA: 0001943-67.2009.2.00.0000, Rel. Francisco Falcão, *DJ* 24/08/2010).

"**Recurso especial ação reivindicatória. Áreas sobrepostas. Duplicidade de registros. Posse injusta. Caracterização. Anterioridade do registro da autora/recorrente. Recurso especial provido**. 1. Nos termos do artigo 1.228 do Código Civil vigente 'O proprietário tem a faculdade de usar, gozar e dispor da coisa, e o direito de reavê-la do poder de quem quer que injustamente a possua ou detenha', Não há que se falar 'em posse justa do demandado' se este, ao ter o seu registro cancelado, não buscou os meios legais à sua revalidação, preferindo comprar, pela segunda vez – em 1979 e registrar apenas em 1994 –, a área de 16.035 m² na qual está sobreposta a de 4.000 m² da autora/recorrente, que dela é proprietária desde 1975. 2. Existindo duplicidade de registros, há de prevalecer o mais antigo, no caso, o da autora. Com efeito, movendo a autora ação judicial de revalidação do seu registro e obtendo sentença com trânsito em julgado, que lhe foi favorável, tem-se que o cancelamento de seu registro foi considerado sem efeito. Isso significa dizer que, mesmo que a sentença de revalidação do registro tenha ocorrido em 2000, os efeitos dela retroagiram à data do primeiro registro da autora, ou seja, a 1975, convalidando a sua propriedade sobre a área litigiosa e caracterizando a posse injusta exercida pelo recorrido, pois exercida em detrimento do direito do real proprietário do imóvel. 3. Recurso especial a que se dá provimento" (STJ – REsp 1.195.209 – MG – 4ª Turma – Rel. Min. Luis Felipe Salomão – *DJ* 14/02/2011).

"**Registro de imóveis** – Pedido de cancelamento de matrícula negado em primeiro grau – Nulidade de registro não caracterizada – Controvérsia sobre direito de propriedade e de posse que só pode ser apreciada na esfera jurisdicional – Antecipação de tutela incabível no âmbito administrativo – Recurso não provido" (CGJSP – Recurso Administrativo 49182/2011, Rel. Maurício Vidigal, j. 08/09/2011).

"**Registro de Imóveis** – Cancelamento e desbloqueio de matrículas – Duplicidade de correntes fíliatórias – Necessidade de solução nas vias ordinárias – Recurso não provido" (Recurso Administrativo CG 2014/129275, Rel. Elliot Akel, *DJe* de 19/01/2015).

"**Registro de imóveis – Formal de partilha – Dúvida prejudicada – Concordância manifestada quanto à necessidade de prévio cancelamento da transcrição e transporte de dados desta para a matrícula – Atos que não podem ser praticados de ofício nem sanados no curso do procedimento – Necessidade de prévia retificação da área pela via jurisdicional – recurso não conhecido**" (CSMSP – Apelação Cível 0001358-95.2014.8.26.0426, Rel. Elliot Akel, j. 03/03/2015).

"**Registro de Imóveis** – Sentença em processo contencioso que determina o cancelamento de registro – Consulta da Oficial acerca de como proceder em relação às inscrições subsequentes – Juíza Corregedora Permanente que determina a manutenção dessas inscrições – Cancelamento das inscrições subsequentes que é decorrência lógica do cancelamento primitivo – Princípio da continuidade que restaria vulnerado pela manutenção das inscrições – Adquirente da coisa litigiosa que é atingido pelos efeitos da coisa julgada – Inteligência do artigo 109 do CPC, que repete o artigo 42 do CPC revogado – Parecer pelo provimento do recurso administrativo, com o cancelamento das inscrições que dependiam da higidez do registro cancelado na esfera jurisdicional" (Recurso Administrativo Processo CG 2017/2727, Rel. Manoel de Queiroz Pereira Calças, *DJe* de 25/04/2017).

"**Registro de imóveis** – Pretensão de cancelamento de matrículas reputadas nulas – Coisa julgada administrativa configurada, tratando-se do terceiro expediente acerca do tema – Nulidades alegadas, ademais, que não estão cabalmente comprovadas e que envolvem assentos antigos – Inteligência do artigo 214 da Lei de Registros Públicos – Questão a ser submetida às vias judiciais – Recurso não provido" (CGJSP – Recurso Administrativo 0010229-53.2016.8.26.0068, Rel. Manoel de Queiroz Pereira Calças, *DJ* 02/10/2017).

"**Processual civil. Embargos de declaração. Ação discriminatória. Terras devolutas do Estado do Piauí. Erro material ocorrência. Omissão e obscuridade. Inexistência**.

1. Os embargos de declaração têm ensejo quando há obscuridade, contradição, omissão ou erro material no julgado, a teor do disposto no art. 1.022 do CPC/2015.

2. Hipótese em que o acórdão embargado incidiu em erro material ao declarar a incompetência do Juízo da Vara Agrária da Comarca de Bom Jesus, ao invés do Juízo de Direito da Vara Única da Comarca de Bom Jesus, para dirimir os conflitos pertinentes ao registro dos imóveis situados em municípios fora de sua jurisdição.

3. Não há dúvida de que o Instituto de Terras do Piauí – INTERPI ajuizou a presente ação discriminatória perante o Juízo de Direito da Vara Única da Comarca de Bom Jesus/PI contra os proprietários, posseiros e ocupantes instalados ou com interesse nas terras Serra do Quilombo, localizadas dentro dos Municípios de Bom Jesus, de Monte Alegre do Piauí, de Redenção de Gurguéia e de Currais, objetivando não só separar as terras particulares daquelas de natureza pública, mas, também, cancelar as matrículas e registros de imóveis se constatada a existência de fraudes e irregularidades na cadeia dominial, o que se constata pela simples leitura da exordial.

4. Não tendo a autarquia estadual se insurgido contra o acórdão do Tribunal Estadual que reconheceu a desnecessidade de ajuizamento de ação própria para discutir a legalidade dos títulos, nos termos dos arts. 249 e 250 da Lei 6.015/73 e, sendo o julgado mantido, no ponto, por se encontrar em conformidade com a jurisprudência desta Corte de Justiça, o direito da embargante de questionar a inadequação da via discriminatória para tal desiderato precluiu.

5. Quanto à extensão dos efeitos do acórdão embargado, também não há nada a ser esclarecido, mostrando-se evidente que o julgado não atinge somente os recorrentes que indicaram ofensa aos arts. 95, 107 e 219 do CPC/1973, mas todos os litisconsortes até porque se trata de regra de competência absoluta, não podendo o magistrado ou qualquer das partes direcionar tratamento diferenciado para os integrantes da lide, sejam eles posseiros/ocupantes ou proprietários.

6. A omissão e obscuridade invocadas pelo embargante, na realidade, manifestam seu inconformismo com o provimento do recurso especial, desiderato inadmissível em sede de declaratórios.

7. Embargos de declaração acolhidos parcialmente, sem efeitos infringentes, somente para reconhecer a existência de erro material no acórdão ao declarar a incompetência do Juízo da Vara Agrária da Comarca de Bom Jesus, ao invés do Juízo de Direito da Vara Única da Comarca de Bom Jesus"

(EDcl no AREsp 888.195/PI, Rel. Min. Gurgel de Faria, 1ª Turma, j. 31/08/2020, *DJe* de 04/09/2020).

"**Registro de imóveis** – Recurso administrativo – Inexistência de demonstração de nulidade de pleno direito da matrícula impugnada pelo recorrente – Decreto de nulidade, ademais, que implicaria iminente risco de atingir terceiros de boa-fé eventualmente beneficiados por usucapião – Alegação de sobreposição de registros com diferentes origens e com atribuição do domínio a pessoas distintas – Diversidade da cadeia dominial, ademais, que impede estabelecer, na via administrativa, aquela prevalente Remessa dos interessados às vias ordinárias – Recurso não provido" (CGJSP – Recurso Administrativo 1124781-78.2017.8.26.0100, Rel. Ricardo Mair Anafe, *DJ* 26/10/2021).

"**Processual civil. Agravo interno no recurso especial. Ação de nulidade e cancelamento de matrícula, transações e averbações de registro de imóveis. Violação de dispositivo constitucional ou de súmula. Descabimento. Embargos de declaração. Omissão, contradição ou obscuridade. Não ocorrência. Violação dos arts. 165 e 458, ii e iii, do CPC/73. Inocorrência. Fundamentação. Ausente. Deficiente. Súmula 284/STF. Prequestionamento. Ausência. Súmula 211/STJ. Reexame de fatos e provas. Inadmissibilidade. Dissídio jurisprudencial. Cotejo analítico e similitude fática. Ausência.**

1. Ação de nulidade e cancelamento de matrícula, transações e averbações de registro de imóveis.

2. A interposição de recurso especial não é cabível quando ocorre violação de dispositivo constitucional ou de qualquer ato normativo que não se enquadre no conceito de lei federal, conforme disposto no art. 105, III, 'a' da CF/88.

3. Ausentes os vícios do art. 535 do CPC/73, rejeitam-se os embargos de declaração.

n. Devidamente analisadas e discutidas as questões de mérito, e fundamentado corretamente o acórdão recorrido, de modo a esgotar a prestação jurisdicional, não há que se falar em violação dos arts. 165 e 458, II e III, do CPC/73.

4. A ausência de fundamentação ou a sua deficiência importa no não conhecimento do recurso quanto ao tema.

5. A ausência de decisão acerca dos dispositivos legais indicados como violados, não obstante a interposição de embargos de declaração, impede o conhecimento do recurso especial.

6. O reexame de fatos e provas em recurso especial é inadmissível.

7. O dissídio jurisprudencial deve ser comprovado mediante o cotejo analítico entre acórdãos que versem sobre situações fáticas idênticas.

8. Agravo interno no recurso especial não provido".

(AgInt no REsp 1.378.431/PA, Rel. Min. Nancy Andrighi, 3ª Turma, j. 29/11/2021, *DJe* 01/12/2021).

"**Recurso administrativo** – Matrícula aberta em nome de particulares – Inteligência do art. 22 da Lei nº 6.766/1979 – Registro do loteamento e averbação da alteração da planta original que transmitiram à Municipalidade a área prevista na planta retificada – Regularização Fundiária de Interesse

Social que, posteriormente, abrangeu a mesma área, ensejando a abertura de matrícula em que a Prefeitura do Município de São Paulo figura como titular de domínio – Matrícula que deu ensejo à abertura de diversas outras matrículas, permanecendo o remanescente do imóvel registrado em nome da Municipalidade – Alteração dominial em favor da Municipalidade que deve ser averbada na matrícula originariamente aberta em nome de particulares, cabendo ao Oficial de Registro, em momento posterior, com base nos documentos arquivados em Cartório, encerrar referida matrícula caso constate seu eventual esgotamento, ou aguardar oportuna apuração de remanescente caso não tenha elementos para reconhecer que o registro da transmissão ao Município abrangeu a totalidade do imóvel – Recurso provido, com observação" (CGJSP – Recurso Administrativo 1072782-18.2019.8.26.0100, Rel. Fernando Antônio Torres Garcia, *DJ* 11/02/2022).

"**Ementa oficial: ementa: apelação cível. Ação civil pública. Pretensão de anulação de matrícula de imóvel com a abertura de nova na qual conste o estado como coproprietário do bem. Decreto-lei nº 809/1941. Reconhecimento do estado como coproprietário. Descabimento do registro feito exclusivamente em nome do município. Recurso provido**. – Hipótese em que o Estado de Minas Gerais, amparando-se no Decreto-Lei nº 809/1941, pleiteia o cancelamento de matrícula de imóvel na qual figura apenas o Município de Montes Claros como proprietário do bem, com a consequente abertura de outra na qual conste como coproprietário. – O Decreto-Lei nº 809, de 30 de outubro de 1941, autoriza a cessão ao 'Clube Montes Claros' do uso e gozo da 'Praça de Esportes Minas Gerais', construída pelos entes públicos, não deixando dúvidas quanto à copropriedade do bem em questão. – Não obstante, verifica-se que, no processo nº 12.644/86, que versa sobre 'Pedido de Registro' distribuído em 17.03.1986 pelo Município de Montes Claros, sobreveio determinação para que o Oficial do Cartório de Registro de Imóveis da Comarca procedesse à transcrição imobiliária em nome do ente público municipal. – Considerando que o registro imobiliário não é oponível ao Estado, e tendo em vista a vigência do referido Decreto-Lei, impõe-se a reforma da sentença para que seja reconhecida a copropriedade do Estado de Minas Gerais sobre o bem descrito na inicial. – Recurso provido" (TJMG – Apelação Cível 1.0000.22.178465-5/001, Comarca de Montes Claros, Rel. Des. Wander Marotta, j. 17/11/2022 e publicada em 18/11/2022).

2. Encerramento de matrícula pela fusão ou desdobros

"**Recurso administrativo** – Pedido de providências – Alegado desdobro de lotes – Requerimento para abertura de matrículas – Lançamento fiscal que não dispensa a autorização municipal para o desdobro – Inexistência de procedimento administrativo perante a Municipalidade – Parecer pelo não provimento do recurso" (CGJSP – Recurso Administrativo 1003783-42.2021.8.26.0100, *DJ* 09/03/2022, Rel. Fernando Antônio Torres Garcia).

"Pedido de providências – Registro de Imóveis – Pleito de Retificação de área e perímetro, com fusão e desdobro de imóveis rurais – Negativa de abertura de matrícula abaixo do fracionamento mínimo permitido – Gleba interceptada por estrada municipal – Óbice que não merece subsistir à vista do artigo 2º, I, do Decreto nº 62.504, de 8/4/1968, que excepciona os desmembramentos decorrentes de desapropriação – Manutenção da exigência de anuência dos herdeiros do imóvel confrontante – Insuficiência da declaração firmada por inventariante, cuja condição sequer ficou demonstrada nos autos – Parecer pelo parcial provimento do recurso" (CGJSP – Recurso Administrativo 1002248-58.2020.8.26.0506, *DJ*: 11/02/2022, Rel. Fernando Antônio Torres Garcia).

> **Art. 234.** Quando dois ou mais imóveis contíguos pertencentes ao mesmo proprietário, constarem de matrículas autônomas, pode ele requerer a fusão destas em uma só, de novo número, encerrando-se as primitivas.

 Referências Normativas

Lei 6.015/1973, arts. 233 e 225, § 2º.
Código Civil, art. 1.389, I.
Itens 73 a 75, cap. XX, NSCGJSP.

Art. 234 | LEI DE REGISTROS PÚBLICOS COMENTADA

📝 Comentários

O art. 234 da Lei 6.015/1973 disciplina os requisitos objetivos e subjetivos para a qualificação positiva de uma fusão de bens imóveis. A fusão ou unificação de imóveis demandará a abertura de uma nova matrícula, tendo como registro anterior as matrículas e/ou transcrições que, agora reunidas, formaram um novo bem imóvel.

Com a abertura da nova matrícula, os registros anteriores (matrículas e transcrições), que deram origem ao imóvel unificado, deverão receber um ato de averbação informando que, por força da fusão deste imóvel com outros (devendo no ato serem informados os números das matrículas e transcrições), fica encerrado aquele registro, nos termos do que determina o art. 233, III, exposto supra.

A lei previu dois requisitos narrados de forma bem simplista no art. 234, que são: **contiguidade dos imóveis** e **coincidência de proprietários**. No entanto, a prática nos demonstra que a leitura do dispositivo deve ser mais rigorosa e cautelosa.

A primeira condição imposta pela lei para possibilitar a unificação de dois ou mais imóveis é que eles sejam contíguos entre si, ou seja, que se trate de imóveis confinantes, vizinhos, ligados um ao outro pela divisa constante da descrição de seu registro (art. 176 da Lei 6.015/1973).

Apesar de a contiguidade parecer uma circunstância de simples análise, nem sempre tal qualificação é de fácil verificação pelo Registro de Imóveis. Considera-se simples a conferência de tal requisito quando na serventia há planta arquivada referente aos imóveis objeto da unificação, como nos casos de fusão de lotes de loteamento registrado. Nesses casos, a própria descrição do imóvel já indicará um imóvel como confrontante do outro, isto pois sua descrição tem origem em memorial descritivo elaborado por profissional habilitado, seguindo os requisitos do art. 176 da Lei 6.015/1973 e que foi elaborado tendo como base uma planta aprovada pelos órgãos públicos competentes. Com isso, os lotes possuem uma descrição particularmente organizada e sistematizada, de modo a indicar, com perfeição, os lotes confrontantes entre si, os quais são facilmente conferidos no projeto aprovado.

Mas nem sempre os imóveis surgem no mesmo momento, ou com a mesma origem registrária ou no mesmo título, como ocorre nos parcelamentos do solo, que permite uma análise facilitada da contiguidade por meio da própria descrição da matrícula. Podem, por exemplo, dois ou mais imóveis contíguos terem surgido de origens diversas, tendo um deles se originado mediante uma usucapião e o outro pelo desdobro de uma área maior. Como tiveram origens registrárias distintas, pode não haver uma identificação simples que comprove a contiguidade, podem as descrições indicar o imóvel confinante pelos seus proprietários e não identificando o imóvel, pode também a descrição indicar o nome da rua e o número do prédio que já não existe no vizinho, por ter sido demolido. Assim, a análise do Oficial Registrador deverá ser mais complexa e cautelosa, devendo valer-se de informações contidas nos títulos que deram origem aos registros, em plantas arquivadas na serventia, em pesquisa à base tabular e aos proprietários anteriores sempre zelando para que, com o intuito de unificar dois ou mais bens, não se incluam nas descrições outros bens imóveis interpostos entre eles. Sobre o tema, dispõe a Norma da CGJSP, em seu capítulo XX:

> 75. No caso de fusão de matrículas, deverá ser adotada rigorosa cautela na verificação da área, medidas, características e confrontações do imóvel que dela poderá resultar, a fim de se evitarem, a tal pretexto, retificações sem o devido procedimento legal, ou efeitos só alcançáveis mediante processo de usucapião.

No mesmo sentido a jurisprudência:

> Acolhendo o fundamento de recusa declinado pela Oficial, entendeu o M. Juiz que, dizendo respeito a venda a lote formulado pela unificação de dois registros aquisitivos, não havia como concluir com segurança que os dois imóveis adquiridos pelos vendedores, em momentos distintos, fossem contíguos. De todo o exposto, conclui-se que o óbice anteposto pela Oficial, e acolhido pelo M.M. Juiz, vê-se suplantado com vantagem pelos demais elementos de instrução documental trazidos aos autos, de maneira a formar-se quadro de suficiente certeza de que os lotes adquiridos pelos vendedores são efetivamente contíguos. O entendimento oposto importaria em se outorgar, na hipótese, a segurança estática do registro predial rigor formal

tão exacerbado que tenderia a negar a finalidade instrumental do mesmo registro (Parecer do Dr. Aroldo Mendes Viotti, Juiz Auxiliar da Corregedoria). Por essas razões e tudo o mais que constou do aludido parecer, foi dado provimento a apelação e deferido o registro do título (CSMSP – Apelação Cível 012112-0/4, Rel. Onei Raphael Pinheiro Oricchio, *DJ* 09/04/1991).

Apesar de a lei federal não prever como requisito objetivo a aprovação Municipal do projeto de unificação de bens imóveis, alguns Municípios preveem, em sua legislação local, a necessidade de sua prévia análise e autorização no processo. A Norma da Corregedoria-Geral da Justiça Paulista também acena para este cuidado especial, que, apesar de criar mais uma regra para a qualificação, facilita a análise do ato pelo Oficial Registrador, como segue:

> 75.1. Além disso, para esse propósito, será recomendável que o requerimento seja instruído com prova de autorização da Prefeitura Municipal, que poderá ser a aprovação de planta da edificação a ser erguida no imóvel resultante da fusão.
>
> ...
>
> 75.6. Os documentos apresentados para a fusão de matrículas, incluídos o memorial e a planta, que deverão permitir a identificação das áreas originais e sua correspondência com a formada pela unificação, deverão ser arquivados em classificador próprio, ou por meio eletrônico seguro.

Outra questão que inspira cuidado na qualificação é conferir se a descrição dos bens imóveis está de acordo com o princípio da especialidade objetiva, ou seja, se a descrição deles atende às regras mínimas de identificação e determinação física previstas no art. 176 da Lei 6.015/1973. Vale frisar que, para o ato, não se exigirá, em regra, prévia retificação da descrição, nos termos do art. 213 da Lei 6.015/1973, não sendo requisito para unificação ter o imóvel descrição georreferenciada ou com medição especial contendo ângulos internos, graus, azimutes etc. Em regra, bastará que estejam os imóveis devidamente identificados com todas as medidas lineares e com área quadrada, a exemplo do que se vê na descrição de lotes de loteamento registrados nos termos da Lei 6.766/1979 ou até do Decreto-Lei 58/1937. Esta a regra contida nas Normas de Serviço da Corregedoria Paulista:

> 75.4. Nas unificações e desmembramentos de áreas urbanas, são consideradas regulares as descrições que contenham apenas as medidas lineares e a metragem quadrada, mesmo que não sejam declinados ângulos internos e graus do polígono.

Como observa Narciso Orlandi Neto:

> ... muitas vezes, a unificação dos imóveis e a fusão de matrículas e/ou transcrições (arts. 234 e 235 da Lei n. 6.015/73) exigem a criação de nova descrição das divisas. É claro que sempre haverá nova descrição, mas ela pode perfeitamente repetir o que consta dos registros fundidos, simplesmente prolongando-se linhas e somando-se medidas e área.[1341]

Entretanto, na falta dessas informações ou havendo divergência entre a descrição dos imóveis constante do registro e aquela prevista nos trabalhos técnicos aprovados (planta e memorial descritivo) poderá ser necessária prévia retificação da matrícula ou transcrição.

Além disso, poderá haver casos em que os imóveis objeto da unificação contenham descrições discrepantes entre si, ou seja, um dos registros possui descrição que atende o princípio da especialidade objetiva e o outro não. Podem ainda ocorrer situações em que, apesar de conter descrição adequada, há divergência quanto a forma de medição, o que dificulta ou até impossibilita a unificação sem prévia harmonização das descrições. Seria o caso, por exemplo, de um bem descrito com ângulos e azimutes e outro com coordenadas georreferenciadas.

O segundo requisito para a unificação ou fusão de imóveis é de natureza subjetiva, ou seja, está relacionado aos titulares de direitos sobre o bem. Dispõe a lei ser necessário que os imóveis "pertençam ao mesmo proprietário". A regra é simples e direta, só é possível unificar bens imóveis que contenham os mesmos proprietários, caso contrário, haverá aquisição da propriedade de forma transversa.

[1341] ORLANDI NETO, Narciso. *Retificação do registro de imóveis*. São Paulo: Oliveira Mendes, 1997. p. 93.

Art. 234 | LEI DE REGISTROS PÚBLICOS COMENTADA

Mas não basta que sejam similares os titulares do domínio. Dessa regra simples deve se extrair o entendimento de que devem também coincidir os demais direitos reais sobre o bem. Assim, não deve ser possível a unificação de imóveis que, apesar de terem o mesmo proprietário, contêm ônus diferentes. Um dos imóveis está gravado com um usufruto em favor de terceiro e o outro contém o registro de um direito real de garantia, como uma hipoteca. Apesar de a titularidade do direito real de propriedade ser idêntica, os demais direitos reais não são similares, de modo que fica impossível a fusão sem que haja confusão dos direitos reais.

A mesma regra se aplica à diferença no porcentual aquisitivo, ou seja, dois ou mais imóveis adquiridos em condomínio civil por mais de uma pessoa, mas em cada imóvel os proprietários possuem partes ideais diferentes. Nesse caso, não se admite a simples unificação sem que se faça a prévia transmissão de partes ideais entre os condôminos, nos termos do art. 1.245, do Código Civil, de modo a ajustar a titularidade à mesma proporção aquisitiva. A homogeneidade de frações ideais como requisito para a fusão já foi tema debatido pela jurisprudência:

> Não bastasse o maltrato a comando da lei registrária, sobreleva notar que, não sendo os interessados titulares em todos os imóveis, a pretendida fusão faria nascer condomínio juridicamente inexistente, na medida em que alguns estariam – por tal ato – adquirindo e alienando frações ideais, o que também se veda.
>
> A legislação pátria contempla duas espécies de condomínio: o comum, da lei civil, e o especial, da Lei 4.591/64. Deste, por óbvio, não se cuida, pois requer prévia incorporação ou instituição (onde, em tese, se admite escrito particular). E aquele requer, para seu aperfeiçoamento, a necessária escritura pública (CC, art. 134, II), (inadmitida, para a hipótese, escrito particular com tal força, já que limitados à hipótese da Lei 4.380/64, e art. 41, da Lei 6.766/79).
>
> Em outras palavras, por meio de procedimento registrário que nada pode alterar, senão o próprio ato de registro, estar-se-ia instituindo (e, igualmente extinguindo) condomínio da lei civil sem observância do comando legal específico (além de prejuízo também ao fisco, a propósito, embora não seja este o móvel a impedir a providência solicitada pelos interessados) (CGJSP – Recurso Administrativo Processo 218/90, Rel. Vito José Guglielmi, j. 25/02/1991).

Por fim, ainda cabe atenção à natureza da aquisição e ao regime de bens dos titulares do domínio. Isso pois, em se tratando de imóveis adquiridos a título oneroso ou gratuito e com regime de bens que não importa em comunicabilidade, pode parecer que o bem contém os mesmos titulares, mas na verdade não os tem. Assim, se um imóvel foi adquirido por venda e compra por um casal, casado pelo regime da comunhão parcial de bens, e o outro foi adquirido por ato de doação, em que foi beneficiado apenas um dos cônjuges, não há mesma titularidade. A unificação desses imóveis terá como consequência o aumento oblíquo da propriedade deste cônjuge que não foi agraciado com o ato de doação.

Questão interessante acerca do tema unificação é a possibilidade de reunir juridicamente unidades autônomas integrantes de um condomínio edilício. Nesses casos, aplicam-se as regras constantes do art. 234 da Lei 6.015/1973, mas também deve-se aplicar o regramento específico presente na Lei 4.591/1964 e no Código Civil.

Assim, a unificação de unidades autônomas pertencentes a um condomínio edilício, além da similitude de proprietários e titulares de direitos reais e da contiguidade física dos imóveis, deverá contar com a autorização expressa dos demais condôminos com a prática do ato. Isso porque, as unidades de um condomínio edilício, apesar de considerarem-se imóveis autônomos para fins de alienação, oneração e para o exercício de todos os atributos da propriedade, são bens em regime diferenciado, em que há juridicamente uma codependência entre as unidades, uma vez que todas estão ligadas entre si como condôminas do terreno, sendo detentoras de frações ideais deste e estão ligadas fisicamente por meio das estruturas da edificação, das fundações, paredes externas, demais instalações do condomínio e de todas as áreas de uso comum do empreendimento, além disso, há um projeto urbanístico aprovado pelos órgãos públicos competentes para autorizar a sua edificação. Considerando isso, a lei prevê a necessidade da anuência dos demais condôminos para o ato, além de ser necessária a alteração das aprovações de demais documentos que compuseram o memorial de incorporação, como o projeto urbanístico, o quadro de áreas, o memorial descritivo e a convenção condominial.

Tal regra está expressa no inciso IV do art. 43 da Lei 4.591/1964, que dispõe:

> Art. 43. Quando o incorporador contratar a entrega da unidade a prazo e preços certos, determinados ou determináveis, mesmo quando pessoa física, ser-lhe-ão impostas as seguintes normas:
> (...)
> IV – é vedado ao incorporador alterar o projeto, especialmente no que se refere à unidade do adquirente e às partes comuns, modificar as especificações, ou desviar-se do plano da construção, salvo autorização unânime dos interessados ou exigência legal;

No mesmo sentido dispõe a Norma da Corregedoria-Geral da Justiça Paulista, em seu capítulo XX:

> 82. A alteração da especificação exige a anuência da totalidade dos condôminos.

Na lição de Nisske Gondo e J. Nascimento Franco, as alterações na instituição do condomínio dependem da anuência de todos os condôminos:

> Uma vez registrado o instrumento de instituição do condomínio, exige-se a unanimidade dos co-proprietários, com anuência dos compromissários compradores ou promitentes cessionários de direitos à compra de unidades autônomas, para as alterações que importem em desdobramento ou unificação de unidades, mudança na destinação das áreas privativas ou comuns, bem como na participação proporcional no terreno e coisas comuns; enfim, para as inovações que possam direta ou indiretamente repercutir sobre os direitos subjetivos dos condôminos com a finalidade a que inicialmente se destinou o edifício ou suas unidades autônomas, tal como a transformação da casa do zelador, ou de qualquer área comum, em unidade privativa.[1342]

Havendo a aprovação pelos órgãos públicos, ajuste documental dos trabalhos técnicos constantes do processo de incorporação ou especificação e anuência dos condôminos deverá o Oficial Registrador averbar a alteração da incorporação ou especificação do condomínio na matrícula-mãe do empreendimento dando notícia da atual conformação física do empreendimento, bem como deverá averbar o ato de unificação nas matrículas das unidades autônomas que foram unificadas, encerrando-as, o que dará ensejo a abertura de uma nova matrícula que conterá a descrição conjunta das unidades unificadas, conforme nova descrição fornecida pelo novo memorial descritivo. Toda documentação apresentada para formalizar a prática do ato deverá ser arquivada no processo do empreendimento, formando um histórico de suas alterações, junto à constituição, nos termos do § 1º do art. 32 da Lei 4.591/1964.

 Jurisprudência

> "Não agride o princípio da indivisibilidade legal (art. 65 do Estatuto da Terra e art. 8º da Lei nº 5868/72) o destacar de um imóvel, cujo remanescente contará com área de dimensão superior à do módulo de propriedade rural, uma fatia para fundi-la a outra gleba. Pouco importa que a gleba primitiva constitua um condomínio pro indiviso se todos os condôminos compareceram ao instrumento, anuindo. (Registro de Imóveis – Dúvidas – Decisões do Conselho Superior da Magistratura de São Paulo – Org. Narciso Orlandi Neto – ementa nº 190 – Des. Andrade Junqueira)" (CSMSP – Apelação Cível 268272/78, Rel. Andrade Junqueira, j. 05/05/1978).

> "No caso de fusão de matrículas, deverá ser adotada rigorosa cautela na verificação da área, medidas, características e confrontações do imóvel que dela poderá resultar, a fim de se evitarem, a tal pretexto, retificações sem o devido procedimento legal" (CSMSP – Apelação Cível 2.594-0, DJ 17/08/1983, Rel. Bruno Affonso de André).

> "Contrato de locação de imóvel objeto de duas matrículas distintas. 2. Incidindo a locação sobre a totalidade dos dois imóveis, objeto de matrículas distintas, é indispensável a prévia unificação destas" (CSMSP – Apelação Cível 006334-0, Rel. Sylvio do Amaral j. 26/09/1986).

[1342] FRANCO, João Nascimento; GONDO, Nisske. *Condomínio*. São Paulo: Revista dos Tribunais, 2005. p. 15.

Art. 234 | LEI DE REGISTROS PÚBLICOS COMENTADA

"**Registro de imóveis** – Pretendido registro de mandado de unificação de imóveis – Divergência quanto ao estado civil do titular do direito – Indeferimento – Necessidade de averbação do casamento – Observância aos princípios registrários da continuidade e da especialidade – Decisão confirmada. CGJSP – Recurso Administrativo 112/90, Rel. Vito José Guglielmi, j. 17/06/1990).

"**Registro de imóveis** – Registro de loteamento – Exigência consistente em unificação dos imóveis a serem loteados, que são separados por um córrego, formulada com a concomitante indicação de que a unificação é impossível porque, por força do artigo 26, inciso I, da Constituição Federal todas as águas são de propriedade do Estado, excetuadas aquelas previstas no artigo 20, inciso III, da referida Constituição como sendo de propriedade da União – Procedimento destinado a afastar recusa manifestada para o registro do loteamento, com pedido de autorização para que o loteamento seja registrado em imóveis distintos, dispensada a fusão das matrículas – Dissensão que envolve prática de ato de registro em sentido estrito – Necessidade de impugnação por meio de dúvida (artigo 202 da Lei nº 6.015/73), com recurso cujo julgamento compete ao Colendo Conselho Superior da Magistratura – Procedimento, ademais, não instruído com o título apresentado para registro, o que impede seu processamento como dúvida – Inadequação que torna prejudicado o procedimento e implica no não conhecimento do recurso – Recurso não conhecido, com observações" (CGJSP – Recurso Administrativo 102.503/2008, Rel. Ruy Pereira Camilo, *DJ* 15/04/2009).

"**Ementa não oficial**. Não é possível a aquisição de terreno contíguo pelo condomínio para posterior unificação. Dependência de alteração de instituição e especificação do condomínio, com apresentação de novo quadro de áreas, com alteração nas frações ideais atribuídas às unidades autônomas" (1ª VRPSP – Dúvida Registral 583.00.2006.218742-1, Rel. Marcelo Martins Berthe, *DJ* 08/06/2009).

"**Registro de imóveis** – Unificação e Desdobro – Restrição convencional ou urbanística – Circunstância não impeditiva do ato registral pretendido – Desnecessidade de atendimento do art. 18, da Lei nº 6.766/79 – Recurso não provido" (CGJSP – Recurso Administrativo 133109/2012, Rel. José Renato Nalini, j. 18/10/2012).

"**Registro de imóveis** – unificação de matrículas – loteamento regular – suficiente identificação dos imóveis –mera soma de medidas e área – respeito ao princípio da especialidade objetiva – recurso provido" (CGJSP – Recurso Administrativo 178.407/2015, Rel. José Carlos Gonçalves Xavier de Aquino, *DJ* 23/11/2015).

"**Registro de imóveis** – pedido de unificação de lotes descritos em três matrículas diferentes – Imóveis que não pertencem ao mesmo proprietário – impossibilidade – inteligência do artigo 234 da Lei nº 6.015/73 – unificação de que dependiam outros atos – impossibilidade de realização do registro de título que descreve área resultante da unificação e de posterior desmembramento – Recurso a que se nega provimento" (CGJSP – Recurso Administrativo 003918-03.2015.8.26.0417, Rel. Manoel de Queiroz Pereira Calças, *DJ* 11/10/2016).

"**Registro de imóveis**. Unificação de imóveis e fusão de matrículas. Necessidade de retificação das áreas. Ausência de segurança quanto à descrição qualitativa dos imóveis. Recurso desprovido" (CGJSP – Recurso Administrativo 1004790-40.2019.8.26.0100, Rel. Geraldo Francisco Pinheiro Franco, *DJ* 30/07/2019).

"**Registro de imóveis**. Fusão de matrículas. Ausência de homogeneidade dominial dos imóveis lindeiros. Destituição da incorporadora não lhe retira a qualidade de titular de domínio do imóvel. Decisão mantida" (CGJSP – Recurso Administrativo 1001553-09.2017.8.26.0604, Rel. Geraldo Francisco Pinheiro Franco, *DJ* 06/03/2019).

"**Registro de imóveis** – Procedimento administrativo – Condomínio edilício – Unificação de unidades autônomas e fusão de matrículas que dependem da anuência de todos os condôminos, de modificação da instituição e especificação de condomínio, e de consentimento do dono tabular – Falta das anuências e documentos necessários – Óbices mantidos – Recurso administrativo a que se nega provimento" (CGJSP – Recurso Administrativo 1013102-43.2019.8.26.0152, Rel. Fernando Antônio Torres Garcia, *DJ* 16/02/2022).

"**Ementa oficial: apelação cível**. Dúvida suscitada pelo oficial registrador do registro de imóveis de torres. **Fusão de matrículas. Necessidade de identidade na titularidade dominial dos imóveis contíguos.** O artigo 234 da Lei 6.015/73 dispõe que quando dois ou mais imóveis contíguos pertencentes ao mesmo proprietário, constarem de matrículas autônomas, pode ele requerer a fusão destas em uma só, de novo número, encerrando-se as primitivas. Nesse cenário, a contiguidade de área e titularidade dominial homogênea são condições básicas para o registro de fusões. No caso concreto, não há a mesma proporção dos titulares dominiais em ambos os lotes, motivo pelo qual resulta desautorizada a pretendida unificação das matrículas. Sentença que julgou procedente a dúvida e manteve a impugnação do Oficial do Registro de Imóveis mantida. Apelação Desprovida. (Apelação Cível 50051159820218210072, Décima Nona Câmara Cível, Tribunal de Justiça do RS, Relator: Marco Antonio Angelo, Julgado em: 30-09-2022)" (TJRS. Décima Nona Câmara Cível. Apelação Cível 5005115-98.2021.8.21.0072, Comarca de Torres, Rel. Des. Marco Antonio Angelo, j. 30/09/2022 e publicado em 07/10/2022).

Art. 235. Podem, ainda, ser unificados, com abertura de matrícula única:

I – dois ou mais imóveis constantes de transcrições anteriores a esta Lei, à margem das quais será averbada a abertura da matrícula que os unificar;

II – dois ou mais imóveis, registrados por ambos os sistemas, caso em que, nas transcrições, será feita a averbação prevista no item anterior, as matrículas serão encerradas na forma do artigo anterior;

III – 2 (dois) ou mais imóveis contíguos objeto de imissão provisória registrada em nome da União, dos Estados, do Distrito Federal, dos Municípios ou de suas entidades delegadas ou contratadas e sua respectiva cessão e promessa de cessão. *(Redação dada pela Lei nº 14.620, de 2023)*

§ 1º Os imóveis de que trata este artigo, bem como os oriundos de desmembramentos, partilha e glebas destacadas de maior porção, serão desdobrados em novas matrículas, juntamente com os ônus que sobre eles existirem, sempre que ocorrer a transferência de 1 (uma) ou mais unidades, procedendo-se, em seguida, ao que estipula o inciso II do art. 233. *(Redação dada pela Lei nº 12.424, de 2011)*

§ 2º A hipótese de que trata o inciso III somente poderá ser utilizada nos casos de imóveis inseridos em área urbana ou de expansão urbana e com a finalidade de implementar programas habitacionais ou de regularização fundiária, o que deverá ser informado no requerimento de unificação. *(Incluído pela Lei nº 12.424, de 2011)*

§ 3º Na hipótese de que trata o inciso III do *caput* deste artigo, a unificação poderá abranger matrículas ou transcrições relativas a imóveis contíguos àqueles que tenham sido objeto da imissão provisória na posse. *(Redação dada pela Lei nº 14.273, de 2021)*

 Referências Normativas

Constituição Federal, art. 5º, XXIV.
Lei 4.591/1964, art. 31, *c*.
Lei 6.015/1973, art. 167, I, nº 36.
Lei 6.015/1973, art. 176, § 8º.
Lei 6.766/1979, art. 18, §§ 4º e 5º.
Lei 9.785/1999.
Lei 11.977/2009.
Lei 13.465/2017.
Decreto-Lei 3.365/1941, arts. 5º, § 4º, 15, § 4º, 29, e 34-A, § 4º.

Comentários

O dispositivo disciplina a técnica registral para a prática do ato de unificação, esclarecendo a maneira como o Oficial Registrador deve proceder a depender da natureza do livro.

Art. 235 | LEI DE REGISTROS PÚBLICOS COMENTADA

O esclarecimento que se faz é quanto à possibilidade de unificação de bens imóveis, mesmo estando eles em livros diferentes, ou seja, é autorizada a fusão de matrículas, como também de transcrições, gerando uma nova matrícula ou mesmo matrículas com transcrições. A ideia do dispositivo é demonstrar que não importa a origem do livro, se ainda transcrito pelo sistema do fólio pessoal ou já matriculado, no sistema atual, é, em regra, desnecessária a prévia passagem de um sistema para outro como requisito para proceder a fusão.

Desse modo, no caso de fusão de dois ou mais imóveis já matriculados, procede-se a averbação em cada matrícula informando que houve a unificação e com isso a matrícula foi encerrada, nos termos do disposto no art. 234, da Lei 6.015/1973.

No caso de fusão de dois ou mais imóveis ainda mantidos no sistema anterior, ou seja, objeto de transcrições, a técnica registral determina que à margem das respectivas transcrições seja realizada uma averbação informando que o imóvel delas objeto foi unificado à outra transcrição, identificando-a e informando ainda o número da matrícula aberta em razão do ato. Será como um ato de remissão informando o registro posterior em que aquela transcrição passou a se encontrar.

Também é permitida a unificação de um ou mais imóveis matriculados, com imóveis objeto de transcrições, ou seja, objeto de registros em sistemas diferentes, sendo desnecessária a prévia abertura das matrículas objeto das transcrições para que estas sejam unificadas a imóveis já matriculados. Esta a regra contida também no item 75.5 do cap. XX das Normas de Serviço da CGJSP: *75.5. Tratando-se de unificação de imóveis transcritos, não se fará prévia abertura de matrículas para cada um deles, mas sim a averbação da fusão nas transcrições respectivas.*

Isso só reafirma a ideia de que, apesar de em sistemas diferentes, o fólio pessoal e o fólio real são compatíveis entre si, sendo possível adequar as informações constantes do livro transcrito no sistema anterior, para sua passagem ao sistema atual, sem que sejam necessários outros procedimentos especiais ou requerimentos específicos do usuário interessado no serviço.

Importante mencionar que, apesar de não estar expresso no Provimento 89/2019 também será possível a unificação de imóveis já com matrícula eletrônica descerrada com imóveis objeto de matrícula física ou transcritos. Não há impedimento normativo e nem prático para tal providência.

O inciso III disciplina situação especialíssima no direito registral, que á a unificação de dois imóveis que podem ter proprietários diferentes, constituindo uma exceção à regra prevista no art. 234 da Lei 6.015/1973, mas que tem, em comum, os titulares da posse sobre o bem. São os casos em que houve nos imóveis objeto de unificação prévio registro da imissão provisória da posse, o que é uma situação bastante peculiar, uma vez que tal direito só é dado à União, aos Estados, ao Distrito Federal, aos Municípios e suas entidades delegadas ou contratadas.

O instituto tem previsão legal no Decreto-Lei 3.365/1941 e fundamenta-se na urgência do expropriante em já entrar na posse do bem a ser desapropriado, ainda no curso do processo. Assim prevê o art. 15 do Decreto-Lei:

> Art. 15. Se o expropriante alegar urgência e depositar quantia arbitrada de conformidade com o art. 685 do Código de Processo Civil, o juiz mandará imiti-lo provisoriamente na posse dos bens;
>
> ...
>
> § 4º A imissão provisória na posse será registrada no registro de imóveis competente.

Como se sabe, em regra, a posse não tem ingresso no Registro de Imóveis, somente sendo admitido o registro nos casos previstos na Lei 13.465/2017, em imóveis provenientes de regularização fundiária, bem como as posses provenientes de processos de desapropriação, em que o ente público é imitido na posse antes do fim do processo e, portanto, antes da efetiva transmissão da propriedade. A possibilidade de unificação de imóveis com registro de posse refere-se somente às imissões provisórias na posse e de imóveis inseridos em área urbana ou de expansão urbana e com a finalidade de implementar programas habitacionais ou de regularização fundiária (§ 2º do art. 235), não prevendo a lei a mesma possibilidade para a unificação de imóveis com legitimação de posse registradas nos termos da Lei 13.465/2017, tendo proprietários diferentes. Dispõe a lei que o objetivo da unificação, ou seja, futura implementação de programas habitacionais ou Reurb, deve ser indicado no requerimento para instrução do procedimento e para a subsunção do pedido à norma.

Vale lembrar que a possibilidade do registro da imissão provisória na posse teve origem na Lei 9.785/1999, que alterou a Lei 6.766/1979 e à época visava disciplinar apenas os parcelamentos do solo de natureza popular e destinados à pessoas de baixa renda. A intenção da lei era criar uma medida facilitadora para uma futura regularização fundiária do parcelamento. Desde então, o tema sofreu diversas alterações em sua redação na Lei 6.015/1973, sendo a redação do art. 235 reformulada somente em 2010 com a Medida Provisória 514/2010, que veio a ser convertida na Lei 12.424/2011, quando se permitiu a unificação de imóveis com proprietários distintos, mas com registro de imissão provisória na posse tendo como titular os mesmos entes públicos.

Importante observar que, com o advento da Lei 12.424/2011, também foi disciplinada a possibilidade de registro de imissão na posse os casos de imóveis em regime de condomínio edilício e para fins de registro de incorporação imobiliária de interesse social com finalidade de regularização ou de implantação de projetos habitacionais por entes públicos, sendo modificada também a Lei 4.591/1964, em seus arts. 31, c, e 32, § 13.

Conforme esclarece o § 3º do art. 235, nesses casos a unificação poderá abranger matrículas ou transcrições relativas a imóveis contíguos àqueles que tenham sido objeto da imissão provisória na posse. Ainda disciplinando a técnica registral, indica o § 1º do art. 235 da Lei 6.015/1973 que quando a efetivação da unificação ou ainda quando ocorrerem desmembramentos parciais deste imóvel, deverão os ônus ser devidamente transportados para as novas matrículas criadas, na forma estabelecida pelo art. 230 da mesma lei.

 Jurisprudência

"**Registro de imóveis**. Recusa do Oficial a promover a fusão de matrículas de imóveis que são objeto de processo de desapropriação promovida pela CDHU. Imóveis que têm diferentes proprietários. Registro da imissão provisória, realizado na forma da Lei 9.785/99. A imissão de posse, ainda que registrável, não altera a propriedade dos imóveis, havendo necessidade de posterior transferência do domínio. Pedido que encontra óbice instransponível na vedação do art. 234, da Lei de Registros Públicos, que condiciona a fusão a que todos os imóveis tenham o mesmo proprietário. Recurso não provido" (CGJSP – Recurso Administrativo 3.444/2010, Rel. Antonio Carlos Munhoz Soares, *DJ* 13/05/2010).

"**Unificação – Legitimação do interessado**. O requerimento de unificação feito pelo interessado (TJSP), destinatário de desapropriação e imitido na posse, autoriza o pedido formulado. Defere-se ao interessado o direito de apresentar a pretensão retificatória e de unificação, demonstrado o interesse e a inexistência de prejuízo" (1ª Vara de Registros Públicos de São Paulo – Procedimento Administrativo 0026999-30.2013.8.26.0100, Rel. Marcelo Martins Berthe, *DOE* 15/05/2013).

"Imissão de posse. Desapropriação. Habitação de interesse social. Matrícula – unificação. Continuidade" (1ª Vara de Registros Públicos de São Paulo – Pedido de Providências 1113127-26.2019.8.26.0100, Rel. Tânia Mara Ahualli, *DJ* 18/02/2020).

"Recurso Administrativo – Registro de imóveis – Procedimento extrajudicial de fusão de registros e retificação de área – Fusão que tem por objeto matrícula e transcrição com igual origem tabular – Pretensão de fusão e de retificação de área para que o novo registro passe a representar a totalidade do imóvel que era objeto da transcrição que originou os registros a serem unificados – Transcrição de origem, porém, que sofreu desfalque de outra área que não é de propriedade e não foi objeto de contrato de aquisição celebrado pelos requerentes – Fusão que, na forma como requerida, implicará na sobreposição de registros – Recurso a que se nega provimento" (CGJSP – Recurso Administrativo 1002732-44.2019.8.26.0624. Rel. Ricardo Mair Anafe, *DJ* 19/05/2020).

Art. 235-A. Fica instituído o Código Nacional de Matrícula (CNM) que corresponde à numeração única de matrículas imobiliárias em âmbito nacional. *(Incluído pela Lei nº 13.465, de 2017)*

§ 1º O CNM referente a matrícula encerrada ou cancelada não poderá ser reutilizado. *(Incluído pela Lei nº 13.465, de 2017)*

§ 2º Ato da Corregedoria Nacional de Justiça do Conselho Nacional de Justiça regulamentará as características e a forma de implementação do CNM. *(Incluído pela Lei nº 13.465, de 2017)*

Referências Normativas

Lei 11.977/2009, arts. 37 a 41.
Lei 13.465/2017, arts. 76 e 101.
Recomendação CNJ 14, de 2 de julho de 2014.
Provimento CNJ 47, de 18/6/2015 (revogado pelo Provimento 89/2019).
Provimento CNJ 89/2019 (parcialmente revogado pelo Provimento 143/2019).
Provimento CNJ 143/2023 (parcialmente revogado pelo Provimento 149/2019 e alterado pelo Provimento 170/2024).
Provimento CNJ 149/2023, artigos 330 e seguintes.

Comentários

O art. 235-A foi inserido na Lei 6.015/1973 por meio da Lei 13.465/2017, que dispôs sobre diversos assuntos em matéria registral, destacando-se a regularização fundiária rural e urbana, a modificação de leis importantes, como a Lei 9.514/1997, a Lei 11.977/2009, a Lei 6.766/1979, o Código Civil e, como dito, a própria Lei de Registros Públicos.

O dispositivo foi descrito nas disposições finais da Lei, de forma isolada e sem um contexto legislativo próprio, mas dentro de um contexto histórico e prático absolutamente apropriado. Isso porque não se trata da simples criação de uma nova forma de renumerar o Livro 02, mas **um meio de tornar possível a implementação do Registro Eletrônico, devidamente integrado e operacionalizado em âmbito nacional.**

Conforme já explicitado nos comentários ao art. 231, com a entrada em vigor da Lei 6.015/1973 em janeiro de 1976, a cada ato registrário a ser praticado em um imóvel, nova matrícula deveria ser descerrada, recebendo com isso um número de identificação, iniciando na matrícula nº 01 e as demais vão, sucessivamente, recebendo os números em ordem crescente. Assim, cada serventia registral possui uma numeração de matrículas a depender do número de imóveis de sua circunscrição. Ocorre que, com isso, todos os Ofícios de Registro de Imóveis do país terão números iguais de matrícula, o que dificulta a prestação do serviço em plataformas digitais de nível nacional.

O estabelecimento de uma nova numeração para o Livro ou numeração única (denominado CNM ou Código Nacional de Matrículas), como disciplinou, originariamente, o Provimento 89/2019, com as alterações introduzidas pelos Provimentos 143/2023, 149/2023 e 170/2024, ambos do CNJ, é apenas um dos atos necessários para a efetiva implementação do SREI. O SREI é o Sistema de Registro Eletrônico de Imóveis criado pelo art. 76 da Lei 13.465/2017, em cumprimento ao disposto nos arts. 37 a 41 da Lei 11.977/2009, e tem a finalidade de integrar as unidades registrais e suas bases de dados, além de viabilizar a execução e a prestação dos serviços públicos de forma digital, tudo sob acompanhamento, regulação normativa e fiscalização da Corregedoria Nacional de Justiça.

O operador nacional do SREI e responsável por sua implementação é chamado de Operador Nacional do Sistema de Registro Eletrônico de Imóveis (ONR), pessoa jurídica de direito privado e sem fins lucrativos. Todas as unidades do serviço de registro de imóveis dos Estados e do Distrito Federal devem integrar o SREI e ficar vinculadas, como associadas, ao ONR.

Atualmente, diversos serviços são prestados por meio da plataforma digital implementada pela ONR, por meio do *site* https://registradores.onr.org.br/ (acesso em 21.10.2022), sendo por ele possíveis o protocolo de títulos, a solicitação de certidão, o acompanhamento dos passos dos títulos protocolados, entre outros serviços.

À Corregedoria Nacional de Justiça do Conselho Nacional de Justiça cabe a função de agente regulador do ONR, e, por zelar e fiscalizar o cumprimento de seu estatuto e no exercício de tal função, editou os Provimentos 89/2019 e 143/2023, visando disciplinar o registro público eletrônico no país, estabelecendo as diretrizes para a implantação e criando os meios adequados e necessários para o sucesso da implementação do sistema. Referidos provimentos encontram-se consolidados, em parte, no Provimento 149/2023, que instituiu o Código Nacional de Normas da Corregedoria Nacional de Justiça do Conselho Nacional de Justiça - Foro Extrajudicial (CNN/ CN/CNJ-Extra), que regulamenta os serviços notariais e de registro.

Conforme se verifica das considerações à edição do Provimento 89/2019, a Recomendação CNJ 14/2014 já previa a identificação de cada imóvel por um código nacional de matrícula a fim de funcionar como "chave primária" com a finalidade de ser a referência única para acesso às matrículas, que, obviamente, devem permanecer sediadas, mantidas e custodiadas por cada uma das unidades de serviço registral. Trata-se de um meio para a prestação de serviço de forma centralizada em um único "balcão de atendimento", permanecendo descentralizada a prestação do serviço em cada unidade de registro, uma vez que a responsabilidade pela prática dos atos e conservação dos livros é pessoal do Oficial Registrador (art. 8º do Provimento 89/2019 do CNJ).

Prevê o artigo 330 do Provimento 149/2023 do CNJ a forma de geração da numeração única de matrículas. Assim, atualmente, o Código Nacional de Matrícula (CNM) corresponderá a uma numeração única de matrículas constituída de 16 dígitos, organizados em quatro campos obrigatórios formado por uma estrutura definida como: CCCCCC.L.NNNNNNN-DD, sendo:

1) (CCCCCC) – correspondente ao Código Nacional da Serventia atribuído pelo Conselho Nacional de Justiça, definindo a unidade de registro de imóveis onde o imóvel está matriculado;

2) (L) – corresponderá à designação do Livro, que, no caso de matrícula, será o algarismo 2, correspondendo ao Livro 02 – Registro Geral (art. 173, II, da Lei 6.015/1973), e, quando se tratar de Registro Auxiliar, no Livro 03, será utilizado o algarismo 3;

3) (NNNNNNN) – composto por 7 dígitos e corresponderá ao número de ordem originário da Matrícula ou do Livro 03, recebido quando de seu descerramento nos termos do art. 227 da Lei 6.015/1973, sendo que, se o número da matrícula possuir menos de 7 dígitos, deverão ser atribuídos zeros à esquerda até que se complete o número de dígitos estabelecido pelo Provimento;

4) (DD) – corresponderão aos dígitos verificadores, gerados pela aplicação do algoritmo módulo 97 Base 10, conforme Norma ISO 7064:2003 ou outro a ser definido pela Corregedoria Nacional de Justiça.

A atribuição da numeração única fica a cargo da ONR, que disponibiliza aos Oficiais de Registro de Imóveis o Programa Gerador e Validador do Código Nacional de Matrícula PGV-CNM (art. 333 do Provimento 149/2023 do CNJ). A partir dos prazos definidos no art. 13 do Provimento 143/2023 do CNJ, os Oficiais de Registro de Imóveis devem implantar numeração única para as matrículas que forem abertas e renumerar as matrículas existentes, sendo importante observar que sobre a prática desse ato de renumeração não podem incidir emolumentos, sendo inadequado onerar o usuário do serviço pela simples adaptação dos Livros ao SREI.

Apesar de a Lei 13.465/2017 (que alterou a Lei 6.015/1973) não prever a mesma regra de renumeração para o Livro 03 – Registro Auxiliar, os Provimentos do CNJ trouxeram tal disposição, devendo ser adotados os mesmos critérios previstos para o Livro 02 – Registro Geral.

Por fim, cabe salientar que, além da numeração única de matrículas, foi criado, a partir do Provimento 89/2019, um novo formato de Livro 02, como mais um meio para viabilizar a implantação do SREI, o qual foi denominado "matrícula eletrônica". **A matrícula eletrônica está prevista no art. 10 do Provimento 89/2019 e será realizada exclusivamente em meio eletrônico, contendo em seu teor apenas a situação jurídica atualizada do imóvel**, ou seja, não será uma reprodução completa do histórico de averbações e registros constantes da matrícula ou da transcrição, mas **apenas os direitos e ônus vigentes ao tempo da abertura da matrícula eletrônica** ou, como denominou o provimento, na "primeira qualificação eletrônica".

Nos termos do inciso VII do art. 10 do Provimento 89/2019, a matrícula eletrônica deve conter dados estruturados que podem ser extraídos de forma automatizada, com seções relativas ao controle, aos atos e à situação jurídica do imóvel, constituindo-se em um documento nato digital de conteúdo estruturado.

A responsabilidade pela operacionalização da migração dos livros físicos para os livros digitais será da ONR a partir da regulamentação e padronização a ser homologada pela Corregedoria-Geral de Justiça do CNJ. Com a entrada em vigor do novo sistema de registros, com o livro 02 em formato eletrônico, não haverá mais fichas de matrícula descerradas no formato constante do art. 231 da Lei 6.015/1973, devendo, gradativamente, as matrículas já abertas em papel mudar para o novo formato e as novas matrículas já devem adotar a forma eletrônica de escrituração, tal como ocorreu na mudança de sistemas, do fólio pessoal para o fólio real, com a entrada em vigor da Lei 6.015/1973.

 Jurisprudência

"Ementa não oficial. CNJ. Pedido de Providências. CNM – Código Nacional de Matrículas – implementação – sugestões" (CNJ – Pedido de Providências 0008583-08.2017.2.00.0000, Rel. Humberto Martins, *DJ* 27/11/2019).

"**Pedido de providências. Provimento da corregedoria nacional de justiça. Código nacional de matrículas – CNM. Sistema de registro eletrônico de imóveis – SREI. Serviço de atendimento eletrônico compartilhado – SAEC. Acesso da administração pública federal às informações do SREI. Diretrizes para o estatuto do operador nacional do sistema de registro eletrônico** – ONR. 1. O Conselheiro pode submeter para deliberação direta do Plenário, nos termos do art. 25, III, do RICNJ, as matérias de sua relatoria. 2. Provimento que regulamenta o Código Nacional de Matrículas – CNM, o Sistema de Registro Eletrônico de Imóveis – SREI, o Serviço de Atendimento Eletrônico Compartilhado – SAEC e o acesso da Administração Pública Federal às informações do SREI e estabelece diretrizes para o estatuto do Operador Nacional do Sistema de Registro Eletrônico – ONR. Provimento aprovado" (CNJ – Pedido de Providências 0000665-50.2017.2.00.0000, Rel. Humberto Martins, *DJ* 18/05/2020).

CAPÍTULO VII
DO REGISTRO

Art. 236. Nenhum registro poderá ser feito sem que o imóvel a que se referir esteja matriculado.

CALEB MATHEUS RIBEIRO DE MIRANDA

 Referências Normativas

Lei 6.015/1973, arts. 167, I, e 176, § 1º, I e II.

 Comentários

A expressão "registro" é utilizada em sentido estrito, em oposição à averbação. Os atos de averbação podem ser praticados à margem das transcrições, e, conquanto tenha havido mudança na redação do inc. I do § 1º do art. 176 da LRP pela Lei 14.382/2022, que indica que a matrícula será aberta por ocasião da primeira averbação, fato é que a previsão é temperada com o previsto nos §§ 15 a 18 do mesmo artigo, permitindo-se a prática de atos de averbação à margem da transcrição, se a abertura da matrícula não for possível por falta dos elementos necessários. Para a prática de atos de registro, contudo, faz-se essencial a abertura de matrícula.

A distinção realizada é positiva, tendo em vista a ontologia dos atos registrais. Em sentido estrito, ato de registro é o ato que constitui ou declara determinada posição jurídico real e lhe confere eficácia e publicidade *erga omnes*.[1343] É dizer, atos de registro são aqueles que modificam a situação jurídico-real pela inclusão no fólio real de direito que pelo próprio ato de registro se constitui ou declara.

[1343] KÜMPEL, Vitor Frederico; FERRARI, Carla Modina. *Tratado notarial e registral* – Volume 5. Tomo I – Oficial de Registro de Imóveis. São Paulo: YK Editora, 2020. p. 532.

Tal se verifica na compra e venda, que retira a titularidade de uma pessoa e a atribui a outrem, na usucapião, que declara a aquisição por pessoa de um bem, e na penhora.[1344] que declara a existência de uma constrição processual sobre certo bem e alerta terceiros sobre sua existência.

Atos de averbação, por sua vez, são os atos praticados para "extinção do direito real ou modificação do conteúdo deste ou do seu registro"[1345]. É dizer, a averbação, pela teoria dos atos registrais, não constitui direito, senão por via reflexa. Sua eficácia pode ser mesmo expansiva, quando excepcionalmente se permite averbação para aumentar o conteúdo de um direito, mas não criadora de direitos. "A averbação é um assentamento acessório, que provoca alteração na substância de um registro, por modificação, esclarecimento ou extinção de seus direitos ou elementos."[1346] Nota tônica da averbação é não ser autônoma, e, por ser mera modificação do conteúdo de atos já praticados, não teria sentido lógico condicionar-se a prática de atos modificativos de situações já existentes à abertura de matrícula.

Para a prática dos atos registrais exige-se a abertura de matrícula porque o registro é modo de constituição de direitos. Isso significa que, sem o registro, não nasce a posição jurídico-real, e, por consequência, aquele que desejar a constituição de uma situação jurídico-registral deve providenciar o necessário para que seja aberta matrícula. Por outro lado, a falta de um ato de averbação, em teoria, deixaria desatualizado o conteúdo do direito que, existente, foi modificado ou extinto, o que é indesejável. Eis, nos parece, a distinção, ao condicionar a legislação a prática de atos registrais à existência de matrícula, mas não condicionar os atos de averbação: os atos de registro constituem posições jurídicas, as averbações as desconstituem ou as modificam; num caso, a ausência implica não obtenção do direito pretendido; noutro, a ausência implica desatualização do registro.

Importa notar, contudo, que há duas principais diferenças decorrentes da previsão de um ato como de registro ou de averbação. A primeira, já mencionada, é a circunstância de que os atos de averbação podem ser feitos à margem das transcrições – quando a transcrição não reunir todas as condições para que se possa abrir a matrícula, nos termos do art. 176, § 18 – ao passo que os atos de registro exigem a abertura de matrícula. A segunda é que a cobrança dos emolumentos relativos à prática de atos de registro, como regra, se dá em montante superior à dos emolumentos relativos à prática dos atos de averbação, quando inexiste previsão específica para o ato na tabela de custas estadual.

A percepção de que certas tabelas de emolumentos preveem valores menores para prática dos atos de averbação do que para a prática dos atos de registro fez com que que se desenvolvesse uma distorção no sistema. Com o fito de permitir que certos atos fossem cobrados de forma menos onerosa ao usuário, certos atos que criam posições jurídicas foram classificados pela legislação como atos de averbação, como a penhora[1347] e a servidão ambiental.[1348] Tratando-se de atos de averbação, podem, igualmente, ser praticados à margem da própria transcrição, se não for possível a abertura de matrícula.[1349] A esse problemático fenômeno denominamos instrumentalização da ontologia registral, por

---

[1344] Atualmente, a penhora é averbada, conforme previsão expressa da Lei 13.105/2015, Código de Processo Civil, art. 844. Remetemos o leitor aos comentários ao art. 239.

[1345] CARVALHO, Afrânio de. *Registro de imóveis*. 2. ed. Rio de Janeiro: Forense, 1977. p. 107.

[1346] KÜMPEL, Vitor Frederico; FERRARI, Carla Modina. *Tratado notarial e registral* – Volume 5. Tomo I – Oficial de Registro de Imóveis. São Paulo: YK Editora, 2020. p. 542.

[1347] BRASIL, Lei 5.869/1973. Comparem-se as redações sucessivas do § 4º do art. 659 do CPC de 1973:
§ 4º A penhora de bens imóveis realizar-se-á mediante auto ou termo de penhora, e inscrição no respectivo registro. (Incluído pela Lei nº 8.953, de 13.12.1994); § 4º A penhora de bens imóveis realizar-se-á mediante auto ou termo de penhora, cabendo ao exequente, sem prejuízo da imediata intimação do executado (art. 669), providenciar, para presunção absoluta de conhecimento por terceiros, o **respectivo registro** no ofício imobiliário, mediante apresentação de certidão de inteiro teor do ato e independentemente de mandado judicial. (Redação dada pela Lei nº 10.444, de 7.5.2002); § 4º A penhora de bens imóveis realizar-se-á mediante auto ou termo de penhora, cabendo ao exequente, sem prejuízo da imediata intimação do executado (art. 652, § 4º), providenciar, para presunção absoluta de conhecimento por terceiros, a **respectiva averbação** no ofício imobiliário, mediante a apresentação de certidão de inteiro teor do ato, independentemente de mandado judicial (Redação dada pela Lei nº 11.382, de 2006). (Grifos nossos).

[1348] BRASIL, Lei 6.938/1981, Art. 9º-A, § 4º:
§ 4º Devem ser objeto de averbação na matrícula do imóvel no registro de imóveis competente: (Redação dada pela Lei nº 12.651, de 2012).
I – o instrumento ou termo de instituição da servidão ambiental; (Incluído pela Lei nº 12.651, de 2012).

[1349] BRASIL, Lei nº 6.015/1973, Lei dos Registros Públicos, art. 176, § 18.

meio do qual a definição de se certo ato é de registro ou averbação, ao invés de relacionar-se ao seu conteúdo, é definido pelo legislador federal para definir, de forma indireta, o modo de cobrança dos emolumentos pelas tabelas estaduais.

Uma segunda questão que se verifica é que o sistema de transcrições permitia a realização de atos relativos a frações ideais de imóveis sem que houvesse uma certeza quanto à situação jurídica da totalidade do bem. É dizer, poderiam ser realizadas subsequentes transcrições de transmissões de partes ideais de um imóvel, sem a necessidade de identificação de todos os condôminos do imóvel. A matrícula, por sua vez, deve ter por objeto a totalidade do imóvel, em virtude do princípio da unitariedade (art. 176, § 1º, I, da LRP), de modo que, se impossível identificar o imóvel em sua totalidade, será vedada a abertura de matrícula e, por consequência, não será possível a prática de atos de registro.

Terceira problemática dá-se com as descrições imprecisas dos imóveis constantes das transcrições. Tendo em vista a previsão dos requisitos mínimos de abertura de matrícula (art. 176, § 1º, II, da LRP), as descrições lacunosas constantes de atos anteriores impediriam a inauguração do fólio real, e, por consequência, com relação a tais imóveis só poderiam ser praticados atos de averbação. Contudo, múltiplas decisões realizaram temperamento nos requisitos para abertura de matrícula, especialmente nos casos em que há certa segurança quanto à identificação do bem.

Não obstante essas considerações, entende-se que a prática de atos de registro, conforme definidos pela legislação, exige a abertura de matrícula, ao passo que os atos de averbação podem ser realizados à margem das transcrições correspondentes, quando impossível a abertura de matrícula para sua realização.[1350]

Jurisprudência

"Registro de imóvel – Dúvida inversa – Recusa de abertura de matrícula e de registro de escritura pública – Exigência de prévia retificação do registro imobiliário – Transcrição que, embora descreva a área de maneira precária, possibilita a identificação do imóvel – Título que apresenta a mesma descrição do registro anterior – Observância do disposto nos artigos 196 e 228 da Lei nº 6.015/73 – Inocorrência de violação ao princípio da especialidade objetiva – recusa indevida – Dúvida improcedente – Recurso provido" (TJSP, Ap. Cív. 3025524-04.2013.8.26.0224, CSMSP, Rel. Hamilton Elliot Akel, j. 07/10/2014, DJ 03/12/2014).

"Registro de imóveis – Dúvida – Pretensão de registro de escritura de compra e venda – Descrição precária do imóvel – Identidade, no entanto, entre o título e a transcrição anterior – Possibilidade de abertura de matrícula e registro do título – Precedentes do Conselho Superior da Magistratura – Recurso provido" (TJSP, Ap. Cív. 0015003-54.2011.8.26.0278, CSMSP, Rel. Hamilton Elliot Akel, j. 02/09/2014, DJ 21/10/2014).

"Quando a lei exige a certidão do registro anterior, não se refere a inscrições de promessa de compra e venda ou a averbações de sua margem, circunstâncias acessórias à propriedade imobiliária. Refere-se a certidão da transcrição ou das transcrições anteriores consumadas nos cartórios a cuja circunscrição tenha pertencido o prédio quando dela ou delas dependem a aquisição e a prova do domínio disponível. A exibição desses elementos condiciona a abertura da matrícula e o subsequente registo da promessa de cessão. [...]

1. Insurge-se o recorrente contra a r. sentença que, acolhendo dúvida, denegou matrícula e registro de escritura de promessa de cessão, sob o fundamento de que, cuidando-se de condomínio, seria necessária a identificação de todos os comunheiros para o ato da matrícula. Insiste o recurso em que da inscrição anterior não se poderia concluir fosse condominial senão exclusiva a propriedade. [...]

Ora, a exibição desses elementos, a que se condicionam a abertura da matrícula e o subsequente registo da promessa de cessão, esclarecerá se se cuida, ou não, de copropriedade, dissipando a incerteza notada do Oficial e da r. sentença. [...]

[1350] BRASIL, Lei 6.015/1973, Lei dos Registros Públicos, art. 176, § 18.

O que é certo, contudo, é que assim a matrícula como o registo, no estado presente da questão, não pode ser lavrado e este é o fundamento da procedência da dúvida" (TJSP, Ap. Cív. 278.400, CSMSP, Rel. Humberto de Andrade Junqueira, j. 12/03/1979, DJ 31/03/1979).

"Registro de Imóveis – Recusa de ingresso de formal de partilha que repete descrição que já consta em transcrição anterior – Dúvida procedente – Descrição que impede a própria localização do imóvel – Precedentes que permitem o ingresso de título que repete descrição lacunosa e cujo objeto é a integralidade do bem – Inaplicabilidade – Localização mínima do imóvel que se faz necessária – Impossibilidade de ingresso do título – Necessidade de prévia retificação – Apelação a que se nega provimento. [...]

E como já adiantado pelo Oficial em sua suscitação (fls. 294/299), os julgados deste Conselho que modificaram posicionamento anterior e passaram a dispensar a prévia retificação na hipótese de descrição precária do imóvel, desde que o título repetisse essa descrição e a transação abrangesse a totalidade do bem, pressupõem que ele esteja minimamente identificado:

'Inobstante a precariedade da transcrição e os precedentes do Conselho Superior da Magistratura mencionados pelo Oficial, o posicionamento que atualmente prevalece, manifestado em julgados recentes, é no sentido de que não ofende ao princípio da especialidade a abertura de matrícula que abranja a totalidade do imóvel e que esteja de acordo com a descrição contida no registro anterior, desde que suficiente à sua identificação' (Apelação 3025524-04.2013.8.26.0224, Rel. Des. Elliot Akel, j. 7/10/2014 – grifei)" (TJSP, Ap. Cív. 1006360-55.2015.8.26.0309, CSMSP, Rel. Manoel de Queiroz Pereira Calças, j. 10/03/2017, DJ 24/07/2017).

> **Art. 237.** Ainda que o imóvel esteja matriculado, não se fará registro que dependa da apresentação de título anterior, a fim de que se preserve a continuidade do registro.

 Referências Normativas

Lei 6.015/1973, arts. 195 e 229.

 Comentários

O artigo consagra, juntamente com o art. 229, o princípio da continuidade registral. A "apresentação de título anterior" referida deve ser entendida como o registro ou averbação do título material que serve de causa ou fundamento do ato posterior.

O princípio da continuidade desenvolveu-se ao longo das sucessivas legislações sobre Registros Públicos. Pela Lei 1.237/1864, somente eram objeto de registro os atos entre vivos.[1351] O Decreto 3.453/1865 dispensou o registro dos atos judiciários,[1352] modificado pontualmente pelo art. 532 do Código Civil de 1916, que previu a transcrição de certos atos judiciais.[1353] A previsão do princípio da continuidade como regra geral só se deu com o Decreto 18.542/1928, em seu art. 206,[1354] ainda que excepcionada

---

[1351] BRASIL, Lei 1.237/1864, art. 8º. A transmissão entrevivos por titulo oneroso ou gratuito dos bens susceptiveis de hypothecas (art. 2º § 1º) assim como a instituição dos onus reaes (art. 6º) não operão seus effeitos a respeito de terceiro, senão pela transcripção e desde a data della.

[1352] BRASIL, Decreto 3.453/1865, art. 260. Não são sujeitos a transcripção as transmissões *causa mortis* ou por testamentos, e nem tambem os actos judiciarios.

[1353] BRASIL, Lei 3.071/1916, Art. 532. Serão também transcritos:
I – Os julgados, pelos quais, nas ações divisórias, se puzer termo a indivisão.
II – As sentenças, que nos inventarios e partilhas, adjudicarem bens de raiz em pagamento das dívidas da herança.
III – A arrematação e as adjudicações em hasta pública.

[1354] BRASIL, Decreto 18.542/1928, Art. 206. Si o immovel não estiver lançado em nome do outorgante o official exigirá a transcripção do titulo anterior, qualquer que seja a sua natureza, para manter a continuidade do registro.

Art. 237 | LEI DE REGISTROS PÚBLICOS COMENTADA

a regra nos casos em que o título anterior não estivesse sujeito a registro.[1355] O Decreto 4.857/1939 manteve o princípio da continuidade,[1356] com a mesma ressalva.[1357]

Por continuidade entende-se a obrigatoriedade de inserção dos atos necessários à concatenação lógica e cronológica das modificações jurídicas relativas a certo objeto como pressuposto de sua validade.

A necessidade de apresentação do título anterior significa que a prática dos atos registrais pretendidos exige a existência de situação jurídico-registral com esses compatível, a demandar não somente a apresentação do título como que esse seja qualificado positivamente, de modo a permitir o registro do título subsequente.

Mesmo nos casos em que a aquisição do domínio, à época, não exigia o registro, é de rigor a apresentação do título para a prática dos atos posteriores, para manutenção da sequência lógica de aquisições. Seria inviável registrar a venda de A para B sem que fosse apresentado documento comprobatório da aquisição por A, ainda que, à época de sua realização, o ato não estivesse obrigado a registro.[1358]

Importa ainda notar que a continuidade deve ser vista em três dimensões: real, pessoal e jurídica.

A dimensão real ou objetiva exige que a prática de ato posterior tenha por objeto imóvel compatível com a prática do ato, não lhe excedendo em área, não lhe ultrapassando os limites e não lhe modificando a situação jurídica. Exemplos de cada situação podem ser identificados: havendo matrícula de imóvel com 100 metros quadrados, é vedada a venda de imóvel com 110 metros quadrados; se a matrícula dispõe que o imóvel tem 10 metros de frente e fundos, por 5 de ambos os lados, é irregular a venda de imóvel com 15 metros de frente, ainda que com 3,33 metros de ambos os lados; por fim, se a matrícula descreve terreno, é impossível a venda, sem a prévia instituição de condomínio ou registro da incorporação, de unidade autônoma.

A dimensão pessoal ou subjetiva refere-se a que o titular de um direito deve constar do registro com a mesma situação jurídica que se apresenta no ato dispositivo. Eventuais incorporações entre pessoas jurídicas, mudanças de nome, alterações de estado civil, todas devem estar refletidas no registro, de modo a permitir aferir que o ato foi praticado pela pessoa que poderia dele dispor.

A dimensão jurídica, por sua vez, implica que os direitos não podem ser transferidos em quantidade ou qualidade incompatíveis com os direitos adquiridos. Não pode o nu-proprietário transferir a propriedade plena do imóvel, enquanto não cancelado o usufruto; não pode o credor hipotecário de dívida de R$100.000,00 transferir, a terceiro, dívida de R$150.000,00. Não pode ser arrematada a propriedade do bem imóvel se o executado era somente seu compromissário comprador.

Aspecto importante da continuidade, quanto às certidões de registro anterior, refere-se a que a comprovação da situação jurídica do imóvel exige a comprovação de seu domínio, que depende da apresentação de certidão de matrícula ou de transcrição. Isso significa que a mera apresentação de certidão de inscrição não é suficiente para prática dos atos subsequentes.

Pela sistemática prevista no Decreto 4.857/1939, as inscrições eram realizadas em livro próprio – Livro 4, para os compromissos de compra e venda[1359], salvo se relativos a imóveis loteados, caso em que seriam averbados à margem do Livro 8.[1360] A certidão das inscrições pode ser emitida juntamente com

---

[1355] Idem, Art. 234. Em qualquer caso não se poderá fazer transcripção ou inscripção sem prévio registro do titulo anterior. salvo se este não estivesse obrigado a registro, segundo o direito então vigente de modo a assegurar a continuidade do registro de cada predio, entendendo-se por disponibilidade a faculdade de registrar alienações ou onerações dependentes assim, da transcripção anterior.

[1356] BRASIL, Decreto 4.857/1939, art. 214. Se o imovel não estiver lançado em nome do outorgante, o oficial exigirá a transcrição do título anterior, qualquer que seja a sua natureza, para manter a continuidade do registo.

[1357] Idem, Art. 244. Em qualquer caso, não se poderá fazer a transcrição ou inscrição sem prévio registro do título anterior, salvo si este não estivesse obrigado a registro, segundo o direito então vigente, de modo a assegurar a continuidade do registro de cada prédio, entendendo-se por disponibilidade a faculdade de registrar alienações ou operações dependentes, assim, da transcrição anterior.

[1358] Até o Código Civil de 1916, a transcrição não era obrigatória para os atos judiciais e transmissões *causa mortis*, em virtude da previsão do art. 260 do Decreto nº 3.453/1865, que assim dispunha: Art. 260. Não são sujeitos á transcripção as transmissões *causa mortis* ou por testamentos, e nem tambem os actos judiciaries.

[1359] BRASIL, Decreto 4.857/1939, arts. 178, alínea *a*, XIV, 186 e 253.

[1360] Idem, art. 178, alínea *c*, VI, e art. 287.

a certidão de transcrição – quando a transcrição anterior tiver sido realizada no mesmo Registro de Imóveis – ou de forma isolada – quer porque a transcrição anterior foi realizada em outro Registro de Imóveis, quer porque solicitada certidão somente da própria inscrição.[1361]

A emissão de certidões de inscrição que corresponda a compromisso de compra e venda, sem a concomitante apresentação de certidão da transcrição anterior, não é suficiente para atendimento do comando legal, vez que não comprova a titularidade do imóvel.

 Jurisprudência

1. Obrigatoriedade de certidão da transcrição anterior, e não meramente de inscrição

"Quando a lei exige a certidão do registro anterior, não se refere a inscrições de promessa de compra e venda ou a averbações de sua margem, circunstâncias acessórias à propriedade imobiliária. Refere-se a certidão da transcrição ou das transcrições anteriores consumadas nos cartórios a cuja circunscrição tenha pertencido o prédio quando dela ou delas dependem a aquisição e a prova do domínio disponível. A exibição desses elementos condiciona a abertura da matrícula e o subsequente registo da promessa de cessão" (TJSP, Ap. Cív. 278.400, CSMSP, Rel. Humberto de Andrade Junqueira, j. 12/03/1979, DJ 31/03/1979).

2. Necessidade de apresentação do título anterior ao Código Civil para registro do título subsequente

"Título anterior ao CC. No sistema vigente anterior ao CC 1916 os títulos de aquisição de bens imóveis não se sujeitavam à transcrição para valer contra terceiros. Todavia, não se pode dispensar a exibição do próprio título para a prática do registro do título que lhe sucede.

[...]

Por dois motivos a exibição do título anterior ao Código Civil é indispensável.

Em primeiro lugar, no sistema então vigente, os títulos de aquisição de bens imóveis não se sujeitavam à transcrição para valer contra terceiros. Em outras palavras, o título provava o domínio sem necessidade de transcrição, cuja eficácia não tinha a força constitutiva que lhe deu o Código Civil. Em relação a esses títulos não há como exigir o que a lei anterior não exigia. Como, todavia, não se pode reclamar a prova de sua transcrição, não pode ser dispensada a exibição do próprio título. É que este é a prova do domínio tanto quanto era ao tempo de sua formação.

Calha bem a lição de Serpa Lopes: 'As portas do Registro Imobiliário não devem permanecer francamente abertas ao primeiro vendedor que se apresente declarando-se proprietário de um imóvel ainda não transcrito' (*Tratado dos Registros Públicos*, Freitas Bastos, 4ª ed., 1.960, vol. IV, pág. 418).

Em segundo lugar, além de necessário à prova do domínio, o título anterior ao Código Civil deve ser registrado. É neste ponto que, por vezes, a má percepção dos princípios que regem o Registro de Imóveis causa perplexidade. [...]

Já não importa que o título não estivesse sujeito ao registro. Sua exibição é obrigatória para que possa ser inaugurada a corrente filiatória.

Esta tem sido a posição deste Conselho, como se infere do V. Acórdão relatado pelo Des. Andrade Junqueira na Apelação Cível no 280.630: 'Não se controverte da absoluta necessidade, hoje, da abertura de matrícula e do registro do título anterior, qualquer que seja a natureza e ainda que, por operar os efeitos jurídicos a que é vocacionado, não estivera sujeito a registro segundo o direito vigente à data de sua celebração (arts. 195, 227, 228, 236 e 237 da Lei de Registros Públicos)' ('in' *Registro de Imóveis*, Narciso Orlandi Neto, Editora Saraiva, 1982, pág. 315).

Ainda que, para argumentar, fosse aceito que não seria necessário registro do título de aquisição dos condôminos, nem sua exibição, o apelante deveria, ao menos, provar que houve aquisição. Ora, nada há nos autos, a não ser alegação. É muito pouco para que o Oficial possa dar por cumprido o princípio da legalidade" (TJSP, Ap. Cív. 1.778-0, CSMSP, Rel. Bruno Affonso de André, j. 14/03/1983, DJ 30/03/1983).

[1361] BRASIL, Lei 6.015/1973, Lei dos Registros Públicos, art. 16, 1º.

Art. 237-A | LEI DE REGISTROS PÚBLICOS COMENTADA

3. Necessidade de registro do título aquisitivo

"Registro de imóveis – Carta de Arrematação – Título judicial que não escapa à qualificação registral – Forma derivada de aquisição de propriedade – Desqualificação por ofensa ao princípio da continuidade – Cancelamento objetivado, com a finalidade de possibilitar a inscrição do título, que não comporta exame na via administrativa – Dúvida julgada procedente – Recurso não provido" (TJSP, Ap. Cív. 1061979-44.2017.8.26.0100, CSMSP, Rel. Geraldo Francisco Pinheiro Franco, j. 23/04/2018, *DJ* 23/05/2018).

4. Divergências de estado civil

"Registro de imóveis – Dúvida inversa julgada procedente – Óbices mantidos – Formal de partilha – Inventário – Ofensa aos princípios da especialidade subjetiva e da continuidade registrária – Divergências quanto ao estado civil da falecida e quanto ao nome e estado civil do herdeiro testamentário – Necessidade de aditamento e retificação do formal de partilha – Apelação não provida" (TJSP, Ap. Cív. 1009804-04.2020.8.26.0477, CSMSP, Rel. Fernando Antônio Torres Garcia, j. 03/06/2022, *DJ* 11/08/2022).

5. Incorporação entre pessoas jurídicas

"Registro de imóveis – incorporação empresarial. Transmissão imobiliária sujeita ao sistema de título e modo. Compromisso de compra e venda sem aptidão causal. Transferência da propriedade. Necessidade de prévia averbação da incorporação para o registro da escritura pública de compra e venda. ITBI. Imunidade tributária que necessita de análise prévia do titular da competência tributária – recurso não provido" (TJSP, Ap. Cív. 1043342-11.2018.8.26.0100, CSMSP, Rel. Geraldo Francisco Pinheiro Franco, j. 28/05/2019, *DJ* 27/06/2019).

6. Arrematação do imóvel em execução contra titular do direito real de aquisição

"Registro de imóveis – Carta de arrematação – Ingresso obstado – Ação de cobrança de débito condominial movida apenas em face de um dos devedores – cessionário de compromisso de venda e compra – Imóvel que não se encontra registrado em nome do executado, que figura no registro como compromissário comprador de parte ideal do bem – Ofensa ao princípio da continuidade – Registro inviável – Recurso não provido" (TJSP, Ap. Cív. 990.10.169.457-3, CSMSP, Rel. Munhoz Soares, j. 26/10/2010, *DJ* 17/01/2011).

Art. 237-A. Após o registro do parcelamento do solo, na modalidade loteamento ou na modalidade desmembramento, e da incorporação imobiliária, de condomínio edilício ou de condomínio de lotes, até que tenha sido averbada a conclusão das obras de infraestrutura ou da construção, as averbações e os registros relativos à pessoa do loteador ou do incorporador ou referentes a quaisquer direitos reais, inclusive de garantias, cessões ou demais negócios jurídicos que envolvam o empreendimento e suas unidades, bem como a própria averbação da conclusão do empreendimento, serão realizados na matrícula de origem do imóvel a ele destinado e replicados, sem custo adicional, em cada uma das matrículas recipiendárias dos lotes ou das unidades autônomas eventualmente abertas. *(Redação dada pela Lei nº 14.382, de 2022)*

§ 1º Para efeito de cobrança de custas e emolumentos, as averbações e os registros relativos ao mesmo ato jurídico ou negócio jurídico e realizados com base no *caput* deste artigo serão considerados ato de registro único, não importando a quantidade de lotes ou de unidades autônomas envolvidas ou de atos intermediários existentes. *(Redação dada pela Lei nº 14.382, de 2022)*

§ 2º Nos registros decorrentes de processo de parcelamento do solo ou de incorporação imobiliária, o registrador deverá observar o prazo máximo de 15 (quinze) dias para o fornecimento do número do registro ao interessado ou a indicação das pendências a serem satisfeitas para sua efetivação. *(Incluído pela Lei nº 11.977, de 2009)*

§ 3º O registro da instituição de condomínio ou da especificação do empreendimento constituirá ato único para fins de cobrança de custas e emolumentos. *(Incluído pela Lei nº 12.424, de 2011)*

> § 4º É facultada a abertura de matrícula para cada lote ou fração ideal que corresponderá a determinada unidade autônoma, após o registro do loteamento ou da incorporação imobiliária. *(Incluído pela Lei nº 14.382, de 2022)*
>
> § 5º Na hipótese do § 4º deste artigo, se a abertura da matrícula ocorrer no interesse do serviço, fica vedado o repasse das despesas dela decorrentes ao interessado, mas se a abertura da matrícula ocorrer por requerimento do interessado, o emolumento pelo ato praticado será devido por ele. *(Incluído pela Lei nº 14.382, de 2022)*

Referências Normativas

Lei 6.766/1979, art. 18.
Lei 4.591/1964, arts. 32 e 68.
Lei 6.015/1976, art. 9º, § 1º.

Comentários

1. *Caput* e § 1º
O artigo busca tratar de procedimento registral, mas, como ponto principal, possui aplicação emolumentar. O núcleo do dispositivo está em que, entre o registro do parcelamento e a averbação da conclusão das obras, e entre o registro da incorporação imobiliária e até a averbação da construção, atos relativos ao titular do empreendimento só deverão ser cobrados uma única vez, praticados na matrícula do empreendimento, com sua replicação nas demais matrículas. De igual modo, para cada negócio jurídico, que envolva o empreendimento e suas unidades, a ser praticado, os emolumentos devem ser cobrados como ato de registro único, independentemente da quantidade de atos intermediários existentes.

A previsão de cobrança de ato de registro único para todos os registros e averbações relativos a um mesmo ato ou negócio jurídico deve ser vista com cautelas, especialmente em se considerando que, no âmbito do Registro de Imóveis, é incomum a prática de multiplicidade de atos com relação a um mesmo ato ou negócio jurídico. Exceções mais frequentes a essa regra são a doação da nua-propriedade e simultânea reserva de usufruto ou imposição de cláusulas, a averbação de óbito para registro da partilha e o cancelamento de uma garantia em razão da imposição de nova garantia, por novação. Nessas circunstâncias, deve ser cobrado um ato único, cuja base de cálculo deverá ser a soma dos valores dos atos em questão, se os atos tiverem valor econômico, vez que a previsão do artigo é de unificação da cobrança, e não de isenção de emolumentos sobre parte dos atos.

Por outro lado, a regra não se aplica se forem necessários múltiplos atos independentes, como, por exemplo, registro de compra e venda e contratação de garantia ao financiamento, vez que, nesse caso, há dois negócios jurídicos sendo realizados de forma simultânea e, ainda que interligados, não podem ser incluídos na expressão "mesmo ato jurídico ou negócio jurídico". Importa notar, ainda, que não é a união meramente externa do ato – realização em mesmo documento – que implica a cobrança como ato único, mas sim a existência um único ato, como ocorre no já mencionado exemplo da novação.

2. § 2º
A previsão de prazo específico para análise, de 15 dias úteis (art. 9º, § 1º, da LRP), é compatível com a complexidade dos atos de parcelamento e de incorporação imobiliária, que efetivamente demandam maior prazo de análise do que a generalidade dos casos (art. 188, *caput*).

3. § 3º
A previsão de que a instituição e especificação do condomínio são consideradas ato único para fins de cobrança de custas e emolumentos é questão emolumentar, cujo principal reflexo poderá se dar na interpretação das tabelas de custas estaduais.

4. §§ 4º e 5º

A previsão de abertura de matrícula para cada lote decorrente do loteamento não destoa da previsão geral. A unitariedade matricial exige que, para cada imóvel, seja aberta matrícula própria, e com o registro do loteamento os lotes passam a ser imóveis autônomos.

A possibilidade de abertura de matrículas para as frações ideais que corresponderão as futuras unidades autônomas, por sua vez, implica uma ressignificação do que se considera imóvel. As matrículas são tradicionalmente abertas para imóveis. A Lei 3.777/2018 permitiu que fossem abertas igualmente matrículas para as frações de tempo.[1362] Com as modificações da Lei 14.382/2022, as frações ideais que corresponderão às futuras unidades também poderão ter matrículas abertas, nas quais praticados os atos que lhe correspondam.

Tanto quanto aos lotes como quanto às frações ideais que corresponderão às futuras unidades autônomas, importa notar que a abertura das matrículas pode se dar de ofício, no interesse do serviço, caso em que não serão devidos emolumentos, ou a requerimento do interessado, caso em que os emolumentos são devidos.

 Jurisprudência

"Procedimento de controle administrativo. Corregedoria-Geral de Justiça do Estado de Minas Gerais – TJMG. Cobrança de emolumentos. Improcedência.

1. Procedimento de Controle Administrativo em que se discute o acerto da cobrança de emolumentos realizada pelo Ofício de Notas.

2. O Requerente invoca a aplicação da norma do art. 237-A da Lei nº 6.015/73 e da decisão proferida no PCA nº 0005525-75.2009.2.00.0000, a fim de que a cobrança dos emolumentos recaia sobre o valor total do negócio jurídico de compra e venda como ato de registro único e não sobre o valor de cada um dos imóveis.

3. Ausência de evidências da ocorrência de registro de parcelamento do solo ou da incorporação imobiliária, antes da data da realização do negócio jurídico de compra e venda.

4. O registro do parcelamento do solo ou da incorporação imobiliária são pressupostos para aplicação do benefício previsto no § 1º do *art.* 237-A da Lei nº 6.015/1973. Parecer da Corregedoria Nacional de Justiça.

5. Improcedência do PCA" (CNJ, PCA 0005805-26.2021.2.00.0000, Rel. Jane Granzoto, localidade: Minas Gerais, j. 18/11/2022, *DJ* 22/11/2022).

"Registro de imóveis – Emolumentos – Consulta formulada pelo Oficial de Registro de Imóveis – Parcelamento do solo – Cancelamento de hipotecas que recaíram sobre parte dos lotes que integram o empreendimento – Art. 237-A da Lei nº 6.015/73 – Hipotecas constituídas antes da expedição do Termo de Verificação de Obras-TVO, visando garantir a execução das obras de infraestrutura do próprio loteamento – Determinação de cobrança de emolumentos, para os cancelamentos, como ato único – Recurso não provido. [...]

Aprovo o parecer da MM.ª Juíza Assessora desta Corregedoria Geral da Justiça e, por seus fundamentos, ora adotados, nego provimento ao recurso, a fim de confirmar a orientação dada pela r. sentença à consulta formulada, qual seja, de que o artigo 237-A, da Lei nº 6.015, de 31 de dezembro de 1973, em se tratando de parcelamento do solo, aplica-se aos casos em que se pretende levantar os registros das hipotecas constituídas para garantia dos negócios jurídicos que envolvam o loteamento em si, como, na hipótese concreta, a execução das obras de infraestrutura. Por conseguinte, a cobrança de emolumentos como ato único abrange não só a averbação do cancelamento na matrícula-mãe, mas também nas matrículas dos lotes" (CGJSP, Recurso administrativo 1001073-03.2020.8.26.0547, Rel. Fernando Antônio Torres Garcia, localidade: São Paulo, j. 08/02/2022, *DJ* 11/02/2022).

[1362] BRASIL, Lei 13.777/2018, art. 2º [...] § 10. Quando o imóvel se destinar ao regime da multipropriedade, além da matrícula do imóvel, haverá uma matrícula para cada fração de tempo, na qual se registrarão e averbarão os atos referentes à respectiva fração de tempo, ressalvado o disposto no § 11 deste artigo.

Art. 238. O registro de hipoteca convencional valerá pelo prazo de 30 (trinta) anos, findo o qual só será mantido o número anterior se reconstituída por novo título e novo registro.

 Referências Normativas

Lei 10.406/2002 (Código Civil), arts. 1.485 e 1.498.
Lei 6.015/1973, arts. 251 e 252.

 Comentários

1. Hipoteca convencional, judiciária e legal

Hipoteca é o direito real de garantia por meio do qual a titularidade de um bem fica subordinada ao adimplemento de uma obrigação. Em caso de inadimplemento, o credor poderá executar o bem, realizando-se transferência forçada a terceiros, e utilizando-se o produto da venda no pagamento da dívida.

De acordo com sua origem, a hipoteca pode ser classificada em convencional, judiciária ou legal. Hipoteca convencional é aquela que decorre de acordo entre credor e devedor, no qual, para garantia de certa dívida, é vinculado o bem, com especificação do valor do crédito, das condições de seu pagamento e do bem dado em garantia.[1363] Hipoteca judiciária é aquela que tem por título constitutivo decisão judicial condenatória pecuniária ou cujo objeto tenha se convertido em dinheiro,[1364] e cuja identificação dos bens vinculados é realizada pelo credor no momento da apresentação ao Registro,[1365] intimada a outra parte para contraditório após sua constituição.[1366] A hipoteca legal é aquela atribuída por lei a determinadas pessoas, em razão de relações jurídicas próprias,[1367] e cuja identificação dos bens sobre a qual recai e o arbitramento da responsabilidade devem ser realizados por procedimento de jurisdição voluntária.[1368]

2. Prazos de validade da especialização e do registro

Há dois prazos importantes na legislação com relação à hipoteca: prazo de validade da especialização e prazo de validade do registro. O dispositivo em comento trata do prazo de validade do registro da hipoteca. Para evitar confusões, é necessário diferenciar os prazos de especialização e da extinção por decurso do prazo (perempção).

A especialização da hipoteca tem por finalidade permitir a adequada descrição do bem, especialmente em se considerando a possibilidade de que, ao longo do tempo, possam ocorrer modificações ao bem imóvel, como demolição ou construção de benfeitorias, que impliquem alteração do seu valor. O valor atribuído é considerado como base para os atos executórios,[1369] e eventual defasagem atuará em prejuízo ao devedor. Desse modo, a lei determina que o prazo de especialização de todas as hipotecas, convencionais, judiciárias ou legais, é de 20 anos,[1370] ao cabo dos quais a especialização deve ser renovada.

O registro da hipoteca convencional vale por 30 anos. Isso significa dizer que, decorrido dito prazo, o registro deverá ser renovado para manutenção da validade da hipoteca.

Importa notar que não é a hipoteca convencional que vale por até 30 anos, mas sim o seu registro. Desse modo, terminado o prazo de 30 anos, a hipoteca poderá continuar a valer, desde que seja reconstituída por novo título e novo registro, mantida a precedência que então lhe competia. A reconstituição por novo título implica a necessidade de que credor e devedor, para manter o vínculo sobre o bem, constituam novo título formal, que será objeto de novo registro.

[1363] BRASIL, Lei 10.406/2002, Código Civil, art. 1.424.
[1364] BRASIL, Lei 13.105/2015, Código de Processo Civil, art. 495, *caput*.
[1365] Idem, art. 495, § 2º.
[1366] Idem, art. 495, § 3º.
[1367] BRASIL, Lei 10.406/2002, Código Civil, arts. 1.489 a 1.491.
[1368] BRASIL, Lei 13.105/2015, Código de Processo Civil, art. 719.
[1369] BRASIL, Lei 10.406/2002, Código Civil, art. 1.484.
[1370] BRASIL, Lei 10.406/2002, Art. 1.498. Vale o registro da hipoteca, enquanto a obrigação perdurar; mas a especialização, em completando vinte anos, deve ser renovada.

Art. 238 | LEI DE REGISTROS PÚBLICOS COMENTADA

O prazo de validade do registro foi objeto de modificações ao longo do tempo. O Código Civil de 1916, originalmente,[1371] previu o prazo de 30 anos, no que foi seguido pelo Decreto 4.857/1939.[1372] O prazo foi modificado para 20 anos pela Lei 2.437/1955[1373] e restaurado para 30 anos pela Lei 5.652/1970.[1374] A redação original do Código Civil de 2002 previa a validade da hipoteca convencional por 20 anos,[1375] mas a Lei 10.931/2004 modificou novamente o prazo para 30 anos.[1376]

Não sendo reconstituída no prazo legal, a hipoteca convencional extingue-se por perempção.

3. Divergências interpretativas quanto à extinção da hipoteca

Não obstante a aparente simplicidade da regra insculpida, questões práticas se apresentam e demandam respostas devidamente fundamentadas em uma compreensão teórica adequada do tema.

Há quatro posições sobre o tema, que se distinguem quanto à forma de comprovação do decurso do prazo nos planos material e formal.

1ª Posição: suficiência material e formal do decurso do prazo

A primeira posição entende que o decurso do prazo sem que tenha sido efetuado novo registro com fundamento em novo título é suficiente, do ponto de vista do direito material, para a extinção dos efeitos da hipoteca. Uma vez verificado que não consta novo ato registral reconstituindo a hipoteca registrado, entende-se que a hipoteca está extinta.

Para os defensores dessa posição, mesmo a prática de ato de cancelamento é desnecessária, uma vez que a causa de extinção já se encontra incluída no próprio registro da hipoteca, que menciona a data do contrato.

É a posição de Pontes de Miranda:

> 2. EXTINÇÃO CONSTANTE DO REGISTRO. Se a causa de extinção consta do registro ou se a permanência do direito real de garantia depende de renovação da inscrição, a extinção opera-se automaticamente, uma vez que os terceiros – todo o público – conhecem a cessação do direito real de garantia. A anticrese por x anos que correspondam à solução da dívida com os frutos e rendimentos pré-estimados cessa no fim do último dia do prazo. A hipoteca que se iniciou há vinte anos, se persistiu todo êsse tempo, ou através de prorrogações, cessa ao terminar o último dia dos vinte anos.[1377]

[1371] BRASIL, Lei 3.071/1916, Art. 817. Mediante simples averbação, requerida por ambas as partes, poderá prorrogar--se a hipoteca, até perfazer trinta anos, da data do contrato. Desde que perfaça 30 anos, só poderá subsistir o contrato de hipoteca, reconstituindo-se por novo título e nova inscrição; e, nesse caso, lhe será mantida a precedência, que então lhe competir. (redação original)

[1372] BRASIL, Decreto 4.857/1939, Art. 261. A inscrição das hipotecas convencionais valerá por 30 anos, findos os quais só será mantido o número anterior, se tiverem sido reconstituídas por novo título e nova inscrição.

[1373] BRASIL, Lei 3.071/1916, Art. 817. Mediante simples averbação, requerida por ambas as partes, poderá prorrogar--se a hipoteca até perfazer vinte anos da data do contrato. Desde que perfaça vinte anos, só poderá subsistir o contrato de hipoteca, reconstituindo-se por novo título e nova inscrição; e, neste caso, lhe será mantida a precedência, que então lhe competir. (Redação dada pela Lei nº 2.437, de 1955).

[1374] BRASIL, Lei 3.071/1916, Art. 817. Mediante simples averbação requerida por ambas as partes, poderá prorrogar-se a hipoteca, até perfazer trinta anos, da data do contrato. Desde que perfaça trinta anos, só poderá subsistir o contrato de hipoteca, reconstituindo-se por nova inscrição; e, neste caso lhe será mantida a procedência, que então lhe competir. (Redação dada pela Lei nº 5.652, de 1970).

[1375] BRASIL, Lei 10.406/2002, Art. 1.485 Mediante simples averbação, requerida por ambas as partes, poderá prorrogar--se a hipoteca, até perfazer vinte anos, da data do contrato. Desde que perfaça esse prazo, só poderá subsistir o contrato de hipoteca, reconstituindo-se por novo título e novo registro; e, nesse caso, lhe será mantida a precedência, que então lhe competir. (Redação original)

[1376] BRASIL, Lei 10.406/2002, Art. 1.485. Mediante simples averbação, requerida por ambas as partes, poderá prorrogar-se a hipoteca, até 30 (trinta) anos da data do contrato. Desde que perfaça esse prazo, só poderá subsistir o contrato de hipoteca reconstituindo-se por novo título e novo registro; e, nesse caso, lhe será mantida a precedência, que então lhe competir. (Redação dada pela Lei nº 10.931, de 2004).

[1377] PONTES DE MIRANDA, Francisco Cavalcanti. *Tratado de direito privado parte especial*. Tomo XII – Direito das coisas: condomínio, terras devolutas. Atualizado por Jefferson Carús Guedes e Otávio Luiz Rodrigues Junior. São Paulo: Revista dos Tribunais, 2012. p. 120 – § 2.429.

Desse modo, uma vez que a permanência do direito real de garantia depende de que a inscrição seja renovada, a extinção opera de pleno direito se essa não ocorrer. Torna-se desnecessário o cancelamento da hipoteca perempta, uma vez que a própria identificação do decurso do prazo legal, com a certificação de inexistência de ato renovatório, já faria presumir a extinção da hipoteca.

Há duas críticas que se fazem a essa posição.

Em primeiro lugar, não é respeitada a presunção de eficácia do registro, que determina que o registro, enquanto não cancelado, produz todos os seus efeitos legais.

O Código Civil de 1916 já previa que a extinção da hipoteca só começaria a ter efeitos perante terceiros a partir da averbação,[1378] e o preceito, conquanto levemente modificada sua redação no Código Civil de 2002, ainda se aplica nos casos de perempção de hipoteca.[1379]

Por outro lado, a interpretação do cancelamento automático contraria o Decreto 4.857/1939, que previa que o cancelamento seria efetuado mediante certidão, na coluna de averbações, com menção do título em virtude do qual foi feito.[1380] O registro vale enquanto não for cancelado, e produz todos os seus efeitos legais, ainda que se prove que o título está desfeito.[1381] As regras são repetidas na Lei dos Registros Públicos atual, nos arts. 248 e 252.

Em segundo lugar, desconsidera-se a possibilidade de que o mero decurso do prazo não implique a extinção do registro em virtude de cobrança judicial da hipoteca iniciada anteriormente, especialmente tendo em vista que o Código de Processo Civil atribui à citação o efeito de evitar a extinção de direitos que contenham prazos extintivos, quer prescricionais ou decadenciais.[1382]

2ª Posição: suficiência material do decurso do prazo, e cancelamento pode ser feito ex officio ou a pedido da parte

A segunda posição defende que, conquanto do ponto de vista material, seja suficiente o decurso do prazo, é necessária a prática de ato de cancelamento, que pode ser a requerimento do interessado ou diretamente pelo Oficial. A dispensa do requerimento fundamenta-se em que a averbação da perempção não possui previsão expressa de exigência de requerimento, como ocorre nos casos do art. 246, § 1º, da LRP.

Em 1988, a Primeira Vara de Registros Públicos da Comarca de São Paulo, editou o Provimento 1, que previa o cancelamento *ex officio* da hipoteca perempta.[1383]

Ademar Fioranelli também defende a possibilidade de cancelamento *ex officio*:

> Diz a Lei Registrária (art. 238) que o registro da hipoteca convencional valerá pelo prazo de 30 anos, findo o qual será mantido o número anterior se reconstituída por novo título e novo

---

[1378] BRASIL, Lei 3.071/1916, Art. 850. A extinção da hipoteca só começa a ter efeito contra terceiros depois de averbada no respectivo registro.

[1379] O art. 1.499 traz casos de extinção da hipoteca (extinção da obrigação principal; perecimento da coisa; resolução da propriedade; renúncia do credor; remição; arrematação ou adjudicação), e é complementado pelo art. 1500, que dispõe: "Extingue-se ainda a hipoteca com a averbação, no Registro de Imóveis, do cancelamento do registro, à vista da respectiva prova." A perempção, não mencionada no art. 1.499, portanto, dependeria da averbação para se extinguir.

[1380] BRASIL, Decreto 4.857/1939, Art. 288. O cancelamento efetuar será mediante certidão, escrita na coluna das averbações do livro competente, datada e assinada pelo oficial, que certificará a razão do cancelamento e o título em virtude do qual foi ele feito.

[1381] BRASIL, Decreto 4.857/1939, Art. 293. O registro, enquanto não for cancelado, produzirá todos os seus efeitos legais, ainda que por outra maneira se prove que o título está desfeito, anulado, extinto ou rescindido.

[1382] BRASIL, Lei 13.105/2015, Código de Processo Civil, Art. 240. A citação válida, ainda quando ordenada por juízo incompetente, induz litispendência, torna litigiosa a coisa e constitui em mora o devedor, ressalvado o disposto nos arts. 397 e 398 da Lei nº 10.406, de 10 de janeiro de 2002 (Código Civil).
§ 1º A interrupção da prescrição, operada pelo despacho que ordena a citação, ainda que proferido por juízo incompetente, retroagirá à data de propositura da ação.
§ 4º O efeito retroativo a que se refere o § 1º aplica-se à decadência e aos demais prazos extintivos previstos em lei.

[1383] XXXII. Além das hipóteses previstas no item 122, cap. XX, das "NORMAS DE SERVIÇO DA CORREGEDORIA-GERAL DA JUSTIÇA", poderá averbar-se, por instância ou EX-OFFICIO, o cancelamento de registro de hipoteca perempta. Disponível em: https://arisp.files.wordpress.com/2010/12/1vrp-provimento-01-1988.pdf. Acesso em: 01 set. 2022.

registro. Incorrida essa hipótese, poderá ocorrer o cancelamento de ofício pelo Cartório, independentemente do requerimento do interessado ou de decisão judicial.

O prazo de cancelamento começa a ser contado da data da inscrição no Registro de Imóveis e não da data da constituição da hipoteca.[1384]

A essa posição, aplica-se igualmente a crítica externada com relação à posição anterior, de que eventual processo judicial de cobrança poderia impedir a extinção do direito.

3ª Posição: necessidade de comprovação de inexistência de execuções

No contexto da compreensão de que o cancelamento da hipoteca após o decurso do prazo poderia ser realizado mesmo *ex officio*, foi reconhecido que a existência de execução hipotecária poderia impedir a extinção por transcurso do prazo,[1385] especialmente se averbada na matrícula. Em razão disso, certos registradores exigem certidão demonstrativa de inexistência de ações contra o devedor e sucessores, a fim de comprovar que não houve reclamo do credor contra o pagamento da dívida. A jurisprudência administrativa paulista alinha-se atualmente nesse sentido.

4ª Posição: necessidade de procedimento judicial ou administrativo

Por fim, há posição que entende que deva ser interpretada estritamente a previsão do art. 251 da Lei dos Registros Públicos, que prevê que o cancelamento será realizado em virtude de: 91) a apresentação de autorização expressa ou quitação outorgada pelo credor; 92) procedimento administrativo ou contencioso com intimação do credor; ou 93) em conformidade à legislação das cédulas hipotecárias. Não havendo qualquer dos documentos dos itens 1 ou 3, o cancelamento dependeria de procedimento contencioso ou administrativo com intimação do credor.[1386]

4. Procedimento adequado

Com a entrada em vigor da Lei 13.097/2015, que, em seu art. 54, prevê a inoponibilidade a terceiros de boa-fé das situações jurídicas não averbadas na matrícula, parece que a posição mais coerente com o ordenamento jurídico é permitir a realização da averbação de cancelamento da hipoteca convencional, quando decorridos mais de 30 anos, desde que não conste na matrícula averbação indicativa da existência de execução.

Desse modo, permitir-se-ia o cumprimento do art. 252, que exige o cancelamento para a extinção dos efeitos do registro da hipoteca; do art. 238, que indica que só se manterá o registro da hipoteca se constituída por novo título; e a possibilidade de que o credor, em caso de cobrança, impeça a extinção, em atendimento ao art. 54 da Lei 13.097/2015. Em caso de omissão do credor, eventual execução existente será inoponível ao adquirente de boa-fé e, em atendimento ao art. 54 da Lei 13.097/2015, não poderá atingi-lo, pelo que será possível o cancelamento por perempção diretamente no Registro de Imóveis.

A solicitação de certidões dos distribuidores, conquanto medida recomendável como prudência do Oficial, não mais pode ser-lhe exigida, vez que o princípio da concentração exige a averbação na matrícula para que o direito em questão possa valer contra terceiros.

[1384] FIORANELLI, Ademar. *Direito registral imobiliário*. Porto Alegre: Irib/Safe, 2001. p. 362 e ss.

[1385] 1ª VRPSP – Processo: 000.04.012765-6, j. 06/05/2004, Dr. Venício Antonio de Paula Salles. Contrariamente do que consta proclamado nos ensinamentos doutrinários trazidos pelo suscitado, o prazo de 30 anos previsto na Lei de Registros Públicos, admite suspensão ou interrupção, justamente quando em curso discussão ou cobrança da DÍVIDA garantida. A averbação da CITAÇÃO, portanto, tem o condão de suspender o prazo trintenal, para a preservação do direito de quem o foi pleitear em juízo, a recuperação do valor financiado e garantido pela hipoteca. Disponível em: http://kollemata.com.br/integra.php?id=12416. Acesso em: 01 set. 2022.

[1386] Manifestação de Sérgio Jacomino, Oficial do 5º Registro de Imóveis de São Paulo/SP, no procedimento 1028984-36.2021.8.26.0100, do qual destacamos o seguinte trecho:
Nos termos do art. 251 da Lei 6.015/73, para o cancelamento da hipoteca é preciso apresentar autorização expressa do credor hipotecário, ou, se for o caso, decisão judicial reconhecendo a perempção e autorizando o cancelamento do ônus, mediante intimação do credor hipotecário.
Sabemos que o registro, enquanto não cancelado, "produz todos os efeitos legais ainda que, por outra maneira, se prove que o título está desfeito, anulado, extinto ou rescindido (art. 252 da LRP). O seu cancelamento – lato senso – somente poderá se dar por decisão judicial.
Disponível em: https://quintoregistro.com/2021/05/16/1028984-36-2021-8-26-0100-hipoteca-perempcao-cancelamento-trato-abreviado/. Acesso em: 01 set. 2022.

Jurisprudência

1. Possibilidade de cancelamento pelo decurso do prazo

"Pedido de providências – cancelamento de hipoteca – decurso do prazo de 30 anos da inscrição da hipoteca convencional extinção de plano direito, diante da inexistência de novo contrato de hipoteca com novo registro imobiliário (art. 1.485 Código Civil c.c. 238 Lei nº 6015/73). Cancelamento deferido" (1ª VRPSP, Processo 100.09.337862-8, localidade: São Paulo, j. 19/02/2010).

"Verificada a perempção da hipoteca é possível operar-se averbação de ofício" (1ª VRPSP, Pedido de providências 1026807-65.2022.8.26.0100, Magistrada Luciana Carone Nucci Eugênio Mahuad, localidade: São Paulo, j. 29/04/2022, *DJ* 03/05/2022).

2. Exigência de certidões dos distribuidores comprovando inexistência de ação de cobrança

"Hipoteca – cancelamento. Perempção. [...]

O Registrador esclarece que entende possível o cancelamento do registro de hipotecas peremptas mediante requerimento expresso, acompanhado de certidões negativas da inexistência de ações contra o devedor e sucessores, a fim de demonstrar não haver por parte do credor reclamo do pagamento da dívida. Sustenta que os requerentes poderão realizar o requerimento diretamente junto à Serventia, juntamente com os documentos mencionados (fls. 35/36)" (1ª VRPSP, Pedido de providências 1016810-34.2017.8.26.0100, localidade: São Paulo, Rel. Tânia Mara Ahualli, j. 31/10/2017).

3. Exigência de procedimento judicial em caso de existência de execução hipotecária

"Registro de Imóveis – Recusa do Oficial Registrador em promover o cancelamento de registro de hipoteca em razão da perempção – Ajuizamento, pelo credor, de ação de execução judicial, com citação do devedor hipotecário, antes do decurso do prazo de perempção – Necessidade de uso das vias ordinárias para a solução do litígio – Recurso não provido" (CGJSP, Processo 189/2005, Rel. Fátima Vilas Boas Cruz, localidade: São Paulo, j. 28/04/2005).

"Ementa não oficial: Movida a ação de execução hipotecária e promovida a citação do devedor antes do decurso do prazo de perempção, não há como reconhecer, na esfera administrativa, que ocorreu o perecimento do direito, devendo-se buscar a declaração da perempção por meio da ação contenciosa apropriada. Embargos não conhecidos" (CGJSP, Processo 189/2005, Rel. José Mário Antonio Cardinale, localidade: São Paulo (13º SRI), j. 12/07/2005).

Art. 239. As penhoras, arrestos e sequestros de imóveis serão registrados depois de pagas as custas do registro pela parte interessada, em cumprimento de mandado ou à vista de certidão do escrivão, de que constem, além dos requisitos exigidos para o registro, os nomes do juiz, do depositário, das partes e a natureza do processo.

Parágrafo único. A certidão será lavrada pelo escrivão do feito, com a declaração do fim especial a que se destina, após a entrega, em cartório, do mandado devidamente cumprido.

Referências Normativas

Lei 13.105/2015 (CPC), arts. 844 e 91.
Lei 6.830/1980, art. 39.
Decreto-lei 5.452/1943 (CLT), art. 889.

Comentários

O dispositivo prevê quatro aspectos relativos à prática de atos de penhora, arresto e sequestro: a forma do documento a ser apresentado, os requisitos do documento, o ato a ser praticado e o pagamento dos emolumentos.

Quanto aos emolumentos, a previsão indica que o interessado deverá pagar os custos do registro antes da prática do ato. Desse modo, exceto se houver deferimento do benefício da Assistência Judiciária Gratuita (art. 98 do CPC), ou previsão legal para diferimento do pagamento de emolumentos (como nas execuções fiscais, conforme art. 39 da Lei 6.830/1980, e, por consequência, nas trabalhistas, conforme art. 889 da CLT), não obstante o ato venha a ser praticado em razão de ato judicial, essa circunstância não dispensa o pagamento dos emolumentos.

Quanto à forma do documento a ser apresentado, além do mandado ou certidão do escrivão, mencionados no art. 239 da LRP, o art. 844 do CPC previu a possibilidade de apresentação de cópia do auto ou termo de penhora, títulos que podem, igualmente, ser aceitos para averbação da penhora. A menção à cópia deve ser compreendida como cópia autenticada, expedida pelo Cartório Judicial, ou, nos casos de processo eletrônicos, sendo possível à consulta da validade do documento, pode ser apresentado mesmo o simples código de validação no sítio oficial, desde que seja possível a confirmação do conteúdo do documento.

Quanto ao ato a ser praticado, o art. 239 da LRP bem previa a prática de ato de registro, de forma condizente com a previsão originária de prática de ato de inscrição,[1387] que foi seguida pelo Decreto 4.857/1939,[1388] vez que o ato em realidade constitui situação jurídica diversa da preexistente, como, aliás, bem indicado pelo art. 240 da LRP. O objeto do registro não é a validade da penhora, mas a notícia que torna oponível a todos o seu conteúdo. Ato autônomo, deveria ser objeto de registro.

O art. 844 do CPC alterou a previsão para ato de averbação, o que nos parece ter sido realizado com o mesmo efeito que nos referimos ao realizar o comentário ao art. 236, de instrumentalização da ontologia registral como forma de diminuir a forma de cobrança emolumentar. Não obstante, com a previsão expressa, a penhora deve ser averbada na matrícula do imóvel.

O dispositivo aplica o princípio da especialidade do fato inscritível com relação à averbação da penhora. Os requisitos específicos do ato de averbação da penhora são a indicação dos nomes do juiz, do depositário e das partes, além da natureza do processo. É essencial, ainda, que conste o valor da causa, para fins de especificar os parâmetros da constrição judicial realizada.

Jurisprudência

"Processual civil. Recurso ordinário em mandado de segurança. Ato judicial. Penhora. Inscrição. INSS. Emolumentos e despesas devidas. Pagamento prévio. Ausência. Arts. 7º, IV, e 39, da Lei no 6.830/80. Ressarcimento posterior.

1. Recurso Ordinário em Mandado de Segurança interposto contra acórdão proferido pelo Egrégio Tribunal a quo que julgou extinto mandado de segurança impetrado contra decisão judicial que determinou o registro de penhora em favor do Instituto Nacional do Seguro Social, sem o prévio pagamento de emolumentos.

2. Inexiste ilegalidade no despacho judicial que determina registro da penhora, independentemente do pagamento de emolumentos, eis que tal comando se funda no conteúdo do art. 7º, IV, da Lei nº 6.830/80, o qual é expresso ao consignar que o despacho do juiz que deferir a inicial importa em ordem para registro da penhora ou do arresto, independentemente do pagamento de custas ou outras despesas.

3. A Fazenda Pública não está sujeita ao pagamento de custas e emolumentos (art. 39, da Lei no 6.830/80). Tal privilégio, contudo, não a exime do ressarcimento do valor respectivo na hipótese de se tornar vencida na demanda (parágrafo único). Não há, desse modo, qualquer isenção de pagamento

---

[1387] BRASIL, Decreto 4.827/1924.
Art. 5º No registro de immoveis far-se-ha:
a) a inscripção:
...
VII, das penhoras, arrestos e sequestros de immoveis;

[1388] BRASIL, Decreto 4.857/1939, art. 178. No registo de imóveis será feita:
a) a inscrição:
...
VI, das penhoras, arrestos e sequestros de imóveis;

dos emolumentos, mas apenas dispensa de prévio depósito, postergando para o final da ação o ressarcimento respectivo. 4. Recurso desprovido" (STJ, RMS 12.073-RS, 1ª Turma, STJ – RMS: 12.073-RS Localidade: Rio Grande do Sul, Rel. Min. José Delgado, j. 01/03/2001, *DJ* 02/04/2001).

"No caso em que a parte interessada gozar da gratuidade de Justiça (Lei n. 1.060, de 5.2.1950), os mandados enfocados no início poderão ser anexados a ofício de encaminhamento ao juiz sob cuja jurisdição estiverem, tanto o Cartório de Registro de Imóveis, quanto o Cartório de Registro Civil das Pessoas Naturais, de conformidade com o que já foi expendido acima. [...]

A única ressalva que deve ser lembrada é a de que, em se tratando de mandados endereçados aos Cartórios de Registro de Imóveis, o benefício da assistência judiciária gratuita (Lei n. 1.060, de 5.2.1950) deve constar expressamente do mandado, sob pena de recusa de cumprimento pelo Cartório respectivo" (CGJSP, Processo 31.922/2002, Rel. Luis Tâmbara, localidade: José Bonifácio, j. 11/09/2002, *DJ* 19/09/2002).

Art. 240. O registro da penhora faz prova quanto à fraude de qualquer transação posterior.

Referências Normativas

Lei 13.105/2015 (CPC), arts. 792 e 844.
Lei 13.097/2015, art. 54.
Súmulas 84 e 375, STJ.
Lei 10.406/2002 (Código Civil), arts. 158, 159, 163 e 165, parágrafo único.

Comentários

O dispositivo reconhece a existência de um dever jurídico de conhecer a situação registral imobiliária por qualquer interessado em realizar transações sobre os bens imóveis.

A finalidade da averbação da penhora é permitir a presunção absoluta de conhecimento por terceiros. A averbação da constrição judicial não é essencial para a validade do ato, que se consuma nos autos do processo, mas requisito de eficácia perante terceiros, não só pela previsão do art. 844 do CPC, como também do art. 54 da Lei 13.097/2015 (Lei da Concentração). A alienação em fraude à execução é ineficaz em relação ao exequente (art. 792, § 1º, do CPC).

Contudo, considerando ainda a redação do art. 844 do CPC, bem como da Súmula 375 do Superior Tribunal de Justiça, nota-se que o registro da penhora traz presunção absoluta à fraude, mas não é requisito para que se considere a existência da fraude. Caso comprovada a má-fé o adquirente, a fraude à execução também se verifica. O mesmo ocorre no que tange à fraude contra credores, prevista nos arts. 158 a 165 do Código Civil.

O entendimento é objeto do Enunciado 149 da II Jornada de Direito Processual Civil do Conselho da Justiça Federal, que dispõe:

> A falta de averbação da pendência de processo ou da existência de hipoteca judiciária ou de constrição judicial sobre bem no registro de imóveis não impede que o exequente comprove a má-fé do terceiro que tenha adquirido a propriedade ou qualquer outro direito real sobre o bem.

Importa notar, também, que, a penhora não é direito real e tampouco cria direito real, não sendo equivalente, portanto, a uma hipoteca sobre o bem imóvel. Desse modo, o Superior Tribunal de Justiça (Súmula 84) já decidiu que a penhora do bem pode ser impugnada por terceiro detentor de compromisso de compra e venda mesmo se não registrado, desde que comprovado que se trata de transação anterior, regra que não se aplicaria se, por exemplo, houvesse sido registrada hipoteca sobre o bem – convencional ou judicial. Não obstante a penhora seja forma de constrição sobre bem específico, existe uma limitação quanto a seus efeitos, vez que não gera por si só prioridade, diferentemente do que ocorre, por exemplo, com a hipoteca judicial.

Em caso de hipoteca judicial, tratando-se de direito real, a preferência é determinada pelo número do protocolo,[1389] de modo que, em caso de concorrência de direitos entre vivos sobre o bem,[1390] prevalecerá o que tiver sido registrado em decorrência de protocolo anterior.[1391] É dizer, a averbação de penhora faz prova quanto à fraude de transações posteriores, mas não impede a apresentação de título translativo comprobatório de transação anterior, que afaste a presunção de fraude, de modo que, em embargos de terceiro, seja determinado o cancelamento da penhora. Por outro lado, o registro de hipoteca judicial constitui direito real entre vivos cuja prioridade decorre da apresentação a protocolo e registro, e, em caso de conflito com outros direitos contraditórios, deverá ser observada a regra da prioridade decorrente do protocolo, prevalecendo a hipoteca judicial, independentemente do momento da realização de eventual transação anterior.

Jurisprudência

Execução fiscal. Penhora. Promessa de venda e compra. Embargos

"1. Admite-se que titulares de contratos de promessa de compra e venda, não inscritos no registo de imóveis, tenham direito de ajuizar embargos de terceiros, não configurando, na espécie, fraude a execução, uma vez que os embargantes firmaram seus contratos particulares de compromisso de compra e venda e se tornaram legítimos possuidores muito antes do ajuizamento da execução" (STJ, REsp 035.815-9/SP, Rel. Min. Garcia Vieira, j. 10/09/1993).

"Agravo de instrumento. Posse (bens imóveis). Ação de reintegração de posse. Cumprimento de sentença. Dispensa do cumprimento do art. 844 do CPC/15. Penhora perfectibilizada.

Conforme disposto no art. 844 do CPC/15, é faculdade do exequente providenciar a averbação do arresto ou da penhora no registro competente para fins de presunção absoluta de conhecimento por terceiros. Entretanto, não é ato imprescindível da parte credora para que a penhora seja perfectibilizada, motivo pelo qual é de se reformar a decisão agravada que desacolheu pedido de dispensa do cumprimento do referido artigo. Deram provimento ao agravo de instrumento. Unânime" (TJRS, Agravo de Instrumento 70076288489, 20ª Câmara Cível, Rel. Glênio José Wasserstein Hekman, j. 28/03/2018).

"Ora, se o registro da penhora tem por finalidade precípua marcar a ausência de boa-fé do adquirente (art. 240 da Lei 6.015/73), a anterioridade na apresentação do título deste dá-lhe o direito de ter seu direito real registrado antes da constrição" (1ª VRPSP, Processo 643/82, Magistrado Narciso Orlandi Neto, localidade: São Paulo, j. 30/07/1982).

Art. 241. O registro da anticrese no livro nº 2 declarará, também, o prazo, a época do pagamento e a forma de administração.

Referências Normativas

Lei 10.406/2002 (Código Civil), arts. 1.423 a 1.424 e 1.506 a 1.507.
Lei 6.015/1973 (Lei de Registros Públicos), art. 176, § 1º, III.

[1389] BRASIL, Lei 10.406/2002, art. 1.493. Os registros e averbações seguirão a ordem em que forem requeridas, verificando-se ela pela da sua numeração sucessiva no protocolo.
Parágrafo único. O número de ordem determina a prioridade, e esta a preferência entre as hipotecas.

[1390] BRASIL, Lei 10.406/2002, art. 1.245. Transfere-se entre vivos a propriedade mediante o registro do título translativo no Registro de Imóveis.
§ 1º Enquanto não se registrar o título translativo, o alienante continua a ser havido como dono do imóvel.
Art. 1.246. O registro é eficaz desde o momento em que se apresentar o título ao oficial do registro, e este o prenotar no protocolo.

[1391] BRASIL, Lei 6.015/1973, art. 186 – O número de ordem determinará a prioridade do título, e esta a preferência dos direitos reais, ainda que apresentados pela mesma pessoa mais de um título simultaneamente.

Comentários

Os requisitos para constituição de direitos reais de garantia são definidos pelo Código Civil, no art. 1.424, e referem-se à especialização da dívida – valor do crédito, sua estimação ou valor máximo, prazo de pagamento e taxa de juros – e do bem dado em garantia.

O dispositivo indica a abrangência do princípio da especialidade do fato inscritível com relação ao registro da anticrese e não os requisitos para sua constituição. Desse modo, o registro deve identificar o prazo, a época do pagamento e a forma de administração.

A referência ao prazo, contudo, parece-nos só deva ser feita se houver no instrumento instituidor indicação expressa de prazo limite, vez que, na ausência de menção expressa, a anticrese vigorará até o pagamento da dívida, considerado prazo limite de 15 anos, atualmente (art. 1.423 do Código Civil).[1392]

A menção à época do pagamento é requisito geral para registro dos direitos reais de garantia no Livro 2 (art. 176, § 1º, III, item 5, da LRP).

A obrigatoriedade de indicar no registro a forma de administração da anticrese refere-se à especificação do regime que será aplicado. A previsão de que o credor anticrético poderá administrar os bens está indicada no art. 1.507 do Código Civil atual, mas regime próprio pode ser estabelecido no instrumento instituidor, caso em que será feita menção, ainda que resumida, no registro.

Art. 242. O contrato de locação, com cláusula expressa de vigência no caso de alienação do imóvel, registrado no Livro nº 2, consignará também, o seu valor, a renda, o prazo, o tempo e o lugar do pagamento, bem como pena convencional.

 Referências Normativas

Lei 3.071/1916, Código Civil de 1916, art. 1.197 (revogado)
Lei 6.649/1979, art. 14 (revogado).
Lei 8.245/1991, arts. 7º e 8º.
Lei 9.514/1997, arts. 27, § 7º, e 37-B.
Lei 10.406/2002, Código Civil, art. 1.324.
Lei 6.015/1973 (Lei de Registros Públicos), art. 176, § 1º, III.

 Comentários

Princípio da especialidade do fato inscritível. O dispositivo aplica o princípio da especialidade do fato inscritível com relação ao registro da locação para fins de vigência. A regra especifica quais das condições do contrato, previstas como requisito do registro de modo genérico no art. 176, § 1º, III, item 5, da LRP, devem ser objeto de expressa menção no registro da locação.

Os requisitos indicados permitem uma compreensão dos característicos da locação a que submetido o imóvel, para fins de avaliação por eventuais interessados na aquisição do contrato ao qual estarão sujeitos. Não fossem indicados no registro os requisitos, o conhecimento das condições dependeria de obtenção de certidão do título registrado. E, conquanto eventual adquirente certamente teria interesse na obtenção de certidão do título registrado para conhecer todas as cláusulas do contrato, os elementos constantes da matrícula são suficientes para a compreensão, em linhas gerais, dos proveitos econômicos decorrentes da restrição.

Legitimação para alugar com cláusula de vigência. Interessante questão é identificar quem pode ser locador do imóvel, de modo a se permitir o registro, com a consequente atribuição de efeito real e vigência perante terceiros.

[1392] O prazo de pagamento já foi de 30 anos, no Código Civil de 1916, reduzido pela Lei 2.437/1955 a 15 anos.

Dir-se-á que para registro da locação, será necessário que o locador seja proprietário. Tal afirmação não corresponde à amplitude das situações passíveis de ingresso no Registro de Imóveis.

Em caso de condomínio, pode qualquer dos condôminos alugar o bem, considerando-se que atua como representante dos demais, se atua sem oposição dos outros.[1393] O contrato de locação assinado por somente um dos condôminos é título hábil ao ingresso no Registro de Imóveis.[1394]

A pessoa casada pode alugar o imóvel, desde que seja titular de direitos sobre ele, quer como proprietária do imóvel ou comunheira, até o prazo limite de dez anos, independentemente de vênia conjugal.[1395] Se o prazo for superior e não houver vênia conjugal, ainda assim o contrato poderá ser registrado, pois o prazo excedente será somente ineficaz perante o outro cônjuge.[1396] Por outro lado, se o imóvel pertencer somente a um dos cônjuges, sem que tenha ingressado na comunhão, não pode o outro cônjuge pretender a administração do bem.[1397]

O usufrutuário e o fiduciário podem igualmente alugar o imóvel com cláusula de vigência, que, contudo, para valer contra o nu-proprietário ou o fideicomissário, dependem de sua anuência escrita.[1398] A ausência da aquiescência, contudo, não impede o registro, vez que pode ocorrer tanto a consolidação da propriedade em favor do usufrutuário ou do fiduciário, como a ausência de oposição por parte do nu-proprietário ou do fideicomissário. A ineficácia com relação ao nu-proprietário e fideicomissário não impedem o registro.

O devedor fiduciante pode dar o imóvel em locação, mas, com a consolidação, poderá ser solicitada a desocupação, salvo aquiescência escrita do fiduciário.[1399] O registro da locação contratada pelo devedor fiduciante para fins de vigência é possível qualquer que seja o prazo, mesmo sem anuência do credor fiduciário, vez que a consequência da ausência de sua anuência é somente a ineficácia em relação a este, no que exceder o prazo de um ano.[1400]

O credor anticrético pode igualmente alugar o imóvel com cláusula de vigência.[1401] Essa só será eficaz perante o devedor se expressamente anuir ao contrato.

 Jurisprudência

"Registro de imóveis – Dúvida – Contrato de locação com cláusula de vigência – Instrumento particular – Locador que não é proprietário do imóvel – Violação do princípio da continuidade – Inviabilidade do registro *stricto sensu* – Apelação a que se nega provimento para, conhecendo a dúvida pelo mérito e julgando-a procedente, manter o óbice à inscrição rogada" (TJSP, Ap. Cív. 1081052-94.2020.8.26.0100, CSMSP, Rel. Des. Ricardo Mair Anafe, j. 18/02/2021).

"Registro de imóveis – Contrato de locação comercial com cláusula de vigência – Desqualificação do título restrita à alegada inobservância do princípio da continuidade –Inteligência dos arts. 167, inciso I, item '3' e 169, inciso III, ambos da Lei no 6.015/1973 e do art. 81 da Lei nº 8.245/1991 – Registro do contrato de locação, com cláusula de vigência, que é efetuado mediante apresentação de uma das vias do contrato, assinado pelas partes e subscrito por duas testemunhas, bastando a coincidência entre o nome de um dos proprietários e o locador – Hipótese concreta em que uma das locadoras figura, no fólio real, como cotitular de domínio – Princípio da continuidade preservado – Exigências formuladas pelo registrador que não merecem prevalecer – Dá-se provimento ao recurso" (TJSP, Ap. Cív. 1002506-25.2020.8.26.0100, CSMSP, Rel. Des. Ricardo Mair Anafe, j. 06/10/2020).

"Registro de imóveis – Imóvel objeto de alienação fiduciária – Contrato de locação por prazo superior a um ano, sem concordância expressa do credor fiduciário – Registro de cláusula de vigência

---

[1393] BRASIL, Lei 10.406/2002, Código Civil, art. 1.324.
[1394] BRASIL, Lei 6.015/1973, Lei dos Registros Públicos, art. 167, parágrafo único.
[1395] BRASIL, Lei 8.245/1991, art. 3º, *caput*.
[1396] BRASIL, Lei 8.245/1991, art. 3º, parágrafo único.
[1397] BRASIL, Lei 10.406/2002, Código Civil, art. 1.642, II.
[1398] BRASIL, Lei 8.245/1991, art. 7º, *caput*.
[1399] BRASIL, Lei 9.514/1997, art. 27, § 7º.
[1400] BRASIL, Lei 9.514/1997, art. 37-B.
[1401] BRASIL, Lei 10.406/2002, Código Civil, arts. 1.506 e 1.507, § 2º.

– Possibilidade – Contrato ineficaz somente em relação ao credor fiduciário e aos seus sucessores, mas eficaz entre as partes da locação e, a partir de seu registro, em relação a terceiros – Dúvida julgada procedente – Recurso provido" (TJSP, Ap. Cív. 1060989-19.2018.8.26.0100, CSMSP, Rel. Des. Geraldo Francisco Pinheiro Franco, j. 04/04/2019).

"Dúvida – Registro Instrumento Particular de locação de imóvel não residencial – ausência de cláusula específica pactuando a vigência do contrato – não se admite referências vagas, como por exemplo, a de que o contrato obriga também os sucessores das partes – Dúvida procedente. [...]
'Como bem enfatizou a própria suscitada em sua manifestação de fls. 07/09, não existem palavras inúteis na lei. Se o legislador previu no artigo 8º da Lei Federal 8.245/91 a necessidade expressa de cláusula específica de vigência do contrato de locação em caso de alienação do imóvel, a simples menção genérica 'obriga a herdeiros ou sucessores' não cumpre a exigência imposta pela própria lei. Para que possa ser registrado o contrato de locação e possa ser válido perante terceiros em caso de alienação do imóvel, precisará de adequação à exigência da lei' [NE: Processo 0046161-45.2012.8.26.0100]" (1ª VRPSP, Processo 0001463-80.2014.8.26.0100, Magistrada: Tânia Mara Ahualli, localidade: São Paulo, j. 05/05/2014, *DJ* 16/05/2014).

Art. 243. A matrícula do imóvel promovida pelo titular do domínio direto aproveita ao titular do domínio útil, e vice-versa.

 Referências Normativas

Decreto 4.857/1939, art. 245.
Lei 3.071/1916 (Código Civil de 1916), art. 859.

 Comentários

O dispositivo replica o conteúdo do art. 245 do Decreto 4.857/1939, que previa que a transcrição de um dos domínios, direito ou útil, aproveitava ao titular do outro domínio, e deveria ser feita no antigo Livro 3, de Transcrição das Transmissões. A regra era complementada pela indicação de que a constituição originária da enfiteuse deveria ser inscrita no Livro 4, de Registros Diversos.

A reprodução do dispositivo na Lei dos Registros Públicos atual tem efeito similar, conquanto não idêntico, ao efeito que possuía no sistema anterior. A indicação de que a transcrição do domínio útil aproveitava ao titular do domínio direto permitia que, havendo somente a transcrição de um dos domínios, não se considerasse ausente base registral para o correspectivo, que demandaria a exibição de título próprio. Era regra interpretativa do princípio da legitimação, previsto no art. 859 do Código Civil de 1916, que previa que se presumia "pertencer o direito real à pessoa, em cujo nome se inscreveu, ou transcreveu".

Desse modo, se houvesse a transcrição do domínio útil de bem imóvel, transferindo-se de "A" a "B", indicando-se o domínio direto de "C", a presunção decorrente do registro afetaria não só "A" – como titular anterior e alienante do domínio útil – como "B" – como adquirente do domínio útil – mas também "C" – como titular do domínio direto.

Com a entrada em vigor da Lei dos Registros Públicos, o dispositivo teve por função principal esclarecer potenciais dúvidas quanto ao conceito de matrícula, quando da transição do sistema de fólio pessoal ao fólio real. Isso porque a matrícula se refere ao imóvel, e não a direitos sobre o imóvel – conquanto hoje tal conceito esteja parcialmente superado em razão da possibilidade de abertura de matrícula de fração de tempo (art. 176, § 10, da LRP). Desse modo, e de acordo com a dicção do dispositivo, evidentemente a matrícula aberta com relação ao imóvel, quer para registro do domínio útil, quer para registro do domínio direto, aproveita a ambos os titulares de domínio.

Art. 244. As escrituras antenupciais serão registradas no livro nº 3 do cartório do domicílio conjugal, sem prejuízo de sua averbação obrigatória no lugar da situação dos imóveis de propriedade do casal, ou dos que forem sendo adquiridos e sujeitos a regime de bens diverso do comum, com a declaração das respectivas cláusulas, para ciência de terceiros.

 Referências Normativas

Lei 10.406/2002, Código Civil, arts. 1.315, 1.639, 1.653 a 1.657 e 1.725.

 Comentários

Competência territorial. O registro do pacto antenupcial deve ser feito no domicílio dos cônjuges. Em caso de mudança do domicílio, não é necessário novo registro, que pode, não obstante, ser solicitado e realizado novamente na nova circunscrição.

Averbação do pacto no Livro 2. Para averbação do pacto na matrícula, deve ser apresentado o próprio pacto, e não a certidão do seu registro no Livro 3, vez que o Oficial precisará analisar todas as cláusulas presentes no instrumento.[1402]

Efeitos do registro do pacto no Livro 3. Entre os cônjuges, o pacto é eficaz a partir do casamento.[1403] O registro do pacto no Livro 3, após a celebração do casamento, faz com que produza efeitos perante terceiros.[1404]

Atos jurídicos relativos ao regime de bens. As relações familiares são precipuamente fundamentadas na afetividade. Possuem, contudo, reflexos patrimoniais. Vigora no Brasil o princípio da livre estipulação do regime de bens pelos nubentes, em ato anterior e preparatório ao casamento,[1405] exceto nos casos de regime obrigatório.[1406] Durante o casamento, vigora o princípio da mutabilidade limitada, a exigir autorização judicial.[1407]

Conquanto a Lei de Registros Públicos em múltiplos dispositivos se refira aos pactos antenupciais,[1408] a referência deve ser compreendida como abrangendo todos os atos jurídicos relativos ao regime de bens. Denominamos atos jurídicos relativos ao regime de bens todos os atos jurídicos, quer emanados do Poder Judiciário ou da vontade das partes, que tenham potencial de estipular ou modificar o regime de bens aplicável nas relações afetivas. Analisaremos na sequência os atos jurídicos relativos ao regime de bens aplicável no casamento e na união estável.

Escolha do regime de bens no casamento. Escritura antenupcial é o contrato escrito por meio do qual os nubentes, antes da celebração do ato nupcial, dispõem a respeito do regime de bens, prevista nos arts. 1.653 a 1.657 do Código Civil de 2002. A escritura antenupcial é realizada previamente ao casamento. É nula se não observar a forma pública e ineficaz se não lhe seguir o casamento.[1409] A escritura terá efeitos perante terceiros após registro no Registro de Imóveis, no Livro 3,[1410] e deve ser averbada nas matrículas dos imóveis adquiridos pelos cônjuges, com as cláusulas respectivas. Na ausência de escolha, aplica-se aos casamentos realizados após a Lei 6.515/1977 o regime da comunhão parcial de bens.[1411]

[1402] BRASIL, Lei 10.406/2002, Código Civil, art. 1.657.
[1403] BRASIL, Lei 10.406/2002, Código Civil, art. 1.653.
[1404] BRASIL, Lei 10.406/2002, Código Civil, art. 1.639, § 1º.
[1405] BRASIL, Lei 10.406/2002, Código Civil, art. 1.639, caput.
[1406] BRASIL, Lei 10.406/2002, Código Civil, art. 1.641.
[1407] BRASIL, Lei 10.406/2002, Código Civil, art. 1.639, § 2º.
[1408] BRASIL, Lei 6.015/1973, art. 167, I, 12, II, 1, e art. 178, V.
[1409] BRASIL, Lei 10.406/2002, Código Civil, art. 1.653.
[1410] BRASIL, Lei 10.406/2002, Código Civil, art. 1.657.
[1411] BRASIL, Lei 10.406/2002, Código Civil, art. 1.536, VII.

Durante o casamento, os cônjuges podem desejar a alteração do regime de bens. Essa alteração terá eficácia *ex nunc*, não podendo retroagir. Essa dependerá de autorização judicial,[1412] que pode tanto autorizar a lavratura de escritura modificativa do regime de bens – escritura pós-nupcial – como ser determinado diretamente o regime aplicável na própria sentença. A escritura pós-nupcial, em analogia à previsão quanto ao pacto antenupcial, terá efeitos perante terceiros após registro no Registro de Imóveis, no Livro 3,[1413] e deve ser averbada nas matrículas dos imóveis adquiridos pelos cônjuges, com as cláusulas respectivas. Se determinada a alteração do regime de bens diretamente pela sentença, poderá ser suficiente a averbação da alteração do regime no Registro Civil das Pessoas Naturais[1414] para que produza efeitos perante terceiros, se houver simplesmente a adoção de um dos regimes legais, uma vez que a circunstância poderá ser comprovada com a mera exibição da certidão de casamento. Contudo, se houver estipulação de cláusulas particulares do regime patrimonial, a sentença deverá ser objeto de registro no Registro de Imóveis, no Livro 3,[1415] ou averbação no Livro 3, se já houver pacto registrado, e devem ser averbadas nas matrículas dos imóveis adquiridos pelos cônjuges as cláusulas respectivas.

Escolha do regime de bens na união estável. Na união estável, o regime de bens pode ser escolhido durante a relação e por instrumento escrito,[1416] não se exigindo a forma pública. Na ausência da escolha, aplica-se o regime da comunhão parcial de bens.

Já foi decidido pelo Superior Tribunal de Justiça que a escolha do regime de bens feita no curso da união estável não pode ter efeitos retroativos, vez que isso implicaria atribuir mais direitos à união estável que ao casamento.

Prova do regime de bens em caso de casamento ou união estável realizados no estrangeiro. Questão específica é o modo de comprovação do regime de bens em caso de casamento ou união estável realizados no estrangeiro. A regra prevista na Lei de Introdução às Normas do Direito Brasileiro é a aplicação do regime de bens do domicílio dos nubentes e, se diverso, o do primeiro domicílio conjugal.[1417] Para permitir o controle da disponibilidade do bem em caso de aquisição por pessoas casadas ou que vivam em união estável, é necessário identificar o regime de bens aplicável.

A situação pode trazer dificuldades aos nubentes, especialmente tendo em vista que a definição do regime de bens é imposta como requisito para o registro de títulos aquisitivos na matrícula dos imóveis em algumas normativas estaduais.[1418]

Ivan Jacopetti do Lago, em trabalho preciso sobre a forma de comprovação do direito estrangeiro,[1419] identifica as possibilidades previstas pelo ordenamento pátrio: pela apresentação do texto legal, sua vigência e sentido;[1420] por declarações qualificadas de dois advogados em exercício no país de cuja legislação se trate;[1421-1422]

[1412] BRASIL, Lei 10.406/2002, Código Civil, art. 1.639, § 2º.

[1413] BRASIL, Lei 10.406/2002, Código Civil, art. 1.657.

[1414] BRASIL, Lei 6.015/1973, art. 98.

[1415] BRASIL, Lei 10.406/2002, Código Civil, art. 1.657.

[1416] BRASIL, Lei 10.406/2002, Código Civil, art. 1.725.

[1417] BRASIL, Decreto-Lei 4.657/1942, art. 7º, § 4º O regime de bens, legal ou convencional, obedece à lei do país em que tiverem os nubentes domicílio, e, se este for diverso, a do primeiro domicílio conjugal.

[1418] BRASIL, São Paulo. Normas de Serviço da Corregedoria-Geral da Justiça do Estado de São Paulo, tomo II, capítulo XX, item 61.4. Tratando-se de brasileiros ou de estrangeiros casados no exterior, para evitar dúvida acerca da real situação jurídica dominial do imóvel, o regime de bens deve ser desde logo comprovado para constar do registro.

[1419] LAGO, Ivan Jacopetti do. A cognição do direito estrangeiro pelo registrador de imóveis brasileiro: o caso do regime de bens estrangeiro. Trabalho apresentado no XXII CONGRESSO INTERNACIONAL IPRA – CINDER, realizado na cidade do Porto, Portugal, em 2022.

[1420] Convenção Interamericana sobre Prova e Informação Acerca do Direito Estrangeiro, de 1979, Artigo 3º, 'a', promulgada pelo Decreto 1.925/1996.

[1421] BRASIL, Decreto 18.871/1929, que promulga a Convenção de Direito Internacional Privado de Havana, de 1928, Art. 409. A parte que invoque a aplicação do direito de qualquer Estado contractante em um dos outros, ou della divirja, poderá justificar o texto legal, sua vigencia e sentido mediante certidão, devidamente legalizada, de dois advogados em exercicio no paiz de cuja legislação se trate.

[1422] Convenção Interamericana sobre Prova e Informação Acerca do Direito Estrangeiro, de 1979, Artigo 3º, 'b', promulgada pelo Decreto 1.925/1996.

Art. 244 | LEI DE REGISTROS PÚBLICOS COMENTADA

e por informação na via diplomática.[1423-1424] A comprovação do Direito Estrangeiro pode ser realizada na via extrajudicial, perante o Registro de Imóveis, para fim de indicação do regime aplicável aos bens adquiridos.

Inviabilidade da prova do regime de bens estrangeiro. A questão de identificação do regime de bens aplicável aos casamentos e uniões estáveis no estrangeiro não se exaure na forma de prova do Direito aplicável. O registrador Sérgio Jacomino traçou algumas considerações sobre o tema ao publicar as razões de dúvida em procedimento do Quinto Registro de Imóveis da Capital,[1425] que podem ser sucintamente indicadas:

1. Seria possível negar aos interessados os efeitos registrais em caso de impossibilidade de comprovação do regime de bens aplicável?
2. Como proceder nos casos em que a predeterminação do regime patrimonial não é exigida pelo ordenamento jurídico estrangeiro, mas em que o regime de bens é definido *ex post*?
3. Como proceder nos casos em que a definição do regime de bens pode dar de forma livre, a qualquer momento, por ato dos cônjuges?

Haveria, desse modo, três hipóteses de impossibilidade de prova, que são:

1. Inexistência do regime de bens, enquanto instituto jurídico, no Direito Estrangeiro, por ausência de previsão no Direito Material de regras especiais relativas à titularidade e disposição dos bens adquiridos durante a união familiar.
2. Existência de regime de bens no Direito Estrangeiro, mas inexistência de meio de prova, por não haver previsão de meio oficial de publicidade.
3. Existência de regime e de meio de prova, mas inviabilidade na prática da comprovação, por outras questões.

Nesses casos, não será possível ao interessado comprovar perante o Registro de Imóveis o regime de bens aplicável à sua união. A melhor doutrina entende que não cabe ao registrador a identificação do regime de bens a ser aplicado,[1426] de modo que a solução seria a suscitação de dúvida ou a obtenção de declaração judicial do regime de bens aplicável, para permitir o registro do título aquisitivo. Importa ainda notar que o regime de bens está submetido ao princípio da unidade do regime matrimonial, mesmo em face da *lex rei sitae*.[1427] Desse modo, a definição do regime de bens do casal não poderia ser feita individualmente, com relação a bem específico.

Contudo, entendemos que existe uma outra solução possível, que, ao mesmo tempo em que não define o regime de bens aplicável ao casal – atividade reservada, efetivamente, ao Poder Judiciário –, permite que a questão seja superada por via indireta. Essa solução se realiza pela lavratura de escritura de submissão do bem ao regime de comunhão, objeto do tópico a seguir.

Possibilidade de escritura de submissão do bem ao regime de comunhão. Desde a modificação do art. 178, III, da Lei dos Registros Públicos, pela Lei 13.777/2018, tornou-se possível o registro de convenção de condomínio geral voluntário. Desse modo, é conferida liberdade aos condôminos para regularem as relações sobre o bem objeto do condomínio, instituindo regime condominial próprio. O regime condominial aplicável em regra ao condomínio voluntário é o regime de condomínio romano, em que a propriedade recai sobre uma fração ideal do bem, da qual o condômino pode

---

[1423] Idem, art. 411, e Acordo de Cooperação e Assistência Jurisdicional em Matéria Civil, Comercial, Trabalhista e Administrativa entre os Estados Partes do Mercosul, a República da Bolívia e a República do Chile, de 2002, Protocolo de Las Leñas, promulgado pelo Decreto 6.891/2009, arts. 28 a 30.

[1424] Convenção Interamericana sobre Prova e Informação Acerca do Direito Estrangeiro, de 1979, Artigo 3º, 'c', promulgada pelo Decreto nº 1.925/1996.

[1425] JACOMINO, Sérgio, 1047162-96.2022.8.26.0100. Casamento no exterior – especialidade subjetiva – disponibilidade. Disponível em: https://quintoregistro.com/tag/1047162-96-2022-8-26-0100/. Acesso em: 29 set. 2022.

[1426] DO LAGO, Ivan Jacopetti. A cognição do direito estrangeiro pelo registrador de imóveis brasileiro: o caso do regime de bens estrangeiro. Artigo a ser publicado na próxima *Revista de Direito Imobiliário*.

[1427] BASSO, Maristela. A determinação do regime de bens do casamento à luz do direito internacional privado brasileiro. Disponível em: https://www.revistas.usp.br/rfdusp/article/view/67474/70084 e em: https://pdfs.semanticscholar.org/1111/8f9ad242bfbda5e41cd8f8375eb0485844d5.pdf. Acesso em: 16 out. 2022.

dispor.[1428] O regime de condomínio germânico, por sua vez, é caracterizado pela existência de propriedade uma, com pluralidade de sujeitos.[1429] Nesse caso último, para alienação ou oneração do bem, exige-se manifestação unânime dos titulares[1430] e para extinção do regime, é necessário que se realize a partilha dos bens. A comunhão matrimonial é, em nosso Direito, um regime condominial do tipo germânico,[1431] assim como o é o espólio.[1432]

As principais diferenças entre o condomínio germânico e o romano decorrem de que o condomínio germânico não possui definição em partes ideais. Isso implica em que os direitos existentes sobre um certo bem que pertencem a cada um dos titulares não estão pré-definidos, nem mesmo do ponto de vista teórico. No condomínio romano, existe divisão jurídica do bem, ao passo que persiste uma indivisão fática. Por exemplo, o imóvel é 50% de cada condômino, mas não se poderia divisar no solo os limites físicos. No condomínio germânico, há indivisão fática e jurídica: não se sabe sequer se o imóvel é 50% de cada condômino, mas somente que a totalidade do bem pertence à totalidade dos titulares. Isso significa que atos de disposição ou oneração dos bens, no condomínio germânico, só podem ser feitos com a atuação conjunta de todos os titulares, mas atos isolados, por parte de qualquer dos titulares, tem por pré-requisito a conversão em regime de condomínio romano.

Verifica-se precisamente essa situação com o fim do casamento. Os bens adquiridos na comunhão estão submetidos a um regime de condomínio germânico. Para alienação conjunta, é suficiente que ambos os titulares deles disponham. Para alienação isoladamente, é necessário que seja extinta a comunhão, e passem as relações a serem regidas pelas regras do condomínio romano.

Contudo, vez que o condomínio comum é o condomínio romano – já que os direitos são exercidos com relação à parte ideal – seria de se questionar se os condôminos poderiam adotar o regime de condomínio germânico. Isso implica dizer: podem os condôminos decidir que o bem não estará sujeito à divisão por partes ideais, sendo os condôminos titulares, em conjunto, de sua coletividade, não podendo alienar ou gravar sua parte senão com a concordância dos demais ou com a prévia extinção do regime germânico e submissão ao regime de condomínio romano?

Para responder essa pergunta, é necessário considerar alguns aspectos.

Em primeiro lugar, a submissão ao regime de condomínio germânico não implica imposição de cláusula de inalienabilidade relativa, como se poderia sugerir pela impossibilidade de alienação da parte de que dispõe isoladamente. A cláusula de inalienabilidade só pode ser imposta em ato de liberalidade ou sucessório, pelo transmitente, e implica impossibilidade de alienar o bem sobre o qual recai. Nesse caso, não há impossibilidade de alienar, mas indefinição das partes que podem ser alienadas individualmente. O efeito prático de inalienabilidade por parte de um dos condôminos de sua parte isoladamente não decorre, desse modo, de restrição ao seu poder de disposição, mas sim de indefinição exatamente de qual parte pode ser alienada. Não haveria restrição, portanto, na instituição do condomínio germânico com o fundamento de que não se pode clausular bem próprio, porque, a rigor, não há imposição de cláusula restritiva.

Em segundo lugar, a submissão ao regime de condomínio germânico não implica manutenção do estado de indivisão. A qualquer momento qualquer dos condôminos poderia solicitar a extinção do estado de indivisão, não sendo de se aplicar as restrições do art. 1.320 e seus parágrafos do Código Civil, especialmente seu limite temporal. Por meio da submissão ao regime de condomínio germânico, não se estaria prevendo a indivisibilidade do bem objeto de condomínio, mas somente

---

[1428] BRASIL, Lei 10.406/2002, Código Civil, art. 1.314, *caput*.

[1429] PONTES DE MIRANDA, Francisco Cavalcanti. *Tratado de direito privado parte especial.* Tomo XII – Direito das Coisas: condomínio, terras devolutas. Atualizado por Jefferson Carús Guedes e Otávio Luiz Rodrigues Junior. São Paulo: Revista dos Tribunais, 2012. p. 64 – § 1.272, 1. Fontes da comunhão.

[1430] PONTES DE MIRANDA, Francisco Cavalcanti. *Tratado de direito privado parte especial.* Tomo XII – Direito das Coisas: condomínio, terras devolutas. Atualizado por Jefferson Carús Guedes e Otávio Luiz Rodrigues Junior. São Paulo: Revista dos Tribunais, 2012. p. 93 – § 1.280, 2. A mão-comum, ou mancomunhão.

[1431] PONTES DE MIRANDA, Francisco Cavalcanti. *Tratado de direito privado parte especial.* Tomo XII – Direito das Coisas: condomínio, terras devolutas. Atualizado por Jefferson Carús Guedes e Otávio Luiz Rodrigues Junior. São Paulo: Revista dos Tribunais, 2012. p. 73 – § 1.273, 3. As relações jurídicas do condomínio.

[1432] PONTES DE MIRANDA, Francisco Cavalcanti. *Tratado de direito privado parte especial.* Tomo XII – Direito das Coisas: condomínio, terras devolutas. Atualizado por Jefferson Carús Guedes e Otávio Luiz Rodrigues Junior. São Paulo: Revista dos Tribunais, 2012. p. 66 – § 1.272, 2. Pluralidade subjetiva.

Art. 244 | LEI DE REGISTROS PÚBLICOS COMENTADA

se declarando a indefinição das frações ideais existentes sobre o bem, que deverão ser, se o caso, identificadas posteriormente.

A submissão do bem ao regime de condomínio germânico implica, em última análise, em modalidade especial de afastamento da regra do art. 1.315, parágrafo único, do Código Civil, que determina que se presumem iguais as partes ideais dos condôminos. É evidente que, no ato aquisitivo, pode-se definir que a aquisição se dá em frações diversas, de modo que a presunção é relativa. De modo que a pergunta sobre a submissão do bem ao regime de condomínio germânico pode ser substituída pela indagação quanto à possibilidade de os condôminos, no ato aquisitivo ou em ato posterior, identificarem que as frações pertencentes aos titulares ficam indefinidas. É claro que os adquirentes podem afastar a presunção de divisão igualitária das frações ideais para indicar que as frações são diversas. A questão é se seria possível afastar a presunção para indicar que o bem não fica submetido ao regime de frações ideais, mas que está submetido ao regime de propriedade indivisa ou de condomínio germânico.

Não identificamos a esse propósito qualquer óbice. Nada impediria que o bem fosse submetido ao regime de condomínio germânico – ou seja, que não fossem definidas as frações ideais pertencentes a cada titular. O regime de condomínio germânico não é proibido pelo ordenamento pátrio. Por outro lado, é aplicável nos casos de casamento ou união estável, em decorrência do regime de bens. Não se identifica qualquer razão que impeça sua utilização em outras circunstâncias.

Imaginemos que Carlos e Bianca, amigos, solteiros, desejem adquirir um bem e submetê-lo ao regime de condomínio germânico. A se indicar que seria impossível que adquirissem o bem nesse regime, decidem casar-se pela comunhão parcial e adquirir o bem, realizando, na sequência, seu divórcio, e optam por não fazer a partilha do bem. O bem restará, de fato, submetido ao regime de condomínio germânico.

A percepção de que existe a possibilidade, no ordenamento jurídico, de obtenção de um resultado jurídico, ainda que de forma indireta, conjugada com a ausência de vedação legal à sua realização ou de qualquer prejuízo, parecem ser razões suficientes para permitir, na generalidade dos casos, a realização da vontade manifestada das partes.

O único cuidado específico que se mostra necessário na submissão do bem a regime de condomínio germânico seria tornar pública essa circunstância, vez que a ausência de menção das frações de cada titular no registro implicaria que se presumisse que o imóvel estaria dividido em idênticas partes ideais. Essa dificuldade fica inteiramente afastada pela conjugação da possibilidade de registro de convenção de condomínio voluntário[1433] com a possibilidade de averbação de "outras ocorrências que, por qualquer modo, alterem o registro ou repercutam nos direitos relativos ao imóvel".[1434]

Concluímos que não existiria qualquer vedação legal a que a convenção de condomínio comum o aproxime do regime de condomínio germânico. A criação de novas modalidades condominiais, como os fundos de investimento[1435] e a multipropriedade,[1436] e a previsão de possibilidade de elaboração de convenção em relação ao condomínio comum, bem como de seu registro, indicam que coexistem no ordenamento múltiplas formas de condomínio, e que o regime jurídico aplicável pode ser regulamentado pela vontade das partes. Desse modo, seria possível a aplicação, a um condomínio voluntário, por meio de convenção entre as partes, das regras do regime de condomínio germânico.[1437]

A escritura de submissão de bem ao regime de comunhão, portanto, seria a escritura pública por meio da qual os condôminos de um dado bem decidem aplicar a ele o regime de comunhão, em que o bem não é dividido entre os condôminos por frações ideais, mas em que a titularidade é exercida diretamente sobre a totalidade do bem. Para dispor do bem ou aliená-lo, será necessária a anuência de todos os condôminos. Em caso de falecimento de um deles, ou para extinção do condomínio germânico, será necessário procedimento de partilha. Essa escritura deve ser objeto de registro no Livro 3, com fundamento no art. 178, III, e averbada no Livro 2, com fundamento no art. 246, ambos da Lei dos Registros Públicos.

[1433] BRASIL, Lei 6.015/1973, art. 178, III.

[1434] Idem, art. 246, *caput*.

[1435] BRASIL, Lei 10.406/2002, Código Civil, art. 1.368-C, *caput*.

[1436] BRASIL, Lei 10.406/2002, Código Civil, art. 1.358-B.

[1437] A única dificuldade antevista é a impossibilidade de se prever a indivisibilidade perpétua, em razão do limite temporal de cinco anos, previsto no Código Civil, art. 1.320, § 1º. Não obstante, nada impede que os condôminos obtenham a divisão do imóvel, por meio de alienação a terceiro, após o prazo, ou por determinação específica de como será feita a partilha.

Contudo, ainda que se discorde da possibilidade, de modo genérico, de submissão de um bem adquirido em condomínio ao regime de comunhão – o que não vemos razão para se fazer, senão por argumentos mais delineados, com base na ausência de previsão legal – o fato é que a submissão do bem ao regime de comunhão pode, com proveito, ser aplicada ao menos nos casos em que identificada a dificuldade na comprovação do regime de bens aplicável às relações conjugais estrangeiras. Dito de forma mais clara: não sendo possível determinar o regime de bens aplicável, por que razão se haveria de impedir que os cônjuges declarassem que desejam submeter bem determinado ao regime de condomínio germânico?

É certo que os diversos regimes de bens possuem, no âmbito do Registro de Imóveis, duas principais consequências: identificar se o bem é exclusivo do cônjuge adquirente ou se se comunica ao outro cônjuge e identificar se é necessária outorga conjugal para atos de disposição pelo titular.

Não obstante, independentemente do regime de bens que seja efetivamente aplicável em razão da lei do país, o regime mais protetivo aos cônjuges é a interpretação de que o bem está inserido na comunhão conjugal. A aplicação do regime de comunhão implica que atos de alienação e disposição só podem se dar de forma conjunta, e que em caso de término da sociedade conjugal a definição da titularidade dependerá de partilha. Aproxima-se o regime de comunhão, como já exposto, do modelo de condomínio germânico.

Desse modo, sendo possível a aplicação de regime de condomínio germânico a um bem em condomínio – pela escritura de submissão do bem ao regime de comunhão – e considerando que a proteção máxima aos cônjuges seria outorgada pela aplicação do regime de comunhão ao bem, entendemos que a submissão do bem adquirido pelos cônjuges a regime de comunhão supre a necessidade de indicação do regime de bens, justamente por atribuir, por ato voluntário, a proteção máxima que seria possível atribuir aos cônjuges pelo regime matrimonial ao bem em questão. De modo que, no caso de bens adquiridos por casal cujo regime de bens não pôde ser definido, é de se permitir a realização da escritura para submissão do bem ao regime de condomínio germânico, de forma que a discussão sobre o regime de bens aplicável ao casamento fique prejudicada, e que o registro da aquisição de propriedade por um ou por ambos os cônjuges possa ser realizado.

Assim, se uma pessoa é casada no estrangeiro, com dificuldade ou impossibilidade de comprovação do regime de bens, pode, para permitir o registro, realizar um dos seguintes atos:

1) Se o bem foi adquirido por ambos os cônjuges, deve ser lavrada escritura de submissão do bem ao regime de comunhão, solicitando-se o registro no Livro 3 (da submissão do bem ao regime de condomínio germânico) e a averbação no Livro 2 (da notícia da submissão ao regime de condomínio germânico).

2) Se somente um dos cônjuges compareceu no título aquisitivo, deve ser lavrada escritura de compra e venda ou doação de metade da titularidade do cônjuge adquirente com concomitante submissão do bem ao regime de comunhão, solicitando-se o registro no Livro 2 (da compra e venda ou doação) e o registro no Livro 3 (da submissão do bem ao regime de condomínio germânico) e a averbação no Livro 2 (da notícia da submissão ao regime de condomínio germânico).

Em ambos os casos, restará afastada a necessidade de comprovação do regime de bens aplicável à relação matrimonial, tendo em vista a submissão a regime de comunhão do bem.

É certo que a medida não deve ser aplicada na generalidade dos casos, vez que a comprovação do regime de bens aplicável por vezes diferirá em seus resultados práticos da simples submissão do bem a regime de comunhão. Contudo, o instrumento poderá ser utilizado com proveito em muitas situações nas quais a comprovação do regime não se mostra conveniente, superando a questão pela submissão do bem a regime próprio de comunhão com fundamento no regime de condomínio germânico, e que será, aos cônjuges, igualmente protetivo.

 Jurisprudência

1. Apresentação do pacto antenupcial para averbação na matrícula

"Ementa não oficial. 1 – O registro do pacto antenupcial pode não ser registrado. A critério dos nubentes. A consequência é a ineficácia do pacto perante terceiros - vale para o casal, mas não atinge terceiros. 2 – Imprescindível a averbação da alteração do regime patrimonial no casamento, feita mediante a apresentação da sentença judicial (art. 1.639, § 2º, do CC), da certidão de trânsito em julgado e da certidão de casamento devidamente averbada. 3 – Registrado que seja o formal de partilha, não cabe o registro de cessão de direitos hereditários figurando como cedente o proprietário. A cessão de direitos hereditário não pode substituir eventual compromisso de compra e venda. [...]

Com efeito, o documento que é objeto de averbação obrigatória na matrícula do imóvel é a certidão da escritura pública de pacto antenupcial, e não a certidão do registro do pacto antenupcial no Cartório de Registro de Imóveis do primeiro domicílio do casal.

A distinção é importante, pois uma coisa é a escritura de pacto antenupcial, cuja certidão deve ser obtida no Tabelionato de Notas, e outra é a certidão do registro do pacto antenupcial, cuja certidão é lavrada pelo Cartório de Registro de Imóveis da circunscrição do primeiro domicílio do casal" (1ª VRPSP, Processo 0055741-36.2011.8.26.0100, Magistrado: Carlos Henrique André Lisboa, localidade: São Paulo, j. 03/02/2012).

2. Alteração do regime de bens no casamento tem eficácia *ex nunc*

"Recurso especial. Civil e processual civil. Direito de família. Dissolução do casamento. Alteração do regime de bens. Termo inicial dos seus efeitos. *Ex nunc*. Alimentos. Razoabilidade. Binômio necessidade e possibilidade. Conclusões alcançadas pela Corte de origem. Impossibilidade de revisão na via eleita. Súmula 7/STJ.

1 – Separação judicial de casal que, após período de união estável, casou-se, em 1997, pelo regime da separação de bens, procedendo a sua alteração para o regime da comunhão parcial em 2007 e separando-se definitivamente em 2008.

2 – Controvérsia em torno do termo inicial dos efeitos da alteração do regime de bens do casamento ('ex nunc' ou 'ex tunc') e do valor dos alimentos.

3 – Reconhecimento da eficácia 'ex nunc' da alteração do regime de bens, tendo por termo inicial a data do trânsito em julgado da decisão judicial que o modificou. Interpretação do art. 1639, § 2º, do CC/2002" (STJ, 3ª Turma, REsp 1.300.036-MT, Rel. Min. Paulo de Tarso Sanseverino, j. 13/05/2014).

3. Alteração do regime de bens na união estável tem eficácia *ex nunc*

"Civil. Agravo interno no agravo em recurso especial. União estável. Regime de bens. Contrato com efeitos *ex nunc*. Decisão mantida.

1. Conforme entendimento desta Corte, a eleição do regime de bens da união estável por contrato escrito é dotada de efetividade *ex nunc*, sendo inválidas cláusulas que estabeleçam a retroatividade dos efeitos patrimoniais do pacto. Precedentes.

2. Agravo interno a que se nega provimento" (STJ, REsp 1.631.112-MT, Rel. Min. Antônio Carlos Ferreira, j. 26/10/2021).

"Civil. Recurso especial. Direito de família. União estável. Contrato de convivência. 1) Alegação de nulidade do contrato. Inocorrência. Presença dos requisitos do negócio jurídico. Art. 104 e incisos do CC/02. Senilidade e doença incurável, por si, não é motivo de incapacidade para o exercício de direito. Ausência de elementos indicativos de que não tinha o necessário discernimento para a prática do negócio jurídico. Afirmada ausência de manifestação de vontade. Incidência da Súmula no 7 do STJ. Deficiência na fundamentação. Incidência da Súmula nº 284 do STF. Regime obrigatório de separação de bens no casamento. Inciso II do art. 1.641 do CC/02. Aplicação na união estável. Aferição da idade. Época do início do relacionamento. Precedentes. Apontada violação de súmula. Descabimento. Não se enquadra no conceito de legislação federal. Precedentes. Dissídio jurisprudencial não demonstrado. Recurso especial do ex-companheiro não provido. 2) Pretensão de se atribuir efeitos retroativos a contrato de convivência. Impossibilidade. recurso especial da ex-companheira não provido.

1. A condição de idoso e o acometimento de doença incurável à época da celebração do contrato de convivência, por si, não é motivo de incapacidade para o exercício de direito ou empecilho para contrair obrigações, quando não há elementos indicativos da ausência de discernimento para compreensão do negócio jurídico realizado.

...

5. Apesar de o inciso II do art. 1.641 do CC/02 impor o regime da separação obrigatória de bens somente no casamento da pessoa maior de 60 anos (70 anos após a vigência da Lei no 12.344/2010), a jurisprudência desta egrégia Corte Superior estendeu essa limitação à união estável quando ao menos um dos companheiros contar tal idade à época do início do relacionamento, o que não é o caso. Precedentes.

6. O fato de o convivente ter celebrado acordo com mais de sessenta anos de idade não torna nulo contrato de convivência, pois os ex-companheiros, livre e espontaneamente, convencionaram que as relações patrimoniais seriam regidas pelo regime da separação total de bens, que se assemelha ao regime de separação de bens. Observância do disposto no inciso II do art. 1.641 do CC/02.

...

8. No curso do período de convivência, não é lícito aos conviventes atribuírem por contrato efeitos retroativos à união estável elegendo o regime de bens para a sociedade de fato, pois, assim, se estar-se-ia conferindo mais benefícios à união estável que ao casamento" (STJ, REsp 1.383.624/MG, 3ª Turma, Rel. Min. Moura Ribeiro, j. 2/6/2015, DJe 12/6/2015).

"Registro de imóveis – Dúvida – Registro de carta de adjudicação – Dúvida julgada improcedente – Impossibilidade – Aquisição por pessoa casada sob regime diverso do legal – Ausência de registro do pacto antenupcial – Necessidade de retificação do assento de casamento – Art. 244 da LRP – Recurso provido" (TJSP, Ap. Cív. 0001258-61.2015.8.26.0344, CSMSP, Rel. Manoel de Queiroz Pereira Calças, j. 08/04/2016, DJ 30/05/2016).

Art. 245. Quando o regime de separação de bens for determinado por lei, far-se-á a respectiva averbação nos termos do artigo anterior, incumbindo ao Ministério Público zelar pela fiscalização e observância dessa providência.

Referências Normativas

Lei 3.071/1916, Código Civil de 1916, art. 259.
Lei 10.406/2002, Código Civil, art. 1.641.

Comentários

A menção ao regime de bens de separação obrigatória é realizada, usualmente, na descrição da pessoa física, sendo considerada parte de seu estado civil.[1438] A averbação do regime de bens será feita em ato autônomo se a pessoa já constar da matrícula e for necessário esclarecer o regime de bens – complementação da qualificação – ou se normativa estadual tiver previsão expressa determinando a averbação em separado.

O regime de separação é obrigatório nos casos do art. 1.641 do Código Civil. Importa notar, contudo, que a edição da Súmula 377 do Supremo Tribunal Federal[1439] criou, com o regime de separação legal de bens, uma espécie de regime de comunhão parcial. O ingresso dos bens na comunhão dependeria de esforço comum na aquisição, sendo que a jurisprudência oscila entre a necessidade de comprovação do esforço comum ou sua presunção. A declaração de que o bem não decorre de esforço comum pode ser feita por ambos os cônjuges no ato aquisitivo ou posteriormente, exceto se a circunstância implicar mutação patrimonial e houver restrição ao cônjuge a quem o bem não pertenceria, como indisponibilidade. Pode, igualmente, ser obtida na esfera judicial.

Se a própria causa aquisitiva indica a inexistência de esforço, inaplicável a Súmula. É o que ocorre nos casos de recebimento do bem por doação ou sucessão.

[1438] BRASIL, Lei 6.015/1973, Lei dos Registros Públicos, art. 176, § 1º, II, 4, a, III, 2, a.
[1439] Súmula 377 do Supremo Tribunal Federal. No regime de separação legal de bens, comunicam-se os adquiridos na constância do casamento.

Há quem entenda que a Súmula tem aplicação restrita a aquisições de bens antes do Código Civil de 2002, vez que a sua origem estaria no art. 259 do Código Civil de 1916, que previa que, no silêncio do pacto antenupcial, prevaleceriam os princípios da comunhão de bens quantos aos bens adquiridos na constância do casamento. Não há dispositivo equivalente no Código atual. Entendemos que não é o caso de afastar a aplicação da Súmula, vez que sua finalidade é afastar a presunção de inexistência de esforço comum. A formalização jurídica em nome de um dos cônjuges não significa, necessariamente, que não tenha havido contribuição do outro para a aquisição.

Ainda que imposto o regime de separação obrigatória, há decisões administrativas no sentido de que os nubentes podem realizar pacto antenupcial em que se convencione a absoluta incomunicabilidade dos aquestos, afastando a Súmula 377, desde que mantidas as demais regras do regime de separação voluntária. Em tal caso, deverá ser feito o registro do pacto no Livro 3 e sua averbação em cada uma das matrículas dos imóveis adquiridos.

Importa notar que por separação obrigatória, para fins de aplicação da Súmula 377, entende-se não somente o regime de separação imposto coercitivamente, mas também o regime de separação imposto independentemente de manifestação expressa de vontade das partes. Desse modo, se o casamento foi submetido ao regime de separação de bens independentemente de opção dos nubentes, por aplicação do Direito Estrangeiro,[1440] deve ser aplicada a Súmula, presumindo-se a participação comum.

Jurisprudência

1. Necessidade de comprovação do esforço comum

"Embargos de divergência no recurso especial. Direito de família. União estável. Casamento contraído sob causa suspensiva. Separação obrigatória de bens (CC/1916, art. 258, II; CC/2002, art. 1.641, II). Partilha. Bens adquiridos onerosamente. Necessidade de prova do esforço comum. Pressuposto da pretensão. Moderna compreensão da Súmula 377/STF. Embargos de divergência providos.

1. Nos moldes do art. 1.641, II, do Código Civil de 2002, ao casamento contraído sob causa suspensiva, impõe-se o regime da separação obrigatória de bens.

2. No regime de separação legal de bens, comunicam-se os adquiridos na constância do casamento, *desde que comprovado o esforço comum para sua aquisição*.

3. Releitura da antiga Súmula 377/STF (No regime de separação legal de bens, comunicam-se os adquiridos na constância do casamento), editada com o intuito de interpretar o art. 259 do CC/1916, ainda na época em que cabia à Suprema Corte decidir em última instância acerca da interpretação da legislação federal, mister que hoje cabe ao Superior Tribunal de Justiça.

4. Embargos de divergência conhecidos e providos, para dar provimento ao recurso especial" (*grifos nossos*) (STJ, EREsp 1.623.858/MG (2016/0231884-4), Rel. Min. Lázaro Guimarães – Desembargador convocado do TRF 5ª Região, j. 23/05/2018).

2. Desnecessidade de comprovação do esforço comum

"Agravo regimental. Agravo em recurso especial. Casamento. Regime de bens. Separação obrigatória de bens. Art. 258, II, do CC/16 (art. 1.641, II, CC/02). Súmula no 284/STF. Partilha. Esforço comum. Prova. Súmulas nº 7 E 83/STJ.

1. Incide o óbice previsto na Súmula no 284 do STF na hipótese em que a deficiência da fundamentação do recurso não permite a exata compreensão da controvérsia.

2. O recurso especial não é sede própria para rever questão referente à existência de prova de esforço exclusivo de um dos cônjuges para a constituição do acervo de bens adquiridos após o casamento na hipótese em que seja necessário reexaminar elementos fáticos. Aplicação da Súmula nº 7/STJ.

3. No regime da separação obrigatória, comunicam-se os bens adquiridos onerosamente na constância do casamento, sendo *presumido o esforço comum* (Súmula nº 377/STF).

[1440] BRASIL, Decreto-Lei 4.657/1942, art. 7º, § 4º O regime de bens, legal ou convencional, obedece à lei do país em que tiverem os nubentes domicílio, e, se este for diverso, a do primeiro domicílio conjugal.

4. Agravo regimental desprovido" (grifos nossos) (STJ, AgRg no Agravo em REsp 650.390/SP (2015/0003290-0), Rel. Min. João Otávio de Noronha, j. 27/10/2015).

"Registro de Imóveis – Pedido de averbação para que passe a constar da matrícula que o imóvel foi adquirido com recursos próprios da recorrente – Escritura pública da qual não participou o cônjuge e na qual consta sua declaração de que adquiriu o imóvel com bens exclusivos – Afirmação unilateral que se mostra insuficiente – Necessidade de produção de prova na via jurisdicional – Recurso não provido" (CGJSP, Processo 144.670/2013, localidade: Campinas, j. 08/10/2013).

"Registro de Imóveis – Dúvida inversa – Recusa do registro de escritura de doação de imóvel com reserva de usufruto – Doador que figura no registro como casado pelo regime da separação de bens, sendo no presente viúvo – Necessidade de prévia partilha do bem ou de reconhecimento, na esfera jurisdicional, de que o imóvel não se comunicou à ex-esposa – Escritura, ademais, com descrição do imóvel em desacordo com os dados tabulares, presente, também, divergência no tocante ao número do cadastro municipal – Imprescindibilidade de prévia retificação do título apresentado ou do registro para afastar as divergências – Princípios da continuidade e da especialidade registrais – Recurso não provido" (TJSP, Ap. Cív. 990.10.017.578-5, CSMSP, Rel. Munhoz Soares, j. 13/04/2010).

3. Declaração de bem exclusivo não aceita em caso de indisponibilidade

"Registro de imóveis – Averbação – Imóvel adquirido de forma onerosa pela recorrente, à época casada em regime de comunhão parcial de bens – Posterior parcelamento do imóvel e pendência de indisponibilidade sobre o patrimônio do marido – Pedido de averbação para que conste, agora, que a aquisição original do imóvel estaria excluída da comunhão – Escritura pública de aditamento do negócio jurídico primitivo – Indisponibilidade que impede a mutação patrimonial pretendida – Parecer pelo não provimento do recurso administrativo" (CGJSP, Recurso administrativo 1002137-39.2019.8.26.0238, Rel. Des. Ricardo Mair Anafe, localidade: Ibiúna, j. 15/07/2021).

4. Possibilidade, mesmo se obrigatório regime de separação de bens, de previsão em pacto antenupcial da absoluta incomunicabilidade dos aquestos

"Registro civil de pessoas naturais – Casamento – Pacto antenupcial – Separação obrigatória – Estipulação de afastamento da Súmula 377 do STF – Possibilidade. Nas hipóteses em que se impõe o regime de separação obrigatória de bens (art. 1.641 do CC), é dado aos nubentes, por pacto antenupcial, prever a incomunicabilidade absoluta dos aquestos, afastando a incidência da Súmula 377 do Excelso Pretório, desde que mantidas todas as demais regras do regime de separação obrigatória. Situação que não se confunde com a pactuação para alteração do regime de separação obrigatória, para o de separação convencional de bens, que se mostra inadmissível" (CGJSP, Recurso administrativo 1065469-74.2017.8.26.0100, Rel. Manoel de Queiroz Pereira Calças, localidade: São Paulo, j. 06/12/2017, *DJ* 23/01/2017).

5. Separação de bens no estrangeiro

"Embargos de declaração – Inexistência de omissão, contradição ou obscuridade no v. acórdão – Efeitos infringentes – Finalidade de prequestionamento incabível em dúvida registral, por não estar sujeita a recurso especial – Embargos de declaração rejeitados. [...]

Conforme a Súmula n. 377 do Supremo Tribunal Federal, os bens adquiridos a título oneroso na constância do casamento celebrado pelo regime da separação legal são presumidos como de propriedade comum dos cônjuges, porque é igualmente presumido o esforço comum para a sua aquisição. A presunção do esforço comum pode incidir, igualmente, em relação aos bens adquiridos onerosamente na constância do casamento celebrado pelo regime da separação convencional de bens, salvo se pactuada a não comunicação dos aquestos.

Não se ignora que a presunção de comunicação decorrente da Súmula nº 377 do Eg. Supremo Tribunal Federal não incide em relação aos bens adquiridos após a vigência do Código Civil de 2002, o que, porém, não ocorre neste caso concreto. Assim porque o imóvel foi adquirido pela doadora, por compra, em 20 de setembro de 1996, mediante registro de escritura pública outorgada em 15 de agosto do referido ano, ocasião em que a compradora era casada com P.F. pelo regime da separação de bens em conformidade com as leis italianas (fls. 17).

Entretanto, não se comprovou que a adoção do referido regime decorreu de convenção entre os nubentes, nem que, se convencional, foi prevista a não comunicação dos aquestos" (CSMSP, embargos

Art. 246 | LEI DE REGISTROS PÚBLICOS COMENTADA

declaratórios 1000893-93.2018.8.26.0114/50000, Rel. Geraldo Francisco Pinheiro Franco, localidade: Campinas, j. 07/11/2019).

"Civil e processual. Recurso especial. Prequestionamento limitado. Dissídio não apresentado. Inventário. Casamento contraído na Áustria. Regime da separação de bens, consoante a lei daquele país, por falta de pacto antenupcial em sentido contrário. Vinda para o Brasil. Aquisição de patrimônio ao longo da vida em comum. Falecimento do cônjuge varão. Declaração de bens, constando apenas aqueles em nome do *de cujus*. Impugnação pela filha do primeiro casamento. Aquestos. Comunicação. Ressalva quanto aos havidos pelo esforço exclusivo/doação/herança da cônjuge mulher. LICC, art. 7º, § 4º CC, art. 259. Súmula no 377-STF.

I. Apesar de o casamento haver sido contraído pelo regime da separação de bens no exterior, os bens adquiridos na constância da vida comum, quase à totalidade transcorrida no Brasil, devem se comunicar, desde que resultantes do esforço comum.

II. Exclusão, portanto, do patrimônio existente em nome da viúva, obtido pelo labor individual, doação ou herança, incorporando-se os demais ao espólio do cônjuge varão, para partilha e meação, a serem apurados em ação própria.

III. Recurso especial conhecido em parte e parcialmente provido" (STJ, REsp 123.633-SP, 4ª Turma, Rel. Min. Aldir Passarinho Junior, j. 17/03/2009).

"Tabelião de notas – Escritura de compra e venda de imóveis – Exigência da anuência do cônjuge da vendedora, cujo casamento foi celebrado na Itália sob o regime de separação de bens por opção dos contraentes e independentemente de pacto antenupcial, de acordo com a legislação vigente – Observância ao artigo 7º, '*caput*', e § 4º, da Lei de Introdução ao Código Civil e artigo 32, 'caput', e § 1º, da Lei de Registros Públicos – Prevalência da regra da incomunicabilidade de bens – Exigência indevida – Recurso provido" (CGJSP, Processo 168.591/2013, Rel. Des. Hamilton Elliot Akel, localidade: Peruíbe, j. 15/04/2014).

"Regime de bens – Separação legal – Único regime de bens vigente no Líbano, onde a recorrente se casou com seu falecido marido – Pretensão de averbação de que bem imóvel adquirido no Brasil, na constância do casamento, é particular – Impossibilidade – Incidência da Súmula no 377, do STF – Presunção de esforço comum, com a consequente comunicação dos aquestos – Princípio do não enriquecimento ilícito – Possibilidade de se superar tal presunção apenas pela via jurisdicional – Pedido de Providências improcedente – Recurso não provido" (CGJSP, Processo 1112223-11.2016.8.26.0100, Rel. Des. Manoel de Queiroz Pereira Calças, localidade: São Paulo, j. 30/03/2017).

CAPÍTULO VIII
DA AVERBAÇÃO E DO CANCELAMENTO

Art. 246. Além dos casos expressamente indicados no inciso II do *caput* do art. 167 desta Lei, serão averbadas na matrícula as sub-rogações e outras ocorrências que, por qualquer modo, alterem o registro ou repercutam nos direitos relativos ao imóvel. *(Redação dada pela Lei nº 14.382, de 2022)*

§ 1º As averbações a que se referem os itens 4 e 5 do inciso II do art. 167 serão as feitas a requerimento dos interessados, com firma reconhecida, instruído com documento dos interessados, com firma reconhecida, instruído com documento comprobatório fornecido pela autoridade competente. A alteração do nome só poderá ser averbada quando devidamente comprovada por certidão do Registro Civil. *(Renumerado do parágrafo único, pela Lei nº 10.267, de 2001)*

§ 1º-A No caso das averbações de que trata o § 1º deste artigo, o oficial poderá providenciar, preferencialmente por meio eletrônico, a requerimento e às custas do interessado, os documentos comprobatórios necessários perante as autoridades competentes. *(Incluído pela Lei nº 14.382, de 2022)*

§ 2º Tratando-se de terra indígena com demarcação homologada, a União promoverá o registro da área em seu nome. *(Incluído pela Lei nº 10.267, de 2001)*

§ 3º Constatada, durante o processo demarcatório, a existência de domínio privado nos limites da terra indígena, a União requererá ao Oficial de Registro a averbação, na respectiva matrícula, dessa circunstância. *(Incluído pela Lei nº 10.267, de 2001)*

§ 4º As providências a que se referem os §§ 2º e 3º deste artigo deverão ser efetivadas pelo cartório, no prazo de trinta dias, contado a partir do recebimento da solicitação de registro e averbação, sob pena de aplicação de multa diária no valor de R$ 1.000,00 (mil reais), sem prejuízo da responsabilidade civil e penal do Oficial de Registro. *(Incluído pela Lei nº 10.267, de 2001)*

 Referências Normativas

Lei 6.001/1973, Estatuto do Índio.
Lei 6.015/1973, Lei dos Registros Públicos, art. 167, II, itens 30 e 35.
Decreto 1.775/1996.
Código Nacional de Normas do Conselho Nacional de Justiça, arts. 424 e ss.

 Comentários

Sub-rogação. Sub-rogação é a substituição do objeto ou pessoa de uma relação jurídica por outro. Na novação, cria-se nova relação. Na sub-rogação, a relação original se mantém, com a alteração de um de seus elementos.
A sub-rogação pessoal é averbada. É o que ocorre no caso de terceiro interessado pagar a dívida garantida por propriedade fiduciária[1441] e de mudança de credor em caso de dívida com garantia real.[1442]

Averbação de outras ocorrências. A Lei 14.382/2022 modificou a redação do *caput*, que previa a averbação das "sub-rogações e outras ocorrências que, por qualquer modo, alterem o registro". Agora, além das ocorrências que alterem o registro, podem também ser averbadas ocorrências que repercutam nos direitos relativos ao imóvel.
A referência a ocorrências que repercutam nos direitos relativos ao imóvel deve ser entendida como repercussão com efeitos reais, vez que a função do sistema registral é atribuir eficácia aos atos jurídicos.[1443] As ocorrências que podem ser averbadas pelo dispositivo são as que, pelo direito material, tem potencial de afetar a esfera jurídica de terceiros que venham a adquirir direitos sobre o bem, em homenagem ao princípio da concentração.[1444]

Comodato. O contrato de comodato gera efeitos pessoais. Como regra geral, não possui efeitos reais. Contudo, há notáveis exceções. O contrato de comodato pode ser usado em operações empresariais, especialmente nos casos em que a transferência das acessões é considerada vantagem relevante ao comodante. Em razão da modificação efetivada pela Lei 14.382/2022, já foi autorizado o registro do comodato quando previstas no contrato restrições de uso e gozo do bem.

Opção de compra. A opção de compra é o negócio jurídico bilateral por meio do qual se formaliza uma promessa unilateral de venda de um imóvel. Diferencia-se do compromisso de compra e venda porque o compromisso é contrato irrevogável e irretratável por ambas as partes. A opção de compra só obriga o promitente vendedor a concluir o contrato, se assim desejar a outra parte.
Entende-se que a opção não pode ser objeto de registro em sentido estrito, mas pode ser objeto de averbação, de modo a lhe conferir a eficácia necessária, obrigando-se o promitente vendedor, ou seu sucessor, a dar cumprimento ao contrato.

[1441] BRASIL, Lei 10.406/2002, Código Civil, art. 1.368.
[1442] BRASIL, Lei 6.015/1973, Lei dos Registros Públicos, art. 167, II, itens 30 e 35.
[1443] BRASIL, Lei 6.015/1973, Lei dos Registros Públicos, art. 1º, *caput*.
[1444] BRASIL, Lei 13.097/2015, art. 54.

Art. 246 | LEI DE REGISTROS PÚBLICOS COMENTADA

Averbações requeridas pelo interessado. Exigem requerimento escrito de interessado as averbações seguintes:

- Mudança de denominação e de numeração dos prédios (art. 167, II, item 4);
- Construção, reconstrução e demolição (art. 167, II, item 4);
- Desdobro de imóveis (art. 167, II, item 4);
- Alteração do nome por modificação de estado civil (art. 167, II, item 5); e
- Outras circunstâncias que, de qualquer modo, tenham influência no registro ou nas pessoas nele interessadas (art. 167, II, item 5).

Os loteamentos e desmembramentos são registrados, sendo que o desmembramento referido no item 4 do art. 167, II, deve ser entendido como desdobro de lote, não sujeito ao procedimento da Lei 6.766/1979.

Interessado é aquele que pode ser afetado juridicamente pela ausência do registro, legitimando-se ao pedido, dentre outros, o compromissário comprador, o herdeiro e o comprador, ainda que o título não esteja registrado, desde que apresentado junto ao requerimento.

Solicitação dos documentos pelo Registro de Imóveis. O § 1º-A faculta ao Oficial que providencie, às custas do interessado e a seu requerimento, os documentos necessários ao registro. Trata-se de obrigação de meio, e não de resultado, de modo que, havendo diligência da parte do Oficial, eventual não recepção da documentação solicitada ou, em caso de recepção, se a documentação efetivamente remetida não permitir a prática do ato de registro, não é responsável o Oficial solicitante.

Bens dos indígenas. Terras indígenas são todos os "bens imóveis com relação aos quais o ordenamento jurídico atribua direitos a certo indígena ou comunidade indígena".[1445]
Há três modalidades:

1) Terras de domínio indígena.
2) Áreas reservadas.
3) Terras tradicionalmente ocupadas pelos índios.

São terras de domínio indígena as que tenham sido adquiridas nos termos da legislação civil, pelo índio ou pela comunidade indígena.[1446] Essas terras não serão demarcadas, pois aplicável o regime jurídico geral, do direito civil.

Áreas reservadas são áreas destinadas pela União à posse e ocupação pelos índios, independentemente de serem tradicionalmente ocupadas pelas comunidades indígenas, e que podem situar-se em qualquer parte do território nacional, não se restringindo àquelas localidades onde as comunidades já desenvolvam suas atividades.[1447]

Possuem três modalidades,[1448] cujas finalidades podem resumidamente ser indicadas da seguinte forma:

a) reserva indígena – área destinada a servir de habitat a grupo indígena, com os meios suficientes à sua subsistência;[1449]
b) parque indígena – área com fins de proteção de flora e fauna e belezas naturais;[1450] e
c) colônia agrícola indígena – área destinada à exploração agropecuária em que convivam tribos aculturadas e membros da comunidade nacional, administrada pela FUNAI.[1451]

[1445] MIRANDA, Caleb Matheus Ribeiro de. *Coleção direito imobiliário* – Volume VI: os bens públicos e o registro de imóveis. *In*: PEDROSO, Alberto Gentil de Almeida (coord.). São Paulo: Thomson Reuters Brasil, 2020. p. 194.
[1446] BRASIL, Lei 6.001/1973, art. 32.
[1447] Idem, art. 26, *caput*.
[1448] Idem, art. 26, parágrafo único.
[1449] Idem, art. 27
[1450] Idem, art. 28.
[1451] Idem, art. 29.

Por fim, as terras tradicionalmente ocupadas pelos índios são aquelas que historicamente foram mantidas sob ocupação dos povos nativos do território brasileiro. São consideradas bem da União,[1452] que deve demarcá-las,[1453] cabendo exclusivamente aos índios o usufruto das riquezas do solo, dos rios e lagos nelas existentes.[1454] É dessas terras que tratam os §§ 2º e 3º do art. 246 da LRP. A demarcação pode ser feita administrativamente,[1455] e homologada por decreto.[1456] O procedimento registral é delineado no Código Nacional de Normas do Conselho Nacional de Justiça, a partir do art. 424, cujo art. 431 disciplina os documentos a serem apresentados para a averbação da existência de processo demarcatório em matrículas contíguas de domínio privado.

Multa por descumprimento dos §§ 2º e 3º. A previsão de multa pelo descumprimento das providências é questão frequente no âmbito da delegação extrajudicial. A sistemática é perniciosa. É dever dos Registradores prestar todas as atividades em conformidade com o ordenamento jurídico e com as normas estabelecidas pelo juízo competente.[1457] A criação de uma hierarquia de normas a serem cumpridas, ainda que de modo implícito – entre as que possuem multa diária e as que não possuem –, não parece compatível com o dever de observar o ordenamento jurídico como um todo. A criação de multas e a previsão de punições específicas para o cumprimento de certas normas, notadamente de prazo, cria uma responsabilização objetiva que não se compatibiliza com o sistema de responsabilidade subjetiva prevista na Lei dos Notários e Registradores.[1458]

 Jurisprudência

1. Averbação de Comodato

"Pedido de Providências – Registro de Imóveis – Averbação de Instrumento particular de comodato – Inexistência de supedâneo legal expresso para o ato registral pretendido – Entretanto, com o advento da Lei nº 14.382/2022, que conferiu nova redação ao artigo 246, *caput*, da Lei de Registros Públicos, os casos passíveis de averbação foram flexibilizados, possibilitando-se tal ato registral não apenas para ocorrências que, por qualquer modo, alterem o registro, como vinha sendo observado anteriormente, mas também para aquelas que repercutam de alguma forma sobre os direitos pertinentes ao imóvel – Maior concretude ao princípio da concentração, pelo qual todos os fatos, atos ou situações jurídicas devem ser tornados públicos na matrícula do imóvel a fim de que possam ser oponíveis a terceiros – Pedido de providências improcedente. [...]

A matéria, portanto, merece ser revisitada, notadamente porque o dispositivo em questão, em sua atual redação, confere maior concretude ao princípio da concentração, pelo qual todos os fatos, atos ou situações jurídicas devem ser tornados públicos na matrícula do imóvel a fim de que possam ser oponíveis a terceiros (artigo 54, § 1º, da Lei nº 13.097/15):

'Não poderão ser opostas situações jurídicas não constantes da matrícula no registro de imóveis, inclusive para fins de evicção, ao terceiro de boa-fé que adquirir ou receber em garantia direitos reais sobre o imóvel, ressalvados o disposto nos arts. 129 e 130 da Lei nº 11.101, de 9 de fevereiro de 2005, e as hipóteses de aquisição e extinção da propriedade que independam de registro de título de imóvel.'

Note-se que o contrato de comodato em análise traz disposições relativas ao uso e ao gozo do bem (fls. 07/08), as quais, por implicarem limitação ao domínio e transferirem à comodatária obrigações e responsabilidades inerentes ao imóvel, repercutem em sua esfera jurídica e podem alcançar terceiros (artigos 582/584 do CC e artigo 34 do CTN).

Assim, não há qualquer empecilho para se concluir como possível, atualmente, a averbação do contrato de comodato no fólio real" (1ª VRPSP, Processo Digital 1078412-50.2022.8.26.0100, São Paulo, 02 de setembro de 2022.Juiz(a) Luciana Carone Nucci Eugênio Mahuad).

[1452] BRASIL, Constituição Federal de 1988, art. 20, XI.
[1453] Idem, art. 231, *caput*.
[1454] Idem, art. 231, § 2º.
[1455] BRASIL, Decreto 1.775/1996, art. 1º.
[1456] Idem, art. 5º
[1457] BRASIL, Lei 8.935/1994, art. 30, XIV.
[1458] Idem, art. 22.

2. Opção de compra

"Registro de imóveis – Interesse jurídico da apelante demonstrado – Legitimidade recursal reconhecida – *Opção de compra de imóvel não comporta registro em sentido estrito, mas admite, em tese, averbação para atribuição de mais ampla eficácia ao direito de preferência do optante* – Título levado a registro que se amolda, porém, e apesar de sua denominação, à promessa de venda e compra de imóvel – Configuração de um compromisso de venda e compra de eficácia (com obrigação) fraca – Cláusula resolutiva – Cláusula de arrependimento pactuada – Inadmissibilidade do registro em sentido estrito – Ofensa ao princípio da especialidade objetiva descartada – Dispensa da exibição de CNDs (item 119.1. do Cap. XX das NSCGJ) – Dúvida procedente – Sentença reformada – Recurso provido" (Grifos nossos) (TJSP, Ap. Cív. 0010226-63.2014.8.26.0361, CSMSP, Rel. Des. Manoel de Queiroz Pereira Calças, j. 24/05/2016).

3. Averbação de inquérito civil

Administrativo e processual civil. Recurso ordinário em mandado de segurança. Loteamento irregular. Mandado de segurança impetrado contra ato judicial que indeferiu requisição ministerial de averbação de inquérito civil no registro imobiliário e contra consulta feita ao juízo, pelo Oficial Registrador, sobre a requisição. indeferimento judicial da averbação requisitada pelo Ministério Público estadual. Necessidade de requerimento, a ser formulado pelo *Parquet*. Arts. 13, III, e 246, § 1º, da Lei 6.015/73. Devido processo legal. Necessidade de observância. Recurso ordinário improvido. [...]

V. O impetrante sustenta, na inicial, que a requisição de averbação de inquérito civil no Registro Imobiliário, independentemente de determinação judicial e de requerimento, tem fundamento no art. 167, II, 5, parte final, bem como no art. 246, § 1º, da Lei 6.015/73. O aludido art. 167, II, 5, parte final, da Lei 6.015/73 dispõe que no Registro de Imóveis, além da matrícula, será feita a averbação 'da alteração do nome por casamento ou por desquite, ou, ainda, de outras circunstâncias que, de qualquer modo, tenham influência no registro ou nas pessoas nele interessadas'. Entretanto, nos termos do art. 246, § 1º, da referida Lei 6.015/73, 'as averbações a que se referem os itens 4 e 5 do inciso II do art. 167 serão as feitas a requerimento dos interessados, com firma reconhecida, instruído com documento dos interessados, com firma reconhecida, instruído com documento comprobatório fornecido pela autoridade competente'" (STJ, RMS 58.769/RJ, Rel. Min. Assusete Magalhães, j. 15/09/2020, *DJ* 23/09/2020).

4. Averbação de nome com pequena divergência de grafia

"Averbação do nome de casada da requerente na matrícula do imóvel – pequena divergência de grafia no sobrenome da requerente – comprovação documental que denota tratar-se da mesma pessoa que consta como titular da matrícula – pedido deferido" (1ª VRPSP, Processo 1051297-35.2014.8.26.0100, Magistrada: Tânia Mara Ahualli, localidade: São Paulo, j. 18/08/2014, *DJ* 22/08/2014).

Art. 247. Averbar-se-á, também, na matrícula, a declaração de indisponibilidade de bens, na forma prevista na Lei.

 Referências Normativas

Código Nacional de Normas do Conselho Nacional de Justiça, arts. 320 e ss.
Lei 5.172/1966, Código Tributário Nacional, art. 185-A.
Lei 5.627/1970, art. 2º.
Lei 6.024/1974, art. 36.
Constituição Federal de 1988, art. 37, § 4º.
Lei 8.212/1991, art. 53, § 1º.
Lei 8.397/1992, art. 4º.
Lei 8.429 de 1992, art. 16.
Lei 8.443/1992, art. 44, § 2º.
Lei 9.637/1998, art. 10, *caput*.

Lei 9.656/1998, art. 24-A, *caput*.
Lei 10.190/2001, art. 3º, *caput*.
Lei Complementar 109/2001, art. 59, *caput*.
Lei 10.522/2002, art. 20-B, § 3º, II.
Lei 11.101/2005, art. 82, *caput* e § 2º.
Lei 13.097/2015, art. 54, III e § 1º.
Lei 13.810/2019, art. 1º.

 Comentários

Indisponibilidade e inalienabilidade. A indisponibilidade é forma especial de restrição obstativa da prática de atos de disposição voluntária, com o fim de impedir a diminuição patrimonial que possa dificultar a execução de obrigações contra o restrito.

Dada a proximidade com a cláusula de inalienabilidade, é mister destacar que ambas se diferenciam nos seguintes aspectos:

1) A inalienabilidade é restrição que visa proteger o proprietário, ao passo que a indisponibilidade é restrição que visa proteger os credores.
2) A inalienabilidade é aposta em atos de liberalidade, e a indisponibilidade decorre de previsão legal específica, ou do exercício do poder geral de cautela.
3) A inalienabilidade se refere a certo bem, ao passo que a indisponibilidade, em regra, se refere a restrição incidente sobre a pessoa,[1459] podendo atingir imóvel específico[1460] ou mesmo título determinado.[1461]
4) A inalienabilidade implica impenhorabilidade,[1462] ao passo que a indisponibilidade permite constrições judiciais.
5) A inalienabilidade impede a alienação judicial do bem em execução, ao passo que a alienação forçada de bem sobre o qual recai indisponibilidade poderá ser registrada, devendo ser determinado o cancelamento pelo Juízo das constrições.[1463]
6) A inalienabilidade é prevista no próprio ato de liberalidade, ao passo que, via de regra, a ordem indisponibilidade é incluída na Central Nacional de Indisponibilidade de Bens.[1464]

Natureza jurídica. Questão controvertida é qual a natureza jurídica da ordem de indisponibilidade. Do ponto de vista processual, é isento de dúvidas que se trata de medida com caráter acautelatório, cujo objetivo é impedir a diminuição do patrimônio, não possuindo caráter punitivo. Importa indagar

---

[1459] BRASIL, Código Nacional de Normas do Conselho Nacional de Justiça, art. 320-A, *caput*. A CNIB tem por finalidade o cadastramento de ordens de indisponibilidade de bens específicos ou do patrimônio indistinto, bem como das ordens para cancelamento de indisponibilidade.

[1460] Idem, Art. 320-I, *caput*. Os oficiais de registro de imóveis deverão consultar, diariamente, a CNIB e prenotar as ordens de indisponibilidade específicas relativas aos imóveis matriculados em suas serventias, bem como devem lançar as indisponibilidades sobre o patrimônio indistinto na base de dados utilizada para o controle da tramitação de títulos representativos de direitos contraditórios.

[1461] Normas de Serviço da Corregedoria-Geral da Justiça do Estado de São Paulo, Capítulo XX, Tomo II, item 108.1. Quando se tratar de ordem de indisponibilidade que tenha por objeto título determinado, que já esteja tramitando no registro imobiliário para fim de registro, sua prenotação ficará prorrogada, até que seja solucionada a pendência, cumprindo seja anotada a ocorrência na respectiva prenotação, no local próprio do Livro 1 – Protocolo.

[1462] BRASIL, Lei 10.406/2002, Art. 1.911, *caput*: A cláusula de inalienabilidade, imposta aos bens por ato de liberalidade, implica impenhorabilidade e incomunicabilidade.

[1463] BRASIL, Código Nacional de Normas do Conselho Nacional de Justiça, Art. 320-G. No caso de arrematação, alienação ou adjudicação, a autoridade judicial que determinou tais medidas deverá, expressamente, prever o cancelamento das demais constrições oriundas de outros processos, arcando o interessado com os emolumentos devidos.

[1464] Idem, art. 320-A, *caput*. A CNIB tem por finalidade o cadastramento de ordens de indisponibilidade de bens específicos ou do patrimônio indistinto, bem como das ordens para cancelamento de indisponibilidade.

Art. 247 | LEI DE REGISTROS PÚBLICOS COMENTADA

se, do ponto de vista do direito material, a indisponibilidade é causa de nulidade, de anulabilidade ou de ineficácia?

Os negócios jurídicos são nulos quando celebrados por pessoa absolutamente incapaz.[1465] Contudo, a indisponibilidade não retira a capacidade da pessoa, vez que não se trata de reconhecimento de ausência das condições mínimas para exercício autônomo dos direitos, mas sim de vedação à sua disposição em proteção a interesse de terceiro.

Também são nulos os negócios jurídicos quando seu objeto for ilícito ou impossível.[1466] Na indisponibilidade, o objeto do negócio não é, em si, ilícito ou impossível, conquanto a disposição não seja permitida.

Igualmente é causa de nulidade a preterição de solenidade que a lei considere essencial à validade do negócio.[1467] Não se verifica, na realização de negócio por pessoa sobre quem recaia ordem de indisponibilidade, a existência de solenidade própria preterida. A anuência do autor da ação ou autoridade administrativa em favor de quem decretada a indisponibilidade, emitida nos autos do processo, certamente autorizaria o registro, mas não pode ser considerada solenidade preterida em caso de não ser obtida previamente.

São ainda causas de nulidade a tentativa de fraudar lei imperativa e o fato de a lei declarar nulo o negócio ou proibir-lhe a prática.[1468] Nenhuma das duas causas se amolda, contudo, perfeitamente à situação da indisponibilidade, vez que não existe propriamente fraude, mas impossibilidade circunstancial de disposição.

Quanto às causas de anulabilidade, a indisponibilidade não implica incapacidade relativa,[1469] na mesma linha do já indicado em relação à incapacidade absoluta. Poderá ser causa de anulabilidade se o outro contratante não tiver ciência da restrição em relação àquele que transfere ou onera o bem, circunstância em que se configura o erro.[1470]

Como regra geral, portanto, se ambas as partes estão cientes da indisponibilidade, tem-se que é causa de ineficácia, à semelhança do que ocorre com a venda *a non domino*[1471] e com a alienação em fraude à execução.[1472] A diferença, contudo, está nos efeitos da ineficácia.

As causas de ineficácia não impedem a contratação, haja vista que essa é válida. É dizer, a ineficácia não impede a formação de título modificativo de direitos, mas limita seus efeitos, o que pode ocorrer em esferas diversas.

A venda *a non domino* é causa de ineficácia impeditiva da transmissão do bem. É dizer, partindo-se da distinção entre título e modo, é permitida a criação de título *a non domino* (como ocorre em todas as causas de ineficácia), mas não se permite a transmissão (pelo modo, que é o registro) sem a disponibilidade do bem.

Em caso de fraude à execução, por outro lado, não é obstada quer a formação do título, quer a transmissão; é dizer, não são obstados os registros de transmissão,[1473] mas decorre da alienação a possibilidade de que o bem seja atingido em decorrência do processo em questão.

Vez que a ordem de indisponibilidade não impede a lavratura do título,[1474] deve ser considerada somente causa de ineficácia impeditiva do modo (registro).

[1465] BRASIL, Lei 10.406/2002, art. 166, I.

[1466] Idem, art. 166, II.

[1467] Idem, art. 166, V.

[1468] Idem, art. 166, VI e VII.

[1469] Idem, art. 171, I.

[1470] Idem, art. 171, II.

[1471] Direito civil. Venda a *non domino*. Validade da escritura entre as partes. Art. 145, CC. Ineficácia em relação ao *verus dominus*. Recurso provido. I – A compra e venda de imóvel a *non domino* não é nula ou inexistente, sendo apenas ineficaz em relação ao proprietário, que não tem qualidade para demandar a anulação da escritura não transcrita. II – Os atos jurídicos são nulos nos casos elencados no art. 145, CC (STJ, REsp 39.110/MG, Rel. Min. Sálvio de Figueiredo Teixeira, 4ª Turma, j. 28/03/1994, *DJ* 25/04/1994, p. 9260).

[1472] BRASIL, Lei 13.105/2015, Art. 790. São sujeitos à execução os bens: V – alienados ou gravados com ônus real em fraude à execução;

[1473] A interpretação do art. 792 do CPC claramente indica a possibilidade do registro da transação posterior nos casos dos incisos I a III, que mencionam transferências e onerações após averbação da notícia do processo junto ao Registro de Imóveis.

[1474] BRASIL, Estado de São Paulo, Normas de Serviço da Corregedoria-Geral da Justiça, tomo II, capítulo XVI, item 44.1. A existência de comunicação de indisponibilidade não impede a lavratura de escritura pública represen-

Ordem dos serviços para controle das indisponibilidades. Cabe uma indicação abreviada da forma de realização das averbações de indisponibilidade nas Serventias.

Em um plano idealizado, a efetivação do dispositivo em comento se daria de forma direta, pela remessa de ordens de averbação às serventias competentes pelos Juízos. Uma dificuldade prática surge, contudo, na identificação de que os juízos não possuem as informações necessárias para indicar os imóveis sobre os quais aquelas devam recair.

Além dos casos previstos em lei, a que se refere o dispositivo, foi identificada a praticidade da ordem de indisponibilidade como meio eficiente de constrição indireta dos bens do devedor. Nesse contexto foi editado o Provimento 17/1999, que permitia, no Estado de São Paulo, o ingresso no registro imobiliário dos mandados judiciais que determinem a indisponibilidade de bens imóveis nos casos não previstos especificamente em lei,[1475] que previa a prenotação das ordens, sua prorrogação até determinação judicial ulterior e a inserção no controle de títulos contraditórios, de modo a impedir o registro de títulos posteriores.

Com o Provimento 26/2010, da mesma Corregedoria, foi criado o Livro de Registro das Indisponibilidades, para registro "dos ofícios da Corregedoria Geral da Justiça, dos interventores e liquidantes de instituições financeiras em intervenção ou liquidação extrajudicial, e de outras ordens judiciais comunicando a indisponibilidade dos bens".[1476]

Os regramentos foram aperfeiçoados com a criação da Central de Indisponibilidade de Bens, pelo Provimento 13/2012 da Corregedoria-Geral da Justiça Paulista, cujo regramento foi em grande parte aproveitado quando da criação da central nacional que a substituiu, a Central Nacional de Indisponibilidade de Bens, pelo Provimento 39/2014 do CNJ, atualmente regulamentada nos arts. 320 e seguintes do Código Nacional de Normas do CNJ. A organização atual da Central e sua coordenação com as serventias dá-se por meio do cruzamento de arquivos XML contendo os dados das ordens de indisponibilidade com os dados dos indicadores das serventias.

Prática do ato de averbação. A prática do ato de averbação é indicada no dispositivo em comento. Da inexistência da averbação decorre a sua ineficácia em relação a terceiros adquirentes de boa-fé.[1477]

O dispositivo deve ser compreendido como querendo dizer que a ordem de indisponibilidade só adquire eficácia com a sua cognoscibilidade por terceiros. Se, não obstante não esteja averbada na matrícula, houver sistemática de publicidade registral que implique o conhecimento por terceiros, a indisponibilidade será eficaz. Tome-se como exemplo a existência de sistema de consulta automatizada do indicador pessoal junto à base de dados da Central de Indisponibilidade que, no momento de emissão da certidão da matrícula, faça constar, na certificação final, a existência de ordem de indisponibilidade. Conquanto não esteja averbada na matrícula, a indicação na certidão é meio suficiente de publicidade para afastar a caracterização como terceiro de boa-fé.[1478]

Previsões normativas de indisponibilidade de bens. Há diversas disposições legais que preveem a indisponibilidade de bens.

É prevista a indisponibilidade dos bens dos administradores e conselheiros fiscais das sociedades de seguros ou de capitalização que entrarem em regime de liquidação extrajudicial compulsória.[1479]

---

tativa de negócio jurídico tendo por objeto a propriedade ou outro direito real sobre imóvel ou quotas de participação no capital social de sociedade simples de que seja titular a pessoa atingida pela restrição, nessa incluída a escritura pública de procuração, devendo constar na escritura pública, porém, que as partes foram expressamente comunicadas da existência da ordem de indisponibilidade que poderá implicar a impossibilidade de registro (*lato sensu*) do direito no Registro de Imóveis ou, então, conforme o caso, no Registro Civil das Pessoas Jurídicas, enquanto vigente a restrição.

[1475] Disponível em: https://circuloregistral.com.br/wp-content/uploads/2011/06/cgj-provimento-17-1999.pdf. Acesso em: 19 set. 2022.

[1476] BRASIL, São Paulo. Provimento Corregedoria-Geral da Justiça 26/2010, item 93 das Normas de Serviço, modificado pelo art. 2º do Provimento.

[1477] BRASIL, Lei 13.097/2015, art. 54, III e § 1º.

[1478] Idem, art. 54, § 2º.

[1479] BRASIL, Lei 5.627/1970. Art 2º Os administradores e conselheiros fiscais das Sociedades de Seguros ou de capitalização, que entrarem em regime de liquidação extrajudicial compulsória, ficarão com todos os seus bens indisponíveis, não podendo os referidos bens ser vendidos, cedidos ou prometidos vender, vedada a constituição de ônus reais sôbre êles.

Importa notar que a liquidação das sociedades seguradoras pode ser voluntária, por deliberação dos sócios em Assembleia-Geral, ou compulsória, por ato do Ministro da Indústria e Comércio,[1480] essa se dá em casos que se assemelham aos atos de falência,[1481] sendo o liquidante indicado pela Superintendência de Seguros Privados (SUSEP).[1482]

A indisponibilidade é igualmente prevista em caso de intervenção, liquidação extrajudicial ou em falência com relação aos administradores das instituições financeiras,[1483] sociedades seguradoras de capitalização e entidades de previdência privada;[1484] aos "administradores das operadoras de planos privados de assistência à saúde em regime de direção fiscal ou liquidação extrajudicial";[1485] aos "administradores, controladores e membros de conselhos estatutários das entidades de previdência complementar sob intervenção ou em liquidação extrajudicial";[1486] e, como regra geral na Lei de Falências, em caso de responsabilidade dos sócios, controladores e administradores da sociedade falida.[1487]

Igualmente causa de indisponibilidade é a prática de atos de improbidade administrativa, cuja previsão constitucional[1488] é repetida na lei de improbidade administrativa.[1489] Há previsão expressa para o caso de existência de indícios fundados de malversação de bens ou recursos de origem pública relacionados com as organizações sociais, sendo possível a "decretação da indisponibilidade dos bens da entidade e o sequestro dos bens dos seus dirigentes, bem como de agente público ou terceiro, que possam ter enriquecido ilicitamente ou causado dano ao patrimônio público".[1490]

O Tribunal de Contas da União pode decretar a indisponibilidade dos bens do responsável.[1491] Nesse caso, a indisponibilidade deve ser decretada por prazo não superior a um ano. Trata-se de, provavelmente, o único caso de indisponibilidade com prazo de duração prefixado, vez que o comum é que a indisponibilidade seja decretada até decisão posterior. O Tribunal de Contas do Estado também pode determinar a indisponibilidade de bens, vez que possuem competência constitucional para determinarem medidas cautelares, necessárias à garantia da efetividade de suas decisões e à prevenção de graves lesões ao erário, sendo o poder geral de cautela reconhecido como decorrência de suas atribuições constitucionais.[1492]

A indisponibilidade pode ainda ser decretada em razão de não ser pago nem apresentado bem à penhora em execução tributária.[1493] A decretação de medida cautelar fiscal também produz como efeito a indisponibilidade dos bens do requerido,[1494] que, no caso de pessoa jurídica, só deve recair sobre os bens do ativo permanente,[1495] questão que há de ser discutida em juízo. Em caso de penhora em razão de dívida ativa da União, suas autarquias e fundações públicas, os bens ficam igualmente

---

[1480] BRASIL, Decreto-Lei 73/1966, art. 94.

[1481] Idem, art. 96. Além dos casos previstos neste Decreto-lei ou em outras leis, ocorrerá a cessação compulsória das operações da Sociedade Seguradora que:

a) praticar atos nocivos à política de seguros determinada pelo CNSP;

b) não formar as reservas, fundos e provisões a que esteja obrigada ou deixar de aplicá-las pela forma prescrita neste Decreto-lei;

c) acumular obrigações vultosas devidas aos resseguradores, a juízo do órgão fiscalizador de seguros, observadas as determinações do órgão regulador de seguros; (Redação dada pela Lei Complementar nº 126, de 2007)

d) configurar a insolvência econômico-financeira.

[1482] BRASIL, Decreto 60.459/1967, art. 73. A liquidação voluntária ou compulsória das Sociedades Seguradoras será processada pela SUSEP que indicará o liquidante.

[1483] BRASIL, Lei 6.024/1974, art. 36.

[1484] BRASIL, Lei 10.190/2001, art. 3º, *caput*.

[1485] BRASIL, Lei 9.656/1998, art. 24-A, *caput*.

[1486] BRASIL, Lei Complementar 109/2001, art. 59, *caput*.

[1487] BRASIL, Lei 11.101/2005, art. 82, *caput* e § 2º.

[1488] BRASIL, Constituição Federal de 1988, art. 37, § 4º.

[1489] BRASIL, Lei 8.429 de 1992, art. 16.

[1490] BRASIL, Lei 9.637/1998, art. 10, *caput*.

[1491] BRASIL, Lei 8.443/1992, art. 44, § 2º.

[1492] STF, Suspensão de Segurança 5.455/RN, liminar deferida em 23/02/2021, Presidente Min. Luiz Fux.

[1493] BRASIL, Lei 5.172/1966, Código Tributário Nacional, art. 185-A.

[1494] BRASIL, Lei 8.397/1992, art. 4º, *caput*.

[1495] Idem, art. 4º, § 1º.

indisponíveis.[1496] Importa notar que a previsão de averbação da Certidão de Dívida Ativa no Registro de Imóveis, conquanto possa ser realizada, não torna o bem indisponível,[1497] conforme julgamento das Ações Declaratórias de Inconstitucionalidade 5.881, 5.886, 5.890, 5.925, 5.931 e 5.932.

A indisponibilidade de bens pode ainda ser imposta como sanções pelo Conselho de Segurança das Nações Unidas,[1498] com relação a pessoas investigadas ou acusadas de terrorismo, seu financiamento ou de atos a ele correlacionados.

Qualificação da ordem de indisponibilidade. O recebimento da ordem de indisponibilidade, quando genérica, pode gerar dificuldades na interpretação da necessidade de sua averbação na matrícula. Como regra geral, entende-se que deve ser averbada a indisponibilidade em todos os casos em que o restrito for titular de direito sobre o bem.

Em caso de aquisição de bem pelo cônjuge do restrito, deve ser verificado se o regime de bens implica comunicação. Se o restrito for usufrutuário do bem, deve ser averbada a indisponibilidade, porque, ainda que o usufruto, em virtude de seu caráter personalíssimo, seja, como regra, inalienável, a ordem impedirá a alienação do usufruto ao nu-proprietário e a alienação conjunta do usufruto e nua-propriedade a terceiro, exceções que são a inalienabilidade do usufruto. Igualmente, impedirá que o restrito renuncie ao usufruto. Contudo, a averbação da indisponibilidade não implica impossibilidade de extinção do usufruto, que poderá findar por morte do usufrutuário ou por decurso do prazo previsto no ato de sua instituição. A indisponibilidade só impede os atos voluntários de disposição.

Pode ocorrer de o direito ser de difícil percepção. O direito à reversão do imóvel em favor do doador em caso de falecimento prévio do donatário é situação que autoriza a averbação de indisponibilidade mesmo após a transmissão do bem, em virtude do direito que com o doador remanesce. O mesmo ocorre nos casos de transmissão da propriedade com condição suspensiva ou resolutiva.

Em caso de averbação de ineficácia de certa transação, deve ser averbada a indisponibilidade em caso de o restrito encontrar-se em qualquer das cadeias de transmissão. Em caso de cancelamento, contudo, do ato retiram-se por completo os efeitos jurídicos, e não se há de considerar eventuais atos cancelados para averbação de indisponibilidade.

Havendo ordem de bloqueio da matrícula, pode-se averbar a indisponibilidade, entendendo-se que a autorização judicial para a prática do ato[1499] não necessita ser expressa e que a indisponibilidade a ser averbada decorre de ato judicial ou no exercício de competências constitucionais.[1500]

A situação de o imóvel ser bem de família não impede a averbação de indisponibilidade. A discussão sobre o caráter posterior ou anterior da dívida deve ser realizada na via jurisdicional.

Quanto à renúncia realizada pelo restrito, em favor do monte, em partilha *causa mortis*, entendemos que seria o caso de impedir a prática do ato, vez que a indisponibilidade implica prejuízo aos credores,[1501] havendo decisões que indicam a possibilidade de registro, vez que eventuais alegações de fraude contra credores estariam fora do âmbito da qualificação registral.

Quanto à doação de numerário para compra de imóvel, se houver restrição à disponibilidade do doador, parece-nos que não é o caso de impedir o registro do ato, vez que a indisponibilidade a ser observada pelo Registro de Imóveis é relativa aos direitos reais sobre bens imóveis.

Disposições voluntárias. A averbação de indisponibilidade impede a disposição voluntária do bem. Nesse sentido, ficam impedidos atos de alienação voluntária, onerosa ou gratuita e onerações voluntárias. Eventual homologação judicial do ato de transmissão não o desnatura, de modo que a transmissão continua sendo voluntária e, portanto, vedada, salvo se houver decisão judicial expressa em contrário, que pode ser exarada pelo juízo que homologou o acordo.

[1496] BRASIL, Lei 8.212/1991, art. 53, § 1º.

[1497] BRASIL, Lei 10.522/2002, art. 20-B, § 3º, II.

[1498] BRASIL, Lei 13.810/2019, art. 1º.

[1499] BRASIL, Lei 6.015/1973, art. 214, § 4º.

[1500] BRASIL, Constituição Federal de 1988, art. 73. O Tribunal de Contas da União, integrado por nove Ministros, tem sede no Distrito Federal, quadro próprio de pessoal e jurisdição em todo o território nacional, exercendo, no que couber, as atribuições previstas no art. 96.

[1501] BRASIL, Lei 10.406/2002, art. 1.813. Quando o herdeiro prejudicar os seus credores, renunciando à herança, poderão eles, com autorização do juiz, aceitá-la em nome do renunciante.

Atos que não implicam oneração ou transmissão. Atos que não impliquem transmissão ou oneração da propriedade são permitidos, como desdobro, averbação de construção etc. A indisponibilidade não os impede, porque não decorrem do exercício da faculdade de dispor.

Modos de transmissão ou oneração não voluntária. Os atos de transmissão ou oneração não voluntária são permitidos, como: usucapião; arrematação, alienação judicial e adjudicação[1502]; partilha *causa mortis* – conquanto o bem mantenha seu *status* indisponível mesmo na titularidade dos sucessores –; hipoteca judicial; e Reurb.[1503]

Partilha por fim de sociedade conjugal. Parece mais correto permitir o registro, desde que não haja ato abdicativo do cônjuge que tenha a restrição, e que os imóveis sejam partilhados, cada um, pelo menos com metade ideal ao cônjuge restrito. A manutenção do estado de comunhão após o fim da sociedade conjugal não se justifica, a preservação do patrimônio para posterior execução não sofrerá prejuízo com a partilha ao menos da metade ao cônjuge restrito, e eventual partilha que lhe atribua maior quinhão só poderá beneficiar os credores.

Divisão amigável. Entendemos que não é possível o registro da divisão, vez que é ato de disposição patrimonial pela substituição da titularidade de fração ideal de um imóvel pela titularidade da integralidade de imóvel diverso, cujo valor pode não ser equivalente ao da fração ideal.

Compra e venda e alienação fiduciária em caso de ordem de indisponibilidade do comprador. Quanto à compra e venda de imóvel com imediata alienação fiduciária em garantia pelo comprador a terceiro, se houver indisponibilidade do comprador, não identificamos causa obstativa do registro. Antes da venda e compra, o comprador não era titular de qualquer direito registral. Com a aquisição e imediata transferência em garantia, tornar-se-á titular de direito real de aquisição, de modo que o incremento do patrimônio do restrito parece ser suficiente motivo para permitir a aquisição com concomitante transferência em garantia.

Há decisões que negavam o registro em razão de que, com a compra e venda, haveria a plena aquisição da titularidade, e a transmissão subsequente implicaria diminuição do patrimônio do restrito. De igual modo, seria impossível a cindibilidade do título para registro somente da compra e venda. É perfeitamente correto que não se poderia cindir o título, dada a unidade negocial. Contudo, a análise do conjunto negocial, em caso de ordem indisponibilidade relativa ao comprador – e não ao vendedor, importa ressaltar –, permitirá o registro da compra e venda com alienação fiduciária, porque, independentemente da ordem de prática dos atos, é evidente que o resultado do conjunto indissociável de atos é o incremento patrimonial do devedor, situação que não deve ser vedada pela existência de ordem de indisponibilidade.

Instituição de usufruto e servidão. Quanto ao usufruto, entende-se que sua instituição implica diminuição do valor do bem, não podendo ser instituído. O mesmo se dá com a instituição de servidão sobre o bem. A principal circunstância existente é que, quer seja onerosa ou gratuita a instituição desses direitos reais, existe uma restrição ao uso futuro do bem sem contrapartida posterior.

A instituição, quer onerosa ou gratuita, implicará modificação patrimonial que pode ser expressa com as seguintes fórmulas:

$$Pi = Vi + o$$

Em que o patrimônio inicial (Pi) é igual à soma do valor do imóvel (Vi) com o valor dos outros bens (o).

Após a instituição do usufruto ou da servidão, temos que o patrimônio terá a seguinte composição:

$$Pf = Vi - Or + o + Vr$$

[1502] BRASIL, Código Nacional de Normas do Conselho Nacional de Justiça, Artigo 320-G. No caso de arrematação, alienação ou adjudicação, a autoridade judicial que determinou tais medidas deverá, expressamente, prever o cancelamento das demais constrições oriundas de outros processos, arcando o interessado com os emolumentos devidos.

[1503] BRASIL, Lei 13.465/2017, art. 74.

Em que o patrimônio final (Pf) é igual ao valor do imóvel em questão (Vi), menos o ônus decorrente de restrição instituída (Or) mais o valor dos outros bens (o) e o valor recebido pela restrição (Vr). O deslocamento patrimonial que existe é a diminuição do valor do imóvel (de Vi para Vi – Or) com o acréscimo do patrimônio em outros bens em razão de eventual valor recebido pela restrição (Vr). É dizer, com a instituição de usufruto ou servidão, haverá diminuição do valor do imóvel a longo prazo, que implica disposição.

Locação. A locação não implica, como regra, diminuição na capacidade de aproveitamento do bem, mas modificação da forma de aproveitamento, substituindo-se a faculdade de uso direito pela faculdade de percepção dos frutos. Entendemos que a locação, por tal razão, pode ser registrada, para fins de vigência.

Aplicando-se as fórmulas indicadas no item acima *Instituição de usufruto e servidão*, temos o seguinte:

$$Pi = Vi + o$$

Em que o patrimônio inicial (Pi) é igual à soma do valor do imóvel (Vi) com o valor dos outros bens. Após a locação, o patrimônio pode ser expresso como:

$$Pf = Vi - Lr * t + o + Lv * t$$

Em que o patrimônio final (Pf) é igual ao valor do imóvel em questão (Vi), menos a restrição de uso decorrente de locação (Lr) multiplicada pelo tempo de locação (t) mais o valor dos outros bens (o) e o valor recebido pela locação (Lv), ao longo do tempo de sua vigência (t).

O deslocamento patrimonial que existe é a diminuição do valor do imóvel (de Vi para Vi – Lr*t). Contudo, ao proprietário do bem caberá a percepção dos alugueres (Lv) no tempo da locação que lhe corresponder (Lv * t), de modo que não há, em teoria, diminuição do valor do imóvel, mas modificação da forma de sua fruição.

Em razão disso, entendemos que o registro de locação para fins de vigência, como regra, não deve ser obstado, vez que não causará prejuízo ao beneficiário da indisponibilidade, mas somente a substituição de uma forma de aproveitamento por outro.

Três circunstâncias, contudo, podem surgir na locação.

Se o valor da locação for recebido integralmente no início, ou se a periodicidade das prestações indicar abusividade (por exemplo, um imóvel cujo aluguel deveria ser R$ 1.000,00 por mês, e cujos pagamentos sejam realizados a cada 240 meses, no valor de R$ 240.000,00), poderá ser caracterizada a fraude na contratação, pela percepção dos valores pelo restrito e diminuição da fruição por eventual adquirente em sede de execução, caso em que a consequência será a declaração de ineficácia da locação perante os interesses do beneficiário da indisponibilidade, a ser decidida pelo juízo.[1504]

Por outro lado, se o valor de locação for inferior ao de mercado, poderá o juízo determinar a desocupação do bem ou a readequação do contrato.

Por fim, se o valor da locação estiver em conformidade com o valor de mercado, a locação poderá ser mantida e afetará eventual adquirente do bem, que perceberá os frutos advindos do contrato de locação.

Aditivos contratuais, novação e dação. Quanto a aditivos contratuais, especialmente no âmbito de garantias, só se permite a averbação se não houver aumento da dívida, mas mera atualização do valor ou diminuição do valor garantido. Veda-se a realização de atos de novação ou dação em pagamento que impliquem transmissão do bem ou de direitos sobre ele.

Consolidação da propriedade em desfavor do restrito. Em caso de o restrito ser devedor fiduciante, a indisponibilidade não impede a consolidação da propriedade pelo credor em alienação fiduciária em garantia, uma vez que o bem objeto da alienação fiduciária não está no patrimônio do devedor, mas ele possui somente direito real de aquisição cuja continuidade da existência depende do adimplemento das prestações.

[1504] BRASIL, Lei 13.105/2015, art. 844.

Cancelamento. Para cancelamento da indisponibilidade, como regra, exige-se decisão emanada do órgão judicial que a decretou. Não é possível que o cancelamento seja determinado pelo Juiz Corregedor, dada a natureza administrativa de sua atuação, salvo se houver nulidade de pleno direito do registro na prática do ato.

Conquanto, do ponto de vista jurídico, seja mais adequado que cada órgão jurisdicional determine o cancelamento da ordem que havia anteriormente expedido, decidindo o juízo que a arrematação prevalece frente às diversas indisponibilidades averbadas, por economia processual, poderia ser determinado o cancelamento de todas as indisponibilidades no próprio processo em que proferida esta decisão.

Quanto ao cancelamento indireto das indisponibilidades por alienação judicial, remetemos o leitor aos comentários ao art. 248, no tópico "Cancelamento indireto e alienação forçada".

Jurisprudência

1. Indisponibilidade por Tribunal de Contas do Estado

"Suspensão de segurança. Tribunal de Contas do Rio Grande do Norte. Bloqueio de bens. Decisão judicial que suspende os efeitos de acórdão do Tribunal de Contas estadual. Alegação de risco de grave dano à ordem e à economia públicas. *Fumus boni iuris*. Medida liminar deferida" (STF, SS 5.455/RN, Min. Luiz Fux, Liminar deferida em 23/02/2021).

2. Indisponibilidade do usufrutuário

"Indisponibilidade de bens e direitos – cancelamento. Doação. Usufruto. *Tempus regit actum*. [...]

Como se constata, o objetivo da ordem é impedir que o devedor dilapide seu patrimônio, o que, no caso do usufruto e em razão de seu valor econômico, pode ocorrer com a alienação ao nu-proprietário, com a venda conjuntamente à nua-propriedade ou mesmo com a renúncia, sendo que esta última hipótese foi justamente o que ocorreu no caso concreto, como se verifica da promessa de renúncia do usufruto contida no contrato de promessa de venda e compra ajustado (parágrafo segundo – fl. 35).

À vista disso, não se constata incorreção na indisponibilidade do usufruto atribuído a J.A.P.R. no imóvel da matrícula n. 34.290 (averbação n. 10)" (1ª VRPSP, Pedido de providências 1105670-69.2021.8.26.0100, Magistrada: Luciana Carone Nucci Eugênio Mahuad, localidade: São Paulo, j. 10/11/2021).

3. Direito à reversão decorrente de doação anterior

"Registro de imóveis – Pedido de providências – Cancelamento de cláusula de reversão – Indisponibilidades contra os doadores renunciantes que não estavam averbadas e, portanto, não podem ser opostas ao comprador beneficiário da renúncia – Reforma da sentença para autorizar o cancelamento – Parecer pelo provimento do recurso. [...]

(A) cláusula de reversão tem inegável caráter patrimonial e, logo, não pode sofrer modificação decorrente da vontade de titulares que suportam indisponibilidade de bens. Ainda que – como é da própria natureza da cláusula (Cód. Civil, arts. 121, 127/128, e 547) – o direito daí decorrente esteja submetido a evento futuro e incerto, a relativa renúncia implica, no presente, um ato de disposição, e esta, repita-se, está vedada" (CGJSP, Recurso administrativo 1000007-93.2018.8.26.0082, Rel. Des. Fernando Antônio Torres Garcia, localidade: Boituva, j. 12/05/2022, *DJ* 17/05/2022).

4. Renúncia do restrito em favor do monte

"Registro de Imóveis – Dúvida – Partilha causa mortis – Escritura pública – Renúncia por herdeiro contra o qual pesavam indisponibilidades decorrentes de ordens jurisdicionais – Cessão de parte dos bens do espólio a filho desse herdeiro – Óbice aos pretendidos registros decorrentes da partilha – Indisponibilidade que, entretanto, não impunha ao herdeiro o dever de aceitar – Fraude contra credores e fraude à execução que não podem ser apreciadas na via administrativa – Apelação a que se dá provimento para, afastado o óbice e reformada a r. sentença, permitir os registros almejados" (TJSP, Ap. Cív. 1039545-36.2019.8.26.0506, CSMSP, Rel. Des. Ricardo Mair Anafe, j. 04/05/2021).

"Apelação cível. Procedimento de suscitação de dúvida. Cartório de registro de imóveis. Registro. Escritura pública de inventário e partilha. Renuncia a herança. Existência de indisponibilidade de bens. Art. 14, § 1º do Provimento 39/CNJ/2014. Impossibilidade. Recurso desprovido 'in casu'.

– Necessária a observância aos princípios da Administração Pública pelos notários e oficiais de registro, no exercício da função pública (art. 37 da CF/88), dentre eles o da legalidade, podendo somente praticar os atos administrativos mediante prévia autorização legal (legalidade em sentido positivo/reserva legal) e nos limites estabelecidos pela legalidade.

– A existência de indisponibilidade de bens e direitos de herdeiros renunciantes, impede o registro da Escritura Pública de Inventário e Partilha, sendo necessário o cancelamento através da CNIB, conforme dispõe o artigo 14, § 1º do provimento 39/CNJ/2014.

(disponível em https://www.irib.org.br/app/webroot/files/downloads/files/TJMG_%20RA%20n_%20 1_0000_20_065347-5-001.pdf)" (TJMG, Processo 1.0000.20.065347-5/001, Rel. Des. Belizário de Lacerda, j. 17/03/2021).

5. Doação de numerário acoplada à compra e venda

"Registro de Imóveis – Dúvida – Título notarial – Compra e venda – Prévia doação de dinheiro ao comprador para a aquisição do imóvel – Indisponibilidade sobre os bens do doador – Limite da qualificação registral – Restrição que não diz respeito ao objeto nem aos figurantes da compra e venda e, portanto, não pode impedir o registro – Óbice afastado – Dá-se provimento" (TJSP, Ap. Cív. 1095017-76.2019.8.26.0100, CSMSP, Rel. Des. Ricardo Mair Anafe, j. 06/10/2020).

6. Partilha pelo falecimento do restrito

"Ementa não oficial: 1. Ainda que a lei determine a indisponibilidade do imóvel penhorado em favor do INSS, é imperioso reconhecer que ela não se aplica à sucessão 'causa mortis', sendo possível o registro do Formal de Partilha apresentado. 2. Seria inviável que o 'de cujus' permanecesse na titularidade do imóvel, fato este que poderia acarretar dificuldades à própria execução que viesse a ser intentada pelo INSS. 3. Assim, o bem continuará indisponível, porém, registrado em nome dos sucessores da herança, sem que a transmissão da propriedade, ocorrida em virtude da sucessão viole a ordem de indisponibilidade. Dúvida improcedente" (1ª VRPSP, Processo 583.00.2007.158823-8, Magistrado Marcelo Martins Berthe, localidade: São Paulo (2º SRI), j. 04/09/2007).

7. Partilha por fim de sociedade conjugal

"Registro de imóveis – Divórcio – Formal de Partilha – Título apresentado após a averbação da indisponibilidade – *Tempus regit actum* – Jurisprudência do CSM – Registro indeferido – Dúvida procedente – Recurso não provido. [...]

Não há, portanto, como registrar o formal de partilha extraído dos autos do divórcio da recorrente sem que, antes, seja levantada a indisponibilidade" (TJSP, Ap. Cív. 0000884-32.2015.8.26.0025, CSMSP, Rel. Manoel de Queiroz Pereira Calças, j. 25/02/2016, *DJ* 06/05/2016).

8. Divisão

"Registro de Imóveis – Transporte de indisponibilidade de parte ideal de imóvel averbada em determinada matrícula para outra, resultante de divisão do primeiro – Ato praticado em cumprimento a decisão judicial proferida em ação de divisão do bem, após avaliação do valor deste e concordância do Ministério Público, autor da ação que deu origem à decretação da indisponibilidade – Matéria que não comporta reexame na esfera administrativa – Arquivamento do expediente determinado" (CGJSP, Processo 34/1999, Rel. Ruy Camilo, localidade: Sorocaba, j. 02/06/2008, *DJ* 26/08/2008).

"Registro de imóveis. Escritura de Divisão e Extinção de Condomínio. Indisponibilidade decretada em ação de responsabilidade civil, em relação ao co-proprietário de parte. Registro que transforma a titularidade do domínio sobre parte ideal em parte certa e determinada. Necessidade de análise e decisão pelo Juízo que decretou a indisponibilidade. Correta a recusa pelo Oficial, o qual deve se restringir à análise dos requisitos formais e extrínsecos do título, em consonância com a situação registral. Recurso não provido" (TJSP, Ap. Cív. 596-6/0, CSMSP, Rel. Gilberto Passos de Freitas, j. 09/11/2006).

9. Compra e venda com alienação fiduciária em garantia; comprador restrito

"Escritura de compra e venda. Alienação fiduciária em garantia. Indisponibilidade de bens.

[...]

Isso porque o codevedor F.D.B., contra quem recai a ordem de indisponibilidade (fl. 05), não detém a propriedade plena do imóvel em conformidade com o que dispõe a Lei n. 9.514/97 (que instituiu e regulamentou a alienação fiduciária de coisa imóvel), destacando-se o entendimento de que a restrição não atinge especificamente o bem imóvel objeto do contrato, mas os direitos reservados ao devedor.

A indisponibilidade, portanto, não pode se estender à instituição financeira credora fiduciária (Bradesco S.A.).

Diante disso e conforme entendimento do próprio Oficial e do Ministério Público, não se vislumbra, com o registro, qualquer prejuízo aos credores da ação em que declarada a indisponibilidade de bens ou mesmo a terceiros, já que a restrição será averbada em ato contínuo ao registro pretendido, em conformidade com o disposto no item 412.3 do Cap. XX das NSCGJSP.

Em outras palavras, até que a ordem de indisponibilidade seja eventualmente levantada, o coadquirente não poderá transmitir seus direitos durante o financiamento do bem, sendo que, após eventual consolidação da propriedade pela quitação da dívida, também não poderá dispor de sua parte ideal. [...]

Não há, outrossim, qualquer prejuízo ao credor fiduciário, o qual poderá consolidar a propriedade em seu favor em caso de inadimplemento e continuará obrigado a transferi-la na hipótese de pagamento integral do valor acordado pelo financiamento concedido.

A restrição existe apenas para o devedor fiduciário, o qual não poderá transferir seus direitos nem eventual propriedade a ser adquirida enquanto perdurar a ordem de indisponibilidade, a qual deve ser averbada na forma do item 412.3 do Cap. XX das NSCGJ" (1ª VRPSP, Processo 1106718-63.2021.8.26.0100, Magistrada Luciana Carone Nucci Eugênio Mahuad, localidade: São Paulo, j. 25/10/2021, *DJ* 28/10/2021).

"Registro de Imóveis – Dúvida – Instrumento particular de compra e venda e de alienação fiduciária em garantia – Indisponibilidade judicialmente decretada sobre o patrimônio da compradora e fiduciante – Óbice existente ao tempo da prenotação – Irrelevância, neste caso, da data da celebração dos negócios jurídicos – *Prior in tempore, potior in iure* – Impossibilidade de ambos os registros – Inviabilidade da cisão do título – Inexistência de direito adquirido à transmissão do domínio e à alienação fiduciária em garantia, antes do registro, que tem natureza constitutiva – Inaplicabilidade, ao caso, das regras que permitem a inscrição de atos coativos (*e. g.*, penhoras) – Irrelevância de questões extrarregistrárias – Óbice mantido – Apelação a que se nega provimento" (TJSP, Ap. Cív. 1015670-19.2021.8.26.0554, CSMSP, Rel. Des. Fernando Antônio Torres Garcia, j. 24/02/2022).

10. Instituição de usufruto

"Registro de imóveis – Indisponibilidade de bens – Decreto de indisponibilidade em Ação Civil Pública – Escritura pública de usufruto, em que figuram, como coproprietárias, duas pessoas cujos bens estão indisponíveis por ordem judicial – Impossibilidade – A indisponibilidade abarca tanto bens já de propriedade do devedor ao tempo que decretada, quanto bens que vierem a ser adquiridos durante a vigência da ordem – Item 404.3 do Capítulo XX das NSCGJ – Registro do usufruto corretamente negado" (TJSP, Ap. Cív. 0005929-10.2015.8.26.0286, CSMSP, Rel. Des. Manoel de Queiroz Pereira Calças, j. 27/11/2017).

11. Locação

"Registro de imóveis – Dúvida inversa suscitada – Contrato de locação com cláusula de vigência na hipótese de alienação do bem – Recusa do registro em razão da indisponibilidade e penhora do imóvel – Averbações que não inviabilizam a locação nem repercutem na validade da cláusula de vigência, que visa apenas a expandir sua eficácia e alcançar terceiros, amparada em expressa disposição legal – Título, formalmente em ordem, que observa o princípio da legalidade – Recurso provido para julgar improcedente a dúvida inversa e determinar o registro do título" (TJSP, Ap. Cív. 0027161-25.2013.8.26.0100, CSMSP, Rel. Des. Hamilton Elliot Akel, j. 14/05/2014).

"Registro de imóveis – dúvida – imóvel cujo domínio está indisponível por ordem judicial – possibilidade de locação, mas não da inscrição (*lato sensu*) de cláusula de vigência ou de cláusula de preferência em caso de alienação do imóvel – a averbação de indisponibilidade, decorrente de ordem legalmente expedida e inscrita anteriormente, retira da propriedade imobiliária a sua disponibilidade – dúvida procedente" (1ª VRPSP, Processo 0074228-83.2013.8.26.0100, Magistrada Tânia Mara Ahualli, localidade: São Paulo, j. 27/03/2014, *DJ* 07/04/2014).

"Registro de imóveis – Dúvida – Contrato de locação – Registro – Bem indisponível por medida cautelar fiscal – Negativa ratificada.

A indisponibilidade é medida cautelar, preparatória de futura penhora. Como tal, ela tem efeitos equivalentes, impedindo uma ilogicidade: providência preventiva ter maior alcance do que realização satisfativa.

Há, porém, particularidades:

A penhora se dá sobre bens específicos e mediante apreensão real e filhada (no chavão doutrinário). Já a indisponibilidade tem em mira proteger o credor que ainda não logrou a constrição almejada. Daí um caráter fluido, bem revelado pelo envio de expedientes a repartições públicas no afã de identificar patrimônio que possa ser futuramente convertido em penhora. Feita a comunicação, o destinatário terá como missão lançar o registro do gravame, dando publicidade e impedindo que terceiros aleguem insciência, além de não ser admitida transferência. Como se trata de medida tendente a desaparecer (por ser levantada ou sucedida pela penhora), toma-se a forte providência exatamente por se desconhecer a realidade patrimonial, ou se temer que ela sofra comprometimento imediato. Por isso, mesmo que o bem penhorado possa ser alienado (o ato é ineficaz perante o credor), o indisponibilizado não.

Por razões equivalentes, a riqueza objeto de indisponibilidade não pode ser arrendada, visto que implica uma restrição, mesmo em menor escala, às suas potencialidades econômicas, retirando atrativos quanto a um futuro interessado em aquisição, que haveria de respeitar o vínculo ou ao menos ter o dissabor de providenciar despejo. Além do mais, de imediato, nem sequer existe um depositário, que administrará a coisa e prestará contas.

Por isso é legítima a recusa de Oficial de Registro de Imóveis quanto à anotação de locação de bem gravado com a indisponibilidade" (Conselho da Magistratura de Santa Catarina, Recurso administrativo 0085721-17.2019.8.24.0710, de Jaraguá do Sul, Rel. Des. Hélio do Valle Pereira, j. 15/09/2020).

12. Aditivo negocial

"Recurso administrativo – Averbação de aditivo de cédula de crédito bancário – Recusa do Oficial em razão de posterior averbação da indisponibilidade de bens decretada em ação cautelar incidental ajuizada por terceiro particular – Registro anterior da cédula de crédito bancário pela qual o imóvel foi dado em garantia ao credor fiduciário – Negócio jurídico que transferiu a propriedade fiduciária ao banco credor – Averbação da indisponibilidade realizada posteriormente e que não observou o princípio da continuidade – Aditivo que, ademais, se limitou a atualizar o débito e a alterar as condições do pagamento, o que não configura novo ônus nem nova obrigação – Recusa indevida – Recurso provido para determinar a averbação do título" (CGJSP, Processo 70998/2015, Rel. Des. Hamilton Elliot Akel, localidade: Araçatuba, j. 29/06/2015).

13. Consolidação de propriedade fiduciária em desfavor do restrito

"Pedido de providência – Registro de Imóveis – Alienação fiduciária em garantia – Ausência de impedimento à consolidação da propriedade pelo credor em face da existência de ordens judiciais de indisponibilidade de bens que recaíram sobre os devedores – Inexistência de obstáculo, pois a indisponibilidade recai sobre os direitos do fiduciante – Precedentes da Corregedoria Geral da Justiça – Regular notificação do devedor fiduciante por edital – Inteligência do art. 26 da Lei nº 9.514/97 – Recurso desprovido" (CGJSP, Recurso administrativo 1003351-78.2021.8.26.0114, Rel. Des. Ricardo Mair Anafe, localidade: Campinas, j. 22/10/2021).

14. Cancelamento da indisponibilidade

"Registro Público. Averbações judicialmente deferidas. Cancelamento pelo Juiz Corregedor. Inviabilidade. Lei 6.015/73, art. 214. Recurso provido.

I – Não é dado ao juiz correcional no exercício de sua função administrativa, determinar cancelamento de averbações deferidas, bem ou mal, sob o império de decisão proferida em feito jurisdicionalizado.

II – Decisão jurisdicional somente pode ser desconstituída pelas vias próprias, sob pena de vulnerar-se o devido processo legal" (STJ, RMS: 193-0/SP, Rel. Min. Sálvio de Figueiredo Teixeira, j. 04/08/1992).

"Registro de escritura de compra e venda – pendência de indisponibilidade dos bens dos antigos administradores – falência da empresa – Juízo da Falência competente para determinar o levantamento da indisponibilidade e o registro – Dúvida procedente" (1ª VRPSP, Processo 1043024-33.2015.8.26.0100, Rel. Tânia Mara Ahualli, localidade: São Paulo, j. 06/04/2016).

Art. 247-A. É dispensado o habite-se expedido pela prefeitura municipal para a averbação de construção residencial urbana unifamiliar de um só pavimento finalizada há mais de 5 (cinco) anos em área ocupada predominantemente por população de baixa renda, inclusive para o fim de registro ou averbação decorrente de financiamento à moradia. *(Redação dada pela Lei nº 13.865, de 2019)*

Comentários

O artigo busca facilitar a averbação da construção pela dispensa de apresentação de habite-se. Contudo, os requisitos impostos implicam a necessidade de obtenção de prova, pela apresentação de documento emitido pela prefeitura municipal no qual conste que a construção foi finalizada há mais de cinco anos, e que está em área ocupada predominantemente por população de baixa renda.

Melhor teria sido ao legislador dispensar a exigência de habite-se para toda e qualquer averbação de construção e determinar que, se esse não fosse apresentado, deveria o Registrador remeter comunicação à prefeitura municipal, para as providências cabíveis. A negativa de inclusão de informação fática no registro – existência de construção – prejudica a especialidade objetiva, ao passo que a comunicação à prefeitura seria suficiente para o controle da regularidade das obras.

A normativa paulista permite, no caso do dispositivo em questão, que a própria parte declare que a construção se enquadra na hipótese de dispensa, e determina que o oficial, no caso, comunique à prefeitura municipal do ocorrido.[1505]

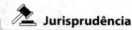

Jurisprudência

"Registro de imóveis – Averbação de construção – Pedido fundado no art. 247-A da Lei no 6.015/1973 – Ausência de condicionante legal da averbação a emissão de certidão ou documento pela prefeitura municipal – Averbação fundada em autodeclaração do proprietário de que a construção é de um pavimento e monofamiliar, concluída há mais de 5 anos, em área ocupada predominantemente por população de baixa renda – Necessidade de apontamento na averbação de que esta se dá sem habite-se ou atestado de conclusão de obra pela prefeitura, garantindo-se os interesses de terceiros de boa-fé – Fixação da obrigação do registrador comunicar ao município a averbação realizada nos termos do art. 247-A da Lei nº 6.015/1973, para fins de abertura ou regularização do cadastro fiscal e eventual providência de risco ou irregularidade na ocupação, considerando normas cogentes de direito ambiental e urbanístico – Alteração das normas de serviço nos termos da anexa minuta de Provimento" (CGJSP, Processo 185.439/2019, Rel. Des. Ricardo Mair Anafe, localidade: São Paulo, j. 19/03/2020).

Art. 248. O cancelamento efetuar-se-á mediante averbação, assinada pelo oficial, seu substituto legal ou escrevente autorizado, e declarará o motivo que o determinou, bem como o título em virtude do qual foi feito.

[1505] Normas de Serviço da Corregedoria-Geral da Justiça do Estado de São Paulo, tomo II, capítulo XX, itens 120.3.1 e 120.3.2. Item 120.3.1. A averbação de construção a que se refere o art. 247-A da Lei 6.015/73 será promovida mediante declaração do proprietário, com firma reconhecida, de que se trata de prédio residencial urbano unifamiliar de um só pavimento, finalizado há mais de 5 (cinco) anos e situado em área ocupada predominantemente por população de baixa renda. Deverá constar da averbação a informação de que esta se dá sem comprovação da regularidade da construção perante a prefeitura, nos termos do art. 247-A da Lei 6.015/73. Item 120.3.2. As averbações previstas no subitem 120.3.1. serão comunicadas ao Município, pelo Oficial de Registro de Imóveis, com arquivamento do comprovante em classificador próprio, ou por sistema eletrônico seguro.

Referências Normativas

Decreto 4.857/1939, arts. 175 e 246.
Lei 6.015/1973, arts. 214, 216, 250, 251 e 259.

Comentários

Conceito de cancelamento; ato de cancelamento e efeito cancelatório. A expressão "cancelamento" vem do latim *cancellare*, e significa, de modo geral, o traçar de uma linha por sobre um texto como forma de inutilizá-lo.[1506] Cabe-nos, contudo, identificar seu sentido registral.

O presente dispositivo indica que o cancelamento é feito por averbação. O Decreto 4.857/1939 indicava, em seu art. 246, que o "cancelamento das transcrições decorre das subsequentes transferências, independentemente de qualquer formalidade". A regra do cancelamento pelas transferências subsequentes não foi repetida na Lei de Registros Públicos atual.[1507] Contudo, o dispositivo então existente auxilia na compreensão da noção geral de cancelamento, de modo que, conjugando o art. 248 da LRP atual e o art. 246 do Decreto 4.857/1939, pode ser feita uma distinção quanto a dois significados da expressão "cancelamento": o ato de cancelamento e o efeito cancelatório.

Ato de cancelamento é o ato registral por meio do qual é retirada a força jurídica de um ato registral anterior. A remoção do ato do mundo jurídico não se efetua de modo material – com o traço de linhas, rasura ou com a remoção do conteúdo, por raspagem –, mas por meio de uma inscrição com efeito negativo. Pode-se dizer, desse modo, que o cancelamento é jurídico, e não físico. Por outro lado, efeito cancelatório corresponde à retirada de efeitos jurídicos de um ato registral, total ou parcialmente.

Desse modo, o ato de cancelamento é o ato registral que possui exclusivamente efeito cancelatório. Esse pode decorrer de um ato de cancelamento ou de outros atos, como, por exemplo, uma compra e venda, que possui como efeito reflexo a extinção do efeito de atribuição da propriedade decorrente do título aquisitivo anterior em favor do então adquirente e agora vendedor.

Classificação. O ato de cancelamento pode ser classificado, quanto à sua origem, em: judicial, quando sua prática decorre de determinação oriunda do Poder Judiciário; voluntário, quando autorizado por ato de vontade das partes, quer unilateral, como no caso de renúncia, ou bilateral; e legal, quando a prática decorre de situação de fato devidamente comprovada a que a lei atribui efeito extintivo, como na extinção do usufruto por morte do usufrutuário.

Quanto à extensão dos efeitos, o cancelamento pode ser classificado em total ou parcial. Sobre o tema, remetemos o leitor aos comentários ao art. 249.

A jurisprudência classifica o cancelamento em direto ou indireto, sendo cancelamento direto o decorrente de assento negativo – que denominamos ato de cancelamento – e cancelamento indireto a "ressonância de inscrições subsequentes sobre as anteriores"[1508] – que denominamos efeito cancelatório. Há divergência doutrinária sobre a possibilidade de se identificar ainda um cancelamento automático, que seria aquele que independe de averbação, nos casos em que a causa extintiva já está contida no próprio título ou indicada na lei. Sobre o tema, remetemos o leitor aos comentários ao art. 238, que trata da perempção de hipoteca, no qual exposta a problemática em questão.

Faz-se necessário, contudo, distinguir os diferentes tipos de cancelamento tomando por critério a razão de sua ocorrência.

O efeito cancelatório pode se dar por ato posterior ou por invalidade.

Entende-se por cancelamento por invalidade aquele que decorre da existência de causas de nulidade ou anulabilidade na constituição do direito. A causa de invalidade pode estar presente no título – nulidade material – ou pode consistir na inobservância da normativa aplicável no procedimento de

---

[1506] Verbete cancel, em Merriam-Webster Dictionary. Disponível em: https://www.merriam-webster.com/dictionary/cancel. Acesso em: 11 set. 2022.

[1507] A Lei 6.015/1973 trouxe previsão semelhante no art. 233, que prevê as hipóteses de cancelamento de matrícula. Os incisos II e III se referem a situações em que os atos anteriores continuam válidos, mas as matrículas "canceladas" deixam de ser receptáculos à prática dos atos, em razão da abertura de matrículas novas.

[1508] CGJSP – Recurso administrativo: 1017712-21.2016.8.26.0100, ID Kollemata: 29332. Disponível em: https://www.kollemata.com.br/arremataçao-penhora-cancelamento-hipoteca-notificacao-do-credor-arremataçao-modo-de-aquisicao-deriva.html. Acesso em: 11 set. 2022.

registro – nulidade formal ou de pleno direito do registro. Em ambos os casos, os efeitos do ato cancelado se extinguem, com reversão ao *status* anterior.

Diferenciam-se em que a nulidade do título não permite nova apresentação a registro – por exemplo, se a assinatura foi declarada falsa – mas a nulidade do procedimento de registro o permite – por exemplo, se não foi apresentada, juntamente com a quitação, procuração comprobatória dos poderes do credor hipotecário para concedê-la. Nesse último caso, é possível que se realize nova apresentação do documento de quitação, com a documentação necessária, para permitir o registro do título. A nulidade de pleno direito do registro pode ser decretada na via judicial ou administrativa;[1509] a do título exige reconhecimento na via judicial.[1510] Em ambos os casos, a retirada de efeitos depende de ato próprio de cancelamento.

O efeito cancelatório por ato posterior é, por sua vez, decorrência natural do exercício do direito. O ato posterior pode ter efeito continuativo ou extintivo do direito.

Denominamos efeito cancelatório por ato continuativo a retirada dos efeitos imediatos de um ato jurídico, que, contudo, permanece existindo como pressuposto de um ato posterior. É o que acontece, por exemplo, nas transferências de imóvel; o título aquisitivo do agora transferente não se extingue, mas o efeito imediato decorrente do título aquisitivo, de torná-lo proprietário, deixa de existir, em razão do novo título aquisitivo, cujo efeito imediato tornará o adquirente proprietário. Nesses casos, como regra, não há ato próprio de cancelamento, mas mero efeito cancelatório.

Por outro lado, denominamos efeitos extintivos a retirada de todos os efeitos do ato cancelado, a partir do momento de sua extinção – *ex nunc*. É o que ocorre com a extinção da hipoteca por quitação. Nesse caso, exige-se a prática de ato de cancelamento.

Para melhor compreensão do caso, imaginemos que A usucapiu um imóvel e, após, foi realizada venda para B, com condição resolutiva em caso de não pagamento do preço. Podemos identificar, no exemplo teórico, todos os tipos de cancelamento.

Em primeiro lugar, o cancelamento pode se dar por invalidade. Exemplo de nulidade do título ocorreria se o instrumento utilizado para venda fosse particular, nos casos em que o Código Civil exige forma pública.[1511] Exemplo de nulidade do procedimento ocorreria se não tivesse sido observada restrição decorrente de indisponibilidade de bens que incidisse sobre o transmitente.[1512]

O cancelamento ainda pode ocorrer por ato posterior. Se houver a desapropriação do imóvel adquirido, ou nova transferência a terceiro, haverá o cancelamento por efeito continuativo do direito. Contudo, se for implementada a condição resolutiva, ou se essa for cancelada por pagamento, haverá cancelamento por efeito extintivo do direito, no primeiro caso, da transmissão da propriedade, no segundo caso, da condição resolutiva.

A seguinte tabela permite comparar as diversas modalidades de cancelamento:

	Nulidade do título	Nulidade de pleno direito do registro	Ato posterior com efeito continuativo	Ato posterior com efeito extintivo
Desconstituição	Via judicial	Via judicial ou administrativa	Ato registral subsequente	Averbação
Efeitos do ato cancelado	*Ex tunc*	*Ex tunc*	Permanece válido, mas não produz efeitos; é pressuposto dos atos posteriores	*Ex nunc*
Efeitos no título	Extinto	Permanece válido	Não afetado	Não afetado
Efeito cancelatório	Presente	Presente	Presente	Presente
Ato de cancelamento	Necessário	Necessário	Desnecessário	Necessário

---

[1509] BRASIL, Lei 6.015/1973, arts. 214, *caput*, e 216.
[1510] BRASIL, Lei 6.015/1973, art. 216.
[1511] BRASIL, Lei 10.406/2002, arts. 108 c.c. 166, IV.
[1512] BRASIL, Lei 6.015/1973, art. 214, *caput*.

A lei ainda utiliza a expressão "cancelamento" no art. 233 para referir-se ao cancelamento da matrícula, e dispõe que esse pode ocorrer por decisão judicial; alienações parciais que impliquem a completa transferência a outros proprietários; e por fusão, com abertura de novas matrículas. Situação similar também ocorre nos loteamentos e especificações de condomínio, em que a abertura das matrículas das diversas unidades resultantes acaba por impedir a prática de atos relativos às unidades na matrícula matriz.

Seria melhor técnica legislativa, contudo, manter a expressão "cancelamento de matrícula" restrita aos casos de existência de causa de invalidade, em que poderá se dar por decisão judicial (art. 233, I) ou administrativa, em caso de erro no procedimento de registro (art. 214, *caput*), sempre proferidas em caráter definitivo (art. 259).

Os demais casos referidos no art. 233, quer de alienações parciais, quer de fusão, seriam mais bem referidos como casos de encerramento das matrículas, em razão de que os atos anteriormente praticados permanecem válidos. É claro que o que a lei desejou referir quando indicou cancelamento foi o efeito cancelatório por ato posterior continuativo – afinal, a existência de nova matrícula aberta impede a prática de atos na matrícula anterior, que deixa de representar a situação jurídica de imóvel – mas melhor teria sido a utilização do termo "encerramento" para tais atos, como mencionou no art. 234.

Nos casos de matrículas matrizes em loteamentos e especificações de condomínio, após a abertura das matrículas das diversas unidades resultantes, seria mais adequado praticar um ato de esgotamento de disponibilidade sobre as unidades decorrentes, em virtude de abertura de matrículas próprias. Isso porque certos atos, relativos ao empreendimento como um todo, ainda podem ser praticados na matrícula matriz, como, aliás, indicado no art. 237-A da LRP.

Cancelamento indireto e alienação forçada. Circunstância peculiar, e causa de divergência, é a ocorrência de extinção indireta de constrições sobre um imóvel em decorrência de sua alienação forçada, na via judicial. Há duas principais correntes na jurisprudência: a que entende que a alienação forçada judicial possui natureza originária, e, portanto, extingue todos os ônus antecedentes; e a que entende que a alienação forçada judicial é ato derivado, que possuiria, contudo, o efeito indireto de extinção dos ônus.

A bom rigor, a decisão do Superior Tribunal de Justiça que considerou a arrematação como forma originária de aquisição foi proferida no âmbito de processo em que se discutia a responsabilidade por débitos tributários anteriores à arrematação. Em sequência, foram proferidas decisões, no âmbito do Conselho Superior da Magistratura do Estado de São Paulo, que afastavam a observância de certos princípios registrais.

O entendimento foi superado, no âmbito do Conselho Superior da Magistratura Paulista, com a compreensão de que a arrematação, conquanto seja modo derivado de aquisição, implica o cancelamento indireto de indisponibilidades antecedentes.

Entendemos que a alienação judicial é modo derivado de aquisição, de modo que, com o registro da alienação, as constrições anteriores deveriam deixar de produzir efeitos. Contudo, continuam em vigor as constrições enquanto não canceladas, de acordo com a regra do art. 252 da Lei de Registros Públicos, e só deverão ser canceladas em decorrência de ordem decorrente da autoridade judicial ou administrativa que as determinou, sendo realizada uma averbação de cancelamento para cada ato a ser cancelado.

Forma e causa do ato de cancelamento

O ato de cancelamento é realizado por meio de averbação.[1513] Essa deve declarar não só o motivo – razão de direito – como o título, em sentido formal – instrumento – em razão do qual é realizada.

Importa notar que a publicidade dos atos cancelados é diversa, de acordo com o modelo de certidão adotada. No sistema de transcrições, em que os atos eram realizados em Livros diversos, raramente eram publicizados os cancelamentos de inscrições e transcrições, salvo pedido expresso. Desse modo, uma certidão da propriedade de um imóvel que tivesse uma hipoteca inscrita mencionaria dita hipoteca; contudo, se a hipoteca já tivesse sido cancelada, haveria apenas a menção de que inexistem outros ônus sobre o bem.

[1513] O Decreto 4.857/1939 previa que o cancelamento era feito por certidão, na coluna de averbações (art. 175).

No sistema de matrícula, tendo em vista a organização por fichas, e não por livros, foi possível a utilização da certidão de inteiro teor por cópia da ficha,[1514] de modo que os cancelamentos são indicados no conteúdo. Com a inserção expressa da certidão de situação jurídica atualizada (art. 19, § 9º, da LRP), é provável que os atos cancelados deixem de fazer parte do conteúdo das certidões.

Requisitos para o cancelamento

Para a prática do ato de cancelamento, são requisitos:

1. Causa jurídica – título material ao cancelamento;
2. Instrumento apto – título formal ao cancelamento;
3. Anuência ou ciência dos titulares de interesses afetados; e
4. Definitividade.

Esses requisitos serão analisados nos comentários aos arts. 250, 251 e 259, aos quais remetemos o leitor. Contudo, se o cancelamento se der por nulidade existente no procedimento de registro, são requisitos do cancelamento:

1) Procedimento administrativo ou judicial (LRP, art. 214, § 1º);
2) Audiência dos atingidos (LRP, art. 214, § 1º);
3) Não atingir terceiro de boa-fé que haja preenchido condições de usucapião do imóvel (LRP, art. 214, § 5º);
4) Decisão da qual não caiba recurso (LRP, arts. 250, I, e 259); e
5) Ausência de saneamento por decurso do tempo.

O saneamento por decurso do tempo decorre do reconhecimento de que existe uma estabilização da situação do registro por inércia da Administração. É verdade que a nulidade absoluta não prescreve. Contudo, há uma necessidade de estabilização das relações jurídicas. Entende-se que, às vezes, a inércia da Administração foi tão longa que permitiu se constituíssem situações de fato revestidas de forte aparência de legalidade, a ponto de fazer gerar na sociedade a convicção de sua legitimidade, de modo que seria absurdo que, a pretexto da eminência do Estado, se concedesse às autoridades um poder-dever indefinido de autotutela.[1515] A consideração que se faz é que maiores perigos adviriam para a segurança das relações sociais se houvesse possibilidade de indefinida revisão dos atos administrativos, de modo que o saneamento pelo decurso do tempo "constitui uma das formas de estabilização das relações jurídicas e é capaz, portanto, de forma indireta, de validar atos viciados".[1516]

 Jurisprudência

1. Efeito cancelatório das transcrições subsequentes

"Registro de imóveis – Retificação de área – Indeferimento. Registro posterior com metragem inferior à do registro primitivo – Transferências subsequentes que implicaram no cancelamento das transcrições anteriores – Retificação judicial como medida cabível – Art. 213, § 2º da Lei Federal 6.015/73 – Recurso não provido. [...]

7. Sustentam os recorrentes que a transcrição anterior – que referia imóvel de 11 por 44 metros – é que estaria correta. As posteriores estariam erradas e, de consequência, para manter o princípio de continuidade registrária haveria que adequá-las à primitiva.

[1514] As certidões emitidas por reprodução fotostática são autorizadas pelo Decreto-Lei 2.148/1940, art. 2º.
[1515] REALE, Miguel. *Revogação e anulamento do ato administrativo*. Rio de Janeiro: Forense, 1968. p. 85-86.
[1516] ZANCANER, Weida. *Da convalidação e da invalidação dos atos administrativos*. 3. ed. São Paulo: Malheiros, 2008. p. 90-91.

A situação, *data venia*, juridicamente não é bem assim. As transcrições subsequentes ocorreram sob a égide do antigo ordenamento legal de Registros (Dec. 4.857/39), que em seu art. 246 regrava: 'o cancelamento das transcrições decorre das subsequentes transferências, independentemente de qualquer caso'.

Assim, como muito bem lembrado a fls., os registros subsequentes relativos ao mesmo imóvel cancelaram o antecedente. Não há, diante disso, mais como pretender restaurá-lo. Há, como salientado, para corrigir eventual falha que se proceder à retificação judicial do art. 213 § 2º, da Lei 6.015/73" (CGJSP, Processo 243/85, Rel. Luiz Antônio Ambra, Localidade: Campinas, j. 03/02/1986).

2. Nulidade de pleno direito do registro e nulidade do título

"Registro de imóvel – Inexistência de escritura em livro de notas – Alegada falsidade do traslado – Vício intrínseco e oculto do título submetido a qualificação – Regularidade do registro em si considerado – Inviabilidade de cancelamento administrativo – Inteligência do artigo 214 da Lei nº 6.015/73 – Matéria jurisdicional – Recurso provido – Bloqueio da matrícula mantido até decisão em procedimento próprio ante o risco de prejuízo a terceiros. [...]

É norma que, apenas aprimorando a redação, reproduz o artigo 229 do diploma específico anterior, objeto da lúcida glosa de Serpa Lopes: 'Nulidades exclusivamente formais são as inerentes ao próprio registro imobiliário, ao ato considerado em seu próprio conteúdo, desligado, completamente, de qualquer nexo com o título causal. É a essa classe de nulidades que se refere o art. 229..., isto é, as inerentes ao próprio registro, independentemente do título' (*Tratado dos Registros Públicos*, vol. IV, 6ª edição, Ed. Brasília Jurídica, Brasília, 1997, p. 327).

Com efeito, a possibilidade de cancelamento administrativo não alcança hipóteses em que se alegue vício intrínseco do título submetido à qualificação registrária, mesmo porque o documento hábil que não apresente máculas exteriores, passíveis de serem detectadas pelo registrador, deve ser recepcionado no fólio real. E ao Juízo da Corregedoria Permanente, porquanto imbuído de autoridade essencialmente administrativa, não é dado, de igual modo, incursionar nessa seara. Deveras, cogita-se de matéria reservada ao âmbito jurisdicional, único em que pode ser adequadamente perquirido o que está oculto ou subjacente, a fim de que, sob o crivo do contraditório e respeitado o devido processo legal, se possa lançar luz definitiva sobre o caso, com repercussão, então sim, sobre o registro efetuado" (CGJSP, Processo 95/2004, Rel. José Antonio de Paula Santos Neto, localidade: São Paulo, j. 25/02/2004).

3. Saneamento de nulidade por decurso do tempo

"Registro de imóveis – Cancelamento de matrículas – Inobservância do devido processo legal, contraditório e da ampla defesa – Medida desprovida de legitimidade – Abertura de novo procedimento administrativo com tal finalidade – Descabimento – Inteligência da regra do § 5º do artigo 214 da Lei no 6.015/1973 – Saneamento pelo decurso do tempo – Princípios da segurança jurídica, da proteção à confiança, da moralidade administrativa e boa-fé objetiva – Restabelecimento das matrículas – Recurso provido" (CGJSP, Processo 3.034/2012, Rel. José Renato Nalini, localidade: Iguape, j. 14/11/2013).

4. Natureza originária da arrematação

"Execução fiscal – IPTU – Arrematação de bem imóvel – Aquisição originária – Inexistência de responsabilidade tributária do arrematante – Aplicação do art. 130, parágrafo único, do CTN.

1. A arrematação de bem móvel ou imóvel em hasta pública é considerada como aquisição originária, inexistindo relação jurídica entre o arrematante e o anterior proprietário do bem, de maneira que os débitos tributários anteriores à arrematação sub-rogam-se no preço da hasta.

2. Agravo regimental não provido" (STJ, AgRg no Ag 1.225.813 – SP (2009/0160766-2), Rel. Min. Eliana Calmon, data do julgamento 23/03/2010).

Registro de imóveis – Carta de Arrematação – Forma Originária de aquisição da propriedade – Precedentes recentes do Conselho Superior da Magistratura com base na orientação do Superior Tribunal de Justiça – Recursos Providos. [...]

Dentro desse contexto, a observação do princípio da continuidade passa a ser prescindível porque a propriedade adquirida com a arrematação liberta-se de seus vínculos anteriores, desatrela-se dos títulos dominiais pretéritos dos quais não deriva e com os quais não mantém ligação" (CSMSP – Apelação Cível 0008020-61.2009.8.26.0358 Localidade: Mirassol, Rel. José Renato Nalini, j. 18/10/2012, *DJ* 28/01/2013).

"Registro de Imóveis – Dúvida julgada procedente – Negativa de registro de carta de arrematação –Irresignação apenas parcial que prejudica a dúvida e impede o acolhimento do recurso – Ainda que modo originário de aquisição da propriedade – a carta de arrematação mostra-se precária quanto a qualificação do arrematante e sua esposa, inexistindo prova de recolhimento do ITBI – Recurso não provido. [...]

Dentro desse contexto, a observação dos princípios da continuidade e da especialidade subjetiva neste ponto seria, no caso, prescindível, porque a propriedade adquirida, com a arrematação, causa autônoma suficiente, liberta-se de seus vínculos anteriores, desatrela-se dos títulos dominiais pretéritos, dos quais não deriva e com os quais não mantém ligação, embora sujeita, por expressa disposição legal, aos riscos da evicção, à luz da norma extraída do artigo 447 do CC" (TJSP, Ap. Cív. 0003196-60.2010.8.26.0411, CSMSP, Rel. José Renato Nalini, j. 04/10/2012, *DJ* 16/01/2013).

5. Natureza derivada da arrematação, com efeito de cancelamento indireto

"Registro de imóveis – Dúvida – Arrematação – Indisponibilidades – Depois do registro da arrematação em execução forçada, as indisponibilidades anteriores perdem a sua eficácia e não impedem que o arrematante, aliene o imóvel a terceiros voluntariamente, haja ou não cancelamento expresso ('direto') delas – Apelação a que se dá provimento, afastado o óbice registral e reformada a sentença" (TJSP, Ap. Cív. 1003570-53.2020.8.26.0526, CSMSP, Rel. Ricardo Mair Anafe, j. 03/11/2021).

"Arrematação. Penhora. Fazenda Nacional. Indisponibilidade. Cancelamento indireto. Registro de imóveis – Averbação de indisponibilidade que não impede a alienação forçada – Ocorrida a alienação, há cancelamento indireto das penhoras, que geraram a indisponibilidade – O cancelamento direto não é condição necessária à posterior alienação voluntária – Escritura de venda e compra que, portanto, pode ser registrada – Recurso provido" (TJSP, Ap. Cív. 0019371-42.2013.8.26.0309, CSMSP, Rel. Elliot Akel, j. 14/03/2017).

Art. 249. O cancelamento poderá ser total ou parcial e referir-se a qualquer dos atos do registro.

Referências Normativas

Lei 6.015/1973, arts. 233 e 251.

Comentários

1. Cancelamento total ou parcial

O cancelamento total retira por completo os efeitos do ato registral cancelado. O cancelamento parcial, contudo, retira parte dos efeitos.

O caráter parcial do cancelamento pode se dar por uma das seguintes formas:

1) Redução do objeto da inscrição.
2) Redução do direito inscrito.
3) Extinção de um dos direitos, quando pluralidade de direitos forem indicados em ato único.

A redução do objeto da inscrição pode se dar em caso de modificação do imóvel que o restrinja. Tal ocorrerá em caso de recuo do imóvel urbano ou com a destruição parcial de uma ilha particular,[1517] ou mesmo em caso de ruína de parte do imóvel.

[1517] CARVALHO, Afrânio de. *Registro de imóveis*. Rio de Janeiro: Forense, 1976. p. 163.

A redução do direito inscrito pode se dar em caso de liberação parcial do objeto ou restrição do próprio direito. Tal ocorre, por exemplo, se houver a liberação de parte de um imóvel dado de hipoteca[1518] – muito comum nas incorporações, em que a hipoteca é feita sobre todo o empreendimento e é liberada cada unidade individualmente – ou em caso de redução do próprio direito incidente, como no caso de pagamento de metade do valor hipotecado e averbação que a dívida sobre o imóvel passa a ser somente do valor remanescente. Também pode ocorrer renúncia a parte do direito, nos casos em que o usufrutuário abre mão, por exemplo, de 50% do usufruto, ou do direito de apropriar-se dos frutos e utilidades, retendo somente o direito a usar o bem. A averbação de ineficácia inclui-se nesse tipo de cancelamento, vez que nada mais é do que o cancelamento dos efeitos do ato registral em relação a certo processo.

Por fim, se no ato realizado houver mais de um direito indicado, é possível a extinção somente de parte dos direitos. É o que ocorre, por exemplo, quando, realizado o registro de compra e venda com condição resolutiva em caso de não pagamento do preço parcelado, é apresentada a quitação, devendo ser cancelada a condição resolutiva e não o ato de registro, vez que o cancelamento do ato por completo implicaria o cancelamento da compra e venda. O mesmo ocorre em caso de imposição de cláusulas de inalienabilidade, impenhorabilidade e incomunicabilidade, se, posteriormente, for apresentado documento apto ao cancelamento somente da inalienabilidade, mantidas as demais cláusulas.

2. Qualquer dos atos de registro

O cancelamento pode se referir a qualquer dos atos de registro, quer se refira à matrícula, transcrição, inscrição, registro ou averbação. Há aspecto de especial importância no cancelamento da matrícula, vez que há de se identificar se o cancelamento da matrícula importa automático cancelamento de todos os seus atos. Pode ocorrer de ser determinado o cancelamento do ato de abertura de matrícula, caso em que os atos subsequentes deveriam ser transportados ao registro anterior, seja matrícula ou transcrição. Pode igualmente ocorrer de ser determinado o cancelamento da matrícula e dos atos posteriores, se o vício de abertura implicar a nulidade dos atos subsequentes.

Imaginemos, por exemplo, que um imóvel foi desdobrado e uma de suas partes alienadas a terceiro, que na sequência hipotecou o imóvel. Em caso de nulidade somente no desdobro – por não terem sido apresentados os documentos competentes –, poderia ser determinado o cancelamento da abertura de matrícula, mas não deveria ser determinado o cancelamento dos atos de alienação e oneração, e sim o seu transporte à matrícula originária, sub-rogando-se na alienação e oneração, em lugar do imóvel então objeto de matrícula própria, a fração ideal correspondente na matrícula originária.

3. Cancelamento de prenotação

A prenotação não é, propriamente, ato de registro. Contudo, a Lei de Registros Públicos prevê várias circunstâncias em que pode ser cancelada, quer por decurso do prazo por omissão do interessado em atender as exigências legais (art. 205), quer por desistência do apresentante (art. 206), quer pelo não pagamento dos emolumentos no prazo (art. 206-A, § 3º), quer em decorrência de ter sido julgada a dúvida procedente (art. 203, I).

4. Cancelamento de cancelamento de prenotação

Interessante questão pode ocorrer quando do cancelamento da prenotação. Tratando-se de ato praticado somente no Livro Protocolo e que, na generalidade das Serventias, é realizado de forma automatizada, não é impossível que ocorra erro no cancelamento da prenotação, quer porque não foi acusado o pagamento do título que já havia sido pago, quer porque houve um cômputo equivocado dos dias para cumprimento das exigências, que, inclusive, há de se tornar mais comum com a contagem em dias úteis (art. 9º, § 1º), cujo cômputo no sistema informatizado envolve maior parametrização.

Em tais casos, é de ser cancelado de ofício o cancelamento da prenotação, sem maiores dificuldades, exceto se o longo decurso de tempo entre o cancelamento indevido e a notícia não indicar essa circunstância como adequada. A questão deve ser avaliada pelo oficial com cuidado nesse caso. Mas a ocorrência de cancelamento da prenotação, se feito por equívoco, deve ser corrigida de ofício pelo oficial, pela reversão do *status* do sistema.

[1518] CARVALHO, Afrânio de. *Registro de imóveis*. Rio de Janeiro: Forense, 1976. p. 163.

5. Cancelamento de atos de publicidade

O cancelamento pode se dar em relação aos atos de registro. Cabe perguntar se é possível o cancelamento do ato que dá publicidade ao conteúdo do registro, quer por certidão, quer por informação verbal ou por visualização eletrônica (art. 19, § 8º, da LRP).

Não é possível o cancelamento do ato de publicidade a não ser por inutilização do próprio meio de publicidade, de realização complexa enquanto não instituído sistema eletrônico de conferência do conteúdo. Contudo, a presunção atribuída aos atos praticados decorre do constante do registro (art. 252 da LRP) e não do constante da certidão. Isso significa que, na eventualidade de haver divergência entre o constante do registro e o constante da certidão, há de prevalecer o conteúdo do registro. Se a certidão indicou que a 'A' era titular, mas depois se verifica que 'B' é titular, há de prevalecer a informação de que 'B' é titular, apesar da certidão emitida equivocadamente.

A solução que se apresenta adequada, tanto do ponto de vista jurídico como tecnológico, é que a emissão de certidão só seja realizada em meio eletrônico, cuja validade dependa de conferência em sítio oficial quanto ao seu conteúdo. Essa sistemática permitirá, após a emissão, o cancelamento do ato emitido, se porventura identificada inconsistência no conteúdo externalizado.

 Jurisprudência

"1. As nulidades que admitem o cancelamento independentemente de ação direta são aquelas inerentes ao próprio processo de registro. Sendo o próprio registro nulo, por vício essencial, pode ser ele cancelado independentemente de ação direta. 2. Não há óbice técnico ao cancelamento parcial de registro. Possível o cancelamento parcial da transcrição, eliminando o excesso de área do imóvel, decorrente de vício registrário. 3. A Administração que praticou ato ilegal, pode anulá-lo por seus próprios meios. 4. O sistema brasileiro tem o direito à retificação do registro como imprescritível" (CGJSP, Processo 001030/96, Rel. Des. Francisco Eduardo Loureiro, localidade: Praia Grande, j. 31/07/1996).

"Registro de Imóveis – Representação da Associação dos Registradores Imobiliários de São Paulo (ARISP) acerca da expedição de certidões do Registro de Imóveis, com alteração, revogação e/ou modificação dos itens 157, 157.1, 157.1.1 a 157.1.12, 160 a 163, 356, 356.1, bem como de inserção de um novo subitem 356.1 – Supressão do papel de segurança empregado para a lavratura de certidões – Eliminação da circulação de certidões em papel entre registradores da Capital, por via telemática – Adoção do padrão PAdES para as certidões passadas em meios eletrônicos ('certidões digitais') – Proposta de acolhimento em parte, quanto ao padrão PAdES e à validação das certidões digitais, melhorando-se a redação dos itens 157 e 356, acrescentando-se novo item 356.1 e renumerando-se, para 356.2, o atual item 356.1, com edição de Provimento" (CGJSP, Processo 71.346/2020, Rel. Des. Ricardo Mair Anafe, localidade: São Paulo, j. 23/10/2020, DJ 23/10/2020).

> **Art. 250.** Far-se-á o cancelamento:
>
> I – em cumprimento de decisão judicial transitada em julgado;
>
> II – a requerimento unânime das partes que tenham participado do ato registrado, se capazes, com as firmas reconhecidas por tabelião;
>
> III – A requerimento do interessado, instruído com documento hábil.
>
> IV – a requerimento da Fazenda Pública, instruído com certidão de conclusão de processo administrativo que declarou, na forma da lei, a rescisão do título de domínio ou de concessão de direito real de uso de imóvel rural, expedido para fins de regularização fundiária, e a reversão do imóvel ao patrimônio público. *(Incluído pela Lei nº 11.952, de 2009)*

 Referências Normativas

Lei 4.591/1964, art. 31-E, §§ 2º e 4º.
Lei 6.015/1973, arts. 233, 251 e 251-A.

Lei 6.766/1979, arts. 23 e 36.
Lei 13.465/2017, art. 27.

 Comentários

1. Título formal ao cancelamento
O dispositivo refere-se, de forma genérica, aos títulos formais que servem de base ao ato de cancelamento. A disposição é complementada por regras especiais, com relação ao cancelamento de compromissos de compra e venda, cessões ou promessas de cessão de lotes,[1519] cancelamento de compromissos de compra e venda em geral,[1520] cancelamento de regime de afetação em incorporação,[1521] cancelamento de loteamento,[1522] cancelamento de título de legitimação de posse,[1523] cancelamento de matrícula[1524] e de hipoteca.[1525]

2. Requisitos ao cancelamento
A previsão dos títulos que servem ao cancelamento refere-se ao título formal, indicando o documento que deve ser apresentado para que o ato seja cancelado. Contudo, para que seja realizado o cancelamento é necessária a conjugação de quatro requisitos, quais sejam:

1. Causa jurídica – título material ao cancelamento;
2. Instrumento apto – título formal ao cancelamento;
3. Anuência ou ciência dos titulares de interesses afetados; e
4. Definitividade.

A causa jurídica é o fato jurídico que autoriza a extinção dos efeitos de um ato. O fato jurídico que o permite insere-se no plano do direito material. Não é função principal do direito registral imobiliário definir as hipóteses de cancelamento de um direito, mas sim dos demais ramos do Direito: civil, administrativo, tributário etc.

O instrumento apto é o título que permite a comprovação, perante o Registro de Imóveis, da ocorrência de uma causa jurídica. Insere-se no plano do Direito Registral Imobiliário, pois é efetivamente a forma como deve ser comprovada a extinção ocorrida no plano do direito material perante o Registro de Imóveis.

A participação dos titulares de interesses afetados pelo cancelamento é requisito decorrente da densificação da garantia constitucional a que ninguém será privado de seus bens sem o devido processo legal.[1526] Trata-se de requisito que se situa no plano constitucional e, nos casos de títulos judiciais, igualmente no âmbito do direito processual.

A definitividade é requisito lógico do cancelamento. Exige-se que o cancelamento seja definitivo em virtude da necessidade que os Registros Públicos possam garantir a segurança e eficácia dos atos jurídicos,[1527] de forma a se impedir a aparência de inexistência de um direito – em decorrência de cancelamento provisório – com o ressurgimento posterior do próprio direito – pela remoção do ato de cancelamento do ordenamento jurídico.

3. Da causa do cancelamento
Se o cancelamento é, conforme expusemos nos comentários ao art. 248, o ato registral por meio do qual é retirada a força jurídica de um ato registral anterior, importa saber em que casos é possível a retirada dessa força jurídica.

[1519] BRASIL, Lei 6.766/1979, art. 36.
[1520] BRASIL, Lei 6.015/1973, art. 251-A.
[1521] BRASIL, Lei 4.591/1964, art. 31-E, §§ 2º e 4º.
[1522] BRASIL, Lei 6.766/1979, art. 23.
[1523] BRASIL, Lei 13.465/2017, art. 27.
[1524] BRASIL, Lei 6.015/1973, art. 233.
[1525] BRASIL, Lei 6.015/1973, art. 251.
[1526] BRASIL, Constituição Federal de 1988, art. 5º, LIV.
[1527] BRASIL, Lei 6.015/1973, art. 1º.

Art. 250 | LEI DE REGISTROS PÚBLICOS COMENTADA

O direito registral é ramo que serve ao direito material. Como regra, o cancelamento decorre de causa existente no direito material, sendo excepcional o cancelamento por causa existente no direito registral.[1528]

A extinção dos direitos pode se dar com diferentes razões e efeitos. São motivos principais:

1 – Extinção subjetiva.
2 – Extinção objetiva.
3 – Extinção do vínculo.

As principais causas de extinção subjetiva, no plano do direito material, são a sub-rogação pessoal, a morte, as aquisições derivadas e a renúncia. Como regra, essas causas de extinção material não implicam cancelamento do direito, mas sua transmissão, de modo que o direito será incorporado ao patrimônio de terceiro. Em certas situações, contudo, o cancelamento decorre diretamente da alteração do estado do titular do direito, como na extinção do usufruto por falecimento ou renúncia do usufrutuário.[1529]

A extinção objetiva pode ser material – quando ocorre sua destruição no plano físico – ou jurídica – quando o direito sobre o qual recai outro direito deixa de existir. Imagine-se que o direito real de laje foi alienado fiduciariamente em garantia e o direito real de aquisição do devedor foi penhorado. A ruína da construção-base, se causar a extinção do direito real de laje,[1530] causará a extinção material do objeto base sobre o qual recai o direito real de aquisição e, por consequência, a extinção da penhora. Por outro lado, a extinção do direito real de aquisição por não pagamento das parcelas pelo devedor fiduciante implicará na consolidação da propriedade em favor do credor, e a consequente extinção jurídica da penhora.

A extinção do vínculo se dá nos casos em que o objeto e as partes se mantêm, mas por outra razão o vínculo jurídico deixa de existir. Incluem-se nessas hipóteses o pagamento, bem como a peremp-ção da hipoteca, o adimplemento do preço na compra e venda com condição resolutiva em caso de inadimplemento, a declaração de nulidade ou anulação do ato translativo, o implemento da condição ou termo e as aquisições originárias. Como regra, a extinção do vínculo é objeto de ato autônomo de cancelamento, mas pode não ser, como no caso da usucapião, em que se entende que se trata de mero efeito cancelatório decorrente da prática do seu registro.

4. Instrumentos aptos

O rol de instrumentos aptos ao cancelamento apresentado no dispositivo não é taxativo, vez que o inciso III menciona a possibilidade de que o cancelamento seja realizado a requerimento do inte-ressado com documento hábil.

5. Quanto à possibilidade de decisão judicial transitada em julgado

Quanto ao tema, remetemos o leitor aos comentários ao art. 259.

6. Requerimento unânime das partes que tenham participado do ato registrado

O inciso menciona dois requisitos para que o cancelamento possa ser realizado a requerimento das partes: capacidade e reconhecimento de firmas.

Existe um equívoco frequente decorrente de sua leitura, de que qualquer registro poderia ser can-celado a requerimento unânime de partes capazes com firmas reconhecidas. Entender-se-ia, desse modo, que a permanência do ato na tábula registral seria direito potestativo das partes, revogável a qualquer momento.

O que o dispositivo quer dizer é que o requerimento unânime dos interessados é apto ao cancelamento do direito nos casos em que o direito material permite a extinção do direito por meio de resilição bilateral, não sendo necessário ato judicial para tanto.

[1528] A nulidade de pleno direito do registro, prevista no art. 214 da Lei dos Registros Públicos, é uma hipótese de causa jurídica decorrente do direito registral.

[1529] BRASIL, Lei 10.406/2002, Código Civil, art. 1.410, I.

[1530] Idem, art. 1.510-E.

Como regra, entende-se possível a extinção dos vínculos jurídicos somente enquanto esses existirem. Extinto o vínculo, ou exauridos seus efeitos, seria incorreto falar em nova extinção por ato posterior. Disso resulta que credor e devedor de uma hipoteca existente podem requerer o seu cancelamento, mas se a hipoteca já estiver extinta – por exemplo, por ter sido levada a leilão pelo credor hipotecário – não haveria interesse em realizar novo cancelamento relativo a ato cujos efeitos já se realizaram por completo. De igual modo, comprador e devedor podem solicitar o cancelamento de uma compra e venda com condição resolutiva, enquanto não implementada a condição, porque existe um vínculo que ainda pode ser desfeito.

Com a conclusão de um negócio jurídico, e realizados todos os seus efeitos, não é mais possível buscar a reversão dos seus efeitos por requerimento das partes, ainda que unânime. A compra e venda pura já registrada não poderá ser extinta, porque o vínculo que se formou com a formalização da escritura de compra e venda já está exaurido. Após o registro da compra e venda, extinguiu-se o vínculo de propriedade em relação ao transmitente, e em decorrência da compra e venda constituiu-se um novo vínculo de propriedade em relação ao adquirente. Não há a manutenção de uma relação de transmissão entre adquirente e transmitente que possa ser extinta a requerimento de ambos. Desejando a reversão, será necessária a prática de ato em sentido inverso, decorrente de novo título de transmissão, que poderá ser compra e venda ou doação.

É claro, contudo, que pode haver o cancelamento de ato com os efeitos exauridos – como a compra e venda já registrada – por decisão judicial. Poder-se-ia questionar, então, como poderia ser extinto vínculo que já não existe. A resposta a essa indagação é simples: quando o Poder Judiciário determina o cancelamento de um ato, o que ocorre é a retirada do próprio ato e dos efeitos subsequentes do mundo jurídico, de forma que não há uma simples extinção do vínculo existente, mas uma restauração do *status quo ante*, do que decorre o ressurgimento de eventuais vínculos então tidos como extintos.

7. Requerimento do interessado, com documento hábil

O cancelamento não dependerá, em todos os casos, de requerimento de ambas as partes ou de decisão judicial. Com a apresentação do documento hábil, basta que o interessado o requeira. Resta saber o que é documento hábil.

A quitação é documento hábil para cancelar os direitos reais de garantia acessórios à dívida. A devolução do título ao portador ou endossável representativo da dívida faz-se com que se presuma a quitação,[1531] permitindo-se o cancelamento das garantias.

A certidão de óbito é documento hábil para cancelar o usufruto. O cancelamento da doação por reversão, decorrente de falecimento anterior do donatário, depende da comprovação do óbito do donatário – por certidão – e da prova do óbito posterior do doador – igualmente por certidão – ou da prova de que continua vivo, que pode ser feita por requerimento com firma reconhecida com este presente. O cancelamento da locação faz-se, usualmente, por distrato, mas a jurisprudência administrativa paulistana já permitiu que o cancelamento seja realizada à vista de ata notarial constatando a inexistência de qualquer ato de posse e que o imóvel encontra-se desocupado para comprovar a não continuidade do contrato, sendo conveniente, ainda, que seja juntada declaração do locador, sob sua responsabilidade, de que o contrato há muito se extinguiu, sem prorrogação expressa ou tácita. O mero decurso do prazo na locação não implica sua extinção.[1532]

8. Processo administrativo

A previsão de extinção do título de domínio por requerimento da Fazenda Pública após a conclusão de processo administrativo que declarou a rescisão e a reversão do imóvel ao patrimônio público deve ser entendida de forma ampla. Se a lei prevê a possibilidade de extinção de certo direito por processo administrativo, não é de se exigir declaração judicial ou requerimento unânime das partes para que seja o direito em questão cancelado. Não incumbe ao Oficial a verificação da regularidade do processo administrativo, mas qualificar o que expressamente declarado, e eventualmente comprovado,

---

[1531] BRASIL, Lei 10.406/2002, Código Civil, art. 324.
[1532] BRASIL, Lei 8.245/1991, arts. 46, 50 e 56.

pelo ente público, especialmente quanto à notificação e intimação dos interessados – que é essencial –,[1533] vez que lhe é vedado recusar fé aos documentos públicos.[1534]

9. Participação dos titulares de interesses afetados

A participação dos titulares cujos interesses serão afetados negativamente pelo ato a ser praticado é essencial para que se proceda ao cancelamento. Decorre do texto constitucional, vez que não se pode privar alguém de seus bens sem o devido processo legal.[1535]

A participação não necessita ser ativa ou mesmo de fato. É suficiente, por exemplo, que o réu seja citado para que a decisão processual produza efeitos em sua esfera jurídica, ainda que tenha sido citado por edital e revel. Contudo, a ausência de sua citação implica, como regra, a impossibilidade de que lhe sejam retirados os direitos sobre o bem. Em caso de aquisição originária, contudo, a jurisprudência administrativa paulista tende a entender que é possível o registro ainda que um dos titulares não tenha sido citado, vez que a coisa julgada material teria que ser desfeita, se o caso, por iniciativa do interessado.

 Jurisprudência

1. Cancelamento de compra e venda por ato do comprador e vendedor

"Trecho da decisão:

O título de fls. 7, embora rotulado como 'rescisão de venda e compra', na verdade é, antes de mais nada, autêntica compra e venda. Presentes todos os seus elementos, destacando-se o preço e o acordo de vontades no sentido da transferência do domínio do bem imóvel.

Em 1984, T.V. e esposa venderam a fração ideal a A.G.M. e esposa, transmitindo o domínio. Agora, em 1985, os compradores, na realidade, estão a vender o mesmo bem aos vendedores.

Pouco importa se disseram tratar-se de rescisão de contrato, até porque, como bem colocado pelo Dr. Curador e sem que isso interfira na r. decisão, de rescisão não se trata na medida que exaurido o acordo de vontades primitivo. O que releva é a circunstância de manifestarem o firme propósito de novamente venderem a coisa, agora com inversão dos figurantes" (TJSP, Ap. Cív. 7.948-0/7, CSMSP, Rel. Des. Sylvio do Amaral, j. 21/12/1987).

2. Cancelamento de locação de imóvel desocupado

"Trecho da decisão:

Assim, com relação ao imóvel objeto deste pedido, não há qualquer prova que imponha óbice ao cancelamento da averbação, especialmente levando-se em consideração a entrega das chaves (fl.31), e a ata notarial lavrada pelo 11º Tabelião de Notas da Capital (fls.62/63), em que ficou comprovado que o imóvel encontra-se desocupado, possuindo o tabelião fé pública" (1ª VRPSP, Pedido de providências 1114314-35.2020.8.26.0100, Magistrado Tânia Mara Ahualli, localidade: São Paulo, j. 15/02/2021).

3. Registro de usucapião ainda que ausente citação de todos os titulares

"Registro de imóveis. Usucapião. Ausência de citação do titular do domínio. Questão processual que escapa à análise do registrador. Vício que não macula o mandado de registro, até que desfeita, por iniciativa do prejudicado, a coisa julgada material. Registro devido. Caráter originário da aquisição por usucapião obsta questionamentos acerca da continuidade registral. Recurso provido, com determinações" (TJSP, Ap. Cív. 1024562-15.2017.8.26.0405, CSMSP, Rel. Des. Geraldo Francisco Pinheiro Franco, j. 12/11/2018).

"Recurso Administrativo – Título judicial – Cancelamento do registro de direito de superfície – Exigência de prévio levantamento das indisponibilidades averbadas na matrícula – Razões da

---

[1533] BRASIL, Constituição Federal, art. 5º, LIV.
[1534] BRASIL, Constituição Federal, art. 19, I.
[1535] BRASIL, Constituição Federal, art. 5º, LIV.

recusa analisadas e afastadas pelo juízo que proferiu a decisão – Esclarecimentos que não se destinam a completar ou a complementar o título ou os documentos, mas apenas a lançar luz sobre a compreensão deles – Ordem para cumprimento da decisão, independentemente do prévio levantamento das indisponibilidades averbadas – Óbice afastado – Recurso provido" (CGJSP, Recurso administrativo 1057070-51.2020.8.26.0100, Rel. Ricardo Mair Anafe, localidade: São Paulo, j. 07/06/2021, *DJ* 10/06/2021).

"Caução locatícia – cancelamento. Requerimento – interessado – título hábil. Aditamento – averbação. Continuidade. [...]

É possível verificar que a averbação em questão decorre de instrumento particular datado de 17 de abril de 2012, por meio do qual a parte requerente deu imóvel de sua propriedade em garantia a contrato de locação firmado entre E.E.F., locatário, e J.D.A.F., locador, pelo prazo de trinta meses, com início em 01 de maio de 2012 e término em 30 de outubro de 2014 (imóvel situado na rua Major Sertório, XXX, conjunto XX, Vila Buarque, São Paulo – Av.9/38.192 – fl. 16).

Verifica-se, ainda, que, pelo instrumento particular de fls. 21/22, houve alteração do negócio em questão por meio da qual E.N.T. passou a figurar locatário, sendo que, também por aditivo contratual, M.V.F. tornou-se locador, havendo indicação de que o novo locatário, Emerson, tomou conhecimento das cláusulas do contrato vigente de 05 de julho de 2018 a 04 de julho de 2021 (cláusula 3ª, fl. 21).

Não bastasse isso, M.V.F., o atual locador, e E.N.T., o atual locatário, tudo segundo os aditamentos contratuais, concordaram com o cancelamento da averbação relativa à caução após o término do prazo da locação (fls. 24/25).

Assim, ainda que não haja concordância do locador originário, J.D., considerando que seu filho M.V., o qual assumiu a posição contratual de locador, anuiu ao cancelamento, não resta dúvida de que ele é possível (artigo 250, inciso III, da LRP)" (1ª VRPSP, Pedido de providências 1054554-87.2022.8.26.0100, Magistrada Luciana Carone Nucci Eugênio Mahuad, localidade: São Paulo, j. 28/06/2022, *DJ* 30/06/2022).

> **Art. 251.** O cancelamento de hipoteca só pode ser feito:
>
> I – à vista de autorização expressa ou quitação outorgada pelo credor ou seu sucessor, em instrumento público ou particular;
>
> II – em razão de procedimento administrativo ou contencioso, no qual o credor tenha sido intimado (art. 698 do Código de Processo Civil);
>
> III – na conformidade da legislação referente às cédulas hipotecárias.

Referências Normativas

Decreto-Lei 70/1966.

Comentários

O artigo indica as formas de cancelamento da hipoteca. A anuência ou intimação do credor são o ponto central do dispositivo, a se impedir o cancelamento da hipoteca sem que lhe tenha sido dada oportunidade de manifestação.

Quanto às cédulas hipotecárias, títulos que representam o crédito garantido por hipoteca,[1536] o regime jurídico próprio de cancelamento é o previsto nos arts. 24, 18 e 20 do Decreto-Lei 70/1966, que autoriza o duplo cancelamento, da hipoteca e da cédula hipotecária emitida, em razão da apresentação

---

[1536] BRASIL, Decreto-Lei 70/1966, art. 10.

das cédulas quitadas,[1537] vez que sua restituição quitada prova o pagamento,[1538] por sentença transitada em julgado[1539] ou em processo de consignação, por decisão judicial.[1540]

Quanto ao cancelamento da hipoteca por perempção, remetemos o leitor aos comentários ao art. 238.

Transferência do crédito e cancelamento

Em caso de transferência do crédito representado em cédula, a quitação dada pelo credor originário será título apto ao cancelamento, salvo se comprovada a ciência do devedor quanto à cessão.[1541] A jurisprudência administrativa paulista já decidiu que a mera averbação da transmissão do crédito em favor de terceiros na matrícula não implica presunção de seu conhecimento por parte do devedor, de modo que, como regra, o instrumento de quitação emitido pelo credor originário, ausente prova de ciência do devedor quanto à transmissão, é título suficiente ao cancelamento.

Para garantir que o instrumento de quitação emitido pelo credor originário não seja considerado título apto ao cancelamento das garantias reais acessórias ao crédito, pode o cessionário apresentar ao Registro de Imóveis certidão de notificação extrajudicial feita ao devedor dando ciência da cessão, para averbação na matrícula.

Jurisprudência

"Registro de imóveis – Financiamento imobiliário – Garantia hipotecária – Cédula hipotecária – Endosso-caução – Tradição inocorrente – Garantia pignoratícia descaracterizada – Cientificação pessoal dos devedores hipotecários inexistente – Ineficácia do endosso pignoratício – Título resgatado pelos devedores hipotecários – Quitação outorgada pela credora hipotecária – Eficácia plena – Cancelamento da hipoteca e da caução – Cabimento – Desqualificação do título afastada – Recurso provido.

Trecho da decisão:

Para a eficácia perseguida, a ciência, a notificação dos devedores hipotecários – judicialmente, pela via epistolar ou telegráfica, por meio dos serviços dos Registros de Títulos e Documentos ou outro meio idôneo –, era indispensável, à luz do disposto no artigo 1.069 do CC/1916 (reproduzido com linguagem mais técnica pelo artigo 290 do CC/2002), com incidência expressamente autorizada pelo artigo 16, *caput*, do Decreto-Lei nº 70/1966.

É natural que assim seja. A simples averbação do endosso pignoratício não tem, consoante bem reconheceu o legislador, aptidão para cientificar os devedores hipotecários a respeito da caução. Não se presta a evitar que paguem ao credor hipotecário. Logo, para dar-lhes conhecimento, produzindo a garantia, assim, plenos efeitos contra eles, exige-se a notificação pessoal (prescindível apenas se existir documento no qual se declaram cientes do endosso-caução), não bastando a publicidade ficta advinda da averbação.

Ademais, as peculiaridades do crédito hipotecário incorporado ao instrumento cedular justificam tal exigência. O fracionamento do pagamento em prestações, quitadas periodicamente independentemente da apresentação do título representativo do crédito, em sistemática própria das relações jurídicas massificadas, despersonalizadas, revela o acerto da exigência legal" (CGJSP, Processo: 36.541/2012, Rel. José Renato Nalini, localidade: São Paulo, j. 31/07/2012).

"A segunda questão, e mais intrincada, diz respeito à CAUÇÃO, ou à averbação da caução, e para análise deste pedido, necessário uma certa incursão e exame sobre a legislação de regência. A este propósito, cumpre anotar que a CAUÇÃO de títulos, tratada pelo Código Civil – artigos 789 e seguintes do estatuto superado –, equipara a 'caução' ao 'penhor civil', de forma que seus efeitos se instauram com a 'tradição' do título ao credor caucionado (art. 792, I), sendo necessária a intimação do 'devedor' dos títulos, para que este não pague a seu credor (art. 792, II).

[1537] Idem, art. 24, I.
[1538] Idem, art. 18, *caput*.
[1539] Idem, art. 24, III.
[1540] Idem, art. 20.
[1541] BRASIL, Lei 10.406/2002, Código Civil, art. 290, *a contrario sensu*.

Portanto, o credor caucionado em recebendo os títulos, passa a receber os pagamentos, tanto que, ao final, deve restituir ao credor caucionário o valor que sobejar de seu crédito (art. 793).

No caso destes autos e de inúmeros processos semelhantes, consta comprovado e patenteado, que os títulos permaneceram na posse do credor caucionário, que recebeu todas as parcelas e conferiu QUITAÇÃO. E o requerente, na condição de devedor, liquidou regular e corretamente todas as pendências pecuniárias.

A permanência do gravame secundário, somente se justificaria, se o credor caucionado tivesse assumido a POSSE e GUARDA dos títulos, inibindo o recebimento direto dos créditos pelo credor caucionário.

Como no caso, tal modalidade contratual não foi adotada, conquanto os títulos ficaram na posse da credora caucionária, a quitação por esta prestada e declarada, opera todos os efeitos em direito admitidos.

Ademais, deve ser considerado, em abono, o fato de a CAUÇÃO possuir insuperável caráter ACESSÓRIO em relação à HIPOTECA, de forma que o esgotamento do contrato principal (hipoteca), provoca o esvaziamento eficacial do contrato acessório (caução)" (1ª VRPSP, Processo 000.03.052216-1, Magistrado Venício Antonio de Paula Salles, localidade: São Paulo, j. 23/03/2004).

"Registro de imóveis – Recurso Administrativo – Pedido de cancelamento de penhoras e hipotecas formulado por adquirente de imóveis que foram objeto de Adjudicação em execução forçada na esfera trabalhista – Caráter derivado da aquisição – Impossibilidade de cancelamento administrativo das penhoras sem que para isso haja título emanado da autoridade jurisdicional que as ordenara – Precedentes desta Corregedoria Geral da Justiça – Cancelamento indireto que ultrapassa as atribuições deste processo administrativo – Inviabilidade de cancelamento da hipoteca não abarcada pela perempção – Ausência de subsunção às hipóteses constantes do art. 251, da Lei nº 6.015/73 – Cancelamento unilateral, de forma administrativa, que implica no total esvaziamento da garantia em prejuízo do credor, e sem demonstração de causa jurídica para tanto – Parecer pelo desprovimento do recurso" (CGJSP, Recurso administrativo 1045620-77.2021.8.26.0100, Rel. Fernando Antônio Torres Garcia, localidade: São Paulo, j. 14/02/2022, *DJ* 16/02/2022).

"Registro de imóveis – Hipoteca – Pedido de averbação de cancelamento negado – Ausência de prova de quitação da obrigação principal ou da anuência do credor hipotecário – Impossibilidade do reconhecimento administrativo da alegação de prescrição da pretensão à cobrança da dívida garantida pela hipoteca – Necessidade de discussão da matéria na esfera jurisdicional – Recusa acertada da averbação pretendida – Recurso desprovido" (CGJSP, Recurso administrativo 1018185-70.2017.8.26.0100, Rel. Manoel de Queiroz Pereira Calças, localidade: São Paulo, j. 20/10/2017, *DJ* 14/11/2017).

Art. 251-A. Em caso de falta de pagamento, o cancelamento do registro do compromisso de compra e venda de imóvel será efetuado em conformidade com o disposto neste artigo. *(Incluído pela Lei nº 14.382, de 2022)*

§ 1º A requerimento do promitente vendedor, o promitente comprador, ou seu representante legal ou procurador regularmente constituído, será intimado pessoalmente pelo oficial do competente registro de imóveis a satisfazer, no prazo de 30 (trinta) dias, a prestação ou as prestações vencidas e as que vencerem até a data de pagamento, os juros convencionais, a correção monetária, as penalidades e os demais encargos contratuais, os encargos legais, inclusive tributos, as contribuições condominiais ou despesas de conservação e manutenção em loteamentos de acesso controlado, imputáveis ao imóvel, além das despesas de cobrança, de intimação, bem como do registro do contrato, caso esse tenha sido efetuado a requerimento do promitente vendedor. *(Incluído pela Lei nº 14.382, de 2022)*

§ 2º O oficial do registro de imóveis poderá delegar a diligência de intimação ao oficial do registro de títulos e documentos da comarca da situação do imóvel ou do domicílio de quem deva recebê-la. *(Incluído pela Lei nº 14.382, de 2022)*

§ 3º Aos procedimentos de intimação ou notificação efetuados pelos oficiais de registros públicos, aplicam-se, no que couber, os dispositivos referentes à citação e à intimação previstos na Lei nº 13.105, de 16 de março de 2015 (Código de Processo Civil). *(Incluído pela Lei nº 14.382, de 2022)*

§ 4º A mora poderá ser purgada mediante pagamento ao oficial do registro de imóveis, que dará quitação ao promitente comprador ou ao seu cessionário das quantias recebidas no prazo de 3 (três) dias e depositará esse valor na conta bancária informada pelo promitente vendedor no próprio requerimento ou, na falta dessa informação, o cientificará de que o numerário está à sua disposição. *(Incluído pela Lei nº 14.382, de 2022)*

§ 5º Se não ocorrer o pagamento, o oficial certificará o ocorrido e intimará o promitente vendedor a promover o recolhimento dos emolumentos para efetuar o cancelamento do registro. *(Incluído pela Lei nº 14.382, de 2022)*

§ 6º A certidão do cancelamento do registro do compromisso de compra e venda reputa-se como prova relevante ou determinante para concessão da medida liminar de reintegração de posse. *(Incluído pela Lei nº 14.382, de 2022)*

Referências Normativas

Decreto-Lei 745/1969.

Comentários

O artigo traz dispositivo correspectivo ao previsto no art. 216-B, que prevê a adjudicação compulsória extrajudicial. Em caso de inadimplemento da obrigação do promitente vendedor em outorgar a escritura definitiva, o pedido pode ser atendido extrajudicialmente pela adjudicação compulsória extrajudicial. Em caso de inadimplemento da obrigação do promitente comprador, o cancelamento pode ser realizado na via extrajudicial.

A previsão não é nova, vez que a execução extrajudicial já era prevista para a alienação fiduciária em garantia,[1542] cédula hipotecária[1543] e alienação de lotes em loteamento ou desmembramento.[1544] Procedimentos extrajudiciais também são previstos para consignação em caso de loteamento[1545] e mesmo para outorga de contrato preliminar em caso de preexistência de pré-contrato.[1546]

A possibilidade de caracterização do inadimplemento absoluto do compromissário comprador, de forma genérica, já era prevista no Decreto-Lei 745/1969. Em sua redação original, o art. 1º previa que, mesmo que constasse do contrato cláusula resolutiva expressa, a constituição em mora exigia a interpelação prévia, judicial ou por notificação pelo Registro de Títulos e Documentos. A redação foi modificada pela Lei 13.097/2015, que previu que, com a interpelação, se caracterizaria o inadimplemento absoluto do compromissário comprador, se deixasse de purgar a mora no prazo de 15 dias.

O dispositivo em comento aperfeiçoou a dinâmica existente. É verdade que o inadimplemento absoluto ficava comprovado com o procedimento do Decreto-Lei 745/1969, dando solução à questão no plano material, mas o cancelamento no Registro de Imóveis dependeria ainda de ordem judicial ou de requerimento com anuência do promitente comprador. Com a nova previsão, o cancelamento pode ser obtido diretamente na serventia.

Cabe ressaltar que os custos de registro e cancelamento devem ser adimplidos pelo credor, vez que o registro do contrato preliminar é requisito para a utilização do procedimento (§ 1º do art. 251-A da LRP), e que, com o não pagamento, o promitente vendedor deve ser intimado, se ainda não tiver depositado os valores, para que promova o recolhimento dos emolumentos (§ 5º do art. 251-A da LRP). Em caso de não pagamento dos emolumentos necessários para o cancelamento, deverá o

---

[1542] BRASIL, Lei 9.514/1997, art. 26.
[1543] BRASIL, Decreto-Lei 70/1966, art. 29.
[1544] BRASIL, Lei 6.766/1979, arts. 32, 32-A, 34 e 35.
[1545] Idem, art. 33.
[1546] Idem, art. 27.

Oficial emitir nota devolutiva, dando prazo razoável ao credor para recolhimento dos valores, sob pena de extinção do procedimento sem o cancelamento pretendido.

Importa notar que, atualmente, há dois procedimentos previstos, de forma genérica, em caso de inadimplemento pelo promitente comprador:

1) Se o contrato estiver registrado, pode ser utilizado o procedimento do art. 251-A da Lei dos Registros Públicos, em que se concedem 30 dias para pagamento, sob pena de cancelamento do registro; ou

2) Independentemente de o contrato estar registrado, pode ser utilizado o procedimento previsto no artigo 1º do Decreto-Lei 745/1969, pelo qual pode ser provado o inadimplemento absoluto do compromissário comprador se deixar de purgar a mora em 15 dias.

É necessário distinguir duas modalidades de execução de garantias no sistema brasileiro.

A primeira caracteriza-se pela persecução do adimplemento das obrigações. É o que ocorre quando, inadimplido um débito, o credor toma providências para que o devedor seja constrangido a satisfazer o quanto lhe é devido. Ocorre na execução em geral.

A segunda caracteriza-se pela busca do desfazimento de uma relação jurídica existente. É o que ocorre quando, inadimplido um débito, o credor toma providências para que seja extinto o direito do devedor se não satisfizer o devido.

Ambas as formas de execução podem coexistir em um único procedimento. No procedimento de intimação para consolidação da alienação fiduciária em garantia, em um primeiro momento é facultado ao devedor purgar a mora, e, em consequência de sua inércia, o direito real de aquisição de que é titular será cancelado, pela consolidação.

Situação similar ocorre no procedimento de cancelamento por inadimplemento do promitente comprador previsto no dispositivo em questão. Contudo, não há regra explícita quanto à devolução dos valores pagos, como ocorre no loteamento[1547] e na alienação fiduciária.[1548]

 Jurisprudência

"Recurso especial – Ação de reintegração de posse – Compromisso de compra e venda de imóvel rural com cláusula de resolução expressa – Inadimplemento do compromissário comprador que não efetuou o pagamento das prestações ajustadas – Mora comprovada por notificação extrajudicial e decurso do prazo para a purgação – Instâncias ordinárias que julgaram procedente o pedido reintegratório reputando desnecessário o prévio ajuizamento de demanda judicial para a resolução contratual – Insurgência do devedor – Reclamo desprovido.

Controvérsia: possibilidade de manejo de ação possessória fundada em cláusula resolutiva expressa decorrente de inadimplemento de contrato de compromisso de compra e venda imobiliária, sem que tenha sido ajuizada, de modo prévio ou concomitante, demanda judicial objetivando rescindir o ajuste firmado.

I. Violação ao artigo 535 do CPC/73 inocorrente na espécie, pois a Corte local procedeu à averiguação de toda a matéria reputada necessária ao deslinde da controvérsia, apenas não adotou a mesma compreensão almejada pela parte, acerca da resolução da lide, o que não enseja omissão ou contradição no julgado.

II. A ausência de enfrentamento da matéria objeto da controvérsia pelo Tribunal de origem, não obstante a oposição de embargos de declaração, impede o acesso à instância especial, porquanto não preenchido o requisito constitucional do prequestionamento, atraindo o enunciado da Súmula 211/STJ, notadamente quando a parte não cuidou de alegar negativa de prestação jurisdicional no ponto, isto é, ao indicar a violação do artigo 535 do CPC/73, não suscitou a existência de omissão do acórdão recorrido na análise dos dispositivos.

III. Inexiste óbice para a aplicação de cláusula resolutiva expressa em contratos de compromisso de compra e venda, porquanto, após notificado/interpelado o compromissário comprador inadimplente

---

[1547] Idem, art. 32-A.
[1548] BRASIL, Lei 9.514/1997, art. 27, §§ 4º e 5º.

(devedor) e decorrido o prazo sem a purgação da mora, abre-se ao compromissário vendedor a faculdade de exercer o direito potestativo concedido pela cláusula resolutiva expressa para a resolução da relação jurídica extrajudicialmente.

IV. Impor à parte prejudicada o ajuizamento de demanda judicial para obter a resolução do contrato quando esse estabelece em seu favor a garantia de cláusula resolutória expressa, é impingir-lhe ônus demasiado e obrigação contrária ao texto expresso da lei, desprestigiando o princípio da autonomia da vontade, da não intervenção do Estado nas relações negociais, criando obrigação que refoge o texto da lei e a verdadeira intenção legislativa.

V. A revisão do valor estabelecido a título de honorários nos termos do artigo 20, § 4º do CPC/73, só é permitido quando o montante fixado se mostrar ínfimo ou exorbitante, o que não se verifica no caso em exame, levando-se em conta a complexidade da causa, o trabalho realizado pelo causídico e o valor envolvido na demanda, circunstâncias segundo as quais o reexame implicaria em revolvimento do conjunto fático dos autos, providência vedada ao STJ ante o óbice contido no enunciado 7 da Súmula desta Casa.

VI. Recurso especial conhecido em parte e, na extensão, desprovido" (STJ, REsp 1.789.863-MS, Rel. Min. Marco Buzzi, j. 10/08/2021).

"Registro de imóveis. Recurso de apelação recebido como recurso administrativo. Pedido de cancelamento de registro de compromisso de compra e venda. Cláusula resolutiva expressa. Necessidade de apresentação de título em via original, com firmas reconhecidas. Art. 221 da Lei de Registros Públicos. Recurso desprovido. [...]

De fato, os recorrentes têm razão ao afirmar que a cláusula resolutiva expressa se opera de pleno direito, ao contrário do que ocorre com a tácita. Tanto assim o é que a sentença que eventualmente enfrentar a controvérsia será declaratória (*ex tunc*) na hipótese de cláusula resolutiva expressa, e desconstitutiva (*ex nunc*), no caso da cláusula tácita.

Ocorre que tais disposições dizem respeito à relação obrigacional, de direito material pessoal, o que não se aplica ao direito registral imobiliário, que não admite seja o registrador aquele que irá reconhecer a resolução da avença e, ato seguinte, passará à averbação do seu cancelamento.

Ao revés, qualquer ato que pudesse operar o desfazimento do compromisso registrado precisaria se enquadrar em algumas das hipóteses de cancelamento de registro, que são aquelas previstas no art. 250 da Lei 6.015/73:

Art. 250 – Far-se-á o cancelamento:

I – em cumprimento de decisão judicial transitada em julgado;

II – a requerimento unânime das partes que tenham participado do ato registrado, se capazes, com as firmas reconhecidas por tabelião;

III – a requerimento do interessado, instruído com documento hábil.

Na hipótese, como dito, os recorrentes apenas se reportam à existência da mencionada cláusula resolutiva e apresentam prova de notificação feita aos compromissários compradores, o que (repita-se), do ponto de vista registral imobiliário, não possui natureza de título hábil ao fim buscado; seria necessária a apresentação do respectivo distrato, ou decisão judicial declaratória da resolução" (CGJSP, Recurso administrativo 1012057-19.2018.8.26.0320, Rel. Geraldo Francisco Pinheiro Franco, localidade: Limeira, j. 02/08/2019).

Art. 252. O registro, enquanto não cancelado, produz todos os efeitos legais ainda que, por outra maneira, se prove que o título está desfeito, anulado, extinto ou rescindido.

Referências Normativas

Lei 10.406/2002, arts. 1.245, § 2º, e 1.247.
Lei 3.071/1916, arts. 859 e 860.
Lei 13.097/2015

Comentários

1. Princípio da legitimação

O artigo incorpora o princípio da legitimação, segundo o qual o registro tem presunção de integralidade e validade de seu conteúdo. Eventual invalidade do seu conteúdo, demonstrada externamente ao registro, não retira sua eficácia, a não ser a partir do momento em que efetivamente cancelado.

O registro é atividade que possui função útil, e o aperfeiçoamento do sistema registral permitiu a atribuição de efeitos mais fortes ao seu conteúdo. Historicamente, o registro era constitutivo com relação à hipoteca[1549] e necessário para efeitos perante terceiros com relação às transferências,[1550] conquanto não induzisse presunção do domínio.[1551] O efeito de presunção relativa é introduzido no Direito Brasileiro com o Código Civil de 1916,[1552] com acirrados debates doutrinários sobre a possibilidade de adoção do princípio da fé pública.[1553] Atualmente, o registro atualmente possui caráter obrigatório.[1554]

A função do registro de imóveis é identificar a situação jurídica com relação aos direitos reais sobre a propriedade imobiliária. O Registro de Imóveis possui natureza de serviço fideijurídico, que, na nossa definição, são:

> "todas as atividades que constatem, analisem ou verifiquem, em favor do interesse social, certos fatos, atos, declarações e documentos, com o fim de, por meio da prática de atos próprios, declarar a conformidade ao ordenamento jurídico de certos aspectos das informações apresentadas, com presunção legal de autenticidade e validade."[1555]

A questão que se coloca é: quais os limites da presunção atribuída pelo ordenamento jurídico à declaração de conformidade ao ordenamento jurídico da informação registral?

Temos que o registro se configura a partir do momento em que se atribui o efeito publicitário ao conteúdo que seja apresentado e arquivado no registro. É dizer, o primeiro efeito do registro, sem o qual não pode subsistir, é a presunção de conhecimento, por parte de terceiros, de seu conteúdo. A eficácia, desse modo, é meramente publicitária. Os atos e negócios registrados existem independentemente do registro, mas com sua realização tornam-se eficazes perante terceiros.

O aumento da eficácia atribuída ao registro relaciona-se à presunção de propriedade dele decorrente. Atribuindo-se ao declarado pelo Registro a presunção de ser verdade, a prova do domínio decorre da emissão de certidão. Classificamos a presunção do domínio em três estágios: relativa-fraca, relativa-forte e absoluta.

Presunção relativa-fraca é a presunção do domínio que pode ser afastada por prova em contrário com base em elementos extrarregistrais. Significa dizer que o Registro não possui, em si mesmo, todos os elementos necessários para avaliar a situação jurídica que busca retratar. Aspectos extrarregistrais

---

[1549] BRASIL, Decreto 482/1846, art. 14. Depois da installação do Registro das hypothecas, em qualquer Comarca, os effeitos legaes das hypothecas dos bens n'ella situados, só começarão a existir da data do registro das mesmas hypothecas.

[1550] BRASIL, Lei 1.237/1864, art. 8º, *caput*, A transmissão entrevivos por titulo oneroso ou gratuito dos bens susceptiveis de hypothecas (art. 2º § 1º) assim como a instituição dos onus reaes (art. 6º) não operão seus effeitos a respeito de terceiro, senão pela transcripção e desde a data della.

[1551] Idem, art. 8º, § 4º A trancripção não induz a prova do dominio que fica salvo a quem fôr.

[1552] BRASIL, Lei 3.071/1916, Código Civil de 1916, arts. 859 e 860.
Art. 859. Presume-se pertencer o direito real à pessoa, em cujo nome se inscreveu, ou transcreveu.
Art. 860. Se o teor do registro de imóveis não exprimir a verdade, poderá o prejudicado reclamar que se retifique.
Parágrafo único. Enquanto se não transcrever o título de transmissão, o alienante continua a ser havido como dono do imóvel, e responde pelos seus encargos.

[1553] Para uma detalhada explicação da controvérsia instaurada a partir do Código Civil de 1916 a respeito da presunção decorrente do Registro, ver LAGO, Ivan Jacopetti do. *Coleção direito imobiliário* – Volume I: história do registro de imóveis. In: PEDROSO, Alberto Gentil de Almeida. (coord.). São Paulo: Thomson Reuters Brasil, 2020. p. 203 ss.

[1554] BRASIL, Lei 6.015/1973, Lei dos Registros Públicos, art. 169, *caput*.

[1555] MIRANDA, Caleb Matheus Ribeiro de. Serviços notariais e de registro: definição como serviços fideijurídicos e características. In: *Direito Administrativo e o Extrajudicial*, p. 52.

Art. 252 | LEI DE REGISTROS PÚBLICOS COMENTADA

podem ser utilizados para questionar a presunção decorrente do Registro. Era a presunção aplicável no Brasil entre o Código Civil de 1916 e a Lei 13.097/2015, especialmente prevista a necessidade de apresentação de certidões de ações para a aquisição,[1556] conquanto parte da doutrina defendesse, com boas razões, a eficácia material do registro como consequência do princípio da tutela da aparência jurídica,[1557] fundamentado no princípio do Estado de Direito, previsto no art. 1º, *caput*, da Constituição Federal.

Ao grau subsequente da presunção denominamos relativa-forte, que é a presunção do domínio que pode ser afastada por prova em contrário somente com base em informações constantes do Registro. Significa dizer que a confiabilidade do Registro é ampla, e que a consulta aos assentos registrais é suficiente para obtenção de todas as informações relevantes para definir a situação jurídica do bem. É a regra no Brasil desde a Lei 13.097/2015,[1558] e que se denominou princípio da concentração, segundo o qual para análise da situação jurídica do imóvel é suficiente a consulta à matrícula, repositório central das informações com relevância jurídico-real, e que foi reforçada pela Lei 14.382/2022.[1559]

Por fim, o grau máximo de eficácia atribuída ao sistema é a presunção absoluta, que é a presunção do domínio que não pode ser afastada por qualquer prova em contrário, inclusive com base em informações constantes do Registro. É o que se aplica, atualmente, para as unidades decorrentes de incorporação condominial, parcelamento do solo ou condomínio edilício, em caso de sua transmissão ou oneração,[1560] e para os imóveis submetidos ao Registro Torrens.[1561]

É fato que a doutrina costumava classificar os efeitos da presunção de modo diverso, denominando presunção absoluta o que denominamos presunção relativa-forte. E há razão positiva para assim se fazer. Se as informações que podem retirar a presunção dominial constam do próprio registro, forçoso é dizer que a presunção registral só pode ser restringida por efeito de presunção de outro ato registral. Esse efeito, por sua vez, corresponde ao melhor grau de proteção dos terceiros interessados, uma vez que privilegia de modo completo as informações constantes do Registro. Contudo, em certos casos existe uma submissão completa do próprio direito material ao conteúdo do Registro em defesa de certos indivíduos, em que se determina que, ainda que eventual causa de nulidade esteja presente no próprio conteúdo do registro, ela não afetará a presunção de domínio. Forçoso nos é reconhecer que essa presunção é mais forte do que a presunção que só pode ser afastada em razão de informações constantes do próprio registro, razão pela qual lhe reservamos a denominação absoluta, e entendemos adequado denominar-se a outra presunção relativa-forte. A se preferir a manutenção da terminologia até então adotada, poder-se-ia denominar a presunção dominial nos casos do registro torrens e das unidades autônomas como superior ou superlativa.

Um exemplo pode melhor demonstrar os graus de proteção. Imaginemos que Carlos comprou um imóvel de Valério. Antes do registro da escritura de compra e venda, foi averbada na matrícula do imóvel a existência de uma ação anulatória contra Valério, promovida por terceiro. Além disso, havia uma ação judicial, não noticiada na matrícula, contestando a aquisição por Valério, por nulidade do título.

Considerando a situação apresentada, até a entrada em vigor da Lei 13.097/2015, Carlos poderia ter seu direito prejudicado tanto em razão da ação anulatória, que estava noticiada na matrícula, como da

---

[1556] BRASIL, Lei 7.433/1985, art. 1º, § 2º – O Tabelião consignará no ato notarial, a apresentação do documento comprobatório do pagamento do Imposto de Transmissão *inter vivos*, as certidões fiscais, feitos ajuizados, e ônus reais, ficando dispensada sua transcrição (redação anterior à modificação pela Medida Provisória 656/2014 e da Lei 13.097/2015).

[1557] BRANDELLI, Leonardo. *Registro de imóveis*: eficácia material. Rio de Janeiro: Forense, 2016.

[1558] BRASIL, Lei 13.097/2015, art. 54.

[1559] BRASIL, Lei 13.097/2015, art. 54, § 2º, com redação dada pela Lei 14.382/2022: Para a validade ou eficácia dos negócios jurídicos a que se refere o *caput* deste artigo ou para a caracterização da boa-fé do terceiro adquirente de imóvel ou beneficiário de direito real, não serão exigidas:
I – a obtenção prévia de quaisquer documentos ou certidões além daqueles requeridos nos termos do § 2º do art. 1º da Lei nº 7.433, de 18 de dezembro de 1985; e
II – a apresentação de certidões forenses ou de distribuidores judiciais.

[1560] BRASIL, Lei 13.097/2015, art. 55.

[1561] BRASIL, Decreto 451-B/1890, Art. 75. Nenhuma acção de reivindicação será recebivel contra o proprietario de immovel matriculado. § 1º A exhibição judicial do titulo, ou outro acto de registro, constitue obstaculo absoluto a qualquer litigio contra o conteudo de taes documentos e contra a pessoa nelles designada.

ação declaratória de nulidade, vez que era necessário que obtivesse as certidões de ações para realizar as transações. Com a entrada em vigor da Lei 13.097/2015, Carlos só poderá ser afetado pela ação anulatória, porque a ação declaratória de nulidade não foi noticiada na matrícula, e não pode atingi-lo em seu direito. Mas, se o imóvel for unidade decorrente de parcelamento, incorporação ou especificação condominial, Carlos não poderá ser afetado sequer pela ação anulatória noticiada na matrícula, e eventuais credores do alienante ficarão sub-rogados no preço ou no eventual crédito imobiliário.

2. União estável não constante da matrícula

Caso importante foi decido pelo Superior Tribunal de Justiça. Sabendo-se que os bens adquiridos onerosamente durante a união estável, como regra, integram a comunhão, qual a consequência da alienação do imóvel somente por um dos companheiros se a existência da união estável não constava da matrícula? Foi decidido que seria necessário proteger o terceiro adquirente de boa-fé, que confiou no registro, frente à situação de fato.[1562]

A solução está em consonância com o princípio da concentração, de modo que se determinou a prevalência do negócio jurídico frente ao ato jurídico não constante do registro.[1563]

3. Impossibilidade de cancelamento indireto

O dispositivo indica a impossibilidade de serem considerados cancelados indiretamente os direitos inscritos. A afirmação, contudo, deve ser corretamente compreendida.

Nos casos em que é evidente o efeito cancelatório, não há necessidade de que seja praticado ato específico de cancelamento. Assim era no sistema das transcrições, em que as subsequentes transferências implicavam o cancelamento das anteriores.[1564] Contudo, há de se identificar que, nesse caso, não há de fato o cancelamento da transmissão anterior, mas, sim, uma retirada do efeito de propriedade que a transcrição anterior atribuía ao então adquirente, agora que o bem já foi transmitido.

Regra geral, entende-se necessário o cancelamento expresso de qualquer ônus ou direito, exceto se for evidente que o efeito de outro ato praticado é a extinção do antecessor.

4. Presunção decorrente de compromisso de compra e venda inscrito

Caso recém julgado pelo Conselho Superior da Magistratura identifica um novo aspecto do princípio da legitimação. É sabido que a menção à certidão de registro anterior, necessária para abertura de matrícula,[1565] se refere à certidão da transcrição anterior,[1566] sendo insuficiente a apresentação de certidões das inscrições anteriores de promessa de compra e venda, uma vez que se trata de ato acessório, a depender do registro da propriedade.

Não obstante, em caso em que havia compromisso de compra e venda em que a prefeitura municipal comparecia como promitente vendedora, foi autorizada a abertura de matrícula com base na inscrição do compromisso de compra e venda. A prefeitura, com base em legislação estadual que lhe atribuíra o domínio, realizara os compromissos, à época inscritos independentemente de ação discriminatória, mas cuja outorga da escritura definitiva restava impedida em razão da ausência de transcrição anterior. Exigia-se a prova do domínio. Assim dispôs o julgado:

> *Destarte, a inscrição do compromisso de compra e venda faz presumir o direito real em favor do compromissário comprador que, **por questão de lógica, depende da existência do direito***

[1562] STJ – REsp 1.592.072 – PR, indicada na seção jurisprudência deste artigo.

[1563] BRASIL, Lei 13.097/2015, art. 54.

[1564] BRASIL, Decreto 4.857/1939, Art. 246. O cancelamento das transcrições decorre das subsequentes transferências, independentemente de qualquer formalidade.

[1565] BRASIL, Lei 6.015/1973, art. 229.

[1566] CSMSP – apelação cível: 278.400, localidade: Ribeirão Pires, data de julgamento: 12/03/1979, Rel. Humberto de Andrade Junqueira. Ementa: Quando a lei exige a certidão do registro anterior, não se refere a inscrições de promessa de compra e venda ou a averbações de sua margem, circunstâncias acessórias à propriedade imobiliária. Refere-se a certidão da transcrição ou das transcrições anteriores consumadas nos cartórios a cuja circunscrição tenha pertencido o prédio quando dela ou delas dependem a aquisição e a prova do domínio disponível. A exibição desses elementos condiciona a abertura da matrícula e o subsequente registo da promessa de cessão. Disponível em: http://kollemata.com.br/integra.php?id=33036, ID KOLLEMATA 33036. Acesso em: 17 out. 2022.

*de propriedade pelo promitente vendedor. Portanto, neste caso concreto, a inscrição do imóvel no Registro de Imóveis, ou seja, o primeiro registro, foi realizada pelo 15º Oficial de Registro de Imóveis da Comarca da Capital, em 29 de dezembro de 1961, com a inscrição do contrato de compromisso de compra e venda, o **que enseja a presunção de que é de propriedade do Município de São Paulo e sobre ele incide direito real de compromissário comprador constituído em favor de Giacomino Gillo Salera, casado**. Enquanto não for cancelada essa inscrição produz todos os efeitos legais, incluído o de, diante das peculiaridades deste caso concreto, constituir registro anterior do imóvel para efeito de abertura de matrícula, na forma do art. 228 da Lei nº 6.015/73: 'Art. 228 - A matrícula será efetuada por ocasião do primeiro registro a ser lançado na vigência desta Lei, mediante os elementos constantes do título apresentado e do registro anterior nele mencionado'"* (Grifos nossos). (CSMSP, Ap. Cív. 1018356-90.2018.8.26.0100, Rel. Des. Geraldo Francisco Pinheiro Franco j. 09/08/2019. Disponível em: http://kollemata.com.br/integra.php?id=35341. Acesso em: 17 out. 2022).

Identifica-se, desse modo, que a presunção decorrente do registro é questão que deve ser avaliada de modo abrangente, de modo a permitir a extração, no caso concreto, de efeitos válidos, emanados dos registros praticados.

 Jurisprudência

"Traduz-se o princípio da legitimação registral em afirmar a exatidão e a integralidade dos assentos registrários, não importando – salvo, à evidência, o caso de nulidade registral absoluta (artigo 214, Lei nº 6.015, de 31 de dezembro de 1973) – a circunstância de que, externamente ao registro, se tenha atacado ou informado o título" (TJSP, Ap. Cív. 15.687-0/9, CSMSP, Rel. Dínio de Santis Garcia, j. 31/08/1992).

"Recurso especial. Ação de nulidade de escritura pública c.c. cancelamento de registro de imóveis. 1. Alienação de bens imóveis adquiridos durante a constância da união estável. Anuência do outro convivente. Observância. Interpretação dos arts. 1.647, I, e 1.725 do Código Civil. 2. Negócio jurídico realizado sem a autorização de um dos companheiros. Necessidade de proteção do terceiro de boa-fé em razão da informalidade inerente ao instituto da união estável. 3. Caso concreto. Ausência de contrato de convivência registrado em cartório, bem como de comprovação da má-fé dos adquirentes. manutenção dos negócios jurídicos que se impõe, assegurando-se, contudo, à autora o direito de pleitear perdas e danos em ação própria. 4. Recurso especial desprovido.

1. Revela-se indispensável a autorização de ambos os conviventes para alienação de bens imóveis adquiridos durante a constância da união estável, considerando o que preceitua o art. 5º da Lei 9.278/1996, que estabelece que os referidos bens pertencem a ambos, em condomínio e em partes iguais, bem como em razão da aplicação das regras do regime de comunhão parcial de bens, dentre as quais se insere a da outorga conjugal, a teor do que dispõem os arts. 1.647, I, e 1.725, ambos do Código Civil, garantindo-se, assim, a proteção do patrimônio da respectiva entidade familiar.

2. Não obstante a necessidade de outorga convivencial, diante das peculiaridades próprias do instituto da união estável, deve-se observar a necessidade de proteção do terceiro de boa-fé, porquanto, ao contrário do que ocorre no regime jurídico do casamento, em que se tem um ato formal (cartorário) e solene, o qual confere ampla publicidade acerca do estado civil dos contratantes, na união estável há preponderantemente uma informalidade no vínculo entre os conviventes, que não exige qualquer documento, caracterizando-se apenas pela convivência pública, contínua e duradoura.

3. Na hipótese dos autos, não havia registro imobiliário em que inscritos os imóveis objetos de alienação em relação à copropriedade ou à existência de união estável, tampouco qualquer prova de má-fé dos adquirentes dos bens, circunstância que impõe o reconhecimento da validade dos negócios jurídicos celebrados, a fim de proteger o terceiro de boa-fé, assegurando-se à autora/recorrente o direito de buscar as perdas e danos na ação de dissolução de união estável c.c. partilha, a qual já foi, inclusive, ajuizada.

4. Recurso especial desprovido" (STJ, REsp 1.592.072 – PR, Rel. Min. Marco Aurélio Bellizze, j. 21/11/2017, *DJ* 18/12/2017).

"Registro de imóveis – Pedido de providências – Decretação de nulidade de averbação instruída com CND que em primeiro momento fora regular, mas veio a ser posteriormente cancelada pela Receita Federal – Não há providências por tomar em âmbito administrativo, por esta Corregedoria Permanente – Ausência de vício extrínseco – registro formalmente perfeito – Não se trata de nulidade absoluta, mas tão somente de ineficácia da averbação perante o INSS – Necessária a busca das vias ordinárias para que se possa declarar a nulidade – A averbação gera efeitos enquanto não for declarada sua nulidade pela via correta (LRP/1973, arts. 216 e 252) – arquivamento" (1ª VRPSP, Processo 0041082-51.2013.8.26.0100, Magistrado Josué Modesto Passos, localidade: São Paulo, j. 11/12/2013, *DJ* 08/01/2014).

"Apelação. SFH. Mútuo com alienação fiduciária em garantia. Consolidação da propriedade. Extinção da relação jurídica contratual. Revisão de cláusulas contratuais: impossibilidade. Alienação fiduciária de bem imóvel. Inadimplemento. Consolidação em favor do credor. Lei no 9.514/97. Inexistência de ofensa ao devido processo legal. Regularidade do procedimento de execução extrajudicial. [...]

7. Com efeito, nos termos do artigo 252 da Lei nº 6.015/73 'o registro, enquanto não cancelado, produz todos os seus efeitos legais ainda que, por outra maneira, se prove que o título está desfeito, anulado, extinto ou rescindido cancelamento feito apenas em cumprimento de decisão judicial transitada em julgado, nos termos do artigo 250, inciso I do referido diploma legal. Ademais, a referida Lei de Registros Públicos prevê, para a hipótese dos autos, o registro da existência da ação, na forma do artigo 167, I, 21, para conhecimento de terceiros da possibilidade de anulação do registro'" (TRF-3, Ap. Cív. 5029246-37.2018.4.03.6100, Rel. Helio Egydio de Matos Nogueira, localidade: São Paulo, j. 03/04/2020, *DJ* 15/04/2020).

"Civil. Processual civil. Apelação cível. SFH. Mútuo com alienação fiduciária em garantia. Cerceamento de defesa: inocorrência. Consolidação da propriedade. Extinção da relação jurídica contratual. Revisão de cláusulas contratuais: impossibilidade. Intimação pessoal para ciência da realização de leilão: necessidade. Imóvel não arrematado. Ausência de prejuízo. Recurso parcialmente provido. (...)

5. Nos termos do artigo 252 da Lei no 6.015/1973 'o registro, enquanto não cancelado, produz todos os seus efeitos legais ainda que, por outra maneira, se prove que o título está desfeito, anulado, extinto ou rescindido', sendo o cancelamento feito apenas em cumprimento de decisão judicial transitada em julgado, nos termos do artigo 250, inciso I do referido diploma legal. Ademais, a referida Lei de Registros Públicos prevê, para a hipótese dos autos, o registro da existência da ação, na forma do artigo 167, I, 21, para conhecimento de terceiros da possibilidade de anulação do registro" (TRF-3, Ap. Cív. 0015795-35.2015.4.03.6100, Rel. Hélio Nogueira, localidade: São Paulo, j. 01/08/2019, *DJ* 13/08/2019).

Art. 253. Ao terceiro prejudicado é lícito, em juízo, fazer prova da extinção dos ônus, reais, e promover o cancelamento do seu registro.

Referências Normativas

Lei 6.015/1973, art. 251, II.

Comentários

O dispositivo abrange questão de legitimação. O terceiro prejudicado pode fazer prova da extinção do ônus e buscar seu cancelamento em juízo, não sendo legitimado aquele em desfavor de quem o ônus for instituído. Especialmente em se considerando que a prova da extinção não impede os efeitos do ato registrado, senão quando cancelado, o dispositivo possui importante efeito prático.

Importa notar que a expressão em juízo implica a exigência de procedimento de natureza jurisdicional, não sendo possível que o cancelamento seja buscado na via administrativa, salvo se houver expressa previsão legal, como no caso da extinção de hipoteca.

 **Jurisprudência**

"Registro de Imóveis – O cancelamento de arresto (LRP73, art. 250, I-III, e 253) deve ser requerido no juízo que o determinou – Inexistência de providências cabíveis à corregedoria permanente – Pedido indeferido" (1ª VRPSP, Processo 1091345-70.2013.8.26.0100, Magistrada Tânia Mara Ahualli, localidade: São Paulo, j. 16/05/2014).

"(...) Na abrangência do texto, extraído da lei – artigo 217 do diploma regulador dos Registros Públicos – cabe a hipótese do terceiro interessado em assegurar o direito que se deva inscrever. Existe expressa disposição no artigo 253 da Lei 6.015/73. E "apesar de restrita aí ao terceiro prejudicado pela omissão do cancelamento de um ônus, a faculdade tem sentido genérico" (Afrânio de Carvalho, op. cit., p. 312)" (1ª VRPSP, Processo1.400/81, Magistrado José Renato Nalini, localidade: São Paulo, j. 15/01/1982).

"Registro de Imóveis – pedido de providências – cancelamento (LRP73, art. 250, I-III, e 253) de hipoteca deve ser requerido no juízo que a determinou – inexistência de providências cabíveis à corregedoria permanente – pedido indeferido.

(...) O cancelamento da hipoteca e da averbação referente à anotação da existência da ação anulatória de ato jurídico, objeto da pretensão do requerente, devem ocorrer, conforme preceituam os artigos 250, I-III, e 253, da Lei 6.015/73, nas seguintes hipóteses: em decorrência de decisão judicial transitada em julgado; a requerimento unânime das partes que tenham participado do ato registrado; a requerimento do interessado, instruído com documento hábil; ou ainda, em juízo, por iniciativa de terceiro prejudicado" (1ª VRPSP, Processo 0034156-88.2012.8.26.0100, Rel. Tânia Mara Ahualli, localidade: São Paulo, j. 08/04/2014, *DJ* 25/04/2014).

"Registro de Imóveis – Pedido de Providências – Requerimento de abertura de matrícula por força do registro de arrematação – "Causa de extinção de direitos que existam sobre uma coisa" e "aquisição originária" não são conceitos de mesma extensão – insuficiente o caráter originário da aquisição para que o direito novo tenha sido adquirido sem restrições ou limitações de qualquer espécie – abertura de matrícula que não se justifica – impossibilidade dos cancelamentos de averbações para os quais faltem os requisitos legais – Dúvida procedente. [V. processo CGJSP 10.137/2015].

(...) A lei é clara: o cancelamento tem de fazer-se em cumprimento a decisão judicial transitada em julgado; ou a requerimento unânime das partes que tenham participado do ato registrado; ou a requerimento do interessado, instruído com documento hábil (LRP/73, art. 250, I-II); ou ainda, em juízo, por iniciativa de terceiro prejudicado (LRP/73, art. 253)" (1ª VRPSP, Processo 0067139-09.2013.8.26.0100, Magistrada Tânia Mara Ahualli, localidade: São Paulo, j. 10/06/2014, *DJ* 02/07/2014).

Art. 254. Se, cancelado o registro, subsistirem o título e os direitos dele decorrentes, poderá o credor promover novo registro, o qual só produzirá efeitos a partir da nova data.

 Comentários

O cancelamento do registro com a subsistência do título e direitos dá-se em duas situações: em caso de cancelamento em decorrência de erro no procedimento de registro – como, por exemplo, se o instrumento de quitação não foi acompanhado de procuração que concedia poderes ao signatário para dar quitação; e em caso de cancelamento do registro para prática de ato por declaração de fraude à execução.

A interpretação dada ao art. 216 pelo Conselho Superior da Magistratura Paulista até 1994 era de que, com a declaração de que determinada transação tinha ocorrido em fraude à execução, deveria ser realizado o cancelamento do registro translativo para registro da penhora e da arrematação posterior. Contudo, em 1994 houve a mudança desse posicionamento e entendeu-se que seria suficiente a averbação da ineficácia da transação para que o bem fosse atingido, ineficácia essa que resta limitada ao autor da ação.

Quando ainda prevalecia a interpretação anterior, não era incomum que, com a extinção do processo de execução, e mantido o bem na titularidade do então executado, fosse do interesse do adquirente pelo título cancelado a reapresentação do seu título, para registro. No caso, não seria possível cancelar o cancelamento – pelas razões, inclusive, que indicamos nos comentários ao art. 259 – e o título deveria ser apresentado novamente a registro. A situação não mais ocorre vez que, atualmente, apenas averba-se a fraude à execução com o consequente efeito de ineficácia em relação ao processo específico em que decretada. O adquirente continua a ser titular do imóvel, mas o bem poderá ser atingido pelo procedimento judicial em questão.

Atualmente, o dispositivo tem sua aplicação limitada aos casos em que, cancelado o registro por erro no procedimento de registro, poderá, subsistentes os direitos dele decorrentes, ser reapresentado, tomando novo número de ordem no protocolo.

 Jurisprudência

"Alienação fraudulenta – Registro de imóveis – Alienação tida como fraudulenta à execução – Cancelamento do registro relativo ao negócio fraudulento em razão de decisão jurisdicional – Cancelamento desnecessário – Vício de registro nesse aspecto – A alienação fraudulenta à execução não é inválida mas, apenas, ineficaz em relação ao exequente – Averbação apenas da decisão sobre a fraude à execução sem ingresso no fólio real do arresto ou da penhora do imóvel – Desfazimento, ademais, da penhora que recaiu sobre o imóvel em embargos de terceiros e extinção da execução a requerimento do credor porque satisfeito o crédito – Desnecessidade, em tais circunstâncias, da permanência da averbação relativa à alienação fraudulenta à execução – Provimento do recurso para cancelar o cancelamento do registro relativo ao negócio tido como fraudulento e a averbação referente à decisão sobre alienação fraudulenta" (CGJSP, Processo 3.206/2000, localidade: Ituverava, j. 27/03/2001).

"1. Mandado judicial de registro de penhora, com aditamento de reconhecimento de fraude à execução e ineficácia da alienação em relação ao credor-exequente, merece o ingresso no registro sem o cancelamento da alienação. [...]

Reconhecida a fraude de execução – e, em consequência, a ineficácia da alienação em relação ao credor-exequente – torna-se o terceiro adquirente responsável patrimonial. Quer isto dizer que aquele seu patrimônio responde pelo cumprimento da obrigação inadimplida.

Pois bem. Como lembra o recorrente, não há nulidade a justificar o Cancelamento daquele registro conquanto, outrora, essa foi a providência que em várias oportunidades se adotou.

Tem o cancelamento, todavia, efeito maior que o atribuído a simples ineficácia, que era o espírito do legislador processual. É que se determinado o cancelamento, ingressariam não somente o título daquele beneficiado pela declaração de ineficácia, como qualquer outros em igual condição.

Não é isso, porém, o que se buscou na lei adjetiva. O legislador quis privilegiar aquele – e somente aquele – credor beneficiado com o reconhecimento da fraude de execução.

Daí a solução que permite conciliar o benefício estabelecido em função de determinado credor é o de se averbar a declaração de ineficácia em relação àquele cuja fraude se reconheceu, e, assim, ter acesso o ato de constrição.

A medida atenta, princípio de ordem prática.

É que eventualmente ocorrendo cumprimento da obrigação sem que o bem seja excutido (e o adquirente, responsável patrimonial, pode até ter interesse em fazê-lo para desonerar o bem), bastará singelo cancelamento do ônus.

Presente o cancelamento da alienação essa providência – que em princípio permitiria o acesso de outros títulos em iguais condições – só poderia ser obtida através de novo registro.

Este posicionamento – que importa certa alteração de orientação antiga deste Conselho – é a única que permite equacionar adequadamente a questão, garantido, de um lado, o acesso do ônus e preservando, em relação ao terceiro, o limite de sua responsabilidade patrimonial" (TJSP, Ap. Cív. 21.506-0/3, CSMSP, Rel. Antônio Carlos Alves Braga, j. 09/12/1994, DJ 17/01/1995).

"Cancelamento de registro – Nulidade de pleno direito. Cancelamento do registro e averbações por nulidade de pleno direito do registro, não de vícios no título, sendo irrelevante a boa-fé das partes. Nos termos do art. 254 da Lei 6.015/73 pode-se pleitear o registro de garantia cancelado" (1ª VRPSP, Processo 1095827-85.2018.8.26.0100, Magistrada: Tânia Mara Ahualli, localidade: São Paulo, j. 12/03/2019, *DJ* 15/03/2019).

"Registro de imóveis – Pedido conhecido como dúvida inversa – Competência do C. CSM para analisar a apelação interposta – Nulidade da sentença afastada – Ausência de litisconsórcio – Assistência inadmitida no processo de dúvida – Ofensa ao contraditório inexistente – Cessação de eficácia do registro do loteamento oriunda de seu regular cancelamento por força de ordem judicial – Restabelecimento de sua eficácia inocorrente – Necessidade de novo registro – Confirmação da sentença de procedência – Recurso desprovido" (TJSP, Ap. Cív. 1001177-60.2013.8.26.0152, CSMSP, Rel. Manoel de Queiroz Pereira Calças, j. 20/05/2016, *DJ* 27/06/2016).

Art. 255. Além dos casos previstos nesta Lei, a inscrição de incorporação ou loteamento só será cancelada a requerimento do incorporador ou loteador, enquanto nenhuma unidade ou lote for objeto de transação averbada, ou mediante o consentimento de todos os compromissários ou cessionários.

Referências Normativas

Lei 6.766/1979, arts. 22 e 23.
Lei 4.591/1964, art. 34.

Comentários

O dispositivo trata de cancelamento de registro de loteamento ou incorporação por desistência, a pedido do empreendedor, e indica especialmente a necessidade de anuência dos adquirentes para sua realização. A regra mantém-se com relação à incorporação, mas deve ser complementada, com relação ao loteamento, vez que a Lei 6.766/1979, ao prever que "as vias e praças, os espaços livres e as áreas destinadas a edifícios públicos e outros equipamentos urbanos, constantes do projeto e do memorial descritivo" passam a integrar o domínio do município, previu expressamente que também seja apresentada a anuência da municipalidade para o seu cancelamento.[1567]

Importa notar que a regra não se aplica para a denúncia da incorporação. Se a incorporação expressamente previa prazo de carência no qual o incorporador poderia desistir do empreendimento, a denúncia será apresentada pelo incorporador diretamente ao Registro de Imóveis, com a competente comunicação aos adquirentes.[1568] Desse modo, o consentimento dos titulares de direitos de aquisição para o cancelamento do empreendimento será necessário se não houver prazo de carência estipulado, ou se esse já tiver sido ultrapassado.

Art. 256. O cancelamento da servidão, quando o prédio dominante estiver hipotecado, só poderá ser feito com aquiescência do credor, expressamente manifestada.

Referências Normativas

Lei 10.406/2002, Código Civil, art. 1.387, parágrafo único.

[1567] BRASIL, Lei 6.766/1979, art. 23, II e III.
[1568] BRASIL, Lei 4.591/1964, art. 34, § 4º.

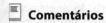 Comentários

A incorporação da servidão à hipoteca é questão que foi regulamentada de forma diversa nos Códigos Civis e nas Leis dos Registros Públicos. O Código Civil de 1916[1569] e o atual[1570] exigem a anuência do credor hipotecário somente se a servidão se mencionar no título hipotecário. O dispositivo atual da Lei dos Registros Públicos repete a regra do art. 290 do Decreto 4.857/1939, que não restringia a necessidade de aquiescência do credor aos casos em que a servidão fosse mencionada no título da hipoteca. O dispositivo em comento está revogado, substituído pela regra do art. 1.387, parágrafo único, do Código Civil atual. Desse modo, só se exigirá a aquiescência do credor se expressamente indicada a servidão no título hipotecário.

Art. 257. O dono do prédio serviente terá, nos termos da lei, direito a cancelar a servidão.

 Referências Normativas

Lei 10.406/2002, Código Civil, arts. 1.388 e 1.389.

 Comentários

O dispositivo declara que o dono do prédio serviente tem direito ao cancelamento da servidão, nos termos da lei. Trata-se de aplicação específica do princípio da inafastabilidade do Poder Judiciário.[1571]
O Código Civil de 2002 distingue os casos de extinção da servidão em dois grupos: os casos em que se mostra necessário o uso da via judicial, se o dono do prédio dominante impugnar o cancelamento, e os casos em que basta a comprovação do fato perante o Registro de Imóveis.
São indicados como casos de necessidade de uso da via judicial:

0.1. Renúncia do titular da servidão;
0.2. Cessação, para o prédio dominante, da utilidade ou comodidade que determinou a constituição da servidão; e
0.3. Resgate da servidão pelo dono do prédio serviente.

Por outro lado, são casos de cancelamento mediante prova da extinção:

2.1. Reunião dos dois prédios no domínio da mesma pessoa;
2.2. Supressão das obras respectivas por efeito de contrato ou de outro título expresso; e
2.3. Não uso, durante dez anos contínuos.

A classificação feita pelo Código Civil entre os casos de necessidade de uso da via judicial (art. 1.388) e de suficiência da prova da extinção para o cancelamento (art. 1.389) não é precisa, e permite que surja confusão quanto ao caminho correto a ser seguido para a obtenção do documento apto ao cancelamento da servidão.
A renúncia da servidão (1.1), seu resgate (1.3), a reunião dos prédios sob domínio da mesma pessoa (2.1) e a supressão das obras por efeito de título expresso (2.2) são claramente hipóteses em que, como

---

[1569] BRASIL, Lei 3.071/1916, Código Civil de 1916, art. 712. Se o prédio dominante estiver hipotecado, e a servidão se mencionar no título hipotecário, será também preciso, para a cancelar, o consentimento do credor.
[1570] BRASIL, Lei 10.406/2002, Código Civil, art. 1.387, parágrafo único. Se o prédio dominante estiver hipotecado, e a servidão se mencionar no título hipotecário, será também preciso, para a cancelar, o consentimento do credor.
[1571] BRASIL, Constituição Federal de 1988, art. 5º, XXXV.

regra, a extinção da servidão estará devidamente comprovada, e poderá ser averbado diretamente seu cancelamento a requerimento do interessado. A previsão do recurso aos meios judiciais, pelo art. 1.388, I e III, do Código Civil, em caso de renúncia do titular à servidão ou resgate, refere-se às situações em que a circunstância não esteja devidamente formalizada. Já o não uso por dez anos contínuos (2.3), além da cessação da utilidade ou comodidade para o prédio dominante (1.2), são situações que, via de regra, demandarão intervenção judicial para seu cancelamento, exceto em caso de acordo entre as partes que declare a causa de extinção e autorize o seu cancelamento.

Art. 258. O foreiro poderá, nos termos da lei, averbar a renúncia de seu direito, sem dependência do consentimento do senhorio direto.

Referências Normativas

Lei 3.071/1916, Código Civil de 1916, art. 687.

Comentários

O artigo reproduz a parte final do art. 687 do Código Civil de 1916. O foreiro pode renunciar ao foro independentemente do consenso do senhorio direto.

O objetivo do dispositivo é explicitar que a renúncia do foreiro ao seu direito é ato incondicionado e que independe de anuência do senhorio direto ou da quitação de eventuais dívidas que possua para com ele em razão do não pagamento do foro. As questões relativas a eventuais valores devidos não afetam a possibilidade de renúncia ao direito do qual é titular.

Art. 259. O cancelamento não pode ser feito em virtude de sentença sujeita, ainda, a recurso.

Comentários

1. Definitividade como requisito do cancelamento

O cancelamento tem por requisito a sua definitividade. Não pode ser feito com base em sentença sujeita a recurso.

A finalidade da normativa é preservar a regra de publicidade. O cancelamento é ato que extingue os efeitos de um ato registrado. Pudesse ser feito com base em sentença sujeita a recurso, estaria sujeito a ser revertido posteriormente, com o consequente ressurgimento do registro então tido como cancelado. Haveria, na prática, um efeito equivalente a uma prenotação indefinida, invisível, a pairar sempre sobre o registro.

É certo que, entre o momento do protocolo de qualquer título e a prática do ato registral, existe um lapso temporal em que se configura situação indefinida, que será tornada definitiva pela prática do ato registral ou pelo cancelamento do protocolo após o decurso do prazo legal. Essa situação, ainda que indefinida, não escapa à regra da publicidade registral, tendo em vista que as certidões do imóvel emitidas durante o prazo de validade da prenotação indicarão os protocolos em tramitação que possam afetar os direitos inscritos. Mas, praticado o ato registral, ou cancelado o protocolo por decurso de prazo, cessa o estado de indefinição, e tem-se certeza dos atos registrais válidos em relação a certo imóvel.

No caso do cancelamento, se fosse possível fazê-lo independentemente da definitividade da decisão, teríamos uma situação de incerteza eterna. A certidão emitida não indicaria a existência de qualquer título em trâmite, mas posteriormente poderia haver ordem restauradora da eficácia de registro já cancelado, que implicaria, na prática, a restauração de um direito sobre um imóvel, com prioridade que não obedeceria a ordem de ingresso no Livro Protocolo, uma vez que a extinção do cancelamento realizado sem definitividade não geraria novo direito, mas reestabeleceria o direito anterior.

2. Cancelamento com base em decisão em tutela provisória

Pode acontecer de ser determinado pelo juízo o cancelamento em decisão emitida em sede de tutela provisória. Se é verdade que o cancelamento exige o trânsito em julgado, não se deve entender como trânsito em julgado da sentença, mas sim inexistência de recurso contra a decisão que determinou o cancelamento. É dizer, se, na ordem de tutela antecipada, constou que a decisão antecipatória transitou em julgado, há de a ordem ser cumprida. Eventual desacerto da decisão judicial quanto ao mérito deve ser questionada e corrigida na via recursal própria pelos interessados. Do ponto de vista registral, o que é necessário é que a decisão que determinou o cancelamento tenha adquirido estabilidade, ainda que relativa, visto que a decisão em tutela provisória pode posteriormente ser revertida.

A questão ainda merece adequado tratamento jurisprudencial. Mas nos parece que, se for determinado de forma expressa pelo juízo o cancelamento definitivo em decisão que não mais caiba recurso, ainda que em sede de tutela provisória, e se não houver indicativo de incompreensão por parte do juízo dos efeitos do cancelamento no título – como, por exemplo, se se mencionasse que posteriormente o cancelamento poderá ser cancelado, circunstância que tornaria conveniente a emissão de nota devolutiva para que lhe fossem melhor indicados os efeitos – a ordem judicial deve ser cumprida pelo Registrador.

A melhor solução, na generalidade dos casos, é que, em caso de tutela provisória, seja determinada a averbação de decisão relativa a título objeto de registro,[1572] e não o cancelamento, que, ainda que realizado em sede de tutela provisória, será definitivo. Se o Registrador entender que a solução melhor se amolda ao caso apresentado, é-lhe permitido emitir nota devolutiva apontando a possibilidade ao juízo, que não deve ser considerada recusa ao cumprimento do ato determinado, mas exercício legítimo de sua função no intuito de colaborar com o Poder Judiciário, ao indicar ao juízo a existência de meio mais apto ao atendimento dos interesses em questão.

3. Cancelamento de cancelamento

Em decorrência da regra de que a definitividade é requisito para o cancelamento, entende-se que não é possível buscar uma restauração da eficácia do ato cancelado pelo cancelamento do ato cancelatório. É dizer, não se atribui, como regra, ao ato de cancelamento do cancelamento, efeito repristinatório. Se uma hipoteca foi cancelada por requerimento do devedor acompanhado de anuência do credor, não é possível que ambos requeiram o cancelamento do cancelamento, de modo a restaurar a hipoteca. Ainda que ambos considerem que o cancelamento realizado não foi conveniente, uma vez cancelado o registro, não é possível reverter o cancelamento.

Excepcionalmente, contudo, é possível a restauração do ato cancelado pelo cancelamento do ato cancelatório, se o ato cancelatório for considerado inválido. Nesse caso, a retirada do ato de cancelamento possui efeito *ex tunc*, conforme indicado nos comentários ao art. 248, tópico "classificação". No exemplo dado, o cancelamento do cancelamento da hipoteca poderá ser realizado com vistas à restauração do direito real se houver nulidade do título apresentado ou nulidade no processo de registro.[1573]

A jurisprudência indica nesse sentido, com o apoio da doutrina, conforme indicado na seção seguinte.

 Jurisprudência

"Embargos de declaração – Questão que, embora acolhida, não tem o condão de alterar o resultado da decisão – Embargos acolhidos em parte, sem modificação do julgado.

Para a solução correta do caso, é necessário ter presente que os resultados do cancelamento de um cancelamento variam, conforme o primeiro cancelamento seja nulo ou válido. Isso é consequência do fato de que o cancelamento, em si mesmo, é inscrição de conteúdo negativo:

'O cancelamento da inscrição é o meio de tirar-se-lhe a eficiência, tornando público que cessaram seus efeitos e deve considerar-se inexistente.' (Garcia, Lysippo. A inscrição, edição digital, p. 230).

[1572] BRASIL, Lei 6.015/1973, Lei dos Registros Públicos, art. 167, II, item 12.
[1573] Idem, art. 214, *caput*.

'O efeito do cancelamento válido é produzir a extinção do direito real transcrito ou inscrito.' (Lopes, Miguel Maria de Serpa. Tratado dos Registros Públicos. 4ª ed. Rio de Janeiro: Freitas Bastos, 1961, v. 4, p. 487, n. 769).

'Assim como a constituição de direitos reais por atos entre vivos se dá pela inscrição, a extinção desses direitos se opera pelo cancelamento, que é a inscrição negativa.' (Carvalho Afrânio de. Registro de Imóveis. 38. ed. Rio de Janeiro: Forense, 1982, p. 184).

'Já o ato de cancelamento tem apenas a força extintiva. Ele não cria, nem aumenta, nem diminui o direito inscrito, assim como não limita, nem estende seu tempo de eficácia.' *(Orlandi Neto, Narciso. Retificação do Registro de Imóveis. São Paulo: Del Rey, 1997, p. 254)*

'A averbação de cancelamento e menção de conteúdo negativo (por todos: Roca Sastre e Roca-Sastre Muncunill, Derecho Hipotecaria, Barcelona, 1979, t. 11, pp. 59 e ss.)...' (CGJSP, Proc. 46/87, j. 30.4.1987, parecer do juiz Ricardo Dip).

'La cancelación es el asiento dei Registro cuya función es extinguir formalmente otro asiento registra/ determinado, con expresión o no de la causa originadora de la cancelación y, en su caso, de constar registralmente haber quedado anteriormente extinguido el mismo por caducidad, resultando por ello como desregistrado e/ respectivo contenído dei asiento cancelado ... De este concepto resultan como características de los asientos de cancelación tener un cometido negativo ...' (Roca Sastre, Ramón Maria e Roca-Sastre Muncunill, Luis. Derecho Hipotecaria. t. 111, 88. ed. Barcelona: Bosch, 1995, p. 133)

'La doctrina tradicional ... ha insistido mucho en definir la cancelación como forma de hacer constar la extinción en todo o en parte de una inscripción, de una anotación preventiva, de una nota marginal o de un asiento de presentación, es decir, toda operación registra! en cuya virtud se deja extinguida otra.' (Chico y Ortiz, José María. Estudios sobre Derecho Hipotecaria. t. I, 48. ed. Madrid: Marcial Pons, 2000, p. 658).

Isso posto, se o cancelamento contido na Av. 7 tivesse sido nulo (frise-se: nulo), restaurar-se-ia...

' **...***ipso facto* **a inscrição cancelada, porque do ato nulo não decorrem nenhuns efeitos jurídicos'** (Primeira Vara de Registros Públicos de São Paulo, autos 889/1988, Juiz Ricardo Dip, j. 3.2.1989, decisão confirmada pela Corregedoria Geral da Justiça nos autos 66/89, j. 17.5.1989, parecer do juiz Geraldo Francisco Pinheiro Franco, decisão do Des. Álvaro Martiniano de Azevedo)" (Grifos nossos) (TJSP, Embargos declaratórios 9000004-02.2013.8.26.0462/50000, CSMSP, Rel. Des. Hamilton Elliot Akel, j. 07/10/2014).

"Registro de imóveis – Averbação de mandado judicial para restabelecimento de registro de alienação – Cancelamento primitivo escriturado por ordem judicial em processo contencioso – Eficácia do ato – Impossibilidade de restauração frente aos termos do art. 254 da Lei de Registros Públicos – Obediência ao princípio da continuidade – Pretensão denegada – Decisão confirmada. [...]

O cancelamento do registro, total ou parcial, no sistema pátrio, como bem esclareceu o d. prolator da r. decisão atacada, tem a característica da definitividade, salvo quando decorrer de ato anterior declarado nulo, derivando essa sua característica da necessidade de uma completa segurança no sistema registrário, obstando, mesmo, inscrições condicionais, sujeitas a eventos futuros e desconhecidos" (CGJSP, Processo 66/1989, Rel. Des. Álvaro Martiniano de Azevedo, localidade: São Paulo, j. 23/05/1989).

"Recurso – Ministério Público – Legitimação *ad processum* – Inocorrência – Subscrição da peça por dois curadores com funções distintas – Anuição de uma das curadorias com a postulação inicial Procedência do pedido – Inexistência de irresignação quanto à curadora anuente – Necessidade de sucumbência para interposição – Recurso não conhecido quanto a esta.

Registro de imóveis – Cancelamento de cláusula modal instituída em legado – Ato realizado em lide administrativa – Inadmissibilidade – Matéria a ser discutida na esfera jurisdicional – Possibilidade do cancelamento do cancelamento – Recurso provido. [...]

De tal arte, cuida-se de saber se possível seria o cancelamento do cancelamento, mormente daquele que teve como berço decisão em sede correcional.

O Exmo. Sr. Des. Corregedor Geral da Justiça, acolhendo o raciocínio tecido pelos eminentes Magistrados, Drs. Geraldo Francisco Pinheiro Franco e Ricardo Henry Marques Dip concluiu no Proc. 66/89 que, definitivamente, era viável o cancelamento do cancelamento quando o ato administrativo (cancelamento) for inquinado de nulidade, e, consequentemente, não produz qualquer efeito, sendo, então, possível ser restaurado o registro cancelado por este cancelamento nulo.

Notadamente, em primeiro plano, não se pode esquecer que todo cancelamento registrário é definitivo, ou seja, ele não se submete a um evento futuro e incerto. Ora, se assim o é, como imaginar-se o cancelamento do cancelamento. A solução aviltrada *(sic)* pelos nobres juízes suso mencionados e acatada por Sua Exa. o Corregedor-Geral da Justiça é, no todo, brilhante, uma vez que se o fundamento maior do cancelamento é a nulidade de pleno direito (art. 214 da Lei 6.015/73), por esse mesmo azo há de se cancelar o ato de cancelamento, isto é, se o cancelamento ordenado e realizado se mostra totalmente eivado deverá ele ser, igualmente, cancelado, pois não revestido de regularidade formal e substancial.

Ora, se a extinção do encargo deveria pairar na esfera jurisdicional, arredado o plano administrativo, pois não contemplado o cancelamento nesta área de atuação, pode-se perfeitamente asseverar que o *cancelamento da averbação se afigura como nulidade de pleno direito sendo*, pois, passível de cancelamento o cancelamento, restaurando-se desta forma a legalidade administrativa, a fim de que, querendo, seja a matéria debatida em processo regular com as garantias do *due Process of law*.

Não se cuida aqui de gerar efeitos represtinatórios a averbação outrora cancelada, mas sim de reconhecimento de escorregadela peremptória, a qual, por sua vez, não poderia irradiar efeitos jurídicos, razão pela qual, o *cancelamento do cancelamento se limita a afastar o ato inquinado e, simultaneamente, afirmar-se que a averbação original vinga plenamente, até eventual solução contrária no campo jurisdicional*" (Grifos nossos) (CGJSP, Processo 195/1991, Rel. Des. Ricardo Mair Anafe, localidade: São Paulo, j. 01/10/1991).

"Compra e venda. Falsidade. Nulidade. Cancelamento. [...]
Observo que, conforme dispõe o art. 259 da Lei de Registros Públicos, o cancelamento não pode ser feito em virtude de sentença ainda sujeita a recurso. E, considerando que, no presente caso, o feito já se encontrava extinto, a decisão de fls. 191/192 somente poderá ser cumprida após o seu trânsito em julgado, não se admitindo cancelamento de registro provisório ou condicional" (1ª VRPSP, Pedido de providências 0052988-28.2019.8.26.0100, Magistrada Vivian Labruna Catapani, localidade: São Paulo, j. 19/05/2021, *DJ* 21/05/2021).

"Pedido de Providências – Averbação de cancelamento de registro - não incidência das causas previstas no artigo 250, I da Lei de Registros Públicos – pendência do julgamento de recurso na esfera trabalhista – questão que extrapola o âmbito administrativo – improcedência do pedido" (1ª VRPSP, Processo 1021177-72.2015.8.26.0100, Magistrada Tânia Mara Ahualli, localidade: São Paulo, j. 08/03/2016, *DJ* 10/03/2016).

"Não se cancela registro mediante simples apresentação de cópias de julgado pendente de recurso. Faz-se necessário o trânsito em julgado da sentença. Norma processual genérica não revoga lei especial que trata dos efeitos da sentença judicial nos assentos imobiliários. O cancelamento de registro não pode ser levado a efeito de modo provisório ou condicional. O cancelamento extingue, destrói em absoluto o direito a que se refere" (CGJSP, Processo 001413/97, Rel. Francisco Eduardo Loureiro, São José do Rio Preto, data 26/09/1997).

CAPÍTULO IX
DO BEM DE FAMÍLIA

Art. 260. A instituição do bem de família far-se-á por escritura pública, declarando o instituidor que determinado prédio se destina a domicílio de sua família e ficará isento de execução por dívida.

 Referências Normativas

Lei 10.406/2002, Código Civil, arts. 1.711 a 1.722.
Lei 8.009/1990.
Súmula 364 do STJ.

Comentários

1. Conceito. Bem de família legal e voluntário

De forma ampla, pode ser conceituado bem de família como forma especial de impenhorabilidade de parcela do patrimônio familiar. O bem de família pode ser legal ou voluntário, sendo que o dispositivo se refere ao bem de família voluntário.

Denomina-se bem de família legal a impenhorabilidade relativa do imóvel utilizado como moradia permanente da comunidade familiar.[1574] Em caso de multiplicidade de imóveis utilizados como residência, será considerado bem de família legal o de menor valor, salvo se tiver sido instituído bem de família voluntário, caso em que essa residência será considerada bem de família legal.[1575] A impenhorabilidade decorrente do bem de família legal é relativa quanto à causa, vez que a lei traz exceções que permitem a execução do bem de família legal.[1576] A proteção decorre da própria lei, independente de instituição,[1577] mas há modulações possíveis a serem realizadas em caso de voluntária substituição do imóvel residencial por outro mais valioso, tendo o devedor ciência de ser insolvente.[1578]

Denomina-se bem de família voluntário, por sua vez, a afetação de parcela do patrimônio à proteção de uma entidade familiar,[1579] que implica sua impenhorabilidade relativa e no condicionamento de sua alienação à audiência do Ministério Público.[1580] A impenhorabilidade decorrente do bem de família legal é relativa quanto à causa, podendo ser afetado por dívidas de tributos relativas ao prédio ou despesas condominiais, e quanto ao momento, podendo ser executados por dívidas anteriores à sua instituição.[1581] É causa de extinção da impenhorabilidade a morte de ambos os cônjuges, desde que os filhos sejam plenamente capazes.[1582]

A distinção quanto à finalidade é bem sintetizada na lição de Paulo Lôbo: "o bem de família legal tem por finalidade a proteção da moradia da família, enquanto o bem de família voluntário visa à proteção da base econômica mínima da família".[1583]

De forma sintética, podem ser identificadas as seguintes distinções entre o bem de família legal e voluntário:

	Bem de família legal	Bem de família voluntário
Natureza jurídica	Causa de impenhorabilidade relativa	Afetação patrimonial
Finalidade	Proteção da moradia da família	Proteção da base econômica mínima da família
Composição	Imóveis, bem como móveis que guarnecem a residência, mas não abrange vaga de garagem que tenha matrícula própria (Súmula 449 do STJ)	Imóvel, inclusive vaga de garagem, e valores mobiliários, sendo que os valores mobiliários não podem exceder o valor do prédio, e o total não pode exceder um terço do valor do patrimônio
Submissão ao regime protetivo	Critério legal de determinação	Destinação, por escritura pública ou testamento

---

[1574] BRASIL, Lei 8.009/1990, art. 5º, *caput*.
[1575] Idem, art. 5º, parágrafo único.
[1576] Idem, art. 3º.
[1577] Idem, art. 1º, *caput*.
[1578] Idem, art. 4º, *caput*.
[1579] BRASIL, Lei 10.406/2002, art. 1.711.
[1580] Idem, art. 1.717.
[1581] Idem, art. 1.715.
[1582] Idem, art. 1.722.
[1583] *Direito civil*: famílias. 4. ed. São Paulo: Saraiva, 2011. p. 398 e 405.

	Bem de família legal	**Bem de família voluntário**
Amplitude da impenhorabilidade	Abrange dívidas anteriores e posteriores, mas há causas excepcionais, tanto previstas na Lei[1584] como reconhecidas na jurisprudência.[1585]	Abrange somente dívidas posteriores, e as causas excepcionais são somente de tributos relativos ao bem e despesas condominiais.
Restrições à alienação	Inexistem	Condicionamento à audiência do Ministério Público e consentimento dos interessados e representantes legais.

2. Forma de instituição

O dispositivo foi revogado pelo art. 1.711 do Código Civil quanto à forma de instituição, vez que o Código Civil atual prevê a instituição por escritura pública ou por testamento. O Código Civil de 1916 permitia a instituição somente por escritura pública[1586] do chefe da família.[1587]

O Código Civil atual permite tanto a instituição pelos componentes da entidade familiar[1588] como por terceiro, quer por testamento ou doação, caso em que dependerá a afetação de aceitação expressa dos beneficiados ou da entidade familiar.[1589] A aceitação pela entidade familiar será realizada, nas famílias formadas por ambos os cônjuges e descendentes, pelos cônjuges ou companheiros conjuntamente.[1590] Nas famílias monoparentais, basta a anuência do ascendente único.

3. Objeto

O bem de família voluntário pode abranger tanto o imóvel residencial como valores mobiliários, desde que a maior parte corresponda ao imóvel residencial,[1591] e que o conjunto afetado não extrapole um terço do patrimônio líquido da entidade familiar.[1592] Pode ser instituído como bem de família voluntário o espaço para guarda de veículo automotor, se funcionalmente vinculado à unidade residencial. A regra, aliás, há de ser interpretada de modo abrangente, de modo a se permitir a afetação ao regime de bem de família voluntário de quaisquer bens que poderiam ser consideradas integrantes da residência, inclusive guarda-móveis (*self-storage*), *trailers* e *motorhomes*, caso em que a escritura de instituição poderá ser levada a registro no Registro de Títulos e Documentos.[1593] Por um lado, a voluntariedade presente na instituição e a possibilidade de recair sobre valores mobiliários permitem uma conformação mais ampla do conceito de imóvel residencial; por outro lado, a impenhorabilidade somente com relação a dívidas futuras e a limitação de instituição a um terço do patrimônio líquido foram consideradas pela legislação como limites suficientes para impedir a utilização abusiva do instituto.

4. Isenção por dívidas

No Código Civil de 1916 o bem ficava isento por dívidas, salvo as que provierem de impostos relativos ao próprio prédio.[1594] O dispositivo em comento repete-se no previsto no Código Civil de 2002, acrescentando as dívidas de condomínio como também exceções à isenção. Atualmente, a isenção é

[1584] BRASIL, Lei 8.009/1990, art. 3º.
[1585] BRASIL, Superior Tribunal de Justiça, Tema Repetitivo nº 1091, tese firmada: "É válida a penhora do bem de família de fiador apontado em contrato de locação de imóvel, seja residencial, seja comercial, nos termos do inciso VII do art. 3º da Lei n. 8.009/1990."
[1586] BRASIL, Lei 3.071/1916, art. 73.
[1587] Idem, art. 70, *caput*.
[1588] BRASIL, Lei 10.406/2002, art. 1.711, *caput*.
[1589] Idem, art. 1.711, parágrafo único.
[1590] Idem, art. 1.567, *caput*.
[1591] Idem, art. 1.713, *caput*.
[1592] Idem, art. 1.711, *caput*.
[1593] BRASIL, Lei 6.015/1973, Lei dos Registros Públicos, art. 127, parágrafo único.
[1594] BRASIL, Lei 3.071/1916, art. 70, *caput*.

somente com relação as dívidas futuras, após a instituição do bem de família voluntário. Em razão dessa circunstância, entendemos que o procedimento para instituição do bem de família voluntário não encontra mais razão de ser, conforme indicamos nos comentários ao art. 264.

5. Conceito de família
O Superior Tribunal de Justiça possui súmula que define o que deve ser compreendido como família para fins da aplicação do bem de família legal:

> *Súmula 364 do STJ*
> *O conceito de impenhorabilidade de bem de família abrange também o imóvel pertencente a pessoas solteiras, separadas e viúvas.*

Conquanto a súmula tenha sido editada no contexto do bem de família legal, a jurisprudência administrativa paulista já reconheceu a possibilidade de ser aplicada no contexto do bem de família voluntário. Podem, portanto, ser consideradas entidades familiares as formadas por sociedade conjugal – cônjuges ou companheiros – ou mesmo por pessoas isoladas – solteiras, separadas e viúvas.

6. Instituição de bem de família sobre imóvel onerado
A existência de eventuais ônus sobre o bem, como a indisponibilidade, não impede a instituição do bem de família voluntário, uma vez que o bem só será isento de execução por dívidas futuras.

7. Alienação do bem de família
Para alienação do imóvel instituído como bem de família, faz-se necessária a desconstituição judicial da afetação. Aplica-se a regra tanto para transmissões com finalidade translativa de propriedade como para transmissões em garantia (alienação fiduciária em garantia).

8. Inscrição do bem de família legal
A indicação de que certo imóvel é bem de família legal não pode ser realizada na serventia, quer por ato de registro – vez que não há previsão legal – quer por ato de averbação – vez que a impenhorabilidade prevista no item 11, do inciso II, do art. 167 da LRP, não se refere a causa de impenhorabilidade, mas a cláusula restritiva de impenhorabilidade.
É correto que assim seja. O efeito da impenhorabilidade do bem de família é diverso em se tratando de bem de família voluntário ou legal, vez que o bem de família voluntário só é isento por dívidas posteriores, ao passo que o bem de família legal é isento mesmo por dívidas anteriores. A averbação de que certo imóvel seria bem de família legal atribuiria um efeito maior de impenhorabilidade do que a afetação voluntária, o que não poderia ser realizado, com efeito *erga omnes*, em decorrência de procedimento judicial entre partes específicas. É dizer, reconhecido o imóvel como bem de família legal em processo movido por "A" contra "B", a averbação de se tratar o imóvel de bem de família legal implicaria que "C" não poderia executar sua dívida contra "B" pelo reconhecimento realizado em processo no qual não participou, em afronta aos limites subjetivos da coisa julgada.[1595]
É certo que, para que o imóvel fosse isento de execução por dívidas anteriores ou posteriores, seria necessário que houvesse procedimento próprio no qual chamados a comparecer todos os terceiros interessados, que é, aliás, o que se previa nos arts. 261 a 264. Contudo, a modificação do regime do bem de família voluntário afastou a aplicabilidade do procedimento, conforme indicamos nos comentários ao artigo seguinte.

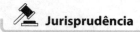
Jurisprudência

> "Registro de imóveis – Bem de família voluntário – Esfera protetiva mais ampla em relação ao congênere legal – Vaga de garagem em condomínio edilício – Unidade autônoma com matrícula e

---
[1595] BRASIL, Lei 13.105/2015, CPC, art. 506. A sentença faz coisa julgada às partes entre as quais é dada, não prejudicando terceiros.

designação próprias – Pertença – Bem imóvel funcionalmente ligado à unidade residencial – Permanência e conexão econômica demonstradas – Possibilidade da proteção recair sobre o abrigo de veículos – Viúva reside sozinha – Instituidora e favorecida do bem de família – Admissibilidade – Súmula nº 364 do STJ – Aplicação extensiva – Interpretação extratextual – Tutela da dignidade da pessoa humana, do direito à moradia e ao patrimônio mínimo – Especificação da entidade de família – Desnecessidade – Suficiente a apresentação da escritura pública para registro onde consta a pessoa favorecida – Exigências afastadas – Dúvida improcedente – Recurso desprovido. [...]

(O) comando normativo extraído da Súmula nº 364 do STJ ('o conceito de impenhorabilidade de bem de família abrange também o imóvel pertencente a pessoas solteiras, separadas e viúvas') aplica-se ao bem de família voluntário, embora editada à luz da jurisprudência relativa ao bem de família legal. [...]

Além disso, se, por um lado, a Lei nº 8.009/1990 afasta a impenhorabilidade dos veículos de transporte, obras de arte e adornos suntuosos, de outro, ausente regra semelhante no Código Civil, a exclusão não se estende, a priori, ao bem de família voluntário, que, expressamente, a par da referência aos acessórios, alcança as pertenças conexionadas à morada familiar (artigo 1.712 do CC) – em alusão expressiva da larguez da seara protetiva, já que essas são espécies daqueles –, e sem restringi-las, como se dá com o bem de família legal, ao mobiliário que guarnece o imóvel residencial.

A propósito, se o veículo automotor, considerada a situação concreta, pode ser qualificado como pertença, com mais razão a vaga de garagem voltada ao seu abrigo em condomínio residencial edilício, ainda que, como no caso vertente, unidade autônoma, com fração ideal no terreno, existência independente, matrícula e designação próprias, porquanto ligada funcionalmente à unidade residencial; porque serve, de modo permanente, à sua função econômico-social.

...

As ponderações que alicerçaram, no STJ, as vozes dissonantes a respeito da questão, afeta ao bem de família legal, servem, no entanto, à compreensão aqui sustentada, relacionada com o bem de família voluntário, ao afirmarem que a vaga de garagem, embora unidade autônoma, é parte indissociável do apartamento residencial, é extensão deste, ao qual adere, especialmente se restrita sua circulação, sua negociação em separado, enfim, seu tráfego negocial.

A vaga de garagem, na hipótese analisada, mantém um liame de acessoriedade funcional, de modo duradouro, permanente[24], com o apartamento residencial; há um vínculo intencional entre eles; a situação de fato, concreta, exterioriza a relação de pertinencialidade referida por Antonio Junqueira de Azevedo, a conexão de função econômica típica das pertenças, coisas-ajudantes, reforçada, com fundo legal (§ 1º do artigo 1.331 do CC), pela vedação de sua locação e alienação a pessoas estranhas ao condomínio.

Como pertença – singularidade também confortada pelos usos de tráfico, pelas concepções sociais –, a vaga de garagem, bem imóvel identificado na matrícula nº 30.111 do 2º Registro de Imóveis de São José do Rio Preto, embora não abarcada pelo bem de família legal, pode ser objeto de bem de família voluntário" (TJSP, Ap. Cív. 0059728-73.2012.8.26.0576, CSMSP, Rel. José Renato Nalini, localidade: São José do Rio Preto, j. 23/08/2013, *DJ* 29/08/2013).

"Registro de imóveis – Escritura pública de instituição de bem de família – Título qualificado negativamente – Indisponibilidade decorrente de penhora em favor da Fazenda Nacional que impede qualquer ato de disposição do bem, que não a forçada – Exigência de levantamento da constrição averbada na matrícula – A situação registral a ser analisada é aquela existente no momento em que apresentada a escritura para registro – Inadmissibilidade de registro condicional – Instituição voluntária do bem de família, com o registro obrigatório no ofício imobiliário da situação do bem, que se destina ao abrigo ou proteção familiar – Ato que não importa em alienação do imóvel, o qual permanece sob o domínio do devedor do crédito que originou a penhora – Instituição do bem de família ineficaz em relação à credora que penhorou o imóvel anteriormente, por força do direito de sequela – Óbice afastado – Dá-se provimento ao recurso interposto" (TJSP, Ap. Cív. 1067433-97.2020.8.26.0100, Rel. Des. Ricardo Mair Anafe, CSMSP, j. 04/05/2021).

"Registro de imóveis. Instituição de bem de família voluntário pelos proprietários – Registro da escritura pública depois da alienação fiduciária do bem imóvel dado em garantia de confissão de dívida. Negócio jurídico fiduciário. Registro do título recusado. Dúvida Procedente. Recurso impro-

Art. 261 | LEI DE REGISTROS PÚBLICOS COMENTADA

vido" (TJSP, Ap. Cív. 0039081-64.2011.8.26.0100, CSMSP, Rel. Des. José Renato Nalini, localidade: São Paulo, j. 08/11/2012).

"Ementa não oficial. A impenhorabilidade passível de averbação no Registro de Imóveis (art.167, II, 11, da Lei 6.015/73) é apenas a decorrente do bem de família voluntário (art. 1.711 do Código Civil).

De fato, a impenhorabilidade passível de averbação no Registro de Imóveis, mencionada no art. 167, II, 11, da Lei nº 6.015/73, é apenas a decorrente do bem de família voluntário, previsto no art. 1.711, do Código Civil, que não se confunde com o bem de família legal, previsto na Lei 8.009/90, na qual os interessados baseiam seu pedido.

Este prescinde de inscrição no registro imobiliário e pode ser alegado em qualquer processo de execução.

Assim, diante da ausência de previsão legal para a averbação do bem de família decorrente da Lei 8.009/90, o pedido deve ser indeferido" (1ª VRPSP, Processo: 100.09.341256-7, Magistrado Gustavo Henrique Bretas Marzagão, localidade: São Paulo, j. 19/02/2010).

"Registro de imóveis – Averbação de bem de família legal – Ausência de previsão na Lei de Registros Públicos – Previsão, apenas, de registro de bem de família voluntário, por meio de escritura pública – Recurso desprovido. [...]

O rol dos atos suscetíveis de registro é taxativo, quer dizer, a enumeração é *numerus clausus*, razão pela qual apenas os atos expressamente previstos em lei, ainda que fora da lista do artigo 167, I, da Lei nº 6.015/1973, são passíveis de registro.

Logo, o único registro que pode ser feito é o do bem de família voluntário, previsto no art. 167, I, 1, da Lei de Registros Públicos, desde que obedecida a forma da escritura pública.

Não é isso o que a recorrente deseja. Ela quer a averbação – não o registro – do bem de família legal ou involuntário, aquele previsto na Lei 8.009/90. Diz que não há vedação legal à sua pretensão.

Olvidou-se a recorrente, contudo, de que o Registrador deve agir segundo o princípio da legalidade. O rol de direitos passíveis de inscrição no folio real é taxativo. Não fica a critério do interessado ou do Registrador escolher quais títulos ou direitos registrar ou averbar. Aqui, não vale a regra de que o que não é vedado por lei é permitido. Ao contrário, no direito registral, no que respeita aos atos de registro ou averbação, só são permitidos aqueles expressamente previstos por lei.

A averbação de bem de família legal não está prevista em lei. E isso deriva do mero fato de que a proteção do bem de família não decorre de sua inscrição no folio real, mas da própria Lei 8.009/90. Daí porque o legislador não se preocupou senão com o registro do bem de família voluntário, esse sim previsto no art. 167, I, 1, da Lei 6.015/73, e sujeito a requisitos próprios" (CGJSP, Processo 39.751/2015, Rel. Des. Hamilton Elliot Akel, localidade: São Paulo, j. 29/06/2015).

> **Art. 261.** Para a inscrição do bem de família, o instituidor apresentará ao oficial do registro a escritura pública de instituição, para que mande publicá-la na imprensa local e, à falta, na da Capital do Estado ou do Território.

Comentários

Esse artigo, junto com os dois que o seguem, traz o procedimento administrativo da instauração do bem de família voluntário no Registro de Imóveis. Após a elaboração de escritura pública, o instituidor entrega o documento ao registrador para que haja a publicação por edital.

Como já dito em comentários a artigos anteriores, o presente artigo tinha como intenção dar publicidade à instituição de bem de família voluntário, vez que o Código Civil de 1916 previa impenhorabilidade do imóvel mesmo em face de dívidas contraídas anteriormente.

A primeira observação que se dá aqui é que o Código Civil de 2002 incluiu a possibilidade de instituir bem de família também por testamento, o que impõe à interpretação deste artigo a necessidade de se ler, em conjunto com a expressão "escritura", a expressão "testamento".

No mais, reiteramos que o intuito dessa previsão perdeu razão de ser com a edição do Código Civil de 2002, tendo em vista que a instituição de bem de família voluntário não mais protege o bem de execução de dívidas passadas. Dessa forma, entendemos que ocorreu a revogação tácita do presente dispositivo, conforme exposto nos comentários ao art. 264.

Aponta-se, contudo, que o procedimento aqui previsto é regulamentado pelas Normas de Serviço das Corregedorias Estaduais de vários estados, que costumam prever a publicação do edital nessa situação, ratificando, portanto, a previsão do presente artigo.

 Jurisprudência

"Bem de família – Reclamação realizada após publicação do edital – Razões da reclamação que devem se ater à existência de credores do instituidor ou aos requisitos formais da escritura – Ação ainda em trâmite, sem trânsito em julgado, não é suficiente para obstar o registro da instituição – Possibilidade de pedido de anulação por existência de dívida anterior ressalvada na Lei de Registros Públicos, mas deve ocorrer em rito ordinário, com contraditório e ampla defesa – Pedido procedente" (1ª VRPSP, Processo 1095836-52.2015.8.26.0100, Magistrada Tânia Mara Ahualli, localidade: São Paulo, j. 17/02/2016, *DJ* 22/02/2016).

Art. 262. Se não ocorrer razão para dúvida, o oficial fará a publicação, em forma de edital, do qual constará:

I – o resumo da escritura, nome, naturalidade e profissão do instituidor, data do instrumento e nome do tabelião que o fez, situação e característicos do prédio;

II – o aviso de que, se alguém se julgar prejudicado, deverá, dentro em trinta (30) dias, contados da data da publicação, reclamar contra a instituição, por escrito e perante o oficial.

 Referências Normativas

Lei 3.071/1916, Código Civil de 1916, arts. 70 a 73.
Lei 10.406/2002, Código Civil, arts. 1.711 a 1.722.
Lei 13.709/2018, Lei Geral de Proteção de Dados Pessoais, art. 23.

 Comentários

Após receber a escritura ou o testamento que institua bem de família voluntário, o Oficial deverá publicar edital contendo as informações previstas no presente artigo.

Ressalvadas as questões referentes à revogação tácita do presente dispositivo, com relação às quais remetemos o leitor à leitura dos comentários ao art. 264, o presente artigo traz os elementos essenciais que devem estar contidos na minuta de edital a ser publicado.

O primeiro deles é o resumo da escritura. Aqui, importante perceber que a redação da Lei dos Registros Públicos é anterior ao Código Civil de 2002 e que, por isso, não previu o resumo de eventual testamento, quando for esse o instrumento instituidor do bem de família voluntário.

Contudo, de rigor que a interpretação da presente norma seja no intuito de entender que, em casos de instituição do bem de família voluntário por meio de testamento, há a imposição da presença de um resumo do testamento, com relação às disposições sobre bem de família. na minuta de edital a ser publicado.

Em seguida, é previsto a presença no edital da qualificação do instituidor por meio de três informações: nome, naturalidade e profissão. A profissão, contudo, é algo hodiernamente volátil, sendo a utilidade dessa informação questionável.

Deve ser indicada a data do ato notarial e o nome do tabelião que elaborou o documento. A publicização de tais informações tem por finalidade permitir a verificação, por terceiros, junto ao respectivo

Tabelionato de Notas, quanto ao conteúdo do documento apresentado ao Oficial de Registro de Imóveis. A identificação do imóvel, por outro lado, é da essência da publicação, como indicativa do objeto sobre o qual recairá o bem de família.

Por último, há a previsão de que se conste no edital a possibilidade de impugnação e o prazo de 30 (trinta) dias para tanto, bem a forma como deve ser realizada: por escrito, perante o oficial.

É o inciso II do dispositivo em comento que traz a previsão de impugnação à instituição ao bem de família voluntário, bem como que determina o prazo para que isso ocorra. O prazo aqui é decadencial; com seu fim, encerra-se o direito de impugnação, permitindo-se o registro do bem de família.

Art. 263. Findo o prazo do nº II do artigo anterior, sem que tenha havido reclamação, o oficial transcreverá a escritura, integralmente, no livro nº 3 e fará a inscrição na competente matrícula, arquivando um exemplar do jornal em que a publicação houver sido feita e restituindo o instrumento ao apresentante, com a nota da inscrição.

Referências Normativas

Lei 3.071/1916, Código Civil de 1916, arts. 70 a 73.
Lei 6.015/1973, Lei dos Registros Públicos, arts. 177 e 262.
Lei 10.406/2002, Código Civil, arts. 1.711 a 1.722.

Comentários

A primeiro, ressalvamos que, ao nosso entender, esse artigo se encontra revogado, conforme explicamos nos comentários ao art. 264.

Contudo, como o procedimento ainda é realizado em muitos estados, em especial, é regulamentado pelas Normas de Serviço das Corregedorias Estaduais, importante compreendê-lo.

Findo o prazo previsto no inciso II do art. 262 da LRP, entende-se que não há impugnações ao ato e, portanto, deverá o Oficial registrá-lo a fim de que a instituição do bem de família voluntário tenha efeito *erga omnes*.

A normativa aqui, então, prevê onde o registro será realizado. A primeiro, anota-se que o instrumento, seja ele escritura ou testamento, será transcrito no livro no 3, que é o livro de Registro Auxiliar. É interessante apontar que o art. 177 da LRP indica esse livro para o registro de atos que não dizem respeito diretamente a imóveis matriculados, contudo, a previsão excepciona a regra, vez que a instituição do bem de família voluntário se dá justamente sobre imóvel matriculado. Pode se considerar como motivo a justificar a transcrição, na sistemática atual, a possibilidade de a instituição de bem de família voluntário abranger bens móveis.

É realizado ainda o registro na matrícula do imóvel, ato que modifica o regime jurídico ao qual o bem está sujeito.

O artigo ainda prevê o arquivamento de um exemplar do jornal em que houve a publicação do edital. Visa comprovar, em eventual questionamento futuro, a publicidade devida, e o decurso do prazo decadencial de 30 (trinta) dias para impugnações. Por fim, o instrumento, a escritura ou o testamento, juntamente com a certidão do registro, serão devolvidos ao apresentante.

Art. 264. Se for apresentada reclamação, dela fornecerá o oficial, ao instituidor, cópia autêntica e lhe restituirá a escritura, com a declaração de haver sido suspenso o registro, cancelando a prenotação.

§ 1º O instituidor poderá requerer ao Juiz que ordene o registro, sem embargo da reclamação.

§ 2º Se o Juiz determinar que proceda ao registro, ressalvará ao reclamante o direito de recorrer à ação competente para anular a instituição ou de fazer execução sobre o prédio

> instituído, na hipótese de tratar-se de dívida anterior e cuja solução se tornou inexequível em virtude do ato da instituição.
>
> § 3º O despacho do Juiz será irrecorrível e, se deferir o pedido será transcrito integralmente, juntamente com o instrumento.

Referências Normativas

Lei 3.071/1916, Código Civil de 1916, arts. 70 a 73.
Decreto-Lei 1.608/1939, Código de Processo Civil de 1939, arts. 647 a 651.
Lei 10.406/2002, Código Civil de 2002, art. 1.711.
Lei nº 5.869/73, Código de Processo Civil de 1973, art. 1.218, III.

Comentários

1. Da desnecessidade de procedimento especial para instituição do bem de família voluntário

Defendemos, conforme já expusemos em dissertação final de pós-graduação,[1596] que o procedimento prévio de publicação de editais para fins de instituição de bem de família voluntário, previsto nos arts. 261 a 264 da LRP, foi revogado. Resumidamente, exporemos as razões que nos levaram a esse entendimento.

O bem de família foi previsto, originalmente, no ordenamento jurídico brasileiro, pelo Código Civil de 1916, que previa como efeito da instituição a isenção do imóvel de execução por dívidas, exceto as que proviessem de impostos relativos ao mesmo prédio.[1597] Se se identificasse que as dívidas anteriores se tornaram inexequíveis em razão do ato de instituição, a isenção seria somente com relação às dívidas posteriores.[1598] A instituição deveria ser transcrita no Registro de Imóveis e publicada na imprensa,[1599] após o registro.[1600]

O Código de Processo Civil de 1939 previu procedimento específico para o registro do bem de família, no qual, apresentada a escritura no Registro de Imóveis, seria essa publicada,[1601] sendo dado prazo de 30 dias para que quem se julgasse prejudicado reclamasse contra a instituição por escrito.[1602] Se não houvesse reclamação, seria feito o registro;[1603] se houvesse reclamação, a escritura seria devolvida ao instituidor, que poderia solicitar ao juiz de direito que ordenasse o registro, ressalvando-se ao reclamante o direito de recorrer à ação competente para anular a instituição, ou permitiria a ele fazer recair a execução sobre o prédio instituído.[1604]

O Código de Processo Civil de 1973 manteve em vigor o procedimento de registro de bem de família previsto no CPC de 1939 (art. 1.218 do CPC 1973, que foi revogado com a edição da Lei dos Registros Públicos). O procedimento foi substituído pela previsão dos arts. 260 a 265 da LRP. A modificação ocorrida foi a dispensa do procedimento de publicação de editais nos casos em que simultaneamente realizada a aquisição do bem por mútuo para casamento e a instituição do bem de família,[1605] vez que a instituição não implicaria diminuição do patrimônio imobiliário do devedor que tivesse potencial de prejudicar a execução por seus credores.

[1596] MIRANDA, Caleb Matheus Ribeiro de. *Do registro do bem de família*. Dissertação apresentada para obtenção do título de especialista em Direito Registral e Notarial.
[1597] BRASIL, Lei 3.071/1916, art. 70.
[1598] Idem, art. 71, parágrafo único.
[1599] Idem, art. 73.
[1600] BRASIL, art. 262, *caput*, do Decreto 18.542/1928, e art. 277 do Decreto 4.857/1939.
[1601] BRASIL, Decreto-Lei 1.608/1939 (CPC de 1939), art. 648.
[1602] Idem, art. 649, II.
[1603] Idem, art. 650.
[1604] Idem, art. 651, *caput* e §§ 1º e 2º.
[1605] BRASIL, Lei 6.015/1973, art. 265, e Decreto-Lei 3.200/1941, art. 8º, § 5º.

Art. 264 | LEI DE REGISTROS PÚBLICOS COMENTADA

O Código Civil atual, contudo, modificou o regime jurídico do bem de família voluntário em questão importante. O bem de família, atualmente, é isento de execução somente por dívidas posteriores,[1606] de modo que as dívidas anteriores em nada são prejudicadas pela instituição.

Nesse contexto, a sistemática adotada pela Lei dos Registros Públicos não parece ter mais propósito. Não se consegue identificar quem poderia "se julgar prejudicado"[1607] ou qual seria a reclamação que poderia ser apresentada contra a instituição.[1608] De igual modo, não haveria sentido que a determinação judicial tivesse que expressamente ressalvar ao reclamante o direito de anular a instituição ou fazer execução sobre o prédio, por ser credor de dívida anterior,[1609] justamente porque os credores de dívidas anteriores já estão todos ressalvados, *ex lege*, nos termos do art. 1.711 do Código Civil.

Nesse sentido, a regra do art. 265 da LRP de registro do bem de família independentemente de procedimento específico, parece-nos dever ser a forma correta de proceder, sendo que os arts. 260 a 264 restariam revogados pelo art. 1.711 do Código Civil, por serem incompatíveis com o regime jurídico aplicável.[1610]

É certo que, em muitos Estados da Federação, se não na totalidade, continuam sendo publicados editais para registro de bem de família, por previsão normativa estadual.[1611-1612-1613] A prática, contudo, não se justifica mais, justamente porque não há qualquer credor que possa alegar prejuízo no caso concreto. A dispensa do procedimento, além da previsão do art. 265 da LRP, conta com guarida em normativas estaduais em caso de doação[1614] ou se o ato for praticado conjuntamente com a transmissão da propriedade.[1615] Defendemos que é o caso de ser aplicada a regra do registro imediato, sem a publicação de editais, independentemente da existência de transmissão patrimonial anterior, vez que a instituição do bem de família não diminui o patrimônio sobre o qual pode qualquer credor anterior fazer valer seus créditos.

A jurisprudência da Vara de Registros Públicos da Cidade de São Paulo, conquanto não tenha enfrentado diretamente a questão da necessidade de uso do procedimento especial, já apreciou impugnações em procedimento de registro de bem de família, o que deixa demonstra que a compreensão de que o procedimento foi revogado não é pacífica.

2. Aplicação do procedimento

A questão da revogação do procedimento de registro do bem de família deve ser vista *cum grano salis*. O que restou revogada foi a previsão da Lei dos Registros Públicos do procedimento específico, pois incompatível com a sistemática atualmente aplicável.

Contudo, se as Normas de Serviço das Corregedorias Estaduais determinarem a publicação de editais – como o fazem os Códigos do Rio Grande do Sul,[1616] Mato Grosso[1617] e Rio de Janeiro[1618] – ou indicarem, ainda que de modo indireto, que deveria haver publicação – como o fazem as Normas de Serviço da Corregedoria Paulista[1619] – hão de ser observados os procedimentos, ainda que não exista

---

[1606] BRASIL, Lei 10.406/2002, art. 1.711.

[1607] BRASIL, Lei 6.015/1973, art. 262, II.

[1608] Idem, art. 264, *caput*.

[1609] Idem, art. 264, § 2º.

[1610] BRASIL, Lei de Introdução às Normas do Direito Brasileiro, art. 2º, § 1º.

[1611] BRASIL, Rio Grande do Sul. Consolidação Normativa Notarial e Registral, art. 504 e 505.

[1612] BRASIL, Mato Grosso, Código de Normas Gerais da Corregedoria-Geral da Justiça do Foro Extrajudicial – CNGCE, art. 793 e ss.

[1613] BRASIL, Rio de Janeiro, Código de Normas da Corregedoria-Geral da Justiça – Parte Extrajudicial, art. 1.188.

[1614] BRASIL, Rio Grande do Sul. Consolidação Normativa Notarial e Registral, Art. 506 – A instituição de bem de família voluntário poderá se dar concomitantemente com uma doação, dispensados os procedimentos acima referidos, na forma do art. 265 da Lei nº 6.015/73.

[1615] BRASIL, Rio de Janeiro, Código de Normas da Corregedoria-Geral da Justiça – Parte Extrajudicial, art. 1.192.

[1616] BRASIL, Rio Grande do Sul. Consolidação Normativa Notarial e Registral, art. 504 e 505.

[1617] BRASIL, Mato Grosso, Código de Normas Gerais da Corregedoria-Geral da Justiça do Foro Extrajudicial – CNGCE, arts. 793 e ss.

[1618] BRASIL, Rio de Janeiro, Código de Normas da Corregedoria-Geral da Justiça – Parte Extrajudicial, arts. 1.188 e ss.

[1619] BRASIL, São Paulo, Normas de Serviço da Corregedoria-Geral da Justiça, tomo II, Capítulo XX, item 418.17.7.

justificativa do ponto de vista do direito material, e que a lei federal esteja revogada nesse aspecto. Isso porque a determinação dos procedimentos específicos a serem observados pelas Serventias Extrajudiciais é realizada pelas Corregedorias Estaduais.[1620] De modo que entendemos que devem ser observados os preceitos das normativas estaduais, e não da legislação federal, quanto ao registro do bem de família, aplicando-se somente os preceitos da legislação federal naquilo em que a normativa estadual, indicando que deveria ser seguido procedimento de editais, deixar de explicitar algum aspecto.

Jurisprudência

"Bem de família – reclamação realizada após publicação do edital – razões da reclamação que devem se ater à existência de credores do instituidor ou aos requisitos formais da escritura – ação ainda em trâmite, sem trânsito em julgado, não é suficiente para obstar o registro da instituição – possibilidade de pedido de anulação por existência de dívida anterior ressalvada na Lei de Registros Públicos, mas deve ocorrer em rito ordinário, com contraditório e ampla defesa – pedido procedente" (1ª VRPSP, Processo 1095836-52.2015.8.26.0100, Magistrada: Tânia Mara Ahualli, Localidade: São Paulo, j. 17/02/2016).

Art. 265. Quando o bem de família for instituído juntamente com a transmissão da propriedade (Decreto-Lei n. 3.200, de 19 de abril de 1941, art. 8º, § 5º), a inscrição far-se-á imediatamente após o registro da transmissão ou, se for o caso, com a matrícula.

Comentários

O dispositivo em questão não possui mais aplicação prática, vez que o regime jurídico de bem de família previsto no Decreto-Lei 3.200/1941 foi revogado pelo Código Civil de 2002, que regulamentou a matéria por completo.

Não obstante, a previsão de que a inscrição – *rectius*, registro – do bem de família dar-se-ia independentemente do procedimento especial, em caso de ser simultânea com a aquisição do imóvel, reforça o fato de que a razão do procedimento próprio era justamente a diminuição do patrimônio sobre o qual poderia recair a execução dos credores anteriores, que poderiam ser prejudicados em seu direito. No caso da aquisição e imediata afetação, não havia justificativa para realizar-se o procedimento especial, justamente porque não haveria qualquer prejuízo potencial aos credores.

CAPÍTULO X
DA REMIÇÃO DO IMÓVEL HIPOTECADO

Art. 266. Para remir o imóvel hipotecado, o adquirente requererá, no prazo legal, a citação dos credores hipotecários propondo, para a remição, no mínimo, o preço por que adquiriu o imóvel.

Referências Normativas

Lei 3.071/1916, Código Civil de 1916, arts. 815 e 816.
Lei 10.406/2002, Código Civil, arts. 304 e 1.481.
Lei 13.105/2015, Código de Processo Civil, arts. 877, §§ 3º e 4º, e 902.
Lei 13.097/2015, art. 55.

[1620] BRASIL, Lei 8.935/1994, art. 30, XIV.

Art. 266 | LEI DE REGISTROS PÚBLICOS COMENTADA

Comentários

1. Remição e remissão

Palavras homófonas, remição e remissão são frequentemente confundidas. Remição é a liberação de um ônus – resgate – decorrente do pagamento de certa quantia. Remissão é a liberação decorrente do perdão, caso em que o credor, sem ter recebido o pagamento, indica que a dívida está satisfeita.[1621]

O uso de termos similares para designar institutos diferentes causa certa confusão. Nem o legislador escapa do uso incorreto das expressões.[1622] Preferimos, por clareza na distinção, os termos resgate e perdão. Referir-nos-emos, portanto, nos comentários aos artigos sobre o tema, ao resgate da hipoteca.

2. Resgate da hipoteca

Como regra, a liberação da hipoteca se dá pelo pagamento da dívida. Se a dívida exceder o valor do imóvel, o resgate poderá se dar com o pagamento do valor real do imóvel. O resgate da hipoteca é, desse modo, forma de liberação do ônus hipotecário pelo pagamento do valor do próprio bem.

Desse modo, se o valor do bem excede o valor da dívida, não se há de falar em resgate da hipoteca, mas em pagamento da dívida, que pode ou não implicar em sub-rogação, se feita por terceiro interessado.[1623] Haverá resgate se não houver o pagamento da dívida, com a liberação da hipoteca pela entrega ao credor do preço equivalente ao do imóvel.

A legislação prevê três hipóteses de resgate da hipoteca: pelo proprietário executado, pelo adquirente do bem e pelo credor de segunda hipoteca. Para o resgate pelo credor de segunda hipoteca, remetemos o leitor à leitura dos comentários aos arts. 270 a 273.

3. Resgate pelo proprietário executado

O resgate da hipoteca pode se dar pelo proprietário executado nos termos do Código de Processo Civil. A legislação prevê que, até a assinatura do auto de adjudicação ou de arrematação, o devedor deve oferecer preço igual ao da avaliação, se não tiver licitantes, ou ao do maior lance oferecido.[1624]

Importa notar, contudo, que o resgate operado no caso equivale à permissão de exercício do direito de preferência,[1625] pelo próprio executado ou por seus parentes. Não existe, propriamente, uma liberação do ônus hipotecário, mas a aquisição do imóvel pelo próprio executado, com a transferência dos valores ao credor para pagamento da dívida. Pelo que quer nos parecer que melhor seria identificá-la pela sua correta natureza jurídica, como exercício do direito de preferência, e não resgate.

4. Resgate pelo proprietário antes da execução

A legislação não permite o resgate da hipoteca pelo proprietário, exceto durante o processo de execução. Conquanto o art. 272 da Lei dos Registros Públicos indique a possibilidade de resgate pelo devedor, o que ocorre, de fato, é o pagamento pelo devedor da dívida, e não o resgate do imóvel hipotecado, vez que é realizado o pagamento da totalidade do valor da dívida.

5. Resgate pelo adquirente do bem

O resgate da hipoteca pelo adquirente do bem é disciplinado pelo Código Civil e pela Lei de Registros Públicos.

A primeira questão a se analisar é que o adquirente pode ter se responsabilizado perante o credor hipotecário pelo pagamento da dívida. É o que se infere, *a contrario sensu*, do art. 1.479 do Código Civil,[1626] situação na qual é-lhe vedado mesmo abandonar o imóvel em favor dos credores, o

---

[1621] PONTES DE MIRANDA, Francisco Cavalcanti. *Tratado de direito privado parte especial*. Tomo XXV – Direito das obrigações: extinção das obrigações. Atualizado por Nelson Nery Jr., Rosa Maria de Andrade Nery. São Paulo: Revista dos Tribunais, 2012. p. 105 – § 3.010.

[1622] BRASIL, Lei 3.071/1916, Código Civil de 1916, art. 687, art. 766, parágrafo único, art. 802, IV e VI; Lei 10.406/2002, Código Civil, art. 1.481, § 2º.

[1623] BRASIL, Lei 10.406/2002, Código Civil, art. 304, *caput*.

[1624] BRASIL, Lei 13.105/2015, Código de Processo Civil, art. 877, §§ 3º e 4º, e art. 902.

[1625] BRASIL, Lei 13.105/2015, Código de Processo Civil, art. 892, § 2º.

[1626] BRASIL, Lei 10.406/2002, Código Civil, art. 1.479. O adquirente do imóvel hipotecado, desde que não se tenha obrigado pessoalmente a pagar as dívidas aos credores hipotecários, poderá exonerar-se da hipoteca, abandonando-lhes o imóvel.

Art. 266

que usualmente se lhe permite. Havendo se obrigado pessoalmente, tampouco cabe ao adquirente utilizar o procedimento de resgate, pois o que ocorreu foi, de fato, assunção de dívida, quer com a liberação do devedor originário – assunção liberatória – quer com o ingresso do adquirente ao lado do devedor original na obrigação – assunção cumulativa. Note-se que a assunção de dívida pelo adquirente do imóvel hipotecado excepciona a regra geral, que exige a anuência do credor, e interpreta seu silêncio após notificado como recusa,[1627] vez que a não impugnação em 30 dias faz entender dado o assentimento.[1628]

Se o adquirente não se obrigou pela dívida perante o credor, poderá utilizar o procedimento de resgate da hipoteca, notificando o credor, em 30 dias da aquisição,[1629] para exercer o direito de resgatá-lo, oferecendo importância não inferior ao preço pelo qual adquiriu.

A razão do preço não poder ser inferior ao preço de aquisição do imóvel decorre de duas circunstâncias:

1) Se o preço pelo qual adquiriu o imóvel é superior ao valor da dívida, não cabe ao adquirente resgatar o imóvel, mas pagar a dívida, como terceiro interessado.[1630] É dizer, o procedimento de resgate deve ser utilizado se a dívida for superior ao valor pago pelo bem imóvel.

2) O preço oferecido deve ser, no mínimo, o valor pago pelo adquirente, uma vez que foi o que este, ciente da hipoteca, esteve disposto a pagar pelo bem, de modo que é muito provável que, em eventual execução, se o bem for levado a leilão, haverá terceiro interessado em adquiri-lo ao menos pelo mesmo preço que o adquirente, tendo em vista que o receberá sem a hipoteca.

Nada impede, contudo, que seja de fato oferecido preço inferior ao da aquisição para o resgate, desde que justificado. Imagine-se, por exemplo, que o adquirente não tivesse ciência da hipoteca, por estar com uma certidão desatualizada ou por não ter consultado a matrícula do imóvel, ou que lhe tenha sido apresentado documento de quitação da hipoteca quando da compra, que se demonstrou, posteriormente, falso. Imagine-se, ainda, que após a aquisição tenha ocorrido desvalorização sensível do bem, sem sua culpa.[1631] Nesses casos, é possível que, quando da aquisição, tenha sido oferecido preço pelo imóvel que seja superior ao que será obtido então no procedimento de leilão. Não deve o juízo recusar a apresentação de preço inferior ao de aquisição, desde que a situação seja justificada, cabendo ao credor, se o caso, requerer que se promova a licitação.

6. Súmula 308 do STJ

Em caso de hipoteca firmada entre a construtora e o agente financeiro, não há necessidade de se aplicar o direito de remição da hipoteca em caso de aquisição da unidade autônoma, vez que, de acordo com a Súmula 308 do STJ, a hipoteca é ineficaz perante os adquirentes do imóvel.[1632] A regra da súmula foi incorporada à legislação no art. 55 da Lei 13.097/2015.

7. Direito de resgate ou ônus do adquirente

Conquanto o resgate da hipoteca seja indicado como direito do adquirente nos Códigos Civis anterior[1633] e atual,[1634] as consequências impostas pelo Código Civil de 1916 no caso de não utilização do procedimento no prazo legal faziam do procedimento um ônus do adquirente. E, ainda que o Código Civil de 2002 tenha previsto consequências mais brandas no caso de não utilização do procedimento

---

[1627] BRASIL, Lei 10.406/2002, Código Civil, art. 299, parágrafo único.

[1628] BRASIL, Lei 10.406/2002, Código Civil, art. 303.

[1629] BRASIL, Lei 10.406/2002, Código Civil, art. 1.481.

[1630] BRASIL, Lei 10.406/2002, Código Civil, art. 304.

[1631] Se o adquirente tiver culpa na desvalorização, aplicar-se-á o previsto no Código Civil atual: Art. 1.481, § 3º Se o adquirente deixar de remir o imóvel, sujeitando-o a execução, ficará obrigado a ressarcir os credores hipotecários da desvalorização que, por sua culpa, o mesmo vier a sofrer, além das despesas judiciais da execução.

[1632] A hipoteca firmada entre a construtora e o agente financeiro, anterior ou posterior à celebração da promessa de compra e venda não tem eficácia perante os adquirentes do imóvel.

[1633] BRASIL, Lei 3.071/1916, Código Civil de 1916, art. 815, *caput*.

[1634] BRASIL, Lei 10.406/2002, Código Civil, art. 1.481, *caput*.

no prazo legal, entendemos que ainda se trata de ônus imposto ao adquirente. Remetemos o leitor, para explicação mais detalhada, aos comentários feitos ao art. 276.

> **Art. 267.** Se o credor, citado, não se opuser à remição, ou não comparecer, lavrar-se-á termo de pagamento e quitação e o Juiz ordenará, por sentença, o cancelamento de hipoteca.
> **Parágrafo único.** No caso de revelia, consignar-se-á o preço à custa do credor.

Referências Normativas

Lei 10.406/2002, Código Civil, art. 1.481, § 2º.

Comentários

O artigo é complementado pelo art. 1.481, § 2º, do Código Civil. Com o pagamento do preço, ou seu depósito, o imóvel ficará livre de hipoteca, e o juiz ordenará, por sentença, o seu cancelamento. Interessa notar que o resgate se diferencia do pagamento pelo adquirente da dívida, como terceiro interessado, justamente porque o valor apresentado é o do imóvel, e não o da dívida. Se fosse pago o valor da dívida, o caso seria de consignação em pagamento.[1635] No caso, o que se pretende é a liberação do imóvel pelo pagamento do valor que provavelmente seria obtido com a venda judicial, e não com o valor da dívida. O imóvel fica liberado da hipoteca não porque a dívida tenha se extinguido,[1636] mas porque o proveito econômico que seria possível obter com o bem já foi obtido.[1637]

> **Art. 268.** Se o credor, citado, comparecer e impugnar o preço oferecido, o Juiz mandará promover a licitação entre os credores hipotecários, os fiadores e o próprio adquirente, autorizando a venda judicial a quem oferecer maior preço.
> § 1º Na licitação, será preferido, em igualdade de condições, o lanço do adquirente.
> § 2º Na falta de arrematante, o valor será o proposto pelo adquirente.

Referências Normativas

Lei 10.406/2002, Código Civil, art. 1.481, § 1º.
Lei 3.071/1916, Código Civil, art. 816.

Comentários

O previsto no *caput* e § 1º foi substituído pelo art. 1.481, § 1º, do Código Civil. O credor pode alegar que o preço oferecido não corresponde ao valor do imóvel, caso em que será realizada a venda judicial. É assegurada preferência ao adquirente do imóvel.

Modificação sensível deu-se quanto aos participantes da licitação, vez que o dispositivo em comento previa somente a licitação entre os credores hipotecários, os fiadores e o próprio adquirente, repetindo a regra do art. 816 do Código Civil de 1916. O Código Civil de 2002 foi mais abrangente, permitindo a oferta do imóvel de modo amplo, com a venda judicial a quem oferecer maior preço.[1638]

[1635] BRASIL, Lei 10.406/2002, Código Civil, art. 336.
[1636] BRASIL, Lei 10.406/2002, Código Civil, art. 1.499, I.
[1637] BRASIL, Lei 10.406/2002, Código Civil, art. 1.499, V.
[1638] BRASIL, Lei 10.406/2002, Código Civil, art. 1.481, § 1º.

> **Art. 269.** Arrematado o imóvel e depositado, dentro de quarenta e oito (48) horas, o respectivo preço, o Juiz mandará cancelar a hipoteca, sub-rogando-se no produto da venda os direitos do credor hipotecário.

📖 Referências Normativas

Lei 13.105/2015, Código de Processo Civil, arts. 892 e 895, § 1º.

📖 Comentários

O dispositivo é claro. O preço do resgate deve ser depositado em 48 (quarenta e oito) horas após a arrematação, caso em que o juiz mandará cancelar a hipoteca, sub-rogando-se no produto da venda os direitos do credor hipotecário.

Vale apontar que o tempo definido no presente artigo é mais benéfico que a legislação processual, que prevê que o depósito do preço seja automático (art. 892 do CPC). Por se tratar de legislação especial, ainda que anterior, entende-se que no caso de resgate o prazo é mais estendido, inclusive maior que a praxe forense de 24 (vinte e quatro) horas.

Se ocorrer o parcelamento do preço, é de aplicar a regra do art. 895, § 1º, do Código de Processo Civil, por analogia, caso em que o pagamento do preço será garantido por hipoteca do próprio bem.

> **Art. 270.** Se o credor de segunda hipoteca, embora não vencida a dívida, requerer a remição, juntará o título e certidão da inscrição da anterior e depositará a importância devida ao primeiro credor, pedindo a citação deste para levantar o depósito e a do devedor para dentro do prazo de cinco dias remir a hipoteca, sob pena de ficar o requerente sub-rogado nos direitos creditórios, sem prejuízo dos que lhe couberem em virtude da segunda hipoteca.

📖 Referências Normativas

Lei 3.071/1916, Código Civil de 1916, art. 814.
Lei 10.406/2002, Código Civil, art. 1.478.

📖 Comentários

1. Natureza de sub-rogação objetiva

O resgate pelo credor de hipoteca posterior não é, verdadeiramente, resgate, mas, sim, pagamento por terceiro interessado.[1639] Verifica-se essa circunstância não só pelo efeito de sub-rogação atribuído especificamente no caso,[1640] como na regra geral de ocorrência de sub-rogação no caso do pagamento de dívida do devedor comum por outro credor.[1641]

Pontes de Miranda bem define:

> Não há propriamente remição; há desinteressamento do credor e sub-rogação objetiva legal; porque de modo nenhum se libera, se redime o imóvel hipotecado. A lei chamou remição ao que apenas consiste em mudança do credor hipotecário, por força da sub-rogação.[1642]

[1639] BRASIL, Lei 10.406/2002, Código Civil, art. 304, *caput*.
[1640] BRASIL, Lei 10.406/2002, Código Civil, art. 1.478, *caput*.
[1641] BRASIL, Lei 10.406/2002, Código Civil, art. 346, I.
[1642] PONTES DE MIRANDA, Francisco Cavalcanti. *Tratado de direito privado parte especial*. Tomo XXV – Direito das obrigações: extinção das obrigações. Atualizado por Nelson Nery Jr., Rosa Maria de Andrade Nery. São Paulo: Revista dos Tribunais, 2012. p. 382, §2.511, 3. Pretensões ao desinteressamento do credor.

2. Vencimento da primeira ou da segunda obrigação

A Lei dos Registros Públicos prevê a possibilidade de o credor da segunda hipoteca requerer o resgate da primeira, ainda que não vencida a dívida. Pergunta-se: qual dívida não precisa estar vencida, a da primeira hipoteca ou a da segunda?

O dispositivo refere-se ao vencimento da segunda hipoteca. É dizer, o credor de segunda hipoteca não precisa ter obrigação já vencida para requerer o pagamento da primeira. Se o credor da segunda hipoteca haverá de citar o devedor para pagá-la, tal só pode ocorrer após o vencimento da primeira hipoteca.

A previsão de que a primeira dívida deve estar vencida era indicada pelo Código Civil de 1916[1643] e é repetida pelo Código Civil atual.[1644]

3. Objeto da consignação

Pode haver dificuldade na consignação se a obrigação garantida pela primeira hipoteca não se referia à entrega de valores, vez que o credor não será obrigado a receber prestação diversa, ainda que mais valiosa[1645]. Se, por exemplo, a obrigação é de entrega de coisa, o credor tem direito a realizar a execução por coisa certa, com a aplicação, inclusive, de multa por dia de atraso.[1646] A existência de credor de segunda hipoteca em nada modifica a obrigação anterior, de modo que o consignado pelo segundo credor deve ser exatamente o que era devido pelo primeiro credor. Não se admite a conversão automática em pecúnia do objeto da primeira obrigação.

4. Consignação do valor da dívida, e não do bem

Nos casos de resgate propriamente dito, o valor a ser pago é o do imóvel, quer quando realizado o resgate pelo adquirente,[1647-1648] quer pelo executado.[1649] O valor a ser consignado pelo segundo credor, por sua vez, é o valor devido ao primeiro credor. Desse modo, existe na verdade pagamento por terceiro interessado,[1650] que não dependeria sequer de anuência ou mesmo ciência do devedor. Contudo, por economia processual, a legislação determina sua citação para buscar evitar a manutenção da hipoteca, se o devedor quiser efetuar desde logo o resgate.

> **Art. 271.** Se o devedor não comparecer ou não remir a hipoteca, os autos serão conclusos ao Juiz para julgar por sentença a remição pedida pelo segundo credor.

 Referências Normativas

Lei 13.105/2015, Código de Processo Civil, art. 544.

 Comentários

O dispositivo não menciona, mas o primeiro credor pode impugnar o pagamento, alegando que o valor depositado não equivale ao quanto lhe seja devido. A contestação do primeiro credor deve observar paralelismo com o previsto no Código de Processo Civil quanto à defesa do réu na ação de consignação, tendo em vista a similaridade entre os procedimentos.

[1643] BRASIL, Lei 3.071/1916, Código Civil de 1916, art. 814.
[1644] BRASIL, Lei 10.406/2002, Código Civil, art. 1.478.
[1645] BRASIL, Lei 10.406/2002, Código Civil, art. 313.
[1646] BRASIL, Lei 13.105/2015, Código de Processo Civil, art. 806, § 1º.
[1647] BRASIL, Lei 6.015/1973, Lei dos Registros Públicos, art. 266.
[1648] BRASIL, Lei 10.406/2002, Código Civil, art. 1481.
[1649] BRASIL, Lei 13.105/2015, Código de Processo Civil, arts. 877, § 3º, e 902, *caput*.
[1650] BRASIL, Lei 10.406/2002, Código Civil, art. 304, *caput*.

Assim dispõe o CPC:

> Art. 544. Na contestação, o réu poderá alegar que:
> I – não houve recusa ou mora em receber a quantia ou a coisa devida;
> II – foi justa a recusa;
> III – o depósito não se efetuou no prazo ou no lugar do pagamento;
> IV – o depósito não é integral.

A única matéria de defesa que pode ser indicada é que o depósito não é integral, caso em que caberá ao credor da primeira hipoteca indicar qual o valor que entende devido.[1651] O procedimento de resgate pelo segundo credor afasta a aplicação dos incisos I e II, porque não depende de prévia recusa. A alegação de que não se efetuou no prazo ou no lugar do pagamento (inciso III) somente terá efeito se essas circunstâncias forem essenciais e de alguma forma afetarem a execução, pois o depósito pelo segundo credor deve abranger a totalidade dos custos judiciais, inclusive os necessários para eventual deslocamento dos bens.

> **Art. 272.** Se o devedor comparecer e quiser efetuar a remição, notificar-se-á o credor para receber o preço, ficando sem efeito o depósito realizado pelo autor.

 Referências Normativas

Lei 13.105/2015, Código de Processo Civil, arts. 877, § 3º, e 902, *caput*.

 Comentários

O resgate pelo devedor é permitido por economia processual. Contudo, o devedor não fará o resgate do imóvel, e sim o pagamento da primeira dívida, pelo seu valor, caso em que o depósito do segundo credor ser-lhe-á devolvido. A legislação não permite o resgate do imóvel hipotecado pelo próprio devedor, salvo durante o processo de execução.[1652]

> **Art. 273.** Se o primeiro credor estiver promovendo a execução da hipoteca, a remição, que abrangerá a importância das custas e despesas realizadas, não se efetuará antes da primeira praça, nem depois de assinado o auto de arrematação.

 Referências Normativas

Lei 13.105/2015, Código de Processo Civil, art. 877, § 3º, e art. 902, *caput*.

 Comentários

A limitação temporal se justifica em parte. A possibilidade de pagamento pelo segundo credor após o auto de arrematação seria dissonante do regime jurídico. Com a assinatura do auto de arrematação, o bem deixa de ter disponibilidade na esfera patrimonial do devedor, e é formado título apto a realizar a transferência ao arrematante. Mesmo ao devedor executado é imposto esse momento limite para

---

[1651] BRASIL, Lei 13.105/2015, Código de Processo Civil, art. 544, parágrafo único.
[1652] BRASIL, Lei 13.105/2015, Código de Processo Civil, art. 877, § 3º, e art. 902, *caput*.

o resgate.[1653] Do mesmo modo, o pagamento pelo segundo credor só é permitido até o momento da assinatura do auto de arrematação.

A limitação temporal da primeira praça, por outro lado, não se justifica. A vedação a que o resgate pelo segundo credor – que equivale ao pagamento da dívida – ocorra antes da primeira praça é injustificável, e ocorreria em prejuízo de toda a sistemática processual, exigindo a realização de um ato – o leilão – sem qualquer possibilidade de produzir efeitos jurídicos, se já oferecido o pagamento. Trata-se, na verdade, de pagamento por terceiro interessado,[1654] que pode ser feito mesmo antes do primeiro leilão. Se já iniciada a execução, a valor a ser depositado, no resgate pelo segundo credor, deve abranger as custas e despesas com a cobrança.

Art. 274. Na remição de hipoteca legal em que haja interesse de incapaz intervirá o Ministério Público.

Referências Normativas

Lei 10.406/2002, arts. 1.489 a 1.491.
Lei 13.105/2015, Código de Processo Civil, art. 178, II.
Lei 5.869/1973, Código de Processo Civil de 1973, art. 1.205.

Comentários

O artigo segue a regra geral do art. 178, II, do Código de Processo Civil, que determina a intervenção do Ministério Público como fiscal da ordem jurídica nos casos em que exista interesse de incapaz. A hipoteca legal é conferida nos termos do art. 1.489 do Código Civil, sendo de aplicação potencial aos incapazes os incisos II a V. O procedimento de especialização era previsto nos arts. 1.205 e seguintes do Código de Processo Civil de 1973, e, apesar de não ter sido repetido no Código de Processo Civil de 2015, a especialização deve ser realizada, entendendo-se que deva ser seguido o procedimento geral de jurisdição voluntária.[1655]

Jurisprudência

"Recurso especial. Interdição da esposa requerida pelo marido. Especialização da hipoteca legal. Idoneidade moral e financeira do curador. Código de Processo Civil de 1973.

1. Interdição deferida pelo juízo, na vigência do CPC de 1973, com a determinação de especialização da hipoteca legal, nos termos do art. 1.188 do CPC 1973. Acórdão prolatado na vigência do CPC 2015 confirmando a sentença. Julgamento fundado exclusivamente em dispositivos do CPC 1973.

2. Alegação de que o art. 759 do CPC 2015, cuja aplicação é imediata, deixou de exigir a especialização da hipoteca legal. Questão não apreciada pela corte revisora. Ausência de oposição de embargos de declaração. Incidência das Súmulas 282 e 356 do STF.

3. Dissídio não configurado em relação ao acórdão invocado como paradigma do Tribunal de Justiça de São Paulo, o qual examinou a questão à luz do parágrafo único do art. 1.745 c/c art. 1.774 do Código Civil de 2002, dispositivos não examinados pelo acórdão recorrido.

3. Alegação de que o termo 'idoneidade' empregado no art. 1.190 do CPC 1973 diz respeito ao aspecto moral do curador, o que acarretaria a inaplicabilidade à espécie do art. 1.188 do CPC 1973. Improcedência. A ausência de idoneidade moral afasta peremptoriamente o exercício da curatela. A possibilidade de prestação posterior da 'garantia' consubstanciada na 'especialização da hipoteca legal'

[1653] BRASIL, Lei 13.105/2015, Código de Processo Civil, arts. 877, § 3º, e 902, *caput*.
[1654] BRASIL, Lei 10.406/2002, Código Civil, art. 304.
[1655] BRASIL, Lei 13.105/2015, Código de Processo Civil, art. 719.

(CPC 1973, art. 1.188) demonstra que a 'idoneidade' referida no art. 1.190 do CPC 1973 abrange a idoneidade moral e a financeira. Consequente inexistência de ofensa aos dispositivos legais indicados.

4. Ressalva ao recorrente do direito de requerer, na origem, a dispensa de especialização da hipoteca, com base no direito superveniente à sentença, o que poderá ser oportunamente reexaminado, à luz das circunstâncias de fato atuais, sem ofensa à coisa julgada, porque esta se dá a partir do panorama de fato e de direito vigente à época da prolação do título judicial.

5. Recurso especial a que se nega provimento" (STJ, REsp 1.640.969-MG, Rel. Min. Maria Isabel Gallotti, j. 02/08/2022).

Art. 275. Das sentenças que julgarem o pedido de remição caberá o recurso de apelação com ambos os efeitos.

Referências Normativas

Lei 6.015/1973, Lei dos Registros Públicos, art. 259.
Lei 13.105/2015, Código de Processo Civil, art. 1.012.

Comentários

A aplicação de ambos os efeitos processuais converge com a regra do art. 259 da LRP. Enquanto sujeita a recurso a decisão, não pode ser feito o cancelamento da hipoteca por resgate. O dispositivo tem função de reforço, vez que o cancelamento da hipoteca está subordinado à definitividade da sentença de resgate pela regra geral dos cancelamentos, mas buscou-se evitar discussões sobre a possibilidade de execução provisória da sentença.

Art. 276. Não é necessária a remição quando o credor assinar, com o vendedor, escritura de venda do imóvel gravado.

Referências Normativas

Lei 3.071/1916, Código Civil de 1916, arts. 815 e 816.
Lei 10.406/2002, Código Civil, art. 1.481, § 3º.

Comentários

A leitura do dispositivo deve ser realizada com cuidado especial, tendo em vista o regime jurídico aplicável à compra e venda de imóvel hipotecado no Código Civil de 1916, e que se modificou no Código Civil de 2002.

Pelo Código Civil de 1916, a utilização do procedimento de resgate de hipoteca pelo adquirente tinha a natureza de ônus, e não de direito.

Conquanto o art. 815 indicasse que ao adquirente do imóvel hipotecado cabia o direito de resgatá-lo, o art. 816, §§ 2º e 3º, determinava as consequências da não notificação do credor no prazo de 30 dias, que eram:

1) Obrigação pelas perdas e danos para com os credores hipotecários (§ 2º, I);
2) Obrigação pelas custas e despesas judiciais (§ 2º, II) e pela diferença entre a avaliação e eventual adjudicação (§ 2º, III); e

3) O adquirente só poderia adquirir o imóvel na execução com o consentimento do credor (§ 3º) e se o preço bastasse para a solução da hipoteca.

É certo que o adquirente ainda poderia resgatar a hipoteca, por meio do pagamento do seu preço. Mas a atribuição de responsabilidade por perdas e danos e pela diferença entre valor de avaliação e de adjudicação, além do condicionamento da aquisição pelo adquirente em execução ao consentimento do credor, implicavam regime extremamente gravoso no caso de o credor hipotecário não ter sido notificado.

Quer nos parecer que a dispensa do procedimento de resgate não significa necessariamente autorização automática para cancelamento da hipoteca. Isso dependerá de não haver ressalva expressa no instrumento de venda da manutenção do ônus. O dispositivo dispensa, de modo direto, a necessidade do procedimento de resgate – que era então ônus do adquirente – e ressalvava-lhe que não sofreria as consequências dos §§ 2º e 3º do art. 816 do Código Civil de 1916, hoje abrandadas pelo art. 1.481, § 3º, do atual Código Civil.

Dito de outro modo, o comparecimento do credor no instrumento de alienação implica:

1) Necessariamente, na dispensa de realização do procedimento de resgate de hipoteca, sem que seja aplicável ao devedor o art. 1.481, § 3º; e
2) Salvo ressalva expressa, na autorização de cancelamento da hipoteca.

É dizer, se o instrumento de venda foi assinado conjuntamente pelo credor hipotecário e nada se mencionou quanto à hipoteca, entende-se dada autorização para o cancelamento da hipoteca. Se houve ressalva expressa pela manutenção da hipoteca, não está autorizado o seu cancelamento, mas está dispensado o adquirente de promover o procedimento de resgate, tendo, contudo, direito a fazê-lo. Se o credor não assinou o instrumento, terá o adquirente o ônus de promover o procedimento de resgate de hipoteca.

CAPÍTULO XI
DO REGISTRO TORRENS

Art. 277. Requerida a inscrição de imóvel rural no Registro Torrens, o oficial protocolará e autuará o requerimento e documentos que o instruírem e verificará se o pedido se acha em termos de ser despachado.

RENATA DE OLIVEIRA BASSETTO RUIZ

 Referências Normativas

Decreto 451-B, de 31 de maio de 1890.
Decreto 955-A, de 5 de novembro de 1890.
Decreto 11, de 18 de janeiro de 1991.

 Comentários

Surgimento do Sistema Torrens. O Sistema de Registro Torrens é originário da Austrália,[1656] e tem por epônimo seu principal idealizador, o irlandês Sir Robert Richard Torrens. Sir Richard Torrens

---
[1656] Marcelo Augusto Santana de Melo, citando José Manuel Garcia Garcia, declara que o estudo do referido sistema australiano transcende os limites da Austrália, haja vista que outras colônias inglesas e francesas adotaram o sistema. MELO, Marcelo Augusto Santana de. *Teoria geral do registro de imóveis:* estrutura e função. Porto Alegre: Sergio Antonio Fabris, 2016. p. 141.

era filho de um dos fundadores da colônia da Austrália do Sul, e mudou-se para a Austrália em 1840,[1657] tendo exercido vários cargos públicos na Austrália, sendo inclusive nomeado Registrador Geral de Documentos, em 1853. Tornou-se deputado em Adelaide, em seu mandato apresentou famoso projeto de lei criando essa modalidade de registro de imóveis,[1658] convertido em lei em 27 de janeiro de 1858, regulado com mais minúcias pelo *Real Property Act*, de 07 de agosto de 1861.[1659]

A atribuição da criação do sistema exclusivamente a Sir Richard Torrens não é precisa. Sérgio Jacomino enuncia que "a influência de outras personalidades políticas e jurídicas é claramente percebida na trajetória de formação e consolidação da lei".[1660] O Sistema recebeu a colaboração de diversos juristas, políticos, notários e registradores.[1661]

A peculiaridade reside em que, diversamente do que ocorreu nos sistemas de registro da família romanístico-germânica, cujo conteúdo atual é resultado de um longo, anônimo e progressivo processo histórico de desenvolvimento e construção, o Sistema Torrens foi pensado e criado como um todo articulado, por um autor específico e para uma finalidade específica.[1662] O Sistema de Registro Torrens alcançou grande êxito na Austrália, sendo expandido também para colônias inglesas e francesas.

Razões do surgimento. Antes de sua criação, vigorava no território australiano a legislação inglesa. Adotava-se o sistema de Registro de Documentos (*Deeds Registration System*), que trazia em seu bojo confusão jurídica a respeito de títulos de domínio, de transferência e aquisição da propriedade. O objetivo de Robert Richard Torrens era resolver as inconveniências do sistema, a fim de tutelar a propriedade privada e pública, afastar impugnações infundadas e garantir prova segura da titularidade da propriedade.[1663-1664-1665]

De forma abreviada, o sistema de Registro de Documentos consiste no depósito de documentos relativos à parcela de terras. Conquanto alguns aspectos formais do documento possam ser analisados – como a continuidade entre aquisição anterior e disponente –, não é realizada qualificação registral, que consiste na análise da compatibilidade do ato apresentado com o ordenamento jurídico. Em decorrência da ausência de análise, do arquivamento dos documentos não decorre presunção de

---

[1657] BALBINO FILHO, Nicolau. *Registro de imóveis:* doutrina, prática e jurisprudência. São Paulo: Saraiva, 2010. p. 155.

[1658] PEDROSO, Alberto Gentil de Almeida (org.); LAGO, Ivan Jacopetti do. *História do Registro de Imóveis*, volume 1. São Paulo: Thomson Reuters Brasil, 2020. p. 257.

[1659] DINIZ, Maria Helena. *Sistemas de Registros de Imóveis*. 9. ed. São Paulo: Saraiva, 2010. p. 552.

[1660] JACOMINO, Sérgio. *Sistema Torrens*. Disponível em: https://arisp.wordpress.com/2009/06/27/2714/. Acesso em: 07 dez. 2022.

[1661] Conforme Sérgio Jacomino, um dos grandes colaboradores do Sistema Torrens foi Ulrich Hübbe, alemão nascido em Hamburgo em 1805, fazendeiro, professor, jornalista, intérprete (consta que dominava 11 idiomas) e o mais importante na colaboração do sistema: notário e registrador em Hamburgo. A experiência notarial e registral foi fulcral nas discussões levadas a efeito no Parlamento nos debates conduzidos por Richard Torrens. JACOMINO, Sérgio. *Sistema Torrens*. Disponível em: https://arisp.wordpress.com/2009/06/27/2714/ Acesso em: 10 dez. 2022.

[1662] PEDROSO, Alberto Gentil de Almeida (org.); LAGO, Ivan Jacopetti do. *História do registro de imóveis*. v. 1. São Paulo: Thomson Reuters Brasil, 2020. p. 257.

[1663] DINIZ, Maria Helena. *Sistemas de registros de imóveis*. 9. ed. São Paulo: Saraiva, 2010.

[1664] Garcia Garcia narra em sua obra que a maior fonte inspiradora de Torrens foi o fato de que um amigo seu, oficial aposentado das Forças Armadas da Índia, havia depositado a economia de uma vida inteira na aquisição de terras na Índia. Investiu toda sua poupança em melhorias na terra e na construção de bela mansão. Posteriormente, foi surpreendido com a perda da propriedade e de todas as benfeitorias, num montante aproximado de 20.000 libras, tendo sido reduzido à pobreza, ante o surgimento de um título de propriedade clandestino na cadeia aquisitiva do imóvel (GARCIA, José Manuel Garcia *apud* Marcelo Augusto Santana de Melo, p. 141). Ivan Jacopetti do Lago também ensina que Robert Richard Torrens começou a se interessar pelo tema da segurança nas transações imobiliárias em 1837, quando seu amigo sofreu as injunções da então vigente legislação inglesa sobre a matéria. PEDROSO, Alberto Gentil de Almeida (org.); LAGO, Ivan Jacopetti do. *História do registro de imóveis*. v. 1. São Paulo: Thomson Reuters Brasil, 2020. p. 257.

[1665] Outra experiência profissional de Sir Richard Torrens que se demonstrou relevante ao desenvolvimento do sistema ocorreu nas aduanas da Austrália, trabalhando nas transmissões de navios nos anos de 1841 a 1852. A experiência fez com que Torrens pretendesse utilizar-se dos princípios de transmissão de bens móveis a fim de reformar a legislação inglesa sobre transmissão de bens imóveis.

sua validade. O sistema atribui à publicidade registral simples força negativa preclusiva,[1666] impedindo que atos não registrados prevaleçam frente aos atos registrados.

Os inconvenientes observados por Torrens ao longo de sua experiência como registrador e na aplicação do Direito Inglês podem ser assim sintetizados:[1667]

1) complexidade do sistema, demandando dos colonos a contratação de advogados experimentados na matéria;
2) alto custo na contratação dos profissionais para a efetivação do negócio;
3) prejuízos e incertezas dos adquirentes e credores acerca da validade dos direitos adquiridos nesse sistema;
4) demora na transferência da propriedade/direitos; e
5) redução do valor da terra em decorrência dos custos de transação.

Para Torrens, a análise jurídica de cada transferência demandava altos custos ante a necessidade de verificação da validade da cadeia anterior de aquisições relativas ao mesmo imóvel, bem como a inexistência de qualquer interesse de terceiros. Segundo Torrens, *"a dependent title is a chain no stronger than the weakest link"*,[1668] Nos dizeres de Sérgio Jacomino: "A cadeia filiatória nos condena", parafraseando as alegações de Torrens, em tradução por Rui Barbosa, que, como se verá adiante, foi o defensor desse Sistema de Registro no Brasil:[1669]

> *Este regime [refere-se ao regime românico-germânio de transmissão imobiliária] pela sua falibilidade, pelo seu custo, pela sua lentidão, pela sua complexidade, pelos embaraços que o obstruem, não corresponde às exigências de uma época essencialmente comercial, como a nossa, e deprecia gravemente o valor natural do solo. Ora, todas essas inconveniências têm sua origem comum no caráter retrospectivo, ou dependente, dos títulos de domínio, no regime em vigor.*

Caracterização. Com base nas lições da Professora Mónica Jardim,[1670] podem ser extraídas as notas caracterizadoras do Registro Torrens:

1) Complexidade: existência de um procedimento de registro ampliado, desenvolvido administrativamente, com apresentação de plantas, publicação de editais e possibilidade de impugnação.
2) Inscrição: inexistindo oposição, será emitida a primeira inscrição ou matrícula, cuja finalidade é comprovar a existência, a situação e limites exatos do imóvel, bem como o direito do primeiro titular registral.
3) Integridade: na inscrição do imóvel mencionará todos os direitos reais que gravem o imóvel, de modo que qualquer direito que não conste do título extingue-se.
4) Invulnerabilidade: o título constitutivo de propriedade provém diretamente do Estado, e se constitui em prova inatacável e indiscutível em favor do titular do registro quanto ao direito retratado. Quanto ao tema, remetemos o leitor aos comentários ao art. 288.

Pode-se afirmar que, com o Registro Torrens, criou-se na Austrália um registro fundiário dotado de prova segura do direito de propriedade, dando ao assento um caráter constitutivo, reforçando a

---

[1666] SOUZA, Eduardo Pacheco Ribeiro D. *Noções fundamentais de direito registral e notarial.* São Paulo: Saraiva, 2022. E-book. ISBN 9786553620087. Disponível em: https://integrada.minhabiblioteca.com.br/#/books/9786553620087/. Acesso em: 10 dez. 2022, p. 57.

[1667] PEDROSO, Alberto Gentil de Almeida (org.); LAGO, Ivan Jacopetti do. *História do registro de imóveis.* v. 1. São Paulo: Thomson Reuters Brasil, 2020. p. 259.

[1668] PEDROSO, Alberto Gentil de Almeida (org.); LAGO, Ivan Jacopetti do. *História do registro de imóveis.* v. 1. São Paulo: Thomson Reuters Brasil, 2020. p. 160.

[1669] JACOMINO, Sérgio. Sistema Torrens. Disponível em: https://arisp.wordpress.com/2009/06/27/2714/ Acesso em: 10 dez. 2022.

[1670] JARDIM, Mónica. *Efeitos substantivos do registro predial:* terceiros para efeitos de registro. Coimbra: Almedina, 2015. p. 58.

fé pública e restringindo os casos de ação contra terceiros adquirentes. O certificado desse registro passou a servir de base a todas as transações posteriores e, para sua emissão, foi criado um registro matriz, que se constituía num livro imobiliário onde eram inscritas, numa folha especial, a descrição material e jurídica da propriedade, com seus elementos básicos.

O Sistema Torrens consagrou, em solo australiano, o princípio da integridade do registro – significa dizer, nenhum direito ou ônus real existe se não estiver registrado; o princípio da inscrição – aquisição do direito pelo registro; o princípio da fé pública registral e a adoção do fólio real. A realização do procedimento exclusivamente perante o serviço registral tornava o procedimento célere.[1671]

Surgimento do Sistema Torrens no Brasil. Em um plano teórico, é possível aplicação do Sistema Torrens a imóveis urbanos e rurais. A legislação brasileira vigente, contudo, determina sua aplicação somente em caso de assento de propriedade imóvel rural.

Em 1890, vigorava no Brasil a Lei 1.237, de 24 de setembro de 1864, que havia criado o Registro Geral, considerando a transcrição como meio de eficácia da transferência do domínio perante terceiros, e ordenando a escrituração, em seus livros, de todos os direitos reais imobiliários. Apesar de não conter um sistema registrário completo, constituiu avanço na formalização do registro sob tutela estatal.[1672]

Referida lei não incorporou integralmente o princípio da publicidade, e excluía do registro as transmissões *causa mortis*, os atos judiciais e a especialização das hipotecas. Certo é que leis posteriores ampliaram as situações jurídicas submetidas a registro, como o Decreto 3.272, de 5 de outubro de 1885, que trouxe a obrigatoriedade da inscrição de todas as hipotecas legais, sem, contudo, atender ao princípio da especialização.

Posteriormente, o Decreto 169-A, de 19 de janeiro de 1890, veio consagrar o princípio da especialização em seus arts. 3º e 4º, mas a publicidade era ainda defeituosa, pois mantinha fora do sistema registral inúmeros atos e negava à transcrição força probatória dominial.[1673]

Dessa forma, antes do advento do Código Civil de 1916, o Registro de Imóveis brasileiro dispensava as inscrições das transmissões *causa mortis* e os atos judiciais. Por essa razão, apresentava-se, nos dizeres de Afrânio de Carvalho, falho e claudicante, a ponto de ocasionar maior incerteza acerca da propriedade territorial, cujo título não lograva inspirar a confiança para a circulação econômica.[1674]

Com o intuito de tentar modificar essa situação danosa à segurança dos direitos e à organização do crédito real, o Decreto 451-B, de 31 de maio de 1890, regulamentado pelo Decreto 955-A, de 5 de novembro de 1890, introduz um novo regime jurídico registral, o Registro Torrens, em paralelo – e não em substituição – ao regime registral existente.

Rui Barbosa, então Ministro da Fazenda, foi o grande entusiasta do Sistema Torrens no Brasil, em virtude das "grandes vantagens econômicas que propiciaria". Declarava que o Decreto de 1890 "representa a mais adiantada fase das ideias contemporâneas quanto à propriedade territorial, o mais benfazejo de todos os regimes para o seu desenvolvimento e frutificação nas sociedades hodiernas".[1675]

Rui Barbosa ambicionava obter rapidamente um título imobiliário, revestido de certeza e capaz de servir ao seu programa econômico[1676] e buscava trazer para o âmbito das relações jurídicas sobre bens imóveis a mobilidade emprestada aos bens móveis. Desejava "tornar a transferência da terra tão

---

[1671] PEDROSO, Alberto Gentil de Almeida (org.); LAGO, Ivan Jacopetti do. *História do registro de imóveis*. v. 1. São Paulo: Thomson Reuters Brasil, 2020. p. 261.

[1672] Leonardo Brandelli explicita de forma minuciosa o histórico da implantação do sistema registral e a discussão acerca da eficácia que adotaria o registro no Brasil em sua obra, que refoge ao estudo do presente artigo, mas recomenda-se ao leitor para aprofundamento do tema. BRANDELLI, Leonardo. *Registro de imóveis*: eficácia material. Rio de Janeiro: Forense, 2016.

[1673] DINIZ, Maria Helena. Sistemas de *registros de imóveis*. 9. ed. São Paulo: Saraiva, 2010. p. 55.

[1674] CARVALHO, Afrânio de. *Registro de imóveis*: comentários ao sistema de registro em face da Lei 6.015, de 1973, com as alterações da Lei nº 6.216 de 1975. 2. ed. Rio de Janeiro: Forense, 1977. p. 471.

[1675] JACOMINO, Sérgio. *Sistema Torrens*. Disponível em: https://arisp.wordpress.com/2009/06/27/2714/ Acesso em: 10 dez. 2022.

[1676] Cfr. *Projeto – Lei Torrens*, texto que apresenta a justificativa do projeto que deu origem à legislação, assinado por Ruy Barbosa, Manoel F. de Campos Salles e Francisco Glicerio, acompanhado do decreto de regulamentação, publicação sem página de rosto. Rio de Janeiro: Imprensa Nacional, [1890?], 49 p. Disponível em: https://arisp.files.wordpress.com/2009/06/projeto-lei-torrens-rui-barbosa.pdf. Acesso em: 30 mar. 2023.

simples como a do papel bancário, e o título do possuidor tão firme, tão isento de riscos e tropeços, quanto o do acionista de um estabelecimento de crédito às ações de que é senhor".[1677]

O Sistema Torrens buscava substituir o registro dos contratos pelo de títulos de propriedade. Nesse Registro, se lhes abriria uma conta-corrente, transformando o ato de aquisição imobiliária num verdadeiro título de crédito, transferível por endosso.

Para Afrânio de Carvalho, o novo registro surgiu ante a dificuldade e a demora provável que uma reforma profunda no Registro de Imóveis demandaria, a irradiar por inúmeros textos de legislação, naquele tempo ainda não codificados. Assim, o Governo optou por colocar à disposição aos particulares o Registro Torrens, que tinha a dupla vantagem: poder ser lançado imediatamente, pois tinha previsão na íntegra em texto legislativo de outro país, e afastar a penosa tarefa de reforma do sistema vigente.[1678]

Em seu país de origem, o Registro Torrens surgia de um procedimento administrativo, cujo trâmite ocorria exclusivamente numa repartição central dirigida por um registrador geral, a quem competia o exame dos documentos descritivos e cartográficos do imóvel, bem como a substituição do título antigo pelo novo título do imóvel, dotado de presunção absoluta de domínio. A nova inscrição era realizada num livro matriz, específico para os registros submetidos a tal procedimento.[1679]

Na adaptação ao nosso meio, a longa história dos títulos dominiais e a extensão da superfície do país determinaram a preeminência da ação judicial e a descentralização do sistema. O Brasil adotou o caráter facultativo desse registro, dando opção às partes entre o Registro Torrens e o Registro comum, exceto no que se referia às terras públicas, que estavam obrigadas à submissão ao Registro Torrens, sob pena de nulidade (art. 2º do Decreto 955-A/1890).

Ao prever a facultatividade, acreditou o legislador que as partes iriam optar por um sistema de registro com prova mais robusta, que prevaleceria ao registro comum, como acontecera na Austrália. Contudo, tal previsão não restou confirmada, e o Registro Torrens não obteve o nível de adoção esperado. Apontam-se como razões não só o breve tempo entre a inserção do Registro Torrens no Brasil (1890) e o ano da incorporação do Registro de Imóveis ao Código Civil (1916), como o fato de que o Código de 1916 realizou reforma significativa, tornando o registro obrigatório e ampliando os atos que deveriam ser submetidos a registro. Ainda que a presunção decorrente fosse relativa, o uso do Registro Torrens era mais demorado e dispendioso, em razão da exigência, no Brasil, de um prévio processo judicial de depuração dominial.

Para Afrânio, a concomitância de dois sistemas de registros, quais sejam, o registro comum e o Registro Torrens, o primeiro geral e obrigatório e o segundo excepcional e facultativo constituiria uma demasia que precisava cessar, por haver desaparecido a deficiência do primeiro, prestando-se o segundo "a servir de esdrúxula variante da usucapião".[1680]

O grande atrativo oferecido pelo Registro Torrens era a presunção absoluta dos títulos assim registrados, pois os títulos de matrículas eram declarados imunes contra quaisquer ataques, independentemente de onde partissem, consoante Decreto 451-B/1890.[1681] Contudo, apesar da força vinculante

---

[1677] JACOMINO, Sérgio. *Sistema Torrens.* Disponível em https://arisp.wordpress.com/2009/06/27/2714/ Acesso em 10 de dezembro de 2022 e Cfr. Projeto – Lei Torrens, texto que apresenta a justificativa do projeto que deu origem à legislação, assinado por Ruy Barbosa, Manoel F. de Campos Salles e Francisco Glicerio, acompanhado do decreto de regulamentação, publicação sem página de rosto. Rio de Janeiro: Imprensa Nacional, [1890?], 49 p. Disponível em: https://arisp.files.wordpress.com/2009/06/projeto-lei-torrens-rui-barbosa.pdf. Acesso em: 30 mar. 2023.

[1678] CARVALHO, Afrânio de. *Registro de imóveis*: comentários ao sistema de registro em face da Lei 6.015, de 1973, com as alterações da Lei nº 6.216 de 1975. 2. ed. Rio de Janeiro: Forense, 1977. p. 472.

[1679] CARVALHO, Afrânio de. *Registro de imóveis*: comentários ao sistema de registro em face da Lei 6.015, de 1973, com as alterações da Lei nº 6.216 de 1975. 2. ed. Rio de Janeiro: Forense, 1977. p. 473.

[1680] CARVALHO, Afrânio de. *Registro de imóveis*: comentários ao sistema de registro em face da Lei 6.015, de 1973, com as alterações da Lei nº 6.216 de 1975. 2. ed. Rio de Janeiro: Forense, 1977. p. 475.

[1681] Art. 75. Nenhuma acção de reivindicação será recebivel contra o proprietario de immovel matriculado. § 1º A exhibição judicial do titulo, ou outro acto de registro, constitue obstaculo absoluto a qualquer litigio contra o conteudo de taes documentos e contra a pessoa nelles designada. § 2º Todavia, nos casos dos arts. 70 a 73, depois de julgados criminalmente, e no de exhibir o autor titulo anterior, devidamente inscripto no registro, caberá a acção competente para restabelecer o direito violado. § 3º Julgada procedente a acção, mandará o juiz annullar os titulos, ou outros actos, indevidamente registrados, e susbtituil-os por novos, averbados na matriz,

do registro, as posteriores transferências e onerações, feitas por simples averbações nos respectivos títulos propiciavam o enfraquecimento da garantia, haja vista a grande possibilidade de fraude. Planiol, citado por Afrânio, assinalava que "bastava uma assinatura falsa num formulário de venda para despojar irrevogavelmente o proprietário",[1682] conforme permitia o art. 16 do Decreto 451-B/1890.

Ante as críticas e o desconhecimento generalizado do instituto, somado à demora na obtenção do título e aos altos custos com editais e despesas judiciais, essa modalidade registrária não se incorporou de forma abrangente à realidade pátria. Conquanto tenha se instalado com maior uso, inicialmente, nos Estados de Goiás, Mato Grosso, Minas Gerais, Pará, Bahia e Rio Grande do Sul,[1683] fato é que o aprimoramento do sistema registral comum retira as vantagens então existentes do Sistema Torrens, sendo que a Consolidação Normativa do Rio Grande do Sul inclusive prevê a renúncia à situação jurídica e direitos decorrentes do sistema Torrens.[1684]

Vigência das normas que regulamentam o Registro Torrens. Como anteriormente exposto, o Decreto 451-B, de 31 de maio de 1890, regulamentado pelo Decreto 955-A, de 5 de novembro de 1890, estabeleceu o Registro Torrens em nosso país. Após 26 anos de vigência desse instituto e com tímida aplicação, entra em vigor o Código Civil de 1916 que a ele não fez nenhuma menção e prescreveu ainda, em seu art. 1.807 que ficariam revogadas as ordenações, as leis e os decretos atinentes às matérias por ele reguladas.

Ante tais previsões no Código Civil de 1916, muitos juristas e tribunais entenderam que não mais se admitia o Registro Torrens no Brasil, havendo grande divergência a respeito de sua vigência. Contudo, veio a lume a Lei Orçamentária 3.446, de 31 de dezembro de 1917, e proclamou sua vigência. Na sequência, foi promulgado o Código de Processo Civil de 1939 e manteve suas disposições entre os arts. 457 a 464 e mantidos pelo art. 1.218, IV, do Código de Processo Civil de 1973, mesmo sob a crítica da doutrina, que o achava inoperante e inadequado.[1685]

Dessa forma, as regras de direito material constantes do Decreto 451-B, de 31 de maio de 1890, e seu respectivo regulamento, o Decreto 955-A, de 5 de novembro de 1890, estariam em vigor.

Ocorre que o Decreto 451-B/1890 foi expressamente revogado pelo Decreto 11, de 18 de janeiro de 1991, em seu art. 4º, que revogou diversos decretos do início da República Velha. Não obstante o Decreto 11 também foi revogado pelo Decreto nº 761, de 19 de fevereiro de 1993. Considerando que não há repristinação tácita em nosso ordenamento jurídico, há divergências sobre a vigência do Decreto 451-B atualmente.

Outro ponto a ser discutido é a validade formal do Decreto 451-B/1890, se se trata de ato normativo com força de lei federal, já que não havia à época ao menos uma Constituição Federal em vigor, tendo

---

em nome de quem de direito. § 4º O que se achar inscripto na matricula, sendo réo na acção, considerar-se-ha detentor do immovel."

[1682] CARVALHO, Afrânio de. *Registro de imóveis*: comentários ao sistema de registro em face da Lei 6.015, de 1973, com as alterações da Lei nº 6.216 de 1975. 2. ed. Rio de Janeiro: Forense, 1977. p. 476.

[1683] LAMANA PAIVA, João Pedro, Workshop "Registro Torrens: Ferramenta para a Regularização Fundiária da Amazônia Legal?" Disponível em: http://www.lamanapaiva.com.br/banco_arquivos/SISTEMA_TORRENS_CNJ_2011_REVISADO. pdf. Acesso em: 11 dez. 2022.

[1684] BRASIL, Rio Grande do Sul. Provimento nº 1/2020 da Corregedoria-Geral da Justiça, Consolidação Normativa Notarial e Registral, Art. 675 – A renúncia à situação jurídica e direitos decorrentes do Sistema Torrens será exercida mediante declaração de vontade escrita, inclusive por instrumento particular, acompanhada de:
I – comprovação, simplificada, de que o imóvel integra o sistema registral comum;
II – Título Torrens, ou afirmação de sua perda ou destruição.
§ 1º – À vista desses documentos, será cancelado o Registro Torrens, averbando-se o ato no Livro 1 do Registro Torrens, com a anotação das circunstâncias que o determinaram.
§ 2º – Após a averbação, será eliminado o título, se este foi apresentado.
§ 3º – Sendo o requerente casado, será necessária a anuência do outro cônjuge, revelada pela aposição da sua assinatura na declaração de vontade.
§ 4º – Existindo direitos reais de terceiro sobre o imóvel, será exigida a sua concordância, que poderá constar na mesma declaração prevista neste artigo. Idêntica exigência far-se-á relativamente ao credor favorecido por penhora incidente sobre o imóvel, uma vez registrada.

[1685] DINIZ, Maria Helena. *Sistemas de registros de imóveis*. 9. ed. São Paulo: Saraiva, 2010. p. 553.

Art. 277 | LEI DE REGISTROS PÚBLICOS COMENTADA

sido o ato emitido exclusivamente pelo Chefe do Governo Provisório e proclamador da República, Manoel Deodoro da Fonseca, sem a observância das regras democráticas hoje vigentes.

Contudo, ainda que se considere que o Decreto 451-B/1890 não está integralmente em vigor, ao menos quanto à definição dos efeitos do Registro Torrens é necessário recorrer ao seu conteúdo, vez que os dispositivos em comento da Lei dos Registros Públicos preveem exclusivamente o aspecto procedimental do sistema, e devem ser complementados, em seu aspecto material, pelo referido Decreto.

Origem histórica da matrícula

Foi o Decreto 451-B, de 31 de maio de 1890, quem inaugurou a expressão "matrícula" e a inseriu em nosso sistema registral:

> *Art. 10. Terá o official um registro, em livros de talão, denominado – matriz –, no qual fará as matriculas, com declaração de todas as clausulas dos actos, que gravarem os immoveis, lavrando assento especial para cada immovel.*

Assim, o Decreto 451-B criava, para a registração dos títulos de propriedade, as matrículas que seriam realizadas em um Livro Matriz, especialmente aberto para o registro desses atos. Inaugurava-se também o sistema de fólio real, onde cada folha correspondia ao registro de um imóvel, concentrando todos os atos ou fatos jurídicos com transcendência jurídico-real e a consagração do princípio da unitariedade da matrícula – um imóvel, uma matrícula.

Rui Barbosa assentou a expectativa de que seria o Livro Matriz o grande livro da propriedade territorial e um índice do "estado civil da propriedade imobiliária".[1686] Atualmente em vigor a Lei 6.015/1973, não mais é adotado o Livro Matriz. Todos os atos registrais relativos aos imóveis são realizados no Livro nº 2 – Registro Geral.

Conceito. O Sistema de Registro Torrens brasileiro pode ser definido como um sistema registrário especial da propriedade imóvel rural que, mediante sentença transitada em julgado, confere um direito incontestável a quem o fizer, por tornar-se portador de um certificado ou de um título de matrícula que o protege de ulteriores impugnações, dotado de presunção *juris et de jure* de certeza de que nenhuma ação poderá atingi-lo, exceto a ação rescisória, garantindo, de forma absoluta, a titularidade da propriedade.[1687]

Partindo do conceito proposto, analisamos seus elementos de forma mais detalhada.

1) SISTEMA REGISTRÁRIO ESPECIAL

O Registro Torrens configura-se num registro com características especiais, a par do sistema comum, convivendo ambos de forma harmônica. Essas características especiais são de caráter formal e material.

O caráter formal distintivo do procedimento de Registro Torrens será adiante demonstrado quando do estudo do art. 278. Contudo, verifica-se de plano que o procedimento é misto, judicial e extrajudicial, com publicação de editais e prolação de sentença, que será o título hábil ao registro. Opõe-se esse procedimento ao procedimento para registro no sistema comum, que consiste na apresentação do título hábil ao Oficial de Registro de Imóveis que, após a qualificação positiva, será suficiente para a prática dos atos registrais.

O caráter material difere do registro comum ao conferir eficácia absoluta ao direito de propriedade inscrito, não comportando oposição ou questionamento judicial após o registro.

2) PROPRIEDADE IMÓVEL RURAL

O Decreto 451-B/1890 previu inicialmente que os imóveis urbanos e rurais, públicos e privados se submeteriam ao Registro Torrens (art. 1º). Quanto aos imóveis públicos, o Decreto pretendia sua obrigatoriedade (art. 1º).

Por sua vez, o Código de Processo Civil de 1939 previu, entre os procedimentos especiais, o do Registro Torrens, e, em seus arts. 457 e seguintes, limitou a aplicação do instituto aos imóveis ru-

---

[1686] JACOMINO, Sérgio. *Sistema Torrens*. Disponível em: https://arisp.wordpress.com/2009/06/27/2714/. Acesso em: 10 dez. 2022.

[1687] DINIZ, Maria Helena. *Sistemas de registros de imóveis*. 9. ed. São Paulo: Saraiva, 2010. p. 551.

rais. Poder-se-ia concluir, então, que as dúvidas estariam dissipadas e que somente os imóveis rurais estariam submetidos ao Sistema Torrens, excluídos os urbanos. A Lei 6.015/1973 igualmente previu, no dispositivo em comento, que somente imóveis rurais serão submetidos ao sistema Torrens.

Contudo, o art. 3º do Decreto 955-A/1890, que regulamentou o instituto, previu, em sua redação originária, com nossos destaques: "O immovel, registrado para os effeitos do Decreto 451-B, de 31 de maio de 1890, ficará *para sempre* sujeito ao regimen deste regulamento".

Assim, observa-se que entre 1890 e 1939 foi possível a inscrição de imóveis urbanos e rurais no Sistema Torrens, vedado o registro de imóveis urbanos a partir de 1939, com a promulgação do Código de Processo Civil de 1939.

Disso decorre que as inscrições de imóveis urbanos no Registro Torrens que foram realizadas nesse período são válidas e continuam em vigor. Décio Antônio Erpen, em artigo publicado na *Revista de Direito Imobiliário* 19-20/60 de 1987, narra que somente em Porto Alegre, no ano de 1987 (ano em que escreveu o artigo), o número de matrículas de imóveis urbanos inscritos no Sistema Torrens ultrapassava 46.000 matrículas.

Ocorre que o imóvel urbano, uma vez inscrito no Sistema Torrens, permaneceria indefinidamente, "para sempre" nos dizeres do art. 3º do Decreto 955-A/1890, vinculado a esse sistema, não obstante esteja também vinculado ao sistema de registro comum. Além disso, uma vez desmembrado, se estava filiado ao Sistema Torrens, para cada nova unidade autônoma era promovido novo registro, com nova matrícula e com a expedição de título correspondente, em perfilhação indefinida e, na maioria das vezes, contra a vontade do novo proprietário, o que gerava inconvenientes.[1688-1689]

Não tendo havido a renúncia do proprietário ao Registro Torrens,[1690] ainda hoje é possível identificar imóveis urbanos registrados sob o sistema comum e inscritos no Registro Torrens.

3) SENTENÇA TRANSITADA EM JULGADO

Embora em suas origens o Registro Torrens tenha sido vislumbrado e idealizado como um sistema célere e de baixo custo, de forma administrativa, como efetivamente ocorreu na Austrália, no Brasil o procedimento é misto: administrativo e judicial, com preponderância deste último, pois o título hábil a registro é a sentença judicial transitada em julgado.

4) PORTADOR DE UM CERTIFICADO

Uma vez realizado o Registro Torrens, o titular beneficiário do registro recebia um certificado de propriedade que substituía os demais títulos relativos ao seu domínio. Atualmente, a dinâmica de realização dos atos registrais foi modificada. Remetemos o leitor aos comentários ao art. 288.

5) PRESUNÇÃO *IURE ET DE IURE* e DIREITO INCONTESTÁVEL

Após o *iter* registral segundo a lei, haverá o registro *stricto sensu* do Registro Torrens na matrícula do imóvel (art. 288 da Lei 6.015/1973) e a investidura absoluta da propriedade na pessoa em favor

---

[1688] Em decorrência desse fato, Décio Antônio Erpen narra em seu artigo as dificuldades geradas pelos imóveis urbanos inscritos no Sistema Torrens e desmembrados posteriormente em função do grande crescimento das cidades e do êxodo rural, surgindo condomínios horizontais, loteamentos e outras espécies de desmembramentos urbanos. A partir daí passou-se a questionar o possível cancelamento *sponte propria* do proprietário de imóvel urbano que não desejava manter seu imóvel nesse Sistema. Narra o autor ainda que naquele ano de 1987 o 1º Ofício de Registro de Imóveis de Porto Alegre acabara de receber o pedido de unificação de dois terrenos urbanos que receberiam posteriormente 1.154 unidades habitacionais autônomas, com a expedição de títulos no Sistema Torrens correspondentes ao número de matrículas abertas. Assim, o registrador encaminhara à Vara de Registros Públicos o pedido de cancelamento do Registro Torrens. *Revista de Direito Imobiliário* 19/20-1987. Erpen defende a possibilidade de desligamento voluntário por parte do proprietário, ficando em aberto a discussão em torno da forma como deve se operar. Nos dias atuais, parece ser possível o requerimento do proprietário endereçado ao Registrador de Imóveis competente, que encaminhará o pedido ao Juiz Corregedor Permanente da Unidade Extrajudicial, que decidirá a respeito. Havendo autorização do Juiz competente, o registrador averbará o cancelamento do gravame com fulcro no artigo 250 da Lei 6.015/1973. ERPEN, Décio Antonio. O Sistema Torrens e o Registro Imobiliário atual. *Revista de Direito Imobiliário*, v. 19/20, jan-dez. 1987.

[1689] Atualmente, é possível a renúncia ao Sistema Torrens no Rio Grande do Sul, conforme Provimento 1/2020 da Corregedoria-Geral da Justiça, Consolidação Normativa Notarial e Registral, art. 675.

[1690] A Consolidação Normativa Notarial e Registral do Rio Grande do Sul, por exemplo, o permite, conforme art. 675.

de quem se efetuou o pedido. Assim sendo, uma vez matriculado o imóvel e registrado sob esse sistema, consolidar-se-á definitivamente sua propriedade em nome do contemplado pelo registro, contra quem será incabível a ação reivindicatória.

Nessa senda, a exibição do título de propriedade em juízo impedirá qualquer litígio sobre seu conteúdo e contra a pessoa nele indicada. O proprietário ficará isento de quaisquer demandas e aquele que pretender adquirir o imóvel, para efetivar o negócio, deverá proceder apenas um simples exame do título extraído do registro.

Nesse sentido é que, após o processo rigoroso e depurativo da propriedade, a presunção de que aquele que figura no Registro como proprietário adquire força absoluta, com presunção *iure et de iure* de propriedade.

Para Lago, não se trata de mera presunção *iure et de iure* de domínio, como se tem afirmado, mas de, juntamente com a fé pública registral trazida pela Lei 13.097/2015, exemplo de eficácia material do registro de imóveis no Direito Brasileiro.[1691]

> **Art. 278.** O requerimento será instruído com:
>
> I – os documentos comprobatórios do domínio do requerente;
>
> II – a prova de quaisquer atos que modifiquem ou limitem a sua propriedade;
>
> III – o memorial de que constem os encargos do imóvel os nomes dos ocupantes, confrontantes, quaisquer interessados, e a indicação das respectivas residências;
>
> IV – a planta do imóvel, cuja escala poderá variar entre os limites: 1:500m (1/500) e 1:5.000m (1/5.000).
>
> § 1º O levantamento da planta obedecerá às seguintes regras:
>
> a) empregar-se-ão goniômetros ou outros instrumentos de maior precisão;
>
> b) a planta será orientada segundo o mediano do lugar, determinada a declinação magnética;
>
> c) fixação dos pontos de referência necessários a verificações ulteriores e de marcos especiais, ligados a pontos certos e estáveis nas sedes das propriedades, de maneira que a planta possa incorporar-se à carta geral cadastral.
>
> § 2º Às plantas serão anexadas o memorial e as cadernetas das operações de campo, autenticadas pelo agrimensor.

Referências Normativas

CPC/1939, arts. 457 a 464.
Lei 10.267/2001.

Comentários

Natureza jurídica do procedimento e Oficial processante. Em nosso ordenamento jurídico, o procedimento é misto, uma vez que parte tramita administrativamente perante o Ofício de Registro de Imóveis e parte judicialmente. Adota-se o princípio da territorialidade, sendo o Oficial competente o Oficial de Registro de Imóveis da situação do imóvel.

Maria Helena Diniz assevera que esse processo deve ser denominado processo expurgativo da propriedade, procurando perquirir da boa origem da propriedade,[1692] já que o título do domínio que

---

[1691] PEDROSO, Alberto Gentil de Almeida (org.); LAGO, Ivan Jacopetti do. *História do registro de imóveis*. v. 1. São Paulo: Thomson Reuters Brasil, 2020. p. 267.

[1692] NETO, José Manuel de Arruda A.; CLÁPIS, Alexandre L.; CAMBLER, Everaldo A. *Lei de registros públicos comentada*. 2. ed. Rio de Janeiro: Grupo GEN, 2019. E-book. ISBN 9788530983468. Disponível em: https://integrada.minhabiblioteca.com.br/#/books/9788530983468/. Acesso em: 10 dez. 2022. p. 1411.

se pretende matricular será previamente submetido a um processo de remoção de incerteza quanto à existência de falhas jurídicas na titularidade do imóvel, examinando-se seus elementos materiais e formais, acautelando-se também o direito de terceiros. Esse processo expurgativo a autora denomina Ação de Registro Torrens, regulada outrora pelos arts. 457 a 464 do CPC/1939 e atualmente pela Lei 6.015/1973.[1693]

Ceneviva classifica o procedimento de Registro Torrens como misto, pois começa perante o registrador de imóveis, a quem incumbe um primeiro exame da pretensão do interessado, antes de enviar a autuação ao juiz competente. Erpen[1694] declara que nesse ponto o registrador faz as vezes de escrivão do feito ao recepcionar o pedido de registro.

Rui Barbosa distinguia duas fases distintas de registro: a primeira de caráter judiciário, onde se decide sobre o acesso ou não ao sistema, com eficácia jurisdicional. Os atos seguintes estariam compreendidos na segunda fase, a de execução: o registrador executaria a sentença proferida pelo juiz, ao proceder o registro (que na época seria no Livro Matriz, com a expedição do certificado de propriedade).[1695]

João Afonso Borges sustenta que a ação que decide sobre o acesso ao sistema é ação real, petitória, contenciosa e constitutiva, com carga de litigiosidade no pleito.[1696] Se houver a oferta de contestação e a apresentação de títulos conflitantes, o juiz mandará cancelar os títulos contraditórios, em atendimento ao art. 128, § 3º, do Decreto nº 955-A de 1890. Se restar provada a existência de litígio anterior ao pedido de Registro Torrens, aquele deve ser solucionado primeiramente, sem o que não poderá ser autorizado o registro.

Documentos necessários. O requerimento apresentado deve conter requisitos similares aos da petição inicial, contidos no art. 319 do Código de Processo Civil, inclusive o valor da causa.[1697] O procedimento será prenotado e a prenotação ficará prorrogada até o fim do *iter* processual.

O primeiro documento a ser exigido é a prova de domínio do requerente, adquirido por quaisquer das formas previstas em lei, indicando ainda se há ônus, gravames, servidões de passagem ou quaisquer outras limitações da propriedade que incidam sobre o imóvel.

Fazendo uma releitura para os dias atuais, podem-se identificar duas possibilidades: imóvel registrado (objeto de matrícula ou transcrição) ou imóvel sem registro.

Se o imóvel já estiver registrado, quer matriculado ou transcrito, os ônus reais ou quaisquer limitações de caráter real já estarão indicados na matrícula ou transcrição do imóvel. Qualquer outro gravame ou ônus não inscrito terá sua eficácia limitada ao campo das obrigações, pois que não adquiriu caráter real pela falta do registro. A apresentação da certidão da matrícula ou da transcrição bastará para provar os ônus reais incidentes, já que a lei fala em "prova do domínio".

Pode-se considerar a possibilidade de inserção de imóvel diretamente no Registro Torrens, ainda que não possua registro anterior, no caso em que o requerente possua título comprobatório de domínio originário, como usucapião judicial transitada em julgado ou título de desapropriação.

A prova a ser produzida deve ser cabal. Havendo títulos sucessivos sobre a área objeto do pedido, devem ser coincidentes entre si, respeitando o princípio da continuidade (ainda que fora do registro) de modo a se adequarem à natureza constitutiva e legitimadora da respectiva inscrição.[1698]

[1693] NETO, José Manuel de Arruda A.; CLÁPIS, Alexandre L.; CAMBLER, Everaldo A. *Lei de registros públicos comentada*. 2. ed. Rio de Janeiro: Grupo GEN, 2019. E-book. ISBN 9788530983468. Disponível em: https://integrada.minhabiblioteca.com.br/#/books/9788530983468/. Acesso em: 10 dez. 2022. p. 557.

[1694] NETO, José Manuel de Arruda A.; CLÁPIS, Alexandre L.; CAMBLER, Everaldo A. *Lei de registros públicos comentada*. 2. ed. Rio de Janeiro: Grupo GEN, 2019. E-book. ISBN 9788530983468. Disponível em: https://integrada.minhabiblioteca.com.br/#/books/9788530983468/. Acesso em: 10 dez. 2022. p. 1412.

[1695] NETO, José Manuel de Arruda A.; CLÁPIS, Alexandre L.; CAMBLER, Everaldo A. *Lei de registros públicos comentada*. 2. ed. Rio de Janeiro: Grupo GEN, 2019. E-book. ISBN 9788530983468. Disponível em: https://integrada.minhabiblioteca.com.br/#/books/9788530983468/. Acesso em: 10 dez. 2022. p. 1412.

[1696] BORGES, João Afonso. *Registro Torrens no direito brasileiro*. São Paulo: Saraiva, 1960, p. 47.

[1697] NETO, José Manuel de Arruda A.; CLÁPIS, Alexandre L.; CAMBLER, Everaldo A. *Lei de registros públicos comentada*. 2. ed. Rio de Janeiro: Grupo GEN, 2019. E-book. ISBN 9788530983468. Disponível em: https://integrada.minhabiblioteca.com.br/#/books/9788530983468/. Acesso em: 10 dez. 2022. p. 1411.

[1698] CENEVIVA, Walter. *Lei dos registros públicos comentada*. 10. ed. São Paulo: Saraiva, 2010. p. 576.

Devem ser apresentados os trabalhos técnicos referentes ao imóvel – planta e memorial – bem como deve ser feita a indicação dos encargos do imóvel, nomes dos ocupantes, confrontantes, quaisquer interessados e indicação das respectivas residências. É obrigatório, sim, o georreferenciamento.

> **Art. 279.** O imóvel sujeito a hipoteca ou ônus real não será admitido a registro sem consentimento expresso do credor hipotecário ou da pessoa em favor de quem se tenha instituído o ônus.

Referências Normativas

CPC de 1939, art. 458, parágrafo único.

Comentários

A existência de ônus reais obsta o assentamento do Registro Torrens, de modo que o procedimento deve ser qualificado negativamente, indicando ao requerente a necessidade de consentimento do credor hipotecário ou da pessoa em favor de quem se tenha instituído o ônus.

A anuência poderá ser manifestada no próprio requerimento ou em documento apartado, por instrumento público ou particular, com firma reconhecida neste último.

A exigência legal leva em consideração que o registro pode mudar os característicos do imóvel e interferir na hipoteca ou outro ônus real imposto.[1699]

> **Art. 280.** Se o oficial considerar irregular o pedido ou a documentação, poderá conceder o prazo de trinta (30) dias para que o interessado os regularize. Se o requerente não estiver de acordo com a exigência do oficial, este suscitará dúvida.

Referências Normativas

CPC de 1939, art. 460, *caput*.

Comentários

Como anteriormente mencionado, o exame realizado de forma inaugural pelo Oficial de Registro observa critério formal. Ao recepcionar o pedido, o Oficial, consoante princípio da legalidade, observará se o pedido atende os requisitos do art. 278, suscitando dúvida caso haja recusa ao atendimento de exigência que, a seu ver, deverá ser satisfeita.

Apesar da utilização do verbo "poderá", o Oficial pratica atos administrativos que obedecem ao princípio da legalidade. Assim, não há faculdade ao registrador na concessão de prazo para o requerente completar a documentação faltante, mas sim obrigatoriedade.

O prazo para a satisfação da exigência só não será concedido se o requerente, *ab initio*, afirmar sua recusa ou sua impossibilidade em atender às exigências e requerer, desde logo, a suscitação da dúvida (art. 198).

> **Art. 281.** Se o oficial considerar em termos o pedido, remetê-lo-á a juízo para ser despachado.

Referências Normativas

CPC de 1939, art. 460.

[1699] CENEVIVA, Walter. *Lei dos registros públicos comentada*. 10. ed. São Paulo: Saraiva, 2010. p. 667.

Comentários

Qualificação registral. O pedido em termos é aquele que atende aos requisitos impostos no art. 278. Pode-se afirmar que ao Oficial Registrador cabe a primeira qualificação registral do requerimento e dos documentos que o acompanham, a fim de depurar juridicamente, de forma inicial, o pedido da parte. Esse primeiro exame é estritamente formal. Não é permitido ao Oficial questionar a substância probante dos atos modificatórios da propriedade ou se a planta enuncia ou não o verdadeiro levantamento do imóvel.[1700] Indicará, contudo, eventuais divergências, se a planta apresentada não confere com a descrição assentada em seus registros, e, se estas indicarem que se trata de outro imóvel, recusará mesmo o prosseguimento do procedimento.

O exame formal não deverá adentrar no caráter probatório dos documentos de domínio ou da substância probante dos atos modificatórios da propriedade. Contudo, deverá recusar a documentação se a identificação do imóvel estiver em discrepância com o registro, se o procedimento adotado para o levantamento do imóvel não for o adequado ou não o identificar de forma perfeita.

Tais exigências iniciais consubstanciam, em verdade, caráter saneador dos documentos submetidos ao juiz, que não possui critérios concretos para, em sua atividade jurisdicional, verificar se o imóvel objeto do requerimento possui registro, está perfeitamente identificado. Esse mister cabe ao Registrador de Imóveis.

> **Art. 282.** O Juiz, distribuído o pedido a um dos cartórios judiciais se entender que os documentos justificam a propriedade do requerente, mandará expedir edital que será afixado no lugar de costume e publicado uma vez no órgão oficial do Estado e três (3) vezes na imprensa local, se houver, marcando prazo não menor de dois (2) meses, nem maior de quatro (4) meses para que se ofereça oposição.

 Referências Normativas

CPC de 1939, art. 461.

 Comentários

O meio pensado pelo legislador para dar ampla publicidade ao pedido do requerente é o edital. O edital é a forma de conhecimento indireta a todos da sociedade, usada em apenas alguns casos. Os procedimentos junto ao Registro de Imóveis, como regra, possuem feição passiva, como repositório de assentamentos imobiliários a depender de consulta do interessado; contudo em certas situações excepcionais assume feição ativa,[1701] como no procedimento judicial do Registro Torrens – conquanto esse se desenvolva perante o Poder Judiciário.

Escrito antes da Constituição Federal de 1988, o artigo se utiliza da expressão "cartórios judiciais", que são, atualmente, oficializados e correspondem aos ofícios vinculados às Varas Judiciais. Distinguem-se, portanto, das serventias extrajudiciais, previstas no art. 2º da Lei 6.015/1973.

O pedido de Registro Torrens, após ser recepcionado pela serventia extrajudicial de Registro de Imóveis, consoante descrito anteriormente, será encaminhado ao Juiz Corregedor Permanente da Unidade, como assevera a doutrina majoritária. Não haverá propriamente a distribuição de feitos nos moldes do processo judicial, haja vista que só se tornará ordinário em caso de impugnação ou oposição.[1702]

[1700] CENEVIVA, Walter. *Lei dos registros públicos comentada*. 10. ed. São Paulo: Saraiva, 2010. p. 577.
[1701] Também assim obedecem a uma publicidade ativa o bem de família (art. 261), o loteamento (Lei 6.766/1979) e a retificação administrativa (art. 213).
[1702] BRASIL, Lei nº 6.015/1973, Lei dos Registros Públicos, art. 286.

Art. 283. O Juiz ordenará, de ofício ou a requerimento da parte, que, à custa do peticionário, se notifiquem do requerimento as pessoas nele indicadas.

Referências Normativas

CPC de 1939, art. 462.

Comentários

Ceneviva elucida que há discrepância entre o enunciado do artigo e os atos processuais aos quais a lei faz referência. No art. 282 está previsto que as pessoas notificadas terão a possibilidade de manifestar "oposição". O art. 285 alude a "contestação" e seu § 1º menciona "réu".[1703]

Considerado como procedimento administrativo a tramitar perante o Juiz Corregedor Permanente da Unidade, as pessoas indicadas pelo requerente serão notificadas a manifestar-se no sentido de oposição, como aludido no art. 282. Contudo, em havendo oposição e o procedimento for distribuído a uma das Varas Judiciais como previsto no art. 286, daí, sim, pode-se utilizar a expressão "contestação" em seu sentido processual (art. 335 do CPC/2015).

Como não há previsão legal para o procedimento de Registro Torrens no atual Código de Processo Civil e o presente artigo limitou-se a reproduzir o art. 462 do CPC/1939, as notificações previstas nesse artigo devem ser feitas segundo o CPC/2015, com o mesmo caráter de citação.

O CPC/2015 determina que a forma preferencial de citação é a eletrônica (art. 246, CPC/2015). Assim, trazendo para os dias atuais, o requerente deve apresentar, juntamente com o requerimento, o endereço eletrônico de todos aqueles que ele pretende que sejam notificados, bem como dos confrontantes.

Ad cautelam, em sendo casados os notificandos, a notificação dos cônjuges também deverá ser realizada.

As custas judiciais de publicação de editais e notificação das pessoas indicadas serão suportadas exclusivamente pela parte que será beneficiada com o Registro Torrens.

Art. 284. Em qualquer hipótese, será ouvido o órgão do Ministério Público, que poderá impugnar o registro por falta de prova completa do domínio ou preterição de outra formalidade legal.

Referências Normativas

CPC/1939, art. 460, § 2º.

Comentários

O presente artigo reproduz na íntegra a disposição prevista no art. 460, § 2º, do CPC/1939, determinando a intervenção obrigatória do Ministério Público no procedimento de Registro Torrens.

A impugnação ofertada pelo *parquet* tem força impeditiva do registro, pois em observância ao art. 286 da Lei 6.015/1973, transforma o pedido administrativo em processo contencioso, no rito ordinário.

Nesse sentido, haverá a intimação do Ministério Público para que se manifeste sobre o pedido de ofício pelo Juiz. O art. 279 do CPC/2015 determina que haverá nulidade do processo quando o membro do Ministério Público não for intimado a acompanhar o feito em que deva intervir. Contudo, o § 2º do mesmo dispositivo abranda a fulminação de nulidade, prescrevendo que somente será decretada a nulidade após a manifestação do Ministério Público afirmando a existência de prejuízo.

[1703] CENEVIVA, Walter. *Lei dos registros públicos comentada*. 10. ed. São Paulo: Saraiva, 2010.

Nessa esteira, se não houver manifestação do Ministério Público no curso do procedimento de Registro Torrens, poderá haver, *a posteriori*, impugnação de terceiro interessado a alegar a nulidade do procedimento, desde que prove prejuízo em seu desfavor.

Essa seria uma hipótese muito específica de nulidade do Registro Torrens, quebrando sua inviolabilidade/inatacabilidade, ao provar-se defeito do procedimento e ausência de manifestação do *parquet* a indicar possível oposição ao procedimento. Contudo, se o terceiro, após o Registro ser realizado sem ter havido manifestação do Ministério Público, não provar que a ausência de oposição do *parquet* o prejudicou, permanecerá hígido o registro.

Importante frisar que o Ministério Público se manifesta de forma não substitutiva das partes, mas para explicitar deficiências na prova dominial ou preterição de formalidades imposta na lei, obstando o Registro Torrens. O seu papel é na defesa de interesse público que possa impactar de forma prejudicial à sociedade.

> **Art. 285.** Feita a publicação do edital, a pessoa que se julgar com direito sobre o imóvel, no todo ou em parte, poderá contestar o pedido no prazo de quinze dias.
>
> § 1º A contestação mencionará o nome e a residência do réu, fará a descrição exata do imóvel e indicará os direitos reclamados e os títulos em que se fundarem.
>
> § 2º Se não houver contestação, e se o Ministério Público não impugnar o pedido, o Juiz ordenará que se inscreva o imóvel, que ficará, assim, submetido aos efeitos do Registro Torrens.

 Referências Normativas

CPC/1939, art. 463.

 Comentários

O ato a ser praticado pela parte que se insurge contra o pedido de Registro Torrens é denominado contestação, que deve ser apresentada no prazo de 15 dias. A contestação deve ser apresentada pela "pessoa que se julgar com direito sobre o imóvel, no todo ou em parte", devendo a objeção detalhar a contrariedade, indicando a exata descrição do imóvel, os direitos reclamados e os títulos em que se fundam. À oposição pelo Ministério Público denomina-se impugnação, e essa deverá ser apresentada se a documentação não se encontrar formalmente em ordem.

À semelhança do procedimento administrativo de retificação, em que há publicação de editais e abertura de prazo para impugnação de confrontantes ou terceiros que se julguem prejudicados pela retificação, deverão ser afastadas impugnação infundadas, assim consideradas se forem genéricas ou que não indiquem de forma específica quais são os direitos reclamados e os títulos que se fundarem.[1704] A exegese pode ser aplicada ao procedimento de Registro Torrens, pelo Juiz Corregedor, ao verificar que a impugnação apresentada é genérica ou não identifica seu fundamento, determinando o prosseguimento do processo. Se o direito que fundamenta a impugnação, contudo, ainda que não comprovado, seria suficiente para impedir o prosseguimento, deverá ser observado o procedimento previsto no art. 286.

Não havendo impugnação ou contestação, o Juiz determinará a inscrição do imóvel, que ficará sujeito aos efeitos do Registro Torrens. Sobre o tema, vide comentários ao art. 288.

> **Art. 286.** Se houver contestação ou impugnação, o procedimento será ordinário, cancelando-se, mediante mandado, a prenotação.

[1704] As Normas de Serviço da Corregedoria-Geral da Justiça de São Paulo, Tomo II, no Capítulo XX, item 136.19, identificam casos de impugnações infundadas nas retificações, que podem ser afastados pelo registrador.

Referências Normativas

CPC/1939, art. 463.

Comentários

Natureza administrativa do procedimento. Após a expedição dos editais no prazo determinado pelo Juiz Corregedor Permanente, e caso haja oposição das pessoas que se se sentirem prejudicadas, ou daquelas que foram notificadas no bojo do procedimento, esse será encerrado e se cancelará a prenotação, com a distribuição do feito para uma das varas judiciais. Conquanto a lei utilize a expressão "contestação", assemelhando-se à resposta do réu no processo judicial, fato é que nessa fase o procedimento ainda pode ser considerado administrativo, embora tramite perante um juiz de Direito na Vara Judicial.

Não há consenso na doutrina brasileira se o procedimento realizado na via judicial do Registro Torrens é procedimento administrativo ou judicial. Abalizados autores, como Walter Ceneviva e Maria Helena Diniz,[1705] dentre outros, afirmam ser procedimento judicial. Contudo, o dispositivo em comento determina que somente se houver oposição – leia-se impugnação – é que as partes serão encaminhadas para as vias ordinárias. De modo que é de se entender que o procedimento até esse ponto possui caráter administrativo, inaugurado com o requerimento perante o Oficial de Registro de Imóveis e presidido pelo Juiz Corregedor da Unidade Extrajudicial a que está submetida pelas leis de organização judiciária do respectivo Estado da Federação.

Impugnações infundadas. Entendemos que o juiz pode afastar as impugnações ou contestações infundadas. Sobre o tema, *vide* comentários ao artigo anterior.

> **Art. 287.** Da sentença que deferir, ou não, o pedido, cabe o recurso de apelação, com ambos os efeitos.

Referências Normativas

CPC/1939, art. 463.

Comentários

Dispôs-se sobre o recurso cabível como o de apelação, em ambos os efeitos.

A carga da eficácia da decisão é contenciosa, constitutiva, tendo em vista o chamamento de interessados por meio dos editais, diferentemente do que ocorre no registro comum. Além disso, há uma prévia depuração judicial e integração desses à lide, toda cautela necessária para que se possa conferir a presunção absoluta de titularidade do direito.

Nesse ponto, há divergência entre os doutrinadores. Uns apontam que a sentença aproveita somente às partes que intervieram no processo, mas que o registro tem eficácia *erga omnes*, por analogia à ação de usucapião, que faria coisa julgada material.[1706] Para João Afonso Borges, a sentença tem eficácia absoluta entre as partes e relativa perante terceiros.[1707]

Aplicando-se a legislação correlata ao Sistema Torrens, uma vez proferida a sentença determinando o registro, esse remanesce, ainda que terceiros interessados venham a impugnar a decisão após seu trânsito em julgado. Nisso consiste o valor absoluto do Registro Torrens. Terceiros eventualmente

---

[1705] DINIZ, Maria Helena. *Sistemas de registros de imóveis*. 9. ed. São Paulo: Saraiva, 2010. p. 563.
[1706] CENEVIVA, Walter. *Lei dos registros públicos comentada*. 10. ed. São Paulo: Saraiva, 2010. p. 1413.
[1707] CENEVIVA, Walter. *Lei dos registros públicos comentada*. 10. ed. São Paulo: Saraiva, 2010. p. 1414.

Art. 288

1001 RENATA DE OLIVEIRA BASSETTO RUIZ | Art. 288

prejudicados serão indenizados, porém o registro permanece hígido e sua carga eficacial possui presunção absoluta.

> **Art. 288.** Transitada em julgado a sentença que deferir o pedido, o oficial inscreverá, na matrícula, o julgado que determinou a submissão do imóvel aos efeitos do Registro Torrens, arquivando em cartório a documentação autuada.

Comentários

Procedimento. Após o trânsito em julgado da sentença que deferir o pedido, será realizado o registro *stricto sensu* na matrícula do imóvel objeto do registro.

A publicidade conferida ao Registro Torrens diferenciava-se, quando de sua inserção no ordenamento patrimônio, pela forma de organização das informações, haja vista que utilizado o fólio real e não pessoal. Na esteira do sistema germânico, o Sistema Torrens tem por indexador do registro o imóvel e não ao seu dono. Nesse sistema registrário havia, antes da Lei 6.015/1973, um livro designado "Matriz", onde se assentava cada propriedade imobiliária e não cada proprietário, como no sistema então vigente, que era o sistema das transcrições das transmissões. O livro "Matriz" continha a descrição minuciosa de cada imóvel, contendo características, rumos, distâncias, situação, área, referências aos ônus ou encargos que porventura gravassem o imóvel.

Após a entrada em vigor da Lei 6.015/1973, todos os atos de registro, seja pelo sistema comum, seja pelo sistema Torrens, passaram a ser inscritos na matrícula do imóvel, em atenção ao princípio da unitariedade, da inscrição, da publicidade e da especialidade objetiva do imóvel.

Efeitos históricos do Registro Torrens. Submetido o imóvel ao *Act Torrens*, no Direito Australiano o proprietário tinha uma garantia jurídica cujo certificado de que era detentor consistia num título absoluto de domínio, de maneira que somente em casos de fraude, erro de limites ou portador de certificado de título anterior era possível mover ação reivindicatória.

Os atributos da inatacabilidade e da *indefeasibility* eram, de fato, na visão de Richard Torrens, os mais importantes para o saneamento dos problemas do sistema fundiário na Austrália, anteriormente fundado nos direitos dependentes ou *"dependent titles"*. A inatacabilidade traduzir-se-ia em independência ou desvinculação de um título a outro. O que não constava no registro, não constava no mundo.[1708]

Embora inatacáveis os direitos registrados, em havendo o cancelamento do registro ou a perda da propriedade decorrente de fraude, do surgimento de outro título anterior ou de erro de limites, cabia a um Fundo Especial de Compensação indenizar os titulares ou as pessoas que viessem a ser espoliadas pela controvérsia no registro.

Há doutrina que critica o uso da expressão invulnerabilidade (*indefeasibility*), uma vez que há exceções, como no caso de fraude. Mónica Jardim afirma que "não se pode sustentar que domine no Sistema Torrens o critério absoluto de substantividade da inscrição, em virtude do qual o *dictum* do assento se sobrepõe a tudo e a todos",[1709] uma vez que o sistema apresenta como exceção a fraude na obtenção do registro.

Efeitos do Registro Torrens no ordenamento brasileiro. Os efeitos ao qual o imóvel está submetido são indicados no Decreto 451-B/1890, que regulamenta a inatacabilidade do registro assim obtido. Sobre a sua vigência, remetemos o leitor aos comentários ao art. 277.

Para Melo, o presente artigo trata tão somente de aspectos formais-procedimentais do Registro Torrens, pois a redação da Lei 6.015/1973 é muito semelhante ao CPC/1939, que fazia referência apenas

---

[1708] Cf. TORRENS, Robert Richard. *The South Australian System of Conveyancing by Registration of Title*. Adelaide: Register and Observer General Printing Offices, 1859. p. 9.

[1709] TORRENS, Robert Richard. *The South Australian System of Conveyancing by Registration of Title*. Adelaide: Register and Observer General Printing Offices, 1859. p. 59.

à manutenção do procedimento de Registro Torrens ainda contido do código processual anterior enquanto não fosse regulada por lei especial, o que efetivamente ocorreu com a Lei de Registros Públicos, que não o fez de forma mais detalhada. O CPC/2015 silenciou a respeito do assunto, tornando ainda mais nebulosa a aplicação desse importante instituto.[1710]

Destacam-se os seguintes artigos do Decreto 451-B/1890, que permitem melhor compreensão do regime do Registro Torrens:

> Artigo 19: Nenhuma sentença, ou mandado de execução, terá effeito contra immovel admittido ao regimen deste decreto, enquanto não for averbada no livro da matricula, e mencionada a averbação na propria sentença, ou no mandado.
>
> Artigo 39: Nenhum acto translativo de propriedade ou constitutivo de hypotheca ou onus real, o qual tenha por objecto immoveis sujeitos ao regimen deste decreto, produzirá effeito, antes de regsitrado nos termos delle.
>
> Artigo 40: Ninguem poderá produzir contra o registro contracto, ou acto, de data anterior a titulo, que não tenha sido tambem registrado.

Não cabe ação reivindicatória ou de nulidade de registro de imóvel submetido ao regime.[1711] No que tange à fraude, há penalidades previstas no art. 70 do Decreto 451-B/1890, contudo não tem por consequência a ensejar a nulidade do registro.

Consenso na doutrina é que cabe ação rescisória, respeitado o prazo de prescrição, para anular decisão que deferiu a adesão do imóvel ao sistema Torrens. A ação rescisória seria o único meio hábil para a desconstituição do registro.

Admite-se, ainda, a ação de retificação de registro para atualização ou adequação dos limites do imóvel à realidade fática. Pode ocorrer de, quando realizado o Registro Torrens, a medição e consequente descrição do imóvel não se encontrar perfeita à realidade, tendo em vista os métodos de medição da época. Atualmente, com o método de georreferenciamento, a descrição pode e deve ser atualizada. Aqui não se está atacando a origem do título, mas, sim, a perfeita caracterização das dimensões e figuras do imóvel.[1712]

Possibilidade de usucapião. A presunção absoluta de validade do Registro Torrens não representa óbice ao reconhecimento da usucapião, modo originário de aquisição de propriedade. Nesse sentido, a usucapião independe da verificação de idoneidade do título registrado, e não envolve a transferência de domínio.[1713] O Superior Tribunal de Justiça decidiu ser perfeitamente possível a usucapião de imóvel registrado no sistema Torrens.[1714]

Se a boa origem não pode ser alvo de pedido reivindicatório de parte de terceiros, a regra não pode ser estendida para obstar a possibilidade de ser usucapido o imóvel submetido ao sistema Torrens. Quando o legislador pretende excluir casos de usucapião, assim o faz de forma expressa, como em caso de bens públicos (art. 182, § 3º, CF/1988), mas tal não ocorre no Registro Torrens, onde não se encontra vedação legal à aquisição da propriedade pela posse prolongada.

Jurisprudência

"O dono do imóvel inscrito no Registro Torrens é protegido contra todas as surpresas das evicções, reivindicações e nulidade em geral, considerando-se o título da matrícula indisputável, inatacável

---

[1710] MELO, Marcelo Augusto Santana de. *Teoria geral do registro de imóveis*: estrutura e função. Porto Alegre: Sergio Antonio Fabris, 2016. p. 148.
[1711] Decreto 451-B/1890, art. 75.
[1712] NETO, José Manuel de Arruda A.; CLÁPIS, Alexandre L.; CAMBLER, Everaldo A. *Lei de registros públicos comentada*. 2. ed. Rio de Janeiro: Grupo GEN, 2019. E-book. ISBN 9788530983468. Disponível em: https://integrada.minhabiblioteca.com.br/#/books/9788530983468/. Acesso em: 10 dez. 2022. p. 1414.
[1713] PAIVA, João Pedro Lamana; KUMPEL, Vitor F.; FERRARI, Carla M. *Usucapião extrajudicial*: aspectos civis, notariais e registrais. São Paulo: YK, 2022. p. 73.
[1714] STJ, 3ª Turma, REsp 1.542.820 – RS, Rel. Min. Ricardo Villas Bôas Cueva, j. 20/02/2018.

e invulnerável". Decisão de 07.01.953, ut O processo civil à luz da jurisprudência, de Alexandre de Paula, 1953/1954, p. 745, apud João Afonso Borges.[1715]

"Recurso especial. Ação de usucapião. Aquisição da propriedade. Modo originário. Registro Torrens. Requisitos. Posse. Ânimo de dono. Reexame de cláusulas contratuais e de provas. Inviabilidade. Súmulas nº 5 e nº 7/STJ. 1. A usucapião é modo originário de aquisição da propriedade que independe de verificação acerca da idoneidade do título registrado e não envolve transferência de domínio. 2. A matrícula do imóvel rural no Registro Torrens, por si só, não inviabiliza a ação de usucapião, motivo pelo qual não prospera a alegação de impossibilidade jurídica do pedido. 3. A reforma do julgado – para afastar a posse com ânimo de dono – demandaria interpretação de cláusulas contratuais e reexame do contexto fático-probatório, procedimentos vedados na estreita via do recurso especial, a teor das Súmulas nº 5 e nº 7/STJ. 4. Recurso especial parcialmente conhecido e, nessa parte, não provido" (STJ, REsp 1.542.820 – RS, Rel. Min. Ricardo Villas Bôas Cueva, *DJ* 01/03/2018).

"Apelação cível. CDA de IPTU e de TCL. Cautelar de sustação de protesto. Registro Torrens. Sentença de Improcedência. Manutenção. 1. A propriedade é a primeira hipótese de contribuinte do IPTU (CTN, art. 34), o que vale também para a TCL. O fato de o imóvel urbano ainda estar registrado pelo vetusto Sistema Torrens, criado pelo Decreto 451-B, de 1890, não isenta a apelante de responsabilidade, pois deveria ter promovido o seu cancelamento e abertura de matrícula, conforme a legislação superveniente, a fim de, então, sendo o caso, viabilizar a transferência da propriedade aos posseiros. Cabe lembrar que o chamado Registro Torrens foi mantido pelo CPC/1939 apenas em relação aos imóveis rurais (art. 457), e assim passou para o CPC/1973 (art. 1.218, IV). Ainda, o fato de a propriedade pertencer a uma área maior – entenda-se pro indiviso –, igualmente não exclui a responsabilidade da apelante, pois os condôminos respondem solidariamente (CTN, art. 34 c/c art. 124, I). 2. APELAÇÃO DESPROVIDA" (TJRS, Apelação Cível 5074960.42.2021.8.21.0001, Rel. Irineu Mariani, j. 29/09/2022).

"Usucapião extraordinária Forma de aquisição originária da propriedade Irrelevância de questões contratuais anteriores – Posse que teve início em 1995, durante a vigência do Código Civil de 1916 Período aquisitivo que se completou na vigência do atual Código Civil Aplicação da regra de transição prevista no artigo 2.028 do atual Código Civil, conduzindo à incidência do prazo prescricional aquisitivo de quinze anos, disciplinado no atual diploma legal Hipótese excepcional que justifica o aproveitamento do alegado tempo de posse de oito anos exercido durante o Código Civil de 1916 Entendimento firmado no Enunciado 299 da IV Jornada de Direito Civil Período completado em 2010, sendo certo que os autores estabeleceram moradia no local, o que poderia antecipar o prazo para 2005 Artigo 1238, *caput* e par. único, do CC – Inexistência de dúvida quanto à aquisição por qualquer dos prazos aplicáveis – Recurso não provido" (TJSP, Apelação Cível 4003537-92.2013.8.26.0223, Rel. Mônica de Carvalho, Comarca Guarujá, j. 19/02/2021).

CAPÍTULO XII
DO REGISTRO DA REGULARIZAÇÃO FUNDIÁRIA URBANA

Art. 288-A. O procedimento de registro da regularização fundiária urbana observará o disposto em legislação específica. (Redação dada pela Lei nº 13.465, de 2017)

(Incisos e parágrafos do art. 288-A e arts. 288-B a 288-G foram revogados pela Lei nº 13.465, de 2017)

CALEB MATHEUS RIBEIRO DE MIRANDA

[1715] NETO, José Manuel de Arruda A.; CLÁPIS, Alexandre L.; CAMBLER, Everaldo A. *Lei de registros públicos comentada.* 2. ed. Rio de Janeiro: Grupo GEN, 2019. E-book. ISBN 9788530983468. Disponível em: https://integrada. minhabiblioteca.com.br/#/books/9788530983468/. Acesso em: 10 dez. 2022. p. 1414.

Referências Normativas

Lei 13.465/2017.

 Comentários

Os dispositivos em comento ordenavam o registro da Regularização Fundiária Urbana (REURB). A regularização fundiária é processo complexo e multidisciplinar, que inclui medidas jurídicas, urbanísticas, ambientais e sociais, com a finalidade de atribuir direitos efetivos aos ocupantes de núcleos urbanos informais. Trata-se de medida importantíssima, exercida no âmbito das políticas públicas, com a finalidade de obter a regularização da ocupação do solo urbano.

Os dispositivos que tratavam do tema, inseridos na Lei dos Registros Públicos pela Lei 12.424/2011, foram revogados pela Lei 13.465/2017, que regulamentou por completo a regularização fundiária urbana. A revogação é benéfica, vez que as normativas sobre regularização fundiária demandam a organização em microssistema próprio, e que sua regulamentação no âmbito da Lei de Registros Públicos introduziria na normativa registral número excessivo de dispositivos relativos a questões urbanísticas, ambientais e civis, que extrapolam o escopo do Direito Registral.

> # TÍTULO VI
> ## DAS DISPOSIÇÕES FINAIS E TRANSITÓRIAS
> **Art. 289.** No exercício de suas funções, cumpre aos oficiais de registro fazer rigorosa fiscalização do pagamento dos impostos devidos por força dos atos que lhes forem apresentados em razão do ofício.

CALEB MATHEUS RIBEIRO DE MIRANDA

 Referências Normativas

Decreto 4.857/1939.
Lei 6.216/1975.
Lei 8.935/1994 – Lei dos Cartórios, arts. 22, 30 e 31.
Tema 1.124 do STF.
Lei Estadual de São Paulo 10.705/2000, arts. 2º e 8º.
Lei 5.172/1966 – Código Tributário Nacional, art. 134, VI.
Lei 9.393/1996 – Lei do ITR, art. 21.

 **Comentários**

Primeiro, é interessante examinar que no regime do Decreto 4.857, de 9 de novembro de 1939, não havia previsão que fizesse atribuição equivalente aos registradores. No entanto, algumas normas administrativas ordenavam aos oficiais a realização dessa supervisão. Assim, a Lei de Registros Públicos, fixando primeiramente no art. 305, trouxe essa determinação fiscalizatória. Com a reforma realizada pela Lei 6.216, de 30 de junho de 1975, a redação do art. 305 passa a ser perfeitamente transcrita para o art. 289, reduzindo-se, assim, o número de dispositivos da lei, mas conservando-se a obrigatoriedade da análise tributária feita pelos oficiais.

A existência desse artigo deve ser analisada em combinação com o art. 30 da Lei 8.935/1994. Esse dispositivo estabelece, em seu inciso XI, que é dever dos notários e dos oficiais de registro "fiscalizar o recolhimento dos impostos incidentes sobre os atos que devem praticar". Ao realizar uma interpretação sistemática, relacionando o dispositivo anterior com o art. 289 da Lei de Registros Públicos, observa-se que não cabe ao oficial verificar irregularidades fiscais que não sejam concernentes ao título apresentado. Essa interpretação do art. 289 nos parece preferível do que a gramatical, pois um exame meramente literal levaria o delegatário a ter que atuar como um verdadeiro auditor fiscal gratuito dos entes federativos, o que seria completamente incomum a suas funções.

Ademais, o termo "imposto" deve submeter-se à interpretação extensiva, de maneira que não se refere apenas a "impostos", mas a "tributos", o termo genérico. Trata-se de tributos que potencialmente acompanham a propriedade ou que, com a falta de seu pagamento, possam maculá-la, sendo a fiscalização uma proteção para o ente administrativo e para o futuro titular do bem imóvel. São exemplos de tributos mais comuns supervisionados por registradores: (a) federal: Imposto Territorial Rural (ITR); (b) estaduais: Imposto sobre Transmissões *Causa Mortis* e Doações de Qualquer Bem ou Direito (ITCMD) e (c) municipais: Imposto sobre a Propriedade predial e Territorial Urbana (IPTU) e Imposto sobre Transmissão *inter vivos* de Bens e Imóveis e de direitos reais a eles relativos (ITBI). Devem-se distinguir duas situações: fiscalização de regularidade fiscal e fiscalização do recolhimento de tributos.

Fiscalização de regularidade fiscal; sanção política. A fiscalização de regularidade fiscal é atribuída aos registradores como controle de legitimidade para prática de certos atos. O tributo a ser verificado pelo registrador não tem relação com o ato a ser praticado, mas a lei atribui ao registrador o dever de exigir a prova do cumprimento como meio de condicionar a prática de atos registrais.

Art. 289 | LEI DE REGISTROS PÚBLICOS COMENTADA

A comprovação de inexistência dos débitos fiscais se dará por meio das certidões negativas, também chamadas de certidões de regularidade. São admitidas também as certidões positivas de débito tributário que tiverem o efeito de negativas.

Como exemplos de fiscalização de regularidade tributária geral temos:

1) exigência de comprovação do pagamento do Imposto Territorial Rural referente aos últimos cinco exercícios para a prática de quaisquer dos atos previstos nos arts. 167 e 168 da LRP, salvo em caso de financiamento no âmbito do PRONAF (Lei 9.393/1996, arts. 21 e 20, parágrafo único);

2) exigência de Certidão Negativa de Débito de tributos federais para alienação, por empresa, de bens imóveis ou direitos a ele relativos (art. 47, I, *b*, da Lei 8.212/1991); e

3) exigência de apresentação de certidão da Secretaria do Patrimônio da União para alienação de direitos relativos a bens imóveis da União que comprove estar o transmitente em dia com as obrigações relativas ao imóvel objeto da transferência (Decreto 2.398/1987, art. 3º, § 2º, I, *b*).

A fiscalização de regularidade fiscal tem sido interpretada como constituindo sanção política. Sanções políticas são formas indiretas de obrigar o recolhimento de tributos, por meio da exigência de comprovação de seu recolhimento para o exercício de direitos pelo contribuinte. O Supremo Tribunal Federal declarou a inconstitucionalidade do art. 1º, I, III e IV, e §§ 1º, 2º e 3º da Lei 7.711/1988 (ADIs 173-6 e 394-1), em razão de configurarem sanção política ao exigirem a comprovação da quitação de créditos tributários para prática de diversos atos, entre eles, registro em Cartório de Registro de Imóveis (art. 1º, IV, *b*).

A Corregedoria-Geral da Justiça de São Paulo tem, nas Normas de Serviço,[1] bem como o Conselho Superior da Magistratura de São Paulo tem, em sede de dúvida, dispensado a comprovação da regularidade tributária geral, com fundamento em que se trata de sanção política. Contudo, a exigência de apresentação da Certidão Autorizativa de Transferência da SPU, em caso de imóveis da União, tem sido mantida.

O afastamento da normativa pelas Corregedorias-Gerais, bem como a orientação firmada nas ADIs pelo Supremo Tribunal Federal, são motivos para afastar, por completo, a responsabilidade tributária solidária atribuídas aos Oficiais pelas normativas em questão em caso de não exigência da comprovação de regularidade tributária.[2-3-4]

Fiscalização do recolhimento de tributos. A fiscalização do recolhimento de tributos, por sua vez, é a atribuição ao Registrador da obrigação de exigir a comprovação dos tributos devidos em razão da prática do ato apresentado. É a fiscalização de que trata o dispositivo em comento, e que não se configura como sanção política, haja vista que os tributos cujo cumprimento se exige são os devidos em razão do próprio ato pretendido.

Importa notar que o Conselho Superior da Magistratura tem decidido que não cabe ao delegatário aferir a qualidade do débito, mas somente seu recolhimento. Em caso de isenção, cabe ao requerente trazer as certidões que demonstrem a aplicação desse instituto de direito tributário.

Outro debate que há é sobre a fiscalização prévia do pagamento do ITBI e do ITCMD em casos de compra e venda e de partilha. Para o ITBI, o Supremo Tribunal Federal concluiu que o fato gerador é o registro, de maneira que não se verifica esse imposto no momento do registro. Sobre isso, o Ministro Luiz Fux afirma, ao julgar o ARE 1.294.969 RG/SP, que "o fato gerador do imposto sobre transmissão *inter vivos* de bens imóveis (ITBI) somente ocorre com a efetiva transferência da propriedade imobiliária, que se dá mediante o registro". Tal questão terá consolidação completa com o julgamento do Tema 1.124 pela Corte Maior.

---

[1] BRASIL, São Paulo. Normas de Serviço da Corregedoria-Geral da Justiça, tomo II, Capítulo XVI, item 60.2.

[2] BRASIL, Lei 8.212/1991, art. 48, *caput* e § 3º.

[3] BRASIL, Lei 9.393/1996, art. 21, parágrafo único.

[4] BRASIL, Decreto 2.398/1987, art. 3º, § 2º.

No caso do ITCMD, embora o imposto tenha também como fato gerador o registro, o Tribunal de Justiça do Estado de São Paulo compreende que o oficial fiscalize esse tributo, exigindo a apresentação da certidão de regularidade, haja vista que o art. 8º da Lei Estadual 10.705/2000 impõe a responsabilidade solidária ao delegatário que se omitir em analisar seu recolhimento, como se observa no seguinte precedente:

> "**Registro de imóveis** – Dúvida julgada procedente – Formal de partilha – Arrolamento – Suposta ofensa ao princípio da especialidade subjetiva não configurada – Exigência de documentação pessoal atualizada afastada – ITCMD – Necessidade de comprovação de recolhimento do imposto, ou de demonstração de sua isenção – Óbice mantido – Apelação não provida" (TJSP, Ap. Cív. 1015474-45.2020.8.26.0114, Rel. (a): Fernando Torres Garcia (Corregedor-Geral), Conselho Superior da Magistratura – CSM, j. 31/05/2022, data de registro 06/06/2022).

Sobre o tema da responsabilidade do oficial, observe-se inicialmente que há duas consequências. A primeira é a configuração de infração disciplinar por inobservância das prescrições legais ou normativas, com fulcro no art. 31, I, da Lei dos Cartórios. A mesma lei, no art. 22, determina que "oficiais de registro são civilmente responsáveis por todos os prejuízos que causarem a terceiros, por culpa ou dolo, pessoalmente, pelos substitutos que designarem ou escreventes que autorizarem, assegurado o direito de regresso". Além dessa situação, pode ocorrer a responsabilização tributária solidária do oficial por regra geral estabelecido pelo art. 134, VI, do Código Tributário. Entretanto, tal como a lei estadual paulista citada, outros diplomas podem mencionar a responsabilidade solidária do delegatário, sendo um bom exemplo a Lei do ITR, que, em seu art. 21, obriga o oficial a ser responsável pela não supervisão da quitação desse imposto no momento de registrar o imóvel rural.

 Jurisprudência

1. Sanção política

"**Registro de imóveis** – Carta de sentença – Dispensa de apresentação das CNDs do INSS e conjunta relativa aos tributos federais e à dívida ativa da União por representar sanção política – Precedentes do Supremo Tribunal Federal e do Órgão Especial do TJSP – Recurso não provido" (TJSP, Ap. Cív. 0006907-12.2012.8.26.0344, CSMSP, Rel. Des. José Renato Nalini, Localidade: Marília, j. 23/05/2013, DJ 26/06/2013).

"**Registro de imóveis** – Instrumento particular de compromisso de compra e venda – Dispensa de apresentação das CNDs do INSS e conjunta relativa aos tributos federais e à dívida ativa da União por representar sanção política – Precedentes do Supremo Tribunal Federal e do Órgão Especial do TJSP – Modificação do entendimento do Conselho Superior da Magistratura Dispensa – Manutenção, no mais, da apresentação da Certidão de Autorização para Transferência expedida pela SPU – Recurso não provido" (TJSP, Ap. Cív. 0018870-06.2011.8.26.0068, CSMSP, Rel. Des. José Renato Nalini, j. 13/12/2012, DJ 26/02/2013).

"**Sanções políticas no direito tributário** – Inadmissibilidade da utilização, pelo Poder Público, de meios gravosos e indiretos de coerção estatal destinados a compelir o contribuinte inadimplente a pagar o tributo (Súmulas 70, 323 e 547 do STF) – Restrições estatais, que, fundadas em exigências que transgridem os postulados da razoabilidade e da proporcionalidade em sentido estrito, culminam por inviabilizar, sem justo fundamento, o exercício, pelo sujeito passivo da obrigação tributária, de atividade econômica ou profissional lícita – Limitações arbitrárias que não podem ser impostas pelo estado ao contribuinte em débito, sob pena de ofensa ao '*substantive due process of law*' – Impossibilidade constitucional de o Estado legislar de modo abusivo ou imoderado (RTJ 160/140-141 – RTJ 173/807-808 – RTJ 178/22-24) – O poder de tributar – Que encontra limitações essenciais no próprio texto constitucional, instituídas em favor do contribuinte – 'Não pode chegar à desmedida do poder de destruir' (Min. Orosimbo Nonato, RDA 34/132) – A prerrogativa estatal de tributar traduz poder cujo exercício não pode comprometer a liberdade de trabalho, de comércio e de indústria do contribuinte – A significação tutelar, em nosso sistema jurídico, do 'Estatuto Constitucional

Art. 289 | LEI DE REGISTROS PÚBLICOS COMENTADA

do Contribuinte' – Doutrina – Precedentes – Recurso extraordinário conhecido e improvido" (STF, Decisão monocrática 666.405-RS, Rel. Min. Celso de Mello, j. 16/08/2012).

"**Constitucional. Direito fundamental de acesso ao judiciário**. Direito de petição. Tributário e política fiscal. Regularidade fiscal. Normas que condicionam a prática de atos da vida civil e empresarial à quitação de créditos tributários. Caracterização específica como sanção política. Ação conhecida quanto à Lei federal 7.711/1988, art. 1º, I, III e IV, par. 1º a 3º, e art. 2º.

1. Ações diretas de inconstitucionalidade ajuizadas contra os arts. 1º, I, II, III e IV, par. 1º a 3º e 2º da Lei 7.711/1988, que vinculam a transferência de domicílio para o exterior (art. 1º, I), registro ou arquivamento de contrato social, alteração contratual e distrato social perante o registro público competente, exceto quando praticado por microempresa (art. 1º, III), registro de contrato ou outros documentos em Cartórios de Registro de Títulos e Documentos (art. 1º, IV, *a*), registro em Cartório de Registro de Imóveis (art. 1º, IV, *b*) e operação de empréstimo e de financiamento junto a instituição financeira, exceto quando destinada a saldar dívidas para com as Fazendas Nacional, Estaduais ou Municipais (art. 1º, IV, *c*) – estas três últimas nas hipóteses de o valor da operação ser igual ou superior a cinco mil Obrigações do Tesouro Nacional – à quitação de créditos tributários exigíveis, que tenham por objeto tributos e penalidades pecuniárias, bem como contribuições federais e outras imposições pecuniárias compulsórias.

...

3. Esta Corte tem historicamente confirmado e garantido a proibição constitucional às sanções políticas, invocando, para tanto, o direito ao exercício de atividades econômicas e profissionais lícitas (art. 170, par. ún., da Constituição), a violação do devido processo legal substantivo (falta de proporcionalidade e razoabilidade de medidas gravosas que se predispõem a substituir os mecanismos de cobrança de créditos tributários) e a violação do devido processo legal manifestado no direito de acesso aos órgãos do Executivo ou do Judiciário tanto para controle da validade dos créditos tributários, cuja inadimplência pretensamente justifica a nefasta penalidade, quanto para controle do próprio ato que culmina na restrição. É inequívoco, contudo, que a orientação firmada pelo Supremo Tribunal Federal não serve de escusa ao deliberado e temerário desrespeito à legislação tributária. Não há que se falar em sanção política se as restrições à prática de atividade econômica objetivam combater estruturas empresariais que têm na inadimplência tributária sistemática e consciente sua maior vantagem concorrencial. Para ser tida como inconstitucional, a restrição ao exercício de atividade econômica deve ser desproporcional e não razoável.

4. Os incisos I, III e IV do art. 1º violam o art. 5º, XXXV da Constituição, na medida em que ignoram sumariamente o direito do contribuinte de rever em âmbito judicial ou administrativo a validade de créditos tributários. Violam, também o art. 170, par. ún. da Constituição, que garante o exercício de atividades profissionais ou econômicas lícitas. Declaração de inconstitucionalidade do art. 1º, I, III e IV da Lei 7.711/1988. Declaração de inconstitucionalidade, por arrastamento dos parágrafos 1º a 3º e do art. 2º do mesmo texto legal"

...

(STF, ADI 173-6-DF, Tribunal Pleno, Rel. Min. Joaquim Barbosa, j. 25/09/2008, *DJ* 20/03/2009).

"**Constitucional. Direito fundamental de acesso ao judiciário**. Direito de petição. Tributário e política fiscal. Regularidade fiscal. Normas que condicionam a prática de atos da vida civil e empresarial à quitação de créditos tributários. Caracterização específica como sanção política. Ação conhecida quanto à Lei federal 7.711/1988, art. 1º, I, III e IV, par. 1º a 3º, e art. 2º" (STF, ADI 394-1, Tribunal Pleno, Rel. Min. Joaquim Barbosa, j. 25/09/2008, *DJ* 20/03/2009,).

"**Registro de imóveis – Dúvida** – Recusa em registrar escritura pública de doação com reserva de usufruto com cláusulas restritivas em face da inexistência de indicação de justa causa – Inteligência dos arts. 1.848, '*caput*' e 2.042 do Código Civil – Aplicação das exigências legais contemporâneas ao registro – ITCMD – Dever do Oficial de Registro de velar pelo recolhimento do tributo – Impossibilidade de reconhecimento de compensação, isenção ou dispensa do tributo na estreita via administrativa – Recurso desprovido" (TJSP, Ap. Cív. 1026118-04.2021.8.26.0602, CSMSP, Rel. (a): Fernando Torres Garcia (Corregedor-Geral), j. 26/10/2022, data de registro 04/11/2022).

"**Recurso administrativo em pedido de providências**. Impugnação de provimento editado por Corregedoria local determinando aos Cartórios de Registro de Imóveis que se abstenham de exigir certidão negativa de débito previdenciário nas operações notariais. Alegação de ofensa ao disposto nos artigos 47 e 48 da Lei n. 8.212/91. Inexistência de ilegalidade. 1. Reconhecida a inconstitucionalidade do art. 1º, inciso IV da Lei nº 7.711/88 (ADI 394), não há mais que se falar em comprovação da quitação de créditos tributários, de contribuições federais e de outras imposições pecuniárias compulsórias para o ingresso de qualquer operação financeira no registro de imóveis, por representar forma oblíqua de cobrança do Estado, subtraindo do contribuinte os direitos fundamentais de livre acesso ao Poder Judiciário e ao devido processo legal (art. 5º, XXXV e LIV, da CF). 2. Tendo sido extirpado do ordenamento jurídico norma mais abrangente, que impõe a comprovação da quitação de qualquer tipo de débito tributário, contribuição federal e outras imposições pecuniárias compulsórias, não há sentido em se fazer tal exigência com base em normas de menor abrangência, como a prevista no art. 47, I, 'b', da Lei 8.212/91. 3. Ato normativo impugnado que não configura qualquer ofensa a legislação pátria, mas apenas legítimo exercício da competência conferida ao Órgão Censor Estadual para regulamentar as atividades de serventias extrajudiciais vinculadas ao Tribunal de Justiça local. Recurso improvido" (CNJ, RA – Recurso Administrativo em PP – Pedido de Providências – 0001230-82.2015.2.00.0000, Corregedoria, Rel. João Otávio de Noronha, 28ª Sessão Virtual, j. 11/10/2017).

"**Apelação cível. Suscitação de dúvida. Contrato de compra e venda.** Certidão negativa de débito. Promitente vendedor. Sentença mantida. A exigência de apresentação de Certidão Negativa de Regularidade Fiscal da vendedora (pessoa jurídica) para fins de efetivação de registro de imóvel não se afigura ilegítima, devendo ser observado o artigo 47, I, letra *b* da Lei 8.212/91. Sentença mantida. negaram provimento ao apelo" (TJRS, Ap. 70081557019 (no CNJ: 0127610-77.2019.8.21.7000), 19ª Câmara Cível, Rel. Des. Lima Costa, j. 03/10/2019).

2. Recolhimento de tributos

"**Registro de imóveis** – Dúvida inversa – Escritura de Doação – Desqualificação – Manutenção da exigência pelo MM. Juiz Corregedor Permanente – Discussão a respeito da base de cálculo a ser utilizada no cálculo do ITCMD – Atuação que extrapola as atribuições do registrador – Dever de fiscalização que se limita ao recolhimento do tributo – Recurso provido para julgar improcedente a dúvida e determinar o registro do título" (TJSP, Ap. Cív. 0031287-16.2015.8.26.0564, CSMSP, Rel. (a) Pereira Calças, j. 24/05/2017, data de registro 01/06/2017).

"**Registro de imóveis** – Dúvida julgada procedente – Formal de partilha – Arrolamento – Suposta ofensa ao princípio da especialidade subjetiva não configurada – Exigência de documentação pessoal atualizada afastada – ITCMD – Necessidade de comprovação de recolhimento do imposto, ou de demonstração de sua isenção – Óbice mantido – Apelação não provida" (TJSP, Ap. Cív. 1015474-45.2020.8.26.0114, CSMSP, Rel. (a): Fernando Torres Garcia (Corregedor-Geral), j. 31/05/2022, data de registro 06/06/2022).

Art. 290. Os emolumentos devidos pelos atos relacionados com a primeira aquisição imobiliária para fins residenciais, financiada pelo Sistema Financeiro da Habitação, serão reduzidos em 50% (cinquenta por cento).

§ 1º O registro e a averbação referentes à aquisição da casa própria, em que seja parte cooperativa habitacional ou entidade assemelhada, serão considerados, para efeito de cálculo, de custas e emolumentos, como um ato apenas, não podendo a sua cobrança exceder o limite correspondente a 40% (quarenta por cento) do Maior Valor de Referência.

§ 2º Nos demais programas de interesse social, executados pelas Companhias de Habitação Popular – COHABs ou entidades assemelhadas, os emolumentos e as custas devidos pelos atos de aquisição de imóveis e pelos de averbação de construção estarão sujeitos às seguintes limitações:

a) imóvel de até 60 m2 (sessenta metros quadrados) de área construída: 10% (dez por cento) do Maior Valor de Referência;

b) de mais de 60 m² (sessenta metros quadrados) até 70 m2 (setenta metros quadrados) de área construída: 15% (quinze por cento) do Maior Valor de Referência;

c) de mais de 70 m² (setenta metros quadrados) e até 80 m² (oitenta metros quadrados) de área construída: 20% (vinte por cento) do Maior Valor de Referência.

§ 3º Os emolumentos devidos pelos atos relativos a financiamento rural serão cobrados de acordo com a legislação federal.

§ 4º As custas e emolumentos devidos aos Cartórios de Notas e de Registro de Imóveis, nos atos relacionados com a aquisição imobiliária para fins residenciais, oriundas de programas e convênios com a União, Estados, Distrito Federal e Municípios, para a construção de habitações populares destinadas a famílias de baixa renda, pelo sistema de mutirão e autoconstrução orientada, serão reduzidos para vinte por cento da tabela cartorária normal, considerando-se que o imóvel será limitado a até sessenta e nove metros quadrados de área construída, em terreno de até duzentos e cinquenta metros quadrados. *(Incluído pela Lei nº 9.934, de 1999)*

§ 5º Os cartórios que não cumprirem o disposto no § 4º ficarão sujeitos a multa de até R$ 1.120,00 (um mil, cento e vinte reais) a ser aplicada pelo juiz, com a atualização que se fizer necessária, em caso de desvalorização da moeda. *(Incluído pela Lei nº 9.934, de 1999)*

Referências Normativas

Lei 6.216/1975.
Constituição Federal, arts. 6º, 24, I, e 236.
Lei 10.169/2000.
Lei 5.172/1966 – Código Tributário Nacional.
Lei Estadual de São Paulo 11.331/2002.

Comentários

Esse dispositivo foi uma inovação da Lei de Registros Públicos, situando-se originalmente no art. 306 e transplantada para o art. 290 pela Lei 6.216/1975. Uma série de reformas foi ocorrendo ao longo do tempo, dependendo das políticas públicas de habitação que foram sendo implementadas. Há, porém, um norte fixo que as alterações devem observar: os arts. 6º, 24, I, e 236, § 2º, da Constituição Federal. O art. 6º versa sobre o direito constitucional à moradia, exigindo ações do Poder Público para promovê-lo. O art. 24, I, estabelece a competência legislativa concorrente da União, Estados e Distrito Federal para ordenar o direito urbanístico. Nesse sentido, as normas estaduais sobre emolumentos devem alinhar-se não só às políticas públicas de nível estadual, como também de nível federal. O art. 236, § 2º, determina a fixação de normas gerais para regulamentar os emolumentos, que foram dispostas em nível federal pela Lei 10.169/2000, e complementadas em outros dispositivos. Veja-se que a Lei 10.169/2000 não se aplica diretamente aos Estados e Distrito Federal, nem mesmo por meio de normas concretas, sendo necessário lei que regulamente o assunto deliberada por esses entes. No entanto, a norma federal é um paradigma para os demais entes. Dessa forma, ela estabelece, logo em seu art. 1º, que lei local tem que ter como perspectiva a cobertura objetiva, certa e determinada do efetivo custo dos serviços, isto é, as despesas que o delegatário possui ao oferecer seus serviços, e a garantia adequada e suficiente da remuneração dos serviços prestados, ou seja, a retribuição apropriada para o serviço prestado, de maneira que a delegação seja custeada e ainda reste o valor justo para recompensar o empenho e a responsabilidade do oficial e do tabelião.

Como os arts. 2º e 5º da Lei 10.169/2000 indicam que a natureza tributária dos emolumentos é de taxa, deve-se respeitar o princípio da anterioridade e combinar a regulamentação com os arts. 77, 78 e 146 do Código Tributário. Nesse sentido, os emolumentos são tributos referentes ao poder de polícia, pois a atividade dos delegatários se concerne em supervisionar os limites ou a regulação de direito, interesse ou liberdade, que disciplinam a prática de ato ou abstenção de fato, em razão de interesse público referente a respeito à propriedade e aos direitos individuais ou coletivos.

Art. 290

Diante do interesse coletivo do trabalhado do delegatário, a cabeça do art. 2º da Lei 10.169/2000 norteou a fixação dos emolumentos, que será realizada pelos Estados e pelo Distrito Federal por meio de tabelas, pela natureza pública e pelo caráter social. Considerando esses dois paradigmas, as taxas podem ter reduções legalmente definidas, conforme a necessidade que há em promover a política pública. Contudo, sempre observando o efetivo custo e a adequada e suficiente remuneração. De maneira mais específica, o art. 290 da Lei de Registros Públicos atende aos critérios orientados pela Lei 10.169/2000, reduzindo os emolumentos em 50% para a primeira aquisição de imóveis financiados pelo Sistema Financeiro de Habitação (SFH). Dessa maneira, o sistema jurídico facilita a pessoas hipossuficientes terem maior incentivo para regularização de seus imóveis.

Aliás, entende o STF que, por terem natureza de taxa, os Estados e o Distrito Federal podem impor isenções a emolumentos, não ofendendo assim a competência legislativa da União:

> "Ação direta de inconstitucionalidade. 2. Lei nº 174/1994 do Estado do Amapá. Isenção de emolumentos. Natureza tributária de 'taxa'. Tributo estadual. 3. Alegação de ofensa ao art. 22, XXV, da Constituição Federal. Inocorrência. Diploma normativo que concede isenção de emolumentos não ofende competência privativa da União para legislar sobre registros públicos. 4. Ação direta julgada improcedente" (STF, ADI 1.148, Tribunal Pleno, Rel. Min. Gilmar Mendes, j. 02/09/2015, *DJe* – 26/11/2015) (g.n).

Dando seguimento, de maneira bem fundamentada, Walter Ceneviva[5] compreende que há os seguintes elementos objetivos para a incidência desse dispositivo:

a) concerne-se somente ao primeiro negócio jurídico feito pelo beneficiado;
b) restringe-se ao financiamento para compra de imóvel no SFH;
c) só é eficaz quando o prédio tenha destinação residencial pura.

A partir disso, o beneficiário deve solicitar a aplicação dessa norma por meio de declaração emitida pela entidade relacionada ao SFH com quem contratou, em que há a qualificação das partes, identificação do bem e informação sobre qual ato que deva ser praticado. Desse jeito, não cabe ao serventuário presumir ou buscar a aplicação desse benefício sem o pedido existente.

Ainda defende o autor que a redução dos emolumentos recaia somente sobre os valores submetidos ao financiamento, de sorte que sobre o restante se aplicam as taxas comuns previstas em tabela.

Além disso, há uma questão importante a ser mencionada. No caso de o adquirente do imóvel ser proprietário ou ter sido proprietário de imóvel comercial, não há impedimento para solicitar a aplicação desse benefício para a aquisição do primeiro imóvel residencial por meio de financiamento promovido pelo SFH, como observa o Tribunal de Justiça do Estado de Minas Gerais no seguinte arresto:

> "**Apelação – Ação indenizatória** – Ausência de desconto na primeira aquisição imobiliária residencial pelo SFH – Art. 290 da Lei federal 6.015/73 – Imóvel anterior – Natureza comercial – Requisitos legais preenchidos – Emolumentos cartorários – Natureza tributária – Precedentes do STF – Regra hermenêutica para a interpretação das normas tributárias – Literalidade – Comando estatuído pelo CTN – Impossibilidade de interpretação restritiva do direito à isenção – Honorários advocatícios contratuais – Responsabilidade da parte contratante – Parcial provimento do recurso. – Nos termos da Lei de Registros Públicos, para que seja aplicado o desconto de 50% dos emolumentos para registro de imóvel, é necessário que o imóvel seja o primeiro de natureza residencial adquirido e que seja financiado pelo Sistema Financeiro de Habitação. – Sendo o imóvel anterior de natureza comercial, não há como excluir o benefício previsto no art. 290, da Lei Federal no 6.015/73 que expressamente prevê o benefício para registro do primeiro imóvel residencial. – De acordo com os precedentes do STF, os emolumentos possuem natureza tributária de taxa. – Conforme o artigo 111, II, do CTN, em caso de dúvida, deve-se interpretar literalmente a legislação tributária quando disponha sobre a outorga de isenção total ou parcial. – O art. 290 da Lei de Registros Públicos ao tratar de uma hipótese de isenção parcial de um tributo reclama interpretação literal, não sendo adequada a interpretação restritiva, de modo a criar

---

5   CENEVIVA, Walter. *Lei de registros públicos comentada*. 20. ed. São Paulo: Saraiva, 2010. p. 1530. *Versão Eletrônica*.

novos requisitos e tolher o alcance do direito à isenção. – Não cabe condenação do réu ao ressarcimento de honorários contratuais de advogado autoral, uma vez que se trata de contrato celebrado pela parte autora de forma livre, sem participação do requerido. – Recurso da autora ao qual se dá parcial provimento" (TJMG, Ap. Cív. 1.0000.21.001074-0/001, 20ª Câmara Cível, Rel.(a) Des.(a) Lílian Maciel, j. 28/04/2021, publicação 29/04/2021).

Se somente parte dos coadquirentes tiver direito ao desconto, a Corregedoria-Geral da Justiça do Estado de São Paulo já decidiu que o desconto deve ser dado proporcionalmente.

O § 1º do art. 290 da Lei 6.015/1973 versa sobre a aquisição de casa própria em que intervenha cooperativa habitacional ou assemelhada, unificando o registro, a averbação e as custas ao extinto Maior Valor de Referência. Com a revogação desse instituto, restou aos Estados e ao Distrito Federal regular o assunto. No Estado de São Paulo, por exemplo, o art. 7º da Lei 11.331/2002 determina que a base de cálculo para os emolumentos referentes a atividades notariais e registrais será pelo prevalecimento do maior valor sobre a transação ou do negócio jurídico, valor venal de imóvel urbano ou de avaliação em imóvel rural, ou, ainda, a base de cálculo utilizada para o recolhimento do ITBI.

Esse raciocínio também serve para as limitações descritas nos demais dispositivos, tais como o do § 2º do art. 290. Nesse dispositivo, os atos relacionados aos demais programas de interesse social, Companhias de Habitação Popular (COHABs) ou entidades assemelhadas, recebem reduções sobre emolumentos e custas vinculadas aos atos de aquisição e averbação de construção de maneira progressiva, conforme as dimensões do bem.

O § 3º do art. 290 comumente é alvo de discussões acerca da inconstitucionalidade por ser uma forma da União se apropriar da competência legislativa dos Estados e do Distrito Federal. Em favor da inconstitucionalidade, há o posicionamento de Walter Ceneviva.[6] Para esse autor, os atos específicos devem ser regulados pelos Estados e pelo Distrito Federal, enquanto à União caberia ordenar os atos gerais. Posicionamento contrário adota parte dos precedentes do Parecer 311/2021-E da Corregedoria-Geral de Justiça do Estado de São Paulo e o acórdão da já citada Apelação Cível 1.0000.21.001074-0/001, tramitada no Tribunal de Justiça do Estado de Minas Gerais.

O § 4º serve para incentivar a regularização de habitações populares construídas por meio de mutirões e autoconstrução orientada com a redução de 20% sobre custas e emolumentos notariais e registrais. Também prevê limites nas dimensões dos imóveis, restringindo o benefício aos que adquirirem imóveis com no máximo 250 metros quadrados de terreno e 69 metros quadrados de área construída. Nesse sentido, Walter Ceneviva[7] observa os seguintes elementos objetivos de configuração do imóvel para que se subsuma o benefício:

a) para fins residenciais;
b) com origem em programas e convênios devidamente formalizados na forma do parágrafo;
c) destinados exclusivamente para a construção de habitações populares a famílias de baixa renda, pelo sistema de mutirão e autoconstrução orientada;
d) Dimensões máximas de 250 m² de terreno e 69 m² de área construída.

Sobre o§ 5º, far-se-á necessário comentar que a legislação não informa se a penalidade pela inobservância desses dispositivos possui a natureza da multa, de maneira que tudo leva a crer que seja um meio administrativo de responsabilização do delegatário, sendo encarada, portanto, como falta disciplinar.

 Jurisprudência

"**Registro de imóveis** – Emolumentos – Lei nº 6.015/1973, art. 290, *caput* – Aquisição de imóvel por cônjuges, casados no regime da comunhão parcial de bens, no âmbito no Sistema Financeiro da Habitação – Varão que já tinha adquirido imóvel pelo SFH, quando era solteiro – Irrelevância disso quanto à situação da mulher, que nunca recebera o benefício – Desconto a calcular-se sobre metade

---

[6] CENEVIVA, Walter. *Lei de registros públicos comentada*. 20. ed. São Paulo: Saraiva, 2010. p. 1530. *Versão Eletrônica*.
[7] CENEVIVA, Walter. *Lei de registros públicos comentada*. 20. ed. São Paulo: Saraiva, 2010. p. 1532-1533. *Versão Eletrônica*.

do valor financiado – Devolução do décuplo – Restituição dos autos à origem" (CGJSP, Processo 0014693-33.2019.8.26.0451, localidade: São Paulo, Rel. Des. Ricardo Mair Anafe, j. 13/04/2021).

"**Registro de imóveis – Custas e emolumentos** – Primeira aquisição de imóvel com financiamento pelo SFH – Irrelevância de o recorrente possuir outros imóveis – Redução de 50% quanto aos emolumentos devidos – Exegese do art. 290 da Lei 6.015/73 – Precedentes da CGJ – Recurso provido. [v. embargos, j. 5.5.2015]" (CGJSP, Processo localidade: São Bernardo do Campo, Rel. Elliot Akel, j. 24/03/2015).

"Ação direta de inconstitucionalidade. 2. Lei no 174/1994 do Estado do Amapá. Isenção de emolumentos. Natureza tributária de 'taxa'. Tributo estadual. 3. Alegação de ofensa ao art. 22, XXV, da Constituição Federal. Inocorrência. Diploma normativo que concede isenção de emolumentos não ofende competência privativa da União para legislar sobre registros públicos. 4. Ação direta julgada improcedente" (STF, ADI 1.148, Tribunal Pleno, Rel.(a) Min. Gilmar Mendes, j. 02/09/2015, *DJe* 26/11/2015).

"**Requisitos legais preenchidos – Emolumentos cartorários** – Natureza tributária – Precedentes do STF – Regra hermenêutica para a interpretação das normas tributárias – Literalidade – Comando estatuído pelo CTN – Impossibilidade de interpretação restritiva do direito à isenção – Honorários advocatícios contratuais – Responsabilidade da parte contratante – Parcial provimento do recurso. – Nos termos da lei de registros públicos, para que seja aplicado o desconto de 50% dos emolumentos para registro de imóvel, é necessário que o imóvel seja o primeiro de natureza residencial adquirido e que seja financiado pelo Sistema Financeiro de Habitação. – Sendo o imóvel anterior de natureza comercial, não há como excluir o benefício previsto no art. 290, da Lei Federal nº 6.015/73 que expressamente prevê o benefício para registro do primeiro imóvel residencial. – De acordo com os precedentes do STF, os emolumentos possuem natureza tributária de taxa. – Conforme o artigo 111, II, do CTN, em caso de dúvida, deve-se interpretar literalmente a legislação tributária quando disponha sobre a outorga de isenção total ou parcial. – O art. 290 da Lei de Registros Públicos ao tratar de uma hipótese de isenção parcial de um tributo reclama interpretação literal, não sendo adequada a interpretação restritiva, de modo a criar novos requisitos e tolher o alcance do direito à isenção. – Não cabe condenação do réu ao ressarcimento de honorários contratuais de advogado autoral, uma vez que se trata de contrato celebrado pela parte autora de forma livre, sem participação do requerido. – Recurso da autora ao qual se dá parcial provimento" (TJMG, Ap. Cív. 1.0000.21.001074-0/001, 20ª Câmara Cível, Rel.(a) Des.(a) Lílian Maciel, j. 28/04/2021, publicação 29/04/2021).

"**Registro de imóveis** – Emolumentos – Consulta (Lei Estadual nº 11.331, de 26 de dezembro de 2002, art. 29, §§ 1º-3º) – Constituição de direitos reais de garantia mobiliária ou imobiliária destinados ao crédito rural – Alterações introduzidas pelo art. 56 da Lei Federal no 13.986, de 7 de abril de 2020 ('Lei do Agro'), nos §§ 1º e 2º do art. 2º e do inc. VI do art. 3º da Lei Federal no 10.169/2000 – Questão da inconstitucionalidade já resolvida previamente – Parecer pela incidência da Lei Estadual no 11.331/2002, e o cômputo da taxa de fiscalização judicial segundo a alínea e do inciso I do art. 19 desse mesmo diploma, segundo a alíquota de 4,289743% – Comunicação à Secretaria da Fazenda do Estado de São Paulo e à Procuradoria-Geral de Justiça do Estado de São Paulo" (CGJESP, Parecer 311/2021-E, Corregedor-Geral de Justiça Ricardo Anafe, emitido em 21/09/ 2021).

"SFH. SBPE. SFI. Alienação fiduciária – instrumento particular – reconhecimento de firma. Emolumentos – redução.

[...]

Assim, como houve declaração negocial de enquadramento do financiamento no âmbito do Sistema Financeiro da Habitação, com respeito às suas regras, não se justificam as exigências de reconhecimento das firmas dos participantes do negócio (artigo 221, II, da Lei n. 6.015/73, e artigo 61, § 5º, da Lei 4.380/64), e de complemento de emolumentos: à primeira aquisição imobiliária para fins residenciais, financiada pelo Sistema Financeiro da Habitação, deve ser aplicada a redução de 50% (artigo 290 da Lei n. 6.015/73)" (1ª VRPSP, Processo 1004966-14.2022.8.26.0100, Magistrada Luciana Carone Nucci Eugênio Mahuad, localidade: São Paulo, j. 01/02/2022, *DJ* 04/02/2022).

"**Emolumentos – SFH – Redução**. Redução de emolumentos (art. 290 da Lei 6.015/1973) por atos relacionados com a primeira aquisição imobiliária para fins residenciais financiada pelo SFH. Alcance da norma para colher a lavratura da certidão da propriedade. Não há como interpretar de forma extensiva a redução de emolumentos contemplada no art. 290 da Lei Federal no 6.015/1973 para a obtenção de certidões tendo em vista não se tratar de ato registral que constitua a primeira aquisição imobiliária para fins residenciais, financiada pelo Sistema Financeiro da Habitação.

Emolumentos – Natureza tributária. Os emolumentos devidos aos Serviços Notariais e de Registro privatizados têm natureza tributária" (CNJ, PP 0009762-40.2018.2.00.0000, Rel. Humberto Martins, localidade: Brasília, j. 28/06/2019, *DJ* 01/07/2019).

"**Registro de imóveis** – Cobrança de emolumentos – Primeira aquisição imobiliária para fins residenciais, financiada pelo Sistema Financeiro da Habitação – Cabimento de desconto de 50% nos emolumentos para registro, tanto da compra e venda, quanto da alienação fiduciária em garantia, exclusivamente sobre o valor do financiamento – Regra do artigo 290 da Lei 6.015/73, combinado com a nota explicativa 1.8.1. da Tabela II da Lei Estadual 11.331/02 – Cobrança acertada – Recurso desprovido" (CGJSP, Pedido de Providências 1004326-84.2017.8.26.0100, Rel. Manoel de Queiroz Pereira Calças, localidade: São Paulo, j. 29/09/2017, *DJ* 10/11/2017).

> **Art. 290-A.** Devem ser realizados independentemente do recolhimento de custas e emolumentos: *(Incluído pela Lei nº 11.481, de 2007)*
>
> I – o primeiro registro de direito real constituído em favor de beneficiário de regularização fundiária de interesse social em áreas urbanas e em áreas rurais de agricultura familiar; *(Incluído pela Lei nº 11.481, de 2007)*
>
> II – a primeira averbação de construção residencial de até 70 m² (setenta metros quadrados) de edificação em áreas urbanas objeto de regularização fundiária de interesse social. *(Incluído pela Lei nº 11.481, de 2007)*
>
> III – o registro de título de legitimação de posse, concedido pelo poder público, de que trata o art. 59 da Lei nº 11.977, de 7 de julho de 2009, e de sua conversão em propriedade. *(Incluído pela Lei nº 12.424, de 2011)*
>
> IV – o registro do título de transferência do direito real de propriedade ou de outro direito ao beneficiário de projetos de assentamento rurais promovidos pelo Instituto Nacional de Colonização e Reforma Agrária (Incra) com base nas Leis nº 4.504, de 30 de novembro de 1964, e 8.629, de 25 de fevereiro de 1993, ou em outra lei posterior com finalidade similar. *(Incluído pela Lei nº 14.382, de 2022)*
>
> § 1º O registro e a averbação de que tratam os incisos I, II e III do *caput* deste artigo independem da comprovação do pagamento de quaisquer tributos, inclusive previdenciários. *(Redação dada pela Lei nº 12.424, de 2011)*
>
> § 2º (Revogado).

Referências Normativas

Constituição Federal, art. 6º.
Lei 11.481/2007.

Comentários

Esse dispositivo foi inserido na Lei de Registros Públicos por meio da Lei 11.481/2007, não havendo previsão semelhante anteriormente a essa reforma. Trata-se de dispositivo que disciplina a facilitação da regularização fundiária, urbana e rural, de imóveis de interesse social da União, conferindo a gratuidade das custas e emolumentos. Nesse sentido, a norma auxilia a viabilização do direito constitucional de moradia inscrito na cabeça do art. 6º da Constituição Federal. Esse direito social não se reserva apenas à habitação, pois, combinado com a dignidade da pessoa humana, passa ter a finalidade de promover uma residência racionalmente salubre, segura, confortável e regular. Portanto, o art. 290-A da Lei de Registros Públicos lastreia-se na necessidade de dignificar a moradia por meio da facilitação da regularização.

O uso do termo "independente" ao se referir às custas e emolumentos tem o destino semiótico de proporcionar a gratuidade de atos registrais aos socialmente vulneráveis. Aliás, não cabe ao registrador julgar quem é ou não beneficiário, mas ao ente, como se observa no Processo 113.430/2015 tramitado perante a Corregedoria-Geral de Justiça do Estado de São Paulo. Assim se aplica a: (a) primeiro registro de direito real constituído em favor de beneficiário de regularização fundiária de interesse social; (b) primeira averbação de construção residencial de até 70 m² de edificação em áreas urbanas objeto de regularização fundiária de interesse social; (c) registro de título de legitimação de posse e de sua conversão em propriedade; e (d) o registro do título de transferência do direito real de propriedade ou de outro direito ao beneficiário de projetos de assentamento rurais promovidos pelo Instituto Nacional de Colonização e Reforma Agrária (Incra).

No caso de registro de legitimação da posse, veja-se que o art. 59 da Lei 11.977/2009 foi revogado, sendo o instituto regulamentado atualmente pelos arts. 25 a 27 da Lei 13.465/2017. Já a reforma recente proporcionada pelo inciso IV do art. 290-A refere-se a situação específica que já estaria abarcada pelo inciso I, visto que a agricultura familiar se relaciona umbilicalmente às políticas de desenvolvimento agrário, de maneira que geralmente os assentamentos promovidos pelo Incra se destinam à agricultura familiar. Entretanto, para dirimir qualquer dúvida a respeito desse tema, houve o ingresso desse critério nesse artigo.

 Jurisprudência

"**Emolumentos** – Consulta – Regularização fundiária de interesse social – Isenções referentes às custas e aos emolumentos para registros decorrentes de regularização fundiária de interesse social – Inadmissibilidade de limitações às isenções embasadas no estrato social dos beneficiários, no valor venal dos imóveis, na finalidade da ocupação, na espécie do título e na existência de outros bens imóveis em nome dos beneficiários – Orientação normativa com relação ao caráter formal da qualificação registrária realizada no âmbito da regularização fundiária – Reforma da decisão da Corregedoria Permanente, então proferida com força normativa, restringindo o campo de aplicação das normas de isenção" (CGJSP, Processo 113.430/2015, Rel. Manoel de Queiroz Pereira Calças, Localidade: São José dos Campos, j. 17/05/2016, *DJ* 24/05/2016).

> **Art. 291.** A emissão ou averbação da Cédula Hipotecária, consolidando créditos hipotecários de um só credor, não implica modificação da ordem preferencial dessas hipotecas em relação a outras que lhes sejam posteriores e que garantam créditos não incluídos na consolidação.

 Referências Normativas

Lei 6.015/1973, Lei dos Registros Públicos, art. 186.
Lei 10.406/2002 (Código Civil de 2002), art. 1.246.

 Comentários

Para a cédula de crédito hipotecário ser lançada à circulação, há como condição de validade, estabelecida pelo art. 291 da Lei de Registros Públicos, a sua averbação na matrícula do imóvel referente à hipoteca em que estiver registrada. A cédula é instrumento de representação do crédito hipotecário e, ao realizar sua averbação, o registrador terá que autenticar a cédula, apontando o número, a série e a data, bem como os elementos correspondentes à hipoteca.

A partir disso, examina-se que a mera edição da cédula pelo credor, antes do assentamento no registro imobiliário, não existindo ainda publicidade do ato, não há de se dizer em efeito *erga omnes*, haja vista que não possui sequer todas as condições para ser colocada em circulação. Por isso, a emissão não é a mera edição do documento pelo credor, sendo necessária a formalização pelo registro de imóveis.

Por fim, não há que se falar em interferência na ordem preferencial com base no lançamento de cédula, pois trataria de fragmentação do sistema de garantias reais. Em suma, todo título recebe um número de ordem conforme a sequência de sua apresentação ao delegatário, determinando-se, assim, a preferência dos direitos. Logo assim, a consolidação dos créditos de um credor, numa só cédula, e a averbação desta não constituem um título novo, subsistindo a exata sequência de prioridades de hipoteca sobre as que se lhe seguirem, ainda quando a cédula consolidadora possua protocolo posterior e seja concernente a créditos ainda não consolidados.

> **Art. 292.** É vedado aos Tabeliães e aos Oficiais de Registro de Imóveis, sob pena de responsabilidade, lavrar ou registrar escritura ou escritos particulares autorizados por lei, que tenham por objeto imóvel hipotecado a entidade do Sistema Financeiro da Habitação, ou direitos a eles relativos, sem que conste dos mesmos, expressamente, a menção ao ônus real e ao credor, bem como a comunicação ao credor, necessariamente feita pelo alienante, com antecedência de, no mínimo 30 (trinta) dias.

 Referências Normativas

Lei 8.004/1990.

 Comentários

Esse dispositivo está implicitamente revogado pelo art. 1º da Lei 8.004/1990, no qual fica estabelecido que *"o mutuário do Sistema Financeiro da Habitação (SFH) pode transferir a terceiros os direitos e obrigações decorrentes do respectivo contrato, observado o disposto nesta lei"*.

Logo, houve uma reforma do sistema jurídico, a qual permitiu, por meio de lei posterior, a constituição de negócio jurídico que antes seria considerado ato ilícito. O fato de a Lei de Registros Públicos dificultar a realização de escritura pública e o registro de imóvel hipotecado a entidade submetida ao SFH contribuiu para o avanço consuetudinário de avenças privadas de compra e venda desses imóveis, os famigerados "contratos de gaveta".

Com o advento da Lei 8.004/1990, essa coibição foi revogada, de maneira que atualmente os notários e oficiais podem realizar os atos decorrentes da alienação desses imóveis. A proibição tinha o intuito de comunicar o credor com 30 dias de antecedência sobre a alienação do imóvel.

Contudo, partir da Lei 8.004/1990, a transferência do financiamento passou a ser simultânea com a interveniência obrigatória da instituição financeira no próprio instrumento. Tal questão se apresenta no parágrafo único do art. 1º dessa lei com a seguinte redação:

> Art. 1º Parágrafo único – *A formalização de venda, promessa de venda, cessão ou promessa de cessão relativas a imóvel financiado através do SFH dar-se-á em ato concomitante à transferência do financiamento respectivo, com a interveniência obrigatória da instituição financiadora.*

Ainda sobre esse tema, Walter Ceneviva[8] opina que a formalização da transferência do imóvel sob essas condições deve compreender a seguinte sequência:

"a) as partes ajustam seus recíprocos interesses econômicos;

b) em seguida obtêm a anuência da instituição financeira, com ela determinando os encargos e as obrigações da transferência;

c) lavram o instrumento correspondente, com a intervenção do credor no próprio título;

d) promovem o registro (cujo lançamento pode ser estipulado, no instrumento, como condição de validade do contrato) no respectivo cartório imobiliário."

 Jurisprudência

1. Posição atual, a exigir intervenção do agente financeiro

"Lei: CC1916 – Código Civil de 1916 – 3.071/1916 Art: 2º par: 1º

---

[8] CENEVIVA, Walter. *Lei de registros públicos comentada*. 20. ed. São Paulo: Saraiva, 2010. p. 1543-1544. *Versão Eletrônica*.

LEI: LRP – Lei de Registros Públicos – 6.015/1973 Art: 292

A partir da edição da Lei nº 8.004/90 é obrigatória a intervenção do agente financeiro, na transferência do bem hipotecado à entidade integrante do Sistema Financeiro da Habitação. O preceito, de nítido conteúdo registrário derrogou, na forma do art. 2º, parág. 1º da Lei de Introdução ao Código Civil, o art. 292, da Lei nº 6.015/73, dada a evidente incompatibilidade entre tal preceito e o mais moderno" (TJSP, Ap. Cív. 12.362-0/4, CSMSP, Rel. Onei Raphael Pinheiro Oricchio, j. 27/05/1991, DJ 16/07/1991).

2. Posição anterior, a exigir ciência do agente financeiro

"Hipoteca – SFH – Veda-se o registro de compromisso particular de compra e venda de imóvel vinculado ao Sistema Financeiro da Habitação – exigência prevista no artigo 292 da Lei nº 6.015/73. (Ementa não oficial).

(...)

No caso em foco, a despeito da referência no ajuste particular à comunicação ao credor hipotecário (folhas 6), não há prova concreta dela. O que há é mero indício, em tempo algum comprovado. E bem por isso, não podia mesmo o oficial imobiliário admitir o ingresso do título para registro" (TJSP, Ap. Cív. 10.363-0/4, CSMSP, Rel. Milton Evaristo dos Santos, j. 21/08/1989, DJ 05/09/1989).

"Hipoteca – SFH. Cabe ao Oficial do Registro Imobiliário tão só examinar os requisitos previstos no art. 292 da Lei nº 6015/73. O consentimento do credor hipotecário escapa à questão registrária. Dispensável a concordância expressa do credor hipotecário para alienação, bastando a mera comunicação por meio de notificação. (Ementa não oficial)" (TJSP, Ap. Cív. 8.742-0/4, CSMSP, Rel. Milton Evaristo dos Santos, j. 30/01/1989, DJ 31/03/1989).

"LEI: LRP – Lei de Registros Públicos – 6.015/1973 Art: 292

Trecho da decisão:

O art. 292 da Lei 6.015/73, com a redação dada pelo art. 2º da Lei 6.941/81, não exige a anuência do credor hipotecário, mas apenas a prévia comunicação a ele feita pelo alienante, dentro dos prazos previstos" (1ª VRPSP, Processo 265/82, Magistrado: Narciso Orlandi Neto, localidade: São Paulo, j. 14/07/1982).

Art. 293. Se a escritura deixar de ser lavrada no prazo de 60 (sessenta) dias a contar da data da comunicação do alienante, esta perderá a validade.

Parágrafo único. A ciência da comunicação não importará consentimento tácito do credor hipotecário.

 Referências Normativas

Lei 8.004/1990.

 Comentários

Esse dispositivo, tal como o art. 292, foi revogado tacitamente pela Lei 8.004/1990, sendo inaplicável aos contratos firmados em momento posterior ao início da vigência desse texto legal. A comunicação então prevista era realizada pelo adquirente do imóvel ao credor hipotecário vinculado ao SFH e tinha um prazo definido, era pré-requisito para a escritura, sendo ela pública ou privada, com eficácia de 60 dias. Sendo esse prazo decadencial, originava-se no dia em que o credor recebesse a informação.

 Jurisprudência

"O ato notarial, em sua essência, observou os ditames dos artigos 292 e 293 da Lei Federal nº 6015/73, de tal sorte que nada impedia o registro. A Lei dos Registros Públicos não exige a menção do saldo devedor no ato notarial envolvendo imóvel hipotecado a entidade integrante do SFH, lembrando que eventuais omissões ou equívocos acerca do preço somente podem ser invocados pelos interessados, seja o Fisco, seja o particular prejudicado. Por outro lado, a lei também não exige a indicação do responsável pelo pagamento do saldo devedor no título, merecendo observar que qualquer omissão nesse sentido em nada repercute sobre a segurança que deve imperar nos registros públicos. Daí por que, afastados os óbices, foi autorizado o registro do título" (TJSP, Ap. Cív. 12.113-0/9, CSMSP, Rel. Onei Raphael Pinheiro Oricchio, j. 04/03/1991, *DJ* 09/04/1991).

Art. 294. Nos casos de incorporação de bens imóveis do patrimônio público, para a formação ou integralização do capital de sociedade por ações da administração indireta ou para a formação do patrimônio de empresa pública, o oficial do respectivo registro de imóveis fará o novo registro em nome da entidade a que os mesmos forem incorporados ou transferidos, valendo-se, para tanto, dos dados característicos e confrontações constantes do anterior.

§ 1º Servirá como título hábil para o novo registro o instrumento pelo qual a incorporação ou transferência se verificou, em cópia autêntica, ou exemplar do órgão oficial no qual foi aquele publicado.

§ 2º Na hipótese de não coincidência das características do imóvel com as constantes do registro existente, deverá a entidade, ao qual foi o mesmo incorporado ou transferido, promover a respectiva correção mediante termo aditivo ao instrumento de incorporação ou transferência e do qual deverão constar, entre outros elementos, seus limites ou confrontações, sua descrição e caracterização.

§ 3º Para fins do registro de que trata o presente artigo, considerar-se-á, como valor de transferência dos bens, o constante do instrumento a que alude o § 1º.

Referências Normativas

Constituição Federal, arts. 37, XIX, e 173, §§ 1º e 3º.
Lei 13.303/2016.

Comentários

Esse dispositivo traz critérios para a composição de bens imóveis no patrimônio de sociedades de economia mista e empresas públicas a partir dos bens transferidos por subscritores e acionistas. No caso de empresas públicas, a subscrição será feita integralmente pelo Poder Público e ele será o único acionista. No caso das sociedades de economia mista, a subscrição pode contar com agentes privados e particulares que possuírem suas ações. Em ambos os casos, o oficial deverá realizar um registro, transferindo os imóveis ao ente da administração pública indireta, com base nos dados e confrontações já existentes no registro antigo, sendo hábil para esse novo registro o documento que determinou a incorporação ou transferência dos bens à entidade.

Importa notar que, quando não houver exatidão na descrição das características do imóvel constantes no registro, terá a própria entidade o dever de promover a correção por meio de um termo aditivo ao instrumento de incorporação ou transferência. Nesse termo aditivo, será realizada a perfeita descrição e caracterização dos limites ou confrontações do imóvel, podendo inclusive juntar outros documentos que comprovem as reais dimensões dele, ao exemplo de plantas, imagens de satélite e croquis. A finalidade da previsão é permitir a simples retificação pela entidade à qual o bem foi incorporado.

Art. 295. O encerramento dos livros em uso, antes da vigência da presente Lei, não exclui a validade dos atos neles registrados, nem impede que, neles, se façam as averbações e anotações posteriores.

Parágrafo único. Se a averbação ou anotação dever ser feita no Livro nº 2 do Registro de Imóvel, pela presente Lei, e não houver espaço nos anteriores Livros de Transcrição das Transmissões, será aberta a matrícula do imóvel.

Referências Normativas

Lei 6.015, de 31 de dezembro de 1973, art. 236.

Comentários

O *caput* do art. 295 tem o propósito de garantir a continuidade dos efeitos jurídicos dos registros anteriores à Lei 6.015/1973. Destarte, os registros efetuados em livros encerrados antes da vigência da norma não foram elidados pela nova normativa, mas confirmados, por força dessa previsão. Ainda, se houver espaço, as averbações e anotações podem continuar sendo feitas nesses livros.

Por sua vez, o parágrafo único vem orientar a abertura de matrícula nos casos em que não há mais espaço nos anteriores Livros de Transcrição das Transmissões. Ou seja, ainda que possível a averbação e a anotação nos antigos livros, a falta de espaço é determinação de abertura de matrícula, caso se trate de casos de averbação ou anotação que, na nova normativa, figurariam no Livro nº 2. A previsão do parágrafo único apresenta um caso especial de abertura de matrícula que é ensejada pela necessidade de uma averbação ou anotação.

Como já explicitado no comentário ao art. 236, ao qual remetemos o leitor, a determinação inafastável da lei é pela abertura da matrícula em casos de registro, termo esse usado de forma *stricto sensu* pelo legislador. No caso das averbações, essas geram a obrigatoriedade de abertura de matrícula para o imóvel (art. 176, § 1º, I) mas de forma relativa, porque podem ser inscritas na própria transcrição, em situações excepcionais (§ 18). A previsão do parágrafo único do dispositivo em comento traz exceção, apresentado situação em que a averbação e a anotação ensejarão obrigatoriamente abertura de matrícula.

Importa notar, ainda, sobre o tema, a existência da Meta 19, aprovada no I Encontro de Corregedores do Serviço Extrajudicial, promovido pelo Conselho Nacional de Justiça, com o seguinte teor:

> Meta 19 – Determinar e fiscalizar o cumprimento do art. 171, parágrafo único; art. 195-A, § 1º e art. 295, parágrafo único, todos da Lei 6.015/73, encerrando as transcrições com a consequente abertura de matrícula de imóveis.

Jurisprudência

> "**Especialidades**: Registro de Imóveis
>
> Registro de Imóveis – Retificação – Especialidade subjetiva – Requerimento administrativo para retificação das transcrições dos imóveis que foi deferido pelo MM. Juiz Corregedor Permanente, em procedimento próprio – Abertura, no curso do procedimento de retificação, de matrículas para os imóveis que estão situados em circunscrição distinta daquela em que mantidas as transcrições – Possibilidade, neste caso concreto, de averbação da retificação nas transcrições, com posterior expedição de certidões pelo Oficial de Registro de Imóveis para possibilitar igual averbação nas matrículas abertas em circunscrição distinta – Recurso provido" (CGJSP, Recurso Administrativo 1034988-48.2015.8.26.0602, Unidade 1, Rel. Geraldo Francisco Pinheiro Franco, localidade: Sorocaba, j. 15/01/2018, *DJ* 14/02/2018).

Art. 296. Aplicam-se aos registros referidos no art. 1º, § 1º, incisos I, II e III, desta Lei, as disposições relativas ao processo de dúvida no registro de imóveis.

Referências Normativas

Lei 6.015, de 31 de dezembro de 1973, arts. 1º, 198, § 1º, 199, 200, 201, 202, 203 e 204.

Comentários

O referido artigo estende o procedimento de dúvida, previsto nos arts. 198, § 1º, a 204 da LRP, aos registros civis de pessoas naturais e jurídicas (incisos I e II, do § 1º, do art. 1º) e aos registros de títulos e documentos (inciso III, do § 1º, do art. 1º).

Para melhor compreensão do procedimento da dúvida, remetemos o leitor aos comentários dos arts. 198 a 204.

> **Art. 297.** Os oficiais, na data de vigência desta Lei, lavrarão termo de encerramento nos livros, e dele remeterão cópia ao juiz a que estiverem subordinados.
>
> **Parágrafo único.** Sem prejuízo do cumprimento integral das disposições desta Lei, os livros antigos poderão ser aproveitados, até o seu esgotamento, mediante autorização judicial e adaptação aos novos modelos, iniciando-se nova numeração.

Comentários

A aplicação deste artigo deu-se de forma temporária. Tendo em vista que discorre sobre manejo de livros e, ainda, sobre uma única atividade a ser executada pelos oficiais no momento em que a lei passou a viger, a atividade aqui determinada se encerrou rapidamente, não cabendo grande dilação temporal para seu cumprimento.

A determinação era de lavrar termo de encerramento nos livros, podendo reutilizá-los se autorizado pelo juiz. A proposta do legislador, aparentemente, era encerrar as atividades que se deram sob a égide da lei anterior e dar "um novo começo" às atividades, agora sob a égide da nova legislação.

Cumprido pelas serventias o ali exposto, o artigo hoje apenas figura na lei, com pouca ou nenhuma aplicação na prática, tratando-se apenas de norma transitória.

> **Art. 298.** Esta Lei entrará em vigor no dia 1º de janeiro 1976.

Referências Normativas

Lei 6.064, de 28 de junho de 1974.
Lei 6.216, de 30 de junho de 1975.
Lei 6.941, de 14 de setembro de 1981.

Comentários

A *vacatio legis* da Lei de Registros Públicos foi, ao fim e ao cabo, de dois anos, tendo em vista que data de 31 de dezembro de 1973, último dia do ano.

Contudo, a previsão original era de seis meses de *vacatio*, considerando que a previsão era de vigência a partir do dia 1º de julho de 1974. A Lei 6.064/1974, de 28 de junho, correu para dar mais um ano de fôlego à *vacatio*, que estendeu o início da vigência da LRP para 1º de julho de 1975.

Por sua vez, a Lei 6.216/1975 trouxe numerosas alterações à Lei 6.015/1973 e com elas, como havia de se esperar, uma nova extensão ao prazo de *vacatio legis* da normativa. Foi determinado o prazo de dois anos e vigência a partir de 1º de janeiro de 1976. Se observado com mais cautela, percebe-se que se manteve a ideia de *vacatio legis* de seis meses, tendo em vista que numerosas as alterações trazidas pela Lei 6.216/1975 e que essas novas previsões tiveram, em verdade, seis meses entre a publicação e a vigência. Por fim, a numeração do artigo foi dada pela Lei 6.941/1981.

> **Art. 299.** Revogam-se a Lei nº 4.827, de 7 de março de 1924, os Decretos nos 4.857, de 9 de novembro de 1939, 5.318, de 29 de fevereiro 1940, 5.553, de 6 de maio de 1940, e as demais disposições em contrário.
>
> Brasília, 31 de dezembro de 1973; 152º da Independência e 85º da República.
>
> EMÍLIO G. MÉDICI
> Alfredo Buzaid

Referências Normativas

Lei 4.827, de 7 de março de 1924.
Decreto 4.857, de 9 de novembro de 1939.
Decreto 5.318, de 29 de fevereiro 1940.
Decreto 5.553, de 6 de maio de 1940.
Decreto-lei 4.657, de 4 de setembro de 1942, art. 2º, §§ 1º e 3º.
Lei 6.688, de 17 de setembro de 1979.

Comentários

Como é de praxe em boa parte da legislação editada no país, as disposições finais costumam trazer revogações da normativa que conflitaria com as novas previsões ali elencadas.

O mesmo acontece com a Lei de Registros Públicos. O último artigo, o 299, tem o condão de revogar normativas correlatas que não mais subsistiriam, algumas de forma específica e outras de forma genérica, utilizando-se da expressão "demais disposições em contrário".

Ainda que não existisse, o artigo já estaria implícito na própria edição da norma, tendo em vista que, por ser norma posterior, já derrogaria disposições em contrário em respeito ao princípio de que lei posterior derroga lei anterior, previsto no art. 2º, § 1º, da Lei de Introdução às Normas do Direito Brasileiro.

Destarte, a previsão da revogação das normativas indicadas no dispositivo é desnecessária, para não dizer redundante, tendo em vista que a Lei 6.015/1973 discorre sobre Registros Públicos, mesmo assunto das normas explicitamente revogadas, e, portanto, por força da LINDB, já teria o condão de derrogar a normativa indicada neste artigo.

Contudo, o esmero do legislador ao indicar a expressa revogação facilita o cumprimento da norma pelos destinatários. Em especial, suprime eventuais discussões acerca da superveniência da vigência de alguma ou outra previsão contida nas normativas revogadas, mas não tratadas pela nova norma.

Ainda que pelo ordenamento jurídico pátrio a revogação da Lei 4.827, de 7 de março de 1924, e dos Decretos nos 4.857, de 9 de novembro de 1939, 5.318, de 29 de fevereiro 1940, e 5.553, de 6 de maio de 1940, fosse de rigor, o cuidado do legislador vem ao encontro de uma perspectiva jurídica que busca facilitar a compreensão dos destinatários da norma, evitando futuras confusões.

Mais especificamente, o Decreto 4.857 é lei geral sobre os registros públicos, que traz as competências para registrar, regulamentando previsões do próprio Código Civil de 1916 sobre o assunto. O que traz em seu art. 1º foi praticamente reproduzido, com exceção do inciso V, no art. 2º da LRP.

O art. 29 da LRP é que se incumbiu de discorrer sobre as previsões do art. 2º da Lei 4.827, enquanto o 3º traz o assunto do art. 114 da LRP e o art. 4º se compatibiliza com o art. 127 da Lei 6.015/1973. Por último, a competência acerca do registro de imóveis era objeto do art. 5º da Lei 4.827/1924, o que foi abarcado pela LRP em seu art. 167.

Art. 299 | LEI DE REGISTROS PÚBLICOS COMENTADA

Evidente, portanto, que o assunto da Lei 6.015/1973 abarcou veementemente o conteúdo da Lei de 1924. Interessante apontar que o art. 6º hoje é objeto da Lei 8.935/1994 e curioso observar que a lei de 1924 já previa concurso para ocupação do cargo de oficial, ao menos no Distrito Federal.

Não muito distantes se encontravam os decretos explicitamente revogados. O Decreto 4.857/1939 tem basicamente o mesmo esqueleto que a Lei 6.015/1973. Até em número de artigos, 330 a primeira e 299 a segunda. Os títulos, capítulos e assuntos tratados são extremamente semelhantes e até a ordem em que aparecem nas duas normativas é coordenada. Evidente, portanto, que a revogação desse decreto era de rigor, considerando que a nova lei tinha o exato condão de substituir o Decreto 4.857/1939.

Na mesma seara, os Decretos 5.318/1940 e 5.553/1940 tinham o único escopo de fazer pontuais alterações no Decreto 4.857/1939. Destarte, patentes também suas revogações.

Assim, o último artigo da norma tem o condão de deixar expressa a revogação das normas anteriores previstas para o assunto sobre o qual a lei discorre, evitando que pairem dúvidas acerca da vigência superveniente da lei anterior.